国家古籍整理出版专项经费资助项目

长白文库

郑毅 丛书主编

东三省政略校注（上卷）

郑毅 主编

吉林文史出版社

图书在版编目(CIP)数据

东三省政略校注 / 郑毅主编. －－ 长春 ：吉林文史出版社，2021.1
(长白文库)
ISBN 978－7－5472－7571－9

Ⅰ. ①东… Ⅱ. ①郑… Ⅲ. ①东北地区－地方史－史料②《东三省政略》－注释 Ⅳ. ①K293

中国版本图书馆 CIP 数据核字(2020)第 253995 号

东三省政略校注

DONGSANSHENG ZHENGLÜE JIAOZHU

出 品 人:张 强
主 编:郑 毅
副 主 编:赵文铎
丛书主编:郑 毅
责任编辑:程 明 王 非 吕 莹
装帧设计:尤 蕾
出版发行:吉林文史出版社有限责任公司
电 话:0431-81629369
地 址:长春市福祉大路出版集团 A 座
邮 编:130117
网 址:www.jlws.com.cn
印 刷:吉林省优视印务有限公司
开 本:170mm×240mm 1/16
印 张:161.25
字 数:2900 千字
版 次:2021 年 1 月第 1 版 2021 年 1 月第 1 次印刷
书 号:ISBN 978－7－5472－7571－9
定 价:388.00 元

本书编委会

主　　编：郑　毅
副 主 编：赵文铎
参编人员：钟兴龙　刘景瑜　李少鹏　史向辉
王雪梅　孙　颢　王立新　刘琳琳
宫健泽　李晓丹　孔艳波　欧阳丽
张　利　赵彦辉　梁立佳　冯栋柱
车菲菲　郑　璐

《长白文库》总序

中华优秀传统文化是中华民族的“根”和“魂”,习近平总书记高度重视中华优秀传统文化,并将其作为治国理政的重要思想文化资源。“不忘本来才能开辟未来,善于继承才能更好创新。”“优秀传统文化是一个国家、一个民族传承和发展的根本,如果丢掉了,就割断了精神命脉。”中华优秀传统文化具有多样性和地域性等特征,东北地域文化是多元一体的中华文化中的重要组成部分。吉林省地处东北地区中部,是中华民族世代生存融合的重要地区,素有“白山松水”之美誉,肃慎、扶余、东胡、高句丽、契丹、女真、汉族、满族、蒙古族等诸多族群自古繁衍生息于此,创造出多种极具地域特征的绚烂多姿的地方文化。为了“弘扬地方文化,开发乡邦文献”,自20世纪80年代起,原吉林师范学院李澍田先生积极响应陈云同志倡导古籍整理的号召,应东北地区方志编修之急,服务于东北地方史研究的热潮,遍访国内百余家图书馆寻书求籍,审慎筛选具有代表性的著述文典300余种,编撰校订出版以《长白丛书》(以下简称《丛书》)为名的大型东北地方文献丛书,迄今已近40载。历经李澍田先生、刁书仁和郑毅两位教授三任丛书主编,数十位古籍所前辈和同人青灯黄卷、兀兀穷年,诸多省内外专家学者的鼎力支持,《丛书》迄今已共计整理出版了110部5000余万字。《丛书》以“长白”为名,“在清代中叶以来,吉林省疆域迭有变迁,而长白山钟灵毓秀,蔚然耸立,为吉林名山,从历史上看,不咸山于《山海经·大荒北经》中也有明确记录,把长白山当作吉林的象征,这是合情合理的。”(《长白丛书》初版陈连庆先生序)

1983年吉林师范学院古籍研究所(室)成立,作为吉林省古籍整理与研究协作组常设机构和丛书的编务机构,李澍田先生出任所长。全国高校古籍整理工作委员会、吉林省教委和省财政厅都给予了该项目一定的支持。李澍田先生是《丛书》的创始人,他的学术生涯就是《丛书》的创业史。《丛书》能够在国内外学界有如此大的影响力,与李澍田先生的敬业精神和艰辛努力是分不开的。《丛书》创办之始,李澍田先生“邀集吉、长各地的中青年同志,乃至吉林的一些老同志,群策群力,分工合作”(初版陈序),寻访底本,夙兴夜寐逐字校勘,联络印刷单位、寻找合作方,因经常有生僻古字,先生不得不亲自到车间与排版工人拼字铸模;吉林文史出版社于永玉先生作为《丛书》的第一任责编，殚精竭虑地付出了很多努力，为《丛书》的完成出版做出了突出贡献；原古籍所衣兴国等诸位前辈同人在辅助李澍田先生编印《丛书》的过程中，一道解决了遇到的诸多问题、排除了诸多困难，是《丛书》草创时期的重要参与者。《丛书》自20世纪80年代出版发行以来，经历了铅字排版印刷、激光照排印刷、数字化出版等多个时期，《丛书》本身也称得上是改革开放以来中国印刷史的见证。由于《丛书》不同卷册在出版发行的不同历史时期，投入的人力、财力受当时的条件所限，每一种图书的质量都不同程度留有遗憾，且印数多则千册、少则数百册，历经数十年的流布与交换，有些图书可谓一册难求。

1994年，李澍田先生年逾花甲，功成身退，由刁书仁教授继任《丛书》主编。刁书仁教授"萧规曹随"，延续了《丛书》的出版生命，在经费拮据、古籍整理热潮消退、社会关注度降低的情况下，多方呼吁，破解困局，使得《丛书》得以继续出版，文化品牌得以保存，其功不可没。1999年原吉林师范学院、吉林医学院、吉林林学院和吉林电气化高等专科学校合并组建为北华大学，首任校长于庚蒲教授力主保留古籍所作为北华大学处级建制科研单位，使得《丛书》的学术研究成果得以延续保存。依托北华大学古籍所发展形成的专门史学科被学校确定为四个重点建设学科之一，在东北边疆史地研究、东北民族史研究方面形成了北华大学的特色与优势。

2002年，刁书仁教授调至扬州大学工作，笔者当时正担任北华大学图书馆馆长，在北华大学的委托和古籍所同人的希冀下，本人兼任古籍所所长、《丛书》主编。在北华大学的鼎力支持下，为了适应新时期形势的发展，出于拓展古籍研究所研究领域、繁荣学术文化、有利于学术交流以及人才培养工作的实际需要，原古籍研究所改建为东亚历史与文献研究中心，在保持原古籍整理与研究的学术专长的同时，中心将学术研究的视野和交流渠道拓展至东亚地域范围。同时，为努力保持《丛书》的出版规模，我们以出文献精品、重学术研究成果为工作方针，确保《丛书》学术研究成果的传承与延续。

在全方位、深层次挖掘和研究的基础上，整套《丛书》整理与研究成果斐然。《丛书》分为文献整理与东亚文化研究两大系列，内容包括史料、方志、档案、人物、诗词、满学、农学、边疆、民俗、金石、地理、专题论集12个子系列。《丛书》问世后得到学术界和出版界的好评，《丛书》初集中的《吉林通志》于1987年荣获全国古籍出版奖，三集中的《东三省政略》于1992年获国家新闻出版总署全国古籍整理图书奖，是当年全国地方文献中唯一获奖的图书。同年，在吉林省第二届社会科学成果评奖中，全套丛书获优秀成果二等奖，并被国家新闻出版总署列为"八五"计划重点图书。1995年《中国东北通史》获吉林省第三届社会科学优秀成果二等奖。2005年，《同文汇考中朝史料》获北方十五省（市、区）哲学社会科学优秀图书奖。

《丛书》的出版在社会各界引起很大反响，与当时广东出现的以岭南文献为主的《岭南丛书》并称国内两大地方文献丛书，有“北有长白，南有岭南”之誉。吉林大学金景芳教授认为“编辑《长白丛书》的贡献很大，从《辽海丛书》到《长白丛书》都证明东北并非没有文化”。著名明史学者、东北师范大学李洵教授认为：“《长白丛书》把现在已经很难得的东西整理出来，说明东北文化有很高的水准，所以丛书的意义不只在于出了几本书，更在于开发了东北的文化，这是很有意义的，现在不能再说东北没有文化了。”美国学者杜赞奇认为“以往有关东北方面的材料，利用日文资料很多。而现在中文的《长白丛书》则很有利于提高中国东北史的研究”（《长白丛书》出版十周年纪念会上的发言）。中国社会科学院边疆史地研究中心主任厉声研究员认为：“《长白丛书》已经成为一个品牌，与西北研究同列全国之首。”（1999 年 12 月在《长白丛书》工作规划会议上的发言）目前，《长白丛书》已被收藏于日本、俄罗斯、美国、德国、英国、加拿大、澳大利亚、韩国及东南亚各国多所学府和研究机构，并深受海内外史学研究者的关注。

为了更好地传承和弘扬优秀地域文化，再现《丛书》在“面向吉林，服务桑梓”方面的传统与特色，2010 年前后，我与时任吉林文史出版社社长的徐潜先生就曾多次动议启动出版《长白丛书精品集》，并做了相应的前期准备工作，后因出版资助经费落实有困难而一再拖延。2020 年，以十年前的动议与前期工作为基础，在吉林省省级文化发展专项资金的资助下，北华大学东亚历史与文献研究中心与吉林文史出版社共同议定以《长白丛书》为文献基础，从《丛书》已出版的图书中优选数十种具有代表性的文献图书和研究著述合编为《长白文库》加以出版。

《长白文库》是在新的历史发展时期对《长白丛书》的一种文化传承和创新，《长白丛书》仍将以推出地方文化精华和学术研究精品为目标，延续东北地域文化的文脉。

《长白文库》以《长白丛书》刊印 40 年来广受社会各界关注的地方文化图书为入选标准，第一期选择约 30 部反映吉林地域传统文化精华的图书，充分展现白山松水孕育的地域传统文化之风貌，为当代传统文化传承提供丰厚的文化滋养，是一件功在当代、利在千秋的文化盛举。

盛世兴文，文以载道。保存和延续优秀传统文化的文脉，是人文社会科学研究者的社会责任和学术使命，《长白丛书》在创立之时，就得到省内外多所高校诸多学界前辈的关注和提携，“开发乡邦文献，弘扬地方文化”成为 20 世纪 80 年代一批志同道合的老一辈学者的共同奋斗目标，没有他们当初的默默耕耘和艰辛努力，就没有今天《长白丛书》这样一个存续 40 年的地方文化品牌的荣耀。“独行快，众行远”，这次在组建《长白文库》编委会的过程中，受邀的各位学者都表达了对这项工作的肯定和支持，慨然应允出任编委会委员，并对《长白文库》的编辑工作提出了诸多真知灼见，这是学界同道对《丛书》多年情感的流露，也是对即将问世的《长白文库》的期许。

感谢原吉林师范学院、现北华大学 40 年来对《丛书》的投入与支持，感谢吉林文史出版社历届领导的精诚合作，感谢学界同人对《丛书》的关心与帮助！

郑毅

谨序于北华大学东亚历史与文献研究中心

2020 年 7 月 1 日

序

《东三省政略》是清末首任东三省总督徐世昌主持编修的一部大型政书体地方文献，于1911年修成刊印。全书约两百万字，详细记录了徐世昌就任东三省总督（1907年4月—1909年2月）期间所举行的各项新政举措，代表了清末中央政府中的改良派对“龙兴之地”的治理政策与理念，是日俄战后东北地区摆脱日俄两国羁绊、实现自我发展的一份重要资料。

清中叶以来的中国东北先后遭遇了中日甲午战争、庚子事变、日俄战争的蹂躏，可谓民生凋敝、列强环伺，崛起于东北的清政府不得不竭力筹谋，以应对“豳岐故土、龙兴之地”所面临的前所未有之危局。1909年，清政府任命徐世昌担任“东三省总督”，由其“兼管三省将军事务，并授为钦差大臣”，授予莫大权限，令其在东北实行“新政”。两年之后，徐世昌卸任东督、履新邮传部尚书，他命幕僚钱能训等人将两年间举行的“新政”各项政策出台原委、奏折公文、章程规定等搜集成册，于宣统三年（1911年）刊行，是为《东三省政略》。

钱能训在跋语中曾交代本书的编撰起由，徐世昌“既入主邮部，簿书之暇，爰辑东三省两年以来所擘画未竟之政策，及艰难缔造之迹，著为一编。凡章奏、规制、图表及报告书之属，皆择要纂入，都为十二卷，以篇为纲，以纪为目。”全书总计近两百万字，但多数为附录的奏折、调查报告、图表等现成资料，两年内完成编撰难度并不太大。徐世昌在《政略·叙言》中说的非常明确，该书的主旨是“集两年以来所营办之事，门分类别，纪为一编，不惟其文惟其实，以冀后之治斯土者，纠其谬误，进其事功……以驯致弭兵息民之政策”，即将此书作为东北新政的总结，他还希望“世之阅是编者，见其事而知其才力之不逮，悯其时会之大难，更合全国之力，惨淡经营以共保厘东土意者”，通过此书为自己此前所举事业进行阐发，希望这些制度能够得到后任地方官的赓续。这种专门记录典章制度的史学著作在中国由来已久，诸如《通典》《通志》等，四库馆臣称之为“政书”，在书信、日记等资料中徐世昌就曾称《东三省政略》为“东三省政书”。

《东三省政略》全书共分为十二“卷”（该书的分卷较一般古籍多出数倍，实际上相当于政书的“门”），分别为边务、蒙务、交涉、军事、官制、民政、财政、旗务、学务、司法、实业、咨议厅议案,后附地图72幅。其中前四卷因须三省统筹实行,因此只按事分“篇”,下详纪始末;其后七卷先分奉天、吉林、黑龙江三省,再于每省内按事分“篇”;最后一卷“议案”按大类撮录;附图对应全书顺序开列。每“篇”之下先列“纪某某”叙述此项政策之由来,此后附出台此项政策的往复公文、章程规定等。为昭慎重,个别新政执行之前的一些“报告书”也不避繁冗,全文收录,如陈昭常、吴禄贞的《延吉边务报告》、宋小濂的《呼伦贝尔边务报告书》、于驷兴《查勘黑龙江省迤西中俄陆路国界沿边鄂博图说》、吴廷燮《奉天郡邑志》,作为政策出台的背景资料。

总结全书,我们认为全书的价值体现在以下三个方面:

1. 对清末东北新政的历史过程进行了详细说明,全面反映了新政的成果。

具体的新政措施上文已经述及,《政略》全书通过“纪某某”和附录资料对某一政策的出台过程进行说明,并阐释这一决策的出台过程。徐世昌的主要幕僚也是《政略》的实际编撰者钱能训,徐世昌卸任东三省总督之后“既入趋朝命,权责有归,犹自奋勉,不敢以去位而自诿谢。凡所策划,一如往日,并之以前后之所经营与未竟之绪,待扩之端举,一一宣布,无或隐饰,冀后之继其任者,出其才识智力,更有保厘东土之方,补其所不及,而续其所未终,此则公之愿也”。[1]表明了《政略》在编撰之初就是要反映新政的成果,而且后任东督锡良也基本维持了徐世昌的新政思路。

2. 书中收录大量的原始文献,如图奏折、图表、调查书等,具有极高的史料价值。

翻阅本书就会发现,全书附录的内容占了一多半篇幅,其中有大量的图表、奏折、照会、章程等“一手资料”。一些奏折、章程、图表在其他近代史料集中都未见收录,显然是独一无二的原始资料;还有一些资料因检索不易,学界尚未充分重视,如整本收入《政略》的于驷兴《查勘黑龙江省迤西中俄陆路国界沿边鄂博图说》对中俄分界鄂博位置的说明,是建立在勘界条约、勘界地图和现代仪器实测基础上的重要资料,当前学界几乎未见使用。

3. 全书力求可资实用,对此后中国东北的开发建设有一定的预见性。

《政略》之编撰务求实用,其将“边务”放在首位,“蒙务”“交涉”“军事”次之,可见徐世昌东北新政布局之苦心孤诣。徐世昌对日、俄觊觎中国东北的领土有极强的戒心,与俄国定界,他说:“公理尚存,成约俱在,俄人虽悍,岂能冒天下之大不韪而久假不归哉!”“人实我虚,人进我退,荒芜辽阔,碑界潜移,边事安有可为哉?”委托宋小濂、于驷兴等酬对因应,实边勘界;与日本争执,则曰:“国家疆土,尺寸必

〔1〕 钱能训《东三省政略跋》,收入《东三省政略》(长白丛书),第52页。

严其防……办理稍一不慎，不惟土地主权悉非我有，小之则坏三省平和之全局，大之将启全国侵占之狡谋，”由陈昭常、吴禄贞据理力争、寸土不让。书中尤其强调应该防范日本向中国东北的扩张，“日人抱其南守北进之政策，于殖民事业鼓吹奖励，几欲使地大物博之东三省为日本人民繁殖之区”，还进一步预感到日本“目光固不仅注延吉，直欲以延吉为进取满洲全部之基础”，一语成谶。20 年后，日本扶植建立了伪满洲国。

《东三省政略》的底本只有一种，系宣统三年东三省咨议厅铅印本，原装 8 函 40 册，国家图书馆、天津图书馆、首都图书馆等公私藏书机构多有收藏。辽宁省社科院（1986）和吉林省图书馆（1988）皆曾按原大影印出版，但均为内部发行，流布不广。其他如《中国边疆丛书·第 1 辑》（台北文海出版社 1965）、《长白丛书》（吉林文史出版社 1989）和《中国少数民族古籍集成》（四川民族出版社 2002）曾拼版影印，使本书化身千百。其中《长白丛书》本在影印的基础上进行了点校，由李澍田、周克让、王崇时等著名东北史地学者点校，书末列出勘误 1309 条，是上述诸多影印本中最便于使用的一种。

尽管徐世昌作为清廷信赖和倚重的干国重臣，有其历史的局限性，但他在东北推行的新政举措可以说对维护东北地区的主权、维持东疆稳定发挥了重要作用，这一点不应被后人忽视。其所推行的新政作为日后奉张时期东北地区近代化的铺垫和先驱，《东三省政略》之于东北近代化所体现出的拓荒精神值得我们珍视。即使是在百年后的今天，《政略》对于国家振兴东北老工业基地、长吉图开发开放先导区建设等当代东北经济建设仍具有一定的参考价值。

在《长白丛书》影印本的基础上，此《东三省政略校注》是北华大学东亚历史与文献研究中心的同人和吉林文史出版社历时数年，重新排校、注释的重要成果，衷心希望这个新校注本的出版，可以进一步推进近代东北史研究，也希望学界同人多多提出宝贵意见。

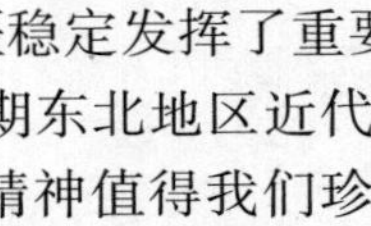

2020 年 5 月

于北华大学东亚历史与文献研究中心

《长白丛书》序

吉林师范学院李澍田同志，悉心钻研历史，关心乡邦文献，于教学之余，搜罗有关吉林的书刊，上自古代，下迄辛女，编为《长白丛书》，征序于予，辞不获命。爰缀予所知者书于简端曰：

昔孔子有言："夏礼吾能言之，杞不足征也。殷札吾能言之，宋不足征也。文献不足故也，足则吾能征之矣。"说者以为："文，典籍也。献，贤也。"这是因为文献对于历史研究相辅相成，缺乏必要的文献，历史研究便无从措手。古代文献，如十三经、二十四史之属，久已风行海内外，家传户诵，不虞其失坠，而近代文献往往不易保存。清代学者章学诚对此曾大声疾呼，唤起人们的注意。于其名著《文史通义》中曾详言之。然而，保存文献并不如想象那么容易。贵远贱近，习俗移人，不以为意，随手散弃者有之。保管不善，毁于水火，遭老鼠批判者有之。而最大损失仍与政治原因有关。自清朝末叶以来，吉林困厄极矣，强邻环伺，国土日蹙，先有日、俄帝国主义战争，继有军阀割据，九一八事变后，又有敌伪十四年统治，国土沦亡，生民憔悴。在政权更迭之际，人民或不免于屠刀，图书文物更随时有遭毁弃和掠夺命运。时至今日，清代文书档案几如凤毛麟角，九一八以前书刊也极为罕见。大抵有关抨击时政者最先毁弃，有关时事者则几无孑遗。欲求民国以来一份完整无缺地方报纸已不可能，遑论其它。

建国以来，百废俱兴，文教事业空前发展。而中经十年浩劫，公私图书蒙受极大损失，断简残篇难以拾缀。吉林市旧家藏书，文革期间遭到洗劫，损失尤重。粉碎四人帮后，祖国复兴，文运欣欣向荣，在拨乱反正的号召下，由陈云同志领导，大张旗鼓，整理古籍，一反民族虚无主义积习，尊重祖国悠久文化传统，为振兴中华，提供历史借鉴。值此大好时机，李澍田同志以一片爱国爱乡的赤子之心，广泛搜求有关吉林之文史图书，不辞劳苦，历访东北各图书馆，并远走京沪各地，仆仆风尘，调查访问，即书而求人，因人而求书，在短短几年期间内，得书逾千，经过仔细筛选，择其有代表性者三百种，编为《长白丛书》。盖清代中叶以来，吉林省疆域迭有变迁，而长白山钟灵毓秀，巍然耸立，为吉林名山，从历史上看，不咸山于《山海经·大荒北经》中也有明确记录，把长白山当作吉林的象征，这是合情合理的。

丛书中所收著作，以清人作品为最多，范围极其广泛，自史书、方志、游记、档案、家谱以下，又有各家别集、总集之属。为网罗散失，在宋、辽、金以迄明代的著作之外，又以文献征存，史志辑失、金石碑传补其不足，取精用宏，包罗万象，可以说是吉林文献的总汇。对于保存文献，具有重大贡献。

回忆酝酿编余之际，李澍田同志奔走呼号，独立支撑，在无人、无钱的条件下，邀集吉长各地的中青年同志，乃至吉林的一些老同志，群策群力，分工合作，众志成城，大业克举。在整理文献的过程中，摸索出一套先进经验，培养出一支坚强队伍。这也是有志者事竟成的一个范例。

我与李澍田同志相处有年，编订此书之际，澍田同志虚怀若谷，对于书刊的搜求，目录的选定，多次征求意见。今当是书即将问世之际，深喜乡邦文献可以不再失坠，故敢借此机会聊述所怀。殷切希望读此书者，要从祖国的悲惨往事中，培养爱国家、爱乡土的心情，激发斗志，为四化多作贡献。也殷切希望读此书者能够体会到保存文献之不易，使焚琴煮鹤的蠢事不要重演。

当然，有关吉林的文献并不以汉文书刊为限。在清代一朝就有大量的满、蒙文的档案和图书，此外又有俄、日、英、美各国的档案和专著，如能组织人力，有计划、有步骤地进行整理，提要钩玄勒成专著，先整理一部分，然后逐渐扩大，这也是不朽的盛业，李君其有意乎？

一九八六年五月一日

吉林陈连庆谨序

原版序言

天下大势恒强于东北,强则当竞争之冲,故历代常为战场。东三省大陆江流,雄视宇内,自隋讫明,战争变置,史不绝书。然为用武所必争,则转无闲暇以明其政刑,此更仆代兴,强者所以终归于弱也。

我朝龙兴辽沈,丰镐故都,悉从宽大,百余年来,曾未有盗弄潢池,觊觎生衅者,盖天下之承平久矣。自俄人兵舰见扼于地中海,乃悉其锐力,思为东出之计。东清铁路[1]既成,益复窥我堂奥。日本惎之,战事斯起。甲午以还,三罹兵燹,于是东三省大势复一变而为战地。我之为地主者,方且声言中立[2],冀以维持宴安,而主权形胜沦陷于邻敌之手者,不胜觇缕。数十年间,风诡云变,成此两强犄角之局,是岂当时所及料哉。

先朝以战祸之未艾,实由于内政之不修,乃毅然改立行省,命世昌[3]往督治之。时则客军未归,险要尽失,万端凌脞,措手无方。世昌猥以辁材,膺兹重任,间尝盱衡世变,默审事机,以为东三省者固天府之国,而用兵之区也。

际兹群雄并立之世,欲弭兵祸,必平均各国之势力,广辟商场,实行开放,俾兼营并进,群骛于废著滞鬻之间,莫敢首先发难。斯财力愈厚,地利愈开,破有史以来历代兵争之局,永为万国贸易平权之公地,生民藉以安堵,而皇灵之赫濯,可以震叠

〔1〕 东清铁路,亦称“东省铁路”,简称“中东铁路”,中国东北地区自哈尔滨西至满洲里,东至绥芬河,南至大连的铁路线旧称。原为帝俄1898—1903年间强行修筑的铁路,日俄战争后,长春以南段为日本占据称南满铁路,十月革命后长春以北段由中、苏合办,仍称中东铁路,“九·一八”事变后为日本掠占。抗战胜利后南满铁路与中东铁路合并改称“中国长春铁路”,简称“中长铁路”。

〔2〕 中立,这里所谓中立,即指日俄战争中清政府迫于日本压力而持的任两邻敌在我领土肆虐,而不加制止的所谓中立,清政府对日俄在中国领土上的争斗坐视不管,实为丧权辱国之举。

〔3〕 世昌,即徐世昌(1855—1939年),直隶天津(今天津市)人,生于河南汲县(今卫辉)字卜五,号菊人,又号弢斋。光绪进士,翰林院编修。清末助袁世凯创办北洋军。曾任东三省总督、邮传部尚书、军机大臣、内阁协理大臣和北洋政府国务卿。1918年由段祺瑞的“安福国会”选为总统。1922年6月被直系军阀赶下台。抗日战争爆发后,拒任伪职,1939年6月病死于天津。徐督东时期,集两年经办之事,门分类别编为《东三省政略》。力倡修明内政、振兴实业、加强国际、发展教育、以求存图强。晚年编著《清儒学案》《水竹村人诗集》《颜李丛书》等二十余种。

于无穷。然以积弱窳敝之余，欲励行此策，必先筹借巨资，刷新百度，有操纵财权之实力，乃足与列强纵横角逐，而免太阿之倒持。于是深维本计，循序推行，有如借国债、立银行、行开放、联与国诸大端，不恤殚竭愚诚，与枢部诸公密谋婉议，往往冒常情所惊骇，而奋踔以为之。明知力薄任艰，未易遽期成效，而躬当其任，不敢告劳。

然而财力未充，事机屡变，识虑所及，力不足以副之。仅此政策所敷布者，或筹备而未及实行，或创办而未及收效。其间以经营蒙服，整固边防，尤为究心之举，而推及于行政、司法诸大端。念财用之困难，则兴实业，开屯垦以济之。念旗民之凋敝，则广学校，振工艺以救之。黾黾皇皇，惟力是视。综其所为，尚不足为勉强图存之策，又何敢言弭祸未形，抗衡欧美之为哉。然即此区区，所已设施而已，无兼营并进之能力。财权困于固有，人才限于一隅，每办一事，必几经曲折之涂，而始有基础之立。

以世昌之才识，当此两强角逐，万汇交乘之时代，左支右绌，亦固其宜。惟以商战不兴，兵祸未已，根本之计划既未能见诸施行，即使庶务勃兴，百废具举，而补苴涂饰之政策，终无补于艰危。又况今所行者，未必皆当，即当矣，无以赓续而扩充之，斯今日之事倍功半，勉强以赴者。一有不幸，则隳败于俄顷，而三省生民永无休息之期，此固世昌之奉职无状，力与愿违，所由日夕焦思，而引以为疚者也。

圣恩宽大，不加谴责，量移京部，乃集两年以来所营办之事，门分类别，纪为一编，不惟其文惟其实，以冀后之治斯土者，纠其谬误，进其事功，并借鉴于是编之所录，实不足以救东省之危亟，因出其深识毅力，以驯致于弭兵息民之政策。且以冀世之阅是编者，见其事而知其才力之不逮，悯其时会之大难，更合全国之力，惨淡经营以共保厘东土。意者，列圣诒谋之泽，当不至神歇灵绎而有光复之机乎，则世昌智尽能索之愆，亦可少偿于万一也已。

宣统三年孟夏之月，经筵讲官、实录馆总裁、宪政编查馆[1]大臣、督办津浦铁路大臣、国务大臣、内阁协理大臣、体仁阁大学士徐世昌叙。

〔1〕宪政编查馆，清代官署名称。清政府为推行“预备立宪”而设置。直属军机处。

目　录

卷一 边务

述要

古之防边者,大率徙民、置郡、列戍、屯田,为羁縻一时之计。当兵力强盛财赋充足之时,仅得稍稍休息。苟非其人,则丧师辱国,割地输金之事,史不绝书。然历考国界之关系,微特羌胡诸部游牧剽掠,昧于远图,即汉之匈奴、唐之突厥、宋之辽夏侵略中原,世为边患,亦第为一隅一事之驿骚,非协谋以图我也。第为外患于一时,非有心腹之害也,第为军队强胁之时代,非有吸取权利不战而制人之隐谋也。若夫水陆之冲与邻国共者殆数千里,而大陆则荒芜弥望,江流则行旅鲜通,在我并无徙民、置郡、列戍、屯田之事实,而彼则以交通之故,既以工商实业据我腹心,又复屯戍相望,布诸要塞,一旦以边事发难,其要挟直制中央之利害,其关系且及全局之安危,是则汉唐以来防边之变局,而适为今日之东三省。

夫东三省者,屏蔽京畿,控驭蒙部,其山川之厚,地产之丰,天时之宜,平原之广,固天府之隩区,而为宜农、宜商、宜战之国也。当国家多故,中夏用兵,当事者又昧于疆域道里之数,故尼布楚之约[1],穆克登[2]之碑,稍不注意,遂弃华离。及其

---

〔1〕 尼布楚之约,又称《尼布楚议界条约》,康熙二十八年(1689年)签订。因签订于尼布楚(今俄罗斯涅尔·琴斯克)而得名。为中俄第一个界约。《尼布楚条约》条约规定:外兴安岭以南、格尔必齐河和额尔古讷河以东至海的整个黑龙江流域,乌苏里江流域的土地,全部属于中国;外兴安岭与乌第河之间的地区,暂行存放另议。该条约明确划分了中俄两国的东西边界,从法律角度确定黑龙江和乌苏里江流域的广大地区都是中国的领土。

〔2〕 穆克登(1664—1735年),姓富察,吉林市乌拉街人,隶满洲镶黄旗。康熙时期任清康熙皇帝侍卫,打牲乌拉总管,代表中国与朝鲜立碑定界。雍正十三年,因劳累而病逝。

既也,守土者漠焉置之,鲜知以筹边之说进者。盖自宁古塔省治移驻于吉林,爱珲[1]省治移驻于墨尔根[2],复移驻于齐齐哈尔,已失控制之势,而疆圉因之多事矣。

咸、同以还,边患在俄,迨东清铁路成而俄势益张。然其时奉、吉之间,江流晏然竞争少息者,以朝鲜为之屏蔽也。自韩为日保护,而边事一变。日俄之役[3],南北分权而边事再变。协约既定,相竞相师而边事又变。

世昌盱衡时局,默察边情,以为不知我之现况不足以言筹备,不知彼之情势不足以与颉颃。爰分路调查,凡要塞之形势、荒漠之区域、界线之考证,即详绘图说,以为布置之根据。而于彼之图我者,军队所驻、铁路所通、事实之所发见、心目之所经营,靡不详讨冥搜,相机策应。两年以来,防其未然,禁其既发,筹备之迹仅有数端。

图们江岸,国界攸分,日人借保护韩侨为词,强立"间岛"[4]名目,突驻宪兵,扰我政令,侵我主权,于是乎有延吉边务之设,广集图证以折其狡辩,分设宪警以绥我人民,封天宝山[5]之矿,阻图们江之桥,抵制图谋,惟力是视。今虽抗议未终,固不能以狡执之谋强为占领也。延吉事起,而奉、吉之交韩民越垦者众,时复利用一进党到处煽动,别滋事端。咸镜[6]、会宁[7]日人,设兵安轨,布置极周,而韩之义兵时相窜扰,于是有长白设治之举,划吉林长白山险要之区,增设府治,抚驭韩侨,以通

---

〔1〕 爱珲,亦作爱珲、艾浑,清季后写作瑷珲,地名,一或云明哈喇乌苏卫故城,清通称旧爱辉,1900年为沙俄侵占。此处所述爱珲指在今黑龙江省黑河市南之爱珲,清康熙二十三年(1684年)筑为镇守黑龙江等处将军驻所,即爱珲新城,一称黑龙江城二十九年将军移驻墨尔根(今嫩江县)后,此为黑龙江副都统驻界,1908年裁副都统改置瑷珲直隶厅,1913年改县。

〔2〕 墨尔根,汉语意思是"善射"或"有智慧的人"。为我国东北边陲重镇。

〔3〕 日俄之役,即日俄战争,是20世纪初日本和沙皇俄国为争夺中国东北和朝鲜的霸权而进行的一场战争。1904年2月8日,日军偷袭俄国在中国旅顺的舰队,日俄战争爆发。1905年9月5日日俄双方签订《朴茨茅斯和约》,标志着日俄战争的结束。具有讽刺意味的是,清政府在这场发生在本国领土上的战争竟然宣布中立,无视日俄双方对中国领土和主权的践踏。

〔4〕 "间岛",是韩国人对图们江以北,海兰江以南的中国延边领土的单方面称呼,包括延吉、汪清、和龙、珲春四县市。清光绪三十三年(1907年),日本制造所谓"间岛"问题,意欲侵占中国吉林省延吉地区。伪满洲国在上述地区设置"间岛"省,省城是龙井。

〔5〕 天宝山,也称红石砬子,地处吉林省延边朝鲜族自治州龙井市西南,因丰富的有色金属储备而闻名。

〔6〕 咸镜,即咸镜道,范围在朝鲜半岛东北部,处于朝鲜民主主义人民共和国的管辖之下,道府位于咸兴。

〔7〕 会宁,朝鲜民主主义人民共和国东北端边境城市,会宁郡的首府。

临江[1]之路。又于鸭绿江沿岸地方,调查韩民户口生业,选择有司,约之以政教,抚之以德音,尚能就我范围,无意外之惊扰。

俄于黑龙江沿岸设兵置屯,通商开路,航路江权归其掌握,木植羊草任其取携,于是乎有分设卡伦[2]之议,由呼伦贝尔、爱珲以达兴东,分布卡屯,将以开通道路,保卫行旅,联络要隘,以为实边之基。蜂蜜山[3]与俄相接,仅隔兴凯一湖,私垦所集,盗匪以丛,千里膏腴,鞠为茂草,于是乎有开办屯垦之令,于穆棱河[4]一带,区划疆域,分别荒熟,以次经营,设蜜山府以资绥集,立垦务局以辟荒芜,亦殖民之一策也。

江省土沃民稀,弃利于地,将欲移民必资巨款,轮车免价既格于部议,而房舍、耕具、籽种之属尤苦不赀,于是乎有屯防营之设。先于嫩江[5]沿岸择地为屯,于延吉边防置退伍兵,另编防营,从事屯垦。果使更番迭代,逐渐扩充,大利所归,可以臆计。

满洲里[6]与俄接壤,鄂博尽失,侵占界里,则为之调查证据,详测舆图。日人以界务为名,欲修会宁铁路以达吉林,包括南部,横揽主权,则为之反覆利害,锐意抗阻。黑龙江为公共江流,而我几无达海之路,松花江航业,亦移权于外人,则为之提议行船章程,撤水利会推广邮船局,以保江权。关东渔业,收税竞争,漠河金矿,借涂异域,则为之申明领海,开凿山林。于呼伦贝尔为之定羊草各税则,而始无滥取之事。于哈尔滨严拒自治会为之反覆辩难,而始无封禁[7]之举,于满洲里辱我税员,则据理力争,而俄人始俯首输服。于珲春则试办林路,布置兵屯。于瑷珲、兴东则改设民官,开通道路。调查夹皮沟之矿,而韩登举[8]慑我国威,严防岩杵河之间,

---

〔1〕 临江,是吉林省白山市代管的县级市,位于吉林省东南部,长白山腹地,鸭绿江畔,与朝鲜民主主义人民共和国隔江相望。

〔2〕 卡伦,是清朝特有的一种具有防御、管理功能的设施,汉语意为台、站。

〔3〕 蜂蜜山,地处黑龙江省密山市区东南部25公里处,穆棱河与兴凯湖之间。相传此山曾经森林茂密,无数蜜蜂在山上筑巢。

〔4〕 穆棱河,是黑龙江省与吉林省的边界河流,乌苏里江左岸最大支流。

〔5〕 嫩江,发源于大兴安岭伊勒呼里山的中段南侧,其干流流经黑龙江省的嫩江镇、齐齐哈尔市、内蒙古自治区,全长1370公里,流域面积为29.7万平方公里。

〔6〕 满洲里,是内蒙古自治区直辖的县级市,为我国北方地区重要的陆路对外口岸。

〔7〕 封禁,是指中国古代对山林、河流的封闭,使其不向平民开放。这里指清建国后在东北地区设立籓篱,禁止汉人迁入的一种政策。

〔8〕 韩登举(1869—1919年),号子升,祖籍山东。义和团运动时期,沙俄入侵东北,韩曾带领团勇与俄军战于马烟山。1908年累升至参将。

而李范允不敢为乱。凡此内力不完，外患日迫，就人力所及，财力之所能，筹划经营仅及万一。

若夫固我国防，蔚为重镇，则必有官、有民、有商场、有铁路、有邮船、有军队巡警、有电线文报，由边荒以至内渐，先要塞而后平川，庶几实力渐充，机关完备。然而兴安岭以内，黑龙江之南，严满洲里入境之防，定图们江发源之界，则荒芜弥望，凭借毫无，将欲易榛莽为膏腴，变陵夷于富庶。岂独奔踔千里，恒叹才难，即一事所需，动辄巨万。责之东省，则绌于额支，筹之部臣，则扼于常例。独不思俄于东海滨、伯力[1]、阿穆尔省[2]移民之费，岁需若千万，日于东方铁路之发达，则两借英债以为抵偿。竞争之场，力绌者仆，势固然也。

夫以三省边务如此其重且要也，两强逼处，不惜巨资以吸收权利。相争则任客所为，相协则图我愈亟。而起视我之国界空虚辽阔，阒其无人，危殆之形，近在眉睫。是岂滇之邻于法，藏之迫于英所可伦比。

朝廷知三省之安危系乎全国，而边务之重要即系乎三省之安危，则必合全国之财力、人力，亟起而图之，以筹边之事责之疆吏，锐意主持，中外协力。而是编之所述者，亦第为考查之据，推广之端，其有待赓续者难更仆数。倘引其所未备而纠其所不及，筹边之策庶有豸乎。若夫息事省费，熟视无睹，则强邻窥伺，日进未已，事变一生，国防岌岌。内政虽善，不啻为彼代谋，而三省终不可治。权其利害，何道之从，世昌不敏，愿以质后之君子。

延吉篇

延吉位置，居长白东北麓。北循哈尔巴岭[3]及老黑山一带以卫吉林，东据佛多

〔1〕 伯力，又作伯利，现属俄，名哈巴罗夫斯克。位于黑龙江、乌苏里江会合口东岸。原为中国领土，清为吉林三姓副都统所辖，1858年（咸丰八年）沙俄侵建为要塞，以17世纪中叶侵略黑龙江流域之头目哈巴罗夫为名称，哈巴罗夫斯克。1860年沙俄强迫清政府订立了平等的《北京条约》，将其割占。

〔2〕 阿穆尔省，俄罗斯的一个州，位于俄罗斯东南部，其南部、西南部与中国相邻，西部与赤塔州接壤，北部与萨哈共和国相邻，东北部和东部与哈巴罗夫斯克边疆区相邻，东南部与犹太自治州相邻。

〔3〕 哈尔巴岭，位于延吉北，南接牡丹岭，北至嘎呀河源头接黑龙江省境内的东老爷岭。

石岭[1]与俄罗斯界，南依图们江与朝鲜界，面积约八万四千余方里，被山带河，四塞为固。考肃慎氏以来历史，固形胜必争之地，东方霸国之故墟也。女真[2]以高勾骊[3]一部落崛起图们流域，代辽勃兴，几灭宋室。

国朝首据鄂莫索野之鄂多哩城[4]，再起兴京[5]，入主中夏，地利所关，天命斯属，有由来矣。延吉金源及国朝历史。详调查延吉边务报告书[6]。乃自奠定中原，以为发祥重地，西徙人民入关，定封禁之制，毋许采伐，财力雄富之故土，浸成荒芜。虽康熙中叶设珲春协领[7]，隶属于宁古塔副都统[8]以资镇慑，而地方寥阔，无异羁縻。势易时移，竟于根本重地，频生边务交涉，岂国初定制时意料所及哉。

咸丰以还，俄力东渐，喀布尼条约割弃乌苏里江左岸之地二千七百余里。珲春僻处东陲，毗连俄境，而边事一变。光绪初元，韩民越垦，假田忘返，致起吉韩界务争端，而边事又一变。

朝廷注重俄防，改珲春协领为副都统，驻防营，建垦局，设边务督办，以期慎固封守。继又设吉朝通商局及抚垦局，体恤藩封，为招徕抚字计。至光绪二十八年，始以延吉为管辖俄韩重地，废国朝军政旧规，建延吉厅[9]治，以民官统治之。则自

〔1〕 佛多石岭，又称长山岭，东与俄国交界。《珲春乡土志》载："佛多石岭距县城60里，由岭南下折向东行50里为岩杵河，由岩杵河南行60里至毛口崴。"

〔2〕 女真，东北地区的少数民族之一，17世纪初建州女真逐渐强大，努尔哈赤建立后金政权。其后女真族改称满洲。

〔3〕 高勾骊，古族名、古国名，原是公元前1世纪至公元7世纪生活在我国东北地区和朝鲜半岛的中国少数民族政权。6世纪后渐衰，668年为新罗和唐军所灭，旋并入新罗。

〔4〕 鄂多哩城，为满语，汉语意即"风口"。女真人早期处于渔猎社会，曾修筑有大量的鄂多哩城。

〔5〕 兴京，原名赫图阿拉，又作赫图阿喇、黑秃阿喇，意为"横岗"。1616—1621年间为后金都城。故址在今辽宁省新宾县西老城村。

〔6〕 调查延吉边务报告书，由吴禄贞、周维桢编撰。全书4册，约10万字，本书为晚清日本制造的所谓"间岛"交涉过程中，中国驳斥日本侵略谬论，提供了详实的证据。

〔7〕 协领，是清朝各省驻防将军的属官。清代驻防八旗各旗所设职务，从三品，掌驻防户籍，以时颁其教诫。位在副都统之下，佐领之上。

〔8〕 都统，清代八旗组织中每旗的最高长官。八旗制度：每旗置"固山额真"一人，左、右"梅勒额真"（后改为"梅勒章京"）各一人。顺治十七年（1660年）定"固山额真"汉名为"都统"，定"梅勒章京"汉名为"副都统"，职掌一旗的户口、生产、教养和训练等。又清在各省建置驻防八旗，设将军或都统为长官。一般将军与都统不并置，凡设将军处，其下置副都统。在若干地区，都统即为该地区最高行政长官，如热河都统、察哈尔都统。

〔9〕 延吉厅，清光绪二十八年（1902年）置。属吉林分巡道。治所在局子街，即今吉林省延边朝鲜自治州延吉市。宣统元年（1909年）升为延吉府。

咸丰以迄光绪年间，所以谋巩固边防者，久已上劳宵旰之忧勤，下烦疆臣之擘画矣。国朝建设沿革及韩民越垦始末，俱详调查延吉边务报告书。惟以地方僻远，又值二百年来历行封禁之后，虽经布置，边备仍虚。且中韩界务图们国界虽已订明，而红土、石乙二水数十里间断断未定。详调查延吉边务报告书。自日俄战后，朝鲜夷为保护国，日人遂欲袭其争界故智，诡造“间岛”谬说，以谋侵占我领土。世昌奉命督东，诇知情势，乃派吴禄贞[1]驰往调查。到延之次日，日人适派员率兵入境，仓猝相遇，在日人固不料我之有备也，而我幸得竭力筹谋，以为应付抵制之策。于是日谋稍阻，乃可从容谈判，以折其方张之势。

夫图们江北确系我领土，为环球所公认。即谓江源国界间有不明，亦应由两国政府派员会勘。若韩民越垦，夙归我国治理，则我自当力任保护之责。乃日人不顾公法，擅率宪兵越境，以保护韩民为词，窃欲据延吉为己有者，其故何哉。盖以日既胜俄，两国势力竞争，由满洲西部趋重于满洲东部，延吉一隅遂为中日俄三国势力隐相接触之地。俄用之足以制日，日俄战时，俄人曾驻兵图们北，扼江防守。日用之足以制俄，我善用之则足兼制俄与日，固三省东南重镇也。日人乘俄人败退之后，庚子后，俄人进据珲春，驻兵艾丹城。日俄战后始退去。及我国放任之余，遂欲据延吉为己有。

窃尝侦察其越境以前之诡谋及越境后之举动，而知其出此甘冒不韪之举者，原因盖有四焉：一曰军事，一曰交通，一曰移民，一曰殖产。

所谓原因于军事者何也，昔俄人之经营满洲，建旅顺口、海参崴二大军港，借东清铁道东西二线之联贯，驻重兵于哈尔滨为后援，以控制满韩而进争太平洋海权。战役以后，旅顺口既陷于日人之手，东清铁道支线长春以南又划为日领，俄于奉天，几不能南下而牧马，经营远东之志，因不得不由满洲西部而转向满洲东部。以故海陆重兵，悉集于乌苏里江以东，并移陆军根据地于哈巴罗甫，华名波里。踞黑龙江、松花江、乌苏里江之要冲，与海参崴、哈尔滨相犄角。沿边驿站，悉以哥萨克[2]骑兵改充，且议改筑东清铁道为双轨，以便军用。是其军事计划，直包围满洲东北部，谋出日本海以恢复东亚之霸权。朝鲜近在俄领东海滨省肘腋，尤不能安枕而无事。夫日本海为日本北面海防，安危所系，险要与俄人共之。朝鲜为日本屏蔽，又其竭全国之力喋血以争之者。俄人若以海军进攻日本北海道，既可扼其背而拊其吭，以

〔1〕 吴禄贞(1880—1911年)，字绥卿，湖北云梦人，时任吉林边务帮办。

〔2〕 哥萨克，在突厥语中意为“自由人”，是一群生活在东欧大草原的游牧社群。为俄罗斯人之一部分。主要散居于顿河、库理河一带。

陆军由庆源、庆兴进攻朝鲜,复可捣其腋而断其臂,则日本北面国防仍有岌岌可危之势。日人知其然而思所以应之,从事日本及朝鲜咸镜军事之布置,辟温贵军港,隐与海参崴相抗,且于罗南驻一旅团,会宁驻一师团相策应,则其谋抵御俄人之东出者已无微不至。惟是图们南岸山岭丛薄,形势阻绝,只能为防御应敌之师,不能为攻击制敌之举。此亦形格势禁,无可如何者。而延吉则当日本海之捷道,为北韩、南满[1]、俄领东海滨省交通之要区,实足出奇制胜而有余。日人若据有延吉,平时可屯宿重兵。以珲春亘凉水泉子、延吉、额木索为第一防御线,以图们江南六镇编成要塞为第二防御线,以温贵、清津[2]、元山[3]等处为军事策源地,近与朝鲜屯驻军相提携,远与南满守备队相呼应。一与俄战,东道珲春可断海参崴之左臂,北出宁古塔可截东清铁道为二而绝其后援,则俄人所恃以经营东亚之海参崴军港,几有三面受敌应接不暇之虞。俄人闻斋藤越境,即欲进据珲春以取均势。后以我国与日人交涉,竭力抵制,始行中止,而移驻陆军大队于岩杵河,东距珲春九十里。以为之防者此也。至关于我国军事,延吉若失,则吉林南部、奉天东部别无可为进战退守地者。藩篱一撤,全局皆危,更不待烦言解矣。此其必欲据延吉为己有者一也。

所谓原因于交通者何也,满洲、朝鲜与日本间以大海,地势不相接。满洲僻处西北,尤觉鞭长莫及。自日本海而至满洲,非渡对马海峡纵贯朝鲜半岛而至安东[4],则必航黄海绕朝鲜西岸而至大连。行程往复,辄经旬日。且俄人战败后,鉴于前此交通不便之故,议改筑西伯利亚铁道为复线,修黑龙江铁道与东清、乌苏里铁道及黑龙江、松花江水运相联络。则俄人于满洲东北部之经营,棋布星罗,仍有率然在山之势。日人若仅恃南满及安奉铁道[5]之运输,形势偏枯,实不足争雄于大陆。夫由日本而控制满韩,与其绕行远途之对马海峡及黄海方面,不如径走直道日本海之为愈也。与其从事距离较远之西朝鲜间接阻俄人之南下,不如从事声援相接之东朝鲜,直接以捣俄人中坚之为愈也。故于朝鲜东部开清津为商港,修清津至会宁

---

〔1〕 南满,系南满洲的简称,是对中国东北地区南部及其附近地域的称呼。

〔2〕 清津,现在是朝鲜民主主义人民共和国咸镜北道的首府,为朝鲜第三大城市,同时也是朝鲜北部重要的工业城市,人口约为700 000人。

〔3〕 元山,今为朝鲜民主主义人民共和国咸镜南道城市,位于朝鲜半岛东部,是朝鲜重要的贸易港口。

〔4〕 安东,1965 年改称丹东市。

〔5〕 安奉铁道,最早是日本在日俄战争期间,借口战时军运需要,强筑的轻便铁路。安奉铁路从安东(今辽宁丹东)到苏家屯,全长 261 公里。

铁道,开敦贺[1]、舞鹤[2]与清津、温贵之航路,交通之政,无不极力经营。然以朝鲜东部与俄领东海滨省有日本海及图们江阻绝其间,平时战时终不足制俄人国防经济之利害。一越图们江北则为中国领土,吉林富饶最著之松花江、牡丹江流域,与朝鲜相距甚远,虽有清津商港而陆上富源不继,输出入之货物不多,则其所以谋联络满、韩增进国力者,虽百计经营,终未能踌躇满志者也。而延吉则绾毂北韩、南满及俄领各地之交通,为图们江北一大都会。日人若据有延吉,则必渐谋展造由清津至会宁之铁道于吉林。平时商务实业之转输,既可夺俄人东清铁道与松花江水东向之输送力,折而由朝鲜东部输出于日本海,以启发吉林南部富源。战时则自敦贺军港越日本海,贯东朝鲜以走吉林,军士之委输,刍秣之飞挽,事事皆操胜算。日人矢野国太郎论修造会宁至吉林铁道利益详后交通及铁道计画篇。日人越境后,屡欲借端尝试展造图们江北铁道,经边务督办陈昭常[3]竭力抵制而止。今岁提议界务,日使竟以修造会宁至吉林军用铁道,向我外部要求。夫吉长铁道[4]既与日人合修,则自旅顺经长春至吉林路权已归其掌握。若复获修筑此路,满洲南部将悉为所囊括,不啻划东清铁道南北为日俄二国预定之界线已。此其必欲据延吉为己有者二也。

所谓原因于移民者何也,日本以区区三岛,国土逼狭,不足供本国人民繁殖,举国上下倡导帝国主义,求殖民地于海外。日俄战后,日人抱其南守北进之政策,于殖民事业鼓吹奖励,几欲使地大物博之东三省为日本人民繁殖之区,然日人今日仅能为工商之殖民,难为农业之殖民,其殖民之势力亦多增长于奉天,尚未侵入吉省。且俄人战败后,国家筹集资本,由铁道运送壮丁于阿穆尔省及乌苏里江以东者,每日恒数十乘,实行移民屯田以实边,尤日人急谋所以抵制之者也。而延吉境内韩民越垦者,多至六万余户,东出绥芬又与俄之殖民地相接,遂欲借韩人殖民繁盛之区,为其殖民势力增进之区。夫延吉为白山东麓,所迤大陆又有图们江、海兰河[5]、布

---

〔1〕 敦贺,位于日本本州中西部日本海岸的港口城市。

〔2〕 舞鹤,日本城市,位于京都府的北部,是该府下辖的次级行政区之一。

〔3〕 陈昭常(1868—1914年),字简持,广东新会人。1908年为吉林省巡抚。辛亥革命后,陈昭常被推举为吉林都督,次年兼任吉林省民政总长。

〔4〕 吉长铁道自吉林省城至长春,长127公里。1909年开工,1912年竣工。

〔5〕 海兰河,中国东北图们江的支流,主要流域位于吉林省东南部,在龙井市长安乡河龙屯合布尔哈通河后汇入图们江。

尔哈通河[1]、嘎呀河[2]、珲春河流域之平原，土脉膏腴，气候温暖，且自二百年来封禁后，沃甸荒原，绵亘遐阔，辟土植谷，不粪而熟，固最适殖民之良地也。惟地方辽远，华民移殖维艰，遂使越垦韩民，坐收其利。今计延吉升科[3]熟地仅十万垧，岁供华韩人民十余万之食，且输出于朝鲜及俄领东海滨省者几难数计，则其田土膏腴谷产丰富已可概见，而况合延吉全境，可垦荒区尚不下三十余万垧乎。日人若据有延吉，则必视为海外一大尾闾，利用海陆交通而便其移殖之途，利用北韩、南满产业之启发而厚其生活之资，利用延吉全境荒地之待垦，佣力之需增而固其永久占居之业，不及数年，现有华民必渐被摈斥，而悉变为日韩殖民地矣。且吉林南部之适于殖民者，不独延吉已也。自松花江、牡丹江以迄乌苏里江流域，类皆平原膴膴，户口稀疏，丰草长林，急需垦辟，尤日韩人欣羡无已者也。故未越境以前，特派农学士数人调查农产，继于六道沟[4]设农事试验场考究土宜，以谋改良种植，近且筹集巨资，创立东洋拓殖会社[5]，欲以吉林南部为日韩民族繁衍之区，尤诡谋之显著者矣。此其必欲据延吉为己有者三也。

所谓原因于殖产者何也，日俄战后，日人有恒言曰，开发满洲富源者，日本国民之天职也。其余奉天铁道、森林、矿产之经营，几欲使无限利权尽归掌握。然东三省为世界有数富源，固人所尽知。而东省富源多在吉林，吉林富源多在南部，而延吉居其最，实世人所罕知。盖其地自长白山蜿蜒东迤，开此大陆山川，磅礴之气，惟所独钟。五金异产下富缄藏，延吉矿产详调查、延吉边务报告书。窝集乔柯上蔽天日，延吉森林据李科员维楫调查报告，按百年轮伐，每年可出材积十四万尺缔，详后。加以平皇广衍，耕牧咸宜，山河交错，渔猎兼适，物产之富，财力之雄，固可谓图们江北之陆海也。惟自国朝封禁以后，货弃于地，知者绝少。且咸丰年间，图们江海口割归俄领，天然宝藏艰于输出之途，其精英遂未能发现耳。日人若据有延吉，则必大兴产业，从事森林矿产之采伐，且将俟展造图们江北铁路，而谋日本、东韩、北满工商业之发展。以北满物产由铁道输出延吉，则东经珲春可散于俄领各地而

〔1〕　布尔哈通河，地处吉林省延吉市，源出哈尔巴岭，注入图们江。

〔2〕　嘎呀河，发源于老松岭，流域面积为 6242 平方公里，与海兰河汇合流入图们江。

〔3〕　升科，明清定制谓开垦荒地，满规定年限即水田六年，旱田十年后，就按照普通田地收税条例征收钱粮。

〔4〕　六道沟，六道沟镇位于今吉林省临江市东南部，镇政府驻六道沟，距市区 35 千米。

〔5〕　东洋拓殖会社，全称东洋拓殖株式，简称“东拓”。日本在朝鲜建立的殖民掠夺机构。1908 年成立，总部设立在汉城（今首尔），1917 年迁至东京。专门经营农田、水利、土地买卖、房屋建筑和高利贷等事业。后扩及东南亚各国。1945 年日本投降时解散。

操其奇赢，南下清津可供东韩地方物力之息耗及日本内国工料。以日本商品由海道经清津输入于延吉，则北出吉林可供北满洲一切需要之消耗。日人矢野国太郎至谓会宁至吉林铁道若成，可夺海参崴之繁荣移于清津，使日本海将来可配美欧罗巴之地中海，其以此矣。日人于未越境前，于天宝山矿产即已与华人私订开采之约，于杉松背森林则妄行采伐，显试其白昼攫金之技，皆经我国力阻。今岁提议界务，日使又以开采天宝山矿产向我外部要求，其野心固犹未死也。此其必欲据延吉为己有者四也。

综此四端，则其强词夺理，甘冒不韪为派员越境之举者，目光固不仅注延吉，直欲以延吉为进取满洲全部之基础，而借界务未定及保护韩民为口实者，皆外交之饰辞而已。则延吉一隅之地，其关系于我国政局为何如耶。

夫国家疆土，尺寸必严其防，况内为朝廷根本要区，外为三省全局安危所系者乎。办理稍一不慎，不惟土地主权悉非我有，小之则坏三省平和之全局，大之将启各国侵占之狡谋，夫岂得与边鄙瓯脱之区同类而等视耶。日人越境后，为捍卫边陲计，奏派边务督、帮办[1]至延，专任一切交涉经营之责。凡可固吾圉、伐敌谋者，无不力筹抵制。两年以来，日人内制于我国之防维，外迫于世界之公论，始有解决界务之提议。今虽抗论未终，彼终不能以游移无据之词，夺我图们有定之界。领土所归，即主权所属，则其进取野心未始不因之稍戢。然以延吉边务关系之重，外人窥伺之深，后患犹难预测。若不宽筹财政，实力经营，则前此所用金钱将等虚掷于泥沙，即向所竭力争持者，恐难免为强邻之外府，尤世昌日夕殷忧，图有以善其后者也。语曰敌不可假，时不可失。爰将自延吉交涉发端以来，凡因应之方，规划之略，与筹谋所及而实力尚未能举者，咸著于篇，俾后之筹边者，知所从事焉。

纪建置

延吉为发祥重地，定制封禁，仅设珲春协领，隶属于宁古塔副都统之下，以遥制

〔1〕 指吉林边务督办陈昭常、吉林边务帮办吴禄贞。

之。纵横数千里之地，列为禁山围场[1]，凡人民之移植、田土之垦辟、人参、东珠[2]之采取，皆悬为厉禁。彼时固视为丰镐旧邦，不复以防边之道治之矣。

咸丰年间，中俄界约[3]成立，弃乌苏里江以东之地以畀俄人，珲春地处东隅，遂为边要。朝廷加珲春协领以副都统，俾资镇摄，然协领为专理旗民之官，于边防仍无所兴革。光绪纪元以来，俄人窥边愈急，而韩民越垦者日益众，朝廷知旧制不足以资治理，始废禁山围场成规，驻防营，建垦局，设边务督办以卫边圉。至二十八年，疆吏以华韩杂处，事务殷繁，奏设延吉同知[4]，易旗员，疏阔旧规，建民政机关，不可谓非根本之改革矣。然骄兵污吏，时复芽蘖其间，不足以收绥靖边氓之效。日人于光绪三十三年七月，妄言国界未定，借口保护韩民为词，派员越境。夫图们江北，确系我国领土，日人非不深知，顾强词夺理以与我争此土者，亦我边防废弛，吏治兵政之不举有以致之也。且日人之于延吉也，投绝大资财而不之惜，其意亦非必仞为已有。盖以异日界务纵解决，而彼根基已固，名义虽让，实力仍可日进无已。故日人越境后，我国催令派员勘界，彼竟借词延缓者此也。然而内政不修，外交不协，故特奏派边务督、帮办至延，专任经营之责。凡可以保全领土巩固主权者，无不竭力筹维，次第举办，综其概略，可得言焉。延吉幅员辽阔，治理难周，华韩杂处，民隐不达，奸弊丛生，莫可究诘，于是添设派办处以理民政。

向者地方不靖，民多通匪，良莠莫分，人尽可盗。远民闻而裹足，外人得以有词，于是选派奉、吉二省警兵至延，以兴警政。夫重军所镇，是谓要塞，分兵以守，是曰边防。延吉日伺于南，俄睨于东，计所屯兵均在二万以上，我独自弱，实召衅也。保卫治安，其机尤迫，于是改良巡防队，移驻陆军至延以修军政。

---

〔1〕 围场，是旧时围起来专供皇帝、贵族打猎的场地。

〔2〕 东珠，东珠，满语为“塔娜”。清朝将产自于东北地区的珍珠称为东珠（或北珠），用于区别产自南方的南珠。它产于黑龙江、乌苏里江、鸭绿江及其流域。清朝统治者把东珠看作珍宝，用以镶嵌在表示权利和尊荣的冠服饰物上。皇后、皇太后的冬朝冠，缀饰的东珠与珍珠约300颗，冠顶东珠13颗，珍珠51颗。余如耳饰、朝珠等，也用东珠镶嵌，以表示身份并显现皇家的权威。

〔3〕 中俄界约，即《中俄北京条约》，又称《中俄续增条约》，是沙皇俄国和清朝于咸丰十年（1860年）在北京签订的不平等条约。该条约使清政府确认了《瑷珲条约》的合法性，并割让了乌苏里江以东（包括库页岛）约40万平方公里的领土。该条约与《中英北京条约》和《中法北京条约》构成了《北京条约》的主体。

〔4〕 同知，官名，系同某官之意，其位相当某官之副。宋及辽金时均设，明清时定为知府、知州的佐官，分掌督粮、缉捕、海防、江防、水利等。清代州的同知，称州同。同知与通判又可为地方政权厅一级的长官。

延吉土旷人稀，草莱未辟，慢藏诲盗，其致有由，于是兴屯垦以尽地利。民不知忠孝，无以生爱国之心，士不识礼义，无以固同仇之气。盖以边氓固陋，识字无多，老不相闻，甘于自弃，于是兴教育以固民志。他如开道路、设邮电以便交通，测绘国界以正疆域，设医院以讲卫生，兴工程以固边圉。其富源所在，如森林、航路诸要务，亦已详细调查，以资兴举。虽以绌于经费未及见诸施行，然亦边务经营之大略已。两年以来，日人虽百计图维，于实际尚未能进取，未始非竭力抵制之微效。然以延吉边务关系之重，待整理而发皇之者尚复何限，则今日边务经营亦第微启其绪，为后日筹备边防之先导而已。

奏设边务督、帮办

督办边务之设，始于光绪七年。是时俄防孔亟，为慎固封守计，廷旨以三品卿衔吴大澂[1]为督办。吴去任后，改归吉林将军[2]兼摄，而以珲春副都统为帮办，以收臂指之效。体畀以兼衔之意，所以使守土者重边务也。中更乱离，官失其职。及丁未秋，日人派兵越境，官斯地者，仓卒不得应付之策，驻守防军又皆窳败不可恃，风声所播，至为危迫。世昌既派员调查边境以图补救，复思设险守国，置戍屯军。在昔临边要须重镇，今日东西各国遇有界务毗连，多定为师管区域直接控制。延吉地为三国势力所均，即为东亚安危所系，安延吉所以安东亚也。因师中外守边成法，奏简边务督、帮办，以军事机关兼理地方行政，其名目虽一仍旧贯，而其职掌编制异前制矣。两年以来，幸得无事。凡所以因应交涉、兴革、庶务保我利权、杜人窥伺者，多于边务督、帮办是赖。其人员始为京堂陈昭常、协都统吴禄贞。陈昭常既擢吉林巡抚，吴禄贞亦以事内调，乃以道员傅良佐[3]继其后。傅道旋谢病去，仍奏

〔1〕 吴大澂(1835—1902年)，清末金石家、文字学家。字清卿，号恒轩，又号窸斋。字止敬，江苏吴县人。清同治七年(1868年)进士，曾历任编修，陕甘学政，河南、河北道员，太仆寺卿，太常寺卿，通政使，左都御史，广东、湖南巡抚等职。光绪六年(1880年)赴吉林办理边务。曾参与签订《中俄珲春东界约》及《中俄查勘两国交界道路记》。

〔2〕 吉林将军，全称“镇守吉林乌拉等处将军”，原为清朝正一品官职，乾隆三十二年(1767年)降为从一品，驻于吉林乌拉。清朝在东北地区施行有别于关内“行省制”的“军府制”，吉林将军为东北地区三个将军之一，统辖范围包括今天的吉林省中东部、黑龙江省东部和今俄罗斯滨海边疆区全部、哈巴罗夫斯克边疆区东南部。

〔3〕 傅良佐(1873—1924年)，字清节，湖南乾城人。1894年考入时务学堂，其后曾历任练兵处提调、兵备处帮办、吉林边务帮办、东三省督练处总参议等职。

以吴禄贞充督办,迄今尚留延任云。

附奏派边务督、帮办折

奏为日兵越占边界,事机危迫,谨将特派专员驰往筹办情形,恭折具陈,仰祈圣鉴事。

窃惟吉林东边延吉厅所属地方,与韩国接壤,向以图们江一水为天然国界。从前韩为我属,韩民往往越界私垦,居留日久,俨成土著,向系受我范围,历经北洋大臣、吉林将军与韩国交涉有案。自韩国归日人保护,韩人乘屡次变乱,越垦日多。现在该地韩民据报有十余万人,华民仅二万余人。日人遂欲肆其西封,益谋侵略,私改旧日舆图,强立"间岛"名目,将延吉厅属之和龙峪[1]、光霁峪[2]等处,划入韩国境内,并影射迤西相距六百余里之夹皮沟[3],以为逐渐进占地步。臣等抵任之初,因有所闻,即派监督吴禄贞密往确查,并带员生测绘界图。嗣准外务部[4]来文,复加派道员王崇文[5]分投往查。前月复准外务部文称,日本阿部代使以该处界务未经解决,所有韩民应由彼派兵保护等语,当饬监督吴禄贞确切调查。旋据禀称,日人斋藤季治郎[6]奉韩国统监伊藤博文之命,驻扎延吉所属之六道沟,现有日本兵队及朝鲜巡兵约三百人,乘马百余匹,尚有兵队陆续渡江,由会宁运来之军需、军械,每日车辆多至五六十乘,并预备建造房屋,购买木料,拟由六道沟至韩国咸镜道之钟城安设电线,严禁韩民纳中国斗税。一切举动,大有强据延吉一带视为韩国土地之势。该地方官暨派出驻扎兵队向前禁阻,悍然不顾,竟覆函声称此地万难承认全系贵国领土等语。又闻俄人派兵数千,驻扎珲春附近,窥伺我国对付日人如何,将有乘机并进之意。臣等闻报后,当即电饬吴禄贞并各员弁安辑居民,相机因应,

---

〔1〕 和龙峪,是清朝末年朝鲜移民活动的主要区域,今为吉林省延边朝鲜族自治州龙井市智新镇驻地。

〔2〕 光霁峪,位于今吉林省龙井市东开山屯镇光昭村。

〔3〕 夹皮沟,又名加级沟。即今吉林桦甸市东南夹皮沟镇。

〔4〕 外务部,官署名。清代后期设置,掌国际交涉、昭布德信、保护侨民,以慎邦交等外交事务。

〔5〕 王崇文(1875—?),原名兆斌,字子翰,福建闽县人。早年考入天津水师学堂。其后历任东三省候补道员,民国北京政府海军部视察,海军部军需司司长,海军部吉黑江防筹备处处长,吉黑江防司令部司令、东北江防舰队司令等职。

〔6〕 斋藤季治郎,陆军中佐,是日本制造"间岛"问题的主要策划者之一。

并饬行营翼长张勋[1]抽拨营队，速赴该处驻扎，以资镇摄，再电由外务部诘问日使，催令撤兵。迄今该处居民纷纷迁避，似应商定彼兵先行撤回韩境，再议会勘界务。现在筹办安设电线，考查旧日界址，庶将来谈判易于措手。臣等惟延吉一带荒莽广漠，弥望千里，从前韩国本为我属邦，仰荷天朝覆庇，不分畛域，彼国人民越界耕种，均已安居乐业，并未定有区别办法。今日人以时局变迁，交涉顿殊，遂极意经营，得尺则尺，得寸则寸，以谋扩张其权力，现拟由和龙峪等处进规至夹皮沟，纵横将逾千里，并与奉天之临江县形势毗连，握吉、奉两省之锁钥，骎骎有左提右挈之势。我若稍形退让，后患何堪设想。臣等再四筹商，非有长于交涉明达事变之材，前往综理边事，不足以固我防维，息彼觊觎。拟派前邮传部[2]右丞陈昭常督办吉林边务，监督吴禄贞帮办一切。二员讲习边情，研究公法，必能措置裕如。现经带同测绘员生将该处地势详细调查，将来会勘界务，即派该二员办理，较有裨益。惟该处旗民杂处，驻有兵队，事权不属，诚恐呼应不灵。合无仰恳天恩，将陈昭常赏给副都统衔，吴禄贞本充陆军部监督，当差有年，著有劳绩，可否赏给正参领并加协都统衔，以资镇摄，而期得力之处，伏候圣裁。

臣等为捍卫边陲，慎固封守，冀以保东土鸿沟之界，杜强邻蚕食之谋，冒昧渎陈，无任迫切屏营之至。所有日兵越界并派员办理情形，谨恭折具陈，伏乞皇太后、皇上圣鉴训示。谨奏。

光绪三十三年八月初十日具奏，二十三日奉朱批，陈昭常著赏给副都统衔，吴禄贞著赏给陆军正参领并加陆军协都统衔。该部知道。钦此。

附奏派傅良佐帮办延吉厅边务片

再延吉界务久未解决，相机因应，尤关重要。珲春副都统员缺，业经请旨派员署理，专办珲春一切事宜，而署抚臣陈昭常从前督办延吉边务，本系一手经营，以后应办各事自应仍由该署抚臣督饬办理。至帮办延吉边务一差，兹查有二品衔候选道傅良佐，晓畅军事，慎练耐劳，熟悉日本情形，堪以派充该处帮办。其原派之吴禄贞即行檄调回奉，另有差委。除分饬遵照外，谨附片具陈，伏乞圣鉴，谨奏。

---

〔1〕 张勋(1854—1923 年)，原名张和，字少轩、绍轩，号松寿老人，谥号忠武，江西省奉新县人，中国近代北洋军阀，因制造了清廷复辟的闹剧而载入史册。

〔2〕 邮传部，官署名。清光绪三十三年(1907 年)设置。主要负责交通行政的管制，其属有船政、路政、电政、邮政四司。

光绪三十四年七月十九日附奏，本月二十七日奉到朱批，该部知道。钦此。

附奏派吴禄贞督办延吉边务并升级加衔片

再陆军协都统衔正参领吴禄贞，谙习日文，晓畅军事，前由臣奏派帮办吉林延吉边务。该员驻延以来，对待外人，抚驭韩侨，经营内政，不遗余力。虽界务问题尚未解决，而百端规划，广搜证据，使皆晓然于延吉之为我领土，该员之功居多。当日人渡江时，臣适派该员前往调查，猝与相遇，相机因应明阻，其谋卒不得逞，始得专派大员从容筹划，是该员之首功实有不能没者。嗣因有询商事件，将该员调回奉省，改派帮办傅良佐前往接办。因其绪余，悉心经理，于外交内政，亦能操纵咸宜，诸臻妥协。现在傅良佐因病请假回省就医，已准其开去帮办差使。而延吉界务正在开议，深恐难于解决，希图进步，非得洞悉边情、声望夙著之员，难期胜任。相应请旨将该员吴禄贞派充督办吉林延吉边务，必能整饬国防以息觊觎，而专职守。臣昭常前曾督办延吉边务，一切情形较为熟悉，现抚吉林，仍可就近筹策，以期周妥。至该员初到延吉，以一身力为抗御，保存疆土，实属著有勤劳。现既派为督办，职任较崇，且驻延之日员斋藤季治郎亦已升授少将，必有相当之职权，俾便因应。合无仰恳天恩，俯准将陆军协都统衔正参领吴禄贞升授陆军协都统，并赏加陆军副都统衔，以彰劳勚。不但该员益勉驰驱，即于外交内政均足以资筹措，边务前途，大有裨益。其随同办事各员，驰驱边塞，将及二年，不无微劳足录，合无仰恳天恩，准其择尤请奖，以资激劝而励勤劳。谨附片具陈，伏乞圣鉴训示，谨奏。

宣统元年闰二月二十八日附奏，三月十一日奉到朱批，著照所请。该部知道。钦此。

附奏吉抚陈昭常办理延吉边务有功胪陈片

再署吉林抚臣陈昭常前奏派督办吉林延吉边务，因应强邻，整理庶政，尽心筹划，卒能固我国防，主权不失，实属操纵咸宜，有功斯土。嗣已奉命署理吉林巡抚，始终擘画，条理秩然。用能接续筹办，是其在延经始之功，实有不能没者。臣知之有素，不敢壅于上闻。谨附片具陈，伏乞圣鉴，谨奏。

宣统元年闰二月二十八日附奏，于三月十一日奉旨留中。钦此。

附奏候选道傅良佐因办边务出力请存记片

再二品衔调奉候选道傅良佐，前经臣世昌奏派接充边务帮办。维时臣昭常署理抚篆，所有延吉边务交涉事宜，胥由该员就近经理。自上年莅延以来，督饬各员妥为经画，殚心职守，措置裕如，实属异常出力。查各省督、抚，臣保荐人员请交军机处[1]存记，历蒙俞允各在案，该员事同一律，合无仰恳天恩，俯准将二品衔调奉候选道傅良佐交军机处存记之处，出自高厚鸿施，谨附片具陈，伏乞圣鉴。谨奏。

宣统元年闰二月二十八日附奏，三月十一日奉到朱批，著照所请。钦此。

附边务公署人员编制暂行章程

督办一员。

帮办一员。

一等参谋官一员：禀承督帮办赞佐，调度军队，捕剿胡匪，布置边防事宜。

二等参谋官一员：随同一等参谋计划戎机。

三等参谋官一员：帮助二等参谋办理一切。

办事处。

办事官一员：禀承督帮办管理各派办处来往报告。

三等书记官一员：随同办事官经理文牍。

司书生一员：专司誊稿。

秘书处。

二等秘书官一员：禀承督帮办管理秘密文电紧要机密事宜。

三等秘书官二员：随同经理秘密文电各件。

书记科。

科长一员：禀承督帮办管理边务防军、陆军及各处来往文牍稿件，案卷编号，归档誊缮等事。

二等书记官一员：随同科长管理文牍稿件。

三等书记官二员：帮助管理文牍稿件。

---

〔1〕 军机处，清代官署名。是清朝中后期皇帝加强中央集权的重要产物，掌军国大政，以赞机务，为辅佐皇帝处理政务的机构，是清廷的中枢权力机关。

核对兼监印委员一员:管理监印核对事项。

收发兼管卷委员一员:管理收发文件编号归档事项。

司书生四员:专司誊录。

交涉科。

科长一员:禀承督帮办经理华洋交涉,翻译来往公文,接款外宾等事。

一等东文[1]翻译官一员:随同科长翻译东文东语事件。

二等东文翻译官一员:帮同翻译东文东语事件。

二等俄文翻译官二员:随同科长翻译俄文俄语事件。

三等翻译官二员:专为派往他国坐探一切。

译员四员:随时遣派译述东文东语。

筹备科。

科长一员:禀承督帮办管理筹备各营队、巡警、宪兵等应用军械、军需及人员黜陟功过征募补充等事。

一等考绩科员一员:随同科长记录官长功过,目兵逃亡补充等事。

一等军械科员一员:随同筹备军械杂械及查验保存等事。

一等军需科员一员:随同筹备应用军需及查验保存事宜。

二等稽核科员一员:随同稽核各营队款项报销等事。

运输科。

科长一员:禀承督帮办管理军队调防运输及一切军队、巡警、宪兵、医院应用之军用品转运等事。

一等科员一员:随同科长办理运输事宜。

三等科员一员:随同科长办理运输事宜。

测绘科。

科长一员:兼充测绘学堂监督及测量队总理。

一等编纂员二员:内一员兼充测绘学堂教习及测量队编辑员。

二等科员四员:该员等兼充测绘学堂教习及测量队检察等事。

三等科员四员:该员等兼充测量队司测班长。

学习科员六员:该员等兼充测量队司测班长。

附一等测绘生十名:该生系由测绘学堂出身,饷津均归入该堂及测量队编制内

〔1〕 东文,即日文。

分别列报。

附二等测绘生十名：同上。

附三等测绘生三十名：同上。

司书生两名。

庶务科[1]。

科长一员：禀承督帮办管理边务各处及本公署各项庶务并营造工程等事。

一等庶务科员一员：随同科长办理庶务一切。

三等（庶务）科员一员：帮同办理庶务一切。

四等庶务科员一员。

一等营造科员二员：随同科长办理各自工程建筑营造事宜。

二等医院科员一员：随同科长办理医院及卫生事宜。

附边务测绘队条例

一、编制

测量队应设职员如左

总理官一员　以测绘科长兼充

检察员二员　以测绘科一等科员兼充

书记员一员　以测绘科一等科员兼充

编辑员一员　以测绘科一等编纂员兼充

支发司员一员　以测绘学堂司事改充

司测班长十员　以测绘科三等科员学习科员测绘学堂学长兼充每班一员

正司测员十员　以一等测绘生兼充每班一员

副司测员十员　以二等测绘生兼充每班一员

司书生二名　以测绘科司书生兼充

测绘生三十名　每班三名

韩语翻译五名　测绘图们江一带用

向导十名　每班一名随地雇用

杂役十名　每班一名

〔1〕 庶务科，官署名，主要负责处理一切杂项事务。

测夫十名　每班一名

驮夫十名　每班一名管驮马四头

驮马四十头　每班四头随时雇用

二、职务

总理官禀承督、帮办总理测绘一切事宜,督率所属监制边用各舆图。

检察员检查各班有无贻误敷衍等情,并调查测绘一切事宜。

书记员管理文牍报告等事。

编辑员管理编辑图说,考核舆志等事。

支发司事经理出纳一切款项,兼理庶务各事。

司测班长率同本班正副司测绘生实地测量,并制绘地图。

正司测员辅佐司测班长分区测绘。

副司测员辅佐司测班长分区测绘。

司书生专司誊录。

测绘生随班测量。

韩语翻译随班通译,借备考察。

向导随班指引道路,并考查各处村镇地名。

杂役递送往来报告并一切杂役。

测夫随班供役。

驮夫照管驮马。

驮马专供驼运仪器及应用等件。

附则

一、测量队人员兵夫驮马各津贴,系由出差之日起至回署之日止,一切旅费均在其内,不另发给。

一、测量全队人员均以测绘科员兼充,仍照原领薪水支领,外加出差津贴。

一、向导、驮马、驮夫系随时雇用,所定工价或有不敷,须临时酌核,量为增加。

附测量队实地测绘并调查章程

一、延吉地面辽廓,计东至吉俄交界,西至吉奉交界,南至吉韩交界,北至宁古塔，西南至长白山濛江州[1]，西北至吉林府辖境，东北至三岔口吉俄交界，东南至黑顶子吉俄交界，统为截长补短核计，东西经距离一千三百里有奇，南北纬七百里有奇，计其面积九千一百方里有奇。每班每日约测三方里，以面积核算，分十班测绘，按日计之，总需十个月方能蒇事。

一、定于五月十五日分班出发后，除逢午节、仲秋节、星期休息外，其余不得玩忽，旷误时日。

一、测图各班均用二万五千分之一比例尺，以期地面上之物体均可绘列。

一、经过地方，请地方官先行出示，晓谕各处居民一体周知，俾免惊疑。

一、所测各府、厅、州、县分界处未知详悉者，请地方官谕饬乡地指明界线。

一、用测量镜先测通衢大道为三角网点基线，再用测板详绘图中碎部及山岭江河沟渠等处。

一、城市先测周围城基，再用携带图板补绘街道房屋。

一、测量镜于移桌时，将所测地点之远近，须按所定比例复较一次，以免错误。

一、测绘山岭，先测水平标高及狭道各险要处地区地物宜详细测绘。

一、森林先测林址，再用携带图版补绘其中沟渠、道路、坟茔、土埠各物。

一、图中各村镇地名务宜考察确实，不得含糊。

一、所测境内若他县属地，必须界限分明。

一、各班分绘并调查等事，按一星期汇报一次，记明每日约绘面积几何，每星期共绘几何，俾可考查测量迟速。

一、铅笔图底不可过于草率，宜随时用墨誊写，免致日久模糊，难于辨认。

一、所绘图内记号，均按图样摹绘，遇有奇异之物图样内未载及者，即注于日记簿内以备参考。

一、测绘细图，调查要事，遇有关于郑重密切之件，更宜慎密记录，不准令外人窥视，以昭慎重。

一、路程远近均以距延吉为定点，须立道路表，以备考查相距之里数。

一、各班测绘人员兵夫，各宜恪守规则，如有与村民滋事者，该司测班长宜据实禀报。

一、各班测绘人员在外住店或赁民房及购买食物各事，须按时价发给，不准勒

---

〔1〕 濛江州，清光绪二十二年(1896年)，吉林将军委托伊通州派员于濛江兼办垦务。清光绪三十四年(1908年)，始设濛江州治，隶属吉林副都统管辖。

索骚扰，滋生事端，违者军律究惩。

调查条件

一、江河

鸭绿江之源流及支流。

松花江之源流及支流。

图们江之源流及支流。

牡丹江之源流及支流。

河川水流之分合处及其方向位置、流域名称、水流速率。

水之流向及附缘之道路两岸之平陡，并舟渡桥梁河底之质，水势形状浅深，宜加详察。

二、山岭川谷

山之主峰干脉及支脉侧脉。

山之统系及山汇山脉。

谷之连山主脉干支及纵横侧谷。

山岭高低坡度缓急，或系山峡峻崖峭壁，能否伏兵设险，何种兵队通过适宜。

三、界务

吉韩界务争论之要点。

吉韩交界之地点。

吉俄交界之地点。

界碑存留之地域，系指某山某水及某地，须按段细考确实，尤宜周谘博访土民传论，一一注明。

四、交通

陆路交界之通商点。

各边交界之孔道。

江河之渡涉处。

五、军政

防营之兵数及兵种，驻扎官弁姓名，其教育训练若何。

团练[1]之兵勇驻扎，其情况法制若何。

日俄韩沿界军队之设备及情况。

---

〔1〕 团练，宋代到民国初年民间组织的地方武装力量。

六、户口

汉旗人之户口及营业土俗情状若何。

韩人之户口若干，风俗情况若何。

七、政治

官吏之设施。

教育之整顿。

民间自治之团体。

租赋及厘税之输纳。

八、农业

气候寒暑之大概。

雨雪之时期，栽植之种类，并已垦地亩垧数暨荒田、森林、矿产。

分设派办处

延吉幅员旷漠，接壤俄韩，仅设一厅治，实有鞭长莫及之势。而越垦之地，每社乡约[1]牌头[2]，皆由韩民之稍通华语者充选，又多倚仗官势，恣意侵渔。日人越境蛊惑韩民不纳租税，不受地方官吏管理，人心汹惧，势甚岌岌。然办理之法，缓之适堕日人狡谋，急之又恐韩民激变。光绪三十三年九月，边务督、帮办陈昭常等，请于边防重要及韩民繁盛之地分设派办处，以备行政机关之组织，遂允由边务随员中，拣选妥员分往各处开办。十月，督办陈昭常等电称，韩奸民所立之一进会[3]，依附斋藤擅作威福，广布谣言，摇惑人心。各地越垦韩民，非惑其言，则畏其势，为彼协从者甚多。日人自知理曲，乃纵令彼等煽惑生事，而隐为庇护，希冀地方多故，彼得有所借口。现已于各边务紧要之地，选派专员驻扎，令随时调查华韩情形、日人举动，并就近保护地方治安。一则隐抗日人进取之势，一则安抚韩民外向之心。于是在和龙峪、光霁峪、六道沟、珲春、铜佛寺、帽儿山[4]前稽查处、外六道沟、怀庆街、马

---

〔1〕 乡约，指在同乡人中订立的需要共同遵守的规定。

〔2〕 牌头，古代官职名。隶属于中国古代的保甲制度，清代推行保甲制度，每户给以门牌，规定每十家设一牌头。

〔3〕 一进会，韩国近代亲日团体，1910 年日本吞并韩国后解散。

〔4〕 帽儿山，位于今延吉市。

牌、娘娘库[1]等处，设派办处十一所，每所设办事委员一人，翻译一人，分理地方政务，而以延吉厅总其成。遇有韩民抗租及不受我国裁判者，或以善言劝导，或以国法惩治。其乡约、牌头欺压韩民之弊，亦力为禁止。旋据陈昭常等函称，自派办处设立以来，不仅华民安心乐业，即韩民得有依赖，已稍减畏惧日人之心，至一进会亦不敢如前任意猖獗。而所派各员尚能遵守章程，热心任事，遇有地方口角细故，其关界务交涉事件，即刻据实飞报，昭常等亦得以及时筹办，迅赴事机。是以近日事无大小，未尝稍为日人所欺，即彼伪造凌虐韩民信件，亦较少于从前。盖以凡有韩民之处，皆有派办处以为我之耳目也。又令各事务员率其所带兵弁，每日于所管区域之内循环巡视，使一进会及日本宪兵不敢公然为诱惑之举动，即欲借端寻衅，亦苦无隙可乘，地方当可日见清静。再各派办处调查华韩户口，令于每户门首钉立木牌，写明某社某屯，家主某人，所执何业，男女若干口，以便稽查。各所现皆举办，大约年内即可毕事。至韩民之感情，到防以来，细为考查，并非皆真心向日，其能知恩感德而愿易华装者，亦正不少。不过韩人性质柔弱，当斋藤初来之时，未免疑中国无保护之力，而又迫于日人一进会之势，非强被胁从，则多存观望。现韩民之心颇为欢慰，虽尚不敢明与一进会为难，而来我派办处及厅署禀告，欲求见昭常等泣诉苦衷，并隐告日人及一进会之举动者已不乏人。是韩民非无天良，惟视感化之术何如耳。昭常等因令各派办处事务员于巡视时，凡遇韩民，务必善为劝导，详细解说。近来日人虽百计牢笼，已少进步，即先之归附者，除一进会外，亦渐解体，未始非赖有此举。昭常等现时对于日人既不能以威力阻止其进行，惟有一面维持主权，一面要结韩人，但能使韩人归心，则斋藤不退而自退矣。故自边务督、帮办设立派办处以后，日人虽设有分遣所，以为干预民政之机关，鼓动一进会以为笼络韩民之爪牙，而统治权尚未至稍移于日人之手者，实以我有分理地方行政机关而预为防范故也。

附派办处事务所规则

第一条　派办处之人员

一、事务员一员。

二、翻译兼书记一员。酌量事务之繁简缺额或增设

三、护兵若干名。

---

〔1〕 娘娘库，在今吉林松花江上源。

第二条　派办处之公所

一、择该所地方适中或适宜之区立一派办处事务所，以为驻扎办事之地。至随时巡视该所地方，考查一切，或暂或久，便宜选择住所，不必另立事务所名目。

第三条　事务员之职守

甲、权限

一、对于本处有报告及呈请一切之权。

二、对于地方官及驻扎境内之军队，遇有必需会同办理事件，有通知之权。

三、对于境内无论华韩商民，有调查及保护之权。

四、对于境内华韩人民滋生事端者，有弹压之权。

五、对于境内华韩人民口角细故，有判断之权，但须处罚案件，必送交地方官管理。

六、对于境内日人及他外国人之举动，有稽查及抵制之权。至如何抵制之法，必随时报告，若事关紧要，则必请示施行。

七、对于境内所驻兵弁，有随时商同该管官调遣之权，但过一棚以上，必先禀请本处札调，遇有紧急，不在此限。

八、对于境内华韩商民完纳租税，有维持之权。如有不当之收纳，准其随时禀请核裁及妥筹改良。

九、对于华韩人民公立各会，有监督及稽察之权。如有不当之举动，有戒饬之权。

十、对于境内华韩人民，有指挥之权。

十一、对于境内匪徒，如果查有实据及形迹昭著者，有径行捕送之权。

十二、对于境内华韩良民及能为地方公益出力者，有禀请奖励之权。

十三、对于境内教会、教民有保护及监察之权。

十四、对于日人及他外国人有扰乱地方治安、欺压人民之举动者，有径与其交涉之权。

乙、责任

一、有调查境内韩民户口及各韩民越垦年代之责。

二、有调查境内各韩民财产之责。

三、有调查境内华人户口财产之责。

四、有调查境内有无日人及他国人并其人数及举动之责。兵弁、教士、商人皆在其内。

五、有调查境内有无教堂及教民人数之责。

六、有调查境内日人及他外国人之姓名,住所并其来历之责。

七、有调查境内华韩商民以前及现在交际情形之责。

八、有调查境内市面商情及各乡民情之责。

九、有调查境内华韩公立各会之性质、章程并其经过事件之责。

十、有调查境内华韩商民行为优劣之责。

十一、有调查境内熟地及荒地数目之责。

十二、有调查境内有土地之韩民及佣工之韩民人数之责。

十三、有调查境内韩民共有若干土地及若干房屋之责。

十四、有调查境内出产之责。

十五、有调查该所区域之利病及筹划如何布置整顿之责。

十六、有稽查来往韩民之责。

十七、有禁止韩民卖地与他国人,及华民再卖地与韩国人及他国人之责。

十八、遇有日人及他外国人之携带武装入境者,有查问之责。

十九、遇有日人及他外国人之过境者,无论携有武装与否,皆必询明其来历,及经过何处,前往何处之责。

二十、有劝导韩民安心营业之责。

二十一、有调和华韩人民之感情及保卫生命财产之责。

二十二、有会同境内军队保护地方之责。

二十三、有稽查境内华韩人民各种公会之责。如各会人员有借势滋扰地方及不洽舆情等事,有令人民更选并禀请惩办之责。

二十四、无论华韩商民及他外国人,有在地方滋闹情事,有就近镇压之责。若遇事关重大,则禀请办理。

二十五、遇有日人、韩人及他外国人在境内有无礼动作,关系边防及地方安宁者,有与理论之责。若事关重大,则禀请办理。

二十六、遇有日人、韩人及他外国人在境内秘密运动,侵害我国家权利者,有酌量情形禁止或预筹抵制之责。若关国际,则必禀请办理。

二十七、有访拿境内匪类送交地方官及本处之责。

二十八、以上所列各条,皆须随时报告本处。凡调查所得及照常办理事件,则统归每月底汇报。至有关现时边防及交涉者,均限五日报告一次,事关紧急者,则必专弁飞报。

第四条　事务所之费用

一、事务员每日发给津贴一两，为房饭办公及出所调查之费用。

二、如有特别用项或与外人交际，应需若干，准其据实开列，呈请核销。

第五条　翻译兼书记员之职守

受事务员之指挥，襄理调查、翻译、记载、报告一切事宜。

吉林边务派办处驻扎地点表

地点	在本署某方位	距公署里数	道路险夷
东盛涌街	正南	二十五里	平坦山路
铜佛寺	正南	四十五里	平坦路
六道沟	西南	五十里	平坦及高路
马牌	东南	七十里	平坦山路
八道沟	西北	七十里	平坦路
光霁峪	东南	九十里	平坦山路
和龙峪	正南	九十里	平坦山路
头道沟	西南	九十里	平坦山路
百草沟	正北	一百一十里	平坦山路
火狐狸沟	东南	一百二十里	平坦山路
稽查处	东南	一百五十里	平坦山路
凉水泉子	东北	一百五十里	平坦山路
黑顶子	东北	三百三十里	平坦山路
外六道沟	西南	三百五十里	崎岖山路
二道江	西南	五百五十里	崎岖山路

附记

纪交涉

我朝未入关以前，征服朝鲜列为藩属，疆域一仍明代之旧。穆克登查边以后，西以鸭绿、东以图们，为中韩国界者二百余年。乃自光绪初元，韩民越垦日众。七年，曾下入籍之令，韩王恳请刷还。从此彼之流民恋此乐土，乃称豆满[1]、图们为两江，以石土封堆为分界。韩边吏利其诡词，从而和之。十一年，彼此会勘图们天限，已无异议。十三年，重勘江源，歧流悉明，惟石乙、红土二水数十里之间相持未决而已。二十九年，以李范允倡叛之故，中韩复议会勘，以定江源国界。时值日俄战役，

〔1〕　豆满，图们江朝鲜称“豆满江”。

日人尼之,遂至中止。迨战事告终,日人既羡图们江北田土之沃饶,长白山森林之丰茂,夹皮沟金矿之美富,且得之可以联北韩、南满为一气,而断海参崴之左臂也,于是其政治家、文学家之著书立说者,波谲云诡,咸以经营延吉为拓地殖民之政策。军事、实业家之借游历为名而侦察延吉情形者,盖以千计。且以我国素忽边防,延吉僻处吉林南部,疆域形势,图志不详,故始则创造"间岛"之名称,继且绘入韩国之境界,其挟全国之力以为侵占我延吉之计划者,固非一日也。世昌抵任逾月,闻日人有以我延吉厅治易名"间岛",且妄指夹皮沟为独立国之说,秘计诡谋,蓄意侵占,因派陆军部监督吴禄贞密往延吉确查,并率员测绘界图,预筹防范。光绪三十三年六月,适接外部密函,略谓吉韩界务,图们江本为天然界限,光绪十二年间,吉省欲以石乙水为界,韩官欲以红土水为界,彼此勘而未定。嗣后延吉厅和龙峪、光霁峪一带韩民越垦日多,屡有不法滋事重案。韩又觊我南冈等处之地,指为"间岛",意图侵占。迨中韩议勘边界,日本又以从缓派员为请。其驻韩林使,复向韩曾大臣索抄界务全案。近年日人所印韩国地图,于"间岛"地方特加展拓,且注重该处商务。本年五月间,准前吉林将军咨称,奉省日报内指夹皮沟为秘密藏独立国,并以为"间岛"探险者系平山氏,已得效果。有柴四郎者组织"间岛"之远征队有十数人,准备三万余元以为远征旅费,力任经营等语。夹皮沟地方是否即在日人所指"间岛"之内,该处金矿近有游历日人前往窥伺,已于六月初三日另咨查核在案。现在"间岛"界务,日人从中干预,办理更形棘手。此事迭经本部函致前吉林将军预为筹划,自占地步以备因应,方不致临事周章。迄今时阅年余,所有吉省沿边应办事宜,如设官安泛移民兴屯各节,曾否办有头绪,石乙、红土二水之间袤广百数十里,有无外人在彼占踞,其旧日户口粮册,分界碑志及近来查勘图说,未据达前将军详晰报部。今又有夹皮沟日人游历之事,一旦议及界务,未免毫无把握。希即于韩吉界务特加注意,会商办法,密为布置等语。于是知日人窥伺之谋愈亟。复派王道崇文分往夹皮沟调查矿产,并侦视有无日人在彼盘踞,密行报告。是时,又值韩王被胁让位,全境纷扰,关系东事甚巨。中韩界务久未勘定,此间无案可稽,临事恐无依据。特电外部,请饬朝鲜总领事道员马廷亮,选择熟悉边务人员到奉,并携带界图摘录要卷,俾得详询。又以中韩界务吉省交涉多年,因电致吉抚朱家宝,摘录送奉以备考证。并据吴禄贞由吉省来函,考据周详,征引繁富。盖日人自日俄战后所绘中韩地图,均以图们江以北海兰河以南之和龙峪、光霁峪等地指为"间岛",拓入朝鲜界内,又借口于韩人向称土门河为国界以实其说。土门河为图们江之一支流,发源于哈尔巴岭之南,南流而入图们江,距和龙峪约三百里。日人以其音与原来国界之图们江相近，且因旧时亦有译图们为土门者，遂持为论据，而指吉韩分界为哈尔巴岭以南之土门河，则山南所称“间岛”一带之地，遂得公然划入朝鲜界中矣。日人新著满洲地志，又指韩登举所居之夹皮沟地方为亚东之独立国，世界之秘密藏，以图混入“间岛”之内。考夹皮沟与吉林省城相距仅二百余里，与图们江北之和龙峪等处相距约八百里，则夹皮沟与“间岛”实风马牛不相及。日人既以和龙峪等地擅划入朝鲜界内，又欲混夹皮沟与“间岛”为一区域，希图夹皮沟地方亦因此可混入朝鲜界内而为日人所有。然图们江为吉韩天然界限，决非日人所能妄为窜易，左证具在，班班可考。昔金、元二代，于长白山以南图们江以北东迄于海之地置海兰路[1]，盖以海兰河得名。海兰河亦名骇浪河，在今延吉厅地。明代置通垦卫，即今之和龙峪等处，又置布尔哈通卫，即今之布尔哈通河流域，则图们江以北之地，元、明以来久归中国版图。我朝发祥长白，未入关以前，图们、鸭绿二流域之部落相距最近，向化最先。惟地处东陲，华民鲜事开垦，韩民生计窘迫，越江盗种者多。光绪七年，北洋帮办大臣吴大澂、吉林将军铭安[2]命知府李金镛[3]开办招垦事宜，查勘地亩。是时韩民多越江租种，后经铭安等奏请，将垦民查明户籍分归珲春、敦化县管辖。旋经朝鲜国王以该国垦民习俗既殊，风土亦异，未便在和龙峪一带占种地亩即隶中国国籍，恳请刷还本国。咨由礼部呈请转奏，奉旨著吉林将军铭安体查妥议。后经铭将军奏请，展限一年，由该国王转饬地方官悉数将该垦民收回，当经奉旨允准。是为韩王确认图们江北为中国领土之证。后以图们江南岸韩民多仰给北岸，若尽行驱逐恐伤慈惠。光绪十一年，北洋大臣李鸿章奏请设立吉韩通商局兼理开垦事宜。于朝鲜会宁府对岸设和龙峪通商局，于朝鲜钟城对岸设光霁峪分卡，于朝鲜稳城[4]对岸设西步江分卡，并立通商章程十六条，是为图们江北岸设立局卡之始。十五年，吉林将军长顺[5]奏请设立图们江水师营，三板船一只，共勇四十八名，夏则梭巡江面，冬则驻扎珲春之西步江，以防越垦漏税之弊，是为图们设立水师之始。二十九

〔1〕 海兰路，金代始设海兰路，由总管统辖。

〔2〕 铭安（？—1911年），叶赫那拉氏，字鼎臣，满洲镶黄旗人，曾任吉林将军。

〔3〕 李金镛（1835—1890年），江苏无锡人。曾参与筹建漠河金矿。

〔4〕 稳城，是朝鲜最北部的一个郡，也是朝鲜半岛的最北端，北以图们江与我国吉林省延边朝鲜族自治州相隔。

〔5〕 长顺（1839—1904年），郭博罗氏，字鹤汀，满洲正蓝旗人。出自蓝翎侍卫。早年随胜保参加镇压太平天国、捻军的战争。1862年，以功迁二等侍卫。后随多隆阿至陕西镇压回民起义，因功擢头等侍卫加副都统衔。1871年，署乌里雅苏台将军。1876年，调赴甘肃，历署巴里坤领队大臣、哈密帮办大臣等。次年，1888年，调授吉林将军，后以疾罢职，1899年，复为吉林将军。

年，越垦韩民倡乱，经统领胡殿甲、同知陈作彦拿获在案，后与朝鲜交界官订立草约十条，虽约辞未尽明悉，亦仍以图们为界。此证之历史及国朝界务交涉，而图们江为天然之国界者一也。考女真语[1]及国语，图们二字为众水聚汇之意，虽有统门、徒门、土门、豆门诸译音，皆系此意。康熙年间于长白山之分水岭立一石碑，曰审视西为鸭绿，东为土门。此土门即图们译音之变，非图们江北支流之土门河也。本众水聚汇之义，则惟图们江收纳无数河流始足当之。若图们江北之土门河，盖因其发源处有土门，故名。此不过为图们江一支流耳，何克当众水聚汇之义，则安得借土门河即图们江为口实乎。此证之女真语及国语，而图们江为天然之国界者又一也。再吉省士夫之久宦者，咸谓土人呼图们江北一带之地为越垦，盖以韩人多越江垦地而名也。又和龙峪地方俗称为大磊子，光霁峪地方俗称为钟城崴子，并无"间岛"之称。至谓和龙峪为东"间岛"，光霁峪为西"间岛"，不惟载记所无，吉省士夫亦多不知，实为日人所捏造。此证之士民之舆论，而图们江为天然之国界者又一也。即征诸日人之载记，日俄未开战以前，日本参谋本部所著之满洲地志皆云，朝鲜东以图们江与吉林界，西以鸭绿江与奉天界，所绘各种地图界线亦仍图们、鸭绿之旧。一二年来，遂指图们江北为"间岛"，拓入朝鲜境内，则其前数年所著之地志，所绘之地图谓图们江为吉韩之疆界者，果系何说也耶。此证之日人前数年之载记，而图们江为天然之国界者又一也。总之，图们江与海兰河之间土地肥沃，韩民越垦既久，乐土忘归。长白左右金矿、森林夙称丰富。日人垂涎虽甚，攫取无从。因韩民之越垦者既多，为进寸思尺之谋，故日人之浮动无知者遂欲为得陇望蜀之举。乃欺华人不谙地理，竟妄称图们江北为"间岛"，妄指土门河为图们江，且逞其诡谋，并妄欲以长白山北相距八百里之夹皮沟地面混为"间岛"区域，此吉韩界务之所以争论多端也。至夹皮沟地方之韩登举，亦迥非日人所指之情状。盖该员已受朝廷武职，曾屡为国家效力，虽获有祖父基业，而每年纳租税钱二千余串于吉林府。且奉吉省长官之命令甚谨，是何得妄呼为草王而并称为独立国乎。惟以长白山一带马贼[2]猖獗，由前吉林将军命其办理团练，守望相助，颇有地方自治之团体，日人遂指为化外区域，妄思染指，不亦重可笑乎。因将吴禄贞所绘地图抄送外部，以资参考。该地图系按吉林旧图及十年内日俄所出地图，并证之中国旧书与外人之记载，士大夫游历其地者之谈论，参考而成，足以资为证据。七月，接外部电谓，阿部代使照称，"间岛"为中

〔1〕　女真语，是古代女真人所使用的语言，后来经过演变发展为满语。

〔2〕　马贼，泛指啸聚险地，持械骑马，来去莫测的强盗。

国领土抑为韩国领土久未解决,该处韩民十万余受马贼及无赖凌虐,拟即由统监派员至"间岛"保护,请速电该处华官,免生误会等语。于是知日人阳借保护为名,实行占领之策,急宜严行拒绝,以息觊觎。遂电复外部云,延吉厅确系中国领土,在该地韩民均系从前越界私垦,不能因韩民居留之多寡,遂指为未经解决。日使请由统监府[1]派员保护,断难认可。至所称韩民受马贼及无赖凌虐,现在并无此等情事,彼系借词,意欲侵占我领土。地方之治安,仍应由我设法保护。又因日人诡造"间岛"谬说,淆惑闻听,外部交涉必先明图们江北向无"间岛"名称,始可借资论据。复电致外部云,日人所称之"间岛",即延吉厅属和龙峪、光霁峪等地,在图们江北境,确系中国领土。从前韩民越界耕种,历经北洋大臣、吉林将军办理有案。即日人从前绘图,亦以图们江为中韩分界。自日俄战后,日人始蓄狡谋,以土门、图们译音相近,公然画入韩界。实则土门河为图们江之支流,岂得据以相混。夹皮沟属吉林府,距省城仅二百余里,与和龙峪、光霁峪相距约八百里,更属无从牵涉。日人强立"间岛"名目,又将夹皮沟混入"间岛"区域内,种种阴谋,欺我已甚。若目下听其派员保护,彼谓我已认承,即已得所借口,务希严行拒绝,以保主权。旋接外部覆电,谓"间岛"系日人强立名目,其地既为延吉厅所属,在图们江北,确为中国领土,断无任日人派员前往保护之理,业经据以驳复阿部代使矣。是月,吴禄贞抵延吉,日人斋藤季治郎即于是日率兵越境。嗣吴禄贞函称,日本军队现驻扎于会宁、钟城两府沿江一带,约有步兵二三千人之多,扬言不日过江,以致边民恐惧,迁避不遑。又有日本通译官名村井者,到统领胡殿甲处面称,日人有派兵渡江之举,嘱伊万勿干预,言已匆匆而去。又至延吉厅署内,出日本统监府派出所长斋藤季治郎致阮忠植[2]日文信一封。且云中国政府已允日本派兵渡江驻扎,准于十五日至延吉厅治,请告示人民之不必惊恐云云。适值阮忠植晋省未归,巡检[3]朱某及厅署人员皆不得处置,因将斋藤季治郎来函带至胡殿甲营中商议办法,且信村井通译之言为实,张皇失措并不知信中所云何事,斋藤为何人。而日人来函亦故用深奥国文,有意淆混,使人难解。又乘胡统领解官,阮丞离任之时,地方无主,以便乘机侵占。当将来信译出,按条驳诘,并商同胡统领行文日人,一面由巡检将日人各种情形飞报吉抚,

〔1〕 统监府,日本在韩国设立的官署名,为日本侵略朝鲜充当工具。

〔2〕 阮忠植(1869—1936年),字公槐,安徽合肥人。清末官员,曾历任延吉厅同知,吉林军辕发审局总办、交涉局总办、矿物公司总办、吉长铁路总稽查、民政部谘议等职。

〔3〕 巡检,官名,宋置,历元、明至清均置。《清史稿·职官三·巡检司》:"巡检司巡检,从九品,掌捕盗贼,诘奸宄。凡州县关津险要则置。隶州厅者,专司河防。"

一面将胡统领所领队伍暗调至沿江布置,以阻越界。当时以为日人函信至此不过空言恫吓,须待中国官吏回复据理力争,尚可冀阻其违约越境之举。不料晚九钟,防江帮带胡安邦回营报告云,今早八钟有日本统监府派出所长斋藤季治郎宪兵少佐境野竹之进云,奉有中国政府公文,允其越江。驻兵胡管带[1]以未见中国政府之命令为辞,辨论阻止。日人忽厉声云,此次越江进兵,万无退却之理,即无贵国公文,贵官其奈我何。胡管带无法力阻,致使日人渡江者约四十人,均带武器。朝鲜巡警二十余人,外快枪四十余枝,牛车约五十辆,所载皆军需品。十二日晚驻和龙峪,已越界六十里,距延吉厅仅七十里云。综观各处报告,斋藤季治郎既言受中国政府之许可,而函中只云受统监府之命保护韩民,带同宪兵来办警察。延吉既未奉我国政府明文,而日人函中又未有政府已经允许之语,其为捏词可知,日人欺诈地方官吏有如此者。斋藤季治郎致阮忠植函,不候回信,不问许可与否,即日进兵,且守界官稍加询问即云决意进兵,万无退却之理,其蛮强无礼,不顾邦交有如此者。国际公法,凡两国军人,若无照会,不准携带武器过境。倘有违犯,以奸细论。日人公然携带枪械成队入境,其不遵公法,以武力迫胁边吏,又有如此者。种种行为,殊堪发指。盖一二年以来,日人窥伺延吉厅一带多有韩民居住,遂将哈尔巴岭以南图们江以北之地,东西近千里,南北三百余里,拓入朝鲜界内。继又捏造谣言,著书立说,妄指与图们江相距千里之夹皮沟地方为"间岛"。今年四月,有日人探险队五人不知会地方官,不受中国官吏保护,深入马贼巢穴以致毙命,故生事端,图挑边衅。五月,日本测量部派测绘队陆续测绘吉林南部地图,络绎不绝。今竟公然派兵渡江,欲遂其得寸进尺之计,此则不惟延吉厅一隅得失之关系已也。禄贞游历吉林南部,考求地势,知延吉厅壤接俄韩,关系至为重要,请将万不可许日人越江驻兵之故,恺切陈之。夫吉韩交界以图们江为天然锁钥,江北之地田土膏腴,物产丰富,而延吉厅又为珲春、吉林、宁古塔各处交通之孔道,为吉林南部之保障。此处若日人驻兵,则咽喉梗塞,而由吉林至哈尔巴岭之间山岭丛错,田地荒芜,无可为进战退守之地者。即珲春据图们江之口,固可称吉林东南之要塞。然此处既失,珲春孤立一隅,万难久存,而吉林东南之门户去矣。此万不可许其越江驻兵者一。延吉厅区域西界白头山,西北界敦化,周围一带地方,森林之富,矿产之饶,为地球各国所罕见。日人若占有延吉,则西据白头,北出敦化,且借口于夹皮沟一带地方稍有自治团体,

〔1〕 管带,官职名,指胡殿甲。清陆军队长称管带。清末新军编制为军、镇、协、标、营、队、排,队长称管带。另清海军舰长称管带。

指为无主之物，必尽揽森林、矿产之权，而富饶最著之区，将尽入日人之掌握矣。此万不可许其越江驻兵者二。就东三省今日大局而论，黑龙江多受俄人干涉，奉天多受日人干涉。而日人在奉之侵权谋利，尤属无微不至，铁路、森林、矿产等半落于日人之手。惟吉林界于两国竞争势力之间，大有鹬蚌相持之势，自主之权，尚堪自慰。日人在奉虽有特别权力，吉林尚未入其势力范围。若占有延吉，则东由图们以达鸭绿江，利源皆非我有。且据有长白以取高屋建瓴之势，左顾右盼，处处受敌，而奉吉二省之大局危矣。此万不可许其越江驻兵者三。日俄战后，两国之对于东三省俱享同等之权利。甲国若有非分之举动，乙国亦必有意外之要求，此其显然易见者也。前日人在珲春一带测图，树有国旗，俄人即向中国诘问，大有进兵之势，日人撤去旗帜始罢。且日人在图们江一带之举动，俄人密行侦察。若许日人越江驻兵，俄人于乌苏里江以东之军队，必将向珲春、宁古塔、三姓[1]各处分驻，以为均势之举。牵一发而动全身，此之谓矣。此万不可许其越江驻兵者四。拟请速致电政府，询问斋藤越境是否由中国政府允许，且驻兵派巡警两事，千万不可应允，须以全力拒绝。一、速电致日本驻京公使，详述斋藤无理取闹情形，必命速行撤回韩界，免生意外轇轕[2]。一、请多派测绘生来延，将图们江一带地图测明，宣告日本政府，吉韩界务图们江为天然国界，以免日人之干涉。一、延吉地处极边，时有马贼出没，宜厚兵力以保治安，免日人借口入境保护韩民，以为引虎入室之资。且筹备边防，须有相当之兵力，日人现沿图们约有混成一协，我亦应设法筹备，以防意外之虞。万一日人用强硬手段，我实无法阻止，即或骤移重兵，恐起交涉，可借剿匪为名，驻额木索、铜佛寺一带以资镇压。一、由吉林至珲春及延吉之电线急宜修理，此间原有电线，自二十六年为匪徒折断，现时沿途废杆尚多，若急速派员修理，不日可以告竣。边要之地，消息亟应灵通，否则若出重要事件，非十日以上不能达尊听也。一筹边之要，兵备为先。珲春设副都统用意极美，乃因法久弊生，致成虚设。拟请恢复成法，改副都统择武备人才，深知兵事，熟悉外交之员为副都统。仿日本师管之制，以延吉、珲春两处之地为师管区域。凡地方与军事相关者，均归处理，至有事时，一切均归管辖。照陆军部奏定章程，副都统即为一镇之统制。就此处情形而论，部署军队将来至少亦非一镇不可。副都统即任筹防、训练、征调等事，直隶于东三省总督[3]之下。

〔1〕 三姓，在黑龙江省依兰县附近。

〔2〕 轇轕，交错纠缠之事。

〔3〕 东三省总督，全称“总督东三省等处地方兼管三省将军、奉天巡抚事”，负责管理东北地区的军政事务。

其驻扎处所仍以珲春为镇本部，延吉驻一协，为协本部，首尾相应，以成犄角之势。又称，顷获斋藤所出韩文告示一纸，将延吉地方皆混指为"间岛"。又据和龙峪报告，日人有逐经历张兆麟回延，代我收管大租之说，蛮强无理，至此已极。窃思此次日人未奉中国政府之明文，未经我帅之许可，公然入境。地方官吏不能挥之使去，祸端既开，彼之军队、警察必将源源而来，此可虑者一。且彼既以韩文晓谕韩民，又将按户收纳韩民租税，虽云保护韩民，实使韩民不认延吉厅为中国土地，不认我地方官为官长。则韩民之有土地权者必不纳税，无土地权者必不纳租。且将暗使韩民之游荡无业者与华民为难，而从中干预，以夺我土地、行政、司法之权，此可虑者二。沿江一带森林、矿产极为丰富。彼既驻扎于此，必将附近之林、矿肆行开采，渐次进取，此可虑者三。是皆日人预怀之隐谋，必至之后患，若不竭力防范，则彼且不会勘界务，但以保护韩民为名，而延吉韩民足迹所及之处，皆非中国有矣。务请据理力争，速电外务部，请日政府撤回斋藤。至日本能否派员于延吉地方，应俟两国政府勘界以后订立条约，始可遵照办理。一、派兵保护和龙峪衙门，无论日人如何强迫，必竭力保护，不得令张经历离开任所，且照常办理民事，不令稍事惊恐。一、商胡统领殿甲出示晓谕百姓，云斋藤之来，未奉政府明文，已经请示督、抚宪作主，尔等可不承认，亦不必惊惧，又万不可与之为难。如有至彼诉讼等事，查出有罚。一、日人之来，民心惶恐，拟调集各处警察至该处保护地面，深恐无赖之徒借生事端，予日人斋藤以口实。一、极力与斋藤连络，派兵至其处，谓伊初来恐有意外之虞，特来保护，即以保护为名，实行软禁之法。一、调兵一营至江沿渡口，以阻止日军队，警察之续来者。此吴禄贞来函所陈日人越境及暂时抵制之大概情形也。适吉抚朱家宝电告日人越境各节，亦与吴禄贞来函略同。遂将日人不顾公法，欺诈地方官吏及干预民政各情状电达外部，并请严诘日使，令速将斋藤及兵队撤回，韩民由我自行保护。至吉韩界务，可由两国派员会勘。旋接外部覆电，略谓前已照会日使撤回日兵。昨阿部代使来照，日政府训开，康熙十一年白头山分水岭界碑，自土门江以南至豆满江之间，即韩国所称之"间岛"。前年中国向韩政府提议勘界，今未解决，是以豆满江为中韩国土，韩尚未认。中国在争论之时自设延吉厅，近在六七年，韩亦未认，并以该厅对于韩民行为曾经抗议，更自设"间岛"管理官，配置兵丁以保护韩民。嗣该地为俄所占，俄兵退后，秩序大紊，匪贼横行，韩民来请保护，决派斋藤中佐前往，乃省抚谓地方平静，与事实相反，日人在该处被马贼虏杀且近十人，斋藤携带少数宪兵专为保卫巡察，地方官勿生误会等语。于是知日人狡展，急宜谋地方之治安，以免其有所借口。遂电吴禄贞相机办理，妥为布置。并电吉抚朱家宝,派道员余浚酌带兵队前往,为暂时抵制之计。复饬令督、帮办以竭力经营内政为自立之地步,而于交涉之复杂,事无巨细必据理准势,无所卑亢。上与外务部相切劘,下与督办等相策应。每生一事,口舌之争持,动至十数次。每出一案,公文之辩驳,动至千万言。盖必能保全固有之主权,而后能保全固有之领土也。日人之初越境也,以我毫无准备,且外交政策夙持和平主义,可以任其所为。继见我之图谋布置,知国际交涉之公理,未始不足以胜强权,于是乃有维持现状之约,解决界务之议。寻阿部代使与外部开议,彼亦知延吉为我领土,证据罗列,难强置喙,乃于派员会勘之说,故从延缓,而始则要我通商口岸凡六处分设领事,继则认我领土而要我以天宝山矿产及由会宁至吉林敷设铁路之权,终乃以保护为词,欲尽攘我裁判权。夫延吉非通商口岸,何能分设领事。且所指六处地点,皆为我派办处之区域,是名为领事,实则妄置官吏,干预政权。爰直揭其狡谋,更为之多设限制,以相辩难。若天宝山,地点与延吉相隔甚远,会宁铁路尤非界务问题所应有。彼盖注意于斯矿,借此要求为殖民计。且会宁至吉林铁路一通,则隐括吉林之南部,而专为军事之便利,亦经据理力驳,以绝觊觎。至争所有裁判权,彼若为韩侨而设,讵知行政司法相需而成,断未有裁判权授诸他人而可为完全之领土者。屡与外部力争,函电交驰,外部亦据此以与阿部代使相难,谈判多次,不得要领。我以为仍应从界务入手。若彼此各执一词,可付海牙和平会公议。而日使又称不愿,磋磨累月,卒至停议。然维持现状,则仍应彼此遵守。夫交涉之道,诡谲万变,刚柔互用,不进则退。是在后之筹边者相机抵御,终始坚持,毋使两年之绸缪,失败于俄顷,而为三省边患之起点也。

晓谕华韩人民告示之交涉

光绪三十三年九月边务督、帮办陈昭常等至延,因斋藤越境,人心惶惑,且一进会借端滋扰,妨害治安,特出示晓谕,安慰华韩人心,并申明法权所在,以严杜一进会之不法。先是,斋藤越境,于延吉厅南各处张贴告示,妄指延吉地方为"间岛"区域,且谓日俄之役,延吉亦在战线以内等语。及见我所发告示,遂至边务公署指摘多端,辄谓图们江北应否属清、属韩,两国政府正在交涉,不应遽为此决断之语。当答以图们江为清、韩天然国界,有两国历史及旧时志书、图说可证,各国无不周知。日俄战争以前,贵国之满、韩地图、地志及韩国之舆图,亦皆以图们江为界,历历可考,数百年来从未更变,即清、韩之屡次勘界,亦在图们江源一带。今日之交涉,乃贵国之无端生事,非国界真有不明也。从前督办、帮办吉林边务大臣所出告示,皆如是说法,贵国及韩国并无异议,何至今日独指为未当。况今日既生交涉,则我等负此边务责任,对于人民,措词更不可稍涉含混。斋藤又谓,曩时非韩国不争此土,乃为贵国权力所屈。今既起界务交涉,则不得自信太过,仍以更改为是。又答以图们江北之地,国初以来并无韩民,光绪年间我朝廷因韩民生计窘迫,以优遇藩属之心,乃允其越江耕种,纳我大租,何尝凌虐。李范允等之作乱,我以兵力征服,乃为保护地方治安,又何得谓屈于权力。至此地之为我国疆土,贵国、韩国昔日亦皆信之,我何独不能自信也。斋藤又云,我之以善意劝告,无非望彼此为和平之交际,似不宜为此过分之语。复答以君之美意我所深感,然断不能因彼此私交而乱国家之疆土。我有土地,我自认之,何谓过分。况无论我出示之过分与否,皆非贵中佐所得干预。君之来此,我政府并未承认。即据我外务部转示伊藤统监之电,亦仅谓贵中佐有保护韩民之责,界务之事非君权力所及,似无烦多此要求。斋藤又询所出告示系己意抑系督、抚及政府之意。复答以督、抚奏派我等办理此地边务,我等即督、抚之代表,亦即政府之代表,我等所言即与政府所言无异。且此告示已呈督、抚转达政府,我等已不能擅自更改,贵中佐必谓未当,请贵国政府与敝国政府交涉。斋藤词穷而去。十月,日本林使照会外部,谓界务尚未解决,两政府尚在讨议之际,陈督办等所出告示,谓华官亦复处分韩人,按之约章,韩人不能由华官裁判管辖,请将告示撤回。是月,林使又面递外部节略云,中韩两国境界问题迄未解决,中国政府亦所认知。日本国政府对于韩国,为有保护权之主权国政府,以故先允韩国之请,派官往"间岛"。维时严谕该官,须以维持现状为宗旨,专事保护韩民。讵驻该地之华官,不待两国商妥,率行断定,谓豆满江以北系属中国疆域,或知照日官,或出示宣布。查约章,韩民不在中国法权之下,此固不论境界问题解决与否也。乃该地方华官扬言,凡韩民犯法,应按中国律例治罪,并将此意知照日官,毫无忌惮,颇为可异。华官又言,豆满江以北作为中国疆域,此系中国政府之意见。在该地方施行政事,此系政府之命令等语。日官则至今遵守政府训令,只以保护韩民为任,对于华官未尝有所争执。惟如华官屡次专擅妄为,藐视日官,则本国政府亦不能缄默,遂至不得不设法对抗。今本大臣奉本国政府之训令,敢问下开二事,是否贵国政府断定:豆满江以北系属中国疆域,如"间岛"华官所言;已否弃去与日本国政府商议中韩境界问题之意。务望贵国政府明确答复,以便转答。再者,中国政府如果弃去上开意思,则日本国政府亦当任意行动。如仍欲商议界事,则请电谕"间岛"华官,嗣后与日官遇事和衷商办,勿再有违约之举,并严饬勿得将该地方断定作为中国疆土等语。当因图们江北确系我国领土，且韩民越垦以来，皆归我国裁判，日人无理恫吓，若允其所请，是我自认于延吉无主权，且自认延吉非我国土矣。遂将陈昭常等所出告示并无不合情形，及日人所请撤回告示，万难允准之处，电达外部。旋经外部拒驳，罢议。

韩民裁判权之交涉

韩民越垦以来，刑民诉讼案件，皆归中国地方官管理裁判，历年已久，从无异言。日人越境，借保护为名，时欲夺我国治理韩民之权，为实行干预之举。适光绪三十三年九月，六道沟地方华民黄明廷被韩民金汉国、千光稷、李成海等三人击毙一案，当经署延吉厅同知陶彬拿获千、李二犯，其首犯金汉国被日本宪兵藏匿。十月，陶彬向斋藤索交未予，反派员至厅署索取千、李二犯，并亲至边务公署，以韩民不能归中国管辖为言，经陈昭常等援引成案，驳诘而退。是月，日使复以按照约章华官应将所拿韩犯交与日员办理与外部交涉，争持甚力。外部来电谓，韩民应归何处裁判，现正检查约章，与日使磋议。旋据陈昭常等来电谓，日使所称约章，当指中韩条约[1]第五款而言。查此约系通商条约。延吉地方未宣布为通商口岸，而韩人越界垦种并非商民，则此地决难适用此约。况检延吉旧案，自定此约以后，韩民关于刑事由我地方官判决定罪者，不一而足。如光绪二十九年，方成化等六人伙劫一案，三十一年朴正日等四人抢劫一案，皆系越垦韩民，均由我地方官禀请就地正法。此地之未适用中韩条约，即此可见。惟三十一年，韩民崔溃孙杀害华民常升一案，曾送交韩庆府，我仅派员过江会审。虽属前赵丞不谙公法，一时茫昧，然查崔实系家居图们江南，并未住我境内，偶尔越界滋事，与越垦之民显有分别，故尚可格外通融，照中韩条约办理。此次六道沟谋杀之案，凶犯三名乃系多年越垦，久成土著，与我华民无异，自应查照方成化、朴正日二案拿办。斋藤擅将首犯隐匿不交，反欲请我交犯，殊属有意欺凌。前斋藤面谈此案，亦引中韩条约第五款，并举崔犯一案为例，当经昭常等解释约文，历引成案与之详加驳斥，无词而退。此际更使日使向我政府交涉，意图朦混，务恳速将所陈各情节电达外部，俾与日使磋商，方有论据。当因此案为日人初次干涉我国法权之举，若稍有退让，则彼将得寸进尺，不惟一进会愈张凶焰，即平时安分韩民，亦将趋附于彼，而延吉之司法权必致终非我有矣。于

〔1〕　中韩条约，即《中韩通商条约》，是1898年9月11日中国和韩国签订的条约，也是近代以来中国与其他国家签订的为数不多的平等条约之一。

是将陈昭常等来电所述延吉民事、刑事素由地方官裁判成案，及延吉并非通商口岸，不能适用中韩条约各节，电达外部力拒。外部遂将交犯一节拒驳。嗣三十四年三月，陈昭常等来电云，韩民一切诉讼案件，日人始未干预，且多将犯罪韩民送交我地方官办理。当复以日人虽隐以裁判权相让，惟于保护韩民，对待日人，仍当格外注意。八月，复有日宪兵锁解韩民二人道经和龙峪，许经历前往诘问，日宪兵以奉斋藤之命解至会宁为词。适帮办吴禄贞巡查至此，将韩犯索回，交许经历转解延吉厅讯办。嗣斋藤至边务公署索交，经吴禄贞严词拒绝。是时，又有韩巡查在茂功社擅捕良民，指为义兵一案，经该处事务员索回。日使忽照会外部云，统监府派出所附属之韩国巡查，因拘拿韩国匪徒嫌疑者，前往会宁对岸江北地方，忽有中国巡警数名，将已拿获之嫌疑者夺去，复将巡查带往中国兵营，由队长李荣成讯问，后夺其佩剑、制帽，加以拘缚，当由宪兵向该兵营交涉，旋经巡查释放。一面由派出所长派员向吴禄贞君，请其说明此次不法行为及惩办官吏，迄今未得回答。兹奉政府命令，请将妄行拘缚亲交国之官吏者，加以应当之惩罚等语。当以日人捏词要挟，电请外部力拒，始罢。法权所在，彼亦无法干预也。

封禁天宝山矿产之交涉

天宝山为吉林南部著名银矿。光绪十七年，吉林将军及珲春副都统奏请设立矿务局从事开采，派程光第经理之，为官商合办之矿产。产额最盛时，每日能收银八百余两，矿砂百斤，能取净银三百六十两。矿质之佳，可以想见。后以开采多系土法，产额中落，亏款甚巨。三十三年，程光第以资本乏竭，至上海招集外资合办，先与英人订约未成，适日人垂涎此矿已久，有中野氏遂乘此机会筹集资本，私与订约开采，名为中和公司，欲先办此矿，渐次开采图们江北各矿产，盖即日人越境之前数月也。八月，帮办吴禄贞回奉，面陈程光第私与日人订约开采情形。当因该山为我国官有矿产，程光第私订之约非我国所能承认，遂饬由吉省将该山封禁。旋驻吉日本领事岛川氏屡与吉抚朱家宝交涉，大致谓日外部大臣来电云，中国于界务未定之地，对日本人与中国权利者订立合同而后着手之事业，欲用暴力以令其中止，未免甚不稳当等语。当经复以程光第并无办矿之权，中野擅与订立合同，按之法律上契约之性质应行取消，请贵领事转电贵外务部大臣，谕令中野停止开采，离去天宝山方为妥协。及边务督、帮办至延，程光第已畏罪远飏，而日人不服封禁，仍招有工人数十名在彼开采，于是边务督、帮办函致斋藤诘问，复实行封禁之令。斋藤至边务公署交涉,谓宜仍令中野开采,经陈昭常等力拒。十月,驻吉日领事以天宝山为界务未定之地,宜令中野继续开采,且云中国以兵力驱逐日人,当报告政府采拥护权利之临机手段等语相恫挟。其无理胁迫之照会共十余次,我均据理以严词覆之,并将屡次照会转达外部,以备与日使交涉。旋据陈昭常等来电云,接吉抚电,日领云天宝山系未定地方,中国官吏不应以兵力禁阻,宜允中野等仍旧开采,否则须向我政府交涉之语,并谕令昭常等撤去守兵,易以土人看守,当即电复。兹谨将前后查禁情形,约略陈之。昭常等到防后,即闻天宝山虽经封禁,尚有日人盘踞,随即派员查看,以好言劝令日人及中国管事人等即日退出,免违禁例。嗣接稽查处派办事务员报告云,日人载运矿砂出境,络绎不绝,已扣留矿砂五车,禁止通过,当饬令放车留矿。旋斋藤派员来称,实系旧存矿砂,并非新采,亦仅有四十吨。如允放行,以后当一律禁止。昭常等以为或可借此断绝根株,亦姑允之。继斋藤复函称,尚有数万吨须尽数运出。昭常等始知其中必有情弊,乃委员入山确查,见日人尚招聚多数工人开挖新硐。因一面函覆斋藤,一面札委庶务科科长贾春泽带护兵数名前往切实查禁,解散工人。查有炸药五箱,电线一箱,枪械十余杆及一切开矿器具,均一律封贮查封。以后仅留护兵数名看守,并已卸去武装,与常人无异。而斋藤已屡次派宪兵入山查看,并留宪兵一名在山驻守。昭常等所派之兵乃随身护兵,并非军队,与彼宪兵正同。无论天宝山本属我国,即如彼云地方未定,亦应暂时禁止。俟界务问题解决后,再定归何人开采。此时彼已驻有宪兵,我更无撤去护兵之理。盖彼全恃强力,我稍退让,则彼将仍旧开挖,不复更能禁止。是我于此山全失主权,即他日界务解决,我亦难再行收回也。再此山并非因界务未定,日人自谋开采,实为程光第勾引所致。前已与英人威格利立有合同,事未成复勾结日本中和公司合股开办。现复搜得有英文原函及程光第与英人之函可据,其他与日本人来往信札尚有数函,可作实证。是我所封禁者,实系程光第私采之矿,不在日本外部范围之内。请严讯所解到之程光第司事数人,当亦可得其概梗。且阅当日英人、日人与程光第之函,皆已认为中国管辖之地。此时因有界务问题,日人遂借生狡辨,殊为无赖。遂将边务督、帮办并未滥用兵力情形,及天宝山为我国固有矿产详电外部,请其拒绝。盖日人故用恐吓,我若不据理力争,则长白一带之金银炭矿十余所必皆将乘势经营,且无异示以江北数百里之地,非我主权所有也。旋世昌巡视吉林,其驻省副领事来谒,遣员往答,谈及天宝山矿事,我复据理力争,此案遂悬置未结。嗣日使照会外部,谓华兵入天宝山令日人退去,“间岛”问题未决,屡出此不当之行动,日政府必应以对抗之手段,并要求继续开采,亦经外部驳复未允。今岁解决界务,日使又以开采此矿向外部提议,曾电致外部力拒,外部亦未允云。

附答覆驻吉日领岛川氏照会全卷

光绪三十三年十月十三日日领事来文

准贵历十月初三日照会内开,开掘天宝山银矿人中野二郎一案,请即令其停止开掘,并即时离去该地。等情,准此。随即将贵照会趣旨电申本国外务大臣。兹奉电开,巡抚以程光第未得认可,故无开掘权利,是以中野合同开掘之契约当归无效。然"间岛"之所属,目下尚在日清两国政府商议之中,故虽未经清国官宪认可之事业,在目下亦难定为全然无可根据之事。照此趣旨而论,该所属问题未决定以前,除维持现状而外,无从办法,务即照此情节回答巡抚可也。等因,奉此。查"间岛"属清、属韩,目下在日清两国政府商议之中,故非俟该问题解决之时,该地方之所属亦不能决定。是以清韩两国对此等事,均不得行其绝对最高权,故虽未经清国官宪认可之事业,目下亦难定其为全无根据无权利之事。此等地方所属问题,属在悬案未定之间。当事两国惟有维持现状,以俟该问题解决而外,别无他法。故如日本政府不得为韩国对该地方之清国人行其最高权,清国政府亦不得对在"间岛"之日韩人有出于不稳当之行为,如行最高权之事。是以关于中野二郎开掘天宝山银矿之事,我政府经已命其维持现状,以后毋再扩张事业。贵抚台亦请体贴此意,照维持现状方法办理,俾免有酿成无益之纷扰。

十月十九日照覆日领事文

华历光绪三十三年十月十三日,接准贵领事第六号照会内开关于中野二郎开掘天宝山银矿一案,转准贵外务大臣电称,两国政府议商界务尚未决定之前,应令维持现状。等因,准此。查此案程光第以中国官吏在向归中国管辖之延吉境内,私与外人订立合同,擅开银矿。本大臣部院前此饬令封禁,实为中国应有之行政权,毫无疑义。至该处矿务之现状,前据程光第及胡殿甲禀称,旧有矿硐数处皆被水淹,局厂已焚,房舍倒塌,仅有损坏机器,虽带有日本矿师副手杉村测勘矿苗,并未开采,现已遵饬辞退等语。是即天宝山矿务现状,在程光第尚未着手,一无基础,无所用其维持。且中野所与订立合同,程光第并未呈由本大臣部院批准,是为私人交涉。今程光第既已离去天宝山,则中野即欲维持现状,亦只能以私人资格诘问程光第,与国际问题无关,与界务问题更无关。总之,天宝山矿务在中国惟知有程光第,程光第既去,则中野义不能留。为特详叙原委,仍希转达贵外务大臣,饬令中野离去,天宝山再行和平商办可也。

十月二十三日日领事来文

关于天宝山事件一案,奉本国外务大臣电开,"间岛"所属未确定之间,在该地域内之天宝山属清、属韩,亦不得而知。假令中野之该山开掘契约即不照清国定章,亦不得直指为无效。是以天宝山问题,除维持现状以俟"间岛"问题解决而外,别无他法。等因,奉此。已由十一月十八日第六号信照会在案。迨十一月二十六日,接到贵历光绪三十三年十月二十一日,即明治四十年十一月二十五日贵照复,阅读之下,了悉一切。惟贵照复所开等情,殆误解本国外务大臣电训之主意。故十一月二十八日,本官欲面见贵巡抚,说明本国外务大臣电训之意味。乃贵巡抚转派交涉总局会办唐家桢氏亲到本馆。斯时本官恐话出多歧,故先与该会办定谈话之顺序。第一段为天宝山所属问题。第二段为中野、程光第合同契约问题,第三段为现状维持论。第一段谓天宝山在"间岛"地内,"间岛"之属清、属韩既未决定,则天宝山之所属亦未定之事。第二段论及中野、程光第契约之有效、无效,若天宝山果属清国,则必按照清国定章始为有效。惟如第一段之论定,该山既系所属不明,则未必解以清国之法律确定该契约之有效、无效。故在本国外务大臣电训之中所以言及,虽未得清国官宪认可之事业,据现在而论,亦难定其为全然无根据之事。是以中野之契约,虽未得清国官宪之认可,亦不能直指为无效。继及第三段之现状维持论,则以"间岛"问题未定,天宝山之所属亦未定,而中野、程光第之契约全属无效与否亦属不明,故除维持现状而外,别无他法为结论。以上三段,该会办均表同意。惟另附一言,谓如督、抚照覆所云,维持天宝山未开掘之现状,此语实归着于中野不能开掘之事。本官答以该现状如何之处,已接中野电称,自十二月一日由该地起程来吉,俟更向中野详细问明,然后再及于现状论,该会办亦表同意。于是更问以前开趣旨,本官可否电申外务大臣。适问定后欲发送电报之时,突接韩国会宁来电,内称昨二十五日清兵入天宝山,命日本人退去,欲占领该山,请妥为保护云云。事实与否,虽属可疑,然亦不能置之,乃先使林领事官补直求见贵巡抚。兹据该领事官补报称,贵巡抚认此事实,并言明此系中央政府之命令,在巡抚亦不能取何等之处置。又本日再奉外务大臣电开,二十五日陈昭常氏派兵十数名,于天宝山对中野之工夫,命其解散,中止其工事,并命令日本人即日退去各等因。按天宝山问题,当初本官对贵巡抚切言在交涉未了之间,毋用暴力之事,在贵巡抚亦言明决不出是举。不意口舌未干,而今日竟接贵国敢为此等暴行之警电,殊深遗憾。此等暴行,恐至为燎原之导火线。本官自有"间岛"问题以来,即向贵巡抚努力切言,唤起注意，想贵巡抚言犹在耳。贵总督阁下与巡抚阁下任在贵国祖宗发祥之地，其任重责大，诚非他省督、抚之比，必能达观大势，笃念邦交，以全此重大之责任而无疑。敢请切速设法办理，专派急使，发下制止在天宝山收回贵国暴行之命令可也。

十月二十八日照覆日领事文

本月二十三日准贵领事第七号照会内开，中野开掘天宝山银矿一案，分作三段立论。又接准贵外务大臣来电，为陈督办用暴力禁阻开掘，邦谊攸关，嘱速设法办理，饬令该处官吏和平处置。等因，准此。查此案程光第擅与中野订立合同，私行开掘，本大臣部院对于程光第行相当之处置，从而及于中野，其详细原委，迭经照覆在案。兹按来照所称，辄将界务牵涉。查界务正在两国政府交涉中，现且未便遽答。至于封禁天宝山矿硐，实系本大臣部院所发之命令，至于用暴力一事，曾经谆谕该处官吏毋得出此。今既据贵领事声称各节，我中日两国素敦友谊，亦何至因此一事伤及感情。已电知延吉官吏和平办理，勿用暴力。惟中野亦宜饬令工人停止开掘，听候从长妥议，庶可相安无事。本大臣部院恭膺恩命，镇抚陪都，笃念邦交，历与贵国周旋，极愿和衷商榷。惟于主权、利权所在，亦应竭力维持职务，幸蒙贵领事雅意谆谆，用敢附述。

十月三十日照覆日领事文

本月二十七日，贵领事来署面交贵外务大臣电开，兹接前途报告，清国官宪对中野次郎与清国人程光第在“间岛”天宝山合同开掘银矿事，命其中止。有即使借用暴力，亦必遂行其命令而后已之势。查清国在所属未定之地方，对日本人与清国权利者订立合同而后着手之事业，为欲命其中止而用暴力事，其所为未免甚不稳当。此种问题，应俟境界决定后而后解决。故对中野已着令该管命其惟可维持现状，勿为急剧之扩张。而在清国亦不可有擅用暴力之事务，即对巡抚妥为注意可也。等因，准此。查程光第前因办理天宝山银矿亏蚀官项，于光绪三十一年冬间奏参在案。嗣虽设法弥补，开复原官，而并无札委续办矿务之明文。是程光第已无开矿之权利，昭然明甚。本部院到任之初，程光第虽曾禀请续办天宝山银矿，当经面斥不准，继以其违谕私开，故特札饬封禁。旋据程光第禀称，天宝山各矿硐早被水淹，并未招工采凿，现即前赴安东县与东益昌号华商李长城暨日商中野二郎等商退矿师等语，声覆前来。是该矿之现状及程光第之自行退出，不由暴力情形甚悉。至于中野并未调查程光第有无办矿之权限，辄与订立合同，按之法律上契约之性质，应行取消。且此合同之内容如何，程光第迭次来禀，从无一字涉及，亦未呈由本部院批准,更应无效。据以上种种理由,应请贵领事转电贵外务大臣,谕令中野停止开采,离去天宝山,方为妥协办法。

十一月初三日日领事来文

清历十月二十九日,接贵国关于天宝山银矿事照会,敬悉种切。按本官曾于西历十一月十八日以第六号信照会贵官宪,谓贵官宪命中野二郎停止天宝山开采银矿一事为不稳当之行动,祈将该命令取消,并言明现状维持之不得已。乃接贵官宪清历十月二十一日之照会,似于敝国政府主张现状维持之意未尽了解。又本官于西历十一月十八日面会贵巡抚派来之交涉局会办唐家桢,曾将天宝山银矿现状维持之不得已事,分为三段详细说明。于十九日更以第七号信照会贵督、抚。且贵巡抚对于天宝山银矿事件,尝宣言不用暴力,而贵官宪之在"间岛"者,辄用兵力以禁止中野之工事,本官因其背理,曾用照会要求速派官吏制止兹事。乃接贵官宪清历十月二十九日之照会单,谓该银矿之封禁,虽由督、抚之命令,因不可使用暴力,故在先曾谆谕延吉厅官吏,并电知各官吏命其和平办理,并使中野亦止其采掘工事。于本官第七号信中,关于天宝山银矿之不可不维持现状之缕缕千言,仅以不遽回答一语了之,此外更无何等辩驳。贵督、抚笃念邦交,常遵正理以办交涉,为本官之所深信,胡对于今事于敝政府之所主张及详细之理由无所顾虑,徒示顾左右而言他之态度。贵官宪之真意果存于何处,令人不得不疑。凡遇友邦重大交涉,当局者必先明白其事理,一旦两国所主张者互有冲突,当遵照正理和平商办,此理想早为贵督、抚所深知。今天宝山银矿事件,本官在先未尝不本此精神,以明条理而重交涉。乃贵督、抚对于兹事,未尝议论讨究,虽明知当地官吏不待交涉终了,遽禁止中野工事为不稳当,乃仅制止暴行而不使复其原状。且仅言中野停止工事,则贵官宪果有诚意以办交涉乎,抑无诚意以办交涉乎,令人更不能不疑。如果无诚意,则本官报告敝政府为保护我国正当权利起见,不得不采临机之处置。然贵督、抚笃念邦交,通达事理,如此之事非出于贵督、抚之本意,为本官之所深谅。今祈撤退天宝山之清兵,并祈使该矿复其原状,然后再研究条理,决定该矿开采之是非可也。右天宝山银矿原状恢复之许可与否,限五日以内速赐回信。设五日内无回信,则本官知贵督、抚不以诚意办事,当报告政府采拥护权利之临机手段。

十一月十一日照覆日领事文

本月初三日接准贵领事第八号照会内开,天宝山银矿要求恢复原状。等因,准此。查天宝山一案,本大臣部院已于十月初三、二十一、二十九等日照会中反覆说明在案。今阅来文,知贵领事尚不免有误解之处,用特为贵领事为最后之说明。想贵领事公平素著,必能洞悉法理,不致再有无益之辩论矣。查天宝山向为我延吉厅管辖之地,其矿即为我国之国有物。今我民人程光第未经我国家之许可,擅与人订立契约从事开采,即与窃盗国有物无异。故我国家得以相当之办法,禁止其不法之行为,是以派人封禁该矿而保守之,此我国家对于我人民之处置,为我国之内政,于国际上本无关系。盖既欲禁止其不法,即应有相当之处置,本无所谓暴力,亦无所谓不稳当也。今贵领事来文屡言维持现状,并欲恢复其原状,不知如前所说明程光第既为不法之行为,则从不法行为所生之因,决无正当之理。故中野之契约非独毫无效力,实为不当之利得,我国家断无维持之方法。公理所在,无待辩论。总之,两国交涉事件必须以公理为衡,庶免酿无益之纷争。想贵领事顾全大局,必能体谅此旨,以转告贵国政府也。

十一月十一日日领来函

前侵入天宝山妨碍中野二郎采矿事业之贵国兵士撤退与否,限五日内速赐回信。若五日期限内无回信,则本官知贵总督、贵巡抚不以诚意办事,当报告本国政府采拥护权利之临机手段。此事曾于十二月初七日以第八号信照会贵官宪,今已超过期限四日,尚未接何等之回信,则本官知贵督、抚能容我采天宝山临机自卫之手段。盖既无回信,即可知贵国政府自放弃关于天宝山之权利,本官即将此意报告于本国政府。关于天宝山处分,此后我帝国政府能采自由之行动。

十一月十二日日领来文

本月十六日接到贵历十一月十一日即日历十二月十五日贵照覆,缕陈天宝山一事。等情,准此。查本官十二月初七日第八号信明限五日间期限,今贵照覆已过限期,已系不得为有效力之回答,故亦不必转达于本国政府。要之,关于天宝山一案,准照十二月十五日第十号照会主意,贵国政府系自放弃该矿山之权利,尔后我帝国政府应执自由行动者乃最后之铁案,故尔后关于该矿山之事,不管发生何等事件,均当遵据此铁案办理。

十一月十三日照覆日领

本月十一日接准贵领事第九号照会内开,贵国兵侵入天宝山,已电报本国政府采自由之行动。等因,准此。查天宝山一案,本大臣部院已于十一日之照覆,为最后确实之说明,谅蒙贵领事所洞悉。今阅来文,近于无理之恫吓。想贵领事之责任,在于调和两国利害之冲突,以期两国邦交永固,商务日益发达,贵领事自应遇事按理和平相商，庶几可泯彼此之意见而敦亲睦。今贵领事于天宝山一案，强词夺理，而置本大臣部院十月初三、二十一、二十九等日照会之说明于不顾，至出强迫之词，以相恫吓，本大臣部院实不胜抱憾。今对于贵第九号照会按条驳覆，务请详加阅察，勿再为无益之言，是所深幸。如所称贵国兵侵入天宝山妨碍中野开矿事业，速为撤退等语。查天宝山向为我延吉厅管辖之地，其矿为我国之国有物，今我民人窃取国有物，擅与人从事开采，我国家以必要之处置，禁止其不法行为，则从不法行为所生之不当利得，自应一例消灭，无所谓侵入，亦无所谓妨碍，更无所用其撤退也。又如所称诺、否，请于五日内见覆，若逾期不覆，本官认贵督、抚无办事之诚意，当申请本国政府采临机拥护我权利之手段，今已逾期四日，尚未见何等之答覆，则可见贵督、抚已当能容认我操临机手段等语。查天宝山一案，本大臣部院对于贵领事已叠次照会说明理由，贵领事非独毫无了解，反欲强词夺理，本大臣部院与贵领事办此等交涉，既不能省无益之辩论，安得不详细斟酌，以期剖解无误，何能于此短少时间决定而答覆乎。则贵领事要求于五日内回答，不免为强迫不当之要求，本大臣部院无从应许。至贵国政府采临机拥护我权利之手段一语，尤堪诧异。天宝山既为我国之土地，则贵国政府于该处毫无权利之可主张，既无权利，贵国政府将何所用其拥护。又如所称，从不复中可见贵国政府自行放弃关于天宝山之权利，本官已电达本国政府，迩后关于天宝山之处分采自由之行动等语。查天宝山我国有确实之权利，贵领事已认之甚明，然则贵领事即欲电达贵国政府，而贵国政府想亦无从施其自由行动之手段也。

十一月十五日照覆日领事文

本月十二日接准贵第十一号照会内开，贵十一日之照覆，虽缕述关于天宝山之事，然今之照覆为期限后之照覆，已失照覆之效力，本官无转达本国政府之必要等因。本大臣部院阅悉之下，不胜骇异。查贵领事第八号照会末段有诺、否请于五日间回答一节。本大臣部院已于昨日之照会中，据正当之理由，驳明在案。今来文中谓我十一日之照覆为限期后之照覆，已失照覆之效力，不知贵领事据何等之理由，敢定此无理之铁案。想贵领事能驻在本国与本大臣部院办理交涉者，为两国国家条约之结果，是以贵领事对于本大臣部院所能主张其权利者，惟条约所规定之事，次则或为国际法所容许，或据国际惯例。舍此而外，贵领事无绝对主张之权力。贵领事既为文明国之领事官，此理必能知悉。试问贵领事要求五日间回答之说，两国条约上有此规定乎，国际法上有此等文字乎，又有此等惯例乎。本大臣部院与贵领事系办理两国交涉，不能违背公理而应贵领事之要求，明矣。且五日回答之要求，乃从天宝山案发生，如本大臣部院十一日、十三日两照会之说明，贵国政府于该处毫无权利之可主张，则从此案发生之请求，更可不论。来文又提及甲午之事[1]，查甲午之役因两国失和始有战争，今本大臣部院与贵领事所办之事，则据两国和好以后之条约，贵领事何故忽出此言。即论韩境问题，亦系两国政府辩论之事，贵领事对于本大臣部院有此辩论之权乎。想贵领事近在病中，脑力必已受伤，是以为此等无理之言。本大臣部院此次之说明，实为贵领事无理纷争之铁案，因与贵领事交情素称敦睦，再将正当之理由详细驳覆，务望贵领事平心推想，勿再施此等无理之言，是所深盼。

附光绪十七年吉林将军长顺开办天宝山矿奏稿

奏为勘明珲春天宝山银矿，现已派员试办，大概情形据实密陈，仰祈圣鉴事。窃奴才等恭承恩命，办理边务，深虑常年兵饷，日久难继，每就地擘画，浚开利源，庶外省多筹一分之饷，即部库少纾一分之力。奴才长顺自抵任后，周谘博访，群以三姓产金、珲春产银，述为美谈。三姓金矿，前已将化私为官暂时试办情形，详细奏明在案。惟珲春产银之说，一时无从考证。经奴才恩泽[2]遴派候选县丞程光第细加躧勘，当于南冈天宝山内见有银矿一处，已挖成硐，似系昔日流民私开，因其无利而弃去者，取验砂质，不甚精美。复于附近地方觅得矿苗，凿验砂质，较之旧硐为优。上年春间，奴才恩泽赴南冈校阅右路一军，折至该处覆加履勘，核与程光第所勘情形相符。与奴才长顺往返函商，随令程光第招集商本试行开采去后，兹据候选县丞程光第禀称，勘得天宝山在吉林省城东南七百余里，西接哈尔巴岭，蜿蜒二百六十里，为此山之发脉，南襟古城大川，北带博尔哈通河[3]，峰峦秀异，岩壑深藏，出脉聚气，与他山迥殊。自奉派后，拟即招集商股银一万两，未能如数，先行凑足五千两，前往该处建造房屋，购运粮食，置备器械，雇募人夫，力加开采。从前流民所开旧硐，系在北山，穿至七尺，即因石坚停凿。至今另采银苗二枝，系在南山，其一枝入

〔1〕 甲午之事，指爆发于1894年（农历甲午年）的中日战争，也称中日甲午战争，又称“中东战役”。日本人称为日清战争。虽经中国军民奋勇抗敌，终因清政府腐败而痛遭失败。1895年4月17日，中国被迫与日本签订了丧权辱国的《马关条约》。

〔2〕 恩泽（？—1899年），噶奇特氏，字雨三，蒙古镶蓝旗人，清代官员，曾担任吉林副都统。

〔3〕 博尔哈通河，即布尔哈通河，源出哈尔巴岭，注入图们江。

山线凿至丈余,未见槽砂。其一枝立山线,计凿八硐。惟三硐始得正脉,其余各硐虽见苗砂,尚无正线,未敢深求,致滋虚费。现在第三硐凿深十五丈,砂线时宽时窄,宽则三尺余,窄则尺余,足供四十余人采取,月可出砂十五、六万斤。初凿之砂,每千斤炼银质二十余斤,提银十二两有奇。迨凿深九丈,每千斤炼银质七十余斤,提银三十一、二两。以目下月出砂数核计,提银约可出银四千五、六百两。现时存砂七十余万斤,拟趁此春融,广备灰炭,先设烧生砂大炉八十座。每座烧生砂三千斤,用木炭烧煅三次,每月出熟砂二十四万斤。又加炼银质大炉四十八座,每天轮流炼熟砂八千斤,可出银质五、六百斤,提银三百余两,核计一个月可出银一万两。近时矿丁、炉匠及杂丁夫已用一百七十余名。若再设炉炼砂,尚须添用一百数十名,共三百余名。月需工食银一千七、八百两,月需油、铁等项五、六百两,连局用薪水每月共需经费银二千数百两。如每月炼提银一万两,尚可盈余七千余两。第炼提赖乎人工,本属可迟可速;而凿取限于地利,不能予取予求。且夏秋阴雨时候,地气郁蒸,矿丁入硐未能久作,势所必至。只期此后各硐,一律开及正脉,足供多人采取,苗线日增,提银自巨。应如何酌提归公以裕饷源,核给奖叙以资激励之处,续俟拟定章程,呈请核办等情,并将银两、银质,生熟各砂呈验前来。奴才等查程光第勘办银矿,既经觅有苗线二枝开硐九处,据称虽止一硐开及正脉,而每月出砂可提银四千五、六百两,加炉烧炼月可出银万两。是创办之始,无虞亏赔,将来各硐概得正脉,苗线日渐增多,则其利之充盈,尤可想见。裕饷固边,计诚莫善于此。第炼砂提银仅恃土法,恐银质未净,多所委弃。现已派员驰赴天津购办洋炉,并恐程光第一人难以周顾,添派候选县丞禄嵩前往会同办理。一面仍饬该员等作速拟妥详细章程,再行酌核奏请圣主鸿裁。除将送到宝银一定,银质一块,生熟各砂数包咨呈海军衙门[1]考核外,所有派员试采珲春天宝山银矿缘由,理合恭折密陈,伏乞皇上圣鉴训示,谨奏。于光绪十七年三月初九日具奏,于四月初九日奉到朱批,该衙门议奏。钦此。

禁止日人干涉韩民完纳租税之交涉

延境管辖人民韩户多而华户少,越垦界内尽属韩民,即招垦之地亦多有韩民租种,并有购买华民之地自行耕种者,惟有一切租税照章完纳,与华民无异。光绪三

〔1〕 海军衙门,清末管理海军的机构,也称海署。

十三年九月，吉抚朱家宝来电云，据在延吉各员禀称，斋藤迫令韩民不准交纳租税及地方公费，该处放荒局催令韩民换照无有应者，警捐已有一月概抗不交，帽儿山前税局韩民已交牲畜税款被日员勒令退还。影响及于饷捐，转瞬该厅及和龙峪经历开征本年大租，必有窒碍。当将来电转告外部与日使交涉，令饬斋藤不得妄行干预。盖韩民享有我国土地之权利，自有完纳租税之义务，若群起违抗，是延境土地主权非我国所能有矣。是月，外部电致驻吉日领事云，斋藤已电达统监府，有韩民租税不得过问等语。会边务督、帮办至延，于韩民抗纳租税一节，派员严行禁止。自是所有租税，仍照常完纳，而我国土地主权，日人始未敢干涉焉。

阻止日人添设韩乡约之交涉

越垦各社乡约，向由地方官吏选派，有代收租课及管辖韩民之责，以为行政机关之辅助。斋藤越境后，于各社添设社长、村长，以为扩张权力之计。当以日人干预内地行政，电达外部，请向日使力阻。九月，外部来电，谓日使来照云，斋藤电告统监府谓任命许多社长及村长一节，虽实有其事，然其目的所在，不外图本派出所与地方人民互相联络，借悉民情之意，非直为行政机关，现已停止委派等语。及边务督、帮办到延，于斋藤添设乡约举动，即以前此停止委派之语，极力阻止。至光绪三十四年八月，斋藤又借防义兵为名，于各社添设百家长、十家长，经帮办吴禄贞竭力抵制，并令华韩人民不得承认，其事始中止。

驱逐一进会首金海龙之交涉

斋藤越境后，以一进会为煽惑韩民之爪牙。会首韩民金海龙，斋藤尤利用之，派充书记课员，令其捏造华人凌虐韩民谣言，张贴告示，大肆蛊惑，并干预各种民政，地方深受其扰。九月，曾将金海龙不法行为电达外部，请日使转饬斋藤，勿得纵其扰害地方，隐为袒庇。是月，日外部电驻吉日领事云，斋藤电统监府有金海龙为派出所监察课员，地方平稳，并无冲突之虞等语。于是知斋藤情词遁怯，未敢肆行袒护。因电致边务督、帮办，嘱将金海龙设法除去，以祛彼之阴谋。旋据陈昭常等来电云，此事昭常等曾反覆筹商，惟斋藤既倚金海龙为爪牙，又自认为其书记课员，其保护之必力。若非得有真实证据，徒凭访闻究办，转令彼有所借口，致启争端，万一不胜，反足以损边务处之权势，而于他事亦多生阻力。且金海龙已自知骑虎之势,亦早预筹自防之术。其布诱惑韩民之广告也,则多假他人之名,其为诬蔑我兵民之报告也,则皆令斋藤担责,并一进会彼亦不肯自认。虽韩之良民,皆畏如蛇蝎,而未有敢显摘其非,明控其恶者。是以欲求其真实不法之证据,则甚不易得。现今各派办处于金海龙举动多方搜求,随时报告,已稍稍得有证据。其最可恶者,于本月初四、五、六等日,公然在霁霞、霁晴、月朗各社传集本地乡民,指称总乡约玄德胜诈取民财,韩民玄德胜系由延吉厅同知派充总乡约,其人忠厚老成,不附会一进会故为所忌。倡言我兵民恃势骚扰,逼令各处韩民捏词诬告,有不附和者,则辱骂之。其在月朗社时,有二韩民因传未到,即夜至其家加以掌责。此事则系众目共睹,已由该处派办处传到被打韩民,录有供词,拟俟凭证确实,即行密拿到案,而后广出招告,以彰其种种不法之罪。昨已知照斋藤,令其不必干预,虽能否拿获尚未可知,然但能逐其出境,亦可为地方除害,而稍令斋藤敛迹也。嗣金海龙经边务督、帮办拿办,因逃至会宁。一进会逆焰稍灭,地方始获静谧。

封禁杉松背森林之交涉

杉松背区域在和龙峪之西,与斋藤所驻之六道沟相距最近。森林密茂,绵亘百数十里。向例,附近居民皆得自由入山采伐。日人越境后,建筑所用之木,皆取材于此。光绪三十四年正月,陈昭常等以利权为日人侵占,且图们江北森林丰富,恐开其觊觎之端,遂以保护官有森林为名,将该山封禁。凡至该山采伐者,非有边务公署许可之票不允也。日人大为不便,妄以地方未定为词,至边务公署交涉数次,经边务督、帮办再三驳诘而去。是年十二月,韩民盗砍该山木料三百余块,经陈昭常等议罚充公。自是日人于该山森林,始不妄行采伐焉。

韩民养正学堂学生归化之交涉

延吉厅南光霁峪地方,有韩民养正学堂一所,学生数十人,系韩民李同春开办。其人曾充使韩许大臣翻译,并保奖把总[1]。陈昭常等到延后,以其规模较大,令设法扩充,广布朝廷德意,勿为日人所惑,并由边务项内酌贴经费若干。嗣该堂学生数十人皆薙发易服,以表其归向之诚,我国固毫无逼勒情事也。嗣日使来照谓,据统监府

〔1〕 把总,官名。始设于明,官职低于千总。清代定为正七品,清绿营军制,营以下设把总;京师巡捕五营也设把总;四川、云南等省的土司官员中也有把总。

报，钟城“间岛”地方韩人有一学校，学徒数十人，清国官宪强制辫发，不遵即交官署勒逼除二三名外，尽皆辫发。清韩两国争议之地，屡为不法，因而境界根本有难决之势等语。当因该堂学生归化中国，斋藤无法干预，捏词禀报统监以与我外部交涉，遂将该堂学生归化实情，电达外部，以资论据，而日使自此亦未再向外部提议。

限制二道江、娘娘库等处韩民越垦之交涉

奉、吉二省南部，多因韩民越垦酿成意外交涉。吉省敦化县所属之二道江、娘娘库等处，在长白山北麓，踞松花江上游，为由朝鲜茂山[1]、甲山[2]等处至夹皮沟之要道。日人前虽混指夹皮沟为“间岛”，而此地实为延吉与夹皮沟交通之枢纽也。因于该处添设派办处一所，分拨防兵在彼驻扎，以断日韩人交通之路，免使日人在彼着手经营，复如延吉故事。并密札敦化县，严饬华民以后不许雇用韩人，已雇用者设法遣散出境。有产业者则沿光绪十六年成案，令其薙发入籍，并谕令妥为劝导，逐渐试办，以免韩人野心不定，固防患未然之至计也。三十四年四月，日使忽照会外部，谓伊藤[3]电称，近有韩民若干名到头道沟日宪兵分遣所诉称，上月十七日以来，中国派兵往九道墟、娘娘库等处，勒令韩民一律薙发易服，如违驱逐，并取具甘结。韩民为势所迫，曲从者多。伊等不愿薙发，逃来诉明等情。此举与条约公理均有不合，中国似此手段以图韩民入籍，恐问题愈臻困难，切盼速电匡正等语。旋据陈昭常等电云，前月接到二道江事务员报告，谓其地有韩民二百八十余户，同时到派办处情愿自具甘结，薙发归服，即已一律照办，以示怀柔。此举于边务不无利益，而预杜日人阴谋，最为彼所深忌。其实该处并非越垦地界，即使实行驱遣，日人亦不能过问。况入籍者，乃经我多方劝导，实出自愿，决无勒逼情事。当以限制二道江等处韩民越垦，为我国内地主权，日使不得借词干涉，转达外部，请其拒绝。旋斋藤又至边务公署交涉，经陈昭常力拒而罢。

---

〔1〕　茂山，在今朝鲜咸镜北道的西北隅，临中朝边境。

〔2〕　甲山，甲山郡，现为朝鲜北部两江道东南部的一个郡，位于盖马高原中的甲山盆地。

〔3〕　伊藤，即伊藤博文（1841—1909 年），日本首相，长州藩士出身，曾参与明治维新运动，1885 年起四任日本首相。执政期间发动中日甲午战争，强迫清政府接受《马关条约》并将朝鲜置日本统治之下。1905 年起任“韩国统监”。1909 年在中国哈尔滨为朝鲜爱国志士安重根击毙。

毁弃日人在图们江北设立木桩之交涉

日人自清津至会宁铁道告成后，亟思将此路展拓至我延吉境内之六道沟。国界攸关，未敢公然修筑。光绪三十四年正月，先将图们江北火狐狸沟地方改换新名，立桩标识，以为尝试之计。陈昭常等侦知其事，即派员将新立木桩拔去。二月，日人又由图们江沿起至六道沟止，沿途九十余里钉立木桩，将我国固有地名尽行更改，书曰会宁驿"间岛"某某社，暗将我国土地拓入韩界。且日人称火车站曰某驿。书曰会宁驿者，盖为实行修造铁道之计划也。会斋藤回国，陈昭常因公留珲，复经吴禄贞派员连夜将木桩全行毁弃。日篠田学士亟至边务公署诘责，势甚汹汹，吴禄贞覆函亦以严词拒之。于是将先后毁弃日人木桩详请函达外部，与日使交涉。日使来照，谓中国以兵力将江北里程标木拔去，举动益行无理，日政府不能默视等语相要挟，外部拒之。嗣经吴禄贞令派办处将沿途钉立标识，详记华名里数，以为抵制之策，而日人展拓铁道之狡谋始息。

禁止日人苛敛韩民之交涉

斋藤越境，阳借保护为名，实欲为鱼肉韩民之计。其令韩民不纳我国租税，及添设乡约之举动，即其见端。继以我国竭力抵制，未敢轻发。光绪三十四年二月，陈昭常等来电云，统监府派出所属之韩国巡检，以日官之命，在六道沟一带勒索民财，扰害地方，怨声载道，事迹多端。经禄贞连派委员前往密查，知六道沟居住之华民，已被勒索者三家，未遂者六家。对于韩民尤酷，其被勒无法，当尽家中所有钱财交付者十一家。永德社韩民认交钱米，已任注册者四百九十二家，限期十日交齐。并闻该巡检等勒索乡民之手段异常毒狠，重则加以非刑拷打，轻则予以冷室看押，暴虐行为，诚堪痛恨。查六道沟即日官居住之所，倘非日官下命，该巡检等于卧榻之侧，岂敢肆行无忌，一至于此等语。当将日人勒索韩民情形，电达外部，请向日使诘问。嗣经陈昭常等派员禁止勒索，并函达篠田，命其收回不法命令。勒索韩人各款，已收者发还，未收者免缴，而日人苛敛韩民之举始息。八月，越垦十社乡约、甲长等控告日人所派总社长李羲英、金世希、金圣千等又在光霁峪地方以征收为名，勒令韩民每户出钱一吊八百文，不从者则诬以义兵。适吴禄贞巡查至此，当将李羲英等三人拿获。日宪兵出而拦阻，竟用手枪威吓，欲将该犯等夺回，经我宪兵阻止未遂。嗣斋藤至边务公署交涉，谓金世希确系韩国巡查，要求释放。吴禄贞当将该犯交斋藤惩办，李羲英等交延吉监禁，以治其擅行苛敛民财之罪。九月，八道河子地方，又有韩乡约陈锡俊等苛敛民财一案，亦经傅良佐拿办始息。

阻止日人占购民地之交涉

斋藤越境后，强占六道沟民地建造房舍甚多。及陈昭常等至延，屡向斋藤诘责，并谕令华韩人民，一切田产房舍不得私自售买租借，以为抵制之策。三十三年三月，陈昭常等来电云，日人强占民地，自我诘责力阻后，彼乃变计，以重价相购买。本地韩民为其势力所动，未敢或有异言。惟与彼派出所附近地方有华民申子寅之地九垧有余，经我派办处密谕该民，不准典卖租借。比值春耕，日人求地甚迫，申亦颇有迁地为良之意，现已设法劝导，令其始终坚持。然地方甚广，小民无知，难以家喻户晓，终非持久之道等语。当转达外部。嗣接外部覆电，谓日人于占地建舍各节，俱不承认，此处并非通商口岸，碍难准外人买地。如果日人在该处实行占购，应由地方官妥为理阻，仍声明彼此明订专章之后，自可酌定办法，此时实未便任意行动。嗣边务督、帮办于日人购买民地，仍令华韩人民不得私行售卖，日人亦无法占购云。

稽查日人违禁器物出口、入口之交涉

图们江南岸之稽查处，为日人由会宁至六道沟交通之要道，于该处设立派办处一所，办理一切事宜，并稽查日人违禁器物之出口、入口。光绪三十三年十一月，日人吉见圆藏将天宝山矿砂私运五大车出境，道经稽查处地方，被派办处委员拿获扣留。嗣斋藤至边务公署交涉，谓吉见所运者，乃日人中野矿砂，要求放行。当经陈昭常等答以我所封禁者，为程倅违例私采之矿山，此时扣留者，亦扣留已封禁之矿砂。日人之为自运，抑代程倅私运，皆在所不计。斋藤又云，该矿封禁实未开采，此时所运者乃未封禁时所存之物。复答以即为前所存留，既已封禁，则不能私自贩运。斋藤再三恳求，代为谢过，乃答以贵中佐私交，令将所存者报明数目，予以护照，准此次尽数运出。若以后再查有私运事件，不但扣留，定必照章处罚。翌日，斋藤来函谓尚存四十吨，于是由边务督、帮办填写护照，令其运出，以断根株。自此次实行稽查后，日人于违禁物之运输，始稍知警戒矣。三十四年七月，陈昭常电称，日人用韩车四辆装载枪枝三箱，子母十一箱，有韩巡警押运经过稽查处。经该员将车阻留。至下午三时，日本宪兵长森川亨带领宪兵五名到所，意欲强夺。经我宪兵阻止，未被夺去等语。当以私运军火入境，为国际公法所不容，遂电达外部，请向日使诘问。嗣日人屡至边务公署要求放行，陈昭常等以主权所在，未允。

阻止日人添兵至珲春之交涉

朝鲜自归日本保护后，内地义兵多揭竿倡叛，以与日人为难。而李范允寄居俄界之岩杵河，与我珲春接境。集党数千人，时欲假道至朝鲜庆源、庆兴等处，与其内地之义兵相合。经我严密防范，无从窃发。光绪三十四年五月，陈昭常来电云，顷据珲春电称，日本驻扎庆源守备队长池上井一，拟派将弁带兵二十名来珲探访李范允举动，请代觅地方驻扎。日人险诈，久欲借李范允为名派兵越境，已饬照约立阻，并加扎营伍严密防范等语。当以珲春与境界问题无涉，更非延吉可比，事关国际，彼断无派兵越境之理。因电达外部，请向日使力拒。嗣日使照会外部云，李党由我约束，伊决不干预等语。遂电属陈昭常严密防范，以免有所借口，而日人添兵至珲春之说，始息。

阻止日人在图们江设渡之交涉

自日人设立图们江北木桩以为展造铁路之计划，经吴禄贞等拆毁后，三十四年四月，据朝鲜领事报告，谓斋藤此次由日本返延，仍欲将清津至会宁铁道展造至我延吉境内等语。盖日人在六道沟大兴土木，已成街市，而清津铁道又抵图们南岸，其欲借端尝试以连络图们江南北之交通者，固非一日也。先是，光绪十三年北洋大臣订立吉韩通商章程，于稽查处至图们江南之会宁，由我国立有渡船数只，以便交通，且为稽查偷漏之举。此固我国之先有权，非日人所得侵占者也。五月，陈昭常等来电，谓日人近日在图们江沿岸各处添设渡口，经我力阻，彼始停止。昨日斋藤特提议此事向我辩论，力言设渡，系谋民人利便，不应阻止交通。当即答以我向设有渡船，往来甚便，何得谓有碍交通。彼复言境界未定，彼此均有设渡之权。复答以现当维持现状，有者不得废，无者不得添。彼复言，中国主张图们江北为领土，则图们江自在境界问题外，故与维持现状无关。复答以我言以图们江为界，并非言图们江非我属也。彼复言，据国际法言以江为界者，大都以江心分界。复答以江心分界或以水深处分界，不过法律如此，而实际系依条约所定。以前中韩并未有此条约。至依惯例而言，图们江全权或尽属中国也。彼复言，南岸自属韩国，中国渡船何以能抵彼岸。复答以此乃我之先有权，向例如此，韩国素无异言。至韩人设渡，向未许其有此权。故当此维持现状之时，不能认其新有。且以此观之，我船能抵彼岸，彼船向未允渡我岸，则图们江主权全属中国可知。彼复言，水中无论如何分界，暂时不论，若定不允韩人添渡，中国渡船亦将不能达于南岸。复答以日韩中倘不添渡，我人民亦无须至南岸，彼此以江为限，暂不往来，实所甚愿。彼一时窘迫无计，乃强言，无论如何，我必自由设渡。复答以彼此交涉无非论理，尔若必自由行之，我惟有自由阻之，但恐与两国政府所约维持现状之意，大相违背耳，彼始无言而退。查彼之添设渡口，虽非紧要问题，然我若稍自退让，则江流数百里彼皆可任意通过，我实无法再为稽查防范。况交通机关为彼所持，则损失主权将不止此。且彼与我此时之极力争渡权者，实欲联合其清津铁路，其意极为诡谲。故我不仅当阻其修路，而于自由设渡，亦必以极力抵制为宗旨等语。当即据情转达外部，并覆令陈昭常切实防范，极力禁止。又据陈昭常来电，谓日人于设渡事屡来力争，我皆严词拒绝，彼见我意决，乃以强力迳行设渡。我既不能以兵力强阻，只得饬巡警严禁行人，不准登日人渡船。彼竟稍不知退，乃派宪兵阻止行人，不准由我官渡口通过。而彼船由南岸渡来，我则难禁其人登岸。与彼以理相争，彼竟明言必用强力，似此相持不下，终恐激成事端。适吴禄贞回奉禀称，图们江北原属封禁重地，韩民渡江悬为厉禁。自光绪初年，韩民始渐私渡，后因越垦日众，难以禁止，乃于光绪十三年设立中韩通商局卡，于图们江沿岸由通商局设稽查处、光霁峪、西步江渡口三处，每处各设渡船一只，操渡业者皆系华人，以通往来，且便严密稽查。自通商局裁撤后，各渡口皆归和龙峪分防厅管理。厅官从中渔利，韩民因而包揽承领租税，遂将华民之操舟者裁撤。每渡口韩民约岁纳二三百金于经历衙门，朝鲜官吏私征所得者亦约相等。然渡舟由中国设立，而渡权亦操于中国官吏之手，二十年来毫无异议。今日人忽于稽查处添设渡舟，并派宪兵阻止行人由中国官渡来往，此事关系极大。盖稽查处为图们江南北两岸适中之地，且由朝鲜会宁至斋藤所往之六道沟，必以稽查处为交通枢纽。若渡权为彼所得，则自六道沟至江岸一带，皆入其势力范围。我则退处无权，于日人一切举动，丝毫不能干预矣。当将陈昭常来电及吴禄贞所陈中国设立渡舟始末，将来关系情形，一并电达外部。并请外部与日使交涉，不得于境界问题未决以前，违两国维持现状之约。并电致陈督办，嘱其竭力维持。嗣接外部覆电，谓此事业经本部以图们江北系中国领地，光霁峪等处渡口向归中国官吏管理，何得任该处日官强行干预，侵犯主权等语照会日本阿部代使转电统监，饬斋藤等勿得在该处设渡，并将阻止行人之宪兵速行撤退在案，尚未接彼照复，兹准前因，已再由本部照催该代使查照前照所称各节，迅速转电停止设渡，并撤回宪兵。自是日人以我坚持之故，稽查处所设私渡已暂行停止，阻止官渡之日宪兵亦已撤退，人民往来专由我国所设渡船者，盖十余日矣。乃二十四日陈昭常来电，谓斋藤近忽派其宪兵长来署重提前案，谓已奉彼统监府命令，新设渡船必以强力通行，不得再为禁阻云云。我复竭力与辩数钟之久，彼皆不答，但云他来不过通知，非求允许，语毕即去。昭常因派交涉科科长偕译官住六道沟，面晤斋藤申谕此事。彼语强硬无理，亦如彼宪兵长所云，并谓彼所奉者，确系统监府之命令，而我所争者，决非中国政府之意。且彼命令已出，决无可挽。既已通知其渡船，定于本月二十五日即行开办，其船中岸边皆以宪兵保护，决不容我禁阻云云。昭常不得已，只得仍派宪兵、巡警前往渡口邀阻，然又不敢竟用武力致生衅端。二十七日陈昭常复来电云，彼所派渡口宪兵已试令开渡，韩人见我宪兵、巡警拦阻甚严，多不敢从此过渡，彼宪兵竟敢用强力驱逐韩民登船，我与理论，彼仍以奉命为辞。诘问斋藤，则推诸统监府命令断难更改，现正相持不下。似此情形，非得我外部照会日使电饬停止，断难以口舌解决也。于是，又将日人以宪兵阻渡蛮强无理情形，转告外部，请向日使力阻。六月陈昭常来电云，渡口连日相持不下，华韩人民已无敢登彼船过渡者，惟日宪兵、韩巡检等故意纠率一进会人，每日自渡数次，以示不停，然我宪兵必极力拦阻，不听其自由时不免小有冲突。昨日彼此宪兵相争激烈，互用腕力推仆，以至各员微伤。今早斋藤复亲来面议此事，彼始则以国际法力争，欲我稍让，继见我决无让意，复欲迫我承认先用兵力，谓禁阻结果终必至此，当答以我自有法能阻止，决无用兵力之意，如尔先用兵力，我则更有办法。谈判数钟之久，仍未能决。我乃令彼姑俟政府命令，彼则仍不允停，仅求暂时和平而去。嗣日人以此次设渡事，我国坚持已历三月，知我决无退让之意，遂由统监府令斋藤将新渡舟停止，彼此往来行人，仍由我国渡船专渡，以符惯例。

阻止日人在图们江造桥之交涉

光绪三十四年七月，日人借工兵演习为名，由清津轻便铁道运到铁船二十只、木船二只、木板二百余块，在图们江搭造浮桥，将至江心，当经吴禄贞派员带同宪兵前往，与会宁守备队队长据理争辩，日人始将造至江心之桥拆去，并订明嗣后不得在两国国界江流有此违约举动。自此桥拆后,傅良佐至延,复有日人在图们南岸钟城造桥之举。先是,韩民李辅诘至光霁峪派办处,禀请由图们南岸至江北光霁峪修造浮桥暂运秋粮,出具甘结,要求宽限两天拆毁。及限满往探,日人反派有马兵、警兵数名,各执枪械在彼监守。当因此次韩民李辅诘所称暂运秋粮宽限两日各节,显系借词朦混。因电致傅良佐云,江防关系重要,此次韩人造桥,日人既出而干预,若坚令拆毁,恐又酿成交涉,似宜一面饬派宪兵巡查,严防其匿运军械等事,一面严诘斋藤,责令转饬迅速拆毁,以符维持现状之宗旨。傅帮办派员至六道沟交涉,日人佯为不知,云此钟城中佐之所为,如系我宪兵从中拦阻,自可和平了结等语。旋据吉抚陈昭常电云,此次浮桥既成之后,日人已派宪兵等持枪监守,显露野蛮无理之行,若徒派宪兵、巡警等前往拆毁,日人若滥用强权,我又不能对以相当之武力。倘若再如火狐狸沟之举,于事无济。傅道前派事务员至六道沟交涉,据篠田所云,此事能由彼此两处办理了结,力保和平云云。则日人并未敢以此桥为决不可拆,我即可借此为辩论之资。现既奉外部电谕,令延吉边务力守和平,当由昭常转饬傅道,令与斋藤竭力据理以口舌交涉,徐图转圜。当将此电转饬傅良佐与斋藤交涉,日人遂将此桥拆毁。

限制日人增添宪兵之交涉

宪兵屯驻外国,本属违犯国际公法之举。三十三年八月,日人擅率宪兵多名越境,当经电致外部,请日使转告统监府将宪兵撤回。旋据日政府来电谓斋藤现在所带兵员只宪兵将校二十名,韩国巡查十名,此外系兵员随从之人,从前不但毫无出兵事实,即以后亦非万不得已之时,不再增加宪兵等语。嗣日人虽时有增加宪兵之说,经陈昭常等以维持现状之约,竭力阻止,日宪兵始未敢公然越境。三十四年傅良佐来电,谓日本添派曹长崛内菊松带领宪兵七名,外有警察长二名,借换防为词,擅自入境,显违维持现状之约,当经电请外部力阻。旋据吉抚陈昭常来电云,日人增兵皆借口换防,其狡谋实属可恶。惟日宪兵新者既为换防而来,旧者即宜退役而去,宜诘问斋藤,将退役者如数遣回。若有来无去,即系任意增兵,故破和平。可与斋藤订明,嗣后如再有宪兵越境借口换防者,万不得许其通过,以防后患。当即转饬傅良佐竭力与斋藤交涉,日人于宪兵始未再行增添。

阻止日人添设宪兵分遣所之交涉

日人越境后，于延吉厅南各处设立分遣所，以为行政机关。陈昭常等到延后，设立派出所竭力抵制，日人尚未得实行干预。至光绪三十四年八月，日人又欲于百草沟、绥芬甸子、二道江三处添设分遣所，以为扩充势力之计，经吴禄贞分派宪兵前往阻止。九月，傅良佐电告，日人添设分遣所之狡谋仍未稍息，当即转达外部，并以三处远在延吉西北，既属“间岛”问题之外，更不得称为境界未定，妄冀扩充。电商吉抚陈昭常，复令傅良佐以此意与斋藤交涉。嗣斋藤至边务公署声明，派遣宪兵乃至各处调查为词，而于分遣所始未敢再行添设云。

茂功社日兵伤毙巡警之交涉

自我分设派办处后，而日人亦思广设分遣所，以为行政敏捷机关。其于百草沟、绥芬甸子、二道江等处既经我竭力阻止，乃光绪三十四年九月十八日，日兵宪兵平田铁次郎及韩官李求敏在茂功社修造分遣所，经我闻知，即派宪兵阻止。宪兵等于十八日到火狐狸沟，下午到茂功社，时巡警在前，宪兵在后，至日人修房处下车，拟向理论，不料彼即开枪击放，致伤巡弁徐占魁、巡长程玉春等多名，并伤马二匹，并由我宪兵夺获日本兵三十年式马枪一支。查日人所持之器，皆系马步快枪。所挖之沟垒，系三面坡形。在修房东面距离约六十密达，即开枪伤我巡警之处。南西两方亦各有沟垒，伏兵在内。夫日人在我境内私造房屋，每设分遣所。就维持现状而论，亦应禁阻。乃始而向其理论，日人竟称已奉统监命令，我若妨害修房，即开枪击毙。然我派之宪兵、巡警均属徒手，显非有意争斗，而彼一见下车，即放枪不止，以致伤我巡弁多名，所挖沟垒居高临下，俨同战地，是其蓄意实行暴力，已可明见。嗣又查得巡兵孟光体业已受伤三处，吴起阳当被击毙。且日人修房处所，系强占韩民孀妇地基，曾向我庶务员哭诉。又据日本宪兵中尉平田面称，此房系奉斋藤命为六道沟宪兵少佐中野所造，而津野亦当面承认，不能别有推赖。我巡警均系徒手并未用武，亦未还击，而彼乃预先挖沟，临时俨同对敌，是其先时预备，不得诿为正当之防御，历将以上情形电达外部。当由外部三次照会诘责，并要求五事：一、所有放枪伤毙华人之日本宪兵，应请日本政府查明，分别问抵治罪。一、所有主使及纵容之日本宪兵官长，应请日本政府查明治罪惩处。一、所有伤亡之中国弁兵，应请日本政府从优偿恤。一、现驻延吉境内日本宪兵，应从速一律撤回。一、中韩界务应将十三年成案接续会勘，延吉境内越垦韩民应速定办法，应由两国政府派员妥商清理。讵日本覆来照会，意谓宪兵因保护韩民派驻该地，两国协商未成以前不能撤退。又称渠所得详细报告，中国宪兵、巡警由局子街[1]派来，意在破坏新筑房屋，不听日本宪兵之制止，或拔刀或投石，日本宪兵一名负伤而倒，我骑兵由马上乱放手枪，平田不得已乃命在场宪兵开枪，时击中国二三名负伤，即以逃走。又砂器硐派办所长率兵二十名驰至，请以退兵，所长允之。而该所长与李荣成宪兵长及通津等留宿平田宿舍，各报告上官而听指挥。因此争斗，宪兵三名负伤后，即归还中国巡兵之死体及负伤者，惟将军马、手枪、刀及弹药等器保留以为证据等语。彼所论说与我所报告大不相符，显有避就。遂復照会，可两国派员往查实情，再行核办。彼又言已调查明确，毋庸再派往查，则其虚情强饰，已可窥见底蕴。但以枪毙巡兵如此巨案，而彼竟以一照复搪塞遂寝其事，宁有公理可言。而我之所报即或尚有疏漏，亦岂能如日使所言，适成一反比例。遂又函告吉抚陈昭常，切实查明实在情形，以为确当证据，而伤亡之巡弁等以死勤事，因先为请恤，以彰忠烈云。

局子街中日兵互殴之交涉

局子街者，为我分派处之一，而日本宪兵所屯集者也。据延吉电称，光绪三十四年九月十六日下午，局子街华民刘焕文家不戒于火，延烧韩民小房，巡警扑救，我工程队修路工三名帮同救火。日宪兵骑马在街上驰骤，工兵郭振清误触其马首，日宪兵举鞭连殴，为我宪兵教习周斗山、步队查街排长苏得贵查见，适该长官奥春亦至，彼此争执。又突来日宪兵十余名，将郭振清扭倒。苏排长见人愈众，禁止我军队不准动手。维时路旁有御料理之日人，暗从屋内携一钢刀，递与另一宪兵，周教习撞见，极力夺取，凶刀已存公署。日宪兵开放手枪，将工兵郭振清击伤，当抬赴医院，枪子尚未取出，请予交涉，查明惩处等语。即据达外部，照会日本驻京公使传饬斋藤，将犯事宪兵查明惩办。乃日本照会辄谓，彼宪兵行至火场之际，我国兵二十四名无故殴打骂詈，我宪兵将校毫不禁阻，适见路旁人携有护身杖刀，即行夺取互相争执，彼宪兵往阻，我兵举棍伤其头部，因之彼宪兵开放手枪，别一宪兵亦开放一枪，我兵遂走等语。反唇相稽，反欲我再调查，以穷此案之真相。惟果使衅开自我，

〔1〕 局子街，地名，清末设立蜂蜜山招垦局，时人称“局子街”。

渠照会中岂肯有已训令斋藤大佐严行约束之语，是情伪固已显然。始信大通之世，有强权而无公法，而此案亦几乎熄矣。

纪界务

延吉东部以乌苏里江与俄界，南部以图们江源之红丹水[1]迄于鹿岛海口与朝鲜界。光绪初元，韩民越垦，忽起土门、豆满之辩，乃复派员会勘，重定界址，均以图们江源为断。但华员主以石乙水为界，韩员主以红土山水为界，以致争持未结，然相距不过数十里之间而已。自日人创为"间岛"之说，诡言疆界未定，遂成国际交涉。光绪三十三年五月，即派员溯图们江西上，以至长白山、小白山顶绘具吉韩国界专图，并将延吉疆域形势及界务沿革辑为一书，以为界务确实凭证。三十四年复饬详查延吉区域，东至日俄交界，西至吉奉交界，南至吉韩交界，北至宁古塔，西南至长白山濛江州，西北至吉林府辖境，东北至三岔口吉俄交界，东南至黑顶子吉俄交界，统为截长补短，核计东西经距离一千三里有奇，南北纬七百里有奇，计其面积约九万方里有奇。因由边务测绘科及测绘速成学堂内挑选测绘生六十名，编为测量队，详测延境全图。于吉韩、吉俄交界之处逐段测勘，列具图说，以免日后界务之轇轕。嗣又以日俄战后，日人所绘地图，始妄以图们江北为"间岛"，而日韩旧日各种图志，皆以图们江为国界。特由奉省派员至韩京购买朝鲜所藏大东地图[2]，日人所制朝鲜海陆全图及文献备考等书，以备界务交涉时以矛刺盾之用。而日人以我国前此界务交涉屡遭失败，遂借口吉韩界务未定，派员越境，以冀乘机侵占，为所欲为。嗣我外部照会派员会勘，彼以宜详加讨论为词，屡催不复。是明知延吉为我国领土而借词延缓，为实力进行之谋耳。两年以来，边务一切经营，未敢丝毫退让。日人情见势绌，始有要求韩民保护权及解决界务之提议。嗣又推翻前说，力争界务，外部广搜凭证，据理力争，彼遂无可置词，承认为我国领土。则根本要枢，尚未被其强行占领者，未始非上下一心抵制图谋之微效也。然其狡焉思逞之心，复变计以相尝试。今者提议未终，后害方炽，思患预防，亦临边者所宜措意也。

---

〔1〕 红丹水，图们江源头，发源于长白山天池。

〔2〕 大东地图，也称"大东舆地图"，朝鲜地理学家金正浩所绘制。

韩民保护权

日人越境以保护韩民及界务未定为口实,其私计盖以我若放弃领土主权,即可据延吉为己有,否亦可借保护韩民,以图潜握我领土内之行政权。自我国主张延吉为固有领土,未肯稍让。三十四年十月,专使唐绍怡至日,电致外部有云,昨晤小村详谈延吉事,据云迩来,又得韩国文据此事我以界务为重,彼以保护韩民为重,各执一见,以致日久不能议决。我倘能认彼在延吉有保护韩民之权,彼亦认我在延吉有地主之权。至延吉所有韩民,但求为通商口岸之韩侨民应归日本保护,此外别无他望。其韩民之已入华籍及愿入华籍者,均听其便,伊亦绝不过问,亦断不蔑我主权,倘彼此能照此办理,则此事可以早决等语。窥其意见援口岸比例,显系欲设日官驻扎保护。现查该处韩人较华人多数倍,伊断不肯放弃保护之权。若以彼此宗旨不合,旷日持久,事变愈多,莫如在延吉择出一二处开放作为商埠,工巡卫生一切由我自办,并与磋商,所有越垦韩民应明定年限,准其领地,至应纳地方各项税捐与华人无异。倘若彼索设警权,可告以开商埠并非租界,向不准他国另立巡警。据小村言,伊集院觐见后即向外部提议。嗣外部来电,以唐绍怡所拟各节似极妥协,令熟商详覆。当即电复外部,其略云,延吉相持一年有余,亟应趁此早与开议,以冀结束,免生枝节。惟默揣时局,知彼知己,就令开议,不知费许多唇舌,几许心血,方能就范。惟有层累递进,逐节疏通,但能由钧部与日驻使先定大纲若干条,两国再各派大员遵照部定条约逐细查勘筹办,呈候核定。彼利迁延,我利速结,此次所论各节,惟保护二字亟应切实辩明。但目下彼以保护韩民为言,是已认明我有地主之权,惟保护字义内即兼有审判、警察、司法、行政之权,彼如实行保护,则我之主权仍有名而无实。彼视要求保护权,以韩民在此,不肯放弃保护朝鲜之责任,倘我力驳,此案终无了期。若漫然允之,无所限制,流弊无穷,交涉更多,于大局更有损害。韩侨之在延吉者七万多人,多于中国之民数倍,散布甚广,日官有裁判权即有行政、司法权。遇有案件,或韩民,或华韩民,或洋韩民,其出有人命及田产等案,如在拟设商埠之内,尚可按条约办理,若在商埠外或数十里或数百里,既认其有保护权,则不能禁其施行。内地散处之韩民,我地方之政治与其混杂,我之主权保无失乎。是认之患其侵犯内地主权,不认之彼必力驳不能就范,惟有设法限制。唐使拟择延吉一、二处开放,工巡卫生由我自办,明定韩民领地年限,亦已早见及此。此事关系繁重,昨已电商吉抚陈昭常另拟办法电达,并令吴禄贞条陈意见另函录陈。旋陈昭常电达分别韩侨办法有云，保护韩侨民一事，窃意宜先自解释明白，力与争辩，妥为定明，庶界务问题方能真正解决。否则，我先误认韩侨，彼更多所要挟，非一时难于决议，即将仍留无穷后患。兹欲与彼开议保护韩民办法，似当以分别是否韩侨为第一义。查光绪七年，经铭将军、吴督办奏准，将越垦韩民查明户籍，分归珲春、敦化管辖。嗣因韩国王恳请自行收还，奉旨以一年为限，乃越垦者不愿还国，遂造出种种谬说，以混国界。经光绪十一年、十三年两次会勘，已彼此认定图们江为天然国界。惟江源之二小水相争未决。十六年，总理衙门[1]奏准，遵前奉谕旨，饬令越垦者领照纳租，归我版籍。吉林将军当即派员将越垦地方，一律量丈升科，令愿入我中国籍者，概易华装领照纳租，归我地方官管辖，不愿者听其回国。当时办者虽经多方困难，而皆已照章实行。是今日之领我地照、纳我租税、归我管辖者，久已入我国籍矣。存案尚在，想公等莫不知之。至二十六年，俄人占据延吉，越垦者大半逃回本国，复易韩装。后俄兵退，彼等归来，依旧种地纳租，我地方官恐多滋扰，遂未重究其易装之事，故至今仍服韩装者，竟居多数。然虽衣装未改，而当领地照时，即早入我国籍，今则纳租税、服管辖，一切照旧办理，此固未能离异者也，安得更以韩侨目之。即令无此存案，考之东西各国，亦未有既许与本国人民享同等利权，而犹认其为未经归化之侨民者，此诚显然易见。果据此与日人力争，仅认流寓此间无田产者为韩侨，听其保护。其已领我地照者，即是业已归化，照旧完全归我地方官管辖，彼不得丝毫干预。倘能如此办理，庶几虽开商埠，于我国权尚无损失。不然延吉境内之越垦者，现已不下七万户，如一律认为韩侨，允其保护。则一切诉讼即应归彼领事裁判，而我地方官原有之管辖，亦将尽失，是我空有领地之虚名，而转受丧失主权之实害。况彼韩民之垦我境内荒地、买我境内产业者，必将源源而来，既可有我土地，又得终为侨民，不入我国版图，不归我国统治，则吉省东南之半部，将真为日韩之殖民地矣。其今日韩民在我境内之有田产者，不仅延吉、珲春南部，延吉北部及敦化、绥芬辖地越垦者亦复不少。倘日人竟得此保护权，其势力之伸张，岂复尚可限制，恐后日之纠缠转较现今界务未决时为尤甚。至谓为便于日人保护计，将彼越

〔1〕 总理衙门，官署名。初称“总理各国通商事务衙门”、简称“总理衙门”“总署”“译署”。咸丰十年（1860 年）《北京条约》订立后，清政府为办理洋务及外交事务而特设的中央机构。初由恭亲王奕䜣主持，分设英、法、俄、美海防（后改日本）五股。附设京师同文馆，并管辖海关总税务司，协调南、北洋通商大臣及出使各国大臣的对外交涉。所办事务涉及外交、通商、海关、海防、制造、路矿、新式学堂等。光绪二十七年（1901 年）按《辛丑条约》规定，改组为外务部，班列六部之首。

垦尽迁入商埠之内，此实断不能行，无论所划商埠少仅十数里，多亦不过二、三十里，断难容留多人，而越垦者系在所住地皆有田地房产，相距或数十里或数百里，安有能强其移居一地之理。如云迫令彼等皆弃其田产，不愿留者回国，愿留者迁入商埠，此则不但必激事端，而亦万难办到之事。是以欲分别是否韩侨，当援引光绪十六年案据，以领地照、未领地照为断。虽日人借词狡赖辩论，至为困难，似宜始终力争。盖除此别无善法，以解决保护韩民问题而得使领地、主权两无损失也。是月，外部来电，新任日使将于初十后提议界务办法，请慎选熟悉界务情形一、二员迅来京备顾问，因派帮办吴禄贞、秘书官周维祯先后赴京，自后日使要求于延吉厅治、六道沟、百草沟等处广设领事，亦以保护韩民，外部未允，并提议以前越垦韩民，归中国管辖，以后越境者归日本领事保护，亦未议结云。

附吉林巡抚陈昭常致外务部电

唐星使与小村所订解决吉韩界务一节，果能明订条约，认图们江北为我国完全领土，仅于延吉境内开一商埠，于我固尚无大损失。如此早日了结，免留后患，似觉极为可行。惟外部果依此议与日人订约，窃意有数条件须先约明者，谨开列于左：

一、必定明自红丹水源或石乙水源以下，凡属图们江北、江东土地皆为中国完全领土，以后日韩两国不得更有异言。如云尚须勘界，即请其刻日派员会勘。

一、虽允于图们江北开一商埠，然在我国领土之内商埠须由我开，仅为彼此通商，不得误认有租界性质。

一、所开商埠地方，须由我国指定，仅可于六道沟市街附近，划中里五方里地方作为商埠区域，尚可于稽查处附近划中里半里长之江岸，作为日本商船停泊码头，但既经指定，即不得任意扩充。

一、可允日本在延吉通商地方设一领事官，以保护日韩之商工侨民。惟韩人必在江北、江东无不动产者，方可认为韩侨。至越垦者，在此安居乐业，享有中国之不动产权，纳我租税，服我统治，中国待之亦无不与本国人民一律，即是久已归化中国，则日韩政府及其臣民不得仍视该民为韩侨。倘日本派有驻延之领事官，更不得借口日官保护。如有韩民在延吉厅境内，虽无不动产而欲归化中国者，日韩政府不得拦止。如越垦者，自愿卖售其不动产仍归原籍，中国亦不禁止。

一、原驻延吉厅境内日本文武大小官吏及日本宪兵、韩巡检等，应刻期一律撤退。

一、图们江北、江东之森林、矿产若无特别条约,日本国家及其人民不得希冀采取。

一、所指定之商埠及商船码头本是中国领土,中国自应维持定明保护外人之责,日本不得自驻兵卒作巡警。

一、江北、江东地方,若中日两国无特别条约,日本不得修造铁路及轻便铁道。

一、图们江北、江东为中国领土,江南为韩国领土,例应以江心为界。日韩两国及其人民,不得以己意修桥及设浮桥,无论中日韩三国有欲修桥者,须中日两国以特约订明方可。

一、日韩国家及其侨民,不得于商埠区域外建筑房屋。

吉韩界务

日人自起界务交涉,所致外部照会十余次,皆摭拾韩人十三年未勘界以前之陈言。谓穆克登查边碑文所称之土门非图们江,为争界之论据。屡经外部驳复,日人终借词强辩。光绪三十四年十月,日外部小村曾向唐大使有解决界务之说。十二月日使忽又照会外部,妄以穆碑所指之土门为松花江,并不欲承认光绪十三年中韩会勘成案,而以光绪二十八年许大臣公文及二十九年陈作彦等与韩边吏会订善后章程为据。外部以顾问官吴禄贞、周维桢于界务情形较悉,因令议覆日使来照。经外部采择其议,照会日使,引证确凿,日人无可置辩,遂不得不承认延吉为我国完全领土。

附密陈办理边务情形早定办法以正国界折

奏为历陈筹办延吉边务情形并宜早定办法以正国界,恭折密陈,仰祈圣鉴事。窃查吉林南部与朝鲜北道,向以图们江源之红丹水迄于鹿岛海口为天然国界。光绪初元,韩民越垦,忽起土门、豆满之辨,乃复派员会勘,重定界址,均以图们江源为断。但华员主以石乙水为界,韩员主以红土山水为界,以致争持未结。然相距不过数十里,自日人创为"间岛"之说,诡言疆界未定,无端越境侵我主权,阳借保护韩民之名,阴为占领土地之计。臣世昌等于去岁八月,奏派臣昭常督办边务,当即偕同帮办吴禄贞驻扎延吉,内谋治安,外筹因应,旰宵罔暇,竭蹶以图。现在办理将及一年,虽未明戢进取之心,实已勉筹抵制之术,而财力、人力困难万端,若不早定办法,断难久持。谨将筹办情形，为我皇太后、皇上撮要陈之。日人以保护韩侨为词，倡言国界未定，遂成国际交涉，自以勘定界务为最要。臣等上稽史册，下考方舆，详查越垦之情形，广搜界务之证据。于去秋派员溯图们江西上以至长白、小白山顶，绘具国界专图，并于边务处特设测绘科及测绘速成学堂，分派测绘员于延吉全境及中俄、中韩交界各处，逐段测勘，详列图记，并将延吉疆域形势及界务沿革辑为一书，以为界务确实凭证，即异日会议勘界，亦可借资参考。惟日人自越境以来，无理要求，不胜枚举。其最要之交涉，如天宝山银矿及一切矿产之开采，杉松背森林及一切山林之采伐，对于越垦韩民之裁判及行政，违禁器物之入口、过江越境之稽查，每生一事，口舌之争论动至数十次，每出一案，公文之辨驳辄至数千言。彼则专恃强权，我惟折以公理，故虽百出诡计，日夕图谋，尚未能于实际有所进取。延吉辖地面积方四千余里，仅设厅治，管理难周。日人又多方蛊惑韩民，不纳我国租税，不受官吏管治。因于边防重要之区及韩民繁盛之地，如六道沟、和龙峪、光霁峪、黑顶子、铜佛寺、帽儿山、前稽查处、外六道沟、怀庆街、马牌、娘娘库等处分设派办处十一所。每所设办事委员一人，翻译一人，就近分理地方行政，而以延吉厅总其成。遇有韩人抗租及不受我国裁判者，或以善言劝导，或以国法惩治，日人虽强为干涉，尚能受我法权。延吉东、西、北三面山岭丛杂，向为胡匪出没之区，南界图们，又多系韩民越垦。日人时复煽动韩民借端倡乱，而朝鲜内地之义兵及寄居俄界之民党，又屡谋假道，以与日人为难。臣等体察情形，因于哈尔巴岭以南，图们江以北，长白山以东，珲春及绥芬甸子以西，将旧有巡防营四营择要布置。又拨陆军第三镇常备军一营分驻延吉及图们北岸，严守国界。又拨吉林陆军一标驻扎珲春，以重吉林南部之要塞。故虽有胡匪窃发，无不随时扑灭。韩民慑我国威，无敢蹈李范允倡叛之故辙。日人借口于越垦韩民，受马贼及我官民之陵虐，越境之始，已于边防重要地方分设宪兵，以冀攘我主权。因于奉、吉两省巡警局内挑选警官、警兵百余名，调至延吉，即以派办处区域为巡警区域，严查匪类之潜藏，密探日韩之动作，遇有华韩人民争执及韩民违抗禁令，得随时会同派办处就近办理。故日人虽设宪兵，尚未能实行干预之计。延吉厅治仅小学一所。而韩人之私设学塾者，动受日人嗾使，倡独立自由之说，冀以不受范围。因于延吉设学务公所，复于厅街及珲春设两等小学二所，俾华韩子弟同受教育，又于各乡镇分设初等小学及劝学所[1]、讲习所。韩民私立学

〔1〕 劝学所，官署名，清光绪三十二年(1906年)设立，负责处理各厅、州、县的教学事务，后改为教育局。

校，必由地方官验明其章程，课本亦须受学务公所之检查。韩民所立养正学堂，已改为官立小学，学生数十人皆已薙发易服，倾心向化，而教育可期普及矣。凡此皆目前因应之急务，仓猝图谋，未能完备，而边务之亟应筹备者，犹有数端：延吉沃甸荒原绵亘千里，华民仅有万户，而韩民已增至五万余户，计升科熟地不过十万垧，可垦之荒尚不止三十万垧，地利未辟，宾主异势，因先于延吉厅北之三道湾〔1〕一带，创办屯田营一营，用兵法部勒之，渐推广以谋拓殖。延吉居吉林南部，山冈歧出，不便交通。今日人于韩清津新开海港，复于延吉交界之会宁修有轻便铁道，商务实业之转输，军队粮秣之运送，瞬息可达，而我则道途险阻，内外睽隔，因新招工程营一营，专为修理道路之用，先由吉林经敦化县境以至延吉，再由延吉东至珲春，西至北六道沟，西北至娘娘库，东北至宁古塔，逐段修理，必使车马畅行，雨潦无阻，庶行政诸端，皆可日趋便利。延吉地方僻陋，民户萧条，日人于六道沟广买韩民产业，修建公署、铺户，竭力经营，而我则办公无公所，军队无营房，因于厅街修建边务处公所，于延吉、珲春各修营房三座，并于分防各队及派办处所驻之区，修建公所、营房七八处，尚拟创修商铺，以广招徕，于以示朝廷重视国界之意。始能系韩民内向之诚，非徒外饰观瞻而已。以上数端，皆由臣等相度机宜，勉筹应付。明知势力未足，而尺寸不敢假人，明知财力万难，而布置不容稍缓，明知人才消乏，而驾驭惟恐或疏。一年以来，勉力图维，夙夜祗惧，口舌辩难，函电交驰，实已智尽能疲，才力俱困。伏念国家疆土，尺寸必严，其应竭力筹备，无敢退让者，疆臣守土之责也。若夫国际交涉，亟应早为解决，毋使滋蔓者，则实赖部臣之力，非疆臣之所得预也。当"间岛"事起，调查界务之证据，对待日本之情形，均随时电达部臣与日本驻使及日政府辩论。部臣内顾国权，外全睦谊，屡经磋议，冀以渐就范围，而勘界问题，屡催不复。第恐日人以迁延为计，循是以往，因应愈难，财力既不能久支，人事几无能为役，一时抵制，岂为万全。对待稍疏，则乘间抵隙，相持过激，则恐成变端，是勘界一日不决，后患之来正未有艾。臣等惟有与部臣合谋协力，共任其难，一面仍由外部速催日政府早日派员会勘，解决此案问题，明定国界，各守范围。一面由臣等督率帮办傅良佐严饬派出各员，随时筹备，维持现状，毋稍疏虞，以为将来勘界之布置。是尤仰赖朝廷德威远播，力为主持。臣等禀承谟训，得以保主权而固邦交，此尤日夕兢兢而思有以善其后也。所有筹办延吉边务情形并宜早定办法缘由，谨恭折密陈，伏乞皇太后、皇上圣鉴训示，遵奏。光绪三十四年九月初十日具奏，本月二十日奉朱批，外务

〔1〕 三道湾，地名，位于今吉林省延边朝鲜族自治州延吉市。

部知道。钦此。

附录三十四年十二月日使来照

一、前次照会辩驳中国主张以穆克登碑文无分界字样，不得为定界碑一节，中国政府覆称，该碑文与康熙上谕及光绪八年朝鲜王咨文、十一年李重夏会勘图并相符合，日本政府如此争执，于中国主张之事实无所更变。盖无论该碑是否界碑，其足证豆满江为中韩国界者固自在也。等因是以中国不欲正面申辩。查长白山一带，本系中韩两国发祥之地，其属中，或属韩，尚未明确，尤应履勘边疆，划定国界，故中国派穆克登至白头山会同韩官竖立界碑，以为他日之据。乃该碑之为定界石，征诸各项证据，毫无疑义。

二、前次照会，中韩两国疆界，应以白头山顶碑石为起点，以东西二水有界线，西流者为鸭绿江，东流者实系韩国指为土门江者，并非豆满江，亦与碑文西为鸭绿、东为土门之意相符一节，中国政府覆称，古今载籍之记图们江无不言其发源长白山而东南入海者。盖取入海之大川为天然界限，本属两国分界之通例。前次照会声明图们、土门、豆满三者乃是一江，已历引康熙上谕及朝鲜国王咨文、李重夏会勘图等为证。若自白头山立碑处视之，豆满江在东，鸭绿江在西，正与碑文相符。自白头山麓东流入海之大川，堪以与西流之鸭绿两两相举者，舍豆满江何足以当之，则豆满与图们、土门同为一江，尚何疑义等因。然白头山分水岭上立界碑处，实有一水东流，名曰土门，且此水正与该碑文查边至兹，审视西为鸭绿，东为土门，故于分水岭上勒石为记之语相符。乃中国政府不认实在情形，漠然主张豆满、土门同为一江之说，未免为偏见。今中国政府列举碑文之土门乃是豆满之证，曰康熙上谕，曰光绪八年朝鲜王咨文，曰光绪十一年李重夏会勘图。然康熙五十年上谕所载，系中国独自决定之词不可以律韩国。且内有土门江发源长白山，东南入海，其西南为朝鲜，东北为中国等语。如以此土门为豆满，则其方位大相径庭，盖豆满江本流多向东北，特其江口向东南耳。故如以西南为朝鲜，则不可不谓无意义。是康熙上谕于勘界问题，未足为有力之论据也。又中国政府援引光绪八年八月十二日，朝鲜王咨文内所称敝邦与天朝中外一家，实同内服。而大小两界，原有天限之土门分隶吉林及咸镜平安之地等语，主张韩国亦已认土门、豆满同为一江。惟查豆满江未曾隶于平安道[1]，乃所谓土门者，应以韩国向所主张之土门江为至当。是上开公文亦不足为土门、豆满同为一江之证也。矧光绪十一年公文内有土门江以南为韩国之地，敝邦虑边民或争哄滋扰，贻忧上国，故空土门江以南禁民入居。迩年边禁之弛，是敝邦地方官之责耳、然以敝邦之民居敝邦之地，何不可之有，后人不知，却认豆满江为界，敦化县曾照会敝邦，该地方官刷还农民，盖此事有关境界，亦系后弊，宜查勘一审，申明旧疆等语。足见韩国固执土门江以南为韩国领土之主旨。至十一年李重夏会勘图，并无认豆满江为国界之文，且于是年初次勘界时，中国勘界使主张豆满江为中韩国界，李持土门为界之议甚为强固。试阅光绪十二年九月二十日袁大臣世凯致朝鲜国金督办照会，内云，安边府使终执碑堆为据，借词狡辩，因商定彼此各持图回报等情。同时，并准咨称按朝鲜国王咨辩，大略执碑堆土门为据，请查核议转奏等语。又李重夏乙酉会勘问答记有云，我曰抵碑东之水，则下流果入于松花江，以豆满江言之，则其流不接于碑堆，以此之故，界址至今不明。又云贵意则每以碑不足据为词，然则初无勘界之可论也。界在于碑，而碑在见疑，则复何可援证立碑，徒劳口舌乎。各等语，此足以窥其实情。故该图亦不可为土门乃豆满之据也。查土门之名，见于明正统年间纂修、嘉靖年间重修之全辽志，云土门发源长白山北之松山入松花江。其图考钞附于后所载土门之位置，正与韩国向所主张之土门江相符，是土门之名，在昔时与豆满或图们非一江之确据。可见韩国所主张征之中国古籍，亦为至当也。

三、前次照会内有韩国主张两国当以定界碑为勘界起点，于十三年会勘时，似允认红土、石乙二水合流以下之地，须沿豆满江定界。然至其合流以上之地如何办理，则无所决定，是两国未订有一完全界约，十三年会勘全案，如同废纸。又韩国并不承认中国所主张等语。中国政府再引上开光绪八年公文，覆称韩国久已认豆满为中韩国界，并十一年总理衙门奏报，两国会勘茂山以下图们江巨流乃天然界限，江南岸为该国，江北岸为吉林，该国勘界使亦无异言。又引十三年李重夏照会，红土、石乙合流处皆已勘定各等语，申辩我之主张。惟光绪八年公文之不足为据，如以上所叙。又李重夏于十一年会勘时，主张土门江说始终不渝，并未曾认茂山以下豆满江为国界，亦如以上所叙。不知十一年总理衙门奏报有何根据，殊为可疑。且十三年会勘未及订定完全界约，中道而辍，故两国如何提议，究无分毫效果，此事迭

〔1〕　平安道，朝鲜王朝时期地名，相当于今天的平壤直辖市、平安南道、平安北道、慈江道。

经帝国政府据理辩明。又光绪二十九年间中国政府以李范允为垦岛管理,前往该处,旋议覆勘。而细阅善后章程第一条及前次所提之许大臣台身光绪三十六年六月二十二日公文,维时中国之意不在只勘红土、石乙二水可知已。此外有许大臣是年正月二十九日公文,系为李范允在和龙峪等处滋扰一事所发,内有至中韩接壤图们、鸭绿两江,天然界限,由来已久,乃以光绪十三年两国会勘之案,迟久未决,致有现在种种轇轕,立望即日派员遄往,查照前案,会同重勘速定,然后再议陆章,以期久远遵守等语。以上是中国希冀协定"间岛"界案之明证。而关于红土、石乙二水,该公文并未提及,即以全文之意义度之,中国政府之意,非仅以该二小流为未经勘定明矣。又译善后章程第一条之意,以白头山定界碑为将来勘界之基础,订明所决定非以豆满江为两国之界。今中国政府主张须以光绪十三年勘界案卷为调查之基础,殊不可解。

四、前次照会云,光绪二十九年韩国派李范允为豆满江北地方管理,于是覆勘之议再兴。今阅中韩善后章程第一条及是年六月二十二日中国驻韩许大臣致韩国公文,明知东方疆界全线未经决定等语。中国政府援引许大臣公文及善后章程第三条云,李范允华政府未给批准文凭,华界官并不允认善后章程,不足援为韩国设官之证。自尔以来,诚有覆勘之议,而所应覆勘者,乃系别次会勘未定之问题,断不可云以碑石为起点之东方一带,未经定界也。至所称善后章程内白山碑记一节,查该条款原文之意义,盖谓中韩国界内白山碑文所记西为鸭绿、东为土门之语,可证应以豆满江为界,然界限已明者,为豆满江之下游,其上游仍须候两政府派员会勘。又云下游以江为界不可逾越,何尝分毫含有豆满江不应为界之意乎。又许大臣公文引有"间岛"名称,此系引述原语,与所论疆界之事何关出入各等语。惟十三年勘界,现在蔑有分毫效力,乃如以上论者,殆不足辩。且中国政府将善后章程第一条所载,两国界址有白山碑记可证一事,多方附会,云须以豆满江为界,只其上游待派员履勘耳。辄引十三年勘界,拟为申辩之据,帝国政府断难承认。

五、前次照会叙及历史上之事实,中国政府所覆如下,曰自元以前至于唐代,豆满江南北地方递为渤海[1]、女真所属,而皆羁縻于中国。曰自明初,今韩国之先王始有江南之地而与中国划江为界,是豆满江北岸领土主权与韩国向无关系。曰自

---

〔1〕 渤海,是唐代时我国东北靺鞨等族建立的政权。武则天圣历元年(698年)建立,辽太宗天显元年(926年)被辽所灭,范围大致包括今中国东北地区、朝鲜半岛东北及俄罗斯远东一部分。

大清国初兴，征服女真之瓦尔喀[1]、虎尔喀[2]二部，豆满江北岸进入版图，施行军政。曰宁古塔人每年往会宁市易，库尔喀人等每年往庆源市易。曰穆克登查边以后，中国曾遣宁古塔官兵至豆满江岸设立屯庄。曰沿江近处严禁居住，此出于中国自重之意，并非承认韩国有应行驳阻之权利。曰光绪九年前后，江北之地尚无汉名，尤为不实。朝鲜王咨文有请将珲春、敦化地方所有朝鲜流民刷还本国等语，是江北韩民越垦之地，久已分属珲春、敦化两处管辖，即应被珲春、敦化之名云云。以上各节，谓历史事实皆足证豆满江北地方向为中国领土，然多系独自决定之词。唐以前渤海、女真羁縻于中国云云，按羁縻二字与统治或领土主权意义不同，且为时所谓中国与今之清国绝无关系。韩国李朝[3]发祥于庆源对岸地方，为历史上之事实，虽届后次第南下，其江北一带之地曾入李氏版图，明矣。清朝之兴，实有征服女真部落，扩充领土之举，然不得以征服瓦尔喀、虎尔喀等部落一事，即为豆满江以北亦归其有。且是时征服瓦尔喀之目的，不外乎收其人民移之兴京地方，至其地土置之不顾，以上事实，载在太宗实录[4]及韩国史乘，记录甚为明详。盖当时征服一以统治人民为旨，不在乎占踞领土也。中国政府所称豆满江北岸尽入版图一节，固不足信。又珲春、宁古塔等处中国虽设有军官，其豆满江北之地，不得谓在本国主权范围。曾闻中国官员前往珲春一带查勘垦地时，见嘎呀河北岸八处有韩人成群居住，并自咸镜北道[5]观察使发给地契、记登官簿，惊异久之。以上所举，征该处一带，古来为荒凉之地，不在清国之治下。会宁、庆源二地，均当北韩百货聚散之冲，时有宁古塔、虎尔喀等居民来往交易，不足怪也。又中国即有遣宁古塔官兵于豆满江岸设屯庄之事，其派兵于"间岛"之一部，犹近日吉强军之分屯各处，此事未得以为行使主权之据。矧大清一统志[6]载有恐居人往来，今将安都立他木弩房屋，窝铺即行拆坏，与宁古塔官兵之屯庄俱令离江稍远居住，嗣后沿江近处盖屋种地俱严行禁止等语。此等屯庄亦离江居住，中国重视江禁之事实历历可考，至沿江近处严禁居住，此出于中国自重之意，并非承认韩国之权利云云。中国以韩国抗议之故，沿

---

〔1〕 瓦尔喀，是明末清初东海女真三部之一，分布于图们江流域。

〔2〕 虎尔喀，也称"虎尔哈"，是明末清初东海女真之一。

〔3〕 韩国李朝，指朝鲜王朝，又称李氏朝鲜，是朝鲜历史上最后一个统一王朝。1392年，由李成桂建国，1910年被迫与日本签订《日韩合并》条约，标志着李朝的灭亡。

〔4〕 太宗实录，清代记录皇太极即位时期的编年体文献。顺治六年（1649年）开始由大学士范文程、刚林等人编撰。

〔5〕 咸镜北道，朝鲜地方行政区，位于朝鲜东北部。1896年由咸镜道南北两分而成立。

〔6〕 大清一统志，清朝官修地理文献。

江近处禁止居住，则是重视韩国之权利也。光绪九年前后，江北之地有珲春、敦化等名，不得谓无汉名一节，中国政府覆称该处分属珲春、敦化两处管辖，然此为行政区域之总称，并非固有之名。且光绪九年会宁府使请敦化县查开流民越垦地名。该县覆文内有沿江一带中国向无地名可考，如照韩名开列，则稳城、永远、利中、光钟城、霸王城、高丽镇、会宁、茂山等所属各界隔江处等语，此足证中国自认维时尚无汉名也，韩国则未移垦以前，久已有地名等因，兹举其一二如左：古罗耳今清名大狐狸老土今清名六道沟门岩今清名石门沟要之历史上之事实，中国政府所举，无一足为反照者。以上所叙，此次中国政府所覆各节，帝国政府均未能允认，仍望中国政府审思帝国政府前后照会之主旨可也。

附外部覆日使照会宣统元年

来照谓，查长白山一带，本系中韩两国发祥之地，其属中，或属韩，尚未明确，尤应履勘边疆，划定国界，故中国派穆克登至白头山会同韩官竖立界碑，以为他日之据，乃该碑之为定界石，征诸各项证据，毫无疑义等因。

按白山一带之中韩国界，证之康熙历年之谕旨、国初之图志及朝鲜承文院[1]所藏穆克登查边故实，并无属中、属韩尚未明确之说。故康熙五十年之谕旨，但言遣员查边，并无勘界之命。且云此去特为查我边境，与彼国无涉。而穆之咨文亦首揭明白为查边事，则此举之非勘界，而界之无待于勘可知。穆总管既仅受命查边，断无擅自定界之理。彼朝鲜所派二员，一曰接伴，一曰观察，皆非有勘界权者，又断无会同定界之理。且查朝鲜承文院故实，穆之入山只带朝鲜通译人数名，韩员并未同行，抑何得谓会同韩官竖立界碑，划定国界，以为他日之据乎。至来照又谓穆碑之为定界石，征诸各项证据，毫无疑义。该碑无论是界碑与否，皆足证豆满江为中韩国界，已经前照申明。来照必固执该碑为界碑，则不得不将国朝吉韩旧界及该碑位置，详为陈说。考钦定会典图说载明，大图们江出白山东麓二水合流，小图们江出其北二小水合东南流来会，又东经宁古塔城南境，合噶哈哩河[2]折东南流，北合二小水，经珲春城西南入海。证之今日之地形，所谓大图们江出白山东麓二水合流者，即发源汲泡，红丹水有南北二源者是也。其北二小水合东南流来会者，即红丹之北有红土、石乙二水来会者是也。东流经宁古塔南境，合噶哈哩河经珲春城西

〔1〕　承文院，古代朝鲜官署名，也称“文书应奉司”。主要负责掌管国家的外交文书。

〔2〕　噶哈哩河，即嘎呀河。

南，即经今之延吉厅南境合嘎呀河经珲春西南以入于海者是也。观此书所叙图们界水，虽二百年前已无不了如指掌。

钦定皇朝通典及皇朝通考所载吉韩旧界，亦与此书相符，且康熙年间，内府所藏皇朝一统舆图所绘图们江源之有大、小图们，与钦定通典图说之著图们为国界者相同。此时虽无红丹、石乙、红土水之名，而证之今日之地形实相符合。李申耆所绘皇朝舆图，于长白山东所列之池三汲泡与建川沟[1]宛然相对，是以建川沟为鸭绿江之正源，以发源三汲泡之红丹水为大图们江之正源也。山经表白头山条注云，由鸭绿、土门两江之间南至于胭脂峰，土门即豆满江上源，而红丹水实值胭脂峰之正东。由此以观，则发源三汲泡之红丹水，证之国初图志，其为吉韩旧界毫无疑义。而穆克登碑则在白山东麓，与红丹水源相距甚远，岂有国初图志皆以红丹为界，而穆克登碑反以白山东麓为界乎。此总署十三年奏稿所以谓当日立碑之处，未必即当日分界之处也。且即谓此碑为界碑，以当日事实考之，碑文求之，今穆碑所在之处实大不相合。查碑今在白山东麓，与红土水之源相对。光绪十三年勘界，韩官执红土山水为图们江源即本于此，但考当日审视之碑实立于分水岭上。穆总管咨接伴使等文曰，在两江发源分水岭之中立碑。分水岭者，即今韩人呼为小白山顶也。距大白山数十里稍偏东西其山西建川沟为鸭绿江发源处，山东三汲三泡流出之红丹水为图们江发源处，东西分流，遂相沿呼其山为分水岭。故必致小白山方足穷两江之源，必立小白山顶而左右顾。方足见东西分流之迹。玩审视西为鸭绿、东为土门二语，其原碑必立于此山无疑。今碑在大白山之东南麓，与分水岭之意及岭上之言俱不相合。第吉韩界务，因刷还韩民而起，而初次交涉，韩官民皆言亲至穆碑踏勘数次，则安知非此时越垦韩民潜移位置，预谋侵占之所为乎。岭头片石，代远年湮，既少看守之人，复无监察之吏，挟而易地，任人所为，则此碑今日之位置既与国初旧界之红丹水不符，而又与碑文之意义相背，何得指此为界碑，而以为争界之确据乎。

第二条答辩

来照谓，白头山分水岭上立界碑处，实有一水东流，名曰土门，且此水正与该碑文查边至兹，审视西为鸭绿，东为土门，故于分水岭上勒石为记之语相符。乃中国政府不认实在情形，漠然主张豆满、土门同为一江之说，未免为偏见，等因。

按贵国前次照会，既本李重夏复命书曰，穆碑之下有土岸如门，为土门。今又

〔1〕 建川沟，鸭绿江的上游发源之一。

谓白头山分水岭上立碑处，实有一水东流，名曰土门。是殆仍祖韩人争界旧说，以松花江支源之黄花松沟子为土门也。夫长白山之水发源西麓者，皆西流而入鸭绿江，发源东麓者，皆东流而入图们江，发源北麓者，皆北流而入松花江，为天然之巨浸。黄花松沟子为松花江之支源，虽发源白山北麓偏东之处，其经流之方向，实北流而入松花江。若以此为土门，则穆碑当为审视西为鸭绿，北为土门，岂不与东为土门之言位置大相反背乎。夫谓西为鸭绿，东为土门云者，盖明乎鸭绿、土门二江发源白山，东西两分流，江流幅员之长可相匹敌，其决不至以北流而入松花江之黄花松沟子而谓东为土门也明矣，何得谓此水与岭上勒石为记之言相符。贵国政府既屡执穆碑为界碑，以为立论之基础，然贵国所主张之土门，证之穆碑之文义，其错误已如此矣。

来照谓，康熙五十年上谕所载，系中国独自决定之词，不可以律韩国。且内有土门江发源长白山东南入海，其西南为朝鲜，东北为中国等语。如以此土门为豆满，则其方位大相径庭，盖豆满江本流多向东北，特其江口向东南耳。故如以西南为朝鲜，则不可不谓无意义，是康熙上谕于勘界问题，未足为有力之论据也，等因。

按来照谓，康熙五十年上谕所载，系中国独自决定之词，不可以律韩国。夫韩民越垦，始于光绪初元，吉韩界务之争，始于光绪九年，而自康熙年间以至光绪初元二百余年之间，中韩两国确守图们江为国界，并无界务之争执，则何得谓康熙上谕为独自决定之词，不可以律韩国乎。来照又谓豆满江本流多向东北，特其江口向东南，故如以西南为朝鲜，则不可谓无意义。夫豆满江本流折而东北，江口向东南，盛京通志[1]所叙土门江流已如来照所云。然此仅指图们江经流之方向言之，而非就吉韩分界之大势言之也。论吉韩分界之大势，则康熙谕旨以西南为朝鲜，东北为中国之语，仍无丝毫错误。若如来照所主张之土门，则谕旨当谓土门江发源白山之北，北流而入黑龙江矣。且当谓江之东北系朝鲜地方，江之西北系中国地方，岂不与土门之谕旨背驰，判若霄壤乎。盖谓自长白山东边流出者，举其发源处言也。向

〔1〕　盛京通志，主要记载清朝前期东北地区的历史，是研究这一时期东北地方史的重要文献。首部为康熙二十三年（1684年）刻本，清奉天府董秉忠等修。三十二卷，图一卷。记事自上古迄清初，地域包括东北，详于奉天，为清代第一部东北地方总志。另有：康熙五十年（1711年）补刻本，清奉天府尹廖腾煃等补修；雍正十二年（1734年）修稿本，清奉天府尹品耀曾等修；乾隆元年（1736年）刻本，清奉天府尹宋筠等修；乾隆十三年（1748年）刻本，清刑部尚书汪由敦等修；乾隆四十九年（1784年）本，清大学士阿桂等修；咸丰二年（1852年）补刻本，清奉天府丞提督学政雷以诚补修。

东南流入于海，举其下流入海处言之也。则康熙上谕所称之土门，实为朝鲜人所称豆满之确证，何得谓于勘界问题未得为有力之论据乎。

来照谓，中国政府援引光绪八年八月十二日朝鲜王咨文内所称，敝邦与天朝中外一家，实同内服，而大小两界原有天限之土门，分隶吉林及咸镜、平安之地等语，主张韩国亦已认土门、豆满同为一江。惟查豆满江未曾隶于平安道，乃所谓土门者应以韩国向所主张之土门江为至当，是上开公文亦不足为土门、豆满同为一江之证也，等因。

按朝鲜国王咨文谓，大小两界原有天限之土门江，分隶吉林及咸镜、平安之地，盖图们江经流吉林南部，包朝鲜咸镜北道之六镇以入于海。朝鲜昔时各种图志莫不以豆满江为国界。韩王此次来文申明土门江界，与其国内图志之以豆满江为国界者相符，则韩王所称之土门，即为其国人所称之豆满也明矣。且来照谓，所谓土门者，当以韩国向所主张之土门为至当，而不知韩人所倡土门之说，始于光绪九年，而此次来照则在光绪八年，韩人并未倡有土门非即豆满之说，何得谓土门者当以韩国向所主张之土门为至当乎，则固不得以朝鲜国王咨文不足为土门、豆满同为一江之证也。

来照谓，光绪十一年公文内有土门江以南为韩国之地，敝邦虑边民或争哄滋扰，贻忧上国，故空土门江以南禁民入居。迩年边禁之弛，是敝邦地方官之责耳，然以敝邦之民居敝邦之地，何不可之有，后人不知，却认豆满江为界，敦化县曾照会敝邦，该地方官刷还农民，盖此事有关境界亦系后弊，宜查勘一审，申明旧疆等语，足见韩国固执土门江以南为韩国领土之主旨，等因。

按来照所称公文，未见中韩交涉公牍，即令有之，亦为光绪十一年未经勘界以前之争论。至十一年勘界以后，此等浮言固已扫除净尽，本无足辩。然即就该公文论之，亦实自相矛盾。夫国朝以盛京[1]之兴京以东，吉林之伊通州[2]以南，图们江以北为发祥重地，历朝封禁之谕旨不下百余通，向非我之领土，我何得有封禁之权。该公文谓土门江以南禁民入居，则图们江北之为封禁重地，该国人莫不知之。而又谓土门江以南为韩国之地，其自相矛盾者，一也。该公文谓迩年边禁之弛，为敝邦地方官之责，则韩民之为冒禁越垦，韩人已自认其咎，而又谓以敝邦之民居敝邦之地，何不可之有，其自相矛盾者，二也。则此公文，其理由已不能成立矣。

〔1〕 盛京，今辽宁沈阳市。此处指盛京将军辖区，大致相当于今辽宁省。
〔2〕 伊通州，行政区划，清光绪八年（1882 年）设置，治今吉林省伊通满族自治县。

来照谓,十一年李重夏会勘图并无认豆满江为国界之文,且于是年初次勘界时,中国勘界使主张豆满江为中韩国界,李持土门为界之议甚为强固。试阅光绪十二年九月二十日袁大臣世凯致朝鲜国金督办照会内云,安边府使始终执碑堆为据,借词狡辩,因商定彼此各持图回报等情。同时并准咨称接朝鲜国王咨辩,大略执碑堆土门江为据,请查核议转奏等语。又李重夏乙酉会勘问答记有云我曰,大抵碑东之水,则下流果入于松花江,以豆满江言之,则其流不接于碑堆,以此之故,界址至今不明。又云,贵意则以碑不足据为词,然则初无勘界之可论也,界在于碑,而碑在见疑,则复何可援证立碑,徒苦口舌乎各等语,此足以窥其实情,故该图亦不可为土门乃豆满之确据也,等因。

按来照谓,光绪十一年李重夏会勘图并无认豆满江为国界之文。不知自十一年勘界以后,图们江流已经两国委员勘明,李重夏不敢如钟城使之以海兰河为土门江,且不敢如韩人所绘地图之以布尔哈通河为土门江,并不敢以图们江非即豆满江,已明知图们江为吉韩国界,不能妄为争辩,故会勘图注明豆满江即图们江,以明国界之所在。十三年覆勘时,遂不勘茂山以下之江流,而但勘茂山以上江源,实为初次勘界之效果。而李重夏会印图,又为初次勘界证明图们江为国界之凭证也,何得谓其并无认豆满江为国界之文乎。来照又谓,初次勘界时,李持土门为界之议甚为强固。盖是时中国委员证明红丹水为吉韩旧界,李重夏以其距穆碑稍远,未能协议,十三年覆勘时,李重夏谓图们界限既有明白图志可据,只宜增竖一碑于红土水之上,以明穆碑土门之义,实本于此,则李持土门为界之议虽甚强固,而固不敢谓茂山以下之图们江流非吉韩国界也,至李重夏所称碑堆各语,已明知碑东之水流入于松花江,不足为两国界址,故十三年会勘记李重夏有云,图们、豆满乃是一水,而图们天限载在图典,则敝邦惟求碑堆之与土门相照,仍应遵守为了事之方也。可见十一年李重夏所云碑堆各语,已为十三年李重夏寻求图们江源与穆碑土门相贯之张本,则何得谓李重夏所绘地图,不可为土门乃豆满江之据乎。

来照谓,查土门之名,见于明正统年间纂修、嘉靖年间重修之全辽志,云土门发源长白山北之松山,入松花江。其图考所载土门之位置,正与韩国向所主张之土门相同,是乃土门之名,在昔时与豆满或图们非一江之确据可见,韩国所主张征之中国古籍,亦为至当也,等因。

按来照所引全辽志有土门发源长白山流入松花江之说,及所载土门位置图。考此书为明代所刻,既非正史,殊难购觅,其有无姑不深辩。夫松花江见于明代史志,原称为混同江,固不得冒以土门之名,然即令长白山北有土门地名,亦为明嘉靖修志时所称之土门，而非国朝与朝鲜分界所指之土门也。贵国屡次照会，皆欲以松花江即土门江为立论之要点，今来照又欲征诸中国古籍以明土门、豆满之非一江，因不惮繁冗，广征中外载籍图志所记国朝吉韩分界土门江流形势，证明豆满、图们之确为一江，以俟贵国政府之详考焉。图们江，辽史称驼门，金史称统门，亦称图们，明史称徒门，译音虽有参差，江流实无变易，其所记江流形势与国朝吉韩界务关系尚浅，从略。

一、土门江中外载籍有专用土门之名，而足证土门、豆满、图们之确为一江者：

朝鲜承文院所藏穆总管查边时咨朝鲜接伴使文有云，我亲至白山审视，鸭绿、土门两江俱从白山根底发源，东西两分流，原定江北为大国之境，江南为朝鲜之境，历年已久不议外，在西江发源分水岭之中立碑，从土门江源顺流而下，流至数十里不见水痕，从石缝暗流至百里方现巨水，流于茂山两岸，故商议于茂山、惠山[1]相近此无水之地如何设立建守。此文中韩勘界时，韩人每据为界务之争论。

朝鲜通文馆志云，穆克登曾从土门水道以下约行三百里到茂山，又造四小舟，水陆并下，至庆兴海口，还至庆源，越江至厚春乃去。按厚春当即今之珲春康熙四十五年上谕大学士等曰，朝鲜国有八道，北道与瓦尔喀地方土门接界。按瓦尔喀亦作库喀，亦作库尔喀齐尔。盛京通志曰，长白山在船厂[2]东南一千三百余里，西南流入海者为鸭绿江，东南流入海者为土门江，北流经船厂东南出边者为混同江。又曰，土门江在宁古塔城南六百里，源出长白山东北、流绕朝鲜北界，复东南入海。

国初，齐召南[3]水道提纲[4]云，土门江出长白山东麓，曰土门色禽。东南流三数百里，北岸受阿几个土门，南岸受朝鲜水二，一曰渔顺河，一曰波下川，至大川东麓折北流，受东来二水，其东岸朝鲜茂山城也，折而西北，其东岸朝鲜良雍城也，又折东北流平地中数百十里，受南来水三，其东岸即朝鲜方山堡及会宁、高玲、王坦、钟城、潼关、雍大七城皆滨江，有小水西北流入焉。其北岸至大山南麓，噶哈哩河来会，其南岸即朝鲜稳城也。又折东流百余里合北来小水三，其南岸即朝鲜美践镇城

〔1〕 惠山，朝鲜地名。位于朝鲜北部边境的高原。

〔2〕 船厂，吉林市旧称。

〔3〕 齐召南(1703—1768年)，字次风，号琼台，又号息园。台州(今浙江临海)人，清朝官员，官至礼部侍郎。参修《大清一统志》等多部官书。依据《皇舆全图》及各省舆图和国家地理实测数据，考历代相关文献著《水道提纲》。

〔4〕 水道提纲，古代文献名。清齐召南著。共28卷。主要记载清代全国河流源流分合。有关东北诸水，鸭绿江、黑龙江、松花江及塞北、漠南诸水直至黑龙江口均载。记中俄边境以大兴安岭为界颇确，有较高的学术价值。

也。折东南流数十里,又有东英额河来注云,其西岸即朝鲜循镇城,南为庆源府城也。又东南经珲春西,有辉春河合十数水西南流来会。又东南流百余里,其南岸当水曲,即朝鲜庆兴城,又东南流以入于海。

日人丸家善七所刊朝鲜国志有云,土门江在国东北界,发源长白山东南麓,东南流入海。又云,珲春之库尔喀齐与朝鲜只隔土门江。

以上所述,土门江之见于中外载籍者,皆专用土门之名者也。请证明土门、豆满、图们之确为一江者,举其要点于下:

按穆克登咨文,谓鸭绿、土门两江从白山根底东西两分流,原定江北为大国之境,江南为朝鲜之境。盖以土门江为吉韩旧界,吉林居其北而朝鲜居其南,若如来照所主张之土门,其经流全系北向,则咨文当谓江西为大国,江东为朝鲜,何得谓江北为大国之境,江南为朝鲜之境乎。且当谓鸭绿、土门二江西北两分流,而何得谓为东西两分流乎。此土门、豆满、图们之确为一江者,其证一。

咨文又谓从土门江源顺流而下,流至数十里不见水痕,从石缝暗流至百里,方现巨水。查长白山之水,惟红丹水发源三汲泡,顺三汲泡而下约三十里有泉涌出,为红丹水之正源。咨文所谓流至数十里不见水痕,从石缝暗流者此也。红丹水合石乙水以后,其流始巨。咨文所谓流至百里方现巨水者,此也。若如来照所主张之土门,其源流全无断续之处,何得谓流至数十里不见水痕乎。且全系流于土脉之中,并无石迹,又何得谓暗流至百里方现巨水乎。此土门、豆满、图们之确为一江者,其证二。

咨文又谓土门江流于茂山两岸,故商议于茂山、惠山相近此无水之地,如何设立建守。查朝鲜之惠山镇治恰当小白山东南土门江源,红丹水实发于其北。茂山府治适居其西豆水[1]合图们江处之东南。咨文既曰流于茂山两岸,又曰与惠山、茂山相近,则固已查明土门江源之国界,实沿惠山附近以东至茂山附近也。若如来照所主张之土门,则北流而入吉林腹地,何得谓土门江流于茂山两岸乎。且舍土门江源红丹水之外,又何得谓于惠山、茂山相近此无水之地设立建守乎。此土门、豆满、图们之确为一江者,其证三。

穆克登奉旨查边,原为查明鸭绿、土门两江,故由鸭绿江海口以至鸭绿江发源之长白山,又由土门江发源处以下至土门江海口,此所以查明江源之后,复由茂山而下巡视江流,而迳至庆源、庆兴也。若如来照所主张之土门,则穆克登当顺松花

〔1〕　西豆水,图们江源头之一。

江而至吉林，何缘得至茂山及庆兴海口乎。此土门、豆满、图们之确为一江者，其证四。

康熙四十五年上谕曰朝鲜北道与瓦尔喀地方土门江接界。朝鲜国志亦曰，库尔喀齐与朝鲜止隔土门江。按瓦尔喀居珲春之东，与朝鲜庆源相对。见满洲源流考[1]此土门江所以为朝鲜北道与瓦尔喀之界水也。若如来照所主张之土门，则东距瓦尔喀千有五百余里，康熙上谕何得谓朝鲜北道与瓦尔喀土门江接界，朝鲜国志又何得谓库尔喀齐与朝鲜止隔土门江乎。此土门、豆满、图们之确一江者，其证五。

盛京通志谓土门江在宁古塔城南六百里。按之今日之图们江距宁古塔之方向、里与盛京通志相符，而来照所指之土门，其下流经宁古塔西八百余里，则盛京通志何得谓土门江在宁古塔城南六百里乎。此土门、豆满、图们之确为一江者，其证六。

齐召南水道提纲谓土门江发源长白山之东麓，朝鲜国志谓发源于长白山之东南麓。考长白山东之水，红丹、石乙二水发源长白山之东南麓者也，红土水发源长白山之东麓者也，故必发源白山之东麓及东南麓者，始为土门江源。若如来照所主张之土门，就长白山大势言之，只可谓发源于长白之北麓，就穆碑言之，只可谓发源长白北麓偏东之处，与东麓及东南麓之言位置相反，则水道提纲何得谓土门江发源于白山之东麓，朝鲜国志何得谓发源于白山之东南麓乎。此土门、豆满、图们之确为一江者，其证七。

盛京通志谓土门江东北流绕朝鲜北界，复东南入海。朝鲜国志亦谓其东南入海，此盖举土门江之大势言之。惟齐召南水道提纲谓土门江发源后东南流三数百里，经茂山后始折而东北流，经稳城后折而东南流入海。所记土门江流方向，证之今日之地图，一一符合。若如来照所主张之土门，则向西北流二千余里，合嫩江后始东北流以入于海，则盛京通志及朝鲜国志何得谓其东南入海，而水道提纲何得谓土门江发源后东南流数百里，经茂山后始折而东北流，经稳城后复折而东南流以入于海乎。此土门、豆满、图们之确为一江者，其证八。

盛京通志谓土门江绕朝鲜北界东南入海，朝鲜国志谓土门江在国东北界，水道提纲则于土门经流朝鲜茂山、会宁、钟城、稳城、庆源、庆兴六镇以及朝鲜沿江有名城市纤悉毕具，且叙东北海诸水篇首，特书其西水最大，为朝鲜东北界者曰土门江，

---

〔1〕满洲源流考，古代文献名。清朝阿桂等人编撰，是一部有关东北历史地理、民族源流、文化风俗的珍贵文献。

叙朝鲜国水篇首，特书自土门江南岸为朝鲜界北境，其水会入土门江，实足为白山碑文土门二字之铁板注脚。若如来照所主张之土门，则北流而入吉林腹地，盛京通志何得谓其绕朝鲜北界，朝鲜国志何得谓其在国东北界，水道提纲何得谓土门江为朝鲜咸镜北道之六镇与吉林南部天然之界水，若是之明晰乎。此土门、豆满、图们之确为一江者，其证九。

一、土门江中外载籍有杂用图们、豆满等名，而仍足证土门、豆满、图们之确为一江者，钦定会典图说载明，大图们江出白山东麓二水合流，小图们江出其北二小水合东南流来会，又东经宁古塔城南境合噶哈哩河折东南流，北合二小水、经珲春城西南，朝鲜国人自著地理小识云，白头山在中国、朝鲜之界，有大泽周回十里，西流为鸭绿，北流为松花，东流为豆满，豆满与鸭绿之南则朝鲜也。又云咸镜道以铁岭之东北豆满江为界，设茂山、会宁、钟城、庆源、庆兴六镇，营于江边。

日本参谋本部所著满洲地志有云，图们江发源于白山之东麓，谓为图们色禽，色禽者，河源之义也。东流折而东北五十海里受西北来一小水，其下为图们江。明治三十九年东亚同文会[1]翻译俄国大藏省编辑之满洲地志所叙满洲境界有云，满洲、朝鲜以图们、鸭绿二江为分界，该两江上流之中间，有横于长白山系主脉之白头山顶，其湖水与二江发源处，隐相连结。

明治三十九年日人守田利远所著满洲地志之疆域篇有云，其东以图们江口与露领沿海州接境，更溯图们江发源处，越长白山系之主脉至鸭绿江发源处，更至鸭绿江口，以此线与韩国接界。

又所叙图们江水道有云，图们江俗称高丽江，为满洲与朝鲜东北境及露领沿海州分界之江流。其源发于长白山之南麓分水岭之东麓，云图们色禽。凡有二源：北曰下乙水，南曰石乙水。东流经朝鲜甑山之北，西受红旗河，东北流接朝鲜茂山府，前外四道沟河自北入之，又东北经高丽崴子，折东南流经会宁府，又东北经钟城府至长白山支峰之南麓，北受嘎呀河，又东经高丽岭之南，东南经崆峒山之南，北受凉水泉子河，又东经密占，密占河自东南入之，又东至水湾子南折，受老身河、阴阳河之小流，又南经西江，珲春河东来入之。由稳城至此，江流殆成半圆形，由此东经朝鲜庆兴府之东北，经图们江口入于海。

以上所述土门江之见于中外载籍者，皆杂用图们、豆满等名者也。请仍证明土门、豆满、图们之确为一江者，举其要点于下：

---

〔1〕 东亚同文会，日本团体名称。其前身是日本民间外交团体和亚细亚主义团体。

按会典图说，谓图们江经宁古塔城南境，则与盛京通志土门江经宁古塔城南六百里之言合。又谓图们江合噶哈哩河经珲春西南入海，则又与水道提纲土门江有噶哈哩河来会，经珲春东南以入于海之言合。此土门、豆满、图们之确为一江者，其证十。地理小识谓长白山西流为鸭绿，东流为豆满，则与穆克登咨文鸭绿、土门二江东西两分流，及盛京通志长白山西南流入海者为鸭绿江，东南流入海者为土门江之言合。又谓咸镜道之东北以豆满江为界，设茂山等六镇营于江边，则又与水道提纲所记土门江经朝鲜六镇以入于海之言合。此土门、豆满、图们之确为一江者，其证十一。

日本参谋本部所著满洲地志谓，图们江发源于长白山之东麓为图们色禽，守田利远所著满洲地志谓，图们江发源于长白山之南麓、分水岭之东麓为图们色禽，则与水道提纲所记土门江发源长白之东麓，为土门色禽及朝鲜国志所记土门江发源长白山东南麓之言合。此土门、豆满、图们之确为一江者，其证十二。

日本参谋部所著满洲地志谓，满洲南以鸭绿、图们二江界于朝鲜，俄国大藏省所辑之满洲地志谓，满洲、朝鲜以鸭绿、图们二江为分界，守田利远所著满洲地志谓，满洲由长白山系发源之鸭绿、图们二江，以此线与韩国接境，则与穆克登咨文以江南为朝鲜，江北为大国，水道提纲以土门江为吉韩界水之言合。此土门、豆满、图们之确为一江者，其证十三。

守田利远所叙图们江水道经流之方向及地域，与水道提纲所记土门江水道大致符合，此土门、豆满、图们江确为一江者，其证十四。

然则由前之所述土门江者观之，实足证土门之即为豆满与图们，由后之所述图们江与豆满江者观之，实足证图们与豆满之即为土门。则土门一江，无论或称为图们，或称为豆满，译音虽变，而其源流、方向、位置见诸中外载籍者，终不得而变。则国朝与朝鲜分界之土门江，与来照所指之土门，其不可丝毫牵混也，彰彰明甚矣。若谓土门、图们非为一江，试遍考吉林南部，舍图们江外复有何水与以前所述土门江之源流、方向、位置一一吻合者乎。来照仅以全辽志所载长白山北有土门之名，即谓土门与豆满非为一江之确据，是岂非来照所认不认实在情形，漠然主张者乎。务请贵国政府于中外载籍所解释国朝吉韩分界之土们江，详加考核，以为界务问题根本上之解决焉。

第三条答辩

来照谓光绪八年公文之不足为据，如以上所叙。又李重夏于十一年会勘时，主张土门江说始终不渝，并未曾认茂山以下豆满江为国界，亦如以上所叙。不知十一年总理衙门奏报有何根据,殊为可疑。且十三年会勘未及订定完全界约,中道而辍,故两国如何提议,究无分毫效果,此事迭经帝国政府据理辩明等因。

按:光绪八年韩王所称之土门,即为韩人所称之豆满,十一年李重夏会印图,足为认豆满江为国界之凭证,均经上文申辩。而来照谓光绪十一年总理衙门奏报有何根据,殊为可疑。贵国政府于中韩勘界案卷,实未加深考。查中韩勘界问答记李重夏有云乙酉冬,敝职奉使来勘,恭览总理衙门奏稿有云朝鲜以图们为界,豆满为图们之转音。考之图志,援据赅明。又于贵局处躬履详勘,屡次商论,以此归复于敝廷,自是以后,敝邦不敢株守偏见,惟将图们旧限遵守,断断无他。可见自十一年李重夏复命以后,韩之君臣,已莫不认土门之为国界矣。且十一年金永植等述土门江事宜云,土门、图们不须论,当以豆满一带限南北。又明认土门、豆满为一江矣。则总署十一年奏报,亦本诸李重夏会勘之意见,韩廷之言论,而登之奏牍,何得谓其毫无根据乎。且十三年覆勘时,李重夏初次照会,即援引总署吉林、朝鲜界址,自茂山以东至鹿屯岛海口,自有图们江天然界限为之划分之文,而以茂山以西为覆勘之起点。若谓其毫无根据,李重夏何得反奉为金科玉律,中韩会勘记,李重夏援引总署奏稿不下十余次。而欲本此以为协定境界之基础乎。至来照又谓十三年会勘未及订定完全界约。夫十三年勘界之案,自红土、石乙二水以下之图们国界,已为韩国上下所公认。惟红土、石乙二水以下之江源未经决定,已经中国前照申明。而来照竟谓两国如何提议,究无分毫效果。而不知十三年成案有两国之会勘问答记可证,有朝鲜勘界使之照会可凭,有韩王十三年之奏咨及韩王十四年致中国政府之奏稿及其咨文可据。此时朝鲜虽属中国藩封,而界务交涉悉由韩国之君臣自由决定,今日贵国政府讵能置中韩交涉成案于不顾,置韩国君臣之奏报咨文于不顾,而一笔抹杀,谓无分毫效果之可言,则岂非来照所谓独自决定乎。

来照又谓,前次所提许大臣光绪三十年六月二十二日公文,系为李范允在和龙峪等处滋扰一事所发,内有至中韩接壤图们、鸭绿两江天然界限由来已久,乃与光绪十三年两国会勘之案迟久未决,致有现在种种轇轕,立望即日派员遄往,查照前案会同重勘速定,然后再议陆章,以期久远遵守等语。以上是中国希冀协定“间岛”界案之明证,而关于红土、石乙二水该公文并未提及,即以全文之意义度之,中国政府之意,非仅以该二小流为未经勘定明矣,等因。

按:前次来照征引许大臣致韩国公文,谓指东方疆界全线未定而言,此次来照又谓维时中国之意不在只勘红土、石乙二水,可知来照只以许大臣公文有“间岛”二字,遂欲牵引以为界务之争论,而不知光绪二十九年日本内田公使与许大臣所称之

“间岛”，非贵国今日来照所称之“间岛”也。查图们江中光霁峪前有滩地二千余亩，华人称为假江。自光绪初元放荒后，韩民首先租种。光绪二十九年李范允行文越垦局，始妄以假江地为“间岛”，谓有田五千余结划在两江之间。又曰，此土介在一江分流之中。始由韩民耕种，遂欲指为韩领，是为“间岛”名称之所始。是年，日本内田公使致外部节略有云，图们江“间岛”介在清韩交界，又与外部晤谈有云，中韩交界之图们江有一“间岛”地方。夫谓图们江“间岛”介在清韩交界，是谓“间岛”介在图们江也。又谓图们江有一“间岛”地方，是谓图们江有一“间岛”也。则内田公使之所谓“间岛”者，实与李范允之指假江为“间岛”者相符。故光绪三十年中韩两国边吏会订善后章程，有古“间岛”即光霁峪假江之地之文。盖谓华人所称之假江，即韩人所称之“间岛”，假江以外别无所谓“间岛”明矣。则许大臣公文，证之李范允之照会，证之日使之节略，证之边吏会订之章程，所谓“间岛”者，实指假江之地无疑。然则来照援引许大臣公文，不特不足以为界务之争论，而且实足证明假江以外图们江北之地，别无所谓“间岛”，且足证明图们东方疆界并无所谓全线未定者矣。至谓许大臣是年正月关于界务公文，于红土、石乙二水，即以全文意义度之，非仅以二小流为未经勘定云云。夫该公文明谓鸭绿、图们二江久为天然界限。乃以光绪十三年会勘之案迟久未决，所谓未决者，非仅图们江源之小流而何。又谓查照前案，会同重勘，非重勘红土、石乙二水之江源而何。则该公文虽未提及红土、石乙二水，而吉韩界务仅此二水未决之意义，固已包括于其中矣。则该公文只可谓希冀协定十三年会勘案之明证，而不得谓希冀协定“间岛”界案之明证矣。来照又谓译善后章程第一条之意，以白头山定界碑为将来勘界之基础，订明所决定非以豆满江为两国之界云云。夫善后章程谓两国政府未派员会勘以前，循旧以图们江一带之水各守汛地。试问中韩两国无论何时派员会勘，讵能置图们江旧界于不顾，而别寻一交界之江流乎。来照谓订明所决定非以图们江为两国之界，诚不知何所据而云然。来照以不欲认十三年中韩会勘成案之故，而乃引许大臣公文及善后章程以为争论之据，诚所谓不揣其本而齐其末者矣。

第四条答辩

按十三年成案之不能蔑视，已经上文申辩。善后章程第一条经前次照会解释，而来照谓为多方附会其意义，复经上文申辩，不再复说。

第五条答辩

来照谓，韩国李朝发祥于庆源对岸地方，为历史上之事实，虽屆后次第南下，其江北一带之地曾入李氏版图，明矣。

国朝之兴,实有征服女真部落扩充领土之举,然不得以征服瓦尔喀、虎尔喀等部落一事,即为豆满江以北亦归其有。且是时征服瓦尔喀之目的,不外乎收其人民,移之于兴京地方,至其地土置之不顾。以上事实载在清太祖、太宗实录及韩国史乘,记录甚为明详。盖当时征服一以统治人民为旨,不在乎占据领土也。中国政府所称豆满江北岸尽入版图一节,固不足信等因。

考朝鲜各种史志,李朝祖先原起于高丽之全州[1],至李穆祖降元,为南京五千户所达鲁花赤[2],又迁斡东,其子翼祖[3]终定居于咸兴郡,后嗣世居之,为元臣不变。桓祖[4]叛元,始复为高丽臣,至太祖,乃篡王氏得国。综其颠末,惟穆宗暂居斡东,实今俄领波些图地,与今日延吉厅之地实风马牛不相及。且此时图们江北及珲春等处,考之历史,皆为元代领土。见元史至明太祖封李成桂[5]为朝鲜王,始建六镇守之,划江为界。见朝鲜国文献备考等书来照谓图们江北之地,曾入李氏版图,实属全无根据之词。至国朝始祖建国于长白山西之鄂多哩城,即今之敦化县,东距延吉厅治仅二百余里。而肇祖又曾任明代建州卫[6]都督之职。明代东迄建州卫,证之史志,实由今盛京之兴京绥芬南至图们江北之地其后始迁兴京。考诸中国载籍及日人所著各种满洲地志,极为详备,无庸琐述。则图们江北之地为国朝领土之传来取得也无疑。至国朝征服瓦尔喀、虎尔喀等部,实在今珲春以东及乌苏哩河流域之地,实皆独立之部落,国朝用兵征服,实合于甲国强制合并乙国之例,则图们江北之尽入我版图,尚何疑义。来照无可置辩,但谓当时征服以统治人民为主,不在占据领土,全系臆测之言,殆不足辩。

来照又谓,珲春、宁古塔等处中国虽设有军官,其豆满江北之地,不得谓在本国主权范围。曾闻中国官员前往珲春一带查勘垦地时,见嘎呀河北岸八处有韩民成群居住,并自咸镜北道观察使发给地契登官簿,惊异久之。以上所举,皆足证该处一带为荒凉之地,不在清国之治下等因。

按:图们江北为国朝发祥重地,已经前文申明。自康熙年间,顾念根本重地,于

---

〔1〕 全州,韩国地理区划。位于韩国西南部。

〔2〕 达鲁花赤,古代官名。元朝在各官署设达鲁花赤一名掌印,把握实权。元朝时,汉人不可任正官,各级官署均设达鲁花赤,由蒙古人或色目人担任。

〔3〕 翼祖,李行里,是朝鲜王朝建立者李成桂的曾祖父。

〔4〕 桓祖,李子春,是朝鲜王朝建立者李成桂的父亲。

〔5〕 李成桂(1335—1408 年),朝鲜王朝的建立者,史称“朝鲜太祖”。

〔6〕 建州卫,古代官署名。是明朝在东北地区设立的管理建州女真人的行政机构。

兴京以东、图们江以北之地悉行封禁。统观十一朝圣训，言吉林南部封禁之事极多。故于珲春、宁古塔等处设有军官，每岁举行军政，以图们江北为旗民围猎之地，载在典册。则领土封禁权之操之我国者也，何得谓珲春等处，虽设有军官，而图们江北之地，不得谓在本国主权范围乎。至韩民越垦，实因同治九年朝鲜国内奇荒而起。朝鲜钟城府使照会：吉林、朝鲜本以图们一水为限，自庚午、辛未北道大歉以后，朝鲜贫民越垦于北岸者始多。可知北道未大歉以前，自有图们一水为限，国禁素严，固绝无韩民之越垦也。至来照所谓韩官发给地契之事，传闻之词原不足信。则何得以该处为古来荒凉之地，不在我国之治下乎。

来照又谓，中国即有遣宁古塔官兵于豆满江岸设屯庄之事，其派兵于"间岛"之一部，犹近日吉强军之分屯各处，此事未得以为行使主权之据。矧大清一统志载有恐居人往来，今将安都立他木驽房屋、窝铺即行拆坏，与宁古塔官兵之屯庄俱令离江稍远居住，嗣后沿江近处盖屋种地，俱严行禁止等语。此等屯庄亦离江居住，中国重视江禁之事实历历可考。至沿江近处之严禁居住，此出于中国自重之意，并非承认韩国之权利也。又云，中国以韩国抗议之故，沿江近处禁止居住，则重视韩国之权利也，等因。

按：图们江北为国朝封禁重地，已经前文叙明，图们江北确为我国之领土明矣。沿江设立屯庄以严江禁，则为防守我国领地之国界也又明矣，何得谓此事未足为行使主权之据。至沿江近处有居住者，可由韩员随时禀报，其理由已经前照申明。惟查国朝崇德四年起，朝鲜六镇人民尝有越江盗物伐木之事，被中国官吏捕获交还治罪，并六镇官吏亦坐罪者共计二十余次。若复两国人民接近，则彼此交涉之案愈多，深恐韩国有受扰之处，则此举正为体恤属邦之故，而固非重视韩国之权利也。

来照谓，光绪九年前后江北之地有珲春、敦化等名，不得谓无地名一节，中国政府覆称该处分属珲春、敦化两处管辖。然此为行政区域之总称，并非固有之名，且光绪九年会宁府使请敦化县查开流民越垦地名，该县覆文内有沿江一带中国向无地名可考，如照韩民开列，则稳城、永远、利中、光逆、钟城、霸王城、高丽镇、会宁、茂山等所属各界隔江处等语，此足证中国自认维时尚无汉名也。韩国则未移垦以前，久已有地名，等因。

按：来照所称敦化县覆文一节，该县令是否有此覆文，无庸深辩。惟查图们江北，自明代建立卫所[1]，已有布尔哈通河卫、海兰卫等名，亦无庸深考。国初封禁吉林南部，已久有固有之地名，今据八旗通志[2]及珲春册报所列，国初封禁采捕之河流、山场如左：

布尔哈通河

海兰河

噶哈哩河即嘎呀河

以上为采捕河见八旗通志

瑚珠山即瑚珠站

乌尔珲山即黑顶子

以上为采捕山见珲春册报

据此，则图们江北之地，在国初已久有地名。何得谓光绪九年前后江北向无地名乎。且由上所列者观之，则延吉厅北由哈尔巴岭发源之布尔哈通河，南达于图们江流域，东北由宁古塔交瑚珠站，而东南至图们江北之黑顶子，皆为国初封禁采捕之重地，而领地主权之所在，更可焕然冰释矣。

总之，吉韩界务问题不在争穆碑之是否界碑，而但当考穆碑所称土门，系指何水，不在争土门、豆满之是否一江，而但当考土门江之源流、方向与其经流之地域，不在争十三年成案之有无效力，而但当考覆勘之案是否由韩国君臣之自由决定，不在争国朝三百年来图们江北主权之谁属，而但当考图们江是否为吉韩之国界。此数者辩晰明白，则界务问题自无难直截解决矣。若徒摭拾荒远难稽之事实，寻求韩人勘界以后唾弃之陈言，以为立论之据，则殊非两国政府希冀解决界务问题之意，务请贵国政府于以上所述各节，详细考核可也。

附吴协统意见书

窃查延吉厅治，僻在边隅，虽属岩疆，治同内地。经岁以来，凡与日人交涉，皆为保护韩民之事及侵我地主之权。以该处与通商口岸不同，于国际公法之中，为条

〔1〕 卫所，是明朝使用的一种军队编制制度。京师和各地于要害处设卫所。一郡设所，连郡设卫。军士皆世袭。各卫所分属各省的都指挥使司，统由中央五军都督府分别管辖。

〔2〕 八旗通志，主要记载清八旗制度的文献，共两集。《初集》由鄂尔泰、涂天相等纂修，于雍正五年（1727 年）开始编纂，乾隆四年（1739 年）成书。《二集》由福隆安等纂修，乾隆三十七年（1772 年）开始编纂，嘉庆元年（1796 年）成书。

约不适当施行之所，故我得逮韩人处以国法。一切举动不依约章，日人虽无理强横，终以未经认明，难淆公理，不无顾忌之心。今译原电，小村所言，词意似属委婉，内容实具机牙。管见所及，疏列如左：

一、我以界务为重，彼以保护韩民为重。

界务之兴，由于韩民越垦，我以清厘界务，万不能认其有此保护权。以既认之后，不允其设官、置警，势所不能。允其设官、置警，必致害我法权，从此多事。目下日人驻兵延吉，我虽不能以武力抵抗，然尚能以口舌相争，以其未经我国认可故也。今若认其有保护权之后，彼将今日增兵，明日设吏，一以保护韩人为辞，甚且由此推行凡有韩民之区如珲春、敦化、濛江、绥芬、五站[1]以及鸭绿江沿岸，皆可阳借保护之名，阴行侵占之实，喧宾夺主，得寸进尺。我于彼时再行抗言，其周折必较今尤甚。则许其保护，即无异授以进取之阶，必致渐失国权，予人口实。是则界务虽清，亦不过空负主人之虚名而已。

一、我倘能认彼在延吉有保护韩民之权，彼亦认我在延吉有地主之权。

延吉主权，我所固有。即以小村语气言之，彼亦知我具有延吉地主之资格，不过其不认耳。然而铁案具在，我之为地主与非地主，原不待日人之认不认也。设如日人因得保护韩民权而认我为地主，他国又有以不认相要挟者，窃恐无以继之。且既言保护，决非一官一吏所能为，必具有法律、军队、警察种种机关而后成。各种机关既备，是即隐然一政治团体矣。以延吉一区而有二同性质之团体，其势必致冲突，其祸必较今日尤烈。此乃日人外交政策欲我弃权利之实际，博认许之虚名，借以行其手段，其可忽乎。况日人认我为地主与不认之说，不过外交政策借虚言以谋利权耳。

一、所有延吉韩民但求如通商口岸之韩侨民，应归日本保护。

通商口岸为商而设，非为农而设也。各国人民无有在通商口岸业农者，即韩侨民亦无在他通商口岸业农者。此延吉之韩民，万不能与各通商口岸之韩民作一律观也。今试举一例，我国向不许外国人内地杂居，今如以延吉为通商口岸，凡散处业农之韩民，将任其杂居乎，抑尽举而纳之通商口岸乎。尽举而纳之通商口岸于势有所不能，任其杂居又恐他国借为口实。设使俄人援利益均沾[2]之例，迁其东边无业之民来农延境，我将何以应之。即此一端，可以知其故矣。

---

〔1〕 五站，今为黑龙江省绥化地区肇东市五站镇。

〔2〕 利益均沾，是由英国“片面最惠国待遇”条款中“一体均沾”原则的进一步发展，最早由美国在《望厦条约》中关于对美“片面最惠国待遇”中提出的。

一、韩民之已入华籍及愿入华籍者，均听其便，伊绝不过问，亦断不蔑我主权。

我国取得国籍向无定法，惟薙易差可作为明证。韩民之来我国，其中最早者已三、四十年。薙易受廛，入租纳课，是实为公法中所谓归化人，日人本无过问之理。即当现未薙易者，以外国人不能得土地所有权之例言之，亦应与归化者无二。况当发给土地与韩民时，不纳荒价，正以薙易归化之故。不薙易者，不与以土地权。既享有土地权，再不得谓为韩人，此不待烦言而解也。以我国法权不能治外，今如一旦认为韩民，便为法律所不能及。即使明订约章，令其应纳地租各项税捐与华人同，设有拖欠，我国官吏催比无所施，逮捕不能及，必至照会公文请诸领事。征课为我国之内政，而亦须赖交涉以维持，似非政体之得宜也。

今如不得已而进取求全之策，必以下数款为要素：

延吉不必开放。说见前

禁止韩民继续入境。

以后韩民不得领垦及购田。

凡领有土地之韩国人，应一律作为归化人，其原有之国籍，应即声明消灭，一切皆与华人无异。

凡已领有土地之韩人，应按照旧例薙发易服，归中国地方官管理，有不愿者，即将已发田地收回。

凡越垦地方，自行出资购地之韩国人，既与我国人同体纳租交课，亦应一律服从我国法律，日人不得借行领事裁判权[1]从而干预，如地方官对于此项韩民有不公允情事，准就近诉日领事函请地方官覆讯，惟不得要求会审。

延吉既不能开放，所有该处侨商之韩国人民，可由就近日领事保护，一如通商口岸之例，不得另设他项官吏。惟负有中国课税义务之韩民，应按第六条办理。

以上各条，仅据浅近者言之。至于临时提议，如保护权之广狭、禁止韩民之办法等，又在临时相机因应矣。

纪军政

延吉东、西、北三面山岭杂错，森林丛密，向为胡匪出没之区。南界图们，虽多

---

〔1〕 领事裁判权，历史上帝国主义国家在亚非国家的领事，按本国法律对其国侨民行使司法管辖的特权，英、美两国分别于1843年和1844年通过中英《虎门条约》和中美《望夏条约》在中国强取领事裁判权。第二次世界大战后，在世界范围内不复存在。

沃野平原，又以皆系越垦韩民，受日人之煽动借端倡叛，每欲勾通胡匪暗相联络，以扰乱地方。而朝鲜内地之义兵及寄居俄界之民党，屡谋假道以与日人为难。外患内讧，在在堪虞。若军队布置稍疏，即难免乘机窃发，日本所驻图们南岸之重兵，遂可借保护韩民为名而为派兵越境之举矣。先是，光绪三十三年三月，延境所驻吉强军曾哗饷倡叛，经统领胡殿甲招抚始稍安帖。迨边务开办，以督办陈昭常兼吉林全省各军翼长，帮办吴禄贞兼会办吉林巡防营务处，俾驻边营伍，借资统摄。复易知府陈麟玺为吉强军统领，酌拨陆军分防要隘。十一月，据探访员报告，云日人有勾通马贼，连结兵队私运军火情事。当以延吉南界朝鲜，深恐变生意外，饬陈昭常等加意防范。旋据函称，日人勾通马贼之举，昭常等初亦略有所闻，到防后虽未查有确据，然亦日人必出之手段，万不可不预为防范，以消隐患。此时境内所有防营，吉强军马队、步队仅八百名。而各官长所用之马弁、差官、护兵、杂役即在其中。空额既占十之二三，老弱复占十之四五，可用之兵，寥寥无几。除中营马队驻于附近各要区外，步队之前、左、右三营散扎四外不下三十余处，营规极难整顿，操防更无论矣。查哈尔巴岭以至绥芬、汪清〔1〕等处之东北半偏为前营防守区域共扎十处，珲春〔2〕东沟、沙草峰、黑顶子等处之东南半偏为左营防守区域共扎十二处，光霁峪、稽查处、头道沟、外六道沟、娘娘库等处之西南半偏为右营防守区域共扎八处。地方若此其阔，兵力若此其单，部署若此其散漫，交通不便，调度维艰，纪律涣散，流品混杂，如是而欲收互相策应之效，讵可得哉。故有成股之马贼数十名即可任意横行，蹂躏全境而莫可如何。有时兵力足以制贼，贼即改而充兵，有时贼势足以胜兵，兵即变而为贼。此种情形，实属吉省通弊而延吉为尤甚。此时见外人势甚汹汹，又欲隐为连结以便私谋，当亦事所或有，传闻各语未必无因。昭常等到防后，查悉种种情弊，日夕筹思，竭力预防，深恐贼势稍炽，营规或弛，更遗外人以口实。月余幸尚安静，而境内十数成群之胡匪路劫伙抢者，尚复时有所闻。若再加日人煽惑，暗中接济，洵为可虑。至延吉之东北半部，本为马贼巢穴，而西南一带界连奉天之临江、通化等处，又为贼匪藏身之所，而所驻兵队半多通贼，决难恃其保护地方，是非急于添兵设防，不能无意外之虞。若东南界俄之处，与此次界务之关系稍轻，相距亦较远，且有副都统坐镇其地，日人之蓄意勾连，未必注重于彼。惟西南半部自韩之茂山府以接韩边外之夹皮沟，为日人处心积虑所欲经营之区，而其间有一相通之要

〔1〕汪清，汪清县，今隶属于吉林省延边朝鲜族自治州。
〔2〕珲春，今珲春市，位于吉林省延边朝鲜族自治州的图们江下游。

道，其所经过之处，如由西南之外六道沟过乳头山、娘娘库、古洞河[1]而至西北之夹皮沟一带，又向为政教之所未施，此则不可不严加防御者。前访闻有日人二名，改易华装，逗留于夹皮沟者半年。现日人之或往或来，时有所见。惟恐其于此间另有秘密布置，因于外六道沟添设派办处一所，派委员梁中同带兵三十名驻扎彼处，阳为保护地方，阴以查日人在茂山府之举动并由茂山入境之行人。犹恐地过空阔，值与日人争论界务之时，虑有马贼乘隙滋事，复派委员窦宝贤带兵三十名前往娘娘库驻扎，保卫二道江、古洞河、乳头山一带，并密探山茂山至夹皮沟日韩人之行动。但彼方人性野蛮，全无教化，兵数太少恐难于镇服耳。顷有一日本留学生自安东来密报，有日本大久保、末永、和田诸人住于大连湾、安东一带，运动奉省南部之防营、巡警等兵串通马贼，拟约于明春作乱。缘当日俄战时，彼处有多数贼匪投顺日人，名曰义兵。此时所有兵役多系收降该匪余党，与彼日人久通声气，故易于勾结。闻大久保等系曾经奉天将军访拿未获，奉吉两省官吏，尚多知之。其意盖欲扰乱奉省南部，令我国政府督、抚皆注心目于彼处，此间界务视之较轻而防范必疏。彼遂得乘间任意布置，力谋进步，并将以保护韩人为名，直以兵力进据，迫我退让，盖所谓围魏救韩之诡计。以情理论之，其语当不虚也。查安东一城，已在日人范围之中，适与延吉正西之临江、通化相接。彼日人等若从中勾通匪类，连奉、吉、韩为一气，由韩之茂山、奉之安东载送军装粮饷均极便利，我则无法可以察查。果如是，实足以扰乱三省之全局，其祸何可胜言。且彼处即无勾连防营马贼之事，日人举动亦系极当留意，况已有此危险之风闻乎。昭常等带来之常备军三百人，不得不留在防所，以备不虞，未敢散扎。各派办处所带之兵，皆系由吉强军挑选，虽严加约束，尚难保积习尽除。若地方稍有变动，余无得用之兵可以调遣，即将束手无策。如临江、通化等处，明知为重要区域，必须加意防备，乞速派干员潜往奉省南部秘密调查，务期得其实情以谋准备，并调常备军两三营前往择要驻扎，俾得与昭常等互相联络，协同一致。又夹皮沟、娘娘库等处，亦非稍厚兵力难保无虞等语。因特派专员至鸭绿江沿岸及长白山附近，调查防范。是年十二月，世昌巡视至吉，电嘱吴禄贞来吉，面询延吉军队情形。先是，延吉境内旧驻有吉强军四营，驻扎宁古塔之吉宁军亦分有一营驻延。当议将吉宁全军调至延吉，统归边务节制，以便汰弱留强，改编营制合为一路。并议将吉林陆军一标调至珲春，以厚兵力。旋据陈昭常来电，以前由三镇

〔1〕 古洞河，河流名。位于吉林省桦甸市东南，注入二道江。

十二标第二营调来新军[1]仅二队，军力单弱，该营尚有两队驻扎长春，拟续调来延以资镇慑。但以换防为名，请即电曹统制饬令该两队刻日拔队速来。因饬由长春调拨陆军两队赴延，吉宁军暂不调往。复电嘱该督、帮办妥慎改编军队。十二月二十一日边务来电云，改编拟先由官长着手，次及兵卒，加意慎重，不敢稍露声色。请派新军前来镇压，正为欲消隐患，万不令激成变端，有坏大局。调来新军拟一队驻珲春一带，分一队驻铜佛寺一带，再将该两处旧军或调或裁或并，实行换防，想外人亦难干预。二十九日又据电称，前面谕改编防营，吴帮办回延与昭常会商办法。现在此间交涉稍松，而日人在图们南岸于军事及一切预备，日进未艾。且查俄人在珲春边界驻兵甚众，以潜窥我与日之举动，意深叵测。观此，则我之准备岂能再缓。今于吉强军虽已力加整顿，然积习太深，收效不易。若按照防营新章改编，将各营均裁为六成队，则所存防兵仅七八百人，以之改编一路兵额太少，则于吉省定制不合。就吴帮办原议与他军合编一路则又碍于阻力，未能实行。以纵横且二千里之区域，布以区区兵队，于防匪尚不能确有把握，遑问其他。且吉省各军向来之恶习，此疆彼界各不相关，兼以重重节制，呼应更为不灵，其弊之影响于边务者不少。转瞬林叶丛生，伏莽潜滋，此拿彼窜，扰害治安。若不趁此时统筹全局，改编营制，确定职守，使事权有属，将来愈难收保护地面之效，即易启外人窥伺之心。昭常等于全省防营必使无稍隔阂，方能消患未萌。现如吉宁军近在咫尺，调动尚觉不灵，其他可以想见。似此因循，一旦稍有变动，边务何堪设想云。当因吉军此疆彼界呼应不灵，实兵家之大忌，因知照吉抚朱家宝将改编调遣各事，责成边务督、帮办，饬由吉省营务处遵办，以一事权。于是延吉各军队始得稍稍布置，地方亦暂就安谧矣。

延吉巡防队驻扎区域及兵额配备表

编制	兵额	配备	距边务公署道里
步队第一营	中哨	绥芬甸子	三百四十里
	左哨	大荒沟	二百二十里
		百草沟	一百二十里
	右哨	汪青	一百八十里
		蛤吗塘	一百九十里

〔1〕 新军，清末按西方资本主义国家军制编练的新式陆军。中日甲午战争后袁世凯在天津小站组“新建陆军”，张之洞也在两江总督任内编练“自强军”，是为新军之始。后建在全国扩建，至1911年（宣统三年），全国组成十四镇、十八混成协、四个标及一支禁卫军。清政府以北洋新军为中央军、各省新军为地方军，借以巩固垂危统治。

编制	兵额	配备	距边务公署道里
步队第二营	中哨	榆树川 驼腰子	一百里 二百六十里
	左哨	瓮声砬子	一百五十里
	右哨	哈尔巴岭	二百二十里
步队第三营	中哨	土门子 板石沟	四百三十五里 二百三十里
	左哨	杨木林子 哈达门	二百七十里 二百六十五里
	右哨	东岗子 英安河	二百二十五里 二百二十里
步队第四营	中哨	西古城子 三道沟	一百里 一百二十里
	左哨	马牌 芦果	一百四十里 四百八十里
	右哨	外六道沟 东京台	三百六十里 三百四十里
马队第一营	中哨	延吉厅	四十里
	左哨	帽山前 和龙峪	六十里 一百二十里
	右哨	延吉厅街	四十里
马队第二营	中哨	李子沟	三百四十里
	左哨	威虎岭 大沙河	四百二十里 四百六十里
	右哨	铜佛寺 哈尔巴岭	四十五里 二百二十五里
附记	步队一营即二百五十人,一哨即八十四人也。 马队一营即一百二十骑,一哨即四十骑也。		

纪交通

夫延吉固吉林南部交通之枢纽,图们江北之一大都会也。考其形势,北溯噶顺河踰哈尔巴岭走鄂莫索之野,以达于吉林省治,则当松花江航运之冲,吉长铁路东端之起点也。南越图们江入东沃沮[1]之墟，则为朝鲜清津、温贵诸港湾，与日本海航线联络之要地也。东逾珲春越波些图之境，则为俄人东清、乌苏里江铁道路线之终局，远东海陆交通之奥区也。故延吉一隅，实有控制东西提絜南北之势，非可与边鄙荒远之区同类等视。自韩为日属，日人之谋我延吉者，开清津海港以联络敦贺、舞鹤之航路，造清津至会宁铁道以经营北韩、南满之交通。平时商务实业之转输，战时军队刍秣之运送，瞬息可达。而延吉境内，自光绪初元吴大澂开通道路后，交通之政，毫未经营。山路崎岖，泥泞深陷，与奉、吉二省久成内外暌隔之势，较之外人海陆交通之便利，其相去不可同日语矣。日人越境后，我以形势阻绝，道路险阻之故，特电致邮传部，请将吉省至珲春、延吉电线特加修理，以资策应。又设立马拨以递公文，开办邮政以便民用。光绪三十四年二月，特饬由长春招募工程兵一营赴延修理道路，其路线则由吉林经敦化县境以至延吉，再由延吉东至珲春，西至外六道沟，东北至宁古塔，逐段修理，必使车马畅行，雨潦无阻。凡此数端，不过为临时因应之经营，而非国家远大之计划。今欲保全领土，巩固边防，则宜速修吉延铁道，以杜外人窥伺之谋，速修奉延铁道，以合满洲南部之势。何谓宜速修吉延铁道，以杜外人窥伺之谋也。日人矢野国太郎有言曰：自咸镜道城津东北之清津二十二里日本里至会宁，又十七里至局子街，由此至吉林可通车马，修理铁道最易，可自清津通延吉，与南满、西伯利亚、北清诸铁道相接。其于经济上，一、延吉农工商矿诸业易图发达。二、吸收满洲、西伯利亚、北清之产物商品，可自由供给。三、可夺海参崴之繁荣移于清津，使日本海将来可配美欧罗巴之地中海。于国防上，一、可防俄兵沿北韩及南满铁道[2]方面而南下。二、可断俄兵粮秣之根据地，易于供给日军。三、可断东清铁路路线而绝海参崴之后援。日人所论展造由清津至吉林铁道之利益如此。反是而思，此路由我自筑，胜算固不在彼而在我矣。斋藤越境，屡欲借端尝试为展造此路之计，虽经力阻，野心固犹未死。今岁解决界务，日使竟明目张胆以修造会宁至吉林军用铁道与我外部提议，其欲攫取此以图国防、经济之便利者，至此始昭然若揭矣。夫吉长铁道既入于日人势力范围，今又欲修此路以与吉长铁道相接，为囊括满洲之举，我若不自行修筑，终难免为日人所夺。况修造此路，固于殖产兴业、移民实边俱有莫大之便利乎。所谓宜速修吉延铁道以杜外人窥伺之

〔1〕 沃沮，古县名。汉武帝元封三年（前108年）败卫右渠，在沃沮地置玄菟郡。后郡治内移，仍于其地置沃沮县（今朝鲜咸兴）。东汉光武帝封其首领为沃沮侯。后属高句丽。

〔2〕 南满铁道，旧铁路名。原为1897—1903年帝俄所筑中东铁路从长春至大连的一段。日俄战争后被日本所占，改称南满铁路。

谋者,此也。何谓宜速修奉延铁道以合满洲南部之势也,今奉吉南部以长白山脉横断之故,林密山深,为交通之阻碍,然据地理调查,则由延吉经东西古城,绕长白北麓以达奉天之开原[1]而至沈阳,有相通捷道。此道俗呼为盘道,可通车马。据辜参谋天保调查,谓由延吉至西古城子九十里,由西古城子经五道羊叉、王家蹚子至后车厂九十三里,又二十八里至大沙河、热闹街,又五十里至四叉子,又七十里至两江口又十二里至汗羊沟,又二十八里至连二担子岭,又五十里至夹皮沟,又一百零六里至官街,又九十里至黑石,又五十里至朝阳镇,又一百二十里至海龙又三十里至山城子,又一百三十里至开原,又二百里至奉天共九百四十七里考之历史,金源崛起图们流域,继建都黄龙府[2]以窥中原。国初首据鄂多哩城,肇祖始迁都奉天东部之赫图阿喇[3],再迁而至兴京。且扈伦四部[4]未平以前,能迳用兵以取东海之瓦尔喀等部落,则自金源以至国朝,必以长白北麓为师行来往要道者,可知也。乃自奉天东部、吉林南部列为封禁重地,此道遂行湮塞。今若由奉天至延吉修造铁路,其利有五:日人南满铁道直贯满洲西部,俄人东清铁道横断满洲东部,交通机关,悉操于外人之手,此路告成,则南满铁道、东清铁道为弦,而奉延铁道为矢,转输之便可操胜算,一利也。东省仅有京奉铁路与关内相联络,别无交通机关,此路告成,则截日人南满铁道为二,且与安奉铁道为并行之势,三省东部交通可与关内为绵长之联络,二利也。奉天东部经海龙城、濛江、夹皮沟以至延吉,沿路森林、矿产为三省富饶之冠,此路告成,一切利源皆可日见发达,三利也。山东、直隶穷民之移殖者,或由奉天经吉林以至延吉,或由海道绕海参崴以至珲春,道途迂远,跋涉险阻,春来秋去,生聚不繁,此路告成,内地移民可经由京奉铁路以达吉林南部,始得收垦荒实边之效,四利也。朝鲜归日本保护后,图们、鸭绿沿江数千里道路俱加修理,中韩沿边一带,大有处处受敌之势,此路告成,则实力渐充,可为未然之防范,五利也。由此观之,此路修造之利,彰彰明甚矣。所谓宜速修奉延铁道以合满洲南部之势者,此也。然合计修造吉延、奉延二干路,前曾派员测勘,资本约在二千万两以上,三省财政困难,岂能筹办。故自三十四年陈昭常等有请开通图们航路,开黑顶子为商埠,以谋海陆交通之议。当因此处若开辟商埠,与内地上海、烟台、天津等处相联

〔1〕 开原,今辽宁省铁岭市下辖县级市。

〔2〕 黄龙府,今吉林省长春市农安县。

〔3〕 赫图阿喇,后金政权早期的都城,故址在今辽宁省新宾满族自治县。

〔4〕 扈伦四部,也称“海西女真”,明朝居住在松花江以东流域女真人叶赫、哈达、乌拉、辉发四部的统称。明人称海西四部。扈伦又译“呼伦”或“忽剌温”。

络，其费既较铁道路为省，而事复易举，亦可收交通便利之效。因特派翁科员巩前往调查航路商埠，并筹议一切办法以便实行，后仍以经费支绌而止。

纪警政

延吉华韩杂处，人民仇视之案，时有不免。而匪徒又多藏匿民间，难于觉察。日人借口韩民受马贼及我官民凌虐，越境之时即于边防要害及韩民越垦较多地方分布宪兵、巡警，以与我争此保护之权。人民稍有不安，即予彼以进步之隙，则不惟一进会煽惑韩民之逆焰继长增高，即韩民之良善者，亦将生心外向趋附于彼，而非我国政权所能治理矣。边务督、帮办到防后，统监府增添日韩警兵三十余人，在六道沟等处遍布广告，日夜巡逻，实行警务。我以口舌争辩，未便径用强力迫其退出。且闻彼尚续有巡警长官及地方官吏来我延吉地方组织行政机关之说，遂电陈昭常等急筹警察办理办法，或以兵改办，或寓兵于警，为实行抵制之策。旋据陈昭常等函云：自斋藤越境以来，多方日谋进步，而一进会假其势以骚扰地方，更属无赖已极。虽蒙随时指示机宜，并分设各派办处切实调查筹办，终未得尽达目的者，实因无完全分布之警察也。昭常等未到防时，即已思虑及此，前在吉垣所陈各节，曾有广设巡警之条，到延后体察情形，更知非此不足收保护地方抵制日人之效，而所以尚未议及举办者，以有数端之困难在也。延吉虽曾办有警察，而绝无警察之实。前厅丞分全境为八区，招有巡兵二百余人，大都无赖之徒，不但全无教育，且讹索骚扰，弊端百出。敛民钱以办警察，而警察实无益于民间，因之群抗警捐，屡起冲突，至贻外人以口实。陶丞到任后，顺民之情，仅留总局巡警四十人，其他七区由本地自筹警费，自举巡弁，民情稍慰。然此举虽足以安民心，除积弊，而警察从此更属有名无实矣。当此界务吃紧之时，欲再行扩张之议，边务无款可拨，而就地筹饷又徒重伤人民感情，更为非法，是非另行设法筹款不能举办，此困难者一也。延吉地方，除越垦韩民外，所有华民向无教化，识字之人屈指可数，加以数年以前，胡匪充斥，少壮之丁大都野性难驯，故欲兴办警察，虽有极好营官及确有饷源，亦苦无合格之巡丁可招，又兼土旷人稀，身价极贵，即欲将就举办，亦难骤招多人，且警察为实行国家之权力，保卫地方之要政，所有巡弁、巡兵，非有完善教育不克尽其责任，即仿速成办法，至少亦须半年始能遣用。日人既来盘踞此间，防祸未然在警察，若待教育再行组织，则未免已落人后，此困难者二也。来谕命或以兵改办、或寓兵于警，此实为因利乘便之举。昭常等到防后，亦曾筹及于此，而详加体察，实有万难。吉强军之腐败早在洞鉴，半属旧匪，半属游勇，否亦为土著之流民，尚无野蛮军队之资格，何足服文明警察之任务。若仅借此改换名目，徒增乡民之累而已。现由日韩派来宪兵、警兵皆极整齐，欲谋抵制，必行动皆合法度，方足杜彼之口。若吉军等防营，虽加教育，积习已深，万难骤变。以之改充巡兵，适足令地方多事，转致彼等有所借词耳。此以防营改办而有所困难者三也。昭常等来此，蒙拨常备军马步兵队三百人。此时镇压防营，安抚地方，全赖于此。若以此改编警兵，实多未便。且兵队之教育与警察大异，如以曾受教育之兵，一旦改其所习，不仅可惜，且其举动习惯亦多与警察不合，定难收文明警察之效，徒令人民惊恐，外人注目，或恐别生事端。此以新军改办而有所困难者四也。有此四端，故屡欲陈请举办而未果。因特变通办理，不用警察之名而行警察之实，于延吉境内各紧要之区，皆设派办处一所，派妥员带兵数名在彼驻扎，就近保卫地方并调查一切。所拟章程，原即含有警察性质既无须另行筹费，又可以抵制外人，亦即寓兵于警之意。旬月以来，韩民感戴，愿附者多，地方颇为安静，一进会亦稍敛迹，未始非派办处之效。然多带兵丁，恐难约束，且招耳目。每处仅驻数人，则地面既广，察查定有难周。又皆劝谕之力居多，而镇服之权力不足，各地华韩人民，不能保其绝无不法之举动。且对于日人未能自认警察，谓其可以保护韩民彼终不服。故日人之分遣宪兵，增派巡警，我仍无法可以阻止。本月初间，六道沟新到韩警兵三十名，昭常等责问斋藤，令其退出，彼则答以我国无力保护，彼须尽保护之责，并谓已与我国政府及督、抚交涉，如何处置，只得静候指示，亦足见此地之须举办完全警察，决无可缓也。至各派办处亦屡来报告，谓所带兵丁人格太卑，难于防范，而斋藤亦借词挑剔，谓我以兵力压服人民。虽此时欲筹抵制日人，除此更无良法，然终非一劳永逸之计。反覆商酌，实非有完全教育之警兵数百人分布延吉全境，使日人无词可措，无隙可乘，不足固主权保人民，以摈斥前此越界之宪兵、巡警，而免后此无穷之患也。方欲肃函陈请，适奉举办巡警之命。特思此间防兵既不可恃，就地筹办又属极难，万不能不借才于异地，拟请遴派奉省曾经教练之警兵五百人，飞速来延，以备分配等语。当因边务督、帮办到防时携带少数兵队前往，日人屡起交涉，若骤派警兵多名至延，彼又将借词干预。然延吉巡警既难就地筹办，非添派稍受教育之警兵前往，实不足以收保卫地方及抵制日韩巡警干涉民政之效。于是饬由奉吉两省巡警局内分选巡警官兵一百八十名分期至延，并电致陈昭常等将延吉厅巡警归并款项，通盘核计，妥筹布置。三十四年正月，陈昭常等来函云，警官清山已于客岁腊月二十六日到延，由吉拨来警兵百名亦于年底陆续到齐。兹将所拟办法，述其梗概于左：一、权限之必明也。以通行警章而言，地方巡警自应直接受制于省中之总局。惟延吉原办之巡警不但有名无实，更实有害无利，今已拟一并裁撤。此次所调警兵，原专为边务而设，其经费亦皆出自边务，将来各派办处所用兵弁，一并皆用巡警，所有分布调遣，非身亲其事者不能措置咸宜。若以通行警章绳之，总局既不知边务情形，如必事事待命于总局，则不仅事多阻碍，转致多所牵掣。拟将所有调来警兵即定为边务巡警名目，专归边务调遣，不受总局节制。俟边务告竣后专举办地方警察时，再照通行警章办理。且警察者，所以实行行政、司法之权力，即与行政、司法官有密切关系，虽名为独立之机关，实无独立性质。故为何处之警察，即应受何处地方之指挥，以地方官有统治其地之权，而警察特用以行其权力者也。前延吉厅之巡警局长自以为总局所派，遂欲与厅丞平立，不相统辖，故事多阻碍。兹拟派清山为总理，而令隶属于边务公署。总局内部事件，照章办理，随时报告公署，厅丞可不过问，惟厅丞亦有监察之权。至厅丞关于地方事件有指挥警局者，苟不背于警章，总理皆应遵行。如是，则权限既极分明，而事权又能统一，庶可得指臂相助之益，而收保护地方安宁之效。一、旧有巡警之裁并也。查延吉巡警原分八区，办理失策，民心大为不服。陶丞到后仅留第一区警兵四十名，余皆顺民情以练会自行改办，更属仅有其名。徒以事关要政，未能中止。今新来巡警，与前此办法万无划一之理。合之则决不能容，分之则势难两立。若徒欲因循苟且，以惜此旧办巡警之虚名，必至有妨新设巡警之职务。反覆求全，惟有拟将所存第一区之巡警兵四十名并入新巡警内，随同差遣，以资练习。其他练会改办者，仍令还其练会之旧，勿与巡警相混，既不至有违警章，复可令守望相助。现时警察未能普设，亦可借以补其不及。如是，则旧有巡警虽废未废，而新巡警之令亦可实行无碍矣。一、新巡警之布置也。查延吉厅治千有余里，仅警兵百人，万不足以分配。拟于厅街警局所在，留警兵十人，率同旧有警兵四十名，以为站岗巡逻之用。其他暂不必另分区段，即将原设边务派办处所管区域，即为该处巡警分派所所管区域，审其地之繁简，酌派警兵人数不等，并另招本地壮丁随同学习，渐将各派办处所用兵丁撤还。盖各派办处所设之地，固为边务重要区域，又于该处之户口、田亩以及人民行为之善否，皆已调查过半，即于其地设巡警分派所，既为先其所急，亦属因利乘便之举也。其他如边务不甚紧要之地，俟警兵续增，再议增设，以为完全之措置。一、原定警费之收支也。查延吉警费每垧二串八百文。陶丞到后，因民情不服，改为每垧九百文。兹既将旧有巡警裁并，警费暂统归边务项下开支。若并将民间原定警费一旦免征，日后边务告竣再办地方警察，征费必更觉困难，拟令旧有警费照章征收，暂移作办理巡警学堂之费，俟警兵练成，即将此款作为续办警察之用。如是,则此时教练警兵,既可不必另筹经费,他时扩充警察,其筹费亦将较易。此延吉巡警布置之大概情形也。当查来函,规划周详,覆令照议办理。嗣因警兵不敷分布,就近由边务督、帮办设立巡警速成学堂一所,为扩充警政之用。自边务筹办警政后,日人虽于各处分设宪兵巡警,并利用一进会以煽惑韩民,而一切行政、司法权尚未得实行干涉者,盖以此也。

纪卫生

光绪三十三年十一月,据边务督办陈昭常等函称,延吉地方染韩民习惯,污浊不堪,较他处更逾数倍。加以既无医士,复少药店,人之存活,但听天命。至军人远戍边地,卫生之事,尤为所急。今到此未及两月,人多不服水土,马匹亦有倒毙,此皆医药不便所致。拟请特派一等军医一人,医生、医兵各数名来延,以保护军队及边务人员生命,并可普济此方之人民。又据电称:边地寒暖失时,关内军民来此,入春得病者颇多,而此间向无医药,殊堪悯念。因拟设立医院,电商天津军医学堂总办徐道华清代遣医官。兹据覆称,已选得医官一员,并代草议章程,皆就至简,办法尚属妥善。惟先需开办经费二千金,以便购办器具药料等语。当即由奉拨二千金,电令徐道速派医官,并购办一切药物至延,而边务医院于以成立。

纪工程

延吉厅治建设仅六七年,地方僻陋,民户萧条,未具成邑、成都之盛。乃者,俄人之于岩杵河,日人之于会宁,一切兵营、仓库之设备,衙署、街道之修理,工事坚牢,布置严密,皆近在延吉左右,实具有扼吭拊背之势。且日人越境,于延吉厅南之六道沟阴买韩民产业,大兴土木,修建公所、商铺,外以动韩人之视听,内以营商业之贸迁,惨澹经营,已为久假不归之计。而我则办公无所,调往之陆军各队,初皆租赁民房,于管理、教练诸端,难期划一,军心既易浮动,又恐扰累民间。光绪三十四年,边务督、帮办陈昭常等请于延吉厅治附近修边务公署一所,以为办公之总机关。于延吉、珲春二处各修营房三座,三道湾修屯田营一座,以为戍边陆军及屯田营之本部。其分防各队及边务各派办处所驻紧要之区,亦修造营房公所七八处。据边务工程报告,计修成边务公署房屋二百零八间,延吉营房三座三百零三间,珲春所驻陆军一标营房三座一百零五间,屯田营一座一百三十八间,各派办处及分防房屋一百三十二间。并于边务公署近旁由官家创修铺面若干所，招商出租，提倡商务。盖必为此久远规划者，所以使华韩人民知国家有不肯轻弃此土之意，始可系其内向之诚，亦可令强邻知我决无退让之理，而息其觊觎之念，固非徒为外壮观瞻已也。

边务巡警分配区域表

区所	所在地	长警名数	马巡名数	分设年月	距总局里数
第一区	延吉厅	二十二名	四名	三十二年十二月	十里
第二区	铜佛寺	二十二名	四名	三十三年正月	四十里
第三区	瓮泉磖子	二十二名	四名	三十三年正月	一百四十里
第四区	头道沟	二十二名	四名	三十三年正月	八十里
第五区	帽山前	二十二名	四名	三十二年二月	二十五里
第六区	凉水泉子	二十二名	四名	三十三年正月	一百五十里
第七区	珲春东沟	二十二名	四名	三十三年二月	四百里
第八区	百草沟	二十二名	四名	三十三年二月	二百里

附延吉全境华韩人民户口调查表

一　黑顶子各社华人口　　三百九十八口

　　黑顶子各社韩人口　　四千八百八十七口

二　珲春各屯华人口　　一万三千七百零三口

　　珲春各屯韩人口　　三千二百三十六口

三　凉水泉子各社华人口　　二千七百二十口

　　凉水泉子各社韩人口　　一千九百六十一口

四　马牌各社华人口　　一千八百四十八口

　　马牌各社韩人口　　七千八百五十四口

五　铜佛寺各社华人口　　一万一千九百一十五口

　　铜佛寺各社韩人口　　一千四百七十六口

六　光霁峪各社华人口　　三十八口

　　光霁峪各社韩人口　　一万零八百六十八口

七　局子街一社华人口　　八千二百零六口

　　局子街一社韩人口　　七千二百三十六口

八　头道沟各社华人口　　九千五百二十二口

　　头道沟各社韩人口　　八千五百九十三口

九　六道沟一社华人口　　一千九百一十四口

　　六道沟一社韩人口　　五千一百零八口

十　和龙峪各屯华人口　　四百二十六口

	和龙峪各屯韩人口	五千八百三十一口
十一	帽儿山各社华人口	三千一百三十口
	帽儿山各社韩人口	一万零九百八十五口
十二	八道沟各社华人口	五千三百五十六口
	八道沟各社韩人口	二千五百七十八口
十三	稽查处各社华人口	无
	稽查处各社韩人口	七千六百一十九口
十四	百草沟各社华人口	五千九百八十五口
	百草沟各社韩人口	五百九十三口

以上系据派办处调查,共计华民数六万五千五百六十一名,韩民数七万八千八百二十五名。

纪屯垦

延吉地势为白山东麓所开之大陆,又有图们江、海兰河、布尔哈通河、嘎呀河、珲春河流域之平原,土脉膏腴,气候温暖,平隰高原悉宜农业。乃自国初封禁以后,神皋隩区,渐成榛莽,利弃于地,诚可惜矣。光绪初元,删除旧禁,设局招垦,为开荒实边之计。惟以地方僻远,华民移殖维艰,而朝鲜六镇地瘠民稠,不敷食种,遂争以图们江北为归墟。故延吉韩民竟增至七万余户,以至宾主异势,几成为韩之殖民地者,实地利不辟有以致之也。今日延吉升科熟地不过十万垧,岁供华韩人民之食,输出于朝鲜及俄领乌苏里江以东者,已难数计,况合计所有荒区,尚可垦成三十余万垧之熟地乎。日人越境,以延吉田土膏腴、谷产丰盈之故,特派农学士数人专门调查农业,历数月之久。又于六道沟设立农事试验场,以求改良种种发达农业之法。近且筹集巨资,创立东洋拓殖会社,欲于我延吉境内实行殖民政策,若不设法抵制,则未垦荒地将尽为日韩人所有,现有华民必渐被摈斥而去,虽无领土割让之名,将有割让之实矣。然我国移民实边之举,既非旦夕可以图功,膏腴之区,又未可任其废弃边务督、帮办请行屯田之法,盖以兵开垦,既可为边荒繁富之基,而寓兵于农,复可免边备空虚之患。且于延吉行屯田更有数便:吉强、吉宁两军颇多老弱,一旦裁汰便为游民,难免不为盗贼,择其善者而分以田,仍留为屯兵,可防游勇之弊,一便也。延境荒地极多,皆系官地,屯田之政,既以其所出量输公家,又可充边防之费,二便也。韩人贪其地利日趋如骛,我若实行屯田,彼即无可越垦,则未来者必至裹足,已来者亦将失势,三便也。此时界未划清,多设防兵或易滋外人口实,我以屯田为名，则彼无所借口，四便也。屯田既设，则戍边者皆为驻防，驻防者皆成土著，此后界务碻定，即可永杜边患，五便也。山林丛脞，素多胡匪，居于此者，咸有自危之心。屯田既行，则乡民皆有所恃，自相保卫，可安居无恐，六便也。吉省胡匪之多，大都远方之民，无家无业，迫而出此，如有善法安置，未必不可化为良民，前此招服之匪，皆令补充防兵，仍然游手无事，野心自难悉化，今若招民屯田，则无业者可以得所依归，即向染恶习者，亦可渐生善念，未始非隐弭匪患之一道，七便也。延吉厅治西百数十里之三道湾、哈玛塘一带，有荒地数千垧，山水咸宜，土地肥沃，由每营中各分兵半哨共四百名，编为屯田军，先于其地试办，并于其地之中建一营房，驻屯兵一哨，四周离中哨各数里之地分六所，复各建营房数处，以居各哨之屯兵，俾得守望相助，呼应灵通。人各授以田若干垧，令其量力开垦。所分之地，俾近其所居，俾得日出而作，日入而归，农暇则相聚操练，以为有事之备。一切约束，虽不必如陆军营规之严，亦不便任意自由，须受该管官等之命令指挥，以养其军国民资格。陈昭常等所拟屯田营章程，于编制、经费、授田、纳课及收回官款，代谋生聚一切办法，筹划详备，因拨三镇退伍兵之年力强壮及巡防队之愿入屯田营者，编为一营，暂行试办。以三道湾荒地为屯田营驻扎之所，用兵法部勒之，为农业之经营，庶可以厚兵力而消敌萌，辟地利而足民食矣。旋陈昭常又请于珲春东沟设屯田一营，以经费支绌而止。

附试办屯田营章程

一、屯田营为推广开垦起见，本系试办，暂编为两队，以兵二百五十二名为定额，先尽东省陆军退伍目兵情愿实边者补充。如不足，即以关内、外年力强壮，素行朴实，无论土著、客籍之良民，但有妥保，均堪收录到营入伍，先从事于开垦，一年后照章各授垦过之田百亩，退编为屯户。不愿退者听。

一、屯田营购买马犁四十具，耕牛一百二十头。若垦成之地足敷多人耕种，或应退之兵不愿授田，即另招他人，仍照屯户授田规则办理。

一、屯田兵到营第一年，譬如自三月起至次年三月授田止，此一年内锄草、垦荒、伐木、架屋及制造农具等事，皆资借其力，应照章发给薪饷、衣履等项。如已授田，即行停止。

一、屯田兵退编为屯户，以每年三月为定期。其授田伊始，凡本人平日穿过之军夹绵单衣裤，准各带去一套，布靴准带去一双，其原领之皮衣裤仍如数缴存。

一、屯户每人授田百亩，给耕牛一头，农具全副，其子种房屋均由公家照备。此外，另给洋一百元作为初年衣食及添补各项之用，但此百元应由公家代为经理，按期分发，免致浪费而防拐逸。

一、发给各屯户牛籽、农具、房屋，连另给之洋百元，统算在内，每屯户一名约需洋二百八十元，应统由公家筹垫。嗣后，再陆续按年收回本金。

一、授田后，如在第一年期内该兵染患病症，不能耕作，准其禀明该管官代为雇工耕种，无违农时。其雇工费、本人医药费，仍由该兵应领洋百元内扣除。若患病在授田一年以后，所有雇工、医药等费统由自给。

一、屯户未授田以前，如有病症，统由公家医治。倘因病身故，准照章发给烧埋银十两。

一、屯田兵在授田第一年期内，如因病身故者，应需烧埋银两，亦准由公家筹给。其未竟之田，另由公家收回拨给他人接管耕种，仍照章办理。

一、授田二年以后，各屯户力足自赡，如原籍本有室家，准禀明长官，于秋收后回籍省视，依限回防销假。如欲将眷属搬至垦所，应预为禀明，由公家给予护照。倘有需乘京奉路局轮船及招商局[1]轮船之处，应由该管官预先禀请督、抚转咨商邮传部，援照东三省酌核遣犯旧例借图实边折内声明，减收船价，以示体恤。此外，均须自行担任川资。

一、屯田兵授田一年以后，原籍本无室家者，准禀明长官在垦所婚娶。

一、授田第一年，如十个月内倘原领耕牛因病倒毙，准由公家认出半价，该屯户认偿半价，另购补用。若至十个月以后倒毙，无论耕牛、马匹，统由各屯户自行赔偿，由官长督饬速购，不准迟误农时。

一、屯田兵授田以后，每年自十一月初一日起至次年正月底止，此三个月应由该长官酌定时日，督率操练及讲解学课等，借示寓兵于农之意。其调集操演之月，应由公家按日酌给伙食。

一、边务屯垦区域，现择定延吉厅治西北一百八十里三道湾地方。该处土质肥美，面积宽阔，按照屯田章程设管带以下各官及一应军佐，暂照两队编制，为之修盖

---

〔1〕 招商局，官署名。全称轮船招商局。洋务运动时期设立，负责管理航运业和其它近代经济部门。其沿革为清同治十一年（1872年）李鸿章招商筹办，次年1月成立。名义上商办，实际上是官商合办，大权归官方掌握。1885年（光绪十一年）改官督商办。1909年（宣统元年）归邮传部管辖。1912年改为商办，1932年国民党政府收归国营，1951年改称中国人民轮船总公司，1985年成立招商局集团有限公司。

营房，多置屯户住所，购备牛耔、农具作为试办屯垦基础。嗣后逐年扩充，依次递推，总期增殖边界人民，借杜外人觊觎。兹拟就编制如左：

屯田营编制饷章

计开：

管带官一员	月支薪水公费银一百四十两	共银一百四十两
队官二员	月各支薪水公费银三十六两	共银七十二两
排长二员	月各支薪水银二十两	共银四十两
司务长二员	月各支薪水银十六两	共银三十二两
查马长一员	月支薪水银二十两	
正目十八名	月各支饷银四两五钱	共银八十一两
正兵二百三十四名	月各支饷银四两	共银九百三十六两
护兵七名	月各支饷银四两五钱	共银三十一两五钱
军需长兼农业委员一员	月支薪水银三十两	
书记长一员	月支薪水银二十两	
军医生一员	月支薪水银二十两	
马医生一员	月支薪水银十六两	
司书生四名	月各支薪水银十二两	共银四十八两
掌匠四名	月各支饷银四两五钱	共银十八两
伙夫十九名	月各支饷银三两三钱	共银六十二两七钱
牛一百二十头	月各支掌干银四两	共银四百八十两
车骡十八匹	月各支干银四两八钱掌缰银二银四分	共银九十两零七钱二分

以上共官佐员司十六员，目兵匠夫二百八十二名，耕牛一百二十头、车骡十八匹，月支薪公饷干银二千一百三十七两四钱二分，常年共支银二万五千六百四十九两零四分，遇闰照增。

杂支额款

一、柴草价	每月需银四十两	常年需银四百八十两
一、衣履价	全营目兵二百五十九名	常年需银三千九百九十八两九钱六分
一、医药费	每月需银二十五两	常年需银三百两
一、倒补价	按三成计算例倒三十六匹	常年需银一千八两

一、车骡倒补价　按三成计算例倒五匹　　常年需银二百五十两

一、挑键车油　每月需银三两　　常年需银三十六两

以上常年额支,杂款共需银六千零七十二两九钱六分。

开办费项下

一、购制马犁　四十张　每张需银四十两　共需银一千六百两

一、购买耕牛　一百二十头　每头需银三十两　共需银三千六百两

一、购制大车　六辆　每辆约需银四十五两　共需银二百七十两

一、购车骡　十八匹　每匹需银五十两　共需银九百两

一、购制洋毯　二百五十九条　每条需银一两八钱　共需银四百六十六两二钱

以上开办费共需银六千八百三十六两二钱。

一建造营房另具详细清折归入边务工程项下列报

附屯户授田时,由公家垫发各件暨需款数目

一、房屋五百间,每间约需工料钱三百吊,共合钱十五万吊,按吉钱三吊合吉洋一元计五百名每名给房一间,应摊合吉洋一百元。

一、耕牛五百头,每头价银三十两,共合银一万五千两。四吊五合吉钱六万七千五。按吉钱三吊合吉洋一元,共合吉洋二万二千五百元。计五百名每名给牛一头应摊合洋四十五元。

一、农具项下:

一、锄五百,张二吊,合钱一千吊。

一、大锯五十,个九吊,合钱四百五十吊。

一、镰刀五百,把一吊二,合钱六百吊。

一、小锯二百五十,个三吊,合钱七百五十吊。

一、木锨五百,把五百,合钱二百五十吊。

一、斧头五百,把六吊,合钱三千吊,

一、木杈子五百,把四百,合钱二百吊。

一、铁锨二百五十,把一吊七,合钱四百二十五吊。

一、镐头二百五十,把三吊,合钱七百五十吊。

一、推板二百五十,把一吊,合钱二百五十吊。

一、犁全副一百二十五,副六十六吊四百一十五,合钱八千三百零一吊八百七十五文。

一、磨刀石一百二十五,块二吊,合钱二百五十吊。

一、石滚子一百二十五,个三吊,合钱三百七十五吊。

一、铡刀五十,把一吊八,合钱九百吊。

一、种娄二百五十,个三吊,合钱七百五十吊。

一、豆饼刀一百二十五,把一吊八,合钱二百二十五吊。

一、石墩二百五十,个一吊,合钱二百五十吊。

一、大帚一百二十五,把八百,合钱一百吊。

以上农具等件共需钱二万七千八百二十六吊八百七十五文。按吉钱三吊合吉洋一元,共合吉洋九千二百七十五元六角二分五厘。计五百名,每名应摊合洋十八元五角五分一厘二毫五丝。

一、炊具项下:

一、饭碗五百,个一百,合钱五十吊。

一、瓦盆二百五十,个三百,合钱七十五吊

一、菜碗五百,个二百,合钱一百吊。

一、簸箕二百五十,个二吊四,合钱六百吊

一、菜刀二百五十,把一吊八,合钱四百五十吊。

一、粗筛子二百五十,个一吊三,合钱三百二十五吊

一、筷子五十,把三百,合钱十五吊。

一、细筛子二百五十,个二吊二,合钱五百五十吊

一、饭锅五百,口八吊八百二,合钱四千四百一十吊。

一、水桶一百二十五,副六吊五,合钱八百一十二吊五百文

一、锅铲一百二十五,把八百,合钱一百吊。

一、扁担一百二十五,根一吊,合钱一百二十五吊

一、炒勺一百二十五,把四吊,合钱五百吊。

一、茶壶二百五十,个一吊五,合钱三百七十五吊。

一、灯盏五百,个一百,合钱五十吊。

一、茶碗五百,个一百六,合钱八十吊。

一、铁勺六十三,把八百,合钱五十吊零四百文。

一、木勺一百二十五,把一百二,合钱十五吊。

其他零星器具,每人约用钱五吊,合钱二千五百吊。

以上炊具等件共需钱一万一千一百八十二吊九百文,按吉钱三吊合吉洋一元,共合吉洋三千七百二十七元六角三分三厘。计五百名,每名应摊合吉洋七元四角五分五厘三毫。

一、籽种项下

查新垦之田,除播种小麦不甚相宜外,应酌发给谷子、黄豆、高粱等项,按五百人计算,初授田之年约需子种价洋四千五百元,每名授田百亩,应摊合籽种洋九元。

以上五宗,统共每名应需洋一百八十元,按五百名每屯户由公家筹给洋二百八十元计算,应需洋十四万元。除先垫给每名百八十元外,下余每名百元作为该屯户初授田之年,一人一畜之食用、喂养暨添补零件之用。

附逐年收回官款本金条规暨银洋数目

授田之第一年冬季,收回目兵初年贷款每亩洋五角,每人计百亩,共洋五十元。计五百户,应共收洋二万五千元。

授田之第二年冬季,收回目兵第二年贷款每亩洋八角,每人百亩,共洋八十元。计五百名,应共收洋四万元。

授田之第三年冬季,收回目兵第三年贷款每亩洋一元五角,每人百亩,共洋一百五十元。计五百名,应共收洋七万五千元。

授田之第四年冬季,收贷款如前,共洋七万五千元。是年贷款偿清,另发执照,照章升科,永远为业。

查以上收回本金至授田之第三年,便有银洋十四万元,适符公家筹垫之数。至第四年即获红利七万五千元。若能推广办去,则获益良多。

附延吉全境韩人民地亩调查表

马牌

月朗社华民田产三十二垧六亩九分　韩民田产三百七十一垧

霁霞社华民田产七十五垧零一分　韩民田产一千零六十四垧九亩五分

枢榆沟华民田产二百垧零四亩　韩民田产七百九十九垧一亩二分

春华社华民田产二千二百六十四垧三亩一分　韩民田产三百五十垧

春芳社华民田产二千三百零一垧二亩四分　韩民田产一百五十垧

霁晴社华民田产无　韩民田产八百六十六垧二亩一分

马牌所辖六社，共计华民田产四千八百七十三垧六亩五分。韩民田产三千六百零一垧二亩八分。

马牌所辖六社，统计田产八千四百七十四垧九亩三分。

东盛涌

勇智社华民田产四千三百二十七垧四亩七分　韩民田产四百四十九垧四亩八分

东盛涌所辖一社，田产统计四千七百七十六垧九亩五分。

光霁峪

光宗社华民田产四垧　韩民田产七百八十五垧九亩六分

开文社华民田产九垧一亩四分　韩民田产一千零四垧四亩九分

开泰社华民田产五垧八亩三分　韩民田产一千一百九十垧零七亩六分

光风社华民田产四垧七亩六分　韩民田产五百九十三垧八亩五分

开运社华民田产十一垧五亩九分　韩民田产八百二十二垧八亩

光德社华民田产无　韩民田产八百一十二垧六亩四分

光昭社华民田产无　韩民田产五百三十四垧三亩五分

光霁峪所辖七社，华民田产共计三十五垧三亩二分。韩民田产共计五千七百四十四垧八亩五分

光霁峪所辖七社，统计华韩民田产五千七百八十垧一亩七分。

珲春

城厢[1]华民田产九百四十三垧五亩　韩民田产无

西炮台屯华民田产九百六十三垧五亩九分六厘　韩民田产无

西河口屯华民田产一千一百二十六垧八亩　韩民田产无

西水湾子屯华民田产七千九百九十五垧二亩三分　韩民田产无

东西间房屯华民田产一千六百五十垧八亩六分　韩民田产无

南小城子屯华民田产二千零三十垧零六分　韩民田产无

北后地屯华民田产三百八十九垧八亩　韩民田产无

珲春所辖七屯，统计华民田产一万五千零九十九垧八亩四分六厘。韩民田产无。

黑顶子

---

〔1〕城厢，靠近城的地区。亦泛指城市。

怀恩社华民田产四百十一垧四亩　韩民田产二百十四垧五亩

敬信社华民田产二百二十一垧三亩一分一厘　韩民田产二百四十四垧七亩一分

尚义社华民田产六亩一分　韩民田产五百九十二垧三亩三分九厘

敦仁社华民田产无　韩民田产五百七十三垧二亩四分八厘

归化社华民田产二十九垧一亩五分　韩民田产六百三十一垧九亩八分

黑顶子所辖五社，华民田产共计六百六十二垧二亩七分一厘。韩民田产共计二千二百五十六垧七亩七分七厘。

黑顶子所辖五社，统计华韩民田产二千九百一十九垧二亩四分八厘

和龙峪

街市华民田产一百垧　韩民田产无

东沟华民田产三百五十垧　韩民田产五百三十一垧

西沟华民田产二百垧　韩民田产一千四百九十九垧

南沟华民田产二百八十一垧　韩民田产二百二十一垧

北沟华民田产一百八十二垧　韩民田产一千二百九十九垧

和龙峪所辖五处，华民田产共计一千一百一十三垧。韩民田产共计三千五百五十垧。

和龙峪所辖五处，统计华韩民田产四千六百六十三垧。

铜佛寺

街市华民田产五百三十二垧七亩一分　韩民田产无

尚义社华民田产八千九百六十五垧九亩　韩民田产八百八十六垧七亩

崇礼社华民产田一千九百零一垧　韩民产田八亩

铜佛寺所辖三社，华民田产共计一万一千四百零八垧六亩一分。韩民田产共计八百九十四垧七亩。

铜佛寺所辖三社，统计华韩民田产一万二千三百零三垧三亩一分。

凉水泉子

春芳社华民田产一千九百二十六垧　韩民田产一百一十三垧

春华社华民田产一千七百七十七垧　韩民田产一百二十三垧

春和社华民田产八百零四垧　韩民田产无

凉水泉子所辖三社，华民田产共计四千五百零七垧。韩民田共计二百三十六垧。

凉水泉子所辖三社,统计华韩民田产四千七百四十三垧。

八道沟

智仁社华民田产三千零六十八垧六亩八分　韩民田产六百九十四垧六亩

尚义社华民田产二千六百六十一垧二亩　韩民田产四百五十五垧二亩五分

八道沟所辖二社,华民产田共计五千七百二十九垧八亩八分。韩民产田共计一千一百四十九垧八亩五分。

八道沟所辖二社,统计华韩民田产六千八百七十九垧七亩三分。

头道沟

守信社华民田产一万零二百四十四垧五亩二分　韩民田产八百六十二垧四亩

明新社华民田产一千五百九十六垧一亩　韩民田产二百四十八垧五亩

头道沟所辖二社,华民田产共计一万一千八百四十垧六亩二分。韩民田产一千一百一十垧九亩

头道沟所辖二社,统计华韩民田产一万二千九百五十一垧五亩二分。

二道江

信道社华民田产一千九百垧三亩七分　韩民田产无

文道社华民田产五百八十垧六亩一分　韩民田产无

遵道社华民田产一千二百一十五垧二亩三分　韩民田产无

乐道社华民田产四百八十四垧五亩　韩民田产无

宏道社华民田产一千三百八十一垧五亩五分　韩民田产无

二道江所辖五社,华民田产共计五千五百六十二垧二亩六分　韩民田产共计无

局子街

局子街华民田产八百三十五垧　韩民田产无

志仁社华民田产九千二百七十三垧四亩九分　韩民田产三千三百五十二垧一亩

局子街所辖二处,华民田产共计一万零一百零八垧四亩九分。韩民田产共计三千三百五十二垧一亩。

局子街所辖二处,统计华韩民田产一万三千四百六十垧五亩九分。

稽查处

茂官社华民田产无　韩民田产三百一十一垧一亩三分

茂德社华民田产无　韩民田产四百一十四垧五亩八分

茂功社华民田产无　韩民田产二百三十七垧零五分

茂赏社华民田产无　韩民田产二百六十垧二亩八分

对阳社华民田产无　韩民田产八百五十九垧五亩七分

对月社华民田产无　韩民田产一千二百七十九垧七亩四分

对川社华民田产无　韩民田产三百一十七垧四亩

白云社华民田产无　韩民田产七百二十一垧二亩三分

白玉社华民田产无　韩民田产五百五十一垧五亩七分

稽查处所辖九社,华民田产统计无。韩民田产统计四千九百五十二垧五亩五分。

六道沟

勇智社华民田产三千一百零六垧零四分　韩民田产六百一十二垧一亩二分

六道沟所辖一社,统计华韩民田产三千七百一十八垧一亩六分。

百草沟

春阳社华民田产二千五百七十七垧七亩　韩民田产无

春明社华民田产二千零四十一垧零九分　韩民田产二百三十三垧二亩

春融社华民田产二千四百九十垧零三分　韩民田产一百九十垧零二分

百草沟所辖三社,华民田产统计七千一百零八垧九亩七分。韩民田产统计四百二十三垧二亩二分。

百草沟所辖三社,统计华韩民田产七千五百三十二垧一亩九分。

以上各社,计分十五处,共计田产项下如左:

一、华民田产统计八万五千四百八十三垧六亩二分七厘。

一、韩民田产统计二万八千三百三十三垧八亩二分七厘。

统计华韩民田产十一万三千八百一十七垧四亩五分四厘。

纪教育

延吉厅治旧设有小学一所,规模狭隘,且其教育仅限于华民子弟,韩民无不向隅,殊不足以收一道同风之效。而越垦之地,每社皆设有学田[1]数十百亩不等,为教育韩民子弟之费,地方官不能广设学堂,使其同化于我,以致越垦之民,习俗言说

〔1〕 学田,指书院和州县官办学校所用的田地。

几同化外。日人越境，每于韩民所设私塾，借朝鲜文部省命令以干预教育之权，且嗾使学堂教员，妄倡独立自由之邪说，冀以脱我国政治之范围，则振兴教育，虽似缓图，而实为根本上之救治。光绪三十三年十月，曾函嘱边务督、帮办以振兴教育为固结人心之法。嗣据函称，兴学一节，固属教化之先务，然查延吉厅街旧有小学堂一所，自陈丞时即已设立，堂内并附有警察学堂，其学生实数仅十余名，教员薪俸皆极廉薄，故欲推广学校，于经费已极难筹，而招募学生尤属不易。至韩民语言不通，更难代为兴学，如令其自行举办，即不能禁其聘用日本教员，恐教育权转为日人所夺。查光霁峪有韩民学堂一处，系韩人李同春开办，其人曾充使韩许大臣处翻译，并保奖把总，已饬其设法扩充教育，广布我朝恩德，勿为日人所欺。现又饬令和龙峪派办处会同张经历在该处设法兴办学堂，附设中语科，俾韩人得以传习。以其地为经历分防之所，当较他处为易办也。旋又电称：前函陈议于延吉厅推广教育，现因经费难筹，故尚未定办法。现日人颇欲用此策以要结人心，令一进会在各处假朝鲜文部省命令敛财劝学，设立学校、义塾[1]等名目，意欲使韩民识字者渐入其范围，手段极为阴柔。惟彼既用韩民出名创办，事近文明，未便阻止。然若任其进步，则日人势力将益巩固，故此时欲求抵制，惟有自行推广教育之一法。现拟由我地方官于延吉境内，择定地段，设初等小学堂八所、高等小学堂四所，大致照定章办理。无论华韩人民居此土者，皆准入学。约计每年常年经费需二万余两，开办经费需一万余两，如蒙允准，即由边务暂行筹办等语。当即电复，从速开办，所需经费暂由边务动用。于是延吉境内设立学务公所为延境教育之总机关。设立简易师范讲习所，以为养成教员之地。于厅治及珲春设立两等小学二所，于和龙峪、光霁峪、帽山前及各乡镇分设初等小学及劝学所、讲习所，俾华韩子弟同受平等教育，并购买标本、图籍为教授讲习之用。韩民所立私塾，必由地方官验明允准，其章程、课本亦须受学务公所之验查，务使邪说无由而入，至韩民所立规模较大之养正学堂，由边务拨费改为官立小学。学生数十人皆已薙发易服，倾心归化，则教育普及之效，虽非旦夕所可言，而欲使韩民子弟涤其旧习，归我国化，则固不可不以教育为挽救之方矣。

纪林业

光绪三十四年五月据吴禄贞禀称，延吉森林绵亘于长白东干山脉一带者，面积

---

〔1〕 义塾，中国旧时的一种免费启蒙教育机构，经费主要来源为地租、官款或地方公款，清代普遍设立，民国后废。

广袤约三千余里，良材巨木，荫蔽天日，几有太古鸿荒之观。其委弃朽腐于深山老林之内，而不获为世用者，弥望皆是。货弃于地，殊觉可惜。条议开采图们江森林办法，请筹集官股一百万两，设立木植公司，并修造轻便铁道及购买锯木机器，以辟利源。因特派山西林学毕业生李维缉前往详细调查，并筹议开采及贩运办法，以便实行举办。旋据该生调查报告，大致谓延吉全境森林总蓄积约一千零九十三万三千三百四十一尺缔。每一尺缔合十二立方尺除未利用者三百八十九万一千五百六十二尺缔外，现利用者有七百零一万一千七百七十九尺缔。若禁止滥伐，按百年轮伐法每年可得材积十四万尺缔。即按珲春木材价值，每年可得二十二、三万元。该员调查报告甚为详备，因节录于本篇之后。又据该员条陈，延吉木材格收买木牌一张，以四十陇计算多不过用洋五百元，若运至天津即可卖银七百两。收买木牌二百张运于内地，可卖银十四万两。除工本与海运等费外，每年以少数计算，约可得纯益之利益三万两等语。后以开办经费约需银二、三十万两，实难筹措。且图们江中国虽有航行之权，而图们江口北界俄、南界韩，亦宜先由外部与俄日交涉，始可畅行无阻，因此暂行中止云。

附吴禄贞采伐图们江森林条议

甲、区域

一、三道湾森林

位置在布尔哈通河流域北，距延吉一百三十里，南至图们江约二百六十里，木植以松树为主产。

二、汪清哈玛塘森林

位置在嘎呀河流域北，距延吉二百余里，南至图们江约二百里，木植亦以松树为主产。

三、珲春东沟森林

位置在红旗河流域东，距延吉约三百五、六十里，南距图们江约三百里，木植以黄花松为主产。

四、杉松背森林

位置在牛心山支脉南，距延吉约百里，至图们江五十里，木植以松树为主产。

五、茂山对岸森林

西距延吉厅约四百里，南距图们江约六十里，木植以松树及桦、柞为主产。

乙、办法

一、公司之组织

拟筹官股一百万两，设立延吉厅木植公司。俟办有成效后，再招商股以为扩充地步。总公司立于珲春，再设分公司于延吉、黑顶子各处。总理一员、副总理一员，均请由我帅选派以专责成，其公司内之财政、用人等项，皆受总理之指挥。一切详细章程，俟公司将成立时，再行详订。

二、木植之采伐

吉林木工向例只八、九月入山采伐木植，此后不能动工。现拟购伐木火锯二十具，分立各山场，四时俱能采伐。火锯一具，每日所伐所锯之木，约可抵木工百五十名。且可视木植之大小，或锯成方版、寸版，或仍其原料运售，庶成材甚速，且不至有废弃之虞。

三、木植之搬运

吉林木植向例于大雪冰冻后，由山场运至河中，俟翌年冰涨后，始可由河中运下。今拟由山场至各河流域修造轻便铁道，则无论四时皆可搬运。查由三道湾至布尔哈通河约需修轻便铁道五十里，由汪清至嘎呀河约需修轻便铁道六十里，由珲春东沟至红旗河约需修轻便铁道七十里，由杉松背至图们江约需修轻便铁道五十里，由茂山对岸至图们江约需修轻便铁道六十里，即可由山场运至各河及图们江，入江后即可编成木筏，至图们江口即可由海船搬运。

四、木植之销售

木植出图们江，即可由海船运至天津、烟台、上海等处。现拟派员至各处调查，何项木植销售何处始可获利。开办之初，先托殷实木商代售，俟股本充足再于各处选派专员，驻扎经理。

五、修造轻便铁道及购买各种机器经费之预算。横梁轻便铁道铁轨长一码合中尺二尺八寸重十四磅者，每英里约需银二千七百余两。今拟修轻便铁道共华里约需铁轨银二十七万两。

装木车载重十吨前后两架者，每具约需银四百二十两。拟购五十具，约需银二万一千两。

两轴四轮重载两吨者，每具约需银二十五两。拟购五百具，约需银一万二千五百两。

车头二十码力代上力十五吨，每点上行十五英里者，每具约需银四千五百五十两。拟购五具，约需银二万二千七百五十两。伐木火锯每具约需银四千二百两，拟购二十具,约需银八万四千两。

以上经费约需银四十一万两,而敷设道路及购零星机件之费,尚不在内。

附科员李维楫调查延吉全境森林报告

一、地质

地质　延吉地质,以长白山脉为骨骼,由其支脉中间发育之土地也。长白山骨骼,系极古组织地球之最下部,在太古界[1]为云母岩[2]、片麻岩[3]之岩石,在古生界[4]组织成石英、粘板岩、圆粘等之岩石。是等之母岩风化崩解,现出土壤。导引于西南为奉界,西北吉省松花流域东北。即此一带由白山发达之土地,即东省之平野地,延吉亦其中之一部分耳。

白山一带之基岩,如前所述。在地质构造上,为最古之岩石,因风化崩解,虽山顶亦有母岩之露出者,所以山形多是半圆形。山麓一带多成邱冈,连亘数十里,但长白附近及各流域之上流沼泽地,朽土最富,虽森林地亦异常湿润,其地质皆因太古界之岩石风化而成。有名农学家云:太古界之岩石产出良质之土壤,古生界之岩石亦含有多量之养分,所以地多丰饶也。然是等之土壤,在农作地有水分及空气不透通之缺点,而在林地则倾斜之处居多。况东省之风寒恐失于干燥,但因土壤保水力强,水之透通不易,然与此地之气候相宜,所以能保林地之湿气。而落叶又化为朽土充足养分之补给,于是种子既易发芽,稚树发生之效亦良。但际雨期,透水力必弱,低湿地多成为沼泽地,不免有腐朽树根之患。然东省之雨季,恰当夏季酷暑之时,正值树木生长旺盛之期,最喜水分多大,虽水分过多,亦于树木无损。所以此土壤与东省之气候相合,于森林最为适当。

二、森林概况

森林分布之状态　延吉之地,即图们江之流域。东南由白山脉发育向东北之趋势,大别平野、山岳二区。平野区即各流之中心。如本河之瓮圈砬子至延吉河、三道湾至朝阳川、哈兰河之头道沟至瓮圈、嘎呀河之汪清、百草沟、珲春红旗河至河

〔1〕太古界,地质学名词,指太古时代形成的地层。

〔2〕云母岩,由云母类矿物组成的岩石层。

〔3〕片麻岩,一种变质岩,主要由长石、石英、云母等组成。

〔4〕古生界,地质学名词,即古生代形成的地层。

口及沿江之平崴等地，皆可称农作地者是也。山岳区是由白山发育之山脉脊角处及分歧之诸脉，所谓分水岭等是也。森林分布之状态，亦随山岳之成立，由长白山起点向东北播布于各流域之上流。林相皆称为针阔混淆林，但针叶树居多，半阔叶次之，是因气候所系。凡接触长白山系者，针叶树最易发达，且东省气候夏季酷暑而湿气多，冬季受西伯利亚大陆吹来之寒风影响，于气候甚寒烈，而空气因以干燥，故耐寒冷干燥气候之黄花松、红松、杉松、赤白松、鱼鳞松、油松等之针叶树播布居多，堪日阴之柞、椴、桦、榆、杨、柳树、色木等之阔叶树混淆焉。

三、森林植物带

前项之地域，地理学上之位置在北纬自四十一度半至四十三度半之间。地势之支配，以一般急倾斜隆起无处之山脉，亦无急峻高山，即长白山龙冈之顶上，离海面仅七百密达。概括的地势，由白山起向东北之老岭[1]，是图们江与松花江之分水岭。向正东之歧脉延长之，三岔口与绥芬河[2]分水、又向东南为江海之分水，所谓各地散见之分水岭是也。此地域之森林植物带，因纬度及存在之树种判断，属全部温带林无疑，只白山顶上及老岭之脊角处，似乎属寒带林耳。

今将该地主要树种略举于左：

针叶树种

黄花松即日本落叶松、果松朝鲜五叶松、红松、杉松、油松、鱼鳞松、赤白松。

阔叶树种

蕀松、杨、柳、椴、楸木、色木、柞、榆木、桦。

林况　森林之成立皆天然林，针树叶六分、阔叶四分之混淆原生林播布。幼稚者一年生，老者超数百年之生存，故林龄不能一定。因地味肥沃，湿气又富，虽有高龄者生于上，稚树亦能发生于下，故林相极不整齐。见林内针叶树之大者，直径二尺余，全长四、五丈者亦不少。如此类者虽多，然大小不同森林之蓄积不能知之真确。不过将涉之地域粗密平均，由全面积内推定耳。每方里按平均三千余立方尺，大概针叶约二千余立方尺，阔叶一千余立方尺。

图们江上流一带，原来林相甚密，贵种树亦富。自放荒越垦以后，韩人越江种地。江沿韩民众多，大材供其为房木及其他需用，小树供其薪炭，加之开垦之时复以野火焚之，故不足数十年之间，满山树木殆尽。如沿江一带自马牌以上至高丽崴

---

〔1〕 老岭，是长白山西南部的支脉。

〔2〕 绥芬河，位于黑龙江省东南部。

以下之间，现已皆成童山，即伊等所烧之薪炭皆当年所生之稚树耳。自外四五道沟至白山一带，人民稀少，需用亦寡，间有斧斤未入之林相，与原生之林相无异。

哈兰河流域林相与前者相似，但中流以下将利用之材已经择伐，所存者不过林相粗疏之木。上流头、二、三道沟之上掌，斧斤未入者亦有。

噶顺河流域林相较前稍劣，此流域即延吉繁华之区，凡搬运便利之材，亦已采伐，即阔叶树，又有安黑菜，营者斫伐以生黑菜。所以成林相者，只余各沟之上源耳。如哈尔巴岭、太平沟、朱倒木沟、柳树河子等沟之上源，虽有林木，亦不过供本处之需用及薪炭之材料，而于采伐事业上利益甚少。惟朝阳河里自三道湾以上人烟稀少，林相稍密，采伐事业犹可有益焉。

嘎呀河流域林相甚密，贵重树种亦富。下流沟幅甚狭，人民又多择伐其利用者，所余无几。自中流以上如哈嘆塘、前后河之上源，及大小荒沟、大小荒青，皆森林最富之区也。

石头河子[1]之森林较前稍劣，此流域只沟口即凉水泉子有民人数十家，树木只供薪炭之用，而未受野火之害，所以亦属林相最富之区也。

密江之森林与前相似，因此一带属于旗民之站地，沟中荒地尚未开垦，故森林亦未受斧斤。但此流域绝对的林地与相对的林地较多，将来人口增殖，今日之林地，即他日之农作地也。

红溪河之森林亦与前相似，此地运搬较便，下流多有已采伐者，中流以上未入斧斤之地，尚属不少。

四、地积及蓄积

图们江上流森林节录森林面积总表

概定面积　五千二百四十七方里

森林总积　一百零一万四千四百三十六尺缔

利用材积　五十五万零九百七十三尺缔

未利用材积　四十六万三千四百六十三尺缔

哈兰河森林

概定面积　四千六百六十四方里

森林总积　一百二十二万一千二百零二尺缔

利用材积　七十三万二千零七十六尺缔

---

〔1〕 石头河子，石头河子镇，位于今珲春县凉水镇。

未利用材积　四十八万九千一百二十六尺缔
噶顺河森林
概定面积　六千七百方里
森林总积　一百二十三万五千三百十二尺缔
利用材积　六十四万三千二百六十八尺缔
未利用材积　五十九万二千零四十四尺缔
嘎呀河森林
概定面积　一万零一百二十方里
森林总积　三百四十九万二千二百十尺缔
利用材积　二百五十万零三千二百三十九尺缔
未利用材积　九十八万八千九百七十一方尺缔
图们江下流森林
概定面积　一万四千四百七十方里
森林总积　三百九十四万零一百八十尺缔
利用材积　二百五十八万二千二百二十三尺缔
未利用材积　一百三十五万七千九百五十八尺缔
合计
概定面积　四万一千二百零一方里
森林总积　一千零九十三万三千三百四十一尺缔
利用材积　七百零一万一千七百七十九尺缔
未利用材积　三百八十九万一千五百六十二尺缔

五、起业上之概见

由蓄积推起业之利益　森林蓄积，已述于前。今试拟实行起业上之利益如左：

森林现在总蓄积一千零九十三万三千三百四十一尺缔，除未利用者三百八十九万一千五百六十二尺缔外，现利用者有七百零一万一千七百七十九尺缔，其利用与未利用者犹视伐期之长短而增减也。试按伐期预算每年伐额如左：

假定伐期	每年伐额
二十年	四十三万八千二百三十六尺缔
五十年	二十一万零三百五十三尺缔
百年	十四万零三百三十五尺缔

再按预定每年伐额预算年限

假定每年伐额　年限

十五万尺缔　　九十四年余

三十万尺缔　　三十五年余

五十万尺缔　　十八年余

无论伐期长短，数年之间，只可择伐，不可秃伐。因其间现在直径未满五寸者，生长量尚待将来，且其内轮见积犹在生长量之算外。前记利用额与鸭绿江之利用额比较：

一、林力　与鸭绿江同。

二、林面积　约鸭绿江二分之一。

三、运搬距离　约鸭绿江三分之一。

四、伐木运材期　与鸭绿江同。

五、伐木运材费　约鸭绿江二分之一。

按以上比较，似乎比鸭绿江利益较大，然此仅按运至珲春而论，消售甚少。若能运至内省，其利益之多少，除将航路运搬费外及内省市场调查而后，即可预定。但闻珲春民云，或遇一年，亦有京、津、上海之木商来此贩买，可知必有利益，不过来时甚少。

伐木运搬　前者伐木法，无论农商有资本者，招一木把头相集数十苦力，每年十月进山着手伐木，腊正冰雪凝结坚硬之时，用牛耙犁将木材捞至河沿，候至四五月冰雪融解河水涨大时，顺河管流至大河或江，及至六七月雨水增加，始成簰放至珲春，若雨水少时，则不能运出。如国家办理，即于森林附近处布设移动之轻便铁道，运至大河。距大河之细流处，预备一栏桥或三角形木栅，将木由河管流至栏桥之中，然后成簰放出。如艾苇甸子安一栏桥，即可聚集哈兰、噶顺、嘎呀诸流之木，其余临时择地而行，如此劳费甚省，犹可免各流浅濑处阻隔放簰之害。

将来之利源　东省木材每年消售于内地京、津、上海等处，本部需用者不过三分之一。如图们江流域之森林，亦吉省向内地运搬较近之区，松花江虽距奉较近，然向内地运搬，由陆路必得布设铁道而后可，若由水路运搬，必须从松花江运至黑龙，由黑龙运至东海，始可运至内地。如此，不论水陆，消费甚大。此地运出江口，即可由海运至内地，似乎较便。且奉省森林已与日本合办，利权已外泄一半。将来此地之利权必大松花，故经营此地，当以林政为先。若行林政保护得法，禁止百姓乱放野火，采伐得法，禁止滥伐，按百年轮伐法，每年可得材积十四万尺缔，可以永享利益，即按珲春之价值计，每年可得二十二、三万元。今将珲春木材价值计算如左：

珲春木材以本国七尺五寸长，俄尺量宽厚一平方尺，合本国二平方尺五十方寸合本国十四立方尺，价六吊，合银元二元一立方尺一角四分余，一尺缔合一元六角余。

六、补遗

本部木材之用途　中国家屋之建筑木材之运途甚少，此处砖瓦较贵，木材价廉，使用木材较多，但使杂木丸太者多，而贵重材料亦有限耳。

世人所用之棺木，此地人甚质朴，前者一付约一尺缔，又富者约二、三尺缔。

薪炭材之用，凡平垣地方有犹用高粱杆、黍壳、大豆壳者，即距树木较近之区，而杂木弃材亦足供用。需用多额之薪材者，惟烧锅及制造家，见其二尺五、六寸之杂木，一日可消二、三千斤。但数十里一户，虽不能推算每年需用之总额，然用之家甚少，消数亦可知矣。

可供工业之原料　令将无价值之木材，可供工业利用如左：

一、丹宁原料

地域内各沿道人家附近，有无数之槲林即柞类，可将其树皮于适当之地点以制丹宁[1]。至于制造法及收支之详细，待专门调查之日始可预定。

二、醋酸石灰

醋酸石灰之利，人皆知之，但原料之廉处，多运搬不便之地，且石灰之供给，亦属困难。而延吉阔叶树林之地，可制木炭，副制醋酸，及其土地之基岩有石灰者，如哈兰河之二道沟及三道湾之六道沟出石灰处，犹可制醋酸石灰。

三、辘轳细工及农具

阔叶树之性坚硬者，可作辘轳及农具。

其他黑菜、推茸，亦可制造。

七、结论

森林者，国家之财产也。振兴林业者，即振理财产之监督也。我中国向来森林之知识未开，不知有森林之利益，于森林关系林政要务，置之不闻不问。今者，我帅有鉴于各国之林业日见发达，我国之林业日益减少，特饬委员实行调查，谨就管窥所及据实报告。夫延吉一带之区域甚广，调查森林之时日无几，故此次报告，不过能举其大概，若详细考察，尚须按照各部分悉心调查，则非一二人所能胜任，尤非三

〔1〕 丹宁，又称鞣酸类物质，是具有鞣皮性的植物成分。

五月所能毕事也。

今将土地及气候再述，以结本论。

土地之浅深　土地之浅深，共分五等：五寸以下曰至浅地，五寸至一尺曰浅地，一尺至二尺曰浅深适中地，二尺至四尺曰深地，四尺以上曰至深地。约计境内之地居于浅地十分之七，居于至浅地与浅深适中者仅有十分之三。以故树木之根株，皆盘结于地面而不能深入，一遇暴风，辄为摧折焉。

土地之倾斜　土地之倾斜又分六：自水平至五度者平坦，六度至十度者微斜，十一度至二十度者倾斜，二十一度至三十度者险峻，三十一度至四十度者为险阻，四十五度以上者为悬崖。倾斜不同，其受阳光温度必异，于森林亦有关系。按日本捡定森林生长适宜者，惟自六度至十度之地，此境内平均计之，居于险峻者多，而与此地气候相待，犹适当耳。

土地之燥湿　土地之燥湿，亦分湿润、湿、纯良、贫湿、干燥五等。湿润地只能生草，而于树木生育有碍，如此地之水草甸子是也。干燥地上等树木不能生长。而此地湿地居多，润地亦居十分之三，但此处气候亦异，所以无害也。

温度。温度之变迁，于森林植物亦有关系。而关系最甚者，尤在晚春。生芽当未深固，若被春霜，则必全行枯矣。然考查温度，非专门试验，按日本均不能真确。但此地冬则严寒，夏则酷暑，早晚过寒，上午过热，较之内地之温度甚不平和，与农作物及幼稚树关系颇大，于此地天然林则无与焉。

风，气候之关系于森林者，惟风为最。查此地之被风害者，在在皆是。不第倒木断树，而枯木病树，亦未尝非风所致。盖以强风一至，树木即不倾倒而反覆摇动，土中之毛根难免断绝，树干之纤维亦不免于破坏。毛根断绝，吸收养分之机关必乏。纤维破坏，运输养料之道路鲜通。树液或外溢或停滞，始则自为腐朽，继者为虫所剥食，枯木病树被此害者十居八九。所以伐木造林，必先审测风来之方向而后讲求御防之方法。此地之风来之方向，虽未深究，观其摧折之树，多向西与北者，大约受南、东来之暴风。欲避此害，除伐木、植树顺序而外，亦无他法。

积雪　空气中之水蒸气下降，遇寒气而凝结于枝叶之上，名为严霜。逢高温度融解之际，冷气复袭，即于叶干上凝为薄冰，名为滑冰。复降雪于滑冰之上，名为积雪。寒气愈烈堆积愈增，遂有非常之压力，大树折枝，小木屈干，亦大可畏之天灾害，此地亦有被此害者。

图们上流

全面积　一万三千一百三十方里

森林面积　五千二百四十七方里

农作地　三百四十九方里

可垦农地　一百三十八方里

稚树生加保护可为天然林地　一千五百二十方里

荒山河流无用地　四千八百四十方里

其他道路及宅居地　三十方里

哈兰河

全面积　一万二千八百七十五方里

森林面积　四千六百六十四方里

农作地　四百五十七方里

可垦农地　一百五十六方里

稚树生加保护可为天然林地　一千五百四十一方里

荒山河流无用地　六千零零一方里

其他道路及宅居地　五十六方里

噶顺河

全面积　一万五千八百九十五方里

森林面积　六千七百零八方里

农作地　四百四十二方里

可垦农地　四百四十一方里

稚树生加保护可为天然林地　二千三百九十五方里

荒山河流无用地　四千七百八十九方里

其他道路及宅居地　一百二十方里

嘎呀河

全面积　一万七千一百五十方里

森林面积　一万零一百二十方里

农作地　一百十三方里

可垦农地　三百九十方里

稚树生加保护可为天然林地　二千零六十方里

荒山河流无用地　四千四百十三方里

其他道路及宅居地　五十四方里

图们下流

全面积　二万五千五百五十方里
森林面积　一千四百四十方里
农作地　五百四十方里
可垦农地　四百四十方里
稚树生加保护可为天然林地　三千七百九十一方里
荒山河流无用地　六千二百零九方里
其他道路及宅居地　一百零一方里
合计
全面积　八万四千五百五十方里
森林面积　四万一千二百零九方里
农作地　一千九百零一方里
可垦农地　一千五百六十五方里
稚树生加保护可为天然林地　一万三千三百零七方里
荒山河流无用地　二万六千二百五十二方里
其他道路及宅居地　二百十六方里

纪经费

自延吉边务事起,办理一切要政,需款浩繁。初由吉林省筹拨经费八万五千余两,开支边务处、派办处巡警员司薪饷津贴及开办经费、侦探经费、调查川资暨测绘速成学堂、宪兵讲习所员司薪饷津贴及图器军械等项。嗣因陆续兴办,省款不支,乃奏请部拨常年经费六十万两,得旨允准,而部议只拨一次,凡各处所开员司薪饷津贴及学务公所、屯田营、工程营、医院、测绘队、宪兵、巡警,胥仰给于是,接续至今。而各种要政,尚应推扩。该款至今年二月已实用五十四万八千余两。一年届满,将次用罄,后请续拨经费,乃格于部议,奏令自筹。于是与吉抚陈昭常熟商,由吉省认筹三十万,其余恳令部臣筹拨。夫延吉一隅,为东省形要之区,值日人侵占之会,两年以来,极力图谋,全恃实款,以资布置。倘以无款之故弃置不办,斯外人进争,翘足可待。世昌既以边务重要,筹款尤急各情形胪陈于朝。后之任斯土者,或亦以为有当而与部臣合力以谋,岂徒延吉一隅之幸哉。

附请拨吉林省边务常年经费折

奏为吉省边务紧要，请指拨常年经费以资应用，恭折具陈，仰祈圣鉴事。窃查吉省现因延吉厅一带地方，日人有借称为韩国“间岛”强事觊觎之意，当经奏派专员前往该处办理边务，业将先后筹办各情形，另折驰陈。又因濛江、桦甸两处亦与韩境相接，并有越垦韩民杂居其中，及东与俄国相接之蜂蜜山一带地方，西北郭尔罗斯前旗[1]之蒙荒，均属空虚，深恐再启外人窥伺之心，致蹈延吉覆辙，特先择要设治，不动声色，派员前往办理，亦经将设治办法，奏陈在案。诚以吉省界在俄韩两国之间，边境绵长，处处皆关紧要。现因“间岛”交涉，与韩接者，日人固有意扩张，与俄邻者，俄人亦复待时而动。以彼两国之对于三省，皆不惜巨万并力经营，我之筹备，宜如何格外周密，是以臣等于延吉厅边务一事，乘机因应，惟恐后时，一切费用亦不敢稍存顾惜。惟是吉省款项，现已支绌万分，前将军达桂因税捐稍旺，已将各省协济之饷奏明停拨，臣等到任后，减苛细捐输，又因日俄战争停后，货物滞消，银钱不能流转。今岁所收各税，业已大为减色，加以新改行省，各政举行，出项复锐增数倍，实难以支持。此次边务用款，数已不赀。本年开办之始，截至年底为止，已由臣等竭力统筹，勉强支拨。至常年经费至少需六十万两，万难再减，吉省财力困难，实在无可筹拨，然万不能以无款之故，置边务于不问。事机危迫，刻不可缓，臣等再三筹划，焦急万分，惟有仰恳天恩，饬下度支部[2]迅速筹出的款六十万，按年指拨，以应要需。此款专为筹边而设，关系至重，且屡经臣等核计，无可再减之款，一经指拨，即归实用，并恳饬下部臣，勿以空言核减应付。其本年开办由臣等筹给之款，并准作正报销，以昭核实。所有吉省边务紧急，请拨常年经费各缘由，理合恭折具陈。伏乞皇太后、皇上圣鉴训示。谨奏。

光绪三十四年十一月十五日具奏，本月二十五日奉朱批，度支部议奏。钦此。

附请饬部续拨边务经费折

奏为吉省边务紧要，仍请饬部续拨常年经费以资应用，恭折具陈，仰祈圣鉴事。窃查吉省延吉厅一带地方，边务重要，前经奏派专员前往办理，又于上年奏请由部

---

〔1〕 郭尔罗斯前旗，清代内蒙古哲里木盟左翼五旗之一，今属松原市。

〔2〕 度支部，官署名。清朝末年设立，主要负责财政事务。

拨给常年经费银六十万两,奉旨允准。嗣经部臣议准指拨一次,当即陆续解到拨用,所有该处办理情形,亦已随时奏报各在案。惟延吉一带,外人觊觎已久,不惜巨万金钱经营布置,肆意扩张。若不预先筹备,则放失政权,益难措手。此臣等上年有指拨常年经费之请,并奏派专员前往筹办,迄今经年,略有端绪,一切费用,正赖源源接济,以竟前功。且该处幅员辽廓,地利待辟,应行举办之事甚多,即界务问题解决以后,亦应次第振兴,以规久远。核其常年用款,首以开实业、兴屯垦为大宗,他如测绘地面、清查户口、添备军饷、平治道途、创办警察、建立学堂,以及用人行政,在在需款,为数甚巨。上年部拨之款,转瞬一年届满,业已将次用罄,而各项要政,经营擘画,甫见端倪,若使功废半途,不特从前所费尽掷泥沙,即以后再欲整饬,亦恐糜费更多,后时无及。而吉省度支匮乏,无款可筹,臣等思维再四,惟有仰恳天恩,俯念边陲重要,饬下度支部仍遵前旨,按年筹拨常年经费六十万两以应要需。当此时事艰难,库款支绌,部臣统筹全局,固不能不撙节度支。惟边防吃紧,竭力整顿,犹恐失时,何敢顾惜资财,坐使前功废弃。至此项拨款,专供筹边一项之用,臣等切实核计,已属有绌无盈,并恳饬下部臣万勿议减。除上年部拨之款,即饬三省支应处造册咨部核销外,所有吉省边务紧要,仍请续拨常年经费各缘由,理合恭折具陈,伏乞皇上圣鉴训示。谨奏。

光绪三十四年十一月十五日具奏,二十日奉旨,度支部议奏。钦此。

附度支部议覆请续拨边务经费折

度支部谨奏,为遵旨议奏,恭折仰祈圣鉴事。内阁抄出东三省总督徐世昌等奏,吉省边务紧要,仍请续拨常年经费以资应用一折,光绪三十四年十一月二十日奉旨,度支部议奏。钦此,钦遵。抄出到部,据原奏内称,查吉省延吉厅一带地方边务重要,前经奏派专员办理,奏请由部拨给常年经费银六十万两,奉旨允准。嗣经部臣议准指拨一次,当即陆续解到拨用,所有该处办理情形,亦已随时奏报各在案。惟臣等上年有指拨常年经费之请,并奏派专员前往筹办,迄今经年,略有端绪,一切费用正赖源源接济,以竟前功。且该处幅员辽廓,地利待辟,应行举办之事甚多,亦应次第振兴,以规久远。核其常年用款,首以开实业、兴屯垦为大宗,他如测绘地面、清查户口、添备军饷、平治道途、创办警察、建立学堂,以及用人行政,在在需款,为数甚巨。上年部拨之款,业已将次用罄,而各项要政,经营擘画,甫具端倪,若使功废半途,不特从前所费尽掷泥沙,即以后再欲整饬,亦恐糜费更多,后时无及。而吉省度支匮乏，无款可筹，惟有恳恩饬部按年筹拨常年经费六十万两，以应要需等语。臣等伏查吉林边务用款，于上年十二月间据东三省总督徐世昌等奏请，指拨常年经费银六十万两，奉旨允准。嗣经臣部以该省拨款已巨，现在库帑艰窘，勉为搜集，由东海等关洋税药厘项下如数拨给一次银六十万两，奏奉俞允，钦遵行知在案。该省得此巨款，若将应办事宜分别缓急，次第举办，撙节动支，当可不虞竭蹶。今该督臣等复以边务紧要，款将用罄，奏请拨常年经费银六十万两等语。如果库帑非万分艰窘，每年可以照拨，臣部何必于该督业经奏准后，再有拨给一次之奏。况东三省建设行省以来，由部历次拨济及筹拨移驻军队等款已有六、七百万之多，此次又因吉林边务，请拨常年巨款。查吉林沃野千里，物产饶庶，为东三省繁富之区。前将军达桂将各项税捐略加整顿，岁入骤增至数十万两，奏将年例应拨俸饷停拨。其时正当辛丑和约甫定之后，地方凋敝甚于目前，以区区税捐办理，绰有余裕。该督臣等谅能体念时艰，于地方一切用款，不难就地措筹。部库亦形支绌，各省关税本年短收甚巨，实属无可指拨，所请按年筹拨银六十万两之处，碍难照准。所有遵议缘由，谨恭折具陈，伏乞皇上圣鉴谨奏。

光绪三十四年十二月十七日具奏，奉旨，依议。钦此。

附奏为拟请分筹吉林边务经费折

奏为拟请分筹吉林边务经费，以重边防而资筹备，恭折仰祈圣鉴事。窃查吉林延吉厅一带地方，边务重要，前经奏请饬部续拨常年经费六十万两，奉旨，度支部议奏。钦此。嗣经部臣以部库支绌，无款可拨，议令就地筹措等因，奉旨允准，咨行到奉。臣维地方行政之费用，原应视地方入款之多寡为衡，果使无款可筹，即可酌量停缓。无如延吉一带地方，昔为边疆要塞之地，今且为交涉竞争之场。自“间岛”事起，用人行政，极意经营，一年以来，基础渐立，故问题虽未解决，而主权未尝稍让者，固由于用人之效力，亦全恃部拨之的款以盾其后，乃得实地筹备不托空言也。今界务前途未知所决，凡夙昔之所规划者，若以无款停办，竟弃前功，则外人方极力经营，攫取利权，反客为主，实事上多一分布置，交涉上增一层要挟，则不得以省费之故，为敷衍一时计者，亦势使然也。乃查阅原奏，于延吉边务重要之故，亟应全力对待，筹备情形皆未虑及。第曰该省得此巨款，若将应办事宜分别缓急，次第举办，撙节动支，当可不虞竭蹶。无如当日人渡江时，盛气无前，实图占领。臣世昌适派吴禄贞前往调查，与之相遇，预筹布置因应之策。及奏派臣昭常督办边务，与帮办吴禄贞昕夕图维，以为欲杜隐谋，当充实力。于是分设派办处支配宪兵，调遣军队，筑市场、开屯垦、通道路、设学堂、查户口、建造营房、开辟实业，徒以款项只有此数，故逐渐敷设，未遑大举，而其效亦仅止于相抵。是前所设施并无缓急次第之可分，亦无有不撙节动支之处。原奏又谓，东省由部历次拨济及筹拨移驻军队等款，已有六、七百万之多。查调东陆军一镇两协，该饷由陆军部及北洋支拨，计授所关，自难移作别用。其他则为镑余一款，已将历次动用，分别请销，更无余款可作边务经费。至以地方之款办地方之事，臣等自应勉为筹措。吉林沃野千里，物产饶庶，诚如部言。所惜者无资本以经营之，斯交通不便，弃利于地耳。至谓前任将军达桂将各项税捐略为整顿，岁入骤增至数十万两，其时正当辛丑和约甫定之后，地方凋敝甚于目前，以区区税捐办理，绰有余裕等语，实为不知外间情势之论。当日俄军用之时，各输巨资，以布散东省境内。粮草货物，得利倍蓗，而牛马税一项，亦逾寻常十倍。前长春府知府王昌炽于牛马税项下滥征不报，为人所劾，亦即在此时。是地方虽驻外兵，而商民交利胜于目前。已革吉林将军达桂于烟酒木植税，派丰年经理，百弊丛滋，又值外资充盈，商货畅旺之时，果使涓滴归公，当不止数十万两，而部臣乃谓办理绰有余裕，不知指办理何事而言。达桂居官情形，早在圣明洞鉴之中，如部臣举彼以相比例，未免令天下办事之人寒心。惟是部款支绌与吉省同一为难，自是实在情形，而边务经费交涉攸关，又为必不可省之款。臣等再四筹商，无论吉省如何为难，拟任筹边务经费三十万两，其余三十万两，合无仰恳天恩，仍饬下度支部指拨的款，以应要需。并拟先筹办一年，俟界务解决，或可省并办理，倘另筹有款，亦即奏请停拨。总之，延吉边务至于今日，万无中辍之理，盖为各国之所注目，咸以经营与否，卜我国家之曾否重视领土。臣世昌交卸在即，苟可息事省费，岂不知库款之为难。第以时会所乘，朝廷注重边陲，委臣等悉心筹划，若非接续兴办，深恐主权一失，解决尤难。用是日夕焦思，勉筹全局，以期合力维持。此臣世昌缕缕悃诚，不敢有丝毫成见于其间，当为部臣所共谅，而不得不披沥吁恳于君父之前者也。所有拟请分筹吉林边务经费缘由，谨恭折具陈，伏乞皇上圣鉴训示。谨奏。

宣统元年闰二月二十八日具奏，于三月十一日奉到朱批，延吉厅地方重要，著度支部妥酌议奏。钦此。

奏为办理延吉边务动用经费报销折

奏为办理延吉边防，动用各项经费，据实造册，报部核销，恭折仰祈圣鉴事。窃查延吉厅一带地方，边务重要，前经奏派专员驻扎延吉勘定界务，所有筹拨款项及兴办各项事宜先后奏明办理，并将章制、房图及开办日期，业经分咨各部立案各在案。查边务经费，自开办之日起截至光绪三十三年十二月底止，统由吉林省筹拨，作为延吉边务第一案报销。自三十四年正月起截至十二月底止，均在部拨边务经费项下动用，作为延吉边务第二案报销。兹据东三省支应处分别造具清册请销前来，臣等覆加详核。第一案册开，旧管无，新收吉林省筹拨经费沈平银八万五千四百六十七两三分九厘二毫八丝三忽，开支边务处、派办处巡警员司薪饷津贴及开办经费、侦探旅费、调查川资各项，应归度支部核销银七万六千五百二十六两三钱七分四厘一毫五丝八忽，测绘速成学堂、宪兵讲习所员司薪饷津贴及购备图器军械等项，应归陆军部核销银八千九百四十两六钱六分五厘一毫二丝五忽。统计第一案应销沈平银八万五千四百六十七两三分九厘二毫八丝三忽，实在无存。第二案册开，旧管无项，新收度支部指拨各关汇解库平银[1]六十万两，升合沈平银六十一万九千二百两。开除边务处、派办处巡警、屯田营、巡警学堂、学务公所、两等小学堂员司薪饷津贴及开办经费各项，应归度支部核销银三十万二千五百三十三两一钱七分五毫五丝七忽，工程营、医院、测绘学堂兼测量队、宪兵讲习所、宪兵队员司等薪饷津贴及建造营房、购备帐棚、衣履并开办经费各项，应归陆军部核销银十六万二千七百九十五两七钱二分五厘一毫一丝二忽，建造边务公署、派办处各公所、屯田营房工料各项，应归民政部核销银八万二千七百五十二两五钱五分五厘五毫五丝六忽。统计第二案应销沈平银五十四万八千零八十一两四钱五分一厘二毫二丝五忽，实存沈平银七万一千一百一十八两五钱四分八厘七毫七丝五忽。委系实用实销，异常撙节，并无丝毫浮冒。除将详细清册分别咨部查核外，所有延吉边务收支各项经费，应请饬部核销缘由，理合恭折具陈，伏乞皇上圣鉴，谨奏。宣统元年闰二月二十一日具奏，三月初五日奉朱批，该部知道。钦此。

---

〔1〕　库平银，清朝国库收支使用的标准货币单位。

边务 延吉附件

第一章 延吉厅疆域之历史

一、唐虞至周秦

东方之国,见于中国历史者,肃慎最古。竹书纪年[1]载,帝舜二十五年,肃慎来朝,献弓矢。又,周武王时,息慎氏来宾。息慎即肃慎,秦以后亦名挹娄。后汉书挹娄传有古肃慎之称,晋、宋时亦常贡石砮楛矢。山海经[2]云,大荒之中有山名曰不咸,有肃慎氏之国。郭璞[3]注,肃慎去辽东三千余里,今名之为挹娄国。晋书云,肃慎在于不咸山之北,东滨大海,西接寇漫国,北极弱水,其土界广袤数千里。

按:不咸即长白山,弱水即黑龙江,寇漫国未详,大海即指今东海而言。又宋刘忠恕云,肃慎国界,南包长白,北极弱水。夫谓南包长白,则图们江北必为肃慎氏南境无疑。周时虽封箕子[4]于朝鲜,然考其故地,乃在今奉省南部,未越白山以东。则今吉省南部所可考者,汉以前惟肃慎耳。此延吉厅在唐虞及周秦时,为肃慎氏疆域之证。

二、西汉

汉武帝元狩中灭朝鲜,开其地为乐浪、元菟、临屯、真番四郡。昭帝始元五年,罢临屯、真番以并乐浪,元菟以沃沮地为元菟郡,以高句丽为县属元菟,后为夷貊所侵,徙郡于高句丽西北,更以沃沮为县。自单单大岭以东,沃沮、秽貊悉属乐浪,后以境土广远,复分岭东七县,置乐浪东部都尉。见后汉书东夷传。三国志,乐浪东部都尉治不耐城。方舆纪要[5]云,不耐城,在朝鲜咸兴府北。

---

〔1〕 竹书纪年,古代文献名。是春秋战国时期史官编著的一部编年体通史。

〔2〕 山海经,古代文献名。是先秦一部重要的地理文献。

〔3〕 郭璞(276—324年),字景纯,河东郡闻喜县(今山西省闻喜县)人,两晋时期著名文学家、训诂学家。

〔4〕 箕子,殷商末期人,是商纣王的诸父(伯父、叔父的统称),官太师。封于箕(今山西太谷东北)。曾劝谏纣王,纣王不听,将其囚禁。周武王灭商后获释。后来移居朝鲜,建立东方君子国。

〔5〕 方舆纪要,全称《读史方舆纪要》,也称《二十一史方舆纪要》。是明末清初著名历史地理学家顾祖禹所写的一部重要历史地理著作。

按：单单大岭即长白山，秽貊即今朝鲜江源道等处，沃沮即由今图们江北至朝鲜咸镜道等处，见后汉书及疆域沿革图则自单单大岭以东，延吉厅居长白山之东南及朝鲜之江源咸镜二道，皆乐浪郡属矣。盖当周末肃慎之势日衰，长白山南沃沮、秽貊诸部落纷起其间，朝鲜亦乘时略有其地，故汉灭朝鲜置四郡，遂并降沃沮、秽貊而兼有图们江南北也。此延吉厅在西汉时为乐浪郡东部之证。

三、东汉及三国

后汉光武六年罢乐浪都尉，即以封其渠帅[1]称沃沮侯。又有北沃沮一名置沟娄，去南沃沮八百余里。见后汉书东夷传。方舆纪要，东沃沮亦曰南沃沮。后汉书东夷传云，东沃沮在高句丽盖马大山之东，东滨大海，北与挹娄、夫余[2]接，南与秽貊接。其地东西狭，南北长，可折方千里。三国志作东北狭，西南长。

按：盖马大山即长白山，东滨大海，正当图们江入海处。北接夫余、今伯都讷等处挹娄。今宁古塔等处夫余南界句丽，□界沃沮，是沃沮西北界夫余，东南当今大宅子、帽儿山等处。挹娄南界北沃沮，北沃沮去东沃沮八百余里，为沃沮正北界，当今宁古塔等处。南界秽貊，则其南境乃直接朝鲜江源道北界，为咸镜道等处故曰南北长。东限大海，西限句丽，故曰东西狭也。即参以三国志东北狭、西南长之说，亦无不合。故以东沃沮证今延吉厅，其说有四：在长白山东，说一。东滨大海，说二。挹娄南境为今宁古塔等处，中间隔北沃沮八百余里，而界东沃沮北境，正当图们江北，说三。汉书、三国志皆称其地背山向海，土地肥美，宜五谷，与延吉地形适合，说四：此延吉厅当东汉、三国时为沃沮北境之证。

四、两晋及南北朝

有高句骊者，于前汉时建国于辽东，至晋而渐盛，为南满洲独立之大国。自晋宋至于齐、梁、后魏、后周，其主皆受南北朝封爵，至唐高宗时而国灭。据马端临[3]文献通考其疆域东至新罗，西渡辽，南接百济，北邻靺鞨。据北史

按：高句骊本汉元菟一县名耳，后浸废弃。至王莽时，以不肯发兵击匈奴，更名

---

〔1〕 渠帅，亦作“渠率”。首领。旧称武装反抗者的首领或部落酋长。

〔2〕 夫余，古代国名。是公元前2世纪—公元494年在中国东北地区建立的少数民族政权。

〔3〕 马端临(1254—1323年)，字贵舆，号竹洲，饶州乐平(今江西乐平)人。中国宋元之际著名的历史学家，著有《文献通考》。

高句丽王为下句骊侯，始见为国。光武复其王号。当公孙氏据有辽东，高句丽地宇尚狭，以永嘉之乱[1]，乃渐侵入辽土。故东晋、南北朝时，为其国最盛时代。然考其疆域，亦只于西北开拓耳，东北实未逾长白、图们也。北史称其国北邻靺鞨，靺鞨者勿吉之别名。勿吉有白山部、粟末部，史言粟末部与高丽接，而白山部在粟末东。白山部者，以长白山得名，今延吉厅正在山之东麓，新唐书北狄传：白山部本臣高丽。盖自晋以后，长白山东已为靺鞨、白山部所据，仍受句丽之羁縻耳。此延吉厅当两晋及南北朝时为勿吉白山部疆域之证。

五、北魏及隋

有勿吉者，在高句丽北，一曰靺鞨。其部凡七：一、粟末部，二、伯咄部，三、安车骨部，四、拂涅部，五、室韦部[2]，文献通考误作号室，盖后文有云在北者号室韦，沿此致误也六、黑水部，七、白山部。见北史勿吉传新唐书北狄传，黑水靺鞨居肃慎地，亦曰挹娄，元魏时曰勿吉，离为数十部，酋各自治，其著者曰粟末部，居最南，抵太白山，亦曰徒太山，依粟末水以居。中略粟末之东曰白山部，部间远者三四百里，近者二百里。又隋书靺鞨传云，靺鞨所居多依山水，东夷中为强国有徒太山者，俗甚敬畏。其国西北与隋悬隔，惟粟末、白山为近。

按：太白山，当即朝鲜咸镜道北之大白山。粟末水，据饶氏沿革图，当今鸭绿江。粟末部抵太白山，依粟末水以居，是沿鸭绿江两岸为粟末部地。六部皆在江北，独粟末跨江而南，故曰居最南也。粟末之东为白山部，居鸭绿江东北，粟末居最南，正东又濒大海，则其东为东北可知。而以白山名部，则其为图们北之长白山无疑。是由今图们江北以及敦化县境，皆白山部地也。此延吉厅当北魏及隋时，仍为勿吉、白山部之证。

六、唐及五代

唐灭高句丽而渤海兴，为海东独立之强国。渤海本粟末靺鞨而附属于高句丽，至唐武后时立国称震国王，尽有扶余、沃沮、弁韩、朝鲜之地，建国号曰渤海。自唐迄五代历二百余年，至北宋时，辽破渤海忽汗城，改为东丹国。详旧唐书及文献通考其疆域南越长白，有新罗、今朝鲜咸镜道高丽之境，今朝鲜平安道北至黑龙江，东

---

〔1〕　永嘉之乱，西晋永嘉五年（公元311年），匈奴攻陷洛阳、掳走怀帝。史称“永嘉之乱”。

〔2〕　室韦部，中国古代民族。一译失韦。生活在今黑龙江中上游两岸及嫩江流域。

至乌苏里江，幅员五千里，建五京十五府。详马端临文献通考其上京今宁古塔地之南，则为率宾府。新唐书北狄传云，率宾故地为率宾府，领华、益、建三州。金史地理志云，率宾路节度使[1]，辽时为率宾府，置刺史[2]，本率宾故地。西北至上京今阿勒楚喀[3]一千五百里，东北至呼尔哈今三姓城一千一百里，西南至海兰即延吉厅海兰河一千二百里，北至边界二千里。明一统志[4]云，恤品河经建州南渤海建州即今之敦化县境一千五百里入于海，金人置恤品路，即率宾路以此为名。

按：渤海之率宾府，即以绥芬河得名。考今绥芬厅，西北至阿勒楚喀，东北至三姓，西南至海兰，其里数与金史所记率宾四至皆符。率宾又作苏滨，又作速平，亦作速频，又作恤品，与今之绥芬音义亦无不合，则率宾之为绥芬确无疑义。今延吉厅东北有绥芬甸子，即绥芬河发源处。延吉东北与绥芬厅交界又满洲源流考云，渤海率宾故府，在今额多力城之南。额多力城即敦化县，而延吉厅则正敦化之南境也。此延吉厅在渤海时为率宾路之证。

七、辽

契丹兴于满洲之西，戈壁之南。自太祖阿保机立国，破渤海，臣服满洲之地，伐女真，降高丽，略中国之北部，建国号曰辽，经五代至北宋之末而亡。详辽史辽之疆域，西由沙漠以南蒙古之地，包括直隶、山西、陕西之北部，东南有盛京、吉林省以至朝鲜之平安、咸镜二道，以宁古塔为最东界。其建置则分五京为五道，其下有州、军、县。详辽史地理志五京之外如率宾府者，则仍渤海之旧名而与五京异者也。辽史地理志云，率宾府刺史，故率宾国地。

按：辽灭渤海后，即率宾故地设率宾府，率宾即绥芬，见前。其地处辽代疆域之极东，境域亦最广，盖辽代专用兵于中国之北部，所取渤海旧壤，仅设率宾一府以镇之，故其地多自为部落，叛服无常。如金史所记，图们、珲春之交，有乌库里部一名乌古伦，图们水有温特黑部，扎兰路扎兰即海兰有完颜部，其部落均在今延吉境内，皆率宾府辖地也。此延吉厅在辽代仍为率宾府之证。

---

〔1〕 节度使，古代官职名。唐睿宗景云中始有节度使称号，玄宗天宝初沿边有九节度使一经略使。总揽一区之军民败政。安史之乱后内地亦多设节度使。五代时各地添设三节度使更多，北宋初中央收回兵权，节度使作为宗室将相之荣衔，并无实权，辽金仍沿唐制设之。元废。

〔2〕 刺史，古代官职名。汉武帝时期始设，初为监察官性质。成帝后，旧制频改。自三国后刺史一职多有改易，至宋成为虚衔。清代也用作知州的别称，与前代刺史不同。

〔3〕 阿勒楚喀，清雍正时建城，清末改为阿城县，现在为哈尔滨市阿城区。

〔4〕 明一统志，古代文献名。金称大明一统志，明代李贤、彭时等纂修的一部地理文献。

八、金

女真之先，本出于靺鞨，始附属于高句丽。五代时附属于契丹。初为完颜[1]女真部，崛起于图们江流域，自太祖完颜阿骨打始建国号大金。太宗立，灭辽伐宋兼有中国北部，至废帝而亡。金之疆域，东极济喇敏乌达噶之境，北自夫余之北三千余里，以和罗和屯穆昆之地为边，此边界之二地未能详东可至日本海，北可跨黑龙江，其南境与高丽接界。金之建置仿于辽，设五京复增一京为六。分十九路，满洲共设九路。以上据金史吉林省之东南曰海兰路。金史地理志云，海兰路设总管府，贞元元年改总管为尹，仍兼本路兵马都总管。承安三年，设兵马司副总管。有伊勒呼水，西北至上京一千八百里，东南至高丽界五百里。

按：金代之海兰路即以延吉厅之海兰河得名，其地自当在海兰河流域。金史云，海兰路西北至上京一千八百里，东南至高丽界五百里。考辽金与高丽旧界，在今咸兴府南之定平府。据朝鲜史金世纪及高丽传皆云，高丽出兵海兰甸，筑九城，康宗伐之，高丽复请罢九城之戍。朝鲜史亦云，咸州等九城乃高丽所筑，寻即撤还。所谓九城者，即今之庆源、镜城、富宁、会宁、钟城、兴京、稳城等府是也。据朝鲜史终金之世，图们江南岸之九城不能为高丽有，故史云，西北至上京一千八百里，东南至高丽界五百里。由今之海兰河计之，北至吉林以北之阿勒楚喀，南渡图们江而至朝鲜之定平，与史志道里适相符合，此海兰路当在海兰河之流域，其证一。金史云，率宾路节度使，本率宾故地，太宗天会二年，以扎兰路都贝勒所居地瘠，遂迁于此，因名率宾路节度使。世宗大定十一年，以扎兰率宾相去千里，不可忘本，遂命亲管明安曰扎兰明安。扎兰即海兰，一作耶懒。金史高丽传所谓耶懒以南者，亦即指此。率宾即延吉厅北之绥芬，见前三省图说，谓率宾故基在绥芬河之双城子。东西相去适符千里之数，则海兰路当在海兰河之流域者，其证二。又满洲源流考云，海兰路或云在海兰河近傍，海兰河不一，与高丽相近有海兰河，在宁古塔城南四百一十里，合流入布尔哈通河以达噶哈哩河即嘎呀河，今呼十三道嘎呀河。为图们江支流。其言与今日海兰河之形势适合，则海兰路当在海兰河之流域者，其证三。此延吉厅在金代为海兰路之证。又按：延吉厅西南一百十里处有古城二，一曰东古城，一曰西古城。附近海兰河，适当图们北岸之要冲。近年土人于此处获古印三：一曰

〔1〕 完颜，是女真、锡伯最古老的姓氏之一。

大定三年金世宗[1]年号知审计院事印一，曰上京路万户鈒字号印，旁镌贞祐二年为金宣宗[2]年号一曰副统所印，皆金代之故物也。则此二城者，其为金代海兰路总管府开府之故地无疑。

九、元

元太祖成吉思汗[3]，首略有中央亚细亚，初建都名曰和林格伦。至太宗始灭金，世祖立，建国号曰大元，灭宋而尽有中原之地。以京畿为中书省，分其领土为十一行中书省[4]，置总管府，以满洲为辽阳行中书省，置其治于今之辽阳州，分辖各路。详元史地理志以吉林省之东南部，为海兰府硕达勒达路。元史地理志云，海兰府硕达等路，土地广阔，人民散居。元初军民万户设五府：一曰桃温，距上都四千里。今之北京一曰呼尔哈，距上都四千二百里。距大都三千八百里，有瑚尔哈河并混同江，又有海兰河入于海。一曰乌图哩，满洲源流考作鄂多哩一曰托里林，一曰布呼江。各有司存，分领混同江南北之地。其居人皆为硕达勒达、女真之人，各仍旧俗，无市井城郭，以射猎为业，设官牧民随俗而治之。

按：元代疆域宽广，甲于前代。以今东三省之大，仅设一辽阳省，以吉林省之大，仅设开元、海兰两路，其建置可谓疏阔。元一统志[5]云，自南京而南曰海兰府，乃海兰路之首府又南曰双城，直抵于高丽之王京，双城在今绥芬河侧是元之海兰府在绥芬河之北，与金之海兰路名同而实异，金海兰路即在延吉厅海兰河之流域。见前元代海兰府之所治，据满洲源流考云，海兰路万户府，即设于宁古塔之境。又元史云，瑚尔哈路有瑚尔哈河并混同江，元史所谓混同江即今松花江又有海兰河入于海，宁古塔城傍有河，渤海时名忽汗河，一名呼尔哈河，今呼为牡丹江。宁古塔北海

---

〔1〕 金世宗，完颜雍（1123—1189 年），原名完颜褎，女真名乌禄，金太祖完颜阿骨打之孙，金朝第五位皇帝，1161—1189 年在位。

〔2〕 金宣宗，完颜珣（1163—1224 年），金世宗完颜雍长孙，金显宗完颜允恭的长子，金朝第八代皇帝。1213—1223 年在位。

〔3〕 成吉思汗，孛儿只斤·铁木真（1162—1227 年），即元太祖。1213—1223 年在位。12 世纪末 13 世纪初统一蒙古，1206 年被推为大汗，称成吉思汗，建蒙古汗国后大举攻金，旋又西征占领中亚大片土地，分封其三个儿子。灭西夏，在六盘山病死。元朝建立，追尊为元太祖。是中国历史上杰出的政治家、军事家。

〔4〕 行中书省，行政区划名，中国元朝时期开始实施的一级行政区，简称“行省”或“省”。

〔5〕 大元一统志，全称《大元大一统志》，元朝札马剌丁、虞应龙、孛兰肹、岳铉等主持编撰，是一部全国性的地理文献。

兰窝集，有海兰河。则海兰府当在今宁古塔之境内矣。然元之海兰府虽与金代异处，而海兰路则固辖有金海兰路之地也。海兰路设五府见上续通志[1]云，合兰路即海兰兼有金代扶余、海兰、率瑸即率宾和罗噶及肇、隆、信三州之地。满洲源流考又云，海兰府在今宁古塔境内鄂多哩府，为海兰路所属五府之一即今敦化县之地。本朝始祖首定居于此考今延吉厅东北与宁古塔接，西北与敦化县接，故国初之时，延吉厅原归宁古塔属，光绪初元亦曾分归敦化县属。以今证古，形势固相符也。此延吉厅在元代仍为海兰路之证。

又按：今高丽建国于辽宋时，初仅据有朝鲜半岛之南岸，而鸭绿江南之平安道，图们江南之咸镜道，则皆辽金之领土也。续通典云，至元六年，元世宗年号高丽之李延龄等以府、州、县、镇六十城来归。八年设东宁府，十三年设东宁路总管府。外于沈州设高丽军民万户府，于辽阳设安抚高丽军民总管府，详通典。东宁路为今朝鲜之平壤，辖有平安、咸镜二道之地，则其疆域当元初固犹仍辽金之旧也。据朝鲜史云，高丽元宗十年，东北属地叛附于元，元置东宁总管府于西京，即平壤划西海道之慈悲岭为界。在今平安道南忠烈王四年，元归之，而鸭绿、图们二江以南之地，自此始为朝鲜所有矣。元之归地于高丽，不知何故，考高丽附元后，说元帝遣使日本。后元帝自高丽出战舰九百艘、兵三万为援军，且命高丽置水驿于沿海，自济州岛[2]至鸭绿江口。是皆忠烈王时之事，或因此而予以鸭绿、图们二江以南之地亦未可知。

十、明

明太祖灭元，改元之十一行中书省为十三布政使司[3]，以辖全国之府、州、县。又置十五都指挥使司，以辖卫及所。成祖时，废元之辽阳行中书省，置定辽都管于辽阳，后改为辽东都指挥使司[4]，辖卫二十、州二。于今之黑龙江、吉林二省置卫三

〔1〕 续通志，古代文献名。清嵇璜、刘墉等编撰，纪昀等校订，为南宋郑樵所撰《通志》的续篇，是一部纪传体通史。体例分本纪、列传、二十略（记历代典章制度、学术文化）几大部分。纪、传从唐初到元末，二十略从五代起到明末止。

〔2〕 济州岛，韩国最大的岛屿，是一座典型的火山岛，也是韩国的旅游胜地。

〔3〕 布政使司，古代官署名，承宣布政使司的简称。明朝自宣德三年（1428年）以后，取消行省，在全国设十三承宣布政使司，简称十三司，即山东、山西、河南、陕西、四川、湖广、浙江、江西、福建、广东、广西、云南、贵州。

〔4〕 辽东都指挥使司，古代官署名。是明朝在辽东地区设立的军政机构。在建制上属于山东承宣布政使司。

百八十四,所二十四。详明史今据吉林省志所列珲春、延吉等处之卫、所,而参考其位置如左:

率宾江卫永乐四年置。按:本渤海率宾府地,即延吉厅治东之绥芬河,西距延吉约七百里。

双城卫永乐四年,因温托珲等处部人吉理讷入朝,置双城等五卫。按:元一统志,自南京而南曰海兰府,又南曰双城,直抵高丽王京,其地为今绥芬河之双城子,非吉林之双城堡也。西距延吉厅治约千里,今归俄属。

塞珠伦卫永乐四年置。以部人鼐尔布哈为指挥。按:河在延吉厅治东三百里之长岭子[1],今名珠乐河。

穆霞河卫永乐五年置。按:河在延吉厅治东百七十里,今名漠河甸子。

赓金河卫永乐五年置赓金等五卫,以部人克成额为指挥。按:赓金河即赓吉音河,在延吉厅治东南二百二十里,今名阴阳河。

乌尔珲山卫永乐五年置。按:即今之黑顶子,在延吉厅治东南四百里,为珲春围场。

额哲密河卫永乐六年置。按:今延吉厅治东三百里,近珲春,有阿哲密河。

通垦山卫永乐六年置。按:山在延吉厅治东北四百里,珲春河发源于此,今亦名土门。

舒翻河卫永乐六年置。按:河在延吉厅治东三百五十里,入绥芬河。

密拉卫永乐八年置。按:延吉厅治东一百八十里,有密江城即此。

阿布达哩卫永乐八年置。按:河亦在延吉厅治东,近珲春地名东沟。

富色克摩卫永乐十年置。按:即延吉厅治东,俄界之毛口崴。

布尔哈图河卫永乐十二年置。按:河即在今延吉厅治之南,约距二里。

锡璘卫正统后置。按:锡璘亦作西林,今延吉厅治西四十里之铜佛寺南有西林河,入布尔哈图河。

瑚叶卫正统后置。按:瑚叶路国初属东海窝集,后征取之,在延吉厅治东约七百里。

吉朗吉海兰卫正统后置。按:即今延吉厅治南二十里之海兰河。

珠伦河卫正统后置。按:河在延吉厅治东南约二百里。

舒尔哈卫嘉靖时置。按:此河入嘎呀河,在延吉厅治东约百里。

---

〔1〕 长岭子,地名。位于今珲春市板石乡太阳村附近。

爱丹卫嘉靖时置。按:爱丹城在延吉厅治南六十里,当海兰河与布尔哈图河汇流之处,今亦名艾苇甸子。

哈瞻卫嘉靖时置。按:延吉厅南二百里有毕瞻站,即此。

按:以上所列各卫,皆在延吉至珲春一带境内。明代建置皆确实可稽。惟建国以后,蒙古侵扰北边殆无宁岁,尽其国力不暇他顾,其对满洲特羁縻遥制而已。当我朝未龙兴以前,宣德用兵乃及努儿干之地,即今之宁古塔则威稜所及,亦且万里而遥,故各卫、所朝贡有定期,镇抚有定职,而爵秩印信,皆必颁自内府。明一统志云:各卫以其酋长如都督指挥、指挥、千百户、镇抚等职,给与印信,俾仍旧俗,各统其属,以时朝贡。即我肇祖初兴,亦曾受建州卫之职,则长白山东、图们江北以及珲春左右,不得谓非明之领土也。此延吉厅在明代为卫、所之证。

十一、国初

国朝发祥于长白山东,始祖定三姓之乱,遂居俄漠惠之野鄂多哩城,一作俄朵里亦作额多力建国号曰满洲。越数世,以不善抚其众,国人叛,残害宗族。数传至肇祖,慨然以恢复为志,计诱先世仇人四十余人,至苏克素护河之呼兰哈达,诛其半以雪祖仇,执其半以搜旧业。既得,遂释之。于是,肇祖居赫图阿拉地。即兴京历数传至太祖,是时诸国纷乱,满洲有苏克素护河部、浑河部、完颜部、栋鄂部、哲陈部,长白山国有纳殷部、鸭绿江部,东海国有渥集部、瓦尔喀部、库尔喀部,扈伦国有哈达部、叶赫部、辉发部、乌拉部。满洲及长白山二国为明建州卫,东海国为野人卫,扈伦为海西卫,群雄蜂起,争夺无已时。明万历十一年,太祖讨尼堪外兰[1],以复祖仇。十四年,明人执尼堪外兰付我。十五年,太祖招徕各路,环境诸部多以次削平,国势日盛。十六年,完颜部及栋鄂部率其部众来归。十九年,遣兵略长白山之鸭绿江路,尽收其众。二十一年,败叶赫、哈达、乌拉、辉发、科尔沁、锡伯、卦勒察、科尔沁以下皆蒙古部珠舍哩、纳殷等九部来攻之兵。二十三年,取辉发部之多璧城。二十五年,招诱瓦尔喀部之安褚库、内河二路。三十五年,太祖命其幼弟卓立克图及额宜都征东海国之渥吉部,渥吉一作窝集取黑席俄黑、汉惠苏鲁、佛纳赫施克索三路。三十七年,又命扈尔汉虾征东海渥集部所属之罅野路,取之。三十九年,太祖命其子阿布泰等征东海国渥集部之乌尔固宸及木伦二路,取之。又命达尔汉瑕等征渥集部之呼尔哈路,攻克扎固塔城,其环境各路尽拓抚之。四十一年,太

---

〔1〕 尼堪外兰(?—1586年),明朝后期女真部落首领之一。

祖亲率大兵征乌拉部，乌拉遂灭，乌拉所属之城邑皆附。四十四年，建元天命。天命四年，灭叶赫。自此以后，凡明代海西卫、建州卫、野人卫等国居今日盛京、吉林二省之地者，盖已削平殆尽矣。以上皆参考开国方略[1]、圣武记[2]、太祖实录等书。凡太祖征明之师及太宗伐明、伐朝鲜、伐黑龙江诸部之师，皆不录。

按：国朝肇兴东土，凡环境诸国以次削平，而延吉境内用兵之事，殊为罕睹。盖延吉为国朝发祥重地，在建国时已隶我朝版图，造攻自亳，根本为先，有不可数典而忘祖者。谨参考开国各史，证明延吉厅为国朝发祥之地如左：

白山东麓为神圣诞生之地，史有明文，见太祖实录、发祥纪略、开国方略、满洲源流考等书。延吉正居白山之东，崧岳降灵之区，舍延吉谁属耶。则延吉厅为国朝发祥重地者，其证一。

发祥世纪略云，始祖建国，居长白山东俄漠惠之野鄂多哩城，在兴京东一千五百里，宁古塔城西南三百三十里勒富善河西岸，瑚尔哈上流为勒富善河即今之牡丹江建国号曰满洲。夫俄漠惠即今之额黑穆索罗站，简名为额木索北距延吉厅仅三百六十里耳。鄂多哩即今之敦化县，城西二里有旧城，俗呼为奥东城，亦曰阿克敦城。西北距延吉厅仅三百里耳。以长白山位置而论，延吉厅居正东，敦化县偏北，盖长白山脉之东干，蜿蜒东向，亦名长白山脉。延吉在东干山脉之南，敦化在东干山脉之北，哈尔巴岭为东干山脉之分水岭，即延吉、敦化交界处也。所谓居鄂多哩城者，盖举建国时之首都而言。至曰俄漠惠之野，则四周数百里之地，必皆在其范围之中。是当时国境实包有今延吉厅、额木索、宁古塔一带之地，则延吉厅为国朝发祥重地者，其证二。

圣武记云，明末扈伦四部为海西卫，亦谓之南关、北关。东海三部为野人卫，多滨海岛屿。满洲五部、长白山二部则皆建州卫、野人卫交界之地，则由今盛京之兴京东迄绥芬、南至图们江北，皆建州卫地也。肇祖时，曾任明代建州卫都督，见明史是今之延吉厅在肇祖时，固已受国朝之统治矣。则延吉厅为国朝发祥重地者，其证三。

满洲当明末诸国分裂，争相雄长。统计延吉厅环境各部，如长白山国之鸭绿部则在鸭绿江流域，纳殷部则在三音纳殷、额黑纳音二河之间。居长白山之北麓至东

〔1〕　开国方略，古代文献名。乾隆时期由阿桂等编撰，主要记载清朝早期历史。

〔2〕　圣武记，清魏源编撰的一部历史著作。该书采用纪事本末体裁，共十四卷，记述了爱新觉罗氏的崛起，统一东北，进攻明朝，从进关直到道光年间的对内对外的主要战争，并对这些武功进行了评论。

海国之库尔喀部,则在珲春左右与朝鲜庆源相对。见满洲源流考天聪二年以前,大都詟服天威,率先朝贡。惟瓦尔喀部,屡劳王师征讨,开国方略、太宗曾遣外藩科尔沁等出朝鲜咸镜道往征瓦尔喀,又遣承政尼堪等道出朝鲜会宁,击败平壤巡抚兵二千,会征瓦尔喀。然在乌苏里江之东,日本海之北,相距颇远。至始祖建国之处,如俄漠索、鄂多哩城以迄布尔哈通河、海兰河、图们江之流域,纵横约距千里,未闻有别部违抗致劳王师之征讨者,盖发祥重地,人心归向之,诚有非他部落所可比也。则延吉厅为国朝发祥重地者,其证四。

国朝入关以来,长白一山列诸祀典,康熙十六年上谕曰,长白山发祥重地,奇迹甚多,山灵宜加封号,永著祀典,以昭国家茂膺神贶之意。且将兴京以东、伊通州以南、图们江以北之地,悉行封禁。移民之居住有禁,田土之垦辟有禁,森林、矿产之采伐有禁,人参、东珠之捕取有禁。统观十一朝圣训,言吉林封禁之事极多,盖顾念根本而思所以保护者,至周且密也。则延吉厅为国朝发祥重地者,其证五。证此五者,则延吉厅为国朝根本重地,且在未入关以前矣。

结论

延吉厅疆域,自唐虞以至国朝,历四千余载,如肃慎、如靺鞨,如渤海,如辽,如金,则皆建国满洲而据有此土者也。如汉,如元,如明,如国朝,则皆统一中国而领有此土者也。史乘尚在,版图俱可稽焉。若今之高丽乃剽窃高句丽之名,高句丽唐书亦简称高丽至称朝鲜,则袭箕子之旧称。名韩,则袭三韩之故号。其领土域既不相同,高句丽立国于满洲,据有高丽之平安、咸镜二道。若高丽乃建国于朝鲜半岛者耳。箕子所封朝鲜在今盛京南部一带,三韩故基,则分有今高丽全壤。年代亦复悬绝,高句丽建国在汉代,至隋唐时犹有高句丽、百济、新罗三国。唐高宗时,灭高句丽,而新罗、百济尚存。百济亡而新罗遂兼有一国之地。迨北宋,新罗亡时,有裨将王姓叛而建国曰高丽。明洪武又封李成桂为朝鲜王,今之高丽仍李裔也。不可以今高丽之疆域与昔时高句丽等相混者,夫岂待辩。考今高丽建国在辽宋时代,仅据有朝鲜半岛南岸。元代以后,始获有鸭绿、图们二江以南之地。见前明及国朝皆为属国,奉命惟谨。高丽兵力从未越图们江一步,而乃妄指延吉厅为"间岛",考数千年来之历史地舆,此地从未有"间岛"之名。称为属清、属韩未经确定之疆土,吾诚不知其何所据而云然也。

第二章　延吉厅建设之沿革

国初封禁之河流山场

国朝入关以后，为保全根本之计，延吉地方列为禁山围场，每岁仅由乌拉总管及吉林将军采取东珠、人参、貂、狐、熊、鹿、猞猁、虎、豹等物，以上贡天府。见皇朝文献通考、会典事例等书及乌拉、珲春册报。故光绪以前，除由珲春协领、都统兼辖外，别无行政机关可考。谨据八旗通志及珲春册报而考，延吉厅国初封禁采捕之河流、山场如左：

布尔哈通河河侧朝阳川，一名珍珠营。

海兰河

噶哈哩河即嘎呀河

以上为捕珠河，见八旗通志。

瑚珠山即瑚珠站。

阿布达哩即今之珲春东沟

乌尔珲山即今之黑顶子

呼兰山即今之火龙沟，在珲春东南

呼兰河[1]

以上为采捕山，见珲春册报。

据此，则延吉厅之地，北由哈尔巴岭发源之布尔哈通河，南达于图们江流域，东北由宁古塔交界之瑚珠站，而东南至图们江北之黑顶子，皆国朝封禁采捕之重地。故国初以来变迁甚少，至近数十年始稍有行政之建设，盖由封禁时代渐改为厅治时代也。更详其建设之沿革如左：

康熙年间之建设

延吉境内

国初既经封禁，故建设极为疏略。康熙五十三年设珲春协领，隶于宁古塔副都统，是为设珲春协领之始。

按：延吉厅原归珲春管辖，考延吉厅地方建设之沿革，则必自珲春始。

---

〔1〕 呼兰河，图们江支流。

道光、咸丰年间之建设

国初以来，流民入境禁例綦严。至道光时，图们江北始稍有人民窜入，然禁令仍严密也。道光二十八年二月奉上谕，前据额经布等奏，遵议查勘吉林辉发、土门江二处协缉章程并筹拨缉捕经费一折，当交军机大臣议奏。兹据该大臣等核议具奏，吉林地方或与盛京山界毗连，或与朝鲜隔江为界，均宜一体清查，勿任奸民窜入。著额经布等照议于每年统巡及钦派大臣巡查之年，慎重选择协领、防御各员，会同各卡弁兵，责成认真巡缉。倘有匪徒垦田构舍，立即查拿，并将田舍平毁。或此拿彼窜，迅即知照邻封协同追捕，勿令远扬，庶奸谋永杜，而边界肃清矣。观此时重申禁令之文，则以前每年之巡查防御，皆可推知。是为图们江北注重边务之始。此外，自康熙至咸丰年间，凡言封禁吉林境内之谕，不下百余通，不能详录。

按：读此次上谕，言边界则曰与朝鲜隔江为界，言防守则曰勿任奸民窜入，又曰庶奸谋永杜，边界肃清，则图们江为吉韩分界无有疑义，而当时界禁之严可想见矣。

自中俄界约订立以后，吉林东部悉与俄境毗连，珲春僻处东隅，遂成重镇。咸丰九年七月奉上谕，富明阿[1]等奏，珲春边务事繁，请将该处协领赏加副都统衔，以资震摄等语。珲春协领讷穆锦著加副都统衔。嗣后珲春协领一缺，即作为副都统衔协领，永为定制。是为图们江北整饬边防之始。

按：当时所称边务事繁，盖专注意于俄，图们江北界禁素严，尚未虞及韩人之生心也。

光绪纪元以来之建设

光绪四年，吉林将军铭安奏，阿克敦城即今之敦化县，一名阿克敦县。一带有私垦地亩，前经派员履查，据旗民各户呈垦领业升科，并愿补交荒价等情，现在贼氛渐息，同治末及光绪初元，吉林有匪徒滋扰。应将私垦地亩查丈升科，派知县赵敦诚等前往阿克敦城，将旗民私垦地亩查明造册，分别荒熟，限年升科。是为图们江北办理荒务之始。

按：自咸丰以来，禁令渐弛，始稍有在图们江北私垦地亩者，故于是年铭将军有此奏请。然斯时私垦者多为旗民，尚仅在敦化县一带。至图们江北附近，虽至同治年间即有韩民越界，然其初皆为佣工，虽间有私垦者，为数尚少。故此时请查丈升

---

〔1〕　富明阿（？—1882年），字治安，姓袁氏，正白旗汉军人。明兵部尚书袁崇焕裔孙。咸丰六年（1856年）授宁古塔副都统。同治元年（1862年），授正红旗汉军都统。五年（1866年）授吉林将军。后以病乞休，卒谥威勤。

科，尚未议及也。查光绪六年，今延吉所属高立岭以西之地划归敦化县管辖，高立岭以东之地归珲春管辖。七年，设副都统后，今延吉全境仍归珲春辖。

光绪六年，将军铭安与三品卿衔吴大澂先后奏请添练马步队七千人，分防宁古塔、珲春、三姓等处。其靖边军[1]之驻扎珲春境内者，共有九营。驻南岗者延吉厅治处原名南岗为右路步队一营、马队一营。驻珲春城东及红旗河一带者，为中路步队三营、前路马队二营、步队一营。驻黑顶子者为前路步队一营。是为图们江北驻扎防营之始。营制，马队二百五十人，步队四百人。光绪二十六年靖边军悉行解散。

按：是年边务添练防营，盖为防俄患及马贼而设。至于吉韩边境，自有江流为界，则固无患之可防焉。

光绪七年四月，奉上谕，现在俄事虽已定议，惟念中国边境与俄毗连，必宜慎固封守，以为思患预防之计。吉林之三姓、宁古塔、珲春等处防务，尤关紧要，即著责成吴大澂督办，是为吉林设边务督办之始。

按：是时与俄界约初定，为防俄计，故有督办边务之设。当时延吉境内，虽间有韩民私垦，然国界素定，无庸多虑，是以为思患预防之计，而并未筹及图们江北也。

又是年四月二十八日上谕，铭安等奏请添设副都统暨建造衙署各折片，吉林珲春地方向归宁古塔副都统管辖，相距遥远，该将军等请添设大员以资统率，系为因时制宜起见，著照所请，添设珲春副都统一员，其应铸关防并支给俸廉等项，改设官缺建造衙署各节，均著照所议办理。其余未尽事宜，该将军等体察情形，详议具奏。是为设珲春副都统之始。

按：是时图们江北封禁大开，已知非有行政机关不能治理，然初不料根本之地，布置稍疏，竟致动外人觊觎也。

又是年，将军铭安等奏称，查吉林伊通州以南为围场，再南为奉天围场，入南始为山兽滋生之所。自奉天放荒后，人烟日稠，每逢捕打贡鲜，竟无所获，闻其地多沃壤，可资开垦。饬据知府李金镛等履勘禀称，南荒按：南荒即指吉林南部而言。光绪七年，延吉厅境内曾经李金镛遍行查勘。东自苏密，西至青顶子，其间高原、平壤错立山中者，计有二十七处，约可垦地十余万垧。合无仰垦天恩，俯念吉省南荒围场无可采捕，准其援照奉省请放围场成案，一律招佃认领垦种，以安民业而裕饷源。节录由是吉林南部废禁山围场之旧制，行移民实边之政策，而延吉境内设有南岗、

〔1〕 靖边军，1880 年 6 月，吴大澄与吉林将军铭安在吉林以招募方式建立的新型军队。

珲春、东五道沟、黑顶子等垦局。是为设局招垦之始。

计开光绪七年延吉厅境内奏报垦成熟地及分立各社如左：

南岗垦局 奏报垦成熟地一万八千九百三十九垧九亩三分，设立志仁、尚义、崇礼、勇知、守信、明新等六社。

珲春垦局 奏报垦成熟地五千六百二十垧零一亩六分，设立春和、春云、春华、春明、春融、春阳等六社。

五道沟垦局即珲春东沟 奏报垦成熟地二千零七十三垧九亩六分，设立春仁、春义、春礼、春智、春信等五社。按：延吉境内，虽至是时始行招垦，而韩民越垦者则已日益众多，故吴督办于是年有请将越垦韩民，概令入籍之奏。虽旋因韩王垦将该民等刷还，其事中止，然亦足见韩民私垦我地，为因穷迫犯禁，不仅于界务全无关系，且初非彼国王所欲也。

光绪十年五月奉上谕：珲春副都统依克唐阿[1]著随同希元[2]帮办吉林边务一切事宜。是为珲春副都统兼帮办吉林边务之始。

按：是年吉林边务改归吉林将军督办，珲春副都统为帮办，以收指臂相联之效。而管理旗务之专员，遂兼有民事、兵政之全权，故珲春副都统不惟专办边防，而韩民越垦事宜亦由其随时经理矣。

又是年通商大臣李鸿章、吉林将军希元奏称：吉林与朝鲜商民贸易章程，前经臣等核定会奏，已由总理各国事务衙门、户、礼部覆奏。奉旨依议。钦此，钦遵。当即陈明，候将刷还流民及酌拨防军一切事宜议定后，派员前往开市贸易，以昭慎重。近据珲春副都统依克唐阿咨报，俄人与朝鲜有陆路通商之议，朝之广兴府与俄镇两处人民，彼此往来踪迹甚密等因。朝鲜向来孱弱，近因国中滋衅，曾为日人所逼。今俄又设此谋，以暗撤朝鲜之门户，恐该国受其愚弄，贪一时小利，贻他日隐忧，此其渐不可不防。为今之计，惟有将吉林与朝鲜通商事宜亟为举行，于招携怀远之中，寓先发制人之意，庶可以阻敌谋而定民志。臣等往复咨商，意见相同，自应遵照前次奏定章程，派员督理商务，以专责成。奉旨依议。是为设和龙峪、光霁峪、西步江局卡之始。光绪十九年奏裁

附节录吉韩通商章程数条原定吉韩通商章程十六条

---

〔1〕 依克唐阿（1834—1899年），字尧山，扎拉里氏，镶黄旗满洲人，祖籍吉林伊通，历任呼兰副都统、珲春副都统、黑龙江将军、盛京将军等职。

〔2〕 希元（1843—1894年），字赞臣，伍弥忒氏，蒙古正黄旗人。光绪十年（1884年）任吉林将军。

通商局光绪十一年设，专司吉林与朝鲜通商之事，稍改市易旧例，准其随时交易，以示优待属国之意。所定贸易章程与各国通商章程两不相涉，以事体本不同也。局在珲春城西南二百五十五里和龙峪地方，俗呼大磖子南接朝鲜会宁界图们江，派员督理。

光霁峪分卡，在图们江北岸，南接朝鲜钟城府，距珲春二百余里。

西步江分卡，在珲春城西二十里，西界朝鲜庆源府。

两国边界敦化县南与会宁、钟城，珲春与庆源，互相往来贸易。其稽查之事，各按边界定律办理。以上通商章程第一条

宁古塔与会宁，库尔哈与庆源，市易旧例一律停止，此后贸易，均照新章程办理。第三条

又查十四年，通商大臣李鸿章奏称，中略据吉林将军咨转吉朝商务委员禀称，吉朝通商原拟俟刷还流民，酌拨防军再行举办。旋因俄人与朝鲜有陆路通商之议，庆兴府与俄镇两处人民往来甚密，是以亟设局卡，借可杜渐防微。该处皆旷野空山，时有盗贼出没，朝鲜关北一带地方，因之不靖。自经设局，联络朝员梭巡稽查，匪类敛迹。凡遇无告穷黎，量力安置，韩民入我境者，俨有乐郊乐土之思。其交涉事件亦无不推诚布公，和衷商办。至越垦韩民为数既众，往往与华民争垦互殴，局员平其曲直，使彼此息忿，否则怨不在大，积久易滋事端。珲春、敦化远在三、五百里以外，若非该局就近抚驭，实无以安民心而弭隐患。惟和龙峪一带人烟稀少，居民贫苦异常，朝鲜沿江各府更无富商大贾，是以货物销售有限，税收不旺。现值该局试办届满，所收税数如此细微，就目前而论，似非裕财之道，就远而论，实亦抚治边陲，维系韩人之策。（中略）臣查吉林和龙峪一带分设局卡，本欲羁縻韩民，非为多收税项，若遽裁撤，恐于时局有碍。现既汇核税项不敷局卡用度，自应将需用经费展限三年，仍由山海关按照删减数目，每结解交银二千二百两，俟限满能否就税项挹注，再行察酌办理。以上据档册

按：据原奏所称，则和龙峪等处之设通商局，实兼有理民之责，虽此时未设厅县，亦已具有行政之机关也。至韩民有无告者入我境内，我为量力安置之，有与华民争垦者，平其曲直，我为就近抚驭之，其所以抚恤韩民、保护韩民实周且至矣。然韩民来居此土，因何受我抚绥，劳我保护，其主权之为谁属，尚待烦言而解耶。且通商章程载在条约，为中韩所公认。观所记和龙、光霁二峪之局卡辖地，皆言以图们江为界，则此时于两国国界更不啻重加声明而宣布之矣。

十五年，吉林将军长顺奏称，吉林、朝鲜以图们江为界，此次查出沿江私设桥

渡,已饬督理和龙峪商务总局委员章鸿锡会同朝鲜边界官概行撤毁,仍照章在光霁峪分卡并西步江分局之开市处所对岸设渡,所有来往商民,彼此验照,方准放行,以杜漏税及越垦之弊。惟是沿江上下数百里巡查不易,况俄人现复与朝鲜陆路通商,则我之珲春一带交涉事件势必更增繁重。臣拟于图们江设立三板炮船二号,上下梭巡,于边防不无少补。其炮船一切,悉按本年四月奏设松花江水师炮船章程办理。至冬令封江之后,即将船上弁兵并酌拨队伍,扼要巡缉,俾臻严密。其营制,夏则梭巡于图们江上下游,冬则驻扎于珲春之西步江。凡领哨、舱长、炮勇等共四十八员,三板船一只,驾噶尔萨炮二尊,四板船二只,每船驾噶尔萨炮各一尊。以上见吉林省志后二年裁是为图们江设立水师营之始。

按:图们江岸,既由我设局收税,图们江中复经我设立水师,则国界自可想见。查当时之设渡舟,固为防越垦漏税之弊,其设水师,虽亦为防俄人意外之虞,然使至今尚在,日韩人于我国界何从窥伺,乃行之未久即行裁撤,殊可惜也。

光绪二十年,吉林将军奏,将图们江北岸收还朝鲜流民越垦地亩,并将垦民立社编甲,照则升科,设局抚垦。凡越垦之地,统建四大堡,堡分有社。镇远堡建于黑顶子,分设八社,与韩之庆兴府对峙。宁远堡建于光霁峪,分设十三社,与韩之钟城府对峙。安远堡建于章母得基,分设六社,与韩之茂山府斜对。计四堡三十九社,收抚垦民四千三百零八户,男女丁口二万零八百九十九人,统编一百二十四甲,较定四百一十五牌,丈报熟地一万五千四百余垧,岁征大租银二千七百七十九两有奇。自光绪十六年起至二十年竣事。是为清丈地亩,照则升科,设局抚垦之始。

按:是年设立抚垦局,系遵十六年总署所奏办理。盖以吉韩界务自茂山以下有图们巨流为两国天然界限,韩国勘定使亦无异说。总署奏稿详越垦篇故自茂山以下清丈地亩,照则升科,以慰流氓归附之心,而韩民遂皆入我版籍,而受廛为氓矣。

二十八年十月军机处奏,吉林将军奏称,吉林幅员之广四千里有奇,仅设两府、四厅、一州、两县、辖境太广,控制不易。该将军奏请于珲春相近之延吉岗增设厅治,设抚民同知一员,和龙峪设分防经历一员,归延吉厅管辖,并设巡检一员兼司狱事,教谕一员,其余请设,各缺从略奉旨依议。是为设延吉抚民同知、和龙峪分防经历及巡检、教谕各缺官之始。

按:至此时,图们江北始有完全理民之官。盖以越垦者益众,华韩杂处,事务殷繁,已非敦化、珲春远在数百里外者所能治理。势之所趋,不得不因时制宜也。次年韩民滋乱,不久即定,未始非改设厅治之效。惜前将军虽已见为重要,而因循惮于大举,行政机关仍复缺略不完,致令外人生心,日夕经营,以图乘我不备,至今警觉亦已晚矣。然事尚可为，仍视当局者之布置何如耳。

二十九年，吉林省添招吉强军四营，分驻延吉境内。其驻扎区域详后军队表是为延吉厅驻扎吉强军之始。

按：是年设吉强军步队三营、马队一营，分驻图们江北岸。前此，靖边军九营，盖注重俄防，而吉强军则专防韩民之不靖而设也。适是年，李范允越界敛财，带兵渡江，华韩人民俱受其虐，烧杀抢掠之案至数十起，华民之毙命者几数百人，而其卒获平韩民之乱党，保地方之治安者，未始非此添设军队之力也。

结论

我朝入关以后，自长白山脉以南，图们江以北，如布尔哈通河、海兰河、嘎呀河、珲春河之流域，皆仅取其物产之精英，以上充天府贡品，而列为禁山围场之重地，则封禁权之操之我国者也。咸、同以来，东边多故，始则注重俄防，继又以华韩杂处，事务殷繁，故延吉厅一隅之地，军队则有靖边军、水师营及吉强军之设，垦务则有南岗、珲春、五道沟、黑顶子等局之设，通商越垦，则有和龙峪、光霁峪、西步江等局卡之设，光绪二十年又改设庑垦局民政机关则有延吉厅、和龙峪分防经历之设。其所以保领地之治安，谋边防之巩固者，皆上劳宵旰之忧勤，下烦疆臣之擘画，则建设权之操之我国者也。盖图们江北为我国固有之领土，而军事上、政治上之建置，固丝毫未受外人之干涉者也。今日人致外部照会，八十三号乃谓光绪十一年以后，延吉厅所设各衙署，即指和龙峪通商局、图们江水师营、延吉厅治等类。均系我国政府于界务争论未决之时擅自设立，而不知韩民越垦始于光绪初元，界务争端肇于光绪九年。详越垦篇而自国初以至光绪九年二百余载之间，两国确守国境，未生界务问题。而康熙年间设珲春协领，道光年间设图们江北卡伦，详后咸丰年间改珲春协领为副都统衔协领，光绪六年设靖边军九营，七年则有督办边防、珲春副都统及珲春、南岗、东五道沟、黑顶子等垦局之设，是则图们江北之地，当界务争端未起以前，设官驻兵，我国已无不随时筹划矣。此后一切措置，无非因时制宜，渐易旗员疏阔之旧规，而变为民政机关之厅治耳。我疆我理，先后同涂。领土主权由来已久，讵得谓乘界务未决之际，擅立衙署为非正当之举乎。数语见日本致外部照会且吉韩界务之所未决者，据十三年勘界成案，不过茂山以上之图们江源处耳。至延吉厅一切建设区域皆在茂山以下，有图们江天然界限，详后与吉韩境界问题毫无关系，又何得以有图们江天然国界之处，而与红土、石乙二水以上境界未决之区，妄相牵混乎。故历考二百年来建设之沿革，以证成延吉厅为我领土，决非外人所得干涉之铁案。

第三章　延吉厅之地理内山脉水道皆按此次实测里数计算

第一节　位置

延吉厅位置，西有长白山脉秃兀秀拔，为奉、吉二省诸山之主峰，北有长白东干之穆克德亨山脉蜿蜒东向，而为秫秸垛、哈尔巴岭、老爷岭、黑山诸岭，绵亘二千余里，为延吉厅北界之屏障，南则有白山东麓巨川之图们江，划吉林、朝鲜天然之国界。东流千有六百余里而入于海，其东则有老黑山支脉耸立珲春东部，以接于俄境。而其中则为白山东麓所拓之大陆，有海兰河、布尔哈通河、嘎呀河、珲春河流域之平原。厅治居布尔哈通河之东北，距吉林省治七百六十里，被山带河，为吉林南部之重地。

第二节　区域

延吉厅管辖区域，一仍珲春副都统所辖境域之旧。由厅治计里核算，正南七十里为和龙峪，驻有分防府经历又八十里至图们江，沿稽查处，隔江与朝鲜之会宁府界。正北三百二十里至瑚珠站，与宁古塔界。正东二百八十里至萨字界牌[1]，与俄罗斯界。正西六百里至长白山及小白山顶，与奉天之临江、通化二县界。东南二百四十里至珲春，又三百六十里至东分水岭，与俄罗斯界。东北五百里至绥芬甸子，与绥芬厅界。西北二百三十里至哈尔巴岭，与敦化县界。西南三百六十里至红旗河，与朝鲜茂山府属之西豆水界。由西豆水至小白山顶，详后界务专条中。合计延吉厅所辖区域东西长八百八十里，南北广四百七十里，面积约有四千一百三十六方里。

第三节　和龙峪分防厅之区域

分防经历虽与延吉厅分地而治，而实辖于延吉厅其区域即统于延吉厅区域之中

和龙峪分防厅所辖境域，西自小白山顶起，沿图们江源之红丹水附近迄图们江北光霁峪下之马牌止。由马牌至火龙沟图们江沿之地，复归延吉厅属。又自珲春南之火龙沟起，至黑顶子、沙草峰等处止。沙草峰至图们江口约三十里，皆归俄罗

〔1〕　萨字界牌，树立于珲春以东的山脊之上。

斯属。凡图们江沿之地多归分防厅属,是为和龙峪分防厅南界。自长白山东干支脉之牛心山分水岭起,东至光霁峪止,凡分水岭之水南流入图们江者为越垦地,属分防厅。北流入海兰河者,为招垦地,属延吉厅。至黑顶子、沙草峰等处,凡长岭之水长岭与上所云之佛多石岭、东分水岭,均系一岭之山脉。流入海者,为俄罗斯属。流入图们江者为分防厅属。是为和龙峪分防厅之北界。计其境域东西长约七百余里,南北宽狭不一,皆以图们江北之分水岭为限。

第四节　延吉境内山脉略考

长白山为我国东方诸山之祖,松花江发源于其北,鸭绿江发源于其西,图们江发源于其东,奉吉两省之界即以此分,而山南则朝鲜界焉。长白山古名不咸山,汉称单单大岭,魏称盖马大山,后魏称太白山,又称徒太、太皇山。长白之名,实始于金代。国语称果勒敏珊延阿林。果勒敏者长也,珊延者白也,阿林者山也。俗亦称为白头山,盖以山顶四时积雪,故名长白山。拔海一万尺乃至一万二千尺,山顶五峰并峙,中央有湖,周围约三十余里,称为天池,亦称闼门潭。山顶为轻石石炭岩,树木不生。山腹全系土质,森林密茂,不见天日。然倾斜平缓,登降不难,俗称白山派子。惟每年八月至翌年四月为大雪封山之期,行人绝迹。延吉境内之山,皆发脉于白山之东麓。今将白山东麓山脉统系之已经测明者,约分为五支述之于左,其未详者姑从缺焉。

第一条　小白山山脉

小白山在长白主山东南四十五里,实连长白为一本干,以其别起一峰,故俗呼曰小白山。山南为中韩旧界,其山脉南行散布于朝鲜境内。

第二条　甑山山脉

山脉发自小白山,在小白偏东百八十里。山南为红丹水,北为石乙水,此支脉即止于石乙、红丹二水之间。

第三条　长山岭山脉

长山岭为长白山东最近之一支干山脉,由长白东行约六十里而为红土山,又由红土山蜿蜒东行而为长山岭。其山脉倾斜平缓,形如岗丘,故名。至红丹河与红旗河二水蜿之合流处,即长山山脉尽头处也。

第四条　老岭山脉

此山为长白山东北之一大支干,延吉境内诸山大都从此山分脉,其山脉由长白山东北百二十里处,俗呼为老岭。松林苍郁,内多千年倒木,不能通行。又由老岭北行而为秫秸垛，又由秫秸垛东北向三十八里而为鸡冠磖子，又由鸡冠磖子北行六十里而为窝集岭，以森林密茂，故名。又由窝集岭北行百二十余里而为哈尔巴岭，其南即布尔哈通河之发源处也。又东行而为老爷岭、老黑山诸山，为吉林南部之一大分岭。

第五条　牛心山山脉

牛心山发脉于秫秸垛之南，东距秫秸垛约百二十里。牛心山山南之水皆南流而入图们江，山北之水皆北流而入海兰河，亦为长白山东之一大支脉，而牛心山则此支脉之过峡处也。由牛心山东北行四十里而为杨木顶子，又由杨木顶子东北行八十余里而至和龙峪大磖子，又由大磖子东北行三十余里而至风都岭，又由风都岭东北行五十余里而为灯笼岭，又由灯笼岭东行三十余里而至艾苇甸子，即海兰河、布尔哈通河会嘎呀河而入图们江之处也。

第五节　水道

第一条　图们江之源流

图们江发源于白山之东，白山南北绵亘百余里，其中山峦起伏，虽有长白、小白之称，实皆统为白山，或统称曰长白山。其源有二：一为正源红丹水，一为分源石乙水。

红丹水出于小白山正东之三汲泡，西北距长白山峰六十里余泡水东北伏流八里，有泉涌出，是为红丹水之源。

自泉源涌出东北流七里余，有一小水来汇。

此水自发源处西北流五里余入汇。

又东北流二里余，有一小水来汇。

此水自发源处西北流五里余入汇。

又东北流二里余，有一小水来汇。

此水自发源处西北流五里半入汇。

又东北流五里余，有一小水来汇。

此水自发源处西北流八里入汇。

又东北流六里，又东流十四里，又北流九里，又东流九里半，又东南流九里，有柳洞河来汇。

柳洞河由南来汇，其源流里数未详。

又东流五里余，又东北流五里余，又东流二里余，又东北流十里，又东流三里，又东北流五里，又东流五里，又东北流四里余，又北流三里余，又东流三里余，又北流三里余，又东北流四里，又北流三里余，又东流七里，与石乙水汇焉。自发源处至此共一百二十八里。是为图们江之正源，亦即吉韩之旧界也。

石乙水发源于白山之东，西南距小白山峰三十八里，西北距长白山峰六十里。自发源处东北流十二里，又北流九里，红土山水来汇。

红土山水发源红土山，南与圆池水合，东流六里入汇。圆池水发源红土山北之圆池，东南流六里合于红土山水。

汇红土山水后又分二派，各向东流九里半乃复交汇。交汇后北流二里余，又东南流二里，又东北流十三里，又东流三里余，又南流一里余，又东流八里，又东南流三里余，又东流十里，又东北流九里，又东南流十一里，外七道沟水来汇。

外七道沟水自发源处南流十一里入汇。

又东南流十三里，又北流三里，又东流二里余，又南流四里，与红丹水汇焉。自发源处至此共一百一十六里。是为图们江之分源。光绪十三年中韩会勘界务，华员主以此水为国界，而韩人乃主红土山水，遂未决议。

红丹、石乙二水汇流以下始为图们江之正流，自江源交汇后东流九里半，又北流十四里，又东流七里，红旗河来汇。

红旗河亦可称为图们江之北源，出于老岭，自发源处西南流十二里，又东南流五里，又东流七里汇一小水，自发源处南流九里入汇又东流五里汇一小水，自发源处南流四里余入汇。又东南流二里半汇一小水，自发源处西南流五里余入汇。又东南流九里汇一小水，自发源处南流三里半入汇又南流三里有一小水来汇，自发源处西流五里入汇又南流五里汇一小水，自发源处东流九里入汇又南流九里至黑瞎子沟口，黑瞎子沟水来汇，自发源处西南流九里入汇又东南流三里余，小马鹿沟水来汇，自发源处东南流十四里半，又东流三里半入汇。又东南流八里半，大马鹿沟水来汇，自发源处东北流六十三里半，又东流三里余，又东北流十九里入汇。又东南流五里，大杨树沟水来汇，自发源处南流十七里入汇。又东南流三里余，又东流三里，小杨树沟水来汇，自发源处南流七里余入汇。又南流二里余，又东流五里，石人沟水来汇，自发源处南流二十五里入汇又东南流十一里，古洞沟水来汇，自发源处东流十一里半入汇又东南流十里至三江口西入于江。

又东流二里至三江口，西豆水来汇，韩人亦称为鱼润江。图们江自合西豆水后水势始盛。

西豆水其流甚长，亦可称为图们江之南源，发源于朝鲜内地，东北流来汇，其源流里数未详。

又东流七里余，又北流五里余，又东流三里，外六道沟水来汇。

外六道沟水自发源处南流十六里，有一小水来汇，自发源处东南流十二里入汇。又东南流五里与小六道沟水汇，自发源处东南流十八里半入汇。又东南流四里余入于江。

又东流五里，又北流五里半，又东南流三里半，又南流四里，又东流八里，又东北流二里，又东流五里，又北流四里，外五道沟水来汇。

外五道沟水发源老岭，东南流三十五里，又南流三里半至德郭，与德郭水汇。自发源处东南流八里半入汇。又南流十五里，马鹿郭水来汇，自发源处东南流八里入汇。又南流五里，小营子沟水来汇，自发源处东南流六里入汇又南流十五里半，又东流十二里入于江。

又东流四里余，又东北流二里余，又东流七里余，又北流六里，又西流四里，又西北流五里，又东流二里余，又北流三里余，又西流三里余，又北流三里余，石洞子沟水来汇，其南岸即朝鲜之茂山城也。

石洞子沟水自发源处东流十三里入于江。

又北流四里余，又东流九里，又北流二里，又西北流四里余，有一小水来汇。

此水自发源处东流十一里入于江。

又东北流五里，又西北流五里，外四道沟水来汇。

外四道沟水自发源处东南流二十里，汇一小水，自发源处东北流十五里入汇又东流二里半，牛心山水来汇，发源牛心山南流十一里入汇又南流十三里，又东流十五里，又东南流十里半，又东流五里入于江。

又北流二里，又东流八里，又西北流九里，又东北流三里，又北流四里半，又东流十二里半，又西北流六里，砚水、坪水来汇。

砚水、坪水自发源处东南流八里余入于江。

又北流四里，又东南流二里，又东北流三里余，果李崴子水来汇。

果李崴子水自发源处东北流十里汇一小水，又东北流七里入于江。

又东北流二里余，又西南流五里，又东南流四里余，又西北流二里余，又东北流二里余，又东南流二里，又北流六里，又东流五里，有一小水来汇。

此水自发源处东南流五里，又南流三里入于江。

又东流二里，又西南流四里余，又东流五里余，又北流二里余，又东北流四里，在末乃水来汇。

在末乃水自发源处东南流九里入于江。

又东南流二里，沙金沟水来汇。

沙金沟水自发源处西南流十五里入于江。

又东南流三里半，又东流五里，又东北流二里，又东流一里，又东南流七里余，又东流二里余，又南流四里，又东南流五里余，又南流七里，又东北流三里余，又南流四里，又东流三里，又北流五里，又东流五里余，又北流二里，又西流三里余，又东北流七里，又东流四里余，又北流四里，又东流五里，又西流四里，又北流三里，又东流七里，又东南流九里半，又东流二里，又东北流二里余，又东流四里，又东南流四里半，又东北流七里半，有一小水来汇。

此水发源里数未详，向西北流入于江。

又北流四里，又东流二里余，又北流三里，至稽查处有一小水来汇，其南岸即朝鲜之会宁城也。

稽查处一小水，自发源处东流十里入于江。

又北流十七里，火狐狸沟水来汇。

火狐狸沟水自发源处东南流十一里余，又东流六里，又南流三里，又东流五里入于江。

又北流四里半，又东北流七里半，又北流三里半，又西流三里余，又北流三里，又东北流三里，又北流一里，又西北流二里，又东北流四里，又东南流三里余，又东北流二里余，又西北流二里余，又北流五里余，又东南流三里，又东北流三里半，又西北流五里半，又北流十一里余，又东北流十六里余，又北流三里余，有一支水来汇。下流里许北岸为中国之光霁峪，南岸为朝鲜之钟城。中有沙滩长约十里，宽约里许，华人名为假江，光绪二十九年以后，韩人始妄称为“间岛”。

此水自发源处东北流三十五里，又东流三里，又东北流三里余，又东南流三里，又东北流十一里余入于江。

又东北流十七里，枢榆沟水来汇。

枢榆沟水自发源处东流十四里入于江。

又北流九里半，又东南流四里半，又北流三里余，又西北流七里余，又东北流四里，又东流四里，又东北流三里，嘎牙河来汇。

嘎牙河发源里数尚未测明，自北向南流经艾苇甸子，与布尔哈通河汇，布尔哈通河源流考详后又南流十一里，又东流五里入于江。

又东北流四里半，又西流二里半，又东北流四里，又东流七里半，有一小水来汇。

此水自发源处南流十二里入于江。

又东流四里余至窟窿山，有一小水来汇。

此水自发源处南流十一里余入于江。

又东南流三里半，又南流六里，又东南流四里半，又东北流四里，又东南流五里半，又东流九里余至凉水泉子，又东流二里，又东北流四里余，又东流四里余，有一小水来汇。

此水自北向南流入于江。源流里数未详

又东流五里至密江沟，有一小水来汇。

密江沟水向西南流入于江。源流里数未详

又西南流三里，有一小水来汇。

此水东流三里入于江。

又南流九里余，又东流十里余至盘岭口，有一小水来汇。

此水发源大盘岭，南流七里半入于江。

又东流九里至甩湾子，又东南流二里余，又西南流四里，阴阳河来汇。

阴阳河向西南流入于江。源流里数未详

又西南流十三里余，又东南流，又南流约二百里入于海。距图们江口里数尚未测明

第二条 布尔哈通河之源流

布尔哈通河发源哈尔巴岭，自发源处南流五里，又东南流九里余，黑瞎子沟水来汇。

黑瞎子沟水自发源处东北流五里余，又东流三里余入汇。

又东南流二里余，碱场沟水来汇。

碱场沟水自发源处西南流九里入汇

又东流四里，又东南流四里，又东流二里，又东南流十七里，又东流二里余，又东南流九里余，又南流一里，又西南流五里，又东南流二十一里，又西南流三里，又南流五里，又东流一里余，又东南流三里，又东流二里余，又南流二里，又西南流四里余，又东南流四里，又南流五里，又东流二里，又南流一里余，又西南流一里，又东流三里，又东南流五里，有一支水自天宝山来汇。

此水自天宝山发源，东南流三十里入汇。

又东南流九里半，又东流十里，有一支水来汇。

此水源流里数未详,向南流入汇。

又东流四里余,又东南流二里,细鳞河来汇。

细鳞河自发源处东南流十六里余,与一小水汇。此水自发源处东流八里半入汇又东北流六里与一小水汇。此水自发源处东南流十七里余入汇又东流十七里,又东北流十四里余入汇。

又东流十一里,又北流二里余,又东南流三里,又东北流一里余,又东流十一里余,又东北流二里余,又东流五里余,又东北流一里,又东南流一里余,又东流三里,又东南流二里,有延吉河自北来注之。延吉厅治即在下流二里许,居布尔哈通河之东岸。又东北流二里,又东流二里余,又东南流二里,又东北流二里余,又东流一里,又东南流二里,又东流二里,又东南流一里,又东北流五里,至城子山[1]与海浪河汇。海浪河源流考详后

又东北流三里余,又南北流三里,又东北流十五里余,又北流三里余,又东流一里余,又北流五里,又西南流二里余,又西北流三里,有一两沟水来汇。

又东北流七里余,又北流四里,又东北流二里,又东流一里余,又东南流四里,又南流三里余,又西南流五里余,又东流五里余,又北流五里,又东南流五里,又东流四里入于嘎牙河。

第三条 海浪河之源流即海兰河

海浪河发源小孤山,东流与二道、三道沟诸水相汇。

二道沟发源老岭,东北流八里余一小水来汇,此水自发源处东南流五里入汇又东北流十里一小水来汇,此水自发源处西南流六里半入汇又东北流三里余一小水来汇,此水自发源处东北流九里入汇又东北流三里一小水来汇,此水自处南流二里入汇又东北流一里余一小水来汇,此水自发源处东北流三里余入汇又东北流六里,一小水来汇,此水自发源处北流七里入汇又东北流五里余,又东流七里余,有东南岔子一水来汇,此水自发源处东北流二十三里,又北流八里余入汇。又北流五里,有蜂蜜沟子一水来汇,此水自发源处东流三十里入汇又北流五里余,又东流二里余,石嘴子沟水来汇,此水自发源处东北三十六里入汇又东北流十二里,窝集沟子水来汇,此水自发源处东南流五十四里入汇又东北流三里余,又西南流一里余,又东南流二里,又东流二里半,又东南流五里,又东流四里余,小夹皮沟水来汇,此水自发源处东北流二十二里入汇又东南流五里,与三道沟水合入于海浪河。

---

〔1〕 城子山,位于今龙井县城子山山城,为东夏国南京城故址。

三道沟亦发源老岭,东南流二十七里余,一支水来汇,此水发源大秫秸垛东北流十二里入汇又东流六里半,矮草沟子水来汇,此水亦发源大秫秸垛,东北流二十二里余入汇。又东流八里半西北岔子水来汇,此水自发源处东南流二十二里入汇。又东北流四里,一支水来汇此水自发源处东北流十五里入汇又东北流七里,一支水来汇,此水自发源处东北流十一里半入汇又东北流五里余,有一水自西来汇,此水自发源处东南流八里余入汇复有一水自东来汇,此水发源牛心山西北流九里入汇又北流二里,大堤仓沟水来汇,此水自发源处东流十一里入汇又北流四里,前城子沟水来汇,此水自发源处东流八里余入汇。又北流三里,大城子沟水来汇,此水自发源处东流八里余入汇又东流二里余,后城子沟水来汇,此水自发源处东流四里入汇又东北流十三里半,又北流八里,又东流三里半,又南流一里余,又东流一里,有湖水来汇,此水自发源处北流二十二里聚为湖水入汇又北流一里余,又东流三里余,与二道沟水合,入于海浪河。

又东流七里半,又东北流七里,头道沟水来汇。

头道沟自发源处东北流三十一里,至西大坡有一水自西来汇,此水东流二十七里入汇复有一水自西北来汇,此水东南流十七里入汇又东南流十一里,东流七里,柳树河子水来汇,此水自发源处南流二十里入汇又南流八里余,夹皮沟水来汇,此水自发源处东南流二十八里入汇又东南流七里余,垛道沟水来汇,此水自发源处东南流九里入汇又东南流十里,梨树沟水来汇,此水自发源处东南流二十一里入汇又东南流五里,大羊沟水来汇,此水自发源处南流十一里入汇又东南流八里余,又东北流五里,又东流十二里至头道沟街,入汇海浪河。

又东北流一里余,又东流十三里四道沟水来汇。

四道沟自发源处东北流四十二里余,一支水来汇,此水自发源处西北流十六里入汇又东北流十三里半,一支水来汇,此水自发源处西北流十二里入汇又北流二十五里余,入汇海浪河。

又东流三里余,又东北流九里余,小五道沟水来汇。

小五道沟自发源处北流二十里入汇海浪河。

又东流五里余,大五道沟水来汇。

大五道沟自发源处北流二十四里入汇海浪河。

又东流七里至关门嘴子,又东北流二里余,又北流二里余,又东北流二里余,六道沟水来汇。日人斋藤即驻于此

六道沟自发源处东流十五里,有二小水来汇。一水自发源处北流十里入汇,一

水自发源处东流九里入汇。又北流十四里，又东北流一里，一支水来汇，此水自发源处北流十里入汇又北流十里，又东北流九里余，七道沟水来汇。七道沟自发源处东北流三十里，与一支水汇。其水发源圣寿寺，经和龙峪西北流二十三里入汇七道沟二水汇流后，又西北流六里入汇六道沟。又西北流十五里入汇海浪河。

又北流一里余，又东北流十七里余，又东流一里，又东流三里，又东流六里半，又东南流八里，又北流三里半，又东流三里半，又东北流三里，又北流二里，又西北流二里半，又北流二里，又东北流二里余，又东流一里余，又西北流二里余，又东南流一里余，又南流二里，又西流四里，又西北流一里半入于布尔哈通河。

第四条　松花江经流吉省南部之源流

松花江发源于白山之北，其源有二：一为正源二道白河，一为分源二道江。

二道白河出于长白山顶之天池，池水西北流八里半，水流忽断，由地中伏流八里，泉复涌出，是为二道白河之源。

自泉源涌出北流三十八里半，有一小水自南来汇，一小水自东来汇。

又北流四里余，又东北流三里，又北流三里余，又西北流三里余，又东北流三里，又西北流三里，又北流二里半，又西北流二里半，又东北流十里，又西北流五里半，又东北流五里，又北流四里半，又东北流十一里余，又北流三里，又东北流九里，又西北流二里余，又东北流十五里，又北流三里半，又东北流三里，又北流一里半，又东北流六里，又北流二里余，又西南流二里，又北流一里余，又东北流一里余，又西北流二里余，又北流二里余，又东流三里，又北流五里，与二道江汇焉。自发源处至此共二百零三里是为松花江之正源。二道江源有二派，一发源于长白山，一发源于老岭。二道江之发源于长白山峰东麓者，别名黄花松沟子。源头一带有沟无水，沟向东北行约三十里方见水流。又北流二里半，又东北流二里，又北流十五里，有一支水来汇。

此水发源长白山，东北流十七里入汇。

又北流四里，又西北流五里余，又东北流四里，又西北流六里，又北流四里半，有一支水来汇。

此水自发源处北流八里，与一小水汇。此水自发源处东北流七里入汇。又北流二里，又西北流二里半，又北流五里余，又东北流七里余入汇。

又东流十一里，又北流五里，又东北流五里，又北流二里半，又东北流五里，又东南流二里，里马鹿沟水来汇。

里马鹿沟水发源老岭，西南流二十一里，又西北流五里余，与一支水汇。此水亦发源老岭，西南流二十一里余入汇。又西北流一里余，又西南流半里，又西北流十三里，与一支水汇。此水自发源处西北流十五里半入汇。又北流二里至上花磖子沟口，与一小水汇。此水自发源处西南流十二里入汇又西北流十一里入汇。

又东北流一里余，又北流六里余，又西北流二里余，又北流九里余，又东北流二里余，下花磖子沟水来汇。

下花磖子沟自发源处西北流十二里半，又西流四里余入汇。

又东北流一里，又北流三里，高台子沟水来汇。

高台子沟水自发源处西流七里入汇。

又北流二里半，又西北流里余，又北流五里，臭虫沟水来汇。

臭虫沟水自发源处西北流九里入汇。

又北流四里，又东流半里，又东北流二里，又西北流里余，又北流十一里，又东北流十里，与由老岭发源之二道江别派汇流，是为二道江源之一派。

二道江之发源于老岭者，自发源处西北流四里余，与同岭之别一支源合流。

此水发源老岭，西北流十八里入汇。

又西北流一里余，有一支水来汇。

此水亦发源老岭，经大磖子西南流十里余入汇。

又西北二里，一小水来汇。

此水自发源处东北流十三里入汇。

又西北流，嗅松桥子沟水来汇。

嗅松桥子沟水发源老岭，西南流七里余，又南流二里，又西南流十二里入汇。

又西北流一里余，一小水来汇。

此水自发源处东北流九里入汇。

又西北流一里，小儿沟水来汇。

小儿沟水发源老岭，西南流七里入汇。

又西北流一里余，又北流一里，又西北流一里余，又西流半里，又北流半里，二道向水河子来汇。

二道向水河子发源老岭，西南流十三里余入汇。

又西北流一里，又西南流半里，又北流半里，又西北流二里余，又西南流一里，又北流半里，又西北流半里，头道向水河子来汇。

头道向水河子发源老岭，西南流二十二里入汇。

又西北流半里，一支水来汇。

此水自发源处西南流十一里入汇。

又西北流里余，西南岔子水来汇。

西南岔子水自发源处东北流二十三里入汇。

又西北流二里半，又西流一里，又西北流二里，一小水来汇。

此水自发源处西南流四里余入汇。

又西流二里，又西北流二里，一小水来汇。

此水自发源处西南流五里入汇。

又西北流四里半，东北岔子水来汇。

东北岔子水发源老岭，西流二十一里半，又西南流十五里，又西北流四里余，又北流二里，又西北流四里，又北流四里半，又西北流三里，又北流三里入汇。

又西北流四里半，又北流二里余，又西北流四里余，又北流四里余，又西北流三里，又北流三里，与由长白山发源之二道江别派汇流，是为二道江源之又一派。

二道江之二派至此合一，又西北流二里余，三道沟水来汇。

三道沟水发源老岭，西流三十一里，又西北流十八里入汇。

又西北流里余，大夹皮沟水来汇。

大夹皮沟水自发源处西南流十一里入汇。

又西北流里余，又北流半里，又西北流里半，又西流半里，又北流一里，又西北流二里半，又北流二里，二道沟水来汇。

二道沟发源老岭，西北流三十五里入汇。

又西北流二里余，苇子沟水来汇。

苇子沟水发源老岭，西南流十四里入汇。

又西北流二里至娘娘库，又西流里余，又西北流二里余，小黄米河子水来汇。

小黄米河子水自发源处北流十一里入汇。

又西北流三里半，大黄米河子水来汇。

大黄米河子水自发源处北流十四里入汇。

又北流二里，头道沟水来汇。

头道沟水发源老岭，西北流二十二里与东南岔子水汇。此水发源老岭，西北流三十三里，又西南流二里，又西北流十五里入汇。又西流五里，又西北流二里，又西南流十五里余，又西北流六里入汇。

又北流二里，又西北流里余，又西南流三里，又西北流三里，板石沟子水来汇。

板石沟子水自发源处北流十里入汇。

又西流一里，四道白河来汇。

四道白河发源白山坡，北流十四里，又西北流五里半，又东北流七里半，又北流五里，又东北流二里余，又西北流五里，又北流二里余，又西流三里，又北流里余，又东流三里，又北流四里，又东北流里余，又西北流二里，又东北流二里余，又西北流里余，又北流五里，又东北流二里，又北流三里，又西北流二里，又东北流二里，又北流三里，又西北流二里半，又北流一里，又东北流二里，又北流里余，又西北流里余，又北流三里余，又西南流一里，又西北流一里，又东北流里余，又西北流二里，又东北流里余，又西北流三里余，与一小水汇，此水自发源处东北流七里入汇又东北流里余，又西北流三里，又东北流三里半，又西流一里，又西北流六里半，又东北流二里半，又北流一里，又西流一里，又北流半里，又东北流一里入汇。

又西流里余，又北流一里，北腰子沟水来汇。

北腰子沟水发源小秫秸垛，西南流十三里入汇。

又西流三里，三道白河来汇。

三道白河发源长白山，东北流里余，又北流十二里余，与一小水汇，此水自发源处东北流六里余入汇又东北流三里，又西北流五里，与一小水汇，此水发源长白山，东北流十五里入汇。又北流四里，又东流二里余，又北流二里，又西北流四里至妙安峰，又北流五里，与一小水汇，此水自发源处西北流四里余入汇。又东北流二里半，与一小水汇，此水自发源处西北流七里入汇又东北流二里半，又北流三里半，又东北流五里，又西北流三里余，又北流二里，又西北流二里，又北流二里余，又东北流五里，又北流里余，又西北流五里，又东北流十五里，又北流四里，又东北流二里，又西北流二里余，又北流七里余，又东流七里余，又西北流二里余，又北流四里，又西北流五里余，又北流二里，又西北流二里，又北流三里半，又西北流五里，与东南流来之一支水汇，此水发源奶头山，北流十一里，又西北流五里，又北流五里，又西北流九里半，又东北流二里，又西北流十里，又东北流六里，又北流里余，又东北流四里，又北流二里入汇复与西南流来之一支水汇，此水自发源处东北流十九里入汇又西北流四里余，又东北流五里，又北流里余，又东北流三里，又北流一里，又西北流一里，又北流四里半，又东北流三里，又西北流二里，又北流二里半，又东北流二里，又北流五里入汇。

又西北流三里，又东北流二里，又西北流二里半，又西南流一里，小沙河来汇。

小沙河发源小秫秸垛，西流六里，又西南流六里，又东流一里，又西南流六里，又西北流一里，又西南流七里半，又西北流一里，又西南流半里，与杨木条子沟水汇,此水自发源处南流九里入汇又南流二里入汇。

又西南流二里,又南流二里,又西流一里,又西北流二里余,与二道河水汇焉。是为松花江之别源。

二道江与二道白河汇流以下,始为松花江之正流。自二江源交汇后,西南流三里半,又西北流四里,一小水来汇。

此水自发源处西南流九里入于江。

又西北流十三里半,又西流二里半,又北流二里,又东流里余,又西北流半里至西江口,富尔河来汇。

富尔河发源富尔岭[1],东南流七十里,与内黄泥河子汇,此水自发源处东北流二十五里入汇又东南流一里,又东北流里半,又东南流二里半,与柳树河子汇,此水自发源处东北流十二里入汇又东南流五里,与杨树河子汇,此水自发源处北流九里,又东北流二里,又北流四里半入汇。又东北流里半,又东流一里,又南流里半,又东北流二里半,与朝阳沟水汇,此水发源寅义顶子,西南流七里半入汇又南流二里余,又东南流二里,与大柳树河子汇,此水发源寅义顶子,西南流十六里入汇。又东流里余,与大夹皮沟水汇,此水自发源处东北流十五里入汇又东南流四里半,又西南流一里,又东流三里余,与五道滴打水汇,此水自发源处西南流五里,又南流八里入汇。又东流二里,与营房沟水汇,此水自发源处西南流六里半入汇又西南流里余,又东南流三里余,与乌米沟水汇,此水自发源处东北流十三里半汇一南来之支水,又东北流七里半入汇。又东南流五里,又东流五里,又东南流四里余,与马圈沟水汇,此水自发源处西北流十六里余,汇一东南来之支水,又东北流九里入汇。又东南流半里,又东流三里,又东南流二里,又东北流一里,又东流一里,又东南流三里,又东流一里,与小普岔河汇,此水自发源处西南流五里,汇一西北来之小水,又南流九里半入汇。又南流二里,又东流二里半,又东南流一里,又东北流四里,与一小水汇,此水自发源处南流四里入汇又东流三里,又南流五里余,又东南流二里,与大普岔河汇,此水自发源处西南流二十五里余,汇一东北来之支水。此水长约二十一里,又西南流九里入汇。又东南流五里,又南流二里,与镜儿沟水汇,此水自发源处东南流十三里,又东北流三里,又西北流四里,又西流一里入汇。又东南流二里,又南流二里余,又东南流一里余,又东流里余,又东南流一里,与西青沟水汇,又东南流一里,又西南流半里,又南流八里半,与一小水汇,此水自发源处东流九里入汇

〔1〕 富尔岭,位于吉林省敦化县城西南大蒲柴河镇境内。

又东南流一里,又南流二里余,又东南流里余,又西南流二里,又东南流一里,又南流三里余,又东南流里余,又西南流一里,又南流二里,又东流半里,与古洞河汇,此河发源里数未详,西南汇柳树河子,此水向西南流长十二里余,又西流二里,又西南流一里,汇东青沟子水。此水向东南流长十九里余,又西南流二里汇一小水。此水向东南流长七里,又西南流三里半,又南流六里,又西北流二里,又西流三里,又西南流二里,又西流三里余入汇。又南流四里半,与大沙河汇,此水发源老岭,西北流七里,又西流七里,又西北流十一里汇一小水。此水向西南流长约六里,又西流五里余,汇一小水。此水向西南流长八里,又西流三里,又西南流一里,又西北流一里,又西流十二里汇一小水。此水向西北流长约十二里,又西流四里入汇。又南流三里半,又西南流二里,又西北流七里余,又西南流二里,与海沟水汇,此水自发源处南流十八里入汇又西南流三里余,与石人沟汇,此水自发源处南流二十四里半入汇又西南流五里,又南流二里余,至两江口入于江。更有石沟子水,自发源处西流八里,又西北流三里半,又西流七里,亦至两江口入于江。

又西流三里,又南流二里余,又西北流二里,又西南流二里,头道白河来汇。

头道白河发源长白山,又北流入于江。里数未详

又西北流九里余,又北流二里,又西南流二里半,又南流二里,又北流四里,露水河、柳阴沟二水来汇。

露水河源流里数未详,向西北流入于江。

柳阴沟自发源处西流十二里,与朝阳沟汇,此水自发源处东南流七里半入汇又西南流二里余入于江。

又西北流三十里,又北流二里,浪义河来汇。

浪义河自发源处西北流二里余,又西南流半里,又西北流四里余,与一支水汇,此水自发源处西南流二十三里入汇又西流五里入于江。

又西北流四里余,又西南流二里余,又西南流五里,又西流二里,张三沟水来汇。

张三沟水自发源处西南流十二里余,又西流里余,又北流二里余,又西南流二里,又西流四里余,与一小水汇,此水自发源处南流五里入汇又西南流三里余入于江。

又西北流七里半,镜儿沟水来汇。

镜儿沟水自发源处西流十三里,又西南流十五里入于江。

又西北流六里半,金银鳖河来汇。

金银鳖河自发源处东流四里余，又东南流二里，又东北流四里余，与黄泥河子水汇，此水自发源处西南流十三里入汇又东南流二里半，又南流六里半，又东北流一里，又东南流十二里余入于江。

又西南流里余，又南流三里，又西南流十四里，又南流六里半，又西南流五里半，又西北流九里半，又西流六里余，又西北流六里，又东北流六里，又北流三里，又西北流六里，又东北流五里，又西北流四里，又东北流四里半，又西北流六里，又西流七里，又西北流三里余，又西南流三里余，又西北流十里，又西南流一里，又西流二里半，又东北流半里，又西南流四里，又西北流二里余，又西南流三里，又西北流六里，又西流六里，又北流五里余，又西北流四里余，又北流三里余，又西流三十一里，又东北流八里，又北流二十四里，又东北流八里，又西北流三里，又东北流三里，又西北流二里余，又东北流四里，又西北流十里，又北流八里，又西北流四里，又东北流五里，又西北流七里半，又北流五里半，又西北流三里半，又北流十一里余，又西流五里，又西北流二十五里，又西流四里，又西北流十二里，又北流五里，又西北流十一里，又西南流三里半至红旗屯，又西北流十一里，又东北流三里半至吉林省城。又东流六里余，又东北流五里余至吉林省城之东关。自汇金银鳖河以下分派汇流诸水尚未查明，故略之。过东关又西北流经吉林北部而入黑龙江，其吉垣以北之流派，俟后续纪。

延吉厅户口区域一览表

社名	户口	垦地	牌数	面积	巡警	区域	镇市
志仁社	一千四百四十三户	一万零七百一十七垧六亩二分	五牌	东西长九十里 南北宽七十里	第一局	东至春华社 西至尚义社 南至勇智社 北至春融社	本街
尚义社	九百八十八户	七千零一十五垧七亩九分	五牌	东西长八十里 南北宽五十里	第二局	东至志仁社 西至崇礼社 南至守信社 北至三道湾社	铜佛寺 朝阳川
崇礼社	四百二十七户	二千一百四十五垧零八分	三牌	东西长一百里 南北宽六十里	第三局	东至尚义社 西至哈尔巴岭 南至沽董河 北至春阳社	瓮石磖子

社名	户口	垦地	牌数	面积	巡警	区域	镇市
勇智社	一千三百七十六户	一万零一百三十五垧四亩五分	五牌	东西宽五十里 南北长一百里	第五局	东至春华社 西至守信社 南至越垦社 北至志仁社	东盛涌街和龙峪
守信社	一千零六十七户	一万零三百一十一垧二亩九分	五牌	东西长八十里 南北宽六十里	第四局	东至勇智社 西至明新社 南至越垦社 北至尚义社	头道沟东古城屯
明新社	一百七十三户	二千零四十五垧七亩八分	二牌	东西宽五十里 南北长六十里		东至守信社 西至茂山城 南至江沿 北至守信社	
春融社	二百零六户	一千九百二十二垧四亩八分	二牌	东西长九十里 南北宽三十里	第八局	东至春明社 西至崇礼社 南至志仁社 北至春阳社	白草沟屯
春阳社	二百九十五户	一千一百八十五垧二亩	二牌	东西宽七十里 南北长八十里		东至绥芬甸子 西至崇礼社 南至春融社 北至绥芬厅界	蚂蛤塘屯
春明社	一百三十二户	一千零九十四垧三亩六分	二牌	东西长六十里 南北宽三十里		东至春芳社 西至春融社 南至春华社 北至春阳社	汪青屯
春华社	二百户	一千四百七十垧零五亩一分	二牌	东西宽四十里 南北长七十里		东至春芳社 西至志仁社 南至志仁社 北至春明社	嘎雅河屯
春芳社	二百零九户	一千六百八十垧零三亩五分	一牌	东西长六十里 南北宽五十里	第六局	东至春和社 西至春华社 南至图们江 北至春阳社	凉水泉街

社名	户口	垦地	牌数	面积	巡警	区域	镇市
春和社	九十户	一千零零九垧六亩	一牌	东西宽二十里 南北长一百里		东至珲春 西至春芳社 南至江沿 北至绥芬甸子界	甩湾子屯
春仁社	七十六户	七百零四垧一亩六分	一牌	东西长五十里 南北宽四十里		东至春义社 西至珲春 南至俄国 北至绥芬甸子	珲春街 柳树河屯
春义社	一百三十四户	四百六十七垧九亩八分	一牌	东西宽三十里 南北长五十里		东至春礼社 西至春仁社 南至狐狸别 北至绥芬甸子	塔子沟
春礼社	七百二十户	四百一十五垧六亩五分	一牌	东西长三十里 南北宽三十里	第七局	东至春智社 西至春义社 南至俄界 北至绥芬甸子	五道沟屯
春智社	九百七十户	四百零六垧二亩四分	一牌	东西宽廿五里 南北长四十里		东至春信社 西至春礼社 南至俄界 北至绥芬甸子	
春信社	一百七十一户	九百三十六垧八亩七分	一牌	东西长六十里 南北宽廿五里		东至分水岭俄界 西至春智社 南至俄界 北至三岔口	
春耕社	六十一户	一千三百三十一垧八亩	一牌				
春云社	十户	五百六十垧零四亩六分	一牌				

社名	户口	垦地	牌数	面积	巡警	区域	镇市
春犁社	三十五户	六百零八垧九亩八分	一牌				
春雨社	十二户	一百九十八垧	一牌				
春郊社	十户	四百二十五垧七亩八分	一牌				
黑顶子	二十户	一百七十九垧四亩五分	一牌				黑顶子街
以上计户口八千九百二十五户,垦地五万六千九百六十八垧八亩六分。							
	备考	一、户口据延吉厅署光绪三十三年以前档册,故于华韩人民均未分晰,现已由各派办处详细调查,尚未竣事。 一、巡警自开办边务后,多有裁并、添设之处,已随时另有禀报。					

第四章　韩民越垦之始末

国朝定鼎中原,朝鲜列为藩属,朝贡聘问交通贸易之道,率由朝鲜之义州渡鸭绿江而达于盛京之凤凰城。皇朝文献通考云,朝鲜国正贡每岁一至,贡道由凤凰城。大清会典[1]云,朝鲜与盛京边界中江,每岁春秋两市。至图们江北为国朝根本重地,历代上谕皆言吉林为根本重地悉行封禁,流民入境禁例綦严。读国初封禁吉

〔1〕 大清会典,是康熙、雍正、乾隆、嘉庆、光绪五朝所修会典的总称,史称《大清五朝会典》。它是按行政机构分目,内容包括宗人府、内阁、吏、户、礼、兵、刑、工六部等职能及有关制度。从内容看,是以行政法律为主要内容的法律汇编,详细记述清代从开国到清末的行政法规和各种事例。它不仅是清朝行政法规大全,也是中国封建社会最完备的行政法典。

林之明谕及道光年间巡查图们江北移民之严旨，见前延吉厅建设条中则国民之绝迹于此者且二百年，韩民更无论矣。图们江北为封禁重地，韩人所来咨文公牍，亦皆承认。乃今日延吉厅越垦之韩民竟至五万余户之众，果何由致此。盖自图们江北封禁之后，人民西徙，牧马不鸣，沃壤神皋，鞠为茂草。迨光绪初元，删除旧禁，设局招垦，山东、直隶移民之来此者，皆远在数千里外，山川间阻，跋涉维艰，而韩民则仅隔一江之水，携家挈眷，朝发夕至，其故一。朝鲜沿江六镇，地瘠民稠，生计艰难，人浮于食，图们江北则荒原沃甸，绵亘千里，平隰高原，悉宜农业，较彼故国，判若霄壤，其故二。甲午以前，朝鲜原为属国，加以日俄窥伺，抚字为急，韩民之越垦者，在朝廷存一视同仁之心，在疆吏行招携怀远之策，不施禁阻，反事招徕，其故三。朝鲜横征苛敛，民不聊生，朝鲜税敛极繁，农民皆渡江以避之，非亲至朝鲜北关一带者，不能详也。而越垦之地，即今和龙峪经历所辖地方定例不交荒价，此地放荒定例，华民下地一垧纳吉钱三千三百文，中地倍之，上地更倍之，惟韩民则不交分文荒价。不纳杂项租税，每垧地纳吉钱六百六十文，此外各种租税一律豁免，今尚仍此旧制，以示优待属国之意，宽大之政为环球各国所无，遂皆适我乐郊，去其故土，其故四。有此四故，朝鲜农民遂如蚁逐膻，如水赴壑，皆以图们江北为归墟，不三十年而韩民之生聚繁衍于此者，竟至五万余户。空穴来风，枳枸来巢，有由然矣。谨考韩民越垦之始末及其增殖之时期，而益昭然于延吉厅为我国固有之领土焉。

吉韩界禁极严之时期

国初时，吉韩界禁极严，两国之民有私自越图们江一步者，由两国官吏处死，否亦格杀勿论。见吉林外纪[1]及珲春例案则不惟韩民不许越江，即华民之无故渡江者，固亦显干厉禁矣。但吉林各处旗民之贸易于朝鲜者，国初时，向定有市易。旧制：朝鲜会宁之地，岁一市，庆源间岁一市。每岁由吉林、宁古塔、珲春派员至会宁、钟城、庆源等处监察，名为监视开换。华民乘正、二月封江之际，携布匹、皮张、驴、狗等物易牛、马、纸、笔、扇、铁、稻米等物而归。以上见大清会典及吉林外纪。开换之制，光绪初元始停。时则有中国至朝鲜贸易之民，而无朝鲜至中国贸易之民。

同治九年，朝鲜大雨雹，国内奇荒，饿莩载道。韩民遂不惜冒犯重禁，渡江越

〔1〕 吉林外纪，十卷。道光中萨英额撰。记吉林地域政治、经济、文化等事，内容自山川形势至伯都讷屯田共二十七门。在此以前，吉林本无志书，此书实属草创，可资研究吉林历史地理参考。

境，韩民之多至俄国境内者，亦即此时。卖妻鬻子，乞食求生。然不逾年，而韩民之有家室者，仍归故土，其流寓中国者，男仆女奴而已。此时吉林珲春等处有以斗米易韩民一子一女者，现韩民之鬻为中国义子，尚多有存者。时则但有佣奴寄食之韩民，而无越境垦地之韩民。

韩民冒禁私垦茂山对岸地方时期

自韩民冒禁越境以后，已开玩视中国法禁之渐。光绪初元，敦化县放荒清查地亩，朝鲜茂山对岸如外六道沟等处，间有韩民私垦者。盖珲春附近地方，每岁由协领派兵巡视，有私自垦田构舍者立即平毁，而茂山对岸等处则以距珲春稍远，巡查稍形疏忽也。时则但有冒禁盗垦之韩民，而无领荒租种之韩民。

光绪七年，吉林将军铭安、督办边防吴大澂奏准，将朝鲜流民查明户籍，分归珲春、敦化管辖。光绪八年，韩皇恳请将流民刷还，咨由礼部转奏。奉旨由吉林将军查明情形办理。时则但有领荒租种之韩民，而无有土地主权之韩民。

附录韩皇咨礼部转奏文

大小两界，原有天限土门江，分隶吉林与咸镜、平安地，三百年疆宇宁谧。敝邦愚氓，冒禁逾犯，私自垦种，幸蒙字小，不予惩责，俾令内附。惟习俗既殊，风土不并，该民既系本邦生长，兹因占种一事，便隶版图，万一滋事，深为可虑。乞许令吉林珲春、敦化地方所有朝鲜流民刷还本国，交付本地方官弁归籍办理。吉林边地已经朝鲜民垦种者，由吉林地方经理收租，仍严明申禁，永杜后弊，庶敝邦边民不更越界矣。

按：韩皇所呈咨内，曰大小两界，原有天限土门江。曰冒禁逾犯，私自垦种。曰永杜后弊，不更越界。则界务争论未与以前，图们江为中韩天然之国界，图们江北为中国固有之领土，固已为韩皇所自认。

韩民越垦致起界务争端时期

然斯时韩民越垦者，皆自知冒禁私垦，尚无觊觎中国土地之心也。自韩皇奏请刷还流民，地方官遂将韩皇意旨出示晓谕，韩民以迫于生计，难归故土，韩官又以纵令韩民渡江，失于觉察，恐获冒犯国境之咎，光绪九年，钟城府使照会，遂借穆克登

碑文土门二字，而生豆满、土门之辨，界务争端，遂因韩民越垦而起。详界务专篇中

按：钟城府使照会豆满、土门之辩，自相矛盾者极多。辩详后然其终篇云，总论此案，朝鲜岂或争土于上国乎。其情特出于越垦韩民众多，欲一一刷还，则无寸土之可以安插，欲收入于上国版图，则恐强邻援以为例，若一听吉林之驱逐，则其民必尽入于俄地。所以屡年招抚，无计可安，既有白山之奉旨立碑，故欲借是而乞得寸土以插贫民也。上国顾何惜一抔空弃之土，不容朝鲜流民乎。朝鲜亦不愿多得，但借得沿江或十里，或五里，远不过二十里，随贫民所居而借地，照奉天例设木栅以限之，俾得安插，则实皇朝圣天子一视中外，若保赤子之恩也。

观以上所云，韩人之不欲中国刷还流民，情词迫切，娓娓动听。然其云屡年招抚，无计可安，既有白山奉旨立碑，故欲借是而乞得寸土，则韩人界务之争，为附会之狡谋，觊觎之妄想，固已自吐其无赖之隐情，而未尝稍讳。且云但愿借得沿江或十里，或五里，随贫民所居，俾得安插。夫借地云者，必其地之主权在中国，而后韩人始云借也。使地为韩有，而反云借地于中国，此又理所必无者也。则图们江北为中国领土，韩人由衷之言，固亦毫无异说矣。

韩民越垦图们江北地方时期

然斯时韩民越垦者，不过在茂山对岸之外六道沟等处，茂山以下图们江北之地，则无有也。光绪十一年，俄人有与朝鲜陆路通商之议，因欲安抚韩民，不使生心外向，遂有越垦局之设，划图们江北沿岸为韩民专垦之区。韩民越垦之增盛，实以此举为嚆矢。光绪十六年，由总理衙门奏请，将越垦之地，编甲升科，领照纳租，归地方官管辖。光绪二十年，吉林将军奏设抚垦局，照总理衙门所奏办理。于是韩民之越垦者，悉皆编甲升科，食毛践土，入我版籍，而得有地主权矣。

附节录光绪十六年总理衙门奏稿

朝鲜流民占垦吉林边地，光绪七年经前任将军铭安、督办边防事宜吴大澂奏准，将该流民查明户籍，分归珲春及敦化县管辖。嗣因朝鲜国王恳请刷还流民，咨由礼部转奏，该将军等覆准，予限一年，由该国地方官设法收回。复因限期已满，该国仍不将流民刷还，反纵其过江侵占，经前任将军希元咨由总理衙门奏准，派员会勘。中略乃该国王不加详考，遽信勘界使李重夏偏执之词，坚请以红山水立界，龃

龃难合，然未便以勘界之故，遂置越垦为缓图。现在朝鲜茂山府对岸迤东之光霁峪、六道沟、十八崴子等地方，韩民越垦约有数千，地约数万垧。此处既有图们江天然界限，自可毋庸再勘。该国迁延至今，断难将流民刷还，应即只遵前奉谕旨，饬令领照纳租，归我版籍，先行派员清丈，编甲升科，以期边民相安等语。臣等查吉林、朝鲜界务，前经两次会勘，所未能即定者，特茂山以上直接三汲泡二百余里之图们江源处耳。至茂山以下，图们江巨流乃天然界限，江南岸为该国咸镜道属之茂山、会宁、钟城、稳城、庆源、庆兴六府，江北岸为吉林之珲春、敦化县地方，该国勘界使亦无异说。韩民越垦多年，庐墓相望，一旦尽令刷还，数千人失业无依，不特情实可怜，急切亦无办法。若听其以异籍之民日久占住，主客不分，殊非久计。但近年该处垦民叠以韩民越垦征租种种苛扰，赴吉林控诉。经北洋大臣李鸿章咨臣衙门有案，诚如原奏所云，韩员剥削民生之苦，流民服我赋税之轻，是其心悦诚服，安土重迁，已可概见。现在江源界址既难克日划清，则无须勘定处所，似宜及时抚绥，以慰流氓归附之心。拟请饬下该将军遴派贤员，将清丈升科，中略领照纳租，归地方官管辖。一切详细章程，由该将军体查情形奏明办理。

按此奏所云，自茂山以下，有图们江天然巨流，自可勿庸再勘。又云，吉林、朝鲜界务前经两次会勘，所未能即定者，特茂山以上直接三汲泡二百余里之江源处耳。至茂山以下，图们江巨流乃天然界限，江南岸为该国咸镜道属之茂山、会宁等处，江北岸为吉林之珲春、敦化，该国勘界使亦无异说。又云，无须勘界处所，似宜及时抚绥，以慰流氓归附之心。则当日所以清丈升科，收纳韩民之故，可概见矣。讵料今日界务之争，竟于茂山以下有图们江天然界限之处，而亦谓属清、属韩为未经确定之疆土哉。

韩民越垦、招垦地方时期

然斯时韩民越垦者，犹不过今日和龙峪经历所辖之地，招垦之地即延吉厅所辖之地则无有也。盖韩民越垦既众，招垦华民之承领荒地者，大都无力垦种，皆招韩民为佣佃，且有将荒地售与韩民以图利者。于是海兰河、布尔哈通河、嘎呀河之流域，多有韩民踪迹，几遍延吉境内矣。

韩民越垦滋衅时期

自兹以后，韩民之越垦者，既日增月盛，且以土地肥沃，谷产丰盈之故，朝鲜六镇之民，皆仰给于图们江北输运之谷食。于是韩人以艳羡之心，遂生侵占之计。今外务部尚书袁宫保前申李中堂公文有云，韩民越垦，实以故国无田可耕，安肯舍乐土而绝生路，至输粮薙发，惟命是听。而其官吏则以民既越垦，转可增其土字，收其钱粮。迨经清理恐获侵占之咎，遂生豆满碑文之辩，直欲混我边疆。不知江水滔滔，何可牵混。实属洞见症结之言。二十八、九年，有私造图们江桥梁之举，有派员渡江巡视之举，有韩官越界敛财之举，有争图们江中假江为"间岛"之举，"间岛"之名始见于此详后有李范允带兵过江劫掠华民、伤害华民之举，此等交涉案卷极繁，不能详述。卒以极力禁止韩民乱党，获以相安无事者数年。日人致外部照会云，韩民移住"间岛"，韩国地方官亦尝办理行政，只以强弱异势，遂受清国地方官之压迫，是韩国于"间岛"之权利，决不能即谓之丧失，殆即指此。于是日人因而觊觎，欲利用越垦奸民自利之私心，以阴行其侵略我领土之手段，至今年而界务问题以起。

结论

延吉厅韩民之越垦，由佣奴而租种，由租种而得有地主权。其越垦之区域，由茂山对岸而蔓延于图们江北岸，由图们江北岸而蔓延于延吉厅全境。迨至今日，几有喧宾夺主之势。推其由来，未始非吾国怀柔韩民之政策有以误之也。光绪初元，韩民冒禁私垦，既经查出，未能申明旧禁，防其后患，一误也。八年，韩皇恳请刷还流民，此时即将越垦者尽数遣还，正自无伤兹惠，乃念其失业无依，情堪怜悯，姑息收容，日形滋蔓，二误也。十一年，设越垦局，划图们江北长约七百里宽约四五十里为收纳韩民之地，所予韩民权利，且较华民为优，博以大字小之虚名，忘引盗入室之实祸，三误也。十六年，清丈地亩，编甲升科，原令必薙发易服[1]者始能受田为氓，定制，凡韩民领地者，皆给执照一张，光绪十六年长将军颁发执照，其文云，韩民愿去者听其自便，愿留者薙发易服，与华人一律编籍为氓，垦地按年纳租。此制始尚遵行，后渐废弛。当时韩民既皆食毛践土，乐业安居，自当遵我国章，去其旧俗，乃薙发易服之令，地方官不能实力奉行，现惟韩民乡约牌头等，尚遵此制。致使韩民之居留此地者，习俗衣冠，形同化外，四误也。以此数故，而今日延吉境内韩民至有五万余户，华民转不及其四分之一。以数百年我朝根本之区，几变为朝鲜殖民之

〔1〕 薙发易服，指明末清初时期满清统治者以"不从者斩"为手段，强令其统治下的全国各民族，主要针对汉族、蒙古族及其他南方少数民族等，改剃满族发型，改着满族服饰的政策。清末对入籍的越垦韩民实施，相当于加入华籍。

地，涓流不竭，浸成江河，萌蘖不伐，将寻斧柯，此之谓矣。其初也，以吾中国幅员之广，亚洲民族生息于领土内者，无虑数十种，固兼容并包，夫岂于数百年噢咻抚字之韩民而歧视之。而不知至今日韩民不思哺乳之恩，竟生反噬之祸，日人又复得陇望蜀，妄思染指，履霜坚冰，其来也渐，谁之咎欤。

和龙峪华韩人民户口地亩表

华韩户口地亩 / 越垦堡社	华民户口	韩民户口	地亩
宁远堡			
开太社	四	三三九	一三一九.〇三
开发社	〇	五六	一六四.六三
开华社	〇	七一	二四〇.三六
开文社	〇	二〇四	九五八.九七
开运社	二	二一六	七五.六八
光风社	五	一一四	二五七.二七
光化社	〇	一四九	五〇二.五三
光昭社	六	二二六	七〇五.六四
光宗社	二一	二三〇	一〇一三.八六
光德社	五	二五五	九八一.六六
霁晴社	六	一六六	九五九.八九
霁霞社	〇	一五二	一一八四.三五
月朗社	〇	七六	四〇九.四五
绥远堡			
茂官社	〇	一四八	四九一.五六
茂德社	〇	二一〇	五七一.三九
茂赏社	〇	一四七	三一九.五八
茂功社	三	一二六	三四五.八二
对扬社	三	三二九	一〇八八.九五
对越社	二	三四六	一二四八.一九
对川社	〇	一〇一	二五五.四八
对山社	〇	六三	一八一.七六
白鹤社	〇	六七	三八一.六九
白云社	〇	七五	二九四.二七

华韩户口地亩 / 越垦堡社	华民户口	韩民户口	地亩
白日社	○	五一	二三二. 六二
白玉社	○	一四五	六一三. 九三
安远堡			
白金社	五	九七	三五一. 三八
山溪社	二七	四八	八五五. 六五
上化社	一一	四七	六一九七
德化社	四	四二二	一四九○. 二六
善化社	二五	五四	八五九. 三九
崇化社	五四		一三二九. ○一
镇远堡黑顶子			
怀恩社	五七	九五	一○八三. 二七
敦仁社	五	一○四	三二三三
崇让社	○	九一	二四五. ○九
兴廉社	○	一一九	四二六. 三二
尚义社	○	一九五	六五六. 二五
敬信社	一九	二○一	七二○. 二三
输诚社	○	一五四	二九○. 二四
归化社	○	三○一	七七一. 七五

以上四堡,计华民二百六十四户,韩民五千九百九十户,共地二万五千五百零一垧五亩二分。

第五章　吉韩界务之始末

国朝龙兴东土,首先收服长白、东海、渥集诸部落。崇德二年,提十万之师渡江伐韩,一败之于王京,再败之于江华岛[1]。由是韩王举国内附,奉正朔,定岁贡,感我神威不杀之恩,树颂德碑于汉江之田渡。我朝廷字小为怀,未忍遂加诛灭,土地版章,一仍前代旧封。朝鲜立国于辽宋时代,始仅有今咸镜道南部。至元时,方予

〔1〕 江华岛,江华岛是位于韩国首尔西北、南北停战线附近黄海中的岛屿,大体呈长方形,面积 422 平方公里。

以图们江南六镇之地。虽明季江北诸部落争长,而韩臣服于明,终未越江一步也。详历史章

开国数十年间,虽未遑勘定边界,而读仁庙论韩国之四至,谓其北道与瓦尔喀地方土门江接界,则土门江为吉韩之界水,当时已论定之矣。时康熙四十五年夫长白山东为我始祖发祥之地,图们江北又为我国家首定之区,其时威詟属国,必不以尺寸让人,可断言也。且国初以来,于吉林南部屡申封禁之令,则其慎重边境已可概见。不意时移势迁,竟于根本重地而生界务交涉,此岂初料所及哉。爰求本末,集为是篇,使览者有所折衷焉。

康熙五十一年查边之案

康熙五十年五月,仁庙谕大学士等略谓,长白山之西,中与韩既以鸭绿江为界,而土门江自长白山东边流出,东南入海。土门江西南属朝鲜,东北属中国,亦以江为界,此处俱已明白。但鸭绿、土门二江之间地方知之不明,因派出打牲乌拉总管穆克登往查边界。是年八月奉谕旨,今年穆克登等自凤凰城至长白山查我边界,因路远水大,未获即抵彼处。俟明春冰泮时,另差司员同穆克登自义州江源造小船溯流而上,若小船不能前进,即由陆路往土门江查我地方。此去特为查我边境,与彼国无涉。但我边内路途遥远,地方甚险,倘中国有阻,令朝鲜国稍为照管。将此情由著该部晓谕朝鲜国本年进贡官员,令其抄写赍付该王。次年五月,打牲乌拉总管穆克登遵旨查边,朝鲜接伴使朴权、观察使李善溥上书尼之,极以山川险阻相恐吓。穆不听,寻至长白,登小白山顶,审视鸭绿、土门两江之源,俱发轫于分水岭。以两水东西分流,故曰分水岭。岭之西为鸭绿江源,岭之东为土门江源。故于岭上立碑,其文曰,穆克登查边至此审视,西为鸭绿,东为土门。碑高仅二尺许,不知何时被韩民移至长白山,后详论之既寻得土门江源,遂商朴权等欲自江源至近茂山处设界栅,以杜侵越。朴权等利其速行,以督工自任。后此种种疑案,遂生于此。是为审查吉韩边务之案。以上据东华录[1]及朝鲜承文院所藏穆克登查边故实

---

〔1〕　东华录,编年体清代史料长编。有蒋录、王录两种。乾隆三十年(1765年),重开国史馆,蒋良骐任纂修,就《清实录》及其他官书文献摘录清初六朝五帝史料,成书三十二卷。全书内容按年月日顺序排次,起太祖天命元年(1616年),迄世宗雍正十三年(1735年)。以国史馆在东华门内,故题为《东华录》,通称《蒋氏东华录》。蒋录失于简略,但保存了传本所不载的一些重要史料,对研究清初历史仍有重要参考价值。

穆总管咨朝鲜接伴使、观察使商立栅事，其文曰，为查边事，我亲至白山，审视鸭绿、土门两江，俱从白山根底发源，东西两分流。原定江北为大国之境，江南为朝鲜之境，历年已久不议外，在两江发源分水岭之中立碑。从土门江之源顺流而下审视，流至数十里不见水痕，从石缝暗流至百里，方现巨水流于茂山。两岸草稀地平，人不知边界，所以往返越境结舍，路径交杂，故此与接伴、观察同商议于茂山、惠山相近此无水之地，如何设立坚守，使众人知有边界，不敢越境生事。时康熙五十一年五月二十八日也。(接伴使朴权等复文)略谓，大人查明交界，分水岭上立碑为标，而又虑土门江源暗伏潜流，有欠明白，中略以立栅便宜，俯赐询问。职等以木栅非长久之计，或筑土，或聚石，或树栅，趁农歇始役，虽至二三年后完毕，亦且无妨。时是年六月初二日也。据朝鲜承文院故实

按：此为查视吉韩边界之始，后之种种界务问题生于此案，而今日解此问题即不能不牵涉此案。兹细考当时查边实状，有可证明者八焉。

一、图们江北确为中国领土也。读仁庙谕旨，谓土门江西南属朝鲜，东北属中国，以江为界。而穆克登总管咨接伴使等文亦曰，原定江北为大国之境，江南为朝鲜之境，历年已久可置不议。足见图们江之为吉韩界水，素相遵守，无可疑义，故查边之役不及于此。详观谕言及咨文所云，实不啻明申界约，而彼国亦毫无异言，今虽欲强为争辩，岂可得哉。图们江为吉韩国界详后

一、图们江源原有定界也。观鸭绿、土门二江之间知之不明一语，可见界非不明，特知之未明耳，故但言遣员查边，不言勘界。谕旨又云，此去特为查我边境，与彼国无涉。而穆之咨文亦首揭明，曰为查边事，则此举之非勘界，而界之无待于勘可知。倘前此界尚未定，我纵不曰会勘，彼岂能默尔竟息乎。

一、审视碑实非定界碑也。穆总管既仅受命查边，断无擅自定界之理，而彼朝鲜二员，一曰接伴，一曰观察，皆非有勘界权者，又断无会同定界之理。查是年五月彼接伴使等上书穆总管有云，特许职等一人得陪后尘，千万幸甚。穆答曰，必不偕尔同行，勿容再请。彼则恭请相随，此则严辞以谢。同为勘界，能如是相对待乎。然则当时穆之入山，韩员并未偕行，穆又安能以独断之意立定界碑。考其碑文，曰查边，曰审视，皆自拟之词，非公布之语。至曰审视西为鸭绿，东为土门，玩其语意，确为寻见水源后，自记其所得之言。如必以此为定界，既无勘界明文，又无分界字样，仅以观二水之东西流为记，他无所及，古今来有如是定界碑乎。且两国定界，为何等郑重之事，而碑高仅二尺许，大类儿戏。当日果欲以此表中外而垂永久，何轻率至此。虽韩之接伴使呈文有查明交界，分水岭上立碑为标之语，此盖彼等迎合之

词,不得指为立碑者本意也。后之论界务者,乃欲以此为证,致生难决之疑问,夫亦不思之甚矣。

一、审视碑实在分水岭上,不在长白山麓也。此碑于界务虽无相关,然以当日事实考之碑文,求之今碑所在地,实大不合。查今碑在大白山东南麓,与红土山水之源相对。红土山水西距今碑约七八十里光绪十三年勘界,韩执红土山水为图们江源,即本于此。但考当日审视之碑,实立于分水岭上。穆总管咨接伴使等文曰,在两江发源分水岭之中立碑。其复文亦曰,分水岭上立碑为标。分水岭者,小白山顶也。距大白数十里稍偏东西。其山西建川沟为鸭绿江发源处,山东三汲泡流出之红丹水为图们江发源处。水东西分流,遂相沿呼其山为分水岭。华人亦呼为黄河岭,韩人又呼为虚顶岭。故必至小白山,方足穷两江之源,必立小白山顶而左右顾,方足见东西分流之迹。玩审视西为鸭绿、东为土门二语,其原碑必立于此山之顶无疑。今碑在大白山,既与分水岭之意相背,且在山之东南麓更与岭上之言不合,谓是碑之原处,其谁信之。穆之咨文有曰,为查边事,我亲至白山,审视鸭绿、土门两江,俱从白山根底发源,东西两分流。所谓白山者,大小白山之统称也。中国史籍舆图统称白山为长白,朝鲜人始有大白、小白之称。曰查边亲至白山,则必于大小白山周视之矣。曰审视云云,则必于两江之源穷探之矣。既已亲履山顶,亲见江源,断不至全不加审,妄立碑于大白山下之理,而况碑文已明有审视二字,咨文已明言立碑于分水岭上哉。夫碑在山顶无碍农业,耕牧者不至移也。碑极短小无妨行路,樵猎者不必移也。查边所立,例应保存,我官吏不得移也。乡里无知,妄称界碑,我民人更不敢移也。然则必为盗垦韩民预谋侵界地步之所为也明矣。穆之咨文有云,人不知边界,所以往返越境结舍。又曰,使众人知有边界,不敢越界生事。而韩员上书韩王呈表,亦皆有杜绝奸民犯禁之语。则当时边界查明,大不利于韩之奸民,可知潜移灭迹,亦事所必至耳。岭头片石,代远年湮,既少看守之人,复无监察之吏,挟而易地,任人所为,乃欲本此以为争界实据,何其谬也。

一、由小白山东至三江口,其间分界确已查明也。穆总管咨接伴使等文有曰,同商议于茂山、惠山相近此无水之地,如何设立坚守,使众人知有边界。则当时固已查明土门江源之两国边界,实沿惠山附近以东至茂山附近也。查朝鲜之惠山镇治,恰当小白山东南,茂山府治适居三江口东南,既曰与惠山、茂山相近,则此间之界,其为顺小白山南以东至三江口无疑。考自三江口以上近于惠山、茂山者,实为红丹水。红丹水发源于分水岭之三汲泡,与分水岭立碑处适符。则图们江源之确为红丹水,而由三汲泡顺红丹水以至三江口,确为吉韩分界线,均无丝毫疑义。至谓红土山水为图们江源，而国界即依以分，则实大误。考红土山水出大白山东，去惠山镇百余里，既与相近之言不合，而此水发源红土山水源处绝无石迹，因其水之断续时现土面，故以红土呼之，与不见水痕，从石缝暗流之语显相背谬。且以地势考之，红丹水发源于分水岭，与鸭绿江源东西正对，顺流而东为图们江上流之正源。若红土山水其流极小，出于石乙水之北，可为石乙水之支源，并不足当图们江之支源，岂可相混。如舍地势不论，则发源于朝鲜境内之西豆水，本为图们江南源，亦可混为界水矣。观此，则此间界线当时即已查明，尚何须重加勘定哉。

一、当时于茂山、惠山之间必已立有边界标识也。穆之咨文有商议于茂山、惠山相近设立坚守之语，韩使复文亦曰，职等以木栅非长久之计，或筑土，或聚石，或树栅，趁农歇始役。则分界之地既已查明，各无异议。界标之设，又彼此意见相同，断无无端中止之理。今茂山、惠山之间虽不见当时界标之迹，然查吉林通志[1]诸书，皆载有自三江口至小白山之界碑。其碑凡十，标曰华夏金汤固，河山带砺长。记其距离里数甚悉。虽未载明为穆克登所立，而以当时查边往来文件考之，则于此间必已商定设立碑识，自可断定。且日人守田利源所著满洲地志并明言，康熙五十一年乌拉总管穆克登立有华夏金汤固，河山带砺长之界碑等语。是当日于审视碑外另立有碑，以划明茂山、惠山间之界，已为中外所周知。不然，彼日人著此地志，造作种种谰言，正为欲侵我领土张本，何独于此次界务尚留此真正实据也。此后百余年来，更无人查视边界，越垦奸民日谋侵越，旧时碑记，久必为彼等毁去。或穆总管既经商定委之韩员，韩员以不便于己，阳为承诺，竟不立碑，亦未可知。然无论此碑定而未立，或立而已毁，至其事实可征，史册具在，则终不可磨灭也。

一、韩民越境，于查边时已生混界之阴谋也。国初以来，韩久臣服，彼此相安。仁庙何忽注意于查边一事，盖当日已知有奸民犯禁，非查明不足以杜其弊，观穆之咨文有曰，人不知边界，所以往返越境结舍。又曰于茂山、惠山相近，如何设立坚守，使众人知有边界，不敢越境生事。则当时查边为严防越界，自可想见。彼接伴使等上书穆总管，则以山川险恶，百端尼阻，始惕以跋涉之苦，继怵以风雨绝粮之忧，终语以不必亲往，假手于泽官画师之便利。其词至恭，其意至谲。盖深忌穆总管窥其侵越之底蕴，阻其奸民之行动，而于两江之间，已阴伏异日侵混之诡谋矣。穆氏以正言拒之，终查明两江水源及茂山、惠山间之界。韩人无所施其伎俩，于是

---

〔1〕 吉林通志，清长顺、讷钦修，李桂林、顾云纂，该书始修于光绪十七年（1891年），成书122卷。记载吉林自上古至清光绪十七年（1891年）间三千年之政治、经济、军事、文化等多方面的大量资料，为一方良志。

貌托恭顺，又利其速归，力以善后事自任。其接伴使等复文有既已定界之后，则立标之时，似无烦大国人监视，随便始役，虽至二、三年完毕亦且无妨等语，则彼韩员等何爱于穆，惟恐其久羁行役，又何爱于中国人立标之事，既愿代劳而并我之监视者亦止之哉。盖以此方僻远，为我所不经意，日谋侵越，蓄意已久，一旦查明与彼大有不利，而立标一事尤为彼所深惧，故借独任之词，阴行其混界之计。穆氏为其甘言所惑，专以委之，于是茂山、惠山相近之地界标之设立如何，竟成疑案。而种种狡赖之词，遂从此起。

一、顺松花江源之土堆、石堆，实与界务无涉也。光绪年间，韩人无赖之词，动引碑堆为证。碑之不足据，已证明之矣。查长白山北之东麓，向东北行有石堆数十，相连约八、九里，复向东北，距十余里有土堆百余，相连约十三、四里。前有云土石堆相连九十里者，则实未测定之语。土石堆皆顺黄花松沟子两岸，为由北来登白山之正路。黄花松沟子，朝鲜名伊嘎力，为松花江之上源。若白山东麓之吉韩分界在惠山、茂山之间，当时即已查明，足见与土石堆全不相涉。盖惠山镇在小白山南，土石堆在大白山北，焉有定界于山南，而立堆于山北之理。且自惠山至茂山固为东西之路，而图们江流已实由西向东，此土石堆则沿松花江源而趋东北，方向实大相左，其与界务无关，尚何待论。虽然于此僻野，究因何事而兴此大役，土人或云猎夫志路之标，于义终有未当。窃考国初封禁之地，皆设有封堆，堆以石土为之，东三省、蒙古各处数见不鲜。至白山发源所在，尤宜注意。封禁之时，自当设有标识。查今堆适顺入白山之路而立，其为当年封堆无疑。再考十三年勘界公文，即称此堆为封堆，必有所本。盖韩人寻见此处封堆，因而生心，遂移审视碑于其堆之近处耳。试以当时查边事实求之，当穆氏查明边界之后，既专以界标之设委之韩员，穆氏已归，无人监视，自惟韩人所欲为。故于茂山、惠山之间坚守，果否设立，或初设后毁，皆难深考。而必思借此设一可疑伪据，以便其私谋，为异日争界之地步，固可断言。不然，我之遣员查边，自立界标，已明言与彼国无涉，而彼必甘言媚辞，以求得此立标全权，果何为哉。彼韩员、韩民久具此混界之诡谋，而忽见此土石封堆又与当时筑土聚石之语似合，遂不计方向若何，距离若何，竟妄指为分界之标识。又恐与分水岭之意不符，乃移审视碑于此，以指证之。自以为有此伪证，定可以欺素忽边防之中国，而为界务交涉之实据，不知穆氏查边之成案自在，茂山、惠山间之界线自明，山川无改，方位难移，岂伪造者所得混淆哉。

光绪十三年勘界之案

光绪初年以来，图们江北一带，韩民越垦，日益繁多。七年，吉林将军铭安、督办边务吴大澂奏准，将韩垦民分归珲春、敦化管辖，入我版籍。八年，韩王奏恳愿将流民刷还。奉谕旨，准宽予限期一年，悉数收回，以示体恤。九年，韩经略使鱼允中[1]招徕吉林珲春等处流民。彼流民恋兹乐土，计无所出，乃混指豆满、图们为两江，石碑封堆为分界，饰词强辩，冀免驱逐。韩之边吏明知其非，亦利其混界之辞，以缓其刷民之令。我边臣虽与彼再三争辩，犹未忍遽加迫逐。十一年，韩王辄以勘界为请，奉旨允之。于是派珲春协领德玉、督理吉林朝鲜商务委员秦煐、招垦局委员贾元桂，会同朝鲜安镇府使李重夏履勘江源。嗣查明图们江源三：一、南源为西豆水，一、正源为红丹水，一、北源为红土山水。按：北源乃石乙水，红土山水又为石乙水之北源。红土、石乙合而东南流，以汇于红丹水，其二水相合后之下流则皆统名石乙水，当时尚未深考耳。惟红丹水在白山东，正对鸭绿江源，与碑文西鸭绿、东土门之意相合。且勘明原碑应在三汲泡之分水岭上，今碑实为后人所移，因定以红丹水为界。韩员见江已勘明，知前所混称海兰河、布尔哈通河即土门河，亦即交界江之说已难强辩，乃改而专执长白山北之碑堆为据。舍江流而求土门，舍图们江源而求松花江源，语皆无赖。我员亦难相强，遂各绘图而罢。十二年，更派德玉、秦煐、方朗，会同韩使李重夏覆勘。韩使自知理屈，多方推延。至十三年，始同勘茂山以西之江界。盖茂山以东，自延吉至珲春原有天然界限，十一年勘界时，已彼此勘定更无可议也。此时我勘界员见图们江界既已勘明，所未决者不过源头数水，因彼狡赖无已，意欲从速了事，遂姑让数十里循石乙水为界，稍偿其愿，免致此案久悬，亦圣朝字小之意也。乃韩使虽已知图们、豆满为二江之误，复知土石封堆方向不同，江源不合，未能强执，而其贪得无赖之心，终未满足，复改而争红土山之一小水，以为图们之源，其无据之说至此已三变矣。彼则屡易其词，我则勉为迁就，我愈宽大，彼愈阴险，我已让无可让，彼仍得寸求尺，遂终以碍难曲从，又各绘图而罢。当时所拟

〔1〕 鱼允中(1848—1896 年)，朝鲜王朝后期大臣，稳健开化派的代表人物之一。1881 年作为“绅士游览团”的一员考察日本，同年又来到中国任问议官，1882 年壬午兵变后回国，后来负责《中朝商民水陆贸易章程》的谈判及中朝边界勘察。鱼允中主张效仿中国洋务运动，实行“东道西器”的路线。1894 年后立场转变，参与了金弘集亲日内阁，任度支部大臣，积极推动甲午更张中的经济改革措施。

设之界碑,亦因此定而未立焉。然斯时所争持未定者,仅图们江源之红丹、石乙、红土山三水耳。至前此所指布尔哈通河、海兰河为图们江及指封堆为界标,有土如门为土门之诸伪说,则经两次勘明,自悔谬误,已不敢道及,而图们江之为国界,久无异议,更无论焉。是为吉韩勘界之案。

光绪九年,朝鲜钟城府李正东照会敦化县文曰,据钟城、稳城、会宁、茂山民人等呈状,内称小人等虽耕凿为生,岂全昧国家经法,小人等所垦之土,即土门以南也。粤昔在东方立国最久者,惟本国耳。不务拓地,以土门为界,而退处豆满江。土门、豆满两江之间作为荒地,禁民入居者,忧有边患矣。一自上国龙兴东土,东北无事。而至康熙壬辰,乌拉总管穆克登大人奉旨查边,亦以土门江为界,西为鸭绿,东为土门,勒石为记于白头山分水岭矣。土门南岸或有上国逃民之潜处者,自上国每行刷还,亦不敢显居于本国相望之地。近来边禁渐弛,入居者相续,列邑官宪瓜期相近,不以边事存心。居民以过江为禁,虽有见闻而不敢告官。近年因荐歉,民失本业,闻中国之开边垦荒,小人等亦过江垦种矣。无入居之朝令,故春结农幕,秋辄掇归,且划地为界,不敢深入矣。近年冬始闻自吉林将军大人行文本国,遵旨令刷还土门江以北、以西占垦之朝鲜贫民,小人等以为本国流民之冒禁流入吉林界内者甚多,往年虽刷还而未尽,恐必此类也。本年四月,自敦化县贴告示于钟、会两邑越边使民归田净尽,始知敦化县之误认豆满江为土门也。小人等相顾愕眙,尝往诉于上国派员彭正郎大人及敦化知县大人,而未承题示,欲先查审土门、豆满之别,乃派人往审白头山立碑处,碑东连置土堆、石堆、木栅为限,下有土门两岸对立如门,而非石而土,其下有水发源另作别派,此水之合流处则江岸路绝,不能沿流。又于钟城越边九十里甘土山下有分界江,江名之为分界,则以此分界明矣。有卡铺亦在分界江北岸,则上国边界之止于此亦审矣。东西宜无异同,凤凰城栅外虽为荒地,亦于沿鸭绿一带皆设卡铺,若以豆满为土门,则上国何不置卡铺于豆满北岸乎。且于开市,上国人商货在本国界内,则民出牛马输送,而每送至分界江矣。若欲中路替输,则责以此仍你国界限也云矣。此亦一据也。窃念敦化县内乃新设界限之从某至某,未及明审,乃有指豆满以北为土门以北矣。考诸上国咨文与吉林将军大人札饬有曰,以土门为界,又曰占垦之地,在土门以北、以西矣。未尝言及于豆满以北矣。土门则在分水岭查审定界处,豆满则源出本国界内,非上国之所知也。且或以豆满、土门之译音相近为疑,亦有可辨者。上国之或称土门或称图们,皆有所由。土门者,分界处土门也。图们者,庆源以上入海处也。本国通称由本国界内发源至入海处谓豆满改称图们者,乃本国豆满之译音相殊者也。今指豆满以北谓土门以北者,乃入居土门以南之上国流民,见本国民之春耕秋归,以过江为禁,因认为占耕而诬告敦化县,至有告示而使之归回净尽也。请以此意照会于敦化县,俾即查界归净,使民安于耕作之地为辞。查中外界限,向以土门为界,本国只知豆满之外更有土门之别派,按有故地图为据,实未尝往溯流源。今此列邑民人私往穷源,归以为告,不可遽以民人私言为凭,乃派弁往审白头山分水岭,拓得康熙时穆总管碑记,踏勘土门源流,果与民人所告相符。另为别派,滨江皆悬崖陡壁,乃至黄口岭而还,绘有新图。与旧地图较阅,则土门与分界江为界,间有不相属处,曾以为疑。今此遣人踏勘又如此,是否土门江归合分界江乎。本职于疆域图志未曾详悉,且贵县则辟荒建署未久,宜查审勘定,一遵康熙时所划疆界,请烦贵县派人,约同先审白头山定界碑知土门发源之处,继而查明界限,辨别疆土为妥。

按:此为图们江北越垦韩民意图混界之始,为此次提议勘界之原因,而今日界务问题之起亦即发生于此。乃观彼垦民所指及彼府使所称,实无一语足以为争界之根据者,试为一一证其误焉。彼垦民曰,土门、豆满两江之间作为荒地禁民入居者,忧有边患。是我国之封禁图们江北地方,彼等皆知之矣。使非我之领土,我何得有封禁之权。至谓忧边患,盖即防彼韩民之侵入,断无防我人民侵入韩境,而代为忧边患之理,证一。曰近来边禁渐弛,入居者相续。闻中国开边垦荒,小人等亦过江垦种。则彼等之为盗垦与其地之属中国,彼等固自认之,而自道之矣,证二。曰往审白头山立碑处,碑东连置土堆、石堆、木栅为限,下有土门,两岸对立如门,非石而土,其下有水发源另作别派。夫土、石堆之非界标及其地并无木栅,前已言明,兹姑不论。而土岸如门与江源何涉,其地在长白山北又与吉林、钟城之分界何涉。考土石封堆本顺松花江源,既云水源另作别派,则固已知与图们江无涉矣,证三。曰于钟城越境九十里甘土山下有分界江。分界江名,前无所闻,其为彼等捏造可知,其意盖谓甘土山下之水为土门江矣。考其地西距白山数百里,与所据白山碑记东为土门之语又大相背谬。且自称越边九十里,则其水在我边内而非界水,尤为显然,证四。曰若以豆满为土门,则上国何不置卡铺于豆满北岸,此语益为无赖。既有天然江限,何须更设卡铺。其所称越边九十里之地,实未尝设有卡铺。彼又焉知其地之水,即为界水。且我东界俄、北界蒙古,皆多未设卡铺,岂其界皆未定乎,证五。曰土门则在分水岭查审定界处,豆满则源出本国。夫分水岭近处并无土门江之名,碑文所云东为土门,乃以三江口下土门江之总名称之也。彼等则称土门江为豆满,豆满南源之西豆水固出韩国,而三江口上之红丹、石乙、红旗诸水源皆出中国,岂得据一出于韩境之支源,遂谓全江皆韩境乎,证六。曰下国之或称土门,或称图们,皆有所由。土门者,分界处土门也。图们者,庆源以下入海处也。是已知土门、图们为一江矣。又曰本国通称由本国发源至入海处谓豆满,改称图们者,乃本国豆满之译言相殊。是又已知豆满、图们为一江矣。然则以图们为界,即是以豆满为界,不过译音之互殊,于界务无关系也,证七。彼府使曰,查中外边界,向以土门为界,则图们江为中韩天然界限,彼固首为揭明不敢强辩矣,证八。曰踏勘土门源流,果与民人所告相符,另为别派。是所踏勘者,乃石堆、土堆附近之黄花松沟子耳。此水为松花江源,自与图们江异派,虽与民人所言相符,于界务究属何涉,证九。曰土门与分界江为界,间有不相属处,曾以为疑,今此遣人踏勘又如此。盖彼民人所指之土门与所指之分界江,相距数百里,中间如何分界,其语实极离奇。彼之踏勘,即已查明妄言之误,虽欲更为曲讳而不能也,证十。观此,则彼垦民之种种伪词,无一能自实其说,而彼府使之勉请勘界,亦已明知其非。此时但得一明达之吏,会彼一勘,即可定局,而乃因循争执至屡起交涉,终不能决,岂不大可惑哉。

光绪十一年,总理衙门奏派员会同韩员勘界,北洋大臣李鸿章批示勘界员略曰,朝民越界私垦,由于会宁等府人多地少,愚民但得谋生,即成乐土,已于该管官升科。而朝官则以民既越垦,转可增其疆宇,收其钱粮,且恐获侵占之咎,遂欲以豆满碑文牵混,冀掩前非,实属不知大体。该民等既以驱回故国、无田可耕,不肯舍去以绝生路,自应妥筹安插,酌隶版图,免其一律迁徙,以仰体朝廷字小恤民之义。但疆界必须划清,断难任其混淆。该朝官但能认错,商筹善策,自可宽其既往。

按:观此,则彼垦民及朝鲜之饰词狡赖,情弊显然,而我朝之宽大为怀,于此益见。果边地稍有可疑,断无与彼藩服争界之事,又何至屡勘不决哉。

是年十二月,勘界员德玉、秦煐、贾元桂禀吉林将军文,其略曰,窃卑职等会同朝鲜安边府使李重夏查勘图们江边界,现已将图们江两岸山水原委并前钟城府使李正东所执之石碑、封堆,一一勘验明确,详细绘图贴说,同堂会印,亲笔花押各一纸。惟查得图们江朝鲜呼豆满江,由茂山而上七十里至江口地方,江水分为二流,其南流为西豆水,其北流为红丹水。西豆水一流,至平甫坪之上分东西二流。其东流发源于长白山东南四五百里之鹤顶岭,地属吉州北界、茂山南界,北至与红丹水合流处约四百余里。其西流发源于长白山东南一百八十里之蒲潭山,朝鲜呼宝髢山。此中山间有漫岭之西坡二、三里,有一水西入鸭绿江,岭之东坡二、三里,有一水即西豆水西流之发源处。由此东北流与东流相汇,再东北流,至与红丹水合流处共约二百八十余里,此西豆水一流之源委也。红丹水一流由江口而上,约三十余里至小红丹地方,此水已分南北二流。其南流发源于长白山东南一百三十里之三汲泡东南，泡在分水岭上，此岭华人呼黄沙岭，朝鲜呼虚项岭，由三汲泡西南行，顺岭坡而下，约四十余里有一水西南流入鸭绿江。由三汲泡东行，顺岭坡而下约三十里有泉涌出，即红丹水南流之发源处。自此东流二百余里，至小红丹与北流相汇，又东南流至江口与西豆水合流处，共约二百数十里。其北流发源于长白山正东一百二十里之红土山，此山西北五里平冈有一圆池，由此池西北去，近处无水，稍远有水俱入松花江。池之两旁各二、三里有二水，由漫坡流出，绕过红土山合流，东南行约一百二十里至小红丹与南流相汇，此红丹一流之原委也。按：所言红丹水之北流即红土山水，而红土山水合石乙水下流与红丹水相会处，则统称石乙水，既未勘明红土、石乙二水之源流，而混称曰红丹水之北流，则实此次勘界之大误也。又查得长白山朝鲜呼白头山，山之绝顶有大池，方圆数十里，北面有缺处，水由此悬流为松花江之正源，俗名二道白河。山之南麓有小石碑，碑面汉文有康熙年乌拉总管查边至此，西为鸭绿，东为土门等字样，字画完好。碑之西有一沟，西南去入鸭绿。碑之东有一沟，绕长白山之东麓东北去，朝鲜呼伊戛力，盖译华言为黄花松沟子，沟之东南岸有石堆百余，石堆尽处已至长白山正东为大角峰。过此仍东北行，沟之东南岸又有土堆数十，堆上有树，与堆旁平地之树大小高低相等，土堆尽处距碑已九十里。按距今碑所立处实不过三四十里又东北行数十里，此沟始见水，下入娘娘库，折而西北流入松花江。碑之东南四十里为小白山，山之东北坡有一沟东北去，由大角峰之南东北流至八峰东首之董维窝棚前面，距小白山已八十里，又东北流十余里，水入石塘不见，十数里复出北流，与此水以西发源八峰之斜乙水并斜乙水西之黄花松沟子水合流入娘娘库，折入松花江。此长白山下碑堆山水之原委也。总之，由长白山之南麓分脉东南行，至鹤顶岭四、五百里为一大分水岭，岭西南之水归鸭绿江，岭东北之水，小白山以南归图们江，小白山以北归松花江。由小白山之东北隅分脉斜至红土山后稍东，即长白岭之起峰处，约共百数十里，俱是漫岗不见峰峦。此岗实亦分水冈，东南之水归图们江，冈西北之水归松花江。卑职等细心察核图们江上流各派，均不发源于长白山现在之立碑处，西边有沟虽入于鸭绿江，东边有沟则为松花江源之别派，碑即载明西为鸭绿，东为土门，断不应立于松花江别派之上。至图们江源西豆水之东流，虽较大而长，然既发源于鹤顶岭，距长白山已四五百里，且在朝鲜内地。当年划界，断非以此为图们江之正流。其西流发源于蒲潭山，虽距长白山稍近，然较之东流则小而短，东流既非正流，其西流自当随之撇去。况二水两岸，居民繁众，视其屋宇坟墓，均已年远。此次勘界，自宜持平论断，除西豆水之外，与鸭绿江对源且距长白山最近者，惟小白山东南发源三汲泡东南之红丹一水。当年定界立碑应在三汲泡一段之分水岭上，方与碑文所载西为鸭绿、东为土门八字相合，界址亦东西绳直，斩然齐整。且以红丹水为图们江之经流，则红丹水有发源红土山之水可以为小图们江，与总署之奏议不符。而安边府使会同履勘，心亦明知其然，但以图们江各源与该国所执之碑堆均不相合，又兼红丹水以北红土山之水以南，有旧居朝鲜民百余户，并此下图们江北岸自红旗河至戛雅河口数百里，越江垦地之民，虑其无可安插，每有不卒事而去之意。卑职等再四筹思，山水查明若不公同详核绘图会印，终无确据，故先彼此照会绘图之后，再商定界。不料图成会印，同堂公商，该府使即以不敢自下议定，必须归报国王为辞。卑职等以事已垂成，披肝露胆与言朝鲜穷民亦天朝赤子，现将山水查确，自宜定界，以息边扰。至此项流民，我大宪[1]必为奏恳皇仁设法安置，断不使流离失所。冀以至诚相感，庶可了事。该府使是非分明，心已微动，但见其踌躇莫决，意似深有所畏，不敢定议，故终执碑堆为据，置图们江为界之言于不论，且执碑文东为土门四字，以为黄花松沟两岸有土如门，并不以土门为土门江。我虽开诚布公，彼终借词狡辩。卑职等无如之何，又以事宜妥商，不能相强，遂与商定两造各持图回报。恳求咨部，请旨定夺。下略

又将军咨北洋大臣文曰，详阅图说并参考直省舆地全图，所谓红丹水者即舆图之小图们江，虽亦与碑文西为鸭绿、东为土门二语相符，然西豆水至平甫坪之上有东西二流。东流发源于鹤顶岭，西流发源于蒲潭山，山西有水入鸭绿江，则知西豆水实即舆图之大图们江，蒲潭山乃舆图之费德里山，援古证今，若合符节。该国上年既指骇浪河即舆图海兰河为图们江，今于会勘时，以黄花松沟子两岸有土如门，忽又指此为图们江。明明有定之地，竟游移于无定之口，犹谓必以碑堆为据，岂知碑无定位，可因人为转移，而文有定凭，实以江为界限。图们之转音为豆满，发源深山，千古不易，则界碑现在之地，安知非该国人民占据多年潜移至此乎。然碑东之黄花松沟子固松花江源，非图们江源也。该委员等意谓当年定界立碑，应在三汲泡一段之分水岭上，虽不如蒲潭山之确合舆图，第因其居民繁众，无事过激，似尚酌得其平，且不失朝廷字小之意。

按：所言山川原委，里数间有不合，大致无误。惟石乙、红土山二水，未曾勘明，是其缺点。所述山脉水道篇中及新绘界图可供参考，兹不具论。至定以红丹水为界，不仅与碑文西鸭绿、东土门相合，且与穆总管所言惠山、茂山相近之语亦适相符。虽穆碑原非立于此处，然舍此别无可以为图们江正源者。咨文所言碑无定位，

---

〔1〕 大宪，旧时府吏对上司的称呼。

可因人为转移，文有定凭，实以江为界限，洵确切不易之论也。至谓西豆水为大图们江，红丹水为小图们江，以水之大小言之，固以西豆为当，而求其为江之正源，且与白山相近，自又以红丹水为当。我不争西豆，而专论红丹，已属曲为宽柔，尚安得谓之过哉。

是月，朝鲜议政府来咨，其略曰，按图辨方，山脉、水派均有可据，石碑土堆标识宛然。谨按康熙壬辰定界时事，已有敝邦承文院汇载故实，参以今日画图碑堆，昭然相符，的无疑混。圣祖仁皇帝念边徼榛荒，疆域难分，易滋后人之惑，特派重臣查定边界，碑以记之，堆以识之，延连九十余里，此可见当时辨疑息事之深长虑也。敝邦惟知感激遵守，虽定界以内犹不敢听民入居，恐致相逼滋事。伊来殆近二百年，一任空荒，或有流民之冒居，时请刷还而止。前在光绪八年，因礼部咨开朝鲜贫民占种吉林边界等情，国王骤闻兹事，不胜惊悚，即具回咨，恳恩将流民刷还。又该民等处在荒远，不能自明。至九年夏间，敝邦经略使鱼允中派到北界，招徕吉林、珲春等处敝邦流民，惟豆满北岸垦种民人不愿还土，陈情联吁。据云，我们所垦即土门以南，昔日圣祖皇帝所尝划界以畀我也，有碑可据，有图可明。豆满以北再有分界江，辞证明白。地方官派人勘看，知有确据。自是敝邦钟城府使与敦化知县往复论辨，迄未究竟。盖吉林、朝鲜之以土门为界，中外之所知也。苟审土门之在于何方，则界限自可辨别。据碑文所云，东为土门，以图考之，豆满一水本不出于分水岭，而其源委在于定界碑之西南，距碑辽远，莫可为证，何得谓之土门乎。惟伏流一派在碑之东，直接分水岭，而天锡形名传为土门，碑文所载土门，定在于是。又于伏流之处，堆石聚土，以标其界，树木生于土堆之上，皆成老大，非后人所为可知也。其下又有土门子一派合于分界江，其上则土门为定界，其下则土门子为分界，此为真土门之公明证案。盖当初立碑时，定界于白山下分水岭，以东西分流为据，东则土门，西则鸭绿，均发源于此。豆满则庆源以下江名，实非分界处发源，上国人所称图们江是也。上国人虽知土门之为定界，然不辨远近方向，混称豆满为土门。至以译音之偶尔相近，认为一江。山川自有定形，非译音之所可移易，而从前空荒之地，人迹罕到，事属难辨，随称因循。今既穷源涉幽，会勘的确，源别委异，南北悬远。岭上片石，屹立作证，岂可不问源头而离勘别派。舍此明证而别求考据，恐失之愈远而非立碑之本意也。从此界限之疑，恍然可破。但念该处向非许民之地，近来流民潜入耕种，敝邦官吏不能随时觉察禁断，此固敝邦之责。现入居者众，安土乐业，既在定界之内，有不忍一朝驱还，似宜因以抚之，严禁滋事，使失所之民各复其业，庶不负天朝字小恤民之至仁。

按:此与前钟城府使所言略同,但江源国界既经勘明,彼犹以此无据之词,多方支吾,殊益见为无赖也。圣祖时划以畀彼,则以前本为我之地可知。既本为我地,则当时穆总管原为查明边界,严防奸民,岂有更擅以领地畀人之理。乃谓有碑可据,而碑文之西为鸭绿、东为土门,遂可谓畀地之约言乎。且自称流民冒居,国王恳恩刷还,又派鱼允中往招,是韩王韩官无不知流民之为越境,安有我国以若大之地畀彼,彼之国王官吏竟皆不知,必至流民陈恳方始忆及耶。此等强词,欲以自饰,实足自显其伪。所指伏流究系何水,既称其处堆石聚土,则或为黄花松沟子矣。又曰其下有土门子一派合于分界江。其下究在何处,土门一派又系何水。既称合于分界江,则或为海兰河矣。分界江虽无此名,彼垦民前曾言在钟城北九十里,则必指海兰河无疑。一为松花江上源,一为图们江北之一支水,东西相去数百里,且一东北流,一东南流,如何相合而为分界,诚可谓莫可思议之妙论也。既知豆满、图们为一江,乃指土门又为一江,因文字微异,遂欲借以抵赖,忽指为山,忽指为水,忽指在东,忽指在西,是彼悠悠之口,可以随时转移山水矣。虽然彼果持有种种实据,自当理直气壮,乃于文末忽任失察之咎,复为哀告之词,屈意乞怜,求免核实,虚情业已毕露,尚何须多辩哉。

当时元山坐探委员姚文藻之密禀文曰,李重夏因勘界之役,左右为难,中略与卑职密相笔谈云,此事实为鱼允中一人所误。穆克登定界碑曰东为土门,西为鸭绿。今日韩民实是越垦,鱼允中欲无中生有,遂创出土门另有一江,非即图们之议,以新人听闻。韩廷上下哗然,以为并非越垦,附而和之,乃至聚讼不决,妄思伸地。中略李重夏心有顾忌,即借地两字万不敢出口,惟硁硁然强为驳辨,上届故未有成议而还。彼谓此次如无宪台授意,告政府转饬以办法,则势仍将虚此一行,劳而无功也。彼惧鱼党之清议,此等谈论不敢稍露一语。下略

按:诸种混界之语,原因鱼允中招徕越垦而起,所云此事实为鱼允中一人所误,决非无因。一切饰词狡赖之故及为难不决情形,彼已自认,无庸再辨。乃两国天然界限,竟为一鱼党之口所混,遂至平地生波,没而复起,宁非怪异。虽然,今之重本鱼论强作主张者,其心之虚亦必如李可知也。

十三年三月,总署奏请覆勘图们边界事。其文曰,前略恭查钦定皇朝通典、文献通考均载明,吉林、朝鲜以图们江为界。又钦定会典图说载有大图们江出长白山东麓二水合东流,小图们江出其北二小水合东南流来会,又东经宁古塔城南境会噶哈哩河折东南流,北合二小水,经珲春城西南等语。中略现在此案有应辨析者三,应考证者五。去年朝鲜以图们、豆满为二水,经臣衙门指驳。此次复牵合碑文,证

为有土如门之说，词既屡变，理实难通。查穆克登碑文明明以东西二水对举，且图们之为土门，康熙谕旨已然，他处地志亦屡屡见，第为方音轻重之殊，不烦别为曲解，此应辨晰者一也。朝鲜立国，当康熙时地多人少，咸镜道西北空为瓯脱。该国王来咨云，该处向非许民开垦之地，近来流民借入耕种，官吏不能随时觉查，固敝邦之责云云。是该处逼近吉省，素系封禁，如从前中江、呼兰等处封禁之山，不准私垦一例。该国素守藩封之义，不使流民阑入，情分显然。近年地少人稠，日渐占垦，该朝官岂得显背封山之禁，阴为拓地之谋，此应辨晰者二也。至吉林将军来咨，谓红丹水即小图们江，西豆水即大图们江，蒲潭山即费德里山，此则未能确凿，尚待参求。盖皇朝一统舆图所列，红丹水即红丹河，在茂山之南，其与茂山迤北之小图们江无涉，可知西豆水既在红丹之南，且发源于彼国吉州内地之鹤顶岭，其非大图们江可知。按：既云西豆水非大图们江，又云迤北之水为小图们江，则总署固已明言红丹水为大图们江矣。费德里山在黑山之南，图们江之北，其非西豆水西源之蒲潭山可知。总之，此事必须佐证确实，方能定断，此应辨晰者三也。自朝鲜茂山府以东，会宁、钟城、稳城、庆源、庆兴五府东至鹿屯岛海口，自有图们江天然界限为之划分，毫无可疑。彼此所断断未定者，茂山以西上距分水岭穆克登勒石之地。惟此二百八十余里间，仍即康熙谕旨所谓二江之间地方知之不明者，必应逐细考究，乃勘界之要领。该委员等所计道里，仅据土人之口未足征信，亦须以测绘纬度为凭，方有把握，此应考证者一也。此二百八十里之间，迤西斗入吉境，迤南折入甑山。凡分界之说，或顺山势，或顺水形，总以确寻江源为主，不在东西绳直，斩然齐整。至该将军所称界碑不过数尺，有无为占垦之民潜移向北，亟应彻底根究，此应考证者二也。会典所载之小图们江在图们江内地之北，自不必言。至云大图们江出长白山东麓二水合流，所谓二水，必有指名。按其方言，审其准望，是否即系红丹上游之二源，抑或别有名字，此应考证者三也。详穆克登碑文，第言奉旨查边至此，审视西为鸭绿，东为土门，故于分水岭勒石为记，碑中并无分界字样，不过记二水之原委。是当日立碑之处，未必即当日分界之处，何以朝鲜人即执此为分界确据，此应考证者四也。且碑文所载审视云云，自是钦遵圣谕二江为界之指，浑括言之。若必分析言之，则鸭绿上源不名曰鸭绿，而名曰建川沟，与图们江之上源不必有图们江之名事同一例。夫中国之济源曰沇，汉源曰漾，而沇与漾仍得蒙济，汉大川之名者，以大川得统小川故也。然则红丹小水独不可以图们江源统而名之乎，此应考证者五也。窃维该国世守藩封，恪恭职贡，其流民占垦之地属吉者，自应酌量刷还，或编入版图，属朝者自应申明旧界，添立界碑，永息纷纭。该将军所称，碑无定位，文有定凭，实为确论。总应将图们江指证确凿,则界限自可分明。中国之于藩封,原无不在覆帱之内,然我疆我理,亦不容稍有越畔。相应请旨饬下该将军,即行派委熟悉边情舆地之员,按照以上各节,逐细会勘,酌定界址,妥筹安插,以折藩服之心,而靖边氓之业。下略

按:所言应考证者,应辨析者,均极明确,所持之论,亦极平允。次年之覆勘,固本于此,即无论至何时再勘,亦不能离此论之根据。观后李重夏与我勘界员辩论时屡称此奏,则此奏之价值及为韩人所心折,已可概见。自此而后,土门封堆之谬说一扫而空,而图们下流之无待于勘,亦已彼此同认,无复疑难矣。

十三年六月初七日,勘界员德玉、秦煐、方朗禀覆勘吉韩界务情形文,其略曰,窃卑职等遵饬覆勘图们江界址,于本年三月下旬,驰赴会宁,与朝鲜勘界官德源府使李重夏会议。除茂山以东诚如总署原奏,有图们江天然界限,毫无疑义不论外,惟茂山以西之江界自应逐细考究。是以会同该府使由会宁起行,于茂山城起,督同测量委员溯江而上,随处测量,遍勘水道。懔遵总署奏议,与该府使辨晰考证,务将茂山以西二百八十余里知之未明者,逐细考究,确寻江源。兹已一一勘明,按照所测里数详细绘图。查茂山以西之江源,原勘只有西豆、红丹、红土三水,合此次寻出之石乙一水,共有四流。石乙一水,朝鲜呼为岛浪水,由小红丹纡曲向西,绕过长坡复折而南,紧贴甑山,经过石乙、红土汇流处向西南行,折向西有一水沟,沟尽处接黄花松甸子,向西五里复接一沟,向西北行长二十二里至小白山东麓。计由茂山至小红丹一百九里一百八十八步,复由小红丹至石乙水源出处一百七十里三百二十五步,合计二百八十里有余,与知之未明之数以及迤西斗入吉境,迤南折入甑山之义相合。又查钦定会典图说载明,大图们江出长白山东麓,二水合东流,小图们江出其北,二小水合东南流来会。按长白山形五峰环峙,高二百里,绵亘千里,顶有大池,为诸水发源之地,具载盛京通志。此次履勘,两至池边,正拟测量,云雾陡起,风雪大作,故池之宽阔未经测准。当登山之际,风和日暖,天气晴明,遥望诸峰历历在目,见白山南面,劈分两干,其一向西南指者,即经盛京之干,其一蜿蜒向蒲潭山去者,为东南一干,胭脂、小白等山同在一干,不过突起峦头。此干之西麓为鸭绿江源,如西豆、红丹、石乙诸水均出其东麓,实系一大分水岭。长白与小白相距不远,以绵亘千里观之,小白东麓即为长白东麓,何必另易其名。所以称为小白者,以朝鲜人相称已久,遽更其名,叙事恐难明显。参观山势水形,互证钦定诸书,则石乙水源明明出于长白山东麓,与红土山水合流,恰合大图们江源形势。红旗河出其北,上源为外马鹿沟,又有二小水合东南流来会,适成为小图们江。查朝鲜所呼之小白

山，实是分水岭。若以此岭之下石乙水源为大图们江源，似觉毫无牵强，且源头水沟两岸均系沙石，山崖相间，水道确凿可指。再由小白山测鸭绿江上源，相距四十二里，于西为鸭绿、东为土门八字，均能一一吻合。卑职等会同该府使覆勘，情形如此。原拟遵奉总署奏中之旨，逐细会勘，酌定界址。该府使心以为然，但因其政府命意必以红土山之水为大图们江源方可定界，是以始终不能作主。此次该府使目见红土山水不接，与碑堆又两不相贯，即董棚南面向东北流之水亦与碑堆不相关涉，所来照会，据实答覆，知非当年旧界。只因政府命意，不能一下作主，是以商恳卑职等将所勘之石乙水一并绘图，禀报宪台，转咨总署，请旨定夺。窃思前钟城府使误指海兰河为分界江，朝鲜政府不察虚实，信其一面之词，申辩多端，幸经总署奏驳，始不置辩。今又误会红土山水伏流，执为大图们江旧界，皆系朝鲜政府之意。伏查元山坐探委员姚令文藻禀中，有该府使曾与言及，明知松花江、海兰河指界之误，因其政府授意，不敢不遵奉以行等语，可见其政府屡次授意并非虚语。似此一误再误，伊于胡底。仰恳切实咨请总署，按图指定界址，俾得早日了结。再界址定后，遵当另立界碑，申明旧界。所有穆克登所立之碑，既与界址不相关涉，而土堆、石堆又相引至松花江流上，此时若不将此碑毁去，仍恐将来存为疑案，别生枝节，且于松花江有碍。如以石乙水源定界，则小白山东麓起至茂山城止，自应摘要立碑，庶几界划分明，永垂久远。爰将应立碑界之处，预为公同拟定，仰恳酌夺，一并咨明。

附拟立十界碑处：

华字碑立于小白山顶。

夏字碑立于小白山东麓沟口，距华字碑十五里。

金字碑立于黄花松甸子头接沟处，距夏字碑二十二里。

汤字碑立于黄花松甸子尽处水沟口，距金字碑五里。

固字碑立于石乙水水源出处，距汤字碑十二里。

河字碑立于石乙，红土两水汇流处，距固字碑四十一里。

山字碑立于长坡浮桥南岸，距河字碑八十八里。

带字碑立于石乙，红丹两水汇流处，距山字碑二十三里。

砺字碑立于三江口之图们江西豆水汇流处，距带字碑三十六里。

长字碑立于图们江、朴河汇流处，距砺字碑三十一里。

按：禀内先声明茂山以东，诚如总署原奏，有图们天然界限，毫无疑义，已置不论。则茂山以东，图们江以北之实为我国地方，于前次勘界之先，即已彼此定明，更不置议。故覆勘一案，除寻江源外，他无所及。则以后无论何时，纵欲于中韩国界再行提议，终不能牵涉茂山以东之江流也。但此次勘界，固为专寻水源，而于水源则仍不明，故其结果，于何源分界亦终未能确定。原禀有曰，茂山以西之江流，原勘只有西豆、红丹、红土三水，合此次寻出之石乙一水，共有四流，虽较原勘加详，而所谓四流则实未确考。图们江源实只西豆、红丹、石乙三水，红土、石乙本为一流二源，红土山水发源于北，石乙水发源于南，一水会流而合于红丹水，其会流以下则皆通称石乙。今云四流，似于石乙、红土二水源流仍有误会，否则即不应舍红丹正流不论，而专争红土、石乙同流之二水源也。至红丹水实为图们正源，与碑文西鸭绿、东土门相对之意适合，此前次所已会勘明确者。又查钦定会典图说载明大图们江出长白山东麓，二水合东流。小图们江出其北，二小水合东南流来会。今以红丹水考之，实出长白山东麓。大、小红丹二水合而东流，故应为图们江之正源。自其北来会者，即为红土、石乙合而东南流之二小水也。则红丹水为大图们江，红土、石乙合流来会为小图们江，尚何疑义。且红土山水源西距白山约百里，石乙水源亦距数十里，皆不得谓为出白山东麓，惟红丹水源实出分水岭之三汲泡，方与东麓之语相合。若红旗河，其源甚长，有二大支流，至三江口始与图们正流相会，当为图们之别一支派。乃欲以石乙水为大图们江，而附会红旗河为小图们江，未免于水形太不相符。当时舍红丹而争石乙，虽为调停以求速了之计，然山川难移，岂可诬也。我国交涉每每务为宽大，以致外人得步进步，皆坐此弊。彼使明知其然，而仍坚执红土山水。虽云受彼政府密意，亦见君子可欺，遂生得陇望蜀之心也。观韩王、韩官所来文件，每至无可辨论，则作婉转乞怜语。此次复勘之后，韩王来咨，亦有红土山水、石乙水之间不过数十里，空山荒寒之地，普天之下，莫非王土，岂其为此区区尺寸之土，使属邦不能保守其封履等语。强赖无术，继以乞怜，此固彼狡谋之惯技，而我终堕其计未肯相逼，令他族觊觎，因而更起交涉，岂非宽柔所误哉。

又按：拟立界碑，嗣因该国推延，终未成立。惟查盛京、吉林通志及日人之满洲地志所载，似穆克登查边时即已立有此十字界碑，或此时因原碑已毁，欲依其旧式重立耳。然穆当日设立之坚守，实在惠山、茂山相近之间，虽不能实指其地，可决其近红丹水非近石乙水。乃观通志所载界碑，则与斯时所拟立碑之地大都相合，或记者误认两事为一事，以康熙年间之碑地难详，遂将此次所拟者采入，未可知也。俟详考

韩勘界使李重夏照会我勘界员之文，有曰此次覆勘图们江界，遍审水源，阅月细商，自茂山府以西，沿流至长白山中长山岭西边红土水、石乙水合流处，逐段考证

皆已勘定，而所未定者，惟合流处以上两源。敝职拟在长白山至红土水立界，贵局处拟在小白山至石乙水立界，屡次商议未协。总之，界限既尽勘定，仅此两源小流之分别，虽不过深山中几里相关，然窃维大小国疆土事务俱系慎重，仰请公同照测量里数绘图，呈总署恭奏，请旨酌夺。下略

按：此时不仅图们江流无待再勘，即图们江源已尽勘定，所未决者惟两源之小流，彼韩使实自言之，后虽重提此案，安能更有他说哉。

十四年，韩王咨称，蒙内务府关奉教准北洋大臣咨，著臣前往妥办。臣窃查来咨中吉林将军所奏以石乙水定界者，未敢果知有何据，而臣所主之红土山水，稽之图典，一一吻合。谨按钦定会典载明大图们江出于长白山东麓，二水合东流。今此红土水出于长白山东麓与元池水合而东流，此外更无东麓之水。又按一统舆图，大图们江头源与鸭绿江头源两间无水处，有点划标识，界限分明。前所履勘之碑堆在红土水以上无水处，适与标识相符，则红土水之为大图们江头源瞭然无疑。至石乙水，则其发源非长白而乃小白也，非头源而乃第二源也，于图典俱无可据。臣愚以为申请立碑于长白山红土水之上，以符图典，而明疆界，实合事理。臣于奉命之日，宜即登途，而既灼知实在情形，不可泯然遽行。下略

是年八月，勘界员方朗等禀称，前略综核始终，深讶韩使狡展竟至于斯。其曰会典载大图们江出于长白山东麓，二水合东流云云。夫既曰二水合东流，则必举山以东之大条水而言，断非小泡支流所能充数。若论水势之大者，自应以红丹、石乙为二水确征，且与东流字义吻合。按：红土、元池皆两小水，汇向南流，东折而与石乙水合，以此为二水犹嫌牵强。今该府使冒以红土、元池两水为二水，则山以东如此小水不可胜计，何止曰二。且只可谓之合而南流，何名曰东。况石乙水明明在长白山东麓，何以云此外更无东麓之水，明明为图们江上源，何以云石乙水划界果有何据。脉络分明，会勘确实，故韩使亦有红土山伏流无据，水不接流，碑不相贯等语，有两次照会并会印绘图可凭，何又曰石乙发源是小白山非长白山，彼岂不知小白山特韩人呼之，如该山西南朝鲜人呼为虚顶岭，并皆无据。我朝发祥之地绵亘千余里，皆谓之长白山，并无小白字样。有钦定会典可稽，何又曰石乙水是二源非头源。彼岂不知头源者据江而言，非对山而言。且若非由分而合，何以曰二水合而东流。总之，细勘形势，上证图典，舍石乙水定界，则无以为体恤属邦之处，且亦非卑职等所敢得而拟。下略

按：此一咨一禀，为此次勘界最后之结论。所争石乙、红土二水，彼此对照，孰是孰非，无待再辩。惟考东流二字，自以红丹水为正，红土乃一小源，即石乙犹是，

会典所称东南流来会之水，只得谓之小图们江也。参观十三年覆勘界务一条案语观禀称石乙水定界，则无以为体恤属邦之处，足知当时之离红丹而论石乙，已非专考水形，实为体恤属邦忍而出此。乃贪得无厌，复争红土，殊不自量也已。然嗣后彼此均谓大局已定，仅二小水未决，当无意外之虞，因循中止，而此次勘界之案，遂于此为归结焉。

（结论）统观以上所列案据，则此次勘界情形可分三时期：光绪九年以来，韩经略鱼允中、钟城府使李正东，据该国奸民之言，强分豆满、土门为二，又分土门、图们为二，始谓布尔哈通河、海兰河为分界江，继又谓流入松花江上源之黄花松沟子两岸有土如门为土门，复坚执既移之碑、封禁之堆为国界确证，屡变其词，自为矛盾，相哄者数年，是为图们江源流辩论纷纭之时期。十一年，彼此会勘，源委既明，证据确实，韩之君臣知前事之误，虽犹支吾强辩，实已自认其非，故于图们天限不复更有异说，观往还文件及李重夏之节略、金允植[1]之笔述可知也，是为图们江流勘定之时期。十三年复会勘歧流诸水孰是正源，虽均心知其故，惟我则已思退让，彼则犹为强争，乃于石乙、红土二小水之间相持不决，以至迄无成说，是为图们江源勘明之时期。观此，则两次勘界之结果，所恨者，江源既明，界碑迟疑未立也。所误者，明知红丹水为大图们江，乃欲舍之以迁就石乙水也。而其显然之效果，则封碑、土门、分界江诸说皆尽消除，茂山以东图们界水之已勘定也。若异日欲完此未了之案，于所误者改定之，于所恨者补正之，即成圆满。至其所已勘定之界地，则江流不转，铁案难移，我之记载公案，彼王之来咨，彼使之来文，均难磨灭。必欲鼓动浮言重翻旧案，洵所谓不知公理公法，适见其愚妄而已。

附录光绪十三年朝鲜国王勘界咨文及中韩两国勘界委员公文节略

朝鲜国王为咨会事。案准光绪十二年十月初六日贵大臣咨，催覆勘图们江界址一事，业经遵办，咨覆在案。嗣由敝邦再派德源府使李重夏为土门勘界使，饬俟

〔1〕　金允植（1835—1922 年），朝鲜近代史上的政治家、思想家、文学家。字洵卿，号云养，本贯清风金氏。金允植从政早期亲近中国，是“事大党”的领袖。甲午中日战争以后立场转变，逐渐亲日，并在朝鲜政府中担任外部大臣等要职。1898 年后因牵连乙未事变而遭到流放，1907 年才被释放，并在 1910 年作为政界元老代表赞成日韩合并，被日本封为子爵。但他后来又呼吁日本给予朝鲜独立地位，参加了三一运动。金允植深受儒家思想的影响，同时又接受了朴珪寿的开化思想和西方的科学技术，主张东道西器，被后世韩国史学家归为稳健开化派。

开春前往覆勘。兹于本年六月二十七日，据勘界使李重夏状启内称，三月十九日由德源府起程，四月初五日到会宁府与吉林派员督理商务秦煐会晤，将大图们江源之红丹河、红土山水两水屡经辩论，始于二十二日同入长白山，先审红丹之源，既系本国内地，亦于图典不符，再审红土水，穷源至立碑处，遍勘山水情形而回。窃以总署奏议中，总在大图们江确凿指证，界限自可分明一语，最为要领。今既遍勘水源，以钦定会典及一统舆图逐派照证，则红土水之为大图们江确凿无疑。而秦煐以红土水距碑尚远，且不接于分水岭，另觅一派流名石乙水者要与定界。盖石乙水者，自茂山府之长坡，沿红土水而上八十里，未及红土山十余里。自西南来汇于红土水者，其源出小白山东南麓三十里许，即小水而其流稍长，亦载于一统舆图。秦煐主石乙水，重夏主红土水，两不相让，终无以归一，乃与更商。此次勘界，自茂山沿江至于长白山中长山岭西红土水、石乙水合流处，则逐段考订，并无他疑，悉经勘定。其合流处以上所未定之两水，会印图绘照，请秦煐申呈总署以听裁夺，理合从实具启等情，据此。查图们界址已经前勘，而所未晰者，眩于水源相背，惟有考究水源，申明旧界而已。今于覆勘之日，红丹之说无须更辨，红土水、石乙水合流以下幸已勘定，而其合流以上红土水、石乙水两源仍未协议。谨按钦定皇朝通典曰，吉林朝鲜以图们为界。皇朝一统舆地全图长白山前鸭绿、图们两间无水处，有点画标识界限。盛京通志乌喇、宁古塔所辖，并云南至长白山，其南朝鲜界。今此查勘，红土山水出于长白山东麓，为初发源处，与图典所载大图们江相符，亦于分水岭碑堆互为照应。石乙水出于小白山东南麓为第二派，与长白甚远。执此定界，是否有当。至流民安插一节，尤为急务，并祈天朝格外施恩，免至失所，幸甚。兹将勘界绘印地图一纸，谈录公文节略一册，备文照会。烦乞贵大臣核阅，转奏天陛酌夺施行，务昭公允，实为公便。为此合行移咨，请照验施行，须至咨者。

右咨

钦差北洋通商大臣衙门

光绪十三年八月三十日

覆勘图们界址谈录公文节略

吉林派员秦煐、朝鲜勘界使李重夏，在会宁府说帖照会重夏说，勘界一事，敝邦本意初何尝希图展土哉。职缘民情之悯迫，一番指证碑界以明无隐之心，然后标界安民，惟俟皇朝恩宽而已。乙酉，总理衙门奏稿内有曰，钦定通典[1]边防门、钦定四裔考均载明，吉林朝鲜以图们为界。又曰，一统舆图、会典地图载在职方者，图们、鸭绿二江为东西两界，标划分明。又曰，白头山在中国朝鲜之界，白头乃长白之异名，豆满为图们之转音，方言互殊，实为一水。上年春勘界图绘后，总理衙门咨移内有曰，吉林朝鲜界址，自朝境茂山府以东会宁、钟城、庆源、庆兴五府东至鹿屯岛海口，自有图们江天然界限为之划分，毫无疑义。自茂山以西，上距分水岭穆克登勒石立碑之地，有应辨晰者，应考证者，是以饬下吉林即行会勘。敝邦初缘民情起见，有所论辨，前后所奉总署议奏，若是郑重。图们、豆满乃是一水，而图们天限载在图典，则敝邦惟求碑堆之与图们相照应，考证辨晰，仍应遵守，为了事之方也。今闻贵督理乃欲定界于红丹水之上云，诚梦外之言。红丹水在小白山以南，原属敝邦内地，无关于论界。况茂山之长坡等地反在其外，宁是有理。总署前咨，亦以分水岭立碑之地辨晰考证为主，今此复勘，惟当更审图们江旧界与穆碑之限，照一统舆图务求吻合，以为勘完。贵督理之泛指红丹、西豆，莫晓所以。自有载籍以来，皆以长白发源为图们，往年贵论亦云，准以发源长白之图们江为界。今忽指小白山以下之水源者，万万意想之所不到也。一一示答为妥。四月初七日

煐答，往年会勘，廷旨系令因江流而探江源，非谓先择江源而定江流也。当时，由茂山行至三江口，订分三路，先探江源。嗣因府使坚执碑堆之说，故勉往一勘，以释其疑。府使始云，水流相接，及勘红土山至董维窝棚，尽属漫冈，并无水流，故绘图钤押，各无异言。孰知墨迹未干，又生词辨，有伏流四十里之说。历考会典诸书，论图们江源，从无此解。贵政府果何所见而云然。今府使来勘江界，先言碑堆，时而以伏流强辩，时而以红土山为源，游移无定。且非因江流而探江源，乃先择江源而定江流，有是理乎。所谓指证碑界，是将查边之碑为分界碑。查贵政府所钞承文院故实，咨我礼部内开，康熙五十年八月初四日，有奉旨派穆克登至长白山，查我边境与彼国无涉等谕。既有与贵邦无涉字样，则穆克登所立之碑，其为查边之碑，非分界之碑无疑。况总署奏章亦谓穆克登碑文，第言奉旨查边至此，审视西为鸭绿，东为图们，并无分界字样。是当日立碑之处，未必即分界之处，所断尤为明晰。若竟以松花江掌上之碑为据，非特于总署所奏不合，且于贵承院故实不符。所谓定界

〔1〕　钦定通典，或称《清朝通典》。乾隆三十二年（1767）奉敕撰。共一百卷，记事起于清初，止于乾隆五十年。体例与《通典》、《续通典》一致，分食货、选举、职官、礼、乐、兵、刑、州郡、边防九门，惟细目则依清朝典章制度的实际而作相应的调整增删。该书综合《大清会典》、《大清律例》、《大清一统志》等成书材料而纂成，分门别类，便于检阅。

于红丹水之上为梦外之言,总署奏中明谓鸭绿江上源不名鸭绿,名曰建川沟,与图们江上源不必即有图们之名。且查盛京通志载,长白山为诸水发源之地,小者为河,大者为江。以大小别之,亦是确寻江源之一法。所云西豆水,舆图中注明鱼润河,红丹水注明红丹河,三池无论,名目不符。所示之图为肆市坊本,而叙明不详。岂有华韩人员查明会印之地图不可凭信,而转以坊本为据乎。今次总署奏请覆勘图们江界,为前次未经辨晰考证,不过因所计里数,仅据土人之口,未足征信,须以测量度数为凭。且谓分界之说,或顺山势,或顺水形,总以确寻江源为主。此次复勘,会同府使前往茂山以西,或顺山势,或顺水形,因流溯源,随处测量,记明里数,沿途指证逐细勘明,再行商酌定界。此系分界之要领,乃是总署奏请复勘之本旨。查得江流有三路,拟派测量委员先行登程,本局处与府使一面料理起程,府使遣派何员先行同往,以便订期前进。十一日

重夏再说:乙酉冬,敝职奉使来勘,恭览总理衙门奏稿有云,朝鲜以图们为界,豆满为图们之转音。考之图志,援据赅明,又与贵局处躬履详勘,屡次商谕,以此归复于敝廷。自是以后,敝邦不敢株守偏见,惟将图们旧限遵守,断断无他。第贵示中有不容不条辨者,红土水之不接碑界,又生词辨云云。伏流之说,此本穆总管咨会中句语,非敝政府之所创出也。又所谓指证碑界,是将查边之碑为分界之碑云云。查白山一片石,久为大小国三百年界限,国史野志,无不备载,而向日贵局处归之后人伪作,又疑奸民移碑,此皆语不近理。承示总署奏稿有云,是当日立碑之处,未必即分界之处。夫查边立石非定界而何,敝邦承文院定界事迹中,穆总管奏文咨会皆自在,可以辨当日之分界与否也。今不究故事而泛看,则此碑之在于鸭绿、松花两源之间,实为不合。然盛京通志曰长白以南为朝鲜界,又通典曰朝鲜以图们江为界,图志所载若是,则穆总管查边立石之曰,何以舍长白而立于小白山,舍图们而立于红丹水乎。缘图们之源距碑稍远,故沿设土堆而接之。今见鸭绿无堆,而东边有堆,可以想知,又细看堆尾之迤南渐可辨晰也。总署奏稿,鸭绿江上源不名鸭绿,名曰建川沟,与图们江上源不必即有图们之名云云。此由贵局处前以红丹禀报,致边界事情不能上达而然也。谨按一统舆图中鸭绿、图们之界,点划标识十分明白。红土水之为大图们江,确切注明。其南又有小白山、三池、红丹河等地注明字样,此又的确可据耶。前勘时,贵局处每以图志为据,故屡恳一见,终不示之。敝职归京购得一本而来,又谓之坊本,不足凭信,不胜讶惑。今此一统舆图与前勘地界原无甚差,请将一统舆图中何者为不足信,一一较对,明白指示。总之,此次勘界,敝邦惟知谨守图们旧界而已。贵局处所奉总署札饬及所赍舆图,亦望分示,公明考订,

幸甚。派委员先行测量，敢不惟命。而原来上年总署覆勘札饬内，茂山以西上距分水岭穆克登勒石立碑之地，有应考证者，有应辨晰者云云。则考证亶在于此。现贵局处乃指敝邦内地红丹、西豆之界，此非交界，实无覆勘之可议，深谅更教。十三日

煐再答，碑堆一节，贵承文院故实说明，奉旨查边，与彼国无涉。细思分界，岂有与朝鲜无涉之理。且总署亦云，碑中并无分界字样，况碑堆不应在松花江掌上。府使亦云，此碑在于鸭绿、松花两源之间，实为不合。既知不合，须细较江之水源，此碑应在何地，方为相合。示总署覆勘札饬，由茂山以西上距分水岭穆克登立碑之地，有应考证、辨晰者云云。总署所云，茂山以西上距分水岭穆克登立碑之地，系指其碑应在图们江发源处而言，是以后来之札，均言上距图们江发源处。逐细考证，可知非指松花江掌上之碑。且要知考证、辨晰之意，正为考证江源，辨晰江界。如谓指前勘立碑之地明为松花江源，又何考证辨晰之有。先派何员同测量委员先行起程，或本局处与府使随测量委员一同前进，顺图们江流而寻江源以定界址，免致迟误至要。十四日

重夏又答，贵示以彼国无涉四字，与界文无分界字样，谓非分界之碑，此可证者，敝邦承文院定界故实中，穆克登奏文与咨移两本兹钞送览，此碑之为定界，可以瞭然。贵示谓总署札饬只为考证江源，非指考证界碑。此碑乃圣祖皇帝时，乌喇总管奉旨查边而立者，敝邦几百年奉以为金石，而贵局处无意考证，此岂札饬之本旨，亦岂藩邦之所望哉。前覆中泛看不合云者，以泛看二字，以明其实非不合，而其下又订盛京通志及通典所载之确样，何不详览而有碑应在之问。兹考证、辨晰而申言之。此碑即康熙壬辰五月十五日所立，而自碑距图们江源中间无水，伊时筑土设栅，有穆克登咨文具载。承文院故实，业经录呈于礼部、北洋衙门，此碑之为分碑可证，一也。今按一统舆图，长白山南鸭绿、图们两间无水处，有点划标识，其界限之瞭然可证，二也。盛京通志，乌拉所辖曰，南至长白山，其南朝鲜界。又宁古塔所辖曰，南至长白山，其南朝鲜界。今此碑在于长白山南麓初落处，竖碑之界限可证，三也。图们上源其派为三，而必以红土山水为大图们者，此有可证。按一统舆图，长白山东边有水，注明大图们江，今所称红土山水也。又其东北一条水，注明小图们江，今所称红旗河也。长白山之南有山，注明小白山。再南有三圈，注明三池。其下一条水，注明红丹河，今所称三泡红丹水也。又其南一条水最长，注明鱼润河，今所称西豆水也。小白、三池、红丹之北有水，注明曰大图们江，则此非敝职所称红土山水而何也。此一北只有小图们江一派，其外惟海兰河而已，更无他水。则红土水之为大图们江，岂不的确乎。考诸中外地图，逐派查证，毫厘不差，图们之案可以辨

晰也。总之，以江言之，则红土水之为大图们江确切无疑，图志所载，自有可按也。以碑言之，则穆克登之奉旨所立，事实昭然，圣朝旧迹不可以替也。然则自碑至江之间，堆未尽接，易致疑眩。今宜增竖一碑于红土水之上，以证穆碑，申明边限，遵守旧界，则小国之民，更无敢冒占一步，此真开诚暴悬，更无余辞，幸垂察焉。所示勘江，当另派一员，订期偕往。十五日

吉林派员秦为照会事。准贵府使答覆，删繁不叙外，尾开当另派一员，订期偕往等因，前来。本局处现派测量委员刘虞卿，带同弓兵、绳手、测量器具、驼马，准于十七日起程前往测量。贵府使遴派何员，早为派妥，以便同往。须至照会者。十五日

朝鲜勘界使李为照覆事。准贵局处照会内开云云，等因，准此。查敝职顷于答覆中，援据皇朝图志，以订红土水之确切为大图们江，且抄送穆总管定界故实，凿凿有据，庶可瞭然。如或犹有可疑，理应即赐驳辨，此是考订商榷之义，而今无一字可否，不胜讶郁。旧界既无可疑，则他水实无所勘。而贵局处期欲勘审，有此订期，敝职亦当派送随员前往，五卫将吴元贞等二人，以便十七日起程同往。须至照会者。同日

熯说，来示、辨上谕彼国无涉及总署所奏碑中并无分界字样二语，仅钞来穆克登奉文咨移两件，知府使并未将当日穆克登奉旨查边之谕细阅，无怪措词背谬，兹再恭录抄奉。岂有圣旨煌煌晓谕中外，反不如穆文所凭乎。如果分界，当有明降分界上谕，岂有分界之上谕内有与彼国无涉字样。既曰与彼国无涉，则为我国家一国之事，显非两国之事。然则分界之分字是一国之事乎，与彼国有涉乎、无涉乎。请将彼国无涉四字细想，自然知非分界之碑。今测量委员与府使所派之员已行，吾辈亦可料理前进，希示覆日期，以便一同起程。二十日

重夏答：今以穆碑一案，示明当时圣谕中无涉彼国之旨意。窃查敝邦边界，自古有原定界限，穆咨中亦云，原定江北为大国之境，江南为小国之境，历年已久不议。则当时奉旨查边，即立碑于原定之界，以申明之也。非有他事于小国，故恐有无涉彼国之圣谕也。盖查边立碑与定界立碑，其议宁有异乎。碑文无分界字样者，非当日之始分界也，仍旧贯标识而已，则分界字样之有无，何足讶乎。第今所勘之图们界限，既有明白图志可据，只宜增竖一碑于红土之上，以明穆碑土门之议。须一会公堂畅谕，商定入山日子，趁速起程。同日

熯再说，来示宜增竖一碑于红土山之上，以明穆碑土门之义，并欲一会公堂定议。但此事辨论既久，迄无定议。府使意在红土山增竖一碑，既经知定立碑之处，

何为覆勘，又何为会议。其所以覆勘之由，原为不知其处。总之，溯流穷源，以定界址。持论既为公允，若各执意见，于事仍属无济。莫如商明日期，赶速起程，沿途指证，务期源流相贯，界画分明而后已。本局处现已商定于二十二日启行，府使之意若何。同日

重夏再答，此次覆勘专为照古证今，务从公办。大、小图们江既瞭然于中外地图，则无庸远勘他水，而今贵局处之意，断欲遍勘江源，敝职当以二十二日依教起程。同日

在茂山府之长坡照会

朝鲜勘界使李，为照会事。此次奉派覆勘土门江界，敝职拟先勘红土山，贵局处欲先勘西豆水，嗣行至茂山地方，一同先往红丹水查看水源后，仍回长坡公议，或往西豆水，或往红土山，再当循理从公确查，以期无滞公事为妥。须至照会者。二十九日

吉林派员秦，为照覆事。准贵照会内开云云。等因，准此。敝局处定于明日同贵府使先往红丹水查勘水源，若无的据，仍回长坡议往他处再勘可也。须至照复者。同日

朝鲜勘界使李，为照会事。西豆水之无关于交界，往年业经屡辨，不意今行贵局处又欲往勘此水，理实难晓。查图们山水边界形势，具载于一统舆地全图，上年总理衙门奏议，至有西豆水之非大图们江可知句语，执此一节无容再辨。敝职断不应仅从贵局处之论，远勘不当勘之水。须至照会者。闰四月初八日

吉林派员秦，为照覆事。准贵照会内开云云，等因，准此。查总署奏议，虽有西豆水之非大图们江可知一语，但下文即声明必须佐证确凿，方能定断，仍是游移之词。又云，分界之说，或顺山形，或顺水形，总以确寻江源为主、可见西豆水之非图们江，在总署亦未能遽定。意谓覆勘之时，果能佐证确凿，亦可定断。所以总结，仍归重于确寻江源一句。既寻江源，凡属与此山相连之水，皆可勘得，况西豆水为江身之大流，焉能不勘。请将总署奏议前后文语气，再行详细玩味，自然领会矣。况府使日前照会内开，先往红丹水看水源后，仍回长坡公议，或往西豆水，或往红土山，再当循理从公确查等语。现在公议或往西豆水查勘，而府使忽更前议，且与前次照会之意不合，何耶。须至照会者。同日

朝鲜勘界使李，为照覆事。准贵照覆内开云云。等因，准此。今此江源查勘之

行，惟应顺理作行，不必徒事先后，故前日照会果以先看红丹，仍回长坡公议，再当循理从公确查等语，互商于贵局处后，自红丹而回长坡已三日矣。敝职拟照前议，屡欲面语辄见拒，一不得对商。徘徊无计，不得已顷修照会以文代面，而所言即遵奉总署命意而已，不敢有他。总之，总署奏议一篇结辞云，总应将图们江指证确凿，界限自可分明，此正履勘要领，断断知此次公事专为指证图们江一段事矣。图们江即长白山之水，而今到长白山之口，舍长白当勘之路，而乃拨往非图们之西豆水，有是理乎。敝职照循理从公之前议，顷陈西豆不应勘之谕，有何前议之忽更乎。须至照会者。同日

吉林派员秦，为照会事。准来文所开云云等语，准此。查西豆水既不应勘，勘之既非循理从公，前次照会何以议及或往勘此不循理从公之西豆水。况勘西豆水，即所以指证图们江。考长白山绵亘千余里之源流不一，图们江与西豆水既系同流，安知图们江非出西豆之源乎。总之，顺水形寻江源，合勘西豆水正是循理从公，本局处已订于十一日同往查勘，免至迟误。须至照会者。初九日

朝鲜勘界使李，为照复事。准贵照会内开云云。等语，准此。查向日照会中或往云者，是两水中未定之辞及其临行指定也。不得不执一循理而言，贵局处亦以或往二字责之太甚，不亦过乎。西豆水一节，往年贵局处查禀中亦有所论，第念大小国疆域之限，自有会典图说，一统舆图刊布天下，上年总署奏议援据界限水源亦有此图典为据。兹于一统舆图中就吉林朝鲜交界，移摹一本呈览。此图原准经纬度数，东西远近，皆可瞭然。望先以此图照考图们山水，参以所目勘逐派按方而查验，则大、小图们江自应有确凿之界。夫如是，则事归公证。至十一日西水之行，殆同适燕而途越，其在办公之道，合有更谅。须至照会者。同日

勘红土山水后晤谈照会

瑛曰，今既尽勘水派，请公平言之。重夏曰，公平言之，即红土水也。瑛曰，此果公言乎。重夏曰，要定于我国几百年旧限。瑛曰，然则此事无复更议，我当以红丹水。重夏曰，此朝鲜内地，贵虽自定，我不可定。瑛曰，是吉林地，岂朝鲜地。重夏曰，皇朝一统舆图自有大图们之限，请与逐派公证可乎。瑛曰，地图是皇帝所赐耶，总署所送耶，地图不足为证。重夏曰，总署所奏每以舆图为援证，是不可据，更有何据。瑛曰，总署公文欲见之耶。重夏曰，红土山水，贵局处上年勘界禀报，初不一字举论，故总署初未知有此水而然也。瑛曰，红土水，贵政府屡请于北洋总署而

不欲许之,故以红丹河为定。重夏曰,总署奏议水源地形,言之甚详,红土水之为大图们亦明矣。瑛曰,总署亦未详知,惟在我等之禀报如何。府使之每证总署奏议实无益。重夏曰,今番须详绘以呈,必有裁夺。我辈何必如是争论此事,即申明旧界,而大、小国三百年以来自有旧界,何可今日新定他界。瑛曰,府使既见其不接流,不接堆,而一直以红土水为主耶。重夏曰,此有国家旧志,国疆不可缩。瑛曰,红土之外,府使不可作主,云贵政府命意本如是耶。重夏曰,我政府送我之时、知红土水旧限定界而已。至于红丹、西豆之说,我政府意虑之所不到也。瑛曰,旧界有可据之迹乎。重夏曰,我国朝野图志皆明白有载,而我之图志贵必不信,故我证以皇清地图。瑛曰,然则以此互相照会可也。重夏曰,当如戒。十六日

吉林派员秦,为照会事。本局处于闰四月十三日会同贵府使,由长坡北向之水自浮桥勘起,过长山岭至红土水与石乙水汇流处,计测水道八十八里半。旋将汇流两水分别细勘,查红土水上有两源:其一发源于圆池,此水由汇流处曲折向西北,至圆池计二十七里二百三十步。其一由红土水上源汇流处向西南,至平冈水尽处计十一里三百四十步,均与董棚之水不接。且红土水之两源均与碑堆相距尚远,两不相贯。又查得石乙一水,朝鲜呼为岛浪水。此水发源于白山,本局处与府使督同测量委员等溯流而上查去,除石乙水上沟口距三汲第一泡十八里以及两边汇入石乙水之小沟短流不计外,查由红土、石乙两水汇流处向西南行,复向西至石乙水水流涸处计四十一里二百十五步。又由水流涸处接连一沟,向西南行,计长十二里,沟宽二三丈,深五、六尺不等。此沟又接黄花松甸,此甸向西计长五里。其甸复接一沟,向西北计长二十二里,至小白山西面第一峰之东麓下,计沟宽四、五丈至二、三丈不等,深一、二丈不等。沟之两岸均系沙石崖相间,从此长坡溯流向上,所查石乙水之源流如此,并由小白山顺流复查石乙水情形亦如此。再小白山以西有水流入鸭绿江,合行一并备文照会。须至照会者。五月初一日

朝鲜勘界使李,为照复事。准贵照会内开云云。等因,准此。查石乙水上流水涸处黄花松甸,敝邦本无此等地名,未知是冈是水。敝随员池问于贵测量委员刘,刘则答称冈之总名云,未知是否。须至照会者。同日

吉林派员秦,为照会事。顷接贵照复询及黄花松甸命义,盖黄花松甸并非冈之总名,因其处尽产黄花松树,非冈非岭,俨若平坡,若有水若无水,泥土常湿,足迹所经不时淤陷,此等地方通称黄花松甸。据查石乙水上流水涸处,溯沟而上,视之若似漫冈,及由小白山顺沟而下察看,地势又似平坡。该处情形实是甸子,又有黄松,故谓黄花松甸,取其通称如此。须至照复者。同日

朝鲜勘界使李，为照复事。即接贵照复内开云云。等因，准此。长白一山情形盖多如此，若取其通称之义，则不必深辩。须至照复者。同日

秦煐以山水远近里数为照会，李重夏另具水陆程里实数以答辨。其说红丹河自茂山府百里至红丹合流处，从陆遽回长坡，至柳洞六十里，沿流直上至柳洞四十八里。自柳洞至姜刀水，从路四十五里，沿流五十五里，自姜刀水至源尽处，从陆十里沿流十里。自茂山府计，陆路二百十五里，水路二百十三里。红丹河水源有上下二处，其参差不满百步许，今分之以南北二源。南源加长为一里半者不合本形，以此例记之，则红土山水之源为三、四处，加鹭峰水之源为十处，红土山水水尽处，刘委员所记时共目见之地，即沟道也，非平冈也。今云平冈水尽处不合本形，以董棚下流论之，闰月十八日贵总理方与敝员池往勘而归，以水尽处中有冈属，有贵照会。而其后二十三日，敝使同贵承办处再勘此水，则因雨涨，比十八日所勘之流又过数里而水尽，四面平衍并无冈属。盖此地之无冈，问于贵承办处及贵通词，亦应有目击者。石乙水水尽处，刘、池两员同勘时，以平冈横插对小白山东南麓，轮笔同记。其后贵照会忽称曰黄花松甸，此四字地名，敝邦之所昧，故使池员问之，刘书示冈之总名四字，故以此照复。今日贵照复直云，接连沟甸，转转爽实。石乙水里数，刘、池两员同记，自所勘处至水尽处五十五里半十五步，自长白山顶至十三里，自石碑过前峰至胭脂峰十五里，自胭脂峰至小白山二十里。鸭绿江源之距土门各派里数，若记载则各路水源宜用一例，而独于红土山水阙而不论。红土山水即会典舆图所载明明是大图们江也，反不如红丹、石乙之小水乎。十一日

瑛答，来单阅悉。查总署前后奏议，并未指明红土山水即大图们江，会典舆图亦未载明红土山水为大图们江，今府使不知何所见而云然。末云红丹、石乙为小水，意在以红土山为大水，独不思此水与红丹、石乙两水究孰为宽阔乎。此事看来府使既不以照会为凭，徒然强辩，势必至听候钦差查办，所以测量里数。此时且不必计较议论。十三日

重夏再答，红土山水，敝邦之人本以豆满江呼之。自往年勘界时，贵局处始名之以红土山水，遂登诸公文，因以为名者。图典中岂有红土水之名乎，请将舆图逐派计之，则大图们江自有的确无疑处。而今以图典之未有载明驳之，未知其可也。至以水之大小论之，至小红丹汇流处左右看二水，则不得不谓之红土之大于红丹也。又至石乙水汇流处观之，大源小派自有众人公眼，何必重辩。总之，贵局处之意坚不许图们旧界，前端恳商，终无以少回，敝职惟以此归报朝廷而已。同日

回至会宁府晤谈

重夏曰，长白山水今已遍勘而回，界限商论，亦三朔之久矣。贵意则大图们江定指何水。瑛曰，大图们江无以详知，俟绘本具成，更当商定。重夏曰，以皇朝舆图考之，大图们江不难指证，而贵意终不以舆图为据耶。瑛曰，皇朝舆图未可凭信。重夏曰，年前土门辩论时，贵局处前后照会笔谈中，必以皇朝舆图为第一确据。至今日敝使欲指证舆图，则贵局处每曰舆图不足据，此何故也。瑛曰，前贵国争海兰河，我以舆图指证，而今则事异于前，不可以不证。重夏曰，如是说，夫无须再辩，我则日间回程。瑛曰，俟绘成后再商。重夏曰，主意不合，绘本亦必不合，何必俟绘成。瑛曰，绘本若不相合，则彼此照会而回程为可。重夏曰，然则当少留。十五日

商定界限后照会

朝鲜勘界使李，为照会事。此次覆勘图们江界，遍审水源，阅月细商，自茂山府以西，沿流至长白山中长山岭西边红土水、石乙水合流处，逐段考证，皆已勘定，而断断所未定者，惟合流处以上两源。敝职在长白山至红土水立界，贵局处拟在小白山至石乙水立界，屡次商议未协。总之，界限既尽勘定，仅此两源小流之分别，虽不过深山中几里相关，然窃惟大小国疆土事务，俱系慎重，仰请公同照测量里数绘图，呈总署恭奏请旨酌夺，以定立界之处。事理公允，相应备文照会。须至照会者。十八日

吉林派员秦，为照覆事。准贵照会内开云云。等因，准此。红土山水，本局处叠经会同府使，逐细查勘水流尽处，与董棚前面向东北之水不接，又与碑堆两不相贯。嗣寻得小白山东麓石乙一水，其源流各节，尚与旧界相符。原拟遵定总署奏议，逐细会勘，酌定界址。今府使既欲照测量里数绘图，呈总署恭奏请旨酌夺，以定立界之处。本局处当照所测里数，详细绘图，公同会印，据实禀报，相应备文照覆。须至照复者。十九日

第六章　日韩谬说之纠正

第一节　图们、土门、豆满确为一江证

图们江为吉韩界水

国朝康熙年间谕旨及穆克登所立白山碑文称为土门，而皇朝通典、通考及一统舆图亦称图们。光绪纪元以来，文移奏牍始有图们之专称，而韩人亦呼土门为豆满，译音虽有参差，而国界最巨之江流，固不可妄思移易也。今日人致外部照会，八

十三号乃谓韩国主张清韩国境之土门江，其源发于白头山分水岭上定界碑之东方，流于北甑山之西方，并非豆满江之支流。中国政府以土门江与豆满江即为一水，以此为重要之论据，然定界碑之所谓土门，决不能解作豆满云。光绪十一年，韩国勘界委员李重夏复命书内有云，定界碑之西边数步有沟壑，为鸭绿之源，东边数步有沟壑，为土门之源，连设石堆、土堆而至大角峰尾，中间沟形忽窄，土岸对立如门者，指此也。豆满江上流众水发源中最近封堆者，为红土山水，而横隔慢坡相距已四五十里之远，是定界碑所谓土门，决非指距离远隔且从别处发源之豆满江云云。按：日人此次照会，谓土门江发源于长白山之东方，流于北甑山之西方，并非豆满江之支流，是殆仍祖韩人光绪十一年争界之谬论，以松花江支源之黄花松沟子有土岸如门为土门江，按：红土、石乙二水皆经甑山之北，日人谓流于甑山之西者，为土门江，其必指黄花松沟子无疑。而不知此说之荒诞不经。在界务争论时，韩人已知其非是而自加辨驳矣。金允植笔述土门江事宜云，目前土门分界，敝邦凭穆碑为据，然其实有难处，若以碑为界限，则吉林地皆入其中，必无是理。且自光绪十三年勘界以后，此等浮言已扫除净尽，两国界务专重确寻图们江源，而土岸如门之说已置之不论不议之列。至石堆、土堆之设，为国初封禁地方之标识，屡见历代上谕。详前界务篇。今日人乃拾其唾弃之余说，以为界务之论据，岂不误乎。盖日人、韩人争界之故智，务欲歧土门、豆满为二，始可遂其混淆国界之计。故有以海兰河为土门江者。如光绪九年钟城府使照会及十一年韩人所绘界务地图是也。有以布尔哈通河之侧地名土门子，而韩人所绘地图遂妄指为分界江，日人所制地图遂妄改布尔哈通河为土门河者，且如日人守田利远所著满洲地志谓白山之碑单称土门，遂妄指布尔哈通河之土门子为土门者是也。至日人此次照会，又妄以松花江源之黄花松沟子为土门江，称谓以附会而愈多，地望以牵引而愈远。故如日人、韩人之说，则土门之名且不知其谁属矣。夫土门、豆满、图们确为一江，不能以译音之变迁而易其位置，请征诸载籍，以破其支离附会之说焉。

证之历史

图们一水，见于中国历史者，自辽代始。然辽史作驼门，女真起于图们江流，辽天祚五年，命驸马萧特默等将旗兵五万、步卒四十万、亲军七十万伐之，师至驼门，败绩。见辽史。金更作统门，金史，世纪，景祖兵势稍振，派统门水温时赫部来附。又天会九年，以统门水以西和屯、锡馨、珊沁以北田给海兰路穆昆，又埒克传，埒克统门、珲春水合流之地，乌库里部人所居。国初作土门，康熙年间多称土门。圣武记作图们，卷一云，绥芬河在宁古塔之南，图们江之东等语。朔方备乘[1]作徒门。故以图们一水，而有驼门、统门、土门诸称。要之驼、统皆图之双声，而土、徒又同音之轻重读也。若以土门非图们，则驼门、统门、图们、徒门亦皆各为一水矣。史籍所载之名虽殊，而其形势与中国今日所称之图们，韩人所称之豆满，无不吻合。此证之历史，而决图们、土门、豆满之确为一江者，一也。

证之谕旨

康熙五十年五月初五日，钦奉上谕云，鸭绿江之西北系中国地方，江之东南系朝鲜地方，以江为界。土门江自长白山东边流出，向东南流入于海。土门江西南系朝鲜地方，江之东北系中国地方，亦以江为界。今若以海兰、布尔哈通二河为土门江，则谕旨当谓发源长白东干支脉之南，南流而入土门江矣。若以松花江源之黄花松沟子为土门江，则谕旨当谓发源白山之北，黄花松沟子流于白山之北北流而入黑龙江矣。岂不与土门之谕旨背驰，判若霄壤乎。盖谓自长白东边流出者，举其发源处言之也。向东南流入于海者，举其下流入海处言之也。若以土门非图们，则此外果有何水发源长白山东，而向东南流入于海乎。且云江之西南系朝鲜地方，江之东北系中国地方，康熙四十五年上谕云，朝鲜北道与瓦尔喀、土门江接界，则已实指土门经流之地域，而此谕则举其源流之大势而言之。则非即我国今日所称之图们，而朝鲜所称之豆满乎。此证之康熙年间谕旨，而决土门、豆满之确为一江者，二也。

证之碑文

穆克登所立白山碑文曰：审视西为鸭绿，东为土门，故于分水岭上勒石为记。夫谓西为鸭绿，东为土门云者，盖明乎鸭绿、土门皆为发源白山之巨浸，江流幅员之长，可相匹敌，故与康熙年间以鸭绿、土门两两对举之谕适相符合。其决不至以相

〔1〕　朔方备乘，清代何秋涛撰，是研究中国西北史地学的作品，也是中国近代第一部论述中俄关系的代表巨著。首卷列圣训等，意在以史为鉴，激励清廷发愤图强抵御外侮。其余各卷述晋至清道光间有关我国东北蒙古、新疆至中亚、俄罗斯等地区历史、地理。中西交通、北方边界，考证尤详。也是一部针对沙俄的侵华野心，为当时中国国防军事服务，重视探求“夷情”和民族团结的爱国主义，论证缜密、自成一家的高质量史籍。

距数百余里图们支流之海兰、布尔哈通二河，而与鸭绿大江并称明矣。且决不至以日、韩人捏造土岸如门之地名，而与鸭绿大江并称也更明矣。且黄花松沟子之水北流而入松花江，若以此为土门，则碑文当谓北为土门。审视云者，盖极目瞭望之义，乃远观非近瞩也。夫长白山脉绵亘千里，西麓之水皆西流而入鸭绿江，东麓之水皆东流而入图们江。分水岭上勒石为记云者，盖小白山顶其西为建川沟，韩人呼艮莫千里名确为鸭绿正源，东为三汲泡，确系图们正源。舍此，则碑文所云分水岭者，与地形不合矣。光绪十一年，中国勘界委员禀稿谓，除西豆水之外，与鸭绿江对源且距长白山最近者惟小白山东南发源三汲泡之红丹一水，当年交界立碑，应在三汲泡一段之分水岭上，方与碑文所载西为鸭绿东为土门八字相合，界址亦东西绳直，斩然齐整。而白山东麓发源之三汲泡者为红丹水，系国朝吉韩旧界。红丹水合西豆水以后，韩人名为豆满江，中国则名为图们江矣。此证之穆克登碑之文义，而决图们、土门、豆满之确为一江者，三也。

证之女真语及国语

女真语及国语，图们者，众水聚汇之义也，又包藏万有之义也。日人守田利远所著满洲地志亦云，中国所称之土门、图们，与韩人所称之豆满，此三称皆发音相似，全是音译。夫图们江为白山东麓入海之巨流，南受朝鲜之西豆、朴河等水，北受中国之海兰河、布尔哈通河、嘎呀河、珲春河等水，计受有名之水百四十有三，据吉林省志其余涓流细水不能指数，源远流长，为天然之巨浸，故众水聚汇，包藏万有之义，惟图们江流始足当之。至海兰河仅受水十一，曰三道沟河、二道沟河、头道沟河、四道沟河、五道沟河、六道沟河、七道沟河、小七道沟河、大硇子山河、墩台沟河、八道河。布尔哈通河仅受水十四，曰北头道沟河、头道沟河、北二道沟河、二道沟河、碱厂沟河、粮米台河、庙儿沟河、小庙儿沟河、柳树河、胡仙洞河、锡林河、太平沟河。皆为图们江北之支流，何足以当众水聚汇，包藏万有之义乎。且遍查各水，并无日韩人附会土门之名。至土岸如门之说，为地名而非河名，更与图们之义相去绝远。盖女真崛起图们江流域，此时朝鲜尚未略有图们南岸之地。见历史篇图们之名当为女真语所创造，国语与女真语同出一源，此后韩人遂袭其音而名为豆满耳。总署十一年奏议，辩图们、豆满之为一江有云，白头山乃长白之异名，豆满为图们之转音，方音互殊，实为一水，此证之女真语国语，而决图们、土门、豆满之确为一江者，四也。

证之音学

图们江名有同音而无专字,在中国固有土门、图们之称,乃日韩人或故以头满、豆满乱之。谓土门非即豆满,而不知声音之学通于万国,名词虽异,音译固可相通也。头、图为双声字,若以古音读之,唐韵正韵头古音徒。汉乐府头与珠殊、敷,锄韵。王延寿鲁灵光殿赋,上纪开辟,邃古之初,五龙比翼,人皇九头。头与初韵。方言证之,中山人谓骨头、木头,头皆音图。仍图字也。豆之本音近杜,故壴从豆声。而尌又从壴得声。今之树字复从尌声,见苗氏说文声读表辗转变音,仍可寻偏旁而得其本音之母。推之豆,古又读作渡,诗,傧而笾豆。豆与饫俱孺韵。后汉郡国志,唐县有都山,一名豆山。今关中人读豆如渡。是豆与土门即为叠韵字,而满、门、们之双声,更可知矣。集韵满,莫困切,音闷,与懑同,故《汉书·霍光传》忧满不食。满即闷、叚借同音字,又音门。诗,毳衣如璊。璊与哼奔韵,满、璊皆从㒼得声也。此证之音译变迁,而决图们、土门、豆满之确为一江者,五也。

证之华韩人民之惯称

图们江流计长一千六百余里,其发源于朝鲜境内者为西豆水,发源于吉韩交界地者为红丹水,发源于中国境内者为红土、石乙二水。然图们上源虽有西豆、红丹、红土、石乙等名,与鸭绿上源不名鸭绿,而名建川事同一律。今遍考图们源流之名称,则红土山名华韩俱同。石乙水韩人亦呼为岛浪水。红土、石乙二水合流以后,华人仍呼为石乙水,韩人呼为小红丹水。又东流合红丹水后,华人即呼为图们江,韩人仍呼为红丹水。又东南流合西豆水后,西豆水亦名鱼润江韩人即呼为豆满江,与韩人昔时所绘地图,自茂山以下统名为豆满江者适合。今日人以不欲认土门为图们之故,乃谓自稳城以下之水始名豆满江。见日人守田利远所著满洲地志。夫即谓豆满为稳城以下之江名,讵得谓豆满上流非发源白山之东麓乎。况乎据实地之调查,询江流之称谓,则自西豆以下,不惟华人称为图们,韩人亦即称为豆满,岂尚能歧土门、豆满为二乎。此证之华韩人民图们源流之名称,而决图们、土门、豆满之确为一江者,六也。

证之朝鲜议政府照会

光绪十一年十二月间,朝鲜议政府沈舜泽[1]照会驻扎朝鲜道员,词多狡辩,然照内有豆满江即上国所称之图们江一语。夫既谓豆满为中国所称之图们,而图们固又为中国所称之土门矣。此证之朝鲜议政府之照会,而决图们、土门、豆满之确为一江者,七也。

证之日人所制地图

日人所制地图,当日俄战役以前,吉韩界水皆称图们,毫无异说。如明治十五年日人宇田川幸重所制朝鲜细图,自茂山以下者,统称图们江。此类甚多,不胜枚举。明治三十七年,龟井忠一所制最新满韩地图,于茂山以上之支流注曰小图们江。自茂山以下统称为图们江,于图们入海之处,又注图们为豆满。明治三十八年,阪本嘉治马所制纪念大地图亦注图们江为豆满江。是则图们之为豆满,固为日人所素认。即日俄战役之时,河合利喜太郎所著地图称图们江为图满江,与日人松邑孙吉所著之地图称图们江为豆们江,译音虽互有参差,而曰图满,曰豆们,又足见图们、豆满之确为一江,而图们之为土门更无论矣。如可将一江歧而为二,即可将二江歧而为四,又不待辩而自明者也。此证之日人所制各种地图,而决图们、土门、豆满之确为一江者,八也。本文以避引证重复之故,图们、土门、豆满之确为一江,可与下图们为吉韩国界篇参看。

综观以上各种证据,则日人、韩人所称之豆满,即中国今日所称之图们。又即康熙谕旨与白山碑文所称之土门,其决不能以海兰、布尔哈通二河为土门,且决不能以黄花松沟子之有土岸如门为土门者,彰彰明甚。然则日人谓土门非豆满支流,谓定界碑所谓土门,决不能解作豆满者,吾不知其何所据也。

第二节 图们江确为中韩国界广证

我朝未入关以前,征服朝鲜,用彰神武,然以其怀德畏威,不劳而定,故列为藩属。疆域一仍前代之旧,西以鸭绿,东以图们为中韩国界者二百余年。今日人致外部照会,八十三号乃谓中国政府独自默定以豆满江为两国天然境界。又谓我国政

---

〔1〕 沈舜泽(1824—1906 年),朝鲜王朝后期大臣。光绪四年(1878 年)被任命为冬至兼谢恩正使,于十月出使中国,次年三月回国,归任礼曹判书。这年七月沈舜泽以礼曹判书的身份负责接待日本公使花房义质,并处理元山开港事宜。后历任吏曹、礼曹判书等职。壬午兵变被宗主国清朝平定以后,沈舜泽恢复官职,任判义禁府事。

府如以豆满江为清韩国境视为确定之事，据其源流以为勘界之基础，日本政府所见，终难同意等语。抗言强辩，不求实据，则请广证诸中国、朝鲜、日本及局外国之记载图志，以明我国国境之所在，非可妄思侵占者焉。

证以中国之记载

康熙四十五年上谕大学士等，朝鲜国有八道，西道接我凤凰城，北道与瓦尔喀地方土门江接界。节录见东华录及皇朝通考。按：瓦尔喀居珲春之东，与朝鲜庆源相对。见满洲源流考谕旨既谓朝鲜北道与瓦尔喀土门江接界，日人谓自稳城以下始称豆满江，此谕所谓土门，并举稳城以下者言之，益足见土门之为豆满，何得妄以土岸如门为土门乎。则已明言朝鲜北境止于土门江，而江北为我国之疆土矣。证一。

康熙五十年五月初五日上谕，土门江自长白山东边流出，向东南流入于海。土门江西南系朝鲜地方，江之东北系中国地方，以江为界。见东华录夫曰土门江西南系朝鲜地方，东北系中国地方。土门即图们辨见前又曰，以江为界，则虽穆克登未奉旨查边以前，而图们江为吉韩界水，已不啻三令五申以诏国人，而示后世矣。证二。

道光二十八年，奉清查吉林辉发、土门二江上谕，吉林地方，或与盛京山界毗连，或与朝鲜隔江为界，均宜一体清查，勿任奸民窜入，庶奸谋永杜，而边界肃清矣。节录见十一朝圣训夫曰隔江为界，则图们江为吉韩之国境可知。曰勿任奸民窜入，庶几边界肃清则图们江界禁之严可知。证三。

钦定会典图说载明，大图们江出白山东麓，二水合流。小图们江出其北，二小水合，东南流来会，又东经宁古塔城南境，合噶哈哩河折东南流，北合二小水经珲春城西南。所谓大图们江出白山东麓二水合流者，即发源三汲泡之红丹水，有南、北二源者是也。其北二小水合东南流来会者，即红丹之北有红土、石乙二水来会者是也。据此，则光绪十三年中国勘界委员之以石乙水为大图们江源者，虽体国家字小之仁，已难免迁让失地之罪矣。按：十三年勘界委员禀稿谓，红丹水在茂山之南，既与总署奏议相合，而长坡一带朝鲜居民计有百余户，田庐坟墓均属旧制。若以红丹水为大图们江源，则长坡内如小红丹庙一带地方应在中国界内，于理似有未洽。故论其水形可以拟定，而论其情理又非可以指定等语。据此，则伊等非不知红丹水为大图们江源，但以有朝鲜居民百户，遂甘于退让。今据此次实地调查，询诸土人，皆云咸丰年间，长坡韩民尚不过十余户，以后渐次增加。盖韩民私垦，始于茂山对岸，而此处地方更形偏僻,必为韩民首先越垦之区,毫无疑义。伊等不能援据图籍,力争红丹水为大图们江源,致使韩人得借口狡展,实为此次界务交涉之大错。东流经宁古塔城南境,合噶哈哩河者,即经今之延吉厅南,国初延吉厅原归宁古塔属而合嘎呀河者是也。又东南流,北合二小水经珲春城西南者,即北受凉水河、蜜占河,经珲春西南以入于海者是也。观此书所叙,图们经流中国境域,虽二百年前已无不了如指掌。盖国境所关,其形势不能不为之详述也。证四。

钦定皇朝通典边防门及钦定皇朝通考[1]四裔门均载明,吉林朝鲜以图们江为界。二书所载国界,若合符节,证五。

齐召南水道提纲此书出版于乾隆年间,所叙水道,为中国最精、最详之本。云土门江出长白山东麓,曰土门色禽,东南流三数百余里,北岸受阿几个土门,按即今之红旗河南岸受朝鲜水二:一曰渔顺河,按即韩人所称之鱼润江,一曰西豆川,又名三江口。一曰波下川,按即韩人所称之朴河川至大川按即今之高立岭东麓折北流,受东来二水,其东岸朝鲜茂山城也。折而西北,其东岸朝鲜良雍城也。又折东北流平地中数百十里,受南来水三,其东岸即朝鲜方山堡及会宁、高岭、王坦、钟城、潼关、雍大七城,皆滨江,有小水西北流入焉。其北岸至大山按即今之大高岭南麓,噶哈哩河即嘎呀河来会,其南对岸即朝鲜稳城也。又折东流百余里,合北来小水三,其南岸即朝鲜美践镇城也。折东南流数十里,又有东英额河来注之,其西岸即朝鲜循镇城,南为庆源府城也。又东南经辉春村西即今之珲春,有辉春河合十数水西南流来会。又东南流百余里,其南岸当水曲,即朝鲜庆兴城,又东南流入于海。以上皆择要节录按:此书所叙,土门源流长千有余里,虽江源不及,会典图说之明晰,而下流之详细过之。且会典图说专详中国国境,而此书于朝鲜六镇有名城市以及中国朝鲜诸水之会入土门者,纤悉毕具,并足为白山碑文土门二字之铁板注脚。总署十三年奏议有云,图们之为土门,康熙谕旨已然,他处地志亦屡屡见者,殆即指此。且叙东北海诸水,篇首特书,其西水最大,为朝鲜东北界者曰土门江。叙朝鲜国水,篇首特书,自土门江南岸为朝鲜界北境,其水会入土门江。盖不啻反覆申明而以图们为吉韩天然之界水矣。证六。

吉林外纪云,内有宁古塔纪略,系康熙年间吴桭臣所著。宁古塔之地与高丽会宁府相距七百里,以江为界。宁古界云树参天,高丽界白沙漫草,相望里许,禁无故

〔1〕 钦定皇朝通考,清代张廷玉等奉敕撰,后嵇璜、刘墉等奉敕撰,纪昀等校订,成书于乾隆五十二年(1787年),十通之一。全书300卷,体例同《续文献通考》,惟各考子目略有增删,所载典章制度自清初至乾隆五十年止。

往来。夫云宁古塔与会宁相距七百里，以江为界，证之里到，其为今日之图们江明甚。又云相望里许，禁无故往来，则当日界禁极严，两国之民不得私越图们江一步也。证七。

光绪十三年，总署覆勘图们江源事宜奏议云，自朝鲜茂山府以东会宁、钟城、稳城、庆源、庆兴五府，东至鹿岛海口，自有图们江天然界限，彼此所断断未定者，茂山以西上距分水岭穆克登勒石之地，惟此二百八十余里间。据此，则彼此所断断未定者，特茂山以西上距穆克登勒石之地耳。而茂山以东之地，则有图们江天然界限。自十一年勘界后，韩人已缄口结舌，不敢复倡土门、豆满之谬说矣。证八。

光绪十六年，总署请将韩民清丈升科，领照纳租奏议云，吉朝界务前经两次会勘所未能即定者，特茂山以上直接三汲泡二百余里之图们江源处耳。至茂山以下有图们江巨流，乃两国天然界限，江南岸为朝鲜咸镜道属之茂山、会宁、钟城、庆源、庆兴六府，江北岸为吉林之珲春、敦化地方，该国勘界使亦无异说。此奏与十六年奏议大致相同，然其谓茂山以下之图们巨流为两国天然界限，该国勘界使亦无异说，则图们江为两国国界不特为中国所自认，即韩人亦公认矣。证九。

光绪二十九年，陈丞作彦等与韩员金命焕等所订善后章程第一条云，两国界址循旧，以图们江一带水各守汛地，不得纵兵持械潜越滋衅。夫曰各守汛地，谓各守图们界水也。曰不得潜越滋衅，谓不得潜越图们犯我国境也。则图们为吉韩国界，又为两国官吏所共认矣。证十。

内府皇朝一统舆图此图系圣祖仁皇帝聘请西儒周历勘画，为中国最精确之地图。所记图们江源之有大、小图们，与钦定通典图说之著图们为国界，适相符合。按：此图告成于康熙年间，以地名音译之故，已称土门为图们，则土门之为图们夫复何疑。盖通典图说实本一统舆图以立说也。证十一。

李申耆所绘皇朝舆图，于长白山东所列之池，三汲泡与建川沟宛然相对，是仍以建川沟为鸭绿之正源，以发源三汲泡之红丹水为大图们江源，而定为吉韩之国界也。证十二。此外若胡文忠公所刻皇朝一统舆图、董方立地图，盛京通志、地图、吉林新旧地图、东三省图说大致相同，不胜枚举。

证以朝鲜之记载

朝鲜国人自著地理小识云，白头山在中国朝鲜之界，有大泽周回十里，西流为鸭绿，北流为松花，东流为豆满。豆满与鸭绿之南则朝鲜也。又云，咸镜道以铁岭之东北豆满江为界，设茂山、会宁、稳城、钟城、庆源、庆兴六镇营于江边。夫谓长白山西为鸭绿，东为豆满，则与康熙年间鸭绿、土门两两对举指为国界之谕及穆克登所立白山碑文合。谓咸镜道之东北以豆满江为界，设茂山、会宁等六镇，则又与水道提纲及总署十三年十六年奏议之文合矣，观此，则韩人明明以土门为豆满，独日人欲歧土门与豆满为二。证十三。

然此犹曰，韩人私家之著述，而非国际交涉之文字也。朝鲜承文院所藏穆克登咨接伴使移文有云，原定江北为大国之境，江南为朝鲜之境，历年已久不议。按：此文为朝鲜承文院所载，以为界务凭据，故属之朝鲜。夫曰历年已久不议，可见自我朝开国以来，即以图们江为两国国界，非自康熙年间始行勘定也。证十四。

光绪九年，钟城府使照会有云，吉林朝鲜本以图们一水为限，自庚午、辛未北道大歉以后，朝鲜贫民越垦于北岸者沿江甚多。据此，则知朝鲜贫民越垦江北之地，为因凶荒所迫而至，而北道未大歉以前，有图们一水为限，国禁素严，固绝无韩民之越垦也。证十五。

又是年钟城府使照会有云，我国不务拓地，不以土门为界，按是年为韩人争界之始，且为妄指海兰河为土门之始。而退守豆满。土门、豆满两江之间作为荒地，禁民入居。夫谓不务拓地，退守豆满，足见朝鲜国境止于图们南岸。又谓两江之间作为荒地，禁民入居，尤足见图们北岸为我朝封禁重地，而勿任朝鲜奸民之窜入矣。证十六。

光绪十一年，金允植笔述土门江事宜云，土门、图们不须论，当以豆满一带限南北。豆满江源红土山水，距碑下土堆尽处杉浦约四十里，白山水伏流至此出现，流入豆满江，此水即茂山边界。茂山以北属之中国，两无相失，庶各公平。夫曰土门、豆满不须论，则已认土门、豆满确为一江矣。其所误者，则欲以红土山水为图们江源定为国界耳。至谓茂山以北属之中国，两无相失，庶各公平。可见红丹以下为两国旧界，确无疑义也。证十七。

光绪二十七年九月二十八日，韩外部协办大臣崔荣夏照复徐公使有云，中韩两国和好已经二百余年，向以图们江为界。凡遇兵民违禁越界，两国大臣无不切实查办，勿令过江生事，以期商民安业。据此，则图们界禁之严为两国所共守，固属国初旧制。且云二百余年向以图们为界，则国境所在，韩人且自认之矣。证十八。

光绪二十九年九月二十日，韩外部致许钦使照会有云，图们江两国交界，向设桥船，使民任便往来，均有年所。是年因韩民于图们江私造桥梁，并殴伤中国船夫，中国行文诘问，故韩外部有此照会。所谓图们江两国交界，向设桥船者，即自光绪十一年设立通商局以后，朝鲜之会宁与稽查处，钟城与光霁峪，稳城与西步江，皆由中国于图们江中设立桥船，见建设篇以图两国交通之便利，而即以严两国国境之禁防是也。证十九。

然此犹曰朝鲜臣工交涉之文牍，而非朝鲜国王之奏请也。光绪八年八月二十三日，朝鲜国王因吉林将军奏请，将越垦流民归我管辖，遣金在信赍投礼部咨文曰：大小两国原有天限土门江，分隶吉林与咸镜、平安地，三百年来疆宇宁谧。敝邦愚氓冒禁逾犯，私自垦种等语。全文见越垦篇原咨所称土门江地势辽阔，与康熙上谕所称之土门江源流正同，其即指今之图们江明甚。盖图们江北为国初封禁重地，韩民越垦，韩王自知冒犯国禁，恳请刷还。若谓图们江北非我领地，则该国王何得有吉林与咸镜、平安两道原有天限土门之语。又何得有敝邦愚氓冒禁逾犯，私自垦种，恳请刷还之语乎。证二十。

十三年八月三十日，北洋大臣准朝鲜国王咨称，图们界址，按：自光绪十二年以后，凡朝鲜至中国之文移奏牍，已统称土门为图们，与中国之名称一例。已经前勘，而所未晰者，眩于水源相背。惟有考究水源，申明旧界而已。今红土水、石乙水合流以下，幸已勘定，其合流以上两源，仍未协议。谨按皇朝通典曰，吉林朝鲜以图们为界。一统舆地全图，长白山前两间无水处，有点画标识界限。红土水出于长白山东麓，与图典所载大图们江相符，石乙水为第二派，与长白甚远。乞贵大臣转奏天陛。按通典及一统舆图皆以大图们江为中韩国界，一统舆图又以鸭绿、土门两两对举，与康熙上谕相符。该国王来咨，均已一一承认，而不知一统舆图、各会典图说皆以红丹水为大图们江源，中国勘界委员以体恤属邦之故，退主石乙水为图们江源，已觉失地甚远。该国王乃欲以红土水为大图们江源，岂非无餍之奢望乎。然其云红土、石乙二水以上虽未协议，而红土、石乙二水以下幸已勘定，则不惟茂山以下之图们国界为韩王所确认，即由茂山以上至红土、石乙二水间之国界，亦为韩王所确认矣，证二十一。

光绪十四年五月二十九日，朝鲜国王因中国拟于图们江源设立界碑，奏呈总理衙门有云，查前次会勘，吉林派员与李重夏将图们江一带沿溯百余里入长白山，均经勘定。至红土与石乙水合流处，各执一词，未能了结。恭查钦定皇朝通典、文献通考均载明吉林朝鲜以图们江为界，又钦定会典图说载明，大图们江出于长白山东麓。今欲究寻水源，申明旧界，宜由长白山东麓酌定界段。而吉林奏折有由小白山酌定界段，顺石乙水立碑，似尚持得其平等语。折内亦引皇朝通典、文献通考、会典图说为证，而乃舍长白山以小白山为界。今若复行核察，恪遵图典，必以出自长白山之图们头源定界，则界碑之设当于红土山水，而不当于石乙水。按此次韩王所奏，大旨以界碑之设当在红土山水，其立论之点，则借口于会典图说大图们江出于长白东麓之语，遂歧长白与小白为二，谓石乙水发源小白，不足以为两国之国界，其折中又有云，石乙水发源非长白山而乃小白也，非头源而乃第二源也。而不知长白为白山之统称。国初典籍图志固未分长白为大白、小白也。且长白山脉绵亘千里，长白东麓即为小白东麓，讵得谓石乙水非发源长白，以破会典图说及一统舆图之成说乎。十二年勘界委员禀稿亦谓，长白山东南一干，胭脂、小白等山同在一干，不过突起峦头，此干之西麓为鸭绿江流，如西豆、红丹、石乙诸水均出其东麓，实系一大分水岭。长白与小白相距不远，以绵亘千里观之，小白东麓即为长白东麓，何必另易其名。其所以称为小白者，以朝鲜人相称已久，遽更其名，叙事恐难明显。然吉韩界务屡年会勘，未经决定者，不过红土、石乙二水相距数十里之地。卒因韩王此奏，遂尔因循中止。而细考会典图说及一统舆图，图们江源之所在，则界务大局，亦可谓不定而定矣。证二十二。

证以日本之记载

明治二十七年，日本参谋本部所著满洲地志，其位置及分界篇云，满洲南以鸭绿，图们二江界于朝鲜。是则日人所著满洲地志固本诸中国之会典图说及水道提纲等书以及韩人所著之地志等类，而以鸭绿、图们二江为吉韩之国界也，证二十三。

光绪三十年，日本驻京公使内田康哉[1]与外部递留节略云，图们江“间岛”介在清韩交界。又与外部晤谈笔述云，接政府训条，以中韩交界图们江有一“间岛”地方。按：光绪二十九年李范允行文和龙峪抚垦局，指光霁峪前图们江中之假江为“间岛”。至三十年，中韩两国又有派员勘界之议，日使行文外部止之，故有此次交涉文字。其云图们江“间岛”介在清韩交界，是谓“间岛”在清韩交界之图们江也。又云清韩交界图们江有一“间岛”地方，是谓清韩交界之图们江内有一“间岛”也。则图们江之为吉韩国界，日使已一再申明确无疑义矣。证二十四。

〔1〕　内田康哉，大正、昭和时期的日本外交官，伯爵。1901 年任驻华公使，日俄战争前后负责外交工作，后任驻奥地利、瑞士和美国大使，1911 年任西园寺内阁外相，后任驻俄大使，第一次世界大战中，制造种种借口为日军侵占山东制造条件。1918 年任原敬、高桥、加藤各内阁外相，两次代理首相。1930 年为贵族院议员，1931 年在满铁当总裁的时候发生九一八事件，翌年任斋藤实内阁外相，推行承认伪满洲国和退出国际联盟的“焦土外交”。

明治三十九年,日人守田利远所著满洲地志之疆域篇此书所倡"间岛"谬说极多,而所叙满洲疆域及水道尚无谬误。有云,其东以图们江口与露领沿海州接境,更溯图们江发源处越长白山系之主脉,至鸭绿江发源处,更至鸭绿江口,以此线与韩国接界。按此书所叙,满洲东南疆域颇为明晰,盖谓长白山系以西自鸭绿江发源处至鸭绿江口,东自图们江发源处至图们江口,为我国之疆土,而其南则朝鲜之国境也。则其以鸭绿、图们为满韩之国界者,且足为我国各种地志之证明书矣,证二十五。

又所叙图们江水道有云,亦见守田利远所著满洲地志图们江俗称高丽江,为满洲与朝鲜之东北境及露领沿海州分界之江流。其源发于长白山之南麓,分水岭之东麓,云图图们色禽。凡有二源:北曰下乙水,南曰石乙水。东流经朝鲜甑山之北,西受红旗河,东北流接朝鲜茂山府前,外四道沟河自北入之,又东北经高丽崴子,折东南流经会宁府,又东北经钟城府,至长白山支峰之南麓,北受嘎呀河,又东经高丽岭之南,东南经崆峒山之南,北受凉水泉子河,又东经密占,密占河自东南入之,又东至小湾子,南折受老身河、阴阳河之小流,又南经西步江,珲春河东来入之,由稳城至此江流殆成半圆形,由此东经朝鲜庆兴府之东北,经图们江口入于海。按此则日人固明言石乙水为图们江之南源,且明言图们江自发源长白南麓,经茂山、会宁、钟城等府以至入海处之图们江口,为满洲与朝鲜东北境分界之江流也,证二十六。

日人自日俄战役以后,所制各种地图,如明治三十七年龟井忠一所制最新满韩地图。明治三十八年阪本嘉治马所制纪念大地图、统监府所出通信略图。于白山以东茂山以北之地,多不以图们为界,而将朝鲜国境拓入华界之内,忽生侵占。然日俄战役以前,凡明治纪元以来所绘满韩地图,于图们江发源白山东麓之处起,至鹿岛入海之处止,皆确依图们源流而定为吉韩之国界,毫无错误。此类不胜枚举证二十七。

证以俄国之记载

咸丰十一年,中俄二国订定条约有云,自乌苏里江以南至图们江口,东为俄属,西为中国属地。夫谓自图们江口以西为中国属地,则图们江北沿江千有余里之地,皆为我国领土,固又俄人所公认者也。证二十八。

明治三十九年,东亚同文会翻译俄国大藏省编辑之满洲地志,所叙满洲境界有云,满洲、朝鲜以图们鸭绿二江为分界,该两江上流之中间,有横于长白山系主脉之白头山顶，其湖水与二江发源处隐相连结。是则图们、鸭绿二江为中韩之界水，而二江又皆发源长白，固已俄人所深悉也。证二十九。

又所述图们江水道有云，图们江沿岸，左方属支那领，林落荒寥，如入无人之境。右方属朝鲜领，沿江狭岸之地方，险阻之山麓，到处皆有农耕。是则俄人所著地志固又明明以图们北岸为我国领土，图们南岸为朝鲜领土也。证三十。

又所叙满洲之住民有云，朝鲜人之移住中国者，以在满洲与朝鲜交界之鸭绿、图们二江为多，大半从事农业，以免受己国政府之苛敛压迫，是则俄人亦知韩民越垦图们北岸之地，为因穷乏所迫而至，固不得因此而起国界之交涉也。证三十一。

光绪二十九年，驻俄公使胡惟德[1]所译俄国东三省铁道地图，皆确依图们、鸭绿二江之源流为中韩之国界，证三十二。

右述图们江为吉韩国界之证在中国者十有二，证在朝鲜者十，证在日本者五，证在俄国者五。是图们为吉韩国界不惟中国认之，韩人认之，日人认之，即俄国亦莫不认之也。日人若欲独自断定不以图们为国界，则必抹杀中国二百年来之典籍图志，必屏弃中韩两国界务交涉之成案，且必焚毁日人所著之地图、地志及世界各国之地图、地志，乃得倡其谬论而无所忌。今既一无所据，其致外部照会犹谓宜重行讨议，先协定境界基础为词，吾诚不知其何说以处此也。

第三节　图们江北无“间岛”证

异哉，日人举吾华旧有之地嫁以新名，没其历史，凭空幻一“间岛”名目，加诸久设官厅治理之延吉厅也。今年七月十一日致我外部照会云，“间岛”究属清国领土，抑为韩国领土，此事悬案已久，迄未解决。九月二十七日致外部照会云，“间岛”古称女真，清韩历史上俱有种种之关系，惟不能明定果为何属。又云，“间岛”果属于何国，此事极其错综。自日人倡此谬说，无识者从而和之，“间岛”之名遂喧腾于各种著书、各处报章，而延吉厅之主名反掩没而不彰。夫延吉厅为我国确定之领土，吾诚不知何处为“间岛”之地，何地有“间岛”之名。日人自欺欺人，以起中韩界务之交涉，此诚凿空之奇谈，拓地之妄想，而为自古以来外交史上所绝无仅有者也。今就日韩人所倡“间岛”之谬说及妄行指引之地域，考其源委，加以辩驳，使览者晓然于图们江北之无“间岛”焉。

---

〔1〕 胡惟德（1863年一说1871—1933年），字馨吾，浙江吴兴人1904年使俄钦差大臣、外务部右丞，1918—1928年四次连任常设仲裁法院仲裁员等职。中国近代著名外交家，曾多次担任驻外使节，后任民国外交总长兼代国务总理，参与并见证许多重大外交事件。

"间岛"位置之无定

"间岛"之名，何自昉乎。盖图们江自茂山以下沿江多滩地，而以光霁峪前假江之地面为最大。假江韩人实呼为斜米，亦犹华人所呼江洲之义。纵十里，宽一里，计有地二千余亩。图们江正流向经钟城南岸，滩地连结图们北岸。光绪七年，韩人于图们北岸私掘一沟，使江水歧出。见越垦局总理禀吉林将军禀稿此滩地遂介在江中，四围带水矣。自放荒后，韩民首先租种，每岁纳租银八百余两于越垦局，以为办公经贴，历有成案。亦见越垦局总理禀稿，现纳租银于和龙峪衙门。至光绪二十九年，韩官李范允行文越垦局，妄指假江之地为"间岛"，谓有田五十余结，划在两江之间。又曰此土介在一江分派之中，始由韩民耕种。遂欲妄相牵混，指为韩领，此"间岛"名称所由来也。越垦局覆以假江之地实属中国领土，"间岛"之争遂作罢论。然即就李范允之指假江为"间岛"者言之，曰有田五十余结划在两江之间。又曰此土介在一江分派之中。则必如假江之划在两江之间，介在一江分派之中者，始得妄称为"间岛"矣。然斯时之以假江为"间岛"者，尚不过李范允一人之私言，而非两国官吏所公认也。自光绪二十九年韩民滋衅，乱平后，由延吉厅陈丞作彦等与韩定、金命焕等订立边界善后章程十二条。当是时，中国有将假江地亩改归华民租种之议。钟城韩民全仰食于此，韩官难之。故其第八条有云，古"间岛"即光霁假江地向准钟城韩民租种，今仍循旧办理。此次章程谓古"间岛"即光霁峪假江地。夫光霁峪前之滩地华人名为假江，又名为江通，并无"间岛"之称。乃谓即古"间岛"者，韩人一面之词也。细绎其意，不过谓华人所称之假江，即韩人所称之"间岛"耳。既云古"间岛"即光霁峪假江地，则"间岛"区域仅区区二千余亩之滩地明矣。且云向准钟城韩民租种，今仍循旧办理，则假江之地确系中国领土，非韩人所可妄思侵占更明矣。然斯时之以假江为"间岛"者，尚不过两国边吏私定之章程，而未见于中日两国外交之文字也。光绪三十年，日使内田康哉致外部递留节略有云，图们江"间岛"介在清韩交界。又与外部晤谈问答有云，中韩交界之图们江有一"间岛"地方。夫谓图们江"间岛"介在清韩交界，是谓"间岛"介在图们江也。又谓中韩交界之图们江有一"间岛"地方，是又谓图们江中有一"间岛"也。则内田日使之所谓"间岛"者，亦仍指图们江中之假江为"间岛"也。至日俄战役以后，日人守田利远所著满洲地志首倡"间岛"之谬说。有云，韩人所称之豆满江，各地异名。在钟城、会宁及茂山附近者，称伊后江或鱼润江。左侧支流向西逆溯，支那人谓之布尔哈通河，至蘑姑子再进至局子街即延吉厅为其本流。西南方位之分歧，经夹信子沟达黑沟岭之水源，名骇浪河，即海兰河上流南分有一支流，韩人称曰土门江。该土门江与伊后江同发源于长白山中，至稳城而合流。其间沿二江之流域合成一大区域者，即"间岛"是也。是则妄以海兰河以南，图们江以北宽约二三百里，长约五六百里之地为"间岛"矣。自守田利远倡此谬说，以夹皮沟一带为化外区域，且称为亚东之独立国，世界之秘密藏。日本各报纸捕风捉影，愈出愈奇，遂将距延吉厅八百余里之夹皮沟地方，亦谬称为"间岛"区域。其说谓鸭绿、松花、图们三江发源于其地，有俨然一小独立国，曰"间岛"。"间岛"幅员东西七百六十里，南北三百五十里，华里帽儿山沿辉发河达松花南岸一带地域，悉入"间岛"范围，其广袤与我日本九州相伯仲，如此广大之版图，属中国乎，属朝鲜乎，尚难断定。又云"间岛"之统领韩登举，构邸宅于松花江畔之木旗河、桦树林子，壮丽如王宫云云。是则又妄以图们江以北、松花江以南夹皮沟一带地方为"间岛"矣。夫"间岛"位置，据以上所列者观之，则自光绪二十九年以来韩人所称之"间岛"，即为光霁峪前图们江中之假江。证之李范允照会，证之中韩两国边吏所订章程，证之内田日使致外部之公文，假江以外均别无所谓"间岛"，已属界务交涉上永不可移之铁案。岂得置界务交涉之正式公文于不顾，而以无凭之著书、报纸为可据乎。夫海兰河会布尔哈通河以入嘎呀河，为图们江北支流，皆国初封禁重地。见八旗统志则日人之以海兰河以南、图们以北之地为"间岛"者，其说已舛。至夹皮沟一带，虽稍有自治团体，团总韩登举同治年间，韩效忠为夹皮沟掘金矿夫，曾结同其地数十家讨平马贼，被公选为头目，管理夹皮沟一带金场，其孙登举继之为夹皮沟总团。每岁纳租金数千于吉林府，且屡受中国职官。中日之役，吉林曾调其团练五百赴海城与日军战，奏保尽先守备。庚子之役，又以练勇五百与俄军战于马烟山，奏保升用都司，现复特旨赏加参将衔。目以独立国之名，更属造谣生事。况其地归吉林府管辖，距图们北岸之光霁峪等处尚有延吉、敦化二县之隔，相距八百余里，真所谓风马牛不相及。则日人之以图们江以北松花江以南夹皮沟一带之地为"间岛"者，又何据乎。日人谓"间岛"即女真，辩详后。嗟乎，以图们江中之洲而欲拓至图们北岸之大陆，以区区二千余亩之滩地而欲混有中国数千方里之版图，则"间岛"位置真如太空游星，毫无定位，大洋巨浸，忽涌新洲者矣。

"间岛"名称之不符

考岛字之义，海中有山可依止曰岛。岛者到也，人所奔到也。故地壳之一部，坟起于大洋中者,其大者谓之大陆,小者谓之岛。土股伸入海中,其大半有水围绕者谓之半岛。是岛为海山之定称,海地之统称,本无疑义。乃韩人于光绪二十九年妄指假江之地为"间岛",江中生岛已属创闻。日人守田利远竟妄以海兰河以南,图们江以北之地为"间岛"。夫茂山以下之图们北岸,确系中国疆土,已为韩人所公认,何得加以"间岛"之称。况其地宽约二、三百里,长约五、六百里,固为白山支脉所拓之大陆乎。至夹皮沟一带区域,居长白山北麓,位置在松花江流域,东部崇山峻岭,绵亘千里,论其地形与岛字之义,判若霄壤。总之,图们北岸之地固不在海,岛有岛称,地非瓯脱,何谓"间岛",质之世界上之地理学,恐无此特别新创之名词也。

日人绘图之武断

光绪二十九年李范允所争者,图们江中之"间岛"耳,中韩两国边吏所公认者,亦图们江中之"间岛"耳。则此"间岛"为江中片土,固未具有无量之膨胀力也。乃自日俄战役以后,如阪本嘉治马所制纪念大地图,则将图们江以北、牛心山支脉以南之地颜曰"间岛",龟井忠一所制清韩最新地图更将图们江以北、海兰河以南之地拓入朝鲜国界之内,欲以遂其积非成是,弄假成真之计,而置两国天然之国界于不顾。夫图们北岸为我国疆土,绳以名从主人之例。岂有"间岛"之名,地主不知,而烦日人之代为命名。且日俄战役以前,日人所制地图不下数百种,绝无"间岛"之名。日俄战役以后,遽尔凿开浑沌,突出一图们北岸绝大之"间岛"乎。而吾国数年以来,不能责其私造地图、擅移国界之罪。则疏忽边防之咎,抑难辞也。

日人考史之谬误

日人致外部照会,谓"间岛"古称女真,清韩历史上俱有种种之关系等语。夫日人所倡"间岛"谬说,其为虚空楼阁,弹指华严,固亦日人所自悉。乃明知无据,反欲牵引历史,妄相附会,益见其议论之失据而已。考女真即肃慎之转音,金为女真,有古肃慎之地,故称女真。则女真之名,与"间岛"二字何能妄相牵涉。且女真崛起图们江流域,灭辽伐宋,建立大国,终金之世,图们南岸之九城尚未为朝鲜所有。见中国史及朝鲜史金与朝鲜之国界,在今咸兴府南之定平府。见朝鲜史则即谓图们北岸之地为女真,而与朝鲜历史有何丝毫之关系。元、明二代历史见前。

国朝建国始号满洲，满洲实满珠之转音，又为珠申。珠申实女真、肃慎之同音。故国初所有女真故地，即肃慎古国，毫无疑义。况吉林南部为我朝发祥重地，图们江北，丰沛故乡，始祖居俄漠惠之野，鄂多力城，说见前长白山东，金汤犹在。鄂多力城及宁古塔皆发祥地则即自国初以来，图们江北之地与朝鲜历史又有何丝毫之关系乎。噫，日人以图们江北之地为"间岛"，既已欺今，复欲诬古，岂知史籍尚在，疆域可征，何必以子虚乌有之谈，妄引历史，以自穷其说。然日人或仍用其擅改地图之故智，私造朝鲜历史，牵引"间岛"二字于其中，则非吾所敢知矣。

图们北岸之地绝无所谓"间岛"，并无所谓未经确定之领土，既如以上所论矣。顾日人非不深知其妄，倡种种谬说者，不过为借口侵占之计耳。夫挈瓶之智，不失守器，国境所关，尺地皆金。日人今日即谓图们江中区区二千余亩之"间岛"为非我国领土，已非我国所能承认，况欲包图们北岸之地以扩张其谬说乎。鸿飞冥冥，弋人何慕，吾为日人诵之。

附录光绪三十三年九月二十七日日本阿部代使致外务部照会第八十三号

为照覆事。"间岛"问题一事，接准贵历七月二十九日照称各节，当即详细转达本国政府。本国政府对于此事颇为考量，兹准回文嘱为照覆贵国政府如左：

中历七月二十九日，中国政府照会内称，据督、抚函称土门河为豆满江之一支流，发源于长白山之北，南流而入豆满江等语。日本政府于发源于长白山北有豆满江之支流，此次实为倡闻。韩国向来主张清韩国境之土门江，其源发于白头山分水岭上定界碑之东方，流于北甑山之西方，并非豆满江之支流。中国政府以土门江与豆满江即为一水，以此为重要之论据，然定界碑之所谓土门确不能解作豆满。当光绪十一年清韩两国政府派员勘界时，韩国委员李重夏复命书内有伏念勘界一事，以定界碑形便言之，碑立大泽南麓十里许，而碑之西边数步地有沟壑，为鸭绿之源，东边数步地有沟壑，为土门之源，连设石堆、土堆高数尺，堆上林木自生，已有老而拱者，明是当年标限。而至大角峰尾中间，沟形忽窄，土岸对立如门者，指此也。豆满江流众水发源中最近于封堆者，是红土山水源，而横隔漫坡相距已为四五十里之远等语。嗣后数次勘查，与该复命所载大体符合，是定界碑所谓土门，决非指距离远隔，且从别处发源之豆满江明矣。

"间岛"古称为女真，清韩历史上具有种种之关系，惟不能明定果为何属。至康熙年间，知彼此勘定边疆之不可缓，于是年乌喇总管穆克登奉命至白头山，会同韩国官吏建树界碑，以为后日之证。故该碑明记，以土门江为清韩两国之境界。韩国政府所主张者颇有根据，非如清国政府独自断定，且默然以豆满江为两国天然境界可比。至碑文中并无分界字样,不得认为界碑云云,是则浅薄之论,无足驳论者矣。中国政府照内又称,光绪初年韩王恳请刷还和龙峪地方之韩民,是韩王承认该地方为清国领土等语。恳请刷还,果属有无其事,业经照询韩国政府,旋据复称,案查历年卷宗,不特光绪初年并无恳请刷还和龙峪地方之韩民之事,且清国政府往来文照,未尝有和龙峪之称等因。如清国政府有所据而云然,且俟明示确证后,日本政府再当申说意见。

中国政府照内又称,光绪十一年,北洋大臣具奏和龙峪设立通商局,光霁峪设立分局,豆满江下流设立西步分局。十五年,吉林省亦于西步分局设置水师,并非六七年前之事。且清国境界碑共有十处,韩国至今并未抗议等语。韩人之入“间岛”,远在该衙门所设立以前,其对开振之土地,由韩国地方官发给地券,与韩国内地一律。清国地方官闻之,思欲驱逐韩人,而两国境界之问题以起。光绪十一年,遂各派勘界使会同踏勘,讵勘界使意见不一,两国相争以至于今。以上各衙门,均系清国政府于争论界务未决之时设立。其中延吉厅立于光绪二十六年,距今仅隔七年。是清国所设地方衙门及境界碑十处,皆于两国境界未决之时,为清国政府擅自设立者,焉得谓之正当。彼六镇之韩民移住“间岛”,韩国地方官亦尝办理行政,事在清国人侵入该地以前,只以强弱异势,其后韩人遂受清国地方官之压迫,韩国屡经抗议,并未承认,乃清国竟派官吏于“间岛”,反谓设保护韩民,是韩国于“间岛”之权利决不能即谓之丧失。小弱如韩,其对于强大之清国敢争执多年而不稍为之屈,究其主张,不得不确信其为正义也。

此事情节即如上所述,日本政府实不能应清国政府要求撤退统监府出张所之请。至清国政府所称徐总督已派陈昭常督办吉林边务,请日本政府亦派专员以便会同勘界等语。清国政府如以豆满江为清韩国境,视为确定之事,据其源流以为勘界之基础,以日本政府之所见,终难同意。据日本政府之所见,以豆满江为境界一节,不能视为已经确定之事,故非先协定境界基础之后,无从实行测定也。

总之,“间岛”果属于何国,此事极其错综。日清两国均应慎重研究,重行讨议,再行决定。决定以前为日必多,日本政府既受韩国所托,照从前实例,为保护居住“间岛”韩民起见派遣吏员,实为日本对于韩国关系上不得已之举动。务望清国政府详解以上各节,深为见谅,慎重将事,免滋事端,顾全两国交谊,是所切望。以上各节准本国政府咨行前来,相应照会查照可也。须至照会者。

第七章　日人经营延吉之原因

第一节　地理上之原因

延吉厅位置居哈尔巴岭之南，图们江之北，长白山之东，佛多石岭之西。佛多石岭即延吉厅东与俄国交界处被山带河，四塞以为固，诚形势必争之要地，而东方霸国之故墟也。女真以新罗败亡之族崛起图们江流域，提兵北伐，遂墟契丹，侵略中原，几灭宋室。我朝首据额多力城，再起兴京，入主中国。地利所关，天命斯属，有由然矣。日人守田利远所著满洲地志有云，长白山实可称为东亚之爱尔伯施山，主此山者，可以平定满韩，握东亚之实权。又云，支那兴安岭之高原与长白山麓之平野，实为英雄竞争之地。如支那本部之争夺，不过此外之余兴而已。勃勃野心，肆无忌惮，则日人之欲侵略满洲东部而必以延吉厅为着手之地，固非一日。谨述延吉厅地理上关系之重要如左：

与吉林地理之关系　延吉厅居吉林之东南，界接俄韩，华夷交错，南限图们之江，东绾长山之口，长山岭即佛多石岭，为中俄交界之地。进可以战，退可以守，固吉林东南之天然锁钥也。无延吉厅，则图们天限弃之于敌。由吉林至哈尔巴岭之间山岭丛错，田土荒芜，无可为军事上之根据地者，而吉林东南之门户失矣。其地据珲春、宁古塔、敦化县、夹皮沟等处交通之孔道，无延吉厅则珲春孤立一隅，万难久存，而图们江口之要塞危矣。西出长白之北麓以达娘娘库、夹皮沟等处，而松花江之上源绝矣。北出敦化县、额木索等处，而吉林南部之腰膂断矣。东北出宁古塔，而吉林东陲之保障撤矣。一隅若失，全局皆危。庚子之役，俄兵首据珲春，继陷延吉，长驱至省，如入无人之境，其明鉴也。日俄战役以后，日人之测绘吉林南部者，测手约有千人，月费至数十万金。实地测量者经四五起，其军官参谋官、少将以下或由吉而韩，或由韩而吉，考查地势而经延吉之途者，络绎不绝，其意果何居乎。夫吉长铁道，既有与日人合修之议，是为日人经营吉林西部之渐。今又欲据有延吉，以为包围吉林南部之举，窥日人私计，殆欲划吉林东清铁道干线以南纵横数千里之地，悉入其势力范围，而以经营延吉为割据吉林东南半部之起点，岂仅延吉一隅之得失已哉。

与奉天地理之关系　延吉厅西接长白山，与奉天之临江、通化二县接境。鸭绿、图们二江又只长白一岭之隔，则延吉之于奉天，固形亲境接之地。特以长白山脉横断满洲南部之故，林密山深，为交通之阻碍。日人之不能由奉天南部以经营吉林南部者，亦地理上有以障之也。然延吉厅西由古洞河经长白之北麓，以达于奉天之海龙城而至沈阳，自昔有交通之道，俗呼为盘道，山东、直隶移民由奉天而至延吉一带，间有经此道者。后以奉天东部、吉林南部悉为封禁重地，此道遂行湮塞。盖国初首据额多力城，肇祖中兴，始迁都于奉天之兴京。且扈伦四部未平以前，扈伦部之乌拉即今打牲乌拉，其国在今吉林省治一带。国初能径用兵以取东海之瓦尔喀等部，则当日必以长白北麓为师行来往之要道可知。闻今岁日人有与韩登举合修延吉厅至夹皮沟道路以达奉天之议，盖由延吉厅经古洞河等处而至奉天，较由吉林而至奉天距离约近五六百里。此道一修，则奉、吉二省南部之交通便而地理上之障碍去矣。日俄之役，日人修有军用电线，顺图们江源经长白山南至奉天之安东等处，其欲联络奉、吉二省之南部为一气者盖非一日。夫鸭绿江流域既为日人势力最盛之区，今又欲据有图们江流域，以为东西并进同力合作之举，则日人之经营延吉，其目光不仅注吉林，且将联奉天、吉林二省为一气，以收其囊括并吞之效矣。

与朝鲜地理之关系　延吉厅自白山东麓迄于图们江口，与朝鲜六镇以图们江为天然界限。然延吉厅田土膏腴，地势开阔，为自昔英雄用武之地。而图们南岸山势峻削，田地瘠薄。故据图们江北者，每足以制江南，如汉，如高句丽，如渤海，如辽金元明及国朝，皆据有图们北岸之地。而据图们江南者不足以制江北，此固已往之成迹，而亦地理上之关系也。日俄之役，俄人驻兵图们北岸，日人卒无可如何，尤近事之明效矣。近年以来，日人于朝鲜沿江一带，自茂山以至庆源、庆兴驻兵五千余人，兵力已厚我数倍。且朝鲜既为日领，其所以谋地理上交通之便利者，更不遗余力。今者日本海船由马关至镜城仅需八日，由镜城至与延吉接界之会宁修有轻便铁道，仅需一日。一有军役，日人海陆交通之便，军队调集之便，粮秣运输之便，事事皆操胜算。而图们江北之地形，已非若往昔之可恃。若遂据延吉以夺图们之天限，则吉林南部尚何形胜之可言乎。

与俄领东海滨省地理之关系　延吉厅之地，非特与吉林、奉天有绝大之关系，而南界朝鲜，东界俄领之东海滨省，论其地势之形便，固又日俄二国所必争者也。今岁斋藤越境，俄人调集军队于中俄交界之长岭子一带者三千余人，大有进据珲春之势。后以斋藤并未率领军队，中国与日本交涉又极力争执，遂尔中止。则俄人之视延吉厅，其重要为何如。盖自日俄一战，俄人惨淡经营之旅顺海口既落于日人之手，由哈尔滨至旅顺之东清铁道支线亦大半为日人所占领，俄人于东三省几有不能南下牧马之势。然以高瞻远瞩之俄人，断不肯以一败之故遂辍其壮图，固有识者所知也。俄人若欲重整旗鼓,恢复东亚之海权,则必以海参崴为兴复海军之重地。故日人若欲排斥俄人海上之势力,则必夺有海参崴海口而后可以高枕而无忧,此又战略上所可豫决者也。延吉东偏之珲春与俄界仅二十五里,延吉东北之宁古塔与东清铁道之干线相距仅四十里。日人若据延吉以与俄战,则以一军出珲春攻其中坚而海参崴之右臂断,一军出宁古塔截其与西伯利亚联络之东清铁道而海参崴之后援绝。则天然形胜之海参崴,遂成孤立一隅、四面受敌之势,而将为第二之旅顺口矣。俄人之一闻日人越境,必欲进据珲春者以此也。嗟乎,延吉一隅之地,俄得之足以制日,日得之足以制俄,我善用之,则俄日皆将为我制,关系讵不重哉。

第二节　地利上之原因

日俄战役以后,日人所倡道之恒言曰,开发东三省之富源者,日本国民之天职也。故其对于东三省铁道之经营,森林矿产之经营,牟利侵权,无微不至,几欲使无限富源尽归日人之手。然东三省为世界有数之富源,世人所尽知者也。而东三省富源在于吉林,吉林富源在于南部,而尤以延吉厅之地为最著,则世人所罕知者也。长白山脉蜿蜒东迤,开此大陆,国朝二百年来悉行封禁。山川钟毓之气,磅礴郁积,五金之矿,横地无穷,桢干之材,干霄蔽日,加以森林蓊蔚,猎业斯兴,河流纵横,渔农兼适,固图们江北之陆海,为吉林南部所罕见者也。日俄战后,日人游历延吉,调查矿产、林产、农产及动植各物产者,项背相望,而尤以守田利远所著满洲地志之调查为最详。择要译录于后嗟乎,慢藏海盗,昔人所讥,我有利源不能自开,任其委弃于大地之上,此日人所以始而垂涎,继思染指者也。今就调查所得者略述如左:

甲、矿产

金矿　长白山脉蟠蜛之地,山谷溪流,随处产金。女真称金源说者,谓以其地金水流出,故名。国朝以爱新为氏,爱新译言金也。延吉之产金,自古然矣。其产类可分二种:一、线金。金质藏于地脉之中,如石建坪、二道沟、三道沟此二道沟、三道沟居延吉之西,珲春金场亦有二道沟、三道沟之名。等处,皆线金出产地也。二、沙金。金质随河流下散布,如沙金沟、旺清、黑顶子、绥芬甸子及珲春河流域,皆沙金出产地也。而尤以珲春河流域为吉林南部著名之金场,河流延长约五六百里,本流支流如东沟、塔子沟、土门子、柳树河子、香房子沟、狐狸别等处,皆有金产。开采之期,始于同治年间,现时从事金业者尚近二千人。其金最称上品,其余金矿或开或否,金质之潜藏亦称极旺焉。

附译守田利远土门子金场调查录

图们江之支流珲春河之流域,产金地极多。总括之可名为土门子金场。就中最著者,为沙金沟、于沟子、二道沟、三道沟、四道沟、五道沟、六道沟、香房子沟、小六道沟,西北岔沟。

沙金沟在珲春之东微北约五里,日本一里约合中国七里由西南延长于东北,长六里余,幅三町余,采金者二十余人。

于沟子在沙金沟之东一百五十六町,由西南延长于东北,长四里半,幅三町余,采金者二十余人。

二道沟在于沟子之东约三十町,长六里半,幅十余町,由西南延长于东北,采金者十余人。

三道沟在二道沟之东微南约二里,长十余里,幅一百六十七町,由西南延长于东北,采金者三百余人,为各金场中最盛之区,产额亦居第一位。

四道沟在三道沟之东微南约四里,长十一里余,幅七十八町,由西南延长于东北,采金者六十余人。

五道沟在四道沟之东微北约四里,长十余里,幅十町余,由西南延长于东北,采金者四十余人。

大六道沟在五道沟之东北四里半,长十余里,幅十町余,由西南延长于东北,采金者七十余人。

小六道沟在大六道沟之东微北约二里半,长四里余,幅二町余,由西南延长于东北,采金者八十余人。

西北岔沟在土门子之西北十余里,小六道沟之北微西约十里,采掘者百余人,月可出金四十两,产额亚于三道沟。

以上各沟,其开采约在四十年前,惟三道沟开采之期未详。据住民传说,光绪二十年顷,珲春副都统某密派矿夫数百名,采掘二年间,派代理人以为监督,设贩卖商店于吉林府,表面称为米店,以此博巨富,捐军费银万两以塞责云。金质极佳,大如椒子,市价一两约值银四十两。

按:此金场我称为珲春河金场,或称珲春东沟金场。日人则名为土门子金场,岂又有牵涉土门之意乎。

银矿　东三省矿产虽盛,而银铅矿绝少。惟延吉厅之天宝山,为东三省第一著名之银矿。天宝山位置居布尔哈通河之右侧，为长白山东干支脉之所蟠结，距延吉厅西约百四十余里。开采始于光绪初年，产额最旺时，每日能收银八百余两。砂子百斤，能取净银三百六十两，矿质之佳，可以想见。后以开采全系土法，坑中积水无法消除，产额中落。然矿产极丰，已经开采者尚未及其十分之一二也。去岁矿务总理陈光第以资本之竭，至上海运动外人合办。日人垂涎此矿已久，因利乘便，与陈光第私订开采之约，名为中和公司。今岁斋藤越境，日人派遣矿师数人动工开采。现虽奉吉省封禁之令，日人尚蟠据其中，以图大举。此为日人越境后最重之交涉，尚不知如何结局也。

附译日人守田利远天宝山银矿调查录

天宝山在珲春之西北五十余里，日本里延吉厅正西十四里余。其位置西接哈尔巴岭山脉，东西蜿蜒约六里，南莅古城大川，北带布尔哈通河，山秀林茂。银矿在该山南方之支岗，有三矿坑。

第一坑位于岗腹之东北方，坑幅一间，深七间余。

第二坑位于岗腹之西北方，坑幅比第一坑稍小，深约三间半。

第三坑接近第二坑，幅深与第二坑类似。

南岗东南一里余，南北七十八町，高九间余。岗之东麓有一小沟，沟内矿务局及矿夫之住所在焉。本矿发见于光绪初年。光绪十七年，由吉林将军、珲春副都统申请李鸿章设立半官式矿务局，从事采掘。后经几多之变迁，有时或全归珲春副都统之监督，有时或全委于民业。采掘方法极幼稚，既无机械又无技师，遂受不利之影响。及光绪二十三年，几有半途中止之势。近以湖北人陈光第为该矿总办，百方研求，欲其振兴，现至上海求外国人合资，以便尽力开采云。

煤矿　延吉煤矿以老头沟稽查处、珲春东沟、嘎呀河、阴阳河、三道沟、凉水泉子等处为极盛，然以销场不畅，无鸠集巨资开采者。今查老头沟之煤消于天宝山矿务局及延吉厅附近，矿工约百人。珲春东沟之煤，销于珲春，矿工二三百人。三道沟之煤销于头道沟，矿工四五十人。其余各处之煤，皆由附近居民私采，以供薪材之用。惟稽查处之煤以距会宁极近之故，且矿质极佳，兼产煤油，日人已树有中和公司标识，欲着手开采以为运销朝鲜会宁等处之计矣。

铜铁各矿　延吉厅天宝山及滚牛磖子产铜，沙松背产铁，俱未开采，以未经矿师采觅之故。此外尚有铜铁二矿，不能详也。延吉厅矿产调查表详后

乙、林产

自鸭绿江木植公司订立专条,归中日两国合办,利源已半落日人之手。运销于天津、上海及沿海沿江一带者,每岁达三百万两之巨额,日侵月伐,已有中途告竭之虞,图们江森林则以未受斧斤之故,遂为吉林南部林产之冠。长白东干绵亘数千里,良材巨木,荫蔽天日,几有太古鸿荒之观。其委弃朽腐于深山老林之内,不获为世用者,弥望皆是。货弃于地,殊可惜矣。今将延吉厅森林分为三大区域:一、长白山区域。凡长白东麓及图们江源之红丹、石乙、红土水以迄于外六道沟等处皆属之。二、穆克德亨山脉区域。凡秫秸垛、哈尔巴岭、哈玛塘、绥芬甸子及老黑山、珲春等处皆属之。三、牛心山支脉区域。凡海兰河以南之二道沟、三道沟、四道沟、五道沟及沙松背等处皆属之。其种类以黄花松、沙松、果松为主,楸、椴、桦、柞各树次之。林木最大者周围至六七尺,高至十余丈。林产之盛,较鸭绿江森林固有过之无不及也。且据图们江运道之便,若集资采伐,顺图们江浮海运销海参崴、上海各处,可不劳而获巨利,实为延吉厅莫大之富源。闻日人有欲伐沙松背松林之议,尚未举行。其又将步鸭绿江森林后尘,以夺我天然美利之林产乎。

附译日人守田利远长白山森林篇

长白山森林蟠蜒于吉林之南方与朝鲜之国境,沿长白山系,东由平顶山西至盛京、吉林交界之伊尔哈雅范山,南亘于鸭绿江畔,北至俪牙蛮哈达山,皆属于长白山森林之范围。长白山昔时尊为灵境,无人敢入,不闻所谓窝集之名,然富于森林,实为满洲林产之冠。

长白山顶即白头山,多灰石,山顶不生树木,山腹以下渐次为浓密之森林,榆、桦、松树之类遮蔽天日。南麓鸭绿江畔森林之区域多属于韩国,延长六十里内外,幅十里乃至二十里。其北麓沿松花江支流二道江岸巨木极多,红松、杉松最多,以黄花松、柞、榛、榆为主,杨柳间生,小者周四五尺,高不过五六丈,大者周二丈余,高二三十丈,甚为稠密。然林中往往有荒芜之地,俗称为派子。空林积雪,由阴历八月至来年四月始消。

长白山西北即伊尔哈雅范山,为盛京、吉林之界。其树以椴、松为多,杨柳杂生,大者周一丈余,高至十余丈。沿头道江之地,富于松桦柞树,林内不见空地,惟间有种人参者,伐采树木作十余亩之空林,又近时间有因开垦而采伐者。林中除盛夏六七月之候,殆不绝积雪之迹云。

由盛京省柳河县至蒙江之间森林尤密，榆、桦居多数。

平顶山、英额岭地方，联接图们江与海兰河之间，树以松、桦、柞、柳、杨等为主，壮大者周至七八尺，高一丈四五尺至四五丈，数百清里之间不见天日，惟山麓之地，有樵猎夫之构舍而已。东方渐疏，伐采之地不少。由局子街通金银鳖、夹皮沟之道路通过此林。

儞牙蛮哈达山之森林，北止于张广才岭[1]，西延于松花江岸，东至哈尔巴岭一带，崇岗峻岭，茂树深林，亘百余里，纳秦窝集即属于此。索落河地方多涩树、杨树、柞树。威湖岭地方多松树，壮大者甚多。惟沿松花江至夹皮沟地方产松、杨柳、楸、榆等，伐采者甚多，稚树尚众。敦化县地方二十年前为森林丛茂之地，开荒之后渐次稀疏。通沟地方涩、桦、椴等甚为密茂，山道不通车马，可通人行。

又图们江森林篇

图们江本流之水域富于森林，出良材，然多属朝鲜界。于满洲，不过布尔哈通河、嘎呀河、珲春河等支流之小区域。珲春河森林，以珲春以东迄于沿海州地方之土们子为最，山之南面森林密茂，山北稍稀，多楸、椴、松、桦，大者周围四五尺，高七八丈，经珲春而输送于各地。其次属于嘎呀河之流域旺青附近一带。穆克特亨山之西侧地方，松种约占五成，椴、柞、桦、桅等次之。松及椴大者周围五六尺，高十余丈，其他周围三四尺，高七八丈者亦多。然木材全未输出，只供附近之要需。属于布尔哈通河之林产地，以延吉厅为中心，北六里为北山森林，东西绵亘七八里，北方远连穆克特亨山，柞占大部分，桦、椴次之，周围三四尺，高五六丈者亦多，经延吉厅而输送于各地。

按：图们江森林不让鸭绿江流域，守田利远乃谓图们江本流虽富良材，多属于朝鲜界，讵将以长白山以东，图们江源以北周围五六百里之森林谓非我有乎，岂不谬哉。延吉森林调查表详后

丙、农产

吉林南部山岭错杂，多不适于农业，延吉厅则属农产最盛之区。盖其地为白山东麓所开之大陆，又有图们江及海兰河、布尔哈通河、嘎呀河、珲春河流域之平原，

---

〔1〕 张广才岭，长白山的支脉，位于黑龙江省的东南部。它南起吉林省敦化县，北接小兴安岭南麓，平均海拔 800 多米，主峰老秃顶子高达 1687 米。张广才岭以东为牡丹江水系，以西为阿什河、拉林河水系。

河流纵横，岗峦起伏，平隰高原，参差相属，宜于农业者一。国朝封禁二百余年，沃甸荒原，土脉腴厚，一经垦辟，谷物畅茂，不粪而熟，宜于农业者二。地接海滨，气候较吉林北部为温暖，植物繁盛，五谷兼产，沿江一带且产水稻宜于农业者三。因兹便利，海兰河、布尔哈通河等处，有以一垧之地收至十石以外者。每斗重三十六斤计延吉熟地不过十万垧，而岁供华韩人民六七万户之食，输出于朝鲜及俄领沿海省者尚难数计。其田土之膏腴，谷产之丰富，宜日韩人之欣羡不已也。况延吉厅西如二道沟、三道沟等处，东北如旺清、哈玛塘及绥芬甸子一带，草莱未辟，弥望平原，尚可垦成二三十万垧之熟地乎。今岁日人派农学士数人专门调查，历数月之久，盖豫谋改良种植，以为发达农业之计焉。延吉地亩调查表及谷物产额表详后

丁、猎产

延吉以富于森林之故，野兽多群栖于其中，虎、豹、熊、鹿、山羊、野猪、貛、貉等类随处多有。皮革中最贵之品如貂、狐、猞猁、灰鼠等类，产于长白山附近及秫秸垛、牛心山一带者为最伙，旺清、哈玛塘等处次之。华民在延吉专猎兽业者不下四五百人，长白附近且有韩民越界围猎者。其皮张、骨角多销售于吉林省及海参崴，岁获巨利。此国初所以划延吉厅为珲春、宁古塔围场，以便从事猎业，而列为封禁之重地也。

戊、鱼产

图们江流域鱼产分为二种：一曰青蒙，一曰打马哈。以珲春一带所产为最盛，每岁青蒙约可取二三十万斤，打马哈可取七八十万斤。珲春旗民多业鱼，每人年可获百二三十元。海兰河及布尔哈通河、嘎呀河并产蚌珠，故国初为封禁重地。现以人民捕食之故，珠产绝少，惟鱼、鳖、水獭等物尚多有之。

由以上所列者观之，则延吉厅之地兼有大陆河流之性质，而为矿产、林产、农产、猎产、鱼产俱盛之区，实为吉林南部所仅见。日人若据而有之，借朝鲜轮船、铁道转输之便，以开发地面、地里无限之宝藏，费少而利多，事半而功倍。且由延吉西出长白山之北麓，则娘娘库、富尔河、古洞河等处为松花江木植最盛之区，夹皮沟、大沙河等处又为吉林金矿最丰之地。日人之妄指长白山北为"间岛"，而欲混夹皮沟与延吉厅为一区域者，亦艳其金矿、森林之富，为得陇望蜀之计耳。日人今岁有与韩登举合开夹皮沟金矿之议，韩登举未允。夫以延吉一隅之地，其富源已如是之博大，则日人之欲以经营延吉为开发松花江流域富源之先导，不顾公理、公法而直试其白昼攫金之手段者，岂无故哉。

第三节　殖民上之原因

日本以区区三岛，国土逼狭，不足以供本国人民繁殖之故，举国上下醉心帝国主义，皇皇然求殖民地于海外。日俄战役以后，日人之对于东三省鼓吹殖民之政策，奖励殖民之事业，几欲使地大物博之东三省为日本人民繁殖之区，此其处心积虑之显而易见者也。然其初在东三省犹为工商贸易之殖民，而非农耕土著之殖民，且其殖民之势力范围多进行于奉天，尚未侵入于吉林也。今者，朝鲜既夷为日之保护国，而吉林南部之延吉厅等处，韩民越垦者至五六万户，则韩人殖民势力所到之区，即可谓为日人殖民势力所及之区。此日人之欲以延吉为殖民地而实行其殖民政策者，其原因可得而言焉。

原于韩民之生计　朝鲜沿江六镇，地瘠民稠。自光绪初元图们江北之地设局招垦以后，韩民越垦者遂皆视为乐土，趋之如鹜，此亦迫于生计，势之无如何者也。守田利远满洲地志云，"间岛"区域长四百中里，幅百余里，面积四百五十方里，土地腴沃，谷物丰熟，自来朝鲜六镇之民，皆就食于此。六镇之民，一家有男子二人，其一人必使移居"间岛"为生计。故"间岛"之地，实六镇人民之生命不可须臾离之土地也。现韩国移民约十万余人，大抵业农，每年收获半纳于支那人之地主，至清国官衙租赋所纳无几，余皆储蓄，且以每年土产之谷，输出于六镇，与日常需要品交换。盖六镇之地粮食不足，每年约三分之一故其居民当秋后豫算常年欠乏之额，以食盐、腌鱼、杂货等用牛车乘载渡江，换杂谷而去以为常。由此观之，则延吉厅之地，韩民之越垦者至十余万人，若无延吉厅以为之消纳，则是绝十余万韩民之生路也。且朝鲜六镇之谷产，岁缺三分之一，若无延吉厅谷食以为接济，是断朝鲜六镇人民之哺乳也。则守田利远谓延吉厅为六镇人民之生命不可须臾离之土地者，岂虚语哉。夫今者日本既以朝鲜为殖民地，而朝鲜以生齿繁炽之故，不能不移殖于我国，则日人之保护朝鲜殖民之生计者，即以维持日本殖民之生计也。此日人之欲以延吉厅为殖民地者，其故一也。

原于越垦韩民之繁富　延吉厅之地，自光绪初元始有韩民越垦，至光绪十一年设立越垦局，划图们北岸为韩民专垦之区。据光绪十六年总理衙门之奏稿，韩民之越垦者，尚不过数千人。光绪二十年，由吉林将军编甲升科，韩民遂增至四千三百余户，男女丁口二万八百余人。至今十三年之间，韩民竟增至六万余户，丁口十余万人，是每年韩民之越垦者有三四千人之增加也。其膨胀力之盛，讵非大可惊哉。光绪二十年间，韩民越垦之区域尚限于图们北岸之地，今则延吉厅西自长白山东之长坡、外六道沟等处，东至珲春河流域，北至铜佛寺、哈玛塘、绥芬甸子等处，合延吉厅四千方里之地，皆有韩民之足迹焉。且不仅延吉一厅之地而已，西至长白山之北麓，如吉林府所属之头道江、柳河等处，敦化县所属之娘娘库、小沙河、乳头山等处，东至绥芬厅所属之蜂蜜山、三岔口等处，东北至距延吉七百余里之宁古塔等处，越垦者皆有日增月盛之概。是则吉林南部纵横数千里之地，皆属于朝鲜殖民之范围矣。夫吉林南部为国初封禁重地，揆定制之初意，原以留有余之地利，以待后人之开发，今乃为韩民消息尾闾之地，以坐收农耕收获之原利，此岂列祖列宗意料所及哉。其尤误者，则光绪十一年设立越垦局，凡图们北岸之地，禁止华民领地租种，至今日和龙峪、光霁峪一带，韩民田庐相望，鸡犬相闻，俨然成一化外区域，此其立法之乖谬，尤令人大惑不解也。夫韩民越垦之区域既如是之广，而在延吉厅者更享有土地权，有牢不可拔之势，其生计之富裕且较图们南岸之民相去倍蓰。此日人之欲以延吉厅为殖民地者，其故二也。

原于越垦韩民之滋衅　自韩民越垦图们北岸之地，我国以优待属国之故，其所以噢咻抚字者无微不至，韩民之感恩怀德、安居乐业者固居多数。而其借端滋衅，欲脱我国政治之范围者，亦数数见。光绪七、八年间，吉林将军欲将越垦韩民改归地方官管辖，韩皇恳请刷还，韩民以国土逼窄无土可容，遂百方狡展而生豆满、土门之辩，致使两国天然国界从而混淆，而起无理取闹之界务交涉，是为越垦韩民滋衅之第一期。庚子之役，俄军进据珲春，华民多弃家逃避，韩民遂藉俄人势力，侵占华民房屋、田产，为久假不归之计。事平后，经中国官吏查禁，始行退还，是为越垦韩民滋衅之第二期。光绪二十九年，韩人李范允煽惑韩民不纳中国租赋，不归地方官吏管辖，且越界敛财，带兵渡江，欲使越垦韩民同时作乱，卒借军队之力，乱党削平，是为越垦韩民滋衅之第三期。今岁日人越境，又欲师李范允之故智，煽动韩民，以坐收渔人之利。后以极力阻止，始获无事，灰然后患尚不可预测也。总之，韩民不顾公理，专畏强权，首鼠两端，隐怀异志，屡欲脱中国政治之范围，而不顾他人之伺其后者，且将视为囊中之生产物也。此日人之欲以延吉厅为殖民地者，其故三也。

观以上所述，韩民之越垦者，其于生计关系既如是之重，增殖如是之繁，而又生心外向，授人以柄，则日人安得不视延吉厅为第二之朝鲜，而欲使十余万越垦之韩民直隶于其羁辖之下哉。且斋藤越境以后，日人之由朝鲜移殖于延吉境内者，所在云集，则日人之借韩殖民并已见诸行事矣。故特表而出之，以警告我国民，并以警告韩人焉。

第四节 政治上之原因

延吉厅居吉林南部，为控制朝鲜重地。考诸史乘，渤海设率宾府，金设海兰路，元设海兰府，明设建州卫见前，亦图们江北之一大都会也。自我朝以发祥重地定议封禁，康熙五十一年设珲春协领，隶属于宁古塔副都统，纵横数千里之地，列为旗民之围场，草木蕃芜，山川因之失色，而昔日财力雄富之区，竟成草昧鸿荒之境，此亦历史上之创举，而二百年来东方边患之所由生也。向使国初不申封禁之令，则早为物产殷盛，人文发达之区，何至光绪年间始招民开垦，为筚路篮缕以启山林之举乎。此误于封禁之政策者，一也。咸、同以来，俄力东渐，重订中俄界约，割乌苏里江以东数千里之地以畀俄人，珲春东部遂与俄境毗连。朝廷以边务事繁，加珲春协领副都统衔以资震慑，然珲春协领为专理旗民之官，于政治上之改革固无丝毫之影响也。向使此时鉴于外患之日急，实行移民实边之策，奖励而保护之，则膏腴之产，无难悉数垦辟，又何至有韩民之越垦乎。此误于优柔之政策者，又一也。光绪纪元以来，东事日亟，延吉一隅遂成绾辖俄韩之重地。朝廷顾念根本，于是有珲春副都统之设、有督办边防之设、有珲春、南岗等垦局之设。且以俄人有与朝鲜陆路通商之议，招徕韩民越垦，以为笼络之计，而我国移民之势力，遂瞠乎其后焉。此误于招徕韩民之政策者，又一也。嗟夫，自有国初封禁之制，而神皋隩区，夷为榛莽，平原千里，阒其无人，是为韩民越垦之远因。自咸、同以迄光绪初元，禁令渐弛，不能早行移民实边之策，地有余利，人有余力，主客之势，遂尔倒置，是为韩民越垦之近因。驯至今日，几有尾大不掉之势，木腐虫生，皆我国政治之废弛有以致之也。迨至光绪二十九年，疆吏以华韩杂处，事务殷繁，遂奏设延吉厅以立民政机关，不可谓非根本之改革矣。然以延吉厅辖有四千方里之地，疆域寥阔，治理难周，朝鲜沿江之地设有六镇，而图们江北仅一延吉厅，此政治之失于疏阔者一。韩民越垦我国之地，沿江渡口听其自由移住，毫无限制，此政治之失于疏阔者二。韩民越垦既众，而我国于韩民户口、男女之数，财产、地亩之数，主耕、帮耕之数，尚无精确之调查，此政治之失于疏阔者三。越垦之地，每社皆有学田数十亩、数百亩，以为教育韩民子弟之费，而不能为之广设学堂，以变其语言习俗，使同化于我，此政治之失于疏阔者四。韩民以语言不通之故，乡约、牌头由韩民之稍通华语者充选，多倚仗官势，自相鱼肉，此政治之失于疏阔者五。则延吉之地行政机关之不备，地方官吏之未尽得人，固无容深讳者也。厅治未设以前，政治之废弛既如彼，厅治既设以后，政治之不完善又如此。此日人所以因韩民越垦之众多，而妄以延吉厅为未经确定之领土，因吏治之不举，而又借口保护，以侵我行政之主权也。则安可不力求整饬，收政治革新之效，以间执日韩人之口乎。

第五节 法律上之原因

韩民越垦始于光绪初元，其时朝鲜为我属国，怀柔抚集，犹曰溥以大字小之仁，尽优待藩属之谊也。甲午以后，朝鲜名为自主，则韩民已非复藩服之民，而为独立自主之民，而我国之优待韩民者如故。甲辰以后，朝鲜为日本保护国，则韩民已非服从朝鲜主权之民，而为日本保护之民，而我国之优待韩民者复如故。是则引异国之民为已国之民，优容宽纵，毫无法律之裁制，安得不招开门揖盗之祸哉。今将我国之对待韩民违乎治外法律者，述之于左，以为日后改良之一助焉。

一、国籍法之未能确定也。我国今日国籍法未立，内外无别，固不独对于韩民为然。而韩民之移住我国者至十余万人，毫无国籍之区别，实为莫大之隐患。夫一人不准有两国国籍，此国际私法之定则也。韩民之移住者谓非我国之民乎，则固有乐业安居，情殷归化，而愿隶我版图者，谓非我国之民不可得也。谓韩民为我国之民乎，则固有移住多年，语言习俗毫无更变，俨然成一化外民族者，谓为我国之民又不可得也。庞杂纷歧，无从判别，皆由国籍法之未定，有以致之也。光绪十六年，吉林将军奏定薙发易服者，始能受廛为氓。自兵燹以后，韩民多不遵定制，复仍旧俗，是则并入籍之形式而亡之，更何论乎国籍之规定也。此违乎治外法律者一。

一、土地权之毫无限制也。夫国家之土地所有权，与本国之政治、经济及移民之公安，皆有绝大关系，故许外人享有与否，本国实有自主之权力。欧洲各国，现虽废弃此制，而日本今日尚不许外人享有土地权，其明鉴也。韩民越垦，其始以今和龙峪经历所辖之土地权悉与韩民，已为失策。而今日延吉厅全境，韩民随处皆可享有土地权，地方官毫不过问，华民又多贪转卖之利，以土地售与韩民，其移殖愈繁，势力愈盛。职是之故，招之使来，不能麾之使去，是直留扰乱种子于领土中也。此违乎治外法律者二。

一、移住者之毫无稽查也。国际私法，外国人猝至本国，其无业游民不能生活者，本国有拒绝入口之权，其有行为不正及贫乏不能自养者，本国有放逐出境之权，所以轻国家之担负而保领地之治安。韩民之始至我国者，大半迫于生计，穷无可归，又多仇视华民，玩我法纪，是质之国际私法，皆在拒绝、放逐之条也，我国则兼收并蓄，几为韩民逋逃渊薮。以有限之土地，代养外国无赖之游民，而为领地治安之妨害。此违乎治外法律者三。

一、裁判权未能划一也。一国之法律，在版图内有排斥他权力而行其最高权力之特质，所谓领地主权也。我国今日虽未能收回领事裁判权，而韩民之在我国则向无治外法权。越垦以来，其民事、刑事率由地方官处理，已由习惯而成定例，是我国之对于韩民固有独立之主权也。自厅治既设以后，官吏蒙昧无知，间有将犯法韩民送归韩官办理者，不知中韩通商条约虽有两国人民犯法归两国官吏会审之语，然只可施之通商口岸。延吉厅为韩民越垦之区，此条约无适用之效力，何得妄相援引，以自弃其法权也。此违乎治外法律者四。

一、纳税义务未能均平也。纳税义务为支持一国之行政经费起见，不惟本国人宜负此义务，即外国人居住此地者，亦宜负此义务。盖外人担负纳税之义务，始得享有保护之权利，本国享有征税之权利，始须担任保护之义务，此各国国际私法上之定则也。而居留和龙峪之韩民，定例除钱粮以外，不纳杂项租税，住于和龙峪经历所辖境域之外者不有此例是我国有保护韩民之义务，无征收税则之权利也。此违于治外法律者五。

由此观之，我国之对于韩民毫无法律之裁制。其所享权利，不惟与华民无异，且有较华民为加优者。于当外者而反内之，于当薄者而反厚之，则日人之借口保护，以侵犯我领地主权者，亦吾国法律不修，有以召其侮也。

日人调查延吉职员一览表

三十二年								
姓名	官阶	任务	到着时日	居住时日	来去次数	考察区域	随带人员	来去方向
平山多次郎	商	未详	四月	七个月	二次	未详	未详	由会宁来现住六道沟
斋藤季治郎	同前	同前	同前	同前	同前	同前	同前	同前
荻山织吉	同前	同前	同前	同前	同前	同前	同前	同前
三十三年								
大山盛太郎	测绘部员	测量	四月	两个月	三次	珲春哈尔巴岭头道沟光霁峪	无	由会宁来由会宁去
岛饲幸太郎	农科大学讲师	考察农矿兼督率测绘	四月	同前	同前	同前	四十余名	由会宁来回东京去

山内正	学生	通事	同前	同前	同前	同前	无	同前
松川敏胤	陆军少将	名为游历实则考察此间形势	五月	六日	一次	局子街老头沟头道沟六道沟和龙峪一带	官兵共六名	同前
樋口铁太郎	陆军步兵大尉（参谋本部部员）	同前	同前	同前	同前	同前	无	同前
武井虎次	农学士	考察农矿	四月	两个月	五次	珲春哈尔巴岭头道沟光霁峪	无	由稳城来回东京去
古田和三郎	文学士	游历	同前	四日	一次	无	无	由会宁来赴钟城去
宫地久寿马	陆军步兵少佐（韩国驻札军司令部附参谋）	察看延吉全幅形势	同前	半月	一次	延吉全境（除绥芬）	三人	由会宁来由会宁回王京去
高桥浅水	韩国警务辅佐官	游历	同前	五日	同前	无	无	同前
镜城在勤	警务官	同前	同前	同前	同前	同前	同前	同前
中川福雄	满洲地方游历者总□督	监督来此考察一切人员	五月	两个月	次数甚多	延吉全境（除绥芬）	十余人	由会宁来回东京去
藤本茂治	医博士	医治来此考察一切人员	四月	两个月	二次	无	二十余人	由钟城来回东京去

后藤好辅	陆军工兵中佐	名为游历实则考察地区地物	四月	两个半月	同前	延吉全境（除绥芬）	十余人	由会宁来回东京去
荻田悦造	统监府书记官	游历	五月	三日	一次	无	三人	由会宁来回王京去
山冈会登雄	陆军工兵中佐	监察延吉境内绘成之区域	四月	一个月	二次	延吉全境（除绥芬）	十余人	由会宁来由会宁去
木村平太郎	同前	同前	五月	十日	一次	延吉全境（除绥芬）	三人	由会宁来赴吉林去
津留武彦	陆军步兵中尉	游历	同前	三日	一次	无	四人	同前
村井嘉市	陆军通译	侦察	正月	每次四五日	次数甚多	延吉全境	无	来去多次无定
林高明	伴商兼通事	密行侦察	同前	四个月	三次	延吉全境	无	由会宁来现住六道沟
小川信道	医兵	医治来此一切日人	四月	未详	二次	无	无	未详
河田敏夫	未详	未详	同前	未详	一次	未详	无	由会宁来由会宁去
黑石弥吉	陆军步兵少尉	侦察	同前	未详	一次	未详	三人	同前
京极秀三	陆军步兵中尉（宪兵长）	布置宪兵驻札区域	七月	未详	二次	未详	无	未详
岩田义信	同前	同前	同前	同前	同前	同前	同前	同前
青柳新次郎	未详	未详	同前	同前	一次	同前	同前	同前

山本贞清	派出所翻译官	布置警察	同前	同前	三次	同前	二人	由会宁来现住六道沟
影山虎次郎	陆军通译	同前	同前	同前	一次	同前	无	由敦化县来赴吉林去
田代一造	陆军步兵大尉（驻会宁中队长）	考察	同前	同前	一次	同前	四人	由会宁来回会宁去
矢部谦二郎	同前	同前	同前	同前	同前	同前	同前	同前
高崎喜惣	陆军步兵少佐（参谋本部部员）	侦察	五月	三日	一次	由吉林至南冈一带	三人	由吉林来回吉林去
江良文辉	陆军通译	密行侦察	二月	每次十余日	次数甚多	延吉全境	无	来去无定现住会宁
有住三雄	未详	未详	四月	未详	一次	未详	无	未详
小野寺彦次郎	陆军步兵中尉	同前	五月	同前	同前	同前	同前	同前
备考	一、日人来此，皆名为游历，而实则各有所谋。故于任务一门，皆有旁观悬揣该日人之举动情形而定，并非该日人直言其任务也。							
	一、林高明、江良文辉清名李宏，号子英，二人系中国装，密探一切机宜，该二人之力居多。江良于奉天、旅顺一带情形，更为熟悉。							
	一、斋藤季治郎去年在厅街为商半年，彼时并不知其为斋藤，于十一月间回去。今年来此为派出所长，土人犹认识之。							
	一、今年由正月起至七月止，日人来此者不下三百人，此仅就其可稽者存录。							
	一、夹皮沟、哈尔巴岭一带，日人在该处经营者颇多，因未到厅街，或来亦未报名，故无从知其姓名。							

矿产调查表

地域	种类	开采之盛衰	距延吉之方向及远近
石建坪	线金	咸丰年间曾开	南距延吉九十里
二道沟	线沙金	光绪十八年采线金者二千人。同治年间采沙金者四千人,现约百人。	西距延吉百里
三道沟	沙金	光绪十八年采金者约千人,现时开采者少。	西距延吉百五十里
沙金沟	同	光绪二三年开采者约数百人,现未开。	南距延吉百二十里
汪清	同	光绪年间开采者约千人,现尚有百人。	西北距延吉百三十里
百草沟	同	未开	北距延吉九十里
珲春东沟	同		
沙金沟	同		
塔子沟	同		
土门子	同		
柳树河子	同		
厢房子沟	同		
狐狸别	同		
瓦岗寨	同	以上八处均系珲春河流域,产金甚旺。自同治间开采,现时矿工约有二千人。	八处东距延吉约三百里左右
黑顶子	同	未开	东南距延吉三百二十里
绥芬甸子	同	未开	东北距延吉二百四十里
天宝山	银矿	现已封禁	西距延吉百里
老头沟	煤矿	现时开采者约百人	北距延吉七十里
头道沟	同	已开	西距延吉九十里
稽查处	同	矿质极佳,能产煤油,现有日人开采。	南距延吉百四十里
珲春东沟	同	开采者三百人珲春烧此煤。	东距延吉三百里
嘎呀河	同	煤质露出未开	东距延吉九十里
阴阳河	同	开采者三四十人销珲春	东距延吉二百三十里
三道沟	同	开采者四十人销头道沟	西距延吉百里
凉水泉子	同	附近居民开采,无臭味,质佳	东距延吉百五十里
天宝山	铜矿	曾开	北距延吉百里
滚牛拉子	同	未开	北距延吉百里
沙松背	铁矿	未开	南距延吉百里

林产调查表

地域	主产	面积	距延吉方向及远近	
老白山	松	千里	西南五百里	
秫秸垛	松	五百里	西一百五十里	
三道湾	松	三百里	西北一百四十里	即哈玛塘
绥芬甸子	松	七百里	东北二百四十里	
珲春东沟	松	七百里	东三百里	
三道沟	柞松	百里	西百四十里	
四道沟	柞松	百余里	西百九十里	
五道沟	柞松	二百里	西二百二十里	
外六道沟	柞松	二百里		
沙松背	松	百五十里	南百里	

第八章　日人经营延吉之政策

第一节　对于中国政府

日人经营延吉,其对待我政府之计画可分为三时期。

(甲)未越境时期　吉韩国界,自图们江源之红土、石乙二水以上,经光绪十二年、十三年之会勘未能确定。至光绪三十年,中韩两国俱欲派员会勘,永息争端,此出于两国政府之同意,界务固无难确定也。而日本以日俄战役为词,百端阻止。夫中韩两国会勘界务,与日俄战役有何关系,日人必故尼之者,其意盖以日俄战役日人既获胜利,朝鲜已入其势力范围,战役告终,可因界务问题为实行侵占之计。若两国国界既定,则虽欲逞其野心,亦苦无所借口,此日人坚请缓行勘界之诡谋也。其言甚甘,其心叵测,而两国勘界之议,竟因之中止。及战役将终,日人所绘各种地图将朝鲜国界拓入我国领土之内,我政府亦未加质问,因循至今,遂有派员越境之举。此日人以阴柔手段而行其侵略主义者一也。

附录三十年六月十六日日本内田使致外务部节略

图们江"间岛"介在清韩交界,本年春间以来,时有两国兵民互相私斗,扰害居民之案。推原其故,究因两国界址难清,以致该地方官民各相争持。迭经驻韩中国公使向韩国政府照商,并告彼此拣派委员会同勘界,以期妥速了结,而在韩国政府亦愿划清界址，以息争端。惟现当日俄军务吃紧，该处勘界事宜，非可克期办结，转恐界上兵民仍事纷争，结仇弥深。莫若在该处界址未经勘定以前，先由中国政府饬令驻韩许大臣暂缓派员勘界之议，并严饬该处地方文武官员约束兵民，勿令辄滋事端。一面仍由韩国政府严行诫饬韩境地方兵民，勿得寻衅。仍当酌量时机，即将该处界址划分清楚，则庶几目前平静尚能保维，而界上居民从此亦得安堵云云。以上各节，系驻韩本国署使获原禀达本国外务大臣之议，本国政府深以此议为适宜办法，本大臣兹奉训条开具节略，呈贵王大臣核阅。惟冀详酌核施，是为殷盼。

观内田日使照会，不欲中韩两国划清界址，故为此支吾延展之词以阻之。其欲扰乱我界务，固已蓄意于日俄战役之际矣。

（乙）越境时期　日人借口于流寓延吉之韩民受马贼及无赖之凌虐，应由日国派员保护，于七月十一日统监府照会我国政府，而斋藤于七月十二日越境。其派员在前，照会我国政府在后，并不俟我政府允许与否，是蔑视我国主权也。且图们江北自庚子兵燹以后，地方异常安静，越垦韩民并无马贼及无赖之凌虐。日人守田利远所著满洲地志第八编云，“间岛”地方，韩民势力盛旺，近年久不闻马贼之声，惟露人入境时，见马贼之跳梁，现依然称太平之境，酣睡于耕源之梦。守田利远既谓现在马贼绝迹，而日人必故谓韩民受马贼之凌虐，岂非无赖之托词乎。即云间有其事，日本若知会我国，断无不极认保护之责，乃擅自派员越境者，果何说乎。以法理言之，所谓国家最高权者，对内而言曰统治权，对外而言曰主权，在领土之内，即在统治之下，此公理也。韩民越垦，受我官吏管理，已非一日。此时无论日本之统治权能行于韩国与否，而断不能入我界内以管理韩民。至我国对于韩民有统治之权力，自当尽保护之责任，此我之主权也。凡我领土所在，即我主权所在，故在我境内而归我统治者，必在我保护之下，即在我境内而不能完全归我统治者，亦必在我保护之下。如租界商民及传教士我虽不能统治，亦当保护。盖国权所系，必自尽其保护权而后能自保其主权。而国际所关，不能侵人之主权，即不能侵人之保护权也。然日人若以保护韩民责我政府，则日人断无有越境保护韩民之理。故不顾公法，不俟我国政府之允许，而为先发制人，疾雷不及掩耳之计，此日人以强硬手段而行其侵略主义者，二也。

附录三十三年七月十一日日本阿部使致外务部照会

为照会事。准本国政府训令内开，“间岛”究为清国领土，抑为韩国领土，此事悬案已久,迄未解决。然韩国人民之住于该处者不下十万余,往往受马贼及无赖之凌虐,向韩政府之求保护。韩政府以事关边境且涉外交,请日本政府派员至该处保护住民。查日俄战事以前,韩政府时派韩国官吏至“间岛”保护韩民。现韩国对外关系及保护韩民之责既归日本,“间岛”所属问题尚未解决,日本政府受韩国之恳请,自不能默然置之不理。拟由统监府迅速派员至“间岛”,专以保护韩国居民为事。希向清国政府声明,将上项事情速电驻扎“间岛”之清国官员,免生误会,是所盼切。等因,前来。相应照会贵部,希即电知该岛贵国官宪,以免误会,并希查明。须至照会者。

(丙)已越境时期　斋藤越境以后,我政府照会日本,延吉厅为我国领土,越垦韩民应由我地方官设法保护,请统监府撤回斋藤。日本坚执不允。嗣我政府请派员会勘界务,日本又以国界极形错综,两国政府均应慎重研究,重行讨议为词。夫图们江为吉韩天然之国界,本无所谓错综,更何所用其讨议研究。日人私计不过乘界务尚未决定之时,布置一切交通行政机关,以为久假不归之计。此日人以延宕手段而行其侵略主义者,三也。

附录三十三年七月十六日外务部致日本阿部使照会

为照覆事。本月十一日准照称,接本国政府训开,“间岛”为中国领土,抑为韩国领土,久未解决。该处韩民十余万,受马贼及无赖凌虐,拟由统监派员至“间岛”保护,希电该处华官免生误会等因。当经本部电准东三省总督复称,此地隶属延吉厅,确系中国领土。该地韩民均系从前越界私垦,不能因韩民居留之多寡,指为未经解决。所称韩民受马贼凌虐,现并无此等情事。既在我领土之内,应由我设法保护等因。查中韩边界,向以图们江为天然界限,本无“间岛”名目。来照所称“间岛”,实即延吉厅属和龙峪、光霁峪等地,在图们江北境。从前韩民越界耕种,历经北洋大臣、吉林将军办有成案。该处旧设有延吉厅及分防和龙峪经历在彼驻扎,是此地为中国领土毫无疑义。至称韩民受马贼及无赖凌虐等语,现据东督电称并无其事。嗣后自应仍由该地方官设法保护,以维治安。来照所称统监府派员一节,中国断难允认。相应照覆贵代理大臣查照,转行报知贵国政府可也。须至照会者。

第二节　对于中国国民

我国地理学尚未发达,边徼之地夙为我国民所不注意。延吉厅又僻处吉林南部,为二百年来封禁重地。疆域之形势,罕见于官书,地理之调查,不登于记载,加以厅治建设为日无多,执今日我国士夫而询以延吉厅方域,恐知之者尚难多觏。日人窥知此隙,遂用其种种欺朦之手段,使我国民于图们江北之果有"间岛"与否,及确系我国领土与否悉在暗昧不明之列,乃得肆意侵占。而我国民曾不能明目张胆以声明其野蛮之举动,拒绝其无理之要求。狡哉,日人之用心也。今将我国民堕于日人欺朦之手段者,述之于下,以为我国民正告焉。

图们江北为延吉厅辖境,绝无所谓"间岛"。日俄战役以后,日人见韩民越垦之多,又羡松花江流域夹皮沟等处金矿之富,于是妄以延吉厅为"间岛",又妄以距延吉厅八百余里之夹皮沟为"间岛"。日本报纸举国喧传,如朝日新闻以"间岛"为独立国报知新闻,揭以鸭绿江上之迷宫,谓"间岛"问题实日、俄、清、韩权利竞争地也。继又题以满洲之大金坑,详论"间岛"物产,最后据马队长实历谭,标其名曰鸭绿江上迷宫之真相。又探险世界五卷五号,大书特书鸭绿江源之独立国。而守田利远所著满洲地志谓长白山为鸭绿、图们二江之锁钥,实国际上至紧要之重地,蟠据于山之东西。宛然形成一国,为清国化外区域。种种谬说,不一而足,真所谓臆决唱声,万口附和,并为一谈者也。然日人"间岛"之说,原欲以蛊惑日人之听闻,并淆乱我国国民之耳目,借议论为事实之根据。而留学生之躁妄无知者,拾日人之唾余,剽窃守田利远捏造"间岛"之谬说,有亚东新天地之著,吠形吠声,以讹传讹,是直恐日人"间岛"之说不能波及于内地,设淫辞而助之攻也。此当为我国民正告者,一也。

图们江为吉韩国界,二百年来为两国人民所公认。自日俄战役以后,日人所制地图如阪本嘉治马纪念大地图,龟井忠一最新满韩地图,统监府通信界图,此仅据已知者而言皆将朝鲜国界拓入我国领土之内,此为日人侵占延吉之先著。而我国上海商务印书馆翻印日人最新满洲朝鲜地图漫不加察,亦仍日人之旧,擅割图们江北纵横千余里之地以与人,疏忽荒谬之罪,殆无可辞。此当为我国民正告者,二也。

日人今岁越境,其所驻者,延吉厅辖境也。所争者,吉韩界务问题也。而我国内外各报纸,遇有延吉厅界务新闻,或颜曰"间岛"问题,或称曰"间岛"交涉,或题曰"间岛"谈判,"间岛"二字遂洋溢于吾国民耳目之间,并无有精细调查而为之改正者。一若图们江北无我国所设之延吉厅,而只有日人所捏造无何有之"间岛"。此当为我国民正告者,三也。

总之,日人经营延吉,惧我国民之稍有抵抗力也,于是为种种欺蒙之手段以惑之,而我国民于界务交涉遂如堕五里雾中,不知所以应付。然东隅虽失,桑榆未晚,我国民若已识破其术，则安可不急起直追，速图所以补救之策乎。

第三节 对于韩民

朝鲜自归日本保护，日人所行政策多不满于韩人之意，揭竿倡叛之举时时间作，固世界各国所共知共见者也。而日人于界务问题，则专用牢络韩民之手段，市义举以买其欢心，所谓薄其所厚，而厚其所薄者也。试述日人牢络韩民之手段如下：韩民越垦以来，韩之君臣上下无不艳羡其生计之富裕，田土之膏腴，时有越界敛财之举，光绪十六年，韩民且有至吉省控诉韩官之无理要索者。光绪二十八年，韩廷奏派李范允为视察使，阳借保护之名，阴行侵渔之实，横征暴敛，无所不至，虽经中国阻止，而此后越界敛财之举，岁有所闻，亦足见韩廷欲吸取越垦韩民之资财，以归助其本国，且欲将越垦之地隶入朝鲜版图者，固匪伊朝夕也。力有不逮，遂因循未敢大举。今日人派员越境，可以举朝鲜二十年来包藏之祸心而实行之，故韩民于日人在韩之举动虽多嫉恶，而对于此举之助桀为虐，则固乐表同情。此其牢络本国韩民之手段一也。

韩民之越界者十余万人，虽间有桀骜不驯之徒，而善良者究居多数，且旅居中国既久，无不感生聚养育之恩。天良既不容泯没，一闻日人越境，皆有相逼而来，是将及我之惧，力求中国官吏保护。盖恐其仍以待朝鲜韩民者待之，是变衽席为水火，而后患将不可预测也。日人知之，为种种甘言以诱之曰，吾将为尔争回领土权也，将为尔免各项赋租也，将脱尔于中国官吏管理之下也。借演说以蛊惑之，施小惠以愚弄之，韩民无知，遂皆入其彀中。将欲夺之，必固与之，此其牢络越垦韩民之手段二也。

韩民之有一进会也，始于日俄战役之际。日人招集朝鲜无赖游民从事军役，罢后无所事事，遂皆断发易服，一如日人装束，组织一进会以欺压韩民，日人蓄为爪牙，置之不问。则一进会者，固韩民之所深恶痛绝也。日人越境，则利用此辈以为煽惑韩民之具。一进会为犬，日人嗾焉。一进会为傀儡，日人登场而舞焉。且阴令一进会设本部于斋藤所驻之六道沟，到处设立分会，妄出告示，擅改社名，时复聚众演说肆其狂吠，并阻止韩民与华人交易。始则挟日人以欺压韩民，继且挟日人以欺压华民。扰害治安，目无法纪，地方官吏一加诘责，则群以六道沟为逋逃薮。我国政令始不能实行，一进会之逆焰亦遂继长增高而不可复遏。此其牢络越垦无赖韩民手段三也。

第四节　对于局外各国

日人经营延吉，惧局外各国之有违言。于是用远交近攻之策，联络局外各国，为公同之目的，务使我国外交陷于孤立无援、四面楚歌之境，乃得遂其侵占领土之野心而无所忌。试述其联络局外各国之手段如下：

图们江北为我国领土，局外诸国非不深知。而日人越境，未闻有仗义执言作不平之鸣者。盖日俄战役未兴以前，既有英日同盟，日俄战役以后，又有法日协约、法俄协约。所谓开放中国之门户，保全中国之独立，不侵犯中国领土权者，不过外交上之门面语，而实以确定彼此之势力范围而已。故日人越境，惟美国以与日本移民龃龉之故，稍行诘责，英法俄等国则皆寒蝉噤声，毫无公论。盖其同盟协约，早已通彼此之情愫，默认满洲南部为日人之势力圈矣。此其联络局外各国之手段一也。

日俄之役，日人示好于中国而号召于世界各国者，讵非曰保全东三省之土地，尊重中国东三省之主权乎。战役告终，口血未干，日人首发大难，派员越境。各国闻风继起，步其后尘。于是俄人觊觎蒙古、新疆，英人要求江浙铁路、西江缉捕权，法人于广西为种种无理之要索。我国外患遂有纷至沓来、四面受敌之势。则日人之派员越境，不啻为扰乱和平之导火线，牵一发而全身动，何日人之不恤前言，而甘为祸始也。此其联络局外各国之手段二也。

延吉厅有法国传教师一人，韩民之不肖者多入教以为护符，尤以斋藤所驻六道沟之地为最伙。日人越境之际，先与法教士密商，法教士知延吉为我国领土，颇不谓然。日人百方笼络，务达目的而后已。故斋藤越境以后所建之衙署、所购之地土，皆教民产业也，所嗾使之韩民，又皆教民之尤无赖者也。狼狈为奸之势成，而边患遂因之日棘。此其联络局外各国之手段三也。

（结论）　综上所述，日人经营延吉，不惟挟其本国全力，且联络各国以为通力合作之举，居心何在，其决非为延吉一隅之地可知也。然公理难灭，阴谋必败。至于今日，我外部与之经年抗拒，情见势绌，惟有惫赖，则我政府已知所对付矣。辩才志士，诇其诡谋，著书立说，大声疾呼，言之痛心，闻者切齿，则我国民已知所对付矣。越垦韩民食我旧德，愤彼虐政，襁负接踵，愿入版图，则韩民亦知所对付矣。势力欺迫，无以服人，范围寖广，行将及我，始欢终咄，日国外交渐入危途，则局外各国并知所以对付矣。嗟乎，恃强无不败，恃理罔不伸，日人其念诸。

珲春篇附图

珲春一隅控扼东部。国初注重根本,封禁綦严,无所谓建设也。康熙五十三年始设珲春协领,隶于宁古塔副都统,并设旗兵六百名许其递袭。迨中俄订立界约,吉林东部胥与俄境毗连,珲春边务渐为繁重。咸丰九年,乃晋协领讷穆锦副都统衔以资震摄。嗣后以缺兼衔,永为定制。光绪六年,将军铭安、帮办吉林事宜三品卿衔吴大澂复奏请添练马步队七千人,号为靖边军,分防宁古塔、珲春、三姓等处。其驻扎珲境者凡九营,外防俄患,内弭匪氛,创举也,亦要计也。次年,因俄约重定,思患预防,宜固封守,爰有简派吴大澂督办珲春等处防务之命,是又为设边务督办之始。维时珲春地方仍隶于宁古塔副都统,相距遥远,颇难控制。将军铭安等因请增设副都统以治珲春。廷旨允行。于是珲春建设之规模,较前稍稍备矣。特是强邻迫处,疆圉空虚,不弛山林围场之禁,难行移民实边之策。铭将军等洞见及此,复于是年,奏准将吉省南荒围场援照奉省成例,一律招佃领种,以安民业。如珲春南岗及延吉东沟、黑顶子均经设有垦局,并将垦成熟地奏报。珲春之地辟民聚,实基于此。而韩民越垦日益加多,中韩交涉亦伏于此。光绪八年,铭安、吴大澂合奏请设珲春道府,部议下吉省再议。将军希元以宁、姓、珲春不宜设道、府等官,覆上,事遂寝。十年十月,命副都统依克唐阿随同将军希元帮办吉林边务。先是珲春虽设立副都统,特管辖旗务而已。自有是命,副都统遂综握民政、戎政之全权,即韩民越垦事宜亦由其随时经理。厥后因俄韩陆路通商,恐韩国受其愚弄,于是实行吉韩通商事宜,而有和龙峪、光霁峪、西步江局卡之设。因珲春交涉繁重,沿江私设桥渡,难于稽查,于是慎固江防,而有图们江水师营之设。因越垦地亩渐次清丈升科,于是复有抚垦局之设。盖越垦之事,胥由珲春管理。直至光绪二十八年增设延吉厅抚民同知、和龙峪分防经历等官,于是珲、延区分,而副都统管辖事宜,且视昔为简焉。自“间岛”问题发生以来,延吉关系之重要,夫人而知之矣。珲春虽不在界务问题之内,而衡其地势,实为吉林东部之要塞。其西南横枕大江每与韩界,而其东如分水岭、长岭子等处,又皆密迩于俄,崇山环绕亘数百里。故自来论吉边形势者,必首及于珲春,三岔口、黑河口特其次耳。日人之开温贵港也,于庆源、金华、隐城一带屯兵移民,既已不遗余力,比年俄人亦复经营海口,横截铁道,以逞其侵越之志,其兵士之驻扎岩杵河者,计四十八队约一万一千余人,虎视鹰瞵,国防亟矣。世昌既秉朝命镇东土，迭派干员赴珲、延一带实地调查，得其概略。因念边事钩棘，非急起力追，无以消弭隐患，而任其事者又必英锐明干之才，乃优为之。爰奏请以前邮传部右丞陈昭常为督办，陆军部监督吴禄贞为会办，同驻延吉，用筹边防。会珲春副都统缺员，陈昭常遂兼权篆务。盖珲、延政策息息相关，朝廷简擢贤能综揽其事者，固取以蠲畛域维边局也。陈昭常既莅珲春，鉴于珲地庶政之怠弛，居民之蔽塞，积弊之不除，大利之未兴，下车伊始，悉心筹划，与世昌等往复函牍，动逾千言，其亟待解决者，或以电音互达，期年之内，择要布理，渐具规模。发审委员之设，所以革左、右两司审判之弊也。税务处之设，所以除各项税捐中饱之弊也。荒地为匪巢则清放之，巡警窳败则改良而推广之，兵力单弱不足控制则添调新军以屯守之，民智朴陋罔知教育则创兴学务工艺以培养之。他如创设公司以兴林业，议集资本以辟矿产，恢张图们之航业，开通红旗之河流，亦经次第筹维，各具办法。虽因在任不久，又一切限于财力，或计画而未及规行，规行而未及就绪，要其筹备之苦心，固为治珲之必要而有待于后之赓续也。天子嘉其政略，旋擢署吉林巡抚，而以道员郭宗熙[1]继其任。郭宗熙之治珲也，颇能循前此创造之成规，悉力而整理之。即计划而未实行，或规行而未就绪者，亦皆详细搜讨，接续筹办，蕲竟全功而收实效。所辑筹珲条议，于财政、商埠、屯垦、林业、矿产、警政、学务、韩侨诸大端，皆能考求精审，发为嘉谟。其中最难因应者，实无如财政。盖珲春百度振兴，事同创始，在在均属急务，亦在在必需巨资。岁入各款，如荒价大租、山海税、木植税、出境照费以及车捐、铺捐、旗地亩捐、街面房捐，官地、官房、大河口公地租金等项，均经先后指拨，为规行庶政之用，出入互较，实多不敷。窃计边事綦重，外人且不惜重赀以恢拓其实力，欲图抵制，未可苟安。是以陈昭常任内，员司薪津均许由边务公费项下开支，其经费之不足者，或由边款随时接济，挹彼注兹非得已也。郭宗熙之莅珲，亦许其珲、延用款不分畛域，间因款项支绌专函相商，必与吉抚设法筹济，俾其有所措手。诚以珲春者吉林之锁钥，亦即奉天之屏蔽。为珲春一隅计，即为东三省全局计也。两年以来，幸赖朝廷威棱，群公擘画，新政既举，边尘晏然。世昌得稍免陨越之诮，来日方长，涉渊履冰，未雨之谋，其可忽哉。

〔1〕 郭宗熙（1878—1934），字侗伯，一作桐伯，号臣庵。日本法政大学肄业。归国任翰林院庶吉士。

纪建置

珲春文化闭塞，秕习尤深，欲清积弊，必更陈法。而且旗官旧制，于举办新政诸多捍格，不得不亟为变通，署副都统陈昭常有鉴于此，体察情形，酌定人员，编制草案，依据旗员制度参以行政规模，暂时施行以为改设民官之预备，意甚盛也。都署应办事件向分掌于左、右两司，相沿既久，积弊日深。左、右两司竟得握其全权，副都统仅画诺照行而已。惟以既有副都统之名，未便全行改革，故所有左、右两司，暂仍旧名以存其制，而于人员则酌予更调，于权限则特为定明。此外实行改革者厥有数端。一为增设发审专员。珲春向无专司审判之机关，民刑案件分掌于左、右两司，遇有案情重大者，复由延吉厅办理。权限不明，责任不专，因之流弊百出，珲民病之。爰拟于都署设发审专员，专理一切诉讼，与延吉厅随时接洽。嗣由陈昭常与署延吉同知陶彬详细筹商，因延吉监狱未建，司狱一官并无专责，又拟以延吉司狱移驻珲春，兼充发审。世昌以司狱之员未必即谙裁判，司法责重难涉迁就，仍饬其遴选干员另行派委，以期得力。厥后派员既定，于是旗民之民刑诉讼，胥由该员执行裁判，禀请副都统覆核。惟案情之特别者，则由左、右两司会审。案件之重大者，则会同延吉厅办理。其有必须调查案情及证据者，则责之巡警局。讼狱积弊，由此一清矣。一为改承办处为边务司。珲城原设有边务交涉承办处，设有总理、提调各员，易滋冗滥，且兼辖税务，与交涉无关，权限尤为淆混。爰沿左、右两司之例，改为边务司，以正其名。旧设之总理、提调各官改为司长、司副等名目。至承办处原来职掌，有经理出口木植、米粮各税务以及图们江渡口等事，虽与边务不无关系，然事关捐税，自应统归税务专员经理。故此次改设边务司，即将此等职掌删去，而以查发出境执照一事增入，以期责有专归，不至牵混。一为裁撤印务处。旧章印务处之设，专管收发印务等事，并设有总理、行走[1]、额委笔帖式[2]、委笔帖式、贴写达、贴写[3]等员，而本署公文收发，则专由都署门差经收。陈副都统以印务固属紧要，但

〔1〕 行走，清代把不设专官的机构或非专任的官职称为行走（如章京上行走，军机处上行走），北洋军阀统治时期，把额外派遣的官职称为行走，不属正式编制。

〔2〕 笔帖式，笔贴式蒙语为“必阇赤”，满语为“巴古什”。笔帖式是音译，义译为“文书官”。初为文官赐名，至康熙年间各部、院衙门均设，有翻译、缮本、贴写等名目。主要掌管翻译满汉奏章文书、记录档案文书等事宜。

〔3〕 贴写，抄录文书的人员。参见笔帖式注。

得专员经理，已可尽其职务，既无须特设机关，亦不必多立名目。至都署门差，向所称为堂上者，出身卑贱，不谙事理，委以要务，其弊不可胜言。兹故一并裁撤，仅于署内设委员、司事各二员，以专责成而免糜费，其印务处原有各员，除选充新设之收发、用印各差外，余并归左、右两司供差。以上三事，既经筹议实行，于是编制之草案始出。都署之内，则有谘议官、秘书官、旗务检校官、发审官、收发监印委员、兼司书收发用印司事、满文翻译员。其外分为三司：左司之职务，专掌本地驻防旗兵以及旗员差缺，旗员、旗兵名册等事，设司长、司副、行走、主稿、笔帖式、额委笔帖式、委章京、委笔帖式、总达、贴写达等员。右司之职务，专掌本地旗丁，征解大租，领放饷项，编查户口册籍，本署应贡物品，收支库款，咨报山海各税捐收数及雨雪收成、谷价各事，置员一如左司。边务司之职掌，专管清查本境界务，稽查华人出境，外人入境，发给出境执照，查报本境教务以及中外交犯，接待外人并一应交涉各事，司长、司副之外设主稿、笔帖式、俄文翻译、差遣委员、司书、司事、发票司事等员。权限各分，较前稍臻周洽。宣统元年闰二月，世昌会昭常奏设吉林东南路珲春兵备道，驻珲城办理珲春、延吉、绥芬一带边务。设抚民同知治珲城，分密江站以东之地隶之，名曰珲春厅。延吉以北汪清河之流域设汪清县。裁珲春副都统员缺。四月，会议政务处议行民官，规模渐已修举，异日污莱皆辟，户口蕃庶。珲春全域广轮千里，以内地较之，当非置十数郡邑不足为治，此特嚆矢而已。

纪财政

珲春财赋之源，向极寥落，中经兵燹，民生益穷。省中及厅官复分设民税、饷捐等局，并须抽纳斗税，故欲就地筹款兴办要政，实非易易。旗员之服官政者，所有公费、伙食等项，仅仰给予驻防兵饷，拮据已极，遑言兴革。陈昭常署副都统，查知珲春税务惟山海一税专归珲署经理，而该税向以烟土为大宗。今既严禁种烟，进款即将锐减。此外尚有数项零星捐税，向分归承办处及各司经理，大都即以税款所入，作为各员津贴，任意报销，无从稽查，非改定章程，断难整顿，爰为各员另筹津贴，以资办公，而将山海税，零星捐税总设一特别机关以清理之，名曰税务处，俾捐款涓滴归公。所有各项办法亦可变通尽利。税务处所管职务，一为山海税，二为出口木植税，三为出口米粮税，四为学堂捐，五为车捐，六为图们江渡口捐。置总理一员专司其事，并设收支、庶务、稽查委员各一员，司书二员，司事四员，巡丁无定额。复将山海税项另设分局经理，置总管委员一员，司书、司事各一员，巡丁亦无定额。自改章整理以后,中饱之弊既去,收入之数整顿,即以山海税一项计之,增收已逾数倍。改弦更理,成效昭然。复饬令将各项岁入总额以及收支互抵外,不敷之数,一一开具细册,以凭核定办法。厥后清厘各款,筹办要政,次第具举。边务交涉需费,则将出口木植税项截留备用。创办学堂需费,则筹拨旗地亩捐、街面房捐以及官地、官房租金,不敷之数,再由边务拨款补助。巡警经费,除延吉所拨警兵二十名仍由边务项下开支外,余悉取给于铺捐、车捐、骡马驮捐。都署办公经费、司员津贴等项,除谘议秘书等员由边务项下开支外,余悉取给于出境票费。嗣因票费减收,复由山海税内暂行垫发。综计税项所入,虽较前大有进步,而当此振兴百度,需款浩繁,杯水车薪,仍无救于度支之匮乏也。迨郭宗熙接署珲篆,世昌以珲春财政困乏,仍许其珲、延财政,得以不分畛域。复由东三省支应处挪拨万金,用应要需。计其到珲以来,已办各事,如开办学校、增募马巡、创设工艺传习所以及派员调查埠务实业各项,既无一不需经费。其方在提议者,如重建监狱、展拓警局,改修廨署种种款项,亦须急筹。且都署谘议秘书等员,向由边务项下支给薪津者,今皆须另行筹备。罗掘俱穷,支绌滋甚。曾据函商于边务款内加拨二万金,以为目前要公之用,一俟筹发大宗款项或各项实业稍有眉目,即行如数拨还。当经转商吉抚,适因本年边务指拨之款已奉部驳,一时无从拨济。嗣复据函称,截留之山海税现提归税务处,出境照费亦提归开埠局,支用边务接济警学经费均不可恃。向赖支应处所拨万金以为缓急之用,现在拨用垂罄,亏累堪虞等语,亦经转商吉抚,酌量设法。总之,珲春税项所入不敷甚巨,非设法筹措巨款,无以从事经营。前因珲缺久拟裁改,故一切办公经费,均未议及。目前权宜办法,只得暂就收入之款,留办地方之事。究以财力艰难,致一切筹办事宜,亦难臻于完备。夫以其地介居日韩,固圉之图,诚不容缓。即论夫森林之盛,矿产之富,果能筹集巨款,实力经营,美效既彰,将三省前途,皆蒙其利,又岂独珲春一隅之计哉。兹将珲春各项税捐情形,分别叙述如左:

一、大租　此为珲春正项,每年计中钱八千六百余吊,向章非奉指拨,不能动用。现已拨充新设统计处经费,倘有不敷之数,再由山海税酌筹补足。

二、山海税　参药、烟土、金砂等项隶之。从前积弊甚深,款多中饱,每年解省银不过四五百两,钱不过一二千吊,为数实属至微。自改章整顿之后,办理甫及三个月,除局用外,实收已有五千余吊,厥后月收中钱数百吊至千余吊不等。以冬间最旺之月计之,所收中钱将近两千吊。郭宗熙赴珲时,曾商准将山海税存留款项,不拘成例随时挪用。厥后警学经费月有不敷,均以此项暂垫,现已提归税务处。查此项税捐,以烟土为大宗,兹方实行禁烟,岁入虽增,未可恃也。

三、木植税　珲城出口木植,向由吉省木植公司颁发税票,而都署为经理之。每年解省之数,约中钱五六百吊不等。陈昭常署副都统任内,因此款解归省城交涉局既属有限,而每年由省津贴珲春交涉经费四百余吊,为数亦相差无几。当此需款方殷,若将该款截留本地,以与省城津贴之款互抵,既于省城交涉局费无甚亏损,而珲署复得察酌情形变通办法,冀收数可以加增,诚于珲春财政不无裨补。据其电商前来,当经电达吉抚即予照办,并饬其认真厘剔,期有起色。自改章办理后,为时甫及数月,已收俄钱四百余吊,较从前增至数倍,整理之效,略可睹矣。惟近据郭宗熙函称,刻下收存之数,已属无多,而边务交涉款项,又须临时筹核。能否相当,尚难决定。大抵木植之税,春夏较旺,冬令水涸,即行寥落。以九、十两月计之,收款尚不及百金也。

四、车捐　此项向归筹饷局兼收。查珲春本地之车,大都运货赴黑顶子、岩杵河一带,皆不足百里之程,往返不过三日。饷局旧例,每车运货一次,即赴局领票一次,每票收正税百文外加收票钱二百文,底钱数十文。计每车一月运货或五六次或七八次,大率月出二千数百文,而正税所入实不过六七百文。而且领票、验票辄多留难,商民病之。陈昭常电请将车捐一项,就地筹办,并仿奉天、北洋之例妥定章程,改为本地警费。覆准照办。复准吉抚电称,吉省车捐,向系指拨补盗营饷,由前任将军奏明有案。因复电商珲春,应除例拨营饷定额之外,其余作为警费。庶几有裨新政,无碍旧章。陈昭常因与商会商定章程,每车按月征收定额二千五百文,编列车号发给车牌,即由巡警局经理。每月核其收数,按每车七百文旧额拨归饷局,余作为巡警经费。自改章后统计,三个月收款已有二千八百余吊,连应拨饷捐在内如值旺月,一月所入即可得一千二百吊有奇。惟当时租赁警局,略加修理已费一千吊,而原定警饷不及民间私雇工价之半,又不得不由车捐内酌拨增给,计每月又须五百吊。故不但边务垫饷无从筹还,即添设乡区一节,亦因筹款维艰,遽难议设。郭宗熙莅珲,复添募马巡十名,月增警费中钱六七百吊。计一月亏中钱一千吊有奇,而备置马匹、槽棚、皮棉军衣,靴帽等项垫用将及二千金,尚不在月支之内。

五、铺捐　此项捐款专充警费,每月仅收中钱一千一百余吊,有时尚不足数。是以陈昭常设法整顿车捐以济警费之不足。然而需款日繁,入不敷出,仍不得不由他项垫借也。

六、骡马驮捐　珲春车捐本包括骡马驮捐在内,自改归本地筹办之后,饷捐局仅将车捐划出,而此项仍照旧征收。珲春居民以骡马运货者亦复不少,夏令霪雨连绵,沿途积水,车道阻滞,转运悉用骡马,几无车捐可收。陈昭常请将骡马驮捐统归珲春警局自办,核计驮捐收数以若干拨归饷局,以期较有实济。当经函商吉抚,转饬饷捐局照吉省现章办理,以昭画一。

七、旗地亩捐

八、街面房捐

九、官地租金

十、官房租金

十一、大河口公地租金　以上五项统计,每年约收中钱一万二千吊有奇,已拨充学堂常年经费。陈昭常因开办学堂仅有变粜仓谷钱二千吊,义学[1]费二百八十两,实属不敷,爰由本年应收亩捐先提一半勉强筹办,其余之数由边务拨款补助。迨郭宗熙到珲,方克实行开办,已垫付中钱一万三千余吊。算至戊申年底,尚需费六千吊以外,而预计可以收回之款不及一万二千吊,计亏七千余吊。

十二、出境票费　都署办公经费及各司员津贴,原定以出境票费支发,然除谘议、秘书等员前由边务开支外,每月已须一千余两。而每月所放之票不及千张,且民人呈请之费,每圆又按中钱二吊五百合价,综计一年收数,仅得中钱三千吊左右,实所入不敷所出之半。署副都统陈昭常任内,暂由山海税款内先行垫发。本年二月,据郭宗熙函称,此项出境票费,亦归开埠局提用。

十三、荒价　发给小票之时,每垧先缴钱八吊。将来分别等第,上等荒价每垧收钱十九吊八百文,中等每垧收钱十三吊二百文,下等每垧收钱八吊二百五十文。每收荒价一串,并随收经费钱二百文。此项稍为大宗,而收数不能预定。据郭宗熙报告,现存银数一万一千有奇,而创办工艺所及预算一年经费,拟由荒务项下开支者,已须七、八千金,所余之款添办各乡小学,仅乃敷用。

纪边防

珲春为吉林东南部之要塞,东距分水岭一百二十里,又东南三十里至长岭子,山脉绵延,每与俄界。南距图们江约七十余里,又西南二十里或十余里不等,江流环绕,每与韩界。其距延吉厅也,计二百四十里。其距宁古塔也,计六百余里。地势荒遐,边防最重。光绪十二年,经吴、伊两大臣与俄官重定边界,自图们江边起至白棱河入兴凯河口止立界石牌十一处,有土、拉、萨、玛、耶、亦、喀、那、倭、帕、啦等

〔1〕 文学即义塾。

字样，于各界牌之间并立有二千六记号，亦以石为之。今则派员详细探索，界牌记一无所存。其长岭上旧有铜柱以为分界标识，亦久为俄人移去。惟光绪三十三年珲署派员查界，尚有旧案可稽。世昌莅任后，特派陆军员生前赴延、珲各处详细履勘，绘成精图，并准外务部颁发中俄约章合要、中俄合璧地图转交陈昭常，于沿界各处，详加实测，绘具图说。拟俟延吉边事稍定，即与俄官提议界务，按旧约所记之地，一律补立界牌记号，以正边界。其城西、城南、城东及黑顶子等处，自光绪十九年以来均有营兵分布，旧营遗址尚在，规模颇为宏阔。自庚子一役挫于强俄，于是一切废弃无复整理。比者，日人以弹压韩民为名，于对岸韩属各处驻扎宪兵及守备队，俄人亦于边界多设卡伦。卡地有兵，河岸有兵，而于岩杵河则添驻重兵约在万人以上，以窥察我与日人之举动。而我国边境，一枪一械，荡然无存，边备空虚，实为可虑。光绪三十三年春间，曾因珲春兵力单弱，电拨吉宁军并旗兵一标归副都统调遣，俟春杪化冻，即行开拔。据珲春电称，珲春各庙可住一营，都署及民房可借住一营，余一营暂扎铜佛寺，以珲春地方实不能安插三营也。爰于是年四月，电饬吉省第一标先预备一营分起开赴宁古塔，以与三镇驻宁各队换防为名，渐次开行，由宁陆续向珲进发。旋据禀报，旗标第三营前队，先于十三日由省赴宁，其左队、右队、后队即按日分起接续前往。该营到宁小住，次第开赴珲春。第一、第二两营即以第三营由宁起程之日为始，仍复如法分起绕宁赴珲。嗣因全标到珲既难安插，拟令该标第二、第三两营驻珲，而以第一营留宁暂驻。俟筹有地方，□令前往。其驻扎铜佛寺一节，暂从缓议。陈昭常以该军绕道宁古塔必经额木索，与敦化县相距不远。现将敦化一带划归前路，地广匪多，兵力不敷分布，曾派员查勘，该处原有营房，尚属整固，街面宽阔，店房亦大，足容一营有余。该县本不在界务问题之内，如以一营驻扎其间，日人无可借口。且北路本属空虚，以此镇压亦可助巡防兵力之不足。即珲春等处有时调遣，亦较便易。电商前来，当经电饬督练处总参议田中玉[1]遵照办理。于是第二、第三两营照旧赴珲，而第一营则赴敦化驻扎。陈昭常并派委员李宝楚在珲照料营房，复另派专员将敦化营房酌加修葺。迨第二、第三两营既经陆续到齐，乃以珲城为标本部，标统[2]驻焉。又因城西之凉水泉子一带，正南图们江岸日韩人民自此渡江，即可东入珲、西入延、北趋宁古塔，其地极为冲要。而城南之黑顶子一带，地界俄韩，距岩杵河仅数十里。近年日人复开温贵海口，即雄基湾

〔1〕 田中玉（1869—1935年），字蕴山，清末民初军事将领。北洋政府、皖系军阀人物。

〔2〕 标统，清末军制，统辖一标军队的长官。清末改革兵制，每镇（师）辖二协（旅），每协辖二标（团），标的长官称统带，亦称标统。

意欲于庆兴之南增立要塞，则去黑顶子亦仅百里，倘一旦边境有事，黑顶子必先受敌。而且自光绪十六年清丈升科，计安远一堡分属七社：曰崇化、善化、上化、德化、山滨、白舍、白玉，其余皆系韩民开垦。近来生齿日繁，几成该国殖民地。虽距和龙峪所辖越垦地方甚远，而亦属越垦之界，恐或勾结滋患，尤不得不预为防维。故于沿江以上地方，暂令旗标二营择要驻扎，用资镇守。至珲春东路如三道沟、哈达门、二道河等处，为俄人入珲之捷径。其西北如英安河、东冈子、版石沟等处山深林密，久为盗薮，亦经暂派巡防第一营分队驻扎，内以防匪患，外以固边防。其珲城东北二百余里之珲春河，城北百余里之荒沟、槟榔沟等处，地多沃壤，向属匪巢，募兵屯田，力有未逮，亦调巡防营前往分扎。自是兵力稍厚，边境赖以粗安。厥后韩义兵李范允等与日人迭次开战，因将珲春旗营调扎各处，深得其屯田之力。东沟匪首刘芳勤率贼百余名，又匪首高长胜率贼三十余名，持有连珠枪、快抬枪先后入境骚扰，以及土门子胡匪抢掠枪毙事主姜成德一案，亦经分派驻珲标兵，用资剿定。至于驻兵设防，必有完全炮台，以巩固其形势。珲地当光绪十二年中俄重订界约之后，筑有炮台两座：一在城东十二里之阿勒坎，一在城西南之外郎屯，即所谓东炮台、西炮台者是也。每处各驻步队一营，置德国大炮三尊。东炮台距敌方约三千四百密达，西炮台距敌方约四千密达有奇，以土筑成，实不坚固。且当日设者不甚知兵，布置多未合法，其地点前拥山阜，后临大河，一旦边境有警，敌据前山俯以相击，我即无所施其技。营垒又与炮台成平面形显露于外，尤不啻示以目标。庚子一役，东炮台隳于俄军，炮亦沦失。西炮台幸存，然炮已损坏不可修整。陈昭常曾议于城南之东、西山头增立炮台二座，以为巩固要塞之计。据委员何其慎调查报告，谓将来修建炮台必须改择地点，计惟碾子山最为相宜。其高度出于平地约五百米，视敌方之倾斜甚为徐缓，而又能扫射三面，使敌军进路一望瞭然。其西为二道河之卡伦，以此驻掩护队亦可通用等语。炮台之设，必因地利。以该委员所查情形而论，碾子山允属形胜之区。群强瞵伺，边事方殷，牖户绸缪，固守土者之责也。

纪垦务

珲春，滨海之地也。气候平和，而又有江河流域纵横而灌注之，故原隰丰沃，五谷之植，随在皆宜。自光绪七年吉省既废禁山围场之制，于是珲城、南冈、东沟、黑顶子等处均设垦局。珲城设春和、春云、春华、春明、春融、春阳等社，计垦成熟地五千六百二十垧零一亩六分。南冈设志仁、尚义、崇礼、勇知、守信、明新等社，计垦成熟地一万八千九百三十九垧九亩三分。东沟设春仁、春义、春礼、春智、春信等社，计垦成熟地二千零七十三垧九亩六分。均经奏报有案，是为珲春筹办垦务之始。光绪二十年，复收还朝鲜流民越垦地亩，并将垦民立社编甲，照则升科，设抚垦局以管理之。丈报熟地一万五千四百余垧，岁征大租银二千七百七十九两。自兹以后，放荒招垦，逐渐经营，渐著成效。惟是珲民素耽游惰，往往有地之家不自耕种，而多佃于韩民以坐享其利，否则听其芜废，竟有熟地复变为荒畴者。虽或由地旷人稀未能兼顾，而其不事生业，已可概见。然自弛禁以来，虽垦熟之地无多，而小麦、大麦、米粮、豆谷之类，岁输出俄韩各属者已不可数计。况未开各处如汪清哈玛塘、绥芬甸子以及二道沟、三道沟等处，尚有数十万垧之多，若能悉力垦辟，必可大浚利源。比者，日人屡遣农业专家潜往调查，以为殖民之计。利弃于地，致滋觊觎，深可虑也。珲城东北一带至老黑山绥芬厅分界止，正北至大垫子、宁古塔界止，绵延数百里。除森林外多系沃壤，尚未开垦，人稀地旷，致匪徒据为窟穴。即本城之南以至与俄韩交界一带，熟地亦复无多。本地旗户每欲据有荒地，而无开垦之资，异方流寓者欲集资领垦，而又未敢陈请。此时欲内清匪患，外固国维，均以放荒为第一要义。陈昭常抵珲，爰议将所有荒地悉行放垦，即以所得荒价为兴办要政之用。经世昌电覆照准，即令派员切实查勘，妥定章程办理，并嘱以开放荒地，当以实能垦地为主，其有情殷报领而无力出资者，或酌减其价，或稍宽其期，均可量为变通，以收地辟民聚之效。诚以专重收价，虽一时不无小补，而往往大户承揽，领而不耕，是虽放犹之不放也。惟城北一带距城稍远，地势荒僻，向称盗薮，又无军队长驻其间，恐领荒之民未敢冒险，拟从城南、城东等处先行试办，由近及远逐渐推广。其时适值春苏，亟待播种，若待逐段丈明然后清放，则辗转尚需时日，势必又荒废一年。于是特定一简便之法，于碾子山、前火龙沟、二道河子、石灰窖等处标定放荒地界，凡农民有愿领地开垦者，于所立放荒标识之区，指定地段、垧数，每垧先缴钱八吊，即可领种。一俟派员勘丈分别等第，以地质之肥硗，定荒价之多寡，照吉省定章，分上、中、下三等。上等荒价每垧收钱十九吊八百文，中等荒价每垧收钱十三吊二百文，下等荒价每垧收钱八吊二百五十文。每收荒价一串，并随收经费钱二百文。丈明之后，应令领荒农民于已交小费之外补缴完足，然后换给凭照。其未能缴足荒价者，所领之地，仍行归公另放。交价承领后，予限五年，年限既满，无论开齐与否，一律升科纳租。所拟变通办法，轻而易举，民间领垦颇为踊跃，已放出一千五百余垧，多系附郭之地，本年即可开种者。至无业旗民，原议以前此丈出荒地三千八百余垧，计口分授。经陈昭常调查珲境贫户，并清丈旗地亩有无浮匿之弊，嗣查出极贫之户共四百八十余户，计二千八百余口。旗地除升科外，又丈出浮多熟地五千八百七十余垧，律以匿赋不报，本应归公另放，特为体恤旗民起见，将所有浮多地亩，提出五分之一归入学堂。以八旗之田亩培养八旗之子弟，学费既免支绌，衡义亦臻公允。又以无业旗户能力田者甚少，即令计口授田，仍属于事无济。议令该管旗员并户长出具，实系贫户，愿领地垦种，不敢荒芜切结，无论何段荒地，令该户自认承领，概可免缴荒价。每口以两垧为限，愿领者给之，不愿者听之。限三个月一律分给，以其余散放平民。此外如东北之珲春河俗名沙金沟荒地，距城二百余里，萑苻[1]盘踞，民皆裹足，城北百余里之荒沟、槟榔沟二处，森林茂密，地尽膏腴，亦属匪巢，绝少居户。初拟招募屯田一营分给地亩，适以财力未逮，乃一面调巡防营前往分扎，一面放荒招垦，以期兵民相卫，渐行开辟。于是领垦之户纷至沓来。在珲市，则有江浙华商设立务本公司，筹资领地，期于己酉岁春间，实行开垦。其他各处零户，闻风兴起者，亦复不少。惟是珲春林峦环绕，本少平原，而所有平阔之区，开放又将完竣。所余山沟荒地，道途险阻，需费较多，且山深林密，盗氛未除，行者方视为畏途，耕者何敢居为乐土。故欲辟土之宜，尽地之利，非募兵屯田无所着手。郭宗熙之筹珲也，亦极主屯垦之议，而拟就珲属之东沟、北山及两炮台至碾子山、长岭子一带先行开办。但三处地面辽远，若同时开办，断非二、三营所能集事。因又拟先从东沟创办，东沟地凡二百余里，又多极大森林，木叶之萎落者，皆层积腐烂于附近山沟之中，水土之性最称饶沃。是以私垦韩民辄思盘踞，倘划地配亩分给屯兵耕之，必可收事半功倍之效。迨成效既著，然后推行于北山、两炮台等处，则实边之基础立矣。所拟办法，大抵谓日本北海道屯兵之制，每兵须带五人以内家族方为合格，盖使其安居乐业，不念室家，深合于屯田古制。而当此帑藏奇绌，若一兵数口，皆仰给于公家，且须为筹一切耕耘器械之用，则所费甚巨，万难规行。兹拟仿兵饷例，按年略分等差，一年给全饷，二年给半饷，三年免给，以其一年耕，二年熟，三年既可大熟也。授地之法，则当察其能力，每兵给地三垧。每棚额兵十四人，共给地四十二垧。划四十二垧适中之地筑一兵棚，合三棚适中之地设一排长管理所，合三排适中之地设一队长事务所。斩东沟之材木以营造兵房，复酌给以牛马、车辆、农器等费，使之守望相助，作息以时，期年之后萑苻之薮可变为树艺之场。由是为之操练，以觇良楛，为之年限，以定服役、退伍之日。各按地亩均分，既能自给，即可成家。固圉之谋，莫便于此。请就延吉所募屯营令其酌量推广，以一营分驻珲春。当经转商吉省，时

〔1〕 萑苻，因春秋时郑国萑苻泽常有盗贼聚集出没，故后以萑苻代指盗贼、草寇。

陈昭常署吉抚,覆珲函称,延吉屯田,虽经试办,尚未卓有成效,若分拨一营驻珲,恐权不专属,款亦难筹。珲属既已放荒,似东沟一带亦可招民承领,如虑荒价稍昂,或斟酌减价,或另议变通办法。即使珲民游惰,不勤耕作,俟筹珲请有专款后,再照所拟屯田办法酌量施行。事权既一,庶易奏效等语。窃维珲春自国初以来,封禁綦严,致土旷人稀,榛芜满目。比年以来,亦既稍稍放垦矣,然而荒僻窎远之区,需费既繁,民多畏阻,苟非讲求屯垦,实难期普及之效。矧韩民生计日蹙,方且骎骎越境以逞其拓殖政策,不为抵制,滋蔓堪虞。居今日而策珲春,所以完边备巩国维者,亦隐系夫垦荒一举。财政困难,万方同揆,移缓就急,悉力筹维,则珲春前途庶有豸乎。

附珲春农产调查表

农产物	一垧地之收获量	时价	农产物	一垧地之收获量	时价
元米	七斗	每斗十二吊	绿豆	三石	每石十五吊
大麦	三石	每石七吊	菜豆	四石	每石十吊
小麦	六石	每石二十吊	豌豆	三石	每石十二吊
小米	三石五斗	每石十五吊	荞	三石	每石五吊
谷	七石	每石七吊	苏子	三石	每石十吊
包谷	六石	每石八吊	大麻	二百斤	每百斤四十吊
高粱	六石	每石十吊	青麻	一百八十斤	每百斤二十吊
稗	三石	每石五吊	普通叶烟草	三百斤	每百斤三十吊
大豆	六石	每石十吊	精选叶烟草	三百斤	每百斤四十吊
小豆	四石	每石十四吊	鸦片	一百两	每两一吊五百文

珲春农产,略具于是。第就现在元米一宗计之,每年出额之价值已可得中钱一百九十七万二千六百吊,若加农产制造物、各烟叶、麻布、高粱酒、苏油、豆饼、白面等类概算,则每年出额之价值,当远过之。设将来未开各地,悉成阡陌,则珲春农业,亦东省之佳壤也。

纪航业

珲春僻处海滨,交通不便,从前为通行海参崴之要道。自哈尔滨、海参崴之间敷设铁路,四方行旅,更无有愿历艰辛取道乎此者。是故荒地虽广,徒为盗巢,矿产虽富,森林虽盛,亦以转运困难,任其委弃。商家之稍饶资本者,无非仰给于海参崴,以供本地人民之取求而已。然而珲春之交通不便者,实绌于人力而非限于地势。距珲春之南不及半里即为红旗河,由红旗河至图们江口入海,不过百里有奇,船只航行,往来极便,实为珲地天然航路,足以辅助东方之发达。方今旅顺、大连湾等埠既沦于外人之手,东方海岸果有稍足经营者,犹当百计图之,以与南部诸省相联络,乃有天然便利之区,至今废弃犹未开通,诚可惜也。即就珲春一隅而论,地处极边,内地之移民至此者,或取道奉天、吉林而至延吉,或泛海至俄之海参崴而转入珲境,跋履险阻,行旅维艰。而韩民只隔一江,携家越国,朝发夕至,劳逸之势,既尔悬殊,主客之形,遂成倒置。若航业既通,则由天津、上海、烟台而来者,皆不过数日之程。海行既便,实业自兴,大利所存,趋之若骛,不数年间,寸土亦皆有主,要塞无不周通,内可荡除匪氛,外可抵制越垦。其便一也。珲、延等处商货,以吉林为贩运之区。吉林商货,又皆来自奉天运自内地各省,程途穹远,成本自昂。今日人商货由马关运至钟城,至会宁修有轻便铁路,只需一日。故日人越境以后,商货云集,而俄货之由岩杵河一带运入者,相去仅数十里,尤为近便,以致我国商业之利,半为所夺。航业既通,则内地商货可以直运珲境,而且珲地物价贵于内地数倍,本属有利可图。若于开放之初,再将所有入口各税或暂行宽免,或酌量减收,则津、沪等处之商人,未有不奔走偕来,争先恐后者。况珲、延以北宁古塔、敦化县各处亦可分售商货,无虑滞销。其便二也。矿地、林场丰富,于工业最为相宜,向因地方闭塞,民智未开,故难骤议及此。若航业既通,商民渐臻繁盛,货品便于运销,经官家略为提倡,即兴最大工场亦非难事。其寻常工艺,亦可随居民之增加而骎骎进步,更无须特为筹及。其便三也。论商埠通例,必以该埠之实在产业足以与各埠交易,且可为各埠转输之所,方为上策。珲属出产之富,人所共信,除人参、金砂、鹿茸等贵重物品外,其药材、杂粮等产,亦为输出之要品。又况窝集乔柯,上蔽天日,五金异产,下富缄藏,以此为输出之货,实取不穷而用不竭。即如庙儿岭[1]煤矿,其质极佳,距红

〔1〕 庙儿岭,在今吉林省延边朝鲜族自治州汪清县北部。

旗河岸仅三十里,但使筹集数万金资本与航路同时举办,即可为现时出货之一大宗。至于为各埠转输之所,目前虽尚难言,若能于珲春、吉林之间修一铁道,以与长春、奉天、哈尔滨相衔接,则东三省全部之出产,可由此输于南部诸省,而南部诸省之货物,亦可由此遍输于东三省,较之俄人所修哈海铁路尤有利益。苟无力办此,即先修一轻便铁路,亦足以资运输。由是言之,珲春之宜于商埠,固天然之胜地也。筹拟开埠办法如左

一、轮船之淀泊　拟于图们江之黑顶子开作商埠,定为轮船停泊之所。其地东南距海口仅九十里,西北距西步江一百二十里,距珲春一百四十里,距光霁峪三百里,距延吉厅陆路三百三十里。

二、航行时期　图们江每年十月下旬结冰,翌年二月下旬冰泮,自三月至九月轮舶均可航行。

三、航行线路　大火轮自图们江口航行一日可至海参崴,二日可至元山,四日可至釜山,五日可至仁川,六日可至烟台,九日可至上海。若由图们江口径向上海开行,六日半即可直抵。小火轮由黑顶子至西步江约需半日,若至光霁峪则需一日。

四、船舶只数　拟以大火轮四只航行沿海各处,购小火轮四只航行图们江、光霁峪、珲春等处。

五、购船经费之预算　大火轮一只马力重一千二百吨者,约需银十五万两,四只则约需银六十万两。若租轮一只,每月租赁之费及煤炭薪工各项约银洋万元。租海船二只每年以航行七个月计算,约需银洋二十八万元。购小火轮一只马力重二百吨以内者,约需银六千两。四只需银二万四千两。以上购船船费约需银六十二万四千两。此外修理船码及开通图们江河道之费尚难预算,拟派员前往详查船码、水道等项,考察地势,急速兴办。

爰先派员将水陆形势逐段履勘,自珲春至海口可分三段。第一段由城南红旗河至入江处之西崴子,约四十里。第二段由河口顺江流至中俄分界处之防川项[1],约百三十里。第三段由防川项至海口约五十余里。中俄界约仅言三十里,似未尽确。现拟办法有三:一、即以城南为小轮码头。惟此四十里河流急而且浅,河身多沙石,雨过水涨,易致壅阻。持久之法,必须于上流筑断,使水分注二道河以杀其势。中间支流太多,须随时因势而利导之。欲开深此河,掘去沙石,其工颇为繁重。

---

〔1〕 防川项,在今吉林珲春市东南,意为“生长柳树毛子的狭窄处”。

二、以西崴子为小轮码头。城南至西崴子陆路仅三十里，路皆平坦，修筑铁道较开河为易而工亦省。三、以防川项为小轮码头。自城南直修一铁道至防川项，计百数十里，由此再用小轮运往海口。以上便可接用大轮，不须另行疏通河流、江流，最为简捷。惟中间约有山地三十里，开凿较难。三者相较，开红旗河航路不如开西崴子铁道，开西崴子铁道不如开防川项铁道。盖疏通河流其工既难，而图们江水浅时小轮亦难畅驶，亦必稍加疏浚，方保无虞。故以筑防川项铁道，不由江流最为合宜。无如铁道过长，尤须开辟山路，恐暂无此力量。就现时简易办法，只有于城南至西崴子先修一轻便铁道，并于江流浅处酌量加浚，所费既不甚巨，而海口可即时开放。其开办经费如修西崴子轻便铁道，租大轮两艘，购小轮两艘，趸船一艘，载货拖船二十艘。设沿江小码头五处，疏浚江心十五、六处，统计先筹五六十万金即可。如法试办，迨通行以后，资本之家当必闻风而至，不难招集商股，续加扩充。复于光绪三十四年六月，遴委民政司一等科员翁巩前往图们江一带，就疏通江道、建立码头、勘定市场各事宜详慎考查。复因测绘需员，由边务公署加派升用知县林衡、县丞职衔朱以临会同前往，是年十二月一律竣事。据翁巩将调查情形、筹拟办法、预算经费等项开具清折，详细禀报。兹撮录如左：

甲、调查情形。图们江即土门江，韩人所称为豆满江者是也。发源于长白山东南麓分水岭，蜿蜒而东偏北流千余里，至珲春城西二十里水湾子，复曲折转而东南流会红旗河，计二百三四十里入东太平洋海口。其下游自水湾子起沿江至卧峰北陂下土字界碑止，测长一百八十余里，江宽或半里至一二三里不等。此江原为中俄韩三国天然界线。自上游茂峰中韩夏字界碑起，至下游卧峰中俄土字界碑止为中韩国界，江之西南属朝鲜，东北属中国。其由卧峰以南抵海四十余里，则划为俄韩国界也。江源既远，水性无常。夏秋每遇霪雨，辄暴涨至一二丈之高，色浑红如土，挟沙石而流。至冬春水涸，节节沙滩随淤而出。如白石砬子、大肚川、朝阳沟、黑甸子、七八道峙、圈儿河、洋馆坪等附近一带，浅处计有十七八处之多。黑顶子界内所辖渡口，计有八处。白石砬子、朝阳沟、玻璃灯、七八道峙、洋馆坪、防川项等六处，原设渡船，均为沿海日兵所毁，只有圈儿河、大肚川两处船只尚存，盖以其便于韩属庆兴府，西兰山之交通也。

乙、筹拟办法。图们江道水性既涨落无常，沙滩复变迁不定，非随时浚通，难期利便。兹拟于黑顶子街设一专局，管理工程事宜。一面购办挖泥机器，先将七八道峙、圈儿河附近各处已形淤浅者，逐渐疏通为入手之办法。并当预筹常年经费，以善其后。再于沿江一带审视水势之深浅，安设灯杆、标记，为行驶之准的。江道既浚，即当审择码头。此次沿江测勘，留心相度，宜于下游辐凑之区，分别远近设立码头六处。如西崴子、圈儿河、陇畦村等三处地面高敞，堪作大码头。大肚川、玻璃灯、洋馆坪三处江形扼要，堪作小码头。陇畦村在江之东岸，乃俄国属地。江道平旷，形势特佳，其江西山岗为韩国造山县所辖，亦为适宜之地。将来与俄韩政府提议通航时，似可妥商租借。至于市场之位置，又宜地势高迴，交通便利，商务乃可期繁盛。查六处码头除大肚川、玻璃灯、洋馆坪等处不甚合宜外，如西崴子北距珲城仅二十五里，红旗河小轮可通。圈儿河为沿江适中之地，北距黑顶子亦仅二十五里。陇畦村则南距海二十余里，拟作大轮停泊之港，均堪于附近建设市场，经营商业。又珲春西南两城门外三家子一带，拟辟一大市场。其地枕山带河，周围约三十里，可为沿江上下之总枢纽，于吉、延、塔各处往来均极利便。至购办轮船，当此航路草创之始，规模不容过大，拟先购八百吨海轮一艘，一百吨浅水江轮二艘，先行试办，俟有成效，徐议扩充其船只，宜即派员赴上海江南船厂如式定造。该厂系官办性质，价当较廉，且无利权外溢、公款中饱之患。仍俟开办时，再行仿照官轮章程设立专局经理，以专责成。

丙、预算经费。以购办轮船计之，八百吨海轮一艘需银十五万两，一百吨江轮二艘共需银四万两，拖船四艘，每艘估银二千两，共需八千两，综计共约估银十九万八千两。以建造码头计之，停泊海船大码头一座估银七千两，停泊江轮中码头二座，每座估银二千两，共四千两，停泊江轮小码头三座，每座估银一千两，共三千两，综计共约估银一万四千两。以疏通江道计之，七八道峙附近一带估工价银一万五千两，黑甸子附近一带估工价银一万五千两，玻璃灯至朝阳沟附近一带估工价银一万两，白石砬子附近一带估工价银一万两，综计共约估工价银五万两。以购置机器计之，人力挖河机器船一只，计银三千九百八十五两，八马力火力挖河机器船一只，计银一万四千一百二十两，十二马力火力挖河机器船一只，计银一万九千六百三十两，马力挑水机器一架，计银五千两，人力挑水机器二架，计银一千两，零星器械计银三千两，综计共约估银四万六千七百三十五两。以建筑局所计之，官轮局两所，每所房屋大小计十三间，估银二千七百两，共估银五千四百两。围墙在内工程局一所，大小房屋计二十间，共估银三千八百两。围墙在内开办工程局及官轮局一切器具三所，共约估银三千两，综计共约估银一万二千二百两。以上四项，估计总数共约银三十二万零九百三十五两。

前将所具清折交令　奏派督办延吉边务协都统吴禄贞悉心覆核，据称所拟各节，均属简当可行。惟估计开埠、购轮置器等项费用共银三十二万余两，虽极核实而预算过于刻核，稍有意外，开支即生缺乏之虞，甚或牵动全局，事致中止。拟请预筹四十万金,以为开办经费。又所拟先购八百吨海轮一只试行驾驶,渐求扩充,用意良美,但若为经济起见,则海行轮船与其购八百吨,不若千吨或千一百吨之为愈,以其入水用煤无大差异而载重则远过之。是以各国现行轮船大抵在千吨以上,千五百吨以下,盖过大则载货不足重量,亦易致亏折也。图们开通船路,将以振兴实业,出口商货愈多,则所获之利愈厚,似所用轮船不妨稍大。其江口一带水深常在一丈以上,若用千一百吨之轮船,当亦无碍通行。而且轮船航行烟、申各埠,每往返一次,约需一月之久。今若仅用一轮,除冰期外岁仅七次,运出之货无几,尚须设各种机关以辅佐之,开支既巨,将必有入不敷出之虞。即不为获利起见,亦须有轮船两艘,方足支持用度。若因巨款难筹,似可暂依原议,先租借海轮数艘试行开办,庶资本少而获利较丰,且冬令冰坚,亦无虚糜之费。至翁巩所举码头各处均属得中之地。惟陇畦村属俄,造山县属韩,租借交涉恐费周折。若以大肚川、西崴子开作码头亦尚适宜。副都统郭宗熙莅珲,因开通西崴子轻便铁道之策最为简而易举,复于履任后逐段履勘绘具图说。据称,由珲春城南至西崴子陆行三十五里,地皆平原,无崇山积石深沟大渠之限,由此修铁路以通江口。江口既通,再用小轮以辅之,一切物产即可由小轮转运大轮直出海口。虽中间航路间有沙滩,略事疏通所费不巨。若红旗河之水则深者不过三四尺,浅者尺余,宽者不过四五丈,狭者二三丈,沙石阻碍,旋疏旋合,其难易情形迥不同矣。诚用西崴子办法,则其间停轮之处又以阳关坪[1]即洋馆坪百四十余垧较防川项不止宽大一倍,其水深有丈余,中等海轮尽可停泊,洵足为建筑商栈之用。惟附近界牌已为韩人掘损,将来开办,须先将界务勘定,以免纠葛纷纭。至航行船只,据珲春垦务公司经理人朱江面称,将来开通海口,该公司愿自制大轮一、小轮二,以供转运。其他源源而来者,当亦不绝,似购轮一项,可无烦公家财力。但防川项以下江流数十里,西为俄境,东为韩境。俄人方经营海参崴以为东海滨第一军港,日人亦藉保韩主义干涉其土地、人民,异日轮舶经过,或不免横生阻议。然查光绪十二年重勘界约第四条内曾申明,由土字界牌至图们江与朝鲜通界之江面、海口,中国应有船只通行之权,不得拦阻。而乌苏里界廓米萨尔[2]所致珲春副都统照会亦承认,中国船只出入不得拦阻之言。俄约既有专条,日韩当不至独生异议。且查国际公法,凡一河为数国公共者,无论何国船舶均可通行。如美洲之密士失必河、欧洲之来因河、多脑河以及阿非利加之尼罗河,皆明证

〔1〕 阳关坪,在今吉林省珲春市敬信镇。

〔2〕 廓米萨尔,人名,俄界务官。

也。图们江一带即无前约，亦可比照国际河流之例，以理争之。将来宣布开埠，应请咨外务部照会俄、韩遵照前约办理。倘有为难情形，自可按公法，特开列国委员会以凭决议等语。业将翁巩前次查勘所有审择码头各处，以及吴禄贞覆核各节，一并函达郭宗熙详细比较，斟酌妥善，再行商定筹办。并一面函商吉抚，将目前开办经费并此后常年经费预为筹划，用济要需。此项航业问题，自以出入海口，俄韩有无阻议为最要关键。中俄约章具在，自不至别起责言。即中韩界务问题未决，而珲春一带既在界务范围以外，亦无所施其阻力。况又有国际河流之公例，更可据以折冲。果能筹办就绪，则为边镇特辟利源，为三省大开门户，行见穷乡僻壤，一变而为东方繁盛之市场。而且开埠以后，事业繁兴，商民稠密，即边务亦将自定。富庶之基在此，治安之计亦在此，其可忽诸。

纪矿产

珲春矿产之富，甲于三省。稽其发见之区计有二十余处，而金矿实居其十分之八。其类有二：金质藏于地中者是为线金，如石建坪、二道沟、三道沟等处是也。金质随河流而散布者是为沙金，如沙金沟、汪清黑顶子、绥芬甸子及红旗河流域皆是。而红旗河流域延长五六百里，尤为吉林南部著名之金场。土门子、塔子沟、狐狸别、瓦岗寨等处，同治初年即经开采，沙金沟之开采则始于光绪初年。此外如西二道沟、西三道沟、西南洒金沟则于光绪二十五年曾经华民试采，西北岔、香房沟则于光绪二十六年曾经矿务委员程光第试采，七八道沟、汪清沟、东三道沟、东四道沟、柳树河、蜂蜜沟则于光绪二十五年至二十九年间，先后经俄商试采。大率旋开旋废，未著成效。现在商民遵章领牌挖取者，则有东三道沟、西北岔、柳树河、香房沟、大六道沟、小六道沟、马蹄塔，河帮等处。独黑顶子之金矿，矿苗虽露，迄未开凿。要之，金质之佳，均推上品，此金矿之大略也。银矿则首天宝山，其地西距延吉约一百四十余里，开采始于光绪初年，产额最旺之时，日获银八百余两。砂子百斤，能取净银三百六十两，矿质之佳可以想见。后以积水难除，产额中落。然矿产极丰，所采尚不及十分之一二。日人垂涎此矿，屡起交涉，其历史繁杂，另行详载。兴隆沟银矿，光绪二十六年曾经矿务委员程光第试采。此银矿之大略也。珲属产煤颇伙，徒以销场不旺，未有鸠集巨赀，实行开采者。老头沟之煤销于天宝山矿务局及延吉附近各处，矿工约百人。东沟之煤销于珲城，矿工约二三百人。三道沟之煤销于头道沟，矿工约四五十人。其余各处矿煤，附近居民多私采，以充薪爨之用。而稽查处煤产既足，兼产煤油，因密迩会宁，日人时欲开采以运售于韩境，尤为可虑。凉水泉、石头河、东庙儿岭三处，曾经附近居民试采，谋质极佳。而凉水泉、石头河之煤并可以炼作枯炭。关山嘴子、西山龙王庙两处亦已开采，煤质稍低。委员何其慎所称关山嘴子距西山十余里，煤已将次挖尽。西山龙王庙下，煤矿距珲约三四里，其煤半多软质，与此略同。阴阳河、嘎呀河之矿则未经采凿。此又煤矿之大略也。他如天宝山、滚牛磖子之铜，杉松背之铁，均以交通不便，致同委弃。陈昭常赴珲时，议俟木植办有成效，再行从事采矿，或略筹经费先从煤矿著手。嗣后详查珲春东沟等处金矿，因从前任意来取，屡易其地，故地面之砂大都已被淘尽。后经山水横流，淘金旧迹悉行淹没，无从辨识，故往往有掘至数丈，始见金砂者。以为无金则得者亦复不少，以为多金则又或一无所得。然竟弃此天然之利源，究属可惜。爰拟定一简便试办章程，于东沟设一官局，凡有金砂之地，任民领牌，仍如旧法淘取。日有所得，由官公平定价收买，惟不得私运出境以及商人私收。论其金砂成色，以老头沟为最，柳树河次之，三道沟、小东沟又次之。收买价值原定每两中钱一百三十余吊，维因海参崴定价可得俄钱四十五六吊，小民贪利，往往卖于俄人。于是酌加官价，以免外溢，一面派员稽查，随挖随收，使无私积，然仍属暂行之办法而已。世昌前曾函致副都统陈昭常，商及酌派专门矿学之人，察勘矿苗，以便筹议扩充。旋据覆称，金砂随地皆有，与山矿必须察勘者情形不同。惟旺否难定，往往有掘数丈而尚无者，亦有掘数尺而甚旺者。若遽聘矿师大为兴作，不但款无所出，且虑得不偿失，虚糜国帑。从前俄人据珲，亦曾开挖，以所得无多，不敢大举。现只得仍照新定简章，先行试办，俟有成效再谋推广。郭宗熙接署珲篆，详察珲地矿产，实非虚名，且强邻迫处，日谋侵攘，不亟维持，必滋后患。因于所辑筹珲条议，详述前此失败之原因。目前筹拟之办法，大致谓自同治初元以迄今日，珲矿迭次试采迄未著效者，其理由实有四端：一则公司未立。凡事众擎则易举，势分则力微，况实业大宗，断非枝枝节节所能收效。向来珲地矿商各区门户，彼此分采，不相协助，沟窑星散，所得几何，既苦转运之多艰，复虞资本之难继，其弊一也。一则苗线未晰。各国矿学乃属专门，其矿之层次，砂之断续，非有经验识力难于着手，一二商贩何能胜任。故往往见苗则采，以为矿则是矣，苗尽则停，又以为矿止是矣，事多尝试，款尽虚糜，其弊二也。一则器械未备。矿之所患，莫甚于水，珲春虽地处东北，土厚水深，然凿孔通沟，最易积水。汲水机器既未早储，而本地人工其值，又倍蓰于关内，坐是中辍，兴叹汪洋，其弊三也。一为障害未除。珲春东沟一带及西南洒金沟、汪洋沟等处富于产金，极多积匪，东北山沟向有金匪名目，矿商开采稍有赢余，往往啸聚萑苻，骈来攘夺，以致已开者为之束手，未开者亦因而裹足，其弊四也。因此四弊，以致徘徊观望，绵历年岁。祛弊之法维何，亦曰财力而已。盖资本充裕则可大力包举，一气呵成，不独良工精器致之靡难，即千百匪徒盘踞其间，而招工既多，亦可随时抵御。惟当此财力困难，只有招商之一法。南洋群岛华商拥资千万者比比皆是，未尝不欲输其所有，以襄盛业，特于边地情形不熟，又恐官长不为保护，故内渡者绝无所闻。倘遣派专员亲往晓谕，许以特别之利，约以优待之条，知必有奔走偕来者。然后因势利导，曲予扶植，则振兴商务、保持利权之道，不外是矣。衡其所言，颇为切要。珲春矿产之利左券可操，而邻敌久已垂涎，尤必须迅筹抵制。天宝山之银矿，夹皮沟之金砂，覆辙具存，补牢未晚。夫以珲春财政之困，遽欲从事采矿，固属莫展一筹。即以三省全局而论，亦安有千万巨资，以专事一隅之实业。故此时欲设法筹办珲矿，舍招集商股以外，实无良策。海南殷商实繁有徒，其有骧首祖国，愿观政化之成者乎。招徕而保护之，是固在乎经营边事者。

附珲春矿产调查表

出产地	类别	历史
西二道沟	金	光绪二十五年曾经华民试采
西三道沟	金	同
西南洒金沟	金	同
七八道沟	金	光绪二十五年曾经俄商试采
汪清沟	金	光绪二十九年曾经俄商试采
东三道沟	金	光绪二十八年曾经俄商试采，现商民领牌挖取。
西北岔	金	光绪二十八年曾经矿务委员程光第试采，现商民领牌挖取。
东柳树河	金	光绪二十六年曾经俄商试采，现商民领牌挖取。
香房沟	金	光绪二十六年曾经矿务委员程光第试采，现商民领牌挖取。
土门子	金	同治初年开采，现商民间有挖取者。
塔子沟	金	同
狐狸别	金	同
东四道沟	金	光绪二十六年曾经俄商试采

出产地	类别	历史
瓦岗寨	金	同治初年开采,现商民间有挖取者。
蜂蜜沟	金	光绪二十六年曾经俄商试采
黑顶子	金	苗露未开
沙金沟	金	光绪初年曾经华民试采
大六道沟	金	现在商民领牌挖取
小六道沟	金	同
马蹄塔	金	同
河帮	金	同
兴隆沟	银	光绪二十六年曾经矿务委员程光第试采。
凉水泉	煤	附近居民试采,煤质极佳,可以炼作枯炭。
石头河	煤	同
东庙儿岭	煤	附近居民试采,煤质亦佳。
阴阳河	煤	苗露未开
关门嘴子	煤	现由商人试采,质稍低,不及以上三处。
龙王庙西山	煤	曾经商人试采,质亦稍低。
嘎呀河	煤	苗露未开

共计金矿二十一处,银矿一处,煤矿七处。

纪林业

东省森林之盛,实为天然物产。计其输出之地,可由松花、鸭绿、图们诸江而区分为三路。图们江以内之木材半属珲产,其绵亘于长白东干山脉一带者面积广袤约三千余里,如小白山、帽儿山以及娘娘库、外六道沟一带,良材巨木,荫蔽天日,弥望皆是。即东沟森林,亦有二百余里。中分名曰三道沟、六道沟、土爪子,在昔土人呼为窝集。按之满语,窝集即大森林之意也。其种类则有杨、柳、楸、榆、槟、柞、桦、椴暨杉松及果松、赤松、油松、柄松等。就中以果松、杉松、黄花松为最多,楸、椴、榆、桦次之，杨、柳、柞等又次之。大可数围，高逾十丈，扶疏掩映，环绕山峦。其西北曰乾密江，曰北山，亦皆郁郁葱葱，山深地僻，豺狼藏匿其间，亡命匪徒又潜踞以为巢穴，人烟寥落，行旅萧条。以云兴利除害，均当招工开采。前此本地木商，虽间有入山采伐者，大率于深秋伐木而俟隆冬冰结之后，道路平滑，以车装运红旗河或乾密江堆积水滨，俟来年冰溶水涨，始得顺流而下以达珲城。而由乾密江装运者，尚不能直接输运，每距珲十五里而止。道路之困难，运费之繁重如此。且以珲春一带工业未兴，销路不广，仅输送于伯都讷、三姓、哈尔滨以及奉天、营口等处，故未有广集巨资鸠工采取者。就令木排全数运出，度亦不过就近采伐百分取一。而深密之山，人迹罕到，佳木千章，长此委弃，或则摧而为薪，深可惜也。陈昭常、吴禄贞筹办边务，拟设木植公司采伐珲、延各处林木，办法如左：

甲、区域　一为三道湾森林，位置在布尔哈通河流域，北距延吉一百三十里，南至图们江约二百六十里。木植以松为主产。二为汪清哈吗塘森林，位置在嘎呀河流域，北距延吉二百余里，南至图们江约二百里。木植亦以松为主产。三为珲春东沟森林，位置在红旗河流域，东距延吉约三百五六十里，南距图们江约三百里。木植以黄花松为主产。四为杉松背森林，位置在牛心山支脉，南距延吉约百里，至图们江五十里。木植以松为主产。五为茂山对岸森林，西距延吉约四百里，南距图们江约六十里。木植以松、桦、柞为主产。

乙、方法　拟先筹官款一百万两，设立木植公司。俟办有成效，再添招商股以为扩充地步。总公司设于珲春，并设分公司于延吉、黑顶子各处。置总理一员，副总理一员。凡公司内理财、用人等项皆受总理之指挥。向例采伐林木，每在深秋。兹拟购伐木火锯二十具。分立各山场，四时俱能采伐。计火锯一具，每日可抵木工百五十名，且可量木材大小或锯成方板、寸板，或仍其原料运售，庶成材甚速，且不至于废弃。又向例每年搬运林木必在结冰时及翌年解冰时，兹拟由山场至各河流域修造轻便铁路七十里，由杉松背至图们江约须修轻便铁路五十里，由茂山对岸至图们江约修轻便铁路六十里。既输入江河之后，即可编成木筏运至海口，再由海船运至天津、烟台、上海等处设法销售。开办之初，先托殷实木商代售，俟股本充足，再于各处选派专员驻扎经理。

丙、经费　查横梁轻便铁道轨长一码合中尺二尺八寸重十四磅者，每英里约需银二千七百两，今拟修轻便铁道共约华里三百里，约需铁轨银二十七万两。装木车载重十吨，前后两架者每具约需银四百二十两，今拟购五十具，约需银两万一千两。两轴四轮重载两吨者，每具约需银二十五两。今拟购五百具，约需银一万二千五百两。车头二十马力代上力十五吨,每小时行十五英里者,每具约需银四千五百五十两,拟购五具,约需银二万二千七百五十两。伐木火锯每具约需银四千二百两,今拟购二十具,约需银八万四千两。以上共约需银四十一万两,而敷设道路以及购零星器械之需,尚不在内。

按:所拟办法颇为赅备,而以巨款难筹,一时未及开办。委员何其慎调查报告亦有组织林业公司,附设森林警察之议。吉省林业局曩曾在珲采取木料,意在装运南北洋以供各处铁路工厂之用。惟是木质过大,若遍经裁截则极费人工,若整段载输则又多运价,成本既重,推广益难。郭宗熙以珲境急筹开埠,建筑正需木材,又拟敷设轻便铁道,所用道木,亦复不少。拟在东沟以内先建一锯木工厂,购办机器,截锯成材,将来不仅供本地建造之需,海口既开,随时转运,亦极利便。据其筹议函商,当经函复,以筹锯木工厂办法需款既属无多,即可妥筹试办,俟有成效,再图扩张。夫以图们江木植而论,诚可与松、鸭两江鼎峙称雄。迩者,鸭江右岸木植已与日人合办公司,并在安东鸡冠山、龙岩浦设锯木工厂。其松江一带木植,亦曾议设锯木厂于伯都讷,以便运入蒙地,并可接济运商。若图们工厂接续成立,仍创设公司以经营林产。航业既兴,海程四达,将见近而京津,远而烟沪,昔之用美洲松、日本松者,皆可改用华产。其所以挽回利源,裨益商业者,岂浅鲜哉。

纪盐务

珲春距省辽远,交通不便,食盐向无专卖机关,故居民绝无食用官盐者。其所运销之盐则有三种:一为奉盐,由海参崴运来,价最贵。一为山东盐,亦运自海参崴,价次之。最贱者则罕奇盐,盖罕奇离珲仅九十里,运入最易。从前该处本属我国,后归俄境,故现在仍系华商租地煮盐,运销于华韩境内。每年约出盐千余万斤。光绪三十二年,宁古塔副都统衙门有俄盐进口一案,遂奉文通饬严禁,而道路歧出,冒险私运者仍复不少。在俄人颇望弛此禁令,可以从中取利,而碍于旧约,未便明许。前经该处盐商一再呈请,谓盐出俄境,人实华民,请予通融办理。陈昭常以有碍大局,屡驳不准。目下罕盐每斤仅六七十文,奉盐每斤须一百四五十文,价之高下迥殊,因之小民惜费多食罕盐,私运遂以得利。地属俄辖,悉由俄界运来,无从辨别稽查,故禁止不易。我国盐政本应官办,民间私贩,外盐滥入,例所必禁。今听俄盐任意畅销,实于定章不合。而且东省抵制日盐,颇费心力,若于俄盐之输入不复严禁,则日人必将有所借口,此尤不得不亟为维持者也。且民间交通不便,仰给俄盐,一旦悉数禁绝,势必大有窒碍。陈昭常请于珲城设立官盐局,派员设法运盐,至此统由官局出售。其延吉厅、宁古塔等处,亦即由本局分售。俄盐之私运入境者,商民之出境运盐者,核定章程一律严禁。庶几外盐滥入,可以实行禁止,于珲民既无不便,于公家实有利益。虽由奉转运,路远费昂,然若就成本少加运费,暂不求利,较民间自贩之奉盐略贱,当亦无难畅销。世昌因覆以吉省改办官运,定有专章,珲春自应查照办理以归划一。窃维东省日盐,向极畅销,自设立盐务局以来,妥定章程,实行抵制,亦既著有成效矣。珲春所销罕盐之质极劣,俄人弃而不用,于是华商乃得设法运售,以竞锥刀之利。其所以畅销于华韩各属者,特恃其价之廉而已。今者官运之制实行于珲春,价值既不甚昂,盐质复臻优胜,已可以抵制罕盐而悉夺其利。俄盐进口,例禁极严,旧约具在,虽俄人亦无从为之庇护,将见昔之冒险私运者,皆以无可得利而裹足不前矣。食盐专卖为各国通行之规章,筹维之计,整理之方,固不嫌其苛琐也。

纪学务

珲春民智固塞,士之读书识字者,已寥寥不多觏,故欲开通风气,改良而进化之,实有资于教育。其地兴办学堂久已报省有案,而究其实际不但无学生,无教员,即房舍经费亦均未筹议及之。自陈昭常往署副都统,饬各旗员共同商议,将八旗地亩除大小租照常完纳外,每垧出学费钱二百八十文,每年约可收钱五千吊。又街面房基已由商会查明册报,议按契内所载价值每吊收学费钱四十文,每年约可收钱二千吊。再加以官地房屋每间纳地租钱一吊五百文,每年约可得钱二百九十余吊。民地民房款犹未足,再加官地官房之款以补助之。出示严饬照章缴款,统由税务处经理,以为学堂常年经费。其开办经费,仅有变粜仓谷钱二千吊,义学费二百八十两,万难济事。特由本年应收亩捐先提一半,用应急需,不敷之数再由边务拨款补助。本地原有文庙一所,庚子乱后颓破不堪,爰因其旧址稍加修理,添建学舍十二间,以敷两等小学堂之用。拟招考生徒四十名,选派教习二员先行开办。嗣因清丈旗地查出浮多熟地五千八百七十余垧,复提出五分之一归入学堂,以免经费支绌。学堂骤增一千垧之产业,于学务颇有裨补。郭宗熙接任,校舍业已落成,即由边务选派教员实行开学。惟因珲属地方僻陋,向无家庭教育,人民程度颇为幼稚。开办之始,不得不降格以求,先从浅近学科酌量入手。光绪三十四年冬间,高等小学堂已招考足额,初等小学尚未招齐,已催促该堂迅行兴办。又因日本通行学制,每区人数六百即设一小学,用收教育普及之效。而珲属旗民版籍数逾两万,仅于城厢之内设小学堂一所,未免过于简陋。拟在东西屯及三家子、西崴子等处分立初等小学数区,以为将来升入高等地步,所需经费,即在荒价存款内酌提。刻下正将学龄儿童一律调查,以便开校之时,易于招致。盖由边陲文化亟待振兴,所有教育行政不能不速谋推广。而教育之道,又必须循序渐进,非躐等逆施所能奏效,故又不能不就初等小学树其基业。时陈昭常已升署吉抚,亦称凡事开创最难,虽目前规模未能完备,而将来因势利导徐求扩充,自较易于为力,诚洞明斯恉已。

纪工艺

珲春旗民习于游惰,不事生业,因之商务凋零,工艺窳拙,即日用之需,亦多购自俄韩,若不振兴实业设法筹维,无以养废弃之民而挽外溢之利。署副都统陈昭常任内,招集境内诸无业者,就本国各项简单手艺,择其性之所近,令分班各习一艺。其规制则但求能容多人,不在过从闳阔,其科目则但求便于生业,不在遽务精深。用款既廉,著手较易,实为因时制宜之策。原议就地无款可筹,拟酌筹荒价作为经费。嗣因所收经费足四千金,而既经筹设工艺局,至少须容百余人方为有益。房纵不求美观,而民间居舍断无宽敞适用可以租借者,势非购地鸠工[1],另谋建设不可。且抵制外货之计,宜就火柴、布匹等类先行试办。此项工艺原料,多须来自内地,又有需手用机器者,通盘核算,开办经费已须数万金之数。如借荒价,实属不敷,于是复拟另行设法借拨五六万金,俟荒务或山海税积有成数,按年摊还,而因财政困难借拨亦复无著,此议遂未实行。郭宗熙抵任后,荒务款项积累渐增,惟尚不足以创设工艺局。爰变通其制,改设工艺传习所,一切规模较为缩小。计开办用款及预算一年之费七八千金已足,即由荒务项下提用。其生徒则由各旗子弟遴选,以四十名为定额,以一年为学期。毕业之后,仍令各尽义务一年。其校舍则就两翼办公官房稍为修葺,其工师、机器、原料则派员赴上海等处招募采买,并慎选国文、算学教习,刻期实行开办。所设学科于织布、木工最为注重,盖珲地布匹来自境外,为输入品之大宗,本地木植虽富,又苦拙于制造。注重于织布、木工者,将使珲民多为传习,以为开源节流之计也。他如国文、算学等类,亦皆多所传授,以广其营业之智能,规章颇为周备。查各种实业,前经学部奏定新章,各省、府、县一律限立中学、小学。

〔1〕 鸠工,聚集工匠之意。

珲春森林矿产之利，尤为异日绝大利源，此时虽限于资本未能从事采辟，似亦应设学招生预行研究，以备将来驱使。惟是就地筹款既属不易，此外各项捐税亦大都入不敌出，即此次工艺传习所之成立，亦几费筹议，始克就绪，于无可如何之时，只得为先其所急之计。异日筹有专款，更当规划周备以宏造就，庶乎可以上符部议下协地宜矣。

纪警政

珲春民俗顽梗，罔知畏法，不逞之徒，往往潜匿里闾，难于稽察。旧设巡警四十名，充是役者，类皆程度低劣，不能尽保护治安之职，居民反以为累。陈昭常因调延吉巡官、巡弁各一员，警兵二十名，并原有警兵力加训练，按照警章，加意整理。路灯、道路等事，亦皆粗行修设，市井顿改旧观。向之黄昏堇户、路无行人者，今则熙来攘往，安居无恐矣。向之赌场盛行，烟馆遍设者，今则实行严禁，一律闭歇矣。其外人之开设药铺、娼寮者，所有店名、男女姓名及有无本国身票，均由警局详查，按月册报。韩民之散居四乡者，黑顶子、东沟等处尤居多数，亦均查有户册，以便随时稽核。前因韩党肇乱，恐或稽察难周，复于其地添驻警兵五十名。民间设有练会，亦由警局节制，以辅助警察之不足。故李党在韩界虽有暴动情事，而东沟一带居民安堵如故，实为整顿警察之近效。特是欲清盗源维公安，必须推广巡警，而欲图推广必须巨款，筹划颇为困难。于是议仿奉天、北洋之例，将珲春车捐一项，妥定章程就地筹办，以为本地警费。又因吉省车捐，系前任将军奏定指拨捕盗营饷，特饬其除向章拨归营饷旧额，其余乃作警费。于是与本城商会妥定办法，每车按月征收二吊五百文，以七百文拨归饷局。一切由巡警局经理，编列车号，发给车牌，一洗从前验票留难之弊，商民便之。车捐本包骡马驮捐在内，而珲春饷局只将车捐移交。复经函达吉抚，一并移交警局，照吉省现章办理，以归画一。综计巡警经费，车捐之外实惟铺捐，而借用延吉警兵，尚须由边务随时接济，详见财政财力仍形拮据。原议四乡地广，拟于城外东西南北各数十里之地设四分区，区各设警兵二十名，俾附近村屯可资保卫。乃因所收车捐三个月，除开支外所余无几，而本地原定警饷不及民间私雇工价之半，多欲纷纷求去，又不得不设法酌增。故添设乡区之议，迄未实行。然以四十名之警额，合之借用边务者仅六十名，实属不敷分布，去城稍远之处，即觉照料难周。迨郭宗熙抵珲，以四乡之内抢劫频仍，屡饬防营严捕，而匪踪飘忽，破案为难。乃添设马巡十名，以为巡查各乡之用。据所辑筹珲条议谓，目下俄边一带亟待探查,每区数名仍不敷用,欲稍增募而苦于罗掘俱穷。且盱衡情势,尚有不得不速为添设者,其故有四:一曰代缉私盐。珲城远在极东,不便官运。食盐惯例,大率产于俄境,而运自韩民。现在三省抵制外盐,严申禁令,而珲地沿边各地,随处可来。若徒恃局所防营,则垦户皆可包藏,妇孺亦能携带,遣兵既虑其扰,设卡不胜其烦,此随地稽查必须警兵也。二曰实行烟禁。珲属烟土实为大宗,吸食之人十居八九,虽设禁烟公所,三令五申,而稍远村屯耳目实不能及。此按户纠察,必须警兵也。三曰防范韩户。韩人杂居珲境计一千六百余家,自李党煽惑多时,亡国之民皆有裹粮而从之势。日人借口辄有要求,刻虽节节设防,而一切内容觉察不易,此随时探访必须警兵也。四曰辅助营兵。军队弹压地面,宜于合不宜于分,宜于山林而不宜于村社。虽临时搜剿本所专长,至巡行民户考册籍而判莠良,倘令军士为之,一切必多窒碍,且人民违警各罪,亦非军队所能执行,此乡镇督查必须警兵也。四者皆珲春特别情形,使不从速图之,各种机关皆难措手。查延吉警款,向系取诸亩捐,每垧收中钱二吊八百文。珲春地亩尚未抽捐,拟比照延吉一律办理。惟珲、延地分硗沃,亦不得不斟酌减少,以资体恤。计珲春地亩约二万垧,每垧拟收中钱一吊以外。此项在各国为附加税,以之办理地方要政,洵为适宜。且现在关内外各州县筹备警款,亦多取资于此。惟所取既约,为数甚微,欲添募八十名之警兵,仍虞支绌。因与各旗熟商,拟一变通筹补之法。珲地原有甲兵六百,除陆军挑选外,服役者尚有三百名。就中选拔精壮,使充巡警,其原饷虽属无几,以之弥补不足,较之全无抵款者自有难易之殊。至于甲兵服役已久,习惯不驯,范之以章程,策之以训练,年华方盛,当不难振作有为。果能如此办理,则开春以后,即可以分布四乡,地方行政机关,必可稍资辅助。按:所云甲兵挑选巡警一节,实为变通之良法。盖甲兵虽列戎籍,而因循纷饰,久已存名失实。变无用为有用,其道莫便于此。当令其迅行试办,并宜仿照陆军部挑练章程,年老甲兵准令以年轻子弟充选。其既经挑充巡警者,并于甲饷之外,增给津贴以激励之。珲春向无警局,原设警兵四十名,即于都署门外租赁民房一所,略加修理,然其地仍属湫隘,且无拘留所,现拟设法筹款展拓,尚未定议。此又限于财力,而不得不暂仍简陋者耳。

附珲春户口地亩牲畜车辆调查表

地名	区划	住户	男	女	田	牛	马	骡	驴	车
珲春城厢	旗地	六二三家	二九二八口	五五一口	九四三.五垧亩	六三头	四六三匹	三三匹	一四一匹	八〇辆
西炮台屯		一七九	五七三	四三九	九六三.五九六	六三	三八一	五	五六	一〇五
西河口屯		九五	三〇五	二六〇	一一二六.八	五四	一四七		四五	七二
西水湾子屯		一〇二二	三一〇四	二二二一	七九九五.二三	三四八	一八四〇	一四	三三〇	三九八
东四间房屯		二〇	六五五	五五三	一六五〇.八六	九四	二九三	五	一〇三	一〇八
南小城子屯		二六一	一〇〇六	七一八	二〇三〇.〇六	一〇三	三八六	五	一二四	一三四
北后地屯		五六	二二六	一一二	三八九.八	三六	七三		二〇	二九
五家子	怀恩社	九	一五	一一		二	九			二
黑顶子		五三	一七四	三八	二三.五	七	一二二	一	二	二二
四道泡子		一	五		七				一	一
三道泡子		九	二七	二	二一七.九	一二	六		三	五
东岗子		五	二九		五七		九			三
沙陀子		三	九		一六					
圈河	敬信社	二三	三八	一九	一九一.五九	三	二一			七
沙草峰		九	一六	一	二九七三		四			
玻璃墩	尚义社	一	一		〇.六一					
大肚川	归化社	六	一〇	三	二九.一五	三	五			二
甩湾子、荒山派、官民咀子 大盤岭、阴阳河	春和社	七三	一七九	一二八	八〇七	一八	四八			

地名	区划	住户	男	女	田	牛	马	骡	驴	车
嘎呀河、东沟、上崴子小盘岭、庙沟子、下崴子	春华社	一九〇	五二六	二二七	一七七七	七七	二六七			
凉水泉、窟窿山、石河子 西凉水泉、英蒿甸子	春芳社	三〇五	九一三	五〇五	一九三〇	二一〇	五四三			

以上统计住户二千九百四十三家，男一万零一百三十一口，女五千七百八十八口，田二万零二百七十六垧三亩二分六厘。牛一千零九十三头，马四千六百一十七匹，骡六十三匹，驴八百二十五匹，车九百六十八辆。其住于珲城内外者则多民人，男约二千五百七十一口，女约三百三十五口。其他为少数之旗人，至住于附近旗地者，民人不过十分之一也。

附珲春韩民户口地亩牲畜车辆调查表

地名	区划	住户	男	女	田	牛	马	骡	驴	车
珲春城厢	旗地	三	六	六		三				二
西炮台		一	七							
旱道河		四八	一四三	一一五		四七	二九		一一	三〇
旱道子南沟		二一	五九	五七		二一	五		九	一五
五家子	怀恩社	二四	三八	三四			二			
三道泡子		四一	一一九	一一一	二一.三	三四	七三			二八
东岗子		一一	四一	三三	七八.二	八	一六			一一
沙陀子		四七	一四八	一二三	一一五	二五	五三			三七

地名	区划	住户	男	女	田	牛	马	骡	驴	车
圈河	敬信社	三七	二五九	一〇一	八五.二七	二六	二一		一	一八
凌洞		五	一三	一一	九.五	三	三			四
会忠源		八	一八	一三	三〇.七	一四	一三		三	六
古江		六	一八	一二	三.七	二	一			一
阳关坪		二一	四五	三九	五四.九八	二二	一〇			一一
沙草峰		一四	二六	三〇	一一七.九九	一六	二			一四
防川项		一七	三八	二七	三二.五七	七	四			一〇
头道泡子	敦仁社	九	一九	二五	二二.二六	一九	六			一〇
靠山屯		七	一六	九	一三.二七	九	四		一	五
二道泡子		一一	二八	二六	三.四一	一一	一		二	七
十八道地		三六	一一四	九三	一三七.八二	三二	二二		二〇	二四
朝阳沟		六四	一六五	一三四	二二二.一四八	六九	二四		一四	三四
崇让里		九	二七	一三	五一.七八	一七			二	八
土屯		二七	五二	三五	一二二五六	五五	四		一	二五
道龙峰	尚义社	六九	二〇四	二〇六	二七三.九八	八七	五八		四	五三
黑殿		四四	八七	七六	一三六.七	五二	一四		一	六
玻璃墩		五五	一四六	一二四	一八一.六五九	七六	二一		一	四三

地名	区划	住户	男	女	田	牛	马	骡	驴	车
大肚川	归化社	一七四	五〇四	四一三	四二一.五八	二五一	五四	一〇	一一	一一九
火龙沟		五七	一九〇	一七四	一九.一七	八八	一五		二八	四七
白石磖子		九		二五	一八.七	一〇	七		六	八
盘岭沟		四八	八〇	八七		三四	二		一〇	三〇
小火龙沟		一〇八	二七五	二二四		一〇七	五	二四	二四	八一
甩湾子、荒山派、官民咀子大盘岭、阴阳河	春和社	四	一三	七						
嘎呀河、东沟、上崴子小盘岭、庙沟子、下崴子	春华社	二一六	六一〇	无四五	一三七	一六一	六五			
凉水泉子、窟窿山、石头河子西凉水泉、英蒿甸子	春芳社	八八	二三六	一八四	一一八	六二	三一			

以上韩民统计一千三百三十九家,男三千八百六十六口,女三千一百一十口。田二千五百零一垧七亩七分七厘。牛一千三百六十八头,马五百六十五匹,骡三十四匹,驴一百四十九匹,车七百零九辆。此外日人居留珲春城内者计五家,男十五口,女十四名而已。

纪商业

珲春自康熙中叶设立佐领以后,旗民之移居于此者日益加多,商贾往来自兹渐集。迨光绪十五年陆路通商之议既定,设通商局于和龙峪,距珲春二百五十五里,稍改市易旧例,其随时交易所以萦维属国也。维时韩国沿江各府,尚无富商大贾,是以货物销售有限，税收不旺。所定通商章程十六条，杜渐防微，颇具深意。乃珲地僻陋朴塞，官吏既无政治之思想，人民亦无经济之观念。举凡一切商业，往往任其自然，不加研究。中经庚子一役，俄人蹂躏，阛阓益虚，元气凋零，至今未复。当时所有商家悉因避难他出，房屋多被焚毁。迨至回珲之后，经营仓卒，修葺多未完备，且地系旗产，租价颇昂。向来习惯，建房之后期以十年，年限届满，房归地主。外来商人未免瞻顾，致数十年来市面永无起色。因谕饬商会，将各商所占房基空地面积若干丈尺，租自何人，每年地租几何，十年期满，是否房归地主，发给表式，责令逐款注明呈报。复经详细筹议，弛除旗民交产之禁。将来创开商埠实行招徕，荒芜可渐臻繁盛。据最近调查，珲城内外商铺已有三百八十八家，各屯亦数十家。综计每岁输出品价额概数，合中钱二百四十七万有奇，而输入之品共约值中钱一百二十八万余吊，固属输出之数多于输入。然出境皆系原料，而未有制造品。各国恒以原料出口之多寡，而觇其国之盛衰。有此原料而不振兴工业，用恢商务，良可惜也。且所有输入各品，又惟布匹为大宗，但使讲求织工，无难实行抵制。此时而不亟为筹划，日俄两国相距伊迩，交通既便，物价必廉，行见源源运输，而我国商业将尽为所夺矣。委员何其慎调查报告谓，珲春城堞周围不过八里，商民除山东、直隶外，他省盖寥寥焉。资本之厚首推山西同顺成，其他拥资巨万及五六万吊者更十数家，余均小本营业。其输入各货，有运自海参崴者，如烟、布、米、盐之属是。有运自延吉者，如酒、面、小米之属是，此外日用各物，则大率运自吉林，而吉林又运自奉天及内地各省。有时粮食缺乏，间有粳米、白面由韩属转运而来，然价值过昂，购者甚罕。粳米每斤值三百六十文，白面每斤值二百四十文。至输出各品，韩属俄领各处均极畅销，皮毛、木料而外，实推豆饼。街市无所谓集，每日均可买卖。往往华韩互市以物易物。所用纸币吉省官帖为多，次则羌帖[1]，又次为韩钱。日本手票，向无用者。自日俄战事之后，日商之设肆者一二家，开设料理店者又三四家，民始用之，但兑换之时，往往加倍计算。如俄羌帖一元值官帖四吊六七百文，日币一元值官帖四吊一二百文，韩钱一文当吾国钱三文。而珲春商务，由此又多一漏卮矣。

---

〔1〕　羌帖，我国东北和新疆地区民间对沙俄在我国发行的卢布纸币的俗称，即哈尔滨最初的开埠之币——洋钞。羌帖流入我国是从19世纪60年代开始的。

附商业调查表

地名	营业之类别	家数
珲春城厢	银铺	四
	染坊	四
	饼铺	一
	果铺	一
	茶庄	二
	酱坊	一
	锅坊	一
	粉坊	五
	醋坊	二
	油坊	三一
	铁炉铺	一四
	药铺	一九
	靴鞋铺	六
	皮铺	八
	洋铁铺	四
	毡铺	二
	首饰铺	一
	黄酒局	二
	磨坊	三〇
	木铺	一九
	洋货铺	一二
	杂货铺	五六
	铧炉铺	三
	磁店	一
	酒局	五
	糕点铺	六
	窝笠铺	一〇
	绳麻铺	三
	烧饼铺	二
	肉铺	八
	糖坊	一
	豆腐铺	六
	缝衣店	二
	纸扎店	一
	牛肉铺	二

地名	营业之类别	家数
	饭馆	二四
	旅店	八
	经纪店	二
	钟表店	一
	油果店	二
	点心店	二
	小铺	一四
黑顶子	油坊	三
水湾子	旅店	三
关门咀子	旅店	一
大盘岭	旅店	一
密江	旅店	二
黑底塔	旅店	一
凉水泉子	杂货店	六
	粉坊	一
	酒局	一
	木铺	二
	油坊	二
	磨坊	三
	银铺	一
	药铺	一
	旅店	八
	肉铺	二
	铁炉铺	一
窟窿山	旅店	三
英蒿甸子	旅店	一
嘎呀河	油坊	三
	磨坊	二
	旅店	九
	粉坊	一
	铁炉铺	一
	药铺	一
小盘岭	旅店	二

以上珲城内外商铺共计三百八十八家，各屯亦数十家，商业渐臻发达。

附输出品调查表

种类	货量	价值总数
豆饼	八十万块	六十八万吊
豆油	一百万斤	三十万吊
杂粮	二百石	八千吊
木材	一万五千件	二万吊
白面	二万余斤	二千七八百吊
小米	一千二百余石	五万吊
松子	二百余石	一万吊
青菜	十万斤	四千五百吊
黄花	五万斤	一万五千吊
细辛	三千斤	一千五百吊
香脐子	一百五十个	二千吊
黄蘑	五万斤	一万二千吊
木耳	二千斤	一千三百吊
海菜 海参 海茄子		
干粉	六千斤	一千八百吊
鸡蛋	五十万个	二万吊
烧酒	七千斤	二千八百吊
烟土	二千五百包	二十七八万吊
玲珰麦	五六千石	六万吊
绳线麻	二万斤	一万吊
鹿	五十头	四千吊
麅子	二百头	
野家鸡	四六千只	一万二千吊
猪	四千只	八万吊
牛	三千头	三十万吊
羊	一百余只	三千吊
金砂	四百两	四万吊
木炭	一百余车	一千二百吊
劈柴	十万余斤	四十余万吊

种类	货量	价值总数
板片	数万块	二三万吊
车轴	三万条	十万吊
网	一万张	
貂皮	二三十张	
狐皮	一千余张	共二万二三千吊
豹皮	十余张	
鸡皮	五千张	

以上输出概数合中钱二百四十七万有奇，豆饼最为大宗。

附输入品调查表

种类	货量	价值总数
咸鱼虾肉		
火油	二千箱	三万吊
布匹 洋货 罐头 杂货		一百二十余万吊
大粒盐	五十万斤	二万五千吊
面子盐	七十万斤	三万吊

以上输入品约值中钱一百二十八万余吊，布匹最为大宗。

长临篇附图

甲辰以来,朝鲜改归日本保护,图们、鸭绿二江流为强邻力争经营之地点,奉省东边益形危迫。临江一邑,既为森林繁茂之区,又与韩之惠山镇一水相望。日人设厂置屯,筹备严密,而我则道路不修,人民不聚,仅一县治,权望既轻,难言治理。长白山者,奉天之天然界限也,无人管辖,遂成匪巢。论外交则越垦伐木时思侵扰,论内政则无商无兵无村镇市落。昔为荒芜漫衍之区,今乃为边塞重要之地,是非详细调查悉心筹备,何足以内固岩疆,外杜狡谋。爰派谘议厅副议员傅彊等驰往考察临江所属,示以筹划之所急,责以报告之必详。旋据该员等实地调查先后呈报,乃知临江一带,为外人之所必争,危险情形,近在眉睫,断非一牧令所能控驭。爰拟划临江县以东长生、庆生二堡之地及吉林长白山北麓龙岗之后,添设府治,名曰长白,建署于十八、九道沟之塔甸。疏入,交政务处议行。于是选派妥员经营设治,凡关于划界、通道、驻兵以及组织、内治各事宜,俱审慎筹办,次第举行。其设治经费亦筹拨奏明,以期经久。然筹边之道,重在事权。临江与韩对岸,瞬息可通,事机万变,较长白尤当冲要。仍恐一牧令之力未足对待,而事事请命之率多延误也,爰更拟添设临长海道员缺,辖长白、海龙二府,临江、辑安[1]、通化三县,治所即驻临江,以内戢盗源,外综边事,庶呼应灵而事权一。疏入,亦蒙交政务处议行。夫以东边要塞如此,其危且迫也。日人意在改良安奉路线,筑鸭绿江之桥以便军用,而森林厂之设,复越界以与我争。其师团之集于惠山镇者,更星罗棋布以相策应。我仅敷设官吏,绥集人民。经营之策,考查既真,惜无巨款,以盾其后,斯固不敌之数也。然而定界通道之驻兵计划及夫航路商业之布措,与越垦伐木之所以应待,固已详考密筹,将以见诸实事。兹撮举纲要著于篇,后之君子冀有所采择而赓续焉。斯则要塞之区或不致束手以听人所为,亦治边者之借镜也。

附张凤台等条陈善后十策呈文

窃维边疆设治与腹地不同,腹地注重在吏治,边疆注重在军政。建造之初,即

---

〔1〕 辑安,今吉林省集安市。光绪二十八年(1902 年)建县,1965 年 1 月 20 日,辑安县更名为集安县,1988 年 3 月 16 日,撤销集安县,设立集安市(县级市)。

须通盘筹划俾协机宜,预定捍边之策,否则临时仓猝,吏才亦无所施矣。署址形势业经绘图呈览,现正派员督饬加工赶造,克期蒇事。但署工为目前要点,一应善后事宜,尤当知彼知己,援古证今而早为之备。查建署地方在梨树沟左偏迤西,有唐塔一座,故谓之塔甸,南控鸭江,北负长山。长白广袤数百里,环府皆山,因以长白命名,示不忘我朝发祥之义。仰观天文,则星分箕宿。历考地理,嬴秦以上总名肃慎,汉、晋隶乐浪,唐为渤海鸭绿府之神州地,辽为东京路绿州,金划归海兰、博索两路属上京,元隶开元,明属三万卫[1]。沿革虽殊,总不离重镇者。近是辽金以来定鼎中原,而江北山南之间或建都督府,或置宣慰司[2],或分白山部,或分屯田二万户,借重镇以控严疆,古今一辙。我朝入关以后,弃同瓯脱,致令外敌垂涎。今我宪台讦谋远识,思患预防,既拟增置府郡屏翰东陲,复令勘设汤、漫两县治以盾其后,联络一气,实为守边要策。职等前禀将荣生堡仍予临江,正使守斯土者聚精会神,整齐边务,力控上游。所最可虑者,道多梗塞,有土地而无人民,地介要荒,有关隘而无守戍。自八道沟以上韩籍浮于土著,目前之纠葛良多。近鸭绿江以南,日军寓于工兵,日后之燎原必烈。今建署地段又与惠山镇东西斜对,仅隔一江之险,此皆腹心之患,兵家所谓危地者此也。近与该镇日本营林厂事务官一柳藤市、炮兵大尉青山贞次郎往来晤谈,谊颇接洽,并有两岸偶遇交涉,无人商办,亦急望贵国建署设官等语。职等当宣告宪谕,此次建署,亦专为保护商民,永笃邦交起见。就现象论,办理尚称顺手,故凡所应办事宜,总拟径起直追,一气呵成,以期迅速。缘该镇日官日夜经营,设电置邮,已详前报。今年房屋、兵民较去岁加倍。近闻我建署一举,彼更兼程并进,争著先鞭。对镜以观,将以固吾圉也,亟应层层部勒,密密防闲,筹所以抵制之方。抵制于有形,则占江权,驻工兵,厘韩籍,捷交通,崇府体是也。抵制于无形,则励边吏,辟荒徼,通银币,储饷需,扩学警是也。以上十策,揆之以地,度之以时,诹之以民情,机之所趋,势不容缓。果能实行此策,三年之内,规模已具,再越数年,逐加完备,五六年之经营,门庭已固,东顾可无虞矣。事机一失,后将噬脐,虽有基础,徒以资敌,大局尚堪问耶。各国政治于关系全局,地方每不惜重资以图

〔1〕 三万卫,明洪武二十年(1387年)置于斡朵里(今吉林珲春附近),次年内迁至开原城(今辽宁开原县北)。地居辽东北端,为明时东北要地。明末废。

〔2〕 宣慰司,介于省与州之间的一种偏重于军事的监司机构,一般掌管军民之事。它是地方机构。宣慰司长官称“宣慰使”,是负有承上启下的一个地方区划的军政最高长官。宣慰司这一机构最早见于金朝,元朝时在全国范围内普遍设立。到明清时则只在少数民族聚居区设立。

展布。现日本之经营大连湾与高丽之北青、惠山镇等处,是其明验。职等才短学疏,叨蒙委任,夙夜兢兢,维恐陨越,贻笑外人。既有所见,安敢缄默,谨具善后十策,上备甄采。

一、占江权　鸭绿江即古马訾水,自长白山南麓发源,西南流汇佟家江,历塔甸、临江、辑安、苏甸城抵安东,皆其流域,处处与韩对岸。现日人由惠山镇以至安东,中间如新牌城、下长里等处,皆驻有宪兵,陆岸布置,日益严密。去年又制造江槽数只,由安东运货直抵惠山镇,以故该镇物价较廉。水陆交争,利权与江权日失,而出临赴塔自十二道沟以上右岸山路未开,尚须沿韩境一百余里方能抵塔。若不及早筹划,府署隔绝一方,势如穷城。今既拟于长白山岭开通陆路,而水路尤不可让人。计惟饬令长白府[1]、临江、辑安、安东各府、县通力合办,各造江槽两只,限三个月报竣,包载商货,上下接运尤为捷便。目前暂行试办,久之礁线熟悉,逐加开凿。江路既通,商民不招自来,此后江巡尚可次第筹设,庶江权不致全失矣。

一、驻工兵　日人北青铁路,已抵极东之会宁府。平壤铁路由安东以北至奉天至长春。吉长铁路一成,又折而东与会宁府遥应,东西环抱数千里,所隔者长白山与图们、松花两江之源。我今设府长白并于龙岗设汤、漫两县,正扼其冲。兵家云,兵无形也,以敌人之形为形。就现形论,战兵有碍公法。对岸皆工兵,我即以工兵应之,彼亦无词。其驻扎地方,以长白山四合顶为中坚,此地为三道沟、八道沟并十八、九道沟交尾处,各有小径可通,地极平衍。以塔甸为左翼,与惠镇对峙,此就长、临驻扎而言。若规取东南大局,则安东应设重镇与塔甸为声援,仍以四合顶为后劲,作犄角形。中间沿江一带节节分防,量地势之险夷,定兵额之多寡。建署以后或招或调,先筹足一营,陆续增加。语云,将不守边,以国予敌。则工兵不可不备也。

一、厘韩籍　临江荣、庆、长三堡韩民越垦,历年已久,其中原因有三:一系国初韩官姜功烈投诚,视韩民若华氓,任令自便。一系华民稀少,雇作佣工。一系韩民瘠苦,穷严邃谷,越界偷垦。惟今昔时局不同,光绪二十五年中韩条约第十二款内载有,边民已经越垦者,听其安业,俾保性命财产,以后如有潜越边界者,彼此均应禁止等语,已属法外施仁。伊时韩国尚为自主,今则韩并于日,后患滋剧,应厘订完全办法。韩民虽经越垦,尚无管领之权。公法籍例綦严,一人无分隶两国之理。勒

---

〔1〕 长白府,明朝属建州卫鸭绿江部,清朝光绪三十三年(1907年),由奉天省临江府临江县析出部分,与长白山北麓一带,设置塔甸,置府,下辖二县,即安图县、抚松县。

期回籍为上策。归化入籍，扣除本国籍贯，与华民一律看待为中策。博宽大之名爱护侨氓，驯良者知感，不肖则借日为符，无法可治，敷衍目前为下策。揆今之势，行上策难，惟参用中、下两策。调查二十五年以前户口，清厘籍额，安其既往，绝其后来，教养兼施，归化出于至诚，仍照公法籍例，严定籍约，斩去跨籍轇轕，是在良有司治理何如耳。

一、捷交通　长郡孤峙海隅，交通一滞常变，俱不可支。常时农商裹足，无民何官。变则穷城坐困，有寇无兵，消息不灵，职为心疚。交通之法，一邮、二电、三铁路。铁路费巨难筹，邮电费省易办，电较邮尤捷。兴京以东沙松最伙，电杆一项，就地取材，用之不竭，省费多矣。林子头工竣，拟移修由临赴塔之长岭，路平且直，长三百余里，近于沿江一带，开通尚易。当饬勘界员详细踏察，此路一开，平平周道，式遄其行，概不假道邻封。其平时，商贾贸迁，络绎道路，犹其次也。一旦有警，递之以电报，济之以援兵，信息灵而往来速，犹可恃以不恐。日本邮电已设，现筹轻便铁路，一迟一速，胜败攸分，坐而待毙，非策也。

一、崇府体　府不辖县不掌兵，宜于治理，碍于边防。边防有急，将伯徒呼，声援竟绝，四郊皆垒，寸铁无凭，是以肉喂虎之计也。长白一郡，应予以特别之权，准将通、临、汤、漫四县一并归其管辖，遇有变故，权力所及，指挥亦灵。凡所应需物件，均可责成该县随时供给，不至坐困一隅，并将所驻工队弁勇一并归其调遣，以资策应。汉制太守皆掌兵，李北平所以威慑匈奴者，职此之由。今宜仿照汉制，崇其体统，予以兵权，俾缓急可以相需，有裨边防，实非浅鲜。否则，增设道员驻扎临江，名为上江道。俗称临江以上为上江，临江以下为下江，与东边道分辖上、下江防，以资震慑。体制既崇，部署当更严密。盖塔甸距安东一千余里，时局瞬息千变，一官遥制，鞭长何及，此不可不深长思也。

一、励边吏　守边之吏若与内地州、县一律升迁，何以昭宠异而励贤能。边境选吏维艰，一要谙外交，二要通兵学，三要娴新政。全才不易，觏三者有其二，一经奖励便作循良。拟请此后辑、临、汤、漫各县僻处边徼，无论署任实缺，总视该员曾具以上三要之资格，方准委任。及到任后以三年为限，仿照直隶沿河州、县之例，一二次安澜，保以寻常劳绩。此时边要倍于河工，更宜破格奖材，特定边防保案，其干练勤劳防边有成效者，褒以勋章、如汉代二千石有治行者增秩，即今之加级纪录。

勋赏，如汉代赐金，赐缗[1]有差，即今之加俸宠之以升阶。如汉代爵关内侯或入为公卿，国朝州、县有政绩者，可擢升为御史。如果才猷卓越，胆识兼优之员，尤当不次超迁，以储边疆之选。古者以将守边，赵充国[2]屯田部勒，羊叔子[3]钤阁清严，寓吏治于将略，史册称之。今以吏守边，则寓将于吏，应如何特别奖励之处，尚祈饬令厅司预定奖章，以裨边务，而劝将来。

一、辟荒徼　木植公司一立，斧柯倒持，边民命脉注在垦荒。及此不图，生计绝矣。官斯土者，指何仰给，千里乞粮，不毙何待。查沿江垦地穷民，山左十之五，高丽十之三，安东关左不及十之一二，地浮于民，力何能胜。移民垦地，款更不敷。现远近人民闻塔甸建署，道路相传，愿领荒者甚伙。拟参用屯田法分为三等：农夫出疆负耒而来是谓民屯，工队巡警就地开垦是谓兵屯，富商巨贾有财无人，雇工耕作是谓商屯。概不索价。既领之后，勒限开垦，逾限交还，以备他人转领。又有一提倡法，各省添设农务学堂及农务试验场类，皆借数万里地之籽种，强令迁地为良，并购外洋机器、肥料，欺饰愚氓，虚糜帑金，全不识周礼物土之宜四字作何诠解。东山地博土肥，不粪而获，若提农务学堂虚糜之款，移垦边荒，现长署西边觅有山地一段，纵横三百余亩，既硬且平，辟为农务试验场，选三五精于农学之毕业生参酌洋法，土法实地考验。同一费钱也，而试于边疆，胜于内地者实多矣。

一、通银币　币不流通，边财益竭，譬如人有躯壳无血脉，其何能瘳。塔甸集镇一空，日用所需仰给惠山镇。洋商居奇垄断，视我建署人多物少，立变方针专用日元，以华洋购物每元贴二角半，不要华帖。日朘月削，操算在人。设有变故，束手何堪，势非设银号不可。开办之初，本金、号伙概不必多，酌提五千金，选一二干商相机筹划，逐渐扩张，毋拘内地例章，因地制宜，非徒资变通也。且以谋生聚，边庭物产丰饶，拼货广购储备，商民买卖以母权子，母必不亏。并由内地购运杂货，廉定脚力，广售贫民，市面疏通，有盈无绌。日不能攫我利权，我自能保厥商民，于国无损，于边有益，惟银行是赖。

---

〔1〕　赐缗，缗，读 mín，绳子的一种，用于将物品串联起来。本义为：古代穿铜钱用的绳子，一千文为一缗。或者钓鱼绳。赐缗即赐财物。

〔2〕　赵充国（前137年—前52年），字翁孙，西汉著名将领。为人有勇略，熟悉匈奴和氐羌的内情，汉武帝、汉昭帝时率军出击匈奴，英勇善战，以功任后将军。宣帝即位，封平阳侯。后与羌人作战在西北屯田，促进当地农业生产之发展。

〔3〕　羊叔子，即羊祜（221—278年），字叔子，泰山南城人。魏晋时著名战略家、政治家和文学家。博学能文，清廉正直，娶夏侯霸之女为妻。

一、储饷需　去年安东木税准拨银十万两，曾经禀明在案。设署以后，可否垂为定额，专备饷需，应请饬下东边道核准，禀覆存案饬遵，以便指拨。此外需款甚多，在在仰给公家，恐难源源接济，计惟多方储蓄，以裕饷源。临江旧有木税一项，每木一牌纳捐银三两，是为地方税。各国有此名目，与国家税并行不悖，将来由木植公司厘定详细章程，此项应地方官照旧抽纳，以便办公。至长、临如何拨法，临时核办。署工竣后，即拟仿照天津建造局章程，修盖房屋若干间，酌定租价，准备商人僦居[1]营业。约计千金盖房，每年可租三百金。若能提出公款一万金，三年归母。三年后，子利相权，足资挹注。现通、临商号愿来者颇伙，苦无市房可租。果如此法，既广招徕，兼无赔累，且官银号于通财而兼生财，尚可酌提数成并作军需专款。除以上各款外，并就地筹款，实在不敷尚巨，再请指拨。

一、扩学警　学警今之要政，妇孺皆知。边郡民稀盗伙，学不敷额，勇多野蛮，拘守例章何裨实用。警章例重站岗、边巡，义在捕盗，尤在防边。教授应分两层，健儿有勇无识，编辑浅白警规，授以大义，略识宗旨，便充警额。幼童性稚年富，由浅诣深。一切警章务臻完备，且须寄军政于巡警，以储济变之才。郡治应立中学堂，汤、漫甫筹县治，辑、临学生亦少，不特中学额不敷，即初等学龄从何选入。学校不广，士气佥灰。奉省文武学堂日益加增，倘能移建边庭数座，毕业后予以特别文凭，识时之彦，闻风竞赴。文学则增课外交、公法、东文、东语各门，武备则操习山川险要，为实地之调查。功课余暇，登山远眺，对岸是敌，触目惊心，使人人有虎狼横噬之危惧，时时存保卫国家之思想。其平日揆文奋武，念虑精神，必有一番振作。势果至此，边务尚无起色，人才尚不奋兴，万无此理。

批：据筹十策规划周密，语语扼要，具见才识胜人。除厘韩籍、崇体制、订奖章、屯垦、饷需各条应候饬厅司分别核议具复，再行饬知核办外，余条仰即照所议，次第认真筹办，并将办理情形，随时呈报，务期慎始图终，毋负委任，有厚望焉。

纪定界

临江县辖境原为长生、庆生、荣生、洪生、壬生、富生六堡。东西四百里，南北百里，计面积四万方里。东南邻于朝鲜，西南与通化、辑安连界。原议设立长白府治，划有长、庆、荣三堡及长白北岗后各地面积约四万方里，建署于塔甸，与朝鲜惠山镇

〔1〕 僦居，指所租之屋。

遥对，借形势之胜也。惟临江只余洪、壬、富三堡，地又贫瘠，不足以资治理。因拟划辑安迤东滋生、祥和二堡归临江，即以蒿子沟或羊鱼头为界。或议划通化之地归入临江，辑安仍治其旧，现正查勘未竟。初议荣生堡划归长白，嗣又再三调查，于治内、对外二者，未尽惬当，乃以临江长、庆二堡划归长白府治，荣生堡仍归临江管辖。其长白北岗后一带地方，亦即划为新设府境。其原因有二焉：一则所划临江各堡多系小沟，地面狭小，非将地势扩张，不足以资展布。一则长白山岗以北一带为胡匪出没渊薮，而吉林府鞭长莫及，难于图治，非划归新治，不足以除匪患而靖地方。惟奉、吉分界一端，未容率尔定议，业由奉、吉两省遴派专员详细会勘。原议分界主旨以红旗河等水为天然界限，旋经会定由红旗河经荒沟掌、白河、上下两江口沿汤河循宝马川抵山岔子之正岔而止，为奉、吉两省分界之线。俟勘明后，即应奏定办理。此长白府治定界之大概情形也。

附张凤台等请割通归临呈文

窃维长白设治，其宗旨在控驭岩疆，预防外患，而属境广狭、人民多寡，在所不计。溯查设治卷内原拟割临江以东荣、庆、长三堡并作府治，临江只胜洪、壬两堡，辖境偏小，展布不宏，又议割辑安两三堡以均其势。业蒙宪札饬遵，并札辑安县会勘在案。卑职廷玉当以辑署距临一百数十里，若割其两三堡即包县署在内。且该县全境衹十堡半地，划归临江数堡，地势更隘，又须议划通化以补其阙，既多周折，便涉纷繁，不如径割通归临以昭简便。拟由通化八道江蜿蜒而西，至四道江、罗圈沟等处直达错草沟分界，实为天然界限。曾经禀蒙宪谕，饬令临时酌办。卑职到任后函商辑安朱令淑薪，意见相同，拟即会禀请示。卑府凤台亦先后到临沿途考察形势，及抵塔后，悉心研究互相辨论，亦谓荣生堡划归长白实有不便者数端。查荣生堡西界距临署不过四十里，距塔则五百余里。若照原议由三道沟划界，此后钱粮词讼及目今要政，须赴塔徊办理，往返需时，花费尤巨。不便者一。隔界日人时常越界滋事，每因路远难于报官，含怨中止。设治以后，犹苦于远驭，致令民冤莫伸，深恐激成他变。不便者二。忠义军余党尚未尽绝，对岸义兵辄复渡江思逞，三道沟上下月内尚有此蠢动，若皆待极东之府治闻警驰赴，实系鞭长莫及。不便者三。职等再四协商，计惟留荣生堡予临，俾得就近治理，而以八道沟为长、临分界，沟左属长，沟右属临，界限划然不紊。且临江上界长白，下界辑安，东北毗连吉林，西北衔接通化，四至平均计约在百里内外，管辖既便，呼应尤灵。长白地广人稀，既不能借民养官，增地何加，去地何损。设治以后，凡有关乎学警而外之边防，皆注重于郡守，去一鞭长莫及之荣生堡而长、庆两堡益得专心治理，期臻完密，实于内治、外交两有裨益。职等秉公筹划，毫无成见，但以有裨时局为目的。惟事关界务，未敢擅专，是否有当，祈批示祗遵。如蒙允准，即乞札饬通化王令定期会勘，以免周折而期迅速，实为公便。

批：所请以临江长、庆二堡划归长白府治，荣生堡仍归临江管辖，应准照办。至割通归临一节，候饬通化王令会勘后，再行核办。

附张凤台查勘界图呈文

勘界员刘令建封、许经历中书于本月十七日由临回奉，将所勘奉、吉界绘图具说暨报告书一并呈阅。当即按照图报回环印证，逐细谘询，略识大凡。此次勘界宗旨，一在划吉界南冈以防外交之轇轕，一在察汤、漫县治，以树长郡之后盾。现就图报所列，参以该员所见，若以山为界，由牡丹岭、富尔岭柳河岭等处历抵头道花园之分水岭，均应划归奉界，则吉省南界似嫌单薄，不如以水为界，由红旗河尾间经荒沟掌、白河口、上下两江口历抵山岔子之正岔而止，纵横广袤厥势维均，再由红旗河而南越七星湖、圣水渠、葡萄河迤逦而南，便抵长白府以东之二十一道沟地方。自七星湖以下处处与韩国毗连。此以水为界，省界、国界，皆有天然界线之凿凿可寻也。至划界后，历增县治以备后劲，则揆形度势，应仍以控驭三江为扼要办法。长白府距鸭绿江上游实为三省锁钥，则松、图两江仍当严密防范，以备声援。距长白府东北四百余里为红旗河流域，控图们江上游，拟定为建署地点，名曰安图县，以备韩民东渡偷垦之防。距长白西北五百余里为龙岗后以西之双甸子，控松花江上游，拟定为建署地点，名曰抚松县或名松甸县，东省名甸者甚伙，似嫌太熟。借作白山右屏。安、抚二县即以二道白河为界，亦天然界也。就长白山论，安、抚如两翼。就长白府论，安、抚如脊背，襟带江山，形胜便利，大有犄角之形，实于边务上关系綦重，不可不兼筹并设，以维全局而控岩疆。惟办法尚有不同，抚松一县，人物较众，物产亦饶，但咨由吉抚转饬濛江州牧，将该州历年户籍租税一切案卷移交清楚，便可派委筹办，收功尚易。安图地广人稀，较抚松稍难，而地界韩境，较抚松尤重。其西南二百余里有布尔湖里，即三天女浴躬之池，又为发祥要区。然若高张旗鼓，非特糜费，抑涉铺张。查该处森林尚属完全，拟将设治主义潜附于采木官局之内，先派员经理木植事宜，俟基础坚定，有财有人，即行建署设官，则势如破竹，不劳而理。采木章程另有专禀此安、抚设治,分别办理之情形也。刘、许两委员此次履勘,躬亲目睹,考察甚为精详,故议论甚中肯要。卑府与该员等讨论数日,虽亦略知梗概,究仍以目未亲睹,百闻不如一见为憾。兹特将图说报告并李令廷玉由临具禀各件,汇呈钧阅,祇候批示。

批:所陈奉吉分界主旨,拟以红旗河等水为天然界线,并拟于图们江上游设安图一县,规划扼要,实为控驭三江不易办法,仰候咨商吉省,再行饬遵。

附咨吉省公署奉、吉分界拟以红旗河等水为天然界限文

案查长白增设府治,曾经咨请派员会同署临江县知县李丞廷玉查勘,并奏准咨行各在案。现据该丞查勘竣事,详具图说报告呈覆前来。查奉、吉分界,一在划吉界南岗以防外交之轇轕,一在查汤河、漫江以树长郡之后盾。现就图报所列各节,若以山为界,由牡丹岭、富尔岭,柳河岭等处历抵头花园之分水岭,均应划归奉省,则吉省南界似嫌单薄,不如以水为界,由红旗河经荒沟掌、白河口、上下两江口历抵山岔子之正岔而止,纵横广袤,厥势维均,再由红旗河而南越七星湖、圣水河、葡萄河迤逦而南,便抵长白府以东之二十一、二道沟地方。自七星湖以下,处处与韩国毗连。是以水为界,则省界、国界,皆有天然界限,凿凿可寻。惟事关两省地界,未便独裁,相应抄绘原呈图说,咨商贵公署,请烦查核,迅速见复可也。光绪三十四年十二月初四日。

附吉林公署咨覆议划奉吉省界文

查此案前据奉、吉两省勘界委员及濛江、桦甸设治委员各禀,分别考核,则有四说:一拟自牡丹岭、富尔岭顺下两江口,经头道花园以至分水岭为界,此取山势连亘者也。一拟自龙岗后松花江源分界江之南紧江、漫江、塌河、头河及汤河口子以至汤河源为界,此取水流横贯者也。一拟自上两江口顺二道江由下两江口南至头道花园河口,循白浆河[1]斜向西南,至分水岭三岔子为界,此折衷上二说而欲酌中办理者也。一拟自下两江口南顺头道江源至汤河口,折西南循汤河抵三岔子为界,此又折衷上三说而再求变通适宜者也。由第一说似为专主开拓奉地,诚如大咨所云,

〔1〕 白浆河,位于吉林省白山市靖宇县西南20公里。

吉省南界似嫌单薄。由第二说又似为专主扩张吉界,而于长白治地则欠完全,故大咨谓以山为界不如以水为界,洵为确论。而以紧江、漫江又不如以二道江流域为界,亦已无可更议。由是欲求纵横广袤,厥势惟均,不如取择于后之二说。但一循汤河,一循白浆河,二说孰为利便,亦自大有区别。大咨仅云抵山岔子之正岔而止,未曾指明沿何水划分。事关定界,自应不厌求详。敝处近日切实考查,参诸众议,如紧江、漫江以北既划归奉省,汤河以北须仍归吉林,庶濛江始可设治。若长白北境既抵二道江,而濛江南境仅限沿白浆河至分水岭而止,则州属地而褊狭,殊不足以资展布。倘由西北再割磐石县地以附益濛江,不特过于纷扰,且磐石属官街已分隶桦甸,实无余地可以扩充。似宜斟酌损益,于下两江口以下即仍照原案,由汤河循宝马川至三岔子为濛江南界,则州治足敷,准之以水为界之宗旨既属符合,而于自上下两江口历抵山岔子正岔之原意,亦不相违。是否允协,相应绘具图说,咨覆贵大臣查核见覆可也。

附咨覆吉林公署议定奉、吉省界文

准贵抚部院咨开,查奉、吉分界前据两省勘界委员各禀,分别考核,则有四说。反覆参诸众议,如紧江、漫江以北既划归奉省,则汤河以北须仍归吉林,庶濛江始可设治等因,准此。当即再就勘界委员图报详加参考,自下两江口以下,若沿白浆河划分,损益折衷,至为允协。应即定由红旗河经荒沟掌、白河、上下两江口历循汤河、宝马川抵山岔子之正岔为奉、吉两省分界之线。相应咨请贵抚部院查照,希即札行勘界委员及桦甸、濛江各属遵照可也。

纪通道

临江与他县交通,全恃山路。冬有二道,夏则一焉,仅容人马,崎岖险仄。西北自林子头起与通化界越老爷岭、珍珠门[1]、宝德泉、椵抱松岭至三道阳岔共约九十五里,密林峻岭,杳无人烟,必穷一日之力始达。自此至帽儿山计二十五里,较老爷岭之险或少减,然沟水横流,山陂陡绝处不少,既无桥梁又无磴级。八月以后冰雪载途,土石冻结,交通稍易。此自临江至省之大道,其不便如斯。迤西一道由通化

〔1〕 珍珠门,位于吉林省临江市花山镇。

四道江起，绕大罗圈沟，过七十二道河，跨辑安北境以达临江，里数较多，必待严冬冱冰以后，始能行走扒犁[1]，平时交通几绝。舍此而外，虽尚有一二小道可通吉林之汤河、漫江，惟兵队捕匪时，偶一行之，商贾无出此者。故往来于邻境之辑安，舍冬令履冰而外，余时均出林子头至通化绕道而行。其余各处，交通之不易更可知矣。临江之二道沟、十九道沟与汤河、漫江本有间道可通，亟应勘修一道以通长白岗后，各处方足治理。兹以长白设治建署于长生堡之塔甸，则由长至临，由长至吉林之汤、漫，由临至省各道，非大加修理，不足以资控驭而便行旅也。故通道一事，长白、临江有共同筹备之处。初议路线自八道江起过老爷岭至帽儿山为北路，约百六十里，为长、临两州、县之要道。自帽儿山起至塔甸为东路，约四百六十里，为长白要道。自帽儿山至辑安为西路，约百里，为临、辑两县之要道，急须首为开通。其他如长白北境与吉林来往小道，亦当定为一线，与吉省合办。所定三路工事，当于北路入手，东路次之，西路又次之。开路工人暂用临江、辑安、通化旧有之防兵，随后酌招工兵，不足再征发本地土人工头以为通力合作之计。此筹定开路办法之情形也。惟招集工兵，需款甚巨，以库藏支绌之故，宜从减招用。原拟招集三营，为开筑长、临要道兼顾边防之用。嗣经设治委员于光绪三十四年四月禀请，先招一营，即以设治委员兼充标统。以资钤束而便驱使，当经批准办理。惟此项路工自通化八道江至帽儿山长约百八十里，又自帽儿山至塔甸长约四百五十里，均系长、临来往要冲，必须赶急兴办。工兵一营不敷分布，拟调驻扎临江附近奉军帮同修办。继因奉军只供巡防保卫之用，并不谙习工程，势难令其兼任修路。此外又无他兵可拨，斯议遂寝。暂令总办长白设治事宜知府张凤台招集工兵三百名，编成三队，择派工程队长三名监率工兵，于去年五月二十二日开工。查定勘修之路线，系由林子头迤东自冯家窝铺绕岭头经许姓窝铺以至临江县，中间历过头道、二道、三道、四道、五道各阳岔，综计以上道长共一百二十余里。从前本议开修南道，由林子头越老爷岭、珍珠门、椴抱松岭三处。继以此路奇险，穿山凿石在在维艰，不特绕岭修盘需款甚巨，而山陂陡竖难期竣工。现勘之道与原拟之线里数相埒，而石少土多，只须刊树薙草，垫路架桥即可竣事，工省费廉，无过于此。遂于去年六月二十七日准从张凤台新定路线，并工程队大概章程二十一条，依限竣工，借便交通而利行旅。俟工竣后，此类工兵应如何分驻防护路线，当更有一番筹划也。至由临赴长五百余里，亦经张凤台查出一道土岭，只须刊树薙草便可通车。俟林子头等处工竣，即当

〔1〕　扒犁，一种木制雪地交通工具，满族语叫“法刺”。

移工开办。由长至吉省之道，则俟奉、吉勘界定后，即当克期查修。总期两省之声息易通，而长、临之邮递无阻，交通既利，百凡内治，俱易着手，而防边之策，亦可次第举行。如机之轮，周转既灵，而后物力有所措也。

附张凤台等会议减招工兵呈文

光绪三十四年三月初四日，蒙督、抚宪批：工兵一节，前已面谕。刻下款绌，暂核减招用，陆续加增。应仍遵照前谕，先酌招若干试办。等因，蒙此。卑职廷玉遵即会同兵备处总办傅良佐，查照前呈招兵条款，详加核议。窃以招兵原为开筑长、临要道，兼顾边防起见，所拟先招三营，已属暂顾目前办法。惟刻下款绌，应即核减招用，随后陆续增加。现经公司酌拟先招一营，即以设治委员兼充标统，以资钤束而便驱使。但延吉暂定官薪系按八成减发，此次长白一律照办，恐薪薄不敷办公，断难持久。若照陆军定章办理，又与延吉办法两歧，转多窒碍。再四协商，惟有官薪仍发八成，另加津贴，俾能敷用，庶与延吉办法不悖，请示遵行。

批：工兵一项，原为开通道路、筹备工筑之用，本非营制，何须请派管带以下各官名目致涉铺张。仰即改派武职三名作为工程长，将来带领工兵督修道路，谅已敷用，其余名目一并删去，俾昭核实。所需经费，应由张守切实核议，仍呈由度支司酌核饬遵。

附张凤台等拟勘修路工日期并送图说呈文

窃卑府等于四月间由奉首途，先后抵临，通盘筹议。查照去年报告书，自林子头至临江县城里表内列有大道三条：一南道，一北道，一中道，并载有修凿方法，大旨主修南道。卑府等此次沿途履勘，逐加延访，佥谓北道顺河身前进，道阻且长，修通不易。南道为近数年骡驮熟由之径，跨越老爷岭、珍珠门、椴抱松岭三处，本属奇险，此时穿山凿石，绕岭修盘，不特需款甚巨，且山陂陡竖，何时可报竣工，曾否便于行车，尚无把握。中道自林子头起至南山陂与南道合，仍须越白水泉、老爷岭之险，其修筑之难，与南道同。卑府等乃复邀集工程长陈国璧与久驻临江县王外委宝山等详细谘询。据称林子头以东自冯家窝铺起至临江县旧有一条车道，系光绪二十年前驻扎临江左翼长宝贵所修，旋因中东一役，调赴前敌，功竟中止。近十余年路僻草深，人迹罕经等语。卑府等因派测绘员王贵然等前往测勘，并派工程长费荣光跟同踏查,以资印证。再四筹思,既经左翼长督修在先,彼时必有一番调查。第荒废多年,惧多梗塞,势非足经目睹,终难臆断。乃复雇觅引路土人,督率稽查陈工程长躬亲履勘,寻当年旧道,披荆斩棘,直抵山颠。自冯家窝铺以至岭头约四十余里,树木槎枒,水草交横。沿岭头而下,山陂陡凹,舍马徒行三十里至许姓窝铺,地近平衍,涧沟低洼必须架桥而行。自许姓窝铺以至临江县署五十余里,中间历过头道、二道、三道、四道、五道各阳岔,地势较前稍平。综计以上道长共一百二十余里,里数与南道相埒,而石少土多,毋庸炸药开山,但须刊树薙草,垫路架桥,工程费省,似觉稍有把握。及抵差所,与前日由此道赴临之测绘员王贵然并工程长费荣光等询谋佥同,卑府等又连番商确,以所见证之所闻,遂从此议决。大约此段工程较南路可省十之七八,如无霪雨为灾,涧水冲决,约计五个月总可报竣。俟工竣后再禀请分拨驻防,以资保护。现已招齐三百名,编成三队。拟定修工程章程二十一条,发交三工程长,饬率工长限本月二十二日开工,以仰副宪台交通山路控驭岩疆之至意。谨将由林子头修至临江县路工大概情形,呈明查核备案。

一、由林子头以东冯家窝铺起至齐家窝铺入山约八里,地平。内有乱石一段计十丈余,小河二道,宽四尺,深二尺。凡云河几道者,均系一水环抱或即由近山发出。

一、由齐家窝铺至燎荒地一段约七里余,地平无石。路在两山之间,荒草交错偎地。木桥三架,均宜重修。河二道,宽四五尺,深尺余。

一、由燎荒地至八里坡约二十五里,路湾而平。有乱石约二里。河九道,宽深与前同。木桥四架,均宜重修。

一、由八里坡至岭头约十里,地平。有乱石里许,难行。河二道,深尺余,宽三四尺,此水即由山上发源。

计冯家窝铺至岭头共四十余里,拟分四大段八小段修筑。

一、由岭顶至岭下约六里,路窄陡且险,盘旋而下,有十七湾宜开宽填平。河三道,宽深如前。

一、岭下至棒棰营约七里,路稍险。大桥约十三架,均宜重修。河三道,宽四五尺不等,深二尺。两岸树木阴翳,较岭头尤胜。

一、由棒棰营历头道阳岔至许家窝棚约十二里,地凸凹不等。河四道,深尺余,宽八九尺。

一、由许家窝棚至二道阳岔约十二里,路险无石。小河约十七八道,深二尺,宽三丈余。

一、由二道阳岔历冯家窝棚约十里。河四道，深二尺，宽四丈。此地住朝鲜人十五、六家，地平可耕。

计岭头至冯家窝棚共四十余里，拟分四大段八小段修筑。

一、由冯家窝棚至三道阳岔约九里，路平树少。河四道，宽三丈，深二尺。此地有岔道一股，通椴抱松岭、老爷岭。

一、由三道阳岔历四道阳岔至临江县署约二十五里，道平。中有小岭四道，崎岖难行约八里许，工程较费，余皆土道。

计冯家窝棚至临江县署共三十四里有余，拟分两大段四小段修筑。

以上统计道路一百二十余里，共分十大段二十小段。每大段十二里，每小段六里。按工兵三百名计算，除伙夫三十名并车夫及往返支运米粮夫役十名共四十名外，实在做工兵丁共二百六十名。现由林子头、冯家窝棚先行开工，修至岭顶共四段。每大段分工兵六十五名，每小段分工兵三十二三名。其间树木多寡、河道宽窄、道途险夷不同，当饬工程长酌量分段赶期督修，限五个月报竣。如实有不敷之处，再行遵照宪谕酌招民工，以资补助。

再工竣后，应行驻扎防营地方约有三处，开列如左：

一、冯家窝棚以东三十余里之燎荒地面，东距岭头十五里。此地前路南面靠山，北面靠河，后路两面皆山，两山夹一路约有五六十弓，山林荒阔，最易藏贼，应驻防营保护。

一、岭东棒棰营地面，距岭头十三里有余，在两山之中，树木阴翳，杳无人迹，应驻防营保护。

一、三道阳岔，东距临江县二十五里，西距棒棰营四十余里。此地与椴抱松岭、老爷岭有岔道相通，最为扼要，应驻防营保护。

批：所拟招兵开路各节，筹划尚属周妥。仰即督率该工程长等逐段修筑，认真办理，务依限竣工，以利交通而便行旅。并须随时约束工兵，于修道地段不得有所骚扰。其工费尤须核实开支，以节糜费。至应驻扎防营地点，应俟工竣后，再行酌量核办。

附张凤台勘定长、临路线动工砍木请备案呈文

此次因长、临路线最关紧要，亟拟设法开办。无奈地冻冰坚，直至明年清明节后方能动工。延搁四五月之久，至深焦灼，昼夜殚虑，智勇无穷。特招熟悉山径之

谢巡长鸿恩再四谘商，春冬即不能修道总能伐木，志在必行，事须妥筹。该巡长住临多年，山岗形势曾经躬亲目睹。据称，由临抵长之路其入手有二：一由二道沟门迤逦东北行八十余里登冈，绕至拟设县治之抚松地面再东抵长白，约五百四十余里。二由临江东关至三道沟门迤东，入黑熊沟行三十余里登岗，至五道沟、八道沟、十五道沟等处直抵长白，约四百五十余里。惟由临江至三道沟门濒鸭江北岸，北靠滚马岭，南滨大江，有石砬四里许，峭坚穷岩，开凿匪易。今冬如拟伐木，无论从何沟入手，若专雇木把，尚属能行，且有把握等语。卑府又恐其贪功而憍，未便操切，乃督同测绘生康瑞霖与该巡长亲诣二、三道沟门详细踏勘。若由三道沟开工入黑熊沟，较二道沟绕至抚松近八十余里，工省且速，只有濒江石砬数里不易修耳。旋周围考查，惟进二道沟数里有山道一条迤逦而东，仍绕至三道沟入黑熊沟，登岗即可避濒江石砬之险，只用修盘路两三盘便可通行无阻。遂议定由二道沟口入手，绕出石砬之险，由小盘以东至三道沟入黑熊沟登冈而东，先行砍锄木障，以为明年修路之预备。即饬谢巡长鸿恩赶招木把，编列成队，以济要工。兹于十一月二十九日募齐，开具姓名、年貌、籍贯清册呈请查核前来。卑府当即跟同点验，核与招额相符，体质亦皆健壮。饬即督率该队冒雪入山，带冰砍木，于十二月初二日开工，即于是日起饷。所有该队队长以及司务、什长、工兵、火夫等薪饷，均照一二三队章程核放。并饬其每日砍木若干株，五日汇报一次，以凭考查而验勤惰。如果著有成效，拟令添盖树皮房屋数间，再将荡平岭所驻伐木修桥之工兵开拔一队，帮同办理。

附标统吴光新调查临江情形报告

一、由奉天至通化沿途，见有巡警马兵作为递信之用。而各处所设马拨，每处相距八十里左右，只设二人，恐不敷分布，至少亦须三人。且兴京抵省马拨尚未设立，通化至临江山道险峻适于步拨，故由省到临江公文，必须二十余日始可接到。吏治之交通缓慢，即交涉之处断无凭。

二、日俄战时，所建桥梁皆系用地方材木架设，其柱床均尚坚固。战后日人有用爆药轰坏或拆毁者，每一桥有节断丈余及数尺不等。此等桥梁系因浑河[1]水势蜿蜒而设，而浑河各处皆可徒涉，但遇山水暴发大雨时行时，便阻行人。应饬地方

〔1〕　浑河，辽宁省东部河流。是辽河的支流，古称沈水，又称小辽河。源于清原县滚马岭，流经抚顺、沈阳等市县，在海城古城子附近纳太子河，向南流至营口市附近入辽东湾，全长415公里。7200年前人类在此农耕渔猎，繁衍生息，创造出新乐文化。

官转责该地绅民施力修整，并责附近巡警往来监察，遇坏随时修补，以便行人，即为将来战备之用，所费无多而得利极大。木桥设处抚顺城南三里、营盘东南二里、铁贝山东端、千马河东端、土密峰附近、下夹河西端、马二墩岭东端、木奇西端、永陵[1]西北端、老成河村东端、博波沟村东端、新宾堡西端、白家堡南端、旧门村东南端。如经修补整齐后，应饬地方官及巡警严行出示，只准行人经过，不许重载车辆行走，以为久远之保存，免行人受涉险之苦。至车辆徒涉之道，应将其河底垫以沙石，或埋以草木平硬其底，则重车易于往来，不致有倾陷淹覆之险。

三、临江通长白之路，石岩险峻，非工人之布鞋、草履所能跋涉。开修山路亦非招募工队之斧锹所能施术。将来竣工必迟，需费必巨。窃见东西各国遇有开山修路各工程，必须先以爆药破坏，后利用其石土松裂而施人力。其报竣易速，必相倍蓰。应饬该监工专员，由陆军工程队中挑选精于爆破术者优以饷糈，令其试用爆药施修之法。其节省人力、经费必大悬殊，且免为外人讪笑，谓我国陆军练已数年，而于工队爆药易事，尚不知采用也。

附吴佩孚调查长、临等处报告

第一章　临江与各地方之交通

第一款　临、奉之交通路线

由临江至奉天，以通化、兴京为必经之地点。查奉、新、兴、通之人民户口颇多，而道路奇坏，每遇阴雨则道途上水深数尺，异常泥泞。民户门前及田亩附近，坎洼泥水甚多，重车既绝往来，轻车亦多倾覆泥陷。查其原因，系由地方行政官及警察官于道路漠不关心，居民因而私占官道，于道旁近田亩处任意横挖沟渠，俾阴雨至时水不得泄，潴积道之中央。是应饬各地方行政官、警察官特派各堡乡正于每年春季挂锄之农隙时，按户抽丁分段修缮道路一次。其道之宽度须由二丈至三丈，道两旁加抽泄水沟，道中间微令隆起，不数年即可成坦平大道，则行旅往来可免行道艰难之叹。倘民有毁坏道路者，议罚。临、通、长道路现虽修缮完工，但每年尚须加修一次，否则仍旧荒芜。其临、奉间之通过地点如左：

临江县、老爷岭、林子头大石棚　百二十里，石人沟、八道江　三十五里，七道江、六道江、五道江、四道江　六十五里，三道江、二道江、头道江、通化县　五十五

[1] 永陵，清太祖努尔哈赤的父亲、祖父、曾祖、远祖及伯父、叔叔等皇室亲族的陵墓。坐落在辽宁省抚顺市新宾满族自治县城西21公里启运山脚下的苏子河畔。

里，拉古河口、快当帽子　四十五里，山河堡、金斗河路　三十五里，樱儿布　三十五里，冈山岭、三棵榆树、东江道岭、分水岭　四十里，白旗堡、兴京新宾堡　三十五里，陵街　四十里，木齐　三十里，上夹河　三十五里，萨尔浒[1]之营盘　四十里，抚顺　六十里，旧站　四十里，奉天　四十里。以上由临江至奉天，合计七百八十五里。

第二款　临凤、临安之交通路线

由临江至凤凰厅及安东县，以辑安、宽甸为必经之地点。但因道路未修，行旅往来只用鸭绿江之水道。故冬令冰结后，商旅乘坐扒犁经行冰上，尚属妥协。冰解后水流势急，商旅乘坐船槽或排筏顺流而下，虽称快利，然江水涨溢，时有船筏触石倾覆粉碎，人葬鱼腹之虞。逆流而上，十分困难。由是伏雨一至，除木簰下放外，他无商旅船筏往来之迹。其应修之道路如左：

一、车马道路　临、凤、安、宽应开修车马道路。开修之法，须先由临江乾沟子上岭冈，沿各道沟之上掌开修至临、辑界之错草沟内横路，再饬宽、辑各县续行修缮方妥。

一、警备道路　国防重地以巡查、警备为最要。是应饬临、辑、安各县沿鸭绿江右岸之各道沟口，分段修缮单人单马之通过路，庶国防江面之上，可免耳目锢蔽及事出意外之虞。

一、鸭绿江水道　该江水道可设一浅水汽轮小船，上驶至十三道沟，以便携带商旅之小船筏。

第三款　临、长之交通路线

由临江至长白之道路极形困难，冰结后利用扒犁尚属妥协。冰解后假道于韩界，曾有被日阻止及骡马跌毙之险。据此情况，应修三种道路如左：

一、驼驮道路　该道路于本年八月间派刘、苗、陈、孟巡长督饬中韩居民已经修开，其地点如左：

临江县、三道沟、槎屁股岭、大烟筒沟、大拉子沟、四道沟　四十五里，五道沟、梨树沟、桦皮甸子　五十里，六道沟、长虫沟、砬子沟、老鹰沟、八道沟之大崴子　六十里，十道沟　六十里，十一道沟　六十里，冷沟　二十五里，老房子、鸡冠砬子、十四道沟、十五道沟、东西十沟子、大小十六道沟、半截沟　五十五里，十七道沟、东西砬缝、十八道沟、万宝冈、长白府　四十五里。以上由临江至长白，合计四百里。

---

〔1〕　萨尔浒，在今辽宁抚顺东浑河南岸。

一、警备道路　为国防计划,应沿鸭绿右岸之各道沟口修一单人单马能通过之警备道路,其利益有数端如左:

一、各巡局连系容易。

一、监视邻国情况容易。

一、直接警察容易。

一、直接交涉容易。

一、车辆道路　车道为地方商业发达之根本。修缮车路,最忌涉水跋山。兹拟由临江至长白选择高道一条砍木开修,尚须添设店户乃有成效。其拟定道路之地点如左:

临江县、滚木岭、黑熊子沟、四道沟上掌、五道沟之老黑顶子及五人班、五道沟南岗、六道沟上掌、七道沟上掌、八道沟之头道阳岔、八道沟、大崴子、照壁沟上掌、十三道沟上掌、冷沟子上掌、十四道沟上掌、十五道沟之关门砬北方、十六道沟上掌、十七道沟上掌、十八道沟上掌、万宝岗、长白府。以上拟定临、长车道之地点,约四百余里。

第四款　临、吉之交通路线

由临江至吉林省城,以夹皮沟为必经之地点。夹皮沟者,韩边外也。查其原因,昔有山东人韩姓连合十八姓之人,在该沟内开采金矿,颇获厚利。因其人系韩姓,又以地居兴京东北方柳条边墙[1]之外,故众人推称之为韩边外,即今韩登举之祖父也。日人垂涎该地之金矿,无所借口,因假韩国之韩为赖词,屡拟干涉。临江与夹皮沟有直接之关系,是应先修临、夹之车道,则夹、吉之道路必随之交通。其拟定车道之地点如左:

临江县、二道沟、老岭　六十里,王家大营　二十里,北王家大营　四十里,汤河口大营、桦皮河　三十里,马鹿沟　三十里,大甸子　二十里,大岭　十里,杨木林子、分水岭头道花园附近三十五里,黄泥河平岗　二十五里,潘甸营　二十五里,小老岭、大老岭　三十五里,穷棒子沟　三十里,杨家窝棚　二十里,二道柳河、柳河岗　五十里,夹皮沟　二十里。以上由临江至夹皮沟,合计四百四十余里。

---

〔1〕 柳条边墙,是一条用柳条篱笆修筑的封禁界线,又名盛京边墙,柳墙、柳城、条子边。柳条边墙是清廷为维护"祖宗肇迹兴王之所"、"龙兴重地"而修筑,始筑于崇德三年(1638年),康熙二十年(1681年)基本完成,后来在部分地段有所扩展。由于关内移民的不断涌入,后来又荒废失修,柳条边形同虚设。道光二十年(1840年)以后,东北放垦弛禁,柳条边也随之完全废弛。

第五款　临、长与珲、延、宁、敦之交通路线

临江、长白位于鸭绿江右岸之上游，珲春、延吉位于图们江左岸之中下游，为国防计划本系一线。但中间有一长白山之隔，而长白山之正阳又归韩领，故行旅往来通常假道于韩，生出国际上许多之阻碍限制。敦化居延吉、夹皮沟中间，其东北方有宁古塔亦甚隔绝。兹拟不假韩界，由长白山之阴修一交通道路，非设中央镇市及地方镇市不可。

纪航路

光绪三十三年署临江县郑令禀报，日人有疏浚鸭绿江道开驶小轮之议，是航权所在，彼族早为垂涎。中韩一江之隔，以临江为最近，在在可渡，节节宜防。三十四年，东近道拟购备小轮一二艘，专为巡江之用，经费出于安东官地收价项下。既从其请，复饬署临江县李廷玉迅为布置，以固江防。自长白设治以来，议者谓长、临通省须经山路，一道可通。其与东边各县往来多恃江道，冬寒冰结，稍资运转。一至开江，交通反绝，因无舟楫以便行旅故也。时议造木槽通行长、临一带，合东边各州、县联络一气，庶几往来称便，亦借以稍握鸭绿江之航权。其经费则自木税项下取偿，亦有议官商集股合力以成之者，尚未决定。木槽之式，拟分大小二种。大者往来安、宽、辑沿岸，小者往来临、长沿岸。初开办时，至少各式须造四只，接续往来，俾新设长白府治交通便利。百凡赖以整饬，是盖在上者之责，亦后之治长、临者所当就近筹划也。

附陆军部议复东边防务计划书

鸭绿江自长白发源，下抵安东，蜿蜒二千余里。其水流线限隔中韩，划然不紊。就平日水运论之，因江心石硝太多，水流奔放，只有蟒牛艚船上下宽甸，辑安、临江一带。而临江自帽儿山以上向未通驶艚船，凡民间日用必需，均待冬月封江以扒犁拖载。以军事上之关系，驶行小艚多只，拖带货物溯流江上，调查运道，兼利商贾及探测航线，保护江权，即于此系之矣。入手之事当以除硝石、通航船、设水路巡警三者为最要。查该江中硝石虽多，其有碍航路之必需开凿者不过门槛子、谷草垛、黑驴子、满天星、白马浪、大白羊鱼等十余处，急宜用炸药轰去，以能行蒸汽小轮为限。若造小轮，开首宜有五六艘，每艘附带鸭嘴小艚四只，减收运价以便商贾而利交通。

商船而外宜另造小轮四只，每只支配警兵二十名，统以水巡副长，并设正长一员，管束全班警队，优给月饷，借成江上防兵云。

附标统吴光新调查鸭绿江沿岸实记

鸭绿江左岸之满浦镇、虚仁浦、渭原、碧潼、义州皆设有监视日人，如警察兵队绕山横江架有电线。而楚山、昌城、安东等处并设有日人街市，驻有军队保护，商业尤为发达。义州上游长甸地方，有高丽税司抽收沿江艚船之税，暗中监视中韩艚船之来往，以为独握江权之始基。图们江中，日人已行驶小汽船以夺航权。鸭绿江虽未见经营，而惠山镇迁民实业，于木材地利已独吞而莫可谁何。我国商民于鸭绿江往来艚船及木簰甚伙，然须俟雨后水涨，方可顺流速下。否则湾居浅洲，是欲木材商业之发达，非浚通该江利用便民不可也。现铁路既难即时敷设，固宜利用水路驶行小火轮，以牵挽往来贸易之艚船、木簰，则人工必省，所采木材必十倍其多。如是则税关之利厚矣。我苟不为，明年日人则必浚通该江，以管中韩艚利，而其伐木必十倍于我，不特商业失败，而国际江流丧于无形，国家何堪此辱。查平时国际公法凡江河流为两国境者，通常供两国之航行，须两国互相条约，始行课税。名曰通过税今日本隐然限制我国航运，定其课率，于鸭绿江右岸我岸中江台日名马市芝台，我派有查簰分局。设木材厂验察所，揭示章条，先我合办条约实行检查，树以日旗，给以日票，始准放下。是日人于两国合办之事，尚且如此强梁，擅立官署，其目无地主因中日倡议累年不决，日人谓中国官府不知有此等地区，若俟条约揭晓，必迟过夏季，不如独断实行以收权利。之手段，稍有血气者谁不为之痛心。又沙河镇安东县江右岸亦设有检查所，木簰须先受日人之检查，因日人据税关上游，且有监察职员，我国税吏概听使役及木主投报，始行检查，侮由自取，岂不痛心。我国税吏尚在酣梦之际，熟视小民之受侮辱，国权之被侵害而漠然无所动于中，可胜叹哉。

附度支司科员王浣请提议鸭绿江行轮问题呈文

查中韩两国以鸭绿江心为界，与中俄两国以额尔古讷河心及黑龙江心、梧子江心为界情事相同。额尔古讷河、黑龙江两处，皆有俄轮行驶。以两国公共之江论，中国自应一律行轮，利益均沾。乃光绪三十三年夏间，漠河金厂雇用江省爱国轮船装载货物运至黑龙江中，俄国来文诘问。以后华轮遂行至临江州止，不出松花江一步。推求其故,缘无行船章程。且该江中原有零星石块,阻碍行船,由俄国修挖,中国并未摊款。在当日边备不讲,任人自为,固不料今日之借口阻拦,散失权利也。现时日本监视韩国,经营边界。日韩营林厂、中日采木公司相继成立,鸭绿江行轮问题日形迫切。查鸭绿江自安东县起至二十一道沟止,最浅处亦复深至四尺五尺,足敷浅水轮船之用,但将江中门槛、满天星、黑驴子各硝,设法修平即可畅行无碍。计自辑、临设治,户口渐多,砍木、运木工人岁约二三万名,麕集于帽儿山以上,需货甚伙。向以江水西流,时届夏令,东南风多,帆船逆水、逆风,上行不易,货船装运每至外岔沟、榆树林止。抵辑安者,已属寥寥无几,到临江者,岁不过一两船。该处僻在极东八道江以上,陆路亦甚险阻。人民食物缺乏,动辄盐斤无著,面碱不周,以致视为畏途。虽贫无立锥,亦不肯移家就垦。综计全县居民,男女丁口仅止六七千名。各木把所需,往往购自安东,坐候冰运。合其价,恒逾常价一倍多,有因此受亏酿成讼累。是鸭绿江上游从设治上设想,既应经划交通,然后人安其居,得以纵垦。若从商务设想,尤需轮舟来往,联络销场。其他运兵、运械以固边防,更为紧要。则鸭绿江行轮问题,在我已属非常重要。况日本向讲航业,又善用株式办法,合力甚易,为谋甚密。当此时局变迁,江心之界名为中韩,实已中日。鸭绿江之营业区划,在彼已不知几费经营。为今之计,似应急起直追,由我先与提议鸭绿江行船章程及修硝方法,以固江权而维水利。稍为松放,彼即猛然下手,俟彼已下手而争之,虽不至为黑龙江之续,究何如先事图之之较易就我范围也。

附东边道办理鸭、浑两江水巡全局并筹款办法呈文

窃查前委东沟交涉委员、留奉补用府经历张励学,前往临江对岸驻探,并令于沿江各属调查航路,会商各县实力举办,业经呈报在案。兹据该委员禀称,遵查鸭江一水为奉省之东界,即中国之极边。自长白发源曲折下行,至辑、宽交界浑江口,汇浑江而并流,经过安东至大东沟[1]口入海。延长二千余里,处处与韩国中分,向称公江,未定领界。近来韩为日人保护,中韩接壤即中日比邻。职此而沿边交涉日见繁难。欲保护江权不致旁落,非准以公法终难办到。宪鉴烛照,议设江巡,截断中流至吾右岸,为我江上巡警之势力范围。第水上梭巡界限靡定,宜严饬巡船兵弁

〔1〕 大东沟,位于辽宁省东港市大东街道,地临黄海,入海处与朝鲜绸缎岛隔海相望。是一条受海潮冲刷形成的大潮沟,初名太平沟,后以自然地貌特征和方位更名为大东沟。是具有很强国际影响力的一条河流,横贯东港城内,流入黄海。

据定地界，执行警章，非奉有正当之命令公文，不准越登彼岸，庶免外人之借词阻挠，亦可免其以并力合办来要挟我。此办理鸭江水巡之要旨，一有不当，必生国际交涉。浑江两岸隶我版图，辑、怀、宽、通四属皆有，长约七百余里，以通、怀界属为最多，水势窄浅，流急硝密，除木簰冲放外，船数减于鸭江数倍。此水航业暂难发达，现尚未见日船入内行驶。此江同于内河，凡非内国人，船无传单，人无护照，例应禁阻。窃议浑江流域巡缉保护，全任通、怀，共设巡船十二只，足可敷用。宽、辑、临三县，无论已有的款或设法另筹，应并三处之财力，专注鸭江以重边要。浑江口为由鸭入浑之门户，辑、宽所宜注意。现惟宽甸一县筹办不至为难，辑安则开办无资，常款亦待筹划。临江则开办常年均须挹注，而又势在必办。值此库帑奇绌之时，上请未必邀允，将筹之于江中商业。惟有安、临之间行江槽船千余只，每只容量五六十石至八十石不等，常年来往运贩盐斤、粮食、杂货，向无官捐。只有槽会每年私收规费、借名保护，为数闻属不赀。若能将此款化私为公，解散槽会，酌定捐数，派员经收发票，饬由沿海巡船稽察偷漏，验票放行，无论何项官署会所，概不准再有丝毫需索。此款存储，专备贴补临江、辑安江巡需款之不足。又采木公司原议条款，列有公司木植巡警尽有保护之责，其可否商诸公司酌给津贴，办理江巡之处，应候裁夺办理。倘得槽捐并公司津贴两款专办江巡，则临、辑两属均可成立。以后筹有的款，再图扩充。此卑职查勘私议之大概情形也。上江各属设置巡船既归一律，安东水巡向有安东县巡警局，两项官船其应改并，一照上江全用舢板多备只数之处，请宪酌饬议夺等情。职道查该员所查并筹议情形，尚属可行。惟筹款一时为难，自应先饬各县认真筹办，各尽财力创设，以后徐图扩充，以保江权而靖地面。

批：拟章尚属妥善，应即由该道札行各该县照章试办。此事为图保江权起见，关系甚重。鸭江一路，界接两国，尤为紧要。两路均应设有总机关，方能呼应灵通，事归一致。仰该道悉心筹议，呈候核夺，并督饬各该县认真办理。筹款一节，据张委员原禀称，行江槽船向有槽会，私收规费为数不赀。应解散槽会酌定捐数，是否可行，一并由该道筹议呈候饬遵。

附委员张励学拟呈鸭、浑两江巡船通行章程

一、江面巡船分为两路：一曰鸭江路，一曰浑江路。鸭江路归安、宽、辑、临四县筹办，浑江路归通、怀二县筹办。

一、两江巡船虽按属分段办理，其船式、旗号、军装均宜一律，以期齐整，而易辨

认。

一、鸭江水界两国,与内河情形不同。巡船兵弁应选其曾授普通警察教育,并识字通文,明白时势者为合格,以免遇事轻率,别启交涉。

一、鸭江对岸多有韩国城镇,近来均设有日本巡查官吏。中韩民纠葛事案,每为该日员越境拘传审判,并不通知各属县官。吾民时受屈抑,殊为侵犯我国主权。遇有此等事件,可随时照约章执行警律办理。其重大要案,即时飞报本管官长核夺。

一、鸭江一水隶属中韩两国,巡船行缉,要认定右岸为我国地界,中为公江。非奉正当之命令公文或特别急难事件,不准携带枪弹入韩岸人家,甚或索取零星物件等事,以杜外人借口。

一、鸭江既为两国交界,凡有洋人,洋船来往,即难援内河章程办理。惟于其登岸时,索验单照,遵行约章而已。但有偶在江中肇事、妨害商民之举动者,应按章随时拘禁,并通报本长官核夺。

一、浑江口为由鸭入浑之门户,最关紧要,宽、临、辑三县均应注意。

一、浑江同于内河,倘遇有洋人船只入内行驶,应验其有无正式传单护照,有者照章保护,无则禁阻前行。

一、浑江既系内地,所有巡船兵弁,一律遵现行警章执守实行。

一、两江木植,现与日人议准合办采木公司采伐收买。条款内声明巡警应尽保护之责,即当随时随地妥为照料。

一、江中见有死尸或漂冲尚未及死,无论中外国人均须急为捞救。可生者设法调理,已死者随志尸格并捞得处所,暂为掩盖,通告长官核办。

一、两江槽船、舢板约千余只,夜间向不悬灯,易藏宵小,且不合水上警章。应饬其一律悬白玻璃灯一,挂置桅杆中际,以便稽察。

一、巡船遇有事故,别船帮助不及之时,即知会陆地就近巡警协同办理,不得歧视推诿。

一、巡船巡逻应仿陆地巡逻法,每船每日立日记簿一本,巡至某段或出境会哨,有无事故,某月某日时到何地方,填写清楚,由巡到本段巡长盖章,月终呈送长官稽核功过。

一、无论上水逆行如何为难,两县巡船至少一月总须会哨一次或两三次,以期联络。

一、每船一只,额定警兵五名、巡长一名、水手两名、舵工一名,共计九名。

一、兵工饷银，应各就本县情形酌订数目。

一、江中槽船须加意保护，切实稽察。倘有借端需索情事，查出重惩。

一、夜间轮流值宿，在舱面瞭望，以备临近有事。或别船遇事，悬灯求助，立时开驶前往，不准稍延。

一、巡船装式：

船用舢板，以容量四十石者为准。

船身、舱面、桅杆均用浅蓝油色，桅端禁用旗彩，只以圆木为顶。

船面作活动人字木架，上罩白蓝间色布篷，横搭架上，以蔽风日。白蓝每色布以宽一尺二寸，长以搭至舱为准。

船尾两旁插旗两面，用蓝心白滚水边三角式，中镶白字，书明某江某县水巡字样，旗杆高以四尺为限。舵尾中插方形国旗一面，稍高于蓝旗。国旗、蓝旗常日悬挂。

船尾两旁用白地黑字，书明某江某县巡船第某号。

桅杆无事不准挂旗，有事高悬绿色长方旗一面，以示招应。夜间即挂绿色玻璃灯，平时即用白玻璃灯，均挂桅杆中际向前。

一、兵弁军装式样暂仍照陆地巡警章程，夏黄、冬青，惟肩章改书某县水巡第某号，右肩肩下添红布锚号，以示区别而便认识。

一、水巡禁令：

　　一、不准在船赌博，

　　二、不准勒索商船，

　　三、不准因上水难行驶船，互相推诿，

　　四、不准私载客货，

　　五、不准无故上岸远离，

　　六、无论何等风雨不准离船寻避，

　　七、无事不准施放枪弹，

　　八、不准滥用旗号。

以上章程二十二条，仅就现在情形拟议倘将来有应变通之处，由各县随时呈请改订。如蒙核准，应请札行各该县遵照，晓谕通知。

纪驻兵

临江旧驻防兵一营，经光绪三十三年裁并后，所存无几。长白改设府治，需用兵队益多,稍一拨用,顾此失彼。兵力既单,胡匪必肆,土著被其扰害,劫掠及于韩民。诚恐日人或借保护为名,派兵入境,横生交涉,故于上年三月,由奉军左路拨派马步队长各二员,分带马步兵各八十名,归长白设治委员就近调遣,借重边防,而资护卫。嗣因不敷分布,仍令参照捕盗营章程酌量招设马兵二十名、步兵五十名以之镇压地方,兼为传递公文之用。自长白设治以来,政务纷烦,往来公文,尤关紧要。长白与临江相距六百余里,长途梗塞,非水即沟,人烟既稀,接应绝少。自前年定临江西北各路分设步拨十余处,传递公文,尚无贻误。乃移缓就急,将临江西北路步拨五处照旧设立,而以西路步拨五处移至东路至长白山止,以便邮递公文,于经费亦无所出入。继因开办长站,各处路工,招集工兵数百名,名为工兵,实兼寓防守地方之意。盖中韩边境只有一江之隔,一渡江便涉吾境。冬令封冻履冰如途,沿江一带尤为防不胜防,初不独长白一处也。近来韩民起义与日人抗,一旦韩民溃败,计穷渡江,彼时日兵逐韩侵入我界,空言相诮,成效难期。自应统筹全局,防之以渐,设备宜早,非兵奚赖焉。

附李廷玉招兵拨饷请立案呈文

前请准招马步各队兼拨饷项,当蒙批准仿照各府、州、县捕盗营队办理。查各属捕盗营队章程,马兵五十名,步兵二十名,把总、外委各一员,每月应领官兵薪饷银六百两左右,自应遵示照仿办理,以归一律。惟长白属地滨江负山,崎岖危险,森林丛杂,利于步行。现拟仿照各府、州、县捕盗营章程,略为变通,酌招马兵二十名,步兵八十名,设把总一员、外委二员,不特镇压地方、接递公文均有裨益,于饷项亦无甚出入也。

批:查奉省各属捕盗营章程,经前军督部堂以从前各属巡捕、游击各队办法参差,章程芜杂,特明定章程,按地方之繁简,定兵数之多寡,额设捕盗营马兵五十。四十名者设把总一员,二十名者设外委一员。所有弁兵薪饷津贴,一律按照奉军饷章开支,把总比照哨官,外委比照马兵。嗣因把总、外委等名目与政务处奏准挑改巡警,拟改把总等官,名目牵混,遂将捕盗兵改名曰巡兵,把总改称为巡官,外委改称为巡长,各冠以捕盗二字以示区别,先后奏咨立案,并通饬遵照各在案。厥后间有一二州县以地处山中不宜马队,于是因地制宜略为变通,准其改马为步,多招兵数,期于饷项无所出入,仍酌留马兵若干名,以便递送公文。兹据呈请各属捕盗营队章程,显系该丞误会,所请酌招马兵二十名、步兵八十名、把总一员、外委二员核与定章不符，碍难照准。惟长白山地方滨江负山，利于步行，且甫经筹办设治，草莱未辟，与他处情形自有不同，应酌量变通。暂设马兵二十名，步兵五十名以资调遣，候饬度支司知照。

附李廷玉筹防韩民窜败过江并阻止韩官稽查户口禀

顷据长生堡区长面称，韩国木山城有义兵四五百名，衣俄军服，用俄军械与日抵抗。并称该城去新设府治之塔甸四百里，步行四五日可达，殊为危险等语。查现有之兵镇压地面已不敷用，若韩之义兵溃败，计穷渡江，空言禁阻，恐无效力。彼时日追韩兵占据我界，迫令出境转多为难。可否饬张守增募兵队，以振声势，俾义兵不敢径行过江，出自钧裁。卑职距木山城较远，但义兵飘忽，未必不由北而南，自应预为筹备。现驻奉军步队二哨、马队一哨，合之捕盗兵二十名实系不敷分布。况三岔子拨驻步队一哨，除去走差，不过数十名驻扎江岸。前禀招募猎户百名编成一队，实为防患未然。嗣又密禀拟招任把头、胡匪一股归并猎兵办理，意在得步马兵百数十名，无庸另备马匹、枪械。又面请饬巡警道筹给月饷，加添警兵，外免日人猜疑致滋交涉，内则沿边戍守以警作兵，均为慎重边防起见。敢请迅赐批准，并饬该道速筹警饷转饬遵行。工程队八月无饷，第一队业因无饷罢工，俱欲旋里，已由李都司点清告退人数三十三名，先发该队月饷，俾得退工各散，再行照数募补，以重要工差。幸道路已通，贫民来者甚众，补兵不难，堪以告慰。惟各项薪饷欠发，需款甚急，乞饬张守速来，或先拨款五、六千金交张守妥为迅速寄至，是为至祷。又路工九月间决能告竣，长、临路线必须接修，工队尤应增募，已函张守面禀。韩巡官昨渡江，拟查侨居我境之韩民户口，已婉辞阻止，但是否再来实难逆料。乞饬司与日领事特开谈判，前谕准派交涉专员及日语通译，祈速派来以资佐理。

批：日韩交哄已成，边境仅一江之隔，一苇可航，随在能渡，瞬届封冻，履冰如途，沿江一带，尤为防不胜防，正不独塔甸一处为然，亦非张守仓卒招兵可恃，更非该令招猎户、招降匪遂能长保无虞。此事宜统筹全局，候饬交涉司与日领事先行照会商定办法，再行饬知。招兵、募警二事，前奉部章除陆军巡防队外，不准各省练有杂项兵队。奉省正在款项支绌之时，亦无法添筹警兵月饷，均暂毋庸置议。至招降匪任把头一事，应遵照前示办理。边地早寒，工队工程，著赶紧募足，督饬兴办。急需之款，已经张守带往酌发。前请交涉、翻译各员，新委署理该县典史[1]单恩禧随带翻译一员，不日即可起程。至韩巡官过江稽查户口一事，并候饬交涉司议办。

附标统吴光新调查东边情形拟定驻兵大势文

日人沿江配置工兵及守备队，可以推见其政略。何者，日俄媾和条约第七条云，日俄约定后，经营满洲铁道须以商工业之旨，但于辽东半岛租借地区域内筑设铁路，不在此例等语。故日人必借发达商工业为题修筑铁路，而隐为战事之预备。现已据有海军根据地，旅顺大连兼有资源，日本高丽而其政略之作战线、海陆运输谓旅奉、京奉、安奉铁路又突贯无阻。我若欲组练军队，先固海军之资源，而我海军资源只有势力握半之营口。以战略论，营口受渤海之锁制，旅顺芝罘只可适用于平时，而不可用于战时。故东省军略必须注重战时资源，选定根据地，于新民厅之巨流河域设蓄积仓库，巨流河城、牛庄城、田庄台、沟帮子派驻小部军队。始可谓之有兵备。否则，徒增军队而不预设附属之铁道、河流辽河、浑河、鸭绿江、浑江。交通机关，以发达其军政之商业，是不困于敌而亦已自困矣。不借日人之交通力，务利用江河以交通，即隐抵日利之举。盖军队乃不动之销耗品，必待他力之供给，始足以存立。苟其地商业不发达而强配兵队，是兵不能卫商民，适以困商民也。闻议者欲由凤凰城亘长白州，于鸭绿江右岸驻屯步两协及马炮工营等。愚谓急求多加军队，于势无济也。该处民计维艰，荒地未垦，人民稀少。骤临以兵，衣食必难，因地取给，须待资源之接济。且山道险阻，以兵家论，非马炮队所能用武之地，倘或设之，其坐耗巨款可知。若谓保护边防，非配置兵队不可，则边疆尽为敌兵，直有防不胜防之叹。夫必知政略与战略之关系以配置军队，其军队始有价值。方今东土政略未定，而漫布军队亦不过徒销国帑已耳。愚谓东边设治之后援，当以通化县由此派遣临江、辑安城厂由此派往浑江口、长甸城。为适中之地，由此分遣各处守备，定期轮流更替。每处至多步队一标，马队、为传发搜索之用工队各一队，若步一标时须多添工队一以保卫地方治安，一以发达道路交通，由省至驻防地开修道路，架设电信。则虽名为治兵，于农商皆有裨益也。故为今固圉之计，宜先以少数军队镇静胡匪，而注意于商农工业，免此后东人借保护商工业为词，有增加军队日俄媾和条约添加第一款载之之举。宜选枢要之区，组织军队内含马炮队，为各防调充之备。

〔1〕 典史，中国古代官名，设于州县，为县令的佐杂官，但不入品阶。元始置，明清沿置，是知县下面掌管缉捕、监狱的属官。

及经理机关,候训练成师,然后调赴驻防,或更番代防,借资教练而均劳逸。此东边设治,不可急于多组军队之概略也。

纪商业

咸、同以前,东边一带尽属山东饥民飘流之地。光绪初年设官之后始兴木业,数十年来鸭绿江流域之市场,均随木植之聚散为盛衰。自日俄战起,东边陷入阵地,民间木材占为军用,计值凡二百四十余万两。于是料房倒闭及半,木把数万同时辍业,遂使东边数十年之专业一蹶不振,市况大受影响。临江原非商业区域,但踞有长白森林之半,影响所及,益见衰颓,人民稀少,城市寥落。闻前两年时,临邑城境仅有大小杂货店二十二、小烧锅一、客店十、饮食店十四、工艺十四,板屋茅篱,不相连比,非隔两日之期,道无负戴。中韩互市,亦有定期,日中始集,以物易物,各得其所。间有货币,日韩杂用,市有余货而少现资。凡属布帛等类日用之品,每年各商由安东贩运一次以供需要。米盐之属,多由韩人供给。近年日本设市场于惠山镇,长生堡一带居民仰给于日货者益多。临江商况本极萧条,因此又生一漏卮矣。长白、临江输入货物以食盐、洋布为大宗,每年约值三万余元。输出以木材为大宗,每年约三千余牌,每牌约五百余两,共值百六十余万两。其他则有人参以及各种兽皮之属。输出之数超过输入几数十倍,而商力不见饶裕者,盖此输出额之大宗全为木料。木料在山任意采伐不以钱购,其故一。冬伐夏售,囊资不返,其故二。业木者惟习浮浪,不知储蓄,其故三。而其总因则在峻岭荒江,运输艰苦,民稀俗陋,需要简单,是虽入倍于出而地方不形其富,商力不见其张,状况萧瑟,良有以也。自长白增设府治,经营商业为其要图。惟事关创始,即辟领市廛为入手一著,故谕令设治委员就地筹划。去年七月由该员禀定辟市领廛简规,立商业之基础,然无以招徕商民,亦难图贸易之发达。其年八月刊发广告,通饬各属县谕各境商民,俾知长白开道建市,已具规模,而物产丰富,营商者不无可以借手之处。继思边荒钱困,在在不便。商人重利而无远识,欲求资本流通,营业发达,非有官力以济之,于维持商业之义犹有未尽。乃令总办长白设治事宜知府张凤台,拟定试办长郡银号规则十二条,其资本暂由东三省官银号借拨银二万两,利息照每月四厘计算,所借本银自领款后第四年起按年还本银五千两,四年还清。虽为一时权宜之计,于振兴商业不无小补。将来舟车辐辏,市廛繁密,货不滞于一隅,民居之为乐土,既庶而富,于此基之矣。

附张凤台等呈报领廛规则文

长署开工，近日远近商民闻风而起，纷纷请领市廛以营商业。当即俯顺舆情，勘定署前街市，准备商民具领。除府署左近所有佐治官署、学堂、警局、监狱、营房各项应需地址，业经筹备不计外，兹特于府署前边划分井字形式，排列东西南北纵横四道大街，平均丈量编订号码，共一百二十一号。每号址宽八丈，长十八丈，立有木牌为界。拟订简规数则，宣示商民，愿领者投具籍贯、姓名，领状量给执据，挨号登簿依序盖房，预防争执。领据上并注明目前概不索费，俟市房盖齐后，再照临江领廛规则，从宽核议，以广招徕。惟所勘公用市廛有民间已经领垦，或已垦尚未具领者，种种情形不同，自应揆情度理，分别已领、已垦及已领未垦量予区划，以昭公允。至已垦未领之田，虽于例不合，然边荒路远情有可原，拟仍照已垦者核办，以示体恤。以上各情，当颁发简规明白晓谕。现商民来此领廛者络绎不绝，如果市廛不敷分布，再行逐渐扩充。开办之初，宁宽毋苛，既仰副我宪台绥边之意，且以示宽大之恩，所有拟订领廛规则，理合呈请查核。

一、领廛后限三个月内开工盖房，逾限不盖者，原廛缴回，以便给他人转领。

一、领廛概不索费，俟盖房后，查照临江设治规则核办。

一、房檐宜高不宜低，房顶须用石灰缮齐，不准全用干草，以防火灾。

一、所占市廛如系已经领垦之地，准原领人再领市廛若干号，号数视亩数为准，亦不得额外多领，以昭限制。

一、本年禾稼甚茂，由官酌给籽种人工等费，以免赔累。

一、未垦者概不给价，准领市廛一二号，以示体恤。

附招商广告文

照得此次奏设长白府，设治地点名曰塔甸，距奉省一千五百余里，在临江十八、九道沟之间，南临鸭绿江，北负长白山，物产丰富，地土膏腴。前因山路崎岖，人迹罕通，以故商贾裹足，视若畏途。兹于本年五月间募集工兵三百名，由临江西南林子头先行开凿，刊树薙草，修桥垫路共一百二十余里。现已一律开通，荡荡平平，车马行人毫无阻难，岭东岭西并添设旅店两座，以备尖宿，并拟饬防营驻扎岭头，昼夜梭巡，以资保护。此由林子路至临江山路已经开通之情形也。九月间添派工队移修长、临山路，从临江二道沟入手。该处系长白山南麓之支岭，约计四百里，明年六七月间便可竣工，直抵长白，通行无阻。此由临抵长山路指日开通之情形也。长白府衙署业经建设，规模备具。署前划分井字街道，设立布廛编号排记。每市廛一所，宽八丈，长十八丈为一号，共排列一百二十余号，准商民具领盖房，以营生业，目前不征分文。兴京、通化一带赴长领廛者络绎不绝，如果不敷分布，尚拟逐渐扩张，以恤商贾而广招徕。查长白山为我朝发祥之区，山川灵秀，物产丰饶，实为商民绝大利薮。所有长郡一带土宜物产关于民生商业者，逐条开列于后，凡我商民其各联袂偕往，以无失此好机会也。为此广告商民人等一体知悉，特告。兹开列该处物产名目如左：

动物类

熊掌　熊胆　獐脐　麅皮　山羊皮　悬羊血　猞猁　虎皮　虎胆　虎骨　虎肝　鹿茸　鹿胶　鹿胎　鹿毛　鹿皮　水獭　狐貉　貂皮　灰鼠　黄鼠　獾皮　獾油

植物类

人参　细辛　五味子　黄芪　赤白芍　黄柏　金银花　贝母　兔丝子　车前子　独活　木通　木耳　东蘑　黄蘑　松子　金针　百合　山楂　山药　松烟　木炭　乌拉草　透骨草

以上就动物、植物大概而言，此外种类尚伙，不胜枚举。至于森林、矿产尽人皆晓，兹不备述。

附试办长白官银号规则

一、此项银号专为储蓄利源，振兴公益而设，名曰长济银号，与省会官银号稍示区别。

一、银号即附设署内或署左右闲房，暂不另立门面招牌，致涉铺张。

一、银号本金、息金，应另订专簿登记，不准与别项公款牵混，以防轇轕。

一、号规全照商家性质，与民人往来均以和平相待，不准沾染官场习气。

一、除筹办农工商矿等项或设治修工暂行通融外，无论何项何员，概不准擅行腾挪，以昭限制。

一、凡商贾民人息借款目不得过二千元，短期四个月，长期六个月，本利缴还。如愿续借者，另换借券。

一、借券须有殷实铺商担保，逾限不交，担保者认还。

一、本号经理人即以设治各科员内工与会计者兼充，并延订人地熟悉、殷实可靠之商伙一名帮同办理，酌给薪水，不得滥派多人，以昭撙节。

一、银号本额不敷周转，照准本金十分之三制备银帖以资补助，逾本额者查究。

一、每届年关，应将本号所兴公益用款若干，并出入存放应得赢余若干，汇具清册，呈请督、抚查核。

一、如遇新旧交代，除现银、现洋外，凡公益占款及商民借券确实可凭者，均准移交查收，但不准空欠抵塞，希图朦混，违者禀追。

一、后任接收清楚，即将本利若干及所办公益若干声叙明白，并随同清册出具不与前任相干结据存查，如有错误，惟接收员是问。

附张凤台禀临江一带情形并陈管见文

东陲逼近强邻，所有应行要政，凡莅斯土者，无论士夫、商民，稍有识者皆能知之，亦能言之。但财政困难，为贫且弱之国家计划与富强者不同。若必兼营并举，高谈宏议，与其以力不逮而废事，不如次第施行通力合作。如森林办法即附于工程之内，收买公司饬由度支司、劝业道[1]公同筹设，附银行于其中，或即由设治员领款试办尤为简易。矿务先由钢铁入手，以绝外人觊觎，俟办有头绪逐渐扩充，当不至务广而荒，虚糜帑项也。至府治僻处边徼，文报甚迟，电线最关紧要。东边多木，电杆易备，其余款目可饬电报局先行估工从速开办。兹谨将管见，另单附陈。

一、森林　自林子头冯家窝铺入山至临江县，两岸树木丛翳，以松木、椴木为大宗。黄花松性最坚韧，杂木杨、柳、榆树亦多，但岁久则枯。惟松椴两种历年较久，有高至十余丈，围四五六尺不等，槎枒弥山，实所罕觏。然自八里坡以西至许家窝铺以东，木把[2]甚少，因山水阻滞难于搬运故也。许家窝铺以西，则满河皆木矣。

办法　俟开路后，另招工程队二百名，专砍大而且坚之木料运至许家窝铺，河水较大直入临邑大江，运往安东。每年所获木利除养工兵外，当有赢余，积日久则利愈厚，有断然者。

---

〔1〕　劝业道，官署名。清光绪三十四年(1908年)后，各省陆续设置，掌全省农工商业及交通事务，署内分六科办事，各有科长、科员等，所属有劝业公所。此即辛亥革命后各省实业厅的前身。

〔2〕　木把，旧时代人们对伐木工人的称呼。

一、物产　动物以獐、鹿、猞猁为极贵品，熊、虎次之，狐、狼、獾、麅又次之，胎骨皮毛各适其用。植物以参、芪为极贵品，细辛、兔丝子、贝母、赤芍、黄柏次之，木通、麦冬、独活、金银花、山查、山药又次之，其余药材、食品如木耳、百合等类尚不计其数。沿山采细辛、黄芪者，山东人最伙，所过许家、孙家、冯家各窝铺，均因采药料至此，积久遂家焉。

办法　但设一收买各项药料公司，则采伐之人售卖较易，得利既厚，市场日益扩充，商民日益加多，不烦移民招商，而实边之策在是矣。官家所需资本，尚有药料售价可以作抵，亦不至赔累。现兴京、通化一带商民，闻长白筹备设治，已有陆续来修盖房屋者，临江商家较去年已多二十余家，是其明证。

一、矿务　由通化渡江东四十余里大罗圈沟至四道江地面，沿路岗凹煤苗甚旺。有满岗皆黑色者，稍挖即煤，且有铁砟数处，土人云即铁矿也。八道江五里许尚有金坑旧迹，临江西境大梨树沟又有钢铁矿，高丽人以土法挖炼打作锤斧等类，既坚且利。

办法　拟先开钢铁矿以利民用，煤矿开挖虽易，但此地木多价廉，烧煤者少，非有航路销售不畅。金矿获利虽厚，然无把握，只有钢铁两矿，如拟开采，须选矿学家先行察看，以防赔累。

批：所陈各节均有见地，亟应次第筹办，以便交通而兴利源。惟森林一事，须俟木植合同议妥，方能核办。该处物产既以药材为大宗，拟设药材公司，事属可行，应查该地有无药行，或就药行扩张公司，或就地招集采药商民组织，必须官为提倡，始可逐渐扩充。至矿务一节，所产种类及矿苗旺否，尤须调查精详，方能开采，均仰该守随时查勘，详细呈覆，再行分别核办可也。

附吴佩孚调查临、长等处报告

第一条　煤铁矿

各国之兵舰、汽船富强甲于海外，火车、电线交通遍乎全球，至于美孚煤油尤为各国销售之一大宗。查其富强之原因，莫不借煤铁之势力。我国效之，直隶创一煤厂，湖北创一铁厂，京汉、京奉之铁路赖以筑成，现在颇获厚利，故北洋、两湖之陆军均用其进款，日见起色。而由奉天通过兴、通至临江、长白之煤铁最为富饶，虽抚顺千金寨之煤矿割让于日本，日本每年得百数十万金之进款，然就由奉天至长白之煤矿比较，不过如全牛之一尾。且通化、临江界内之煤，不惟其质优于唐山、抚顺，且比唐山、抚顺之煤产为尤富。据各国矿师云，若兴大工可制极优之煤油。临、长间之钢铁矿亦较湖北铁矿为富，故英、法、德、美、俄之人甚为垂涎，假托游历之名来该地调查者已非一次。日领韩土与临、长对岸，与我有直接之关系，不时派员渡江返复详查，其蠢蠢欲动之意，为我国人民所共睹。我若不急早兴办，外人必来要求。兹述其煤铁矿之地点及杜绝外人窥伺办法，条列如左：

第一项　临、长间煤矿之地点

一、临江三岔子煤矿　该煤矿在浑江正流上游临、通交界地，其体积约二立方里，质性优于四道江之煤，含极富之煤油质。土人限于财力不能泄水，只可采取其皮面上之窝煤，不能采取其槽煤。

一、临江望江楼煤矿　该煤矿在临江县西方二十里，土人因煤矿内之水太旺不能开采。

一、临江头道沟煤矿　该煤矿在头道沟之上游报德泉，其四道阳岔附近，现因修路亦有煤矿发见，均未开采。

一、临江四道沟煤矿　该煤矿在四道沟之大砬子沟及烟筒沟，质性等于通化四道江煤，现已有工人开采。

一、临江五道沟煤矿　该煤矿在五道沟内大梨树沟口附近，质性似与三岔子煤等，尚未开采。

一、临江六道沟煤矿　该煤矿在六道沟附近之夹皮沟，质性颇优，尚未开采。

一、临江八道沟煤矿　该煤矿在八道沟内芦花盖附近，质性甚优，尚未开采。

一、临、长十六道沟煤矿　该煤矿在十六道沟山岭发见，质性甚优，尚未开采。

一、长白万宝冈煤矿　该煤矿在十八道沟万宝冈南端两江口附近发见，尚未开采。

第二项　临、长间铁矿之地点

一、临江大李子沟、乾沟子铁矿　该铁矿由临江县西方五里乾沟子起至大李子沟西岭止，横阔约三十里，深长十余里，各山岭之直高由半里至一里半不等。而大李子沟实属无石非铁，由土岭内剖出之铁矿系一大白皮石蛋，圆径一尺至四五尺不等，碎之即好钢铁，该矿现有韩人开采。

韩人曾于鸭绿江冰结之后，由大李子沟内用车运江岸之碎石，每斤付制钱一文载回韩境制造农器，无庸另外加钢，异常锋利，并具有刚柔相济之性质，谓之纯钢。据土人云，其钢铁内含有银质。

一、临江头道沟铁矿　该铁矿在头道沟上游之报德泉附近，与大李子沟铁矿系一脉。尚未开采。

一、临江四道沟铁矿　该铁矿在四道沟内之大砬子沟。

一、临江五道沟铁矿　该铁矿在五道沟内北岔子之小山，质性甚优。

一、临江六道沟铁矿　该铁矿在六道沟附近之夹皮沟，质性甚优。

以上四、五、六各道沟之铁矿系一脉，其铁矿苗由烟筒沟至夹皮沟沿途六十余里发见。尚未开采。

一、临江八道沟铁矿　该铁矿在八道沟内之芦花盖，质性甚优，尚未开采。

一、临长十二道湾铁矿　该铁矿在十二道沟东方之十二道湾，质性甚优，尚未开采。

一、临、长半截沟铁矿　该铁矿由田地内发见。

一、临、长十八道沟铁矿　该铁矿在十八道沟之东西山岭内，甚属富饶。

以上半截沟及十八道沟之铁矿系一条线脉，由冰壶沟上崴子至万宝冈长约九十余里，其矿苗沿途发见。

第三项　临江大李子沟铁矿现在之办法

现在临江大李子沟、乾沟子之铁矿，日人屡拟干涉，因大李子沟铁炉三盘、乾沟子铁炉一盘俱系韩人开设，并无中国一人在内。我奉省矿务局每年秋季派员查抽税金一次，计每炉生铁抽洋百元，其实漏卮不少。故欲杜绝日人之窥伺，须由官备四万金之的款以开办大李子沟之铁矿。但韩人系用木柴、木炭制铁，费工颇巨。我若开办铁矿，须用四道沟之煤，该煤矿虽距大李子沟五十余里，然冰结后备扒犁运煤，冰解后备小船筏顺流运煤，亦甚便利。专制刀、斧、锄、镰、锯、铲、犁、锅、洋火炉等器具，以供给中韩农工人之需用，销路亦畅。

第二条　铜矿

红铜之销路颇广，现在各省制造机器厂及铜元制造局，半购外人之红铜。我若自开铜矿，小办则杜绝外人干涉，大办则可制铜元以代兵饷。

第一项　临江六道沟红铜矿之情况

该铜矿在临江六道沟内弁家营附近。其矿砂金黄色，制成之铜系红色。其铜之精华内含金质，每铜百斤约有金三钱。其铜之含五色光彩者，土人谓之风磨铜。每铜百斤约有风磨铜六七钱之谱，原有铜矿旧洞数处，大约系韩人当日私作，因沟对岸之韩人多有具净铜之技艺也。

现有临江县居民山东人郝景堂采取新铜矿线五条，开始集股二千元，用木炭制铜法，先由一条铜线开工，数月后各股东散伙，遂以资本太少，各工人不得按月开支,又以章程订定不善,半途停工,仅得红铜三百余斤及木炭铺底等类,亟应由官开办。

第三条　银矿

银为国宝,尤关饷需。惟银矿中铅、锡混合,锡、铅亦最易稍售之一大宗。如开办该矿,非设有分金炉,用精于分金之工艺人不可。查通化、临江、长白一带有银矿数处,均未开采,兹列如左:

第一项　临、通、长银矿之地点

一、通化大哈泥河银矿　该银矿在通化东方大哈泥河上游,新近发见。

一、临江石灰沟银矿　该银矿在临江西方石灰沟关门砬子以内发见。

一、临江苇沙河银矿　该银矿在临江西方四十里之苇沙河西岭发见。

一、临江头道沟银矿　该银矿在临江头道沟内之报德泉下,其银矿之线头圆径二尺余,现被六道沟之铜矿把头张得利掩匿。

一、长白东西砬缝银矿　该银矿在长白府西方十八道沟间东西砬缝之金厂卫。

一、长白万宝冈银矿　该银矿在长白府迤西万宝冈南端两江口东侧之石砬子。

第四条　金矿

查临、长间之金矿,各道沟俱有,或云系一条线脉。通化地方亦有旧金厂数处,兹述其概况如左:

第一项　通、临、长金矿之地点

一、通化大都陵河金矿　该金矿在通化西南方大都陵河附近高力营子之二道沟,系旧沙金厂,其线金头绪未见,久已停工。

一、通化大庙沟金矿　该金矿在通化西方大庙沟,系旧沙金厂,其线金未见,久已停工。

一、通化豹马川金矿　该金矿在通化南方豹马川,现归辑安县界内,系线金厂,已经开办。日人曾于该厂购取八十斤重之大石,运送奉天考核其金之成数。

一、通化大哈泥河金矿　该金矿在通化东方大哈泥河上游,系沙金矿,新近发见,尚未开采。

一、通化瓮圈金矿　该金矿在通化东方红土崖附近之瓮圈,系旧沙金厂,其线金未见头绪,久已停工。

一、临江林子头金矿　该金矿在临江西北界林子头附近之大石棚沟内,系旧沙金厂,其线金未见头绪,久已停工。

一、临江错草沟金矿　该金矿在临江西南界错草沟内水泡子附近,沙金、线金俱全。

一、临江石灰沟金矿　该金矿在临江西方石灰沟之关门砬子以内，系沙金厂，其线金未见头绪。

一、临江头道沟金矿　该金矿在临江头道沟内之三道阳岔、五道阳岔及报德泉等地点，系旧沙金厂，惟五道阳岔之线金头绪发见于北岭。

一、临江二道沟金矿　该金矿在临江二道沟口，系旧沙金厂。当年沙金甚旺，其线金头绪发见于西岭，与头道沟、五道阳岔之线金系一条线脉。

一、临江三道沟金矿　该金矿在临江三道沟内之黑熊子沟，沙金、线金俱全。

一、临江六道沟金矿　该金矿在临江六道沟东方之夹皮沟，系旧沙金厂，其线金未见头绪。

一、临江七道沟金矿　该金矿在临江七道沟内之二道阳岔，系旧沙金厂，其线金已有头绪。

一、临江八道沟金矿　该金矿在临长之八道沟，沙金全沟，沟之上套后山，有最优之线金头绪。

一、长白九道沟金矿　该金矿在长白九道沟内，沙金最旺，线金之头绪亦极优。

一、长白十一道沟金矿　该金矿在长白十一道沟东方之金厂，现有韩人持兴京矿务局之执据牌在金矿淘取沙金，被十二道沟之巡长苗永贵禁止。

一、长白十四道沟金矿　该金矿在长白十四道沟西方之鸡冠砬子，沙金、线金均旺。

一、长白十五道沟金矿　该金矿在长白十五道沟东方之东乾沟子，其靠鸭绿江岸，系黄金沙向内则有极旺之乌金沙。现在十二道沟巡长苗永贵拟派人淘取乌金沙，视其成色如何，再行报告。

一、长白十六道沟金矿　该金矿在长白小十六道沟内及大十六道沟东方之半截沟，俱系沙金，其线金未见头绪。

一、长白十七道沟金矿　该金矿在长白十七道沟东方之东西砬缝，系沙金，其线金未见头绪。

一、长白万宝冈金矿　该金矿在长白府西方万宝冈南端之两江口。现有韩人在该地淘取沙金，其线金未见头绪。

一、长白府金矿　该金矿在长白大梨树沟，系沙金，其线金未见头绪。

一、长白十九道沟金矿　该金矿在长白东方十九道沟，系沙金。其线金未见头绪。

第二项 预定临、长间金矿之小办法

查临、长间之金矿，当年民人私采沙金者甚多，嗣因官抽税厘，故无采取者。今拟统由官办，沙金则漏卮颇多，线金则须备碾石机器、泄水机器，费工甚巨，费款亦多，且非派久办金矿人员经理，难收成效，不办则尤恐外人干涉。兹惟有仍准民人随意采取沙金，免去税厘，由该地方行政官发给淘沙金凭照，由官银钱所按四分之三作价收买，以取利益。由各巡局就近警查，不准商民私相授受。民人如有获巨金者，由官作价付以汇兑银票。如有线金头绪发见，须报官查验，以备计划官办之良法。如此办法，则漏卮虽多，尚可为国防上多添人口。

第五条 硫磺、晶石、白矾各矿

第一项 硫磺、晶石、白矾之地点

一、临江四道沟硫磺矿 该硫磺矿在临江四道沟内之大砬子沟。

一、临江六道沟硫磺矿 该硫磺矿在临江六道沟东方之夹皮沟。

一、长白十八道沟硫磺矿 该硫磺矿在长白十八道沟，有温泉，其泉水含有极大之硫磺味，其泉源发于该沟东岭之万宝冈，故判定该处为硫磺矿。

一、临江错草沟晶石矿 该晶石矿在临江西南错草沟，分两种：一茶晶，其质性之老者为墨晶，一水晶。该晶石全沟如翎管形，大小不等，有八棱、六棱之区别，但须掘地二尺余深，始能发见。

一、临江头道沟白矾矿 该白矾矿距临江头道沟口五里，在河西沿发见，其白矾线头圆径约有二尺。

第二项 预定硫磺、晶石、白矾各矿之小办法

此三种矿产，勿庸另设专局，亦勿庸另外筹款。若已设局所，即令各局就近兼办，若欲实行办理临、长一带之矿产，非用六道沟之铜矿把头张得利，不能找清各种线产之头绪。

最可异者，我界内矿产如此其富，而彼江岸之韩界毫无矿苗可寻。现在日领韩土矿产则我有彼无，最易起国际上之交涉。

纪内治

自东三省新定官制，府、厅、州、县各不相属，新设长白府治，自应独立治理，遇有重要事宜，得与督、抚直接商办，仍取东边道进止，以专责成。此次设治原因，系为郑重国防，期于证明疆域，整理交通，非设治于人烟稠密商业繁盛之地可比。设

治委员应办之事无多，故只派署临江县知县李廷玉兼充，借资熟手而节经费。嗣因李廷玉身任地方，兼顾两处，究难周密，乃委前署长春府知府张凤台总办设治事宜。设治之初，先议建署，议定建府署于塔甸地方，该处无合式民房可赁，本应发款建筑以期一新耳目，惟勘界未定以前，未便骤涉铺张。去年四月，张凤台请建署绘图贴说，当经批令暂行修盖房屋一二十间以便居住，将来经费筹定，扩张衙署自系万不可少之图。州、县积弊多在书差，今设新治，自应破除恶习。张凤台整理内治，亦能善体此意，规划及之。署内暂分行政、司法两科，为荡廓从前胥吏积弊起见，苟能认真督率遵章治事，日臻上理必有可期。惟建署、开路、防江、置兵以及安抚商旅各要政，仅就目前而论，计常年经费列入额支活支者，每年约需银九万余两，其碍难预算列入另案报销者，应在一万两左右。当此库藏支绌，筹边经费在在维艰，长白事同一体，尤深焦虑。应用各费，除由度支司陆续筹备以济急需外，其余指定丈放安东官街地价一项拨交五万两，亦仅为开办之计。至于地方行政常年经费，自不能全赖省库，将来市辟民集，荒垦升科，或者以地方之财办地方之事。得人而理边务，以治东事，庶有豸乎。

附张凤台厘订内治纲目呈文

窃维长白增置府治，业蒙奏准饬知在案。卑府前拟善后十策，统就边防、吏治而言。现长、临已勘定八道沟分界，沟东庆、长两堡，应归长郡治理。署房二十八间，十一月杪亦皆告成，只有大堂仪门、院墙不在原包之数，俟明春再行估修，并一切铅瓦裱糊等费，汇总报销。目前观之，不过规模粗具，然绅民耳目一新，望治有如望岁，亟应开章明义，润色鸿猷，一洗边荒数千年之陋。兹特因地而治，树大纲以絜要，分细目以理繁，遴委贤能，相助为理，冀与东山父老，恢皇我治理，巩固我边陲。夫所谓大纲者何，曰行政，曰司法，二者尽之矣。衙署向分六房三班缺，繁者辄增承柬库各房、东西上下各班，一署之内，刁吏盈门，虎役环噬，作奸犯科，诛不胜诛，防不胜防。拟趁兹开创之初，斩锄班房之窠臼，分设行政、司法两科，为政法总汇机关。凡关乎治安者统隶行政科，关乎词讼者统隶司法科，两科并立，条目纷列，所有边郡一应事宜，当即随科分股，按股任能，以定名称而一事权。除查照今年勘界、测绘、书记各员司量予委派以资熟手外，余如学务、法律、编辑各员，已由卑府此次在省延订中学稍深者分司其事。至于商务、农务、矿务、营造工程购置各色杂货，另有一种材能，容当精心延订或兼或阙，宁少毋滥，庶几事有统辖，款不虚糜。现值立宪时代,以三权分立、中央集权为主义。窃以为中央集权之说,内而枢府,外而督、抚,再次而府、州、县,皆宜推广其义而变通之,以储分年立宪之基础。盖枢府者全国之中央,督、抚者各省之中央,府、州、县者亦该管地方一小中央也。权不分则力难独胜,权不集则事无统辖,是以分纲列目,于清厘边政之中隐寓基础宪政之意。至谘议、自治、统计各项,容俟察看边徼情形、民人程度再行陆续筹办。兹将厘订边郡内治,分别宏纲细目,呈请核示祗遵。

计开:

政法总务科

总务长一员设治委员兼充

庶务长一员禀承总务长筹划政治各科以及财政出入款目

副庶务长一员事同上

收支委员一员兼差

文案一名

办事官一名

行政科

会计股掌管本郡户口、地粮、税务等项事宜。

会计员一员

书记一名

学务股现拟在郡署左右筹设官立两等小学堂一座,并添设庆、长两堡乡学堂数座。

学董一名掌管筹划本郡学堂已设、未设,分别整顿一切事宜拟访庆、长两堡董事人廉干者充当。

郡学堂教习一名兼管理员

东文、东语教习一名

警务股拟遵章将前次捕盗勇一律照警章部勒,并筹划庆、长两堡巡警暨江巡一切事宜。

教习一员兼管理员,掌管本郡警务总局两堡分局一切事宜。

巡长一员以捕盗勇管带暂行改充。

江巡长一员现已订购大江艚两艘,小江艚四艘。仿照日本小舢板船式。明年开冻后先行试办,暂阙候订。

调查股掌管稽查华韩户口、山川形势、沿江沟岸荒地兼绘长白全郡山水沟岸详细地图列入乡土志。

调查员三名现拟派测绘员三名兼充。

编辑股掌管考核边荒草木、鸟兽性质名称，并调查所查华韩户口、山川形势等类，一并编入乡土志以为划分疆理，振兴工艺之根据。

编辑员二员

书记二名即以旧年书记生分充

交涉股

交涉员一名

日本翻译员一名

农工商股掌管筹划本郡农务试验场、官钱铺以及兴工营商等类事宜。

此项暂由设治委员督同庶务长酌派数人经理，俟办有端倪，逐渐扩充。

农务试验场

按善后十策内拟将署西平冈地三百余亩，先以土法试种一切土产。

营造工程

按照善后策内拟修造市房若干赁给商贾，酌收租价办公并以提倡商贾之精神。

长济官银号

按照善后策内批准请款开办，购置杂货疏通地面，将工商纳入其中，另有禀。

司法科在二堂前西厢房

法律员一员掌管刑名新旧例案，并上行一切公牍，暂候延订。

审判员一名掌管审判案件并检查一切事宜，暂阙。

司书二名禀承法律员缮写禀稿，并关乎司法上一切示谕。

书记一名掌管书写呈状

典狱员一名掌管监押人犯并衣粮一切事宜，设治伊始，既未奏设专官，暂行派员承办。

司法警察长一名

司法警察二十名掌管传唤原被人证，并看守监押人犯。

以上各项均系大概办法，不完不备，其有未尽事宜，再随时禀请鉴核。

批：所陈内治纲目划分行政、司法两科，荡廓从前胥吏积弊，具见规划深心。惟总务一科，既由设治委员兼充，即不必别立名目。盖设治委员本宜总核一切，不须借科长名义以为管摄。会计股内有会计员，则收支委员亦可不设，是设治委员之下但须有文案、书记官各一，即足办事，而总务一科可裁也。至警务股以教习兼管理员,亦有未妥,应即遵照部章定名,警务长兼充教员较为合宜。余均尚妥协。仰该守认真督率,驯致治理,有厚望焉。

纪越垦

鸭绿一江,中韩分界,而伐木、采参、打牲、垦田诸事,韩民越境以谋利,吾民未尝一歧视之。自韩国田赋重倍于我,彼国官府供役烦苛,兼以韩边荒瘠,山阴地少,韩民之越境垦地者,春夏渡江聚族以垦,收成之后裹粮南归,久成风习。嗣因刈获丰富,运转烦劳,乃谋筑室与我杂处,历年已久,几同国人。我国土著农民,利其勤于农事,雇以耕获,量予佣值,或资以垦荒,酌分粮石。同治初年,山东贫民有越鸭绿上游从事参牲木植者,知其土地肥沃,渐予垦辟,三五成伙,搭住窝棚,但期得利以归,并无久居之志,相率招雇韩民代垦,因以为利,不仅帽儿山以上为然也。甲午以后,日人宣布韩国独立,韩民狡黠者流渐成强项,种租地亩,或不偿价,甚或取强硬手段占地开荒。故光绪二十五年中韩议定商约申明,边民已经越垦者听其安业,俾保性命财产,以后如有潜越边界者,彼此均应禁止,以免滋生事端等语。列为专款,所虑已周。当临江设治之初,并未编查韩户,人数难稽。近据该县所查,韩民已达一千一百余户,男妇大小三千余口。此类户口是否定约后续来越垦,抑系从前越垦者,均无确据,难以条约相绳。自日俄和议既成,日人移民实边,利用韩土,彼民因被排斥,相率渡江结庐垦地,喧宾夺主。加以我国境内土田肥美,农产丰富,内地不谋移民,外族日来侵占,大利所在,潜授于人,至此不筹抵制之策,条约几成具文,后患何堪设想。临江以上直抵长白山岗,在在与韩邻境,即在在可以潜越,县治太遥,无从防范。今兹增设府治,亦借图补救于将来也。夫长白山阳,地处险僻,最称荒徼,三十年前人迹罕到,论者不曰天气严寒,即曰地脉硗瘠,公家视为瓯脱,民间弃如石田,其所由来,匪伊朝夕。近年十六道沟以上已集居民三百余家,大粮户约有十之三四。若在塔甸设治,民自远来,生聚十年,可致富庶。惟韩民越垦,辄倍土民,其利溢于外,祸伏于内,犹小也。日本眈眈逐逐,或借保护韩侨为名,种种问题随之发现。将为正本清源之计,必先招民开垦,借实边陲。此为临江以上普通抵制越垦之根本计划。其次则由地方官派员调查本境韩人户口,编成册籍,分别居留,归化二种,明定章程妥为管理,借防流弊。去年曾派标统吴光新查临江情形,据其报告亦议及此。嗣经咨议员陈闾力伸其说,遂饬民政司等遴派干员编查韩侨户籍为入手办法。迭据呈覆,尚未就绪。且韩侨所在不止长、临一隅,如兴京、通化、怀仁等处，韩民日增，此类动作及地方相待情形，亟应揆势衡情，设法取缔。盖治理韩侨得计，则一劳永逸，年来边患，其有豸乎。

附谘议厅议员陈闾编查韩侨议

谨按：延吉界务交涉，即由韩民佣工而起，因佣工而越垦，因越垦而起意侵占。其时韩为我属，当局者常示宽假，以致今日之祸。今则韩为日护，日人利用韩民以行其干涉政策。为韩殖民，即为日殖民，情势更为危险，则对付断不宜稍纵。对付之法，自须先从编查韩侨户籍入手，然不绝其源，则流终不得而止。以我之国力论，既不能禁其入境，亦不宜强以入籍，惟有分已入境、未入境二办法，力清其流，严杜其源。（清流办法）国际公法，凡外人入境及愿归籍者，本国须尽保护之责。今应假保护为名，由民政司遴派干员会同地方官将现有韩侨户口，切实清查居留、归籍二种。居留，只准受人雇佣，不得擅垦。除禁止外，如有隐匿到官发觉，即将地亩充公。其词讼概不收理。仍须妥定规约，严防寄户之弊。归籍，得领地升科，与华民无异，惟享我国同等利益，即须受我国同等法律，（应易服、薙头）韩国不得再为干预，以免日人借词，否则概不认准。以上二种，各编册籍，各给凭照，限期清结。（杜源办法）前项清结后，应由民政司、交涉司严定章程以为限制。（一）韩民入境，须请有东边道、交涉司游历护照以便保护。无照擅入，由地方官查明，即行刷还。（二）不得无故百十成群同时入境，须由东边道查验认可，方给护照。（三）佣工须别定规则。注册给照，即将游历护照缴销。（四）入籍须明订章程，并定入籍费遵章缴纳。（五）愿入籍者，虽遵章请求，无所妨碍，但该管官厅，仍得临时裁度其可否。此处置韩民之概略也。即由民政、交涉两司妥筹办法，核定详章，惟总须抱定限制主义，勿稍放纵。从前以东省居民稀少，招垦不易，常事宽假，今我国内地已患人满，恃有东省以为尾闾。现招垦纵未发达，其为吾国将来之大殖民场则可预决，岂容先让他人入室，以绝后援。自古纵敌实边，绝少良果，晋之五胡，唐之回纥，证诸历史，盖无幸免。况以野心鸱张之日本，方日注意于借韩以殖民，则我岂可不力筹抑制。如蒙照议，应饬下民政、交涉两司，照议会订详章，急图实行，不宜再迟。又闻吉林南边濛江、桦甸一带韩民麕集，日人已施其种种经营方法，滋蔓难图，应否咨行吉省妥筹划一办法之处，伏候钧夺。

附标统吴光新调查临江报告

农商业

兴京、通化各处百姓种麦者少，有韩人携带眷口在该处租种稻田甚多，新旧韩民参半。宜就其久住该地农艺较巧者，编查其户口令其归化，以杜将来日人之借词保护。询之寄居十五年之韩民，中语甚通。据谓两月前，有日本武官乘马过此调查韩民，见者以木牌载其姓名、眷口而返，然多潜匿不露者，亦未得周查云云。想该官必非陆军而民政署员也。拟请速饬地方官调查该韩人户口、人丁编成册籍，一律课以赋税，应由兴京、通化各县与以方便且加保护，则韩人必安居乐业，亦垦荒之一助也。惟从前来此者，均系私行携眷，并无该国明文，故嗣后不可漫无限制，以启日人口实。且国际法谓，凡外人越境佣工及愿归化入籍者，须有保护之责，而我国亦必于保护韩人注意，庶可以杜日人口实。即临江、辑安属左右越江韩人，应请一并迅速调查，因去日人范围甚近故也。

殖民

通、临属地，土脉甚沃，而居民较少，宜速迁民垦田。刻下东行者，偶至庄村俱无饮食，而马之草料更难俱备，是皆乏民之所致。日韩人之渡江为业者，亦以居民稀少因缘侵占，无人抵当，遂敢伐我木材垦我土地，亦事势所必致也。故为长白设治之举，必先迁招民人而又先须为之屯聚粮草，始足以固其心役其人，分给田亩，教以农事，三年以后效必大著。日本迁北海道及四国、琉球之民，必先分以地亩，便其交通，教以工艺，民心既固而后课其赋税。欧洲迁民之法，亦不外是。夫以东土山林之寒苦，交通之阻绝，民多望风裹足，苟不先为预备，诱以利益，徒曰设治，其如民不至何。韩国限于地利，民失其养，故相率潜越我土，以垦农为生。日人因势利导，极力为之保护，然保护机关必须设民政署员、兵队、宪兵以及商民人等，是日借词护韩，实隐为己国殖民也。现中日木植条约已明定期限二十五年，故彼早于沿江建造房屋，迁居工匠，以为经营林业人等之居处，惠山镇下长里等处我既与日合办木植，亦当招集木工，立成村市。工人平时则贸易，夏季则使采木，方合人无弃材，地无弃利之义。

附民政司交涉司会议呈覆编查韩侨办法文

查韩为中国藩属，臣服有年。自甲午后情形迥异，曾经遣使立约通商。自甲辰后,归日保护,权限又分。有约各国,均向日本声明,凡与韩国所定条约,仍须遵守。则中韩交涉,亦应查照约章办理。按韩约第十二款,边民已经越垦者听其安业,俾保性命财产,以后如有潜越边界,彼此均应禁止,以免滋生事端等语,是照约我应保护。又韩民久沐恩波,视同赤子,似与各国人民稍有区别。奉谕清源、节流二语,既显符约章,亦隐保主权,洵确当不易办法。惟韩侨之先至者,约内已许其安业,则编查入籍,自应赶紧办理。其后来者,饬由交涉司、东边道发给护照,方准入境,恐多窒碍。微论交涉司远驻省城,鞭长莫及,即东边道辖境如通化、临江、辑安等属,与韩隔一水,处处可以偷渡,纵有此令,亦如具文,仍当另筹办法。愚见拟以安置先至为清源,限制后来为节流,请饬各该地方官派员调查。如韩侨在十五年前入境垦田置有产业者,查明户口、人丁、姓名、年貌、籍贯、住址,一一编入册籍,概令薙发易服,准其安业,归我保护,与中国人民享同等之利益,即与中国人民尽同等之义务,一应纳粮服役,不得抗违。其或虽无产业而入境日久为人雇役者,即由雇主出具保状,呈明地方官编入客籍,亦令薙发易服,遵守法令,犯者均按中律惩办。至限制后来办法,拟请饬地方官传谕各社首、村长、地保人等,切实查办。如有韩民愿居内地,察其人尚驯良、力任耕作者,准其查明姓名、来历并有无眷口,呈报地方官注册居留,发给执照,只能受人雇役,不准占种,亦不准设市贩卖。但约内本有潜越边界均应禁止之条,此系相时度势变通办理,似可酌收册照费,以潜遏韩人之游手无艺、成群结党而来者煽惑其间,致滋事故。其有入境年久不愿入籍者,亦即仿照此例办理。若自称游历而无执照者,照章不得过三个月,逾期驱逐出境。仍责成该管地方官督饬社首人等查明办理。良以村堡人民朝夕聚处,见有异言异服之人断难隐匿,尤便稽察,是在地方官委任得宜耳。至于人稀地广之区,需用韩民垦辟,亦应照此二法或编入册籍,或给以执照,酌予官田,明定租额,应由地方官因地制宜,悉心劝导,但不必明颁示谕,致碍约章,俾外人得以藉端干预。再三商榷,意见相同,理合将拟议原由呈候,酌核施行。再查中韩条约有禁止越垦之条,或谓仍宜照办,固是正论,亦与宪谕内地人满,留东省以为尾闾之意潜符。但鸭江沿岸密迩韩疆,偷渡群来,势难禁绝,又未便迫以威力,致启猜疑。窃以东三省地广人稀,移民实边久无成议,亦鲜殷商巨富,鸠股招工以兴垦务,与其荒芜不治,曷若开拓以时,因其来耕,使之就范。矧兹广土,亦非少数之韩人所能全占。由是渐推渐广,内地必多负耒争趋,数年后富庶可期,外人窥伺之心自泯。北美之富强甲全球,实由招华工以垦荒地,乃克臻此。既有所见,合并附呈。

批:所议颇具见解。惟韩约既有已经越垦者听其安业等语,自不宜概令薙头、易服，强迫入籍。韩约既有以后潜越边界，彼此均应禁止等语，更应遵约实行禁止，断不宜有所变通，仅取册照费，便准越境。查吾国国际法素未规定，如遽行宣布强迫入籍，在我无所遵守，日人反得起而干涉，且又无各国通行入籍后限制之规定，日人或借为内间，种种流弊，不可不防。现在办法惟有遵约，将已来者令其安业，未至者严禁越境，并遵照前饬假照约保护为名，将现有韩侨户籍实行清查，此为严禁将来之计划，亦有地主权者应尽之义务也。夫韩侨垦地食租，已享我国同等利益，即须受我国同等法律，虽未易服、薙头，亦与入籍无异。其自愿易服、薙头，则在所不拒。总之，入籍与否以韩侨之请愿为断，而不宜于强迫。编查户籍为整理内务之关系，而不涉于外交，庶隐患可弭，日人亦无词询问。兹事关系甚巨，即责成民政司依照上开主旨规定办法，并饬地方官妥慎办理。前札开杜源、清流二办法，并应以杜源为尤要，应照约严禁潜越，其有事关交涉者，仍会同交涉司办理。

附札饬委员调查韩侨动作及地方相待情形文

查奉吉沿途一带，韩民侨寓日益增多，所有该侨民一切动作及地方相待情形，亟应派员会同地方官详细调查，以便订定划一办法。合行札仰该员前往临江县、兴京厅、凤凰厅、长白府、安东县、通化县、怀仁县会同地方官确切查明，揆势衡情，酌拟办法，禀候核夺。并发去原拟条款一本，以资参考。

计开：

调查韩民之必要：

一、男女

二、人数

三、姓名

四、年岁

五、籍贯

六、职业

七、住址

八、来华年月日

九、本国产业

十、在华有无房产地亩牲畜

十一、房产地亩牲畜来历及数目

十二、完纳租税之种类及额数

十三、暂居及久居

十四、行为

十五、装束如本国、西洋、日本之类

十六、习尚

韩民入境应守之条规：

一、入境三日，须在中国行政官厅呈送履历并述来华希望。

二、不许携带军械及危险物。

三、禁止私垦官荒及暂垦租买民地。

四、须遵守中国法律及警章。

五、凡垦地及贸易者，须照章完纳一切赋税。

六、凡营业必须呈请行政官厅批准。

七、不得有违害善良风俗营业。

八、韩民居住处所须于门首钉木质门牌，以便稽查。

韩民犯以上各条规之一，有业者按中国法律处以应得之罪，无业者由地方官驱逐出境并宣布其罪状。

对于无业韩民之处置：

一、无业韩民不许逗遛至两月以上，违者驱逐出境。

二、无业韩民有品行不端，足为地方治安之害者，驱逐出境并宣布其罪状。

三、无业韩民不许五人以上聚居及聚众开会，违者由地方官解散。

对于有业韩民之待遇：

一、以前占垦官民荒地之韩民，如能安居乐业遵章完纳一切租税者，应予以相当之保护。

二、以前占垦官民荒地之韩民，如愿将地亩交还者，由地方官查看垦地多寡，酌给工资以示体恤，如交还系民有地亩，其工资即由地主自给，收回管业。

三、以前韩民占垦官民荒地，禁止私自让与、交换、转卖，必须禀请地方官批准办理，方能有效。

四、有业韩民之子弟，准其入府、州、县小学堂肄业。

韩民入籍之条件：

原则

一、须禀请地方官转呈东三省总督批准备案。

二、须在中国居住三年,有生活之本据地者。如垦地之住房、贸易之店铺。

三、须在二十岁以上而无精神病者。

四、品行端正者。

五、有资产或技能者。

六、须可失本国国籍者。

七、须薙发易服。

凡备以上各条件,即可准令入籍。

例外

一、父母及妻为中国人者。

二、生于中国而有住所者。

三、十年以上长住中国而有居所者。

四、韩国人于中国有特别功劳者。

凡备以上各条件之一,即可不拘原则、条件,准其入籍。

以上各条件,系专为奉韩接壤一带居住韩民而设,他处不适用之。

韩民入籍后之权力

韩民既经归化,即与中国人有同一之权利,惟不得充地方官吏及军人、巡警。

以上各项除调查条款应由调查员具表详细填明限几个月呈报外,其余各条应由临、通一带府、州、县遵照办理,并晓谕韩民知悉。

纪森林

鸭绿江两岸,森林茂美,人所艳称。通化、临江以上,我国业木把者为多,而地广人稀,终有材弃于地之憾。此种木把入山采木,三五成群,所伐之木,以人力拖至江岸,顺鸭、浑两江流放下,多有阻留岸侧者,节节用人撑放,俟江水陡涨时用绳索连为大簰,借水流之力,运至安东,阅数月始行销尽。若遇江水不涨,即将木簰停滞江湾,任其腐朽,移堆岸侧,贱价抽售,故木业终不见其发达。自日本经营朝鲜,举其全国八道为军事殖民,东南则兼事农商,西北则并营林木。丙午之秋,统监府辖特立营林厂,以前在安东之军用木材厂长小岛为长官,分遣工兵及山林技师经营咸镜、平安二道迤北一带森林。驻陆军工兵大尉一柳藤市于咸镜道西部之惠山镇,即临江旧属十九道沟之塔甸对岸也,浸假越境而谋森林之利益。于光绪三十二年四月,日人在十九道沟西首修路宽五六尺许,遇树则伐,遇石凿平,遇河架桥,不惮劳费。又于塔甸沿江一带丈量地段，凡隔十余丈即立一木牓以识程里，又在十九道沟口修路宽丈余，凡遇河中有碍木料流出之处，尽行刷修约四十余里。于双岔头之间盖设房屋，内有木厂三处，日韩工人凡四百余名。二十道沟亦有日韩人百余名修路伐木，以至二十一道沟、二十二道沟俱有日韩人之踪迹，专以伐木为业。约计其年流木入江，经日韩人在我境采去者，凡二十余万联。利权之损，岂复可计。又据署临江县郑令于光绪三十四年正月禀报，日员假军用为名，在临江县采伐木料，十九道沟内黄花松被日人采伐两年，地面愈进愈宽，距长白山境几于咫尺等情。此因中日采木公司未成，日人乃敢故越其范围。今者公司条约既定，划出鸭绿江右岸六十华里为中日合办森林之地，日人盗伐木植之案，于焉以息。初因临江县幅员辽阔，不下八九百里，只以人烟稀少，治理难周，故议设府治于塔甸，将以招集商民，弹压边境，期于保全林业，不为无益。虽偏僻山乡，几有有官无民之患，然无官为保护，则商民愈不愿往，证之日员迁民伐木，在沟内搭房居住，我之木把遂被排逐几尽。失此不图，数年之后外人日多，我国竟至无民留住，该处地面治权非复我有，后悔何及。自设治以来，驻兵增警，凿道通邮，凡诸大端，次第筹办，庶几边荒得有重镇，外人无从侵越，非独保有森林之利已也。

附东边道转呈日员在十九道沟采伐木料并请添设分防文

据署临江县郑令呈称，光绪二十五年中韩条约第十二款内载，两国陆路交界处所边民向来互市，应于订约后重订陆路通商章程税则，边民已经越垦者，听其安业，俾保性命财产，以后如有潜越边界，彼此均应禁止，以免滋生事端等语。是今日情形，商约大臣早已虑及，无如章则至今未定，遂致日久玩生，禁令几同具文。推原其故，因通化县离帽儿山太远，兼顾难周。本地无明白事理之人，任凭目不识丁之会首、约牌主张办事。若辈惟图一己之私，不顾国际之害，对岸亦正值边徼瘠苦之区，出产稀少，人民穷困，凡事皆仰给于我界，恃有互市不禁之章，彼此由买卖货物渐及财产，或为佣工佃种，后竟携眷杂居，种种违禁之事，不一而足。今以柴薪一物言之，我界之会首、约牌以本地不种水稻，每年贪彼交纳京米四石，任听韩人于封江之际砍伐烧柴，始尚仅砍杂柴，继而至于成材、房料，历年既久，习不为怪。我界百姓，亦有在韩伐木之人，然照彼国章程纳税。三十一年吴前任内，有我木把忽被韩郡守禁逐之案，旋该郡守来署，吴令与其面谈完结，分别禀报示禁，不准百姓再伐韩木。岂意韩国税官暗招木把潜往，故去年秋冬又有该郡守突行禁令，将人木拘留之事。

卑职亲往查办理结而回,亦曾据情禀明,而于民间重申诰诫,并将帽儿山对岸韩人砍木之弊,亦即永禁,不令会约取其京米。此卑县未设治以前,中韩边民互市违禁之大概情形也。及至本年春间冰泮之时,韩国全境即受日本保护,改用正朔年号,而沿江左岸一带随处设有营林厂,立官迁民,布置调度,日夜不息。所有韩界之木植,接奉札饬准日本照会立定税则章程,令我国百姓遵章往砍,只有车辋[1]车轴等木,不及别项木料,张贴告示。今尚未有木把报案往砍。至于韩界之各营林厂,凡在卑县界内相对之他处,日员尚无与卑县晤面交往之事。惟帽儿山对岸韩界中江洞之营林厂内,先来日本官两员,一系出张所技手山本源二郎,一系通译长山太郎氏,经理盖房安民等事。到时与卑职彼此拜晤,各称睦洽。夏间,该日员山本源二郎以盖房急需,借用杂字号木植四百件,出给函券,俟运簰到安东之时,持函向彼索还。卑职以交邻谊重,两无损益,遂允照办。收到函券,已于驶簰之先交给木会副董慕日增往取,并于公牍内声叙前情,现在不知有无交还。嗣至六七月间,该日员复向借用建署工程石灰数百斤,亦即许可,后彼以事关官物,碍章作罢。到十月初旬,该日本营林厂内又来出张所陆军工兵大尉则武胜之进一员,下车以后即互相通问。不数日间,遣长山太郎持信至署内云,以伊国农民迁来太多,无柴可烧,拟过江砍伐,并称韩人亦令照旧纳米,准伐薪柴,往来扒犁嘱为保护等语。卑职当与该日员等觌面辨论,并以去就力争,则武胜之进等但托代为购买。卑职复将各柴情形、式样、价值剖晰告知,允为代定价值,照数办买。现在虽与张罗,将来不知如何结局。查此即日员驻韩以来第一次向我要求之情形也。又长生堡内日员一柳藤市等砍伐木植一事,该日员等借军用为名,于三十一年冬间擅自来十九道至二十三四等道沟,违约砍伐木植。当经吴前任据报亲往查勘,阻止不理,据情飞禀前督宪照会驻省日本军政署,小山不肯认为实有此事。适卑职奉文接署斯篆,曾奉前督宪面谕偕同日本军政署之同音宪兵同日出省,各赴该沟查看虚实。该日兵等先往十九道等沟内,见一柳藤市等雇工多人大加砍伐,皆系确凿有据,无人不知之事。以故该委兵等亦难代为掩饰,后闻回省实报领事。卑职于三十二年正月初十日接篆,旬日之内亦即亲诣详查细勘,与一柳藤市等见面诘争,乃该日员等犹以军用借词不听。嗣后迭据该巡警会首报称,或以日员侮殴百姓强夺鸡物,或以搭盖房屋筑立牐坝电话,或向木把勒价强买木植,或因沟内流下木植攘为己有,彼此竞争,屡恐肇衅酿祸。自春至冬,卑职躬往查办力争者凡四、五次,该一柳藤市等并不稍形退让。卑

〔1〕　车辋,车轮周围的框子。

职每次由该堡归来，即绘图开折禀报，所有奉到批示，不特驻省之日本军政署小山面向交涉局答覆，伊国之人只可在韩砍伐木植，不能在华砍木，允为禁阻等语。即驻安东之军用木材厂长小岛亦历准照覆，有断无妨华木下流，曾许禁止之词。无奈日本领事等一味袒饰，徒托空言，非惟旧岁，至今时已二年不见敛迹，反肆诪张。新在韩界修筑运木铁道，华界沟内添盖房屋，竟将我之木把驱除殆尽，并闻明春尚欲疏浚江道行驶小轮，无非夺我利权。故卑职亦拟筹款，先设小巧浅水艚子四只，以济行旅货物，败其阴谋。至十九道沟等处，近来彼之工人虽觉略少于前，我民与其同砍伐者亦仅有于祥云、李以和及金、刘二姓等四家，然于祥云一家尚系为彼作力。此等愚昧百姓，不受劝诫，甘心受佣，一经事过，彼即食言。我之赔累，几至倾家，蹈此陷害，指不胜屈，绝少醒悟之人，实属祸由自取。是以被累木把，无不切齿痛忿。即如本年三月间奉密饬查明退撤军用地面一切事宜之时，正有某木把因沟内木植不令流出伊牖与彼相争。卑职密派谢巡警长宏恩往查，并将木把相争之事和平了结。回案禀称，该木材厂本年不过撤去军用二字，余皆如旧，卑职亦已据实禀覆，奉批已照会禁止。卑职访查该十九道沟内尽产黄花松等佳木，该日员违约擅伐两年之久，失去利益何止数万。现在尤甚于前，居然视为己有。愈进则地面愈宽，将及岗顶，距长白山迫近咫尺之间。若不乘时竭力争阻，待过明年，势必占我土地，迁徙人民，一经杂居，更难拦禁。等情，据此。职道查十九道沟日人，于军用时，早在彼处架设窝铺砍伐材木，今则以木植合同未能商定为词，公然自伐，以为应得利益。职道曾与木材厂长小岛好问屡次商令不可擅伐，而彼不听。曾云自前年冬间条约既定后，日本于鸭绿江右岸之森林即有应分之权利。合同一日不定，即伐木一日不停。彼正以此为挟制速订合同地步，恐非口舌之争所能禁止。只有恳请宪台转呈外务部速与日使磋商，早定木植合同，方为正办。

附日韩木植交涉各案

（一）地方官诈索规费案

我国沿江木植易于砍伐运输者，逐渐采尽，故我国木把常有越界入韩山者，遵照韩国定税有入山税，棒税等名。缴纳，后运至安东出售。又有韩局另收木税，与地方郡守无涉，此常例也。光绪三十一年三月，荣生堡乡约韩应贵报，该堡木把丁士林等十一名至韩界砍木，已纳韩平银一百两，又被厚昌郡[1]守持枪绑去诈索规费，彼此争执，几酿巨祸。经前令照会厚昌郡守，追回诈赃，减去木税三分之一。我木把所夺韩兵枪械亦饬归还，彼此越界砍木一律禁止，事遂平允了结。

（二）税官暗招华民砍木案

韩国木税另有税官经理，地方官本不能预闻。乃因前案禁止越界后，木税进项骤减，税官漏规亦少，仍暗招木把渡江砍伐。三十二年十一月，庆生堡木把迟克俭二百余名，木植数百拢，突被厚昌郡守扣留，经郑令往议，知该木把等已缴入山各税于该国税员金照鉴，郡守不得已，乃将人木交还。后严申禁令。

（三）地方官纵盗焚杀案

越垦韩民及对岸边界韩民，尝有情同胡匪越界抢劫之事。光绪二十九年四月，有韩匪绑缚乡约王环等十一名绑票至彼界勒取银两，将置之死地。乡民徐庆发大愤，率伙伴十二人渡江追击，韩来炮手百余名围攻，韩人大败，索还王环等不应，复厚集兵力要战。庆生堡练长任辅臣带队弹压，劝令罢兵，始将王环等放回，然韩人终含怒徐，欲杀之。五月韩人又来掠夺，绑去木把迟克俭等十一名，索银千一百两，拷打甚酷。八月任辅臣函约徐庆发带队往攻，未行而韩兵已渡江围徐，被伤者二人，仍与力斗，韩兵乃败走。徐追渡至三水郡[2]城，韩兵弃城走，徐得临门敦枪三十杆、子弹四箱，归途经古平卡，复与韩民战。九月韩复率炮手八百余名来袭，仍被徐击遁。长生堡沿岸大小窝棚五十余家皆被焚毁，掳去男女老少十八名，土膏、银货、首饰等物不可胜计，粮米千余石，牛马骡畜百余头。设治委员吴光国派外委王宝山，率队弹压。十二月兴京厅孙丞、设治委员吴令与韩甲山李郡守、三水李郡守特派赵检查官、赵中队长会议，议定徐庆发所掳枪弹归还韩国，将徐正法，一面由韩送还所掳之人畜物件，并罚银二万九千一百五十两，以光绪三十年正月二十五日为交换期，即此出示安民，诱杀徐某。嗣经日俄开战，韩国议罚之银及我应还之枪弹均未践约。兹将当日安民告示照录附后：

大清国赏戴花翎抚兵府正堂孙、奏派办理临江通设治事宜兼节制马步练军在任候补分府吴

大韩国从二品嘉议大夫甲山郡守李、正三品通政大夫三水郡守李、元帅府特派检查官赵、步兵科中队长陆军正尉赵

---

〔1〕 厚昌郡，现为朝鲜民主主义人民共和国两江道厚昌郡。

〔2〕 三水郡，现为朝鲜民主主义人民共和国两江道中部的一个郡，北隔鸭绿江与中国吉林省相望。

为出示晓谕事。照得本府、县边民与韩国越垦农民，均系我圣朝赤子，深仁厚泽三百余年，初无中外之分，尔商民均所知悉也。查长生堡、庆生堡被韩兵越扰烧毁窝棚五十七处，杀毙大小男女十八命，抢毁各户烟土、银货、首饰、衣服、油磨、家俱等物并米粮一千二百余石，牛马骡畜一百五十八匹。该堡乡约王环、刘惠昌报经本府、县勘验属实。现在韩官三水郡守李、甲山郡守李及韩元帅府派来检查官赵均已先后查明被扰实情。民无分乎彼此痛悯相关，心岂存乎中外爱民为本。是以本府县与李郡守等再三筹商，以安民为先。无论清民、韩民，此后视同一家，不得意存中外，致相仇怨，亦不准互相越扰，有伤和气。所有长生、庆生两堡牛马现经郡守检查官极力找获一百二十五匹，定于本月某日交收，尚有未得之骡马二十三匹尽力查追，以期送还。烧毁房屋大窝棚五十七家计二百间，拟按间赔银二十两，共修缮费一万二千四百八十两。粮米十七家，共一千二百零五石，每石合银三两，拟赔银三千六百十五两。至大小窝棚所有烟土、银货、首饰、衣服、油磨、家俱等物拟赔银六千二百两。此外人命大小男女十八名，拟按名恤银三百两，共五千四百两。以上统银二万九千一百五十两之多。此款出自韩民，虽日挞而不能复得，且当时有不肖韩民、韩兵抢财远遁，一时无从查获。除已究出祸首分别各归各官严办外，惟认赔银两必俟韩官奏明韩帝议明各款数之多少，必民愿而后已。查韩京路远，往来奏文约限四十日，以光绪三十年正月二十五日为度，届时必有明谕。如查有越垦韩民在长生、庆生两堡被灾被抢及被患之人一体抚恤，此外打仗伤命被抢之人彼此免议。倘此后清国民兵有越韩界滋扰事端以及无端放枪者，准尔韩民绑送来县依法惩办。如韩民、韩兵越界滋事以及无端放枪者，准我国兵民绑送韩官尽法究办。如拒捕，格杀勿论。至越垦韩民皆得依照清国治理，一体领贴门牌，尔商民人等，亦不准私相容隐，以杜后患。自示之后，无论清民、韩民，不得再启衅端，更宜格外和好，以释前嫌。倘有不法匪徒，借端生事，查出即予重办。为此谕知尔商民人等一体知悉，各安生计，静候韩京来文如何赔偿，再为禀请核办，毋许相扰滋事，各宜永敦和好。顷甲山郡守李官查悉长生堡农民受难颇重，心甚痛切，先由韩民处代购米粮三十石以资接济，尔商民人等须知韩官格外体恤之意，即由该乡约具领度日，切切特示。

大清光绪二十九年十二月十四日。

大韩光武八年十二月十四日。

（四）江心筑坝冲害右岸横夺木簰案

三十二年春，日员一柳氏以修理江道为词，擅在塔甸（对岸即惠山镇）江心筑坝二道，雪消水涨冲决右岸一带民地，凡在上江流下之木簰，均被撞散截住，所筑之坝亦有损坏。日员复要求筑坝费,扣簰不放,几酿大患。报经前将军照会安东日本军政官高山氏。闰四月接高山复电,据称军用木材厂所查断无强买华人木料之事,并无设法妨害木材流下之意,如有奸商以军用借口,必当竭力禁止云云。嗣经复查仍无稍改,至今亦如旧。

边务　长、临附件

傅彊查勘临江报告书附图

光绪三十三年九月委员傅彊、李廷玉等先后蒙钦帅传见，谕以东事日亟，吉林东南界虽已派员经略，而临江一带密迩韩境，不可不先事筹划以为之备，尔等其速协商亲往查勘，并将应行经划各情，详密查报，俾得量度情势与吉林联络办理。十月初一日谨奉钧札饬带测绘学生暨护从书记差弁等，遵照前往办理，匆匆治装，十四首途，月杪抵临，遵即妥慎将事，逐地密勘，逐事详查。十二月二日归至白山，临事既竣，即沿鸭绿江而下，于二十五日抵省。计在途七十一日，在临十一日，行道二千六百四十五里。所见所闻，有可危惧者，有欣望者，纪不胜录，录不尽意，谨就大要及今亟应整顿挽回者，纪述事略，附陈意见，都为十篇。而附以行程记略。拟请饬交谘议厅核议，再行分交各司、道、局、处妥筹办理。所测临江边界图，自奉至临及东边一带形势图，暨重要撮影，另制三册，附志例略，统乞垂鉴施行。谨缀序言，录目如左：

纪边界第一
纪对岸日人经营第二
纪越垦韩民第三
纪日韩交涉第四
纪胡匪第五
纪山路江道第六
纪商况第七
纪乡约第八
纪防军巡警第九
　附巡警经费
纪教育第十
　附行程概略表

纪边界第一

事略

自来论中韩边界者中外一词，以图们、鸭绿两江为界。图们一曰豆满一曰土门江水出于长白山南麓之分水岭，东麓有二源。十数年前，北洋协会办大臣吴大澂与韩委员李重夏会议吉林界务，不得要领而止。故吉林与韩交界，但能以康熙五十一年五月，乌喇总管穆克登所立于图们北岸之十字界碑华夏金汤固河山带砺长十字为据。而今乃起“间岛”问题，界碑如在，不难重勘而定。若奉天与韩去俄领各地甚远，且当时韩为附庸之国，境界如何，我政府不甚措意，仅凭鸭绿江流认为天然界线。今者中韩关系易而为中日关系，假令鸭江源头与图们之源成锐角形或为交尾线，则“间岛”问题一经解决，鸭江上流即不致再生波折。今查鸭绿有正源，图们无正源，不能一线相引划然作界，此则奉吉边境最当研究处也。延吉边情另有专员履勘，前约连络办法，未接该员函告，颇引为憾。兹姑就临江一带，述其概要。按临江之西南境以错草沟西及鸭绿江南为界，厘然不混。其东北一隅则江源末见，山脉错出，通常以白山派子东及龙岗北二处为定界，而韩东与吉林北是否由此起点，殊不可考。是不特中韩国界不明即奉吉省界不明，则临江边界亦随之而混淆矣。此次查勘重在临江边界，谨就东北隅详细言之，所谓白山派子者，白头峰是为长白山主山，有五峰无顶峰，水由西北向东流，土名通天河，入山顶之池，土名龙池，又曰辟门潭、天池，周围可三十余里，内有黑鱼，终年不冻。下三十里陂度稍缓处即是。其间正南面皆轻石石灰岩等质之石砬，其有红色草处，土名赤山。东南为横山派子，以下有三炁池，池下三白石峰矗峙，左峰状如石佛坐像，右如武将立像，两峰之间即鸭绿江发源处，土名江掌，韩人称之曰张弓棒，意即江掌峰也。水由峰间悬下成瀑布，深两丈许，正南流三十里转向东南三十里，终年急流不冻。九十里抵龙门硝，硝石对立如门，高丈余，中为江流正派，右有数小水注入之，硝左韩人垒石为小庙，现尚存其形式。西南流受韩界葡萄山来水，过独出里，韩名少刀盖自开水韩名利母格加狮项岭至深浦里皆韩界地名约五十里水势畅流，又三里即我界之二十三道沟，江宽四五丈。二十一道沟下则宽，可七八丈。自此屈曲流驶为临江南界，水线极明。惟江中有大小洲渚硝石，另有图界乎我岸、韩岸之间者，将来定界时，极当加意者也。是江两岸形势、水流及地名、城邑所在均已绘图，兹不具赘。但有一事足记者，即江源左岸约四五里三炁池旁有残垒矗立雪中，高约丈余，雪深不能逼视，是否当日两国界址，颇难悬断。考之日人守田氏最近著书，立于长白山头之清韩界碑，以土门为界一语，见陆军步兵中佐守田利远氏明治三十九年九月出版之满洲地志第七编第三章第一节“间岛”概言或即指此残垒欤。若然，则冰融雪消以后，由驻延吉专员溯图们江源至此亲查确实，不第奉韩边界从此瞭然，即“间岛”问题亦可从而解决矣。更有与边界当一律重视者,奉吉省界是也。临江北负龙岗,岗脊即省界,不过寻常摹拟之词,并无佐证。龙岗自白头峰起至临江西界,实已五百余里,岗阴半为韩边外辖地,东由古洞河至西方大鹰沟宽街,广可二百四十里,北由牡丹岭穆禽河至南方花砬子那尔轰地方,长可二百里。见守田氏地志第七编第二章第三节第一项领域位置临江土民称其地为岗后,称边外为大房子。实则据长白山阴混同、松花两江发源一带之地而为临江、吉林间之秘密国,固不能谓奉天辖地,亦不得认为吉林境土,幸与朝鲜隔一临江县界,不至如“间岛”之惹起交涉。然使长白山头中韩境界不明,亦足为满洲将来之大患者也。以上所纪形势,可参看临江四围形势提要图。

意见

“间岛”交涉之争点,我以该地为延吉厅治辖地,知有延吉厅而已,不知有所谓“间岛”,论似是也。而彼则曰图们江者,韩界稳城以下大河之定名,上有二源:在北为土门江,韩称分界江在南为豆满江。韩称伊后江即图们色禽土门、豆满固为图们之异音,然则土门、豆满之间之地,果将谁属,论亦未尝非也。积此二说,构成今日之境界交涉。推厥原因,在彼则欲图吉林以防俄,在我则徒有厅治而不理。此案归宿,必待两国会勘而始定。今之鸭绿与图们同,上流虽在临江境内,亦犹延吉之有名无实。溯自江源以讫帽儿山约七百余里,四道沟以上韩民多于土著,十八道沟以上日人多于韩民,详第二编二十一道沟以上几无人迹,此岸彼岸,谁为之证。顾曰此长白而北,即为混同、松花江源,抵吉长铁路东端较绕由“间岛”且近数百里,彼日人不得志于北,势将折而图南,第二“间岛”问题可朝夕至也。故为绸缪未雨之计,对于外宜勘界订约,对于内宜设官驻兵。界约之事,吉林、奉天自必同时举办。就奉天论,据查鸭绿一带于会订时,窃谓有当注意者七事:(一)图们、鸭绿两源,不得引成锐角,必将白山主峰划为我界,多立碑址,记明经纬度数。(二)宜定明江心为界,遇有洲渚与两岸直角距离相等者,除未涨出或每年涨水被淹没者外,不论面积大小均宜指定名称,作为两国共有洲渚,严禁公私一切经营。(三)凡非条约允许之地,此就我岸言不准日韩官民越界驻守及移住,其已越界盗木之日官事详第二篇及光绪二十五年后越垦之韩民一概撤回。韩民有愿久住者,准其归化。(四)两岸各地但系经过或雇佣之官民,以非有战斗行为者为限,准其跨岸往来。(五)两国有一国提议修浚或利用江道,须经协商以无碍对岸国公私利权为限,方准独办。若必须合办之事,须得两国政府承认。(六)一国独办事业,不得征取对岸国人民之通过税。(七)两岸炮弹能及之地,均不许建筑炮台及驻守军队、现有捕盗营及各哨,其性质类于宪兵不得为正当军队。军舰。此七者,皆从现在已有、将来必有之情弊立论,未敢一语涉及夸张者也。苟能如是,则边患或可稍弭。然仅对外而不治内,则空穴来风,虽有约章仍属空文耳。拟请在临江东境韩界惠山镇对岸日人经营情形详第二篇增设州治,驻扎防军,扩充巡警,办法另述第九篇中,兹不赘具。但就设立州治办法,条举大概如左:

(甲)定界

一、临江辖境原有长、庆、荣、洪、壬、富六堡,东西四百里,南北百里,共计面积四万方里。东南与韩邻,西北与通化、辑安搭界。今设州治拟请划长、庆、荣三堡之地即临江东南一带,东至白头山,北界吉林韩边外。及迤北岗后即韩边外领地各地,面积约四万方里为州治直接治理地面,建署于塔甸,原名协山城甸子,地较临江邑城,宽可倍余。与韩界惠山镇对峙,形势扼要。

一、原有临江县只余洪、壬、富三堡,富生堡只半堡之地,其半前经划归辑安。且皆瘠地,拟请划辑安迤东滋生、祥和二堡滋生亦系半堡地与临江富生相连,祥和地面已垦者多,可补临江未足。归入临江,而以蒿子沟或羊鱼头为界。盖辑安原有十堡半之地,太觉辽阔,不便管理。只拟划出二堡者,因过此即辑安县城所在,不宜过事纷更也。

一、岗后漫江、汤河二处,名为吉林府辖境,实去府城千里,地势广漠,韩边外占据其间,久为盗贼渊薮。应请划分漫江、汤河之地设立二县,归奉省统辖。则长白一带声势联络,而荒地亦渐可开辟。

(乙)管辖范围

一、兴京厅管辖区域本嫌辽远,兹复增设一州二县,且割取吉林一隅之地,似非另建直隶州不足以资统治。今拟设直隶州于鸭绿上游,名曰长白直隶州。新设之漫江、汤河二县及原属兴京厅之临江、辑安统归长白州管理。一州四县东西约千里,南北约四百里,其形势固大有可为也。

(丙)简员

一、长白州知州宜选知兵、知外交之干员,畀之以特权,重之以厚禄,使得从容展布,延揽人才而无所于困。

一、漫江、汤河二县,宜派知兵之设治委员。其地本属韩边外领域,能仿云贵各省土司之例,特派韩登举当漫江设治之责,则势顺而无乱,另以老练强干之员任汤河,与漫江相对,暗为监察,数年而后则韩边外之患可除,东边之贼窝亦平。

一、临江、辑安两县令亦宜与长白州知州同其资格,原有署缺人员津贴太少。

不能得人佐治，是一缺点。

其余凿道开江、安电通邮、移民开垦，皆与设官极有关系，因须详记事实，另述于篇。即此设官一端而论，其有益于边务者，第就重大者言之：日俄均势，因此得以稍杀，而边患或不至日急，利一。韩登举领域收入版图，不至名存实亡，利二。白山主脉四江鸭绿、图们、松花、混同。发源，得有重镇，从此界限分明，边荒开辟，利三。鸭江一千五百里，上游下游一厅、凤凰厅一州，即指长白同受成于东边道，而中有四县临江、辑安、宽甸、安东皆滨江岸，足与对岸日势相抗，利四。应请发交驻吉边务大员核议，分别奏咨办理，庶边圉可固，而图们、鸭绿不至再起波澜矣。

纪对岸日人经营第二

事略

日本之经营朝鲜也，甲午则脱离中国而扶之独立，乙巳则击退俄势而归其保护，丁未协约改订则逼王禅位而圈入版图，举其全国八道为军事殖民地，东南则兼事农商，西北则并营林木，而其大目的则防俄也。对于我国则暗侵政策而已。奉天之东，自白山以迄东沟沿岸线一千五百余里，处处与朝鲜隔一江，即处处与日本隔一江。我无江防边防，一味主张民政，彼则名曰营林，实已附驻扎军队谋夺江权，试即对岸之营林厂情形记之，即可知其经营之如何。辰巳之役，日韩协约成立，韩境北道森林许日合办。丙午秋，统监府内特立营林厂，以前在安东之军用木材厂长小岛为长官，分遣工兵及山林技师经营咸镜、平安二道迤北一带森林，驻陆军工兵大尉一柳藤市于咸镜道西部之惠山镇江岸，即临江十九道沟之塔甸岸通译、技手各数人，名曰统监府营林厂惠山镇分遣所，并派陆军宪兵曹长渡边喜太郎为惠山镇宪兵分区所长，驻宪兵六名、步兵四分队、警察八名，移民百余户，设邮便及电信局一所，往来吉林、安东、北青、平壤间。立市一处。同年，又设新乫坡、咸镜道三水郡沿江之小镇，在临江十三道沟对岸。中江洞平安道慈城郡沿江之小村落，原名十长里，在临江县城西五里对岸。二分遣所，各以工兵尉为其所长，移民设市一如惠山镇。复于鸭绿江下流之北下洞安东对岸设立贮木场，为木材聚集之所。自咸镜南道海岸即朝鲜东海岸，离临江十九道沟约三百五十华里，与日本轻津海峡相对。北青郡此间有日本通商场，在图们江南，元山津北，北纬四十度二十分，东经一百二十八度二十分之间。所来之电话线，迄今已经由惠山镇沿江岸而西架设至中江洞，去年春，复擅由惠山镇接线渡江东至长生堡二十二道沟，北顺十九道沟沟身至双岔头，

以为其官民联络声气之具。兹先将关于营林事业上之布置,列表如左:

(一)临江对岸日人经营情形表

韩界地名　临江地名　公所　设官　驻兵　市场　房屋　迁民

宝城　二十道沟上斜对岸　二十余间　五六户

惠山镇　十九道沟下塔甸对岸　宪兵所营林厂　木材厂　警察所　警长一员　所长二员　队长一员　宪兵长一员　庶务一员　守备队四名分队宪兵六名警察八名　一处　二百余间　七十余户

金山卫　十七道沟上金厂对岸　一处　四十余间　二十余户

罗暖城　十四道沟下斜对岸　一处　三十余间十余户

梭罗城　十三四道沟上下雪罗城对岸　四十余间　二十余户

米汤城　十三道沟上冰浒沟对岸　三十余间　二十余户

新牌城　十三道沟对岸　营林厂　出张所　所长一员　守备队队长一员　两分队　一处　八十余间　三十余户

古牌城　十三道沟对岸　三十余间　三四户

马连城　被阴亭对岸　二十余间　七八户

界河城　十一二道沟对岸　官署一所现空　三十余间　五六户

下长里　新名中江洞　县城斜对岸　营林木材厂出张所　庶务一员　所长一员队兵一员　守备队两分队　一处　八十余间　三十余户

统计六处十一员一百三十六名五处七百余间二百四十余户

表内所记市场、房屋,皆辰巳以后陆续新建,含有兵队及木工之宿舍在内。民多木工,约在二千名以上,琉球人[1]居其半数,统归宪兵管束,韩民无敢与较者。其擅自越江至临江界经营者,除电话线已如上记外,其他情形,条列于后。

(二)临江长生堡日人经营大概光绪三十二年四月调查

一、梨树沟地方十九道沟西首日人修路宽五六尺许,遇树则伐,遇石凿平,遇河架桥。另有详图

二、塔甸地方自两江口至十九道沟总地名沿江一带丈量,十丈余立一木牌。

三、十九、二十一道沟江心,日人堆积杂木高二丈余,中间留一流口宽丈余,拦江筑坝三道。另有影片

〔1〕 琉球人,琉球群岛的原住民族,现多称作琉球人、琉球民族,或按所其生活的地域的不同(冲绳群岛、先岛群岛、奄美群岛)划分,分别称为冲绳人、先岛人和奄美人,是指生活在今琉球群岛人口最多的原住民族。

四、在十九道沟口修路宽丈余，遇树即伐，遇石凿平，遇河架桥宽六七尺许。河中有碍木料流出之处，尽行修成流口，约四十里至双岔头，其间均盖房屋。内设木厂三处：一在距沟口八里，地名小葡萄沟，占用魏姓田地筑盖木房，一在东识巴尾地方，距小葡萄沟十里，占用荒地筑盖木房，一在双岔头地方，距东识巴尾二十里，占用木把刘金峭木厂，并将其住房圈入作为木厂。三厂日本工人百余名，朝鲜工人三百余名。

五、在二十道沟修路筑桥如前式，筑盖木房一处。日人四十余名，韩工五六十名，俱在沟口修路伐木。

六、在二十一道沟修路筑桥如前式，筑盖木房二处，一在金姓田内，一在距金姓地四里之处。共约日人三十余名。

七、二十二道沟亦修路筑桥，有日人三十余名。修盖房屋、木植砍伐，尚未动工。

八、以上约计日军兵丁五十名，工役五百余名，雇工韩人七百余名，共伐木材入江者，计二十万联。

（三）临江长生堡日人经营近情，本年十一月调查。

一、日人修路筑桥盖房设坝情形与三十二年同。

二、十九道沟内三十里西岔，即双岔之一日人增建房屋约六十间，日工约百余名，雇用韩工二三百名，从事伐木。又设小铁轨一道，推运木材。二十一道沟亦筑小铁轨，日人在该沟伐木者约三百名。

三、十九道沟、二十一道沟，日人增设营林厂所，高悬日本国旗，各住技手一名。

以上第就营林厂事业上之布置，记其大概。更进而征其事业与我国利害有关系者，再列如左：

（一）临江对岸之营林厂事业有关系于我国者

一、凡设营林厂处门悬二牌：一为营林厂，一为木材厂。按：营林厂系日韩合办鸭绿江左岸森林者，木材厂即军用木材厂之旧。观暗中经营鸭绿江右岸森林者，所设官长头衔亦皆并列，与我地方官往来文牍且有仅用木材厂名称，而其戳记仍曰军用木材厂印。

二、初设营林厂时，该厂直接通告我界地方官，严禁清人越界伐木，暗中仍勾串愚民入山砍伐，图取入山税、木税。及木材成簰放江，故意将人材一并扣留，愚民不知，放弃者有之，廉价售卖者有之。

三、本年七月间，定鸭绿江岸漂流木材捞集法，不问木主为何国人，凡木材流至韩岸者，谕饬居民捞集，通报该厂待主报领。实则沿当途捞收充一切建筑材料，或编为簰，运下贩卖。兹将该厂长小岛所定管理漂流木材事项，照录于下。

一、江岸村民不论何人，当竭力寻觅漂流木材事，如有发见时，须速至木材管理人处飞报。木材管理人以江岸各地村长及各地方有力者派充。

二、管理人当随时令村内人民管守漂流木材，记明木材数目、山号、材主及捞集地名，开具清单报明本厂、支厂、出张所。

三、凡来报捞集木材者，每木一联赏银二角以内，保管人及管理人每木一件赏银一角，百件赏银三圆。

四、漂流木材之材主可至本厂出张所报领木材，但须查明姓名、住址、山号均属正当者方能交付，且须缴纳当日保管并捞获之费用，倘系不正之材主，及经过每年十一月，即将木材入官，概不准领。

五、如犯前项规程或掠夺隐匿改刻山号私卖者，严办不贷。

（附记）此章一定，吾国沿江之杂字号木簰，大半为日本所夺，吾国木把不知条规，亦鲜报领者。

四、本年十月间，又许吾国木把至韩界砍伐车轴等圆料本木材，推其用意所在，欲增进税项，经营厂务而已。惟吾民已畏惧，不敢入山矣。兹将其章程照录如后：

一、在本厂管理森林区域以内采伐及搬运车辆用材之韩国人，不经本厂许可，不得从事。

二、欲得采伐车轴木材之许可者，须先将原籍及现在住所、姓名、职业并采伐地名、人数、字号暨采伐所需人员，一一报明本厂，呈请办理。

日本人亦得援前项之例，呈请采伐车辆用材，但须身家清白，来历确实。

清国人之呈请者，亦许清国道台及地方知县保证，若系来历确实之良民，方能许可。

三、凡经本厂许可者，即发执照使其携带。

四、遵照前条办法，受本厂许可入山采伐及运出之时，所带执照须呈明附近分卡照验再给验照，否则认为盗伐。有验照者，中途若受他人妨害，呈报各卡，可得保护。

五、有前条验照之人流放木料，统至本厂北下洞贮木场聚集，以受检查，将左记之金额缴纳后，方准自由买卖。如不经检查即往他处搬运，将全部木材归官，照章从严议罚。

大车轴每条税洋三角五分，小车轴每条税洋一角八分，车柱每条税洋八角。

在本厂缴纳金额之外,无论木至何处勿庸再纳,如再有索费之处,可直来本厂报告。

(附记)东安木税章程,因此破坏矣。

六、如违背以上之章程,无论何人,照章严罚。

(附记)既曰无论何人,则此种木材之运入安东者,若索木税,亦被严罚矣。

七、本章程自宣布之日施行。

(二)临江长生保之营材厂事业

一、借军用之旧例,知管理之不及,逞合办约之约未定,择木材最良之地,为将来合办地段张本。擅自派工砍伐占为己有,掠夺我国木把已成之木材,使木把望而生畏,得以逞其所欲,此其计划之第一。

二、日本人民善此业者尚少,本年改雇吾国木把包伐,至成材而给以廉价,坐收费少值多之利,长生保牌头于祥云即彼包工之一,每木一千五百立方寸给价二十元。此其计划之第二。

综观以上各情,有一营材厂,则彼之边防已固,大利已收,形势已占。加以北青之军队,图们之汽船,惠山之铁道,吉林、安东、北青、平壤间之邮信、电报、电话种种设备,业已完全。来年,闻尚欲于鸭绿江试行小轮,若可来往,则江权又得。故曰日本之对岸经营亡韩、防俄,对于我国则暗侵政策也。

意见

安奉、南满、吉长铁道,既归日手经营,奉吉东南数万里之地,直已包入经营韩国圈线之中。近更北占延吉,西侵临江,势力范围已如环栘,若不急起图维,设法抵制,奉吉两省必将卷入涡流而不可救。今为防御计,除修约勘界、设官移民、开江通道、驻兵增警分论于各篇外,有当直起对待阻其谲谋者,即临江长生堡之日本盗伐木植事件也。查乙巳北京条约附有许日本合办鸭绿江右岸森林之明文,而其地段、年限及合办方法,均俟将来协议。去年奉天总督与北洋大臣曾将合办章程咨明外部,与驻京日使开议。嗣因日本军官小岛弄其黠谋,鸭绿江右岸范围直欲包括浑江在内,而年限又要求过远,致无成议。小岛今为日韩营林厂长,特附木材厂以经营右岸。一年以来,遂擅渡江盗伐长生堡木材,垄断鸭绿江杂木,并干涉江浙木植公司,不许吾国设厂。合办之约未立,而彼已独收实益,狡谋奸计,实可痛心。闻之临江郑令近已密呈大概,拟请将上记各情并案咨催外务部,速与日使提议,地段宜狭,当在长生堡以下洪生堡以上,由三道沟起至十四道沟止使其已成之局全归无用,又不致贻边界将来之患。年限宜短,至多以安奉铁路经营年分为限,俾得同时收回独办。一面速定森林区域某处为皇室林，某处为国有林，某处为保安林，某处为防风林，去年山西森林学生所，查报告，大可据为张本。咨明宪政编查馆暂定本省森林管理法奏定颁行，庶可杜外人觊觎，立本省林政，此上策也。万不得已，亦宜将其在我界经营各情如设坝架电筑屋伐木设厂悬旗等开单照会，派员履勘，勒限撤废，并申明盗伐之违约举动，为将来开议合办时之优胜地步。否则，彼明占"间岛"，暗侵临江，鲸吞蚕食，真无已时也。

纪越垦韩民第三

事略

开国之初，韩元帅姜功烈率兵万人首先归附，遂即编入旗籍，故鸭绿江一带虽系中韩分界，而伐木、采参、打牲、垦田各事，任两国民人自为，向无歧视。且韩国田赋重倍于我，沿江官府，供役烦苛，兼以边土荒寒，山阴地少，于是韩民多越垦者，春夏过江聚族开垦，收成后裹粮南渡，仍栖旧居。嗣因刈获丰富，运转烦劳，乃砍木建屋，与我民杂处，历年已久，渐成一家。我国土著农民，利其长于农事，每雇以代耕，量予佣值，或资以垦荒、粮石酌分。同治初年，山东贫民赴上江从事参牲木植者，知其土地肥沃，渐来垦辟，然三五成群，搭盖窝棚，但思得利以归，并无久居之志，故垦地取利大半招雇韩民，此不第帽儿山以上为然也。自甲午战后，日人宣布韩国独立，韩民狡黠一流，渐渐强项租种地亩，或不偿价，甚至用强硬手段占地开荒。故二十五年中韩议定商约，遂将边民已经越垦者，听其安业，俾保性命财产，以后如有潜越边界者，彼此均应禁止，以免滋生事端等语，载入第十二款。近年临江设县，去定约时代已八九年，当设治之始，并未编查韩户共有若干。近据该县所查，韩民已达一千一百余户，男妇大小三千余口。顾此户口，是否续来越垦，抑系从前越垦者，仅有此数，均无确据，是禁止韩人潜越边界之约，只属空谭矣。俄日和议既成，日人移民实边占用韩土，韩民苦其苛虐，相率渡江，结庐垦地，已成喧宾夺主之势。况我岸土田肥厚，农产丰腴，我民不愿久居，韩人日来侵种，大利所在，潜授外人，此不可不预筹挽救之策者也。特列四表如左，以证之。

（一）临江各堡已报地亩表

堡名	额报续报地亩
洪生堡	八千七百十七亩八分
壬生堡	九千一百六十八亩四分

富生堡	二千七百五十三亩四分
荣生堡	六千五百五十八亩一分
庆生堡	六千二百五十九亩九分
长生堡	二千七百十三亩八分

共计三万六千一百七十一亩四分。

(备考)以上地亩就已报者言,未报者实多此数十倍。故庆、长两堡会账,不用亩捐,分上中下三等户,按户摊钱。荣生堡只以锄头计算,每一人耕地名一锄头,常年可耕三十亩民皆安之,以黑地土人以不报之田名曰黑地可以欺官府,不能欺会首也。

(二)临江中韩户口比较表

中户数	一千四百十九户内有家眷者只五百余户
中人数	八千四百九十六口
韩户数	一千一百余户
韩人数	三千余口

(备考)此据该县本年九月调查。就现在论之,韩民已增二百余户,其春夏越界垦田,秋收后携粮归去者尚不在内。

(三)临江农产表

甲、谷类

名称	种时	收时
荞麦	三月下旬	八月下旬
小米(谷子)	三月下旬	八月下旬
黄豆(大豆)	三月下旬	八月下旬
黑豆	三月下旬	八月下旬
玉蜀黍	三月下旬	八月下旬
小麦	三月下旬	六月上旬
红粮(高粮)	三月下旬	八月中旬
小豆	三月下旬	八月中旬
元米　糜子	三月下旬	七月中旬
稗子	三月下旬	八月上旬
黍子	三月下旬	八月上旬

(备考)谷类以外,尚种烟、麻、土药,但种者无多,故不列入。

乙、蔬类

南瓜　倭瓜　王瓜　土豆　山药　扁豆　秦艽　芥菜　萝卜　油菜　菠菜　白菜　茄子　芹菜　芫荽[1]　疙疸白[2]　葱　韭　蒜

(备考)以上收种时期与内地略同。惟适种地点端在各沟近口,若近山则不能生,即生亦不畅茂。又十二道沟上,十九道沟下可种甜瓜、西瓜,品味与内地相埒。

(四)临民雇佣韩工及其分收比较表

佣赁概数	分收概数按三分计算,而食粮、籽种先由地主备办,收时划还。
一人四十两以上	一人三分之一
一人牛七十两以上	一人牛三分之二

(备考)佣赁以粮价折准,实与分收略同。惟分收则利害平均,佣工则只索赁价而已。至韩人租田,无论开荒、种熟,租价,概以粮石计算,然开种之始并不交价偿粮,故每遇歉收,往往租粮不交,滋生争斗。

综上各表观之,以地论我肥韩瘠,以人论,我少韩多,以农业论,我拙韩工,以习惯论,我惰韩勤。于此而言生存竞争,则吾民之必归劣败可知矣。

意见

国以民为本,民以食为天,食以农为主,统古今中外而同焉者也。试即中国北方论之,伊犁新疆东西六盟均旷土也。自屯田之策行,新、伊俨成行省,盟旗亦渐解垦荒。东三省边界亦旷土也,自驻靖边各营后,导以屯田之利,而设治卫民、借民守土之事,乃数四行之,各有效果之可见。传曰,有人此有土,有土此有财。洵有味乎其言之也。夫长白山阳为东边最绝之荒徼,三十年前人迹罕到,此就十二道沟以上而言谈之者不曰天气严寒,即曰地脉硗瘠,故大吏视为瓯脱,农家弃等石田,其所由来者渐矣。近年十二道沟以上已集居民三百余家,大粮户约有十之三四。若在塔甸设治,听民自来,则生聚十年,其富庶必在通化、怀仁以上。惟韩民越垦倍于土民,其利溢于外,祸伏于内犹小也。日本眈眈虎视,若借保护韩民为名,则"间岛"第二问题又将发现矣。拟请饬令民政司编查东边一带越界韩民户口,禁止越江移住,一面令土民赶报地亩,宽限升科,作为清赋基础。并遴派干员,选带上江明白土民若干名,赴登、莱、青一带三府贫民每来上江谋食,往往为旅费所限,不能携眷,得财

〔1〕芫荽,一年生或二年生草本植物,通称香菜,也叫胡荽

〔2〕疙疸白,甘蓝。

即旋。招民开垦。而招民之法,应酌给川资,俾携家口,建屋垦地,量为给费,移民方有速效。按登、莱与安东隔海只一日行程,搭轮渡安,船价人需一元五角,由安陆行赴十八、九道沟,约十六日可到,若春冬乘爬犁约十二三日旅费人需五元五角,此就安东至帽儿山计算,若三道沟上则旅客尖宿尽入窝棚,向不索费。若每年移民千口,以五口为家计之,可得二百户,每户给建筑、籽种各费二十五元,上江建草房一间需洋十元内外,种粮一石需价洋三四元不等,且租地开荒,每由地主备粮,秋后偿还。合之川资,共需一万二千元左右。此项正款,应由临江木捐临江木捐每牌三两,现已开办。每年以二千牌计之约得银六千两提用,不足再由东边木税项下拨给。更须于安东、辑安、临江设立移民局,局费亦由木税拨用,派员招待新迁客民,以杜冒滥而妥安插。如此连年接办,新来贫民衣食有资,旧有土民不受韩民欺骗,荒废山地逐渐变成腴田,而土沃人稠,胡匪自然敛迹。且韩人之越垦者,屈我势力莫逞强梁,其未来者因无地可耕不思越境。数年之后,地无遗利,人无遗力,边疆既实,捍卫自坚,不特越垦交涉泯于无形,日人长蛇封豕之谋,亦阴为消阻矣。

纪日韩交涉第四

事略

临江南面与韩界处处相交错,两国边民互相往来,习以为常。光绪二十五年中韩条约第十二款内载,两国陆路交界处所,边民向来互市,应于定约后,重订陆路通商章程税则等语。迄今均未提议,而韩已归日保护,中韩事件一变而为中日事件,中韩交涉一变而为中日交涉。情势不同,我之应付方法,亦宜握定宗旨,随时更变。兹将近年日韩交涉案件,就其关系重大者,摘要纪录,亦足以觇情势之一斑。

(甲)中韩交涉案各举一例,其详当查存案

一、地方官诈索规费案　我国沿江木植易于砍伐运输者,逐渐采尽,故我国木把常有越界入韩山者,遵照韩国定税有入山税棒税等名缴纳后运至安东出售。又有韩局另收木税,与地方郡守无涉,此常例也。光绪三十一年三月,荣生堡乡约韩应贵报该堡木把丁士林等十一名至韩砍木,已纳韩平银百两,又被厚昌郡守持枪绑去诈索规费,彼此争执几酿巨祸。经前吴令照会厚昌郡守追回诈赃,减去木税三分之一,我木把所夺韩兵枪械亦饬归还,彼此越界砍木一律禁止,事遂平允了结。

二、税官暗招华民伐木案　韩国木税另有税官经理,地方官本不能预闻。乃因前案禁止越界后,木税进项骤减,税官陋规亦少,仍暗招木把渡江砍伐。三十二年十一月,庆生堡木把迟克俭等二百余名木植数百拢,突被厚昌郡守扣留。经郑令往议,知该木把等已缴入山各税于该国税官金兆鉴,郡守不得已,乃将人木交还,后严申越界禁令。

三、地方官纵盗焚杀案　越垦韩民及对岸边界韩民,尝有情同胡匪,越界抢劫之事。光绪二十九年四月,有韩匪绑缚乡约王环等十一名绑票至彼界勒取银两,将置之死地。乡民徐庆发大愤,率伙伴十二人渡江追击,当韩来炮手百余名围攻,韩人大败,索还王环等不应,复厚集兵力要战。庆生堡练长任辅臣带队弹压,劝令罢兵,始将王环等放回,然韩人终含怒徐欲杀之。五月,韩人又来掠夺,绑去木把迟克俭等十一人,索银千一百两,拷打甚酷。八月,任辅臣函约徐庆发带队往攻,未行而韩兵已渡江围徐,被伤者二人,仍与力斗,韩兵乃败走。徐追渡至三水郡城,韩兵弃城走,徐得临门敦枪三十杆、子弹四箱,归途经古平卡复与韩民战。九月,韩复率炮手八百余名来袭,仍被徐击遁。长生堡沿岸大小窝棚五十余家皆被焚毁,掳去男女老少十八名,土膏、银货、首饰等物不可胜计,粮米千余石,牛马骡畜百余头。设治委员吴光国派外委王宝山率队弹压。十二月,兴京厅孙丞,设治委员吴令与韩甲山郡守李、三水郡守李、特派检察官赵、中队长赵会议,议定徐庆发所掳枪弹归还韩国,将徐正法,一面由韩送还所掳之人畜物件,并罚银二万九千一百五十两,以光绪三十年正月二十五日为交换期。即此出示安民诱杀徐某。嗣因日俄开战,韩国议罚之银两及我国应还之枪弹均未践约。此事关系甚钜,急宜办理了案。兹恐存卷散佚,特将当日安居告示照录附后,庶足为提案之一证。

照录两国会同安民告示全份

大清国赏戴花翎抚民府正堂孙、奏派办理临江县设治事宜兼节制马步练军在任候补分府吴

大韩国从二品嘉议大夫甲山郡守李、正三品通政大夫三水郡守李、元帅府特派检察官赵、步兵科中队长陆军正尉赵

为出示安民事。照得本府、县边民与韩国越垦农民,均系我圣朝赤子,深仁厚泽三百余年,初无中外之分,尔商民均所知悉也。查长生堡、庆生堡被韩兵越扰烧毁窝铺五十七处,杀死大小男女十八命,抢毁各户烟土、银货、首饰、衣服、油磨、家具等物并米粮一千二百余石,牛马骡畜一百五十八匹,该堡乡约王环、刘惠昌报经本府县勘验属实。现在韩官三水郡守李、甲山郡守李及韩国元帅府派来检察官赵,

均已先后查明被扰实情。民无分乎彼此痛悯相关,心岂存乎中外爱民为本。是以本府县与李郡守等再三筹商,以安民为先,无论清民、韩民此后视同一家,不得意存中外,致相仇怨,亦不准互相越扰,有伤和气。所有长生、庆生两堡牛马现经郡守、检察官竭力找获一百二十五匹,定于本月某日交收,尚有未得之骡马二十三匹尽力查追,以期送还。烧毁房屋大窝堡五十七家计二百间,拟按间赔银二十两,共修缮费银一万二千四百八十两。粮米十七家共一千二百零五石,每石合银三两,拟赔银三千六百十五两。至大小窝堡所有烟土、银货、首饰、衣服、油磨、家具等物拟赔银六千二百两。此外人命大小男女十八名,按名拟恤银三百两,共银六千四百两。以上统银两万九千一百五十两之多。此款出自韩民,虽日挞而不能复得,且当时有不肖韩兵、韩民抢财远遁,一时无从查获。除已究出祸首分别各归各官严办外,惟认赔银两必俟韩官奏明韩帝议明各款数之多少,必民愿而后已。查韩京路远,往来奏文约限四十日。以光绪三十年正月二十五日为度,届时必有明论。如查有越垦韩民在长生、庆生两堡被灾被抢及被患之人,一体抚恤。此外打仗伤命被抢之人,彼此免议。倘此后清国民兵有越韩界滋扰事端者以及无端放枪者,准尔韩民绑送来县依法惩办。如韩兵、韩民越界滋事以及无端放枪者,准我国兵民绑送韩官尽法究办,如拒捕格杀勿谕。至越垦韩民皆得依照清国治理,一体领贴门牌,尔商民人等亦不得私相容隐,以杜后患。自示之后,无论清民、韩民不得再启衅端,更宜格外和好以释前嫌。倘有不法匪徒借端生事,查出即予重办。为此谕知尔商民人等一体知悉,各安生计,静候韩京来文如何赔偿再为禀请军督部堂府尹正堂核办,毋许相扰滋事,各宜永敦和好。顷甲山郡李官查悉长生堡农民受难颇重,心甚痛切,先由韩民处代购米粮三十石以资接济。尔商民人等须知韩官格外体恤之意,即由该乡约具领度日,切切特示。

大清光绪二十九年十二月十四日。

大韩光武八年十二月十四日。

乙、中日交涉案各举一例,其详当查存案。

一、日人盗伐木植扣留华民案　日人越界至长生堡盗伐情形,已详记日人经营篇中。吾国木把有至该堡山沟砍伐者,均被阻止。三十一年冬间,该堡乡约王环入山,被留多日,十二月八日乘间脱身赴县禀报情形,并谓尚有同伙张希圣扣留未放,所伐之木已被勒价逼卖。前吴令闻报,驰赴惠山镇面与该厂长一柳诘问越界扣民情事,索阅文据不餍,再三究诘,始谓我等系安东军用木材厂长小岛大佐所遣派,想伊必已照会。嗣查并无来文,禀由前军督部堂照会军政署小山,彼亦坚不承认实有此事,因面约各委专员查勘虚实。日本派宪兵三名先赴长生堡,署县郑令于次年正月到任,亦即随往,彼此目睹情形,该宪兵亦难为掩饰,允为据实禀报。

二、强买华木、强迫雇工,封禁森林、不许华民伐木案　当郑令查勘时,该堡木把纷纷呈报日员一柳逼勒贱价买木,有时复迫令雇工代伐,所在产木之处尽行封禁挂号,不准华民砍伐,违者鞭笞拘禁无所不至。与之辩论,辄以厂长小岛命令为词,终不退让,且其经营,复日有进步。

三、江心筑坝,冲害右岸,横夺木簰案　三十二年春,日员一柳以修理江道为词,擅在塔甸对岸即惠山镇江心筑坝二道,雪消水涨,冲决右岸一带民地,凡在上江流下之木簰均被撞散截住,所筑之坝亦有损坏。日员复要求筑坝费,扣簰不放,几酿大患。报经前军督严行照会安东日本军政官高山,闰四月接高山复电,据称军用木材厂所查,断无令强买华人木料之事,并无设法妨害木材留下之意,如有奸商以军用借口,必当竭力禁止云。嗣经复查,仍无稍改,至今亦如旧。

四、庇护韩人指索华民、华官违约偿款案　彼此之越界经营有进无退,迭次交涉不过纸上空谈,而彼之责备于我者,轻则倍定偿款,重则指索罪人。韩人攘牛,一经追捕,则谓越界拿人,当撤巡弁之差。居民过境,稍与口角,则谓妨害电工,即起罚锾之议。此皆近日之事,均由统监府照会东边道饬查者也。

以上所记,仅举一例,大率皆关于木植,其他琐细交涉,时有所闻。概而言之,彼日违约而终得优胜,我日守约而终归劣败,韩民有恃无恐,动辄寻仇,吾民日受逼迫,无可呼吁,此则临江现状也。苟使守吏稍知外情,绅民略有智识,或可防患未然,不致溃烂,而今皆无有,是真危险。

意见

古之守边也以大将,今之守边也以微员,人之治边也以军人,我之治边也以庸吏,无惑乎情见势绌而边事日亟也。临江对于本省为四塞之地,对于朝鲜为八达之冲。两岸边民均以江为大道,攘鸡夺牛之微,动成极大交涉,应付失宜,责言立至。况乎韩民越垦多于土著,日人盗木俨成占有,虽非通商口岸,已是内外杂居。一纸空文,无论至安东、至省,即境内往返动逾弥月,而事机已误,无可挽回。如是守边,何堪设想。为今之计,除已论于各篇者外,尚有从根本上整顿者,条议如下:

一、当派明白外交者充当边吏。临江,苦缺也,好官皆不愿为之。而人之在对岸经营者,尽是士兵,大尉官位大于我,公费少于我,而办事则著著争胜,此系国家关系,似不能责备一二人。顾奉省固多州、县,不能谓决无好官,拟请选派干吏扼守边要,万不得已,亦当饬令选聘稍涉新学之文案,借以佐治,不致贻误事机。

二、当明定外交权限，以防边患。我国官吏知权限者少，知交涉权限者尤少。故一遇外人，不问事情大小，不问事权大小，率尔应对，漫无把握。非见轻于外人，即见恶于外人，因之被欺、被迫而隐患遂生。拟请严饬沿边地方官，凡非通商地、本无外交权者，不得与无外交权之外人往来文牍。不得已而有私相往还之事，无论巨细，亦当饬随时呈报，毋得疏懈，或可借弭隐患，洞察边情。

至对于前记各案，韩已归日保护，一切外交统归日本办理，更无中韩交涉，所当注意者惟日本。临江之日本交涉，以盗伐木植案为最重要者，略述办法于对岸经营篇中。其余筹备，当视我之经营如何，各篇所论，皆与此有关者也。夫今日中国之外交，既无陆海军为之后盾，又有极大束缚力之条约，使不能径直行事，徒以笔墨口舌与之角逐，即有效力亦其至小极微者也。惟有从自身上著著进行，不落人后，使彼无可措手，无从借口，不生外交问题，斯则外交之最胜者也。

纪胡匪第五

事略

临江去柳条边墙四百余里，辖境为横圭形，龙岗即长白山脉据其北，蜿蜒走安东，林木掩蔽，回抱如缭垣，南滨鸭绿江上流，沟汊错出，间有平原，莫辨为山麓水浒。国初圈为围猎地，民人入山有禁。乾隆时，山东大饥，流民泛海至东沟伐木、采参，缘湖而上，人烟渐聚。咸、同以降，八旗防弛，官治不修，胡匪遂据为巢薮。甲午后，防边无力，俄人明助剿讨，暗出招募，匪势更猖獗不可收拾。拳匪肇乱时，竟联合党羽，号称忠义军，剽掠东边，起与官军为敌。居临之人，逃亡杀戮殆尽，所设帽儿山巡检陷入贼窝，不得已退驻八道江。至今山麓公廨，惟残屋数椽矗立丛莽间而已。二十七年，复有王老道、董老太太之乱，率男女七百余自吉林汤河来迫临邑，驻防捕盗营王外委宝山死力击退之。翌年，割通化六堡地设县。三十一年，改各堡防卫巡警队，拨驻后营步兵二哨于二道沟、三岔子，匪势始敛。然临江处处皆山，山皆森林，自夏至秋，绿荫闇黑，不辨蹊径，俗呼之为树叶关门，以其闭塞莫辨也。胡匪乘时出没，夺门劫路，年或五六次不绝，每至其时，行者呼伴，不敢重负，居者挟其金帛、子女迁避入市，屯堡一空。顾此犹县西富、壬、洪三堡密迩通化、辑安，且有哨兵邑宰驻守地也。其东三堡如荣生、庆生、长生，距县数百里，白山列后，大江阻前，穷谷深林，鸟道飞绝，为民为贼，惟力是视，杀人纵火，时有所闻。韩民杂居其间，亦大半为匪。自日本经略韩边后，若辈尚借口雠日，揭竿起衅。迩来隔江一带，勾结千人号称义兵,已与日人构难。署县郑令恐匪徒从中串合,已率步队数十,分布极东二堡。然兵力甚单,地带过长,倘有内匪相乘,则剿不能剿,防不胜防,祸患之来,当在二十九年以上。胡匪徐庆发渡江掠隶三水城事,详第四篇。按情度势,极为危险,不得不归咎于往日筹边之为计太疏也。

意见

胡匪,东省祸源也。主剿,主抚,数百年于兹,而莫衷一是。迹其大势推之,究因官治为消长。官治之力日进,胡匪之势自日消,抚之非是。专言剿而不绝其发生之原因,是无官治也,剿亦非是。临江僻在省东,山川阻梗,严寒苦热,民不乐居,其称胡子窝固宜。然较吉黑东朔之区,比年以来犹沐治化,凶杀之焰不能不云大减。盖临江匪踪不论大帮小股,多自吉林漫江、汤河穿林越岭而来。设治而后,壬、洪二堡城邑所在,兵力自厚,居民渐渐集合而声气较通,贼来窥视不易,自渐向东而退。苟能于东岗森林择地添驻队兵,则市集而民聚,道路因以辟,荒务因以垦,贼势失据,民生安堵,所谓发生之原因绝,不待剿而凶焰自销。今据查勘所得,县治东北隅距城约一百五十里地名团头山者,旧名段头山,有韩人数十户聚而垦田,后因胡匪□来,相率移去。跨三道沟、十五道沟之间有平岗,东西长可八十里,南北宽约五十里,地势平衍,多土可耕,惟现在林树未芟,委为荒土,吉林临江胡匪取道于此。诚能拨驻步队一营,春冬伐木垦荒,夏秋搜山捕盗,不特临祸可靖,隐寓屯田实边之意,即吉林历年巨患,亦得借以稍平,功在抚剿以上者也。非然者,移民而民不至,捕盗而盗不清,韩民越垦渐成土著,日人盗木悍然罔顾,事机之危,祸患之迫,有甚于胡匪万万者。敢请饬令巡防营务处及早预筹,不得已而移驻一哨,亦足拒马贼于百里之外也。今为备参考起见,故先就步兵一哨计划之驻在地,当在前记之平岗,得与二道沟、三岔子现驻二哨成犄角形。兵宜选自本地习于山林且耐寒者,最宜为辍业之木把。若新练之步队及骑炮队均不适用,以其性质似屯田,目的在捕盗不在守边也。惟官最难其选,第一宜有威名,为马贼素所慑慑,为兵民素所信服者,得以坐镇雍容,不劳而弭患。第二久在东边,熟识山路,不惮劳苦者,方能力任艰难,位卑禄薄而不怨。具此二格,戛戛其难。据所察久驻临江捕盗营把总王宝山、现充巡警总局副巡长把总谢鸿恩尚能胜任而愉快,而尤以王为劳绩较多,众所推服。至营制经费等,仍照向章办理,尚无他也。更就一营论,照奉军旧章共有五哨,舍二道沟、三岔子及现计添设一哨已得三哨外,当于塔甸旧名协山城甸子,在十八、十九道沟之间。及葫芦套在八九道沟之间。两处各置一哨,以前记之平冈为中坚驻营官不设哨官,选兵派弁一如前策,临江胡匪从此可以无患。然消耗巨费与此,不能不筹取报酬于彼，拟请稍变营制，每兵每日例操外，教之砍木、凿路、垦荒、筑屋，由林田宅之利溥矣。使之入山打牲，穿林围猎，则履险如夷，精神活泼矣。如是一年，四境小治，不移民而民自至，不兴商而商自兴，虽然仅设一哨，未能希望及此，乞垂鉴焉。

纪山路江道第六

事略

临江之地势无一不与辑安同，而其设治也亦皆在光绪二十八年。此数年来，辑安俨成县治矣，临江则依然一荒徼。是非地方官吏治贤否有异，异在交通之便与不便。辑安至省至安东虽隔山河而皆有车迹可通，故能吸收南满安奉铁道、营口东沟汽船之利，而绍介于全世界。临江则山不通车，江不通舟，全凭人力、马足作为交通器具，入境之处即已险绝，每履其地，强者股栗，弱者捐其生命，是临江境内纵已成为乐国，犹恐裹足不前，矧为奉省第一瘠区乎。无惑乎设治同年，而治不同也。然使对境之国仍是去日之韩，则已久阅年岁，遑恤今日。乃观前记各篇情状，外势凭陵已岌岌不可终日，交通不便，不仅临江无幸，于大局亦不利也。今试记其山路江道之情状，就山路言，临江与境外交通，冬则二道，夏则一道，而皆仅容人马，险仄难行。西北自林子头起，与通化搭界越老爷岭，珍珠门、宝德泉、椴抱松岭至三道阳岔共约九里，尽系密林峻岭，杳无人烟，穷一日之力始达。夏秋之交，时有盗贼出没，故行者有戒心。自此至帽儿山计二十五里，较老爷岭之险虽少减，然沟水乱流，山坡陡绝处仍不少也，既无桥梁，又无磴级，八月以后冰雪载途，土石冻结，交通稍易，此自临至省之大道也，其不便如斯。迤西一道，由通化四道江起绕大罗圈沟，过七十二道河，跨辑安北境达临江，里数较多，必待严冬冱冰以后，始能行走扒犁，平时交通亦绝。舍此而外，尚有一二小道可通吉林汤河、漫江，惟队兵捕匪时偶一行之，商贾无出此者。故即与邻境之辑安往来，舍冬令涉江而外，余时均出林子头至通化绕道而行，其余各处交通之不易更可知矣。更就江道论，东南五百余里处处滨江，界内各地往来取此道。江水深浅不一，不能徒涉处，中韩两岸居民率皆设渡船跨江以行，常多纠葛。江心大小硝石，全江上下统计八十六处。其中大门槛子与望江楼对岸黑驴子有碍簰艚，马鹿沟、夹皮沟对岸之大龟、二龟并白马浪、二马驹，长川对岸之黑驴子有碍艚船，余可一律通行。即春夏江涨时，下驶之木簰，时被冲散漂流，上行之木艚即蟒牛艚，载重约二万斤，吃水三尺余。亦皆停滞不进。据安东土人言木艚已二年不至临江矣。幸届冬至节后,全江封冻,可通人马扒犁,否则上游、下游交通几绝。如此江山,适为临江之大害,欲求临江发达,边患不兴,其可得乎。即使设官驻兵,事事筹备,而交通不便直掷黄金于虚牝耳。

意见

闭锁时代有边如此,中国之福。开放时代有边如此,则中国之祸。旅顺、大连、东沟、沙河数年以前犹临江耳,一经外人经营,遂成繁华都会,然此犹曰海口也。韩之惠山镇与临江长生堡对岸,四面阻山,北长白,东南云,南高峙,西雪岭。荒寒寂寞,较临江有过无不及,而日本居之,设邮便,开铁道,二年以来,又成都市。此何故,治与不治之故,非经费足不足之故也。日本战后财政,窘于我国数倍,满韩经营之费,大半就地筹措,此固母国对待殖民地之通例。我国政府对各省数百年以来不予补助,其道亦犹是。然诚能以地方之财整理得宜,大半归为地方行政之费,不足则多取于民,但求能顾民命,不必尽顾民怨,磊落光明之事,任自为之可也。观于临江乡约会房之费,每年苛派于民者,就其可知者言之,已浮于正供[1]数倍。详第八篇知奉天财赋实有可筹之地,特筹之不得其当,或得当而民狃于习惯,骤然行之而谤讟朋兴耳。故历任东边一带之地方官,莫不知山路、江道之当通,而皆以经费之故,箝舌而不敢言,即言亦归于无效,诚因循之至者也。今之鸭绿,已成国际江流,开浚匪易,苟比木艚吃水较浅之船,来往上下游,未尝不可。近与署县郑令计划通舟之法,已有成议。明春拟造船四只试行上下游,客货均载,若辑安亦接续办理通至安东,则交通稍便,江权亦可维持,且不必跨岸往来,省去无谓之交涉。对岸日人,今年已行之矣。由安东至惠山镇。此种经费筹之各地方而有余,应请饬令沿岸各州、县连络举办,数年而后,民船仿办者多,航路亦定,官局可合办浅水小轮,此行之以渐,轻而易举之事也。若山路,他县尚有车道,稍加修筑,即可仿安奉铁道敷设小铁轨,通化四道江铁厂所出之铁每千斤能炼生铁七百斤,临江大犁子沟且有铜矿,大可就地取材,枕木则各山皆有,采用尤便。附建电桿。临江只一大道,而其艰险又如上所记,急宜估工勘修,使大小各车均能通行,则交通便而各事皆可整顿。兹将山路里程及如何修凿方法,大概列表如左:

一、自林子头至临江县城里程表

起迄地名	里程	逐路状况	修凿大概
南沟关门砬子		五平道	但将路侧林树砍伐铺平乱石即可通车

〔1〕　正供,法定的赋税。

乱石窖	一〇	内有二里多乱石地势凸凹不平	须修筑平广
老爷岭	一五	陡陂曲折狭处仅容一马	顺沟身而进须修盘道三四方可达
珍珠门岭	五	同上　有横岗四道灰石地身	从南山陂修筑盘道
珍珠门	五	同上　有灰石砬子四道	从东山陂修盘道
宝德泉	五	同上　有二道小砬子黄土地身	同上
椴抱松岭	一〇	同上　有小石砬子三道	从北山陂修盘道
木头房子	五	同上	顺东山陂修盘道三
三道阳岔	二五	中有小石砬子	须修盘道
临江县城	二五	中有小石砬子四处陡陂三道	同上

备考:一、此道土名南道,尚有中道,亦自林子头起至白水泉,越老爷岭顺南山陂三里与南道合并。二、北道由三岔子沟门起至东南岔,旧有车道,上至北老爷岭极险仄,绕出四平街沟门又登三道阳岔岭顶,顺河身至临江城,里程较南道更远,修筑不易,兹不详述。

临江之二道沟,十九道沟与吉林汤河、漫江本有间道可通,若在长生堡、塔甸设治,亟宜勘修一道以通岗后各处,方足治理。即以现在临邑情形论,二道沟、汤河间之山道实有不可不开通者,兹将道路概况,附记于下。

二、临江县二道沟至吉林汤河道路概况:

由县城进二道沟,至油房八里,至王家营八里,至吊塔沟八里,至闹枝沟旧金厂二十六里,至岭顶四十里。历年淘金洼处甚多,须大加修筑,方能平坦。自岭顶至青沟子八里,至望家营八里,至沙河三十五里,至金坑二十八里,至汤河口大房子二十二里,自青沟至此,皆跨沟行,并无危险之处。大房子前即有车道通吉林省城。

综此二道,共计三百零一里。吉林、通化、临江共同办理,拨派营兵略加津贴,人数不足则加以民工,或用抽丁法补助,每里难易平均计算,百金已足,约共需银三万零一百两,半年之内,决可呈功。以一府二县之力通算并计,何至不能举措。应请饬令度支司、巡防营务处督同各该府、县筹议,详勘路工,妥定章程,限来年开冻以后分段开办。准其拨用某款,俟全路竣工后于临江之林子头、吉林之汤河口设立车捐局酌收车捐,以补足用款为止,一律撤废,或仍接办以养路,仿北京、张家口道工捐局章程逐年加修宽平,可为将来修筑铁道之基础,一如京张路线[1]。如是,则图始虽难,收效实大,鸭绿上游或可因之巩固,不第临江一邑受福已也。

---

〔1〕　京张路线,即京张铁路,为詹天佑主持修建并负责的中国第一条铁路,它连接北京丰台区,经八达岭、居庸关、沙城、宣化等地至河北张家口,全长约200公里,1905年9月开工修建,于1909年建成,时间不满四年。

纪商况第七

事略

咸、同以前，千里东边，尽属山东饥民漂流之地。光绪初年设官，而后始兴木业，迄今三十年，鸭绿流域之市场，均因木植而起。临江之谣曰，年岁丰歉问木把。斯语可概东边。其居民但知伐木，而采参、捕兽特其副业。其市场但知供给木把，而殖产企业绝少经营，官乏政治思想，商无经济观念，纯任自然，至可危险者也。前年日俄战起，东边陷入阵地，木材二百四十万两占为军用，料房倒闭者半，木把数万辍业三年，市况大惨，影响及于关内。日本木材乘时输入中国，遂使数十年东边之专业，一蹶不振，言之寒心。临江本非商业区，然踞有白山森林之半，需要少而供给遂减，关系所及，殊非浅鲜。加以乱离之后，元气未复，人民稀少，邑城三里之地，仅有大小杂货铺二十二、小酯烧锅[1]一、客店十、饮食店十四、工艺十四，板屋堇篱，不相连比，非逢三八之日，道无负戴。三八者土名曰集，中韩互市之期也，更有逢五，逢十两期。近时添设者摊床数十，日中始集。吾民所售，尽是日用粗劣之品，价视沈阳半倍或一倍，粳米、玉蜀黍、鱼盐、皮毛之属，则韩人所市，以物易物，各得其所，俨然上古遗风。间有货币，日韩错杂，视同珍璧。市散则搜括驮载出境，故市有余货而少现资。他若山沟各处，五里十里，三家两家，更不成市。布帛杂物，由安东贩运一次，即足一年之购售，米盐之属，尽由韩人供给。近年日本设市场于惠山镇，长生堡一带居民皆仰给于日货。临江商况本极萧条，因此又生一漏卮矣。临江全境，银两交换之值，以中钱每吊为单位，每十吊易银一两，七吊易银一圆，日本纸币加一升算，韩货亦如之。奉天官币，率皆贱视，流通于市者，皆各省之小银圆，真伪参半。交易多，则由吊合小银，少则论角，无值十文数十文者。折算不精，购者常亏损，因无铜枚补助也。至货物运输之道，冬山而夏江，均极艰难。山则驮载，由省至临运力每百斤银六圆。来自通化者二圆八角，需时约二十日。江则艚连，皆木把由沙河贩归，无专运者，赁金稍廉而需时转久。兹将输出入货物大宗，列表如下：

---

〔1〕 小酯烧锅，规模不大的酿酒作坊。

一、输入专由安东来者

种类	每年销数	市价	价额	备考
食盐	三五、〇〇〇〇斤	每斤五分	一七、五〇〇圆	每斗四十斤至贵时每斗换豆八斗,至贱时换豆三斗豆子每斗六角
铁锅	一五〇个	每个二圆	三〇〇	分大号、头号、二号,三种此是约数。
磁碗	五〇〇筒	每筒六圆	三、〇〇〇	每筒四十个
煤油	一〇〇箱	每箱八圆	八〇〇	
鲞鱼	一〇〇〇〇斤	每斤二角五分	二、五〇〇	
海带	三、〇〇〇匹	每匹二十四圆	七二、〇〇〇	每匹一百五十斤
卤虾	一五、〇〇斤	每斤二角	三〇〇	
共计	三七五、一五〇		九六、四〇〇	

二、输入由安东及沈阳两处输入

种类	每年销场	市价	价额	备考
白花旗布	一、〇〇〇〇匹	每匹八圆	八、〇〇〇	
蓝花旗布	二〇〇〇〇	十四圆	二八、〇〇〇	有二种一为十五元一为十三元
白红码粗布	五〇〇	一元五角	七五〇	有二种其一为一元三角
蓝红码粗布	八〇〇	一元七角	九五〇	
蓝高桥粗布	一、〇〇〇〇	五角	五〇〇	有二种其一为四角五分
白尺粗布	二〇〇	一元五角	三〇〇	
青坎洋布	一〇〇	十圆	一、〇〇〇	
月白竹布	五〇	十五圆	七五〇	
共计	五、六五〇		四〇二五〇	

三、输出沈阳安东两处

动物类	植物类	矿物类
虎、虎骨、虎肚、虎肝	木材、人参、五味子、麦冬	砟子
鹿、鹿茸、鹿胎、鹿毛	车前、赤芍、黄芪、黄柏	焦砟
熊、熊油、熊掌、熊胆	独活、金银花、兔丝子、贝母	
悬羊血、野猪毛、山羊皮	细辛、木通	
獾、獾油、雉	木耳、东蘑、黄蘑、直蘑	
豹狼、獭貉、貂	松子、金针菜、百合、山楂	

动物类	植物类	矿物类
猞猁、灰鼠、狐、黄鼠	山药	
香獐脐、麀、麀皮	松烟、木炭、靰鞡草	

备考：输出以木材为大宗，每年约三千牌，每牌约五百五十两，共一百六十五万两。人参约一万两，山货如兽皮、药材等约二万两。其余皆零星买卖，实不足云输出也。

即此输出、输入两项比较，输出之数超过输入百数十倍，宜其商力饶裕矣。然此输出额之大宗全在木植，操于木把之手。诚能囊橐以归为临江商力者，年仅四十万两。推原其故，木植在山不用钱买，一也。冬采夏售，去未必归，二也。性多浮浪，不知储蓄，三也。加之峻岭荒江，运输艰苦，民稀俗陋，需要简单，是虽入倍于出而商力不富，商况仍萧瑟也。

意见

临江不治而已矣，非不可治者也。考其出产，不可谓不富，而商况乃如是不振者，实交通不便，银市不整，有以致之。交通之当设法，已陈述于前，不第关于商务，兹第就银市论之，如前记以中钱吊数为单位，弊一。日韩货币价昂而外资侵入，弊二。官币真伪参半而民不信，弊三。银元少而铜元更少而行使不便，弊四。无钱铺为之借贷、汇兑、存储，而现资皆消耗于境外，弊五。因是五弊乃生数果，借贷艰难，利息腾涨，物价昂贵，空帖流行，而临江乃贫，其患恐不仅在商业也。为今之计，亟宜设官银分号于临江，长生堡、塔甸设治时，亦当设立分号。与安东、通化分号联络一气，禁止空帖，厉行洋角定价之令，辅助以铜元。如是，则市场渐有实力，可望进步，应请饬令民政司、劝业道督同官银号迅速筹办。兹就临江设立分号办法，略举一二，以备参考。初办时，可仿邮政分局办法，附设分号于邑城最大商铺，由省中官银号派一诚谨可靠之人经理，受县令之直接监督，则一切开销皆省拨解，公款均由分号转划则基本充实，可省现银押送之劳，可免沿途抢劫之险，严定存、放、汇、划规则，采日本町村贮蓄银行、劝业银行及山西票号制度，使木把、庄稼人等之资本财产得以存借流通，则重利盘剥，查临江借息有重至加一加二。空票行用，与沈阳同病。现资出境诸弊皆绝。又如铜元奉省向未畅行，近虽屡饬劝销并许酌加津贴，每银一两兑至百六十枚为限，商民狃于习惯，官吏罔知计划，辄以商家不愿兑领为辞，希图了事。按临江市况，虽曰萧条，千两铜元计十万六千枚尚堪行使，特其津贴之数不可不足，搭用之始宜从公款。盖一因道路险阻运赁奇昂，每百两五十枚亏损甚大，一因维持市面半在营署，二成搭用，自渐销行。今将市价运赁与津贴之数之关系列表如左：

一、市价

一　沈洋　一圆　换铜元　一百枚

一　沈银　一两　换铜元　一百四十三枚

二、铜元重量

一　一枚　重二钱二分

一　一百四十三枚　重三十一两四钱六分　合一斤十五两四钱六分

三、运赁自省至临

一　每百斤运赁　沈洋六元

一　约二斤合算　铜元十二枚

四、押解人夫川资

一　每人每日　沈洋一元

一　一人往返省、临间约三十日　铜元三十枚

据上所列，每银一两兑换铜元除市价一百四十三枚，运赁十二枚，已需一百五十五枚，加以押送川资，银平折耗，约须百六十枚方无亏损，故曰津贴不可不足。若以此事责成商民，难与图始，不如搭放公款，使之销行于不觉，且得节专差押领之费。今复将自省拨解之临江常年行政费，记如左：

一　县署津贴　年额四千八百两，除六分减平，共四千五百十二两。廉俸在外。

一　典史津贴　年额七百两，除六分减平，共六百五十八两同上

一　奉军左路后哨薪饷　年额五千四百五十一两减平未详

一　奉军左路右哨薪饷　年额五千四百五十一两同上

一　捕盗营薪饷　年额约二千四百两不扣减平

一　步拨工食　年额一千两减平未详

共计年额，约银一万九千四百七十二两。

据上所记，加以廉俸，搭放一成，铜元已达二千两之数，仅云千两者，斟酌商况而定之者也。顾此为至下之维持策，欲言振兴，道在通道开江。参看第六篇

纪乡约第八

事略

临江之有人民自光绪初年始，有官治自光绪二十八年始，故自初年以至二十七年，民与贼不甚分明，实可断为酋长时代也。闻之酋长之制，自为部落，戴强者以为王，生杀予夺恣其所欲。临江北界八十里所称为韩边外者，其制依然。今之乡约即其蜕体，有谓一变乡约可至于地方自治为立宪之基础者，是皆不求甚解、苟且图功名之说也。尝考文明各国之地方自治，以地方之财办理自已地方之公务，法律上有自治权者也。今之乡约勒派地方之财，供应地方之官差，习惯上充地保者，也不得与自治团体同年而语。临江改文武乡约已年余矣，文称会首，武为巡长。巡长之事别论之，但记会首，以其性质与乡约同，仍称乡约。兹将各堡乡约情状，约分三表如左：

（一）各堡乡约之组织表

名称	每堡人数	资格	分限
会首	一	由本堡花户推举或自行谋充，禀准县令或擅充者，有之。	指挥牌头、外柜办理本堡一切官私事件，驻于会房。
牌头	每牌一	由会首指雇，多系农人，木把似有才干而不甚安分者。	承会长之命令办理本牌一切官私事件驻于各牌。
外柜	四至八人	同上	承会长之命令办理会帐及杂务，常驻于会房一二人。

备考：会首即乡约，三十二年冬，改名牌头，外柜仍旧。前者为助役，后者为使役。

（二）各堡乡约之事务情弊对照表

事务	情弊
一、掌办关于词讼之和解、拘捕、押送及传达命令等事。	一、武断乡曲，私刑擅捕，把持地方，违抗功令，以长、庆二堡为最甚。
二、掌理调查户口、地亩及报告等事。	二、捏报亩分，借端敛钱，各堡皆然。
三、掌理催征关于税捐及地方公费等事。	三、私征苛派，浮开不报，各堡皆然。
四、掌办供应官差及徭役等事。	四、倚势托名，滥支勒索，各堡皆然。

（三）各堡乡约会帐及其征取一览表

名称　劳金年额　摊派法　收取法　三十二三年每田摊数

会首　一至二百两　俱由花户摊派有按每地一田或上中下户户或锄数之多寡不等每年于腊月由会首统计一年所支传知各户均摊派定后有送银钱或什物至会房者有由乡间串换者粮食烟麻鸡豕等物均有一定市价总名会帐会首等之劳金即自提取并无预算及报告

洪生堡地亩计共一千四百余田三十二年每田摊中钱四十五吊共计六万三千吊

十吊合银六千三百两三十三年每田摊三十吊共计五万八十五吊十吊合银五千八十五两

牌头　一百两

外柜　约六十两

备考:会帐者各堡乡约会房之帐,公家所征之地租亩捐,均不在内。

据上三表参互以观,临江乡约之情状已得大概。故凡心术纯良稍有能力资产者,均不愿当其职,而黠悍无赖之徒,遂把持地面与官分治。此而不痛加改革而欲整顿吏治举办自治,恐仍涂塞耳目之计,而吾民不受实惠也。

意见

今夫文明各国之所贵乎自治者,学说虽多而要不外乎(一)官不当治、(二)治而不当、(三)民自能治、(四)民应自治诸点。今之乡约,所谓地保也,皆官应治之事,因(一)无官治、(二)官不愿或不能治,而乡约乃分东省数百年政治之席,直接临民,置地方官于间接地位,为乡约之傀儡,此不特临江为然。今查临江乡约所取于民者,三十二年份计摊二万七千余两,本年约二万一千余两,较之正供不啻三倍,试以左表证之。

(一)六堡花户[1]每年正供表

堡名	亩数据已报者计	田数六亩成田	地租按每亩三分每田一钱八分计	亩捐按每天每年一元二角每元七钱合银	并计
洪生	八、七一七、亩八分	一、四五三田	二六一、两五五四	一二二〇、两四〇	一、四八二、两一四
壬生	九、一六八、四	一五二八	二七五、〇四	一二八三、五二	一五五八、五六
富生	二、七五三、四	四五九	八二、六二	三八五、五六	四六八、一八
荣生	六、五五八、一	一、〇九三	一九六、七四	九一八、一二	一、一一四、八六
庆生	六、二五九、九	一、〇四三	一八七、七四	八七六、一二	一、〇六三、八六
长生	二、七一三、八	四五二	八一、三六	三七九、六八	四六一、〇四
共计	三六一七一、四	六、〇二八	一〇八五、二四	五〇六三四〇	六、一四八、六四

〔1〕　花户,旧时对户口的称呼。

备考：各堡田数不计零分，故地租、亩捐之零数亦不在内，除地租、亩捐六千一百余两外，尚有烧锅捐三千两，因系营业税故不计入。

上表每年由花户纳归正供者仅六千一百余两，其每年纳之于乡约者，征之左表。

（二）六保花户每年摊捐比较表

堡名	田数	三十二年捐额	三十三年捐额
洪生	一、四五三亩	六、五三八、两五	五、〇八五、两五
壬生	一五二八	六、七八六、〇	五、三四八、〇
富生	四五九	二、〇六五、五	一、六〇六五
荣生	一、〇九三	四、九一八、五	三、八二五五
庆生	一、〇四三	四、六九三、五	三、六五〇五
长生	四五	二、〇三四	一、五八二〇
共计	六、〇二八	二七、〇二六、〇	二一、〇九八〇

备考：乡约所摊派于各花户者，本连黑地未报之地在内。兹但记其可知者，故田数仍照上表。据查三十二年分洪生堡每田各摊四十五吊，以十吊合银，每田各摊四两五钱。三十三年每田各摊三十五吊，以十吊合银，每田各摊三两五钱。各堡之数由此推算。三十二年乡约未改，每年摊捐银至二万七千余两，本年改为会首，尚摊捐银二万一千余两。惟据乡民言，今年负担已轻，似有欣喜之色。

上表每年由花户纳之于乡约者，就本年论尚在二万一千两以上，故曰三倍于正供。苟使乡约所办之事，诚于地方有实益，犹可言也。乃观夫要道，山无磴级，水无桥梁，披荆涉冰，莫名艰险，纯任天然，毫不整理，此治乡、治国最公要之事而犹若是，他于学堂、社仓、救贫、育婴、医药卫生、公共建筑、水利组合等地方团体应办之公共事业一无所有，更可知已。惟日孜孜于当差敛钱，蹂躏乡里，诚何取乎此二万金耶。矧其所取，犹不止此耶。无怪抗税、闹捐日见，黎民之扰乱无状也。夫今乡约所办之事务，如上表所列非官所不能办，不应办也，一巡警已优为之。现设乡镇巡警百余人，复设步哨、捕盗等营二百人，又有衙役皂班数十人，所办何事而必欲留此乡约以日蹙吾民生计也。故为今日东三省整饬民治计，第一宜撤废乡约弊制，如治莠然，芟除务尽，临江特其一隅耳。或谓（一）乡约之制尽革，则官民之间去一联络机关，事多隔阂而民或不便，不如因循旧制另立名目，选其公正者充当斯职，如临江之改为会首，海城之改为乡正是也。此为因循说，消极的积极派所主张者也，占大多数。（二）现设巡警民未信服，费少力薄，不能办事，况学力、经验均极幼稚，办之未必无弊，此为忧患说，消极派所主张者也，占少数。（三）预备立宪[1]正宜伸张民气，举办自治，有此基础可图改进，此为希望说，积极派所主张者也，占最少数。是三说者，皆现今政治家研究有得之主旨，于政界颇有实力者，窃皆以为不然。夫乡约制度之原，仿自旗户之头项[2]，二百余年来东三省但有军政，乾嘉以降，八旗戮力中原，满洲防制大弛，一切乡政任民自为，而头项之制起。咸同以降，汉民私出关外，旗民杂居，民无拘束，而乡约之制又起。近数十年奏设府县百余，化八旗为郡县，东至长白，西至医巫闾[3]，北抵黑龙，南垂渤海，政教所迄，几成中原。今复损益新旧，参酌中外官制，一变旗民统治，警队、防军日有增益，已有官多民少之势。民事几何，尚得谓事多隔膜，中少联络乎，且民亦孰不愿撤乡约之制哉。公益不见于地方，摊款三倍于正供，良懦远避，刁悍谋踞，亦可见一班矣，此因循之不可也。警兵虽少，多于乡约，参看第十三篇。警费为艰，因有会账。参看本篇意见第三表临江本年亩捐仅五千余两，会账在二万两上，若以会账为亩捐，尚虞警费艰难乎，即少提数成，民已受实惠，而地方亦治矣。至学力经验，以今日之警兵与乡约衡，亦在伯仲之间。警费加多，何患无人，况警兵为入官之资格，操纵进退，较易乡约百倍，弊在不治而不在有弊，此忧患之不必也。为立宪之预备，为自治之基础，其说似坚确矣。顾一按乡约之事务情弊，本篇第二表。又征其资格第一表。及会帐收取法，第三表所谓供官差之地保，与立宪自治有百害而无一利，痛除之不暇，何能云改进，此希望之不成也。然则何所幸而留此，惟有主张积极的消极主义，将满洲全地之乡约及似是而非之乡正、会首、头项、屯达[4]等一切弊制尽行裁撤，归入巡警，不仅临江一邑宜然也。一面整顿巡警预备自治，□提会账之款以办理之，亦绰乎有余裕矣。如是二三年，民困尽纾，官治日进，而巡警、自治第渐有基础。再斟酌民智之高下，使乡镇巡警消纳于自治团体中，仿日英成法而规划之，庶不愧预备立宪之一端。应请饬下民政司、谘议局[5]速议裁撤方法。其著手之始（一）宜调集各堡之会账，可借此办理清赋，并禁止差徭杂费，（二）宜禁闭会房，（三）使识字之牌头改充巡警，

〔1〕 预备立宪，清政府在辛亥革命前夕宣布为预备实行君主立宪所采取的一系列措施。亦称“筹备立宪”。

〔2〕 头项，指旗人地方自治团体首领。

〔3〕 医巫闾，山脉名，在辽宁省锦州市北镇西，义县东。

〔4〕 屯达，清置屯田区官名。

〔5〕 谘议局，1905 年，清廷实行“预备立宪”，仿西方立宪制国家国会的谘议局始在各省筹设，由人民选举议员，参议省政，举凡本省应兴应革事件、预算、决算、税法、公债，及应负义务等，均予评议。为省议会的预备。

稍明事理之乡约，绅董研究自治。禁之以时，毅然行之，庶有豸乎。

纪防军巡警第九

事略

临江之设防军也，肇于光绪二十七年，通化令陈璋栋通字营拨后营后哨驻帽儿山旧营盘内，按旧营系前总兵左宝贵所建，驻兵一营，光绪二十年中日之役调赴前敌，营房遂空，临江设治，即用作官署也。及俄兵陷通化，兵遂溃散，二十八年设临江县治，复练新兵曰亲军队，步兵五十名，另附马兵二十名。又移奉天巡捕队一营，无后哨，以张奎元充总巡。以资防卫。三十二年，巡捕队改为奉军左路后营，前通化总巡李景明为管带。留两哨镇守临邑，一驻县城，一驻三岔子，现以邵连胜为管带。旧设亲军队改为捕盗营。步兵裁撤。巡警之设也，起于三十一年冬，前知县吴瞻莪在壬生堡设局试办，抽丁四十名，以十名常川驻局，余则随时听调，并无警章。巡警之略具形式也，起于三十三年春。然就兵论，两哨及捕盗营只百八十名，就警论，六区只百二十五名。兵力既单，警察又少。而临江北亘老岭，半系森林，南带长江，与韩对界，夏秋木叶茂密，中韩胡匪出没无常，上江土人以帽儿山以上为上江。地旷人稀，居民时被劫掠，参看第五篇事略。日人在我对岸驻兵，参看第二篇事略。已著先鞭，而占优势，迩来韩国义兵暴动，参看第五篇。镇压不力，难免横生枝节，此皆与我兵警大有影响者也。兹将步哨、捕盗营及巡警之组织分三表如左：

一、奉军左路后营步兵后哨组织表

名称	额数	饷数两	枪名	枪数杆	操法	住在地
哨官	一	三〇、〇	十响毛瑟	四五	德操	县治左哨驻三岔子
哨长		一二〇、〇	单响毛瑟	三五		
哨长	一	五、五				
教习	一	五、五				
什长	八	四四、〇				
正兵	七〇	三五〇、〇				
共计	八二	四五五、〇		八〇		

备考：以上兵额，除由统领调去学兵五名，管带调去学兵九名，现只什兵六十四名。停补兵额不列此内。又三岔子右哨与此相同，不另列表。

二、捕盗营组织表

名称	额数	薪饷数 两	枪名	枪数 杆	马色	马数 匹	操法
巡长		一二〇、	快毛瑟	三	红	三	德操
什长	二	一九、	单响毛瑟	一四	白	七	
马兵	一八	一六二、	□板开斯	三	青 黄 黑	四 四 三	
共计	二一	二〇一、		二〇		二一	

三、巡警总局组织表洪生堡第一区

名称	额数	月饷 两	枪名	枪数 杆	操法
正巡长	一	二〇	七密厘	一	德操
副巡长	一	一二、	连珠	五	
书手	二	一二、	单响毛瑟	一	
正兵	三五	一七五、			
共计	三九	二一九、		七	

备考:此就总局列表,余局列后。

据上三表观之,无论为步哨,为捕盗营,为巡警,一再更张,率皆不合程轨。况军装错杂,枪弹残缺,官不知操,兵不知练,马为私备,警无定章。以此边疆要区,竟有如斯兵警,对内对外均无可凭,若不大加改良,力求进步,则形式既殊,精神将于何寄,此不可不速为整顿者也。

意见

今之言防边讲卫民者,佥曰驻陆军,设巡警。而练陆军、设巡警者,又佥曰官须通文、兵须识字,此皆正当不易之确论也。然就临江形势及气候观之,新练陆军不宜驻戍乡镇,巡警之法未能实行。夫选将练兵及分哨驻在地,应如何方宜于临江边地,业详第五章意见款内,兹不赘论。但就巡警之改革支配论之,临江六堡分划六区,详前后警局表。共有正巡长七员,第一区总局设正副巡长各一员,他区只正巡长一员。巡兵一百二十五名,详前后警局表而林子头第二区警局驻在地。至帽儿山第一区警局驻在地。约一百三十里,中隔老爷岭,尽是森林并无住户,为通、临甬道,夏秋树叶茂密,劫掠时闻。苇沙河第六区警局驻在地。上达帽儿山,下抵辑安界，约三十里，桦皮甸子第三区警局驻在地。下至帽儿山约一百里，上溯十二道沟第四区警局驻在地约一百二十里，十二道沟上溯半截沟第五区警局驻在地。约一百三十里，半截沟上溯二十二道沟该沟上通江掌约三百里。现无人居，故不叙入，如塔甸设治，再议增区设警。约一百五十里，此段中韩胡匪出没无常。似此距离窎远，声息难通，偶有警闻，焉能互相缉捕。应于二三四五区各加警兵十五名，六区加十名，第一区三十五名不再加添。择要建棚，拨兵分驻，方能联络一气，呼应灵通。惟巡长以练长即武乡约改充，事权即当专属巡长。应将副巡长、私立会首、牌头、外柜、书手裁撤，每局各添书记一名，以备稿查实款免致巡长把持巡目三名，富生堡只添书记一名，巡目二名，归各巡长管辖。另设副局长一员驻第四区分局，以为总局之策应。并派教习二员用巡警卒业生按期赴各局训练，庶警务日有起色，居民可保治安。但边隅瘠苦，骤添副长、教习三员，警兵七十名，鲜不因筹款维艰，废然中止者，故临令近以警务亏款，拟裁警兵五十八名为节省经费之地。惟按各堡警局原系会房改设，一切经费统由各堡摊筹。如一区警兵三十五名内除十五名由洪生堡自筹薪饷外，余系各堡摊贴，详后第二表且会首所收之会费与亩捐本无分别，亦不一律报官，亩捐报官，会费概不册报。官亦无由稿查。若以会费，参看第十一篇摊捐比较表亩捐参看第十一篇正供表并裁去会首等，参看第十一篇会账以及后列第三表。所余薪饷专办警务，实无入不敷出之虞。兹列五表如左，以证之。

一、五堡警局表

堡名	区名	巡长	书手	警兵	巡长薪水	书手饷额	警兵饷额
壬生	第二	一	一	三五	一二、两	六两	一〇〇、两
荣生	第三	一	一	二〇	一二、	六	一〇〇、
庆生	第四	一	一	二〇	一二、	六	一〇〇、
长生	第五	一	一	二〇	一二、	六	一〇〇、
富生半堡	第六	一	一	一〇	一二、	六	五〇、

共计每月薪饷银五百四十两，合之总局每月薪饷银二百一十九两，统共常年经费银九千一百零八两。不计闰

二、各堡贴总局警兵十五名月饷表

堡名	饷额
洪生堡	二五、两
壬生堡	二五、
荣生堡	二五、

庆生堡	二五、
长生堡	二五、
富生堡	一〇、

共计每月摊贴饷银一百二十五两。

三、裁撤官役节省薪饷表

名称	人数	现支月薪及年薪数	常年薪饷数
副巡长	一	总局副长月薪十二两	一四四、两
会首	六	每堡一名，平均每名，年薪一百六十两。	一、二八〇、
牌头	二七	每堡五牌，惟富生堡二牌，计二十七牌，每人年薪一百两。	二、七〇〇、
外柜	二四	每堡五六名不等，平均每堡四名，共计二十四名，年薪约各六十两。	一、四四〇、
书手	七	每名月薪六两。	五〇四、

共计常年节省六千零六十八两。不计闰

四、拟加巡警官兵薪饷表

名称	人数	每员月薪数	每月总薪数
副局长	一	五〇、〇两	五〇〇两
教习	二	三〇、〇	六〇、〇
书记	六	八、〇	四八、〇
巡目	一七	五、五	九三、五
巡兵	七〇	五、〇	三五〇、〇

共计每月六百零一两五钱。统计常年七千二百四十五两。不计闰

五、警费收支比较表

(支出)旧有官兵薪饷(内除副巡长一书手七)常年需款九千一百零八两，新加官兵薪饷，常年需款七千二百四十五两，两共常年需款一万六千三百五十三两。

(收入)裁撤官役薪饷常年省款六千零六十八两，摊捐会账，参看第十一篇摊捐表后备考常年摊款二万一千余两，两共常年集款二万七千零六十八两。

收支两抵实余一万零七百一十五两。

综观以上各表,知临江举办新政,不患无法,患在无人,不患款之难筹,患在弊之不去。会房大弊也,但改其名不究其实,会账巨款也,但便营私无补办公。兵与警守土卫民之法也,形势所在而不驻兵,是为开门揖敌,民居所在而不设警,是为漫藏诲盗。况曩日之临江与韩为邻,今则与日对界,从此急起而筹,已落后著。应请饬由巡防营务处赶速拨足一营,已有两哨或就临、通一带另招一营,分扎前定驻在地。详第五篇意见款内如在塔甸建设州治,漫江、汤河一带,另宜详勘地点驻扎两营。并请饬由巡警道选派明白警务之副局长及教习旧有巡长不撤,俟办理就绪,再议更张。颁发简明白话警章,札饬临令认真改革,从速举办。而兵权能归地方官兼有,庶足收征调灵通之效。似应县令兼充帮带又军装、器具尤应画一整齐,表示形式。本年七月,苗巡长带兵过江,新牌城日兵出而拦阻指为胡匪,争辩数四,始克寝事,此又事关交涉,不可不预防者也。若捕盗营则平日只供走差,于地方无甚裨益。现在警察、防军分头驻扎,该营益成骈指,自应一律裁撤。其节省常年薪饷银二千四百一十二两,合之请添步拨常年饷银一千两,即专办邮政以为上江交通机关活动之一助,是亦化无用为有用之正当法也。

纪教育第十

事略

教育与户口及人民之生计,有至大之关系。今查临江户数一千四百十九,有眷属者不足六百户,丁口八千四百九十六,学龄儿童不足千人。以辖地面积,东西四百里,南北百里乘方约四万方里。计每四十方里有户三,有民九,有儿童一人。及考其生活程度,以烟火为衣,以饼饵为食,以冰雪为水,以木石为屋,谋生之不足,奚暇知礼义。故广义之教育不足记,记其狭义之学堂而已。奉天之有学政[1]于兹三年,南满铁路沿线各州县学校已及千余,二百年之闭锁政策,一旦开放至于如是,不可谓不速。独临江僻处边陲,进化独迟。官私学堂绝无所有,间有村馆,求冬烘先生而不得,能卒读论语十篇者,几如凤毛麟角,不足言教科。三十二年春正月,署县郑令履任后,始设官立初等小学,一区略有学堂形式,兹姑记之。堂在县署,草屋五间,左二间为讲堂,右二间为教员室,中后半间为厨灶,以室作为体操场。招生十四

〔1〕 学政,古代学官名,清代提督学政的简称,主管一省教育科举,也称学台、学政使,与按察使属同级别,正三品。是由朝廷委派到各省主持院试,并督察各地学官的官员。学政一般由翰林院或进士出身的官员担任。

名，年龄自十六以至八岁为一班，聘山东流寓附生崔炳蔚充国文教员，月薪十二两，教读论、孟、习字，一如村馆。今年延一略知笔算、体操之周凤岐添充教员，教授笔算四则及德国兵式体操之步伐法。委前江苏巡检、现营油业之山东流寓人员李树勋充当学董，管理校务。生徒书籍、纸笔及膳宿等费，概由官给，学额始足。是校创办费，由前任吴令移交款项八十余两暨木把讼案罚款充用。去年常年费六百余金，亦由此项开销。本年尚无凭借，拟由新定木簰捐项下酌提数成，充作的款，现未收到，支绌不堪。其生徒来自百里者有之，故不得不住宿于校中，每至田稼忙时，辄唤归一二月不返。每年在校期日，至多不足七月，因此不定学期，亦无例假日。在讲堂诵读习字，而神志皆疲，顾人数虽少颇有聪颖秀出者。奈无合格之课本，又无善良之教授法，塞聪堕明为可惜耳。

意见

今中国之所最可希望者，惟此少数之小学生徒耳。若并此而窒塞之，直无可挽救矣。临江丁口号称八千余，去其妇女儿童之数三千，此五千男子中大半为直隶、山东逋逃罪人聚此，多数无赖认为一邑住民，事象甚危，情态可悯极矣。幸而有此千数童子肇造临江，而得受学校教育者仅十四人，乃以款项支绌之故，不得受善良教育，则所希望于临江者固将何恃。父兄长老地方官吏不知计划，不得不乞命于有教育之责者。今查临江直接国税年仅一千零两，省税惟烧锅捐一种年约三千两，而国家所耗于临江之常年行政费年约二万两以上，参看第七篇记商况入不偿出者已逾五倍，万不能再事拨济。惟有从地方经费中设法筹措，庶几事顺而理当。前记乡约，本年摊用地方费至二万二千两有奇，所办之事尽非公益。若照所议尽行裁撤，使堡民各摊些少学校经费断非难事，即不尽裁，但整理其无谓之费用，如会房、外柜之各种薪膳杂费，亦足办一小学而有余。今姑就尽行裁撤论，每设一小学校，以临江现设小学校经费年约六百金计，实可设立小学三处，合境儿童不患无就学之地矣。若去乡约摊款积弊，不使如前照派，即另立学校捐每亩月收一角，年收一元二角已得五千余金，参看第八篇适合三校经费之数，而民已减纳万五千金，谁不愿认。即不尽裁，但去牌头、即头项外柜等人役，一校经费已能扩充，得聘学问稍好之教员，备图书、仪器矣，何至如今日之教课不良，管理不善，贻误佳子弟哉。闻之署县郑令拟以禀定之木税，酌提数成，充学校经费，事诚善也。顾木税为临江赋税之大宗，舍此以外，更无巨款。（一）临江地方应办之事，奚止十百，全赖此款挹注。（二）保护木把之事毫无经营，乞邻而兴木把，已啧有烦言。（三）东省协约既定，中日合办木植之议若成，木税恐不可恃。（四）提木税以维持现状，而学额依然，教课依然，管理依然，亦何所取，而有此不过卸地方官之仔肩，千数儿童不受实惠也。有此数端，窃谓不如从整理乡约入手，以地方之巨蠹，易人民之幸福之为得也。拟请饬令提学司[1]会同民政司筹议，能使学校增设一二区，使此千数儿童不致坐废如其父老，则最善。即不然，一整校务，使之加多学额，严定在学日期，改用适宜课本，添聘相宜教员，亦属当今急务。此次经过之地，如桦皮甸子、林子头两处，有谋私设小学者，竭力赞道已有端倪。桦皮甸子近日筹划大定，开学试办矣。林子头仅有发起人，成立与否，尚未可知。即成立，亦与现设之官立小学，有同病焉。

行程纪略

沿途地方形势情状，大有关系于军务、政务，而于边防更有直接关系。故于就道之初，特令随行各生实测沿途形势，以为临江一带边务之参考。另察沿途情状节为三段，分类详记。以自省至临江为第一表，自临江至鸭绿江源为第二表，自临至安东为第三表。由安回省乘坐汽车，二日即至，不能详细考察，姑从简略。凡绘图影片所不能尽者，略志于此，互相参看，鸭绿江沿岸情势已能一览瞭然。其他阴晴风雪、行道险夷，虽为日记例载之文，因无实用，概不叙入，以归简要。三表如后。

一、自省至临沿途地方情状概略表凡著名之地上以△早尖处以○晚宿处以○为记下二表同

经过月日	地名	距离里数	户口	市场	警局	防军	学堂	备考
十月十四日								
	高官台	四	一二					
	三皇屯	三	九					
	后陵	三	二一					
	乱泥洼子	四	一三					
	水泉	三	二六					
	马家湾子	八	一五					
	三家子	三	一一					
	△○旧站	三	一一八					
	共计	三一	二二五					

---

〔1〕 提学司，即提学使司，清置。国家教育主管机构，掌教育行政、稽核学校规程，征考艺文师范。

十五日

兴隆店	一〇	六		
下房身	五	七〇		
地塔	五	六〇		
葛布街	五	四〇		
三义庙	五	二〇		
△〇抚顺城	五	五〇	一	一哨
西二道房	九	二六		
东二道房	一	一四		
流水河子	五	三〇		
前甸子	五	一〇		
关领	五			
△下章党	五	六〇		
大火房	五	二〇		
△德沽	四	六〇	险路	
东沙窝	五	四〇		
△〇营盘	五	三〇〇		
共计八四		八〇六		

十六日

△萨尔浒	二	五〇	
楼城子	四	七〇	
△铁背山	一〇	一〇〇	山上有平原
赶马河	五	四〇	
土密峰	二	六〇	
△鼓楼	五	八〇	风景佳极
△下夹河	五	九〇	
东岗子	五	一〇〇	
△腰站	五	一二〇	
〇上夹河	五	三〇	
五龙沟	五	六〇	
黄土岗子	三	五〇	

	△马尔墩	一〇	八〇			高岭上有石碑路险	
	老龙庙	五	七〇				
	泰和堡	五	八〇				
	△〇木奇	五	一六〇	一	一	一哨	原平
	共计八一	一二四〇					
十七日							
东站	二	一五					
	△和木岭	八	二〇				
	四道沟	五	三〇				
	羊祭台	五	二〇				
	四道岗子	五	一〇				
	大下园子	二	三〇				
	小下园子	二	一五				
	△〇永陵西堡五		一	一			
	共计	三四	一四〇				
合两堡计算							
十八日							
	△永陵东堡	二	二八〇〇	一			
	九龙堰	五	二〇				
	老城河	五	三〇				
	那家堡子	五	一五				
	石厂	五	二五				
	拨补沟	七	四〇				
	双龙寺	三					
	下大甸子	五	八〇				
	上大甸子	二					
	△茶棚	三	三〇				
	△〇新兵堡	五	六〇〇	一	一马队一营捕盗一营		
	吴福峡	五	三〇				
	白家堡子	一〇	二〇〇				
	红石拉子	五	一五				

	△东昌台	五	八〇				
	△〇北蜂密沟	一〇	五〇		浑河发源处		
	共计	八二	四〇一五				
十九日							
	分水岭	三	一五				
	旧门	二	四〇				
	偏岭	一〇	五〇				
	夹河北	五	六〇				
	△东江道	五	七〇				
	△三棵榆树下排	五					
	△三棵榆树上排	五	三〇〇				
	欢喜岭	一〇	一五〇				
	△冈山岭	一五	八〇		险路		
	英额布	一五	五〇				
	△〇高丽城子	一〇	三〇		荒落		
	共计	八五	八四五				
二十日							
	砬缝	五	四〇				
	△金斗伙洛	一五	六〇				
	夹河心	一〇	四〇				
	三合堡	五	五〇				
	△〇快当帽子	五	一六〇	一		一	
	蝲蛄河	一〇	三〇				
	河口	一〇	四〇				
	老把头坟	一〇	四〇				
	△江提台	五	五〇		险要		
	大荒沟	五	二〇				
	△〇通化县城	一〇	三七〇	一	一	一哨	一
	共计	九〇	九〇〇				
二十三日							
	△头道江	二					

△二道江	二〇	四四〇				
△三道江	一〇	三〇				
〇热水河子	一〇	六〇				
小罗圈沟	一八	八〇				
大罗圈沟	一五	五〇				有煤矿
△〇四道江	七	一二〇	一			铁砟矿甚佳
共计	八二	三八〇				
二十四日						
△〇五道江	一五	四〇				
△〇六道江	一五	七〇				
△七道江	一八	三〇				
△〇八道江	一二	一二〇	一	一	一哨	由此北行八十余里即三岔子为浑江发源处
共计	六〇	二六〇				
二十六日	金坑	五	八			
红土崖	二〇	一五				险路
石人沟	五	八				
涧山沟	五	三〇				
△〇林子头	一〇	一二〇		一		自此至枹椴松岭岭下皆险路森林茂密
共计	四五	一八一				
廿七日						
陈家店	五					
白水泉	一五	五				
△〇老爷庙	二〇					

共计　　　四〇　　　五

△珍珠门　　一〇　　　险极处

△宝德泉　　五　　　　有金矿

△枹椴松岭　一〇　　　险极处

△〇三道阳岔二五　　　六〇　　　险路

共计　　　五〇　　　六〇

四道阳岔　　八

五道阳岔　　七

△〇临江县城一〇　　　一二〇　　二　　一　一哨捕盗营一

共计　　　二五　　　一二〇

总计　　　七二九　　九一三一　八　　一二步马营各一捕盗营二　四

二、自临□□至深浦里韩界沿途地方情状概略表

经过

月日　　　地名　　　距离里数　　中户　　韩户　　警局　学堂　备考

十一月初十日

△三道沟　　八　　　三〇　　七〇

葫芦套　　　五　　　八　　　一〇

擦屁股岭　　五　　　二　　　　　险路

大烟突沟　　六　　　三

长川　　　　四　　　一〇　　　　　平原

△〇四道沟　一　　　六　　　三〇　　　　炸矿

共计　　　　二九　　五九　　一一〇

十一日

五道沟　　　一

小埋台川　　六　　　四　　　六　　　平原

甩湾子　　　一　　　　　　　　　　险路

大埋台川　　四　　　　　　　　　　平原

砬子前　　　二　　　一

老母猪圈　　六　　　一

望江楼	九	二		险路
驮子沟	一五			
○西桦皮甸子	三	一二		平原
共计	四七	一九	七	
十二日				
东桦皮甸子	八	八		平原
△六道沟	三	二		紫铜矿
大夹皮沟	四	三		
小夹皮沟	五	一		
二股流	八			江心有洲冬令水落右无水
○西马鹿泡	八	一四		平原
共计	三六	二八		
十三日				
王八脖子	八	二		险路
东马鹿泡	一〇	一		平原有九圣祠
△七道沟	七	三〇	八〇	平原
共计	二五	三三	八〇	
十四日				
佗罗腰子	八	三	一	
夹心子	四	二	二	
△八道沟	一	二	一	
大湾子	五	二	一	
葫芦套	八	八	五	平原
△九道沟	七	二	二	
○蛤蟆川	九	六	四	平原
共计	四二	二五	一六	
十五日				
小蛤蟆川	四	一	五	
△十道沟	三	一		
△十一道沟	二			
小南川	五	五		平原

金厂	五	五		未曾挖金现拟开采
二股流	三	三		林木茂密
小孤山子	三	四	五	
照壁沟	五	三		
△〇十二道沟	五	一二〇	三〇〇	平原有三圣祠
共计	三五	一四二	三一〇	

十六日

船坞子	八	七	六	
十二道湾	六	五	八	
△被阴亭	一〇	一五	七	险路
套裤带	九	三	五	
十三道湾	三	二	四	险路
砬砬岗子	二	二	六	
小冷沟子	三	一	三	对岸受韩界黑河水故江流由此益畅
△〇十三道沟	四	一二	二五	对岸新牌城日人驻兵设营林厂
共计	四五	四七	六四	

十七日

冰浒沟	八	一	三	
雪罗城	一六	六	一	
冷沟子	三	二	一四	
鸡冠砬子	六	五	七	险路
△十四道沟	五	八	七〇	平原
△十五道沟	四	六	六〇	
西乾沟子	三	一〇	三六	平原
〇东乾沟子	三	一四	五〇	平原
共计	四八	五二	二四一	

十八日

箭头	五	三		险路
下湾子	八	三	一七	

小十六道沟	四	一		
△十六道沟	一	一	五	
夹心子	四	一		险路
△○半截沟	六	九	二五	四面群山环抱中为平原
共计	二八	一八	四七	
二十日				
△十七道沟	三	四	一二	平原
金厂街	五	三	六	
西砬子缝	一〇	六	三	险路
东砬子缝	三	五	七	
△十八道沟	八	一	八	
○万宝冈南山头	六	六	六七	险路
共计	五五	二五	四三	
二十一日				
△两江口	一五	三	四	初殿盛地内有铁炸矿
梨树沟	一六	四	七	对岸惠山镇日设营林厂驻兵设警
○塔甸(协山城甸子)	四	五	七	平原山有古塔
共计	三五	一二	一八	
二十二日				
小马鹿沟	五	四	一二	
大马鹿沟	五	二	三	
△十九道沟	五	四	三	日人设木材厂
△二十道沟	一八	二	一五	
△○二十一道沟	一五	一	六	日人设营林厂
共计	四八	一三	三九	
二十二道沟	一〇	一		
二十三道沟	一〇			
○深浦里(金凤益)	五			韩界有打牲金姓住此

共计　二五　一

总计　四九八　四七四　九七一　三　一

三、自临至安沿途地方情状概略表

经过月日	地名	距离里数	中户	韩户	市场	警局	学堂	防军	备考
十二月									
初八日									
	乾沟子	五	七	一五					对岸下长百里日设营林厂驻兵队
	当石沟子	一〇	一〇	一二					
	△望江楼	四	一一	八					险路
	大梨子沟	四	一四	一四					铁矿甚佳
	小梨子沟	一〇	八	三					
	上葫芦套	六	五	九					
	四人把	七	四						
	△〇苇沙河	一〇	一五	八	一				平原
	共计	五六	七四	六九					
初九日									
	石灰沟	一〇	三	二					
	△错草沟	四	二〇	一五					
	刀尖砬子	八							
	下葫芦套	九	九	一二					
	△白马浪	五	一二	五					险路
	二马驹	七	三	二					
	△大长川	六	一〇	五					平原
	冰沟子	六							
	天桥沟	六	二						
	仙人洞	五	一六	八					
	小长川	一〇	一二	九					
	三道沟	三	七五	一四					
	二道沟	二	三四	九					平原

头道沟　四　二〇　七

大水提台　五　二五　四　险路

将军石　一二　四

下桦皮甸子六　二五　一三

王八脖子　三　二　险路

小石灰沟　三　三

小弯沟子　一八　一

楸皮沟　六　三〇　九　平原

△〇良宝甸子四　三四　一三　平原

共计　一四二　三四〇　一二七

初十日

葫芦花上套一五　三〇　一九　一　险路

葫芦花下套一二　一五　八　险路

△蒿子沟　一五　二五　一三　平原

黄白甸子　一〇　三五　九　平原

下小长川　七　一二　四

△上羊鱼头二〇　八　三　平原

下羊鱼头　一〇　一五　八

△〇辑安县城(通沟城)一五　四三　五　一　一　一

捕盗营一有东明王墓及记功碑

共计　一〇四　一七三　六九

十一日

马圈沟　一〇　一一〇　二五

斜沟岭　五　三　二　险路

太平沟　三五　一七　九

△榆树林子四〇　一一五　五二　平原

凉水泉子　二〇　一四　七

△〇外岔沟二〇　二三五　六三六　平原

共计　一一〇　四九四　七三一

十二日

杨木林子　五　三〇

△浑江口	一〇	二四				
土提台	九	六八				
狼头	二五	一二				
△〇石柱子	四〇	四三二		一	一	平原
共计	八九	五六六				
十三日						
夹皮沟	四	三二				
下秋果碧	一五	二一三	二五			
△大黄沟	五	六二三	三六			
白菜地	一五	一三	五			
苦胆沟	一五	八	三			
小蒲石河	一五	二五	九			
杨木杆子沟	五	九	三			
大韭菜沟	一五	二五	一三			
小韭菜沟	五	八	四			
△〇永甸河口	一五	五	二			平原
共计	一〇九	九六一	一〇八			
十四日	北街	五	六	二		险路
长甸河口	三〇	一一八	二五	一	一	平原
东洋河	一八	六				
△大蒲石河	三〇	五二	一九			平原
古楼子	一五	一二	八			
荒沟	二〇	三四	一五			
砬子沟	二〇	六	二			
虎山	一五	三				平原
△九连城	五	五四	一九	一	一	平原
老龙头	五	八	二			
△〇安东县城(沙河子)	一五	二四一				步马各二哨
共计	一七八	五四〇	九二	一〇	一二	步马哨各二捕盗营一
总计	七八八三一四〇一二七五一〇一二同上					

中户 韩户 市场 警局 防军 学堂

总共计 二〇八五 一二一四五 二三七二 一九

二六 步七哨马二哨捕盗营五 五

夹皮沟篇

吉林省以长白山为障,松花江为池,金汤之胜甲三省。然外人骎骎逼处者固注目于形胜之险要,而亦垂涎于矿藏之宏富。夹皮沟为吉省金矿孕毓之区,虽以王基发祥支脉例应封禁,而区域幽邃,诘察难周,致任小民私采,由来久矣。光绪三十三年八月,饬候选道王崇文前往调查,月余竣事,归呈其报告各禀牍。其循涂所经,由吉省循松花江行一百八十里至大鹰沟地方。沿途山峦起伏,绝少平旷,再进而为韩登举所营业地。由此至夹皮沟计程二百四十里,更南则至长白山大沙河、古洞河等处,直与高丽毗连。惟由大鹰沟行四十八里至木奇河,再进皆羊肠鸟道,仅能容骑,林深箐密,非由登举为导,则鲜或识涂。登举者,固假练总之职而雄于一方者也。东省向苦地广人稀,凡农工商各业,每招山东登、莱、青人任其劳。其来也必有所谓把头者,或受雇主之委托,或输出己资以招集流亡,分执其役,彼乃坐收羡余以为利。韩氏亦山东人之充把头者,盘踞既久,声气自广,积渐至今,韩边外之名几洋溢于外人耳目。说者辄以为养痈之可虑,虽然,亦视官家操纵何如耳。夫西人内治政策,首重殖民。然其始也,亦听夫一二小民之有识略者,胼手胝足自求隙地,谋自殖计。迨基础已立,趋赴渐众,国家乃从而卵翼之、扞卫之,推施其宗教禁令以部勒之,遂蔚然成一大都会。是以国无不治之地,地无不殖之民。此固西史之班班可考者。今韩登举以把头起家,能拥千万人之众,箝制束缚,使之或就垦,或就矿,或樵采,无事则各安其业,有事则守望相助,殆亦具西人殖民之识略欤。夫东省疆宇辽阔,赤地千里,谈政治者,佥主移民之说,而官家力不能给,若能如登举之所为,夹皮沟如是,而类乎夹皮沟者无不如是,东省不惟无不可殖之地,且无不可移之民矣。夫私采矿产,诚足为登举罪,然于外人垂涎欲得之物,登举出而力争先著,使之利不外溢,是登举不惟能殖民也。移民也,并有保全土地之功矣,国家亦何不可利用之哉。虽然,自日俄交哄以后,俄人失败暂作退处之势,而日人逼处高丽,隐煽其民,从头、二道江一带越境垦荒,负耒者踵接于道,是其包藏祸心,以为得尺得寸之计,夫固瞭如指掌矣。且两国之眈眈窥伺者,既不惮缒幽凿险,随地侦察,又不惜珍物厚币,隐与登举相馈遗,潜为勾结。登举能否坚其心志,为我国家所利用,且不可必然,则为今日计,欲固边防,必先保全夹皮沟,欲卫矿产,必先拊循韩登举。盖夹皮沟一带,地轴纵横,约二十余万方里,蓄富有之资,扼冲要之险,外人既垂涎于其矿,即不得不垂涎于其地。今宜亟就沟之上下游清理地面，区分经纬，设州、县治，以相维系，韩氏之田原、财产、室家，宜簿籍之而任保护之责。至于该境之户口、裁判、练勇各项，事有关于治安者，均宜设官以分治之。一切苛细律令，悉为捐除，俾得相安于无事。既有恒产，自有恒心。若是，则地利不至旁失，豪猾免为虎伥。是篇所载，或以为筹边者问津之助，因并录其调查所志各类附于后，以备参考焉。

纪桦甸县设治

自有韩边外之名，而夹皮沟上下数百里居民耳目说者，皆谓知有韩而不知有官。推原其故，国家于长白山一带封禁夙严，野无居人，将焉置吏，是以神皇隩区，几同瓯脱。迨扃钥既弛，客民流徙，辗转依附，屯聚既多，纷嚣糅杂，登举出而部勒之，使之各得其所，迭遭外衅，复募集练勇以自卫。斯时也，民之所见，几信有韩之指挥号令而已，然则欲减杀韩势，整饬治权，非先于近沟处所，规划区域，增设官吏，不足以正王畿疆索之名，而杜外人窥伺之渐。光绪三十三年十一月，奏请距夹皮沟东南桦皮甸子，循头二道江以及古洞河、大沙河一带，添设知县一员，名曰桦甸县，奉旨允准，旋饬直隶候补知府李庆璋往经其始。初拟在官街为设治地，缘该处夙系山镇，人烟尚属稠密，嗣又派员详细履勘审度地宜，据称官街地方失之偏西。爰查长白山势自十九沟以东折而向北，蜿蜒千里，濛江之东为长白山正顶，则桦甸县东南当为长白山西北麓。今既设官分治，自应首论形胜，次求本地利源他日可臻富庶者，始克定为千百年之基础。若移治于松花江之滨桦树林子，其地扼木奇河之要隘，而为入夹皮沟羊肠歧径之门户，其南松花江、辉发河交流贯注，所有长白山一带森林巨材，均可结筏蔽流而下，他日林业之兴，必以该地为巨埠，形胜利源，兼而有之。其为设治事宜，迭经两省往复会商，议乃决。该县辖境大致东以敦化县界之新开道岭为界，南以两江口为界，西以磐石县境之柳树河西岗为界，北以吉林府境之马蜒河岭为界，东南以奉吉新划之金银别岭为界，西南以濛江州界之那尔轰岭为界，东北以吉林府界之张广才岭东土山子为界，西北以吉林府境之奔楼头岭为界。东西三百二十余里，南北二百二十里。惟南境之地，前以奉吉省界未清，犹悬其址，事关缔造，不得不以审慎出之也。至于保卫治安之策，则又以巡警为入手办法。前由韩登举召募练勇分地驻扎，闻有匪警互相追剿，法非不善，然称为会勇不归官家节制，非政体也。庆璋往议设巡警，民意初扞格不相入，旋饬开忱谕导，就会勇中选其精悍者改充巡警，即饬韩登举为教练长，练习警章，分布各区，侦逻备至，昼夜罔间，使匪徒无从溷迹，举境奠安。蚩蚩者氓，乃知改弦更张，仍为彼等身家起见，始帖然洽服，并使登举知官家权限，不得有非分干越，而弃瑕用材，亦未尝无鼓舞之方，以纳于正轨，所谓因势利导，其理然也。复经庆璋设有劝学所、简字学堂[1]、师范传习所、两等学堂[2]各一所，均因陋就简，粗具规模，借资观感。总之，该处县治既定，夹皮沟上下游易榛莽为膏腴，不致贻谩藏之诲，入游民于版籍，不致有梗化之虞，固圉实边，此其要键。若夫十年生聚，十年教训，循序以图，是又在贤有司之克善其事者。

纪韩登举事实

韩登举，本山东登州府[3]人。其祖父效忠，初来至复州，佣役于侯姓家。以赌博失败逃赴夹皮沟，盗采金矿。一二年间，声势渐广，结异姓五十余家为弟昆，招集垦丁矿夫至四五万人，经营实业，资其生计，流氓多归之，俗称为韩边外。时有马贼来袭矿，效忠击败之，遂雄一方，自榜其门曰威镇江东。时官家苦地土广漠，兵不敷设，因拟牢笼之以利其用。督办宁古塔等处事宜吴大澂，书安分务农匾额，易其门榜。效忠死，子受文羸弱且庸愚，力不能胁众，孙登举乃代承其业。光绪甲午、庚子间，均充练总以卫其地，防匪安民，颇能出力，洊保至都司[4]加花翎。于是夹皮沟一带居民之诉讼者、营业者、开矿者悉愿受练总之裁处，亦小民之耳目习惯使然也。三十三年秋，檄其充带练勇，侦剿夹皮沟西南一带胡匪，事竣闻于朝，奖以参将补

〔1〕 简字学堂，戊戌变法失败后，为普及教育挽救民族危机，有志之士发起文字改革运动。他们继承传统反切，仿效外国拼音，两字相切成音，称之为切音字。1900年，以汉字偏旁和部分笔画为标记，以北京音为标准的《官话合声字母》风行北方各省。音韵学家劳乃宣认为此法只限于北京音，南方不能推行，主张先用字母拼出南方方言的汉字读音，以便识字，再拼出北京音，学习官话，将字母定名为“合声简字”。由此开办的学堂，称之为“简字学堂”。

〔2〕 两等学堂，清末设小学堂，分初等和高等，合并设立者称两等学堂。初等七岁入学，修业五年，后改四年，高等修业四年。

〔3〕 登州府，武周如意元年（692年）置州，迨至明洪武九年（1376年）升为府，清仍之，府治蓬莱（今山东省蓬莱市）。下辖：蓬莱（山东省蓬莱市）、黄县（县治在今山东省龙口市黄县镇）、栖霞（今山东省栖霞市）、招远（今山东省招远市）、莱阳（今山东省莱阳市）、福山（今山东省烟台市福山区）、文登（今山东省文登市）、荣城（县治在今山东省荣成市旧荣成镇）、海阳（今山东省海阳市）共9县；宁海（今山东省烟台市牟平区）散州。

〔4〕 都司，隋唐宋，尚书省左右司为各司总汇，称都司。明代，为都指挥使司的省称。清代，为绿营兵军官，系正四品武官。

用,俾鼓舞其功名之心,即潜消其叵测之志。嗣以该处设治,增置巡警,拟即饬登举为教练长,徇民之望,即责成以卫民之事,是一举而两便焉。又其在夹皮沟敛收会金之法,每年四月、八月向金帮每户索金六两,商铺每家二三四两不等,把头一名纳金一二钱,矿丁一名纳金二三四分不等,耕地一垧纳粮六斗至一石二斗不等,伐木百株抽十成之一,猎虎、捕鹿、种参、采药,均按值收费。是以日人目为税额,而边外独立国之说所由起也。

纪新旧矿硐地势

夹皮沟为产金之区,矿硐林立。中国夙未讲求矿学,无实地勘验确识,凭土人一知半解以为冥索之导,致开浚未半而或与苗歧,或为水阻,中途辍手,资本亏耗几尽,迨另易地位,即幸有所得而终叹前失之难偿,比比然也。夹皮沟在万山之中,山形环曲如盘。东倚金银鳖岭,西迄老营场之渭沙河,计长三十五里,南至四道沟前岭,北倚五道岔带山,计宽二十余里。其水西南入渭沙河,由老营场曲折东行,依夹皮沟河右岸,历头二三四五道岔。其左岸则头道沟山梁、老西沟、大猪圈、穹棒沟、岔顶子、小南沟也。各沟共约积七八百方里,沟内砂石翻腾,如邱如阜,盖皆砂金采竭之区,土人所指为废硐者。而现今新硐在热闹街之上游,相距里余,金银鳖岭之西三里余,名老碃硐,又曰八人班硐,北向高六尺余,宽七尺余。层级向东南下十八级,稍平十余步,又向南斜下二十四级,转西南数十步,折而东北,硐窄仅容二人往来。环曲数十步,忽高耸约十余尺,行当佝偻而上。复下斜坡如梯十余步,硐宽七八尺,平如窄巷,百余步炭气熏腾,几不可耐。忽宽大如厅堂,乃修凿石之錾,铁匠炉也。下斜坡十余步,气息稍凉,硐高如房。又下斜坡数十步,见凿矿砂之处,高丈余,宽三丈余,白石壁立,即系近今采金之所。要之该矿地势,据灵秀钟毓之区,占奥衍曲邃之胜,矿藏宏富,实有可征。惜商民不能厚其财力,采用西法以恢张事业,徒令于山石荦确之中,仅收夫事劳功半之效,然而小民恃此糊口者,夫亦伙矣。

附采金土法

夹皮沟业采金者,名曰金帮。其铺号曰玉盛发、公正兴、马架子、兴顺堂、泰和成、杨成富、福兴永、义兴和、韩受恒等十家,每家工人七、八十名,碾矿之盘各四五六具不等,共石碾五十一具,每具每日均计得金六七钱,少则一二钱不等。或遇极旺之苗，每碾每日有得金一二两者，但不多见耳。其采凿碾炼之法，工人用寸径长三尺之铁錾，一人扶之，另二人轮流执巨锤重二十余斤者，击成孔塞以火药轰成碎块，另由工人择白石中有铁硫色之砂装入麻袋，肩负而出，堆置洞旁成堆，再由凿砂人敲去白石余砂，分作十股，各用牛车运回锤碎，如桃，如豆，入碾成粉，亦有加水湿碾成浆者，另用长方木盘斜置水旁，缺其下口，用杓取矿浆入盘，放长流水淘洗多次，得青绿带黑之细矿砂，再入浅窄长方中凹小木盘，以清水浣之，摇拽以别清浊，用吸铁石摄矿内之铁屑，始得净金粉，其色青黑微黄。每两入炉，熔净金九钱，大指如此。各家碾淘之后，遗弃之砂另有工人拾取，用磨重研，用水冲洗，每日每人亦得金一二分不等。其泥水入河积成淤土，仍有人用水澈泼，亦能得金。此可见作工太拙，淘洗未精，以致获利较微。其矿中费用，日需水夫七十余人，需工钱百余缗。一经水涨，尤属危险，用人须十倍之，糜款亦层累以加。每年工人执艺三百五十日，终岁作苦，固系我民能力，而民生困苦，亦由斯可见。

附王崇文自吉林至夹皮沟纪程

自吉林省城西门循江南行四里涉温特河[1]，又八里红旗屯，又八里大蓝旗屯，又曲折南行十里下柜子沟岭，又西南行十五里至上柜子沟，转向东南上光皮岭，接登双峰岭，过腰岭，二十五里至小风门，环围重峦叠嶂。过大风门至四间房二十里，又南行十里至三官庙，又十里至马蜒岭，下坡南行十五里至马蜒河，又十二里狗皮索，又二十里长山屯。该屯扼珲春、敦化西行至奉省之冲。由屯南行十里至平顶山，又二十里至大鹰沟岭，东行三十里至大鹰沟渡口，过江东岸南行十里至木奇河口，入沟曲折东行涉河五次，十五里至地窨子，韩登举即家于是。峰峦曲抱，川原映带，颇占地胜。由韩宅东南行五里至头道沟口，入沟东行十里循长寿岭二十里，又十里至猴儿岭顶，下坡五里至粿馅铺，又东行三里至色勒河[2]，涉河南行十里至石嘴子高力房身，入沟循苇厦子河右岸东行十里，涉苇厦子河至板庙子屯二十五里。该处为旧淘金场，山隈水澨，砂石堆积，宛如邱陵，该屯住户十余家。后山矿石嵯岈，现已停采。该屯南行入沟登板庙岭，下坡又东南登老营沟岭，涉渭沙河至老营厂共二十五里，该处为夹皮沟之下游水入渭沙河者也。入沟，群山合抱，远望疑无隙地，峰回路转，环曲东行，砂石磷磷，皆旧淘金场也。循沟右岸盘旋而东，历头二

〔1〕 温特河，即温德河、温道河，在今吉林市的西南郊注入松花江。

〔2〕 色勒河，色勒河源出富尔岭西北之无名山，西南流，复西折入松花江。

三四五道岔至大猪圈、下戏台、上戏台，抵夹皮沟街，共三十五里。至会房，在山峡之中。层级而登五里至金银鳖岭，迤东即金银鳖河，西南流七十里入二道江者也。由省至夹皮沟计程共约四百三十里。复由水道回吉省，自桦树林乘舟顺流西北折而东流十里至大鹰沟渡口，下猪嘴滩东北过五虎石十里，又五里小戛河，又曲折十五里大戛河，又二十里至漂河口，又西北二十里半拉窝集，又十五里邓太通，又东北十里拉法河口，又五里车背沟，又三里姜家船，又北行下牛尾哨三十里，过马蜒河口，又十里下歪脖哨，又四十里至歪脖砬，又十里小额赫，又五里挂勾，又十五里张家湾，又十里杨木沟口，又二十里翼领戛河通，又二十里大海浪，又北行十里杨砬石，又十里唐家崴子，又五里舍里，又五里大风门，又五里小风门，又十里五家哨，又五里阿哈达，又十里常屯，又五里红屯，又五里温特河，又五里到省，共计水路三百四十八里。

附矿产区域表

区域	矿质	面积	发现	已未开采
上下戏台	金	十余方里	旧	已开
五道岔	金银	十余方里	旧	已开
头道沟	金	十余方里	旧	已开
二道沟	金	十余方里	旧	已开
三道沟	金	十余方里	旧	已开
苇厦子	金	十余方里	旧	已开

附森林处所表

地别	距沟里数	种别
长寿岭	八十里	榆树
侯爷岭	七十里	杂树
豹子岭	四十五里	榆树
老鹰岭	三十里	杂树

附植物出产表

小麦　高粱　木耳　稻　榆菌　麻　土豆　鸦片　薯蓣　瓜　玉黍　黍　黄烟此项为行销外路一大宗,每年值银十余万两。

绥芬篇

绥芬，乃肃慎故地，在汉为挹娄，北朝为勿吉，隋为靺鞨。唐置燕州，寻为渤海所据。辽金以降，代置州郡。明分设各卫所，我朝龙兴，征服渥集、虎尔喀、瓦尔喀诸部落，奄有其地，设宁古塔将军以镇抚之，是为吉林驻扎统兵大臣之始。论者第以吉林乌拉为东北重镇，不知宁古塔又吉林之屏蔽也。盖康熙以前重在备边，故宁古塔之形势较胜于吉林，康熙以后重在殖民，故吉林之交通较胜于宁古塔。是以康熙十五年移将军于吉林乌拉，而留副都统以分其治。是时，东海诸部已入版图，罗刹远邦，偏师底定。朝廷文治武功，陆詟水慄，而边帅仰体休养生息之意，亦知远人宾服，不复敹甲胄而厉戈矛。逮至咸丰时，俄罗斯因我东南多事，乘机窃发，两次进踞，我之藩篱撤矣。及十一年与之分界，由乌苏里江口逆流入兴凯湖〔1〕，逾岭抵图们江口，江以东皆为俄属，于是宁、珲、姓三城边防始重。然所谓边防者，亦第设卡伦，立界石，以期雷池之不越耳。初未尝建置州郡，招抚流民，垦辟土地，以为根本之施措也，乃未几而越垦者且营室宇矣，经商者且设市廛矣。法律不足以治之，兵力不足以驱之，反客为主，变本加厉，边帅无可如何。于是疆吏廷臣进而筹策，初则谋招垦，继乃议设治。光绪八年，将军铭安、督办宁古塔事宜吴大澂会奏，于宁古塔设合兰直隶厅，万鹿沟设绥芬县，为部议所格。庚子后，边事日亟，将军长忠靖公顺〔2〕复议设民官，知宁古塔之锁钥在双城子，而已入俄人范围，乃经营三岔口以为对待。卒以道途梗阻，文报不通，虽置官民，终同瓯脱，遂移厅治于宁古塔城。自光绪二十九年设治，历任数宰，或格于创始艰难，或限于抚治日浅。言教育则村塾而外无所谓学堂，言内政则乡勇而外不知有巡警。沃野千里，榛莽充斥，无招徕之方，坦途八达，寇盗窃据，无交通之路，其他如务材、训农、通商、惠工诸政，更付阙如。夫管子治齐，四民不使杂处；句践霸越，生聚期以十年。固知富教之道，自有秩序，未可以操切从事。然汉通蜀道，而西南夷相率内附；唐置都护，而虏骑不敢潜窥。自

---

〔1〕　兴凯湖，原为中国内湖，1860年中俄《北京条约》签定后，变成了中俄界湖。史书记载，兴凯湖唐代称为湄沱湖，以盛产湄沱之鲫驰誉；又因湖形如月琴，故金代有北琴海之称；清代后改称兴凯湖，在黑龙江省东南部，距密山市35公里，北三分之一的面积为中国，南部属俄罗斯。

〔2〕　长忠靖公顺，即长顺。

来边备之弛张，亦视设施何如耳。年来访舆论之所及，证以文牍之所存，知凡百庶政，已露萌芽，次第而扩充之，千里穷荒，不难日臻富庶。因取畴昔经营之迹，迄今筹措之方，条举件系，甄录成篇。他日言边事者，或以是为先导也乎。

纪建置

绥芬厅治，光绪二十八年就宁古塔城增置。初无民官也，其缮固镇戍，辑宁边境，皆宁古塔将军、副都统之事。原其建官之始，起于顺治十年设宁古塔昂邦章京[1]一员，统辖吉林全境，副都统一员副之。康熙元年改昂邦章京为镇守宁古塔将军，十年移副都统于吉林，十五年吉林副都统与宁古塔将军互相移驻，自此著于定制。所属有协领、佐领、防御、骁骑校[2]等官；掌巡防、讥察、粮储出纳之事，以听命于副都统，代有增省移调。现今额设员缺，凡协领二人，佐领十有二人，骑都尉二人，防御八人，云骑尉十人，骁骑校十二人，恩骑尉四人，八品监生二人，仓官一人，教习二人，笔帖式六人，此旗员之建置也。光绪八年，将军铭安以城西三百余里之万鹿沟一带逼近俄界，非建官设治不足以制侵越，奏请设绥芬县，未行。寻以土地肥沃，耕牧咸宜，设垦局于三岔口，招集流民从事垦殖。十余年来，开辟大半。二十八年，将军长顺以宁古塔界连双城子俄卡，为火车入境门户，匪惟华民无所统率，即交涉亦日就繁剧，奏请就三岔口招垦局改设绥芬厅治。寻以道途梗阻，不便交通，移驻宁古塔城同知治之。其属有教谕、知事、巡检各一员。知事驻穆棱河、巡检驻三岔口，分防迤东一带，划疆分治。宣统元年闰二月，以绥芬厅即宁古塔副都统辖境，纵横约二千里，守土者位秩较尊，方足以资镇抚。拟改为府治，其东三岔口偏处极边，于行政诸多不便，拟设分防通判，析东南境隶焉。其地在宁古塔东，即名曰东宁厅。其东北穆棱河原设分防知事，是处北连三姓，东控蜜山，东清铁道横贯其间，交涉尤多繁剧，拟升为穆棱县，盖密迩强邻，不得不绸缪于未雨也。

〔1〕　昂邦章京，章京为官名。清代满族、蒙族皆有此官。章京系满语“管理”、“管理官”之意。最初邦章京称前锋统领。顺治十年（1653年），清朝将宁古塔驻防官改为昂邦章京，与盛京昂邦章京同为镇守一方之最高官员。康熙元年（1662年），改为镇守宁古塔等处将军。康熙十五年（1676年）移驻吉林乌拉城，乾隆二十三年（1757年）改称镇守吉林等处地方将军。

〔2〕　骁骑校，清朝官名。清代禁军骁骑营为受各旗都统直接统率的部队，佐领与骁骑校为直接受都统与副都统、参领管辖的军官。

纪分界

绥芬东境之毗连俄罗斯者凡四百余里。光绪十年以前，所立界约多含混难通，自十二年重勘珲春东界，始于界线曲折，方向地望，河流源委，道路夷险，一一具载。计自瑚布图河源起，循河而北经三岔口，东至入绥芬河处计程二百里。绝绥芬河而北有倭字界牌，是为中俄交界第五界牌，由此取子午线偏西十二度，北行至东清铁路五站，取子午线偏东三十度，东北行百里至蜜山府[1]界。逾界而北有那字界牌，是为中俄六界牌。论其地势，则铁路以北多平川，铁路以南至绥芬河则阻山，绥芬以南则阻河。河以东约二十里曰东山，为双城子入三岔口要隘，两山环抱，曲若羊肠，东北藩篱，此实门户。乃弃此不守，仅恃一线河流以为天堑，操刀而授人以柄，其误可胜计哉。

纪学务

宁古塔向设满学二，分左、右翼，教习及笔帖式各一人主之，专教八旗子弟。每佐领每岁额送学生六名，学习清文，著为定例。相沿既久，名存实亡，于是改为家塾。流民日集，子弟多出就外傅，而私塾又林立。原其学习清汉文字之意，不过备翻译之选，供簿记之用而已。师以是教之，弟以是学之，以其惽惽，使人惽惽，盖不知学问为何事也。我朝二百余年，汉籍弟子员仅得一人，其文化可概见矣。光绪三十一年，署同知吴士澂禀请创办两等小学、初等小学各一所，并附设师范学堂于两等小学，是为绥芬建立学堂之始。未几，吴士澂解任去，同知方世立继至，以经费支绌，将厅治庙产查明入官，益以绅耆捐助之款，存本生息，岁入中钱一万一千余吊拨为学堂常年经费，至是生徒稍集，规模粗具。然民智未开，佥以学堂为赘物，今日来学，明日求去，司牧者无术招徕，司教者亦无从管理，以故建立三年，初无一人稍合程度。署同知李达春慨人才之消乏，思振兴而齐一之，择其文理通顺，年龄合格者二十余人，申送省城中学、实业、巡警各学堂暨自治研究所肄业，其余学生一百余，按其程度高下，分拨两等小学，并附设师范传习所以广师资。由是观感渐深，富家

〔1〕　蜜山府，光绪三十四年正月初十日（1908 年 2 月 11 日）设密山府，奏呈以“蜂蜜山”命名“蜜山府”。府衙设在招垦局址（今黑龙江密山市知一中学），隶属吉林省管辖。宣统元年（1909 年）八月甲申属东北路道。民国二年（1913 年）一月十四日，改府为县。

大贾莫不倡捐巨款,急兹公义。光绪三十三年,前伯都讷副都统讷荫之妻及其子捐银一万两,作举行新政公费,明年黄寿山等捐修东京城小学校舍,何光甲等又捐资创设清真公立小学,回民之业农商者,咸按亩按户抽收经费,通计绥芬学务自光绪三十三年迄今,集款一万余两,立学十有一处,就学者四百四十五人。岩邑穷边,得兹户诵家弦之盛,虽有司提倡之苦心,亦龙兴故地,灵气所钟,郁久而斯发也。

学务汇核表

校名	坐落	组织	开学年月	卒业期限	教员数	学生		
						班数	定额	现数
两等小学堂	宁古塔	官立	光绪三十三年十月	高等四年 初等五年	六	一 二	一五〇	一二六
附设师范传习所			三十四年七月	六个月		一	四〇	三六
清真公立小学堂	宁古塔	公立	十月	五年	二	一	六〇	三八
初等小学堂	宁古塔	民立	正月	五年	一	二	三〇	二四
初等小学堂	东京城	官立	二月	五年	二	一	六〇	四六
初等小学堂	乜河	官立	正月	五年	二	一	五〇	四三
初等小学堂	卧龙屯	公立	十一月	五年	二	一	四〇	二六
初等小学堂	新官地	公立	九月	五年	二	一	五〇	三〇
初等小学堂	穆棱河	私塾改良	十一月	五年	一	一	三〇	二〇
初等小学堂	三岔口	私塾改良	十一月	五年	二	一	四〇	三〇
初等小学堂	高安村	私塾改良	十一月	五年	一	一	三〇	二六
总计二一						一四	五八〇	四四五

纪警务

绥芬设治未久,警务尚无萌芽,虽经历任同知草创经营,而一泥于民智之未开,再苦于经费之太绌,仅就旗兵乡勇调拨充数。执锢蔽之民,羸弱之卒,而责其助守望,司扞圉,无论效果未可期,即形式亦难略具也。光绪三十三年冬,署同知李达春将宁古塔城厢划分两区,设局长课员担任教习,教以章程法律,两区巡官教以步兵操法,教练一月之后,分为甲、乙两部,一部立哨巡逻,一部入堂授课,轮流接替,以扣足三个月为毕业期限,分别学业等差,派充正、副巡长及各等巡士,并经吉林巡抚奖给帽章以示鼓励。其著名乡镇若穆棱河、三岔口等处,亦皆遴选官弁,分区布置。盖至去年秋后,规模始稍稍具也。所有一切经费,则由省城请领官帖一百一十万吊,发商生息,按月一分三厘,以七厘解省,余六厘留充警费,月入息钱六千六百吊,足敷薪饷之用。至若实行义务,则先从清查户口入手。三十四年十二月,调查确数,旗户凡七千六百八十八,男女三万六千一百六十二丁口,民户六千二百七十二,男女二万八千八百五十九丁口,易游牧而农桑,化流民为土著,亦骎骎乎富教之权舆矣。整齐而画一之,有司之责,亦巡警之责欤。

绥芬厅户口调查表光绪三十四年十二月调查

地别＼人别		户数	男丁	女口	合计	附查	
						学童	信教
宁古塔	泰宁社一甲	七一三	大 九〇一 小 七八九	大 九一一 小 七四〇	三. 四三二	二八一	一三五
	二甲	四八二	大 六五九 小 九五九	大 六四四 小 六一五	二. 八七五		八
	三甲	三八	大五七四 小七六一	大五二五 小五〇五	二. 三六五	二六一	七
	四甲	五六六	大 一. 〇三五 小 九四六	大 九八一 小 八〇三	三. 七六五	一七二	六八
	五甲	五三八	大 九四七 小 四四八	大 八五〇 小 五九〇	二. 八三五	三六九	五
	六甲	三三六	大 六二一 小 五六八	大 七〇八 小 四七七	二. 三七五	二二	六
	七甲	一. 〇三三	大 九三五 小 五六八	大 七二〇 小 五二〇	二. 七四三	四三	一三
	八甲	五一四	大 六七八 小 五八八	大 七七四 小 五五六	二. 七八六	八二	三九
	九甲	三一一	大 四三七 小 三〇六	大 三七四 小 三〇六	一. 四二三	一〇四	八

<table>
<tr><th colspan="2" rowspan="2">人别
地别</th><th rowspan="2">户数</th><th rowspan="2">男丁</th><th rowspan="2">女口</th><th rowspan="2">合计</th><th colspan="2">附查</th></tr>
<tr><th>学童</th><th>信教</th></tr>
<tr><td rowspan="5">三岔口</td><td>威远社</td><td>一八九</td><td>大 二九九
小 一三九</td><td>大 二三五
小 二二九</td><td>九〇二</td><td>四八</td><td>三六</td></tr>
<tr><td>讲礼社</td><td>二二八</td><td>大 二八八
小 一一八</td><td>大 一三三
小 八九</td><td>六二八</td><td>三七</td><td></td></tr>
<tr><td>兴让社</td><td>一三九</td><td>大 一四九
小 一〇六</td><td>大 一三六
小 四五</td><td>四三九</td><td>三七</td><td>四</td></tr>
<tr><td>居仁社</td><td>一四一</td><td>大 一九七
小 七五</td><td>大 一一九
小 七三</td><td>四六四</td><td>八</td><td></td></tr>
<tr><td>由义社</td><td>二〇九</td><td>大 二二
小 一一三</td><td>大 九七
小 四二</td><td>四七二</td><td>五六</td><td></td></tr>
<tr><td>穆棱河</td><td>绥远社</td><td>四九三</td><td>大 一五三二
小 三〇八</td><td>大 四二八
小 一七八</td><td>一. 四四六</td><td>一二</td><td>一八</td></tr>
<tr><td>总计</td><td>六二七二户</td><td colspan="6">男女大小二八八五九丁口</td></tr>
<tr><td>备考</td><td colspan="7">右表所载均系民户，宁古塔所属旗户均归副都统衙门掌管，其详细无从调查，故未列入此表。</td></tr>
</table>

纪军队

宁古塔向驻旗兵三营，都一千三百二十人，归副都统节制训练，备国家不时征调。相沿既久，狃于绿营[1]习惯，多以老弱充数。惟事简任专，防守卡伦，剿捕盗

〔1〕 绿营，由明朝降军和招募的汉族士兵组成的各省地方军。以绿旗为标志，以营为基本建制单位，所以称之为“绿营”。绿营和八旗兵一样，是国家的正规军，称经制兵。兵种分马兵、步兵，沿海设水师。绿营兵分标、协、营、汛等级。绿营兵约有60多万，分布在全国各地。绿营平时担负繁重的地方杂役。如维持地方治安、镇压反抗，守护城池、官衙、仓库，解送饷银、钱粮、人犯，防护河道、护运漕粮等。战时奉调出征，为八旗兵打先锋、当后勤，在平定三藩之乱时发挥了重要作用。但绿营兵的待遇远不如八旗兵，装备也很落后，处处受到压制。绿营本是募兵制，但承平日久，父终子继，逐渐转化为世兵制。后来，绿营军纪废弛，战斗力下降，以至于镇压太平天国时不得不依靠湘军等乡勇。

贼，一听命于副都统，故呼应甚灵，尚足敷备边之用。自绥芬设治以后，商旅之往来日众，伏莽之窃发亦日多，有司有保安行政之责，不得不借兵队以壮声势，然事事仰给于旗营，不惟权限攸分多所隔阂，而士马之精妍，器械之利捷，亦均不若匪人，是以历任同知，禀请调拨常备军马步炮兵八百余名驻扎厅治，巡防左路第二营驻扎穆棱河，吉宁军马步兵三百二十名分驻东京城、乜河、新官屯、横道河子、佛塔密、阎家屯、沙蓝站等要隘。光绪三十四年四月，马贼李焕文、王德等纠合党羽二百余人盘踞绥芬甸子，分据二十八道河，将窥三岔口，署同知李达春集商董会议，由三岔口绅商筹款招募各屯猎户一百二十五人，号为绥芬乡勇，分守要害，相机策应，至是马贼逡巡引去。寻以厅境山岭蔓延，树木丛杂，贼匪潜伏，民无宁居，划分四路八区，按户口多寡，村镇大小，编立乡团，抽练壮勇，设区、所、屯各长约束而训练之，是又假团练之名而略具巡警之实者。夫中国军队之整齐，常备军尚矣，而论剿捕马贼则逊于巡防队，且更逊于乡勇何也，地势熟则攻守皆宜，身家重则死生不恤也。孟子言井田既行，可以守望相助，孰谓团练可尽废乎。

纪物产商业

绥芬南迎长白，西挟松花，灵秀所钟，郁为珍奇特产，虽圣人在上，不宝异物，然食货之重，自昔已然，采风者不可不知也。况边防之张弛，一视商业之盛衰，商业之盛衰又视物产之盈朒。四境通而后百货集，民生厚而后治维张，夫岂偶然之事哉。在昔屯驻重兵，建设官署，已成艮维巨镇，亦越东清铁道左右，其间商出于途，工居于市，农作于野，骎骎乎有成都成邑之观。由是南而东京城，北而旧街、乜河，东而穆棱，再东而三岔口，列肆而居，多至二百余，少亦数十家，布帛器用之属，南自海参崴、北自哈尔滨输入，精粗毕备。其输出之品，则至贵者莫如人参、珍珠、貂皮、鹿茸，而狐、獭、灰鼠各皮次之。珍珠禁人私取，非有贡献不采也。至伙者莫如小米，而豆麦、药材等类次之。春风解冻，秋稼登场，抱布牵车者，不绝于途，大非塞外荒凉景象。惟近来钱法较滞，不免稍形冷落耳。夫钱法之滞，一滞于商帖，再滞于俄币。商帖之范围过狭，无论厅属以外不能通行，即相距百里亦必多方抑制，俄币则流通太广，奸商居于奇货，索价之昂，每每出人意表。欲祛其弊，非有大宗官帖为之补助，不足以资周转，而塞漏卮。盖生之者众，斯用之者舒也。兹将土货、工艺、渔业各表附录于后，以备后之经营商务，有所比较焉。

绥芬厅土货调查表光绪三十四年十二月调查

细目/品类	价值	产品地	运销场	厘税	综核
人参	每两约百一二十吊文	东山　南山	吉林　营口　上海	每卖钱一吊,征税钱百文	岁出百余两
鹿茸	每付约一千吊文	东山　北山	营口 上海	每卖钱一吊,征税银二分	岁出五十余两
珍珠	系贡品,无定价	宁古塔城北五十里海林河			禁人采取,故无数可计
貂皮	每张约百吊文	东山　北山	吉林 海参崴	每卖钱一吊,征税银一分	岁出千余张
水獭皮	每张约三十余吊文	东山　北山	吉林 营口	每卖钱一吊,征税银一分	岁出一百二三十张
灰鼠皮	每张八百文	北山	吉林	每卖钱一吊,征税银一分	岁出二万四千余张
狐皮	每张十二吊文	东山　北山	吉林	每卖钱一吊,征税银一分	岁出二百五六十张
鲫鱼	每斤五百文	宁古塔城南湖头	宁古塔	每百斤征税银二钱	岁出八百余斤
木耳	每斤五百余文	南山　北山	吉林 长春	每百斤征税银一两	岁出十一万四千余斤
元蘑	每斤三百文	南山　北山	吉林 长春	每百斤征税银二钱	岁出二万六千余斤
松子	每斤一百文	南山　北山	吉林	每斤	岁出十三万余斤
黄烟	每斤四百五十文	南湖头 北湖头	吉林 宁古塔	每斤征税钱三十二文	岁出九十五万余斤
黄芪	每斤四百文	东山　南山	直隶 祁州	每卖钱一吊,征税钱五十文	岁出二十八九万斤
线麻	每斤六百文	松音沟一带	吉林 宁古塔	每百斤征税钱一钱七分	岁出二十八万余斤

细目 品类	价值	产品地	运销场	厘税	综核
苎麻	无人采卖	野地多有			无人采取，故无数可计
高丽果	每斤六百余文	东山 南山	宁古塔一带		岁出四十余斤
小麦	每担四十五吊文	已垦地多有 下同	本境 以下同		四万四千二百二十五石
大麦	每担二十吊文				六千九百七十五石
谷子	每担十八吊文				五万八千二百七十二石
红粮	每担二十三吊文				一万一千七百四十七石
元豆	每担三十吊文				三万三千七百六十三石
谷草	每百捆七吊五百文	未垦地多有 下同			一千一百三十六万八千五百三十七捆
洋草	每百捆一吊文				五百八十四万二千八百九十捆
乌拉草	每百斤一吊文				二十三万五千八百七十斤
油包草	每百斤一吊五百文				六十三万一千二百斤
稗草	每百捆二吊五百文				五十七万五千四百斤

绥芬厅工艺表光绪三十四年十二月调查

细目 品类	价值	出品地	运销场	厘税	综核
机器磨白面	每斤一百六十七文	商号二家,一裕顺和开设在宁古塔城北六十里海林站。一兴华公司开设在宁古塔城里南江沿。	宁古塔一带俄界双城子等处	买麦每斗纳斗税钱三十文,卖面每钱一吊纳捐钱九文	二家每年计共卖面八百八十余万斤
机器造洋酒	每斤羌帖一角五	商号和源永开设在宁古塔城北八里新安屯	海林站一带哈尔滨	买高粱每斗纳斗税钱二十文,小麦每斗纳斗税钱三十文,大麦每斗纳斗税钱一十文,卖酒没钱一吊,纳税钱一十文	每年共卖酒二十八万余斤

绥芬厅渔业表

渔界	水产品类 水产总额	渔户	渔船	运销场	价值	厘税	历年衰旺情形
头道梁子	鲤鱼岁出约五千四百余斤	关德敏	一只	宁古塔城	每斤四百余文	各鱼均系每百斤征税银二钱	查绥芬厅业渔者，仅有关德敏、关文升、孙尚志三名，尚系半兼农业。其余临江各户，均系自网自食，来去无常，故渔业不见畅旺，历年出鱼仅在三万四千余斤之谱。
二道梁子	边花鱼岁出约三千六百余斤	关文升	一只	海林站	每斤四百余文		
三道梁子	奥花鱼岁出约二千四百余斤	孙尚志	一只	东京城	每斤四百余文		
松音沟	鲫鱼岁出约八百余斤			乜河	每斤五百余文		
姜家洼子	细鳞鱼岁出约二千八百余斤				每斤四百余文		
依拉岗	白鱼岁出约三千六百余斤				每斤四百余文		
湖头	皇姑鱼岁出约三千八百余斤				每斤三百余文		
大绥芬河	革乾鱼岁出约一千八百余斤				每斤三百余文		
	胖头鱼岁出约一千八百余斤				每斤三百余文		
	鲇鱼岁出约七千四百余斤				每斤二百余文		
	滩头鱼岁出约二千余斤				每斤七八十文		
	搭巴哈鱼岁出约八百余斤				每斤二百余文		

纪韩民入籍

吉林省东南一带，处处毗接朝鲜。韩民之无业者，往往越境垦荒。朝廷柔远绥来，初不之禁，设越垦局于烟集岗，今延吉厅治疆理而抚辑之。其在绥芬境者凡八十三户,男女三百四十四丁口,聚处而成村落,是名高丽营子,从其国籍也。光绪三十四年,韩侨安宗浩因异言异服,时受华人歧视,联名呈请易装薙发,归化入籍,经署同知李达春详请批准,易高丽营子曰高安村,以安宗浩为村长,举办自治等事。随将村中子弟选送塔城高等小学堂肄业,学膳等费悉由官家赀助。从此外人向化,襁负来归,悉主悉臣,正未有艾也。

纪交通

宁古塔驿站,属吉林省城东路。自乌拉站起历六站而入境,曰他拉,曰必尔罕,曰沙兰,曰宁古台。每站设笔帖式、领催[1]各一,壮丁十余名,专司传递公文,旅店附焉。南至延吉亦有四站:曰新官地,曰玛勒呼里,曰萨奇库,曰五台。有卡伦兵驻守,兼司邮递。其西至五站一带,无驿站卡伦,亦无文报局,往来文件暂由交涉分局转递。光绪三十四年,就海林站交涉分所附设绥芬厅文报分局,选派司事一名,掌管收发,报差三名,以捕盗营马兵兼充。其宁古塔文报局则附设厅署兵房,由贴书兼充司事。惟东南四百余里之三岔口,市镇稍盛,驻有巡检,东与俄属东海滨省隔水相望,为由俄入境要隘。光绪八年,钦差督办宁古塔等处事宜太仆寺卿吴大澂,设立站兵,直接宁古塔,招民开垦。复经靖边军扼要驻防,沿途渐有居民行旅,亦称利便。乃自庚子乱后,靖边军队散伍,驿站又复废弛,民居荡析,马贼乃据为逋逃薮。逮二十九年,就三岔口招垦局改设厅治,未能先策交通,事事率多窒碍,遂移厅治于宁古塔,而道路梗阻如故。沿边居民欲入内地,不得不假道俄疆,以趋东清铁道,既失利权,又受挟制。三十四年,署同知李达春以三岔口道梗难行,文报阻滞,按从前所设驿站节节查勘,度其隰原,审其地势扼要之处,筹拟驻兵。自宁古塔至三岔口分为五段,宁古塔北至乜河为第一段,村屯颇密,近依厅治,呼应较灵,行旅往来久视为康庄大道,且乜河驻有吉宁军兵队,似不必另筹布置。乜河至穆棱河为第二段,山势险峻,林木深密,应将塔城常备军马队移驻抬马沟地方,与乜河队兵按日会哨。穆棱河驻有巡防左路第二营,可令分驻九站,与抬马沟队兵按日会哨,使穆棱河与宁古塔联为一气。由穆棱河而东至细鳞河为第三段,地段稍短,巡防左营驻扎穆棱河尚可兼顾,再由细鳞河东南至双榆树为第四段,左右东清铁路五六七各站之间附近俄界,实为边疆门户,应将塔城常备军步队移驻小绥芬河。是处抱水环

〔1〕 领催,清代官名,满语"催促人"之意,是管理领内文书、饷糈庶务的小吏。

山，有险可守，地势宽敞，泉甘土肥，既利驻防，又便操练，且附近铁路更可无飞輓之劳，形势之便莫逾于此。由双榆树南至三岔口为第五段，山冈重叠，非常险阻，虽经新募乡勇分驻三岔口、马家大营等处。行旅往来，可纾戒备，然地处极边，苟无重兵驻守，则一旦外患潜来，内寇卒发，不惟无以清伏莽，抑且无以重国防也。议上，经吉林巡抚批准，由百户吴晓林捐银千两，修建营房、旅店，现正经始土木，化险阻为康衢，盖指顾间事矣。

蜂蜜山篇附图

蜂蜜山在宁古塔东北，地接俄境，土壤肥饶。其地界东起饶力河[1]入乌苏里江口，至松阿察河[2]入江处，与俄划江为境，西由宁古塔属之下城子，越哈达岭至七星砬子，又北由饶力河至乌苏里江口，与三姓为境，南沿松阿察河至兴凯湖湖东，西有亦字、喀字、拉字界碑，至角杆顶子均俄连境，由此沿黄窝集山至下城子，与宁古塔为境。东西斜长约七百里，南北宽百里或三、五百里不等，距省一千四百余里。中亘穆棱河，东入乌苏里江，江对岸为呢吗河，即俄人铁道大站。河以南原属宁古塔，河以北原属三姓。其山则峰峦凑接，青沟岭在其西，形势险要，北则倚大小奎顶诸山，南则峙蜂蜜山，而七虎林岭、阿尔哈诸山环抱于北。其川则有穆棱河，受全境诸枝流之水，自曲水柳河合流以下，岸平水深，可通船只。此外如饶力河长五百余里，七虎林河[3]、宝清河[4]在穆棱、饶力两河之间，均入松花江。其兴凯湖属我境者，只偏北一隅，约二百里。湖行东流入松阿察河，潆洄六百余里以达乌苏里江。俄人尝以大小轮檝迁于该湖西岸之俄镇红土崖等处。自设招垦局，一切事宜悉由该局禀承将军主之。日俄战起，垦户逃亡，局亦遂撤。及战事告终，稍稍安集，复设招垦总局于绥芬厅属之穆棱河街。已经丈放之地无案可稽，遂致渐生轇轕。历年以来丈放及成熟者虽已不少，而户数参差，亩数浮多，所在皆是。未放之地犹复沃野千里。因该处素为胡匪窜聚之区，局兵既少，又无大枝军队驻扎，故至有绑局员，抢垦户等事。小民既困于匪，又以交通不便，虽有膏腴，率皆裹足不前，未能踊跃认领。自饬派驻奉淮军督率所部，专剿蜂蜜山一带胡匪，于是四面兜剿，合力掩捕，裹粮深入，凡深山穷谷无居户之处，从前兵力所不能到者，俱一一搜剔之。用兵凡八阅月，

〔1〕 饶力河，黑龙江省饶河县境内，由七里星河和宝清河汇聚而成，蜿蜒曲折的向东偏北方向融入乌苏里江。

〔2〕 松阿察河，位于黑龙江省密山市，发源于兴凯湖，自西南向东北流经密山市和虎林县，是乌苏里江的一条支流。

〔3〕 七虎林河，为乌苏里江左岸支流。位于黑龙江省东部虎林市境内。虎林市由此河得名。清代称“稀忽林河”，至清末改称“七虎林河”。七虎林，满语，为“沙鸥”之意。发源于完达山脉老龙背和老岗山，由源头自西向东横贯虎林市全境，在大王家附近注入乌苏里江。全长 262 公里。

〔4〕 宝清河，在黑龙江省双鸭山市宝清县境内。

而该处始无匪迹,地方既安,民户斯集。又以该处方面宽阔,山川雄厚,土地肥饶,足为开拓殖民之计划。且水陆与俄接壤,实为边塞之要冲,断非设数局派一总办所能集事,爰奏请添设蜜山府,以理民事。其未放之事,仍设局派员以董其成,并添驻军队,开通道路,筑房舍,立街基。旧日放领之无册据者,则为之另丈给据,以作永业。现所经营之生荒,又派张道柢前往筹办,乃有官垦、兵垦、民垦、商垦之议。权其缓急,次第施行,将见荒漠之乡,倏变为成邑、成都之盛。惟是殖民以地利为原则,而保民尤以设治为本根,现在垦户渐集,官制草创,苟一意进行,自可发达,但地方经费或可取之于民,而行政经费则胥赖公家补助,且强邻雄睨于其旁,绥边之急务,不当仅以寻常屯垦例之也。

纪建置

蜂蜜山傍兴凯湖西北岸,与完达山脉相连接,东南与黄窝集山脉之老黑背岭相断续,袤长约三百里,广阔三十余里。山之中峰在白泡子、梨树沟附近,高出湖面约五百迷达。山之岭冈俱系土质,故树木丛茂,物产繁殖,而神皋奥区,尤边塞之要冲,殖民之重地也。光绪二十六年以前,广土无垠,视同瓯脱,历任将军从无整理之事。自设招垦局,前长春府知府戴鸿钧创办于先,分省补用知府吴瞻菁继起于后,历经兵燹,旋撤旋立,乃稍集居民从事屯垦。然与俄既划松阿察河为界,而兴凯一湖又与俄共之,乌苏里江对岸又为俄人铁道所经,国界所关,至为重要。近复越界私垦,交涉时闻,知非一二局员所能因应也。且欲行殖民之策,必先有保民之官。招垦局之设,前后已八年矣,何以地未加辟,民未加聚,而已放者纠缠无已,未垦者认领无由,盗匪之出没,且得绑局掠民而莫之谁何也,则以无统治之官而实行保护之政也。自改行省,屡饬调查,既知胡匪重为民困,先饬军队大举入山,穷搜冥索,去其害民者而廓清之。遂奏请添设蜜山府知府员缺,以为推行民政之基础,并以高丽营地方为府治。按蜜山府全境南至黄窝集山,北至阿尔哈山[1],东至乌苏里江,西至察库兰岭[2],东南至兴凯湖东北岸亦字中俄界碑,西南至马桥河与宁古塔接壤,东北至大饶力河,西北至二道河。其间以穆棱河最为饶沃之区,余若二道河、南饶力河、包金别拉河均系膏腴之地。既先设府治以为殖民之策,而地段广漠,尚应

〔1〕 阿尔哈山,完达山主脉中段。

〔2〕 察库兰岭,完达山脉自穆棱窝集接老松岭西走北折包穆棱县西境丽东北走为察库兰岭之脉。

添设州县,以资分理。从前总理吴田等曾经拟定府县基址,然于国际交涉、兵备、国防、交通全未考求,专以售买城基为弋利之具,如所谓康济府、辉德府、德化、仁化、凤绵、平阳各县是也。位置既舛,当道亦未及实行。及查吉林东边之地,惟蜂蜜山为第一要区,今虽添设府治,而控驭诚有难周。论者谓府治既设,当再扩充州县区域,以期周密。因相度地势,于其东北饶力河之南设一县,名曰饶河县,于其北宝清河之西设一州,名曰宝清州,于其东南临兴凯湖设一县,名曰临湖县,又以原设之穆棱河知事升改县治,名曰穆棱县,而府治则专辖湖之西北各地方,复分别改设、添设、缓设奏请施行,旋经议准在案。然后蜂蜜山一区布置周密,及今选员经理,于保民绥边庶乎有济。但愿设治以后有人民、田产、房舍以安其居,而俄人稍戢其越畔之思,其他行政乃可渐次举行。固边设治为深远计,而目前款绌事艰,迥难与内地比例,此则当事者须持之以毅力,而徐策其程功,固非可一蹴而几也。

纪分界

蜂蜜山东南与俄为界。其兴凯湖东有亦字界碑,越湖西有喀字界碑,再偏北有拉字界碑,又迤西有玛字界碑,又偏南有那字界碑。盖自松阿察河以上,则与俄之铁轨相属。溯兴凯湖之半,由陆路至角顶子,则又与俄之东海滨省相近。以铁路言之,西则由穆棱站,土名久安镇赴东清铁路,东则由呢吗河上乌苏里铁路可达海参崴。以陆路言之,则由快当别地方以赴俄之红土崖、双城子等处。以水路言之,则由龙王庙地方,附小火轮,亦可至红土崖双城子,及溯松阿察河入乌苏里江以达各处。至兴凯湖于国防尤关重要。湖面北阔南狭,如椭圆形,南北约二百四十里,东西约一百四十里,最深处十数米达,最浅处四五米达,西北多沙石,东南多淤泥。湖之南湾为汽船停泊之处,然俱在俄界。我界内无可停泊者,惟松阿察河尚可泊碇,又系中俄合界。俄界内之平原,较之蜂密山迤西之平原大有数倍,惟我界湖西北岸有陇冈,北岸有二水池,两岸相距二十余里,中间梨树沟,地形平坦,足资控制。盖俄人既以铁路包我之后,而又水陆交通形势利便,我则于松阿察河与兴凯湖均为公共之流域,几无扼险之区。现所恃以经营者,惟在湖北之高丽营、快当别、梨树沟数处而已。自设招垦局,渐有居民,然未有研究界务之关系者,而俄人则于该处夙为注意。光绪三十二年,特派武官七员,分为七班,每班带兵二十五人,于各山峰安设旗杆,为目标点测绘地图,起五月至八月,从容竣事而去,我国无有过问者。即金华、高丽、红土崖附近之俄民,时复越境打牲滋事。自剿除胡匪,添设民官,驻扎军队,整顿垦局,保护商民,外人知我之注重边陲,于是稍戢其心,不似从前之举动如入无人之地,而越界滋事之一切交涉,理折情遣,亦遂能受我范围,而无非分之要求,意外之损失。是则蜂蜜山一隅,实为边界之要区,国防之重地,处处与俄人有对峙之关系,慎无以荒漠视之也。

纪交涉

蜜山千里边荒,强俄接壤,彼则营屯林立,我则榛莽空虚,俄民遂相率私垦,预图侵占,俄官更驱逐华民,横肆残忍。频年以来,俄人之私垦、猎牲、伐木及一切非理之举动,时有所闻。既无守土之吏以相问难,而区区招垦局委员势权不敌,而又以为非其责务也,隐忍规避,听客所为而已。光绪三十三年九月,另选员办理蜂蜜山招垦事宜,兼以清界实边为职务,前往详细履勘调查,逆折俄人干涉之谋,预筹官吏设施之具。饬该员自穆棱河入山,沿俄边界纡道龙王庙,出呢吗口再入俄界,至绥芬站折回穆棱河,查悉俄民私行伐木越垦者,至本属我地划归俄界,昔为我民聚族而居,今被俄官尽情陵虐者。从前办理垦务者不遑顾及边务,致使俄民率意越界砍柴、割草,装运自由,遇有华民相待不周,动辄焚毁庐舍,枪毙人命。计由黄窝集山那字界碑起至饶力河计长一千二百六十余里,彼界村屯络绎,房屋栉比,我界临边而居者不足三百户。彼以我界空虚,逐渐侵占。当查得距呢吗口百里以外乌苏里穆棱河口、大木克河、都穆河、屯望、宝脬子五处,计有俄民三十二户在彼越垦荒地五十余垧,,搭盖窝棚为久据计。先饬令呢吗交涉局招垦分局向之禁阻,置之不理,复饬总局径向东海滨省俄官磋商,令其回国,始由俄官转饬各该管俄官,允我将越垦俄民驱逐出境,并于呢吗口、饶力河一带,禁止俄民刈草、猎牲、砍伐树木,以维持我国自有之地利。此越垦之交涉也。蜂蜜山内兴凯湖一带,俄人于三十四年二月间,私砍桦、柞等树一千四百根,由梨树沟一带运去。查知后,当照会红土崖俄民官核办,乃答以未便专主,须禀东海滨省俄长官酌办。当以越界伐木私运出境有违约章,复饬总局径电东海滨省俄长官处诘问,嗣由沙河子俄总管照会分局,订期齐集南站,公同会议。当饬委员李云卿先向辩驳,再四磋商,该总管始以属界不守条约,允认罚办。计砍运桦柞树一千四百根,每根罚卢布二角五分,共罚卢布三百五十元,限期缴清。并议此后我界一草一木,俄民不得越界动用,倘再不守约章越界砍伐,一经拿获,准照华例惩办,俄官决不干预,当由俄总管签字议结。现罚款均已缴齐,他处遂无伐木私运情事。此伐木之交涉也。呢吗口一带有五沟焉:曰驿马、瓦口、鸡心、挠头、刀兵河，数十年前本属我界，旧有华民设立地营以安生业。自经咸丰八年瑷珲条约[1]，该处划归俄界。俄总管日以残忍手段戕害我民，中国官吏足迹从未一至其地，华民无从呼吁，其隐忍而委于沟壑者不知凡几。光绪三十三年，派员调查蜂蜜山垦务，行经呢吗口，曾据华民郭万福呈称五沟俄官迫逐我民，现将沟中屯长郭万有等五人监禁双城子俄国狱内，恳请设法拯救，并保护五沟华民，免其驱逐以安旧业等情，当由该员带同郭万福至哈尔滨，由杜道学瀛照会俄领事，无效而止。本年三月十二日，俄兵多名分头进沟驱逐华民，只准只身出沟，不准携带牲畜农具，稍一迟回即被俄兵枪击。不数日间，驿马、瓦口两沟华民因伤赴呢吗口税务具呈，恳向俄官交涉展缓出沟期限，容令搬运牲畜农具渡呢吗口俾得同来华界领荒开垦各安生业等情，当由该局委员赵瑞昌飞报该总局。当以五沟华民无端惨受俄官迫逐，若不向之交涉，民命将何以堪。迭经拟议办法，饬由呢吗税务兼交涉委员，就近往晤五沟俄总管，再三磋商，始经五沟总管电请伯力俄督，得电准展限至本年华历十一月初一日为期，遂令该交涉局委员，会同五沟俄总管出具华俄合璧告示，晓谕五沟华民遵限迁出。不意五沟华民正在料理行装，又于本年五月二十七日，忽有海参崴华通事孙福声称，奉东海滨省俄长官之命，带有俄兵逼迫华民一律出沟。该总局闻悉，一面饬呢吗税务兼交涉局委员赵瑞昌就近驰往伯力，面见俄督，重申前议，一面转译俄文电致东海滨省，始将该通事撤回，仍允缓限期内不再驱迫。我民深知利害，均已遵限陆续搬运过江。其来呢吗垦荒者约一千余名，随时缴价领地，间有一时无力缴价，惟有设法变通，一律安置，令其先行开垦，陆续备价，庶几边地易于生聚，荒价无虑久悬。从此五沟华民得庆更生，不致再罹无妄之灾。此拯救五沟华民之交涉也。以上三事，幸得对待慎密，从速议结，尚不至亏损国权。然事关土地、人民，终非垦局所能持久，俟添设民官，更当极力维持，以保护人民为义务，庶几河流不惊，地利日辟，而无意外之交涉，隐相尝试也。

---

〔1〕 瑷珲条约，即《中俄瑷珲条约》、《中俄瑷珲和约》，又称《瑷珲城和约》，是沙皇俄国和清朝黑龙江将军奕山于 1858 年 5 月 28 日（咸丰八年四月十六日）在瑷珲（今黑龙江省黑河瑷辉区）签订的不平等条约，该条约使中国失去了黑龙江以北、外兴安岭以南约 60 万平方公里的领土。《瑷珲条约》共 3 条。主要内容为：1. 黑龙江以北、外兴安岭以南 60 多万平方公里的大清国领土划归俄国，瑷珲对岸精奇哩江（今俄罗斯结雅河）上游东南的一小块地区（后称江东六十四屯）保留大清国方面的永久居住权和管辖权；2. 乌苏里江以东的大清国领土划为清俄共管；3. 原属大清国内河的黑龙江和乌苏里江只准大清国和俄国船只航行。

纪通道

由宁古塔至蜂蜜山之道路,凡三。咸丰十一年勘界时,设驿站十一,名为十一台。光绪八年勘界时,设有四站。现在通行之道路,系沿东清铁道与赴绥芬厅同一道路。至上城子,惟三道俱不得绕过青沟岭南麓即合为一路,是三路相较,后设三四站较捷。兹述其沿路之关系,由宁古塔至上城子,与宁绥道路同一地点,由上城子过蔻花沟至下城子,沿途散处居民约四十户。该村落内居民五十余户,系光绪八年屯田兵一棚所生殖。村落西北方有一峡谷,穆棱河流域其间。由蔻花沟向西北之道路,通凉水泉子金厂,但须逾越黑傻子、小金山、大哈头无一居民之地。东北七里许上北岭,系三十余里宽平之土岗,荒草满地,适于种植。岭西南端有一石灰窑,系俄人与通译合办,供给铁路之用。岭东南角有二路,一系沿铁轨向东南达五站及绥芬厅之道路,一系向东北进入亮子河东沟之道路。下岭至清茶馆,有小店一户。清茶馆位于下城子北岭之阴,岭脚有一清泉,凡行人至此必先掬饮休息,然后上岭。由此东北行二十余里,有赴八面通之道路。越土岗即亮子河,该地山岭环绕,楸皮沟、亮子河、清茶馆、青沟岭之各溪水俱汇其中,以入穆棱河。该河岸西方系完达山脉,河流出下城子北岭之峡谷,复入青沟岭之峡谷,此间原地平阔,荒地异常肥沃,树木葱郁,金苗发现于楸皮沟内,惜无一居民,徒令货弃于地。丙午秋,吉安军队官桂某搭架兵房十数间于亮子河左岸,以资弹压,现在精锐左翼前营之右队分防焉。由亮子河过胡家店至四站,胡匪出没其间,桂队官搭盖之兵房于丁未春被胡匪焚毁。青沟岭约五十里之平冈,中间略有起伏,下岭至石头河子,有新盖店房二户,种地窝棚一户。由此上平冈,开阔平原,展望无际。过黄泥河,夹心子有居民二户。该河上有金厂。过秦家烧锅至水曲流河,沿途散处居民约四十户,并烧锅一户。由水曲流河至柞木台子,其东方之山岭名老黑背岭,通过小柞木台子有赴俄屯金华高丽之道路,由此至柞木台子有烧锅一户。由柞木台子东北行十数里,有一通过二人班至奎屯毕拉之道路。至三索通即蓑拉通有烧锅一户,居民亦稍加多。三索通位于蜂蜜山西南方,东北行二十余里之姚营、罗家大营附近,有一通过炉上逾越杨木岗、梨树沟、渔亮子以达龙王庙之道路,并有一通过奎屯毕拉即快当别、白泡子、梨树沟、鱼亮子以达龙王庙之道路。其奎屯毕拉系交界重地,白泡子、梨树沟、鱼亮子摄乎山湖之间,居民尚觉稀少。

宁古塔至蜂蜜山道路表

宁古塔

上城子	二百四十里	下城子	三十五里
清茶馆	四十里		
亮子河	三十五里		
胡家店	十五里	四站	十里
青沟岭庙上	三十里	石头河	四十里
黄泥河	四十里		
秦家烧锅	十八里		
水曲流河	二十二里	柞木台子	三十五里
三索通蓑拉通	三十五里	姚营	二十里
奎屯毕拉即快当别	四十里		
白泡子	二十里	梨树沟	三十里
鱼亮子	七十里	龙王庙	八十里

合计八百六十里

由蜂蜜山之奎屯毕拉赴依兰府[1]之道路，颇属平坦，惟居民稀少，沿途行人多有露宿之叹。

由蜂蜜山至依兰府道路表

奎屯毕拉	姚营	十八里	
五虎塔班	四十里	七里噶	六十里
北杨木岗	四十里	太平沟	百四十里
依兰府之五十户	二百里		

合计四百九十八里

由蜂蜜山至五站或绥芬厅，俄人于国防配置颇形严密。其沿途村落之组织，俱系退伍兵于此屯田，学堂、教堂、风磨、军器等无不具备。其奎屯毕拉之南站独鲁克东部西伯利亚之屯田兵五十余户，乌札库乌色气俄哥萨克之屯田兵约百户。由此越老黑背岭南麓，此岭系旧国界，最关紧要，金华高麓布尔多夫克俄哥萨克屯田兵百四十户，脑威尼古来斯克俄东部西伯利亚屯田兵二十余户，西洋河两陵克俄哥萨克屯田兵二百余户，网房子多罗伊斯克俄东部西伯利亚屯田兵百五十余户，红土崖立巳罗夫俄哥萨克及东部西伯利亚屯田兵约三百户，陷马小河子格为斯科俄东部

〔1〕 依兰府，清代吉林省十一府之一。1905 年升府，1913 年改为依兰县。

西伯利亚屯田兵七十余户,木拉干雅力果夫俄东部西伯利亚屯田兵四百余户,夹心子博斯拉克俄哥萨克屯田兵百余户。该地系赴双城子分歧路,四站系俄之停车场,有俄哥萨克及东部西伯利亚驻防兵三百余户。由此沿铁路西行即达五站,若横渡铁轨西南行,则达绥芬厅。

由蜂蜜山通过俄界至五站道路表

奎屯毕拉			
南站	五里	乌札库	二十五里
金华高丽	十里		
脑威尼古来斯克	十五里		
西洋河	二十里		
网房子	二十里		
红土崖	十八里		
陷马小河子	四十里		
木拉干	二十四里	夹心子	四十里
四站	四十里	五站	三十里
合计二百八十七里			

纪户口

蜂蜜山居民总计约千四百余户,有眷口者不过三百余家。然户皆独立,间隔距离由数里至数十里不等,求二三户连接者不可得。计穆棱河南岸由石头河至柞木台子居民约二百余户,有眷口者六七家,烧锅兼杂货店二户,油房一户。由三索通至龙王庙居民约千余户,分布平原及蜂蜜山之溪谷,有眷口者约三百余户。内计韩人携眷者五十余户,瓦尔喀人眷口十余户,杂货铺四户,烧锅并杂货店一户。各户均自备枪械以资自卫。河之北岸平原极大,户口尤稀,胡匪时常出没。由哈达河至裴底河,民人七十余户,再至驿马河口,民人约二百户,均无眷口。惟瓦尔喀一十余户,皆携带眷口,不务农垦,专以渔猎为业。

纪军队

光绪二十九年,因保护垦局,镇抚商民,乃招募绥远军一营。迨通省更定营制,以绥远营归并吉安军,前营只存三哨。现以左哨分驻下城子、亮子河、八面通三处,右哨、后哨分驻穆棱河、蜂蜜山、久安镇三处。共马兵十五名,步兵一百八十名,兵力殊嫌单薄。民勇则有山内东、中、西三沟一百五十名。就垦事论,固非驻兵四五营,不足以资剿捕而保治安。就国防论,则尤须多驻炮兵、步兵于境内之快当别一带,而以支兵分驻穆棱河北口距驿马河北四十里之处,乃可抵制俄境红土崖、双城子兵队之势。如以屯田兵之法,配置于蜂蜜山之各方面,则拟于快当别即奎屯毕拉、龙王庙两处各屯兵百户,于穆棱河口、饶力河口、裴底河口、北杨木岗四处各屯兵五十户。斯平时可资弹压,临事可资警备。若必欲多驻额兵,则吉林全境边界空虚,现有之军队实不足以分布。是以胡匪劫聚,而本地驻兵断难抵御。因饬淮、奉各军合力兜剿,竭八阅月之久,极数千里之遥,乃克匪渠授首,辖境乂安。是岂现驻三哨之兵所能为力哉。今既设治,欲为固圉保民之计,则必应抽调他处兵队常川驻扎,或实行兵垦之法,尤为两便之策。是在官斯土者,次第谋画,庶边疆要隘,繁富可期,不至内为马贼所肆扰,外为客兵所钤制也。

纪剿匪

蜂蜜山土旷人稀,夙为马贼出没渊薮。自设垦局,商民渐集,而无兵力以保护之,尤足为匪徒取携之资,绑票勒索,视为故常。且有绑去局员,强劫俄商之事。民畏匪扰,故相率徙去,虽有膏腴之地,等于石田。欲设官治民,非大举进剿,地方终无安谧之时。而一切均难措置,不独于垦务有阻碍而已。爰督饬东三省行营翼长、甘肃提督张勋,督办吉林防剿事宜、提督孟恩远[1]等统率淮、奉各军,合力严剿。搭附日俄火车至一面坡,由北而南为节节搜剿之计。探得该匪等分途劫掠,烧抢民房,掳去垦员垦户,劫毙俄孩,捉勒俄商,盘踞蜂蜜山、卫沙河、青沟岭一带,迭饬四面兜剿。于是在太马沟擒获匪首李蓝旗,在东北沟生擒匪党尹玉删、孙苌菁,夺回被掳垦户一名。其派剿卫沙河兵队,搜至三道川,退匪率领大股开枪迎拒。阵毙匪党十名,生擒悍目王幅先、王势猖,夺枪九枝、子弹二百粒。与派往七站之队会合,追至呼兰,克猝遇匪股二百余人,夺险分扑,弹如雨注。阵毙匪首朱双六等六名,夺枪十枝。匪股入巢拒守,我军乘风纵火,立毁木巢五处,遂破其巢,尾追数十里,至东南沟内轰毙悍目梁老疙疸等数十名,生擒悍匪张喜顺一名。遂分兵三路躧追,集

〔1〕 孟恩远(1856—1933 年),字曙村,又作树村、树春,天津市南郊区西泥沽村人。1895 年,袁世凯创立新军,39 岁的孟恩远开始入伍,至民国初年任吉林督军,惠威将军。

合于卧虎沟。时悍匪数十名拥挟俄商作藏匿计，我军围击阵歼访友等四名，追至海浪河，雨大水涨，冲毙匪党数名，夺回俄商郭列一利喀。其围逼蜂蜜山一带之军，至小金山遇匪，阵歼匪党二名，先得生擒悍匪曹大嘴子、柳屏维、吴受脉、杜受信、尹大个子、十五阎王，张振海。同时中路统领派步队第四营在石头河与匪接仗，击毙匪首顶上烟一名，伙匪四名，击伤匪党数十名，并救回民八名。又在穆棱河、台马沟等处先后救回垦局委员三员。遗匪窜入黑背荒沟口等处，我军追至，左右夹击，阵歼匪党六名。复分七路搜剿，搜至下城子，窝集匪首孙当家与李三省合股约数百名，我军截击，生擒孙当家，悍匪吕狻峰、曹得凌、李濉滂，阵歼七名，夺枪十枝并马匹洋酒米面多件。该匪夜附火车同遁，我军又追入海参崴。转战数月，悉数殄除，因不在蜂蜜山区域，故不备载。于是蜂蜜山一带大股殄灭，居民以安。一面速为布置设治事宜，并饬淮、奉两军常川巡弋，以防匪徒之复起。人心既定，乃可渐谋行政之便利，是则蜂蜜山剿匪之实在情形也。

纪招垦局始末

蜂蜜山招垦局议办于光绪二十五年，未几拳匪事起，毁于兵燹，垦户逃亡，局亦撤去，一切案卷无可稽考。二十八年，复派员设总局于穆棱河街，设分局两所：一在蜂蜜山之凤绵镇，一在呢吗口。呢吗口者，地临江岸，南与俄车站仅隔一水，洵水陆交通之区也。设行局二：一在穆棱河南，一在河北。此又三十三年禀准添设，专为清丈已放之地、展放未丈之地而设。自二十六年至三十二年，共放生荒二十万零二千二百七十三垧五亩九分一厘，垦熟升科者共三千七百七十垧八亩八分。三十三年分，共放生荒十一万九千四百四十五垧八亩。均按七折扣算共放。拟设府县街基，头等三十六方半，二等四十四方，三等十五方。三十四年分，共放学田生荒一万零八十垧，奏明免缴荒价。此外又放生荒五万七千二百六十七垧一亩七分二厘，均案三七折扣，共放熟地五百八十六垧九亩一分。共放府、县街基，头等九方，二等八方，三等九方。又放呢吗口街基镇基，头等八千四百二十一丈七尺五寸，二等四千八百九十八丈五尺。其三十四年以后续放之数，尚未据报。惟从前皆私垦，零星散处，由穆棱河东之八面通，至青沟岭东南，至龙王庙约七百余里，只有三四百户。其在凤绵镇者，系朝鲜垦户，约四十余家，此即纳价升科承种此三千五百余垧之居民也。自招垦设局，领户渐众，前后丈放穆棱河南生荒七万余垧，河北生荒八万余垧，多系直隶、山东，奉吉之民。领多者一二万垧，少者百垧、十垧不等，所添新户为数不少。又有哈尔滨商人禀准自行集股十万两设立公司,在山内黄泥河附近领荒数千垧,以为开设货场兼营耕作之用。惟马贼甚炽,竟有绑去垦务委员,伤及吉宁军统领情事。其余绑荒户、劫行旅,时有所闻。总局屡有添兵之请,实则以兵卫之,尤须以官治之,乃可使盗风渐戢,民事日繁。且强俄为邻,国防所系,尤非招垦局之徒事羁縻所能集事也。自派军队剿除马贼后,因奏请添设蜜山府,凡已丈放及垦熟者悉归经理。惟综计该处荒地,蜂蜜山之大平原由石头河至穆棱河口,袤长约六百里,广阔由百里至四百余里不等。官荒、民荒约五百余万垧,今已垦者仅万余垧,已放者亦仅三十万垧而已。招垦多年,田地不加辟,户口不加多。一由于名为招垦,实则买荒,故设局于上城子,取其火车便利,大粮户一领数万垧,来往甚便,选择任意,有丈量加多之弊,则局中亦可于中取利。若贫民愿领荒地数十垧,既无小费,又苦交通,局中又不愿因此区区入山丈量,往往以中地指为上地,故小民率多裹足,而该局以为丈放,不计其果垦否也。一由于胡匪聚集为害,而无官以镇抚之,无兵以保护之,仅恃此有限护局之兵,自顾不暇,焉能及人,是以入山领地者有所畏而退却不前也。嗣因前办垦务百弊丛生,经总办范经历炽泰、试署蜜山府绍守舒,先后呈请撤查另放,后因官署与总局同办垦荒,事权杂出,乃以已放之荒责诸地方官吏,以未放之荒责诸局员,复另檄张道柢前往总办局务,而以陈令玠副之。经该道等悉心规划,皆以该处放荒为实边殖民之计,非内地之仅图荒价可比,乃有官垦、兵垦、民垦、商垦之议,并拟招商大举,而以官款为之助。惜以款巨费重,正在筹办未及实行。倘治斯土者一意进行,则从前空虚之国防,不难变为繁富之区域,岂特区区垦务一端,但入手办法必当以此为基础耳。

纪物产

蜂蜜山森林茂繁,湖流清冽,植物、动物、矿产之属,随地而有。因山中特产蜂蜜,故以名山。其蜂窝多在山峰石隙,而杨木岗附近一带枯树之中,蜂巢亦颇繁殖。土人于秋后采取蜂蜜,每户可采至千余斤,可谓盛矣。禽兽以麕、鹿、狐、貂、雉为最多,熊、虎、豹、狼、山羊、野猪、貂鼠次之,大半出产于蜂蜜山连脉之完达山。故金华高丽、红土崖等处之俄人,每年入山猎兽约计三百余车。我之猎户相遇常被枪毙,以故近年入山者咸有戒心。其豹、貂、狐、獭各皮货皆持至海参崴、双城子销售,亦有赴宁古塔者。植物以柞、桦、松、柳为最多,其次如木耳、蘑菇等。土人多架设窝棚以采取为业,缘山多近河,伐运亦易也。药材则人参产于驿马口北方之鸡心洼窟,茸、麝产于完达山。又有黄芪,为他处所罕及,长三尺至六尺,径五寸至二寸,土人采取结束,运往宁古塔销售。谷属则以麦为大宗。湖水甘美,实产鱼鳞,故俄人渔业者众,而土人尚无业渔者。矿产则穆棱河北七十里之凉水泉子产河金,山内黄泥河产有金苗,河北滴道山有煤矿,均未开采。惜民户无多,除垦地外,其余挖参芪,事渔猎者,类皆无业游民,来去无常,等于化外。自设府治,稍稍整理之。苟能为之定规,则畅销场而薄收其税,是亦公私两便之道也。

附张道柢调查蜂蜜山垦务呈文并批

蜂蜜山地方辽阔,户口太稀,欲使数百里之荒芜立臻繁庶,非统官垦、商垦、兵垦、民垦四项合办,不能速收实效。其由地方提倡,先备资斧,迁移内地人民计口授田,将来届限升科,按垧纳粮,是为官垦。招集商股设立公司,俾购机器开荒,以熟地三成报效,是为商垦。移北洋退伍之兵,分驻沿边,以固吾圉,如此者曰兵垦。有力之户备价领荒,责令自领自开,不准揽头贩卖,如此者曰民垦。合官、商、兵、民之力开辟洪荒,幅员虽长,自可克期告竣。查该边边防紧要,无论何项开垦,皆应寓兵于农,挑选壮丁于农隙讲求武事,就团练之中用兵法部勒,强邻不得而责言也。就官垦、商垦、民垦而言,岁入钱谷尚可以千万计,虽经营之始所费不赀,然体察今日情形,窃以各项新政皆可稍缓,惟此举迫不及待。盖操办他事只有耗财,不能生财,即或加税加捐亦无非损下益上。若力行垦政,官中租赋日广,民间粮米日多,能使国计民生两有裨益。至报竣之迟速,视乎经费之多寡,若能筹银二百万,则扩充其事,三五年可告成功。若只筹银百万,则逐渐推行,期以三年设治,十年蒇事,亦可操券而课其成。现今财政维艰,而此次拟请之款,原系分项支领,或多或少均可有为。盖既定方针必取效果,为东三省开财之源,或亦千虑之一得也。

批:所拟官商兵民合垦办法,尚属切实可行,惟各章程内颇多疏漏之处。经费预算照原表内开,总办全年薪水至一万三千二百两之多,未免过侈,其他各项亦应逐一核减。仰即按照签出各条,妥为更正。至所请经费全发实银,碍难照准。查吉省习用羌帖,若以我之现银兑换折合,所亏甚巨,应以实银折合大小洋元,并须以洋元、纸币两项相转而行,庶便于周转,并可借以抵制羌帖内灌之力。此项经费,应候由吉林度支司核定后预为筹拨,分作三年六次发给。再查官垦、商垦、兵垦、民垦四项应先从何项入手,该道所开预备各事清单,未据声明。商垦必俟公司组织成立,乃能发起,兵垦尚须招集北洋退伍之兵,亦非目前所能立办。通盘筹划,应先从官垦、民垦两项入手，妥筹试办。至用大举办法，抑用减半办法，须视所筹经费多寡以为规定。仰禀候吉林公署核夺示遵。

附陈令玠条陈蜂蜜山招垦设治事宜呈文并批

一曰定宗旨。蜂蜜山沿边千余里，土地膏腴，物产丰富，而数百年来荒废不治者，则以无一定宗旨。故今不复追论荒废之时代，即以近数年政策论之。设局招垦而不为计出入之途，保安之具，但曰招之使来。放荒收价而不为谋开辟之方，生殖之道，但曰例收荒价。夫如是，是非实边也，是公家以荒地售钱，诚使公家果得巨赀何尝不可，然未闻历年荒价集有成数，但见千里膏腴等于瓯脱，是可慨也。为今之计，宜以实边为宗旨，三年以内勿惜费，五年以内勿计利，公家但经营地方，勿患垦户之不来，勿患荒地之不治。宗旨既定，则由左列办法行之。

二曰筹办法。今办法有七，次第言之如下：

一曰资遣军队，分驻沿边以资保卫也。今筹办伊始，荒山千里，旷无居人。无论垦户裹足不前，即公家之土地人民亦复虚悬而无着。查东清铁道之东南，自五站至哈尔滨，层峦叠嶂，林密山深，久为胡匪巢穴。九站之东，有青沟岭者为垦户入山孔道，胡匪狙伺，屡被绑掠。自九站迄青沟岭东麓二百余里，宜以巡防两营分哨常川驻扎，护送行人兼通文报，别以防军一营梭巡山中，专意剿匪。自清沟岭之东麓，逾兴凯湖至呢吗口，下抵饶力沟，计长一千一百余里，悉连俄疆，宜以陆军步队一标分排驻扎。每三十里扎一排为四十二人，每一标计三十六排，以之分驻，千有余里无虑不足。凡行人入山，文报过境，皆责成沿途军队接送。宜以特别之命令规定之呢吗口之东岸为俄之驿马口，西伯利亚铁路[1]大站在焉，商务繁盛，俄置重兵，设民官收关税。胡匪横聚于此。三十一年匪首文伯川率悍党即由此口入山，肆行烧掠，全境糜烂。宜以陆军马队一营驻扎呢吗口，以资捍卫。依下开设治办法，垦务总局宜驻于此，将来即为道缺，非马队一营不可。以上防陆马步共七营，应请饬下驻吉军队中挑选。入山各营，仍领底饷概不另支。惟陆军章程出差之时，每月加一两。此款应否由局开支，尚待查考。

二曰测定设治地方先设局，所以集远人也。今沿边邻俄，苟使土地渐辟，民户

---

〔1〕 西伯利亚铁路，总长9288公里，从莫斯科到符拉迪沃斯托克跨越八个时区，是世界上最壮观的铁路线之一。该铁路修建于1891年到1916年，起点是莫斯科，途中穿过辽阔的松树林、跨过乌拉尔山脉、穿越西伯利亚冻土带，最终抵达太平洋。

繁滋,则不能不设治。设治虽非今日事,然测定地点预备建设则今日为尤急。往者闻山中恒言,此山好地土,惜无官保护,故百姓不敢进山。委员等入山调查,远人闻山中已有官吏,今春赴垦者千有余家。洎乎夏间,垦局委员领地各户,被绑十数人,不独相戒不往,并有已来而逃走者,盖以官吏且不自保,遑问保民。今如前议,沿边既设军队以招之使来,仍必于各地方设治以抚之。惟设治一举造端匪易,法宜于开办第一年内,派员测绘全境舆图,划出道、府、州、县各治地方,以道员驻所设垦务总局,以府、州、县驻所设分局,第一年择要先设,至次年一律设焉。俟总分局一体成立,即将拟设道、府、州、县各缺专折出奏,暂以总分局各局长等充地方官,五年以内仍依局所经费专办垦务。并筹备设治事宜,兼理民事。俟该管地方垦地过半,户口较多,已有租税可收,将赖政刑为治。届时暂将局所名义取消,一以地方官厅之制行之,其得力人员即请补该管地方实缺,以资治理。

三曰注重民垦,官为奖励,以纾财力也。近世言实边者,大都谓退伍以垦边,否则立垦务公司,其深谋者则曰移内地之民以实边土之三策者,似可兼采而并行。以愚度之,退伍屯边,历无良法,以退伍为普通之垦民则可。以其退伍也而优异之,供不给求则未可。公司招垦性质固佳,然际此时势,股票竞争,招集不易。若移民实边本正当主义,然资遣有费,车船有费,代备牛种、农具、井灶、锅棚及初年食粮更有费。繁费正多,将焉取此。况又持以数年之久,始能次第收租。收租以后之利益,不能偿收租以前之耗费,如以其耗也而姑约之,移置少数之民,何足以裨大计。为今之计,只有奖励民垦之一法,择山内垦地较多之户若干人,奖以五品以下之功牌,给以札文,资以旅费,使各回原籍广招垦户。凡垦户之来者官为抚之,招募最多者再奖以匾额。但使公家有保卫地方之具,更以奖励抚绥之道,继之又能使其起居食用之所必需者咸备,办法具详另折无虑边疆之不实,亦无虑专注民垦有单独之嫌也。

四曰任民领垦,缓收荒价,以广招徕也。今民领垦者例收荒价,每垧约一元有零,所收无多,实沮民气。今拟酌中定价,任民领垦,俟成熟后再与清丈,然后升科,由升科第一年起分作三年随利缴清。民间以暂不收价,领户必多,宽之于先,仍偿之于后,于公家无损也。或谓任民领垦不即收价,诚恐领者贪多而户口转形减少。岂知从前办法注重荒价,及被奸民包揽大段,占尽膏腴,居奇待售,以故垦民难给重资,终于荒废。诚使缓收荒价,不问所领多寡,但责以一年内开垦完竣,逾年不报竣者,公家立收其地转交他户垦种。不特新领之户为然,即从前包揽大段者,亦于第一年起,限令一年内,垦户齐来,荒地完竣。其未垦若干,设其地如前法。荒价既暂不收，则商民之占街基者，城市划出街基地段报名领用居民之占房屋基者，城乡村屯划出修造房屋地段，报名领用。应酌定常年租价，一律缓至地方设治后，再行复丈，按年征收。

五曰预算开办经费额数，以便按时筹拨也。今变移民实边为招民自垦，则经费大省，一切不即收价，则经费或又稍多。依预算法以五年内所办各事分年核算，前三年约需银二百万两。依办事次第计之，约第一年由今年十月起至明年九月截止造册报销为第一年度需银九十万两，第二年七十万两，以上各分两次请领第三年四十万两，一次领讫第四年、第五年更不领款。即以前三年内挪出余款支用，第六年则地方自有租税可收，或且上供国课。所领之款，以一百万实银，分作实银三成，银元四成，铜元四成照发，以百万实银折作银元钞票照发。名曰领款二百万，公家实筹现银百万而已。惟蜂蜜山为吉省辖境，吉省钱法久坏，银元钞票尚未萌芽，而山内居民习惯羌帖使用，银元钞票定可通行，若仍以中钱官帖折合羌帖，利权外溢，其累何堪。现值吉林抚宪履任之初，必有一番整顿。若能剀切晓谕银元钞票全省通行，庶垦局请领之一百万两钞票，皆能抵作实银一一信用也。

六曰预筹办事方法暨其次第，以便考核也。依照前开办事经费需银二百万两，则办事之方法暨其次第必须条分缕晰，使人人知领款以后欲归何用，效果安在，以便逐年考核，俾底于成。谨开列逐年应办各事清单，另折具呈。

七曰预定办事人员名称，俾专责成，以便考核也。今果整顿垦务，宜将办事人员名称厘定，然后区分责任，酌定员数，量给薪水。大约责任重要之员，选派之权操之自上，而考核优劣，其权又分寄于就近之该管官。谨开列总分各局办公人员额数薪水暨责任职权清单，另折具呈。

三曰计功效。办法毕具，功效可期，其实边固圉安插人民无论也，论公家对于该地方所获之利如下：

一曰自然之利有四

甲、荒价　该处可垦之地约六百万垧，以每垧收荒价银元一元五角，与向例收中钱三千三百文相等当收九百万元，分作三年随粮缴清，每年当收三百万元。

乙、大小租　有地六百万垧，以每垧年收大小租银元三角计，与向例收中钱六百六十文相等每年当收一百八十万元。

丙、街基、村基租　今拟设道、府、厅、州、县凡六，将来置村屯必以数十或百余计，皆由公家拨出地段，令民报领。所领之基每年应纳租金，即地方税之一，现虽不能确定其数，计之当复不少。

丁、公家资本利金。如办事清单内开所办百货店、钱店、粮食店、农具家具店、牛马厂、火犁代耕暨发租市房等项，皆公家资本事业。一日不停办，即有一日相当之利益。如届停办时，仍可抽出资本筹办其他实业。

二曰筹办之利有六

甲、酒税　该处酿酒售于俄人，价值奇贵，获利不赀。宜税。

乙、烟叶税　烟叶为出产大宗，远销东洋，为利独厚。宜税。

丙、鱼税　境内支河数十，鱼产极富，土人捆售俄商，辄数百斤以去。宜税。

丁、牲畜税　牲畜为该处天然出产，尔后牧畜日繁，交易必广。宜税。

戊、煤税　荒地既辟，户口益繁，开采煤灶，以济民用。宜税。

己、木植税　开辟三年以内，新来垦户需用材料，由乡会首人指以相当之树，不可滥伐。三年以后，各处森林皆有管理，人民间修造房屋，由乡会首人验明需用若干，开列凭单，交管理人先纳租金，以相当之材木给用。

三曰待辟之利有五：

甲、种稻　境内凡两坡之间必有草甸。草甸者，地势卑下，潴水时多，可作水稻田，岁必一获，宜种稻。

乙、饲山蚕　该处山多柞木，即菠萝树叶可饲蚕，丝质较粗，以之代布，较布为优。

丙、牧畜　该处除平冈高原放垦外，凡松阿察河暨乌苏里江之岸，地半沙砾，树艺不宜，而水草肥美，最宜牧畜。

丁、柳条　凡乌苏里江暨穆棱河之水边数百里，适生柳条，不成材木。若招匠学编柳筐，不亚东洋之货，获利亦多。

戊、其他水利　该处山河萦绕，土性无所不宜，如葡萄可作酒料，莲藕可充食品，复有鹅鸭鸡豚诸物，与内地相同，而野兽、野禽种类俱备，则视内地为尤胜。

批：原呈理论甚富，于就地情形亦颇明了，核与张道所拟办法，用款较费，收回利益亦较迟。盖一则为货贳，责偿以佣代农之计。一则主纵民垦殖，官不计利之说也。夫移民实边，官为资遣，自古无良策，汉时输粟实塞[1]，奖以功爵，至徙民三辅[2]，则直驱迫之，非资遣之也。若资遣，国家于蒙古、新疆暨东三省尝行之矣。庐舍

〔1〕 输粟实塞，依百姓输粟多少，赐给一定的爵位，或赦免罪过，并令入粟者将粟运至长城沿线，待边境一带粮食充足后，再运至内地郡、县收藏。

〔2〕 三辅，西汉时本指治理京畿地区的三位官员：京兆尹、左冯翊、右扶风，后指这三位官员管辖的地区（辖境相当今陕西中部地区）。汉代在京城继续沿袭秦制的京畿制度。

耔种费亦不赀,乃百余年来荒废如故,此近事之可证者也。今如以资遣之费为之练兵,以保治安,修道以利交通。筑室屯粮,备农事之必要,行钞发帑,通商业之有无。内治机关一切完备,商民且不招而自至。然后为奖励之法,以鼓动之,奖以官,奖以地,奖以免税,奖以专利,劝未来之商民,以招其至,安已至之商民不使之去。故实边之计,当实财于境内,不宜散财于境外,以财治境内,财去而境亦辟,以财招客民,民亡而财已散。盖民之来不来,决于境内之治不治,内治均未着手,而贸然糜数十万之帑,人为之给,家为之养,微独公家力不能供。且能招之不能安之,则既招之民可以复去,而已散之财不可复收。故资遣之法,用以雇佣则可,用以殖民则不可。始既资遣,终必责偿,官与民互相为市,官与民乃交相为病。夫民之趋利犹水就下,闻治河以导水,不闻挹海以注河。资遣之法,则挹海注河之智也,从而责偿,则壅河归海之功也。

附试署蜜山府绍守舒禀请清丈浮多官荒,勒限升科呈文并批

前垦局总办范丞炽泰呈请清丈浮多官荒,限年一律升科等情,奉宪批:蜜山府境地多膏腴向未开辟,前经奏明招垦,系属殖民实边至计,非以区区荒价视为本图,若如来详所称,从前已放之荒三十万垧,已垦者不及万垧,著名大户领荒益多垦荒益少,况又捏名影射,侵占浮多,种种弊端,实与放荒招领宗旨大相背谬。所陈及时清丈、按限升科两大端,意在彻底澄清,严予限制,具见急于图功,苦心筹划,深堪嘉许。惟是招垦大举,前后必须通筹,综核固宜从严,而体恤不容不至,德风偃草,始足以语招徕。该局开办有年,历任委员办理诸多未善,领荒多于开垦,实系督催不力,遂无成绩可言。该委员到差一年力为补救,自宜先从实行催垦入手。现在所领各户,尚系满地生荒,若以其侵占浮多亟亟勘丈,在已领者固不足恤,设未领者闻风疑虑,益复裹足不前。昔之纠葛未已,今更治丝而棼,实非计之得者,所请应从缓议。至拟将原捐堂名各户一律饬改真实姓名,事属可行,应准照办。其按限升科章程既经前将军批准有案,自应照章实行,应由该委员到差之日起,所放之荒若干,勒限四年升科,限满仍未开垦者,撤地另佃。自二十八年吴故守接办起,至三十三年该委员接差之日止,中遭变乱,垦户四散流离,亦宜稍加体恤,应俟绍守到任后,责成该委员会同查明。其经前委员所放尚未满限者,自应勒令依限开垦,其逾限过远者,应即催令升科,如有声明不愿升科者,则仍应照章立予撤地,原交荒价经费概不发还。其逾限未久者,或实系因乱中辍,似宜从宽,酌展年限,分别办理。仰即悉心

会议,务期持平,以昭公允。统俟详覆核夺,再行出示饬遵等因。查蜜山府地处极边,与俄为邻,土旷人稀,开垦诚非易易。卑府到任以来,检察档案,设局已将十年,历前总理放荒已有三十余万垧,尚未拨清地段,登注簿册,绘具草图,无凭查考。虽有草册、绳工、亩数,均系按价核算,虚注数目,当日各委员并非眼同勘丈,明确挖立封堆,指明地段可比。卑府久稽穆棱河,究与设治、招垦两事毫无补救,并难调查一切。当于十一月间带同两项员司移驻蜂蜜山,原有分局驻扎处所现改为设治,蜜山府兼办垦务总局陆续迁移山内归并,以节縻费。当即传讯就近民户绅耆,博采周谘,佥称前放荒各委员并不亲临地所,指段勘丈放领,坐令著名大户任意指段包揽,漫无限制,暨有富商大贾暗中指使,认领全沟,捏名影射,任意侵占,年复一年彼领户皆不想备具牛籽,招户开垦,一再延宕,直令目前官家无荒可放,垦户来而空回。细揣其情,该揽户借占大段,希图渔利,格外加价转售,坐享余赀,徒为利己而有害公家,若不严申禁令,种种弊端不堪枚举,以致蜂蜜山、穆棱河属南北两岸均归大段包套,一片荒芜境界,袤延数百千里杳无人烟。河南一路仅有零星小户,就地盖房栖止,开垦亦属无几。虽间有村落,相距或十数里、数十里不等。而河北依然一片荒壤,究不知何地为已放,何地为未放。举目茫然,漫无稽考。致令异乡小户负耒而来,反有无地可耕之叹。今冬忽有俄人由彼驱逐华民一百余户,在府境呢吗口、饶力河等处侨居,卑府闻报,即遣人妥为拨地安插。又有杨木岗民人禀称,由俄迁移华民数十户,带来牛马百十头,寄居民等窝铺内,呈请设法安插。当派人往查属实,回称伊等赴俄搬运眷属未回。但目下既无地可放,该处又经设官分治。若如以上种种情形,诸事掣肘,并核与原奏招垦实边宗旨大相背谬。连日悉心筹划,询诸舆情,虽处此万分艰窘之乡,亦宜设法稍思补救。若再令林维斗、米万一、冉广一、鲜鲁斋等四户任意包揽侵占,并不遣户入山开垦,不过俟将来垦户云集,以便彼等待贾而沽,以公家之产为彼垄断,万无是理。一经调查均系实在情形,卑府何敢隐忍,拟请仍从范丞前议,认真丈荒。无论何姓,生熟各荒,街镇各基,挨号勘丈,由近及远拨还段落界址,以清眉目。在已领者庶免轇轕,所余官荒免其侵占,在未领者闻风踊跃,后来垦户借以安居,庶与招垦实边之意似相吻合。至限制升科一节,凡有光绪二十八年起至三十一年止,中遭日俄变乱,已满年限再展限一年。其三十二年、三十三年至三十四年所领各荒,以及此后继放生荒,俱恪遵奏定章程,统以领荒之日起,限四年为满。不论已垦、未垦一律升科。其限满不交课赋者,无论官绅,将地撤回,充公另放,原交荒价经费概不发还,执照作废。原报堂名,俱令改写的实姓名,以免混淆。似此明定章程,庶于整顿中仍不失为体恤之意,应请颁发勒限开垦升科告示二十张,迳缴下府,以便分贴,通衢晓谕,俾众周知。是否允协,并酌拟勘丈章程条款,并请查核批示。

一、勘丈拨段,所有地价经费,业经局员连杂费一并收讫,随时核销无存。此次派员清界,无费可出,其司书、绳工、护勇薪水、工食、川资、伙食等项,拟请按月造报,作正开销。

二、穆棱河总局迁移山内,其河北酌设行局两处,每行局设绳工四盘。拟分四字,一曰平正通达,一曰风行草偃。该督绳、盘绳各员各占一字,以便稽核。

三、两分局设督绳委员二名,每月支薪水五十两。监绳委员六员,每月支薪水四十两,司事二名,每名薪水十六两。书识十六名,每名十二两,绳工三十二名,月支工食六两。护勇十六名,每名饷银五两。均请照章册报,实用实销。

四、员司人等赴地勘丈,一切饮食均须自备,不准有骚扰、受贿等弊。如敢故违,查出与受同科,员司轻则撤参,重则科罪,仍将赃款追出充公,地段查封另放,以示惩儆。

五、监绳委员每日丈地以五方为度,随时核算清楚、登注册簿,并具草图,不准玩延。如丈出浮多生荒,即时价放。倘系熟地,限一月内,先尽垦种之户补缴荒价,给发执照。如该户本有已领之生荒,准其抵换作价,其生荒即撤回另放。倘延不缴价,或议罚,或展缓宽免,临时酌量办理。不准高下其手,违者严究。

六、勘丈时,务须传齐领户地邻,无论生荒、熟荒,均遵奏定章程以十垧作为七垧。勘丈明确,眼同挖立封堆,以清界限而免轇轕。

七、凡领户原有马飞小票,出示晓谕,勒限两个月内均须撤回总局,换新执收,各赴地所听候指拨。俟勘丈明确,由监绳委员发给小票,领户持票径赴总局支应处,换给大照。每张十垧,酌收中钱二吊。其不及十垧之领户,即按照递减。照费暂存总局,以便开支各项经费,如敢格外多索分文,定行追究。

八、丈出官荒,无论远近各户,准其一律挂号承领。每垧收正价中钱二吊,经费一吊。其浮多熟地,查系侵越他户者,先尽越垦之户缴价承领。每垧仍照生荒核算,按期升科,并照第五条准以已领之生荒作抵,而以生荒换给原户。倘原户必欲追还原地,该原户无开垦之劳,自不能坐享其利,每垧应缴纳熟地正价中钱二十吊,经费四吊,并自追还之日起即行升科。此外随票给照,不准需索分文,违者计赃科罪。

九、承领生荒,该领户先行到局挂号,随时发给马飞。所有亩数,绳工,详细注明,限一个月俾领户持飞赴总局交纳正价及经费。倘逾限不缴,原飞作废,即将该地另放，不准在外与员司人等私相授受，以杜骚扰需索等弊。

十、督绳委员有稽查之责，绳工舞弊，随时究办，每月报查。倘互相隐徇，一经查出，或被举发，先将该员撤参，舞弊之司员照例惩究。

以上十条，谨就现在酌办情形，其余未尽事宜，仍须随时随事再行详拟禀陈，理合登明。

批：据禀知已移驻入山，将原有分局暂作为设治处所，悉心规划，不避艰劳，良用嘉慰。查实边以招垦为急，并非以荒价为重。招垦在计日程功，以成熟为期，而不在多占取盈，以放尽为能。从前放荒各委员取便足数，多放生荒，图得荒价，遂致豪强垄断居奇，包占大段，有领无垦，清查则满目生荒，稽册则无地可放。实边要政，转为不肖官民渔利之具。据陈种种弊害，实堪痛恨。所请仍照范丞前议，认直丈荒，以清眉目。自为清理积弊起见，惟清丈固为便民，而亦最易扰民。从前所放之荒，包占渔利者，固居多数，其真心领垦已成熟地者，亦所在多有。放领之时，既未眼同履勘，标立界址，在包占渔利者，但乘时居奇，不履田亩，而真心领垦之户，贪其从未过问，越垦择肥，势所难免。历时浸久，已成熟地，一经清丈，指为侵越，无可自解。欲继续耕种，则熟价例须十倍，缴价无力，弃置不甘，黠者聚众以要官，懦者弃地而流亡。还之原户，原户不愿，招之另放，无人承领，于是熟者重荒，荒者永无成熟之一日。故于豪强无丝毫之累，适以扰害贫民，贻误公家而已。此实清丈之通病，而为本大臣所餍闻者也。惟据称以前所放之荒，名为三十余万垧，无图无册，竟不知何地为已放，何地为未放，满目荒芜，反致无荒可放，一再陈请，似舍清丈外无可着手，良系实情。查清丈亦非终不可行，但须心知以上弊害，而善为之制。凡丈出浮多熟地，听越垦贫户继续耕种，但须补缴荒价，换给执照，按期升科，而另指荒地给还原户。若原户必欲追还原地，则须照章补足十倍之熟价，并自追还之日起即行升科。如此严予限制，庶贫弱不至受累，豪强无可抑勒，而原户之必欲追还原地者，既缴熟价，又须升科，亦自不甘听其重荒。抑强扶弱，实为清丈不易办法。此后所放之荒，并即一律勘丈，缴价领地以后，即不再事清丈。盖清丈宜行于领地之时，而不宜施于已熟之后。此次并丈旧领之地，实因清理积弊无可如何，仰该守善体此意。如议试办原章之第五、六、七、八、九条，并即按照更正，仍体察舆情，审度地宜，随时禀候核夺，切勿鲁莽从事，致救弊而得害。限制升科办法，系奏定章程，自应照准。惟限满未垦而情愿升科者，并应注明清册，予限一年。限满仍未成垦，经人告发，立行撤回，赏给告者。其林维斗等四户，据称包揽侵占，情殊可恶，应即查明，逾限与否，分别撤回另放。至历届勘荒委员既未实心招垦，领价复侵没无存，谁生历阶，至今为梗，实属法无可恕，仰该守严密确查，开具官衔事实，禀候核办。又勒限升科告示，并即由该守编成白话，附录章程，拟稿呈候颁发。总之，此次清丈在查明已领、未领，用便续放，非为取足荒价，借端敛钱。越垦已熟之户不妨从宽，包占生荒之户必须从严。庶于综核之中，仍寓体恤之意，于垦殖前途，方有裨益。该守其认真督饬，力图进行，慎之勉之。

附德裕等调查蜂蜜山报告

一、查疆界自咸丰十年立约，中俄交错，沿江、沿湖有天生界线。惟兴凯湖之西北角界线不甚分明。据咸丰十年界约观之，自松阿查河之源逾兴凯湖直至白棱河口，顺山岭至布图河口。所谓自白棱河口顺山岭者，盖自五色旗东之河，溯至上游河口计七八十里，顺老黑白山之岭而至角杆顶子，再西至黄花窝集而至绥芬之瑚布图河。如此划界，并无大曲折。以现在所谓白棱河河口有喀字界碑观之，至河身不过十里，上口尽处则一带平冈，冈上有拉字界碑并无山岭。据钱氏恂中俄界线简明说观之，则现在所立界碑并未移动，特语句含糊，由角杆顶之第七码字牌至三索通之第八拉字牌囫囵说过，并无方向。界线曲折太甚，盖本之光绪十二年重勘珲春东界约而记之也。钱氏界语，为私家撰述，未经身历，本不足据。而光绪十二年重勘珲春东界七条约，地图亦无从考察，访之该处年老土人，则谓五色旗之东河边尚有中国卡伦，其基可指。南站地方，盖同治初年俄于兴凯湖西岸江上土岩设官治理，尔时航路未通，以文报之故，借地安站。此事总理衙门应有成案沿湖凡四处，惟南站距俄径止三十里。俄人心怀不测，借地之后，迁民垦种现在已成村落，计百余家。迨后航路通行，三站撤还，惟南站不撤，并窃移五色旗东河边之喀字牌于南站东小河之东岸，以相淆混，移老黑白山之喀字牌于三索通，计共占地百五十六方里。土人之言，历历如此。以私意揣之，分划界线万无在平冈之上分界之理。且南站居户皆是垦民，五色旗屯内暨再西十里曰金花高丽，皆哥萨克退伍守边兵，其官长在焉。各国驻兵万无垦民在外，而守边在内之理。光绪十二年重勘珲春东界，吉林将军衙门与外务部应有成案暨合璧地图，即令界线并无侵占，而界牌残缺不全，应自图们江起沿途查补，并刻将树立处所方向，相距丈尺，方为完备。

一、查呢吗口地方，临乌苏里江西岸，与穆棱河北岸相联属，本系三姓副都统衙门辖境。光绪二十六年，经前将军长顺奏请，宁姓余荒于蜂蜜山设局招垦，绘图咨部，盖合呢吗与饶力河地面均归蜂蜜山招垦之成案也。三十一年，三姓改设依兰府，前守郑国侨沿旗衙门之旧，于呢吗设局收税，派委员巡役。钩串俄人，百般苛索，访之土人，全年约收数万卢布。郑守因病出缺，王守给俄官照会可查。嗣德守接署，始派委员收税，且大张放荒晓谕，收回蜂蜜山小票不少。又闻呢吗口下五六十里拉巴沁地方一带林木卖给俄人砍伐，四围共计百余里。凡沿江档鱼，沙滩晒网，以及一草一木有漏税者，苛罚押追，动即棍责。自三十一年初次设局以来，皆如此办法，民怨沸腾。职等回至穆棱九站，又闻雇收税款之俄人，因职等与总理范丞均已启行，又照常收税，视前更苛，亟宜设法挽回。

一、查呢吗口下游乌苏里江东岸，有呢吗、瓦口、鸡心、挠头、苏城等沟，吾民与赫金哒子杂处其间，约四五百家。自江东划归俄界后，吾民难舍财产，至今仍未迁回，每年买人票，纳租税，似可安居。乃有哒子头目名富歌者，能操俄语，钩串俄人，多方欺压，近且诬以胡匪，捏控于俄官，拿吾良民六人，置于双城俄之监狱，永禁不释。此事已于滨江关道衙门呈控在案现在各沟居民，日不聊生，情愿抛弃房产，只带牛马什物一同移回江西垦荒，而俄人严守沟口，无论男女一概不准出沟。又闻沿边屯田之俄人越界打猎，屡害吾民，今秋穆棱河北岸黑嘴子地方柴姓，因俄人枪毙群猪，出与理论亦被轰死。

一、查招垦局有从前如数交清荒价小费，而领出小票，接替委员又诬该领户尚有蒂欠者。该领户在吉省呈控有案今春委员复丈东西两沟地亩，所有丈出余地，一概不准原户续领，并将数户开垦成熟之余地，排挤一处成一大段，重价卖于新来之领户，以饱私囊。或委员、司事，兵役串通伊等之亲友，捏造假名承领。其后丈之时，每户必索小费，有多至数百吊而始开绳者。且丈荒员役领有官费，而车马伙食仍派各垦户供给，稍不如意，多方刁难。其狼狈为奸，无弊不作，则莫甚于西沟委员李云卿、差官吴振东。曩年居民私垦熟田已准原垦户照生荒价一律报领，该委员竟敢违章私索倍价，有收条可查。职等到局调查原领、续领册籍，只有丈出余地三十余垧，其原领、续领数目并无册籍可查。以职等沿途访问，复丈之成熟余地尚不止数千垧之多，应请彻底根究，查取各户原领数目，丈出余地仍归各户续领，以示体恤而杜讼端。

一、查招垦总局设在蜂蜜山荒界百余里外穆棱河街，距九站十八里，原设精锐营一营，安吉军三哨，保护招垦事宜。精锐营管带李步彩纵兵扰民，不胜缕述。其驻扎招垦分局侧之王哨官，其纵兵视他哨为尤甚，而凌虐朝鲜垦户，则更无法纪。职等究其原因，所募之兵多系胡匪，若不任其骚扰则拉队出营，变而为匪，是其惯事。居民恐其拉队成匪，进山报仇，不敢开罪。吉省武营习惯向来如此，必设法更换曾受训练之军队,方可以资保护。

一、查招垦之难易,视胡匪为消长。今年春夏胡匪群聚于青沟岭,故垦民一户不来。其来者亦被绑而去。下城子地方宋姓之子,夏间被绑,至今仍未赎回。入秋以后,则移于五站黄花窝集内有界石在蜂山荒界以内,职等屡欲前往,均因匪巢而止。及太马沟、横道河子等处。访闻胡匪踪迹,每当冬季不击自散,迨至春暖渐次乌合,四五月间树叶浓密又成大帮。惟今冬因铁路有兵,无处散布,是以太马沟内尚有匪党一二百名赶造房屋,以御严寒,明年春夏,其焰更炽。职等因于垦务有关,不敢隐匿。

瑷珲篇附图

瑷珲在齐齐哈尔东北八百余里，右抚兴安岭，左控黑龙江，过江而东即俄之阿穆尔省。以云地利无愧山河表里之雄，以固国防足限戎马奔驰之迹。旧界北至额尔古讷河口，西至内兴安岭，南至松花江，东与俄罗斯接壤，以外兴安岭分水为界，东北际海，皆属中国版图。境内部落，有陈满洲、新满洲，有索伦[1]、达呼尔[2]、鄂伦春，有汉军、官庄[3]、水师营。自康熙朝平定俄罗斯东部之罗刹，设将军、副都统以下等官镇守之。嗣将军移驻墨尔根，寻复移驻齐齐哈尔。后之守土者，不勤远略，仅于附城江左，精奇里河以南，混同江以北，置六十四屯。余则沃壤平原，视同瓯脱，浸淫渐积，以至道、咸之际，值内省不靖，征调频仍，俄遂乘我空虚，攘据东北数千里之地。咸丰八年，与俄定约，举黑龙江左岸之地割以畀俄，于是西自额尔古讷河口起，东至松花江与黑龙江汇流口止，凡在瑷珲境内与俄毗连，始处处划江为界。现在逊河以南，虽分隶于兴东道[4]，而逊河以北至额河以东，计瑷珲沿江辖境尚有一千一百余里而遥，诚江省之藩篱，东陲之重镇也。其民习于田猎，间亦务农，不专恃游牧为生计。其地与俄之黑河隔江相望，故从前商务之盛，足与呼兰、绥北等处相颉颃。光绪二十六年，拳匪变起，俄人占我土地，逐我商民，侨居者既逃徙一空，土著者亦流亡殆尽。丙午之夏，将军程德全既向俄人将瑷珲索还，招集难民，渐次归业。明年俄兵始全撤退，江右地面一律收回。承丧乱凋敝之余，为草创经营之计，方赈抚老弱，安插流亡之不暇，至于如何为百姓谋乐利，如何为地方策治安，时

---

〔1〕 索伦，鄂温克族的古称，“索伦”一词出自满语，有“先锋”“射手”之意。清代对居住在黑龙江中上游以至石勒喀河，精奇里江至丰满江流域各民族部落的学称。即今之鄂温克族。民风刚劲，勇敢善战。明以前称为通古斯、雅库特，清称索伦。明末清初以“索伦部”统称，有索伦、达斡尔、鄂伦春等族。17世纪中叶后，因沙俄吞并尼布楚、雅克萨城，陆续内迁嫩江、讷谟尔河及雅鲁河流域，由黑龙江将军所属，八旗官员管辖。参阅清西清《黑龙江外纪》三。

〔2〕 达呼尔，中国少数民族之一，史称达呼尔、达胡尔、达古尔、达糊里等，即今之达斡尔族。主要分布在内蒙古、黑龙江及新疆等地，17世纪以前，达斡尔族已在黑龙江北岸结成村落，聚族而居，是当地经济文化最发达的民族。17世纪中叶，沙俄入侵黑龙江流域，江北的达斡尔族被迫南迁，初至嫩江流域，后因清政府征调青壮年驻防东北和新疆边境城镇，才形成了现在分布的状况。

〔3〕 官庄由政府管理，收入计入政府财政的田庄（不包括军队）。

〔4〕 兴东道，清末黑龙江将军辖区下设的二级政区。

则未遑筹及也。世昌临莅东省,注重边陲,谋所以兴复地方,培养民气,慎固边圉,保守主权,体察情形,有非可一蹴几者。地利未辟,则筹款难。习俗尚武,民智未开,则兴学难。财力竭蹶,风气固塞,则实行新政难。兵燹之余,诸待兴办,则同时并举尤难。乃强邻逼处,昕夕经营。俄日未战以前,东清干支两线,纵横敷设,所争在南北满洲境内。今则俄于南满为日所遏,而北满势力又不能吸。长春而南,无事之时,商务既受影响,有事之时,军事尤生障碍。其决计傍黑龙江左岸而设阿穆尔铁路者,盖非一日能忘情于南北满也。阿穆尔铁路一成,则形势不在西北而在东北,呼伦贝尔之关系,将转而为瑷珲之关系。且沿江左岸数千里,黑河为中权扼要之区,瑷珲、兴东同在右岸,而松由子虽与兴东对峙,彼之视松由子也必不如黑河,其视兴东也必亦不如瑷珲,是黑龙江右岸之关系将有趋重瑷珲一隅之势。我惟有设官殖民以握治边之本,故于上年奏裁黑龙江副都统改设瑷珲兵备道[1],并添设黑河府,瑷珲直隶厅各缺,以立行政之机关。就现在之佃户,授以附郭之熟田,并推放上下游闲荒,以重实边之计。民官既设,户口日增,一面区划商埠,改编巡防,添设卡伦,创设巡警,添建学堂,抽收捐税,权衡缓急,斟酌后先,此皆近年以来瑷珲诸政办理之粗有端绪者也。夫瑷珲为东北区,数百年来,旗户凋零,土地荒旷,金宝之气,溢于绝境,舟楫之利,据于殊邻,谈边事者,莫不深日蹙之忧。今乃以外族逼迫,始修内政,急起直追,已觉后时,徒以财力不充,未收速效。所愿守斯土者,循序程功,亟图进步,与兴东及呼伦贝尔联络一气,屹然为三边重镇,是则世昌所日夜跂祝者也。

纪建置

瑷珲原设副都统管辖旗务,副都统以下设协领、佐领、防御、骁骑校,又设水师营四品官、五品官,六品官及仓官、屯官。副都统衙门设笔帖式,仓站亦设笔帖式。其副都统衙门内,沿将军驻防旧制,设户、兵、刑、工、印务处五司,以协领各员分领之。又设街道厅、黑河厅,上游之库玛尔路,下游之毕拉尔路,鄂伦春各协领以及界务协领、税课司等差缺。此当日瑷珲旗制也。自光绪三十二年裁水师四、五、六品

〔1〕 瑷珲兵备道,清光绪三十四年(1908 年)七月九日裁撤瑷珲副都统衙门,改设瑷珲兵备道。新改设的瑷珲兵备道是民官治理地方的行政机构,其主要职掌是秉承本省督抚之命,办理交涉、关税、调 遣境内巡防各军,考核所辖府厅州县,兼理蒙旗一切事务。民国元年(1912 年)七月瑷珲兵备道改为黑河道,民国二年(1913 年)二月改为黑河观察使公署。

官、仓屯官、仓笔帖式等缺，又以毕拉尔路协领改归兴东道兼理，并户、兵、刑、工四司为左右两司。复先后奏设善后、交涉两局，裁街道厅，设巡警局，并分设黑河警局，此又近年变通旗制以为设立民官之基础也。现在黑龙江副都统业经改设瑷珲兵备道，道所驻地设瑷珲直隶厅同知。又于大河屯设黑河府知府，于西尔根设库玛直隶厅同知，于漠河设漠河直隶厅同知。此又行省制度为将来民官一定办法。今昔建置，夫固有不可得而拘守者矣。

纪交涉

自咸丰八年瑷珲划界以后，东清铁路未成以前，黑龙江之交涉咸注于瑷珲。庚子之变，杀略残破，受害最巨。江东六十四屯[1]本为我旗丁永住之业，乃俄人则占夺财产，驱逐旗民，违约侵扰，且至扰及江右，分为五界，胁我耆民而畀以官，罹于是役者至数万人，逐尸江流，惨忍不堪言状。战事甫息，始先后将江右地面收回，然犹觊觎我城基之要害，坚请在城基内魁星楼迤南划作商埠码头，不允其请，则唆彼使臣肆意要求，迭经据理力争，未得遂其所欲。又于沿江之上下游，越境刊木刈草，掘石捕鱼以及种园游猎，踵趾相接，乃亟与订定税则，并设上下六卡，稽征税款。其黑河摆渡轮船，亦议定归华俄商人合股开设，凡属主权所在，正未可轻以让弃也。庚子乱后，华商移往彼阿穆尔省属者，不下五百余家。其小北屯一隅，皆系华民侨居，每遇命盗之案，竟由俄人判断，叠据各办各国之例，索犯不得，嗣告以俄侨犯事，我亦如是办理，始将案犯送交江左审结，事关裁判，此又为交涉所宜注意者。唯江左膏腴，屡索不还，土地人民，关系绝巨，兼以瑷城开埠，业经宣布有年，设关收税，亦即目前之事，他日交涉，当愈形烦重矣。

---

〔1〕　江东六十四屯，是指黑龙江左岸，精奇里江口至霍尔莫津屯对岸处为止的地域，曾有六十个屯子的中国人在此居住，由此得名，面积3600平方公里。1858年清朝与沙俄签订《中俄瑷珲条约》，黑龙江北岸划归俄国。但由于江东六十四屯居住大量中国清朝居民，因此在划界时特别将此地归属于清朝管理。《中俄瑷珲条约》规定，中国人在江东六十四屯享有居住权，清政府对该处人民享有管辖权，但是清朝并无此地之主权。光绪二十六年（1900年）发生义和团运动，清政府无暇兼顾东北情势，俄国遂派兵制造了江东六十四屯惨案和海兰泡惨案。光绪二十八年（1902年）中俄议和后，虽经清朝政府多次交涉，但沙俄政府却采取种种无赖手段，拒绝原住这个地区的中国人民返回世代久居的家园。

附东三省督、抚咨覆外务部俄索瑷珲地段未便拨给文

查华商与俄互市以黑河为最多,华人所建房舍,二十一年后即行归官。又距黑河不远有所谓小北屯者,系俄人指定为华人开设贸易之区,每于一二年,辄借端焚毁其房屋,驱逐人民,另行出放,阅一二年,则又驱逐另放,是华人之在黑河,但有损失并无利益。今驻京俄国大臣既有极力保护华人至极便利之说,请与切实声明,转饬边员和平办理,务令两国,事同一律,毫无轩轾之分,方可谓之交换利益。又电称俄人改指之地,据姚都护咨称,虽退让里许,仍在城基之内。查瑷珲城基从前本极繁盛,自庚子之变,焚毁无遗,刻下皆经原主认领,不过因商民甫经归业,加以连年歉岁,又边地苦寒,只得半年工作,一时未能修齐,然已有盖房者,并非一片空地也。该处乃中国自用必需之地,未便让给。

附东三省督、抚咨外务部俄索瑷珲地段有碍华商生计未便曲从文

查上年十一月二十五日,复准廓米萨尔函称,现经外务部意见,已准俄国在瑷珲设立通商及码头地段,业咨照该处遵行。特请意欲指于何处作为通商码头,敝意即由一百十一号灯照起至江沿病房,此段甚属堪作通商码头。拨给何处地段,租价约作若干,望乞示知等语。当以瑷珲地方原议由中国自开商埠,非天津、上海租界可比。前将城北头道沟起,择备各国公共通商,业已绘图咨报转咨酌夺在案。查俄员此次所指由一百十一号灯照起至江沿病房地段,仍系瑷珲城外商民现已设市之所,非前报拟在头道沟以北之各国公共商埠,确在所划街基界线以内,且系有主之地,并非未经占用者。现虽工程尚未修齐,然商民已经备料为明年之用。俄员所请实有碍华商生计,未便曲从。沿江地段甚多,不如就所指地段之北,另为拨租,亦可泊船。

附瑷珲副都统姚福升来函

查前于冬月二十五日准俄廓米萨尔函称,闻中国外务部准俄国在瑷珲设立通商及码头地段,请由一百十一号灯照起至江沿养病房作为通商码头等情。当以未奉租建专章,未便预定,一面照覆俄员,一面呈报在案。嗣于本月初八日,复准俄员

照同前情,次日廓米萨尔来署会晤,专为提议商埠。当告以未奉我政府明文,且开埠地段尚未核准,应俟租建专章颁到,方能商议。渠云,现接璞使来文,谓与中国外部庆邸磋商数次。据云,魁星楼系瑷珲城基,不便开埠,今改为迤北一百十一号船灯起至养病房止,已允行文黑龙江行省,饬由两国边界官会议酌定。答以我政府不知瑷珲一百十一号船灯在于何处,行令边界官会议,自是正办。然此处距城切近,商民已盖造房屋若干,万难弃我城治,夺我商民房产开作通商码头,想贵国亦无此办法。渠云,北营至二道沟,实无停船码头。复答云,中国自开商埠,必准各国公共租用。渠云,北营一带江身沙浅,奈何。答以我国既自开商埠,即须修筑码头,使有停轮之所。渠云,该船灯虽系商民之地,转购六十余沙绳可乎。答以瑷城人自居尚不敷用,转购谈何容易。况现在我江东六十余屯难民无屋可住,无地可耕,屡求索还江东,以便归业。敝署副都统正拟亲见贵固毕尔那托尔与廓米萨尔,念我两国邦交甚睦,及早归还江东,以免敝副都统难对六十余屯难户也。渠云前贵省巡抚来文,已为转达我政府,请将今日来意亦转达贵上司。答以必将今日来意详晰转达。廿一日,又准俄廓米萨尔照会,俄国应用瑷珲设立通商码头地段,中政府已允瑷珲副都统会晤俄边界官熟商办理,如何划拨之处,望即见覆等因。详译初十日照会内开,外部以俄使照请所划地段,有碍城基,应另行择地等语照覆该使矣。盖所谓另行择地者,若与瑷珲城治居户无碍,另于商埠外择地,或在商埠内择地,均无不可之意也。又译十三日电示内开,俄员许华人在黑河有互换相当之利益,应向其从速提议,姑看能否和平商定互换利益之处,方可许定地段等语。盖姑看云者,量而后进之意。方可许定地段者,乃与外部意见相同,并不以俄员所指地段为然也。今俄员以我外部准其商办之一语,即自指地段,迭肆要求,一若迫不及待也者。因思俄固毕尔那托尔城府最深,居心叵测。俄廓米萨尔诡谲成性惯事诪张,其所许华人在海兰泡[1]有互换相当之利益者,恐非由衷之言。盖彼据我向有之江东版图,尚不肯如期交出,昭大信于有约各国,遑论其他。然彼谓极力保护华侨者,亦自有故。缘我大、小黑河屯与海兰泡对峙,业经修建官署,出放街基,诚能轻徭薄税,一反彼暴敛横征之政策,则江左贸易华侨皆悦而愿归于江右市廛三五年间可成巨镇,彼虽欲如

〔1〕 海兰泡,今俄国布拉戈维申斯克市,简称布市,是俄罗斯阿穆尔州的首府,俄罗斯远东第三大城市,黑龙江上中游北岸重镇。位于黑龙江左岸、精奇里江右岸两江汇合处,原是中国的一个村庄。阿穆尔河和结雅河汇流处岸边,结雅—布列亚平原西南端,黑龙江省黑河市区对岸。建有阿穆尔州最大的港口,河运事业发达。原属中国,本名“大黑河屯”,1858 年《中俄瑷珲条约》签订后被帝俄割占改今名。

前虐待华侨，亦不可得，此该公使极力保护华人至极便利之说所由来也。今彼既有是说，不妨从此提议，然必先请政府与俄公使约，索我江东六十四屯为要义。盖俄据我旧治版图，不能如约退还，既无以取信于中国，更不能取信于环球，而谓海兰泡可与瑷珲商埠码头互换利益，岂彼由衷之言乎。窃愿仍请政府以此情磋商俄使，或可还我江东，即不然，亦应另有办法。江东事有归宿，然后再与俄员会议商埠码头。若瑷珲商埠码头必先如愿以偿，则索还江东之问题恐无可乘之机，谅政府固已鉴及。抑福升更有请者，俄员所指之一百十一号灯照地段，即畴昔龙王庙旧址，其迤北已放街基，为商贾辐辏之区，距城东北隅最近，万难划与外人。然政府既准与彼会商办理，自应并顾兼筹，思患而预防之。查前次所绘草图呈报之商埠地段，南自头道沟起，北至二道沟止，沿江一带沙洲护岸，并无可以停船者，因将毗连商埠东南隅之头道沟南界划入商埠，此即俄队前作养病房地段。原拟俟开埠时自筑码头作为各国租用停船码头，盖自开商埠不如此作，利权所在，断难操纵自如也。观俄员极索我商埠码头者，意不重在商埠，重在码头。若论瑷珲一江，准中俄两国商人贸易，久已载在约章，是中之与俄，俄之与中，均应有互换之利益。惟自开商埠，业经宣布，凡有约各国许来通商，若由商埠外与俄通商地段复与停船码头，倘列国尤而效之，非第失我利权，且瑷珲壤地褊小，恐无以善其后。今拟以古思敏向不惬意之已划埠界内北营基址划作彼之市场，彼必不甘心认可，势须互相争执，推延时日，俟江东事有端绪，必不得已再以养病房一带酌量划给。其所请停船码头，或候租建专章到日再议，或与之磋商论租，似须随机对待，然必有与彼互换之利益，方可达此目的。

纪财政

瑷珲原属旗户，田地房产向无租赋，税务收款亦归本城公用。近年以来，其入款则烟酒油麻牲畜山货皮张及出口牛羊等税。仿照省章，设局经征粮石税捐，由税局带收一成，卖货捐由善后局经收。计光绪三十三年共征银七千余两、京钱一万余吊，三十四年共征银一万余两、京钱二万余吊，仅敷开销税局员司、书役逐年薪工等项之用。上下游木石柴炭秧草渔网等税，由交涉局各卡征收，计光绪三十三年试办，共收税款羌钱四万三千余吊，除建修局卡房屋，置买马匹耙犁暨各卡官弁薪饷交涉款待各项外，拨为创办学堂经费。至额设官兵及袭职人员俸饷，自历次裁撤额缺以后，每年应领银一万六千余两，库玛尔路鄂伦春官兵，每年应领钱一万八千余吊，例由省城饷银拨发。其善后局薪津银一万余两，交涉总分局薪津银一万余两以及巡警局学堂各项开支，则仰给于度支司。上下游六卡，每月薪饷则仰给于本处木税，瑷珲财政只有此数。所有沿边添设卡伦二十处，创办经费，常年弁兵薪饷此种特别之款，仍须由省城拨给也。唯瑷属山多地少，纵使田地开辟，日后租赋亦仍有限，势非招集巨款，并力经营，注重交通，兴办实业，则人民不能辐辏，商务不能振兴，课其成效，非数年所可期耳。

纪军队

瑷珲兵制，原设八旗领催、前锋、披甲[1]、匠役、养育兵[2]，又设有水师营领催、水手，嗣因边防紧要，又驻以镇边军十六营。庚子乱后，边军不复，而瑷珲仅恃旧日旗兵以为控制。自光绪三十一年署将军程德全变通全省官兵，于瑷珲则奏裁匠役、养育兵，又奏裁水师营。其每佐留领催四名，披甲留十二名。至三十二年，将制兵改练巡防营，边线延长，只此巡防，万不足倚为缓急，故三十三年之冬，有赴漠兵溃之案，固由俄轮阻运激成变端，实亦瑷珲兵力太单，不敷分布。每遇有事，即须请省派兵，交通未便，呼应不灵，千里遥制，临时未有不误事机者矣。现在省城正改编营制，一俟改编完备后，当即酌驻重兵，固与呼伦贝尔同一，不可视作缓图也。

纪警务

瑷珲兵燹以前，居户约五万口，庚子之劫，死于兵者十之二，死于疫者十之三。

---

〔1〕　披甲，清代八旗兵的别称。

〔2〕　养育兵，即清八旗预备兵。顺治十七年(1660年)，曾从八旗余丁内挑取四千八百人训练技艺，食正兵一半饷银，是为清廷设立八旗预备兵之始。雍正二年(1724年)，清世宗命正式设置八旗养育兵五千一百二十名，并规定：满洲每旗四百六十名、蒙古每旗六十名为马兵(月食饷银三两)，汉军每旗一百二十名为步兵(月食饷银二两)，每旗各派参领三人、副参领三人、闲散章京十人、骁骑校十人管辖训练，纛、旗均用飞熊图案、白色蜈蚣镶边、黑色缨穗。乾隆三年(1738年)，廪食三两饷银满洲、蒙古养育兵尽数挑取护军、马甲等经制额兵，原汉军养育兵与新增养育兵共一万五千九百名，均月食饷银二两；乾隆十八年(1753年)，养育兵增至二万六千二百余名，均改食饷银一两五钱，惟满洲、蒙古有米，汉军无米。嘉庆十年(1805年)，复命新增满洲、蒙古养育兵均无米；道光三年(1823年)又定，每旗各佐领下有米养育兵十八缺，无米养育兵七缺。凡八旗满洲、蒙古、汉军养育兵，均从十岁以上之另户余丁及闲散云骑尉、骁骑校等微员子弟内挑取，其他官员子弟及开户余丁不得挑补。

其生存者流离失所，频年赈抚安集，已渐归来。现经调查，计满洲一千五百九十五户，七千三百二十八丁口。索伦、达呼尔四百八十户，二千零三十八丁口。汉军二千三百七十六户，一万二千八百四十九丁口。库玛尔河[1]、鄂伦春已收得一百二十五户，六百二十五丁口。较之二三年以前，生殖渐繁庶矣。唯地居两界，水陆通衢，宵小最易匿迹，本境匪类既多，俄之盗风又炽，巡警之设，刻不容缓。据副都统姚福升咨报，城治新营，商民甫集，就地筹款，倍极艰窘。爰于光绪三十三年令其就添练巡防马、步两哨内，挑选识字兵丁，由省调派熟悉警务之员赴瑷教演数月。先在瑷城创办巡警，并设巡警学堂，于三十四年之秋，第一班毕业。是年冬，分设黑河巡警，俟二班毕业，即可分办各屯巡警。将来商埠既开，则此举尤当注重。虽田地未辟，专款甚难，唯有徐图扩充，未可因陋就简也。

纪学务

瑷珲全境，语言文字向不一致，从前多习满蒙文，鲜通汉文者。自光绪三十二年，难民先后归业，彼时城市为墟，副都统尚寄居三家子屯，乃就三家子设宣讲所，又创立初级学堂，多方劝导，相率不肯就学。及瑷珲收回，副都统复亲集屯民殷殷诫劝，仍视为不急之务，且有以宣讲体操为姗笑者。乃下强迫之令，责成其父兄屯长送其童蒙子弟就学，并传乡村学子来堂观摩提倡，年余始有向学之机。次年乃于瑷珲城立两等小学堂，并设劝学所，又派劝学员分赴各屯劝诱，派视学员考查各塾课程，于是私塾改良者十六区。因于小学堂内附设师范传习所，风气始渐开通，并拨墨尔根站之库木初等小学归入瑷珲学堂，将来三家子、库木初等学生均以瑷珲两等为升阶。宣统元年筹办，按年添班，并添设黑河初等小学堂。黑河虽设府治，兴学较迟，数年之后方可渐期发达。惟达胡尔、鄂伦春诸部，骤难进化，是又当在言语入手，以冀教育之普及耳。

纪垦务

庚子乱后，瑷珲人民离散，田地荒芜，归业以后，其强有力者，往往占据地亩多

〔1〕 库玛尔河，即呼玛河，黑龙江上游右岸较大支流。位于黑龙江省西北部。清代称“呼玛尔河”（又写作瑚马尔）、“库玛尔河”，后简作今名。呼玛河保护区包括呼玛河及其沿岸的丘陵、山地、沼泽和冲积小平原，呼玛河发源于大兴安岭北坡大布勒山和博乌拉山一带，属黑龙江水系，有一二级支流 118 条，主支流河道总长 3357 公里，流域面积 2956 平方公里。

三至四百垧不等,其后至者,求尺寸之地而不可得。兼以江左六十四屯,南北一百四十里,东西五十里至七十里,地皆膏腴,从前比户丰稔,所得粮石皆售于俄,地方最称殷实,俄人乘乱占据,迄未索还。其各旗屯归业者亦复麕集江右,而江右土性硗瘠,立夏开冻,秋分降雪,天时地气不宜稻粱,常年惟种豆麦、铃铛麦、糜子、瓜菜之类,勤劳终岁,每垧收获往往不及一石。兵燹以后,牛马不足,垦户愈稀。现经调查所种熟地,连江左各户新垦者,通计不过二万一千余垧,约计计口授田,近屯荒熟地段所余无多,仅上游法别拉,下游逊别拉等处,约有可垦荒地十万余垧。现在江右各户及窦家屯旧户多有徙往者。将来瑷珲迁民招垦,当以此两段为先。其余沿江山麓仅敷卡兵屯垦,无地可放。上年曾疏陈瑷珲垦务大概情形并拟招垦章程,亦因东北一隅有不可以呼伦、兴东一例视也。

附瑷珲招垦章程

第一章　清丈　瑷属村屯,向未分界,所垦地段,率多错杂。甲子后,或乙种甲地,或子垦丑荒,或越陇包套,虽有膏腴,视为弃土。欲振兴农业,以正经界为先。兹定清丈章程如左:

第一节　凡清丈之法,先将江右各旗屯分为南北西三界,由委员、书役会同界官各乡屯长按屯勘丈分界,不得漏越听候覆勘。其距屯界较远之上下游等处,先饬木税委员顺便勘查,何处可以垦种,何处可作林荒,何处可作草甸,何处可养森林,绘图呈报,再行派员招户丈放。

第二节　凡绘图之法,每到一屯,将子午针先定南北,中立标杆,再行踏勘四至,随其方圆曲折绘一线圈,然后加绘某处山林,某处熟地,某处荒段,某处房园道路,某处沟洼壕甸,一一注明。次将每处丈量,另绘分图,注明弓尺及业户,官地字样。遇有柳通、草甸及江套地方,均不得忽略。每屯各为一册。其邻屯界址于各图边际,须挨次可以接合。

第三节　凡丈地之法,与省境各处一律,以二百八十八弓为一亩,十亩为一垧。如遇欹斜觚角不能核算,可以宽窄湾曲处注明丈尺。内有泡石,依样丈注,仍须满入绳弓,不得先行折扣,统俟丈竣后,由局核准,临勘放时再为折扣。

第四节　凡每界派清丈一员、绘图一员、书识一名、绳弓夫役二名。因经费支绌,善后局员不另加薪水,外添员役按月酌给津贴。车脚不分行坐,由此屯至彼屯,公平给价,不准分毫骚扰屯户,犯者查出参究。果能认真勘丈,在事出力,准予从优咨请保奖。其界官、各乡屯长等，于差竣酌给津贴。

第五节　凡两三屯毗连，四外余地犬牙交错，向未分晰者，视每屯户口之数，形势之宜，酌量划分，先立封堆，俟覆勘时，再立界桩。如有天然溪涧山脊可以分界者，即照划分。

第六节　凡甲屯垦种乙屯之地，仍将其地划入乙屯界内，注明甲屯人姓名，不得因甲屯人垦种，即将其地归入甲屯。

第二章　授田　瑷属满蒙汉军，旗籍不一，所占地段自种而外，有出租者，招佃者，有私相典卖者。庚子以后，档册无存，原主熟地无从考核，既无官照部案，均不得为执业凭证。且自遭离乱，死亡过半，绝户之地多被强有力者占据，或一家一二百垧，或三四百垧。后归者仰屋徒嗟。同隶该处旗籍，自应计口授田不收地价，颁发大照，以培难户元气。谨定授田章程如左：

第一节　凡现在管业之户，无论所管地方是否自业，抑系代垦插占，均就现管地方，按照每户丁口拨给。每人以二垧为率，先尽原占熟地划拨，如熟地不敷分拨，再将附近生荒，参照本年奏准旗丁生计成案办理。

第二节　凡现在各户占管之地，除照前条分别拨给外，倘各该户占管之地，如有赢余，应查明所有无业各户，仍照前条分别熟荒按数拨给。再有赢余，应先尽就近人口较多，确系务农之户，于额领地外，分别备价承领。

第三节　凡划给各户田亩，如系额领熟地，其升科与否，应与省城一律办理，暂不升科。如在额领地数以外者，应于当年升科。如系已垦未熟或已熟而抛弃者，统于划给后第三年起科，每垧暂照省章纳税钱三百三十文。

第四节　划给田亩，除熟地外，其余已垦未熟，或已熟而抛弃者，统限令三年内一律垦种。如限满未能垦种者，撤地另放。

第五节　旧日业户于勘丈后始行到段，应就剩余熟地或荒地分别拨给。

第六节　凡拨给每户之地，只准自种或招佃，不准典卖，以杜取巧渔利之弊。如果无力垦种不愿拨领者，听之。

第七节　凡拨给之地，不收地价，每垧取办公经费京钱四百文，此外分文不准需索，违者究办。

第八节　凡各屯旧户房园，亦须丈明给照，照城中旧户办法，不取地价，另造毗连图册，钤压骑缝。此外余地一律丈明，除庙宇坟茔外概作官地，以备学堂、警察公所等用，并准新户承领。如有起造各户建造房屋，务宜排列整齐，不得填塞街道。

第三章　放荒　附近各屯地亩，除拨给土着外，剩有成片荒段，土人皆称为马厂。现查江左尚未归业难户甚众,不能不暂于江右各屯安插。遇有绝户之地亩并马厂夹荒,应分拨江左各户耕种。如有余荒暨上下游等处踏勘可垦之荒,准客民照半价承领。谨定放荒章程如左:

第一节　凡各屯下等不堪耕种之地,准作公共牧场。大屯留二十垧,小屯留十垧,其余均归官放。

第二节　凡江左人,亦视丁口多寡拨给荒地,照江右户一律不收荒价。给予暂拨小票,不准典卖。俟江左之地俄人交出后,即饬各还江左本业。其原占江右地价,即撤回另放。有愿在江右落业者,听。无论江左、江右满蒙汉军民人等,有愿在上下游开垦者,任其指领,不收荒价,以示优异。惟须移家该地,不准代人出名,包揽大段。

第三节　凡额拨地外,愿领地者,熟地每垧地价银二两一钱,熟荒每垧地价银一两四钱,生荒每垧地价银三钱五分。应收经费,仍照章核收,其偏坡硗瘠,另议。如有包入草甸不便提出者,准其附领。

第四节　凡愿在瑷属上下游地方设农业公司者,准其指领空旷大段,照章备价承领,惟不得专事包揽于未经垦开之先,辄行转卖渔利。

第五节　凡以个人及农业公司名义朦混冒领于未垦之先,私自典卖渔利,一经查出,应将冒领之地,悉数追回另放。

第六节　凡柳通谓之条荒,树木谓之林荒,矿地灰窑石岩谓之山荒。愿领者,先行呈报,派员勘丈,视远近优劣,随时公平议价。

第七节　凡坟茔地亦丈量给照,不收地价,惟只准照例丈留,不得多占。愿多者,余地分别生、熟地,备价承领。

第八节　凡争执涉讼捏造契票者,皆撤地归公另放。

第四章　公利　作育人才,以广设学堂为要,保卫疆域,以举办警察为先。然瑷属离乱初归,疮痍满目,集私财为公费,难乎其难,非筹公利,何以济事。谨定公利章程如左:

第一节　凡各屯膏腴荒段,应先留拨学田。大屯酌留五十垧,中屯酌留四十垧,小屯酌留三十垧。如丈有余荒,再行分别添拨。各屯学田,均由官招佃开垦,即于所收荒价,量拨农具垦费,每年所得租钱,权作各该屯学堂教员等修费等项之用,俟陆续筹有经费,再行扩充办理。

第二节　凡柳通秧草为天然公利,以供屯人养牲举火之用。奈强有力者视为利薮,致贫弱仍须价买。拟将此项悉数归官,准备价承领,并准各户出租刊刈。所得价值等项,作为举办警察经费。

第三节　凡山林矿窑经人报领者,其款均作学堂、警察及地方公举之用。

第四节　凡瑷境田畴,夏旱秋涝,每多歉岁,其故由于不讲农政,不知蓄水泄水,故沟洼濠甸皆视为弃土。向来放荒皆三七扣除,但除而不使之治理,何日能成沃壤。谨拟定有地五十垧者,四旁低处,须开沟洫通于江河以备水灾,其洼泡等处,均掘水塘以备亢旱。不及五十垧者,两三户公开其支河,大沟浅涸之处,均须开浚。所掘之土,即以筑堤筑丘。视种地之多寡,各出人工,由界官监视,各界举办,予限三年,有不遵办者,撤地归公。盖不收地价,所以培养元气而兴地利,不得不严立章程,通力合作,较之集款官办,其难易利弊不待智者而知也。

以上四章,均因地制宜,仍恐未能详尽,应俟随时咨呈更定,庶期变通尽利,合并声明。

附拟办瑷珲垦务大概情形折

奏为拟办瑷珲垦务大概情形,恭折仰祈圣鉴事。窃维庚子之变,江省被难各地方以瑷珲为最甚。所有江左各屯,悉被俄人占据,至今尚未交还,招抚数年,人民始渐复业。其强有力者,每户占据地亩多或至三四百垧不等,后归之户,遄返故庐,往往不能得尺寸之地以自食。而江左各屯,先后归业者亦均麇麕集江右,未能即归故土。臣等抚念民依,殊深轸虑。现据该署副都统姚福升拟将江右各户现在占管熟地,统按各屯人数另为区划。拟每人拨地二垧,填给大照,作为永远,以免轇轕。此外生荒,则参照本省奏定旗丁生计成案办理,并将江左各屯旧户复业者,暂在江右附近地方,仍照此次定章分别划拨以期安集。其沿江上下游余荒,则就近派员,一律定价出放,以免荒芜等情。拟具细章,咨请核办前来。臣等详加覆核,尚属妥协,除将所拟章程咨部查照外,所有办理瑷珲垦务大概情形,理合恭折具陈,伏乞皇太后、皇上圣鉴。谨奏。

纪商务

瑷珲边隅僻处,交通綦难。曩昔之以繁盛名者,缘俄疆数千里粮货皆取给于我境故耳。自彼锐意经营海兰泡,又值庚子之乱,华商尽趋而赴之,故彼境商务日兴,瑷珲商务日减。自江右归还以后,经营建筑,城外沿江一带划作华商市廛,距城七十里之黑河屯、夹信子等处,亦辟作市镇。其城北之头道沟至二道沟地段指作商埠,虽经竭力招徕,奈市廛甫建,地方既无出产,铺商又鲜巨资,即就瑷属日用粮食而论,以麦面为大宗。兵燹之后,城乡磨具无存,咸向海兰泡购取,故秋收后,麦豆皆售之彼埠,任彼贱买贵卖,横加捐税。且买卖均用羌帖,以至中钱不能通行,而俄面之销售于金厂华工及江右华人者居多数。俄商现开火磨甚多,获利亦甚厚。故副都统姚福升有官为提倡、伙集股本、在瑷城开设火磨公司之请,使购买粮食不再过江,而华商皆渐归右岸贸易,以期收回利权。次则洋酒烧锅,俄俗嗜饮,所征之税较我国至十倍。近自哈尔滨贩运而来者,彼岸争相购买,不过外商专利。现在瑷珲闻有开设烧锅者,亦商务获利之一端也。总之,以水道论,瑷珲适扼黑龙江之要。以陆路论,自齐齐哈尔经墨尔根以至瑷珲之铁轨虽未修筑,而往来站道行李率出诸其途。果能切实提倡,实行开埠,将来水陆商务,必以瑷珲为趋重之地。商业发达,货物流通,因以训农劝工,设关收税,则边荒之境,不即变为繁庶之区乎。

纪矿产

瑷珲群山环列,五金之矿,随处皆有。如漠河,如库玛尔河,皆一脉之所绵延。漠河金矿,虽自光绪八年即系北洋开办,然当日山林封禁,唯此漠河一厂为江省开矿最早之区,迄今垂三十年。资本亏耗,固由土法开采,办理既未悉合,亦由隔省遥制,稽查更未易周故也。库玛尔河出金甚旺,现在所开之沟有四:曰安娘娘沟,曰洼希利沟,曰布拉各利沟,曰交布利沟。上年曾派员率同矿师周历各厂,据其报告,河边各矿以库玛尔河金苗最旺,漠观各厂,实所不及。自由省派员经理,成效颇著,但惜无绝巨资本,仅得从小处工作耳。其法别拉、松树沟等处,煤质不及墨尔根所产,果能采炼得法,销售尚不甚难。惟地处极边,人户寥落,凡瑷珲境内金沟煤石等矿不一而足,应由地方官出示招徕,按照部章稍事变通,愿采勘者给予护照,准其试办,暂不先收地租照费。俟其开采有效,或承领矿地,或以矿地作官本,视其所出以征税则,熟悉本处山场稍有力者,皆可招工试办。中国关内之民赴江左俄厂佣工者,岁以二三万计。果能税轻于彼,官为提倡,则华工之归本国,自不待招而至。此亦实边之要,匪唯瑷珲一隅然也。

纪交通

瑷珲旧日交通之路,自齐齐哈尔经墨尔根至瑷珲各站为正道。冬则冰橇,七八日可达，春夏冰泮，动辄经月。自俄轮畅行，每至水涨时，相率改由水道往来，固称便利。唯人客货物必须由黑河起卸稽查，则由中国航路未辟故耳。现在瑷珲如库玛尔河金厂矿丁食用之需，均仰给俄轮装载，再北至漠河等处，转运尤难。倘不自谋开通之道，则东北孤悬一隅，将有呼吸不灵之虑。故于吉江邮船设局，亟亟以筹款购轮，先行拨一二只驶往瑷珲一带，扩充航权，即所以巩固边圉也。冬令交通，或暂用冰橇，或改用冰船，当由邮船局相时筹办。至陆路交通，则原有站道，仍不可废。现在站地业经升科，文报又设专局，创办伊始，尤当通盘计划，以期变通尽利。若自南取直线往北以达漠河，则从前办矿道员李金镛曾经往返一次，森林檠错，行李艰难，庚子之变，自漠河逃避入内，尚有由此道以归者。江省北面只恃漠河以为屏障，如由嫩江之源开通道路，北达漠厂，工程浩巨，任边事者尚未调查及此。兹就筹虑所及，以备异日之经营而已。

纪沿边卡伦

瑷珲沿边辖境，从前设有卡伦三十八处，庚子乱后，卡伦尽毁。现在逊河以南，虽分归兴东道管辖，而瑷珲沿江尚二千余里，仅近城二百里内外有驻防旗屯，聚族耕种。其余上下游，山重水复，绝少人烟。而对岸俄境，屯镇相望，近年徙民至二十万，实力经营，不遗余力，所需羊草木石皆取之我境，军事未平，无人过问。迨至俄兵撤后，而彼族尚有越境开垦围猎者，迭经驱逐，始渐出境。复分设上游四卡，下游二卡，征收木税，而边界稍稍清析矣。自呼伦贝尔创办边卡之说起，爰令瑷珲一律照办。光绪三十四年，署副都统姚福升履勘沿边，上自额尔古讷河口起，下迄逊河口止，度地据险，并择其有森林处，约八十里拟设卡伦一处。沿江上下游，共设卡伦二十处。每卡设卡弁一员，卡兵三十名。每五卡设一卡官，十卡设一总卡官。卡兵三十名之中，以十名巡查，以二十名给荒垦种，更番轮替，所得粮石即作弁兵津贴。牛具籽种，初年由官借垫，秋收提还。俟地熟年丰，给地停饷，准予管业。其沿江险要，山多地少，设卡之处有不便屯垦者，拟令兼办木植矿务，所得租税留备实边各经费之需。并设法开通右岸道路，使运赴金厂粮货及来往华工，不必由俄站运行，既免人票货捐之苦，人货由本境运行，则海兰泡华商不招而自归，黑河屯市面可望发达。或仿俄站办法，冬则备快马冰橇传递公文，粮货草木由卡稽查督运。现在吉江邮船局组织业经就绪，再能自开轮舶往来黑龙、松花两江，使瑷珲水路声气得以灵通，使沿边卡伦不致孤立，筹边之策莫要于此。所患者，穷边外徼，瘠苦异常，目前火车轮船运行未便,而俄境金厂工价甚昂,故远处游民相率愿入俄境。空旷寥阔,招募为难,唯有就目前情势择要设卡屯垦,先行布置以立初基,赓续而扩充之,当俟之异日矣。

附黑龙江副都统姚福升勘定瑷珲辖境沿江设卡图说

瑷珲疆域,自康熙二十一年至二十四、五等年,出师平定俄罗斯东部之罗刹,二十八年与俄罗斯约,以黑龙江、外兴安岭分水为界,东北际海,设将军、副都统以下等官镇守之。嗣将军移扎齐齐哈尔城后之守土者,不勤远略,于附城江左仅置六十四屯。咸丰初,内省征调频仍,俄乘我空虚,割据我黑龙江东北数千里地。咸丰八年,与俄约以黑龙江为界,江左中国人住处及渔猎之地,俄国均不得占。于是上自黑龙江西北之什勒喀、额尔古讷两河会处起,顺流而下至东南黑河口止,纵三千余里,由江之右岸以抵内兴安岭,横二三百里内外为瑷珲辖境。光绪庚子秋,猝遭兵燹,瑷珲数万丁口荡析离居,六七年始渐归业。而江左俄众攘夺我江右天然物产如取诸外府。丁未之夏,收回江右地,亟于上下游分设六卡,借征税为我疆我理之计。次年七月初,准省文行令瑷珲与兴东道,以逊河划疆分治,则上自额尔古讷河口下迄逊河口内,除附郭村屯及已设卡伦地方千余里,仍旷地千里,人迹罕到,无异瓯脱。福升乃于七月二十四日乘轮亲履沿江,查勘山川形势,以便择要设卡以定设治基础。八月初二日,抵额尔古讷河口。此河自西而东,与西北来之什勒喀河二水会流处,是为黑龙江。江头二水分处有俄屯曰四达辽阔。江右群山耸立,近岸处绝少平原。循山西行,山尽处为额尔古讷河口,即呼伦贝尔与瑷珲两属交界处,亦即瑷珲与俄以江为界之起首处。江左东行七八里,为俄镇巴格罗夫。此镇对岸江右东南有河口曰洛古河。河源出元宝山,会三小水北流入黑龙江,内有金矿。拟于此河口设边卡一道曰洛古河卡伦。距下游六十四里讷钦哈达,有可垦地少许,拟设卡一道曰讷钦哈达卡伦。卡以下三十余里,有木厂一处,留作护养森林。距此卡下游五十余里漠河口,河源出治鸡察山。东北流会二小水入黑龙江,内有金矿。光绪十四年,北洋道员李金镛经始,开采十余年,获金甚巨。现闻该矿金苗衰歇,颇滋赔累。下游十余里,草木畅茂,平原可垦地,拟设卡一道曰漠河卡伦。距讷钦哈达卡七十四里,又距下游八十六里,平原可垦地,拟设卡一道曰乌苏里卡伦。卡以上二十余里,有木厂一处,留作护养森林。以下八里许,有木厂一处。此卡下游一百一十二里地方,平原可垦,草木畅茂,拟设卡一道曰巴尔嘎力卡伦。卡以上四十余里,以下十余里,各有木厂一处。此卡下游九十二里阿穆尔河口,即额木尔河,又名阿勒巴昔哈。又阿勒巴赤哈唐呐北支室韦之水,源出伊勒呼里山[1],即雅克岭东北流,南会乌尔堪河、玛里查河、阿勒木尔河,北会那里多河、们都里河、什都喀河、木那毕拉河,向东流入黑龙江。江左岸阿勒巴金俄镇,即康熙朝用兵之雅克萨城[2]也。拟在右岸设卡一道曰阿穆尔卡伦。卡以下六里许,又下距卡三十里,各有木厂一处。又距此卡下游一百零八里,有平原可垦地,拟设一卡曰开库康卡伦。卡以上二十余里,有木厂一处,留作护养森林。卡以下四十余里,有木厂一处。又此卡下游一百一十里,有平原可垦地,拟设一卡曰安罗卡伦。卡以上七里许,有木厂一处,留作护养森林,卡以下三十里,有木厂一处。又此卡下游八十二里,有平原可垦地,拟设一卡曰依西肯卡伦。又下游九十里,草木畅茂,平原可垦地,已设之卡曰倭西们卡伦。卡以上三十余里,有木厂一处,留作护养森林。此卡下游一百一十六里,有平原可垦地,拟设一卡曰安干卡伦。卡以上四十余里,距江十里,有木厂一处,留作护养森林。卡以下二十余里,距江十里,有木厂一处。又此卡下游火烟山以下右岸,距上卡九十六里地方,拟设一卡曰察哈彦卡伦。卡以上八里,距江八里,有木厂一处。卡以下四十余里,距江十六里,有木厂一处,留作护养森林。此卡下游一百零六里,平原可垦地,已设之卡曰望哈达卡伦。卡以上左近距江二十余里,有木厂一处,留作护养森林。又下游一百里呼玛尔河口,平原可垦,已设之卡曰呼玛尔卡伦。卡以上五十余里,距江二十里,有木厂一处。卡以下十余里,距江四十里,有木厂一处。又以下距卡五十余里,距江二十里,有木厂一处。此河又名库玛尔河,源出伊勒呼里阿林,即雅克岭,乃内兴安岭之别名。南流呼尔堪河,北会倭勒克河、塔哈河,又东流南会呼吉尔河,又东南流南会呼尔哈河、札克达奇河,东入黑龙江,沿河金矿颇多。此河源至河口,曲折七八百里,两岸为库玛尔部贡貂之使马鄂伦春人等渔猎处。河南岸有呼玛尔古城。又循江右下游一百二十六里,有平原可垦地,拟设一卡

〔1〕 伊勒呼里山,大兴安岭山脉的主要支脉,全长约300公里,面积约1.5万平方公里,平均海拔近千米,最高峰大白山海拔1528.7米。山体横卧大兴安岭地区中部,把区内的大小河流分成嫩江、黑龙江南北两大水系,成为黑龙江和嫩江的分水岭。

〔2〕 雅克萨城,历史上中国东北边疆古城。位于黑龙江上游左岸,今漠河县境内的额木尔河口对岸,地扼水陆要冲。中俄在1689年签订《尼布楚条约》后,雅克萨城仍属中国,由黑龙江将军所属黑龙江副都统和布特哈总管派兵巡逻。但进入19世纪以后,沙俄不断入侵中国东北,非法占领黑龙江下游地区和库页岛,进而向黑龙江中游推进,迫使清政府于1858年5月(清咸丰八年四月)签订了《中俄瑷珲条约》,把黑龙江以北包括雅克萨城在内的中国大片领土划入俄国版图。俄罗斯称阿尔巴津镇。

曰西尔根奇卡伦。又下游九十五里,拟设一卡曰奇拉卡伦。卡以上二十余里,距江十里,卡左近距江十六里,卡以下十余里,距江十八里。又以下距卡三十余里,距江二十里,各有木厂一处。又此卡下游六十里,有平原可垦地,拟设一卡曰札克达霍落卡伦。卡以上左近距江十六里,卡以下二十余里,距江二十里,各有木厂一处。又此卡下游一百里,已设之卡曰霍尔沁,卡以上三十余里,距江二十里,卡以下十余里,距江三十里,各有木厂一处。此卡之北一里许,有库玛尔路协领衙署,以南有华商鼎盛昌等号承办煤矿一处,以赔累停采。又距一里余,有法毕拉口即衮河,源出内兴安岭,东流会三小水入黑龙江,内有卧里雅金矿。距此卡七十六里,为大黑河,此处设交涉分局一所,与对岸海兰泡俄廓米萨尔署就近接办交涉。由是循江而下七十五里,即瑷珲城。城之下游一百二十六里,霍尔莫津屯东南,拟设一卡曰霍尔莫津卡伦。又下游一百里,已设之卡曰奇克勒卡伦。查此处上自霍尔莫津以下之哈达阳,下迄车陆,纵一百七十余里,横十里至二三十里不等,悉属平原沃野,约出可垦地十万余垧。由此卡循江下至兴东道与瑷珲分界之逊河口一百零四里。逊河又名孙河,源出内兴安岭。东流北会汶河,经库木尔站,南会西尔嘎霍落河,向南流北会额雨尔河、额伊冷古河,入额雨儿河,经额雨儿站、库木尔站、南库木尔窝集,又东流北会札克达奇河,又东流会西来之占河,又东北流北会小汶河,又西会博阔里泡,东北流入黑龙江。此河源至河口,曲折共六七百里。两岸为毕拉尔部贡貂之使马鄂伦春人等渔猎处。总计瑷珲所辖沿江上下游二千一百十四里,暂拟设卡二十道,较昔日酌减数卡,节繁费也。设卡务择平原与草木畅茂处,便屯垦也。沿江划留森林,饬属保护,储材木也。至卡路之远近尚未适均,疏漏处屈指难数,以俟后之君子因时损益,以臻完善,是又福升之私幸也已。

兴东篇

兴东一路，枕兴安岭面黑龙江，左逊河而右松江，与瑷珲辅车相依，同为江省边防重要之地。顾瑷珲通商已久，旧为繁富之区，虽经庚子蹂躏，循其迹而利导之，其事尚易于因。若兴东一带，乃人迹之所不至，山河险阻，弥望榛芜，布置经营，其事实难于创。于此而统筹全局，规划初基，非开辟闲荒无以为实边之计，非疏通山路无以为入手之方，二者相因而挈领提纲，则非设属置官，无以收通道放荒之效。前署将军程德全曾于光绪三十一年具疏入告，以绥兰海道旧驻绥化不足以资控制，因力陈移驻兴东之有八利，得旨允行。于是派员试署道缺，责以专办垦矿事宜，并相度驻扎处所。凡得最要之区三处：曰托萝山[1]南，曰观音山前后，曰科尔芬南北。若以之控制前后，联络南北，尤以托萝山地方为第一中心点。以其形势雄壮，与俄站松由子地方隔江相峙，又据松、黑两江上游，兴东道设治于此，实具高屋建瓴之势。因即其地，草创衙署。盖据东方之形胜，即所以固江省之藩篱也。衙署修矣，官吏设矣，将欲举行诸政，非审定其缓急轻重，即行之无序者，必至于欲速不达，亦安恃此建置为。兴东矿产、森林，所在多有，而土地广漠，尤于农圃为宜。只以人不聚故利不兴，道不通故人不聚，爰拟由观音山经汤原县至三姓为西路，由兴东至烟筒山赴汤原为西南路。汤原一路，现已修竣，沿途设卡以卫行旅，而观音山，而三姓，亦可次第疏凿，崎者平之，迂者捷之，而陆路通矣。江省旧有轮船三艘，近复由奉省拨给江省两艘，其旧有之齐齐哈尔一艘，已行驶于黑龙江上下游，以资转运，若荒户，若商贾，皆可任便往来，不乘俄轮，不假俄道，而水路通矣。此筹划路政之大略也。以鄂伦春诸族，向以游牧渔猎为业，不知农务也。因招徕民户以开风气之先，组织公司以为先路之导。以兴安岭东部皆系荒凉空旷之区，难求速效也，因先放岭西之地二万余垧以植其基础，又拨护垦之兵四哨以保其治安，此办理垦务之大略也。至创设毕拉尔等处学堂以开通知识，勘办平山、景星山等处矿务以展拓利源。数年以来，兼营并进，虽未具臻完备，约已粗有规模。惟是兴东，近逼强邻，为江省沿边门户，而远距齐齐哈尔数千里，声势阻隔，是虽设险于域中，无异孤悬于徼外，遇有缓急，其不至以迂延贻误者几何哉。倘安设电线由兴东经汤原县以达火龙

〔1〕托萝山，今称名山，在黑龙江省鹤岗市萝北县。

沟,与临江州三姓之线相接,一旦有事,声息灵通,此固今日经营边事之要图,亦即各国讲求殖民之通例也。夫以兴东土地之广,边线之长,三百年来,弃置弗顾。兹以迫于情势,边防日亟,始为凿空辟地之谋,亡羊补牢之计。然而岷江之水,源于滥觞,跬步不息,可致千里。官斯土者,诚能以实心行实政,不以历久而生懈,不以畏难而苟安,吾知田畴日益辟,户口日益增,田畴辟而后商贾乃能辐辏,户口增而后学堂、实业乃能扩充。因而编户籍,置巡警,朝廷不必有列戍征兵之费,邻国自不生觊觎窥伺之心,岂不与瑷珲城同为东陲重镇也哉。

纪设治

兴东一隅,于光绪三十二年经前署将军程德全将绥兰海道奏准移驻于此,易名为兴东兵备道,建署于托萝山北道。署设承办处,有正副委员、收发委员、俄文翻译委员。设工程处,有正副委员、差遣委员、俄文翻译委员。设转运处,有转运委员。设兴延三段卡局,有驻卡委员。是为兴东设官之始。三十四年,又以黑龙江沿岸数千里皆与俄邻,非增设民官不足以言拓殖,因奏请添设道、府、同、通、州、县各缺。兴东属境设一府四厅一县,拟即设者二:曰萝北直隶厅同知,驻萝山北。曰鹤冈县,驻鹤立冈。拟缓设者四:曰佛山府[1],驻观音山。曰乌云直隶厅通判,驻乌云河[2]。曰车陆直隶厅通判,驻车陆。曰春源直隶厅通判,驻伊春呼兰河源。嗣因吉、江两省应以松花江为天然界限,复奏请将汤原、大通两县归江省,统属汤原,县治在汤旺河,旧分隶于吉林、黑龙江两省。大通县治在崇吉尔库站,旧隶吉林,均设于光绪三十二年跨江而治者。至是,始以兴东道董其成焉。江省东南一面,添设民官之处,布置亦少完密矣。

纪军队

兴东幅员辽阔,地处极边,自非驻扎重兵不足以资控制。光绪三十二年,奏准

〔1〕 佛山府,清光绪三十四年(1908 年)置,治所即今黑龙江嘉荫县。

〔2〕 乌云河,黑龙江中游右岸支流,位于黑龙江省北部。古称“乌伊河”、“五音河”。发源于小兴安岭北坡,流经伊春市、逊克县交界和嘉荫县北部,在双河镇附近流入黑龙江。全长 130 公里,河宽 35 米,水深 0.8 米,流域面积 2461 平方公里。上游为原始森林区,盛产红松、白桦等木材。

拨给队伍一营专司垦务，旋由巡警中、左两军各拨一哨，嗣复于呼伦贝尔、墨尔根两城调回巡警军内各拨一哨，合之原拨之中、左两军共为四哨。是年春夏间，巴通一带，群盗如毛，旧有防兵不敷堵剿，而报领兴东荒地之户，又复畏炎暑蠓盛，迟疑不前，因暂将左军原拨之兴东垦务一哨送回，另行补招马兵一哨，以符原案四哨之数。惟兴东系边荒初辟，备极苦寒，军人糈饷微薄，既不足赡其身家，江省库款空虚，又不易轻言增益，惟有裁兵并饷，尚不失为因地制宜，乃就原拨兵队四哨共三百二十名裁去一半，实以一百六十名为额，而饷倍焉。此一百六十名中，除毕拉尔卫护工场挑用鄂伦春马兵占去三十名额，南段二卡拨去十名外，仅余一百二十名。综计兴东可垦之荒不下数十万垧，将来土地尽辟，烟户滋繁，岂此少数之兵所能保护者。且兴东与俄之阿穆尔省仅隔一江，仍非驻有重兵，断难收御侮之效。若仿呼伦贝尔边垦之成规及陆军退伍兵屯田之办法，使之兵农合一，则有兵以卫农工，既不虑萑苻之警，有农以给兵食，亦无需飞挽之劳。建威销萌，其由此道乎。

纪学务

兴东地方，旗户寥落，又少汉民。自设道治以来，陆续迁居于此者，仅五六户，人烟既少，兴学綦难。然必俟生齿繁庶，然后因之以致富，因之以施教，则措置虽云有序，办理终觉需时。此可行于内地郡县太平无事之秋，非所论于边徼地方强邻逼处之日也。兴东以西，有西毕拉尔路者，为鄂伦春聚族而居之地，在兴东即系烟户最密之区。前据兼署协领道员庆山所呈毕拉尔路生计情形，以创设学堂教习文字、招致垦户导引耕种为入手办法，当即准由度支司拨款专办学堂，额招学生二十名，用满、汉教习各一员。如果三年成效渐著，调省酌委优差五年，年满优奖，以昭激劝。至三年以后之经费，仍照各属向章就地筹款以归一律。至兴东所属之汤原、大通两县学务，亦次第举行。汤原现已设立学堂一处，招集学生十八名，以街基之款留为办学之用。大通县前属吉林时，曾设两等小学一区，仅有教员一人，及划归江省后，复添派视学员、教员各一，又分划学区，改良私塾，创立朝阳初等小学堂、向阳初等小学堂、富乡初等小学堂三处，于是沿江各站均有小学堂。将来荒地大辟，户口滋蕃，学生既不患难招，学费亦不患无着，庶几榛狉之俗，悉化之以弦诵之声，彼鄂伦春之人，亦何难使之相观而善哉。

纪垦务

兴东区域，东北邻俄以黑龙江为天然界限，西北毗连瑷珲以逊毕拉河[1]分界，西属墨尔根东布特哈等处，南尽松花江，面积之广，土脉之腴，久为实业家所注目。光绪三十二年，奏设道缺之始，即声明专办垦务、林矿各事。办垦之法，其宗旨在分段出放。始则拟从沿江入手分为三段：科尔芬河迤南为北段、道署一带为中段、汤原迤北为南段。继则统筹全局，又分兴安岭东、岭西为两段。所定价值，原系不分东西，一律收经费银五钱。嗣以东界地处极边，无人认领，每垧改收银三钱以为变通出放之计。惟以开放伊始，寂无居人，乃招徕有力农民创设公司以资提倡，开通道路以利遄行，设卡驻兵以便保护。自是岭西荒地，遂于三十三、四等年，放出二万余垧，收进经费银一万余两。所有西南一带，因与道署较远，现已饬由附近地方官接续出放。其岭东各地，则按照新定沿边章程扩充办理。将来风气既开，成效渐著，从古荒莽之区，不难见铺棻垂颖之盛也。

附札垦务局批准兴东道庆山禀定荒地经费饬遵文

案据署兴东道庆道山呈称，窃职道前蒙宪恩奉派试署兴东道缺兼派督同通、巴两局清整垦务。当时职道以兴东草昧初辟，人烟未集，招徕垦户殊匪易易，相度机宜，出放荒地，每垧拟酌收经费银五钱，先行实力试办。如果窒碍难行，再为随时酌量另章办理等因，业经呈报并移知垦务总局在案。兹查兴东幅员辽阔，距吉、江两省人烟稠密之处，均甚窎远，兼之地接强邻，言语不通，市粥不同。未经设官以前，向称盗贼渊薮，又无道路可通，虽有沃野千里，而远处农商未曾到过者，非视为畏途，即有道阻修长之叹。刻下派员业将可通之道路查询明悉，由省直达兴东，不过一千八百余里，已详细绘图，注明往来止宿之所，拟即出示晓谕矣。至于原定每垧只收经费五钱，本不为多，无如兴东西南卯是三姓、汤原交界，该各处放荒，每垧酌收中钱不足五百文，相形之下，不免有以此为口实者。现拟酌量变通，凡认领岭西

〔1〕逊毕拉河，即今日之逊河，黑龙江中游南岸较大支流。位于黑龙江省北部。“逊”，满语意为“奶浆”。发源于小兴安岭东南麓、黑河市西部山区，集数条支流，由西向东流经黑河市爱辉区、孙吴、逊克县，在逊克县车陆乡西双河村附近注入黑龙江干流。较大支流有辰清河、茅栏河、沾河、乌底河等。逊河全长279公里。

与通肯北段讷谟尔河[1]毗连荒地者，仍按原订经费征收，其岭东与三姓、汤原接界本省边地，每垧递减二钱，仅收经费银三钱，以广招徕而期踊跃。如是变通，既与我宪台广土众民之意相符，而与职道原呈，如果窒碍难行，另章办理之议亦不相悖。溯自设立兴东一道，原为保我边陲，防御外侵起见，并非为多筹帑项而设。拓地即所以兴利，实边即所以固邦，较诸多收经费其利甚大。宪台原奏必须请帑三十万方能开办，岂寻常所能窥测哉。至出放兴东道署江沿冲要处所街基，每丈方亦拟酌收经费银三钱以昭画一，如背向街基，尚可以次酌减。所有应收捐税于第一二三年内暂行一律蠲免，庶冀商民贪图厚利，自近及远，闻风或可乐至，亦在意中。经此递减而后，若再不见踊跃，必当再筹妥善之法，随时陈明办理，总期于国有益，于民无损，以副我宪台安民实边永固邦本之至意。等情，据此。除批呈悉，该道所拟减收经费，出放街基，限期暂免捐税章程，系为提倡垦务，振兴地方起见，准如所请办理。候饬垦务局、度支司、民政司知照缴。等因印发，合亟札到该局即便知照。

纪矿务

兴东一带，金煤矿产甚多，惜乎有土无人，以致利弃于地。自置官建署后，客民麕集，风气渐开。光绪三十四年春间，于兴东道治之西，距黑龙江沿十余里地曰平山，采得煤矿一处，嗣复采得景星山煤矿一处，其苗线之旺，矿质之佳，殆与平山相埒。其地紧傍黑龙江沿，轮船往来，既便于载运，由黑龙江顺流而下，南通伯力，北达黑河，运路销场较之铁山包甘河煤窑均属事半功倍。且该处与俄屯仅一江之隔，尤宜早日开办，免启外人觊觎之心，而借此以招徕丁壮，并可寓殖民之策于开矿之中，实属一举而数善备焉。只以限于财力，故刻下仅用土法先行开采，一俟办有成效，再行筹拨官本，抑或集合商资，推广扩充，则拓江省之利原，亦以固东方之边圉也。

纪开通道路

兴东斜向西南行约百二三十里为烟筒山，相连有孙姓地房子一处，由此赴汤原

〔1〕 讷谟尔河，清时期称之为讷默尔、纳穆尔。位于黑龙江省境内，是嫩江左侧的一大支流，发源于小兴安岭西麓北安市双龙泉附近，自源地从东南向西北穿过讷谟尔山口后转向南，流经北安市、五大连池市、克山县，于讷河市西南约40公里处注入嫩江。

县约三百余里，均属荆莽丛杂，山水阻隔，向无道路可通。当此经营边务，既以通商，招垦为入手办法，则非先利其往来不可。光绪三十四年春间，试署兴东道庆山踩勘得由兴东至汤原、由观音山经汤原至三姓路线两支。随即派员赴哈尔滨招募工人，先修由兴东以达汤原之路。边荒寒苦，工人多沿途逃逸，到工者仅有四十人，于是委员督率，由托萝山望西南前进，凿山开道，度水架桥，于途中按设三卡，建修房屋。头卡距道署二十余里，二卡距头卡二十余里，三卡距二卡五十余里。办理三月有余，始达汤原县。现在此段路工业经告竣。其由观音山至三姓一路正在经营，预备不日即可兴工。将来此路既成，则南可以达吉林，东可以通兰苏林庆，行见牵车之贾，负耒之农相率而出于其途，其有益于殖民之本计者，岂浅鲜哉。

纪航业

兴东道治，在黑龙江以西与俄屯松由子对岸，为轮船来往要冲。江之左岸，东自玻璃至宁古来斯克，西自黑河至四大列金四克，共计有俄国官商轮船一百六十余艘，新造行江炮舰三十只，已见入江者四只，几有骎骎不可遏抑之势矣。我乃无片帆只舰行驶于黑龙江，凡商民之往来于兴东一带者，均须乘坐俄轮，种种受其欺制。庆山前于将军程德全任内呈请购买小轮船一只，专为转运物料，装载新招商民及稽察员来往之用。时因江省财力支绌未能照准，当令其于光绪三十二年购到之轮船三只，刻在哈埠停泊者，如有转运事宜，随时禀明拨用，不必再事多购，亦不必另派专员。现接庆山来牍，仍伸前请，因将奉省前购小轮船八只拨给江省二只，以辅旧有三船之力所不逮，将来筹有的款，再图扩张，以期船政发达，挽回航权，非徒便于兴东一路输送货物载运商民已也。

纪收抚鄂伦春

毕拉尔路鄂伦春，散处于占河、逊河汇流上段，距江沿一百三十余里，距兴东六百余里。居民田猎为生，不识文字与稼穑为何事也。毡幕而处，逐水草而居，室内则一枪数革而外，他无长物。旧治官设协领，旗分四佐，无城郭、无衙署，无经费，于教养实政从未讲求，不过每年协领照例进山一次，责令牲丁贡貂皮而已。光绪三十二年，将军程德全以庚子乱后，鄂伦春生计益困，俄人辄以小惠诓诱，殊滋隐忧，若不早为固结，边患有不可思议者，乃以试署兴东道缺就近兼署毕拉尔路鄂伦春协领篆务，始创造衙署，俾收抚不至徒托空言，广筹生计，倡立学堂，广教养，可以渐臻成效。三十三年，世昌到东后，据庆山呈报，收抚鄂伦春并创办一切要政，如变通俸饷、移创学堂、垦务局各节，实为抚辑该路牲丁目前应办要政。当饬度支司将该鄂伦春官兵欠领光绪二十七年秋季起至三十年秋季止三年六个月俸饷暨三十一年春季三个月俸饷等项，统共钱三万余吊如数发给，以为目前创办要政之用。年余以来，次第举行，如招垦、劝学两大端，均有规模。将见风气日开，耕读日盛，化其野蛮之俗，杜其外向之心，于边界实大有裨益也。

呼伦贝尔篇

黑龙江省三面邻俄，其所恃以控制边陲者，西则呼伦贝尔，东北则瑷珲，东南则新设兴东道所驻之地。俄初议西伯里亚铁路循黑龙江畔而达东海滨省，则与我地最有关系宜惟瑷珲。厥后东清铁道敷设权让与俄人，彼复改轨由呼伦贝尔穴内兴安岭而南下，则呼伦贝尔之满洲里，实为西伯里亚铁路入满洲第一重门户。盖全伦形势，西控车臣诸部，南卫昭乌达各盟[1]，东北由吉拉林[2]而下则可达漠河，东南则为卜魁省治之右臂伦、贝两湖，即捕鱼、阔连两海子。元太祖之兴以逮明蓝玉之袭灭元裔脱古思帖木儿，皆在两海子近地。国初经营泥布楚诸城，庚子俄入江省西路之师皆取道此，固形势无二者。是故就三省陆路形势而论，惟黑龙江省为最重要。就黑龙江省陆路形势而论，又惟呼伦贝尔为最重要。欧风之东渐也，其铁路所到之处，即其兵力所到之处。可知呼伦贝尔一地，不独关系黑龙江省安危，而亦东三省一线命脉所系之枢纽也。乃以五十余万方里之面积，烟户寥落，人口仅三万有奇，轻戾顽钝，几不知政治竞争为何事。庚子强邻开衅，呼伦贝尔首当其冲。日俄战后，大势一变，长春以南非俄势力所有。从前注重哈尔滨埠以呼吸旅大海口者，今所争又不在南而在北矣。然而阿穆尔省铁路复线，俄虽昕夕经营，尚未工竣，而旅大形胜既为日所租据，则海参崴为俄太平洋最重之港，不能漠视也明矣。俄必欲注重东方之海口，则不得不扼重东清之铁路。俄既欲扼重东清之铁路，则必不轻让北满之利权，其所不经意者，哈埠至长春之支线耳。其自满洲里至绥芬为彼运兵移民之便利，一日不肯不争，则呼伦贝尔冲要之边防，即一日不能或缓也。内而观于

---

〔1〕　昭乌达各盟，昭，蒙古语中有丘陵、庙宇、百数之意，这里是泛指复数而言。乌达即蒙古语柳树，昭乌达地方盛产柳树，周围草场肥美，芦荻丛生，灌木成荫，水流纵横，是一望无际的大草原。后金天聪到清康熙年间，陆续把归降的蒙古扎鲁特部、阿鲁科尔沁部、巴林部、克什克腾部、翁牛特部、敖汉部、奈曼部和喀尔喀左翼部编成11个扎萨克旗。会盟于翁牛特左旗境内的昭乌达，称昭乌达盟。

〔2〕　吉拉林，室韦县，原名“吉拉林”。因地处吉拉林河北岸，故名。古代属室韦部辖地，清代属黑龙江将军呼伦贝尔总管（副都统衔）统辖。

吾境呼伦贝尔部落,大率逐水草而居,其种族以索伦最多,次则巴尔虎[1],又次则额鲁特。而巴尔虎又有新旧之别。我朝雍正年间,设统领以管辖之,嗣改为副都统衔总管,最后光绪七年设副都统。江省旗制如齐齐哈尔、瑷珲、墨尔根各城,悉以满洲、汉军诸部落编入旗佐之中。呼伦贝尔则就其索伦、巴尔虎、额鲁特土著之种族,分设总管自为钤束。盖以地势僻处兴安岭外,情形与各城不同,则当日规划不能不因其游牧性质而定为特别之制,亦势使之然矣。今日者,强邻逼处,虎视鹰瞵,蒙性颛愚,彼乃多方以诱我,而我正在游牧时代。以地理阶级论,必由游牧时代进而入耕稼时代,复由耕稼时代进而入工商时代。呼伦贝尔五翼蒙旗,类皆编联逐徙,其去耕稼时代远矣,去工商时代尤远矣。以此而与外人相持,胜负强弱之数不待蓍龟而决。若不兼营并骛,急起直追,西边一隅其尚可恃哉。故欲隐消外患,必先联络蒙情,充实内力,必亟增设民治,凡有可兴之利,皆属最要之图。呼伦贝尔西南多平原,海拉尔河[2]、根河[3]沿岸以及额尔古讷河右岸各山,连峰叠嶂,蕴蓄深厚,矿产尤伙,森林丰草一望无垠。其他如卓尔博特湖之盐,呼伦湖、贝尔湖以及各河流之鱼,包孕宏富,实边徼绝大利源也。至于畜牧为蒙古固有之产,当设模范牧场以改良其种类。交通为筹边急要之政,当设邮船电线以转运其机关。举所谓开通道路,移民实边,不规规于目前急切之谋而为百年久远之计。经营伊始,在安常习故,尚有进疑阻之说者,不知蒙旗生殖日繁,生计愈促。扩充地利即所以为蒙旗养不涸之源,而在事者,又复处处加以体恤,使但知生计之充裕,不觉新政之烦扰,久之帖然无事,而吾之政策自得以有所施,是盖本财政学之土地、资本、劳力三者,以并行于未曾开化之地,又岂游牧、耕稼、工商之阶级所得而限制之哉。夫俄人不得志于黑海而经营西伯里亚铁路以图东逞,今又不得志于南满,议改其轨循黑龙江北岸旧辙而东,异日重要之地必在瑷珲与兴东一带。然就目前形势而论,则呼伦贝尔实为三省命脉所系。两载筹边,粗知梗概,用揭大略,以为杜渐防微者告焉。

---

〔1〕 巴尔虎,历史上专指大兴安岭以西广阔的草原地区,也称呼伦贝尔。现主要分布于我国呼伦贝尔草原及蒙古国东方省。我国巴尔虎地区在陈巴尔虎草原、新巴尔虎草原,都属于内蒙古呼伦贝尔草原。元入蒙古,称其巴儿忽。清朝时列属八旗建制,现共分三旗(县级):陈巴尔虎旗、新巴尔虎左旗、新巴尔虎右旗。

〔2〕 海拉尔河,蒙古语意为雪水之河,位于中国内蒙古自治区呼伦贝尔市境内。源于大兴安岭西侧吉勒老奇山西坡,呈东至西流向,其源流为大雁河。与库都尔河于乌尔旗汉林场汇合后始称海拉尔河。全长1430多公里,流域面积5.45万平方公里。

〔3〕 根河,蒙古语"葛根高勒"的谐音,意为"清澈透明的河"。位于大兴安岭北段西坡,呼伦贝尔市北部。

纪建置

呼伦贝尔官制分三时期:一为旧行官制,一为暂行官制,一为将行官制。旧行官制,道、咸以前,屡改不一改,姑不具纪,而独纪旧官制之行于目前者。盖旧行官制,一、初分八旗时之官制也,呼伦贝尔设副都统。一、索伦、巴尔虎、额鲁特五翼设有总管以下各官兵,而鄂伦春部落又设有托河路协领以下诸官兵。其行政机关,副都统直接黑龙江省将军。及改行省以后,则直接督抚,其下设三司:曰印务处,曰左司,曰右司。由各旗总、副、管、佐、骁等官轮班当差,印务处掌收副都统印,左司掌理发放官兵俸饷及经理别项财政,右司掌理验放官兵各缺及征调审判诸事。其鄂伦春官兵关于验放各缺及发给俸饷等事,亦由左、右两司掌理。至各司办公之费例俸不敷应用,则由左司派员设税课司征收牲畜、皮毛各税,除额解省城外,所余作三司司员津贴。凡省署有公牍咨副都统,副都统饬司译满下各旗,各旗有事呈用满文,副都统饬司译汉分别办理。此呼伦贝尔旧制设官行政之大概也。光绪三十三年,奏派黑龙江候补道宋小濂[1]护理呼伦贝尔副都统,因以蒙旗风气未开,骤议更张,或恐别生枝节,往返商酌,计惟有先其所急,次第举办。所有例行关系旗务者,仍旧归各司承办。至创办各事,繁赜纷纭,势非旗员所能胜任,因设文案处,而以调查局附之。从前副都统衙门进款俸饷税课,原由左司管理,现欲整顿出入款项,亟须综核,因又设立会计所。次年设边垦总局,办理全伦垦务及分设沿边卡伦诸事务。而旧设之会计所及新立之官货局俱附丽之。于吉拉林则设治委员,于满洲里则设边垦分局,办理沿边垦务及收税事宜。嗣又创设两等小学堂,扩充旧设巡警局。而初拟附设之审判局,又设为副都统发审委员。其旧设交涉、税务局,加以整顿。凡此各处局所,虽非设官可比,当时旗官并未裁撤,经营草创,已骎骎乎树改设民官之先声。此呼伦贝尔现在暂行官制之大概也。光绪三十四年,增设黑龙江民

〔1〕 宋小濂(1860—1926年),字友梅、铁梅。吉林省双阳县人,清末民初杰出的爱国主义者,工诗善书,是吉林三杰之一。光绪十三年(1887年)入东三省练兵行营,三十年(1904年)为黑龙江省文案处总理兼善后局会办。又总办黑龙江铁路交涉总局,与俄抗争挽回利权。三十三年(1907年)简授呼伦贝尔副都统,旋改兵备道。宣统二年(1910年)受命与俄堪界,据理力争保全领土。三年(1911年)调任黑龙江省民政使。1912年曾出任黑龙江都督兼民政长。1926年病逝,著有《呼伦贝尔边务调查报告书》、《呼伦贝尔纪事》等。

官疏内，呼伦贝尔副都统改为呼伦道，道所驻地设呼伦厅，满洲里设胪滨府[1]，吉拉林设室韦厅，皆系即设。免渡河设舒都厅，暂系缓设。凡此一道、一府、两厅，其行政机关如何运用，佐理各员如何分设，俱照定章办理。此又呼伦贝尔奏定将行官制之大概也。由前之说则为旗官时代，由后之说则为民官时代。而宋小濂目前所经营者，实为旗官与民官过渡之时代。法穷则变，制贵因时，固有出于不得不然者。虽然有治法，尤贵有治人。官斯土者，苟知呼伦当东清铁道之冲，关系大局，拓其筹边远略，淬励以图，使千余里边防，四五旗蒙古，固我疆圉，作我屏藩，此则世昌所日夕祷祝而不能已者耳。

纪交涉

呼伦贝尔交涉，分两大部办理。关于铁路界线交涉事件归铁路交涉分局专办，而受指挥于哈埠总局。关于全伦地方交涉事件归交涉税务局专办，而受指挥于副都统。海拉尔俄人自治会一案，虽在伦境，然属于铁路交涉范围，已由外务部一并提议。至关于全伦地方交涉之大者，则满洲里边垦局收税一案是已。光绪三十四年创设满洲里边垦局，派同知闽臣前往专办招垦及收税事宜，暂在满站租赁俄房作为局所，开办月余，与俄人相安无事。乃俄巴厘司总管突带兵百余围局，将闽臣暨局勇带往解送哈埠，经护理副都统宋小濂电诘，未至哈旋释，闽臣折回伦城。在彼外部官以中俄约章载明，两国边界百里之内，中俄人民贸易均不纳税。现在边垦局向俄商收税，殊有不合。不知约章所谓百里内均不纳税者，系专指进口洋货而言。宋小濂派员在满站所收税课乃属土货，正系遵照条约办理。况即别有龃龉，当以情理辩论，岂可围我局所，掳我委员。似此强横，公理何在。当即一再力争，不少退让。磋商两月，始就范围，拟订办法六条，彼此互换，并由铁路公司备头等车送闽臣回满，升挂国旗以谢。至边界百里内纳税已归外务部与俄使另议，以兹事重大，非由内间特订专条不可也。其余如海拉尔河渡船，从前允准俄人纳租行驶，额尔古讷河右岸山沟，俄人渡河多筑水磨，均经次第收回。至于我界木植羊草，向任俄人刈采，自沿边各卡伦设后，皆使领票纳税。匪争此区区税额，乃使彼族知主权自有在也。将来屯垦繁兴，民户滋多，一草一木，一两一铢，皆当自我经营，使彼无从侵越，是所望于后之规划边务者矣。

---

〔1〕 胪滨府，清光绪三十四年（1908 年）置，治今内蒙古自治区满洲里市，属黑龙江省。1913 年降为县。

纪财政

呼伦贝尔财政，其入款由自筹者四：一、税课司经征牲畜税，一、税务局经征木植、羊草、鱼、盐税，一、沿边卡伦经征木植、羊草、牧畜、皮张各税，一、官兵俸饷扣存六分减平银两。其入款由省拨者六：一、副都统以下官兵俸饷，一、鄂伦春官兵俸饷，一、十七台站补买牛马及草豆银两，一、巡防营薪饷，一、吉拉林设治经费，一、边务经费。向例：呼伦贝尔税课司经征牲畜税课，每年综计收款若干，除应缴省库额税外，酌量分劈，一作副都统公费，一作三司各员津贴，一给税课司承办各员薪水。自宋小濂护理副都统后，统计每岁所征牲畜税项，先提一成作为衙门办公，其余以一半归公，一半津贴司员。其原订省城额税即并入归公一半内合算，毋庸另缴。以光绪三十四年分计，共收牲畜税款二万二千四百余两，先提衙门办公一成二千二百四十余两，又巡防营教习薪水二百四十两，所存一万九千九百余两，一半津贴司员，一半给副都统，一年公费犹形不足。嗣因筹办学堂、巡警经费不敷，再由牲畜税项令卖主照捐一倍，以资挹注。是年五月开办起至十二月底止，共收牲畜、皮毛各捐银一万三千二百余两，概充学堂、巡警两项费用。其税务局征收木植羊草各税，除开支外，新旧存银一万四百余两，陆续存入边垦总局，而文案处、调查局各项费用，皆取给焉。至扣存官兵俸饷六分减平银两，除提拨三十四年以前历任副都统养廉暨建造小学堂经费银二千两外，尚存银三千七百八十余两。盖呼伦贝尔自筹各项入款，并由省请领公费分别开支如此。此外由省拨发各款，如副都统以下官兵俸饷，如鄂伦春官兵俸饷，如十七台站补买牛马草豆银两，如笔帖式盐米银两，如巡防营薪饷，俱系额领之款。其吉拉林设治局，每月额支七百七十余两，沿边卡伦自光绪三十四年先后开办，统计边垦总局开办费三千五百余两，每月额支九百二十两，满洲里边垦分局开办四百余两，每月额支七百四十两，沿边二十一卡一拨统计开办费三万六千余两，每月额支银五千零八十余两，每年额支军衣等项一万一千三百余两，皆由江省度支司正款项下动支。是年沿边各局卡开办较迟，其征收羊草、牧畜各税款。已有羌钱一万四千余元，合银一万一千余两。如早认真经理，每岁约得二万两上下，可作补助边卡经费。盖呼伦贝尔省拨各项入款及征收沿边税款，分别开支如此。综是以观，呼伦贝尔地方行政经常费用筹之地方，各局税捐目前非不足支持，惟沿边一千五百余里，对岸俄屯星罗棋布，而我仅区区二十一卡伦，布置未臻周密。倘能合力经营，宽筹经费，需以岁月，固我边防，则此寥如晨星之卡伦，殆即兴利实边之起点也已。

纪军队

呼伦贝尔东南一带兴安岭之麓，山深林密，向为盗匪巢穴，蒙民苦劫掠久矣。自东清铁道通后，其西北如满洲里左近地方紧接俄境，俄匪名戚里尖子，越界劫杀蒙民，较东南一带盗匪尤炽。呼伦贝尔原设巡防马队一营，以八十名守城。其余如洪郭勒金，如霍里克，如硕惠图，如伯克里，如漠河尔图，如特泥河额六处，俱各以二十名分驻距城或一二百里，或四五百里不等。兵力既薄而不厚，形势亦散而不整。光绪三十三年之冬，俄匪抢劫蒙人至二十余家之多，赃款至二三万金之巨。一月之内，迭出命案五起，固由于犬牙相错，易于藏奸，实缘边备空虚，素无布置，是非添驻军队不足以靖地方。次年，宋小濂请于呼伦贝尔境内驻兵三营：以一营驻扎本城以镇中权，以一营分驻城东南以防鄂伦春，其由本城北至库克多博[1]则拨本城防军往驻，以一营分驻满洲里及迤西迤东各处以防俄匪。有事则资以剿除，无事则恃以镇慑。乃正以改编营制，未及果行。是年蒙匪首淘克套窜扰巴尔虎东一带，虽经宋小濂派防军管带兴顺奋勇搜击，匪徒胆落，四散穷窜，不敢复出为患。孟克西里[2]卡伦兵叛，亦由管带兴顺一鼓剿平，是伦城防军非不足倚为缓急。然以全伦西北逼近强俄，东南为鄂伦春巢穴，中贯铁道，俄匪、蒙匪伏莽潜滋，区区防军二百余名，即或能平内匪，万不足以御外匪。国体民命关系非轻，他日新军编成，是当绸缪于未雨者矣。

纪警务

呼伦贝尔城北新街紧傍铁道，内地流民麕集，群嗜烟赌，不事生业，由是盗贼繁兴，地方不靖。从前街道厅内设有帮办一员，番役章京二员，差役十五名，历年由各旗官兵改派办理，借以弹压地方。及后仅恃街道厅差役不足以资保卫，前副都统苏

〔1〕 库克多博，在兴安省室韦县西南，根河入额尔古讷河之口。

〔2〕 孟克西里，在兴安省室韦县西南，根河入额尔古讷河右岸。

那穆策麟[1]因将街道厅裁撤,改设巡防步队一哨,嗣又将原有巡防步队兵五十名改作巡警。是时伦城巡警蒙兵居十之七八,初定饷章,每巡兵一名月支饷银仅三两五钱。边地苦寒,百物昂贵,宋小濂到伦后,因裁汰巡兵十名,而以其饷分加各兵,截长补短以资养赡,其实尚非完善办法也。次年复调熟习警务者至伦,充巡警局总办。其办法先淘汰愚弱,补以省城曾有经验之警兵,增至六十名额,岗位密布,责任渐专,伦城警务日有起色。旋复另订警章,另筑局房,常年经费俱由牲畜、皮毛新捐拨给。巡练操防,责之巡官巡弁。其警察要义,警务章程,俱由在事各员认真研究,虽无教练所之名,已有教练所之实。由是机关完备,规模整齐。周视其地城街,烟赌为之一空,违警轻罪,随到随结,行政卫生,成效大著。夫以呼伦贝尔中贯东清铁道,伏莽滋多,且海拉尔、满洲里两处现已开作商埠,保卫治安,全资警察维持边局,巩我主权。世昌时以此告宋小濂,他日其有以实吾言乎。

纪学务

呼伦贝尔为蒙旗游牧之地,有索伦、达呼尔、巴尔虎各种族,穹庐野处,迁徙无常,乡塾党庠无从附丽。城内旧有官学,学官以笔帖式兼充,所教者只满、蒙文,以备挑差者自书履历。其识满、蒙文稍深者,则在印务处及左、右司办理文牍,间有一二粗通汉文,能译满、汉文字,已觉难能可贵矣。盖当日设防之初,重在养兵,部落规制,一仿行军,讲学诵经,未遑计及。现在强邻窥伺,边防久弛,倘仍令多数国民无学无识,匪唯蒙情锢蔽,难免欺凌,且于行政机关,殊多隔阂。是故筹边要策,非开通蒙智不可,开通蒙智,非兴教育不可。呼伦贝尔各部落,世居兴安岭以西,深闭固拒,非使之通汉文汉语,无由输入文明。兴学宗旨,当以汉文为融化之的,以满蒙文为导引之阶。即本斯意,改前立官学为初等小学堂,继又改为两等小学堂。其学生由各旗挑送,其教员由提学司遴选派往。其学额先定六十名,以后按年添班。其开办经费由提学司于蒙古报效银两项下拨发,常年经费就地由牲畜、皮毛新捐筹给。边地兴学,尤较内地为难,然立其基础,固以开通风气为先,而究其指归,则又以造就边材为亟矣。

---

〔1〕 苏那穆策麟,又作苏那木策林、苏那木策麟,音译无定字。齐齐哈尔满洲镶红旗人。光绪三十一年(1905 年)授呼伦贝尔副都统,有学识,为官清廉。任内重建呼伦贝尔衙署,规复卡伦,添设交涉局,禁俄人沿边越界垦殖,挽回诸多利权。

纪商务

呼伦贝尔面积五十余万方里，男女三万余口，而常年所需，全赖伦城百十商家，贩运内地食货分售各旗。数十年来，商业毫无进步，而牲畜、皮毛大宗贸易，反操诸俄商之手。推原其故，皆由华商性质不务远大，居其奇货，愚我蒙旗。商会虽立，商情犹涣，而商战遂致不竞。现在海拉尔、满洲里两处虽已辟作商埠，振兴尚需时日。自奏派宋小濂护理副都统，经营沿边卡伦，招民开垦，并设立各局处所，添拨巡防各营，人数既增，需货日多，非由公家购运食粮及一切应用货物，源源接济，边地无从取给，必有匮乏之虞。因令宋小濂设官货局，购备各种货物，照价售卖，存储公款，借立垦牧银行基础，由前领边务经费及伦城税款内拨银一万五千两先行试办，徐图扩充。由是伦属招兵，分设沿边卡伦，泛舟接济，无使匮乏，皆官货局周转之力。此由官家提倡，而有裨益商务者也。呼伦贝尔城西南三百二十里布野图布尔都之野，寿宁寺北八里，每年八月乘寿宁寺庙会之际，开市贸易。因本其法以变通之，在本城择地设一市场，以夏五月各旗来城验缺之时为开场之期。彼时草亦长成又距铁路较近，外商自必争趋。内而本城，外而寿宁寺，一年两市，庶可稍浚利源，加增税课。兼以蒙旗向皆迷信宗教，若设市场，非有宗教不足以维系其心。副都统衙门迤西有佛庙一所，拨款修葺，每于开会之期，招集喇嘛诵经，以期蒙旗易于趋向。此因蒙情利导而以联集商务者也。如此筹办就绪，则呼伦贝尔商务渐立基础，再筹的款，兴办海拉尔、满洲里两处商埠，收回外人已攘利权，养成东北荒边重镇。筹边远策，富国良图，其在此乎。

纪盐务

盐为天地自然之利，其所产往往不同，如江、浙、山东、广东诸省皆煮海为盐，四川盐出于井，晋、滇两省盐又出于池。随地所产，或煮或晒，要皆为民食所关，国课所系，未可任其货弃于地也。呼伦贝尔城西南三百一十余里，有珠尔博特盐池[1]，虽不及晋、滇两省盐池之大，其产盐之性质颇同。自东清铁路通后，俄人垂涎已久，屡请代办。光绪三十一年，前副都统苏那穆策麟曾请试办常年盐囤，凡扫盐之人，

〔1〕 珠尔博特盐池，又作绰尔卜特达布苏泊，位于海拉尔西南300余里。盐湖周长约10里，形似三角。

领票交课。所扫之盐,由官定价收买,每百斤收课羌钱七十五文,买盐者每百斤出捐羌钱一百五十文。一税之后,任其所之,不再重征。官操其权,民享其利,亦颇似晋、滇两省就场征税办法。旋因日俄协约,海盐畅通,盐价陡落,官盐原价与运费并计,成本已昂,遂致无人过问。三十二、三年,停止未扫。三十四年,商人张腾甲集资六千元,禀请试办珠尔博特制盐商厂,以兴利源。宋小濂派员调查,据称湖周围约十里,形似三角,南北长约四里,东西约二里,其水出自地中,严寒不冻,亢旱亦不竭。春夏之交,微雨初晴,有风则盐现湖面,北风起,所出尤多,七月杪见霜则无盐,每年产盐之时,有四阅月。其盐粒细色白,俄人最喜购买,故其价较昂。约计每人每日可取四百斤,正出盐时,若有百人捞取,日可得盐四万斤,以一年四月计之,其出盐当不下四五百万斤。然须雨水调和,捞取得法,方有此数,否则亦难预计。其盐运至伦城,每百斤约可售俄卢布一元二三角不等。时已交秋,暂停未办。夫以边境瘠苦,得此固有之利,无论官办、商办,倘能设厂扫取,运销邻邦,夺外界之利权,裕蒙旗之生计,岂非兴利实边之一端哉。

纪矿务

呼伦贝尔矿产可分为二:曰金矿,曰煤矿。而其所产之地,亦可分为二:额尔古讷河右岸各山,吉拉林以东至河口多产金,吉拉林以西至察罕敖拉山,多产煤。此大较也。其有已经开办而利权外溢者,曰扎赉诺尔煤矿[1],从前租归东清铁路公司开采。光绪三十二年,宋小濂总理哈尔滨铁路交涉局,与公司议订合同,每煤千斤收税银一钱二分,设有中国煤税局一处。计自光绪三十四年正月起至十二月底止,共出煤二万万余斤,收税银二万余两。其已采有矿苗而正拟开办者,曰察罕敖拉煤矿[2],其矿在察罕敖拉卡伦东数里。上年察罕敖拉卡弁王凯胜见旱獭由地内穿穴,所出土中有煤质,因令卡兵试采,深至四丈余,煤块有如拳大者,后因见水停工,现由华商出资试采,如可称作,再定官商办法。其有商办无效收归官办,已经改良办法者,曰吉拉林金矿。庚子变后,此矿系经俄人窃采,经署将军程德全将全厂收回,由商承办,嗣因资本告匮,遂致废辍。光绪三十四年,奏派吉拉林设治委员兼办金

〔1〕扎赉诺尔煤矿,1902年8月,东清铁路公司理事会批准了俄地质工程师波罗尼科夫开发扎赉诺尔煤矿的初步预算。同年9月开凿了第一号矿井,并命名为"波洛尼科夫矿场",扎赉诺尔煤矿的开采就随着东清铁路的运营而开展。

〔2〕察罕敖拉煤矿,在察罕敖拉卡伦东,光绪三十四年(1908年)发现。

矿,于是改归官办。又以采苗一事,专恃官力则人力或有不足,专恃矿丁则财力又有不及。惟有官出资本,供给矿丁食用,财力、人力相辅而行,以其耗费无多,可望成效。其金厂在设治局西八里小西沟,作工者约百五十人,均先挖碃采苗,每人每月交官金一钱一分八厘,除官金外,每人每日匀算所得之金尚值俄卢布三四元或一二元,并定由官中收买,不准私行外卖。计自办法改良后,矿务已渐有起色。其有昔时开采而今已废弃或成弩末者,曰吉林子河金矿,曰阿木毗河金矿,曰乌玛河金矿,曰奇乾河金矿。奇乾河金矿归漠河金厂管理,昔甚著名,今归商人包办,作工者仅七十余人,皆淘汰昔时已作之残砂而已。夫额尔古讷河右岸各山,皆发脉于兴安岭,连峰叠嶂,蕴蓄富厚,其金矿之未经发现者不知凡几。署副都统宋小濂曾拟试采金矿简章五条,世昌颇韪其议,果能招丁采苗,予以利益,如有堪称大作,或归官办,或由商办,或但用人工,或兼用机器,酌量财力,逐渐推兴,当不难有矿必开,地无弃利,且可借以招民实塞,裨益边局,岂浅鲜哉。

纪交通

呼伦贝尔僻处兴安岭西,形同瓯脱。从前由伦至省,设哈克、齐家等十七台站传递公牍。嗣经庚子之变,台站被毁,所有往来文牍,均由东清铁道派差递送。光绪三十四年,推广文报,设总局于齐齐哈尔,而呼伦贝尔则由省拨款设立分局,其自伦至省之电线虽未安设,暂时俄电尚可借用,东道之交通,固无虞其不利也。满洲里为西边要站,自伦至满,火车朝发不夕即至,西路之交通亦至便也。惟西北两道,有不可不亟为筹备者。额尔古讷河系中俄公共之河流,俄人轮舟激驶,由额尔古讷河口上达吉拉林岸对俄屯卧牛槐布拉等处,左右两岸均有船照以识水道,我则片帆绝影,每至往来载运,仰给俄轮,往往受其挟制。光绪三十四年,宋小濂造二风船。由城北海拉尔河口装载粮物,派员押运沿边卡伦,以资利济。惟额尔古讷河下游两岸均系悬岩绝壁,水大溜急,风船可顺水而下,不易溯流而上,夏秋之际,山水涨发,帆船中途阻滞,贻误必多,自非如俄人之用轮船,无以为力。计惟有另筹巨款,责成吉江邮船局专理其事,以黑龙江为正路,以额尔古讷河为支路,一气贯注,化板为活,庶几西边航线不至孤守一隅,且国际河流之利权,亦不尽为外人所握也。虽然,水路要矣,而陆路不通,则沿边声气仍多阻碍。自伦城至库克多博,现立马拨五处,自库克多博至河口,俱有各卡卡兵传递公牍,固无虑其隔阂矣。惟伦境沿边计一千五百余里,其有道可行者,仅塔巴尔干达呼山至吉拉林七百余里。其有道可循而未经开通者，又有吉拉林至珠尔干河[1]三百五十余里。其珠尔干河至额河口五百五十余里，俱连峰叠嶂，壁立河上，行旅往来，非假道于俄不能飞越。果欲经营边务，自非将我岸道路开通不可。据副都统宋小濂调查，工程约计需三万金可以蒇事，世昌深赞成之，正以内调，未竟此志也。夫俄人之于沿边交界之区，机关完密，其于距界八十里杂窝答安设电报局以通国内消息，安设华界铁路电线以通国外消息，不仅屯堡联络，轮舟往来，呼应灵通，遇事不至贻误已也。我界则沿边文报仅恃卡伦，道涂辽远，消息迟滞。世昌致副都统宋小濂书，于开通沿边道路及轮船电线，关于交通诸事务，提议已非一次，终以需款巨甚，急切难筹。规划久远，又非仓卒所能成事。筹边远略，是所望于后来者矣。

纪沿边卡伦

呼伦贝尔沿边，始于雍正五年设卡伦十二。十一年，恐外卡防守或疏，复设内卡伦十五。乾隆二十五年，重行整顿。咸丰七年，因内卡伦与外卡伦相距太远，量为迁移，复由十五改存十二卡伦，另立新名。嗣因奉行日久，内卡伦渐即废弛，旧址均无从查考。光绪十年，防俄人越界挖金，由黑龙江城于伦境珠尔特依卡伦北，沿额尔古讷河右岸，增设卡伦五座。至庚子之乱，沿边卡伦皆被俄人焚毁，官兵逃散。光绪三十三年，经前副都统苏那穆策麟重设卡伦十座，从察罕敖拉起至珠尔特依止。而珠尔特依迤北之卡伦仍复阙如。此从前伦境沿边先后分设卡伦之大略也。惟是前设卡伦，专重巡防，未遑屯垦，以致沿边一千五百余里，俄境则屯镇相望，我境则荒凉满目。寻复变故相乘，沿边如木植、羊草河鱼、金矿诸利权，任人取携，边备空虚，皆由前此未讲殖民政策故也。光绪三十三年，奏派宋小濂护副都统，注重沿边，分设卡伦，招募内地安分农民，兴办屯垦，因于满洲里设一边垦分局，责令与吉拉林设治委员分段管理，并于伦城设一边垦总局，综核全境卡伦边垦事宜。初议沿边属境分设四十卡伦，旋因绌于财力，先设二十卡伦。每卡设卡弁一名，卡兵三十名。每五卡设卡官一员，每十卡设总卡官一员。后又择扼要处，添设一卡一拨，计沿边一千五百余里共设二十一卡一拨。各卡卡兵以十名巡查边境，二十名开垦荒地，更番轮替，兵农兼资，将来所得粮食，即作为卡兵津贴。俟其力能自存，再将

〔1〕 珠尔干河，又名阿巴河，阿巴河发源于与乌玛南娘娘河高海拔湿地一山之隔的大兴安岭山脊南坡，与相隔7公里的亚克鲁其河并行南流40公里后汇合，继而转向西流入额尔古讷河。

所垦之地分给为业,酌量升科停饷。留兵十名保护垦民,其余另招二十名,再于中间隙地添设卡伦垦地,以次递加,并令就近兼收木植、羊草、皮毛各税,以免利权外溢。去年开办之始,即派员至吉林府招募卡兵一百四十余名,先令筑房凿井。本年又因江省财政困难,每卡改设卡兵二十二名,以十一名巡边,十一名垦地。当分派各员至吉林、奉天等处招募卡兵一百七十余名,分布各卡,以便春融实行开垦。其沿边俄人越界刈草、畜牧及砍木、凿石各项章程票示税则,于三十四年先后照会俄外部官,饬令沿边俄民遵守照办。据宋小濂咨报,自去年五月开办以来,始迫于建筑,继迫于天寒,屯垦虽未能兴,然前此俄人越界垦地及安设水磨等事,均经一律驱逐,其收纳税项亦均遵章领票照纳。现在各局卡征收羊草、牧畜税款已有羌钱一万四千余元,尚无别项轇轕,木石税亦正在发票。沿边俄人渐知主权在我,凡一草一木必经我允许方能取用,迥非前日之任意取携可比。其华人领票赴沿边经商者络绎不绝,各卡伦附近开设小铺者已有六、七十家。从此逐渐经营,边境可期充实,是筹边成效稍稍睹矣。倘能充其财力,需以岁月,招徕内地之民来耕塞上,数十年后,生养日繁,则此区区二十一卡一拨,即谓为兴利实边之基础,不亦可乎。

附拟设沿边卡伦章程

第一章　总义

第一条　呼伦贝尔三面邻俄,边务最关重要。沿边旧设卡伦,事多废弛。此次重新整顿,以防守边圉为职务,以招民实边为主义。其办法,则大概仿照屯田,兵农并务,逐渐以图扩充。而以边境之权利不失,国际之交涉不生,地利益辟,民生益聚为成效。

第二章　权责

第二条　沿边共设卡伦二十一处,每卡设卡官一员,卡副兼书记一员,襄助卡官经理一切,通事一名,卡目二名,卡兵二十名。凡该管界内边界草木暨各矿一切产物,均有保守之责。其收税垦荒及邮递巡防等事,亦责成该卡查照分别办理。

第三条　沿边上游设有满洲里边垦局,中间设有吉拉林试办设治委员。惟满洲里以下,吉拉林以上,库克多博为俄人进口要道。吉拉林以下至额尔古讷河口八百余里,边境太长,该两局均不能兼顾,非有职权较重之员驻守其间,无以督饬各卡,严守边境。于库克多博、珠尔干河两卡伦,各添设总卡官一员,管理所属各卡,上受边垦总局之监督。自阿巴该图[1]卡以上三卡，归满洲里边垦局就近节制管辖。自孟克西里至珠尔特伊，归库克多博总卡官管辖。自莫里勒克至额尔古讷河口，归珠尔河总卡官管辖。其附近吉拉林上下各二卡，并兼归该设治局节制，惟仅有稽查之权，不得随便差遣。其额勒和哈达卡伦在额尔古讷河口，去总卡伦较远，及阿巴该图以上三卡无总卡官，应于阿巴该图、额勒和哈达二处，加卡官以稽查名目，以便稽查就近各卡。

第四条　沿边总分各卡，统归边垦总局监督。吉拉林、满洲里两局，除词讼及寻常行政外，凡关系边务垦务者，亦归边垦总局汇总办理，以便居中策应。

第五条　各卡官均无办理外交暨审理词讼之权，遇有交涉词讼等事，均呈明总卡官查明核转，请示办理。其吉拉林以上至根河北岸，以下至毕拉尔河卡伦[2]，均呈送吉拉林设治局。阿巴该图以上三卡，均呈送满洲里边垦局办理。惟珠尔干河总卡以下至额尔古讷河口，去吉拉林五、六百里或七、八百里，其交涉词讼案件，如事事请由吉拉林设治局核办，实苦鞭长莫及，延误事机。应于吉拉林以下自牛尔河卡伦起至额尔古讷河口止，暂假珠尔干河总卡官以行政之权，各卡官遇交涉词讼呈请该总卡官随时办理，径报副都统查核。俟垦户日多，裁撤卡伦后，或另设治，或酌设分防，仍归□奏设之室韦厅辖境，至时查酌情形，再请核办。

第六条　各卡遇有应报事件，卡官呈报总卡官，附近吉拉林上自根河以北，下至毕拉尔河各卡并分呈该局。阿巴该图以上三卡无总卡官，即呈报满洲里边垦局。满洲里边垦局及各总卡官分别移呈边垦总局，并报副都统查核。两总卡仍分移吉拉林设治局，其各卡伦无关该两局之事，即径呈总卡官，总卡官径呈副都统及边垦总局，无庸分报分移吉拉林设治局，以省繁复。以后呼伦改道暨胪滨府、室韦厅实行，亦照此办理。

第三章　界务

第七条　沿边与俄接壤，西北自塔尔巴干达呼[3]起，东北至额尔古讷河口止，

---

〔1〕　阿巴该图，蒙古语，意为有妇人之山。传说，清雍正五年（1727 年），中俄两国的勘界大臣在勘查满洲里段中俄国界中途休息的时候，忽然有一位貌似天仙的妇人（相传是蒙古族）从天而降，手里提铜壶走到双方官员面前，为每人沏上了一杯香甜可口的奶茶，勘界官们的干渴和疲劳顿时全消。事后，双方勘界官员为了纪念，就将停歇的这座山命名为阿巴该图。

〔2〕　毕拉尔河卡伦在兴安省室韦县东北，额尔古讷河右岸。清光绪末年置。

〔3〕　塔尔巴干达呼，位于满洲里市市区西北约五十公里中、蒙、俄三国交界处，即清季黑龙江省呼伦贝尔副都统辖与喀尔喀车臣汗部之省界，地理位置十分重要。

延长一千五百余里，额尔古讷河流为天然界限。自阿巴该图至塔尔巴干达呼，为人为界限。其天然界限，河道年久，或有变迁，应永以河流之大者为界。人为界限，均经立有鄂博，应由各该局卡随时查明界限有无迁移，外人有无侵占，呈请核办。

第八条　界内地方应不准俄人筑室居住，或开垦荒地、安设水磨。如从前有前项情事，务令一律折徙迁回俄境，以免久假不归，致生界务轇轕。

第九条　界内各种矿产暨木植、羊草、鱼盐等项，均应加意保守，不准俄人任便采取，亦不准其越界围猎，致有惊扰误会。

第十条　凡两国交界如额尔古讷河，为公共河流，彼此均有航权。其华界以内河流，系我自有之河，均不准俄人往来行船，如有擅行驶入者立即禁阻。

第十一条　凡两国交界地方，地名最关紧要，应由各该卡详查该管边界中俄地名，呈报以考证。其我界内无名之处，即相其山水形势或他项特别记号命名呈报，至原有特别标记如界牌等类，亦即详察具报。

第四章　交涉

第十二条　沿边两国人民遇有寻常轇轕事件，应由满洲里边垦局及各总卡会同该管俄官秉公判结，按月汇造清册呈报。固不宜过为退让，亦不宜故为偏袒。其重大交涉，统归呈副都统核办，两总卡并分移吉拉林设治局知照，各卡不得擅专。

第十三条　凡俄商过界，照约应有俄官所发中俄两国文字执照，注明商人姓名、随人姓名、货色包件、牲畜数目若干，呈由卡伦查勘。查明后，即由该卡盖用戳记挂号放行，勿得留难需索。其无执照者，即扣留交附近俄官罚办，查照光绪七年中俄改订陆路通商章程第二条办理。至华人出境，亦须有副都统执照，方准放行。

第十四条　庚子乱后，沿边华民归路已绝，入俄籍者甚多。铁路开筑以来，华工之流落俄境者尤复不少，应由各卡随时查明招复，以恤流亡。至已入俄籍仍住华境之鄂伦春人，多在珠尔干河总卡伦一带山内游猎，即责成该总卡官设法收笼，先觅该族首领，查明入俄籍者若干，劝令脱去俄籍。如甘心向外，则驱逐出境，不准在中国界内游猎。其未入俄籍暨仍愿回籍者，则于该种族中择其为众推服者，呈请派委佐领一员、骁骑校二员管理，即归珠尔干河总卡官就近统辖。

第十五条　沿边局卡务随时严行约束弁兵，勿得擅入俄境滋扰，致启衅端。如违，除将启衅之人革惩外，仍惟该管各员是问。

第五章　屯垦

第十六条　每卡设目兵二十二名，均募朴实农民。平时以十一名巡边，以十一名垦地，更番轮替，俾均劳逸。以后有已耕之田，保护之兵自可招徕垦户，借资实边。

第十七条　各卡应用牛马及一切农具，均由官款购办一次，责成该卡官等加意保存。如有倒毙损失，由该官兵等分别包赔。初年选用籽种，由官先行垫办，秋收照数由各卡归还。常年所收粮食，统归各该卡自用，官家并不取租，以示体恤。

第十八条　各卡于附近卡伦地方，相山川形势所宜，先尽一面划归卡伦开垦，其对面则留备招户，以期渐成村落。居中划留村基，面积纵横各以二里为率。每卡官给地二方，卡副给地一方半，通事、目兵各给地一方。垦熟若干，照应得地数核算分劈，给为永远世业。俟二三年后查看，力能自存，再行升科停饷，留兵数名保护，即以归农之卡兵自办团练以资守望，另择适中之地募兵设卡以冀挨次垦辟。其原有卡官，分别提升差委，如愿归农，即予以屯长以励勤劳。至总卡官均有实官，差使较优，应俟办有成效，优予保奖，勿庸与卡官、目兵分地。

第十九条　卡兵开垦，初年每人开地六垧，以十人计算，每卡须开地六十垧。次年已有余力，即可雇人助开。五年后，须将所给荒地开齐。每年实开若干，于九月内造册具报。

第二十条　沿边地方如有垦户请领荒地，即由卡官报明总卡官勘放，年终造册呈报边垦总局，不收押荒银两。查照汤旺河章程，每垧仅收经费、桥梁费中钱五百文。升科年限，照本省通章，能否准予宽展，至时再行查酌情形，转请奏明办理。如系安分农民携有家眷者，籽种等项亦可由该卡呈明酌量借垫，并由各卡竭力保护。其放荒章程，俟另定通行知照。

第六章　巡防

第二十一条　各卡所定巡边目兵十一名，其巡查所管地方，应由各总卡官饬属查明。在两卡适中之处，指明标识，分划界限，绘具草图，呈报副都统咨省立案。各卡所管界内，限定每一星期内，由该卡官巡视一周，且必与左右邻卡在交界地方会晤，以期接洽而免隔阂。其巡视日期，由总卡官每星期酌定二日，于前一月通传所属各卡知照。各卡巡兵则逐日轮派四人，于该卡左右所管界内，各以二人分头巡查。由边垦总局制发木牌，交各卡官临时发给，令其届时与邻卡巡兵互换，以作凭证。

第二十二条　卡兵巡边，遇有形迹可疑者，勿论华人、俄人，均须详为盘诘，并查其来由去向，报由卡官簿记，以便遇事有所稽查。

第二十三条　中俄商民贩运往来，所有违禁货物，如入境军火，出境米谷食盐等类，务须随时严查，防其私运。有则一并入官，查照光绪七年中俄改订陆路通商章程第十五条办理。

第二十四条　巡兵遇有小偷、小匪务即立时擒捕。如系大股胡匪，须严密防范，并迹其去向，迅即知会邻卡及吉拉林设治局，或驻满洲里暨本城防营会同兜剿。如系俄匪，立即呈明送交俄官办理。倘有外匪窜入俄境，即行知会俄官，协同设法捕治。

第二十五条　各卡如获盗匪，勿论为俄匪，为土匪，务即就近解交满洲里、吉拉林两局，或径送来城收受，分别自行惩办，或转送俄官究治。其珠尔干河总卡解送不易，准先讯明录供，呈报副都统听候核示。

第二十六条　沿边各项物产，除定章收税，暂准俄人采取外，其余如有俄人窃取，即行查缉，或知会俄官示禁，或将该俄人拿送俄官惩治。

第二十七条　各卡兵巡边，尤须随时随地留心详察，凡山水扼要并外人往来路径，暨何处可以樵采，何处可以牧畜，何处可以开垦，何处可以渔猎，均逐一查明，随时报告，以凭核办。

第二十八条　边垦总局派有稽查卡伦委员一员，无论何时，均可禀明副都统派令前往巡查。总卡官，每三个月内应将所辖各卡地方巡查一次。卡官兼稽查，每一个月应将所辖各卡地方巡查一次。卡官则随时巡查所管地方。其巡查时，务将各卡官兵巡防是否出力，屯垦是否认真，征收税课是否核实，各处有无盗匪出没，及一切紧要情形，随时禀报总卡官，由总卡官汇报副都统，并分报总局以凭查核。

第二十九条　总分各卡伦，须将所管界内每月俄人入境若干，出境若干，因何事故，有无越界私自砍伐草木渔猎开矿垦地及建房居住等事，并华人入境若干，出境若干，作何营业，均列表呈报一次，分卡限下月十五以前呈报总卡，总卡限下月底汇齐呈报副都统，并分报边垦总局。表式附后，由边垦总局刊发，以归一律。

第三十条　各卡地方，户口若干，作何营业，于六月底、十二月底二次查明，造册呈报总卡官，汇齐转报副都统查核，交边垦总局备案。

第七章　税课

第三十一条　俄人越界割草、砍木、凿石，购买皮张，牧放牲畜，均暂订收税章程，刊印票照，分札吉拉林设治局、满洲里边垦局、库克多博、珠尔干河两总卡伦遵照办理。所有各该局卡发放各票，亦应定明界址以免轇轕。由察汉敖拉至阿巴该图，归满洲里边垦局发票。由孟克西里至珠尔特伊，归库克多博总卡伦发票。由珠尔特伊以下距四十里地方至毕拉尔河，归吉拉林设治局发票。由牛尔河至额勒和哈达，归珠尔干河总卡伦发票。其卡官兼稽查二处，阿巴该图则请由满洲里给票转发，额勒和哈达则请由该管总卡官给票转发，仍责成给票之局卡实力稽查。其余卡官只发票稽查，勿庸兼办税务，以免分歧。其局卡发放税票时，应将某处发给某人若干票,票内若干数目钞单行知各该管卡伦,俾资各卡就近稽查。

第三十二条　征收羊草牧畜税分八月底、年底,木石税分年底、四月底二次呈缴,皮张税于来年四月呈缴。所有各项票根及发运票时换回之票稍,并运票根收回运票稍,一并尽数解交边垦总局,并一面报副都统备查。

第三十三条　俄人在我境贩运牲畜、皮毛等项出境,如在伦城或各局卡完纳税课,须令将运单税票呈验,属实方准放行,否则令其照章纳税。如有狡赖或单货不符,即将运货扣留,呈请核办。惟不得无故留难需索,致起交涉。

第三十四条　卡伦经征,多系外人税课,其各旗蒙人暨各处新来垦户,所有伐木割草等项,除贩卖者仍应收税外,如系自用,一概免收。惟各卡附近须择林木茂盛之处,酌留护养为异日之用,不准中俄人等采伐,划定绘图呈报立案。

第三十五条　各卡弁兵,农隙之时,准其刊伐木植、割刈羊草卖与俄人,惟须领票遵章纳税,以归一律。

第三十六条　各局卡兼收草木、皮张各税,不另开支经费,即将所得票费留局作为津贴。各分卡由总卡官酌量分给,开单呈报边垦总局备核。领票时,每张须缴边垦总局羌钱二百文作为票本,惟草木、皮张各税款为数甚巨,非有专人经理不足以昭慎重。两总卡处,各添管账书记生一员,专管税务账本以及造报等事,薪水由税款项下开支。

第八章　邮传

第三十七条　沿边路径不通往来,多假道俄境,诸凡不便。应即详查我境此卡至彼卡各若干里开通道路何处易修,何处难修,其原有道路应如何修补,并何处宜设渡船,查明呈请核办。小工,即由该管卡伦拨兵修理。如工程较大,另行筹款开办。

第三十八条　沿边并无文报、邮政等局,往来公文应由边垦总局与各卡伦暨满洲里边垦局、吉拉林口局专派马兵随到随送,挨次传递,以期消息捷速,并填注排单,记注簿册,以凭考查。其由伦城至库克多博,另行置有马拨五处,以便接递。排单由边垦总局刊发。

第三十九条　俄境沿边各站,均置有马匹,夏则快车,冬则冰橇,载送往来,官商最为便捷。我境各卡亦应仿照办理,俟道路开通时,均预备快车、冰橇,无论官商去来,随时传送,一律给予车价,勿得借口差徭,各该卡亦不得留难需索,应由总卡官查明情形,呈请核办。

第四十条　各卡遇有呈报事件,缓则由各局卡挨次递送,急则专差赍呈,挨卡换马。至急,则通电之处可借俄电报告,其机事秘密者,仍专差驰送,以期灵捷而防泄漏。

第九章 经费

第四十一条 经费分开办、常年两项。凡各卡住房、凿井及购备牛马、农具暨铺垫等项为开办经费。卡官、书记、通事、目兵薪饷公费，军衣运费、川资、募兵车价为常年额支、活支经费。附列两表：

呼伦贝尔沿边各卡伦开办经费表

费别 名目	房间	铺垫	井	牛	马	鞍	洋犁	锄	扇刀	斧凿	铁钩	铁叉	铁锆	铁锹	镰刀	大小锯	磨石	设卡数目	按价统计	
库克多博总卡	正房三间每间一百两 兵房粮房共九间每间六十两	六十两	一眼十两	四条每条五十两	六匹每匹二十五两	六盘每盘十两	一付二十八两	五把每把一两	四把每把七钱五分	四把每把七钱五分	二把每把二钱五分	二把每把三钱五分	四把每把八钱五分	四把每把八钱五分	十把每把三钱八分	三把每把二两七钱	二块每块一两八钱	一卡	一千三百八十二两七钱	统计共需京平银二万五千二百五十二两七钱
温河总卡	正房三间每间一百两 兵房六间每间六十两	六十两	同前	同前	同前	同前	同前	同前	同前	同前	同前	同前	同前	同前	同前	同前	同前	一卡	一千二百零二两七钱	
卡官兼稽查	同温河	五十两	同前	同前	同前	同前	同前	同前	同前	同前	同前	同前	同前	同前	同前	同前	同前	两卡	一千一百九十二两七钱	
分卡	同前	四十两	同前	同前	同前	同前	同前	同前	同前	同前	同前	同前	同前	同前	同前	同前	同前	十七卡	一千一百八十二两七钱	
马拨	两间每间六十三两	五十四两																一拨	一百七十六两	

呼伦贝尔沿边各卡伦常年经费表

费别 名目	定名	额数	薪饷	按月额支	军衣每兵每年照十八两计算	年支本年闰二月应按十三月计算	局卡数目	按并拼计	
珠尔干河总卡	总卡官	一员	薪水五十两，津贴五十两	三百五十二两	三百九十六两	四千九百七十二两	一卡	四千九百七十二两	统年共需京平银六五千一百零三两
	卡官	一员	二十四两						
	书记长	一员	二十四两						
	管票书记生	一名	十八两						
	书记	一名	十二两						
	通事	一名	二十两						
	卡目	二名	每名六两						
	卡兵	二十名	每名五两						
	公费	总卡官 卡官	三十两 十二两						
库克多博总卡	总卡官	一员	五十两	三百零二两	三百九十六两	四千三百二十二两	一卡	四千三百二十二两	
	卡官	一员	二十四两						
	书记长	一员	二十四两						
	管票书记生	一名	十八两						
	书记	一名	十二两						
	通事	一名	二十两						
	卡目	二名	每名六两						
	卡兵	二十名	每名五两						
	公费	总卡官 卡官	五十两 十二两						
卡官兼稽查	卡官兼稽查	一员	三十六两	二百零二两	三百九十六两	三千零二十二两	两卡	六千零四十四两	
	卡副兼书记	一员	十八两						
	通事	一名	二十两						
	卡目	二名	每名六两						
	卡兵	二十名	每名五两						
	公费	月支	十六两						
分卡	卡官	一员	二十四两	一百八十六两	三百九十六两	三千零二十二两	两卡	六千零四十四两	
	卡副兼书记	一员	十八两						
	通事	一名	二十两						
	卡目	二名	每名六两						
	卡兵	二十名	每名五两						
	公费	月支	十二两						

<table>
<tr><th>费别
名目</th><th>定名</th><th>额数</th><th>薪饷</th><th>按月
额支</th><th>军衣
每兵每年
照十八两
计算</th><th>年支
本年闰二
月应按十
三月计算</th><th>局卡数目</th><th>按并拼计</th></tr>
<tr><td rowspan="5">马拨</td><td>拨长</td><td>一名</td><td>十四两</td><td rowspan="5">一百三十三两</td><td rowspan="5">一百九十八两</td><td rowspan="5">二千九百二十七两</td><td rowspan="5">一拨</td><td rowspan="5">一千九百三十七两</td></tr>
<tr><td>马兵</td><td>十名</td><td>每名九两</td></tr>
<tr><td>伙夫</td><td>一名</td><td>五两</td></tr>
<tr><td>店费</td><td>八名</td><td>每名二两</td></tr>
<tr><td>公费</td><td></td><td>月支八两</td></tr>
<tr><td>活支</td><td colspan="8">查马兵一项共马兵十名,开支店费者八名,因马名分驻五处,只一处盖有官房,内驻拨长一名,马兵二名,余八名均租住店家。又出差暨募兵川资运费因事前难于一一估计应请实用实销合并登明</td></tr>
</table>

第十章　服制

第四十二条　沿边各卡官兵,日与外人来往,服制最重,非徒借壮观瞻,亦以标识特别,外人易于凭信。兹拟帽靴衣裤等件色料暨袖章肩章等级,附列一表,以便遵照。

第四十三条　各项服制,由官购置分发,以免歧异。惟总卡、分卡各官,照价由薪饷扣还。目兵由官款按季购发,以示体恤。

第四十四条　各卡与俄人时有往来,体制似宜稍崇。凡系派委总卡官者,原有官阶职衔凡在四品下者,一经到差,暂准假四品顶戴。其卡官等官阶职衔凡在五品以下者,准假五品顶戴。

呼伦贝尔沿边卡官副目兵服制表

名目	军帽	单衣裤	绵衣	羊皮袄	袖章	腰带	军靴
总卡官	貂缨大帽	均薄灰毛布	青色呢	青色呢面	金绦四道	黑皮带	皮底绒靴
卡官兼稽查	同前	同前	同前	同前	金绦三道	同前	同前
卡官	同前	同前	同前	同前	金绦二道	同前	同前
卡副	同前	同前	同前	同前	金绦一道	同前	同前

名目	军帽	单衣裤	绵衣	羊皮袄	袖章	腰带	军靴
卡目	夏土色布秋深蓝呢冬深蓝呢带皮耳	均土色布	深蓝布面	深蓝布面	青绦二道	同前	皮底青布靴
卡兵	同前	同前	同前	同前	青绦一道	同前	同前

书记长书记生书记各从其原有官阶服色，无庸另加识别合并声明。

第十一章　奖罚

第四十五条　巡防、屯垦、交涉、税务等项，最为各卡重要事件，非优予奖励不足以示鼓励。应请自开办之日起，扣至三年期满，办有成效，将在事各该员官兵，分别异常、寻常、内奖、外奖，借资鼓励。惟须该员官兵等有后开各项成绩，方能酌量给奖。

甲、各卡所辖地方，三年内并无俄匪肆行抢劫。或有匪人，能先事防剿，不令窜入境内，及或窜入境内，能竭力保卫居民未遭劫害。或随时拿获，并所辖境内无俄人越垦者。

乙、各卡所拨荒地，能督率兵丁广为开垦，每年秋季册报新垦地亩，历有增加，及能招致垦户数十人以上至数百人者。

丙、征收各项税款，均尽征尽解，并无经征不实及疏漏，或侵吞入己情弊者。

丁、与俄人办事，能不激不随，使其就我范围，并无酿成重大交涉者。

第四十六条　各卡征收税课，已咨准省署以八成归公，以二成归本属各局卡津贴。此项津贴由副都统汇提酌分。如各卡官兵有办事勤奋异常出力者，应准该管官请于该卡所得津贴项下，从优赏给。

第四十七条　边境苦地，屯戍苦差，各卡官兵小有过犯均可原宥。惟概从宽贷，势必至一无顾忌。如有后开各项事件，应即分别撤革、惩办、罚薪，以示儆戒。

子、各卡兵丁有为匪或通匪情弊，该管官不先觉察约束，酿成种种不法行为，致有人告发或被查出者。

丑、官兵或吸食鸦片，或聚赌招摇，该管官不先觉察禁止，致被人告发或查出者。

寅、桀骜疏慢，不听约束暨过俄界滋事者。

卯、与上开给奖各项，适成反比例者。

第十二章　通则

第四十八条　以上各条奏定后，即通饬各卡一律照办。如各卡有情形不同与定章无甚违异，或以后另有应行事件为此章所未及者，准该卡官等拟议办法，呈请核定转咨立案，以期各因时地制宜，免致贻误。

附筹办呼伦贝尔边垦情形折

奏为呼伦贝尔沿边辖境分设卡伦，并于伦城及满洲里设立边垦总分各局，以便统属而资控驭。谨将开支数目奏明立案，恭折仰祈圣鉴事。窃维黑龙江省毗连俄境，边线延长三四千里，若非讲求拓殖，慎固封守，则主权利权皆将隐被侵夺，驯至无可挽回。臣等往复筹维，以为辟地首在聚民，防边必先置戍。惟是沿边广远，财计艰难，设卡开荒，势难一时并举，拟择定要区先行试办，以为各边之先声，然后以次扩充，徐图完密。查呼伦贝尔所辖境内，西北自达尔巴干达呼山起，东北至额尔古讷河口止，弥望荒凉，几同瓯脱。而隔江俄境则屯镇相望，星罗棋布。俄民时时越界采矿、垦地、捕猎暨伐木刈草等事，一切为所欲为，无人过问。审时度势，惟有于沿边一带安设卡伦，并酌立边垦总分各局以资提挈，庶为巩固边疆，联络声息之道。迭据暂护该城副都统宋小濂咨称，该城沿边属境，现在约按每七十里设一卡伦，并于每卡设卡弁一名，卡兵三十名。又每五卡设卡官一员，每十卡设总卡官一员。计沿边一千五百余里共设二十一卡一拨。所有卡兵应令每卡以十名巡查边境，以二十名开垦荒田，更番轮替，庶期务农讲武，两者交资。将来所得粮食，即作为该兵津贴。俟力能自存，再将所垦之田分给为业，酌量升科停饷，留兵十名保护垦民，其余另招二十名，再于中间隙地添设卡伦垦地，以次递加，边民可期日臻繁庶。并令就近兼收木植、羊草、皮毛等税，以免利源外溢。惟各卡散漫零星，拟于满洲里设一边垦分局，责令与吉拉林设治委员分段管理，并于伦城设一边垦总局，综核全境卡伦边垦事宜，节制满洲里、吉拉林两处以一事权。计自本年先后开办以来，统计边垦总局需过开办费三千五百余两，该局每月额支银九百二十六两，又沿边二十一卡一拨，共需过开办费三万六千余两，各卡拨每月额支银五千零八十五两，每年额支军衣等项银一万一千三百四十两。又满洲里边垦分局共需过开办费四百余两，该局每月额支银七百四十两，至各局随时活支，应请实用实销。所有支款，并请随时酌量变通等情，分别拟定章程，咨请奏明前来。臣等详加覆核，该城办理卡伦暨设局等费，系为整理边防，断难或缓，节经覆准照办，并饬度支司即由正款项下动支。其瑷珲、兴东两边卡伦，现已令其预筹开办。因边款无著，未敢骤议扩张，应俟此次奏请拨款到日，再行妥筹，一律办理。再沿边地处荒寒，所有在事员司，饷糈微薄，一俟办有成效，拟垦天恩，准由臣等查明，分别异常、寻常劳绩，择尤请奖，以资策励。除将各项详细章程暨起支日期咨部外，所有开办伦边卡伦及边垦总分各局大概情形，并开支数目各缘由，理合恭折具陈，伏乞皇上圣鉴训示。谨奏。

光绪三十四年十二月二十四日具奏，宣统元年正月十八日奉批，将来准其择尤酌保，勿许冒滥，余照所请，该部知道。钦此。

纪收抚鄂伦春

鄂伦春种族，散处内兴安岭山中射猎打牲，向归布特哈总管钤辖。同治八年，将军文绪于兴安城奏设副都统衔总管以资收辑。光绪二十年，将军依克唐阿又奏裁原设兴安城衙门，所有鄂伦春分归黑龙江、墨尔根、布特哈、呼伦贝尔四城管理，各为一路，每路专设一协领。其归伦城管理者，即托河一路，予限三年，设法收笼。无如地广山深，寻查不易，相沿既久，视为具文。鄂伦春既不知管理者为何人，管理者亦不问鄂伦春居何地。而鄂伦春颛愚成性，其在额尔古讷河右岸山内者，日用所需及猎得皮张，率入俄境购取销售，往来既稔，至受俄人笼络，潜入俄籍。光绪三十四年，宋小濂派员入山调查鄂伦春究有户口若干，有无入俄籍者。嗣据咨报，所属鄂伦春人因恐持枪游猎被卡兵盘查，甘愿请领枪票。每猎枪一枝，愿纳费俄卢布三十元，共猎枪五十枝，计一千五百元，所猎皮张请免纳税。其历年入山贸易之俄商七家，每家年愿纳皮张税俄卢布一百元，给以运货入山贸易执照。嗣又据咨报，责成珠尔干河总卡官于鄂伦春人中择其为众推服者，派委佐领、骁骑校，即归珠尔干河总卡官就近统辖，认真收笼。当覆以纳税权准照办，设官暂从缓议。此历来收笼鄂伦春之大概也。窃尝推究中国收笼鄂伦春之法远不如俄人者，其故在中国收笼只设官一术耳。彼俄人未有收笼之名，而鄂伦春反为收笼者，以其方法多于我也。调查边务报告载，鄂伦春与俄商贸易时间、地段，均有一定。距华里五百余里有山名颇可轴尔，复二百里有木垛房一间，为交易之定地。俄历十月二十前后，即华十月初十前后为交易之定期。此其以互市收笼者一。又载鄂伦春从前牲畜倒毙山兽亦少，贫乏不能自存，遂出山至沿边俄屯佣工，粗知俄国言语文字，由此变服而入俄籍。又载调查员入鄂伦春室，见其妇孺衣服悉与俄同，其名字亦皆取俄国字音。此其以衣食言语收笼者又一。现在鄂伦春入俄籍者共百七十余户，至俄人所有权利义务，彼等均无关系，惟每人年给俄屯卢布三元，非以纳税，盖因鄂伦春养生送死必至俄屯教寺请教士诵经，故给此项卢布。此其以宗教收笼者又一。观此三者，俄人之收笼鄂伦春在渐不在急，在无形不在有形，计亦巧矣。夫鄂伦春一深山野人耳，未濡教化，岂识尊亲，譬如孩提见乳即母。人饵以利，我临以官，无怪其亲人而远我也。从前凡鄂伦春所居地方，我虽有管理之官，从未亲履其地与之联络，故收笼至今，仍蹈有名无实之弊。今则珠尔干河以下至奇勒口，卡伦林立，我欲收笼莫若师俄人故智，更出之以宽大，由呼伦贝尔副都统责成各卡官弁开诚布公，凡与鄂伦春货物贸易，不稍抑勒，彼有缓急，量为资助，通以言语，联以情谊，复渐进以教育。彼见我之待遇较俄人为优，倾心向化，其势自易，是又在一转移间耳。倘阳用收笼之美名，阴施刻剥之手段，鄂伦春虽愚，其肯为我效用哉。

边务　呼伦贝尔附件

宋小濂呼伦贝尔边务报告书

原序

治边之道,不贵能战而贵能守。汉晁错论备边,务徙民实塞,使屯戍益省,输将益寡。赵充国镇金城,首策屯田,奏凡三上,其便宜十二事,亦不外贵谋贱战,先为不可胜以待敌之可胜。旨哉言乎,旨哉言乎。后世之谈边防者,其孰能外之。近世以来,五洲棣通,列强竞进,不惮探险拓地以为领土,可谓好勤远略矣。然每得一地,必实行其殖民政策,诚以有人有土非侈言,广漠所能坐守,无古今中外,其道一也。我朝龙兴东土,首先征服东海窝集暨萨哈连诸部。康熙二十八年,复征服罗刹于雅克萨城,定尼布楚额尔古讷河界约,自外兴安岭以达于库页岛,无远无近,悉主悉臣。自时厥后垂二百年,无一将一卒之守,而边境安于磐石,故由威德遐鬯,大小畏怀,亦中外时势未移,得以晏然无事也。迨咸丰季年,俄人乘我无备,进据黑龙江左及乌苏里江以东至海滨之地,定爱珲、北京两约,坐失外兴安岭天险,东北边界遂无一不关重要。呼伦贝尔居东北边界上游,西北迤东,处处与俄为邻,西南控制喀尔喀、外蒙古,东南屏蔽黑龙江省城,东清铁路自西边入境,贯穿黑龙江、吉林腹地。又经庚子之变,客主易情,筹防尤急。光绪丁未冬,小濂奉命权镇斯土,目睹残破之余,熟计防维之要,以为行政次第,首在边务,而筹边必先实边,实边必资屯垦。明年春,因请省署奏于朝,变通卡伦章程,以守以耕,通力合作,务使戍卒坚久安之志,后来无失所之虞,擘画绸缪,规模略具。顾边荒寥落,凭借毫无,绝塞孤悬,险度非易。百闻不如一见,知己尤贵知彼,自非实地视察,何以施措咸宜。洎夏,时和冻解,水陆可通,檄令调查员拣选知县齐守谦、测绘员巡检赵春芳,将弁高等生、曲观海,差遣员府经历庆禄等分道详勘。自五月至十月凡六阅月,历千五百里。陆行则叠嶂森林,道路未辟。水行则荒溪绝涧,舟楫难施。以至炎暑蚊虻,秋风雨雪,靡险弗履,无苦不尝。乃随行随记,随记随图,参互钩稽,详绘编辑,又竭五月之力而竣事。计分篇二十有一,而括以十三门。首国界,严疆域也。次河流,次山脉,辨形势也。次地质,次气候,明土宜也。次物产,著地利也。次部落,重属人也。皆就固有者言之也。至欲保其固有而谋所以布置之,则不能无事于人为,故次之以卡伦,以植屯垦之基。次之以治所,以立远大之规。次之以交通,以谋转输之利。次之以税务,以收利权之失。次之以兵防,以销侵轶之萌。而后终之以俄屯,以见彼族经营之实，筹我国制御之方，取则不远于伐柯，补牢犹及其未晚。既条分而缕晰，庶本末之兼赅，复附益以图表，发明其见状，既详既实，秩如瞭如，举而行之，推而利之，此其依据矣。虽然理论者事实之母，才智者干济之资，天下事言之非艰，行之维艰，行矣而靡不有初，鲜克有终，古人于此尚兢兢焉，矧小濂之庸驽无似，可与图成功计久远乎。后之君子，洞观时势，熟权利害，尚有以补救而廓张之，幸甚。

宣统纪元闰二月既望，暂护呼伦贝尔副都统、学部二等谘议官、花翎二品衔，军机处存记道宋小濂序。

目录

第十

交通一 界内道路之远近夷险冲要并应如何开通之处

交通二 邮车

交通三 额尔古讷河行船

交通四 界内应设电线之处

第十一

税务 界内木植羊草牧畜皮张各税如何征收及数目

第十二

兵防一 界内土匪及俄匪之阑入何处最多并应如何设防

兵防二 沿边何处最为险要可以屯兵

第十三

俄屯 界外俄屯之大小疏密及兵村民村生产风俗

附录假道俄境调查记

纪国界第一

天然界线与人为界线之沿革及现今之定界

先王疆理天下,首在严界域,辨华彝。盖国界所在之处,即国权所至之处,亦即国际之所由生。呼伦贝尔实我东北上游边防要地,其正西稍北与东北一带均与俄国为邻,尤界学家所宜注意者也。然考前代历史,此地多未隶版图。唐虞三代之时,地在荒外,其详不可得闻。七雄之世称燕国,北有东胡、山戎,亦未指其地之所在。秦并六国,东胡扰边,筑长城以御之,凡长城外东北之地,咸目之为东胡。蒙恬复斥逐匈奴,收河南地,匈奴遂北迁。汉武帝专务拓边,遣大将军卫青出塞北,征匈奴至于胪朐(即今克鲁伦河)为中国兵力至呼伦贝尔之始。当是时,匈奴远遁漠北,灭东胡,分左右部,伦境遂为匈奴左部。汉桓帝时,鲜卑盛强,尽掳匈奴故地,分为东中西三部,伦境遂为鲜卑东部。在晋则为地豆于国,南北朝为乌洛侯属地。按皇朝文献通考云,乌洛侯即俄罗斯,为元魏先世所居地。又魏书序纪,宣皇帝南迁大泽,方千余里,厥土昏冥沮洳,谋更南迁,未行而崩。献皇帝时,有神人言于国曰,此土遐荒,未足以建都邑,宜复徙居。帝衰老,乃以位授予圣武皇帝,诰汾奉帝命南移,山谷高深,九难八阻,于是欲止,有神兽其形如马,其声类牛,先行导引,历数年乃出,始居匈奴故地。证以图里琛所记,匈奴故地,即今喀尔喀。伦境西与喀尔喀密接,其为乌洛侯国无疑。至乌洛侯是否即俄罗斯,则无确据。北魏南迁,通中国,乌洛侯仍居其地。魏真君四年,乌洛侯国来朝,称其国西北有先帝后室,室有神灵。是岁遂遣中书侍郎李敞告祭,斩桦木以置牲体而还。所立桦木成林,其民益神奉之。今额尔古讷左右岸延内兴安岭一带,多产桦木,亦其证也。又四夷传云,勿吉在高句丽北,室韦在勿吉北千里,地豆于在室韦西千余里,乌洛侯在地豆于北,去代都四千五百余里,西北行二十日,有于已尼水,即北海也。盖当两晋南北朝之时,此数国犬牙相错,游牧无常,递为雄长。至隋代,突厥最强,其始自木扞可汗北并契丹,后拓境日广,自辽海至西海,东西万里,自漠北至北海五六千里,周、齐皆畏惮之。后分东西两部,今俄罗斯西伯利亚部,皆属东突厥,伦境即其东部地。唐代突厥衰微,高宗破之,凡仆骨拔野古等均在今呼伦贝尔地皆为羁縻郡县。唐末五代之时,渤海靺鞨种人强盛,西并契丹,尽得夫余、沃沮地,方五千里,建国于室韦山。至宋,契丹强,复其故地,改国号辽。室韦之地尽为属国,故有黄皮子室韦,黑车子室韦共二十余部,今伦境之室韦山并室韦公特岭所由名也。按:黑车子善作车帐,其人知孝义,地贫无所产。契丹之先为回纥役,后背之,走黑车子,遂学作车帐,今伦境蒙古车之毡帷尚自作也。又朔方备乘北徼图说载,契丹东北至妪厥律水,出大鱼,契丹仰食,又多黑白黄貂鼠皮其人最勇,邻国不敢侵,盖今呼伦贝尔城之地。又辽道宗曾泛舟黑龙江,即额尔古讷河下游又置镇州建安军节度,筑城曰古可敦,在今克鲁伦河北专捍卫室韦、突厥,则伦境之为辽属地可知。南宋之时,生女真越兴安岭而西,其广吉利诸部常游牧于呼伦贝尔两地,今伦城北三百余里有东西一带之界壕,旧图注谓金源边堡者,即金人博果勒之所浚也。至元代发祥于斡难河,即今黑龙江上游之敖嫩河奄有漠北之野,塔塔儿部、宏吉剌部均为所吞并,跨怯绿怜河之地,即今克鲁伦之转音太祖封弟斡赤斤。伦城北二百五十余里根河北岸,有故城基,城四面共二千步,内有高土台一,南北长五十步,东西宽二十五步,破琉璃瓦乱积其中。东西路直贯,为俄人入山者所践,西门外有水泊,水清而不见底。相传宏吉剌氏之所居。后入中原,遂以其地为岭北行中书省,治和林,即今库伦。伦境西与库接壤,其为岭北省所统治也可知。至明太祖伐元,拔大都,即今北京元嗣主爱猷识理达腊复奔和林,六传至坤帖木耳,未几被弑,鬼立赤篡立为可汗,去国号称鞑靼。永乐六年,阿鲁台弑鬼立赤,迎元裔木雅失里立之,嗣因弑明使,成祖乃北踰阔滦海以击破于斡难河,木雅失里复为瓦剌所袭,徙居胪朐河。成祖复亲征,逾胪朐河至阔滦海,即今呼伦池转音木雅失里众溃散,阿鲁台降,木雅失里为瓦剌马哈木所弑。阿鲁台击破瓦剌渐骄蹇,人寇帝亲征破之,东走兀良哈。即布特哈地当太祖之时,置朵颜、泰宁、福余三卫于兀良哈。后三卫亦阴附鞑靼,常为边患。伦境东接布特哈,实亦鞑靼之往来游牧地。统观历代之沿革,古人皆未身履其地,所出多为传闻,未必尽确土人不讲文字,又无纪载可考不过约略言之。然或为外夷,或为敌国,或朝贡,或征讨,虽辽金元之拓地广远,大率部落散居,为诸王封地,从未有如我朝之混一区字,实隶帡幪,我疆我理者。

我太祖高皇帝于癸未征尼堪外兰,此用兵黑龙江之始。天命元年七月丁亥,遣大臣率兵二千征萨哈连。即黑龙江八月丁巳,驻营黑龙江南岸。凡附近黑龙江呼而哈部、索伦部、谙达珲塔、库喇喇路、方略云即使犬部诺啰路即鄂伦春又名使鹿部均相率来归。十年,太宗命阿赖达而汉、外藩蒙古诸贝勒往追茂明安部下逃人至使鹿部喀木尼堪地方,招集叶雷、舍尔特、库巴古,柰土古等及其从役家口来献,凡沿黑龙江南岸之索伦部遂无不奉正朔,称臣妾矣。按使鹿部即今额尔古讷河右岸山中之鄂伦春人,所使之兽俗谓之四不相,其形似鹿,故谓之使鹿部。至顺治初年,罗刹即今沿边俄罗斯人始吞并尼布楚地,又东窃据雅克萨,筑城以居,后遂为边患,索伦、达呼尔诸部皆被其侵掠。康熙二十一年,始命将出师,数施挞伐,于呼马尔河驻兵相持,罗刹乃怀德畏威,不敢狡焉思逞。二十八年,遂命领侍卫内大臣曾同俄使于尼布楚城议定黑龙江界约,立碑额尔古讷河岸。其第二条云,将流入黑龙江之额尔古讷河为界,河之南岸属中国,河之北岸属俄罗斯国。此即天然界线之属于呼伦贝尔东北者也。但查额尔古讷河现今之流域,其大势系北流入黑龙江,有东西岸无南北岸,而约内言南北岸者,或以将近黑龙江处河水微曲而东,故曰南北岸。雍正五年,议定恰克图界约,第三条内云,查罕敖拉之卡伦鄂博至额尔古讷河岸蒙古卡伦鄂博以外,就近前往两国之人妥商,设立鄂博为界。复查是年议定恰克图东西鄂博案内有云,布尔古特依山南巴彦梁起至东边额尔古讷河源阿巴哈依图即阿巴该图山分界共立鄂博四十八处,但伦境所设之地,约文则均未载明。复查是年所定之阿巴哈依图约,共立鄂博六十三处。自查罕敖拉卡伦鄂博至额尔古讷河最高处之中国卡伦在此附近一带设鄂博五座。于旧有之鄂博之塔尔郭达固向北草地上设第五十八鄂博,旧有卡伦之查罕乌鲁向北贴近沙罗岭设第五十九鄂博,旧有鄂博之塔奔托罗海向北贴近博罗托罗海岭设第六十鄂博,旧有卡伦鄂博之索克图向北附近岭上设第六十一鄂博,旧有鄂博之额尔库里托罗海向北附近之最高处设第六十二鄂博,额尔古讷河之右岸正对海拉尔河之中间,阿巴哈依图岭之凸出处设六十三鄂博。此即人为界线之属于呼伦贝尔正西稍北者也。今查塔尔郭达固即塔尔巴斡达呼山,在伦城西北四百五十余里,高四十余丈,孤峰特出,石均黑色,上有鄂博二,为伦城西北国界之起点。山下地势渐洼，其西南即喀尔喀界，南距五里许有界牌，中书满蒙文字，系伦境与喀尔喀分界处，闻此界碑十年一换。光绪三十二年，经总管车和札曾查换立，所书之字，即某人于某年月日会查所记。其北即俄境萨拜嘎省界。惟查旧界约云，于旧有鄂博之塔尔郭达固向北草地上设第五十八鄂博，今在草地上之鄂博无从查考，即以此山顶之旧有鄂博为界，拟在此添设卡伦一处。由此东行五里，俄界内有水泡名下巴尔，按：蒙语，下巴尔，多泥也。纵横约一方里，旁有俄属布拉牙特人游牧之牛羊群。布拉牙特与外蒙古及伦属之新巴尔虎旗人同文同种，自明代已隶俄国。再东十余里，即俄铁路沙尔松车站。站西里许，有俄村一，约十余户。东南二十余里，即查罕乌鲁，又名查罕敖拉，按：蒙语，查罕白也，敖拉山也。在伦城西北四百余里，高八十余丈，西北距塔尔巴斡达呼山约五十里，东距铁路六里许，南距东清铁路首站之满洲里七八十里，查罕敖拉新设卡伦，在该山之阳，相距约三四十里，为满洲西北最大之山，相连数峰，山石层叠，其北高山顶上旧有鄂博二。北距三百八十步微低山顶上有新立鄂博二，因旧有鄂博之平石上题字数行，文曰，呼伦贝尔副都统宋，派委员某于某年月日勘界至此。东南距五里许，极高山顶，有俄人所立之木架。然旧界约则云，于旧有卡伦鄂博之查罕乌鲁向北距近沙罗鄂拉岭设第五十九鄂博，今则沙罗鄂拉岭鄂博无从查考矣。复由此东南行二十余里，即俄铁路马七也夫斯基车站。站南三里许铁路旁，有俄人所立之木标，上钉双头鸟铁牌，中书俄文，为铁路入中国之起点。盖此站在中俄交界之区，东清铁路与西伯利亚铁路在此处联接，乃两铁路汽车来往交换处则不在于此，而在南去四十里中国界内之满洲里站。站北十余里有东西边壕一道甚长，即旧地图所注之金源边堡，询之土人，谓为金太祖所筑。再由此过铁路东二十余里，即塔奔托罗海，按蒙语，塔奔五也，托罗山也。在伦城西北三百六十余里，西北距查罕乌鲁约四十余里，此山并列五峰。中峰渐高多石，附近西北微高山头，有分界鄂博二，近南极高的头有俄人所立之木架。东南十数里既旧鄂博，山中有鄂博二，山不甚高，多石，迤西南里许，即满洲里车站界壕。再东三十余里，越数峰，即索克图，又名苏克特依，在伦城西北三百五十余里，山势颇高，周围皆山岭环抱。近北微低山头有鄂博二，为分界处。山之阴有小桦树若干株，山南有小泉二，泉水甚旺，此处旧有卡伦，刻已作废。由此而东，皆山岭相连。东距二十余里，即额尔库里托罗海，又名额尔德尼托罗海按蒙语谓宝贝山也，以山石多系黑色，故名。在伦城西北三百三十四十里，山不甚高，中有鄂博二，为分界处。再由此东南行三十余里，即阿巴哈依图，又名阿巴该图，在伦城西北三百一二十里，山不甚高，与西北边界各山皆山脉相连，分界鄂博在山顶之中。近东南额尔古讷河南岸微高山顶,有俄人所立之鄂博,上有十字架,偏东有小亭一。北距四五里即俄屯阿巴该图,南与我界新设卡伦相距十余里。由塔尔巴斡达呼山至此共一百八十余里,所立鄂博各山共计有六。其无鄂博之空地,即以各鄂博相对之直线约计。由阿巴哈依图折而东北,则以额尔古讷河为中俄国界,河之东岸为我属,河之西岸为俄属。但额尔古讷河之上游,即海拉尔河。海拉尔河由东南来往,流至此,分而为二:一沿东岸流,一沿西岸流。下游至十余里又而为一,中间淤为一洲,长约十余里,宽三里许,羊草丰茂。其西岸之水较东岸之水约宽二丈,俄人欲侵占河洲之地,遂指沿东岸者为正流,沿西岸者为支流。光绪三十四年秋间,因刈羊草曾相争执,至今尚未确定。额尔古讷河由此折而东北流四十余里,有新设防边之孟克西里卡伦,对岸俄屯名开拉苏台。再北流九十里右岸即新设防边之额尔德尼托罗辉卡伦,对岸俄屯名都埒以。再北流八十里右岸即新设防边库克多博总卡伦,对岸俄屯名四大列矣粗鲁海图。再北流五十里右岸即新设防边巴图尔和硕卡伦,对岸俄屯名那维矣粗鲁海图。再北流五十余里右岸即新设防边之巴雅斯胡郎图温都尔卡伦,对岸俄屯名尔果黑。再北流五十余里右岸即新设防边之胡裕尔和奇卡伦,对岸俄屯名布拉。再东北流五十余里右岸即新设防边之巴彦鲁克卡伦,对岸俄屯名伯尔今斯克。再北流六十里右岸即作废之西伯布力拉克卡伦,对岸俄屯名别勒布得雷。再北流二十里即新设防边之珠尔特依卡伦,对岸俄屯名汽罗布新斯克。再北流八十里即新设之吉拉林设治局,西南对岸俄屯名卧牛槐,西北对岸俄屯名敖洛气。再北流五十里右岸即新设防边之莫里勒克卡伦,对岸俄屯名一勺嘎。再北流八十里右岸即新设防边之毕拉尔河卡伦,对岸俄屯名毕拉。再北流七十余里即新设防边之牛尔河卡伦,对岸俄屯名玛林巴西洛夫。再北流七十余里右岸即新设防边珠尔于河总卡伦,对岸俄屯名乌奚洛甫。再北流十余里右岸即新设防边之温河卡伦,对岸俄屯名葛其雅。再北流九十余里右岸至拟设防边卡伦之长甸,距对岸俄屯鲁毕约三十里。再北流一百五十里右岸即新设防边之伊穆河卡伦,对岸俄屯名乌留宾。再东北流九十余里至拟设防边卡伦之奇雅河口,对岸俄屯名穆赤堪。再东北流二百里右岸即新设防边之永安卡伦,对岸俄屯名一各大其。再东北流八十余里至额尔古讷河口右岸,即新设防边之额勒和哈达卡伦,对岸俄屯名四大了可。按此处应有界碑,今已无存。由塔尔巴斡达呼山东南至阿巴该图折而东北至额尔古讷河口,延长一千五百余里,开国至今二百余年,不但属于天然者尺寸未失,即属于人为者其山岭鄂博亦尚能寻名而责实。惟沿边俄民往往有越界之事。康熙二十八年,在尼布楚所定条约第二条有云,将额尔古讷河南岸眉勒尔喀河口即莫里勒克之转音所有俄罗斯房舍迁移北岸。嗣后虽将房舍迁移,而我界尚无居民,越界之俄人仍难时时查禁。乾隆二十五年,由塔尔巴斡达呼山至布鲁河设立卡伦十二,名目章程详后卡伦章内以防俄人越界。光绪十年,因防俄人越界挖金,复由布鲁河以北至额尔古讷河口设立卡伦五,越界之事乃因之而稍息。庚子之变,俄人遂乘衅而起,驱逐我华人,焚毁我卡伦,盘踞我金矿,安设水磨,垦种荒地,河中之鱼,山中之草木鸟兽,均一任其取携。三十二年,经前任苏副都统复设卡伦十一处,仅由查罕敖拉至珠尔特依以蒙人坐守,彼时,经前巡抚程公将吉拉林金厂收回。三十三年,复报称俄人在吉拉林南北一带越垦居住,经苏副都统派蒙员前往驱逐,根株仍未净尽。是年冬,宋副都统权镇斯土,越明年春,咨请省署,变通沿边卡伦,坐卡蒙兵一律撤换,招募农民为卡兵,兴办屯垦以实边境,复订立俄人越界刈草、伐木纳税章程,其越界安设水磨、垦地、挖金,一律禁止,沿边之主权利权逐渐收回。溯查俄人越界之故,一、原于彼界山童土瘠,牧养牲畜,需用材木,非仰给于我界实无以为生。一、原于我界之草木丰茂,物产富饶,向为彼族所艳羡。一、原于我界空虚,如入无人之境。一、原于蒙人愚弱,以小利饵之,即任彼所欲为。有此数因,积久遂成为相沿之习惯。加以庚子乱后,我沿边一带之地,彼直视为己有,今令其照章纳税,实亦非彼所情愿,然犹不得不从者,诚恐我一律封禁耳。设使不令其纳税,亦不准其越界,彼实有性命之忧,不惟力之所不能,且亦势之所不必。当此世界大同,各国均有交通之便,其优胜劣败之比例,不在乎边禁之宽严,专在乎边备之疏密与实业之兴废。我诚能完整边备,振兴实业,对于内可为一极善之殖民地,对于外可为一最近之交易场,国界既不至内蹙,主权又不使外溢,于当今时势庶几得之。

谨按:陆路边界虽各设鄂博,然年久失修,且新旧参错,恐多疑误。水路虽有河流,而港汊歧出,中间淤洲属此属彼,往往争执易生界务交涉,亟应咨明外务部照会俄使,两国派员会同照约查明,陆路重立界碑,水路立案声明,以垂久远而免轇轕。

第二　河流 额尔古讷河之源委广远及港汊

额尔古讷河之上游,在伦城西北三百二十里,逼近阿巴该图山西,即海拉尔河下游。盖海拉尔河由东南来注,至此遂分二派,一支流绕阿巴该图山南,向西南流为达兰鄂洛木河,流至六十余里入呼伦池而止。其正流则由阿巴该图山西向东北流,即为额尔古讷河水道,曲折一千七百五十余里,至额勒和哈达卡伦西北,流入黑龙江。唐书称为室韃河,南北朝时称为完水,元史名也里古纳河,又名也儿古讷河,秘史谓之额洏古讷河。然唐书谓室韃河源出呼伦池,会典及水道提纲则均称额尔古讷河，上源为克鲁伦河。今查克鲁伦河汇鄂尔逊河流入呼伦池，即潴而不流。达兰鄂洛木河由海拉尔河入呼伦池，亦潴而不流。彼以额尔古讷河源出呼伦池，克鲁伦河为额尔古讷河上源者，盖未见达兰鄂洛木河水流之方向，谓达兰鄂洛木河非由海拉尔河流入呼伦池，系由呼伦池流入额尔古讷河也，其不误欤。其所以与海拉尔同源异名者，缘河流至此，作大转折，形如人曲腰以手递物，额尔古讷，蒙古语，谓以手递物也，故名。由额尔古讷河上游北流三百七十余里至库克多博，水势尚不甚大，曲折甚多，水流亦缓，宽不及十丈，深亦仅及丈。由库克多博再东北流三十余里，有根河自东南来注，水势渐大，然宽处仅十丈余，水深处尚不及二丈。由此再东北流四百九十余里，有牛尔河一名贝子河自东南来注，两岸皆山岭夹峙，又地势高下迥殊，河水骤大而急，宽处约十五丈，深处约三丈余，舟行至此，无论上下均极险难。由此而下，兼汇众河之水，奔流浩荡，贯入黑龙江，直有一日千里之势。其港汊则海拉尔河转为额尔古纳之处，分为二汊，中隔一洲，一沿东岸流，一沿西岸流，北流三十余里复合为一，河洲之地长约二十余里，宽十里许。再北流四十里右岸，有水泊一，名萨布特诺尔，纵横约一方里。再北流六十里至孟克锡里卡伦，东南三里许有水泊相连，纵横约二方里，水含碱质。卡伦之北，我岸有一河汊，北流六十余里复合而为一。北汊之水，时深时浅，间有间无，其宽处有与正河等者，浅处有与地平者，俄人谓此为老河故道，想亦意度之词，非查明划分，终多轇轕。再北流四十里至阿鲁哈当苏山东，近右岸有一水泡名？吐诺尔。再北流五十余里，额尔得尼托罗辉卡伦北岸，有一河汊，宽仅丈余。再北八十里，库克多博卡房北，近右岸有相连水泊三处。再北流二十五里，巴图尔和硕卡伦南，有二水泊。再北流二十五里，至俄屯挪维矣粗鲁海图，对岸我界有一河汊，宽约二丈余，北流五里许复合而为一。再东北流五十里，巴雅斯胡郎图温都尔卡伦北，近俄岸有一河汊，北流二里许复合而为一。再东北流七十余里，巴彦鲁克卡伦北，近俄岸有一河汊，北流三里许复合而为一。再北流六十里，珠尔特依卡伦南，相连有河洲三，洲中之地均不甚宽，近卡房东逼俄岸，复有一河汊，西北流二里许复合而为一。再东北流三十里，我岸有一水泊，纵横约一方里，新命名曲水泡。再东北流一百一十余里，眉勒尔喀河入额尔古讷河之水分二汊，莫里勒克卡伦即在河洲之中，北逼俄岸，相连复有二小河洲。再东北流一百五十余里，俄屯鱼立牙之南，逼俄岸有一河汊，北流二里许复合而为一，河洲之地，柳丛甚茂。再东北流一百一十余里，当珠尔干河入额尔古讷河之北，相连有河洲三，洲中之地，柳丛甚茂。再北流五十余里，当库鲁干河入额尔古讷河之处，相连有河洲四，洲中之地，均不甚宽，由此而下，则两岸之山相距甚狭，水势甚大，虽间有河洲，皆水涨则没，水落则出，至入黑龙江处复分二汊，一东北流，十里许入黑龙江，一西北流五里许入黑龙江，河洲之地，亦有柳丛。谨按：河中港汊洲渚属中，属俄向无明文，往往各执一说，易生交涉，应由两国派员会向查明，以河水较大能航行者为额尔古讷河正流，绘图立案，永远为据，免生界务轇轕。

河流二　额尔古讷河右岸之支河及名称

额尔古讷河由阿巴该图北流至库克多博三百余里，右岸无支河。由库克多博东北流三十余里始有根河，发源于呼里阿林，西北流四百五十余里入额尔古讷河。根河亦名旱河，元史谓之犍河。秘史谓之刊木连河，元初合答斤等十一部立札木合为局儿罕于此。水宽十丈，深一丈五尺，距河口三十余里，有新立官渡，渡船二只。此渡口为华俄商旅必由之路，俄人贩运烟酒避彼国禁令，皆由此越华人贩运烟酒并入金厂作工者，亦必由此渡河。统计华俄来往各车，日有十数辆，为沿边扼要之区。再北流二十余里，巴图尔和硕废卡伦南，有特勒布尔河，发源于内兴安岭之西，汇合喀布勒河、诺勒霍诺河曲折西流二百九十里入额尔古讷河，水深二尺，宽四丈。再东北流九十余里，近巴雅斯胡郎图温都尔卡伦南，有一小河，宽五尺余，自东山内流入额尔古讷河。再东北至胡裕尔和奇卡伦南，有胡裕尔和奇河自东南来注，水不甚宽。再北至巴彦鲁克卡伦南，有珠鲁克图河，近北复有约罗奎河，皆自东南来注。河水均不甚宽。再北六十余里近西伯力布拉克卡伦北，有小河自东南来注，再北至珠尔特依卡伦南，有珠尔特依河自东南山内来注，宽五尺，深半尺。珠尔特依卡伦北，即布鲁河自东南来注，宽不盈二丈 。再北铁现山南，有色木特勒克河自东南来注，宽五尺，深一尺余。再东北至吉拉林有哈拉尔河，即吉拉林河[1]源出内兴安岭北麓，曲折西北流一百九十余里入额尔古讷河，水宽一丈，深一二尺。再北至平泉子南相连，有三小河，河水均不甚宽，来脉亦促，自东南山内来注。再北莫里勒克卡伦南，有小河俄人名为都一次，其北即眉勒尔喀河，俄人名为木尺干，源出内兴安岭北麓，曲折西北流一百九十余里遂分二汊，一正西流，一西南流，皆入额尔古讷河。旧卡伦房即在河洲之中，水宽约五丈，深二尺余。再北至俄屯之阿拉公斯克对岸，有二小河自东南来注，其北即逊河，水势甚小，再北复有小河俄人名为绕尔纳过夫克。再北有额尔奇木河、毕拉尔河、毕拉克产河、古尔布奇河均自东南山内来注，水势甚小，来亦促。再北有吉林子河，宽五丈，深二尺，自东南山内来注，对岸即俄屯

---

〔1〕 吉拉林河，发源于大兴安岭雉鸡场山，由西北向东南流。折向西流，在额尔古纳市室韦镇附近流入额尔古讷河。

绕登科。再北有阿木毗河,俗名安皮户河,宽二丈,深一尺,自东南山内来注,对岸俄屯之鱼立牙。再东北即牛河,俗名贝子河南距牛尔河卡伦十二里,发源于内兴安岭之西北麓,曲折西北流五百余里入额尔古讷河。宽八丈,深处约一丈五尺,河水清澈,与额尔古讷河汇流十余里,犹清浊分明。再北有小河名阿巴河,阿巴河之北,复有二小河皆自东南来注。再北即珠尔干河,新设总卡伦于此,河宽二丈,深一尺,自东南来注,对岸即俄屯五西罗甫。再北至孙元宝店,相近有四小河自东南来注,稍大者名库鲁干河。再北至温河卡伦,有小河七,均自东南来注,逼近卡伦之北即温河,宽四丈,深一尺余,发源于内兴安岭西北麓,曲折西北流二百一十余里,至卡伦北里许入额尔古讷河。再西北二十里有乌玛河,发源于内兴安岭西北麓,曲折西南流二百余里入额尔古讷河。再西北有大吉嘎达河、小吉嘎达河、札克达奇河。再东北复有小河八,均自东南来注。再北至伊穆卡伦,有伊穆河,发源于内兴安岭西麓,曲折西北流二百八十余里,经卡伦北入额尔古讷河,宽二丈,深一尺。再折东北至额尔古讷河口复有二十余小河,其有名者曰毕拉雅河[1],曰托罗尔河,曰奇雅河,曰奇干河,奇干河发源于内兴安岭西北麓,曲折西北流一百五十余里入额尔古讷河,水宽二丈,深一尺。曰墨河,曰博罗舒斯洛甫喀河。博罗舒斯洛甫喀河发源于内兴安岭西北麓,曲折西北流二百八十余里,经额勒和哈达卡伦之北入额尔古讷河,宽十丈,深五尺,再北即黑龙江矣。

第三　山脉　额尔古讷河右岸各山及大小形势

额尔古讷河两岸,上游则丘陵起伏,下游则山石峥嵘。其在我岸之山,皆以内兴安岭为正干。东与布特哈、墨尔根,瑷珲各界,亦即以此山脊而分。由凯河凯河在伦城正东三百余里发源之处,土人始以内兴安岭呼之。西与额尔古讷河源遥遥相对。与兴安岭西所出诸水,皆汇札敦河已入于海拉尔河。再北起顶曰绰罗尔山,在伦城东三百五十余里,高一百五十余丈,长四十余里。西分一支行一百五十余里至胡裕尔和奇河发源处,再西直临札敦河东岸。正干仍北行六十余里起顶者曰吉勒奇克山,在伦城东三百八十余里,高一百一十余丈,长一百三十余里,西麓为海拉尔河发源处。再北行七十余里至哲尔古勒依河源,又名珠尔特依起顶曰雅克岭,在伦城西北四百七十余里,高一百十余丈,长一百六十余里。正干仍北行一百三十余

〔1〕 毕拉雅河,也称别拉洪河,满语意为“大水漫地之河”。发源于富锦市北部东石砬子山西平原区,自西向东北流经同江、饶河、抚远三县(市),在抚远县东部别拉洪亮子附近注入乌苏里江。

里，峰峦突起，群山排列者曰依勒呼里山，在伦城东北八百九十余里，高二百二十余丈，长二百八十余里，为兴安岭起顶最高之处，山西之水流入额尔古讷河。正干稍西仍北行至旧布鲁卡伦，再转而东行一百一十余里至伊穆河发源处。再北行六十余里至奇干河发源处，则乱峰杂沓，森林茂密，直达于额尔古讷河口。按此数山，为内兴安岭干脉。额尔古讷河襟带于其北，黑龙江横贯于其南，俨擅天险之势，其逼近额尔古讷河右岸各山，皆其余脉也。当海拉尔河转为额尔古讷河处，在左岸者曰阿巴该图山，迤西曰额尔德尼托罗海山，曰苏克特山，一名索克台山，又名索克图山曰塔奔托罗海山，曰察罕敖拉山，曰塔尔巴干达呼山，皆沿西北国界者也。在右岸者曰室韦格特山，又名室韦公特岭迤西相连数峰曰达罕德勒山，迤北曰海拉图山、曰哈拉呼苏山。蒙语黑石也在额尔德尼托罗辉山迤东曰三多乃柰山，曰霍克温都尔岭，曰巴德尔山。以上诸山。皆土山带石，相连如波涛之起伏，无高峰峻岭。再北当库克多博总卡伦以东沿根河南岸者曰龙头嘴山，曰庆吉勒山，曰奇雅尔班山。其南陡起三峰，国语曰依兰，哈达，高一百一十丈，长二十余里。迤西曰尼克图鲁山，曰温都尔肯，蒙语微高也沿根河北岸者曰库里叶尔山。又名苦列儿山迤西曰那敏山，曰那鲁特台山，曰绰博克托山。附近巴图尔和硕卡伦以东者为新命名之小泉山，因山下有泉故名高四十余丈，长二十余里。再北突起一峰当巴雅斯胡郎图温都尔卡伦东北者，曰巴雅斯胡郎图温都尔山，蒙古语去皮虎高山也高八十余丈，长十里许。再北当巴彦鲁克卡伦东曰巴彦，珠鲁克山。巴彦蒙古语富也，珠鲁克数之六也附近卡伦正北，孤山坟起者曰等级台山。再北沿色木特勒克河北岸，石多黑紫色者为新命名之铁现山。因石铁质故名由吉拉林而下以至于额尔古讷河口沿岸皆悬崖绝壁，不可跻攀。当奇干河之北，众山环抱，有一孤山特出于群峰之外者为新命名之永安山，西北即永安卡伦。再北沿岸有石色如赤霞者为新命名之红土崖，再北沿岸有壁立千仞者曰金钢锋，再北有怪石蹲踞于河岸者曰卧虎石。当额尔古讷河口数岭相连，岭上平坦者曰浑特山。由浑特山而东即为黑龙江南岸矣。

第四

地质　额尔古讷河右岸平原大小及肥瘠并种植所宜

额尔古讷右岸千余里，山岭绵亘，间有平地，或在河湾，或在山曲，或在坡陀，非陆地可比例。由塔尔巴干达呼山至阿巴该图山，陆路共一百八十余里，沿边均系山岭，虽间有平地，沙石相杂，不堪耕种者十居八九。惟阿巴该图，近临河岸，土脉甚腴。由阿巴该图山渡河至额尔古讷河右岸之库克多博总卡伦，沿岸均有平地，长共三百余里，宽或三十里，或二十里、十里、五里不等。逼近河岸者，土虽黑壤，然低下受水，仅宜羊草，为最善之游牧场。近山麓者则系高原，厥土黄沙，短草不茂，不堪耕种。至库克多博以东，沿根河左右岸，长三百余里，宽百里或五十里，膏原沃壤，厥土黑坟，微带沙性，水旱无虞，为极善之殖民地。附近库克多博总卡伦以东，有前经俄人越垦之田三十余垧，今虽荒芜，然验其麦根之肥壮，则其地之腴厚可知。再北行三十里至巴尔和硕卡伦，沿岸有平地一区，纵横约二方里，草不甚茂，土质中下。再由此东行二十余里，越数岭至新命名之小泉山沟中，宽约一里，长百余里，土质肥美，沟东南有俄人前垦之田约十余垧。再北三十里，沿岸有平地一区，土质肥美，长十余里，宽二里许，对岸即俄屯挪维矣粗鲁海图。再北五十里，至巴雅斯胡郎图温都尔卡伦，沿岸有平地一区，中有沙石，草不甚茂。再距此十余里东南山沟内，有新命名之黄花岭，土质肥美，花草畅茂，面积约百余里，此岭与小泉山沟相连，约距二十余里。再北至胡裕尔和奇卡伦，沿岸地势平坦，土质肥美，草甚丰茂，长十余里，宽三里许。再北至巴彦鲁克卡伦，沿岸皆漫冈，冈上之地，平坦肥美，惟近卡之地，土不甚厚，中有沙石。再北至西伯力布拉克废卡伦，近卡之地，土薄草枯，不堪耕种。再北至珠尔特依卡伦，沿岸皆漫冈，土厚色黑，草亦丰茂，近卡之地，宽阔平坦，长十五里，宽五里皆膏腴上地。再北至新命名曲水泡，沿岸皆漫冈，土质肥美，从前半为俄人所窃垦，今已荒芜，周围原立木栅，以阻牛马蹂躏者尚在。近泡之地，则皆下隰，土厚草茂，长四里，宽一里。再北至铁现山，山内之地，土厚草茂，纵横约百余里。再北至吉拉林河口，沿岸之地，平坦肥美，长十里，宽二里。再东南距河口三十里至吉拉林沟中，土地肥美，长四十余里，宽二十余里，前多俄人窃垦，今已荒芜，周围木栅尚在。北至新命名平泉子，沿岸土地肥美，纵横约四方里，中有俄人从前窃垦之田。再北行八百里，沿岸有平地一区，内有小房三处，为前俄人越界垦种时所筑，对岸即俄屯之卢沟。再北至莫伦勒克卡伦，沿岸之地，平坦肥美，长六里，宽二里，迤东山坡内，复多沃壤，从前半为俄人所窃垦。再北行二十里，沿岸有平地一区，土质肥美，纵横约六方里，对岸即俄屯阿公斯克。再北行二十四里，沿岸有平地一区，纵横约六方里，土质肥美，闻此处尚有卡房一间，今但有房基可考，并无名称。房南有小水沟长十里，俄人名绕尔纳过夫克，中产羊草甚茂，地极肥美，对岸即俄屯西连音。再北行四十里至毕拉尔河卡伦，沿岸有平地一小区，纵横约一方里，土质肥美。再北行四十里至吉林子河口，迤东土岭上平坦肥美，可以耕种，纵横约八方里。再北行二十里至阿木毗河口，沿岸有平地一区，土质肥美，纵横约六方里。迤东土冈上，地亦平坦肥美，宽四里，长十余里，中有俄人从前已垦之田二区。再北二十四里，沿岸有平地一区，土厚草茂，纵横约二方里。闻此向有废卡伦房，今已无存，旧图所谓废卡伦房，疑即在此，对岸即俄屯之玛林巴西罗甫。再北牛尔河口左右有平地两区，纵横约四方里，内有俄人从前垦种之田，周围木栅尚在。询闻此河上游，平甸颇多，且皆肥美。再北八里，即新命名河甸子，土厚草茂，纵横约二方里。再北十里，沿岸有平地一区，长二里，宽五十丈。再北十五里，沿岸有平地一区，松、桦成林，纵横五方里。再北二十三里，至珠尔干河总卡伦，沿岸平坦肥美，长约十里，宽二里，土厚草茂，垦种牧畜，均无不宜。再北六里，沿岸有坡地一区，纵横约二方里，土质肥美，内有俄人从前已垦之田数十垧。再北四十里，至孙元宝店，沿岸有平地一区，纵横约四方里。再北十八里至新命名之松甸，长约二里，宽半里，土地肥美，松林茂密。再北四里，沿岸山沟内有平地一区，土厚草茂，长约三十余里。再北行四里，至新命名之孤松河，沿河口南有土冈，平坦肥美，长约三十余里。再北六里，沿岸有平地一区，纵横六方里。再北行四里至温河卡伦，沿温河左右岸之地，皆可垦种，但不甚宽阔。再北行八里，沿岸有平地一小区，纵横约一方里。再北行十里至乌玛河口北岸，有平地一区，长约十数里，宽里不等，羊草甚茂。再北六十里，沿岸有平地一小区，纵横约半里。再北十八里至新命名之长甸，宽三里，长五里，土厚草茂，近甸土冈，亦平坦肥美。再北行四十二里至伊穆河卡伦，沿岸之地，平坦肥美，长十里，宽五里。再北十五里，沿岸有平地一小区，纵横约半方里。再北三十里至新命名之桦甸，此甸桦树最多，杂以松树，茂密可蔽天日，纵横约四方里。再北行十里，沿岸有平地一区，纵横约三方里。再北八里，沿岸有坡地一区，延长约五里。再北行九里，沿岸有平地一区，土厚草茂，纵横约四方里。再北行三十里至穆赤堪河，土人名为奇谷雅沿岸有平地一区，土厚草茂，纵横约四方里，再北十余里至奇雅克河口，沿岸有坡地一区，纵横约二方里。再北二十余里，沿岸有平地一区，松林茂密，纵横约一方里。再北十余里，沿岸有坡地一小区，纵横约半方里。再北八里至新命名之上方甸，宽二里，长四里，土地肥美，草木茂盛。再北十二里，至新命名之中方甸，长五里，宽二里，平坦肥美，草木茂盛。再北六里，沿岸至新命名之下方甸，土质肥美，纵横约四方里。再北六里至新命名之永安卡伦，近卡之地，平坦肥美，宽五里，长六里，羊草甚茂。再北十五里，沿岸有平地一区，纵横约一方里。再北行六里，沿岸有平地一区，宽半里，长二里。再北十四里，沿岸有平地一区，宽半里，长一里，内有木垛房一间，无人居住，因命名曰一间房。再北行十里，沿岸有平地一区，纵横约三方里。再北十四里，沿岸有平地一区，长二里，宽半里。再北行五里，即至额尔古讷河口之额勒和哈达卡伦。近卡之地，平坦肥美，宽五里，长十里，内有俄人从前垦种之田，今已荒芜，仅有华人菜园数亩。考额尔古讷河右岸自根河以下，虽平地无多,然有则可垦种,且沿岸山中复多可垦之地。因山岭崎岖,松桦丛杂,为时过促,未能遍履查勘。至种植所宜,蒙人向不知稼穑,种类无从考验。第查俄人越垦之田,则以麦为大宗,铃铛麦最居多数,缘铃铛麦收获最易且丰,专以饲养牲畜,销售甚广。陆地可运至聂尔沁斯克[1]、札窝答及满洲里、海拉尔等处。水路则由额尔古讷河、黑龙江可运至黑河、瑷珲等处。其次则小麦、荞麦,其他谷类尚无种者,盖天寒难收故也。俄人所种之田,并无陇畔,惟于初夏时,以犁翻土,即将麦种散播于田中,不用肥料,亦不耘耔,直待秋成时收获,则沿边土地之肥美与彼族农学之无进步,均可概见。沿边虽云天寒,然如百二十日可熟之谷,则尚相宜,粟、蜀黍、稷三种,试种之或可收成。菜蔬则有白菜、大头白菜、葱、蒜、韭、黄瓜、马铃薯、芹菜、芸豆等,皆沿边居民并俄屯今所种植者也。

第五　气候　额尔古讷河右岸寒暖度数

额尔古讷河口在京师偏东五度有奇,北纬五十三度三十分有奇,南距热带四十度有奇。北距寒带仅十七度有奇。加以兴安岭横亘南北,深山幽谷,不啻雪窖冰天,寒度较京师实增数倍。至三月间犹冰雪坚凝,且多烈风,居此者仍着皮衣。四月草始萌芽,间复降雪。去年四月初旬,忽降大雪,厚至三四尺,各蒙旗牲畜多为冻毙。五月间,始如京师暮春天气。至六月则骤然溽暑,当午炎热与京师无异,蚊蝱蝇蚋,人畜苦之,惟朝暮则凉如深秋,一日之间,气候不齐,故边地居民虽三伏亦备棉衣。山阴之地,掘至五尺余即冻,阴岭冰雪,有经年不化者。七月则凉风袭人,渐见早霜。八月则草木黄落,甚至降雪。九月即见大雪,水结薄冰。十月河冰已坚,畅行无阻。自是以往,虽晴日往往霏雪,窗冰凝结,终日不消,室内须置大火炉,满贮柴炭,方可御寒。出则寒风割面,鬚眉皆冰,行路者身衣重裘,且有皮帽、手套、皮袜等物。仍难恃以无恐。去年二月,有朱某者随设治委员前往吉拉林,途次受冻,将脚趾烂断。闻去冬卡兵,复有将指冻损者。堕指裂肤之苦,古人言之,今日见之矣。夏至昼极长,日出寅初三刻十三分五十四秒,日入戌正初刻一分六秒,昼长六十四刻二分十二秒,夜长三十一刻十二分四十八秒。冬至夜极短,日出辰正初刻一分六秒,日入申初三刻十三分五十四秒,昼长三十一刻十二分四十八秒,夜长六十

---

〔1〕 聂沁斯克,城名。原中国蒙古族茂明安部游牧地,名尼布楚,亦作尼布潮、尼布担、尼布绰、尼布楮,又作泥朴处、泥扑处、作不楮,皆同音异译。在黑龙江与尼布楚河(今石勒喀河支流涅尔查河)合流处。17世纪40年代被沙俄侵占。康熙二十八年(1689年)据中俄《尼布楚条约》划归沙俄,即今俄罗斯涅尔琴斯克。

四刻二分十二秒。昔人有云,漠北之野,夏至前后,日入煮羊筋未熟即天曙。唐书载薛延陀地,夜不甚暗,犹可博弈。今六月间,调查沿边之时,虽子夜无灯尚能辨字,足证前言非妄。但初晓时,则满河烟雾,相距丈余即不能睹物,日出后始烟消雾散,天晴则然,天阴则否。谨按:沿边气候虽寒,然自四月至七月则草木畅茂,发育甚速,俄人耕种二麦皆可收货,于农事固无妨也。

第六　物产一　额尔古讷河右岸山中鸟兽及皮革

额尔古讷河右岸,山溪深邃,丰草长林,绵亘千里。其物产之裕,鸟则有雕、鹰、鹞、鹳、土鹳、水鸭、水鸭产额尔古讷河,食鱼,千百为群,味美可食,俄人常用枪击取之。飞龙、色似雌雉而极小,长尾味美,为本省贡品。沙鸡、其形与飞龙等,惟短尾,味美可食。乌鸡、其形与家鸡等,全身黑色,故名。味美可食。树鸡、较飞龙稍大,因常栖止于树内,故名。味美可食。翠雀、山鸽、山雀等其他鸟类尚多,因不常见,无从详查。兽则有虎、熊、豹、狼、獾、堪达尔犴、堪达尔犴似鹿而大,角可作决拾。马鹿、茸甚大,鄂伦春猎得售于俄人,转售华商,价甚昂。獐、狍、野猪、黄羊、黄羊产于额尔古讷河上游草地内紫貂、产于鄂伦春山中狐狸、分草狐、沙狐二种。猞猁、灰鼠、产于各山林中水獭、产于牛尔河。旱獭、产于土岭草地内,穿穴而居,春暖草生,始出穴觅食。至秋末则闭穴深藏。蛰虫类也。白兔毛洁白细长而丰厚,惟革太薄脆,不适于用,土人呼为天马,非也。等。其皮革则以边地天寒,绒毛丰厚。貂皮,毛紫黑色,多白针,较之赫哲[1]所产者尤佳,惟价值甚昂,每张值俄卢一百五十元至二百元。每年皆由俄商收买,华商向无贩运者。捕貂之人,亦惟鄂伦一种,所得之貂,售与俄屯乌溪罗普者,每年约三四百张,卖于博格罗夫者,每年约三百余张。猞狸皮毛亦佳,惟色稍逊,每张值俄卢十五元至二十元。灰鼠,毛黑紫色,胜于他处,所产者每张值俄卢三百文至四百文。狼皮每张值俄二元至三元。旱獭出数最伙,俄人多用以制皮帽、皮斗篷等件,每张值俄卢一二百文。其他皮革,价值并每年所得若干,无从查考。兽等复有山中鄂伦春所使者,彼名曰沃利恩,俗名四不像子,角有数歧似鹿,蹄分两瓣似牛,身长色灰似驴,其头则似鹿非鹿,似牛非牛,宽额而长啄,毛甚丰,能负重百余斤。鄂伦春人驯畜之用,用时以木击树,闻声即来,饲以苔,用毕则纵之使去,即游行山中。附此以备博物家参考云。

---

〔1〕　赫哲,即赫哲族,中国东北地区一个历史悠久的少数民族。族源可上溯至肃慎、黑水靺鞨。史称“使大部”“鱼皮部”“黑斤”“黑真”“赫真”“奇憬”等。主要分布在东北地区三江平原。

物产二　额尔古讷河及右岸支河产鱼种类并如何捕取

额尔古讷河鱼类甚多，右岸之根河、牛尔河、博洛舒斯洛甫喀河，鱼类尤多。其著名者则有浙鲁，即鳟鱼、莲子鱼、细鳞鱼、白鱼、鲤鱼、黄鱼。黄鱼产于牛尔河，大者重四五十斤。鲇鱼、拉鲇。拉鲇身长似虾，二甲、六足似蟹蒙人向不知捕取，加以沿边地广人稀，销售甚难，渔业遂无讲求。惟右岸俄屯或垂钓，或设梁，梁中置柳条筐，鱼从此经过，即陷于柳筐之中。额尔古讷河左、右岸并博洛舒斯洛甫喀河均有之，或于河岸水浅之处插立木柱，横系柳条筐，筐口甚小，中置鱼饵，群鱼见饵即贯行入吞，人乘其不备，骤将柳条筐取出。亦间有以网捕取者。捕黄鱼，七八寸长之铁钩乃能得之。

物产三　额尔古讷河右岸各项矿产及已采未采

额尔古讷河右岸各山皆发脉于兴安岭，连峰叠嶂，蕴蓄深厚，矿产极为丰富。其已 开及采有苗脉者，如札赉诺尔煤矿，系租归中东铁路公司开采，共煤洞十四，编列十四号，有明洞，暗洞之分。内有七号及十号、十一号尚未开挖。其余有已作业者，有正在开作者。于光绪二十九年，工人不戒于火，将煤烧然连及第五号煤洞，至今火尚未熄。现在第九号及第十二号、十三号、十四号正在开挖。作工者共二百余名，中俄参用。昼夜分为三班。每人工价羌钱六角。明洞出煤用人工，暗洞出煤用机器。有中国煤税局一处，每煤千斤收银一钱二分，计光绪三十四年正月起至十二月底止，共出煤二万万余斤，收银二万余两。察罕敖拉煤矿在察罕敖拉卡伦东数里，因去年九月间见旱獭由地内穿穴，所出土中有煤质，卡弁王凯胜遂命卡兵采探，深至丈余，煤块有如拳大者，然未至正礶，煤质尚松，嗣因水势上涌，遂至停工，拟今春仍复开办云。新命名铁现山之铁矿，因此山之石均系黑紫色，较他山之石甚重，且山内有俄人旧烧之石灰窑，其中有将石烧流化成铁质者。其为铁矿无疑，但惜无人开采耳。吉拉林金矿，庚子变后，系经俄人窃采，经前巡抚程公始将金厂收回，由商人龚泰山承办，嗣因资本告匮，遂致废辍。光绪三十四年，派同知用补用知县卞调元前往试办，设治兼办。金矿，遂归官办。此厂在设治局西，名小西沟，距局八里，作工者约百五十人，均先挖碃，碃如井形，盖工人讳言井 。井与净同音，故名碃。横五尺，纵一丈，深不等。以见金砂为度。金砂厚薄亦不等，有半尺厚者，有二三尺厚者，亦有挖至极深不见金砂者。见砂之际，即将砂取出，或上木簸，或用水溜，将砂淘汰净尽，其砂即沉于底，大者如豆粒，小者则目力仅能见之而已。每人每月交官金一瓜力克，每瓜力克即华秤一钱一分八厘。除官金外，每人每日匀算之，其金尚可值俄卢三四元或一二元，但其金亦必须官中收买，不准私行外卖。闻吉拉林山内产金之处尚多，惜资本太少，未能遍采。吉林子河金矿在吉林子河上游名要班。光绪二十四年前，有华人在此私淘，嗣后复有俄人接采。此金厂系在山沟之中，宽一里，长约十数里，已作之碃眼甚多，砂堆层叠，观其形迹似近复有人淘汰者。中有破木垛房二间，其金苗之旺否，则无从查考。阿木毗河金矿，俗名安皮户，为昔时已作之官金厂，沟长八十余里，宽里许，中有木垛房四处，常有华人在此私作金者，人少力薄，皆淘汰昔日已作之残砂，询闻每人日得之金，仅值俄卢二三百文。乌玛河金矿在乌玛河上游，有昔时已作之官金厂，目今已废。吉格大河上游有昔时已作之官金厂，今已废弃。奇干河金矿，长四十余里，宽约三里，归漠河金厂管理，从前甚为著名。闻此金厂，昔时产金甚旺，每人每日所得之金有至十数两之多者。刻已挖残，归商人江姓者包办，作工者共七十余人，皆淘汰昔时已作之残砂，并无挖碃者，除交官金之外，每人每日尚可得俄卢一元余。可见昔日产金之旺，虽屡淘汰亦不能净尽也。沿边一带矿产甚饶，其已经发现者，惟煤、金二矿，而金矿未经发现者尚不知凡几。私作者皆贫苦流民，固无力广为采探。商办者亦资本过微，每致半途而废。官办则徒事铺张，金矿未开而已多赔累，否则筹款维艰，任事者恐后难销算，不敢放手作去。此沿边一带之矿产，所以永未振兴也。查沿边俄界金厂。其开办之初，皆先用矿师采苗，测其地面之土厚若干，金砂厚若干，金钱宽长若干，金砂重若干，可出金若干，用工料若干，一一预算决算，然后开办，虽费大资本亦所不惜。若不称大作，则租与商人包办，故赔累者少。其作法系将产金之处，用运土机器吸水机器将地面土石全行划去，其中但余金砂，然后将金砂取出，上大溜淘汰之，金即沉于溜底，故其出金之时，每日有至数百千两之多者，较中国之挖碃实为胜之。我国矿学尚未发明，一时无矿师可聘，然久在金厂作工者，观山形水势，其产金与否，亦能知其梗概。为今之计，似宜招徕此等人，令其入山觅采，官给衣食，彼出劳力，派一精明笃实之专员以督饬之。俟其采有金苗，验其称作与否，或官办，或商办，或但用人工，或兼用机器，用资本若干，余利若干，均可酌量财力而为之。惟采苗之人，必须予以特别利益，然后可以示鼓舞而励将来。抑或限于财力，官不督采，亦应明定采金章程，通示沿边之人，如有能自备食粮觅采者，准其领票入山遍采。采有金苗，报官开办，照章纳税，予以专利期限，至期限已满，如何接办之处，再临时酌定。总期有矿必开，地无弃利，即可借以招民实塞，复可资以扩充饷源，于边务实不无裨益也。

物产四　额尔古讷河右岸树木果品及羊草

额尔古讷河右岸,山川盘亘,草木丰蔚。木则由巴雅斯胡郎图温都尔山中即有桦树,至吉拉林以下则松、桦交加,至额勒合哈达以上则松多桦少。桦分黑、白二种,其白者皮可制油,且可作筐筥等器。松则有意气松、黄松,土人呼为樟子松等类。意气松,其细叶似柏,冬则凋落,故亦名落叶松。黄松则其叶如针,其实可食,冬夏不凋,登高一望,黛色参天,森林之富,诚边境一大利源。果则皆系天然,木本有刺梅、山杏、杜李、都实、牙格大,草本有高丽果、脱盘等类。味美者惟高丽果、脱盘。其牙格大、都实二种,亦稍可食。枝干均不高,牙格大贴地生,叶长圆而厚,经冬翠色不凋。都实丛生,叶长圆。高丽果生草间,甚低,觅采不易,斜角宽叶。脱盘紫干、斜角、宽叶。牙格大其实与樱桃等而色赤,其味酸而甘。都实之实比牙格大稍大,其色黑紫,其味酸而甘,类山葡萄,俄人以此二者酿酒。高丽果其实如桑葚而色红,其味甘芳。脱盘色红,颗粒攒簇成果,熟则脱蒂而落,故名脱盘,味甚甘美,俄人用糖或蜜饯收藏,视为佳品。草则以羊草为大宗,皆产于沿边河岸、河洲、山沟之内,由阿巴该图至吉拉林所产尤饶,为俄屯牧养牲畜者所仰给,惟每年所产之数未能详查。

谨按:沿边树木、羊草为俄民所仰给,历年伐割、牧畜难以数计。自光绪二十四年定章收税,不准越界私取,以开办之初尚多疏漏,已收俄卢一万四五千元,将来稽查日密,亦边境一大进款也。

第七　部落　界内山中鄂伦春及收笼方法

鄂伦春实亦索伦之别部,其族皆散处内兴安岭山中,以捕猎为业。元时称为林木中百姓,国初谓树中人,又谓为使鹿部。太祖高皇帝用兵黑龙江,招服诺啰路。诺啰即鄂伦之转音太宗之世,命阿赖达尔汉率外藩蒙古诸贝勒往追茂明安部下逃人,至使鹿部喀木尼堪地方,招集叶雷舍尔特、库巴古、奈土古等及其从役家人来献。又柳边纪略[1]云,使鹿部大约在使犬部之外。崇德元年五月,阿赖达尔汉追茂明安部下逃人至使鹿部喀木尼堪地方,获男女二十九来献。至今未通朝贡,无由见

〔1〕 柳边纪略,清代杨宾著,康熙二十八年(1689年),赴宁古塔省亲,居三年回京,以其在宁古塔之考察、访问所得,写成《柳边纪略》一书。内叙东北边门城堡、山川疆界、道路、卫所职官、扈伦部落、物产互市、风习碑文,并有述怀诗等七十余首。乃清首部私人撰写的东北略志,独具特色。它是一部全面叙写东北的专著。给当时国人揭开了东北地区神秘的面纱,为后世研究东北历史留下了许多宝贵的史料。

其国人，但闻其使鹿如使牛马而已。又异域录云，伊聂柏兴俄人呼城曰柏兴之俄罗斯呼索伦为喀木尼堪，又呼为通古斯，俱畜鹿以乘驭驮载其鹿灰白色，形似驴骡，有角，名曰鄂伦。今按鄂伦春所使之兽，彼族名曰沃利恩，即鄂伦春之转音，俗名曰四不像子，即此也。形质详物产章内所谓喀木尼堪，亦鄂伦春之别名，此可见鄂伦春命名以使鹿之故。又朔方备乘云，鄂伦春者，索伦、达呼尔类也。黑龙江以北，精奇里江以南，皆其射猎之地。其众夹精奇里江以居，似与索伦为近。其隶布特哈八旗为官兵者，谓之摩凌阿鄂伦春，其散处山野以纳貂为役者，谓之雅发罕鄂伦春。按摩凌阿、雅发罕，满洲语犹言马上、步下也。雅发罕鄂伦春有布特哈官五员，三岁一易，号曰谙达，岁以征貂至其境，其人先期毕至，奉命维谨，过此则深居不可踪迹矣。盖开国之初，彼辈已相率内属，后因罗刹扰边，屡被侵掠，亦有逃归罗刹者。康熙二十三年，将军萨布素公奏称，夸关大鄂伦春等抵罗刹地方，遣宜番造其居开谕之，取其鸟枪二十具并鄂伦春留质之子三人。至康熙二十八年，平定罗刹，立碑定界，鄂伦春乃得帖然无事，与木石居，兴鹿豕游，永为中国沿边深山之野人，然其所居之地与俄为邻，终不免与俄互市。黑龙江外纪云，俄人之鸟枪，常于莫里勒克处售之鄂伦春。又云，俄商旧与鄂伦春互市。地名齐凌，转为麒麟，因有麒麟营子之号。后将军传玉搜获，逋逃无算，乃禁互市。又魏源云，有不编佐领之使鹿部名曰奇勒儿。则齐凌、麒麟，均为奇勒之转音。今查奇勒口在额尔古讷河口东南，距河口约十里，沿黑龙江南岸为鄂伦春与俄人来往交易之区。此口系一山沟，宽不及半里，中有华商新修之木垛房一间。复查鄂伦春系内兴安岭土著之民，趫悍过人，排枪每发辄中，俄人亦颇畏之。耐寒畏热，时以出痘为患。初归布特哈总管派员钤辖，号称谙达。同治初年，吉林省属马贼猖獗，将军富明阿公奏调鄂伦春人五百前往，一战而定。同治十年，将军特普钦[1]公奏于内兴安岭内外分为五路以备调用。光绪元年，将军丰绅公奏调枪队五百人，每岁三月间，调集内兴安岭旺山一带，操演四十日，犒赏银两，布疋遣归。六年，将军定安公奏增挑枪队五百人，合计千人，每岁由将军特派协领一员会同布特哈总管，届期查操。八年，将军文绪公奏设兴安城副总管一员，建城于岭内之太湾，有武帝庙，有军器库，有公备仓。其奏设兴安城总管略曰，查鄂伦春一带牲丁久居山内，二百年来未濡教化，几同野人，向归布特哈总管辖治，所捕貂皮辄为谙达诸人以微物易去，肆意欺凌，不啻奴畜。在当时，山深地阔，尚不

〔1〕 特普钦(1801—1887年)，原名朴溪，字百溪，汉军镶红旗，生于盛京(今沈阳)。咸丰九年(1859年)八月任黑龙江将军。

为苦,近因江左尽归俄界,仅有江右山场,捕猎愈稀,实属不敷糊口,且有逃归俄境以资生者。前任将军挑练千名,犒赏布银,专归谙达教管,略寓收抚之意。而明归谙达教管,则权势益重,而受制益苦,浸成仇敌之势,诚恐激生事端,滋起边衅,筹计久远,非编旗设官列城置戍不可。该牲丁枪法极准,人亦勇热。性与索伦相近,同为国家赤子,本无贵贱之分,及时收辑,足期强兵固边之效。会饬派查操协领会同布特哈总管入山,宣布恩德,该牲丁感激流涕,愿即归伍当差,以免谙达欺凌。拟请就原挑千名,分设佐领管辖,月给饷银一两,岁贡貂皮一张,设副总管衔总管一员总理其事,以下各官均照布特哈城章程办理云云。然彼等心性颛愚,一饱无求,言语亦不易通,例操之外,往往伏而不出。建城以后,岁饷积存,几无人领。太平湾虽为五路适中之地,而城署低处洼下,工费万金,岁未逾纪,已坍塌不可居。总管遂寓于喀尔塔尔奚站,有美意无良法,不能不为始事者惜。至光绪二十年,黑龙江将军奏收笼鄂伦春,将原设兴安岭城衙门概行裁撤,所有鄂伦春分归黑龙江、墨尔根、布特哈、呼伦贝尔四城管理。黑龙江上下游分二路,墨尔根、布特哈、呼伦贝尔各为一路,每路专设协领一员以资收笼。其归伦城管理者,即挂河一路两佐,均予限三年,何城先行收笼足额,早得实效,即由该城副都统专折奏请奖叙,带领引见,请旨录用。于三年成效后,将鄂伦春人带出山场,就近由副都统齐集教练,务期熟谙风化,俾可济紧急之需。此鄂伦春归伦城管辖之始也。无如地广山深,寻查不易,相沿既久,视为具文。鄂伦春既不知管理者为何人,管理者亦不问鄂伦春尽居何地,复何有于收笼。而额尔古讷河右岸山中之鄂伦春,僻处荒边,声息阻隔,尤漫无统属,日用所需及猎得皮张均须向俄境购取,销售往来既稔,遂受俄人笼络,潜入俄籍。光绪三十四年夏,派员调查沿边一带,并令入山调查鄂伦春究竟使鹿、使马,户口若干,有无入俄籍者,以资收笼。闻珠尔干河总卡对岸俄屯乌溪罗甫,其商人常与鄂伦春贸易,拟由此处入山。询之俄商,云彼等居处无常,当此大雨时行,时在七月中旬道途泥泞,草木丛杂,人马均不能行。彼等与俄商贸易有一定之地,一定之期,去此华里五百余里有山 名颇可轴尔,复三百里有木垛房一间,为交易之定地。俄历十月二十前后,即华十月初十前后为交易之定期,过此以往,则踪迹难寻矣。又云,彼等已半入俄籍,归伊格那绅俄屯长所管,其头目居额尔古讷河下游之奇勒口内。其入俄籍,因从前彼等牲畜均行倒毙,山兽亦少,贫乏不能自存,遂出山至沿边俄屯佣工,因粗知俄国语言文字,遂由此变服制而入俄籍。后又询之俄屯屯长,并沿边华人,所云皆同。时以相离太远,未便冒进。旋至额尔古讷河口,用俄人引路,溯博洛舒斯洛甫喀河往寻鄂伦春踪迹。入山东南行百余里,于层峦叠嶂中遇三人,贸贸然来,貌似蒙古而衣俄服,一老两少。问俄人知为鄂伦春,见面似有退避之意。俄人呼之始至,遂相对,与俄人语,亦不解所言之为何。后据俄人云,彼等所居之地,即在目前山内。导行数里至其地,其居皆以杂毛毡或树皮为之,形与蒙古包等。入其室,妇孺衣服亦与俄人同席地坐谈,问其头目所在并名字。答云无定所。头目有二:一俄国人,一鄂伦春人。鄂伦春人名过尔答过夫,闻前数日往俄境矣。又问其于何年入俄籍,户口若干,皆答不知。又问其在此系长居,系暂居,答不日即迁。盖彼等随山逐兽,原无一定住所。又问每年所得皮张若干。则云,多寡无定。查此地共鄂伦春三家,彼二家家长,一名沃西力沃司克,一名各拉西木,男女共十五人。因将所携之风梨、洋酒等分赏彼三家,谕以赏赐之意,且以仍归中国观其意,似解不解,直若犬马之不与人同类者。而其名字则皆取俄国语言,头目又无从寻觅,遂复故道反回。至俄屯博格罗夫,有素与鄂伦春交易之俄商云,鄂伦春之入俄籍者分二沃洛特:即华言两旗一为根得及司克矣沃洛特,其头目名飘得尔格为力勒为池,帮办名国尔大国罗夫。一为娑罗国恩挪司刻矣沃洛特,其头目名飘得尔泥克拉牙为池,帮办名司及班牙克为池。二旗共百七十余户虽归俄籍,亦仅割发变服制而已,至俄民所有之权利义务,彼等均无关系。每人年给俄屯俄卢三元,此钱亦非国课,盖因彼等养生送死,均必至俄屯教寺请教士诵经,故给此钱耳。每年均于俄历六月初一日,其头目来交此钱,并率鄂伦春买卖货物云。该商所称鄂伦春头目之名,与入山所调查者不同,未知孰是。

谨按:鄂伦春人系我属部,且居我境,以属地属人之义言之,均不准私入外籍。今以无人管辖之故,受外人笼络,私入俄籍,久恐为患边疆,急应设法收笼。其收笼之法:查明户口,择其头目给以官阶,使之有所统属,劝令仍归华籍,按年春秋二季,派员进山稽查赏赉,宣布朝廷威德。如有甘心向外不肯再隶华籍者,即以俄人论,查明驱逐,不准仍居华界以杜后患。

第八　卡伦　边界卡伦之沿革及现今分设数目地名并相距远近

沿边卡伦,始于雍正五年,郡王策凌伯四格,侍郎图理琛等会同俄罗斯使臣萨瓦勘定疆界,并设卡伦五十九处。属于呼伦贝尔者十有二:曰察罕敖拉。亦名察罕乌鲁曰苏克特依,曰阿巴该图,曰孟克西里,曰额尔得尼托罗辉,曰库克多博,曰巴图尔和硕,曰巴雅斯胡郎图温都尔,曰胡裕尔和奇,曰巴彦鲁克,曰西伯勒布拉克,曰珠尔特依。轮派伦城蒙古官兵戍守,每卡驻防官一员,兵各三十名。两卡之间,均立鄂博。卡伦官兵每日巡查,三月一更。遇有俄人越境及偷盗牲畜者,归总卡官通报办理。乾隆二十五年,重行整顿,复派总管一员,佐领二员,每月巡查一次。每卡设蒙古包四个,共四十八个,每年需用补修银九十六两,由本处税项开销。此十二卡伦皆沿国界而设,名之曰外卡伦。雍正十一年,因外卡伦防守多疏,时有俄人越境,复于外卡以内设十五卡伦,以资联络。曰库里多尔,朔方备乘作库勒都尔,当即距库克多博二十里之特勒布尔河。曰特勒墨勒津,朔方备乘作特尔墨勒津,一作特尔墨勒音。曰特尼克,朔方备乘作特尼河。曰崇古林,朔方备乘作崇古林谷口,一作崇古岭山沟。曰依拉该图,朔方备乘作阿尔噶图谷口,一作阿尔噶图河口,一作河尔该图山沟。曰哈齐,朔方备乘作墨尔格河,即伦北六十里之莫勒各尔河。曰沙拉鄂苏,朔方备乘作喀喇鄂索谷口,一作锡兰鄂索河口,一作喀喇俄索山沟。曰萨勒奇图,朔方备乘作萨奇勒图一作萨尔奇特山,一作萨尔奇图山。曰翁昆,朔方备乘作开拉里河翁昆开拉里河即伦境之海拉尔河,曰温都尔额勒苏,朔方备乘作温都尔额勒苏。曰乌兰刚阿,朔方备乘作乌兰昂阿,一作乌兰纲安。曰布拉克图,朔方备乘作布拉克图舍哩。曰莫贵图,朔方备乘作摩该图,一作墨会图。曰托洛郭图,朔方备乘作托洛辉图,一作托洛会图。曰乌尔图布拉克,朔方备乘作鄂勒图舍哩,一作俄尔托布喇克。均与各外卡伦相距一、二百里不等,名曰内卡伦。咸丰七年,因与外卡相距太远,恐稽查难周,奏明情形,向国界就近迁移,与外卡伦相距各三四十里不等,以便互巡。内裁去三卡,改作三台,共存十二卡伦,另立新名曰西伯尔昂阿,曰迈罕图,曰查勒奇昂阿,曰色格勒吉舍哩,曰郭尔毕舍哩,曰阿鲁呼都克,曰西里呼都克,曰布木伯诺尔,曰图勒特格,曰昂尔山布拉克,曰乌噶拉吉布拉克,曰达西玛克布拉克每卡驻守官一员,兵二十名,两月一换,每月派佐领一员往巡一次。嗣因奉行日久,内卡伦渐皆废弛,旧址均无从查考。光绪十年,因防俄人越界挖金,由黑龙江城于伦境珠尔特依卡伦北沿额尔古讷河右岸增设卡伦五座曰莫里勒克,曰牛尔河,曰温河,曰伊穆河,曰额勒和哈达,归黑龙江城副都统管辖,派兵驻守。国界之在伦境者,前后共设外卡伦十七座。至庚子之乱,皆被俄人焚毁,官兵尽行逃散,沿边之主权利权一任俄人攘窃,而无能过问。至光绪三十三年,经前任苏副都统始议规复旧制,重设卡伦十一座。从查罕敖拉起至珠尔特依止,而珠尔特依迤北之卡伦仍复阙如。每卡驻守官一员,每月支饷银三两,领催一名,兵八名,每名月支饷银二两,由伦城户司所存草税项下开支,官兵亦均由蒙人派充。兵单饷薄,不惟不能守边,反借以盗卖木植、羊草,甚且有受外人一脔之饱而为守牧牛羊者。蠢此愚蒙,罔识国体,夫亦何怪其然。光绪三十四年冬,今护副都统宋公权镇斯土,见边防之废弛,实由于蒙人之愚弱。到任伊始,即咨商省署经营边务,详定章程,将卡伦蒙人一律撤换,改招农民充当卡兵,仿古人屯田之意,为经久之谋。由塔尔巴干达呼山起至额尔古讷河口共设卡伦二十一座。沿旧名者十有五:曰查罕敖拉,曰阿巴该图,曰孟克西里,曰额尔得尼托罗辉,曰库克多博,设为总卡伦,曰巴图尔和硕。曰巴雅斯胡郎图温都尔,曰胡裕尔和奇,曰巴彦鲁克,曰珠尔特依,曰莫里勒,曰牛尔河,曰温河,曰伊穆河,曰额勒哈达。新设者六:曰塔尔巴干达呼山,曰毕拉尔河,曰珠尔干河,设为总卡伦。曰长甸,曰奇雅河,曰永安山。旧卡伦报废者二:曰苏克特依,曰西伯力布拉克。于三十四年夏,相继分设,现未设者仅塔尔巴干达呼山、长甸,奇雅河三处。于伦城设边垦总局,以提纲絜领。又设满洲里边垦局,吉拉林设治委员,以分任稽查。开办数月,从前俄人之任便越界取携自如者,皆渐敛迹,即有所需如伐木、刈草等事,亦皆请命于我,遵章纳税,主权利权已稍收回。从此一意经营,不难渐臻充实。至卡伦所在,并相距远近,均详图表,详细规则,备载卡伦章程。

第九　治所　界内设治处所及商场

按:沿边荒凉空旷,向未设治。今既经营边务,兴办屯垦,不能不择要设治。为经久之计。以地势论之,第一为满洲里,满洲里地当边要,为东清铁路入境首站,且已开作商埠,俄蒙往来,又以该处为重途,时有交涉,现已奏设胪滨府。次则吉拉林,吉拉林为沿边适中之地,原有金矿,聚集流民,时起争端。且地土膏腴,从前俄民时有越垦,亟应招徕垦户,逐渐实边,现已奏派试办设治委员,定名为室韦厅。然吉拉林地势较小,不过就金厂为暂时根据,将来室韦厅仍应于根河北岸择地移设,方为得势。次则珠尔干河,距吉拉林过远,道路亦多阻隔,现设总卡官经营边垦,俟将来人民渐多,再行设治。次则额尔古纳河口,为伦边之终点,距珠尔干河尚五百余里,且与黑龙江会流,地最为险要,日后亦当设治。其可设商场者,除胪滨府已开作商埠,此外如库克多博为蒙俄华人来往通衢,现已招有商人十余户,逐加提倡,可以渐臻繁盛。吉拉林内有金厂,且与各俄屯密迩相接,现已有商人十余户,将来垦矿振兴,商业亦不难起色。一珠尔干河并额尔古纳河口为鄂伦春人等出入之区,皮张最为大宗,向归俄商收买以皮易货,不论价值,一任俄商愚弄。俄商将皮张运至俄京,或运至外洋商埠,得利数倍,由此致富者甚多。我苟设法将鄂伦春收笼,即于此二处立市招商,以便交易,既免为俄所羁縻,利权亦不至外溢也。

第十　交通一　界内道路之远近夷险冲要并应如何开通之处

经营地方,首重交通,交通不便则发达难期,陆地尤为交通之首务。伦境沿边一千五百余里,其有道可行者,则由塔尔巴干达呼山至吉拉林共七百余里,无高山大岭，其中虽间有险阻之处，然稍加修补，即可成为周道。其未经开通者，则自吉拉林至珠尔干河三百五十余里，山岭亦多，仅有荒僻小路可容人行，向无车马踪迹。由珠尔干河至额尔古讷河口五百五十余里，则连峰叠嶂，林木茂密，山石峥嵘，壁立河上，求一线崎岖亦不可得，行旅往来非假道于俄不能飞渡，致受俄人多方挟制，而莫可如何。于此而欲谋交通，非将我岸道路开通不可。山多树密，工程浩大，巨款恐不易筹，为今之计，应先派员详细查明，易修者若干处，将附近各卡易修之处，责成各卡伦卡兵随时修治，其难修之处，另雇人夫开修。边境人民尚少，不必骤开大道，但修一人马能行之路。有河之处，查看水势大小，或修木桥，或造渡舟，可资驮运，可通邮递，便可暂济目前。俟边民渐多，筹款较易，再官民合力开修行车大路。以目今吉拉林至额尔古讷河口，夷险通算，约不过三万金可以蒇事，此实无可再省者。其沿边重要之途，舍满洲里铁路外，以库克多博为最。界外各处俄人之来华境者，均由此渡额尔古讷河越界，循根河而上至色格勒吉旧卡伦以达海拉尔城，又可由根河经布特哈界库鲁格卡伦至墨尔根、黑龙江城，以赴俄界之阿木尔省。华俄人由海拉尔贩运私酒并赴华俄各金厂作工者，亦必经库克多博。其次，则珠尔干总卡伦、额尔古讷河口两处，为俄人越界入山与鄂伦春交易之处，亦关紧要。

交通二　邮车

俄境各屯皆备有邮车，彼族名曰傅其图。由国家资助，民间承办。除传递文报外，来往商旅均可雇用，挨站换马递送。冬令于河上驾驶冰橇，每一日夜可行三四百里，最为捷速。我境亦宜仿行，自库克多博起至额尔古讷河口止，每卡由官给马八匹，自备冰橇两辆，详定章程以便遵守。用款不过数千金，官民均称便利矣。

交通三　额尔古讷河行船

陆路要矣，水路不通，则运输仍属迟滞，而国际河流之航权尽为外人所握，亦非计之得也。额尔古讷河系中俄公共之水，乃俄人轮舟激驶，上下相连，左右岸均有船照以识水道，由额尔古讷河口可上达吉拉林对岸俄屯卧牛槐、布拉等处。我则片帆绝影，沿边往来载运皆仰给彼族，往往受其要挟。如仅恃陆路，夏秋之际，山水涨发，卡伦运粮，中途阻滞，贻误良多。揆时度势，航路实不可须臾稍缓。所虑者，额尔古讷河下游两岸均系悬崖绝壁，水大溜急，风船可顺水而下，不能溯流而上，非轮船难以为力。轮船复需款甚巨，加以沿边地广人稀，除载运沿边卡伦粮饷外，货物实属无多，开办之初，必致赔累，此招商集股所以每裹足不前也。如责成各卡伦公共办理，亦实力有不足，统筹全局，是宜由省城另筹巨款，合吉、江两省立一轮船公司，派熟悉船政之人专理其事，以松花江、黑龙江为正路，以额尔古讷河、嫩江为支路，一气贯注，化板为活，边腹各地商垦均易振兴，于行政军事亦多裨益，其利诚非一端，则开通全局者在此，即开通伦境者在此也。

交通四　界内应设电线之处

水路交通而机关不灵，遇事亦多延误。沿边俄界于距界八十里之难窝答有电报局一处可通国内消息，有华界铁路电线可通国外消息，其沿边未设电报之处皆有邮政局以通消息。我界则沿边文报向由卡伦传送，道路辽远，异常迟滞，方今整顿边防，遇有紧急之件必多贻误。谓宜于伦城内设电报局一处，由伦城至省尚可暂借俄电。由伦城至沿边一带均自行安设电线。由伦城至库克多博总卡伦暨吉拉林、珠尔干河、额勒和哈达各设一电报生。其满洲里新设之庐滨府仍暂借俄电以达于伦城。至额尔古讷河口以东归瑷珲辖境者，亦请一律兴办。如此则上下相通，内外衔接，边荒数千里麻木不仁之病，可立转为灵活矣。

第十一　税务　界内木植、羊草、牧畜、皮张各税如何征收及数目

国家筹款营屯，重在实边而不重在言利。沿边初办屯垦，正当力从宽大，使各省人民闻风趋赴，以植繁庶之基，岂宜骤言征税作目前之计。但边荒寥落，防守久疏，我界物产如草木等类向任俄人伐割，无人过问。彼界村屯日密，所产草木又不足供建筑炊爨牧畜之用，越界取携，已成习惯，一旦骤予封禁，绝其生计，必出全力以争。我界经营伊始，预备未周，稽查既难严密，盗伐实所不免，操之过急，恐生重大交涉。而俄领马那金及驻伦外部官吴萨谛复殷殷向我恳求，暂允俄民越界伐木、刈草、牧畜。因咨明省署与之详定税章，并订明一年一定，以示操纵在我，为一时权宜之计。俟我边地日辟，边民日聚，再当酌量情形，随时封禁。由光绪三十四年五月起至十二月底止，共收羊草、牧畜税俄卢一万五千余元。木植税尚未报齐，据各卡禀称，约已收有二三千元。皮张均系山内鄂伦春所猎，稽查最为不易，前饬珠尔干总卡伦与俄商订一简便办法。近据禀称，自光绪三十四年十月起至宣统元年二月止，有俄商六家包纳税项俄卢二千元。本年察酌情形，另行定章办理。统核上年半年内共收各项税款不下二万卢布。事经初办，为时已晚，不无疏漏。本年自春季办起，将来卡伦设齐，稽查周密，收款当不止此。似此办理，主权利权两无所失，国际邦交均能兼顾而取之，俄民于边荒招垦亦毫无窒碍，且化无用而为有用，是亦筹款之一大宗也。收税章程附后。

俄人越界割草章程

第一条　俄人越界割草与两国约章不和，在应禁之例。因两国□好，界内各草

甸亦尚未开垦，上年从权暂准纳税领票越界割草。今将上年章程重行酌订，以便遵守。

第二条　吉拉林大沟自口门起，暨沟内各小沟并有华人领地之处，及各沟内已经华人承领之草甸，各局卡附近，在华五里以内之草甸，与各局卡界内经华领垦地方，并距奇乾河、乌马河矿务局附近二十华里以内，均不准俄人割草。其余各地方距额尔古讷河二十华里以内，从权暂准俄人报明领票割草。如二十华里以内，实无羊草或并无好草，由局卡查明方准在二十华里以外割草。惟不准出卡伦稽查范围之外，以致照料不及。

第三条　既从权暂准俄人越界割草，应即缴纳草税。每草一布特纳草税羌钱一各别零一文，每十布特加收票费羌钱一十文，计十布特共应收钱十二各别，票费在内。其割草领票期限，仍自本年五月初一日为始。

第四条　各屯割草，须先由各屯长报明割草姓名，指明何处，由吉拉林设治局、满洲里边垦局，或库克多博、珠尔干河两总卡伦暨阿巴该图、珠尔特依、额勒和哈达三卡官处查明该处无华人承领，无别项窒碍，方能允许。允许之后，预计割草若干布特，照章交足全税，发给草票，方准刈割。割完将草堆积成垛，小以五布特为一垛，大以五十布特为一垛，以便局卡派差查验。若草垛过多，不能挨查，酌量抽查一二垛，余即类推核算。如恐分两不能恰合公允，可将草垛先用华尺丈量，后用俄秤称之，以冀得其均平。其所割数目如不足票内之数，前交税款概不退还，仍照草票数目换给运票，方准拉运。倘所割之草较草票数目加多，即按加多之数补足草税，方准发给运票。统限至华历十二月十五日运完，未经点验以前，若私行运走，局卡未得临时查获，事后即按照票根人名草数向俄屯长追究，照原领票照草数加罚税钱一半。若已经点验不领运票即行拉运者，查出将草入官。

第五条　所割之草，或因路远，或因无雪，或因河冰未坚以及遇有意外事故，届期不能拉运，或已运而未经完竣者，准其展限，审量地方情形至能运出时为止。惟须报由各局卡查明情形核准后，方准照办。然只准展限拉运，不准将已割未运之草就地喂养牲口。

第六条　如查无华官所发草票，私自越界割草，将所割之草入官，并将私自割草之人交就近俄官照窃盗例惩办。其在漠河、奇乾河所领草票，吉拉林设治局、满洲里边垦局及各卡伦概不承认。

第七条　俄人割草，如本人不能自割，雇有把头，需将把头姓名注明票内，以便稽查。如查其名票不符，即将羊草入官。

第八条　割草地方既经指定某处，于票内注明，即需在某处刈割。割完时，听候查点。如执此一票又另在他处照数割取一份，查出将两处所割之草一并入官，并从重议罚。如其原指草甸实在割不足数，准其报由局卡查明允许，方准择地另割，并将另择处所注于票内，以备查验。

第九条　各处草厂有宽长至五六十里统为一地名者，俄人等若先后领票割草共指一处，应由领票局卡派差按领票先后以次划定界限，并由本人自立记号以免争执。

第十条　割草无论人数多寡，均须注明票内。过界时，携带此票以便稽查。并不准私带枪械，如须携带猎枪或手枪自卫者，每票一张只准两杆，均须报明局卡，于票内注明，违者查出，将枪械扣留入官。

第十一条　俄人已割之草归本人自己看守，如有火烧丢失及牛马牲畜践食，于局卡无涉，所交税款不能退还。其割草时，只准搭盖小窝棚以避风雨，不准盖房居住，割草事毕即归俄屯。

第十二条　准俄人越界割草，原为敦睦起见，两国人民须益形亲睦，不得因割草有争执行强情事。违者将草票追回，既在中国境内，应由局卡拿交就近俄官惩办。

第十三条　以上各条，系指宣统元年割草而言，明年准否割草，仍须查看情形再定。且专指呼伦贝尔辖境至额尔古讷河口而言，自黑龙江即阿木尔以下系爱珲辖境，与此章无涉。

第十四条　以上各条译成俄文，粘连华文之后，发给各俄屯以便俄人有所遵守。如有应需核对质证之处，以华文为主。

俄人越界牧畜章程

第一条　俄人越界牧畜，原非两国约章所有，因两国和好，上年从权，暂准纳税领票越界牧畜以敦睦谊。今将上年章程重行酌定，以资遵守。

第二条　各屯越界牧畜，每牛马驼一头，每月纳税俄洋十三个别，票费一个别，共十四个别。其不食乳之小马牛驼在二岁以下者，每头减半，其食乳之小马牛驼免税。山、棉各羊每月纳税羌钱三个别，票费半个别，其不食乳之羊羔减半，食乳者免税。牧放日期，均自本年章程订定宣布之日为始。

第三条　俄人越界牧畜，须由屯长在吉拉林设治局、满洲里边垦局、或库克多博、珠尔干河两总卡伦暨阿巴该图、珠尔特伊、额勒和哈达三卡官报明俄户若干、共有牛马驼羊若干，按照第二条章程交足草税票费，方能发给执照，准越界牧放。其牲畜名色数目并注票内。此票应每群呈领一张,俾资查验,以一个月为限。牧放不满一月者亦按一月收税,限满即将原票呈缴,下月如欲接放,赴局另领。其牲畜数目照上月如有增减,随时报明注于票内。凡牧畜之人,必携带牧畜执照呈由局卡验明,始准其越界牧放。如经局卡查无执照,即将牲畜扣留入官。若有执照其牲畜数目与票照不符,按少报牲畜数目照应纳草税补交外,再罚两倍。

第四条　沿额尔古讷河各沟距河十华里以内,凡无华人垦种之荒及无卡伦之处,均可牧放,惟不准在十华里之外。其吉拉林大沟自口门起及沟内之各小沟并奇乾河、乌马河二十华里以内,留作金厂自行牧畜之地,亦不准俄人越界牧畜,违者将牲畜入官。至沿额尔古讷河各沟凡有华人垦种青苗菜园及有卡伦之处,四面各五里以内,均不准牧放,以免有碍种植。其有林木之处及已刊林木将生小树之处,皆不准牧放,违者每牲畜一头罚俄洋一圆。

第五条　牧放牲畜如有踏损华人青苗菜园情事,准华人先将牲畜扣留到设治局、边垦局或就近卡伦报明,由局卡酌量踏损之多寡,与就近俄屯长议定价值,责令牲畜本主赔偿。其扣留牲畜看养费须由俄人计日算缴,倘不认赔偿即将牲畜扣抵被损之人。

第六条　牧畜之人带有执照,可以时常往来,其牲畜须自行照料,如有丢失伤亡与局卡无涉。如求局卡帮同寻查,可以酌允派人,以示敦睦之意。

第七条　越界照料牲畜之人,只准搭盖小窝棚,不准盖房居住,并不准私带枪械。如须携带猎枪及手枪自卫者,报明局卡在牧畜票内注明,每群只准带二枝,不准多带,违者将枪扣留入官。

第八条　俄人牧畜地方,如有华人在彼牧畜者,须互相照料以敦睦谊,不得彼此争执。若华人所放牲畜跑入俄人牲畜群内,或俄人牲畜跑入华人牲畜群内,均须听其寻找,不准隐匿。如果有心隐匿,无论华人、俄人,一经查出,将牲畜交还原主外,每牛马驼羊一头按照所值价钱,由局卡与俄屯长议罚。如或抗违,照相当之数将牲畜扣留。

第九条　照料牲畜之人系属俄人或系雇用华人,某姓某名均须报由局卡注明票内,于过界时,呈由局卡查验。其人与照内姓名不符者,将票扣留,不准过界牧放,以杜未领牧照者借票通融牧放,希图取巧。

第十条　准俄人越界牧畜,原为两国和好起见,华人俄人应益加敦睦。倘俄人有凶横行强情事,既在中国境内,应由各局卡伦拿送俄官,认真惩治。其有关系牧畜、两国人民交涉事件,以上各条未及载明者,报由华官知照俄官和平商办。

第十一条　第二条所载牛马驼羊税钱数目系专指牧放牲畜而言，与割草无涉，越界割草另有专章。

第十二条　以上章程专指宣统元年而言，明年准否越界牧畜，仍须查看情形再定。且专指呼伦贝尔辖境至额尔古讷河口而言，自黑龙江即阿木尔以下系爱珲辖境，与此章无涉。

第十三条　以上各条译成俄文粘连华文之后，发给各屯长，以便俄人有所遵守。如有应行核对质证之处，以华文为主。

砍木凿石章程

第一条　沿边俄人越界砍木凿石，本与两国约章不合，在应行禁止之列。现因两国和好，暂时纳税领票越界砍凿，明年应否照办，再行随时酌订。

第二条　凡华、俄人等欲在呼伦贝尔沿额尔古讷河界内砍木，必须先行指定地名段落里数暨砍取何项木植，并某项若干，到就近发票局卡报明，经官查验，必须与华人生计无碍，刊名记号，方准发给砍木票据。应纳税课，即按拟砍数目补缴未交税款。如所砍止足原拟数目之半，不再收税，如未领照私自砍木，将所砍之木入官，其私自砍木之人，华人即照窃盗例惩办，俄人则送就近俄官究治。

第三条　领票砍木者，因先占之数太少，此地所出之木尚多，或欲在就近地方展砍，亦须先纳半税，续领大照，方准再砍。如未续领大照先行动工，亦为私砍，照第二条私砍处治办理。

第四条　木植砍齐须先到原领票据局卡报明，经官点验清楚，按数打印记号，交足所欠一半税款，发给运票，方准拉运。此项运票，不收票费，限至次年正月十五运完。倘因道路无雪，或有紧要之别情耽搁，应先到领票局卡报明，酌予展限，然至迟亦不得逾次年二月底均须运完，或运至河干。所有木料由砍木人自己看守，倘有遗失与局卡无干。其运至河干者，俟开河时，或穿伐，或船运，自开河日起，不得过一月之期，均须运完。其运木时，应由局卡查验，如无记号，或无运票，或有运票木数与票内数目不符，一经查出，除补纳正税外，仍照应交之税款数目加二倍科罚。

第五条　砍木时，只准搭盖小窝棚以避雨雪，不准盖房居住，将木运毕即速回俄屯。

第六条　木税均按尺寸征收，用中官定木尺丈量，大木从小头锯口计算。火柴均须堆成古勃以便点验，仍以六尺六寸立方计算为一古勃。

第七条　凡领票砍木者，除照纳税项外，每票一张应缴票费一元半。

第八条　凡沿边俄人领票砍木，一俄屯只准指定砍木段落一处，倘所指地段木植不敷应用,应俟在该处砍毕时,再行指领他处,以便稽查。

第九条　领票砍木者,如注明大木则所砍木植大头尺寸必须径在华尺八寸以上者,方准砍伐,不及八寸者,概应留养不准滥伐。至杂项小木,仅可取作火柴或房椽、扁担、斧把、车辕、车弓、车谷等项必须小木者,不在此例。

第十条　砍木须先留意,不可伤损小树,除砍树之地放倒压坏不计外,于运出时应先开通道路,道路以外之小树概不准稍有损伤。违者按所伤树木,每株罚俄洋二元。

第十一条　剥取松皮其树大头必须径在一尺以外,桦皮其树大头必须径在八寸以外,方准剥取。倘不足此数滥行剥取者,每株罚俄洋三元。

第十二条　凡砍木时均须慎防火灾,倘有不经心或故意放火烧山者,由就近局卡详查情形并视所烧山林多少分别轻重,罚俄洋十元至二百元,如系俄人,知照就近俄屯长会同办理。

第十三条　砍木之人不准私带枪械,如欲携枪自卫,亦须报明原领照局卡,在照内注明。每砍木厂,只准带猎枪或手枪二只,不准多带,违者将枪械扣留入官。

第十四条　砍木须遵踬定界址,不得越界乱施斧鉅,亦不得因砍木有争执行强情事。违者将先交半税入官,大照追回,并将越界争执之人惩办,俄人则送就近俄官处办理。

第十五条　凡凿取石块,应先将取用数目,报由就近局卡,指定与草木,道路、房屋一切均无妨碍地方,先收半税,发给准凿石块执照,始准凿取。每票一张收票费羌钱一元半。限一个月凿齐,凿齐时即由凿石人将石块堆成立方古勃,报由前领执照局卡点验清楚,发给运票始准拉运。运完距发给运票时不得过一个月,余照砍木通章办理。

第十六条　此章系指呼伦贝尔辖境至额尔古讷河口而言。自黑龙江即阿木尔以下系爱珲界,与此章无涉。此章只指本年砍木而言,明年仍须查看情形,另行酌定办法。

税则列后:

大木　各项松木

长华六尺六寸即俄一沙申,径由一寸至一尺,每寸收税钱一个各别四分之三。由一尺一寸至一尺五寸,每寸收税钱一个各别。由一尺六寸至二尺,每寸收税钱一个各别。由二尺一寸以外,每寸收税钱三个各别。长华一丈二尺二寸即俄二沙申,照一沙申加倍计算。长华一丈九尺八寸即俄三沙申,照一沙申加两倍计算。长华二丈六尺四寸即俄四沙申，照一沙申加三倍计算。长华三丈三尺即俄五沙申，照一沙申加四倍计算。径寸均一律逐加。

杂木

与各项松木长径尺寸相同，按各项松木税则减去十分之三，照七成征收。

木板各木均同

长一沙申，厚华一寸，宽华一尺以内，每块收税钱一个各别。宽一尺一寸至一尺五寸，收税钱一个半各别。宽一尺六寸至二尺，收税钱二个各别。宽二尺一寸以外，收税钱三个各别。长至二沙申至五沙申，均照大木照一沙申依次加一倍、二倍、三倍、四倍计算。一寸五、二寸、三寸者，照一寸加半倍、一倍、二倍计算。

硬木火柴松榆桦柞槐黄柏水枢柳

华六尺六寸立方，即俄一古勃，收税钱一元八角。

软木火柴杨柳椴黑楸

每古勃收税钱一元五角。

椽子

长二沙申半，每径一寸收税钱一个各别。由一寸至三寸五分为止，再大即以大木计算。每户只准砍至百根为止，再多即不准发票。

木炭

每古勃收税二元四角。

车底撑　每付收税一角。

全辐车轮　每二个收税二角。

车辐条　每付收税一角。

车辋子　每两轮收税八个各别。

车轴　每根收税五个各别。

车辕　每付收税五个各别。

耙犁架子　每个收税一角。

木楸　每把收税三个各别。

扫帚 在已经砍到大臣树枝取用不准伐取小树　每百把收税二角。

扁担　每百根收税二元四角。

斧把　每百根收税一元。

柳条　每古勃收税三角半。

车弓子　每个收税五个各别。

松桦皮 每布特收税一角。

石块 每立方古勃收税一元。

第十二 兵防一 界内土匪及俄匪之阑入何处最多并应如何设防

呼伦贝尔沿边荒凉空旷,人迹罕到,向无居民,故亦无匪患。东清铁路开通,土工麕聚,良莠不齐。俄匪其立羯子亦时常阑入,混迹各站,满洲里东西沿边一带蒙民屡被抢掠,杀伤之惨,年余以来已有十余起。边境既无防兵,任其出没而无如何,亟应宜于满洲里迤西迤东择要屯扎巡防兵队,并于伦城专驻一营为游击之师,庶可保卫边蒙而无虞扰乱也。

兵防二 沿边何处最为险要可以屯兵

呼伦贝尔为黑龙江西边门户,外蒙古尾闾,有屏蔽省城控制喀尔喀之势。且兴安岭横绝中间,俨如瓯脱,一旦变生不测,首尾不能相顾,省城西边之门户失,即喀尔喀外蒙之尾闾不固。沿边千余里又在在皆关紧要,据险设防,厥有三处:满洲里为伦城西边第一门户,东清铁路入中国,以满洲里为首站,西达俄都,东贯我吉、江两省,一有兵事,由西伯利亚运粮运兵,数日可达我腹地,急雷不及掩耳,惟有束手受缚。于此处屯驻重兵,外可截其来路,内可制其归路,在我得迎头扼吭之势,在彼有进退维谷之虞,险要一。额尔古讷河口与黑龙江会流,为俄国轮船上下往来之孔道。由此溯黑龙江而上,可直达俄境四特列今斯克铁路。溯额尔古讷河而上,可抵库克多博以达伦城铁路。由此顺黑龙江而下,可达瑷珲、三姓、哈尔滨等处。彼族现正经营阿木尔铁路,紧逼黑龙江岸,与额尔古讷河仅一江之隔,水陆交通,头头是道。于此处屯驻重兵,上以杜其来伦之路,下以绝其赴瑷之途,使之首尾隔断,于兵事上最为得势,险要二。库克多博为边境俄人来伦要道。由此过俄境,可抵扎窝答以达四特列今斯克铁路。由此来我境,可达伦城,并可由根河山路达墨尔根、瑷珲及省城等处。应屯劲旅一枝,外以制敌人奇兵,内以固伦城守御,西与满洲里遥为援应。北与吉拉林兼为照顾,险要三。珠尔干河处额尔古讷河下游适中之地,上距库克多博,下距额尔古讷河口,均甚悬绝。亦应屯劲旅一枝,镇慑沿边俄人,且为额尔古讷河口后援,免被敌兵将中间截断,险要四。设此四险,边境已甚周密,然后路无兵,仍不足以固根本,水路无舟仍不足以资策应。再于伦城屯扎重兵为各路声援,于黑龙江、额尔古讷河制造轮船,编练水师,为全边血脉,庶几调转灵活,无懈可击。此虽为伦境边防言,实与全省边防关系匪浅。但有人乃能有土,足兵必先足食。伦境地广人稀,荒田未辟,若必远调客兵,转饷内地,劳费过重,难垂久远。为今之计，宜先迁民实边，务农积谷，并及此间暇，将原有各蒙旗抚循教育，坚其爱国之志，振其尚武之风。行之数年，蒙旗知识渐开，人民渐聚，荒地渐辟，以招兵则有人，以养兵则有粮，然后宽筹饷项，多备器械，严挑精练，扼要驻防，进战退守，在在有资，庶可建威销萌，慎固封守矣。

第十三　俄屯 界内俄屯之大小疏密及兵村、民村生产风俗

沿边俄界村屯共大小四十五处，立屯之始即在中国设卡之年，惟彼国经营不遗余力，故能星罗棋布，鸡犬相闻，以视我界千余里，蔓草荒烟，渺无人迹，未免相形见绌。俄境皆系兵村，彼族名曰嘎杂克，即华言马队与中国之旗籍同，其不隶嘎杂克者惟哈罗布其一屯耳。男自二十岁即入兵籍，至六十出兵籍，无事则居家为民，有事则入营为兵，虽无事之时，出游必须有票，将所游之地，所行之事，均载明于票内。如无事出游至百里外者，即为逃民。此法不但有事时招集为易，且可防盗贼之潜匿。充兵之时，衣帽鞍马均必自备，每月仅给俄卢五百文，食粮则由官给。与平民异者，惟所种之田无赋税耳。日俄之战，沿边各屯阵亡者甚多，至今言及之，壮者尚怒发冲冠，怯者直终身不敢言战矣。其沿边出产草木均不如我境之盛，惟有金厂数处产金最旺。其居民均以牧畜垦种为业，并随时渔猎，亦有入金厂挖金者。至秋初，刈割羊草，或乘马，或驾车，裹十数日之糇粮，前往山沟河甸，直与内地秋收无异。盖沿边俄民以牧畜为营业之大宗，牧养牲畜则以羊为最要，彼界所产羊草不足供彼民之用，非取给于华界不可。故当羊草丰盛之时，无贫富，无男女，均入山割草，屯中几为之一空，留以守家者，仅老弱而已。其国酒税最重，稽查甚严，华酒入境，虽至少必须倾弃。男女均嗜酒，凡礼拜神节之日，即游息饮酒，终日长昏，饮者且无屯无之，虽重税不恤，流毒直与中国之鸦片等。每屯置阿得蛮一，即华言屯长若干屯设总阿得蛮一。大屯则有税官，各屯均置公所、蒙学堂、教堂各一。屯长由屯中公举，管理一屯之事，薪水亦由屯中公筹。公所为接待来往官差及会议之处。蒙学堂设教习一员，由本屯自聘。教堂为婚嫁丧葬诵经之所，中有教士二三名。葬埋则一屯均归一处，不准自行择地。婚嫁不用媒妁之言，自行择配，择定各请命于父母而结婚焉。其屯名及大小疏密，列表于后。

俄屯户口里数表

屯　名	户　数	口　数	里　数
沙尔松	一十二	九十	至
阿巴该图	八十五	五百一十	一百八十里

屯　名	户　数	口　数	里　数
开拉苏台	一百六十	八百有奇	九十里
嘎布司该	四十余	二百有奇	三十五里
都将以	九十余	五百有奇	三十五里
四大列矣粗鲁海图	一百二十三	六百五十九	七十里
柳维依粗鲁海图	二百一十	一千有奇	五十里
杂勒阔夫	一百三十	八百有奇	五十里
布拉	五十	五百有奇	四十里
伯尔今斯克	一百三十	八百有奇	三十六里
别勒罗矣布得雷	一百三十	七百有奇	一十里
夫多罗矣布得雷	九十余	五百有奇	一十里
洽罗布新斯克	二百一十	八百有奇	十二里
霍林格	二十余	一百有奇	三里
果尔布挪瓦	四十余	二百五十有奇	三十里
洽罗布其	五十七	二百有奇	七里
都布了恩克	二十七	一百有奇	十六里
卧牛槐	一百三十	六百有奇	八里
敖洛气	二百七十	一千有奇	四里
葛留其	七十余	一百有奇	二十四里
卢沟	四十余	三百有奇	八里
一勺嘎	一百七十	五百有奇	八里
巴得耳	四十余	三百九十有奇	四里
达木苏	四十余	三百有奇	六里
阿拉公斯克	一百七十	五百有奇	十里
干马勒	七十余	四百有奇	四里
达拉斯	五十余	三百有奇	十里
西连音	六十余	三百有奇	八里

屯　名	户　数	口　数	里　数
木拉其	三十余	一百有奇	十里
毕拉	四十余	二百有奇	三十四里
杂布心	四十余	二百有奇	四里
斐多士	三十余	一百六十有奇	十里
绕登科	七十余	四百有奇	十八里
鱼拉牙	八十余	七百有奇	二十里
马林巴西洛夫	二十余	一百有奇	二十四里
巴西罗夫	三十余	一百有奇	六里
乌苏洛普	二百三十余	一千五百有奇	七十里
马林	五十余	一百有奇	七十里
葛其牙	二十二	一百有奇	三十六里
鲁毕	二十	一百一十二	六十里
乌留宾	七十三	四百有奇	七十里
穆赤堪	二十六	一百有奇	九十里
一各大其	十二	六十	九十里
四大了克	二十六	一百有奇	七十里
博格罗夫	一百五十	八百有奇	十二里
	统共三千六百六十余户	统共一万八千四百余口	统共一千四百四十二里
说明	查俄屯户口，系彼族内政，未便明查。有向俄屯长细询者，有暗中调查者，故未能均得一定确数。		

附录假道俄境调查记

戊申调查之役，往时由陆路至吉拉林，由吉拉林则雇觅小舟以达于额尔古讷河口。归时以额尔古讷河水大溜急，不能溯流而上，遵陆又无道路，遂假道俄境。于八月二十三日申刻，由额尔古讷河口之博格罗夫俄屯乘俄人博其多轮船即华邮政船溯黑龙江上游即界约所称石勒喀河而行，子刻至俄屯波沃罗特那牙，停船一小时。二十四日卯刻，至俄屯阿泥及那，停船一小时。午刻至洽娑沃矣新火车站，停船一小时。此处铁路询系新修，为预备修阿木尔铁路运材料之支路，沿岸有新修之木垛房十余间，皆系佣工者所居，并无土著之民。二十五日亥初，至司特列今斯克，由右岸下轮船，询闻此处，向系民屯，嗣因为轮船火车来往交接处，商民遂聚集于此。俄商约五十家，华商七家。华人侨居于此者约五百余人，作工者居多数，其余则系小本营生，并无门面坐落，并有在此设花会赌局者，每人均有人票。为商者有商票，分一二三等，人票则一年按两季交钱，每季交羌钱一吊。该处有武官一员，俄人名为包果夫泥克，与中国之参将同，裁判官一员，俄人名为米勒沃苏，及牙税官一员。其官商居民房屋，均在江右岸，铁路在江左岸，有火车站房数间，卖食品者数家。沿左岸山坡上复有新修之房屋一百余间，不知是官，是商，抑系民房。是夜在右岸俄店住宿，由额尔古讷河口至此系逆水南行，约华里七百余里，沿江两岸皆系邱陵起伏，松桦丛杂。凡有电报局之处则必停泊。左右岸均有俄屯，惟不及额尔古讷河左岸俄屯之密。二十六日，闻有兵船六只在江中操练，遂往观焉。计共兵船十二只，皆系今年新造成者，其色黑绿，首尾俱圆形，外包铁叶，首置大炮两尊，有旋螺随意转动，两旁有圆孔数十，系置小炮之处。每船载兵百余名。以华尺计之，长十九丈六尺，宽三丈六尺。其船坞在距此三十余里之库克矣，共新旧船坞二处。在旧船坞造船八只，新船坞造船四只。闻今又造新式兵船十只，因此处船坞难容，遂在黑河制造，亦将不日告成。二十七日午刻，渡江至江岸车站，买票登车，申初至库矣华人呼为沟归车站，停一小时。铁路北有未铺木铁之支路一条，系为阿木尔铁路运材料者。戌初至聂尔沁斯克车站，停一小时。该处系一郡城，即国初中俄分界之尼布楚在铁路之北相距十里许为商贾辐辏之区。二十八日上午卯初，至克类木斯克车站换车，遂下车候由赤塔所来之车。是日天寒，水已凝冰。午初赤塔火车至，遂登车开行，未刻至吉代矣司季克吉代即俄言中国人拉及拉兹得车站，盖赴满洲里即由此分路，故谓吉代亦司季。东南行二十里许，过黑龙江俄人谓此为石勒喀河，再上游即鄂嫩河。桥系石柱铁梁。申初至阿得力阿挪夫克车站，停三小时。火车至此，盘山而行，曲折高低，不直不平，车行极难，前后用两机器车推挽之，且不敢速行。酉刻至邪大罗夫车站，停一小时，据俄人云，此一带之山名牙布罗斯阔矣国类，因此山多盘道，华人遂呼曰盘山。戌初至布力牙特布力牙特，即归俄国之蒙古。斯克牙，停一小时，至此则树木甚少，山势亦低。二十九日巳初，至娑可图矣车站，停一小时。至此则均平原土岭。午初入中国境，至满洲里换车回伦。

漠河篇

漠河在瑷珲城之西北，额尔古讷河会入黑龙江口合流处之东。水道提纲曰谋河，官书地图曰墨河，距齐齐哈尔千数百里而遥，背岭面江，号称金穴。从前中国矿学尚未发运，江省边备亦不讲求，以致绝大利源向无过而问之者，一任外来金匪。隔岸俄人，千百成群，勾通盘踞，盗权利之柄，溃中外之防，长奸宄之风，广捕逃之薮。至光绪十二年夏，俄国复有官绅集股采取粗鲁海图金矿之说，时将军恭镗[1]以为非有抵制之实策无以折奸，非弛封禁之旧章无以保塞，因奏请开办漠河金矿，得旨允行。其办法赀本集自商家而以官督理之，矿隶江省，而金厂内用人行政及一切章程款项，则由北洋大臣主持之。所辖之金厂曰漠河，曰观音山，曰奇乾河，曰乌玛河。统曰漠河金厂者，从总局所在名之也。开办以来，岁获利以钜万记。庚子之变，各厂停工，金夫星散，俄人挟其兵力，索我矿权，采勘瑷珲、呼伦贝尔属地金苗，遂侵占漠河、观音山各厂。三十二年，大局既定，始由江省就近索还，仍由北洋派员接管。时承大乱之后，不惟两场历年所建房舍荡焉无存，即各沟水道亦均残毁不堪，名为接收，无异创始。加以司其事者，办理又未尽得宜，故阅时一年之久，糜款三十万两之多，卒不获收丝毫利益，虽曰赀本之不足，抑亦人谋之未臧也。世昌莅东之明年，调察边情，通筹全局，思所以慎封守、保主权、拓利源、谋生聚者，乃商之江抚周树模[2]，奏设漠河直隶厅同知一员，以为防边殖民之计。适北洋大臣杨士骧[3]驰书商榷，拟将金厂归直、东合办，以收同力合作之功。虽刻下厅缺尚在缓设之列，即直，东如何合办，亦未订有详细章程。然经营边地之初基与整顿金厂之大纲，其规模已略具于此矣。夫以漠河与俄接壤，乃江省北面第一重门户，所当自为经营者。二十年前，风气未开，人才难得，其不能不以金厂归诸北洋办理者亦情势使然，所谓一时权宜，未可以云正当办法也。自黑龙江改设行省后，已与往昔情形不同，

---

〔1〕 恭镗（1837—1889年），字振魁，博尔济吉特氏，满洲正黄旗人。光绪十二年（1886年），任黑龙江将军。光绪十五年（1889年），迁杭州将军。

〔2〕 周树模（1860—1925年），字少朴，号沈观，湖北天门人。光绪十五年（1889年）进士，官至黑龙江巡抚，兼任中俄勘界大臣，订立《中俄满州里界约》。辛亥革命后任民国中央政府平政院院长。著有《谏垣奏稿》、《周中丞（少朴）抚江奏稿》等。

〔3〕 杨士骧（1860—1909年），字萍石，号莲府，原籍安徽泗州人。光绪十二年（1886年）中进士，入翰林院。光绪三十三年（1907年）代袁世凯为直隶总督。

内政既诸待举行，外交亦日形繁迹，而边徼重地，仅驻以邻省客官，办事之权限既轇轕而不清，行政之机关遂迂回而弗达。且昔之规划漠河者仅一矿务，今之规划漠河者矿务而外，若招民，若开垦，若办理交涉，整顿税厘，皆系当务之急，此岂一金厂督理所能兼顾者哉。然则添设民官，诚漠河必行之政策，而直、东合办金厂以为将来设治张本，又今日不易之方针。或有以荒徼穷边无从着手为虑者，不知悬采金之利以招徕隔省之民则众易集，抽矿丁之课以举办地方之政则款易筹。较之其余新经设治各地方，固不得谓一无凭借。所虑者，自墨尔根以北，穷厓绝壑，丰草长林，率皆终古未 开之道，交通不利，则农工商贾未免裹足不前耳。诚能多购轮船，泝黑龙江上游经瑷珲城以达于漠河金厂，一面修筑由新城至瑷珲之铁道，俾与轮船之利相辅而行，则水陆交通，商民咸集。然后慎选贤有司，劳来安集，庶几无旷土，无游民，不惟矿产之饶，以扩充而日臻于发达，即田畴之利，亦以开辟而毕献其菁华。谋边省长治 久安之策，即以杜外人觊觎窥伺之萌，原始要终，亦筹边者所当加之意也。

纪金厂交涉

光绪十二年，将军恭镗奏请开办漠河金厂，因俄商有租办粗鲁海图一带矿务之税，故拟自行办理，以绝外人利谋也。二十八年，萨署将军保既与俄外部官科洛特科夫权订五段采苗之约，虽于执照合同内再三声明：一则曰，漠河、奇乾河等处金矿，另拟条呈。再则曰，自乌玛河起以至阿勒巴昔哈巴河西沿及观音山至托罗山一带，凡系北洋大臣派员已经开办者，均不在采勘之列。然俄人恃强，依然占据。次年，北洋派员来江调查各厂，意在相机索还，磋商半载有余，卒未能得其要领。逮至三十二年，署将军程德全始将漠河、观音山先后收复。三十三年，中军左营拨赴漠河防次，将附俄轮以行，俄人以金厂故尼之，经世昌据理抗争，以金厂与防兵原系两事，不得牵连含混阻我军行，俄人已稍稍就范矣。适该营有溃变之警，遂作罢论。先是漠观两厂，俄人虽已交还，然沿库玛尔河尚有俄国金匪，自二三十人至七八十人不等。至是始经漠河金厂督理一律驱逐回国，不许逗遛。然循漠河上下数百里之间，俄之村屯仅隔一水，任其偷挖，则漏卮何极，多置堠尉则烦费难支。此安官设署，募民实边，所以为今日之首务也。

纪防军

光绪十二年，漠河地方俄人勾结华匪越界淘金，经将军文绪调派各城西丹[1]八百零五名前往驱逐，因就此项西丹改为马队留驻漠河，是为漠河防军之始。次年换防，将军恭镗因练饷支绌，减派防军，为撙节计，于是改由齐齐哈尔、墨尔根、呼伦贝尔、布特哈各挑正兵一百名，黑龙江、兴安城各挑正兵五十名，共为五百名。照练军章程各派统领一员、营总二员、正副札兰拣十员，以统带之。庚子之乱，金厂停工，防军亦溃散。逮三十三年索还之后，金厂督理道员刘焌援案请兵，当由江省拨派巡防中军左营五百人前往填扎，以俄轮不允附载之故，淹留于瑷珲境内者凡四月余。哨长某骄蹇不奉法，戕害管带以叛，胁众南行。省城闻警乃派兵邀击于戚家店，擒斩首要，解散协从，而驻漠防军亦遂止不复遣。一则惩于前鉴之未远，一则限于兵力之不敷也。夫漠河为临边重地，昔之派兵防戍者，盖以慎守封圻，固不仅保护金厂也。顾江省边防经费，岁有定额，尚须统筹呼伦贝尔、瑷珲等处，不能专顾漠河一隅。欲屯重兵，安从筹此巨款。是于漠河而设戍，劳费而无功，不如借金厂以殖民，因利而乘便。今民官改设矣。屯垦增多矣，富庶之基础已立，窃计二十年后，上溯额尔古讷河，下沿黑龙江数千里之地，自当屯站相望，户烟相续，此则旦夕之所相跂望者耳。

纪税务

漠河为江省极边之地，无居民，无商贾，无货品交通之利，故亦无税务可言。仅隔岸俄民，时有过江割取秧草者，以瑷珲之相距太远，副都统之稽察难周也。故割草者，皆于金厂领票而纳税焉。其纳税之法，不以银钱，于十成之中取其四成，盖仍税其草也。其始行于漠河一隅，其继遂推广及于漠河东西千余里之内。凡割草者，只知有漠河金厂，几不知有瑷珲副都统衙门矣。三十二年，既将金厂索还，北洋所派督理道员刘焌请照旧章，仍将草税归金厂办理，时则瑷珲已定征收草税办法，非如二十年前放弃利权概不过问者，不得不听金厂督理之越俎代谋也。乃为之划分界限，除近厂百里内草甸留供金厂自用，不取草税，亦不得放给外人。自尔聂夜瓦

---

〔1〕 西丹，满语音译，为"未成丁"的意思。清代东北地区八旗挑甲前，以幼丁为预备兵，令习武艺，作战有功者可正式改为披甲。清入关后，曾屡次从东北调其出征，俗称"西丹兵"。

俄屯对岸以南归瑷珲经理，以北归漠厂征收，仍照现行税则收钱，不得再按四六旧章分草。顾金厂属之北洋，税务属之江省，今以金厂而有收草税之权，是以北洋而征江省之税，畛域不分则可，权限不分则不可也。况江省现当筹划边防之际，于漠河屯垦诸要政极力经营，将来开辟荒芜以兴地利，招徕商贾以便懋迁，税务日增，有不仅一秧草税者，亦安能不归江省主持哉。夫惟矿务则责成金厂督理，税务则责成地方官，而后权限分明，即不至以卤莽致侵官之诮，亦不至以推诿贻废事之讥，主客相安，诚经久无弊之办法也。

纪转运机关

漠河、观音山皆在兴安岭外，为人迹罕到之区，转运机关向称艰阻。然由齐齐哈尔至观音山本有道路，刻下兴东道复拟修自观音山以达三姓陆路一条，将来两路交通，商旅自可畅行无阻。漠河则地邻北极，最近之市为瑷珲城，相距已千余里，加以由齐齐哈尔以达瑷珲之八百里，则远至二千里矣。当开办金厂之初，有建由介乎墨尔根，呼伦贝尔之间，别开一道之议者，较之由瑷珲周转加倍便捷，卒以工用浩繁，无款中止。嗣后总理各国事务衙门复有请拨齐字营练军二千人从事开道之奏，亦未果行。陆路既无运道可通，故不得不仰给于水运。彼时江省尚无自购之轮舶，故不得不借助于俄轮。然以转运之柄授之外人，无事犹不免挟以居奇，有事更足以制我死命，此岂计之得者哉。今者江省拟自购轮船三艘，又由奉省拨给二艘，以行驶于黑龙江上下游，顾五船即不足以供全省之用，而由混同江口[1]经瑷珲以达漠河，步步逆流而上，溜急水深，兼旬乃达，行者苦之。若爱新铁路修成，可省水路途程之半，交通既便，商贾偕来，百货溢于市厘，余粮栖于畎亩，其裨益于边疆大局者，岂仅金厂转运一端而已哉。

纪金厂所辖之区域

漠河金厂，经始于光绪十三年。道员李金镛原议金矿章程三条，内谓金脉自额尔古讷河西山发源，经奇乾河、阿勒罕直至阿木尔河下游，计长五百余里，所出金苗均归漠河金厂开采。二十二年，江省别开都鲁河金矿，遂议划分界限，黑龙江及额

〔1〕 混同江口，三江口，是松花江与黑龙江和乌苏里江的汇合处，位于同江城东北四公里处，汇合后俗称“混同江”，因此命名为“三江口”。

尔古讷河流域境内之矿属之漠河,余归江省自行筹办。北洋大臣奏请按照现有各厂周围五百里为界。黑龙江将军覆奏谓漠河老矿至乾厂三百余里,观音山厂东南至风干厂二百余里,西北至富金他拉河厂又三百余里,以周围计之,均在千余里之外,何止五百里。漠河隶黑龙江城辖境,都鲁河隶呼兰城辖境,界限天然,仍当以各城分界为正理。界限甫定,即遭庚子之变,各厂为俄人占据者阅六七年。逮至世昌莅任之时,适当索还各厂之后,因思江省方议设边缺,改官制,若金厂之地方范围太广,则于筹边之计划窒碍良多,爰商之北洋,拟自马札兰沟起下至漠河入阿穆尔河止属之漠厂,自观音山河起至太平沟口止属之观厂,自奇乾河东口至西口署之奇乾河厂,乌玛河沟内之港汊属之乌玛河厂。定地之外,如欲采苗必由江省请领执照按新章办理。北洋始则许以会勘后再定界址,继则据道员刘焌呈请仍援前案,以黑龙江城所辖全境为词,而分界之说遂因而中止。不知今昔情形各异,则办法不同。昔则边务尚未经营,沿边二千余里形同瓯脱,但期同力合作,力图扩充。今则江省正在置官建署之际,黑龙江副都统一缺已改为瑷珲道,若不另分界址,则是以漠河一厂而揽瑷珲全境之利权,以云备边,将何所措手哉。此世昌所为统筹全局,不得不量为变通者也。

纪直东合办金矿之计划

江省金矿自光绪三十二年索还后,北洋派道员刘焌为漠河矿务督理,江省亦次第派员开采库玛尔河等处金苗,乃厂中任事诸人,各怀私意,纠葛丛生,所以欲泯主客之形,因有直、东合办之议。当时首与北洋会商合办者,为奉天巡抚唐侍郎绍怡,谓漠厂糜费甚巨,欲求整顿,非先澈查不可。于是北洋派道员袁祚廙,东省亦派道员谭兆梁、知府吴文泰先后前往调查。各厂亏折固由于办理未善,亦由于弊漏滋多。爰与北洋大臣函商合办之法,旋准覆函请以漠河、观音山、库玛尔河三处金矿合为一公司。北洋前已用款三十万金,应即作为股本,除得有红利按成分摊外,仍由公司按年认息六厘,用人听东省主持,筹款亦归江省独任。江省则谓库玛尔河金矿系江省自开,不当牵入合办之列,从前观、漠各厂侵蚀虚糜,均所不免,亦不当一概算作本金。若由北洋实出股本三十万金,自可遽议办理,否则以厂屋器具估作股本,是北洋开办所投之巨资仍不至于无着。事关重大,不得不审慎图维,故商榷至于再三,而如何合办之章程一时尚未通定。夫汉河金矿之富,久为强敌所垂涎,我既开办有年,万无中辍之理。一省之力不逮,则合数省之力以成之。恹张矿产，即所以巩固边陲，策固无善于此者。所望后之君子竟此全功，是则世昌之幸，亦大局之幸也。

纪金矿办理之情形

漠河金厂创始于光绪十二年，初议江省自行筹办，嗣因集资不易，江省又无熟悉矿政之员，故由北洋派员招集官商股本二十万金以资开办。其办法则把头一人带领矿丁八九人或十余人为一帮，每帮派一监溜矿兵，每三四帮派一巡查差弁，垫给矿丁食用，一切物品则有官设之货柜，护矿则有兵，得金分作十成，矿丁取其六，官取其四。前之督理厂务者，若道员李金矿、升任巡抚袁大化皆不避寒暑，亲自督工，与最下矿丁同甘苦，用能上下固结，厂务大兴。庚子变起，矿入于俄，旧时规制荡焉无复存者。逮三十二年索还之后，北洋大臣复派员携款十万金，复续借官银号二十万金，前往接办，经营两载，凡做新旧碃八处。属于观音山之局厂五：曰太平沟，曰班别富，曰太平川，曰木头垛，曰上粮台。属于漠河之局厂三：曰漠老沟，曰小北沟，曰奇乾河。率皆沟老沙残，得不偿失。小北沟虽系新开之矿，然苗线不佳，忽有忽无，亦不足以资挹注。加以立法不善，浮费太多。即以用人而言，总局不过综核分厂事务，而员司、差弁、通事、夫役将近百人，分厂用人之多，更可想见。兵弁原备稽查弹压之用，矿兵额数自应以矿丁多寡，沟段长短为衡，乃太平川沟段仅有三里，矿丁不过二百人，而募养马步矿勇亦有二百人，似此烦费无节，亦何怪赀本之日形亏折，而厂务之不能振兴哉。今既议直、东合办，力求改良，必自汰冗员，戒虚糜入手，然后因旧碃之已成弩末而别采新苗，因土法之不免耗时而改用机器，因漠河所辖之厂，月收官金，获利无几，而改照观音由厂，一律官督商办，以收实效而拓利源。诚使办理有序，委任得人，不惟从前之成本恢复不难，且于将来之利权关系甚大。惟晒苗购器以及一切布置经营，在在需款，故为漠河金厂计，非改良办法，则成效难期，尤非集有巨资，则于事无济。官款既无可筹措，息借洋债亦易滋弊，恐非当局所允行，则招商集股，诚今日不可缓之要图也。

卷二　蒙务

述　要

窃维我国家龙典赫图阿拉，征服扈伦。而首先归附者，则为科尔沁部。执殳前驱，以为倡率。洎皇威远暨，举凡漠南北蒙古各种族，罔不稽首王庭，疏附奔走，自侪于臣仆之列，我国家乃特设理藩院[1]以辖制之，所有各部落之朝贡、会盟、屯垦、互市及爵秩世系等项，悉分隶于各司以为之节度。是蒙古者，固我朝二百余年之世仆，流沙瀚海，胥隶版图，胙土分茅，不殊郡县。而内蒙科尔沁部六旗，列外戚于天家，受国恩于累业，有大征伐，必以兵从，厥功称最。旷典敷施，遂以哲里木盟[2]为尤渥。在当时庙堂眷顾特隆，勋戚畀以边陲之锁钥，备我丰沛之干城，列作藩封，锡以圭邕。要其尺地寸疆，悉属国家之领土，较诸春曹主客，礼典虞宾，四译会同，款司夷服，固已于设官分职之中，显见夫屏翰亲疏之别矣。乃自俄人侈志东侵，以西伯利亚铁道纵横大陆，破我国防，外蒙诸部渐次离析。今东清一线由博罗托罗海入境，周哲里木盟而贯三省，咽喉项背，扼而拊之，非独三省与内蒙之忧也。但轮轨所经，侵越愈亟。蒙人习锢蔽之俗，居贫弱之势，外渐方迫，眯目震耳。初则慑其气焰，继乃贪其钩饵，举族趋向，为之一变。日俄构衅，假途蒙地，以间道而出奇兵，偏师对垒，据扼要塞，敌骑出入若履户庭，牛马糗粮取诸外府，战事终局，蒙人之趋向又一变。事变相乘，痛下泉中谷之仳离而未能自拔，即我官吏士绅，尚不免委蛇求容何独执苛论以绳愚朴之蒙人哉。夫蒙人以游收为生，逐居水草，迁徙无常，崇信

---

〔1〕 理藩院，清代管理蒙古、西藏、新疆、四川各地少数民族事务的中央机构。总理各国事务衙门成立以前，兼办对俄外交事务。光绪三十二年(1906 年)，改为理藩部。

〔2〕 哲里木盟，又称通辽。今通辽市位于内蒙古自治区东部，是内蒙古自治区东部和东北地区西部最大的交通枢纽城市，被自治区政府定位为省域副中心城市。

喇嘛，绝弃家室，以故游惰成性，种族式微。即畜牧一端，亦不知讲求孳生蕃息之道，雕残衰敝，至于今日，生计之微，惄焉可忧。而犹瞢瞢然，不识不知，自封故步。我地方官间有所施设，又昧于治标治本之策，或存畸轻畸重之心，虽不难綦之使行，尼之使守，而积威所恣，因以市恩，即有所摧残而不恤，无怪乎猜忌之交乘，而畛域之难化也。彼强邻之耽耽于我蒙古者，遂思有以利用之。俄人乃遣其布里雅克之蒙族，挟同教之观念，以重利啖库伦喇嘛，遍布流言，神其煽惑之术，复连骑结驷，游于诸扎萨克，货财军械，资其馈遗，曲意交欢，曾无顾惜，意在牢笼其君长以驱策其臣民。日人知其然也，乃别出他途以相试，广布地学会徒党，测绘要塞，诡言异服，匿处蒙屯，以医药小惠，酒食酬答，纳交其妇孺，又附会野史之传闻，造为不经之故实，将使愚昧蒙民，日濡染于民权新说，渐萌其睽离之志，以隐决我藩维。窥二国之居心，操术虽有不同，要皆觊觎我之领土，各出全力以相搏。而我之哲里木盟者，东南接辽海，西北连大漠，固宜农宜商宜战之地也，用兵殖民，在所必争。今东清、南满铁道自宽城子[1]划然而分，若长春，若昌图[2]，若铁岭，若法库，若新民，若哈尔滨，若齐齐哈尔之昂昂溪[3]，若呼伦贝尔之满洲里，凡开为通商口岸者，处处皆蒙疆门户。彼耳目之所注，心力之所营，其利害关系于我者为何如。今者变向角之旨为均势之谋，又隐然守洮儿河为鸿沟，视洮南府[4]为制胜之地，则哲里木全盟移于他人潜力之范围，其视我为抵抗之计画者又何如。蒙人伈伈伣伣，若贰若疑，以切肤之忧作充耳之状，固已弃封守而生戎心，数典章而忘祖武矣。而我则长荒大漠，毫无设备，弧矢弃而不用，会盟久已不修，甚至请袭之典，激为仇杀，年贡之期，资其需索，理藩失职，弊乃愈滋。为渊敺鱼，已非一日，而犹欲拘牵于羁縻勿绝之说，以安常而省费，是诚不审边情，不知变剧者矣。我先朝东顾，宵旰为忧，世昌奉命总制三边，纵览要荒之形势，隐察藩部之秘情，稽主名于典策，懔领土之阽危，欲经之以治化，纬之以交通，监理其财权，扩张其生计，凡所以绾内政而杜外交者，重在严主臣之防，去秦越之私，俾其治法治权一如二十行省，此又非独哲里木一盟之所当然也。

---

〔1〕　宽城子，长春旧称。

〔2〕　昌图即今昌图县。是在辽宁铁岭市最北部的县，位于辽河东岸。昌图之名源于蒙语“常突额尔克”前二字之音。

〔3〕　昂昂溪，今为齐齐哈尔市市辖区。位于齐齐哈尔市中心城区南部，东接铁锋区及杜尔伯特蒙古族自治县，西与富拉尔基区及梅里斯达斡尔族区隔江相望，南与泰来县为邻，北与龙沙区接壤。

〔4〕　洮南府，位于辽宁省北部。洮南因位于洮儿河南岸而得名。清光绪三十年(1904 年)设洮南府，1913 年改洮南县，1958 年与白城县部分地区合并改洮安县。1987 年改设洮南市。

时于覆陈言官，请拣大员专办内蒙垦务一疏。反复敷陈，且谓垦务之宗旨在殖民固边，而不在于筹款。从前三省放荒办法，一经勘丈收价，便无余事，不过争攘蒙民之尺寸肥瘠，增益边隅之少数费用，枝枝节节，弊害且不可胜言。故欲大举图维，非设专局以督理之不为功，而欲改变政策，亦非筹巨款以接济之不为力。况东四盟旗，辅车相依，论地势之险要，防维之方略，尤当一气衔接，次第经营，此主统筹并进之说也。疏上朝廷，敕下热河[1]、察哈尔[2]都统分别查勘会筹兴办，乃于光绪三十四年四月设东三省蒙务局，奏请以前民政部外城巡瞥总厅厅丞朱启钤[3]督理其事，复分檄各员四往调查，举凡山川道里之险易，蒙汉糅杂之情状，务在必详必尽，俾预储因应之方。朱启钤亦奋然应命，裹粮从事，旅行数阅月，于四部十旗之地，足迹遍焉。既得其所为图说条议规画大局之情势，爰知洮南一郡为哲里木全盟之枢纽，郡治本科尔沁右翼前旗地，江河之利，东通松嫩山麓之险，西枕兴安，南临幽蓟神京，无天堑铁门之限，北接车臣汗部，便长驾远驭之形，审其形势，乃恍然于扎萨克图郡王逋负所由来也。夫俄人之谋我蒙古非一日矣，而远东政略一挫再挫，遂别出一途，思甘心于东蒙以图恢复满洲之势力。值札萨克图郡王之可以利诱也，不惜以厚币巨款，欲取先与，为他日急进疾驰地步。其术之狡，莫逾于斯。固知唇齿之依，祸福与共。于是据情入告，乞帑于朝，破蒙王傀儡之愚，揭俄人阴诡之计，为之代偿逋负，防杜后患。而郭尔罗斯后旗三喇嘛之债讼，又处处混入国际交涉之中，益竭力筹维，统为清理，惩前毖后，预事防闲，因别储余款以济他旗，免再陷他人之罣阱。噫嘻，凡此者，非争债权也，实争土地权也，非仅保全蒙旗之产业也，实竞竞保全我中国之领土也。幸赖睿照如神，臣谋克济，复布告各国，通饬诸蒙，杜绝其私交，倡明乎主器，东隅既失，桑榆非晚，夫亦间不容发矣。于是进而筹经蒙之策，首以建筑锦洮铁路[4]为要图。夫西人殖地，铁路为先，轨道所经，即权力所达。若三省之束缚拘挛，首在东清铁路之根据。今若于锦州至洮南另辟康衢，使外人不能以并线为责，既以自卫亦以伐谋。次则疏浚辽河，经营松、嫩两江航路，夫然后舟车所至，东

〔1〕 热河，简称热，省会承德市，是中国旧行政区划的省份之一，1914年2月划出，1955年7月29日撤销。位于目前河北省、辽宁省和内蒙古自治区交界地带。包括现河北省的承德地区、内蒙的赤峰地区、通辽部分地区、辽宁的朝阳、阜新地区。

〔2〕 察哈尔，民国时期的察哈尔省，简称“察”，以察哈尔蒙古族命名，省会张家口。1952年，国家撤销察哈尔省，现主要在内蒙古自治区、河北省和山西省，延庆县划给北京市。

〔3〕 朱启钤（1872—1964年），字桂辛，祖籍贵州开阳，中国北洋政府官员，爱国人士。

〔4〕 锦洮铁路，从辽宁省锦县到辽北省洮南县，长度约为九百里。

省商务之来源去路，脉络皆通，呼吸佥应，而开蒙智，固边圉，盾拓殖之后，善移民之用，胥由夫此。至于置驿以利转输，伐木以兴工筑，开设转运公司以流通钱币，拨军队，增官吏，与办实业，固皆可以余力为之，而与铁道、航路相辅为功矣。比年以来，赖三省寅僚协恭将事，如索偷穷寇，逐北千里，辽洮电线，联贯三边，开达尔罕道路以利交通，办黑龙江屯垦以安退伍。虑蒙智未开也，则译为蒙报以拯救之。念译才难得也，则增设蒙文以启迪之。披荆剪棘，冀收晚近之功。一道同风，共识车书之盛。古之所谓富教，今之所谓富强，将于是用之厚薄为嚆矢焉。虽然，具有地利必先人谋，具有人谋必先物力，古今事业之大小，每以财用之厚薄为衡。兹既筹议筑路、浚河诸大政于国家根本之地，为急切补救之方，非合天下全力以图之，事曷有济。于是疏陈请部拨、催欠饷、募公债、借外债四端，俾与枢部内外诸臣工通力合筹，勉竟厥功，共图补救。无如司农仰屋，罗掘皆穷，疆吏持筹，飞挽无应，卒以需款过巨，踌躇审慎，迟至于今，徒托经画之空谈，未收措施之实效，此又夙夜抚衷而戚戚为咎者。惟以识途之见，既有初桄，循迹以求，不难举步。但期后来麾节不忘本计，张皇而赓绩之，是为哲里木全盟之幸，亦我东三省宗社之福也夫。

蒙旗篇

内蒙古二十四部,科尔沁率先归附,列封为内扎萨克,首统盟于哲里木盟,地在内与安岭南麓霍勒河上源之哲里木河。科尔沁本部分两翼六旗,而扎赉特、杜尔伯特二旗、郭尔罗斯前后二旗附焉。其先同出一源,皆元太祖弟哈布图哈萨尔之裔,姓博尔济特氏,奎蒙克塔斯哈喇其十四世孙也。始徙居嫩江,自号嫩科尔沁,四传及奥巴,于天命十一年率族众来归,封土谢图汗。从龙佐命,勋望最隆,实为内属之始。巴达礼[1]袭父爵,去汗号,改封和硕亲王[2],领右翼中旗。奥巴弟布达齐封扎萨克图多罗郡王,领右翼前旗。奥巴从弟喇嘛什希封辅国公,领右翼后旗。六传至敏珠尔多尔济,始晋镇国公。奥巴叔父莽古斯以椒房之亲,与子宰桑俱封亲王,是为达尔汉和硕额驸满珠习礼之祖。当时父子兄弟皆列爵土,然莫不效力戎行,懋著劳勋,大赉之膺,善人是富,非特崇隆贵戚也。自满珠习礼袭达尔汉亲王,领左翼中旗,满珠习礼之从祖洪果尔封宾图郡王,领左翼前旗,洪果尔从子栋果尔初封镇国公,后追叙前功,晋其子彰吉伦多罗郡王,领左翼后旗。迄咸、同间,僧格林沁以讨发逆功,始晋封博多勒噶台亲王,仍世袭左翼后旗扎萨克。其随奥巴来归之扎赉特部蒙衮追封固山贝子[3],其曾孙特古斯以功晋封多罗贝勒[4]。杜尔伯特部阿都齐子色棱初封辅国公,晋封固山贝子。郭尔罗斯部布木巴封镇国公,领前旗。固穆封辅国公,领后旗。则又锡类推恩,怀柔拊率,使之奔走效命,分隶于科尔沁左右翼者也。旧制以土谢图亲王掌右翼五旗,达尔汉亲王掌左翼五旗,而两旗之迭充正副盟长,莅坛坫而执牛耳者,盖隐示若辈子孙无忘奥巴之余烈,以堕其前功。此固国家崇报之隆,然策励之方,亦于是乎在矣。蒙古编旗之制,每旗置扎萨克一人,协理台吉二人或四人,管旗章京一人,副章京一人或二人。每六佐领置一参领。每百丁或二百丁或二百五十丁置一佐领。每佐领下置一骁骑校。以旗分之大小,丁口之多寡为等差。扎萨克掌一旗之政,以世袭王、贝勒、贝子、公为之。其袭次未及岁,或

---

〔1〕 巴达礼(?—1671年),博尔济吉特氏。蒙古族。清初科尔沁部土谢图汗奥巴长子。

〔2〕 和硕亲王,简称亲王,清朝第一等爵。在外扎萨克蒙古中为第二等爵位,仅次于“汗”。

〔3〕 固山贝子,简称贝子,清爵名。

〔4〕 多罗贝勒,原为满族贵族称号,即金代“勃极烈”的异译。宗室封爵第三级,在多罗郡王下,固山贝子上。

以故离任削职，则简台吉署印，自管旗章京以至骁骑校皆统其所属之众，以听于扎萨克。扎萨克职如都统，为朝廷勅任之官。协理及管旗章京秩二品，以本族台吉奏补管旗章京，以下则由扎萨克选拔任用，按年报明盟长咨部而已。其编制略如驻防八旗，特官制降内地一等。此官秩之差别也。蒙民年十八为壮丁，人人有服兵之义务，平时仍游牧之业以资生计。三年比丁，辨其卒伍并入尺籍。年及六十者退伍，废疾者除名。各旗以册申报盟长，盟长汇报理藩院。每满若干丁，则增编一佐领。当蒙古强盛，漠南漠北，引弓饮羽之伦，边疆有警，控马即行，不崇朝而集。且其时天子塞上行围，诸王躬擐甲胄，拥櫜前驱，禽献有赏，后至有诛。处治世不忘武功，整军容以行巡狩，蒙旗士马如时闻鼙鼓之声。以故西尽天山，北括瀚海，东达嫩江，环长城万里，隐伏百万强弩以捍卫边陲，国家不费一钱而安然无北顾之虑，诚不啻资游牧为奇兵，列穹庐为坚壁也。康熙三十五年，亲征噶尔丹[1]，科尔沁、土谢图亲王沙律所属二千余人，扼厄鲁特于额鲁伦河。乾隆二十年，达尔汉亲王布腾巴尔珠尔随大军荡平准部，又诸王中披坚执锐，动劳昭著于史册者也。康熙中，大兵平定罗刹，糜兵力于黑龙江者十余年。时方有事东方，哲里木盟适当防御输运之冲，供亿烦重，民力渐殚，倔强斗狠之风未尝不因之少挫。第余威所震，准夷之役犹能成赫赫之功者，固未蹶也。乾、嘉以降，四边大定，海宇又安，洗甲止戈，聿修文治，蒙部涵濡庥泽，休养生息百余载。酣嬉既久，厌闻兵革，又以黄教之感召，逸居无为，崇尚佛说，相与修寺观，重施舍，喇嘛之徒既可以左右王公，而托迹教门又足以脱除力役，于是家有三丁则度其一为喇嘛，五丁则致其二焉。游惰众而赋役微，箭丁少而军籍敝，全旗皆兵之制遂破坏于宗教家言矣。发逆之乱，僧忠亲王起科尔沁之后，劲率本部内剿，所向克捷，遂定每盟备兵千名之例，盟长始兼兵备。哲里木十旗，每旗练兵百二十人，或百人，或八十，或五十，制如团练，已参用内地募兵练勇之法，衣装、器械、马匹、刍粮，皆责蒙兵自备。平时更番役于王府，征调出境则摊取蒙户供给。兵纪不修，军需无出，徒供私人之役，使恣摊派之烦苛而已。甲午以后，国家多事，三省边地马贼充斥，朝阳蒙匪王洛虎之党窜扰蒙疆，土谢图亲王色旺诺尔布桑保以苛虐不理于众，藉本旗练勇自卫。乱党花里亚荪等煽乱倡变，王遽出奔，练勇一时皆散，王被弑于途中，喇嘛庙兵匪遂合于是。扎萨克图郡王乌泰同时亦为众台吉所攻，走避黑龙江。而各旗扎萨克且相率丐俄军剿匪，乱平，乌泰复留俄兵

〔1〕 噶尔丹(1644—1697年)，清代厄鲁特蒙古准噶尔部首领，巴图尔珲台吉第六子。康熙二十七年(1688年)，进攻喀尔喀蒙古土谢图汗部，进逼北京。康熙皇帝三次亲征，康熙三十五年(1696年)昭莫多战役，噶尔丹军被击败，噶尔丹死于科布多。

驻守府第,酿成交涉,此蒙旗自练蒙兵之不足恃,而蒙众疾视其长上,尤以苛政为怨讟之阶,祸乱所由不止也。夫蒙古诸王台吉本一气之亲,戴同盟之谊,乃自内治不修,移政权于私室,岁俸不给,仰供赋于家奴,重以权利之见明,则操戈同室,藩篱之守撤,则大盗登门。推原其故,又岂能尽归咎于愚昧之蒙人。世变纷乘,时穷法弊,其原因之递嬗有令人诧骇而怵惕者,则其困累之情形是也。蒙古诸扎萨克及闲散王公,岁朝于京师,谓之年班。内蒙古合内属之土默特[1]部各旗三班,每岁一班,三年而遍。不值年班之各旗,仍派协理一人至京师致贡献。扎萨克京邸之费,国家本有常供,而出入交游,动耗巨万,夤缘奔竞,已成积习,年班之礼,遂为困累之一因。扎萨克图郡王乌泰袭爵后,十四次到京,而负债不可以数计,此其明证也。至于世袭爵职,承承继继,统系所在,本无所用其出入,第宗族之间言,部文之展转,又须以私财弥缝其间。若故王无嗣,继以疏支,则此攘彼争,由诉讼而成仇杀,事所恒有。土谢图王旗争袭之案,互控数年,而全旗且为骚动矣。以此二者之故,其仆隶乃日从而构煽之,借出纳以侵渔,视多难为利路,危迫困难之下,则进借债之说以快目前,虽厚利盘剥而不顾,由是诸旗生计皆束缚于京债。在上者方愁苦怨嗟,在下者益掊刻聚敛,旗政之不修,遂与债务为终古,此王公之困累也。蒙民本无租赋之责任,然当兵则无粮,服役则无饩,箝束于专制之下者已深。有时兵事猝起,其刍粮之供给则摊派于民,或关系典礼藩政诸端则任意取求,绝无定制,横征之苦,远过内地。而官吏虐待,假公济私,民生乃以益困。杂居汉户,乘其疲敝,蛊惑其见闻,攘夺其衣食。当边禁初弛,内地游民麕集近边,开垦日众,蒙人生活于畜牧之中,乃习见垦植之利,始招汉民为佣,任劳力,供租佃,名为榜青。汉民勤苦耕作,彼既高坐而致富饶,为之经营者,渐思出其智计,以反客为主。蒙民愚而畏讼,因有淆乱曲直以缠讼困之,一廛寸土之争,每至于破家倾产。内政之烦苛如故,汉、蒙之畛域复分,当颠连无告之时,为因噎废餐之想,遂鳃鳃焉相戒,以招垦治生为大戚,此台壮之困累也。综种种之困累,虽皆原于蒙人之易欺,及协理章京、梅楞诸员之贪妄,然部吏文墨之微,既已疲于奔命,汉民欺侮之术,又以绝其生机。即草昧能开,力图振奋,而百孔千疮之局,财力弱则成功难,况以语否塞之蒙旗哉。故今日哲里木诸旗交涉纷繁,盗贼充斥,讼狱兴而风俗薄,垦辟广而疑惧多,无可恃之兵,无可聚之财,欲责之自治,力诚有所不及。非急起而干涉之,扩张我之政权,苏其困苦,恐无以绝

〔1〕 土默特,来自西伯利亚的鲜卑拓跋。最初是鲜卑族,唐代称其为木马突厥,元朝蒙古族。鲜卑拓跋,人称索虏,就是梳辫子的人,语言风俗习惯、生产生活皆与蒙古人相同。

强邻之窥伺。而忠纯雄武之特质，亦一往而不复，三省边圉将因之而愈虚，是则筹蒙者之责也夫。

元太祖弟哈布图哈萨尔十四世孙奎蒙克塔斯哈喇

<table>
<tr><td colspan="6">次子
诺扪达喇</td><td colspan="4">长子
博第达喇</td></tr>
<tr><td>长子
哲格尔德</td><td>九子
阿敏</td><td>八子
爱纳噶</td><td colspan="3">三子
乌巴什</td><td colspan="2">次子
纳木赛</td><td colspan="2">长子
齐齐克</td></tr>
<tr><td>长子
图美</td><td>八子
蒙衮
分封札赉特旗游牧</td><td>长子
乌都奇</td><td>次子
莽果</td><td>长子
奈奇</td><td>三子
洪果尔
分封科尔沁左翼前旗游牧</td><td>次子
明安</td><td>长子
莽古斯</td><td colspan="2">长子
翁果岱</td></tr>
<tr><td>长子
喇嘛什希
分封科尔沁右翼后旗游牧</td><td></td><td>长子
色棱
分封杜尔伯特旗游牧</td><td>长子
布杷
分封郭尔罗斯后旗游牧</td><td>三子
固穆
分封郭尔罗斯前旗游牧</td><td></td><td>长子
栋果尔
分封科尔沁左翼后旗游牧</td><td>长子
宰桑

四子
满珠习礼
分封科尔沁左翼中旗游牧</td><td>次子
布达齐
分封科尔沁右翼前旗游牧</td><td>长子
奥巴
分封科尔沁右翼中旗游牧</td></tr>
</table>

十旗爵秩世系表补遗

科尔沁左翼中旗	**和硕达尔汗汉亲王**	**那木济勒色楞**	**光绪三十年副盟长**
科尔沁右翼前旗	多罗宾图郡王	棍楚克苏隆	光绪三十年袭
科尔沁右翼后旗	镇国公	喇喜敏珠儿	光绪十五年袭
扎赉特旗	多罗贝勒	巴特玛嗷布坦	光绪三十三年袭
杜尔伯特旗	固山贝子	希拉布罗丕勒	光绪二十六年袭三十年帮办盟务
郭尔罗斯前旗	辅国公	奇默特色木丕勒	光绪二十三年袭三十一年盟长
郭尔罗斯后旗	镇国公	布彦超克	光绪三十年袭

纪科尔沁右翼中旗

科尔沁右翼中旗封和硕土谢图今改称图什业图亲王，自巴达礼始。巴达礼者，奥巴之子，元太祖弟哈布图哈萨尔十四世孙，奎蒙克塔斯哈喇之五世孙也。及薨，长子巴雅斯呼朗承袭，次子沙律以功封多罗贝勒。自巴雅斯呼朗九传至色旺诺尔布桑保，好营宫室，就醴泉南旧邸拓置园林，极亭榭花木之胜。室内陈设多用外货，由京津捆载而来，道阻千里，车马糇粮皆取给于民，以致谤讟繁兴，重以内政不修，乱党花里亚苏等弑王于道。事闻，诏兵部尚书裕德[1]查办，得罪人置诸法，以王从六世祖兄弟之子业喜海顺[2]袭爵职。当王之遇害也，协理台吉春贝呢玛等希福晋旨，即议袭业喜海顺王。从父台吉丹赞呢玛有子，视业喜海顺为近派，心弗平。越三年，值肃亲王[3]巡阅蒙古，以王惨状赴诉，及谳定而仍不得袭，愈益愤懑，又怨盟长扎赉特[4]贝勒左袒，福晋党遂纠众联名京控。奉天将军以图旗内哄发难

〔1〕 裕德(？—1851年)，字寿田，喜塔腊氏，满洲正白旗人，道光二年中进士，授编修。

〔2〕 业喜海顺(1902—1944年)，蒙古族，科尔沁右翼中旗人，末代扎萨克土谢图亲王。

〔3〕 肃亲王，即和硕肃亲王，是清朝时期一个世袭亲王的封号。崇德元年(1636年)，清太宗皇太极的长子豪格被封为肃亲王。其子富绶改为显亲王，世袭罔替，是清朝八大铁帽子王之一。乾隆时改回肃亲王，一共传了十代八位肃亲王、四位显亲王。

〔4〕 扎赉特，清内蒙古部名。首领为成吉思汗弟哈布图哈萨尔后裔。天命九年(1624年)随科尔沁部归附后金。顺治五年(1648年)设扎萨克旗，牧地在黑龙江齐齐哈尔城西南。属哲里木盟。

于丹赞呢玛,奏革其台吉职,由步军衙门逮捕解交奉天讯办。三十四年,判决丹赞呢玛监禁十五年,余犯分别问拟。是年秋,业喜海顺及岁赴都引见,请于奉天督、抚,由官银号接济蒙旗款中拨银二万两为资斧及婚嫁费。奏报诏可。历年蒙旗政事悉太福晋主持,优柔寡断,权落于协理梅伦诸人。每当集议要政,嚣杂盈廷,莫衷一是。藩封政策之坏,当以是旗为最。其牧地跨霍勒河两岸,南北约七百余里,东西约百余里,自西北而东南为斜长形,西北与乌珠穆沁接壤,以索岳尔济山南出之脉为天然界画。其中冈阜重叠,树草丰茂,霍勒河上流交错灌输,颇宜种植。而蒙人昧于经营,坐使天府区沦为盗薮,弃地利而齐盗粮,可为深惜。光绪三十一年,将军赵尔巽[1]遵旨筹办蒙荒,遣道员张心田赴王府议放迤东一带闲荒。北起茂改吐山,南迄得力四台,南北长三百八十里,东西宽四十里。嗣后展放茂改吐山之阿力加拉嘎一带荒地,南北长六十里,东西宽四十里。三十四年,以逋欠商款,受人逼索,复续放高力坂荒一百三十七方里。是处在霍勒、阿木台两河之间,川流回绕,最称沃美,平昔居为奇货,苟非逋款受逼,万不肯轻以与人也。所放之地,拟建官设治者二处:南曰开化,北曰礼泉。开化在洮南府南二百余里,招放三年,因地质硗瘠,寇盗往来,尚无居民聚集。礼泉地脉膏腴,在洮南府西北二百里,四围山峦回抱,山下有泉,味甘冽,放荒时,他旗蒙民来垦者已数十户。嗣经胡匪洵克洵之扰,相率避去。戊申秋,大熟,有迁徙复归者。初设招抚委员。至是,蒙荒行局总办道员毛祖模[2]、洮南府知府孙葆瑨请改为县以绥辑之,并兼辖开化镇。十一月,毛祖模以蒙荒行局设立已逾三年,而所放之地仅三千五百余方,以全荒面积计之,尚不及十分之三,实因沙重土薄,承领无人,请将已放之荒,已收之价,先作一大归结。其余未放之荒,由地方官续放,局所员司分别裁减,以后图旗荒务遂归洮南府办理。然公帑虽撙节不少,荒务仍无起色,非俟道路开通,实行移民政策,无以为实边之计也。

纪科尔沁左翼中旗

科尔沁左翼中旗,自奎蒙克塔斯哈喇五世孙满珠习礼封和硕达尔汉亲王。满

〔1〕 赵尔巽(1844—1927年),字公镶,号次珊,清末汉军正蓝旗人,祖籍襄平(今辽宁省辽阳市)。清代同治年间进士,授翰林院编修。历任安徽、陕西各省按察使,又任甘肃、新疆、山西布政使,后任湖南巡抚、户部尚书、盛京将军、湖广总督、四川总督等职。民国初年,主持修《清史稿》。

〔2〕 毛祖模,江苏太仓人。清光绪二十八年(1902年)被任命为上海商业会议公所副总理。

珠习礼者,宰桑之四子,而孝端皇后之侄,孝庄皇后之兄也。朝廷嘉其劳绩,使其子若孙并居藩服。初,封满珠习礼长兄乌克善和硕卓哩克图亲王,其从子绰尔济以女归世祖,是为孝惠皇后,封绰尔济多罗贝勒。至是科尔沁部荷恩独厚,有大征伐,必以兵从,如亲征噶尔丹及剿策妄阿布坦、罗卜藏丹津、策凌、达瓦齐诸役,扎萨克等效力戎行,莫不勤劳懋著。故土谢图亲王、达尔汉亲王、卓哩克图亲王、扎萨克图郡王等四爵币俸,视他部独优。入关以来,或追念前勋,或报功行赏,封满珠习礼从子奇塔特多罗郡王,图讷黑多罗贝勒,其孙乌尔呼玛勒,从子绰尔济之孙喇什固山贝子。虽其后间有隆替,而云合风从,已极一时之盛矣。至满珠习礼之孙达尔汉亲王班第,当雍、乾间,立功最著,事在国史馆本传。其孙色布腾巴勒珠尔以罪削爵职,后以从征金川,复封和硕亲王,今其后裔袭公品级。凡此者,皆当时之勋戚,今所谓科尔沁左翼中旗,七家王公是也。自满珠习礼十传至那木济勒色楞[1],以光绪十一年承袭爵职,时未及岁,由和硕卓哩克图亲王署扎萨克印务。署王初居闲散,颇负债累,及署印与台吉三音吉雅、色旺东喀噜布谋,私立福长地局[2],开放采哈、新甸两处闲荒。是处本闲散多罗郡王俗称温都力王采地,明知不能丈拨,姑藉此愚弄乡民,为朦收荒价之计。于是先后收王铭、吕长安等承揽地价东钱六十五万余千,又欠吴玉祥之东钱四十九万余千,亦指是荒抵押发交地照印据。洎嗣王那木济勒色楞及岁,署王仍退居闲散未几,即以病薨。嗣王虽任哲里木副盟长,又常流连京邸,不理旗务,台吉三音吉雅等私橐既丰,亦无善策以处其后,迟至光绪十七年尚未拨地,吴玉祥乃赴诉于理藩院。二十六年,王铭、吕长安复控于盛京将军衙门。历经遣员会同昌图府审讯未结。三十三年,有言官奏参下理藩部,会同奉天督、抚查覆。乃遣员提集人证并赴蒙旗查办,廉得其实。那木济勒色楞亦怵于国法,迫于时论,愿将所属采哈、新甸荒地拨出开放,代署王抵偿宿负。本年正月,遣辽阳城守尉宗室德裕、候补直隶州知州明哲前往丈放,纷扰逾二十年之案至是始定。其牧地当吉

---

〔1〕 那木济勒色楞(1879—1951 年)和硕达尔罕亲王满珠习礼的第 10 代孙,第 12 世和硕达尔罕亲王,也是末代达尔罕亲王(又称达尔汉亲王)。族姓博尔济吉特,汉名包乐康。

〔2〕 宣统二年(1910 年)十二月间温都力王用钱九万余吊,在县街东隅建筑局房一所,派员经征,名为福长地局。每年十月来员,翌年五月回旗。其收租方法,二百八十弓为一亩,十亩为垧。

林赫尔苏[1]边门外，跨西辽河[2]两岸，北狭而南广，形如斗杓，面积约六十万方里。道光元年，遵照理藩院借地养民条例，出放八家镇荒。六年，续放七里界荒。寻又展放爱宝屯等处。同治元年，设昌图厅分防经历于八家镇，光绪三年，改设怀德县[3]。其梨树城暨东西辽河一带，亦于道、咸以来次第开放。光绪年间，先后建设奉化县、辽源州治，合计垦地面积约四万六、七千方里。岁赋所入，扎萨克取其半，而留其半分予官兵台壮，由蒙旗设局征之，主者为章京、台吉等，而分其任于下路。下路者，供催科之役者也，与种户直接，先已侵蚀，迨汇交章京、台吉，又从而染指焉，以其余贡之蒙王。蒙王拥千里之地而一误于佃民之浮占，再误于局员之中饱，民人领荒时，侵占浮多在所不免。垦熟以后经台吉下路等察觉，必向其暗索租赋，即所谓黑租也。闻各局台吉岁入黑租，优者至四五万金，逊者亦数千金，下路亦有万金至数千金者。而所入已无几矣。去年夏，遣道员但旭旦查勘浮多地亩，抉弊甚多，将来一律清丈可增地八百万亩。地局蒙员等之见利忘义无足怪也，而蒙王名实不核，甘受愚罔而不恤，不亦大可惑乎。是旗在哲盟中，幅员最广，而锢蔽亦最深。蒙汉之分，有如冰炭。旗东由辽源至开通为奉洮孔道，行商估客，趑趄不前，虽由伏莽未清，亦坐歧视汉人之故。本年闰月筹放站荒，并请设洮昌兵备道驻扎辽源州以规蒙疆，曾经奏准。此道开通，裨益于商旅不少，而弭盗实边之计，亦隐隐互相维系矣。

纪科尔沁右翼前旗

科尔沁右翼前旗，自奎蒙克塔斯哈喇四世孙布达齐封多罗札萨克图郡王，九传至塔特巴札木束，有子早殇，及薨，以从七世祖兄弟协理台吉布彦图次子格瓦札克山为嗣，袭爵未几又殇。今王乌泰，其兄也，时已度为喇嘛，往来府第，得太福晋钟爱，因代故弟袭爵，职兼充哲里木副盟长。惟扎旗凋敝久，塔特巴扎木束已负债，累及乌泰，年班入直京邸之费颇钜，子母相积，益复不支，遂私招喀喇沁、土默特蒙人

〔1〕 赫尔苏，取名于清王朝，满语为驿站之意。

〔2〕 西辽河，辽河的上游，也是辽河的最大支流，由南源老哈河与北源西拉沐沦河在内蒙古自治区翁牛特旗大兴乡海流图村汇合而成，在历史文献中曾与西拉木伦河合称潢水、辽水或大辽河。西辽河干流自海流图起流经开鲁县、科尔沁区、双辽市、昌图县四个县区，在辽宁省昌图县长发乡福德店村与东辽河汇合为辽河干流。

〔3〕 怀德县，清光绪三年(1877 年)置，属奉天昌图府。治所在八家子屯，今公主岭市东北怀德镇。解放后划归吉林省，移至公主岭镇今址。1985 年撤县，改设公主岭市。

垦放洮河夹心荒地。顾其以疏远入继，近族心颇弗善，至是得隙控诉，构讼十余年，处乌泰以革职留任。乌泰既被议，索逋者益迫，时值马贼窃发，扎旗有借俄兵平乱之事，渐与俄官款洽，遂先后借俄币二十九万卢布，约以全旗矿产、牲畜作质，此光绪三十年及三十二年事也。及期，俄人走索，乌泰无以应，时乌泰已赏还扎萨克，请于洮南府知府孙葆瑨乞国家贷银五十万两以清逋负。孙葆瑨揭报，乃遣督办蒙务朱启钤赴洮详查，得其颠末，奏请由大清银行贷银四十万两代偿俄债，初犹虑俄人要挟，及朱启钤辗转磋磨，仅以还本免息议结。旋以赢余代其还杜尔伯特贝子旗积负二万一千两，所余尚十余万两，奏明以十万两留为接济他旗之用，余归乌泰。土谢图亲王业喜海顺之借款，即此项所出也。乌泰之招外旗蒙人也，事在光绪十七年。是时来垦者约千户，每户交押租银二、三十两，种地一、二百垧。后因出荒争斗，酿成巨案。事平，从知县刘昶武条陈，按照原垦地亩呈缴半价报领，当年升科。洮南直辖升科之地一万九千五百三十九垧，开通县境五千八百三十五垧，靖安县境一万七千□百垧。其未垦之地，亦于二十八年遣员赴蒙设局，丈放荒地八千七百余方里。三十年竣事，设洮南府、开通、靖安等县以理民事。三十一年，知府田芗谷请续放他拉根新荒，并七十七道岭、绰勒木、黄羊圈等处余荒，面积共九千余方里，除沙碱不能耕种及台壮留界外，共放出六万余垧，勘定镇基二处：曰绥远，曰乾安。乾安为赴库伦孔道，已设照磨[1]分治。绥远近接葛根庙，为哲盟诸旗祈报之区，每遇会期，商贾麇集，可期繁盛，乃以本地喇嘛梗议不果设。至北山之荒，现已从事勘丈，惟索伦遗族栖息其中，商民不免裹足。披荆斩棘，不可或缓。综览全旗牧境，据有洮河流域，东通松嫩，北枕索伦，农林渔泽之利，在在皆是。西北野马吐之金矿，青阳镇之煤矿，均经开采，以不得法而辍，苟加以提倡启导之功，大利固犹在也。洮南府治扼水陆要冲，尤属蒙疆重镇，殖民经武，形势咸宜。日俄势力所及，隐然以洮河为界画，游历测绘，接踵而来。丁未夏，日本中佐乔口戎马来旗勘查矿务，与乌泰赠遗结纳，验得绥远镇陶来吐山金苗甚富，拟赂以四十万金设厂采取，事泄遂止。谩藏诲盗，咎岂在人，欲消后患，当有策以处之矣。

---

〔1〕 照磨，元代始置，为首领官。中书省、行中书省、六部均置。正八品，掌各衙门钱谷出纳、营缮料理等事。设于路总管府衙门者，兼理案牍、刑狱。多由吏员升任。明代于各照磨所置，品秩随所属衙门高低而定。自正八品至从九品不等。掌文书卷宗。清沿明制，于山西、浙江、福建、四川、湖北、甘肃等省布政使司设照磨所，各设照磨一员，秩从八品，又于安徽、浙江、福建、湖南、甘肃、贵州等省按察使司设照磨所，各置照磨一员，秩正九品，又府设照磨者共二十五处，厅设照磨者三十五处，俱从九品。

纪科尔沁左翼前旗

科尔沁左翼前旗，自奎蒙克塔斯哈喇曾孙洪果尔封多罗宾图郡王，今扎萨克棍楚克苏隆其十一世孙也。英武明决，读书通文义，袭爵以后，颇讲求新政，一洗诸王固陋之习，设两等小学于后新秋，选蒙旗子弟肄业其中。又拟招练马队于旗西各境，略仿保甲[1]团练[2]之制。经康平令刘晋藻核议，以与县办巡警有妨背，遂不果行。寻以抽收学堂巡警捐项，民官与蒙旗颇多捍格，蒙人自产改由王府抽收，每垧月捐一角，募巡警马队六十名，设总局于十家子，画大房申、满洲屯、马拉沁为三区隶焉。牧地当彰武台边门[3]外，幅员初与本翼后旗相埒，自康熙三十一年献西境为三陵牧养地，即养息牧场，今为彰武县境。而疆域遂较诸旗为最小，南北约三百里，东西约五十里。王府以北地多沙碛，间有水草稍盛之区，亦仅供台壮牧养，而种植无余地也。南境近接边墙，地多腴美，自弛边禁以来，历经蒙汉人民缴价报领，已辟七万七千余垧，由蒙旗设局征税。其中惟寄居太平山之阿曾科尔沁旗壮丁与七大屯之扎萨克图旗壮丁藉口随嫁公主格格来此耕种祭产，抗不纳租。经本旗查觉，索逋涉讼多年，迄未解决。光绪三十三、四年间，先后判结，每垧缴费二两，定租给照完案。详见纪事始末其东境析置郡县之区：曰康平，曰法库。所属之马拉沁屯、后新秋、平顶山、十家子、獾子洞皆稍繁盛之市镇也。

纪科尔沁左翼后旗

科尔沁左翼后旗，自奎蒙克塔斯哈喇五世孙彰吉伦封多罗郡王，七传至僧格林沁，丁粤匪之乱，转战豫楚间，所向克捷，晋和硕博多勒噶台亲王[4]，世袭罔替。及

---

〔1〕 保甲，乡兵组织和乡间基层组织。保设保长，甲设甲长，是古代统治者通过户籍编制对人民进行统治的方式。

〔2〕 团练，宋代至民国初年，用来镇压农民反抗的地方武装组织。19世纪初白莲教起义，清政府为了维护自身统治，令地方绅士训练乡勇，组建团练，进行地方自保。

〔3〕 彰武台边门，是清代在柳条边上设的一座边门，在其时长达二百余年间，边门在政治和军事上都处于重要位置。清末，彰武置县时，即因历史上彰武台门之设而得名。

〔4〕 和硕博多勒噶台亲王，科尔沁左翼后旗扎萨克和硕博多勒噶台亲王为清朝内扎萨克蒙古科尔沁左翼后旗的世袭扎萨克和硕亲王。清崇德元年（1636年），皇太极封栋果尔为镇国公。顺治七年（1650年），晋封扎萨克多罗郡王。咸丰四年（1854年），僧格林沁因军功晋封博多勒噶台亲王，诏世袭罔替。

薨于陈,追谥曰忠,事在国史馆本传。今扎萨克阿穆尔灵圭,其曾孙也,承先世余烈,开化独先,风俗文物等诸内地。光绪三十二年,建设本旗官学堂于马兰屯,教授汉文各科学,兼习日俄文字。又于昌图府治设小学堂,凡本部左翼三旗境内蒙汉子弟,一体选收,其化除畛域,实为诸旗所仅见。牧地当法库边门外,跨辽河两岸自西北而东南为斜长形,面积约九万四千余方里。东南一带,水隰交纷,地脉腴润,蒙边殷盛之区,无逾此者。嘉、道以来,弛流民出边之禁,负耒而来者日益繁盛,因设昌图厅通判以理民事,借地养民之条文,著在理藩院则例。光绪三年升为府治,六年析置康平县,二十八年增置辽源州,设治区域之面积约三万方里。昌图直辖者约二万四千方里,辽源州境约千六百、七百方里,康平县境约二千八百方里。其余与达尔汉王旗界毗连之处,犬牙相错,界线极不分明。其七十四屯地方为达尔汉壮丁占居,两旗争讼有年,历经派员查勘,迄今未能判决。所垦之地,自嘉庆十四年,由蒙旗设局征收,扎萨克及台壮等各劈分其半。催科之事,亦台吉、章京等主之,而分其任于下路,侵吞乾没之弊,与达尔汉旗[1]相同。三十四年,派道员但旭旦查勘,应有浮多地三十余万垧,其弊盖不可胜计矣。至于西北一带与本翼前旗牧地接壤,沙冈起伏,一望无垠,中间水草畅茂之区,最宜牧养,虽蒙民不事耕作,亦不减租赋之利焉。

纪科尔沁右翼后旗

科尔沁右翼后旗,自奎蒙克塔斯哈喇四世孙喇嘛什希封辅国公,六传至敏珠尔多尔济,晋镇国公。今扎萨克喇喜敏珠尔,其五世孙也,性朴质,好名誉,无诸蒙见小之习。三次呈请放荒,朝廷嘉其恭顺,加贝子衔,以示优异。惟不知会计,且惑于宗教。其府第本在洮河南岸,因中年无子,信喇嘛言,于北山营居室,经始之策,土木之赀,无一不贷之商人,委之匠氏。建筑五年,仅成堂室数椽,而縻款已逾巨万。自移居后,室宇未完,财力日蹙,常郁郁不乐,藉游猎以解忧,而护卫及执事诸员,转因以为利。盖出猎命下,蒙户必选狗马以助,既毕,则护卫人等举而收之。牧地跨洮儿河西岸,东西狭而南北广,面积约三万五千方里。光绪三十年,开放洮河迤南荒地四十六万余垧。三十一年竣事,设立安广县治。三十四年,经图什业图蒙荒局总办道员毛祖模劝导,续放河北余荒四千八百方里。本年又请展放哈沙图、阿勒坦

〔1〕 达尔汉旗,喀尔喀右翼旗。清顺治十年(1653年)以喀尔喀部置,治今内蒙古自治区达尔罕茂明安联合旗(百灵庙)南大汗海之北,属乌兰察布盟。

克呼特苏衣二站以南荒地三千二百方里。详见放荒表其于放荒一事，独能破除锢闭之见，为诸旗冠。一以在本部中列爵最小，希望宠赉，一以修筑公府，负债累累故也。近年屡受庆升商号逼索，日待劈分荒价，弥缝其阙，不急为经营之，将无以纾其困累矣。

纪扎赉特旗

扎赉特旗封固山贝子，自奎蒙克塔斯哈喇四世孙色棱始，并追封其父蒙衮色棱。三传至特古斯，晋多罗贝勒，有喇木棍布扎布者，特古斯之四世孙也，以功晋多罗郡王。袭二次至汪拉普吉，仍袭贝勒。光绪三十一年薨，无子，以从兄西木斯棱子巴特吗喇布坦嗣爵，未及岁，协理台吉托特必勒克图摄理。牧地在嫩江之西，跨绰尔河[1]两岸。瑚尔达罕达罕雨河襟其东北，呼禄河带其西南。西有索伦围场[2]，林木邃密。南有月亮泡[3]，鱼鳖富饶，天然之地利为哲盟诸旗之冠。札萨克府温得各山埋有木椿，上衔俄字铁牌，土人云为俄人勘得金矿处。全旗地势分为南北二部。南部平原土沃大半垦辟，官放荒地以是旗为最早。各旗丈地之弓亩，收价之等差，荒价之劈分，升科之准则，一从其例。所放区域，以洮河、嫩江汇流之处为一段，绰尔河近岸为一段，瑚尔达河[4]为一段。自光绪二十八年设局至三十三年告竣，历经主事庆山、通判辛文焜等经理，共放生荒四十七万余垧。详见放荒表三十年，奏设大赉厅通判治之，塔子城、景星镇两经历属焉。三十四年，黑龙江民政司倪嗣冲议请于嫩江沿岸哈喇和硕地方兴办屯田，以火犁代人力，安插陆军第三镇退伍兵，一夫授田百亩，庐舍器用皆官为之备，按年递增，以万人为率，第一、二年各拨兵千名，第三年拨兵二千名，第四、五年各拨兵三千名。其每亩应缴租费：第一年一元，第二年一元五角，第三年、四年二元，第五年归其执业，给照升科。辟地可至万顷，五年升科，俾世守其业。曾经奏准开办，现已征调千人，将来推行尽利，不难化榛莽为桑田，固圉实边虽未可预期成效，而筹富庶之方，或以是为嚆矢乎。北部索伦山

---

〔1〕 绰尔河，嫩江右岸一级支流，干流全长 501.7 公里，流域呈窄条形，面积一点七二万平方公里。上游流经林区，土壤保水性好；下游流注于农业区，灌溉条件优越。

〔2〕 索伦围场，隶布特哈总管，属齐齐哈尔副都统辖区。

〔3〕 月亮泡，吉林省淡水渔业基地之一。位于省境西北大安、镇赉两县之间，濒嫩江右岸，为嫩江遗迹湖。

〔4〕 瑚尔达河，呼尔达河呼尔达，蒙古语，“弯曲”之意。嫩江西岸支流，位于黑龙江省西南部。

脉蜿蜒数百里，林深草密，伏莽尤多。中间绰尔河上游之特木底呼禄河，上游之哈登、那里二处，实为此山入门户。去年马贼白音大赉、淘克淘由此出入，扰乱几及全盟。迨白音大赉毙于科尔沁右翼前旗，淘克淘败后遁去，亦由此入山潜伏，劳师縻饷，迄未就擒，皆放弃险要之故也。

纪杜尔伯特旗

杜尔伯特旗自奎蒙克塔斯哈喇四世系色棱封固山贝子，十传至希拉布罗丕勒袭扎萨克，帮办哲里木盟事务。牧地当嫩江以东，南接郭尔罗斯后旗，北限瑚裕尔河，与齐齐哈尔城相望，东清铁道贯其中部。放荒区域多在江东一带及东南北三面沿边之地。中部一望平原，无河流为之灌溉，间有积潦之区，而土性均含碱质，不宜种植。本旗生计，牧畜而外，多从事于碱厂。制碱之锅约有二、三十处，岁入之款此为大宗。近数年中经黑龙江将军达桂、程德全等先后派协领依拉尔苏、佐领庆恩等丈放生熟各地二十五万二千余垧。奏设安达厅治，并分省属垦地裒益厅境，其铁道两旁之地，人民寥落，遍地草莱，渐为东清公司占射，蒙旗痛痒不关，亦从未一清界址。去年经黑龙江行省派道员宋小濂改订铁路合同，逐渐磋磨，议定限制，收回地亩不少，并于铁道迤北设林甸县，就近招辑人民从事垦辟以保治权。将来垦辟渐多，人民日众，拟再析西南一带置武兴厅，均经奏准在案。武兴为黑吉孔道，向设多耐驿站，为旗境最繁之市廛。现遣委员经理设治事宜，将来之富庶可驾安达、林甸而上也。

纪郭尔罗斯前旗

郭尔罗斯前旗，自奎蒙克塔斯哈喇四世孙固穆封辅国公，十二传至今札萨克奇默特色木丕勒，充哲里木盟盟长，管辖全盟蒙政，治事颇严正。是旗垦荒虽早于他旗，而文化仍无进步。虽旗内设有私塾四十余处，而习汉文者只六，且仅解字义，通语言而已。至于各种科学，则仍茫乎未闻，惟吸烟、嗜博之风，视他旗较少，盖公持禁令甚严，蒙人又向守服从主义故也。牧地傍松花江之西，南阻边墙，为五不等边形。南境为长春府，迤北为农安县，再北为长岭县[1]。长岭以东则游牧本部也。长春之设通判，始于嘉庆五年，蒙境设官，莫先于此。是时公旗招民开垦，已辟二万六千余垧。道、咸以降，垦者日众，遂渐增至六七十万垧。光绪十四年，升为府治，并析置农安县。所出赋税均由蒙旗征取，与昌图府属州、县事例相同，载在理审藩院则例。二十八年，札萨克公奇默特色木丕勒咨告吉林军署，略谓咸、同年间，粤逆扰乱，屡经征调满蒙官兵入关剿贼，客兵过境者则有驿站之供张，本旗应调者则有军需之戒备，一切支应，悉由商贷，新陈子母，辗转相加，积至六十余万串，请转贷利息较轻之款，按年由所入地租陆续偿还以清积负。经将军长顺查明，奏准止利还本，其利已逾本者，分别历年多寡，按八成、五成偿结，在农安荒价及长春租赋内提用。不敷之款，再由吉林官帖局[2]如数借给，统由地方官代征租赋项下扣还。历经如议办理。三十二年，将军达桂以旗境西北一带人烟寥落，盗贼易于潜藏，请开放长岭子荒，添设地方官吏以兴地利而资治理。奏准后，遣通判张呈泰援照奉天蒙荒成案经理其事，计放荒地三十万垧。三十三年十二月，奏设长岭县治，并拟由洮南建置驿站，横出旗境，直达新城。道路既通，然后疏浚洮河以注嫩江，使水陆联为一气，而洮南新城之于长春，亦具有首尾相应之势。夫长春者，吉林西北之藩篱，又三省中央之枢纽也。自东清铁道入境以来，交涉日剧，迨日俄战后，遂入两国范围。日人知形势之所在，又以公之为盟长也，曲意交欢，一如俄人之于东盟北部。每值蒙公偕眷外出，道经宽城车站，必除领事馆以待之，酒食供亿，备极款洽，平时赠遗重厚。称是蒙旗财力困竭，难保不入其牢笼。去年奏设吉林西边兵备道驻扎长春，固以备交涉之繁，亦以稽勾结之计。盖科尔沁右翼前旗之债案，其前车鉴也。

纪郭尔罗斯后旗

郭尔罗斯后旗，自奎蒙克塔斯哈喇四世孙布木巴封镇国公，其十世孙甘尔玛萨

〔1〕 长岭县，清末置县。以县治土名长岭子得名。今长岭县是吉林省松原市代管县，位于吉林省西部，松原市西南部，东与农安县接壤，南与公主岭市、双辽市交界，西与内蒙古科尔沁左翼中旗毗邻，北与通榆、乾安、前郭尔罗斯蒙古族自治县为邻。

〔2〕 吉林官帖局，即吉林永衡官帖局。是吉林永衡官钱银号的前身之一。为了解决地方通货不足和财政困难，吉林将军延茂奏请朝廷批准，于光绪二十四年(1898 年)设立吉林永衡官帖局。宣统三年(1909 年)，吉林永衡官帖局和吉林通济官帖局合并，更名为吉林永衡官钱银号。1932 年，伪满洲国政府将吉林永衡官钱银号、东三省官银号、黑龙江省官银号及边业银行合并，成立伪满洲国中央银行。

第昏暴，不能抚其众，所属六十台吉赴京控诉，卒夺扎萨克，晋一等台吉巴雅斯古郎辅国公衔，署扎萨克印务，即六十台吉之一，蒙人称为署公者也。其子勒苏隆扎布、孙布彦朝克先后继任，以丹必扎萨森为协理。布彦朝克幼，柔懦寡识，台吉辈皆父党，恒蔑视其政令，又不得其母欢心，丹必扎萨森以其母之疾公而袒己也，益专横不能制。布彦朝克不堪其状，常出居哈尔滨，昵就俄人。至是政由丹必扎萨森出，欲攻布彦朝克而去之，将为巴雅斯古郎之续。其左右怂恿之者，则仍出于六十台吉之子孙。而诸台吉之始终藉口者，则敖汉旗喇嘛色丹巴勒珠尔之债务也。巴雅斯古郎之纠合台吉以攻甘尔玛萨第也，构讼逾十年，积负至十万，既署印，当任偿债责，向所贷于色丹巴勒珠尔者乃给以借据，许放荒时偿清本利。然蒙旗放荒有禁，迟迟而未举也。洎二十九年，铁路两旁荒地设局开放，勒苏隆扎布乃令色丹巴勒珠尔丈放莲花泡、老虎背等七十井荒地。事发，经黑龙江将军禁阻。会三道冈地方有戕害俄员事，勒苏隆扎布令色丹巴勒珠尔居中调停，并给空白印文随时应用。色丹巴勒珠尔既不得逞志于放荒，遂思变计，乃填缮印文，以七十井荒地转租俄火磨公司，遂变而为交涉。寻以敖汉贝子印文恳弄民人，指荒得价，又变而为诓骗。历年债讼，虽色丹巴勒珠尔为之厉阶，而勒苏隆扎布实为罪首，盖不交空白印文，不至酿成交涉，则其指荒诓骗又谁信之。现交涉虽已议结，而空白印文一案尚未定谳。以上各案均详郭尔罗斯后旗债讼始末交涉之议结也，由沿江铁路两行局荒价抵还。所放荒地共分四段：一、沿嫩江荒段，一、铁路迤西荒段，一、铁路两旁荒段，一、铁路两旁碱地。余荒先后经黑龙江将军遣道员周冕、宋小濂、协领都尔苏、知府何棫朴、同知张樾、知县崇绶等丈放清厘，奏设肇州厅[1]通判及肇东经历。自光绪二十七年起至三十四年竣事，共放毛荒六十三万二千五百余垧，详见官局丈放荒地表蒙旗例得劈分银两不下六十余万，除还火磨公司暨历年支用外，以抵原贷本息虽属不敷，尚可从议减之条，暂清轇轕。惟旗下台壮于布彦朝克父子衔怨已深，激成公愤，而一二附和者则又抵赖支吾，更无善策以处其后。恩怨之分，公私之见，各执一词，非澈底追究，无以服蒙众之心而箝色丹巴勒珠尔之口。况色丹巴勒珠尔之款，诡词贷自世昌洋行，其倚恃外人抵制官府之情既已显露，不即此保我主权，则俄人之经营北满实以哈尔滨为机关总部，北与旗境隔水相望，种种狡谋，正未有艾，履霜坚冰之渐，不可不先事预防也。

---

〔1〕 肇州厅，金设肇州，清光绪三十二年(1906 年)设肇州厅，1913 年改肇州县。今肇州县在黑龙江省大庆市南部。

纪依克明安公

黑龙江依克明安辅国公，系额鲁特外蒙古，为元太祖族裔。乾隆间，阿拉善额鲁特[1]之阿穆萨拉部叛，命大学士阿桂往征，以今依克明安公之五世祖为向导，事平叙功，封依克明安辅国公。由新疆拨其所部至黑龙江通肯、胡裕尔河旷地游牧，不给扎萨克，由理藩院岁给俸银二百两，归黑龙江将军节制。始迁时仅十余户，后益以阿桂收抚之杜尔伯特、楞古斯、额吉格色尔等准夷旧部，部落始盛。二十四年，将军　出放巴拜荒地，以公所居接壤，遣佐领吉尔嘎布会同蒙员履勘，自公府南三十里之长冈子起，斜向东南至通肯河西岸八道、九道两沟间止，划为公旗牧养之地。三十二年，辅国公巴勒济呢玛以扎赉特等蒙荒地将次放竣，请将原留荒地除胡裕尔河北酌留牧厂外，其余均愿招民开垦以辟利源。经将军程德全按通肯新章收价出放，其分劈章程照扎赉特旗一律，饬巴拜行局会同拜泉县[2]令办理，均经分别奏咨立案。是旗虽在黑龙江省，而不列会盟，不与朝觐，较之土默特、辉特等游牧部落之附庸于他旗，盖又有别焉。

纪科尔沁图什业图亲王争袭控案始末

哲里木盟长图什业图亲王色旺诺尔布桑保遇害之明年，协理台吉春贝呢玛等用事，希福晋旨，以王同六世祖兄弟西底巴萨尔之子业喜海顺承继，袭爵职。王从父丹赞呢玛有子与业喜海顺埒，心弗平而嗛，不敢有异议。越三年为光绪三十一年，丹赞呢玛与台壮三百人，以协理台吉等主持弑逆，蒙蔽内外，致王惨死埋冤状，奔愬于巡阅蒙古大臣肃亲王，自是全旗内哄，起大狱，连岁不得解息。初王淫奢恣虐戾，起园亭楼榭，远购珍玩服御花木竹石之属以万计，自京师输之藩邸，千数百里，役属其民，又尝以小过鞭笞人至死，或缚羁暗室瘐死以为快，民衔怨次骨。王又多内宠，福晋拉什曼都克失欢，独所谓三福晋者擅专房，预外事。福晋尤日夜怨王，

〔1〕 阿拉善额鲁特，即阿拉善厄鲁特旗，是清代、民国时西套蒙古的一旗。大致位于今天内蒙古自治区阿拉善左旗、阿拉善右旗一带。

〔2〕 拜泉县，古为肃慎之地，秦后属鲜卑、勿吉，隋唐属靺鞨黑水部，辽属契丹，金属上京会宁府，元属合兰府，明属奴儿干都司，清属依克明安旗辖地。但均无耕种，俗称“北大荒”。今行政隶属齐齐哈尔市。

由是内外离心。光绪二十六年八月，扎萨克图旗抚定客匪刚保、桑保、王洛虎等复叛，杀掠各蒙旗，王急集壮丁百人自卫。明年三月，卫兵哗散，达台吉额力登乌卓勒等复招散兵作乱于贝勒海毕地方，全旗大震。王独与近侍数骑夜走鄂逊鄂尔图庙，乱党追及之，杀从者七人，王遂遇害。护印协理台吉以王病故，通告帮办蒙务扎赉特王，且上盟长印信。五月，扎赉特王呈理藩部代奏，得权补盟长，图旗则以喇嘛业西巴丹承继王后。议定未行，是时已革副盟长扎萨克图王乌泰避乱黑龙江省城，闻变，且嫉扎赉特王仓卒出己上，乃专折奏陈乱状，并擅以己意推举盟长奏事之权。疏入，十二月奉上谕，以兵部尚书裕德为钦差大臣驰往查办，哲里木盟长即由达尔汉亲王暂署，是为全案发见之始。二十八年二月，钦差大臣抵奉天查办蒇事，以乱党花里亚苏等偪王自缢，罪有主名，分条具奏，事下刑部、理藩院议奏磔花里亚苏，斩花连、托克塔呼、约木加卜于市，从犯论罪有差。福晋、协理台吉及扎赉特王均原情免议，达尔汉王撤销盟长职任，全案已结。十二月，奉天将军复奏准以业海喜顺承袭爵职，图旗事局大定。未几，而丹赞呢码争袭之狱起，按理藩院则例，蒙古盟长、副盟长不得径行奏事，有事由理藩院代奏，王公承袭则由盟长报明理藩院具奏请旨遵行，若此案发端于已革之副盟长，而扎赉特、达尔汉两王迭长斯盟，至业海喜顺之承袭亦未如例举报，固由大乱之后，档籍散失，亦抚藩政策难概以旧例相绳也。当二十七年，图旗乱党发难，实不堪前王之虐政，盖全体暴动也。及花里亚苏等伏诛，其多数从逆者，或逍遥法外，且以逢合福晋之故，擢显秩，握重权，蒙情之不平由是而生。彼蚩蚩愚蒙，不悉中朝抚绥藩服之意，既疑治狱者未经检验，而福晋之弗善于王，与业喜海顺之关系于福晋者，全旗又啧有烦言。而丹赞呢吗适以其子已受职台吉，起意争袭，知非提翻前案以倾倒用事诸台吉，间执福晋之口，其希望终穷，遂决定利用煽惑之术。三十一年，乘肃亲王东巡之际，鼓动愚民为故王伸冤，一时闻风附和联名控诉者三百人，至是争袭控案发见矣。肃亲王以钦差大臣查办奏结之案，不容更议，而蒙民势众，又不能任其纷扰，乃属此案于盟长扎赉特王。扎赉特王不知和平解释，反以压制，激成众怨。其协理台吉以丹赞呢玛等众口指摘，挟忿抵抗，复加以抢扰之名，使福晋携业喜海顺之京师，托词避乱，呈诉于理藩部，更有抄没构讼人家产之举，民怨益深遂纠众敛财资丹赞呢玛入都控告。三十二年十二月，奉天将军据垦务局委员张翼廷查覆图旗扰乱情形，奏革丹赞呢玛台吉。三十三年正月，步军统领衙门拿获丹赞呢玛及台壮十人，奏交理藩部。而丹赞呢玛及其子妇噶吉玛一控于理藩部，再控于都察院[1]。其时又有人纠参丹赞呢玛威逼亲藩之疏。先后奉旨交奉天将军一并讯办。由是争袭之台吉一变而成乱匪。丹赞呢玛既被捕，其党羽与俄人多必索夫订立合同，摊派牲畜一千匹供故讼费，已领预定巨金，然亡人牲畜籍没者既不可得，其未经籍没者亦以禁制不能出境，于是有聚众强取之谋。嗣台吉卜虎及土普新济尔□勒为府中捕获，旋亦邀缚蒙员布克彦都讷特以报之。怨毒相寻，日益纷乱。协理台吉等指为连结俄人寇盗旗境，俄人则照会官府追索牲畜，盖又盗贼交涉混合为一事。及奉天将军饬防营拿获丹赞呢玛长子必利图及蒙人六名，仅有土枪七杆，子弹三十六粒，马八匹而已。防营翼长张勋徇营员吴俊升、李庆璋之请，以盗匪定狱，概拟骈诛，请命于奉天督抚。当是时，奉天已改设行省，建公署，方厘革从前习惯旧例，以奉旨饬拿之犯，不得含混正法，批饬解奉天府研讯。复据蒙旗交涉局调查构衅本末，条陈办法交奉天府查核。询明丹赞呢玛等籍端争袭，聚众妄控，及强取牲畜，擅缚蒙员属实，惟掳掠滋扰，事无左证，全案解决。而绥中县官吏疎防蒙犯顶冒潜逃案亦同时举发。三十四年二月，提法司督同高等审列厅判决丹赞呢玛及其长子必利图均监禁十五年，其次子勒苏隆札布及家奴宁保均监禁十年，余犯分别问拟。七月，督、抚奏结，招抚亡人，还其资产。其俄人交涉，别由交涉司议结。案起三十一年，讫三十四年，凡四年而后定。

附哲里木盟副盟长乌泰奏盟长被属员逼勒毙命情形并请简放盟长折

奏为查实哲里木盟长色旺诺尔布桑保被属员用腰带勒脖缢死，悬挂梁间，假作自尽，复行捏报病故等情，恳恩迅速简放盟长以重职守，恭折仰祈圣鉴事，窃查光绪二十七年三月初十日，据哲里木盟长图什业图亲王色旺诺尔布桑保生前具报，该旗梅楞街大达台吉额力得呢瓦奇尔等十一员率众一百十八名，闯入王府。砸壤府门，抢出铅丸一万七千粒，火枪五百杆，弓六百六十张，大箭三千三百支，腰刀三百把，号衣三百件，牛马数百匹，俄国枪一百杆，并抢去撒带二千余个，火药百余斤，快枪一百八十二杆，毛瑟枪五百杆，子母数千粒，出兵账房一百余架，暨军纛军饷，并大浚乱官马一百余匹，全被抢掳一空等情呈报前来，覆查无异。迨至四月初二日，据该旗协理台吉春贝、得勒克呢吗呢吗及记名協理那莫海、宁保、管旗章京额力和巴

〔1〕　都察院，明清时期官署名。明洪武十五年(1382年)改前代所设御史台为都察院，长官为左、右都御史，主掌监察、弹劾及建议，与刑部、大理寺并称三法司。

图尔达台吉六员联名禀控，该管盟长色旺诺尔布桑保四十八款情形。旋于是月初五日据该协理台吉春贝禀报，三月二十二日半夜时，该管王带领和喜春、托克塔虎、额尔亨额、萨炳阿、喇嘛业西达瓦等暗自出府等情在案。嗣四月十四日，又据该協理春贝遣卜呼、托克塔虎来报，该管王于三月二十四日病故等情，呈报亦在案。至五月二十八日复准扎赉特郡王汪拉克帕勒齐咨，据春贝呈报，三月二十二日半夜，该管王色旺诺尔布桑保潜逃出府，当经梅楞那莫海、宁保、乌斯胡布彦图、富明阿等三十七员，带兵百余名，尾追去后，旋于三月二十六日，据该员等禀称，奉札尾追本管王色旺诺尔布桑保，听本旗三音必里克图庙上工人额力得木图告说，二十三日天亮时，曾见本管王到庙，现在锡勒格图胡毕勒干默尔根格根屋内存住等语。当即前至住处，面请回府，本管王回谕不能回府等情。据该员等禀覆前来，当经复遣该员再去面请去后，月之二十九日，复据该员那莫海、宁保、乌斯胡布彦图等回报，本管王色旺诺尔布桑保于月之二十八日病故等情呈报前来。查核该旗格根庙居住之喇嘛忠郭桑保所报：自八月兵乱以来，该管王叠次派兵各处防堵，盘查贼匪。据该官兵等劫杀逃兵难民数百人，得获俄国枪五百余杆，并劫下车马衣服等物分劈。当经该管王色旺诺尔布桑保查出该属员等有劫杀难民抢夺财物情形，叠次追究，严加管束，以致属员春贝等怀恨起意，率同众兵闯进王府，抢尽枪械。复于二十一日众兵将府围住，在府外放枪威吓，逼勒该管王，致该王害怕，再四央恳不允，势不可解，该王无奈带领数人逃出。讵意该员等闻信，带兵尾追，迨经追至该庙，将庙圈住，喝令庙上格根喇嘛即将该管王献出，不然全要杀害等语，凶恶异常。当时该员春贝、胡图力等三十七员闯进该王住处，不容央恳，即将该管王捉住，解下腰带勒脖缢死，悬挂梁间，假作自缢形状，遂即进府掳银三十余万，喝令该王福晋缄口，不准对人告说，并遣胡图力勾通扎赉特郡王属下管旗章京格朋额，报知该管王汪拉克帕勒齐派协理台吉穆隆阿带兵夺取盟长印信。该协理台吉春贝又遣胡图力贿买格朋额，捏报该管王病故，嘱令压下此案免控，说妥花银一万两。又将该王胞弟久病不语之喇嘛业西达瓦保为承袭王爵，说妥贿银七千两保袭此爵，将该王捏报病故等语。复加究诘，矢口不移，访诸众论，均属无异。此事实属两歧，出入攸关。查该王色旺诺尔布桑保府内被抢军械，是时虽未害命，究属该王等挟嫌。至称强逼勒死，假作自缢形状，尚非无据之词，兵夺取盟长之词，难保不无其事。第查该协理春贝、胡图力、那莫海、宁保、乌斯胡布彦图、富明阿等三十七员委，因早有宿怨，希图乘乱报复。似此助众为虐，谋害本管官长，实系目无法纪，凶暴已极，法所难容。现有亲属，未便不令伸冤，拟请旨饬下理藩院照例审明，秉公澈究，以成信狱，至不令两造鸣冤。

受贿之扎赉特王旗格朋额擅权营私助恶各节，仍应请旨饬下理藩院，并案讯办，以昭核实正官箴。查扎赉特郡王汪拉克帕勒齐宠信属员格朋额，百般蒙蔽，始终不查虚实，辄敢捏报该王色旺诺尔布桑保病故，并保不能言语之喇嘛承袭王爵各节，业经呈报理藩院各在案，实系不分事之轻重。应如何置议之处，恭候圣裁。再查协理台吉春贝等事后聚众不散，希图冒功免罪，返与遵照黑龙江将军来文缴械改过，遣散回籍之贼首刚保、桑保等打仗未胜，致该匪将著名盗首王老虎勾入，激成大股，盘踞本旗图胡莫地方，坚垒炮台，四出抢夺，放火杀人，无所不至，百姓咸遭涂炭。迨经请到俄兵，与奴才帮同将图胡莫凶匪剿除，于十一月初一日以后，地方稍称安谧。现在时势万难，非有贤能盟长协同勷理不足以资振作。若畏罪不言，日后众蒙凶顽，恶习愈可效尤，终为地方隐患，情迫万难，若再壅于上闻，贻悞大局，关系非轻。查前奉理藩院扎开，光绪二十五年七月十三日奏，奉上谕，如盟长出缺，应由副盟长查实具报，不准各自混报。钦此，钦遵。等因行知在案。奴才伏查值此事艰，哲里木盟长色旺诺尔布桑保身故出缺，而盟长有调兵服众之权，今昔情形不同，若不择尤拣选，将来贻悞大事，关系实非浅鲜。况此缺久旷，亦属不合。现在虽经扎赉特王暂行护理，实系未能整顿。值此时局万分紧急，若稍有私心，必致贻误大局。况藩封日颓，非有勇敢智谋之人，不足以资整顿而遏乱萌。查达尔汉亲王那木济勒色楞与奴才往日接谈，见其人素系品行端方，老成可靠，尤能仰体时艰，深明大义，且于军务公事均称熟练，以之执掌此任，洵属相宜。可否之处，用敢据实直陈，仰恳天恩，当此蒙疆不靖之时，责成贤臣整顿。如蒙俞允，即请简放该王那木济勒色楞正盟长，以安藩封而重职守。伏查蒙古正、副盟长，向无奏事之权，定例由理藩院节制，奴才本不应越例擅行奏请，第因时势万难，若避罪不陈，则藩疆隐患不复整理，贻祸将来，于大局实有关碍，未便安于缄默，是以先行陈明，稍尽蒙古愚诚，仰达天听。抑奴才更有请者，嗣后遇有地方应办紧要公事，关系国计民生及蒙古祸患各事，可否勿庸拘执定例致误事机，准由蒙古各盟正、副盟长核实径行具奏，并一面呈报理藩院知照，以便相济，仰体时难，各尽愚诚而重藩守，俾消隐患。如蒙俞允，准令蒙古各盟正、副盟长暂予奏事之权，仍请饬下理藩院通行各盟正、副盟长等钦遵办理，以示体恤。俟大局定后，仍照旧章办理，以符定制。所有查出属员威逼本管王致死暨申明时势艰难，无贤臣整理种种情弊，是否有当，谨恭折具陈，伏乞皇太后、皇上圣鉴训示。谨奏。

附刑部议奏属员聚众逼毙盟长原拟情重法轻分别更正折

奏为遵旨核议蒙古奴仆属员聚众肆逆，谋害盟长身死，原拟情重法轻，谨按照律例分别更正，以惩凶悖而严名分，恭折仰祈圣鉴事。军机处交出钦差查办事件，兵部尚书裕德等奏，查明哲里木盟正盟长身故情形及原奏所称各节，澈究虚实，分别定拟，先行据实复陈一折。光绪二十八年四月十九日，奉朱批，刑部、理藩院分别速议具奏，钦此。臣等议得据钦差兵部尚书裕德等奏称，光绪二十七年十二月二十九日，承准军机大臣字寄奉上谕，乌泰奏哲里木盟正盟长被属员逼勒毙命，假作自缢，捏报病故一折，事关属员逼毙官长，复行捏报病故，并有贿嘱滥保承袭等情，虚实均应澈底查究，著派裕德驰驿前往，按照所称各节，确切查明，据实具奏，毋稍徇隐等因，钦此。奴才裕德驰抵盛京，当与奴才增祺[1]会派协领连中赴图什业图王旗，佐领遇春、永祺赴扎赉特王旗，同知风鸣、佐领毓瑛赴札萨克图王旗，分提人证卷宗，并行文理藩院咨调案卷备查。旋准理藩院将奏底印文各件咨送前来。据协领连中旋省禀称，奉文前赴图什业图王旗提传人证，除那莫海、宁保现在暂护该旗印务，和喜春、莫勒根格根喇嘛现均出外未归，该王之弟喇嘛业西丹巴，庙役额勒得莫图现报患病，喇嘛忠郭桑保并无其人外，其协理台吉卓莫白即春贝得勒克呢吗呢吗，长史富明阿，章京胡图力札奇鲁克、齐额勒和巴图，世袭子爵乌斯胡布彦图，达台吉额力登乌卓勒即额勒得呢瓦齐尔，跟役托克塔虎、额勒恒额、赛平阿、喇嘛业西达瓦等十二员名均一律传齐，并添传见证西朗阿及该旗指交逼王自缢正犯托克塔呼、约木加卜、花里亚苏、花连得及得噶拉桑五名，分别管解来省。该王福晋暨该王亲女昂嘎、王之堂叔丹三呢吗随同来省，自行投案，叩求伸冤。当将正犯五名发交承德县禁押，其余人证均饬隔别安置。所提扎赉特王旗人证协理台吉穆楞额即巴保桑保、章京格朋额二员，亦于是日报到。该郡王并遣伊弟协理台吉齐莫特色楞来案备质。又扎萨克图郡王旗卷宗，亦经委员提到。奴才等率领随带司员秉公审讯，检查扎萨克图郡王乌泰原奏内称：光绪二十七年三月初十日，据哲里木盟长图什业图亲王色旺诺尔布桑保咨称，木旗达台吉额力登乌卓勒等十一员煽兵闯府，放枪威吓，抢去军器多件，并将大凌河官马一百余匹抢掠一空。又于四月初一日，据协理台吉卓莫白等控告该王四十八款。又于四月初五日，据卓莫白报称，三月二十二日

---

〔1〕 增祺（1851—1919 年），字瑞堂，伊拉里氏，满洲镶白旗人。清代将领，地方官员。曾任齐齐哈尔副都统。

半夜时，该王带领和喜春等逃遁。又于四月十四日，据卓莫白遣报，该王于三月二十四日病故。又于五月二十八日，据扎赉特郡王德勒克泼拉吉咨，据卓莫白报称该王逃遁后，随派梅楞那莫海、宁保等三十七员带兵尾追。三月二十六日，据格根庙夫役额勒得莫图声称，该王于二十三日黎明到莫勒根格根屋内寓住，该员等禀请不回。二十九日，那莫海、宁保等呈报该王于二十八日病故。又乌泰据喇嘛忠郭桑保所称，情因卓莫白等以该王平素相待过严，意图报复，勾结众兵一同闯入王府抢出枪械，继复围府威吓，以致该王半夜潜逃，该员等尾追围困，逼令寺内喇嘛献出该王。卓莫白、胡图力拥进王寓，将该王硬行悬梁，假作自缢，随到王府抢去宝银三十余万两，吓禁该王妇人声张。先遣胡图力串通扎赉特王属员格朋额，禀奉该王汪拉克帕勒齐派员穆楞阿带兵夺取盟长印信，复载贿银一万两由格朋额转求该王捏报病故冀图息讼，又送贿银七千两，以该王胞弟不能言语之喇嘛业西达瓦朦蔽承袭王爵，咨请理藩院在案。详核舆论，难保非属员乘乱报复，群起逞凶，逼害上司致死，以图泄忿，既有亲属似不无冤抑等语。当将提到人证按照所奏各节遂层研讯。据该王福晋所递亲供及该旗协理台吉卓莫白即春贝等当堂各供，暨扎赉特郡王派来各员面诉供词，检同卷宗互相研核。缘光绪二十六年八、九月间，扎萨克图郡王旗匪徒刚保、桑保等勾结胡匪王洛虎等作乱，占踞该旗图胡莫之地以为老巢，将本旗及附近之科尔沁图什业图亲王、科尔沁镇国公、郭尔罗斯辅国公等旗恣意骚扰，肆行抢掠。图什业图亲王旗东北沿边一带人民逃散一空，群情震骇。该王色旺诺尔布桑保设法收抚，而该匪横行如故。旋派达台吉额力登乌卓勒即额勒得呢瓦齐尔等率领壮丁一百余名守护王府，挑挖战濠，以为持久之计。该匪知腹地有备，专在该旗边境昼夜焚掠。该台吉壮丁等悬念家属，久戍思归，屡求各回游牧，保其身家。该王以贼氛尚炽，未允所请。该壮丁等心怀怨恨，遂于二十七年三月初三日，各携官给枪械、铅丸、火药、弓箭、旗纛、马匹同时溃散。彼时达台吉额力登乌卓勒未在王府，溃兵齐赴该员寓所告以前情。该达台吉不但不行劝阻，反率领溃兵同赴贝勒凯毕府左近地方屯聚躲避。该王因事起仓猝，且深恨该达台吉及壮丁人等不受约束，辄敢携带官给枪马无故溃散。查点府中军器所存无几，而骑去马匹多系大凌河存牧官马，遂以抢掠官物等情咨报。各旗小达台吉噶尔吗巴咱尔闻信即赴该处与额力登乌卓勒计议，众兵如此溃散，本王必然追究问罪，不若罗列本王多款，先赴副盟长处控告以为将来卸罪地步。当即砌写呈词，不论虚实，随意凑集四十八款。因台吉卓莫白得勒克呢吗呢吗系本旗协理台吉，遂将该三员之名为首，并添写那莫海、宁保、额勒和巴图等多名，希图耸听，即由该处派人送至扎萨克图郡王旗呈递，卓莫白等并不知情。该图什业图亲王恐台吉人等屯聚不散，藉端作乱，随遣福明阿、额勒和巴图、乌斯胡布彦图等两次赴溃兵营内招抚。该台吉等畏罪不敢来归，且将该三员扣留在营，不肯放回。该王左右侍从亦皆渐次散尽，该王心怀疑惧，又以邻匪充斥，设若闻风麕至，何以抵御。遂于三月二十二日半夜时，带领和喜春、托克塔虎、额勒恒额、赛平阿、喇嘛业西达瓦等五人暗自出府，携带快枪四杆，各骑马匹，拟赴北京、热河等处，请兵剿灭匪徒，以靖蒙地。二十三日行抵距府一百余里锡哷格图呼华勒罕，莫勒根格根所住地方，天色已晚，即在莫勒根格根家内暂歇，自住东厢房里间。该王福晋携去王女昂嘎、王弟喇嘛业西丹巴亦于二十三日均至盂珂布彦图庙内暂避。额力登乌卓勒、噶尔吗巴咱尔于二十三日闻王声言出外请兵，疑系与伊等为难，当派护卫花里亚荪、台吉托克托呼、约木加卜等十二人随即赶去，意欲将王请回，可免请兵问罪。又派章京花连什长得及得噶拉桑等带领十余人分途尾追，务必将王请回，勿令出境。不意沿途台吉、壮丁人等闻信，不期而集者约有一百余人蜂拥同往。花里亚荪、托克托呼、约木加卜等复自纠约素识台吉壮丁四五十人奔赴王府，追问去向。该王福晋等早已避走，惟王之第三妾尚在府内。花里亚荪因记其平日在该王前言语挑唆，致伊父阿扬阿禁死黑屋之仇，起意将其捆送屯兵处所，以图报复，喝令伙党将该妾及其仆妇一并捆载上车，派人送走。途遇福明阿由屯兵处逃回，询明情由，即将该王妾解救，仍令派送之人乘坐原车送回府第。其时花里亚荪等早已离府，并将王府所存快枪三十余杆尽行挈走，因未悉该王逃遁何处，念知散秩札兰西朗阿素为王所信任，料必知情。二十四日清早，同抵西朗阿家，用枪威吓。西朗阿畏惧，告以实不知情，约计时日，或在莫勒根格根家内亦未可知。该犯等即慑令同行，日未交午，齐抵勒根格根门外，均未进院，花连、得及得噶拉桑等十余人及沿途猝集之百余人，已于是日黎明先抵莫勒根格根门外，将喇嘛业西达瓦唤出，嘱令禀称，合旗人等请王回府。该王见人多势众，莫测来意，不敢出见。花连知王带有快枪，恐其向外击打，逼令业西达瓦向王全数要出。恐该王乘马潜逸，将王所乘之马亦令同来兵丁硬行牵出，以为无枪无马，该王断然不能逃走，免得越境请兵，自有身陷不测之祸。得及得噶拉桑因伊父札朗阿禁死黑屋，尸身尚未领回，恳请领回埋葬，该犯仅止乞恩，此外并无他语。该王亦令业西达瓦傅谕，准其领埋。花里亚荪、托克托呼、约木加卜等偃同西朗阿及纠约之四五十人亦皆踵至。花连等告以前情，花里亚荪等喝令退后，各携所带快枪连声施放以壮威势。花里亚荪首先逼令西朗阿入屋诉述该王平时驭下暴虐，屈死人命无数，众兵护府，毫无恩典，伊父阿扬阿禁死黑屋，实属冤抑等词，意存挟制。该王见围困之人愈聚愈多，情势汹汹,大有逼迫之意。因令随行人等各自逃生,不必同死一处。和喜春、托克塔虎、赛平阿遂暗中乘带马匹各自逃遁去讫,额勒恒额为众人拘守,不能行走,业西达瓦尚未离侧。该王随写手谕,引咎自责,有回府后定然改过之语,令西朗阿转示台吉、壮丁人等。众人看毕,不知何人将手谕撕毁无存。托克托虎见该王心存恐惧,起意吓逼,遂谓该王此时悔过已迟,请其早定主意,想活甚难。约木加卜接称花里亚荪是奴才,不敢放枪,我是台吉,待我放枪击打。复逼令西朗阿据实回说,如不照说,定要杀死。西朗阿无奈,只得据实禀达该王。又令西朗阿傅说随身难带有毒药,惟日久力薄,急切恐难毕命,央缓须臾。托克托虎又称不拘何等死法,早为自裁,将来尚可入坟,如若为枪打死,即难入坟等语。西朗阿被逼不过,又将此语转禀。该王令西朗阿再向婉说,冀延时刻。该犯等即将西朗阿扣住不许再去回话。延至是日申时,该王见西朗阿久不进屋,自料绝无生路,将业西达瓦支开。令其向佛前焚香,并令汲取井水烧热听用,业西达瓦焚香礼佛事毕,寻觅柳斗至前院汲取井水向厨房烧热,许久未闻呼唤,心怀疑惑,回屋看视,瞥见该王用自系青洋细腰带在屋内棚杆悬缢身死,即时惊喊,花里亚荪等十余人在外闻声,亦一齐入院进屋,见该王业已自缢身死。其时随来台吉、壮丁一百余人,均在门外拥挤喧问,未曾进屋,惊闻此信,相率畏惧,同时奔散。花里亚荪、托克托虎、约木加卜等在屋内聚议,若王福晋及协理台吉等查知各情,据实具报,必然问罪,不若慑令捏报病故,可以无事。计议已定,俱各允从,令将该王尸身不必卸下,派业西达瓦、西朗阿带兵十名在屋看守。随同花连、得及得噶拉桑等十余人于二十五日各带兵械一拥回府。因平时一应文件多出富明阿之手,即将富明阿环吓,不许听从福晋及协理台吉等据实具报。又因富明阿将王妾中途放回,益加愤激,定欲用枪打死。富明阿再三哀求,允其不敢实报,始各散去。该犯等仍各携带枪械在王府左右终日寻察,窥测动静,尚无进府抢夺银两情事。富明阿当饬笔其克奇阿昌阿到王福晋、王女昂嘎、王叔丹三呢吗、王弟喇嘛业西丹巴等处送信,并知照协理台吉卓莫白得勒克呢吗呢吗来府商议如何呈报。二十六日,该王堂叔丹三呢吗、王福晋携带王女昂嘎,先后齐赴莫勒根格根家内,亲见该王尸身仍在东厢房里间棚杆上悬挂,恳经沙山巴达拉古鲁克齐庙之达喇嘛代为卸下,详细查看周身,并无伤痕,果系自缢身死,却无硬行悬梁,假作自缢情形。查验已毕,即于是日棺殓。记名协理那莫海、宁保、图斯海拉克齐、乌斯胡布彦图随后赶到,查悉前由,于二十九日,将王柩一齐迎请入府。该王福晋及协理台吉等亟思据实呈报,俾治凶犯之罪,无如旗众乱党,身携枪械,环府刺探挟制,稍不遂意即欲杀害,因与协理台吉卓莫白等三员默为商议,只可暂以病故呈报,俟将来奉旨赐奠之时，再行声诉，叩求申雪，严拿正凶治罪。协理台吉卓莫白等三员互相计议，别无良策，亦拟暂隐实情，权谓该王于三月二十四病故，呈报各旗，冀免目前之危，留待将来一同据实呈报。其扎赉特郡王咨报部旗文件所称二十八日病故，系该郡王旗缮写笔误，并无弊宝。至扎赉特郡王派员带兵夺取盟长印信一节，向来正盟长出缺，即将盟长印信送交副盟长护理，惟扎萨克图郡王乌泰前以招集客民，敛银开荒，虐待部下，经奴才增祺查明具奏，会于二十六年五月二十曰理藩院议奏，请将乌泰革去副盟长等因，奉旨允准，由理藩院恭录行文，饬令哲里木盟钦遵在案。彼时院文尚未奉到，而匪首刚保、桑保即系郡王乌泰所抚莠民，复去为盗，各旗深受其害，以至蒙众不得安居。且盟长图什业圖亲王在时，曾有赴热河都统[1]衙门呈请参办之语，台吉卓莫白等酌核，若复令其管理，恐失蒙众之心。帮办盟务实图郡王于前岁带领家属避乱外出，本旗印信已派员护理，咨报有案，亦难接管。此外惟扎赉特郡王帮办蒙务，只得在该郡王处具呈请示，当派印务扎兰胡图力亲赉印文前往该旗请示，该郡王扎复，仍令该旗协理官员自行商议。该协理台吉卓莫白等复同详酌，所有盟长印信，咸以送交扎赉特郡王护理为是。惟途经扎萨克图郡王旗界，匪踪遍地，复呈请派员带兵迎护，较为慎重。该郡王随派本旗协理台吉巴保桑保、穆楞额、梅楞霍托克带兵五十名持文同赴图什业图王旗迎护蒙长印信。该协理台吉卓莫白等即将盟长印信由府请出，并达尔罕亲王解交存府官缴宝银二十五锭，计重一千二百五十两，备具印文，委派协理台吉得勒克呢吗、印务扎兰胡图力率领笔其克奇二员带兵五十名，会同扎赉特郡王旗所派官员兵丁一齐护送出境，于二十七年五月十二日，赉交该郡王接收。该郡王即于是日分报理藩院各旗在案，一面行文达尔罕王，询问此次银两作何应用当有接到回文，送印委员弁兵除得勒克呢吗赏马一匹、哈达一方外，余均赏给哈达、腰褡各一方，兵丁每名赏银一两，当面领讫。胡图力又以本旗乱党未散，王府军器早为溃兵带走，难资防御，惟向例枪械等件须禀明盟长方准购买，不准私自交易。因恳求扎赉特郡王恩准代买快枪二十杆，解回应用。该郡王查系实在情形，面饬章京格朋额代为如数购买。格朋额遵谕买快枪二十杆，每杆价银五十两，共银一千两，在该旗公所两相交收，价银当交卖主承领，格朋额并未经手快枪等件，即由送印各员并解回呈交王府编号应用，此外并无私相授受情事，质之扎赉特旗齐莫特色楞巴保桑保，格明额所供无异。正犯托克托呼、约木加卜

〔1〕 热河都统，清朝时热河地区最高地方官，乾隆三年（1738 年）改总管为副都统，嘉庆十五年（1810 年）升为都统。

花、花里亚苏、花连、得及得噶拉桑五名及卓莫白等一干人证,传同王福晋、王女昂嘎、王叔丹三呢吗当面环质,再三研诘,矢口不移,案无遁饰,将花里亚苏比照刁民聚众哄堂,塞署殴官为首例,拟以斩枭。托克托呼、约木加卜均依同谋,转相纠约下手殴官例,各拟斩决。花连依为从例,拟以绞候。得及得噶拉桑于花连绞罪上减等,拟流。额力登乌卓勒依宫军逃往他所例加等,拟徒,系官犯从重,改发交驿当差。等因,具奏前来。查蒙古例载,审理案件,蒙古例所未备者,准照刑例办理。又刑律载,奴婢谋杀家长者,罪与子孙同。又谋杀祖父母、父母,已杀者皆凌迟处死。又军士谋杀本管官,已杀者皆斩。又例载随征兵丁无论协剿邻封及防备本省,有私逃者,获日审讯明确,拟斩立决。又律载断罪无正条,援引他律比附定拟各等语。此案花里亚苏以王府属下奴仆,胆敢约同台吉托克托呼、约木加卜及章京花连、什长得及得噶拉桑,转纠台吉壮丁百余人抢掠府中军器,又追赶该王,围困放枪,多方威吓,托克托呼等逼令该王自裁,央缓须臾不允,以致该王自缢身死,实属明目张胆,有心逞逆,较之阴谋杀人者情尤凶悖,与寻常威逼酿命更不相同。该犯花里亚苏系王府奴仆,自应比照奴婢谋杀家长本律问拟,该犯托克托呼、约木加卜系台吉均隶盟长管束,亦与军士之于本管官无异。至聚众哄堂,塞属殴官,拟斩之例系指寻常刁民假公滋闹,并无逼毙人命重情者而言。今孩犯等以奴仆属员,聚众肆逆,致本管盟长央求缓死须臾而不可得,似此穷凶极恶,实属法不容诛。况现值蒙古部落人心浮动,此等重犯若不从严办理,何以惩凶悖而严名分。该尚书等于花里亚苏比照刁民聚众哄堂塞署殴官为首例,拟以斩枭,殊属情重法轻。托克托呼、约木加卜照下手殴官例,俱拟斩立决,罪名虽无出入,引断究未允协。花连依为从例,拟绞候,得及得噶拉桑减等,拟以满流,亦属罪浮于法。至台吉额力等乌卓勒奉派守护王府,率领兵丁溃散,该王两次遣人招抚,辄敢抗不遵调,又因该王欲出外请兵,复先后派令花里亚苏等二十余人分途尾追,致令花里亚苏等商同围困该王,逼勒毙命,似此煽惑构乱,实触不法已极。查奉派守护王府私逃,核与随剿兵丁防备本省私逃者情节相似,按随剿兵丁私逃罪干斩决。如谓该台吉、壮丁等相率溃散,由于久戍思归,情尚可悯,亦只可于应得本罪上量予末减。该尚书等将额力登乌卓勒照官军逃往他所满杖律上加等,拟徒,名为加重,实转从轻,均应一律更正。花里亚苏应改照奴俾谋杀家长,与子孙谋杀祖父母、父母,已杀者凌迟处死律,拟以凌迟处死。托克托呼、约木加卜应改依军士谋杀本管官,已杀者皆斩律,俱拟斩立决。花连虽未预谋害命,惟首先逼令该王缴出快枪马匹,亦属顽悖不法,同恶相济。查该犯亦属奴仆,应于花里亚苏凌迟处死罪上减为斩立决。得及得噶拉桑虽始终在场,惟尚无逼迫重情,应于花连斩决罪上量减为斩监候。额力登乌卓勒即额勒得呢瓦齐尔应革去台吉,改照随征兵丁无论协剿邻封及防备本省有私逃者,获日审讯明确,拟斩立决例上量减为斩监候,与得及得噶拉桑俱秋后处决。花里亚荪、托克托呼、约木加卜、花连四犯,情罪重大,应请旨即行正法,以昭炯戒,仍将花里亚荪首级解回犯事地方,悬杆示众。该尚书等奏称,起意捏名具控之小达台吉噶尔吗吧咱尔暨临时纠约及随行台吉壮丁人等,若概行严拏,深恐蒙众疑畏,别滋事端,殊非安抚藩属之意,应再酌量案情,择其重要者饬知该旗严行缉拏,获日审明,另行拟结,以清讼累而免株连。该王福晋先未据实呈报,因惧凶徒挟制,嗣于委员到日,即同协理台吉等设法拏获正犯,匍匐申诉,应与并非贿求捏报之协理台吉卓莫白即春贝得勒克呢吗呢吗、章京胡图力等及解救不及之喇嘛业西达瓦,均请免其置议,无干省释。扎赉特旗台吉巴保桑保即穆楞阿,讯非带兵夺印,章京格朋额亦无串通纳贿情事,应与该郡王派来待质之台吉齐莫特色楞一并勿庸置议等语。均应如所奏办理。此案所引均系刑律,勿庸会同理藩院核办。其承袭图什业图王爵暨署理盟长事务并郡王乌泰奏请暂予奏事之权各节,应由理藩院核议具奏。再此案因守候供招,是以覆奏稍迟,合并声明。所有臣等遵旨分别速议缘由,谨恭折具奏请旨。光绪二十八年五月十三日奉旨,花里亚荪著即凌迟处死,托克托呼、约木加卜、花连均著即处斩,余依议。钦此。

纪科尔沁达尔汉王旗荒债控案始末

蒙旗债累之由三:曰袭职,曰署印,曰争盟长。抵债之方二:曰招垦,曰押荒。内地奸商明知蒙旗借债不能遽偿,而即因其颟顸肆行盘剥,蒙旗亦知擅放荒地有干禁令,然有时逋负逼迫,罔顾利害,私行抵押,以致债讼纠缠,民蒙交困。就东三省所辖哲里木一盟而论,如后郭尔罗斯公旗、扎萨克图王旗及达尔汉王旗皆是类也。达尔汉王旗债务起于光绪七年自三十三年十一月,经言官奏参达尔汉亲王那木济勒色楞售荒得财,抗不拨地,迹近诳骗,有诏理藩部会同奉天督、抚查覆,是为奏案发见之始。先是光绪十一年那木济勒色楞承袭亲王爵职,未及岁,已故卓哩克图亲王署理印务,私设福长地局,招垦采哈、新甸荒地,民人王铭等报领荒地十万八千垧,交东钱四十九万七千六百吊,已领地照七十三张。十二年民人吕长安报领荒地二万垧,交东钱十六万吊,已领地照五十五张,均未拨地。而署王于光绪七年前借京商吴玉祥东钱四十九万七千三百六十吊,亦以采哈、新甸长六十里宽三十二里之荒地缮交蒙文印据作抵，全案纠葛，由是而生。署王既指是荒收佃户六十余万吊于先，又抵还债户四十九万余吊于后，原不能实行丈拨，不过藉为抵塞之术。彼债户、佃户各不相知，又皆自信为独有之利益，恣意挥霍，隐恃他日丈拨之地以偿其欲，迟之又久，卒未丈放，佃户、债户群起控告，秘扃已破，而此猜彼忌，真伪杂糅，遂成久悬莫结之巨案。当光绪十一年福长地局建设之始，原以哈拉巴山、达冷等处荒地招徕佃户抵还宿债，及为故王福晋育木吉特查知，呈明理藩院，封禁乃变为开垦采哈、新甸之名，称署王及局员三音吉雅、色旺东喀噜布等虽上下朋比，坐享一百余万千之巨款而无善策以处其后。于是光绪十七年吴玉祥等首先控于理藩院，越六年，吕长安、王铭等复控于盛京将军，经历任将军分别饬昌图府督辕发审处，奉天府发审局先后查讯未结。至三十三年，奉旨查办，经奉天督、抚饬提法司督同高等审判厅提集原告查讯，而吕长安前经发审局解往辽源州与蒙员对质，守候已久，署王及局员三音吉雅已先期卒，蒙旗袒庇色旺东喀噜布，避不就讯，且以吕长安无端讹诈具覆。未几，吴玉祥病死，王铭又查传未获，惟零星小户纷来投诉。其时，奸民闻风踵至，亦颇捏造蒙旗伪照，希图冒领。而吴玉祥展转借贷之款，层见叠出，尤极复杂。盖此案拖延二十余年，积款至数百万，人证今昔不同，又不尽援据案卷，而欲一一清厘之，其势难也。三十四年四月，饬城守尉宗室德裕、蒙文译员直隶州知州明哲，会同高等审判厅民庭推事[1]陶祖尧赴蒙旗查办，而蒙旗始终抵饰，不克就绪。嗣查福长地局原存旧册，所载与吴玉祥等历届报案名数相符，蒙旗无可置辩，始允照原发吴玉祥印文原载采哈、新甸地段指放，由吴玉祥、吕长安、王铭三案分领，不加寸土，从权议结。而王铭、吕长安及吴玉祥之妻吴周氏、抱告宋发，均传提齐集，其集赀各户亦先后遵谕投到。覆查吕长安合同、王铭地照、吴玉祥借券印文，均由蒙旗发给属实。惟此次蒙旗承认指拨荒地系代署印卓哩克图亲王抵债，既不能照原发地照滥行开放，而荒地有限，又必须清此三案债款，遂不得不变通办法，以期全体逋负胥消释于此段荒地之中。是年十一月，经高等审判厅判决，分三等酌定荒价，填发执照一百六十五号，俟委员放荒时，由王铭等一百三十七人承领，所有未经发现及实无根据各地照，概予注销。是月督、抚会同理藩部奏结。宣统元年正月，蒙务局拟订放荒章程，咨呈督、抚派委德裕、明哲前往开放，此案纷扰二十余年，至是解息。

---

〔1〕 推事，清代官职。清末改革司法，大理院及各级审判厅都设推事，担任审理案件之职。

附会同理藩部查明达尔汉亲王被控指荒借欠各款酌拟办法折

奏为查覆蒙旗售荒得财，抗不拨地一案，并审明该蒙旗被控指荒借欠各款，敬谨酌拟办法，请旨遵行，恭折仰祈圣鉴事。窃臣等承准军机大臣字寄光绪三十三年十一月初三日奉上谕，有人奏蒙古达尔罕亲王那木济勒色楞售荒得财，抗不拨地，迹近诓骗一折。著理藩部会同徐世昌、唐绍仪按照所陈各节确切查明，据实具奏，毋稍徇隐。原折著钞给阅看，钦此。遵旨寄信前来。臣等查原奏内称，达尔汉亲王那木济勒色楞前设福长地局招商垦荒，商人张绍芝、王铭、韦升云、张殿元等五百余家，凑集荒价交该地局，领有印照地图。该亲王狡赖，延不丈拨，商民财地两空，受害匪浅各节。据该佃民王铭、韦升云等迭次以该蒙旗设局招垦，伊等交价领有红契，久未拨给地段等情，联名呈控，经前任将军派员勘办。适其时吴玉祥、吕长安亦各以该蒙旗指荒借债，久不拨地等情，前后具控。该蒙旗因账目不全，无从质对。始则称佃民等任意捏造，继则仅认王铭、吴玉祥、吕长安所控为一案，统共允偿一款，余债悉不认还，以致枝节横生，未能讯结。兹既奉旨交查，自应一并澈究。臣部咨由臣世昌等就近派员赴该地局调查收价底册，查明此案始末卷宗及该局发出各项正据，提集人证，详究确情声覆，以便会同覆奏。臣世昌等拣派辅国将军、辽阳城守尉宗室德裕、奉天高等审判厅推事陶祖尧、候补直隶州知州明哲前往确查去后。兹据查明禀覆，臣等详加研核，据王铭、韦升云、张守田供，光绪十一年间，已故西兆王署达尔汉王旗印务时，福长地局招垦采哈、新甸等处荒地，王铭、韦升云、张守田故父张绍芝招集五百余户，凑得东钱四十九万七千六百吊，先后交付局员三音吉雅等收讫，定荒十万八千垧，发给地照七十三张。二十五年间，呈验地照二十七张未经发还。复因久不放荒，屡次呈控，种种耗费又用银九万四千余两，均系各户凑集，业经存案。又据已故民人吴玉祥抱告宋发供，光绪十一年间，西兆王借用吴玉祥东钱四十九万七千三百六十吊，屡索未偿。十四年间，西兆王指采哈、新甸荒地长六十里宽三十二里，出具蒙字印文借券，至今未还，屡次控催，种种耗费，又用东钱八十余万吊，均系指荒凑借，曾经存案。又据吕长安供，光绪十二年间，福长地局招垦，伊领荒二万垧，陆续交过东钱十六万吊，发给地照五十五张。十八年因催放荒地，局员又索去一万两，立有合同一纸。嗣以仍未放荒，屡次控催，种种耗费，又用银五万四十余两，均向亲友凑集，业经存案。所领地照，乱时遗失十五张，余与合同一并交案。质之被告蒙员色旺东喀噜布合供，光绪十一年间，西兆王署本旗印务时，借用吴玉祥东钱四十九万余吊，指采哈、新甸荒地作押，出有印文借帖。是年复设福长地局招垦，王铭等先后交过东钱四十九万七千六百吊，定荒十万八千垧，发给地照七十三张，伊等只经手过三十二万余吊，余款系三音吉雅等经手。又十二年间，吕长安等领荒二万垧，陆续交付三音吉雅等东钱十六万吊，发给地照五十五张。伊等虽在局内当差，西兆王谕令三音吉雅经理局务，不令伊等办事，是以不知底细。又据该蒙旗出具押文称，本扎萨克王，年未及岁时，前署印西兆王任内酿成此事，所欠债目，本旗向无底账，嗣由已故局员三音吉雅家内抄出照根底册及收价账簿，仅只三本，已属残缺不全。民佃索债原账，虽早年在上衙门存卷，清算此债，若专靠佃民所呈账目，词出一面，本难作准。现既讯明王铭等领有地照为凭，吴玉祥执有发给借帖印据，吕长安复有地照及福长地局合同一纸，只得体恤众民，不予深究，即以所允采哈、新甸荒地长六十里、宽三十二里代西兆王抵还宿债，无论债数多寡，决不加增寸土。放荒后应征地租，请照章自行经征，以资办公各等语。臣等分勘各供，证诸案据，该旗支借吴玉祥一款系以地作押，王铭、吕长安两案均系以钱领荒，确系三案，各不相侔。吴玉祥执有印文，王铭、吕长安各领有地照，核对照根底册，一一相符，且各该原告交款账目，早经存案，确有可凭。该蒙旗账目不全，曲在本旗，更不能藉此推诿，指为任意捏造。今该蒙旗自知理屈，已具押文，并由该蒙旗补具印文，请以该王旗前允拨之采哈、新甸荒地代抵西兆王所欠各债，则佃民之债项既已划清，各案不相牵混。该蒙旗之抵款亦经指定荒段，即可丈放，自应即予判决以清积牍。第按原交钱数给以原领地亩，佃民固属相宜，而蒙旗损失太甚，殊欠平允，且该旗系为前署印西兆王代偿积欠，并非如原奏所称，该亲王那木济勒巴楞设局招垦，诓骗得财，兹以荒段了此三案，已属顾全大局，应请准如所请，无论债目多寡，尽以此荒了结此债，不令加增寸土。查此项荒地长六十里，宽三十二里，按蒙荒章程十亩为垧，以四十五垧开方计毛荒八万六千四百垧，按七成折扣，得实荒六万四百八十垧。然土质不齐，应定为上中下三则，其上地每垧六两六钱，中地每垧四两四钱，下地二两二钱，俟委员会同蒙旗查明后，方能得其价银确数。以现时地数约略计之，可收价银在三十八九万两上下。俟委员丈放后，除了此三案债务，共计欠王铭、吴玉祥、吕长安各款连吕长安交银一万两在内，约合银十二万五千四百余两。其余之款，查该民结讼二十余年，不无废时亏欠之累。今该王旗既经呈报以采哈、新甸不增寸土了此债务，俟官为丈量，清偿原款外，如有盈余，由臣世昌饬委按户酌量分拨民人，以资体恤，并饬该委员暨该旗出示晓谕，俾使周知，以免承领人从中舞弊，致使恩惠不能普被于民。判决之后，给予该原告领款凭证，持赴荒局，照款核给地亩。其前领福长地局执照，均给追缴查销。倘有棍徒假名福长地局捏造假照，希图诓骗，应照例从严惩办，将假照与遗失各照悉予作废。似此酌量判决，该蒙宿欠既已清结，该亲王那木济勒色楞指拨荒地代西兆王清偿积欠，将来升科以后，该亲王亦得享租赋之利。该佃民等债本既全数收回，耗费仍可酌予摊还，从此各安生业，永免拖累。如蒙俞允，应由臣等会商，仍由臣世昌就近拣派廉干委员，会同蒙旗先尽采哈荒段丈放，按方编号，掣签给领，以期速竣而免弊窦。至放荒后，应照蒙荒章程六年起租，以恤民力，并请如该旗所拟，准其照章自行经征，俾资办公。此次放荒原为清厘旗债，将来丈量事竣，再行照章核销。除照章加收一五经费，并应免加库平，以惠众佃。至前署印西兆王指荒借欠，久不拨地，局员三音吉雅总理局务不实不尽，贻累民佃，均有不合，惟已早经物故，应请免其置议。除由臣世昌饬令各该原告前往高等审判厅投案候断，并分户给据候拨。余款办结后，咨臣部先行备案，地亩丈量事竣，再行咨部查照外，所有遵查达尔汉王旗售荒得财，抗不拨地一案，并审明该蒙旗被控指荒借欠各款缘由，谨恭折具陈，伏乞皇上圣鉴训示遵行。再此折系臣世昌主稿，会同臣部具奏，臣唐绍怡业经交卸，故未列衔，合并声明。谨奏。光绪三十四年十一月二十日奉旨，著照所请，该部知道。钦此。

附东三省蒙务局核定达尔汉王旗允放采哈、新甸等荒地抵还债款办法

第一条　查此次放荒，原为达尔汉王旗以地抵债，与从前放荒成案不同。前经奉天行省饬令高等审判厅将案断结，并由东三省总督会同理藩部覆奏有案。计该王旗共欠垫户吴玉祥名下正款银五万零七百五十一两，王铭、张守田、韦云升等名下共正款银五万零七百七十五两五钱，吕长安等名下共正款银二万六千三百二十七两，统共应还正款银十二万七千八百五十三两五钱。又因此案缠讼二十余年，各债户废时失业，亏累甚巨，其情实在可悯。原奏声明此项债务，俟官为丈量清偿原款外，如有盈余，按户酌量分拨民人，以资体恤等语。现在此段荒务业已派员勘明核算，确有余款，拟分别各债户从前损失，预为酌量核计，以免事后再起争端，并经札行该王旗遵照在案。计吴玉祥名下应酌给余款银四万六千一百八十三两二钱一分二厘，王铭、张守田、韦云升等名下应酌给余款共银五万六千四百一十二两，吕长安等名下应酌给余款共银三万二千四百两，统共应给余款银十三万四千九百九十五两二钱一分五厘，总共正款、余款并计合银二十六万二千八百四十八两二钱一分

二厘。

第二条　该王旗此次允放采哈、新甸荒地计长六十里、宽三十二里为限，以了此债，不再加增寸土。现在派员赴王旗议商，并会同蒙员勘定段落，绘具草图，核计该王旗原允里数按七成实荒。查照此次奏案所定等则，可收价银二十九万二千七百余两。除应还正款及酌给余款外，尚可余银二万九千八百余两。查此次该王旗以荒抵债。国家并无应得之款。所有此项余银，拟请拨归该王旗扎萨克作为公共之用，即此次该王旗派出丈荒拨地之蒙员人等公用，亦应于此项余银内开支。

第三条　查此案原奏声明，此项荒价除正价外，仍按向章随收一五经费，计每地价一百两收一五经费银十五两以资办公，所有此次派出之员司人等薪公一切等用，应照历次蒙荒成案，由此款内支给。如有余剩，俟事竣由该行局解交度支司存储，以备拨补。

第四条　此案积压多年，刁徒讼棍视为利薮，一旦讯结，若辈大失所望，恐不免以假照伪券招摇撞骗，并诬控图诈情事。将来核放荒地时，定以高等审判厅前发票据为凭，其他券照一律作废，如有狡讼者，即就近送地方官严行惩办。

第五条　凡执有高等审判厅票据各户，应先赴行局挂号换给收据。俟荒地丈竣，按上中下地则，匀配次第，遵照此次奏案，按方编号掣签，再行换给丈单。图内注明绳弓四至，查照单图拨地，内有零星银数核计地亩不能成方者，须以一方计之，以免畸零。应找缴地价若干，当另与照章应缴一五经费一并缴清，再行换给蒙汉大照。每方各给一张收执，如有经费无力呈缴之户，准其呈明照银数核扣，荒地另行招领收价，补足经费原数。

第六条　此次会同蒙员履勘此荒，东南自老荒边界起，西北至六十面井采和新甸以及五棵树迤东等处。土性肥瘠相兼，除山林、庐墓、沙坨、水咸各泡，以及镇基台壮留界并不堪耕种之地外，不敷之地，均应提出自联段荒地补足，无形势曲折不齐。将来行绳丈量，截长补短，总以敷荒地八万六千四百垧即符王旗原允里数。

第七条　此项荒地系仿照扎萨克图王旗初次放荒成案，所有垧亩数目仍以二百八十八弓为一亩，十亩为一垧，四十五垧为一方，照章三七扣，实计每方三十一垧五亩。惟丈放此荒系与该王旗了还各债，与历办荒价不同，应遵照此次奏定之案，分为上中下三则，其上地每垧六两六钱，中地每垧四两四钱，下地每垧二两二钱。每地价一百两，仍遵原奏随收一五经费银十五两以资办公，并免加库平以惠众佃。

第八条　查从前各旗出荒，均有台壮搀居界内，届时为之拨留荒地。此次拟照扎萨克图王旗初次放荒成案，台吉准其留界两方，壮丁准其留界一方，以备牧养而示体恤。其有闻放荒始行迁入者,概不准留,以杜取巧。合计所留之荒若干,应由该王旗照数拨补。

第九条　监绳委员拟派八员,以实、边、固、圉、利、用、厚、生为地号。应照历办蒙荒成案,先丈后放,必须指段后,先绘草图,按图画分四至八道,各占一字分道赶丈,以一方为一号,钉椿分则,编列清楚,按地绘形,造具绳弓,四柱清册,各归各等。此段必须与彼段委员相接,以免遗漏。丈竣后,酌配掣签,照号承领,仍由原丈委员带往指段,以祛积弊。

第十条　查此案债户,人数众多,开办之初,难免不起争端,所有一切词讼,暂由本局委员秉公排解清理。倘遇争执不服,即就近移送辽源州衙门讯办,以昭慎重。

第十一条　查此次放荒,本为清厘该旗债务,将来放荒事竣,所用各款,应行核实造报。且此次照章先丈后放,力除从前积弊。凡丈地一方,四隅挖立封堆,埋竖标椿,注明号数。应需人工椿料车运等项,用款较多,拟请均由一五经费项下核实开报,一并造册请销。

第十二条　此项荒段远在辽源州东北,素为胡匪出没之区,而放荒无多,未便援章募队,已请由营务处转饬该路统领拨队二十名就近保护,以免疏虞而节糜费,将来酌量津贴,拟请由一五经费项下开支。

第十三条　此项荒段,地方空阔,应先在适中之地,酌定镇基两处以备各地户聚集而便交通。拟仿照镇国公旗初次放荒成案,每方丈收价银五分,除一五经费归局办公外,所得正款仍查照向章,尽数拨归王旗应用,惟不得再加库平,以符此次原奏。

第十四条　此项荒段虽为该王旗抵债,迨放荒以后,人民日益繁庶,于殖民实边之道,良有裨益。查该荒距辽源最近,拟候放荒事竣,即行拨归辽源管辖以重治权,所有地方一切应办事宜,均由该州查照历办成案,自行呈明核示。至此荒地租,应遵照此次奏案,由该王旗自行设局经征,仍照蒙荒章程六年起租,以恤民力。

第十五条　查历办蒙务成案,于丈放完竣后,所有在事人员均行分别异常、寻常,按照款目酌核请奖。此次放荒系为清偿蒙债,公家与蒙旗均无应得之款。但于实边殖民关系亦重,且头绪纷繁,较之历办蒙荒尤为棘手。若照向章请奖,势必格于成例。此次在事各员,奔驰于炎天烈日之中,边荒大漠之地,计时又不过两月上下,劳力既倍,节款尤多,如有勤慎将事办理妥速者,应俟报竣以后,拟请酌量从优给予外奖,以示鼓励。倘有徇私舞弊之人,一经查出,亦当分别惩处。

纪科尔沁札萨克图郡王俄债始末

光绪三十四年三月，洮南府知府孙葆瑨以札萨克图郡王乌泰私借外债，将全旗矿产、牲畜抵押，期限将满来报，逾月，遣督办蒙务朱启钤赴洮查办。诘其借债始末，颇遁饰，多隐情。朱启钤与孙葆瑨以大义晓之，以国恩感之，反复开导，再三诘责，乌泰始深自怨艾，将积年与俄人交涉借债实情，尽言无讳。复以印据债单及俄人牍函检点交出，事乃大白。初，札萨克图十世郡王塔特巴札木束薨，无子，以从七世祖兄弟协理台吉布彦图次子格瓦扎克山为嗣，即今王乌泰弟也，袭爵数年而殇。乌泰年二十五，已度为喇嘛，以光绪十年奉福晋命代故弟袭爵，继塔特巴扎木束后。札旗凋敝久，其故王在位时，颇负债累，及乌泰嗣位，招致外旗蒙民垦放洮儿河夹心荒地，欲以所入，清先人积负。顾以疏支承袭，本不理于众口，协理台吉绷束克巴勒珠尔者益鼓吹其间，结合亲党蓄谋控诉。又以乌泰之得入嗣也，皆先王女格根珠拉所主持，遂掇拾乌泰私放荒地。格根珠拉虐死奴仆诸状，先后诉请申理，由盟长以至理藩院缠讼十余年，构难诸人参革殆尽，而乌泰亦以二十五年撤去札萨克印务，二十六年革去副盟长职，讼事罢困，负债益巨矣。方乌泰袭爵之初，甫履高位，即遭变故，展转因寻，疲于奔命，十年之间，旗政亦无所设施。外事尤不遑闻问。至甲乙之顷，讼事渐定，又屡以年班游都下，遂其尊贵翱翔之乐，而车马服从馈遗，请托京邸之费益不可支，两代数十年之京债，又厚利盘剥，逼迫而来，逋负之多，几至不可为计。庚子之役，畿疆乱起，蒙旗马贼乘势窃发，哲里木诸旗渐有私与俄人往还及借俄兵平乱之事。二十七年，俄员格罗莫夫游历哲里木十旗，乌泰延见之，为结识俄人之始。是年，蒙匪刚保、桑保之乱，俄人又遣兵至扎旗代防。先是，俄兵之来，有台吉某冒乌泰往见俄兵官，及匪散，乌泰遣人申谢，俄兵官始要求一见真王。时护印协理台吉巴图济尔噶勒、绷束克巴勒珠尔等方纠党与乌泰为难，乌泰遂带印至黑龙江见俄廓米萨尔，又以避难为辞。至哈尔滨见俄百里总督格鲁代格夫，居哈二十余日，俄人为之备馆舍，具饮食，复有所赠贻，乌泰亦以照像与俄员转呈俄皇，别陈启其款曲，语颇秘。乌泰既殷勤倚俄人，又为京债所窘迫，二十八年，值钦差大臣、尚书裕德查办蒙古事件，乌泰因案集奉天，以格罗莫夫先容，向俄员客维钦士克商借俄币二十万，请诸俄大将阿力克塞夫电告俄廷，往复年余，议始定。三十年二月,乌泰之弟奇默特色楞往旅顺谒河,遂以道胜银行[1]俄币十万回旗。五月,乌泰复遣人持印据至奉天,约以全旗矿产、牲畜作抵,悉取所余十万卢布略还京债,自是与俄交愈密。乌泰欲倚俄以为重,俄亦欲因乌泰以联络诸蒙,离我藩服。外蒙古布里雅克种族久属俄,通蒙、俄语,俄人利用之以勾结蒙旗。布里雅克人云敦往来蒙俄,尤常为乌泰介绍,甚至以俄货枪械贩储王府售卖,致哈尔滨交涉局查觉,遣员封禁,俄领事尚请发还。乌泰之甘心为人作伥,益可见矣。故二、三年间,凡俄人与各旗之交涉,得乌泰一言,无不立解。三十二年,俄人入乌珠穆沁旗,强买牛只,为乌旗殴毙数人,俄人大哗,欲以兵至。八月,乌泰至哈尔滨为之关说,得息。寻因京债催逼,复私商于俄员,线路公司代办达聂尔允为代借。盛京将军赵尔巽闻之,即遣道员于驷兴[2]查其事,时已后,又不得实。九月,乌泰竟与达聂尔及俄员霍尔洼特[3]定借约,期以一年,获俄币九万偿京债,而转以穷困哀我。赵尔巽乃商由黑龙江拨款六万两假之,始归。乌泰先后借俄赵债二十九万卢布,期且届,渐起。三十三年达聂尔款先到限,已附子息七千余金,而无计偿本金,乃遣奇默特色楞至哈尔滨,请缓偿期为三限,末期以明年九月,达聂尔许之。三十四年正月,初限复满,达聂尔使其弟来旗请如约,既而坐索牲畜,而牲畜疲瘠,无可取偿,不得已,许以二限。而我适有查办之举,朱启钤之赴洮也,达聂尔二限未至,而道胜银行款则逾限已久,顾事乃寂然无催索者,谋愈狡不可测。惟达聂尔日事恫喝,曰带兵入旗封查产业,曰请东三省总督究办。乌泰以事已洩,益窘,又感国家抚绥之德,官府开导之诚,始以数年中受人愚弄者,举以相告,盖二次俄债子息虽轻,而陷人机谋,祸且不测。所借皆俄币也,道胜银行之借据乃为卢布二十万两,达聂尔借据且径书九万两。其最可骇异者,道胜银行还期四年,而以共计三十八个月一语接书其下。达聂尔既易三限归还之据,而子息又计至末限,支离变幻,莫可究诘。至于带兵封产之语,见于俄人

〔1〕 道胜银行,沙俄和法国对中国进行殖民掠夺的金融机构。1886年由俄、法与清廷联合成立,总部位于圣彼得堡。享有在华发放贷款、发行货币、税收、经营、筑路、开矿等特权。1926年停业。

〔2〕 于驷兴,吉林将军恩泽幕府,光绪二十一年(1895年),随恩泽由吉林调任黑龙江。光绪二十六年(1900年),恩泽因病出缺,黑龙江副都统寿山署黑龙江将军。于驷兴转入寿山将军幕府。沙俄入侵,寿山将军殉国,于驷兴扶灵柩送至杜尔伯特贝子府寿山内兄处,并安葬于此。

〔3〕 霍尔洼特(1859—1937年),即狄米持里·列奥尼德维奇·霍尔瓦特。出生于俄国乌克兰的波尔塔瓦省克列明楚格市一个旧贵族家庭。曾任俄中亚和乌苏里铁路局局长,1903年7月,中东铁路正式通车后,被任命为中东铁路管理局局长。俄国十月革命后,霍尔瓦特成为远东反苏维埃运动的领袖人物,1920年被奉系军阀张仲霖驱逐,1937年死于北京。

函牍，借口为借据之言，而借据中本无之。朱启钤既廉得颠末，知俄人之谋未已，因与孙葆瑨谋筹款代还之策。俄债本自统计四十万两，而乌泰前已有请国家贷五十万金以租赋抵息之议，及情见势穷，乃复请以抵押外债之北山矿产，转而归之国家筹款拯救。朱启钤据此以闻，且谓因其困急悔惧，而施之以恩，固结藩封，慎防交涉在此举矣。又谓此议若定，可先开放扎旗北山，以破众旗保守之锢见，伸国家辖治之实权，为利益溥。六月，会同奉天巡抚据实奏请得旨，始决计由国家代偿。八月，密令滨江开道施肇基[1]就哈尔滨商办此事。八、九月间，施肇基数与达聂尔及道胜银行提议，坚持七成代还本金，子息豁免，相持两月不得要领。十月，朱启钤驰赴哈尔滨，适乌泰在奉天，亦挟与俱往。而是时我与大清银行预约借款代偿，俄人已有所闻，因不欲与我官吏交涉。而蒙员之在哈尔滨者多与俄通，朱启钤虑蒙俄之交尚合，事终不成，乃刻责乌泰，斥其欺朦，拟将蒙员带回奉天区处，代偿之仪且将废矣。乌泰进退无据，惶愧乞哀，始授以机宜，辅以通译，令其自见俄人，节次磋议，于是乌泰三见达聂耳，谓免息还本之议不成，则国家将不复准理，而抵押之矿产牲畜，国家既视为私债，印据亦成无效。以此挟持俄人，俄人恐至决裂，乃许乌泰不按印据索宝银二十九万两，但收俄币二十九万卢布，子息全免。其议既定，朱启钤据议质俄人，使无异说，然后实行代偿办法。十一月，会同滨江关道与俄人订立议单，期以明年二月，由北京或哈尔滨交付。宣统元年二月，输俄币二十九万至哈尔滨，由施肇基转付俄人，事遂结。而国家鉴于此案之牵动，亦由外务部照会各国，宣布藩服权限，外人不得与蒙旗私缔契约，以严国际之防。理藩部并通行内、外诸蒙引以为戒。初，与大清银行商定借款合同也，俄债资本息实四十余万，及决议之日，只需二十九万卢布，继复代乌泰还杜尔伯特旗债项二万一千两，而所欠京商积债尚十余万，以其违例盘剥，奏请免还。于是奉天行省及札萨克图旗与大清银行立三十万借款合同，订十年为还期，东三省总督、奉天巡抚担任筹抵之责，并为奏定善后章程十五条，檄地方官经理其财政，监察其动作，且急从事于开放北山荒地。孙葆瑨已于三十四年冬派员丈勘，筹议出放。其还债余款二万余两，亦拨付乌泰，结此案之终局。顾十年以来，俄人处心积虑以要结政策谋我东蒙者，于此次债务交涉未能畅然满欲，狡焉思启，或别出他事以相尝，而沿铁道所经及哈尔滨通汇之地，蒙俄往来情谊方密，彼族鼓煽之术，百出不穷，受其愚者岂独乌泰一人，而悔悟者亦岂必终能悔

〔1〕 施肇基(1877—1958年)，字植之，祖籍浙江省杭州市余杭县。施肇基是康奈尔大学第一位中国留学生，获文学硕士、哲学博士。回国后历任邮传郭、哈尔滨关道、吉林省、外务部各职。是中国第一任驻美国大使。

悟，殷忧诚未已也。近且有强入洮南设立领事之事，据约力争，始逡巡而去，乘势待时，固何尝一日忘债务之交涉哉。

附会同奉天巡抚奏札隆克图郡王以全旗地产抵借俄债酌拟偿还办法折

奏为札隆克图郡王乌泰私借俄债，以全旗地产作抵，期届事迫，谨酌拟办法，请旨遵行，恭折仰祈圣鉴事。窃臣等于本年二月间接据洮南府知府孙葆瑨禀称，风闻札隆克图郡王乌泰有私借俄债情事，密问该旗蒙员来粲文等诘问。初犹推诿，迨晓以利害，始将该王借款系以全旗路矿、物畜为质，限期甚迫，该王正在为难等情，和盘托出。适该郡王因商办爱其挠荒务来府会晤，面与申说，乘机开导。该王亦深悔悟，愿将路矿报效并北山后余地三四百里另议出放，求朝廷借款救助，以期挽回。所有两次借俄款字据二纸，一并抄录，禀请核办前来。臣等以事关重大，当即遴委奏派蒙务大员、前民政部外城总厅厅丞朱启钤会同孙葆瑨查办去后，兹据查明覆称，启钤抵洮后，据孙葆瑨称，上禀后，该郡王又抄示俄员达聂尔来函，内有欠据，注明届期失信，可派员带兵至王府查封产业之语，与前抄借据译文歧出，己函邀该郡王前来面询确情等语。旋该郡王到洮接晤数次，再三诘责，该郡王悔惧之情见于词色，当将印据债单暨俄文原函呈验。缘该郡王以旧债亏累，于三十年向俄国道胜银行先后借卢布二十万，以四年为限。三十二年，又向铁路公司达聂尔借卢布九万，以一年为限。前任将军臣赵尔巽闻之，派员查询，该郡王并未据实说明已借俄款，复由江省拨给银六万两。三十三年，达款一年限满，该郡王遣其弟见达求缓付息七千余元，另换印据一纸，改为三限归还。初限已过，本年正月，达聂尔遣其弟持函至旗坐索牲畜，复因多系疲瘠，函恳俟二限必还，达聂尔之弟当即回哈，所呈各印据底稿等件均饬员详细核译，其给道胜银行印据内有借到卢布二十万两字样，既系卢布，何得谓两，其给达聂耳印据内只称借到九万两，并卢布字样无之。询据该郡王称，所借实系卢布，言明须还实银，当时亦未暇计较。至俄文函内有欠据注明，如届期失信，可派员带兵至王府查封产业之语。查印据底稿内并无是语。询据该郡王坚称，并未注明此节。且道胜一项限期四年，内写明三十八个月，诘之，则称当系四十八个月之误，及核其利息，适符三十八个月之数。又达聂尔一项写明分三期归还，而息数仍概按九万算，至本年九月始止。复诘以因何以路矿、牲畜与俄作抵，该郡王亦只听其要求而已。种种情节支离，文字歧误，受人愚弄，茫乎不知，其情可怒,其愚可悯。惟宝银与卢布相去悬殊,应俟还款时与俄人磋商办理。该旗前后已放荒地共五十三万三千六百垧,若俟一律升科,该郡王岁可得三万五千余两,数亦颇巨,惟连年荒旱,民力维艰,已放之地多未垦种。本年以届升科,后经奏明展限三年。该旗岁收之租,仍只取给于旧有熟地,每年仅得银两千余两。其北山一带踞札旗全届上游,地质黑沙,颇宜耕种。野马图山有煤矿,前经乾安镇[1]照磨张笃福集赀探采,投本无多,浅开辄止。该郡王称归流、洮儿上游两河之间,地颇膏腴,人户亦少,开放较易。如果议放,尚须派员前往勘验,以凭核办。该郡王冀求国家贷款偿债。而以应分租赋抵息,现岁入二千余金,不敷殊巨。矿产既未经开采,铁路之议,洮南尚无成说,迤北更须迟迟。即开放北山,亦恐须十年以后。特各旗风气鲜开,咸思保守,每议开放,戛乎其难。如自该旗入手,推行尽利,未始非因势利导之方。现俄人催索该旗之款,势已岌岌,倘按约索抵,后患何堪设想。且来函谓欠据内注明,可派兵至王府查封产业,无论印据是否自注,既系俄人声明,其意实存叵测。又函内有照会三省总督帮同究办之语,则届时国际交涉自所不免,万一实行其强硬手段,或另生枝节,恐转非此数十万金所能议结。现二限已届,转瞬即届三限,岂容再缓。如议还九万一项,则道胜之项亦断难置之不理,两项共约需银四十万两。所欠京债关系虽轻,实为此事媒孽,奸商欺弄蒙人,积纤成巨,最堪痛恨,必须速筹了结,永断葛藤。等因前来,当即据情咨呈军机处,外务部查照在案。臣等查该郡王乌泰不顾利害,擅借外债至数十万两之多,并以全旗路矿、牲畜作抵,荒谬已极,自应严加惩治。惟推其致此之由,始因该郡王袭爵缠讼,致有债累,继因开荒被控,又借京债,复由各债主盘剥重利,积算至今,子过于母,最多者几至三十余倍。该郡王无可设措,俄人遂啖以重赀,借为将来要挟之计。但蒙旗虽属藩封,然论国际之法则,各札萨克应受藩属之法律,未尝与各国明白宣示,倘令操之过促,该郡王畏惧严谴,乞援于俄,则俄人或从中干预庇护,一变而为国际交涉,后事益难措手。臣等再四思维,惟有乘该郡王畏罪输诚之际,为急进干涉之谋。所借俄债约共四十万两,由国家代为归还,既藉以固我主权,且即为经营蒙藩入手之基础。该王所请以租赋路矿及北山余地作抵,目前原不足恃为抵款,然国家抚绥藩服,固圉实边,自不必询其有无抵押,计较子息,而后代偿也。第需款数十万两,亦未便虚掷巨资毫无办法,且恐该郡王故智复萌,因以为利,是宽其既往,益不能不杜其将来。此次拨

〔1〕 乾安镇,位于今吉林省乾安县县城内及周边地区,现全镇总面积 57 平方公里。辖 7 个行政村,6 个街道办事处。总人口 8 万人,其中非农业人口 70020 人。

给偿款，应一面照会有约各国，嗣后不得与蒙藩自行交涉以合公法，一面与该郡王约定，拨照郭尔罗斯前旗借款之案，将该旗应分得之地租，一面由公家征收，并将北山余地酌量出放，即以该款归还垫款。如此，则行政租税之权已尽操之在我。一旗办有成效，他旗亦得所惩劝，自易就我范围。至代偿之款，拟由臣等咨商度支部向大清银行支借银四十万两，将来即以该旗租赋路矿及开放北山荒地所有各项余利，先行尽数提还，以归垫全清之日为止。虽迟速固无把握，而款项非无著落。臣等明知部款支绌，惟此事实关大局，东省一时周转为难，部臣仰体时艰，必能挹彼注兹，允为借箸，一俟与大清银行借定的款，臣等当派员先与道胜及达聂尔交涉，将应还卢布一节磋商办理，并查明该旗所有租税路矿，代为干涉整理，其北山余地亦即陆续设法丈放，以期早浚利源，借裕筹边之至计。至所欠京债，利逾于本者，重利盘剥，本干例禁，应请旨饬下理藩部，将该郡王印据分别追销，取结完案，并将嗣后各蒙旗借京债者，如债主违例盘剥，一经发觉，即应取销本利，加等严惩，纂入理藩部则例，以儆效尤。一面通饬各蒙旗，一体遵照。所有札隆克图郡王乌泰私借俄债，期届势迫各情形，理合酌拟办法，奏明请旨。如蒙俞允，即由臣等咨行各衙门钦遵办理，除咨部外，谨恭折具陈，伏乞皇太后、皇上圣鉴训示遵行，谨奏。光绪三十四年六月二十二日奉朱批，著照所请，该衙门知道，钦此。

附代筹蒙旗借款还债情形并妥订善后条款折并单

奏为遵旨办理附代筹蒙旗借款还债情形，并妥订善后条款以维治权，恭折仰祈圣鉴事。窃臣前因查明札萨克图郡王乌泰因积欠巨款，擅将全旗地产押借俄款，期满被迫据实陈奏，请于度支部准由大清银行借款四十万两只还俄债，并将经商违例种债，一并查明豁免。钦奉朱批，著照所请，该部知道。钦此。仰见朝廷抚绥藩服，优恤无已之至意，钦佩莫名。惟查该郡王前呈借据底稿与俄员达聂尔索款函件，译文歧出，弊窦甚多，如以卢布写作宝银，及按年计息又与本银不合。是其借款之初，已隐受人愚弄，必须切实核计以为入手办法。至大清银行息借之款，虽由臣担任，而该郡王所指以租赋抵息，尤不能稍涉含混。所称开放北山荒地为还本大宗的款，尤须分别勘丈，酌择地质膏腴，招垦收价，确有把握，方足以筹还本息，不至虚掷巨款。又查该郡主借款印据，该旗协理等均未周知，此次订立借款合同，凡该旗有责任人员，自应随同来奉，隐作全旗人证，俾将来实行整理，可无阻挠。臣因札饬试署滨江关道施肇基先向俄公司查验借款印据，一面与度支部商订银行借款合同，复札行该郡王率同协理台吉、管旗章京等到奉面议办法。该郡王到奉，臣即宣布朝廷威德，晓以国际之大有关系，论以宽典之不可倖邀。该郡王颇知悔悟，愧悚情形，见诸词色。当派蒙务局督办朱启钤王及蒙员等将善后切实整理之法，详订条款，并与大清银行商立借款合同，妥为核办。维时施肇基与俄员持议未决，诚恐闻机磋议。旋据该员等呈称，该道屡次照会俄领事，令道胜银行呈验印据，乃始则不允查验，继且不忍关道理处。及朱启钤偕该王到哈，始知该王所借俄债，银行不过应名，实皆达聂尔一人主持。闻我代为筹远，已备有四十万两的款，故利与蒙人直接，以遂狡谋，经朱启钤等再三磋议，并告以该王私借外债以产作抵，本干例禁，即作为个人私债，国家本不能代为筹还，此次准予代还，实为内恤蒙艰，外全邦谊。既以查明原借两款，本系二十九万卢布，不能因译文讹误藉以牵混，其印据载明之利息亦与原本不符，此项息银亦难承认。俄人多方狡执，屡次议翻，经朱启钤等坚持免息还卢之议，据理力争，卒如前议了结。当由施肇基另立二十九万卢布付款议单，换回蒙文印据，注销作废。并议定明年二月付款，核计磋让，利息较原据所载已减去十万余两，诚为始愿所不及。惟息借银行之款，指定放荒筹抵，应俟勘明地段，另案奏请开办，并将所订合同呈送盖印，拟请奏咨立案。又据该郡王率同协理台吉等承认所拟善后办法十五条，呈恳分别奏咨立案，各前来。盖维札萨克图地方分隶洮南府靖安、开通两县，草莱初僻，蒙汉难居，地方官治权既多不完，办事又格于旧例，于是奸民欺弄蒙民，蒙户仇视垦户，耕凿不相侔，守望不相助，此移民拓殖之功不能畅行于蒙地者，良田蒙旗对于地方官显分界限耳。今该王仰荷恩施，自应激发天良，输诚效顺，其呈请扩充地方官治权，化除畛域，允宜亟予推行，以资观感。盖于放荒招垦，清丈征收，举凡民政所关，蒙旗无从自理，必须地方官实行整饬，于蒙务始有裨益，此尤为我利用之机，非仅监理其财政，担保其借款也。其余如防制外交，尊重主权，顾全蒙民生计，撙节王府用度，不外懔之以威，怀之以德，俾易就我范围，并使全旗台壮人等咸晓。然于国家政令之所施，无非保惠蒙藩之至计，所拟办法十五条，由臣详加厘订，札饬该王旗及地方官共同遵守，礼合缮具清单，恭呈御览，饬下理藩部立案，至大清银行所订合同，本系四十万两，今减至三十万两即足敷用，自应将原合同改照三十万两订定，应由臣商同银行并札饬该王改订合同，另行盖印以昭信守。除所余银十万两，另行奏明请旨办理外，所有代蒙旗筹借款项还债情形，并妥订善后条款各缘由，谨缮单恭折具陈，伏乞皇上圣鉴训示。谨奏。

谨将代筹蒙旗借款善后办法十五条敬缮清单恭呈御览，计开：

一、札萨克图王旗遵照奏案，向大清银行息借库平银四十万两，经该王出具印文，恳求奉天督、抚担保，一切办法悉遵照与大清银行所订合同办理。

一、该王旗所向设之天恩地局应收岁租，自本年冬季起，应由奉天督、抚札派洮南府总理该局一切事务，并由洮南府派该旗协理一员帮同经理。其原在地局办事蒙员，亦由洮南府察看，如向来办事得力，亦应酌留，以资熟手。所有该局用人赏罚以及收发款项，统由洮南府认真经理，拟定详细章程呈候核定立案。

一、查光绪二十八年奏定该王旗地租章程，每垧地按年征收中钱六百六十文，以二百四十文报效国家，作为设官经费，其余四百二十文为王旗应得之款。此次地局归地方官经征，仍照旧案分别办理，每年按照升科垧数，是征实解。除经经奉天督、抚批准开支动用之款不计外，其余租款均应俟收清后，一律批解奉省，以便归还银行息款。

一、地局蒙员差役薪工，从前旧章有由租项内开支者，有由罚款内开支者，经此次交接以后，所有罚款纸笔等费，应如何改订遵行，统由洮南府酌核办理具报。

一、该王旗从前已放荒地，原领地户有无隐匿浮冒，均应实行清丈。所有新旧熟地凡隶在洮南府及所属靖安、开通两县者，统由奉天督、抚札饬洮南府遴派印委各员，妥议详细章程，切实覆丈，并按升科年限分别查报，以期租数日增，备抵欠款。

一、该王旗所请开放北山荒地应即迅速堪放。其应酌留蒙民台壮牧地，亦应通盘筹计。先由奉天督、抚派员将该王旗所辖全境一律详细勘测，何处安插游牧，何处宜于垦种，绘其图说呈报，再行分别留放，妥拟章程奏明办理，该王旗不得任令台壮藉故抗阻，有误堪放事宜。

一、开放北山荒地，俟勘明荒段，即行遴员，设立行局，按照放荒章程，先尽土地膏腴便于招领之区，妥速开办。其捆丈大段，估计荒价，总期收入之项，足敷十年期内还清大清银行借款之用。所收荒价，尽数解交奉天省城，以便拨归借款本利，不准稍有挪动。

一、将来开放北山荒地所得荒价银两，查照历办奏案，应以一半报效国家，一半拨给该王旗还债。惟念该王旗情形异常困苦，如该王旗于开放事宜果能实力赞助，办理妥速，届时再由奉天督、抚奏请恩施，量予减免，以示格外体恤。

一、扎萨克图郡王前经自留他拉棖莫力克图等处上荒六千六百一十五垧，山荒约五百四十垧，乾安镇街基约一千五百丈。该王旗现既情愿交出，应将此项地照呈出，听凭变价作抵息款，即由地方官就近出示招领。

一、该王旗为中国藩属，自应尊重国家主权，恪守藩臣职分，不得私自与外国交涉及与外人私缔契约、抵押借债等事。在本旗地面遇有外国人交涉事件，应由该王旗知照地方官，暨呈明奉天督、抚办理。嗣后倘有违误，均惟该王旗扎萨克及旗下属官追问，定行分别参处。

一、该王旗地方，嗣后一切应兴应革事宜，应由奉天督、抚主持，以期振兴实业，保存利权，日后修造铁路以及探明各种矿产，无论何处，既经该王旗声明报效，悉应听凭公家开采。

一、嗣后该王旗所辖境内，凡蒙汉人民争讼控诉证件，地方官有直接处理之权。如遇有拘传犯證或缉捕盗贼，无论何处，地方官可迳派兵役前往办理，无庸知照蒙员，以省周折而资治理。如遇案情有应请该王旗协助者，仍应实力协助，不得推诿阻挠。

一、王府常年用款，向指地局，现在地局岁租，归官经征抵还借款，惟念该郡王岁支无著，姑准仍由地局每年拨给该王旗岁用银二千两以示格外体恤，此外不得擅行动支地局分文，如有万不得已之要需，并准该王旗据实声明缘由，呈请奉天督、抚另筹接济。

一、将来整理该王旗地方实行新政，以及现在勘荒放地，事务繁难，遇有蒙旗纠葛，应由该王知照行局及地方官办理。若事关重大，可由该王旗呈请奉天督、抚或咨明蒙务局核办总期体恤蒙艰，以保治安而规久远。

一、该王旗于光绪三十二年经前将军赵借给银六万两一款，本系奏明有案，自应如数归还。既据该郡王陈恳展缓年限，应俟该王旗将大清银行借款还清后，再行照缴，以轻积累。

光绪三十四年十二月二十五日奉硃批，该部议奏，单并发。钦此。

附理藩部议奏代筹蒙旗借款还债善后办法折

奏为遵旨议奏事。光绪三十四年十二月二十一日准军机处抄交东三省总督徐世昌等奏，办理代筹蒙旗借款还债情形，并妥订善后条款以维治权一折，单一件。奉旨，该部议奏，单并发。钦此。窃维此案，因扎萨克图郡王乌泰私借俄债，以全旗地产作押，事迫期届，幸赖东三省总督察觉奏明，请于度支部大清银行息借官款抵还俄债，奉旨允准在案。嗣经该总督派员与俄员达聂尔几经磋磨，始将原押收回，并与该郡王议定开放荒地，清还官款，所有一切办理为难情形，已经该总督详细历陈。其单开善后办法十五条，臣等悉心参酌，亦皆切实可行，盖欲偿还官款，不得不取给地租，而欲征收地租，即不得不开放荒地。该郡王既敢以全旗地产私押外人，经国家贷款收回，即以其地产为偿还官债之用，办法实非过当。而开荒收租，又非官为经理，亦难必于十年期内尽数还清官款，故其推广治权，亦势所应而。惟条款中有未尽明晰应须查覆者，亦有所拟办法应须立案者，谨分条开列，为我皇上陈之。如第七条，开放北山荒地，俟勘明荒段，即行遴员设立行局，按照放荒章程，先尽土地膏腴便于招领之区妥速开办。其捆丈大段，估计荒价，总期收入之项足敷十年期内还清大清银行借款之用。所收荒价，尽数解交奉天省城以便拨归借款本利，不准稍有挪动。第八条，将来开放北山荒地，所得荒价银两，查照历办成案，应以一半报效国家，一半拨给该王旗还债。惟念该王旗异常困苦，如该王旗于开放事宜，果能实力赞助，办理妥速，届时再由奉天督、抚奏请恩施，量予减免，以示体恤。查原奏既云荒价尽数解交奉省，以便拨还官款矣，而又云一半报效国家，一半拨给该王旗还债。所指报效国家之一半荒价，是否不在拨还借款之中。至该王旗如果实力赞助，届时再由奉天督、抚奏请恩施，量予减免。所云减免者，是否减放荒地，抑或免扣荒价，原奏未经分明，此应须查覆者，一也。又如第三条，查光绪二十八年奏定该王旗地租章程，每垧地按年征收中钱六百六十文，以二百四十文报效国家作为设官经费，其余四百二十文为该旗应得之款。此项地局归官经理，仍照旧章分别办理，每年按照升科垧数，实收实解。除经奉天督、抚批准开支动用之款不计外，其余租款均应俟收清后一律批解奉省，以便归还银行息款。第十三条，王府常年用款向指地局岁租，现在地局归官款征抵还债款，惟念该郡王岁支无著，准仍由地局每年拨给该王旗岁用银二千两以示体恤，此外不得擅行动支地局分文，如有万不得已之需，并准该王旗据实声明缘由，呈请奉天督、抚另筹接济。查原奏谓该旗每垧地征中钱六百六十文，以二百四十文报效国家，以四百二十文为该王旗应得之款。此次地局归官经征，仍照旧章分别办理。所谓该王岁支无著，准由地局每年拨给银二千两以示体恤，是该王每年所得者已有二千两，而第三条所云之仍照旧章分别办理，则该郡王所得每垧地租四百二十文，仍否照旧支给，此应请查覆者，又一也。第九条，开扎萨克图郡王前经自留他拉根莫力克图等处上荒六千六百一十五垧，山荒约五百四十垧，乾安镇街基约一千五百丈，该王旗现既情愿交出，应将此项地照呈出，听凭变价作抵息款一节。查该王现情愿自将前所留之他拉根莫力克图等处荒地及乾安镇街基交出，听凭变价备抵息款，应令该王出具情愿甘结印据呈报。臣部存案备查，以免有所藉口。第十条，该王旗为中国藩属，自应尊重国家主权，恪守藩臣职分不得自与外国交涉及与外人私缔契约借款等事。在本旗遇有与外人交涉事件，应知照地方官呈明奉天督、抚办理，倘有违误，惟该王旗扎萨克及旗下属官是问，定行分别参处一节。查各蒙旗不准与外国私借债款,前经外务部会同臣部奏明通行各该处,一体钦遵在案。此次该督复行声明,应请由部立案,再行通札各蒙旗以杜流弊而免效尤。第十一条,该王旗嗣后一切兴革事宜,应由奉天督、抚主持,修造铁路及探明各种矿产,无论何处,应听公家开采一节。查修铁路以便交通,开矿产以兴利薮,关系匪轻,固宜及时举办。嗣后该王旗一切路矿事宜,应由该省督、抚查明情形,果无窒碍,再行次第办理,该王旗不得阻挠。至开办后,获有盈余,应由该省奏明酌量盈余项下提拨若干,以济该王旗之困,俾知实业之兴,大有利益,不但嘉惠蒙旗,更足以便提倡而资观感。第十四条,将来整顿该旗地面,实行新政及现时堪放荒地,事务殷繁,遇有蒙旗纠葛,应由该王旗知照行局及地方官办理。若重大事件,该王旗呈请督、抚或咨明蒙务局核办一节。查该王旗有应行报部之事,仍应照例呈报,至将来一切新政及此时堪放荒地,遇有纠葛事件,照会地方官办理,重大事件呈报该督、抚核办,诚所以免迟延而昭慎重。惟办事必求其捷速,而定章则不厌加详,拟令嗣后该王旗一切事件由该省办结者,应由该省汇造册籍,分期咨送臣部存案以便查核,更足以抚藩封而规久远矣。此外各条有由该省督、抚奏明另行办理者,或现正委员察勘妥拟章程尚未议定者,应俟该省督、抚届时自行分别奏咨办理,其应须查覆与立案之各条,臣等公同商酌,细心拟定,总期于偿款有著,兼之体恤蒙艰,维持治权,即以整理藩务。是否有当,恭候圣裁。如蒙俞允,即由臣部立案,候咨行东三省总督遵照办理。所有臣等遵旨议覆缘由,谨恭折具陈,伏乞皇上圣鉴训示。谨奏。宣统元年正月二十二日奉旨,依议钦此。

附奉天行省大清总银行扎萨克图王旗订立借款合同

计开:

一、奉天省督、抚遵照奏案代扎萨克图郡王为乌泰向大清银行息借库平银四十万两,为该王旗清偿旧债。所有合同内战一切还款付息办法,均由奉天行省担保实行。

二、借款四十万两,议明以十年为期,本利归还,并照奏案以该王旗所收地租及开放北山荒价并全境铁路矿产作为抵押。

三、大清银行仰承国家体恤蒙藩之意,利息格外轻减。三面议明,从付款之日起算,前三年按周年六厘八毫行息,三年之后按周年六厘五毫行息。如三年陆续还本银若干,利银逐年照本结算,以昭平允。

四、岁萨克图王旗现在所收地租进款无多，前三年应付每年息银，不敷尚巨，大清银行允予通融办法，前三年利息姑暂缓付，俟至光绪三十七年，该王旗地亩升科或荒价进款充裕，先尽前三年欠利付清，再行还本。如果三年以后，该王旗尚未筹有的款清还欠利，统由东三省代为垫付，以免积累。

五、扎萨克图王旗地局应收岁租，请由奉天督、抚派员经征，切实整顿。至北山所有荒地，并于付款之后，即行派员会同妥速堪放，以期早筹的款，不误十年还款期限。如届十年未能还清，大清银行可请奉天督、抚另行设法抵还。

六、奉天督、抚为担保筹还借款起见，如整理地局，开放北山以及经营该旗一切政治，应由奉天督、抚与该王妥定专章办理，大清银行不相干预。至应如何整顿办法，另定专条，该王旗须一律遵行。

七、扎萨克图王旗全境地亩租赋以及路矿公私产业，既经奏明作此项借款抵押在案，王旗不得再向他处抵借债项。

八、此项借款于合同签押盖印后，其银四十万两，由大清银行作为一次交由奉天省公署转行。

九、此项借款办法，系奏明奉旨为扎萨克图王旗抵还外债，保全该旗产业，王旗人等应仰体朝廷恩德，一体钦遵。即将来承袭之扎萨克王及协理台吉等，亦应一律遵守合同条款。

十、此项合同，还款期限较远，尤赖接任奉天督、抚继续担任以维大局，并应奏明咨部立案。

十一、此项合同，应合缮蒙汉文字，彼此核对无讹，加盖奉天督、抚，札萨克图王旗，大清总银行印信关防，各存一分，以资信守。

纪科尔沁宾图王旗争地控案始末

哲里木盟十旗所受牧地，以宾图王旗为最狭，又地处近边，流民汉户侵占垦种，实逼处此，而事衅所发、结怨最深者，皆在法库厅[1]康平县属境，一曰七大屯，一曰五里山。七大屯者：曰獾子洞，曰长岗子，曰刘邦屯，曰大家子，曰石椿子，曰东特布色克图，曰西特布色克图，皆宾图王旗境也。庄头高、杨、刘、董、梁、周六姓数百户，

〔1〕 法库，光绪三十二年（1906年）设法库厅，1913年改为法库县。1958年12月，法库县划归沈阳市管辖。

而高姓为之魁，皆扎萨克图王旗壮丁也。自顺治间六姓占籍是土，相传随和硕格格[1]下嫁扎旗，栖止秀水河边，垦种(葵)[祭]田，渐成村落，故历世纳租于扎旗。然其地距扎旗千里而遥，中隔达尔汉、博多勒噶台两旗，而错出于宾旗界内，既为扎旗势力所不及，又不受宾旗之治理，招佃垦荒，自为风气。宾旗不甘任外旗壮丁扰乱旗境，力主收回土地。扎旗则轻信壮丁肤愬，曲意袒庇，两旗由此竞争。同治七年，宾旗具控于盛京刑部，派盟长查讯未结。光绪二十八年，扎王乌泰据章京高永龄等所称宾旗夺佃情形，呈明盛京将军，而宾旗亦以高广义等立会霸荒各节呈报。当经分别咨札查办。旋据康平县知县涂景涛查明，七大屯六姓随格格下嫁，不过传闻之词，实无确据，应援照光绪二十二年理藩院奏定通行章程内载，凡各蒙旗居住外旗壮丁，限一年内收回，逾限不回，即编入现今所居旗下人丁册内办法，将该屯编入宾旗，其格格祭祀钱，即由宾旗照数拨解扎旗禀请核办。当时军署以事关格格祭祠地亩，不容含混，咨会札旗查明原案具覆。乃宾旗不俟断结，遽行派员查勘，而高广庆等不服，丈量争端益起。二十九年，由康平县传集七大屯人民委曲开导，断令将獾子洞南割地一百垧作为牧养及取土之用，余荒划归宾旗管辖。该屯民既已遵断，而资查扎旗祭田案据，经年未覆，致案久悬。遂以三十年六月仍饬交卸康平县知县涂景涛驰往查办，照前次讯明情形断结，经前将军增祺附片奏明在案。三十二年，宾旗派员设局丈放，该屯民抗不领荒，复藉端翻控。及三十三年二月，前将军赵尔巽订定章程，出示晓谕，优给屯民利益。屯民不省，高振儒等复来省续控，经军署批交承德县管收，俟清丈后再行释放。此历任将军办理此案情形也。三十三年七月，提法司据法库厅禀报，七大屯民不服清丈，呈请督、抚派员弹压。当经批准派委员韩承烈、明哲前往办理。九月，长岗子屯高振明等竟殴伤宾旗勘丈蒙员，并开挖战壕，排列兵械，聚众抵抗。据委员韩承烈法库厅设治员先后禀报，十一月，高振明复枪伤法库厅巡兵并扣留巡长王殿中，意图挟制。当饬巡防营务处拨队弹压，并饬法库厅设法解散协从，捕拿首要惩办。三十四年正月，法库厅会同防营拿获高振明、高君义、杨继禄三名。二月，据提法司呈明，派员会同法库厅提同由省拿获之高济川一名，一并审讯。讯明高振明等聚众滋事属实，由法库厅禀经批饬，提法司核议，将高振明罚苦力二十年，高君义、杨继禄、高济川各罚苦工十年，收习艺所工作。八月，宾旗清丈七大屯地亩完竣，屯民已深知误于高振明之煽惑，报名承领，恐后争先，莫有支吾，至是奸民扰乱之患遂绝。五里山者，曰金家窝铺，曰殷家窝铺，曰太

〔1〕　和硕格格，为清贵族女子的爵位称号。亲王之女封为“和硕格格”。

平山，亦宾图王旗境也。庄头黄、乾、古、贺、王、陈、姚、金，八姓五十户，而黄福魁、韩国申为之魁，皆昭乌达盟阿鲁科尔沁贝勒旗壮丁也。八姓占垦是地已二百年，藉垦种郡主祭田受阿鲁科尔沁旗之保护。宾旗则以境土关系，迫令出境。自乾、嘉以来，衅端已启，经盛京刑部及历任将军、盟长先后查办，屡结屡翻，其构衅之剧烈，较七大屯盖尤甚焉。光绪三十三年，宾旗清理疆界，既争回七大屯境土，更派员清丈是地。壮丁黄福魁等牵合旧案以宾旗擅更前断，霸荒夺佃，上绝郡主祭田等情，呈报阿鲁科尔沁旗。三十四年五月，阿鲁科尔沁贝勒据呈详明，奉天督、抚札饬提法司转饬昌图府查覆核办，是为此案近年构讼之始。九月，昌图府知府查富玑查明五里山各屯已划归法库厅管辖，检查府署旧档，只有同治五年拿办打伤鸿裕地局员司凶犯黄福禄等一案以外，并无因此地亩酿命涉讼案卷。其黄福魁所控该旗欠债售荒各节，亦仅称当年涉讼断归八户管业，均无契照可凭，而宾旗亦以黄福魁等吞租转卖，朦禀本旗抗拒清丈文请转饬地方官就近弹压，照七大屯章程办理。当以控案未结，暂缓丈量。先后照会东三省蒙务局，拟订办法咨会宾旗遵照。光绪二十二年，理藩院奏定通行章程，将黄福魁等八户编入宾旗，并照办理七大屯成案，不问从前纠葛，但清丈现地，由垦户承领，以免纷扰。其郡主祭祀钱，亦由宾旗所收地租内照数解送阿鲁科尔沁旗，俾息争端。并行文蒙务局，拟订办法，饬法库厅执行，另咨热河都统阿鲁科尔沁贝勒查照。两旗二百余年争竞，至是解决。盖国初册封蒙古各旗于荒原大漠之中，原无确定界线。其时各蒙王公，宗派既亲，又纯属游牧时代，故鲜有此疆彼界之争，及后服属益疏，而农业逐渐萌芽，遂稍知宝贵其土地，争端以起。近年以来，垦放各旗荒地，利源大开，相争亦日益激迫，殆亦时势使然，至此案扎萨克图、阿鲁科尔沁两旗与宾图旗之争，则非正当理由可比。盖宾旗清厘旗境，本分所应为。若扎萨克图、阿鲁科尔沁两旗，既非旗界之争，又不能越境远有其地，实无权利可言，徒以毫无案据之祭田，曲庇壮丁，该壮丁有所凭藉，益无顾忌，遂至酿命缠讼，累世不休。幸而就事论事，斩断枝节，各还其利益，得以迅速就绪。若使牵涉旧案，延长时日，一旦祸患猝发，冤仇报复，又不知伊于胡底，虽欲从权了结，其可得耶。

附康平县知县涂景涛讯断宾图王旗七大屯控案禀光绪二十八年九月二十四日

敬禀者，窃卑职于光绪二十八年八月十三日接奉宪檄，据宾图郡王函称，该旗早有獾子洞等七屯地界，被札萨克图旗庄头侵种，久未退还，屡次驱逐，恃强不服，恳请派员查勘。并据札萨克图郡王以和硕格格随嫁庄头祭地被宾图王旗官员侵占等情，令即亲往各旗查勘，绘图贴说，据实禀覆，以凭核办等因。卑职遵查宾图王旗界，西境苏鲁荒已于国初捐作养息牧地，北境沙漠皆不毛之土，惟自该王府南至边墙长约百里，西由苏鲁分界封堆起，东至哈尔沁屯等处，横宽四五十里、六七十里不等，地尚膏腴，堪以垦种。而南境秀水河边外之地十余屯，旧有阿鲁科尔沁贝勒八户庄丁借种，现始按地纳租。迤西则所争之七大屯错出其间也。九月初五日，卑职亲往其地，逐一履勘，详查占籍蒙民各户。所谓七大屯者：一曰长冈子，二曰獾子洞，许家窝堡附焉，三曰石庄子，四曰十家子，孙家窝堡附焉，五曰刘邦屯，六曰大山底下，七曰东西平顶山两屯，而周家窝堡附焉。名曰七大屯，其实大小十一屯，种地之户共计蒙人一百三十六户，民人二百十一户，其佣工租佃浮居无业者，不在此数。查此七大屯并各小屯，原非挨次相连，多与宾图王旗庄头犬牙相错，界乎康平辖境服化社之中。问诸土人，茫然不能详其故实。及传在省出名具控之高永龄、杨继富、高广义等详细查询，而杨继富一名，系光绪八年殴死王自贞脱逃之犯，避匿不敢露面。其高广义系属民籍，曾充昌图府书吏被革，该屯因其熟习刀笔，公请出头，以承催名目具控，兹又蒙蔽王旗，谋充章京，所言刁猾，未能尽信。惟询之十家子蒙员高永龄，人尚诚实，据称此次进省控告，伊与杨继富二人均未同往，实属高广义一人承办，伊等出名附和而已。卑职诘其开垦七屯地亩来历，据称向闻历祖传言：顺治年间，伊祖上暨董、杨、周、梁、刘六姓随和硕格格下嫁札萨克图郡王，行至边内，闻北边地气甚寒，中途畏避，流寓于秀水河等处。嗣见近边门外荒地饶沃，因而出边垦种。其时蒙藩十旗不分畛域，虽逐渐开垦，亦无人过问。日久，子孙繁衍，辟地日广，竟成村落。嗣经札萨克图王旗查知，派放梅伦章京、扎兰等蒙员经理租务，遂与六户议定，每天收地租市钱一千二百文，外加承催费一百文。分派长冈子出租市钱八百五十千，獾子洞五百五十千，石庄子三百三十千，十家子、刘邦屯七百千，东西平顶山七百五十千，共计市钱三千一百八十千，按年交纳，为格格祭祀之需，长冈子立有碑碣可证。又有札萨克图旗下壮丁韩、金、顾、杜、赵、王六姓，亦迁居该处，垦种地亩，按年纳租市钱五百三十千。迨后荒地愈辟愈广，庄头等自种无暇，遂有典给民户耕种者，每天纳租钱二千三百文。同治年间，宾图王旗赴盛京刑部呈控，经盟长派西昭王查办，亦未断结。今年宾图王旗又欲索地，互相呈控等语。卑职查阅碑文，系为高连岫回籍出户，恐王旗夺佃丈地增租而立，并无赏给格格祭祀之地字样。且碑系庄头私自建立，难以为凭。伏念该七屯原系康平辖境，素梗王化，不服约束。六户庄头，惟高姓最多，狡谲犷悍，亦以高姓为最甚。咸丰元年，高连岫规避王差，称系山东曲阜县衍圣公府[1]下庄丁，禀请回籍出户，其子孙仍在该处种地，仅纳地租，不当王差，现在赴省呈控之高广义即其后裔也。该七屯词讼差徭等事，向系梅伦把持，不归地方官管理。斗秤牛马牲畜一切国课概不交纳。近又于獾子洞私开兴隆泉烧锅，并不呈报户口保甲，不服编查。平日恃本旗遥远，无人管束，宗强凌弱，窝盗殃民，种种藐法，不胜枚举。该处向有乡约一名，以事斥革十余年，抗不保充。嗣经卑前县令善宝禀请昌图府饬派书差劝办，亦被高广义等阻挠而止。揆其顽梗之由，实缘扎萨克图旗相距太远，未能遥制故也。窃念长冈子等七屯与扎萨克图旗之界相距千里而遥，中隔达尔罕王、博王两旗，错出于宾图王旗地之内，其为占垦可知。至扎萨克图旗原呈称，该七屯系格格随嫁庄头祭祀之地，空言无据，事即难凭。卑职查光绪二十二年理藩院照会哲里木盟长行知宾图王旗咨文内开，哲里木、卓索图、昭乌达盟等旗，蒙人多有在外旗居住，其中良莠不齐，易滋事端。经本部院议令哲里木各蒙等旗，所有本旗蒙人在外旗居住者，限一年内俱各收回。若一年限内有不回本旗者，尽皆编入现今所住之旗下人丁册内，以便约束当差等因具奏。光绪二十二年三月初七日，奉旨，依议。钦此。饬令三旗盟长转行诸旗，钦遵办理等因。今扎萨克图旗庄头占种七屯之地，虽系历有年所，未便驱回本旗，致令失所。第既系宾图王旗之地，似须遵照理藩院通行，将该七屯庄头等拨归宾图王旗就近管束，编入该旗人丁册内，以便稽查，而免梗化。从前垦种之地，仍令照旧耕种，应纳地租均照所种之数赴宾图王旗地局交租。其格格祭祀钱三千一百八十千并庄丁韩、金、顾、杜、赵、王六姓每年应纳租钱五百三十千，应由宾图王旗按照从前所定之数于租项内每年拨解扎萨克图王旗以资应用。至民户所种之地，均系庄头出典，与私自垦种不同，亦令照旧耕种，以免失所。无论蒙民所种之地，均赴宾图王旗领取地照。地局但给地照，不取地价，以示体恤，似仍于地户无损。其蒙民事件仍照奏定章程归地方官有司审理。一切捐税亦照定章完纳，勿再抗阻。如此办法，在扎萨克图王旗，虽将庄头拨归宾图王旗管理，仍未失原有祭祀之租。在宾图王旗，地亩、庄头既归经管，得以就近整理，藉资约束。而康平县得以编入辖境保甲，清查户口不至藏奸梗化，有碍地方。是则一举而三善备矣。刍荛之见，是否有当，理合绘图贴说，并拓庄头建立碑文，据实禀请将军查核示遵。

---

〔1〕衍圣公，孔子嫡长子孙的世袭封号，始于北宋至和二年（1055年），历经宋、金、元、明、清、民国，直至1935年国民政府改封衍圣公孔德成为大成至圣先师奉祀官为止。

附奉天提法司吴钫查明黄福魁等控告宾图王旗占夺垦地呈文光绪三十四年八月

为呈覆事。光绪三十四年五月二十日奉宪台札开,案据阿鲁科尔沁郡王衔多罗贝勒札尔奇力迪详称,查本年冬月间,据本旗属下庄丁在宾图王旗居住之黄福魁、韩国申等带领佃民八姓呈称,身等系随上辈郡主来此,住在五家屯内,种地度日。前因宾图郡王爷借韩家开的聚发成当铺银钱数万,除利清算共合银一万八千两。拟将该旗南界柳条边外五里山六段地方给八姓五十户开垦,抵还此债。后因无据,乾隆年间,宾图王旗与本管王旗共议,收价招垦,出具图式印结,呈报大院。嘉庆年间,韩、黄八姓五十余户人等出边将此六段地亩开垦耕种。次因宾图王遣派官兵将房产放火烧毁,即将田地收回,仍逐归本旗界内。经韩士秀出首呈控,仍向宾图王追讨五里山价银、烧毁产业、前次账目等项,经该旗仍以前地偿债。十九年,赴大院请领照票。道光元年,由部领票耕种。旋遇高姓聚伙将韩梅州打死,把地夺占,给宾图王旗纳租。后经韩廷美在盛京刑部呈控,蒙拟以五里山东西各十里为界。后因聚发成张、刘二姓等恃财夺佃,彼时仍赴盛京刑户呈控,复将地产得领,按户各给小租,并批示,倘再造事生非,严加惩办等语。暨札饬昌图府派员前往查勘,以五里山为界,西至苏鲁克,东至石头房身,南至柳条边,北至三道龙湾、獾子洞,开具四至,设立封堆,按年每户赴宾图王旗仓交租钱二十吊。后有宾图王近族台吉罗普僧棍布将五里山内膏腴之田一块,方圆七里,卖给图什业图王旗庄丁陈禄,得价银七百余两,经身曾祖父赴盛京刑部追控此佃,蒙部断令罗普僧棍布将银退还陈禄,五里山等处仍令身等先人执业,赴宾图王旗纳租完案归籍。而宾图王旗将陈禄所欠多年租项,向韩、黄二姓催讨,在旗未结。同治初年,宾图王旗派兵持械将善良壮丁产业地票,全行放火烧毁。彼时,又赴盛京刑部并昌图府鸣冤未结。于四年间,有宾图王旗之长史吉尔噶朗、官员银宝、三合地局头目王长清、佟国州等挟嫌,各持枪械率领匪徒五六十名将韩姓家驱逐,杀毙黄姓李姓古姓等三命,将黄福禄、古殿奎、贺福荣、王殿兴、陈楼、姚铭惠等六人未知捏报何情送至盛京刑部监禁十余年,陈楼、王殿兴监毙。随将此情呈报扎萨克贝勒处,后又备价领荒,欲完此案,经王旗扎萨克处加结。光绪三年呈报,蒙盛京将军崇批断五里山六段地计作三分:由柳条边内出来大路,系庄丁地,北界出民人李姓黑旷甸,北边大道东三段一分归宾图王旗,由大路西二分三段统归阿鲁科尔沁贝勒旗管辖,作和硕郡主祭田,给八姓各户等度日养赡地，东三段赴宾图王旗纳租，西三段不纳租项等情在案。前数年间，本旗扎兰黄福魁等与台吉罗普僧棍布起讼，经宾图王旗三合局员将各庄丁等解送盛京将军衙门查办之际，该局员趁隙将头甲、二甲、三甲三处地四百余日，租钱一千五百吊并民人刘景续地二百余日租项地亩均归彼旗所有。身等产业已空，无法度日，冤屈未雪，已二、三十年矣。不意三十年间，有宾图王旗派来长史铁平白先生将七屯、獾子洞等处荒地开放，并本旗向年所管的小荒甸，东西七里，南北三里，强行霸放。身等报知本旗王爷，两旗和睦，因系同族，未行公文，仅以书信相商，欲将此荒地退归勿放。本年五月二十四日，宾图王旗派出官员白先生、喇嘛乌勒吉到来，将身等管的杨家窝棚居住善良庄丁得宝、韩国富、黄福魁等传去，查要本处各项地册。身因未允，白先生、喇嘛乌勒吉等不容分说，即将身等三人用锁镣全刑看押，在七屯齐姓家设立公堂，把哈番韩国富鞭责四十，送至该扎萨克处监禁黑屋。宾图王爷升堂云，尔等荒地放竣，始行开释。身等无奈，央恳各协理求放。彼等言，非往求白先生不能开释。身等即恳民人殷宝魁、王泰、白广清等八人往白先生处求释。伊云，将庄丁地放竣，租项收齐，不准赴该阿鲁科尔沁旗呈控，令八人出具切结，始将得宝、黄福魁开释，韩国富仍然看押。身回家时，听说白先生庄丁等地租全收，荒地竟放。身等全赖此产过度，更兼上辈郡主祭品临迩，无法凑办，因此逃出，不分昼夜奔走王爷案下，叩恳恩准，转报盛京将军衙门查办：台吉罗普僧棍布卖给陈禄五里山方圆七里之地，并宾图王旗三合局局员强收头甲、二甲、三甲三处租项，共计钱一千五百吊，民人刘景续地二百余日，并屡次屈死五命，夺上辈郡主祭田善良度日生熟之地，均系白先生擅作威福。身等情愿随文赴盛京将军衙门候讯等情，呈报前来。查核该庄丁等屡受宾图王旗欺凌，积冤日久，含屈未雪。该旗官员擅更光绪二年盛京将军崇拟结案件，将庄丁所管西三段外长七里、宽三里荒地一段，并长史铁平白先生、喇嘛乌勒吉任意羁放、亏缺上辈郡主祭田，逼撤现管三段地亩，一并具情呈报检阅。光绪二年，拟结情由，俾庄丁等产业得执，冤屈可雪。并将该旗为恶蒙民照例惩治之处，饬覆施行等情。据此合行札仰该司即便查照核明原案，妥为办理具报。等因，奉此。当即呈明札委昌图府查覆核办去后。兹据昌图府知府查富玑呈称，遵即饬房检查并无因此地亩酿命涉讼案卷，仅有同治五年十二月二十四日蒙将军衙门札。据鸿裕地局执事人韩东岳呈控反狱凶犯黄福禄率领胡匪屡次抢劫地局，各持枪炮打伤局内十五人，现在俱卧炕不起，性命难保。局人舍生拿获黄福禄等六名，并起获该犯抢来禁用军器抬枪等物，均呈交在案。蒙恩发府送县委员审办等情，饬令拘拿余党张得贵、陈九成、孙朝斌、高永会、隋江、隋士玉、隋洛疙疸等送省归案。审办未获，并于同治元年正月间蒙前兼抚宪额恩札饬前因在卷，复饬刑书前往该处确查去后。旋据该书以遵往五里山子、獾子洞等屯查据耆老人等，佥称黄福魁等八户所居之地，实系宾图王旗界址，早年曾经宾图旗前王驱逐，该户等即以凭价置买未服，先后致酿杭梅球即韩梅州黄姓等多命，屡次涉讼。黄福魁之兄黄福禄在省监禁多年，回家数载病故，未知如何了结，实系有之。究竟此产是否出卖，抑或借占，因系年限过久，无人知详。随查五里山之地，方圆数里，实于嘉庆十九年二月间，经宾图王旗台吉马四官宝得受银价，给图什业图王旗壮丁陈禄住种，现有其孙陈玉洪执存白契。兹查原告黄福魁、韩国申等赴王旗未回，向其户族黄振、黄太各家访询，均无契照，仅称涉讼断归伊等八户管业，阿旗贝勒府存有凭据书。复往宾图王旗征租地局查，据该管局员白珍即白先生答称，此产系经黄福魁、杭国福、金升等八名私自住种。咸、同年间，老王屡逐不服，酿命解省涉讼，以致置搁至今，租项分文未交。去岁本王整顿疆界，清理租赋，查知八户业将此地辗转典卖民户。该杭、黄姓既受地价，复行吞租，始将黄福魁等传送王府讯，允认地纳租，并不撤地，当经佃民结保放回属实，委无出卖夺佃情事。并称本王不日即欲行文晋省，至獾子洞等屯放荒，亦系本旗疆界，经督宪派员兼放，并非夺佃霸放各语。书复加访询，该处现已划归法库厅管辖前来，据此除将前卷宪札各情开折录呈查核外，理合将遵饬查明缘由，呈复查核等情到司。据此本司复查该府所查各节与阿鲁科尔沁王旗原详两歧，其中究系如何纠葛，无凭查考。惟查前军督宪崇批结原案，系由哲里木盟长讯明核断此案，阿鲁科尔沁旗所控情节与前案系属一衅相因，应否仍由宪辕咨行哲里木盟长查案拟办，抑或遴委熟悉蒙务之员前往各王旗调查明确，再行酌核办理之处，伏候钧裁。

附蒙务局核议黄福魁等侵种宾图王旗地一案办法说帖

查此案庄丁黄福魁、韩国申等以及佃民八姓，本系阿鲁科尔沁旗属下壮丁。其先世不知始于何年即在宾图王旗之金家窝堡、杨家窝堡等屯居住垦荒，种地度日。据黄福魁等声称，伊本系随郡主来此，究系阿鲁科尔沁何时何代所尚郡主，代远年湮，无从考查，亦如扎萨图王旗庄丁占垦宾图王旗地亩争执，言系随嫁和硕格格而来，及至行查该旗亦无实在确据情事，大概相同。总之，此案为日已久，纠葛甚多，须调齐先后卷宗，切实调查，将来方可折服。即以阿鲁科尔沁旗来详而论，据壮丁黄福魁等所指各节，多系乾隆、嘉庆、道光、同治及光绪初年之案，东省累遭兵燹，案牍多缺，迭经赴公署各司局调查均无底牍，且所控人命等情，事隔多载，从前业经拟结，似未便再提前案以省拖累。目前办法一再酌核，当以清查此项地亩俾息日后事端，庶可以安蒙族，从前之事概置不问为正办。谨拟办法四则，用备采择。

一、阿鲁科尔沁王旗属下壮丁黄福魁等现种宾图王旗所属之金家窝堡、杨家窝堡等小屯各地，的系宾图王旗管辖。据所称，系随郡主下嫁以及从前以地抵债等情，均无确切证据。本局检查光绪二十八年前军督部堂赵任内，有因扎萨克图旗庄头在宾图王旗七大屯等处侵种地亩，饬据前康平县涂令查复，有该旗七屯等地之南秀水河边旧有阿鲁科尔沁贝勒八户壮丁借种一语。此项地段闻向分东西各三段，约有三千余垧。东三段近已为宾图王旗按地纳租，西三段约千余垧，即黄福魁等承种，藉口迄未纳租，拟请将此地照前军督部堂赵判结扎萨克图王旗壮丁在宾图王旗七屯占垦成案办理，归宾图王府清丈，已往不予究追。只准该旗照章收取照费，明定租价，发给印据收执，并不准有再收地价以及夺佃退租情事，用示体恤蒙户，而期永久相安。

一、庄丁黄福魁等八姓在该旗种地多年，总思巧避迁延，以为种地不纳租之计。此次一令照章清丈办理，窃恐再有违言，必须将该地户逐一传齐，当堂切实开导，示以办法，取具切结存查，方免日后别酿事端。届时或札饬法库厅传齐各地户妥为劝谕，或由奉省加派明白晓事之员前往，应候钧裁。

一、俟此案完结后，黄福魁等八户既归隶宾图王旗管辖，即属该旗蒙民，均应加意抚恤，一视同仁，不得因从前地亩芥蒂稍存歧视。至该旗清丈此项地亩，亦应俟此案核定，黄福魁等均无异言，再行出示晓谕各户，听候丈放，并由法库厅会同办理，以示慎重。嗣后此项蒙户虽归王旗纳租，而凡遇缉捕词讼事宜，仍应归地方官审办，俾重权限。该旗所设清丈局系派蒙员白珍办理，其人尚明敏而屡经被控，声名亦属平常，此次因公来省谒见，业经严加训戒。以上各情，届时应请札行宾图王旗照办，不得玩忽。

一、阿鲁科尔沁旗系归热河都统管辖，拟以此案议定后，再由公署咨明热河转饬该旗贝勒知照。再传闻黄福魁等八户，每年于地租内为阿鲁科尔沁旗交纳郡主祭费银五十两，如果属实，应候将来完案后，再行仿照。扎萨克图郡主祭费之案，由宾图王旗于地租内按年提出，咨送阿鲁科尔沁旗，以昭平允。

附科尔沁宾图郡王棍楚克苏隆咨覆黄福魁等侵种旗地缘由文光绪三十四年

为咨请事。案查敝旗叠奉理藩部札开，凡蒙旗境界地数绘成简明图册报部，以便施设等因。查敝旗南界至边所有沿边地亩，向被外旗蒙民私占，其为最者长冈子、獾子洞等七屯。次则阿鲁科尔沁旗壮丁杭、黄、金八姓所占金家窝堡、殷家窝堡、太平山等处地亩。其初均系私占而居，后经查出，讨取地价租项，历年抗狡，迨至去年始蒙前军督赵公断扎旗壮丁侵占之地，判归本旗清丈收租。至于阿鲁科尔沁旗壮丁私占之地，尚未办理。详考旧存案卷，由乾隆四十年，本哲里木盟盟长行文知照本旗，令驱逐外户各回本旗。缘当时蒙旗尚无开垦招佃之例，理藩院亦数年一查，不准蒙旗容纳民户及他旗之人，当经本旗行文阿鲁科尔沁旗，令其收回该壮丁，该旗覆称稍请缓限，必将该壮丁收回本旗等语。讵意始终推捱，延至嘉庆年间，该旗贝勒恳乞敝旗先王暂令该壮丁等在本旗居住垦地。旋又呈请理藩院以先王业经允许该壮丁居住，应请立案定租，以免争端等因。于嘉庆二十二年，准奉院咨内开，宾王既经允阿鲁科尔沁八姓壮丁居住本旗种地，查该八姓共有五十户之多，定每年每户纳交地租大数钱二十吊，即东钱一百二十吊为额，庶免后争等因在案。嗣后本旗历年催讨租钱，该五十户壮丁分文不纳，甚至抗斗争讼，及至咸丰年间，积租欠至东钱数十万吊之多。迭经本旗台吉呈控盛京将军刑部衙门，均判令补交欠租。该壮丁等仍抗不服，反将私占之地大半兑卖与民户，既吞食地价，又霸收地租。本旗虽屡次理谕，无如该壮丁野悍性成，竟至聚众攻打本旗地局，于同治元年始将该壮丁黄福禄、顾殿魁等获送盛京刑部监禁，判令认租。本旗又格外从宽晓示所有各民户，凡自置八姓壮丁手卖之地，只令交租，不究地价。各民户均极乐从，方得收此项地一半之租，其余一半仍被该壮丁把持，至今尚未交租。近年该壮丁将地几至兑卖无余，犹不容查丈，历年勒索，地户不得安业。去岁闻本旗清丈长冈子等七大屯地，有与该壮丁把持之地互相毗连，犬牙相错者，不能不整顿境界。更兼叠奉部催，报明地数，时不容缓，因谕饬清丈局一律清丈，按照七大屯章程，勿论庄民不追既往，每垧地仅收照费银二两，明定小租，发给印照，庶于众地户永久相安。旋据清丈局禀称，传询各户，无不愿意。正拟开办，不料该壮丁杭国福、黄福魁、金声等三名，因不遂私欲，阻止地户，以致地户首告伊等。及传问杭国福等，俱各认服，将经手之地领段，听许清丈，即经地户殷茂贵、王泰、白广清等多名出具押结保出。讵知黄福魁等竟赴阿鲁科尔沁旗捏称，敝旗早年借银以地抵债各节，此等毫无执据，希图霸地之言，何待置辩。彼旗并不详查，偏据一面之词，于本年五月间，咨呈督、抚，查核在案。且敝旗地界南至边壕沿边，白叟黄童，尽人知晓。该壮丁侵占之地，适在界内，况将此地兑卖殆尽，吞租颇巨，兹拟不究已往，厚无可加。该壮丁不思感激，反行百计图赖，于理难容。无论有无受价情事，断无敝旗租赋竟归该壮等私收之理。若不彻底查丈，定租发照，则贻累地户无穷，而敝旗地数亦碍难详报。值此禾稼登场之际，正好清丈。为此备文咨请查照，按清丈獾子洞七屯地亩章程，先行晓示该八姓所占金家窝堡、殷家窝堡、太平山等处庄民，照章遵办，并饬地方官就近弹压，早期竣结，以便咨部立案而免旷误要公。希即示覆施行，实为公便，须至咨者。

纪扎赉特旗戕害荒局蒙员案始末

哲里木盟十旗荒地，由官局丈放者，始于扎赉特旗。自光绪二十五年讫光绪三十四年，凡属闲荒丈放殆尽。然封闭主义已成习惯，不肖蒙员往往簧鼓众听，沮尼百端。其一二主持开放，独识利害者，必被其排挤倾陷，甚或挟刃相寻，不至于仇杀而不止。此扎赉特旗戕害蒙员之案所由起也。初，光绪二十五年十二月，前黑龙江将军恩泽奏请开放扎赉特旗蒙荒，奉旨允准。原奏指定郭尔罗斯前旗以北，嫩江以西四家子[1]、二龙梭口等处荒地一百万垧，约可征收押租银九十余万两。洎二十六年拳匪乱作，俄兵阑入该旗，台壮又有多留生计之争，是以迟至三十一年始行勘竣奏报完结。及三十二年六月，户部以扎赉特荒务报竣，核与原勘地数相悬，其文咨诘。由前署将军程德全据实咨覆，并附片奏明，将该旗未放闲荒一律展放。当于三十三年五月，设垦务总局于省城，分设行局于荒段，咨商该旗附设蒙局，派梅楞哈丰阿为总理，阜海为会办，绰克大赉为帮办，是为此案原起。当光绪二十九年、三十一年间，办理该旗荒务绰克大赉曾捏控扎希鲁克齐、格绷额等私放蒙荒，旋复阻挠鱼课，经军署咨拿未获。绰克大赉本以破坏荒务为宗旨，及此次续放荒地，哈丰阿为蒙局总理，又属该旗派赴省城会商荒务之员，遂以哈丰阿依附官府，夺取蒙民生计为疑，遂簧鼓愚蒙与之为难。该旗下八屯台吉及附属之五十屯遽信其说，匪徒之藉有事为利者，又复从而和之，一时蜂聚三四百人，独上四屯台吉畏法不从。七月，哈丰阿诣绰克大赉会商开办事宜，绰克大赉即纠众枪毙哈丰阿于呼来图屯西，并指挥

〔1〕 四家子，位于敖汉旗最南端，是敖汉旗的南大门，西接建平县，东、南与朝阳县相邻，距朝阳市区 35 公里，距县城新惠镇 60 公里。

乱党三百人分扎多耐站对遏力庙及海拉尔葛地方，分遏省城及杜旗行局军队，枪毙商人陈姓于哈拉泡，掠取货物，暴徒纵横，行旅震恐。行局以乱状告，当经黑龙江行省督、抚据情入奏，并分别咨扎盟长暨该旗扎萨克营务处一体查拿究办。旋据该旗咨称，哈丰阿致死之由，实出下八屯台吉公愤，绰克大赉先期告病，并未与谋，而于原告和蒙额呈报之词多所窜易。窥其语气，直以续行放荒原非本愿，委曲应命，遂激成八屯暴动，若深幸藉此可阻荒局成立者。至归罪蒙众，为绰克大赉回护，尤属显然。是时扎萨克巴特玛喇布坦年甫七岁，例由协理台吉托持毕里克图护理印务，其正副印军则为巴保桑布、瑚兰阿等。似此抵饰情形，证以哈丰阿之妻萨玛嘎等先后所呈该协理等阴与绰克大赉谋，破坏荒务，袒护凶徒，并拘拿证人山舌米他巴等，延不解省，希图私和。是以事逾两月，迭经督、抚札催盟长转饬，不特单开凶徒十九人抗不缉拿，即应续派之蒙局总理亦置诸不问。延至六月之久，迄无要领，而已经拿获之要犯隆官诺尔布、布库巴图鲁二名又擅行释放。及三十四年正月，督、抚咨明理藩部转饬盟长认真缉拿，始由盟长将隆官诺尔布等缉获解省。其时乱党虽大半解散，而绰克大赉犹团结数十人，往来游弋。六月后，有蒙犯白印仓煽惑蒙众，骚扰旗境，当饬营务处派队协同盟长及该旗蒙员连同前案逸犯一并严拿，并由总理刘菊芳、帮办阜海解散被惑蒙民，至是该旗闲荒始得从容议放。而绰克大赉等蒙犯十七名，卒未就获如故。历究其未获之由，就萨玛嘎控词而论，则印军巴保桑布等实为绰克大赉同谋。及阅巴勒澧玛所禀，有署扎萨克畏其势焰，不敢轻拿等语，又似别有隐情。迨三十四年十二月，黑龙江省秘书官钟毓查办扎赉特债款，访闻该犯上年实有匿居贝勒府之事。署扎萨克等碍于福晋干涉，莫可如何，则又为福晋所袒护。盖扎旗党派近分为三：福晋与包衣[1]及旗人所放之梅楞为一派，署扎萨克及协理为一派，阖旗台吉为一派。三者之中，惟福晋党派最占优胜，其势力可以左右全旗，然后知署扎萨克之所以不敢轻拿者，由福晋之左袒党人，而包衣梅楞等之互相固结也。

---

〔1〕 包衣，满语“包衣阿哈”的简称。亦作“阿哈”。“包衣”即“家的”之意，“阿哈”即“奴隶”之意。汉译为“家奴”“奴隶”“奴仆”“奴才”。为满族贵族所占有，无人身自由，从事各种劳作，是历史上满族社会的最底层。

附会同黑龙江巡抚奏扎赉特旗梅楞绰克大赉阻挠荒务、戕害办荒委员哈丰阿折

奏为扎赉特旗梅楞阻挠荒务，戕害办荒委员，请旨饬拿，以儆凶顽而申国纪，恭折仰祈圣鉴事。窃维开放蒙荒，为今日筹边之要策，亦为今日困难之要端。盖蒙员锢蔽成风，一闻招民放荒，非故意阻挠，即百端抵抗。持之过急，辄虑变生，然亦必激刺多端，办理失宜，始闻酿成他故，未有事未开办而祸及同族如梅楞绰克大赉其人者。查光绪二十九年至三十一年间，前次办理该旗荒务，该梅楞即横生阻力，多方为难，曾经捏控该旗扎希鲁克、齐格绷额藉端谋利，私放蒙荒。是其处心积虑，有意抗阻，已可概见。故此次续办该旗荒务，经臣德全附片奏明后，即派员与该旗商明，由署扎萨克将前次来省商办荒务之梅楞哈丰阿委充蒙局总办，并将绰克大赉委充帮办，以弭隐患而安反侧。不意绰克大赉罔知悛改，愈肆鸱张。本年七月初三、四等日，迭据续放扎赉特荒务行局总理依顺保、帮办阜海等呈称，绰克大赉聚众多人，声称与哈丰阿为难。嗣据哈丰阿函称，奉扎萨克饬令先至绰克大赉家内，商派蒙局差使，绰克大赉即带领蒙民台吉阻挠。倘遇危难，请代白冤抑等语。旋又据哈丰阿之弟何蒙格先后到局报称，伊兄哈丰阿到绰克大赉家内，不容分说，即被用人看守，并称由绰克大赉倡首，集众至二百余名，乘马持械将哈丰阿掳掠随行，恣意凌虐，于本月初二日拥至呼来图屯，初三日众台吉等竟将哈丰阿绑赴屯西二里许，用快枪击毙，并威吓何蒙格，令将尸身拉至王府，并与省局验看等情，先后呈报前来。臣等伏查上年因前户部咨调该蒙荒务，维时臣德全咨调蒙员到省磋议一切，适哈丰阿奉派来省与议，不过仅允回旗禀商，即此次承允放荒，亦系该旗署扎萨克来文允许，非哈丰阿所能擅专。况此番展放蒙荒，屡经省中派员往返磋商，于生计则允为酌留，于庙产尚曲为迁就，总期彼此兼利，曾何损于该蒙。且荒务甫经设局，尚未开办，乃绰克大赉居心叵测，蓄意抵抗，竟敢目无法纪，聚众持械，枪毙办荒蒙员。现当朝廷整理边务，正议开拓蒙荒之际，非严拿惩办不足以警将来。惟骤派多兵前往镇慑，又恐激成事端。除批饬该处行局就近详查有无起衅别情，并暂行持重办理免生他虞外，相应请旨，饬下理藩部，迅速严饬哲里木盟长并该旗署扎萨克，赶速将该梅楞绰克大赉及此次捆缚哈丰阿并下手击毙之人，一并严拿解省，以凭究办而申国纪。所有扎赉特旗梅楞阻挠荒务，戕害办荒蒙员，请旨饬拿缘由，除一面咨行该旗严拿解案外，谨恭折具陈，伏乞皇太后、皇上圣鉴训示。谨奏。光绪三十三年七月

二十三日奉朱批，理藩部知道。钦此。

附咨覆理藩部哈丰阿被戕情形并请严饬缉拿凶犯文光绪三十四年正月

为咨覆事。案准大部咨开旗籍司案呈准东三省总督咨称，本年七月间，为扎赉特蒙旗梅楞绰克大赉等阻挠荒务，聚众戕害办荒蒙员哈丰阿一案，当经据实奏明，请旨饬拿。奉朱批，理藩部知道。钦此。业经先后咨行，并准大部咨称，业已札饬该盟长转饬严拿首犯解省在案。兹将此案前后始末情形，为大部缕晰陈之。案查光绪二十九年、三十一年间，前次办理扎赉特旗荒务，该旗梅楞绰克大赉即横生阻力，多方为难，曾经捏控该旗扎希鲁克、齐格绷额藉端谋利，私放蒙荒，为抗阻之计。故此次续放该旗荒务，即派员与该旗商明，由署扎萨克将前次来省商办荒务之梅楞哈丰阿委充蒙局总理，并将绰克大赉委充帮办，冀弭隐患。乃甫经设局开办，于本年七月初三、四等日，迭据该行局总理依顺保、帮办阜海等呈报，绰克大赉仍执意阻挠，啸聚台吉等二百余名，均乘马执持无烟快枪，将哈丰阿监押，囚于车内，前往呼来图屯行去。初二日带至呼来图屯，初三日午刻将哈丰阿绑赴屯西二里许，即用快枪打死。众台吉威吓何蒙格，将尸身拉回王府，并与省局验看等语。先后由该行局呈报到省。当经批饬该行局仍持重办理，并责成该总、帮办等详查有无起衅别情，一面据情入奏，一面分饬营务处暨杜尔伯特荒务行局总理庆恩各拣妥员前往密查，并咨行该蒙旗务将绰克大赉等拿获解省等因。去后旋据先后查复绰克大赉暗通大台吉十二人，欲阻荒务。其王府左近之上四屯大台吉尚遵王法，未肯随从。下八屯大台吉所管五十屯，即聚有三四百人，其中多有平素为匪者，亦与绰克大赉约会哈丰阿同至呼来图屯台吉阿莫根家，正在议事，外面三四百人各执快枪入屋内，将哈丰阿绑至屯西荒甸，绰克大赉反颜，即称与将军私放官荒，不顾全旗生计皆尔哈丰阿所为，喝令平日为匪白什阿等连打三枪，即时殒命。由是绰克大赉□□蒙众至多耐站对遏力庙，分驻二百余人以防杜旗行局兵队过江。又在海拉尔葛拨去百余人以防省队。又该蒙人由滋事处行抵哈拉泡将商民陈姓□物掠取一空，该民索钱即被开枪殒命。并称该蒙协理巴保桑布、副协理瑚兰阿串通把持，署扎萨克有同赘旒，一任彼等纵庇匪人，并开呈滋事首从十九人花名单等情。嗣又据哈丰阿之弟巴尔吉尼玛呈报，绰克大赉首行聚众，持枪将伊兄打死后即到扎萨克府内躲避，扎萨克畏其势焰，不敢轻拿，恳请派兵往拿。并称伊兄被害时，有随从人善济密托克即山吉米他巴、萨音托克、喜和蒙额、车木匠等四人，请一并传讯，便知戕害伊兄一切细情。维时该旗咨报公文亦到，所称哈丰阿之被害，系由众台吉闲散等，因商论荒事，彼此口角，忽放枪将哈丰阿打死，此时绰克大赉正在患病，未预其事云云。似此人命重案，该扎萨克并不澈究，转思袒护，殊属不合，当经严词咨复。予限文到十日内，即迅将首从各犯暨下手击毙之人一并按名拿获解省，并再拣派办荒蒙员以便接办荒务。又另文咨催将随从哈丰阿之善济密托克等四人送省传讯等因。旋又据已死哈丰阿之妻妾兄弟等呈报，该旗协理巴保桑布将哈丰阿之随从人善济密托克拿进衙门，拘以铐镣，百方引诱，令其编造假供，并以重赂许哈丰阿之弟何蒙格，嘱其不究，设法完事。现在绰克大赉及聚众阻挠荒务之人，常常出入衙门，毫不闻问等情，由垦务局转呈前来。又迭次咨催该盟长暨该扎萨克迅将一干犯证解省。并据遣员来省，求予宽限一月拿送等语。当经据咨令其迅于一月限内赶紧拿送，并饬该旗速派蒙员会同办理荒务。去后，现尚未据咨复。查此案绰克大赉既经奏明请旨查拿，并屡咨该盟旗限期拿送。现在事逾两月之久，一味迁延，本大臣部院迭经咨催，置若罔闻，即该盟长转饬亦若毫无畏惮。且此荒系奉旨出放，断无中止之理，转瞬天寒地冻，又将无从勘丈。现在该盟协理巴保桑布暨瑚兰阿等把持公事，如此任意妄为，该扎萨克直同木偶，何能管辖众蒙。若任其目无法纪，朋比为奸，不特垦务一端因之无法办理，即行政机关亦大受梗凿。可否由外间奏明，另选贤能易置扎萨克，俾该蒙稍资震慑。究竟从前有无办过此等成案，大部必有卷可稽，即希查明，迅赐咨覆以便核办。再该蒙旗顽梗成风，遇事掣肘，非由大部设法统筹干预其内政，恐日后边患益深。统乞裁夺施行为要。相应备文咨商，为此合咨大部，请烦查照，望速见覆施行。等因，前来。查定例内载，内外扎萨克每旗设扎萨克一员，颁给印信，总理旗务，世袭罔替。该扎萨克袭职，年未及岁，协理台吉护理印务。至该扎萨克接印时，仍奏闻移交各等语。是各扎萨克王公袭职未及岁者，均系协理台吉护印，即该扎萨克及岁接印任事，倘因案革去本身扎萨克职任，均照例令其子孙承袭，并非拣选。今扎赉特扎萨克多罗贝勒巴特玛喇布坦年方七岁，自系未及岁人员，所有该旗一切公事，自应护印人员经理。至可否由外间奏明，另选贤能易置扎萨克之处，例无明文，本部亦未办过似此成案。其设法统筹干预其内政一节，查内外扎萨克各蒙旗户婚田产封赠予夺一切旗务，均归本部节制，无所谓之不干预其内政。设该旗如有应行酌办各项事件，不妨由贵总督随时咨商本部参酌办理，以期妥善。正在咨覆间，据哲里木盟长郭尔罗斯扎萨克辅国公奇默特色木丕勒呈报，据扎赉特扎萨克贝勒旗署印协理呈称，据梅伦章京绰克大赉报称，蒙派放荒帮办，当将职患病等情呈报。嗣于七月初一日，梅伦哈丰阿来职家内，随将职患病情由当面告知，哈丰阿走后，职赴旗内庙宇，初四日委梅伦隆观诺尔布达台吉等来至声称，第八游牧各台壮等未能约束众人，将梅伦哈丰阿开枪击毙。又据台壮人等供称，卑台壮等非敢有违法纪，惟念有关遗失养命产业地亩，格绷额、哈丰阿二员实属虐妄，不胜愤懑，是以开枪击毙是实等因，呈报前来。查前经贵总督咨扎赉特旗梅楞等聚众阻挠荒务，戕害蒙员，即将首犯绰克大赉暨从犯巴雅斯霍等并下手击毙之人一并按名拿获等因。当经本部抄录原文，札行该盟转饬严拿解省惩办在案。兹据该盟长呈报前因，查此案既据贵总督及该盟长声称，既有下手击毙之人，自系正凶，即应严拿务获。前经本部已札行该盟转饬严拿，俟拿获解省后，详讯确究，是否有无造意主谋之人，自不难水落石出，按律惩办，以期警凶顽而免屈抑，重荒务而绥蒙情，相应一并咨行查照。等因，准此。查此项地段系商明该旗奏准奉旨出放之荒，已为蒙人宽筹生计，凡彼所谓养命产业，全行划留，本无关碍。哈丰阿为蒙局总理，遇事自应酌中办理，亦何所谓虐妄。该梅楞绰克大赉胆敢阻扰荒务，嗾使众台吉等戕害哈丰阿，是绰克大赉即为元恶渠魁，岂容听其藉词诿卸。溯自起事以来已阅六月，该盟长暨该扎萨克迄无办法，一味推宕。去岁十月间，经该蒙拿获蒙犯农瓦诺里布、卜克巴图鲁等二名，均系案中要犯，当经催解送省究办，并一面严缉绰克大赉，务期首恶就擒，勿稍松懈等因。乃该旗既未将首恶弋获，其已获之农瓦诺里布等亦复延不解省。兹率据该犯等一面之词，渎呈大部，似此要案久悬，非惟蒙员哈丰阿因公捐躯冤不得伸，即将来办理蒙荒亦恐愈形棘手。除咨奉天行省外，相应备文咨复。为此合咨大部，请烦查照转饬该盟长，饬催该扎萨克勒限缉获绰克大赉，务须从速弋获，并将农瓦诺里布等二犯解省，俾期要案早日拟结，以儆效尤而重荒务，实纫公谊，须至咨者。

纪郭尔罗斯前旗债务及开放余荒始末

东三省所辖哲里木盟属于吉林行省者惟前郭尔罗斯一旗，本辽黄龙府、金济州〔1〕、明兀良哈部旧地，太宗崇德间，始为前郭尔罗斯分壤。其地当松花江、伊通河流域，地势平坦，弥望膏腴。乾隆中，直隶、山东人出关就食，流寓旗境，渐事垦种。五十六年，蒙公恭格拉布坦奏明开放荒地。嘉庆四年，吉林将军秀林奏准借地安民，

---

〔1〕 金济州，金天眷三年(1140年)降辽黄龙府置，隶上京路。州治在利涉县，即今吉林省农安县城。大定二十九年(1189年)因与山东济州重名，更名为隆州。

嗣后设民官置长春厅，光绪十五年，升厅治为府，析北境置农安县，该旗南部开辟殆尽。盖地当奉天、吉林、黑龙江中点，开放较他旗为先，行李往来，商贾辐辏，遂成三省一大都会。然地当三省孔道，供亿所需，较各旗为独多，故债累之苦，亦为各旗所未有。咸、同之际用兵东南，征调黑龙江兵，过境驿站往来，连年供给，本旗从征官兵置备饷械，复多耗费，咄嗟集款，悉以重利贷诸商人，而浪滥侵蚀，又为蒙旗习惯。由是上困于债，民苦于兵，旗员之罔利营私者，转日以充牣，历年既久，逋负逾多，本利环生，新旧重叠，竟无自脱之策。光绪二十八年，扎萨克公奇默特色木丕勒以新陈积欠银三十余万两、市钱八十余万串，咨告吉林将军长顺并述负债本末，请设法代还，将军允之。先谕令放债各商号停利候办，饬长春府农安县权代征收该旗地租，并派员清查积欠确数。计所欠养正书院[1]、公议会及各商号等本利银三十八万九千余两、钱七十三万六千余吊，分别等次，折扣成数，利轻者如数清还，近借利轻者按八成归还，远借利重者按五成归还。将农安县所收荒价钱五六十万串，长春府代征二十八年租赋钱二十万串，尽行抵欠。不敷钱尚八九十万串，先由官帖局垫付，于代征租赋项下按年陆续扣偿，俟六年后，官帖局垫付本利清还，租赋仍归本旗自征。所有新旧各债清还之后，借券按名收回。其早年漏抽之借券并无账目者，一概注销，以免再生轇轕。该旗困难自是稍纾，亦知此次偿债减成垫借，一旦清数十年之宿负，皆国家抚字之仁，然亦赖区区之地租为挹注抵押之根本，始无挠阻，放荒之利明效大著，固不能不思经营矣。该旗荒地既已大半垦辟，其余除蒙众自留生计外，尚有余荒三处：一曰乌拉衙门隐匿之荒，附近长春府沐德乡沿松花江杨家湾、老道通等处荒地是也。一曰长岭子荒地，现在长岭县设治区域是也。一曰塔呼荒地，长春府界东北塔呼一带是也。光绪三十年，吉林将军达桂以塔呼一带荒地为奉、吉、江三省往来通衢，幅员广阔，盗贼出没，扰害治安，非如数开放，无以绥民蒙而兴地利。咨商该旗，而该旗咨覆，以此处地段，业经蒙众开垦成熟，另将农安县属境新安镇界外毗连达尔汉王旗长岭子一带，东西宽六十余里，南北长一百余里荒地，约毛荒三十万垧，指请开放以抵补塔呼荒段，乃派通判张呈泰设局勘放，援照奉天成案办理。旋于三十三年四月，奏报奉旨允准。是年八月，奏设长岭县治，派荒局委员张呈泰为设治委员。三十四年二月，饬农安、长岭两县划定界址，于是该旗境内开辟荒地有一府二县之广博矣。所属松花江岸一带荒地，乌拉衙门私垦有年。当

〔1〕 养正书院，长春养正书院建于清光绪十年（1884年），由长春厅通判李金镛在城北以东购地捐建。

时原不无断断之争，及时代既远，渐忘其事，该旗且不知为本有之地，遂未列入生计，乌拉衙门因得专擅其利，然与衙门原有鱼丁及晾网官地并不联属。至是长春府绅民李守田等呈请，以乌拉衙门所隐匿之蒙荒招放，收价办理。长春阖属学堂即饬提学司使吴鲁[1]查覆，正在核办。此办理该旗债务及余荒始末情形也。

纪郭尔罗斯后旗三喇嘛债案始末

蒙旗债案牵动交涉者曰札萨克图王旗，曰后郭尔罗斯公旗。然历时之久，积累之深，轇轕之叠出，则后郭尔罗斯为尤甚。察其致乱之由，实自敖汉三喇嘛色丹巴勒珠尔始。初，光绪九年，后郭尔罗斯扎萨克甘尔玛萨第，淫昏暴虐，所属六十台吉巴雅斯古郎等诉诸盛京将军衙门及理藩院，经将军讯明申理，革甘尔玛萨第职，以头等台吉巴雅斯古郎赏辅国公衔，署扎萨克印务。其诉讼及袭职费用，由三喇嘛代借银八万六千四百两，至光绪十六年，犹未偿还。是时六十台吉大半死亡，生存者无几。巴雅斯古郎既署扎萨克，责无旁谢，遂发交三喇嘛印据，载明前借本银以月利二分五厘起息，又因借当期满，无力赎取，作价银一万两，以月利一分四厘起息，将来统由荒价抵还。十余年来，先后馈马四十匹为谢，并许放荒时加送银一万两，是为此案缘起。然蒙古放荒有禁，至前署公勒苏隆札布承袭时，犹不敢擅自开放也。及二十七年，前黑龙江将军[2]萨保以铁路两旁荒地有关交涉，奏准派铁路交涉局总办周冕勘放，设铁路两旁行局。周冕滥收荒价，放地一百余井，不尽沿铁路两旁，且与莲花泡、老虎背等处蒙荒毗连。勒苏隆札布遂于二十九年使其子布彦超克随同梅楞丹产泥玛、丹必扎萨森入都，邀三喇嘛到旗，有发给扎萨克印文，开放老虎背、连花泡荒地七十井之事。当是时，蒙旗放荒声势远播，黑龙江军署业据所闻咨行查禁，而铁路行局卒不举报。三十年九月，黑龙江军署查知周冕所放荒地与原奏不符，改派主事庆山总理该旗放荒事宜，设立沿江行局。旋据站官石麟等呈报三喇嘛放荒滋扰情形，咨催拿办，而勒苏隆扎布故意延抗。其时甘尔玛萨第之子达木林扎布亦联合台吉三十余人赴省呈控。十月，前署将军程德全遂以蒙公违旨，任听外

〔1〕 吴鲁(1845—1912年)，字肃堂，号且园。清朝末年政治人物、教育家、诗人。福建晋江池店钱头村人，也是泉州历史上最后一位状元。历任陕西典试，安徽、云南督学，云南主考，吉林提学使、资政大夫。

〔2〕 黑龙江将军，全称镇守黑龙江等处地方将军，清代在黑龙江地区所设最高官员，康熙二十二年(1683年)设立，官阶为正一品，乾隆三十二年(1767年)改为从一品。

旗喇嘛滥卖荒地各节俱奏。奉旨将勒苏隆扎布、丹产泥玛、丹必扎萨森、旺超克先后革职，并严拿三喇嘛究办。勒苏隆扎布知案已洞穿，非铁路行局所能袒庇，始咨会沿江行局将三喇嘛所放之荒归并办理。然庇匿三喇嘛及应讯人员如故，惟丹必扎萨森于三十一年二月赴垦务局诉冤，经黑龙江军署饬回静候，并咨扎催拿要证，务获解省，其余人证派庆山就近提讯。此蒙公放荒被参及应行讯办之原案无关交涉者也。当三十年九月查拿三喇嘛之时，三道冈地方突有戕害俄员廓米萨尔之案，三喇嘛居中调停，因周冕联络驻哈俄员，深相接纳，已有依赖俄人之心，及见荒务失败，适丹产泥玛因廓米萨尔案交付空白印文，即于三十一年六月填缮空白印文抵押俄火磨公司，将原指荒地七十井订立转租合同，先收卢布十七万，更恃俄人保护，骚扰蒙荒。俄领事刘巴、铁路公司代办达聂尔均以铁路公司、火磨公司租有荒地七十井，先后照会黑龙江军署及铁路交涉局，要求承允，于军署拿办三喇嘛之照会始终抵抗。周冕则首鼠两端，委曲应付，于是放荒参案反成交涉。三十一年七月，庆山讯明丹产泥玛供词，以勒苏隆扎布已卒，布彦超克及旺超克等咎有应得，禀请分别办理。而布彦超克业袭父职，避不就讯，暂署印务台吉阿敏萨希克奇已先以盗用印信，擅交空白咨请查办。十一月，经前署将军程德全将布彦超克附片奏参革职，严拿未获。三十二年，布彦超克随其母及丹泥玛吁恳钦差巡阅蒙古肃亲王行辕，咨解到江。据供前邀三喇嘛来旗及携交三喇嘛空白印文属实，至前公拨放荒地，三喇嘛勾通周道擅将荒地卖与铁路公司，均未预谋。三十一年十二月，阿敏萨希克奇复咨明盗用，空白见证桑吉已死，无由折证。前署将军程德全未予深究，遂于三十二年八月奏复布彦超克、丹产泥玛、丹必札萨森三员原职，而三喇嘛卒不赴省候讯，案悬莫解。三十三年七月，黑龙江已改设行省公署札铁路交涉局宋道小濂、于道驷兴会同俄领事在哈审讯，自八月开堂。会讯三次未结。九月，宋小濂护理呼伦贝尔副都统，添派道员杜学瀛会讯。是时布彦超克回旗查取原案，仅蒙员乌伦恭保等与三喇嘛对质，各执一词，火磨公司亦开单要求赔偿损失。至十一月会讯，以三道冈荒地抵还俄债，而布彦超克逾限不回，遂不得已以归还火磨公司二十万四千八百四十三卢布七角判结，收回合同印文。先由铁路公司占地价内拨还卢布十七万五千余款，俟接收农事机器，再由公司地价或煤税、木植票费内借还，将来仍由该旗应分沿江铁路两行局荒价银十七万扣抵。三十三年十二月、三十四年三月两次呈报黑龙江公署批准交涉案结。至是专讯空白印文一案，三喇嘛以俄人交涉已结，其欲未遂，旋呈出世昌洋行借款四十万之预约，并单开续借外旗各款，以原借京债九万余两，二十余年本利重叠，已由续借以上各款代还核减为七十万两，要挟全旗公认。而协理、台吉等以原借不过九万两,抵还火磨公司一款,已远逾成本,万难再承巨款,呈请黑龙江公署咨明外务、理藩两部。三喇嘛亦指该旗藉口空白印文,昧良赖债,更挟德商洋款,肆意恫喝。三十四年秋,道员施肇基继杜学瀛任,会同于驷兴接讯,仍无端倪,呈明饬全案人证归东三省蒙务局候讯。十月,该旗蒙众以三喇嘛讹诈,及布彦超克苛虐不法等情控,经黑龙江提法司呈由黑龙江公署咨交盟长确查。十二月,蒙众又以盟长与布彦超克关系姻亲具控,经黑龙江公署咨明东三省总督,一并由蒙务局审讯。此空白印文一案未结,蒙众又联控布彦超克原因也。是月,蒙务局讯查世昌洋行借款,实为三喇嘛伪托,而蒙旗人证概未投质,未能即时判决。旋据民人王永昌等联名控告,该旗于光绪二十九年设立宝兴公司,指沿途荒地收价八千余两,银地两空一案。该民人呈验收据乃为敖汉贝子钤记,又供有该旗梅楞告称,地价经三喇嘛收去等语。三喇嘛指荒招摇,蒙混乡愚,仍复倚恃外人抵制官府,自非尽法惩治,不足绥靖藩服。若布彦超克父子始因争袭之利,增重公债,更任外旗喇嘛扰害全旗,以致蒙众公愤,其重违蒙情可知。虽经前黑龙江将军将布彦超克、丹产泥玛、丹必扎萨森等从宽奏准开复,然一纸供词,尚非信谳。兹既经蒙众联名控告,应一并切实查办,如有不合,立予参处。傥再事姑容,不特戾于蒙情,反无以服三喇嘛之心。盖主权所在,大局攸关,不得不持以坚定也。

附黑龙江省交涉局审讯三喇嘛将荒地租给俄商得财还债大概情形禀光绪三十三年十一月十四日

敬禀者,三喇嘛所执郭尔罗斯前札萨克巴雅斯古郎欠据,布彦超克认系公债,请自带同该旗帮办、台吉等来局,由职道当面开导,俾令公同出荒等情,业于十一月十八日附禀陈明,想邀鉴察。查三喇嘛之债,只能断给一本一利,然不得不举本利全数以示布彦超克者,系欲劝其多出闲荒也。巴雅斯古郎欠据所载,原不尽属公债,然布彦超克既认公债,职道亦遂未与诘难者,以不如此不足以安布彦超克之心,为因势利导之事。且出放公地,该扎萨克本亦自有应得之款。以之弥补此项债务,亦颇两得其平也。维时布彦超克以职道允作公债,并允代为开导属下,该扎萨克即承认还欠,并历诉帮办乌尔公保即阿敏萨希克齐诸人,平日如何把持,如何欺侮暨从前揑控盗印空白等事,大率指称伊等皆系西公一党,向以推倒该扎萨克为主义者,职道一一颔之。迨十九日午十二钟,布彦超克一面呈递亲供,一面带同阿敏萨希克齐、伊昌阿、奇克坦布、旺楚克、丹产泥玛、达瓦宁保等人来局,适三喇嘛亦至。

职道随将三喇嘛所执巴雅斯古郎欠款印据交给阿敏萨希克齐阅看，不谓阿敏萨希克齐非常横狡，执谓六十台吉涉讼曾经闻有此事，当时实未在场，如何借款，不得而知。职道虽层层驳诘，而彼愈狡愈厉，甚至反唇相讥，谓职道专以此事问彼一人，系属有意欺服。当经严诘之曰，六十台吉涉讼，系汝祖父爱丹扎普为首，此款之借据，三喇嘛供，亦系汝祖父与巴雅斯古郎暨梅楞章京巴彦们得三人同借。今日堂讯，汝系协领，位在诸人之上，且别人不狡，惟汝独狡，不以问汝，将惟何人之问。试思汝非隶汝扎萨克辖下乎，如果隶汝扎萨克辖下，何以扎萨克业经承认，独汝一人不肯承认，无怪乎汝扎萨克昨日诉汝种种把持，种种欺侮，毋亦欲用其平日挟制扎萨克之手段，以挟制本总局乎。以今日抗违汝扎萨克业已承认之事言之，足征目无旗主，姑不论汝抗债，照此即应禀究等语。以布彦超克供示之，该帮办始俯首无词，声称扎萨克既经承认，我等自当承认。职道因饬将本日讯供，大略公同承认，指拨三道岗子一带闲荒交由官中丈放以还此项官债等情，缮具节略，令伊等署名画押。先已应允，及将节略缮就，阿敏萨希克齐又复翻悔，谓事关六十台吉，应与众商明再行画押。职道谕以六十台吉今不在此，在此者只汝等，尽可先行画押，如果六十台吉不愿，与汝等无涉。阿敏萨希克齐又称，丹必扎拉森亦系协领，不日即可到哈，我等既经承认，决无改变，不过先行画押，恐丹必札拉森到日，以为我等先画，转说便宜话，故必须俟伊到后，一同画押，今日情愿先具甘结以作证据，伊等旋即当面自画蒙文甘结一纸。此十月十九日，阿敏萨希克齐等与还债出荒一案，先狡后认情形也。查伊等六人最狡抗者莫如阿敏萨希克齐，最刁黠者又莫如奇克坦布。如伊等自具甘结亦系先书底稿，大众公阅，然后缮清。奇克坦布初无异词，迨至誊清之时，彼趁职道与布彦超克、三喇嘛诸人闲谈，辄以手作势，令将某局删去。经职道立时窥破，谕以如与原稿不符，即惟奇克坦布是问，彼始废然而退。现闻奇克坦布向为阿敏萨希克齐之谋主，并闻阿敏萨希克齐业已遣人赴辕控告，系专控职道并及张令寿增。盖自十七日午间与俄员会审定议后，杜道因值东方晓报与其关税连日会议，未及兼顾此事，而十九日开导该各蒙员，张令寿增适亦在座，除俟丹必札拉森到哈，是否画押，或另具甘结，再行会同杜道具文呈报外，兹谨先将职局译出三喇嘛所执巴雅斯古郎欠约印文，勒苏隆札布拨地印文并十一月十九日布彦超克、三喇嘛所递供呈。阿敏萨希克齐等六人同具甘结一并抄呈，敬备钧核。再布彦超克应交俄商之款，先由公司应交地价拨兑一节，职道昨已面晤达聂尔，商允照拨。渠称即打电报请示，一有覆电即来知会等语。应俟接到知会，再行禀闻。再今日杜道来商布彦超克应还三喇嘛之款，如果可照一本一利断给，似乎不妨就此断结，以期一了百了，可否之处，祇候示遵。再布彦超克屡次遣人来商，三道岗子为地无多，且实系札萨克府自己生计，今既审明系属公债，应请另指公地。职道答以刻下不妨先指三道岗子，将来必当派员详查，如果别处之地好而且多，原不拘拘专放三道岗子也，专此肃禀。

附黑龙江交涉局为三喇嘛将荒地租给俄商与俄领事议结退地还价办法文光绪三十三年十二月

案照北郭尔罗斯前扎萨克以地抵债，经三喇嘛租给俄商一案。职道等前已将与俄领事刘巴议定各节，于光绪三十三年十一月十八日呈报宪鉴。旋奉十一月三十日，批开呈暨节略附禀均悉。此案既据该道等与俄领事刘巴磋议，允为代追三喇嘛应缴地租本利，并核定机器价值，再行会验办理等情，系为从权了结起见，应暂照准。至该旗所欠三喇嘛宿债，既系该旗公项，候饬该旗就三道岗子公地多拨腴荒，归官出放。所有应劈荒价陆续偿还，至恐缓不济急，请由该旗现存应劈项下，先为借垫一节，碍难照办。仍应另筹办法，由该道等酌核禀明办理，俾期早结。候饬该旗知照，务即克日投案，以凭办结。仰候先行咨部立案，并饬垦务总局知照。缴节略附禀抄发。等因，奉此。先是，职道等与刘巴定议之日，即经再四思维，出荒既难济急，即由省存该旗应劈荒价项下先行拨垫，亦恐无此巨款，惟公司所欠本省地价等项，亟应催缴，拟为就近拨兑之法，以期速了交涉。讵各账多未算结，商催至再至三，仅允先交地价十七万五千卢布，此外亦尚可以先缴若干。然系缴还何项暨若干数目，均未预定。维时刘巴屡催会议交款期限，职道等复于十二月初二日议定：第一次即交该俄商等十七万五千卢布，并声明此款应由北郭尔罗斯公布彦超克偿还。惟布彦超克一时无措，应俟东清铁路公司交到应给黑龙江省铁路占地荒价时，职道等暂行挪垫。第二次应交该俄商等二万九千八百四十三卢布七角，须俟该俄商将农事机器运到接收后，并由铁路公司交到应给黑龙江省地价及木植票费各项时，暂行挪垫。至该商等与三喇嘛所定租佃北郭尔罗斯公旗荒地合同，自应作废，其余由铁路公司及蒙员转交总领事之契据，均应于第一次交款时，跟同交还原主等议彼此允协，书立节略，职道等与俄总领事刘巴一同画押。维时北郭尔罗斯扎萨克布彦超克先已带同该旗协领台吉阿敏萨布克奇、梅伦依昌阿、齐坦布旺朝克、丹产泥玛、达瓦宁保等来局，讯据供认所欠三喇嘛之债，确系阖旗公债，联名出具切结，遵指三道岗子交官丈放。职道等旋闻三道岗子余荒无几，此外该旗西界嫩江东岸地名阿山口子者，尚有整片闲荒数十井。适该旗协领丹必扎拉森遵传投质，随其扎萨克布彦超克暨偕协领阿敏萨希克奇等一同来案，职道等因复劝令添指此段。该等随又于十二月初八联名出具切结，谓本旗三道岗子并阿山口子两处闲荒，甘愿指出丈放，抵补公债，若不敷数，再行议还，决无翻悔等语。职道等亦遂以所指之荒，仍难立集巨款，俄商索偿甚急，万难久欠，不得已只好由公司应还江省地价等项暂行代为挪垫情形告之。至十二月十四日由铁路公司缴出铁路占地荒价十七万五千卢布。当日职道驷兴出具印收，交铁路公司收执，一面职道等会同赴俄总领事处，跟同该总领事及布彦超克、三喇嘛等饬令俄商别而格、马而阔维衣兄弟眠而夫等书立押领，呈验无讹，始由职道等将所收公司占地价银十七万五千卢布交给该俄商等手收，随由该总领事将三喇嘛与俄商所立租地交款蒙文、汉文各合同交出，由职道等收回附卷。按此项合同系三分，俄商存一分，三喇嘛存一分，前黑龙江局周道处存一分。周道处所存一分，前已移交在局。每分皆系华文、蒙文、俄文三种文字。俄文一分，归该领事署存案作废。铁路公司交存之北郭尔罗斯前札萨克所给三喇嘛拨地印文一件，与蒙员前交会审公堂之从前报省蒙文底稿一件，亦于该总领事发还原主时，由职道等一一收回附卷，并于十二月初二日所议节略之后，另附一条声明，按照本节略所定，所有契据已交还原主，并于一千九百零八年正月四号，即华历光绪三十三年十二月十四日已实行第一次交款云云。职道等与俄总领事刘巴、铁路公司达聂尔、俄商别而格等，三喇嘛、布彦超克及其协领、台吉、梅伦等，均一同画押。兹将十二月初二日会议交款期限节略暨十二月十四日另附之条，并俄商押领三喇嘛、布彦超克所递供呈，该旗协理阿敏萨希克奇、丹必札拉森先后两次所具认指三道岗子、阿山口子两处闲荒交官丈放切结，以及三喇嘛与俄商所立合同，北郭尔罗斯前札萨克拨地印文，分别译呈钧鉴。所有会议交款及跟同蒙公等发还俄商十七万五千卢布各缘由，理合具文呈请宪台鉴核施行。再职道等现将铁路公司缴还江省铁路占地荒价之十七万五千卢布暂行借垫者，原为从速了结交涉起见，该款属江省之款，是以职道出具印收，仍请由职道驷兴另文专案呈报，合并声明。

批：呈折均悉，该道等由铁路公司缴还地价暂行拨垫郭旗债款，并取具该旗等将三道岗子、阿山口子二处荒地交官出放切结，以备归还垫款，系为从速了结此案，事尚可行。惟阿山口子地势洼下，腴荒甚少，合之三道岗子所收荒价能否归还垫拨之数，殊难预计。仰即先行声明，如果此二处荒地不敷出放，仍责成该旗扎萨克另指多数腴荒抵补，俾免垫款无着。再三喇嘛之印文，究系红盖黑否，原参有盗用空白之事，此案卷宗已札交该道，应即查案追问，该旗究竟发出空白若干，何人经手，一并追缴以绝后患，候饬垦务局知照，此缴折存。

一、交款期限节略华十二月初二日议

大俄国驻哈尔滨总领事刘、哈尔滨江道杜、候选道于俄历一千九百零七年十二月二十三号即华历光绪三十三年十二月初二日齐集领事署,为补议俄历本年十二月八号议定应还哈埠俄磨商别而格、马而阔维衣及眠阔夫等款项二十万零四千八百十三卢布七角一案,现经约定分数两次偿还,其期限交法,开列于下:

第一次应交该俄商等十七万五千卢布,须俟于道台由东清铁路公司收到公司所发黑龙江省铁路占地荒价时偿还。

第二次应交该俄商等二万九千八百四十三卢布七角,须俟杜、于两道台由该俄商等接收农事机器及由铁路公司收到黑龙江省地价及煤矿、木植票费时偿还。

偿还该俄磨商等二十万零四千八百四十三元七角款项之后,该商等与三喇嘛所定租佃北郭尔罗斯公旗荒地合同自应作废,其余由铁路公司及蒙员转交总领事之契据均应于第一次交款时跟同总领事及杜、于两道台交还原主,至汉文合同亦应于第一次交款时,由总领事交还杜、于两道台收执。

补议节略

现经哈尔滨俄总领事及杜道台、于道台斟酌事内情形议定:

一、议定偿还火磨之款,由北郭尔罗斯公布彦超克措交。

二、因布彦超克一时无力措缴此款,先由于道台所收铁路公司应交之款内,暂行代垫。总领事刘巴押

一、另附之条华十二月十四日

按照本节略所定所有契据已交还原主,并于一千九百零八年正月四号即光绪三十三年十二月十四日已实行第一次交款。

堪布喇嘛色丹巴勒珠尔押　郭尔罗斯公布彦超克押

帮办阿敏萨希克齐押　梅楞依昌阿押

梅楞奇克坦布押　俄总领事刘巴押

东清铁路交涉全权代办达聂尔押

俄火磨商人　麻而阔维一押　麻而阔维一押　眠而夫押　别而格押

一、俄商押领

俄商别而格、马而阔维衣兄弟二人、眠而夫为具押领事。遵查商等前由堪布喇嘛色丹巴勒珠尔处租佃北郭尔罗斯公旗荒地一案,蒙经大清国哈尔滨关道杜、候选道于,大俄国驻哈总领事刘会审议定,所佃之地不归商等管业,惟代追还商等前出定钱十三万卢布及利息四万七千三百五十卢布三角四分。兹于俄历一千九百零八

年正月初四日，华历光绪三十三年十二月十四日领到哈尔滨关道杜、候选道于当堂发还十七万五千卢布，所据押领是实。

筹蒙篇

保蒙之道，亦曰安其内而攘其外而已。世局日新，古制不足以维时变，羁縻之义，又复名存而实亡。今日之蒙旗，以言内治则吹齑病于沸羹，以言外患则酣鼾隐在卧榻。起衰病而救危亡，主和平迂缓之剂是无策也。夫勤远略者，不能不审边情，策防守者，不可不知地势。我朝武功陵轹往古，戡定内、外蒙古，严修边备，以俄罗斯与我蒙古边境相接，引为深患。垂诸圣训夷考方略，康熙三十四年，黑龙江将军萨卜素奏言，遍历阴山前后，惟索岳尔济山颇得形势，派员由盛京、乌喇、墨尔根三处分别急程缓程，丈至索岳尔济山，并沿途掘井以备行军。山之东北呼伦贝尔有警，则黑龙江即先进兵，盛京及乌喇兵继之，山之西北乌尔会有警，则盛京兵先进，乌喇及黑龙江兵继之。总期会于索岳尔济山以窥朔漠。此为东三省将军筹蒙经边之始。盖索岳尔济山为哲里木全盟之主脑，而兴安大岭之肩臂。科尔沁部凭其南，车臣汗部临其北，东入索伦围场，为我森林之巨薮，西接乌珠穆沁，为我产马之名区。加以山势蟠曲，周广千里，而沟川培塿，宝气内蕴，则郁为矿府。群流泻地，淤沙成泊，则注为盐池。其左出诸水蔚为长川大河，如绰尔、雅尔、洮尔三流，源委交纷，灌注于松、嫩两江，可资为农田渔泽之利。此皆天然之利，赖以飨蒙古生民者也。乃自俄人侈志东侵，窥我蒙古，铁道拦入金源边堡，长驱直入，横贯三省，而西北防守之形势一变。日本扼俄于长春，画辽、洮为界线，而俄之趋势，复有出海拉尔循兴安岭右方直下临潢之志。又有建筑张家湾枝路，西渡松花江，横入洮南之说。此皆不得志于南满，而欲趋入蒙古，开拓战线，以作兼举并包之势。故俄以东清铁道之中阻，既不能伸权于渤海，乃汲汲营阿穆尔铁道，屯重兵于哈伯列夫，华名玻璃，在乌苏里江、松花江汇流处。移农民于东海滨省，并极力扩张辽东舰队，严修海参崴军港。不数年后，黑龙江沿岸铁道告成，海陆声势复振。一旦开衅，东出以谋高丽者，必据图门，西出以临辽海者必由蒙古。而哲里木盟首当其冲，故今日之经营蒙古，非但谋藩服之安危，实将以蒙古为防御地，以保全满洲根本。然日俄即以势均力敌之故，蔓延四出，其兵力之盛，气魄之雄，已有突过寻常者。往年世昌在练兵处，曾遣派监督吴禄贞考察东四盟旗，献筹防之策，言兵事綦详。其说曰：日之经营蒙古，必由奉天西出以制其北偏；俄之经营蒙古，必由黑、吉西向以肆其南侵。盖日在东方之势力不能越长春，使防俄之计疏，俄人得循哲里木盟南下，抄击其侧面，则其规蒙之范围缩,已得之势力危。故日人注意之地,若哞噜、若朝阳,皆为入蒙之道。而郑家屯一处,当满蒙门户,扼哲里木喉舌,地处奉、吉之边,便于策应。伊通河、辽河汇流其地,利于运输。若据此以图,则进可以收洮南而包黑、吉,退可以倚长春、昌图为后援而控北满,皆所以遏俄人西南之路。根本既立,后顾无虑,然后引兵西向,横过昭乌达、锡林郭勒、卓索图诸盟,一面进取海拉尔入西北利以截俄人铁道,一面下热河突山海关以扰我边疆,则中国腹心之患,不仅藩封尽撤已也。蒙古北界,处处毗连强俄,昔俄人逾数万里用兵于东方,不但务张海军之肤廓,亦欲以假途灭虢之策,挈全蒙之首尾,乃出渤海以凌我大陆。既拊吾背,复扼吾吭,志固不在恰克图、张家口一道也。迨战事既终,南满割,旅顺陷,黄、渤海权失,其政策乃因之而变。盖俄人窥蒙之道,西出伊犁,东径满洲,而西既阻于英,东又蹶于日,则库、张一道,绝无他人之干预,又为广漠之平原,向仅视为补助道者,乃不得不竭全力以经营之。第哲里木盟苟为日有,则黑、吉之声援断,库伦、张家口之间且有横截之虞,故必谋根据于东蒙要塞以联黑、吉之气,则洮南为其所必争。洮南既据,北满不孤。再由海拉尔入锡林郭勒,东南指赤峰,西向张家口,三道合进,日之势力遂不能逾卓索图、昭乌达以西。而彼之所以图蒙者,即所以制日,亦即所以危中国,是敌形有如此者。且定国威之强弱,必觇兵力之多寡。日俄和成之文载在条约,而满蒙边境两国兵弁出没游弋,凡险要交通之地,虽改装易业,隐然成军。至于临时之调遣,后此之敷设,事变万端,瞬息千里。日本海轮舟之航路近在咫尺,西北利铁道之运送迅如疾风,尤不能以数算,是敌势又有如此者。然则筹我国制敌之计,练兵为急,争地次之。有制敌之兵力而后可以战,有制敌之地势而后可以守。故必驻重兵于郑家屯以拒日,必驻重兵于洮南府以拒俄。自洮南而西及东南毗连黑、吉一带,接壤俄疆,当设有常备兵、屯田兵各三镇。自郑家屯而南及奉天接境一带,当设有常备兵、屯田兵各两镇。如此兵力,为势尚单,然始可以言边防矣。惟一时措办,以库款之绌,将校之难,器械之乏,必须分期训练,陆续增置,期以五年。开办之初,每镇以一标为基础,三年而成混成协,五年而全军具。联络内地与蒙旗为接济转输之脉络,以守为战,以主待客,未尝不可稍杀强邻窥伺之心也。虽然事变之来,旦夕变幻,我不开衅,不能禁人之不以衅挑我,而间接之衅尤不能禁其不生。万一边疆有警,则蒙古应有准备:一、对于东师之侵入,以山海关至新民府沿辽河西一带为战线。第二线则朝阳府为适中地,南则建昌、平泉、喜峰口[1],北则阜新、哞噜、彰武、郑家屯、

〔1〕 喜峰口,位于迁西县与宽城县接壤处。是燕山山脉东段的隘口。

科尔沁右翼中旗为要冲。第三线则驻古北口、热河、赤峰之间，更当驻重兵于洮南以抗北鄙袭我之潜师。二、对于北方之抵御，以黑龙江为战线，洮南府为兵事要枢，朝阳、赤峰为后路，新城府[1]、郑家屯两处应驻重兵以资左臂之助。而八方之筹备尤有当注意者：一、洮南军需与军队之接济不可疏忽。二、须以最大之兵力驻恰克图也。要之两强相抗，以蒙古为争点，必有决裂之日。我国势不能再守中立，当分屯重兵于哲里木盟，严守界地，不得听外人之犯境，始可以尊我主权。但常人谋事，往往怵于目前筹办之难，忘百年久远之计。及衅端既开，相顾束手，驯至于割地偿款。即不然，举万里藩封听其日事朘削，何如竭一时之心力为久安长治之功。是以欲蒙古终为我有，势不能不练重兵。欲练重兵，当有一切之预备。屯驻镇隘，何处宜大兵，何处宜小队，则军区之分划不可不筹。饷糈设备，量地所产，分道转运，则粮道之计画不可不筹。军需之接济，军队之援应，资山道则迟时日而糜款项，则铁道之建筑不可不筹。兵贵神速，消息不灵，则军令宣布、警报通告，恒不相应，则交通之计画不可不筹。盗贼充斥，易启兵戎，善用之转，可练成劲旅，则马贼之安置不可不筹。国事方殷，财政支绌，欲使兵皆常备，以少数之财何以成多数之军，则屯田之政策不可不行。蒙民疲弱，难资犄角，非鼓舞振作，缓急无可相需，则义务兵之法律不可不行。凡所条议瞭然，于地势兵机，切中肯綮，而为我国备敌之策所不容缓者也。数年以来，时局愈变，昔日俄之以长春为界线者，犹战事之得失铁路，表面所区画耳。两国协约，阴谋秘计以图我蒙古，则隐以洮儿河南北为均势之限。惟利是视，猛进经营，其危迫又倍于曩时矣。措手之方，日难一日，然救危之道，万不能因难而辄止。窃尝窥内蒙古大势，统筹其全局，欲为亡羊补牢之计得三策焉。自古要荒之地，皆事羁縻，唐之待百济、新罗，以一、二总管、都督遥制其地，兵力不伸，朝贡即绝。明之卫所，东至海滨，北抵黑水，西接热河，徒张率土之虚名，未能施之以实治。今之蒙古，世为臣仆，藩政所隶，本异唐、明。然以广大之幅幁漠然置之，若弗措意，部族多则人心不测，内乱固宜防也，边幅远则国界易淆，外渐又宜虑也。当国家盛时，外事不生，设一、二将军大臣辖之，已无鞭长不及之患。及今各国皆从事于拓殖以保属土而安边疆，故欲筹全蒙整顿之端，实以改设行省为上策。外蒙情势稍异，或须审慎。而内蒙六盟、绥远城将军[2]、热河、察哈尔都统及东三省督、抚所辖地，设官分职，亟当举行。盖行省既设，则一切兴革皆可任我所为。向不交通者，代

〔1〕　新城府，清光绪三十三年（1907年）升伯都讷厅置。属吉林西北路分巡道，府治在今吉林省扶余市城。辖境相当今扶余、德惠、榆树等市县地。1913年废府改扶余县。

〔2〕　绥远城将军，官名。清代驻防将军之一，绥远地区最高军政长官。

之谋交通，向无学问者，代之谋学问。对于内所以除畛域，对于外所以昌主名。迨至吏治日修，民智日开，地利日辟，化荒凉为繁盛，将屹然成北方重镇矣。虽然，更新之治，非常之举，为力至难，以二百年锢蔽之蒙旗，一旦大加改革，引同内地，诚重大而难行。然则不得已而思其次，则以择地驻兵为中策。肃亲王之筹蒙也，谓宜设重镇与赤峰，经营潢河以南，更于洮南、辽源之间，择地控扼东北各部，以联东三省之气。诚以近边各旗，但须力图开化以为扩张治权之本。至于用兵备敌，皆在哲里木盟一方。日俄两国已决胜负于满洲，而日人入蒙，凡奉、吉边门皆其门户坦途也。海拉尔之军道，张家湾之铁路，俄人所图与日本所见略同，而各不相下。吾于赤峰一镇，谓当举全国之力以注重之，洮南之师严守疆场，为用兵之正道，而通声援于三省，受策应于赤峰，北以拒俄，南以抗日，犹扼要之图也。至于进不能统内外以合筹，退不能联边关为守望，人谋如彼，财力又如此，时势所迫，且成万无可缓之机，乃不得不责诸辖治之边臣独力筹办，是则无可如何之下策矣。哲里木盟十旗分隶东三省，旧时三省权力所及，各为政令，不相统一，垦荒则只计地价，剿匪则各分界限，于蒙旗利害，平时无所动于中，有事则一纸空文，展转属告，而各旗奉行，转若有长官，各为令甲，初无共守之规制。东省蒙务之坏，此其一大原因也。上年设局筹蒙，统三省以合谋，期联十旗成臂指之势。第安边之上策既惊为无极之言，则至计远图断非一方之力所克，有济即数方并举，克期集事，而欲求其一丝一缕缩合无痕，抑亦万不可得者。然以哲里木盟之危急，已间诸外人之吐茹，急起直追，实不敢必期其成效，而一二措注，尚有绝大希望存乎其间。不急急于小就，如放荒也、设治也、置驿站也、筑铁道也、疏辽河也、兴实业也、办屯田也，或沿成规而祛其弊，或创新法而慎其初，或已见之施为，或方待于计画，此皆奏设三省蒙务局之旨。而势分力孤，勉强为善，当为国人所共谅也。今巨资未集，尚有待于将来，倘或执内地以例边封，惜小费而忘大祸，并此下策而欲逡巡废之，则又世昌所不敢知者矣。

附锡光奏请拣大员专办内蒙垦务折

奏为请拣大员专办内蒙垦务，殖民实边、练兵、兴学、通商、开矿，以重国防，恭折仰祈圣鉴事。窃奴才读外国历史，英以商业据印度北部，以海军属缅甸全境，而法人无所泄其尾闾，乃改道而从事于越南，俄人弃其经营巴尔干之功，亦以探险殖民侵略我黑龙江，经营西伯利亚，遂使我中国以闭关自守之政策变而为列强环伺之危局。今且扩张军备，密布铁路，各求逞其势力之范围。故我国沿边各省，在在均宜严加筹备，而奉天三省乃国家根本，关系尤为重大。今日据要港，俄酣上游，两大国之火车又当南北之冲，雷动电驰，日夜不息。是以守其地者，跬步藩篱，举趾荆棘，一若交涉之外，别无可善其措施者。其与奉天唇齿相依，南拱京直，而北接俄国者，则为内外蒙古。地质膏腴，民俗劲悍，此尤根本之根本。苟善其道而用之，此亦中国之陆海也。然且荒芜不治，顽惰成性，徒嗜佛而不知学问，事游牧而不言耕殖，蓄湩酪而食，逐水草而居，遂使从龙奏绩之貔貅，一变而为守夜闭关之羊犬。虽前将军增祺于扎萨克图旗、镇国公旗、黑龙江之北郭尔罗斯旗、扎赉特旗派员次第开垦，于设官分职，其政策仍不出奉天范围，而所以筹备边防，抵制强敌之策无闻也。故今之言筹边者每曰：非练兵不足以弭兵，非备战不足以止战，非盛设海军不足以安内地，非建修铁路不足以神运用。然战舰铁路，苟能兴举，诚伟大之事功，而不假外债，终非我力之所能及。且练莫大之军，敌莫强之国，欲收振衰起弱之功，又非叠债累息者所能猝办。奴才以为于今日而欲保奉天三省，当极力经营内外蒙古荒地，诚以俄人野心异志，睥睨四邻，宿以殖民侵略为贯技，况火车往返，垂涎其地者已久。倘以殖民通商蹈以前之覆辙，则先我著鞭，其患有不堪设想者。诚宜及时采东西殖民之策，用晁错实边之谋，简派大臣，编成段落，招民垦种，即以其所得之荒价，大兴矿务，广设学校，开通商埠，办理交涉。仿德意志男子皆兵之制为正兵、为寓兵，无事则为农、为商，有事则应召、应募。励其精神，养其志气，厚恤其身家，推其极点，必如西秦首功，子女亦知敌忾。斯巴达[1]尚武，妇人皆思死敌。然后修器械，增军储，造枪炮，建修铁路，此左文右武，思患预防之善政也。奴才满洲世仆，学识既浅，才力尤疏，何敢妄议国是。然窃思古人君辱臣死之义，即童子犹思执干戈卫社稷，况奴才世受国恩，敢不竭尽鄙诚，聊报涓埃于万一乎。故于公余之暇，时常披览舆图及一切地理书籍，而尤注意于俄国西伯利亚交涉事宜。所交游者，间有熟悉蒙荒地址情形及通俄国语言，确知其政策交涉各要件。奴才前于光绪三十二年，请假修墓，亲自周历内蒙各旗，查勘形势，惟昭乌达、哲里木二盟之巴林、达尔汉各旗，未垦荒地，纵横方千余里，除游牧不垦外，尚可开地数十万顷。其地大半在直隶、热河界内，惟奉之洮南、吉之农安，犬牙相错，以之殖民，诚直奉之外府也。而昭乌达之乌珠穆沁部有广袤百余里之湖泊，俗名北海，夙产青盐，向济蒙、俄之用。其他若喀喇沁右翼旗之老泥洼、鸡冠山等处金矿，果山子、烟筒山等处煤矿及巴林旗乌尔吉图山之五金矿，有已经开采而未尽其利者，有尚未开采者，此外各矿尚有数十余

〔1〕 斯巴达，古代希腊城邦之一，政体是寡头政治，位于希腊半岛南部的拉哥尼亚平原。

处，而南北郭尔罗斯两旗，产碱尤旺。此荒若以光绪三十二年办理扎萨克图荒价预算，共可得银千万余两，除拨与蒙古荒价一半及办公等费外，尚可得银四百万余两。此外近畿各旗，有拟垦而未放者，有已办而涉讼者，尚可督同一律办理。以上各荒地属直、热而界于奉、吉等省，皆有辖治之责。若任其派员开放，则格于成例，事权不一，多有窒碍难行之处。若不严予限制，又恐滋生事端，致启意外之争。查光绪二十七年，绥远城将军贻谷[1]前奏晋边荒务开垦，业经奉旨督办在案。今昭乌达、哲里木等盟，事同一律。奴才为整顿直、热边防起见，不敢安于缄默，是以敬谨拟请简派大臣督同熟习垦务各员，假以岁月，次第举办内蒙各旗垦荒，务期实事求是，以为防边之先声。夫殖民乃养民善政，实边为防边良图。况以殖民实边而兴学练兵，开矿设商埠修铁路则民不失时，国无费饷，默立富强之基，阴消觊觎之谋，此尤善屯田府兵之用而得其神髓者也。所有拟请简派大臣招垦实边缘由，伏乞皇太后、皇上圣鉴。谨奏。

附会同三省巡抚覆奏三省内蒙垦务情形并预筹办法折

奏为遵旨覆陈三省内蒙垦务情形并预筹办法，恭折会陈，仰祈圣鉴事。准军机大臣字寄光绪三十三年五月二十八日，奉上谕，锡光奏请拣大员专办内蒙垦务一折，着徐世昌查核办理，原折着钞给阅看。钦此。仰见朝廷轸念东陲，兴利实边之至意，钦佩莫名。查三省垦务，历任将军次第开辟垂四十年，而较其面积尚不及十分之四。初只内地之官庄、苇塘、山荒等处，继乃推及于蒙旗。如奉天所属科尔沁六旗则有扎萨克图旗、镇国公旗。近来达尔汉、图什业图两旗亦先后奏请开放，尚未竣事。吉林则有郭尔罗斯前旗，黑龙江则有郭尔罗斯后旗、杜尔伯特旗、扎赉特旗。凡历年所开垦，或已及全旗，或量为设治。但经理者，第以筹款为主义，故一经清丈放价，便无余事，甚或欺虐蒙民，侵吞款项。绳丈则多寡不均，放荒则肥硗任意，缠讼互控，轇轕纷纭，莫可究诘。而于垦务之兴衰，蒙情之向背，地势之险夷，从未考究，诚如原奏所谓筹备边荒之策，茫乎无闻也。今欲经营蒙地，使之成部落，谋生聚，为三省之声援，必以殖民为入手，而殖民尤以垦荒为始基。查内蒙东西盟地，除在直隶、热河界内及土默特各旗，均早经开辟，人民繁聚外，其自潢河以北，索岳

〔1〕 贻谷（1856—1926年），乌雅氏，满洲镶黄旗人。光绪元年（1875年）举人，光绪十八年（1892）进士，历任翰林院编修、詹事府少詹事、国子监司业、兵部左侍郎。1901年奉命督办蒙疆垦务钦差大臣，升任绥远将军。

尔济山以南，南北八、九百里，东西千余里，空旷荒芜，寸土未垦。其隶于热河者，则为昭乌达盟之巴林二旗，阿鲁科尔沁一旗，扎鲁特二旗。隶于察哈尔者，则为锡林郭勒盟之乌珠穆沁二旗，浩齐特左翼一旗。综考其地，允宜一气招垦，次第开通。为殖民之计画，不仅如原奏所谓昭乌达、哲里木二盟之巴林、达尔汉各旗宜于开垦也。论形势，则南为京畿之屏蔽，东北为奉、黑之后援。弃此不图，一旦有事，日人渡辽河而西，包围山海关谷口，俄人从海拉尔而南，东省腹背受敌。且俄如不得逞志于奉天，必将从海拉尔筑一铁路以达蒙古进张家口而入腹地，是不独江省西北之边防可虑，即北京之锁钥亦尽失矣。论土质，则以巴林左、右两旗及阿鲁科尔沁一旗最为腴美，河流纵横，气候和暖，东、西扎鲁特两旗间有沙碛，然可耕之地十之七、八。乌珠穆沁两旗地势稍高，气候较寒，该二旗产马之区，畜牧最盛。浩齐特左翼一旗，沙土过多，较难种植。至图什业图、达尔汉二旗，则逼近奉省，与内地无异矣。至浩齐特与乌珠穆沁交界之处，有盐池一区，周围三十余里，每年产盐二十万车，向销俄蒙。矿则到处皆有，尚不止原奏所述也。论办法，西南宜从巴林办起，东北宜从图什业图办起。盖因巴林与赤峰相近，潢河以南之住民，可由此而北。图什业图与洮南府相近，辽河以东之住民可以由此而南也。垦务之宗旨在殖民固边，而不在于筹款。经营之始，视人民所集，设局以督理之，绘其山川，区其道路，编其户民，施建筑以安其居，给籽种以谋其业，联守望以卫身产，设公司以通有无。每距数十里，辄筑庐浚井以便行旅，蒙民一律相待，俾可自存。暇则立学堂，先使蒙汉言语相通而后渐近于教育。果能次第推广，十余年后，屹然重镇矣。朝廷有鉴于此，去岁曾命肃亲王善耆周历蒙境，欲以垦荒之举为实边之谋，相其阴阳，识其险要，惜乎回京以后，事寝未行。诚以整顿之方需款太巨，转运艰阻，人力难施，必须有探险之性，具沈毅之力，联合组织，坚固不摇，而又济之以财赋之权，委之以经画之任，如日本之北海道，美之西亚路，往事可鉴，期于必成。若原奏预算进款，每年可得四百万余两者，尚狃于筹款之见而未合全局以筹也。且以蒙性愚鲁，土广人稀，俄民越垦从而煽诱。近来日本亦多以游历为名，从事测绘，山川险夷，矿产显伏，莫不周知。从前将军且有给予护照以为之先导者，甚有与蒙民龃龉及被土匪格杀之事，不数年间，必将殖其人民，恢其权利。若不及时筹划，早争先著，则蒙民被其诱惑，土地渐成租借，根据既定，我将无所藉手，此开垦蒙荒为今日筹边殖民之至计而不可稍缓者也。但地段荒远，费用浩繁，必须广筹巨款，预计成数，乃可次第实行。此开办以前之计画，必应通盘合筹，议定有著的款，请旨遵行，以期久远。惟兹事重大，臣总制三边，势难遍历，拟先派专员分别详勘，妥筹办理。但该处周围面积约有三千余里，有与热河、察哈尔毗连地方，应否会同两处都统合议筹办，相应请旨饬下热河、察哈尔两都统先行分别派员查勘。至三省所属之各部旗，除由臣体察情形派员履勘外，一面咨商两处都统，妥筹兴办，俟有端绪，再行奏明，请旨办理。所有遵旨查核，并预筹大概办法缘由，谨恭折会陈，伏乞皇太后、皇上圣鉴训示。谨奏。光绪三十三年八月初八日奉朱批，另有旨。钦此。

附会同三省巡抚考查蒙务情形并拟派大员督办折

奏为考查蒙务情形，并拟派大员督办，以巩边疆而固藩服，恭折仰祈圣鉴事。窃臣等前以东三省蒙务关系紧要，非详细调查，通盘筹划，派员专办，不足以通情伪而遏乱源，当经历将情形办法择要胪陈。奉上谕，著廷杰[1]、诚勋[2]按照所陈分别派员查勘，仍著徐世昌咨商该都统等妥筹兴办。原折著钞给廷杰、诚勋阅看，将此各谕令知之。钦此。查锡林郭勒、昭乌达二盟旗分隶于察哈尔、热河，已由该都统等酌度情形，奏明办理。今就东三省所辖哲里木四部蒙旗，详细考查，次第规画，诚以事机繁赜，必当握要以图，责任巨艰，尤在择人而理。溯自东省开办蒙荒以来，科尔沁左翼前、后二旗及中旗之东南，逼近边墙，早经开辟，人民风土渐就庶饶。其设治者，为奉属之昌图、辽源、法库、康平、奉化、怀德等处。至郭尔罗斯前旗东半部，则为吉省之长春、农安、长岭等处所辖地，人民繁聚，地利渐兴。惟科尔沁右翼前、后二旗，虽已设有洮南、靖安、安广、开通等府县，而已放之荒，率多未垦。若科尔沁右翼中旗，开局放荒，招徕绝少。他如江省之安达厅，则为杜尔伯特旗地，大赉厅则为扎赉特旗地，肇州厅则为郭尔罗斯后旗地，大都距铁路较近者，设治垦荒，略可渐期繁盛。其余则无官无民，弥望平原，委同草莽。惟科尔沁左翼中旗，辖境既广，地亦膏腴，实因彩和、新甸荒地一段，兴讼多年，任其芜废，仅东南百数十里划入辽源、奉化境内者，稍稍开放。此外数百里，荒漠无垠，梗塞中部，盗匪出没，商旅不前。横览四部形胜之区，思所以入手经营之处，窃以整理蒙务，必当联络其心志，区分其疆理，兴工业以资生聚，利运输以通有无，非如当日之仅收荒价也。且以蒙性颛愚，易受要挟，近复聚会练兵，互相勾结，包庇蒙匪，擅给军储。又其甚者，私借外债，以

〔1〕 廷杰（？—1909年）字用宾，瓜尔佳氏，伪满洲正白旗人。光绪三十一年（1905年）任盛京将军。

〔2〕 诚勋（1848—1915年），伊尔根觉罗氏，伪满洲正红旗人。光绪二十六年（1900年）任江苏按察使。宣统三年（1911年）任广州将军。

土地物产作抵。其对于我之官吏，开土地则疑为夺利，理诉讼则不肯输诚，携贰之乘，匪伊朝夕，若不及时布置，阴与维持，广为劝导，不独为三省腹心之患，且将为外人利用之资。臣等屡次调查，粗知概要，必先据全蒙要塞之地，乃可立施行次第之基。窃维洮南一府，地势高旷，索岳尔济山在其东北，既可恃为农林之资，洮河一流贯注于松花江，又有舟楫之利。那金河都尔吉则产金沙，野马图山则有煤矿，固哲里木北部之区也。拟就其地设法经营。逐渐展拓，则北可趋齐齐哈尔以入江省，东可由伯都讷以通吉林，南可经辽源、法库而赴沈阳，西可越兴安岭取径乌珠穆沁而达库伦，迤南渡潢河而西则可循建昌、平泉旧道以至畿辅，殆所谓适中之地，而四达之衢也。惟兹事重大，头绪繁多，固东省之藩篱，立蒙藩之根本，自难视为缓图。臣世昌总制三边，势难遍历，非有才识明敏、热心任事之大员，得以代臣等宣布朝廷恩威以实行其政策者，未易膺兹重任。查有开缺民政部外城巡警总厅厅丞朱启钤，器识宏通，心精力果，开办京师巡警成效昭著，该员才识开明，不辞劳怨。前经臣等奏调来东，委以考查各事，尽心计画，动中肯綮，臣等再四筹商，意见相同，拟派该员为三省蒙务局督办以资控驭。如蒙俞允，臣等即檄饬遵照办理，并刊刻木质关防俾资钤用。至该局甫经开办，责任烦重，拟先以交通为入手办法。查理藩部旧例，各蒙地本设有台站并岁用定额，今则台站渐就废弛，传递文件，延缓逾时，且形势变迁，须酌易路线以利运输。现拟分途设备，次第推广，凡道里之区划，驿站之分设，弁兵之支配，皆由该督办通盘筹划，禀由臣等酌核，以次举行。惟地势荒远，费用浩繁，既为治民固圉之谋，即须合全国之力以相贯注。我朝康熙、乾隆时，经营蒙古，招抚赈恤，动逾百万。日本之经营北海道也，亦掷无限赀财。良以开拓边荒，无惜巨费。但际此库储支绌，东省财力亦有未充，臣等惟有悉心计画，勉力筹付，冀得次第开通，期收实效。所有支用各款，再行随时报部。至该督办远驻蒙荒，一切事宜，均由臣等饬遵，其余各蒙王旗应如何文牍往还以资接洽之处，容俟审定行文公式，由臣等札饬各蒙旗遵照办理。所有考查蒙务情形并拟派大员督办缘由，谨合词恭折具陈，伏乞皇太后、皇上圣鉴训示。谨奏。光绪三十四年五月二十六日奉朱批，著照所请，该部知道。钦此。

附会同三省巡抚筹拟蒙务办法纲要及分别筹拟情形折

奏为筹拟蒙务办法纲要及分别筹款情形，恭折会陈，仰祈圣鉴事。窃臣等前以哲里木盟蒙旗为东省之要冲，值他族之逼处，关系至为重要，奏派开缺民政部外城总厅厅丞朱启钤为蒙务局督办，奉朱批，著照所请，该部知道。钦此。仰见朝廷慎固边陲，抚绥藩服之至意，钦感莫名。伏维自来筹蒙之策，第主于羁縻弗绝，而不欲干预其政令，故怀之以德，慑之以威，已足以遥奉正朔，巩我版图。及至事变相寻，争产累年，为逋负逃亡之渐，袭藩重典，为仇杀贿赂之媒。因贪而贫，因愚而弱，遂至有田而不知耕，有产而不能治，外人以为利用也，又从而煽惑之，济之以军械，假之以钱财，无形之患近在眉睫。及今整理，已等亡羊。然或侈言欧美拓殖之功，则人事既未可骤施，而财力亦万难为继，是必有切实措注之法，基础既立，乃可渐底于成。臣等规画全局，审定指归，谨将办法大纲为我皇太后、皇上择要陈之。夫筹划大局者，必先争形势之利便。洮南一府既为哲里木北部之隩区，而吉省之伯都讷亦当蒙边之重镇，运输之要津，有松花江、嫩江雨水所会流，东北交错，此为中权。至于奉省边门，为蒙货入关之要道。将来敷设铁路，开拓蒙旗，则法库门为根据地。彩和、新甸及卧虎屯之蒙荒必须开办。入手措施当有依据，则辽源州为要点。均拟分设机关，互相策应，斯大纲粗备矣。言拓殖者，必以交通为首要。蒙旗旧站废弛不修，方域又异，今既以洮南、伯都讷、法库门、辽源州等处分驻局所，拟先于此数路分设驿站，每五十里置驿长一员，支配弁兵，假以警务治理之权，区画方域，建筑旅舍，站中之制，附以邮车，粮食转输，文报传递，旨其职务。以次推广，普及全蒙，斯筑路移民之要政有所依据矣。实边之策在迁民，迁民之效在工筑，不有室庐，何由安集。查吉林府宁古塔、三姓、阿勒楚喀、五常堡等地方，产木之区凡数十处，皆运自松花江而萃于伯都讷。拟于该处设一工厂，购机截锯，广储木材，乘洮河水涨即以运入蒙地。各路之购造，铁道之兴修，价廉工省，便于取携，斯振业实民之要著也。现放蒙荒仅顾收价之责成，并无垦植之计画，岂能易游牧之性变为膏腴。拟仿普鲁士之设开拓移民评议员会，收买大农地分割为小农地。先择新荒一段，招致小农，计口授地，凡土质艺事悉教导之，牛犁籽种土木工筑均以官力维持，标准既立，推行自易，此垦务之权舆也。行政机关最忌迟缓，转输征调尤贵敏活。拟于各该处先行安设电报，而线路所经，宜循站道，巡护之事即以责之驿兵，斯消息通矣。蒙俗以货易货，本无钱币，内地所贩私铸，几无价值，其受制于羌帖手票者，尤为把持商价，包揽债权。拟于南北交通之区，设立转运公司，为各站旅店、商栈之总部。对于银号有联合之机，对于各站有周转之责，期于接济粮刍，运输货物，流通纸钞，抵制外币，亦殖业银行之性质也。他若分拨军队以防匪患，添设官吏以卫民居，敷设轻轨以便运输，开办实业以拓权利，皆须次第举办，择要设施。然此第举大纲，就目前人力所能及者，急起图之。若夫包举之略，拓殖之谋，则必以大支干路为起点。若由奉直贯蒙旗以达江省,指臂灵通,百事斯集。今所计画,力倍功半,循是渐进,不及万一。然而开办之费约需二百万,经常之费约需八十万,徐图推广,则更待筹谋。苟辟利源则易资周转,东省财力既不能支,库帑匮乏,内外一致。若以款绌之故,姑置后图,是徒有经画之名,毫无实行之策,恐外人从而生心。其于我筹办蒙务之事,调查既清,进取逾力,藉煽惑而行强迫,因干涉而起龃龉,贫弱贪愚之蒙旗,不尽入外人之范围不止,是从前熟视无睹者,因仍至今,几不知危迫之现状有如此也。是故治蒙之策,因他人之觊觎则不可缓,知我国所注重则尤不容缓。时势相逼,有进无已,度支虽匮,理无中辍,此固臣等应担之责任,而尤为朝廷中外应挟全力以图谋者也。夫筹款之要不过数端:一曰饬部拨款,就各省之财力,指定数目为东省蒙务经费。一曰催欠饷,各省所欠东省协饷,按数速解,以济要需。此在部臣疆臣互相维系,深知蒙旗关系重要,勉任其难,不至以无可筹拨为解免,然非臣等之所敢必也。一曰筹借公债,公债始行于北洋,尚无流弊,但必有相抵之的款以示信用。一曰息借外债,但能明定年限抵还之法,藉以开通利源,变更榛莽,亦为各国银行之惯例。其余零星筹集,挹彼注兹,无当于用。夫以治蒙之策,责在疆臣,然枢部诸臣,综核大纲,统筹财政,即论蒙情之危迫,而代为整理之,度亦同此心,期力图维系。故仅就东省以合谋则力小而势亦分,合中外以筹议,则任专而事易集。可否请旨饬下军机处、度支部通盘筹划,与臣等协商以定筹办蒙务之的款,俟拟有办法,再行奏明,请旨办理。若夫财政困难,莫展一筹,失可乘之机,处相逼之势,进不能竞争以图尺寸,退不能空言以谋保存,蒙藩离心,形势失据,后患之来,祸不旋踵,此尤臣等所大惧,日夕忧思,而不敢不沥陈于君父之前者也。所有筹拟蒙务办法要纲及分别筹款情形,谨恭折会陈,伏乞皇太后、皇上圣鉴训示。谨奏。光绪三十四年七月十四日奉朱批,著军机大臣、度支部会同东三省总督妥筹议奏。钦此。

附蒙务督办朱启钤经营蒙务说帖

窃维今日之蒙古,内政未举,外患环来,经之营之,万不可缓。屡奉明诏,廑念东陲。前读督帅覆陈内蒙垦务一疏,仰见公忠体国,兴利实边之至意,钦佩无已。启钤荷蒙委任,悚惕不遑,匝月以来,细心研究,集诸调查之所纪,证以案牍之所存,诚不敢掉以轻心,贸然下手。从来筹蒙之策,莫不曰屯兵以经武,移民以实边,修铁路以谋交通,采矿产以裕财力,抚绥藩服则首在设官,开化愚氓则急须兴学。凡此数政,皆系要图。顾以榛芜梗阻之区,欲求并进兼营之效,窃恐财力既万难为继。

而人力亦非可骤施。是以往昔建议,既偏主于羁縻勿绝,而未能有所设施。而近今理论家,侈言欧美开荒拓殖之功,则又多河汉无极之高论,而非必有切实措注之方法。启钤审度地势,切按事情,窃以为欲求其变者,必先使之通,欲揽其全者,必先扼其要。前岁肃亲王考察内蒙古东四盟旗,曾谓宜于赤峰设重镇,经营潢河以南,更于洮南、辽源之间择地,控扼东北各部以联三省之气。其建树东南屏蔽,与我督帅覆陈蒙务一折,皆为不磨之伟论。第锡林郭勒、昭乌达、卓索图各盟,分隶于察哈尔、热河,权限攸分,尚须协力筹办。今先就东三省所辖蒙地以为规画,则范围所及,专在哲里木一盟。查科尔沁左翼前、后二旗及中旗之东南,逼近边墙,早经开化,人民风土渐入文明,设治有年,昌图府、法库厅、辽源州、康平、奉化、怀德三县。程度略与郭尔罗斯前旗东半部相等。长春府、伊通州、农安、长岭两县,均郭尔罗斯前旗地。其科尔沁右翼前、后二旗,右翼前旗已设洮南府,靖安、开通两县。右翼后旗已设安广县。虽已分设府、县,而已放之荒率多未垦。若科尔沁右翼中旗则甫经开局收荒,招徕绝少。他如杜尔伯特、已设呼兰府安达厅札赉特、东部设有大赉厅郭尔罗斯后旗已设肇州厅距铁路较近者,设治垦荒,略可渐期繁盛。惟科尔沁右翼中旗,辖境既广,地亦膏腴,缘彩和、新甸荒地一段,兴讼多年,任其芜废,仅东南百数十里设治之区,即辽源、奉化一带。稍稍开放,其余数百里,荒漠无垠,梗塞中部,盗踪出没,商旅不前,土旷人稀,固已久矣。横览四部,取地形物产,一一而计画之,诚亟宜扼要以图,分途而理也。撮其大端约有八事:一曰宜择总汇区域以资控驭也。蒙旗参错,畛域未除,欲收因势利导之功,必挟居中制胜之策。查洮南府治,地势高旷,索岳尔济山临其西北,既可恃为农林之资,而洮河一流贯注于松花江,又有舟楫之利,那金河都尔吉则产金沙、野马,图山复有煤矿。以形势而论,固哲里木盟北部绝好都会也。况所放旗荒亦视他处为伙,计可耕之地有九十五万五千四百余垧,地利既饶,措置亦易。诚控据其地而谋远拓,则北可趋齐齐哈尔以入江省,东可由伯都讷城以通吉林,南可经辽源、法库而赴沈阳,西可取径索岳尔济山以越乌珠穆沁而达库伦,以南渡潢河而西,则可循建昌、平泉旧道以至畿辅,可谓有为之地,四达之衢,设局而揽宏纲,诚莫逾于此也。二曰宜设分驻局所以闳措施也。东北各旗接近铁道,人民复杂,交涉尤繁。洮南相距甚遥,非别有枢机难于因应。按伯都讷城为吉省控制蒙边之重镇,亦即南北运输之要津,松江、嫩江两大川之水由此而会,夏秋之际,可以行驶小轮,故俄人早欲疏通,夺我权利。又欲于张家湾设一平行路线,经洮南西去,横贯东盟。设不豫防,实为腹心之患。今既疏凿伯都讷一段江流,自宜于此间立局派员,以扼冲要,相机筹备,远可断俄人南向之路,即近以收蒙疆部署之功也。至于法库之地，本属奉省边门，既为营口商务之后援，又系蒙货入关之要道。往者议设新法铁路，拟由法库经洮南以至齐齐哈尔，联络三省而开拓蒙旗，此路若成，不独日俄之权利可以渐次收回，即满蒙之血脉亦且从此活动，大力包举，诚为上策。兹开通其路线以为敷轨之先声，则法库分局自不可少。但经画伊始，又议开彩哈、新甸及卧虎屯等处生荒，若迳驻法库则偏于南，径住洮南、伯都讷则又偏于北，自宜就近暂依辽源为根据地，转输较便，策应易周，俟办有头绪，即趋赴洮南以上三处，各据要地，各有便宜，故必分置机关以联指臂。三曰宜设各路驿站以经疆理也。蒙旗旧站载在理藩院则例之中，或以年久而渐废弛，或以方殊而难联贯，取途有别，故辙难循。今既以洮南、伯都讷、法库门、辽源州为定点，拟于数路之间分途设备，每五十里设一驿站，站置驿长一员，支配弁兵，编制略如乡镇巡警，驿长职守比之分防佐贰而假以警务、劝业之事权，区画方域，拟以路线左右十里及距离上下两驿之间分为区段约方四十里，其距县近者另为区分责以治理，建筑旅舍，惠此商民。凡境内地利之兴衰，生聚之迟速，专以责任，严以考成，将来边地郡县之才，并可于此遴选。站中之制附以邮车，粮食由此运输，文报亦由此传递，每站各遣驿兵一队更番护送，兼以保卫行人。此即督帅筹蒙疏中所谓绘其山川，区其道路，施建筑，便行旅是已。略具规模，渐推渐广，此站成而及于彼站，此旗竟而及于彼旗，交通之途既已完备，调查之役亦有凭依，然后举筑路移民诸要政，次第而实行之，事半功倍矣。四曰宜立锯木工厂以供制作也。开辟蒙部，建筑繁多，鸠工庀材[1]，亟须预备。查吉林府产木之区，则有头道江、二道江、蒙江、辉发河、敖东城、拉叭河、白山泊子、富尔河、娘娘库，宁古塔产木之区则有蜂蜜山等处，三姓产木之区则有下江等处，阿勒楚喀产木之区则有宾州等处，五常堡产木之区则有四合川、拉林河、兰凌河、沈家营、被荫河、一面坡、牤牛哨、大苇水河、大石头河、三岔河、火烧咀子、锅盔顶子、曹家河，凡此数处之木皆运入松花江，而松花江贩运之商，率萃集于伯都讷。今拟于伯都讷城择地设一工厂，购机截锯，储集木材，为桷为□，各从其类。洮河水涨之时，即可输运蒙地。凡各路之构造，可省无数人工，即铁道之兴修亦免取财异地。此项工厂，日人经营安东一路，即在龙严浦、鸡冠山分途建设，赀本无多，而工用极大。一经仿办，不独公家便于取给，即商民亦利于贩运，诚振实业拓殖地者所不可缓也。五曰宜办模范农场以开风气也。边地治民，农业尚矣。然易游牧以为耕凿，变沙漠而为良田，非广设农务试验场，开导提倡，别无办法。美国试

〔1〕　鸠工庀材，招集工匠，收集材料。

验场分为十部,素号精详。日本约之为八,亦尚完善。农学进步,门类纷繁,举其大纲,不外四项:一曰选种以备农民之购买,二曰化分以备农民之研求,三曰去害以备农民之防察,四曰报告以备农民之改良。今蒙地闭塞异常,虽难遽示以文明之学理,而粗浅农政亦无萌芽,矜式无从,实为缺点。向者奏放旗荒,半属大商承揽,垄断沃土,而硗瘠之地则吐弃不遑,减成折算,殊多轇轕。是以各局放荒,但顾收价之责成,并无垦殖之计画,有名无实,弊窦丛生。查普鲁士之移民,设开拓移民评议员会,收买大农地分割为小农地,其法可变通行之。拟择新荒一段,面积若干里,招致小农,计口授地,宽其年赋,安其室家。凡土质之所宜,艺事之所在,详为指授,务使周知,即泰西农业家所设浅近田务圃学是已。至牛犁谷种、土木工筑,亦均以官力扶持之,纾其各种之困难。标准既立,观感无难,各站推行,亦可视为张本,此提倡垦务之一端也。六曰宜添电报以捷声息也。筹办蒙务既以洮南、法库、伯都讷、辽源州为枢纽,倘三省电信不能一一贯通,非特中权调度有误机宜,即一方之警备,于征调转输亦多濡滞,电线之设,万不容缓。现就四处而论,惟伯都讷由吉林之秀水甸早已通行,而辽源、法库至洮南一带数百里间,均须架设。拟请饬知东三省电报总局[1],速为筹备,趁此春融时候,赶紧施工较为便利。至线路所经,似宜循此站道,盖巡护之役,皆得责之驿兵,而各站欲通话机,亦可附于此线,尤为一举两得也。七曰宜设财政机关以便流通也。从来蒙古习俗,大半以货易货,钱币既无定制,即权衡度量,亦尚阙如。所有放荒设治之区,内地极坏之私钱,早已渐次输入,而低潮之银块及中国、外国之银圆,均以此项私钱为本位。洮南一带,其平准价值,大约视吉林、长春之钱市以为转移,纷乱情形已可概见。三省整顿圜法,奸商营利,必挟内地私钱转入蒙疆,事后维持,洵非易易。且近日强邻环伺,煽诱多方,外货内输,利源外溢,手票、羌帖之势力实足以把持商价,而包揽债权必使金钱本位为他人所操纵,财政失败,庶务随之,隐患方长,从何挽救。于是经济家曰,银行其先务矣。然按之银行规则,无论为劝农、劝工而设,必有动产、不动产之抵当,体制虽各不同,限制要有一定。近日度支部新定银行则例,其中殖业各条略与日本成例相似,是专为各业之发达而设,以裕其活动之资本也。而边地蒙昧,开拓需时,无论农工等业,无确实抵押,不能假以资本即寻常交易,正当商法,亦有所难施,遽立银行,必致棘手。且事当经始,布置全无,接济粮刍,运输货物,亦非银行权限所能支配。今将全局统计,拟于财政一部,画为两端:一请暂由东三省官银号添设分号,一拟由局中分设转

〔1〕 东三省电报总局,光绪三十二年(1906年),清政府在奉天设立。

运公司。官银号固为三省公共机关,根本坚牢,运掉灵捷,发行纸币,信用久昭,拟请于洮南、伯都讷、法库、辽源各设分号。凡各处行政经费胥于此储蓄而贯输之,对于各站,公司有维持补助之责任,至该分号办事权限仍由该总号主持,本局并不干预。此银号之大概也。转运总公司拟设于南北便利之区,为各站旅店商栈之总部。对于银号为联合之机体,对于各站有周转之责成,各站之分公司即隶于其下,间接以受总局之管辖,凡各处一切开支经费,均应随时随地互相拨兑,总期便于商旅流通纸钞。至银行未设以前,遇有劝业事项亦应由公司酌量担任,此又公司之大概也。二者兼权,虽未标殖业银行之形式,已包有殖业银行之范围。试办之初,财力有限,因地制宜,有不得不如此者。八曰宜分拨军队以资防护也。榛狉之俗,劫夺视为故常,马贼横行,毫无忌惮,即如套克套,白音大来等匪,皆为蒙地凶渠,广漠荒寒,不时啸聚,是以洮南各属放荒之地,强暴者或以勾结,良善者日见迁移,害马不除,实为垦务一大障碍。此次驿站规模同时组织,取道辽阔,防范綦难,所置站丁深恐未能抵拒,倘一旦滋扰,梗塞堪虞,各处防营,鞭长莫及,居者、行者必至皆有戒心,一发之牵,全身为动,不可不预虑也。为各路计,拟请将巡防军队就近添拨若干,归启钤调遣,扼要驻防,相机策应,声威所及,地面亦安,此筹划之初所亟须提议者也。右陈办法,颇极简单,所有识力,亦形薄弱。特念穷荒大漠,凭藉毫无,欲收实事求是之功,必以循序渐进之道,尚乞察夺奏资,分别知照,庶乎事权可期统一,责任各有攸归。抑更有进者,人才之难,古今同慨,中材以下,必以鼓励之术,驱之使前。往者,曾胡诸公恒持此道以佐中兴盛业,此番筹办蒙务需材实多,而于耐苦耐劳尤宜注重,即督帅前疏所谓有探险之性,具沈毅之力是也。然地瘠天寒,手胼足胝,深虑智能之士,次且不前。国家慎重边防,在事人员向有优奖。恭读本年二月初七日谕旨,于西藏各员亦有厚给薪资,优定奖励等语。仰见朝廷用人于边地,格外体恤,拟请援引成案奏定章程,庶足以鼓舞群才,巩固边圉。至地势荒远,费用浩繁,亦诚如督帅疏中所言,必须广筹巨款,预计成数,乃可次第实行。按今日列强于此等事业,罔不以国家全力始终贯注。故日本区区三岛,而于北海道已费数千万资财。即我朝康熙、乾隆时,经营蒙古,招抚赈恤,亦动逾百万,诚远略也。启钤以庸下之才,预兹筹策,明知国家创办新政,库帑艰难,而东三省百废具兴,需款尤巨,何敢过于夸大,致涉虚糜。第开办之时,倘的款未充,轻于一试,则中途竭蹶,展布靡从,无寸效之可言,转有负督、抚帅付托之盛意。此视事之初,尤不得不兢兢预计者也。刻筹办法,虽云狭隘,而所需用费,即已不赀,后此扩张,尚难悬拟。事关三省,应请鉴核咨商,将经费指拨成数,再行举办,伏乞钧裁。

附蒙务督办朱启钤酌拟本局办事纲要编制职掌薪项说略文并章程宣统元年闰二月二十一日

窃东三省所辖内蒙,为哲里木盟四部十旗:曰科尔沁左翼中旗、左翼前旗、左翼后旗、右翼中旗、右翼前旗、右翼后旗、扎赉特旗、杜尔伯特旗、郭尔罗斯前旗、郭尔罗斯后期。牧地辽阔,蒙族繁滋,延袤数千余里,东抵吉林,南尽柳边,北至黑龙江索伦山,西联乌珠穆沁、敖汉、奈曼等旗边境。从前为我国家藩服,朝贡以时,抚驭有术,一切俱在则例。厥后逐次开辟,放荒设治,人民向化,渐具规模,而蒙汉隔阂,地方官治权不完,内政亦未能悉举。乃时事变迁,外患日棘,东清、南满铁道互相驰逐,遂为蒙疆一大变局。外人挟其侵掠手段,夺我利权,急起直追,匪伊朝夕,隐以洮儿河南北为界,分划鸿沟,犄角相争,又将以洮南为长春比例。俄人则以急进为主义,慑以兵威,诱以重利,于哈尔滨地方设立经蒙专员,曲意交驩,将使诸蒙王公部落受其笼络,就其范围,不偿彼侵占之计不止。前次扎萨克图郡王乌泰私借俄债一案,所立印据有届时不能清还,准其带兵前往查封产业等语,前车之鉴可为寒心。日人则以柔进为主义,市以小慧,煽以自由,于宽城子地方设立经蒙机关,专事结纳,以辽源州为东亚测地会行部,率徒属八十余人,多系陆军学生,改装易服,学习蒙语,调查户口,市集邨屯,所在散处,又每以卖药为名,探刺内政,派员游历,相继而来,其处心积虑,虽各有不同,而阴谋侵我蒙部则一也。所以近年没外臣工鉴及于此,筹蒙之议,先后条陈。前者锡光奏请拣派大员专办内蒙垦务,殖民实边,练兵兴学,通商开矿,以重国防。光绪三十三年五月二十八日,奉上喻,锡光奏请派大员专办内蒙垦务一折,著徐世昌查核办理,原折着抄给阅看。钦此。是年八月初三日,经军督部覆陈三省内蒙情形,并预筹办法,具折覆陈。奉上谕,著廷杰、诚勋按照所陈,分别派员查勘。仍著徐世昌咨商该都统等妥筹兴办,原折著抄给廷杰、诚勋阅看。将此各谕令知之。钦此。复因三省考查蒙务情形,并拟派开缺民政部外城巡警总厅厅丞朱启铃为督办,具折会奏。光绪三十四年五月二十六日,奉朱批,著照所请,该部知道。钦此。又三省会奏筹拟蒙务办法要纲及分别筹款情形一折。

光绪三十四年七月十四日奉朱批,着军机大臣、度支部会同东三省总督妥筹议奏。钦此。先后钦遵,行知到局。仰见朝廷廑念东陲,有加无以之至意,钦佩莫名。启铃受事以来,深以力小任重,夙夜祗惧。爰于上年设局开办,启用关防,为时将近一年,歴次派员调查测绘,切实考求。复因查办乌王债务一案,亲历各蒙旗地方,察其厄迫之现状与其困难之近情，悉心计画，不惮烦劳，深以筹蒙不易，必须合全力以经营，而目前设施，自以用人行政筹款为入手。业经先后条议分析办法，上陈督、抚帅鉴核在案，专候枢部筹定的款，方可大举。但蒙务繁重，如办事纲要，编制职掌，薪项说略，亦必须先事议及，庶机纲举目张，以便措施而资遵守，维开支薪项章程不能不详加审定。缘蒙疆僻远，地瘠天寒，大漠穷荒，毫无凭藉，加之运道艰险，百物奇昂。以今日之蒙古，内政未举，外患环生，所赖有坚忍沈毅之人俾资助理，尤虑智能之士，裹足不前。况事当创办，需才实多，奖劝驱策之方，断不能与内地相提并论，并非厚给薪资似不足以鼓舞群才，巩固边圉。在国家厚禄劝士本有常经，在时局节款理财讵容滥费，启铃再三酌核，将本局一切薪费仿照延吉边务处及东三省支应处薪项章程，略事变通增减，妥为厘定，以求合乎中道，不敢稍事虚糜。谨将办事纲要、职掌编制、薪项说略分为三项，造具清册，咨呈鉴核。

东三省蒙务局办事纲要

第一条　宗旨

蒙务局由东三省督、抚奏派大员督办，专任规画三省蒙旗应兴应革事宜，以扶植蒙旗，隐杜交涉，兴利实边为宗旨。应设总局于洮南府，与蒙旗近接，以资控驭而便经营。

第二条　权限

蒙务局为三省合筹之机关，督办受三省将军、督、抚之委任，对于蒙旗各事宜有监督执行之权。如关筹款用人行政等重要大端，应呈候督、抚核夺，分别奏咨办理。

第三条　行文

蒙务总局经东三省督、抚奏明，刊发木质关防一颗，文曰督办东三省蒙务局关防。其行文程式，现经酌定，东三省督、抚与蒙务局用札，与督办用照会，督办上督、抚用咨呈，蒙务局上督、抚用呈，督办与各蒙旗盟长、札萨克往还文牍均用咨，对于京部各衙门暨各直省均呈由督、抚转咨，其与三省所属各衙门均按所订行文程式专章施行。

第四条　用人

筹办蒙务，事属创举，地处边远，求才实难。应由督办随时选调人员，视其劳绩才识，厚给薪资，如果办有成效，并优于奖赉，以励群才而收实效。

第五条　分局

蒙地幅员甚广，其附近线路孔道，交涉殷繁，尤须扼要分置机关以通声息。应于奉天之法库厅、辽源州，吉林之长春府、新城府、吉江总汇之哈尔滨，黑龙江之富拉尔吉各设行局，派员分理，以收指臂相联之效。

第六条　建筑

经营蒙地，毫无凭藉，其总分各局所之建筑及各驿站官舍等项工程，均候开办时，再行详细估计，由督、抚核定后专案报部。

第七条　置驿

筹边之要，首利交通。现拟于重要地方酌设驿站：一由洮南府至辽源州，一由辽源州至法库厅，一由法库厅至奉天府，一由洮南府至新城府，一由新城府至陶赖昭[1]，一由洮南府至齐齐哈尔，均宜先后筹设。其驿站弁兵章制、饷械等事，均应俟筹款开办时，再由督、抚核定，专案报部。

第八条　劝业

蒙古习俗，大半以货易货，币制尚未通行，即权衡度量亦尚阙如。拟候蒙务渐兴，由东三省官银号于蒙地设立分号，以资灌输，为建设殖业银行之张本。再于南北便利之区，酌设转运公司以便行旅，并于伯都纳城地方建立锯木厂以供制作。应如何招商兴办，届时详拟办法，呈候酌定。

第九条　行营

蒙务局行营马队之薪饷、马干等项，均拟仿照陆军部新订各省巡防队之章制办理。至将来编练成队时，应购马匹、枪械以及军装、器具等件，临时照章制办，核实开报，再行咨部立案。

第十条　测绘

蒙务局甫经成立，自宜从调查测绘入手，各员躬历艰险，其困苦情形断不能与内地相提并论，所有川资等项，悉由公家计程发给，准其作正开销。

第十一条　特别用款

筹办蒙务，头绪纷繁，目前清理各蒙旗债务以及地亩控案，历奉派员复勘查办，逐案清厘，颇需时日，所有往返车马旅费均责令核实开报，作正开销。至蒙古王公来省商议事件，馆舍糗粮概由局派员接待供应，均不无特别用款，应随局呈请督、抚核明批发，以示优待，而资观感。

第十二条　现需薪费

蒙务局业于光绪三十四年五月，先在奉天省城设局开办，所有应需薪费以及差

〔1〕　陶赖昭，满语，意为兔子岗，今属于吉林省扶余市。

弁护兵夫役人等工食暨局用杂支等款，均按月核实开报，由局呈明督、抚饬令东三省支应处先行垫发，并由三省公摊。俟俟由部奏准筹定的款，再行移驻洮南，次第推广办理。

东三省蒙务局编制职掌简章

第一条　蒙务总局设督办一员，秉承督、抚率同局员总理本局及分局厂站事务，对于各员司有命令监督之权。

第二条　蒙务总局设提调一员，辅助督办理全局事务，考核各科员司勤惰及各分局厂站办事得失，有承上启下之责。遇督办公出时，应代执行其职务。

第三条　蒙务总局开办之初，提调暂行缓设，应设随同办事官一员，禀承督办经画局务，并分赴三省蒙地调查以资练习蒙事，用备将来任使之选，俟设提调时即行裁撤。

第四条　蒙务总局应设四科，其分目职掌如左：

一、文牍科　掌往来公文函件敢发，主稿翻译，并总分局厂驿站军队各名册及赏罚黜陟登记事项，每届月底年终，会同会计科办理统计报告。

二、会计科　掌出入度支，分发薪饷及不隶各科一切庶务，考核各分局厂驿站报销款项，办理各项统计报告，并预算决算列表等事。

三、储备科　掌总分局厂刍秣糗粮之储蓄，供给各驿站官用物品，并管理各项军装马匹。遇有军队调扎及派员外出调查，应需车马驮骡等项，均规筹借。

四、建筑科　掌总分局厂站房屋之测绘建设修葺，各驿站之开通平治及其他一切工事，并筹备材料等事项。将来全工告竣以后，能否裁撤，届时再行呈明核办。

第五条　文牍科应设员司如左：

科长一员　禀承督办、提调，挈同员司办理本科事务。

正科员一员　商同科长经理函电文牍，主稿收发，用关防及一切机要事务。

副科员一员　商同科长经理文牍，收发主稿存卷各事务。

额外差遣委员一员　补助科长、科员在本科学习事务，并候随时分派委用。

译员至多不得过六员　专驻总局商承科长、科员翻译蒙文往来公文函件，其由督办临时派出短期差遣者，不在此限。其蒙文练习学生亦视此例办理。

司书四员　禀承科长、科员专司本科缮校事件。

第六条　会计科应设员司如左：

科长一员　禀承督办、提调挈同员司办理本科事务。

正科员一员　商同科长经理款项出入预算决算统计一切庶务。

副科员一员　商同科长经理款项册簿核算各事务。

额外差遣委员二员　补助科长、科员在本科学习事务，并候随时分派委用。

司书四员　禀承科长、科员经理本科簿记缮写事件。

第七条　储备科应设员司如左：

科长一员　禀承督办、提调挈同员司办理本科事务。

正科员一员　商同科长经理一切采办储蓄供给物品事务。

副科员一员　商同科长经理采办储蓄供给物品及收发册簿各事务。

额外差遣委员三员　辅助科长、科员在本科学习事务，并候随时分派委用。

干事二员　禀承科长、委员分司仓库牧圈采办运输各事务。

司书二员　禀承科长、科员专司本科缮写事件。

第八条　建筑科应设员司如左：

科长一员　禀承督办、提调挈同员司办理本科事务。

正科员一员　商同科长经理本科测绘建筑一切事务。

副科员一员　商同科长经理测绘建筑及考工登记各事务。

额外差遣委员一员　辅助科长、科员在本科学习事务，并候随时分派委用。

测绘员至多不得过六员　专驻总局商同科长、科员专理测量形势、绘制与图等事，其随时由督办临时派出短期差遣者，不在此限。

干事二员　禀承科长、委员经理建设临工及保存各项测绘器具图式各事务。

司书二员　禀承科长、科员专司本科缮写事件。

匠目、匠工，夫役人等，遇有工事，临时召集，工竣遣散，不必常设。

第九条　蒙务总局于各科外设参谋官至多不得过四员，受督办之咨询谋议并审定各项办事章程，研究蒙地土宜俗尚，应行措置各事，其嫌于军事者，有赞助督办调派军队筹备军政之权。

第十条　蒙务总局设马队一营，以资保卫总分局厂站，并护卫员司出外调查测绘事件。其编制如左：

管带一员　哨关三员　什长十二名　正兵一百零八名　书记长一员　司书生四名　鼓号目一名　鼓号兵六名　护兵十名　火夫十二名　马一百三十一匹　总计一百五十八员名

以上各员名，均仿照陆军部各省巡防队章制办理。

第十一条　蒙务总局各科员司，专任办理总局各事务，遇有派员出外调查及设立分局厂站等事，应由督办随时遴委专员，不得即以各科员司兼充，但测绘翻译员生不在此限。

第十二条 蒙务总局开办后，本章如有应增减之处，由督办随时商承督、抚酌量改定。

东三省蒙务局开支薪项章程说略

一、督办一员，查照东三省官制，奉天、吉林、黑龙江三省，应各设蒙务司司使一员。现经体察情形，蒙旗归东三省将军管辖，每省分设一司，办事殊多窒碍，业经于覆奏改订管制折内陈明，并经奏设蒙务局请派大员督办以董其成。督办应支薪津公费，即援照延吉边务处督办之例酌量核减，每年支给薪水银八百两，公费银四百两，津贴银二百两，以资办公。

一、总局提调一员，承上启下，职任较重，且有时应代行局务，即援照吉林边务处帮办之例酌量核减，每月薪津银三百两，公费银二百两。

一、随同办事官二员，暂时设立薪资，拟视提调定数酌减，月支薪水银二百两，津贴银一百两。

一、参谋官至多不得过四员，以待延聘留学毕业研习财政、实业、工程等学专门人才，以及娴于军事经练较深之员，俾资赞助，援照吉林边务处参谋官之例，酌量变通分为三等：一等月支薪津银三百两，二等月支薪津银一百五十两，三等月支薪津银一百两。

一、总局分文牍、会计、储备、建筑四科。各科科长月支薪津银一百五十两，正科员月支薪津银一百两，副科员月支薪津银八十两，额外差遣委员月支薪津银四十两。干事酌分三等：一等月支薪津银三十两，二等月支薪津银二十四两，三等月支薪津银十六两。司书亦分三等：一等月支薪津银二十两，二等月支薪津银十六两，三等月支薪津银十二两。

以上均援照吉林边务处暨东三省支应处薪项章程略事变通增减。

一、蒙文译员，品学高尚、语文兼通者，极难其选。现经设立蒙文学堂，造就议才，出学后，不能不令实地练习，以宏出路。测绘人员，亦属专门之学。蒙疆艰苦，罗致尤难，不能不优予薪津，应分为三等：一等视正科员，二等视副科员，三等视额外差遣委员。其练习学生津贴，均视司书等差，以资鼓励。

一、行局为分置机关，总办为一局主任，薪水月支二百两，公费银五十两。其事务繁赜之处，如哈尔滨、长春府等处为通商总埠，交际较繁，酌加津贴银一百两。倘总办有委该处印委各员兼办者，不支薪水，酌量给予公费津贴。所有行局委员人等，薪水等差，均由总局临时核定。

一、蒙务局将来出驻蒙疆，资粮器用，输运维艰，开办经费及常年用款，一切暂难预计。本局储备一科，既设专员经理，所有局用杂支等款，应暂行列为活支，撙节动用，俟制定决算再行咨部立案。

一、总局现在省城暂设弁二员。护目二名、护兵二十名、伙夫四名、杂役八名、以资差遣。每月所支薪饷衣装，悉照边务处成案开支。其局用房租、心红纸张、员司火食等项，每月不过六百两，冬季三个月加支柴薪银二百两，此为现时劝支额款，按月由三省支应处发给。将来移驻洮南，扩充局务，再行酌量核定，合并声明。

纪开放荒地

往者边禁綦严，凡口内居民人等有出边在蒙古地方开垦地亩者，照私开牧场例治罪。其王公、台吉等私行招聚民人开垦地亩者，分别已、未得受押荒银钱，罚俸、革职有差，所以重游牧也。自边禁渐弛，郭尔罗斯前旗首先招垦，科尔沁左翼诸旗继之。嗣后北部诸蒙，或因近接铁路，预防侵占，或因公私债项，挹注偿还，先后由三省将军遣员丈放，遂使榛莽之区一变而为陇畔。各旗办法互有异同，综其大纲，厥分二种：一曰蒙旗招垦，一曰官局丈放。蒙旗招垦者，科尔沁左翼三旗、郭尔罗斯前旗是也。详见蒙旗招垦荒地一览表。嘉庆五年，理藩院奏准郭尔罗斯长春堡地方民人开垦地亩，宜设通判以理民事，其收取租息，令蒙古自行收取，毋庸官为经理。十七年，又定科尔沁左翼后旗昌图额尔克地方，准其招民开垦，每年征收租息，赏给该郡王一半，余照郭尔罗斯种地之例，合计该旗台吉官员兵丁户口数目均匀赏给，事载理藩院则例。其官局丈放者，则始于扎赉特旗，踵而行之者，科尔沁右翼三旗及杜尔伯特、后郭尔罗斯诸旗是也。详见官局丈放荒地一览表。奏定收入押租银两，国家与蒙旗各分其半，将来垦熟升科，每垧例纳岁租中钱六百六十文，以二百四十文归国家，四百二十文归蒙旗，并于荒段适中之地酌留镇基，以为聚集人民设立市镇之备。通计蒙境已放之地不下十万方里，近边一带暨沿铁道嫩江两旁，大半垦辟。其余各地多属荒芜，虽因土质不齐，交通梗塞，亦以历年放荒办理未善之故。盖放荒计画发端在借地养民，凡以为安插流氓之善政而已。嗣后宗旨愈歧，视为利路，荒务收款列入岁计，各处荒局遂但顾收价之责成，丈放之迅速，于拓殖事业毫不关怀，放毕撤局，领户之能垦与否，均非所知。由是百弊丛生，奸商承揽，垄断把持，包领转相售卖，意为上下。获利之厚，动余倍蓰，所余硗瘠则弃之而不顾。国家无督垦之官严为监察，草莱遍地，盗贼资之，地既有主，或且展转易人，益无以善其后，此则始计之疏,积习相沿者也。蒙民愚惰,动作无恒,饱暖之余,倦于再垦,故亦有一户所领垦熟不及二三,或已垦复荒,甘自弃地。而沙漠之地,天时地利均有所限,间遇雨旸不时,一岁歉收,则逾年播种之资且有难给,是以负耜而来者,往往辍耕而去,前者覆辙,后者益裹足不前,荒务因无起色,实边之策,事与心违,欲收实益而睹成功,非力剔从前之弊不可。而全盟之大,尤必劝导提倡,得二三大农极力维持,方可有济。盖大农资本既雄,范围斯大,农业应兴之事,无不可以勇为,细民琐琐之利,更无须于过较,营作得宜,趋尚以变,民生边计,均赖此为裨补矣。唯经营之道存乎其人,而施措之方必求其备。兹将历年放荒办法详列为表图,其成者补偏而救弊,汇其通者,因时而制宜,则尚可为考证资焉。

附丈放郭尔罗斯沿江荒地折光绪三十四年四月十二日

奏为续放郭尔罗斯后旗沿江荒务,收进银两数目,并踩留商埠,现已一律告竣,恭折仰祈圣鉴事。窃查郭尔罗斯后旗松花江北岸一带地方,与吉林仅隔一水,且为商船必由之路,亟宜开拓商埠,垦辟余荒,以保利权而固疆圉。经臣德全于三十二年春,与该旗扎萨克反覆磋商,始允照办。当经奏派前署呼兰裁缺副都统、副都统衔花翎协领都尔苏前往该旗沿江地方,踩看冲要处所,以为将来开埠基础,并将余荒一律推放。又附片奏明,照向章除每垧应收押租银二两一钱外,另加收银三两,以一半分给该蒙,以一半充作学堂经费等因在案。维时该协领尚未回省,而领户递呈请领者纷至沓来,极形踊跃,不逾月而收进银二十余万两。及是年秋间,协领都尔苏交卸旋省,尚未到段,又复续收银三十余万两,计先后共收押租经费银六十余万两。当饬带同局员赴段勘丈,旋据报称,沿江一带如涝州信宿冈子并肇州厅城南踩留基地三段,均堪留备将来择要开埠之用,其沿江附近地方,除上年奏报经肇州厅同知崇绶放给该旗莲花泡、老虎背等九井外,余皆葛头沙洼,实无余荒可放。遂商诸蒙员于该段迤北,铁道迤西,光绪三十一年前主事庆山所放荒界毗连处,踩出数十井,掣签出放。众领户以并非沿江藉口,纷纷呈请退价,当经反复开导,许以段内所有碱甸必于勘丈小界时,分别办理,既经加价放荒,自应曲体民情,尤须无碍蒙屯生计,总以蒙民两得其平为宗旨。正核办间,适有人奏参都尔苏放荒有渔利营私情弊,奉旨饬查。当经委员查明,先行覆奏,并陈明实不愿领之户,业经发还荒价二十余万两等语。一面派委甘井子荒务行局总理、花翎补用知府何械朴前往郭旗接办,并饬详查沿江一带是否有地可拨,并将该协领前次踩留商埠基址内，应择要划留处所，禀明核办去后。兹据报称，紧逼沿江一带，除蒙旗前领莲花泡等处九井，其余皆系沙洼不可垦之地。而众领户不知蒙旗价领在前，坚以沿江为请，不欲承领北段，该总理复于蒙旗村屯附近，周历踩勘，而众台吉恳留生计，情词恳切，未便强以所难。经该总理一面商之领户，一面开导蒙员，晓以大义，无论如何为难，总宜另踩若干，俾资分配。磋商数月，始据该旗派办荒务之协理台吉丹毕扎拉森商允众蒙，情愿将前次价领沿江之莲花泡、老虎背等处九井退出，俾资搭放。复于该旗扎萨克府附近三道冈子一带及西段河神口子等处，另拨九井以抵补蒙旗原领之数，俾期平允。彼时民间尚复观望，嗣据该蒙自愿另行价领荒地两万九千余垧，即于应劈荒价内扣算以为倡导。现在均已商妥划定，加以民户又复续领，统计前后共放毛荒十三万零一百七十九垧零一分零八毫，扣七成，地九万一千一百二十五垧三亩零七厘五毫六丝。每垧按二两一钱，共计收进押租银十九万一千三百六十三两一钱四分五厘八毫七丝六忽。又按每垧加收三两，共计收进银二十七万三千三百七十五两九钱二分二厘六毫八丝二。共银四十六万四千七百三十九两零六分八厘五毫五丝六忽。内除应劈给该蒙旗一半押租，并加收银亦照原奏劈分一半外，净剩公家应得一半押租暨加收银共二十三万二千三百六十九两五钱三分四厘二毫七丝八忽。又随征一五经费银六万九千七百一十两零八钱六分零二毫八丝三忽四微。又由蒙旗应劈押租数内照章提取经费一万一千零六十五两二钱一分五厘九毫一丝八忽。统计公家收进押租经费等项银三十一万三千一百四十五两六钱一分零四毫七丝九忽四微。所放荒地应请自光绪三十四年起限，至三十九年升科。再上年放荒堆记，现值雪融，间有界限不明之处，并请暂留原勘委员一起重验堆界，以免轇轕。其前留三处商埠基址，惟信宿岗子一处，水陆交冲，且东距新设之肇州厅，东南距哈尔滨，均可联为一气，堪以划留，余均一律出放等情，呈请奏报前来。臣等覆核无异，惟查该旗原领之莲花泡等处九井，前经奏报，于三十三年起限，三十八年起科，现在未经开垦又复改拨，民户自应与新拨蒙旗之三道冈子等处九井一律改自三十四年起限，至三十九年升科，以昭核实而示体恤。除俟造具毗连册籍暨收支押租经费等项细册，再行咨部查核外，所有续放郭尔罗斯后旗沿江余荒，并踩留商埠现已一律告竣，缘由理合绘具图说，恭呈御览。再上年四月间，臣德全查覆协领都尔苏参案折内，曾声明俟勘明沿江余荒多寡及拨给北荒肥瘠，再行分别核办，如果营私渔利，亦断不曲为徇庇等语。现在屡经何械朴查明报称，沿江一带实无余荒可拨，且该蒙已领之荒皆已退出搭放，足见并无私结蒙旗划留腴荒等情，应请免其置议，合并陈明，伏乞皇太后、皇上圣鉴。谨奏。光绪三十四年四月十二日具奏，奉朱批,该部知道,图并发。钦此。

附丈放杜尔伯特沿江荒地片光绪三十四年三月二十六日

再查杜尔伯特沿江一带闲荒,前于三十二年经臣德全奏派骑都尉庆恩总办该行局事务,带领员司前往勘办。旋据禀报,该旗闲荒除各站台与蒙古村屯外,共勘有毛荒六万余垧,并请将界连省属夹荒一段,划归该行局并放。荒地分为三等:计头等价银五两一钱,二等价银二两四钱,三等价银一两四钱,各节当经饬令遵照丈放各在案。兹据该行局禀称。共放出毛荒五万六千四百余垧,按三七折扣,共应收押租银十二万零七百余两,内已收进银二万八千三百余两,实欠在民银八万二千四百余两。又应收一五经费银一万六千六百余两,内已收进银四千二百余两,实欠在民银一万二千三百余两。并于蒙荒内丈出熟地六百余垧,惟因该处设局伊始,即经股匪扰乱,领户即逡巡却顾,上年复亢旱歉收,加以银钱奇绌,地土瘠薄,办理极为费手,不得已变通缓限交价,现仅放出此数。而时日过久,用款滋多,计开支薪工之费已用银至一万九千九百余两,均属万无可节,除将所收经费抵用外,现由押租项下垫拨,将来如能放出余荒,或可藉资弥补等情,禀请核办前来。臣等查该行局,前岁甫经到段,而匪首天合等窜扰多耐站一带,将该局员司全行掠去,时庆恩在该蒙扎萨克处商办荒务,闻信单骑赴贼,贼众感动,相率以去。又上年附省,天时苦旱。收成歉薄,均经先后奏明有案。是该段荒务棘手,未能一律蒇事,自属实在情形。现即剩荒无多费用甚巨,业经饬令撤局。惟该处地面荒阔,马贼时复窜扰,已招之户非有官为保护,垦辟仍属无期。现经臣等委派在任补用知县绥化府经历锡寿为该处设治委员,饬即妥为经营,并督催各户开辟,以为日后设治基础。应令赶紧催收各户欠价暨将余荒随时设法招放,俾期此荒早日完结。至该处设治区划各事宜,一俟臣等将通省官制统筹规定,另案奏明办理。除俟该行局总理造齐各册再行咨部外,谨附片具陈,伏乞圣鉴。谨奏。光绪三十四年三月二十六具奏,奉朱批,该部知道。钦此。

附开放扎赉特沿江荒地片光绪三十三年三月十八日

再扎赉特蒙旗荒地,前于三十一年冬间丈放完竣,惟该段荒地沙碱过多,故告竣后核与原估垧数不符。上年咨商该旗扎萨克,令将属界所余未放之荒及时展放。

旋准前户部咨询，复经函调该旗梅楞哈丰阿到省，饬由垦务总局按图核议，反复磋商，已允将该蒙所属望海迤北及绰勒河并额勒根河一带一律推放，惟声明附近蒙屯庙宇必须酌留生计等语，旋经据情咨行该旗查照在案。近据该旗来咨，承允一如前议，惟于各蒙生计一节，切恳酌留，并请委派熟习该处情形之蒙员阜海前赴该旗会同办理荒务，以期周洽。现已由奴才饬派该员阜海偕同哈丰阿前往周历查勘，果系有碍生计，自应酌予划留，其余可恳荒地即应一律出放，并由该旗绘具印图，注明四至，备文遂省，即行加派员司赴段设局勘丈。除俟划分地段酌定价值再行咨部查核外，谨附片陈明，伏乞圣鉴。谨奏。

附丈放依克明安公荒地折光绪三十四年三月二十六日

奏为续放依克明安公荒段银地各数，并划界升科，择尤保奖各情形，恭折仰祈圣鉴事。窃查光绪三十二年七月间，据依克明安公巴勒济泥玛呈请将原拨该公荒地四十余万垧，除酌留生计外，均即按照蒙荒章程定价出放等情。当饬巴拜行局照章办理，迨巴局荒务报竣，仍饬由拜泉县就近兼办以省经费。续因领户日多，该县办理设治事宜，势难兼顾，因饬改设专局，另派花翎候选知府富安前往接办，迭经奏咨在案。兹据该行局呈称，该段毛荒共计四十五万六千七百五十四垧八亩八分，内除划留该蒙旗生计地十万零六千七百四十二垧二亩，净剩毛荒三十五万零零一十二垧六亩八分，内经巴拜行局放过克俭社一段计面积二十一万三千一百二十四垧五亩，业经随时收价，归入巴拜段内。奏报其余荒地，除不可垦地二万五千二百八十八垧一亩八分，又撤佃毛荒二万零二百五十垧。现在一时无人续领，碍难久设专局经理，转滋糜费，拟归拜泉县就近招放外，共计续放毛荒九万一千三百五十垧，扣七成，地六万三千九百四十五垧，每垧按二两一钱计，收进押租银十三万四千二百八十四两五钱。照章自三十四年起，限至三十九年升科，并将随征一五经费银二万零一百四十二两六钱七分五厘，分别支用解省等情，呈请奏报前来。臣等复核无异，惟查巴拜行局，前放该公克俭社荒段所收地价应即归入此次押租项下，照章核劈。其撤佃余荒，一时既无人续领，自应饬由拜泉县就近招放以节经费。惟在事出力员司，自上年秋间，赴段勘功迅速，不无微劳，计此次收进荒价银十三万余两，自应照章请奖以示鼓励。所有拟保知县、候选县丞张元杭。请俟知县奖案核准，俟得缺后，以同知直隶州用。府经历职衔武云峰、单治平、双安均拟请以府经历，不论双单月，尽先选用。附生张芾、杨地博均拟请以县丞，不论双单月，尽先选用。合无仰恳天恩俯准，照拟给奖以资激劝之处，出自鸿慈逾格。除将该段毗连及收除经费并各员履历册籍一俟造齐即行咨部外，所有绩放依克明安公荒段银地各数，并划界升科择尤保奖各缘由，理合恭折具陈，伏祈皇太后、皇上圣鉴训示。谨奏。光绪三十四年三月二十六日，具奏。奉朱批，著照所请，该部知道，图并发。钦此。

附哲里木盟蒙旗官局丈放荒地一览表

旗名	区域	丈放时期	经理职名	弓亩定例	荒价等差	随收经费	镇基价值	放地数目	收入荒价	劈分荒价	蒙旗自劈荒价	纳租定例	镇基租例	备考
科尔沁右翼中旗	东南境	光绪三十二年	道员毛祖模知府和文孙葆瑨	每亩二百八十八弓	上地每垧四两四钱中地二两四钱下地一两四钱	每荒价一两加收办公经费一钱五分	每方丈地收银五分并加收一五经费全数拨归蒙旗办公	生地八万一千五百五十八垧一亩三分四厘	二十三万八千七百一十九两七钱七分三厘一毫	国家与蒙旗各半	蒙旗劈分之一半再分作十成以五成归扎隆克以二成五归台壮以二成五归庙仓	每垧岁租中钱六百六十文以二百四十文归国家二百文为大租归公报解四十文为小租留作公费其余四百二十文全归蒙旗分作十成照自劈荒价例匀分	每方岁收中钱三十文以十五文为地方办公经费以十五文归蒙旗亦照自劈荒价例匀分	是段由毛道于三十四年十一月移交孙守接办所有放地收价两栏系孙守接收时所报数目

旗名	区域	丈放时期	经理职名	弓亩定例	荒价等差	随收经费	镇基价值	放地数目	收入荒价	劈分荒价	蒙旗自劈荒价	纳租定例	镇基租例	备考
科尔沁右翼前旗	洮尔河两岸	光绪二十九年	知府张心田，道员双□	同	上地每垧二两二钱中地一两八钱下地一两四钱	同	同	熟地四万二千八百九十九垧九亩九分六厘六毫生地三十九万四千六百零四垧一亩七分一厘六毫	七十六万四千七百一十九两五钱五分八厘三毫二丝	下地一两四钱，国家与蒙旗各半中上各地所加四钱八钱全拨蒙旗	同	同	同	

旗名	区域	丈放时期	经理职名	弓亩定例	荒价等差	随收经费	镇基价值	放地数目	收入荒价	劈分荒价	蒙旗自劈荒价	纳租定例	镇基租例	备考
	就河北展放	光绪三十二年	直隶州张翼廷知府田芗谷	同	上地每垧四两四钱，中地二两四钱，下地一两四钱	同	同	生地八万九千零六十三垧四亩六分四厘	十八万八千零一十一两二分零六毫九丝一忽二微	国家与蒙旗各半	同	同	同	
	爱其挠	光绪三十四年	知府孙葆瑨	同	同	同	同	同	同	同	同	同	同	是段未经报竣故放地收价二栏从属
	北山	光绪三十四年	知府孙葆瑨	同	同	同	同	同	同	同	同	同	同	

旗名	区域	丈放时期	经理职名	弓亩定例	荒价等差	随收经费	镇基价值	放地数目	收入荒价	劈分荒价	蒙旗自劈荒价	纳租定例	镇基租例	备考
科尔沁右翼后旗	洮尔河南	光绪三十年	道员张心田	同	同	同	同	熟地一万八千四百六十七垧五亩生地二十二万二千九百九十一垧二亩	三十二万七千零三十七两三钱九分六厘	同	同	同	同	
	洮尔河北	光绪二十四年	道员毛祖模知府孙葆瑨	同	同	同	同			同	同	同	同	是段未经报竣故放地收价二栏从
	就洮尔河北展放	宣统元年	知府孙葆瑨	同	同	同	同			同	同	同	同	是段甫经定□尚未丈放

旗名	区域	丈放时期	经理职名	弓亩定例	荒价等差	随收经费	镇基价值	放地数目	收入荒价	劈分荒价	蒙旗自劈荒价	纳租定例	镇基租例	备考
科尔沁左翼左翼中期	采哈新甸	宣统元年	辅国将军德裕	同	上地每垧六量六钱中地四两四钱下地二两二钱	同				无	无	同		是段系达尔汉王旗以地抵债故无劈分荒价且未经报竣故放地及应抵荒价数目均缺
扎赉特旗		光绪二十八年	主事庆山，通判辛文焬	同	上地每垧五两一钱中地四两二钱下地一两四钱	原订每收银二两一钱中劈分之一两零五分内提五分作为经费嗣经加收一五经费国家应提之五分归入正项仅由蒙旗之五分提用	同	熟地二万九千六百九十垧六亩六分生地四十七万零二百五十二垧二亩六分六厘	四十六万零八百四十七两二钱二分零六毫八丝	国家与蒙旗各半	蒙旗劈分之一半荒价再分作十成以四成归扎隆克，三成五归台壮二成五归庙仓	租例与科尔沁右翼三旗同□蒙旗应得之□百二十文分作十成以四成归扎隆克三成五归台壮二成五归庙仓	同	

旗名	区域	丈放时期	经理职名	弓亩定例	荒价等差	随收经费	镇基价值	放地数目	收入荒价	劈分荒价	蒙旗自劈荒价	纳租定例	镇基租例	备考
杜尔伯特旗	沿江段	光绪三十三年	佐领庆恩	同	同	同	同	熟地一百十三垧九亩二分生地四万四千零一十一垧六亩	八万五千八百二十七两令六分三厘	同	同	同	同	
	铁路迤西	光绪三十一年	协领依拉尔苏	同	每垧一两四钱	同	同	熟地一千零九十垧八亩生地二十万八千四百十七垧九亩	二十万零四千二百四十九两五钱四分二厘	同	同	同	同	
郭尔罗斯前旗	长岭子		知府张呈泰	同	上地每垧二两二钱中地一两八钱下地一两四钱	每垧照章收一五经费外加收库平四分耗资二分修城费一钱	同	已丈荒地二十一万零二百垧零六亩二分	预算荒价三十六万二十四百七十五两八钱四分八厘	同	同		同	此段经张令丈量尚未放出故收价栏内据预算数目列之

旗名	区域	丈放时期	经理职名	弓亩定例	荒价等差	随收经费	镇基价值	放地数目	收入荒价	劈分荒价	蒙旗自劈荒价	纳租定例	镇基租例	备考
郭尔罗斯后旗	铁路迤西	光绪三十一年	主事庆山	同	每垧二两一钱	与扎赉旗同	同	生地二十一万二千三百五十六垧二亩	三十一万二千一百六十三两六钱一分四厘	同	同		同	
	铁路两旁	光绪三十三年	道员周冤宋小濂同知张樾知县崇绶	同	同	同	同	生地二十九万零五垧七亩二分八厘八毫五丝	四十二万六千三百零八两四钱二分一厘四毫零九忽五微	同	同	同	同	
	沿江	光绪三十三年	协领都尔苏知府何棫朴	同	每垧二两一钱加收学费三两	同	同	生地十三万零一百七十九垧零一分零八毫	四十六万四千七百三十九两零六钱八分五毫五丝六忽	同	同	同	同	

旗名	区域	丈放时期	经理职名	弓亩定例	荒价等差	随收经费	镇基价值	放地数目	收入荒价	劈分荒价	蒙旗自劈荒价	纳租定例	镇基租例	备考
依克明安公		光绪三十二年	协领瑞麟知县王锡侯	同	每垧二两一钱	同	同	生地二十四万九千一百五十三垧四亩五分九厘	三十六万六千二百五十五两五钱八分四厘七毫三丝五忽	同	同	同	同	

附哲里木盟蒙旗招垦荒地一览表

旗名	区域	招垦时期	弓亩定例	垦辟垧数	每垧岁租	岁租总数	备考
科尔沁左翼中旗	怀德县奉化县	道光元年	二百四十弓为一亩	六十五万一千四百零六垧	东钱二吊三百文	约收东钱一百五十万吊	
	辽源州	咸丰初年	同	未详	同	未详	
科尔沁左翼前旗	法库厅康平县	嘉庆年间	同	约七万七千垧	未详	未详	
科尔沁左翼后旗	昌图府	嘉庆十七年	同	二十七万一千二百十二垧	银五钱五分	约收银十五万两	
	辽源州	未详	同	未详	同	未详	

旗名	区域	招垦时期	弓亩定例	垦辟垧数	每垧岁租	岁租总数	备考
郭尔罗斯前旗	长春府	嘉庆初年	未详	约四十万垧	中钱四百二十文	中钱约十六万八千吊	上等荒价每垧中钱十五吊,中下二等递减五吊
	农安县	道光八年	同	二十四万一千一百六十二垧		中钱十万零一千二百八十八吊零四十文	荒价与长春同
	伏龙泉	光绪十六年	同	十六万八千八百六十垧	同	已升科之地去年征中钱三万四千五百二十一吊零六十文	初订荒价与长春同,十九年上等荒价加中钱五吊,二十九年以后一等荒价每垧二十两,二等八两
	斯安镇	光绪十九年	同	五万零三百五十垧	同	未升科	初订荒价上等中钱二十吊,中下二等递减其半,三十一年以后一等银十五两二等银六两

纪建置郡县

国家建官设治,所以治民也。哲里木盟蒙境,自开边禁以来,燕、齐之民,不恤梯航,跋涉聚族于斯。初则从事耕凿,继乃营业工商。平沙莽荡之中,时复有麦秀黍苗,纵横阡陌,秋登而后,懋迁者踵接于途,布帛菽粟,以有易无,裕如也。朝廷念蒙汉之异俗也,置地方官以理民事。自嘉庆初年迄今,设二府、四厅、一州、八县,分隶三省。又以蒙旗生计牧畜为先,既事垦荒,即妨游牧,于是田赋所出,半予蒙旗,催科之任,责之守令,而且画分权限,著在典章,凡属垦辟之区,尺地一民,悉入郡县范围之内。蒙人涵濡德化,垂三百年,恪懔成规,无敢逾越,间或蹊田穿屋,不免纷争,而一经听断,终归和辑,怀柔之遍,版籍之宏,实非前代羁縻所可比谕。加以蒙汉杂处,观感日深,由酬酢而渐通婚姻,因语言而兼习文字,年来创办新政、学校、巡警次第举行,近边诸旗如科尔沁左翼前后两旗且有自簿巨款建设学堂者,学科则遵守定章,生徒则无分种族,盖骎骎乎车书之统一矣。兹将建制沿革,条举于篇,以彰王者无外之规,大同之治。若夫山川流峙,振古如兹,户口登耗,逾时辄变,则概从其略云。

奉天省属

昌图府，科尔沁左翼后旗牧地。嘉庆七年奏准开垦，汉民之垦地者，稍稍来集，十一年，以昌图额勒克地方设理事通判，并设巡检管理狱事。同治三年，改为同知。六年，增设训导。光绪三年正月，将军崇厚[1]奏升为府，改巡检为司狱，升训导为教授，并以梨树城改设奉化县治，移照磨于八面城。三十二年，设河防同知于同江口，领辽源一州、怀德、奉化、康平三县。

怀德县治，旧名八家镇，科尔沁左翼中旗牧地。初附属开原县。乾隆四十九年，理藩院奏准科尔沁达尔汉亲王地方游牧商民居址近开原县者，即交开原县管理。道光元年，招民垦荒蒙人尽数北徙，四方之民，日益聚集。同治五年，划归昌图境内，并设分防经历。光绪三年正月，将军崇厚奏请改置怀德县治，设知县训导，典史各一员，移经历于康家屯。

奉化县，旧名梨树城，俗名买卖街亦科尔沁左翼中旗牧地。嘉庆八年，弛流民出边禁，达尔汉王招佃垦地，人民渐集，奏设巡检一员于额勒克。道光元年，以客民益众，改设分防，照磨移驻于此。光绪三年，将军崇厚奏请改设奉化县治，移照磨于八面城。四年设知县、训导、典史各一员。

康平县治在法库边门外，旧名康家屯，科尔沁左翼后旗牧地。光绪四年，怀德县设治移八家镇经历于此，治辽河以西十二社。六年，将军岐元[2]析科尔沁左翼中、后二旗南境、前旗东境置康平县，设知县训导典史各一员，并设主簿[3]一员分防郑家屯。二十八年六月，郑家屯改设辽源州治，移主簿于后新秋。

辽源州治，旧名郑家屯，科尔沁左翼中旗牧地。咸丰初年，达尔汉王开放荒地，人民渐集。光绪六年，将军岐元奏设郑家屯主簿。二十五年，科尔沁左翼后旗续放郑家屯以南荒地。二十八年六月，将军增祺以是处北扼蒙荒，东阻辽河，生众日繁，商贾荟萃。析康平县西北之科尔沁左翼中、后二旗境，奏请改置辽源州治，设知州、

---

〔1〕 崇厚(1826—1893年)，清末大臣。姓完颜，伪满洲镶黄旗人，同治年间任直隶总督。光绪四年(1878年)出使俄国，擅自与俄签订《里瓦几亚条约》，弹劾入狱，后降职获释。

〔2〕 岐元(生卒年不详)，字子惠，满州正红旗人。清宗室。光绪五年(1879年)任盛京将军。

〔3〕 主簿，古代官名，是各级主官属下掌管文书的佐吏。

学正[1]、吏目[2]各一员,移原设主簿于康平县后新秋地方。

彰武县境,旧名苏鲁克,为科尔泌左翼前旗西境,及土默特左翼旗东境。康熙三十一年,科尔沁宾图郡王,土默特达尔罕王贝勒献为三陵牧养地,牧畜牛羊以供祭祀,隶盛京牧群司,改地名曰养息牧场。嘉庆十八年,将军奏准开垦,恤锦、宁、广、义旗丁八十余方,名曰试垦界。置总管及东西界官各一员于北境申金花村。即今之衙门街光绪二十三年,招佃续垦。二十六年,将军增祺奏准派员设局,征收地税兼理民事。二十八年,设彰武县治于横道子,隶新民府,置知县、训导、典史各一员。二十九年,增设分防县丞于哈尔套街。三十二年,罢总管及界官,并其事于知县。

洮南府治,据洮儿河南岸,原名双流镇,又名沙碛茅土,科尔沁右翼前旗牧地。光绪十七年,外旗蒙民来此租种,先后私垦约十余万垧。二十八年,设局开放,旗境迤南一带次第放竣。三十年五月,将军增祺以双流镇地方适居是荒中段,北濒交流洮儿两河,东通松、嫩二水,控扼水陆,实为冲要之区,奏请建置洮南府治,设知府、教授、经历兼司狱各一员。三十二年,增设照磨于乾安镇,领靖安、开通、安广三县。

靖安县治,旧名白城子,在洮南府东北百九十余里,亦科尔泌右翼前旗牧地。其招民垦种与双流镇等处同时。三十年五月,将军增祺奏设洮南府,以是处土性肥沃、村落日多,并置靖安县治,设知县一员加理事同知衔,其教佐各缺有训导、巡检兼典史各一员。

开通县治,旧名七井子,在洮南府南一百三十里,亦科尔沁右翼前旗牧地。其招民垦种亦与双流镇等处同时。三十年五月,将军增祺奏设洮南府,以是处为由省达府孔道,并置开通县治,设知县一员加理事同知衔,其教佐各缺与靖安县同。

安广县治,旧名解家窝堡,科尔沁右翼后旗牧地。光绪三十一年八月二十四日,将军赵尔巽以是处放荒以后,民蒙杂处,政务殷繁,地当孔道,责成尤重,奏请于荒段适中解家窝堡地方,置安广县治,设知县一员加理事同知衔,其教佐各缺亦与靖安县同。

法库厅治,旧名三台子,据法库边门。国初有佟、张、聂、徐、刘、丁、翟、李八姓,聚族而居,因是建置边门,名曰八户,俗称巴虎。法库其转音也。康熙初年,设门尉

〔1〕 学正,学官名。宋以后各代均有。清制,国子监的学正,协助博士教学,并负训导之责;州学的学正掌教育所属生员。

〔2〕 吏目,古代官名,明代于知州下设吏目,掌出纳文书,或分领州事。清代则以州吏目掌佐理刑狱及官署事务。

二员，寻罢。后复改设防御。光绪三十二年七月，将军赵尔巽以法库边门距开原县一百二十里，东北则通吉林，正北则邻蒙部。人烟辐辏，行旅络绎，转瞬商埠一开，华洋错处，交涉繁难。县治相距穹远，有鞭长莫及之虞，奏准于该处增设抚民同知兼理事衔。析开原、铁岭、新民各境及康平所属之科尔沁左翼前、后二旗牧地，归其管辖。

吉林省属

长春府，郭尔罗斯前旗牧地。乾隆年间，镇国公恭额拉布坦私招内地民人张立绪等垦地。嘉庆四年，派将军秀林会同盟长拉旺前往查办。五年，秀林等以事阅多年，已垦地二十六万五千六百四十八亩，居民三千三百三十户，未便驱逐，奏请值长春厅治，设理事通列、巡检各一员于宽城子。十七年，以开垦地亩，流民增至七千余口。所垦之地，广二百三十里，纵百八十里，拟定界限设立封堆，事载理藩院则例寻增设照磨一缺分防农安。光绪十四年，将军希元以长春为吉、奉孔道，省城西北门户，奏请升厅为府，设知府、教授、经历、司狱各一员，并以农安同时设治，移照磨于朱家城子，领农安、长岭二县。三十四年世昌等奏设分巡吉林西边兵备道，驻长春府。

农安县，亦郭尔罗斯前旗牧地。初设照磨，隶长春厅。光绪十四年，长春厅升府，移照磨于朱家城子，改置农安县治，设知县、训导、巡检兼典史各一员，复增主簿一缺，分防新安镇。

长岭县，亦郭尔罗斯前旗牧地。光绪三十三年，世昌等以农安县新安镇以北现放荒地三十余万垧，奏请于长岭子地方设长岭县治，并析农安县西境隶焉。

黑龙江省属

大赉厅，札赉特旗牧地。光绪二十五年，将军恩泽奏准出放荒地。三十年，将军达桂以新放蒙荒川原旷野，奏置大赉厅治，通判治之，并设塔子城、景星镇二经历。

肇州厅，郭尔罗斯后旗牧地。光绪二十七年，将军萨保奏准出放东清铁路两旁荒地。三十二年正月初八日，署将军程德全以是处边荒初辟，铁路横穿，交涉尤重，奏设肇州厅治，同知治之，并设巡检一员兼管司狱。寻置肇东经历一缺，驻昌五城，分防迤北一带。

安达厅，杜尔伯特旗牧地。光绪三十年，将军达桂奏请出放牧境迤东一带荒地。三十二年，署将军程德全以是处襟带嫩江，扼三省之门户，奏设安达厅治，通判治之，并设巡检一员兼管司狱。

纪筹设驿站

驿站之经哲里木盟境者，其道有二：一为黑龙江省由吉林、奉天入山海关至京师之道，俗称大站，此进本路。一为黑龙江省由哲里木、昭乌达诸盟入喜峰口至京师之道，俗称蒙古站，亦曰草地，此递折路。大站贯穿腹地。大半建官设治之区，军队星罗。民屯相望，此无烦意外经营，亦无事侈言整顿也。蒙古站斜贯诸盟，在汽车未达之前，未始非邮傳捷径。自营榆铁路[1]告成，直接南满、东清、千里关河，朝发夕至，迟速难易，判若天渊，未有循途守辙，仍驰驱于平沙绝漠中者，虽经理置有专官士，马著为定例，案理藩院则例，喜峰口至哈岱罕设汉站二，蒙古站十六，蒙站每处设章京、坤都各一员，马甲四十八名，马五十匹，廪羊六十支。亦几同虚设矣。惟由蒙古境入法库边门至奉天一路，俗称八虎道。八虎者，法库之转音也。在昔蒙荒未辟，不过一二负贩挟货往来。今则洮南一府，扼守中权，北达卜奎，南通辽沈，蒙境之赖以通有无，便交易者，咸以是道为之枢纽。乃自放蒙设治以后，民居仍属零星，而辽源迄开通一带，伏莽更多梗塞，推原其故，实因荒芜不治，广漠无垠，行者既待裹粮。居者尤虞召寇，加以蒙汉之界有若越秦，盗贼之来，踞为窟宅，种种困难，直同化外。前将军赵尔巽屡议奏请开放，因该旗吴玉祥一案悬二十余年未结，见达尔罕王旗指荒债讼始末是以逡巡未果。去年春，遣督办蒙务朱启钤调查蒙地情形，条陈八事，亦谓固圉实边非筹设驿站无入手。拟由奉天经辽洮至黑龙江省城为干路，计程一千五百五十里，置驿二十有六，再设分支二路：一由洮南往新城至陶赖昭以达东清铁路，计程七百二十里，置驿十有二。一由法库至新民以达京奉铁路，计程百里，置驿二。每驿设驿长一员，综理一驿之事，凡文报、运输、保卫、巡缉、教练、劝业，皆其职任。驿弁一员副之，司事三名：一司文牍、一司运输、一司商务，皆承长官之指挥，以执行其职务。驿目二名，驿兵十八名，轮流护送驿车，巡缉盗贼，按时操练，入夜守望。弁兵之支配，略如乡镇巡警。驿长之职守，比之分防佐贰。区画方域，责以治理，建筑旅舍，惠此商民，食货由此流通，行旅亦由此保护，不第如昔之驿站传递文书，送迎长吏已也。并附设转运公司于各驿，而统辖于总公司。凡各处开支经费，拨兑商款，均得互相因应以补救圜法之困竭，抵制外币之流行。脉络既通，然后举筑路移民诸要政，次第而推行之，生聚训教，期以十年，不难

---

〔1〕 营榆铁路，后改称“沟营铁路”，俗称“河北铁路”，从山海关到沟帮子分岔向东，途经大洼到达营口河北。

化除榛狉渐入文明。在东省财力告匮，虽宜慎始以图终，而蒙疆百废待兴，尤当先务之为急。去冬吴玉祥案议结，即从事于开通道路，拟请开放达尔汉旗由辽源至开通一带官道两旁地段，各划十里招民开垦，以为各段驿站之倡。疏上，下理藩部议奏，时达尔汉亲王年班入直，辄执有妨生计一语，耸惑部听，且谓此路一开，不惟全旗疆域横断为二，而于闲散王公采地以及坟墓祭田台壮游牧，在在均有关碍，部臣莫能难其议，折其词，奏饬东三省总督派员会同查勘，妥筹办法。复经具折复陈，并绘图列说，条举其非。盖达旗牧地面积约六十万方里，划出站荒不过百五十分之一，于生计无妨也。辽源以北地多沙碱，即属村屯寥落之区，亦非水草丛生之地，于游牧又无碍也。王公坟墓多在河西，河东一带曾无片碣，何有于祭田。指放之站荒，诚属闲散郡王分地，而派员往勘采哈、新甸地段时，该闲散郡王纳兰格勒尔以生计艰难，有指所管白寺荒段及此项站荒报効国家之意，更何靳乎采地。至谓全旗疆域横断为二，则天下无无路之地，开放以后，岂遂隔绝往来，无理阻挠，尤为特甚。本年闰月列疏入告，旋奉妥筹堪放之谕，采哈、新甸荒段甫设局经丈，遂饬该局总办与达旗提议，俟此段荒务蒇事，即可筹款兴办，由南而北，接续连贯，至边昭以北，洮郡以东，则皆原有径途，全属地方辖境治权所及，固无烦口舌之劳矣。

附蒙务督办朱启钤拟设蒙地驿站纲要

一、驿站为蒙地交通机关，兼寓地方行政之意，地位由总局测定路线，分途设置。其上下驿距离，至多以五十里为率。

一、上下驿相距里数，设为地势所限，距离或有不均，各以上下两驿适中之地为界。其路线左右十里之内，皆为该驿应行治理巡缉之区。

一、往来行旅，无论在站止宿，在路经过，该驿官弁均有稽查保护之责。

一、各驿附设旅店，以安行旅。管理旅店者，平时须就地蓄备粮米菜蔬草料，豢养牛羊鸡豚，以备不时之需，而纾转运之力。

一、旅店内附设零用商店，储运行旅居民必须物品，公平发卖，并行使公家银行纸币，以资流通。

一、每站每日出邮车两辆，分赴上下站，轮派役兵护送，并保卫随行商旅车辆，邮车开行有一定时刻，无论风雨寒暑，均须照常行走。

一、邮车专为运送公文函件及各站需用物件而设，其商民有信件物品，一并代为递运，酌收运费，俟办有成效，即可代办邮政。

一、遇有紧急公文限日递到者，由各该驿立时派拨驿兵飞马接递，但须有三省公署及本管总局分局印文排单为凭，另立专章办理，以免贻误。

一、调查附近地形，物产及蒙民习俗弊害，随时报告总局，以资参考。

一、各驿官舍附近，拨给隙地一方，由总局购发内地植物种籽分别试种，其有与该地土质相宜者，即行设法劝导蒙民普种，以开利源。

一、如有商民在该驿境内开垦营业者，有实力保护之责。其如何招徕安置之法，应另订章程办理。

一、驿内应办事宜，务求实际，临事体察情形，详定规则。其有纲要未尽之处，随时更订推行。

驿职

驿长一员　以才具明干，能耐劳任事及明于军事或警察者充之。

驿弁一员　以曾习陆军或警察，长于教练者充之。

文牍司事一名　以明白公事，文理通顺者充之。

运输司事一名　以才堪肆应，精细耐劳者充之。

商务司事一名　以曾习商务，兼长会计者充之。

驿目二名　驿兵十八名　以粗通警察或曾充陆军目兵并无过犯者为上，否则以年轻体壮，心地明白，堪以教练，并有切实保证者充之。

雇役六名　以朴实耐劳，有切实保证者充之。

职任

驿长

驿长为一驿表率，有考核驿弁以下勤怠功过之权。遇有赏罚黜陟，须呈明总局办理。

一、驿长于该驿一切事件，可以随时裁决，妥筹处置。但事体重大，须呈请总局核办。若遇有紧要事件，准一面处理，一面飞报总局请示。

一、驿长于所辖境内，保卫，巡缉是其专责。其驿站在未设治地方，一切行政事项可代理之。

一、驿长须将递运文报函件、官物、商物并保护商民随同过境等数目，除本驿分别登簿外，逐日填表呈报总局。每届月终，汇列总表，年终列比较表，呈报备核。表式另由总局颁发。

一、遇有命盗案件，应特别报告总局。如不在所辖境内，亦应查明速即报告。

一、凡有外人经过，应派兵妥为保护，并将其人数、姓名、来历、服装、营业填表，飞报总局查核。表式列商务司事职任内。

一、驿长于所辖附近，无论旧住、新来之户，均应尽力保护其生业安居，并须不时巡视监察。如有可以安辑招徕之处，随时报告总局核办。

一、驿长对于各驿之长，可以直接行文商办公件。如此驿有事，可商诸上下两驿协力援助，不得观望推诿，致误事机。

一、驿长如有与地方官交涉事件，应呈由总局转行办理。如有紧急事件，可一面知照地方官，一面飞报总局。

一、邮车开行有一定时刻，遇有非常障害时，驿长有酌量变更之权。

一、驿内度支出入，除旅店，商栈各项应由商务司事径报转运公司外，其办公动用之款，驿长每月造具清册，呈报总局查核。

一、驿内附设之旅店、商栈，原受成于转运公司，惟于接待客商售卖物品，该商务司事有办理不合之处，驿长可随时纠正之。如有过犯，驿长应即呈报总局转饬公司查核办理。

驿弁

一、驿弁受驿长之指挥命令，以辅助办理驿内一切事务，并有保持附近人民安宁秩序之责。

一、驿弁为驿目、驿兵最切近之长官，应随时考查照料。凡目兵过失，该驿弁均不能辞失察之咎。

一、驿弁有受驿长临时交派缉盗巡视，以及保护官商行旅之责。

一、教练驿目、驿兵并训授服务规则各项，为驿弁专责。

一、驿弁有监督驿目、驿兵逐日拭擦枪械及保存弹药之责。

一、驿内马匹、车辆、鞍辔等项，驿弁应随时检查整理，以免损失毁坏。

一、驿弁于驿长不在驿时，可以代理处分一切事项。

文牍司事

一、文牍司事承驿长之指挥，办理驿内往来文牍及统计报告事项。

一、文牍司事于每日递寄文函物件，查明盖戳登簿，会同运输司事办理。

一、驿内呈报总局表册文函并官商递寄文件，均责成该司事妥为经理。

一、所收递寄物件之运费，由运输司事另款存储，按月册报总局查核。

一、经理驿内员弁目兵薪饷以及一切办公经费。

运输司事

一、运输司事承驿长之指挥，经管来往邮车，递运文函物件。其官商行旅随邮车同行者，亦应由该司事照料起行。

一、凡附邮车递送物品者，由该司事接收运费，照章收纳，不得格外需索分文。

一、稽核运物数目及重量，分别官物、商物登记簿内，并接运物件盖戳登记，会同文牍司事办理。

一、运递物品或为数过多，限于车辆不能尽载者，该司事可酌量缓急，分别续运，惟不得无故延滞。

一、运输司事有随时督饬驿兵、雇役搬运物品加意保护之责。

一、凡来往行旅到站起程，应会同商务司事，妥为照料。

商务司事

一、商务司事专司经理驿内买卖事项。其人由转运公司选派，遇事可直接与公司商办，仍应听受驿长之监督稽查。

一、凡来往行旅经过者，均由该司事妥为接待。

一、凡关于来往行旅及附近居民日用所需对象，均由该司事预筹购备，随时价卖，并兑易钱币以便民用。

一、逐日所收行旅之房饭费及收入货值、存出款项，按月开具帐目清单，呈报转运公司查核。

一、商务司事于来往行旅客商，应设专簿照另开式样登记姓名来历，逐日送驿长查核。

驿目驿兵

一、驿目、驿兵与军人无异，兼有陆军及警察之性质。无论当驿中何事，均须服从，所属驿内官长即驿长驿弁等命令，有巡缉盗贼、执行驿务之责任。

一、驿目、驿兵每日轮派四名护送邮车赴上站，四名赴下站，须认真保护。至该站交替后，即在该站住宿，次日接护上下邮车各回本站。凡派差出巡，在何驿住宿，即当受该驿长、弁指挥命令，不得歧视。

一、每日在驿目兵十二名，须早晚两操，其余时间即专任驿内各项事务。星期之日停操。

一、每日轮派目兵四名值夜，以二名在站外巡哨，以二名在驿内守更。或分为两班，上、下半夜互替，以资防守。值夜目兵，次日不应早操。护送邮车目兵、当日不派值夜。

一、目兵骑马十匹，须躬自喂养，其车马十匹即归车夫喂养。

雇役

一、雇役均须服从驿内员弁司事之命令，以资驱使。二名专任驾车，一名充厨役，一名专供旅店使役，二名充各项杂役。

一、雇役须有确实保证，若有错失，该保负其责任。

旅店规则

一、旅店系商业性质，凡在旅店任事之人，遇有来往客商，均须和平接待。不得有官场习气。

一、旅店房饭分上、中二等，愿居何等，由客商自便。

一、旅店房舍必须清洁，冬夏日尤须寒暖适宜，以无妨客商卫生为主义。

一、上、中两等房饭，均有定价，不得任意涨落。

一、客商自带车辆及马匹，喂养均各有定价。

买卖物品规则

一、驿内所设卖物所，其货物均由本局所设之转运公司趸来零售，以便商民。

一、卖物所必择一单独房间陈列物品，归商务司事经理。

一、卖物价目，均按原本将运费加入为售价之标准，不得垄断居奇。

一、物品如有缺乏，应由公司源源接运，应立发货三联单，随时收到，彼此互相关照，以免舛错。

一、驿站公用物品，均照买卖价值一律办理，各清各帐，以免混淆。

一、卖物无论官商，不得赊欠。

预计一站之开办经费

一、修建驿舍连旅店共五十间约需银五千元。

一、置办器具连旅店家具运费约需银一千元。

一、购驿马二十八匹每匹以三十五元计共需银九百八十元。

一、购买车辆鞍辔共需银八百元。

一、制备目兵皮棉单夹军衣、军帽、皮靴、皮带，每名以二十五元计。共需银五百元。

一、制备官兵军刀二十二柄，约需银一百二十元。

以上每站共需银八千四百元，七三合沈平银六千一百三十二两，其官兵须用枪弹，应请由军械局拨发，未列预算款内，合并声明。

预计一路之开办经费

一、辽源州至洮南府一路约计程五百二十里，拟设十站，共需银六万一千三百二十两。

一、由辽源州至法库门一路，约计程二百五十里，拟设四站共需银二万四千五百二十八两。

一、由法库门至新民府一百里，拟设二站，共需银一万二千二百六十四两。

一、由法库门至奉天省城一百六十里，拟设二站，共需银一万二千二百六十四两。

一、由洮南府至新城府四百八十里，拟设七站，共需银四万二千九百二十四两。

一、由洮南府至昂昂齐五百九十里，拟设十站，共需银六万一千三百二十两。

一、由新城府至陶赖昭二百四十里，拟设五站，共需银三万零六百六十两。

以上共需开办经费银二十四万五千二百八十两。

预计一站之常年经费

名目	额数	每月支额	岁计按(第二年平均计)	闰月加支
驿长	一员	第一年月薪一百元 第二年月薪一百二十元 第三年月薪一百四十元	一千四百四十元	一百二十元
驿弁	一员	第一年月薪四十元 第二年月薪五十元 第三年月薪六十元	六百元	五十元
司事	三名	第一年月薪三十元 第二年月薪三十五元 第三年月薪四十元	一千二百六十元	一百零五元
驿目	二名	第一年月饷六元 第二年月饷八元 第三年月饷十元	一百九十二元	一十六元
驿兵	十八名	第一年月饷五元 第二年月饷六元 第三年月饷七元	一千二百九十六元	一百零八元
雇役	六名	第一年月饷四元 第二年月饷五元 第三年月饷六元	三百六十元	三十元
驿用公费	每月摊支	一百元	一千二百元	一百元
员司兵役伙食	三十一分	每月以三元计共九十三元	一千一百一十六元	九十三元
驿马刍料	二十八匹	每月以三元计共八十四元	一千零八元	八十四元
合计			八千四百七十二元	七百零六元

右表所列为一站每年额支经费常年应需银八千四百七十二元,七三合银六千一百八十四两五钱六分。闰月应加银七百零六元,七三合银五百一十五两三钱八分。

预计各路之常年经费

一、由辽南至辽源以设十站计,共需常年经费银六万一千八百四十五两六钱。闰月应加银五千一百五十三两八钱。

一、由辽源至法库以设四站计,共需常年经费银二万四千七百三十八两二钱四分。闰月应加银二千零六十一两五钱二分。

一、由法库至新民,以设二站计,共需常年经费银一万二千三百六十九两一钱二分。闰月应加银一千零三十两零七钱六分。

一、由法库至奉天,以设二站计,共需常年经费银一万二千三百六十九两一钱二分,闰月应加银一千零三十两零七钱六分。

一、由洮南至新城,以设七站计,共需常年经费银四万三千二百九十一两九钱二分。闰月应加银三千六百零七两六钱六分。

一、由洮南至昂昂齐,以设十站计,共需常年经费银六万一千八百四十五两六钱。闰月应加银五千一百五十三两八钱。

一、由新城至陶赖昭,以设五站计,共需常年经费银三万零九百二十二两八钱。闰月应加银二千五百七十六两九钱。

以上各路设齐,统共需常年经费银二十四万七千三百八十二两四钱。闰月应加银二万零六百一十五两二钱。

附蒙务督办朱启钤拟设蒙地转运公司纲要

一、定名曰蒙务转运有限公司,由蒙务局发给官本银十万两先行试办并由官银号担任随时息借活动资本金,以十万两为限。

一、银号、公司均为辅助蒙务局行政之机关,务须联络一气。蒙务局对于公司有保护监督之权,官银号对于公司有维持协助之责。至公司办事,均照商务性质,另定详细规则。

一、公司先以辽源为根据,凡蒙务局设站之地,该公司次第派人前往开设旅店商栈,发行应用货物。

一、公司应有总经理人,由蒙务局商同官银号选定。该总经理人,无论官商,须有后列四项资格：

一、家道殷实，有切实保证者。

二、熟悉商务，明白政体者。

三、曾在商号、银行允当管事者。

四、言行笃实，综理精密者。

一、总经理主持公司全体事务，所有雇用伙友，收放资本，在该经理办事权限之内者，蒙务局予以特权。但公司之计画，不得违背蒙务局行政之宗旨。

一、公司为便利商民起见，可以出具银钱凭帖，并可随地收兑商民款项，直接官银号汇拨。

一、公司须考察蒙地现在情形，利于行销货物，随时向内地购运，分发各站支店，平价销售，并须源源接济，以免缺乏。

一、创办建筑事项需用木材、砖瓦、铁料等物，公司亦可承揽储运，以便官商工业。

一、蒙地垦务发达之区，民事渐新，该公司可以酌量情形，试办储蓄抵当息借，并收买粮食及烧锅各项营业。但关于商务添集资本扩充办法，须将更张之理由，先时呈报蒙务总局认可，协商官银号开筹办理。

一、公司承领局发资本，不计利息，其取用官银号活动资本，按月以四厘行息。

一、公司发行凭帖，至多不得逾成本一倍。其经理商民汇款，虽至少之数，均须代为收兑。如汇至蒙地各站者，收汇费百分之一。其汇至外埠者，均须按银号定章办理。

一、公司在各站所开之旅店商栈，其执事人须受各该站驿长之监督。如有违背规则之行为，公司得驿长之报告，应即纠正惩办。

一、各站支店应按月将出入债目开呈公司察核。至每年十月，公司将一切债项汇案呈报蒙务总局会计科核结，以便造报。其第二年之计画，决算后即可定夺。

一、公司资本既由局中拨给，不取利息，此外无庸预定补助金。凡分公司支店之赢绌，应随时报知总公司分配酌剂，倘有非总公司权力所及事件，则呈明蒙务总局设法维持。

一、公司宜随时检查各支店债目货物票据等项。其公司帐目并应听受蒙务总局调查考核。

一、公司每年所得余利，按十二成均分，以十成存作公款。二成作为花红，自总经理及各项执事人，按照责任重轻，分配支给，以示鼓励。

一、以上各条不过撮其大要，所有章程规则，应俟开办时再行订定。

附筹设洮南驿站拟请开辟达尔汉旗道路折

奏为筹设洮南驿站，拟请开辟达尔汉旗道路以利交通，恭折仰祈圣鉴事。窃臣前将筹办蒙务详细纲要及分别筹款各情形，迭次奏陈在案。诚以言拓殖者，必以交通为首务。蒙旗旧站，废弛不修，方域又异。无论荒僻之区，荆棘未辟，即设治已久，亦复形势睽隔，道路不通。查洮南一府，为哲里木之奥区，亦三省之冲要，乃自该府至辽源州中间二百余里，均系达尔汉旗管界，荒漠无垠，村落绝少，里粮乏术，行旅维艰。加以蒙丁、蒙会以主凌客，商货往来，转资盗贼，派兵巡缉，又苦驻扎寥落，劳逸势殊。文报之稽延，馈饷之周折，种种困难，几同绝域。即非经营藩服，亦未可任其梗塞，致碍治权。况目前筹办蒙务，尤应及早开通，以资整饬。前任将军赵尔巽屡议奏请开放，因该旗吴玉祥一案，多年缠讼未结，因循不果，今该案已由臣会同理藩部议结，奉旨允准，蒙民遵守，均无异言，自可继续开办。况现在推广三省要路电线，由新民起经法库、辽源、洮南以达齐齐哈尔，大都经行蒙地，其设在洮辽一段者，业已次第敷设，而站路不修，巡护不密，终虞梗塞。臣再四思维，非亟筹开放，不能化除畛域，即不能便利交通。查自辽源州以北经卧虎屯以至边昭止，凡为达尔汉王旗管界，共计二百数十余里，应请一律开辟，疏通官道，设置驿站，支配弁兵，复假以警务治理之权，俾得实力巡护，以资保卫。其沿路两旁地段，各划十里从事垦放以谋生众。庶洮、辽联络一气，永无阻隔之患，于行政关系裨益匪浅。除此经理蒙务之时，实难视为缓图。如蒙俞允，再由臣行知该王旗，会同派员丈勘明确，查照向章，奏明办理，以期实行。所有筹设洮南驿站，拟开辟达尔汉旗道路以利交通缘由，谨恭折具陈，伏乞皇上圣鉴训示。谨奏。光绪三十四年十二月二十五日奉朱批，理藩部议奏。钦此。

附覆陈筹办达尔汉旗开通道路情形折讲说略

奏为遵旨覆陈筹办达尔汉旗开通道路情形，并请旨允准勘放，以利交通而杜隐患，恭折仰祈圣鉴事。本年二月十五日，准理藩部咨开，本部具奏遵议徐世昌筹设洮南驿站，开辟达尔汉王旗道路覆奏一折，奉旨依议，钦此。将原奏咨行到奉等因。详绎原奏，大致以两次向该王扎询，均以有关生计为词，该部碍难悬断，因令臣行知该王旗会同派员先将所拟开辟之路，详细履勘，妥筹办法。按照该王所报各情，切实查明，究于蒙旗生计等项有无窒碍，绘图贴说，再行奏明，请旨办理等语。伏查蒙旗现状，外胁强邻，内安愚弱，以言生计，生计绝矣。今该王犹以有关生为词，曾亦思壮丁寥落，牛马不繁，即论游牧，已无生计可言。朝廷抚绥藩服，所代为擘画者，何一非蒙民生计所关。远如西北各蒙，特派大臣设局开垦，锡林果勒、昭乌达、卓索图等盟，经察哈尔、热河都统奏请垦放，招佃征租，蒙旗早已安享其成。近如本盟各旗，历经奏明开放者十居其九，近来垦务渐兴，蒙地牛马之值，岁有增益，而放荒各旗王公，则有岁租之进项，台壮则除摊派之苛例，生计浡兴，尤为明效大验。臣维三省经营蒙荒，招徕垦户，不惜岁縻国家帑项，安民设治，冀以固边圉而杜觊觎。该旗荒境，横断全盟，尤为交通障碍，是以历史将军、督、抚屡以开放为言。若以一隅阻塞，致堕前功，将治内防外之机关，益觉无从措手。谨将蒙旗危险情形，必须开通该旗之关系，及该王阻挠欺诬之处，为我皇上撮要陈之。洮南一府为哲里木奥区，当东三省冲要，前奏设一府三县，原以外扞牧圉，内拊全盟。今道路不通，孤悬绝塞，工商裹足，俸饷虚縻，久之则居户逃亡，以匏系之官，处瓯脱之地，其何能治。蒙匪白音大来，陶克淘之乱，出没各旗，合三省兵力跟踪追剿，士卒伤亡，军实销耗，穷经年之力，仅得平定。良以道路梗滞，人烟寥落，贼有所资，我无所藉，而劳逸之势殊也。若听其隔绝，万一内孽潜滋，客匪拦入，进剿则艰于转运。分驻则无所据依，此治内之关系，万难延缓者也。日俄两国，辄以诱惑蒙旗之手段，浸为干涉主义，协谋所及，隐以洮儿河南北为界。东清、南满路线已包绕全盟东南北三面，日人之测绘队遍科尔沁六旗，匿居蒙屯，与之相狎。俄人则以铁路之势力，据郭尔罗斯、杜尔伯特、札赍特各旗之门户，市易牲畜，揽放利债。而蒙旗于外人之利用则倍结欢心，于朝廷之政令则多方抗阻。况日人南满枝路之计画，适在我驿站界线之中，必将出辽源州而贯入该旗界内。今道路不辟，布置无从，领土之权，瞬为外人所据，则事后更难措手，此防外之关系万难延缓者也。臣前设蒙务局，遣员分道实地调查，而于该旗设站置邮，尤为筹蒙之起点，因屡次遣人绘阔测量。臣前次原奏所谓辽源州以北至边昭止共计二百数十里，并于沿路两旁各划十里从事垦放等语，实已详细履勘，于该旗游牧生计毫无窒碍，界内并无蒙民已垦之地，将来垦熟收租，应按照各旗蒙荒章程，毋庸另筹办法，理合缮具图说，恭呈御览。至该蒙王谓派放道路，旗属下人在是道者分为东、西两段。天下岂有无路之地，分为两段岂遂不能聚处，无理阻挠，莫此为甚。该蒙王又谓闲散王、贝勒、贝子、公、台吉等属下看守坟墓人等游牧之所，均有关系。查达尔汉全旗牧地，面积六十万方里，以所据地势而论，横断哲里木全盟。今所划站道，方广不过百五十分之一。自卧虎屯以北，地多沙碱，委同弃地，既无水草，亦非游牧必需之地。又查该旗有公主坟在辽河之西，此路当辽河之东，既阻河流，豪无关碍。所划十里之中，如果有台壮居处，自当照章酌予留界以示体恤。且该地属于闲散多罗郡王分地居多，该闲散郡王尚明大义，自愿出荒。臣前派员往勘采哈、新甸抵债一案时，曾以本府生计困难，有指该旗白寺荒段及此项站荒报効之意，因本旗扎萨克、协理等有意阻挠，不肯代出印文，无由上达，转恳设法出放前来。臣以仅据该员一面之词，未便遂行入奏。兹该扎萨克亲王那木济勒色楞尚以有碍闲散王公等属下游牧为言，部臣将该旗地图详查询问，该王亦未能逐一指明。可见该王不察闲散王公等艰苦，不辨所管旗地方区域，始终惑于管旗蒙员锢蔽抵塞之计，肆意欺诬，乃部臣既无可如何。奏请仍由臣行知该王旗会同派员履勘，该王必藉口于部文之未准，率其协理、章京等百计阻挠，又何益哉。臣非谓开通该旗道路即毕驭蒙之策也，第以外诱潜滋，内势隔绝，于治内防外之关系，必将以便利交通为入手办法。由是以观，无论生计如何，亦当毅然为之，况开通以后，尚大有利益于生计乎。且以各旗荒地皆已陆续开放，独该王旗坐拥厚土，尚断断于二百余里有百利而无一害之驿站荒地，使全盟大利，国家远猷，均束缚蒙混于有关生计之一语，阻扰大计，百喙难辞。蒙王冥顽，原无足责，不过羁縻调停之术，其弊至于牵动全局，而生计亦终不能保，良可叹也。国家体恤蒙藩无微不至，当此强邻逼处，为筹蒙计，为绥边计，皆以开放该旗为全局枢纽。惟有仰恳天恩，俯允勘放，一面即由臣扎行该旗派员勘办，期于蒙务有裨。所有覆陈筹办达尔汉旗开通道路情形，并请旨允准勘放缘由，理合恭折具陈，伏乞皇上圣鉴训示。谨奏。宣统元年闰二月月二十四日奉朱批，着该督、抚妥筹勘放，该部知道，图说并发。钦此。

谨将酌拟开放达尔汉旗地段及关于哲里木十旗之计画，开具说略。恭呈御览。

计开：

科尔沁左翼中旗，即达尔汉和硕亲王旗牧地，跨东西辽河，东南至吉林边墙，西北尽内兴安岭，地势斜长，面积约六十万方里，占哲里木全盟十分之二。道光元年，拨照长春之例，开放东辽河[1]近边一带荒地安插民垦，初隶昌图厅，设八家镇经历分治之。光绪三年，设怀德县治，移经历于康家屯，并设奉化县治于梨树城。六年，以康家屯改设康平县，改经历为主簿，分防郑家屯。二十八年，以郑家屯改设辽源

〔1〕东辽河，也称叶赫河，叶赫部落即由叶赫河而得名。该河源于吉林东辽县萨哈岭，向西南流入辽宁省。

州治，移主簿于康平县属后新秋地方，共计放荒设治区域，宽广约仅二百余里。此外广漠无垠，荒旷不治，其地横梗中部，实为全盟交通之障碍。现拟开放由辽源州通洮南府站路一段，以资联贯。历经前任将军等商办，该王旗屡以有碍游牧为词。其实蒙户早经迁入西部及新辽河以南，是以王府附近，蒙屯最多，拟开站荒于该旗无甚妨碍。图内另贴笺注陈明。

科尔沁左翼前旗，即宾图多罗郡王旗牧地，当奉天法库边门外，其西境在国初时，献为养息牧场，故本部幅员最狭，地近边墙，早经招垦，除王府迤北地多沙碛，留为蒙壮游牧外，其南境一律垦熟，隶奉天康平县，法库厅辖境。

科尔沁左翼后旗，即博多勒噶台亲王旗牧地，当威远堡边门[1]外，跨辽河两岸，地质多属膏腴。自嘉庆、道光以来，奏明放荒，渐次垦辟，民物殷富，风气早已开通，生计最饶，实为十旗之冠。初设昌图厅通判，寻改同知。光绪三年，前将军崇厚奏升为府，并设照磨于八面城。迨康平、辽源先后设治，析西北一带蒙境隶之。三十二年，增设同知于同江口，重河防也。

科尔沁右翼中旗，即图什业图和硕亲王旗牧地，东界札萨克图旗，西界达尔汉旗，其西北境留为台壮游牧，东境于光绪三十一年经前将军赵尔巽奏请放荒，设局招垦，现因达尔汉旗站道未开，领户不前，尚未报竣。已放之地，酌设醴泉、开化二镇。醴泉一带土脉腴润，渐次垦辟，拟设醴泉县治。经臣奏明遴派设治委员试办一切事宜。

科尔沁右翼前旗，即扎萨克图多罗郡王旗牧地，西届图什业图旗[2]，东界镇国公旗。光绪二十八年，前将军增祺奏请放荒。三十年，于洮儿河南设洮南府暨开通、靖安二县。又设乾安镇，分驻照磨。该府地当冲要，适扼中权，本为三省之奥区，亦即蒙疆之重镇，殖民经武，在所必争。日俄均势之界线，共视洮南与长春遥遥相对。是以外人游历测绘，络绎而来。该旗郡王乌泰欠积俄债，私立印据契约，以全旗土地矿产抵押，经臣等觉查，奏明代向大清银行息借款三十万两，派员与俄人磋议偿还，取销印据，并由该王旗指明展放北山荒地，收价抵补借款在案。

科尔沁右翼后旗，即镇国公旗牧地，东界扎赉特旗，西界扎萨克图旗。其洮儿河以南之地。于光绪三十一年经前将军增祺奏请放荒。三十一年，赵尔巽奏设安广县治，隶洮南府。三十四年，经臣等奏请续放河北荒一百余里，尚未报竣。公府

---

〔1〕　威远堡边门，明设辽河套边堡，成化五年至十七年（1469—1481年）筑。西南至开原城30里，即今辽宁省开原市东北15公里威远堡镇。清初改名威远堡边门。

〔2〕　图什业图旗，即科尔沁右翼中旗。

由洮儿河南移居北部所留本旗台壮游牧之地。该公喇喜敏珠尔情殷报効，素明大体，又续请展放荒段，由洮南赴齐齐哈尔大道迤南一带，西北自哈沙图站起，东北至阿勒坦克呼苏特依站止，约长四十里，宽八十里。此处系驿站要道，开垦之后，可与札赉特旗已垦地方联为一气。

札赉特旗为多罗贝勒牧地，当嫩江右岸，西界镇国公旗，南界郭尔罗斯公前旗，北尽索伦围场，川隰交纷，兼有农林渔泽之利，惟纬度偏北，气候较寒。而江河流域时有水患，未免引为缺憾。其放荒区域，洮儿河、嫩江汇流之处为一段，绰尔河近岸为一段，瑚尔达河为一段，均经前黑龙江将军恩泽、达桂等先后奏请开放。光绪三十年，达桂奏设大赉厅，并设塔子城经历景星镇巡检。臣等又于嫩江沿岸哈拉和硕等地方，兴办屯垦，以资振兴，该旗台壮均居西北一带，即嫩江沿岸亦尚有自留垦地。其月亮泡之渔业，尤为本旗岁入大宗之款。

杜尔伯特旗，为固山贝子牧地，当嫩江左岸，南界郭尔罗斯前旗，东清铁路贯其中部。放荒区域均沿江岸，经前黑龙江将军达桂、程德全等先后奏请开放。三十二年，程德全奏设安达厅，并分省属垦地哀益厅境。其沿铁道两旁，为东清公司占用甚多，经臣等改定铁路合同，内议明限制租用，地亩收回不少，尚须与该旗另筹办法，从事垦辟以保治权。并拟于铁道迤南设武兴厅，迤北设林甸县以绥辑之。林甸逼近铁路，事务较重，拟即时建置。武兴垦辟无多，暂请缓设，均经奏准在案。

郭尔罗斯前旗，为镇国公旗牧地，跨松花江两岸。乾隆年间，始开边禁，借地养民。嘉庆五年，设长春理事通判，旋改同知，实为蒙疆移民之始。长春一属租赋，悉为该公旗岁入。历百余年，民蒙相安，风化文物等于内地。光绪十四年，吉林将军希元以长春为吉奉孔道，省城西北门户，奏请升厅为府，并分设农安县治，移原设照磨于朱家城子，增设新安镇主簿。三十三年，展放长岭子荒，经臣等奏设长岭县治，现在荒务尚未告竣。该处地接达尔汉旗未放荒界，蒙匪越境，窜扰垦户，行旅相率裹足。此项站荒不开，则蒙旗显分畛域，遇有剿捕事宜，三省巡防军队疲于奔驰，实不足以安辑地方而靖盗源。

郭尔罗斯后旗，为辅国公旗牧地，嫩江界其西，松花江绕其南，东清铁道经其东，实为水陆交通之地，与哈尔滨仅隔一江，舟车所至，俄人踪迹最密。从前熬汉旗喇嘛色丹巴勒珠尔因索债押荒一案，勾结俄商借款，擅立公司，在旗开垦，经前黑龙江将军程德全严恭查办，去年始将俄人交涉议结。经臣等设法偿还俄债十七万卢布，收回火犁，取销约据。该旗债务轇轕甚多，现在逐案清厘，俾得防微杜渐。其铁路两旁荒地及沿江各荒，均经先后开放报竣，并于光绪三十二年经程德全奏设肇州厅，又设肇东经历分驻昌五城以资治理。

纪兴办屯田

实边之策，首为屯垦，但募市井之夫，或移畎亩之民，即使之守斥堠，复使之勤作息，欲以收寓兵为农之效，岂易事也。然则欲办屯垦，莫若移拨退伍，盖皆出自农间，又久受军人教育，平时无品类不齐之虑，有事可资以捍御，此所以有拨退伍兵屯垦扎赉特旗荒地之举也。光绪三十三年。以陆军第三镇兵将应期退伍，乃饬黑龙江民政司司使倪嗣冲筹移退伍各兵，兴办江省屯田。嗣倪嗣冲条陈其事，周密详尽，轻而易举。其办法于应期退伍各兵，论以屯田之利益，询其情颜赴江者，第一年酌拨一千名以为之倡，第二年仍以一千名为额，第三年稍见成效，增拨一千名，共拨二千名，第四年拨三千名，第五年仍拨三千名，前后五年共得屯兵万人。每兵给开成之地一顷，第一年收获后，令其每亩缴租费一元，第二年缴一元五角，第三年、第四年各缴二元，五年归其执业，照章升科交租。而受佃之初，牲畜籽种之费，每兵给以百元，栖止储藏之地，又各给住房一间，厂棚二间。如此分年拨集，即以免其瞻顾，而经费亦易于筹维。且人人不耗一钱，即有耕作之资，又有食宿之所。五年而后化佃民为业户，坐享百亩之供，孰不趋前恐后耶。惟地即荒芜，垦辟匪易人力、马力均难为用，须购外国火犁机器，一律开成，然后分给，庶可以纾困苦而责租赋。各项经费比抵递年所征田租，第一年须费十四万两，第二年已溢二万五千两，第三年溢八万五千两，第四年溢二十四万两，第五年溢五十二万五千两。屯兵已及万人垦地已及万顷，而第三年以后，所屯之兵于第六、第七、第八三年之内，共须缴租二百二十七万五千两。屯兵即收实益，国家亦不虚糜。更踵其后而推行之。二十年间，蒙边将成重镇矣。厥后拟指黑龙江畔哈达逊、必拉等处地段开垦。而倪嗣冲谓此处虽与俄一江相望，备边殖民，固属至计。惟创办之初，如指地太远，界邻强俄，屯兵恐生疑畏，一切照料且亦难周，自应择距省较近，土地肥腴者，先为试办，则得力易而成功速，屯兵之心亦安。后来者自趋之若骛，然后经营极边，亦易为力，故地段似以指拨省西临江之扎赉特地方为宜。于是与扎赉特旗贝勒扎萨克商允，续放荒段之嫩江西岸哈拉火烧地方，先拨二万垧试办，派刘菊芳为屯田总经理，蒙员阜海为帮办，于购定火犁机器之外，复购马力机犁，开垦零星片段，以助火犁之不足。三十四年为第一年，拟退伍屯兵之期，曾奏请得旨试办，而措手已晚，改于下年为第一期，且火犁未到，只用马犁开地不多，复遭水患，房舍牲畜薪刍之属，均受损害，水未涸而地以冻,火犁到而未能试验,又以马多倒毙,改用牛犁,拨到之兵二百零四名,官八员而已,现开地约三百顷,因变通定章,每兵给地一顷,授房一所,官给地五顷,授房一所,合四兵为一股,以应给之资本代其购犁一具,牛五头及农具爨器之属。又恐一犁耕四顷之地,或有不及,复由公家备犁一具,牛四头,借给使用。虽以天时人事之延阻,目前既以开办拨兵不多,未能如原定之数,第逐渐而扩张之,必能达最初之目的也。

附黑龙江民政司司使倪嗣冲请移陆军第三镇退伍兵分拨江省屯田说帖

窃查自古备边之策,惟屯田为最善。江省土地旷衍,人民稀少,近虽改建行省,开放各荒,无论垦者无多,一时难言富庶,即使次第垦成,其势散情涣,亦于备边毫无实济。招练屯兵,目前又无此经费,时奉宪论,筹与陆军第三镇退伍之兵,次第移拨江省屯田,变通办理,诚为要图。谨将酌拟办法,分条缮呈:

一、开办之初,一切须详为筹计,移拨过多,即恐退伍各兵多所瞻顾,又恐经费维艰,拟请于应期退伍各兵,明白晓谕,俾知屯田之利益,询其情愿来江者,第一年酌拨一千名以为之倡,第二年仍以一千名为额,第三年稍见成效,已来各兵获有实益,后者闻风,自无不趋前恐后,拟请酌拨二千名,第四年即请加拨三千名,第五年仍拨三千名,共计五年屯兵万人。

一、每兵一名,拟请给开成之地一顷,第一年收获后,令其每亩缴租费洋一元,第二年缴洋一元五角,第三年缴洋二元,第四年缴洋二元,五年归其执业,照章与升科之地,一律自行交租,给契准其世守。前数年虽缴租费,以中年收获核计,尚有所余,房地终归为已产,量易乐从,有所系恋,自不虞逃亡之弊。

一、各兵远来,未必能有余资。拟请每兵一名给洋一百元,作为耕种牛力籽种各费。拨兵千名,共需洋十万元,以七钱合算,共计银七万两正。

一、耕作必先谋栖止,若令各兵自营庐舍,恐无此力。拟请每兵给住房一间,厂棚二间,筹款预为建造。地段拟就省西嫩江沿一带建屋,百户为一屯,每屯先建十户,次第衔接,出入既便,耕作始可相安,声气易通,守望乃能相助。约计每房一所需银五十两,共计银五万两正。

一、江省之地荒废已久,人力、马力皆不足以辟之。拟请购火犁,一律开成,再行分给。

火犁每架约价银二万两,千顷荒地,火犁三架,始足敷用。每架薪工木柴之资及一切杂项费,约需银一万两正,计共银九万两正。

以上第一年共需银二十一万两正,即可开办屯田千顷,当年仍收回租费银十万元,合银七万两。次年经费即可减半。逐年推广,第五年以租费支用,即可有余,屯兵已至万人,开地已至万顷。如遇歉岁,展限一年,收屯兵应缴之费,此其大略。抑或按地分粮,分四年定额归其执业,亦可应俟开办后,详细察夺,酌定禀报。至备军械以资防卫,选头目以资管束。农隙操练,设立学堂,按丁抽伍。一切善后之法,并请以租费项下动用,年终册报。仍将逐年屯兵人数用款租项数目,分年开列于下:

计开

第一年,第一次拨退伍兵一千名,每名给资本洋一百圆,共十万圆,七钱合算,计银七万两。建住房一千所,每所估银五十两,共计银五万两,购火犁三架,每架估银二万两,共计银六万两。管驾火犁薪工木柴一切经费,约计银三万两。

以上共需银二十一万两,当年秋后,每兵每地一亩缴洋一圆。第一次屯兵一千人共收缴回租费洋十万圆。以七钱合算,计银七万两,存备第二年动用。

第二年,第二次拨退伍兵一千名,共给资本洋十万圆,计合银七万两。建住房一千所,计银五万两,薪工木柴经费约计银三万两。

以上共需银十五万两,除动用第一年缴回租费银七万两,实需银八万两。当年秋后,收回第二次屯兵一千人缴租费十万圆,仍接收第一次屯兵续交第二年租费每亩一圆五角,共洋十五万圆。以七钱合算一共银十七万五千两,存备第三年动用。

第三年,第三次拨退伍兵二千名,共给资本洋二十万圆,计银十四万两,建住房二千所,计银十万两。添购火犁一架,计银二万两,薪工木柴经费约需银四万两。

以上共需银三十万两,除动用第二年缴回租费十七万五千两,实需银十二万五千两。当年秋后收回第三次屯兵二千人缴租费二十万圆,接收第二次屯兵续交第二年租费十五万圆,第一次屯兵续交第三年租费每亩二圆,共洋二十万圆,以七钱合算,三共合银三十八万五千两,存备第四年动用。

第四年,第四次拨退伍兵三千名,共给资本洋三十万圆,计银二十一万两。建住房三千所,计银十五万两。添购火犁二架,计银四万两,薪工木柴经费,约需银六万两。

以上共需银四十六万两,除动用第三年租费银三十八万五千两,实需银八万五千两。当年秋后收回第四次屯兵三千人,缴回租费三十万圆,接收第三次屯兵续交第二年租费三十万圆,第二次屯兵续交第三年租费二十万圆,第一次屯兵续交第四年租费二十万圆。七钱合算,四共银七十万两,存备第五年动用。

第五年,第五次拨退伍兵三千名,共给资本洋三十万圆,计银二十一万两。建住房三千所,计银十五万两。薪工木柴经费,约需银六万两。

以上共需银四十二万两,即由第四年租费银七十万两项下动用,当年秋后收回第五次屯兵三千人缴租费三十万圆,接收第四次屯兵续交第二年租费四十五万圆,第三次屯兵续交第三年租费四十万圆,第二次屯兵续交第四年租费二十万圆。七钱合算,四共合银九十四万五千两。第一次屯兵于是年停交租费,地即归其管业,以后按年自交大租。五次移拨共及万人之数。

第六年,收回第五次屯兵续交第二年租费四十五万圆,第四次屯兵续交第三年租费六十万圆,第三次屯兵续交第四年租费四十万圆。七钱合算,三共合银一百零一万五千两。第二次屯兵于是年停交租费,地即归其管业,以后按年自交大租。

第七年,收回第五次屯兵续交第三年租费六十万圆,第四次屯兵续交第四年租费六十万圆。七钱合算,二共银八十四万两。第三次屯兵于是年停交租费,地即归其管业,以后按年自交大租。

第八年,收回第五次屯兵续交第四年租费六十万圆,七钱合算,计银四十三万两。第五次屯兵于本年停交租费,地即归其管业,以后按年自交大租。

以上五年分五次屯兵万人,共需银一百五十四万两。至第八年共收回租费四百五十五万两,除支实余银三百零一万两,然支银难及一百五十四万两,惟第一年全数实支银二十一万两,第二年除支用已收租费,实需银八万两,第三年实需银十二万五千两,第四年实需银八万五千两,四年统共合计,实需本银五十万两,即可开办。第五年租费即有所余,八年通计,即以子母相权,亦有盈而无绌,矧屯兵已及万人。大租永以为利,尚不至虚掷本金也。

再开办之始,人数无多,拟派巡警弹压,并由经管火犁员司照料。以后人数渐增,应否添员经理,万顷开齐,人数尤众,火犁已停,或派员经理,酌定经费,八年后一律停缴租费,执业升科,或仍定专员经理,或设屯官管理,届时再行察看情形详细筹计,呈请鉴核。

纪实业

今海外各国,汲汲求富,无不以农战、商战、工战迭为雄长。战或不胜,继之以兵,上自王公贵人,下至佣贩妇女,竭精罢神以求扩张其权利,谓非知所先务与。而我蒙藩者负山带河，沃野千里，其地利之丰腴，物产之富厚，人民之健壮，牧畜之蕃息，可以劝工，可以教农，可以兴商，可以强兵。徒以安于愚弱，不知自振，坐使环而伺者觊觎地产，抵制商情，或阳啗以巨金，或阴图夫垄断。英之于印度，美之于坎拿大，将复于蒙古一试，可惜孰甚，可惧孰甚。然物穷则变，变则通，蒙汉人民，地方官吏，每每因外界激刺，亦知起而振兴提倡，如索伦山之森林、景星山之煤矿，与夫渔业、镰厂，皆已逐渐举行。余则工虞之所掌，商贾之所资，羽毛齿革之材，草木金石之品，莫不蕴蓄至宏，取携甚便，果次第而扩充之，莽荡穷边，犹陆海也。太史公传货殖曰，上者因之，其次利导之，其次教诲之，其次整齐之。今之哲里木盟，因之无可因也，无已，其利导、教诲、整齐也乎。兹将全盟种种实业，凡属文牍所存，调查所得者，条著于篇，以觇物产之盈虚，民智之通塞焉。

一、森林　索伦山为内兴安岭东出之支脉，周围二千余里，凡札萨克图、镇国公、札赉特、乌珠穆沁、札鲁特诸旗，皆其绵亘处也。森林茂郁，垂数千年，高十丈、大数围之松木，遍山皆是。而椽木、画木亦杂出其间。工师俗名木把，亦曰把头入山采木，约分三路行销：北路销江省者十之三、销外人者十之七，东路销江省民蒙两境者各十之五，而南路则全数销于科尔沁右翼诸旗。合中外民蒙销售之款，岁计约二、三百万，不可谓非利薮也。乃自东清铁路通行以后，俄人任意采伐，不肖官吏又从中暗为勾结，擅与俄人订约，我之商民伐木，尚须向俄人领票，反宾为主，抑制百端。现虽收回旧约，复我利权，徒以索伦遗族栖息其中，非大股商人佐以兵队，未敢深入。光绪三十一年，署黑龙江将军程德全从佐领吉祥之请，于索伦山之阳绰尔河设立祥裕木植公司，发给执照图记，以喀喇沁旗梅楞阜得胜为总董，集股一万六千两，选募工师入山采木，每售价银一两，由木税局抽收税捐一钱，山本八分。所得赢余，按十成分派，以二成报效公家，以二成提作公用，余剩六成均归股东余利。并疏浚河流，减轻价值，商请札萨克图王旗借地建栈以广招徕。据三十三年四月报销清折，除开办、常年两项经费暨存椽木十二万余根外，股本支用殆尽，虽属办理不善，亦运道未通之所致也。今札萨克图王旗台吉等自愿于圭勒尔河岸之达尔罕玛尼、吐喀木、他拉、达太等地方建修旅店四处，沿洮儿河一带自特布什格起，经乃林加拉嘎、桑勒布托海、义干套改、义干和硕至四家子建修旅店六处，遴选通晓汉语蒙人经理其事。道路既通，运木者或可源源而至。东隅既逝，桑榆或未晚也。

二、矿产　哲里木盟西北一带，山冈重叠，地产最饶，如札萨克图旗野马吐、陶来兔等山之金矿，青阳镇之煤矿，镇国公旗西北山之硫矿，札赉特旗温得各山之金矿，宾图旗前新秋之煤矿，达尔罕旗西北山之金苗、墨石、水晶皆是也。第风水之说，中于人心，开采之方昧于要领，或已知而未采，或即采而中辍，以致天地固有之利任其弃置。其已经筹办者，则郭尔罗斯前旗石牌岭之煤矿已归日人开采。又札赉特旗景星山之煤矿，山在景星镇北十五里，东与平山相接，光绪三十三年，协领纯德勘验平山煤矿所探得者也。平山之矿，深而难取，不若景星山之简易。据调查报告，平山须挖至十四丈始得煤线，且泉脉较多，工程颇费。景星山开挖五丈，即见煤线，其长约数十里，直达平山，其宽二丈五尺，较开平、唐山之矿已逾三倍，而深尚不知几许，煤为石质，实属上品。矿学家云：煤有三种：曰木质，曰土质，曰石质。木质由千百年树叶树根腐变而成，著火较易，烧之有烟，体质轻而不坚，乃寻常之品。现出奉天抚顺、江省甘河者是也。土质需用黄土搀和，团成卵形，始能燃烧，现在京城煤炉所用者是也。惟石质性最坚，烧之无烟，火力大而耐久，西人称为无烟煤，又曰白煤，汽轮多用之，且能炼钢比寻常之煤价高三倍，实为上品。已建设黑龙江煤矿利源有限公司，发给图书执照，与平山合为一处，以知府梁掌卿为总理，将纯德所集平山煤矿股本中钱二万五千吊作为优先股分，再赴津沪各处集股三十万元以资开采，现划出矿界三十方里，一俟招股有成，即当畚钟从事矣。

三、渔业　蒙人迷信宗教，相戒不食鱼鳖，汉民之捕鱼者，往往为其禁阻。其实东西二辽、松嫩二水所产鲑鱼其皮可治衣鞋。以及洮儿河、月亮泡、察罕诺尔、陶代屯等处皆绝好渔业场也。放荒设治以后，从事网罟者日多，蒙人贪其税课，亦不之禁。取渔之法，夏秋则截流，冬令则凿水，或网或箔，各从其便。渔人栖止皆在水滨，截茅架屋，布网以代墙垣，俗称网房，郭尔罗斯后旗沿松嫩、二江、网房甚伙，水涨之岁，约二百岁。网房之大者，岁纳税二十七两，次之十余两或八两。公府岁入之税，多至二千余两，少亦千两。至郭尔罗斯前旗，则划松花江为界，东岸民官征之，西岸公府征之。公府之税皆上年预征，否则不容捕取也。杜尔伯特、札赉特二旗，中限嫩江，隔水相望，沿江诸境，分隶民官蒙旗，大率官得其八，蒙取其二。此外则月亮泡之渔业独擅其胜，网房约百余处。所征之税有至三、五千金者。上游洮尔河贯札萨克图王、镇国公二旗，鱼鳖之利，亦不稍让其他。则察罕诺尔、陶代屯两湖均博多勒噶台牧境，水涨插箔者约千余，惜水无来源，故质小而味亦不佳，较之大川巨浸，盖相去倍蓰焉。

四、盐池　哲里木盟产盐之区，向有二处：一在图什业图旗境，一在杜尔伯特旗境。在图什业图者，当牧地东南四十里，译为博罗呼吉尔盐池。道、咸中，产盐尚盛，嗣后日就淤涸，不复有人采煮矣。在杜尔伯特者，为珰奈屯之盐滩，所产不多，岁仅五、六万斤，色白而味稍苦，但行销于本旗及从事铁路之俄人。此外诸旗居近柳边与铁路者,仍食海盐。其西北一带及距铁道稍远者,则取给于乌珠穆沁。乌珠穆沁之产,不假人工,自结盐块。外来贩户须雇该旗牛车运载,自带者不得入境。每盐一车以八百斤为率,价银六钱,按每斤计之,仅制钱一文有奇。而该旗札萨克所得盐利,岁至五万余金,其富饶可知也。惟古者川泽之利,王者专之,本非就封之国所得私有。若仿内地引盐之例,以哲里木盟辽河以北各旗划入引地,立督运局以杜偷漏,设分售处以畅行销,秋后禾稼登场,由各局处均价收买粮谷运往乌旗易盐,囤积零售,照现今盐价以至少之数计算,亦百斤值银二两,除局用运费以外,获利尚十余倍。其蒙旗向有之利仍旧提给,一转移间,食货流通,在蒙旗应得之数乃无出入,而国家岁得大宗入款,可以次第举行新政,诚一举而数善倍焉。

五、硷厂　哲盟地质斥卤,除宾图王旗外,大半皆产碱之区。惟蒙情之翻复无常,致商业之变迁莫定。在图什业图王旗者,则以运道不通而辍业矣。在达尔罕王旗者,则以王府禁阻而中止矣。在后郭尔罗斯公旗者,则以公府不允设厂而废置矣。现在从事采煮者,惟博德勒噶台王旗最伙,有硷锅十七处,无论冬夏,皆事工作,岁出千余万斤。次之则杜尔伯特,有二十五处,夏秋煮硷,冬季停止,岁出五百万斤。郭尔罗斯前旗,有十余处,岁出百余万斤,其余则镇国公、扎萨克图、扎赉特诸旗,多至四十万斤,少亦十余万斤。制硷之法,于春初未雨之先,视土面浮有白色细末者,即为硷芽,取置高处,善为盖藏。盖硷土著雨则渍入深处,不复长芽,虽煮亦不出也。所出之硷,分红、白二色,白硷百斤值银一两四钱上下,红硷倍之。至郭尔罗斯前旗另有冰硷一种,冬令生于冰上,厚三四寸,凿去数日复生。其各硷销售之处,则辽河以南多在法库、辽源、奉天、营口、小库伦一带,以北者长春、新城暨黑龙江省各处也。所有各旗境产硷之区,附识如左:

图什业图王旗境　香海庙　白音珠拉

达尔罕王旗境　骡马吐　乃门塔拉长五十里宽十余里　十家子长十五里宽六七里　苏通长二十里宽十余里　波拉噶吐长四十余里宽三十余里　毛头花庙宽长各十余里好老堡长约二十里宽十余里哈拉把山宽长各十余里

扎萨克图王旗境　开通县东六十五里

宾图王旗境　无

博多勒噶台王旗境　姑鲁满罕　鸡儿徒　对旗　花户捐三刀　沙里噶　东坑坑　布拉呼箕　公爷营子　花登营子　四道壕　狼子洞

镇国公旗境　洮儿河南岸

扎赉特贝勒旗境　大赉厅长约五里宽约三里

杜尔伯特贝子旗境　沿东清铁路以南　前郭尔罗斯公旗境　达玛苏长三十余里宽十余里　岔干捞噜宽长各二十余里　胡里波泡　灰落哈嘎　二马哈嘎　达马哈嘎

北郭尔罗斯公旗境　北部一带

六、药材　哲里木盟所产药材，数赤芍、黄芪、甘草、防风为多，其余各种，间亦丛生。采贩之流，大半来自燕、齐，行销之处，亦不外此两省。其留为本旗之用者，曾不及十分之一。盖蒙古之业医者多属喇嘛，操术未精，奏效甚鲜，不得不于方剂之外兼施缄针灸符咒，故药品之销售寥蓼无几。至于科税之法，以刀数计，每刀一柄缴费若干，然后采取，已设治者，民官征之。未设治者，蒙旗征之。名曰镐头银采药者作辍无定时，征税者多寡亦无定额，视人事之转移而已。据去岁调查所得者凡四十一种，附列于后：

甘草　防风　黄连　黄芩　黄芪　桔梗　狼毒　党参　元参　麦冬　赤芍　白芍　知母　贝母　苦参　苍术　黄精　荆芥　百合　升麻　远志　细辛　丁香　大黄　黄栢　紫苏　苏叶　地丁　麻仁　地榆　益母草　蒲公英　车前子　鸡爪连　兔丝子　老鹳筋　透股草　节股草　血见愁　鬼箭榆　龙胆草　枸杞

七、牧畜　蒙古生计专赖畜牧，问其贫富，则数畜以对。畜有驼马牛羊骡驴之属，而马牛羊三者其大宗也。哲里木盟马匹素称良骥，索伦马队屡奏奇功。其余牛羊两项又为输出巨产，天留此自然利益以惠蒙人也，亦已久矣。自开边禁以来，垦辟渐多，凡属水草利便之区，悉为稼穑丰盈之地。牧场既蹙，畜养又复无方，以故雄骏之材日就稀少，而坚忍耐劳之性质亦与前大相径庭。益以日俄一役，逼近战地，营运战备，食肉寝皮，无一不需之蒙境，贱购强取，十去四五，日人购马约三万匹，俄人则十倍之，牛羊称是。骊黄[1]之选，几至空群。虽邻旗之乌珠穆沁、浩齐特、扎鲁特均为产马之区，每不惜重价市来，已充圉厩，而地势异宜，人为异致，大有江淮枳橘迁地弗良之慨。加之游牝，漫无节制，别群夙未讲求，欲孳生之蕃衍，其可得乎。至于饲养牛羊，尤为日用必需之要，牛乳可以疗饥，羊皮可以御寒，牛粪可以代薪，以至皮革骨角皆可以供制造。而乃不知护惜，于乳湩则恣意取求，于刍秣则毫无豫备，童牛失乳已不免羸瘠之形。及至隆冬，草为雪压，牛性较拙，不知拨草觅食，听其冻饿以死，幸而不死，而叠受大创，已虽胜负重之任矣。种种原因，相迫而至，此牧政之所以日坏，而生计之所以日绌也。去年调查各旗畜牧，惟达尔罕旗尚盛，马

〔1〕 骊黄，宝马名。见《列子·说符》。

牛羊三种共约一百四五十万头博多勒噶台、前郭尔罗斯诸旗次之，博旗约三十万头，郭旗约二十余万头。扎赉特、镇国公、图什业图诸旗又次之。扎旗约八万头，公旗约七万头，图旗约五万头。最少者杜尔伯特、宾图、扎萨克图、后郭尔罗斯诸旗，杜、宾二旗三万余头，扎、郭二旗二万余头。盖较之十年以前，尚不逮其半也。

八、制造　蒙人赋性颛愚，原不足语高深之制造，然其简易物品，亦有为他处所称许者。一取诸动物，一取诸植物。取诸动物者，羊毛、牛乳是也。羊毛之制造，分毛毡、绒毡二种。毛毡质厚而粗，杂以沙砾，久则脱落破碎。宽五尺长一丈者，约价三元。绒毡则以纯细之毛为之，质薄而精，价高毛毡一倍。牛乳之制造，分食品、饮料二种。食品凡三：曰奶油，取乳面之油，滤以盎布，煮以文火而成者。曰奶豆腐，取乳底之沉淀，熬煮而成者。曰奶果子，以面和乳，渗以糖奶、油炸之，或奶和糖面制成饼饵，蒙人视为无上之品，非贵客不供也。饮料亦三：曰奶茶，以鲜乳和茶而成。曰酸奶子，以鲜乳和水，似其微酵带酸味者为佳。曰奶酒，以制奶豆腐余剩之浆，盛之使酵，霉之以变其性质，蒸之以挹其精华，其味微酸，薄能醉人。凡此数种，内地多购取之。其取诸植物者则限于地，制品之多，销路之广，远不及羊毛牛乳。亦分二种：曰杏油，为蒙人供佛之品，以杏核制之，出郭尔罗斯部及三姓以西各境。曰辘辘车[1]，取榆柳之木，屈为轮，削为辕辙，制极简单，每车可易二岁乳牛一头，出科尔沁右翼及扎赉特部。凡无林木之处，若浩齐特、若乌珠穆沁、若杜尔伯特，率皆购用，他如衣裳靴履，无肆市者，均出自妇女之手，颇坚朴耐久。其余齿革草木之属亦均为制造之原质，惜蒙人不知自制，多转而售之他人，是缺点也。

九、猎产　蒙人射飞逐走，本所专长。自弧矢易而火器其用，愈为便捷。每于丛林灌莽之中，迹禽兽之所在，十获七八。霜降以后，各旗王公出猎，每村征调一二人，臂鹰牵犬，至猎所合围，获狼豹熊鹿狐貉雕鹘等物，则献之王公，獐狍獾兔黄羊野豕则留为己有。至貂鼠、灰鼠、海龙，猞猁之属，索伦围场深处，间或有之，非常产也。每年所得猎产，以獐狍獾兔黄羊野豕为最多。皮则制作衣褥，肉则取为食品。亲友之馈遗，宾客之供张，均不外此数种。其他贵重物品，如鹿之角，雕之羽，狐貉狼豹之皮，则居为奇货，不得重价不售也。故东三省所市皮张，较西北诸口贵几加倍。近数年中，索伦山一带鹿角，狐皮互有多寡，计其平均之数，岁出鹿茸约三百具，狐貉之皮约万余副，其余各种兽皮以非猎产大宗。无专贩亦无确数。至于洮、辽以南，松嫩以东，平沙千里广漠无垠，不惟贵重之品绝无仅有，即寻常野兽亦寥寥

〔1〕 辘辘车，也称大辘轳车、勒勒车，北方草原蒙古族制造的一种交通工具。

无几焉。

十、农产　蒙人逐水草居，古称行国。其后近边诸旗，渐染汉俗，始从事于耕植。凡设郡县之区，类皆农重于牧，操作亦如汉人，但坚忍耐劳为稍逊耳。若地利有余，人工不足，则觅燕、齐无业之民，或敖汉、奈曼、喀喇沁、土默特诸旗蒙人以助耕作，俗名镑青，所宜农产，有稻、麦、稷、豆、高粱、胡麻之类，与夫蔬中之菘、菠、菇、茄、瓜、薯及韭蒜、莱菔，果中之榛、栗、梨、枣、桃、李及胡桃、葡萄。三者之中，以高粱、黄豆、瓜子为输出大宗。每至秋间，辽源州、库伦街一带，车载马驼，日以数百计。余则所产不多，仅足供给本地而已，盖蒙境地广人稀，牛溲马勃，腐叶草根，遍地皆是，壅阏即深，遂化瘠土为沃壤。惟纬度偏北，气候较寒，春末始解冻，秋后即雨雪，农时不免稍促，虽饶地利，终厄于天时也。

十一、商业　蒙人不知懋迁，温饱以外便无余事。器用布帛之属，皆内地小贩转运而来，其初至也，以车载杂货周游蒙境，蒙人谓之货郎，岁一再至，交易有无，伺其习尚好恶迎机而钩饵之。以布易牛，其利最巨。每布一匹，蒙人以八寸为方，四方为托，七托为匹。直银约一两二钱，易犊一头，初不将去，仍留原主牧养，比三、四年，牛已长大，然后驱入内地，可售价四、五十两。蒙人弃数十倍之利，反以寄养于家可食牛乳为得计，亦可哂已。汉民往来即久，渐兴蒙人稔习，乃乞隙地支窝棚，久而不去，并赊予货物权子母焉。或虑王公驱逐，则纳例款以求容。迨至襄橐丰富，遂营田宅，畜牛马，易行商为坐贾，如以某某号名其地者，胥是类也。此等商号，哲盟迤西一带，未设郡县之区，每隔数十里必有一二家，蒙人濡染日深，亦知经营之利，惟恐本旗王公，艳其富名，不时需索，每托汉民为之经理，非惟财货出入假手他人，即股东之名亦避不敢居。奸商知其愚而可欺，往往以小惠甘言，诱其增益资本，每年结账一次。初则无论盈亏，辄言获利，次则无所损益，次则告以亏折赔垫，如是数载，本利尽矣。蒙人屡堕其术，近始幡然变计，躬自服贾，牵车聚巢于辽源、长春、哈尔滨、小库伦、齐齐哈尔、呼伦贝尔等处，盖以此数处者，非交通之区，即适中之地也。输出之货，以牲畜为最多，皮张、粮食次之，盐、碱又次之，骨角、毛羽、蘑菇、药材，虽非大宗，亦多零星小贩。至于输入之货，首在布帛，次则砖茶，次则绸缎杂货，近时洋货亦可行销，均不外日俄两国。日产则价廉工巧，无论贫富皆宜，俄产虽精而价值甚昂，非富家不敢过问焉。互市之期，凡属城镇均终年不绝。其秋间来集者，则惟各喇嘛庙、小库伦之瑞应寺、札萨克图旗之葛根庙、呼伦贝尔之寿宁寺。其最著者，每届会期，诸蒙聚集，出牛马易货币，得货则献喇嘛诵经祈福。行商求尺地陈货品，岁有常征，多者至巨万，少亦数千，而自王公以迄台壮之布施者尚不兴焉。

所用钱币,则辽河以南均以东钱为本位,辽河以北均以中钱为本位,其余银元、银块近亦通行,惟制钱缺乏,价值不免稍抑耳。纸币则信用日俄之手票,羌帖,而三省官帖反多扞格,故商业虽日盛,而利权之外溢亦日巨。近来言筹蒙者,必以拓殖银行为急,其亦知所先务欤。

纪铁路计画

东三省自修铁路之计画,发端于署将军程德全。光绪三十二年,有修伯都讷达新民府经行蒙地铁道之奏,明年复有展修黑龙江省枝干各路之请。拟自哈尔滨江北马家船口北向呼兰至瑷珲为干路。由呼兰至对青山,西越东清轨道,过松花江接伯都讷为枝路。而齐齐哈尔另为一枝,接东清铁道昂昂溪车站,并请于黑龙江荒款内提银百万以为之。倡议上,奉旨敕邮传部筹议,继复改计由南而北。就我京榆已成干路起自新民,逾法库、辽源,取道洮南,以达齐齐哈尔,此则专注蒙地,策我交通,绕越避就。先后计画之不同,亦绌于时势之变迁,不容不踌躇审计也。世昌曩时奉命巡视三省,综论时局,具疏陈大计有曰:欲谋行政之便捷,图实业之扩充,则不可不以交通机关为其命脉。铁路一失,沿线之森林、矿产均随之以去,血脉不通,利权尽失,此疏陈之大略也。当斯时也,我新奉铁路尚未收回。长吉一线,外务部亦正与日本持议不下,南满铁路尚归日本兵队管理,军用之轻便,铁道蜿蜒四达,不啻南满之枝线,如法库、如同江、如昌图、如公主岭、如四平街,皆战时所伸张,突入我蒙境者,迨至光绪三十三年,外务部与日本全权公使缔收买新奉之约,辽河以东,允借南满公司一半款项以资兴作,吉长一路亦附载约中与南满公司合办。而估工筹款,事事受人干涉,亦未能脱离其范围。是年改建行省,扩张三省内政,复我治权,而外交之对待,亦专主开放政策,以破日俄蟠结纵横之局。继而收回新奉铁道,改建宽轨,而京津榆沈之转运,始得通联一气。复不惮口舌之争。首先与日本提议善后交涉,以故在蒙境之轻便铁路次第收撤。始因会筹三省大局,建议开拓蒙疆,披除荆棘,纡道以谋路线,别图抵制之方,衷考地势,爰取程将军由南而北之策,就京奉干路自新民接轨,横穿哲里木中心而过洮南达齐齐哈尔,再图北展,得寸得尺,节节经营,此计画之初桄也。于是密派京榆铁路工程司景那沿途履勘,并拟分三段办理,由新民至法库为第一段,由法库至洮南为第二段,由洮南至齐齐哈尔为第三段。创办之始,财力为艰,拟先修第一段,故不曰新齐而曰新法,既为京奉枝线,亦如关内外展修各路之例。其工程做法及借款办法,皆以粗具规模矣。乃日本遽以并线相责,我据理争持。内而枢部,外而督、抚往复辩析,积牍盈尺,而新法问题亦遂起世界各国之注目,腾中外报纸之评论,固亦不直日本之所为,彼诚能瞋目不顾耶。方新法之梗议也,我派往调查锦州湾之工程司,发现葫芦岛不冻海口,将有所经营,为我辽海完全商港,则谋海陆军之交通者,挽舟车之权利者,将不在新民而在锦州。适督办蒙务朱启钤调查蒙疆回省,按躬历之情势,筹全蒙之设施,遂有筑锦齐一路之请,改新民路线而西之,自锦州取道直隶之朝阳,经小库伦而达洮南,始循原定路线趋齐齐哈尔。时巡抚唐绍怡方留京议三省交涉,因寄其图说,密商政府,深韪其议,且派工程司按图勘测,虽因大凌河之桥工取道略有不同,而以锦库为要点,固不易之论也。夫新洮之议不协,乃就锦洮为收桑榆之计,新洮以营口为尾闾,而夺辽河之利,得失仅半数耳。若锦州一府,东连辽沈,西抵榆关,北界蒙旗,南临海口,此路若成,内地富商大贾皆可挟赀财以入蒙疆。而近畿农民势将荷锄操畚赴哲里木诸旗受一廛以谋生计。且锦州所属煤矿,发现者所在皆是。输运既便,开采日旺,则载以北行,尤可苏蒙地樵苏之困。况葫芦孤岛经营方亟,果能开作商埠,争大连,旅顺之利权,作营口、牛庄之犄角,然后由锦州接一线以达海岸,将水陆错杂荟萃锦州,而东蒙诸部遂不啻为舟车交接之途,其利赖为何若耶。但由锦达洮之线,即以小库伦为重要之趋点,而大凌河之阻又起修桥之问题。故东西设线,持议已歧。盖东道则过京奉原有之桥以出清河门,西道则绕至直隶朝阳复纡而东走,论者或动于路近费省之说,多主出清河门,不知既谋目前即不得不策来日。为联络三省以分东清、南满铁路之利权,则东路为亟,为开通全蒙以建东北之屏障,则西路尤不可缓。东路取线仅经过哲里木一盟,若西线则由昭乌达、卓索图以至哲里木,环绕三盟,匪唯全盟贡注,三省之声气亦通。将来葫芦岛商埠告成,并足为东西盟开辟通商之海口。且即为养路计,绕道朝阳则赤峰州、乌丹城、喇嘛庙所产皮张,羽毛之属及哲境新放荒地所殖之刍粮粟麦,皆可输运出海,而经蒙政策趋重赤峰之至计,亦隐相契合矣。近者,日人借新法并线之争,即欲展南满支钱,由铁岭以达法库再窥辽源,思享干路同等之利益,以遂窥伺蒙族之深心。我屈于彼而伸于此,未尝不可以隐折其谋。由此东北趋洮南,再东北指齐齐哈尔,然后全蒙挈于掌握,三省联为一气,况安奉铁道本有收回之期,珲春北去之线亦可大举兴办。吉林各路更陆续兴修,则匪特隔漠之旗蒙同登户庭,即三省行政之机关及关内外相衔之脉络,帆舆接迹之程途,贯串如环,胥能自主,岂仅经营之策画已哉。惟路线既长,款项殊钜,或筹官款,或招商办,正待筹维究之。不整顿蒙古,无以固边圉,而交通不便,尤无整顿之法,且京奉无支路之扶持,三省无南北之路线,以稍分东清、南满之势,皆不可以自卫。区区未竟之志，窃以为谋三省全局者，皆当同此心期，而必不视为一人之举措者矣。兹故以各路调查所报告揭之篇末，以为后此规画审择之所凭藉，其尚有以一证吾言矣乎。

锦洮西线调查

锦洮一线，亦分两路之计画，由锦州纡道西北经直隶之朝阳以达洮南为一路，由锦州东北出清河门趋洮南为一路，兹先以朝阳一路言之，锦州、朝阳之间，本有南北二道，北道稍近而山坡起伏，施工较难，宜就南道。南道计程百八十里，一出柳边便为直隶境东土默特旗地，路虽平坦，而颜家岭子石梁及老爷岭土梁尚询须设法绕避，大小凌河之上游须从事修桥，工亦不小。而路线所经红螺巘、高桥一带，居民颇盛，粮食盐靛、物产甚饶，及抵朝阳则乌丹城、赤峰州、喇嘛庙之货物群聚于此。朝阳以北至小库伦计程三百余里，小库伦为东蒙重镇，开辟已二百余年，即为蒙旗运道之管枢，亦为边防控制之要塞。自朝阳东北行，可绕过松岭一派大山，惟蒙古营子、杨家园子一二冈梁，而黑城河、扣河、牤牛河亦须驾渡，第桥工视大小凌河之难相去远绝。沿道民户耕市及商贩往来，终年不绝，养路之费自锦至库皆可无忧。过小库伦后，北趋洮南七八百里之地，只辽河二支流，桥工殊巨，余皆沙碛丛草，敷轨非难，而人物萧索，利赖难言。但建千余里之铁道为长驾远驭之计，苟有可以挹注补助，断不能皆为膏腴繁盛之区，顾于本计为何如耳。

锦洮东线调查

由锦州循京奉轨东过原有之大凌河桥，始折而北出清河门以趋洮南，计程千里。然亦有二路：出清河门后稍西，经小库伦，然后东北指洮南为一路。出清河门直趋就新秋煤矿，过哈尔套街以赴洮南为一路。以两路比较，小库伦一路稍远百数十里，然清河门至哈尔套街一段，虽有新秋煤矿之可就，惟沿途荒漠，人居稀少。哈尔套街本彰武县县丞分防驻所，人口万余，略形繁密，而内产即稀，外货亦绝。况迤北近洮南一带，无论从何线敷设，均无路利之可图。若由此道则仅涎新秋一处煤矿之利，而趋哈尔套街，沙碛弥漫二三百里之地，诚不如稍西经小库伦之为愈也。盖锦州至清河门一段，即行内地，自不虑无养路之资，沿路山梁皆易开凿，自清河门取道贝子府以至库伦亦经东土默特旗地，虽有牤牛岭、阿齐马二山之险，扣河之阻，而道路早通，民户日盛，况赤峰各处之货，南可以赴朝阳者，即东可以入小库伦，附车南下，且不失我注重小库伦，控握蒙旗之旨，故不能不舍哈尔套街而就此矣。至新秋煤矿距小库伦最近之路线仅三、四十里，及分设支路固亦非难，或筑轻便轨道接载，尤属易易耳。

新洮路线调查

新洮一线取，取径法库边门以抵辽源，复由辽源西北趋洮南，路钱约八百余里，所经皆科尔沁左翼中、后二旗地，道路平坦，无高山峻岭之阻，即有一二土冈石梁，绕越亦易，惟须过西辽河，桥工颇巨。自新民至辽源一段，人物繁庶，商务辐辏，平时谷麦豆饼之属必运至新民府或铁岭乃能附车输往各处，辽水涨时，亦可以民泊载运，南下营口。此路若成，自可争南满铁路之利权。而辽河水运势将失业，且新民经法库至辽源颇与南满路线成并行形，虽距离甚远，本无交涉之可开，而日人枝路之经营，隐谋未已，故又牵合路约以相责难，新法一议之发端，已成相持未解之问题。至于辽源以北至洮南一段，路虽平易，而荒凉寂寞夹于其间，养路之费以此段为最苦矣。

洮齐路线调查

洮南至齐齐哈尔之路线长五百余里，自洮郡北过洮儿河，取道靖安县行科尔沁右翼前后二旗及札赉特旗地，由哈拉拉喀过嫩江而东行杜尔伯特旗地，至昂昂溪越东清轨道而达齐齐哈尔。此道平直，无凿山绕道之苦，惟嫩江桥工，伟大过于大凌、巨流诸水，嫩江以外则为洮儿河，河身甚狭，驾桥不难，而瑚尔达等河益如细流，不足为轮轨之限，第靖安以北，尽属蒙荒，未经开辟，盗贼出没，地苦天寒。迤南为札赉特旗新放荒地，虽已为齐，洮来往之大路，而室庐未聚，陇亩尚芜，路线所经本不出此，由洮南以至嫩江，固皆荒凉寂寞之区也。过江而东虽渐繁盛，然自江岸以至昂昂溪，受俄路之影响，亦无厚利之可言。然则此五百余里之地，无乃同于虚设，不知所以疏兴安山脉之气，通科尔沁右翼三旗之路，登草莱之地，为粒食之场，实赖此铁道之提挈，将来由洮齐路线北展，取道墨尔根以达瑷珲东北边防，尤足衔接一气，不至有鞭长莫及之虞，此又非区区于逐站较量养路之利益者矣。

附录东三省蒙务督办朱启钤筹勘蒙地铁路说帖

窃维筹边要略，莫重乎交通，而开拓闳规，贵取乎远势。路权航政，尤为全体血脉所关，欲使流通，先求纲领，以内蒙形势而论，哲里木、卓所图、昭乌达三盟本，一气衔接，自宜握其枢纽以控制边城，按锦州一府，地居奉、直之间，北界蒙旗，南临海口，诚据此以为中心要点，敷设铁道，可以横贯三盟，即通蒙古出入之要津，复辟奉省完全之商埠，而于军事设置，关系尤莫大焉，何也。关内外之铁路仅有由榆达奉之一途，迤北边疆，实形隔阂，倘一旦有警，濒海之线到处堪虞。前者，庚子秋冬，边陲梗塞,江省文报必须取道蒙地始克入关,征调转输更无论矣。前事非远,使不设法布置,何以顾京畿之屏蔽,而树塞上之声威。且国际公法最重领海,凡各国之海湾、海峡,率先经营护惜,以保主权。辽东地属陪都,自昔视为重镇,迭经战事,安东、大连、旅顺概已租借与人。营口一湾,主权仅有其半,无论其军港未尝预备,即商港亦未完全。日人现已将大连势力极力扩张,营口商情已非皆比,倘不经营海口,竞争激烈,后患方长。锦州湾地即居中,天桥厂[1]一港最占形势,又系不冻之口,能以铁路为之后劲,则海湾权力不至全让与人。况东北分驰,更有无穷利益,撮其大要,厥有二点:一曰拓置。关系蒙古之议移民非一日矣,祇以道途阻远,经费艰难,若使就近迁移最为轻而易举。此次周历蒙地,查十旗垦荒之户,半皆来自奈曼、敖汉、土默特、喀喇沁各旗。考其原由,实缘其地开化最先,内地农民渐已屯积,而本旗土著遂不得不顾而之他,此为天然膨胀力可因势利导者也。倘一旦铁路经此,则往来即便,哲里木之垦户必可数倍于前,殖民之术可不劳而理也。二曰实业。关系铁路通行,用煤最多。查锦府所属州、县发见煤矿已不下十数区,路线所经,必不出其左右,将来一律开采,自可畅销。蒙地即乏木材,煤矿又绝少发见者,倘得由此输入,便利实多,且出口极近,并可销行他省,此又绝大之利源也。前拟建设新法铁路,规画诚至善矣。然细按之,以之联络三省则可,以之开通全蒙则不可,以之分夺东清铁路利权则可,以之建树东北之屏障则不可。为远大计,诚莫若改由锦府绕道朝阳,由此而东而北,经小库伦渡西辽河,穿达尔汉旗东部以达洮南府。北去之线,仍照前勘图说,由洮南接至齐、昂。西去之线,亦可取道赤峰州而联贯于京张。将来枝干并修,全蒙皆可提挈。若虞辽源以南所产货物不能附此道以输出,则辽河之水本可行舟,使加疏浚之功,则小轮可通,其便利不减于铁路,并可以息外人并线之争也。至路工之难易,按之图籍似应溯大凌河小凌河而上锦州,距朝阳约一百八十余里,土岗起伏辟,辟山开道,工程与榆关左近相似。朝阳以往势应东趋,则松岭一带大山脉可以设法绕避。至渡西辽河以北划平原千里,铺轨即行,一无阻碍。朝阳所属本东土默特左、右翼两旗地,物产丰饶,人民繁盛,施工较新法稍难,而养路之资利赖,当不啻倍蓰。谨绘图具说以陈,如有可采,再请饬派通悉路工人员详细履勘,以备筹策。

---

〔1〕 天桥厂,在辽宁省锦县南六十里,西距北宁铁路高桥车站十五里,为控扼海口之地。

纪疏竣辽河计画

三省为濒海之区，而蒙旗僻处，转与海隔欲为蒙旗谋交通之利便，当引而接之于海滨，然后能祛其行李艰难之苦，则筑铁道为一策，疏河流为一策，要皆使蒙旗食运输之利，以实行吾屯田垦边之政策而已。到东以来，审河渠之形要，知黑龙江之险，所以严国界也，于是有沿江上下筑码头设屯卡之举，知松花江之水所以通脉络也，于是有测量航路筹设邮船之举。然而水道平衍，转运便宜，其源之远发于蒙地，其流之长入于辽海，关于蒙民之生计，根于蒙务之规画者，则为辽河。辽河上游舟楫少通，至辽源州三江口地方，三支汇流水势乃大，始有估舶之利。三支者东西辽河及新辽河也。东辽河发源吉林稍北，折而西南流，出边蜿蜒而来，经奉化怀德之间科尔沁左翼中旗地而入大辽河[1]。西辽河则发源直隶北境克什克腾旗西，东北流经巴林旗，又东经阿鲁科尔沁、翁牛特、敖汉、奈曼、扎鲁特诸旗界入科尔泌左翼中旗境与老哈河合，直趋辽源会新辽河而入大辽河。辽源以下，运道早通，百余年来鳞次栉比，蒙地物产赖以入边转输他境。近者辽河淤矣，于蒙地及辽源货物之销售关系甚大。光绪三十四年，因营口绅商有疏浚辽河之请，乃派英工程师逐段查勘，筹议疏浚，欲为营口树后援，使其商业不至尽为旅大所夺，则此举诚要图也。

---

〔1〕 大辽河，指浑河、太子河合流后的河段。

卷三 交涉

述要

世之论外交者辄曰，无武力强权盾夫其后，仅恃公法条约以龂龂争持，虽笔秃吻枯，亦徒劳无补，斯言谅哉。夫交涉之难，莫难于今日，尤莫难于东三省，夫人而知之。然东三省交涉之重，又非急起力追，亟谋解决，不足以图自存。人或不能知，何也？狃于敷衍之为高，而昧于利权之暗失也。今有受人之赀产而为之典之者，其邻之人或间入其室庐，侵越其田里，力既不能逐之，不得已则必与之定疆界，立约章，宁失小利而毋损大权，然后整饬家政，徐图复我旧物，此必然之理也。夫东三省固丰沛根本之区，广寞华离，精英萃聚，森林矿产之富，粱麦菽粟之利，甲于天下。蕴蓄既久，遂启空穴来风，枳枸来巢之渐。甲午中日之战，俄人得志于旅大而交涉起，拳匪构乱，日俄交哄而交涉益繁，日本既出全力胜俄，糜费巨万，暴尸盈野，坡兹玛斯[1]之约成，举国忿悁，膺心切齿，以为得不偿失，要求特殊权利之心，时时形于词色。其所假托之名义，在我固明知其为楚非为赵之狡谋，而在彼犹指为城邢救卫之至计。当此之时，患不在各国利益之平均，而在一二国要求之无已，不在损失难追于既往，而在祸机愈伏于将来。交涉之局，几几乎反客为主，波诡云谲，莫可措手矣。世昌自丁未受任以来，以为经营东土必先修明政治，欲修明政治必先议办交涉，爰与奉天巡抚唐绍怡研求修约讨论机宜，集日本总领事于堂，排日提议，复与吉、黑两巡抚函电往还，详慎筹度，上承流于政府，下商榷于群僚。两岁以来，反复争辩，虽积重之势遽难悉就范围，而尺寸之争幸未贻羞陨越。其或路权寖替，则据

〔1〕 坡兹玛斯，今译作朴茨茅斯，美国城市。日俄战争结束后经美国调解日俄于此地签订和约，史称朴茨茅斯和约。

公理以争之,矿区未复,则正经界以防之。划商埠区域,以绝侵蚀之谋,复公私产业,以拒他族之逼。开混江之轮舶,以自保航权,抚韩国之侨民,以绥安边界。延吉本版图旧壤,为之置卫设防,蒙旗或煽动生心,为之绸缪化导,鱼盐林木多外溢之利,急谋抵制之方,警察裁判皆治外之权,亟讲文明之法。凡兹擘画,既已散见诸篇,惟是趣于时日,格于形势,或萌芽之方茁,或播获之可期,或纲举而目未张,或志焉而力不逮,而欲讲交邻之道,保和平之局,以折冲樽俎之间,而竭尽守土之责者,顾惓惓焉未能或释也。今者列强角逐,商业竞争,墨雨欧风,已全趋于东亚,其大势之所集,岂止东三省一隅。而固渤海之藩篱,树三辅之保障,计非移民实边、练兵捍圉、振兴实业、开拓民智不可。区区坛坫之周旋,笔舌之论辩,抑犹其末焉者也。

铁路交涉篇

东三省建筑铁路之约立于光绪二十二年，维时朝廷特简出使俄国大臣许景澄[1]为总办，与华俄道胜银行订立合同，其名称仍为东三省铁路，以修路费借自道胜银行也，故许道胜银行以承修之责。以借款之不取息也，故有以路作抵，三十六年后中国可给价收回之约。以该路土地为中国所有也，故有八十年限满归还中国，毋庸给价之条。至于铁路所用之人，若总监工、副监工、勘路委员，皆由铁路总办选派。每年出进款项册籍，皆由铁路总办随时调查。是则经理之任虽属外人，而路权犹未尽失也。迨二十四年复续订合同条约七款，第一款载明，此东省铁路干路之枝路达至旅顺、大连湾海口，名为东省铁路南满洲枝路。于是全路路线以哈尔滨为总车站，东过吉林之绥芬河以达于海参崴，西北过黑龙江之满洲里与西伯利亚铁路相接，长二千八百十六里，凡五十四驿，是为干路。南出长春、奉天以达于旅顺，长一千八百二十里，凡三十八驿，是为南满枝路。此中俄合办之时代也。庚子以还，俄人席战胜之余威，乘大局之未定，凭藉路势，攘夺主权。向之创设工程由道胜银行承筑者，寖且俄国政府出而干预，加以总办华员虚悬未派，用人理财之柄，一听俄员主持。展铁路两旁二万顷之地视同领土，则蚕食堪虞，尽江流以北数百里之山不纳税厘，则漏卮何极。而且置监狱，设巡警，则侵我裁判行政权，不许铁路界内驻兵，则夺我军事权。虎踞东陲，强宾夺主，东迁之氓，纷纷踵至。戍兵之设，源源而来，满洲里，扎兰屯[2]等处列廛而居，栉比鳞次。综计俄人约居十之七，华人不过十之三。虽铁路交涉局之设，遇事足以抗争，而华人俄人大率受公司之范围，而不尽从交涉局之命令矣。日俄战起，俄置戍征兵，飞刍挽粟，胥藉铁路为转输。日亦于奉天、安东、新民屯一带等处建设轻便铁道，为转饷运兵之计。守局外中立之义，势既无可通融，值客兵在境之时，术几穷于因应，交涉困难，于斯为甚。俄即屡北，日亦

〔1〕 许景澄(1845—1900年)，世称许公。原名癸身，字竹筠，生于浙江嘉兴，同治年间进士。曾任清政府驻法、德、意、荷、奥、比、俄等国公使。义和团运动爆发后，力主镇压，并反对围攻使馆和排外宣战。1900年7月28日被清政府在北京处死。著有《许文肃公遗稿》《许文肃公外集》《出使函稿》。

〔2〕 扎兰屯，在今内蒙古自治区呼伦贝尔盟东南部，大兴安岭东坡雅鲁河畔东岸。1929年置雅鲁县，1934年改设布特哈旗。1983年，撤销布特哈旗，在原行政区内设立扎兰屯市(县级)。

厌兵，坡兹玛斯之约成，长春以北之干路归俄之东清铁路公司，长春以南之枝路归日之南满铁道会社[1]，此疆彼界，画若鸿沟，俄人割让枝路而后方针亦因之而变，向于南满失之者，今则欲于北满偿之，设自治之会，收货票之捐，蹂躏我山林，广购我疆土，私挖矿产，则沿边在掌握之中，限制华兵，则路界为逋逃之薮。恣睢跋扈，任意取求。而日人亦并力经营，得步进步，于军用暂设之路，则改辙以期贯通，于约期拆废之路，则筑站而思久踞。甚且侵我林矿之利，阻我建筑之权。两国军民熙来攘往，溯滨江而上，恍置身于俄国之都，遵长春而南，亦触目尽东人之子。两雄并立，势敌力均。世昌奉命来镇东土，以为太阿倒持非一朝一夕之故，欲筹挽回之策，不惮笔舌之争，爰派员与铁路公司霍尔洼特会议展地伐木合同及开采煤矿限制，复向之索地撤关拟设铁路巡警，经岁磋磨，始获就绪。惟自治会一事，迭经电请外务部与俄国使臣开议，连篇累牍，始终力争，然后公议会之大纲乃定，铁路境内我国主权方免损失。盖自治会之问题一日不解决，即警察剿匪暨一切地方行政之权，无由次第规复也。光绪三十一年，中日会定东三省条约第二款原有遵行中俄造路原约之文，日人背约食言，迭生枝节。昌图府等处沿用之轨道，草河口地方护路之警权，辩论再三，始允退让。至于牛家屯一带枝路添筑迁移，肆意所欲，而新法一路则拒我兴修，舌敝唇焦，迄未决议。现已移归外务部与日使筹商，将来据约坚持，彼固无从置喙也。要之铁轨所伸之地，即为国权所伸之地。介居两强，衅端迭起，枝枝节节而争之，补苴塞漏终无已时。以目前论，亟宜援引中俄原约，设立华员总办，简熟谙交涉之大员，一驻哈尔滨，以经理东清一路。一驻长春，以经理南满一路，随时稽察，遇事防闲，庶可为桑榆之补救。然非筑辽西之路，则抵制之法徒托空言，非筹赎路之方，则卧榻之中究难安枕。正本清源，斯为交涉之上策也夫。

纪东清铁路展地

东省铁路原订合同，载有铁路经行之地方，官地由政府给与，不取地价，民地由公司公平给价等语，自系专指路线所经或建筑必需之地而言。若安设行栈[2]，划

---

〔1〕 南满铁道会社，即南满洲铁道株式会社，简称“满铁”，首任总裁是后藤新平，属于国策性质的公司，是1906年至1945年间日本在中国东北进行殖民侵略的最主要的工具。

〔2〕 行栈，中国旧时居间性的商业组织．唐代称“邸店”，明以后通称“牙行”。各地行栈名称不一，如“行店”、“货栈”“过塘行”等。主要业务是组织买卖双方直接成交，接受委托代买、代卖、代运等，也有兼营小部分自营业务的。

立街衢,非合同之所许也。光绪二十八年,路工已成,大局未定,道员周冕方以江省铁路总办设局于哈尔滨,俄人乃援引合同第六条,谓现在防护铁路以及取用沙土、石块、石灰等类需地綦夥,私与商订展购铁路附近地亩合同。周冕不察,竟与公司代办达聂尔会衔签押。于是铁路展地之议遂成,东隅之失,不可复遏矣。自时厥后,达聂尔执周冕擅定之合同作为实行之凭藉,屡携合同及图说要索,前任将军皆坚拒未许。光绪三十一年冬,黑龙江将军程德全派道员宋小濂赴都备顾问,将此案原委详陈政府,经外务部与俄使璞科第再三磋商,始允派员会同公司酌量议减。三十三年,吉省派道员杜学瀛,江省派道员宋小濂与公司总办霍尔洼特会议,允将周冕所订合同作废,更订十四条。所用地亩分熟地、荒地、水荒地三等,吉省东自小绥芬交界站起,西至阿什河车站止,共计五万五千垧。熟地每垧俄洋七十二元至三十七元,荒地每垧俄洋三十元至十六元五角,水荒地每垧俄洋十五元至十一元。江省自满洲里迤西入中国境起,至哈尔滨松花江北岸石当止,共计十二万六千垧。熟地每垧俄洋六十元至三十三元,荒地每垧俄洋二十五元至十五元,水荒地每晌俄洋十三元至十元。两省官地均不分等,每垧俄洋八元。并声明经此次合同定后,公司永不得再议展地。彼此画诺,案始结。夫交涉之机关不进则退,此中间不容发。假使当日无轻允展地之说,彼虽有觊觎之心,亦岂能遽施攘夺之计。今即极力补救,煞费数载之交涉,唇焦笔秃,案牍盈尺,仅争回减购垧数,加给地价暨永不再展之条。前车既覆,来轸方遒,当事者可不慎哉。

附吉林省铁路展地合同

第一条　自此次合同定后,彼此永远遵守,铁路公司应需地亩,均在此次合同之内,永不再展。

第二条　吉省东段铁路所用地亩,东自小绥芬交界站起,西至阿什河车站止,共需地五万五千华垧,各站及路线分数应若干垧,另附细表。分清后,由公司挖壕为界。其地亩缴价后,即为公司产业,遵照原建铁路合同办理。

第三条　铁路公司需用民地,除从前已发价者不计外,其未发价者应分三等,地价如下:

甲、熟地　阿什河,每华垧俄洋七十二圆。

二层甸子　海林　帽儿山　五站　一面坡　横道河子每华垧俄洋四十五圆。

乌吉密　小绥芬　小爷岭　高岭子　太平岭　苇沙河　上石　牡丹江　台马

沟　细鳞河　穆稜　石道河子　磨刀石　马家河每华垧俄洋三十七圆

乙、合用荒地　阿什河，每华垧俄洋三十圆。

二层甸子等六处，每华垧俄洋二十二圆。

乌吉密等十四处，每华垧俄洋十六圆五角。

丙、有水荒地　阿什河，每华垧俄洋十五圆。

二层甸子等二十处，每华垧俄洋十一圆。

第四条　铁路公司所用官地，允愿缴价，惟不分等第，每华垧均作价俄洋八元，公地亦一律办理。所有一切地价，丈竣缴清。

第五条　铁路大小各车站，应会同华官查看地势，于分界时在车站相近地方，竭力设法为华商留出足用便利地段，由华官商自行经理。

第六条　铁路各大站如阿什河、一面坡、横道河子、五站四处，均在站房邻近处所留出建造华官厅相当之地，并于沿道各车站留出铁路交涉分局地段。此二项应归华官自行经理，毋庸公司给价，惟不得有碍公众治安。

第七条　铁路各站界内原有庐墓、村庄、城市，应遵照原建铁路合同第二条，皆须设法绕越。其有已经发价并退还地亩，均由此次地价扣抵。如其地为铁路所必需，难以绕越，所有迁让之房园井树坟墓，均由公司按照现在情形从优给价，以便迁移建造。

第八条　濒河铁路之线，凡遇通船只河道，修桥跨越，均须与华官会同查看，不得有碍行船。并此次占地界内有缺少沙石灰水之处及防范大水冲刷铁路情形，均可随时商明华官府会勘，核准后方可购用。惟此等地，系专指上项工程实用为数无多而言。

第九条　铁路公司所用官地、民地内林木，应另给价，遇有矿产，须另议办法，均不在此次合同之内。

第十条　铁路公司占地界内所有房产，自本合同画押之日起，允准原业主照旧居住三年，如遇公司必需之时，仍应迁让。公司应发价值，仍照本合同第七条办理。

第十一条　东省铁路公司会同经手华官，各派丈地委员查看地势，将应需地亩按表内各站垧数丈量清楚，划分界线，绘就地图，并附各站地数表，送由华官转呈抚台一分存案。至各站地数，无论已、未发价，应查核清楚，不得越此次所定总数。各民户领价清单，亦应查明前案，公平办理。

第十二条　铁路公司续行发给民户地价时，应知照华官，即行派员会同办理。其发价文据及各地图，均由华官盖用关防，以昭信守。

第十三条　本合同应用华俄文字缮写两分，彼此盖印画押后，一分存吉林巡抚衙门[1]，一分存东省铁路公司。遇有辩论，以华文为主。

华历光绪三十三年七月二十二日
俄历一千九百零七年八月十七日　立于哈尔滨

附黑龙江省铁路展地合同

第一条　自此次合同定后，彼此永远遵守。铁路公司应需地亩，均在此次合同之内永不再展。

第二条　黑龙江省铁路所用地亩，西自满洲里迤西铁路入中国境起，东至哈尔滨松花江北岸石当止，共需地十二万六千华垧。各站及路线分数应若干垧，另附细表。分清后，由公司挖壕为界。其地亩缴价后，即为公司产业，遵照原建铁路合同办理。

第三条　铁路公司需用民地，除从前已发价者不计外，其未发价者应分三等，地价如左：

甲、熟地　石当即背江子，每华垧俄洋六十圆。

对青山　齐齐哈尔　富勒尔基每华垧俄洋四十圆。

烟土屯　库库勒每华垧俄洋三十三圆。

乙、合用荒地　石当，每华垧俄洋二十五圆。

对青山　齐齐哈尔 富勒尔基每华垧俄洋二十圆。

烟土屯　库库勒每华垧俄洋十五圆。

丙、有水荒地　石当，每华垧俄洋十三圆。

对青山　齐齐哈尔　富勒尔基　烟土屯　库库勒每华垧俄洋十圆。

第四条　铁路公司所用官地，允愿缴价，惟不分等第，每华垧均作价俄洋八元，公地亦一律办理。所有一切地价，丈竣缴清。

第五条　铁路大小各车站，应会同华官查看地势，于分界时在车站相近地方，竭力设法为华商留出足用便利地段。此项地段，由华官商自行经理。

第六条　铁路各大站如满洲里、海拉尔、齐齐哈尔、安达、对青山五处，均在站房邻近处所留出建造华官厅相当之地，并于沿道各车站留出铁路交涉分局地段。

---

〔1〕　吉林巡抚衙门，清代官署名。清代以巡抚为省级地方政府的长官，总揽全省军事、吏治、刑狱等，地位略次于总督，仍属平行，别称抚台、抚军，又以例兼都察院右副都御史衔，亦称抚院。

此二项应归华官自行经理，无庸公司给价，惟不得有碍公众治安。

第七条　铁路各站界内有庐墓、村庄、城市，应遵照原建铁路合同第二条，皆须设法绕越。其有已经发价并退还地亩，均由此次地价扣抵。如其地为铁路所必需，难以绕越，所有迁让之房园井树坟墓，均由公司按照现在情形从优给价，以便迁移建造。

第八条　濒河铁路之线，凡遇通船只河道修桥跨越，均须与华官会同查看，不得有碍行船。并此次占地界内有缺少沙石灰水之处及防范大水冲刷铁路情形，均可随时商明华官府会勘，核准后方可购用。惟此等地系专指上项工程实用，为数无多而言。

第九条　铁路公司所用官地、民地内林木，应另给价，遇有矿产，须另议办法，均不在此次合同之内。

第十条　铁路公司占地界内所有房产，自本合同画押之日起，允准原业主照旧居住三年。如遇公司必需之时，仍应迁让。公司应发价值，仍照本合同第七条办理。

第十一条　东省铁路公司会同经手华官，各派丈地委员查看地势，将应需地亩按表内各站垧数丈量清楚，划分界线，绘就地图，并附各站地数表，送由华官转呈抚台一分存案。至各站地数，无论已、未发价，应查核清楚，不能越此次所定总数。各民户领价清单，亦应查明前案，公平办理。

第十二条　铁路公司续行发给民户地价时，应知照华官，即行派员会同办理。其发价文据及各地图，均由华官盖用关防，以昭信守。

第十三条　自此合同定后，从前铁路交涉局总办道员周冕与铁路公司所定地亩合同，即行作废。

第十四条　本合同应用华俄文字缮写两分，彼此盖印画押后，一分存黑龙江巡抚衙门，一分存东省铁路公司，遇有辩论，以华文为主。

华历光绪三十三年七月二十二日俄历一千九百零七年八月十七日立于哈尔滨。

纪东清铁路剿匪

东清铁路横贯吉、江，轨道所经，山深林密，地广人稀。胡匪流氓，勾结出没，大都以铁路工棚为逋逃薮。光绪二十六年以前，俄人虽沿路线一带设护兵数名或数十名，不过为保护工程及督工人役赀财房舍而已。至于稽察奸宄，剿捕盗贼，官军往来，从无禁阻。庚子而后，中俄构衅，彼既积疑未释，我亦兵力不充，缉捕之权始旁落于外人之手。前吉林将军长顺与俄伯力总督格罗德阔夫订定条款，令驻扎近路华兵佩带中俄合璧枪牌号目以为标识，始得追捕入界。日俄交哄，俄人藉口战事，华兵之限制愈严。其后匪徒贿结俄营通事，伪造牌号，冒充巡兵隐匿各车站，又假作客商登车劫掠，官兵往捕，反以盗匪目之，匪或就获，而受贿之通事必为之向俄官辩护，务使纵逃而后已。哈尔滨各站，俨成萑苻之薮。商民告诫，日未夕而即断行人。嗣复屡经交涉，始将牌号废弃，别定铁路界内捕盗随时照会协拿之章，然一经辗转，辄已闻风远引，甚且联合俄匪劫夺伤人。迭向索凶，卒鲜破获。三十三年，世昌莅东，乃令滨江关道杜学瀛、东三省行营翼长张勋与铁路公司俄员妥定章程，以为挽回之计。会商数次，略有端倪。大概以中国官员与铁路俄员于剿办胡匪一事，均互相维助。如铁路界外集有大帮胡匪，华官或请俄兵协拿，则铁路护军自当竭力相助。倘不得华官允许，则公司不得于铁路界外或安置或派遣少数俄兵。铁路界内剿匪，虽系俄护军之责，然有需华官相助之处，华官亦不得拒绝。惟张勋谓派兵在铁路界内或搜捕或屯扎，只能知照公司，不能待其允准，俄员则谓必须与公司先行商议妥协。张勋谓在铁路界内获匪，由翼长自行讯办，公司不得干涉，俄员则谓必须交交涉局会审。张勋谓公司应在哈尔滨、横道河子两车站预备兵房，不取租赀，俄员则谓但能暂时借居，不能常以供备。张勋谓公司应承运华兵不取运费，俄员则谓与铁路合同不符。彼此相持，遂至停议。维时护理呼伦贝尔副都统宋小濂因满洲里迭出命案，勘验形迹，似皆俄匪所为，爰拟办法五条，以严查入口俄人为宗旨。经外务部咨覆，以俄使声称此类命盗案件，未必非华匪所为，应将铁路界内剿匪章程，速议施行，则匪徒自能敛迹。因饬道员于驷兴等接续开议，而俄员坚执前说，不肯就我范围。兼以自治会一事由京议结，故此项问题一并归外务部与俄使提议。夫诘奸除暴，本中国军事上自有之权。况铁路合同第六款著有应归中国保护之文，则界内剿匪自非俄人所能阻止。果能按约坚持，据理力争，庶可杜久假不归之谋，而救太阿倒持之害也。

纪东清铁路设置巡警

自东清铁路敷设以来，铁道两旁占地甚多，故路线内之华俄商民贸迁日盛。庚子之役，俄人乘隙于铁路界内设立俄巡警。迨光绪三十一年，前黑龙江将军程德全既设税局于昂昂溪、扎兰屯、博克图各车站,因饬收税委员于差役外另募巡警数名,以保护税局稽查匪类为名,而实以抵制俄巡,收回警权为目的。三十三年,铁路各车站既设交涉局,若巡警仍归税局管辖,不如归交涉局易收指臂相使之效,因将巡警改归交涉局兼办,并拟推广办法。凡火车站地方,皆多派警弁警兵,保护铁路,兼任查匪捕匪。又于旧有之昂昂溪、博克图、扎兰屯外,添办富勒尔基车站巡警一处。铁路公司即有烦言,谓照铁路合同第六条所载,办理巡警系公司之权,虽华官为共保治安起见,究非责任所应有,不惟侵夺公司权限,亦与铁路合同大相违背,一再催逼,务将铁路境内江省各交涉局华巡一律撤回,免生误会等语。查铁路合同所谓归公司经理者,系指工程建造而言。巡警乃民政之一端,为中国固有之权,非公司所得干预,当经严词驳复。其各车站已设之巡警仍照旧办理,不得撤回。一面咨请外务部,与俄使据理诘责,磋商数月,始据俄使照覆声称,现奉本国政府训条,情愿俟铁路展占地段划清后,将铁路界内交涉总分局章程另附条款,以便在新展地界内如另设中国巡捕等类,并允将界内所住华民不归地方官管辖之不便一并除去。现在铁路展地合同虽已签押盖印,惟地段尚未划分,故铁路公司于巡警问题仍延宕不遽开议。然俄国政府不能阻止中国在铁路安设巡警,既经俄使照覆外务部文内叙明,公司心虽不甘,亦岂能始终狡执。惟盼吉、江两省会议早决,筹拨巨款,见诸实行耳。先是俄人欲在路界设自治会,署滨江关道杜学瀛请于前吉林巡抚朱家宝开办铁路巡警,以资抵制。家宝韪之,命会同江省委员详议。三十四年二月,杜学瀛会同江省交涉局总办宋小濂禀称,巡警为民政之一部分,系属今日之要图。况路界主权,久被攘夺,及今抵制,犹未为晚。但外人筹设自治,原冀组织群力,为深根固蒂之谋。我仅以巡警一端,图保主权,其势已非优胜。倘复勉强敷衍,不惟虚縻无济,且相形见绌,反贻外人之讥。故筹设警兵,较他处尤为重要,非力求精善,不足以挽回万一。纵使路线三千余里,车站六十余所,核计招兵须二千余人,岁费须二十余万两,亦宜挟全力以为之,而无所顾惜。盖事关全局,未便以筹款不易,姑为置之。再四会商,草拟办法大纲十条上之吉抚。吉抚令交涉总局覆议,并下其议于度支、民政两司,于原议立学堂、定权限、设议会、按路驻兵、各局办事各条,皆谓可行。至经费筹款,裁兵节饷各节,须两省会筹妥慎商办,未可仓猝定议。若该处铁路横亘吉、江,巡警自应两省合办。惟巡警行政范围,宜直接于民政司而间接于交涉局。援照京榆铁路巡警办法,除违警罪由巡警局自理,其余刑民诉讼,仍径送各该处地方官审判,以清权限。等因,会覆定议。夫路线所经无非中国土地,今华巡已立而俄巡仍不撤,我虽若处于平等之势,而已阴失其主国之权,是宜亟养警才,广筹经费，务令弁兵既足敷分布，规则亦焕然改观，然后援引合同第五条铁路应归中国保护之语，及本年外务部与俄使订定公议会大纲十八条所载铁路界内首先承认中国主权，不得稍有损失之文，以与公司切实磋议，庶能就我范围也。

纪东清铁路自治会

俄人之擅设自治会于哈滨各埠，发表于光绪三十三年十月，而议结于宣统元年三月。此年余中，俄人种种强横之举动，直欲干预我政治，攘夺我主权，而犹藉口于公司应有之权利不便放弃，且让权于界内居住之中外人民享受平等利益为辞，此皆东清铁路合同之第六条，译华文经理二字为法文治理二字之误会，阶之厉也。当订东清铁路合同时，我国政府许该公司建设铁路之办法内称，该公司有铁路购地界内治理专权一语，系专指关于铁路事务而言，如材料厂、车站、房屋之类，凡范围公司以内之事，自有治理之权。若在附属地内，如裁判、巡警、卫生各事，则管理之权仍在中国国家。盖其地既非租界，其事属于政治，与该公司之经营商务者何涉。政府与公司订立合同，万无将地方行政权给与该公司之理。公司承办一事，万无侵及公司以外之权。此为合同内治理二字之解释，其理明甚。方哈滨之初设交涉局也，凡关于铁路事件及牵涉铁路人员工匠命盗词讼各案，会同公司和衷商办。缉捕人犯，协同差拿拘留，则各归各办。非故优异，用示持平。至铁路界内华商之贸易，仍听华官之命令。自三十二年设立关道，俄亦添置总领事，于是铁路界内华俄讼案，不关铁路者归关道与俄领事会审，其关于铁路者归交涉局与铁路俄员会办。夫哈滨既放为通商口岸，交涉案件华俄会审，虽属通行向例，而未有租界名目，尚宜设法挽回。即铁路交涉局原订章程十条，所损主权在司法一部分，其用人行政，尚复权自我操。今公司擅订自治会章数十条，范围甚广。如抽收各项捐税，管理地方产业，以及卫生善举商业工场，事事皆被干涉。语其组织，俨以公司为总揽机关，而以举代表会议名曰议事会，设地方参议名曰董事会，纯乎自治团体之性质。且名为铁路界内自治，而曰以铁路总公司批准之地为准，则自治区域何所限制。名为公司选举，而曰地方参议处，总董非俄籍不得与选，则一切实权归俄掌握。其注意在据有该处全部之行政权，而借选举为名，以排斥中国所派官吏，得以为所欲为。是讵独干预我政治，攘夺我主权，直欲开割据领土之渐也。其尤蔑视者，不告之于我地方官，不谋之于我政府，不商之于各国驻扎领事，而擅自订章，擅自出示，擅自勒捐，一再加款，视前倍蓰。商民何力，讵能堪此。而去年十一月，俄巴里司[1]遂相率封闭各站华铺之门，哈埠最先。满洲里继之，博克图[2]继之，昂昂溪继之，海拉尔又继之。昂站各商匾额，毁捣一空。海站刘委员劝止，遂予羁押，且一限再限。封闭发其端，驱逐将随于后，商民困苦，不忍卒言。而迭经劝谕路界华商，令勿擅入俄人自治会，并禁轻输捐款，致彼执为允认之据。各华商尚能齐心坚拒，结体任封，盖亦知关乎中国主权者大也。英美各国亦弗直俄之擅自扩张权力也，咸欲出而干预之，惟日本噤不一言，正欲视东清之结果为南满之榜样而已。是时署滨江关道施肇基、交涉局道员于驷兴，往返磋商，不下数十次。而公司辄曰，我奉总公司之命令，且系会董主持也。我外部诘之，俄使曰，此奉政府之训条，非使臣所能为也。迨电驻俄公使萨荫图询俄政府，又曰，此户部之责任，非外部意也。前后乖舛，彼此推诿。计三月之中，各站之被封而复启，启而复封者凡三次。商情激烈，几酿事端。迭商吉、江两抚，一面抚恤华商，一面痛陈外部。宣统元年二月，调施肇基、于驷兴至京向俄使提议，俄亦派铁路总办霍尔洼特、代办达聂耳同时入都会议。外部不忍商民之久困也，于霍、达到部之日，遂商准华商照公司新定数目暂交华官存储，并令转饬华商将公司所发捐册注明某铺、某人捐数交还公司，一面由霍电令启封，听候会议。照会已互换矣，于是告外部曰，华铺捐款，饬照现收之数由中国地方官经收暂存。虽是转圜办法，然照现状碍难承认。查俄人在哈、满、博、昂、海五站，种种举动，令人发指，勒捐华商并不先与我说妥，其曲一。封闭各站，甚至毁坏华匾，羁留委员，其曲二。屡次饬施道、于道苦口磋商，不惮再四，既已启闭，旋又被封，今各站尚未启封，而哈滨又将勒限，其曲三。霍、达与廓使互相推诿，忽称公司命令，忽称会董主持，忽称政府训条，忽称户部筹议，全不以诚信相孚，其曲四。而华商尚能深明大义，蓄忿虽深，未敢暴动。计闭封以至今日，雪地冰天，缺食露宿，行将一月矣。此等困苦情形，屡次电陈在案，所为何事，为捐款耳。若早缴款，业已解决，何至被封，又何至今日提议。今若承认交款，适遂俄人狡谋，非特无以服商民之心，且激商民之愤。缴捐款事小，失主权事大。且商民不察，反疑其以俄人之势力为未足，而假官力以压之，万万不可。况商人久停贸易，损伤实多。我方欲向俄人索赔偿，彼即不允，我则有词。小民生计维艰，业已筹万金为抚恤之费，尚恐不济，讵可再勒令缴款乎。无论俄人一再加款，即如前定昂站全年七百五十卢布，后忽指为每年三分之一，商

〔1〕　巴里司，亦译作巴厘司，警察所。
〔2〕　博克图，蒙古语，意为“有鹿的地方”。

民万难如数筹缴。即商民力所能及,亦讵可于未曾议结以前勒令遵缴,抑华民之义愤而张俄人之势焰乎。况彼未开议,先向我政府要求,虽由华官经收暂存,仍与交公司无异。以彼一公司而要挟我政府如此,若不坚拒,恐各国闻之,亦必以我首尾两端。官力尚不敌民气,日后事事援例,处处要求,挟官以凌民,后患尚可问耶,务请始终坚持。俄人伎俩已穷,亦必就我范围,决不致因此细故有损邦交。且我正可以商情激烈为言,政府未便强迫,俟日后章程议妥,视商民力所能任,自当饬令遵缴。事关大局,不敢缄默也。外部得电,复牒俄使驳之,俄仍弗允。窃谓此事由从前地方官坐失权利,一误于任听铁路购地太广,再误于让人倡收捐办理地方公益之议。今俄让我收捐,我若推拒,政府诿之疆吏,疆吏诿之商民,不惟放弃主权,贻讥邻国,且公司更得肆其强横苛虐矣。又告外部曰,缴捐送册,于未经议结以前,非特无面目对商民下此命令,且反之我心,良有不忍。铁路购地勒捐,一误再误,此皆从前地方官以不与外人办事为高,放弃利权,而彼时尚有督办大臣在也。往事无可复说,全赖此次提议,力矫昔时之所为,冀可挽回万一。方霍、达第一日到部,尚非开议之期,各站无不引领以待,各国亦正属耳于垣。况某经年抗议,切望更不待言。而俄人竟以现定捐数令代经理饬商民遵缴,何可轻诺。如部驳复俄使照会,振振有词,俄虽弗许,然转谕缴捐送册,万一商民抗拒,讵能绳之以法。况各国咸不认俄公司有收捐之权,助我与争,我更未便允俄公司有代收捐之据,助彼之勒。明知我为代收,权操之我,而数为彼定,权仍操之彼。彼定捐数,商民不缴,一再被封,我尚不能为商民乞减。我先允代收,彼定捐数,若商民仍不缴,我惟有步其后尘封闭各铺,方可以制商民,方可以谢俄人,恐纾商民一时之困,转贻他日无穷之累也。若照会已换,无可奈何,似可诿以疆吏未承认为言。窃愿一人受不韪之名,为转圜地步。俄人勾通一气,全是遁词,其手段到此已穷。更有举动,将犯众怒,彼若甘心肯让,即允由我收捐,便允由我定数,自知国势太弱,讵易臻此地步。然恐各国将笑以俄人强迫政府,政府强迫疆吏,疆吏强迫商民,我将何辞以自解。虽疆吏不敢不承政府之命令,而当立宪时代,商会未必尽遵疆吏之命令,况部讵肯受俄强迫乎。所以始终赖部主持,事事详报,蕲求指示,以期内外接洽。部亦当谅疆吏之为难,暨遇事不敢敷衍塞责,初无他也。且非仅为一时之各站计,实有关乎将来东省之全局与各省之大局者在也。今日一俄不易与,如他日十俄何。今各站已启封矣,自当下令饬商会核实认捐办地方公益之事。但俄商未定捐数以前,华商讵有先纳之理。争到尽头,未必于事无济。庶足慰商民之心,而杜各国之口。今正当之应付,惟有切实辨明从前合同第六条治理为经理之确解,一切行政与彼无干。当中国开放哈滨为商埠时，各国均得享受利益，早经宣布，彼时俄政府并无异言，何以今日专擅若此。今俄人办法，直欲我政府将哈滨各埠全行割据，一切由其治理。一埠如此，他埠可知。综计沿铁道不下百余站，无论中国万无拱手相让之理，即各国亦讵有安心承认之理。当未曾开议以前，所以略示通融者，冀免商民受困，以待今日决议。今已到此地步，无论彼如何强蛮，即将华人尽行驱逐，而地终为我有，封闭尚属小事耳。如俄竟不与我开议，彼即显然居强占之名，而我并未有承认之实据，亦当为各国所共谅。地球上之小国多矣，倘尽弱为强食，何以自存，况为四万万人之大国耶。若彼肯转圜，我即照上次会议，所有地方公益事，按照人数或捐数，选举代表筹议，而华官为之长为最公允。凡有捐数，须由商会主持，呈我政府及东督核定，方可作准。至许俄人为副理，已算给以特别之利益，彼更有何说可以斥我之不是。彼即不允，而各国认我之主权自若，我尚可与之相持也。于是，外部坚持者累日，俄欲停议，霍、达回哈有期矣。又电谕施肇基等曰，此次会议，并未曾将前次俄人虐待华商情形稍加责备，原冀留霍、达在京及早和衷解决。今若不与我议，骤欲回哈，我苦无法挽留。倘彼到哈，复行强蛮封闭手段，将来难免起华商公愤，犯各国众怒，咎在彼而不在我。我为地主，被俄人如此虐待，自不能不抚恤华民。他日华民迁徙一空，彼亦何益。彼欲擅自立会，讵能有成。我即欲偏袒俄人，如各国反对何。我不能不为华民着想，更不能不为各国多数人着想，固欲保全中国之主权，未始非保全俄人之名誉。我之虚衷，我之让步，已到极处，而尚不满俄人之意，更有何法可迁就耶。始终不愿与俄人起衅，惟有一面保护华商。将来此事之原委及办法之辩论，各国知之，宣布全球，是非曲直具有公论。我国虽弱，人当谅我。近来俄日两国对待中国政策，渐变方针，一波未平，一波又起，得寸思尺，讵有已时。非慎于始，终难为继。希禀外部熟筹之。而施肇基等来电称，霍、达欲行又止，开议有期。迨闰二月十八日续议，遂议定大纲十八条，改俄人自治会为公共议事会。铁路界内首先承认中国主权及中国主权应行之事，中国皆得在铁路界内施行。凡关乎中国主权法令政治，由中国官员主持。其议公益会选举各条，亦颇周密。外部对于此事，心力亦交瘁矣。所有细章尚待续议，而我又不能无言者，则裁撤俄巴里司一事，盖世昌颇有意合吉、江两省之全力，变通兵制，改设巡警。诚以路线绵延三千余里，若我自办巡警，而尽撤俄巴里司，庶不致受制于俄人势力范围之下。其为扩充两省权力，岂有涯耶。糜款虽巨，不遑顾惜。所期续议时达此目的，或可保我主权完全无缺，其亦稍稍戢外人觊觎之心乎。凡详于专件者，附录于后，用叙其事之始末如此。

附外务部来函光绪三十四年九月十八日

径启者，哈尔滨等处俄设自治会一事，迭准尊处来交，经本部屡次照会俄阿前使，据约力争在案。八月初，接准尊处来文，称俄人在满洲里、海拉尔等擅设理事会，有逼勒华人起卖货票等事，当经本部照会俄廓使，请饬迅将理事会解散，不得再有逼勒华民之事。乃廓使复称，俄人所设理事会，与租界所立工部局相同等语。当经本部严词拒驳，声明东清铁路合同第六条内所称，该公司建造经理防护铁路所必需之地，由该公司一手经理一节，系指经理关乎铁路之事而言，断不能作为治理该项地段解释。此项铁路地段与租界大不相同，租界系为普通华洋贸易起见，经本部与各国明订章程办理。此项铁路地段，系专为建造行使铁路起见，其宗旨总不得出乎铁路事宜之外，断不能援租界设立工部局为例等语。照复去后，本月初，接准俄廓使来照称，本国政府以为东清铁路地段确与租界地段有相类之势，所让之地，虽曰造路，亦与设立外国人居住通商地段之意相合。故一千八百九十六年及九十八年所订合同，并此后所定交涉局协议，暨彼此互商议定之各章程，正与此意相同。倘贵政府以此项合同及各项章程尚有缺漏，与设立租界初意不无违碍，本大臣自可将欲行商定续订之处，转致本国政府等语。本部按俄使所称以铁路地段视同租界，我断不能承认，自当严行拒驳。惟东清铁路所占地段，久已由该公司隐擅地方治理之权，此时空言拒驳，难收实效，惟有按照地方官实在情形，详筹熟审，妥定章程，划分权限，庶嗣后尚可将中国治理之权稍事挽回。查上年五月二十九日，本部曾函致尊处，详叙俄璞使来照，并称铁路公司于沿道各厂房住宅不得设立巡警，所有保护地方事宜由华官自行办理一节，本部议于展地及伐木合同内加入此条，俄使坚不允认，只允另附条款，在新展地段内另设中国巡捕，所住华民可归中国地方官管辖。磋商至此，已到尽步。应俟合同批准后，再由各该省妥为筹办等语。查此项合同，业于上年七月间画押，经本部批准，而所称另附条款一层，迄未详定办法。现在似应并为一案，将铁路旧占地段及新展地段内所住华民，应如何由华官管理保护，与铁路公司分清权限之处，详拟章程，妥商办理。一面本部仍照会俄使，转饬哈尔滨等处俄人，所设理事等会暂行停撤，以期就我范围。惟此项章程，须斟酌地方现今实在情形而定，本部难于悬拟，希由尊处迅即密饬妥员详细筹拟，再由本部商请俄使彼此派员议订。兹先将关乎此事之重要问题，揭陈如下：

一、按照东清铁路合同，所谓铁路地段，系专为建造行使铁路而设。自该公司历年广占地亩,以致除实供铁路使用地段之外,别有许多地段供华俄人民居住,遂成为市镇之一部分。是此项地段,本非该公司所应有,实不得谓之铁路地段。凡铁路实在需用之地段,应名为铁路地段。其余该公司占买之地段,并不实供铁路之用,或业已有华俄人民居住者,应名为铁路公司产业地段。现在此两项地段,能否划清界限。

二、我地方官吏向来遇有地方交涉,只认铁路公司。现在俄使谓哈尔滨等处俄人所设理事会之权,即向来铁路公司原有之权。然无论理事会之权是否即向来铁路公司原有之权,在我惟有抱定铁路公司一法。惟铁路公司向来习惯于铁路地段内所住华俄人民,其管及之处有类乎地方行政之权者,如设巡警抽房捐等类究系何项事物,亟应逐项详细调查。

三、铁路公司所占地段,有原占地段与续展地段之分,俄使亦有新展地段内华民归中国地方官管辖之言。现在此项新展地段内,我地方官是否实行管辖华民之全权,所称哈尔滨、海拉尔、满洲里三处俄人所设之理事会,是否与新展地段内所住华民有关。

四、地方官管辖人民之权,有司法、行政之分。司法之权,华俄分握,华民归华官审判,俄民归俄官审判,此为中俄条约及东清铁路合同所明定,无庸议及。向来哈尔滨等处之华官,于管理铁路地段内,华民之权除司法权外,于地方行政事务,究有何项向为华官所管及,又铁路地段内,华俄人民是否错杂居住,则地方行政事务势难如司法权之可用属人主义。使华俄各自管理其人民,将来能否于铁路地段内划清华俄人民居住界限,于华民及他国人民居住界限内,其地方行政事务由华官管理,于俄民居住界限内,由铁路公司管理。如果不能划清,能否由华官与铁路公司于铁路旧占地段内合设一地方行政厅,由华官会同铁路公司所派之员管理之。

以上四则,务希密饬妥员详细调查筹议,并祈会商两省中丞,迅速详细函复,以便照会俄使派员会同尊处委员妥为议订,咨送本部核定。除饬钞附本部与俄使来往照会外,特此函达,即颂勋绥。

附复外务部来函光绪三十四年十一月　日

敬密复者,本年九月间接奉钧函,以哈尔滨等处俄设自治理事等会一案,业经照会俄使据约力争,往返磋商数次,迄未承认。现在惟有将铁路旧占地段及新展地段内所住华民,应如何由华官管理保护,与铁路公司分清权限之处,详拟章程,妥商办理。惟此项章程需斟酌地方现今实在情形而定，谕即密饬妥员详细筹拟，再由本部商请俄使彼此派员议定，并由大部揭明重要问题四则，属为详细调查筹议。附抄来往照会，等情敬悉。当即函达吉、江两省查照办理，就近加派熟谙外交之员前往海拉尔、满洲里等处实地调查，一面密饬滨江关施道预为妥筹办法，仍将调查拟议各情形呈候核夺。嗣准江省周中丞函复，业经加派徐道鼐霖帮同调查。兹施道、徐道会同禀复，据称遵照钧部函开重要问题四则，逐一调查筹议。查第一条指称，凡铁路实在需用之地段，应名为铁路地段，其余该公司展买之地段，应名为公司产业地段。此两项地段能否划清一节，查该公司占用地段除实供铁路之用外，其余地段似应与中国他项公司产业一例办理，亟宜划分。惟查东清铁路合同第十二条内开，自该公司路成开车之日起，以八十年为限，限满之日所有铁路及铁路一切产业全归中国政府，无庸给价。又从开车之日起三十六年后，中国政府有权可给价收回等语，无论此项地段不能划分，即使该公司承认照办，将来届期收回，必将藉口系公司特别产业，并未享合同利益，从而饶舌，后患方大，不可不虑。又第二条俄使称所设理事会之权，即向来铁路公司原有之权，惟该公司向来于铁路地段内所住华俄人民，其管及之处有类乎地方行政之权者，究系何项事务，亟应逐项调查一节。查铁路地段界内俄人，向设巴厘司，即中国之巡警。司其事者，华人名曰总管。所有界内居住华俄人民，巡警权之所应管及者均归管理。其房捐一项，尚无其事。惟该公司于铁路地段界内拍租地皮，拍租之初，缴价若干，即为己产，任凭建造，不再纳租。亦间有按年纳租者，每沙绳见方，中国营造尺六尺六寸，纳税俄洋一角至七角半不等，譬之中国之岁租。华俄各商开设铺面，向领商票，头二等价三元，余则减半，一年为期。现在理事会所发之票，价目奇昂，不独华商遵官府之命令不肯承领，即俄商亦所不愿。又第三条所指，俄使有新展地段内华民归中国地方官管辖之言，是否实行管辖，哈尔滨、海拉尔、满洲里三处俄人所设之理事会，是否与新展地段有关一节。查江省界内铁路，自公司勘定路线，建造车站，即逢庚子之变，铁路应需地段全未指定。嗣经周道冕与公司擅订合同，为数甚巨，经江省前署抚程奏派宋道小濂与该公司磋商，始照周道冕所订合同减去三分之一，并无原占，新展之分。吉林界内，自阿什河以东，虽有续展之说，而续展地段荒旷无人，俄使不过此搪塞。至俄人所设理事会，一律普及并未分别区域，所以华官管理之全权，亦无从实行。又第四条所指哈尔滨等处之华官，于管理铁路段内华民之权，除司法外，于地方行政事务，何项向为华官所管及。又铁路界内华俄人民，是否错杂居住。如果错杂居住，将来能否于铁路地段内划清界限，华民及他国人民归华官管理，俄民居住界内由铁路公司管理。如果不能划清，能否与铁路公司合设一行政厅以管理之一节。查铁路界内，除司法外，向无华官行政之全权。惟昂昂溪、扎兰屯设局征税，当时公司及华俄商民均无异言。至上年夏间，公司忽谓铁路界内不应华官设局征税，迭经照请裁撤，幸赖督、抚宪饬令坚持，迄未停办。其居住人民向系华洋杂处，万难划分。如与公司合设行政厅，他国亦有人民，势必援例要求。若与各国会设，即与上海会审公堂性质相同，既非租界，且不承认租界之说，似未便倡言会设，致滋口实。复查新订铁路占地合同第五条内开，铁路大小各站，应会同华官查看地势，于分界时，在车站附近地方，竭力设法为华商留出足用便利地段，此项地段由华官商自行经理等语。如分界时，即将此项地段分出华商及他国商人，其行政事务由华官经理，较为权限分明。此逐条调查之实在情形也。再东省交涉，多在铁路，铁路交涉之棘手，实原于东省铁路合同第六条建造经理防护，法文于经理一项，作为治理专权，阶之厉也。查东省铁路本系华政府派道胜银行承办，合同第一款载明，该公司总办由中国政府选派，并声明该公司所有与中国政府及京外各官交涉事宜亦归该总办经理。是该公司交涉，俄政府本无可以干预之条。该公司既系道胜银行承办，其为商务性质无疑。如合同第六条所载，凡该公司建造经理防护之下，随即声明铁路必需之地。既曰铁路必需，则实供铁路使用，地段以外，即不能与必需之地一律办理。况建造经理防护，又确指经理关乎铁路之事而言，不能作为治理该项地段解释。又云准其建造各种房屋工程并设立电线，自行经理，专为铁路之用。是铁路而外，一切行政该公司均不得越俎，词意甚明。如设巴厘司，设理事会，本系行政事务，何一为公司性质所应有，何一为铁路合同所指。该公司毅然为之，俄亦从而干涉之，并曰确与租界有相类之势，违背合同，莫此为甚。如曰第六条合同法文有经理专权之语，故尔出此。查日俄和约第三条第二款载有俄国政府声明，本国在东三省并无疆土利益，以致妨碍中国主权及各国共享之利益，亦无尽先独有之准许。兹俄使以铁路占用地段视同租界，并设立理事会，强迫华民领票，不听华官禁阻，非妨碍中国主权、隐享疆土利益而何。为今之计，实应解决第六条，并辩明该公司确系商务性质，其所办各事，凡不与路政相关，有类乎行政者，一体撤去，则权限自然分明。除铁路必需外，凡为华俄人民暨他国人民居住地段，统归华官管理，自是正办。然以目前形势而论，我虽坚持到底与之力争，彼族恃强安心狡执，早抱定不移之应付，诚如钧示所谓此时空言拒驳，难收实效者也。愚见东省种种交涉，如今议各站剿匪，议界内设巡警，俄人强设理事会，横征厚敛，反不允华官设局收税，吉、江两省内政外交所以掣肘之由，皆自建造东清铁路之日始。今欲整理庶政，收回主权，再四思维，惟有他日赎回东清铁路,庶种种掣肘之处消弭无形。然兹事重大,实行未知何日,目前不得已之应付,只有议改理事会章程。查理事会办法,不外治安、卫生二义。应办之事有三:曰巡警,曰卫生,曰马路工程。有行政而无司法,凡系一国民事、刑事自应交本国官员办理。如系两国交涉,被告为某国人,即应交某国官员照本国法律办理,本是约章原定办法。至公举董事人数,俄占四成,中国亦应占四成,其余各国只能占二成,中俄并应各设坐办一员,长川驻会办事。至公司产业,地段界内尚有空地,应由理事会拍租,该款即纳会中,而各商以买地无证据,未免观望,应由中国官府发给租地执照,以资信守。捐款以能敷巡警、卫生、马路工程三者之用为度。所有该处一切教堂、学堂无关治安、卫生主义者,皆不得勒派,以示限制。如能磋商到此地步,则虽允俄人设立自治会,于我主权尚无大损。是否有当,应请大部主裁。

附上外务部函一

谨密肃者,昨日奉复调查自治理事等会实在情形并陈改定章程,系属目前不得已之应付,若求根本办法,须从赎路入手,等因,计呈钧鉴。世昌通筹全局,熟察时艰,舍赎路实无万全之策。前书未尽,兹就管见所及,谨为大部缕细陈之。窃世昌到奉以来,历见各国驻扎领事及游历洋员,讨论东方大局,探询我国对待日俄政策,总以设法挽回已失之利益而保守未失之权利为至当办法。盖日俄战后,两国元气均未恢复,经济困难,百政尚多废弛。数年而后,两国财政日渐充裕,必更有一番举动。我当为未雨绸缪之计,先行抵制。此皆外人劝我之言,其中尤以请假回国美总领事司戴德之词为最挚。其词曰,东三省土地肥沃,物产殷富,矿产尤丰,久为外人垂涎。现俄人在哈尔滨等处纷纷设自治会,实布置将来举动。倘我不及早设法遏止,日人之在南满势必援例要求,则沿东清南满铁路一带,尽入日俄掌握之中。统计南满、北满大小不下百余站,若星罗棋布,遍设自治会,三省岌岌可危。他国又将援利益均沾之说,各有要挟。如德窥山东,英窥扬子江一带,法窥云南、广西。各国纷纷欲占地段,何以应之。故东三省实关全国大局,而东清铁路实关东三省全局等语。其陈词恳切,足令闻者戒心。复查俄人殖民于黑龙江北岸,去岁一年中,迁自欧者约八万人,今年且倍之,此后何堪设想。又观日人经营安奉铁路,欲接连朝鲜以达南满,本年日本后藤赴俄,实探俄人出售东清之意。现日政府已有意将东清归并南满,足见日俄在东三省各抱有一定政策,其用意深远,非我权力所能及。目前对付两国之法,难以同时并举,不若乘此时,由我先倡赎回东清之议。查东清铁路原订合同，虽有三十六年后中国有权可给价收赎一款，近闻俄政界中颇有主东清铁路宜售归中国之说。此说实倡于前俄兵部大臣戈拉伯得金，谓俄建造此路及逐年津贴之款，若经营他项事业较为有益。俄之注意交涉，实偏重欧洲。俄极欲筹筑黑龙江北岸铁路，北岸本为俄境连接西比利与乌苏里铁路以达海参崴。如有此路，非特平时交通利便，一旦有事，可由俄境直达亚洲而至海参崴，不复行他国境内。惟目下经营伊始，苦于款绌工迟。中国果拟收赎东清铁路，俄人知中国迟早终有收回之一日，便可以此赎回之款，为建筑黑龙江北岸之资本。又迫以公论，俄政府或不至拒我之请。惟当北岸路未筑成之先，俄骤将东清铁路售归中国，则西比利与海参崴不通，是自失其利便，我似可许以赎回后，先予通融，订立合同，声明年限或五年或七年，俄由西比利至海参崴车辆仍准借道。惟既入我界，需用我国车头，以存主权。是乃各国通例，所以限制外人擅入。至铁轨尺寸，中国实宽半法尺，如哈尔滨至长春一段，宜即时更改，以便直接吉长铁路。如绥芬河至满洲里可俟五年或七年，彼路告成后再行更改。如俄以此路售归中国，恐滋他国口实，并可作为让还中国，彼既得美名，又得巨款，修此要路而仍不失目前交通利便，似可允我。俟彼黑龙江北岸路成，则东清一路便为中国完全无缺之路线，则俄人之在北满种种交涉，自可消弭无形。即日人之在南满种种举动，不至觊觎非分。所难者，目前不宜宣布。即俄廓使之前，只可微示以意，盖恐俄使得此消息，必先密商东清铁路总办。总办得此消息，则凡在铁路俄员均失个人极大私利，势必不允。且日人闻知，尤以破败此政策为目的。莫妙用避重就轻之法，借题派员前往，则师出有名。查中俄条约年久未修，俄陆路通商百里界内免税及蒙俄通商免税两款，当时所以予特别利益，一因往来不便，二因贸易无多。今铁路交通，货物咸集，而仍循旧例免税，江省财政大受影响。且由俄至蒙通商，当时指一定路线。明岁，东清公司拟由哈尔滨各沿路附近赴蒙通商，亦曲援蒙俄免税之约，此后蒙务更难起色。此二项本应及早筹议修改，赎路宜守秘密主义。他日派员提议，可以修改中俄通商界内免税条约为题，自无痕迹。即事不成，无伤国体。果建此议，亟宜先筹二事：一曰筹款，如此巨资，未能悬揣，国帑支绌，担任为难。查外人游历东省者，咸称虽有日英、日法、日德、日俄、日美协约，维持各国在东省商务实业均平主义，然铁路属日俄，彼两国各得特别利益，他国商人受亏实甚。我果有意赎回，实大有益英美德法等国之商务，彼无不愿出而助我。即如从前赎回粤汉铁路[1]，当时提议皆曰无款，讵知英德诸国争相延

〔1〕 粤汉铁路，是指从广州到武昌的一段铁路，1900 年动工，1936 年全线通车。

揽。先以无款为虑者,继反以借主多而无以遍允之。粤汉之路并未成工,仅有股票耳,而各国尚踊跃若此。今东清则全路已成,系他人实在之产业,为款虽巨,或不难贷自他国。且俄国经营此路所以不能获利者,铁路之外耗费太多。即如铁路卫队有二万五千人,及讼庭监狱诸项,每年约费一千一百八十八万罗布,类此者尚不胜枚举。一旦中国收回,妥慎经理,较他国之在我国经营事业,必易措手。且扩充铁路以外事业,必视俄人占据权力加增数倍,又可节省种种浮费,为他日偿款之地步也。二曰派员,此事预备开议,应请大部奏请钦派大员前往俄京与彼政府直接办理,方为妥洽。倘在北京或东省开议,风声所布阻力必多。然非派熟悉俄政界情形而又熟谙办外交手段、为朝廷信任、中外仰慕之员,不能担此重任。如今赴美专使唐中丞之资望,似最合宜。现正在美国可令密探美政府口气,能否在俄政府前相机赞成此举。将来回国,便道俄京,即与俄政府提议此事。然唐未能久留俄国,此事又非一年半载所能议结,但能先议定草合同大纲数条,便可再派他员续议详细条约。其续派之员,如驻日大臣胡惟德、驻荷大臣陆徵祥[1]、驻法大臣刘式训[2],均熟悉俄国情形,可以胜任。陆、刘二使当订东清铁路合同时,曾参赞其事。惟在洋日久,内情未谙,不如胡使内外情形两相接洽,较为合选。此外如梁侍郎敦彦熟谙路务,去年议订津浦合同,挽回利权不少。此数人中,应请大部奏请钦派一员前往,方足以裨大局。至路之价值,宜先探其索价若干,所索之价是否包括所有车头、车辆、机器厂、轮船及东清公司他项产业。查东清公司建造此路,耗费极多,又兼有经营铁路以外之事业,且公司总账房前年失慎,账目间有焚毁,无从确查。如索价过巨,再提议两国各派二员,按照该路现状并中国时价公估核办,再由此四员公举一第三国人公同勘估。中国应派熟悉铁路工程人员,如现充京张铁路总办兼总工程司之詹道天佑,前办京汉、汴洛、沪宁三路工程,现充沪杭甬铁路[3]总办之施道肇曾及现充京奉总工程司之金达[4],现充京汉总工程司之配唐,庶可胜任。盖非熟悉中国路工之员与仅熟悉铁路行车之人,皆不宜派。即如两国公举之第五人,宜遴选曾经在中国修造铁路如沙多其人,方为合宜。以未知中国情形者,若按照外洋情形估

〔1〕 陆徵祥(1871—1949年),字子欣,上海人,原籍江苏太仓,清末民初外交官。

〔2〕 刘式训(1869—1929年),字筝笙,号紫箴,江苏南汇下沙(今上海浦东新区下沙镇)人。是清末民初时期的外交官。

〔3〕 沪杭甬铁路,上海经杭州到宁波的铁路。沪杭铁路与萧甬铁路的合称。

〔4〕 克劳德·威廉·金达(1852—1936年),英国铁路工程师,中国首条营运铁路唐胥铁路总工程师。

价，我未免吃亏太甚。至交款之期，与交款之地，不妨临时再议。若用人一节，在款未交清以前，不妨暂予通融。俟款交清，可再主张用人自由之权。世昌实为正本清源起见，故持此议。否则，俄人一日经营此路，即东省一日在丛脞之中。盖俄人寡信，其与各国订约无一能恪守者，如日俄立约，俄国声明在北满无特别疆土利益，亦无他项特别利益之条，乃一面仍迫我商订展地、砍木、煤矿等合同，且俄璞使促我商订展地合同时，曾照称签字后准中国在新展地段内设立巡警，中国官员可干涉治理铁路界内居住华民等因，迨展地合同既已签字，而地界迄未划清，俄人非但反对我在铁路界内创设巡警，反自擅立自治会，种种举动，此其明证。故此次若仅以抵制自治会为言，俄人即允停办，未必实行。后患方长，势成滋蔓，他日图之，恐已晚也。是否有当，伏乞钧裁是幸。

附上外务部函二

敬肃者，东清公司拟设立自治会，勒捐华商一事，迭经施、于二道向霍总办再四理论，笔舌两穷。今博、满、海等站，第二次被封，已逾旬日，迄未启封。兹非特不允将各站先行启封，又来照会内开，限俄三月初十以前，即中历闰二月初二日如各站不如数缴捐，定将哈埠一律封闭等语。先之以恫吓，继之以强横。且霍总办与俄廓使勾通一气，又复互相推诿，故作遁词。一切细情，已屡次电陈，并蒙钧部向廓使磋商在案。今施道奉调入都，当派于道同行，以该道向充黑龙江交涉局总办，江省情形较为熟悉。鄙见俄人如此举动，直视我东三省为彼殖民地耳。是可忍，孰不可忍。查各国只能在本国属地行殖民政策，今俄人在北满经营，如设会、勒捐等事，动称奉本国政府命令而行，非视我东省为殖民地而何，我之主权尚可问乎。况俄人于东清开其先，日人必于南满踵其后，后藤已有言矣。后藤新发明日本殖民政策并包有南满洲地段足见两国协而谋我，此特嚆矢耳。我若不乘此萌芽之始，杜绝根株，他日势成滋蔓，讵复可图。且轻于一诺，设他国群起与争，我将置身何地。是目前仅与一俄交涉，他日各国咸出而干预，地讵尚为我有耶。况我已允俄，各国何从置喙，势必纷纷藉口，咸抱定利益均沾之主义来相要挟，恐彼时之钩棘，将十倍于今日也。故今日争之而胜，非特绝俄人有形之要求，并可戢各国无形之觊觎。即争之而不胜，万国尚有公论，咸不直俄，彼或知难而退。勿谓勒捐事小，也而立会事大，立会事小也而弃地事大。各站之地去，东省之地将随之以去，欲求各省完全无缺，其可得乎。世昌非故为此危论，实鉴于时局之艰，国势之弱，不能挟实力以相抗，犹得据公理以与之争，冀可挽回万一耳。若万不得已而为权宜之应付，惟有由我立会，准俄人附从，庶可保全主权。今粗拟公益会宗旨大纲五条，另纸录呈上供采择。彼或显然抗拒，不妨将逐日会议情形于各国公使之前略示大意，动以公共关系之利害，彼亦未便膜视，堕俄人无厌之阴谋。若明请各国出场，彼则有词，我亦无取。即施、于二道此次到京，亦只能略备顾问，以权力不能与廓使相敌，恐未易力破其奸。伏求钧部坚持到底，庶能就我范围，则大局之幸也。尤有请者，会议伊始，务催先行启封，议结以前不得妄有举动。商民深明大义而积忿已深，设有暴动，谁任其咎。一面已饬施道由关款内先行提出银一万两，交吉、江交涉局协同商会察看情形，留作小民养赡之资。盖该商等小本经营，久停贸易，何以为生，不得不作未雨绸缪之计，合并附陈。至霍既充铁路总办，又兼护理领事，则压力益重，掣肘益多。务望转商廓使，撤去霍护理领事名目，而另派一员他领事到境，略分其权，亦一助也。统由施、于二道面禀一切，不尽欲言。

设立公益会宗旨大纲五条：

一、铁路公司承认所租及所借之地段内，应声明中国主权毫无损失。

二、路界内凡属已经开埠之处，各国均应共享利益，共尽义务。凡行政之权仍由中国主政。至司法之权应照条约办理，各理各事。嗣后凡有各国交涉民事、刑事，由被告处官员审判办结后，仍知照原告处官员。

三、路界内凡属未经开埠之处，如居民数在一千人以内，不必设公益等会。遇有应办地方公益事宜，应由就地华洋商家禀明交涉局办理。如居民数在一千人以外，彼自请设会，准由华洋商家各举二三人经理地方公益事务。至应纳款项，应如何分摊及如何支用，仍需随时禀明交涉局。

四、公益会所办事件，不得过卫生、治安、马路工程等事。所筹之款，亦不得出此估定数目之外。至教堂、学堂、善举、商务等事，因各国民情风俗不同，各办各事，未便强同。

五、各站宜撤去俄国巡警，俄人只准有护路兵丁，不得有干预地方之巡警。

附上外务部函三

敬肃者，俄人于哈滨各埠擅自立会勒捐一事，经钧部向廓使提议，互换照会在案。仰见钧部先纾商困，徐图转圜之至意。嗣施、于二道寄到会议问答，捧读之下，尤征崧生尚书苦心对付，权不外溢，钦佩莫名。昌屡催刘守将华商捐册呈核，甫据电陈细数，而俄商捐册迄未交来。一面已饬商会，先自量力认捐，俟华俄捐册到齐，即当下令饬商民遵缴，冀与照会无稍违背。今霍、达留京，续议在即，遥企宏猷硕画，中外同钦。前蒙不弃，商及于昌，敢不竭尽愚悃，将此事原委，敬为钧部详陈之。查俄人欲以一商务性质之公司，而强干预我行政权，直视我东三省与彼殖民地无异，直要挟我政府欲将东省地全行割与无异。当彼初筑铁路时，仅止买地勘路而已。我虽派有督办大臣，究未洞悉外间情形，处处吃亏，姑弗计较。而祸根伏于当时，发表见于今日。今铁路附近，遍开商埠，展地伐木，非明证乎。加以按户征捐之虐政，又见实行按人纳税之风闻，又腾报说。大凡路务之交涉，无一不与商务、民务息息相关。稍不自持，则政权去而利权与之俱去。日人之经营南满，急起直追，讵肯出俄人之下。阻我收税已非一朝，强民输捐，其欲逐逐。今俄人设会，犹其发端之始耳。此后两国要求，将欲囊括我商务、民务以去，讵能稍留我政权、民权之余地。况彼不惜数千万之资本，日夜经营而我无丝毫之力可以抵制。其见理甚明，其蓄意甚深，其办事手段甚辣，其作俑榜样又甚显而著。昌所以终夜焦劳，廉得其隐，而迭次抗议，莫展一筹者，明知国势太弱，既无实力与争，国体攸关，用尽忠告以献，非敢矜一己之私见，博一时之虚名，而故作危词以耸钧部之听也。实以利害关系，阅历经年，呼吸存亡，毫厘千里。设他日无穷之影响相逼而来，如后患何。目下日俄耽耽虎视，渐变易昔日之方针。两国之竞争，即为万国之观听。是以屡次电陈，遂不暇有所检择，仰赖钧部权其轻重，或足上供采择。区区之隐定蒙曲原。如能收回主权，会由我立，捐由我定，诚为上策。而无如上策已落人后也，不得已筹次策，则会为公立，捐由公议，华为长，俄为副，此乃要著。钧部与鄙见正合，而俄尚不之许，毋乃蔑视太甚。钧部于此时藉此事与之力争，犹未为晚。昌以为彼用强硬手段，我惟用柔软手段与之相持，即彼显然有占据之名，而我终不予以承认之据。任彼封闭，甚或驱逐，是彼故技耳。我一面优加抚恤，隐为抵制，民虽迁徙一空，而地终为我有。况俄人未尝不以商务为重，亦未必遽至于斯也。故一事之不轻允，则他事尚不至接踵而起，一国之不轻允，则他国尚不至援例以求。东省根本之地，万国属耳目焉。若万不得已而大放厥埠为将来一大交涉场，犹愈于一国强占成一片战地耳。言之虽至痛，而不得不呕血椎心以出之也。不然，昌讵不知时局之艰难，国帑之支绌，而昔者发此赎路之狂论耶。目前赎路夫讵易言，逼到尽头终归结束，钧部已嘉纳之矣。今就设会一事而论，力能争尚何待言，即力不能争，暂请相持不下，或者各国出而干预，俄未敢显违公论。我不放弃，人将助我，非真助我也，将以制俄也。钧部握其要领，操纵咸宜，无俟昌之多渎。然孕蓄既久，骨鲠在喉。凡昌心思之所到，耳目之所及，是否有当，不暇自知。所以卸肩在即，而犹屡聒钧听者，亦期钧部与俄使辩论时略有所采，点破机关，使外人闻之稍知敛迹，后人处此亦有方针。区区此心，亮蒙钧部鉴其愚忠，而恕其戆直也。

附外务部来往照会十六件

为照会事。光绪三十三年十二月十三日，接据东三省总督等咨称：据会办铁路交涉事宜候选道于驷兴呈称：查有俄商在东清铁路界内海拉尔地方提议地方自治等情。同日又接据东三省总督等咨称：俄商已在哈尔滨宣布海拉尔地方自治规则等情，并将海拉尔地方自治规则抄送前来。本年十二月十九日，又接据东三省总督等电称，查从前哈尔滨设立铁路交涉局与铁路公司订有合同，凡关于铁路事件及牵涉铁路人员、工匠、命盗、词讼各案，均悉会同铁路公司和衷商办，缉捕人犯协同差拿，拘留则各归各办。至于铁路界内华商贸易，均听华官之命令，此向章也。自上年设立关道，俄亦设置领事，于是铁路界内华俄讼案不关铁路者，归关道与俄领事会审，此现章也。今公司代办达聂尔所送地方治理会章程五十五条，范围甚广，如抽收各项捐税，管理地方产业，以及卫生、善举、商业、工场，事事干涉，俨以公司为总揽机关，纯乎自治团体之性质。本月二十二日，又准东三省总督等电称，据滨关道杜学瀛呈称：俄在哈尔滨铁路界内设自治会。现闻十二月二十五日选举会员，即属组织成会，各国领事均与选举之，关系主权甚大。铁路系商业性质，只能按照合同保护公司产业，无管理地面之权，应请诘阻。各等情前来本部。查东清铁路公司章程内载明，铁路必需地段，专为铁路之用。该俄商等在东清铁路界内海拉尔地方倡办自治，又在哈尔滨铁路界内设自治会，实与该项公司章程显相违背。且详阅所定规则，皆属警察权限内之事。前经本部与贵大臣议定，凡铁路界内各站，俱应由华官添设巡警保卫地方。该俄商等安得在海拉尔、哈尔滨等地方铁路界内开办地方自治。相应照会贵大臣，迅即转饬禁阻，将该项自治章程撤销，仍照原议各办铁路各站警察。并望见复为荷，须至照会者。光绪三十三年十二月二十四日外务部致俄使照会

为照覆事。光绪三十三年十二月二十四日接准照称：以东清铁路公司于哈尔滨及海拉尔设立自治会一事，此项办法系属不合，请转饬禁阻。等因前来。当经以此事转诘东清铁路公司总办，兹据复咨本大臣，可见按照一千八百九十六年所定建造东清铁路合同第六款，该铁路公司得有于所占地段，专于一手经理，并无限制之

权。该合同原系法文向时铁路公司尽用此权,贵国政府并未辩驳,因于铁路占地界内数处人民增多,是以该公司兹定于此数处分与该人民经理所居住地方之权。若铁路公司于铁路占用地段有专于一手经理,并无限制之权,自能听便安置经理。至设立自治会之办法,系副铁路占用地界内所居人民之所需,并华人亦在其内。缘按自治章程,华人得享与该界内他人一律之利权。据以上各节,可见铁路公司向来尽用专于一手经理并无限制之权之时,该地方华官并未辩驳。现在铁路公司将其利权分与该处人民协同经理,铁路占用地段且华人亦在其内,而贵国政府反启辩辞,是则本大臣深所难解。再来照内开,前经贵部与本大臣议定,凡铁路界内各站,俱应由华官添设巡警保卫地方等语,本大臣相应声明,此节自系误会。查光绪三十三年五月二十六日本处照开,本大臣情愿转答铁路公司,于扩充新地段新合同批准之后,将铁路总交涉局及分局章程另行开议附条款,以便在新展地段内如另设中国巡捕,以致铁路交涉局之各中国委员较从先多,可干涉治理铁路地段内居住华民各事宜等语。据此节,可见此事仅可关于按照新定合同所展之地段,而哈尔滨不在此地段内,并但应商订交涉局已定章程之附条款,以便于新展地段内添设中国巡捕之额,若将铁路交涉局章程仅按以上所提各节复行查核,铁路公司并不推诿,且情愿立即开议此事。本大臣惟应再行声明:此项应议附条,只能关于新展之地段,哈尔滨不在其内。据以上各节,照请贵王大臣转与东三省总督及吉林、黑龙江巡抚解释明晰。铁路公司在铁路展用地段内数处于设立自治会一节,毫无违背建造铁路合同第六款其所得之利权,并铁路公司所设关于自治之法,应视为副铁路界内居住华人之利益,缘该华人与他人得享一律利权之故也。相应照覆贵大臣,查照可也。须至照会者。光绪三十四年正月初九日俄使致外务部照会

为照覆事。案查东清铁路公司于哈尔滨及海拉尔拟设自治会一事,本月初九日接准来照,以设立自治会之办法系副铁路占用地界内所居人民之所需,并华人亦在其内。铁路公司在铁路展用地段内数处设立自治会一节,毫无违背建造铁路合同第六款其所得之利权等因。查铁路本系商务,按照合同第六款所谓占用地段者,专指铁路实在占用之地。准其建造各种房屋并设立电线,由该公司一手经理,专为铁路之用。是贵大臣所指展用地段,专就建造铁路上各车站之材料厂、机器房及公司住宅而言。至保护地方一切治安事宜,应归华官自行经理,故该合同第五款特为声明,凡该铁路及铁路所用之人,皆由中国政府设法保护,所有铁路地段命盗词讼等事,由地方官照约办理等语。足征地方自治之权,全在中国,毫无疑义。今该公司在各该地方创设自治会,显系侵碍中国主权,本部断难允认。相应照覆贵大臣,

速行转饬禁阻,以符原约,并希见复为要。须至照会者。正月十七日外务部致俄使照会

为照会事。案查俄商在哈尔滨地方设立自治会一事,前准各国驻京大臣先后来部询问。查此事于上年十二月间接准东三省总督等来电称,俄在哈尔滨铁路界内设自治会,选举会员,各国领事均与选举之权等情,当经本部照会俄国璞大臣,迅饬禁阻,将该项自治章程撤销。旋准璞大臣复照称,按照建造东清铁路合同第六款,该铁路公司得有于所占地段内专于一手经理,并无限制之权。该公司在展用地段内数处设立自治会,毫无违背第六款所得之利权等语。复经本部照驳,略云:该合同第六款所谓占用地段者,专指铁路实在占用之地,准其建造各种房屋,并设立电线,由该公司一手经理,专为铁路之用。至保护地面一切治安事宜,应归华商自行经理。故该合同第五款特为声明,凡该铁路及铁路所用之人,皆由中国政府设法保护。所有铁路地段命盗词讼等事,由地方官照约办理等语。足征地方治理之权全在中国,毫无疑义。该公司在各该地方创设自治会,显系侵碍中国主权。本部断难允认。等情照会在案。兹准前因,相应照会贵大臣查照,并烦饬知贵国驻扎哈尔滨等处领事可也。须至照会者。正月二十四日外务部致各国公使照会

为照覆事。本年正月十七日接准照开,以东清铁路公司于铁路占用地段内经理之权,本部断难允认,并请转饬禁阻于哈尔滨及海拉尔创设自治会。等因前来。查照建造东清铁路合同第六款,凡建造经理防护铁路所必需之地,并开采建造铁路材料所需之地,均给予该铁路公司。是该合同预先提及付给铁路足敷需用毫无缺欠之地,此项条款出于铁路商业之大举。且此商业已经必需招徕人民甚多,以副铁路各项所需之用。此项人民于铁路地段内居住之,故特系因此铁路而有也。并经理该人民,自应按照铁路利权为主。是以于一千八百九十六年商订建造铁路合同之会员,遵照以上所指之意,于该合同第六款载明,铁路公司得有于铁路所占用之地段内一手经理,并无限制之权等语。至来照所称该合同第五款系专指中国政府应须设法保护各种侵害铁路及铁路所需之人员,该合同原系法文此意自系防范于铁路以外所出之扰害,如光绪二十六年扰乱之事而言。因该合同第六款明晰开载经理铁路地段之权归于铁路公司自握,是则自不能以该合同第五款解释此权于中国官员,又铁路公司于中国官员在铁路占用地段内有司法之权,并不辩驳前该公司开工建造铁路之时,与该将军商订合同,系为设立交涉局,以便审察判断关于华民细故词讼,若紧要之案,尽归中国官员察办。据以上各节,贵大臣可见铁路公司于占用地段内设立自治会一节,并不逾按照建造铁路合同所得之利权,而贵部及该地

方华员由辩驳铁路公司合理设法之举,显然与该合同条款不合。且此项辩驳于铁路占用之地段内,抵拒设立妥协经理之事宜,可损害铁路之利权,以至该公司亏失甚巨。因是本大臣相应预先声明,其以上亏失,惟贵国政府是问。是以再请贵王大臣转与该地方官讲释东清铁路之利权,并切实嘱饬将来不得抵拒该公司合宜之办法可也。须至照会者。正月二十五日俄使致外务部照会

为照覆事。光绪三十四年正月二十四日,接准照称:查建造东清铁路合同云云。本部按贵大臣所称该合同付给铁路足敷需用毫无欠缺之地一语,本部之解释第六条亦与贵大臣相同,但贵大臣所称铁路地段内居住之人民特系因此铁路而有,是以照该合同第六条铁路公司所得有于铁路所占地段内一手经理,并无限制之权等语,本部之解释不能与贵大臣相同。查第六条之宗旨,重在铁路公司所需地段,或由中国政府给与,或由公司向民间购租,准其免纳税课一层。至该条所载由该公司一手经理八字,系指经理此项地段而言,毫无治理地段内人民之意。华文合同特用经理字样,不用治理字样足征。当年中国政府允订此项合同,只允该公司有经理铁路所需地段之权,并未许该公司以治理地段内人民之权。且贵大臣所称第六条载明并无限制之权等语,本部查汉文合同第六条内并无此六字。此项东省铁路公贸合同并无以法文作准之条,是以本部解释第六条只能抱定汉文由该公司一手经理八字。又来照称合同第五条设法保护,系防范铁路以外所出之扰害等语,本部之解释第五条,亦与贵大臣不能相同。查该条载:凡该铁路及铁路所用之人者,皆由中国政府设法保护。是无论扰害,凡足以害铁路及铁路所用之人者,无论扰害之端出于铁路地段以内或地段以外,皆由中国政府担任保护防范之责。此一层汉文甚明,法文之字样亦甚明晰,自系指防范一切侵害而言,并无铁路地段以外,以内之别也。中国政府即担任铁路地段以内以外防范一切侵害之责,则铁路地段内治理人民之权,自系为中国政府所握,毫无疑义。查哈尔滨、海拉尔创设自治会一节,系侵害中国政府治理人民之权。盖地方自治,全系政治上之问题,并非商业上与铁路上之问题也。总而言之,按照合同第六条一手经理一语,该公司只有经理铁路地段之权,并无治理铁路地段内人民之权。经理地段与治理人民,截然不同。该公司既无治理人民之权,即无给予人民以地方自治之权,此一层也。按照第五条皆由中国政府设法保护一语,则防范一切侵害,概由中国政府担任,即惟中国政府握有铁路地段内治理人民之权,此二层也。本部查当年订立合同,该项铁路并不特设以法文为准一条,自系中国政府按照汉文合同允协签订。且路在中国境内,自当以汉文合同为凭。是以本部只能依照汉文合同确切解释,实不能与贵大臣之解释相同。所有

哈尔滨、海拉尔自治会名目，中国政府断不承认。仍希贵大臣查汉文东省铁路公司合同，饬令该公司速将哈尔滨、海拉尔自治会名目撤销。至于该公司于铁路地段应有经理之权，仍由该公司经理，以符合同而昭公允。须至照会者。正月三十日外务部复俄使照会

为照会事。本年六月初五日本部曾照会前阿署大臣，声明俄所拟哈尔滨公共地方治理会草章，与本年四月初五日来照所称东清铁路公司毫无侵碍中国主权之意，且十分尊重该主权等语，大相反背，中国断不能承认。照请迅饬该公司，不得擅设自治、治理等会在案，乃本月初三日接准奉天巡抚东三省总督黑龙江巡抚文称，据黑龙江铁路交涉局于道呈称，据满洲里、海拉尔等处华商禀称，该处俄人设理事会，其会首催令该商等起卖货票，如不起票，就要封闭，并催令入会等语。本部查满洲里、海拉尔等处俄人擅设理事会，逼勒华商起卖货票，实属干犯地方治理之权，与中国主权大有妨碍。相应照会贵大臣，迅饬满洲里、海拉尔等处俄人暨东清铁路公司，将理事会即行解散，不得再有逼勒华商起卖货票等事，并希从速见复可也。须至照会者。八月初九日外务部致俄使照会

为照覆事。本年八月初九日，接准来照，以所拟哈尔滨公共地方治理会草章侵碍中国主权，及据东三省总督、黑龙江巡抚所称满洲里、海拉尔等处俄人催令华商起卖货票，并入理事会等语。贵部辩驳之间，照请饬东清铁路公司将理事会即行解散，不得逼勒华商交纳捐项，等情前来。本大臣兹应再行声明，本处曾屡次备文解明东清铁路于指定各地段内设所办理各事，不过尽用按照一千八百九十六年建造铁路合同第六条所得之利益一节。再者，应请贵部注意，凡各国如东清铁路得有租界者，贵国政府均保护其所得之利益，而此项利益人人所承认也。其贵国政府允认各租界理事之规模，曾未以为侵碍主权，并不禁阻华人遵守各租界所立工部局之章程。此项各工部局之本意，悉与俄国所设理事会相同，不过名称不同耳。查各国租界内所住及贸易华人，应交纳定捐项，以助办理公共治安。相应照复贵王大臣查照，即希见复。须至照会者。八月十三日俄使复外务部照会

为照复事。本月十三日接准来照，称东清铁路于指定各地段内办理各事，不过尽用按照一千八百九十六年建造铁路合同第六条所得之利益，又称中国政府允认各租界理事之规模，并不禁阻华人遵守各租界所立工部局之章程，此项工部局之本意，悉与俄国所设理事会相同，不过名称不同等语。本部查东清铁路合同第六条内所称该公司建造经理防护铁路所必需之地，皆该公司一手经理一节，系指经理关乎铁路之事而言，断不能作为治理该项地段解释，本部前已迭次照会声明在案。此项

铁路地段与租界大不相同,租界系为普通华洋贸易起见,经本部与各国明订章程办理。此项铁路地段,系专为建造行使铁路起见,其宗旨总不得出乎铁路事宜之外,断不能援租界设立工部局为例。相应切实声明,仍希贵大臣查照迭次照会,转饬将满洲里、海拉尔等处俄人所设之理事会,即行解散,不得再有逼勒华民起卖货票等事,并希见复。须至照会者。八月二十一日外务部复俄使照会

为照复事。本年八月二十一日,准照复以铁路地段系专为建造行使铁路起见,与租界大不相同,等因前来。查据本国政府,于以上起见不能为然。盖铁路地段与租界地段确有相类之势,因均系由中国按照专订约章让与他国者,是其国人民在该地段内得有享用实在之利益。其东省铁路界内所有人民居住之地段,及各租界专为华洋各商享用,然中国贸易及人民于铁路界内所得之利益,较胜于租界之内,虽于铁路合同内并未载明划定地段系为通商实业居住外人之专条,而建造铁路及划定地段各举,系专为铁路事宜及以振兴通商居住外人为主意,本国政府以铁路地段有租界之性质,贵国政府本亦有同意,缘于哈尔滨、海拉尔、满洲里车站各处,中国自行开辟商埠,与通商口岸各有租界者视为相类见之也。至贵国政府与各国明定办理租界之章程,即建造行使铁路之间亦有定章,不能见较此项章程,乃系一千八百九十六及一千八百九十八年之合同暨设立交涉局之合同及他项彼此商订之章程。若贵国政府视此项合同暨章程内或有不尽不足之意,以致相反租界之宗旨,本大臣自应转达本国政府宜再添附应用之条款。即希见复。须至照会者。九月初一日俄使致外务部照会

为照复事。本月初一日接准来照称,本国政府以为铁路地段与租界地段确有相类之势,虽于铁路合同内并未载明划定地段系为通商及居住外人之专条,而建造铁路及划定地段各举,自系专以办理铁路事宜及振兴通商居住外人为主意等语。本部查东清铁路合同,专建造行使铁路而订,合同内既未载明划定地段系为通商及居住外人之专条,岂能任意解释据以为断。且果如来照所言,则东清铁路合同第六款内何必声明铁路地段用处。总之,东清铁路地段专为建造行使铁路而设,与租界之性质绝不相同,本部断不能与贵大臣同意。惟铁路地段内所住华民亟应详定章程以资治理,一面由本部与东三省督、抚详细筹议,再行照会贵大臣,一面务希贵大臣迅饬东清铁路公司,将哈尔滨、海拉尔、满洲里等处之理事会暂行停撤,静候妥订章程,毋得有逼勒华民之事,以符定约而维交谊。须至照会者。九月十六日外务部复俄使照会

为照会事。本月二十六日接准照复,以贵大臣与霍总办在本部面谈各节,已转

知霍总办于本日转饬该公司查照，即行办理。再请电知东三省总督，饬各该处地方官收捐，以及存储该各捐项之总数，暨铁路公司所交捐款清册，某铺某人所交捐项逐一注明，交还该公司以备稽查等因。查各华商居住哈、满、博、昂、海、富等地方，均在中国境内。铁路公司勒收捐款，实为无理。惟为办理地方公益起见，必需集有捐款，以为资助，是以允为转圜。此次捐款于未经议定之先，由中国地方官经理，然铁路公司不必过问，盖捐数多寡尚须彼此商议，不以此次捐款为定也。若仍由地方官于清册内逐一注明，交还该公司备查，是权限仍未清晰，彼此仍行轇轕，未免徒多周折。且贵大臣与霍总办在部所谈各节，亦并未议及此层，自无庸电知照办。须至照会者。宣统元年二月二十九日外务部致俄使照会

为照会事。接来照已悉，各处地方官将捐讫各捐项之总数，照知该公司，暨将清册逐一注明，交还备查，实属必须之举。一因华官此次承办实行经收款项，独凭此册为实行之据，二因该清册交还公司，以资劝谕俄商比照匀摊，免因华商不缴，藉为口实。此项办法，并非铁路公司格外索求，不过由议商所致，若不如此办理，恐该公司不能不续派捕员往向各华商索所缴捐之证据，恐非彼此所愿也。须至照会者。闰二月初一日俄使复外务部照会

为照会事。本部查东清铁路在中国境内勒收华民捐款，中国政府以主权所关，不能允认。现经贵大臣与本部商定，暂由中国地方官收取华民捐款，以便将设立公共理事会办法，和平提议，是从前所争执者已略有端倪。若皆能虚衷商定，自不难从容解决。此时办理未定捐款或多或寡，又言明不得为例，则注册交查一节，实非所须之举。缘本部既允地方官收捐，即可为实行承办之据，自不必再寻凭证。理事会办法一定，华俄商民自应公议比照摊捐，亦不必预为均匀。中国地方官收捐，系认办地方公益所需，由商民捐款，并非为公司收捐，若转将捐册注明交还该公司，是不啻中国地方官为铁路公司承办收捐款项，与该公司自行收捐无异。本部固不能照允也。至派捕向华商所取捐证，是迹涉强迫，与勒封同一行径。公司既无收捐之权，即无索取捐证之权。贵大臣以和平了事为宗旨，当体谅不任公司再生枝节也。须至照会者。闰二月初三日外务部复俄使照会

为照会事。查贵部详论此事，似于该公司其应所索之总原因未能注意。而该公司必须按照该各清册催令俄商交纳款项，使彼不得以华商借口，不自出捐。又查按照通行章程，应将纳捐之人暨办地方公益捐项之数，宣布周知。此次若行改变，特恐人心疑惑，不免议论纷纷。相应照会贵部，电饬中国各该地方官捐讫各款后，或将原册逐一注明，或转饬各交涉局缮具花名清册，注明纳捐之各华商，将该册或

交铁路公司，或交理事会查收为要。须至照会者。闰二月初六日俄使致外务部照会

为照会事。本年二月二十五日本大臣与贵部面商之际，议定由贵部即行电饬该地方官，立将铁路公司所交各该局清册、征收居住铁路界内华商第一届应纳之捐项，本大臣同时允认转饬铁路公司即行启封铺店，旋于二十六日电饬照办。惟兹据该公司电禀，各处铺店按照本大臣所允，已经开市，而迄今尚未按照所交各交涉局之清册收捐，遂诘问齐齐哈尔交涉局总办刘太守，据云未奉上宪训条，致延时日为辞。各等因前来。查以上各情，足见贵部于十余日前所切实允认者，迄仍未办。本大臣再应切请贵部立即照办，否则本大臣亦不能续商铁路公司事宜。再以上所定之办法，系属虚衷和平办理，以免因不缴捐款及封闭铺店致生龃龉也。须至照会者。闰二月初八日俄使致外务部照会

附俄达代办送外务部节略

一、东省铁路界各车站居留人民，办理地方公益事宜，或该处居民自行办理，或选举代表人充为议事员，二者应视该处户口多寡酌准。

二、各处居民或自行办理，或选举代表办理公益事宜，须有相当之产业资本，或出纳相当房租者，方为合格。

三、铁路界内各车站户口多数之处，设立议事会，附设董事局，将议事员所议地方公益事宜实行办理。其户口少数之处，居民自行办理。

四、董事局领袖及该局办事各员，应于议事员内选举后，呈由俄京铁路总公司核定。惟铁路公司权利关系至重，每次会议于被选董事外，应由铁路公司委员参议，与众一律。其领袖一员，应以俄人任之，该领袖兼任议事会会长。

五、查东省铁路界内人民相聚之处，系因建造铁路及俄国出资而成，其议事员数目，俄人至少须得一半，其余一半华人及各国人任之。

六、居民多数地方议事会，及少数户口地方公议庶务处应办事宜，如收捐办法、均匀摊派捐项、开具出入预算表、核定逐年开销经费、经理公共产业资本、办理医院卫生、消防学堂以及颁布关于公共治安章程、注意振兴商务各项事宜。至议事会所定各章程及出入款项表，均应布告周知。

七、议事会及少数户口之公议庶务处所议事件，应以多数人决定为准。各该处人民应一律遵守。其地方捐款，应按照各项商业资本多寡酌定。又核定出入预算

表,公用借款等类紧要之事,应由俄京铁路总公司批准施行。总公司总办,按照铁路合同。系中国建造大员。惟预定期内如不奉复,当作为核准,立即施行。

八、铁路界内各处所议公益治安章程,中国及他国人民应一律遵守。该章程宣布以前,呈请哈尔滨铁路总办会同该管交涉局总办核定。彼此遇有意未洽之处,应申请总公司定期核夺。

附外务部送俄使节略

一、中国允在东省铁路界内已开商埠各处,每处设一地方公共议事会。会内设总理一员,以中国官员任之。设副总理二员,以中国官员暨铁路公司各一人任之。副总理以下设议事员,其人数按照中国暨各国住户捐款之多寡酌定,并分别选举。中国系属地主,其议员数目至少须得本会议员数目之一半。

二、副总理暨各议员,均须禀承总理之命令。凡经总理批准会内议订之事,由各议员分别选举人员任办,名为办事员。其人数多寡,由总理酌定。办事员、领袖,应用中国人。

三、此会专为办理地方公益起见,其所办事宜,以铁路界内卫生、巡警、路工三项为限,其系中国地方官权限内所应办之事,该会皆不得干涉。

四、凡办理卫生、巡警、路工三项事宜,须由各议员议订,呈由总理批准后,再交与各办事员照办。如仅经议员议准,而未经总理批准者,即不得实行。如议员所议办法,总理不以为然,可仍交各议员覆议。

五、凡在东省铁路界内未开商埠各站,其户口在千人以下者,无庸设会。如在千人以上,经地方商民呈请,地方官准予设会者,须俟地方官批准,方可设立。其会内总理,即由中国地方官派委充任。一切应办事宜,其大致均仿照已开商埠所立公共议事会办法办理。如有应行变通者,可由总理呈请中国地方官核夺另订。

六、界内设立公共议事会,无论华民暨各国人民以及铁路公司,既同享公共之利益,自应均匀摊派,一律纳捐。其捐款数目,统由各议员酌量产业资本之多寡,公平议订,呈请总理批准饬遵。

七、公共议事会既已成立,凡各站旧有俄国巡警均须一律撤去,只留护路兵丁。其兵丁不得干预会内巡警之职事,亦不得侵犯地方一切治理权。

八、除东省铁路合同第六条所称:凡公司建造经理防护铁路所必需之地外,所有界内地亩,或已转租,或未出租,或由铁路公司经理之产业,除认缴议事会捐款外，每年每亩仍应缴纳中国地方官地丁银若干。数目随同将来议订详细章程时，一并核定。

九、此项大纲议妥后，即由东三省总督派员会同拟订详细章程。其章程需酌照中国政府奏定自治章程办理。

十、将来中国收回东清铁路时，此项公共议事会章程即行作废。其地方自治由中国政府另行办理。

附订定中俄公议会大纲条款

中、俄国政府查阅光绪二十二年八月初二日俄历一千八百九十六年八月二十七日中国政府与道胜银行订立之建造铁路合同内，有彼此讲解不同之处，兹商议东省铁路界内设立公议会，订定大纲如下：

一、铁路界内，首先承认：中国主权不得稍有损失。

二、凡中国主权应行之事，中国皆得在铁路界内施行。如施行之事无背东省铁路公司各合同，则公司及公议会均不得藉词干预阻止。

三、所有现行东省铁路公司各合同，仍应遵守。

四、凡关乎中国主权、法令、政治者，由中国官员主持，自出告示。

五、凡中国地方大吏官员到铁路界内，公司及公议会务须尊重。

六、铁路界内各埠，以人数多寡分别设立公议会。该各埠人民按照地方情形，或选举议事人，复选举办事人，或该埠人民自行办理地方公共事务，并互举领袖一人，为办理公共议定之事。

七、铁路界内，中外人民共享平享平等权利，共担平等义务，无稍歧视。

八、凡选举某埠议事人员之居民，须有相当不动产业或出纳相当房租等项者，方为合格。

九、议事员中自举议长一员，无论中外人民均可被举。

十、凡地方一切公益事件，均归议事会议定。至教堂、商会、学堂、善举等事专属一面者，应归各自筹款办理。

十一、各议事员互举之办事员，其数不得过三人。中外议事员，均可被举。此外另由交涉局总办与铁路总办各派一员连同领袖一员，成立一办事处。

十二、办事处领袖，即由该议事会会长兼充。

十三、交涉局总办暨铁路总办，位置在公议会会长之上，有监察之权，随时到会躬行稽察。遇事,须经第十条内所载委员各自禀知。至议事会所议事件,均应报告交涉局总办及铁路总办会同核夺实行,由会出告白,各色人等一体照行。

十四、议事会议定之件,如交涉局总办或铁路总办有不以为然之处,交会复议。复议时,如有到场会员四分之三认可,即为决定。

十五、凡关于铁路界内公益款项、重要事件,经议事会商议后,呈请中国督办大臣即光绪二十二年造路合同第一条之伯理尔天德是也及总公司和衷核夺施行。

十六、凡铁路界内专为铁路所用之地,如车站、车厂等类,公司得以自行经理。其余公司未经出租地亩及公司自用房屋,按照绘图不归公议会者,仍应归公司自行经理。此项余地,应暂免缴纳地丁等项。

十七、按照以上大纲,应迅速商定公议会及巡警详细章程,并商订地丁数目。自此次大纲订定签押日起不得过一个月,即须会同商订。

十八、公议会详细章程,未经商定实行以前,暂就现行章程酌量办理,惟应遵守大纲第十三条办法,即交涉局总办及铁路总办有监察公议会之权。再,凡交涉局总办或铁路总办于议事会所议事件有不以为然之处,即由交涉局总办与铁路总办会商。倘仍不融洽,再由中外商人各举代表一人,随同交涉局总办与铁路总办公举不论中外之公正人一员,会同决议。至哈尔滨华商会公举三人入哈埠办事处,参预其事,与别董事享受平等权利。至满洲里及海拉尔由就地华商会各公举代表二人入会。其余他处只有公议会者,准中国商人与议办事,其华商权限与俄商平等无异。将来详细章程议定后,所有议事及办事各员,即行按照新章分别选派。

以上大纲条款备汉、俄、法三国文字缮写,各四分,彼此画押盖印,以昭信守。各存各文二分,遇有辩解之时,以法文为准。

宣统元年 月 日俄历一千九百九年 月 日订于北京。

纪吉长铁路

吉林省城去长春二百余里,东清铁路大工将成,俄人亟欲接展吉长一路,屡以为言。前吉林将军长顺恐利权旁落,光绪二十八年六月间,估定建筑工费需银二百六十万两,奏请专归中国自办。外务部议由户部筹款八十万两为之基础,不足则由吉林就地筹集华商股份,旋准户部议,令将吉省自筹及招集商股之一百八十万办有端倪,奏咨到部,再由部将筹备银八十万两拨给。疏入报可。而俄人处心积虑,常以归华人另办之难,归公司接办之易来相絜聒。前吉林将军长顺等坚词驳阻,卒以鄙再四要求,复有与公司订立合同十六条,改归公司修造之奏。无何,日俄拱兵,此议亦寝。前署吉林将军达桂以草案逾限,应归无效,仍向争回自修。三十一年十月,拟将吉省官帖、银元两局余利及公款内,先期筹拨购料兴筑,奏请饬由前北洋大臣袁世凯督办,朝议韪之。三十三年三月,准外务部咨吉长铁路已与日本林使商订条款七则,奏准通行。约内载吉长铁路仿照山海关内外铁路借款合同办法,其辽河以东一段所需款项,向南满铁路公司筹借一半,吉长铁路所需款项之半数,亦向该公司筹借各等语。约既宣布未易反汗。而吉省绅民未悉事实之内容,徒以苏杭甬争路为借口,倡言集股自办。一时潮涌波翻,几不可遏。夫苏杭甬草约银公司,一商人之交涉耳。吉长铁路,则根据条约关于国际交涉,岂易轻言取消。爰以此义晓之,吉省绅商亦深体时局之艰,嘿尔而息。近者,路线既已勘明,两国续约亦经邮传部会咨外务部,命铁路局长梁士诒[1]与日使阿部守太郎商订七条,凡假日币二百一十五万元,年息五厘,折扣九三。嗣又派员,会同日员议订详章。条款既定,兴作在即。将来保护主权,维持路政,是在乎有守土之责者。

纪新法铁路

光绪三十三年秋,邮传部拟将关外铁路由奉天新民府接展至法库门等处,以便行旅。盖法库门在奉省北昌图府境,西控蒙荒,蒙域货物运输内地,必以法库门为冲。故拟由新民府修支路至法库门入蒙境,接展至洮南府,而达江省。日本代理使臣阿部闻之,以文致邮传部相诘,略谓:闻贵国有拟将关外铁路由新民屯敷设新线往北延长之说,查前年中日议约之际,贵国全权曾声明中国政府持保护南满洲铁路利益之目的,于该路未收回以前,不能于该路附近另设并行之干线,及侵害该路利益之支线。现有延长关外铁路之说,本国政府不能不为留意。邮传部因咨外务部,谓展修铁路,乃为增益本路营业进款起见。凡系不合宜之附近并线,断不敷设。如将来在关外铁路敷设新线之时,其附近南满洲干路之距离,总不减于欧美各国现有铁路两线间距离之数之通行惯例,以期无碍。外务部遂据此意以覆日使,日使不允,持论甚坚。且谓关外铁路延长,显与南满洲铁路并行,且有害该路利益。邮传部移请东省就近体察情势,据实声覆。因查中日接收新奉铁路条款第三款第二款

〔1〕　梁士诒(1869—1933年),广东三水(今佛山市三水区)人。清光绪进士。曾任袁世凯内阁署邮传部大臣、袁世凯总统府秘书长、交通银行总理、财政部次长、北洋政府国务总理等职务。

内载,除吉长铁路接展支路外,如中国自行建造他路,与南满洲铁路并无关涉之语。现在接展关内外铁路,系我中国内政,决无外人干涉之理,自应据理力争,以清权限,分别声覆、外、邮两部。三十四年四月,外务部因与日使屡议未协,复以文致日使详陈颠末。其词曰,案查关外铁路接展至法库门一事,上年十二月接准来文声称:按照日清交涉会议录所载,日本政府断不能承认。盖会议录中曾订明中国承认保护南满洲铁路之利益,不在该路附近敷设并行干线,并不敷设有害该路利益之支线。中国官宪有遵守此约监视无违之责,务特再声明等因。查中国拟于关外铁路,由新民屯敷设新线延长至法库门,系为变通便利,发达地方,及增益本路营业进款起见,与南满洲铁路毫不相涉。既非附设并行之干线,亦非侵害利益之支线。其距离该路总不减于欧美各国现有铁路两线间距离之数之通行惯例。乃贵大臣迄援中日会议录为据,谓中国政府置成约于不理,有侵害南满洲铁路利益之举动。不知当日中日两国全权大臣商定此条时,中国全权即以并行二字范围甚广,必须定以里数,言明在若干里以内不能筑造并线。日本全权以为,若定里数,自他国视之,必有限制中国造路之意。继又请按照欧美通例定出并行线相距里数,又以通例亦不一律不必载明。并由日本全权声明,中国将来凡有发达满洲地方之举,日本决不阻拦。其言自是出于至诚,兼具笃念友邦之意,自应彼此共遵。夫发达地方之要政,孰有愈于添筑铁路,利便交通者。且该路与南满洲铁路相距甚远,不能作为附近并行,谓为有害干路之利益也。抑以推行尽利相得益彰之道论之,不特无害,且有利焉。盖支路愈多则干路之贸迁愈盛。吉长铁路之于南满铁路,即其一例也。且查新法铁路直接关外路线,所经海口为营口、天津,俱属封河之口,南满洲铁路直达大连,为不冻之口。满洲所有出口之产,必多取道南满洲之铁路直达大连,以期利便。矧法库门以西俱属蒙境,若通铁路,则往来便利,货物充牣,南满洲铁路生理必因之愈盛。凡此皆确凿可据,所以中国欲实行发达地方之要政,必自延长铁路始。讵南满洲铁路公司漫不加察,竟执定为有害该路之利益,致令贵国有阻拦中国发达地方之行动,殊非中国政府所能料及也。旋接日使覆文,仍固执前论,逐加辩驳。以为辽西货物若昌图、铁岭等处,现由南满铁道输送。若一朝新法铁路设成,无论辽西、辽东,输送货物之利益必被所夺。盖南满铁道究系外国公司在清国地方所设之路,所有运载货物地方官吏势必偏向于清国铁路以抵抗之。且查新法铁路并未接附于南满线之支线,与吉长铁路实有不同,断不能与有利益。若清国罢新法线之议,另议由法库门敷设达于南满一地段之支线,则等于吉长铁道,均非利益均争之线,方能承认云。后复经外、邮两部迭向日使提议,迄未议决。

纪安奉铁路

安奉铁路者,自奉天省城至安东县,日人与俄战时军用所设也。光绪三十一年冬十一月,军事既毕,遂与我国议定东三省条约,其附约第六款载明,此路仍归日本政府接续经营,改为转运各国工商货物。除运兵回国耽延十二个月不计外,以二年为改良竣工之期,再展至十五年,将建置各物估价售与中国。其改良办法,应由日本承办人员与中国特派人员妥实商议。所有办理该路事务,中国政府援照东省铁路合同,派员查察经理。是安奉铁路凡有特别之兴作,均应与中国妥议。讵光绪三十三年夏,日人竟在本溪湖铁路附近地方,以铁路用地为词,任意占用民房,为守备队建筑兵舍。继复在安东县六道沟拟建修房屋二百余间,为日军经理部驻扎营房之所,擅自动工,不与地方官吏商议。经本溪县交涉委员周朝霖暨安东商埠局先后报告,即由交涉司以此路与南满铁路性质不同,且从无铁路用地名目,与驻奉日领事一再诘驳,并将往来照会抄咨外务部,转商驻京日公使禁阻。是年冬,安东商埠局报称,侦得日人拟在安东遥对之新义州、鸭绿江等处修筑过江铁桥,与铁路衔接。此桥若成,下江海船不能上驶,商人运货较远。往来货物或由海道或由陆路,税关必难稽查。日人专为铁路牟利,实与中国商务、税务大有关碍。世昌查鸭绿江为中韩界线,我国本有管领一半之权,日人筑桥之议、于界务问题亦有影响。因其事尚未宣布,遂密告外务部预为之防。三十四年,南满铁路会社员在凤凰城草河口至省南苏家屯一带,测量安奉路线,占用民地,树立标杆。交涉委员周朝霖、东边道祁祖彝查知,由交涉司向日领事诘问。旋据覆称,此次测绘路线并非日本政府之命令,系由会社中私行试测,为将来正当会勘之预备。即所立标木亦未定准。由祁祖彝派员杨锡宠、应大铋等前赴凤凰、本溪等处,邀会日本测量技师市江厂、山下宗利,询悉测量立标之处,沿途查勘绘图呈阅。当以日人试测路线,插立新标,日后难保无另设别线之举动,随与日领事商定安奉铁道沿线矿山合办条约四条,即以不得另设别线字样注于第一条之末。而日领事迭次照会不允互相理辩。十二月,复向提议,详细解说,始获成议。时已届改良竣工之期,因函请外务、邮传两部,速向日使照约商议会勘。宣统元年二月,接邮传部委员黄国璋等来东,遂添派道员沈琪会同日员分赴各处履勘。夫安奉一路,允其展用十五年,退让已极,彼乃占地筑房,私测路线,无非意图久踞,侵我利权。犹幸续订章程,声明不设别线,不至堕其术中。然则此后十五年间,可不加之意欤。

纪牛家屯铁路迁移车站

光绪三十三年秋，日人拟改建营口牛家屯所设南满铁道之车站，先由原车站迤南侯家油坊至青堆子三井仓库一带添筑支路，将来即在该处附近地方设新车站，以期交通便利。山海关道蔡绍基闻之，派巡警履勘，已划定路线，立有标竿，计长五华里宽五丈，犹未兴工，遂据情报告。因查南满铁道南至旅大海口，北至吉林长春府为界，即曩日俄人所修之路。自光绪三十年俄军败北，此路移归日本。初，我国与俄人所订铁路合同第三款载明：俄国为建造铁道运输材料便捷起见，准其由干路暂筑支路至营口及隙地海口，自勘定路线拨给地段之日，一过八年，即将诸支路拆去。三十一年，我国与日人会议正约第二款内载：日本政府承允按照中俄所订铁路合同，实力遵行。今届八年期满，而牛家屯车站支路已在应拆之列。此次日人反欲添筑支路改建车站，实属有违约章。爰商诸外务部及北洋大臣，并请速向驻京日使切实诘阻。十月，外务部以文诘日使，令其照约拆路，禁止改修。日使答以前年会议满洲事件时，曾由贵国全权援照东清铁路续约第三条提议，经我国全权表明不能同意之理由，置未承诺。按营口支线，仅止于牛家屯。欲其延至青堆子，接近营口，固仍属营口支线范围以内等语。复查会议录第七号，我国政府提议此条时，日本全权声称条约虽有此明文，但此后中俄两国欲将此路存留，确有可推知之迹，此项题目不应现在议定。当时我国政府曾答以中国曾无将此段铁路存留之意，因此路通海，必须自造。但年限未到，随后再议亦可，是所以暂置不议者，因未满八年之故，并非因其不承诺而允不拆去也。且会议录系申明条约未尽之言，中日东三省正约既言按照原约实力遵行，则载在东清铁路专条自应实力遂守，岂得援会议录中彼此辩驳未经全权允诺之言以为口实。复将此议达外务部及北洋大臣，请重诘日使。日使迁延未答。三十四年七月，山海关道周长龄复以日人已将华民地段购备，即欲动工来告，适日领事催议奉天未了各案，当由外务部与日使一并开议矣。

纪昌图府等处军用铁道

光绪三十三年春，日商有马组在奉天昌图府境及铁岭同江口等处，将从前日军所设之军用铁道重新揭示，照旧行车运送往来货物行客，以图利益。同江口设治委员程学恂查勘此项铁道，由距昌图府二十里之二道沟直达府城南街，又铁岭县西北隅环绕城池北达同江口，西达辽河东岸之马蓬沟，共计三条，当时日人系专为军用而设。军事既毕，已在应拆之列。且此路曾于二十二年冬月停驶，未任沿用，据实报告前盛京将军赵尔巽。因查中日会议录第四条载明：各处军用轨路，俟撤兵时应一律拆去。今日商将此轨道沿用图利，显违约章。遂以文诘日领事，令速拆去轨路撤废告示，以符条约。日领事迁延未答。三十四年夏，交涉司饬铁岭交涉委员程道元[1]就近催令日领事遵约拆让。嗣又查得该处商民亦有以行旅维艰而乐此铁路者，当令昌图府体察情形，或俟日人撤去后招集商股由我自修。一面严词重诘日领事，请其转告关东都督府[2]速为撤去，俾该处农民可将占用之地收回耕种，以苏民困而符约章。乃日领事不答如故。宣统元年闰二月，复与切实磋商，限一月内一律撤尽。日人始有转机。现已在铁岭等处开工拆让矣。

纪草河口车站设置巡警

凤凰所属草河口地方，正安奉铁路之要冲，汽车往来于此停驶。光绪三十三年春，日人派驻兵队、兴办警察及营业等人聚有二百余名，逐日挨查华人居民行客住户，填注清册，而在彼少数之华民已托于日人势力范围之下。一入其境，恍与租界无异。因是处距凤凰城一百八十华里，华官相隔穷远，稽查难周。东边道钱镕审度形势，非亟设巡警二三十名，不足以保主权而卫商旅，因设法举办，并牒日领事知会该处站长。讵日领事鲑延答以中国拟在安奉铁路中间草河口铁道用地内设立巡警，专事巡逻此乃重大问题。盖安奉铁路系长春、旅顺间铁路之支线，该铁路之警察权属归我国，此事断难承认。且查贵国在凤凰城我国铁路用地内安设站岗巡警，亦属错误，须一并撤去，并将原文缴还。查安奉铁路系中日另行订办之路，与长春旅顺间之南满铁路由中俄转移中日者，性质不同，亦断不能有铁路用地名目。虽东三省善后条约[3]内附约之第六款载明，安奉铁路仍由日本国接续经营。所谓经营者，仅能经营铁路上之权利，铁轨以外均系中国土地，外人岂能干预。今我自在土地上设立巡警，乃中国自有之主权，何得以用地内外为词，无理阻挠。世昌莅奉后，

---

〔1〕 程道元(1857—?)，广东香山人。清代举人，历任广西梧州府知府、铁岭县粮局总办、铁岭交涉局局长等职务。

〔2〕 关东都督府，官署名。日本占领旅大地区后所成立的军政机构，前身是关东总督府。

〔3〕 东三省善后条约，也称满州善后条约，1905 年中日双方在北京签订的有关中国东三省的不平等条约。

严嘱接任东边道祁祖彝据理力争,以卫主权。日领事仍执前言,且谓:往年中俄订有密约,安奉铁路实为东清铁路之支线,故日本政府认定此约并非凭空臆造。因查中俄并未定有密约,如果已许俄人,又何必商订附约之第六款,且详载此路以十五年为限,改良办法须由日本承办人员与中国特派人员妥实商议,是安奉铁路非东清铁路支线不辩自明。复令按约力辩,毋为所愚。三十四年四月,复由凤凰厅同知谈国桓[1]就近向日本大队长一再商榷,晓以安设巡警系属中国内政,无非为保护地方起见。约章具在,无理之争中国断难容忍。大队长允认设,国桓即禀派高等警务毕业生董鸿志前往勘定区所,于是草河口警局始以成立。

---

〔1〕 谈国桓(1875—?),辽宁沈阳人,曾任东三省保安总司令部秘书处处长兼东三省屯垦办公处参赞,北京税务处会办,安国军军政处处长,东三省保安总司令部参议,热河省政府秘书长兼热河清乡总局副局长等职。

矿务交涉篇

东三省幅员辽廓，物产富饶，矿区尤盛。自长白山蜿蜒起伏，亘数千余里，山川盘礴之气，钟灵郁秀，以成此宝藏之奥区。其矿质若碱，若翠，若玛瑙，若水晶，所在多有，而五金煤石之属，尤为无尽之藏。国朝二百年来，悉令封禁。寡识之士，以为发祥之地，不欲泄其菁华，而不知当时府库充盈，承平无事，有不必竭地力而殖货财者，崇节俭以留有余，此圣祖神宗之微意也。自时厥后，蕴蓄愈深，地不爱宝，邻近居民往往俯拾之间足资温饱。乾、嘉而后，土著窑商多已请领部票，鸠工搜采，如奉省辽阳州之大榆沟至磨箕山，复州之五湖嘴、吉省之石碑岭等处，或则画畛分承，或则世传其业。徒以工师不习，器械未精成效卒难遽睹。方此之时，或禁或开，忽作忽辍，皆商民之自为役，无所谓交涉也。自中俄合办铁路之约成，始连及矿务。光绪二十二年，东省铁路合同第六款有开出矿苗处所另议办法之语。二十四年，续订南满洲枝路合同第四款，有此枝路经过一带地方开采煤矿之语。于是俄人觊觎矿产之心，始勃然不可遏抑，洎乎庚子之役，乘中国内患之未平，要索前将军萨保订立采勘五段金矿草约，凡十有二条，部议驳之。而俄人仍设厂私挖，又攘据北洋大臣所开之漠河观音山等金矿。沿江省数千里，始于西北，迄于东南，凡金苗荟萃之区，俄人固已视为囊中物矣。前署黑龙江将军程德全先将都鲁河金厂收回，以为索还漠河、观音山之豫备。继复开办吉拉林金矿，以为挽回五段废约之权兴。江省交涉，稍有转机，而日人当战时建设奉天、安东军用铁道，沿路矿山恣意采用，复乘军队未撤之际，于牛心台煤矿则勾结屯民私立券约。于接梨树铜矿，则逼胁华商强订合同。俄人之交涉未终，日人之交涉复起。前盛京将军赵尔巽坚拒力争，迄未定议。窥日人之心，固将画长春以南，东尽延吉，南极旅顺，胥入其掌握之中，予取予求，莫之瑕疵而后快。世昌督东以来，知三省大利莫富于矿，欲兴矿利必先交涉。爰偕奉天巡抚唐绍怡与日总领事会议安奉铁路矿产问题，冀大纲既明，枝节自解。而日人乃援日俄条约第六条铁路及沿路利益移让日本之文，坚谓抚顺、烟台、长春三处煤矿，均得之俄人之手，未允归还。我则执中日条约会议录第十节载明，附属铁路之矿产，无论已开、未开均应妥订公允详章，彼此遵守，自不能私相授受，任意自专。往复辩争，相持未下。彼虽故为延宕，我仍驳诘不休。卒之接梨树、白龙驹诸矿，则严加封堵。绝其窥伺之思。牛心台、夹皮沟诸矿，则竭力保存，不为危词所动。其他若抚顺一区,若烟台十区,若搭连嘴子三区,则咨请外务部与日使并案提议,按约磋商,以期内外同心,始终不易。此与日人交涉之大略也。三十二年九月,俄人始归我漠河、观音山两厂。世昌以为若不及时策画,终难绝他族之要求。乃咨商北洋大臣通力合筹,亟谋兴作。复遣道员宋春鳌、杜学瀛与东清铁路公司磋商煤矿合同。如原约路线两旁三十华里以内铁路有勘挖煤矿之专权,至是改为中国民人亦可享在该路两旁三十里内挖采煤斤之利益。原约路线两旁三十华里以外之煤矿,公司有尽先勘办之权,如有别项公司开办者,应先与铁路公司商议。至是改为路线三十华里以外,无论华洋人等勘挖煤矿,准驳均由华官自主,与公司无涉。以每煤千斤完税银八分之太轻也,则改为一钱二分以增益之。以在厂工人易滋事端而出煤斤数或多弊混也,则设驻厂委员以弹压而稽查之。至于五湖嘴之煤矿,则许以完纳课税,改订章程,依勒嘎之石山,则给以开凿条规,使有限制。凡三省矿区,前此之为俄据者,占地数十处,阅时近十年,今始大致议结。此与俄人交涉之大略也。夫以两强介居之地,值商战日烈之时,非慎守矿权,何以保领土,非广开矿产,何以浚利源。顾当帑藏空虚,民智固僿,尤宜速筹巨款,官为之倡,庶足以遏强邻而振商业。世昌绸缪两载,擘画多方,或略订规模而未臻完备,或甫经筹议而未及施行。赓续而扩张之,是所望于后之君子矣。

纪抚顺煤矿

光绪二十七年八月,前盛京将军增祺以商人王承尧、翁寿先后禀请开采抚顺即千金寨千山台煤矿,为请于朝,得旨俞允。是年,遂由王承尧等划段分采。旋以经界未正,虑启争端,于是王承尧羼入华俄道胜银行股银六万金,翁寿亦羼入纪凰台等股银互相抵制。未几,并归王承尧承办,名曰华兴利煤矿公司。将军为之咨部立案,外务部以公司资本即有道胜银行股金,应由将军专案奏明请旨。无何,日俄交共,羽檄纷驰,此案固未及入告也。三十年,日军胜俄,谬谓抚顺煤矿为俄人独力经营之业,因遂占踞。迨日俄约成,而此矿亦久假不归。三十二年二月,王承尧诉于农工商部,乞向日人设法恢复。农工商部咨查至奉,遂檄文交涉局与日本小山军政官再四辩诘,议久未决。复致书日本大岛男爵,大岛以为须由公使主持,乃咨请外务部与驻京日使提议。九月,以此案势难速定,因檄交涉局先牒驻奉日领事禁其开采,略言抚顺煤矿前经奏定,专归华商承办,虽附有华俄道胜之股,未由外务部允准立案,究非华俄合办者可比。查我国前与贵国所允诺之合办各矿,乃专指中俄合办有条约暨有合同者而言，其范围至明。此等矿产实在此范围之外。现在中日会议条约告成，已届撤兵之期，自应按照议约所有军事占用中国公司各产，一律于撤兵期内交还，方与约章符合。惟此案现已由外务部径向贵国公使提议，凡未议结以前办法尚难规定，应请速为传谕占据该矿之贵国军民人等，暂时停工，勿再踵事开采。是时，外务部已令我国驻日使臣杨枢[1]，将此案与日政府切实申论。三十三年三月，驻京日使牒覆外务部，谓：抚顺千山台煤矿一事，已转达本国政府，兹得复文，谓中国政府以抚顺千山台煤矿应照满洲条约第四条于撤兵时交还一节，查该矿为俄国所经营，显有明证。按照日俄和约，斯矿即约内所称铁路利益所经营煤矿之一端，宜归属于日本。乃中国政府坚请交还，按之满洲条约第一条之所载，日本政府实不能解其何意也。再俄人干预斯矿，距日俄启衅数载以前，即投以经营之资本，复独占管理之实权。三十年后，俄人又增筑铁路，设置卫兵，其经营规模非常宏大，中国政府未尝阻止。由此以观，俄国于此矿地位，不得为非中国所承认，虽未明订合同，然揆诸国际交涉，所有彼此行为，因默认而定者甚多。日俄和约所称日本收受俄国允让之一切，即系指俄国由中国明认或默认现享之一切权利利益而言也。乃中国政府谓此矿在铁道三十华里以外，不得目为铁路财产。抑思铁路附属之矿产，限以里数不特中俄原约素无明文，即前此东清铁路南满枝路归俄人经理，时统名曰东清铁路所采之煤矿，往往逾此里数以外。向者，中国政府于北满洲又有许可东清铁路于路线三十里外，开探煤矿之事，为日本政府所深知。矧日本政府于限制里数一层，并未接中国政府何等之交涉，日本政府未尝同意，自不待言也。总之，往者俄国东清铁路所开之煤矿，无论其名义如何，咸宜按照日俄和约及满洲条约归属于日本，此矿亦斯类也。日本政府故实难从中国之请。以上皆日本政府之执言，中国政府即重申前议，日本政府决不能更变此旨，当以其辞不逊，遂牒日本萩原总领事严词以争。具言抚顺煤矿为华商自有之产，向者已凿凿言之，何以贵国政府迄今犹以为东清铁路经营之利益乎。且北京条约允诺之日俄和约内，既未指明以抚顺煤矿相让，而中国前对于俄，亦曾无明认默认之证验。矧两国全权大臣会议录内，载有奉省附属铁路之矿产，无论已开、未开，均应妥订公允详细章程之语。是所谓已开者原包含抚顺煤矿在内，今若抚顺煤矿提出，试问已开二字系指何处而言，贵国政府似于斯约尚有误解也。本国惟愿与贵国将南满铁道沿线各矿产从速妥订详

---

〔1〕 杨枢（1844—1917 年），广东省广州人，回族，是清末著名外交官。曾任广东候补道、出使日本大臣、外务部右参议、左参议出使比利时大臣等职。

章，则彼此均有所遵守，自无所用其争执矣。牒既发，日人置不覆，迟之又久，迨会议合办安奉路线矿产时，始得覆文，谓：北京条约及日俄和约，虽未指明将抚顺煤矿相让，然日俄和约第六条内，曾载有长春、旅顺间之铁道及其一切之支线，并铁道利益经营之一切煤矿移让与日本。况抚顺煤矿以事实上观之，亦属东清铁道所经营之利益。乃贵处即持抚顺煤矿并不让与日本为宗旨，则日本政府自不能同意。何者，抚顺煤矿，日本政府实难照安奉铁道沿线之矿入合办之范围也。于时，驻日公使杨枢已诘问外务省外务大臣昌言此案应令王承尧与南满铁道总裁后藤新平[1]男爵面议，方易了结。杨枢以告外务部，外务部遂咨令王承尧径与后藤直接抗议，因檄交涉司先牒知日领事。未几，日领事复称，后藤适返国，请令王承尧与彼副总裁中村是公面议。逾数月，后藤至自日京，王承尧往谒，后藤辞以事，仅令佐藤出见，述后藤意，拟偿承尧资本十万金。承尧嗫嚅未诺，然又不敢遽往大连，案遂迟回未结。三十四年五月，承尧诉于外务部，请提案至京与日使议商。外务部斥不许，令仍在奉省抗辩。然以延宕即久，折阅滋多，且兴京搭连嘴子诸矿之交涉相继并起。深虑铁道沿线各矿横生纠葛，滋漫难图，爰竭力坚持，并举详情咨外务都及农工商部，请仍由外务部与驻京日使筹议云。

纪尾明山、张家沟、大榆沟煤矿

烟台隶辽阳州属境，其矿产自尾明山迤北迄磨箕山，绵亘十余里，曰尾明山，曰张家沟，曰大榆沟，曰华家洼，曰盘道岭，曰田家沟，曰老虎岭，曰尖子山，曰华子岭，曰磨箕山，凡十区。乾嘉之间，有窑商请领龙票[2]八张，自大榆沟至磨箕山分界承领。光绪二十六年，始有俄商向领票商人租采华家洼、盘道岭、田家沟、尖子山、磨箕山等五处煤矿。于时辽阳州牧会同正白旗界官划分界址，建立封堆，以为之识。其后张家沟一矿，亦经华商曹佩文等请领部照，与大榆沟、老虎岭、华子岭等三矿，由中国官商自行开采。尾明山一矿，则由前盛京将军增祺奏定专属中国官办，名曰天利公司。三十年，日俄拱衅，日军既胜，以为尾明山一带矿产尽归俄人所经营，意将悉行占据。于时，辽、凤、安、岫、宽矿务局委员张寿华，造谒日本烟台兵队司令官

〔1〕 后藤新平(1857—1929年)，日本明治、大正、昭和时期官僚、政治家，殖民扩张主义头目。曾获医学博士，1898年任台湾民政长官，1906年任“满铁”首任总裁。

〔2〕 龙票，清政府颁发的特许内地商人到蒙古等边境地区经商的官方执照。因票面上盖有皇帝的玉玺，故称“龙票”。票面上一般标有经商者姓名、经商地点、货物数量、来回期限等。

月本梁太郎，告以尾明山、张家沟、大榆沟实为中国官商自办之矿，并示以诸窑执照，请其划还。月本许之，皆张寿华将尾明山、张家沟、卢家屯即大榆沟三处矿界详细会勘。其副司令官高柳昇亦携伊国之图，两相参考，勘明俄国所租五处华家洼、盘道岭、田家沟、尖子山、磨箕山。在北，中国三处尾明山、张家沟、大榆沟。在南，界址厘然。月本遂书仍旧开采之券，以畀张寿华。寿华以告前将军赵尔巽，批载案牍。其后张家沟一矿，经农工商部重颁执照，仍归之曹佩文等商。三十二年六月，日本宪兵大尉笠鹤章率日兵数人突至尾明山，声言奉大岛都督之命，自尾明山外，凡大榆沟等矿，咸令停采，归日本管领，并趣会同划定尾明山矿界。天利公司不知所为愬之将军，将军使州牧何厚琦视之，且牒驻奉日总领事萩原，诘以日兵此来，未尝先期关白，猝往占领，果出大岛之意否。日领事覆称，日本政府以烟台煤矿全部，曩年俱归俄人经营，北京条约既依日俄和约承认，则约内所称长春迤南之铁道划归日本，此等矿产自当按照东清会社续约第四条之规则，归南满洲铁道会社采掘。往者，烟台司令部以张寿华之请，一时权宜，许将尾明山及张家沟二处矿山听贵国官民醵少数之资本，为狭小之经营，原可随时注销。未几，何厚琦归，具道日兵情形如天利公司言。又躬至旅顺往见大岛，会大岛返国，遂与其参谋长落合再四磋商，仅允归我尾明山一矿，及电旨日兵强迫矿商迁移之事。查中日条约会议节录第十节内，有附属铁路之矿产，无论已开、未开，均应妥订公允详细章程，以便彼此遵守之语。今详章尚未妥订，竟在辽阳大榆沟等处将华人自办之矿，勒令一律移出，并将煤堆限日运罄，实与条约不符。又查东清铁路俄约第四款内载，准公司在此枝路经过一带地方，开采铁路需用之煤，计斤纳价，由总监工或其代办与地方官公同酌定，不得过别人在该地采煤所纳之税等语。细绎此条，既云他人可以在该地采煤，可见并非专准该公司在该地开采明矣。经前将军赵尔巽电请外务部，向驻京日使交涉。是年冬，矿政调查局。以日人兼松中根等设立金城公司，在大榆沟各矿区采煤征税来告。查大榆沟各矿向为华商独力承办，兴作已久，金城公司擅行侵占，私征煤税，扰乱矿章，且届撤兵之期，更不能以军用为藉口，即东清路约，亦无他人已办之矿不准开采之语。交涉局本斯意牒日领事，竟置不答。嗣复两次牒催，要其会同派员查勘，始得覆文，谓尾明山外二处矿产，系烟台煤矿中之一部。烟台煤矿为俄人所经营，为东清铁路所附属，孰不知之。前者，日官于尾明山外之矿区，曾以一二区许土民采掘，此为救济地方起见，出于一时之权宜等语，强词置辩。三十三年四月，尾明山矿政局报告，张家沟、大榆沟一带，有日商大东公司树立标桩，意图侵轶。未几，又有日人木村授弥太等带领译人暨日兵二名，称奉彼国外务省命令，大榆沟归彼开采,标示烟台煤矿公司文告,逼令大榆沟等矿停工迁煤,金城、大东均为所并。又协同大东公司等往老虎台、庐家屯一带,建旗树桩,设局抽税,强逼税局将局所迁让。经交涉局向驻奉日副领事面诘,日副领事许电禁止。无何,日本队长水上吉太郎复挈日兵三人至尾明山矿政局,扬言尾明山、张家沟二矿归中国大榆沟至磨箕山均归日本。语毕,遂往大榆沟税局滋扰。越数日,又增日兵十数人,占据税局。八月,日人撤我大榆沟税局龙旗。十一月,闻日队长水上吉太郎等擅执张家沟矿商曹佩文、徐文选至省。交涉司牒日领事索回,要其赔偿损失及究惩肇事者。未几,日兵又往将曹佩文抨击焚毁窑产,逐散众工。复牒日领事,责其背约妄行,坚要从重惩治。日领事皆噤不答。十二月,矿政调查局又报日人从大榆沟而南,直抵张家沟大窑北,遍植标竿,书曰南满洲铁路预定地,留兵防守,不许华商采煤。复牒日领事争之,其辞曰,俄人经营之煤矿,仅磨箕山等五处,且系票商私租,并未呈明官府,非真为国家承认者可比。至尾明山、大榆沟、张家沟等矿,则不惟国家未尝承认,即票商亦未私租与俄,俄人亦从未干预,确为中国官商自有之产。贵国何乃不同其已租、未租、官办、商办,竟一概指为俄人所经营,百端侵扰。始则毁局,继竟肆殴,甚且撤我国旗,焚我民业,贪利违约,不法已甚。贵国夙以文明自诩,而所为乃竟出此,其将何词以自解。且尾明山、大榆沟、张家沟诸矿,往者烟台兵队司令官固尝出具券书,归还中国,言犹在耳。今遽谓出于一时之权宜,随时可以注销,似此反复不常,爽约背信,何以昭示天下,实为贵国所不取。牒往,日人又弗答。因与之觌面会议,竭力磋商,凡牒争者六,面争者十。日人理屈辞穷,终未就绪。乃咨请外务部与日使严行驳论,近已并入抚顺矿案,由部与之提议矣。

纪本溪湖煤矿

本溪湖煤矿,距安奉铁道南二里许。甲辰之役,日俄在东省拱兵,划定战线,本溪湖河西一带矿产区域原隶辽阳州,迨本溪湖设置后,改隶本溪县。俱入战线之内。日人以安奉铁道为行军铁路,运送军队,因以本溪湖煤矿为军用所必需,占据开采。逮战事粗平,仍军用为辞,依然采掘。光绪三十二年九月,本溪县设治委员周朝霖报告:本溪湖煤矿自日军占采后,现由日商大仓公司相继开采,请设法收回,以保利权。前将军赵尔巽檄令会同辽阳交涉委员就近向驻辽日副领事诘责禁阻。周朝霖乃召大仓公司执事人高桥利吉等至,示以中日条约,据理相诘。高桥等始则谓此矿系奉日军政署命令,许其开采至明年四月始止。嗣告以现在战局已平,此等矿产即属于国际法之范围，不能复用军权主义。矧中日北京条约已订有专条，何得继续开采，违背约章。高桥等复声称：现已致书东京总公司，转请本国驻奉总领事，不日当与奉天交涉局议订章程。近因矿内患水，亦已停工矣。周朝霖等往查，属实以告。前将军赵尔巽命交涉局牒驻奉日本萩原总领事，略谓：日商大仓公司在本溪湖河西一带开采煤矿，现已停工。诚恐再有复开之事，不得不预为之防，应请随时查禁。旋得复书，谓此处煤矿系受关东都督之认可，为军用开采者，碍难查禁。赵将军以本溪湖为尚未撤兵之地，现在日人采掘煤矿，既称受其关东都督认可，为军用所开采，即属军事占用之产业。按照中日会议东三省条约附约第四条所载，自当俟撤兵时交还，只得暂置勿议。因复令交涉局以文向日总领事预先声明，要其撤兵时照约归还我国。三十三年二月，矿政调查局报告，大仓公司日商大仓喜八郎，以本溪湖煤矿现届撤兵期限，情愿交还我国。因遣其执事人式村茂来请派人接办，惟须仍允日商合资开办，庶所存汽机房屋不致抛弃。赵将军以日商大仓系属殷实富商，所请合办股分，华商居其六，日商居其四，亦与部章相符。加以本溪湖矿山丛杂，俯拾即是，居民零星罗掘，既未集有资本，势不能强其领照，又急切难得殷商。与其坐失事机，不若通融办理，其时适安奉路线有改修消息，因拟从速决定，俾一切贩运便利，堆积宽广，可以早日声明，以占优胜地步。遂令矿政调查局派员，作为商家交际，先行试办。一面勘明矿界，与日商议定合同草案。至试办经费，俟草合同订定后，暂用官款筹拨，即招殷实华商接办。此议甫定，由未实行，会萩原总领事以文来争，谓：往者交涉局来文，声明本溪湖煤矿系因军用占采，照中日北京条约应于撤兵时交还中国一事，已将此意转告本国政府。现接本国政府回训，以斯矿开采时虽专以军用为目的，然中国政府即允将奉天、安东间军用铁道改为商用铁道，由我接续经营，则附近铁道必需开办之本溪湖煤矿，自当归我国开采。况从来中国政府凡付与铁道敷设权，即将其附近煤矿开采权一并付与。现在北清比比皆然。如东清铁道、山东铁道，皆照此例办理。现在对于我国政府付与铁道敷设权时，独行拒绝，则我自难承认。且北京条约第十二条：凡本条约即附约内所记载之一切事项，中国政府允与我以最优之待遇。则我为保有安奉铁道起见，如本溪湖煤矿自当付我以开采之权。故我国对于斯矿，虽撤兵后亦拟接续经营。以上系本国政府回训之要旨，特以奉告。经前将军赵尔巽严词驳复，略言：案北京协约附约第六款全文及会议节录，安奉铁道之性质，全与日本政府所引之东清铁道、山东铁道不同，不得援附近煤矿可以开采之例。至附约第十二款明谓：彼此两方面均按最优待国办理。来照谓对我优待，仅据一方面与约不合，即不得援以为证。故日本政府所主张之理由，我国断难承认。但知此路在今日尚为行军铁路，此矿在今日尚为军事占用。查协约附约第四款，军事占用中国公私各产业，在撤兵时，悉还中国官民接受。然则该矿之当交还我国，不待争辩而可决。且即东清铁道之南满枝路附近煤矿，亦当遵照会议节录第十节奉省附属铁路之矿产，无论已开、未开，均应妥订公允详细章程，以便彼此遵守之明文，不得置约文于不顾。此次牒覆后，日人仍一力要求。是年五月，世昌莅东，以本溪湖煤矿问题，前因日商大仓之请，已有中日合办之议。乃日领事来文复力持当归日本独力经营之说，虽经前将军迭与严重交涉，而日领事始终坚拒不允交还。若不亟图变计，深恐延宕日久，耗失益多，遂牒日领事订期会议，悉力磋商至数月之久，始行议决。仍照前次日商大仓所请中日合办情形，拟由中日两国合资创设公司开采。当饬矿政调查局与日商商订合同条款草案，复令前本溪湖设治委员周朝霖来省参议。经矿政调查局总办祁祖彝偕同委员周朝霖与日商大仓公司执事人中根斋、式村茂等在矿政调查局会议，关于合办事宜，拟订草案三十六款，作为底稿。并与之勘划矿界，清查预定界内官民地亩，详绘矿图，筹备一切，十一月，日商大仓选矿师高津龟太郎来商，询合同事件，当将合同底稿饬令携回日本，与其股东大仓酌议。高津因订于次年三偕大仓同至奉天，将合同底稿商定。嗣以大仓等逾期不至，此项合同遂尔迁延，迄未规定。因念此处煤矿日商大仓开采有年，日出煤斤已达数十吨，成效显著。迨井内坑道开通，工程完善，则所出煤数日益增多，是迟一日合办，即多失一日利权，殊为可惜。复与日领事会议节次，磋商办法，至宣统元年春二月，已将中日两国分筹股款，并限期纳税各事宜大致议定。先由矿政调查局选派委员，偕同熟谙矿务之工程师前往其处，详细调查大仓始终所投入之资本究有若干，一俟查明，即可商订详细款目矣。

纪五湖嘴煤矿

五湖嘴即乌河嘴子距复州城南九十里，地势濒海，东为正蓝旗界，西为镶蓝旗界，周围十余里。乾隆时，陈刘两姓领有盛京户部龙票开采煤矿，遂世其产。嗣有东西柜之分，东为陈柏昌，西为刘春普。光绪二十八年四月，西柜刘春普等与俄商汝华托扶司克、司克或作司古译音无定字俄绅利倭夫拟订合同，华洋合资开采。是年五月，将军增祺据俄员及刘春普等之请，咨请外务部核示。旋准部覆，以事关华洋合办，必须切实声明，爰将合同指驳五条，令再详细商订。十一月，俄员廓罗阔洛弗牒称，业将合同改订，并与东柜陈柏昌亦订立合同，请一并咨部。增祺以部驳销售煤斤等五条，自应逐条妥订，而现在仅改订三条，至陈柏昌之合同，系将矿产租与俄商开采。二者均须斟酌尽善，暂缓咨部。盖是时，刘春普等煤矿虽已与俄商合资开采，咨部有案，其合同固尚须改订，而东柜陈柏昌之合同，则仅据陈请，并未咨部也。三十年，日俄拱兵。三月，复州城守尉高万梅以刘春普、陈柏昌等原领龙票，既不遵章缴销，而课税又频年逋欠，旗地龙票额税向归尉署管辖征收遂将其煤矿封禁。无何，驻奉俄员廓米萨尔以文来争，略谓：五湖嘴煤矿，系俄商汝华托扶司克等合资开采，所有创造共值卢布五十万。现因俄军退守辽阳，复州官吏即乘机封禁，一律毁坏等语。未几，外务部电询以驻京俄使牒称，复州高尉抄没五湖嘴矿煤二万吨，俄商受亏五十万卢布，是否夸大其辞以冀责偿。增将军乃派员查得俄商汝华托扶斯克等，前以矿煤不旺，曾倩和人雷得补为矿师，并购机器开采，嗣因赔累日甚，意将中辍，故于二月间将机器拆回。其运煤之轻便铁道约长二三里直达海浴亦拆去一半，并罄所有，携之而去，惟留矿师雷得补办事人吴秋舫等及执役者数人。高万梅遣领催吉允往收龙票，并追旧课，致为吴秋舫等所拒，高万梅遂饬封禁。其时矿师雷得补已他去，遗枪二，为之检藏。计所封煤洞仅三处，其未封尚有二十余处，封时积存之煤不过二百万斤。六月，日本陆军参谋长大山至复州，执城守尉高万梅。先是日军至后，以五湖嘴矿产系俄所经营，其利益当归于日。高万梅辄先封禁，实侵日军占领之权，因责赔偿。高万梅与之辩，益决裂，至是被执，旋释之。七月，将军增祺咨请外务部，以文牒覆俄使曰，俄员所称五十万卢布创造之商业一律毁坏，及俄使所称俄商受亏五十万卢布各节。夫该矿即置机器，修铁路，且已历三年之久。若以创造该商业论，共费卢布五十万，原属意计中事。惟以已成之机器铁路，断不肯轻于拆卸，既经拆卸，必系歇业。既已歇业，必由赔累。故曩者委员查报，有该矿自经开采，总未畅旺，赔累甚巨之语。彼为商者，因赔累而歇业，因歇业而拆机器铁路，谓其所业为未毁坏，得乎。是俄人商业之毁坏，由于矿务之积亏，高万梅封禁已在商业毁坏之后，非因封禁始致毁坏也。八月，外务部咨以高万梅当日俄用兵之际，辄擅封五湖嘴煤矿，因之始则俄员出而争论，继则日员用强索取，对于二国发生重要交涉，饬将高万梅看管。未几，将军以高万梅于封禁五湖嘴煤矿一事，轻举妄动，致日俄两国互有违言，奏请褫职。三十二年九月，外务部咨以驻京和使照称，五湖嘴煤矿封禁时，矿师雷得补之损失计有八千金，请为赔偿。将军赵尔巽咨请外务部隙之。十一月，俄领事贝已按照日俄和约批准签字，现与华商订立合同续行开采，乞饬复州官吏保护。三十三年正月，俄领事贝已又以书来，将军赵尔巽以合同有俄商将五湖嘴矿产租与华商接办之语，是改合办而为转租，未允其请。

五月，世昌莅奉，外务部复咨以驻京和使又以公文索和人雷得补损失之款，遂请外务部以文力拒。略谓日俄战际，我国系守局外中立，凡两战国官产、商产，我国均无保护之责。矧雷矿师之来，既未知会我国地方官吏，亦未领有我国护照，不过以一私人受佣于俄商，何以不向俄商追赔而向我索偿。无何，驻奉俄总领事以文来请曰，俄商汝华托扶司克等拟续开五湖嘴煤矿，器具物料均已运齐，请将前案赔款，速为决定。当以斯矿问题，案逾三载，关系三国，俄人又力持索偿巨款之议，若非速行议结，又必枝节丛生。遂檄交涉局与俄总领事迭次集议磋商，俄人始尚坚索赔款，嗣又要求瓦房店煤矿为偿。因督饬交涉诸员与之往复诘辩，申喻百端，不为稍屈。磋磨至三月之久，俄人之盛气少衰，不复如前之决绝，此案始暂有转机。八月，俄总领事复牒交涉局，谓往者面议赔偿各节，曾声明如将来俄商续开煤矿时毫无异议，自可商办。现在俄商汝华托扶司克之代表人吉满已来本馆，呈称，如中国能允该俄商等即时在五湖嘴地方与华商合资续开煤矿，并允由地方官吏照章保护，则俄商愿将高万梅封禁时所致亏累一切，不向中国国家索取赔偿，并承认高万梅归中国官判决，不再干预。遂咨明外务部备案，并饬交涉司以文覆俄总领事。略谓为中俄两国敦崇睦谊起见，允令该俄商汝华托扶司克等将五湖煤矿遵照光绪二十八年咨订章程，接续合资开采，应纳中国课税，亦须照章完纳。此案遂结，时光绪三十三年八月也。

纪搭连嘴子、龙凤坎、新屯煤矿

千金寨矿界以外，有煤矿三，皆中国商人营业之所，一为佟恩升承领之搭连嘴子，即打莺嘴子，一为张慎修承领之龙凤坎，一为周从龙承领之新屯。其间惟龙凤坎原属禁地，部议饬行封禁。若搭连嘴子、新屯两矿，则均领有部照，从事开采者也。光绪三十四年三月，日人以搭连嘴子一带矿区山脉与千金寨毗连，当为抚顺矿区所附属，遂遍树标帜，直至东州河沿，题曰南满铁道会社抚顺矿界。于是，搭连嘴子一带均欲划入抚顺界内。矿政调查局据情报告，因檄令查勘。旋派员查明，搭连嘴子等矿与千金寨相距十里而遥，均在抚顺矿界外。乃使交涉司牒驻奉日加藤总领事，略言：贵国翻译官徐姓挈同兵队在搭连嘴子之东州河沿树标数十处，扬言此处区域咸属千金寨矿界，意在广为包罗。兹经我国委员勘明，搭连嘴子等矿均在杨伯堡河以东，与千金寨煤矿在杨伯堡河以西者迥别。况南满铁道附属之矿产，尚须彼此酌商妥协，方有区域之可言。今搭连嘴子等矿，不惟与千金寨不相干涉，且即千金寨亦是未能决之问题,岂能牵连他处,务速禁止日人,勿再妄行滋扰。十月,矿政调查局报称,日人又在新屯建立界标,于青沟地方开采。复令交涉司牒日领事,严词力争。嗣据覆称,搭连嘴子等三处矿脉,系由抚顺延长继续而来,当为南满铁道会社权利上所应得。惟现在抚顺煤矿大体问题尚未决定,若非先行禁止两国人之开采,以后再行提议,未免徒滋纷扰。贵国若于此三矿区能使暂停开采,则日本亦当使南满铁道会社暂辍新屯之工等语。因思抚顺煤矿未决定以前,若仅提议此种矿产,虽竭力坚持,终难遽得要领。与其舍本图末,枝枝节节而争之,何如虚与委蛇,不稍退让,以俟大端主体之议决,则批隙导窍,其他自可迎刃而解。爰令交涉司与劝业道悉心商榷,暂许停工,以俟归入抚顺煤矿并案磋议矣。

纪牛心台煤矿

牛心台等处矿区,原隶辽阳州,自本溪湖设置后,改隶本溪县。近接安奉路线,重峦叠嶂,矿藏丰渥。四近居民各就其地,自行采掘,视为利薮,由来已久。丙午冬,有矿商吕秉虔请在牛心台之红凌沟创设义顺公司,鸠资开采。光绪三十二年四月,日人吉川干次等及华人王捷三、孙士秀自称系日商庵谷忱遣令开办煤矿,已在牛心台之红凌沟等处树桩画线。先是,日人庵谷忱于是年正月,与牛心台屯正王士魁等私立采煤合同,至是遂遣吉川干次经营布置,亟欲兴工。前将军赵尔巽闻之,檄辽阳州牧就近与辽阳日本水泽军政官磋商禁阻,并将王士魁等严惩。复令交涉局以书致驻奉日军政官,略谓:牛心台屯等处一带矿产,我国人民资为生业。若任日商开采,则屯民生计顿绝,势必滋生事端,殊与治安有碍。应请速为转致辽阳军政官,实力查禁。次年二月,本溪县设治委员周朝霖以日人井上竹治、原田医等复至红凌沟等处强占矿地,招工私采,声言日商庵谷忱令其来此。当向诘阻井上竹治等始则妄称为抚顺天佑公司执事,继则以大仓公司曾在本溪湖开采煤矿为辞。因告以果为抚顺日商,亦不容任意越采。且本溪湖一矿,早经查禁停采,须报明我国政府与华商合资领照,方许开办,何得藉为口实,违约私开,井上竹治等语塞而去。数日又来,言日官已付与照据,命其开采。及索阅照据,则又嘿然无以应。无何,驻奉日吉田[1]总领事移牒前将军赵尔巽,谓日商庵谷忱曾以关东都督之允许,在牛心台屯一带与中国人订立合同开采煤矿,近日正在经营,不意本溪县委员周朝霖等率

〔1〕 吉田,即吉田茂(1878—1967年),战后曾任日本首相,著名外交家。1912年至1927年间曾出任日本驻安东(今丹东)、济南领事,驻天津、沈阳总领事。

兵突至其地,称奉将军命令询问曾否得有华官之许可证据,当答以已受关东都督允许。周朝霖等即以威力,逼令将事务所撤去,使庵谷忱等停止营业,立时退出境内。查贵国官吏关于开采煤矿之经营,并不通知本官,辄假兵威,勒令停止,甚为不法。且当此撤兵之前一日,即有此等行为,其蹂躏我军权限,不问可知。自当向贵处声明,将此不法之官吏,予以相当之处分,并须赔偿停止后之损害云。前将军赵尔巽以日人庵谷忱前在牛心台屯占采矿产,业已禁止。今井上竹治等又假托其名,希图复采,自应据约力阻。乃令交涉局严词牒覆,略谓往者,日人庵谷忱在牛心屯与保正王士魁等私立合同,树桩开矿,曾函请贵国军政署实力查禁。是此等不正当之契约,并非国际所承认,本属毫无效力,井上竹治等安得借庵谷忱不能坐据之合同以借口。矧中日条约会议节录第十节载有附近铁路矿产,无论已开、未开,均应妥订公允详细章程,以便彼此遵守之文,是附近铁路之矿,尚须妥订详章。牛心台等矿区隶于本溪湖,并不在南满铁道界限以内,且日官一面之许可,未与我国商订,我国自难承认。至地方官吏本有守土之责,自当据约诘阻,何得谓之不法。况此处矿产多属官地,红凌沟一带,又经我国商人吕秉虔禀请创设公司,从事开采。日商等违背公理,侵越利权,所有我国商人之损失,尚当要求赔偿,务速先将日人强占之矿立即停废。六月,本溪县矿政分局报告:日人井上竹治等仍在牛心台之红凌沟占住民房,从事开采。遂命交涉局牒催驻奉日本萩原总领事,要其从速实行禁阻。三十四年五月,矿政调查局据本溪矿政分局报告:牛心台屯等处一带矿产,华商近拟组织公司开采,日人庵谷忱复敢投书各股商,大言恫吓,意在阻挠,陈请设法禁制。维时世昌方会同奉天巡抚唐绍怡与日人提议,安奉路线矿产须由中、日两国国家会商妥协,合资开办。日总领事已允于合办之先,将日商私开各矿一律禁绝。牛心台等矿与安奉路线相近,日人自应遵守。庵谷忱投书恫吓,实为无礼之尤,勿庸与辩,惟令分谕华商,协力坚持,勿受彼所摇惑而已。

纪接梨树铜矿

安东县西南三十余里矿地一区,居人名之曰接梨树,产铜甚富。矿政调查局尝遣员测勘,察验不爽。报诸大府,于是前将军赵尔巽令先行创设公司,集资试办。嗣诇知有日人在彼潜行采掘,矿政调查局复请先筹官款,举办开采,一面招募中国富商接办,以杜日人觊觎之诡计,保我国固有之利权。光绪三十三年二月,安东县令屠义瀚报称:日人大久保丰彦等在接梨树私开铜矿,请设法禁止。先是,大久保等于日俄战后,即至接梨树地方测勘矿苗,迫令会首姜文德私订合同,曾由我国向日军政署官商允查禁,至是复私行探采。前将军乃檄安东商埠局,就近与日本冈部领事议禁,并令安东县令先行禁阻,治姜文德以应得之罪,复令交涉局牒驻奉日本告田总领事,具言本国矿章,开采矿产必须报明商部,发给执照,方可试探。否则即为违禁。今大久保等仅凭一人私立之合同,遽行占采,显系违背禁令,侵越国权。请即转致驻安日领事,速令停止。于时安东开埠局总办钱鑅亦偕矿政局员向驻安日领事据约力争,告以此矿现由中国官办,请将日人私开之矿照约申禁。日领事谓大久保等曾与姜文德订立合同,力持不可。前将军以日人当军队未撤时,往往勾结土民私立合同,占采矿产。虽迭与日领事往复牒争,彼辄以订有合同为辞,或延宕不复。且各矿之私订合同,未经发觉者尚多,若不预筹抵制,诚恐将来日益支蔓。遂举接梨树及牛心台等矿曾与日人私立合同者,汇案咨请外务部,向驻京日使磋议。无何,驻安日领事以文来争曰,查现在开掘矿山,固可遵照部章,然战时贵国之主权即少受侵害,即所定部章亦无有实行之力,故当时本国商人与贵国人民所订立之合同,即可郑重视之。前将军以其辞之非理也,复令交涉局再牒拒之。略谓接梨树铜矿合同,据安东县报告,确系日人逼令会首姜文德所立。合同即系强逼而成,并非彼此同心,是为不正当之契约。且被强逼者,又只一私人,对于此矿无何等之权利。此等契约在法律上应即取消。仍希转致驻安日领事迅饬禁阻。是年六月,矿政调查局转据安东分局以接梨树铜矿,自创立公司筹拨官款开办以来,建筑工厂,购置汽机,业将集事。而日人大久保等依然肆意挖采,不允退让,且在矿地建设屋宇,又在接梨树东北八里之铜矿岭迤东地方续开两坑。报告至署。世昌复饬交涉司严牒驻奉日总领事,要其查禁,并电令东边道援约严诘,始克停工。三十四年六月,日人又招集矿工私行采取。世昌以此矿为我国官款自办之产,曾屡牒日领事查禁,乃甫经一载,大久保等复敢尝试,实属显违条约,悖理妄为。因檄东边道径牒驻安日领事,诘以严词,重申前禁。又以日人狡诈无常,非援据约章,施以强力,不足绝其窥伺之思。遂饬安东县令会同矿政分局委员,即将日人所开之矿洞封堵,并将大久保等趣令出境,以为矿产而复主权焉。

纪东清铁路煤矿

东省矿产丰饶,煤矿尤富。光绪二十七年,铁路公司以原定东三省铁路合同第六条有开出矿苗处所另议办法之语,因要请前将军开采铁路附近煤矿,并订立合同十二条。虽经外务部驳，令另行核议。然俄人有所借口，恃强私采。日俄战争以后，东清、南满分画鸿沟，沿铁道各矿山，如江省之达赉诺尔[1]，吉省之杉松、官街、头道江，奉省之抚顺、烟台，莫不肆意取求，攘为己有。其他三省矿地，假附近铁路为名强行挖采者，尤难更仆。大抵铁路经行，需煤最亟，故煤矿尤所必争。若非明定约章，挽回权利，则沿线矿产将非我有。三十三年，改设行省后，始由外务部与驻京俄使提议铁路煤矿，复将此案交道员杜学瀛、宋小濂在哈尔滨与东清公司就近商办。简书往返，授以机宜，经岁磋磨，始克定议签押。其开矿地段，铁路两旁以各三十里为界，界内准公司开采，华人亦得享界开矿利益。界外公司不得擅开。前定煤税每千斤纳银八分，此次议增四分，每千斤作为一钱二分。并公司所开矿厂，派员长驻，查核账目以防偷漏。分立吉、江两省合同十二条，由是矿地既有限制，不至任彼把持，税课又复增加，并可由我稽核。东清条款既成，而奉、吉日人所踞之矿，本非载在中俄铁路原约者，亦得以坚持辩驳，渐次收回。夫合同所定铁路三十里内华人同有开采煤矿之权，所望士庶官商联络一气，或独任采办，或集股经营，以为力争上游，先占优胜之计。庶内足以保国家之利益，外足以拒他族之取携，而路权亦寖可恢复，讵独山课煤税争回损失而已哉。

附吉林、黑龙江省东清铁路煤矿合同

第一条　中国东省铁路公司，有在吉林黑龙江省议定界内勘挖煤矿之权。其开挖应在何处，应用何法，均由该铁路公司自择。惟勘矿之时，仍须会同华官同往验明。实在无碍，方准勘办。所谓碍者，系指离民居或坟墓远近而言。如有市场之处所，开矿口不得在二里以内，如不过十家之乡村，矿口相距不得在一里内，如有大坟地或禁林，矿口相距不得在半里内。

第二条　铁路路线两旁三十华里内之煤矿，由公司勘办。但中国民人亦可享在该路两旁三十里内挖采煤斤之利益。只要于该公司已开煤矿无碍，该公司不得拦阻。或有他项洋人或华洋合股在三十里内挖煤，应商准华官及该公司方能办理。其路线三十华里以外，与该公司无涉，无论华洋人等勘挖煤矿，准否均由华官自主，该公司不得过问。如该公司欲在三十里外勘挖煤矿，仍须先秉准本省巡抚，方可施行，亦与各项华洋人等无异。

---

〔1〕 达赉诺尔，亦译为“扎赉诺尔”，是呼伦湖的习惯称谓，蒙古语意为“海一样的湖”。

第三条　铁路公司自开之煤，左近居民日用，不妨可至煤窑价买煤斤。惟各处情形不同，价值自难一律。某处何价均应由哈尔滨铁路公司酌定，开单通示，一面知会哈尔滨交涉局，亦行通示华民。

第四条　如遇寻得煤苗之处，相近或房子三五所，或小块坟茔不过十坟之茔地，而其地必须应用，则铁路公司可向地主、房主商酌移房、移葬等事，价值派交涉局员秉公商订妥办，随时禀明本省巡抚立案。

第五条　凡勘明某处实可开挖煤矿，应需地段若干，由公司会同交涉局员向业主查看地势，公平议价，或租或买即准开办。其勘采不用之地，应由该公司出资填平，交还原业主，该公司无地面业主之权。若有损伤树木及践坏禾苗之处，亦由该公司会同交涉局员向业主和平议价偿给。

第六条　煤矿应需木料在购定界内者，由公司随意砍伐。如在界外民地，应与地主和平议价，按照与公司所定木植章程办理。其官地办法，亦须按照木植章程办理。

第七条　开出之煤，每千斤铁路公司交纳吉江省平银一钱二分。每年分四季交纳：第一次俄三月底，第二次俄六月底，第三次俄九月底，第四次俄十二月底。又每座出煤窑洞每年交纳山课吉江省平银十七两六钱四分，此项山课，俄六月底一次交清。

第八条　凡系官地，亦须会同华官勘明，划定界址，由公司议定租价，惟须比照垦荒，按等交纳，不得或过。

第九条　铁路公司与该处中国官家或华民有尚未商定事件，将来就地商议。不合之事，均归哈尔滨铁路交涉总局查核定办。

第十条　以上章程系专为铁路公司自开之矿而定。其华人自办之矿，无论新旧，无论何处，均仍照中国各章办理，铁路毫无干预。

第十一条　本合同应用华、俄文缮写二份，核对如遇辩论，以华文为准。

第十二条　公司所办各矿，由吉林黑龙江省涉局派员驻厂稽查，出煤若干，会同该矿办事俄人登簿计数，委员住房由公司预备。该厂必须指定地段，或圈一围墙，围墙以内，巡警不可闯入。倘有犯事华人逃匿矿界内，应随时由地方官知照厂员，派人协同中国巡警前往查拿。华历光绪三十三年七月二十二日俄历一千九百零七年八月十七日立于哈尔滨。

纪白龙驹石山

吉林长春府张家屯迤西，距铁道十余里，有白龙驹山，山多产石。其附近地亩半为张氏产。光绪二十九年，东清铁路公司修理铁道时，该屯居民张云阁等曾与俄人议定价值，开掘是山石块，计方纳价，由公司陆续购买，以为填筑之用。居无何日俄拱衅，俄师既北，于是南满铁路归日人管理。日人误以此山为俄人已购之产，当附属于铁路，因以张云阁等仍在此山采石，指为窃盗。三十三年正月，将张云阁之弟张云龙拘赴公主岭日警务署稽讯多日。未几，又送至奉天日总领事馆，即由驻奉日总领事萩原牒送奉天第五巡警分局，属为转告总局罚办。讯据张云龙声称，是处山石自昔年东清铁路公司订立合同，定价售买，嗣后南满铁道仍用此山石块，并未偿值。曾经呈请长春府径牒日陆军宪兵大尉楠木右之助查禁，未得复文。又因前次俄人积欠石价工价多金，战事忽起，俄人北徙，无从取价，而石工纷纷催付工价，因复开掘，以偿此款。不料日人诬指为窃，逼令缴契查阅，即被将契扣留，继复将其辗转押送等词。乃将张云龙暂留局中，移请奉天交涉总局以文牒日领事诘问指窃证据。日领事覆称，白龙驹石山本为张姓所有之产，前经中国官吏谙谕以相当价值让与东清铁路公司，自是山石永归俄人采用。日俄战后，东清铁路及附属地，均为我国所有，该山自当全归我国。乃张云龙等犹敢窃掘石块，致被逮捕，因而转送贵国罚办。且张云龙前在公主岭时，曾辩称该石山虽已让与俄人，未曾领价。故伊取石实为无罪。然我国驻扎公主岭警务署长，则谓该山已由俄员交给日员，全属我国权利。张云龙之言，不过藉辞图免，应请速加张云龙以相当之处分等语。巡警总局以日前将军赵尔巽，因查日领事来文与张云龙所言大相径庭，张云龙果为盗窃与否，应以该山曾否让与俄人为断。如照日领事来文谓曾由我国官吏暗谕以相当价值，将该山让与俄人，则其并无明正契约可知，而张云龙现有被日人扣留之契约，其并未卖与俄人，尤为显而易见。岂能以俄人曾买此山石料遽指该山为俄产。遂咨行前吉林将军达桂，转饬长春府知府德颐查明，张云龙等实严未将该山卖与俄人，我国官吏亦无暗令出卖之事。即檄交涉总局钞录张云龙供辞，严牒日领事切实驳诘，并索取扣留之契据，日人仍强词置辩。达将军以讯明张云龙该石山实非在铁道附属地以内，绘图存案，给资令先回籍，俾省拖累。是年八月，改设行省，张云龙迭请向日人索回此处石山，并被扣留之契约，因先令奉天交涉司陶大均以该山当时果否由东清公司收买，转由俄员交付日人接收，牒询驻奉俄总领事，久未得覆。而张云龙之兄张云阁等，又屡至长春府控诉。爰谕长春知府章绍洙[1]就近与驻宽日领事据理力争。三十四年六月，据报驻宽城子日领事牒覆，谓张云阁等兄弟实有卖地与东清铁路公司之证据，并录契约两纸。阅其所录，各载有地四十余垧，而契内载明张姓地亩仅止三垧余，此外则均非张姓之业。且该石山是否即在其内，亦无明文，断不能指为张云阁等已将此山售与东清公司之确据。迭与日领事辩诘，往返十余次终未能决。遂拟会同日员前往勘明，当时张姓售出地亩究有若干，然后牒告俄员再往铁路公司调查售地原案，复行开议。未几，前派译员蔺兴科会同日员镰田松本等履勘既毕，备言张云阁等面称：该山实未尝售与俄人，惟前次俄人曾经占用附近山厂熟地，当时虽已订定价值，仍未立有卖地合同，而南满铁路会社日人则谓此山确已转售，曾由该地主等与东清公司订立合同等语。当经商诸日员镰田等暂先按照张姓祖遗原契，将附近之山厂熟地丈量。日人则欲按照俄人移交之采石地图勘丈，彼此相持未允，事遂中止。嗣又由南满铁道会社交出东清公司卖地收条二纸，及奉天交涉局、吉林交涉局执照二纸，然均系指熟地而言，并无石山字样。乃告以张云阁等售出地亩仅有熟地三垧五亩一分，实未将石山包括在内。证以契据所载，已可概见。惟日人仍始终坚持，谓南满铁道会社已确认此山为属于南满公司所有。反复辩论，迄未就范，请将此案仍提归奉省办理。于时张云阁等以近被南满公司将他人定购之石块三千方有奇，指为俄人所遗，全行运去，不给价值，呈请追偿。遂于是年九月，复饬奉天交涉司再牒日领事严词力争，并要其转告南满公司将运去石块如数给价。宣统元年闰二月，以此事案悬两载，其间屡牒日领事，力与争持，而日领事辄延宕不覆，以致议久未决。且查得此山为世界最古之山，当为国家所保护。檄饬长春府知府速行封禁，毋许再采石块，以免轇轕。并饬奉天交涉司向日领事切实申论，文曰我国长春府所属之白龙驹山，现经专门家考查明确，实为世界最古之山，合全球只有二座，一在英国河尔兰地方，其一即白龙驹山也。此等古山，应为国家所宝贵，理宜封禁不得擅自开采。况近阅张云阁等所立华俄证书，其售与俄人者，实为近山下之山厂熟地，尽可按亩丈量。现在此山业经我国封禁，俾得永远保存。应请转告南满铁道会社，勿再采取山石，迅速派员会同长春府将张云阁等所卖之熟地丈量明晰，以完此案。并令该会社速将前次石价悉数偿还。自此次严牒日领事后，日员已拟将张云阁等与俄人所立之华俄证书验明后，即行发给石价矣。

---

〔1〕 章绍洙（1862—1915年），字鲁泉。浙江鄞县人。光绪十二年（1886年）进士，曾历任长春知府。

纪依勒嘎石山

依勒嘎者，吉林临江州属境，即所称伊犁冈也，距州约三百余里。山多青石，质坚可用。光绪三十三年八月，俄人列不且五斯克招华工五百三四十名，自松花江乘轮而下，署临江州知州吴士征讶之，诘所自来，则以赴依勒嘎开山凿石告，并出所携中国官吏允准开凿之执照，核其执照，盖依兰府之木石税局所给也。九月，吴士征诣行省公署，请饬禁阻。公署乃檄依兰府知府德颐，妥速阻止，并令查明前任知府郑国侨、王嘉禾曾给执照若干，所收照费几何，作何支销，是否禀明有案。德颐迟未具复。三十四年八月，有同盛东执事人傅勋臣等联名呈请集资开采松花江南岸伊犁冈山石，因饬临江州详细调查，始知俄人上年在伊犁冈开凿石山，迄今并未停止。且俄人领有执照者，不仅列不且五斯克一人，发给执照者，亦不仅木石税局一处税章，每石一古板，例收税羌钱三吊。局中司事荣绪放给俄人嘎拉月四石税票一张，收得羌钱一千五百吊，史炳荣放给俄人吉牙果诺夫税票一张，收得羌钱三百吊。至前守郑国侨、王嘉禾所发税票若干，共收照费若干，均无卷册可考。而荣绪、史炳荣等放给之票，共石六百古板，俄人正在开凿。当严饬德颐设法阻止，并令将司事荣绪、史炳荣传交临江州讯问，由吴士征直接与俄人交涉，俄人始稍敛迹。宣统元年二月，俄领事索阔宁以紧急照会请行省公署设法保卫，经交涉司按条驳诘，旋由公署磋议再三，将前案一律取消，另商办法。爰发给俄商凿石条规十二则，俾不得任意开凿。盖边郡宦吏，黯然于中外大防，放弃权利，茫乎不知，甚且资为己利，迨时迁事过，补救已迟。夫以我之不动产，一听人之予取予求，习为惯例，禁之不能。虽为之严定规条，多方限制，其所期以挽回权利者，固已后矣。不诚大可哀哉。

纪五段金矿

黑龙江五段金矿：一、自达赉诺尔湖至北五寺河为一段，归上游矿业公司。二、自北五寺河至库马尔河及其支流为一段，归阿土他舍夫。三、自库马尔河至瑷珲城为一段，归阿珀拉克斯颇颇夫耶米立羊掠夫公共矿业公司。四、自瑷珲城至观音山为一段，归集股矿业公司。五、自托罗山以下入松花江处起至都鲁河口止为一段，归俄国矿业公司。凡中国旧有之矿，如漠河、观音山、都鲁河、宽河、奇干河均不在外勘之列。光绪二十七年，驻黑龙江俄外部官克洛德科夫要索前将军萨保缮给采勘金苗执照五纸，订立草约十一条，并于草约及执照内声明，只准暂行采勘金苗，俟华政府批准再行开办。其采苗期限，亦须由将军与北洋矿务总局请旨定夺。萨将军旋于二十八年具情入告，经外务部议覆，以所给执照，只准采勘不为开办之据，应俟勘竣请予开办时，令其绘图贴说，咨部酌核，再行请旨。当由萨将军行知俄外部官，令其转饬领照俄商，一体遵办。光绪三十二年，前将军程德全既将观音山、漠河金厂索还，驻京俄使乃于交还漠河金厂文内，要求永远开办五段金矿之专权，以抵归还漠河之利益。程德全以俄商领照后所立草约，未邀政府核准，事隔多年，应即作废。且原发执照，只准采苗，未许开办。该俄商等竟有于采出金苗之后，不请将军训示，擅行挖金，更应议罚，严拒未许。俄使自知理曲，亦不复再肆要求，惟承领第三段采苗执照之耶米立羊掠夫屡次上禀，力辩其谨守条约，专任采苗，无开厂挖金之事。而驻江俄领事亦表其所为，系遵照草约，一再申诉。然将军萨保虽曾订立草约，发给执照，而草约内明明载有只许采勘金苗，俟华政府批准后再行开办之语，执照内复有暂准采勘金苗期限，应请旨定夺之文，其暂准二字，即未许该商以永远之期，采勘二字，更未许该商以取金之据。外务部议覆，原文既京萨将军行知俄外部官，由俄外部官转饬领照各商，遵照有案，乃该俄商一则曰无涉，再则曰不知，似此语意，对于原约原照，均不遵守。总之，俄商违约私挖，自应将原有约照一概作废，永断葛藤。比者，俄使向外务部开议江省未结矿务，当将全案录送，由内议结。夫五段金矿之问题，为全省各矿之要领。此案既明，则江省矿务之主权仍归中国，而他矿之交涉，亦不待烦言而解矣。

森林交涉篇

东三省林木之茂甲于天下,轮囷盘错之材所在皆是,车马之所不及,人迹之所罕至,往往阅数千年斧斤不施,郁郁葱葱,弥望无际,此三省之宝也。中俄合办铁路之约成,俄员始以伐木,请于前吉林将军延茂[1]。将军不许,乃设木植公司,征其票费,又指定伐木段落,以二道江、色勒萨、木溪河、辉发河沿江一带为限。而华俄奸商勾串贿嘱,私砍盗卖,种种弊端,不可偻计。交涉之繁,俶落于此。无何,铁路公司又商订护养山林草约,部议以山林多逼铁路,当自筹护养之法,以保利权。若授外人以柄,将来难免无厌之求。且各地森林与官田、民产、旗属公田每有毗连之处,办理不善,必致轇轕丛生,严词驳之。光绪二十九年,俄员复与黑龙江交涉道员周冕私定合同,划界砍木,周冕不察,几已堕其彀中。犹幸萨将军拒之于前,程将军驳之于后,不至据为口实。而其卒也,伐木合同迁延数岁,内烦外务部之磋商,外经数疆吏之争辩,始克就我范围,未始非前车之既覆矣。日俄拱衅,两国兵民籍干戈扰攘之际,恣意采伐,日本军队又复设立厂所抽取军用木材,木把生计多为攘夺,日员小岛甚至派遣日人沿鸭绿江滨要截木筏,几酿事端。三十一年,中日协约既成,遂有合办鸭绿江右岸采木之议。三十二年,日公使林权助[2]以草案牒外务部,外务部咨奉天将军派员详勘,复由北洋大臣就近晤商。而日人坚执浑江流域必欲并入界内,所订年限为期尤多。往复争持,终无成议。其后奉天巡抚唐绍怡奉召入都,会同外务部与林使集议,世昌悉心研究,协力筹商。函电交驰,阅时数月,始订定合办大纲十三条,复与驻奉日总领事商立详细章程。虽利益为两国平均,而监察之权,巡警之责,课税之征,固仍操之自我也。要之三省森林之利,久为日俄所交争,惟组织林业公司以绝其窥伺之萌,考求栽培善法,以冀其滋生之盛。上有好者,下必甚焉,是在乎亟为提倡矣。

---

〔1〕 延茂(?—1900年),字松岩,杜氏,汉军正白旗人。同治二年(1863年)进士,历任鸿胪寺少卿、奉天府丞兼学政、大理寺卿、吉林将军和黑龙江将军。

〔2〕 林权助(1860—1939年),日本明治—昭和时代的外交家,曾任日本驻华公使。

纪中日合办鸭绿江木植公司

光绪三十一年冬十一月,中日会议东三省事宜,订约于北京,其附约之第十款载明,中国政府允许设一中日木植公司,在鸭绿江右岸地方采伐木植。至该地段广狭,年限多寡,暨公司如何设立,并一切合办章程,应另订详细合同,总期中日股东利权均摊。三十二年秋七月,驻京日公使林权助乃以书致外务部,为中日东三省约内所订中日合办鸭绿江木植公司一事,现在日本政府已拟就合办草案要目,送请查阅,以便订期会商,从速开办。外务部咨行前奉天将军赵尔巽暨北洋大臣袁世凯商榷一切,拟定合同草案牒覆。三十三年正月,日公使林权助以文复外务部,略谓提出之草案,仅言创设公司办法,其于地段,年限,均未开示,无凭核议,应请先行决定大致,以我国所提出之草案为基础,从速订期开议。外务部覆以地段年限两层,须由北洋大臣核定,应请赴津与北洋大臣会议。三月,北洋大臣与日公使林权助会议于天津。林使面交合办公司大纲十一条,北洋大臣逐条驳改。迨开议时,林使始则要求展长年限,并推广地段,意将浑江一带均包括在内,北洋大臣力持不可,仅许于鸭绿江右岸地方划定一段。林使又请以分水岭迤南,鸭绿江迤北为界,与北洋大臣往复辩论,未能就范。未几,林使复以文致外务部曰,中日东三省约内载明,中国允许在鸭绿江右岸合办一木植公司。夫所谓右岸者,实对于左岸之韩国而言。盖鸭绿江系中国分界之流域,江之左岸属韩,江之右岸属中国。故右岸二字应包右岸全段在内。且公司既为两国合办,其利害亦当为两国所均沾。若仅划定一段,则采伐范围过于褊小,日后与同业互相竞利,必致公司难以持久,使条约成为虚文。此种理由曾向贵国北洋大臣反覆详述,嗣因未能同意,暂行停议。现在此事既未能规定,日本政府不得不将原有木材厂存而不废。日俄战时所设顾念两国睦谊,切望和衷协商,故复将原定草案再三核改送阅。然此乃日本政府十分退让,毫无余地,请贵国细加参酌,从速定议。外务部乃与北洋大臣会商,以文覆之,略谓,查中日东三省条约所载,中国允许设一中日木植公司在鸭绿江右岸等语,此岸之义实指沿江地方二言。若离江较远之区,便不得谓之岸。且约内载明系鸭绿江右岸,未尝有鸭绿江以右字样。设如来照所云,应包右岸全段在内,则约内何不直书鸭绿江以右乎。矧下文又有地段广狭另订之语,其非指右岸全段,不辩自明。自应由中国于右岸地方划定一段,为公司采伐地界。若以鸭绿江右岸解为鸭绿江以右,不特于约义不符,即与地段广狭另订之文亦自相矛盾。至贵国前因军用暂设之木材厂,现在军队既撤,自应速行撤去。盖斯处木植,既由两国合办,则合同未定以前,两国商民本不当再行干冒,应请按照约章,将合同再加酌核,俾可早日和衷商议。六月,外务部与驻京代理日公使阿部守太郎会议木植公司事宜,时林使已返国,外务部与阿部迭次磋商,阿部仍以林使所定草案为请,持论如前。寻又牒告外务部,略谓前次林公使所提议之合同草案,现在我国复加酌改,中国政府如允将浑江口以上各流域划入采伐地界,并允所有木植除照章完纳进出口正税外,其余税赋厘捐等项一概豁免,则日本政府亦允将年限一层减至三十年为期,并允酌提公司余利报效中国政府。外务部以阿部所言,与林使原案无甚歧异,而浑江问题不过加入以上两字,抑思浑江口以下本无木植之可采,且鸭、浑两江发源各异,决不能以浑江为鸭绿江之支流。因复会商北洋大臣,将草案核改牒覆,略谓浑江与鸭绿江之发源,一则自东而西,一则至北而南,至浑江口始行汇流入海。是浑江决非鸭绿江之支流,征之志乘,班班可考。故贵国欲将浑江口以上各流域划入采伐地界一节,我国断难承认。现在合同草案复经我国妥行改定,将距江里数改作五十华里为采伐地段,较前议草案让步益多。界限亦极宽广,所以维持公司之利益,已属无可复加。至征税一事,盖公司既在中国境内,属于中国主权之下,自当遵守中国法律,各项税课均应照章完纳。其余酌提余利报效各节,久经北洋大臣与林公使商定,我国甚愿彼此让步,以期从速议结,应请再行订期会议。七月,外务部复与日阿部公使会议。阿部始则仍以浑江口以上划入采伐地界为请,外务部力持不许。阿部遂又请以鸭绿江自临江县之帽儿山起,将所有干流支流各流域,以及浑江自通化起之支流流域,作为采伐地区。经外务部力为争持,仅许由临江县起,讫二十四道沟止,沿江右岸一带所有森林归公司采伐,以距江面干流六十华里为界。嗣以阿部始终坚执包连通化之说,反复相持,迄未决议。外务部遂又牒阿部切实申论,其文曰,贵国欲将通化划在界内,强以浑江为鸭绿江之支流,我国实难照允。盖我国前拟划定自临江县起至二十四道沟止为公司采伐地段,已属末后最大之让步。按之条约范围,已到极处,此外实在无通融办法。至年限前拟定二十五年,故有临时可商展限之说。若定为三十年,则限满时自难再商展限。其他酌提余利一层,中国各项公司通例,均系以二成报効,现在拟定以百分之五报效,并按照海关税则征税,将内地厘金[1]一概豁免,实已格外通融。所以顾全公司利益者,至深且厚。至若派员管理一层,监督自应由中国选派

〔1〕 厘金,亦称“厘捐”或“厘金税”。清末至中华民国时期征税制度之一。始自清咸丰三年(1853 年),征厘金之机构称“厘卡”。1931 年裁厘金,改征统税及营业税。

理事长则不妨两国各派一人,庶中国得监督境内事业,且于中日股东利权均摊之意相符。以上各事,本部均已几经酌核,无可再让,仍请贵国迅速定议。九月,日公使阿部以书告外务部,仍坚持前议,谓鸭绿江流域须择帽儿山以上,浑江流域则须择通化以上,均以分水岭为界。惟白头山一带,增入自山顶五十华里以内,概不得采伐数语。外务部复力拒其请。十一月,日公使林权助至自日京,因复与外务部集议。外务部以地段广狭,应自距岸最近之江心起算,不得以浑江之通化混为鸭绿江右岸等词相诘辩,林使虽无可置辞,然亦卒未允诺。三十四年二月,外务部以斯案悬宕经年,虑议屡阻,所未洽者,只在鸭、浑两江问题,遂偕同奉天巡抚唐绍怡再行妥拟草案,与林使磋磨再四,始行决议。当经订定章程大纲十三条签字互换,名谓中日合办鸭绿江木植公司,并将始终会议情形具疏入告。惟一切公司办事详细章程拟由奉省就近与驻奉日总领事会同派员商订。夏五月,日本以驻安东领事冈部三郎为议员,遂令奉天度支司张锡銮[1]会同奉天交涉司陶大均即在奉天省城与日员议订公司办事章程。至是年八月,议定正章二十一条,副章六条。乃以东边道沈桐为公司监督,并以农工商部员外郎胡宗瀛为理事长,因即牒告外务部、农工商部暨北洋大臣,并以书向日领事声明,复饬大连海关由税款项下拨银二十五万两先作合资创办经费,而中日合办鸭绿江木植公司之局遂定。

附外务部奏中日合办鸭绿江右岸木植订定采木公司章程折

奏为中日合办鸭绿江右岸木植订定采木公司章程,恭折具陈,仰祈圣鉴事。窃光绪三十一年,中日两国全权大臣会议东三省事宜条约第十款内载,中国政府允许设一中日木植公司在鸭绿江右岸地方采伐木植。至该地段广狭、年限多寡暨公司如何设立并一切合办章程,应另订详细合同,总期中日股东利权均摊等语,当经奏奉谕旨,允准在案。三十二年七月,日本使臣林权助拟订鸭绿江木植公司要目函送臣部,并请定期会商。当经臣部以木植一项关系商民生计,应由奉天将军、北洋大臣详查情形,再行核议,照覆该使,令赴津与北洋大臣就近晤商。旋准奉天将军赵尔巽派员前往该地沿岸详勘禀复,据称东边木植鸭、浑两江并称繁茂,鸭江产地较宽,而木植比浑江为逊。浑江近水之区所产森林,频年砍伐殆尽。至鸭江一带,自

[1] 张锡銮(1843—1922年),字金波,浙江省钱塘县(今杭州)人。民国时期北洋军阀将领。曾任清通化知县,锦州凤凰厅候补通,福建兴化知府等职;民国成立后任直隶者都督、奉天都督、吉林都督等职;袁世凯阴谋帝制,被封为一等伯。1917年后退出政界,闲居天津。

十八沟至二十四沟,方圆约五百里,距江较远,斧斤罕到,存蓄甚多。若划作公司界限,可供二十年采伐。浑江与鸭江系属两事,不在合办之列。讵日本林使于三十三年三月到津与臣世凯会议数次,即坚执鸭江右岸指该地全段而言,连浑江流域均包在内。地域既广,年限尤多,经臣世凯将所送提案十一条逐条辩驳,迄未就范。未几,林使回国,代理使臣阿部守太郎送交臣部节略,将前拟提案略加改易,于地段一层,仍包括鸭浑两江流域及支流在内。臣那桐复与迭次会议,惟扼定量扩鸭江本界而不牵及浑江之宗旨,竭力与争。拟改由帽儿山至二十四道沟沿江木植归公司采伐,以距江六十华里为界,以为最后办法。该代使则仍谓鸭江流域须择帽儿山以上,浑江流域须择通化以上,均以分水岭为界,惟白头山一带自山顶五十里以内概不采伐。此系本国政府深愿公司从速成立,竭诚拟定,让步已到极处。彼此相持,几至无可再议。迨十一月间,林使回任后,复来照申明前议。臣等仍与剖辩,浑江流域,通化以内不能混为鸭江右岸之地。约内既指明为岸,则地段之广狭自应以距岸最近之江心起算。该使虽无可驳复,而卒未照允。本年二月,奉天巡抚唐绍怡奉命来京,臣等即偕同该抚与林使接商前案,以为此事悬宕经年,屡议屡阻。所不能就绪者,其关键只在该使欲将浑江包括在内。若径行照允,则该处木把生业全失,必于地方市面大受影响。且浑江原设之江浙铁路木植公司,曾系奏准之案,尤不能禁其采买。计惟有定明浑江森林仍归中国旧业木把采伐,所需款项向公司贷借,所采木料归公司照市价收买,庶公司不至垄断,而商业仍得保全。遂由该抚另拟提案,与林使所交对案,按条磋商,随时由臣等悉心参校,复与争持至月余之久,始行定议。所订章程大纲十三条,名为中日合办鸭绿江采木公司。其地段仍照前议,划定鸭绿江右岸自帽儿山起至二十四道沟止,距江面干流六十里为界。中日两国各出资本一百五十万元,以二十五年为限。该公司总局设在安东,以东边道为督办,中日两国各派理事长一员。公司所有进款,以余利百分之五报效中国国家,应纳木料税项,可商准地方官照章酌减。俟此大纲议定后,即由奉天督抚及日本驻奉总领事派员商订详细章程。俟章程定后,限三个月内即行开办。该公司开办后,日本政府允将现在鸭绿江之木材厂一概撤去。以上各节均经彼此商允无异。因林使回国期迫势难再延,由臣那桐会同该使将此项章程互换签字盖印,以昭信守。伏查鸭、浑两江一带林木蓊郁,确系绝大利源。自日俄战事起,两国兵民恣意砍伐,日本军队复设立厂所抽收军用木材,木把生计半为所夺。上年三四月间,日员小岛派人沿江拦截木筏,几酿事端。中日协约既议定两国合办鸭绿江右岸木植,自应从速订立章程,藉资补救。奈日本使臣以鸭江右岸牵引浑江,始终固执,毫不松动。臣等亦知于地方生业关系匪轻,未肯稍事迁就。磋磨至今,始克就绪。综核该章程所载地段、年限,暨经理之事权,税项之输入,较之日使原送节略,均相去悬殊。是于利益均摊之中,尚不失保守主权之义。除将该章程咨行奉天督抚查照办理外,所有臣部与日本使臣订定中日合办绿江右岸木植章程缘由,理合缮具清单,恭呈御览,伏乞皇太后、皇上圣鉴。谨奏。

附中日合办鸭绿江木植公司订定章程大纲十三条

第一条　划定鸭绿江右岸自帽儿山起至二十四道沟止,距鸭绿江江面干流六十华里内为界。另由奉天省派员会同日本委员勘划立标为界界内木植,归中日两国合资经理采伐事业。惟公司创办之始,应由两国派员设局开办,俟一年后,一切事务整顿妥协,即由两国招商承办。

第二条　中日合办木植公司称为鸭绿江采木公司。

第三条　公司资本定为三百万元,由中日两国各出半数。

第四条　公司总局设在安东,如公司视为切要,得呈报督办在应设各处设立分局。

第五条　公司允保全华人旧业木把事业,除第一条声明划定界内准公司采伐外,其余界外暨浑江之森林,仍归中国旧业木把采伐。所需款项应向公司贷借。其所采木料除江浙铁路公司所需道木及沿江人民自用木料直向木把采买外,其余全归公司收买。公司应按市价发卖,不得任意垄断。

第六条　公司所有自伐及收买木把采伐之木料,如中国国家及中国衙署局所需用者,应携有护照,向公司采买。应照实在工本计算,不得抬高价值。

第七条　公司营业以二十五年为限,限满时,如中国政府视公司经营事业尚为妥协,该公司可禀请中国政府酌予展限年期。

第八条　公司应设督办一员,由奉天督抚派东边道台兼理,监督公司经营事业。又理事长二员,中国人一员,日本人一员,各由本国派充,经理公司一切业务。其余理事、技师等员,由理事长会同选派。所有界内入山伐木人若需兼用别国人,应由理事长先行商准督办核定。

第九条　公司于每年底造成该年内一切事业报告书及收支计算书,呈送两国该管官宪查核。

第十条　公司所有进款,除一切消耗开支外,以余利百分之五报效中国国家。

至提此项报效后，所有净利归中日两国股东均摊。至公司消耗不得任意开支，应按期先行核算。公司用人薪水及一切经费等支款，开呈督办核准。

第十一条　公司设立一切办法，应俟此合同大纲议定后一个月内，由奉天督抚及日本驻奉天总领事各委一员商议详细章程。俟该章程商定后，交给公司遵照办理，限于三个月内即行开办。嗣后该公司如有另定规则等项，应由督办核准施行。

第十二条　公司应纳木料税项，俟在奉天商议详细章程时，两国委员查明向章数目，商准地方官酌为减少。惟公司运进口之机器以及伐木必需之器具，应豁免一概厘税。

第十三条　公司开办后，日本政府允将现在鸭绿江之木材厂一概撤去。

附中日合办鸭绿江木植公司办事正章二十一条副章六条

第一条　本公司营业，遵照光绪三十四年四月十五日即明治四十一年五月十五日中日两国议定中日合办鸭绿江采木公司合同，并照本章程，定于光绪三十四年九月初一日即明治四十一年九月二十五日开办。

第二条　本公司遵照合同，由两国派员设局开办。俟一年后，一切事务整顿妥协，即由两国招商承办。至公司开办后，应再订招股章程。

第三条　本公司资本金三百万圆。开办之日由中日两国官家各出其半数。改归商办时，各将资本悉数抽回。

第四条　本公司资本金并一切出入款项，均以中国银圆为定，并经两理事长协商，分存中日两国银行。

第五条　本公司置职员如下：

督办一人，

理事长二人，

理事二人以上，

技师及此外职员若干人。

督办由奉天督、抚派东边道台兼理，监督公司经营事务。理事长由中日两国各派一人，经理公司一切业务。

理事由理事长会同选派，各行禀报。

技师及其他职员由理事长协商派充。

自理事以下人数务，由两国人员酌量均派。

第六条　督办津贴，每年一万五千圆。理事长之薪俸，每年一万圆。理事之薪俸，由理事长协商定之。

第七条　技师及此外职员定额并薪俸定额，由理事长协商督办制表定之。

第八条　本公司文件账目，其重要者，应用中日两国文字各备一份，以便稽核。两国得派官吏随时监视公司事业之措置，核查该公司金库账簿及各种文书，且可向公司要求营业上诸般之计划并景况之报告。

第九条　本公司一切结账、记数一律应用华历，以便贸易。俟改归商办时，立行结算。

第十条　本公同系中日两国合资，非彼此协商许可，公司不得自行借款扩充。

第十一条　本公司取纯益百分之五为存积金。此存积金到资本三分之一为度。前项存积金，按照前条非彼此协商认可，不得使用。

第十二条　理事长将岁入、岁出之预算，制表开送督办核准。前项预算必须区分款项，明示收入之性质及支出之目的。

第十三条　凡关于收入支出及其他会计之规则，由两理事长协商议定，报告督办。

第十四条　所有本公司采办木料税银，按照旧定山价、客税税则酌减十成之二，山价客税税则附后由本公司充纳。其船捐仍照旧章办理，与本公司无涉。其余关于木料之验费、捕盗捐等各种捐费，一概免收。如装载轮船出口者，自应由海关照章征收出口税以代船捐。

本公司完纳山价、客税，应照向来习惯于本公司卖出木料时完纳。

对于本公司营业及进款并应用之机械伐木器具等之税捐一概豁免。但公司所有之土地，仍须按照旧章完纳租赋。

第十五条　江浙铁路公司所需道木，可向木把直接采买，但须携有该铁路公司执照，填明数目，先呈东边道证明加印。俟出口时，由本公司督办派员查验放行。

第十六条　浑江沿岸居民，除自用木料外，其余全归公司收买，已载明北京合同，应由地方官先行晓谕。如查有违背北京合同者，随时由本公司会商地方官议罚不贷。

第十七条　漂流木之整理，由本公司担任。但整理漂流木之规则由理事长协商后，经督办认可定之。其从前设立之木会，应于设立公司时由该管地方官晓谕，尽行撤散。

第十八条　本公司采木地段，遵照北京原定合同，以鸭绿江右岸自帽儿山起至二十四道沟止，距江面干流六十华里为界。由两国遣派委员，约会该管地方官公同勘定，绘图树标为志。

第十九条　本公司应酌量森林状况采伐，其计划之次序，以及每年采伐之面积地段，并树木种类等项，逐一绘具图表，呈报奉天督抚宪查核备案。

第二十条　本公司伐木、搬木、编牌运筏应雇一切工人，应专雇中国人民，以资保护地方人民生业。如必须兼雇别国人民时，应遵守合同商准督办核定。

第二十一条　买卖木植虽由本公司经营，而中国之料栈等经纪得以照旧开设，随时与本公司接洽经手交易。

副章

第一　正章第四条所谓中国银圆，系指北洋银圆而言。俟将来奉天银圆实在通行后，再行酌改用奉天银圆。两国初次出资，如用银两，亦听其便。但此时须按照开办之日北洋银圆市价核算。

第二　照北京合同第六条中国国家及中国衙署局所需用木料，由本公司照实在工价及税银计算外，应加公司用人等一切经费若干，以维持公司。

第三　本公司未设立以前，须预备开办事宜，其经费由两国暂行支垫。一俟公司成立，该款即由公司如数缴还。此款估计应需银七万圆以内。

第四　凡存银行款项，如支用时，须由两理事长会同署名画押为据。

第五　关于本公司营业警察事宜，悉归中国警察管理。

第六　本章程经两国委员妥商酌定，先行试办。俟改归商办后，如查无不妥之处，即移交商股公司遵守办理。正章第五条所载公司职员，改归商办时酌量去留。

附东边出口本地木料税则

计开：

出口征税

一、上木每料山价正税二吊文耗羡四百文客税正六百文耗一百二十文船捐正三百文耗六十文共钱三吊四百八十文。

一、中木每料山价正税一吊文耗羡二百文客税正四百文耗八十文船捐正二百文耗四十共钱一吊九百二十文。

一、下木每料山价正税八百文耗羡一百六十文客税正三百文耗六十文船捐正一百文耗二十文共钱一吊四百四十文。

一、无论上、中、下木，每价十吊，山价正二吊文耗五百文客税正六百文耗一百五十文船捐正三百文耗六十文共钱三吊六百一十文。

本地征税

一、上木每料山价正税二吊文耗羡四百文客税正六百文耗一百二十文共钱三吊一百二十文。

一、中木每料山价正税一吊文耗羡二百文客税正四百文耗八十文共钱一吊六百八十文。

一、下木每料山价正税八百文耗羡一百六十文客税正三百文耗六十文共钱一吊三百二十文。

一、无论上、中、下木，每价十吊，山价正税二吊文耗羡五百文客税正六百文耗一百五十文共钱三吊二百五十文

方材比例

一、上木黄花松方檄檩子，七尺五寸八尺长，均为一截，按六十寸作一料。

一、中木红杉松方檄檩子，七尺五寸八尺长，均为一截，按六十寸作一料。

一、下木秋段榆木方檄檩子，七尺五寸八尺长，均为一截，按六十寸作一料。

一、上木薹松赤柏礤码松料板，每副作八料。件数大小不等。

一、下柞木油松料板，每副作六料。件数大小不等。

圆材比例

一、上木杆长四丈二尺，粗一尺三寸，价八十吊。

一尺二寸，价七十五吊。

一尺一寸，价七十吊。

一尺，价六十二吊。

九寸，价五十五吊。

八寸，价五十吊。

七寸，价四十二吊。

六寸，价三十五吊。

一、上木杆长四丈，三丈八尺，粗一尺三寸，价七十吊。

一尺二寸，价六十吊。

一尺一寸，价五十五吊。

一尺，价五十吊。

九寸，价四十吊。

八寸,价三十五吊。

七寸,价三十吊。

六寸,价二十五吊。

一、上木杆长三丈四尺,三丈六尺,粗一尺三寸,价六十吊。

一尺二寸,价五十五吊。

一尺一寸,价五十吊。

一尺,价四十二吊。

九寸,价三十六吊。

八寸,价三十二吊。

七寸,价二十五吊。

六寸,价二十吊。

五寸,价十五吊。

一、上木杆长三丈,三丈二尺,粗一尺三寸,价五十吊。

一尺二寸,价四十五吊。

一尺一寸,价四十吊。

一尺,价三十五吊。

九寸,价三十吊。

八寸,价二十五吊。

七寸,价二十三吊。

六寸,价十七吊。

五寸,价十二吊。

一、上木杆长二丈八尺,粗一尺三寸,价四十吊。

一尺二寸,价三十五吊。

一尺一寸,价三十吊。

一尺,价二十八吊。

九寸,价二十四吊。

八寸,价二十二吊。

七寸,价十九吊。

六寸,价十六吊。

五寸,价十一吊。

一、上木杆长二丈四尺,二丈六尺,粗一尺三寸,价三十五吊。

一尺二寸,价三十吊。

一尺一寸,价二十七吊。

一尺,价二十三吊。

九寸,价十九吊。

八寸,价十七吊。

七寸,价十五吊。

六寸,价十二吊。

五寸,价八吊。

一、上木杆长二丈二尺,粗一尺三寸,价三十吊。

一尺二寸,价二十七吊。

一尺一寸,价二十五吊。

一尺,价二十二吊。

九寸,价十八吊。

八寸,价十六吊。

七寸,价十四吊。

六寸,价十吊。

五寸,价七吊。

一、中木杆长四丈五尺,粗一尺三寸,价五十五吊。

一尺二寸,价四十五吊。

一尺一寸,价四十吊。

一尺,价三十五吊。

九寸,价三十吊。

八寸,价二十六吊。

七寸,价二十二吊。

六寸,价二十吊。

一、中木杆长四丈二尺,粗一尺三寸,价五十吊。

一尺二寸,价四十二吊。

一尺一寸,价三十八吊。

一尺,价三十三吊。

九寸,价二十八吊。

八寸,价二十四吊。

七寸,价二十吊。

六寸,价十六吊。

五寸,价十三吊。

一、中木杆长四丈,粗一尺三寸,价四十六吊。

一尺二寸,价四十吊。

一尺一寸,价三十七吊。

一尺,价三十吊。

九寸,价二十四吊。

八寸,价二十一吊。

七寸,价十七吊。

六寸,价十三吊。

五寸,价十一吊。

一、中木杆长三丈八尺,粗一尺三寸,价四十二吊。

一尺二寸,价三十八吊。

一尺一寸,价三十四吊。

一尺,价二十八吊。

九寸,价二十三吊。

八寸,价十八吊。

七寸,价十五吊。

六寸,价十二吊。

五寸,价八吊。

一、中木杆长三丈四尺,三丈六尺,粗一尺三寸,价三十八吊。

一尺二寸,价三十四吊。

一尺一寸,价二十八吊。

一尺,价二十四吊。

九寸,价二十二吊。

八寸,价十六吊。

七寸,价十四吊。

六寸,价十二吊。

五寸,价八吊。

一、中木杆长三丈二寸,粗一尺三寸,价三十五吊。

一尺二寸，价二十八吊。

一尺一寸，价二十六吊。

一尺，价二十四吊。

九寸，价二十吊。

八寸，价十六吊。

七寸，价十四吊。

六寸，价十吊。

五寸，价六吊五百文。

四寸，价五吊。

一、中木杆长三丈，粗一尺三寸，价三十二吊。

一尺二寸，价二十八吊。

一尺一寸，价二十五吊。

一尺，价二十吊。

九寸，价十八吊。

八寸，价十五吊。

七寸，价十三吊。

六寸，价九吊。

五寸，价六吊。

四寸，价四吊五百文。

一、中木杆长二丈八尺，粗一尺三寸，价三十吊。

一尺二寸，价二十五吊。

一尺一寸，价二十吊。

一尺，价十七吊。

九寸，价十六吊。

八寸，价十三吊。

七寸，价十一吊。

六寸，价八吊。

五寸，价五吊五百文。

四寸，价四吊。

三寸，价三吊。

一、中木杆长二丈四尺，二丈六尺，粗一尺三寸，价二十四吊。

一尺二寸,价十九吊。

一尺一寸,价十六吊。

一尺,价十四吊。

九寸,价十一吊。

八寸,价九吊。

七寸,价七吊。

六寸,价六吊。

五寸,价五吊五百文。

四寸,价三吊五百文。

三寸,价二吊五百文。

一、中木杆长二丈,二丈二尺,粗一尺三寸,价二十吊。

一尺二寸,价十六吊。

一尺一寸,价十三吊。

一尺,价十一吊。

九寸,价九吊。

八寸,价八吊。

七寸,价六吊五百文。

六寸,价五吊五百文。

五寸,价四吊五百文。

四寸,价三吊。

三寸,价一吊五百文。

一、下木杆长三丈六尺,粗一尺三寸,价三十二吊。

一尺二寸,价二十八吊。

一尺一寸,价二十四吊。

一尺,价二十一吊。

九寸,价十八吊。

八寸,价十四吊。

七寸,价十二吊。

六寸,价十吊。

五寸,价八吊。

四寸,价七吊。

一、下木杆长三丈二尺，三丈四尺，粗一尺三寸，价二十四吊二十六吊。

一尺二寸，价二十三吊。

一尺一寸，价十八吊二十吊。

一尺，价十六吊十七吊。

九寸，价十四吊。

八寸，价十二吊。

七寸，价十吊。

六寸，价八吊。

五寸，价六吊。

四寸，价五吊。

一、下木杆长二丈八尺，粗一尺三寸，价二十二吊。

一尺二寸，价十九吊。

一尺一寸，价十六吊。

一尺，价十四吊。

九寸，价十二吊。

八寸，价十吊。

七寸，价八吊。

六寸，价六吊。

五寸，价五吊。

四寸，价四吊。

一、下木杆长二丈四尺，二丈六尺，粗一尺三寸，价二十吊。

一尺二寸，价十七吊。

一尺一寸，价十五吊。

一尺，价十三吊。

九寸，价十吊。

八寸，价八吊。

七寸，价六吊。

六寸，价五吊五百文。

五寸，价四吊五百文。

四寸，价三吊。

三寸，价二吊。

一、上木桅粗一尺八寸,价三百二十吊。

一尺七寸,价三百吊。

一尺六寸,价二百六十吊。

一尺五寸,价二百五吊。

一尺四寸,价二百一十吊。

一尺三寸,价二百吊。

一尺二寸,价一百五十吊。

一尺一寸,价一百四十吊。

一尺,价一百一十吊。

九寸,价八十吊。

八寸,价六十吊。

七寸,价五十吊。

六寸,价四十吊。

一、中木桅粗一尺八寸,价一百五十吊。

一尺七寸,价一百四十吊。

一尺六寸,价一百三十五吊。

一尺五寸,价一百三十吊。

一尺四寸,价八十五吊。

一尺三寸,价七十五吊。

一尺二寸,价六十吊。

一尺一寸,价五十吊。

一尺,价三十九吊。

九寸,价三十七吊。

八寸,价三十五吊。

七寸,价三十吊。

六寸,价二十四吊。

一、大灯杆粗七寸,价十八吊。

六寸,价十六吊。

五寸,价十四吊。

一、带梢灯杆粗四寸,价十二吊。

三寸,价八吊。

一、虾枪杆粗五寸六寸,价八吊。

三寸四寸,价六吊。

一、押条杆长一丈八尺,粗一尺三寸,价四十吊。

一尺二寸,价十二吊。

一尺一寸,价十吊。

一尺,价八吊。

九寸,价七吊。

八寸,价六吊五百文。

七寸,价五吊五百文。

六寸,价四吊五百文。

五寸,价三吊五百文。

四寸,价二吊五百文。

一、怀头檩长一丈八尺,粗一尺三寸,价十六吊。

一尺二寸,价十四吊。

一尺一寸,价十二吊。

一尺,价十吊。

九寸,价八吊。

八寸,价七吊。

七寸,价六吊。

六寸,价五吊。

五寸,价四吊。

四寸,价二吊五百文。

三寸,价二吊。

一、舵梃长二丈,一丈八寸,粗八寸,九寸,价五十吊。

长一丈六尺七寸,粗七八寸,价五十吊。

长一丈六七尺,粗六寸七寸,价四十五吊。

长一丈四尺五寸,粗六七寸,价四十吊。

长一丈二尺三寸,粗六七寸,价三十五吊。

长一丈一尺,粗六七寸,价三十吊。

长一丈,粗三四寸,价二十五吊。

长九尺,粗三四寸,价二十吊。

零材比例

一、槽子长三丈五六尺，价二十五六吊。　宽三尺四五寸。

长三丈三四尺，价十七八吊。　宽二尺二三寸。

一、独木槽长三丈一二尺，价十五吊。　宽一尺八九寸。

长二丈七八尺，价十二吊。　宽二尺。

长二丈四五尺，价十吊。　宽一尺八寸。

长一丈七八尺，价八吊。　宽一尺七寸。

一、鞭杆一捆，价二吊。五十根为一捆。

一、筏棚座一个，价一吊。

一、箭板每副，价二吊。

一、大棹荒一把，价二吊。

一、押箱一条，价一吊。

一、大小橙杆一条，价八百文。

一、大棹一把，价一吊。

一、大扁担一条，价一吊。

一、棹甲一个，价一吊五百文。

一、棹头一个，价八百文。

一、中扁担一条，价八百文。

一、小扁担一条，价六百文。

一、炕沿一条，价二吊。

一、扁担荒一条，价一吊二百文。

一、菜墩一个，价一吊二百文。

一、刺秋板一页，价二百文。

一、丈板一页，价一吊。二寸一页二吊。

一、尺板一页，价八百文。二寸一页一吊六百文。

一、夹板每件，价十吊。小者八吊，多则过料。

一、大轴二条，作中木一料。

一、料板每件，价三吊。小者二吊五，多则过料。

一、小轴四条，作中木一料。

一、轶条每条，价二百文。

一、车辕子一付，作中木一料。

一、车辋八片,作中木一料。

一、车勾心四付,作下木一料。

一、车头二付,作下木一料。

一、宽片板宽一尺九寸,二尺,厚三寸,价五吊。

四寸,价六吊。

五寸,价七吊五百文。

六寸,价八吊。

七寸,价九吊。

八寸,价十吊。

九寸,价十一吊。

一、宽片板宽二尺一寸,二尺二寸,厚三寸,价五吊百五文。

四寸,价七吊。

五寸,价九吊五百文。

六寸,价十一吊。

七寸,价十三吊五百文。

八寸,价十四吊。

九寸,价十六吊。

一、宽片板宽二尺三寸,二尺四寸,厚三寸,价六吊。

四寸,价八吊。

五寸,价十吊。

六寸,价十二吊。

七寸,价十四吊。

八寸,价十六吊。

九寸,价十八吊。

一、宽片板宽二尺五寸,二尺六寸,厚三寸,价七吊。

四寸,价九吊。

五寸,价十一吊。

六寸,价十三吊。

七寸,价十五吊。

八寸,价十七吊。

九寸,价十九吊。

一、踏脚板长一丈三尺,一丈四尺,宽一尺一寸,一尺二寸,价四,六吊。

长二丈二尺,二丈一尺,宽一尺一寸,一尺二寸,价八,十吊。

一、椴木招牌长三丈八尺,宽六寸,七寸,价三十吊。

一、箱子板长五尺,宽五寸,价三百文。

一、箱子板长八尺,宽五寸,价五百文。

一、独木槽子长四尺,宽三尺四寸,三尺五寸,价三十吊。

二尺二寸,二尺三寸,价二十五吊。

二尺,价二十吊。

一、独木槽子长三丈,宽二尺,价十八吊。

一尺八寸,价十五吊。

一尺七寸,价十二吊。

纪吉省设立木植公司

方将军延茂之守吉林也,俄人以拱造铁路材木为急,既侦知南山一带丛灌茂密,佳木葱茏,数请于将军,听其沿江刋木。将军以非合同所有,拒之。继思吉省木税,俸饷攸关,若彼按照市价购之商人,则合同内固有所需料件,免纳各项税厘之语,他奸商倚洋人私相勾结,藉端影射,流弊滋多。于是片陈,酌设公司,代为经理,以期稽察。既便防范,亦周本省之厘饷,藉以维持两国之邦交,无损睦谊。疏入,得旨报可。遂择地吉林省城设立木植公司,抽收票费。所有华俄各商承办铁路料件,皆须先赴公司报明领票,以论价售钱一吊抽收票费八十文为率。若俄员自行砍伐官山,则视其木之圆径尺寸议值。或俄员佣人代砍,亦必指明木把何人,包价若干,援照定章纳费领票。此外无论旗民商人,凡入山砍木,均按章征费。又以吉省辽阔,兼顾綦难,酌令各城副都统衙门承办处及交涉分局代收,俾臻完密,用意至深远也。然吉省山深林密材木不可胜用,无森林专门之学以讲求利用之方,仅于区区厘费之间,求补救于万一,抑亦末耳。厥后改建行省,各分局悉行裁撤,惟留四合川一处。其木植票费,胥报诸税务处直接稽征,亦以省烦苛而归画一也。

纪东清铁路伐木合同

自东清铁路之役兴,凡铁轨所设之枕木,汽炉所用之木柈,以至上者为屋宇、为桥梁,下者为樵薪,莫不取资于材木。而吉江两省冈峦绵渺,林壑阴森,亦俨然有用之不竭之势。维时两省商民始有经营林业者,铁道所需,率购诸华商之手,俄人固未能把持也。光绪二十九年,铁路俄员请于总办黑龙江铁路交涉事宜道员周冕,拟将陆路自成吉思汗站至雅克山站铁路两旁长至六百里宽至六十里,水路两段:一为呼兰、纳敏两河各至水源为止,长三百余里,宽一百余里。一为枚林、浓浓两河各至水源为止,长一百七十里、宽七十里界内山林,统归铁路公司砍伐,华人不得过问。揣俄员之意,欲尽绝华人之生计,以餍其垄断之谋。周冕辄与公司擅立合同,签押后始以闻前将军萨保。萨保不许,然亦未能力争也。逮前将军程德全莅任,俄员屡拿周冕私订之合同来请加印,程德全却之,并牒告公司,以合同未经将军认可即为无效,应作废更议。时值日俄战事未息,俄人方恃强凌轹,未肯就议。三十二年,经外务部宣告俄使璞科第,谓从前所订合同,未经中国政府核定,不能执以为据,须由吉、江两省将军派员与公司会商,咨部核办。璞使允诺。遂电吉省遴员前往会同江省所派道员宋小濂与该公司开议。前吉林将军达桂令滨江关道杜学瀛往。乃公司视前立合同为已得之权利,不少退让。迭次磋议,未能解决。世昌受事以来,以森林为东省自然之利,岂容拱手以让他人。况其时将与日人商订木植合同,若不一意坚持,尤虑日人有所藉口。爰令宋、杜两道竭力与争,多方辩论,磋磨匝岁,函牍纷驰。至三十四年,始获就绪。吉、江两省先后订立合同十四条。吉省地段曰石头河子,曰高岭子,长八十五里,曰一面坡,宽广均不过二十五里。江省地段曰火燎沟,曰皮洛,以各长不过三十里,宽不过十里。曰沿枚林河,由该河汇入松花江之河口溯流而上,长五十里,右岸宽二十里,左岸宽十五里。视木之巨细,酌收票费。声明前订合同并所发照票,全行作废,案始结。夫亡羊补牢,事机已晚,而曩之所损失者,或争回十之八九焉。前事不忘,后事之师。然则划给公司地段外,森林之产尚饶,可不预谋经画哉。

附铁路公司在吉林省内砍木章程

第一条　东省铁路公司在吉林省准有三处地段,砍备各色木料:

甲、石头河子相近,其地段图样粘附。

乙、高岭子相近,其地段图样粘附。

此二段系原领富郎克地一段,长八十五华里,截分为二。

丙、一面坡相近,其地段宽广均不过于二十五华里,即六百二十五方华里。其图样一俟绘妥后,即行粘附本合同存证。

第二条　铁路公司应于砍备木植以前,及时在指明地段内拟备木料数目、种类,知会铁路交涉总局,领取砍木票照。票内应注明拟备木植种类、数目。此项票照应俟铁路公司按照所开木植数目缴纳三成之一票费后,由华官即行照发。其余票费,于木植备齐后,按照票内所注实在木数,一律交清。

第三条　每年应于俄八月初一日发给铁路公司砍木票照,以一年为期。所有上届砍购木植票费,至时应结算交清。倘一年期满,实行砍备木植不及票照内所开之数目三成之一,则预付票费应归中国官库,例不发还公司。倘铁路公司砍备木植过于票内所开之数,则所逾数目仍应核实按照本合同定章交付票费。铁路公司如不按期交付票价,并有违背本合同无论何条之处,则应将已发票照作废,地段收回。如铁路公司照章付给票费及遵守本合同各条办理,则华官亦须仍循旧章,每年按以上定期换给新票。

第四条　指给公司之砍木段落界址,应由铁路公司自行出资在当地划分清楚。铁路公司不得越界砍伐木植,华官亦不得在上开地段内另准他人砍木。如有他人擅自砍木,华官须竭力设法禁止。

第五条　铁路公司砍木地段靠近铁路之处,须留出通行车马道路。

第六条　铁路公司在上开领票砍木地段内,可自行设法布置砍伐林木等事,并可堆积木料,建设锯木等厂,搭盖住房以及铺修运木枝路。公司应领任令华兵入界捕拿胡匪,华民围猎采参,无稍阻碍。如在铁路砍木界内有可耕之地,仍由华官随意招民开垦,公司不得阻止。其当地居民可在上开地段内砍伐盖房木料,并自用火柴,必须由住厂委员知照铁路公司指明地段,酌定木植数目,给予特别执照,惟不得外卖。上开地段有草甸之处,铁路公司亦可牧放牲口,并割取羊草,惟每铺特须缴华官库草价一戈比[1]。

第七条　铁路公司按砍木票照砍备木植,如每长一阿尔升合营造尺二尺二寸,厚一韦尔小克合营造尺一寸三分七厘五毫,应纳票费一戈比之四成。此仅指圆径十六俄寸,长十二俄尺之大木而言。如木长或圆径过于上开尺寸,则票费应按每长一阿尔升、厚一韦尔小克以半戈比核算。火柴每古磅[2]应纳票费一卢布,道木每块应纳票费三个半戈比。大木圆径以小头计算,如在每俄寸六成之上,照全俄寸计

[1] 戈比,俄罗斯的辅助货币。

[2] 古磅,盎司,等于28.35克。

算,如不及六成者不算畸零。至长短,应按每俄尺足四成之一计算。以上所定票费数目,于本合同画押之日起,以五年为期。期满则票费问题应再另议。如遇公司另向由华官允准砍木之商人定购应用木植,公司仍按本条所定票费在收木时交付。

第八条　华官应派委员常川驻扎上开林木地段,查验砍备木植,分别种类、尺寸、数目,会同俄员缮立簿据,以凭核算票费。

第九条　铁路公司所有岔道、堆木厂、机厂以及住房等等占用官地,每华垧不分等第,按年付租价俄洋三元。如系占用民地,应商允地主,按年偿其租价。

第十条　所有林木,既全归华政府自行护养,铁路公司砍伐木植,不得有碍政府将来所颁护养通行章程办理。

第十一条　按照现在铁路情形,吉省共需用各项木料,如火柴每年以二十万古磅,道木以八十万块,大木以二十万根为度。如日后铁路振兴并改良,一切应用木料过于上开之数,则华官亦可照允。

第十二条　铁路砍备木植,如愿将应用敷余之木植外卖,应按中国通行税则,缴纳税费。

第十三条　铁路公司自此次合同核定后,彼此均应遵守。凡从前所订合同并所票照全行作废。

第十四条　本合同应用华俄文缮写二分,并附指明砍木地图。彼此盖印画押后,一分存吉林巡抚衙门,一分存东省铁路公司。遇有辩论,以华文为准。

华历光绪三十三年七月二十二日俄历一千九百零七年八月十七日立于哈尔滨。

附铁路公司在黑龙江省内砍木章程

第一条　东省铁路公司在黑龙江省准有三处地段砍备各色木料:

甲、第三百八十四号岔道相近火辽沟地方,其地段长不过三十华里,宽不过十华里。

乙、巴里车站相近皮洛以地方,其地段长不过三十华里,宽不过十华里。

丙、沿权林河,由该河汇入松花江之河口起,自下流往上计长五十华里,宽由河岸往右二十华里,往左十五华里。

以上三处地段,自绘妥地图后,应将当地界线详细划定。

第二条至第十条均同吉林省章程

第十一条　按照铁路现在情形,江省共需用各项木料,如火柴每年以一十万古磅,道木以三十万块,大木以一十万根为度。如日后铁路振兴并改良,一切应用木料过于上开之数,则华官亦可照允。

第十二条至第十四条均同吉林省章程

华历光绪三十四年三月初五日俄历一千九百零八年三月二十三日立于哈尔滨。

商埠交涉篇

东南各省之内地通商也，开辟口岸区画地段名曰租界。入其境，则审判权、警察权、征税权、营造权他族主之，不得过而问焉。是名虽为租，实不啻畀以疆土也。我国无内地杂居之例，而以国势之弱，叩关而至者深入堂奥。拒之不胜拒，防之不胜防，华洋杂糅，恒以纤芥龃龉酿成国际交涉。且无地域之限制，彼之工商业日益发达，而吾民生计不至尽为攘夺不止。朝廷远瞩万里，渐知其非，于是光绪二十四年六月有著沿边各将军督抚悉心筹度，推广口岸，展拓商埠之旨。大哉王言，意至深，虑至远也。二十九年，中美商约[1]成，而奉天及安东有自行开埠之约。迨中日商约成，而奉天及大东沟又有自行开埠之约。东省开埠之议，此为权与。三十一年，中日北京约内所载东省应开商埠凡十有六，又在中美、中日商约之外。夫地方愈开放，即财用愈流通。方今海禁大开，商战竞烈，商埠既多，则赋税可增，民智日进，讵不甚善。然而东省交涉发生，种种困难，有较他处为尤甚者。如奉天、安东、大东沟，既已购地定界矣，而美日两国争之，以为勘划埠界，须按约由两国会同商定，现未会商，碍难承认。卒之往复争辩，历时两年，而租地章程始定。此划界交涉之难也。商埠为万国居留之所，地主之辨不可不明。乃长春一埠，则日人以铁道用地为词，私购我民产矣。哈尔滨一埠，则俄人以铁路界内为名，圈占我要地矣。以各邦公共之区，几入一国居奇之彀。不与力争，匪惟他国商旅徘徊观望，视为畏途，抑恐我国领土之权亦将旁落。此购地交涉之难也。庚子之变，俄人侵越北鄙，驱逐华商，瑷珲一城，蹂躏尤甚。光绪三十二年，前署黑龙江将军程德全，既索还瑷珲，将践开埠之约，而俄员挟退地之谊，肆无厌之求。始则指留北营，继则改索魁星楼，终又请拨自第一百十一号灯照至养病房之地，无非为争著先鞭，独具要害之计。反复争持，久未决议。此又开办交涉之难也。夫东省商埠十数区，援照条约，固明明有自行开埠之文。徒以立约之前，未绸缪于先事，立约之后，始规画于临时。是约定，自开与寻常自开，其性质不无少异。交涉之难，实源于此。然揆情审势，东省开埠，实为不容稍缓之图。且泰西诸邦，均以开放门户、振兴商务为主。若逞一国之

〔1〕 中美商约，即《中美通商行船续订条约》。1903 年 10 月 8 日，清政府代表吕海寰、盛宣怀、伍廷芳与美国驻华公使康格在上海签订。是美国宣布对华“门户开放”政策之后中美间签订的第一个条约。

私志,揽操纵之大权,必非公法所许。但使据理坚持,善为因应,加以亟筹巨款,详定良规,保护之政策既周,无理之要求渐泯,驯至市尘无扰,商货殷阗,外人得以安居,边境因之充实,以促人民之进化,固丰沛之藩篱,岂不由于斯道哉。

纪奉天省城安东县大东沟商埠附图

光绪二十九年八月,中美两国各遣使臣续订商约于上海,其第十二款载有奉天府及安东县二处地方,由中国自行开埠通商。此二处通商场订定外国人公共居住合宜地界,并一切章程,将来由中美两国政府会同商定。其中日两国亦各遣使续定商约,第十款有奉天府及大东沟两处地方,由中国自行开埠通商。此两处通商场订定外国人公共居住合宜地界并一切章程,将来由中日两国政府会同商定。其大旨与中美之约相合,但改安东为大东沟而已。议甫协,日俄拱兵,以东三省为战地,于是中美、中日商约所载之奉天、安东、大东沟三处实行开埠之期,不得不俟诸战事敉平,再行提议。三十一年冬,日俄和约告成,中日北京约内所载东省应开商埠凡十有六处,在奉天者,曰辽阳、新民、铁岭、通江子[1]、即同江口法库门、凤凰城,在吉林者,曰长春、哈尔滨、吉林省城、三姓、宁古塔、珲春,在黑龙江者,曰满洲里、海拉尔即呼伦贝尔、齐齐哈尔、即省城、瑷珲。又在前中美、中日商约之外。至是日俄军队撤退有期,而各处商埠亦将陆续开放。三十二年春,前将军赵尔巽按照中美、中日续订之商约,首先开放奉天、安东、大东沟三处商埠。因于奉天、安东先行分别创设商埠总局,预为筹备。是时,驻京日公使以文致外务部,略谓中日商约所订以奉天府及大东沟两处开作商埠,又中美商约所订以奉天府及安东县两处开作商埠,此三处开埠之议,早经决定。嗣因日俄战事暂缓实行。现在日俄两国业经媾和,应请中国政府从速会同商定,由日历五月一日起开放安东县、大东沟,六月一日起开放奉天府。外务部覆以商埠地界并一切章程,若与立约国会同商定,势难急切定期,现已由奉天开埠总局勘划界址,拟定埠章,约估工价,并派员赴安东县、大东沟勘地估工。俟预筹妥善章程后,即当会商订定开办。并以此意告驻京美公使柔克义[2]。四月,柔公使以文覆外务部曰,中美商约奉天、安东开放商埠,所有外国人公共居住

〔1〕 通江子,今辽宁通江口。

〔2〕 柔克义(1854—1914年),美国外交官、汉学家。柔克义对古代中国和南洋、西洋的交通史,曾作深入研究,将宋代赵汝适所著《诸蕃志》、元代航海家汪大渊所著的《岛夷志略》翻译为英文,并考证了二书中的古代南洋和西洋地区。

合宜地界并一切章程，须由立约国会商后订定。是以本国政府甚望早日定期按约办理，由中美两国派员商订。并声明奉天、安东二处，设立洋人居住租界，美国各领事应仍有居住商埠界外各城内之权，缘附近官署较为方便。又美商虽当居订定地界以内，实不能禁其在城内按约贸易。外务部转咨赵将军，赵将军会同北洋大臣袁世凯，咨请外务部驳覆柔公使，略云，奉天、安东两处开埠，照中美商约自应订定外国人公共居住合宜地界，既有订界之约，即不能于界外有任便之权。至领事系在商埠界内照料其本国商务之员，公署自应设在界内。若有事与地方官交涉往来，系属应有之方便。洋商既定有居住地界，凡租地建屋，开设行栈，均应在定界以内，自不能涉及界外。其余照条约应有之往来贸易，原可按约办理，但应声明，凡外国官商，均无在商埠界外之各城内赁屋长住之权。现在一切勘界订章各事宜，拟俟奉省开埠局办理就绪，再由中美两国定期派员会同商定。未几，美政府遣驻营口美总领事撒门司来会勘租界，商订章程。日政府亦令驻奉日总领事会议赵将军。乃饬山海关道梁如浩[1]、驿巡道陶大均、东边道张锡銮，候补道钱鑅等，与之订期开议，按照商约妥为商办。当经会同美总领事等在奉天开埠总局提议数次，拟订约章九款。未及议定，最后乃由山海关道梁如浩等与美总领事磋商。美总领事允为酌量情势，通融办理，先行照约将奉天、安东两处由中国自行辟作商埠，布告开放，并拟条约三款。未几，驻京美公使至外务部声称，奉天、安东开埠事宜，美政府曾令驻奉总领事会议，但现在情形既一时未能划定租界，则一切章程自不妨暂从缓议。惟此两处，中国须即行设立海关，以便各国货物进口，按则纳税。按中美商约，此节本应于换约后即行举办，嗣因日俄战事迁延至今，现已届撤兵之期，中国尚未创设税关，于美国商务实多损碍，务请从速饬办，以完全开埠应办之事。且即以东省而论，南则大连湾，北则黑龙江诸处，中国亦当酌量审度，随时设立海关，庶几日后他国运入东省之货，可照税则一律征收，俾免各国商务有所畸轻畸重。外务部以奉天、安东等处商埠本宜早日开办，现在他人既有认为已开之意，若不从速设关，不但贻外人以口实，且有损我国之利权，遂致书赵将军克日筹备。七月，赵将军商诸北洋大臣袁世凯，拟将奉天府、安东县、大东沟三处开埠事宜，援照岳州[2]、长沙等处办法，因会同奏请发银三十万两为奉天开埠经费，又请发银三十万两为安东开埠经费，大东沟一埠请发开埠经费银二十万两。旋经部议，以所请奉天等三处开埠经费须由本省自

〔1〕 梁如浩(1863—1941 年)，清末民初政治人物。清同治十二年(1873 年)与唐绍仪、周长龄等第三批幼童赴美留学。历任山海关道、外务部右参议、外务部右丞。

〔2〕 岳州，对湖南岳阳市的旧称。

行筹垫，俟创设税关后，于征收税款项下陆续归还。赵将军乃分饬开埠局先行筹拨官款，逐渐酌量购买民地，预作埠界之用。十月，驻京美公使以文致外务部曰，北洋官报载有户部奏核议奉天等处开埠经费牒称，奉天、安东、大东沟三处商埠，中国拟照自行开埠办法，其埠界地亩由官购定后，划清界址，再由各国人民租领建筑，设立行栈。又安东、大东沟两处均系海滩，尚须建筑泊岸码头。其三处租界内巡警、卫生及平治道涂、修造公所各事宜，均应由中国自办，以保主权等语。查奉天、安东之埠，系按照中美商约开放，约内载明将来由中美两国会同商定界址及一切章程。故往者我国柔公使曾以此意向贵国声明，嗣我国政府复令撒总领事至奉会议。兹特再行声告，如中国政府果拟实行开放奉天、安东等处商埠，则我国政府必须照约派令人员与中国所派之员会勘租界地址，商订管理章程。外务部咨行赵将军暨北洋大臣酌核，会商后，仍由外务部以中美商约载有奉天、安东两处，由中国自行开埠等语，则所有埠界以内应办各事，自当归中国办理。惟约内又有会商之语，则日后拟定界章时，不妨由中美两国会同酌订等词覆之。未几，驻京莫美使以奉天、安东两处商埠租界章程，闻已由赵将军与北洋大臣会同拟定，行将入告，复向外务部力争，并要求仍由中美两国派员按照商约会勘租界地势，订划四址，商定一切事宜。复经外务部与赵将军咨商牒覆，略云，前拟商埠约章，本系预定底稿，尚未实行。往者，我国曾派员与贵国撒总领事会议，以东省日兵尚未尽撤，因仅暂定条约三款。原拟日后再行会商，现在贵国既欲派员续行提议，自当再由中美两国各派员暨前次与议之日总领事按约会同商定。十二月，驻奉日、美、英、德等各国总领事与我国会商奉天、安东、大东沟三处开埠事宜，仍在奉天开埠总局集议数次。虽其时三省各埠已陆续布告开放，而各领事均力持开埠系全告开放，不能限以埠界之说。以致奉天等埠界地址一切章程，迭经往复磋商，迄无成议。遂复由美总领事声明，暂置缓商。三十三年四月，奉天开埠总局以商埠界址需用地亩将次购竣，拟在省城之西门外车站迤东地方作为万国通商场，遂绘埠界详图，向驻奉日、美两国总领事分别声明。无何，日美两国总领事仍固执前论，谓勘划埠界须按约由两国会同商定，现在并未会商，碍难承认。自是埠界，埠章依然未定，迁延迄改设行省以后。九月，税务处来电，以运入商埠货物，如在沿海各关已纳进口税者，例免重征。现在东省开放各埠，必须将何者为埠界，何者为内地，从速划清界限，俾税务有所着手。遂分饬各开埠处，迅速调查，详细绘图报告。旋据安东开埠局牒称，安东、大东沟、凤凰城三处开埠事宜，曾先后责成安东开埠局办理，现已遵照税务处电，饬将安东、大东沟、凤凰城三埠分别勘划相当地址，拟定埠界，将三处埠界情形绘图呈送存案。三十四年三月，以奉天省城及安东县、大东沟三处商埠开放已将两载，其他三省各埠亦皆布告开放，虽划界订章各节，曾与各领事迭次会商，议犹未协，而奉省开埠局前次收买预作商埠之地亩，则已屡经各国商人先后呈由各国驻奉总领事转请永租。所有外人租地事宜，自应定有专章，方足以资遵守。适其时，营口地方，外人购地无所限制，并不过户纳税，因责成新设之奉天交涉司陶大均其时已将奉天开埠总局裁并交涉司援照津、沪两埠外人租地三联印契办法，将各处商埠地址划分正界、副界、预备界三等，妥订租地简章，酌量情形办理。遂由交涉司拟定奉天全省各埠外人租地简章，世昌详加核酌，即令交涉司抄录所拟租地简章，分牒驻奉日、美两国总领事，遵照商约会同商定。经美总领事司戴德以简章内第二条及第六条语意犹未明晰，复经商榷，删改数处，议定外人租地章程十六条。五月，乃饬交涉司以文牒驻奉日、美、英、德、俄等国各领事，略谓奉省已开各埠，前经拟定埠界，购买地亩，作为各国商人租借建筑之用。现已仿照津、沪三联印契办法，拟订外人租地简章，抄录送请查照。自此次分别宣布后，各领事均无间言，外商遂纷赴交涉司请将商界内地亩分别领契永租。因复饬田交涉司附设一会丈总局，即在奉天商埠界址以内创设局所，派委员司，照章办理，专主各国商人租地事宜，而开埠之局至是始定。

附奉天安东商埠与驻奉美总领事撒门司暂订条约三款

第一款

中国因欲推广暨利便各国人民通商贸易，并施行上列约章应办之事，所以特此声明：奉天府、安东县二处，允作各国公共居住及贸易通商口岸，并允于该处按照中国现时自开或将来自开各国居住贸易商埠所立便商章程，一律施行。

第二款

订定合宜地界，俾得各国人民公共居住贸易、公用经营以及管辖界内章程，彼此允许暂缓商议。如将来查夺情势，需用一切兴起，须有地界方利便商务，即应由两国政府会同商订合宜地界并居住贸易一切章程。

第三款

中国允许将奉天府、安东县两处地方随时应订之海关章程迅为妥立，并设立监督，以期整齐，并保护该处商务及征收照约章所准之捐税，使各国人民一律照章输纳，庶期振兴并保护商务。但向美国人民抽收捐税，不得较重于最优待国之人民所纳捐税。

附奉天各埠租地简章十六条

第一条

奉省各埠有已经官家收买地段者,有未经收买者,至于所有各国商人居住合宜地界,在各埠拟照津、沪三联租地契办法,道契易名为司契,所有章程悉仿行之。

第二条

奉天设立全省会丈租地局,即由交涉司派出委员驻局办事,专司奉天租地各国人选择地段、会同丈勘及插标绘图,以及验立契据等事。外埠由地方官会同交涉委员酌核办理。无论奉天及外埠租地之事,均应用司契在会丈租地局挂号。

第三条

在奉天全省各埠,各国商人与华民租地,或永远租或论年租,价目随时可与华人订定。各国商人亦不得用强硬租。华民与商人订定价目后,须禀明领事官,查无违碍,在奉天照会会丈租地局派员会勘,在外埠则由地方官暨交涉委员会勘以后,调查粮册单地相符,并无盗卖及轇轕不清情事,呈明交涉司立契。如有单地不符,查明后再行立契。地面上如有房屋,临时酌议。

第四条

民间自与洋商订租,价目不限。惟不得先行抵借,俟丈明立契后,方可交付银两,以杜轇轕。

第五条

租地内如有侵占官地,须令原主缴价升科,以及有商令原主迁坟等事,非会丈局所能专主,须禀明交涉司衙门核办。

第六条

奉天、安东两处,已经官家收买之地,或永远租或年租,由官家建筑街道,是以应在该处预先存留。

第七条

租地之各国商人,先指定地亩,由会丈局查勘后,将该价知照领事衙门,派员公同丈明,到局填写司契。俟契价、税契、地丁正项交清后,将司契盖印,给发为凭。

第八条

奉天官家收买地段,计分三等:上等每亩定永租价二百五十两,中地每亩定永租价二百两,下地每亩永租价一百五十两。原分上中下三等,以五十两递减。而地势尚有高低烦简之分，再于各等中分上中下，以二十两为递减。譬如二百五十两为上等之上，二百三十两为上等之中，二百一十两为上等之下，余可类推。此系现时价值，将来地方兴旺，地价日涨，应随时按照公平办法商议加价。

第九条

另定年租之法。每亩每年缴纳租价四十元，地丁税课等项在内。租五年者，一次交足，按八折算，共缴每亩一百六十元。租十年者一次交足，按六折算，共缴每亩二百四十元。均先交后用。限满如欲续租，再行酌议。如不续租，该地面上所建房屋，应由租地人拆屋还地。

第十条

租地每人至少以十亩为限，至多以二十亩为限。如须设立公司以及大事业者，准其多租，但须先行报明。

第十一条

司契一张，毋论多少，纳费四两。

第十二条

所有永租契立定后，须照纳奏定章程税契办法每两税五分三厘。纳清后，即将契纸盖印发给。

第十三条

堪丈民地，应按照地价大小每两八厘计费，由原主承缴，分派地保方长等。倘或契未成立，别有事故，如数退还。

第十四条

在奉天各埠，各国商人租地，无论官地、民地，每亩按年应纳地丁正税银二两。此项由商人于每年中历二月底，先交本管领事官，转送交涉司。

第十五条

各国商人无论租住官地民地，亦应帮同各公益之事。应摊之项，按照商人产业多少比例分派。可与各国领事官先行商议公派。

第十六条

管业之人，或以其地转租别人，均应报明本管领事，照会到司换契，以期契上姓名年月均归实在。地价毋庸重纳，只须交纳换契费一次，其费不得逾原租价银百分之七。

纪奉天续开商埠六处附图

中日会议东三省附约，奉天应开商埠六处。铁岭、通江子、法库门于前将军赵尔巽任内，即宣布开放。新民开埠，亦光绪三十二年八月宣布。三十三年十月，据新民府知府报告，拟定于府街东北隅距火车站近处划地一区，周围约三里，足为开埠相当之地，并绘送详图。新民地据要冲，商旅萃集，既宣布开埠，宜速筹备，以促地方兴盛之机。凤凰、辽阳于三十三年五月日军撤退，驻京日公使以告外务部，请照约速行开埠。外务部转咨到奉，爰令奉天开埠总局分牒驻奉各国总领事，先行宣布开放。其各国商人租地，应仍俟中国定有租建专章，方可照章租用，预为声明。惟安东一埠，离省窎远，若悉由开埠总局兼顾，往返需时，实有鞭长莫及之势，遂将凤凰厅开埠事宜，归东边道钱鑅就近筹划布置。复以埠界关系税务，宜早日划定，先令辽阳州牧详细履勘。三十四年二月，勘定辽阳城西门外铁道用地附近为相当地址。并将埠界四址绘图呈送。查奉天各商埠，或居轨路来往之冲，或当河道纵横之地，或枕犄边徼，或控扼蒙藩，形胜所临，商业必可期发达。惟各埠后先迭放，同时规画，财力既苦不敷，而日人杂居已久，营业綦多，西洋巨商无大利之可谋，尚无相携麕至之势。既招徕之必亟，更防范之宜周。创设经营，不敢稍涉张皇，偶临疏失，但期稍损一分之利权，即抚躬稍释一分之疚，是则鄙人所兢兢自矢者也。

纪吉林省城商埠附图

自中日会议续订东三省条约，其款内所载商埠各地，皆由中国自开。维时长春、哈尔滨两处，先已开放。惟吉林省城一处，前将军达桂设立商埠公司，集股筹款，议办开埠事宜，旋复中辍。光绪三十四年九月，始由交涉司呈请公署预筹切实办法，冀以保利权而维商务。诚以省城地方各国居民尚少，较诸长、哈两埠措置略易，而关系尤重。因于光绪三十四年九月，于省城设开埠局一所，隶于交涉使，即委试署交涉司佥事傅疆为局长，设总务、建筑、警察三科。其筹议办法大纲：一、勘埠界以定商场地址，一、购房地以便敷设自由，一、筑市街以定全埠规模，一、建市房以期商务发达，一、设巡警教练所以作实行预备。至筹划之次第，则以划埠界、购房地、设教练所为先，其次议筑市街、建房屋，又次议办警察。核计需款：则购地之款需二十五万两，开办教练所需五千两，筑市街需四十万两，建房屋需十五万两。此开埠局筹议之大略也。议既定，世昌与署吉林巡抚陈昭常详细核商，分别准驳令交涉、民政两司，重行会议。嗣由开埠局勘得巴尔虎门外、大东门外一带地方，界址详后列条件第一节绘画图示，丈量地基，设法经营，以为圈购之计。盖虽甫经著手，而乘此铁轨未通之际，预为布置，则事权即操之在我，一面与日领商办，彼其就我范围庶几并力图维，以求尽美尽善，当不致蹈长春、哈尔滨之覆辙，亦不可与珲春、三姓、宁古塔三处同年而语，致有失时之悔也。

附开埠局筹划埠务大纲

第一节　总则

第一条、本局奉督、抚宪饬立筹办吉林省自开商埠事宜。

二、本局附属于交涉使司，由交涉使督同办理。

三、本局行文，对于公署由局长署名，用呈。其余各署、局分别咨、移，以局名行之。

第二节　设科及职务

四、本局职务暂设三科，分掌如下：

一、总务科，专掌本局文牍、会计、庶务及商场之设置租借事宜。

二、建筑科，专掌本埠各项建筑事宜。

三、警务科，专掌本埠各项巡警事宜。

第三节　职员及权限

五、本局职员及其权限设定如下：

一、局长一员，禀承司使总持局务，代表全局。

二、副局长一员，襄助局长，督率全局员司办理事务，综核文件。

三、每科科长各一员，承局长、副局长之命，率同科员办理本科事务。

四、各科科员若干员，承科长之命，分理本科配定事务。

五、司书长、司书若干名，承各员之命，掌理案卷及缮录文件等事。

六、局长由司详请公署札派，副局长及科长以次，由司分别委用呈报。

第四节　经费及支销方法

七、本局一切经费由公署核发实银，作正开销。

八、局务经费由局请领支销，埠务经费由司请发给。

九、局务经费按季预算，季首请领，下季决算造报。埠务经费，事前预算，请领事竣,核实报销。

十、本局职员之公费,另表定之。兼有局外他差者,照额减半发给。

第一、总务科应办事项

本科除定章所定文牍、会计、庶务等各项事务外,关于埠务之勘画埠界,设置商场,调查房地井墓及将来之购买、租借等事,均归本科经理。兹将埠务开始应办事项及筹议方法,分述大纲如下:

一、勘埠界以定商场地址。吉长铁路之终点,查核部颁线路图,已择定在省城东北隅,以莲花泡、巴尔虎门外两处为其客货乘降之大站。铁路、商埠关系极为密切,此次建立商埠,自应就车站四周辟地开放,以期商业发达。兹勘得巴尔虎门外、大东门外一带地段,自北山南麓起直抵巴尔虎门西偏城下,沿城壕而东,绕出北窑坑至岔路口,又折而东半里许,南经九颗树至三江义地,为西界。大东门外附城里许,有南北中三大窑坑,地势极洼,并多民房,故不划入。自三江义地大路口起,直线东行,穿出新立屯北面,抵小团山江岸为南界。沿江岸而北,至钱家屯东北江岸为东界。自钱家屯东北江岸,直线向西至石头山麓,由此折而西南,紧靠山麓,绕过虎头山根至桃园,曲折而南与西界连接为北界。界内东西直径六里、四里不等,南北六里、二里不等,总计面积三十平方里。其间有名地段,计有巴尔虎门外、岔路口、九棵树、昌邑屯、小团小江岸、向阳屯、巴虎屯、前钱家屯、莲花泡、钱家屯、桃园十一处。地势均尚平衍,足备敷设商场之用。吉长路线客、货两站,亦已包入界内。东出大东门不足半里,北出巴尔虎门不过敷武,城市交通均极便利。至西南两界,尚有可展之地。现因房屋过多,圈购不易,故暂划出,留为将来扩张基础,亦藉以备居民经营余地,似未可一概划尽也。

二、购房地以便敷设自由。当开埠之始,欲使主权在握,敷布自由,其第一义自宜将全埠房地尽由官家购回,严为堤防,永租不卖。兹查得界内房屋占全界十分之三,地亩占十分之六,坟墓树林及洼地占十分之一。两月以来,派员踏勘调查,得其大数如下:

甲、房屋。除巡警分局、常备军营、铁路公司属公家建设者外,其属于民间者,洋式房十间、瓦房一千七百八十二间、草房一千八百四十二间、板棚一百十四间,统计六百四十余座。其各房东、地主、租户、租价及坐落等级,均经查晰,估计每座平均须三千吊,全数在一百九十万吊以上。

乙、地亩。除房基、江滩、道路不计外,界内上中下三等地亩,统计一千六百余垧。其地主、佃户、租价及坐落四址等项,以菜园及土地平沃者为上等,稍瘠者为中等，偏坡不平者为下等。就民间交互买卖，常价酌估，上等每垧约一千吊，中等每垧约六百吊，下等每垧约二三百吊。界内上中之地为多，平均每垧以九百吊计，全数亦在一百五十万吊以上。

丙、坟墓。界内坟墓四处星散，除义冢外，计有三百六十余冢。其坐落数目，附载地亩册内。义冢大墓无碍布设者，拟筑围墙禁止再瘗。零星散见者，分别有主、无主，酌令迁徙。除有主之冢立限谕令自迁外，其无主者，拨地派役迁葬，每冢平均以三十吊计，全数亦在万吊以上。

第二、建筑科应办事项

本科职掌皆系土木行政。埠地购买之时，即须预筹建筑，详为布置，不特于管理方面当求便利，即一切形式格局亦宜通盘筹划，俾臻完善。兹就经始之时，妥为筹议。约有二端，应先立定基础者，分述如下：

一、筑市街以定全埠规模。旧式市街多取平行、十字形，今之各国新式市街已改平行为斜线，复于交线之处，多辟广场，既便交通，复合光线，尤壮观瞻，法至善也。我国各埠胥属外人手创，实少完善市制，或以经费之故，不暇计及全局，支离破碎，节节为之，实属可惜。本埠襟江枕山，形势极占优胜。经营之始，自宜计及全局。拟以吉长铁道大站南侧之巴虎屯为全埠中心，圈定公园地址平方一里，四围建一整圆市街。由此四出，画成斜十字形，各达埠界四周之角。由角引出直线，成一整大方围。复由直路正中引出直行斜线，画成整小方围。大围以外，沿江筑人字形大路一段，整齐江岸，将来水陆码头均可建筑。其余各地相度地形，各筑平行横直道路。而以原有桃园作为北山公园，或就原称为桃园，三面皆山，风景殊胜。先迁剧场、妓馆以实之，或易歆动。市面至巴虎、大东两门，与商埠车站往来，皆有捷径可行，脉络联贯，规模亦复井然。纵计拟定路线，除胡同不计外，大小约有六十里。当此筹款为难，商业未兴，铁道未通之时，断无修筑全线之理。拟自大东门入埠之纵路，车站南侧全埠中心之圆路，巴尔虎门直达桃园之直路，及三路联络各小路，先事估计动筑，以立始基，逐渐推广。约计路线不过十六里有奇。谨拟市街布置略图，绘明虚线、实线，分别现筑、缓筑。此道路分画之大概也。全埠道路之干线，中间筑车道，拟宽九丈，两旁筑人道，拟宽二丈，预备将来电车轨道，以谋交通发达。其支线之车道宽五丈，人道宽一丈，其余各胡同均宽三丈，不留人道。干支各路于车道、人道之间，各筑阳沟二道，路下筑大阴沟一条，以泄全埠下之水，并以备自来水管敷设之余地。全埠道路均用沙石，不取木板。干路少于支路，支路又少于胡同。仅就现拟开筑者，计大东门之纵路，中央之圆路，巴尔虎门外一段之直路，均系干线之一部,筑宽九丈,约计八里。三路联络之横直路,均系支线一部,筑宽五丈,亦约八里。车道每方丈以十五元计。此就工作计算,因用料已另设法办理,下计总数亦同。阳沟两道与阴沟一道之价等,每直丈各约十五元。所拟车道十六里,约二万方丈,沟线约六千直丈,约共需款在二十五万两以上。此则市街修筑之大概也。

二、建市房以期商务发达。吉垣地小,已有人满之患。择其近城各处修筑市房,必能别开生面,渐图推广。且自省城开埠以来,因未定有租建章程,洋商之来者,皆就城乡居住。据本年秋季调查报告,俄、英、德、美各商尚属少数,日商则已多至六七百家。长此杂居,不特有碍约章,亦且难于稽考,甚非计也。拟先择冲要处所,于其沿路两旁,酌建市房一千余间。每间以五百吊计,全数在六十万吊以上。他如中央公园及桃园地方之北山公园,全埠四冲之菜市场、商埠总局等,亦应暂画地段,钉立标桩,预备建筑地步,以俟款项稍裕,再议逐渐兴工。

第三、警务科应办事项

本科应办事宜,似应在商场成立以后再行妥计,又似应由省城巡警总局兼筹,并计较省经费。惟我国势成积弱,主客不分,办商埠警察与办内地警察其对内对外之性质即异,方法亦即不同。若使事权不专,呼应不灵,亦其事之甚可虑也。且埠务与警务又为同时并生之事,若不先行预筹,急为教练,必至事迫而求才,才乏而事困,用特先就本科应办大要,当与总务建筑同时独立筹划者分述如下:

一、画警区以定管辖范围。商埠警察为直接保管外人,实行自国权力之外务行政机关,立法须研求详密,形式须布置完整,兵士须训练精熟,局势须呼应灵通,方能见完全警察之精神,保护治安之功效。滋拟于划界之始,先将全埠局区规定,择四中之地设商埠巡警总局,于其四方设四分局,各分局区域以内约二平方里设一分所,各分所区域以内约一平方里设六岗位,现时辟地尚少,居民亦稀,拟从缓设。惟将大局布定,作为拟议警章张本,从事预备教练两端。

一、设教练所以作实行预备。警兵直接行使警权,学识人格稍有缺点,则形式、精神二者均不具备。是以教练警兵,实自开商埠之命脉也。拟斟酌部章,设商埠巡警教练所一处,暂募合格市民百六十名,分班教练,授以外务警察重要诸学科,及柔软器械兵式各操法。而商埠巡警之实务精神,尤加注重。即以本科人员,组织入所,充当教职各员,不足则酌加遴选,务使实行开埠之时即有警兵管理,庶几根基稳固,临时不致周章。

纪欢喜岭稽查所

吉林省城地方居冲要，自创设商埠以来，节目尚疏，防维未密，交通繁赜，中外杂居，深惧奸宄之徒，伺隙扰乱，贻害商场大局，所关实非浅鲜，因与吉林巡抚筹商诘暴之法。省会之西有欢喜岭，为城内外往来之要区，遂就其地设稽查所。凡外国商民出境、入境，为籍以志之。其踪迹可疑者，偕赴其国之领事署辨其良莠，或不服讯察者，则报诸交涉司区处之。将以严防护而保治安也。既由交涉司拟定章程，复牒商日领事妥议承认。宣统元年正月，乃营屋宇，选干员，练警兵，按章举兴办。成立以来，商民便之。弭患未然，殆亦外交上杜渐防微之助欤。

附欢喜岭稽查规则

一、稽查员督同稽查，轮流巡视各路来省之外国商民人等，悉依后开方法办理。

二、凡遇外国商民人等经过所在地方，当由稽查和平问讯，索阅护照。如其国籍、姓名、年龄、职业等项，照内未及载明，即须逐一讯问清楚，并将携带行李点明件数，询明物品，随时登记，汇表成册。

三、凡遇无护照之外国人，即将姓名、国籍、年龄、职业及来往之事故，逐一询明记载，如无他项形迹可疑，即当放行，不得无故留难阻止。

四、如遇团体经过时，应就代表人讯问。

五、稽查时，若认其人有形迹可疑，经本人说明国籍，应由稽查偕赴该管领事处认明，确系该国正当商人，并无携带违禁物件者，索取认可凭证存查。其不说明国籍者，带交涉司署核办。倘不服盘诘，又不愿偕赴证明，无论说明国籍与否，均可将其行李等件强制检查，分别投报核办。

六、上项之强制检查，仍须按照文明规则，对待不宜稍有轻率。非至外国人横暴逞凶，不得轻用正当防卫。

七、本规则未尽事宜，得由稽查员随时请示办理。

八、本规则以章程施行之日实施之。

纪长春商埠附图

长春地处要冲，康涂四达，为吉林全省之门户。日俄铁轨东西夹峙，轮蹄辐辏，百货云集,实称商务繁盛之区。前吉林将军达桂,按中日东三省条约第一款,省城哈尔滨、满洲里等处,均应自行开放商埠,乃于光绪三十二年十二月实行开埠之约。规画地势,于长春府崇德门北至头道沟,再至二道沟聚宝门,西至十里堡,周围三十余里,画定界限,疏闻于朝,并咨外务部照会各国驻京公使,中外商民莫不称便。惜其计画未善,致启外人弊混之端。盖当时商埠公司收买民地,悬值过廉,业户多怀观望。日人因民之不愿,私增地价,隐相购买,民争趋之。迨商埠公司察知其状,下令禁止,而其势已成,索还不易。并以民智闭塞,但图小利于一时,岂计大患于他日。阳奉阴违,在所不免。而各国商贾以长春一埠,凡吉长铁路发轫之处,冲繁要地,几已尽为日有,亦复裹足不前。迭经商埠公司与驻长春日领事交涉,日人藉词铁路用地,以文其私购之非。卒之由公司画分经界,其头道沟东偏地段,归南满洲铁道会社发价承买,事就始绪。世昌以为设立商埠,本各国营业之区,实公共居留之域,主权所在,讵容他族居奇。前既失之东隅,自当速为桑榆之计。爰令代理西路道颜世清相机挽救设法筹维。勘定商场,豫筹巨款,务使地主之权操之自我,经理之任不假于人。庶几规模立而商务可冀日兴乎。

纪哈尔滨商埠

哈尔滨商埠为吉林六商埠之一,光绪三十二年冬,与长春诸埠同时开放,其地居四家子迤东圈儿河地方,东至阿什河,西至铁路界壕,南绕田家烧锅,北至松花江南岸,南北长二十余里,东西宽十里八里不等,是皆商业繁盛,毂击肩摩之所。惟与铁路地界联接,故事机之牵掣,因应之困难,亦较他埠为甚。初中,俄之合办东清铁路也,俄人于哈尔滨设总车站,四旁之地,任意圈占。光绪二十七年,前吉林将军长顺奏重设哈尔滨铁路交涉局,具言俄人原占地方宽八里,广四里约计三十二万里,嗣又挖壕拓地,周围竟广至五十余里。即今之所谓道内也。道内者铁道以内之地,吾以为道内彼以为租界。久之,习焉不察,即中国之绅商士民亦几乎视为俄之租界,不复知为中国商埠矣。世昌惧焉,故与俄人议设地方自治会一事,据理奋争不遗余力,犹幸为外务部与滨江关道施肇基协力坚持,始获定议。然后中国之疆土主权不虞旁落,各国共享之利益均得均沾,而商埠之开,庶不至名悖其实也。今之滨江厅地域,实统哈尔滨而有之。顾我之有完全政权者,仅道外二十里耳。然幸有此区区二十里之设治,以抵御外人,使彼之势力范围勿复蔓延而不可收拾。则夫恢张文明之治,规复固有之权,能不跂予望之哉。

附哈尔滨商埠租建专章二十二条

一、哈尔滨为通商要区，现在自开商埠，俾有约各国洋商并华商，于画定界内租地建房、营业、居留，使商务发达，共享利益，自应先设公司，以资开创，名曰哈尔滨商埠公司，系属官督商办。

二、埠内一切事权皆归中国自理，外人不得干预阻挠。如警察、卫生、医院、检疫、马路、水会、电灯、电话、邮政，一切公益事件，均由公司承办。

三、埠内华洋租户，如有应纳中国国家税课，均须一体照章完纳，凡有与作关乎公益之工程及保护公安之警察经费等类，无论华洋租户，均须听公司仿照各商埠工部局章程，分章抽捐，不得违背。

四、埠内地段，经公司测绘总图，区分段落及划出马路之外，即统作上中下三等房基出放。每宽、长十丈为一方，另划小界编列号头、等则。租户承领之后，每方每年上等地纳租吉洋一百二十元，中等九十元，下等六十元，分春、秋两季赴公司缴纳。拖欠租款，公司有封房之权，或将货物拍卖备抵。

五、承认租地除照章按季缴纳租款外，于承领之时，上等地每方先缴押租洋二百元，中等一百五十元、下等一百元。如四十年期内或有违背章程，因而撤地另租者，押租概不退还。

六、华人租地必先具领呈及妥实铺保，赴公司递挂号，并于呈内声明拟领何等地基，按照公司章程缴足押租，方准租给，由公司发给印照执业。洋人则须先由该国领事于呈内签字，方许租给，余照华人一律办理。

七、埠内租地，至多不得过四方。如创建公花园、大营业，必须地址宽敞方能合用者，须先呈请公司酌量办理。将来倘欲增设之跑马厂，只可供华洋人跑马及游戏运动之用，不得改作别项营业用地。

八、埠内租地，通例均有年限，今拟定以四十年为限。限满之后应听公司审度情形。如果彼此和平相安，酌加租价再议续租。否则公司有权将地收回，产业公估买留。如期满不换契，则将该号之租契注销，产业充公。

九、埠内地段既经开放，各租户统限于二年内建造房屋，如限满未造，需向公司呈明原因，酌量展缓。但缓不得逾一年。如统逾三年期限，公司即将该地撤回另放，以示限制，押租不能退还。

十、华洋租户或以空地及房屋自己不愿营业，转租与人，必须同向公司呈明挂号，换给新照。若不呈明公司，私相授受，公司即将该地撤回，房屋充公。

十一、华洋租户建造房屋，需先向公司呈验所绘房图，经公司认可，方准兴工。

十二、埠内房见房以十丈为度。灯见灯以七丈为度，无论华洋租户，概不准少有侵越。

十三、埠内不准修盖草房、板棚，以防火患。

十四、埠内不准运入火药、炸药等类，以防危险。如有违犯，各照本国律例惩办。

十五、埠内各国商民如与华人因钱债细故及倒闭亏损事件，当先呈明公司，秉公办理或由公司谕商会调处。若事关重要，应照会该国领事，会同按约商办。

十六、埠内由公司择公共相当之地，划出市亭一二处，每一丈八尺见方，编列号头，以备售卖食物及鱼肉蔬果之类。均可到公司指租，不准随处排设挑卖，以免污秽。

十七、公司拟于埠界外另择荒地一二段，以作华洋义地，俾埠内华洋商人便于寄葬。

十八、埠内如有应凿之井、应挖之沟及取土修造，均由公司相度地势核办，不准华洋租户任便凿挖取土，致有妨碍。

十九、华洋租户欲在埠内创设各项商业，须先赴本公司挂号，呈验资本。俟调查明确，再行给予准凭，方许开办。

二十、埠内无论华洋人，如遵照本公司所定出版规则，报明认为合例者，皆有开设新闻报社及类于此项营业之权。但所作之新闻图说，印成能普遍人目者之类，须于发布前十四日将稿件呈报公司，得其许可始准印行，否则停止营业。

二十一、华洋人货物在埠内行销，如无中国注册商标及专利文凭者，不得禁人仿效，辄起争端。

二十二、以上所拟各条，系属草创，先行试办。如有未尽事宜，随时增改，其警察章程，最为繁密，应俟与出版规则另行续订。

附哈尔滨商埠公司招股简明章程

一、哈尔滨系自开埠，官督商办。此埠设在四家子迤东圈儿河地方，东至阿什河，西至铁路界壕，南绕田家烧锅，北至松花江南岸，南北长二十余里，东西宽十里、八里不等。拟将民地按垧给价收回，区分段落，按方出放街基。每宽、长十丈为一方，按年收租，获利甚厚。本公司创始，拟先招绅商士民股本三十万元、每十元为一股，共计三万股，以为购地开埠之需。定章专收华股，愿以地入股者亦可。

二、本公司宗旨，系专为本国商民均沾利益，不论入股多寡，一律优待。如有外国人假托华人姓名入股，及华人将股私自转售与外国人，一经查出，股本充公，股票作废。

三、招股以五个月为限。自本年正月十五日起至六月十五日招足三万股，即行停止。

四、招股以收款之日起，均按周年八厘给息，遇闰不加。

五、招股之日，俟认股之人将股本交清，先发关防实收为据。俟六月十五日招股限满，一律换给股票息折，凭折支取利息，永远信守。

六、股票遗失，应赴本公司将股票号数并认股人姓名、经手人姓名，详细报明，取具保结，准其另行换给，即将所失股票作废。

七、如愿代本公司招股者，有妥实铺号保荐，准作本公司赞助员，加札委用，并发给空白实收，以备随招随添。如能招至二千股以上，准入本公司办事。

八、公司股票即与产业无异，遇有转卖，必须新旧两股东约齐来公司注册更名，方准换给股票息折。如不报明私相授受者，一经查出，即将股本充公。

九、凡股商认股至五百股以上者，有直接权。招股至一千股以上者，为一千股之代表人，亦有直接权。均可到公司议事。认股至二百股以上者，有间接权。招股至五百股以上者，为五百股之代表人，亦有间接权。均可赴公司调查账目，其余散股，概无此权。

十、本公司股份盈亏，先定二年一总结，后定一年一总结。如有盈余，除付官息及一切开支外，按十成分派，四成归国家，二成为公积，四成为红利，按股均沾。每届总结之期，登报广告，俾众遇知。倘有亏折，只就现有股本均匀填抵，不再令股商摊赔。

十一、商埠初开，所有立公司、筑马路、建市亭、设路灯等事，需款甚巨，若待商股招齐，然后办事，实属缓不济急。拟先向永衡官帖局[1]息借官款四十万吊，以资开办。

十二、本公司租建权利，另有章程。

---

〔1〕 永衡官帖局，即吉林永衡官帖局。光绪二十四年(1898 年)设立，印发钱帖，以补现币之不足。

纪齐齐哈尔商埠

齐齐哈尔于中日会议东三省附约第一款载明，由中国自行开埠。光绪三十二年十二月，与长春、吉林省城、哈尔滨、满洲里四处商埠同时宣布，并声明，洋商租地俟中国定有专章，方可租用。三十三年，前黑龙江巡抚程德全勘择省城西南隅相距五里许之船套子湾腰冈一带，襟带嫩江，方隅平衍，春冬车马，夏秋舟楫，实为水陆交通孔道，于是鸠工兴作。由西南江口斜开引河一道，依近西城，纡回贯注。河上加长桥三座，用便行者。又填塞旧河沟三处，于江沿修筑长堤一道，小堤二道，以御泛滥。另开水沟一道，以泄水势。复设商埠专局，定区域，划街衢，建商房，修道路，组织逾岁，粗具规模。世昌巡视到江，相度形势，以商埠与省城联络一气，足称天然之互市场。由城而南，新设市廛，近与新埠衔接。惟江省僻处边陲，经费支绌，物料人工，异常胜贵。所拟租建专章十四条，虽经函请外务部核定，各国商人仍鲜来者。仅日俄两国各设领事一员，俄商有铁路商务公司一所，照相馆一家，日商则业医、货药、妓馆、酒家及小贩洋货者数十处而已。充实内力，招徕外商，使齐齐哈尔各埠焕然改观，是则有望于后之来者耳。

纪瑷珲商埠

瑷珲之东北岸，即俄国阿穆尔省城，与距瑷珲七十里之黑河屯隔江相对。瑷珲向称江省富庶之区，光绪二十六年，边衅之起，瑷城被毁，惟魁星一楼岿然独存。三十二年，将军程德全索还瑷珲，俄人如约退兵，遂有要索北营之请。北营者，瑷珲城北俄人驻兵之营垒也。至是俄人力索该处，留作俄商停输之所。程将军覆以瑷珲虽已开作商埠，各国均不得争先占据优胜，俄商地段自无须预为指拨，应俟该埠开办时，再行酌量办理。其后廓米萨尔复变其方针，不索北营而索魁星楼迤北沿江一带之地。夫北营尚系空旷处所，魁星楼迤北则瑷珲所勘城基，以备修浚城池建造衙署者，万不能指给外人。且瑷珲商埠，既系自开，将来界址亦须由中国自定相当地段，决无任一国自指之理，坚拒未许。乃廓米萨尔复嗾其驻京公使请于外务部，谓若中国于瑷珲商埠一事能设法赞成，则俄国对待阿穆尔省贸易之华氏亦必竭力保护，以期彼此互换利益。然魁星楼迤北之地，固不能割以畀俄，其侨寓北俄之华商，但有损失并无利益，平日服俄官命令及征敛无论已。尤可异者，华人所建房舍，二十年后即行归官。若俄国能于黑河，亦许华人择一相当地方为聚族而居之计，而俄人之来瑷珲者，其服从华官命令，完纳赋税，及地方公费，并屋舍二十年后归官，种种办法一如侨居俄国之华民，则两国事同一律，毫无轩轾，方可谓之互换利益，复以此意咨复外务部，屡向俄员磋议，俄员于互换利益一事，辄以未奉彼国训示为词，第云魁星楼既系城基，不便开埠，可改为自第一百十一号灯照起至养病房止，皆系民间有主之地，不便侵占。且中国既自开商埠，将来必自筑公共码头，俄轮亦不患无处停泊。俄员乃改拟自距一百十一号灯照迤北，俄丈约二百丈，合华里一里十分之八地方起，至八道沟止，较前所索之地段退让约二华里。然瑷珲仅有五道沟，从前所指自第一百十一号灯照起至养病房止，均在头道沟以南。此次所指之八道沟，显有舛误。且俄人据我江东六十四屯尚未交还，乃复于江右要索地段。况互换利益之说，本自彼发端，而廓米萨尔诿为不知，非先解决以上两项问题，不能议及俄商侨居之地。爰嘱署副都统姚福升向俄力索江东旗屯，并索我太子门以上地方，为我商埠停轮码头。俟有成议，然后详查八道沟地势，勘酌办理。廓米萨尔于江东旗屯则谓非其权力所及，于索太子门则谓边界权利由我主持，即使长官训条，若与边界无益，亦难照办，而以俄之小北屯及沿江上下现在多有华人谋生贸易者，即可抵作互换利益之据。争驳逾年，始终坚持。俄员自知无效，悬置不议。惟是瑷珲与俄仅隔一江，久为俄所属目。现虽暂置不议，其念固未尝须臾忘也。且开埠业经宣布，岂能久拒外人之不来。惟有将租建专章，早日规定，则主权在我，庶可杜强邻之窥伺乎。

航路交涉篇

东省江河，其源远流长横贯全境者，以黑龙、松花两江为最巨。中国旧界，正东、东北、东南皆至海，如正东之伯力，东北黑龙江口之庙尔，东南之海参崴，咸隶中国版图。咸丰十年，北京续约始定为由什勒喀、额尔古讷两河会处，即顺黑龙江下流至该江乌苏里河会处，其北边地属俄，其南边地至乌苏里河口属中国。于是黑龙江至海所有之地，为两国共管之区，已成国际江流，不能任意设备。若松花江，则固在境内，握有主权，非外人所能侵越也。然而庚子以还，俄人乘我不备，藉口铁路运输，阑入松花江下游，自哈尔滨至临江州境创开航路，设立轮灯，置小汽船数艘，揽载客货上下往来。复设水利会，征收捐税，攘夺江权。其省城至老少沟一段，亦复轮舶往还，肆行无阻，惟未建灯船、筑码头而已。光绪三十三年改设行省以来，亟谋规复之方，于吉林省城创办官轮局，购置小轮，更迭载运，以扼松花江上游航路之权，力阻俄人在省城沿岸经营码头之策。又选派干员测勘各江流域，于松花下游牡丹、黑龙诸江亟兴航政。并商吉、黑两抚通力合作，设两江邮船局于哈尔滨，以道员王崇文总其事。部署经年，始克成立。先是，三十二年，江省商轮驶行黑龙江，于是俄人有会议黑龙江行船章程之请，因遣道员于驷兴在哈尔滨与俄总领事刘巴就近提议。刘巴多方延宕，始则面称闻俄使已定宗旨，有在北京径与政府谈判之意，应候训条。继则自称于兹事素未讲求，非由俄国派有谙熟船政之员，碍难独议。以黑龙江流贯两国国境，既议公共行轮办法，不能不并议全江上下游也，则谓议及地段非领事权限所及以诿卸之。以俄之邮传部、度支部所派会议员久不来江，而于道等屡次催促也，则请华官前赴伯力会议以要挟之。辩论经年，迄未就范。是以顺黑龙江而下以至于乌苏里河口，中国轮船虽有照约行驶之权，然于行轮章程之问题，至今犹未能决也。按公法，海峡两岸均属一国，则行船之事专归一国管理，两岸分属两国，则两国共同管理。松花江为中国内地之区域，而俄轮乃容与中流，黑龙江为两国共享之航权，而俄人欲独据其利。将为挽回之计，先在组织之宜，故必集吉、江两省之力创设邮船，自行运输，庶可收抵制之功。至于船舶不敷，思所以增之，沙礁多阻，思所以浚之。码头为行轮根据之所，应于何处兴修，渔业与航业相辅而行，所当速为劝办。此皆行轮章程议定后不可置为缓图者，后之君子，相其宜而式廓之，则东夏航路万世之利也。

纪松花江行轮

松花江流域之有俄轮者,一为哈尔滨临江州一带,计其水程共长一千二百九十五里。庚子以后,即自黑龙江溯流而上,其始不过装运铁路材料,嗣因地方有司未加诘责,遂至输载客货。沿岸停泊,复设水利会,征收轮舶通过税。(其事已别详水利会纪中)一为老少沟航路,未改行省之先,即由东清铁路公司擅行展辟。历任官吏亦未一加诘问,听其来往。世昌揆度情形,若骤予禁阻,彼必藉词旧例,谓相沿已久。我早已默认于前,不若实力经营,别图布置,为暗相抵制之计,爰令吉林劝业道购置浅水小轮数艘,与俄船同一航线,于光绪三十四年夏间开始航行。是年九月初,即在省城俄轮停泊之处,由官轮局修筑码头一所,乘客大便。讵俄轮至省时,既未商借,复无俄领照会,径就官轮码头停泊。九月初十日,交涉司牒驻吉俄领严词诘责,嗣是遂移泊他处。未几江冻,俄轮亦驶回老少沟,不再开行。俄国商务公司董事乃请于交涉司商借码头,未允。复再三力请,愿纳租资。嗣以官轮局索价远昂,今岁开江以后,俄轮初次来省,不敢再泊旧所,特在左右觅租民房。其意实欲得一江岸为建筑码头之地,议未成。交涉司闻之,索阅租房合同,以所定各款均注重停轮,不允画诺,令其撤换,至今尚相持未下。然明租民房,暗谋码头,已为交涉司揭明,不能允认。若我更设法扩充,力图整顿,务使行旅乐趋,舍彼就此,其势将不禁而自绝矣。

纪哈尔滨水利会

哈尔滨水利会,自俄轮侵入松花江,即由东清铁路公司擅自设立。藉口保护,实已隐握江权。光绪三十四年四月,世昌乃令滨江关道杜学瀛速与公司总办霍尔洼特会商,所有保护航路各事,均应归我自办。凡公司前设江心标筒,由我接收。轮船向俄租用,并许仍雇会首威勃尔经理。议如就绪,即声明已设之水利会,俟中国开办时即应撤去。旋得霍总办照复,谓此事须请俄京铁路总局核议,兹当行轮之时,是会未便骤停。商请仍准暂设,以本年为限。世昌默揣情势,似难固拒,始许缓至本年年内撤销,饬由杜道会同霍总办商订暂行水利会章程五条。是年九月,署关道施肇基迭与公司筹议收回该会,彼始以款未清结为言,继称修理航路尚未竣工,藉词延宕。复经施道函催霍总办,并嘱滨关税务司葛诺发查探襄助,该会始允将所收船捐除酌留付款外,余于十月初四日交给收储,作为下届航路用款。届期霍总办以款交何处为问,告以款交税司,并声明十月初四日即为中国接收自办之期。至二十八日,葛诺发文称,已由水利会会首威勃尔将本年所存余款三千卢布移交税司接收。自后,哈尔滨航路事宜始归中国税关经理矣。

附水利会暂行章程五条

一、松花江航路必须整理保全,使行船毫无险阻,故铁路公司允将所有前设一切记识料件,留作整理航路之用。

二、本年船只通行时,整理航路时所需公费,应由松花江轮船及拖船各业主承缴。现在暂设水利公会,该会有关道代表、公司代表、船业代表、华俄商会代表各员,责成经理航业及收费等事。

三、应交公费价则,经水利会拟定,呈请滨江关道核准后,即由关道与铁路公司总办酌议章程,彼此出示晓谕周知。

四、水利会委员于收取公费及察看航路尽其责任时,华俄官员及巡警均须设法竭力帮助。

五、以上商允各节及所设水利公会,均系暂行试办,以本年航路停止时为限。

纪黑龙江行轮

黑龙江流域,上自额尔古讷河口,下至乌苏里河口,为中俄两国公共之江,即两国公共航行之路。先是我国民族安于旧习,昧于改良,其航业仅有航船、拨船及艒艒之类,荡桨摇橹,营生江面。俄则轮舟鳞集,灯塔牌照,络绎江干,昼夜流行,利权独揽。华人商货,一切载运,反至仰人鼻息。前署将军程德全莅江之初,规画抵制之策,拨款购公济、先登小轮二艘,惟轮身薄弱,只可游弋呼兰河内。嗣巴彦州商界续买齐齐哈尔船一艘,机器轮身较为坚实。光绪三十三年,由松花江溯江而上,驶行黑龙江至大河沟而返,是为华轮第一次航行黑龙江之始。俄人相率侧目,恐中国夺其航路权也,乃用狡展之伎俩,谓中国行轮不谙黑龙江驾驶规条,甚虞失事。两国会议章程未经议决以前,华轮先由俄领事发给船牌,或由华官发给执照,交俄官签字方免误会。当折以黑龙江既属两国公共航路,则两国船只自应一律对待。俄人往来江面,曾无华官给牌或俄官给照交华官签字之事,则华船之不得由俄官给牌，或华官给照由俄官签字，其理甚明，俄使语塞。查咸丰八年瑷珲条约第一条内载，顺黑龙江右岸流至乌苏里河作为大清国所属之地，由乌苏里河往彼至海所有之地，如同两国交界明定之间地方，作为两国共管之地，黑龙江、松花江、乌苏里河此后只准中国、俄国行船等语，是黑龙江口外之海权，应中俄两国共之。虽口岸专属俄国，不能禁华船之往来。譬如两家共居一楼，在平地者不能阻楼上人之出入也。是以力主统筹全江上下游，屡饬交涉局道员于驷兴分两项提议：上自额尔古讷河口西北两国分界处起，下至乌苏里河口两国分界处止，并额尔古讷河全河、乌苏里河全河在内，此一段系两国公共之江，应作一项办法。其自额尔古讷河口西北两国分界处以上，至于凡能行船处所，又自乌苏里河口两国分界处以至出海，此二段为俄国管领之江，应作一项议法。哈尔滨俄领事刘巴梗之，谓非彼权力所能及，并自认于船政素非所习，现已由俄政府添派会议员，拟将此案提至玻璃会议，至今尚未议决云。

界务交涉篇

黑龙江去京师东北三千三百三十七里，三面邻俄。旧约西以额尔古讷河为界，河南属中国，河北属俄，东北两面以昂邦格尔毕齐河为界，沿河上流循大兴安岭以至于海，凡岭南一带流入黑龙江之溪河尽属中国，岭北一带之溪河尽属俄罗斯。咸丰八年，瑷珲订约，始改为黑龙江左岸由额尔古讷河至松花江海口，作为俄罗斯国属地，右岸顺江流至乌苏里河为中国属地，其精奇里河以南至霍尔莫勒屯原住之中国人，准其永远在该处居住，仍归华官辖治，俄人不得侵犯。约既定，咸丰十年北京续约因之，此疆彼界，未尝有所侵越也。自呼伦贝尔有俄人越垦一事，瑷珲有俄人据江东六十四屯，界务交涉逐[遂]胚胎于此。旧制两国交界处所，分驻戍卒，树立界碑。虽俄国边氓间有越界打牲刈草者，皆随时驱之出境，不能一日居留也。庚子乱后，边卡久虚，沿额尔古讷河北岸俄人遂有越界开垦之举。五六年间，成熟地二万垧，移户口数千家。光绪三十一年，前将军程德全乃下驱逐之令，俄国越垦之流民大半相继出境，然迁延弗去者尚余十数家。三十四年，护理呼伦贝尔副都统宋小濂，始将此项俄人勒令迁出，而额尔古讷河南岸始无越畔之农。于是规复旧日之卡伦，略参以屯田之法，设边垦局于呼伦贝尔城，分置垦兵于沿边各要隘。以垦为戍，寓兵于农。额尔古讷河之右岸有山曰阿巴该依图，雍正五年，中俄分界处也。至是拟设卡伦俄外部官阻之。适俄之驻京公使亦请于外务部，谓沿额尔古讷河左岸岛屿多被中国侵占，请查明退还。时则秋潦涨发，一片汪洋，额尔古讷河之正路支流，一时固未能履勘也。宋护副都统乃商之俄外部官，以沿河岛屿类此者不仅一二处，应俟来年水退，彼此会同亲临其地，一一碻勘，方足永杜争端。此呼伦贝尔界务交涉之大较也。江东六十四屯者，本我疆土，即瑷珲条约中所指留为中国人永远居住之地也。庚子之役为俄所据，曩之服先畴而食旧德者，皆相率渡江而西。迨瑷珲既经索还，全境商民先后归业，惟江东旗屯之地，俄人仍久假不归，以至瑷城流寓之民，至今尚寄居弗去。虽世昌等力争于外，外务部主持于内，既引咸丰八年原约以诘责之，复引光绪二十八年交收东三省条约第一款内所载，俄国声明允将东三省各地方，一如俄军未经占据以前，仍归中国版图之语，以质证之。阅时七八年，移牒数十次，俄人藉词狡展，固毕尔那托尔则诿之于阿穆尔省总督，阿穆尔省总都督则诿之俄京政府。此瑷珲界务交涉之情形也。方今寰球各邦，争以殖民为先务，凡海中之一岛一屿，无不探索搜求，江省自瑷珲以至呼伦贝尔，鱼盐之利，林业矿产之饶，所在多有。乃人烟寥落，大利未兴，天府之雄，视同瓯脱，亦奚怪强邻之狡焉思逞哉。然沿边数千里，非五里一堠、十里一亭所能防也，卡伦虽边陲守望之旧章，而痼习难除，久则渐趋于玩懈。边垦仅兵农合一之基础，而卒伍有限，势难遍布于冲区。欲保界防，宜归久远，舍迁民实边而外，别无久安长治之方。世昌始莅东时，先筹及此。只以兹事体大，非东三省财力所能逮，而彼于黑龙江左岸布置经营，阿穆尔铁路添筑复线，自西伯利亚移民东来者，岁以十数万计。若不合中国全力急起直追，则人实我虚，人进我退，荒芜辽阔，碑界潜移，边事安有可为哉。是在秉国钧者，加之意焉已。

纪阿巴该依图山、额尔古讷河界务

呼伦贝尔属地，广漠无垠，迤西与俄之萨拜喀勒省接壤。两国交界之处，陆路以阿巴该依图山为界，水路以额尔古讷河为界。光绪三十四年，俄人有在孟克西里卡左近草甸芟割秧草者，经护副都统宋小濂派员勘得该草甸，南北约十里，东西约五六十里，北临额尔古讷河南岸，由额尔古讷河分出支流，宽四尺，深三尺许，向东北行五六十里复归入额尔古讷正河，草甸即居其间，确系中国界内。乃移牒俄官，向其禁阻。俄官狡执额尔古讷河南出之支流为正流，指为两国交界之处，谓草甸系在俄国界中。而于我拟设卡伦之阿巴该依图山，反谓侵占彼界。旋又据驻京俄使照会外务部，妄称沿额尔古讷河左岸对俄境作尔果里屯，原有洲渚，距俄岸隔一小旁流，嗣因额尔古讷河流改道，该处偏近中国右岸。现在中国卡官派兵砍伐树木，以为此渚应属中国。按照约章，此渚坐落让与俄国额尔古讷河之左岸，已入作尔果里屯志图，只因河流变迁，请由海拉尔地方官会同俄外部官查勘办结。维时值秋际盛涨，不惟河流莫辨，抑且车马难通，经宋副都统商之驻伦俄外部官，俟今年水落冰消，再行彼此派员会同履勘，以清界限。并声明未经勘定以前，各该洲渚以内所产之秧草柳条，两国军民均不得擅行砍伐，此外沿额尔古讷河一带类此洲渚，亦应一并查明，以期永清轇轕。此案关系国界，查考图籍，额尔古讷河之右岸正对海拉河口之中间，在阿巴该依图岭之凸出处设立第六十三鄂博。今则鄂博虽废，而山河形势未尝变易。至于额尔古讷一河正流、支流，尤不难一望而辨。彼所谓河流改道者，特狡饰之词耳。国界所在，讵能听其混指耶。

纪江东六十四屯

江东六十四屯在瑷珲对岸,自精奇里河以南至霍尔莫勒屯一带。按照咸丰八年条约仍为中国领土,许华人世居其间。庚子之乱,居民避难逃散一空,所遗财产悉为俄有,彼复移非斯拉夫民族之崔干实之。光绪三十二年,俄人既还我瑷珲,江西难民相继归业,黑龙江将军程德全乃向俄官进索六十四屯,俄官坚称江东本系俄国版图,该处留居之华人既已逃回中国,是自弃其所居之地,即不能享有占地之权。辩论经年,迄无端绪。世昌东来后,复会同江抚行文驻齐齐哈尔俄领事暨阿穆尔省固毕尔拉托尔,令其照约退还,历引咸丰八年中俄所订瑷珲条约第一款所载,黑龙江右岸由额尔古讷河至松花江海口作为俄罗斯国属地,惟由精奇里河以南至霍尔莫勒津屯原住之满洲人等,照旧准其各在所住屯中永远居住,仍归满洲大臣官员管理,俄罗斯国人等不得侵犯。又咸丰十一年条约所载,东界定为由什勒尔古讷两河会处,即顺黑龙江下流至乌苏里河会处,其北边地属俄罗斯国,其南边至乌苏里河口所有地方属中国。以上专指空旷之地而言,遇有中国人居住之处及中国人所占渔猎之地,俄国均不得侵占。又云从立界碑之后,所有东边界内原住之中国人民,其向来谋生出入行走之路,俄国人不得拦阻。且光绪九年,华官会同俄东悉毕尔总督所派之分界官马霍弗、丈量官陆金曾分界一次,十五年,复经道员李金镛会同俄员分界一次,有界沟可认,有图册可凭,以为江东六十四屯为中国领土种种之确据。复引光绪二十八年中俄所订交收东三省条约第一款所载,东三省地方一如俄军未经占据以前,仍归中国版图及中国官治理之文,以为应行交还之明证。乃俄官支离推诿,始则仍执该处为俄国属地之说。继则婉称该处自华人逃散后,俄国贫民移居已久,势难再迁。逮理屈词穷,则谓此事重大,须候政府训条,疆臣不能专主。世昌仍力争不已,并直接与驻京俄使璞科第交涉,未几璞卒。继其后者置不提议,故至今尚未解决。虽然公理尚存,成约俱在,俄人虽悍,岂能冒天下之大不韪而久假不归哉。

阿巴哈依图鄂博

阿巴哈依图，居额尔古讷河西岸，为库伦以东第六十三国界鄂博所在地。自此东北有天然之额尔古讷河流为国界，自此迤西则皆陆地。虽居库伦东路鄂博之终，而实江省西境中俄陆路国界之起点也。

原案：施氏中俄国际约注所译雍正五年鄂博单云，额尔古讷河之右岸，正对海拉尔河口之中间，在阿巴哈依图岭之凸出处设立第六十三鄂博。后附俄国所设卡伦单云，第六十二鄂博、下有专条第六十三鄂博，此卡伦官员，即于多勒讷密、句廓奴尔句等种人内选充，令其在额尔古讷河旁贴近鄂博并对海拉尔河之中间，在阿巴哈依图岭之凸出处居住，归舒连格布哥罗克得尔阿毕随时稽察。此项卡伦官员，由额尔古讷河下游之左面直至渡口处，给以稽察之权。渡口正与哈乌拉图岭相对，此岭设有俄国卡伦官，系尼布楚差员兼充。

译名：阿巴哈依图，应照洪氏界图改作阿巴海图。蒙语阿巴海，命妇也。图，有也。从前该处必有蒙女嫁而为命妇，故有是称。鄂刻舆图作阿巴噶图。洪氏界图、江省舆图，均作阿巴海图。钱氏界约于阿巴海图一条下旁注阿巴噶图四字，译者亦往往作阿普该图或作阿巴该图。

现查：阿巴海图设立鄂博者共有两山，东西对峙。东山偏南，角度五度，西山有鄂博二，东山有鄂博一，而东山鄂博顶上竖立十字架一具，又贴近鄂博有木亭一座，内亦竖立十字架一具。自西山之鄂博至东山竖十字架鄂博，中距华里二里有半。系乌里下仿此据该处新巴尔虎人称，新巴尔虎即蒙人之一种，为该处土著。西山鄂博系属中国鄂博，东山鄂博则为俄国鄂博。并据俄屯阿达满称，俄屯即该国原设之卡，现在已成大屯，居民数百家，牲畜极富，阿达满即屯长，亦即卡官也。中国卡官前次曾与议界，所指即呼伦贝尔副都统新设之卡官伊请由十字架山脚分界。中国卡官谓十字架山，亦系中国之山各等语，因思国界之辨，应以原案所云，正对海拉尔河口之中间，在阿巴哈依图岭之凸出处两语为依据。当即先勘水道。查海拉尔河自南来，至阿巴海图西山鄂博东南，偏东角度二十一度相距华里十一里处分为二枝：一枝东北行、一枝北趋阿巴海图山脚，亦沿山作东北行数十里外复汇为一。分枝以后，皆名曰额尔古讷河，而日名遂蠲，故于分枝之岔口名曰海拉尔河口也。然河口作东北向，东西山两鄂博均与该口中间不甚相值，盖河流无积久不变之趋向。计自雍正五年以来，业已一百八十余年矣，水道变迁，势难泥定。惟西山自河面起，仅高十一丈，东山自河面起，高十四丈五尺，计东山高于西山者三丈五尺。原案既称在阿巴哈依图岭凸出处，则国界鄂博之在东山当无疑义。至距海拉尔河口西南华里三里，距阿巴海图西山鄂博东南偏东角度十九度华里十四里，海拉尔河亦分一枝，始向西北流，旋汇达兰鄂罗木河达兰鄂罗木河，系海拉尔河改名额尔古讷河后其北趋之一枝。于将抵阿巴海图山脚处，所溢出十分之二三向西南流名曰达兰鄂罗木河，经札兰诺尔以入呼伦池。而额尔古讷河之正流，仍全趋东北行千数百里汇入黑龙江。折向西南流，当分枝之际，其河口中间颇与阿巴海图西山鄂博相对。然分枝之河，系因今秋水势奇涨，故直汇入达兰鄂罗木河，且与正流无异，其实系一干河汊，常年往往断流，不得以海拉尔河口名之也。惟查测之时，该处既有此河，不得不绘之入图。应俟水落以后，另行勘绘更正。下游渡口相对之岭，俄语曰乌拉图，亦或名乌鲁特。询以哈乌拉图岭，人无知者。盖此项山名，从前皆系蒙语，以俄人呼蒙语，久之或不尽符。此岭俄屯即俄国卡伦处所名曰阿拉拱，且有称该屯为上阿拉拱，称阿巴海图俄屯为下阿拉拱者，以额尔古讷河俄人名曰阿拉拱，兹因河名以为屯名也。并询据俄人，称此岭所设卡伦官，从前有由尼布楚派者，亦有由阿巴海图派者。现在设有专员，不复由尼布楚等处派员兼充矣。

测量：阿巴海图西山鄂博，经度偏东四十五分，纬度北四十九度二十二分，正东微南距有十字架鄂博之东山二里半东山偏南角度五度，东南距海拉尔河口十一里河口偏东角度二十一度，东北距阿巴海图俄屯六里，距额尔古讷河下游两河汇处即出海拉尔河口处后，分为两枝之河，至此复汇四十五里，距俄设之渡口即与乌拉图岭相对处所五十五里，距俄国乌拉图岭五十五里，西北距额尔底里托罗海三十五里，西南距中国卡伦即呼伦贝尔现设之卡十里，距札兰诺尔俄人新开煤洞三十里，距东清铁路札兰尔诺尔车站三十五里。西山凡测山均由水面至山顶下仿此高十一丈，东山有十字架鄂博之山高十四丈五尺。

额尔底里托罗海鄂博为库伦以东第六十二国界鄂博

原案：施氏中俄国约注所译雍正五年鄂博单云，旧有鄂博之额尔底里托罗海向北附近之最高处设第六十二鄂博。

译名：蒙语托罗海，山顶也。额尔底里，宝贝也。谓系宝贝山也。洪氏界图与原案同。鄂刻舆图作额尔德尼托罗海克。钱氏界约、江省舆图于此译名两存之。

现查：额尔底里托罗海，系属东西横岭，长华里五里许，而东南最高，为本山之极顶，蒙语所谓托罗海是也。上有鄂博二，巴尔虎人均称此即国界鄂博。然原案谓旧有鄂博之额尔底里托罗海，向北附近之最高处，设第六十二鄂博，则山顶鄂博当是雍正五年以前旧有之鄂博，非是年改设之鄂博。至山顶鄂博西北相距六十余丈，另有鄂博一，但在正西稍稍偏北，与原案专言向北二字不合，且该鄂博既低于山顶之鄂博，所坐地势又非凸起，与原案所称附近之最高处六字亦不合。此鄂博之西南相距百余丈又有鄂博一，再向西山坡又有小鄂博二，皆与国界迥不相涉，故已无甚关系，均置不议。惟额尔底里托罗海此端指东南最高山顶，有鄂博处所而言，下仿此向北正北微东拖一漫岗，相距里许起一小岭，虽岭上不见鄂博基址，而遍山碎石似系曾经设有鄂博者。兹巡行边徼，历查各处国界鄂博，皆设在最高之山，然均于雍正五年或移于山前草地，或改在附近小岭，盖一立国界，中外共之，其鄂博不能不挨附大山者，期彼此之易于辨认，其移于附近草地或小岭者，仍留大山为中国之山也。当时用意，至有斟酌。兹不曰向北附近最高处，而曰附近之最高处，非高于额尔底里托罗海。所谓最高，盖就附近之地言之耳。体察形势，除小岭外，无可以符原案者。此处鄂博，应俟会勘之时辨明重设。再自额尔底里托罗海起，循北麓山沟向西北行，隐隐有旧界壕一道，直至索克图鄂博山下。先是，以国界既以鄂博为定，两鄂博中间自宜画一直线，然沿界之山，不免有剖分之处，兹得循行界壕，知国界原系随山麓为湾环，非直线也。所惜只北一段得人指引，依稀可辨，且华人已无知者，此次系得之于俄国布里雅特。布里雅特系蒙古种族，从前分界时划入俄籍者，古语俗尚均与蒙人无异，衣冠亦大略相似。计自额尔底里托罗海向西北行华里九里许，有东北西南道路一条，穿壕而过，道路附近界壕最显，约宽四尺深一尺。系俄人自此赴满洲里车站之道。道东壕北有鄂博一，据布里雅特称，凡中国蒙古出边，俄国布里雅特进边，均于此顶礼。蒙地道旁山顶往往堆有鄂博，为祀灵祈福之所。虽与边线案据无关，而实足为界壕之一纪念。该鄂博之正南相距华里四里，为额尔底里温都尔山蒙语温都尔高也。再额尔底里托罗海向南，亦拖一小岭，上有鄂博一。越小岭，南有孤山突起，名曰哈噶高及格尔，上亦有鄂博一，此皆中国之山。再南则大道之东有连山突起，名曰塔拉郭尔奔高及格尔，此为俄国之山。山下有小水泡一，其最南山顶亦有鄂博一。每年三月、十月，该处有喇嘛会，在该鄂博祭山，俄人及布里雅特市马于此，中国蒙人亦有去者。以上鄂博，皆与边线案据无关。然中俄之界，实由两山之麓而分，即自额尔底里托罗海南赴阿巴海图，自额尔底里托罗海赴阿巴海图国界，先系正南线，至塔拉郭尔奔高及格尔西麓，稍偏东南线，亦循此两山之麓行走。据布里雅特云，从前两山之麓，本有界壕。该界壕系穿水泡而过云云。

该布里雅特在此牧畜数十年,故能言之历历,今已淹没,无复踪影可寻矣。

测量:额尔底里托罗海鄂博,经度偏东四十分,纬度北四十九度三十一分,南距华界之哈噶高及格尔山上有鄂博,该山东麓平地即国界四里,东南距俄界之塔拉郭尔奔高及格尔山最南之山顶有鄂博,为喇嘛会祭山之所,该一带山西麓平地即国界。十一里,距阿巴海图西山鄂博三十五里,东北距俄界之锡尔鄂拉之最高峰此为俄界附近之有名山二十五里,西北距索克图山十七里,距赴索克图中间紧贴界壕之鄂博九里,距额尔底里温都尔山八里,西南距满洲里车站停车场三十里。额尔底里托罗海高十二丈,哈噶高及格尔即额尔底里托罗海南相距四里之山高二十丈。

索克图鄂博为库伦以东第六十一国界鄂博

原案:施氏中俄国约注所译雍正五年鄂博单云,旧有卡伦鄂博之索克图向北附近岭上设第六十一鄂博。

译名:蒙语索克,茅柴也。图,有也。以此山有茅柴也。洪氏界图与原案同。鄂刻舆图作苏克特。钱氏界约、江省舆图于此译名两存之。译者亦或译作苏克特依。

现查:索克图山大而高,顶有东西横排五鄂博基址,现只存其一。此无论存废,自系雍正五年以前之旧鄂博。其山之北坡有鄂博二,巴尔虎人均指称为国界鄂博。再下至山之麓北麓起一小横岭,自索克图山顶鄂博起至小横岭顶约一里三分登岭周视,不见鄂博形迹。然原案称旧有卡伦鄂博之索克图卡伦鄂博云云,非谓卡伦亦在此也,谓该鄂博系有卡伦者耳。卡在霍尔津山即现时东清铁道满洲里站站界以内。详见下。向北附近岭上设第六十一鄂博,则知国界鄂博必不在山之北坡而在山北小横岭上无疑。其小横岭无形迹者,想被挖掘净尽矣。此处鄂博应俟会勘之时辩明重设。索克图遍山皆有丛生小树,或高尺许,或一二尺许,与山萸相似,蒙语所谓索克是也。山南坡有泉二,在东者为温泉,北坡西偏亦有泉一,均由石罅草根涓涓下注。山有磁石,测形针盘之针至此颇不便用。

索克图西南相距华里三十里,为东清铁道满洲里车站停车场。停车场偏西角度十五度索克图旧有卡伦,即在该站界内。前以俄人有拟将站界东方小岭作为国界之谣传,经黑龙江行省衙门暨护理呼伦贝尔副都统宋道先后派员调查,皆称站内东北方附近有一小岭名索克图山,询之该处蒙人,谓山顶旧有鄂博,已被俄人拆毁,基址无存等语。该小岭所以亦名索克图者,以索克图卡伦在此,俗称遂以卡名名之。岭上旧有鄂博者，系该卡所设之鄂博，如阿巴海图中国卡伦沙尔巴图山，山上现有鄂博。又如察罕敖拉中国卡伦详见察罕敖拉鄂博现查条下旧在哈兰诺尔，其附近山上亦有鄂博。蒙人凡遇久住之地，皆设鄂博以祭山祀灵，与国界毫无干涉。且满洲里站北距索克图国界鄂博既三十里，西北一面距博罗托罗海国界鄂博亦二十四里，乃俄人拟将该站东方小岭为国界，必因蒙人通称该站小岭为索克图，以为中国不复知有真正索克图国界，姑造此谣以尝试耳。满洲里站西南之山名小霍尔津山，或作鄂尔晋，或作呼喇晋，或作熬尔沁，或作鄂尔金从前无满洲里之名。索克图卡伦系驻霍尔津山之北，蒙人亦称该卡曰霍尔津卡，且如满洲里停车场东北相距华里十五里之布格特尔泉，此泉系满洲里赴索克图国界鄂博来往必经之路蒙人亦称之曰霍尔津布格特尔布喇克，蒙语布喇克泉也又如满洲里停车场西北相距华里十三里之察罕诺尔，蒙人亦称之曰霍尔津察罕诺尔。即霍尔津池，蒙语察罕，白色。诺尔，水泡。呼伦贝尔副都统新设卡伦，即在察罕诺尔旁近以均在霍尔津山麓，故往往冠以霍尔津三字也。

测量：索克图山在山顶起线经度偏东三十五分，纬度北四十九度三十五分，东南距额尔底里托罗海十七里，正南偏东距大霍尔津山最高峰五十里，正南偏西距霍尔津布格特尔布喇克十八里，距满洲里车站停车场三十里，停车场偏西角度十五度距小霍尔津山最高峰四十里，西南距博罗托罗海界山二十里，距霍尔津察罕诺尔二十八里，索克图山高八十八丈。

博罗托罗海鄂博为库伦以东第六十国界鄂博

原案：施氏中俄国际约注所译雍正五年鄂博单云，旧有鄂博之塔布托罗海向北贴近博罗托罗海岭设第六十鄂博。

译名：塔布托罗海，应照鄂刻舆图改为塔奔拉托海。蒙语塔奔拉，五数也。托罗海，山顶也。以系五顶山也。原案译作塔布，若值蒙人将此塔布托罗海连串急语之时，其音亦似相合。且有时或作塔板托罗海，然如不连托罗海三字，单言塔布，便不可解。必言塔奔拉，方是华语之五字。洪氏界图、钱氏界约均无塔奔拉托罗海之名，自以该山系旧鄂博，与界无涉，故未之及。鄂刻舆图作塔奔拉托罗海克，江省舆图作塔奔喇托罗海克。博罗托罗海，蒙语博罗，红中带黑之杂色。博罗托罗海，以山顶具此杂色也。洪氏界图与原案同。鄂刻舆图作波罗托罗海。钱氏界约，江省舆图于此译名两存之。据新巴尔虎右翼总管车克扎云，巴尔虎人于此名，往往不名为博罗托罗海，而名为博罗温都尔，亦或名为哈喇温都尔。温都尔，高也。哈喇，黑色也。蒙语称哈喇、哈兰，均系黑色，如称哈兰诺尔，其音与兰字近，称哈喇温都尔，其音与喇字近，是在口音轻重之间，无准音。以山虽具杂色，而黑色实重，故亦称为哈喇温都尔。蒙地山水诸名，皆蒙人以意为之，大率如此。且亦有仍称为塔奔拉托罗海鄂博者，以鄂博系由塔奔拉托罗海移来，故尚以旧名名之也。博罗托罗海附近亦有一塔奔拉托罗海，详见下。

现查：塔奔拉托罗海，在霍尔津布格特尔布喇克详见索克图鄂博，现查条下。下游水渠西北岸，距该水渠华里三里，系东北西南之横岭，面向西北。迎面视之，其顶有独高者，有微起者，而适符五数。岭向东复拖一漫岗，其上亦尚有一二微起之顶，因与正山不成一排，且亦较低，故蒙人但称曰五顶山山上有小鄂博二，是后堆之鄂博，旧有之鄂博早已平毁，惟存基址。自塔奔拉托罗海向正西微北，偏西角度六十度相距华里八里，为博罗托罗海。原案称向北贴近博罗托罗海岭云云，殊属不符。

博罗脱罗海之东，相距华里一里，亦有南北排列之五顶山，蒙人亦称曰塔奔拉托罗海。两旁亦尚有小峰，以其较小，蒙人但称曰五顶山。然自此山中间山顶以视，博罗脱罗海前坡岭上国界鄂博，博罗脱罗海国界鄂博系在山北坡岭上，详见下。亦系西北，国界鄂博偏西角度五十度与原案向北二字亦不符，且山上并无鄂博形迹。据鄂刻舆图、江省舆图，似在霍尔津布格特尔布拉克附近者为旧鄂博所在地虽旧鄂博无关界址，第与原案不符，未审是否施氏译误，抑当时移此鄂博并未测量。所谓向北者系约略之词，谨阙疑以俟续考。

博罗托罗海，居俄铁路路线之左，与路线相距华里一里有半。该山山顶遥望之作黑黄色，山前鄂博石亦作黑黄色，惟其黄系属红黄而杂以黑色。询之新巴尔虎右翼总管车克扎及所属人，均称此即博罗也。山顶有鄂博基址，现已平毁，俄人设置三角木架一座于上。木架高四五丈，以木三根矗立，三角下侈而上锐，面面作人字形，每面皆密钉横板如梯，俾人升降。顶上有小圆木盖，以蔽风雨。此项木架皆日俄之战所设置，如察罕乌鲁后山以及各高山往往有之，闻行军之时，每木架山下均有驻队，架上悬旗并有人司瞭望，若见有警，则摇旗号令近军，并放狼烟以速远军之救护。其退军之时，某山有旗，即向某处退，旗已撤者，队即不往，另向有旗处所退。然山顶原非国界，其鄂博之存废，无关轻重。山之北半坡，又起一稍低之岭上有鄂博二，新巴尔虎人均指称为国界鄂博。细审山势，博罗托罗海既高于附近之诸山，先自平地视之，博罗托罗海西北尚有□峰甚多，登顶以望，悉成培楼，惟此独尊。且来山之脉至博罗托罗海而突住。北坡之岭正山脉尽头处。当时以此为界,殆亦形势使然。其国界鄂博设山北坡岭上,颇与原案所称贴近博罗托罗海贴近二字相合。

博罗托罗海西北相距华里七里,为俄国悉比利亚铁路[1]头站,名马赤也夫斯克站。站偏西角度五十五度,房屋无多,人烟寥落,□□如东清铁路各站。又博罗托罗海西北相距华里五里铁轨土道左坡下平地,有竖立木柱一根,约高六尺。向西一面,以红油书俄文,译系拜喀尔省铁路交界等字样。其土道之上,铁轨之右,另竖木杆一根,高丈余,上钉双头铁鸟。前此黑龙江行省衙门及护理呼伦贝尔副都统宋道所派调查员,俱经禀及。兹若由博罗托罗海与西北相距华里三十二里之察罕乌鲁下有专条画一直线,该铁道左坡书字之木柱及铁道上钉双头鸟之木杆,均与此线相合。俄人之设此,盖即隐示以国界所在之地。然自额尔底里托罗海至索克图一段,曾经寻出界壕,系循山沟划界,非画直线。一段如此,别段可知。若循山沟划界,自此西北之路线,尚不免有侵占中国地段者也。

测量:塔奔拉托罗海,系霍尔津布格特尔布喇克下游水渠,西北岸之塔奔拉托罗海,在山最高处起线经度偏东三十二分,纬度北四十九度三十一分。东北距索克图山十八里,东距霍尔津布格特尔布喇克下游水渠三里,东南距满洲里车站停车场十二里,西北距博罗托罗海八里,西南距霍尔津察罕诺尔详见索克图鄂博现查条九里。山顶高二十丈。

博罗托罗海因国界鄂博所在之岭较低,不便测量,兹仍在博罗托罗海起线。经度偏东二十九分,纬度北四十九度三十二分。正北距山坡岭上国界鄂博一百二十丈,东北距索图山二十里,正东距山后无鄂博之塔奔拉托罗海一里,东南距塔奔拉托罗海旧鄂博八里,距满洲里车站停车场二十里,停车场偏东角度二十度西距俄铁路路线一里半,西南距霍尔津察罕诺尔八里,察罕诺尔偏西角度三十度西北距俄悉比利亚铁路两旁书有俄文钉有双头铁鸟之界杆五里,界杆偏西角度六十度距悉比利亚铁道头站即马赤也夫斯克站七里,车站偏西角度五十五度距察罕乌鲁三十二里,博罗托罗海高三十丈。正东无鄂博之塔奔拉托罗海二十五丈。北坡岭即国界鄂博所在地高二十七丈。

察罕乌鲁鄂博为库伦以东第五十九国界鄂博

原案:施氏中俄国际约注所译雍正五年鄂博单云,旧有卡伦鄂博之察罕乌鲁向

〔1〕 悉比利亚铁路,即西伯利亚铁路。

北贴近沙罗鄂拉岭,设第五十九鄂博。后附俄国所设卡伦单云,第五十九鄂博、第六十鄂博、第六十一鄂博,此卡伦官员即于赤吉尔种人内选充,令其在哈苏台湖边贴近察哈乌鲁鄂博居住,归舒连格乌莫赤随时稽查。

译名:蒙语鄂拉,山也。乌鲁,即鄂拉。此说者,声音轻重之不同,译者遂随之而异。察罕,白色。沙罗,黄色。洪氏界图与原案同。鄂刻舆图作察罕鄂拉。钱氏界约、江省舆图于此译名两存之,而江省图内书作察罕鄂喇。译者亦或作察罕敖拉、察干敖拉。细审新巴尔虎人语音,以鄂拉二字为最符合。至沙罗鄂拉,洪氏界图、钱氏界约,江省舆图均无其名,惟鄂刻舆图译作沙拉托罗海。

现查:察罕乌鲁,居俄悉比利亚铁路路线之右,与路线相距华里七里。山顶有鄂博三,中间一座为半月形。山之北坡微偏西北又起一岭,上有鄂博二。其二鄂博中间埋木柱一,高三尺。新巴尔虎人均指称为国界鄂博。木柱系俄人所埋,且山上尚有破酒瓶等物,知为俄人所常至惟原案谓,旧有卡伦鄂博之察罕乌鲁向北贴近沙罗鄂拉岭设第五十九鄂博云云,必须寻出沙罗鄂拉岭,方知国界之无误。然中俄之人但知此山为察罕乌鲁,询以沙罗鄂拉与沙拉托罗海之所在,咸瞠目不能置对。维时按照原案分三项察勘:一勘山色,有无察罕、沙罗两色,可以确定其名者。查察罕乌鲁所露石骨作青色,山顶鄂博之石作青黑色,北坡岭上鄂博石亦作青色,其附近诸山偶露石骨或作青色,或作青灰色,无白色,亦无黄色,东南山山石。有作红黄色者。详见下。此山不能以色定也。一勘后山有无鄂博可以确定为旧鄂博者。查正东偏南角度三十五度,相距华里六里,有山高于本山者六丈,上有鄂博二,并有俄人所置三角木架一,三角木架详见博罗托罗海鄂博现查条下鄂博石作黄色,山石则间作红黄色。该山如系前山,当定名曰沙罗鄂拉,盖国界鄂博系由察罕乌鲁向北移至沙罗鄂拉贴近也。今在东南方,系属山后,自与国界无涉。如果该山为旧鄂博所在地,则察罕乌鲁四字当专属之该山,虽蒙人命名率多任意,然断不能将上有黄石之山而名曰察罕乌鲁。该山原无别名,且附近一带群山,蒙人固皆名曰察罕乌鲁,然作总山之名则可,若专以之名该山则不合。此东南山鄂博不得作为旧鄂博也。一勘旧设卡伦处所是否为察罕乌鲁,此项国界鄂博是否由彼以移此者。查察罕乌鲁旧设卡伦处所名曰哈兰诺尔,在金源边堡之南,蒙人称为老边相距华里二里许,去此正南偏东角度八度,相距华里三十二里,该处有小岭,岭有鄂博二。岭之东北麓为泡,蒙语水泡曰诺尔泡边山麓有两泉,涓涓细流,归入泡内,泡边皆系碱地,作灰白色,从前调查员称,该处系察罕乌鲁,并称该泡时值无水,遥望之白沙漫漫,议者亦谓既有漫漫之白沙,颇与察罕二字相合。其实并非白沙,乃系白碱。盖蒙地多沙，有沙即不能蓄水，必须产碱之地，碱土之性凝，方能蓄水。沿边水泡大都如此也。然不名为察罕诺尔，而名为哈兰诺尔者。询之新巴尔虎人，均称冬令之时，泡底泥土均作黑色故也。哈兰黑色该小岭无名，岭上鄂博系旧日卡伦所设置鄂博，与克图卡伦在满洲里东方小岭上所设鄂博无异。山水既不名察罕，鄂博又设诸卡伦，此与察罕乌鲁旧鄂博无涉，亦可断矣。惟察罕乌鲁西北，相距华里九里为俄悉比利亚铁道，自东迤西第二车站，站名曰沙罗苏。华人以讹传讹，皆称该站为下罗松。凡俄国铁道以北之山，皆自北而南至铁道止。中国之山，则自南而北至察罕乌鲁。则两旁连峰北注若张箕口，又如一人北向伸两臂以向前。其怀前之山，除贴近数小峰外，再前则为三重横山，重重作西北向。更前又起一小岭，而左右之山与中间之横岭，亦均至铁道或铁道附近上，于此不能无疑焉。察罕乌鲁怀前最西北之小岭为紧连车站之岭，岭之北坡东隅有俄屯一，岭之西有水泡一，名曰沙罗乌苏诺尔，俄人但呼曰沙罗苏车站之名为沙罗苏者以此。该站后山之西北距站华里二十四里，又有水泡一，名曰沙罗般诺尔。蒙语乌苏，水也。诺尔，水泡也。山前山后之水皆以沙罗称，计该处之山，必有名为沙罗鄂拉者，可疑一。如博罗托罗海鄂博系自塔奔拉托罗海移设，而移设之后，即名曰博罗托罗海鄂博，不复名为塔奔拉托罗海鄂博矣。此处鄂博，则系由察罕乌鲁移至沙罗鄂拉贴近，似亦应名沙罗鄂拉鄂博。乃原案之卡伦单以及洪氏界图洪氏界图本译自俄国者均仍称为察罕乌鲁鄂博，未必不因当时划界，系以南北两脉之山交会处所为断。而南来之山统名察罕乌鲁，无可再标识者，不得不用北来之山为标识。文曰贴近沙罗鄂拉岭，并未言即在岭上，或仍留沙罗鄂拉。在俄境故依旧名曰察罕乌鲁鄂博也，可疑二。车站后山之水南注于沙罗乌苏诺尔车站后有小土山若屏，询之俄人呼曰博陇。此处诸山皆蒙人旧呼之名，以俄人说蒙语，久之自变，博陇或系博罗之误。察罕乌鲁西北诸山之水，亦北注于沙罗乌苏诺尔。若铁道以北无沙罗鄂拉，铁道以南附近之山亦必有沙罗鄂拉，可疑三。划界必在山之尽头处，铁道附近为自南而北诸山之尽头处，亦为自北而南诸山之尽头处。且额尔底里托罗海与索克图中间一段，曾经寻出界壕，系循山沟划界。兹铁道所经，即循山沟行也，可疑四。察罕乌鲁怀前向西北趋之第三重横山，即俄屯所坐小岭后之横山，距察罕乌鲁六里，该山偏西角度十四度。上有小鄂博一。又察罕乌鲁左臂之山之尽头处，此为坐南向北之左臂，距察罕乌鲁五里，该山偏西角度四十度，上亦有鄂博一，可疑五。以上情形，因遍寻沙罗鄂博不得，穷搜冥考，积为五疑，未审有无一合，现在察罕乌鲁鄂博当是雍正五年以前之旧鄂博也，应俟会俄查勘之时再定。再原案所译俄国卡伦单云，此卡伦官员即于赤吉尔种人内选充,令其在哈苏台湖边贴近察罕乌鲁鄂博居住云云。查俄国察罕乌鲁卡伦在此东北,距边华里八十里察罕乌鲁,俄卡图中未载其相距里数,系询诸沙罗苏车站及察罕乌鲁卡伦之俄人,非以测量得者。以太远测量不及也,然以俄图核之,亦略相符。不得谓之贴近。又有续添卡伦名曰克留车甫斯奇,在该国察罕乌鲁卡伦西南,与察罕乌鲁南北相值。而该卡伦尚略偏东北,距边亦华里六十里,克留车甫斯奇,俄卡图亦未载其相距里数。亦系询诸俄人,非以测量得者。仍不得谓之贴近。且曾派员前往调查,并未闻有哈苏台湖,盖雍正五年划界以后,俄国守卡官兵俱由附近蒙古种人选充,除迤西楚库河一带建有卡房外,其余卡伦想仍系毳处毡居,藉便游牧,故当时恰克图东路设十五卡,而卡伦单中声明在某河某湖边者十有四,以取水草便也,迨后经营东部,所有各卡,遂皆择地建房,守卡官兵亦尽更以哈萨克兵。在阿巴哈依图,曾经亲询卡人,据称该处居户皆六十年前迁来,至多不过八十年。彼中沿革,即此可知。现在驻卡地段,多与原案不合,职是之故,兹称哈苏台湖云云。哈苏台湖当即沙罗乌苏诺尔,该卡旧地当即现今车站一带,从前此约此单,皆止蒙俄两文,并无汉文,以俄文译蒙语必难尽合。施氏中俄国际约注,又系译自俄文,遇有不合之处不免愈译愈离。蒙语台,有也,与译作图字同,与译作特依字亦同,皆一音之转,沙罗亦作沙拉哈苏,系由沙拉苏之误,沙拉苏台湖,殆谓为有黄水之泡耳。至站南接近之小俄屯,护路官兵与车站工人均居彼处,房屋以木为之,历年皆非甚远,似与旧卡不相干涉。

测量:察罕乌鲁在山顶起线经度偏东十九分,纬度北四十九度三十七分。正东偏南距有鄂博之山即鄂博石作黄色,山石亦间作红黄色,并上有三角木架者。六里,该山偏南角度三十五度东南距博罗托罗海界山三十二里,距霍尔津察罕诺尔即呼伦贝尔新设卡处三十六里,正南偏东距察罕乌鲁中国旧卡即哈兰诺尔二十三里,卡偏东角度八度南距金源边堡即蒙人称老边者二十一里,正北距俄悉比利亚铁路路线七里,西北距俄悉比利亚沙罗苏车站九里车站偏西角度二度零三十分距车站后面如屏之山十里,距车站附近俄屯所坐小岭即察罕乌鲁最西北与车站紧连之小岭八里,该小岭偏西角度十二度距沙罗乌苏诺尔十里,该水泡偏西角度十五度距沙罗般诺尔即车站后山西北隅之水泡三十二里,距察罕乌鲁怀前向西北趋之第三重横山上有一小鄂博者六里,该山偏西角度十四度距察罕乌鲁左臂尽头之山上亦有鄂博者五里,该山偏西角度四度距塔尔郭达固界山四十三里。察罕乌鲁高三十四丈,山北坡岭即共指为国界鄂博所在者高二十七丈。正东偏南有鄂博暨有三角木架之山高四十丈。察罕乌鲁怀前向西北趋之第三重横山上有一小鄂博者高十八丈。察罕乌鲁左臂尽头之山上亦有鄂博者高二十一丈。察罕乌鲁旧设卡伦处所之哈兰诺尔贴近上有卡伦鄂博之山，在鄂博贴近起线经度偏东二十分，纬度北四十九度三十一分，北距金源边堡即蒙人称老边者二里，正北偏西距察罕乌鲁二十三里，正东偏南距离霍尔津察罕诺尔即呼伦贝尔新设卡处三十里，山高十五丈。

塔尔郭达固鄂博

为库伦以东第五十八国界鄂博，且为呼伦贝尔与库伦交界鄂博。盖该鄂博之东，系呼伦贝尔副都统所属新巴尔虎右翼地，该鄂博之西，系库伦办事大臣所属喀尔喀东路车臣汗部中前旗扎萨克固山贝子地。旧例库伦两衙门每年派员会查该鄂博一次。

原案：施氏中俄国际约注所译雍正五年单云，旧有鄂博之塔尔郭达固向北草地上设第五十八鄂博。后又附俄国所设卡伦单云，第五十四鄂博、第五十五鄂博、第五十六鄂博、第五十七鄂博、以上各鄂博下俱有专条第五十八鄂博，此卡伦官员即于诸密种人内选允，令其在附近塔尔郭达固鄂博之湖边居住，归舒连格依多诺随时稽察。

译名：塔尔郭达固，应照蒙人通称改为塔尔巴罕达呼，蒙语塔尔巴罕，旱獭也。达呼，大褂也。谓系旱獭皮之大褂，此象山之形，并及其色也。洪氏界图作塔尔巴郭达固。鄂刻舆图作达尔巴噶达胡克。克，蒙人语助词。钱氏界约与原案同，并存鄂图译名。江省舆图与鄂图同，并存洪图译名。译者多作塔尔巴罕达呼，细审蒙音为此独合或作塔尔巴罕达固。

现查：塔尔巴罕达呼，四围皆土山，惟本山遍山皆青黑石，蒙人命以此名，谓其如人反穿旱獭皮大褂也。山上小鄂博甚多，其顶有大鄂博一，上插小木牌，书以蒙字。询据库伦派来会勘委员翼长车林彭楚克称，库伦所属鄂博均由守卡官兵一年两次查看换牌，此即所换之牌云云。又有次大之鄂博一，上亦插有小木牌，书以俄文，译系一千九百零八年四月十四日营务处参将阿诺索夫至此等字样。该二鄂博，库伦与新巴虎人均指称为国界鄂博。然原案既云旧有鄂博之塔尔郭达固向北草地上设第五十八鄂博，且鄂刻舆图亦于该鄂博书以塔拉二字。蒙语塔拉，平原地也。是山顶鄂博，系雍正五年以前之旧鄂博。其在山北平原草地者，方为国界鄂博。查正北偏东角度二十度，相距二百四十丈之平地上，有鄂博基址两处，虽积石无存，而形迹未尽毁灭。且北行数武，又系小岭，即不复可作草地论。就草地而寻国界，舍此无与案符者，应俟会俄查勘之时，辩明重设。

塔尔巴罕达呼山西北，相距华里七里之山，山上有鄂博二。鄂博偏西角度五十度俄武员阿诺索夫亦以木板书字于上。查该山鄂博,正与塔尔巴罕达呼山顶鄂博及西北之库布勒哲库山顶鄂博成一直线。然彼两山山顶鄂博均非国界,其国界鄂博,实均在两山山前草地也。彼两山山顶鄂博既非国界,则该山鄂博无关界线可知,因为俄人所注意,故亦绘于图内。

塔尔巴罕达呼山东北俄国境内,相距华里七里,有水泡一,名曰察罕诺尔。该水泡偏东角度六十度又塔尔巴罕达呼山西北俄国境内,相距华里十五里,有大水泡二,名曰成丹特湖。该湖偏西角度三十度。查蒙语有曰秦丹牟尼,系海中一宝物之名。如谓有此秦丹牟尼之宝物,即曰秦丹牟尼特特有也。说者为急语,往往有秦丹们特(们,是牟尼二字急音),兹曰成丹特,系将秦丹译作成丹,而牟尼二字之音全丢弃矣。成丹特湖谓有秦丹牟尼之湖也。俄人译蒙语,多失本音,至不可解。大率如此。又塔尔巴罕达呼山正北,相距华里四十里为俄悉比利亚铁路自东迤西第三车站,除道叉小站不计外,此为邮政车停车之第三站名曰成丹特站,亦名玻璃镜子站。玻璃镜子四字,系华人所称。细审俄音,为巴拉架。该车站紧接俄屯,该俄屯名曰成丹特,上驻统领及总卡官。所有屯民,皆铁道通后由附近之成丹特卡迁来者,故该屯亦名成丹特,故车站亦名成丹特。又塔尔巴罕达呼山西北,相距华里四十五里为成丹特俄卡。卡在成丹特车站西北,与站相距华里六里。该卡有山遮蔽,自塔尔巴罕达呼山上测量不见。相距里数系以俄图比较及以该卡与车站之距离比较而得。至卡与车站相距里数前经派员走过一次,故得之。原案俄国卡伦单内称,令其附近塔尔郭达固鄂博之湖边居住云云。所谓卡者,即该成丹特卡。所谓附近塔尔郭达固鄂博之湖者,即该成丹特湖。盖舍成丹特外,附近别无俄卡,而以湖名,却为居住附近之湖可知矣。

塔尔巴罕达呼山西南,相距华里二里为察罕库图勒山。山上竖木桩一,削平其向南一面,书以蒙字,译之为光绪三十二年所立新巴尔虎与喀尔喀分界界碑。界碑原系旧有因日久毁坏,光绪三十二年重立盖自塔尔巴罕达呼山顶鄂博起,循察罕库图勒山界牌南行,经依尔谟克鄂博、阿拉色里鄂博,越阿拉色里泡至锡尔产山顶鄂博,为新巴尔虎与喀尔喀分界界线。在界线东者为新巴尔虎地,在界限西者为喀尔喀地。

测量:塔尔巴罕达呼山,在山顶起线经度偏东六分,纬度北四十九度四十四分,东北距山前草地上有鄂博基址处所二百四十丈,该基址偏东角度二十度距俄国境内之兴察罕诺尔七里,该泡偏东角度六十度正北距俄国悉比利亚车站四十里,西北距俄国境内成丹特湖十五里,湖偏西三十度距附近有鄂博之山七里,山上鄂博偏西角度五十度距库布勒哲库山三十九里，距库布勒哲库山迤北草地上之国界鄂博四十三里，西南距察尔库图勒山二里，山上界碑偏西角度三十五度距阿拉色里泡十三里泡偏西角度二十五度距锡尔产山二十四里，山偏西角度十五度正南距塔尔巴罕达呼泊该处南北两泡，同称塔尔巴罕达呼泊，在北者小，在南者大，此系在南之大泊二十里，东南距察罕乌鲁鄂博四十三里。塔尔巴罕达呼山高二十一丈。察罕库图勒山高十八丈。

库布勒哲库鄂博为库伦以东第五十七国界鄂博

原案：施氏中俄国际约注所译雍正五年鄂博单云，旧有卡伦鄂博之库布勒哲库迤北一带草地上设第五十七鄂博。

译名：库布勒哲库，应照蒙人通称改为库布勒吉祜。蒙语库布勒吉祜，系缥缈云中之义。以该山太高，如缥缈云中。蒙人称以是名，所以尊此山也。鄂刻舆图与原案同。洪氏界图作库别里真。钱氏界约于原案及洪图译名两存之。然库别里真四字遍问无知之者，此系俄人译述蒙语之误，洪图译自俄图或由库布勒吉四字之音，辗转误作库别里真。

现查：库布勒吉祜迤北一带草地上之国界鄂博，系在库布勒吉祜山即旧鄂博所在地西北草地上，与山顶相距华里六里，国界鄂博偏北角度七十度，偏西角度二十度。原案迤北一带云云，核之尚属符合。

测量：库布勒吉祜山，即旧鄂博所在地，在山顶起线经度偏西五分，纬度北四十九度五十二分，山高七十丈。

库布勒吉祜迤北一带草地上之国界鄂博，经度偏西六分，纬度北四十九度五十四分，东南距库布勒吉祜山顶，即旧鄂博所在地，偏南角度七十度，偏东角度二十度距塔尔巴罕山顶四十三里，正西距安戛尔海迤北一带草地上之国界鄂博十九里，西南距库布勒吉祜中国卡伦十七里。卡伦偏西角度二十五度该鄂博所在地低于库布勒吉祜山顶三十八丈，兹言低于库布勒吉祜山顶三十八丈，不言高若干丈者，以言高必自水面算起，且必取大河长流之水方能作为水平，此地既去大河极远，其地势虽较高与附近之平地，然已与平地略等。若谓其高若干丈，转足启人之疑，是以但言低于库布勒吉祜山顶三十八丈。库布勒吉祜山本高七十丈，除去三十八丈，则知该鄂博所在地高于水面三十二丈矣。以下凡言低于某某山若干丈者，均属如此。

安戛尔海鄂博为库伦以东第五十六国界鄂博

原案:施氏中俄国际约注所译,雍正五年鄂博单云,旧有鄂博之安戛尔海迤北一带草地上设第五十六鄂博。

译名:蒙语安戛尔海,张口也。该处山势作张口形,故名。细审蒙音安戛尔海四字,首字应用昂字,并作阴平声。读次字应用噶字,方与蒙音符合。洪氏界图与原案同。鄂刻舆图作昂阿尔海克。钱氏界约于此译名,两存之。

现查:安戛尔海迤北一带草地上之国界鄂博,系在安戛尔海山顶即旧鄂博所在地正南微北草地上,与山顶相距华里十二里。国界鄂博偏西角度八十度,偏北角度十度。原案迤北一带云云,兹仅偏北角度十度,是几与旧鄂博所在之山顶东西相对矣。然附近向北之地别无鄂博形迹,该处卡员又坚称其无误,且原案一带二字方面甚广,既在安戛尔海山顶之微北,似亦尚无不合。

测量:安戛尔海山顶即旧鄂博所在地,在山顶起线经度偏西七分,纬度北四十九度五十四分,山高三十五丈。

安戛尔海迤北一带草地上之国界鄂博,经度偏西十二分,纬度北四十九度五十四分,正东距库布勒吉祜迤北草地上之国界鄂博十九里,正东微南距安戛尔海山顶即旧鄂博所在地十二里,安戛尔海山顶偏东角度八十度,偏南角度十度,东南距库布勒吉祜中国卡伦十八里,卡伦偏东角度二十二度,西北距蒙克托罗海原案作蒙古托罗海,系属译误,实为蒙克托罗海。详见下。迤北一带草地上之国界鄂博二十五里,正西距巴彦布拉克水渠十里,蒙语巴彦,富也,布拉克,泉也,此泉水由东北向西南流,归入山之西南察罕诺尔诸泡。西南距蒙克托罗海中国卡伦二十二里。卡伦偏西角度七十五度该鄂博所在地低于安戛尔海山顶十八丈。

蒙古托罗海鄂博为库伦以东第五十五国界鄂博

原案:施氏中俄国际约注所译雍正五年鄂博单云,旧有鄂博之蒙古托罗海迤北一带草地上设第五十五鄂博。

译名:蒙古托罗海,应照蒙人通称改为蒙克托罗海。蒙语蒙克,系长寿无极之义。托罗海,山顶也。洪氏界图与原案同。鄂刻舆图作蒙克陀罗盖。钱氏界约于此译名两存之。然原案及洪图译作蒙古二字,实误。

现查:蒙克托罗海迤北一带草地上之国界鄂博,系在蒙克托罗海即旧鄂博所在地西北草地上,与蒙克托罗海相距华里六里。国界鄂博偏西角度二十五度,偏北角度六十五度。原案迤北一带云云,核之尚属符合。

蒙克托罗海旧鄂博,蒙人称曰蒙克托罗海鄂布各鄂博。蒙语称祖为鄂布各,以该鄂博为众鄂博之祖也。

测量:蒙克托罗海即旧鄂博所在地,在山顶起线经度偏西十九分,纬度北四十九度五十六分,山高十八丈。

蒙克托罗海迤北一带草地上之国界鄂博,经度偏西二十分,纬度北四十九度五十七分。东距巴彦布拉克十五里,东南距安戛尔海迤北一带草地上国界鄂博二十五里,正南偏东距蒙克托罗海即旧鄂博所在地六里,蒙克托罗海偏东角度二十五度,偏南六十五度。正南距蒙克托罗海中国卡伦十八里,西南距恩克托罗海向北旷野岭上之国界鄂博原案作音克托罗海,误,详见下二十八里。该鄂博所在地低于蒙克托罗海八丈。

音克托罗海鄂博为库伦以东第五十四国界鄂博

原案:施氏中俄国际约注所译雍正五年鄂博单云,旧有鄂博之音克托罗海向北,即旷野之地岭上设第五十四鄂博。

译名:音克托罗海,应照蒙人通称,改为恩克托罗海。蒙语恩克,系永久安康之义。洪氏界图与原案同。鄂刻舆图作额英克托罗海克。钱氏界约于此译名两存之。然原案及洪图译作音克二字,实误,以蒙语音克系牝驼也。山不甚高,状似兽伏于地,若以音克呼之,亦略象山之形,第询之,库伦人皆不以为然。

现查:恩克托罗海向北旷野之地岭上之国界鄂博,系在恩克托罗海即旧鄂博所在地正北相距华里一里,核与原案符合。

测量:恩克托罗海,在山顶起线经度偏西三十分,纬度北四十九度五十四分,高二十一丈。

恩克托罗海向旷野之地岭上之国界鄂博,经度偏西三十分,纬度北四十九度五十五分,东北距蒙克托罗海迤北一带草地上之国界鄂博二十八里,西北距东塔里泊塔里应读作塔梨,方与蒙音合十五里,东塔里泊偏西角度三十度西南距则林图岭之尽头处国界鄂博二十五里,正南距恩克托罗海即旧鄂博所在地一里,东南距蒙克托罗海中国卡伦三十里,卡伦偏东角度七十度西南距则林图中国卡伦三十七里卡伦偏西角度三十五度该鄂博所在地低于恩克托罗海六丈。

则林图鄂博为库伦以东第五十三国界鄂博

原案:施氏中俄国际约注所译雍正五年鄂博单云,旧有卡伦鄂博之则林图,在岭之北面,并在其尽头处设第五十三鄂博。

译名:蒙语则林,黄羊也。图,有也。名其地为则林图,以为该处系有黄羊处所耳。洪氏界图与原案同。鄂刻舆图作哲格勒图。钱氏界约于此译名两存之。

现查:则林图系一片漫岭,略有起伏,西首有鄂博二,系属国界鄂博,其国界鄂博之东南,相距华里八里有山,山偏东角度五十度上有鄂博一。若以山上之鄂博为旧鄂博,则国界鄂博系在其西北面,并在其所在地段尽头处,与原案颇相符合。惟询诸该处卡员,据称国界鄂博一带漫岭之地名为则林图,后山则无名。询以旧鄂博在何处,据称此地向无旧鄂博等语。然舍后山而专论国界鄂博所在之漫岭,则国界鄂博虽在其尽头处,而实在该漫岭之西南头,与原案所称在岭之北面一语不合。所谓不合者,系就国界鄂博所在之漫岭论之,然从前旧鄂博究竟坐落何处无人能指,迄未查出,是否不合,无凭决定。虽后山鄂博卡员以为非旧鄂博,又安知从前旧鄂博不在后山之前与现今国界鄂博之后乎。再后山之前之西北方相距二里许有小岭一,岭东北漫坡有小鄂博一,惟系后堆之鄂博,非旧鄂博也。然如系旧鄂博基址所在之地,即与原案符合,第是否旧基,亦无人能知耳。至此段漫岭逼近东塔里泊,该处一带确为国界,无可疑义。

测量:则林图岭尽头处国界鄂博,经度偏西三十九分,纬度北四十九度五十二分,北距东塔里泊十里,东北距恩克托罗海向北旷野之北岭上之国界鄂博二十五里,西南距察普图迤北荒地上之国界鄂博二十五里,正南偏东距则林图中国卡伦二十里,卡伦偏东角度十度,东南距后山即有鄂博之山八里,山偏东角度五十度国界鄂博所在地低于后山即有鄂博之山十二丈。

则林图后山,即在国界鄂博东南相距八里上有鄂博之山,在山顶起线经度偏西三十六分,纬度北四十九度五十一分,山高二十丈。

齐普盖鄂博为库伦以东第五十二国界鄂博

原案:施氏中俄国际约注所译雍正五年鄂博单云,旧有鄂博之齐普盖迤北一带有荒地之最高者,设第五十二鄂博。

译名:齐普盖鄂博,应照蒙语改为察布布字读作博字轻音,方与蒙语合。图鄂博,或照蒙人通称,改为鄂力焉察布图鄂博。蒙语鄂力焉,焉字亦似作音字音花也。察布,纹也。图,有也。谓有花纹也。洪氏界图作齐普图。鄂刻舆图作齐布图克。钱氏界约与原案同,兼收鄂图之名。然原案译为齐普盖,实误。勘至该处,先曾以齐普盖之名问卡员人等,均不能对。又以齐普图、齐布图克等名问,卡员人等仍不能对。因询该鄂博究系何名,该等均称此系鄂力焉察布鄂博。复询何谓鄂力焉察布,译者一面详述其义,一面指后面土岗壁立之处告之曰,此即鄂力焉察布,盖土岗壁立之处,遥望之作裂纹,而兼具杂色,故曰花纹也。复询该土岗何名,该等均称即名鄂力焉察布。维时细审蒙音鄂力焉察布,有时即作鄂力焉恰布。于是知各书或作齐布,或作齐普,系由恰布译音之变。复询库伦委员,此地可否名为恰布图,该委员等亦皆谓蒙语图字原属可增可减,如称鄂力焉察布,系直谓之花纹,至是始知齐普图三字,即察布图也。

现查:鄂力焉察布图迤北荒地上国界鄂博,确系在鄂力焉察布图之北,与鄂力焉察布图相距华里二里,且所在地段确为荒地之最高者,与原案均相符合。惟卡员人等均不知何处有旧鄂博,其鄂力焉察布图土岗之上,亦查无旧鄂博。

测量:鄂力焉察布图迤北一带荒地上国界鄂博,经度偏东四十七分,纬度北四十九度四十八分,东北距东塔里泊十八里,距则林图岭之尽头处鄂博二十五里,西北距西塔里泊十里,距鄂尔杂读上声郭力噶乌苏即洪氏图界之奎屯果勒河,详见下第五十四鄂博至第五十鄂博总说。十里,距墨吉兹格岭北之尽头处国界鄂博二十三里,南距鄂力焉察布图上岗二里,东南距则林图中国卡伦二十六里,卡伦偏东角度七十度西南距墨吉兹格中国卡伦二十四里,卡伦偏西角度八十度该鄂博所在地高四丈。

墨吉兹格鄂博为库伦以东第五十一国界鄂博

原案:施氏中俄国际约注所译雍正五年鄂博单云,旧有卡伦鄂博之墨吉兹格之北岭之尽头处,设第五十一鄂博。后附俄国所设卡伦单云,第五十鄂博、下有专条第五十一鄂博、第五十二鄂博、第五十三鄂博,此卡伦官员即于乌梨种人内选充,令其在塔尔湖边贴近墨吉兹格鄂博居住,归什依萨赤达随时稽察。

译名:蒙语墨吉兹格,系未栉之发辫也。洪氏界图与原案同。鄂刻舆图作孟格集格。钱氏界约于此译名两存之。塔尔湖即塔里泊。

现查:墨吉兹格系由后山巴彦霍哨山麓向西北拖之长漫岭蒙语霍哨,山嘴也。巴彦,富也。因巴彦霍哨之后有大山曰巴彦汗兹,其前山山嘴故名巴彦霍哨。巴彦霍哨形如头颅,而墨吉兹格之长漫岭中起石骨,且遍岭乱石,颇似不栉之发辫。国界鄂博正在岭之西北尽头处,核与原案符合,惟该处无旧鄂博,巴彦霍哨虽有旧鄂博,而山已易名,自与旧鄂博无涉。

俄国卡伦系设在西塔里泊之东北角,在墨吉兹格国界鄂博东北,相距华里五十六里,俄卡伦偏东角度二十度俄人名曰库鲁苏台卡伦。查墨吉兹格国界鄂博距该俄卡太远,为测量所不及,虽由墨吉兹格派员赴该俄卡调查,然自墨吉兹格起身时,先系循西塔里泊南沿向东行,至东西两塔里泊之中,折向北行,取道太迂,且系拉荒之道。据称约有华里八十里,与测量按乌里直行者亦迥不合。兹称相距华里五十六里云云,系按照俄图推算者。蒙语库蒙音作祜鲁苏,苇子也。台与图同,言有苇子之地也。

测量:墨吉兹格岭西北尽头处之国界鄂博,经度偏西五十五分,纬度北五十一度,东南距鄂力焉察布图迤北荒地上国界鄂博二十三里,距鄂尔杂读上声郭力噶乌苏十四里,北距西塔里泊四里,西北距讷博色格向北旷野之地岭上国界鄂博二十五里,正南偏东距巴彦霍哨山顶上有鄂博一,山偏东角度二十度六里,距墨吉兹格中国卡伦十里。卡伦偏东角度十五度,该卡伦距鄂博较近,因勘界迁移也。再以上各鄂博与中国卡伦相距里数皆指各卡伦向驻之地言之,以该各卡伦为旋时所经,故知其地。至勘至墨吉兹格其在西者只余第五十鄂博一处,往堪一日可返,行幕遂未再移,是以东旋之时,亦系由墨吉兹格起身,径向东南以赴,则林图卡伦不复经过墨吉兹格卡伦,是以即按卡伦现住处所以计与鄂博相距里数。

尼普散鄂博为库伦以东第五十国界鄂博

原案:施氏中俄国际约注所译雍正五年鄂博单云,旧有鄂博之尼普散向北,即旷野之地岭上设第五十鄂博。

译名:尼普散鄂博,应照蒙人通称改为讷博色格鄂博,蒙语谓人中酒,永无醒时,曰讷博色格,此系喻言以其地久受水浸,永不干涸,如人中酒,永不清醒也。该处滨临西塔里泊,为水泽沮洳之地,故名。洪氏界图作格子盖,鄂刻舆图作尼格写克。钱氏界约与洪图同。细审蒙音讷博色格四字,当急语时,有时作聂普色格,或作聂普色知。原案之作尼普散,系译音之变。鄂图作尼格写克,询之译人,蒙语谓水湿泥深之地曰聂格写,似颇合其地之正义。惟该处蒙人均称为讷博色格,自应从众。至洪图作格子盖,实误。

现查:讷博色格之后,有土山曰讷博色格华。蒙语华,平岗也。上有鄂博一,自系旧鄂博。自讷博色格华山起向北,相距华四里,偏东角度二十度,为国界鄂博。该鄂博确在向北旷野之地岭上,核与原案符合。

测量:讷博色格华山上旧鄂博,经度偏西一度零一分,纬度北四十九度五十七分,山高十五丈。

讷博色格向北旷野之地岭上国界鄂博,经度偏西一度,纬度四十九度五十八分,西南距讷博色格华山麓上有旧鄂博之土山四里,山偏西角度二十度东距西塔里泊西岸四里,东南距墨吉兹格岭北之尽头处国界鄂博二十五里,距墨吉兹格中国卡伦三十五里。卡伦偏东角度十六度,该鄂博所在地高六丈。

自第五十四鄂博至第五十鄂博总说:查此一带国界界线,鄂刻舆图画在塔里泊之北,洪氏界图画在塔里泊之南,钱氏中俄界线简明说内即已言之。兹奉饬勘至第五十鄂博止者,亦以此。惟详稽图籍,并证以现勘情形,知该处一带国界自雍正五年设立鄂博以后,即在塔里泊之南。鄂图系画一虚线于泊北,以标识先前旧界,并非鄂省刻图之时,该界尚在塔北。亦非鄂省所摹底图,出自康熙年间旧本,当时界线正在塔北也。请先以比例言之,如尼布楚一城系于康熙二十八年让给俄国,彼时议在流入黑龙江之额尔古讷河为界,旋于是年十二月立碑额尔古讷河畔。鄂图既绘有额尔古讷河界牌,仍将尼布楚城画在界线以内,是殆同一虚线耳,此其一。再以鄂图所画此处一带界线言之,塔里泊北虽有界线,泊南一带又画雍正五年分界所立之各鄂博,且该各鄂博之旧鄂博亦均一一备具,其译音又皆与蒙语符合,迥出钱氏中俄国际约注及洪氏界图之右。世传鄂图底本出自内府,于兹益信。既雍正五年所立鄂博在泊南可无疑义。泊北之线,系属虚线,亦无疑义,此其二。再以俄国卡伦言之,雍正五年鄂博案后所附俄国卡伦单云,第五十鄂博、即讷博色格第五十一鄂博、即墨吉兹格五十二鄂博、即鄂力焉察布图地五十三鄂博,即则林图此卡伦官员即于乌梨种人内选充,令其在塔尔湖边该俄卡名曰库鲁苏台卡伦,详见上墨吉兹格专条。贴近墨吉兹格鄂博居住等语,塔尔泊即塔里泊。当时如果界在泊北,则该泊系属华境,断无准令俄卡设在泊边之理,此其三。再以现勘情形言之,鄂图泊北之线,非仅近泊一段线偏北也,自西徂东,皆距现今国界鄂博甚远。而此次所勘各鄂博,如库布勒吉祜,原案译作库布勒哲库,详见上专条。如蒙克托罗海,原案译作蒙古托罗海，详见上专条。如恩克托罗海原案译作音克托罗海，详见上专条。皆系著名之山，如塔尔巴罕达呼，原案译作塔尔郭达固，详见上专条。如鄂力焉察布图，原案译作齐普盖，详见上专条。如墨吉兹格，如讷博色格，原案亦作尼普散，详见上专条。皆系即义定名之岭，界线即可移易，山岭不能移易，该各鄂博既以山岭得名，则国界自亦随之而无移易，此其四。至中俄国界究由何年迁在塔里泊南，实无案可考。惟查康熙二十八年所订黑龙江界约，于额尔古讷河迤西陆路国界，未经议及。嗣后，亦未见订有续约。直至雍正五年，始议定东西鄂博各案。窃谓国界之迁，即在雍正五年时也。再塔里泊，系东西两泊，蒙语人之脑浆，曰塔里。里读平声作梨以其满泊皆碱滩，水浅浊与脑浆相似。再蒙语东曰肫，西曰巴伦，故称东塔里泊曰肫塔里，西塔里泊曰巴伦塔里，洪氏界图于东塔里译作俊特雷湖，于西塔里译作巴伦托累湖，系肫塔里、巴伦塔里译音之变。再自鄂力焉察布图鄂博西赴墨吉兹格鄂博，中途涉河一道，水流甚驶，系由西南来以入西塔里泊者，鄂刻舆图作乌尔再河，洪氏界图作奎屯果勒河，于其上流亦作乌里杂读上声郭力噶乌苏，鄂尔杂谓流出界外也。郭力噶，谓水流有声也。乌苏，水也。鄂图、洪图或作乌尔再，或作乌里杂，系鄂尔杂读上声译音之变。蒙人又称该河为霍勒郭力哈，霍勒谓边界也。且霍勒二字之音，有时近于霍伦。洪图译作奎屯果勒河，系霍伦郭力噶译音之变。再洪图于墨吉兹格、讷博色格两鄂博中间，注有博列察山。查该两鄂博均滨临西塔里泊，自墨吉兹格向西北之讷博色格，须绝湖荡而过，否则循山麓行迂道较远。盖墨吉兹格岭与讷博色岭，形均如舌，而墨吉兹格岭长逾墨吉兹格数倍，洪图之博列察山殆即指此。博列察系讷博色格译音之变。

租借交涉篇

东三省租借之区，曰旅顺，曰大连湾，即金州厅[1]之治域也。光绪二十四年，中俄两国始订约于北京。三十一年，日俄和约告成，俄人允将租借地方让于日本。是年十一月，中日全权会议东三省事宜订立条约，有中国政府将俄国按照日俄和约允让日本之一切，概行允诺，及日本政府将俄国按照中俄两国所订借地原约实力遵行之语。于是租借地内一切行政之权遂由俄而授之于日矣。日人既有遵行中俄原约之文，苟遇事共守和平，恪遵条款，安用交涉？然而得寸进尺者外人之居心，藉词延宕者彼族之故志。租借交涉，历年不决。职以是故，举其大要，厥有二端：一曰隙地。吏治归于中国，载在盟府，而日人且越境征粮。按期会勘界牌，列有专条，而日人则托词展缓。此隙地之权失也。一曰盐滩。盐产本附近居民之利，日人攘夺之，而商损其业，盐场为中国地主之物，日人窃据之，而官失其权。此盐滩之利失也。夫隙地者约章之所载也，盐滩者约章之所未载也。其所载者则弃若弁髦[2]，其所未载者则视同囊物。俄人觊觎于前，日人复变本而加厉焉。其于租借之原约，果守之耶，抑畔之耶？且隙地仅蕞尔之偏隅，盐滩亦弹丸之利薮耳，然关于国家之政治权与征税权者，实非浅鲜。况金、复而外，租借非一地也，亦非一国也。视眈眈而欲逐逐者，环而伺之，斯之不慎，继起者踵相接矣。此世昌之所以断断固争，而未尝或懈也。

纪金复租借隙地

光绪二十四年三月，中俄两国各派全权会商租借旅顺大连湾事宜，订约于北京，约内第五项载有，所租地界以北，定一隙地。由中俄两国商订专条，确定界限。

---

〔1〕 金州厅，雍正十二年（1734 年），置宁海县，治所在金州，隶奉天府尹。道光二十三年（1843 年），宁海县升为金州厅，属奉天府，厅治在今大连市金州市。光绪二十四年（1898 年），沦为帝俄旅大租借地一部分。日俄战争后，与旅大租借地一起被日本强占。1945 年抗日战争胜利后，重归中国政府管辖。

〔2〕 弁髦，弁，黑色布帽；髦，童子眉际垂发。借指没有价值的物品。

此隙地之内，一切吏治全归于中国官等语。未几，我国使臣许景澄、杨儒[1]与俄外部大臣谟拉维诺夫会议，续订租地及隙地界线事宜于俄都森彼得堡[2]。先是，我国以金州厅城为重镇要地关系紧要，且驻有文武官吏，曾由政府商诸驻京俄公使，允不划入租界之内。至是会议隙地界线时，俄外部因先以西岸从营口起，经海城、凤凰、大孤山讫东岸五道河口止为请，当经许公使等以营口既属商埠，凤凰城形势又居边要，如果列入隙地，则异日遇有调兵等事，未免牵制窒碍，遂与俄外部竭力磋商，将此三处一并划出，不归隙地。议既定，订立第一次分界专条六款，第二款载有租界地段迤北，按照北京约内第五款所载，定一隙地，其界线应从辽东西岸盖州河口起，经岫岩城[3]北至大洋河沿河左岸之河口止。又第五款载有，中国允许不将隙地地段让与别国享用，并不将隙地东西沿海口岸与别国通商。又允不将隙地地段内造路开矿及工商各利益让于别国。二十五年三月，我国乃遣分界委员福培、涂景涛等会同俄员伊林思齐勘划辽东半岛租地及隙地界线。先勘定北段陆地界线，自辽东半岛西岸之亚当湾北岸起，往东间有偏北、偏南，讫辽东半岛东岸之貔子窝湾北岸止，复偕俄员乘轮周历辽东半岛，勘定南段界线自尽东之海洋岛起，至迤西之簸箩岛即西中岛南半，统计各岛及无名小坨子共二十六处半。簸箩岛中间有平坦地面，系属斥卤，中有潮沟一道，俄员拟于岛之北半山根竖立界牌，经福委员等与之协商，始拟以潮沟为界，于沟之西北尽处沙坡立碑，南北段界线既定，因在辽东半岛自西至东之租地及隙地交界处标明界址，共立界牌三十一块，以俄字母依次为记，自阿始至额终，又加立小界牌八块，以号码为记，自一始至八终。当经按约在簸箩岛划分界线，将纬线迤南之村落归入租界，纬线迤北者归入隙地。会勘毕，与俄员会于旅顺口，订立第二次分界专条八款。第一款内载明，将与租地边界互相毗连之义地冈、花儿山屯、孙家屯、姜家屯、韩家屯、周家山嘴、大李家屯、老叶家、大周家屯、韩家庄、高家店、李家店、李家屯、杨家沟、郎家屯、大唐家屯、张家沟、葫芦头、杨家屯、小陈家屯、小老虎峪、山嘴屯、郑家屯、三官庙屯、杨家屯、安家屯、宋家屯、滕

〔1〕 杨儒（1840—1902年），汉军正红旗人。晚清著名爱国外交家。同治六年（1867年）举人。光绪十四年后历任江苏镇海道道员，太常寺少卿，清政府驻俄、奥、荷三国公使等职。光绪二十六年（1900年），沙俄出兵强占中国东北，次年1月被任为全权大臣，赴俄谈判。谈判中，沙俄提出侵占东北条款，迫使签字。杨儒不畏强暴，拒绝签字。光绪二十八年（1902年），病逝于俄京任所。

〔2〕 森彼得堡，今译作圣彼得堡，位于俄罗斯西北部，波罗的海沿岸，涅瓦河口。

〔3〕 岫岩城，今辽宁省岫岩满族自治县县城。

家庄、曲家屯、高家屯、宁家屯、沙泡子、宁家沟屯、吴家屯、两王家屯等处，划在隙地之内，以清租地、隙地界限。第八款内载明，所立界牌，每遇三年应行查阅。届期两国交界本营官各派一员，会于一定处所，顺界线而走，查阅大小界牌。如见有损坏者，查阅官切实遵守此次专条，并附于此次专条之图，仍就原处重立等语。旋将专条签字互换，并将界线绘图，注以华俄文字，此从前中俄两国划分辽东半岛租地、隙地界线之大略也。迨三十一年秋，日俄和约告成，是年十一月，中日两国各派全权会议东三省事宜，订立条约。于正约之第一款、第二款，分别载有中国政府将俄国按照日俄和约允让日本之一切，概行允诺，以及日本政府承允按照中俄两国所订借地原约，实力遵行等语。由是辽东半岛租地之权移而属之日本。三十二年三月，复州知州报告金州租界外隙地各村屯，因无地方官吏管辖，盗劫匪扰，民不聊生。该处士民亦屡请归入复州管理，征收钱粮。将军赵尔巽饬州查明地面村屯，钱粮各数目，造册禀覆核办。嗣经查得金州租界以外之隙地，东西约长百里，南北约宽十四五里至四五里不等，现在日人将此地划作两区，分区设长，经理事宜。自大姜家屯东至大沙河三十余屯，名曰第三区，派金家屯人金纯玉为区长，协同会首王绍廷等管理。又自大沙河东至赞子河九十余屯，以及赞子河东至碧流河三十余屯，名曰第五区，派单家屯人单廷宝为区长，协同会首郑瑞年等管理。倂计约有村屯一百数十余处，并查得日人将两区钱粮按照金州原有粮册加倍征收，每亩银圆一角一分。迭与驻扎瓦房店之日军政府中尾理三郎抗论，日员始终推诿。未几，又据报称中俄划分租地、隙地之原立界碑，现被日人在金、复两属毗连地段，自老虎峪起至高家屯止，有拔毁界碑之处。赵将军乃饬交涉局以书致日落合参谋长，请其派员会同复州牧按照中俄原约悉数补立，以清界限。六月，复州牧董元亮以金州租界隙地界碑前被日人拔毁，曾经函告日员会同补立。乃时逾两月落合参谋迄未派员，复屡与日军政官磋商，而彼率以非其权限所辖为辞，禀请速为设法。复由交涉局以文致驻奉日萩原总领事，要其转催落合参谋长，迅速派员会同补立。日领事置不答。七月，议将金州租界以外隙地，由我国清界自理。因令交涉局向落合参谋长声明，略谓中俄会订分界条约第五款载明，所租地界以北定一隙地，此隙地之内一切吏治全归于中国官等语。故中俄两国在辽东半岛划界时，曾将复州所属十五屯划入租界，将金州所属五十屯划入隙地，立有界碑。其隙地内地方吏治，照约本应由中国地方官管理。前因战事纷纭，未遑将此隙地规定治权。现在和局大定，中日北京条约既允照中俄所订借地原约实力遵行，则斯处隙地自应按照中俄两国分界条约规定权限。兹我国拟将隙地归入复州管理，特声明以免混淆。旋得复文，谓此事应归外交官办理。交涉局复宣告萩原总领事,仍置未答。是年十月,赵将军复令交涉局牒告日领事,略谓中俄旅大租界专条第八款载有,所定界碑,每逾三年应行查阅,届时由两国交界本管官各自派员,会于一定处所,查阅大小界碑。如有损坏者,查阅官切实遵守专条,仍就原处重立。今自光绪二十八年起至本年,已届三年之期,应行照约查阅,务请贵国派定专员,会同我国所派之员,前往详细查阅。日领事得牒后,始以会勘租地界碑一事,现奉外务大臣训令,以时届严冬,实地调查既多不便,且现在此地尚为日军占领,须俟中国明年三月兵队撤尽后,方可实行调查等词牒覆。三十三年正月,复州知州吴瞻莪报告,昔年中俄会勘旅大分界时,曾将复州所属之枣房身、二道岭、姜家炉、陈家屯、平房屯暨隙地姜家屯之地亩,并西中岛纬线迤南之董家屯、桑家屯及凤鸣岛纬线迤南之曲家屯、杨家屯、卡腾房屯、西南屯、东沟屯、东南屯、东北屯等十五处村屯,归入租界。嗣被俄人于二十七年秋间越界征收西中、一名簸萝岛凤鸣一名兔儿岛两岛界线迤北隙地钱粮,复占去平岛、交流、鹿坨一名鲁坨岛三岛。迭与争辩,未及索还。适日俄战起,暂从缓议。迨俄人北去,日人相继占据。当向驻复日军政官平山治久照约商索,日员始则允将西中、凤鸣两岛隙地暨平岛、交流、鹿坨等岛钱粮归还我国经征,旋又反复谓此五岛前已由俄员管辖,现在俄人远窜,当归日人管辖,因亦始终坚拒,不允交还。禀请设法维持,赵将军以西中、凤鸣两岛界线迤北隙地,暨平岛、交流岛、鹿坨岛本未划入租界,乃俄人侵占于前,日人效尤于后,因拟先将租地、隙地界碑勘定,然后再行提议隙地内治权。遂于二月檄饬交涉局以辽东半岛租地界碑,前已声明因届查勘时期,当由两国派员会同查勘。现值撤兵期近,天气亦渐向暖,请即预定时期,以便派员调查。牒告驻奉日总领事,一面复由交涉局委派谙练测绘之员应大钿、李春荣等前往是处,先行勘测。旋经应委员等会同复州牧,将日人拔毁界碑并隙地内大概情形查明,绘图报告。据称,俄人前立大碑三十一处、小碑八处,现仅存大碑十二、小碑四处。并称从前所谓隙地内之五十二屯者,现亦一律查明,实系金州积玉社下五甲之管界,曾经金州绅民请归复州管辖,计东自张家沟、刘家沟与复境交界之孙家屯起,西至与复州大姜家屯交界之韩家屯止,计长约三十余里。其张家沟以东尚有一百二十余屯,系东自谢家屯起西至张家沟止,约五十余里。统计隙地内大小村屯一百七十五屯,延长约九十余里,现均被日人占据。又附近海面之凤鸣、西中等岛,亦均在被占之列。是年七月,世昌浏览卷牍,以金、复租界外隙地问题关系甚为重要,往者屡牒驻奉日总领事派员会勘界碑,而日领事迄未具覆。所有隙地划归复州管理一节,迭于日领事集议磋商,亦未就范。若再任其延宕,诚恐日后挽回愈形棘手。遂于九月咨请外务部转告驻京日公使，从速派员会勘界碑，并饬奉天交涉司陶大均委派妥员，再行详勘附近海面之西中、凤鸣各岛等暨隙地形势。旋查得交流、平岛面积甚狭，鹿坨尤为褊小，承西中、凰鸣两岛之北，全属复州管辖。西中岛距复州九十二里，南北约长二十五里，东西宽十余里。中划界线，曾载入中俄分界专条。界线迤南约二里许为租借界线，迤北二十三里则划作隙地，隶于复州。岛中尚存俄人所立石碑，高二尺，宽一尺，厚七寸，在罗儿屯、洪子南屯两屯车道西边沙泡偏坡地方。凤鸣岛在西中岛迤东，南北约长三十里，东西宽十里，与西中岛并峙海中。其界限亦分南北，界线迤南约十七八里为租界，界线迤北十余里则为隙地，隶于复州。现在两岛中间，日人均设有警察出张所。因复据情咨明外务部，以备考核。现此案已由外务部与驻京日公使直接提议矣。

纪金、复租界盐滩

奉省金州厅复州一带，地势濒海，均为产盐之区。光绪二十五年，中俄两国勘划辽东半岛，订立租界条约。凡租界内盐滩，仍由我国商民照旧开办，固未尝归俄人管理。迨三十一年，中日北京之约既成，正约第二款载有日本允照中俄两国所订借地原约，实力遵行等语，盐滩因未载入约章，嗣是而租界内盐滩遂渐由日员管辖，日商经营。且时复勾结奸民，贩运租界盐斤牟利。即租界以外之盐滩，如西中、凤鸣两岛租地界线迤北属于隙地者，亦屡被日人村野等越界设局征收盐税。前将军赵尔巽以食盐为国家专利之品，各国无不周知，亦无不认可。咸、同以来与英、法、奥各国缔约，皆载在禁令。矧辽东半岛旧有之盐滩，中俄旅大约内既未允准归俄经理，即中日北京约内亦未订明归日主持，自应将租界内所有盐滩，向日人提议，按照条约仍由我国商办，并将租界以外西中、凤鸣两岛盐滩盐税，设法收回，以保主权。三十二年九月，移牒驻奉日萩原总领事，要其转告关东都督日大岛男爵，从速解决，萩原迁延未答。未几，日人又在金州等处盐滩招集公司，购地晒盐。赵将军乃据情咨请外务部向日公使磋商。三十三年，世昌会同奉天巡抚唐绍怡于日总领事会议交涉之际，提出磋商：一、运售东三省各地之盐，每年至多不得逾十万担。二、盐进内地，照章收税。三、除限定运销东三省外，其赢余若运赴他处，应收出口税，名曰滩价。日领之意则欲扩充运售之数至二十万担，所收之税每担四元五角，以二元归都督府，而盐滩出口税坚不承允。经告以盐产为我国自然之利，酌收滩价为理论上当然办法。矧东省而外，凡租借各地如广州湾、澳门、胶州湾等处，皆为滨海产盐之所,若不收滩价,将来纷纷效尤,内地盐商必多侵害。力辩再三,领事知不能夺,乃别出一策,请将租界之盐尽数由东省官买。然此等办法,不啻日人设一制盐公司而我包收之,彼享其利,我必受其亏。且东三省岁用食盐若干包,购租界之盐与界外业盐之民有无妨碍,尚未可知。非详细调查,彼此研究,不能决定,议遂暂辍。要之关税章程,进口税必与出口税相提,并及租界盐务,日人方力图发达,将来转运日韩者必多,出口税项亦必甚巨,固不能不与力争也。

税务交涉篇

东三省未筑铁路以前，虽与俄接壤，输入洋货甚少，洋商亦鲜至内地营业。当此之时，三省税务若木植，若牲畜以至土药、烧当、网场、百货等捐，胥由将军、都统各遣员分办。光绪二十三年，订立东三省铁路合同，载有中俄两国各于铁路交界设立税关，此税应照各国通行税则减三分之一交纳，是为交涉之始。顾铁路未成，设关仍从缓议。拳匪之乱，俄人占我奉天、营口，夺我征税特权。吉省之拉哈苏苏，则越界设关，稽征出入货物。其俄货之运入江省者，由汽车则自满洲里入境，至对青山以达哈尔滨车站。由陆路则自黑河至瑷珲入境，经墨尔根、博尔多、布特哈以达于齐齐哈尔省城。又皆藉口于修路材料，照约概免税厘，而吉、江两省税员，亦未敢过问也。三十一年，日俄战罢，营口地方由日人交还，于是税权始还复中国。次年，前黑龙江将军程德全派员设局于铁路车站，专权华商，试办于昂昂溪，推广及于扎兰屯，博克图等处，而铁路界内始有中国之税局矣。复商于俄之驻江外部官，凡俄商由黑河运货入江省，及由江省运货赴黑河，统照海关通行税则按百分之五完税，而江省之陆路通商，始有出进口税矣。然于税关章程，犹未遑议及也。三十三年，世昌抵东，时值大连湾海关及安东海关布置已定，均于五月二十一日为开关日期。复察大东沟商埠情形，日益畅旺，乃饬安东税务司派副税务司立花政树前往经营，宣告八月初八日开辟。吉省之拉哈苏苏，俄人越界设关垂十余年，世昌饬交涉司邓邦述据约与争，辩论再三，始允撤去归我自办。又派员会同税务司葛诺发与铁路公司总办霍尔洼特暨俄领事刘巴等开议税关事，俄人要索多款。其最关重要者有二：一为俄货于进口时，已在税关完过正税、子税后，无论何时，运至何处，概不重征。一为俄国由此铁路运货至昂昂溪车站，改用马车运往黑河，应照过境货之例，退还已缴进口正税、子税。向来税关办法，凡运洋货入内地者，须将拟往之地于所领子税单内注明，到后子税单即行作废。俄员所请无论何时何地，既不合于向章，所谓过境货者，系专指由此铁路运入中国，仍由此铁路运回俄国而言，亦无干于陆路改运。磋磨数月，辩驳百端，按照外务部与驻京俄公使所议大纲四条，定为细章八十八款，于三十三年十一月画押，三十四年正月实行。税关既成，于时呼伦贝尔并援昂昂溪、扎兰屯之例，于满洲里铁路界内设立垦边局，兼管税务。当设局之初，护副都统宋小濂曾商之于驻扎呼伦贝尔俄外部官，业经认可。委员到局以后，与铁路俄员相处亦无间言。乃于三十四年之秋,突有逐我税员、下我国旗之事,横暴无礼,至斯已极。厥后虽由俄官送回税员,悬挂国旗,而百里不纳税之说,仍坚执不允迁就。此二年中,俄商有抗捐子税、麦税及不缴皮捐之案,日商有抗纳七四厘捐及傅家甸有不肯认捐之案,大率援铁道界内百里不税为词。门户洞开,交通便利,吉江商务,日异月新,畴昔荒凉寂寞之场,将变为商贾辐辏之域。如满洲里、瑷珲两埠,均在交界百里范围之内。地于俄为最近,将来出进口货,亦必于俄为最多。现值中俄两国改订条约之期,宜设法斟酌删改,使臻完善,且不授各国以口实,则税务或有起色乎。虽然,商埠既开,洋货之入内地者渐众。必欲一征输之政,绝争论之源,非至加税免厘实行之日,不足以断葛藤而臻辑睦也。

纪南满海路运输杂粮

东三省垦辟以来,地利日兴,杂粮繁殖,盖藏既裕,市值亦廉。日商涎之,拟将东省所产小麦及他项谷类,准予由海道输出,以逐什一之利。光绪三十四年春,驻京日公使请诸外务部,略谓光绪七年中俄陆路通商章程[1]第十五条内载,中国米不准贩运出口,其他之小麦粒谷并无禁止输出明文。又中日会议东三省事宜附约第十一款,满韩交界陆路通商,彼此应按照相待最优国之例办理。是则商人经满韩国境而从满洲输出小麦及其他粒谷,似亦无不可。且既可由陆路输出,则拟请援照此例以行于南满海路,谅亦不妨通融。外务部以未深悉地方利害,函商税务大臣,并咨请就近体察情形,酌量办法。世昌查东省土地膏腴,五谷产额甚广,除米麦外,凡输出之豆类及豆油、豆饼,为出口之大宗,比年放荒、招垦、树艺蕃滋。俄日商人由陆路运出小麦、高粱、包谷为数至巨。良以地方所产,丰稔连年,若令农有余粟,何以剂盈虚之消息,而通民族之供求。矧中日东三省约章既有满韩交界陆路通商,应照相待最优国之例,此次日使所请由海道运输杂粮,虽行船通商与陆路章程有别,第同一输出,既无妨于民食,且可扩充贩路,增益税征,度势揆情,不妨允许。惟所有税厘,仍当照章完纳。倘开禁以后,外运过多,内用或乏,不能不示以限制。如遇荒歉之岁,地方官吏欲令停运,则先期一月报明长官,悬示晓谕,届期即行禁止,不得稍有异言。并声明东三省杂粮出产较多,始能准予出洋,至他省及各通商口岸,不得援以为例。凡此数端,非令日使一一承认不可,遂以此意分告外务部及税务

〔1〕 中俄陆路通商章程,中俄双方1862年(同治元年)3月4日在北京签订。俄国商人在中国获得了包括边界百里内免税,在蒙古等地区自由贸易特权。

处。既而日使均已允认，惟欲将小麦所制之面粉及小麦等，有非东三省所产而运至东三省者，不论内外何地所产之面粉等，一律准其输出，外务部暨税务大臣复先后咨查，世昌以东三省所制面粉本与小麦同类之物，原可照允。但闻日人拟在东省创设磨面机器厂，恐藉此擅于铁路附属地设立，将来小麦必致不敷于用，倘反须购之外洋，于税厘不无关系，应俟画定商埠，界内方准开设，或作为另一问题。且日使续请无论内外何地出产面粉，一律准其输出一语，更觉漫无限制，断难照行。以复外务部，外务部遂仅将东三省所产小麦、高粱、包谷、面粉数种，准各国由海道输出，余则置之缓议焉。

纪大连湾海关

光绪三十二年七月，驻奉日大田总领事牒告前将军赵尔巽，略谓现奉外务大臣来电，伊国政府拟以日历九月一日开放大连湾，与各国通商，并以斯处为自由口岸，凡进出口之货物，概不输纳捐税。嗣后任听各国商船航行大连，从事贸易。赵将军以中俄南满洲铁路合同第五款，载有俄国可在辽东半岛租地内自行酌定税则，中国可在交界征收货物从该租地运入或运往该租地之税，暨中国政府可将税关设在大连湾，自该口开埠通商之日为始等语，是大连一口，本非无税口岸，且中日北京正约第二款，日本政府允照中俄原约实力遵行，现在大连之埠既定期开放，自应即向日人照约商设税关，征收出入租地货税，并查照从前中俄议案，税务司应由我国派委，遂与前北洋大臣袁世凯往返电商，复以是处税务关系东省商务全局，设关一节，其势断难从缓。因即咨请外务部查照中俄原约，向驻京日公使提议。外务部日公使林权助请诸日政府，未几牒覆，谓伊国政府已允照胶州税关办法，请由我国即饬总税务司会议商定，外务部乃咨行税务处，转饬总税务司赫德[1]会同日公使订期集议。十二月，总税务司赫德与驻京日公使林权助会议大连湾设关征税办法于北京，当将胶州税关现行办法向林公使提议。林公使覆称，伊国政府愿照胶州税关从前办法办理，如酌核旅大租界情势与胶州或有不同之处，不妨略事增损，以期适用。赫税务司乃与林公使按照胶州税关原定条件，迭次磋商。三十三年四月，拟就设关征税办法十八条及副件，缮立华洋合同，呈请税务处核定。其合同正件系属英文，已于本日公同签押，与前次胶州签押之合同大同小异。经税务处将所拟条件内有

〔1〕　赫德（1835—1911年），英国人，1854年来华，曾任清海关总税务司近半个世纪，任内创建了税收、统计、检疫等一整套海关管理制度，创建了中国近代邮政系统。1908年回国。

与从前胶州办法差异之点，逐条签出，转咨外务部复核。外务部以合同所载关东州租界名目，与中俄所订专条不符，应改为旅大租界。又中俄会订条约第四款载明所租之地，俄官不得有总督巡抚名目，此次合同内所载关东州都督，应改为旅大租界办事大臣。又合同第二条载，该关所用各项员役，原宜选派日本国人，仍应将员役二字照胶州章程改为洋员。以上各项，均应更正。惟现在既由赫税务司向林公使预为声明，告以此次所订合同姑先试办一年，俟试办期满时，须再会议酌量更正。其余各条，虽字句稍异，尚无关出入。即胶州章程有民船征税一条，此系常关办法，自与大连有别，未经列入，即可照准。议既定，复据赫税务司声称，所有设关办事一切详细办法，暨该关纳税试行章程，须俟税务司到彼筹度妥协，再行详定。请允于一百八十八结之首，即中历光绪三十三年五月二十一日，作为大连关开办之期，先行调派关员前往，以便筹备一切开关事宜。外务部乃从其请，即将赫税务司与林公使会议设关办法始终情形，咨行到奉，并声明大连湾海关已定于三十三年五月二十一日为开关之期，遂饬奉天交涉局先期向驻奉各领事分别牒告，并由度支部咨会税务处，将大连新关收支税款各节，悉照胶州海关成案办理。六月，大连关税务司拟订纳税试行章程二十八条，缮具汉文、英文、日文各一件，由总税务司转呈税务处核定，经税务处以所订试行章程第四条，土货由陆路运进租借地内，再装运出口，除令完正税外，并须申明如未完过内地税厘者，应先补完半税。又第二十二条，凡转船之货，必先赴海关报明，除令俟海关允准方可转装外，并须申明该货需与舱口单相符，不得分拆零散，再为转载。因复转饬大连税务司，向旅大租界办事大臣会商更正。旋据覆称，货船一节，日员已照允添入第二十二条之内。惟土货由内地运进租借地内，由大连关征收半税，以补在彼未完过之税厘一条，日员以征收内地税厘，属在海关职守之外为辞，未允照办。旋由税务处筹示抵制之法，略谓大连海关试行章程第四条内，拟增凡运往租界之土货，如有未完内地税厘者，宜于出口时补完半税一节，原为维持内地税厘起见。现在既以为属于海关职守之外，则嗣后奉省内地税厘，必须由内地关卡认真稽征，方不致有走漏之弊。遂饬交涉、度支两司会商，转饬内地各处税局一体认真稽征，不使稍有偷漏矣。

附大连湾设关征税合同条款

第一条

大连所设海关，应于各税务司中拣日本国人派充。该关税务司倘有时应行更调,则由总税务司与日本国驻京大臣定明另派。

第二条

该关所用各项洋员,原宜选派日本国人,惟或因未能预料,仓促缺出,更调不及,或因别关人地相需,必须调往,则大连海关未便悬缺久待,即可调派别国之人暂行委用。

第三条

该关税务司如应更调,总税务司亦应先行知会旅大租界办事大臣。

第四条

该关与日本国官员暨日本商民等文函往来,均用日本文。他国商民寓居大连者,均准用汉文或英文,以便交易。

第五条

凡有货物由海路运进大连口岸,均不征完进口税饷。若货物由旅大租界内运赴中国内地,即由大连海关照约征收进口税。惟各货若未领有大连海关准单,不准运出旅大租界以外。该处驻扎日本官员,现允酌定防范之法,以助该关严杜弊端。

第六条

凡中国土货由内地运进日本国租界内,若再装船运往他处,即由大连海关照约征收出口正税。惟旅大租界内所产之土货,并界内土产及由海路运来之物料制成各货,其出口时,无庸完纳出口税饷。至中国内地各物运入旅大租界内制成各货,其征税章程,应照现在胶州德租界内情形相同之制成货物办法办理。

第七条

中国土货由中国通商口岸运进大连,若留于旅大租界内不再运出者,无庸完税。若过界运往内地,则须按照条约税则,在大连完纳税饷。

第八条

中国货物在大连完纳出口正税,报运他口,准领完税凭据。俟进通商他口,将凭据赴关呈验,即照现行条约税则,完纳复进口半税。

第九条

凡日本及各国洋货在通商口岸已完进口正税,复欲装船报运大连者,准照约章办法办理,即系准赴关请将所完之进口正税发给存票。该货运进大连,若不出旅大租界,即不征税。如再出口运往外洋,亦不征出口税饷。

第十条

凡中国土货由通商口岸运进大连,若呈有在原口完过出口正税之凭据,复装船运往外洋,即无庸完纳出口正税。

第十一条

所有收支船钞暨泊船归费一切事宜,大连海关无庸经理。

第十二条

大连海关征收税饷,即照现时通商各口之税则办理。

第十三条

日本国允日本国租界内大连地方,指定处所足为中国建立海关暨盖造各员住屋之需,其置价或租费,须在该处公同酌议订办。

第十四条

所有偕同听审暨帮同料理案件一切事宜,日本国允不派海关人员充当。

第十五条

凡在日本国租界内欲领运货进出内地之凭单者,只须赴大连海关请领。其通商口岸监督、关、道所有之职分权柄,大连海关均与一律无异。

第十六条

所有出入内地之子口税,应由大连海关按照现行之条约税则征收,即进出口正税之半。

第十七条

稽查走私偷漏暨违犯关章等事之办法,嗣后酌核另订。惟所有掌握查讯之大权,自归日本国所设之衙署。

第十八条

嗣后大连湾商务扩充,其情形或致改变,彼此认明此次所订为试行之办法,若遇有窒碍之处,可随时酌量修改,以期美善。

续订大连湾设关征税办法副件内港行轮办法

一、兹因日本国政府允中国在旅大租界内之大连地方设关征税,是以现定本关应有发给内河行轮专照之权。凡有轮船,准其驶赴内港,来往一切规条,总应按光绪二十四年五月、七月前后所定之内港行轮章程,并光绪二十九年八月补续章程驶行。尤应按以后彼此定明之各项专章办理。

一、凡有轮船欲在内港行驶,无论华洋船只,该船主应持有本国所发之牌照,另具一函附呈海关税务司处收存,换领关牌。此项关牌以一年为限,缴回海关驻销,换领新牌。其牌费初次应纳关平银十两,厥后每年换领新牌,纳费二两,并应每四个月纳钞一次。

一、此项轮船准照章行驶由大连赴内地各处，并由该内地处驶回大连。或由大连驶赴内地，转过通商他口至内地驶回大连。并准报明内地关卡，逢关纳税，遇卡抽厘，即可在沿途此次所经贸易各埠上下客货。但非奉中国政府允准，不得由此不通商口岸之内地至彼不通商口岸之内地专行往来。若有此项所经贸易各埠驶至通商他口之船，该船主即须报关，按该口华洋各项章程办理。

一、此项轮船出入大连时，该船主总须报关请领各单，将出口、入口货物之舱口单呈验，并须声明欲往内地何处。归时亦须报明已到某处，仍须照例完纳税钞。至洋药一项及其余约禁货物，不准运入，亦不准运出。倘查该船有装运洋药及违禁货物情事，可将该货入官，并罚该船洋银五百元。若再犯，即将关牌撤销，亦不予以关牌上所有一切利益。

一、凡有防范偷漏事宜，日本国自可襄办。其巡缉洋药走私及别项违禁货物，尤应襄助办理。

一、此项轮船，总应代中国运送邮袋，不收运费。至中国邮政信袋经过日本租地时应如何办理，可由两国邮局该管官随时会议合宜办法，以期两无窒碍。

一、此次所拟内河行轮章程，系专指行驶中国内港而言，与日本租地内各港无涉。大清国政府、大日本国政府因业经会订中国应在大连设立海关，兹派总税务司赫德、日本驻京公使林权助公同协议各节，由总税务司、日本公使彼此商允后列之逐一要领，作为示谕大连海关现行试办章程之总纲，即系

一、会订大连设关征税办法。

一、续立会订大连设关征税办法副件。内港行轮办法

又互相允许试办，俟期逾一年，即至明年春间，再行另议，以便谙悉该处一切情形及事体如何，即将现时所定以上两端撤销，另议一会订设关征税修改办法，并附晓谕一件。此修改办法，应由日本驻北京大臣会同总税务司商订，其晓谕一件应由租界内日本官员会同大连税务司商订。

又互相允许应由租界内日本官员设法删除由日本租地入中国内地一切偷漏走私各弊，并中国官员防范由中国内地入日本租界一切偷漏走私各弊，应由日本官员协助为理。

又互相允许应设铁路妥善办法，或在大连首站，或在附近境界所择定之车站，即瓦房店或他处将沿铁路往来所运各货，及时由大连关稽查，并应设有征纳各项税饷试办章程。现经协议妥协，彼此画押，以昭信守。

光绪三十三年四月十九日总税务司赫德、日本驻京公使林权助订于北京。

附大连湾海关试行章程

第一条

由外国进口之洋货及外国物料进口后制成各货,如运赴中国内地者,应完纳进口税。洋货由中国口岸进口,倘再运赴中国内地,如无持有已完税之凭据,应完纳进口税。洋货由中国口岸进口,只在租借地内销用,若复由租借地内装运出口,该原出口处海关应将原收税项仍行还付该货主领收,惟须呈有由原出口处海关发给已完税之凭据。

第二条

土货由中国口岸进口,倘再运赴中国内地,如持有已完税之凭据,应征进口半税。

第三条

土货由中国口岸进口,如无持有已完税之凭据,先将应征正税暂存本关,倘或查有偷漏情弊,将该货及暂存银项一并罚充入官。

第四条

土货由陆路运进租借地内再装运出口者,应完纳出口税。

第五条

凡租借地内所产各物,及用租借地内所产物及由外国运来之物料制成各货,若由本口岸装运出口,如持有由日本官署发给之凭据,即不征出口税。

第六条

凡由中国内地,或由中国口岸进口之各物料,如制成货物再出口者,或按原物料完纳税项,或按制成货品完纳税项,均可随该商所愿办理。

第七条

洋货在中国口岸已完进口税项,土货在中国口岸已完出口税项者,再由本口岸装运出口,不征收出口税。

第八条

由内地进口货物及出口运往内地货物,除征收进口、出口各项税外,尚缴内地执照税。

第九条

凡鸦片烟,无论由海路或由陆路运进租借地内,应立即呈报海关。

第十条

洋药由本口岸运赴中国内地，应完纳进口税并厘金。惟洋药或土药由中国口岸进口，如持有已完税之凭据，或贴有户部印花者，不征出口税，并不征厘金。

第十一条

鸦片烟由本口岸运赴中国内地，无论有税或无税，皆须到关呈报，由关发给准单，并盖戳后，方可运往。

第十二条

土药由中国内地及由中国口岸进口，如无持有已完税之凭据及无贴有户部印花者，应按统税完纳。

第十三条

凡兵械弹药爆发物及制兵械等物所用各料进口，如未经海关允准，不得起卸上岸。

第十四条

凡兵械弹药爆发物及制兵械等物所用各料，如无持有由清国官署发给之护照，不准出口运赴中国内地及运赴中国口岸。

第十五条

以上二条所定规则，凡兵械弹药及爆发物，除供日本陆海军及警察官署应用外，概行禁止。

第十六条

凡船只进口，该船长或代理人应将该船牌领事官报单及舱口单立即呈报海关，并将该船名、国籍及货物起运之地，与运往之地、记号、番号、件数、量数、吨数，于报单内一并详细注明。该船长或代理人，必须在该单内自行署名。该进口货物若径赴中国内地，除将在关东租借地内销用之货缮具总单外，另将运赴中国内地之货分缮详细清单，呈报海关，以便易于查验。该舱口单呈报后，如有谬误之处，于二十四点钟之内，务要改正。

第十七条

进口货物或运赴中国内地，或运赴租借地内，该货主应即报明，并将该船名、国籍及货物起运之地、出产之地、制造之地记号、番号、名目、件数、量数及价值，一并缮单，来关呈报。

第十八条

凡船只到关，该船长或代理人必须将该船舱口单，按照进口舱口单规则，自行署名，呈报海关。惟须于请领准单以前两点钟，即应将出口舱口单呈报。

第十九条

出口货物，须缮具出口报单，呈请海关查验。俟海关验讫，领取验单，持赴官银号如数完纳税银，由该银号发给号收，再赴海关请领下货准单。

第二十条

海关准单，须俟领取验单、完纳各项税银后，方能发给。

第二十一条

凡商人领照下货，如因船载已满复行退回者，须将该货再赴海关码头验明，俟发给退关单后，方准起回上栈。

第二十二条

凡转船之货，必先赴海关报明。俟海关允准，方可转装。如未经允准私自转装者，将该货罚充入官，并将船长议罚。

增入

凡转船之货，须与舱口单相符，且原货不得分拆零散，违则禁止转载。

第二十三条

洋货进口征税章程，须按照光绪二十八年所改订之税则。土货进口或出口征税章程，即按照中国向日所订通商税则。

第二十四条

如经海关税务司查验，有应议罚，或应罚充入官货物，倘该商等不服，或有控诉等情，其查办之法，应按西历一千八百六十八年五月三十一日北京协定查办罚金及充官之意，酌核办理。

第二十五条

大连湾海关，除礼拜日及照章封关日期外，每日自早九点钟开关，至晚四点钟闭关。验货厂每日办公自早八点钟起，至晚四点钟止。

第二十六条

商人如欲在早六点钟以前、晚六点钟以后，或礼拜日及放假日期装卸货物必经海关允准，发给准单，交纳规费，方可照办。准单规费，开列于后：

早六点钟以前，收关平银十两。

晚六点钟至十二点，收关平银十两。

晚六点钟至次早六点钟，收关平银二十两。

礼拜日成天，收关平银二十两。

礼拜日半天，收关平银十两。

放假日成天，收关平银二十两。

放假日半天，收关平银十两。

第二十七条

商人无论因何项公事，欲详报海关者，皆须呈请税务司查照。

附则

第二十八条

本章程内所称中国内地，即指关东租借地界限以外中国之地域。

纪傅家甸日商抗捐

东三省自订定运货专照章程以来，各国咸称妥善，独日本驻京阿部代使屡向外务部交涉。迨此项专照办法推行于北满边关一带，并将免税货物专照事宜一律规定后，于是关乎日本税务办法始有端倪。至三十四年，乃有日商抗捐之事。傅家甸者，吉省内地，非在应辟商埠之内者也。先是，有俄人在傅家甸开设火磨及他项经商贸易，滨江关道与俄官多方争辩，允照章纳税。至是，日人又复抗纳，而交涉之事遂起。日商以为傅家甸与东清铁路公司租地毗连，而沿江湾入该地区内，即该处市街，实为哈尔滨外廓之一区，且谓我国政府宣布开放哈尔滨时，傅家甸亦同时开放，迄今既未定商埠地区，断不能仅以哈尔滨一隅为限制。不知傅家甸本不在开放之列，地虽毗连铁路，而界限厘然，安得以哈尔滨赅之。况傅家甸早经设立滨江厅，地方有司自治其地。例之上海设有县官，事同一律。是该处本属内地，确无疑义。今日商居住中国内地，往来贸易自应按照中国税章，一体完纳捐税，方合公理。两国交涉官大率本此意以相诘驳，文牍交驰，历经半载。日领事既理屈词穷，则以事关日商利益，须请示本国政府为词，意图延宕。更嗾使美国领事勿认傅家甸为内地，美领事乃告滨江道，谓傅家甸虽不在开放之列，俄商既经交纳捐税，则美商自当照章办理。倘中国政府允许日人免捐，则美商已经交纳者，务当全数退还，方为公允。美领事亦明知傅家甸本属内地，理当按章输税，特以日人既生异议，不得不模棱其词，为利益均沾之计。世昌恐各国相率效尤，复屡催日领答覆，终以未奉该国政府训令，藉词延缓云。

纪日商抗纳七四厘捐

七四厘捐者,吉省税项之大宗,实为巡防队饷需之所自出。凡栈店售卖百货,均按售钱一吊,抽中钱七文,旋因铸钱捐加抽四文,共抽一十一文,是为七四厘捐。向由饷捐局征收,专课华商,不课洋商,为吉省所独有,与他省各税目,如落地捐等类绝不相似,未可引为比例。盖此项税课,本遵照奏定章程抽收,岂能任意停征,或遽请废止。况于理论事实上,外人均属无从置辩。我既不取之洋商,他国即不能问我内政,此固不待智者而后知也。乃光绪三十三年五月,日商三井洋行[1]运货到宽,存寄华商栈店,委托代售。饷捐局即按照该栈店进货资本课税,驻宽日领事竟以对于日商货物,何得课取七四厘捐,殊与约章有违,请速废止等词照会该局。旋将此案移至省城交涉。当由交涉司照覆日领事,告以此税系对于华商货值征抽,即所谓对于货物之成本课取,并非对于货物课取。至于洋货,则更无关系,因由买主抽收此税。纵货物为日商所输入,但既经转入华商之手,即成华商贸易。照章纳税,本与条约无干,更何违背约章之有。此项厘捐,实为吉省一种之营业税课,若谓规则未尽完全,犹可熟商。若欲请停废,是干预我国政权,决难允认,日以不得志于吉林,复移交奉天总领事交涉云。

附吉省交涉司与日领事来往照会十一件

为照会事。前因长春饷捐局将输入之日本商品课以七四税,使日本商人多受损害,实系违背条约。曾于去年十二月二十一日,以第四十七号照会,照请从速废止在案。兹于光绪三十四年十二月二十一日接准贵司第五十一号照会,照覆一切。据来文云,七四税系课自买手,且较各省厘金为轻。日本商品一经移入清国人之手,即当为清国人贸易,不得谓为违背条约云云。而据驻长春领事松村之报告,则谓在长春美国商品,皆免除七四税。若然,则敝国商人未免吃亏。查一千九百零三年所订中美条约其第四条之规则云,美国输入清国之商品,一经纳税后,所有厘金等税概行免除。日本商品当系最惠国条款均沾上举中美条约之利益也。为此备文照会贵司,请即转移度支司,速即严谕长春饷捐局,将此税废止。盼切施行,须至照

---

〔1〕 三井洋行,全称日本三井物产株式会。隶属于日本三井财阀,是近代日本对华经济侵略的主要工具之一。

会者。宣统元年正月十二日日领事致交涉司照会

为照覆事。案准贵领事第五号照会内开，据驻宽松村领事报告，在长春美国商品皆免除七四税，日本输入商品，应查照中美条约除厘金等税，均沾最惠国条款之利益。等因，准此。查美国运进洋货应纳之税，约有明文。长春输入美货，现亦照章缴纳七四厘税，历由该局办理在案，从无免除之说，美商亦并无请免此项税捐之正式公文。不知驻长领事何所见而云然。至中美商约第四款载明，美国允许美商运进之洋货及运出外洋或运往通商他口之土货，除照当时税则应纳正税外加完一税，以为裁撤行货税捐之补偿。又云，进口货税增之切实值百抽五外，再加一额外税，照和约所定加一倍半之数。据此而论，必须俟正税加税完清之后，方能全免重征各项税捐。今以外国输入货品运抵长春，并未由敝国征收此项额外加添之税，而饷捐局所收七四厘捐，亦并未逾正税一倍半之数。本司详细查核贵国输入长春商品，既未按照正税、加税两项征收，此时暂照吉省普通之七四厘税完纳，极为平允，与贵国商人并无吃亏之处。况新订商约，此节尚未实行，并无实施之效力，更不能先有利益可供第三国均沾。此义甚明，并无疑虑。望贵领事再为覆按，自必能共表同情也。除将此案仍由西路道与贵国驻长领事和衷商办外，相应备文照覆贵领事，请烦查照施行。须至照覆者。正月十六日交涉司覆日领事照会

为照会事。照得日昨二十二日即中历二月初三日，在抚院与贵官及陈大帅会谈关于七四税之要旨如下，本领事以为七四税系对于外国货物覆征一种之税金，实属违背条约。当蒙贵官与陈大帅答以七四税系向清国商人之资本上征收，并非对于外国货物上之重征，实非违背条约云云。然本领事反覆筹思，日本商人与清国商人交易之际，以此种税有负担于日本商人上之故，具见对于日本货物覆征一种之税，实与违背条约无异。本领事特为抗议，请将征收之时设法更改，并请废止在交易之际征收，或随时或一年数次。若能如此，则收入之数毫无所失，而具免彼此误解，岂非一举万全之策。陈大帅及贵官对于此议深表同意，惟七四税系经政府许可征收，若更改征收方法，非备案申请政府许可，不能实行。其间为期甚久，可否请速改正其方法为盼。以上之事实，望贵官确认。因此声明，请烦查照施行。须至照会者。二月初四日日领事致交涉司照会

为照覆事。宣统元年二月初四日，接准贵领事贵历明治四十二年二月二十三日第七号照会，具悉一切。本省七四厘捐事，前日会谈结果，彼此均甚惬洽，知其标准专在资本，不在商品。而按其性质，颇似营业税之一种，显与落地捐不同，固无重征之嫌，亦非违约之税。贵领事乃因征收方法稍有不宜，易致误会，要请更正。此

事关系吾国内政,改进完全之域,本属督、抚、宪、本司夙愿之所在,兹准前议,自当速为整理,以副雅意。但在今未经厘定通行之时,此项赋课仍应照常办理。相应照覆贵领事查照备案,并希转谕贵国居留商民一体知照为盼。须至照覆者。二月初十日交涉司覆日领事照会

为照会事。关于七四捐废止一案,前与巡抚会议之时,曾经贵官等辩明,谓七四捐系当清商收买外国货物时,征收于清商者,并非对于外国货物课以税金,故不得谓为违背条约云云。本领事详细筹思,如此解说,其理由甚薄弱,本领事不能承认。试问在通商海口征收进口税,该税纳自何人,仍在输入者。即如清国人将外国货物输入,该清国人即需纳此税,然则对于物品征税,非仍纳之清国人乎。以是观之,当征收进口税时,必不得谓为征税于清国人,非课税于外国货物也。至于本案,清国商人自外国及本国他省将货物输入本地,或在本地收买外国货物送至该铺,当担任一分一厘均一税,恰与在通商海口对于外国货物纳税之情形颇相仿佛。唯物品之品类不同,税率均一与否之分别而已,不得谓非征收七四捐于外国商人也。依条约之规定,自不应征收。但往年曾在本地三井洋行收九厘捐,该店成立后,即遵缴征税总额,其后又向该洋行及日本官烟专卖所征收九厘捐及二厘捐,此非条约上所当拒绝者也。是皆该店支配人所告本领事者也。而明谓征收于清商,实则仍归日本商人负其责,是于买卖上之事实,颇多暧昧之处,以至阻害敝国商务。不特此也,抑且对外国货物除征收进口税及抵代税外,更课他税,乃中日通商航海条约第十一条明定禁止者。又查一千八百五十八年在天津调印之中英条约第二十八条内载,外国货物既纳一定通过税后,无论何种名目,所有一切内地捐税,概行豁免云云。可见七四税,实系违背条约。对于外国货物,为不法之捐税。本领事敢要求,从速将该税废止。至本年二月二十二日第七号照会当归无效,合并申明。又吉林省从来对于敝国烟草不收七四捐项,闻已布告敝国官烟专卖所,云此后当收税。并于清国人贩卖时,需将价值报告。因而清国商人颇为恐慌,有请我官烟专卖所代为缴纳者,有竟不敢贩卖人者,以致敝国烟草之销路大受影响。当俟本案解决之日,并要求更正也。为此备文照会,请查照此次照会办理。须至照会者。二月十一日领事致交涉司照会

为照覆事。照得七四厘捐一案,前经会谈解决,复于本月初四日接准贵领事第七号照会,声明解决办法,并请确认前来。当经本司第十号照覆,确认在案。昨又接准第八号照会,详绎文意,在贵领事以末次会议归后,复经详细筹思,此项赋课又与征收进口税相似,乃遂断为违背中日通商航海条约第十一条及一八五八年中英

条约第二十八条，不惜自反前说，再请废止，并欲将已经确认不背条约之第七号照会声明无效。本司于此，抱憾殊深。盖此七四厘捐，其性质、标准税率、征收方法各端，节经当面辩明。当时亦均承贵领事一一知悉，不得比与落地捐，又何得与进口税相提并论。据本司所知之进口税，均以货物为标准，而其税率则不均。本省之七四厘捐，则不论有无货物，一以华商之资本为标准，而其税率则均一。标准、税率既皆不同，征收性质亦自各异，不仅征之谁手之区别已也。且其担负义务，全在华商，征收权责又属内政，何得谓与中日、中英条款有所违背，兹为证明征诸资本与征诸货物不同之点，姑举三事，以破贵领事之疑。一、吉省商人有所谓经纪者，专以兑换银钱为业，并不贩运货物。而本省地方政府，亦按其置本价值，征收此捐。是此七四厘捐，并非对于货物可知。二、此项捐款执照，系据该商置货资本价值填写。不论其为洋货，为土货，又不论洋货何捐，土货何捐，绝与他省征收厘捐凭货起票者不同。现查各商所置之货，如英，如美，如德，如俄，所在皆是，何尝不纳关税。特未闻英美等国有提议请废七四厘捐者。可知此项捐款，征自资本，实与外货、外人无涉。三、我国办理公益、所征捐款名目亦多，常有从商民财产上分等摊派者，不得因该商财产中置有洋货，政府即停而不取。即此又可知与货物无关也。总之，洋货输入我国，照章完纳进口税，我国决不重征。华商握有资本，照章收取置本捐，外人未便干预。来文所请取消第七号照会，并拟废止七四厘捐各节，本司不得理由，不能承认。为此备文照覆贵领事，请烦查照施行。须至照会者。二月十四日交涉司覆日领事照会

为照会事。关于七四税一案，准贵官第十二号照会，系对于本领事第八号照会之覆文，内开，七四税乃对于清国商人资本之赋课金，非课税于外国货物，反覆辨明，不能承认本领事之要求，本领事实以为憾。兹先有声明者，来文云，对于本领事第七号照会已经承认，本月二日贵历二月十一日已有回覆，次日又有委员来。但本领事第八号照会已于前日三月二日送上矣。贵官谓关于本件英、美、德、俄等各国未闻有要求废止者云云。而前年在奉天各国领事屡次抗议，又此番驻吉俄领事亦曾提议，此系该领事明告本领事者，想亦贵官所尽悉者也。当第二次会议时，贵官辨明本税与落地税性质相异，其证据在落地税以货物为标准，其税率不均一，而本领事则谓税率之均一，正为落地税之变体，以致有课税之口实。若通常落地税，则决不能对于外国货物征收矣，想尚记忆。依贵官之辨明，谓七四税向来就清国商人之资本赋课，并非对于外国货物之赋课金，既谓赋课于清商之资本，何以对于贩卖外国烟草之清商独不赋课其资本，是不以资本为目的，而仍以货物为目的，非显然

之证据乎。贵官将何以说明之。如此情形,贵官之见解不同本领事,总极口辨论,恐终难尽速解决,当将本件移归驻奉总领事与总督直接交涉也。为此相应备文照知贵官,请烦查照,并希查照第八号照会末段所载一节,于奉天交涉未解决以前,对于清国商人所买日本货物,不得征收此种厘捐,附此要求。须至照会者。二月十八日日领事致交涉司照会

为照覆事。照得本省七四厘捐一案,本月十七日复准贵领事第十一号照会,对于本司第十二号照会尚有未能明晰之处,本司亦深抱憾。来文云,彼此见解既异,纵使极口辨论,其解决也亦将甚久,因将此案移牒奉天领事,直接与总督交涉。本司于此,殊有疑义。盖以本省交涉案件,由本省巡抚与本省驻在领事商同办理,是谓直接。由奉天领事办理,则谓间接矣。且也交涉案件彼此见解之异,事所常有,正不妨极口辨论,以见真理之所在。乃必欲避去辨论,另易一人间接为之,万一将来仍须极口辨论,不几因之反多周折,反费时间耶。来文又云,关于本案前年驻奉各国领事屡次抗议,今之驻吉俄领事亦复提出此事。本司查奉天各领事之提议,决非本案。以是项捐款,系属吉省独有之捐,奉天并无七四厘捐名目。至俄领之提议,全指俄商自营铺户,其清商之贩卖俄货及代售俄货者,固自承认征收,并未干求废止。来文又云,何以对于贩卖外国烟草之清商,独不赋课其资本。查此事昨已问明度支司,并未发有命令不向是项清商征收。贵领事所因之事实,或系出于税官之漏征,亦未可知。若以漏征认为停征,则恐不独烟草清商为然。来文又云,奉天交涉未解以前,对于清商所买日本货物,不得征收此种厘捐,本司不能承认。凡事未经解决之前,皆应继续旧日施行之效力。况乎此种厘捐,征自清商之手,贵领事亦未便从而干涉也。贵领事必欲移牒奉领间接交涉,本司固可暂行承认,唯按来文所举要点,尚有错误之处,本司未便置而不答。为此照覆贵领事,请烦查照施行。须至照会者。二月二十二日交涉司复日领事照会

为照会事。本月八日准贵司二月二十二日第十七号照会,系关于七四厘捐一案,对于本领事照会第十一号照覆,敬悉一切。内因本领事第十一号照会内有,皆课税于外国货物,贵司所谓收买外国货物清商之资本,独赋课贩卖外国之烟草清商等语,贵司谓度支司向此等清商未发不征税之命令,纵有此事,恐系收税官吏之漏征云云,本领事对此解释,不胜惊讶。查课税外国烟草一事,不独吉林,长春亦然。吉林省外国烟草之销数每年有数十万元之多,税款亦因之增长。然则吉林全省数年以来,均系收税官吏之漏征乎。此等辨明,决不能承认。况以前饷捐局曾预告外国烟草商云,须征税于清商。并向清商布告云,自今以后,贩卖外国烟草,须各将价

目报告。官制改革前,饷捐总局曾有课税命令之证据,度支司继其任,对此重要税款而谓不知曾否征税,决无此理。是盖袭用其命令,而今忽变其方针也。又贵司照复中,谓俄国领事系对于本国商民直接课税稍有抗意,至对于贩卖俄货之清商课税一节,业已承认云云。本领事曾见公文,该领事决不承认此权利。此虽枝叶之末节,特因与贵司之辨白相仿,故略述之。本领事甚望在本地与贵司直接交涉解决此案。奈贵司将以上本领事之辨驳,往往曲护其说,试问何日得解决之乎。若贵司欲平心办理此案,本领事虽已移交驻奉日本总领事,仍不妨在本地继续交涉。惟于前第十一号照会末节未解决以前,对于烟草课税一层,不容本领事之要求,实深抱憾。本领事非对于以前之税要求停征,乃对于现欲征收之税要求免税也。当解决以前废止已征之税,于财政上不无困难,而停止新征之税,于豫算无甚影响,故为正当之要求。然则于旧日施行之效力,毫无关系,贵司当可了然。为此备文照会,请烦查照办理。须至照会者。二月二十九日日领事致交涉司照会

为照会事。对于日本烟草征收七四捐一事,屡经要求在案。兹据该商等报告,又将实行征收。前案未解决,对于新到物品征收此税,实属不当,本领事应提出抗议。此案在奉天未解决以前,不得征收此税。请移知度支司转饬税局可也。为此备文照会,请烦查照办理。须至照会者。闰二月二十九日日领事致交涉司照会

为照覆事。宣统元年闰二月二十九日,准贵领事第二十号照会,对于日本烟草征收七四捐一事,屡经要求在案。兹据该商等报告,又将实行征收,前案未解决,对于新到物品征收此税,实属不当,本领事应提出抗议。此案在奉天未解决以前,不得征收此税,请移知度支司转饬税局。等因,准此。查此案前经贵领事要求前来,本司当以不能承认,于第十七号照会照复在案。凡事未经解决以前,皆应继续旧日施行之效力,并无不当之处。且此税征自清商之手,贵领事更无从干预。为此备文照复贵领事,请烦查照。此案在奉天未能解决之前,不论对于旧存、新到物品,悉应照常征收七四厘捐。即希转饬日商,一体知照是幸。须至照会者。三月初五日交涉司复日领事照会

纪昂昂溪税务

光绪三十四年秋七月,黑龙江行省满洲里边垦局在昂昂溪站向俄人征收税款,俄巴厘司总管巴尔谢夫斯基遣兵骤围税局,将局员闽臣押去,并撤下局悬龙旗,收去巡兵枪械。哈尔滨铁路交涉局总办于驷兴专电报告,并与俄铁路公司派员会查

肇衅原因。据报各执一词,先将节略钞译,互换画押。时呼伦贝尔副都统相继牒报,当饬奉天交涉司委派和会科科员李鸿模、俄文译员周宝臣前往,一面将原报始末钞译节略,以文牒外务部。旋接部覆,附钞致俄使文,略谓,查光绪二十四年租借旅大条约第八款,声明此项让造铁路之事,不得有碍中国应有权利之语。又札兰屯、昂昂溪两处收税,三十二年交涉局将昂站收税事商允公司,续经省署将札兰屯设局情形,照会公司有案,历办三年,并无异议。又上年与俄公使议定北满洲税关试办章程第二条内载,最要车站除满洲里及交界站归入百里边界之例办理外,其余札兰屯等十四站,四面各距五华里为界,界线以内,为实行三分减一纳税之处。此外各小站以四面各距三华里为限,亦同此办法等语。是铁路界内中国均可酌察情形,设立局卡,征收税项,最为明确。今东省铁路公司竟不准华官在铁路界内收税,殊属有碍中国应有权利。应转饬公司,勿得再有此等无理之举动。嗣由李科员等禀称,查得闽臣奉委赴满洲里创设边垦局,征收牲畜及皮毛等税,曾经出有华俄文告示,办理月余,渐有起色。自六月间,俄人阿力克山得罗夫等有抗不纳税情事,局员将其径送巴厘司总办一次。迨后俄商挟前次送押之嫌,必欲抗抵,竟向巴厘司总管处捏词布置。七月朔,有吉力郭夫斯克等买得牛羊,仍不赴局上税,局员如前送惩,而俄总管不理。越日,遂有遣兵骤围税局,押去局员,撤下龙旗,收去巡兵枪械之事。今俄总管已一一承认不讳等语。讵俄铁路公司总办霍尔瓦特,犹以从前订立建修铁路合同第六条载明,凡铁路地段,公司有一手经理之权。向章,除铁路交涉局外,无论何项局所以及官员,未与公司商允以前,不得在界内行政办事。此次华官在铁路界内征收商铺捐税,殊与公司权利有碍,迭次互争不决。因查部覆各节,虽系指铁路税关所征之进口、出口税而言,与昂昂溪等站所征牲畜、木植、羊草等通行地方税性质固有不同。第中国政府原有保护地方之责,各站商民自应有遵纳地方税之义务。况原定合同,只于铁路进项免纳税厘,并无各站商民不纳地方税之文。诚如外务部照会俄使所云,均可酌察情形,随时征税,自无疑义。复查北满洲税章第四条载明,如有应行增改,或于中国税项不便,应行变通更改之处,俟一年后再行相商厘定。现届期满,应由外务部提议,遂即咨部核办。十二月,李科员等旋奉,并接呼伦贝尔副都统宋小濂来文,谓已督同李委员等就近与俄外部官极力争持,磋商至再,始议定办法六条:一、满洲里铁路界内中国照旧设局。二、公司由呼伦贝尔用头等专车送税员回满。三、税员到满洲里后,俄官一律迎接送入局内,公同升挂中国龙旗。四、俄官掳去该局护勇之枪械,如数交还。五、该局护勇仍照原有之额,不能裁减。六、百里不纳税,请外务部与驻京俄公使会议解决。计此案起于戊申之七月，迄于是年之十一月，历时将及半年，至是始结。

纪拉哈苏苏税关

拉哈苏苏隶临江州境地，居吉林东北，为中俄交界要隘。方未设州治以前，地僻人稀，荒凉数百里，几无人迹。光绪二十二年，俄人乘我边陲空虚，越界设关，稽查出入口货物，征收捐税。当设立时，俄官既未照会我将军、都统，而地方官吏亦未揭报。迨三十三年，始设吉林交涉司，照会驻哈俄总领事，以拉哈苏苏为中俄交界要隘，该处设立税关，稽查出入口货物，有碍中国主权。迭经照请撤关，坚持不允。盖事逾十载，俄商占地建屋，布置整齐，税关附近，俨成市区。俄人未肯遽行交还，迭次照催，率以未奉本国政府命令为辞。争辩数月，始据临江州知州吴士澂电称，据俄官面告，该关准十日内撤回俄境。惟该处为华俄商轮出入要口，请速派员接办。于是吉林公署委知府吴文泰前往接收，所有稽查出入口货物事宜，暂照俄国现行章程办理。讵吴守既往，而俄人又未肯遽行交出。五月复准俄领照称，撤退俄关，改设华关，交涉当由两国政府商定后再行定夺。十二月，复准照称，已奉本国户部札谕，准将拉哈苏苏俄关撤去，当由滨江关道与驻哈税务司相机措置，派员接办。属以岁暮江寒，未能前往。滨江道乃电饬临江州吴牧，暂行接收。俟开冻后，再由驻哈税务司查照新章，派员接办。而拉哈苏苏关税，至是始实行撤去。

纪北满税关

东三省合同十二款，原定有出入货物，中俄两国各于交界处所，设关征税之文。光绪三十三年，南满铁路奏设大连湾税关，而北满税关之问题亦连类而及。外务部与俄驻京璞使提议，往复数次，始订关章大纲四条：第一章载明，贸易由铁路运往交界百里各车站，照俄国陆路通商章程暨铁路合同，暂不征税。第二章载铁路运货，按各国通行税则减三分之一纳税。除满州里一站归入百里边界之例办理外，其哈尔滨四面十里内，札赉诺尔、海拉尔、札兰屯、富拉尔基、齐齐哈尔四面各五里内，其余各小站四面各三里内，为实行三分减一之处。如货物运出上指地段以外，均属内地，应补征税。第三章铁路运货三分减一纳税，无论俄货、各国货，经东省铁路运至中国，亦一体均沾。所征之各货物，按照陆路通商章程不免税者，即应照海关新定税则三分减一征税。第四章所议条款，作为北满洲税关试办关章，如有更改，一年后再议。至详细章程与划定界限及指定小车站处所,即由两国会议员商定。当即派员于哈尔滨与俄议员会商详细规则,都五十四条,磋议半年,始克就绪。缘北满商务,几为俄所独擅。设立税关,与俄有密切之关系,故俄人争辩不遗余力。今虽就我范围,其内容与他处税关章程,不无大同小异。惟关于货物完纳子税,运往内地所指之处,沿途概免重征字样一条,并短少之货须由铁路索取应纳之税一节,俄议员多方坚执,不肯承认,竟至停议。世昌一面函请政府向俄使榷商,一面檄催关道与俄员接议。除将前五十四条融会变通外,又添议三十四条,共八十八条。于是哈尔滨之总关,满洲里、绥芬河之分关,均于光绪三十四年正月间同时成立。此外如齐齐哈尔,如瑷珲,如呼伦贝尔,皆系开作商埠之区,亦应有设关征税之举,只以商埠尚未开办,商务甫有萌芽,且齐齐哈尔、瑷珲两城相去铁路绝远,与满洲里不同,必须另拟税章,方为适用。现已饬哈尔滨关道会同税务司从长筹议,尚未能克日施行也。

附北满洲税关暂行试办章程

总纲

第一条　按照光绪二十二年八月初二日,即西历一千八百九十六年西九月初八日,俄八月二十七日建造东清铁路合同,中国政府于东清铁路尽头车站,即满洲里站并绥芬河站设立税关,归哈尔滨总关节制。中国税关将于赫勒洪德与穆林两站安设关卡,以便稽查往来货物,并征收由边界一百华里即五十俄里免税贸易之区运出货物之税。注解东清铁路界内所有保护各项事宜,税关人员亦应一体同享。

第二条　凡货物由东清铁路经过该两处税关运入俄国者,或由俄国运入中国者,应分别交纳进口、出口关税。此税系按中国海关税则之数三分之二。

第三条　以上所言税关,仅收关税。其内地并各他项税捐,一概不收。惟货物投报税关,拟由所定之铁路车站界线内,即外务部与驻京俄公使于华历光绪三十三年五月二十六、二十八日,即俄历一千九百七年六月二十三、二十五日互换照会所定之界线。

注解此条所言子税之数如下:

一、若将货物由所定铁路车站界线内运赴东三省之各内地,子税之数系按照海关税则三分之一计算,即所完进口税之半。

二、若将货物由所定铁路车站界线内运赴关内各省,应补足正税,即未完之三分之一。再照税则所载正税之数,完纳一半,作为他省子税。

第四条　凡关税、子税交纳后,由该税关发给收条及子税单。

第五条　凡货物在铁路单内载明,系运往满洲里站、绥芬河站或距交界一百华里即五十俄里内免税之例,查验免税放行。

第六条　凡由俄国运来之货物,铁路单内载明系运赴一百华里即五十俄里界外之各站,或从满洲里站或绥芬河站装运赴该一百华里即五十俄里界外各站之货物,均由关查验,完纳进口税银。

第七条　满洲里站并绥芬河站设立之税关所有一切事宜,须照光绪七年即俄历一千八百八十一年中俄改订条约并此约续订中俄陆路通商章程,并光绪二十二年即俄历一千八百九十六年建造东清铁路合同,并光绪三十三年五月二十六、二十八日即俄历一千九百七年六月二十三、二十五日北京中国外务部与俄国驻京公使之照会所定大纲章程四条,及于是年九月初一日照会解释之义并现定暂行试办条款,及中国税关总税务司关于陆路通商之训条办理。惟满洲里站税关,既开设通商之处,亦照中国政府与他国所定条约遵行办理。

第八条　税关取其货物往来便捷,并为兴旺中俄贸易起见,凡经过税关之货物,该关应竭力迅速放行。

第九条　满洲里站并绥芬河站各税关必需之房屋,如公事房,或存储过关货物之栈房,以及人员住所,由中国自备,自行筹款。此等房屋,各该站华俄税关,应彼此斟酌,择邻近之处建造,以备货单由此关递送彼关,免其耽延。

第十条　满洲里站并绥芬河站,东清铁路公司若有按前条所拟地势合宜之房屋,亦可租借税关。其租银,同铁路公司商定。税关所需之房屋,东清铁路公司亦可按照税关图样代造,其款由税关发给。

第十一条　查验客人及客人所带之行李,在满洲里站并绥芬河站,俄国税关现有之验行李厂,可让中国税关借用。

第十二条　中国税关房屋即公事房、栈房,并由该关卸下存储之货,其看守之责,归该关自理。惟存于铁路车上、未经税关开起铁路所加铅饼之货,其看守各事,系铁路责任。

第十三条　凡关于公事,在满洲里站并绥芬河站,中国税关、俄国税关并东清铁路互相竭力帮助。

铁路公司允许中国税关往他站递寄信函,均由所往之邮车代递,免资。

中国税关人员,奉公由铁路往来,铁路公司允给公事免票若干纸。

中国税关所发之电报,由铁路电局照常代发,给资。

第十四条　铁路所用刷印单票等项关系关务者,深愿将来随时酌夺。除俄文外,合印汉文,取其办公便捷,及定准一律字样,以便华人辨认。为彼此交换便利起见,交界车站中国税关、铁路公司并俄国税关往来信函文件用俄文,亦随时酌夺备添汉文。中国税关所发单照,亦随时斟酌添写俄文字样。

第十五条　满洲里站并绥芬河站,由东清铁路公司设立报关局,于过该站之货物货主并执事人未在面前时,以备代办报关各事。

注解此报关局办法章程,应俟东清铁路与中国税关另订条款再定。凡遇税银,由该局代交,或用现银,或用东清铁路凭票均可。

第十六条　凡货物,若经税关查出与呈递税关之单照不符,可由税关罚充入官,或议罚,听关自便。

分目

进口货物

第十七条　凡货物由俄国运入东三省,应由满洲里站并绥芬河站各税关分别查验。凡货物在货单内载明系往交界一百华里即五十俄里内,各处税关查明货内并无违禁之物即不准运进中国之物,立即免税放行。

注解此条所言之各货,亦可听该货主自便,可由该入境税关批准加盖铅饼,运往哈尔滨查验征税。

第十八条　凡货物运入东三省,中国税关应按照俄国税关交递之货单副本查验。中国税关自接单后,应于二十四点钟限内查起,凡各车运来之货,应迅速查毕,从开查之日起,不得过四十八点钟。若逾所定之限,由该关将逾限之缘因,立案呈报总关,其副本归并铁路货单。

第十九条　货单必须注明以下所开各节:如原发货人姓名,若能并领货人之姓名,货物从何处而来即原发货之车站,运赴何处,其货物名目、件数、分量、包裹之形势、标记字样号码,并可否注明价值以及铁路人员画押各事。

第二十条　除铁路货单副本外,货主亦可将其原来定明货价、货包件数、分量之发货单等件,呈递税关,听其自便。

第二十一条　除以上所提货单副本外,应由铁路车站人员将总车单并车单呈递税关核对。

第二十二条　接到货单后,税关若将货物数件从车卸下查照或择出数件查验,查明实系与货单种种相符,即照货单所开以定其税。倘或查出情形不符,或货单有可疑之处，即将货物全行卸下，拆开查验。

第二十三条　由满洲里站并绥芬河站经此铁路运入东三省各货，须俟货主或发货人呈递报单，税关允准，方可开往。凡运赴一百华里即五十俄里内各处货物，由税关查明货内并无违禁之物即不准运进中国之物，立即免税放行。凡运赴一百华里即五十俄里界外各处货物，由税关照报单查验，斟酌分别交纳进口税银。凡一百华里即五十俄里内各站运货往一百华里即五十俄里以外各站，应由税关于赫勒洪德与穆林二处所设关卡，查验征税。

第二十四条　凡过关货物，已完清应纳之关税，由税关立即放行。关税完清，由关发给收条，以免重征。

第二十五条　此等已完关税之收条，货主欲按所完税饷将货物全数开载一条，或分别货类并所纳之税开载数条，可听货主自便。但须交纳此项收条之费。

第二十六条　此项收条，于三年内，税关准予承认。

第二十七条　凡违禁之物即不准运进中国之物，被关查出，入官充公。

第二十八条　凡洋货进口时，只完纳进口税，由交界之处或铁路车站界线内运入内地，亦可按照本章程第三条完纳子税，领取运入内地子税单。此单概免内地指明地方沿途各项税厘。指明地方沿途字样，俄议员原拟底稿未载此节，请归北京酌夺。

第二十九条　凡货物完纳进口税时，亦可同时完纳子税。见本章程第三条完纳子税后，由税关发给子税单，以便货物由铁路车站界线内运入内地指明地方，沿途概免各项税厘。指明地方沿途字样，俄议员原拟底稿未载此节，请归北京酌夺。若货物未领子税单，应纳内地税厘。即逢关纳税，过卡抽厘。

第三十条　此等子税单，或按全数货物开一总单，或开为数单，均听货主自便。

出口货物

第三十一条　凡火车由东三省到满洲里站或绥芬河站时，其总车单、车单并货单副本，应由铁路人员呈递税关。

第三十二条　凡货物拟运往俄国一百华里即五十俄里界外各站，由税关查验后，完纳出口税。

第三十三条　凡由东三省运出之货，由中国税关查验，按照中国税则算定出口税后，由俄国税关按照俄国税则算定进口税，或为免去耽延起见，由两国税关同时同地查验定税。

第三十四条　凡应纳出口税货物，于未经在中国税关完纳以前，铁路不得装运俄境。

第三十五条　凡违禁之物即不准由中国运出外洋之物，由中国税关充公。

第三十六条　凡已完过出口税之货物，到满洲里站并绥芬河站拟转运俄国者，呈递已完出口税之凭单。其货包外面情形与凭单内所开各节相符，由中国税关查看后放行，即不重征出口税。倘货与单不符，或有可疑之处，应由关将货物查验。

铁路料件

第三十七条　凡东清铁路所需建造、修理、经理料件，免纳各项税厘，护路军所需物料，亦在此例。

第三十八条　凡遇有此等物件，应由铁路呈递税关货单副本，由税关立即查看，并照单内所开情形点明件数放行。然遇有别项情形，经哈尔滨总关饬令该关查验铁路所运此批料件时，仍可查验。

第三十九条　除该货单副本外，应随有铁路之照据，载明其料件系为东清铁路自备自用。

第三十九副条　铁路所需物料，应由铁路详细注明，运来若干，用去若干，以免舞弊。若欲查明其数亦可。此条未允，俟一年期满再行商议。

第四十条　凡三十七条内所开料件，或不用，或用久糟锈，欲售卖或接济他人，须报明税关，查明情形，应否允准，并酌夺有应完之税定其若干。

过境货物

第四十一条　凡货物经此铁路，由俄国各处运往俄国他处经过东三省者，在入境之车站中国税关与俄国税关所封之铅饼全然未动，由出境税关立即免税放行。货车所封之铅饼，先由俄国税关封毕，中国税关再行加封。

第四十二条　前条所开之过境货物，由铁路将货单副本呈递税关备查存案。

第四十三条　凡两国税关所封之铅饼，在途中有一损坏或失落者，而他关或铁路所加之铅饼全然未动，与车单所开字样相符，出境税关免详细查验车内货物，令其出境无阻。

第四十四条　凡入境车站所封之铅饼，在途中全然损坏失落，或损坏数个，以致容易入车，或车损坏应行改装他车，在铁路途中第一车站查其情形，电知原入境交界税关并附近之税关，并将该车扣留，候其电答。

第四十五条　税关接到此电，或派专员查看铅饼损坏失落之故，或烦铁路代其查看，或准该车开往出境之税关查验，均听税关自便。

第四十六条　或在失事之地，或在出境交界税关查验其故，查明货物与货单种种相符，准其他往无阻。

第四十七条　凡货车铅饼损坏失落，在失事之处重加铅饼。于货单内注明此节后，该车可开往出境。税关派有专员查看情形，除铁路失事车站所加之铅饼外，应另加税关铅饼。若不派专员，则该车仅有铁路之铅饼开往。

第四十八条　凡货物短少，或与单不符，该货应由关扣留。候查其短少不符实因何故。倘查明实系铁路舞弊，或看护不妥，即将所剩之货入官充公。其所短少之货，须向铁路索取应纳之税。看护不妥一节，并其所短少之货须向铁路索取应纳之税一节，俄会议员皆不承认。

第四十九条　凡货物短少遗失，或与单不符等节时，系因铁路失事，或有意外不测之故，铁路对待税关不担其任。惟遇有此等情形，铁路应将所剩之货，竭力看管，以免被窃遗失各情。

第五十条　按四十九条内所言，凡所剩之货，或伤损之货，欲在本地销售，须听税关议准方可。其应纳之进口税，并照章应纳之子税，应由买主完纳，方准领货。

第五十一条　如查明铁路人员有过错，由税关报知铁路应管人员酌夺办理。由铁路如何办理后，答覆税关。

复出口货物

第五十二条　洋货由中国复运出洋，其原完进口税银，应照以下所开中国海关现行章程发还。

第五十三条　洋货已完清进口税银，于三年期内复运出洋，可领取原纳进口税之存根。

第五十四条　此等存根，可由税关如数收纳，抵作出口、进口之税饷。如欲换用现银，亦可听商自便。

第五十五条　存票由税关自货主呈交应领回原纳税凭单之日起，在二十一日限内，如税关查明货物与进口时所开情形种种相符，所装原包并原来记号一并相符，其所请发还之税，实系在该限内完清，方可发还。

第五十六条　若查出货与单不符，希图混骗，即将该货入官。

第五十七条　洋货请领存票，一经税关查出此等弊端，可照其图骗之数不逾五倍议罚，或将货物充公，均听关自便。

境内往来货物

第五十八条　凡货物拟往铁路车站界线，在进口时完纳进口税。若欲转运内地，应报明入境税关或哈尔滨总关，呈递满洲里、绥芬河交界税关原完进口税关，投交按本章第三条所载之子税。

进口税关或总关将货物并已完进口税单所开各节查核以后,征其子税,发子税单,由货主收执。此条应候北京酌并进口货物条内

第五十九条　凡照光绪七年即俄历一千八百八十一年陆路通商章程第十四条内载,进口、出口免税之物,如金银、外国银钱、各种面、砂、谷米、面饼、蔬菜、牛奶、酥牛油、蜜饯、外国衣服、金银首饰、搀银器、香水、胰碱、炭柴薪、外国蜡烛、外国烟丝、烟叶、外国酒、家用杂物、船用杂物、行李、纸张、笔墨、毡毯、铁刀、利器、外国自用药料、玻璃器皿,若经过满洲里站或绥芬河站进口、出口,由该处税关免税放行。若以上各物非为自用系为出售者,应完纳关税。此段会议俄员不肯承认

除行李、金银、外国银钱外,其余各物若运往内地,仍须完纳子税,按值百两抽二两五钱。

第六十条　凡照光绪七年即俄历一千八百八十一年陆路通商章程第十五条内载,不准贩运出口、进口之物,如火药、大小弹子、炮位、大小鸟枪并一切军械等类,及内地食盐、洋药,若经满洲里站或绥芬河站,即照违禁之物。官米、中国铜钱,一律不准由中国经过满洲里站并绥芬河站出口。

行李条款

第六十一条　由铁路往来客人之行李,由税关查验后,免税放行。

第六十二条　其客人所带之物件,或为自用之物,或为途中应用之物,皆为行李之列。

第六十三条　如查验行李内有违禁之物即不准出口、进口之物,皆应入官。

第六十四条　若行李内有应行纳税之物,即其形似货之物,或尺寸、斤两、件数过大,希图贸易,应由该货主于税关查问时,立即报明。违者即将该物充公,该货主议罚。注解查以上所拟办法,即照各通商口岸海关向定行李章程而已。此项章程,如将来有更改之处,铁路两交界车站所设之税关,一概施行。

第六十五条　由俄国所来之客人并其行李,均由中国税关人员查验,俄国税关人员应随在其间。如查出有按俄国律条不准运往中国之物件,交俄国税关办理。由东三省赴俄国客人并其行李,由俄国税关查验,中国税关人员亦应随在其间。如查出有由中国不准出口之物,交中国税关办理。如有应行完纳出口税之物,由税关征收。

邮局包裹章程

总纲

第六十六条　凡由邮局运进中国，或由中国运出之各项包裹，应照他货通例，由税关查验完税。

第六十七条　凡由铁路车站界线作为包裹运入运出之各物，应一律同享凡关于货物减税、免税之条款。

第六十八条　凡经铁路过境即由俄国某处经过东三省运往俄国他处者之邮局包裹，进口、出口各税一概免征。

第六十九条　凡包裹除应纳进口或出口各项税外，仍应按照现行章程完纳子口税或厘金。

第七十条　凡违禁之物，即不准运入或运出中国者，不得作为包裹寄送。

分目

运入中国包裹

第七十一条　运进中国各处之包裹，须照罗马万国邮会条约[1]其详细章程见第六条甲款，附有报税清单二纸。

第七十二条　于报税清单内，应注明自何处所寄，内系何物，其物数目及其粗重、净重分量各若干，值价若干，何样包皮，寄往何处，并收领包裹人姓氏。

第七十三条　包裹到满洲里、绥芬河两处后，应由邮局将包裹清单并其报税清单各两分呈送税关。包裹清单内所载之件，若能按拟往之各处分类注明，应即分类注明。

第七十四条　该税关或令将包裹全数件送关查验，或派员往邮局查验，或竟凭报税清单免验放行。

第七十五条　若应完税，其数应于报税清单及包裹清单注明，由该关各留一纸，下余一分仍缴还邮局。

第七十六条　其不纳税者，应由税关于包裹清单、报税清单内注明免税字样。

第七十七条　若收领包裹之人，系在税关境内，可注税关发给收条，将此条呈递邮局，即可领取包裹，税款亦可在邮局交纳，由该局汇交税关。

凡包裹由税关定有应完之税，未呈递税关收条，或未在邮局交纳应完之税，均不能领取包裹。

第七十八条　凡包裹寄往无税关之处，该件应随有报税清单寄往附近邮局，上

---

〔1〕　万国邮会条约，即万国邮政公约，是万国邮政联盟制定的一项有关处理国际邮政业务基本法则的条约。

面应注明免税字样或应税若干，于交领之先收清字样。即系由邮局收受款项转汇他处之办法无异

第七十九条　由邮局代税关征收之税，应悉数汇交入境之关或哈尔滨总关。惟向收领包裹人索取汇费。

第八十条　邮局代办此项关事，欲照万国邮会条约或俄国邮政章程，向收领包裹人取资亦可。

第八十一条　若收领包裹之人不肯纳税，其包裹即照现行邮政章程办理。惟若将此等包裹出售，税关所定之税，当由购主如数完纳。

运出中国包裹

第八十二条　凡包裹拟由东三省邮寄外洋者，由满洲里或绥芬河，或由设有税关之处，该包裹务须预先呈报税关查验。若有应完之税，即当交纳，领取准单。若无此单，邮局不得收受。

第八十三条　凡已完税之包裹，经过满洲里或绥芬河时，由邮局将包裹清单并报税清单各一纸呈递税关。该包裹若能应令与未完税之包裹另行装载，此等包裹由已征收之税关听其自便加封铅饼，至交界站由出境税关将铅饼起下。

第八十四条　凡由无税关之处发寄包裹，应同时将报税清单三纸呈递邮局，并按估价值百抽五交纳应完之税。其税数应同时汇寄出境税关，惟向发寄包裹人索取汇费。

第八十五条　包裹寄至交界站之时，该包裹清单二纸及包裹报税清单三纸，均须呈报税关。其所征及转汇税数，须记明于包裹清单及报税清单内。

第八十六条　该税关或令将包裹之全数或数件送关查验，或派员赴邮局或邮车查验，或允其免验前往。然其包裹清单与报税清单，由税关各留一纸。

第八十七条　查验之时，若查有包裹所装与清单所载不符，显有欺朦税关之意，该包裹应行入官充公。

第八十八条　倘有于发寄包裹之邮局，将估价以多报少，代收数不足，出境税关可将其包裹暂行扣留，俟将税项补足，再为放行。

纪陆路收税

江省物产，粮石、牲畜为大宗，木植、鱼类次之，皮张、烟麻、油酒以及杂货又次之。征收税课，系我内政，本可操纵自如，乃自光绪二十六年以来，俄人贩运粮石、

牲畜及各种山货出口，经过各局卡不纳税厘，不服查验。而彼时税课概归旗署兼办，税则淆乱，各处不同。光绪三十三年，前黑龙江将军程德全始照海关通行税则，定为征榷陆路俄商办法，凡由省运货至瑷珲，均照值百抽五核征，若运往黑河，须于瑷珲税局再完值百抽二五出口子税一次，沿途概不重征。若由黑河运货至瑷珲及省城等处者亦如之。嗣因俄外部官援中俄条约边民贸易百里以内均不纳税之文，再三请免瑷珲所征出口半税，程将军许其暂为豁免，俄商始肯就我范围。三十四年，北满税关章程告成，俄领事官复以关章与前订税则办法两歧，俄商无所适从，迭来询诘。因答以税关章程专收火车往来运货之税，程将军与驻江俄外部官所定值百抽五章程，系收陆路往来运货之税。陆地之税，一如内地之厘。现在加税免厘之约尚未议定，若欲不纳陆地之税，应俟加税免厘决定后，再行互商办法。俄领默焉而退。夫北满关章，按照各国通行税则减三分之一纳税，又于运出东三省界外方照正税再完一半，作为他省子口税，是东三省特别之税，则彼之所得利益已多，区区陆路之税，亦只沿为习惯仍旧征收，非以云抵制也。

垦务交涉篇

东三省广漠华离，田野腴沃，沿边一带土民之从事耕植者，寥寥若晨星，万里荒芜，荆榛满目，天地自然之利，恝然委弃不加顾惜。而东北邻俄，东南接韩，两国边氓乘我之不意，越畔垦辟，源源而来，以养其身，以长其子孙，盖亦有年于兹矣。今中国内地生齿日繁，久已人满为患，欲为移民就垦之策，惟恃东省以为尾闾。其为我国将来之大殖民场，固有可预决者。藉非绸缪未雨，以保权利，而固边疆，恐地广而荒，复因之以四郊多垒，其于内政外交，动相牵掣，固不可不防微而杜渐也。且韩，弱国也。俄，强国也。韩本藩服之邦，地瘠民贫，百姓困苦，流离转徙至于边境，由是相率垦荒，自食其力。及其成熟，则许以升科租赋，一视同仁，未分畛域。数百年来，韩之民固有此间乐不思蜀之势。自日俄交战，韩人归日保护，日人以苛待属国之政策，束缚韩民之自由，故其民之思脱羁绊入我国籍者往往而有。近岁以来，剃发易服，甘心归化者益夥。类能遵守法纪，受我约束，而日人窥边圉之空虚，窃萌侵略之志，遂藉口保护韩民，设官调兵，为反客为主之计。若不早定防闲，严其限制，恐韩侨托足之地即为日人窃据之区矣。至于俄人得尺得寸，久蓄野心。铁道既通，其输送贫民来东者岁以千万计。多一越境之民，即增一失地之惧。蔓延日久，遗害无穷。尤当援据约章，坚拒侵越，以杜其无厌之心。若夫内政之措施，则清丈以正经界，招垦以辟莽荒，迁民以实边远，要皆不容稍缓之图。又或选拨驻防旗民，编为屯军，以为屯田守边之计，既以靖萑苻之寇，亦以防侵侮之来。其于交涉之辩争，固亦可消弭于无形也。

纪韩侨越垦

朝鲜居鸭绿江之左，与东省临江、辑安、通化、怀仁诸邑仅隔一衣带水。望衡对宇，一苇可杭。入冬后，江水凝结，尤易渡越。而沿江右岸中国领土，迄长白山一带，居民稀少，山林深密。距今二千年来，韩民越界垦荒者比比皆是。其后来者益众，聚处耕作，几同土著。光绪三十三年冬，临江知州郑鸿勋报称鸭绿江左岸韩人与日本守备队构衅，乃饬巡防营务处派队赴临扼要防堵，以免败兵入界窜扰，勾结越垦韩民，并牒领队日员，约束其部下军士，勿得越界追剿。三十四年五月，令标统吴光新赴兴京等处考察越垦韩民情形。光新归，具言鸭绿江右岸及长白山一带，韩人开垦地亩及租地耕种者甚多,强半携家而来,筑室居住,宜由地方官吏调查户口,编成册籍,加以保护,课其赋税,使之归化。未几,果有韩侨金宽熺等诣临江县请入籍。先是,鸭绿江左岸韩人为日军击败,日人藉搜查军火为词,曾屡渡江滋扰。诸韩中有前韩国厚昌郡守金宽熺者,素为众所推,至是率其属来归。七月,筹备长白府设治事宜,知府张凤台报称日人在鸭绿江右岸勒选韩侨为兵,已向其炮兵太尉青山贞次郎面诘止之。寻又遣间谍乘夜渡江,以危词恫喝韩众,乃檄兴京、临江、辑安、通化、怀仁各属,以外人入境及愿归籍者,本国须尽保护之责。保护不周,即生交涉,关系非浅。而实行保护之法,必以清查户口为先。鸭绿江右岸一带,韩人携眷越垦者甚多,现拟妥定善后章程,各属务须迅速调查所辖地方韩侨户口若干,所执何业,及姓名、籍贯,分别入籍、居留二种,列表呈送,以期主客相安,各得其所。十月,复令奉天交涉司陶大均、民政司张元奇[1]会议处置韩侨事宜。因念甲辰之役,有约各国均向日本声明,凡与韩国所订条约,仍须遵守。则中韩交涉,亦应查照向章办理。按韩约第十二款:边民已经越垦者听其安业,俾保性命财产。以后如有潜越边界者,彼此均应禁止,以免滋生事端。是韩民之已至者,自应照约许其安业,编查入籍,归我保护。现在宜安置先至者,以清其源,限制后来者,以塞其流。凡韩民自十五年前入境垦田,殖有产业者,查明户口、人丁、姓名、年貌、籍贯、住址,一一编入册籍,任其剃发易服,各自安业,归我保护,与中国人民享同等之利益,即与中国人民尽同等之义务,应纳粮服役,毋有抗违。其或虽无产业,而入境日久,为人雇役者,即由雇主出具保状,呈明地方官编入客籍,听其薙发易服,亦须遵守法令,犯者悉按中律惩治。此清源之法也。沿边郡邑,由地方官传谕各社首村长地保人等,随时稽查。若韩人愿居内地,察其人尚驯良,力任耕作者,许查明姓名来历,有无眷属,呈报地方官注册居留,发给执照,但听受人雇役,不得占地垦种及设肆贩卖,并酌收册照费,以潜遏韩人之游手无艺成群结党而来者,煽惑其间致滋事故。其入境年久不愿入籍者,亦即仿此办法。倘自称游历而无执照者,照章不得逾三阅月,过期驱逐出境,仍令地方官督率社首等随时查察办理。良以村堡人民,朝夕聚处,异言异服之人,莫由掩饰,尤便稽查。此塞流之法也。至于人稀地旷之区,需用韩民开垦,亦应照此二法,或编入册籍,或给以执照,酌予官田,明定租额。要在地方官吏,因时制宜而已。议既定,世昌以韩约既有已越垦者听其安业之文,自不宜出于

〔1〕 张元奇,侯官(今福建闽侯县)人,清木翰林,曾任奉天民政使,1912年任北京政府内务部次长。

强迫。复有以后潜越边界均应禁止之文,自应如约实施,不必变通办理。况我国国籍法尚未规定,若遽行迫令入籍,在我无所遵守,日人反得起而干涉,或藉为内间,种种流弊,不可不防。酌定适宜办法,莫如遵守约章,已来者令其安业,未至者严禁越境,并将现有韩侨户籍实行清查,为严杜将来之计画。在韩侨垦地食租,已享我国同等利益,即须受我国同等法律,虽未易服薙发,亦同在民人保护之中。其自愿易服剃发者,听之。总之,入籍与否,以韩人之请愿为断,无事逼其服从。编查户籍,为整理内政之机关,于外交更无牵涉,庶措置持平,而隐患可弭。爰令民政司另订详章,督同地方有司,妥慎筹办。十一月,驻奉日本冈部总领事牒称,临江县令李廷玉虐待鸭绿江右岸韩民,强令易服剃发,不从者摈逐回韩,没其财产,现在侨居之韩民已渡江乞驻韩日员保护,请速查禁。乃檄临江县将办理情形报告,并饬东边道沈桐驰书告诫各属,略谓韩民在我境内,由来已久,曩者,朝廷一视同仁,无分畛域。自韩属于日,日人遇之不免苛虐,韩人企慕华风,情殷内向,我如力任保护,绥之以德,抚之以柔,韩民自甘归化,然后令改冠服,编入版籍,日人亦自无词。若迫以法令,使易装束,一时恩信未孚,彼必抗拒,若再强迫出境,禁其携带资粮,日人反从而市恩,为之请命,此非绥边之长策也。尤有虑者,沿江上下,华民之居彼界,尚不乏人。若彼报以所施,则骤增此无数失业之贫民,在我亦何从安集。嗣后,凡韩人居留境内,只须守我法律,不得故为歧视。彼惧日人而庇我宇下,情殊可矜,若加之屏绝,彼将为无告之穷民,更何倚赖。此亦仁人君子所当轸念者也。无何,我国驻韩总领事马廷亮亦以书来告,谓日本驻韩统监府外务部长锅岛桂次郎函称,鸭绿江上游右岸临江、辑安等县所辖由帽儿山至十八道沟一带,韩人通称为西垦岛,或称西边界,数百年来,韩人越垦甚多,综计已及数万。乃近来贵国地方官吏不特不妥为保护,反多方苛待。现接各处报告,又强迫侨居韩民入籍易装,不从则勒令归国,所有财物不得携回。其留者则颁发示谕,令其缴税。如此情形,实有违清韩通商条约第十二条所定之章程。本应由我国政府与贵国政府直接交涉,但贵国适当大丧之际,如与北京政府交涉,殊非合理,请转告地方官吏,务使侨居韩人得以相安等语。乃复马廷亮书,为言保护韩侨善后政策,比已详细会商,务期因时制宜,犁然各当,而尤以遵守中韩条约,不相背谬为宗旨,固未尝行强迫入籍易服及纳税主义。至韩侨之自愿易服剃发者,则在所不拒。凡斯操纵,期于执行条约,无非为永绥边服,巩固邦交起见。往者,驻奉日冈部总领事亦以临江县虐待韩侨等情驰书来争,因念清韩互市有年,自宜维持和平,以固交谊。已将此意令各郡邑妥善办理,请转告日员。十二月,辑安知县朱淑新报称,东洋拓殖会社成立以来,种种规画,已详见中东各报。该会社总裁松崎氏等曾赴北韩巡视一周,即筹划北韩农场之配置。除韩属领土外,若图们江沿岸及长白山一带,亦拟如韩国内地办法,将我境内韩民越垦之地亩,摊给新住之日民。每屯十家者,亦按十分之二或三插入,已令统监派出所将该处韩民户口册移报,并拟将六道沟等处凡有韩民村落之所,尽改地名为某町几番,以便拓殖事务着手区分之识别。至该事务所出张之期,与实行开始之日,尚待伊藤返韩会议,始行定议。又闻该总裁调查表所列由六道沟至头道沟已为韩民耕凿者,其面积约五万二千七百丁步,将来可耕地约三十一万至三十七万丁步,须移农民四千五百余人,款百八十余万圆。至长白府属一带日人,拟派宪兵一中队,名曰补助宪兵队,在韩京召募韩人充当兵卒,而以日人井上荒太郎为之队长。传闻凿凿,似非无因等语。因思各报所载,虽言之有故,而亦不无虚声恫喝之辞。我苟无隙可乘,他人岂能藉端要挟。计惟力圆自治,于濒边各境创立学堂,添练巡警,劝励垦牧,兴利除弊,不尚虚文。至抚绥韩侨,尤当恪守约章,推诚相与,不宜操之过蹙,致费周章。爰本此旨,通戒奉、吉两省邻韩各邑,切实遵行。并令将韩民户口清查,编成册籍,列表汇送。盖将以为殖民之预计,杜外侮之潜滋,胥在是矣。

纪俄人越垦

环球各国,日事竞争,经营殖民,类皆远虑深谋,不遗余力。其鲸吞蚕食,以占有他国领土者,往往借越垦发其端。东省与俄毗连,吉林东北隅尤为接壤。铁路交通而后,俄人之移民而至者络绎不绝。沿边各境,地广人稀,本省居民昧于耕种之利,以致他族潜来垦辟,日益增多。既未奉官吏明文,亦不遵界务条约。长此放任,不加防制,微特主权妨碍,抑恐后患无穷,世昌窃以为忧。吉林既设行省,始除邓邦述为交涉司。于其行也,以调查越垦勖之。光绪三十四年九月,邦述乃檄邻边郡邑,各就境内稽察俄民越垦情形,详查填报。无何,依兰府报称,府属地方近处,尚无俄人越垦情事,惟曩者奉檄巡边,由拉哈苏苏至饶力河,由饶力河至呢吗等处,探悉乌苏里江一带,环抱俄境,千有余里。江西为我界,江东为俄土。江西饶力沟东南小清河地方,时有俄人越渡,私垦依兰、呢吗八百余里。深恐兼顾难周,非在呢吗、饶力沟两处,分设招垦局,兼理词讼、交涉及征收税务,另简干员治理不可。交涉司以呢吗距府治八百余里,涂路阻修,恐亦鞭长莫及。而蜂蜜山垦务分局,相去仅四百里,不若改归蜜山府管辖,庶几控制得宜,可收指臂之效。是年十二月,又据临江州牒报,州境乌苏里江木城地方,有俄人谢木恩别罗克雷罗夫并帕为勒擎资阔挪夫二名，于光绪三十二年，在彼处私垦地三垧五亩，虽未建筑房屋，亦无他项物业，但俄人私行越垦，与界务约章不合，已将俄人驱逐，并移牒俄边界官协同禁止。要之俄人窥伺吉、江，凡路矿、森林、航业、关税以至于牧羊、刈草，迭起争端者，业已不胜枚举。而垦务一事，尤数以韩民为藉口，我苟漠然不愿，其实逼处此之势，必将滋蔓而难图。惟思患预防，保我固有疆土，而筹边之策，尤以清界址，守约章，为当务之急云。

渔业交涉篇

渔业为一国自然之利,即为一国独享之权,此公法所共认也。泰西各国海岸毗连,邻海诸邦多有订立渔业专约者,盖重渔权,即所以重海权也。日人藉战胜强俄之势,攫租借旅大之权,于海滨渔利,尤耽耽不已。由是阿部野利恭、森崎前会、本间锭吉等纠合沿海奸民,购船置械,巧立名目,若清利公司,若关东州[1]水产组合,若远洋渔业团,先后逼胁渔民,征敛捐税。中国官吏据理抗争,而日人多方狡辩。始则托词军用,继则以高景贤之死要索赔偿,终复屡求减税。又扬言领海、公海之说,冀阴行其侵夺渔利之谋。曩与日萩原总领事会议渔业时,巡抚唐绍怡谓之曰,贵总领事应知领海系国家之产,与内地无异。质言之,不啻国家养鱼之池,但供民人食用,外人不得干预也。谅哉斯言,可以折日人之喙,而息日人之贪矣。夫辽海一带,为中国内洋之区。凡产自海中者,无非中国所独有,匪惟渔民生计所赖,固所必争,而主权存亡之机,即于此分焉。且渔业事之小者耳,乃犹历数年之交涉,唇焦舌敝,始获保存。则夫保护渔户,振兴公司,提倡之,鼓舞之,以求改良扩充之方,生濒海无穷之利,讵非守斯土者之责欤。

纪日人侵扰鲅鱼圈等处渔业

奉省盖平、复州所属之鲅鱼圈、西河套、望海寨、熊岳等处,皆为沿海产渔之所。每年渔汛,以夏季为最盛。有黄花鱼汛、鲅鱼汛、快鱼汛之分。渔船则以山东烟台、威海一带至者为大宗,土著渔户次之。往者海氛不靖,渔船恒患海盗。光绪三十二年,始于盖平创设渔业公司,增置各分局,派镇远、开海两兵轮巡护之。即于各渔船分别定章征税,以资经费,各渔户皆以得安其业,无不乐于输将。讵是年有日人设立清利公司,托辞保护,意在侵牟渔利。其时日兵尚未撤,彼遂藉口军用。三十三年三月,渔业公司总办电告,日人森崎前会、本间锭吉等员自称远洋渔业团事务员,率领兵轮二艘,兵士数十人,随带渔船驶至鲅鱼圈、西河套、望海寨一带,张贴文告,

[1] 关东州,是中国东北辽东半岛南部一个存在于1898年至1945年间的租借地,包括军事和经济上占有重要地位的旅顺口港和大连港。此地曾先后被迫租借予俄国和日本。由于当时山海关以东的地区称作关东,因此将该租借地称为关东州。

号召渔户广悬日旗，按船纳捐，声势汹汹。渔人詟其威，多有向之领旗纳税者。将军赵尔巽以鲅鱼圈等处均系我国领海，日人辄敢恃强越境，征收渔捐，实属背约妄行，若不极力抵制，不特于利权多所损失，且海权亦大受影响。电商前北洋大臣袁世凯，复檄令交涉局严牒驻奉日吉田总领事，速饬禁阻，并要求赔偿一切所受之损害。旋得复文，谓已转奉伊国外务大臣电覆，亦以该渔业团之行为为不正当。已饬驻金州之日员查明办理。赵将军乃檄交涉局再牒日领事，要其克日勒令该日人等一律退出我国领海，并将所收各渔船之费如数偿还。无何，日领事以渔业公司格杀高景贤一案犹未议结，遂将此案延宕不覆。始则谓此事尚待调查，继复藉口于我公司员弁当时对于该渔业团亦有种种之暴行，以为抵抗之计。往复争持，久而不决。世昌视事后，偕巡抚唐绍怡与日总领事面商办法。反覆辩争，复移牒要其将日人所设关东州远洋渔业团先行撤退，然后再由两国派员将此案与高景贤等案一并议决。是年九月，日领事覆文谓，该渔业团业经一律解散。爰饬交涉司陶大均与日领事迭次开议。次年三月，始将此案暨高景贤一案订立条款，和平议结。声明嗣后各渔船之渔牌费，由我定章征收。并声明日人所立之远洋渔业团自此解散后，不得再有擅自征收渔税情形。议既定，乃令渔业总局另行厘订章程，将船网费改为牌费，依照旧章，按八成抽收，俾各遵守。一面饬交涉司牒告日领事，所有金州租借地内各渔户，亦令其一律遵章办理。未几，日领事以文致交涉司，谓所定征收渔税章程，尚须再为减轻，否则租借地内各渔户均在公海内捕鱼，不愿入我国领海。交涉司覆以允将船牌费照章再减二成，以示体恤。倘租借地内各渔户犹不满意，则决当禁阻其在我国领海内从事业渔。四月，渔业总局报告，以现届黄花鱼汛，日人突又乘船侵入鲅鱼圈一带海面，散放旗照，已将所放旗照悉数查获。其旗上印文，仍有远洋渔业团字样，请速向日人查究。复饬交涉司牒日领事严辞诘问，并将所获旗照随文送去，以为左证。讵日领先后复文饰词抵赖，坚不承认。七月，以此案紧要，关键全在公海、领海两问题，若不将海线界限确切规定，则领海之内他人亦将指为公海，任意侵越。不独于渔利上受种种之障害，其关系我国海权者亦非浅鲜。且其时日人已有定海界三英里以外作为公海之说，因饬渔业总办王顺存将沿海渔业情形调查。据报称，鲅鱼圈一带产鱼之区，及网线所经之处，距潮退处均三四十里至四五十里不等。若照三英里核计，则奉天所有渔区均当划归公海。渔业之利既失，即领海之权亦隳。况营川左近均属内洋，并非与他国接壤之海，决无许他人公共之理。考国际公法，两国均有海岸，则海界大率以十海里为衡，亦有仅领三海里者，乃甲国与乙国为邻，中隔一海，海岸相距不宽，通融商定者亦有之。若奉省所属各海，西岸为直隶,西南、正南为山东。营口、盖、复一带在奉省、直隶、山东以内,四周皆中国口岸,并无他国海岸。譬诸居民,必须墙垣以外方有公共之路,若墙垣以内,断无公共之理。今于奉省所属称为公海,是何异在民间墙垣以内寻公行之路乎。且渤海以直隶、山东、奉天为陆岸,南面有旅顺、山东角二海股,遥为对峙,为最狭之门户。两"间岛"屿,为我所领。即以潮退三海里为领海而论,四边俱以三海里为我之属,亦与我之内海无异。自当与日人据理力争,以保我国领海权限。遂令交涉司与日领事集议磋商,声明公海一层,我国万难承认。并令交涉司暨劝业道与日领事会同商定,将渔业税章再减二成,按照旧章以六成征收,先行试办。嗣后按年考察,酌量增减。惟租借地内之各渔船,须实系华民,方准乘汛捕鱼,照章缴税。若非华民,仍不得侵越,以明限制而保主权焉。

纪高景贤全案始末

光绪三十三年二月,盖平渔业公司总办黄家杰,以金州人高景贤近有勾结日人将至辽海,倡言保护商船,干预渔业情事,已密派该公司协理孙继尧前往大连等处查探属实等情报告。未几,又据牒称,该公司协理孙继尧,现经查得高景贤已在旅顺勾结日人阿部野利恭、本间锭吉等设立关东州水产组合,张贴伪印示谕,意在侵占我国渔利,特将其伪示揭呈。高景贤因在旅顺租界以内,未便往提等语。现设法复由旅顺租界钞出保护远洋渔业团阿部野利恭及高景贤告白一纸,查阅伪示告白,其文辞虽不同,而其用意则一。所云关东州水产组合,即系保护远洋渔业团之谓,文内俱已明言。因思上年日人清利公司来此干预渔业,曾以尚未撤兵期内为词。撤兵期限已满,日兵早经撤退,彼复何所藉口,应请严牒旅顺、大连、金州等处日员,从速查明禁阻。前将军赵尔巽以高景贤等伪示所载,有在奉天、山东沿海一带括取渔利,及其告白内有或往山东,或赴熊岳,保护渔业,并有多备轮船、快船,由日员添派官小火轮带领前往等语,不但攘夺渔利,且复侵越海权,遂以文牒驻奉日萩原总领事,要其查禁。略谓:查奉省沿海一带渔业,曾于去年春间由我国创设公司,置备巡船枪炮,定章保护。彼时日人阿部野利恭等亦擅立清利公司名目,争散旗号,强收渔捐。我国渔业公司正在诘阻间,适贵国西园寺总理来奉,大岛男爵之参谋官西川亦随同前来,出为排解。言明贵国军队未撤以前,鱼为日人所嗜,必期互相照料,藉供军需。我国因顾念邦交,当饬该公司与之商立契约,暂时互相保护,分收捐款。并声明自此次鱼汛后,已届撤兵之期,即专由我国渔业公司照常保护,经该公司钞录契约存案。现在撤兵届期,无须供给军用,自应遵照前议归我保护。乃现据我国渔业公司报告,日人阿部等近被金州人高景贤诱结,复在旅顺设立公司,倡言保护渔业。且所悬示谕及告白内,有括取黄、渤海暨奉天、山东海陆一带渔利,或在山东崆峒岛[1],或赴熊岳海口,定必前往保护,并多备轮船、快船,由都督府添派官小火轮带领前往之语。此等行为,不特与去年原定之契约不符,且于两国所定约章亦相违背。现距黄花鱼汛不远,若不速行禁阻,届时该日人等带同船兵贸然前来,我国渔业公司巡船员弁人等有保守海权之责,势必起而抵御,诚恐有伤两国感情。究竟该日人等曾否在贵国官署禀明有案,抑系彼等私意妄为,应请转达旅顺、大连、金州等处民政署,从速查明,严行禁阻。日领事得牒后,犹未答覆。忽据总办黄家杰电告,高景贤因与日人本间锭吉以事来局,临时起意,持枪行刺,致被格杀。业将日人本间由陆路护送晋省,恳交日领事发落。赵将军以案情较为重大,因即令奉天交涉局先行函告日领事,一面复分饬该局暨农工商务局派委干员,驰赴公司,会同查察办理。复据黄家杰禀,略谓:前者因公在省,接到公司来电,谓高景贤已偕同日人本间来局,遂即遄回。于是日夜半抵局,其时本间业已就寝,当传高景贤讯问,始犹支吾,旋以所揭伪示令其阅看。始据声称,日人在旅顺设立关东州水产组合,伊则另设一保护远洋渔业团,与日人本间等合办,于今年二月设立局所,招募兵丁数十人,备有轮船二艘,燕儿飞船四艘。一届渔汛,即往奉天、山东等处海面保险收捐均系会同日人办理。今日特偕本间来局面商,如愿照上年中日合办章程承允合办,则可免彼此生衅,否则日人决计先行自办渔业,后再行办保护商船事宜等语。再三驳诘,始终不服。正拟先将高景贤送县暂行管押,然后请示办法。乃高景贤忽然神色仓皇,面青目赤,竟敢于怀中取出手枪,上前施放。幸而子弹斜出,从左面穿过,局兵等遂一齐近前保护,各用刀棍将其手枪格落。伊复于靴内取出手刀,任意乱砍,局兵等奋力格斗,以致砍伤其头颅颈项等处,登时殒命。当在衣袋内检出伪印告示三张,水产组合字据一张,本间锭吉证书一通。其时本间惊起出视,得悉情形,一味逞凶殴打,复饬局兵将其勉强扶入屋内,慰以善言,并传该从人郭凤鸣研讯。据称实不知情,因饬将高景贤之尸身舁出局所,使其从人郭凤鸣目睹棺殓后,暂行浮厝。伏思高景贤素行不法,往者曾勾结日人至盖平之鲅鱼圈等处滋扰鱼业,几肇巨祸,幸而和平了结,嗣又于石光等处谋办商船保险,复经交涉局拒绝,今又勾结日人本间等在旅顺设立保护远洋渔业团,募兵置船,张贴伪示,昌言不讳,且复邀同日人至

〔1〕 崆峒岛,位于山东烟台芝罘区东北部海域。

局要求合办，意图挟制。迨闻送县，辄敢放枪持刀，恣意行凶。虽被局兵当场格杀，尚觉死有余辜。至日人本间虽亦在局逞凶，念系外人，因仍以礼相待。但彼此言语不通，既无治外法权，不便讯问。若令其自行回归，恐生别故，只得派人护送晋省，俟其投到，应请即行交付日领事发落，并要其嗣后务须禁阻日人干预我国渔业，以杜衅端，而慎邦交。于时，日人本间锭吉已经该公司派人护送来省，因饬交涉局备函交付日领事收管。三月，驻奉日总领事吉田以文来，争曰，渔业公司格杀高景贤一案，前经电请我国大岛都督查询事实。现在电覆，谓高景贤系旅顺居民，为关东州水产组合渔业团之事务员。贵国驻盖平之渔业公司，以高景贤助理我国渔业团事务，致与公司事业殊多妨害，常有仇视之意，因设诈谋，将高景贤招去。故高景贤之死，实有谋杀之形迹。饬向贵国要求，谋杀高景贤、拘禁我国人本间锭吉之渔业公司总办及关于此案之人犯，一同逮捕。现在敝领事已传本间讯问明确。查此案缘黄总办两次函招，谓有商议事件，是以高景贤及本间同往。且高景贤本在他处住宿，经黄总办甘言力劝，始行移住公司，不料至夜半时分，即将高景贤杀害，并将本间及高景贤从人捕缚。事后虽由黄总办声明，高景贤因争议后旋放手枪，拔刀乱砍，致被格杀。当时本间系与高景贤同行，实未见其持有手枪等类，夜间亦并未闻有枪声。加以该公司内人数众多，高景贤果怀恶意，亦当知众寡不敌，断无一人先自下手之理。黄总办之辩解，不过欲以正当防卫之辞，藉图卸罪。其用诈谋招来谋杀，已无可疑。该总办既谋杀我国租借地内居民，且欲妨害我国渔业团之事业，又将我国人本间乘其熟睡辄行捕缚解省，途中复加虐待。我国为保护租借地内人民之性命财产及国民之事业起见，苟或贵国官吏有此等不法之行为，不得不要求严重处分。应请贵国将该公司总办黄家杰暨关于此案之人犯从严处罚，速行抚恤高景贤之家属，予以相当之赔偿，并我国人本间亦当酌量赔偿其损失。赵将军严辞驳覆，略谓高景贤在盖平渔业公司持枪行凶，致被当场格毙一案，当经派员查明，并由该公司总办黄家杰报称，前因高景贤擅出伪示，括收黄、渤海及山东一带渔利，正拟禁阻，高景贤忽偕同日人本间锭吉至局，该总办适在奉省，得电回局。其时本间已由局员留住客厅，遂于是晚先问高景贤括收渔利及擅自出示情由。不料高景贤未陈颠末，骤持手枪施放，幸未得中，复取佩刀行凶，经局中兵弁救护，致将高景贤格毙等情，并将在高景贤身畔搜出之伪印示谕，及借用本间交与高得胜所带手枪证书呈验前来。当查高景贤到局时，该公司总办黄家杰尚在省中，得电始回，足见毫无豫谋之意。来文谓其用计谋杀，实近臆断。至所云高景贤并未持有手枪及本间未闻枪声各节，然查高景贤之持枪现有搜出之带枪证书为凭。其放枪也，则有室中之子弹痕迹可证。是高景贤之死,本属出于正当之抵御。至其缚送本间一节,因本间既与行凶之高景贤同来,即为有嫌疑之人,且恐其言语不通,傥知高景贤已死,或虑将伊加害,致有自戕情事。故不得已,为保护起见,暂行束缚,以免不测。随即送交贵馆,原与有抵抗行为要请讯究者不同。且与沿途止可拘送,不可凌虐之约,亦属符合。矧本间至省时,派员询其当时情形,本间自具始末书,曾有款待甚周之语。乃来文竟指为虐待,殊难索解。其余来文所云,高景贤为租借地内居民,应由贵国保护一节,不知高景贤虽居租借地内,固犹是我国之人民,自当按照约章,仍归我国官吏管理。来文又云,高景贤为水产组合事务员,贵国特代其家属要请赔偿一节,夫高景贤实系行凶被杀,何能加以抚恤。即为贵国所雇用,业经犯罪致死,亦无索偿之理。至谓此事有害贵国渔业团事业,微论高景贤之死与渔业团毫无关系,即就关东州水产组合事业言之,该组合系未经我国承认设立之事业,贵国尤不应藉词索偿,横生枝节。日领事又请将高景贤之尸及其从人郭凤鸣一并交付大石桥警署日员。赵将军复力拒其请。自是而后,日人仍迭次多方要求,未稍退让。三十三年七月,世昌会同奉天巡抚唐绍怡,与日总领事会议,复令交涉司陶大均将此案与鲅鱼圈等案合并磋商。三十四年三月,案始议结焉。

营业交涉篇

自建筑铁路以来，外人之至东三省营业者，俄人为盛，日人次之。兵燹而后，麕聚益多。溯光绪三十二年以前，俄日商民往来白山黑水间，假馆僦居，不可胜数。当是时，地方官吏全用放任主义，不以外国民人在内地经商为有何等关系，故漠然置之，盖亦怀柔远人，不分畛域之遗意也。沿习既久，流弊滋生，于是有占住公私房舍，私赁居民地基之事，交涉之案因以渐起。中间日俄战争，日人随军队来东者，雾合云集，以逐蝇头之利，所聚愈众。和局既定，俄军北徙，日兵亦渐次东归，而营业小民遍布城市，流滞不复去。夫中国无治外法权，即未能弛他族杂居之禁。况富商大贾，贸迁有无者，不可多觏。其蔓延都邑，错处市廛者，率皆无赖之辈、小贩之徒，于地方治安实多防害。且外国商人不得在内地开设行栈，载在约章，曷容悍然不顾。世昌来莅斯土，申明条约，迭与磋争。于占用之产，则详为清查，促其他徙。于租赁之地，则订定规则，务令服从。虽亡羊补牢，为计已晚。而以保华民之生计，收地主之实权，夫亦有守边之责者，不可不尽心也。

纪日人交还奉天公私产业

庚子、甲辰之乱，奉省各属迭为日俄两国蹂躏。维时四郊居民，趋避锋镝，遗弃恒产。数年以来，戎马之践蹈，药弹之摧毁，化作劫灰，沦于瓦砾者，固无论矣。若城郭之内，官民房屋被俄兵据居者，所在多有。俄师败北，日军进城，相继占用。当时以驻军为词，未遑交涉。光绪三十一年，日俄战罢，和议告成。是岁十一月，中日全权会议东三省事宜，日使允于撤兵时，将所占公私产业悉还中国官民接受，详载于附约第四条，彰彰可考也。三十二年，日兵渐次撤退，而奉天官民房屋并未按约交还，且有移为营业居留之所者。前将军赵尔巽迭次牒日本萩原总领事诘问，则妄指为俄人产业，饰词延宕。既而流亡稍稍复归故土，相率操券赴诉有司，吁请照约追偿，而日领事仍未一一如约也。三十三年七月，世昌与前奉天巡抚唐绍怡面诘日总领事，促令归还。日领事以须证明非俄人侦探人之产，方可交出。复饬交涉司陶大均与之一再办驳，文牍往返，厚逾盈尺，始克节次迁徙。其间尚有数区，或原业主人尚须查询，或经营正业承允给租，盖不过什之一二而已。

附日人已未交还奉天公私产业表

地方类别	原业	占用缘由	已未交还	
大东边门外	左军门修盖官营房一所	光绪二十六年俄兵占用,后经日人占驻大队	三十三年十一月交还	
小东边门外	奉军胜字营官房一所	光绪三十年十月日人占驻大队	三十三年九月交还	
大南门内	满洲镶蓝旗官厅一所	光绪二十六年俄兵占用,三十年日人占作大队附属舍	三十三年十一月交还	
小西关	军火处官房一所	光绪二十六年俄军占用,二十九年三月日人占作居留会所	三十三年八月交还	
小西边门外	火药库官房一所	光绪三十年先被俄兵占用,后又经日人占作巡警所	三十四年十月交还	
城内钟楼南	府尹衙门官房一所	光绪二十六年俄兵占用,后又经日人占作公立病院		未还
大东关	堂子庙系官房	光绪二十六年俄人占作病院,二十九年交还,三十一年又经日人占作测候所	三十三年十二月交还	
大南门内	礼部衙门官房一所	光绪二十六年俄军占用,二十九年又经日人占作电话局	三十三年十月交还	
大南门内	马队营官房一所	光绪三十年俄军占用,三十一年日人作为军政署	三十四年一月交还	
大南门内	营务处官房一所	光绪二十六年俄军占用,后经日人井深彦三郎作为住宅	三十三年十一月交还	
大南门内	户部衙门官房一所	光绪二十年俄兵占用,后又经日人作为辽东报馆	三十三年十月交还	
大南门内	管庄衙门官房一所	光绪三十一年日人占作永田篷莱大药房并西海石川等洋行	三十三年九月交还	

地方类别	原业	占用缘由	已未交还	
大西关	左军门改造营房一所	光绪二十七年俄兵占用，曾经交还，后日人又占作展览会处所		未还
小西关	马队营官房一所	光绪二十七年俄军占用，后又经日人占作学堂	三十四年七月交还	
大西关	同善堂公房一所	光绪三十一年经日人占作领还馆	三十三年十一月交还	
大南门内	同善堂公房二所	光绪三十一年日人占用，一作支电局，一开武井洋行	三十四年十月交还一所	
小西边门外	关帝庙房一所	光绪三十一年经日人占作领事官分司	三十四年七月交还	
大南门内	工部衙门官房一所	光绪三十一年日人占住展览会员内海		未还
大东门内	将军衙门后院官房一所	光绪三十一年经日人占开木局	三十三年十月交还	
大南门内	魏振之民房两所	光绪三十一年日人伊木江沦波占住	三十三年十一月交还	
西鹰市口	程王氏民房一所	光绪三十一年日本太尉峰幸松占住	三十四年五月交还	
城内四平街	义泰盛民房二所	光绪三十年日人占用，一开关东洋行，一开正金银行	关东洋行于三十四年八月交还，正金银行因与业主商允尚接续租用，由官议定租价年限	
大西关	夏廷栋民房一所	光绪三十一年日人占，设料理馆	三十三年九月交还	
小东关	荣光民房三所	光绪三十一年日军占用	三十三年九月交还	
大南门	荣晋三民房一所	光绪三十一年日军占作辎重队	三十四年九月交还	
大西门	邹文齐民房一所	光绪三十一年日人占，设东山洋行	三十四年九月交还	
小东门内	陈海民房一所	光绪三十一年日军占用，后经军政署换与民人石赵氏居住	三十四年七月交还	

地方类别	原业	占用缘由	已未交还	
大南门内	石赵氏民房一所	光绪三十一年日本军政署占住，辎重队遂将陈海房与之对掉	三十三年八月交还	
大南门内	利胜公钱铺民房一所	光绪三十一年日人占，设奉天旅馆	三十四年十月交还	
小西边门外西塔	马德海民房一所、地一亩	光绪三十一年日人占用，建筑事务署	三十四年八月交还	
大西关北十字街	同善堂公房一所	光绪三十年日人占驻宪兵队		承租议价，故未交还
大东门外	民房一所，此房无人报告，原业主尚未查明	光绪三十年日军占用		未还
大北门内	三盛发客栈民房一所，原业主尚未查明	光绪三十年日人占作电报局		未还
大南门内	民房一所，原业主尚未查明	光绪三十年日人占用		未还
大南门内	道胜银行民房一所	光绪三十一年日人占设俱乐部	三十四年八月交还	

纪日人内地营业

光绪三十三年冬，奉天海龙府[1]山城子、朝阳镇地方，有日人饭田、藤山等二十余人持游历通商执照，在民间各处分设小押、料理、烟馆、彩票局，骚扰闾里，府属西

〔1〕 海龙府，清光绪二十八年(1902年)，由海龙厅升为海龙府，府治在海龙城，即今吉林省梅河口市东20公里处的海龙镇。辖境相当今吉林省辽源市、梅河口市、柳河县与辽宁省西丰县一带地区。1913年废府改设海龙县。

安、东平、西丰等县亦如之。海龙知府孟宪彝屡饬巡警禁阻不服，以情来告。查海龙府暨所辖各境，均非通商口岸。洋商领有海关单照入内地贸易，虽约章所不禁，惟不许在内地开设行栈，亦不得以游历通商执照，抵作入内地买卖单照。条约俱存，岂容任其侵越。遂令查明驱逐，若有倔强不驯者，照约拘送就近日领事惩办。日人闻之，谋抵抗之计，诬地方官兵入寓居山城子之日人住宅，肆行强暴，掠夺银钱，奸污妇女，诉于总领事。日领事向奉天交涉司诘问，且附以医生诊断书、损害调查书，计值三千余元之数，要求严办官兵，赔偿损失。乃遣铁岭交涉分局委员马德驯偕带译员会同日员种桥成高等前往各处，分途查办。嗣由马委员等查悉，西安县地方日人开设小押、赌局、娼寮、烟馆者，业经该管地方官勒令迁徙，惟西丰、东平等县及山城子、朝阳等镇各地方开设者尚多，尤以山城子、西丰县两处为最，均无赖日人所为。若照约交日领事惩办，则人数众多，未便全行拘送。至官兵行暴各节，则尽属子虚。爰议定办法五条：一、禁止花会。二、禁止小押，当即停利。三、当物限五十日止，当候赎回。四、当物照原本加利，估价给领。五、无赖日人立即退去，当立退去书为证。议结后，尚恐未绝根株，复由交涉司以文牒日领事，声明将来日人往内地收买豆粮及别项土物者，必须领有海关单照，知会地方官验明，方许前往。否则，与华人无异，逢关纳税，遇卡抽厘。如有讹诈情事，必同华人一律办理。日领事亦以为然，事遂寝。

纪吉林日商租赁房屋

日人在吉林省城僦屋营业，自光绪三十三年始，彼时俄人遵约撤兵，日本小贩贫民络绎而来，向民间赁屋，辄生轇轕。盖租赁章程初未规定，租户业主无所遵循，以致漫无限制。交涉局患之，爰订日商暂租房屋公所，交涉局派员二人，日本领事派员一人，同集公所，和衷办理。凡日人暂租房屋，须会同华人到公所，具报所租房间若干，坐落何处，有无押租，每月租价若何，期限若何，营业若何，一一填注合同，以昭信守。并声明期限，至久不得过一年。从前日商所租房舍，悉令清查，所立合同，胥按此次成规，一律改定。自是厥后，一廛之授受渐泯争端，相安无事矣。三十四年，以公所号称中日合办，终属有碍主权，商之吉林巡抚，令交涉司牒日领事撤销合办字样，并撤去租房公所名目，由交涉司直接管理，就前定规则酌拟租出租入，画一契式，凡有关系之处，均于契内叙明。遇有日商租房，可径行赴司报明，填给租契，俾各执守。中日两国不必各派专员，以归简便。且对于俄人，亦一律仿办。日俄两国,均无异言。盖以文明之法更定之,外人固不能不遵守也。

纪俄商阿力夫私租四家子地开设火磨

俄商阿力夫,于光绪三十年私租民人王凤翙、林清瑞等所领四家子地基十二方开设火磨,当时官中未之知也。三十一年,署滨江关道杜学瀛查悉情形,时火磨已修筑成立,杜道以王凤翙等将地租与俄人私相授受,显违定章,调验其所立合同,若第五条内称,三十年期满,准阿力夫再行续租三十年,王凤翙、林清瑞或伊等日后不得推却不租。第六条称,如在期内,王凤翙、林清瑞或伊等日后推却阿力夫,或阿力夫日后不愿将该地租给,及过期不愿重立合同续租三十年,王凤翙、林清瑞应将阿力夫在该地兴修工程火磨制造厂货房,并一切生意工程、居住房屋、所有安设之机器等件,按原价加倍包赔,并所有工程及机器等件各项修理费亦应照样包赔。第八条称,所有该地应纳各项捐税,均应王凤翙、林清瑞自行交纳,与阿力夫无干。如王凤翙、林清瑞不纳此项捐税,则归阿力夫自行交纳,惟应于租价内如数扣留。如因此地有人控告等事,王凤翙等应出头承应,无干阿力夫之事。并如因此等事故致阿力夫伤财,王凤翙等应加包赔等语,多出情理之外。事关土地主权,自应亟为补救。即将王凤翙等传押,追缴地照,冀将此地撤回。讵意王凤翙等并将地照亦押于俄商之手,乃照会哈尔滨俄外部官追还地照,销废合同。该外部官置若罔闻,几生冲突。三十三年,复移牒俄总领事催究,初亦支吾遁饰,磋议年余,始允将阿力夫合同作废,地照缴还。维时阿力夫业已物故,因要求由官中租与阿力夫后嗣,改订新合同。杜道以俄商火磨久已经营完备,若不续行租给,恐此地亦难收回,遂与议定续租合同,改订条款,令其守我范围,照界外各火磨一律交纳捐税,与俄领事签押盖印。前后争议三年有余,始结此案。贪小利而忘大害,蚩蚩者氓,夫亦何足尤哉。

裁判交涉篇

国家之得完全行使其法权者，惟限于在本国领土之内，或为其国之殖民地，至对等之国家，断不容有他国并行之司法权在同一领土之上，乃国际法之原则也。中国自与英美立约通商，于通商口岸划有一定之区域为外人营业居住之所，名曰租界。虽仍为我国完全领土，而以中外法律不齐之故，致使各国藉口，以得领事裁判权，然犹曰租界惟然也。若吉省之哈尔滨，固与租界性质迥殊。只以东清铁道设置总站于此，当订立合同时，有铁路需用地亩，官地由官家拨给，民地由公司购买之文，于是俄人肆意圈用，侵占寖多。华洋杂处，交涉横生，盗匪披猖，劫掠蜂起。俄人欲干预我裁判权也，乃要求我设立哈尔滨铁路交涉总局，且愿岁纳巨款，以充局费。将军延茂为请于朝，遂由交涉总局与铁路公司总监工茹格维志订立交涉章程十条，时光绪二十五年也。迨二十七年，将军长顺又与俄人续订修改章程十一条，内有一切控案，统归哈尔滨总局官员会同东省铁路公司总监工或全权代理人讯办。于是文网益密，凡华洋互讼之案，华人悉羁轭于会审新法律之下，辗转而不能自脱。夫铁路需用之地，虽许为公司营业所有，然地方政治之权，决无假手外人之理。会审与领事裁判权及混合裁判，名义固少有不同，而太阿倒持，主权损失，所关实非浅鲜。徒以时逾十稔，救正为艰。世昌巡视滨江，惄焉忧之。每与交涉司筹挽回之策。三十四年，先后有苏长海及富春安二案，交涉司竭力争持，彼族已略就范围，究未能遽达目的。然而中国律文早经修订，司法独立，渐已观成。东省自立审判厅以来，取法文明，规模渐备，日人亦颇有赴诉于我法庭者。况哈尔滨居我国完全领土之内，为各国公共商埠之区，岂容违悖公理，侵我法权哉。

纪苏长海案

光绪三十四年五月二十八日，驻吉俄领事索阔宁照会交涉司，谓有华人房主苏长海在哈尔滨乌恰斯果外牙街俄人卓罗堪次租用之屋内，乘俄人因病离屋之时，擅取其物，价值七百余卢布，潜往吉林省城。经卓罗堪次控追，应请交涉司提被告苏长海到案，由彼领事馆派人会讯。交涉司不允会审，谓华人犯案既居被告之地，例应华官一面审讯，如果属实，即可照追。现省城已设司法专厅，交涉司未便干预。遂由司将此案移送于省城高等检察厅，冀以行我之完全裁判权，盖纯然正当之办法也。顾俄人已狃于哈埠会审之惯例,未允承认。乃强引一千八百五十八年天津订立中俄条约之第七款,谓有会同办理之明文,且涂附其词,核与原约汉文不符,无非妄冀朦混而已。交涉司再驳之,证以一千八百六十年续约第八款第二项,两国商人遇有一切事件,两国官员商办等语。可知天津条约[1]第七款所谓遇有事故会同办理者,即彼此历次行文或会商者皆是。若此次苏长海一案,因无特别异点,故于接准来照之时,即移该管司法厅查讯虚实,再行知会查照,此即遇有事故会同办理之谓。若会审之说,难以索解,殆误会条文所致。又证以续约第八款第五项,遇有大小案件,领事官与地方官各办各国之人,不可彼此妄拿存留查治等语,可知各办二字,文义甚显,断无会审之理由也。牒既发,俄领事绝对不认可,谓中俄条约已实行五十年,彼此均不能改政府所订之约,此案拟移送北京与外务部交涉。是年八月,外务部果咨吉林行省公署,知俄署使阿部守太郎已据驻吉领事之禀,谓俄人卓罗堪次控告华人苏长海擅取物件一案,署吉林交涉使以新意解释条约,并加交涉司以新奇迂拘之见讲解,耽延公允断结之咎。夫外人交涉案件,不得志于地方官吏,即移送于中央政府,此彼族狡猾手段之常。交涉司乃奉行省公署之檄,将此案与俄领迭次交涉情形,具文详覆,其末有云,以言条约成案,既无会审之明文,以言内政法权,更无许其会审之事理。嗣后各埠审判厅逐渐成立,署司且欲将现行违约之局章节次更正,以期巩固法权,纠正前失。兹数语可谓语长心重,令人踌躇满志者也。前后争辩数月,厥后卒以援天津府属地方审判厅准外人观审成案办理。虽未获优胜,然亦未尝曲徇其请。嗣后会审之说,俄领亦认为本非所愿,但求遇有民事,则会同办理,遇有刑事,则会查证据而已。

纪富春安案

富春安者,吉林阿什河旗人,年十二龄之童子也。家贫,佣工于哈尔滨,夜则假宿他人空屋中,以是为常。光绪三十四年六月初七日夜,富春安与何福、郭崇福、刘宗富等同寓一室,皆已就睡。有波斯国人阿郭西夤夜闯入,棍击何福等,各骇散。富童独留,遂逼奸焉。富童狂呼求救,何福等知事急,适途遇江沿巴厘司巡长俄人索则亦夫,指领往捕。巡长急往,阿郭西适自内出,既就获。巴厘司研讯富春安、何福、郭崇福、刘宗富等,尽得实情,置阿郭西于狱,录案解交俄领事。领事以波斯国

〔1〕　天津条约,是第二次鸦片战争中英国、法国、俄国、美国强迫清政府签订的不平等条约。主要包括《中俄天津条约》《中美天津条约》《中英天津条约》和《中法天津条约》。

人不归其审判,复押送滨江关道。此固罪人斯得,即按照俄国法律惩办,亦已成铁案不移矣。乃波犯阿郭西迭次审讯,坚不认供。而俄领事忽于六月二十八日来索波犯,谓奉到俄外务部知会波斯政府,允愿将所有居住东省之波斯人民归属俄领裁判,请饬提阿郭西并检同原供,一并解送领署,以便按照约章,会同华员办理。旋又照称,据波斯国人阿尔萨克、柏格达萨罗夫诉称,阿郭西为我国官员拷讯,受刑甚重,已有伤痕,欲我饬医会同俄领署医员详加查验。俄领事既欲索回波犯,而饬传证人。何福、郭崇福、刘宗富等咸惧拖累,各自匿避。且旅哈众波人,纷纷煽聚,合群挟制俄领事,藉口保护,要索提案,谣诼纷起,遂有众波人欲乘夜劫夺阿郭西出狱之风说。是时滨江道一面电禀吉林公署,请转电外务部查照,一面将波犯由厅署提归道署,派兵轮守,并优给饮食,派令西医诊治。俄领事索回之目的卒不能达。众波人以无隙可乘,爰于八月二十二日举代表乡长柏格达萨罗夫等呈称,该犯阿郭西实系醉后滋闹,现已深知悔过。乡长等知其平日尚属安分,愿具结保出,解出华境,永不来华。倘敢再来,愿照该犯应得罪名同坐。呈上滨江道,以光绪三十年希腊国人万吉利在奉天抢夺殴诈一案可援,遂俯如所请,准予取保释放,驱逐出境。

会同奉天巡抚唐绍怡与日总领事会议问答以督、抚主问,日领主答,下仿此例。

七月初五日第一次会议

问　请贵总领事提议事件。

答　前此商量矿事未了,今请继续商议,因政府近有训令,有铜矿两处,日人亦经开采,若不在合办之内,必应勒令停止。未免又启交涉,可否亦予合办。

问　此事亦早筹议,铜矿决不能在合办以内。查前次商议合办矿务,系与铁路有关系者,故惟煤铁两矿可以合办,其余各矿,决不能在此列。

答　然则如尊意,即锡、铅矿亦不能列入合同矣。

问　锡、铅矿可以列入,将来当饬矿政局调查。

答　本溪湖铜矿日商尚未开采,惟安东铜矿日商开采已久。照理论上言,军政时许可开采之矿,现在自应交还。惟该商掷去资本颇多,必当要索赔偿,将来必滋论议,故此事甚为难。

问　此事亦无甚为难。军政官所发号令,军队撤后即无效力。该商以冒险图利为此营业,何能要索赔偿。

答　军政官许可开采权，虽军撤后毫无效力，然该商已开有成效，若令废绝，后之续办者必享其利益，故不若仍行合办。

问　想安东铜矿必非大资本家所开，因军政官系战时地方官，不过暂时之命令，大资本家决不肯轻掷资本。此必欲图小利之人，急于获利起见。若因军政官许可，即欲为后来合办地步，殊非平允。

答　鄙见并非欲合办，此人亦实非大资本家。惟既受军政官许可开采，已掷去资本若干，若令停止，必须要索赔偿。恐起论议，故不若合同经营，将来两国资本家经营该矿时，但将该商所费资本缴还，亦可了结。

问　军政官，前已言明系战时之地方官。该商受军政官之许可，但能享战时之利益，军队撤后，即应消灭。若以耗去资本而言，则军政时所办事件不止一件，有获利者，有不获利者，若求不获利者向我要求赔偿，万难应允。

答　尊论甚表同意，但该矿究以如何办法为结果。

问　现在该矿已开采若干时，已挖得铜若干否。

答　其详不可得知，闻现在正在挖井，尚未得铜。

问　所以该商全系冒险行为。当军政撤时，彼既不应再掷资本，否则亦应早日向贵总领事报明。

答　此种人，本总领事亦不赞成其行为。惟实已掷去数千之资本，此层务求为之设法。所以安东之铜矿，拟请两国合办，因该矿已经日商开采之故。若本溪湖之矿，将来可由中国独办，或请日本技师经营其事。即将来各处铜矿，亦不在此例。

问　安东铜矿合办之事，碍难应允。该商所掷资本，系其自取，亦万无赔偿之理。惟重以贵总领事之意，因情面上，当令矿政局往该处调查该商在军政时代掷去资本若干，量予给还，以昭体恤。其军政撤后所用之资本，不在此例，亦不能任意多报。

答　此事究竟如何，尚不知其底细，应请大帅派员往查，本总领事亦当令安东领事就近调查确实。至此人固非上等商人，如以后有大资本家，如大仓之类，能否准其合办。

问　因不能合办，故愿给还耗本，令其停办，不论商人之资格也。

答　当照尊意电达本国政府。前次安奉铁路沿线合办矿案节略内第二款，现在日人所开之矿一律禁绝，未免太严，总应俟合办定后与二三月之限。否则，此时须与一年之限。

问　前次节略，彼此已认。何以贵总领事忽有此语。

答　因该条约一律二字，包含太广。如现在所开各矿内有大资本家经营之矿在内，将来即可作合同办理之资本家。此时若一律禁绝，则该商先投之资本未免受有损害，故此二字似太严重。

问　第二条之意系与第三条互相联贯。照第二条禁绝后，即可照第三条勘定后禀明合同办理。一转移间，即可开办。

答　尊意已均领会。惟此二字字面太严重，即由本总领事此时发令禁止，亦恐难以就范。似不若彼此派员，先行勘定为是。

问　前因贵领事允如第二条所言一律禁绝，故复有第三条彼此勘定即予合同开办之议。贵领事既未允第二条，何得有第三条之议。且所谓一律禁绝者，将现在所开各矿一律停止以待会勘也。其人之良否，资本之足否，本来一概不问。

答　尊意已极明晰。惟第二条字面究太严重，可否加入一条声明，彼此派员先行会勘，如占踞及资本不足者，即予禁绝。其可以继续合办者，即予接办。

问　所以须一律禁绝者，因日人现开之矿，无论占踞及有无资本，人之良否，均属不应。故议令一律禁绝，然后会勘，再达合同办理之目的。

答　惟此事必须派彼此行政官往勘，方可就范。若仅派矿师，恐非所宜。

问　可将矿师二字改为派员，则包含较广。

答　第三条之矿师二字尚可不改，惟第二条实恐无此能力足以禁绝，将来必须借重贵处警察，故请将第二条改为两国派员查明应禁者，一律禁绝。容今日回去再行筹思，明日再议。

七月初六日第二次会议

问　今日请再续议各案。

答　原来各国交涉，不免有要求过分之处。然如关系不甚重大，亦可少为让步。

问　此亦无所谓让步。但两国和衷会商，无不可了之事。

答　本国政府甚盼望会议各事，早日了结。

问　本部堂、院之意，亦甚盼望早日和平商结，俾可办理他事。

答　如求让步，措词似不妥当，惟求彼此体谅而已。

问　贵我两国相去最近，交情极洽。现在各国奉天交涉，均视贵我两国此次会议为准，故必须和衷商量。

答 尊论甚是。然此次彼此商议,系关于战后问题,故于各国甚无关系,决不得援利益均沾之例为请。

问 原来战事系日俄两国,我国系属中立,故自东三省善后条约定后,战事问题即已了结。此次会议系交涉事件,故本部堂、院极愿早日和平商结,可无庸提及战后二字。

答 由山东青岛至济南铁路乃德国所造,沿铁路矿务闻亦系贵国与德国合办,是以矿务与铁路极有关系。原来东三省条约会议节录,有矿产一事将来再行会议之语,故此次会议,实为继续条约而行。

问 矿产问题,乃此次会议之一端,其余交涉未了事件甚多,尚须续议。

答 前日所定合办矿业节略,拟加入一条。

问 可加入(如将来奉天省许允他商开采煤矿事业,较直隶临城合同利益优者,嗣后在此路线所能批准合办之煤矿,亦可请援照办理。其铁、铅、锡三种矿业倘有合办之事,至于如何纳征税项,应遵照以后农工商部奏定章程办理)一条。

答 铁、锡、铅矿抽税,自应照农工商部奏定章程办理。惟贵国将来与他国合办以上各矿,有利益过于此次合办者,本国亦应均沾。

问 此意可以同意。惟利益均沾四字,乃条约上字样,节略上万不能用。

答 请将此条上煤矿之煤字除去何如。

问 此则不能。因临城煤矿合同,系专指煤矿而言。若除去煤字,则全体文义俱不合矣。

答 临城合同系属办事规则,与纳税本无甚关系。此次合同彼此均已认为极当,因恐贵国将来有与俄国及他国合办之矿胜于此者,如不用中国总办及执事,全用他国人等事故,本总领事欲预援此例。此意系从权利上发生,非为纳税也。

问 该条内已写明利益,则权利已包含在内。

答 照此意则铁、锡、铅等矿,亦应如煤矿之例。

问 立合同不妨详细,可加入(如在本省境内允准他商开采铁、铅、锡等矿,除遵照部章纳税厘报效外,如许有他项利益,将来如在此路线所能批准合办此三项之矿,亦可请援照办理)一条。惟奉天省万不能改东三省。

答 大致可表同意,惟此条似乎太长。

问 可分为两条。

答 节略内第一条路线之事,查安奉路线本可直达,因该处多山,故绕道敷设。将来改良,必须取直穿山,约此时三十迈之路,将来可减为十迈。如照该条所云,路线不得更改,实多未便。此意想大人已知,特先声明。

问 可增入条内。

答 容先拟底稿,再请阅定。

七月初七日第三次会议

问 凡南满洲铁道附近煤矿,无论已开未开,均须商议。贵总领事可以商议此事否。

答 可。

问 现在南满洲铁道附近所开煤矿共有几处。

答 举总名有三处:一、抚顺,二、烟台,三、长春。

问 抚顺煤矿系华商王承尧所开,请先提议此事。

答 尊意请提示。

问 前次铁道会社令王承尧面议,允给还资本若干,即不准其干预,此事万做不到。

答 请示做不到之理由。

问 铁路需用之煤,或由铁路公司开采,或合同华商开采,均载约章。惟有非铁路需用,其矿为华商所已开者,不能由铁道会社任意给还资本,即不准其干预,故此事万做不到。

答 关于此事问题,若欲会商,本总领事非请本国政府之训令,不能有何等之回答。然该煤矿由日俄条约让与日本,中日正约第一条已认明矣。

问 中日条约所认者,系中俄旅大租借约及造路约移转中日,其余不关该约之事须再会议,况此事载明附件。

答 中日条约第一条,系认明日俄条约第五、第六两条。该条内载明沿铁路矿产,一切皆归日本。

问 此事可不论日俄条约,因中国承认日俄约后,中日又议有他约也。

答 总之,抚顺、烟台、长春三处煤矿,均经俄国让与日本,因该矿系俄人经营之故。虽在中国领土内,然已经中国政府以中日条约第一条认明,故此三处无可商议。

问 然则贵总领事认中日条约否。

答 自应承认。然此三处决不在内,因此三处已由俄国特让与日本也。

问 抚顺煤矿,俄人并未十分经营,何得特让。

答 照日俄条约第五、第六条,俄人让与日本者:一、旅大租借权,一、铁路及沿铁路利益。此矿即在利益之内。

问 所谓利益者,如俄人经营之房产及工程等。煤矿,则中日条约自有专条,应另提议。

答 乞将专条提示。

问 即附件第二号第四条。

答 此系贵国全权大臣提议之会议录,不能作为条约。

问 此议已经两国全权大臣认明盖印,何得不认为条约。

答 彼此盖印,系认明会议录之不误,非承认提议未允之件也。

问 然则该会议录内第五、第六两条,日本何久已实行。

答 此不过提议之案,其第五、第六等条实行,系另有专条,非依此议而实行也。因提示第十一号专条

问 该条字样与原来无异。

答 前件系一面全权大臣提议之件,不能作准。以后则彼此认明,故继续录之。总之,沿铁路矿产须俟彼此会议,系除开此三处,指别处矿产而言。因此三处已载明日俄条约,故不必提及。本总领事解会议录之意如此。

问 此与本部院解该条之意大不相同。因该条内载明,原可按照第六条办法,但因沿铁路矿产十分繁杂,故彼此须以后会商云云。绎原可及但字之意,即明白了然矣。

答 贵督、抚之意既如此解,本总领事当电告政府再答。但鄙见沿铁路五金各矿,将来亦可提议在内。

问 请贵总领事先行回答如何商量此事,因沿铁路矿产守条约而言,无论已开、未开,均须会商也。

答 本总领事大致与政府之意见无甚异议,因该条内载明原可照第六条办法,则将来会商此事,亦必照第六条之意。今贵督抚欲提议抚顺煤矿,尊意请先提示。又此事原因,请贵督抚注意,该煤矿前经中国政府与驻京公使交涉,主张该矿系商人王承尧所开,后为俄军占用,转移日本。故我政府不忍以战事之故,致该商大受损害,允即给还资本若干,以示体恤。此意见尚系本总领事所发生者也。

问 此系专指抚顺煤矿而言。本部堂、院与贵总领事不同意者,因贵领事主张会议录有原可照第六条办法一语,以为无庸商量。本部堂、院主张该条原可及但字

之意，必须彼此会商，再定详细章程。是本部堂、院请回答之意，系为会商沿铁路附近所有矿产，无论已开、未开者起见。若抚顺一处，不过因王承尧呈控，故由中央政府交涉，此实其中之一部分也。

答　请贵督、抚将主张之意作一意见书，本总领事当电达政府，俾可照约商量。但使彼此和平，无不可议之事也。

问　本部堂、院于此会议录及条约知之最详。盖当时议约时本部堂、院曾在座也

答　诚然，本总领事亦每月必翻阅数四。请将盐场问题提议。

问　贵总领事与关东都督府商量盐产办法如何。

答　大致与前次商量之法不甚差远，每年入口二十万担，都督府已允不再要求增添。

问　出口税如何。

答　此则决计不能承认。不但都督府不承认，即政府有训令不能承认也。

问　贵总领事既为决计不能承认之言，则全问题可作废矣。因当初提议该问题时，本以内地税、出口税及每年进内地之数目并列，今贵总领事欲离开办理，则全案必为之解散。此事原来我处持之甚坚，贵总领事何以略其大者。

答　前本总领事已声明出口税一事甚为费事，请贵督、抚不必主张征收，已得贵督、抚同意。

问　本部堂、院何尝同意。

答　然则此次请贵督、抚同意。至不能认收出口税之故，极易明晰，因出口之盐，非极廉之成本不可。若一收出口税，则成本较重，不能出口，入内地又有限制，盐业必日见减色，故不能承认。

问　原来出口税问题，贵总领事屡言收税与行政有碍，业经本部堂、院援大连设关收税无碍行政等语答覆。至于虑及商民之本太重，则如都督府所收之税及韩国进口税、贵国进口税皆可免收，何以独欲免我中国出口之税。该盐滩事业之发达，固本部堂、院之所欣望，即中国人藉此亦可多得生计，彼此均有利益。惟收税系筹款大宗，盐斤之税又中国特别进款之大宗，即本部堂、院等来此经营东三省各事需款甚多，久为贵总领事所深悉。盐业出口税，将来当为东三省进款之大宗，本部堂、院等方望之甚殷也。

答　贵督、抚尊意，本总领事久已闻之，心中亦甚明了。免韩国进口及本国进口税一事，现已预备办法。然如租借地内产盐，若准无限制运入内地，均照四元五

角收税，则中国稍收出口税亦无不可。

问　因东三省产盐不止旅大租借地一处，若任租借地盐入内地，则他处制盐之商民必受损害，故以租借地现销东三省之盐数为准，定为每年七万担，又以三万担为将来之扩充。此入内地盐数，万不能不限定之理由也。

答　此理早已明晰。总之，请贵督、抚将限制进内地一层销去，方能商量出口税之事。原来盐产问题，彼此认为重大，恐起争论，故愿早日商结。如每年进内地二十万担，及每担纳税四元五角，以二元或一元五角归都督府等事，即请承认，以便了结，免起争论。

问　出口税一事如何。

答　出口税一事，可作为该条件之根本，务请不再提及。现所议之进内地数目，及盐税分别征收数目，可先决定。且出口税一事，不但费事，即使允认，中国必须设局征收。现在关东州盐出口无多，恐所收之税尚不足敷局用，故请贵督抚不必主张征收。

问　进内地税一事，万不能使租借地之盐本轻于内地之盐。至出口税一层，设局用费自当斟酌。且本部堂、院深愿该盐滩之发达，俾贵我两国收税日旺，此则与贵总领事希望相同者也。此等意见早已声明，谅贵总领事必熟审之矣。

答　都督府现虽收盐税，一俟分别征收进内地税问题议决后，拟各税皆不收取。

问　然则由我代收中国人民之税与都督府矣。

答　虽系收中国人民之税，然都督府有保护关东州中国居民之责，即收取税项亦不为过，且即作为东三省贴还都督府之款亦可。要之此税实系关东都督府之行政费也。

问　行政费系都督府在租借地之命令，我处概不与闻。进内地税系中国国家所收，无贴还都督府之理。

答　现拟一统共办法，租借地产盐，无论入内地及出口，俱由中国每担收二元五角，由都督府收税每担收两元，尊意如何。

问　此系出产办法。都督府将来尚须收出口税否。

答　即不再收。

问　进内地七万担之税如何。

答　亦不再收。总之，但缴税四元五角，任运何处，不再抽收。

问　然则租界地产盐，较之内地产盐每担少两元之成本矣。

答　并不减少。因两元系都督府所收，制盐者仍纳四元五角之税，与内地无异也。至二十万担之说，本系空言。现在该处制盐之数不过十余万担，如尊处主张减少，即允十五万亦可。

问　此意前已言明。因现在进内地之盐，虽每年不过七万担，然将来贵国改良制造后，盐业必极发达。若预许多数，则内地之制盐者必大受损害，不能不预筹保护也。

答　贵督、抚之言，但知其一。将来即使改良，能否售入内地，尚未可知。因中国人民是否喜食此盐，不能预决。即如日本现在俱愿食本国盐，此亦狃于习惯之故。本国本府方研究此问题，故改良办法不若减轻成本为上。

问　如东三省所食之盐，俱系租借地所产，则无论矣。但租借地外，尚有多数制盐之人数万，不能使成本彼轻于此。前声明以现销之七万担为准，即此意也。

答　贵督、抚尚不知其中详细。因租借地内制盐，实已达于极点。从前该处制盐，本甚发达，此时再欲扩充非在海滩设法不可，其成本非常之大。故改良之说，不过徒托空言。租借地产盐，必不能胜于内地。且收税均系四元五角，而运费则租借地内之盐远过内地，故妨害内地盐业之事，实过虑也。以表面论，收四元五角之税能售十元，似制盐者有五元五角可得，然运搬费如此之重，加以成本，实所余无几矣。

问　以前未有铁路时，旅大产盐与复州产盐运入东三省，本来同一售价。岂尔时平均，现时忽不平均耶。

答　此理极易明晰。如任用一物，由东京运至，与由营口运至，其运费多寡悬殊。然在奉天之售价则一，以故制物者，有获利多寡之别。即以盐论，田庄台产与山海关产，在奉天售价则一，而运费之相去，夫人而知。此所以获利之多寡，运搬费之关系过于税金也。现在关东州正值制盐之时，一俟冬初，即当运售。此问题若不议决，必至如赵将军时有扣留等事，势必又启争论。本总领事为预防此等争论起见，深愿早日议决。如贵督、抚万不能用鄙人之主张，则无可如何，只得从缓再议。

问　本部堂、院亦深愿早日议决数事，俾得另办他事。且鄙人除公事外，与贵总领事时常相见，晤谈极欢，当可销除彼此从前之成见。

答　请将进内地二十万担之数认定。其收税数目，请照中国现行盐税之则为准，以三分之二归中国，以三分之一归都督府。其出口税请免。

问　此实难表同意。本部堂、院所主张者，一、进内地以十万担为限，一、必须收出口税。

答　出口税一事,本总领事已接政府训令,不能承认。

问　贵都督府在该处收税,于进本国口时又收税,独我处地主反不收税,似欠公允。

答　都督府所收之税,系出产税,非出口税。

问　无论如何均是收税。故本部堂、院主张租地者收税,则原地主尤应收税,应以三分之一归租主,三分之二归地主,故须照都督府所收之税加倍征收。

答　请先将进内地二十万担,及收税三分以一分归都督府认定。除此二十万担外,贵督、抚之意,应如何收税。

问　总之,都督府收若干,则中国所收倍之。

答　此何以故。

问　因盐系中国国家专利之品,故系重征税则。

答　虽系中国国家专利之品,然该产地内行政保护均归日本,贵督、抚不可不思。

问　所以,都督府现收之税,本部堂、院并未指驳,惟欲收中国地主之税耳。

答　该地主虽系中国,然行政保护均已归日本国家,故都督府保护该滩需费不少。中国并未费保护之力,而欲加倍收税,此理似不可解。

问　即使都督府不保护,彼等亦能制盐。从前俄人租借时,并未保护,而产盐如故。

答　然则都督府不收税,中国尚领收税否。

问　亦当征收。

答　请问如何收法。

问　此则当与贵总领事商量。因盐产问题,原来中日立约时,两国全权大臣并未思及,故有贵总领事与赵将军彼此相持之事。本督、抚到任后,甚愿早日商议,然尚未到同意处,贵总领事应知,盐为中国国家专利之品,与矿产之为国有物同,故须特别收税。旅大地虽租借与贵国,在租借期内有地方行政之权。至于地中、海中如矿及盐等产,自当由我特别收税。中日两国交谊最密,贵政府想不至以区区盐事,攘我行政之权利。且租借地盐税轻于内地,则我政府亦无以对内地之商民。至于运费等比较,乃营业家之筹算,贵总领事亦不能尽为贵国商民一面筹划,致于我有损也。

答　尊意甚明晰。然条约上载有附近水面亦在租借之内,此语尚请三思。

问　所谓水面者,如航业及建筑码头等寻常之事。至于盐则系国家专利之品,必须另行提议。

答　然则租借地附近水面,中国业渔之人应如何办法。

问　此亦另一问题。要之盐产系当时租借旅大时所未议及之事,即后来中日全权大臣亦失于提及。本大臣甚愿早日议决,以补条约所不足,故屡次提出意见,并请贵总领事提出贵国政府之主张。然迄今未得同意,实为遗憾。

答　不知当时贵国全权大臣何以并不提及。现在本总领事亦极愿早日议结,然如贵督、抚之主张,实有碍难同意之处。如在租借地内征收加倍之税。此层最难同意,且请贵督、抚参观胶州湾、威海卫租借地,可知日本之让步矣。

问　德国如商胶州湾盐进内地,中国政府必不承认。

答　此因胶州无盐之故。

问　然则贵总领事何以提及胶州。

答　本总领事并非专指盐产而言,系论该地行政大概。若胶州有此事,料德国未必肯如日本之让步。

问　此则请贵总领事不必代为过虑。本部堂、院敢料胶州如有此事,中国政府当不与之商量。

答　然则关东州盐产亦可不与日本商量矣。

问　因原来每年运入内地有七万担,故特与贵总领事商量办法。此乃本部堂、院和衷办事之意也。

答　运入内地及收税之事甚愿商量,惟租借地内中国欲收加倍之出口税,此事甚不公平。

问　从前该处产盐并未出口,即俄国租借后亦未出口。今即运出口,则此等中国专利之产品,何得不收重税。

答　敢问何以必须收加倍之税。

问　因都督府所收之税太轻,仅每担六角,故必加收。

答　贵督、抚适间所言俄国租借时盐未出口,此语于事实上亦不合。当时如海参崴等处皆销该处之盐,即日本长崎,亦有俄兵轮运来销售。

问　兵轮运盐乃极不文明之事,可以不必提及。总之,请贵总领事将彼此辩驳之语搁起,平心商量办法。

答　甚愿。但租借地内收税之事决难承认。且该地已租借日本,在租借期内,请不必再主张中国之权利。

问　权字可不提及,利益则中国理应享受。

答　盐税事亦不成其为利益。

问　如大连设关,即中国享受利益之明证。

答　此系条约上载明之事。

答　诚然。因盐事俄人当日未允公平商议,故深望贵我和平商量。

问　大连税关,俄人已允,因战时耽搁,故日本继续照办。至于盐则中国曾向俄人提议,俄人固未允也。

问　亦非不允,不过要求太过耳。

答　总之,此事如照现在主张,万难同意。请提开租借地,但论限制进内地及收税之办法。此事日本已极让步,所最让步者,为尊重中国之专卖权。此层请贵督、抚三思,然后再议。

七月十三日第四次会议

问　本部堂、院已将节略改正,请即阅定。因出示节略

答　第一条之意,与本总领事所主张者无甚歧异。惟该条原文系本国政府训令所定,今改正之条文词尚有不合,可否请依本总领事原条。

问　原条文词亦无不合。因出示译出原条

答　安奉铁路改良时,必须由贵国派员会商,故此条可以不必过虑。原来此条本总领事之意不欲列入合同,但以公文通知贵督抚。今既列入,请以本国政府训令之文词为定。

问　贵国政府之训令,系令贵总领事守其意见而行。今意见既彼此相同,文词之间何必计较。

答　总之,除改湾取直外,其余一切路线仍须照旧等语,太觉细密,还请斟酌。

问　可改为安东奉天间之轻便铁道,将来改良筑修宽轨时,稍有更改之处。其余一切路线,仍须照旧,不另改作他线。

答　贵督、抚必须声明此句之意何故。

问　因安东至奉天,现系盘山越岭。将来改良,只能改湾取直,万不能遇道斜绕,故须声明此句。

答　本总领事原条内已声明无大变更,若遇道斜绕,则即大变更矣,应请不必疑虑。此事亦非本总领事执议,因将来改良轨道,必有更变。若加入一切路线仍须照旧等语,似多窒碍,且又须请政府训令,不若改从原条,俾免周折。

问　必须照本部堂、院所定之条，则本国政府方可一览了然。且已声明路线固与轨道改良无涉也。

答　彼此意见既同，可请仍照本总领事原条列入。好在此路改良约须两年，届时照约须由贵国派员商定也。

问　贵总领事所示条内，如稍有变更与无大变更，词意本系重复。路线照旧一语，因会议合同办理沿路线矿产，故不得不声明。若条约所载会商，系轨道改良办法，如筑路造桥之类，与本问题无涉。请将此意转告贵国政府为是。

答　此事已与政府往复电商数次。此系末后训令之条件，已写明路线两字，则非造桥筑轨可知。然该路改良建筑时，如湾处不能取直，尚须远绕他道，故一切路线仍须如旧一语，事实上万做不到。

问　本部院所最注意之处，即在于此。因安奉铁路改良办法，彼此会商本已载明条约，本部院何庸再议。今有议者，系为合办沿路线矿产办法，则必以路线为准，故须声明不得更改。

答　该路线改良之事，但由后藤男爵、中村长官一往巡视，若何改良，尚未决定，故政府对于此事亦无一定主张。好在沿路线矿产尚须彼此派员会勘，亦非一时可定。俟矿产勘明，则此路线亦可决定矣。

问　本部堂、院与贵总领事所议，系沿路线矿产问题。路线既未指定，则矿产附属于何处。

答　贵督、抚之意，本总领事早已明晰。惟路线照旧一语，将来万不能实行。如以十英里之路改为一英里，贵处势必又启争论。且铁道上山、下山，实较人行为迟，故此路线改良办法，尚须斟酌。

问　贵总领事前曾言明须凿山洞。

答　山洞之说，尚未决定。

问　然则此路线贵总领事尚未能决定，何能预定沿路线之矿产。

答　此路线实不能决定，惟沿路线矿产此时预定，亦无甚关碍。即以本溪湖煤矿而言，如将来路线改走他处，该矿不在路线之内，则此合同办法即可取销。

问　原来会议问题，系为沿路线矿产。今路线既不能定，则以下数条皆无效力矣。

答　路线之事，此时实不能定。贵督、抚如必详细声明，实徒滋论议。

问　若不详细，则将来必有误会，且恐路线与现在大不相同。

答　万不至大不相同。因政府改良此路，于经济上必悉心筹划，决不肯将已成之路归于废弃。且该条内已声明无大变更,则决无远绕之事。本总领事可请政府速行勘定,将路线草图照会阅定。即矿产一事,亦可声明于路线未定以前,不得实行合办。

问　总之,此意太觉笼统。一稍有变更,一无大变更,一现在办法,一将来办法,词意均未明晰。所议系沿路线矿产,如路线不定,则无从论议矣。

答　路线之事,实不能先行决定。贵督、抚既如此主张,只得暂请搁起,俟路线决后再议。

问　可以从缓。

答　贵督、抚于极小之处如此注意,则彼此会商,恐不能到同意处。是本总领事深盼会议各案之结果实已绝望。

问　贵总领事应知每议一事,必须详细核实,不得为活动之词,使后来办事者无一定之遵守,徒启误解之争论。应请贵总领事向政府声明,安奉铁路改良办法系另一问题,本督、抚等所议者,系沿铁路矿产问题,故必须指定路线,则矿产之在何处,方有依据。前因贵总领事声明路线无甚更改,故本部堂、院允议沿线矿产。今路线既不能定,则矿产二字无根,从何议定乎。非本部堂、院坚执不能同意也。

答　因贵督、抚所主张,使本总领事实有为难之处。如该条内已声明路线无大变更,而贵督、抚犹嫌不详,必须加入线路仍旧等语,此于事实上做不到。盖除改湾取直外,如有不得不改之处,尚须酌办。若照此写明,则拘执不能更变矣。故不能不疑贵督、抚为无与本总领事相商之意也。

问　此事亦无为难之处。且会议之初,贵总领事即声明该路除凿山洞外,无甚变更,故本部堂、院允彼此开议。且因凿山洞之说太泥,故特改为改湾取直,则凿山洞与不凿山洞均已包括在内矣。

答　尊意甚明晰。然安东至奉天山岭极多,将来改绕或凿洞之处,不一而足,故实未能决定。至于矿产合办,实不妨先行订定,但声明路线未勘定以前,合办之事不得实行可也。

问　原来所议合办矿产,系以路线为依据。如俟将来路线定后,再行实行合办,而此时预先承认,实无如此办法。请贵总领事将本部堂、院之意转告贵国政府。若轨道改良办法,则决不干涉也。

答　路线虽不可决定,然大致必以安东直达奉天为目的,决不能绕道他处再至奉天。请将本总领事原条仔细斟酌,通融改定。

问　可改为日本总领事特为声明,现在安东、奉天间之轻便铁道,将来改良筑修宽轨。至于现存之路线，约计稍须更改，并不另作他线。

答　第一条请照尊意电达本国政府，第二条除本溪湖煤矿外一律禁绝一语，似太严重，应请酌改。

问　第二条内本溪湖煤矿，因贵总领事言大仓系大资本家，故特声明。

答　甚感盛意。然以表面上观之，未免两国政府立此合同，专注意于大仓一商人。故除此外，一律禁绝一语，请酌改。

问　可改为一律均饬停止。

答　请于一律均饬停止下，加入照第三条办理一语。

问　此则不能。因内有非正当之营业及资本不足者在内，故不能均照第三条之办理。

答　然则请将本溪湖煤矿不必声明。

七月十四日第五次会议附合同

问　请贵总领事提议事件。

答　安奉路线矿产问题，该合同节略第一条大致无甚更改，第二条一律禁绝改为均饬停止尚未议定，尊意究竟如何。

问　在本部堂、院之意，停止与禁绝二字，意义相同。未知贵总领事解停止二字之意，有他见否。

答　因禁绝则从此不能再开，停止则以后可以照第三条办法再行续采。故禁绝二字太严重。

问　照此办法，则停止者不过暂时停工，凡人夫机器均不一律撤去，似与禁止不开后，再照第三条办法之意不合。

答　尊意虽甚明晰，然若令将人夫机器一律撤去，其不正当之商人及资本不足，无合办之资格者，无论已，惟内有妥当殷实之商，若令一律撤去，俟以后重来合办，岂不多费周折。

问　总之，若写停止，恐以后必有交涉。

答　诚然。即写禁绝，以后亦必有交涉。因此等妥当殷实商人所开各矿，若一旦令撤去，必启争论。

问　所以办理交涉，不能作活动语。一作活动语，则以后交涉更多。如不正当之商人援，停止二字为词，不肯将人夫机器撤去，则又启论议矣。

答　如有不正当之商人不肯撤去，本总领事当以强力禁之。其有合办资格之商人，应请准其来省面议。总之，此条请贵督、抚酌改，但期无碍，即可允认。依鄙见，改为现在占踞之矿，一律禁绝。其有资本可以合办者，令其接续与中国商人合办，何如。

问　此意已在第三条声明。盖第三、第二两条，系连类而及。惟必须分为二条者，因现在日人所开之矿，皆非正当。故请贵总领事声明，日商无私自开采之权，一律禁绝。然后再由贵总领事择有殷实合格之商人，与中国商人禀请会勘，批准合办。

答　尊意久已明晰。然如有正当合格之商人，现正开采极佳之矿，已早开井动工，此时若令停止，果能今日停工，明日议决合办之事，则继续开采自无妨害。然事实上勘办此事，至少约须二、三月，势必井内积水。即再合办，该商已受有莫大之损害，此层不可不筹及。

问　现在本溪湖及安奉路线日人占采之矿，不过占地甚多，已开采者实少，且亦多系土法，无绝大机器在内。此等事可以无虑。

答　虽无绝大机器在内，然均已开井挖采，所费已属不赀。若任积水废弃，未免可惜。贵督、抚如必欲写一律禁绝，可否改为一律禁绝之后，照第三条办理，似与尊意亦无歧异。

问　可改为一律禁绝，听候遵照第三条批示办理。

答　照此意，则即最佳矿产，如本溪湖之类，均须一律停止候批再开矣。

问　自应一律停候批准。

答　理论上虽应如此，然总求筹一特别办法。

问　惟有彼此速派员勘定之一法。

答　本溪湖煤矿之佳，人所共知，可无庸再勘。

问　原议系沿路线矿产，非指本溪湖一处也。

答　该条内除本溪湖外一语，请删去。

问　昨已允删去矣。第三条贵总领事将彼此派员会勘六字点去，此系何意。

答　事实上虽应如此办，然本总领事之意，可以不写入合同，因两国政府已认明合办，则彼此派员之事，已包含在内。

问　彼此派员会勘一语，系为可以合办可字之根。若不会勘，则何以知其可不可。

答　此语写与不写，均无关系。惟前言彼此派矿师今改派员，此系何故。

问　因恐与地方有关系，故必须派员。

答　然则即请写入。惟如经彼此派员之如经二字，似尚不妥。万一贵处不派，则我处即无独派之权矣。

问　此系中国文法，无甚关系。如以为含混，可将如字改为俟字。

答　第四条锡、铅、铁矿，经彼此勘验后，以为可合办，禀请总督、巡抚批准一语，似与本总领事离开，可否改为由本总领事照会批准合办。

问　事实上必如此办，然合同上可不写入。

答　因立合同不嫌详细，故请加入。

问　所以不能写入者，因矿产系我中国之物，本督、抚等有批准开采之权，贵总领事系保护商人之外交官，但有查察本国商人是否合格之权，无批准开采我国矿产之理。若照此写，未免含混。

答　此意贵督、抚尚有误解，本总领事万无批准开采贵国矿产之理。惟照此写法，则商人可以直接贵督、抚，故不得不请斟酌。

问　请贵总领事来一公文，声明以后如有日商禀请合办矿业者，须先知照贵总领事考察是否合格，覆到后再行批准。

答　照此意，则禀请二字系指何人。

问　系指两国商人。

答　词意明晰否。

问　词本明晰。如贵总领事犹嫌含混，可加入该商人等四字，则明白晓然矣。

答　如此甚妥。请将第五、第六两条议定。

问　请即细阅。

答　第五条之奉天省可否改为东三省。

问　此事已声明数次矣。

答　此意本总领事尚未明晰。贵钦差系总督三省，想决不以特别利益许与俄国，故改为东三省，实可以释彼此之疑。

问　若改为东三省，则与巡抚无关系矣。且所议系安奉路线之矿，若不指明奉天，亦于本问题不合。本国现在决无以特别利益与俄人之事。本部堂、院方深盼南满洲沿铁道矿产，仿照北满洲沿铁道矿产办法与贵总领事会议也。

答　此事前已声明，请贵督、抚以意见书见示矣。惟该条内利益二字，似尚欠包括。因临城合同总办技师均有中国人在内，如与他商合办，有不用一中国人者，则合办公司亦必须援照办理。此等事，似不能包在利益之内。

问　可改为合同办法之利益。加入办法之三字,则包括无遗矣。

答　末句,亦可请援照办理之请字,可否删去。因请字系未定之词也。

问　可改为亦可准援照办理。

答　可否改为亦准其援照办理。

问　可改为亦可禀准援照办理。

答　可将禀字删去。

问　此则不能。因援照办理虽必允准,然万不能不禀知本部堂、院也。

答　第五条铅、锡、铁三种矿业,倘有合办之事,此倘有二字请删去,因必须合办之事,不必用两可之词也。

问　可删去倘字。

答　然则全合同均可同意。

问　尚有一事向贵总领事声明,将来沿路线之矿有我处认为不能合办者,日本商人如愿独办,必须与我处商量。

答　自应遵办。然鄙见如有中国商人认为无利而日商愿独办者,但遵照农工商部矿章办理,亦无不准之理。

问　所以必须商量者,因开矿一事批准甚易,惟办法必须妥善。否则,与地方官权限有碍。

答　此系贵督、抚权限内之事。如查明有与地方风水及他种不便之事,可以禁止。

问　开矿一事,用人太多。聚集贵国人千余,难保不与地方官侵权,故于治安不无关碍。

答　本总领事将来拟将矿夫均用华人,因日人性质太强,易滋事端,华人劳金甚省,又多安分也。

问　今日此合同即作为议定。

答　拟于午后派员至交涉局,彼此会抄一分。

合同

一、日本总领事特为声明:现在安东、奉天间之轻便铁道,将来改良筑修宽轨。至于现有之路线,约计稍须更改,并不另作他线。

二、现在日本在该路线一带占踞及勘探之各矿,日本总领事允一律禁绝,听候遵照第三条批示办理。

三、在该路线之煤、铁、锡、铅等矿，俟经彼此派员验勘后，以为可合办者，应预先将所指定何处，由商人等禀请东三省总督及奉天巡抚核定批准，请旨施行。至应如何办法，可仿照临城合办合同办理。

四、如将来奉天省境内允许他商开采煤矿事业，较直隶临城合同办法之利益优者，嗣后在此路线所能批准合办之煤矿，亦可禀准援照办理。其铁、锡、铅三种矿业有合办之事，一切抽纳税厘报效等项，应遵照以后农工商部奏定章程办理。

五、如将来在奉天省境内允许他商开采铁、锡、铅等矿，除遵照部章纳税厘报效外，若许有他项利益，将来在路线所能批准华商与日本人所设之公司合办以上三种矿业者，该等所办公司亦可禀准援照办理。

七月二十日第六次会议

问　请贵总领事提议事件。

答　今日可不必另议他种问题。安奉路线矿产合同，贵督、抚已接政府训令否。

问　原来矿产问题系连同南满洲路线、安奉路线汇报政府。今安奉路线合同已议定，应续议南满洲路线。贵总领事对于此事已得政府训令否。

答　已接政府训令。但贵督、抚对于此事尚未接政府训令，本总领事似不必将本国训令先行题出。且本总领事有一言应当面请示，贵督、抚等下车之时，即向本总领事言及奉贵国大皇帝旨意，将奉天未了交涉各案，一律和平议结。今开议已及三月，尚未议得数事。且此三月中新发生之事，又复不少。若照此会议，不特以前各案恐无了期，即新发生之事亦难商议。故欲问贵督、抚，究竟未结各案，尊意以为能议结否。

问　本督、抚等下车之始，即以和平商结交涉各案为首务。在京时，亦与本国政府及贵国公使言及。两国交谊之睦，此次到奉，必能将未了各案一一议结。然今则未免大失所望，盖贵总领事要求之条款，比赵将军任内为多，故本部堂、院解决此事，实较赵将军为难。原来赵将军任内各案如何结果，已早报政府。今贵总领事又从而甚之，使本部堂、院从何议起。然以本部堂、院盼望速结之诚意固深，愿贵总领事一切按照条约早日议结也。

答　此语实所不解。以本总领事思之，实无要求过于赵将军时之事，即以安奉路线矿产而论，本与南满洲路线矿产异其问题。而贵督、抚遽行牵连入告政府，是贵督、抚对于此事未免混杂，本总领事不任咎也。

问　当初开议之原因，系接续办理赵将军未了各案，有载在条约者，有不载条约者，均有彼此往来公文为凭。如安奉路线矿产与本溪湖煤矿，均条约未载之事。因贵总领事来文援南满铁路为安奉铁路之比例，本督、抚等体两国交谊之睦，允将此等不载条约之事亦如贵总领事之意开诚布公，互相商议。今安奉问题既已议妥，则条约内载明彼此会商之南满路线矿产自应继续会议。乃贵总领事已接政府训令，犹不肯出以见示，殊失本督、抚等一片诚意。贵总领事应知，南满洲路线与安奉路线两问题之联合，系曲从贵总领事之主张，尚有公文为凭，并未收回。何遽以责本督、抚等耶。

答　本国政府训令，并非本总领事坚不提出，因贵督、抚未接政府训令，则本总领事即出以见示，亦无效力也。

问　所以本部堂、院极盼将各事早日议结。即各军占民房一事，贵总领事屡允查明交还，迄无确覆。民间时时禀催此事。当议约时，内田大使曾声明必当从速办理。今撤兵如许之久，本督、抚等到任已及三月，尚不为民间索回一产，试问何以自解乎。

答　民房交还事，办理诚属过缓。然本总领事曾请贵督、抚等出一证明书，即可分别办理。此书迄未奉到，则迟缓实在贵处也。

问　证明书系指官房而言。

答　即民房亦应证明其非俄人侦探之产，方可交还。且本总领事虽未接证明书，因为贵处需用起见，已先行交还一两处。在本总领事之意，凡照约可办之事，无不竭力帮助，以为速结交涉各案起见。今会议既无了结，则本总领事将一变其方针，不按条约商量，即已还之房亦当索回，以待会议各案之结果。

问　此语无理之极。如贵总领事主张强硬手段，请明白宣示。本督、抚等当电告政府，即可罢议。

答　因贵督、抚不能尽义务，故本总领事亦不能尽义务。

问　请提出本部堂、院不能尽义务之事实。以本部堂、院之意观之，我处实事事退让，其最大之让步为先议不载条约之安奉路线矿产问题。

答　条约之解法，有不在文义上寻求者。安奉路线既归日本，则沿路线之矿产自应归日本开采。北满洲路线即其比例。故泥于条约之说，可不必主张。

问　原来奉天应让交涉各案甚多，本部堂、院因曲从贵总领事之意，先议安奉路线矿产。该问题既经议定，自应另议他事。俟一律议结后再行签字，此系办事规则。从前本部院议中日约及后来议中俄约亦皆如此，且本部堂、院并未声明不认议定安奉路线矿产之合同。贵总领事今日系为会议而来，何尚气如此。

答　依贵抚之意，必俟南满路线矿产议决后，再行一同签字。

问　然。尚有交涉各案，关于国际者，亦应一律议结。然先提出矿产一类议决后，先行签字，亦无不可。

答　然则该合同签字之期，尚不能定，且贵抚屡次停议，未免旷延。

问　停议一节，系因本部堂、院事务殷繁，且贵总领事非议事使臣，本部堂、院亦非议事专员，自当择暇开议，岂能按日如是。即今日事亦极繁，所以会议之故，亦曲徇贵总领事之请也。

答　本总领事非议事使臣，此语何解。

问　因贵总领事系驻奉总领事，与地方官长年有交涉之事，决不能认为特派议结各案之专使。且即以专使论，从前中日议约时，全权大臣如有公事，亦当暂停数日，况非专使也。

答　原来贵我允将未了各案和平议结，故本总领事于条约应争之事，如中立之驻兵一事，亦不提及。今观此情形，敢决言贵部院无诚心协商之意，则本总领事应严行条约上之义务，请贵督、抚速将兵队撤回。且贵抚言条约上无安奉路线矿产，然会议录第四款既载明奉天铁路，则非专指南满洲铁路可知。

问　当时系指东清铁路而言。南满洲铁路议约时，尚无此名目。现在安东路线矿产合同既已议明，自应继续会议，何必多与讨论。

答　贵督、抚能决定可以议到同意否。以已成之合同，尚须待他事议决后，再行签字，恐终不能同意也。

问　何以安奉路线矿产问题已商量到同意。且以本部堂、院观之，南满问题其解决易于安奉也。

答　前请提示意见书，何以尚未奉到。

问　若提出意见书，则彼此即难商议，故必须先行面谭。且安奉路线援照南满路线之意，系总领事之主张，本部堂、院已报告政府。今若不将贵国政府训令提出，凭何报告我国政府请示办理乎。

答　提议南满路线矿产问题，系贵督、抚之主张。既不以意见书见示，从何开议。

问　总之，彼此会议各事，以直接谈判互换意见为是。一形诸笔墨，则彼此必多胶执。今日并未提议他事，实为失望。言语过抗之处，彼此皆应原谅。总之，一事商结,即当另议他事,何竟不提及也。

答 本总领事亦深盼早日议结,然贵督、抚会议各案,果能诚心协商,决定了结否。

问 会议系两方之事,请还问贵国总领事,果能诚心协商决定了结否。

答 依本总领事揣度,恐难决定。

问 此则意见不同,以本部堂、院之见,可以决定。

答 贵督、抚等到任已三月,本总领事回任已三月,尚无一事议决,实失所望。即如黄家杰一事,贵督、抚允即查明,何尚无覆信。

问 此事已查明,该守在营口毫无家产,前面告贵总领事矣。

答 然则此案作何议结。

问 此案前次并未续议,因贵总领事所开节略第一条赔偿高景贤洋一万元,较之赵将军原议已加五千元,且又有赔偿名目,岂非较之赵将军任内要求为甚。现在本部堂将次出巡,本部堂、院甚愿与贵总领事早日议结数案,最好一礼拜中提出,数天不办他事,专议交涉。

答 此亦应当之事。因贵督、抚等出京时,贵国大皇帝曾有圣旨,命与本总领事会议各案,即本国大皇帝之希望,亦复相同。是两国大皇帝彼此方愿开诚布公商办各事,今贵督不待了结即往吉、江两省,不独与日本感情有碍,即于圣旨亦有违背之处。且吉、江两省均有巡抚驻扎,贵督亦不必一定出巡。以本总领事之测度,或为迁延交涉各事起见也。

问 本部堂巡行各处,乃我国内政,与贵总领事无涉。此等主张,应俟本部堂行后,本部院如无会议之权,然后再以此言责我政府不迟。

答 贵抚之权限不过总督三分之一,故贵督行后,本总领事不能与贵抚商议。

问 贵总领事今日之语,实非意料所及。

答 今日之语,系为决定以后继续会议与不会议起见。因本总领事已奉政府训令,视贵督、抚相待之意如何,即可停止会议。故欲求决定之宗旨,敢问贵督、抚之意,是否必须南满洲路线矿产议决后与安奉路线矿产合同一律签字。

问 因系同一矿产问题,故须议决后同签。

答 然则南满洲路线矿产未议以前,该合同是否不能签字。

问 本部堂、院之意不能先行签字。因开议之初,系本溪湖煤矿。该问题决后,复议安奉路线矿产。今又经议定,自应续议南满路线,此一定之理也。

答 南满洲路线矿产问题,贵督、抚尚未接政府训令,请暂搁起,续议他事。拟于明日议盐产问题，贵督、抚有同意否。

问　甚愿。

答　然则明日请试续议。

七月二十一日第七次会议

问　请贵总领事提议事件。

答　昨日会议至数钟之久，毫无决定，实为遗憾。原来贵我两国交谊极密，惟于东三省交涉各事，意见少有不同。故我国家深盼将东三省各事早日议结，则两国感情益加圆满。贵督、抚此次改弦更张，凡内治各事，固当由贵督、抚等主持，惟外交各事务，请与本国格外联络。因本国视东三省极有关系，且开战时耗费资财，伤亡兵弁不胜其数。故战后，视东三省关系尤重。贵督、抚若与本国感情有伤，即办理各内政恐多窒碍，故不能不请贵督、抚三思。本总领事之为此言，亦非无礼之要求。因现在所议各事，系战后未了问题，贵督、抚即稍让步，决不致启外人论议。然所求让步之处，亦决非无理由之举动。日本全国人民于东三省交涉事件，均极注意，本总领事对于全国舆论责任，实极重大。贵督、抚如能将各事公平商议，或与我以少许特别利益，则全国人民亦均谢贵国厚意，彼此感情必益加亲密。原来本总领事主张中日同盟之说，然两国同盟必视感情之厚薄。若与感情有伤，则于同盟一事亦多阻碍。查东三省应议之事甚多，有载在条约者，有不载条约者，如埠界租地等事，然皆系平时交涉，继本总领事之任者可以续商。本总领事深盼将关于战后之问题，如安奉矿产、关东州盐等事，一一议结，则本总领事可以早日回国，即贵督亦可早日出巡矣。

问　贵总领事主张中日交谊日加亲密之说，本督、抚亦深表同情。因东三省虽中国全部之一隅，然政府视之固极重大。现在高丽已归贵国保护，与东三省辅车相依，即南方沿海一带，亦与贵国岛屿相望，故与贵国交谊，实较之他国为尤密。譬之同处一方，近邻较远邻为亲，此浅近之理也。东三省地方，从前俄人在此，事事不受商量，不独中国视为无理，即贵国亦视为不平。且其损害将及贵国，故有癸甲之战。迨战事平后，贵我两国以极美之感情，定中日条约。贵国政府主张全满洲开放主义，我国即将东三省广辟商埠，且凡在条约以外之事，苟可让步者，无不竭力周旋。即如安奉矿山合办一事，本国舆论哗然，本督、抚任行毋恤，亦无非为两国睦谊上起见。惟办理条约上已载之事，则他国皆视贵我两国为准，故不得不彼此坚守。贵总领事言埠界租地为平时交涉，以本部堂、院视之，此实战后交涉之一大事。因开放各埠，乃战后条约所定，亟应彼此派员会商。至关东州盐及安奉矿产两问题，实非战后之事。盐产从前即有，与战事无涉。安奉矿产不载条约，质言之，贵国人决不能开掘。本督、抚因受本国政府之意，与贵国格外亲密，故即首先开议。该合同所载办法，实已尽本督、抚力量。至盐产一事，彼此会商最久，然贵总领事始终主张入内地二十万担，收课四元五角，以二元归都督府，出口税全不承认，恐终难议到同意处。现在会议各事，贵总领事为贵国政府代表，本督、抚为中国政府代表，故彼此必须心气和平，互换意见，方可议到同意。如照昨日情形，实于交谊事实均为无益，且亦无味。贵总领事应知所议各事有可以速议者，有于势于时不能速议者，然但能心气和平，日复一日，终无议不同意之事。故本督、抚深望与贵总领事开诚布公，和衷共议也。

答　鄙见亦复如是。一切事情总望开诚布公，和衷缓商。所以昨日已将意见当面提出，此意见亦非本总领事之意见，系本国政府之意见。因政府已有训令，命本总领事对于安奉矿产一事，视贵督、抚接政府训令意见如何，然后再定续议事件。本总领事视大局情形，将来贵我两国必须同盟。若同盟一成，则此等事件系极微小之事。然此时若先议决，亦不可谓非同盟之基础。唐大人长本总领事十年，将来必与同盟之席，请以现在之事，为将来之记念。

问　贵总领事所言，本部堂、院等深表同意。惟贵我两大国人民众多，交涉自必日繁，决不能以一二事之不合致伤感情。想贵国政府亦必当于宽大处着眼。本部堂、院前已言明，凡条约不载之事，如可让步，无不竭力，以示特别之亲睦。惟载在条约之事，如有退让，则他国必援以为例，此则万难应允，想贵总领事亦决不以之要求，使我政府为难。即以关东州盐产问题而论，盐乃中国国家专利之品，条约及本国律法均极严明。从前有人主张运长芦盐至韩国各处，获利极厚。然政府因盐系专利之品，如一出口，恐洋盐将援例入口，故宁少数百万之入款，不允此事。今租借地行政权虽归贵国，然盐系中国国家专利之品，若任令出口，毫不过问，似无此理。贵总领事若抱定前议之主张，恐难议到同意处。本部堂、院等非有意坚持，因内中实有为难情形，请贵总领事见谅。

答　本总领事对于关东州盐产之主张：一、进内地二十万担，二、收税四元五角，以二元归都督府，三、不收出口税。此三条中，贵督、抚为难之处，系指何条。

问　所为难者，第一条及第三条。

答　贵督、抚主张收出口税之意，是否以关东州为中国领土，故须收税。

问　一因关东州系中国领土，一因盐为国家专利之品，盐课为中国进款大宗。即以内地十八行省而论，每年盐课不下二千万，实居全国地丁钱粮四分之一也。

答　前次本总领事曾主张彼此不收出口税，此办法尊意如何。

问　关东州盐产问题，政府甚为注意，从前俄人租借时即已提及。故此问题，非新发生。因贵都督府不收税，即欲我亦援例免收，实难同意。

答　然则贵督、抚主张收出口税若干。

问　大致与租借地外产盐无甚多少。且此项名目并非税捐，乃系滩价。因海水系国有物，民人制盐须偿还国家原质之价也。

答　大约每担若干。

问　约一元二角左右。

答　此项是否在收税四元五角之内。

问　此项在内。贵都督府曾调查关东州出口盐每年数目否。何不将进内地之七万担一并出口。

答　此七万担如不进内地，贵督、抚对于关东州盐是否均不收税。

问　税则不收，惟滩价仍须收取。因贵总领事对于此事仅欲盐业之发达，故主张不收出口税。本部堂、院对于此事，既欲盐业之发达，须保全国家之专利，故不能同意也。

答　关东州盐既不令其入内地，如日本人在关东州外贩运中国制盐，此事当无异说。

问　此非东三省一方面之问题。因东三省准外人贩运，则内地各省亦当一律准外人贩运。故此问题极重大。从前各国亦均未提及，贵总领事如欲询问，本部堂、院可电达政府。

答　此事前经声明数次，因各国人在东三省贩运盐斤，系条约上成例，美领事亦曾以为请。故本总领事之主张，如将来关东州盐产问题决议，则可以禁止日本人在关东州外贩运。此意已叙入前送意见书矣。

问　条约上并未载明准其贩运，不过仅载禁止出口、进口。以贵总领事之解释，但禁进口，出口似在内地可以贩运。然以本部堂、院之解释，则盐系专利之品，进出口尚且不准，何论内地贩运。故该条约之解释，彼此意见不同。前美总领事请运盐斤，赵将军时曾拒绝之，有案可稽。

答　此层暂不提论。前本总领事主张中日两国商人设立盐业公司，由中国国家向该公司收税，此办法尊意如何。

问　中国盐业无此办法。现在东三省盐业,拟定官运商办之法,将次实行。

答　然则盐产问题,意见不同,请勿提议。

问　本部堂、院与贵总领事意见不同,尚有两国政府可以商议。如鸭绿江木植公司一事,亦因在天津未能议结,故由政府直接交涉。此事如意见不同,可由政府再议也。

答　由政府商议亦可,然本国亦必以本总领事之意为准。此间议不圆满,则政府亦必议不圆满也。

问　政府商议此事,不独贵国公使当问贵总领事,即本国政府亦必问本部堂、院,因政府未悉东三省情形也。

答　盐事既不提议,明日请续议渔业一事。

七月二十二日第八次会议

问　今日请提议渔业一事。

答　渔业问题,尚有一事须请问。因关东州居住日人,有出资本雇用华人用日本木舫往沿海业渔者,难保不出租借地领海以外,贵督、抚亦将一律驱逐否。

问　原来渔业问题最难解决,因海面并无界线之故。从前议约时,小村大使曾以沿海渔业令日本商民办理为请,彼时庆亲王以渔业乃沿海居民专利,请大使收回此意,贵总领事想亦知之。

答　尊意甚为明晰。然小村大使所言,系沿海渔权,本总领事所言非渔权。但如日本人出资雇用华人业渔,或自已偕往,或派技师偕往,此等事似与渔权无碍,且同行日人,亦不过华人十分之一。

问　但使日本人出资本,则渔利均归日本,即与华民生计有碍,故不论人之多寡也。

答　日人资本雇用华人者固有,然亦有中国资本雇用日本技师者。

问　如中国人资本,自当认为中国产业。如日本资本,则是外国人产业,即保护法亦有不同。

答　然则此两层,贵督、抚之意究竟全准否。

问　无所为准不准,惟沿海渔业,系我中国之权,但使不挂日本国旗,则我总以华人看待,一律保护,其中细情不深究也。

答　现在日本渔船及网之制度均较中国为佳,将来如来沿海渔业,照中国例纳捐领牌，亦许之否。

问　但不知所挂系何国之旗。

答　挂旗一事，本总领事以为无甚关系，但使事实上得利，即挂龙旗亦无不可。

问　如关东州渔民欲改良渔业，用日本船网，本部堂、院等方盼望改良，自不之禁。若资本及雇用人全系日本，则与小村大使所言无异，势有不能。

答　小村大使所言，系许日本国在中国沿海办理渔业，如两国渔业专约之类，固属重大问题。现在本领事之所请者，系因关东州内中国居民甚多，都督府均一律看待。凡准日本人营业者，即准中国人营业。故渔业一事，设有日人资本雇用华人，或华人资本雇用日人，此等公司贵督、抚究竟准其设立否。

问　中外人民设立公司，中国章程须禀准农工商部立案，由地方官保护。然渔业又与别项营业不同，因渔业系沿海居民之生计，即各国亦均视为己国人民之专利，立有渔业专约。故无论如何合办，其公司名目必须华人，则地方官方可保护。

答　尊论已悉。但此事尚有须分别者，如日本人在租借地外与华人订设公司，固当禀准农工商部。今华人既居租借地内，则凡设立公司，自应禀准关东都督府，即公司名目，亦当归日人。此等公司，贵督、抚亦准其设立否。

问　贵总领事于根本上似尚有误解。租借地居住华人与日人订立公司，由日人出名往他处营业，我处自不过问。若渔业，则必须至我领海内，故必须声明系华人公司，方可允准。贵总领事应知，领海系国家之产，与内地无异。质言之，不啻国家养鱼之池，但供民人食用，外人不得干预也。

答　尊论明晰之至。但将来中日合办公司，如遵章领取船票，至中国领海内业渔，贵督、抚亦允之否。

问　前已声明，应视其为何国之公司。

答　如贵督、抚之意，租界地内中日合办公司，当作外人产业看待，则将来都督府对于租借地内华人，亦必有分别之处，贵督、抚不可不思。

问　都督府如发管理租借地内人民临时号令，我等不能干预，想决不致苛待我民也。

答　然则此事可不议。

问　前议条件可以提议。

答　该条件第一条，关东州渔民本包含日本人在内，今贵督、抚既分权限，则此层意见已不相同。

问　尚有黄家杰一事应议。

答　贵督、抚之意如何。

问　黄家杰在营口并无产业，前已查明。

答　然则依贵督、抚之意，是否不给赔偿。

问　前赵将军任内，彼此曾议有条件。

答　该条件请贵督、抚细阅。

问　该条件内，有日巡弁杀杨尊山一案，须偿五千元。因贵总领事不愿提及，故允于高景贤赔恤费中减去五千元。请细阅便知。即出示条件

答　此系赵将军任内议而未结条件。原来各案，因赵将军事事多不同意，故不能议结。现在贵督、抚欲以赵将军之意见相商，恐亦难同意。

问　此事亦有分别，如赵将军已答应之数，而本部堂、院反欲减少，或守定原数，则为与贵总领事无会商之意。今该五千元系贵总领事之主张，今骤欲加至一万，岂非较赵任时更难商议。

答　然则赔偿一事，究竟如何办法。

问　因黄家杰无财产在奉，现拟令其出洋一千元，由公家再出一千元，共二千元，给与高景贤家属。惟杨尊山一案，贵总领事始终不提，伊亦有家属，应如何办法。

答　以本总领事调查，黄家杰实有万金之财产。

问　黄家杰之家中或有万金之产，然本部堂、院不能尽没收之以与高景贤之家属。该守在奉天，则固无万金之产也。

答　贵督、抚何以知其在奉天无万金之产，有证据否。

问　系令陶道调查而得。且贵总领事亦何以知其必有万金之产。

答　财产一事，非彼此实地调查不能得悉。然此事办法，必须先定赔偿数目，然后勒令黄家杰缴出。今贵督、抚不先定应偿若干，一若以黄家杰之财产定偿费之多少，殊觉不合。

问　此系交涉事件，非寻常欠账可比，不能不加慎重。万一定偿费后，黄家杰如无力缴出，岂非交涉终不能了。

答　但请贵督、抚断定偿费五千元，黄家杰果无力缴出，亦可商量办理，本总领事当以函声明，减少二千元或三千元。

问　凡办一事，终以早日了结为是，何必节节淹滞，致起论议。即如陶道查明该守无财产，而贵总领事则以为查明有万金之产，其明证也。

答　然则此事亦可不必再议，即他事亦可不必提议。惟安奉沿路线矿产问题，

贵抚尚未接政府训令，请即电催。

八月初六日第九次会议

问　请贵总领事提议事件。

答　前日所谈安奉沿线矿产及南满沿线矿产两问题。南满沿线问题贵督、抚主张之意，本总领事已明晰，惟安奉沿线问题，合同既已议定，亟应将现在开采之日人一律禁止。请贵督、抚给一简单公文，声明安奉路线矿产合办合同虽未画押，然已可作准请，即先行禁止占采之日人，俟南满问题议决后，即可画押云云，以凭照办。总之，会议各事，一面将未洽者陆续提议，一面将已有头绪者次第实行，方可了结。即如盐产问题，本总领事已早披露意见，可以不再讨论，惟请贵督、抚早日决定办法。

问　盐产问题，本部堂、院前已提明意见，诚不必再讨论。且近来据盐务局调查，凡内地之盐运至车站附载南满火车，较之租借地内运至车站为远，故租借地内之盐运费轻于内地，实已较内地为便宜。本部堂、院主张之意，仍不外从前三端：一、进内地以十万担为限，一、进内地照章收税，一、租借地内盐应收滩价。

答　租借地产盐，如貔子窝等处，即离车站甚远，内地产盐，如田庄台等处，即离车站甚近，故亦不可一律而论。且本总领事主张交还都督府盐税二元，亦非为运费之轻重起见。总之，贵督、抚所主张之三端，但请将收出口盐滩价一条除去，则尚可商量。

问　昨日贵总领事援哈尔滨税务司之章程，以为山东长芦之盐可以由海参崴入口运至哈尔滨，不知此说从前创之贵国人，曾有以长芦盐运至韩国及海参崴之请。嗣经户部驳斥不准，故近来或有私盐运入，若官盐则万万无之。且税务司亦决不能有擅自允许盐斤入口之权。此事东三省总督并未允许，岂能援以为例，昨已电询吉林巡抚矣。总之，租借地产盐主张收滩价之意，共有两要素，已屡次申明。一因领海系国家之产，一因盐为东三省筹款大宗。本部堂、院深望该处盐滩之发达，则不但本国进款日增，即都督府筹款亦必较前为易也。

答　关东州盐产如果推广，则两国进款自必较多。然以本总领事之揣度，未必能十分推广。即使勉强推广，恐所费亦必不赀。故本总领事之意，不如将收滩价一层，暂时搁起，俟将来盐滩发达时再议。若其他条件，则先行议结。

问　将来万一议不结则如何。

答 现在该处产盐不过每年七八万担,应俟将来扩充至二十万担时再提议此事,盖此问题收税事小,关于权利事大也。

问 此时若不议定,则盐运出口时,彼此即无章程可以遵守,故必须先议定。

答 以本总领事之意,即不议定亦无妨碍,因从前并无此项章程也。

问 从前与现在情形不同,故必须议定一办法。

答 现在本国在关东州制盐之商,虽有数家,然制盐发卖尚须数年以后,故本总领事主张暂不议及。譬如大连税关现在所定,亦系暂行章程。盐事请亦援此例,作为暂行章程何如。

问 所谓章程者,必须有纲有目。盐产问题之目,一进口数目,一进口税银,一出口滩价。目虽有三,其纲则一。故置一条于不议,则章程即不完全。譬如议税关章程,但定进口税,不定出口税,可乎。

答 总之,关东州产盐如收盐滩税,我国政府万不能承认。因关东州之盐产,我政府甚望其发达,即全国商民亦甚望其发达。将来扩充后入内地,既有限制,势必运出口外。若出口,亦须收税,则该盐进退两难,势必于盐业发达大有阻力,故我政府力主不认收税。然以本总领事之意度之,关东州盐业将来实不能十分扩充。如俟一二年后,政府参观情形,再由贵处政府提议收税,当无不可。若此时必须议定,恐难答应。且贵国对于盐务方加整顿,三数年后或有改良之处,亦未可知,故不若暂待数年再定,免使此时为难。

问 收出口滩费一层,本部堂、院视之甚重。因该盐本系我国之物,于理上、利上,我均应得享受。此时不论其有无出口,总应预先议定。则将来凡盐出口时,即可实行,不能以出口之少,即不议定章程也。

答 看现在情形,有无出口尚难预定。因关东州之盐,既不能至日本,又不能至韩国及海参崴,恐事实上总难发达。然此系将来之事,故本总领事主张暂时搁起,不必多起论议。原来贵督、抚主张之意,于理论上甚圆满,本总领事亦以为然,屡次电达政府,奈政府坚不承认,词甚决定,故请不必先议此无益之难题。

问 此条如不提议,则盐产问题即全无根本。且我政府极重视此事,因沿海租借地如广州湾、胶州湾、澳门等处,皆可制盐。关东州如一议定,则他国必援例以请,故本部堂、院等必须先定章程,不论其现在有无出口也。

答 出口盐滩价一事,俟后再行提议,可于公文内声明。先将他条件议定,彼此亦不必签字,但以公文照会承认何如。

问 所谓俟后再议者,究以何时为限。且此事如一议定,则关东州盐斤不日可以运入内地，除七万担外，其余即须运出。彼时若再与贵总领事交涉，未免又启轇轕。盖关东州盐如尽数可入口，则已既有限制，则必有出口，不得不先定章程也。

答　然则请于公文内声明，准关东州盐每年运入内地二十万担。如产额每年逾二十万担之数，然后再议如何收取滩价章程。

问　此事前早与贵总领事声明，如东三省产盐仅止关东州一处，则入内地本可不加限制。现因关东州外制盐者甚多，若多许关东州盐进内地，势必内地业盐之户大受损害，故不能不明定限制，以保护我制盐之民也。

答　尊意甚明晰。限制关东州盐进内地一事，本总领事亦深表同意。惟此事尚有请贵督、抚研究者，因现在两方之议论大致皆从空际着想，贵处因望关东州盐滩之发达，可以为筹款大宗起见，故主张收盐滩价。本国政府亦望关东州盐滩之发达，然因为保护盐业起见，故主张不收滩价，故彼此不能同意。然将来事实上必不能如此之盛，以本总领事之揣度，至多到二十万担。故但于照会上声明，产盐额如过二十万担时，再议收取滩价，则目前免致争论矣。

问　此事详细内情，实有为难之处。本部堂、院与贵总领事会议此事已十余次，其所以不决者，并非为进内七万担之故。盖关东州盐业之发达，将来必不止此数。如韩国本皆销山东长芦私盐，今该国内政既由贵国管理，则私盐必不能进口，将来必销关东州盐无疑。海参崴向系销美国盐，每年不下数百万元。今关东州路较美国为近，则将来此路运送之发达，亦不言可知。本部堂、院之意，无非冀该处盐业之发达，使两国筹款均有极大利益起见，且度支部亦甚以此事为重。因恐他国援例之故，应请贵总领事将我国政府为难情形，详细报告贵政府。

答　此事久已详细报告政府，惟现在所请者，系暂行办法。因盐斤不日即须起运，恐又启论议也。

问　暂行办法，则即为不完全之条件。

答　诚然。然亦事实上不得不如此。因完全条件必彼此体验后，方可决定也。

问　收盐滩价一事，本部堂、院以为先定章程，决无妨碍，因有出口方可收，若无出口，则此章程虽有如无也。

答　如必须添入此条，则收税若干，亦须议定。故似不若先定暂行办法为是，因否则恐难议结也。

问　依本部堂、院之意，照中国盐滩价一律每包收银一两余。

答　收滩价一事，恐本国政府决难商议。

问　贵总领事适言并无出口之盐，则此事甚易商议矣。盖有出口，则应议论收价之多少。如无出口，则何必计较。

答　尊意甚明晰。本总领事屡以告政府，然政府始终不允，故不若将此条搁起，俟后再议。

问　本部堂、院与贵总领事所议，系交涉未了案件，若仍不议了，似未妥协。

答　然则请明日再继续开议。

问　今请先将安东矿产合办，先以公文照会事议定。即出示照会稿

答　大致意见相同。

问　此照会到后，贵总领事以何等照会回答。

答　此事原来政府训令，命即签押。今观贵督、抚之意，须俟南满矿产问题议结后方可签押，故本总领事思一彼此照会之法，故须接照会后报告政府，然后可定答文。

八月初七日第十次会议

问　今日应续议盐产问题。

答　原来此次会议交涉未了各案，本国人民甚为注目，即东京日日新闻报[1]亦屡以交涉未了，啧有烦言。故现在所议各事，虽不能确定，亦当使粗有规模。如不能签押，必当以公文彼此互换为秘密之办法，庶本国人民感情稍慰。

问　办理交涉之事，惟当局者能知其详。若报馆皆系揣度之词，不足为轻重。即如中国报馆之毁奉天交涉者不一而足，然本部堂、院但论事之可办与否，不问报馆之议论也。

答　寻常报纸固无足重轻，惟日日新闻半含官报之性质，不啻为全国人民舆论之代表，故与全国感情极有关系。盖彼此个人意见不合，尚无大碍，若全国感情有所不平，则于国交上实无利益。贵国改良东三省政治，本国人民实甚注目，因其中有战后之关系。故请贵督、抚办理东三省各事时，常以日本人民注重之意为念。

问　东三省地方，我国大皇帝亦甚注重，故特遣本部堂、院来此改革官制，举行新政，亦即此意。本部堂、院但愿尽力为之，使以后东三省日有进步，与贵国邦交亦

〔1〕　东京日日新闻报，是日本全国性大报《每日新闻》前身之一，1872 年 2 月 21 日在东京创刊。1911 年后为《大阪每日新闻》兼并，仍以各自的名称在两地分别出版。在以后的历程中几经合并，1943 年元旦起统一采用《每日新闻》作为报名。由“株式会社每日新闻社”（The Mainichi Newspapers Co.，Ltd.）出版。

日益亲密，则本部堂、院所希望者也。

答　尊意甚是。盐产事昨请贵督、抚研究，有别项意见否。

问　此事无别项办法。因出口收滩价一条，现在即无出口之盐，将来逐渐发达，必有出口之日，故此时必先议定。

答　请将从前论议一律作废，另议一新办法，将关东州盐尽数由贵处官买何如。

问　请问每年有若干出产。

答　现在约有七万担，五年后可扩充至十五万担。

问　每担价若干。

答　照奉天之价，每担十元，令其运至奉天交付。

问　若照此，则内地盐滩必大受损害，实与限制进口之意相反。

答　此则无妨。因收买后，则盐专卖之权全在贵处。若虑其多，但准其出口即可畅销。

问　从前俄国租借旅大时，外务部曾议及每年与以十四万元将租借地盐尽数归我。如抱定此宗旨，尚可商议。

答　此事俄国并未承认。

问　非不承认，因彼时日俄已开战矣。

答　本总领事有钞存彼时来往公文，俄国实未尝承认。

问　末次公文，许以十四万元，贵总领事曾见之否。

答　十四万元之说，与本总领事主张缴还都督府二元盐税之说相符，盖七万担每担两元，即十四万元也。

问　该处产盐恐不止七万担。

答　此时实止七万担，五年后或可扩充至二十万担。然事实上变迁亦未可定。此可以声明，俟过二十万担后再议。

问　贵总领事所言照奉天省价收买，此事大不合算。因若此，则成本必须加倍，盐无销路也。

答　此十元之数，系连税捐在内。

问　总之，此事为贵处计甚善，为我处计则不善。因此十元中，我处仅收四元五角，而贵国则得五元五角，是贵处得一百余万之利，而我处坐受一百余万之亏，此事不甚公平也。

答　贵处虽每岁须出一百余万元，然有二十万担之盐在，且该价亦可陆续付给,不必作一次付。

问　照此价目,总难商量。因此等办法,不啻日人设一大制盐公司,而我处包收之,公司必大得利,而我处必吃大亏。

答　此因为不令日本人干预盐事起见,其实制盐者亦无甚大利,因此十元内有四元五角为盐税,其余不过售卖之价,与现在进内地发卖之理相符也。

问　此事尚应切实解明。因盐系海水所制,海系中国领海,则盐系国家之物。都督府有地方行政之权,因保护制盐者征收保护,料此层可以承认,若令中国尽数包买则是出极重之价购已有之物,于理论上太不圆满。故现在议论此事,第一要义当辨明盐滩为何人之业。贵总领事之意,究竟是否愿将关东州之盐,全数令我包买。

答　诚然。即系此意,且本总领事之主张,亦非漫无限制,故请以五年扩充至二十万担为止,声明过二十万担时,再议办法。

问　照此价目,实与我国盐滩大有妨碍。

答　此系现行之价,与贵国盐商决无妨碍。

问　照此价,是我国须以每包五元五角购得之,未免太贵。

答　此亦不必定准十元,但请照奉天时价。如将来减至九元或八元时,即照算亦可。至盐税四元五角,关东州都督应否在内取还二元或一元五角,尚未可知。因此系本总领事一人之见也。总之,议论此事,贵督、抚主张须有完全办法,照本总领事以为甚难完全,因彼此尚未经验,故不若先定暂行办法之为愈也。

问　今请定一办法:凡关东州盐,由我处贴还都督府盐税,每担洋六角,照中国盐滩出盐价一律收买。如贵总领事以为可行,当与度支部商量。

答　此层办法,是就滩收买。是否在彼设局,或派员前往。

问　东三省新章:关东州外盐业系官督商买,由官定价,令商人前往盐滩向制盐者买取。

答　此层稍有为难。因关东州内,贵国如派员前往,似与地方行政之权有含混。

问　派员收买盐斤,质言之,系一商人,与地方行政何干。

答　尊意甚明晰。本总领事当详细筹思。惟本总领事之意,总以运至奉天照价收买为是。

问　照五元五角之价,万难应允。因此不啻买卖之事,与交涉无干也。

答　本总领事所主张,亦非必守定五元五角,此系照奉天行价核算。

问　此系买卖之事，请详晰质言滩上成本若干，每包索费若干，运费若干，加以都督府六角之税，共计若干。且二十万包之数太多，亦不能承认。

答　二十万包之数，不过为将来扩充起见。若此时，即本总领事亦不敢承认，即明年亦未能扩充到如此。惟以希望之豫算，不能不定二十万之数也。

问　此事极应慎重。尚须查明东三省盐每年销数若干，是否与关东州外制盐之民有碍，然后再定。且条目亦极细密，如既欲收买，必须验明盐质是否美好，有无搀杂等事。本部堂、院现在只能暂议大纲，其细目须由盐务局议定，且必须报告政府也。

答　本总领事自当报告政府。然贵督、抚之意，须查明东三省销数及与内地制盐有无妨碍，是尚不能全收。则内余之盐，作何办法。

问　令其出口，而我收滩价。

答　此层屡次声明。因彼此意见不合，故思一特别办法。且都督府现收之税系六角，将来或有加增，应先声明。

问　总之，此系卖买之事，必须筹算，可以收买方可。

答　若照贵督、抚主张，令将成本一一开列，则商人即无余利。

问　滩价即含商人之利在内，且都督府何不收盐税售与商人。

答　此系都督府行政费，故必须收取。

问　然则六角之税，即系行政费，何以尚须加增。

答　今请另一办法，照奉天现行价，凡关东州盐来奉，照九折收买，则除四元五角之税，不过出四元五角之价，本似较轻。

问　贵总领事可不问我之收税若干，但论收买之事，我但详细核算与内地盐滩价值不相上下，不致侵碍商民，即可商量。若收税之多寡，可不论也。

答　此意与本总领事主张之意亦甚相同。因盐运至奉天，本有时价，若照价九折，即有一分之利可余矣。

问　盐系一定之价，并无时价，本月即当官定划一之法。

答　盐价虽系官定，然商民仍有上下。如铸银元以七钱二分为准，然民间使用，必有早晚时价，即其明证也。

问　贵总领事尚不知其中细情，因盐系一定之价，不过以钱为本位，故时价之涨落，其原因在钱价，而不在盐价也。

答　此事尚须彼此研究，必须想至彼此毫无窒碍，然后方可完全。

问　南满洲铁道沿线煤矿问题，本部堂、院等意见书请阅。即出示

答　抚顺之矿，现在日人已费资本三千万，如必须合办，则中国即应入一千五百万。

问　此事尚待商议。

答　从前南满铁道会社成立时，贵国何不入股。

问　贵处并未与我商议，并非我不入股。

答　南满洲铁道资本，本分两期。如中国愿入资本，亦日本政府所深盼。因本国在美京所借国债本定八千万，今止借四千万，故尚缺资本也。

问　如贵国可借，则我国亦可借。且贵国借国债四百万镑，系为改良南满洲铁路之用，恐更无余资经营煤矿。

答　请将意见书带回，俟下礼拜二再议。

八月初十日第十一次会议

问　请贵总领事提议事件。

答　前日贵督、抚见示之认明安东铁路沿线矿产合同照会，本总领事已电达政府，得有训令，故请与贵督、抚商量。

问　请将训令之意见提示。

答　原来议此合同时，彼此曾声明须请政府训令后方可作准。本总领事已早请得训令，因贵督、抚尚未得训令，故本总领事亦不提及。该合同第一条内现有路线稍有更改，并不另作他线一语，政府解说此义颇有为难。该路线既系盘山而行，将来改良时，或有绕山之处。若照此合同意义，即为他线，岂非又启论议。故政府请将此条不列入合同，但彼此以公文详细注明，且事实上与矿产问题亦无干碍。因现在所议，系安奉路线矿产，可以抱定此数字，照现在路线划定矿产之区域。如将来改线他道，即不在合同权利之内。如此似较明晰。

问　原来所议，系安奉路线矿产，故本部堂、院以路线为第一要义。盖四种矿产，均指附近路线者而言。若路线不定，则该矿即无所附丽。且路线改良一事，如筑修宽轨，穿洞绕山，凡铁路工程师皆知之。将来该路改良时，照约彼此须派工程师会勘。彼时如有必不得已之更动，我处自当允认。盖所谓稍有更改，并不另作他线者，声明不能远绕。设线若必不得已之更动，本含在稍有更改四字之内也。

答　请问贵督、抚之意，沿线二字系指现在路线，抑指将来路线而言。如现系盘山之线，将来或改为绕山，此沿线二字所指，系盘山之线，抑系绕山之线。

问　解说此等字义,不能泥定。如沿线之沿字,以切实解之,系指贴近轨道而言。然贴近轨道,决不能即有此四种矿产,故即稍远之处亦必须包含在内,惟不能范围太广耳。即如现在盘山之线,其两旁有矿可采,将来必不得已改为绕山。然事实上与此山万不能远,则该矿亦即包在沿线二字之内。本部堂、院与贵总领事开诚布公,明白商办,请勿拘泥字样,多启疑虑。

答　尊意久已明晰。因此时所定合同,如稍有含混之处,将来必启论议,不若此时指定照现在路线订立合同。俟将来路线改良时,即将此合同作废再议,较为妥当。

问　贵总领事之意,无非为该合同上并不另作他线一语,恐将来解说有误会之处起见,此事可以公文彼此照会,声明该路线俟将来两国工程师勘定后,如有必不得已之少许更改,应即照准。盖工程师系专门之学,勘路线必有一定之意见,不能任意远绕也。

答　彼此派工程师会勘,此事载明条约,自当遵照办理。惟本总领事之意,因虑将来彼此误解,故愿先指定现行之线订立合同。俟改良路线后,即将此合同作废。今贵督、抚既主张彼此照会之法,亦甚妥善,容本总领事筹思奉答。

问　安奉路线改良,大致不出两年。沿线矿产,决非两年内所可一律开办。若俟改良后即将合同作废,则何必有此一举。

答　此则可以声明,俟将来改良后继续议定。

问　总之,贵总领事如虑误解字义,可以公文照会声明。

答　容即照办。盐产一事,贵督、抚尚有何意见。现在贵督将次北上,最好先议一暂行办法。

问　前日所说收买二十万担之说,万不能行。因每年多进内地十余万担,则内地制盐之户必受少制十余万担之亏。然关东州盐如较内地制盐为便宜,则增加数万石尚无不可,惟必须照滩上制盐之价收买,然后贴还关东都督保护费每担洋六角。且我处必须至盐滩上收买,凡水陆运送,皆系以后续应另议之事。因此系大宗买卖,必须另定运送之价,不比寻常货物也。贵总领事如能照此意,可以商议。如必须照奉天现价,或减一折出售,即万难同意。贵总领事如有意见,即请申说。因陆总办系专办盐务,颇有考求,可以彼此相证也。是日东三省盐务局总办陆宗舆[1]

〔1〕 陆宗舆(1876—1941 年),字润生,浙江海宁盐官人,曾任中国驻日公使。1941 年病逝于北京。

在座

答　本总领事之意，拟请陆总办至本馆一谭可否。

问　可。

答　适贵督、抚主张办法，当与陆总办面议。惟此事须与都督府及关东州制盐者妥商，万一意见不合，可否照前议办法不收盐滩费，准入内地若干担，收税银四元五角，以二元还都督府，将此数条暂行议定。

问　除进内地七万担不收盐滩费，其余之盐，必须收取。总之，贵总领事如欲速议此事，必须请都督府认明准收盐滩费，然后可议。否则，即照适间所定办法，由我向盐滩收买，贴还都督府行政费，亦可商议。

答　因贵督不日北上，故未行之前，必须议决数事，即无完全办法，亦须定暂行办法。

问　产盐一事，此两层均系切实办法。请贵总领事与陆总办仔细考求。

答　可否请袁佥事同来本馆。

问　可。

答　然则容再议。

八月十三日第十二次会议

问　贵总领事与陆总办昨商盐产办法意见如何。

答　关于盐产问题，前日与陆总办商量，大致明白，已电达关东州都督府，嘱遣关东州制盐者数人来此参考。此电系昨日所发，约明日可得电覆。俟将来到后，彼此商有头绪，再与贵督、抚商量。又安东路矿合同第一条以公文声明一事，亦已电达政府，尚未得覆，应请暂搁再议。

八月十六日第十三次会议

问　安奉矿产一事，贵总领事已得政府回电否。

答　安奉矿产一事，彼此所定合同，因第一条不另作他线一语，本国政府未能同意，已另文照会，想可蒙台阅。

问　贵照会收到后，已饬译矣。

答　彼此交涉事件，宜从速办理，总不宜搁起不办，以早了为是。

问　凡事能了者，固宜早了。惟有须考求讨论，或彼此辩驳者，则事理上不能不暂缓。

答　盐产问题，因都督府尚未调查明确，今日尚不能议，应少待数日。

问　好在本部堂改程赴京，与赴吉、江情形不同。京奉交通最便，本部院有事，彼此可以电商，决不致贻误。故应商议之事，仍可继续商议。

答　尊论甚是。

国家古籍整理出版专项经费资助项目

长白文库

丛书主编 郑毅

东三省政略校注（中卷）

郑毅 主编

吉林文史出版社

卷四　军事

述　要

邠岐旧壤，远接荒漠，非整军经武，无以重陪都，备边患。故满洲英桓之士，靡不讲求战陈，娴习弓马，并不许偏趋文艺，致废武备。列圣訏谟之远，训诰之严，载在方策，服之无敢斁也。降至今日，兵燹迭更，强邻内逼。满洲而有南北之名，旅大已为租借之地。日之铁道，贯奉天而达于长春，所以限之者，仅鸭绿江之盈盈一水耳，非天堑之不能渡也。俄之铁道，由西北[比]利亚过黑龙江而亦达于长春。重门洞开，更无寸土之可扼也。彼既警察、军队，节节布置之不遗余力。而鸭绿、图门之间，久为日人之所盘旋，驻兵设官，阴谋潜长，方且沿东边而思图我延吉。黑龙江、海参崴之地，素为俄人之所游衍。兴航通商，日进不已，且更假口实边，设屯伯力，而将逞其力于乌苏里以西。于此而欲固我主权，振我王灵，奠安我疆土，保乂我人民，固亦不能不为最后之整备，以济口舌之穷矣。矧以三省土地之旷，盗贼之多，凡兴实业，卫农矿，分设郡县，备护蒙藩，无不利赖于兵队，又不仅靖内备外之为亟亟也。故非精兵十镇，不足以资分布，亦不足以备一战。而江海之防，犹属后图。奈何旗兵之名虽存，而其实已亡。昔之无丁之非兵，今则无兵之不敝。防军一百数十营，虽器械不精，操法不纯，不足以御强敌，似可以制小丑，纵难倚以阵击，应可资以守卫。乃纷纭扰攘，半属降人，种类既杂，宽严并失，遣无可遣，诛不胜诛。揆诸列圣创垂之典与今陆军之制，断非徒聚此群不逞之徒，以之点缀旗帜，便号干城也。前之留守斯邦者，若奉天将军赵尔巽、吉林将军达桂、署黑龙江将军程德全，均受事于残败糜烂之秋，百端倥偬，竭尽劬瘁，喘息稍定，乃及军事。奉天则招募新军二营，购置兵舰两艘，吉林则挑练新军一协，黑龙江地最旷、人最稀，财力亦最困绌，但就制兵改为巡防队，未曾另事编练。世昌奉命总督三省，责有独专，任有独重。统筹并计诸百经营之事，无兵殆不可以言治，且非有训练已成之军队，无以昭示纪律，发扬威武，为未尝教育之营伍作之矜式，因奏调陆军一镇、两混成协帅之而东。赵将军所募之已成营者，扩之而为标。达将军所检之已成协者，整之而仍为协。其他之敝者新之，羸者允之，驯者抚之，桀骜者薙之，简练搜讨，更编陆军一标，巡防队一百十有余营。若者为驻守之队，若者为剿击之师，更番出入，以均其劳逸，而不误其训练。将弁官佐之未尝学问者，既立学堂以教之，等其次第，以鼓舞之。兵队无新旧，统以陆军课程，严其教导。举若进止之度，持躬之则，战阵之法，技击之术，及夫舆地之必明，侦探之必密，枪械之若何保存，马匹之若何调护，条分缕晰，无一事之不研，无一日之或旷。而械有必精，饷有必裕，居处饮食有必洁，服装冠履有必整，病有以为之疗，死有以为之敛。曰教、曰养，盖不殊父兄之于子弟焉。而于剿匪有功及训练著有成绩之员，既已奏膺楙赏，其败坏军纪不堪鞭策者，亦一一加以惩谴。赏罚所昭，益多感奋。由此而推行之，所以振扬武义，大利于戎行者厥有六端：一曰实行征兵。陆军定制，兵征土著。征调易集，退伍易遣。名籍有可稽考，风土悉所素习。既无征戍之苦，且可自卫身家，情顺斯孚，志齐乃勇。以爱家者，推而爱乡爱国，皆一意之所固结。居则为比、闾、族、党、州、乡，出则为伍、两、卒、旅、师、军。此各国齐民，所以皆有当兵之义务也。比调陆军，尽属客籍，退伍征补，首选旗丁，次及民籍。循序扩张，必使周南野人，无一不备腹心之选，而后可以固边庭之门户也。一曰推广屯垦。自古筹边，屯田为要。三省荒芜灌莽，不可步计，瓯脱视之，以待人之侵略，无智愚皆知其不可也。移民兴垦不若遣兵设屯者，内省远来，资费过巨，一也。水土不习，生命可虞，二也。乡农懦怯，难为边备，三也。而平时为之御盗贼，捍灾患，则仍非兵卫不为功。故议以退伍兵授田开屯，立屯长以督率之，选农科学生之有经验者为副屯长以教导之，仍以时操练，不废讲武。今所遣者，仅客兵退伍之愿留者二百余人。他日土著旗民各兵退伍后，一律编授屯田，既固边防，亦关生计。实力推行，未容或缓。一曰精求军学。司马教战，所赅者广。古制云亡，专尚武力，亦既舛矣。今之陆军，取法外洋，营各有校，人尽知书，讲习研贯，渐更窳陋。第我之锢习，在于一得自矜，封其故步。人之胜我，则萃全国之心思材力，日新其技与术，而精进不已。人能之，我亦能之，只犹人耳。矧我方诧为神奇，人已视同朽腐。于此而欲与之相角，诚不如其已也。是宜广搜图籍，详加译考，心有必虚，志有必锐，苟能有以抗之，更求所以胜之。不则亦步亦趋，终居人后，仅此效颦，亦可耻也。一曰备制器用。军用物品，厥类维繁，枪炮弹药，服装刍秣而外，一凡建筑之需，轮舆之选，电信电话之材，印刷书契之具，得之我所固有者不过十之二三，他国来者居其大半。楚材晋用，虽亦云宜。一旦疆场有事，安能交易无阻。且其售于我者，亦未必尽皆精美。平时徒以亿万金钱供其剥削，临事不能资以为用，反足制我之命，非计之得也。我之枪炮造法，固犹有待精研，服装各物，商家虽有仿制，亦难咄嗟立办。东三省林木之繁，甲于全球，煤铁毛革，所在皆有，应分设局厂经营制造。兴业劝工之政，要亦储备中所有事也。一曰大开牧圉。马之优劣，军行之利钝系之，未可稍忽也。为坐骑，为驾车，为驮负，其用凡三。以一镇计，约为数四千有余匹。合三省现有军数，需马已不下二万数千匹。定制，军营马匹，岁许报倒十分之三。逾额或未及期，均科罚偿补，条例綦严。而于种类若何而蕃孳，豢养若何而硕壮，何以调护其生，何以审别其病，卒未深加考求，且皆购之远道，仓卒阙乏，何以应之。三省括有蒙部，本为产马名区，海拉尔、大凌河附近等处，又最宜牧放之地，应设军用马厂，广求良骏调养孳生。更立军马补充所及马医学堂，分别研求卫生、改种、稽查、牧养、医治等事。骐骥调良，如龙如虎，蹑电追风，庶几其可。一曰建置水师。江、海防之不讲亦已久矣。黑龙、松花、鸭绿、图们诸水，蜿蜒数千里，犹脉络之周于肢体。他人之利此流域行航捕鱼，纷逼而来。而我民有之船只既不知所以卫之，旧设之师船复零星残败，无从整理。辽海一隅，本与津沽登莱势成犄角，东省藩篱之撤，燕齐辅助以虚。统筹布置，实与陆军等其繁重。其商业、航业之所在，处处均有交涉，则较陆军之布置为尤难。而水陆又辅车相依，不可一日之或失。弥此罅漏，必首于诸江划分枝段，编立重兵，上下游行，与陆军节节相应，并增置兵舰，与津、登各郡，呼吸相通，而后可以言固密。然选将练兵，置械购船，岂期以月日所可集事哉。画地涂黄，谋贵坚卓，循序渐进，以扬军声，不佞之希望于以为无穷矣。六者克备，而后礼义修，忠勇奋，猛士云兴，储备山积，军事于斯乃可观成。凡百利赖于兹军者，亦得所凭倚，无虞扰夺，下以成荒徼百世之利，上以巩熙朝万年之基。言之匪艰，行之维艰，宋桷甫具，端资朴斫。此心惴惴，岂徒逞纸上之谈哉。况夫兵家胜负所争者，机势之捷。敌之铁道贯冲南北，通行无阻，我仅由山海关而来，西南数百里之轨辙，东北大陆纵横二三千里，广漠无垠之地，悉未经画，设有警备，亦未知其或可也。

军政篇

东三省军政，旧统于盛京兵部衙门暨三省将军衙门之兵司。光绪之初，招募防营，剿办贼匪，始立营务处。三十一年，将军赵尔巽奏裁兵部，以为改立行省、军政统一之基，而三省之兵司犹存。兵司所司者，八旗额兵之文牍档册，初非军事之汇归也。旗兵而外，有巡防营，有捕盗营，有护垦队，三省共马步一百数十营。无论旗兵之虚縻，豢养所习，不能尽合于用，即此马步各营之土客并处，逃俘叛卒无所不容。其应募也，非自带枪马不能收录，旋即携其枪马而逸。来自贼中，去仍为贼。出此入彼，曾未一加诘察。而大股招降之众，或旋降而旋叛，或在营而仍出掠，甚至戕上溃变，劫军装以去。军营盗贼两途，均成为骁悍无赖互相屯寄之地。于此而欲倚军队以靖盗贼，夫亦必不可得之数矣。若操法之不一，章制之凌杂，更何足以深责哉。赵将军任事于日俄哄战之后，深惎夫盗贼之多，与军队之不足恃，而又不能骤事遣散。既奏调帮统武卫左军副都统崑源，北洋淮军后路统领、四川建昌镇总兵张勋带队出关助剿，复请募练协巡队二营，教以新军操法。同时吉林将军达桂亦请就吉省八旗兵丁内挑练陆军步队一协，甫立其名，未睹实效。世昌莅东之初，奏调陆军第三镇全镇，复于二、四、五、六各镇内拨编两混成协，帅之而行。既抵任，就赵将军所练之协巡步队一营，炮队一营，益以世昌由民政部调东之协巡队，编为奉天陆军第一标。于旧有之巡防各营，简选精壮兵丁及娴习新军操法之官佐编为奉天陆军第二标。吉林原有达将军所编步队一协，加以整饬，使归一致。共计陆军一镇、三协、两标，人众将及三万。楷模所在，军纪当严，侦察纠绳，不容稍忽，于是有宪兵队之设。行军屯塞，首择形势，山川道里，非图不明，于是有测绘队之设。其三省旧有防军，悉遵部章裁并厘剔，改编巡防队，步伍操练。一依新军章制，省分五路。奉天每路马步九营，吉林中路马步九营，余各六营，黑龙江每路马步四营，前路益以卫队、马步三营，三省共一百一营。另有水师三：曰营口。安海、绥辽两兵舰，赵将军之所创购。世昌奏明验收，派员统率以巡海面。曰奉天。河防马队一营，巡船十艘，亦旧时之所有。世昌拨归中路巡防统领官兼辖之，以巡辽河。曰松花江。水师仅余木质炮船七艘。世昌于无可整顿之中，检拾窳败，檄付哈尔滨邮船局经理之，冀与航业同筹，扩充推而至于鸭绿、混同、黑龙诸江。上下数千里，外界强邻，中亘荒服之流域，靡不楼船相望，钲鼓相答，冲波激浪，与陆军互为声援，则较陆军之组练，尤为百倍其艰。牖户绸缪，先其所急，固有不得不然者。此世昌两年以来，编定军队之大略也。定制，各行省将军、督、抚皆有标营，其中营中军官专司承宣命令。一凡材官[1]、卫士悉归钤辖。东三省初立行省，无标营。即旧日将军所属亦只有旗兵，无军标。检校调遣，节制严重，军门旗鼓，师旅所瞻，爰设行营中军官而以督辕卫队属之。陆军既立，运筹画策，事重且繁，奏设东三省督练处于奉天，统兵备、参谋、教练三处，遴派参议、总办、提调各官，握军政统一之总枢。宪兵处、测绘总局均附之。赵将军所设奉天督操营务处，以教练新军，本系草创，规模狭隘，名称不符，裁之。达将军所设吉林督练处，当时亦属要图，今则成为骈出，亦裁之。而另由东三省督练处派员分驻，经画其事，以一事权。其三省旧有之巡防营务处，营伍虽经改编，盗匪犹资防剿，且究与陆军不同，殊难强合，因各仍之，并以专司审勘盗贼之行营发审处附焉。黑龙江则不立发审处，但于营务处设发审委员，以事较简也。惟新旧各军，暂时分立，终须融化为一，始足以扬武义。三十四年七月，用督练处总参议田中玉议，饬吉林营务处改隶于督练处，以立归并之机关。并改该省之行营发审处为陆防各军执法处，以正其名。而绥靖疆域，注重剿匪，则以张勋为三省行营翼长，以专其责任。吉林盗尤夥，营务改隶督练，督率剿捕，未可稍弛，则檄提督孟恩远督办吉省防剿事宜，以为张勋之佐。此又世昌提辖戎行，因时为制之大略也。至于征兵必于土著，退伍编为屯垦，今已试办，正待扩充。能使三省之地，无寸土之不辟，无一民之非兵，以兴地利，以壮干城，边陲之固，盗贼之靖，其在此时。诞敷明教，激扬忠义，是安可一日之或缓乎。若徒易其名而不力求实际，则旧军不能涤其所染，渐见新者亦旧，又何贵此纷更哉。

纪东三省督练处

陆军营制，各行省新军练及一协以上者，应于省会设督练公所一处，慎选谙练兵学、事理精详之员，分任兵备、参谋、教练暨考较。本省旧日勇营妥筹变章各事，仍由各将军、督、抚督率筹办，以期纲举目张，画一不紊。光绪三十二年，前吉林将

---

〔1〕　材官，西汉时根据地方特点训练各个兵种，内郡平原及山阻地区训练步卒，称为“材官”。后世多用以称供差遣的低级武职。

军达桂就该省十旗五城前锋披甲各军中，挑编陆军步队一协，设督练处，是为东三省有督练处之始，然仅属吉林一省也。世昌既奏调陆军一镇、两混成协至东，审择要隘，分路驻扎。其旧有营队，复一律筹议编改，振兴兵学，整顿操防，规画检校之事日繁，遵照定章，参以北洋成案，酌量变通，奏设东三省督练处。定制，督练处督办东三省暨驻防旗营，由将军兼摄，各行省由督、抚兼摄，管理兵备、参谋、教练三处。今三省政须统一，势不能三省并设，专驻一省，又虑偏重，因以总督为督办，即以所驻之区作为东三省督练处，以三省巡抚为会办，由处派员分驻，遇事禀承会办办理，仍一面禀请督办核夺，庶号令不至纷歧，而声息无虞隔阂。又以地广兵多，机务繁重，添设总参议一员，赞佐督、抚，综理一切。而安海、绥辽两炮舰及辽河、松花江旧有水师，亦亟须整顿，以固江海门户，又添设海军参议官一员。其吉林原设之督练处当已裁撤，以一事权。两载以来，开建之略，筹备之端，见诸实行者虽尚未及十之四五，要已规模大备，日起有功。他日新军渐次扩充，旧队编改已定，则并三省营务处，统事归并于一，气聚势合，士无携弛。军谘赤岸之需，幕府中权之制，端在是已。

附奏设东三省督练处试办章程折

奏为议设东三省督练处，以重军政，谨将试办章程缮具清单，恭折会陈，仰祈圣鉴事。窃臣等前于遵议东三省官制章程折内声明，东省练兵关系重要，拟另设督练处办理开练新军，振兴兵学，整顿巡防各事，奉旨允在案。伏查旧制，盛京设兵部以掌兵籍。而三省将军以下，各置兵司。俸饷、征调则胥隶于兵部，法未尝不善也。积久弊生，日就废弛。兵部前经奏请裁撤。所存之兵司，亦仅司旗营尺籍，无关大计。统计三省军队，有八旗额兵，有巡防营，有捕盗营，有护垦队，共马步一百数十营。土客并收，操法不一。其制则龙杂纷歧，其势则漫散惰窳。臣等到任之始，又奏拨陆军一镇、两混成协分驻要地，自非有统管军政之区，无以期整齐画一之效。窃维前练兵处、兵部奏定陆军章制内开，督练处官制，均按事之繁简，由督办酌定人数，奏咨立案。思虑周密，允宜取法。又升任直隶督臣袁世凯，于北洋设立督练公所，仿照部章，酌量变通，亦经奉旨允在案。今三省地方，较北洋尤为辽阔。其事机之迫切，军政之颓败，则又过之。亟宜参考形势，酌仿成规，以期推扩而资整顿。臣等到任，即选择熟悉兵事各员，分别委充，以为开办基础。现经重加会议，厘定章程，拟请设立东三省督练处，经理新旧各军事宜。遵章以总督为督办，三省巡抚为会办，分置参议官，兵备、参谋、教练三处，总办及帮办、提调、文案等员，俱如定制。北洋大臣前曾奏请添设总参议，以赞佐军政。现三省地广兵多，归并征募，筹计检校之事，逐日益繁，必须有资深望重之大员相助为理，故拟仍设总参议一员。奉省辽河口旧设兵轮，现亦亟须整理。松花、黑龙二江亦拟扩充航政，保护利权。必须有熟悉江防、海防人员相为赞画。故拟添海军参议官一员。定制，督练公所，应设省会地方。东三省督练处为统一三省军政机关，其势不能三省并设。专驻一省，则又有偏重隔阂之虑。拟请以总督所驻之区，作为东三省督练处。余由该处派员轮流驻扎，禀承会办就近办理，仍一面禀请督办核夺，庶几如臂使指，一气相生。原定员司，本无额数，而此次酌拟繁简，与北洋互有异同者，亦正以此。至既设三省督练处，其吉林原设之督练处固应裁撤，以一事权。即三省旧有之营务处，亦应逐渐归并。惟各防营编制不同，现经调防各处拟暂留营务处，就近督率以资经理。容俟地方安堵，编制改订以后，再行归并办理。伏思三省本丰镐[1]旧都，士马夙号精强，近年以来，日就凋敝。尚拟汰弱留强，挑入陆军，同时练习以成劲旅，藉以自固藩篱。此又于该处成立之后，所应行筹议者也。惟是军政一端，为人民之保障，外交之后援。三省频遭兵燹，逼处强邻，民贫而智不开，兵多而饷日绌，道路广远，交通不便，较内地尤难措手。臣等惟有殚谋竭虑，并力图维，以改良营制、研求兵学为始基，以整一军队，恢张国权为主义，以期仰副皇太后、皇上眷念东陲，力图自强之至意。其督练处已派在事各员，薪水均参照北洋成案办理。因东省百物翔贵，酌加津贴，以资办公。如能胜任，再行具奏。至经费一项，亦饬该员等预算，俟核定后另行陈明。此外，未尽事宜及有应行变通之处，随时奏请施行。再臣等现所拟系属试办章程，俟陆军部将督练处详章奏准颁发后，再行遵照办理。又现在东三省陆军已两镇有余。所有应设之东三省陆军粮饷局，业经照章设立。三省军械局，就奉天原有之军需局改设。军医局，以兵队卫生关系紧要，亦草创筹办。其余如讲武堂及测绘学堂，现均次第开办。宪兵学堂亦正筹设，合并声明。所有议设东三省督练处试办章程缮单会奏各缘由，是否有当，谨恭折具陈。伏乞皇太后、皇上圣鉴训示。谨奏。光绪三十三年十二月初六日具奏，于十二月十五日奉到朱批，著照所请，该部知道，单并发。钦此。

谨将拟定东三省督练处职掌暂行章程缮单，恭呈御览。

职掌

---

〔1〕 丰镐，丰京和镐京一起并称为“丰镐”，是西周时期的国都。

东三省督办一员东三省总督兼摄管理三处整饬三省营务

奉天省会办一员奉天省巡抚兼摄赞佐督办经理该省军队筹备调遣事宜

吉林省会办一员吉林省巡抚兼摄赞佐督办经理该省军队筹备调遣事宜

黑龙江省会办一员黑龙江省巡抚兼摄赞佐督办经理该省军队筹备调遣事宜

总参议一员

参议五员赞佐军事管理庶务文牍

文案八员随同参议经理文牍

随员六员

先锋官六员

支发一员掌管全处支发事宜

清书八名专司誊录

石印工匠六名

马弁六名

护兵三十名

长伙夫共二十名

兵备处掌管考核章制暨各营功过赏罚，筹备粮饷、军械，医务等事，其所属分为五科

东三省兵备处总办一员

分驻奉天省兵备处帮办一员

分驻吉林省兵备处帮办一员

分驻黑龙江省兵备处帮办一员

文案四员

清书六名

护兵四名

长夫四名

考功科掌管三省各军营升降、调补、委用及勋赏功过各项册籍等事，均按照定章核拟呈请总办转禀督、会办分别办理

提调一员

一等科员二员

二等科员二员

三等科员一员

清书三名

筹备科掌管各军队征募、退伍暨改编旧营屯田兵队，并遵照部章相度地宜，考核编制、实施筹备等事

提调一员

一等步兵科员二员

一等马兵科员二员

一等炮兵科员二员

一等工兵科员二员

一等辎重兵科员二员

一等要塞兵科员二员

三等科员二员

清书四名

饷需科掌管核放各军饷薪，筹画一切支应出入，兼理储备军械、军装、军需及军事建筑等事

提调一员

一等科员三员

三等科员三员

清书一名

医务科掌管各军队卫生、疗病、治伤及筹备药料、考究医学各事宜，并遵照定章核拟各医官升调等事

提调一员

一等科员一员

三等科员一员

清书一名

执法科掌管考察各军执法事务，兼理高等军法裁判及陆军重罪惩治等事

提调一员

一等科员三员

三等科员一员

清书一名

参谋处掌管赞佐、调度、策画并考察中外舆图形胜等事，其所属分为四科

东三省参谋处总办一员

分驻奉天省参谋处帮办一员

分驻吉林省参谋处帮办一员

分驻黑龙江省参谋处帮办一员

文案四员

清书六名

护兵四名

长夫四名

谋略科掌管拟定各军队之调遣、分配，各边要之攻守设施及绥靖，布置秋季操演，调派水师等事

提调一员

一等科员二员

二等科员二员

三等科员二员

清书一名

调查科掌管调查中外兵队紧要情形及地舆形势、户口物力、岁款出入等事

提调一员

一等科员一员

二等科员三员

三等科员三员

清书一名

运输科掌管考察三省铁路、电信、船舶、邮政、道路计画输送等事

提调一员

一等科员一员

二等科员二员

三等科员二员

清书一名

测量科掌管三省测量计画，遵照定章养成测绘人才及修改中外舆图等事

提调一员

一等科员三员

二等科员三员

三等科员三员

清书二名

教练处掌管考察训练兵队暨审定学堂章程及海防等事，其所属分为三科

东三省教练处总办一员

分驻奉天省教练处帮办一员

分驻吉林省教练处帮办一员

分驻黑龙江省教练处帮办一员

文案四员

清书六名

护兵四名

长夫四名

学务科掌管考核各项学堂办法，稽查各军队官长教育暨拟定章程，遵制实施等事

提调一名

一等科员三员

二等科员二员

三等科员二员

清书二名

校兵科掌管陆军各兵种之训育巡防，各营伍之改练，遵照定章考核其有无进步，并拟各军训练实施表，核定各军成绩分数表等事

提调一员

一等步兵科员二员

一等马兵科员二员

一等炮兵科员二员

一等辎重兵科员二员

一等要塞兵科员二员

三等科员二员

清书二名

编译科掌管编纂、译述各种军用书籍事宜

提调一员

一等编纂员一员

三等编纂员二员

一等译述员一员

二等译述员二员

三等译述员二员

清书一名

海防科附设于教练处，掌管筹画三省海防暨考察中外海军事宜

提调一员

一等科员二员

三等科员二员

清书二名

以上全处人员二百零六员，弁兵夫役八十六名，共二百九十二员名。

东三省督练处总辖三省兵事，掌管开练新军，整顿旗防各营，事务甚繁，所需人员亦较他省为多。兹所拟员数，系仅就目下情形核实计算。倘将来军队添多，仍应照章由督、会办随时体察，酌量增置。

纪陆军第三镇

陆军第三镇军队之出关剿匪也，始于光绪三十一年，时以辽西盗匪不靖，前将军赵尔巽奏拨军队助剿，直隶总督遵旨，饬该镇步队第五协统领徐占凤，率第十标全标三营并马三标本标部及二、三两营，又炮三标第三营暨辎重一队，适足一混成协之数，由保定移驻锦州，剿捕绥缉，深资得力。迨三十三年，世昌出镇之时，此军仍驻于锦，因奏调该镇全军悉数开拔东来。惟陆军营制，每镇炮队三营，系两营陆路炮，一营过山炮。东省多山，异于平陆，参酌章制，改为两营过山炮，一营陆路炮。并商准直隶总督，将该镇炮队第二营原领之克虏卜陆路炮十八尊缴存保定军械局，另换格鲁森过山炮十八尊到奉，改编完善后，于三十三年十二月附片陈明，奉朱批允行。全镇军队分驻于吉林省城、长春府、磐石县、额木索、宁古塔等处。而长春府地居三省之中，日俄两国铁道之交，华洋杂处，轮轴纷驰，扼险控制，无逾于此，即以为该镇之主要地。

三十四年夏，调驻锦各营队改驻长春、昌图。宣统元年春，以该镇营房行将落成，军队教育亟宜认真施设，调宁古塔、磐石县、额木索所驻零星队伍各回本部，归标训练，余队悉其旧。

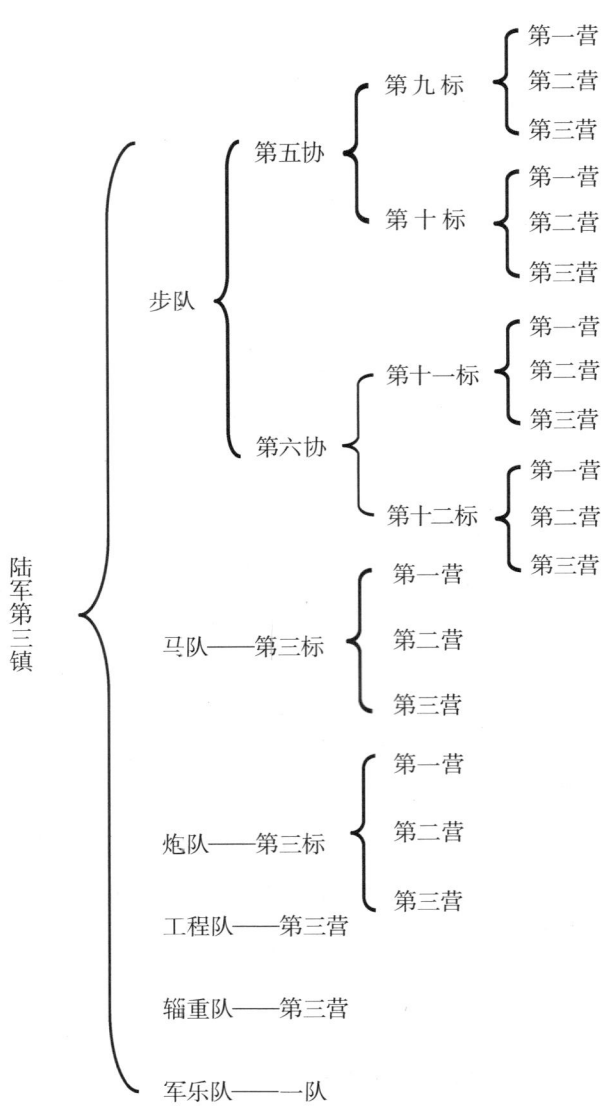

附陆军第三镇军队编制

- 陆军第三镇
  - 步队
    - 第五协
      - 第九标
        - 第一营
        - 第二营
        - 第三营
      - 第十标
        - 第一营
        - 第二营
        - 第三营
    - 第六协
      - 第十一标
        - 第一营
        - 第二营
        - 第三营
      - 第十二标
        - 第一营
        - 第二营
        - 第三营
  - 马队——第三标
    - 第一营
    - 第二营
    - 第三营
  - 炮队——第三标
    - 第一营
    - 第二营
    - 第三营
  - 工程队——第三营
  - 辎重队——第三营
  - 军乐队——一队

附陆军第三镇军官军佐员数一览表

部分 / 名目	镇署	协署		步队标		马队标	炮队标	步队营		马队营		陆路炮队营	过山炮队		工程营	辎重营	总员数
		每一协	两协	每标	四标			每一营	十二营	每一营	三营		每一营	两营			
统制官	一																一
统领官		一	二														二
统带官				一	四	一	一										六
正参谋官	一																一
正军械官	一																一
中军官	一																一
教练官				一	四	一	一										六
马队管带官										一	三						三
步工辎管带官								一	一二						一	一	一四
炮队管带官										一	一	一	一	二			三
二等参谋官																	一
参军官		一	二														二
副军械官							一										一
三等参谋官	一																一
督队官								一	一二	一	三	一	一	二	一	一	二〇
步工辎队官								四	四八						四	四	五六
马队队官										四	一二						一二
炮队队官												三	三	六			九
执事官	一	一	二	一	四	一	一										九
军械长												一	一	二			三
查马长										一	三	一	一	二		二	八
排长								一二	一四四	八	二四	九	九	一八	一二	一二	二一九
掌旗官				一	四	一											五
司务长								四	四八	一	三	三	三	六	四	四	六八
正执法官	一																一
正军需官	一																一
正军医官	一																一
一等书记官	三																三

部分 名目	镇署	协署		步队标		马队标	炮队标	步队营		马队营		陆路炮队营	过山炮队		工程营	辎重营	总员数
		每一协	两协	每标	四标			每一营	十二营	每一营	三营		每一营	两营			
副军需官				一	四	一	一										六
副军医官				一	四	一	一										六
正马医官	一																一
二等书记官		二	四	二	八	二	二										一六
军需长								一	一二	一	三	一	一	二	一	一	二〇
军医长								一	一二	一	三	一	一	二	一	一	二〇
副马医官						一	一										二
医生								一	一二			一	一	二	一	一	一七
司号官	一																一
马医长										一	三	一	一	二		一	七
书记长								一	一二	一	三	一	一	二	一	一	二七
司号长		一	二	一	四	一	一										八
马医生												一	一	二		一	四
司事生	五																五
司书生	一五	二	四	二	八	二	二	六	七二	五	一五	五	五	一〇	六	六	一四八
军乐队 队官	一																一
军乐队 排长	一																一
军官佐总员数	七四八																

附陆军第三镇目兵匠夫人数一览表

部分 名目	镇署	协署		标署		步队营		马队营		陆路炮队一营	过山炮队营		工程营	辎重营	总人数
		每一协	两协	每一标	六标	每一营	十二营	每一营	三营		每一营	两营			
马弁目	一	一	二	一	六										九
马弁	一六	六	一二	四	二四										五二
号目						一	一二	一	三	一	一	二	一	一	二〇
号兵						八	九六	八	二四	六	六	一二	八	八	一五四
护目	三	一	二	一	六	一	一二	一	三	一	一	二	一	一	三一
护兵	三〇	一〇	二〇	八	四八	一八	二一六	一二	三六	一八	一八	三六	一八	一八	四四〇
正目						三六	四三二	一六	四八	二七	二七	五四	三六	三六	六三三
副目						三六	四三二	一六	四八	二七	二七	五四	三六	三六	六三三
正兵						一四四	一七二八	六四	一九二	一〇八	一〇八	二一六	一四四	一四四	二五三二
副兵						二八八	三四五六	一二八	三八四	二一六	二一六	四三二	二八八	二八八	五〇六四
备补兵						三六	四三二	一六	四八	二七	二七	五四	三六	三六	六三三
伙夫	五	二	四	二	一二	三八	四五六	一八	五四	三一	三一	六二	四〇	四一	七〇五
匠目						一	一二	一	三	一	一	二	一	一	二〇
枪匠						四	四八	二	六				四	二	六〇
皮匠						四	四八	二	六	三	三	六	二	四	六九
医兵						四	四八	四	一二	三	三	六	四	四	七七
驾车兵						四	四八	四	一二	六			四		七〇
喂养夫						四	四八	四	一二	六	一八	三六	四		一〇六
掌匠								四	一二	六	六	一二		八	三八
马夫目								四	一二	三	三	六		八	二九
马夫								三二	九六	三九	三九	七八		七二	二八五
铁匠										三	三	六	四	四	一七

名目＼部分		镇署	协署		标署		步队营		马队营		陆路炮队一营	过山炮队营		工程营	辎重营	总人数
			每一协	两协	每一标	六标	每一营	十二营	每一营	三营		每一营	两营			
炮匠											三	三	六			九
木匠											三	三	六	四	四	一七
管驮兵												一八	三六			三六
军乐队	一等乐兵															二
	二等乐兵															六
	三等乐兵															一二
	学习乐兵															二四
	伙夫															五
兵夫总人数																一一七八八

附陆军第三镇分防驻扎地点表

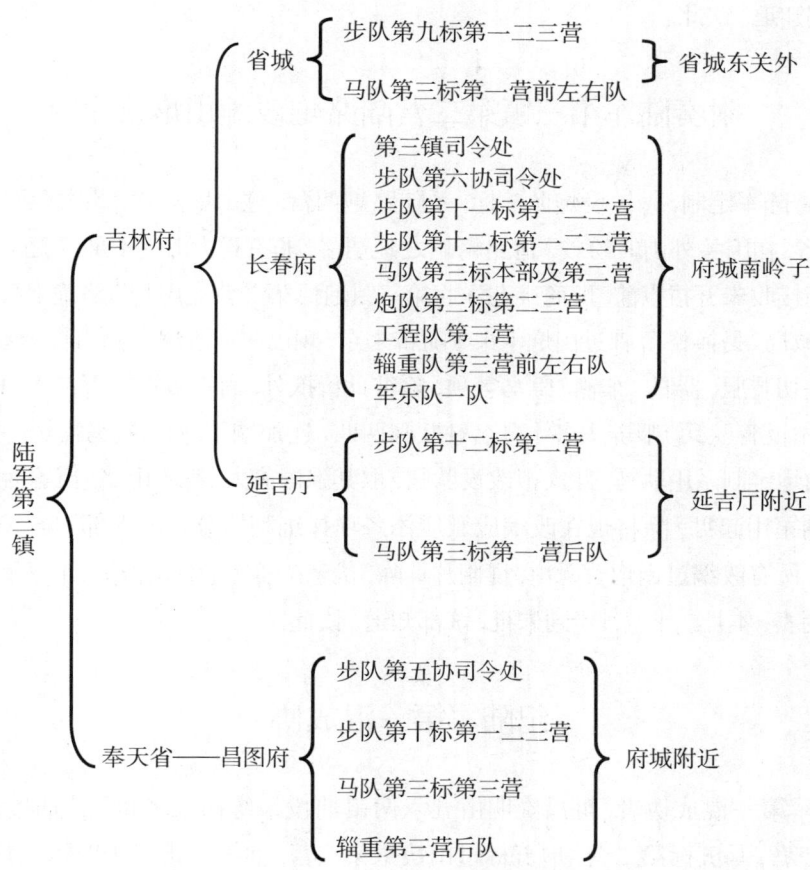

- 陆军第三镇
  - 吉林府
    - 省城（驻扎地点：省城东关外）
      - 步队第九标第一二三营
      - 马队第三标第一营前左右队
    - 长春府（驻扎地点：府城南岭子）
      - 第三镇司令处
      - 步队第六协司令处
      - 步队第十一标第一二三营
      - 步队第十二标第一二三营
      - 马队第三标本部及第二营
      - 炮队第三标第二三营
      - 工程队第三营
      - 辎重队第三营前左右队
      - 军乐队一队
    - 延吉厅（驻扎地点：延吉厅附近）
      - 步队第十二标第二营
      - 马队第三标第一营后队
  - 奉天省——昌图府（驻扎地点：府城附近）
    - 步队第五协司令处
    - 步队第十标第一二三营
    - 马队第三标第三营
    - 辎重第三营后队

附奏请筹拨东省陆军片

再东省筹练新军，就地势论，目前必需六镇方敷布置。惟现在款项支绌，征募猝难合格，集兵、集饷均属不易。当与陆军部筹商再四，查该部所辖陆军第三镇本有一协驻扎辽西，拟即以该镇全队拨赴东省。再于第六镇及第二、四、五镇内抽拨步、炮、马各队立混成两协，皆令赴东填扎外兵撤退地面，以重边卫，均听总督节制调遣。饷项仍支原款，俟一年后，察看东省财力能否设法，再行奏明办理。其东省调用之张勋、莒源各军，亦应请悉听总督节制调遣，以一事权。至张勋一军，剿办马贼，颇称得力，拟令增募兵队以资镇摄，应候筹定办法，另行具奏。所有筹拨东省陆军各缘由，谨附片具陈，伏乞圣鉴。谨奏。光绪三十三年三月□日附奏，四月十九日奉朱批，著照所请，该部知道。钦此。

附奏陆军第三镇第二营陆路炮改编山炮营片

再查陆军定制，每镇设炮队一标，系陆路炮两营，过山炮一营。此次奏调第三镇移驻东省，初因关外山岭纷歧，道路崎岖之地居多，非有得力山炮不足以资震慑而利军用。当接收未开拔以前，即商准北洋将第三镇炮标第二营克虏卜陆路炮十八尊缴存保定军械局，另换格鲁森过山炮十八尊随带来东，现已照章改编完善。计陆炮改编山炮，其一切装服、器具、车辆、骡马等项，除彼此价抵外，尚不敷银一万二千两有奇。此外应添设管驮兵、喂养夫各十二名暨驮骡两匹，连加饷干，每月约另需银一百三十两。查山炮定制系用驮马，此次拟改设驮骡，取其强健有力，宜于山路。臣等为因地适宜，有利军用起见，除将现在改编应缴应添各项详细列册分咨度支部、陆军部查照立案外，所有改编过山炮营缘由，谨附片具陈，伏乞圣鉴。谨奏。光绪三十三年十二月十三日附奏，本月二十三日奉到朱批，该部知道。钦此。

纪陆军第一混成协

陆军第一混成协者，世昌奏明由五六两镇抽拨编练而成者也。计抽拨五镇步十八标三营，马五标第二营，炮五标过山快炮第三营，抽拨六镇二十四标三营，工程左队一队，辎重右队一队，均于光绪三十三年六月先后开拔到东，按照营制设协司令部并参谋以下各官。又就各营备补兵内遴选教练军乐队半队，以符协制。全协军队分驻新民府镇安、辽中两县，而以新民为该协主要地，盖新民毗连蒙、直，辽河中贯，接翼奉、锦，引吭营、大，四塞之冲，兵家所必据也。

附陆军第一混成协军队编制

- 陆军第一混成协
  - 步队
    - 十八标
      - 第一营
      - 第二营
      - 第三营
    - 二十四标
      - 第一营
      - 第二营
      - 第三营
  - 马队——第二营
  - 炮队——第三营
  - 工程队——左队
  - 辎重队——右队
  - 军乐队——半队

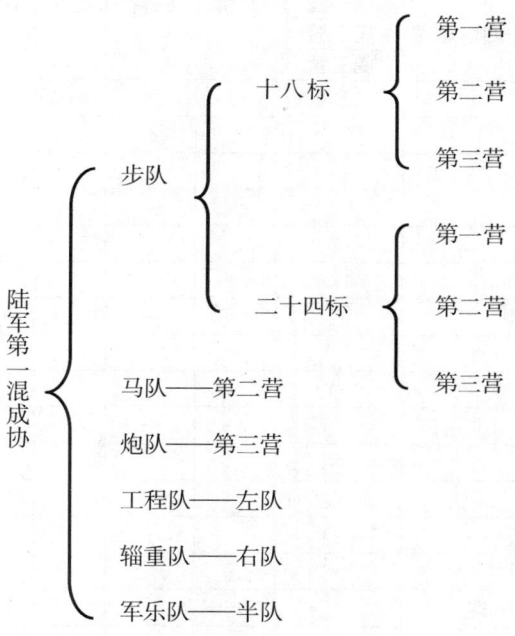

附陆军第一混成协官佐目兵匠夫员名一览表

部分 官职	协司令部	十八标本署 三十四标本署	第一营 第二营 第三营 第一营 第二营 第三营	马队二营	炮队三营	工程左队	辎重右队	军乐队	总数
统领官	一								一
统带官		二							二
一等参谋官	一								一
教练官		二							二
参军官	一								一
管带官			六	一	一				八
执事官	二	二							四
掌旗官		二							二
督队官			六	一	一				八
队官			二四	四	三	一	一		五一
排长			七二	八	九	三	三		九五

官职＼部分	协司令部	十八标本署 三十四标本署	第一营 第二营 第三营 第一营 第二营 第三营	马队二营	炮队三营	工程左队	辎重右队	军乐队	总数
司务长			二四	一	三	一	一		三〇
副军械官	一								一
军械长					一				一
查马长					一	一			二
正执法官									一
副军需官	一	二							三
军需长			六	一	一				八
副军医官	一	二							三
军医长			六	一	一				八
马医长				一	一				二
医生			六		一				七
马医生					一				一
司号长	一	一							三
军乐队长								一	一
二等书记官	二	四							六
书记长	二		六	一	一				一〇
司事生	一								一
司书生	六	四	三六	六	五	二	二		六一
正目			二一六	一六	二七	九	九		二七七
副目			二一六	一六	二七	九	九		二七七
正兵			八六四	六四	一〇八	三六	三六		一，一〇八
副兵			一，七二八	一二八	二一六	七二	七二		二，二一六
备补兵			二一六	一六	二七	九	九		二七七
医兵			二四	四	三	一	一		三三
弁目	一	二							三
马弁	一〇	八							一八
护目	一	二	六	一	一				一一
护兵	一八	一六	一〇八	一二	一八	三	三		一七八
号目			六	一	一				八
号兵			四八	八	六	二	二		六六
一等乐兵								一	一
二等乐兵								三	三
三等乐兵								六	六

部分 官职	协司令部	十八标本署 / 三十四标本署	第一营 第二营 第三营 / 第一营 第二营 第三营	马队二营	炮队三营	工程左队	辎重右队	军乐队	总数
学习乐兵								一二	一二
匠目			六	一	一				八
炮匠					三				三
枪匠			二四	二		一			二七
铁匠					三	一	一		五
掌匠				四	六		二		一二
木匠					三	一	一		五
皮匠			二四	二	三		一		三〇
驾车兵			二四	四		一			二九
喂养夫			二四	四	一八	一			四七
伙夫	三	四	二二八	一八	三一	九	九	二	三〇四
马夫目				四	三		二		九
马夫				三二	三九		一八		八九
管驮兵					一八				一八
总计	五四	五四	三,九五四	三六三	五九二	一六二	一八二	二五	五,一〇九

附陆军第一混成协分防驻扎地点表

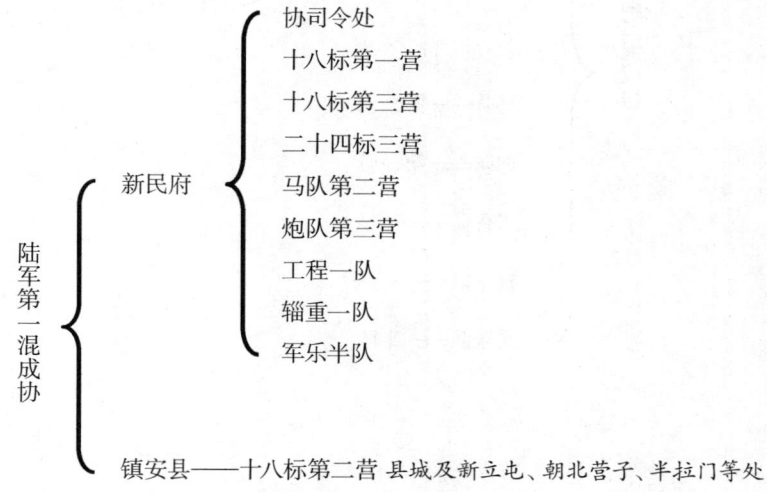

陆军第一混成协
- 新民府
  - 协司令处
  - 十八标第一营
  - 十八标第三营
  - 二十四标三营
  - 马队第二营
  - 炮队第三营
  - 工程一队
  - 辎重一队
  - 军乐半队
- 镇安县——十八标第二营 县城及新立屯、朝北营子、半拉门等处

纪陆军第二混成协

世昌既由五六两镇抽编第一混成协，复于二镇步队第五六七等标，四镇第十三四五等标，每标抽拨一营，共六营，并拨马队第二标第一营，炮队第四标第一营，工程第四营之后队，辎重第二营之右队，统计步、马、炮八营，工、辎两队，编为第二混成协，同时奏明调东。全队于光绪三十三年五月先后开拔到奉，编制与第一混成协同。其军驻奉天旺官屯，以固省垣根本。

附陆军第二混成协军队编制

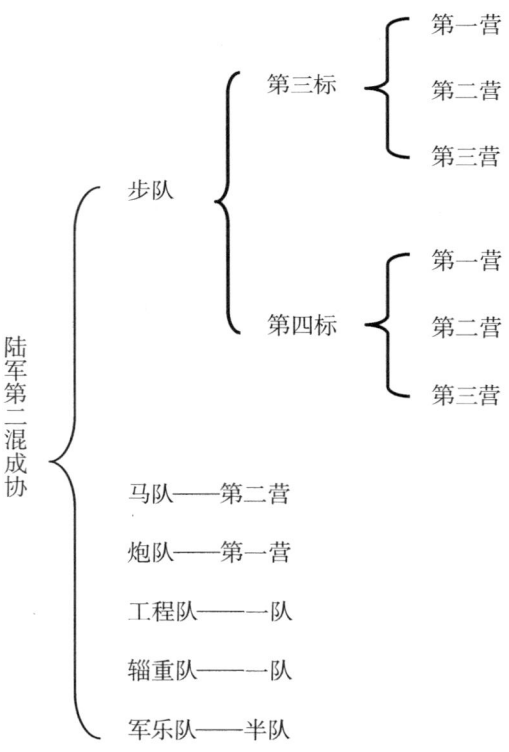

- 陆军第二混成协
  - 步队
    - 第三标
      - 第一营
      - 第二营
      - 第三营
    - 第四标
      - 第一营
      - 第二营
      - 第三营
  - 马队——第二营
  - 炮队——第一营
  - 工程队——一队
  - 辎重队——一队
  - 军乐队——半队

附陆军第二混成协官佐目兵匠夫员名一览表

部分 官职	协司令部	第三标本署 第四标本署	第一营 第二营 第三营 第一营 第二营 第三营	马队一营	炮队一营	工程一队	重辎一队	军乐半队	总数
统领官	一								一
统带官		二							二
一等参谋官	一								一
教练官		二							二
参军官	一								一
管带官			六	一	一				八
执事官	二	二							四
掌旗官		二							二
督队官			六	一	一				八
队官			四二	四	三	一	一		五一
排长			七二	八	九	三	三		九五
司务长			二四	一	三	一	一		三〇
副军械官	一								一
军械长					一				一
查马长				一	一				二
正执法官	一								一
副军需官	一	二							三
军需长			六	一	一				八
副军医官	一	二							三
军医长			六	一	一				八
马医长				一	一				二
医生			六		一				七
马医生					一				一
司号生	一	二							三
军乐队长								一	一
二等书记官	二	四							六
书记长	二		六	一	一				一〇
司事生	一								一
司书生	六	四	三六	六	五	二	二		六一
正目			二一六	一六	二七	九	九		二七七
副目			二一六	一六	二七	九	九		二七七

<table>
<tr><td rowspan="6">部分
官职</td><td rowspan="6">协司令部</td><td rowspan="3">第三标本署</td><td>第一营</td><td rowspan="6">马队一营</td><td rowspan="6">炮队一营</td><td rowspan="6">工程一队</td><td rowspan="6">重辎一队</td><td rowspan="6">军乐半队</td><td rowspan="6">总数</td></tr>
<tr><td>第二营</td></tr>
<tr><td>第三营</td></tr>
<tr><td rowspan="3">第四标本署</td><td>第一营</td></tr>
<tr><td>第二营</td></tr>
<tr><td>第三营</td></tr>
<tr><td>正兵</td><td></td><td></td><td>八六四</td><td>六四</td><td>一〇八</td><td>三六</td><td>三六</td><td></td><td>一，一〇八</td></tr>
<tr><td>副兵</td><td></td><td></td><td>一，七二八</td><td>一二八</td><td>二一六</td><td>七二</td><td>七二</td><td></td><td>二，二一六</td></tr>
<tr><td>备补兵</td><td></td><td></td><td>二一六</td><td>一六</td><td>二七</td><td>九</td><td>九</td><td></td><td>二七七</td></tr>
<tr><td>医兵</td><td></td><td></td><td>二四</td><td>四</td><td>三</td><td>一</td><td>一</td><td></td><td>三三</td></tr>
<tr><td>弁目</td><td>一</td><td>二</td><td></td><td></td><td></td><td></td><td></td><td></td><td>三</td></tr>
<tr><td>马弁</td><td>一〇</td><td>八</td><td></td><td></td><td></td><td></td><td></td><td></td><td>一八</td></tr>
<tr><td>护目</td><td>一</td><td>二</td><td>六</td><td>一</td><td>一</td><td></td><td></td><td></td><td>一一</td></tr>
<tr><td>护兵</td><td>一八</td><td>一六</td><td>一〇八</td><td>一二</td><td>一八</td><td>三</td><td>三</td><td></td><td>一七八</td></tr>
<tr><td>号目</td><td></td><td></td><td>六</td><td>一</td><td>一</td><td></td><td></td><td></td><td>八</td></tr>
<tr><td>号兵</td><td></td><td></td><td>四八</td><td>八</td><td>六</td><td>二</td><td>二</td><td></td><td>六六</td></tr>
<tr><td>一等乐兵</td><td></td><td></td><td></td><td></td><td></td><td></td><td></td><td>一</td><td>一</td></tr>
<tr><td>二等乐兵</td><td></td><td></td><td></td><td></td><td></td><td></td><td></td><td>三</td><td>三</td></tr>
<tr><td>三等乐兵</td><td></td><td></td><td></td><td></td><td></td><td></td><td></td><td>六</td><td>六</td></tr>
<tr><td>学习乐兵</td><td></td><td></td><td></td><td></td><td></td><td></td><td></td><td>一二</td><td>一二</td></tr>
<tr><td>匠目</td><td></td><td></td><td>六</td><td>一</td><td>一</td><td></td><td></td><td></td><td>八</td></tr>
<tr><td>炮匠</td><td></td><td></td><td></td><td></td><td>三</td><td></td><td></td><td></td><td>三</td></tr>
<tr><td>枪匠</td><td></td><td></td><td>二四</td><td>二</td><td></td><td>一</td><td></td><td></td><td>二七</td></tr>
<tr><td>铁匠</td><td></td><td></td><td></td><td></td><td>三</td><td>一</td><td>一</td><td></td><td>五</td></tr>
<tr><td>掌匠</td><td></td><td></td><td></td><td>四</td><td>六</td><td></td><td>二</td><td></td><td>一二</td></tr>
<tr><td>木匠</td><td></td><td></td><td></td><td></td><td>三</td><td>一</td><td>一</td><td></td><td>五</td></tr>
<tr><td>皮匠</td><td></td><td></td><td>二四</td><td>二</td><td>三</td><td></td><td>一</td><td></td><td>三〇</td></tr>
<tr><td>驾车兵</td><td></td><td></td><td>二四</td><td>四</td><td></td><td>一</td><td></td><td></td><td>二九</td></tr>
<tr><td>喂养夫</td><td></td><td></td><td>二四</td><td>四</td><td>一八</td><td>一</td><td></td><td></td><td>四七</td></tr>
<tr><td>伙夫</td><td>三</td><td>四</td><td>二二八</td><td>一八</td><td>三一</td><td>九</td><td>九</td><td>二</td><td>三〇四</td></tr>
<tr><td>马夫目</td><td></td><td></td><td></td><td>四</td><td>三</td><td></td><td>九</td><td>二</td><td>九</td></tr>
<tr><td>马夫</td><td></td><td></td><td></td><td>三二</td><td>三九</td><td></td><td>二</td><td></td><td>八九</td></tr>
<tr><td>管驮兵</td><td></td><td></td><td></td><td></td><td>一八</td><td></td><td>一八</td><td></td><td>一八</td></tr>
<tr><td>总计</td><td>五四</td><td>五四</td><td>三，九五四</td><td>三六三</td><td>五九二</td><td>一六二</td><td>一八二</td><td>二五</td><td>五，一〇九</td></tr>
</table>

纪奉天陆军第一标

光绪三十二年，奉天将军赵尔巽奏请募练协巡营一营、炮队一营作为卫队。备补队一营，附属于巡警。皆以陆军新法教练。协巡营之官弁目兵，大半由北洋陆军调拨而来，编制悉遵陆军章制，是为奉天军队有新法教练之始。世昌之莅东也，由民政部调拨协巡队六百余名，其目兵原系各镇之续备军，精娴操法。初改为亲军营，嗣奏明与赵将军所练之协巡等营队并，编为步队一标，炮队一营。按照陆军定制，设立员缺，又增设稽查官、参谋官各一员。名曰奉天陆军第一标，以资训练而备扩充。全标均驻奉天省城西关外。三十三年冬，将第一营调防齐齐哈尔，此又新军入江省之始也。

附奉天陆军第一标军队编制

- 奉天陆军第一标
  - 步队
    - 第一营
    - 第二营
    - 第三营
  - 炮队——一营

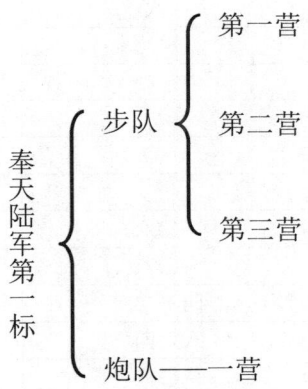

附奉天陆军第一标官佐目兵匠夫员名一览表

职名＼部分	标本部	步队 第一营 第二营 第三营	炮队一营	总数
统带官	一			一
参谋官	一			一
教练官	一			一
管带官		三	一	四
执事官	一			一
掌旗官	一			一

职名＼部分	标本部	步队（第一营、第二营、第三营）	炮队一营	总数
督队官		三	一	四
队官		一二	三	一五
排长		三六	九	四五
司务长		一二	三	一五
军械长			一	一
副军需官	一			一
军需长		三	一	四
副军医官	一			一
军医长		三	一	四
军医生		三	一	四
稽查官	一			一
二等书记官	二			二
书记长		三	一	四
司书生	二	一八	五	二五
查马长			一	一
马医长			一	一
马医生			一	一
司号长	一			一
司事生	一			一
正目		一〇八	二七	一三五
副目		一〇八	二七	一三五
正兵		四三二	一〇八	五四〇
副兵		八六四	二一六	一，〇八〇
备补兵		一〇八	二七	一三五
医兵		一二	三	一五
弁目	一			一
马弁	六			六
护目	一	三	一	五
护兵	八	五四	一八	八〇
号目		三	一	四
号兵		二四	六	三〇
匠目		三	一	四
炮匠			三	三
枪匠		一二		一二
铁匠			三	三

职名＼部分	标本部	步队（第一营、第二营、第三营）	炮队一营	总数
掌匠			六	六
皮匠		一二	三	一五
驾车兵		一二		一二
管驮兵			一八	一八
马夫目			三	三
马夫			三九	三九
伙夫	二	一一四	三一	一四七
喂养夫		一二	一八	三〇

附奉天陆军第一标分防驻扎地点表

- 奉天陆军第一标
  - 奉天
    - 步队第二营
    - 步队第三营——省城西关外
    - 炮队一营
  - 黑龙江——步队第一营——省城

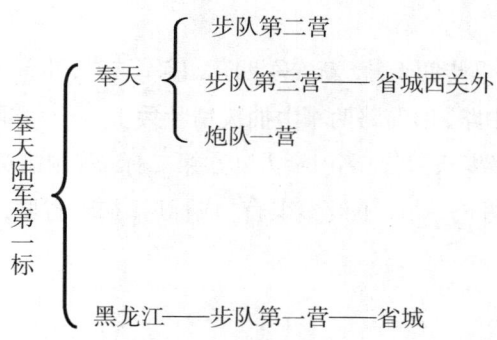

附奏请将奉省已练步炮各营队并编训练以资扩充折

奏为拟将奉省已练步、炮各营队，并编训练，以资扩充，恭折仰祈圣鉴事。窃查上年前任将军赵尔巽以奉省战争初平，萑苻未靖，请募练协巡队二千人以补巡警之不足，奏明奉旨允准。本年三月，赵尔巽又奏请开练新军二镇，经军机处钞交到臣，各在案。臣等到任后，查前任将军拟练新军二镇，系就已练之协巡等营作为模范，以期逐渐推广。现查已练者，计协巡一营，即系请练之巡防队、炮队一营作为卫队，备补队一营附属巡警，皆以陆军新法教练。协巡营官弁目兵，多由北洋陆军择尤拨补，其编制尤与陆军无异。当日假托其名，分别募练，原系一时权宜之计。现值扩充军政之际，先行并编，以归统一，而资推广。又臣世昌前在巡警部任内，因巡警创设，防范难周，奏设协巡队左右两路。嗣内外城巡警编立，划区分巡，该队防务既减，民政部又筹饷维艰，除陆续退伍外，尚有六百余名，经臣等调拨来东，改为亲军营。自五月分，该营饷项已划由奉省支给。该营目兵原系各镇之续备军，操法精娴。现拟将奉省原有之协巡营、备补队、炮卫队暨亲军营，改编为陆军步队一标，炮队一营，以资训练。一切章制，均遵照陆军部奏定成案办理。其饷干银数及各项津贴等费，就原支饷数平均计算，尚可勉强敷用。炮卫队改编炮队，另编练卫队二百名，应需月支饷项暨各标营并编伊始，应添换各项器械需用银两，均请作正开销。除将编改清册咨部备案外，所有请将奉省已练步炮各营队并编陆军标营各缘由，是否有当，谨恭折具陈，伏乞皇太后、皇上圣鉴训示。谨奏。光绪三十三年七月十六日具奏，本月二十八日奉到朱批，陆军部知道。钦此。

纪奉天陆军第二标

奉天旧有之奉军马步四十营，新安军四营，盛军二营，世昌既已遵照部章改编巡防队五路，于奉军旧中路、旧前路两军中抽拨精壮兵丁一千六百名，能娴习新军操法之官佐七十八员，另编步队三营，名曰奉天陆军第二标。营制饷章，均与第一标同。唯稽查官之外，增设军医长一员，不设参谋官。成标后，初驻省城，三十四年六月，调驻锦州府城东八家子。

附奉天陆军第二标军队编制

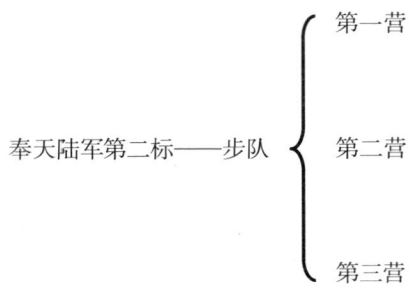

奉天陆军第二标——步队
- 第一营
- 第二营
- 第三营

附奉天陆军第二标官佐目兵匠夫员名一览表

部分 职名	标本部之数	步队三营之数	总数
统带官	一		一
教练官	一		一
管带官		三	三
执事官	一		一
掌旗官	一		一
督队官		三	三
队官		一二	一二
排长		三六	三六
司务长		一二	一二
副军需官	一		一
军需长		三	三
副军医官	一		一
军医长	一	三	四
二等书记官	二		二
书记长		三	三
稽查官	一		一
军医生		三	三
司书生	二	一八	二〇
司事生	一		一
司号长	一		一
正目		一〇八	一〇八
副目		一〇八	一〇八
正兵		四三二	四三二
副兵		八六四	八六四
备补兵		一〇八	一〇八
弁目	一		一
马弁	六		六
护目	一	三	四
护兵	一二	五四	六六
号目		三	三
号兵		二四	二四
匠目		三	三
枪匠		一二	一二
皮匠		一二	一二
医兵		一二	一二
驾车兵		一二	一二
喂养夫		一二	一二
伙夫	二	一一四	一一六

附奏请将奉军中前两路抽拨改编陆军步队一标片

再奉省各军遵照新章改编巡防队，曾经奏明，于奉军旧中路、旧前路内，抽拨年力精壮，娴习操法之目兵，编成陆军步队一标，另行奏报。又其所节奉军饷，即为新编陆军步队一标经常各费及制备巡防队军装车马川资、犒赏一切之用，等因在案。查此项目兵业经照格调拨，所有一切章制，均经遵照陆军部奏定成案改编成军，饬令在锦州常川驻扎，以资镇抚，仍一面督饬，认真训练，加意研求，务使技艺娴熟，藉成劲旅。其饷干银数及各项津贴等费，即由奉军节饷项下，自改编点验相符之日起支。至改编伊始应添各项器械，需用银两，均请作正开销，核实造报。除将改编清册咨部备案外，谨附片具陈，伏乞圣鉴。谨奏。光绪三十四年十二月十八日附奏，宣统元年正月初六日奉到批，该部知道。钦此。

纪吉林陆军步队第一协

东三省八旗兵丁无入新军者，有之自光绪三十二年吉林将军达桂编练吉林陆军步队第一协始，亦即吉林军队有新军操法之始也。其目兵则选自本省十旗、五城前锋披甲各军，其官佐则选自各旗协、佐、防、校及世职各官。维时边徼荒陋，军备多疏，达将军能破除习见，首选旗丁编练新军，辅中朝之武义，壮边卫之军声，复奏设督练处，以为筹计检校之总区。创始之功，亦伟矣哉。次年，世昌按部至吉，检阅各营，见其训练尚未尽能如法。达将军虽由陆军部调拨各镇目兵二十余人至吉，派充队官排长，而统带以下各员率未通晓陆军学术，宜其不能一气振奋，熊熊日新也，因由北洋调取陆军将弁，分派两标统带及参谋、督队等官，并檄东三省督练处总参议总兵田中玉驻吉，督饬训练。年余以来，日见进步，分驻珲春、延吉、宁古塔、额木索等处，以捍卫疆圉。他日八旗子弟，奋发为雄，究心武学，得以再见国初朴勇骁健之风，未始非此协为之先导也。

附吉林陆军步队第一协军队编制

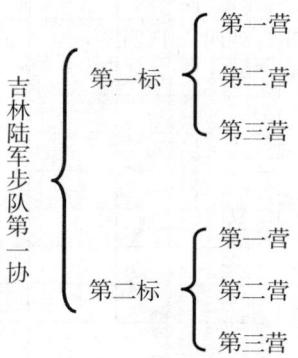

吉林陆军步队第一协
- 第一标
  - 第一营
  - 第二营
  - 第三营
- 第二标
  - 第一营
  - 第二营
  - 第三营

附吉林陆军步队第一协官佐目兵匠夫员名一览表

部分 员名	协司令部	第一标				第二标				总计
		标本部	第一营	第二营	第三营	标本部	第一营	第二营	第三营	
统领官	一									一
统带官		一				一				二
参军官	一									一
教练官		一				一				二
执事官	一	一				一				三
掌旗官		一				一				二
司号长	一	一				一				三
副军需官		一				一				二
副军医官		一				一				二
二等书记官	二	二				二				六
管带官			一	一	一		一	一	一	六
督队官			一	一	一		一	一	一	六
队官			四	四	四		四	四	四	二四
排长			一二	一二	一二		一二	一二	一二	七二
司务长			四	四	四		四	四	四	二四
军需长			一	一	一		一	一	一	六
军医长			一	一	一		一	一	一	六
医生			一	一	一		一	一	一	六
书记长			一	一	一		一	一	一	六
司书生	二	二	六	六	六	二	六	六	六	四二
正目			三六	三六	三六		三六	三六	三六	二一六

部分 员名	协司令部	第一标				第二标				总计
		标本部	第一营	第二营	第三营	标本部	第一营	第二营	第三营	
副目			三六	三六	三六		三六	三六	三六	二一六
正兵			一四四	一四四	一四四		一四四	一四四	一四四	八六四
副兵			二八八	二八八	二八八		二八八	二八八	二八八	一,七二八
号目			一	一	一		一	一	一	六
号兵			八	八	八		八	八	八	四八
护目	一	一	一	一	一	一	一	一	一	九
护兵	一〇	八	一八	一八	一八	八	一八	一八	一八	一三四
马弁目	一	一				一				三
马弁	六	四				四				一四
匠目			一	一	一		一	一	一	六
枪匠			四	四	四		四	四	四	二四
皮匠			四	四	四		四	四	四	二四
医兵			四	四	四		四	四	四	二四
备补兵			三六	三六	三六		三六	三六	三六	二一六
驾车兵			四	四	四		四	四	四	二四
伙夫	二	二	三八	三八	三八	二	三八	三八	三八	二三四
喂养夫			四	四	四		四	四	四	二四

附吉林陆军步队第一协分防驻扎地点表

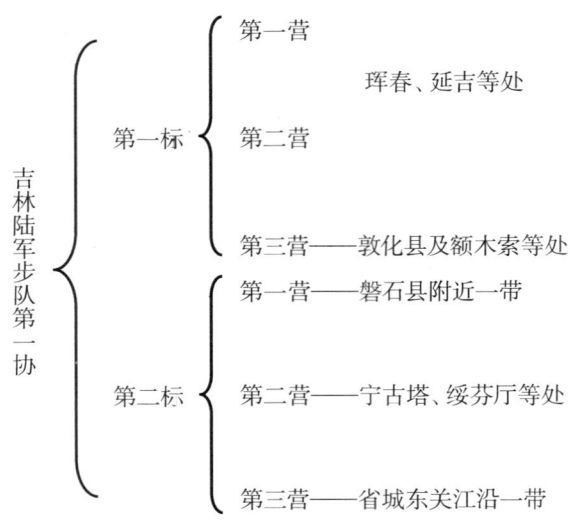

- 吉林陆军步队第一协
  - 第一标
    - 第一营
    - 珲春、延吉等处
    - 第二营
    - 第三营——敦化县及额木索等处
  - 第二标
    - 第一营——磐石县附近一带
    - 第二营——宁古塔、绥芬厅等处
    - 第三营——省城东关江沿一带

纪东三省宪兵处及宪兵队

宪兵者，掌军事警察，所以维持军纪为至要也。东三省陆军将及三镇之数，分路驻扎，纠察宜周，列强环伺，纪律尤当严整。宪兵之设，实不容缓。光绪三十三年，世昌奏设宪兵学堂于奉省。其头班学生，次年毕业，参照部定陆军警察队章程编为宪兵队四队，分驻奉、吉。并按陆军警察处之制，设宪兵处以统率之，附属于兵备处，不另立公所。兵队亦附居学堂，不另筑营舍。俟二班学生毕业后，拟共编三营，分驻三省。宣统元年三月奏准允行。法令昭申，古有检点等秩，虽曰不同，而耳目之所司，纲纪之所寄，检束军心，轨于礼范，左右案之从事讵可忽诸。

附东三省宪兵处编制

参军官　一员

二等书记官　一员

司书生　二名

马弁　一名

护兵　一名

伙夫　二名

附东三省宪兵队编制

管带官　二员每营一员

执事官　二员每营一员

队官　四员每营两队，每队一员

排长　八员每队两排，每排一员

司务长　四员每队一员

军需长　二员每营一员

书记长　二员每营一员

军医长　二员暂未设

司书生　八名管带各用二名，队官各用一名

正目　十六名每队四棚，每棚一名

副目　十六名

正兵　五十六名

副兵　七十二名

护兵　八名管带各用二名，队官各用一名

医兵　八名暂未设

伙夫　十八名管带各用一名，每棚一名

附奏宪兵毕业编成宪兵队以维军纪折

奏为宪兵毕业编成宪兵队，以维军纪而便纠察，恭折仰祈圣鉴事。窃臣等前奏设东三省宪兵学堂，于光绪三十三年十月开办。原定毕业期限一年。经臣等督饬该堂监督等按照所定学术各科，认真教练，复令展限三个月补习功课，实行演习军事裁判，至上年年终为止，头班毕业。并以宪兵需用甚广，一班不敷分布，本年正月添招二班，业将筹画详情，咨部在案。查三省现有陆军将及三镇之数，分途驻扎，纠察宜周，而介居两强，观瞻所系，军纪尤当严整。矧东省情势迥殊，设有兵力所不能及之处，亦赖宪兵以为补助。是此项宪兵队，益须早日编成。于纪律既可维持，于外界兼资抵制。当经参照部定陆军警察队章程，先将此次头班毕业生二百余名编为宪兵四队，分派各处。俟二班毕业后，共拟编成三营，并仍暂名宪兵，以便分驻边要，免招疑忌。至现成四队所需薪公饷干以及开办杂支各经费，为数甚巨，拟暂为设法筹拨。俟二班毕业，学堂停办，即以奏准原拨该堂常年经费银三万四千一百八十余两作为宪兵队饷项底款，不敷之数再行设法另筹。将来三营成立，仍须筹定的款，以期持久。除将章制咨部查照外，所有编成宪兵队缘由，谨恭折具奏，伏乞皇上圣鉴，谨奏。宣统元年三月十七日具奏，二十七日奉朱批，该部知道。钦此。

纪东三省陆地测量总局及测量队

测绘舆图，本为行军要务。东三省地处极边，幅员辽廓，山林丛沓，人迹稀疏，边界荒芜，每成瓯脱。开屯置堠，设治通邮，无一不须审明地势，以为设施之本，正不仅择险要、备攻守之谓也。光绪三十二年，吉林将军达桂设立测绘学堂一所。次年，世昌莅东，布置陆军镇协，檄令各就驻扎之地，将其附近山川形势，绘为略图，暂资考察，复于奉天设测绘学堂，即于各镇协选择曾充学兵者入堂授课。嗣陆军部奏请测绘全国军用地图，所有实地测量及制图等事，诏下各行省督、抚尽力筹办。东三省适已创立学堂在先，今年奉、吉两学堂头班测绘学生先后毕业共一百八十余人，奏明暂编测量队一队。略仿日本测量部办法，设陆地测量总局，以参谋处兼摄之，统筹测绘一切事宜。惟三省面积约三百三十余万方里，当日本全境两倍有奇，人数无多，不敷分布，即使后之学生逐班毕业，渐事推广，亦非数十年不能告成。而吉林毗连韩俄，壤地交错，领土所关，尤为紧要。因令先由吉林入手，以次而江，而奉。但是强敌逼处，虎视鹰瞵，侵越觊觎，不胜危虑，安得竖亥之步，以兼程并进哉。

附东三省陆地测量总局编制

总办官　一员陆军参谋处总办兼充，总理全局事宜

帮办官　一员陆军参谋处帮办兼充，佐理全局考核测绘制图之良否，稽查各员勤惰

提调　一员参谋处测量科提调兼充，办理全局庶务兼管奖赏惩罚等事

稽查官　一员禀承提调稽查全局员司夫役出入勤惰，并有派赴测量地密查之责

俄日文翻译官　各一员参谋处科员通晓日、俄文者兼充

差遣委员　二员

二等书记官　一员办理公牍、编纂地志、汇辑测量报告及日记等事

收支发委员　一员管理全局出入款项

司书生　二名

差弁　二名

护兵　四名

夫役　十名

附东三省测量总局制图所编制

监制官　一员陆军参谋处测量科员兼充，掌管全所庶务，监视制造印刷绘画改正

错误并管理簿册、图说、机器、材料

班长　三员禀承监制官经理绘图事宜

一等制图员　三员专司制图

二等制图员

三等制图员

绘图生

司书生　四名专司缮写公牍簿册图说

印刷技手长　一名办理印刷检查图说，经管机器、材料，并有教授技徒之责

一等印刷技手　三名听印刷技手长指示办理印刷等事

二等印刷技手　三名职务视一等

三等印刷技手　五名职务视一二等

技徒无定额　暂设九名听印刷技手长指示学习印刷

夫役　六名

附东三省测量队分科编制

甲　三角科计分三班

正监测官　一员掌管队内三角测量事宜

副监测官　二员赞助正监测官，帮同计画测成精密地图，考核员司勤惰

庶务官　一员管理全队庶务，收发存储物品及薪饷等事

医官　一员专司卫生、疗病、防疫等事，以中西医学兼通者充之

三等书记官　一员掌管公牍报告日记等事

司书生　二名分司缮写核对及收发文件等事

班长　三员管理本班助手，改正错误，考核成绩，汇集地图、日记呈监测官核阅

一等测绘员　三员禀承班长实行测绘，经管器械，有监视二三等测绘员及测绘助手之责

二等测绘员　五员听受班长指挥实行测绘，详载日记，经管器械，兼司铅笔、墨笔成图等事

三等测绘员　十二员职务视二等

预备测绘员　八员听监测官随时差遣

测绘助手　三十名听受班长及各测绘员指挥，专司携带器械，步度询问土人村庄地名及日记上应行询问事件

乙　地形科计分十班

正监测官　一员

副监测官　二员

庶务官　一员

医官　一员

三等书记官　一员

司书生　二名

班长　十员

一等测绘员　十员

二等测绘员　二十员

三等测绘员　七十员

预备测绘员　十二员

测绘助手　二百名

此外，全队额设护兵三名，伙夫六名，驾车兵、喂养夫各一名。

附奏筹设东三省陆地测量总局以制舆图而符部章折

奏为筹设东三省陆地测量总局以制舆图而符部章，恭折具陈，仰祈圣鉴事。窃查陆军部前次奏定测绘全国军用地图办法折内声明，实地测量及制图等事，需款颇巨，在各省者，应由各该督、抚臣尽力筹办，等因在案。伏查近世测量之学，名虽沿自泰西，而实系仿于上古。考大禹用勾股之法分配疆域，为治水之根基。《周礼》设职方一官掌理地图，辨邦国之要害。诚以天下形势，非舆图不明，而舆图本原，以测量为要。后世治军行政，亦悉本图籍以经营，是测量事宜关系綦重。矧今日处武力相竞之世，舆地未能熟悉，即攻守无自运筹。是以东西各国，除所谓政治、商业各地理外，无不有军用地图，用能策画周详，指挥无误。究其军用地图之所自，率由于测绘而来，此各国陆地测量部所由设也。中国土地辽阔，从前于测绘一项未立专校，故绝无精确地图可资参考。近年各省测绘学堂次第兴起，奉、吉两省亦于部章未颁之前，在省会分设测绘学堂一所，近将先后毕业。该堂学生程度虽有不齐之虑，而学成同为致用

之材。窃维东三省远在东陲，毗连邻国，军事之计画，界务之纠纷，端赖有明晰舆图，始足以建国威而销隐患。余若屯田置戍，何处为扼要之区，设治垦荒，何处为适宜之地。尤须实地测量，始可参酌情形，切实筹办。查南洋测绘学堂毕业学生，业于上年奏准编成测量队，从事实测。东省地域大于南洋，形势亦较为重要，亟应援案办理，设局编队，举办测绘。业经臣等拟将奉、吉两省毕业学生一百八十余人暂编测量一队，略仿日本陆地测量部办法，设立陆地测量总局，统筹测绘一切事宜。只以人数无多，幅员式廓，不敷分配。吉林界接韩、俄，尤关紧要。拟先由吉林入手，次江，次奉，斟酌缓急，次第测量。并由臣等随时督饬此项测量人员，遵守部章，认真办理，期无粗疏之弊，制成精密舆图。惟是事体繁重。统查三省面积约三百三十余万方里，当日本两倍有奇。然彼自明治十四年经营以至今日，历三十年之久，费数千万之多，已成之图，仅及全国之半。东省虽兼程并进，亦非仓猝所能竣功。惟有严饬该局队员生等勤奋将事，以仰副朝廷轸念边疆之至意。至开办及常年各经费，业经撙节预算，开办费约需银六万余两，其常年额支、活支、杂支各费，除测绘员生均按照前定章程由各营挑选应于各该营仍留底饷外，约需银六万余两，均拟由三省合筹，分成摊拨，交支应处支发动用，以济要需而免贻误。此项经费，应请作正开销。此次经始测量东省，土地荒寒，山林丛杂，跋涉艰难，与内地情形迥异。该局队员生等如果忍耐艰苦，办有成效，应请每届三年择尤奏咨保奖，以资激劝，出自逾格鸿慈。如蒙俞允，臣等即钦遵办理。除将该总局暂行试办章程咨部查照外，所有筹设东三省陆地测量总局缘由，谨合词恭折具陈，伏乞皇上圣鉴训示。谨奏。宣统元年二月二十四日具奏，闰二月初六日奉到朱批，著照所请，该部知道。钦此。

纪征选旗兵

东三省满蒙汉各旗，自国初从龙入关，以逮同治中兴[1]，凡大征伐，靡役不从。骁武善战，勋彦踵望，方策炳烺，淩铄千古。顾以承平日久，渐即酣嬉。新建陆军既成，兵学日益发明，旧时步伐，且不能尽合今之轨辙，亦时为之也。陆军定制，兵征土著。东三省土著，隶旗籍者居其大半。治东三省必注重练兵，练东三省之兵必先征旗丁，此不易之制也。光绪三十二年，将军达桂既选各旗官弁兵甲编陆军一协于吉林，

〔1〕　同治中兴是指清朝同治皇帝在位期间所谓的兴盛时期。

世昌遵诏筹画旗民生计，首议征选旗兵，以振兴疲茶，檄令地方官吏与所在旗官，切实申儆。以旗人本应讲求武义，方副列朝尚武之训，况今时势阽危、保固疆土，即所以答国恩而绳祖武。故无论旗兵、旗民，一律征募。简选之法，悉照陆军定式，年十八岁以上，二十五岁以下，身长四尺八寸，貌相端整，体质精壮而无隐疾，力能举百斤以上为合格。愿应募者，取具图结，注明身家职业，由该管旗官禀由旗务司知照兵备处，按格选验。既入选，即给予小口粮。编伍后，暂照备补兵给饷。教练三月，甄别提充正副兵。有奋勉向学，考列优等者，准由旗务司酌补马甲、步甲，仍留原营。有原系马甲、步甲者，入选编伍后，不裁原饷。马甲、步甲退伍后，送旗务司编入旗营。其未补马甲、步甲者，退伍与民兵一例授田屯垦，入屯田营，作为续备兵。年余以来，征选入营，计有三千余人。激劝所在，逐渐推广。旗丁尽征入伍后，再征民丁。总期三省土著，无一丁之非兵，而后可为三省庆治安也。

附试办征兵格式办法

格式：

一、年岁限十八岁至二十五岁。

二、身体限官裁尺四尺八寸以上。如五官不全，体质软弱及有目疾、暗疾者不收。

三、膂力限平举一百斤以上。

四、来历无论旗兵、民籍，于应征时，报明三代家口、住址，并验箕斗。孤子免征。

五、品行，如吸食洋烟及素不安分，犯事有案在官者不收。

办法：

一、先从旗兵入手劝征，逐渐旗、民并选。

二、各属旗官、民官，先将征兵宗旨出示晓谕，俾人人知有当兵义务，且应征之初，须有切实保人及身家职业，确实可凭，不得稍涉含混。

三、劝征旗兵，集有成数，在奉天、吉林者，各该旗官先由旗务司处知会兵备处派员前往验带，民兵则由地方官知会兵备处照此办理。

四、此次系以劝征为宗旨。旗官及各地方官妥为劝谕，不愿者暂听，不准任令差役恫吓讹诈。

五、兵备处派员验带，须查明应征之人，确系身家清白，素无嗜好，所立保结切实可凭，方准照章发给小口粮，带往充兵。如与格式不符，惟该验带之员是问。

六、新兵入伍，应照北洋就地办法，给予奏定正饷，不给加饷。查加饷一层，因三十二年第三镇之第十标奉调出关，驻防锦州剿匪，系属备战之队，兼之该兵等生长关内，饮食米菜均与关外不同，且离家太远，往返非易，又以日俄战争方罢，百物昂贵，不得不稍加体恤。嗣后调东之一镇两协，因与该标事同一律，是以照此办理。现在就地征募，自与备战之兵不同。将来关内之兵，每次退伍，此项加饷，即随时裁减。一俟关内之兵全行退伍后，再行奏请停止加饷，以示限制。

七、新兵入营之初，暂照备补兵饷银发给。俟三个月后甄别，考其程度，酌提副兵、正兵，以资鼓励。

八、旗兵入伍后，如有奋勉从公、力图上进、考列优等者，每届年终，由各该镇、协、标择尤呈候，札饬旗务司处酌补马甲、步甲，仍留原营，以示鼓励。

九、如有已食马、步甲之旗兵入伍后，仍留各旗原饷，以示优异。

十、入伍三年，除正月给假两月仍留原缺外，余均照章退伍。其已补有马、步甲之旗兵，在奉天、吉林者，送旗务司处编入旗营。

十一、未补马、步甲之旗兵与民兵一例，退伍之时，编入屯田营作为续备兵，授地开垦。如果不愿屯田，不给续备之饷。此项屯田营，临时参照黑龙江屯田章程，另案变通核办。

十二、各兵入伍后应享利益，均照陆军部定章办理。

十三、无论旗兵、民兵在营病故，给予烧埋银十两，即于附近旷地掩埋。如有家属来营领柩，应禀明该营长官，随时扶运。其有因公毙命，另议恤赏，以示矜恤。

十四、如有未尽善事宜，应由兵备处随时禀明酌夺。

附奏遵筹东省练兵审度地方体察情形无庸改练土兵折

奏为遵筹东省练兵，审度地方，体察情形，无庸改练土兵，恭折仰祈圣鉴事。窃准军机大臣字寄，光绪三十四年九月十一日奉上谕，有人奏东省练兵，宜审度地方一折，著徐世昌按照所陈各节，体察情形，妥筹具奏，原折著钞给阅看，钦此。遵旨寄信前来。臣以原奏系指东三省而言，当即咨商吉林、黑龙江抚臣，详加讨论，熟计统筹。兹总揽三省地方之情形，揆诸各营之现状，似循是以往，仅足为弭盗治标之计。惟当进求其本原，俾永清夫匪患，正不必别立名目，徒事纷更。谨就地方情形，为我皇上陈之。查原奏内称，东三省土匪蔓延，抢掠劫夺之风仍未尽息，宜各练土兵一军，度地防守一节。盖为东省陆军，系由陆军部北洋调拨前来，于当地阨塞险要未能洞悉，出而剿匪，莫敢穷追，盗风因以未息。臣悉心考察，按之近时事实，似属不尽相符。查东省地旷人稀，数年以前，实称盗薮，下贻地方无穷之患，上增朝廷东顾之忧。剿抚莫施，官民交困。臣莅任之始，即以清盗为保安入手办法，先后饬令防、陆各军，扼要分防，相机剿办。两年以来，所谓大股积匪者，业经歼除殆尽。近虽吉、江边远之地，不无零星余孽之存，前已迭饬各该军营，认真搜捕，务期尽绝根株。此东省近年防剿之实在情形也。伏查防剿事宜，向以陆军为镇抚之谋，以防军为进剿之用。东省防军，除由北洋调拨之淮军九营外，均以原有各营队改编。此项目兵概系土著，即间有客籍，亦由直隶、山东一带早年迁徙而来。举凡地势之险夷，林径之曲折，均所详悉。即调自关内之一镇、两协，迩来驻东既久，与本省巡防各营联络一气，抚绥弹压，颇称得力。近且通饬各镇、协、标、营，分令学兵测绘舆图，以资军用。将来军事策画，熟悉本地情形，当尤视防营较有把握。并迭饬各该镇、协、标，如有目兵缺出，即行就地征补。现在补充陆军，亦皆饬由旗兵挑选，或派员赴各州、县征集，实与原奏所陈招练土兵之意名异而实同。应请毋庸添练土兵，徒事纷歧而糜军饷。第臣窃尤有进者，东省幅员寥阔，土地荒寒，边境既苦空虚，交通又多不便，兼以地方甫经设治，教育未尽普通，近虽大股巨匪已幸潜踪，而余烬复然，犹多可虑。故欲使东省永无匪患，要必以殖民实边之计，为清源正本之图。果于此实力经营，渐谋繁殖，使沿边荒漠相继开垦，村落四布，守望相助，再广设学堂，以兴教化，创办警察，抽查户口，将境外匪徒无可潜踪，境内游民咸归耕作，斯隐患乃能永销耳。臣莅东以来，督饬地方各官认真办理，惩劝兼施，无如风气初开，未能克期毕举。现经钦奉谕饬，自当督率各属，益加整顿，用培本原，仰副朝廷除暴安良之至意。所有遵筹东省练兵事宜，审度地方，体察情形，无庸改练土兵各缘由，谨恭折覆陈，伏乞皇上圣鉴。谨奏。宣统元年三月初八日具奏，三月二十日奉到朱批，著锡良到任后体察情形，酌核办理。钦此。

纪退伍兵

常备军，例由各省就地招募训练，三年退伍后，发给凭照，资遣回籍，列为续备军，月给减饷一两，听其自理生业，仍按年调操，此定制也。陆军第三镇，于光绪三十年二月成军，至三十三年二月已满三年。陆军部以该镇兵丁，系由山东、河南、安徽等省选募而来，不尽系直隶土著。若必于资遣回籍后一律编为续备兵丁，深恐多所窒碍。奏准酌照定章稍事变通，所有该镇应行退伍之外籍兵丁，有自愿留营者，仍准再留三年。其余均自离营之日起，每名加发两月正饷，给予凭照，分送回籍，不再给续备月饷。有愿入本省军队再行充兵或愿充本省巡警者，均准持照应选，以示体恤。奉旨允行。东三省益非直隶可比，该镇及两混成协兵丁，在东省则全系外籍，无一土著。退伍后一一资送原籍，不但需费过多，且边荒万里，强敌觊觎，盗匪未靖，为剿为防，本已不敷分布，骤募新兵，不教而使之战，于法不可。东北沿边一带，若鸭绿、图们之间，乌苏里之西，莱芜未辟，旷漠无垠，使退伍兵于此开屯置堠，授田垦殖，渐事生聚，较之移民实边，可收事半功倍之效。因定议变通部章，凡退伍兵愿留营者，准再充常备军三年。愿回籍者，照给恩饷两月，由各本协、标派员分起资送。愿留屯者，编入屯田营，每兵授地若干亩，给资本洋若干元，庐舍耕具官为之备，设屯长以部勒之。立屯之地，以地势言，吉林应以黑河口为起点，三岔口次之，珲春、富克锦[1]等处又次之。黑龙江应以根河为起点，瑷珲次之，呼伦贝尔、墨尔根等处又次之。现退伍兵之愿留垦者，仅第一混成协官长目兵二百数十人，因先就黑龙江西南，嫩江西岸，札赉特蒙旗所属哈拉火烧地方，指拨荒段，建造庐舍，派此项退伍兵官前往兴办屯垦。其地为江省蒙旗与奉天洮南各属往来要冲，于此而植其基，推而至于荒远，亦正其宜云。

附送退伍兵回籍暂行办法

一、各镇、协应行退伍之兵丁，按府、县区别分起递送，每起以百人左右为限，均分配编列号数，详细列表以便输送。设一州、县不足百人之数，即搭配邻近州、县作为一起。

一、每起百人，由本协、标选派老练排长两员监送，以五十人为一排，各专责任。每排随带护兵一名，俾供驱使，并慎选一二同籍给假正目帮同照料。其监送官亦宜用同籍之员，以期人地相宜，易于钤制。

一、每起百人，如行至未通火车之处，即分五十人为一起，尤易照料。行路之时，由监送官约束整齐，日行六十里。行李车辆，由给假之正目在后押送。惟途次情形不同，准监送官体察酌办，总以不准紊乱喧哗为宗旨。

一、每日经过之车站，预计何站伙食，何站住宿，及火车到站时刻，均向各站长商

〔1〕　富克锦，位于今黑龙江省东部，现为黑龙江省富锦市。

明，详细列表，俾众周知，以免临时慌乱。

一、兵丁食宿，均由监送员一手经理。每日伙食、住室，均须先期派遣官长，前赴各该站预备，并发给人员输送表、伙食表各一纸，按照筹办。

一、退伍兵仍服旧操衣，不准着自置之便服。印刷布牌上书某镇、协退伍兵某，并列第几起号数缀于胸前衣左，以便稽查。

一、各兵行李俱以三十斤为度，上下火车易于搬运，并由该官长逐件查验，不准挟带军器及违禁之物。

一、退伍兵应领之凭照，不令该兵于起程时自带，汇交监送员收存，俟到该兵原籍时，协同地方官按册点名发给，并守取该州、县回文销差。该兵丁如有沿途滋事不守范围者，即扣留凭照，回镇缴销。

一、退伍兵应领之两月恩饷，以二分之一在营发给，其余给以条据，俟到原籍再行给领，收回原条回镇缴销，为实发之证据。如该兵沿途有不法情事，即停发此项银两，连同扣留凭照一并缴销。再起程时，由监送员分带此项银两，以免重赘。

一、于兵丁上火车之车站派一输送指挥官，筹备乘车各事宜。俟每起兵到，为之指定车辆。监送员即带之乘车，以免错乱，误上客车。

一、按退伍册籍制造凭票，上填该兵姓名，由输送指挥员于登车时点名散放，以便稽查。沿途领取物件暨住宿等事，皆以此票为凭。

一、备办食物，按输送表此一起若干人，于火车未到时分配妥协。俟车到，即令该给假头目按数分领，由监送员监放，以剪票为实领证据。

一、兵丁住宿，由监送员验收凭票，以便稽查人数，至次日乘车再行发给。

一、给养、住室一切既官为筹备，该兵丁不准藉买食物出外闲游。如有必需物品，由监送员饬人代购。

一、兵丁经过之州、县，应先禀由督、抚咨会各该省大宪，通饬该地方官及巡警官，补助监送员照料一切，遇有事故商酌办理。

一、兵丁每日火食银一钱，在火车输送时，按日扣交经理员，为备办饮食之费。

一、火车当开驶时，严禁各兵往来喧哗及种种履险情事。经过大小车站，开车、停车时刻原有定限，不特各兵不得恃众阻挠，即监送员长亦不得稍事干预。如有洋人上车查验车票，无论官兵听凭查验，免生意外之龃龉。

一、兵丁沿途有不法情事，监送员核其所犯情节，轻则随时惩责，重则一面电请本镇、协核示，一面将犯事兵就近交地方官看管，候示办理。该监送官仍率队前行。

一、按起分送时，每起酌派密查一二人，遇有发生事项，详记缘由，报告上官，不惟将来办理此案有所依据，并可研究肇事原因，以便改良。

一、于兵丁将下火车之车站，先派员在该站筹备陆路或水路之输送预备车船，以便到站即可分送，无任逗遛。

一、下火车后，监送员核计各兵到本籍里数，应需若干日，按日照章给予川资，不得任意增减。

一、兵丁沿途遇有疾病不能行走者，由监送员饬人照料医治，病愈后再搭火车。医药费回镇报销。其不通火车之处，由该州、县备车载送，车价由监送官照付，并取付价收条呈报。

一、监送退伍兵沿途安静无事者，该官长准以升缺记名，给假正目准以司务长记名。如途中生事，回营销差时，分别记过撤降，以示劝惩。

一、所有退伍兵各办法，该镇、协、标于届退伍期前数月，即详细讲解，使尽喻此意。

附陆军部奏第三镇应行退伍外籍兵丁拟变通办理折

奏为陆军第三镇应行退伍外籍兵丁，拟暂酌照定章变通办理，以便安置，恭折仰祈圣鉴事。窃据专司训练近畿陆军各镇副都统凤山咨呈，陆军第三镇自光绪三十年二月成军，扣至本年二月已满三年，照章应令退伍。惟其中兵丁多由山左、两淮、豫、皖等省招募而来，而退伍后归入续备军一节，各该省均未办理，无从安插，由部酌定办法，等因。臣等伏查练兵处奏定营制续备军制略，内载常备军三年期满，发给凭照，资遣回籍，列为续备军，月给减饷一两，听其自谋生业，按年调操等语。是各镇退伍兵丁，自均应遵照定章办理。惟查此项办法，系指土著兵丁退伍而言。陆军第三镇兵丁，系于光绪三十年间当局外中立之时，仓猝成军，无暇招募土著，因于直隶而外，在山东、河南、安徽等省选募。是当时招募之初，未能悉照定章办理。现当退伍之际，若必于资遣回籍后，一律编为续备兵丁，深恐安置较难，办理殊多窒碍。臣等公同商酌，照定章稍事变通，所有该镇应行退伍之外籍兵丁，除自愿留营者，仍准再留三年外，其余均自离营之日起，每名加发两个月正饷，并给予退伍凭照粘附照片，派员分送回籍，毋庸再给续备月饷。将来各兵丁如有顾[愿]入本省各军队再行充兵者，均准届时持照应募入伍，其愿充本省各州、县巡警者，亦准持照应选，以示体恤。惟自充巡警后，即应另遵巡警规律办理。至第三镇全镇，现已奏明拨归东三省总督，调赴奉天。其退伍兵额，拟先由第六镇内调拨充补。所有此次加给退伍兵两个月饷银，自应作正开销，由度支部另行发给。第当此库储支绌，于正饷外复加此项恩饷，深恐筹措维艰，兹拟俟六镇补募时，暂行缓募两月。俾腾出两月饷数藉资弥补，庶饷力得以稍抒[纾]。再臣等正在筹办间，适据直隶督臣袁世凯咨称，陆军第四镇，现亦有应行退伍之外籍兵丁一千余名，请由臣部核办前来，查该镇退伍兵丁籍隶山东、河南、安徽等省与第三镇情事相同，应俟奉旨后，由臣部咨明该督，即按此项办法遵照办理，俾归一律。惟此项办法，系因原募时并非土著，故退伍时不得不于定章量为变通。此后各省招募新兵，均应于土著中选充。其退伍时，自应查照续备定章，以免纷歧而符奏案。所有筹拟外籍兵丁退伍办法缘由，谨恭折具陈，伏乞皇太后、皇上圣鉴。谨奏。

附奏江省创办屯垦以兴地利而固边圉折

奏为江省创办屯垦以兴地利而固边圉，恭折仰祈圣鉴事。窃维实边之方，必以辟地聚民为先务。自来策边事者，或主徙民，或主屯兵。顾徙民则患其费多，屯兵则患其食少。求其兵农合一，防守兼资，舍屯垦无他道矣。江省频年招民垦荒，迤东如绥化、呼兰、海伦、巴彦、余庆一带，洊臻繁庶。然统计全省面积开放之荒尚不及十分之二，放而已垦者亦不过十分之三。其富商巨户，揽荒渔利，久已习为固然。荒一入手，高价居奇，零星小户，无力分领，积年累月，终成芜旷，大段不能转售，因而拖欠官款。以故放荒速而收价迟，领地多而开地少，阻碍垦务，损害边防。职此之由，臣等再四筹维，非将垦荒办法及时变通，无以为久大之计。前据试署民政司使倪嗣冲呈请，在本省创办屯垦，当令选定地段，妥筹办法。嗣据覆称，省城西南、嫩江西岸、札赉特蒙旗所属哈拉火烧地方，为江省蒙旗与奉天洮南各属往来冲要。本年春间，曾经奏明会同该旗勘定出放。拟请即在该处指拨荒段，招工开垦成熟，并建置庐舍，以各镇陆军退伍兵丁自愿就农者，分年拨令到段，每兵一丁授与熟地百亩。其该段照章应劈蒙旗一半地价及垦地建房等费，均由官家筹垫，并每丁给予牛粮籽种费六十二两。自授地之年起，每兵一人当年缴回租费银三十一两，第二年缴回租费银三十一两，第三年缴回租费银六十二两，第四年缴回租费银九十三两，即由该处屯垦局填给大照，作为该丁永业。于第五年照章升科，先拟屯兵万人，于试办之第二年起，分年到段，至五年为止。其分起到段之前一年，即由试办之第一年至第五年，逐年招工垦地建房，并至撤局之日止，九年间经理屯垦局用之费，共计需银一百五十一万九千二百八十八两。除自试办之第二年至第九年止，逐年收回五次到段退伍兵分年缴纳租费银二百一十七万两，抵补各项用款外，共计赢余银六十五万七百一十二两。其蒙旗应得一半地价，即由官家在赢余银两项下提出，算明拨付，等情前来。臣等详核该署司使所拟办法，采用屯田之策，兼寓殖民之方，于江省现在情形最为适宜。退伍兵丁，既有尺籍可稽，分班到段，整齐画一，以视客民倩人辗转领荒延不到段者不同，利一。以兵务农，守望保卫之事是其所长。自不必另驻防营，萑苻可期日靖，利二。授给熟地，即时耕种，无匮乏之虞，且既定为恒产，即可变作土民。生齿日繁，富庶可卜，利三。以官力为开垦，按丁授地，按地配丁，包揽大段之弊可免，利四。资费出自公家，数年之间，其利自倍，既裨国帑，亦厚民生，利五。有此五利而无一害，自应饬令该署司使先行试办，宽以年岁，责其成功，行之有效，再于沿边一带推广举行。所有应需款项，即由臣等暂向商家息借，以备按期支用。至此外沿边招徕民垦办法，现正详酌变通，一俟议定，再行奏明办理。除将逐年屯垦经费豫[预]算表咨部查照外，所有江省试办屯垦缘由，理合恭折具陈。伏乞皇太后、皇上圣鉴训示。谨奏。光绪三十四年十月初二日奉到朱批，著照所请，该部知道。钦此。

附札参谋处黑龙江署民政司倪嗣冲拟订退伍兵屯垦办法章程文

据署黑龙江民政使[1]司倪道嗣冲禀称，窃奉电示，饬将屯垦办法开送节略等因，遵经电覆，一面详查原拟以退伍兵之情愿来江者令办屯垦。第一年购火犁三架，拟开地千顷，建房千所，退兵千名。第二年退兵千名。第三年添火犁一架，退兵二千名。第四年添火犁二架，与第五年均退兵三千名，以满万人之数。每兵给熟地一顷，资本洋一百元，房产一所。每地一亩，令其分五年缴回租费洋六元五角，房地均归己产。所需款项，第一年需银二十一万两，第二年除用收回租费外，需银八万两，第三年除用收回租费外，需银十二万两，第四年除用收回租费外，需银八万五千两，第五年收回租费，已足敷用。总计至五年，而开地万顷，退兵万人。至第八年而租费收清。以后均收大租，此大概办法。所有递年情形及预计出入款项，曾经具折呈送在案。本

〔1〕 黑龙江民政使，官名。光绪三十三年（1907年），清政府在东北建行省时设置，主要掌管全省民籍事务。

年正月在奉订购火犁二架，二月奉示垂询如何下手，饬亟开办等因。当因地段尚未指定，火犁须六月交货，又只能开大片之地。其片段零星者，须马力机犁以辅火犁之不足。因酌议变通办法，将未购之火犁一架价值，改购大小马力机犁三十架。购买马匹，招募土夫，先行试开数十顷。俟房屋修齐，火犁交到，将千顷之地陆续开齐。明年退兵到荒，即可使之耕种熟地。原拟第一年需银二十一万两，除去给兵资本银七万两外，本年共需银十四万两，请先发银十万两，六七月间再发四万两。此原拟办法，略为变通情形也。复经详细禀陈，奉谕屯兵一节，宜趁天气和暖，速行布置。拟购火犁二架，马犁三十架及招募土夫一切杂项，共计银十四万两，均可照办等因。遵经禀请发款于三月中旬领到银五万两，内计现银一万两，余则铜元及广信公司官帖以之兑换现银，并购马犁需用俄帖加色折耗，仅只八折实银之用。即经指拨札赉特旗地段，一面购办马犁、马匹，招募土夫，赴荒试垦，急急赶办。时已四月初旬，复雇匠备料，预备建房。而蒙旗始以酌留生计，继以原奏并无兵屯章程，藉口阻挠。及至行文诘询，并饬在事人员开导劝谕，始将地段划定。因此阻延开犁。四月下旬，复将以上情形禀达钧聪。该地生荒，草根盘结，土质坚硬，新马又不服习，嗣经得雨，土脉稍松，垦辟较易。不意五六月来连日大雨，虽饬在事人员并力开辟，而雨水太大，不免稍有阻力。火犁又不及期运到，函电交催，并派员赴津理论，迄今尚未交货。而马犁现有五十架，及建修房屋，仍不稍停工作。俟火犁到后，昼夜加工，总期今年开齐千顷地亩，修齐千所房屋，庶不致贻误明年退兵到地。至江省地冻化通，约须三、四月之交。向来耕作，均二月中旬开犁，俟地犁好，冻化通，即可播种，至中秋前一例成熟。迨收割毕事，地虽未冻而霜已降。如播种稍迟，则禾苗尚未成熟，子粒经霜，即不上浆，而杆枯槁。曾经考究，粮食中惟高粱成熟稍迟，须中秋后方能收割，计时已来不及，故省西北不能种植高粱，此其明效大验也。前上电禀，请饬二月退足千名，盖到荒后，安插住处，购备一切，料理事毕，适当新作播种之时。至所修房屋，均系土墙土盖墁泥。如有人居，随时自行修理，不致倒坏，倘无人居，一经夏雨，必致坍塌，乡民房屋，无不如是。兹奉电示退伍之期，不能恰值实边之期。每次送若干人，不能预计等因。遵经详筹，二月间既不能齐，迟至四月初一以前必须送到，一误期则窒碍甚多。四月以后如不送来，则所修房屋无人居住，夏雨冲刷，势必坍塌，未免巨款虚糜。如仍送来，则耕种之期已过，须俟来年春季，方能有事。其间将及一年，群居无事，难免滋事逃亡，而生计毫无，实难另筹巨款，以资养赡。此限于天时地宜之无可如何者。至每次应送若干，既难预计，则自二月至四月初一以前，随时陆续可送，以一千名为率，自可无须拘定数目，舍此似别无两全之计也。应请饬令三镇知照。等情到，本大臣据此。查该道所拟屯垦办法，不仅专为实边，亦系为各目兵广筹生计，深恐该目兵等不能详悉情形，致有误会观望之处，特将此项屯垦章程抄交各该镇、协，转饬各标、营、队官长，切实宣布，俾目兵一体周知。本年冬季退伍兵内如有愿行实边者，仰即转知各该目兵，自行开具名条，呈由各该镇、协核其数目汇单具报。尽十月初一日以前送到，以便核办。除批呈折均悉，所拟屯垦办法均尚妥善。应即照准。惟拟拨退伍兵一节，候将此项屯垦章程抄折，饬各该镇、协切实宣布，俟本年第二次退伍兵内有愿行实边者，由各该镇、协核其数目，开单具报，再行电饬查照办理。除分饬兵备处、粮饷局暨各镇、协一体知照外，仰即遵照缴印发并分行外，合行粘抄札饬，札到该处，即便查照。

倪嗣冲原拟屯垦办法及变通章程

计开：

第一年第一次拨退伍兵一千名，每名给资本洋一百元，共十万元。七钱合算，计银七万两。建住房一千所，每所估银五十两，共计银五万两。购火犁三架，每架估银二万两，共计银六万两。管驾火犁薪工木柴一切经费，约计银三万两。

以上共需银二十万两。当年秋后，每兵每地一亩，缴洋一元。第一次屯兵一千人，共计收缴回租费洋十万元，以七钱合算，计银七万两。存备第二年动用。

第二年第二次，拨退伍兵一千名，共给资本洋十万元。计合银七万两。建住房一千所。计银五万两。薪工木柴经费约计银三万两。

以上共需银十五万两。除动用第一年缴回租费银七万两，实需银八万两。当年秋后，收回第二次屯兵一千人缴租费十万元。仍接收第一次屯兵续交第二年租费每亩一元五角，共洋十五万元。以七钱合算，二共银十七万五千两。存备第三年动用。

第三年第三次拨退伍兵二千名。共给资本洋二十万元，计银十四万两。建住房二千所，计银十万两。添购火犁一架，计银二万两。薪工木柴经费约需银四万两。

以上共需银三十万两。除动用第二年缴回租费十七万五千两，实需银十二万五千两。当年秋后收回第三次屯兵二千人缴租费二十万元，接收第二次屯兵续交第二年租费十五万元。第一次屯兵续交第三年租费每亩二元，共洋二十万元。以七钱合算，三共合银三十八万五千两。存备第四年动用。

第四年第四次拨退伍兵三千名。共给资本洋三十万元，计银二十一万两。建住房三千所，计银十五万两。添购火犁二架，计银四万两，薪工木柴经费约需银六万两。

以上共需银四十六万两。除动用第三年租费银三十八万五千两，实需银八万五千两。当年秋后收回第四次屯兵三千人，缴租费三十万元，接收第三次屯兵续交第二年租费三十万元，第二次屯兵续交第三年租费二十万元，第一次屯兵续交第四年租费二十万元。七钱合算，共银七十万两，存备第五年动用。

第五年第五次拨退伍兵三千名，共给资本洋三十万元，计银二十一万两。建住房三千所，计银十五万两。薪工木柴经费约需银六万两。

以上共需银四十二万两，即由第四年租费银七十万两项下动用。当年秋后收回第五次屯兵三千人缴租费三十万元，接收第四次屯兵续交第二年租费四十五万元，第三次屯兵续交第三年租费四十万元，第二次屯兵续交第四年租费二十万元。七钱合算，四共合银九十四万五千两。第一次屯兵于是年停交租费，地即归其管业，以后按年自交大租。五次移拨共及万人之数。

第六年收回第五次屯兵续交第二年租费四十五万元，第四次屯兵续交第三年租费六十万元，第三次屯兵续交第四年租费四十万元。七钱合算，三共合银一百零一万五千两。第二次屯兵于是年停交租费，地即归其管业，以后按年自交大租。

第七年收回第五次屯兵续交第三年租费六十万元，第四次屯兵续交第四年租费六十万元。七钱合算，二共银八十四万两。第三次屯兵于是年停交租费，地即归其管业，以后按年自交大租。

第八年收回第五次屯兵续交第四年租费六十万元。七钱合算，计银四十二万两。第五次屯兵于是年停交租费，地即归其管业，以后按年自交大租。

以上系原定逐年办法也。本年正月先订购火犁两架，在奉领过一万两，三月在江领银一万两，官帖铜元合银四万两。因火犁只能开大段，小片之地不甚适用，遂以原定第一年尚应购火犁一架之款及附属之柴薪、工役等费，改购大小马犁、马匹，招用土夫，一面指拨札赉特地段。惟拨款已晚，而蒙旗先以议留生计，继以原奏无兵屯办法，藉口阻挠，及议定开犁，购备料件，包修房屋已四月下旬，为时过晚。因改为头年开地修房，次年退兵到地，即令耕种熟地。此照原定略为变通情形也。又以新马均不服习，参用耕牛。火犁过期不到，添购马犁。现在躬赴该处察看，计有大小马犁五十九架，马二百四十一匹，牛五十二头，土夫二百二十名，员司十四人，已开之地二千晌，已成之房二百所。房屋原订八月修齐一千所，不意五六两月大雨连绵，阻碍工作，雨势稍小，地尚可开，而房屋之上盖未修者，土墙经雨冲塌，做成土坯为雨浸化，江水漫溢，木料又被冲失。此限于天时之出于意外者。现在火犁尚未到齐，俟其运齐装好，开驶赴荒，地已将冻，工作无几。已严饬在事人等，专以马犁认真开辟。至前领之官帖铜元，系照空价合算，如以实价换银，只有八折光景矣。至此次署司因赴荒沿途察看，省城附近百里内外，土质多沙，不宜种植。民间粮食，均购自东荒及各处者。多因粮价之昂，故一切日用人工，无物不贵，以致官商民交受其困。现在屯垦之地距省不及二百里，车运甚便，诚能持以坚忍，不急急于近功速利，三数年后，出粮日多，其价自贱。粮贱则各物随之俱贱，不特有益于民，而一切新政亦易兴举。详加察看屯垦之地，土脉固美，而新开三年以内不宜于麦，只能种糜子、谷子。三年后，土性融和，种麦方能盛长，固由土质使然。第糜子、谷子价贱于麦远甚。江省天寒，农民不愿前来，故农业讫难发达。该退伍兵虽自愿来此，终岁勤动，如无余利可获，恐致逃亡。原定租费每亩缴洋六元五毛，分四年交清，地归管业，系按种麦计算。今既新开之三年以内只能种植糜子、谷子，其所得已微，租费自不能照原议办理，自应酌改为每亩分四年缴洋四元五毛。第一、二两年均缴五毛，第三、四两年均缴一元五毛。使有余利可获，俾有所系恋。万顷之地，虽须五年开齐，苟于三年内办理毋阻，则此后自易为力矣。谨照旧章略事变通，分年预计款项，另录如左。

计开：

第一年，开地一千顷，建房一千所，购办火犁、马犁、牛马、土夫，仍照原议需银十四万两。

第二年，第一次退兵一千名，拨第一年所开熟地一千顷。每名给资本洋一百元，共十万元。六钱二分合银六万二千两。是年开地一千顷，建房一千所，需银五万两。薪工木柴等费，约银三万两，共十四万二千两。

当年秋后，收回第一次屯兵所交租费，每亩洋五毛计，一千顷共洋五万元，合银三万一千两。除动用外，尚需银十一万一千两。原定每洋一元，按七钱核算，现在小洋系值六钱二分，兹故改为按六钱二分，以下均照此核算。

第三年，第二次退兵一千名，拨第二年所开熟地一千顷。每名给资本洋一百元，共十万元。六钱二分合银六万二千两。是年开地二千顷，建房二千所，需银十万两。添火犁一架，需银二万两。薪工木柴经费约需银四万两，共二十二万二千两。当年秋后，收回第一次屯兵所交第二年租费，每亩五毛，一千顷计五万元，合银三万一千两。共六万二千两。除动用租费外，尚需银十六万两。

第四年，第三次退兵二千名，拨第三年所开熟地二千顷。每名给资本洋一百元，二千名计二十万元。六钱二分合银十二万四千两。是年开地三千顷，建房三千所，合银十五万两。添火犁两架，需银四万两。薪工木柴经费等约需银六万两，共三十七万四千两。

当年秋后，收回第一次屯兵所交第三年租费，每亩洋一元五毛，一千顷十五万元。六钱二分合银九万三千两。第二次屯兵所交第二年租费，每亩洋五毛，一千顷计洋五万元。六钱二分合银三万一千两。第三次屯兵所交第一年租费，每亩洋五毛，二千顷十万元。六钱二分合银六万二千两。共十八万六千两。除动用外，尚需银十八万八千两。

第五年，第四次退兵三千名，拨第四年所开熟地三千顷，每名给资本洋一百元，共三十万元。六钱二分，合银十八万六千两。是年开地三千顷，建房三千所，需银十五万两，薪工木柴等费约需银六万两，共银三十九万六千两。

当年秋后，收回第一次屯兵所交第四年租费，每亩洋一元五毛，一千顷十五万元，合银九万三千两。第二次屯兵所交第三年租费，每亩洋一元五毛，一千顷十五万元，合银九万三千两。第三次退兵所交第二年租费，每亩洋五毛，二千顷十万元。六钱二分合银六万二千两。第四次屯兵所交第一年租费，每亩洋五毛，三千顷计十五万元，合银九万三千两。共三十四万一千两，除动用外，尚需银五万五千两。

第六年，第五次退兵三千名，拨第五年所开熟地三千顷，每名给资本洋一百元，共三十万元。六钱二分合银十八万六千两。

是年，第一次屯兵租费交完，地归管业，应交大租。当年秋后，收回第二次屯兵所交第四年租费，每亩洋一元五毛，一千顷计十五万元。六钱二分合银九万三千两。第三次屯兵所交第三年租费，每亩洋一元五毛，二千顷三十万元，合银十八万六千两。第四次屯兵所交第二年租费，每亩洋五毛，三千顷计十五万元，合银九万三千两。第五次屯兵所交第一年租费，每亩洋五毛，三千顷计十五万元，合银九万三千两，共银四十六万五千两，除动用外，尚可余银二十七万九千两。

第七年开地万顷，退兵万人已齐。

是年，第二次屯兵租费已完，毋庸再交。

是年秋后，收回第三次屯兵所交第四年租费，每亩洋一元五毛，二千顷三十万元，合银十八万六千两。第四次屯兵所交第三年租费，每亩洋一元五毛，三千顷计四十五万元，合银二十七万九千两。第五次屯兵所交第二年租费，每亩洋五毛，三千顷计十五万元，合银九万三千两。共银五十五万八千两。连第六年所余共八十三万七千两。

第八年第三次屯兵租费已完，毋庸再交。收回第四次屯兵所交第四年租费，每亩洋一元五毛，三千顷计四十五万元。合银二十七万九千两。第五次屯兵所交第三年租费，每亩洋一元五毛，三千顷计洋四十五万元，合银二十七万九千两，共五十五万八千两。连第六、七两年共余银一百三十九万五千两。

第九年第四次屯兵租费已完，毋庸再交。收回第五次屯兵第四年所交租费，每亩洋一元五毛，三千顷计洋四十五万元，合银二十七万九千两。连第六、第七、第八三年共余银一百六十七万四千两。

统计九年实需银六十万两，第五年起即可毋庸拨款，以收回之租费支用，有盈无绌，至第九年而共可余银一百六十余万两。以后即交大租，房地均归各兵执业。

附第一协呈请挑派官长带兵赴江屯垦文

窃奉宪台札发署黑龙江民政使司倪道嗣冲禀定退伍目兵屯垦章程，业经传饬各标、营、队，切实宣布，并将卑协愿行实边目兵一百九十八名，具单呈报宪鉴在案。伏查原定章程，退伍兵到江后，每名授地一顷，授宅一所，五年之间，可以招足万人开地万顷。既为目兵裕生计，又为江省备边防，其办法固极美善。然以桓桓赳赳之众，一旦脱离军队，置诸荒烟蔓草之乡，逐年增多，任听分处，不有官长以率属之，诚恐散漫无稽，易滋流弊。统领谨就管见所及，为我宪台分晰陈之。查札赉特旗地方，初分垦区，乍辟草莱，恳务功效之迟速，全视人之勤惰为殿最。惟退伍兵得领地亩，而后倘或无人董劝，非畏难思返，即耽于晏安，势必旷时失业，农务废弛，其弊一也。人数既多，贤愚不等，驯良者固不惮躬稼之劳，以谋生聚，黠悍者恐艳于劫取之利，流为匪徒。无官防闲，定多纷扰，其弊二也。兵丁屯垦，既离官长之范围，各安农家之生业，及至家渐饶富，地渐丰腴，或遇盗贼蜂起，或有异族垂涎，若不预为之计，一旦仓猝有事，以久于耕云锄雨之人，起而充执锐披坚之役，第恐同袍有志，司令无官，督率乏员，众心涣散，其弊三也。况江省地界强邻，外人之谋我者，鹰瞵虎视，奸险叵测，时或诱以货利，给以权术，人之多欲，易受牢笼，非有屯垦官以节制之，其流弊更有不可胜言者。若仅恃垦局员司，或新设州县，统驭抚绥，遇有边警，亦恐不能如臂使指，立收寓兵于农之效。统领思维至再，拟请即于各镇、协下级官中，凡已届陆军退休年岁者，一并准其屯垦，应给地亩房宅资本等项，按照目兵章程，酌加十倍，俾可招佃垦种，以资养赡。将来屯垦兵赴江时，即令该官长带领前往，以便沿途照料。到江后，即以此项官长派充屯垦官，无事则督课农功，有事则督饬守望。且于秋成之后，各就垦区选择适中地点，酌定时限，调集所属各兵演练操法，隐合古时农隙讲武，有备无患之遗意。既可为退休之官筹出路，又为退伍兵设防闲，庶于垦务、边防两有裨益。至屯垦官兵如何编制定章，如何划分管区，如何定期调操及一切详细办法，应请仍由江省民政司察酌情形，妥定章程，另案办理。抑统领犹有请者，此次屯垦，系属创办，无论赴垦之官长目兵，均请格外优待，俾下届退伍时有闻风向往之忱，无观望不前之弊。如蒙俯允，并乞饬下兵备处、江省民政司暨各镇、协一体查照办理，实为公便。再卑协于本届退伍兵内，现经续查有情愿屯垦目兵二十九名，连前挑之一百九十八名，共合二百二十七名，拟请于明年二月退伍时，一并候饬前往江省，合并陈明。

纪调查及侦探

相其阴阳，观其流泉，公刘之制军也。知彼知己，百战百胜，孙武之克敌也。故临战之时，必募乡导以探地，利用间谍以伺敌情。东三省介居两大，纵无战事，而时时须有如临大敌之心。矧新军初立，一凡土地广袤，村镇综错，水泉美恶，土地肥硗，户口之盈虚丰匮，物产之品类价值，以及粮草之所出，畜牧之所聚，车辆骡马所在之多寡，举于行军有关系者，必考查明确、了如指掌，有所依据，始便布置。而外人军队之来去增减，屯驻之地，设施之事，尤必侦察得实，以为预备。所以既檄三省民政司查察地方情形，预备军事实施，而督练处暨两混成协，复有调查、侦探各员也。调查之事不厌琐屑，侦探之事必从秘密。计两年以来，督练处分派科员刘传经、冯家宝、陈宝兴、田庆澜、吴佩孚、王昺坤、赵国源等，改装易服，四出环行。北出外蒙古，东渡图们江至朝鲜之会宁，西南及于海，往复查探。其中若满洲里、伯利、海兰泡、兴凯湖、完达山、内外蒙古等处，或出入敌军，幸脱纠查，或裹粮空山，穷于食宿，备极艰瘁。随时报告之文，由督练处密存备考。其第一协之辽西调查记，第二协之辽东形势风土报告书均附于后。

附札三省民政司调查地方道里水草牧畜等项，以备军事实施文

照得东三省陆军一镇、两协，均系遵照部章编练。所有秋季操演，野外勤务、计画输运、备办粮需，以及征兵屯田、调遣驻扎各项事宜，在在均关紧要，亟宜平时经画，加意研求，庶可筹备实施，指挥若定。惟东三省幅员辽廓，调查匪易，是必各府、

厅、州、县，各按所属，先行考查。凡境域之界址，村镇之错综，户口之盈虚，井泉之设置，地脉之肥瘠，物产之价值，以至粮草、牧畜、车辎等类，考求既详，集事自易。查民政司有实地调查之责，合将参谋处拟呈表式，札发该司遵照，转饬所属各府、厅、州、县，限三个月内，按表逐细填清汇送到处，以备考查。至所查出产、粮草、牲畜、车辆等类，系为备兵食、利转输起见，并非于民间有所诛求。该司即将此意通饬各属，宣告商民，务得确数，不必多滋疑虑。事关戎政，勿稍迟延，此札。

附第一混成协派员调查辽西地势记

辽西，古战地也。西屏榆关，东控奉、吉，北连蒙服，南极于海。其间山川迴复，土地沃衍。日人由金、复内窥之势，已积渐进逼而至于北。审择要隘，屯驻劲旅，以壮边卫。区画地势，约分五路：曰新民府，曰营口，曰法库门，曰锦州府，曰山海关。新民地最平夷，居奉、锦之中，中日铁道交通关键皆在于此。此处不设重兵，不独锦州势单，营口无策应，法库无屏蔽，即奉天、辽阳、铁岭亦少后援。故五路之中，应以此为中权，尤为转运输送之要地。提纲挈领，斯为首著。营口海疆巨埠，与田庄台中隔一水，逼近南满铁路，水陆四冲，以海道言之，亦属北洋门户。惟营口背河，利于攻而不利于守。田庄台面河，又利于守而不利于攻。必两处分驻军队，使之辅车相依，与新民、锦州成犄角之势。南路筹防，此为重镇，而海军之组链，亦未可视为后图也。法库乃山海关以东第一边门，距辽河六十里之遥，万山环抱，天然锁钥。敌若由此进兵，则沿边东西绕击奉、铁，旁抄新、锦，足以震荡全局。即使按兵不动，亦可牵制新、锦之军，使不能以全力协助于东。此处驻兵，实辽东、辽西皆资警备。惟由新而法，道路纡折，铁道之筑，势不可缓。锦州府为入关之咽喉，东以紫荆山、九陵河、石山站、老爷岭为门户，西以松山、杏山、连山、红螺山、高桥镇为屏障，皆属著名险要，为古来百战之场。布置苟能完密，敌骑万难飞入，是为辽西战备之根据地。固锦州，即所以固榆关也。山海关处奉、直之交，关以内重山叠嶂，天险森森，关以外豁然平旷，万马可驰，其势之雄，望而色壮。虽有直隶重兵，巩固长城，而奉省辖地，至此而止，必互相协助，始可以卫神京而资控驭。建邦树屏，是之谓乎。综此五路分布军队之数，约略言之，锦州、新民、法库门三处各须一协，营口、田庄台分扎一镇，山海关一协。少有不足，便虞单弱，建威销萌，古之明训。总使铁路经行之处，皆在兵力扼制之中。经之营之，或先其所急，渐图完备，亦固其宜。至所经过郡县，山川、风土、人情、物产，别载日记，兹不覼缕云。

附第二混成协教练官黄业复调查辽东郡县形势风土报告书

光绪三十四年九月□日，教练官奉委周历辽东郡县，审察形势，采问风土物产，将以为实行军事之预备。遵于是月二十二日，偕督练官王象贤，率同排长顾连彰、王永福等，由沈阳起程，经辽阳、海、盖而至金、复、岫岩。十月二十五日，自岫岩循凤凰、九连等城迆逦而北，经怀仁、通化而抵海龙府属。十二月初三日，自西丰县西南行，初九日回营。计所至各处，东北郡县半系围场禁地，开辟甫三十年，山岭丛沓，盗匪易于潜匿，而西南之金州、旅大为日人所租借，海疆门户已失。彼且由朝鲜修建铁道，直达马连洞，进窥我东南各路。若虎山、长甸、河口、混江口、辑安县等处，均与朝鲜之义州、楚江府接壤，彼洵无处不可进兵。正东临江一带，虽与朝鲜渭源府相通，而山路崎岖，车辆辎重均不易行。冲要虽并于东南，因险设防，控制尚易。所有审察地势及调查一切情形，谨分晰条列加左：

辽阳州

辽阳州居奉天省之中央，西临辽河，太子河在其东北，首山在其南，西接新民府，东南经汤河，沿摩天岭、凤凰城以达安东九连城，西南经首山堡、金家台、牛庄以达营口，又西南经首山堡、鞍山站、汤岗子以达海城。正南经龙凤岭、调军台至汤岗子与西道合，车辆均可通行。惟东南道较迂远，不若西道直捷而据险要。从古军事必争之地，实奉省南部第一门户。

州城长方形，东西长六里，南北宽五里，雉堞高三丈余，四方设六门，护城河绕之，宽约十密达。城内外居民七千余户。东西两门，商铺繁盛，约二千余家。南北两门，稍为萧索，四隅隙地，多菜圃果园。城内巡警二百余名，归州官节制。又有奉军前路步队一营、马队一营分扎于城乡内外。城之西南北三面，地势旷衍，可容军队一协至一镇之数。本地谷产丰富，且有水旱两稻，征买一切军用食品，足以敷用，价值甚廉。井泉亦美。

城西为日本铁道，停车场在焉，附近庐舍皆其居留民，约五百余户。其散居城内外，设肆经商及开设赌馆、妓馆者，约一百三十余户。城内另有俄国游民二十人。城西关有日本学堂一所，习华文、华语。又有军队，自中将以下将校三十余员，宪兵三十名，步兵七百名，工兵六百名。又铁道守备队一百名，分扎各站。另有警察兵三十名。

太子河

太子河由城东南绕经城北，相距里余，西流而合于浑河。河宽约六百密达，平时水面百余密达。河底沙石，中流不能徒涉。河线分三脉，夏秋水溢时，则三脉合而为一。舟楫输运尚称利便，沿太子河以东，两岸皆山，颇具形势。

首山

首山距辽阳州城十五里，当海、盖要冲，行旅甚多。附近各山，以此山为最高，岩石峭立，坡度甚陡，约高七八百密达。惟东北凹部坡度稍大，俄人修有盘道。山顶如椭圆形，面积能容千人。东北山腹有庙宇，并松树多株。极顶旧有烽燧台，登其巅，视辽阳城及城外之高塔，均若近在咫尺。其东南隅向阳寺山与首山并峙，坡度较首山稍大，炮车能以上下。日俄之役，山顶均挖有战濠，遗迹犹存。首山之西，俱系平原，若由此加筑沟垒以达太子河左岸，堪称完全之防御地。

鞍山站附沙河镇、汤岗子

鞍山站，当海、盖、旅大之要冲，火车必经之路。有砖城一座，南北设二门。旧置驿丞于此，现甫裁撤。民居房舍，大半毁于兵燹。其山东西对峙，中间相距二里许，遥望如马鞍，故以为名。高约千余密达，北部坡度甚陡，南部由山腹生出数高阜，并有一河环绕，其前射界广大。若凭高阜为垒，就水挖筑战濠，亦可以为防御之地。但鞍山以东十四五里外，群山相连，如由汤岗子经调军台、龙凤岭，可以绕出鞍山侧背，以达辽阳。战时须计画及之。

沙河镇为由辽阳至鞍山站六十里中之大驿，居民六百余户。西北有日本铁道停车场。南临沙河右岸，河身沙底，宽约七八十密达，支流颇多。夏季水大，不能徒涉。

汤岗在鞍山南十五里，居民三四十户。西南土岗绵亘，高约二百余密达。东南二里许，有日本铁道停车场，驻守备队三十名。附近温泉一所，亦为日人所据。游客之浴于斯者，每人索小银元一角。

海城县

海城县，东北通辽阳以至省城，西南经缺瓦寨、石桥子以达营口，又西南沿铁道经塔山堡、大石桥以达盖、金、旅大。由海城至盖平，惟此路平坦，计程一百二十里。陆路炮可以通行适用。东南经钟家台、析木城以达岫岩、凤、九，洵为四冲之地。依玉皇山筑城，西距晾甲山三里，西南距唐王山八里余，北枕欢喜山，南临海州河，即以为壕。河宽二百余密达，底多沙石。夏秋不能徒涉。日俄战争之际，日人筑有木桥可以行车，现渐腐坏。河之外旷野无垠，四山朝拱，亦占形胜。

县城周八里余，雉堞高三丈，四门。城内街衢作十字形，粪扫清洁，驻有奉军前路步队一哨。居民五千余户。西南北三门，市肆繁盛，大小商铺千有余家。东南隅有高阜，约五十密达。旧有庙宇，现改为小学堂。城南地势平坦，平时驻军，可容一镇之数。军用食品，征买亦易，价与辽阳同。井泉亦尚可用。

日本铁道停车场在城西北四里余，驻军队六百余名。附近有居留民三十余户。城内日本妓馆三家，药铺二家。无居留民。

汤池

汤池在海城正南，东北通析木城，西北通大石桥。由海城经老爷庙、草庙子、枣儿岭以达于此。皆山僻小径，平时行人甚少。日俄之役，日人由此路进攻析木城，占据缸窑岭，以附俄人之背。

大石桥

大石桥介于海、盖、营口之间，为交通之要点。街北里许，有日本铁道停车场，往来商贾络绎，居民二百户。街之东北曰盘龙山，西南曰娘娘庙山。两山对峙，相距四里许，高约一千密达，坡度颇大，如能修筑盘道，则炮车上下更易。以形势论，适可构造防御之阵地。日俄之役，山间均修有战壕，遗迹犹存。

析木城

析木城为海城东南之镇市，民居二百余家，有奉军前路马队一哨驻扎其地。东南山口经姑嫂寺、小姑山可达岫岩。正东经朱家屯、多旺峪、新闻岭、沙子冈可达凤凰城。东北山口经林同峪、孙家沟、浪子山可达辽阳。又经蟒洞峪、分水岭、响水峪、通凤界、连山关、杨家玉、石门岭可至海城。若由连山关经缸窑岭、钟家台亦可至海城。西南经刘官屯、老大屯、汤池可达盖平。群山环绕，河流纷歧。居民多种水稻，沿山麓高地亦间有种粱豆者。南山相距约二里许，余山均在十里之外，歧路甚多。攻者易于乘虚绕越。守者最分兵力，纵多设监视队亦难周密。以形势论，系军事上交通输运之地，可设支援，故亦称要区。

盖平县

盖平县在海城之西南，由析木城至此沿山柞树极繁盛，山丝之利甚大。沿涂冈峦起伏，山石崎岖，低洼之处，泥潦没辙。县南里许，即盖州河，河通海口，宽百余密达。夏秋之际，便于舟楫，冬季人马均可徒涉。西面距海二十余里，东北距山五六里，南距山十余里，无险可扼，然为金州、旅大之要冲。冈阜凸凹之处，亦可因势而利用也。其交通道路，北则大石桥，西则龙王庙，可达西河海口。东则赶马河、七盘岭、蓝古沟，可达岫岩。西南则两林堡、沙冈台至熊岳城分路。西南经西洋台以达复州，正南沿铁道经普蓝甸[1]以至金州、旅大。

县城长方形，周围约八里有奇，墙堞年久失修，间有倾圮之处。西南东三面，各设一门，无北门。街市整齐，与海城相埒，大小商铺七百余家，城内外居民二千余户。巡警九十余名，并扎奉军前路步队一营。城北附近之处地尚开阔，平时驻军可容一协之数。军用食品，采买便易。井泉亦适用。

城北五里许，有日本铁道停车场，无军队。城内有该国人所设药铺二家，妓馆四五家。

复州附熊岳城、复州河、普蓝甸

复州在盖平之西南，四面山均不高，相距约三五里不等。东南山阜上有南塔寺，可以眺海，为一州之佳景。北通盖平，西经柴火沟以达盐场、娘娘庙海口。西南经二十里堡以达普蓝甸。东经刘家崴子以至得利寺。地非冲要，繁富逊于盖平，山丝亦少，种植则稻粱皆备。城西一带，乡民多烧石灰为业。

州城长方，女墙[2]高三丈，周八里余。东南北各设一门，无西门。城内街市作丁字形。居民二千余户。扎有奉军步队一营。

熊岳城为由盖至复中途之巨镇。城周三里余，设南北二门。居民约四百家。城内有防御署。城南临熊岳河，宽百余密达，可以徒涉。地近海口，多鱼虾。东北二里许，有铁道停车场。

复州河距城十余里，西流达于娘娘宫。海口宽百余密达，底尽沙石。夏秋可通舟楫。普蓝甸在复州东南，四山环拱，近逼海岸，为盖、复扼要之门户。北经得利寺、熊岳城以达盖平，西北经马圈子以达复州。西临河湾三里，北距北山二里，南经石河驿以达金州。东经高家店、杨树底以达貔子窝。东南有小径，经孙家沟、小崔家屯以达小崖六十里。口岸虽不著名，而轮船可以进泊。日俄之役，日人即由此登岸，取道小径，掩击普蓝甸，占据王家屯小山，俯击俄之停车场，遂占其地，分兵以逼金、盖。其西海沟及北山一带尤据形势，洵战守皆宜之地也。甸距铁道停车场三里，东隅有古城址，日本设民政支署，并有守卫队五十余名。停车场附近并辟街市，盖其租借地也。另有华人集股建筑市房二百余间。中、东市肆，杂列其中。

---

〔1〕 普蓝甸，即普兰甸，位于中国辽东半岛南端，现为辽宁省普兰店市。

〔2〕 女墙，是指建在城墙顶部外沿上的薄型挡墙。

金州附十三里台山、石河驿、三十里堡、大连湾、青泥洼

金州万山环抱，东至貔子窝，北通辽阳，西逼大窑口，南临海湾，为旅大之咽喉。南部地势最狭，形如蜂腰。南山，俄人呼为扇子山，坡度甚大。日俄之役，俄人修有盘道，各山均能交通。极顶筑战壕，遗迹犹存。山之东麓为赴旅顺要道，西麓为赴大连湾、青泥洼要道，此外别无他径，形势险峻，可与青泥洼、大连湾互为犄角。如据此山，四面均可射击，洵可谓完全防御之阵地。其西南海湾，兵舰虽能乘潮对山射击，然仰攻不能得力。日本兵舰于此攻俄不利，旋乘潮落，涉海登西山，直捣南山侧背始败俄。形势之所在，不可或忽也。

州城方形，周十二里，女墙高三丈，四方各设一门，街市作十字形。居民三千余户，商铺旅店五六百家。内有日本旅馆、妓馆十余家。物产粱豆之外，海货为多。

日本人在东门设民政总署，有警兵百余名，于往来行人稽查极严。其兵雇用，华人居多数。南门外三里余，有其铁道停车场，并筑有马路，直通城内。

由普蓝甸至金州，计程九十里。沿途村落之大者，以石河驿、三十里堡为最。每五里、十里，昔时均有烽燧台，现皆倾坏。三十里堡以南，山径窄狭，乱石纵横，车马颇嫌不便。至十三里台山正当要冲，于此设防，深合形势。

大连湾在金州城南二十余里，其地群山相连而伸入于海湾。有大黑山俯临大海，与东南列岛斜对，中有水道约二海里，轮船由此入港，颇称险要。椗泊船只，亦最适宜。昔时铭军驻此，曾在大黑山修筑炮台三座，遗迹尚存。湾之北有街市一区，约大小商铺旅店三百余家，内日本人居三分之一。

青泥洼在金州西南五十余里，北临海湾，与大连斜对，南枕山阜。街东筑有码头，商船可以停泊起运货物，亦称利便。此埠系日人所开，故其经营组织不遗余力。街基阔大，卢[庐]舍栉比，洵贸易繁盛最良之港。日人又于此处修筑铁道，直达内地，金州商业因之减色。

金州、庄河沿海岛屿

金州三面临海，大小十七岛以广鹿岛、长山岛为最大，居民各三四百户。内有田原，可以耕种。其余小岛，由数家至三五十家不等，大都捕鱼、弄船为业。现日本均设有岛司治理。此外尚有十岛，曰石城岛、王家岛、獐岛、鹿岛，属庄河厅，又有名里岛者六处，归何处管辖未及细考，曰大小搭连岛、大小亳岛、乌米岛、海洋岛，均互相毗连。由烟台至鸭绿江口，或由旅顺至鸭绿江口，均为适中之地。其中以海洋岛为最佳，四面俱山，高约七八百密达。南面有一港口，为半圆形，宽约半里，船只可以驶入避

风。港内水面南北宽约一里半，东西长四里余，最深处二十丈，最浅处约八丈，均系沙帮沙底，勿论风自何方来，均无风涛之险。且港内泉水小溪适于饮用，最利海军。港口有小市，因商船萃集而成者也。

貔子窝附毕利河

貔子窝为金州东北港口。冈阜起伏，设有战事，均可利用。港口面东南，潮满时海水直入街市，潮落，船只不能深入。港之前面，岛屿罗列，曰马鞍岛，相距二海里。曰长山列岛，相距六海里。曰光禄岛，相距十二海里。来往船只，泊于长山列岛者居多。日本于各岛均设有岛司治理之。街市沿海，东西长三里许，西北接连山椒，约计大小商铺旅店千有余家。货物辐辏，鱼类尤富。其交通道路，则西达普蓝甸，南通金州，东北至庄河厅。

街北冈阜上，日人设有民政支署，并警兵六十名、守卫队二百名。

毕利河为金州、庄河分界之处。河宽二百余密达，底系细沙。夏秋便于舟楫，冬季可以徒涉，左岸俱是河淤细沙。由此往东，冈阜绵亘，柞树甚多，居民半事养蚕。地土虽稍逊于辽海，然民勤耕种，尚不匮乏。

庄河厅附关家山

庄河厅在貔子窝之东北，由貔子窝至此，计程一百八十里。其西北经伊家店、瓦房店可达盖平，正北经青岭子、八道岭子、新店可达岫岩，又向东偏北经大营子、新店亦通岫岩，又向东经青堆子以达大孤山。光绪三十二年新设厅治，尚无成[城]郭。街市辟于冈阜之上，居庄河右岸，亦临海泊船之小埠头也。港口沙泥淤塞，轮船不能进泊。港口岛屿对峙，及附近冈峦均属设防要地。港内居民约五百户，大小商铺、旅店一百余家，驻有奉军左路巡防队一哨。食物均不昂贵，井泉无多，商民皆汲用河水。军队过此，购买物品无虞缺乏。港外西南三十海里石城岛，居民千有余户，皆以捕鱼经商为业。设有巡检，分防其地。

关家山在水车子，系由貔子窝至庄河必经之路，距庄河十五里。其山适当路侧射击界内，树木茂密，亦天然之防御阵地也。

大孤山附青堆子、人难河

大孤山港在庄河东微偏北，居岫岩南，为奉省南部第一良港，广阔平坦。港口面东南，从海滨进接大洋河凡六海里，近多淤浅，且有沙洲，大船不能进驶，皆泊于六海里外大小鹿岛之间，小船通行无阻。如敌人由此港登岸，须于大洋河备船筏以御之。其山双峰突兀，岩骨尽露，上有天后宫、圣水宫二庙。街市在其南麓。四面坡度极陡，步兵不易攀登，惟就天后宫山腹及魁星楼高阜可以修筑对海面防御之阵地。但交通不便，须于山麓修筑隧道，以通山之侧背而资运用。西面连属之小山，坡度甚大，炮车可以上下，适当赴庄河大路之侧，亦设防要地。港民约二千余户，商铺旅店千有余家，土人皆以耕植渔猎为业。港之东北隅黄土坎产煤，火苗颇旺，价值亦廉。港内有巡检署，驻奉军左路左营三哨。其交通路，西南经青堆子达庄河，东经于家屯至大东沟。并由于家屯过双庙子、高丽门、王家店、沙里寨至凤凰城，西北经土城子达岫岩州，沿途河道均可徒涉。

青堆子、人难河，皆由庄河至大孤山中途港河也。沿途河道虽多，惟人难河宽百余密达，底系大乱石，水流甚急，徒涉为难。青堆子亦海岸泊船之小埠头也。商业户口均埒于庄河。河口水极深，底系软泥，须绕由上流石嘴子始能利涉，战时留意。

罗圈背岭附土城子

罗圈背岭在岫岩州东南八十五里，距大孤山三十五里。由岫岩赴大孤山、大东沟必经之道，赴安东县亦有由此道行者。其岭北枕大山，中系穿径，东西延长，突出数高阜。极东高阜正当大孤山赴凤凰城要道，西南高阜适当大孤山赴岫岩州道路。侧方射击界内，形势与鞍山相仿，堪称适于西南完全防御之阵地。惟岭西南距小冈阜六里余之地，设有战事，敌必据此为抵御进攻之点，此其弊也。岭后山口，修有盘道以通岫岩，形似罗圈，故名。

岭东土城子地方井泉甚好，柴草丰足。

岫岩州附小洋河、老岭

岫岩州在大孤山之北微偏西，相距一百二十里。全境冈阜绵亘，鲜有平原，胡匪易于潜匿。山谷遍种柞树，业蚕者居多。南门外地稍开阔，适于耕种，稻粱俱备。其形势交通，东经沙里寨以达凤凰城，东南经罗圈背岭以通大孤山、大东沟，东北至黄花甸分道，东通凤凰城，西达析木城。西北经瓦房店亦通析木城，并通大石桥。正西经虮蜡庙、白洋沟通盖平，西南经辛店通庄河。亦系四达之地，于战术上便于输运，但歧路太多，守者兵力易分，监视难周。

州城方形，女墙高三丈，周四里，仅东南二门。城内除州署及城守尉衙门之外，民居二三十家，皆贫窭。商业多在城外，大小商铺旅店约五百家。居民千余户。驻有奉军左路步队一哨。食品草料就地均可购买，河水亦可汲用。

由罗圈背岭至岫岩，计程八十余里，沿途岩石峭立。至小洋河一带，地势尤窄。老岭坡度最陡，车行艰险，行旅往来多有绕何家堡、管家堡至岫岩者，较由老岭远二十余里。且罗圈背岭经岫岩至凤皇[凰]城一路，陆军炮及马队均不适用。饮食烧柴之外，一切物品就地均不敷足，麸草尤缺。

凤凰城附四大岭

凤凰城在岫岩州之东，群山环绕。东南经汤山城以达安东九连城。正西经哨子河以达岫岩。西北至四方台分道，北经连山关、摩天岭以达辽阳。西北经析木城以达海、盖。东北至顾家堡，有丁字形岔路，北通赛马集以达碱厂，东北沿边墙外经石家堡通宽甸。四方交通，洵为战时枢要地点。附近应以城东蒿子沟、丁香山及西南时家崴子、二龙山为扼要之路，堪以构造防御之阵地。但丁香山西面坡度极陡，步兵不易攀登。东南二面山腹之下，坡度尚大，如修盘道，炮车可行。山腹之上，坡度太陡，艰于登陟。北面与长山相连，炮车易上，惟山顶面积太窄，不易安置，须加以工筑。山东面相距三百密达，有草河横阻，南流而合于叆河，宽百密达，底系沙石，平时可以徒涉，如于下游筑坝，能积水数丈，为天然之壕堑，最为利用。至西南二龙山坡度亦陡，亦须修盘道以行炮车。山顶面积尚大，与凤凰山西麓高阜均为设防要点。

城筑于凤凰山之北，相距约五六里。城周三里，女墙高二丈余，设东南二门。内有凤凰厅同知及城守尉署，又东边道旧署各一所，营房一座，民居十余家。市肆皆在南关，大小商铺旅店约五六百家。居民千有余户，驻有奉军左路步队一营。

城内营房为日本人所据，驻守备队二百名。西南三里许，有其小铁道停车场，并居留民及妓馆、赌馆二十余家。

四大岭者，曰大虎岭、二虎岭、三虎岭、四虎岭，在石家堡、牤牛河、哨子河、沙里寨之间，为由岫岩至凤凰城经行之路。四岭高度，上下由十数里至二十里不等。惟四虎岭略小，上下约十里。二、三虎岭均修有盘道，车辆可以通行，惟重载车不易上下。如此险峻之地，陆路炮及马队均不能适用，亦憾事也。

安东县、大东沟、九连城、虎山、七道沟附汤山城北山

安东县即昔之沙河镇，在凤凰城东南，鸭绿江之右岸，左岸即朝鲜界。光绪初年，新设县治。江阔一千余密达，浅水轮船可抵九连城、虎山之间。沿山富于林木，今已采伐殆尽。大东沟右岸，距江流三五里之处，冈阜重叠。由此沿江东北行，其山平峻不一，处处均与帽儿山接连，可以扼险之地甚多。九连城船坞山系由朝鲜义州赴凤凰城必经之路。叆河即从山之东麓入于鸭绿江。河岸东南为虎山，与船坞山相对，朝鲜义州山阜又与虎山南北相峙，约六七里。而近虎山西麓有岔道：一、西涉叆河，经九

连城、汤山城、凤凰城以至辽阳。一、从东北经老边墙、宽甸、怀仁通兴京、碱厂以至奉天。此二路实军略上枢要之地，故虎山与九连城、船坞山既具天然形势，又有江河洪流以为之限，门户之防，宜审择要隘，多筑炮台以固之。

县治开埠未久，商业极盛。东边道新署在焉，驻有奉军左路马步队各一哨。

街西七道沟为日本租界，东西约十二三里，南北相等。勘辟街基，修筑马路，规模阔大。其居留民约二千余人。有守备队三百余名，驻元宝山下铁路之侧。

日人由朝鲜南境修筑铁道直达马连洞，与七道沟仅隔一水，设有衅端，必以此路为输运之地点。元宝山西南巡警分局，山阜正扼其冲，可以修筑炮台，惜不能也。

由凤皇[凰]城至安东县为程一百二十里，凤凰门、汤山城，系中途之集镇。汤山城北山颇具形势，山有两岔道，东通九连城，东南至安东县，皆要隘也。

宽甸县

宽甸县在凤凰城之东微偏北，万山环绕。城北五里许，山峰耸峭，不可攀登。城南二里许，冈阜绵亘，东西约长七八里，接连大山脉，有小径可通太平哨以至朝鲜。西南直接黄椅山，上有庙，可以眺远，形势极佳。日俄之役，俄人曾据此山。坡度甚大，如修盘道，炮车可以上下。西南一带，地如波纹。二里外有蒲石河。此处地系胶黏之土，遇雨殆不可行。县之交通道路，西南经南窑以达虎山，正南经杨木冈通新甸、长甸各河口以至朝鲜，北至蚂蚁洲分道，东经坎椽沟以达怀仁，西北通赛马集绕至凤凰城。本亦军略上枢要地点，惟西南地形隐蔽，攻者易于接近耳。

县城筑以砖土，长方形，周六里。城内三分之一为街市民居，余尽隙地，多菜圃。商业尚盛，食物一切，价值亦廉。井泉河水，均尚可用。惟麸草最缺，无驻防军队。

由虎山至宽甸所经老边岭、太平川，沿途均多乱石，车马难行。香炉沟岭道路尤窄，遇有战事，必须修筑，否则，炮车不能通过也。湾蛮岭虽不甚高，而坡度太陡。其余各处，路径较为宽阔，而马队陆路炮均不适用。且除柴水之外，一切军用食品，均不易集。

怀仁县附荞牛哨、错草沟岭、坎椽沟岭、松子岭、五道岭、土门岭、三道沟

怀仁县在宽甸之东北，混江交叉支流之南，系由朝鲜至奉天要路。光绪初年，新设县治。烟筒山、哈达岭紧靠混江，天然险阻，堪以构造防御之阵地。但背临江岸，须多造桥梁以资交通。全境大山丛沓，绝少平原。西南经烟筒山、哈达岭通宽甸以达朝鲜义州。东南经二道岭、挂牌岭至横路分道，南通岔沟门，东南通辑安县，均至朝鲜。

挂牌岭甚险要，另有小道经松杉岭、刀尖岭通辑安县。刀尖岭最高、最陡，车不能行。正北经双岭至岔路分道，正北赴通化，西北通兴京。

县城周二里余，女墙高二丈。城内衙署庙宇之外，仅客店数家。居民皆在城外，约四五百户。商铺在东南两关，计六十余家。有巡警，无驻防军队。

莽牛哨在哈达山之南，系混江南流转湾之处。江心横列三大石，水流甚急，声闻数里。通化林木由此运赴安东，木筏每被撞散。

错草沟岭、坎椽沟岭、松子岭、五道岭、土门岭、三道沟，皆由宽甸至怀仁要隘。沿途峰峦峻拔，以错草沟岭、坎椽沟岭为最高，上下二十余里。松子岭、五道岭、土门岭上下均五六里，皆修有盘道。设遇战事，均可利用。惟陆路炮及马队虽能通行，亦不适用。三道沟口门形势极为险要，东面大山适当宽甸来路，东北山口通怀仁，西南山口通太平哨家甸河口，并有小道可绕至宽甸，城上有日俄战壕。沿山土脉极肥，杂树茂密，近河松林斩伐殆尽。山势所限，村落零星，行军至此，柴水当可敷用，惟麸草粮食，不易集买。

通化县附冈山岭

通化县在怀仁东北，计程二百里，混江在其东南。光绪初年，新设县治。乱山绕城，射界不广，假有战事，因事设奇，亦可利用。正西经快带帽子、三棵榆树达兴京，西南经冈山岭达怀仁，北经马鹿岭达柳河，东经臭水河至四道江分道，东北经正岔、老岭通吉林延吉厅，东北经帽儿山、临江以通朝鲜。此道山岭太大，道路险阻，鲜有人行。境内冈山、二道沟、大小庙沟均有金矿。四道江、五道江有煤铁矿，各处并多森林。其沿鸭绿江、混江流域之木，大半斩伐已尽。哈密河东北至老龙冈岭二百六七十里之内，松林尤多。岩阜老树，每有砍伐之后，听其腐烂以生菌及蘑菇。山深人少。乡民耕植，间亦招朝鲜人为佃户。

县城周二里余，女墙高三丈，衙署之外，民居甚少。东门外商业极盛，商店、居民约共千有余户，内有日本人所设药铺二家。驻有奉军左路后营一营。食品一切均不甚昂。惟由怀仁而来，经高丽墓、快带帽子等处，粮食麸草均不易集。

冈山岭在县之西南，适当大道，设防要地。

兴京厅附三棵榆树、东昌台

兴京厅居奉省之东微偏南，为朝鲜赴奉要路。老龙冈、永陵在焉。无城郭，街市辟于山麓，南北均枕山阜。街长三里余，东至通化，东南经热闹街以达怀仁。西至古城，有岔路，一、西北行经沙而浒以至奉天；二、西南行经苇子峪、碱厂亦至奉天。东北经前仓、后仓、临清、四道沟、湾甸、大言沟、嘎期火洛、土口门、北山城达海龙。又由临清经火石嘴、大网、二网，南山城亦达海龙。另由南道经石牌沟、庙岭、五凤楼、香儿岭、新合堡亦赴海龙正路。境内扼要地点，东为东昌台，西为榆树底。

街内驻奉军一哨。有日本人药铺、碗铺六家。

境内森林太盛，水泉甚恶，居民寥落，荒地空房甚多。

三棵榆树为由通化至兴京中途大驿，粮货辐辏。此路行军，应在此处征买食品。沿山松林极盛，形势亦佳。

东昌台距兴京二十五里，系赴通化、怀仁必经之路，为兴京东路门户。居民四百余户，大小商铺、旅店三十余家。村西山口适当要冲，射界广大，距前面山阜约十余里，惟偏南稍近，仅四五里，攻者易于由此接近。分水岭向北另有一道，能至兴京，直捣东昌台侧背，须多设监视队。

海龙府

海龙府为奉省东北极边之地。光绪初年，设厅治。甲午之后，升为府。西南通兴京，正南经柳河以达通化，东南经杉松冈达吉林濛江，正东经朝阳镇、辉发城达吉林延吉厅，东北经牛心顶子达磨盘山，北经康大营达吉林伊通州，西经太平沟达东平县。交通之道虽多，均非冲要。森林丛沓，村落凋零。城北二里余之九龙山，城东三里之奶子山，曾有日俄战壕。但山不甚高，射界不广，仅足护城而已，其外无险可扼。境内以山城子、朝阳镇，为两大市镇。粮价极廉，惟水泉太恶，不堪汲用。杉松冈、半截河、杨木林等处皆煤铁，交河沟一带有金矿。

府城周四里余，外有壕。城内衙署之外，民房甚少，商铺皆在东关，约大小五六百家，居民千余户。

东平县

东平县在海龙之西，旧系围场，近来甫经设治。土地膏腴，直隶、山东等处农人争趋垦荒，不数年聚集千余户之多。县境东至海龙，西通铁岭，南达山城子，亦交通辐辏之区。城南三里之日照山，城西五里之黑虾杠岭，虽不高峻，而正当要冲，射界广阔，可为防御之阵地。惟黑虾杠岭南侧，距前面之山稍近，攻者易于接近耳。境内粮食丰足，水泉恶劣，过分水岭以西少佳。县境驻有奉军左路步队一哨。

县城周六里余，女墙土筑。城内衙署之外，居民数家，余尽隙地，商铺皆在东南关。内有日本人开设药铺、小押当七八家，妓馆、赌馆十余家。

西丰县

西丰县在东平之西微偏南，其地亦系围场，与东平县同时设治。东经大梨树河达东平县。北经石人沟至大水沟分道，一通吉林省，一通公主岭。西经大青秧、威远堡门、孙家台以达铁岭。西南经清河沟至孙家台与北道合。县境冈阜绵亘，遇有战事，不乏利用之地。

县城周六里余，女墙土筑。城内衙署之外，居民百余家，隙地多菜圃，商铺皆在北关。街市繁盛，延长三里余。驻有奉军左路步队一哨。

城内外有日本人开设药铺三家，妓馆、赌馆各四家。

威远堡门

威远堡门在西丰之西，为一大市镇，居民约四百余户。街市辟于高阜之上，南连大山，形势险要，堪为防御之阵地。由此以东，系老围场旧地。西入开原界，益形宽阔，地土丰饶，多集团之村落。

开原县

开原县在西丰之西南。北至昌图，南至铁岭，东南经石人沟达山城子，西经英城子达法库门，东经威远堡门达西丰。虽为四达要冲，而地势平坦，无险可扼。西南隅地尤空旷，城南里许，即清河，水西流汇辽河入于海。

县城周八里，女墙高三丈，四方各设一门。城内有十字街市，约大小商铺七八百家，居民二千余户。

城内有日本人开设之药铺二家、妓馆三家，宪兵十余名。

铁岭县附懿路北山、寒坡岭、蒲河南山

铁岭县在开原之西南，居奉省东北。北经开原以达昌图，东北经西丰以达海龙，正东经土台以达兴京，西北通法库门，南至奉天，实为要冲。东南三清观山，适可用为防御之阵地。日俄之战，修有战壕。盘道炮车可以上下，惟南路邱[丘]陵蜿蜒，攻者必由此接近。且东南猫耳山高与三清观山相等，敌或据此射击，亦须预为之备。县境驻有奉军前路步队一营。

县城西倚辽河，并有火车输运之便，故北来粮货，均荟集于此，商业异常发达。城长方形，周六里余，内有十字街市，现正修筑马路。东关大街约长三里余，南北两关皆民居，无商店。西关为日本之贸易场，街基宏阔，房舍未齐，周围约十余里，内有中国商民数千家，日本居留民千余人。西南三里许，并有其铁道停车场。

三清观及铁道附近，驻有日本第八旅团第十联队，并有独立守备队。

由铁岭至沈阳一百二十里，冈阜起伏，形势均可利用。而懿路北山及寒坡岭、蒲河南山，皆属要冲，堪以设防。

纪秋操

四时讲武，三年大习，古之制也。降至今兹，方策之典，已成具文。行省军营，虽亦以时讲肄，而变阵之方，挑战之术，以及勇怯之状，敌均之势，胜败之形，虚拟状态，半同儿戏。自新建陆军成，每届秋高，合数省军队会操，实行战阵，钦派大臣检阅。先由中枢相度战地，颁发命令。若为敌，若为战，若为守，若为游击，若为侦察，均预为审派。战时相距数十百里之间，山川之阻塞，沟垒之建筑，枪械之精利，阵势之变幻，截击抄杀，环攻追奔，靡不竭其智虑，骋其勇力，以争效其能。胜必究其所以胜之故，败必察其所以败之由。讨论标示，更申训练，视苏轼氏所谓耳目习于钟鼓旌旗之间而不乱，心志安于斩刈杀伐之际而不慑者，尤有进焉。斯真古先哲王知兵之不可去，不敢忘战之深意乎。东三省陆军初立，将以为边防之标准，且狎处强敌，军事稍有怠弛，非惟示弱，适以启侮。世昌于兹，实不胜其兢栗也。镇、协各军，平日既已由其自行实习，光绪三十四年九月，饬调第一、第二两混成协至新奉铁道迤北，辽河东岸四方台一带，举行秋操。以第一混成协为南军，第二混成协为北军。二十五日开拔，二十六日北军驻茨榆坨，南军驻孤家子。南军戒严。二十七日午前，战于高丽房。南军占平安堡，午后战于常家窝棚。北军退驻大营子，以待接应队。二十八日南军进至大孤柳树，猛扑北军，鏖战两时许，北军援至，南军退驻平安堡。二十九日两军再战于胡家窝棚。其相距最近处，以短兵相接。下午停战。次日振旅。是役也，以南军所筑跪沟、卧沟最为完密。两军战备命令，皆中程法，士气亦见勇奋。另载秋操实纪。勖哉同袍，修教明谕，勉益精进，以尽臻练胆、练艺、练阵、练地、练时之妙，使百万之众，如人之一身，不亦伟乎。

附秋操编制表

部分 官职	协司令处	步十八标本署	步一二三营	马营	炮队	工	辎假设不在统计内	合计
统领官	一							一
统带官		一						一
一等参谋官	一							一
教练官		一						一
参军官	一							一
管带官			三	一	一			五
执事官	一	一						二
掌旗官		一						一
督队官			三	一	一			五
队官			一二	四	二	一	二	一九
排长			三六	八	六	三	五	五三
司务长			一二	一	二	一	二	一六
正副目			二〇六	三二	三〇	一八	四四	二九六
正副兵			九七二	一四四	一五四	八一	六一	一三五一
备补兵								
副军需官	一	一						二
军需长			三	一	一			五
副军医官		一						一
军医长			一	一			一	二
马医长				一	一		二	二
医生			三		一		九	四
医兵			三	一	一	一	六四	六
军械长					一			一
查马长					一	一		二
司号长	一	一						二
二等书记官	一	一						二
书记长			三	一				四
司书生	二	一	一五	四	三	一	四	二六
弁目	一	一						二

部分 官职	协司令处	步十八标本署	步一二三营	马营	炮队	工	辎假设不在统计内	合计
马弁	八	三						一一
护目	一		三	一	一			六
护兵	一五	四	三六	六	九	二		七二
号目			三	一	一			五
号兵			二四	八	四	二	五	三八
匠目			三	一	一		二	五
杂匠			一五	四	一〇	二	二三	三一
驾车兵	五	三	三〇	一〇	七	三	一七五	五八
伙夫	二	一	七八	一四	一五	六	二〇	一一六
喂养夫	五	三	三〇	一〇	七	三	一三七	五八
马夫目				四	二			六
马夫				二四	四四		一四	六八
随营车	五	三	三〇	一〇	七	三		五八
弹药车								
铁炉车								
零件车								
备用弹药车								
辎重车							一六八	一六八
战马				二一一				二一一
挽马								
骑马	九	四			一七	九	六八	三九
驮马			二七		九六	四		一二七
预备马					一二			一二
驾车骡	一五	九	九〇	三〇	二一	一二	四五三	一七七

附记

一、步马工队均按八成编成。每棚正目一，副目一，正兵三，副兵六。

一、官长内有差病及留营不赴操者，则以正目代理。

一、步十八标第三营分防镇安县一带，以二十四标第二营编为十八标第三营。

一、卫生队一大排，目兵计二十六名，系由步兵及医兵编成，未填表内。

一、全协官佐，自备骑马六十匹，未填表内。

一、协司令部执法、军械、稽查各一员均赴操，未填表内。

一、卫生队大车两辆，未填表内。

一、辎重假设编成，按粮食队一队，枪弹队半队，炮弹队半队，医药队一队，桥梁队一大排。

一、全协随营大车、辎重队大车，除分防两营不计外，共计三十九辆，赴操需用大车六十一辆，尚缺二十二辆，由协就地自雇。

一、驾车兵、喂养夫、除随车不计外，其添设大车之驾车兵、喂养夫均由辎重兵挑拨。

一、全协大接济长及输送监视员，由辎重队官排长、正、副目等编成。

一、全协除假设辎重人员不计外，共计列表及未列表者，实有官佐目兵夫二千三百七十二员名，骡马六百二十六匹。

纪奉天巡防营务处暨行营发审处

营务处者，亦旧时军政总汇之区也。奉天自光绪二年将军崇实始立营务处，二十二年将军依克唐阿改为督辕营务处，三十二年将军赵尔巽又分设督操营务处以教练新军，改督辕营务处为奉天巡防营务处。世昌既调拨陆军一镇、两混成协来东，又挑编陆军两标，奏设督练处，裁督操营务处。将旧有之奉军、新安军、盛军各营，一律遵照陆军部定章改编巡防队，而巡防营务处则仍而未改。以新军、旧军未能强合，骤焉裁并，必有格不相入之势，故留以综其操防之令。而奉天行营发审处，旧隶于军辕者，依将军改为督辕发审处，赵将军初莅奉天，以之并归驿巡道，原设之委审局，嗣以盗匪日炽，复分设焉。今仍名为奉天行营发审处，即附之巡防营务处，以审判盗匪云。

附奉天巡防营务处编制

总办　一员管理全省巡防事务

会办　一员会同总办管理全省巡防事务

帮办　一员帮同总办管理全省巡防事务

文案　一员总理本处文案
东路稽查军火委员　一员
西路稽查军火委员　一员
翻译　一员
随办　一员
额外委员　十五员
学习委员　二员
见习生　三名
司事　六名
清书　十三名
执事官　一员
差弁　一名
马弁　四名
马队　十名
夫　二名
步队　三十名
夫　三名
局役　六名
听差　三名
文牍股管理机要交涉更调撤补官长，暨不属各股之件，兼监守关防
股长　一员经理本股一切事务
一等委员　一员办稿兼监印
二等委员　二员一办稿一核对
三等委员　三员一办稿兼核对、一管理卷宗、一收发文件
会计股管理饷项薪公川资杂款军械服装什兵革逃开补数目
股长　一员经理本股一切事务
一等委员　一员管理饷项薪公川资杂款
二等委员　二员一管理军械、一管理服装
三等委员　一员办稿管卷
缉操股管理官弁功过赏罚、测绘图表、考核缉捕、操练讲堂功课

股长　一员经理本股一切事务

一等委员　二员一测绘图表、一督捕阅操

二等委员　二员一办稿管卷、一管理马科操典

三等委员　一员管理步科操典

考查股管理点验营队查案侦探提犯等事

股长　一员经理本股一切事务

一等委员　一员办稿管卷

二等委员　一员临时差派

三等委员　三员临时差派

以上巡防营务处本处官弁兵役共一百三十一员名

附奉天行营发审处编制

总办　一员

核稿　一员

主稿　一员

承审　六员

帮审　一员

掌案　一员

字识　二名

书手　六名

听差　二名

差役　八名

弁兵　二十二名由营务处拨派

随营发审奉军右路驻扎洮南，距省过远，因派员前往该处就近办理

随营承审委员　一员

字识　一名

书手　一名

统计处

委员　一员于承审委员中遴派一员兼差

字识　一名
罪犯看管所
委员　一员
医士　一名
检验吏　一名
看守夫　八名
警视夫　七名
打扫夫　一名
弁　一名由营务处拨派
兵　二棚由营务处拨派

纪奉天五路巡防队

奉天五路巡防队，世昌遵陆军部巡防队暂行章程改编旧军而成者也。奉天营制，本已淩杂，自光绪二十六年拳匪煽乱，俄人复乘隙构难，疆吏力图捍卫，征集与招抚兼施，庞杂纷歧，忽兵忽盗，嚣陵之气，亦几不可制。赵将军患之，奏请化散为整，分别裁留，挑练马步四十营，名曰奉军，分驻八路，另编新安军四营、盛军二营，综计马步四十六营。世昌今编为五路，盖除于奉军旧中路、旧前路内抽拨改练陆军步队一标之外，按照奉省地势划分中、前、左、右、后五路。每路九营，中、左、右三路步五马四，前路步四马五，后路步二马七，共计马步四十五营。平时操练，步伐技术，悉宗陆军新法。于今两载，虽与新军尚未全臻一律，然气象峥嵘，规模整饬，固已大改旧观矣。后路之马队，一、二、五、六、七五营，分驻黑龙江呼兰府，余均驻于奉省各郡邑，巡防缉捕，以辅新军兵力之所不及，亦不可或少也。

附奉天五路巡防队编制

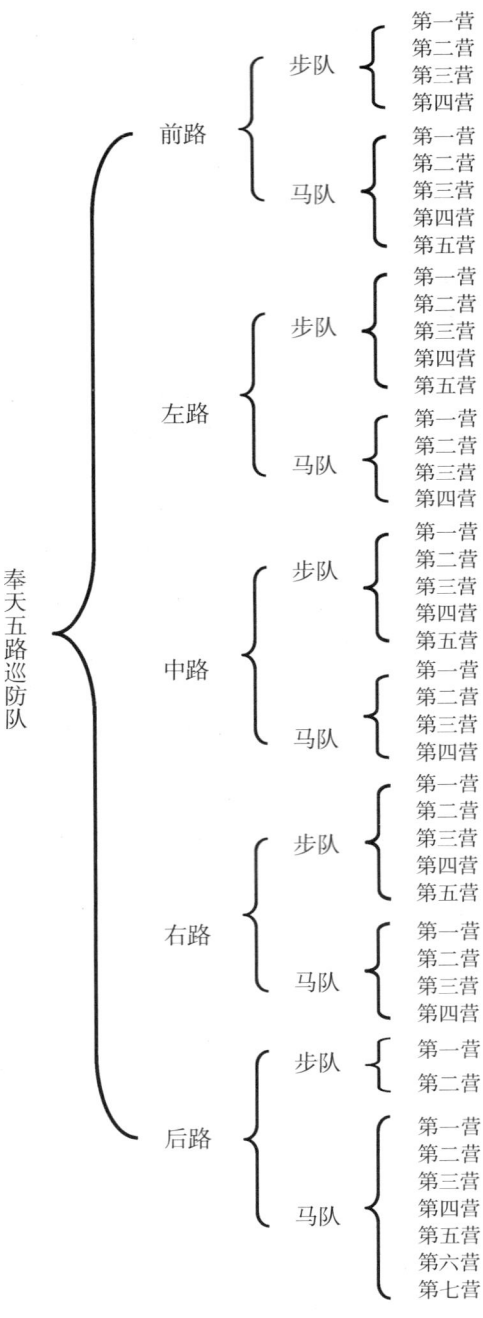

- 奉天五路巡防队
  - 前路
    - 步队
      - 第一营
      - 第二营
      - 第三营
      - 第四营
    - 马队
      - 第一营
      - 第二营
      - 第三营
      - 第四营
      - 第五营
  - 左路
    - 步队
      - 第一营
      - 第二营
      - 第三营
      - 第四营
      - 第五营
    - 马队
      - 第一营
      - 第二营
      - 第三营
      - 第四营
  - 中路
    - 步队
      - 第一营
      - 第二营
      - 第三营
      - 第四营
      - 第五营
    - 马队
      - 第一营
      - 第二营
      - 第三营
      - 第四营
  - 右路
    - 步队
      - 第一营
      - 第二营
      - 第三营
      - 第四营
      - 第五营
    - 马队
      - 第一营
      - 第二营
      - 第三营
      - 第四营
  - 后路
    - 步队
      - 第一营
      - 第二营
    - 马队
      - 第一营
      - 第二营
      - 第三营
      - 第四营
      - 第五营
      - 第六营
      - 第七营

附奉天五路巡防队营制一览表吉江两省巡防队营制均同

各路统辖之制			步队一营之制				马队一营之制			
职名	人数	职掌	职名	人数	分配	职掌	职名	人数	分配	职掌
统领官	一	督率各营操防及稽察该管各防情形筹画调度等事	管带官	一		有管理全营事务之责任	管带官	一		有管理全营事务之责任
帮统官	一	帮同统领督率操防及稽察该管各防情形筹画调度等事	哨官	三	每哨一员	有管理一哨之责任	哨官	三	每哨一员	有管理一哨之责任
书记官	一	经理本路往来各项文牍	哨长	三	每哨一员	有帮同哨官管理一哨及其庶务之责任	哨长	三	每哨一员	有帮同哨官管理一哨及其庶务之责任
			什长	二四	每棚一名		什长	一二	每棚一名	
			正兵	二一六	每棚九名		正兵	一〇八	每棚九名	
会计官	一	经理本路各营饷项	书记长	一		管理一营往来文牍	书记长	一		管理一营往来文牍
							司书生	五		专司缮写文牍
执事官	一	管理本路各营庶务	司书生	五		专司缮写文牍	鼓号目	一		
							鼓号兵	六		
							护目	一		
司书生	二	专司缮写文牍	鼓号目	一			护兵	一六	管带用四名，哨官长各二名	

各路统辖之制			步队一营之制				马队一营之制			
职名	人数	职掌	职名	人数	分配	职掌	职名	人数	分配	职掌
马弁	二		鼓号兵	六			火夫	一二	每棚一名	
护兵	一四		护目	一			马夫	一二	每棚一名	
			护兵	一六	管带用四名，各哨官长各用二名		马	一三五	管带帮带正副哨官什长正兵鼓号目兵护目兵各一匹	
火夫			火夫	二四	每棚一名					
总计	统领本部每路官弁兵夫二十五员名。		总计	全营官弁兵夫共三百零一员名。			总计	全营官弁兵夫共一百八十一员名，马一百三十五匹。		

附记

一、步队每营三哨，分为中左右，每哨八棚，每棚正兵九名。

一、马队每营三哨，分为中左右，每哨四棚，每棚正兵九名。

奉天巡防队五路驻扎地点表

部分	兵队	营号	驻扎地
中路	步队	第一营	铁岭
		第二营	省城西关
		第三营	辽阳州
		第四营	省城
		第五营	省城
	马队	第一营	开原县
		第二营	省城
		第三营	辽阳城
		第四营	省城及新民府

奉天巡防队五路驻扎地点表			
部分	兵队	营号	驻扎地
前路	步队	第一营	辽源州
		第二营	洮南府
		第三营	盖平、海城等县
		第四营	复州
	马队	第一营	辽源州
		第二营	康平、怀德、奉化等县
		第三营	洮南府
		第四营	辽中县
		第五营	洮南府
左路	步队	第一营	锦县及广宁县
		第二营	锦州及营口
		第三营	宁远州
		第四营	西丰、东平等县
		第五营	海龙府及开原县
	马队	第一营	义州及抚民厅
		第二营	锦县及广宁县
		第三营	西丰、东平等县
		第四营	柳河县
右路	步队	第一营	黑龙江省城
		第二营	黑龙江省城
		第三营	凤凰厅
		第四营	通化、临江等县
		第五营	凤凰城及安东县
	马队	第一营	凤凰城
		第二营	安达厅
		第三营	凤凰、兴京等厅
		第四营	兴京厅
后路	步队	第一营	彰武县
		第二营	彰武县
	马队	第一营	黑龙江呼兰府
		第二营	黑龙江呼兰府
		第三营	彰武县
		第四营	彰武县
		第五营	黑龙江呼兰府
		第六营	黑龙江呼兰府
		第七营	黑龙江呼兰府

附奏奉省各军遵章议编巡防队折

奏为奉省各军，遵照新章改编巡防队，以昭画一，而资整顿，恭折具陈，仰祈圣鉴事。窃前准陆军部咨，奏定巡防队暂行章程一折，奉旨依议。钦此，钦遵。咨行前来。查奉天旧有军队，自光绪三十二年经前任将军臣赵尔巽分别裁留，挑练奉军马步四十营，分驻八路，另编新安军四营、盛军二营，先后奏明有案。综计马步四十六营，各营自挑练成军后，分路驻扎防剿，当称得力。惟现值整饬戎行之际，各省防练旧营，渐已遵章改编，奉省逼处强邻，拱卫畿辅，尤宜修明武备，力求进步。臣谨按照部颁奏定新章设法裁改。先于奉军旧中路、旧前路内，抽拨年力精壮、娴习新军操法之目兵，编成陆军步队一标，另行奏报。其余按照奉省地势，划分中、前、左、右、后五路，每路九营。即以旧中路、旧前路拨剩之兵，并旧盛军、旧新安军，编成步队五营，马队四营，隶一统领、一帮统，是为中路。又以旧左路、旧右路、旧副左路，编成步队四营，马队五营，隶一统领、一帮统，是为前路。又以旧副左路编剩之兵，并旧副右路编成步队五营，马队四营，隶一统领、一帮统，是为左路。又以旧左路编剩之兵，并旧后路、旧副后路编成步队五营，马队四营，隶一统领、一帮统，是为右路。又以旧副后路编剩之兵，并旧新安军编成步队二营，马队七营，隶一统领、一帮统，是为后路。以上五路，步队二十一营，马队二十四营，共马步四十五营，统名曰奉天巡防队。所有官弁兵夫员数、名数，均照部章办理。较之旧有四十六营裁去一营。旧有步队以五百名为一营，马队以二百五十名为一营者，又裁去三成有零。裁撤官弁，分别考验，酌予差委。裁撤什兵，发给恩饷，资遣回籍，妥为安置。伏念奉省屡经兵燹，伏莽未清，缉捕巡防，在在胥关紧要。新军成立需时，又恐缓不济急。惟有先就旧有营队，整一规制，用其所长，以辅新军兵力之所不及。此次编定巡防营队，自成营起饷后，逐渐改良，按新军操法训练，以为改编新军基础。将来添练一营新军，自减去一营旧队，是挹彼注此，而饷不必另筹，亦除旧布新而兵皆归实用矣。至巡防队应销薪公饷干，由臣查照奉军旧章，斟酌损益，厘定画一章程，连同新编营制，并统领、帮统衔名，分缮清单，恭呈御览。此项薪饷，均自各路改编成营点验相符之日起支。未经裁并以前，仍照旧章支放，以昭核实。其中统领员弁薪公数目，虽较旧时加优，然以奉省现时物价计之，各营尚形竭蹶。且通盘核计，亦较奉军原支饷数节省尚多。应恳天恩，照准开支，以恤兵艰而作士气。其所节奉军饷项，即为新编陆军步队一标经常各费及制备巡防队军装、车马、川资、犒赏一切之用。再有敷余，悉归入本省正款，核实支销。所有奉省各军遵照新章改编巡防队缘由，除咨部查照外，理合敬缮清单，恭折具陈。伏乞皇上圣鉴训示。再奉省尚有河防营一营，照部章第三条办理，暂仍其旧，另行编列，合并陈明。谨奏。光绪三十四年十二月初十日具奏，二十日奉批，该部议奏，单三件并发。钦此。

纪吉林巡防营务处暨督办防剿事宜处、陆防各军执法处

吉林旧有捕盗练军营务处，立于光绪二十六年将军长顺裁撤全省练军翼长之后。三十三年，世昌既改编旧军为巡防队，爰更其名为吉林巡防营务处。三十四年，用东三省督练处总参议田中玉议，以之隶于督练处，与兵备、参谋、教练三处并列，分设军需、防务、训练、文报四科。有关于兵备、参谋、教练等事，即商同驻吉督练分处斟酌办理，庶与陆军联络一气，为循序渐进之阶。行之半载，颇见沆瀣，军政统一之基，其在是矣。惟营务处本系独立，今既附并督练处，而边荒伏莽未靖，各路防剿事繁，不能无深晓戎机之大员以握其关键。因另檄提督孟恩远督办吉林全省防剿事宜。凡调遣队伍，布置防务，整顿军纪，保安地方等事，孟恩远主之。规正章制，校阅营队，筹备装械，作育人才，考核将领官弁功过赏罚等事，营务处主之。而审勘盗匪各事，当吉林巡防队编立成军之初，曾设防军行营发审处，以专司鞫讯。营务处既改隶于督练处，遂改防军行营发审处为陆防各军执法处，由东三省督练处遴派执法官前往，凡陆防各军，惩治罪犯，统归办理。是亦统一之机关也。

附吉林巡防营务处编制

总办　一员隶于督练处禀承督抚办理全省五路巡防事宜

会办　一员赞佐总办办理全省巡防暨考核本处一切事宜

提调　一员禀承总会办办理机密稿件，监守关防，收发汇存各项公牍，汇造报告暨统计表册、图书事宜，纠察全处违犯条规并关涉本处例给薪俸、应用款项以及各项庶务

文案委员　三员随同提调经理文牍、拟稿、登记、收发各事

额外委员　不设定额

司书生　四名专供缮写

马弁　四名传递公文信件

夫役　六名

军需科　考核章制，裁判赏罚，筹备饷需、军械、服装等事。

科长　一员掌管机密事件，收发汇存本科各项公牍，汇造各项报告暨统计表册、图书事宜，关涉本科例给薪俸、应用款项并各项庶务，商承提调办理。

考功兼管册籍委员　一员禀承科长掌管防军将领官弁升降、调补、差委、薪俸、履历、官兵册籍及关于战事各表册，并奖励、记功、恤赏、给假等事。

司法委员　一员禀承总会办掌管军事法律暨军狱，并发落罪犯，审判军队所获各盗匪，拟定罪名，参与军法会议各事宜，并商承提调办理。

筹备委员　一员禀承科长掌管核定战备计画、戒严办法，征发军需各件并战事器具征募，补充兵马，关涉官长游学仪式、礼节、服制、徽章，整顿军纪、风纪、内务规则，凡关军需、学术、制造、建筑、交通等事，概须预为筹划。

饷需委员　一员禀承该科长掌管会计、衣粮、工程，核计各路常年额支、杂款，战备、剿盗匪、建筑所需各项，并津贴、差费，经理、支发各规则表件，考核各路会计官办事程度，检查各路被服、粮食，准备防剿匪、供给各事。

装械委员　一员禀承科长掌管核定军械、枪炮、弹药，战事应需工程各器具、武装、马具、检查各路收存、管理等事。

书记员　一员随同科长管理本科文牍、办稿、核对、收发等事，听受科长及文案之指挥。

司书生　三名专供缮写等事，听文案暨科长并书记官之指挥。

防务科　赞佐、调度、策画、考查本省地舆形势。

科长　一员禀承总会办掌管通省巡防，用兵方略，保安计画，办理机密事件，收发汇存本科各项公牍，汇造报告暨统计表册、图书事宜，关涉本科例给薪俸、应用款项并各项庶务，商承提调办理。

调查委员　一员禀承科长掌管、考查各省军政物产、商业，本省财政岁出、岁入，各地方户口，风土民情，地理形势，运输道路、铁道、船舶，邮政、电信，编纂地志、兵略等事。

捕务委员　二员禀承科长掌管、计画绥靖方略，布置防务，侦察运道，购觅眼线，缉捕盗匪，并考核各路缉匪法则，暨查禁通匪、窝匪及一切扰乱事宜。

书记官　一员随同科长管理本科文牍、办稿、核对、收发等事，听受科长及文案之指挥。

司书生　二名专供缮写等事，听文案暨科长并书记官之指挥。

训练科　考查操练兵队及会操等事。

科长　一员禀承总会办掌管、整饬全省各路防军训练，办理机密事件，收发汇存本科各项公牍，汇造报告暨统计表册、图书事宜，关涉本科例给薪俸、应用款项并各庶务，商承提调办理。

校兵委员　一员禀承科长掌管将领教育官长之军学，官长教育目兵之操练，凡关军纪操练、战事操练以及侦探、搜讨工作，打靶、体操、马术、通信术、卫生救急术、旗语、灯号音输送各项，并考核会操等事。

学务委员　一员禀承科长掌管防军各项兵学，并办理官长游学事宜，研究操典暨应用训兵要言，教科书订定报告表式，并关涉军用图书、报章、杂志事宜。

司书生　二名专供缮写，听文案暨科长并书记官之指挥。

文报科　办理文报、信件递送等事。

文报委员　一员禀承总会办掌管收发文牍、递送信件，听受提调之指挥。

文报司事　一员随同委员办理收发文牍、递送信件。

司书生　二名专供缮写，听文案暨科长并书记官之指挥。

信差　八名递送文件。

以上吉林巡防营务处官弁兵役统计五十四员名。

附吉林督办防剿事宜处编制

督办　一员

书记官　二员

发审官　一员

总会计官　一员

总稽查官　一员

执事官　一员

司号官　一员

差遣委员　无定数

司书生　四名

马弁目　一名

马弁　七名

护目　一名

护兵　九名

伙夫　二名

附吉林陆防各军执法处编制

执法官　一员

三等书记官　一员

司书生　一名

马弁　二名

纪吉林五路巡防队

吉林旧有之军，曰吉兴、吉宁、吉强、吉安、吉胜、吉新、精锐左右两翼、姓军、阿军，共十军凡四十营，统名之曰捕盗队。前将军长顺于光绪二十六年之后，以练军尽撤，防地空虚，与俄人商允编募。三十年三月，署将军富顺奏报成军。世昌于光绪三十四年春，检校裁留编配五路巡防队，一如奉省之制。先是，吉省西南各路盗匪出没无常，各营不敷分布，檄桦甸县练总参将韩登举率练勇二百名为游击队。至是，将其所部各练兵亦照巡防队定制改编步队一营隶中路。计中路步五马四，前、左两路均步四马二，右路则步二马四，后路则步三马三，共步队十八营，马队十五营。以前路各营全驻延吉厅附近各处，以固边防，余则分驻省城各屯、郡邑屯堡。教练之法，悉同奉军。此外另募备补队一营，悉照陆军规制教育训练。遇有各营兵丁缺额，随时挑补，以免仓卒招募，体格步伐卒难中程，参差不齐之弊。即以为改归陆军之初步也。

附吉林五路巡防队编制

吉林五路巡防队驻扎地点表

部分	兵队	营号	驻扎地
中路	步队	第一营	省城
		第二营	双河镇
		第三营	溪浪河
		第四营	蛟河
		第五营	桦甸县
	马队	第一营	省城
		第二营	省城
		第三营	新城府
		第四营	大岭
前路	步队	第一营	白草沟
		第二营	瓮声磖子
		第三营	东冈子
		第四营	西古城子
	马队	第一营	延吉厅
		第二营	城厂李子沟
左路	步队	第一营	大通县
		第二营	穆林河
		第三营	大漂河
		第四营	七河
	马队	第一营	东京城
		第二营	三姓河
右路	步队	第一营	磐石县
		第二营	赫尔苏
	马队	第一营	双阳河
		第二营	伊巴丹站
		第三营	烧锅店
		第四营	伏龙泉
后路	步队	第一营	夹板店
		第二营	长寿县
		第三营	五常厅
	马队	第一营	宾州厅
		第二营	拉林仓
		第三营	双城堡

附奏陈吉省遵章改编巡防队并派大员督办防剿折

奏为吉省遵章改编巡防队，并派大员督办防剿，成效渐著，恭折仰祈圣鉴事。窃吉省自光绪二十六年将边防练军尽行裁撤之后，防地空虚，匪徒充斥，经前吉林将军臣长顺与俄员磋商，募兵一万三千人，名曰捕盗队。计编马队一十七营、步队二十三营，共成四十营，分为十军，每军各以统领一员统之，并设营务处以总其成。三十年三月，编募就绪，复经前署吉林将军臣富顺恭折奏，奉朱批，该部知道。钦此，钦遵在案。历年沿袭，无所更革。迨至三十三年改建行省，适准陆军部咨令各直省将未改新章之防练各军，概改为巡防队，以归一律等因，连同章程颁发前来。伏查吉省地旷人稀，盗匪为患已久，巢穴无定，股类纷歧，此剿则彼窜，甲灭而乙生。旧时兵力，本不甚厚。现议裁改，更形单弱。况近来设治之区，皆从前积盗之薮。防地愈宽，布置愈难周密，若云择要驻扎，以之分布繁盛地方，尚难遍及，而穷荒僻壤，不免疏防。若云整队出巡，以之剿办大股贼匪，固属可行，而散寇逃俘，必多漏网。故频年虽屡有剿捕，而匪氛卒未能净尽，未始不原于此。当兹改弦更张之际，惩前毖后，亟宜妥细筹画，计非注重雕剿，不能制飘忽之贼。非合力穷搜，不能破窜匿之匪。非分划汛地，不能专将士之责。尤非有知兵大员统率控制，不能收指臂之效。经臣世昌与调任抚臣朱家宝再四筹议，爰将旧有之捕盗队马步四十营，裁减八营，每营减去两哨，共留马队一十五营，步队一十七营，统共三十二营，遵照新章分为中、左、右、前、后五路。中路隶以马步八营，其余四路各隶六营。于三十四年三月初一日，一律成军。每路分营，每营分哨，每哨分棚，各划地段，以重防务，巡逻周匝，以重剿务。虽不能节节布置完善，总期声气联络，疏而不漏。并派记名提督孟恩远督办防剿事宜，五路各营，概归调遣。又将原有之营务处改名巡防营务处，归并督练分处，俾与陆军联络一气，以为逐渐改良地步。裁去员司五十余人，藉省经费。此改编捕盗队为巡防队，及遴派督办归并营务处之情形也。迨臣昭常抵任后，其时改编甫定，一切规制，亟应整理，用复详加考察，以期日有进步。窃维弁兵以训练为先，军律以严肃为贵。吉省旧时营规，素不讲求。兵士类无教育，遇有缺额，皆系随时募补，初不细加拣选，身裁体格，多不中程。平日驻防在外，又不能常川操练，一旦遇匪，仓卒出战，即能获胜，亦出侥幸。且军律不严，往往有逃叛情事。以之御侮，缓急殊不足恃。若不加意整顿，何以整肃戎行。因遴委执法官一员，专司纠察。无论陆防各军，但有违犯纪律者，概交该员裁判。有犯必惩，不稍宽假。并以各军截旷之饷，募备补队一营，参照陆军章程，先期训练纯熟，随时抽补，以为将来改归陆军地步。现在试办之初，规模粗具，应俟著有成效，再行专折奏报立案。复查五路之中，惟中路防地最广，其新设治之桦甸县地方。纵横五百余里，山深林密，伏莽滋多。前曾募有游击队二百名驻扎该处，帮同防剿，本系另成一军，无所统属。因复添招编为步队一营，隶于中路。于去年十二月初一日成军，连同五路各营，共成三十三营，并归督办节制，以昭统一。此设立陆防军执法官并募备补队暨添步队一营之情形也。现在吉省匪患虽较前敉平，惟全省幅员宽广，其腹地山林初启，强半犹筹蓝筚，沿边千余里则深邃僻远，无异鸿荒。仅此巡防五路各营，究嫌地广兵单，不敷分布。设遇偏方告警，抽调尤觉为难。且近来设治、招垦以及林矿诸实业逐日扩充，在在须兵保护。势非有大枝游击之师，不足以供调遣而资镇慑。特以财力所限，不得不就其力所能及，先成此军，以策近效。至于官兵员额，前此捕盗队四十营，共有一万五千四百八十五员名。今巡防队三十三营，仅有八千二百四十九员名。薪饷一项，旧额年支银一百零三万八千两，今改巡防队，加以督办防剿及营务处一切薪饷、军装、房租等项，每年仅支银七十七万二千八百七十八两有奇。改编以来，已经一载，不惟军容焕然一新，防务亦大有起色。先后据各军将领呈报，与匪徒接仗，大小五十四战，殄灭大股巨匪甚多，生擒阵斩，约以千计，救出被掳人民八百余名，夺获枪枝一百四十杆，子弹三千余颗。往往以一哨之师或二三十名，敌悍匪千百之众，杀敌致果，轻命图功，实非寻常劳绩可比。况现编之队，较原有之额已去其半。量兵力则前者多而今者少，论地势则前者狭而今者宽，计饷糈则前者巨而今者省。卒能芟除群盗，保卫闾阎，成绩具存，实难揜没。兹据营务处总办协领穆隆阿，督办防剿事宜记名提督孟恩远会同造具各项表册，呈请奏报前来。臣等覆查无异，惟念所有在事出力文武各员，不辞艰险，戮力行间，不无微劳足录，若不量予奖叙，何以鼓励将来。合无仰恳天恩，准其择尤，分别异常、寻常，汇入吉省历年剿办大股贼匪，曾经奏准保奖未及核办各案内，另折请奖，藉资激劝，出自逾格鸿施。除将详细战绩并各项表册咨部查核外，所有遵章改编营队，并派大员督办防剿，现已经年，成效渐著各缘由，理合恭折具陈，伏乞皇上圣鉴训示。谨奏。宣统元年三月二十九日具奏，四月十八日奉朱批，着锡良再行查核，另行具奏。钦此。

纪黑龙江巡防营务处

黑龙江朔方荒落，百未修备。将军衙门兵司而外，别无提辖军政之总枢。光绪三十年，始设营务处。三十三年改建行省，立行营营务处。三十四年遵照部章将旗练各军逐渐改编巡防队，奏派行营翼长兼领巡防营务处事。于是旧有之营务处及世昌所立之行营营务处及兵司所辖军政各事，咸附并焉。规制略如奉、吉，而局势较隘。审决盗匪暨勘办逃兵游勇等事，于本处设正承审官一员，发审委员二员，不另立发审处，以归简易。运筹帷幄，固为不尚铺张，而规模能扩，建用益宏。暂时之因地制宜，未可终安简陋也。

附黑龙江巡防营务处编制

翼长兼总办　一员禀承督抚综理全省一切营务

会办　一员佐理全省一切营务

参谋官　一员掌管参画军政筹备、操防等事

正文案官　一员掌管撰拟文牍、章制、训令等事

副文案宫　一员

正军需官　一员掌管薪饷、服装、册籍、本处款项等事

副军需官兼收支　一员

正军械官　一员掌管各军器械、考查利钝、保存监修等事

正承审官　一员掌管审讯盗犯及逃兵游勇滋事等事

发审委员　二员

办事委员　二员掌管收发文件、保存案卷等事

差遣委员　四员

先锋官　四员

书手　十二名

马弁　六名

差遣步队　二十名

马卫队　十名

夫役　八名

厨夫　二名

杂夫　四名

修枪匠目　四名

修枪匠　十名

枪匠学徒　四名

管理兵　十名

附奏派黑龙江各军翼长片

再，江省僻居沙漠，马贼纵横。以治匪论，以防边论，均以整顿营务为要义。然非专有熟悉兵事之大员，综挈纲纪，则军心不振，断难气象一新。查有试署民政司使倪嗣冲勇敢沈毅，军略素娴，现经臣等檄派该员为江省各军翼长，兼领巡防营务处，责令整顿通省营务，并札发木质关防一颗，文曰黑龙江全省各军翼长之关防，俾资整理而专责成。除咨陆军部查照外，谨附片具陈，伏乞圣鉴。谨奏。光绪三十四年正月初八日奉朱批，陆军部知道。钦此。

附奏改设黑龙江巡防营务处大概情形并开支数目折

奏为江省改设巡防营务处大概情形，并现支薪饷数目，恭折仰祈圣鉴事。窃维黑龙江僻处边徼，筹防缉匪，均以练兵为要图。然非有整理军政机关，则枢纽所寄，组织诸未完全，无以收挈领提纲之效。臣世昌上年会奏拟定东三省督练处章程折内即陈明，每省仍暂留营务处，就近督率，以资经理等因，嗣又奏派试署民政司使倪嗣冲为江省各军翼长兼领巡防营务处，藉以整饬营伍，均经先后钦奉朱批允准，各在案。当饬该翼长将旧有营务处改为巡防营务处，并将一切应办事宜详拟章程，妥筹办理去后。兹据开具现定员司、兵役暨薪饷一切数目，呈请核办前来。臣等覆加查核，大旨改定职务以专责成，酌加薪饷以重军事，计每月共开支银三千零二十六两。江省市面困难，百物翔贵，自应从优支给，俾励廉隅。其临时活支等费，仍应作正开销。均经批准试办，并饬随时认真整顿，以肃戎政。除将所拟章程咨送陆军部、度支部查核外，理合恭折具陈。伏乞皇太后、皇上圣鉴，敕部立案施行。谨奏。光绪三十四年五月二十六日附奏，六月十七日奉朱批，该部知道。钦此。

纪黑龙江五路巡防队

黑龙江旧除将军、副都统所辖旗兵之外，无防营。自光绪五年而后，因时变更，先后编练海防队、精锐营、齐字营、镇边军、镇边新军、义务新军等营。庚子之役，全行溃散。次年，将军萨保收溃卒三千七百余人，重加编整，名曰制兵。三十年，将军达桂、署副都统程德全拨改巡警军十营，增练护垦马步队。三十二年，程德全署将军举办警察，因与巡警军无所区别，遂改巡警军为巡防队，分中左右三军。又旧有制兵，酌量裁并，亦改为巡防队七营一哨。此江省有巡防队之缘起也。呼伦贝尔、墨尔根、呼兰、通肯、铁山包、东西布特哈、路记营并省城十一城，又陆续起练马队四营三哨，步队两营三哨，亦仿中左右三军之制。及陆军部咨行奏定巡防队划一章程到东，世昌复饬巡防营务处，将此项马步队与中左右各军一律改编，拟亦分为五路而整齐之。独以二十余营未受教育之众，降匪游勇错杂其间，骤议裁遣，究非易事。且旧时饷额每兵四两八钱，尚不免有号饥之苦。部定巡防队饷每兵四两五钱，纵可参酌通变，亦必不能丰于旧饷之数。审量踟蹰，殊多窒碍。因奏明遇有缺额，暂不募补，以为逐渐淘汰之计。现经拟定章制，中左右三路，每路各马队三营，步队一营。前后两路各马队二营，步队二营，另编卫队马二营，步一营，即归前路统领官兼带。中左右三路及卫队均已改编成军，前后两路尚未编定。并拟另向内地招募曾受训练之兵，编马队一队，作为翼长卫队。地远饷艰，亦未可计日而成也。

附黑龙江五路巡防队编制

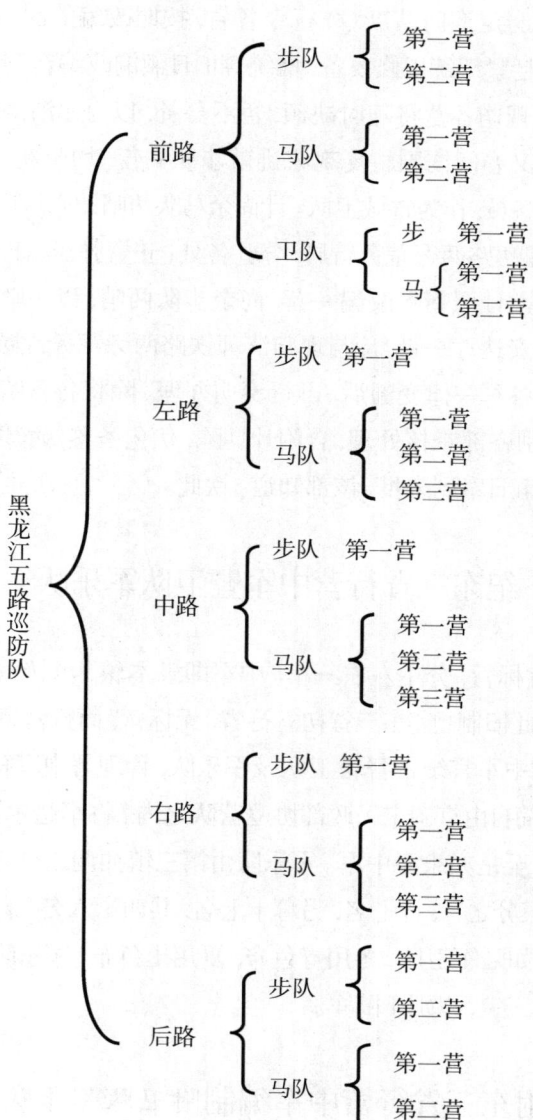

- 黑龙江五路巡防队
  - 前路
    - 步队
      - 第一营
      - 第二营
    - 马队
      - 第一营
      - 第二营
    - 卫队
      - 步　第一营
      - 马
        - 第一营
        - 第二营
  - 左路
    - 步队　第一营
    - 马队
      - 第一营
      - 第二营
      - 第三营
  - 中路
    - 步队　第一营
    - 马队
      - 第一营
      - 第二营
      - 第三营
  - 右路
    - 步队　第一营
    - 马队
      - 第一营
      - 第二营
      - 第三营
  - 后路
    - 步队
      - 第一营
      - 第二营
    - 马队
      - 第一营
      - 第二营

附奏遵照新章改编营制片

再，前准陆军部奏定巡防队新章，行令各省，按照改编等因，咨行前来。查江省营务亟待振兴，自须赶紧编练以修戎备。惟统算旧日额饷改编新制，应裁兵数太多，骤议实行似多窒碍。现饬各营将随时缺额，暂不募补，以为逐渐淘汰之计。并就原有驻省游击马队一营，又春间饬副将夏观浤挑就步队一营，均照新章先行改并马步炮各一营，并加派统领各员，作为省城卫队。计尚余马队两哨，现饬于十月底裁撤一哨。其一哨前经拨归清理铁路两旁荒务行局，分驻各处，正资弹压，未便遽裁。又前奏拨驻漠河中军右营一营，计照新章改编一营，尚余步队两哨，以一哨拨补卫队，照章改编。其一哨目前驻扎安达厅一带，应与现归清理铁路两旁荒务行局之马队一哨，均暂照旧章开支。俟通省各军一律变通后，再行奏明办理。除将各营哨前后起饷、截饷日期，并现支饷章，分别咨部查核处理，合附片具陈，伏乞圣鉴。谨奏。光绪三十三年十月初二日具奏，二十五日奉到朱批，该部知道。钦此。

纪东三省行营中军暨卫队军乐队

行省督、抚均有标营，分中左右三军。中军即隶本辕，承转营伍命令，而署中之军官弁丁悉归约束，此旧制也。东三省初立行省，无标营，而行营事尤繁，不能无承转之员，因奏设东三省中军官统带督辕卫队及军乐队，管理署中军官弁丁，一如标营旧制。步卫队二百人，简自由京调东民政部协巡营队之内。将军赵尔巽原设之马卫队向归巡防营务处节制，至是亦隶于中军。军乐队由第三镇抽调二分之一，计二十二名，由第二混成协抽调三分之一，计七名，另募十七名，共四十六名。饷数操课，均照陆军定制。服装之式，亦如陆军卫队，冬用青色布，夏用土色布。军乐队冬用天青色布，夏用黄白布，袖章均缀三尖，以别于陆军。

附东三省行营中军编制附卫队军乐队

行营中军

　　中军官　一员

参事官　一员

军需官　一员

书记官　一员

司事生　一名

司书生　二名

弁目　一名

马弁　八名

伙夫　二名

马夫　四名

骑马　九匹

步卫队

管带官　一员

帮带　一员

队官　二员分左右两队，每队八棚

排长　六员每队三员

司务长　二员每队一员

正目　十六名每棚一名

副目　十六名每棚一名

卫兵　一百六十八名每棚八名，每队一二三四棚各加一名

书记长　一员

司书生　二名每队一名

号兵　四名

护兵　十名管带六名，每队二名

伙夫　十八名护兵用二名每棚各一名

马卫队

队官　一员

排长　一员

司书生　一名

正目　四名

副目　四名

卫兵　三十二名
伙夫　四名
马夫目　一名
马夫　八名
大马　四十二匹

军乐队

队官　一员
队长　一员
司书生　一员
护兵　一名
一等乐兵　二名
二等乐兵　六名
三等乐兵　十二名
习学乐兵　二十四名
伙夫　五名

纪奉天河防营

奉天中贯辽河，自营口上溯，水程七百里达昌图府之通江口，船舶运输，夙称利便。光绪二十六年之后，盗匪日多。二十七年，将军增祺拨设河防马队一营，以卫商旅。三十二年十月，将军赵尔巽奏设巡船十只，添配官弁兵夫一百二十五员名，专司巡缉。三十四年，世昌编改五路巡防队，将河防编入中路。巡船员弁即归中路管带官兼辖，是为奉天河防营。

附奉天河防营巡船额设员司弁兵编制

稽查　二员
司事　一名
教习机匠　一员
舱长　九名

水勇　一百名

船夫　十二名

纪安海、绥辽两兵舰

辽东控扼黄、渤，引眺青、齐，山海雄封，甲于行省。巡海之军，旧日并由北洋设置。自甲午、庚子两役之后，辽海一带船舰缺如。光绪三十三年，将军赵尔巽檄巡防营务处道员雷震春，在天津礼和、信义两洋行订购上洋船厂造钢甲巡洋舰二艘，一曰安海，一曰绥辽，未成而去任。三十四年春，由世昌派道员王崇文点收，檄守备林高升、千总周克盛充两舰管带官，驻营口。常时游弋洋面，以保商舶。万里重瀛，限无堙堑。能恢张而组练之，重使艨艟栉比，卫我神京，大将龙旗，海云万态，不亦望而色壮哉。

附营口安海、绥辽两兵舰编制

管带官　一员　以下员数均以每舰计总司全船号令，员弁兵夫均归黜陟。

帮带官　一员　帮同管带官司号令，指挥操作，分任驾驶、测量等事。

正管轮　一员　管理全船大小轮机，管油、升火等人均属指挥。

副管轮　一员　帮同正管轮管理各机器。行船之日，随同正管值更。

文案　一员　办理往来文牍，校对各项文件册卷，兼管支应。

医生　一名

字识　一名　缮写一切往来文牍册卷。

炮弁　一名　管全船枪炮，暨配用各种器械药弹，并司操练等事。

正目　一名　察验全船器具，督率水手人等工作。

副目　一名　帮同正目办事。

舵工　三名　轮班司舵。在港停泊时，率同兵丁轮流值更。

一等水手　六名　专司在船操作，正目督之。二、三等同。

二等水手　十名

三等水手　八名

管旗　一名　须谙习英国文字，凡灯号、手号，均当娴熟。遇中西各船只通问之事，均责成之。

木匠　一名

枪炮匠　一名

锅炉匠　一名

铁匠　一名

正管油　一名　与副管油率同一等升火，管理机器运动，察看汽表并轮流值更。

副管油　二名

一等升火　三名　司炉前升火，尤当熟悉各机，分司料理机器。

二等升火　三名　供备炉炭，并分司升火。

厨夫　三名　一名司员弁火食，二名司各项勇役火食。

夫役　四名　分任各员弁差使。

以上每舰额设官弁兵夫五十八员名，计两舰共一百十六员名。

附奏购制钢甲炮艘派员验收用过银两请饬立案片

再，准前任将军臣赵尔巽移交卷内，据奉锦山海关道梁如浩转禀练军管带刘芳山呈称，营口为通商口岸，濒临辽海，盗劫时闻，非有兵船梭巡，不足以资保护。向日该处设有头号巡海船一艘，二号三号巡河船两艘。自庚子变乱，均经击沉，拆毁无存。现在地面初交，萑苻不靖，沿海一带，盗贼出没无常。拟请设法添制，常用巡弋，俾安商旅等情前来。由前任将军赵尔巽批，饬巡防营务处雷震春筹办，在天津礼和、信义两洋行订购上洋船厂造钢甲巡洋舰二艘，一切机件为英老摆林厂所造。舰长英尺一百零五尺六寸，宽二十尺，深八尺六寸，吃水六尺，马力二百七十匹，容煤五十六吨，供燃一百三十点钟，速率每点钟平水计行十一英海里。每舰价行平银四万三千五百两。配设倡佛厂三十七密力马克心机炮各二尊，随带子弹一千颗，价共行平银二万九千三百三十二两。又配设倡佛厂马克心自行开放机器炮各二尊，随带子弹二万颗，价共行平银一万九千五百两。安设德西们[门]子厂造电灯各一具，每具连同费用，共价行平银四千四百二十两。又购英唐尼克拉夫厂造电机舢板八只，各长英尺二十五尺，宽五尺五寸，吃水十七寸，马力六匹，速率每点钟平水计行七英里，容十二人。每船价行平银二千七百两。总计银十六万六千二百七十二两。该价分作三批交给。所有此项炮舰、舢板、机件，均经派候选道王崇文点验交清，并派管带守备林高升、千总周克盛带领，在营口一带常川游弋。该价按批均由度支司如数付讫，委系实用实销，无稍浮冒，应请作正开销，核实造报。除分咨陆军、度支两部查照外，谨附片具陈，伏乞圣鉴，饬部立案施行。谨奏。

光绪三十四年十二月初十日附奏，本月二十五日奉到朱批，该部知道。钦此。

纪松花江水师

松花江行于吉、黑两省之中，汇嫩江、黑龙江诸水，蜿蜒数千里，半邻荒服，制险设防，未容稍忽。水师之设，历有年所，今尚余木质炮船七艘，泊巴彦州、三姓等处。旧由吉安营兼辖，船械窳败，弁卒疲羸，盖名虽存实则亡。世昌檄付哈尔滨邮船局统辖，饬令就近整练，并添设舢板船，分配弁兵，以资巡缉。然欲成此水师，遥为海军之声援，近作陆军之辅翼，非就松花、黑龙、嫩江各流域多置浅水兵轮，节节设防不为功。兵轮之设，约分四路：一驻陶赖昭，顾吉林、长春、伯都讷为一路。一驻富勒尔基，顾墨尔根、齐齐哈尔、茂兴站为一路。一驻哈尔滨，顾黑龙江之肇州、呼兰、巴彦、木兰、大通、汤源、吉林之新城、双城、宾州，越三姓至临江州为一路。一驻瑷珲，自临江以至漠河上下游弋为一路。此四路者，前三路犹多腹地，临江至漠河四五千里，地最远而最要。左岸即俄之阿木尔省，彼由尼布楚至哈巴罗夫之铁道若成，黑龙江沿岸将从此多事，不有以预筹之，必有张皇无措之一日，不仅盗匪窜越之宜防，垦林渔矿之宜保卫也。松花江区区数炮船，其足为九仞之一篑乎，愿存其说，以俟诸后。

纪陆防各军防剿成绩

东三省胡匪之患，数十年于兹矣。山多地旷，吏玩兵单，致令萌孽丛沓，股类如毛，东剿则西窜，此灭而彼出。日俄哄战之后，两国所招华队同时遣散，穷无所归，勾结啸聚，千百为群，势益猖獗，劫掠已极毒逋，而绑票勒赎、栲榜逼财，尤为惨虐，甚至掳及官吏，灾及外人。自奉天东西北三面至吉、江沿边一带，与蒙古部落山深林密之处，大半皆其窟穴。而蒙地有蒙匪，俄边有俄匪，有时通同为乱，间亦自相残杀，狡悍凶顽，莫此为甚，世昌莅东两载以来，奉天东北边界及吉、江两省郡县，既有东三省行营翼长统领北洋后路淮军提督张勋、帮统武卫左军副都统崑源，暨派出各军，分道剿洗，叠奏肤功。吉林督办防剿事宜提督孟恩远、黑龙江各军翼长、民政使倪嗣冲，复督饬营队，划定防地，节节布置，而仍息息相通，往来梭捕，使散匪逃俘，悉无漏网。博克图车站附近，内兴安岭北大沟内，俄匪安米里及华匪历年纠合大股与官兵接仗之首魁关访友等，又东荒余孽天灭洋、江北、合手、靠山各匪，亦经倪嗣冲派队击捕略尽。而奉军生擒辽西巨匪杜立山之易，歼除蒙边大憝白音大赉之艰，为可纪也。杜立山本名杜天义，与田玉本等各率死党千余，横行新民、镇安、辽阳、海城、辽中、广宁、彰武等处，于其巢穴则筑垒设卡，为负嵎自固之计，官军屡为所乘。日俄起衅之时，该匪在战线以内，任意劫杀，民尤苦之。前将军赵尔巽迭饬严拏未获。世昌接饬剿捕，经前路统领张作霖等访知杜、田两匪在小北河互相哄斗，带队驰往，乘虚掩击，毙田玉本于阵，并其伙匪杜洛疙疸、郑淀才、宁黑子等，生擒杜立山至新民府，讯明正法。一面搜洗贼巢，铲平碉卡，辽西大股之匪遂平。此三十三年五月事，世昌到任未匝月也。蒙匪白音大赉、陶克陶、胎木、牙什及巨盗卷毛生铁子，又奉旨交拏之要犯巴塔尔仓等，各纠悍党出没于札萨克图、郭尔罗斯等旗，窜扰于洮南府境，历有年所。三十三年六月，前路统领张作霖、后路帮统冯德麟等，迭败白音大赉于沙坨子、他里士、哈拉哈，毙卷毛生铁子及巴塔尔仓。九月，张作霖再败陶克陶于青阳镇。十一月，又败之于两棵树。三十四年二月，追至西乌珠穆沁旗兴安岭下，痛加剿击，陶克陶遁去、白音大赉旋赴后路统领瑞禄军营乞降，瑞禄抚之，令导缉陶克陶，中途被逸去。并查得瑞禄在营有奸淫不法事，奏褫瑞禄职，奉朱批，发往新疆监禁。六月，白音大赉复与牙什出谋不轨，张作霖提兵回剿，是月二十八日，抵七十户破其巢，生擒牙什，白音大赉窜伏乌蓝套山中。台吉色力布引导军队入山搜捕，白音大赉中枪堕马，始就擒，旋以伤重毙命。是役也，劳师年余，驰驱绝漠，炎沙寒雪，艰苦备尝，始得歼此渠魁。而陶克陶其人，本哲里木盟长旗下四品台吉，遁伏索伦山中。札赉特旗西佐梅楞木腾阿实与通气，其甥札麻、萨山鸡二人并伊旗下十数人，均在陶匪伙内。此外，蒙民尚有与之通风为之接济者。宣统元年春，复纠党出扰，因将木腾阿奏请革职，檄各路统领等率兵往剿，并劝谕各蒙旗竭力协助，严禁蒙人通贼，庶以制其死命，可期就获。余若奉军中路各营，在辽阳州属之向阳寺、韩家砬子，通江厅属之珠儿山，法库厅、铁岭县等处，先后捕获案犯二十余起。左路各营，在盖平、复州暨锦州各属铁路附近一带，又广宁、义州、锦西、清河边门内外，先后捕获擒斩首要匪犯七十余名。前路各营，先获车洛疙疸于吉林，续获巨匪乔日幅于绥化。后路各营，先在呼兰府洪家窝铺访获苗魁、郭振禄二名，又在榆树林、石城子等处拿获刘溢绰号方字、史幅臣绰号大贤字等七名，亦均极尽劳瘁，而吉军左路步队，在蜜山府杨木杠地方，所获与杜立山、九只手、苑五等齐名，抗毙官兵百余人、充日本大统领与俄兵十数战、悬赏照相、漏网入山复图起事之杨二虎一名。又由江省生擒抗毙官兵二三百名，供认劫毁数十次之胡大文字即胡佐臣及叠次创劫之悍匪五湖即刘子扬、三盛即佐万保等七名，尤足以快人心而申国宪。所有各路伤亡将士，均已分别汇请赏恤。而吉林巡官法芬布，因其父骁骑校承铨于二十八年带练剿匪阵亡，誓殄丑类。三十三年八月，与著匪常海绰号长乐搏战于张三屯，被枪洞穿左腰，犹奋力抵拒，刀斫贼项，卒擒常海而归，则尤为忠勇可嘉也。陆军以训练为重，故不遣之击贼，而在其驻扎界内，亦有剿捕之责。自三十三年抵东之后，陆军第三镇计共缉获贼匪三十九名，第一混成协亦缉获贼匪二十七名云。

附奏陈剿获辽西积年巨匪折

奏为剿获积年著名匪目，恭折奏闻，仰祈圣鉴事。窃奉省比年以来，屡遭胡匪之害，绑票勒赎，民不聊生。臣等抵任后，即饬新旧各军营，扼要填扎以搜剿匪徒，安保地面为要务。访闻著名匪目杜立山即杜天义，与田玉本等各率党羽，盘踞辽西，绑掠横行，飘忽无定。庚子乱后，该匪等各率党羽千余，分帮剽劫。官军进剿，列伏拒捕，诱兵设伏，屡为所乘。迨日俄起衅，该匪等在战线以内，任意恣睢，烧杀奸淫，无恶不作。新民、镇安、辽阳、海城、辽中、广宁、彰武各处，民物骚然，控案山积。田玉本名为就抚，而屡抚屡叛，出没无常。杜立山则在匪巢坚筑炮台，阴结死党，到处设卡，以为负固之计。复借巡警为名，广购枪炮，勒索居民，实为元恶大憝。经前将军赵尔巽檄饬巡防营务处严密访拿，复经臣等到任后，严饬防剿，务获去后。兹据巡防营务处本任东边道张锡銮等报称，该匪杜立山所部匪党与积匪田玉本在小北河地方互斗滋扰，经前路统领张作霖带领队兵与丁忧知县殷鸿寿等驰往该处，乘其不备，将田玉本在贼中击毙，并阵毙伙匪杜洛疙疸、郑淀才、宁黑子等及余匪数名。我兵受伤者二名，阵亡者一名。旋将杜立山生擒至营，即在新民府地方会同该署知府沈金鉴讯明，就地正法，以昭炯戒。并一面搜剿该匪巢穴，起出军械，平除碉卡，余匪投诚。现在地方安静，商民称快。理合将情形具报并开单择尤保奖前来。臣等查该匪目杜立山、田玉本等，以积年巨匪，屡与官军接仗，恶贯满盈，久为地方之害。今兵不血刃，渠魁授首，不但辽西安枕，即他处匪徒，亦闻而知惧。该统领等赴机迅速，实属异常出力，奋勇可嘉。应准其择尤请奖，以昭激劝。核其所开五员，均系在事出力，委无冒滥，除在事出力之巡弁兵丁，由臣等酌赏银二千两以资鼓励，及伤亡兵丁照例抚恤外，合无仰恳天恩，俯准将蓝翎游击衔补用都司张作霖，请免补都司，以游击尽先补用，并请赏换花翎。候补知县殷鸿寿请免补本班，以同知直隶州补用，并赏加四品衔尽先补用。佐领依钦保请俟补佐领后，以协领尽先即补，并请赏戴蓝翎。蓝翎五品顶戴尽先补用千总张景惠[1]，请免补千总，以守备尽先补用。五品顶戴尽先把总汤玉麟[2]，请免补把总，以千总尽先补用，以为剿匪奋勉者劝，出自逾格鸿慈。所有剿获巨匪正法，地方安静，并择尤随案请奖缘由，谨恭折具陈，伏乞皇太后、皇上圣鉴训示。谨奏。光绪三十三年七月初二日具奏，七月十三日奉到朱批，著照所请，该部知道，钦此。

附奏阵亡骁骑校承铨之子法芬布击匪出力请恤奖片

再，查第八巡警分局巡官法芬布，因其故父前镶蓝旗骁骑校承铨，于光绪二十八年，委带双城堡练军马队剿捕海旺窝棚地方股匪，与关茗芷等奋力接仗阵亡，尚未具奏。该员痛父心切，嫉匪尤深，誓以剿除胡匪自任。闻著名匪首常海，绰号长乐，积恶多年，久未弋获。去年八月二十三日午后，法芬布侦知该匪匿于城外之张三屯。当经密报总局，饬率巡兵十余名，飞驰往捕。讵该匪长乐连发快枪，伤毙该员骑马，并洞穿其左腰等处，受伤甚重。该员犹奋力前往搏贼，与之拚命抵拒，以指挥刀力斫贼项，卒将该匪擒获正法，人心为之一快。该员舁赴医院疗治弹伤时，臣家宝亲往慰劳，见该员裹伤卧床，犹复谈笑自如，深为悯恻。查该员以一附生在北洋巡警学堂毕业，回省供职警局。痛父歼贼，手擒巨匪，死生呼吸，奋不顾身。核其劳绩，实与战功无异，而出之文弱学生，尤为难得。一门忠勇，实可嘉矜。当此创兴警政之时，需人孔急，自应分别恤奖，俾昭激劝，合无仰恳天恩，饬部将承铨照骁骑校阵亡例，准予

---

〔1〕　张景惠（1871—1959年），字叙五，辽宁海城人，曾任奉军第一师师长、奉军副司令、察哈尔都统，奉系将领，九一八事变后沦为汉奸，曾任伪黑龙江省省长，伪协和会会长，伪满洲国国务总理。

〔2〕　汤玉麟（1871—1937年），字阁臣，辽宁阜新人，1902年加入奉天前路巡防营，历使奉天巡阅使署中将顾问，热河都统，1933年日寇进犯热河时率众逃走被免职，1937年5月病死于天津。

议恤，并将伊子法芬布照难荫以知县，归部选用，出自逾格鸿施。除饬取履历咨部查照外，理合附片具陈。伏乞圣鉴训示。谨奏。光绪三十四年三月十二日附奏，三月十九日奉到朱批，另有旨。钦此。

附奏查明革员瑞禄纵匪失机请旨惩处折

奏为查明革员纵匪失机，请旨惩处，以肃军纪，恭折仰祈圣鉴事。前因奉军后路统领、记名副都统瑞禄，纵逸降匪白音大赉，并拒伤哨长兵丁及民人李姓，先行奏参革职，并派云南提督张勋驰往查办等因，奉旨瑞禄纵逸巨匪，败坏军律，著即行革职，听候查办。钦此。钦遵在案。兹据张勋覆称，瑞禄收抚匪首白音大赉并伙匪金保、黑虎、张镇、张义三、临沁、金昌、吴田宝、白印保、杨玉山、银宝、来宝、兴乌钦、包云吉、巴衣等十五名，意拟以匪诱匪。嗣因奉文饬办，又拟令更衣就擒。匪侄白印保知觉，随将手枪轰毙哨长任宗喜并旁观之李姓一名。白音大赉携快枪乘隙潜逃，戈什、王海田勒马追擒，互相枪击。白音大赉诡作受伤状，王海田下马捉拿，而白音大赉已跃登马上，鞭策飞驰，帮带张奎武督队围擒伙匪十三名于街中，屯南正法。在逃之首伙匪二名，飘匿无踪。瑞禄痛恨戈什、萧东寅防范不严，亦于营前正法，尚无受贿之事。又查瑞禄素少检束，不免挟妓宿娼等事，此次先后驻扎江省扎萨克图王属蒙屯、仓古把、占道屯等处，均实有行奸情事。内王姓一妇女，不知因何事夜哭，外间遂有奸毙之疑。该副都统败坏军规，实不敢代为之讳，等情呈覆前来。臣等查蒙匪白音大赉为患多年，迭派官军屡次进剿，穷追二千余里，迄未就擒。此次该匪率十四人伪投瑞禄军前乞降，自应悉予正法，以殄巨憝。该统领以藉诱淘匪为名，致令纵逸。并枪毙哨长任宗喜并民人李姓一名，实属败坏军律，荒谬已极。即其平日驻扎江防，奸淫妇女，其罪尤不容逭。若非严加惩处，何以振军纪而策将来。相应请旨，将已革记名副都统瑞禄发往新疆效力赎罪，以示惩儆。所有查明革员纵匪失机，请加惩处缘由，谨恭折具陈，伏乞皇太后、皇上圣鉴训示。谨奏。光绪三十四八月初十日具奏，二十三日奉到朱批，瑞禄著发往新疆永远监禁，该部知道。钦此。

附奏报剿办奉境西北蒙边悍匪折

奏为剿办奉境西北蒙边悍匪获胜歼渠，地方安谧，恭折具陈，仰祈圣鉴事。窃维东三省盗风素炽，兵燹之后，降队遣散，伏莽尤多。西北沿边一带，地属蒙疆，径路纷歧，最为盗贼出没渊薮。彰武边境，有蒙匪白音大赉，本系巨盗六十三同党，自六十三授首以后，凶焰稍戢。上年五月间，纠合巨盗卷毛生铁子暨奉旨交拿之匪犯巴塔尔仓等，各集悍党，屡犯彰武县境。入秋后，又有蒙匪陶克陶、胎木、牙什等纠合大股，或十余人或数百人窜踞洮南、靖安境内，谋为不轨。虽经地方官弁、巡警员绅合力堵剿，因众寡不敌，以致西北沿边二千余里几无乐土。经臣先后飞饬奉军前路统领张作霖，督饬营官蔡永镇、张作相[1]、张景惠、马朝斌所部马步四营，中路管带马龙潭所部马队一营，后路帮统冯德麟所部马步三营，并派行营发审委员殷鸿寿驰往彰武、洮南、靖安等处，分路进剿。六月十二日，官军发至彰武，猝击贼于龙王庙屯之西山头，贼望风惊窜。十六日，追抵沙力搭拉，贼众开枪拒敌，势极犷悍，鏖战移时，群向沙坨子一带败去。二十日，伏兵于九头山，前后夹击，贼大溃。分其兵，连日穷追，击伤匪首巴塔尔仓一名。擒斩匪党无数。十月十八日，迨至他里士、哈拉哈贝子旗下，贼回身死战。管带李奎武身先士卒，面受重伤。哨长刘金堂奋勇直前，立毙悍贼数名，旋中枪阵殁。李奎武裹创血战，管带张海鹏[2]抄出夹攻，贼尽披靡。卷毛生铁子被兵击散，率党数人潜匿镇安县属三家子。经分防县丞方德明带兵掩捕，悉数格毙。白音大赉纠残党数十人，奔投东北扎萨克图等旗而去。维时另股蒙匪陶克陶、胎木率其党目塞吉嘎等，由郭尔罗斯公旗界突出洮南府属醴泉镇地方，掳掠商民，绑缚荒局员司，势极披猖。比官军驰至，贼已蔓扰青阳镇一带。九月二十一日，官军进剿，贼踞烧锅围墙，向外轰击，相持至夜。官军潜由西面梯肩登墙，贼始骇愕，夺路奔逃，救出被掳男女三十余人。十月初三日，管带王金胜败贼于乌兰他拉。初九日，管带德克吉讷败贼于田草张窝堡。贼众复由古鲁兰诺尔等站沿江南窜，我军会合江军帮统春山、帮带宫文彩等迎头堵剿，贼始北向逃至都尔吉尖蛋屯，经洮南府派队追击，阵毙匪目塞吉嘎一名，伤贼数名。嗣又纠合大股死党，在两棵树地方修卡备敌。我军四面围攻，贼枪弹雨下，阵亡哨官二员，什兵五名。军心愤激，攻击愈力，贼始宵遁。由是各军跟踪追剿，先后击毙贼匪七十余名，救回人票二十余名，夺获车马器械甚夥，生擒匪目

〔1〕　张作相（1881—1949年），字辅忱，辽宁义县人，奉系将领，曾任奉天警备司令，东三省巡阅使总署参谋长、吉林省主席，在吉林任聘期间，创办吉林大学，修承吉敦铁路、兴建自来水厂，热心公益事业。九一八事变后，逐渐淡出政界，1949年在天津病逝。

〔2〕　张海鹏（1867—1949年），字仙涛，辽宁海城人，奉系将领，九一八事变中投降日军，曾协助日本侵略热河后被委任日伪热河省省长，1949年被枪决。

盖三省一名，正法军前。陶克陶、胎木逋入索伦山中，复分其党出踞景星镇以为犄角。张作霖等带兵深入，本年正月十二日，行至索伦山口，贼凭卡抵拒，开枪猛击。哨官张书麟奋勇抢山，弹伤左臂。哨长赵明德冲锋继进，小腹受透子伤。张作霖挥兵直上，前仆后继，夺据山岭，开炮俯击，毙贼数十。贼见势不敌，越山而逃，官军追败之于八林旗土门或吉之地，盖距洮南几二千里矣。所经之处，冰雪载途，人烟寥落。陶匪掠民而食，又有蒙户图利接济，换马乘骑，是以远窜穷边，飘忽自如，其凶狡如此。而张作霖等提军追剿，往往驰逐竟日士未得饱，甚或露宿寒林，捧雪为食，兵弁中裂肤堕指者不下二十余人，其艰难又如此。委员朱佩兰赏银犒师，遇张作霖于绰尔河岸，觌面几不相识，艰苦情形可以想见。二月二十六日，追贼至西乌珠穆沁旗兴安岭下，阵毙贼目刘金锁并匪三十余名。自经此次痛剿，陶匪益远匿而不敢复出。彰武败贼白音大赉，势穷投入后路统领瑞禄营中，致令纵逸。业将该统领瑞禄先后奏请革职，发往新疆在案。白匪逃后，遂为蒙匪牙什招留。牙匪以劫杀起家，储备枪械，久蓄异志。见白、陶各匪被剿，紧急招集党羽，定期袭取洮南、靖安等处，共图起事。臣饬张作霖提兵回剿。六月二十八日驰至七十户地方。牙匪凭河恃险，固守炮台。白匪于东北要道设卡，互为声援，官军四路进攻，轰击四时许，先破白匪东北各卡，直逼匪巢。我兵阵亡三名，受伤十二名。管带蔡永镇肉薄先登，各营继进，遂破其巢，擒获匪首牙什，击毙贼目黑虎、窜地龙，并余匪三十余名，夺获大旗二面，枪械、马匹无算。牙匪于讯供后因伤毙命，白匪又复兔脱，跟纵蹑缉。七月初七日，追至乌蓝套力改地方，山深路险，随悬重赏，领同该处台吉色力布暨巡勇等入山搜寻，先击毙悍目白音包勒格等以去其翼，白音大赉中枪落马，始就擒获，身边搜出藏佛番符等物。该匪旋亦毙命，人心为之大快。张作霖会同府县出示，解散胁从，商民复业，于是蒙边一带，得以转危为安。统计西北沿边，先后击毙贼首白音大赉、牙什、卷毛生铁子、巴塔尔仓，并悍目塞吉嘎、盖三省、刘金锁、黑虎、窜地龙、白音包勒格暨余匪二百余名。此上年夏至本年秋，张作霖等各军在彰武并洮南属境内外，迭次剿匪获胜歼渠之大概情形也。伏查奉省界接蒙疆，山荒地僻，夏则瘴雾漫空，冬则坚冰载道。匪徒啸聚，劫掠横行。该统领张作霖等驰驱绝漠，艰苦备尝。年余之间，将积年巨患，歼除殆尽，实非寻常剿匪之功可比。合无仰恳天恩，俯准将在事尤为出力之前路统领、花翎补用守备递补都司后，以游击尽先补用张作霖，请免补守备、都司各本班，以游击尽先补用，并赏加副将衔。第二营步队管带、蓝翎尽先都司蔡永镇，请免补都司，以游击尽先补用。行营发审委员、花翎四品衔补用同知直隶州殷鸿寿，请免补同知直隶州，以知府仍留原省补用。第三营马队管带、尽先千把[1]张景惠，请免补千总，以守备尽先补用。第一营马队管带、尽先外委张作相，请免补把总，以千总尽先补用。第五营马队管带、蓝翎都司衔马朝斌，请以千总尽先补用。后路右营管带花翎都司宫文彩，请以游击尽先补用。其余在事出力各员弁，驰逐于冰天雪地之中，效命于弹雨枪林之下，不无微劳足录，并请择尤保奖，以资激劝而励将来。如蒙俞允，再由臣查明，分别异常、寻常出力，续行开单呈览。除应恤阵亡各弁兵咨部核办外，所欲剿办西北蒙边悍匪获胜歼渠，地方安谧情形，理合恭折具陈。伏乞皇太后、皇上圣鉴训示。谨奏。光绪三十四年九月初十日具奏，九月二十日奉到朱批，著照所请，该部知道。钦此。

附奏陈蒙匪陶克陶纠党滋扰，派兵剿办，并严禁蒙人通风接济折

奏为蒙匪纠党滋扰，派兵剿办，恭折具陈，仰祈圣鉴事。窃照黑龙江地广人稀，素多匪患。上年，臣等整顿军队，严饬搜剿，将盘踞青山之天灭洋等、盘踞兴安岭之关访友等积年巨匪，先后歼除。余匪亦随时补斩，匪迹几绝。东荒各府、州、县地方，向为匪薮，亦日见敉平。惟陶克陶即托克霍，系哲里木盟长旗下四品台吉，自光绪三十三年，结党焚抢，抗拒官兵，商民之被其扰害者不可胜数。该匪以索伦山为巢穴，复勾结札赉特、色公、图什业图、札萨克图、达尔罕等旗蒙员，蒙民通风接济，故往来窜扰，毫无阻碍。频年派兵剿捕，阵亡哨长王希泰、魏殿英，兵丁春茂等多名。虽先后毙匪不少，而匪首未歼，依然勾结为患，现复纠党二百余人，意图肆扰，亟应设法剿除。查江省余孽，仅此一股尚存，最称狡悍，若经殄灭，全省即可肃清。惟索伦山路径纷歧，蒙汉言语不通，必须各蒙旗认真协助，方能得手。兹已饬派中路统领、卫队帮统督带马步队往剿，复饬全省翼长民政使倪嗣冲前赴扎赉特等旗，激劝抚绥，令其竭力协助，严禁蒙员、蒙民，不准与贼通气。如再有通贼情事，即由该翼长查明严办，务使贼势孤立，则剿办自易为功。该翼长督率所部但与贼遇，便可痛加剿洗。倘其窜入深山，应令该统领、帮统等带队进山搜捕。该翼长总司民政，经办事件较多，随时回省料理，往来策应，以期歼此丑类，绥靖地方。一面札饬各蒙旗并咨哲里木盟长，转饬各旗协同堵击。果能出力，许以奏请恩施，倘仍观望，因循纵贼他窜，亦当奏请惩处。除饬各军队认真兜剿，并咨理藩部、陆军部查照外，所有派队驰剿蒙匪缘由，是否有当，理

---

〔1〕 千把，清朝对武官千总、把总的并称。

合恭折具陈。伏乞皇上圣鉴训示。谨奏。宣统元年三月二十二日具奏，四月初七日奉朱批，该部知道。钦此。

附奏蒙员木腾阿通匪请革职片

再，据全省翼长倪嗣冲呈称，据札赉特乡约旁德即倪万升禀，匪徒陶克陶在该旗纠党盘踞，有札赉特旗西佐梅楞木腾阿与贼通气，其甥札麻、萨山鸡二人，并伊旗下十数人，均在陶匪伙内等情。查蒙员木腾阿，现经本旗派充续放札赉特荒务行局帮办。该员身充职官，辄敢与贼通气，纵甥为匪，殊堪痛恨，相应请旨，将札赉特旗西佐梅楞木腾阿即行革职，以示惩儆。除咨部查照外，理合附片具陈。伏乞圣鉴。谨奏。宣统元年三月二十二日具奏，四月初七奉朱批，著照所请，该部知道。钦此。

纪客军剿匪成绩

客军之在东省者，曰提督张勋所统北洋后路淮军九营，曰副都统崑源所统武卫左军十营。张勋一军，原驻直隶宣化府，光绪三十二年，奉天将军赵尔巽电商北洋大臣，派遣出关驻广宁。继以昌图府属日本军队尽已撤退，檄饬该军分扎昌图府威远堡、通江口、鹭鸶树、开原县等处。三十四年十二月，以奉边东路与吉林沿边各匪一律廓清，间有零星余孽，就地营队足以靖之。奏请饬该提督统率所部，撤防入关。批谕仍留防次。其剿匪也，初经赵将军檄兼统奉军后路、副后路两军，筹办防缉，迭次获胜，军声颇扬。世昌莅东，奏派该提督为东三省行营翼长。复檄奉天巡防队左右两路各拨四营，后路拨五营，及吉林之吉兴、吉安、吉宁精锐右翼四军，均归该提督节制调遣，以厚其力。自三十三年五月游剿，而东地周数千里，与贼接仗四十余次，先后擒斩悍目巨匪二百余名，击毙匪党三千余众，焚毁贼巢几及百处。其转战之地，不独山深林密，直入穷荒，若哈尔滨、海参崴等处，火车、轮船均非我有，须向俄人宛转商借，始可利我军行。既至其地，又须持有彼之护照，方可任我搜捕。因应酬答，刚柔吐茹，行军之艰，又非寻常所有也。崑源一军，于三十三年春，奉旨特派至江省剿办马贼，分驻东荒一带。赵将军复奏派奉军后路统领副都统瑞禄带队助之，奔驰于冰天雪窖之中，屡报擒获。而以是年七月，由呼兰府追剿悍匪直至双城厅之绩为最巨。三十四年奉调入关。今惟张勋一军，仍驻昌图府。

附奏请将张勋留东派充行营翼长片

再，臣奉命赴东，分驻三省行台，所有防军分布地面，非有声望夙著，熟悉情形，知兵大员随臣整理一切，不足以联声势而资控驭。查有头品顶戴记名提督四川建昌镇总兵张勋，在奉省剿匪，深资得力，拟派充三省行营翼长，以期有裨防务。谨附片具陈，伏乞圣鉴。谨奏。光绪三十三年四月十一日附奏，本日奉旨依议。钦此。

附奏报官兵在吉林境内迭次剿捕巨匪情形折

奏为官兵在吉林境内迭次剿捕巨匪情形，恭折仰祈圣鉴事。窃惟东三省胡匪蔓延日久，剽掠横行，实为地方之巨害。臣世昌抵任之初，当将奉省著名巨匪杜立山等捕获，地方赖以安堵。前经奏报在案。惟访闻吉林东北一带有大股胡匪出入，肆行劫掠，民不聊生。各国商人咸以为患。当饬行营翼长张勋统率所部，进驻吉林，沿途搜捕，并密侦贼巢所在，为逐渐廓清之计。据该翼长先后呈报，五六两月在长春府擒获张海臣一名，在额木索擒获李华山、孙全胜、袁得胜、蔡得胜四名，在宁古塔附近擒获张得意、王福兴、冷云一、刘文琴、吴起五名在孤家子北大沟擒获刘兰亭、马荣宝、王玉香三名，在鸭绿沟擒获侯得山、时登国二名，皆系积年巨匪。此次闻官军进剿，该匪等四出侦探，往来勾结，意图负嵎，实属怙恶已极。业经讯实，饬予就地正法，以昭炯戒。嗣于七月间，在宁属七道沟遇胡匪五六百人，结队持枪，公然拒敌，官军奋勇前进，自辰至未，毙匪一百余名，生擒十余名，毁其帐棚三十余处，夺回被绑日本人二名。我军小有伤亡，余匪力不能支，四散奔溃。该翼长分饬营队，四路兜截，逃散之匪或因伤重毙命，或因被截无路，相率勒毙又五十余名。此外穆凌河一股，尚有三百余名，在该处修筑炮台，依险自固。该翼长带队驰往，匪党已闻风远飏。业将所筑炮台墙垒，悉数铲平。别遣将弁，在烟筒山、鸡爪顶毙匪七名，烧毙四名，生擒二名，该处巢穴一概毁平。在春秋岭击毙逸匪十一名。八月初间，该翼长复整队进剿，在沙河三十余里，遇匪百余名正在分取粮食。该军迎前奋击，毙匪二十余名，夺获粮食二千余斤。追至山内老巢，匪党骇散，焚毁匪寨四十余处。其分队在四方顶、羊碣子遇匪百余名，击毙十名余，余匪相率奔散。该匪经此大创，凶焰渐衰，一时势难复合。惟三省地方辽阔，伏莽尚多，此剿彼窜，飘忽无常。计非净绝根株，闾阎未得安枕。已饬该翼长督饬兵队，分路布置，防剿并用，务期地方一律平靖，上纾朝廷东顾之忧，下解黎庶倒悬之阨。至查该翼长督率所部，冒暑前进，山深林密，艰险不辞，卒能殄彼丑类，张我军威，办理尚属得力。一俟贼匪剿平，闾阎安堵，再当论功行赏，以奖微劳。除俟该翼长续报剿匪情形再行具奏外，所有官兵迭次捕剿巨匪情形，谨恭摺详细具陈。伏乞皇太后、皇上圣鉴。谨奏。光绪三十三年八月初八日具奏，本月二十三日奉到朱批，知道了。钦此。

附奏官兵在吉迭次剿捕巨匪出力各员择尤分别保奖折

奏为官兵在吉迭次剿捕巨匪，谨将在事出力各员择尤分别保奖，恭折具陈。仰乞圣鉴事。窃维东省胡匪盘踞已久，出没靡常，非时加惩剿无以销乱萌，非优予奖叙无以鼓士气。上年经前任奉天将军臣赵尔巽奏请变通定章，嗣后剿匪出力人员仍准随时汇案办理。又因奉北一带剿匪迭获胜仗，将在事各员分别异常。寻常，奏请照拟给奖，均蒙恩准。仰见朝廷眷怀边圉，策励戎行之至意，铭感莫名。臣等履任以来，缉获巨匪多名，地方渐臻安谧。复饬行营翼长张勋统率所部剿办吉林大股胡匪。所有剿匪情形并请俟贼匪剿平，论功行赏，以奖微劳，业经奏明在案。该翼长等率师进剿，自夏徂冬，仰赖天威，众皆用命。五六月间，在长春府、额木索、宁古塔、鸭绿沟、孤家子、北大沟等地方擒获各积年巨匪，均已讯明办理。厥后剿获巨匪，陆续呈报，计有九次。七月间，在宁属七道沟遇匪五六百人，聚集山巅，弹如雨注。我军分道前进，击毙一百余名，生擒十余名，逃散之匪伤毙及自行勒毙者又五十余名。毁其帐棚三十余处，夺回被绑日本人二名。复进军至穆凌河，将匪徒所筑炮台、墙垒悉数铲平。别遣将弁在烟筒山、鸡爪顶毙匪七名，烧毙四名，生擒二名，在春秋岭击毙逸匪十一名，在巴篱子焚毁木栅三十余座。又八月间，距沙河左近地方遇匪百余名，该军迎前奋击，毙二十余名，夺获粮食二千余斤。追至山内老巢，焚毁匪寨四十余处。其分队在四方顶、羊碣子遇匪百余名，击毙十名。复在大青川、上掌山枪毙匪目一名，生擒十余名。以上两次剿匪情形，已于前折择要奏报。嗣于九月间，又在艾家窝棚地方陡遇大股悍匪，该军四面围攻，自辰至未，毙匪过半，击毙匪首佟老等四名。该翼长又亲督军队，冒雪攻破太马沟。其地逼近老巢，墙垒栉比，我军乘风纵火，毁其棚寨十余处，毙匪十七名，追至穆凌河，将近俄界而还。匪党叠经痛剿，凶焰渐衰。于是防其奔窜，密派得力兵队于巴篱子及哈尔滨车站一带严行巡缉，生擒悍目十九名，夺获快枪百枝。复闻该匪巨股往来于细鳞河等处，势将遁入俄界。遂用声东击西之计，先派军队南下搜捕额木索一带之余孽，而亲督重兵严密前进。适遇该匪于窝棘棚内，围而攻之，毙匪十五名，负伤尤众。其逃向海参崴、五站者，复追擒二十六名。回窜沙河老巢者，亦经官兵追击，毙匪九名，夺枪九枝。此外在逃各匪，经该军派遣哨弁，购线密缉，先获匪首黄洛三于长春城内，续获匪首周老鸦、土大鳖、董好于长春府附近之烧锅甸，复擒获悍匪刘钰豺等三名。先后讯明正法。其潜留阿什河一带之逸匪，亦由该军哨弁觅线改装，侦悉巢穴所在，勒队围捕。匪党持刀拒伤兵丁，势甚凶横。赖军士鼓勇前进，生擒巨匪于万黑等三名，搜获赃银五百余元，又追踪起获快枪四十八枝及洋刀、子弹等件。统计细鳞河等处，先后毙匪二十四名，生擒七十三名。自兹大股积匪固已渐次扫除。该翼长复查悉已窜俄界之匪目王铎李等，常窥伺于海参崴、细鳞河一带。乃令各军前往会剿，匪党闻风奔散。搜至细鳞河深岩之内，擒获巨匪占东洋等二十七名，起获快枪四十九枝。仍派遣各弁驻扎细鳞河、宁古塔、账房山、横道河、七道河、一面坡、乌机密、沙河等处，分道穷搜，以收遗烬。复擒获匪首韩菁删等十四名，夺获快枪四十九枝。他如达连河一带，亦经选派军队深入匪巢，严密掩捕，毙匪十五名，生擒匪首大茳等十四名，收抚降匪三十余名，救回被掳人民十一名，夺获快枪九十一枝。巴篱子、高台阶一带，又由该军哨弁击毙匪目等六各，生擒一名，夺获快枪九枝。计前后九次呈报击毙及生擒各匪共有八九百名之多，办理颇为得手。兹据该翼长呈称，吉林东北大股胡匪近已一律廓清。该军员弁等悉力防剿，已逾半年，暑雨祁寒，未遑辍息，卒能犁庭扫穴，奏此肤功，实属异常出力，开具衔名清单，呈请查照前案，奏给奖叙。又据呈称，奉边首要各匪，往来于大洼、三道沟各处者为一股，麕聚于昌图府东北一带者为一股，蹂躏吉省红石砬子等处者又为一股。经各营管带聂汝康、许兰洲等会同剿捕，擒斩首要各匪九十七名，夺获快枪八枝，子弹二百余颗，马三十四匹。现在各股均已扑灭，地方赖以敉平。请将出力各员，一并汇案奏保，等因前来。臣等查吉省疆域辽阔，黠匪此拿彼窜，习为故常。全赖各军协力筹防，乃能布置周密。除吉兴、吉安、吉宁、精锐右翼四军拨归该翼长调遣，所有员弁已据开单请奖外，精锐左翼统领诚明督率官兵在西南山一带，先后与匪接仗十三次，擒毙匪首张玉清等四十二名，又访获胡匪萧红等三十三名。吉胜军统领毓麟驻防省城，先后督饬弁兵在烟袋木沟等处与匪接仗七次，击毙巨匪压五洋等二名，生擒匪首张溁福及伙匪三十余名。护理三姓军统领德魁，自九月接护该军，即亲率兵队赴姓边楚山一带堵缉江省叛匪，未及浃旬，一律剿散，擒毙首要高作舟等四名、余党二十余名，夺回枪械马匹甚夥。陆军三镇五协九标二营管带官刘之洁驻扎磐石县，所部队官、排长等在阿口子各处，先后捕获巨匪田祥等并伙匪二十余名。均据先后呈报在案。论其剿匪之功，虽稍与吉兴各军有间，而相机策应，就地屯防，亦不无微劳足录。窃思东省积匪多于各省，而剿匪之事，又较难于他省。边要各处，人烟寥落，林木阻深，夏则瘴雾弥空，冬则坚冰遍地，匪徒因得啸聚其间，恣行劫掠。迨官兵一至，其弱者散居闾里，无可穷追，其黠者铤走山林，显然对抗。在军士等随时侦捕，冒险连攻，其艰苦情形，实不殊于前敌。即以近日匪势谕之，东自绥芬以迄海参崴，西自哈尔滨以迄长春府，萑苻窃发，何地无之，其甚者私筑炮台墙垒，以为久远之图，潜通异族奸商，别有逋逃之薮，深根固蒂，剿抚两难。乃该翼长督率精兵奋勇进剿，各军统领亦能不分畛域，协力分防。半载之间，竟将积年巨患扫除殆尽，实非寻常剿匪之功可比。所开请保各员，经臣等一再复核，委系在事出力，并无冒滥。合无仰恳天恩，特予照准，以彰懋赏，而励军心，出自鸿慈谕格。除将应保千把各员弁并应恤阵亡各兵咨部分别核办外，所有奏保剿匪出力各员缘由，理合分别异常、寻常，缮具清单，恭折具陈。伏乞皇太后、皇上圣鉴训示。谨奏。光绪三十四年三月十二日具奏，于十九日奉到朱批，另有旨。钦此。

附奏张勋带队剿匪出力请旨奖叙片

再，行营翼长张勋，前年由调任将军臣赵尔巽电商升任北洋大臣袁世凯派遣统军来奉。其时日兵尚未撤退，该翼长驻扎昌图一带，对待客军，通筹防缉，俱臻妥协。嗣兼统奉军后路、副后路两军，剿捕巨匪，迭次获胜，首要悉行擒获，地方赖以乂安。经调任将军臣赵尔巽累折奏陈，早在圣明洞鉴。上年派往吉林东北一带剿办大股胡匪。赴吉以来，已逾半载，或分遣各军扼要防剿，或亲督劲旅奋勇进攻，策应胥合机宜，往来不辞艰险，卒能殄除巨患，上纾宸廑，厥功甚伟。现该翼长仰蒙简授云南提督，阶秩已崇，感戴天恩，自称不敢仰邀奖叙。而臣等窃维以人事君之义，既深知其勤劳卓著，调度有方，亦未便壅于上达。应否量予奖励之处，伏候圣裁，谨附片具陈。伏乞圣鉴训示。谨奏。光绪三十四年三月十二日附奏，三月十九日奉到朱批，另有旨。钦此。

附奏报官军在蜂蜜山一带剿捕巨匪迭次获胜情形折

奏为官军在蜂蜜山一带剿捕巨匪，迭次获胜情形，恭折具陈，仰祈圣鉴事。窃维东省马贼，聚散无常。上年迭经官军剿捕，大股悍匪歼获虽多，而边境辽廓，土旷人稀，官军驻扎较远之处，前次逋入俄界余匪，又复出而啸聚，乘间滋扰，烧抢民房，掳去垦员垦户，劫毙俄孩，捉勒俄商，盘踞蜂蜜山、卫沙河、青沟岭一带。臣等当饬行营翼长张勋拣调淮、奉两军，搭附日俄火车至一面坡，由北而南，又饬兼统吉林中路统领孟恩远拣调吉军由南而北，节节搜剿，两路夹击，为一律廓清之计。据该翼长先后呈报，本年五月，在太马沟擒获迭与中外官兵抗拒之匪首李蓝旗，在东北沟生擒匪党尹玉删、孙长菁，夺获被掳垦户一名，其派剿卫沙河兵队搜至三道川，遇匪好胜、朱双六等率领大股，开枪拒敌，官军奋勇迎击约三时许，阵毙匪党十名，生擒悍目王幅先、王势猖，余匪向西南遁，夺枪九枝，子弹二百粒。与派往七站之队会合，追至呼兰克道岔，猝遇朱双六、洛二、钟老屋等合股约二百余人。官军夺险分扑，弹如雨注，阵毙匪首朱双六等六名，夺枪十枝。匪股入巢坚壁拒守，官军乘风纵火，立毁木巢五处，取耳级十四枚，尾追数十里至东南沟内，轰毙悍目梁老疙疸等数十名，生擒悍匪张蟢顺一名。匪目傻子、东山，负伤率众逃逸。是役也，我兵小有损伤。遂分兵三路蹑追，集合于卧虎沟。诇悉悍贼访友等带队数十名拥挟俄商作藏匿计。我军放枪围击，阵歼访友等四名，枪伤数名，夺枪四枝，我兵受伤三名。追至海浪河，雨大水涨，冲毙匪党数名，夺回俄商郭列一利喀，当交俄商雪结士帮办霸拉挠维持领去。其围逼蜂蜜山一带之军，至小金山遇匪，阵歼匪党二名，夺枪二枝，背兜两具，又歼刘匪一名，我兵受伤二名。先后生擒悍匪曹大嘴子、柳屏维、吴受豚，暨前劫俄商什里郭夫幼孩之匪首杜受信，又计毙尹大个子，生擒十五阎王及久窟穴海参崴之著名巨匪张振海。同时，中路统领孟恩远派步队第四营在石头河地方与贼鏖战，击毙匪首顶上烟一名，伙匪四名，击伤匪党十数名，夺获军械衣物，焚毁贼巢粮草，并救回民票八名。又在穆林河、台马沟等处先后救回垦局委员三员。贼巢破后，遗股窜入黑背、荒沟口等处。我军追至，左右夹击，阵歼匪党六名，夺得枪弹铅条等项。此外另股或分或合，出没不定。淮、奉两军，复分七路搜剿。当搜至下城子窝集，匪首孙当家与李三省合股约数百十名，我军扼要截击，生擒匪首孙当家、悍匪吕狻峰、曹得淩、李滙浣，阵歼七名，夺枪十枝，并马匹、洋酒、米面、背兜多件。我兵受伤三名。该匪夜附火车而遁，随赍俄护照追入海参崴。溃匪正投入崴埠，匪首满堂红、姜搜山部下，共谋劫夺孙匪。当请俄巡抚福鲁格添派兵士轮船，掩其不备，将二匪首满堂红、姜搜山就岛边绑缚，并生擒悍党王停陵、孙菾受、唐薪三、周十、洛二、余幅菁共六名，道遇匪党抗劫，立枪毙匪目四名，余匪骇遁。又侦悉匪首王得一股，窜伏泉眼河扎卡立栅。我军乘夜袭入，分破卡栅三道，阵毙匪首王得，炮头訾姓等十六名，夺枪械米粮无算，救回被掳铁工乔魁一名。我兵受伤六名。歧路伏兵生擒悍匪赵得豺一名，击毙四名，救回被掳张进宝一名。又在五站炭窖阵歼匪目张喉咙等六名，生擒匪首滕洛管、王九豺，夺获枪、马、帐棚、子弹多件。由是东北各匪，悉合股麇集于老松岭、大小乌蛇沟、骆驼砬子、南冈、南湖头等处，作负隅[嵎]抗拒，奔窜俄界之计。匪首李三省联合各股，率悍党三百余名，散伏于七十二顶子内。官军扼要设伏，阵歼匪股前队十六名，夺枪八枝。我军阵亡一名。余匪窜南湖头一带，沿路烧劫裹胁愈众。追至松窖沟，匪迫居民为前列，用以自护。官军斜刺冲击，歼匪十一名，匪弃居民溃窜。伏兵四集，兜歼匪党二十五名，生擒伙匪张乏一名。我军阵亡兵丁差弁各一名，救回人票六十六名、被胁裹居民男女百余口。连日跟追，先后毙匪十二名，夺获枪枝、牛马、粮食、衣物无数，生擒积匪王蚊菁、王幅、吕灦蚊、甄秃子四名。又于四平山击毙匪首进豺等四名，生擒匪首冈维五、李老屋、娄猕槐三名，余匪与孟尝涒、刘钰陵合股。官军由狼牙山会集于野马岭，时已夜深，刃毙守卡匪三名。匪众惊乱，适有被胁之刘占山等，率党十余人愿为内应，我军夺隘直入，阵歼匪党十八名，生擒匪首孟尝涒、刘钰陵。兵丁受伤四名，搜获大小枪十九枝，抬枪一枝，俄布里苗特格林轻机快炮一尊，余匪星散。现在大股殄灭，首要歼除，地方较前安谧，垦民渐次复业，堪慰宸廑。惟李三省一名，屡经痛创，远遁潜伏。现正分道围搜，务期弋获惩办。查该翼长等督饬将弁兵丁，冒暑远征，不避艰险，或督率搜捕，迅赴戎机，或亲冒锋镝，力图报效，洵属卓著劳功，应俟饬将在事出力各员及伤亡弁兵名数查明具报后，再行择尤保奖，分别议恤，以励微劳而资激劝。所有官兵迭次剿捕巨匪缘由，理合恭折具陈。伏乞皇上圣鉴。谨奏。光绪三十四年十二月初十日具奏。本月二十日奉朱批，知道了。钦此。

附奏奖剿办蜂蜜山一带胡匪出力各员并将各路军队剿办华俄巨匪出力人员择尤汇请奖叙折

奏为遵旨请奖剿办蜂蜜山一带胡匪出力各员，并将各路军队剿办华俄巨匪出力人员，择尤汇案奖叙，以励劳勚，恭折具陈，仰乞圣鉴事。窃查蜂蜜山一带胡匪，经臣等督饬东三省行营翼长张勋、督办吉林防剿事宜提督孟恩远等率淮、奉各军合力严剿，迭次获胜，歼除巨匪，救回委员、垦户暨俄商人等，曾于去年十二月初十日具折奏陈并声明俟查明在事出力暨伤亡各员，分别请奖议恤，以资鼓励。十二月二十日奉批，知道了。钦此钦遵。知照在案。兹续据该翼长报称，该处股匪，经官军迭次痛剿，零星遁入南冈、珲春、海参崴、哈尔滨、江北等处，离合无常，其著名巨匪，亦多更名，投入江省通肯新垦荒地内者。遂分派兵队四出跟追，先后于额木索、双山子、黄泥河、西岭子等处，歼匪首永平等八名，毙匪六名，生擒匪党四名，救回人票六名。于萧家窝棚暨俄界红眼河、西北沟等处，生擒李三省，队长崔得胜、炮头毛大个子等六名，歼匪十二，伤兵二名。李三省等溃窜，夜间经伏兵环攻，歼匪目九名，生擒二名，伤兵一名，余匪逃窜。我军持俄护照追至崴埠，商由俄官派轮船相助，直捣水陆巢穴，生擒积匪李歪脖等六名。搜至万龙沟等处，歼匪十三名，生擒一名。又在五站及珲春红旗、上掌河等处，搜歼匪目二十名，生擒四名，伤兵五名。又在江省通肯等处，擒获连年悬赏通缉与萧云阁、陶克陶合股绑劫巨金、烧毁民房、抗拒官兵、降而复叛之巨匪首大江东，即李桂林，更名李得胜一名，匪首栾得胜、李久豺二名，歼匪李幅等二名，生擒匪目四名。是役也，先后阵歼首伙匪七十一名，生擒首伙匪三十名，夺枪一百六十枝、子弹、马匹、官钱帖、羌帖无数。综计自出兵剿匪以来，前后救回被掳俄商郭列一利喀等，暨所绑人票七十余名，被胁男女百余名，阵歼匪首、匪目等一百三十余名，生擒者七十七名，焚毙、冲毙者约数十名，起获俄轻机快炮一尊，枪械多件。自哈尔滨以东至极边五站等处，积年巨匪歼除殆尽，匪氛以息。匪首李三省，党援全失，或谓其只身遁入俄境，或谓在桦树嘴已经我军阵毙，尸首毁裂，无从认识。惟行营虽撤，留扎之兵尚多，露影潜形，终遭显戮。哈埠等处，中外商民，如常安业。俄商因我军救回该国被掳巨商并擒得劫毙俄孩之匪，公赠旗伞以表谢意。并据提督孟恩远呈称，自与张勋同时督队分路剿捕以来，陆续于穆林河、台马沟、黑背荒沟处，阵毙匪首顶上烟，暨匪徒二十余名，救出垦局被绑委员三员、荒户三十二人，夺获枪刀、旗帜、号衣，贼粮衣物多件，并收降匪三十三名，缴出连珠枪二十七杆，子母一千一百余粒。先后由该翼长、提督等，将在事出力各员查明，开具清单，并声明此次剿匪各军，由盛暑以迄岁杪，历时甚久，辛苦万状。裹粮入山，则道路崎岖，转运隔绝，或数日不得一饱，追奔出境，则水陆并进，冒险直前，跋涉尤极艰难。出入于枪林弹雨之中，倥偬于饷械羽檄之备，官兵一致，困惫莫名。应请奏恳奖叙，以励勤劳等情。同时据黑龙江各军翼长倪嗣冲呈称，博克图车站附近内兴安岭北有大沟，沟内歧路纷出，林木菁密，有俄匪多名，为首者曰安米里，为俄国著名巨匪。犯案发遣期满释回，复又犯案驱逐出境，勾结华俄各匪，藉砍木为名，时出抢劫。华匪中有历年纠合大股与官兵接仗之首魁关访友等各名，因搜缉甚严，均往该处潜匿，乘间出而行劫，且与车站土工等均通声气。官兵一有举动，无不知悉，故盘踞甚久。此次将沟内途径侦探明晰，于上年十二月间，选派马步各队至博克图车站。该站俄军官亦派武员带马队数十名同往相助。乃分兵购线，四面设伏，绕越山岭，同时并进，逾其壕堑，破其卡寨，俄匪等猝遇兵至，仓皇起拒，华匪亦闻声四应。我军奋勇直前，分投捕拿。该匪等仓卒间无可措手，旋经擒获俄匪首安米里等七名，华匪首关访友等八名，快枪多杆。同时拿获误入匪穴被胁作工之良民十八人，均有妥保，遂即开释。沟内一律肃清。又据该翼长呈报，巨匪天灭洋勾结匪首江北、合手、靠山等，各率股党数十人在绥化府属一带窜扰。经派队分路搜剿，于木兰县属之大青山里西北河设伏，奋力剿击，将合手一股十七名尽数歼灭，并毙匪首占北、靠山二名，天灭洋率死党三四十人窜入黑山藏匿。官军入山搜索，擒获匪目大山字、大英字、大发字三名，侦悉该匪天灭洋下落，四面设伏，将该匪首天灭洋枪毙，余党骇散。救出被绑人票一名。是役也，贼党阵毙者二十四人，正法者九人，此股贼党销亡殆尽。东荒千余里，除此积年巨患，该处人心为之大快。将在事出力各员，开单呈请奏奖。又陆续据奉省巡防营务处暨翼长张勋报称，奉军中路各营自去年夏初至冬末，先后在辽阳州属之向阳寺、韩家砬子，通江厅属之珠儿山、法库厅、铁岭县等处，访获案犯二十余起。左路各营，于光绪三十三年间，在盖平、复州暨锦州各属铁路附近一带，先后拿获首要匪犯五十八名，枪械子弹多件。三十四年，改编巡防队，复于广宁、义州、锦西暨清河边门内外，与悍匪于济川等迭次鏖战，毙其匪首张子仁，擒斩伙党数十名，救回人票十余名。余匪星散，辽西乃无成股之匪。前路各营于吉林一带访拿著名逸匪车洛疙疸，又在江省绥化府属正红旗等处，续获巨匪乔日幅一名。后路、副后路各营，在江省呼兰府属洪家窝堡地方，访获匪犯苗魁武、郭振禄二名。又于榆树林、石城子等处拿获积匪刘溢绰号方字、史幅臣绰号大贤字等七名，起获马匹、枪械、赃物多件。吉军左路步队在密山府属杨木杠地方，侦获与杜立山、九只手、苑五等齐名，抗毙官兵百数十人、充日本大统领与俄兵十数战、悬赏照相、漏网入山、复图起事之巨匪杨二虎。又由江省生擒抗毙官兵二三百名、供认劫毁数十次之巨匪胡大文字即胡佐臣，及叠次抢劫之悍匪五湖即刘子扬、三盛即佐万保等三名。除各路军队阵毙各匪外，其生擒各匪，均已先后解交行营发审处讯明，照例惩办。所有在事出力各员，不无微劳足录，均应分别酌予奖叙，以资鼓励。由该营务处暨该翼长呈请奏奖前来。臣等覆查，东省地方幅员甚广，形势辽廓，边远之区，新荒甫辟，如蜂蜜山、通肯等处，垦务初兴，人烟尤稀，兼以山林丛密，险阻异常，匪徒等多藉为逋逃盘据[踞]之地。且其处界连俄境，途径纷歧，外来俄匪，互相勾结，此剿彼窜，官军每疲于奔走。其胆敢掳劫委员、垦户暨商人等多名，实恃此为藏身之固。非能艰苦耐劳，冒险深入，并与边境俄员合力图谋，越界穷搜，不足以捣其窟穴、尽歼丑类。即境内各府、州、县地方匪党，虽经官军连年痛剿，相率敛迹，然铁道通行之处，中外人民混杂，来去无常，匪徒时出尝试，防范尤不可一日稍疏。各路防剿军队，或入山搜捕，或出境跟追，或改装侦贼、如探虎穴，或大股对敌，俨然战阵，冒暑凌寒，往来遍三省内外，劳苦不辞，始终如一，卒能殄灭凶顽，扫除匪患，救回委员、垦户暨掳去俄商人票多名。俾地方渐次肃清，中外商民得以安居乐业，裨益大局，殊非浅鲜。所有在事文武各员，虽其进止攻守，分合远近，所事各不相同，然其力征经营，用力用谋，则艰苦卓绝，彼此实无二致。不及时加以奖励，实无以鼓舞将来。自应将各处先后所开人员，一一覆加查核，择其尤为出力者，分别异常、寻常汇案请奖，虽人数稍多，然案关三省，事越多时，业经详细考核，委实毫无冒滥。合无仰恳天恩，俯准如拟给奖，以励成劳，实出自逾格鸿施。除将千总以下各员弁照例咨部给奖，及查取伤亡兵弁另行照例咨部请恤，并将各该员履历分咨查照外，所有请奖剿办蜂蜜山一带胡匪出力人员，并将各路军队剿办华俄巨匪出力各员，汇案请奖缘由，谨合词恭折具陈。伏乞皇上圣鉴训示。谨奏。宣统元年二月二十四日具奏，闰二月初六日奉到朱批，该部议奏，单二件并发。钦此。

附奏调奉淮军仍令调回原防张勋应请饬赴本任片

再，甘肃提督张勋前因奉省收回地面胡匪滋扰，经前任将军赵尔巽咨商直隶督臣派令该提督统督所部原驻北洋之淮军移驻到奉，专任防剿。臣到任时，曾奏派该提督为行营翼长，叠将东省大股胡匪及著名头目歼除殆尽。均经臣先后将剿匪获胜情形奏报在案。现在巨憝获除，匪徒敛迹，地方安谧，即间有零星之匪，奉省防军及新调陆军，尚足敷防剿之用。该提督所部淮军自应仍令调回北洋防次，以资镇卫。至该军调回原防后，该提督系专阃大员，应否饬令赴任，出自圣裁。除咨部查照外，谨附片具陈。伏乞圣鉴训示。谨奏。光绪三十四年十二月初十日附奏，本月二十五日奉批，张勋所部淮军仍著暂留东省办理剿匪事宜。钦此。

附奏报武卫左军剿贼情形并请奖出力各员折

奏为调江武卫左军剿匪获胜情形，并将在事出力各员择尤请奖，恭折仰祈圣鉴事。窃维江省绥兰一带，向为商务精华所萃，亦为萑苻踪迹所归。今春武卫左军奉旨调拨来江，当经奏明拨驻东荒一带，俾资镇摄。计自到防以来，闾阎颇称安谧，匪踪亦已先后敉平。前准该军帮办崑源咨称，本年七月初六日，据呼兰府属张嘑屯民人周钧报称，是日早间，突由江南窜来胡匪数十人，均著土色布军衣，各持连珠快枪，冒充军队，扬言清查民间军械，因而抢掠财物，拦截往来车马，并经捆绑商民杨万琛等六人，仍向江套一带逃去等情。当即饬派先锋马队统领赵倜亲带马队数十名，驰往追剿，嗣后以连日大雨，泥淖载途，江水阻深，柳林丛密，深恐马队驰骤不开，难以得力，复经加派左路步队右营管带李得功率两哨兵勇，跟踪策应。维时赵倜马队追至松花江，该匪已渡过南岸，遂亦先后渡江，力追百五十六里。初七日午后，于吉林双城厅属下坎地方追及匪踪。该匪见马队踵至，即踞民宅负隅相抗，鏖战良久。大雨不止而天色渐晚，赵倜恐匪党乘夜逃逸，督率兵对闯入院内，奋勇搏击。立毙匪目于大海、于五营及绰号天照应、天意等十余名，生擒悍党徐得胜绰号单闯、张小黑子绰号金山、屈贵绰号大老疙疸、赵得胜绰号大兴子、李得才等五名，战马十余匹，夺获快枪十三杆，手枪二杆，贼马十二匹，救出被绑商民杨万琛等六人，正在搜缉余匪，适李得功带步队亦到，拿获受伤逸匪张玉林一名，计此役阵亡马队哨长尹志功一员，又五品军功杨茂林一员，马勇受伤三名，所有拿获贼匪均经讯明正法。等请咨报前来。臣等伏查此股马贼，俱系积年著名巨匪，狡悍异常，素为地方巨害，经该军此次穷追痛剿，实足以寒贼胆而快人心。东荒向称盗薮，自该军来江镇压，先后擒斩首匪多名，商民极称乂安。此次股匪窜扰，经其奋勇追击，尤足消患未萌，若不恳恩量予优奖，恐无以策励将来。谨将在事出力文武各员分别酌核拟奖，敬缮清单，恭呈御览，合无仰恳天恩俯准给奖，以示鼓励，出自逾格鸿慈。除饬取履历咨部，并将千把以下各员照例咨奖暨阵亡各员弁另片奏请议恤外，所有调江武卫左军剿贼情形，并在事出力员弁择尤请奖缘由，谨恭折缮单具奏。伏乞皇太后、皇上圣鉴训示。谨奏。光绪三十三年十一月十九日奉朱批，著照所请，该部知道，单并发。钦此。

纪逃叛

驭兵之道，必恩足以洽其慕好之心，威足以摄其浮嚣之气，范之以礼，导之以义，众志成城，永无携贰，而后可称节制之师。陆军远来，以内地之安和易塞外之寒苦，其郁郁不欲居此，不得已而逃亡。纵曰情有可原，实属法无可逭，毋亦为之官长者，忠信未孚之所致乎。防营品类，最为庞杂。其降众之或逃或叛，固已视若恒蹊。乃降众逃，非降众而亦逃，降众叛，非降众而亦叛。若光绪三十三年秋冬之间，黑龙江巡防中军副中营降卒张有才，以复谋结伙出劫事败，统领吉祥不即正法，仅交本哨看押，致令戕官携械而逸。继复有兴东道赴托萝山之兵，右军驻汤原县之队，结匪倡乱，劫夺饷款以去。曾未逾月，而驻护漠河金矿之中军左营兵丁，又以刺毙管带、哨长，聚众逃叛闻。虽经先后派队拦截剿捕，旋即敉平，而军纪荡弛至此为已极矣。边塞荒旷，专视军声以昭镇卫，不有以痛涤而力澄之，其何以巩此疆圉，而奠孑遗之民。年余以来，简选蒐练，行行整理，丝丝梳栉，陆军气象固觉崭然有光，防营规度亦渐非昔之凌杂不受范围。然抚御训练，聚数万骁健之士，使之心悦诚服，而有如弦赴机，如臂使指之用，世昌于此，实不胜其兢业也。

附饬各镇、协、标推诚待下，严禁兵丁逃亡谕

为剀切晓谕事。照得驭兵之道，贵得军心。曰民信，曰人和，尚矣。孙子兵法十三篇，开宗明义，即主乎道。诚以官长果以道御兵丁，自能万众一心，尊君亲上，如子弟之卫父兄，手足之捍头目，生死尚且不畏，何逃之有。近来本大臣留心考察各营逃兵之事，层见迭出，军纪风纪，日形退步。平时如是，战时可知，服役如是，退伍可知。虽曰兵丁程度之不齐，实亦为官长者平时表率无方，抚绥鲜当，不能以心练心之所召致。查东西各国军队，教育研究不遗余力，而于军心之得失，尤为兢兢注意。即如操练之暇，官长或以时集合兵卒，导之高唱军歌，藉以发扬其志气，而使之油然生忠君爱国之心。又或诱以各种游戏体操，藉以活泼其精神，健适其肢体，使之习于军队之生活，而快然忘束缚驰骤之苦。他如设物品贩卖，所以便其饮食日用之需。大书圣贤格言，遍悬室中，朝夕演解，以提其道德名誉之思想，法至良，意至美也。至一衣食之适宜与否，一劳逸之平均与否，一沐浴起居之有妨卫生与否，及夫气候之变易，疾病之传染，事无大小，时无昼夜，为官长者无不监察而调剂之，更无论矣。盖文明各国，视军队如家族，官长兵卒，情谊相结，虽家人父子，不能或过。其督责也如严师之于子弟，其抚恤也如慈母之于婴儿。一旦有事疆场，命令一下，重若山岳，蹈汤赴火，皆所不辞。其所以固结军心之道，与我国古先哲言，固若合符节也。当兹时局艰危，国家不惜岁糜巨款以练兵，尔各官长等宜如何激发天良，推诚待下，以精神教育为本原，以形式教育为补助，庶几心形一致，蔚成劲旅。若屡募屡

逃，原为旧日防营恶习，新军岂可复蹈此弊。自谕之后，尔上下官长，其各懔遵此谕，实力奉行，以上副国家整军经武，重视军人之至意，本大臣有厚望焉。倘嗣后各军官长仍有虐待兵卒，致启逃亡之渐，一经觉察，定即严参惩办。各该兵丁尤宜恪守军纪，如敢不听约束，侮慢官长，或仍前任意逃亡，亦定按律严惩，决不宽贷。为此谕行三镇统制暨独立各协、标统领统带等，一体知悉，仰即传谕全军，人各抄录一道，以便遵守，毋违此谕。

附奏巡防中军正兵张有才戕官逃叛、统领吉祥革职发往军台效力片

再，据巡防中军统领花翎二品衔协领吉祥报称，本年九月十三日夜间，该军副中营正兵张有才，纠邀什长李长钧等十人，戕毙营官宋桂山及哨长经凤阁，并抢去军装、号衣、马匹等件，同时叛去等情。当时批饬该统领勒限严缉，一面委派东三省行营营务处奏调直隶候补道倪嗣冲查办去后，兹据该道禀称，此案致变缘由。叛兵张有才即天和，原系江省著名巨盗，于光绪三十二年十二月，经统领吉祥收降。本年九月间，张有才复谋结伙出营抢掠，被哨长经凤阁查知，回明管带宋桂山告知统领吉祥，请以军法从事。该统领迟疑不决，仅令先交本哨看押，不上刑具，以致张有才挟雠反噬，于是月十三日夜间，勾结叛兵李长钧等，将管带宋桂山、哨长经凤阁同时戕害，并击伤哨官康兰培、字识刘振纲，携带枪马、号衣逃逸等情，禀复前来。查统领吉祥，明知叛兵张有才即天和，系投诚胡匪，野性难驯，平时并不严加管束，至匪形已露，经哨长举发，该统领又不立予根究，仅交本哨散押，致酿戕官重案。该叛兵等仅止十人，以副中营全营兵力，竟不能立时擒拿，一任其从容逃脱。现在时逾一月，仍未弋获一名，种种办理失宜，该统领实难辞咎。当此整顿营务之际，似此庸劣将领，未便稍事姑容。相应请旨，将花翎二品衔协领吉祥即行革职，发往军台效力赎罪，以为驭军不严者戒。管带宋桂山，哨长经凤阁，因公被戕，情殊可悯，可否仰恳天恩，饬部从优议恤，并击伤之哨长康兰培、字识刘振纲等，一并发给恤赏银两之处，出自鸿慈。除饬各营一体严缉并咨部查照外，谨附片具陈。伏乞圣鉴训示。谨奏。光绪三十三年十一月十九日奉朱批，著照所请，该衙门知道。钦此。

附奏报瑷城兵溃现已剿捕敉平折

奏为江省赴漠防兵在瑷戕官逃溃,现已剿捕敉平,恭折具陈,仰祈圣鉴事。窃维江省边隅错处,民质杂糅。自庚子后,官军逃散,胡匪日益纵横,积患至今,兵匪相参则剿贼难,饷糈微薄则养兵难,边荒苦寒则抚御难。故就江省今日情形而论,平时简练兵卒,措手已属维艰。洎至变生不测,虽幸崇朝殄灭,歼除无遗,然以本无教育之兵,置诸艰窘万难之地,虽由自取骈戮,然臣等未尝不明施决罚而退滋余痛也。查本年自十月以来,兴东道赴托萝山之兵与右军驻汤原县之兵,或因该道因公赴奉蓄意谋财,或因哨官约束过严激而生变。均先后报有各结伙匪二三十人倡乱情事。兴东一处,并劫去官款俄币九千余元,官帖四百余吊,均各奔三姓一带逃去,迭经臣等电知吉林三姓副都统,并饬驻扎巴彦州之右军统领巴英额[1]派兵四路兜缉。嗣接三姓副都统德胜来电据称,派出三姓军统领德魁等先后毙匪五名,生擒二十五名。又右军统领巴英额报称,兴东暨该营叛匪均经全数弋获,除由三姓副都统讯明当时被胁情有可原者五名,现经咨复研讯外,其余各匪供认聚众戕官、持枪拒捕等情不讳。业由臣等电饬就地正法,以昭炯戒,堪以上纾宸廑。乃于十一月初十日,又准署瑷珲副都统姚福升电称,拨驻漠河之中军右营,因久驻瑷城,磋商俄轮载运事尚未定议,突于初八日夜,变生仓卒,刺毙管带恩车恒额、哨长荣玉,计逃溃什兵一百八十余名。帮带富德胜随众逃叛,携去毛瑟枪二百一十杆,子母二万三千五百粒,并将未发本年十二月饷银抢去,纠众乘夜四窜等情。续又据署墨尔根副都统寿庆电称,匪踪窜至喀尔塔儿西站暨科葆尔等站,沿途裹胁约二百余人,逼近墨城等因。当经臣等电知该署副都统相机堵剿,并饬东布特哈总管福龄加意严防,又调向驻博尔多中军右营管带双全出队截击。嗣恐兵力太单,复由省加派奉军统领瑞禄暨该军管带宫文彩添带马队三哨,与双全联合,期在拦截痛剿,以消巨患。先是,臣等闻变,预计自瑷珲而达省城,沿途除站道外,四无居民。该匪等势难驻足,逆料其不窜东荒冀结大股,则必走戚家店,越安达,渡松花江,窜越吉林边界,以图免祸。爰电绥化、海伦等处,一律整备,以防东荒。其戚家店一路,则另派奉军步队前往要截。复迭饬瑞禄、双全等,务须沿途声息相通,暗探贼踪所至,待其惫而

〔1〕 巴英额(1868—1940年),满族,汉名吴凌云,吉林扶余人。晚清将领。辛亥革命后被奉系收编,曾任黑河警备总司令,黑河镇守使等。

掩击之。嗣据寿庆报称，匪众至墨尔根城，经官军迎击，阵毙数名，得枪四杆。续据探报，该匪窜洪霍尔吉屯，因恐东荒兵队较密，旋又向省城西下，预为过江之计。又于托来屯与瑞禄相遇，经官军小挫其锋，至此后瑞禄等已联为一路，暗袭贼后，以谋聚而歼旃之举。果于十一月二十一日晚间，匪踪窜至戚家店，该匪等自恃连夜飞驰，料官军一时不能聚齐，正入店憩息间，适瑞禄、双全各队均连夜追至，遥见火光烛天，知该匪必入店中，因暗约合围，迨相距已近，乘其不备，开枪猛轰。贼方惊起死斗，我军乘势奋击，枪刃交加，毙匪甚夥，且战且缚。因酣战为时过久，风雪迷离，余匪溃围分窜，我军乘势追击数十里。计此役阵毙各匪八十余名。瑞禄一军生擒十八名，双全一军生擒十二名。我兵阵亡三名，共得获马五十匹，枪枝七十余杆。余匪无多，均抛弃枪马，分路零星四散。臣等通饬所属，务期搜捕净尽，以靖余孽。现由各处防兵巡警，陆续拿获二十余名，得获马三十余匹，枪十余杆。除讯明实系被胁各犯，业饬分别办理外，共计获叛匪五十余名，均经讯明，就地正法，以警凶顽。臣等伏查此次瑷城兵溃，虽由该营管带平时恩威未能服人，然该军自八月间派赴漠河，即经奏明加饷，并将本年全饷发交该管带携往，以便随时发给。且现查该管带已将饷银发至冬月，乃以营兵造言兵未赴漠，仍须扣饷，以致奸徒生心，激成此变。且推厥总因，又由俄轮载运事确议未成，各兵进止迟迴，不免愈滋疑怨。幸瑞禄等奋勇痛剿，一鼓荡平，尚属办理迅速。已由臣等分别犒赏银两，所有出力员弁，应请随时汇案请奖，以昭激劝。其墨城以北有无被扰民户，已派员前往查看抚辑。所有现尚留瑷官兵七十余员名，业经赶调回省。现在统筹遵照陆军部新章改编各营。惟江省将才难求，饷源涸竭，边荒困苦尤甚。计为多募土著以清本源，酌加饷干以励士气，慎择将领以镇军心。庶期戎政日趋严整，渐臻完备。除饬各军暨所属再行严密搜缉，并将阵亡各兵咨请议恤，分咨查照外，所有江省赴漠防兵，在瑷戕官逃溃，现已剿补敉平各缘由，理合恭折具陈。伏乞皇太后、皇上圣鉴训示。谨奏。

光绪三十四年正月初八日奉朱批，知道了。钦此。

军学篇

周汉以上，文武未分，如夏版、秋戈、戎御、通经，皆军学之始。厥后判为两途，遂成偏倚。宋神宗立武校，以教武举，亦无当于戎略。今之陆军，仿东西洋以为制。营各有校，校有定谋，平时培植将校之才，又别辟校舍，以骈罗而广收焉。其为谋，自战陈步伐以逮制械、绘圆、筑垒、养马、卫生、医疗等事，靡不有书，以精研其理，实致其用，而所以作其义愤，生其慕好名誉之心，则修身之发明，官长之敕勉，同仇意气之切劘，有日进无日辍也。世昌简调新军至东，表率旧伍，新军曾受教育，固必精益求精。旧军未受教育，亦必妥定规制，一律如法训练，俾可变化气质，胥底精强。于是饬各镇、协、标暨巡防各队，均就本营立讲堂，并编立学兵，建随营学堂，朝夕程课。举凡战术操法，步伍技击，及工兵之工作，探兵之侦查，军械之保存，马匹之调护，持躬之道，兴居之节，口讲指受，无间时日。又时时以古来忠臣、良将之功绩言行，缕晰讲解，藉以恢扩胸襟，激扬志气。虽末弁细卒，靡不以大用期之。除学兵之隶随营学堂及调防剿匪诸军之外，其余弁护目兵，每日按三分之一轮班课习。其教授之能否如法，受教之是否悉中程度，纪律张弛，士气盛衰，体格强弱，居处污洁，以及官长与兵丁亲洽悦服之情况，以时派员考查。有成绩可表者赏，违惰者罚。章程有不尽合者，随时审酌改良。每年秋季，或各军自行会操，或由督练处派员简阅，均勘定地线，分军实施战事。年终，再由各该统领集所部官长目兵，大考一次，以定优劣。而将不知兵，古人所戒，指挥虓虎，徒勇无成，立讲武堂以教将备。志士敌万，文武兼资，六郡良家，干城之选，立陆军小学堂以植英俊。山川道里，非图不明，补禹贡[1]之九州，依裴秀之六体，立陆军测绘学堂以求要塞。营伍浮嚣，跬步必察，持司马严明之律，纠戎行整肃之规，立宪兵学堂以习军纪。智识竞争，图籍日异，机械造作，益见新奇，急起直追，义理务须博采，立陆海军图书馆编收中外兵家之书，以广研究。浚启灵明，报纸最速，万国消息，皆可坐收，朝章庶议，考镜亦所不废，附立军事月报、军事杂志社于图书馆以扩见闻。此皆所

---

〔1〕　《禹贡》，是《尚书》中的一篇。用自然分区方法记述当时中国的地理情况，把全国分为九州。

以裕其学者也。且夫机事贵密，赴机贵速，电信之往还，电筩之问答，捷矣密矣。然行军倥偬之际，营幕迁移，徒步安能架设，径涂梗阻，竿线亦虑损伤，于是令工程队兵，习马上通电法，传号调队，恒以救急，军门鼓角，万众懔之。第路有远近，风有顺逆，声若不达，偾事必多，于是令各军简灵敏目兵，习悬旗代语法。枪炮射击，弹药费钜，旧日操演，率用虚弹，射线既无准程，胆力从何增长，一旦疆场有事，全军之气，慑于一夫，甚非计也，是用筹备军用实弹，令各军别开广场，以春秋二时，练习实弹射击。边境荒旷，山河阻深，临阵驰逐，迥异平原，马队之冲锋，步队之搏战，必平日能有超击之方，临事始无退却之虑，是用筑垂马障碍场及障碍应用体操场，令各军选勇健出众者，习驰骋距跃诸技。关隘险要，道涂纡直，必躬亲历步，详细考求，心目了然，方可以策进退而议攻守，则檄各军分派将校，轮流旅行，作舆地图说。临河济师，惧邀半渡，桥梁之利，实为要需，然必呵叱立成，咄嗟便拆，极飘忽灵捷之至，始足利有攸往，路尽能通，则广购桥材，檄各军工程队精习架桥法。此皆所以精其艺者也。凡兹敷设，几费绸缪，参佐知能，尽多咨度，中枢令甲，间有变通，必因地因时，悉无舛盭，庶几彭彭翼翼，日起有光，巩此侯屏，渐安桑土乎。此外有教而犹未普遍者，则镇、协军队之兼习日俄两国文语，是周旋敌国，辞令为先，因应之间，尤须机警。弁卒巡檄，安能遍给舌人。偶尔出言，势多扞格。官兵逐日正课之外，以其暇兼习之。象题译寄，无烦展转旁求，询事考言，可免龃龉兆衅。交邻之道，正亦云宜。然非各军一律熟娴，不能推行尽利也。有兴议而未及举办者，则陆军军医学堂是。暑雨祁寒，兵行劳苦，风霜疫厉，疾病易侵，战陈伤残，尤为惨剧，须臾缓急，生死殊涂。曾设陆军军医局，为军人疗治之所。拟改之为学堂，亦陆军章制之所应有。绌于经费，猝难成立，点金乏术，徒用咨嗟，起死有方，孰广传习，留此罅漏，歉何如哉。昔苏轼氏有云，农夫小民，盛夏力作，而穷冬暴露，其筋骸之所冲犯，肌肤之所浸渍，轻霜露而狎风雨，是故寒暑不能为之毒。世昌之于我同袍子弟，既使之冲犯浸渍之已久，更思有以捍其毒保其躯，以专精于其学、其艺，而蔚为国望，以利用于无疆也。

纪各营教练暨随营学堂

今之陆军，尽革防、陆各营旧习，无论镇、协、标、营，各有讲堂。每日兵丁以早晚两次习操，习操之外，按三分之一早晚轮班上堂听讲。其所习者，于常演之械击、技击、攻守、援应之外，凡山川道里纡曲危险之遭际，调马搴旗驰突超距之精神，靡不据事实施，鼓其勇气。其所讲者，于应授之枪学、图学、兵略、战术之外，凡古今中外名臣、名将之事迹，兼弱攻昧取乱侮亡之往辙，靡不反复剖晰，浚其心源。而步马炮工辎五种兵队，复各从其类立专门课程以授之。随营学堂则又专为培成下级官佐之地，各就本营设堂，遴选识字敏健之目兵编为学兵，其额则协选一百二十人、标选六十人、营选二十人，择下级官佐之曾由学堂毕业者为之教习，设提调一员综其事。学兵入堂，三月考试甄别，列优等者为甲班，次者为乙班。各食原饷。每届三月，考试一次，是为季考。年终大考，参以季考分数，分别等次，择尤给赏。二年毕业，以排长、司务长记名升补。统陆军镇、协、标、营及巡防队，均一律办理。其课目则按其学兵之程度与驻地之所宜，择要分定，以互参差。列镇、协数表以统其凡，循序渐进，修订更易，则又在后之审酌焉。

附陆军第三镇平时教练官佐学术表

步队	马队	炮队	工程队	辎重队
步兵操典	马兵操典	炮兵操典	工程操典	辎重操典
野外勤务	野外勤务	野外勤务	野外勤务	野外勤务
临战略范	临战略范	临战略范	临战略范	临战略范
步兵侦探	马兵侦探	炮兵侦探	侦探	侦探
战法学	战法学	战法学	战法学	战法学
图上战法	图上战法	图上战法	图上战法	图上战法
步兵射击教范	马兵射击教范	炮兵射击教范	步兵射击教范	步兵射击教范
军队内务条例	军队内务条例	军队内务条例	军队内务条例	军队内务条例
军队卫生学	军队卫生学	军队卫生学	军队卫生学	军队卫生学
救急简要法	救急简要法	救急简要法	救急简要法	救急简要法
测绘学	测绘学	测绘学	测绘学	测绘学
地形学	地形学	地形学	地形学	地形学
军制学	军制学	军制学	军制学	军制学
筑垒学	筑垒学	筑垒学	筑垒学	筑垒学

附陆军第三镇平时教练目兵学术表

科目／兵种	学科	术科
步队	目兵须知	军人教练
	射击教范摘要	成排教练
	陆军礼节	成对教练
	军队内务摘要	体操
	军械名目及刷净法	野外演习
	野外勤务摘要	夜间演习
	卫生勤务摘要	
	救急简要法	测量距离
	红十字条约大意	弹击
	训兵摘要答问	工作
	卫兵勤务	
	算学	
	识字	
	国民必读	
	军人精神谭	
马队	目兵须知	徒步军人教程
	射击教范摘要	徒步成队教程
	陆军礼节	体操
	军队内务摘要	马刀操法
	军械名目及刷净法	乘马单人教程
	野外勤务摘要	测量距离
	救急简要法	野外演习
	红十字条约大意	游泳及引马渡河法
	训兵摘要答问	
	卫兵勤务	
	算学	
	识字	
	国民必读	
	军人精神谭	

兵种＼科目	学科	术科
炮队	目兵须知	徒手教练
	陆军礼节	体操
	军队内务摘要	单炮教练、数炮教练瞄准法
	军械革具名目刷净法	马术
	野外勤务摘要	测量距离
	卫生勤务摘要	野外演习
	救苦简要法	游泳及引马渡河法
	红十字条约大意	
	训兵摘要问答	
	算学	
	识字	
	国民必读	
	马学摘要	
	马体各部名目及喂养刷净法	
	弹药火具种类及功用	
工程队	目兵须知	单人教练
	陆军礼节	体操
	军队内务摘要	成队教练
	军械各名目用法及刷净法	刺枪法
	野外勤务摘要	测量距离
	卫生勤务摘要	筑垒
	救急简要法	野外演习
	红十字条约大意	工程具捆包及装载法
	训兵摘要问答	架桥法
	算学	
	识字	
	国民必读	
	筑垒摘要	
	救生勤务	
	军人精神谭	

科目 兵种	学科	术科
辎重队	目兵须知	单人教练
	射击教范摘要	体操
	陆军礼节	马刀操法
	军队内务摘要	马术、侧脸距离
	野外勤务摘要	捆包装载法
	卫生勤务摘要	成队教练
	救急简要法	野外演习
	红十字条约大意	游泳及引马渡河法
	训兵摘要问答	
	卫兵勤务	
	算学	
	识字	
	马体各部名目及喂养刷净法	
	马学摘要	
	军械名目及刷净法	

附陆军第三镇平时教练弁护学术表

学科	术科
识字	马术
传事勤务	徒步教练
军语	马术
算学	体操
野外勤务	马术
绘图摘要	测量距离

附陆军第一混成协平时教练官佐学术表

协讲堂	步标讲堂	步队营本部讲堂	马队营本部讲堂	炮队营本部讲堂	工程队讲堂	辎重队讲堂
图上战术	支队战法	战法学	图上战术	战法学	战法学	战法学
夜间战术	战法学	高粱地战法	战法学	炮队应用战法	架桥学	辎重野外勤务
高粱地战术	应用战法	夜间战术	马队战术	兵器学	筑城学	兵站勤务
兵站勤务	步队行军篇	野外勤务	马队搜索篇	炮队暂行操法	电雷学	弹击教范
战略学	夜间战术	弹击教范	马兵操法	炮队侦探	电话学	马术教范
兵棋	高粱地战术	应用战法	测绘学	炮队射击教范	军路学	辎重暂行操法
	算学	算学	算学	算学	应用战法	测绘学
	测绘学	步军前哨		图上战术	弹击教范	算学
		步队行军篇			地形学	
		步兵侦探			测绘学	
		测绘学			野外勤务	
					行军篇	
					算学	

附陆军第一混成协平时教练目兵学术表

	学科	术科
步队	训兵要言	单人教练
	劝兵歌	体操
	营制大约	弹击预备演习
	长官之姓名	测量距离
	陆军礼节	减药弹击
	野外单人战斗	成排教练
	听号	野外演习
	卫兵定则	成队教练
	步兵操法	刺枪法
	惩治逃兵章程	成营教练
	弹击教范择要	弹击实施
	卫生学择要	成标教练
	步兵前哨	成协教练
	步兵侦探	工作实施
	内务书择要	战斗弹击
	普通目兵须知	测绘实施
	步兵工作教范	
	三十年式步枪学	
	野外勤务书择要	
	步队行军篇	
	算学	
	测绘	
马队	训兵要言	徒步单人成队教练
	劝兵歌	体操
	马匹各部之名目	马刀操法
	惩治逃兵章程	弹击之预习
	三十年式马枪学	测绘距离法
	营制大约	弹击实施
	长官之姓名	击剑法
	普通目兵须知	一营教练
	陆军行营礼节	乘马单人教练
	卫兵定则	成队及一营教练
	马兵侦探问答	野外演习
	野外单人教练	测绘实施
	马兵操法	
	马术教范	

	学科	术科
马队	国民必读	
	弹击教范摘要	
	剑术摘要	
	马队搜索篇	
	马队野外勤务问答	
	军队内务书摘要	
	野外勤务书摘要	
	卫生学摘要	
	测绘学	
	算学	
炮队	训兵要言	徒手教练
	暂行操法	体操
	歌词	单炮教练
	营制大要	瞄准之区别
	卫兵定则	瞄准之定义
	军语	一队教练
	陆军行营礼节摘要	多炮教练
	普通目兵须知	驭马教练
	惩治逃兵章程	工作
	救急法摘要	弹击法
	军队内务书摘要	野外演习法
	野外勤务摘要	套马教练
	卫兵勤务	驮卸炮法
	工作物名目及结构	游泳引马渡河
	红十字条约大略	手枪操及弹击
	炮兵侦探	一营教练
	军队卫生学	马枪教法
	炮队射击学理	特别射击法
	绘略图要诀	一营战斗射击
		野外教练指挥法
		地形之侦察
		炮兵侦探动作
		战斗教练
		指示目标法
		兵动作法
		观测射击法
		各种表尺修整法

	学科	术科
工程队	营制大要	徒手教练
	陆军礼节	单人教练
	目兵须知	小排教练
	军队内务书摘要	大排教练
	陆军惩治章程	一队教练
	工兵暂行操法	刺枪法
	野外勤务书摘要	体操
	弹击教法	野操
	卫兵勤务	弹击演习
	筑垒学摘要	减药弹击
	桥梁问答	测量距离法
	军路学摘要	弹击实施
	电话学摘要	筑垒法
	水雷电气问答	架桥法
	步兵战斗练习	军路法
	测绘学	电雷法
	算学	架设电话法
		筑垒指挥法
		测绘实施
辎重队	陆军礼节	单人教练
	刑法及惩治章程	柔软体操
	马枪学	小排教练
	马术教范	大排教练
	目兵须知	成队教练
	军队内务摘要	测量距离法
	辎重问答	射击演习、射击实施
	辎重暂行操法	套卸马法
	辎重野外勤务	捆包积载法
	弹击教范	单车教练
	测绘学	挽马小排教练
	算学	挽马大排教练
	卫兵章程	挽马成队教练
		野外演习
		乘马教练
		劈刀法

附陆军第二混成协平时教练官佐学术表

军官		军佐	
学科	术科	学科	术科
指挥鉴	马术	陆军经理	单人教练
步队指挥法	剑术	军队内务	柔软体操
野外战术实施	步队指挥法	陆军礼节	陆军礼节
支队兵棋	杂技体操	卫生学	马术
高等帅兵术		算学	
夜战		绘图	
要塞战		战法摘要	
支队战法		战略摘要	
混成协战法		马学大要	
镇战法		野外勤务	
一军战法		兵站勤务	
战史			
战略			
马学			
卫生学			
公法学			

附陆军第二混成协平时教练各部队学术表

步队	马队	炮队	工程队	辎重队
应用战法	马队战法	兵器保存法	筑垒学	辎重勤务
夜战	应用战法	野外勤务	电雷电器	兵站勤务
野外勤务	野外勤务	应用战法	地形学	辎兵操法
军器学	马学	马学		马用战学
步兵射击法	马兵射击	炮队战术		野外勤务
部队战术		射击原理		

附陆军第二混成协平时教练正副目兵学术表

名次 科目 队次	正副目		正副兵	
	学科	术科	学科	术科
	目兵须知	单人教练	训词讲读及识字	单人教练
	军语字解	战斗指挥法	目兵须知	单人战斗
	内务规则	射击指挥法	步兵操法	成排教练
	卫兵勤务	弹药分配法	陆军礼节	一队教练
	军制学	侦探指挥法	战法摘要	野操
	带兵规则	夜战实施	侦探摘要	距离测量法
	军器学	距离测量法	工作摘要	射击预行演习
	军队卫生学	测绘实施	军器学摘要	射击实施
	军队救急简要	野外演习	射击摘要	侦探实施
	步兵操法	器械柔软体操	救急简要法	工作实施
	步兵前哨	刺枪	野外勤务	传令报告法
	步兵侦探	剑术	内务规则	器械柔软体操
	步兵工作		卫兵勤务	刺枪剑术
	临战略范		夜战击术	一营教练
	野外勤务		军械保存法	一标教练
	射击教范		算学	
	单人战斗		测绘学	
	算学			
	测绘学			
马队	目兵须知	单人教练	训词讲读及识字	单人教练
	军语字解	徒步持枪教练	目兵须知	马刀操法
	内务规则	侦探搜索	马兵操法	轻乘
	卫兵勤务	马刀操法	陆军礼节	调马索
	军制学	调马索	战法摘要	乘马体操
	带兵规则	乘马体操	军器学摘要	游水
	军器学	轻乘	射击摘要	飞越障碍
	地形学	游水	救急简要法	破坏作业
	军队卫生学	障碍飞过法	野外勤务	测绘实施
	军队救急简要	破壤作业	内务规则	侦探实施
	马匹卫生学	距离测量法	卫兵勤务	射击预行演习
	马兵操法	测绘实施	马兵侦探	射击实施
	马兵前哨	器械柔软体操	马术教范摘要	野外演习
	马兵侦探	剑术	军械革具之名目及保存法	器械柔软体操
	临战略范	野外演习	算学	剑术
	野外勤务		测绘学	
	射击教范			
	算学			
	测绘学			

名次/科目/队次	正副目		正副兵	
	学科	术科	学科	术科
炮队	目兵须知	徒步教练	训词讲读及识字	徒步教练
	军语字解	单炮教练	目兵须知	单炮教练
	内务规则	操枪法	炮兵操法	一队教练
	卫兵勤务	各项瞄准法	炮兵侦探	一营教练
	军制学	驭马术	陆军礼节	各项瞄准法
	带兵规则	缺兵马操法	战法摘要	乘马教练
	兵器学	侦探实施	兵器学摘要	套炮教练
	地形学	工作实施	射击摘要	缺兵操法
	军队卫生学	野外演习	工作摘要	驭马法
	军队救急简要	难路通过法	野外勤务	难路通过法
	炮兵操法	器械柔软体操	内务规则	射击预行演习
	临战略范	剑术	卫兵勤务	射击实施
	野外勤务		马术摘要	工作实施
	炮兵侦探		军械弹药革具名目功用及保存法	测绘实施
	炮兵工作		算学	野外演习
	弹击教范		测绘学	器械柔软体操
	算学			剑术
	测绘学			
辎重队	目兵须知	单人教练	训词讲读及识字	单人教练
	军语字解	捆包积载法	目兵须知	成排教练
	内务规则	距离测量	辎重操法	一队教练
	卫兵勤务	挽马教练	陆军礼节	距离测量法
	军制学	马术	战法摘要	射击预行演习
	带兵规则	马匹调教法	军器学摘要	射击实施
	军器学	侦探实施	马术教范摘要	捆包积载法
	军队卫生学	军刀操法	射击摘要	军刀操法
	军队救急简要	测绘实施	救急简要法	马术
	辎重操法	野外演习	野外勤务	挽马教练
	临战略范		内务规则	侦探实施
	野外勤务		卫兵勤务	难路通过法
	辎重勤务		辎重勤务	野外演习
	侦探勤务		侦探勤务	器械柔软体操
	射击教范		马学摘要	剑术
	地形学		军械马匹各部名目之功用及刷洗法	
	算学		算学	
	测绘学		测绘学	

附奉天陆军第一标平时教练官佐学术表

步队	炮队
战法学	炮队战法学
应用战法	射击教范
步队操典	应用战法
应用野外要务研究	暂行操法
筑垒学	地势学
连合应用战法	算学
地势学	
算学	

附奉天陆军第一标平时教练目兵学术表

步队正副目	步队正副兵	炮队正副兵
步队行军篇	识字	炮队战法
步兵战斗例图	练习瞄准	炮件问答
军语	弹击教范	调教骡马
测绘学	步兵工作教范	目兵须知
算学	野外勤务书	单炮教练
	军队卫生学	炮队侦探
	算学	队形变换法
	单人教练	野外勤务
	小排教练	放列法
	柔软体操	射击问答
	器械体操	炮表用法
	预习弹击	多炮教练
	大排教练	变换方向法、前进追击法
	步兵前哨	驭马法
	步兵侦探	后退收容法
	野操	拆卸驮载法
		算学
		识字

附奉天陆军第二标平时教练官佐学术表

学科	术科
战法学	步队指挥法
步兵暂行操法	地形测量
图上战法	马术
兵棋	夜间技术
临时筑垒	射击
军队内务	剑术
野外勤务	刺枪
夜战通法	步兵工作
军器学	杂技体操
步兵效力	野外战术实施
数学	
绘图	

附奉天陆军第二标平时教练目兵学术表

学科	术科
训兵要言	单人教练
诸兵种之识别及性能	柔软体操
军队编制之概要	器械体操
陆军刑罚令概要	测量距离
卫兵勤务	刺枪术
军器部分之名称及其装置保存法	成排教练
军队内务摘要	射击预行演习
射击教范摘要	射击实施
野外勤务摘要	野外演习
传达及报告法	一队教练
军人卫生学摘要	工作预行演习
救急法之大要	野外工作实施
工作器具之名称及使用法	一营教练
破壊术摘要	准备夜间教育
	一标教练

附陆军第三镇学兵学术表

步队	马队	炮队	工程队	辎重队
步兵操典	马兵操典	炮兵操典	工兵操典	辎重操典
步兵侦探	马队野外勤务	炮队野外勤务	野外勤务	野外勤务
军队卫生学	临战略范	临战略范	临战略范	临战略范
野外勤务	应用战法	应用战法	应用战法	应用战法
临战略范	马队搜索篇	马术教范	筑垒轨范	射击教范
步兵前哨	马术教范	炮兵侦探	架桥法	辎重教科
应用战法	射击教范	炮兵射击教范	电雷学	军队卫生学
射击教范	军队卫生学	军队卫生学	射击教范	马术教范
测绘学	测绘学	测绘学	测绘学	测绘学
算学	算学	算学	算学	算学
附记	学兵术科系随队操练与目兵同			

附陆军第一混成协学兵分班学术表

课目 班次	学科	术科
速成班	暂行操法	柔软体操
	步队行军篇	器械体操
	应用战法	单人教练
	改正战法	小排教练
	命令正篇	大排教练
	测绘图法	一队教练
	步兵前哨	一营教练
	步兵侦探	马操
	地形学	炮操
	弹击教范	野外演习
	兵器学	
	筑垒学	
	辎重勤务	
	炮学	
	算学	
	汉文	
	东文	

课目 班次	学科	术科
深造班	暂行操法	单人教练
	步兵战斗法	陆军礼节
	军制学	柔软体操
	改正战法	器械体操
	地形兵语	小排教练
	测绘图法	大排教练
	步兵前哨	野外识别地物
	步兵侦探	利用地物法
	地形学	目测距离
	弹击教范	各种侦探之动作
	兵器学	一队教练
	步队行军篇	一营教练
	算学	野外演习
	汉文	
	东文	
	俄文	
附记	一、速成班场操演习，成排、成队、成营教练。野外演习，攻击、防御、追击、退却，均以此班学兵轮流试充队官、排长。 一、深造班场操野操均与速成班连合，但以此班学兵轮流试充小排长。 一、新班学兵场操演习单人小排教练、柔软体操、陆军礼节、野操演习、识别地形、目测距离、利用地物侦探之动作。 一、各学兵算学、汉文程度不一，按其算学程度分为甲乙丙三班，按汉文程度分甲乙两班。 一、速成班以八个月为毕业之期，深造班以二年为毕业之期。	

附陆军第二混成协学兵学术表

学科	术科
操法	单人教练
陆军礼节	成排教练
军事初阶	地形识别
野外勤务	距离测量
传事勤务	单人战斗
军队内务	测绘实施
军队卫生学	侦探实施
军队救急简要法	前哨配备
射击教范	瞄准法
筑垒学	射击演习
兵器学	射击实施
侦探	野外演习
前哨	器械柔软体操
地势学	刺枪
临战略范	剑术
算学	
测绘学	
日文	
国文	

附奉天陆军第二标学兵学术表

学科	术科
步兵暂行操法	单人教练
战法学	单人战斗
单人战斗	器械体操
步兵侦探	柔软体操
步兵前哨	射击演习
军队卫生学	测量距离法
地势学	减药射击
军队救急法	实行射击
野外勤务	侦探实施
步队行军篇	剑术
测绘学	刺枪
数学	野外测绘
枪学	
军队内务条例	
中外历史	

纪东三省讲武堂

东三省之有军学，始于奉天将军依克唐阿武备学堂之设。庚子之役，荡然无存。嗣奉、吉两省立速成将弁学堂，而学仅普通，学员数不逾百，体式未具，亦无以收作育之效。初班毕业后，即行裁撤。光绪三十三年春，吉林将军达桂奏设讲武堂于吉林，为军官研习学术之地。世昌于是年五月莅东，八月，遵照陆军部定章创立东三省讲武堂于奉天，调三省陆防各营将校入堂肄业。吉林原有之讲武堂奏明裁并，以示统一。是时，堂舍未建，假奉天陆军小学堂以开办之。初设普通科，至三十四年九月，计毕业者八十余人。新建堂舍适于是时落成，另调新班学员二百余人，分第一、第二两科，第一科为新军官弁，暂定额一百名，以半年毕业，每年招集二次，由各镇、协、标分班轮送。第二科为防军官弁，暂定额二百名，以一年毕业，每半年考取一次。每次考取一百名，由各防营平均摊派，更番调选。总期教育普及，以符广储将才之旨。其课目曰学科，曰术科。学科之目凡十：曰战术，曰军制，曰兵器，曰地形，曰筑垒，曰交通，曰卫生，曰马学，曰服务制要，曰军用文牍。术科之目凡六：曰各兵科操练，曰野操，曰剑术，曰马术，曰射击。以东西洋战术战史日新月异，未可株守旧册，一得自封。复审择学员程度，随时搜求编译，以资教授。而学员程度不齐，防营各员尤属蒙荒初启，未能躐等而升，又就所定课目，酌量简易之法，以为变通。需用之马匹、鞍鞯等项，已饬照购齐备。其余军械，均由东三省军械局借拨应用，不另行筹置，以节经费云。

附东三省陆军讲武堂编制

总办　一员节制全堂员司考核功课一切应兴应革之事统由该员禀明督抚办理

监督　一员赞佐总办管理事务任规画教育之责

教练官　四员掌管各本科教育事宜

总教习　一员禀承总办商同教练官掌管各科学术

分科教习　四员禀承总办商同教练官掌管各本科教育

分科助教习　二十员分管各本科教练暨体操马术剑术各项术科事宜

执事官　一员掌管全堂庶务约束弁兵夫役

军医官　一员掌管医务卫生兼充卫生教员

马医官　一员掌管马匹卫生兼充马学教员

军需官　一员掌管银钱出入存储事宜

书记官　三员经理文牍兼充防营图文教习辅助教员编辑课程

司药官　一员听长官指挥管理药料

司事生　四名听长官指挥管理庶务

司书生　八名听长官指挥专司缮写

附考选讲武堂学员格式

一、选送学员须择现任之营、哨等官。其曾经带兵营、哨官，而现在无差者不录。

一、营官年在四十岁以下者为合格，过四十岁者不录。

一、哨官年在三十五岁以下者为合格，过三十五岁者不录。

一、哨长年在三十岁以下者为合格，过三十岁者不录。

一、须身体强壮并素无隐疾者为合格，否者不录。

一、须粗通文字，心地明白者为合格，否者不录。

一、须口齿清楚，声音洪亮，五官端正，目不近视者为合格，否者不录。

附奏设东三省讲武堂折

奏为遵章设立东三省讲武堂，谨将暂行章程缮具清单，恭折会陈，仰祈圣鉴事。窃查前练兵处兵部具奏陆军学堂办法第十三条内载，各省应于省垣设立讲武堂一处，为现带兵者研究武学之所，等因，臣等于上年十二月奏设东三省督练处折内，遵即声明开办讲武堂等情，仰蒙俞允在案。诚以兵事之进退，视乎兵学为转移。若平时将弁无合谋讲学之区，则临时指挥鲜戮力同心之效。东三省陆军，除由关内调东一镇、两混成协之外，吉林原有步队一协，奉天续成步队一标，炮队一营，总计大小官长为数渐多。其中学有浅深，人由调集，程度差等，势有不同，若欲妥筹画一之规，舍创立讲武堂，无从入手。况三省防军新经编练，各营将领尤少深谙兵学之人，亦必宏其教育之方，以为他日改编之计。臣等公同拟议，东三省军政贵乎统一，而讲武堂课程重在整齐，必须三省合力经营，方可易于收效。故臣等于去年设立督练处时，即以奉天陆军小学堂房舍匀借为筹设三省讲武堂之所，酌聘教员，分订功课，轮调各军官长到堂讲习，兼酌调防营将士随同授学，以冀进步而示观摩。本拟择购局势合宜之地，另建房舍以规久远，嗣因地基价值与估修房屋工料等费需款过巨，筹措维艰，不得不暂事权宜，遂将奉天省城东门外日本退还营房重加修理，并添造堂舍九十八间，共计三百八十八间，暂作该堂开办之地。惟是讲武堂各省虽多设立，而定章尚未颁行，所有该堂经费课程必须厘定简章，暂行遵守。当此经费艰难，百端待理，虽不能尽求完备，致涉铺张，亦不敢徒事因仍，过从苟简。伏查讲武堂由北洋首先遵章设立，规模有可取材，并陆军部所定他项学堂章程亦可用为比拟。谨督饬在事各员，拟定东三省讲武堂暂行章程三十六条，缮具清单，恭呈御览。惟是东省地居边徼，物力奇艰，所有开办以及常年各经费，难与内省相提并论。计开办一切购置器具图书，修造房屋，共用沈平银六万五千余两，均系格外撙节，省无可省之款。此项银两，业经臣等饬由奉天度支司，于京部协济镑余项下腾挪动用，应准作正开销，其常年活支，额支经费，拟由三省共筹，均按照学员额数暂仿天津讲武堂办法，并体察东省物价情形分别办理，核实具报。其吉林讲武堂已饬停办，以一事权。再臣等所拟，系属暂行章程。一俟陆军部颁有定章，再当遵照参核更正。又讲武堂应行附设之学兵营，现在亦正筹设，合并陈明。除开办并常年各经费容俟另造清册分别咨部外，所有遵设讲武堂并酌拟章程缮单会奏各缘由，谨恭折具陈，伏乞皇太后、皇上圣鉴，饬部立案施行。谨奏。光绪三十四年五月十七日具奏，五月二十六日奉到朱批，该部知道，单并发。钦此。

谨将东三省陆军讲武堂暂行章程，缮具清单，恭呈御览。

计开：

第一条　按照前练兵处，兵部奏定陆军学堂办法设东三省讲武堂一处，为三省各营现在带兵官长研究武学之所。

第二条　讲武堂分设第一、第二两科。第一科学员以新军各官长充之，第二科学员以巡防、捕盗各营官长充之。轮次调集，务期教育普及，以符广储人材之旨。

第三条　第一科暂定额一百名，变通定章以半年毕业。每年招集二次，由各镇、协、标分班轮送。第二科暂定额二百名，以一年毕业每半年考取一次，每次考取一百名，由各营平均摊派，更番调选。俟各营队重要人员轮转一周后，仍照章一律改为三月调集一次，以符定制，而昭划一。

第四条　凡常年额支、活支各经费，俱由三省共筹，作正开销。

都五条　学员届修学期满时，由教练处禀请督、抚派员到堂会同考试。所有学、术科成绩，均须列表分发各员，暨该管军队存案，以备查考。

第六条　学员修学期满，取列优等者应准提前升阶，遇有应升缺出，尽先拔补。取列上等者分别记升，中等者仍回营供差，量予存记，下等者不列成绩。

第七条　凡修学期满，学员有取列下等而于队务确有历练者，仍留队暂供原差，由该管长官随时考核。若有学术成绩既经取列下等，而队务复不甚讲求者，应即撤委，以整戎行。

第八条　凡学员额数暨修学期限，教育方法等，均视军队实在情形为准。本章程所定名额、期限、学课，俱就现在而言。将来若有应行增减之处，仍会同教练处统筹三省军队情形，核实计画于招考之前，禀明办理。

第九条　按照奏定陆军学堂办法第十七条，于三省队伍中，择其操法最精者，调步队一营并马炮工程等队各一队，长驻省垣，专备讲武堂将并考求操法，演习调度之用。一切办法，参酌天津学兵营章程办理。

第十条　凡在堂肄业学员，均仍照领原差薪饷，惟按月应扣缴火食银两。

第十一条　全堂设总办一员，监督一员，分科教练官四员，总教习一员，分科教习四员，分科助教习二十员，执事官一员，正军医官一员，副马医官一员，正军需官一员，一二等书记官共三员，司药官一员，马医生一名，司事生四名，司书生八名，刷印、石印匠目二名，工匠十名，马弁四名，护目二名，护兵二十名，鼓号目一名，鼓号兵六名，医兵四名，火夫二十名，夫役六十名，马夫目一名，马夫十五名，乘马四十匹。

第十二条　总办，节制全堂员司，考核功过，总理一切事务。凡有应兴、应革事件，统由该员随时禀明督、抚办理。监督，赞佐总办管理事务，任规画教育之责。分科教练官，掌管各本科教育训练。总分教习，禀承总办、监督，商同教练官，掌管各科学术教授。分科助教习，分管各本科教练体操、马术、剑术暨各项术科。执事官，掌管全堂庶务，指挥各司事，约束弁兵夫役。军医官，掌管医务卫生兼充卫生教员。马医官，掌管马匹卫生兼充马学教员。军需官，掌管银钱款项、出入账目及军需存储。书记官，掌管文牍兼充防营官弁。国文教习，辅助教员编辑课程。司药官、马医生、司事生、司书生等，各听长官指挥，分管各事。

第十三条　本堂为三省军官研究武学之地，自总办以下各员司，除书记、军需、军医、清书、弁兵而外，俱应以品端学粹、陆军毕业学生出身人员充当。助教一项，选术科最优之下级官长充当。

第十四条　堂中现在教授课目大纲，分为学科、术科两类。学科为战术、军制、兵器、地形、筑垒、交通、卫生、马学、服务纲要、军用文牍等项，术科为各兵科操练、野操、体操、剑术、马术、射击等项。

第十五条　一切课目，凡属应用战术兵棋等项，均列入战术内计算。各兵科操法教范、野外勤务、兵丁教育法等项均列入术科内计算。测绘地图等事，均列入地形学内计算，概不另立名目，以期名与实符合，学用为一致。

第十六条　此堂为研究学理，或改良陆军学术事项，可商明教练处，指定人员及期限，禀请调集一部队官长头目之全部，或各部队官长头目之一部来堂讲习，俾资研究。

第十七条　教授编制，应按照两科程度分别编列。第一科学员，依学、术科之区分暂编为五类：曰战术，曰射击，曰野战炮射击，曰马术，曰体操剑术。第二科学员，依兵科及人数之区分暂编为第一班至第若干班以便教育。所有各项课程，统由堂详定计画，禀准施行，务求按期改良，渐臻完善。

第十八条　堂中考试，详定功课，按积分之法以二十分为满。惟分别等次一节，暂仿奏定速成学堂章程办理。

第十九条　学、术科须令学员领悟原理、原则而发挥其应用之能力，至教授之道，则务以整齐适用为主。

第二十条　学科务注重于实验，若有限于实验所不能者，始准仅以讲解教授。

第二十一条　学、术课均照前第十四条种类，惟第二科学员则于正课之外，尚需酌加与军事有关之普通学以增智识，统由堂体察学员程度酌量办理。

第二十二条　学课中如有需军队实验等事，可由教练处酌量情形，会商所在镇协、标、营长官就近拨借调度，以资历练。

第二十三条　学员于课务暇时，亦可入军队练习，以资考证。

第二十四条　堂员薪资，均按奏定营制饷章及仿陆军部天津讲武堂现行章程办理。其有由各镇、协选拔担任教育之官长弁目，除照原薪数目支领外，并酌加津贴，以示鼓励。

第二十五条　凡全堂每月活支各款，及往返川资等项，均按照学院额数，暂仿天津讲武堂办法，参酌东省地方物资情形，分别办理。

第二十六条　全堂经费，凡建造堂舍，购置图书仪器军械车马及学用、操用品物，并一切应用器具等项，由开办经费项下核实报销。凡修理堂舍、添置器物、储备药材及夏季凉棚，冬季煤火等费，应归活支经费项下，随时核估支领，汇案报销。

第二十七条　开学日期选定后，由教练处禀请督、抚饬知各镇、协、标暨三省防营认真遴选，务于开学前一律送到，过期者概不收考。

第二十八条　凡应行选送学员之陆军各各镇、协、标，自奉到第二十七条饬知后，即将应选学员按名造册，随文申送督练处听候饬令入堂。惟军衣服装一切，概由各员自带。若在巡防各军，奉到饬知，须将应送员额先行送至该省省城齐集，经东三省教练处驻扎该省之总、帮办呈明，就近考验。俟取定合格人员，再行呈请饬由该省营务处或各路统领，为应送各员等每人各筹秋冬季军衣各一套，夏季军衣各二套，并各员六个月薪水，选派妥员，赶开学期以前一齐带送到堂，以便转发。俟将来巡防各军队，均遵照定章一律军装齐备后，应令仍由各人自带，以示画一。

第二十九条　凡选送学员，本管长官须将各该员简明履历、品行学问、供差勤惰等项，缮呈清册，出具切实考语，随文呈送督练处，以凭查核。

第三十条　凡肄业学员，无论其官职若何，一经入堂，概应服从总办、监督暨司教育各员指挥，不得违抗。

第三十一条　学员不得自请退学，非有大故，亦不得请假。

第三十二条　学员有因患病致不能随班毕业者，即由堂禀明督、抚饬令回队，俟下届再送。

第三十三条　学员若有怠荒学业，违犯规则等事，轻者由本堂酌予扣分记过，重者按照事情禀明督、抚请示办理，

第三十四条　学员若有在学违犯规则，经学堂禀准革斥者，概不得回营复充军职。

第三十五条　本堂之主义，在令各军官长平时研究兵学，以裨实用。若所属部队出任征战，应即令回队，以重职守。但在平时出队巡防捕盗等事，不得援此条办理。

第三十六条　以上均系试办章程，若有应行变通之处，再随时酌量办理。

纪三省陆军小学堂

陆军小学堂，为培成陆军将校之初基，经练兵处、兵部奏定章程，自京师以逮各直省并驻防各旗营，皆设陆军小学堂一所。无论宗室、满汉官民子弟，均准入学，以储材武。京师学额三百名，直省驻防旗营学额均二百一十名，有愿收三百名者听。每年按额选收三分之一，逐年加收。在学三年毕业。教员、学长各员，亦逐年增设。奉天、吉林、黑龙江于光绪三十二年次第设立。考选之格式，教授之课程，悉照部章办理。

惟额数奉天初收七十五名，吉林一百名，黑龙江七十名，略有参差，是为头班学生。三十四年九月，世昌于奉天续招二班学生，亦以合格人数过多，不忍弃之，溢额选收一百一十人以宏造就，当经咨部立案。吉、江两省并同于是年二月，遵照定额续招二班学生。宣统元年闰二月，三省又一律续招第三班学生。黑龙江地居遥远，材多朴陋，先后所招各生，程度至为不齐，教育殊多窒碍，因饬严加甄别，将班次酌量升降，择其资质灵敏，确有一年以上之程度者，作为头班，次焉者作为二班，最下者革除，以便齐一教育，而守任缺毋滥之旨。吉林头班各生，间有年齿稍长不尽合格者，毕业后碍难升送中学，将来或于最后学期内，另加军事学三月，或分送东三省讲武堂暨保定军官速成学堂，再加深造，俾免向隅。至堂内各科课程，均照章豫定三年等次，各项讲义及每星期之课程，各由本科教员编纂，先期呈由总办、监督等核定。所用课本，更饬教员就各项课目中择尤要者精心编辑，以为启迪之资。总期循序而进，毋躐等，毋延怠，暄润长养，使拱把之桐梓，郁郁而至于轮困。其所以备干城而明武义者，固无取夫赳赳之野夫也。

附三省陆军小学堂编制

总办　节制全堂员司考核功课凡应兴应革事宜统归该员禀明督抚办理

监督　职司全堂学务凡考查教员授课之进步学生之成绩以及筹画功课训诫各生皆其职守

提调　总司全堂庶务凡关涉紧要事件禀承总办办理

教员　掌管各本门教育考查学生优劣

学长　管束本班学生有联合同堂劝善规过之责，稽查举止行为，考察起居并带领上下讲堂帮同兵学教员分教操法

医官　专司医治各员生疾病兼充卫生教员

文案　经理往来文牍凡应办各事均商承监督提调禀承总办办理

收支　专司全堂出入支费及银钱存储事宜

支应司事　禀承提调办理储备膳食购置器物等事

管库司事　专管库存器械文具军衣靴帽等事

司书　专司钞写

附三省陆军小学堂分年课程分配表

科目＼年份	第一年	第二年	第三年
国文	选授左国及历代国朝简明短篇诰诫议论记叙各项散体之文暨文典字法句法章法作文习字	选授左国及历代国朝夹叙夹议各项散体之文暨历代兵略作文习字	选授近时名家各项散体文并略示军用文牍格式作文习字
修身	讲授四书经史及先哲嘉言懿人行之宜于军者	选授古今中外名儒名臣嘉言懿行宜于军者	选授古今中外名臣名将丰功伟绩见于懿行道德有裨益军人资格者
历史	自上古起至明代止讲治乱兴衰及历代帝王统系宗教学术之大纲	自明代起至本朝光绪庚子止究其治乱兴衰及统系宗教学术大纲	东西洋各国历代治乱兴衰之故自西历纪元起至近世止
东文	日本字母音韵变化大要　拼音　习字　默书平片两假名　授日语入门　军字虚字　造语法　文法	接授日语入门　造语法　问答法　文法赞书　选授日本高等小学教科读本有关于军人者	读书　接授日本高等小学教科读本有关于军人者 会话　文法　作文 中日文互译
德文	拼音　习字　单字 默书　造句　问答 文法	各种字体　文法　默书　问答　正书　选读德文　军人读本	文法　华德文互译 德文步兵操典德文野外要务令
算学	加减乘除命分叠分小数及各项比例法	利息求积算法及勾股算法平面几何代数加减乘除开方及一次式	平三角　八线　对数代数多次式
地理	大清疆域分论	接第一年授亚洲各国政治疆域人种物产要塞军港	接第二年授欧美非三洲之各国政治疆域人物物产及军港形势航路交通并大洋洲各岛组织　满洲地志
格致	物理大要	生理大要及动植物之生理纲领	卫生大要 地质大要
绘图	练习手法及学用器具几何绘图由定义至螺丝曲线画法　铅笔习画军图记统军队符号各种比例尺	仿画平面图　仿画永准图　缩放成图　几何绘图由各种切形至比例画法　测绘学由绪言至前方交会	几何绘图由平面至立体画法测绘学由后方交会至卷终　略图实施迅速测绘学全卷终
步兵操法	由第一编根本教练至一队教练终	由一营教练至卷终军队内务条例	

年份／科目	第一年	第二年	第三年
军事初阶	由总论至第十六编第五节利用地物	接第一年由第十六编第六节队伍战斗至卷终　步兵侦探	
军队内务条例		由第一章总则至第二十章检查定则	接第二年由第二十章总则至卷终
步兵侦探		全卷授毕	
步兵前哨		由通则至第二章第二节队哨	由第二章第三节大排哨至卷终
三十年式枪学			全卷授毕
步队行军篇			全卷授毕
操练	由空手单人教练至成排教练	由空手成排教练枪法持枪成排教练及学生指挥	由持枪成排教练成队教练并学生指挥利用地物　野操
体操	由单人柔软体操至成对柔软体操	器械体操	各式体操 刺枪劈剑 军刀操法
附记	一、按奏定章程学堂课程第六、七两条内载，每年除年假暑节假考期外，约体业四十星期，前后学期各二十星期。每日功课除自习外，按五次计算，则每星期共三十次，约习修身、历史、地理、图画、格致、兵学各二次。每年约各习八十次。国文、外国文各五次，每年约各习二百次。算学、操练各四次，每年约各习一百六十次。现定此表系遵此计画。 一、每次学科时间平均按一点十分钟计算。术科时间平均按一点三十分钟计算。 一、外国文现分两项:日东文、德文，此系头班分习，至二三班入堂时，应换何国文字，视其程度随时酌定。 一、兵学各课按奏定章程内载，每星期二次，每年八十次。表定第一年步兵操法及军事初阶各四十次。第二年步兵操法二十八次，军队内务条例十二次，军事初阶十四次，步兵侦探二十三次，步兵前哨三次第三年军队内务条例十八次，枪学二十二次，步兵前哨十六次，步兵行军篇二十四次。总计每年兵学课程仍合八十次之数。 一、外场功课按奏定章程内载，每星期四次，每年一百六十次。今定为场操、野操居四分之三，体操劈刺居四分之一，故每年场操等一百二十次，体操等四十次，每年外场仍合一百六十次之数。 一、普通目兵须知军制学及体操法，不入正课，随时参考，择要讲授。		

附三省陆军小学堂编辑课本目次

国文范本
文法
中文虚字研究法
修身范本
历代史鉴
地理学
物理学
测绘学
春秋兵略

纪东三省陆军测绘学堂

东三省山川荒旷，古昔与图略焉弗详。有所谓新图者，乃译刊之本，可以资浏览，未可以为秘要也。况形势险夷，非身历不知其细，道里纡曲，非实测莫得其详。光绪三十三年，吉林将军达桂先设测绘学堂于吉省。世昌莅东，既饬陆军各镇、协、标遴派学兵各就所驻扎附近之处，实行测绘，又于奉天奏设陆军测绘学堂一所，仍于镇、协各军中选择曾充学兵者拨调入堂，授以测绘课程，定为一年半毕业。在堂内学习十个月，在野外演习八个月。月有试，季有考，以甄判造诣之高下。考核分数，按门计算，以十分为满点。考试次第，区分四等，九分以上为优等，五分以上为中等，五分以下为下等，三分以下不列等。优赏劣绌，多方鼓励，以冀速成。三十四年，陆军部奏请饬令各省均设测绘学堂，拟定章程资行到东，学生须选二十岁以下本省士民及驻防旗营子弟，定期三年毕业。而在堂各生年齿既难符合，学期亦不相侔，遽行更改，不独前功可惜，抑且收效需时。因奏明俟现有学生毕业之后，再行遵照部章另行考选办理。迨宣统元年二月，奉学堂期扣足一年半，吉堂期扣足二年，一律考试毕业，编为测量队。将吉林原设之测绘学堂奏请归并奉天一处，名日东三省测绘学堂。先于正月间，选收奉天学生八十名，吉林四十八名，黑龙江三十二名，于前班学生毕业后，接续开学。其前班所习课目：曰算学，几何学，日地形学，日测绘学，日军用地理摘要，日行军篇，曰国文，曰术科。后班所习课目，系照部章而定，分普通学科、专门学科、术科。普通学科所习者，为历史、理化、国文、外国文、名将事略、国朝掌故、算学、几何、平三角、平面几何、几何画法。专门学科所习者，为理化，测绘学、经纬仪，绘图测板、野外测量、齐普雷盖耳地形学、行军学、军用地理。术科则场操、体操与前班所习者同。其三年之学期，则第一学年堂内六个月，野外六个月。第二三学年堂内四个月，野外八个月。隶普通学科者不出野外演习云。

附东三省陆军测绘学堂编制

总办　一员

提调　一员

总教习　二员

数学教习　四员

理化教习　一员

外国文教习　二员

体操教习　一员

班长　三员

医官　一员

文案　一员

收支　一员

庶务　一员

管库　一员

录事　三名

差弁　二名

刷印匠　四名

夫役　三十名

附奏办理测绘学堂情形片

再，去年臣等奏设东三省督练处折内，曾经声明开办测绘学堂，仰蒙俞允在案。

时值部章尚未颁发，东省亟需测绘人材，特在奉天省城东门外购地建筑学堂一所，就调东陆军各镇、协中选择曾充学兵者，调入堂内，授以测绘课程，规模诸多草创。迨陆军部奏定章程咨行到奉，自应遵照办理。惟查部定原章，该堂学生须选收二十岁以下本省及驻防子弟，定期三年毕业。而东省现有学生，既由学兵选取，年齿势难尽符，且助速成待用起见，所定学期仅一年半，亦与部章不合。今若遽行更改，既恐前功尽弃，抑且收效需时。东省地接强邻，幅员辽廓，所有军队调遣，界务纠纷。设治画疆，移民屯垦，欲知山川险阻之要，人民风土之宜，自非明晰舆图，无从措手。故需用测绘学生之处，实较内地各省为殷。拟仍按照前定试办章程，俟此班学生毕业之后，再行遵照部章办理，以资驱策而期统一。至该堂开办经费，已饬由部拨协济镑余项下动用，应准作正开销。常年经费，拟由东三省盐务税捐项下腾挪指拨，亦应实用实销，按期具报。其吉林原有测绘学堂，本定学生四十名，人数既少，程度不齐。亦拟俟此班毕业后，酌量归并。除将前定试办章程咨部备查外，谨附片具陈。伏乞圣鉴。谨奏。

光绪三十四年五月十七日附奏，本月二十六日奉到朱批，该部知道。钦此。

附奏陈遵章变通办理东三省陆军测绘学堂折

奏为遵章变通办理东三省陆军测绘学堂，以资军用，恭折具陈，仰祈圣鉴事。窃臣等前因东省幅员辽廓，亟需储备测绘人材，曾于上年陆军部奏定测绘学堂章程，未经颁发以前，奉、吉两省各先试办学堂一所，业经附片奏明，俟此班毕业后，再行遵章办理，仰蒙俞允在案。本年二月，各该堂内学期，奉省扣足一年半，吉省扣足二年。当经先后严密考试，举行毕业，暂编测量一队。除将各该堂分别停办、全堂职员应俟查照咨部章程择优另案奏请给奖以昭激劝外，亟应遵照部章续行办理，以符定制。查陆军部原奏内称，此项学堂各省均应设立，俾筹款既能分任，收效亦可克期，计画极为完善。惟是东三省情势，实与内地悬殊。凡关于军事之局处学堂，均经公同合办，藉省经费。现在陆军测绘学堂，事同一律，因将吉省原有测绘学堂归并奉省一处，名日东三省陆军测绘学堂，仍责成督练处、参谋处总办管云臣总司其事，以资熟手。学生饬由三省考选，自不能不变通部定额数，酌量增加。现分为奉天八十名，吉林四十八名，黑龙江三十二名，共计额设学生一百六十名，业经照章于本年正月下旬招考。第以开学之始，应按原定额数增收学生若干名，俟甄别后，分别去留，以符原额。其堂中经费，业饬按照部定学生员司总数比例增减，撙节动用。惟该堂系合三省设立，额设学生一百六十名，几及部章一省定额之倍，各项经费自应以次递增。益以东省气候苦寒，百物翔贵，其学生员司等并应酌加伙食津贴银两，以协时宜，而示体恤。至该堂每年额活支各款，已饬由东三省支应处拨给，均系实用实销，按期具报。除咨部查照外，所有遵章变通办理东三省陆军测绘学堂缘由，谨合词恭折具奏，伏乞皇上圣鉴训示。谨奏。宣统元年三月十九日具奏，四月初一日奉朱批，该部知道。钦此。

纪东三省宪兵学堂

宪兵者，所以主掌军事警察，兼为地方警察之辅助也。东三省陆军新立，外军之来者日以众，非严其纠察，不足以肃军容而泯嫌隙，则宪兵之设不可缓。而宪兵职守之重，条规之密，固非教之于先不能恃以为用，尤非深明军队法理与巡警法、国际公法融会而贯通之，不能措施之悉当，则设学堂以养成宪兵人材为益亟矣。北洋先已设立，世昌略仿其规，于光绪三十三年十月立东三省宪兵学堂于奉天，就各镇、协、标、营遴选下级官长二十员，优等目兵二百名入堂肄业。三十四年十月毕业，编为宪兵第一营，分拨三省。是年十二月，续选优等目兵二百名为第二班，以五十名为一区，计分四区。其教授约束之法，均如初制。约计二班毕业之后，人数足以敷用，此堂即可停办，或裁汰员司，减收学兵，改为宪兵传习听，以备随时之补充，则在后来之审察，未可预定于此时也。至堂中所授教科书，如陆海军刑法、治罪法、野外勤务，均北洋宪兵学堂日本翻译官金政德所编，翻译员石雯所译。虽系善本，而间有繁冗之处。因饬教员参酌修改，一以文字简明、义理通达，教者易于讲解，学者易于领会为主。北洋课程，无外事警察，刑事侦探。东三省外军纷纠，宪兵职务所在，难保无与外人交涉之事，此又因地之制，未可忽者。头班开办伊始，学科未臻完备，现于二班添授此两门，俾研习精熟，以维持平和之秩序。更于授课之外，每假张狱案，凡检索报告、逮捕裁判等事，无不具使之互相讨论，互相诘难，以熔练其学识，则又以学理与实验二者同为重要，不容有所偏废也。

附东三省宪兵学堂编制

监督　一员

队官　一员

正教官　一员
副教官　二员
汉文教习　一员
日语教习　一员
普通教习　三员
三等书记官　一员
查马长　一员
医生　一名
马医生　一名
司事生　一名
司书生　三名
护目　一名
护兵　四名
号兵　二名
夫役　十八名
伙夫　十名
马夫目　二名
马夫　三十五名
学员　二十员
学兵　二百名
骑马　一百匹

附东三省宪兵学堂课目

一学科
　（甲）正课学科
　宪兵条规
　宪兵职守
　法理大纲
　海陆军刑法

海陆军治罪法

普通刑法

巡警法

国际公法

野外勤务

日语

数学

（乙）副课学科

副课学科与正课同，惟无法理大纲、国际公法两门。

二术科

（甲）正课术科

教练

乘马法

击剑

实行宪兵职守

（乙）副课术科

体操

绳捕法

救急法

余同正课

附奏设东三省宪兵学堂折

卫奏为拟设东三省宪兵学堂，谨开具试办章程，恭折仰祈圣鉴事。窃查臣等前于上年筹办东三省督练处折内声明，宪兵学堂亦正筹办，等因在案。诚以练兵之道，固贵乎纪律之严明，纪律所存，尤贵有随时之纠察。盖无纪律则威令无自而伸，无纠察则纪律亦有时而坠。此东西各国军事警察之制所由设也。中国新练军队，教育既未尝普及，程度即不免参差，使无法律以相维持，诚恐私怨睚眦，不免血气匹夫之勇。而军人之资格，又非寻常警察所能干涉。现在日俄兵队之在我境内者，均设有宪兵，以为纠察军人，实行保护之计，而我尚无此项豫[预]备，遇事无所遵循，于军事尤多缺陷。臣等再四筹维，自应设立宪兵，主掌军事警察。凡关涉军纪、风纪、职务服行，随事随时，皆得任其检阅，庶可以肃观瞻而严节制。惟是此项兵弁，断非仅谙操练、未尝学问之士所能。自非筹立学堂，不足以资造就。臣等因于奉省旧有之练兵公所房屋修葺改设，并遴选监督、教习、执事等员，由调东第三镇第一第二两混成协、去岁奉天新编步队一标附炮队一营、吉林原有步队一协各营内，挑选下级官长及优等目兵，分为正、副两课。正课定额二十名，以下级官长充之，名为学员。副课定额二百名，以优等目兵充之，名日学兵。各带原薪、原饷入堂。肄业学期，暂定一年毕业。惟奉省现在百物昂贵，日用维艰，拟将学员月加津贴银各一两五钱，学兵月加津贴银各一两，以示体恤而资鼓励。计开办经费，由臣等饬奉天度支司于京部协济镑余项下共动用过实银一万七千六百三十一两八钱，应请准作正开销。其额支、活支常年经费约需银三万四千一百八十三两，拟由东三省盐斤项下开支。每届年终，奏报一次，以昭核实。据兵备处详请奏咨前来，臣等复核无异。除将开办经费饬东三省陆军粮饷局详细造册咨部核销外，所有拟设东三省宪兵学堂缘由，谨合词缮学恭折具陈。伏乞皇太后、皇上圣鉴。谨奏。光绪三十二年五月十七日具奏，五月二十六日奉朱批，该部知道，单并发。钦此。

谨将东三省宪兵学堂试办章程缮具清单恭呈御览

计开：

第一条宗旨　东三省陆军渐次扩充，合计已两镇有余，亟应添设宪兵，以维持军纪、风纪。故本堂所设学科、术科专以造成宪兵之资格为宗旨。

第二条定名　东三省现已不分畛域，此项学员、学兵，系就三省现有军队考选而来，毕业之后，自应仍拨归三省听用，故本堂定名为东三省宪兵学堂。

第三条学期　本堂暂定一年为毕业期限，计自光绪三十三年十月初一日开办起，照章三个月甄别，每至月终，各教员统汇一月所授功课，由监督命题考试，每届一季，由教员列表上呈监督，转请兵备处总办莅堂命题考试，各评定甲、乙，酌给奖赏，以资激劝。如年终毕业，由兵备处总办禀请督、抚亲临考试，或派专员会同兵备处总办考试，由督、抚发给文凭。成绩表并咨明陆军部存案。

第四条学额　本堂现在试办，暂定学额二百二十名，分为正副两课。正课二十名，由各营考取下级官长或有毕业文凭之陆军学生充之。副课二百名，由各营正副目兵选充。统以循礼守法，粗通文字为合格。

第五条课程　分学科术科两项

正课学科简目

一、宪兵条规

二、宪兵职守

三、法理大纲

四、海陆军刑法

五、海陆军治罪法及治罪法执行规则

六、普通刑法与海陆军有关系者

七、巡警法

八、国际公法

九、野外勤务书

十、日语

十一、数学至开方止

副课学科简目

一、宪兵条规

二、宪兵职守

三、海陆军刑法

四、海陆军治罪法及治罪法执行规则

五、普通刑法与海陆军有关系者

六、巡警法

七、野外勤务书

八、日语

九、数学至比例止

正课术科简目

一、教练

二、乘马法

三、击剑

四、实行宪兵职守

副课术科简目

一、教练

二、乘马法

三、体操击剑

四、绳捕法

五、救急法

六、实行宪兵职守

第六条编制

监督官　一员

队官　一员

正教官　一员

日语教员　一员

副教官　二员

汉文教员　一员

普通教员　三员

三等书记官　一员

查马长　一员

医生　一名

马医生　一名

司事生　一名

司书生　三名

护目　一名

护兵　四名

号兵　二名

夫役　十八名

伙夫　十名

马夫目　二名

马夫　三十五名

第七条休假　本堂恭逢皇太后万寿、皇上万寿、先师孔子诞日、元旦、端午、中秋各节，均照章休讲。其开学、散学、休讲日期应行礼节，均遵定章办理。

第八条堂舍　本堂系假奉天省西城外旧有之练兵公所设立，一切规模务求整洁。计改设讲堂四所，学舍七所，自修室五所，监督队官办公室、员司等住室，兵棚、马棚、浴室共大小房舍一百二十二间。

附奏东三省宪兵学堂添设骑马请立案片

再，臣于本年五月十七日，具奏拟设东三省宪兵学堂开具试办章程一折，于五月二十六日奉朱批，该部知道，单并发。钦此钦遵在案。查该学堂课程之内，原有乘马法一科，应设骑马一百匹，以资练习之用。应领常年饷干银两，即由原订经费项下支给。除分咨陆军、度支两部查照外，谨附片具陈。伏乞圣鉴，饬部立案施行。谨奏。光绪三十四年十二月初十日附奏，二十五日奉朱批，该部知道。钦此。

纪东三省陆海军图书馆暨辑印军事报志

图书馆集古今中外典籍，以供学子之搜讨，扬扢灵芬，助益枵俭，甚盛事也，顾无为军学专储之所。欧西各国有之，日本仿其制，于参谋本部附设陆军文库，遍罗兵家之书，及秘异图籍，以为军人参考博览之资。东三省陆军既经成立，海军亦待经营，学堂遍设军学，蒸蒸日上，所以增益智识，恢廓闻见，则图书馆其要矣。第需款甚巨，不易筹措。陆海各军将校，佥以先行捐款试办为请。爰定议由督、抚及各军官佐以次捐集成数，就奉天大北关外前陆军小学堂旧址，设东三省陆海军图书馆一所，隶之于陆军参谋处。并议编辑军事书报及军事杂志，均月一发行，其为说以提倡教育、发明新学、切当事实而利用于东三省为宗旨。馆内设总理一员，其余执事人员分监理、编辑两门，下逮司事、司书、弁夫，均就督练处在差员役中遴派兼充，不另支薪津。其常年经费，除官助及售报所得赢余之外，若有不敷，再行酌拨官款以益之。典策浩繁，茫如烟海，学理新异，细若茧丝。兼谋并蓄，正待扩充。一篑之基，端在是已。

附奏军营捐资设立陆海军图书馆片

再，查东三省西北环山，东南控海，外则有日俄之觊觎，内则为京直之藩篱。陆军固待扩张，海防亦应筹议。将来陆海军人日多一日，自非推广军学，不足以增军人之智识，而作养其精神。考之各国，咸有陆海军图书馆之设。凡关于军事学术，国内外之图籍，无不搜罗购置，藉供军人研究之需。意美法良，显收成效，东省亟应仿办。惟以经营伊始，需款浩繁，拟暂用前陆军小学堂东偏房屋先行开办，以立基础。其开办及常年各经费，均由军界人等提倡捐集。嗣后，如果建筑房舍、添购图书需费过多，不敷支给，自应酌拨官款，以资补助而图扩充。据督练处参议、参谋处总办等呈请具奏前来。臣等复核无异，除咨部立案外，谨附片陈明，伏乞圣鉴。谨奏。宣统元年二月二十四日附奏，闰二月初六日奉到朱批，该部知道。钦此。

纪考察军队教育

各军队学堂，既已分立课程，昕宵不辍，月有试，季有考，秋至会操，更以演习实施教练之条目，斯为备矣。而官长之表率是否有方，教员之讲授是否如法，所定规则是否一一合宜，兵丁于此是否恪遵规令，悉心率教，平时之督察为不可阙。东三省督练处奏定章程，教练处本有考察训练之责，因复详定考察教育章程，按时由教练处呈请派员，分往各军队详细考察，分别优劣，随时禀报。有成绩可嘉者赏之，无所表见者训励之，劣下者惩之。两载于兹，赖以扶持，进益者甚多。循此成法行之不敝、或亦辅相裁成之一助焉。

附教练处考察军队各期教育章程

一、按奏定东三省督练处章程，教练处有考察训练兵队之责，所有军队各期教育，应由教练处呈请督、抚派员前往考察，遵章核定成绩，分别优劣，详切禀报，以凭随时整饬。

二、考察员以稽查教育、视察纪律、验其进益之程度为主。凡军队官长教育及各兵训练，统归该考察员详细查核。其有不合定章，有碍进步，应由教练处禀明督、抚改正。

三、凡各军队届各期教育完成时，应预先知会教练处，并按章咨送本期教育册表、图书以备考察，教练处即准该知会呈请派员前往。其他如教练处随时考查，不在此限。

四、该考察员奉派后，即将应行考察各军队送来之教育文卷详细查核，并先期预筹一切考察事宜，以免临时不得要旨，致失功效。

五、考察时应分两科办事：一考察官长教育，一考察兵卒教育。派员时，应先行派定，庶足以专责成而收实效。

六、考察员编制，应按考察情形，临时酌定。

七、考察之细则如下：

甲、学科

一、官长学科

战术统率术及战史之要点

图上战术及兵棋

二、弁目学课

操法勤务书及诸教范

诸勤务之心得

三、兵丁学课

精神教育之心得

操法勤务诸教范及勤务之概略

乙、术科

一、各兵种之教练

二、各兵种之野外演习

三、各兵种之连合野操或机动演习

四、各兵种之技术

五、步工兵之作业

六、步炮工兵之射击

以上皆须考察其官长之训导指挥，兵卒之勤动理解，且尤须注意于劳动时军纪之程度如何。

丙、内务

一、值日官长及风纪卫兵之服务

二、规定章程实行之程度

三、营房之洁否

四、军用品物之保存法

五、马匹之饲养及调教法

六、医官之勤务

丁、其他应行特别注意事件如下

一、军纪之张弛

二、士气之盛衰

三、体格之强弱，卫生之状态

四、官长与兵丁亲和悦服之程度

八、考察员应将考察事件随时笔记，以供参考而纂报告。

九、考察后应集合全队官长（或一部）开一会议，征具意见并商量关于改良办法。

十、会议后应即集合所考察军队之官长兵卒，就所考察事件，分别讲示，俾知奋勉，有所遵循。

十一、考察员事竣后，应遵章呈具报告，以凭查核。所有教育合宜、成绩优异之镇、协、标、营，呈请督抚分别奖赏，以资鼓励。其有教育无方、成绩劣下者，亦呈请分别示罚。

十二、教练处如不按定期随时派员考察时，除第三条外，其他概准现行规则办理。

十三、此项规则，将来如有应行修改及增损之处，应由教练处体察情形，随时改正，呈请督、抚核定施行。

军备篇

东三省以尚武强天下。开国之初，打牲诸部以楛矢为兵，以猎为粮，以穹庐为甲帐，以马为足，故不待外求而军备自裕。中兴而后，丁壮尽于征调，畋猎寝[寖]以弛废。练兵之诏屡下，而军备所需，限于例章，局于财力。又重以庚子之役，利器被收，协饷不至，营垒多毁，盖几无军备之可言。自陆军之制分于中枢，凡所以训养而安固之者，既已充备靡遗。而服装简净，万夫一色，望之林立，进如山行，军容有所必整也。枪炮利器，全军之干，私蓄者诛，保存有法，武库不容不慎也。余则相马、疗病及梓匠、轮舆、缝治、圬墁之人与所需之材之器，类聚群分，咸无不当。世昌之于东省陆防各军，则又有进焉。夫以东省之寥阔而荒瘠也，旧已设治之处，郡邑相望，市廛列货，尚能各应所求。其甫经设治及边远之地，村居寥落，大漠无垠，军行食用，间有缺乏，辄难觅购，价目之昂，更无论矣。陆军来者既多，督练处及陆军各学堂亦次第成立。一军之来，运拨须费，一堂之成，开办须资。统常并计盈累万千，而正项饷糈犹不与也。防营疲敝，饷多损蚀，衣装发之公家，营哨各官仍假口而克取其值，一月所得不能一旬之饱，甚至浣无替衣，眠无襆被。于此而不为之所，又安禁其不哗且溃哉。故于陆军正饷之外，议给加饷加干。防营之饷，视陆军领支正数，一律改定官备衣装，不准再有剥扣。而拨防漠河之营，正饷之外复按其数加津贴，非有所偏厚也，地处苦瘠之极，不如此不足以羁縻也。陆军饷银，向之发由陆军部暨北洋者，奏请仍其旧。且一再展期，非好取于人也，百废待举之时，不如此不足以顾赡也。督练处及各学堂之经费，则援北洋旧章而加增，中军卫队及军乐队，则照陆军成则而如一。若三省营务之薪数，则奉天为最巨、吉林次之、黑龙江又次之。营数有多寡，事因之以繁简，又不可执一以衡也，此皆所谓例给者也。虑军米之无出，泛江涉海，求之芜湖。继以北人性不嗜米，因许搭食粱稷。积米已多，遂饬停购，有仍愿食者听。虑军寒之可念，皮衣皮袴备置颁给。继以队伍所处丛杂，因令用过即缴，标识封存。有任意损毁者罚。物有必备，庶养欲而给求，款不虚糜，在循名而责实。此于例给之中，推广皇仁，以示体恤也。营伍有旅行之队，学堂有测绘之生，沐雨栉风，径行险阻，一岁光阴，半年跋涉。而入讲武堂肄习之员，缺付代摄，薪由自支。其代摄之人，虽支公费，事归经办，数有偏枯，于义未允。在吉、江两省剿匪之军，经年转战，寒暑无休。其转战之地，备极荒落，追击穷搜，恒断烟火，厥苦特甚。若者予津贴，若者予犒赏。分缯以慰劳勚，播物惟均，椎牛而致欢呼，勇气百倍。此于例给之外，特加优异以昭激励也。陆军营房之制，官长、目兵、匠役各判等差。而讲习之堂、会食之厅、办公集议之所、置药养病之室，何地以延宾，何地以鞫囚，何处而宜盥沐，何处而宜炊爨，何处筑库以储饷械衣粮，何处辟场以供操练工作，以及炮队之炮房，马队之马厂，靡不视地之所宜。井界线画，聚而不淆，旷而弥整，如制兴筑，期之永久。有旧址可因者，亦必审量迁就，或增或改，惟宜惟备，学堂堂舍亦如之。而营市非定制所有，第盘飧所倚，未堪城市迢遥，囊钱以从，或苦雨风阻滞，辟此一区，以便取求日用之需，非滥设也。陆军卫生之制，首重军医，盖以壮夫聚处，疫疠易滋，军行劳苦，疾病常作。平日已虑难防，战阵尤多惨剧，故营皆有医。又另立军医局，治病有特室，验病有专员，轻重危殆，各分其居。中西诊治，各按其症。而素所刻意讲求者，曰平时之卫生，则服食起居，必察必慎，不任一事之偶疏也。曰行军之卫生，则缓急冻暍，孰伤孰病，不容一丝之或紊也。曰战时之卫生，则血肉伤残，以舁以救，不可片刻之稍延也。如制设立，按法精研，保护之道，庶几其备。又于弁兵之未出痘者，悉饬补种牛痘[1]，以宣其浊窒，养其清光。有以伤病致死，不得归葬其乡者，更为置冢地，立劝忠祠，以妥其魂魄，永其烝尝。至若挫锐摧坚，枪炮最为猛利，冲锋陷阵，马匹尤贵精良，而收藏一不合宜必致损败，选择稍不如法奚范驰驱。弹药危险，存储非易，骑驮各异，错置无功。陆军司械有局，修械有工，选马有式，医马有方。械库必爽垲而无尘，药库必空旷而近水。刍秣必求其良，鞍辔必合其度。既各如式经营，而军队自带枪马之恶习，民人私置枪械之嚣风，洋商之接济匪徒，厩卒之吞剥干饷，均悬以厉禁，严其稽查。以所用之繁也，有应购者购之，以筹款之难也，有可拨者拨之。射击整齐，先区其类，负重致远，间易以骡。是则，兰锜森严，识戈矛之锻厉，仆圉审鉴，定驽骏之品题。循此以求，当可无舛。此外，则旗帜有示战传语之别，车辆有弹药什物之分，测远测近之镜，有线无线之电，沟垒桥梁之所倚，镕冶建筑之所成。凡属工程，辎重两队者，其品累百，其费巨万，分采置购，佥有程司。备之若此，措之维艰，伟矣。夫来歙之对光武曰，臣知国家所给，非一用度不足，然有不得已也。

---

〔1〕　种牛痘，是英国乡村医生琴纳发明的一种预防天花的方法。

纪东三省陆军粮饷局

陆军定制，凡军镇所驻之处，均应设立粮饷局，专司军队粮饷及一切衣装储备之事。遇行军时，或一军、一镇独当一路，应由局添派员司随同军镇前往，作为行军粮饷分局。东三省既经调拨陆军一镇、两混成协，为数已及两镇，因遵章设立粮饷局于奉天省城。嗣以第三镇全镇军队驻扎长春，地距奉省较远，且其所部标、营各队，又有分驻吉林、宁古塔、额木索、磐石县等处者。山深林密，输转维艰，爰于长春府设立粮饷分局一所，而以奉局总其成。吉林原有之步队一协，其薪饷向由该省粮饷处支放，而奉天新编两标之薪饷，则又由度支司拨发，暂从其便，然皆应并归粮饷局一处经理，名实方符也。

附东三省陆军粮饷总局编制

总办官　一员总理粮饷事务，各项军需官悉归节制考查

司饷官　四员管理出入饷银核记账目

司粮官　四员管理粮食事务

制造官　四员管理采买制造军需事务

书记官　二员管理公牍文卷事宜

司事生　四名随同办理粮饷各项账目

司书生　四名缮写文牍书扱

护目　一名

护兵　十二名

伙夫　一名

附东三省陆军粮饷总局常年额支薪饷表

员名	人数	每员名月支银数	月支总银数
总办官	一	二四〇两	二四〇两
司饷官	四	五〇	二〇〇
司粮官	四	五〇	二〇〇
制造官	四	五〇	二〇〇
书记官	二	三〇	六〇
司事生	四	一六	六四
司书生	四	一二	四八
护目	一	六	六
护兵	一二	四.五两	五四
伙夫	一	三.三两	三.三
统计	以上按每月计算，共需湘平银一千零七十五两三钱，常年共需银一万两千九百零三两六钱。		
附记	每月杂支活款为转运装械[卸]等费，均照章随时动用，核实造报。不能预计，故不开列。		

附长春陆军粮饷分局编制

司粮官　一员

司饷官　一员

制造官　一员

三等书记官　一员

司事生　一名

司书生　一名

护兵　四名

伙夫　一名

附长春陆军粮饷分局常年额支薪饷表

员名	人数	每员名月支银数	月支总银数
司粮官	一	五〇 两	五〇 两
司饷官	一	五〇	五〇
制造官	一	五〇	五〇
三等书记官	一	三〇	三〇
司事官	一	一 六	一六
司书生	一	一 二	一二
护兵	四	四.五 两	一八
伙夫	一	三.三 两	三.三
统计	上表所列银数，按每月计算，共支湘平银一百二十九两三钱，常年共需银二千七百五十两六钱。		

纪东三省督练处经费，陆军各镇、协、标薪饷

督练处自督办、会办以下各员薪水公费，均照北洋奏定成案核实支发。以东省百物翔贵，迥非内省可比，各员薪费之外，酌加津贴银两，俾敷办公。督办、会办，即本管督、抚。仅支公费，不支薪津。开办之始，计修葺屋宇，购置器具，共用沈平银六千余两，由部拨镑余项下动用。额支各款，三省公筹，奉认十之五，吉认十之三，江认十之二。活支各款，即由督办、会办应支公费项下挪用，不另开报。陆军一镇、两混成协调东之初，即已奏明薪饷暂支原款。自光绪三十三年五月调东之日起，分由度支部暨北洋大臣按月拨发。俟一年后查看情形，再行酌量办理。又以边塞荒寒，食物价昂，军队远戍，劳苦异于寻常，正饷正干之外，援照出防章程另给加饷加干，以示体恤。继以东省筹款为难，于三十三年十一月奏请，自三十四年五月起，所有一镇两混成协应需正杂各项薪饷，仍照由原处协拨一年，奉旨允行，三十四年十二月，以东省财力奇绌，举办新政，不敷过巨，奏请将此项薪饷，宣统元年五月以后再由原处照常拨济，奉旨交陆军部议奏。旋经部议，第三镇饷项准再协拨一年，第一混成协饷项则饬由东省自筹。因奏明宣统元年六月以后，第一混成协饷项，请由奉省练饷项下暂行挪拨，第二混成协饷项之拨由北洋者，则仍照拨如故。其奉天新编之陆军两标及吉林陆军一协薪饷，均按照陆军饷章并酌照各本省情形稍事变通，奉则发由度支司，吉则发由粮饷处。世昌又以吉省天气过寒，议加给该协柴草费银并添制靰鞡[1]、棉被，每年发给一次，附入杂支活款列销。奏奉俞允。而该省原设之督练公所自经裁并，所有修造房舍及薪饷各银，又该协未成军以前之小口粮及旅费、房租等项，与军乐队用过银两，亦均由世昌查实奏明，咨部核销。

〔1〕　靰鞡，中国东北地区冬天穿的一种用皮革做的鞋，因里面垫着靰鞡草而得名。

附东三省督练处常年额支薪饷表

职名	人数	薪水		津贴		公费		月计	年计
		每员银数	合计	每员银数	合计	每员银数	合计		
督办	一	不支薪		不支薪		一，六〇〇两	一，六〇〇两	一，六〇〇两	一九，二〇〇两
会办	三	不支薪		不支薪		九六〇	二.八八〇	二.八八〇	三四，五六〇
总参议	一	五〇〇两	五〇〇两	三〇〇两	三〇〇两			八〇〇	九，六〇〇
参议	五	二〇〇	一，〇〇〇	一〇〇	五〇〇			一.五〇〇	一八，〇〇〇
文案	八	八〇	六四〇	四〇	三二〇			九六〇	一一，五二〇
随员	六	四〇	二四〇	二〇	一二〇			三六〇	四，三二〇
先锋官	六	五〇	三〇〇	二〇	一二〇			四二〇	五，〇四〇
支发	一	八〇	八〇	四〇	四〇			一二〇	一，四四〇
清书	八	一四	一一二	六	四八			一六〇	一，九二〇
总办	三	二〇〇	六〇〇	一〇〇	三〇〇	一〇〇	三〇〇	一.二〇〇	一四，四〇〇
帮办	九	一五〇	一，三五〇	五〇	四五〇			一.八〇〇	二一，六〇〇
三处文案	一二	五〇	六〇〇	三〇	三六〇			九六〇	一一，五二〇
提调	一三	七〇	九一〇	四〇	五二〇	二五	三二五	一.七五五	二一，〇六〇
一等科员	四七	四〇	一，八八〇	三〇	一，四一〇			三.二九〇	三九，四八〇
二等科员	一六	四〇	六四〇	二〇	三二〇			九六〇	一一，五二〇
三等科员	二八	四〇	一.一二〇	一〇	二八〇			一.四〇〇	一六，八〇〇
三处清书	四一	一二	四九二	四	一六四			六五六	七，八七二
石印工匠	六	一〇	六〇	四	二四			八四	一，〇〇八
马弁	六	一二	七二	六	三六			一〇八	一，二九六
护兵	四二	四.五	一八九	一.五	六三			二五二	三，〇二四
长伙夫	三二	三.五	一一二	一	三二			一四四	一，七二八
总计	二九四		一〇，八九七		五.四〇七		九，一〇五	二，四〇九	二五六，九〇八

附陆军第三镇军官军佐额支薪公数目表

军官之属					军佐之属			
职名	员数	每员月支银数		每项月支银数	职名	员数	每员月支银数	每项月支银数
		薪水	公费					
统制官	一	四〇〇两	六〇〇两	一,〇〇〇两	正执法官	一	一〇〇	一〇〇两
统领官	二	二五〇	二五〇	一,〇〇〇	正军需官	一	一〇〇	一〇〇
统带官	六	二〇〇	二〇〇	二,四〇〇	正军医官	一	一〇〇	一〇〇
正参谋官	一	二〇〇		二〇〇	一等书记官	三	六〇	一八〇
正军械官	一	一〇〇		一〇〇	副军需官	六	六〇	三六〇
中军官	一	一〇〇		一〇〇	副军医官	六	六〇	三六〇
教练官	六	一〇〇		六〇〇	正马医官	一	八〇	八〇
马队管带官	三	一〇〇	八〇	五四〇	二等书记官	一六	四〇	六四〇
步工辎管带官	一四	一〇〇	一四〇	三,三六〇	军需长	二〇	三〇	六〇〇
炮队管带官	三	一〇〇	一六〇	七八〇	军医长	二〇	四〇	八〇〇
二等参谋官	一	一〇〇		一〇〇	副马医官	二	四〇	八〇
参军官	二	八〇		一六〇	医生	一七	二四	四四八
副军械官	一	六〇		六〇	司号官	一	二四	二四
三等参谋官	一	五〇		五〇	马医长	七	三〇	二一〇
督队官	二〇	五〇		一,〇〇〇	书记长	二七	二四	六四八
步工辎队官	五六	五〇	一〇	三,三六〇	司号长	八	一六	一二八
马队队官	一二	五〇	八	六九六	马医生	四	二〇	八〇
炮队队官	九	五〇	一四	五七六	司事生	五	一六	八〇
执事官	九	五〇		四五〇	司书生	一四八	一二一	一,七七六
军械长	三	三〇		九〇	军乐队 队官	一	五〇	五〇
查马长	八	三〇		二四〇	军乐队 排长	一	二五	二五
排长	二一九	二五		五,四七五	军佐薪水总数	六.八二四两		
掌旗官	五	三〇		一五〇				
司务长	六八	二〇		一,三六〇				
军官薪公总数	二三.八四七两							

附陆军第三镇目兵匠夫额支正饷数目表

名目		人数	每名月支银数	每项月支银数
马弁目		九	一〇.五钱	九四，五钱
马弁		五二	八.四	四三六.八
号目		二〇	六	一二〇
号兵		一五四	四.五	六九三
护目		三一	六	一八六
护兵		四四〇	四.五	一，九八〇
正目		六三三	五.一	三，二二八.三
副目		六三三	四.八	三，〇三八.四
正兵		二，五三二	四.五	一一，三九四
副兵		五，〇六四	四.二	二一，三六八.八
备补兵		六三三	三.三	二〇八八.九
伙夫		七一〇	三.三	二三四三
匠目		二〇	九	一八〇
枪匠		六〇	六.六	三九六
皮匠		六九	四.五	三一〇.五
医兵		七七	四.二	三二三.四
驾车兵		七〇	四.五	三一五
喂养夫		一〇六	三.三	三四九.八
掌匠		三八	四.五	一七一
马夫目		二九	四.五	一三〇.五
马夫		二八五	三.三	九四〇.五
铁匠		一七	六.六	一一二.二
炮匠		九	六.六	五九.四
木匠		一七	四.五	七六.五
管驮兵		三六	四.五	一六二
军乐队	一等乐兵	二	一〇.五	二一
	二等乐兵	六	八.四	五〇.四
	三等乐兵	一二	六	七二
	学习乐兵	一四	四，五	一〇八
目兵匠夫正饷总数		五〇，六四九九钱		

附陆军第三镇军队额支马干暨各杂费表

种类	数目	月支骡马掌缰银数	月支骡马正干车炮柴价各费银数	每项月支总银数
骡	四二六	〇.二四分	四.八钱	二，一四七.〇四分
马	一，七九四	〇.二四	四.八	九，〇四一.七六
车	一四二		〇.五	七一
陆炮	一八		五	九〇
山炮	三六		五	〇.一八〇
柴价				二九四〇
每月各项总数	一四，四六九.八钱			

附陆军第三镇军队加饷加干数目表

名目	人数	匹数	每名月加银数	每匹月加银数	每项月加银数
正目	六三三		一两		六三三两
副目	六三三		一		六三三
正兵	二五三二		一		二五三二
副兵	五〇六四		一		五〇六四
号目	二〇		一		二〇
号兵	一五四		一		一五四
护目	三一		一		三一
护兵	四四〇		一		四四〇
医兵	七七		一		七七
备补兵	六三三		一		六三三
驾车兵	七〇		一		七〇
管驮兵	三六		一		三六
伙夫	七一〇		五钱		三五五
马夫目	二九		五		一四五钱
马夫	二八五		五		一四二五
喂养夫	一〇六		五		五三
一等乐兵	二		一		二
二等乐兵	六		一		六
三等乐兵	一二		一		一二
学习乐兵	二四		一		二四
骡		四二六		一六	六八一六
马		一七四四		一六	二八七〇四钱
加饷总数	一〇九三二两			加干总数	三五五二两

附陆军第一混成协官佐额支薪公数目表

官职	人数	每员月支公费	每员月支薪水	合计
统领官	一	二五〇两	二五〇两	五〇〇两
统带官	二	二〇〇	二〇〇	八〇〇
一等参谋官	一		一五〇	一五〇
教练官	二		一〇〇	二〇〇
参军官	一		八〇	八〇
副军械官	一		六〇	六〇
步队管带官	六	一四〇	一〇〇	一·四四〇
马队管带官	一	八〇	一〇〇	一八〇
炮队管带官	一	一六〇	一〇〇	二六〇
执事官	四		五〇	二〇〇

官职	人数	每员月支公费	每员月支薪水	合计
督队官	八		五〇	四〇〇
步工辎队官	二六	一〇	五〇	一.五六〇
马队队官	四	八	五〇	二三二
炮队队官	三	一四	五〇	一九二
掌旗官	二		三〇	六〇
正执法官	一		一〇〇	一〇〇
副军需官	三		六〇	一八〇
副军医官	三		六〇	一八〇
二等书记官	六		四〇	二四〇
军械长	一		三	三〇
查马长	二		三〇	六〇
排长	九五		二五	二.三七五
司务长	三〇		二〇	六〇〇
军需长	八		三〇	二四〇
军医长	八		四〇	三二〇
马医长	二		三〇	六〇
书记长	一〇		二四	二四〇
军乐队排长	一		二五	二五
司号长	三		一六	四八
军医生	七		二四	一六八
马医生	一		二〇	二〇
司事生	一		一六	一六
司医生	五九		一二	七〇八

附陆军第一混成协目兵匠夫额支正饷正干数目表

名目	人数	每名月支银数		每匹月支银数	合计
弁目	三	一〇.五钱			三一.五钱
马弁	一八	八.四			一五一.二
号目	八	大建	六		四八
		小建	五.八		四六.四
护目	一一	大建	六		六六
		小建	六.八		六三.八
匠目	七	大建	九		七二
		小建	八.七		六九.六
正目	二七七	大建	五.一		一.四一二.七
		小建	四.九三		一.三六五.六一

名目	人数	每名月支银数		每匹月支银数	合计
副目	二七七	大建	四.八		一.三二九.六
		小建	四.六四		一.二八五.二八
马夫目	九	大建	四.五		四〇.五
		小建	四.三五		三九.一五
号兵	六六	大建	四.五		二九七
		小建	四.三五		二八七.一
护兵	一七八	大建	四.五		八〇一
		小建	四.三五		七七四.三
正兵	一一〇八	大建	四.五		四九八六
		小建	四.三五		四八一九.八
副兵	二二一六	大建	四.二		九三〇七.二
		小建	四.〇六		八九九六.九六分
备补兵	二七七	大建	三.三		九一四.一
		小建	三.一九		八八三.六三
一等乐兵	一	大建	一〇.五		一〇.五
		小建	一〇.一五		一〇.一五
二等乐兵	三	大建	八.四		二五.二
		小建	八.一二		二四.三六
三等乐兵	六	大建	六		三六
		小建	五.八		三四.八
学习乐兵	一二	大建	四.五		五四
		小建	四.三五		五二.五
医兵	三三	大建	四.二		一三八.六
		小建	四.〇六		一三三.九八
驾车兵	二九	大建	四.五		二三〇.五
		小建	四.三五		一二六.一五
管驮兵	一八	大建	四.五		八一
		小建	四.三五		七八.三
枪匠	一七	大建	六.六		一七八.二
		小建	六.三八		一七二.二六
铁匠	五	大建	六.六		三三
		小建	六.三八		三一.九
炮匠	三	大建	六.六		一九.八
		小建	六.三八		一九.一四
掌匠	一二	大建	四.五		五四
		小建	四.三五		五二.二

名目	人数	每名月支银数		每匹月支银数	合计
木匠	五	大建	四.五		二二.五
		小建	四.三五		二一.七五
皮匠	三〇	大建	四.五		一三.五
		小建	四.三五		一三〇.五
伙夫	三〇四	大建	三.三		一〇〇三.二
		小建	三.一九		九六九.七六分
喂养夫	四七	大建	三.三		一五五.一
		小建	三.一九		一四九.九三
马夫	八九	大建	三.三		二九三.七
		小建	三.一九分		二八三.九一
骡马	七三三	大建		四八	三五一八.四
		小建		四六.四分	三四〇一.一二分
附记	加饷加干数目同第三镇				

附陆军第一混成协额支杂款数目单

独立协津贴公费银	二百两
工辎军乐各队津贴公费	共六十两
工辎队各添设司书生一名薪水	共二十四两
山炮炮费	九十两
全协中医药费	四百二十五两
全协柴草价	一千一百二十两
全协马干	三千五百一十八两四钱
全协骡马掌缰	一百七十五两九钱二分
全协目兵加饷	四千七百四十四两五钱
全协骡马加干	一千一百七十二两八钱
全协大车键油	二十三两五钱

总计每月额支银共一万一千五百五十四两一钱二分

附陆军第二混成协官佐额支薪公数目表

官职	人数	每员月支公费	每员月支薪水	合计
统领官	一	二五〇两	二五〇两	五〇〇两
统带官	二	二〇〇	二〇〇	八〇〇
一等参谋官	一		一五〇	一五〇
教练官	二		一〇〇	二〇〇
参军官	一		八〇	八〇
副军械官	一		六〇	六〇
步队管带官	六	一四〇两	一〇〇	一.四四〇两
马队管带官	一	八〇	一〇〇	一八〇
炮队管带官	一	一六〇	一〇〇	二六〇
执事官	四		五〇	二〇〇
督队官	八		五〇	四〇〇
步工辎队官	二六	一〇	五〇	一.五六〇
马队队官	四	八	五〇	二三二
炮队队官	三	一四	五〇	一九二
掌旗官	二		三〇	六〇
正执法官	一		一〇〇	一〇〇
副军需官	三		六〇	一八〇
副军医官	三		六〇	一八〇
二等书记官	六		四〇	二四〇
军械长	一		三	三〇
查马长	二		三〇	六〇
排长	九五		二五	二.三七五
司务长	三〇		二〇	六〇〇
军需长	八		三〇	二四〇
军医长	八		四〇	三二〇
马医长	二		三〇	六〇
书记长	一〇		二四	二四〇
军乐队排长	一		二五	二五
司号长	三		一六	四八
军医生	七		二四	一六八
马医生	一		二〇	二〇
司事生	一		一六	一六
司书生	五九		一二	七〇八

附陆军第二混成协目兵匠夫额支正饷正干数目表

名目	人数	每名月支银数	每匹月支银数	合计
弁目	三	一〇.五钱		三一.五钱
马弁	一八	八.四		一五一二
号目	八	六		四八
护目	一一	六		六六
匠目	七	九		六三
正目	二七七	五.一		一四一二.七
副目	二七七	四.八		一三二九.六
马夫目	九	四.五		四〇五
号兵	六六	四.五		二九七
护兵	一七八	四.五		八〇一
正兵	一一〇八	四.五		四九八.六
副兵	二二一六	四.二		九三〇七.二
备补兵	二七七	三.三		九一四.一
一等乐兵	一	一〇.五		一〇.五
二等乐兵	三	八.四		二五.二
三等乐兵	六	六		三六
学习乐兵	一二	四.五		五四
医兵	三三	四.二		一三八.六
驾车兵	二九	四.五		一三〇.五
管驮兵	一八	四.五		八一
枪匠	一七	六.六		一一二.二
铁匠	五	六.六		三三
炮匠	三	六.六		一九.八
掌匠	一二	四.五		五四
木匠	五	四.五		二二.五
皮匠	三〇	四.五		一三五
伙夫	三〇四	三.三		一〇〇三.二
喂养夫	四七	三.三		一五五.一
马夫	八九	三.三		二九三.七
骡马	七三三		四八	三五一八.四
附记	加饷加干数目与第三镇第一混成协均同			

附奉天陆军第一标官佐目兵额支薪饷数目表

官佐	数目	每员月支公费	每员月支薪水	目兵	数目	每名月支正饷
统带官	一	三〇〇两	二〇〇两	弁目	一	一〇.五钱
教练官	一		一〇〇	马弁	六	八.四
管带官	四	步一四〇 炮一六〇	一〇〇	正目	一三五	六.一
执事官	一		五〇	副目	一三五	五.八
掌旗官	一		三〇	正兵	五四〇	五.五
副军需官	一		六〇	副兵	一,〇八〇	五.二
副军医官	一		六〇	备补兵	一三五	四.三
二等书记官	二		四〇	护目	五	七
稽查官	一		三〇	号目	四	七
参谋官	一		六〇	号兵	三〇	五.五
督队官	四	一〇	五〇	护兵	八〇	五.五
队官	一五		五〇	匠目	四	九
排长	四五		二五	枪匠	一二	六.六
司务长	一五		二〇	炮匠	三	六.六
军需长	四		三〇	铁匠	三	六.六
军械长	一		三〇	掌匠	六	四.五
军医长	四		四〇	木匠	三	四.五
书记长	四		二四	皮匠	一五	四.五
查马长	一		三〇	医兵	一五	五.二
马医长	一		三〇	驾车兵	一二	五.五
司号长	一		一六	管驮兵	一八	五.五
军医生	四		二四	伙夫	一四七	三.八
马医生	一		二〇	喂养夫	三〇	三.八
司事生	一		一六	马夫目	三	五
司书生	二五		一二	马夫	三九	三.八

附奉天陆军第一标额支杂款及加干数目单

马一百九十三匹	每匹月支正加干掌缰银六两六钱四分
骡一百三十六头	每头月支干银六两六钱四分
炮十八尊	每尊月支费银五两
步队各营柴草	每营月支银一百四十两
炮队柴草	每月应支银一百二十两
医药费	每营月支银五十两
随营大车十二辆	每辆月支挑键车油银五钱

总计以上月共支银三千零二十两零五钱六分

附奉天陆军第二标官佐额支薪公数目表

职名	数目	每员月支公费	每员月支薪水	合计
统带官	一	三〇〇两	二〇〇两	五〇〇两
教练官	一		一〇〇	一〇〇
管带官	三	一四〇	一〇〇	七二〇
执事官	一		五〇	五〇
掌旗官	一		三〇	三〇
副军需官	一		六〇	六〇
副军医官	一		六〇	六〇
二等书记官	二		四〇	八〇
稽查官	一		三〇	三〇
督队官	三		五〇	一五〇
军医长	四		四〇	一六〇
队官	一二	一〇	五〇	七二〇
排长	三六		二五	九〇〇
司务长	一二		二〇	二四〇
军需长	三		三〇	九〇
书记长	三		二四	七二
司号长	一		一六	一六
司事生	一		一六	一六
司书生	二〇		一二	二四〇

附奉天陆军第二标目兵匠夫额支正饷数目表

名目	人数	每名月支正饷	合计
弁目	一	一〇.五钱	一〇.五钱
马弁	二八	八.四	二三五.二
护目	四	六	二四
护兵	六六	四.五	二九七
正目	一〇八	五.五	五九四
副目	一〇八	五.二	五六一.六
正兵	四三二	五	二一六〇
副兵	八六四	五	四,三二〇
号目	三	六	一八
号兵	二四	四.五	一〇八
匠目	三	九	二七
枪匠	一二	六.六	七九.二
皮匠	一二	四.五	五四
医兵	一二	四.二	五〇.四
备补兵	一〇八	三.三	三五六.四
伙夫	一一六	三.三	三八二.八
驾车兵	一二	四.五	五四
喂养夫	一二	三.三	三九.六

附奉天陆军第二标额支杂款数目单

一、柴草价，每营月支银一百四十两，三营共支银四百二十两。每年支银五千零四十两。

二、帐棚价，全标帐房，防营按八个月更换一次，每届约需银三千两。行军时按六个月更换一次

三、衣履，全标正副目、兵、号、护目兵共一千六百零九名，每名每年须发号衣、皮衣各一件，单衣两套，袷衣、棉衣各一套，军帽三顶，布靴两双，皮鞋一双，每届两年造雨衣、雨帽各一套，每年约需银二万五千八百四十二两九钱六分。

四、医药费，全标购备中西药料，每年共需银一千八百两。

五、倒补价，全标骡马共四十三匹，每年例准倒毙三成，马每匹估价三十两，骡每头估价七十两，每年共需支银九百两。

六、奖赏费，全标月课、看操、考试、打靶，每月赏犒约需银一百五十两，每年共需银一千八百两。

七、随营大车挑键车油，每辆每月约需银五钱，全标大车十二辆，每年共需银七十二两。

八、随营车鞍套，每年按三成修换，约需银九十六两。

以上每年共需银三万八千五百五十两零九钱六分。

附吉林陆军步队第一协官佐目兵额支薪公正饷数目表

官佐	数目	每员月支公费	每员月支薪水	目兵	数目	每名月支正饷
统领官	一	二五〇两	二五〇	弁目	三	一五.五八分连马干
统带官	二	二〇〇	二〇〇	马弁	一四	一三.四四连马干
参军官	一		八〇	正目	二一六	五.一〇
教练官	三		一〇〇	副目	二一六	四.八〇
执事官	三		五〇	正兵	八六四	四.五〇
掌旗官	二		三〇	副兵	一，七二八	四.二〇
司号长	三		一六	备补兵	二一六	三.三〇
副军需长	二		六〇	护目	九	六.〇〇
副军医官	二		六〇	号目	六	六.〇〇
二等书记官	六		四〇	护兵	一八三	四.五〇
管带官	六	一四〇	一〇〇	号兵	四八	四.五〇

官佐	数目	每员月支公费	每员月支薪水	目兵	数目	每名月支正饷
督队官	六		五〇	匠目	六	九.〇〇
队官	二四	一〇	五〇	枪匠	二八	六.六〇
排长	七二		二五	皮匠	二四	四.五〇
司务长	二四		二〇	医兵	二四	四.二〇
军需长	六		三〇	驾车兵	二四	四.五〇
军医长	六		四〇	伙夫	二三四	三.三〇
医生	六		二四	喂养夫	二四	三.三〇
书记长	六		二四			
司书生	四二		一二			

附吉林陆军步队第一协额支杂款数目单

一、柴草价，全协步队共六营，每营月支银二百两。六营统计，每年共支银一万四千四百两。

一、帐棚价，全协步队六营，按八个月更换一次，每届约需银八千余两，每年以一届半计算，约支银一万二千余两。

一、衣履价，全协步队六营，正副号护目兵共三千二百二十一名，每名每年需发号衣、皮衣各一件，单衣两套，袷衣、棉衣各一套，号帽、草帽各一顶，头巾一条，布靴两双，每届两年造雨衣帽各一套，每年约需支银七万六千九百八十一两九钱。

一、医药费，全协购置中外药料，每年约共需银五千四百两。

一、倒补价，全协马匹共八十九匹，每年例准倒毙三成，每匹估价银六十两，每年共需支银一千六百零二两。

一、奖赏费，全协月课、看操、考试、打靶，每月赏犒约需银三百两，每年共需支银三千六百两。

一、车骡饷干，掌缰费，全协大车二十四辆，车骡七十二头，每头每月应支饷干银四两八钱，掌缰银二钱四分，每年应需饷干银四千一百四十七两二钱，掌缰银二百零七两三钱六分。

一、随营车挑键车油，每辆每月约需银八钱，每年约共需银二百三十两零四钱。

一、随营车缰套，每年按三成修换，约需银二百一十六两。

附奏陈东三省督练处
开支各项经费数目造册报销折

奏为东三省督练处开支各项经费数目造册报部核销，恭折仰祈圣鉴事。窃以东三省练兵关系重要，旧有各营，庞杂纷歧，非设军政总汇之处，无以收整齐划一之功。臣等到任之始，即遴派熟悉军政之员，切实筹办，删繁举要，粗具规模。曾于光绪三十三年十二月，奏设东三省督练处，声明一切军制均参照北洋成案办理。并以东三省军政事务繁重，仿照北洋添设总参议一员，以资辅佐。裁撤吉林原有督练处，改为东三省驻吉督练分处，以期纲举目张，划一不紊。复因东省百物翔贵，办事员司酌加津贴等因，奉朱批，著照所请，该部知道，单并发。钦此钦遵。并将薪津各项数目咨部立案，各在案。查东三省督练处应设督办、会办、总参议及兵备、参谋、教练三处。总办、帮办、提调、文案等员，俱如定制，陆续添设。所有开支各项经费，虽皆参照定案，而东省财力困难，不得不力求撙节，是以动用款目较之定章所减甚巨。自光绪三十三年七月间开办起，截至十二月底止，应请作为东三省督练处第一案报销。三十四年正月起截至十二月底止，作为第二案报销。兹据东三省支应处造册，呈报前来，臣等详加复核。查册开，光绪三十三年分奉天度支司筹拨沈平银九万两，实用沈平银八万六千三百七两七钱一分六厘六毫四丝。三十四年分收奉天度支司筹拨沈平银六万两，吉林度支司筹拨沈平银六万两，黑龙江度支司筹拨沈平银二万两，实用沈平银十七万九千八百五十八两六钱三分六厘七毫六丝，实存沈平银三千八百三十三两六钱四分六厘六毫。委系实用实销，异常撙节，并无丝毫浮滥。除将详细清册咨部查核外，所有东三省督练处开支各项经费数目，造册报部核销缘由，谨恭折会奏，伏乞皇上圣鉴。谨奏。宣统元年三月初八日具奏，本月二十日奉到朱批，该部知道。钦此。

附奏陈报销吉林督练三处光绪三十二三两年
支用薪公饷干等项银两数目折

奏为报销光绪三十二、三两年吉林督练三处支用薪公饷干等项银两数目，恭折仰祈圣鉴事。窃查吉省自光绪三十二年六月初一日设立督练公所，常年应需薪公饷干等项，曾经前署吉林将军臣达桂核计，每月应支银三千九百三十五两六钱，缮具清单，并酌拟试办章程，于三十三年四月十六日，奏奉朱批，该部知道，单并发。钦此钦遵，各在案。旋经调任前吉林抚臣朱家宝查明，督练公所原额尚可减并，当于是年八月初一日将该公所改为吉林兵备处兼理参谋教练等事，酌留兵备总办一员，帮办一员，总文案支应委员各一员，司事一名，清书二名，并留兵备参谋、教练、提调三员，文案三员，清书六名，军需、筹备、考功、测绘、调查、学务、校兵等七股，委员各一员，差弁四名，夫役八名。其余员书弁兵，悉行裁汰。统计每月共支薪公饷干银一千八百零四两。按照实银市价折银给领，较之未经裁并以前，每月节省银二千一百三十余两。兹查自三十二年六月初一日设立督练公所之日起，截至是年十二月底止，共用官价银二万二千零六两。又自三十三年正月初一日起，截至七月底止，共用官价银二万六千九百八十九两二钱。又自八月初一日归并兵备处之日起，截至是年十二月底止，共用实银九千零二十两。通共用银五万八千零一十五两二钱，合市钱一十九万八千八百零一千四百六十文。据驻吉兵备处帮办分省试用道唐启垚造具细册详请奏销前来，臣等复核无异。除将细册送部查照外，理合恭折具奏。伏乞皇上圣鉴，饬部核销。再此项销案，系在东三省督练处职掌章程未经奏定以前，是以仍由吉林行省衙门主稿核办，合并陈明，谨奏。宣统元年二月十七日具奏，闰二月初九日奉朱批，该部知道。钦此。

附奏吉林督练公所修工用过银两列款核销片

再，吉林督练公所工程，系光绪三十三年四月十三日，经前吉林将军臣达桂、副都统臣成勋于奏请修建常备军官兵营房案内奏明，在省城德胜门外迤北地方购买民房，扩充改造，所需工料各款，暂由加征烟酒税款项下筹给在案。嗣准度支部覆，以吉省各项工程银两向以六成给发，仍扣六分减平，此项工程应照向章折给等因。曾经调任前吉林抚臣朱家宝查明，吉省修建衙署、仓厫等项工程，所需银两系由俸饷项下开支，原有扣成、扣平办法，今陆军营房公所与建修衙署、仓厫不同，未便援以为例。烟酒税系属钱款，又非俸饷可比。况此项工程所需款项，应按照练兵处奏定营制饷章，系列入杂支活款开报，仍应援照北洋陆军第三镇营房工程奏案实用实销，不再扣减，咨行度支部查照亦在案。查此项工程，原系教练处总办胡殿甲承修，嗣因胡殿甲因案革职，改委驻吉兵备处帮办分省试用道唐启垚接办，并加派候选道钟穆生监修。现在业已一律竣工，计修造洋式正楼拾三间，东西配楼各四间，办公厅一座，东西厢房各五间，礼堂一座，测绘学堂、讲堂二座，营务处办公厅一座，官长会议厅一座，大门一座，宿舍一百零四间，厨房十间，加以车房、马棚、操场、马路、地沟、板桥、角门、厕所、栏杆、花墙等项零工，连同购买民房地基，共需工价实银八万四千七百一十两零四厘七毫五丝，合吉钱三十三万八千八百四十千零一十九文。兹据分省试用道唐启垚造具细册，加具印结并绘图贴说，详请奏销前来。当派试署吉林民政使谢汝钦详核验收，工料尚属坚实，用款亦无浮冒。臣等覆查无异。除将册结图说咨送陆军、度支两部查照外，理合附片具陈，伏乞圣鉴，饬部核销。再常备军官兵营房尚未修齐，应俟报竣，另案奏销，合并陈明，谨奏。宣统元年二月十七日具奏，闰二月初九日奉朱批，该部知道。钦此。

附奏陈调东陆军底饷明年请仍由原处照发折

奏为调东陆军底饷，拟请仍由原处照发，以资腾饱，恭折仰祈圣鉴事。窃臣等前于筹拨东省陆军折内声明，由陆军部调拨第三镇全队，由第六镇及第二四五镇抽拨步、炮、马各队立混成两协，皆令赴东填扎，听候调遣，饷项仍暂支原款，俟一年后，查看东省财力能否设法，再行奏明办理等因，奉旨允准在案。嗣准陆军部将第三镇暨第一混成协，升任北洋大臣袁世凯将第二混成协先后分拨到东，当由臣等体察情形，于第三镇及第一混成协分扎奉天之新民、锦州、昌图及吉林省城并长春、宁古塔一带，其第二混成协填驻奉天省城，以期联络而资训练。查第三镇暨第一混成协，自本年六月份起，所有原饷、加饷及开拨运费等项银两，由臣等派员分别赴部支领。又该协添设统领一员、标统二员，并协、标所属员弁等月饷，暨全协加饷并开拨运费等项银两，亦由度支部支领在案。窃思臣等原奏，本以此项陆军既已调东填扎，则所需饷项，如果东省财力充裕，自应归臣等筹付，是以拟俟一年后查看办理。即陆军部暨北洋大臣先后奏请，亦有此项陆军一镇、两协暂支原款，俟一年后，责令该省自行筹付之语。臣等到任后，于东省各款详细钩稽，常年出入之款，不敷甚巨。即欲筹办兴利之事，亦非旦夕所能奏效。而陆军饷项计授所关，约计明年五六月后，必无处筹此大宗的款，且该军等开拨运费除部拨外，尚多不敷，及现在添置皮衣，建造营房等项用款已属不赀，均须由东省筹备，则此项正饷、加饷，一时实无筹措。臣世昌前次到京，曾将东省筹款为难情形，与管理陆军部庆亲王奕劻[1]、陆军尚书铁良[2]筹议，已准将此项饷需仍由部拨发，以济军食。合无仰恳天恩，俯念东省边防紧要，巨款难筹，饬下陆军部及北洋大臣，所有调东一镇、两协正饷、加饷暨第二混成协添设协、标人员薪饷等项，自明年五六月以后，仍照常协拨。一俟财力稍充，再行随时奏请改归东省筹拨办理。除咨行陆军部及北洋大臣外，所有调东陆军仍请由原处拨发饷项缘由，谨恭折具陈，伏乞皇太后、皇上圣鉴训示。谨奏。光绪三十三年十一月二十二日具奏，十二月初二日奉到朱批，著照所请，该部知道。钦此。

附奏陈调东陆军底饷瞬届期满仍请由原处协拨折

奏为调东陆军底饷，瞬届期满，仍请由原处协拨，以备军实，而裕饷源，恭折仰祈圣鉴事。窃照前次奏明，调拨陆军第三镇全队暨抽拨第六镇及二、四、五镇步马炮各队，立混成两协来东择要驻扎，饷项等均准暂由原处协拨。嗣以东省常年出入之款，并计统筹，不敷相抵，于上年十一月间，奏请将调东陆军一镇两协正饷、加饷，暨第二混成协添设协、标人员薪饷等项，本年五六月以后，仍照常由原处拨给。钦奉朱批，著照所请，该部知道。钦此。并经陆军部奏明，东省筹款为难情形属实，除第二混成协应需军饷由直隶酌核办理外，其第三镇第一混成协饷项，三十四年五月以后准再展拨一年。一俟期满，即由该省自筹。等因，奉旨依议。钦此。由部咨行到东，钦遵各在案。臣等伏查该镇、协调东驻扎，原为巩固边防起见，所需军饷，转瞬之间即届一年期限，自应先事预筹。惟东省财力向称支绌，近年举办新政需款孔多，出入相抵，不敷甚巨。而根本重地，两强逼处，彼方不惜重资日事经营，且边氓艰苦，又未便就地过事搜罗。以兵力论，剿匪防边，当虞不足。以筹饷论，左支右绌，实属无可筹

〔1〕 奕劻（1838—1917年），晚清宗室大臣，满族镶蓝旗人。清高宗弘历曾孙，庆僖亲王永璘孙，1884年，担任总理各国事务衙门大臣，进庆郡王。1894年，被慈禧封为庆亲王。1898年，成为铁帽子王。1900年，八国联军侵华，与李鸿章代表清政府签订《辛丑条约》。1903年，为首席军机大臣，仍总理外务部。1911年，为皇族内阁总理大臣、弼德院总裁。清朝灭亡后，迁居天津。

〔2〕 铁良（1863—1938年），字宝臣，穆尔察氏，满洲镶白旗人。清末大臣，以“知兵”自称。曾为荣禄幕僚。后任户部、兵部侍郎。1903年赴日本考察军事，回国后任练兵大臣，协助袁世凯创设北洋六镇新军。继任军机大臣。1906年任陆军部尚书，与袁世凯争夺北洋新军的统帅权。1910年调任江宁将军。辛亥革命时，防守南京，与革命军作战，并与善耆等皇族成员组织宗社党，反对清帝退位。

措。所有前项陆军饷款，关系紧要，预计明年五月以后，如改由东省自筹，实在万分为难。合无仰恳天恩，俯念东陲边防重要，财力艰窘。饬下陆军部、北洋大臣，准将调东一镇两协正饷、加饷，暨第二混成协添设协、标人员薪饷等项，明年五月以后，仍照常由原处协拨，以资接济。一俟财力稍充，再行奏请改归东省自筹。除咨行陆军部、北洋大臣查照外，所有调东陆军底饷，仍请由原处协拨缘由，谨合词恭折具陈，伏乞皇上圣鉴训示。谨奏。光绪三十四年十二月初四日具奏，本月十四日奉到朱批。陆军部议奏。钦此。

附奏明调东第一混成协饷项请由奉省盐厘练饷项下暂行挪拨折

奏为调东陆军第一混成协常年正饷、加饷，拟由奉省盐厘款内腾挪应付，以足饷额而资计授，恭折仰祈圣鉴事。窃臣前次以调东陆军底饷瞬届期满，奏请仍由原处协拨一折，于光绪三十四年十二月十一日奉旨，陆军部议奏。钦此。嗣经陆军部议覆，以东省调拨军队仍由原处协饷，本系一时权宜之计。此次期满之后，原拟腾出协饷为补练军队之用。惟据称财力支绌，尚属实情，若非量予变通，势必难于应付。所有赴调各镇、协除第一混成协正饷、加饷，截至明年五月底止，自六月起，应由陆军部收回备练军队不再协拨外，其第二混成协暨添设协、标人员薪饷，自可准如所请，仍暂由直隶照案拨给。至第三镇应需饷项，亦拟再准接展一年，俾得稍纾饷力。在东省通盘计算明年止，须自筹一协之饷，措置谅不甚难。等因奏奉谕旨允准。钦遵咨行到奉。臣伏查第一混成协，每月约需正饷银五万一千两，加饷银一万两，二项并计，每年共需正饷、加饷银七十三万二千两，为数甚巨。奉省常年进款，向止税捐、盐厘、荒价等项。为抵充本省练饷等用，历年以来，尽敷支柱，并无余款可资分拨。前将军赵尔巽任内，本有筹练新军之议，亦因饷项难措，迄未实行。臣到任以后，虽将税捐、盐厘二项切实调查整顿，收数稍有起色。惟时当兵燹以后，民生重困，商业凋敝，司榷政者，但能于原有税厘之中稍加厘剔，不忍于原有税厘之外再事征求。近年新政风行，百端待理，用款之多，倍于畴昔。区区溢收税厘，实不足以资挹注。若议抽提巨款，拨放新军，一时更无从着手。虽上年改编防营，裁节饷项，其中不无盈余。然通盘计算，实不敷该协军饷十分之一。辗转筹维，殊尠良策。在部臣综核度支，仅令自筹一协之饷，本已格外通融。在奉省库储艰窘，骤增常年支出巨款，深恐久难为继。惟既钦奉谕旨，咨饬遵行，时艰款绌，京外皆然，何敢一再渎陈，上烦圣聪。且军糈为计授所关，拨发之期，转瞬即届，不得不于无可设法之中，预为剜肉医疮之计，俾免临时贻误。查奉省盐务，经征一二盐厘，向充本省学费，碍难指拨。其二四、四八、加价三项盐厘，向充本省练饷等用。拟自本年六月起，暂为挪用，作为该陆军第一混成协正饷、加饷之需。惟此项盐厘，每年所征，原无定额，仍恐不敷拨放，尚须随时参酌另筹。至原拨练饷各项，本关紧要，拟即改由税捐、荒价项下支发。不敷之数，亦须体察情形，酌量划拨，当于本省应用各款内分别缓急，设法裁减，以资弥补，年终分案造销。此为暂时挪款，以应要需起见，将来究以何种款项备抵，陆军饷糈仍须随时妥筹，奏咨办理。除分咨外，理合恭折具陈，伏乞皇上圣鉴，饬部立案施行。谨奏。宣统元年三月初八日具奏，本月二十日奉到朱批，该部知道。钦此。

附奏报调东陆军一镇、两协收支正杂饷项及加饷数目请饬部核销折

奏为东三省调拨陆军收支正杂饷项以及加饷数目报部核销，恭折仰祈圣鉴事。窃查光绪三十三年三月间，以东三省为根本重地，奏调陆军来东，择要填扎，奉旨依议。钦此钦遵。当经陆军部北洋大臣先后奏明，酌拨近畿陆军第三镇及第五、第六两镇内抽拨步马炮工辎各营队编为第一混成协。由北洋陆军第二、第四两镇内抽拨步马炮工辎各营队编为第二混成协。应需饷项，均暂用原款。并以东三省物价昂贵，兵夫马骡原支饷干实难敷用，转运脚价，添置各款，复须另筹。均经分别酌拨加饷。计陆军部月拨正杂饷项湘平银十七万六千两，加饷湘平银三万两。北洋大臣月拨正杂饷项湘平银三万七千一百八十两有奇，加饷由度支部月发库平银一万三千两。迭经饬由粮饷局按月承领，照章动支。查第三镇及第一混成协，自光绪三十三年六月初一日接收调东之日起，第二混成协自光绪三十三年五月初一日接收调东之日起，应扣至是年十二月底止，作为东三省陆军第一案报销。兹由陆军粮饷局造具饷杂清册，呈请核办。臣等复加详核，旧管项下无存，新收项下，陆军部开发第三镇及第一混成协三十三年七个月正杂饷项一百二十三万二千两，加饷二十一万两。除补平外，共合湘平银一百四十四万零五百五十八两。北洋拨发第二混成协三十三年八个月饷杂各款湘平银三十二万一千七百四十两零五分。度支部关发第二混成协三十三年八个月加饷库平银十万零四千两，除升平、补平外，折合湘平银十万零七千五百四十八两五钱九

分三厘七毫五丝。共合湘平银四十二万九千二百八十八两六钱四分三厘七毫五丝。开支项下，官兵薪饷、马骡正干、缰掌、挑炮油费、柴草、医药、操演奖赏及兵夫加饷、马骡加干，独立协另加公费等项，应归陆军部核销。计第三镇第一混成协以及粮饷局、军医局应销湘平银一百一十一万零一百零五两五钱八分，第二混成协应销湘平银三十六万零四百八十五两二钱四分。更换帐棚，采办衣履，转运脚价，恤赏烧埋，购补马骡，挑键车油，修换鞍套，钉铁木箱，见习毕业生薪水，改编山炮，添修装械，招兵口粮川资，增设协、标原购办杂械、马匹，粮饷局房租等项，应归度支部核销。计第三镇第一混成协以及粮饷，军医等局应销湘平银一十一万九千九百五十二两四钱三分三厘零五丝，第二混成协应销湘平银三万九千四百七十二两四钱五分九厘二毫八丝七忽五微。统共第三镇、第一混成协以及各局应销湘平银一百二十三万零零五十八两零一分三厘零五丝，第二混成协应销湘平银三十九万九千九百五十七两六钱九分九厘二毫八丝七忽五微。实存项下，第三镇及第一混成协实存湘平银二十一万零四百九十九两九钱八分六厘九毫五丝，第二混成协实存湘平银二万九千三百三十两零九钱四分四厘四毫六丝二忽五微。委系实用实销，异常撙节，并无丝毫浮冒。所有调拨陆军收支正杂饷项以及加饷数目，报部核销缘由，除已将清册分别咨部查照外，谨恭折具奏，伏乞皇上圣鉴，饬部核销施行。谨奏。宣统元年闰二月二十一日具奏，三月初五日奉到朱批，该部知道。钦此。

附奏陈调东陆军光绪三十四年分收支正杂饷项各款列作第二届报销折

奏为核明调东陆军光绪三十四年分收支饷杂各款，列为第二届报销，恭折仰祈圣鉴事。窃查调东陆军三十三年分收支正杂各款，业经造册奏销在案。所有光绪三十四年分陆军第一、第二混成两协一切收支饷杂，自应接续报造，以符定章。现经逐细清查，自光绪三十四年正月分起至十二月底止，原调一镇、两协步队八标二十四营，马炮队两标十营，工辎各一营两队，军乐队一队半，并奏准添设之第一、第二混成两协步队第三、第四两标，各协、标附属人员，第一协军乐队，粮饷总分局，军医局，开支饷杂分晰造册，列为第二届报销。计旧管项下，第三镇及第一混成协上届结存湘平银二十万四百九十九两九钱八分六厘九毫五丝，第二混成协结存湘平银二万九千三百三十两九钱四分四厘四毫六丝二忽五微。新收项下，陆军部拨发第三镇及第一混成协全年饷杂湘平银二百一十一万二千两，又筹拨全年加饷湘平银三十六万两。除补平外，实收湘平银二百四十六万九千五百二十八两。北洋拨解十一个月饷杂湘平银四十万四千八百六十两二钱五分七厘五毫。度支部筹拨全年加饷库平银十五万六千两。除升平外，折合湘平银十六万一千三百二十二两八钱九分六毫二丝五忽。共收湘平银五十六万六千一百八十三两一钱四分八厘一毫二丝五忽。开除项下，第三镇、第一混成协及粮饷、军医等局饷杂各款，应请销湘平银二百二十七万七千三百四十九两四钱八分五毫一丝五忽，第二混成协应请销湘平银六十三万五千五百七十四两二钱三分八厘八毫五丝二忽四微五纤。内应由陆军部核销湘平银二百五十万三千六百三十六两四钱二分四厘六毫二丝一忽二微，度支部核销湘平银四十万九千二百八十七两二钱九分四厘七毫四丝六忽二微五纤。实在项下，第三镇及第一混成协结存湘平银四十万二千六百七十八两五钱六厘四毫三丝五忽，第二混成协除北洋欠解是年十二月分一个月饷项并全年杂款外，实不敷湘平银四万六十两一钱四分六厘二毫六丝四忽九微五纤。业经权在结存款内移挪垫付，均归下届滚接造报。据东三省陆军粮饷局造具清册，详请奏销前来，臣等复加确核，委系异常撙节，实用实销，并无丝毫浮冒。除将清册分咨查照外，理合恭折具奏，伏乞皇上圣鉴，饬部核销。谨奏。宣统元年闰二月二十八日具奏，三月十一日奉到朱批，该部知道。钦此。

附奏销吉林常备军未成军以前小口粮银两片

再，吉林常备新军步队一协，系光绪三十二年六月初一日成军。其未成军以前，应发小口粮及旅费、房租，曾经前吉林将军臣达桂奏请作正开销，旋经陆军、度支两部会核，奏奉谕旨允行，钦遵在案。查该军步队一协，共挑用职官一百七十四员，甲兵三千八百六十二名，计发过小口粮中钱一十七万二千三百二十九千七百文，旅费二万五千九百三十三千八百文，房租四万零六百五十三千[文]，三项总共中钱二十三万八千九百一十六千五百文。据驻吉兵备处帮办分省试用道唐启垚造具细册，连同合协职官兵夫一览表，详请奏销前来。臣等复查无异，除将表册送部核销外，理合附片具陈，伏乞圣鉴。谨奏。光绪三十四年十一月初八日具奏，十七日奉旨，该部知道。钦此。

附奏陈遵章酌定吉林常备军一协饷项数目请饬部立案折

奏为遵照部章酌定常备军一协常年应需正支、杂支等款，吁请饬部立案，恭折具奏，仰祈圣鉴事。窃臣等前经遵旨挑练常备军一协。其常年应需官佐、目兵薪饷及军装、军械各项用款，亟应分别正支、杂支，奏咨立案，以便造销。现按练兵处奏定营制饷章详加核计，并酌照本省情形稍事变通，计现练常备军步队一协军官、军佐、弁目、兵夫，每月需薪公饷干银二万四千九百五十余两，全年统计共需银二十九万九千四百余两，遇闰加增。其军官、军佐薪饷，按照福建减饷办法，军官按八成折发，军佐按七成折发。惟吉省百物奇昂，中下级官佐月饷既薄，未便再予减扣。自月支二十五两以下之员，仍按十成开支，俾示体恤。所发各项，因本省捐税征收钱款，即按奏定向章每两折合吉市钱三吊三百文发放。其柴草、帐棚、衣履、医药、奖赏等项，本为章程所有，均属必不可少之需，应入常年杂支额款。而吉省僻处东陲，制造粗劣，应用衣履等件尚须购自京津等处。按照市银现价，加以汇水、运费、关税各款，自难与内地相提并论。详核估计，减无可减，常年约需银一十一万四千余两。至军用枪炮应需价值，曾经另案奏明，应另造销。其余军刀器具等项，照章统归杂支活款。所有各物，亦已陆续制备，尚未一律齐楚。况军装各项，大半购自外洋，尚有因地制宜，随时添置之件，需款预难估计，应俟汇总奏请核销，俾昭核实。再吉省饷项奇绌，前以常备军一协所需薪饷正杂各款，仅恃烟酒加税一项。现在试办未及一年，收数尚无把握。不敷之数，仍由捕盗队饷项下暂行借拨，以资挹注，合并声明。除收正支、杂支各款预算数目开单咨部查核外，理合恭折具奏。伏乞皇太后、皇上圣鉴训示。谨奏。

附奏陈报销吉林常备军步队一协光绪三十二、三两年支用正、杂各项银两数目折

奏为报销光绪三十二、三两年，吉林常备军步队一协支用正杂各款银两数目，恭折仰祈圣鉴事。窃查吉省自光绪三十二年六月初一日创练常备军步队一协，所有成军日期并常年应支正杂各款，请由加征烟酒税款项下开支等情，及遵照部章豫计常

年正支、杂支实在数目，均经前署吉林将军臣达桂、副都统臣成勋先后具折缮单奏明在案。查原奏内曾经声明，吉省陆军仿照福建减饷办法，军官薪饷按八成折发，军佐按七成折发，中下级官佐自二十五两以下各员仍按十成发给，每两均照奏定官价以三千三百文折钱发放。惟应制衣履、帐棚、医药、军刀、器具等物，必须购自京津、外洋，加以汇水、运脚、关税等项，不能不按照市价发给实银。且因吉省天气严寒，工价昂贵，奏请将柴草价每营每月加添银六十两，油键费每辆每月加添银三钱，并请添制靰鞡、棉被，以示体恤各等语。嗣准陆军部咨覆，靰鞡、棉被核与定章不符，驳令更正，余均照准立案等因。查吉省偏居北纬，秋即凝冰，冬令寒冷异常，断难与内地同日而语。靰鞡、棉被两项，因地制宜，实为军中万不可少之需。臣等既深悉兵艰，不得不变通办理。当经咨行陆军部，请将已发棉被价值免其追缴，惟以后不得援以为例。其靰鞡一项，仍请每年发给一次价银，附入杂支活款项下，作正开销，亦在案。兹查常备军步队一协，自三十二年六月初一日成军之日起，截至是年十二月底止，共用正支额款银一十七万三千零零六两一钱五分，杂支额款银九万一千六百九十二两零一分，杂支活款银九万六千七百四十一两零一分零六毫六丝。又自三十三年正月初一日起，截至是年十二月底止，共用正支额款银二十九万六千一百两零零一钱八分，杂支额款银九万八千一百零一两七钱四分，杂支活款银六千四百四十二两零四分一厘二毫一丝。通共支用银七十六万二千零八十三两一钱三分一厘八毫七丝。内分官价银五十一万八千三百二十九两四钱一分七厘八毫七丝，实银二十四万三千七百五十三两七钱一分四厘，共合中钱二百七十万零九千零一十一千八百零六文。据驻吉兵备处帮办、分省试用道唐启垚造具细册，连同官佐兵丁履历花名表册，详请奏销前来，臣等覆核无异。除将表册咨部外，理合恭折具奏，伏乞皇上圣鉴，饬部核销。谨奏。宣统元年二月十七日具奏，闰二月初九日奉朱批，该部知道，片并发。钦此。

附奏吉林军乐队用过银两并置备乐器、衣履等项价银数目片

再，吉林陆军于光绪三十二年七月初一日创设学习乐兵一队，所有常年一切经费，经前署吉林将军臣达桂、副都统臣成勋缮具清单，片奏请附入常备军杂支活款内，作正开销。嗣奉朱批，该部知道。钦此钦遵。并准陆军部核与定章相符，咨

行查照办理在案。兹查该队自三十二年七月初一日成队之日起，截至是年十二月底止，共用经费官价银二千零三十两零六钱一分，制买乐器价值实银二千三百一十八两八钱，购办衣履价值实银九百五十三两零四分。又自三十三年正月初一日起，截至是年十二月底止，共用经费官价银四千零六十一两二钱二分，购办衣履价值，实银八百四十八两七钱六分。通共用银一万零二百一十二两四钱三分，合吉钱三万六千七百三十一千七百六十五文。据驻吉兵备处帮办、分省试用道唐启垚造具细册，连同官兵履历花名表册，详请奏销前来，臣等复核无异。除将表册送部查照外，理合附片具陈。伏乞圣鉴，饬部核销。谨奏。宣统元年二月十七日具奏，闰二月初九日奉朱批，览。钦此。

附奏吉林陆军暨军乐队饷项一律改发银圆片

再，查吉林陆军暨军乐队官佐弁兵薪饷银两，向系按照官价每两合钱三千三百文折发。嗣银价日增，每两涨至四千以外，加以时势不同，百物腾贵，各兵夫等困苦异常，不得不酌量变通，以示体恤。所有目兵饷项马干，已于光绪三十四年三月起，官佐薪公于是年十一月起，均经改发银圆，核算每圆按七钱二分给领在案。兹值造办报销之际，除咨部立案外，理合附片陈明，伏乞圣鉴。谨奏。宣统元年二月十七日具奏，闰二月初九日奉朱批，览。钦此。

纪东三省宪兵处经费宪兵队薪饷

东省宪兵之设，军纪所关，时无可缓。特立学堂，遴选弁兵入堂肄习。拟编立宪兵三营，分驻三省。头班毕业后，已编队伍，并设宪兵处，以经理其事。该处仍暂附宪兵学堂，不别筑屋舍。正副目兵均仍领原营底饷，不另开支。处事由兵备处总办暨驻吉帮办兼司节制，亦不另支薪公。开办之初，置备器用，若军刀、手枪、图囊、捕绳、警哨、雨衣及一切应用之物，共计沈平银五千两。其常年经费，将来二班毕业，学堂停办，即可以奏准原拨之学堂经费银三万四千一百余两作为底款。然若编足三营，则非另行筹备，不能持久。而宪兵之制，又以陆军部奏章有所限制，亦恐弗克竟其绪云。

附东三省宪兵处员弁兵夫额支薪饷数目表

员名	人数	每员名月支银数	月支总数
参军官	一	九〇两	九〇两
二等书记官	一	四〇	四〇
司书生	二	一二	二四
马弁	一	一〇	一〇
护兵	一	六	六
伙夫	二	三.八	七.六
公费			五〇
总计	薪饷按大建计算，月共支银二百二十七两六钱，常年共需银二千七百三十一两二钱。		

附东三省宪兵队官弁兵夫额支薪饷数目表

员名	人数	每员月支薪公	每名月支饷银	每名月加津贴	月支总数
管带官	二	一八〇两			三六〇两
执事官	二	六〇			一二〇
队官	四	七〇			二八〇
排长	八	三一			二四八
司务长	四	二〇			八〇
军需长	二	二四			四八
书记长	二	二四			四八
军医长	二	四〇			八〇
司书生	八	一二			九六
正目	一六		仍领原营底饷	四两	六四
副目	一六		仍领原营底饷	三	四八
正兵	五六		仍领原营底饷	二	一一二
副兵	七二		仍领原营底饷	一	七二
护兵	八		六		四八
医兵	八		五		四八
伙夫	一八		三.八		六八.四
总计	薪饷统按大建计算，月支银一千八百一十四两，常年共银二万一千七百六十八两。				

附东三省宪兵队额支杂款数目单

一、弁护医兵十八名，衣履全价，每名按二十两计算，全年需银三百六十两。

一、正副目兵一百六十名，每名衣履按二十五两计算，除随带原营衣履价十五两四钱四分外，仍应补发九两五钱六分。全年需银一千五百二十九两六钱。

一、弁护目兵、医兵、夫役一百九十六名，医药费全年约需银二百两。

以上全年共计需银二千零八十九两零。

纪东三省测量总局经费测量队薪饷

测量队，以测绘学堂头班毕业生编立者也，设测量总局以辖之。局中之总办、帮办、提调各员及制图所之监制官，均以陆军参谋处人员兼充之。总办仅支公费，无薪水津贴。帮办、提调、监视官均无公费，领津贴，亦不支薪。测量队出事测绘，每年须旅行九个月，冲冒风霜，践踏冰雪，劳苦备至，于每月应领薪饷之外，另给津贴银两，平居亦另给火食银，以示优异，藉资激劝。开办经费，若建造屋宇，置备器具，暨测绘应用之各种物料，约共需银六万余两。惟局所及兵队平时医药之费，不能预为估计，另列活支开报。

附东三省测量总局额支薪饷数目表

员名	人数	每员名月支薪饷	每名月支伙食	每员月支津贴	月支总数	全年总数
总办	一	一二〇公费			一二〇两	一四〇〇两
帮办	一			八〇两	八〇	九六〇
提调	一			五〇	五〇	六〇〇
稽查官	二	四〇两			八〇	九六〇
日文翻译官	一					
俄文翻译官	一					
差遣委员	二	一〇			六〇	七二〇
二等书记官	一	六〇			六〇	七二〇
三等书记官	一	三六			三六	四三二
支发委员	一	五〇			五〇	六〇〇
司书生	三	一四	五两		五七	六八四
差弁	二	八	二五		二一	二五二
护兵	四	四五	二五		二八	三三六
伙夫	一〇	四五	二五		五八	六九六

附东三省测量总局制图所额支薪饷数目表

员名	人数	每员名月支薪饷	每员名月支伙食	月支贴津	月支总数	全年总数
监制官	一	测量科科员兼充不另支薪		四〇两	四〇两	四八〇两
班长	三	二〇两	三两		六九	八二八
一等制图员	三	一六	三		五七	六八四
二等制图员	九	一四	三		一五五	一八二六
三等制图员	一五	一二	三		二二五	二七〇〇
绘图生	一八	六	三		一六二	一九四四
司书生	四	一四	五		七六	六一二
印刷技手长	一	二四	三		二七	三二四
一等印刷技手	一	二〇	三		四六	五五二
二等印刷技手	一	一六	三		三八	四五六
三等印刷技手	三	一二	三		四五	五四〇
技徒	九	六	三		八一	九七二
夫役	六	三.三	二		三一.八	三八一.六

附东三省测量队额支薪饷数目表

员名	人数	每员名月支银数	月支总数	全年总数
正监测官	二	一八〇两	三六〇两	四三二〇两
副监测官	四	二〇津贴	八〇	九六〇
庶务官	三	三〇	九〇	一〇八〇
医官	二	五〇	一〇〇	一二〇〇
三等书记官	二	三六	七二	八六四
司书生	三	一六	四八	五九六
班长	一三	二〇	二六〇	三一二〇
一等测绘员	一三	一六	二〇八	二四九六
二等测绘员	三九	一四	五四六	六五五二
三等测绘员及预备测绘员	八七	一二	一〇四四	一二五三八
测绘助手	二三〇			
传令马兵	六			
伙夫	三〇	三三	九九	一一八八
马夫	三	三三	九九	一八八

附东三省测量总局及制图所测量队额支杂款数目单

一、测量总局，办公纸张、笔墨、茶水、灯油、洒扫及一切杂费，每月需银一百二十两，全年需银一千四百四十两。

一、测量队，每年在外测图九个月，津贴计银三万二千一百八十四两。回局时，三个月伙食计银三千三百六十三两。统计需银三万五千五百四十七两。

一、测量队测图及绘图纸张、笔墨费，每月需银一百两。全年计银一千二百两。

一、测量员手、传令马兵服装费，全年需银一千二百七十四两。

一、测量队备用医药费，每月约需银四十余两，全年约计银五百七十余两。

纪陆军各学堂经费

陆军特立之学堂凡四：曰东三省陆军讲武堂，曰三省陆军小学堂，曰东三省测绘学堂，曰东三省宪兵学堂。先是，吉林将军达桂于光绪三十三年二月设讲武堂于吉省，世昌既设东三省督练处，以统一军政，爰奏设东三省陆军讲武堂于奉天，而吉堂于以议裁。计奉堂开办之始，建造屋宇，购置图书、器械、车马及学用、操用各物与一切器皿，共银六万五千余两。堂内常年额支、活支各经费，均援照北洋奏定成案，量加变通。各营官佐、目兵入堂肄业，皆仍支原营薪饷。学员月加津贴银一两五钱，学兵每加津贴银一两。应用各款皆由三省分筹。吉堂自达将军开办之日起，至三十四年正月停办之日止，用过银两，经世昌查明截清，具奏核销。陆军小学堂三省各一，均先后成立。学生按年递增，教员及执事员司亦按年增设，所需经费随之而多。惟三省初难一致，如黑龙江帑项奇绌，堂中薪饷向系减成发给，每不足以资养赡，因奏请照章足成给发，余亦整齐而划一之，以期一律，而免向隅。测绘学堂吉林设于先，奉天设于后，迨两堂头班学生毕业后，亦并归奉天一处，名之曰东三省陆军测绘学堂。吉堂用过银两，亦经随案报销。奉堂开办经费，建屋置器，计共用银六万零五百余两。各项薪饷杂款之外，另给学生出外测绘旅费，列入活支。宪兵学堂，经始于光绪三十三年之十月，堂舍租借庙宇，不另事建筑。开办经费，计用银一万七千六百余两。常年支款三万四千余两。此非常设之学堂，二班学兵毕业之后，便可停办。其三万余之常年支款，拟移作宪兵队薪饷，庶亦拮据挹注之一道乎。

附东三省陆军讲武堂额支薪饷数目表

员名	人数	每员名月之薪饷	合计
总办	一	四〇〇两	四〇〇两
监督	一	三〇〇	三〇〇
教练官	四	一〇〇	四〇〇
总教习	一	三五〇	三五〇
分科教习	四	二五〇	一〇〇〇
分科助教习	二〇	五〇	一〇〇〇
执事官	一	六〇	六〇
正军医官	一	一〇〇	一〇〇
副马医官	一	四〇	四〇
正军需官	一	一〇〇	一〇〇
一等书记官	一	六〇	六〇
二等书记官	二	四〇	八〇
司药官	一	三〇	三〇
马医生	一	二〇	二〇
司事生	四	一六	六四
司书生	八	一二	九六
刷石印匠目	二	九	一八
木匠	一〇	六.六	六六
马弁	四	八.四	三三.六
护目	二	六	一二
护兵	二〇	四.五	九〇
鼓号目	一	六	六
号兵	六	四.五	二七
医兵	四	四.五	一八
夫役	八〇	三.三	二六四
马夫目	一	四.五	四.五
马夫	一五	三.三	四九.五
乘马	四〇	五二.二	二〇八.八
总计	以上常年额支银五万八千六百八十二两四钱		

附东三省陆军讲武堂活支各项数目单

一、医药费，随时开报，不能约定数目。

一、学员三百员，课本笔墨纸张等项，每月约需银三百九十九两九钱。

一、全堂办公笔墨纸张等项，每月约需银五百六十六两六钱六分七厘。

以上除医费不计外，每年共约活支银一万一千五百九十八两八钱零四厘。

附东三省陆军小学堂额支学生津贴数目表

年分	程度	每名月支津贴	名额	每年约需银数
第一年	优等生	一二钱	第一年生一百名	一二〇〇两
	上等生	一		
	中等生	八		
第二年	优等生	一八	第一年生一百名 第二年生一百名	三六〇〇
	上等生	一五		
	中等生	一二		
第三年	优等生	二四	第一年生一百名 第二年生一百名 第三年生一百名	七五六〇
	上等生	二一		
	中等生	一八		

附东三省陆军小学堂员司兵役额支薪饷数目表

名目	等第	每员月支银数	第一年		第二年		第三年	
			员额	年计银数	员额	年计银数	员额	年计银数
总办		二〇〇两	一	二四〇〇两	一	二四〇〇两	一	二四〇〇两
监督		一〇〇	一	一二〇〇	一	一二〇〇	一	一二〇〇
提调		七〇	一	八四〇	一	八四〇	一	八四〇
修身兼国文教员	正	六〇	二	一二〇〇	四	二四〇〇	六	三六〇〇
	副	五〇						
	助	四〇						
外国文兼格致教员	正	一〇〇	二	二〇〇〇	四	四〇〇〇	六	六〇〇〇
	副	七〇						
	助	五〇						
历史地理算学图画教员	正	六〇	三	一八〇〇	六	三六〇〇	九	五四〇〇
	副	五〇						
	助	四〇						
兵学教员	正	六〇	一	六〇〇	二	一二〇〇	三	一八〇〇
	副	五〇						
	助	四〇						
学长	正	三〇	三	九〇〇	六	一八〇〇	九	二七〇〇
	副	二〇						
医官兼卫生学教员		六〇	一	七二〇	一	七二〇	一	七二〇
文案		四〇	一	四八〇	一	四八〇	一	四八〇
收支委员		三〇	一	三六〇	一	三六〇	一	三六〇
支应司事		二四	一	二八八	二	五七六	二	五七六
管库司事		二四	一	二八八	一	二八八	一	二八八
司书生		一二	二	二八八	三	四三二	三	四三二
差弁		八	二	一九二	三	二八八	三	二八八
号兵		四.五	二	一〇八	二	一〇八	二	一〇八
夫役		三	二四	八六四	三二	一一五二	四〇	一四四〇

附东三省陆军小学堂额支杂款数目表

项目＼年分	第一年	第二年	第三年
学堂灯油杂费	一千二百两	一千八百两	两千四百两
学生伙食	两千四百两至三千六百两	四千八百两至七千二百两	七二百两至一万零八百两
学生笔墨纸张衣履杂项	一千八百两至两千七百两	三千六百两至五千四百两	五千四百两至八千一百两

附东三省测绘学堂员司弁役额支薪饷数目表

员名	人数	每员月之银数	合计
总办	一	二〇〇两	二〇〇
提调	一	一〇〇	一〇〇
总教习	二	一八〇	三六〇
数学教习	四	一〇〇	四〇〇
理化教习	一	一〇〇	一〇〇
外国文教习	二	一〇〇	二〇〇
体操教习	一	三〇	三〇
班长	三	二四	七二
医官	一	六〇	六〇
文案	一	四〇	四〇
收支	一	三〇	三〇
庶务	一	二〇	二〇
管库	一	二〇	二〇
录事	三	一二	三六
差弁	二	三	六
印刷匠	四	六	二四
钟夫门役	三〇	三.三	九九
总计	一七九七		

附东三省测绘学堂额支杂款数目表

额支	月支银数	活支	岁支银数
灯油杂费	一百两	学生衣履	四百两
笔墨费	一百两	岁修房舍	六百两
		煤炉费	八百两
学生伙食	三百两	凉棚费	三百两
		测绘旅费	一千两

附东三省宪兵学堂员司兵役额支薪饷数目表

员名	数目	每员名月支薪饷	每员名月支津贴	马匹月支银数	月支总银数
监督	一	二〇〇两			二〇〇两
队官	一	五〇	二〇两		七〇
正教官	一	一〇〇	二〇		一二〇
副教官	二	六〇	二〇		一六〇
汉文教习	一	四〇	六		四六
日语教习	一	五〇	二〇		七〇
普通教习	三	四〇	二〇		八〇
三等书记官	一	三〇	六		三六
查马长	一	三〇	六		三六
医生	一	二〇	六		二六
马医生	一	二〇	六		二六
司事生	一	十六	六		二二
司书生	三	十二	六		五四
护目	一	六	二		八
护兵	四	四.五	二		二六
号兵	二	四.五	二		一三
夫役	八	四	二		四八
伙夫	十	四	二		六〇
马夫目	二	四.五	二		一三
马夫	三五	四	二		二一〇
学员	二〇		一.五		三〇
学兵	二〇〇		一		二〇〇
骑马	一〇〇			干银 六四钱 掌鞬 二四	六六四

附奏吉林陆军讲武堂用过银两核销片

再，吉林陆军讲武堂，系光绪三十三年二月初一日设立。所有常年额支、活支暨开办经费银数，经前署吉林将军臣达桂核计，需银一万五千余两，奏请归于陆军案内作正开销。当奉朱批，该部知道，片并发。钦此。钦遵在案。嗣因奉天设有讲武堂，专为三省军官讲习之所，吉林即可无庸分设，以一事权。于三十四年正月，经调任前吉林抚臣朱家宝饬令停办。各在案。兹查自三十三年二月初一日开办之日起，截至三十四年正月底停办之日止，计一年，需用开办经费银一千九百四十四两一钱三分九厘，额支正款银一万二千六百两，活支杂款银四百四十一两七钱九分六厘九毫。通共用银一万四千九百八十五两九钱三分五厘九毫，合吉钱四万九千四百五十三[两]五百九十文。据驻吉兵备处帮办、分省试用道唐启垚造具细册详请，分别奏咨前来。臣等复加查核，尚属核实开报。除将细册咨送陆军、度支两部查照外，理合附片具陈。伏乞圣鉴，饬部核销。谨奏。宣统元年二月十七日具奏，闰二月初九日奉朱批，该部知道。钦此。

附奏明开办黑龙江陆军小学堂折

奏为筹款开办陆军小学堂，并按照地方情形增减额支款项，恭折具陈，仰祈圣鉴事。窃查臣德全前因江省饷源万分支绌，拟先筹办陆军小学堂各情，业经于上年十二月间陈明在案。旋即拣委管理员司以及教员人等，饬于本年正月二十五日开学教授。惟学堂经费用款浩繁，即额支一项，按章统计，每年亦须两万有奇。其活支之款，只能随时估价，尚难预计定数，均须筹有切实的款，方能源源接济。查上年筹办善后折内，奏裁官兵现计每年截出俸饷银二十万六千三百八十余两，以之起练巡防马步各队七营零一哨，参仿中左右三军章程，每年共需薪饷等项银一十七万一千一百余两，净余银三万四千七百八十余两。现在即指此款，作为学堂经费。兹据该堂将额支、活支款项表呈请立案前来，臣等按照前练兵处奏定章程详加确核，参以地方情形，有宜略事加增者，亦有宜大为核减者。其应增者，如学生伙食、夫役工价，定章每月均系三两，江省百物昂贵，若不于定章之外略事加增，实不敷用。拟将学生火食，每名每月各加一两五钱，合之定章三两，共四两五钱。其员司每月亦拟加给伙食银四两五钱。差弁、号兵、夫役，每月拟各加给伙食银三两五钱。此按之地方情形，不能不略事加增者也。其应减者，如总办每月薪公二百两，监督一百两，提调七十两，文案四十两，收支三十两，司事二十四两，原章所定本属不优，但江省财力万分艰窘，所有现在各局处总办，每月不过八十两，法政监督不过六十两，提调四十两，文案三十两，收支二十四两。臣等因各员清苦异常，欲为加增，每以限于财力而止。今陆军小学堂管理各员司薪公若照定章满支，不惟不足以昭公允，且学堂之款，筹之各城官，尤宜撙节支用。拟将总办薪公，照各局处章程定为八十两，监督定为六十两，提调定为四十两，文案定为三十两，收支定为二十四两，司事定为十八两，如此拟定，再加伙食四两五钱，已较他处为优。一俟江省财力大充，或别经筹出巨款，再行遵照定章补发。此按之地方情形，不能不大为核减者也。以上二项，仅就额支而言。其余教员薪水，均请照章支给。若活支之款，万难预计确数。惟有随时督饬该堂总办，从省核实支用而已。除将该堂支款预算表核定妥协咨送度支、陆军两部查核外，所有江省开办陆军小学堂并增减额支款项缘由，是否有当，理合恭折具奏。伏乞皇太后、皇上圣鉴训示。谨奏。光绪三十三年九月初二日奉到朱批，该部知道。钦此。

附奏江省陆军小学堂总办等员仍请照章给予薪公片

再，江省上年间办陆军小学堂，当以财力万分艰窘。拟将管理该堂总办薪公，每月按照各局处章程酌量加减等因，奏报在案。现在体察情形，该总办等俱系远道来江，热心教练。边地夙称瘠苦，物价又复奇昂，薪公太微，实在不敷应用。自应查照前练兵处奏定陆军小学堂章程，总办月支薪公二百两，监督一百两，提调七十两，文案四十两，收支三十两，司事二十四两。统自本年八月起，按月支给，以示体恤而资鼓励。除咨度支、陆军两部查核外，理合附片具陈。伏乞圣鉴。谨奏。光绪三十四年十二月十三日奉朱批，该部知道。钦此。

纪陆军运拨费

陆军运拨费有三：一为调东之一镇、两混成协由直隶、山东等处开拔出关，一为驻锦州军队调防昌图，一为驻昌图军队调回长春。其一镇、两协之出关也，计沿途舟车、铺草、火车各项，所费甚巨。经陆军部协济银十三万七千余两，尚不敷银四万三千余两，由部拨镑余项下挪拨应付。其驻锦军队之调昌，驻昌军队之回长也，计火车、民车、铺草各项，共用银一万一千五百余两，由陆军粮饷局给发，均先后奏明作正开销。雇用民车，系每站给制钱四千文。旱路应用铺草，系每人每站给银一分八厘。由直隶至奉天乘坐火车，均发半价票。由奉天至昌图、长春，则日本火车，皆发全价。

附奏陈调东陆军动用款项开单请销折

奏为调东各镇、协动用款项开单请销，恭折仰祈圣鉴事。窃查本年奏调来东各镇、协，计第三镇系由直隶保定防次开拔，现驻长春府附近，旋又自长春分防吉林、宁古塔、磐石县、额木索、放牛沟等处。第一混成协系由北京六镇、山东五镇各防次分期开拔，现驻新民府附近。第二混成协系自直隶马厂、永平各防次开拔，现驻奉天省城附近。所有该镇、协此次出关，沿途需用车、船、铺草、茶水暨火车半价等费，共湘平银十八万九百二十二两四钱九分八厘五丝。除前自陆军部领到第三镇、第一混成协运费库平银十万两，第二混成协运费库平银三万三千两。二共申湘平银十三万七千五百三十八两一钱一分零二毫外，实不敷湘平银四万三千三百八十四两三钱八分七厘八毫五丝。此项不敷银两，业由臣等设法腾挪，应请作正开销。谨缮具清单，恭呈御览，应请饬部如数核销。再陆军第五协系去岁开拔出关，驻扎锦州，刻正筹度换防，容俟移驻他处，再将该协运费另案办理，合并陈明。所有调东各镇、协动用款项，开单请销缘由，谨恭折具陈，伏乞皇太后、皇上圣鉴。谨奏。光绪三十三年十二月十三日具奏，十二月二十三日奉到朱批，该部知道，单并发。钦此。

谨将第三镇、第一、第二两混成协开拔来东用过运费银两数目，开具清单，恭呈御览。

计开：

一、收陆军部拨发第三镇、第一混成协运费库平足银十万两。每千两按六十两升，二七京平十万六千两，以一零二四归，合湘平银十万三千五百一十五两六钱三分。

一、收度支部发给第二混成协运费。库平足银三万三千两。每千两按六十两升，二七京平三万四千九百八十两，以一零二四归，合湘平银三万四千一百六十两一钱五分六厘。

以上共湘平银十三万七千六百七十五两七钱八分六厘。除原领七厘京平，每千应补平一两，共湘平银一百三十七两六钱七分五厘八毫外，实收湘平银十三万七千五百三十八两一钱一分二毫。

一、支第三镇军队由保定运至奉天，乘坐京奉火车，共车价洋九万八千三百二十二元二角六分。每元按七钱一分五厘，折合湘平银七万三百两四钱一分五厘九毫。

一、支第三镇军队由奉天运至长春，乘坐日本火车，共车价洋五万七千九十九元三角四分。每元按七钱一分五厘，折合湘平银四万八百二十六两二分八厘一毫。

一、支第三镇军队由保定开赴长春、吉林等处，沿途铺草、茶水，雇用民车等项，共湘平银五千六百二十八两七钱四分六厘五毫。

一、支第三镇步马炮辎各营队，由长春分驻吉林、宁古塔、磐石县、额木索、放牛沟等处，沿途铺草、茶水及雇用民车等项，共湘平银四千三百七十六两五钱三分三厘。

一、支第一混成协由丰台军粮城等处运至新民府，火车费洋四万一千六百三十六元八角四分。每元按七钱一分五厘，折合湘平银二万九千七百七十两三钱四分六毫。

一、支第一混成协由山东开拔至军粮城上车，并南苑军队开拔至丰台上车，同运至新民府，沿途车价、铺草、茶水等项，共湘平银五千三百八十四两二钱七分四厘二毫。

一、支第二混成协军队由直隶天津、滦州两处运至奉天，火车费洋三万三千五百五十元六角五分，每元按七钱一分五厘，折合湘平银二万三千九百八十八两七钱一分四厘七毫五丝。

一、支第二混成协军队由直隶永平、马厂各防次开赴奉天，沿途铺草、茶水及雇用车船等项，共湘平银六百四十七两四钱四分五厘。

以上共支湘平银一十八万九百二十二两四钱九分八厘五丝。除实收湘平银一十三万七千五百三十八两一钱一分二毫外，不敷湘平银四万三千三百八十四两三钱八分七厘八毫五丝。

附奏陆军第五协由锦州调防昌图车价铺草银两请饬部立案片

再，查光绪三十四年四月间，以昌图防务紧要，调令驻锦陆军步队第十标各营，马队第三标第二、第三两营，炮队一营一队，辎重队一队，陆续前往昌图平顶山地方填扎。复将驻昌马队第二营，炮队一营一队，辎重队一队，调回长春以资训练。所有各营队官兵暨备存各件，应由火车、民车输送，俾利遄行。旱路雇用民车，按照旧章，无论车辆之大小，牲口之多寡，每千斤每百里给价制钱四千文。各营铺草系按秋操开差章程，每百里为一站，每站发银一分八厘。乘坐火车，例不发给。其由火车输运，均按照各营队官兵人数，分别火车等次、车数、吨数核算，计共用湘平银一万一千五百七十六两四钱九分八厘八毫七丝五忽。由该镇具领请发前来，业饬陆军粮饷局分别如数给讫。应请饬部作正开销。除咨部查照外，谨附片具陈。伏乞圣鉴。谨奏。宣统元年闰二月二十一日附奏，三月初五日奉到朱批，该部知道。钦此。

纪陆军采买军米添置服装

养兵必先足食，陆军服装尤贵整齐。且边境奇寒，冰天雪窟，亦未可强迫冻卒瑟缩，以效驰驱也。北省军米，向皆购之南方，辽沈非产米之区，因亦饬粮饷局妥派员司赴芜湖一带采购米石，用招商局轮船，由海道运至营口，即于该埠赁用栈房作为屯储之所，并由粮饷局分派员司，经理出纳等事。嗣以兵丁皆系北人，习于粱稷，不惯米食，运到之米除已陆续支放，尚余二万余石。以南方之米与东省之高粱比量，价值相去奚止倍蓰。既嫌縻费，且不适口，则万不能不审其性之所宜，非徒撙节之是尚也。爰暂停购米，令各军搭食高粱，有仍愿领米者听。其平日服装，固已一律新整，而御寒不可无备，奏请添置皮帽、皮领袖、皮衣裤、皮袜、皮靴鞋各件，以示体恤。奉旨允行。计所费共银十三万余两，由粮饷局制备发给。至春暖后，查照原发件数，按名收缴，仍按队、按棚标记，分别存贮，夏秋两季各出晾一次，以免霉蛀。至冬季仍查验标记，按名给发，郑重保存，实以慎惜帑项，必使戎行既无号寒之苦，公家亦无多费之虞，是又在专司其事者之能体此心也。

附奏采办军米请照北洋成案免完税厘片

再，东三省地方辽阔，经臣调拨陆军第三镇暨混成两协来东填扎，军队渐次增添，所需军食自应及时采办，以资腾饱。臣查京畿一带军营需用军米，向由南省购办接济，历经直隶督臣奏准，一体免完税厘有案。东三省素非产米之区，艰苦情形较内地尤急，拟查照北洋章程派员赴安徽芜湖一带购买米粮，以济军食。合无仰恳天恩，俯准东三省采办军米一律免完税厘，以恤兵艰，裨益实非浅鲜。除咨部外，理合附片具陈。伏乞圣鉴训示。谨奏。光绪三十三年六月初八日附奏，六月二十三日奉到朱批，著照所请，该部知道。钦此。

附奏调东陆军一镇、两协添制服装银两，请作正开销片

再，前经奏调来东之陆军第三镇暨第一、第二两混成协，业已次第出关，扼要填扎。前因东省百物昂贵，已仰邀恩准，各加赏饷干银两，藉资腾饱。凡在军队，莫不感动欢呼，同思奋发。惟东省地气早寒，雪虐风饕，迥殊内地。该兵队边塞远戍，较为辛劳。现计分驻各地如吉林、长春、宁古塔一带，半多支搭窝棚，暂为憩宿。营房一切，须俟春融，方能修造。瞬届严冬，异常寒苦，自应另筹御冬之件，用示体恤。拟照第三镇二十营，第一、第二两混成协步队十二营、马炮队四营、工程辎重队各二队，并新改编之步队一营各护号目兵等，共二万零一百五十二名，每名添给皮帽一顶，皮领一条，皮袖头一副，皮套裤、毡袜各一双，又步兵各添给皮鞋一双，马兵各添给皮靴一双，并拟每营另添备大皮袄二十六件，专为寒夜巡哨之需。统计以上所需，按现在市价核实预估，共合湘平银十三万七百一十五两二钱三分。臣等查从前陆军定章，由公家筹给装服，每年每兵约需银十四五两。今拟筹给御冬各件作为三年之用，平匀合算，每年每兵约多需银二两有零。合之固成巨款，分之则为数无多。合无仰恳天恩，俯念关外气候早寒，该兵队等远戍辛劳，准酌量添备各件，以恤兵艰，而裨戍[戎]政。如蒙俞允，此项添制装服银两，应请作正开销。除分咨度支部、陆军部立案外，谨附片具陈。伏乞圣鉴训示。谨奏。光绪三十三年九月二十四日附奏，十月初五日奉到朱批，该部知道。钦此。

附奏调东陆军一镇、两协添置服装银两请销片

再，前以东省地气早寒，边塞远戍，较为辛劳，请按照调东陆军第三镇、第一、第二混成两协、奉天新编步队第一标、附炮队一营弁兵名数添制御冬装服，用示体恤。每三年更换一次，估需价值湘平银十三万七百余两，应准作正开销等情，于光绪三十三年九月二十四日具奏，三十日奉到朱批，该部知道。钦此。钦遵在案。旋饬照数购发。计共动用湘平银十三万七百一十五两二钱三分。除奉天第一标附炮队一营领用装服价银另案办理外，所有调东一镇、混成两协需用此项御冬装服价值，实支湘平银十一万七千五百五十四两四钱四分，曾饬奉天度支司在于京部协济镑余项下动

拨沈平银十一万七千三百八十九两六钱一分八厘六毫七丝一忽六微四纤，升合湘平银十一万七千五百五十四两一钱九分四厘五毫四丝四忽，计不敷湘平银二钱四分五厘四毫五丝六忽，业经另行弥补。据东三省陆军粮饷局详请奏销前来，臣等确核无异。除造册咨部查照外，理合附片具陈。伏乞圣鉴，饬部核销。谨奏。宣统元年闰二月二十八日附奏，三月十一日奉到朱批，该部知道。钦此。

附东三省陆军粮饷局请通饬各镇、协、标保存御冬皮衣禀

敬禀者，窃职局前奉宪檄，以关外苦寒，所有陆军第三镇暨第一、第二混成两协目兵，业经奏准添置皮帽、皮领袖、大皮袄、皮套裤、皮靴鞋等件，经职局遵照备齐，陆续发给各营承领。惟念此项皮件，需价至十三万余两。当此仰屋兴嗟之际，筹此大宗巨款，诚不易易。虽经宪台奏明备用三年，在各镇、协统等仰体时艰，以宪台之心为心，自无不殷勤爱护。第恐该目兵等程度不齐，或以为公家之物无足爱惜，一至春暖，随便置放，迨届来冬，非因受潮霉烂，即为虫伤鼠啮，再用不可，再制不能，不特辜负宪台体恤士卒之心，抑且无以壮军容而资服用。查皮帽、皮靴鞋等件，运来时均有木箱存储。计步队一营皮帽六箱，带皮袜、皮鞋六箱，马队一营皮帽三箱，带皮袜皮靴四箱，过山炮队一营皮帽五箱，带皮袜、皮鞋三箱，陆路炮队一营皮帽五箱，带皮袜、皮鞋三箱，陆路炮队一营皮帽五箱，带皮袜、皮靴七箱，工程、辎重与步队同。似应责成各队司务长暨各营军需长，于各目兵脱换皮衣时，查照原发数目，按名收回，按队按棚标记，收储原发箱内。皮大袄、皮套裤一并按队按棚打包，安置得所。夏秋两季，各出晾一次。冬季仍按队按棚取用，不得错乱。如此办理，皮件既可持久，即再用时，尺码大小亦不致或有凌杂。似于宪台爱护士卒之心与慎重公款之意，两有裨益。如蒙俯准，拟请通饬各镇、协转饬各该营队，一体遵照。至奉天改编第一标亦有领用皮件，并请札饬于标统，转饬一律遵照，实为公便。

纪陆军各镇、协、标建筑营房

东省旧军，皆无专建之营房，有亦湫隘卑陋，无当于用。其借住庙宇与支搭窝铺者，更无论矣。陆军各镇、协、标，既经派定驻扎处所，应需营房，纵不能如东西洋各国之宏敞巨丽，而凡所营造，要必爽朗高洁，不失之华，不病于简。其所在地段，又必

远于城市，便于交通。地势旷衍，水泉甘洌，而后可以张旌树纛，经久不敝。所有长春、昌图、吉林、新民、锦州、奉天等处，有旧址之可因者因之，或从而扩之。无则由各该地方官会营审勘合宜之地，分别价买。经始于光绪三十三年之秋，迄于今兹，陆续落成之营房，计在长春府城南之欢喜岭者，为陆军第三镇镇司令部、第六协协司令部、步队第十一标标本部暨所属各营、步队第十二标标本部暨所属各营、马队第三标标本部暨所属第一第二两营、炮队第三标标本部暨所属各营、工程队第三营一营，辎重队第三营一营，演武厅、军械库各一座，医院一所。在昌图府城北之干沟一带者，为第三镇第五协协司令部、步队第十标标本部暨所属各营、马队第三标之第三营一营，辎重队第三营之一队。在吉林西关外冯家屯左侧者，为第三镇第九标标本部、步队第一、二、三营各一营。在新民府城东北之厂[敞]地者，为陆军混成第一协协司令部、步队第一标标本部暨所属各营、步队第二标标本部暨所属各营、马队第一营、炮队第一营、工程队第一营、辎重队第一营各一营，子药库一座，医院、劝忠祠各一所，营市一区。在奉天北边门外者，为陆军混成第二协协司令部、步队第三标标本部暨所属各营、步队第四标标本部暨所属各营、马队第二营、炮队第二营、工程队第二营、辎重队第二营各一营，子药库一座，医院、劝忠祠各一所，营市、射击场各一区。在锦州府城外东八家子者，为奉天陆军步队第二标标本部、步队第一、二、三营各一营，医院、储械所各一所，内除官弁员兵匠役办公住宿各房舍之外，若讲堂、学堂、饭厅、药房、病房、沐浴、盥漱、惩禁等房，服装、粮饷各库房，打靶、体操、修械、工作、炊爨、浣濯各场，以及为井，为桥，为厕，为厩，无一不备。途径砥平，悉泯偏陂，山川映带，据有形胜。而两混成协所勘围地址及其布置规模，最为宏阔，以免将来扩充成镇之时，重费周张也。综斯建筑之费，计长春营房用银二十六万余两，昌图营房用银九万余两，吉林营房用银八万九千余两，新民营房、奉天营房各用银三十余万两，锦州营房本第三镇第五协旧址，除原有旧料，用沈阳银元一万七千元。至奉天陆军步队第一标，本系分扎，故未另事建造，就旧有营舍中增盖第三营兵房。又添修炮马各房，计用银一万五千零八十余两。惨淡经营，新此壁垒，桑土牖户之绸缪，不徒以壮观瞻也。

纪陆军各营医院暨卫生队

陆军营制，每队均有医官、医兵，以疗治伤病。每营有养病室，每镇有养病院。独立之协、标亦设病院，非独立而分驻他处者，则又有随营医院，所以爱护将士者至矣。东省陆军共一镇、三协、两标，协与标均独立。无论远调而来者，水土异宜，易生疾病，即生长于斯者，风露所侵，疫厉所感，亦不能不为防卫，因饬一律照章设立医院。其院中执事员司、兵夫、即由各该营医官、医兵内择其医理通澈，方术精敏，而能耐劳苦者兼充之。每月正医官给饭食银八两，副医官给饭食银六两，司药生、司事生各给饭食银三两，医目每月给菜银二两，医兵、护兵每月各给菜银五钱，伙夫每月给菜银三钱，均不另支薪饷。住院病人，每日需饭食银一钱五分，由公家给予一钱，由其本饷内扣银五分。凡送诊者，由本营队开具姓名、营队、号次清单，及患病情状，派人护送至院，听候医员诊治。或应在院调养，或回本营养病室，皆由医员查看病症轻重，分别核定。病人在院，每日由医员于辰午戌三时至病室诊视，酌量医治。饮食宜忌，亦由医员审视酌定。若有附近防营弁兵送诊者，亦一例诊治，所需中西药品，均由各该营按月赴陆军军医局领取备用。用过数目，仍按月列表，连同医治病案，送陆军军医局备核。其有轻病，由营中医员诊治者，亦准赴院取药。若遇重症，非院中医手所能奏功，仍送陆军军医局医治，以昭慎重。另由医兵中挑取文理粗通，资质灵敏者编为卫生队，专令住院学习疗治，及临阵救护裹伤绷带等事，亦统归陆军军医局考查。

纪陆军营市暨稽查所

陆军各镇、协、标，既经勘定驻扎处所建筑营舍，每以地处旷野，远于城市，日用物品购买维艰。目兵等人假口购物，出营闲游，旷废时日，稽查匪易。设遇雨雪，亦觉艰于往来。既无以肃军纪，益不足以利取求。爰仿前大学士曾国藩行营船市之意，于各营附近之处，购买荒地数十亩、百亩不等，辟作街衢，招商租赁，建造房屋，开设店铺，名曰营市。购地之款，由公家垫发，以商店地租抵缴。凡商民之租地建屋，及租屋贸易者，均取具妥实商保，赴各该营报明姓名、籍贯、居址及向所营业经营，查明属实，并无诡托，始准照所请营办店铺。售卖之物，非日用所必需及一切贵重奇异与有干例禁者，一概不准拦入私售。其食物等项，必经军医检查，无碍卫生，方可罗列待贾[卖]。兵丁不准赊欠账目，店铺亦不得取好于兵丁，私行赊与货物。另于市中设稽查所，由营轮派目兵常川驻扎，以稽查市中出入之人，及兵丁之因购物而滋事者。

纪陆军义地暨劝忠祠

陆军镇、协兵丁来自异省，边塞远戍，已极劳瘁，设遇死亡，任其骨抛魂馁，甚非所以厚视军人也。凡镇、协司令部驻扎地方，建有营房为久远之计者，均饬于附近处所购制高原平旷地亩，以为故兵埋骨之地，并择地建造祠宇数楹，命曰劝忠。凡故兵之未归葬于其乡者，均列位于祠，由各该镇、协春秋祀之。兹仅两混成协各购得地三十余亩，祠屋均已落成，三镇尚未购办。而第二混成协两年以来，已病故兵丁三十余人，因定埋葬祠祀章程：兵丁病故，先照例赏给烧埋银十两，由该管长官妥为棺殓。其因公殒命者，则按照情事，另议恤赏，均暂行浮厝于此义地之内。各该镇、协一面行文故兵原籍地方官，转知故兵家属，限一年内由地方官备文来营搬柩回籍，另行赏给川资银五十两，不持原籍地方官印文而来领柩者不准。已逾一年，即由营就其浮厝之处深土掩埋。既埋之后，虽有家属持原籍地方官印文领柩，亦不准再行迁动。掩埋之时，于冢前立碣题姓名，并即刊制木位送之于祠。本省征兵，当另拟办法，不在此例。

纪奉天巡防营务处、行营发审处、五路巡防队、河防营薪饷

营务处、发审处均旧设，自奉军改编巡防队后，一律加以厘整。营务处总办、会办均系兼差，不支薪。帮办以下员役及发审处员役应领薪饷，均如旧制。其发审处之罪犯饭食，则列作活支，每次由度支司发银元一千元备用，用竣核销，再行续发。奉军各路统领官，本各月支薪公银二百五十两，而实异常拮据。空额侵蚀之弊，因以丛生。改编后，统领薪公，均各改定月支银五百两，俾使足用，而后严除诸弊。各营步兵，旧本月支正饷四两，津贴一两，而服装均系自备。兹遵陆军部奏定巡防队章程，改正饷为四两五钱，不给津贴，服装则由官中给发，永免自备。奏报后，经部驳诘，复沥陈情形奏请，仍如原议办理。河防营拨归中路巡防营兼管，饷额如其旧。

附奉天巡防营务处员弁兵夫额支薪饷数目表

部分	员名	人数	每员名月支银数	合计
巡防营务处本部	总办	一	不支薪	
	会办	一	不支薪	
	帮办	一	二〇〇两	二〇〇两
	文案总理	一	一五〇	一五〇
	东路稽查军火委员	一	一二〇	一二〇
	西路稽查军火委员	一	一二〇	一二〇
	翻译	一	薪日本银元三百枚，津小银元八十枚	
	随办	一	六〇	六〇
	额外委员	一五	无定数	五九二
	执事官	一	五五	五五
	见习生	三	一六	四八
	司事	六	一六	九六
	清书	一三	一二	一五六
	差弁	一	九	九
	马弁	四	一二	四八
	马队什长	一	九.五	九.五
	马兵	九	九	八一
	马夫	二	三	六
	步队什长	二	五	一〇
	步兵	二七	四.五	一二一.五
	夫役	二	三.三	六.六
	局役	六	四	二四
	听差	二	三	六
	公费		三〇〇	三〇〇
	伙食		二〇〇	二〇〇
文牍股	股长	一	一〇〇	一〇〇
	一等委员	一	七〇	七〇
	二等委员	二	四〇	八〇
	三等委员	三	三〇	九〇
会计股	股长	一	八〇	八〇
	一等委员	一	六〇	六〇
	二等委员	二	五〇	一〇〇
	三等委员	一	三〇	三〇
缉操股	股长	一	八〇	八〇
	一等委员	二	五〇	一〇〇
	二等委员	二	四〇	八〇
	三等委员	一	三〇	三〇
考查股	股长	一	八〇	八〇
	一等委员	一	六〇	六〇
	二等委员	一	四〇	四〇
	三等委员	三	二四	七二
总计	以上共计月支薪公饷干等项银四千零三十四两五钱，小洋圆八十圆，日本银圆三百圆			

附奉天行营发审处员司吏役额支薪饷杂款数目表

	职掌	人数	每员银数	合计		职掌	人数	每员银数	合计
行营发审处本处月支之数	总办	一	三〇〇两	三〇〇两	统计处	委员	一	承审委员兼差不支薪	
	核稿	一	一〇〇	一〇〇		字识	一	一二两	一二两
	主稿	一	六〇	六〇	罪犯看管所	委员	一	五二	五二
	承审	六	六〇	三六〇		医士	一	一六	一六
	帮审	一	四〇	四〇		检验吏	一	一二	一二
	掌案	一	六〇	六〇		大车	一	二〇	二〇
	字识	二	一二	二四		杂费		三〇	三〇
	书手	六	一〇	六〇	派驻洮南	随营承审委员	一	二六〇	二六〇
	听差	二	六	一二					
	差役	二	六	四八		字识	一	二二	二二
	杂费		三八〇	三八〇		书手	一	一四	一四
附记	一、驻处、驻所弁兵薪饷，另由营务处支领。 一、罪犯看管所夫役工食，系由承德县在于所收车捐项下拨发给。 一、看管人犯饭食，人数时有增减，不能预算，作为活支。每次由度支司支银圆一千圆备用，用尽报销，再行续支。								

附奉天五路巡防队统领本部额支薪饷数目表

员名	人数	每员名月支银数	合计
统领官	一	五〇〇两	五〇〇两
帮统官	一	二五〇	二五〇
书记官	一	四〇	四〇
会计官	一	四〇	四〇
执事官	一	四〇	四〇
司书生	二	二四	四八
马弁	二	一二	二四
护兵	一四	四.五	六三
伙夫	二	三.三	六.六
统计	统领本部，每路月支薪公饷干银九百八十七两六钱，计五路共银四千九百三十八两。		

附奉天五路巡防步队营额支薪饷数目表

员名	人数	每员名月支银数	合计
管带官	一	一八〇两	一八〇两
哨官	三	五〇	一五〇
哨长	三	二五	七五
书记长	一	二四	二四
司书生	五	一二	六〇
什长	二四	五	一二〇
正兵	二一六	四.五	九七二
鼓号目	一	六	六
鼓号兵	六	五	三〇
护目	一	六	六
护兵	一六	四.五	七二
伙夫	二四	三.三	七九.二
统计	右步队每营月支薪公饷干银一千七百七十四两二钱，计二十四营，共银三万七千二百五十八两二钱。		

附奉天五路巡防马队营额支薪饷数目表

员名	人数	每员名月支银数	合计
管带官	一	一八〇两	一八〇两
哨官	三	五〇	一五〇
哨长	三	二五	七五
书记长	一	二四	二四
司书生	五	一二	六〇
什长	一二	九.五	一一四
正兵	一〇八	九	九七二
鼓号目	一	一〇.五	一〇.五
鼓号兵	六	九.五	五七
护目	一	一〇.五	一〇.五
护兵	一六	四.五	七二
伙夫	一二	三.三	三九.六
马夫	一二	三.三	三九.六
统计	马队每营月支薪公饷干银一千八百零四两二钱，计二十四营，共银四万三千三百零八钱。合五路统领本部并马队四十五营统计，每月薪公饷干需银八万五千四百九十七两，每年共需银一百零二万五千九百六十四两。		

附奉天五路巡防队额支杂款数目单

一、服装费，各营什兵号护目兵，每名每年发给单裌、棉衣、号帽、草帽、头巾、布靴等项，每二年发给雨衣帽、皮衣裤，约计每名每年需银十两。常年约需银九万二千八百六十两。嗣经编定，计什兵号护目兵九千零八十名，应需银九万零八百两。

二、柴价费，步队每营月发银二十四两，马队月发银十二两，常年约需银九千七百七十二两。嗣经编定，步队二十一营、马队二十四营，应需银九千五百零四两。

三、帐棚房租费，常年约需银二万六千一百两。

四、随营讲堂费，常年约需银二千五百两。

右常年额支杂款，共需银十三万一千二百五十二两。

附奉天五路巡防队活支杂款数目单

一、医药费，每年备用银二千五百两。

二、官弁阵亡恤赏，管带四百两，哨官二百两，哨长一百两，弁目兵夫各三十两。书记、会计、执事各员视哨官，司书生视哨长，每年备发银一万两。

三、官兵受伤恤赏，头等伤六两，二等伤四两，三等伤二两，每年备发银三千两。

四、官兵在营病故抚恤，官长给薪水三个月，弁目兵夫给银十两。每年备发银三千两。

五、战毙马匹抚恤，官马报明补给，自备之马给还银三十两，每年备发银三千两。

六、调防随征各费，营队调防，每棚给银四两，一年之内不得请领二次。随征兵士，每名加给津贴银一两，一月之内不再加。每年备发银三千两。

七、调防随征车价费，每年备发银三千两。

八、购觅眼线费，每年备发银三千两。

九、出差侦探费，每年备发银三千两。

右常年活支杂款共约需银三万三千五百两。

附奉天河防营月支额支薪饷数目表

职员	人数	每员月支银数	合计
稽查	二	三〇两	六〇
司事	一	一二	一二
教习机匠	一	二〇	二〇
舱长	九	一二	一〇八
水勇	一〇〇	五	五〇〇
船夫	一二	三	三六
总计	每月共支银七百三十六两		

附奏陈奉天巡防队将士苦累情形请照原奏数目支给薪饷折

奏为奉天巡防队将士苦累，请照原奏数目支给薪饷，以示体恤而资整顿。恭折覆陈，仰祈圣鉴事。窃准陆军部咨，宣统元年二月二十六日陆军部会同度支部具奏议覆，奉省各军遵照新章改编巡防队一折，本日奉旨依议。钦此钦遵。恭录并钞奏咨行前来。仰见朝廷重视边防，部臣慎筹国帑之至意。伏读之下，悚佩莫名。伏维奉天为根本重地，整军为目前要图。值屡经兵燹之余，乘物力艰难之会，欲除军人积弊，必使廪饩足以自给，而后可执法以相绳。欲作尚武精神，必有重禄以劝有功，而后知感激以图报。此中因地因时，宜轻宜重，有不得不酌量变通，以求一当者，请就部议，为我皇上分晰陈之。如部议奉天巡防队划分各路，原奏只云划分五路，并未详叙驻扎处所，应将布置情形，绘图贴说，咨部考核一节。查奉天比年以来，盗匪尚形充斥，每值防剿吃紧之际，征调频仍，巡防区域，朝夕时有更代。拟俟剿匪事务稍松，营队各归本路，即将编配驻扎情形，详细绘具图说，咨部立案，以资考证。如部议谙习新操旧军编成步队一标，令将成军日期及一切章程缮具清册，送部备查一节，查新军性质迥殊，作用亦异。前训练成军时，已于光绪三十四年十二月十八日，附片陈明在案，自应听候部示，另案办理。如部议令将河防一营与巡防队，本不相属。前于光绪三十二年创设河防之初，是年十月二十三日，业经前任将军赵尔巽奏咨有案。惟巡防队既经改编，河防营亦有应行更定之处，拟俟议定章程，另案奏咨办理。至如部议从前奉军八路薪饷章程，一切从优。各路统领月支薪公银二百五十两，各营步兵月支正饷四两，津贴一两。现在该省改订饷章，正兵支数已照陆军章程减为四两五钱，而统领支数转照陆军章程加为五百两。其他支数，大率比照陆军支给。财力有限，协济为难，该省未便任意开支。行令核实厘定一节。查奉天旧章，统领月支薪公银二百五十两，步兵月支正饷四两，津贴一两。统领月支之数，核之寻常物价实在不免赔累。步兵月支五两，服装均系自备，亦属苦累不堪。统帅之所不足，不能不摊之于兵，营兵之所不足，不能不扰之于民，其势使然，积习已久。现在既有陆军部章程可循，是以改定统领加为五百两，月中所得亦不过仅足敷用。营兵之减为四两五钱者，并非薄于待兵，特不欲使旧军月支之数较诸新军加多。然服装一切，均由官中给发。合而计之，亦较从前为优。自上年遵章编并，改定饷章以后，营务颇有起色。昔年积弊一洗而空，其效固已彰彰可考。至其他支数，大率比照陆军支给。原以陆军部所定章程，于军事界上斟酌尽善，诸事援照办理，期与部章不背。方今筹款维艰，臣亦极思力加核减，无如奉省百物昂贵，又在防剿用兵之际，使不先足其饷糈，其何以励将材而端兵习。若谓任意开支，致多糜费，臣虽至愚，何敢出此。合无仰恳天恩，俯念奉天巡防队将士苦累情形，准照原定数目支给薪饷，以示体恤。一俟奉天物价稍平，再行核实酌减，俾免虚糜而符部议。除咨部查照外，理合恭折覆陈。伏乞皇上圣鉴施行。谨奏。宣统元年三月十九日具奏，四月初一日奉朱批，该部议奏。钦此。

纪吉林巡防营务处、陆防各军执法处、督办防剿事宜处、五路巡防队薪饷

吉林巡防营务处，亦改定于改编巡防队之后，其部分较隘于奉天，故薪饷亦较奉为绌。陆防各军执法处骈属于营务、督练两处，初具规模，诸未完备。督办防剿事宜，则以剿务吃紧，特立是处，以专责成。盗贼渐平，即仍裁撤。应需薪饷，与营务处相埒。巡防队五路，共马步二十三营，亦遵部颁巡防队章程，以定薪饷，与奉省亦无大参差。活支备用各款，如医药、抚恤等项，则随时禀报请领，不预为约计成数，亦不先予支拨也。

附吉林巡防营务处员司弁夫额支薪饷数目表

部分	员名	人数	每员名月支银数	合计
本部	总办	一	五〇〇两	五〇〇两
	会办	一	二〇〇	二〇〇
	提调	一	一五〇	一五〇
	文案委员	三	七〇	二一〇
	额外委员	不设定额		
	司书生	四	二〇	八〇
	马弁	四	一二	四八
	差夫	六	五	三〇
	科长	一	八〇	八〇
	考功兼册籍委员	一	五〇	五〇
	司法委员	一	五〇	五〇
军需科	筹备委员	一	五〇	五〇
	饷需委员	一	五〇	五〇
	装械委员	一	五〇	五〇
	书记官	一	四〇	四〇
	司书生	三	一二	三六
防务科	科长	一	八〇	八〇
	调查委员	一	五〇	五〇
	捕务委员	二	五〇	一〇〇
	书记官	一	四〇	四〇
	司书生	二	一二	二四
训练科	科长	一	八〇	八〇
	校兵委员	一	五〇	五〇
	学务委员	一	五〇	五〇
	司书生	二	一二	二四
文报科	文报委员	一	五〇	五〇
	文报司事	一	三〇	三〇
	司书生	二	一二	二四
	信差	八	六	四八
统计	员司弁夫五十四员名，月支薪饷银共二千三百二十四两。			

附吉林陆防各军执法处员弁额支薪饷数目表

职名	人数	每员月支银数	合计
执法官	一	二〇〇两	二〇〇两
三等书记官	一	三〇	三〇
司书生	二	一二	二四
马弁	二	一一.五	二三
统计	每月额支银二百七十七两。		

附吉林督办防务事宜处员司弁夫额支薪饷数目表

职掌	人数	每月月支银数	合计
督办	一	一〇〇〇两	一二〇〇两
书记官	二	四〇	八〇
发审官	一	一五〇	一五〇
总会计官	一	一〇〇	一〇〇
总稽查官	一	一〇〇	一〇〇
执事官	一	三六	三六
司号官	一	一六	一六
差遣委员	无定数	由五十两至二十两	
司书生	四	一二	四八
马弁目	一	一二.五	一二.五
马弁	七	一一.五	八〇.五
护目	一	五	五
护兵	九	四	三六
伙夫	二	三.三	六.六

附吉林五路巡防队统领本部额支薪饷数目表

员名	人数	每员名月支银数	合计
统领官	一	三〇〇两	三〇〇两
帮统官	一	一五〇	一五〇
书记官	一	三六	三六
会计官	一	三六	三六
执事官	一	三六	三六
司书生	二	一二	二四
马弁	二	七	一四
护兵	一四	四.五	六三
伙夫	二	三.三	六.六
统计	官弁兵夫共二十五员名，月支薪公饷干六百七十四两六钱，计五路共三千三百七十三两。		

附吉林五路巡防步队营额支薪饷数目表

员名	人数	每员名月支银数	合计
管带官	一	一五〇两	一五〇两
哨官	三	三六	一〇八
哨长	三	二四	七二
书记长	一	二四	二四
司书生	五	一二	六〇

员名	人数	每员名月支银数	合计
什长	二四	四.八	一一五.二
正兵	二一六	四.五	九七二
鼓号目	一	六	六
鼓号兵	六	四.五	二七
护目	一	五	五
护兵	一六	四.五	七二
伙夫	二四	三.三	九九.二
统计	员弁兵夫，共月支薪公饷干银一千六百九十两零四钱，计十八营，共一万三千五百二十三两二钱。		

附吉林五路巡防马队营额支薪饷数目表

员名	人数	每员名月支银数	合计
管带官	一	一〇五两	一五〇两
哨官	三	三六	一〇八
哨长	三	二四	七二
书记官	一	二四	二四
司书生	五	一二	六〇
什长	一二	四、八	五七、六
正兵	一〇八	四、五	四八六
鼓号目	一	六	六
鼓号兵	六	四、五	二七
护目	一	五	五
护兵	一六	四、五	七二
伙夫	一二	三、三	三九、六
马夫	一二	三、三	三九、六
马	一三五匹	四、五	六〇七、五
统计	员弁兵夫马匹，共月支薪公干饷银一千七百五十四两三钱，计十五营，共二万六千三百十四两五钱。		

纪黑龙江巡防营务处五路巡防队薪饷

黑龙江初立行营营务处，以黑龙江全军翼长倪嗣冲领其事。继改巡防营务处，仍以倪翼长兼充总办，不另支薪公。举[与]发审、军需及翼长所部并于一处，月支薪饷数目虽若埒于吉林，然按其事以计之，实较吉林为减也。旧有各军几二十营，糜饷五十万而不能得一兵之用。始拟就其饷练陆军马队一协，议未就。适部饬编练巡防队，因逐渐厘编步队。正兵月饷四两八钱，较定章多银三钱。每路置钢炮二尊，亦非定章所有。此因地之制，又未可囿以成法也。

附黑龙江防巡营务处员司兵役额支薪饷数目表

员名	人数	每月月支银数	合计
翼长兼总办	一	不支薪	
会办	一	二〇〇两	二〇〇两
参谋官	一	一〇〇	一〇〇
正文案官	一	一〇〇	一〇〇
副文案官	一	五〇	五〇
正军需官	一	一〇〇	一〇〇
副军需官兼收支委员会	一	五〇	五〇
正军械官	一	一〇〇	一〇〇
正承审官	一	一〇〇	一〇〇
发审委员	二	五〇	一〇〇
差遣委员	四	三〇	一二〇
先锋官	四	二六	一〇四
办事委员	二	二〇	四〇
书手	一二	一二	一四四
马弁	六	八	四八
差遣步队	二〇	内有什长二名各加银五钱 六	一二二
马卫队	一〇	内有什长一名加银 五钱 一〇、八 连马干	一〇八、五
杂支		六〇八	六〇八
夫役	八	四、五	三六
厨夫	二	二	四
杂夫	四	四	一六
修枪匠目	四	二〇	八〇
修枪匠	一〇	一二	一二〇
学徒	四	四	一六
管理兵	一〇	内有什长一名加银五钱 六	六〇、五
公费		五〇〇	五〇〇
每月总银数　三，〇二六			

说明：马乾，据六部成语注解："马之食料也"，今通作马干。

附黑龙江五路巡防队官弁兵夫额支薪饷数目表

员名	人数	每员名月支银数	合计
统领官	五	三八〇两	一，九〇〇两
帮统官	五	一五〇	七五〇
管带官	二三	一八〇	四，一四〇
书记官	五	四〇	二〇〇
会计官	五	四〇	二〇〇
执事官	五	四〇	二〇〇
书记长	二三	四〇	九二〇
哨官	六九	四〇	二，七六〇
马队哨长	四五	二四、五连马干	一，一〇二.五
步队哨长	二四	二〇	四八〇
司书生	一二五	一二	一，五〇〇
马弁	一〇	一一、五连马干	一一五
马队鼓号目	一五	一〇、五连马干	一五七.五
步队鼓号目	八	六	四八
马队护目	一五	一〇、五连马干	一五七.五
步队护目	八	六	四八
马队鼓号兵	九〇	九、五连马干	八五五
步队鼓号兵	四八	五	二四〇
护兵	四三八	四.五	一，九七一
马队什长	一八〇	一〇连马干	一，八〇〇
步队什长	一九二	五.五	一，〇五六
马队正兵	一六二〇	九连马干	一四，五八〇
步队正兵	一七二八	四.八	八，二九四.四
伙夫	二八二	三.三	九三〇.六
马夫	一八〇	三.三	三九四
车兵	九二	四.八	四四一.六
车夫	九二	三.九	三五八.八
每月总银数			四五，五九九.九

附黑龙江五路巡防队额支杂款数目表

种类	常年额支银数
骡干	一四，九〇四两
军衣费	六〇，九二八
备用医药费	五，五二〇
备用倒马费	二〇，七〇〇
炮费	
炮目饷	四，五七二两
驾炮夫马饷干	
常年总银数	一〇六，六二四
附记	按：黑龙江巡防队每路置钢炮二尊，因非防营定制，故所有司夫、马匹饷干银数，均未列表。

附奏黑龙江行营营务处用款请销片

再，上年冬间，江省匪踪未靖，亟须派熟悉营务之员督同剿办，经臣世昌檄委现署民政司使倪嗣冲为行营营务处总办，并酌派员司分任职务。计自去岁十一月起至本年三月底止，共支用薪公等项银一万零六百二十余两、江市钱一千九百余吊。现在地方安谧。自本年四月后，已饬将该处归并巡防营务处办理。所有需过款目，自应奏明报部核销。除分咨外，谨附片具陈。伏乞圣鉴。谨奏。光绪三十四年六月十七日奉朱批，该部知道。钦此。

附奏陈江省演练巡防马步制兵用过饷干各项银两请销折

奏为黑龙江省演练巡防马步制兵需过饷干等项银两数目，请旨饬部核销，恭折仰祈圣鉴事。窃查江省上年，请由裁撤各城制兵归并官缺截出俸饷等项，改练巡防马步各营，参仿中左右巡防军饷章变通办理，迭经具奏，并咨部查核，各在案。兹查省属各城先后起练巡防制兵马队四营三哨、步队两营三哨，共七营一哨，计自光绪三十二年四月初一日陆续挑练成军之日起，至三十三年年底止，统共需过饷干等项，二两平银二十六万六千八十一两五钱一分，均由官兵俸饷项下随时筹拨。现据各城副都统、总管、协领等造册呈请核销前来。臣等详加查核，委属照章实用实销。至所动银款，仍俟归并俸饷核销案内，再行声明开除。并先造具巡防官兵花名收支银两各册，咨部查核，以昭核实。所有江省演练巡防制兵需过饷干等项银两数目缘由，理合恭折具陈。伏乞皇上圣鉴。谨奏。宣统元年正月十八日奉朱批，该部知道。钦此。

纪东三省行营中军卫队军乐队薪饷

行营中军，所以关防内外，传宣命令也。中军官应领薪公银两及其所属之员弁夫役薪饷，均仿陆军协统领之制，而稍变通之。卫队军乐队，亦属之于中军。卫队管带官之薪公视陆军步队管带而稍增，马队管带而略减。步卫队队官、马卫队队官、军乐队队官，皆与陆军步队队官之薪公同。队兵月饷视陆军步队正兵而增银一两，乐兵月饷视陆军定章亦增银一两。其余员弁夫役之薪饷，均一如陆军定章无稍差。

附东三省行营中军卫队军乐队额支薪饷数目表

部分	职名	人数	每员月支银数	合计
中军处	行营中军	一	四〇〇两	四〇〇两
	参军营	一	一〇〇	一〇〇
	军需官	一	六〇	六〇
	书记官	一	四〇	四〇
	司事生	一	一六	一六
	司书生	二	一六	三二
	弁目	一	一二	一二
	马弁	八	一〇	八〇
	伙夫	二	四	八
	马夫	四	三.五	一四
步卫队	管带	一	一七〇	一七〇
	帮带	一	七〇	七〇
	队官	二	六〇	一二〇
	排长	六	三〇	一八〇
	司务长	二	二〇	四〇
	正目	一六	六.三	一〇〇.八
	副目	一六	六	九六
	卫兵	一六八	五.五	九二四
	书记长	一	二四	二四
	司书生	二	一二	二四
	号兵	四	五.五	二二
	护兵	一六	五.五	八八
	伙夫	一八	四	七二

部分	职名	人数	每员月支银数	合计
马卫队	队官	一	六〇	六〇
	排长	一	三〇	三〇
	司书生	一	一二	一二
	正目	四	六.三	二五.二
	副目	四	六	二四
	卫兵	三二	五.五	一七六
	马夫目	一	五	五
	马夫	八	四	三二
	伙夫	四	四	一六
军乐队	队官	一	六〇	六〇
	队长	一	二五	二五
	司书生	一	一二	一二
	护兵	一	四.五	四.五
	一等乐兵	二	一一.五	二三
	二等乐兵	六	九.四	五六.四
	三等乐兵	一二	七	八四
	学习乐兵	二四	五.五	一三二
	伙夫	五	三八	一九
总计	中军处，每月共需银七百六十二两，常年共需银九千一百四十四两。步卫队，每月共需银一千九百三十两零八钱，常年共需银二万三千一百六十九两六钱。马卫队，每月共需银三百八十两零二钱，常年共需银四千五百六十二两四钱。军乐队，每月共需银四百一十五两九钱，常年共需银四千九百九十两零八钱。			

附东三省行营中军卫队军乐队额支杂款数目单

一、中军处，每月支马干银五十四两，常年共支银六百四十八两。

一、中军处，办公纸张及灯油蜡烛，每月支银六十两，常年共支银七百二十两。

一、步卫队，每月支柴价银七十两，常年共支银八百四十两。

一、步卫队，衣履价常年约需银四千两。

一、步卫队，目兵备用药资每月支银十二两，常年共支银一百四十四两。

一、马卫队，每月支马干银三百七十八两，常年共支银四千五百三十六两。

一、马卫队，每月支柴价银三十两，常年共支银三百六十两。

一、马卫队，衣履价常年约需银八百两。

一、马卫队，目兵备用药资每月支银四两，常年共支银四十八两。

一、军乐队，每月支柴价银二十两，常年共支银二百四十两。

一、军乐队，衣履价常年约需银八百八十两。

一、军乐队，目兵备用药资每月支银四两，常年共支银四十八两。

以上常年额支杂款，共需银一万三千二百六十四两。

纪安海、绥辽两炮舰及江省驻吉水师营经费薪饷

安海、绥辽两炮舰于验收后，遂即检派管带以下各员招用匠役，应需薪饷均酌中定制。薪饷之外常年经费，煤为最巨，除冬春冻河数月船舰在坞不计外，每年以六个月为巡缉，每月以十五日为常行，一时间用煤六百五十磅，留汽一时间用煤五十磅。每日以行驶留汽各半计之，须用煤三吨四会六十二磅。每年约需煤三百吨。而厨灶及冬季火炉所需约又七十吨，共三百七十吨。需银约三千两。两舰并计，约共需银六千两。余若船舰之出坞进坞，开坝、堵坝之需，擦炮之费，购置各种应用材料及服装、医药等费，两舰每年约又需银三千三百余两。统计经费约每年共需银九千二百余两。其江省驻吉之水师，数本寥寥，薪饷旧由江省拨发。嗣陆军部议，将此项水师营丁户归并吉林水师营[1]官管理，饷亦改由吉发，甫于光绪三十四年冬季奏行云。

附安海、绥辽两炮舰额支薪饷数目表

职名	人数	每员每月银数		
		薪饷	津贴	合计
管带官	二	一〇〇两	五〇两	三〇〇两
帮带官	二	五〇	三〇	一六〇
正管轮	二	五〇	三〇	一六〇
副管轮	二	三〇	二〇	一〇〇
文案	二	二二	八	六〇
医生	二	二〇	四	四八
字识	二	一二	八	四〇
炮弁	二	二四	八	六四
正目	二	二〇		四〇
副目	二	一六		三二
舵工	六	一二	三	九〇
一等水手	一二	一〇	二	一四四
二等水手	二〇	八	二	二〇〇

〔1〕 吉林水师营，顺治十三年（1656年），清顺治皇帝为抗击沙俄，决定扩大吉林船厂规模，成立吉林水师营。

职名	人数	每员每月银数		
三等水手	一六	七	二	一四四
管旗	二	八	二	二〇
木匠	二	一二	二	二八
枪炮匠	二	一八	二	四〇
锅炉匠	二	一六	二	三六
铁匠	二	一六	二	三六
正管油	二	一四	四	三六
副管油	四	一〇	四	五六
一等升火	六	一〇	四	八四
二等升火	六	八	四	七二
厨夫	六	六	一	四二
夫役	八	六		四八
附记：以上人数、银数，均以两舰并计，每舰额设五十八员名，月支薪饷津贴银一千零四十二两。合计两舰常年共需银二万五千零八两。				

附奏江省驻吉水师营兵饷由吉林俸饷项下核发片

再，前准陆军部议覆，将黑龙江驻吉水师营丁户等归并吉林水师营管理，其四五六品官应否改为佐领、骁骑校之处，应请旨饬下该总督会同吉林巡抚通筹核拟，另案奏明办理等因。遵即拟将裁缺四品官一员，暂由汉军佐领、骁骑校先行转补。其五品官一员，俟吉林水师营四品官缺出，与该营五品官一体列选，当经奏明，奉部议准各在案。兹据署水师营总管贵升呈称，黑龙江驻吉水师营丁户等，遵照奏案，归并管理。其原设水手领催八名，每名一年应领饷银十八两。水手兵三百名，每名一年应领饷银十二两。一年统计，应领饷银三千七百四十四两，遇闰加增。向由黑龙江按季发给，今已归并吉省，应请照章支发。等情，据此。臣等伏查黑龙江驻吉水师营，既经归并吉林管辖，岁支饷糈应自光绪三十四年归并之日起，由吉林司库俸饷项下照章核发，汇总奏报核销，以符议案。除分咨度支部、陆军部查照外，理合附片陈明。伏乞圣鉴，饬部立案施行。谨奏。光绪三十四年十一月初八日具奏，十一月二十四日奉朱批，该部知道。钦此。

纪东三省军械总局、分局修械所、火药库

东三省军械，向归管务处兼管。光绪三十一年，奉天将军赵尔巽始设专局于奉省

南关外小河沿，名曰奉天全省军需总局。一凡巡警、捕盗暨各营队所需枪械药弹，咸取资焉。修械所，昔亦隶于营务处，有工匠十人，至是亦改隶军需局。火药库，旧址在奉省西边门外山西庙附近之处，嗣经划入铁道轨线之内。旧存火药，租赁民房存储，迁移无定。三十三年，世昌遵照陆军章程，改奉天军需局为东三省军械总局。于例设员司之外，另设差遣二员，专司转运输送之事。又于局中隙地建军械库，务期于高爽宽阔，足以通空气，泄潮湿，以善保存。而火药无专储之地，殊非慎重之道。爰就东边门内工部火药厂旧基建火药库一座，计房十，门库外立引电杆。凡旧存火药，悉数移贮于此，设专员以司启闭出纳焉。军队既众，操演与防剿二事，枪械时有损伤，修理益繁。修械所旧有工匠不能敷用，陆续添募工匠四十二名、艺徒十五名，俾资整理。所有枪炮、药弹购买时，检视精窳及平时保存之法，均饬在事各员悉心研究，以重军实。吉、江两省军械之储于营务处者，亦饬查清晰，分别设立军械分局如制。

附东三省军械总局暨修械所编制

总办官　一员总理三省军械兼管武库节制分局员司

提调官　一员禀承总办管理局内一切庶务事宜

查械官　二员考查军械督饬经理保存

总收发官　一员管理三省军械收发册籍及报销等事

司库官　三员管理军械收发保存事宜

火药库专员　一员管理火药库保存收发事宜

转运差遣　二员管理转运输送事宜

二等书记员　一员

收支员　一员

司事生　三名

司书生　四名

护目　一名

护兵　十二名

库兵目　三名

库兵　四十一名

伙夫　七名

修械所

总管理　一员

司事生　一名

司书生　一名

匠目　五名

修械匠　五十名

艺徒　十五名

附东三省军械总局员司兵役额支薪饷数目表

员名	人数	每员名月支银数	月支总银数
总办官	一	五六〇两	五六〇两
提调官	一	八〇	八〇
查械官	二	五〇	一〇〇
总收发官	一	六〇	六〇
司库官	三	四〇	一二〇
火药库专员	一	四〇	四〇
转运差遣员	二	三〇	六〇
二等书记官	一	四〇	四〇
收支员	一	三〇	三〇
司事生	三	十六	四八
司书生	四	一二	四八
护目	一	七	七
护兵	一二	五、五	六六
库兵目	三	五.五	一六.五
库兵	四一	四.九	一九六.九
伙夫	七	三.八	二六.六
总计	上列银数，按月支银一千五百零三两，常年共支银一万八千零三十六两。		

附东三省军械总局修械所员司工匠额支薪饷数目表

员名	人数	每员名月支银数	月支总银数
总管理员	一	一二〇两	一二〇两
司事生	一	一六	一六
司书生	一	一二	一二
匠目	五	一〇	五〇
修械匠	五〇	七.六	三八〇
艺徒	一五	五.二	七八
总计	上列银数，按月支银六百五十六两，常年共应支银七千八百七十二两。		

附吉林军械分局编制

帮办　一员

查械官　一员

司库官　二员

三等书记官　一员

司书生　二名

护目　一名

护兵　六名

匠目　二名

修械匠　十六名

库兵目　二名

库兵　十八名

伙夫　四名

附吉林军械分局员司兵匠额支薪饷数目表

员名	人数	每员名月支银数	月支总银数
帮办	一	一二〇两	一二〇
查械官	一	五〇	五〇两
司库官	二	四〇	八〇
三等书记官	一	三〇	三〇
司书生	二	一二	二四
护目	一	七	七
护兵	六	五、五	三三
匠目	二	一〇	二〇
修械匠	一六	七.六	一二一.六
库兵目	二	五.五	一一
库兵	一八	四.九	八八.二
伙夫	四	三.八	一五.二
总计	上列银数，按月支银六百两，常年应支银七千二百两		

附黑龙江军械分局编制

帮办　一员

查械官　一员

司库官　二员

三等书记官　一员

司书生　二名

护目　一名

护兵　六名

匠目　二名

修械匠　十六名

库兵目　二名

库兵　十名

附黑龙江军械分局员司兵匠额支薪饷数目表

员名	人数	每员名月支银数	月支总银数
帮办	一	一二〇两	一二〇两
查械官	一	五〇	五〇
司库官	二	四〇	八〇
三等书记官	一	三〇	三〇
司书生	二	一二	二四
护目	一	七	七
护兵	六	五、五	三三
匠目	二	一〇	二〇
修械匠	一六	七.六	一二一.六
库兵目	二	五、五	一一
库兵	一八	四.九	八八.二
伙夫	四	三.八	一五.二
总计	上列银数，按月支银六百四十两，常年应支银七千六百八十两。		

附购买枪炮子弹检视法

一、检视枪炮，先须考验其原料之良窳，次看其造作之精粗，口径之松紧，又次细审来复线磨磷伤损深浅、广狭之度。其全副机件尤须尽行拆卸，看其依附之处有无磨损之痕，验其密合之槽是否配换之件。而后再看表面漆色是否原制，随带皮件是否皆佳。检点既清，察验已详，即以其所带子弹装入施放。必以钢质精纯，能受火药虚挫之力，实系含有韧性者，始可无炸裂之患，无脆软之虞。至命中之确实、速率与挫力之大小昂偏，机器水平尺度，均须一一反复考核，务期翔实。

一、检视子弹，在于较量剖验权其轻重。其说有三：炮弹则验其钢质是否精细，有无砂眼、纹裂，四周厚薄，首尾轻重，以及运箍比来复线之阳纹与炮膛口径能否相合，一也。枪子则先验其镍钢镀镍之厚薄，有无纹裂，顶底圆径与枪膛必期吻合，以及铅核之坚实，性质之刚柔，无烟药质，或有食酸未净致有酸气，压力之大小，尘土之多少，发火之缓急，二也。引信底火之精粗，药槽之宽狭，是否新制，抑或重装，审度已准，再较其命中致远，炸裂涨膛飞行之速率，穿力之强弱，三也。

附保存枪、炮、子弹及皮件法

甲、保存枪炮法

一、枪炮皆钢铁之质，最易生锈。收存之地，切忌低洼，房屋尤宜高大。其上须有出气之孔，以吸屋内之养气，不使因闷闭而致潮湿熏蒸。门窗一切又宜严密，以免雨雪浸渍入内。地板筍缝，更须密合，且离地须高，下砌沟道，俾得来往通风。址墙脚均用三合土筑打坚实，以隔潮湿，并能承受压力。

一、新购枪炮，经开箱点验后，须擦拭洁净。其原抹之油有脱去者，即再行抹油，依法安装入箱。卡板须紧，不使稍有动摇。发出时，车船装运，自免磕碰伤损之虞。其内附之铅皮箱仍须封焊严密，设有破损之处，另以铅皮封补，不使稍有罅隙，致潮湿乘间而入。

一、新购枪炮，一经施放试验，膛内必有烟滞，应即时乘热以胰皂沸水灌入膛内，用洗把插入，往来抽刷，至已净洁，即以干布穿擦，不使稍有遗湿。子机关亦逐细拭净，再以绒布蘸油，将全体薄薄涂抹，切勿油腻过厚，反为不妥。

一、擦枪之布，以白法兰绒为最佳，否则用棉软之布，宜以水注洗洁净，晒干备用，恐其粘有浆粉、尘土也。其油垢较多及生锈擦拭不去者，宜以煤油浸润，逾时另擦。如仍不净，再润再擦，数润数擦，油垢锈涩无不净尽矣。有锈涩过甚，锈虽去而犹留班迹者，可以木片缠粗布擦，或稍蘸油调砥粉亦可。无斑迹者不可概用。若砂布、砂纸、磨砂、玻璃粉及一切磨砺之物于钢铁之质有损碍者，皆禁用之。

一、洗刷炮膛来复线之洗把，系以猪鬃或马尾扎成，蘸胰皂沸水或煤油，最能去线槽内之垢。而洗刷枪膛，亦宜仿照此法。用猪鬃或马尾以铜丝编组成刷，装之以杆，插入枪膛，往来旋转洗刷，再以绒布条穿入杆端眼内为佳。若仅用布条夹于擦枪绳，恐未能尽去其垢。且麻绳最易粘染尘沙，似不合宜。其质虽柔软，而两端牵引，难免偏倚。枪口及后膛之边楞日久必致损伤，于瞄准命中不无妨碍。第枪之口径甚小，其洗把杆未能如洗炮之洗把杆一律用木为之。钢铁杆质硬，易于伤枪，亦不宜用。惟紫铜条质较柔软，或无大损。

一、修擦枪炮须全行拆卸。若有锈涩艰于卸落之件，不得力为扳扭撞击，致有损伤。须以煤油浸泡，久之浸入，自能使锈融化，卸落即易。卸下各件，依次排列洁净板上。置放务宜轻缓，不得随意抛掷，以免遗失磕碰。亦不得置于地上，恐致粘染尘沙。卸毕逐件详细洗擦涂油，依次装成，演试灵滑，妥为收存。

一、涂抹枪炮之油，以外洋五利干油、瓦昔林油为最。或用克鹿卜厂炮酸油亦可。否则用牛羊等油，惟须子细煎熬，除尽内含潮湿。尤须以绒布淋去渣滓尘沙，稍搀黄腊涂于钢铁等件。虽收存日久，经历暑热，不致流走。若内地之麻油、豆油、桐油内含湿气，最易生锈。其质不净，亦易于生垢。且胶性过甚，或经热，或日久，往往干结成皮，皆不可用。

一、收储枪炮，宜用浓质之油，取其粘缀机件之上，可以历久。故油内搀兑黄蜡，涂抹须稍厚。若军营常时运用枪炮，宜用清油，取其滑利洁净，涂抹宜薄，其所用勿庸搀兑黄腊。如内地桂花油、外国生菜油，行营均可用之。

乙、保存子弹法

一、存子弹库座，其造法与存枪炮库座略同。但子弹乃危险之物，另有不能强同之处。所宜注意者，房上出气之孔宜铸成双弯铁管，管口作花格式，由格眼出气。砌于墙内，离地宜高。墙外管口曲而向下，墙内管口曲而向上，俾窥伺者无从施其狡计。

一、子弹沉重，压力最大。库之地址，宜用三合土筑坚，较枪炮库加厚约须三尺许。地板宜厚，龙骨宜大而密，能经受积压，不致有墙壁倾欹，地址塌陷之患，并能阻隔地面潮湿。

一、子弹库地板务须紧密，距地宜较枪炮库加高，使潮湿不能上侵。其下通风沟道两端，宜固设铁栅，以资防范。

一、子弹危险异常，防火最为紧要。其库周围，宜用夹墙，中留夹道，相距约六七尺，以存他项械件。库内存储子弹，门窗皆宜用铁，关闭严密无罅，外面之火无从而入，先年，北洋修建天津武库，即用此法，最为妥善。

一、子弹库，左右墙外，宜立电杆二根。其上安设电线联贯两杆，入于地内，以避电火，藉以引之入地，以防不测。

一、子弹内多系无烟药，最忌热度蒸炙。一受热则药之涨力必大，热度已甚，往往自燃。库座宜用砖墙，不用铁瓦，恐暑天过热，致生意外。且铁瓦引电，尤不宜也。

一、库存子弹不宜过满，须核算库内高低深浅广狭之体积若干。存储子弹，只能占库房高度之半。使湿热之气散而上腾，由吸气弯铁管而出，庶子弹不致受湿。

一、转运子弹，用车则须置放平稳，以绳索拢络牢固。车载不可过重，凡坎坷不平之路，悉宜躲避。如用火车轮船，则须靠实堆积，俾免摇动倾倒，以昭慎重。

丙、保存皮件法

一、皮件最忌潮湿，受之必致霉烂。宜收存于高大通风能避潮湿之库内，或装以箱，封盖严密，或拢束悬挂空中，勿依墙壁。久存者，每逢霉伏天气，尚须检查一过，应否晒晾，察酌办理，以防受潮，并免虫蛀。

一、军械需用皮件有二种：一曰坚质。牛皮造箱匣等件用之。一曰软质。牛皮造带绊插套等项用之。坚质者，曾经压力，油质已去，保存之法，贵保全坚硬之质不使改变。软质者，内含油质，保存之法，宜涂以油，使棉软之质不至改变。其所用之油，以鲸油为最，牛羊等油次之，棉油又次之。

附奏改奉天军需局为东三省军械总局，并设立吉、江两省分局片

再，东三省军械局，就奉天原有之军需局改设。前于议设东三省督练处折内，曾经奏明，允准在案。查前练兵处、兵部奏定陆军章制内开，军械局制系按一军两镇拟定人数，如镇数增减，则此项员司亦递照增减等语。思虑周详，立法至善。今三省新军，则有奏调一镇、两混成协，奉天改编步队一标、炮队一营，吉林原编步队一标，旧军则有巡防队一百余营以及捕盗、护垦、巡警等营队。所有需用军火各项事宜，在在

均关紧要，亟应照章设立军械局，俾有专司，而免贻误。惟三省地面辽阔，胡匪出没无常，军队散扎四方，往往有呼应不及之虑，如专恃奉省一局，实不足以资接济。自应查照部定镇数增减员司，亦递照增减章程变通办理。当于上年十月初一日，就奉天原有之军需局改为东三省军械总局。遴选精悉器械各学员司分别派委，承办新旧各军械等事。复在吉、江两省各设分局一处，由总局派员轮流驻扎，就近经理，以期大小相维，缓急足恃。该总、分局员司薪费，均照定制开支。目兵、匠役仿照陆军章程加给月饷，以示体恤。此项常年额支经费，统由东三省支应处列款发给。其附设修械司，应需各费多寡，未能预计，应令合杂支、活支各项款目，按月核实，逐细造报，由支应处年终汇案，报部核销。除暂行章程咨报度支部、陆军部查核立案外，谨附片具陈，伏乞圣鉴训示。谨奏。光绪三十四年八月二十二日附奏，九月初六日奉到朱批，该部知道。钦此。

纪东三省陆军军医局暨医学研究所

陆军定制，凡一军两镇之处，应设立军医局，综理各军医药，稽查各营医院卫生等事。东省陆军之数，合并计之，将及三镇。旧军改编巡防队，又一百余营。凡此医疗卫生之事，固亟宜切实讲求，以保惜生命也。爰于光绪三十三年秋间，遴选精通中西医理之员，设立东三省陆军军医局，为陆防各军医事总汇之所。其房舍，则就奉省西关外日人退还之子药库地址改建为之。局设员司、兵丁、夫役，则照一军两镇之制酌量加增。应办事理，每日以辰正至午正为医员诊治之时，未初至申初为医员教授医兵之时。附设医学研究所，广置书籍及理化实习各器械、人体解剖模型，集医官、医生、马医、司药、医兵等精研中西疗治内外各科方术，药料之采择制配，并平时卫生、战时卫生、战阵外伤之救急法、止血法，急险症之救护法、人工呼吸法，又马病医治法，悉皆精切考求，无少疏漏。各营医院医治病案与所办卫生事，列为表册，月一报局，局中亦月一派员考察之。营中医员，于其所实行经历有应推行改革之事，按季赴局报告，即作会议一次以决可否。药料由局采购，各营所需，亦由局转发。开办经费，计修盖房屋一百一十余间，并添筑围墙，共银二万八千五百四十二两。购置应用书籍、器械、家具，共银五千二百四十七两。拟改局为军医学堂，并另设马医学堂，以绌于经费，尚未施行，姑假医学研究所以寓其初基云。

附东三省陆军军医局编制

总办官　一员督率员司研究医药卫生等事各军队医院医员均归节制考查

正军医官　二员率同各医员医兵考求医术疗治重病保存药料并随时查验各镇协卫生之事

副军医官　一员帮同正军医官办理各项事宜

军医长　三员管理疗治事宜

军医生　十二员担任疗治事宜

正马医官　一员担任疗治骡马并考查各镇协马匹卫生事务

马医长　一员担任疗治马骡

司药官　三员管理药料

三等书记官　一员管理本局往来文牍

司书生　四名专司缮写文牍并登写出纳药料簿记

医兵目　五名专管调护等事学习疗治

护目　一名

护兵　八名

医兵　四十五名随医兵目分任各事学习疗治

伙夫　六名

附东三省陆军军医局员司兵夫额支薪饷数目表

员名	人数	每员名月支银数	月支总银数
总办官	一	二四〇两	二四〇两
正军医官	二	一〇〇	二〇〇
副军医官	一	六〇	六〇
军医长	三	四〇	一二〇
军医生	一二	二四	二八八
正马医官	一	八〇	八〇
马医长	一	三〇	三〇
司药官	三	三〇	九〇
三等书记官	一	三〇	三〇
司书生	四	一二	四八
医兵目	五	一二	六〇

员名	人数	每员名月支银数	月支总银数
护目	一	六	六
护兵	八	四.五	三六
医兵	四五	四.二	一八.九
伙夫	六	三.三	一九.八
总计	以上每月支银一千五百五十八两八钱，常年共应支银一万八千七百零五两六钱		

附东三省陆军军医局活支杂款数目单

一、护目兵九名，四季衣履费每名需银十六两四钱四分，共银一百四十七两九钱六分。

一、常年冬季煤炭并烧坑[炕]秫秸费，按五个月计算，共约需银一千二百五十两。

一、夏季搭盖凉棚，制办凉席、竹帘等，共需银五百两。

一、岁修费，每年共需银六百两。

一、杂用添补厨房炊具、浴室砚碱、煤炭及扫厨器具等项。常年约需银八百两。

一、医学研究所常年灯油、炭火、笔墨、纸张、茶水，共约需银一千二百两。

以上常年额支、杂支各款，共需银二万三千二百零三两五钱六分。

附奏陈筹办东三省陆军军医局情形折

奏为奉省设立东三省陆军军医局将筹办情形，恭折具陈，仰祈圣鉴事。窃维军队驻扎处所，卫生一道，最关紧要。臣等前于奏设东三省督练处折内，曾声明开办军医局等情，仰蒙俞允在案。查军医局定制，凡一军、两镇即应设立。如镇数加增，局内员司亦递照增设，以敷用为度。此间调东陆军第三镇、第一、第二两混成协，新编奉天陆军步队一标、附炮队一营，暨吉林原有之陆军步队一协，合计已两镇有余。军医局事关要政，未便视为缓图。查奉天省城西下洼地方，去夏经日人退还之子药库，地址平旷，较远市廛，以之改设陆军军医局，尚属相宜。惟房间大半残破，自非重加修理，不足以资应用而重卫生。东省现在财政困难，既未敢稍事铺张，亦未便过形狭隘，统计改修堂舍房屋一百一十余间。一应工程，尚无冒滥。并照章设总办官以董其成，设军医、马医、司药等官，以分其责。惟时调东陆军第二混成协附扎奉天省垣，兵队初到防次，未及另设医院，凡目兵疑难病症，为随营中医不能疗者，即送入该局医治。此外新编军队与同在省会之各局所学堂，就近送诊者颇多，成效即著，规模即不能不稍事扩充。自应增设各员司暨加给医兵、护兵等饷银，皆斟酌损益，无敢冗滥，并附设医学研究所一处，以资讨论。计开办一切、购置器具，修盖房屋等费，已用过实银三万三千七百九十两。经臣等饬由奉天度支司于部拨协济镑余项下动用，应请准作正开销。其额支、活支常年经费约需银二万三千二百余两，将来即归入陆军案内，每届年终奏报一次，并于第一次销案，将该局用过开办等费，另由粮饷局详造细数清册咨报。除将试办章程分咨陆军部、度支部查照立案外，所有设立东三省陆军军医局缘由，理合恭折会陈。伏乞皇太后、皇上圣鉴。谨奏。光绪三十四年八月初十日具奏，八月二十三日奉到朱批，该部知道。钦此。

纪整顿军火筹购枪弹

东省旧制，平民不得私蓄军械，例禁綦严。光绪初元，前署将军崇实又奏定私购外洋军火罪名，立法至密。其后以盗匪肆扰之故，农民、商贾藉口御盗，鲜无枪械之家。有自行资购者，有于迭次兵燹之后，得之于道途者，更有以重资购置多枪，租借与盗匪而分其赃货者。且军营招募，必须自带枪枝，一经退黜，便仍携枪而去。而降人叛卒之野性难驯，每又聚众哄溃、劫夺官家械物以走，以致乡闾之间，耒耜兵器森然并列，兵民盗匪，淆焉莫分，是安可不有以绳之。营中枪炮，为战陈胜负之所关，将士身命之所寄，必种类一致，始可成排射击，摧强攻坚。乃陆军镇、协，已纷乱杂陈，一营之中，步枪有七密里九口径者、有六密里五口径者，手枪有六响者、有七响者，炮则格鲁森五生七与克虏伯七生半[1]交相为用。而防营之枪，半非官家所给，五花八门，更难穷诘，是又乌可不有以齐之。库存之枪，奉、吉两省为多，而种类亦极纷歧。饬局按类编拣，修整备用。一面严切谕禁民间私蓄枪枝，札行各郡县地方官出价收买，加以修整，与库存之零星杂枪，同为各属巡警之用，以巡警非戎备，器械稍有参差尚无妨也。各军之械，检视互易，纵不能全归一律，而一营之中，断不容有杂出。并订定表

〔1〕 克虏伯七生半，德国克虏伯75mm山炮（天津机器局仿制后命名为克虏伯七生半劈山炮）。

式，饬令按季分别造送枪弹表册，以备稽考。其子弹之需，则购由德州制造局[1]。向来军队演炮，以炮弹费巨，率以虚弹从事。至是亦饬局筹备实弹，以为实地演习，期操必胜之技。又以筹款艰难，购枪匪易，北洋有扣留德商私运枪七千八百余杆，奏请拨作东省军需。而日本人在奉天营口等处开设之洋行私运枪弹，民匪竞购，为害最剧。经与日本领事反复商诘，将各洋行已运到之枪弹由公家备价尽数购买，发局存储，以后不得再行运售。此又于无可如何之中，而曲作销萌杜患之计也。

附奏请将北洋扣留德商私运枪弹拨充东省军需片

再，整顿营务，必以简练军实为要。三省旧有各营所用枪械，颇多窳败，且须添练新军，需用枪枝甚多。但添购之款，亦复不易筹画。兹查有北洋扣留德商私运军械一项，计枪七千八百杆，暨随带子弹，存储在津，未经拨用，若以之拨归东省应用，既益操防，又省耗费，洵属一举两得。臣等与直隶督臣咨商，意见相同。合无仰恳天恩，俯念东省练兵至为重要，准将此项枪枝拨作三省军队之需，于营务实有裨益。谨片具陈，伏乞圣鉴。谨奏。光绪三十三年六月二十日附奏，六月三十日奉到朱批，著照所请，该部知道。钦此。

附奏陈收买日商存东枪弹皮件数目请饬部立案折

奏为收买日商存东枪弹皮件，以遏乱萌而储军实，恭折仰祈圣鉴事。窃查东省胡匪到处抢劫，皆恃有枪弹，以为利器。推原其故，实由于日商各号，自日俄构衅，辇运枪械来东求售，积数既多，迨战事已平，辗转购卖，流入民间，而群不逞之徒，遂以抢劫赀财，争购利器。近年以来，抗拒官兵，掳绑民票，肆行无忌。迭经派兵严剿，夺获枪枝，皆非旧时窳器，若不力杜其源，终为闾阎之害。臣再四筹酌，非尽数收买，严绝运售，不足以清盗源。且东省军队、巡警需枪甚多，即可无须向他行购运，以为一举两得之计。因将此项日商存东枪弹，饬令尽数交出，分别给价收买，以清其已往。复照会日领事商准，嗣后毋得再运，如有私售，定行扣留，以杜其将来。

〔1〕　德州制造局，光绪二十八年（1902年），袁世凯在山东省德州建立德州北洋机器制造局（简称德州机器局），生产武器弹药。

本年春间，当饬兵备处总办候选道傅良佐查验枪械，议定价值，妥订合同，在三井、大仓、高田各洋行共收买三十年式六米里五步马枪一万四千一百十六杆，二十二年式步马枪二百五十四杆，斯边谢儿枪二千六百九十九杆，随带子弹皮件，计共合日金三十六万零七百三十八元二角五分三厘六毫。复派兵备处饷需科提调张青林、筹备科科员李雨山、军械委员张鸿昌会同点验，先后如数收清。并均自收清之日起，限定六个月，由度支司分起交价。臣亦明知东省财力困难，第以此项枪弹万一为匪人所得，不独剿办需用更巨，且何以遏绝乱萌，保安黎庶。今尽数收买，既可隐杜无穷之患，即新、旧各军巡警之用，亦得此项枪弹支配，不必再向他行购买。建威销萌，实基于此。按照单开价值，已屡与日商磋商，无可再减，委系实用实销，毫无冒滥。已饬度支司按照合同如期拨付，应请作正开销，以昭核实。除分别开单并钞录合同咨行陆军、度支两部查照外，所有收买日商存东枪弹皮件各缘由，谨恭折具陈，伏乞皇上圣鉴，饬部立案施行。谨奏。光绪三十四年十一月初三日具奏，十六日奉朱批，该部知道。钦此。

附奏订购六密里五、七密里九两种子弹请饬部立案片

再，查陆军第三镇及第一、第二两混成协，自上年经臣等奏拨来东时，以拔队仓猝，输送维艰，枪弹一项，携带无多。抵东以后，分布各要隘地方扼要驻扎。例行演习之外，兼以时出剿匪，所须子弹为数甚巨。亟宜先事筹备，以期缓急有资。前据兵备处呈请购办前来。当经臣等咨商直隶督臣在德州制造局订购六密里五[1]枪弹一百八十五万零四百粒，每千粒价值库平银三十四两八钱。七密里九枪弹四百零九万二千四百粒，每千粒价值库平银四十两零七钱。两项共合库平银二十三万零九百五十四两六钱。分作三批交齐。所有应需价值，经臣等与直隶督臣往返咨商，无可再减。当此库储支绌，实苦筹措为难，而军实所关，岂敢绸缪或缓。第一批应解价银八万两，已饬奉天度支司由部拨协济镑余项下动支。其第二、三批价银，应俟子弹交送过半，再行陆续筹付，实用实销。至运送各项费用，事竣核实具报，应请作正开销。除分咨陆军、度支两部查照外，谨附片具陈。伏乞圣鉴，饬部立案施行。谨奏。光

〔1〕　六密里五，即6.5毫米。

绪三十四年十一月十五日附奏，十一月二十五日奉到朱批，该部知道。钦此。

纪整顿军马

军营之所急需而最宜讲求者，枪械之外，厥惟马匹。乃营伍旧习，每不措意于此。采购之初，向无一定程式，所审择者，惟膘壮年齿而已。若何者宜为坐骑，若何者宜于驮重，若何为德，若何为病，概未之知。平时喂养之际，于刍秣之美恶，水土之宜忌，率不加察。厩卒更不知所爱惜，虽有良骥等于驽骀，深可惋也。陆军镇、协骡马，大都来自关内，性不耐寒，一经冬令，腰腿辄复生病。旧军所用，虽皆关外之产，而向来马匹由兵卒自带，亦不能一律精壮。先饬陆军于厩中建造房舍，为马骡冬日避寒之处。各营驾炮本皆用马，以地多山阜，马匹未能载远，骡力大而耐久，为马所不逮，通饬陆、防各军，炮队驮马一律改用驮骡。而采选之格式，驾用之宜悖，平日喂饲之法，病时医治之方，一一细加研究，著为则令。有一或违用不中材或叠致倒毙，均即严惩不贷。计光绪三十三年奉军中路添购马骡一次，三十四年陆军镇、协亦添购马骡一次。若能就东省旧有牧场加以辟除，精研畜牧良法，重事孳养，亦大有裨于戎行也。

附奏奉军中路添购炮马驮骡请予免税片

再，奉军中路，经前任将军赵尔巽添练过山炮队一营，因新购之炮未到，一切装械马匹亦未购齐。现据奉军中路统领王怀庆呈称：前购过山炮，现已运奉，应需炮马除该营原有膘壮尚堪择用外，应再添购马一百四十六匹。又因东三省地方多系山冈沙阜，马匹力量未能载远，添购驮骡一百头，以期适用。禀请派员赴昌图府属之郑家屯一带地方，按格分别选购，俾资操练等情。经臣等给发护照，饬往照购。查军营采买战马，历经奏明免税有案。该营所购炮马、驮骡，事同一律，合无仰恳天恩，俯准照案免税，以裨军实。除咨部查照外，谨附片具陈，伏乞圣鉴。谨奏。光绪三十三年七月十六日附奏，七月二十八日奉到朱批，该部知道。钦此。

附奏陆军各镇、协采买马匹请照章免税片

再，东省原拨陆军一镇、两协暨奉天新编陆军步队一标、炮队一营，又吉林原有步队一协，各该营应需骡马甚多，遇有倒毙疲老情事，均应照章更换填补。自宜及时采购，以重操防。其车骡驮骡一项，计须添补三百头，已饬由该镇、协、标，在各营驻扎附近处所就地购补。其应添战马一千匹，查黑龙江省呼伦贝尔一带产马极多，堪供军用。由臣等派委第三镇教练官王用中等前往，按格选购，如数运送回防，以便分拨操练。据陆军兵备处、粮饷局详请援案奏明免税前来。臣等查军营采买骡马，历经奏明免税有案。此次事同一律，自应准其照章免税，以裨军实。除咨部查照外，谨附片具陈，伏乞圣鉴。谨奏。光绪三十四年七月初四日具奏，七月十四日奉朱批，该部知道。钦此。

纪各军犒赏津贴

东省各军驰驱绝漠，冰雪苦寒，已非内省军营所可共语。而物价腾贵，较之内省不啻倍蓰，不有以优异之，非所以赏有功，且无以鼓舞士气也。既定临阵伤亡恤赏之例，将弁、士率卒各有等差。其剿匪屡获大胜，若淮、奉各军，每专员赍酒食、服物、银两赴营颁赏之。而副都统崑源率武卫左军十营赴黑龙江剿办马贼，奉天将军赵尔巽复派副都统瑞禄率奉军助之，奏明拨银一万二千两为犒赏，奉旨允行，未及发而赵将军去任，世昌遵行之。提督张勋所部淮军饷项，仍归直隶拨发。赵将军每年另给津贴银一万两，世昌仍之。漠河金矿与俄罗斯边界仅隔一江，中外匪徒麇集肆扰。旧由江省派练军驻扎漠口，以为保卫，世昌循其例，檄派江省巡防中军左营步队一营前往驻扎，地为最远，物价亦最为昂贵，所有官弁兵丁均各按其应领正饷数目，加给津贴银两。此外，若各镇、协官长之选赴讲武堂肄习学术者，均仍支原营原薪。其营中遗缺代理人员，则由截旷项下拨给津贴银，队官每月十两，排长、司务长每月八两。各营出外绘图官兵，除应领饷银之外，亦给予津贴银。官长每日五钱，兵丁每日二钱五分，则又所以劝学奖勤而昭示大公也。

附奏颁发武卫军、奉军犒赏银两片

再，前因江省防剿马贼，奉旨特派武卫左军十营来江填扎，俾资镇摄，嗣又经盛京将军赵尔巽奏派瑞禄率领奉军两营来江助剿，各该营兵丁等远道跋涉而来，沿途备历艰辛，且东省近来百物腾踊异常，客军愈形苦累。自应分别犒赏，以慰勤劳。现经臣等饬由善后局共拨银一万二千两。计每营发银一千两，已派员前往各营，照数核发，俾资腾饱而励军心。所支款项，应即奏明作正开销。除分咨查照外，谨附片陈明。伏乞圣鉴。谨奏。光绪三十三年六月二十二日奉到朱批，该部知道。钦此。

附奏加给驻防漠河官兵津贴银两片

再，漠河金厂，地方辽阔，与俄境仅隔一江，中外匪踪，出没无常。从前本由江省拨派练军驻扎漠口，原以镇摄宵小，慎重边防。现在漠厂已由北洋大臣派员接办，自应拨兵前往，以资保卫。前据该厂督理、直隶候补道刘焌禀请拨驻重兵。当经臣等将驻省巡防中军左营步队一营，拨往漠口屯驻，并饬归该督理节制，以一事权。惟该厂地处极边，百物较省城尤为翔贵，所拨兵队，不能不量加津贴，用示体恤。现拟每兵每月加津贴银四两五钱，官长亦按照底饷递加。至所有开拔运费、军粮运费，以及建筑营垒、添用医官、军衣一切用费，均严饬随事撙节动支，将来再行分别报部核销。除分咨查照外，谨附片陈明。伏乞圣鉴。再此次驻漠一营，自本年八月初一日起，已遵陆军部新定巡防队章程改为编定，合并声明。谨奏。光绪三十三年九月初二日奉到朱批，该部知道。钦此。

卷五 官制

述要

汉置都护，遂移塞下之民。元设总管，爰分辽西之守。卫、所、千百户，画为列戍之官。燕云十六州[1]，弃于划疆而治。自来经营边要，拱卫上都，罔不甄择群伦，厘定掌职。纪纲悉应，大小相维。况东三省以丰镐之旧京，作保障于区夏。蒙藩旗仆，遥戴皇灵，黑水白山，犹缄地宝。重发祥根本之地，立军府统治之规。是以世仆之臣，惟娴骑射，汤沐之邑，并禁樵苏。北魏行台，未列职官之表，西京留守，仅属军旅之司。洎乎事变屡更，欧风东渐。茫茫大陆，交通则电掣星驰，膴膴周原，越畔则结庐成市。荒凉袄火，酿成剧战之场，凄绝神皋，藉作殖民之地。虽丰沛子弟，不睹司隶官章，而关陇山河，犹是旧邦文物。朝廷鉴旧制之未善，念来轸之方遒，诏改东三省为行省，命世昌督治之。时则宪政方新，成规更创，考阶动旧秩，命公卿而辟宏文，罢台寺空名，仿元丰之颁新制。顾府分曹，而县分案，内地犹迟改置之劳，而左为辅，而右为丞，边塞实立范模之准。则尝盱衡时势，通变古今，考因革张弛之由，定品秩隆污之序。汉河西之起五郡，知筹边最忌空虚，唐都督之设参军，知分曹必资统属。验旧闻于日下，恢张三辅皇图，树新政之风声，厘定九阶秩序。约举纲要，殆有数端。一曰行政官制。夫边州设经略副使，或患其逼尊；江左起行台丞郎，皆许其权制，乃为之定督、抚同署办公之制。如腹心之使指臂，民隐皆通；由中央而达四旁，政权益敏。元明行省，布政有左右之称；欧美良规，立法居单行之地，乃为之设奉天左右参赞。下率百僚庶尹，纪纲万政之原；愿与博士议郎，纂订十篇之律。耽耽强敌，启西邻之责言；泱泱神州，重主权于国际，乃为之设奉天、吉林交涉使。行人子羽，两大联盟会之欢；公法师鸠，万国缔平均之则。使称宣抚，先王以保息养民；职重俯循，太史以观风问俗，乃为之设

〔1〕 燕云十六州，又称幽蓟十六州、幽云十六州，指中国北方以幽州（今北京）和云州（今山西大同）为中心的十六个州。

三省民政使。重民数而书于策，省方绘稼穑之图；知王道之始于乡，自治结枌榆之社。稽宗支于玉牒[1]，政教陵夷；备军籍于青衣，生齿衰落，乃为之设奉天旗务使，吉林黑龙江旗务处。擐披甲从龙之裔，毋替家声；教受廛牧马之氓，为谋生聚。勤教劝学，文公以之兴邦；上党下庠，周室厘为等杀，乃为之仍三省提学使。开边荒之知识，声教统于司成；合欧亚之课程，弦诵遍于遐塞。综茶马盐铁酒榷诸官，皆理财责任；观日要旬会月计之事，即决算明征，乃为之设三省度支使。仿大藏之省，财权得剂其盈虚；作平准之书，国用特司其出纳。考工皆专门之官，六材是典；实业为大利之薮，万宝告成，乃为之设奉天、吉林劝业道。农商工艺，作模范于市场；林牧渔盐，辟菁英于宝藏。一曰司法官制。司寇之属有专官，非郡守所得预；司法之省为独立，尤东西之所同，乃为之设三省提法使。区别邦典、邦法、邦成之制，即刑律、民律、商律之所由分；厘定乡士、遂士、方士之名，即高等、地方、初级之所由判。变提点之旧制，置律学以待法官；分廷尉之职权，合众庶以宣刑禁，乃为之设奉天、吉林各级审判厅。刘仆射增损格敕，足征法理之精神；宋元丰左右厅司，适合分庭之制度。诏狱可以起诉，谓之制勘之司；失断以禁非为，别置纠察之吏，乃为之设奉天、吉林各级检察厅。命有司而察夷伤，期无枉纵；为小民以正剂约，宁有贪渔。夫天下之法在审刑，天下之狱在大理，各司其职，自昔已分。比者组织法庭，研求律学，命郡县不亲讼事，遂疑狱吏之不尊；易鞭扑而使尽辞，又惧爰书之莫定。不知政与法不容混袭，而事与理各有定名。国一旬、郊二旬、野三旬，即上诉之期限；曰司刑，曰司民，曰司隶，皆听讼之专官。虽措置未周，尚待新律实行之推广；而精神一振，已为法权分立之初基。一曰地方官制。夫形势阔则控驭不周，交通梗则事机坐失。乐浪古郡几同瓯脱之区，潢海天池实有鞭长之虑。又况强邻逼处，兵燹余生，虔刘我边陲，震撼我藩属。汽车所指，遂窃领土之大权；商场一开，莫辨主名之谁属。满洲里之侵国境，固无守土之官；兴凯湖之移界碑，畴是问津之吏。不有官守，曷固边防。乃为之添置三省道、府、州、县以下诸官。指河山而分界线，有土先于有人；辟草莱而集边氓，兴养乃能兴教。然而因时增损者，裁制人地之宜；综核名实者，统一事权之要。在昔军府之世，虎贲旧族，兎罝干城，军民半属老臣，官吏成其故邑。今则壤地相接，门户洞开，新大陆为竞争之场，都总管无地方之寄。觥觥勋戚，中郎鲜执戟之司；莽莽要荒，诸卫是守边之吏。职司所掌，今昔殊情。又况统系一家，陶甄万类，为遗黎谋生计，自不仅以世禄终身；为边地选材官，自

〔1〕 玉牒，中国历代皇族族谱称为玉牒，唐代已有，宋代每十年一修，沿及明清。

不应以旧规相限，乃为之裁撤三省副都统、总管以下诸官。易荒榛而为要塞，敢侈拓殖之谋；变旧职而作新民，已振因循之习。凡此经画职权，变通任务，并分在势。唐开元删定旧阶，增损因时；隋大业始行新令，固已大纲毕举，百度咸资。他如圭璧世藩，毡裘部落，夜郎自大，携贰难图。南越赐书，羁縻勿绝。相依虞虢，将为璧马假道之谋；蕞尔江黄，恐蹈汉阳诸姬之续，乃为之设三省蒙务局以统治蒙部。辟其田畴，一其政令。颛臾是东蒙主，毋启戎心；夫余有佐命勋，宜延世泽。又如整齐戎备，简讨军容。神策军之镇陕州，用防边患；羽林卫之置江右，别设兵曹。又况厢兵[1]、禁兵，成规不袭；军纪、风纪，学说日精，乃为之设三省督练处以统一军政。革屯营之积弊，殚筹画于国防。汉设左右监，掌检校诸军之籍；宋置指挥使，即参谋本部之官。其他因事命人，量材分职，机务繁赜，未遑偻指。虽然官制者，国家统一职权之大纲，非三省所能独异也。往者草创宏规，更新名义。稽欧亚官人之法，特简亲贤；考古今得失之林，俾修法典。乃格令之颁行未普，而边疆之创率宜先。世昌重任初膺，时艰正亟。欲官无废职，则规定其名称；欲责有专司，则申明其权限。愿作同僚之谱，庶几百废俱兴；深维立宪之基，毋悖三权分峙。即此造因之迹，建置之端，或参以中西，非复列省职司之旧；或宜于边塞，用仿前人戍邑之增，亦第粗具规模，暂资职守。他日者，定集权中央之制，行责任内阁之规，颁惩戒任用之章，官箴是肃；除内外重轻之失，昭代同风。则此三省官制者，固已立其准绳，为之嚆矢。凝兹庶绩，愿考百世损益之宜；宏此岩疆，暂作一代职官之志。

〔1〕 厢兵，宋代从事各种杂役的地方军，主要供地方官署役使。

行政官制篇

旧制，将军衙署分设各司，将军、副都统每日督率司员入署办公，颇与京部办法相合。迨改设行省之明诏既降，以分设职司，责令妥议。世昌以为东省外交、内治，日以繁难，因应事宜贵于敏活。若如内地省会制度，督、抚以下多设官署，则公牍滞于转折，属僚疲于禀谒，或至龃龉牵制，有碍大局，甚非计也。爰拟于奉天、吉林、黑龙江三省各设行省公署，以实行同署办公之制。奉省首先倡办，制视吉、江为备。衡其便利，约有数端。夫官厅分立，则事权不能统一，呼应不能灵通。奉省督、抚、参赞、司道以至于佥事科员，皆于一署之内集同办公。事有分科，人无旷职，同条共贯，若臂使指。有事均得随时面陈，即时拟稿。凡关于两厅、司道筹议之件，亦可随时集商，共拟办法，一扫从前推诿散漫之弊。此办事有聚合之精神也。督、抚以下各官，每日均以时入署。如有应办事件，办竣始克散值。凡公事之拟案呈堂，画稿送印，皆有定时，各守定章，各专责任，绝无敢任意延宕，以贻误要公者。此办事有画一之规则也。官厅分散各处，则公事禀商悉须文牍，往返之际，多误事机。今府厅州县各局所呈报文件，均直接行省公署。惟关系于某司道之主管职务者，乃照章分呈。自来文到日为始，限五日内行文批覆。承宣厅文牍科于各司道所到文件，按日分送表格，办竣后填写送还。每日稽核一次，如有不能速办之件，均须申明正当理由，不得藉端延搁。至于调查案卷，亦皆随时可以检阅，无展转周折之烦。此又所以收敏捷之效者也。内地行省各级官厅，往往因意见参差，致生行政上之障碍。同署办公，则事无巨细，悉秉承督、抚之指挥，协议而后施行，斟酌归于得当，既不能参以私臆，自无所用其机心。此又所以泯冲突之见者也。内地各省，僚吏上谒，皆有定期，每以堂属分严，陈白难于详尽。今自督抚以下，既皆同时到署，同时办公，则一切禀商事宜，即可以随时面达。脱略节目，相见以诚，庶在上者可详察其机宜，而在下者亦得申其忱悃。此又所以去隔阂之弊者也。由是言之，同署办公，虽为奉省创行之新制，而实为至当不易之良规。参稽中外，诠镜古今，事有前师，昭然可睹。即以奉省论之，自实行同署办公制度，整齐划一，条理秩然，旧弊一空，庶政咸理，亦可以略觇其成效矣。

附奏设职司官制及督、抚办事要纲折

奏为遵议东三省设立职司官制及督抚办事要纲，分缮清单，恭折具陈，仰祈圣鉴事。窃臣等钦奉三月初八日谕旨，东三省应如何分设职司之处，着该督等妥议具奏。等因钦此。仰见朝廷眷顾根本，与时通变之至意，钦悚莫名。臣等遵即详细筹商，参酌时势，稽中外之善制，揆东省之所宜，谨拟行省公署官制办法，敬为我皇太后、皇上陈之。东三省为我朝根本重地，历来设官分职办法，本与内地省分不同。各将军衙署原设有户、礼、兵、刑、工五司。盛京以陪都体制，又设有五部、府尹，以资分理。近来交涉日繁，郡县日辟，举凡财政、军政、警务、学务无不量添局所，增派官员。于是，旧司新局纷列渐多，旗署民官畛域显判，几于漫无统纪，浸就废弛。此疆吏之擘画，京员之章奏，中外人士之请议，皆以改定东三省官制为第一要务也。前蒙圣明鉴察，特裁盛京五部及奉天府尹，以一事权。上年又于三省添设提学司，以广教育。损益变通，原以振兴政治，有裨地方。臣等以为欲袪散漫牵掣之弊，则宜有总汇公署，方能合一事权。欲谋整齐修举之规，则必需分置厅司，方能各专职业。溯考各边将军大臣，有仿京部设户、兵各司者，有派部员佐理者，本兼部体钦定历代职官表指明，督、抚为行部，盛京将军原兼兵部尚书、右都御史，亦有部院之称。与晋唐都督府分设长史、司马、各曹参军及英之澳洲、美之各省，于总督府分设财政、学务等官者相合。拟于奉天、吉林、黑龙江三省，每省各设行省公署，以总督为长官，巡抚为次官，皆如各部堂官。于行省公署内分设二厅：一曰承宣厅，禀承督抚，掌一省机要、总汇、考核、用人各事。一曰咨议厅，掌议定法令、章制各事。就原有局署酌量归并，分设七司：一曰交涉，二曰旗务，三曰民政，四曰提学，五曰度支，六曰劝业，七曰蒙务。仿国初将军设参赞，及出使大臣参赞之例，设左右参赞各一员，分领承宣、谘议两厅事务。交涉等七司各设司使一员，总办司事。承宣厅及各司，均设分科，每科设佥事及一二三等科员佐之。咨议厅不设官缺，酌派议员、副议员、顾问员、额外议员，皆选明达政治者充之，以资研究。此外陆军关系綦重，应另设督练处以扩军政。司法分权，宜预拟专设提法使，以理刑法。其官制，另由臣等详议具奏。他如划分权限，酌拟补署，建立衙署，筹支廉费，皆属更张之要务，即为图治所宜先。谨遵议章程，缮具清单，恭呈御览。又东三省总督恭绎谕旨，责成视各省为重，拟督抚办事要纲六条，一并缮单呈览。其道、府以下官制亦拟酌定阶级，以期简捷。容俟到任后，体察三省情形，酌筹办法，再行具奏。总之，东事措置，上关国家之本计，外为环海所注观。臣等惟有竭尽愚忱，悉心筹画。于东省所难行者，不敢曲为因仍。于所相宜者，必求规于详备。法无一成而不变，道贵因时以制宜。国初直省官制至雍正中而大更，近来边省建置，亦弛张之不一。此第粗拟大纲，其详细章程及以后有应行酌议变通之处，仍当随时奏明办理。再，三省旗务，本归将军管理，今改设督抚，现总督奉特恩兼管三省将军事务，则三省巡抚亦有分理旗务之责。相应吁恳天恩，俯准将奉天、吉林、黑龙江三省巡抚皆兼副都统衔，以便措置，而资坐镇。所有遵议东三省设立职司官制及办事要纲各缘由，分缮清单，恭折具陈。伏乞皇太后、皇上圣鉴。再暂署黑龙江巡抚程德全现未在京，是以未经列衔，合并声明。谨奏。

光绪三十三年四月十一日具奏，本日奉旨，依议。钦此。

谨将遵议东三省职司官制章程，缮具清单，恭呈御览。

计开：

一、设立行省公署。东三省向于将军衙署分设各司，将军副都统每日率领司员于衙署办事，与京都办法相合。现在东省外交、内治日以繁难，自未便照各省分设督、抚、藩、臬各署，致令公牍转多周折，属僚疲于禀谒，甚或动相龃龉，贻误要公，所关非浅。拟以军署各司合之现有各局并提学司，总立一署。仿前代行省行台办法，名之曰奉天行省公署。吉林、黑龙江如之。以总督为长官，巡抚为次官，于公署内分设承宣、谘议二厅，交涉、旗务、民政、提学、度支、劝业、蒙务七司隶之。各员逐日入署，事则公商，稿则会画，以期赴机迅速，简省繁文，藉收整理地方之效。

一、酌定官品。金、元行省，本有丞、参等官，明布政司即元行中书省，亦设有左右布政使、左右参政等官。国初将军、经略皆设参赞，现在出使大臣亦设有参赞员缺。拟于行省公署内设左参赞、右参赞各一员，秩从二品。以左参赞领承宣厅事，右参赞领咨议厅事。交涉、旗务、民政、提学、度支、劝业、蒙务七司，拟均设司使一员，总理一司事务。参照各省提学、盐运等司及军署原设各司协领品位，酌按管理事务之繁次，量分等差。拟交涉、旗务、民政、提学四司司使，秩正三品。度支、劝业、蒙务三司司使，秩从三品。承宣厅及各司，均就所管事务以类相从，分设各科。每科设佥事一员，办理科务。首科佥事从四品，各科佥事皆正五品。其下设一等科员，从五品，二等科员，正六品，三等科员，正七品，分佐之。交涉、提学、蒙务各司别设一二等译官，民政司别设一二等医官，提学司别设一二等编校官，度支司别设一二等库官，劝业司别设一二等艺士。凡列一等者，品视二等科员。二等者，品视三等科员。自佥事以下，无论调用京外人员，皆选有专门学业及材地相宜者遴充。庶几事有专责，人用专长，以精职业。咨议厅拟设议员、副议员、顾问员、额外议员，以集讨论政治之益，均不定品位。凡本省实缺候补及京外人员并绅士，皆选明达政治，熟于本省情形者充之。督、抚仍设一二三等秘书官，无定员，以办秘密紧要事件。

一、厘定职掌。行省公署承宣厅，禀承督、抚办理一省机要总汇事件，考核用人及省内、省外四品以下官员升调补署。咨议厅，掌议一省法令章制，研究本省利病应行损益各事。交涉司，掌办理外交各事，以原有交涉等局改并。旗务司，掌办理旗署各事，以军署原有户、礼、兵各司改并。民政司，掌办理民治巡警缉捕等事。提学司，掌办理教育等事。度支司，掌办理财赋等事，以原有财政、厘税等局改并。劝业司，掌办理农工商、邮电、航路、垦矿等事，以农工商各局改并。蒙务司，掌办理蒙部各事。奉天则辖科尔沁六旗，吉林则辖郭尔罗斯前旗，黑龙江则辖郭尔罗斯后旗、札赉特、杜尔伯特三旗。承宣厅及各司分科名目、职掌，由臣等到任后，体察情形，酌拟奏咨办理。此外应设局、所、厂、场、学堂、公司等，皆以类相从，附属各司。酌令司使等人员或有专长得力者办理，合坐言起行为一职，以资实验。

一、划分权限。旧时内地各省督、抚同城，往往意见参差。僚属遂多分党，互相倾轧，最滋流弊。而同城之驻防将军、副都统则鲜闻牵掣等弊。盖一则督、抚各有关防，各有公署，则易于生隙。一则将军有印，副都统无印，办事同在一署，故无由启争也。现拟以总督为行省公署长官，巡抚为次官，凡奏咨批札稿件，厅、司皆以次呈督抚核定。总督在他省时，日行公事皆呈抚核，重要事件先呈抚核，电商总督定夺。督、抚如京部尚书、侍郎，三省公事皆由督、抚联衔具奏。至例行之事与迫不及待者，如总督出省，仿内地兼辖省分之例，列总督前衔，由该省巡抚一面办奏，一面电商总督，以期迅速而免贻误。贺谢各折，仍循例专奏。三省皆仿京部规制，铸行省公署堂印。文曰，奉天省印、吉林省印、黑龙江省印。凡道府以下印委公事，皆只申行省一分，由承宣厅分交各司核办。厅司稿件经督、抚核定后，即用省印行下。如此省批详之重叠，咨移之往复。权限分明，文牍简捷，似较内地为合宜。其厅司印信曰某省某厅印、某省某司印，皆如各部司印，冠省名于上。由臣等到任后，再行奏请颁铸。

一、专设督练。东三省练兵关系重要。现在肃清土匪，巡缉地方，又倚防军之力。拟另设督练处，办理开练新军，振兴兵学，整顿防军各事。俟臣等到任后，再行详议，奏明办理。

一、专立司法。东省治理，更张伊始，行政司法分权宜预。拟仿明巡按御史及国朝盐政之制，于三省各设提法使一员，秩正三品，专管司法行政兼理裁判事务。别为一署，暂受督、抚考核、节制。应设高等裁判以下各官，由臣等到任后，督同新简提法使妥为筹议，奏明办理。

一、议改各属官制。东三省民官情形，新设知府皆无首县。其府厅各官，自新设东边道、哈尔滨道外，大率径归将军及驻省道员管辖。承转本较内地为少，各属幅员宽广，于治理不便，多须析置。江省边城率无民官，增置更不容缓。且动系通商地方，民官体制自须略为加崇。拟多置府、厅，合州为三级，增设道监督之。知府拟仿国初云南各省军民府之制，不设属县，兼辖旗民，与厅、州皆隶于道，以期与东省时势相宜。各外城副都统官阶过大，动多牵碍。拟照江省裁撤呼兰等处副都统之例，酌拟裁撤，改设兵备道员暨以下各官，以重民治。三省原设知县，本兼有理事通判衔，拟均升为厅治。原有厅、州或酌改为府，其直隶厅有属县者亦解之，而升厅治为府，径隶于道，以省周折。统俟臣等到任后，详细体察，通盘筹度，再行奏明办理。

一、酌拟补署办法。左右参赞及提法使各司司使，品秩较崇，责任綦重，拟照各省布、按两司办法，作为特简之缺。惟现在东事万棘，经营草创，非慎选得力人员不足以资赞助。拟由臣等奏保堪胜人员，请旨简放，或先奏请试署，以昭慎重。佥事以下拟遴选胜任人员，皆先以本官试充。原官大者作为借署。原官小者作为试署。俟一年后，再行请补。不胜任者，另行撤换，汇案奏咨。

一、设缺分别次第。奉天规模颇具，事务至繁，拟请左、右参赞及各司司使即准设立。吉江两省事务较简，拟先不备设，俟查看情形，随时奏明办理。又奉、吉两省讼牍亦多，裁判尤重，拟于该两省先设提法使员缺。所有奉天驿巡道、吉林分巡道原兼按察使衔，拟均请裁去，以一事权。江省民户较少，控案无多，俟臣等到任后，再行酌核办理。

一、建造衙署。三省原有将军衙署均极褊隘，现议合立一署，分列厅司，必须相度形势，另行修建，方足以昭严整而重要公。督抚、参赞、司使均应酌建住署。佥事以下，照京部司员官制，无须另建住署。

一、筹支廉费。重禄劝士，图治之本。现既议改立新制，分设厅司，自应宽给廉俸。东三省近年兵荒迭乘，物价昂贵，数倍内地，尤非从优酌给，无以祛蠹弊之源，责整饬之效。拟俟臣等到任后，酌核该三省入款，从优支给。佥事以下，亦按三省道府当差人员现支薪水之数量为加给，以励廉隅。

一、吉、江两省拟移建省治。查吉林将军国初本驻宁古塔，黑龙江将军本驻爱珲，后驻墨尔根，皆以控扼边要，实较今省治偏在西南者为合宜。拟俟应修东省铁路开有规模后，仍拟以吉林省移治宁古塔，黑龙江移治墨尔根。亦俟臣等到任后，再行体察，奏明办理。谨将酌拟东三省督、抚办事要纲，缮具清单，恭呈御览。

计开：

一、东三省为全球注目之地，措置得失，动关大局，外交内治，全赖仰禀宸谟。现京奉铁路两日可达，三省皆有巡抚表率控驭。查日俄两国在东三省统兵大员，皆时常回国面商进止。汉晋刺史亦有乘轻车奏事京师之制。拟俟后三省如有应办重要事件、疑难待决者，准令总督随时赴阙面奏机宜，恭请训诲及与枢部各臣悉心商办，以图周妥，而免贻误。

一、奉天距京较近，为吉、江两省根本。现各干路、枝路皆以该省城为枢纽，总督应建驻署于奉天，以便控制。吉、江两省应各建行署，以符三省各建行台之旨。俾得随时周历，商同三省巡抚办理外交内治一切重要事务。三省巡抚亦可随时前赴邻省，会商整顿及互有关涉各事，并周巡属境，以密考查。

一、东三省现设巡抚办法应与内地殊别。凡三省公署堂印，应由总督佩带。总督在他省时则本省印信由巡抚佩带，回省则仍交之总督。督、抚每日率属皆在公署办事，以便会商，而去延滞。如此则收相维相助之效，而无内地督抚同城之弊，院司不和之弊，于整顿东事裨益匪浅。

一、东三省总督现奉旨兼管三省将军事务，臣世昌并蒙特恩，授为钦差大臣。现已请颁发关防，改铸印信。凡三省旗务及关涉特别重要事件，均应专用三省将军印信暨钦差大臣关防奏咨，以专责成。

一、东三省现在整顿一切，事同创始，得人为先。前大学士曾国藩、左宗棠所辖用兵之省，提镇藩臬皆准保用。臣世昌蒙特授钦差大臣，仰见朝廷郑重东局之意，拟东三省三品以上大员，无论旧有新设，皆准择堪胜人员指名密保或会同该省抚臣奏保，请旨简放或派员试署，以收得人之效。此外各项员缺，拟皆准变通补署。布衣、获咎及丁忧人员，才具出众，职司必需者，亦可擢用。凡实缺当差人员有绩效者，或按边俸升擢及按异常劳绩保奖，均由东省督、抚奏明办理。能明外交者，尤宜不次任用，以重交涉。三省实缺候补各员，拟皆得通用。如江省新设各缺，用吉、奉人员之例。遇有差缺，均可互委，不分畛域，以广量材任职之路。

一、东三省地处边要，诸事草创，若仍拘泥例章，恐致诸多贻误。拟请嗣后东三省所有吏治损益财款出入及一切事项，皆暂准酌量变通。随时随事，因地制宜，分别奏咨核办。俟数年后，筹办渐有端倪，再查看情形，奏明办理。

纪承宣厅

光绪三十三年奏定东三省官制，议设左参赞一员，即以左参赞领承宣厅事。佐督、抚用人、行政，掌一省机要总汇之事。分设四科，每科设佥事一员，并分设一二三等科员、额外科员、差遣委员、正副司书等官。凡各司道局所之行政事件，皆汇萃于该厅，由左参赞定其从违，而决行于督、抚，乃全省行政之总机关也。以视内地之藩司兼辖用人、理财之职者，其责任为较专矣。

纪咨议厅

光绪三十三年奏定东三省官制，议设奉天右参赞一员，即以右参赞领咨议厅事。掌议全省法令、章制、统计、报告等事。厅不设官缺，以明达政治者为顾问员、正副议员、额外议员。不定品级，不限员数。嗣以厅事繁，设编纂、庶务两科，每科以一二三等科员、额外科员、差遣委员、正副司书等官，分办科务。其后议员请定咨议厅主管事务，于是各司道签呈事件应行核议者，皆集于本厅。三十四年奏设参事二缺，品秩如佥事。凡章程、法令及一切暂行规制，均由该厅议案，或司道局所主稿交该厅核议从违，呈由督、抚决行，乃全省立法之总机关也。

附奏请添设咨议厅两科片

再，查奏定东三省职司官制章程内开，咨议厅设议员、副议员、顾问员、额外议员均不定品位等语。现在开办已逾一年。体察情形，该厅掌议一省法令、章制，研究本省利病，应行损益各事，实为全省立法机关，职务极为重要。应酌添设实缺人员以资佐治。今拟照承宣厅佥事品位，设参事二员，位从四品。佐右参赞筹议一切事宜。参事以下，仍照章设议员等，不定品位。又该厅原未分科，今筹办统计及庶务事宜，亦拟分设两科，以资任使。谨附片具陈，伏乞圣鉴。谨奏。光绪三十四年九月二十八日附奏，十月十一日奉朱批，该部知道。钦此。

纪交涉司

奉省于光绪二十四年曾有交涉总局之设。拳匪乱后，案卷毁失。二十六年复设交涉总局，三十三年奏定东三省官制内请设交涉司，撤去交涉总局名目，凡交涉之事，皆司主之。分设四科，一二三等科员，别设一二三等译员。往者，日本以奉天各处开放通商。凡辽阳州、铁岭县、新民府，均派有副领事办理居留民事务。于是辽阳、铁岭、新民、凤凰厅四处咸设交涉分局，派委熟于外交者主之。续于怀德县、公主岭亦派交涉委员各一人，此皆交涉司之派出所也。当三十三年春奉省开埠时，曾设立清查房地局，派员收买田地、房屋，预备租赁，以为开埠之需。原隶属于财政局。三十三年秋撤局并司。三十四年七月，各国领事照催开办，因议设租地会丈局，以交涉司互市科科员为坐办，俾专责成。

纪旗务司

往者，奉天以将军统治旗民事务。嗣后，历经添设民官，事日繁杂。自光绪三十三年奏改官制，行署为最高官厅，而以军署所管事务置旗务司以治之。司署成立后，沿军署户、礼、兵、工各司之旧，分设五科。嗣因办事权限未清，迭经咨议厅会司斟酌厘定。现经改设四科，所有内务府八旗等处一切行政事宜，设佥事暨一二三等科员、正副司书等官分配办理，更附设旗务调查处、八旗工厂。凡关于变通旗人生计筹画等事，皆由旗务司督同办理。

纪民政司

光绪三十三年奏定东三省官制，于奉天设民政司一员，掌全省地方行政、地方自治及区划疆理等事。设佥事，为司使次官。分科五：曰民治，曰疆理，曰营缮，曰户籍，曰庶务。设一二三等科员、正副司书等官。其谘议局筹办处、自治研究所、工程局、官吏禁烟查验所，均归管理。其后创办选举，亦由该司督饬，详慎办理。迨巡警道既裁并入该司管辖，爰于分科内添设警政一科，而以户籍并理疆为一科，凡巡警总局、乡镇巡警局、卫生医院，咸改隶焉。盖民政本兼辖警务，而一切选举社会自治之机关，以该司为倡率执行之基础，其关系顾不重欤。

纪提学司

光绪三十一年三月，将军增祺以学堂亟待开办，委员充学务处总理，刊发关防，租赁官舍，为学务处开办之地。遴派提调、文案、收支、查学各员，于省城创办官立师范、中学及高等、初等小学十余区，立学务之基础。是年十二月，经学政李家驹[1]改订学务处章程，分设八科。曰教务、庶务、编译、书记、会计、调查、收掌、游学。每科设科长一人，科员无定额。三十二年，简放提学司履任，遵照学部定章，改设学务公所，分设六课。曰总务、专门、普通、实业、图书、会计。专门一课，事务无多，即设以普通课兼之。每课设正副课长各一人，课员视事之繁简酌置。三十三年，奏改东三省官制，以提学司总理全省学务，其法政、师范、高等以下学堂皆隶之。设佥事一缺，为司使之次官。按其课目改为六科，仍设一二三等科员及正副司书等官，俾与各司道一律也。

纪度支司

光绪三十一年，将军赵尔巽奏设财政局，凡公私出入巨细各款，皆隶于局，以督办一人总其事。三十三年，奏定东三省官制内请设度支司一员，以财政局归并之。而划出盐务总局暨铜圆局，特派专员办理。度支司则专司全省出纳、会计以及税务、垦务，其余概不兼管。司署初设五科，每科均设佥事。继改并三科，今则分设四科，以一佥事总理之。每科改设科长一员，管理全科事务。其余概称科员，仍别设库官，以重典守。

纪巡警道

光绪三十三年，奏定东三省官制，奉天应设民政司，职如民政部兼理巡警事务。嗣准考察政治馆咨送续定直省官制，各省应设巡警、劝业两道缺。奉省未便独异，且巡警正在调查整顿，头绪纷繁，遂请设巡警道一缺。时则有巡警总局、乡镇总局、

〔1〕　李家驹（1871—1938年），字柳溪，光绪甲午进士。1904年，任东三省学政，1906年任京师大学堂总监督，1907年出任驻日本公使。曾被袁世凯任为参政院参政，不久辞职，终老青岛。

卫生医院，皆归管辖。各如司道制，分设四科，设佥事、科员、正副司书等官。迨头绪渐清，权限宜一。又以巡警本民政之一部分，各省民政未设专司，不得不添设巡警道缺。奉省则民政司之设在先，嗣又添设此缺，势等骈枝，难专责任。业经奏请裁去道缺，归司办理。而巡警局、卫生医院，亦改隶焉。

附奏请派署司道各缺并遵旨增改官缺折

奏为请派署司道各缺并遵旨增改官缺以资治理，恭折具陈，仰祈圣鉴事。窃臣等前经具奏东三省行省官制章程，奉旨允准在案。查原奏内开，公署内分设承宣、谘议二厅，交涉、旗务、民政、提学、度支、劝业、蒙务七司隶之。拟均各设司使一员，总理一司事务等语。又于光绪三十三年五月二十七日恭奉懿旨，各省按察使改为提法司，并增设巡警道、劝业道缺，裁撤分守、分巡各道、酌留兵备道，着由东三省先行开办。如实有与各省情形不同者，准由该督、抚酌量变通，奏明请旨。等因，钦此。旋准考察政治馆将续订直省官制咨行前来。查原奏内开，东三省根本重地，经画宜先。此次官制办法，拟先从东三省入手。除实与内地情形不同者，应听其量为变通。又清单第七条内开，除东三省外，各省均置三司各等语。仰见皇太后、皇上俯念东三省官制事同草创，与内地情形不同，准其酌量变通，莫名钦佩。臣等抵任以后，详加考案，实以同署办公，泯意见，省承转，与行政之最善，自应从东三省办起。其自督抚、参赞以下各官，除旗务、蒙务两司本为东省特别官制外，其交涉、民政、提学、度支各司各有专责，均应仍遵前奏办理。至劝业有保商之责，巡警为安民之官，应遵照此次懿旨，将原奏之劝业司改为劝业道。并增设巡警道一缺，其奉天分巡道亦遵即裁撤。惟巡警虽为民政之一部分，而奉省巡警已普及于各属乡镇，允宜特设专官。民政司以组织地方自治为重要，即可划出警务一门，俾之分任。奉省局所林立，公牍纷杂，权限混淆，亟应挈领提纲与之更始。故以上各官，即拟遵照原奏先行分别派员试署，以为开办之基。如有窒碍及增减之处，再行随时变通，以臻美备。兹查有奉天驿巡道陶大均，心气和平，思虑周密，堪以试署交涉司司使。正红旗满洲印务参领恩志，器识宽宏，办事妥慎，堪以试署旗务司司使。存记道调补奉天锦州府知府张元奇，厚重闳通，才堪大受，堪以试署民政司司使。奉天东边道张锡銮，老成练达，洞悉事情，堪以试署度支司司使。候选道黄开文，勤明耐事，强干有为，堪以试署劝业道。在任候补道奉天府知府邓嘉缜，朴诚廉正，物望允孚，堪以试署巡警道。仍由臣等随时察看，如能胜任，再行请旨简授。其蒙务一司，尚未选有堪胜人员，容续行奏请试署。至各厅司道以下各员，容由臣等督率该厅司道，拟定分科设缺章程，再行具奏。其吉、江两省各司道应如何酌量设立之处，俟臣世昌行抵该省察看情形，与该两省抚臣会商筹设，再行奏明，请旨办理。所有陈请派署司道各缺并遵旨增改官缺缘由，谨恭折奏陈，伏乞皇太后、皇上圣鉴训示。谨奏。光绪三十三年七月初二日具奏，本月十三日奉到朱批，著照所请，该衙门知道。钦此。

附奏酌拟裁并添设各道员缺折

奏为酌拟裁并、添设各道员缺，以归统一而重边要，恭折仰祈圣鉴事。窃惟边省设官分职，其要端有二：一曰治内，一曰对外。奉省之内政、治安为急，奉省之外防、蒙边并重。臣自前年到任之初，即首以吏治因循，民生凋敝为念，故奏定东三省官制。于三省各设民政司，以为行政机关。而巡警职掌，即寓乎其中。嗣因外省官制皆普设巡警道缺，奉天全省巡警业已遍设，款目纠纷，事务繁杂，调查整顿，须有专员，故亦请添设巡警道缺。今整理已及两年，均有端绪，而与民政司权限复杂，推行既久，渐觉未便。且多一官厅，亦嫌糜费。臣于遵旨覆奏酌核奉天官制折内，曾以巡警道一缺应从原奏议裁。盖民政司有管理户口之权，无巡警则舆籍无从稽核，有召集议会之责，无巡警则选举无从调查。奉省四乡巡警，率由地方组合。而监督地方自治，职在民政司。凡兹相互之关系，徒受纠纷之弊害。夫巡警为内政之一部，不能离民政而独立。故民政部即以巡警部改设行政机关，始为完备。今奉省民政既设专官，与内地省分不同，自不应再设巡警道缺，以期统一。拟请将奉天巡警道员缺即行裁撤，所有职务统行归并民政司兼管，仍直受民政部考核，与各省巡警道无异。至吉林、黑龙江两省警务，本归民政司直辖，应即一律办理。此应行裁并者也。至拟增设之缺，查奉省北连蒙古邻于俄，南界朝鲜迫于日，非经营蒙古，无以备俄。而洮昌之间，实为咽喉。非巩固东南，无以拒日。而临长之冲，实据要害。均应特设大员，专任一面，以为对外之资。臣体察情形，通盘筹画。窃以洮南一府孤悬北荒，南隔达尔汗王旗，入昌图府之辽源州始连奉境。由辽源至洮，必先经达尔汗王旗二百余里始达洮界。达尔汗王旗介于洮、昌之间，横绝洮南通省之路，实为经营蒙古入手第一障碍。南道梗塞，则洮南以北之蒙荒终无开通之望。近因清偿该旗俄债，经臣奏明以荒价作抵，是该旗山荒正宜速筹开放。而昌图一府东界吉林，又为胡匪麕集之地。辽源者，洮、昌间之咽喉也，控两府之极端，对西北蒙地有高屋建瓴之势。拟请即于昌图府之辽源州添设道员一缺，辖洮南、昌图两府全属，名曰洮昌等处分巡兵备道。该道界连蒙旗，有兼辖属部之责，应比照江省新设道员成案，兼管蒙旗事务以资控制。又查奉省南边防务之重要，什百倍于曩昔。上年经臣划吉省南境，奏设长白府归奉管辖，于是奉省东南边防更形吃重。东西沿鸭绿江岸，处处与韩毗连。日人对岸经营，著著进步。彼则屯守相望，我则势孤援绝。由长白至安东东边道治，且千有余里，日人趋利甚捷，稍事迟回，赴机已迟。而南沿江岸除塔甸已设长白府治外，独临江最据要害。拟请划东边道东境于兴京厅之临江县，添设道员一缺。辖长白一府、海龙府全属、临江、辑安、通化三县，名曰临长海等处分巡兵备道。盖地处边瘠，必厚集其势，始可谋进步。兼辖海龙，为清盗计，亦兼为协边计。其与兴京厅如何分界，应俟设治时详审履勘，绘具图说，再行奏明办理。以上所请添设二道员缺，一以筹蒙，一以防边。实为奉省南北屏障，不可无专任大员以资坐镇。合无仰恳天恩，俯念东陲紧要，事机危迫，允准添设，期于大局有裨。至于设治以后，应如何明定廉费，酌设佐吏，添拨兵队，建置署所，统俟妥筹核定，届时续行具奏。此次添设道员，均系沿边要缺，与内地情形不同。并拟援照吉、黑两省新设道员成案，由督、抚臣慎选堪胜人员，奏请试署，以裨地方。总之，东事万难，欲图补救，外之以殖民实边为重，内之以吏治民生为急。整理内政，要在统一，职以专而成，权以分而败。故治内不在多官，经营边备，最忌空虚。唐置八道而漠南靖，明废九边而辽东失，故防外利用重镇。此臣自到任以来，所日夜审慎图维，以迄今日，终不敢以交卸在迩，规画稍疏，所应切实陈明于圣主之前者也。所有拟裁奉天巡警道，添设洮昌道、临长海道两员缺缘由，谨恭折具陈，伏乞皇上圣鉴训示，饬下会议政务处核议施行。谨奏。宣统元年二月二十四日具奏，闰二月初六日奉到朱批，会议政务处议奏，片一件并发。钦此。

纪劝业道

将军赵尔巽任内，于奉天省设立农工商务总局，提倡实业。凡农业试验场、工艺传习所、商品陈列所、渔业公司、官牧厂、造砖厂咸隶于局。三十三年，奏定东三省官制，奉天拟设劝业司。嗣准考察政治馆咨送续定官制，各省均应设劝业道。于是改司为道，前设之农工商务总局即行裁撤。自改道缺后，又增设种树公司、森林学堂、农事演说会、植物研究所、官纸局、硝皮厂等处。而劝业道之职愈重。道署分设四科，以一佥事为辅，每科分设一二三等科员、正副司书等官。其矿政调查局，则特设总办一员，而仍隶属于道。

附各司道附属局所一览表

交涉司附属类别	旗务司附属类别	民政司附属类别	提学司附属类别	度支司附属类别	劝业道附属类别
会丈局	旗务调查处	谘议局筹办处	各项学堂	各税捐局	矿政调查局
辽阳分局	八旗工厂	自治研究所	法政学堂	硝磺局	农业试验场
铁岭分局	锦州八旗工厂	工程局	方言肄习所	木税局	工艺传习所
凤凰厅分局		巡警总局		仓务局	造砖厂
新民分局		乡镇巡警局		各垦务局	官纸局
公主岭分局		卫生医院			森林学堂
		官吏禁烟查验所			种树公所
		高等巡警学堂			官牧场
		巡警教练所			商品陈列所农事演说会
		贫民习艺所			植物研究所
		同善堂			渔业总局
		济良所探访局			硝皮厂
考备	初奉天设巡警道缺，而以巡警各局、卫生医院附之。后经奏裁巡警道员缺，乃以之隶入民政司。盖巡警本民政之一部分，既有民政，自应裁撤，不必拘泥于普通官制也。表列之各局、所，皆有所统系，故事不繁而毕理，权限定而后责成专，亦略见臂指之效矣。至钦工局，专以备宫殿工程，非常设之局。调查局，乃倡率各属办理统计，而径达于馆。故均直接公署而无所附也。至法政学堂、方言肄习所本隶承宣厅，后乃以之改属提学司，从学部之议也。				

纪关于三省之局所

奉天与吉林、黑龙江向分三省，畛域既判，阂阻良多。百年以来，外侮乘而边事棘。先朝垂廑根本之计，以为非统筹全局兼营而并理之，不足以规久远，弭乱萌，于是改设行省，悉以三省政务责之总督。诚以三省关系既重，利害相均，固与内地兼辖之例异也。世昌秉节东来，于三省分理各事，既已殚诚擘画，而一二要政关于三省全局者，若仍分派人员各自为理，措置既属不易，尤恐有误事机。以蒙务论，蒙旗分隶，犬牙相错。以盐务论，滩产相联，无引可指。必贯合而统一之，始可言整理之策。至于度支困乏，非有官银号不能通三省之机关，款目纠纷，非有支应处不能立三省筹备之总汇。圜法凋敝，商民交困，亦非设三省铜圆总局，无以收币制划一之效。此为经营财政计，不能不亟为筹维者。又如陆军分布则有督练处以经画之，防营周巡则有营务处以控驭之，其他如粮饷局、军械局，亦查照陆军章程，次第设立。此又为修明戎政计，不能不亟为筹维者。裁撤驿站以后，递送三省公文，首在妥速，则又设文报局以经理之。电报局既归官办，而敷设路线，则电报局又为交通之纽。规画草创，粗具条理，冀前此畛域阂阻之弊，自兹扫除而廓清之。三省前途，庶有豸乎。

附三省各局所表

名称	驻所	分驻所	员缺	职掌
督练处	奉天	吉林黑龙江	总督为督办 巡抚为会办	整理三省军队统辖三处探防筹备事宜
巡防营务处	奉天	黑龙江	总办	掌理三省巡防军队调遣事宜
陆军粮饷局	奉天	长春	总办	掌理三省粮饷收发输运事宜
军械局	奉天	吉林黑龙江	总办	掌理三省军械兼管武库事宜
支应处	奉天	延吉厅	总办	统筹三省公用款项并边务用款事宜
蒙务局	奉天	吉林	督办	统理三省蒙务事宜
盐务局	奉天	吉林黑龙江	督办	掌理三省盐务并官途缉私等事宜
铜元局	奉天		总办	掌理铸造铜元分行三省并兼理电灯厂事宜
官银号	奉天	黑龙江哈尔滨	总办	掌理三省币政并汇划流通事宜
电报局	奉天	吉林黑龙江	总办	掌理三省电报并修添路线事宜
文报局	奉天	吉林黑龙江	总办	掌理三省文报输运事宜
考备	按：督练处总司三省军事，职任繁重，其附属于该处者名目甚多，均另有军队编辑。若盐务局、官银号、文报局、电报局，三省分局甚多，此表不及备述。若铜元局，吉江两省虽无分驻所，而职掌确系为三省财政之流通。蒙务局，虽未设分局于江省，然江省蒙务仍归该局办理也。			

司法官制篇

三权鼎立之说，倡于欧西。而司法之权又与行政、立法两权并立而不相统系。盖司法机关非与行政官截然分途，不足以谋独立。非由法部为之总挈，将无以振全纲。故提法司为一省司法上之行政机关，乃受直辖于法部。本省督、抚得暂而监督之者，盖以谋行政之便利也。自奉明诏改各省按察使为提法使，分设审判厅，由东三省先行试办。遂将原设之驿巡道兼按察使衔，查照奏案撤销。并将驿巡道所管通省刑名案卷，改归提法使接办。惟是司法关系极重，法律改良，此为缘起。奉省法庭初设，制定专官，外为列邦所注视，内为各省所取资。固宜参酌中外，组织完备，以期法权渐次完成，达于司法独立之目的。现经斟酌妥定提法司衙门及各级审判、检察官制、职掌并员司名缺，奏准试办。既未便与馆部各章相违，而于奉省情形，尤当揆度适宜，期无障碍。第此项官制仍属暂行试办，俟将来法部拟定职掌，奏准颁行，再当体察情形，酌量增损。兹先述奉省现行司法官制，以明职守焉。

纪提法司

提法司为全省之司法机关，管理一省司法上之用人行政，故不附设于公署，依司法独立之义也。前经奏定官制职掌权限，以提法使为一司之长官。其下建置属官，以资分理。设总务、刑事、民事、典狱四科，每科设佥事、一二三等各科员，并设正副司书等官。凡一省司法事务悉属之，而以审判、检察之事专属之各级审判、检察等官厅。各级官厅以次成立，统隶于提法司而受监督焉。其他为法权所及者，如模范监狱、习艺所、看守所暨法律讲习所等，皆秉承提法使之饬令，以分理其事业职务，而亦总汇归于提法司。由斯以观，奉省司法制度事属创办，虽未达于完备之目的，而规模宏远，已具大纲。其各司规则及各级审判、检察厅之制度并开办、推广各事，均另纪于司法篇，兹不备述。

附奏拟定提法司暨各级审判、检察厅官制职掌折

奏为酌拟奉省提法司衙门及各级审判厅、检察厅官制职掌并员司名缺，分缮清单，恭折仰祈圣鉴事。窃臣等前于具奏东三省公署官制折内陈明，提法司别为一署，应另拟官制以为独立之基础。等因在案。嗣据法部、大理院会奏京内外各级审判厅职掌各折片，奉旨依议，钦此钦遵。咨行到奉。臣等详绎原奏之意，大旨以审判分为四等，而皆设检察官以检察之，取外国单独合议制度，分庭而治，并详及于各级官厅之职掌品位员数。纲举目张，允为外省准则。又，查续定外省官制内，第言各省按察使改为提法使，该司官制，以原设之经历、司狱等官改设。臣等查此项官制，尚未据法部拟定颁行。奉省初设法官，本无内地习惯，若不先将该司职掌、员缺酌拟试办，则各级官厅将无成立之期。且司法关系极重，此次特设专官，期于独立。在各省为改良，在奉省为草创，尤宜参酌中外，折衷至当，以耸外邦之观听，而树内地之风声。臣等督饬署提法司吴钫悉心核议，于该司职守则隐规部制，而统系必使相联。于各厅职官则悉仿部章而变通，期于尽善。诚以提法司管理一省司法上之行政，而以审判之事专属之各级审判厅，以提法司监督之，以期达于独立之地位。惟旧制有应暂存者，如招解、勘转、上控等件，向来由县递详至院，虽层折太多，尚寓矜慎庶狱之意。现在司法机关未备，各级审判厅未能遍立，而东省官制拟将府、厅、州、县并为一级，尚未实行，故此制未能遽废。又秋审为各国法制所无，而实中国刑事中特别大典，应仍隶于刑事，以存其旧。其新制有应发起者，如监狱为司法行政大端，日本司法省且设专局，与民刑同。今拟另列一科，以待推广。又登记为民诉之根据，目前虽暂不举办，不可不存其名，应即隶于民事，以符名实。此组织提法司官制、职掌之大凡也。至审判厅为司法独立机关，规制尤宜详备。惟体察奉省情形，有尚须变通者。查原奏直省地方审判厅，于直隶厅、州及散厅、州、县各设一厅。推事长品级定为从五。其不言府治者，以内地府治皆有县令同城也。今奉省除奉天、锦州两府设县外，其余皆无附郭之县，其推事长品秩，即应依照各该地方官以四五六品为差斯品位相埒，无牵掣之患矣。原奏京师地方审判厅豫审推事，由厅丞于各厅推事中临时派充，不设专缺。盖因该厅推事额设二十四人，足敷分布。奉省地方审判厅推事至多不过十二人，若由此中分出豫审二员，则民刑均不敷二庭之数。今拟另设豫审推事，专办重罪豫审事件，斯责任专矣。原奏各直省高等审判厅推事品级定为正六，地方审判厅推事定为从六，固与京师审判

厅微示区别。惟中缺五品一阶，升转究有未便。今奉省各府地方审判厅，拟改为厅丞升为从四似宜。于高等审判厅推事及各府地方审判厅推事中，各设刑科长、民科长一员，品级升为从五。略仿日本民刑部长之制，斯各有统属矣。原奏于登记一条，尚未议及。惟登记为民事诉讼之根据，各国皆以属之初级审判厅，今亦拟仿照办理。至高等审判厅，如一省只设一处，则距省窎远者赴诉维艰，应否设立分厅，原奏亦未议及。今拟于省城先设一处，俟体察情形，再行酌量分设，以便就近审理上控诉讼。其余各级审判厅，应如何先后设立，统俟通省合筹，奏明办理。此组织各级审判厅官制、职掌之大凡也。至于检察厅，以保护公安为专职，介于行政权、审判权之间，以剂其平。今综其职掌，如调度司法警察、搜查犯罪、逮捕犯人、提起公诉、陈述证据、驳诘被告、执行处刑及不服审判宣告而上控者，民事如婚姻、嗣续、家产等案，皆检察官职权所及。今遵照部章，于各级审判厅内均附设检察厅，专司检事察宜，均应服从上级检察官之命令，其对于审判，有补助而无干涉。此组织各级检察厅官制、职掌之大凡也。维是司法部分，关系至重，法律改良，此为缘起，极其效力，可以平熄乱党，收回法权。奉省初立法庭，外为列邦所注目，内为各省所取资。故凡建造厅衙，断不可安于简陋，任用法吏，亦未便绳以常规。用人、用款，不拘成例，而后规模肇造，气象一新。法令所颁，中外受范。此尤臣等心力所专注，而不能不慎之于始者也。所有酌拟奉省提法司衙门及各级审判检察厅官制、职掌、员缺、品位各缘由，是否有当，谨恭折缮单具陈，伏乞皇太后、皇上圣鉴，敕下法部、大理院会议核覆施行。谨奏。光绪三十三年八月二十六日具奏，九月初八日奉到朱批，该衙门议奏，单三件并发。钦此。

附法部大理院会议复奏折

奏为遵旨会议具奏事。光绪三十三年九月初八日，内阁钞出东三省总督徐世昌等奏，酌拟奉省提法司衙门及各级审判检察厅官制员缺一折，奉朱批，该衙门议奏，单三件并发。钦此钦遵。钞出到部。查阅原奏内称，臣等前奏东三省公署官制折内陈明，提法司别为一署，应另拟官制以为独立之基础。嗣据法部、大理院会奏京内外各级审判厅职掌各折片，咨行到奉，臣等详绎原奏之意，大旨以审判分为四等，而皆设检察官以检察之。取外国单独合议制度，分庭而治。并详及各级官厅之职掌、品位、员数、纲举目张，允为外省准则。又查续定外省官制内，第言各省按察使改为提法使。该司官制，以原设之经历、司狱等官改设。奉省初设法官，本无内地习惯，若不先将该司职掌、员缺酌拟试办，则各级官厅将无成立之期。且司法关系极重，尤宜参酌中外，折衷至当。诚以提法司管理一省司法上之行政，而以审判之事专属之各级审判厅，以提法司监督之，期达于司法独立之地位。惟旧制有应暂存者，如招解、勘转、上控等件，向来由县递详至院，虽层折太多，尚寓矜慎庶狱之意，此制未能遽废。秋审为各国法制所无，实中国刑事中特别大典，应仍隶于刑事，以存其旧。其新制有应步趋者，如监狱为司法行政大端，日本司法省且设专局与民刑同。拟另列一科，以待推广。又登记为民诉之根据，目前虽暂不举办，不可不存其名，应即隶于民事，以符名实。至审判厅为司法独立机关，规制尤宜详备。惟体察奉省情形，有尚须变通者。查原奏直省地方审判厅，于直隶厅、州及散厅、州、县各设一厅，推事长品级定为从五。其不言府治者，以内地府治皆有县令同城，今奉省除奉天、锦州两府设县外，其余皆无附郭之县，其推事长品秩，即应依照各该地方官以四五六品为差。京师地方审判厅预审推事，由厅丞于各厅推事中临时派充，不设专缺。盖因该厅推事额设二十四人，足敷分布。奉省地方审判厅推事至多不过十二人，若由此中分出预审二员，则民刑均不敷二处之数。今拟另设预审推事，专办重罪预审事件。各直省高等审判厅推事品级定为正六，地方审判厅推事定为从六，固与京师审判厅微示区别。惟中缺五品一阶升转究有未便。今奉省各府地方审判厅，拟改为厅丞升为从四似宜。于高等审判厅推事及各府地方审判厅推事中，各设刑科长、民科长一员，品级升为从五，略仿日本民刑部长之制。登记为民事诉讼之根据，各国皆以属之初级审判厅，今亦拟仿照办理。至高等审判厅，如一省只设一处，则距省窎远者赴诉维艰。应否设立分厅，原奏亦未议及。拟于省城先设一处，俟体察情形，再行酌量分设，以便就近审理上控诉讼。至于检察厅，以保护公安为专职，介于行政权、审判权之间。如调度司法警察、搜查犯罪、逮捕犯人、提起公诉、陈述证据、驳诘被告、执行处刑及不服审判宣告而上控者，民事如婚姻、嗣续、家产等案，皆检查官职权所及。今遵于各挈级审判厅内均附设检察厅，专司检察事宜，均应服从上级检察官之命令。惟是司法部分关系至重，法律改良，此为缘起。故凡建造厅衙不可安于简陋，任用法吏未便绳以常规。用款、用人，不拘成例。而后规模肇造，气象一新。法令所颁，中外受范，尤不能不慎之于始。等因具奏前来。正在核议间，据宪政编查馆王大臣咨称，各省提法司应设属员，以原设按察司所属等官，由法部拟定职掌，酌量改设，奏明交馆详核等语。除将该司官制清单，应由臣等遵照王大臣原咨提出妥议，再行奏请交核外，臣等窃维设官分职，大小必使相维，内外尤宜衔接。是以本年六月间，臣部会奏各级审判厅职掌事宜折内声明，管辖之区域，建立之处所，判官之选用，事务之分配，皆臣部应办事宜，而责无旁贷。并列京外职官各表，以为外省准则。等因奏准通行，遵照在案。盖司法机关非与行政官截然分离不足以谋独立，亦非由臣部为之提絜，不足以综全纲。兹据该督等奏称，提法司管理一省司法上之行政事务，而以审判专属之各级审判厅，以提法司监督之，期达于司法独立之地位，核与臣等前奏用意相同。而其中如以秋审隶于刑事，监狱另分一科，登记隶于民事，责令初级审判厅试办，并检察官专司检察事宜，在各厅附设，均系因时制宜，保固法权之意。惟所称内地府治，皆有县令同城，奉省除奉、锦两府设县外，余皆无附郭之县，其推事长即应照各该地方官以四五六品为差等语。查各直省原设之府、厅、州、县，系就行政而言，臣等奏设之地方厅制，系就司法而言。惟性质既有不同，即品位不相统属。如谓原拟地方审判厅职官单内，仅冠以某厅、州、县字样，而府治无文。不知府有附县，固应隶于县中，府无附县，即仍与厅州一体。厅、州、县均不过为画区域、省调查起见，并无崇卑高下之分。则府治之无县令同城者，不妨亦以府名。可想原奏乃欲以各府审判厅改为厅丞，升为从四。无论意为增置，未能与京师一气相衔，且与京外各高等厅势位相侔，亦属漫无区别。况臣部前奏京师地方审判厅官制折内，本有外省不得援以为例之文，似厅丞体制较崇，固未便以府无附县，遽可滥设也。至预审推事另设专缺，自系明定责成。但预审系专理疑难及情罪重大之狱，此项案件无多，预审终结后，即无所事事，似不如仍由各推事中临时派充，较省冗滥。即谓该厅员缺只有此数，分派无人，或于各庭中酌派候补二三员，略仿日本预备判事之法，亦足以资周转。原奏又称，高等审判厅推事定为正六，地方定为从六，中缺五品一阶，升转究有未便等语。查臣部原定直省地方职官表内，推事长系属从五，则此职即为各该推事升转之阶，以每厅、州、县各设一员计之，为数当不少，即选擢谅亦无难。若如所奏高等及各府地方推事中，添设刑、民科长一员，品级升为从五，非为职司层迭，转有壅滞之虞。且司法甫谋分立，亦难得如许合格人才，足供驱策。与其多立名目，未免涉于虚糜，何如限以阶资，俾得乐于见用。此固臣等筹之已熟者也。总之，该省初设法官，比较内地情形本易着手，虽规模不可过陋，而统系要使相联。倘不于此时组织完全，仍复自为风气，恐外无以齐列邦之观听，即内无以树各省之先声。揆之整齐划一之道，殊未妥协。臣等公同商酌，所有部定审判厅官制，前奏本极详明，应令该省查照办理，毋庸另议更张。该督等又称，高等审判厅如一省只设一处，则距省窎远者赴诉维艰，拟再行酌量分设等语。查修律大臣拟定法院编制法草案，业经奏交宪政编查馆核议，并另缮全册，咨部备案。内有地方辽阔或其他不便等情，法部应于高等审判厅管辖之地方审判厅内设高等分厅一条。是该草案内早已筹议及此，应俟奏准颁行后，由该督等体察情形，再行咨商臣部，妥为设立，以资周备。抑臣等更有请者，臣部有管理全国司法上行政之责，而提法司为一省司法行政机关，不啻为臣部之分司，即应以臣部为总汇。现当新旧递更之会，虽不得不受节制于督，抚，以谋行政之便利，然非直隶臣部，不足收法权统一之效。即将来法官请简、请补各事宜，亦应由开办审判厅各省，随时开单咨达臣部，以便奏明请旨，依法升降。此又臣部应尽之职务，不得不覼缕上陈者也。再此折系法部主稿，会同大理院办理，合并声明，所有臣部遵议缘由，谨恭折具奏请旨。光绪三十三年十二月二十一日具奏，奉旨，依议。钦此。

纪审判厅

中国刑事向由地方官裁判，惟因职务太繁，往往听断失当，百弊丛滋。今既改章，各省皆设立审判厅。其官制业由法部奏准咨行，自应遵照办理。奉省自奉旨设立审判厅后，切实通筹，次第兴办。先于省城设高等审判，以下各级审判亦即分别推设，以承、兴两首邑为倡，期普及于全省。嗣因兴仁县改设抚顺，又将奉天原拟之地方、初级各审判厅，分别归并为承德地方初级审判、抚顺地方初级审判。并于各审判厅内附设检察厅，以为审判上之补助。诉讼别夫民刑，审理分其阶级，凡以谋斯民之幸福，辅国步之文明，果能实力奉行，归于完备，则方新之庶政，由兹而握其纲维，已失之法权，由兹而挽其阙失，裨补前途，岂浅鲜哉。

纪检察厅

检察厅以保护公安为其专职，介于行政权、审判权之间，以剂其平。其制始于法国，厥后欧亚各国渐次仿行。法国检察官之职甚重，有督察审判官及监视执法之权。德、意等国范围较狭，日本参酌德、法各国制度，互有异同。今奉省首先创设，以树各省之先声。特于省城立高等检察厅，以检察长为主任，总理各该审判厅事务以及司法、警察等事。设检察官二员，为之助理，立于地方、初级各级审判厅内，附设检察厅，置检察官二员或一员，以事之繁简为定。高等检察、地方检察并各置录事一员，酌设书记生数名，办理文牍。综其职掌，检察官对于刑事、民事之裁判，得于审判时陈述意见，有补助而无干涉，以检察事宜为其专司。各检察官应服从上级检察官之命令。至初级检察，则仅置检察官一员，专办初级审判厅检察事务。此现行检察制度之大略也。

附奏设立审判、检察厅折

奏为筹设奉省各级审判、检察厅，以固法权而资治理，恭折仰祈圣鉴事。光绪三十三年五月二十七日，奉上谕，各省按察使改为提法使，分设审判厅，着由东三省先行试办。等因钦此。仰见我皇太后、皇上勤求治理，矜慎庶狱之至意。臣等遵即督饬署提法使吴钫体察奉省情形，切实通筹，次第规定。于本年八月二十六日将酌拟提法司衙门及各级审判厅官制、职掌分缮清单具奏。钦奉谕旨，交法部、大理院议奏在案。伏念中国刑事向由地方官裁判，惟职务甚繁，往往听断不慎，百弊丛滋。今改章伊始，独设法庭，自应组织机关，以期推广。况奉省为陪都重地，尤当从速创办，树厥风声。臣等谨按照法部奏准直省各级审判厅官制，并奏定京师高等以下各级审判厅试办章程，先行试办。惟奉省地方辽阔，举行伊始，普及维艰。拟先于奉天省城设立高等审判厅一厅，于奉天府设立地方审判厅一厅，于承德、兴仁两县地方，按巡警区域分设初级审判厅六厅，各厅均附设检察厅。俟办有成效，再行逐渐推广。应用厅署，自应从新建筑，以合制度。但当此百度维新、需款浩大，又值隆冬不便兴作，拟暂借宗人府[1]两翼公所，改设高等审判厅，就奉天发审局，改设地方审判厅。其初级六厅，均暂附设于城乡各巡警局。进款稍裕，即行另建。至于各厅管辖权限，高等掌审理全省上诉案件，惟各属尚未遍设审判厅，人民上控者向无已结、未结之限制，若不划分界限，则阶级错乱，临事必至分歧。今拟已设审判厅之处，自应照章定级。未设审判厅之处，则凡上控各案，已经该地方官讯结及应提审者，概归高等审理。未经讯结及不应提审者，由提法司分别批令该地方官秉公讯断。奉天府所属共十二州县，距离过远，管辖难周。今拟地方审判厅只审理承德、兴仁两首县地面民刑诉讼之不属初级者。一以为将来府不辖县之规划，一以为人民赴诉之便利。初级六厅，各按本区域内受理该厅应管之事。自各厅成立之日起，凡属承、兴两县管辖之处，除行营发审系属特别裁判暂仍其旧外，其余民事、刑事案件，悉归审判厅管理。奉天府承德、兴仁两县即不收受诉讼。其未结旧案在两县呈诉者，归地方分期接收。在奉天府上控系两县

---

〔1〕　宗人府，官署名，是中国明清时期管理皇室宗族事务的机构。

界内者，亦归地方接收。其不属两县者概归高等接收。遇有招解、勘转等件，系审判厅之案，即由各该厅径行解司、解院，不必由上级审判厅转解。系各州县之案，仍照旧例办理。盖造端不慎则难期次第推行，管辖不明则必致事权凌乱。以上分配厅位，改设衙署，明定区域，划清权限各办法，经该署司逐条妥拟呈明，臣等复饬承宣、谘议两厅悉心核议，始克就绪。惟是司法机关，处处与人民直接，非得廉明精练之员，不足以资倚畀。故任用法官，较之他项人员倍宜审慎。臣等先于奏咨调奉各员内，遴派四品衔记名繁缺知府、民政部外城巡警总厅行政处佥事许世英试署高等审判厅厅丞，丁忧民政部外城巡警总厅司法处佥事汪守珍试署高等检察厅检察长，大理院详谳处分核、丁忧法部候补主事萧文华试署地方审判厅推事长，民政部外城巡警总厅六品警官廖世经试署地方检察厅检察长。其许世英、廖世经二员，应请暂留原缺、原俸，以示体恤。并饬该署司，随时督同各该员等妥慎办理。此外有熟谙新旧法律及于审判事理确有经验者，不分京外实缺及候补、候选或系奏咨调用，或系留奉当差人员，均经切实考查，详细甄择，由该署司呈明，臣等札委分派各厅，以备任使。至初级各厅检察官，即分委各巡警局之巡警官暂行兼办。一可以节省经费，一可以实资补助。部署既定，遂于十二月初一日一律开办。兹据该署司转呈前来，臣等伏查奉省地旷人稀，易滋奸宄，命盗重案，层见迭出。又风气不开，民情顽塞，间有不肖官吏，利用其骫法行私之伎俩，恣为奸贪，久则习如故常，毫无顾忌。案牍之积压，胥吏之骚扰，更无论矣。此吏治因循，民生困苦所由，早在圣明洞鉴。兹值司法独立实行之始，种种积弊，自应扫除廓清。虽成效未易骤期，而精神已为一振。况奉省交通利便，将来法律改良，可以巩固宪政，新设各厅，当为嚆矢。开办以后，如该员等果能勤慎尽职，再行开列衔名，请旨简授。并分别奏请补署，咨明吏部、法部立案，以昭慎重。其有未尽事宜，仍由臣等督饬该署司率同该员等随时斟酌，以期妥善。所有筹设奉省各级审判、检察厅缘由，是否有当，理合恭折具陈，伏乞皇太后、皇上圣鉴训示。谨奏。光绪三十三年十二月二十五日奉朱批，着照所请，该部知道。钦此。

附奏设抚顺审判、检察厅暨开办情形折

奏为筹设抚顺地方审判、检察厅，谨将开办情形，恭折具陈，仰祈圣鉴事。窃臣等上年具奏奉天省开办高等审判、检察厅及设奉天府地方、初级各厅，接收承德、兴仁两首县民刑诉讼，为奉天各州、县试办之先声，即为行政、司法区分之创始。嗣以兴

仁移驻抚顺，改兴仁县为抚顺县，并将兴京厅迤西窎远之地划归管辖，特设民官。行政既具规模，司法亦宜布置。第抚顺商旅增益，且去该县八里之千金寨地方，煤矿利源，日见增扩。若将民、刑案件，仍隶于原设之奉天府地方审判厅审理，微特管辖难周，人民失便，即按之慎重法权，讲求交涉之道，亦觉非宜。迭饬提法司使吴钫，详细通筹，督同高等审判厅厅丞许世英、高等检察厅检察长汪守珍，调查集议。据该司复称，查抚顺县所辖地方辽阔，而户口之繁多，商旅之发达，道途之便利，形势之适宜，以千金寨为最。抚顺应设之地方审判、检察厅，宜在该处建立。惟时值沍寒，不能兴作，而一切词讼，又急待受理，拟在距抚顺十二里之塔峪地方租赁民房，先行开办抚顺地方审判厅，检察厅附之。该处原设有奉天府第二初级审判厅、检察厅，现既划归抚顺界内，即作为抚顺第一初级审判、检察厅，暂设一厅。如将来实系事繁，再行酌量加增。所有各厅员缺，拟由高等及奉天地方两厅内拨员派署，以资熟手，而节经费。原补之奉天府第二初级审判厅推事方瑛，应改补抚顺第一初级审判厅推事，俾副名实。各等情先后呈请前来，臣复加查核，尚属周妥，当经批准照办。并派高等审判厅庭长、法部主事陈继元署理抚顺地方审判厅推事长，奉天府地方检察厅检察官萧晋荣试署抚顺地方检察厅检察长。其余各员，均由该司于高等、地方两厅人员内分别拨委，于十二月初一日开办。臣自当督饬该司随时考察该员等，如果始终勤奋，克尽厥职，再由臣开单出考，咨行法部，分别奏咨补授，以昭慎重。除咨法部备案外，所有筹设抚顺地方审判、检察厅开办缘由，理合恭折具陈，伏乞皇上圣鉴训示。谨奏。宣统元年正月初六日奉批，法部知道，钦此。

附奏归并奉天府各级审判并改拟厅名员缺折

奏为归并奉天府各级审判厅并改拟厅名、员缺，谨将办理情形恭折具陈，仰祈圣鉴事。窃奉天开办各级审判厅暨分别拟补各厅员缺，历经具奏有案。伏查创办伊始，因省垣附郭原设承德、兴仁两首县，未便划分，故设奉天府地方审判一厅、初级六厅，附设检察厅，按两首县辖境，分别受理应管之诉讼。自各厅成立，试办年余，成绩尚有可稽，商民靡不称便，正宜逐渐推广，以冀恢张法权。近以兴仁县移驻抚顺，改为抚顺县，从前归兴仁县所辖区域内一切诉讼，自应改归抚顺管理。已拟于抚顺分设审判、检察各厅。其初设之奉天府第二初级审判厅在抚顺辖境以内，亦即划归管理。而奉天府之第一第三第四第五第六各厅，均属承德区域，该县为省城首邑，地广事繁，就令五厅分治，本不复赘。特以百度维新，需款浩大，且各冲要商埠审判厅均未成立，尚待扩充，自非将初级各厅酌量裁并，不足以节经费而规久远。当饬提法司吴钫妥慎筹划，督同高等审判厅厅丞许世英。署高等检察厅检察长汪守珍，详细调查，总以民不失便，官亦节款为要。兹据该司复称，除第一初级审判厅专收审省城之该管案件，无庸归并，仍改名为承德第一初级审判厅外，其余四厅所辖屯堡之多且密，以第四为最，第三次之，第六第五又次之。案件之繁且难，则第四第六相等，第三次之，第五又次之。度形势之异，宜按户口之多寡，应将第三、第六并为一厅，改名承德第二初级审判厅。第四、第五并为一厅，改名承德第三初级审判厅，各检察厅附之。至省城原设之奉天府地方审判、检察厅，亦应改名承德地方审判、检察厅。不用府、州、县字样，一为将来推广时两县合设一厅之计划，一为与行政部分有所区别。唯是厅名既以变更，斯官称亦应改易。所有原署奉天府地方审判厅推事长萧文华、原补推事孙长青、袁晟、倪泰、汪超，典簿罗鸿宾、主簿许维瑜、沈启贤及原补奉天府地方检察厅检察长廖世经、检察官萧晋荣各缺，均应改为承德地方审判、检察厅各缺。原补奉天府第一初级审判、检察厅推事杜锡麟、检察官李仙根，应改为承德第一初级审判、检察厅推事、检察官。其原补奉天府第六初级审判厅推事颜文海，应改为承德第二初级审判厅推事。原补奉天府第四初级审判厅推事姜可钦，应改为承德第三初级审判厅推事。以期名实相符。至各初级检察厅检察官，向系委巡警局各巡官暂行兼办，原以发端之际，各厅附设于乡镇巡警局，不得不为一时权宜之计。现在既图归并，规定务在周详，允宜权限划清，以谋完全之独立。应请遴派妥员，专司检察事务。等情前来。臣复加考核，规画既宜，名实亦副，应如所拟办理。除将抚顺地方初级各厅开办情形，另行具折奏报，并将并厅改名办法咨行法部备案外，所有归并奉天府各初级审判、检察厅，并请改厅名员缺各缘由，理合恭折具陈，伏乞皇上圣鉴。谨奏，光绪三十四年十二月十八日具奏，宣统元年正月初六日奉批，法部知道。钦此。

附奏设营口、新民各级审判、检察厅折

奏为设立营口、新民各级审判厅并检察厅恭折具陈，仰祈圣鉴事。窃查光绪三十三年五月二十七日，奉上谕，各省按察使改为提法使，分设审判厅，着由东三省先行试办。等因，钦此。臣遵于是年十二月筹设省城各级审判厅，三十四年十二月筹设

抚顺各级审判厅，均附设检察厅，历经奏明在案。计自开庭以来，结案至七千余起之多，商民称便，自应及时推广，俾行政、司法逐渐分权。伏查预备立宪年限，本年筹办各级审判，省城而外先及商埠。奉省通商各埠，以营口为最繁，该埠西临渤海，东据辽河，北接南满铁道，西北连京奉铁道，舟车四达，中外商民云集，诉讼烦难。新民一府虽开放较迟，而地方寥廓，户口殷繁，讼狱之多，不亚省治。法庭之设，均属刻不容缓。当经饬令提法司使吴钫督同高等审判厅厅丞许世英、署高等检察厅检察长汪守珍，迅速筹办。并分饬奉锦山海关道周长龄、新民府知府管凤和，分别就地筹款，以充各厅之经费，不足则由公家设法补助。兹据该司使呈称，拟于营口设地方审判一厅、初级审判一厅。新民设地方审判一厅、初级审判一厅，均附设检察厅。按照奏定章程，分级管理该厅府所辖境内民、刑诉讼。其分配法官，支给薪公，均照省垣酌量减少。暂行租赁民房，略加修葺，法庭则务求整齐，群室则仅取敷用。业已组织就绪，请即派员，定期开庭。所有以前积案，查照奉天府审判成立时办法，暂由该厅府自行清理，分期由审判厅提收，以免拥滞。仍以三个月收尽为限。等情呈请具奏前来。臣复核无异，当即札委署抚顺地方审判厅推事、法部主事张志嘉署理营口地方审判厅推事长，委调署抚顺地方检察厅检察长萧晋荣署理营口地方检察厅检察长，委高等审判厅推事陶祖尧署理新民地方审判厅推事长，委署高等检察厅检察官赵毓衡署理新民地方检察厅检察长。其余推事以下各员，均由提法司于省城各厅当差及练习员内，分别拣派前往任事，以资熟手。定于三月十五、二十等日，营口、新民两埠地方、初级各厅一律开庭受理一切诉讼。其署理各员，由该司使随时考核，果能胜任，再行呈请，咨明法部，分别奏咨补授。至初级暂止一厅，诚恐地旷事繁或形不便，应俟将来察看情形，再行酌增。窃维司法分立，内以保人民权利，立宪政之始基，外以弭各国讥评，跻法权于统一。不务求其名，而贵程其效，不仅肃其形式，而必作其精神。臣惟有督饬该司使慎选贤能，勤加考察，已立者力求进步，不以一得自矜，未立者亟图扩充，期以推行尽利。务使法权巩固，积弊廓清，以仰副我皇上注重宪政之至意。除咨法部查照外，所有设立营口、新民各级审判厅，并附设检察厅缘由，理合恭折具陈。伏乞皇上圣鉴训示。谨奏。宣统元年三月初八日具奏，三月二十日奉朱批，法部知道。钦此。

变置地方官制篇

奉省地域既广，民官较稀，比以庶政日繁，难资统驭。各府、厅、州、县，亦既稍稍添设矣，然而边荒各处，未经设治者所在多有。即既经设治之处，而旗署、民官各怀意见，欲图厘饬，牵掣良多。今既钦奉明诏，改设行省，自非多设民官，不足以一事权而资整理。况自旗务司设立以来，一切要务，悉统于司，各属旗民事件，均可直接公署。其副都统、总管各官，若不分别酌裁，则权限既多牵混，弊必窦至丛生。且既无主管职务，徒多往还文牍之烦。揆诸朝廷设官分职之意亦无取焉。于是有裁撤锦州副都统、海龙府总管之奏。见旗务编辑内又如沿边各处，地势险要，户口寥寥，强邻迫处，日图拓殖。苟不设官以治，则地方无由于发达，即闾阎无望于蕃滋，而于疆土上尤有关系。盖以奉省情形而论，必有官而后有民，固与内地情形异也。揆时度势，布置宜先。于是有长白府、醴泉县、分防长兴州判之设。而且地方状况，日以歧殊，以职务论有昔简而今繁者，以关系论有昔轻而今重者。故各省大吏，随时变通地方官制，靡不上邀俞允。而在职务较繁，关系较重之处，尤必设置大员统筹布置，乃可以便于策应。于是有移兴仁驻抚顺，升兴京为府治，改营口分辉南为直隶厅治之举。以及划清东边、山海关两道之权限，添设洮昌、临长海之道缺，凡此皆因时地而制宜，期权衡于至当也。兹将变置各事，分别胪列于后。

附奏增改厅县分划疆界折

奏为增改厅县，分划疆界，汇案恭折具陈，仰祈圣鉴事。窃惟奉省州县，自庚子以后，增析已多。然仍有边郡广袤，夙为逋薮，蒙荒新垦，亟望民官。或海岛孤悬，未定地方之管辖，或商埠重要，犹无行政之机关，以及井地不均，经界未正，均应裒多益寡，以垂久远之经。臣莅东两年，悉心规画，谨将奉省增治、改治并一切划界事宜，敬为我皇上缕陈之。一曰海龙府析设厅治。海龙东南与吉省濛江毗接，森林丛密，从前本系鲜围，间有山田。当光绪四年，全行放垦。乃庚子变乱，民居焚掠殆尽。嗣厅升为府，西北设西丰、西安、东平等县，独东南一带犹多伏莽，逃户畏沮不归。臣拟于距府一百里之大肚川设一直隶厅，以资招抚。查海龙共三十六社，析其东南八社，而以窝集河、一统河为府厅之界。该厅全境在辉发江之南，拟名曰辉南直隶厅，即拟遴员试办。此辉南厅设治之实在情形也。一曰洮南府添设县治。洮南东北，本科尔沁右翼图什业图王蒙旗，光绪三十二年始行丈放。圈放之地，纵四百二十里，横四百十里，曾于南北规定两城基，北曰醴泉，南曰开化。南段地瘠，犹多未放，北段地沃，垦户渐稠。醴泉镇在府东北一百八十里，蒙疆僻远，夺劫时闻，商民亟望设官，以资卫护。臣拟先于该镇设一县治，即名曰醴泉县。仍隶洮南府统属，业已派员试办。此醴泉县设治之实在情形也。一曰营口改为直隶厅。奉省商埠，以营口为最，轮轨四通。该埠分属海城、盖平。自开口岸以来，只有海防同知，藉资弹压。近年各国领事麇集，交涉益繁，亟应设立审判厅，以为收回法权地步。惟该埠虽驻有海关一道，而与民未亲，又分隶海城、盖平两县，而距营皆远。臣拟改海防厅为直隶厅，不但新政便于设施，且法官亦无虞孤立。司法、行政相辅而行，裨益地方，良非浅鲜。惟该厅向无辖地，拟析海、盖附近营口之地，划归厅治。海界自大石桥迤西北以达于盘山厅之大洼车站，盖界亦自大石桥迤西南以达于淤泥河海口。海城全境共计十九乡，归厅治者三乡。盖平全境共计十七乡，归厅治者一乡。该厅重在商埠，辖地无取乎太多。此营口厅改治之实在情形也。一曰鹿岛，收隶庄河厅。查鹿岛在凤、庄以南，孤悬海中，周围可三十里，土著约九十余户，多仰渔业为生。前明崇祯初年即有居民，曾属金州管辖，嗣后声教莫及，海盗蹂躏，靡所依归。旧年虽绘入凤属地图，从未编查户口。近闻常有外人来往，注意经营。倘不收隶版图，深恐竟同化外。臣檄东边道就近查勘，据称该岛人民，均由大孤山积年转徙。大孤山者，庄河厅所辖之巡检分司也。该岛距凤治二百里，距庄治一百四十里，而距大孤山仅二十五里。拟即收归庄辖，并饬该厅加意保护，以杜外人觊觎之心。此鹿岛收隶庄河之实在情形也。此外，专为划界者则又有四。一、先办设治，而后清省界。长白增设府治，臣前已奏明在案。该府为边防最要之地，绵蕞经营，西接临江，割治长生、庆生二堡，东南地滨鸭绿，天然水道，界线皆易分明。惟北跨龙冈，与吉林、桦甸、濛江接壤，该地人烟稀少，林莽丛深，界限自来未清，此时不厘正疆封，以后管理地方转恐互相推诿。臣前后据试办各员禀报，复与吉林抚臣往返咨商，拟由红旗河经荒沟掌、白河上下、两江口，历循汤河、宝马川、抵三岔子之正岔，定为奉吉两省之界。南可树长白之后盾，北无碍濛、桦之幅员。此长白府与吉林划界之实在情形也。一、已经移治而更定县界。臣前奏准兴仁移驻抚顺，并改县名，旋因距抚顺八里之千金寨向有日人开采煤矿，事多交涉，不能不设立审判厅，复移县驻千金寨。地与抚顺附近，似可无庸易名。惟抚顺路记、防御各官已裁，其旧管之正红、镶蓝各一旗，镶红半旗，地属兴京者，现距抚顺较近，拟划归抚顺，即以旗界为界。其承德县东，从前析属兴仁者，现距抚顺较远，以附省数屯，仍划归承德。拟北自碾盘沟经白台子，南至杨木林子，定为承、抚两县新界。此抚、兴、承划界之实在情形也。一、地势不足，划西界以补东界。临江县者，滨鸭绿江之要区。该县以东长生、庆生二堡既割属长白，左臂不足以展舒，且全境皆山，以之筹备边防，深虞棘手。臣拟析通化以东德生一堡划归临江，即以堡界为界。该堡民稠地沃，堪补临境之偏枯。此临、通划界之实在情形也。一、地势不均，划东界以补西界。锦西厅者，本析锦县西境而设。地与热河之朝阳接壤，盗匪来去无常，故设治之初，注重边防。地亩之多寡肥硗，未遑计及。查锦县升科之地几二百万亩，而锦西厅升科之地才三十余万亩，厅境大半硗确。近来创办新政，竭蹶异常。臣拟割锦县西偏地方，纵约六十里，横约十五里，划归锦西。北自女儿河，中循铁路，南顺七里河以至海口，定为厅县新界。所割地段于锦县无大妨损，而裨益于锦西之处甚多。此锦西厅锦县划界之实在情形也。以上数端，经臣督饬民政司张元奇，或便道考查，或派员勘划，臣复加核夺，莫不酌夫民情、地势之宜，堪以正经界而垂久远。所有奉省增治、改治并划界各缘由，除绘图咨部外，理合汇案具奏，伏乞皇上圣鉴，饬部立案施行。谨奏。宣统元年三月十七日具奏奉朱批，该部知道。钦此。

纪长白府设治

长白山左右，为松花、鸭绿、图们三江环注之地。实汉不耐诸县，勿吉之白山部，渤海之显德、鸭绿诸府[1]，金上京[2]，元南京万户府地[3]。艮维形势，自昔称雄。南可控扼朝鲜，北足屏障吉省。我朝发祥于此，旧以参山封禁，耕牧咸废。道光之季，法令浸弛，流民逋盗，倚为窟穴。近年边防重要，日得韩后，锐意经营。今府治对岸之惠山镇，地辟民聚，成都成邑。而我自十二道沟以上，一无布置。明辽东巡抚李辅上奏，谓凤凰城荒废，而对岸之爰州繁庶，深咎边帅不经营之失。今之长白、惠山，正与明事

〔1〕 鸭绿诸府，即渤海国中京显德府（今吉林省和龙西古城）、西京鸭绿府（位于今吉林省临江市）。

〔2〕 金上京，金国早期都城，位于今黑龙江省哈尔滨市阿城区。

〔3〕 南京万户府地，元代行政区划。太宗七年（1235年）置。治所在今延吉市东城子山山城，隶属于开元路。

相同。西北之松花上游，则土豪游匪相为首尾，几同化外。东北之图们上游，壤畔相错，动生窥伺，不急拊治，将蹈延吉之辙。且乾隆以来，舆图止及十二道沟，新会典舆图止及二十二三道沟。是非特官治略之，即私家著述亦疏于研考。惟建郡邑，乃可图存。十八九道沟之间有唐塔，唐灭高丽，用兵于此，又对惠山，揆时度势，全境要害，舍此莫先。因奏设府治，割临江八道沟以下属焉。爰檄员吏，履勘山川，致礼长白，方议割吉林之红旗河迤西，合图们江地设安图县。割吉林濛江、桦甸南境，合松花上游设抚松县。所以培根本，谋生聚，拓地利，固边卫者盖将在焉。渤海建上京而王东海，明代荒建州而覆辽左，得失之故，可以推矣。

附奏请添设长白府员缺折

奏为奉省东北边境辽阔，交涉日繁，拟请添设府治，以固边防，恭折仰祈圣鉴事。窃查奉省临江县，上负长白山，下界辑安，北达吉林，广袤八九百里。幅员辽阔，治理难周，故设治虽已数年，内力多未完实。其毗连吉、安各处，向为胡匪出没之区。冈峦亘延，界址错杂，捕务尤易推诿。且该县与朝鲜只隔鸭绿一水，自日俄战争以后，韩民侨居日众，时生事端。木植、江防，动滋交涉。近来隔岸韩境日人，设厂置屯，日臻严密。该县辖境既多辽远，权望亦轻，内外交乘，治理必愈形竭蹶，亟应添设府治，以资控驭。伏查长白山为圣武发祥之地，尤应谋完全永固之基。事机已属后时，筹办岂容再缓。自上年冬间，迭经派员履勘，拟画临江县以东长生、庆生二堡之地，及吉林长白山北麓龙冈之后添设府治，名曰长白，驻于十八九沟间之塔甸。现已派员前往调查，开通道路，建筑房舍，筹办一切，略有端倪。应请查照上年原奏及吉林新设蜜山府奏案。不领属县，将来地辟民聚，应否再添县治，俟查看情形，随时筹办。设治以后，应如何勘定界址，酌设佐官，明定廉费，建筑衙署监狱，添拨防兵，续为筹议，再行奏咨立案。至该府系边疆重要，情形与内地不同，非谙练边情、勤奋耐苦之员，断难胜任。如蒙俞允，拟请由臣先派设治委员前往筹办，如能胜任，再行奏请补署，以裨地方。所有奉省东北边境辽阔，拟请添设府治缘由，理合缮折具陈，伏乞皇太后、皇上圣鉴训示，饬下会议政务处核议施行。谨奏。光绪三十四年八月初十日具奏，本月二十三日奉朱批，会议政务处议奏。钦此。

纪长兴岛添设州判

长兴岛者，为复州属地，孤悬海上，向未设官。该岛东西七十里，南北四十里，非设官镇抚，不能杜外人之觊觎。光绪三十四年，奏请特设州判一缺，驻扎该岛。并将附近花椒岛所属之兴仁社划归管辖，仍隶属复州，藉资策应。

纪兴仁移驻抚顺

省城奉天府首县，本有承德、兴仁两属，同城设治，殊近复赘。而抚顺距奉省九十里，日人敷设铁道，交涉渐繁。相距较近之千金寨并有煤矿，彼处向无民官，但设有路记暨防御等旗官，殊不足以资约束。光绪三十四年奏准将兴仁县移治抚顺，名为抚顺县，其向设之旗官即行裁并。自移驻后，推广地方、初级审判厅。该县典史一缺，无管狱之责，亦已奏裁，以省繁费。现因千金寨事务日烦，又拟将抚顺县移驻千金寨，尚未实行。

附奏设长兴州判并酌移州县治折

奏为拟请添设州判要缺，并酌移州县治所，以重交涉而裨地方，恭折仰祈圣鉴事。窃查奉天复州地方，西南两面距海，海中各岛已为外人侵掠殆尽，惟距该州一百四十里之长兴岛巍然独存。该岛四面临海，东西约七十里，南北约四十里，住户逾二千，男女丁口逾一万五千。虽地力稍薄，物产不丰，而盐产、森林、渔业尚可自给。地方官向不过问，视同瓯脱，何以保存。且从前远近各岛，多系岛民与乡约勾串，贪得多金，遂令外人乘隙占据。今该岛孤悬海外，亟应设官镇抚，冀免觊觎。拟请添设州判一员，即在该岛设治，并将附近花椒岛所属兴仁一社之地划归管辖，以一事权，名曰长兴州判。即由臣等慎选堪胜人员，前往办理。至复州城治，僻在西隅，控制诸多不便，查瓦房店地方近临车站，商贾骈至，交涉日繁，实为复州全境之中权。拟请将该州移驻瓦房店，俾资策应，而免贻误。应行建筑衙署及移治各费用，即由臣等督饬核实勘估，撙节动用，并准作正开销。又距奉省九十里之抚顺地方，日人敷设轻便铁道，商旅增益，千金寨煤矿利源日扩，日人旅行僦居，实繁有徒。该处既无民官，愚民无知，时滋事端，亟应移治镇抚，以资约束而便交涉。查奉省分设承德、兴仁两县，同城设治，殊近复赘。拟请将兴仁县移驻抚顺，必与该处地方有所裨益。并拟改为抚顺县知县，以符名实。其建署一切费用，亦由臣等督饬实估造销。惟该县既经移驻抚顺，从前两县所定界址，微有区分，应另行勘明，咨部立案。至抚顺原设之路记、防御各员等，本司催征租赋、缉捕盗贼之事，今既移驻民官，自应一并裁撤，统归地方官办理，以专责成。所裁各缺，仍准以对品相当之缺酌量补用，合并陈明。所有拟请添设州判要缺并酌移州县治所以重交涉，而裨地方缘由，谨恭折具陈。伏乞皇太后、皇上圣鉴训示。谨奏。光绪三十四年四月三十日具奏，五月初八日奉到朱批，着照所请，该部知道。钦此。

附奏裁抚顺县典史员缺片

再，奉天府属新设抚顺县，推广抚顺地方审判、检察厅，业将开办情形，奏蒙批准，钦遵在案。惟查抚顺县原系兴仁县移改，署该县典史方瑛，现已准补抚顺初级审判厅推事，责任綦重，未便兼署。典史员缺，自应开去，俾专责成。第抚顺县地方既设有审判厅，一切命盗各犯，均由该厅收管。该县并无监狱，典史一缺几同虚设。况省城模范监狱现已成立，将来推广，管狱自有专官，各属典史员缺本在议裁之列。所有抚顺县典史应即裁去，以省繁费。其准补斯缺之袁占鳌，另以对品之缺酌量补用。除饬将该典史文卷钤记由县查明，分别存案缴销，并咨部立案外，理合附片陈明。伏乞圣鉴。谨奏。宣统元年正月二十四日附奏，二月初四日奉朱批，该部知道。钦此。

纪添设洮昌、临长海两道缺

中国内地省分添员设治，或因地当要冲藉资控驭，或因时值艰巨就便抚绥。然究其建置机关，俱属内政之经营，绝少外交之关系。奉省地处东陲，幅员辽阔，强邻交逼，蒙务初开，措施内治，筹画边防，皆为目今要务。若非慎择要地，特设大员以镇抚之，非善计也。辽源以北地接蒙古，与东清铁路逼近，欲谋备俄，必先经营哲里木盟，以为屏蔽。洮南为各蒙旗居中要地，昌图为省北最冲之域，垦荒殖民，事务繁重，爰奏请添设洮昌道一缺，辖洮南、昌图各属，兼管蒙旗事务，驻于洮南，最为扼要。

至新设长白府治与夫临江县一带，山深林密，滨近鸭绿江岸，处处与韩境为邻，日人日求进步，竭力经营，交涉极难，内治待理。而海龙一府，地方辽阔，讼狱繁多，又与吉省交界，亦属紧要之地。现已划东边道东境之临江县，奏请添设临长海道一缺，辖长白、海龙两府属并临江、辑安、通化三县，驻于临江。如此酌量分布，则边备既已整齐，即声威自能镇摄。冀可以维持边计，杜绝觊觎，盖此举于内政、外交关系非浅鲜也。（原奏详前）

纪奉锦山海关道、东边道改定名称权限

国家设官治地，画界分疆，各理其民，各尽其职，责任专而事权一，所以免规避、杜纷歧也。奉天地方官治，开国至今，屡有增易，盖因时制宜，原无历久不变之法。而此疆彼界，即有推行各守之规，况现创立行省公署，办事职掌，各有专司，秩然不混。至于省外守土各官，既经分地易名，而民事攸关，边防綦重，尤宜划清权限，以免各存意见，遇事抵牾。查奉锦山海关道前驻山海关，兼受直隶管辖。后移营口，就地相沿，故有奉锦名目。究之该道，只管关税，奉锦地面并不归其统辖。新民府原系厅治，附属奉天府，旧为驿巡道管领，故亦归其辖治，奉天既立行省，奉天府事务即可就近直受公署监督。业将驿巡道裁撤，惟锦、新两府地当冲要，事极繁多，既不可以虚悬，而奉锦山海关道兼按察使衔，又觉名实不符。故现已奏请改山海关道为锦新道，分巡锦、新两府全属兼山海关监督，仍驻奉天营口，以重通商，专归奉省管辖。事权既不旁挠，界限亦极清晰。至东边道驻节安东，旧辖地面直至极东之临江县，故名东边。现既划临江、辑安、通化三县归临长海道治，于是该道辖治正在省南，居凤凰厅极南边地，并非仍在省东，故奏请定名为兴凤道，分巡兴京、凤凰两厅全属。权限既不混淆，名实亦甚相副。于是奉省西有锦新道，南有兴凤道，分巡坐镇，既扼水陆之冲，东南又有临长海道，据险可以自筹边务，重围防，北有洮昌道，筹蒙足以自防。四界分明，屹然重镇，从此声势联络，拱卫陪都，即可以保障畿辅，其所以为根本重地，经营久远者，不敢谓详尽无遗，亦庶几官制画一矣。

纪升兴京厅同知为知府

兴京为我朝发祥重地，顺治五年，尊为兴京。乾隆年设理事通判一员，管理旗民

事务。至光绪三年，始升通判为抚民同知，以怀仁、通化二县隶之。当时筹边所始，未办外交，但修内治，稍隆体制，即足以资控驭。自日俄战后藩篱尽撤，门户洞开，该地适为日韩入省要路，故韩侨杂处，交涉日多，治内对外，均形重要。近已划东南境之临江、辑安、通化三县归临长海道治。该地仅有怀仁一属，地面既稍形狭隘，而建置规模若不量为变通，殊不足以重维系。现已奏请升兴京直隶厅为兴京府，与凤凰直隶厅并受兴凤道管辖。似此根本重地，因时制宜，既已画界分疆而治，各专责成，又有提纲挈领之人，藉资表率。庶于外交内政，不无裨益焉。

附奏改定锦新、兴凤两道及兴京府缺片

再奉锦山海关道本系关道，初驻山海关，故有锦名，后移营口，因有奉名。其实奉锦两府并不受其统辖。旧有奉天驿巡道，管领奉天府全属。新民一府，原系厅治，属于奉府，故亦为驿巡道管辖。臣到任之初，因奉天建设行政公署，职司已极完备。奉天一府，即可直接受公署之监督，故将奉天驿巡道员缺奏明裁撤。今奉锦山海关道既有名无实，而锦州、新民两府事务日见殷繁，不宜虚悬，而无所属。拟请即改奉锦山海关道为锦新等处分巡兵备道兼山海关监督，以锦州、新民两府全属为其管辖。仍治营口，以重商埠，而免更张。前因驻扎山海关，故奉锦山海关道兼受直隶省管辖。现既定驻营口，改为巡道，自宜专隶奉省。所有关税事务，应请毋庸再由直隶总督会衔办理。又从前奉省以临江为极东，于安东县设道规边，因名曰东边道。今奉省东拓长白一府，而该道东境又划临江、辑安、通化三县归拟设之临长海道治，于是该道辖地正当奉省正南，不宜仍名东边。拟即定名为兴凤等处分巡兵备道，仍治安东，以符名实。该道员缺，即由奉省循章择员保奏，请旨简补。至兴京为发祥重地，近复韩侨杂处，交涉滋多，内政外交，均形重要，拟请改升兴京直隶厅为兴京府，而与凤凰直隶厅并受兴凤道管辖。至兴京升府后，应否画分县属，容后揆度情形，酌量办理。如是，则奉省全属各有管领道员，而奉天一府则仍直接受督、抚之监督，为行省公署中央机关。权限明而责任专，地方官制，斠若画一。是否有当，谨附片具陈。伏乞圣鉴训示。一并饬下会议政务处核议施行。谨奏。宣统元年二月二十四日附奏，闰二月初六日奉到朱批，览。钦此。

行政官制篇

吉林宅奉、江两省之中，逼近韩、俄，引控蒙古，东西凡三千五百余里，南北凡二千里。康熙元年设镇守宁古塔将军，越十年移驻吉林，其时全省固无民官也。迨封禁既开，蒙汉杂处，强邻日逼，盗贼滋多，而留守是邦者，划地设官，因时递变，固已逐渐布置，稍分民事之权。而军署旧制，例设户、兵、刑、工四司，为将军办事之所，机关本不完全，所属之旗署、民署各官，内政外交各事，皆取决于此。其交涉、巡警、军政、税务、垦矿、农工商之属，非不各立局所，分任责成，然权限不清，责任不属，事务庞杂，流弊横生。旗署民官不相统一，内政之紊杂如此。又况界务、国防狡焉思逞，铁路所至，动干政权，循是不变，势成坐困，外交之困难如彼。前将军铭安，鉴于时势，添设民官。其于军署旧制，第遇事考查整理，并未多所更张，犹动当时之讥议。盖积重难返、非伊朝夕之故，固未易言变置也。光绪三十三年，朝廷诏改吉林为行省，而授世昌为三省总督。窃以万事之萌芽皆根柢于官制。既明定督、抚权限，如京部尚、侍为同署办公之制，其下应设各司。外交繁重，莫如界务、边务，而铁路所经之地，商埠待辟之场，允宜慎保利权，妥筹因应，故设交涉司以专责成。自治所关，民政为亟，而警察保安地面，亦属民政范围，故设民政司，而不复设巡警道。全省财政须有总汇之区，督率稽查，量其出纳，是理财实为行政之大原，因设度支司。林矿繁富，农商竞争，欲辟利源，端资实业，因设劝业道。左右参赞，为行政、立法之分权，然吉省事皆创办，本有文案处经理文牍，爰以文案处并入公署，办理行政事宜，其议法之事，则属之秘书官，而均听长官之决行，不另设左右参赞。旗务纷难，调查需时，则先就军署旧制改设旗务处，以资整饬。提学司管理全省教育，亦为新设之官。行政、司法分权宜预，因别设提法司，管理司法上之行政，而设立审判、检察各厅，一切监狱、法律之事皆有责成。从前已立之局所，除酌量归并外，及因事创立者，则皆以类相从，附属于各司道，以泯参差。规制粗具，乃于三十四年三月朔实行同署办公之制。凡内政外交，应兴应革，日集司道，研求利弊，而前此牵掣隔阂之习，乃一扫而空之。夫吉省地居边要，而吉林尤中央集权之地。中央机关渐次完备，乃得变置地方官吏，如臂使指，有统系而无阻挠，有联属而无散乱。去一切公牍繁文，谒见褥节，故一气相衔，赴事速而程功易。至于裁并旗属副都统及以下各缺，整饬旗官以谋八旗生计，则具在旗务一编，兹不赘述。仅就行政各官分为篇目，略述梗概。俾后之治斯土者，识当日建置之理由，目前经营之状况，而次第推行，以保全我领土人民之寄，未始非此行省官制为之嚆矢也。

附奏设司、道各缺并酌量裁并折

奏为吉省请设司、道各缺，派员试署，并酌量裁改各情形，恭折仰祈圣鉴事。窃臣世昌于本年十一月初七日行抵吉林省城，与臣家宝接晤筹商一切并及官制办法。伏念吉省为我朝根本重地，实居三省之中，文化久开，民生较富。长春一府，又绾南北要冲，交通既繁，形势尤为扼要。比之江省，各事俱有规模，比之奉天地方，亦尚为完善。徒以官吏不知整顿，积弊丛滋。现在外患已形，不能不急图治理。查吉省现有提学、提法两司，其吉林分巡道一缺，自应遵照奏定外省官制裁撤。此外应增设者，吉省交涉事件现在正关紧要，将来吉长通行铁道，诸务更繁，各国商民必且日多一日，亟应设立专司经理，以交涉局附入。民政则以巡警局、自治局及关于民政各项局所改设，不更设巡警道缺。度支则以所有财政各局及从前之户司并设，劝业道则以农工商、矿、林业各局所并设，从前之刑司裁归提法司兼办。工司则分别并入民政司劝业道。统计增设各缺，合之原有两司共为五司一道，庶可各专责成。旗务暂不设司，以从前兵司改设旗务处，先行试办。蒙务则仍须体察情形，从缓办理。至吉林副都统一缺，自改设行省以后，事务颇简，与外城各副都统情形不同。查黑龙江城副都统缺早经奏请裁撤，吉省事同一律，相应请旨裁撤，俾昭核实。所有新设各缺，自应派员试署。兹查有二品衔奏调分省补用道邓邦述，器识闳通，才猷练达，考察各国政治，极有心得，堪以试署交涉司司使。二品衔军机处存记奏调分省补用道陈玉麟，时务通达，规画精详，前在湖南、四川筹办要政，均能洁己奉公，卓著成效，堪以试署度支司司使。二品衔奏调直隶候补道徐鼎康，心细才长，安详谨慎，讲求时务，识议宏通，堪以试署劝业道。仍由臣等查看，如能胜任，再行请旨简授。参赞所领之承宣、谘议两厅事务，吉省已由秘书官及文案处办理，均臻妥洽，应如其旧，而以从前之印务处并入。司道以下各官，先各设首科佥事一人，余暂缓设，而以委员分任其事。至省外各缺，则以长春最为紧要。地居四达之冲，中外辐辏，交涉纷繁，实与哈尔滨同一情形，非有得力大员，不足以资镇摄。应请先设吉林西路兵备道员缺，驻扎长春，责令办理交涉一切事务，俾专责成。一俟奉旨允准设缺后，再行拣员试署。其余各路应设员缺，容再体察地方情形，陆续奏明办理。所有请设吉省司道各缺，派员试署并酌量裁改各缘由，理合恭折具陈。伏乞皇太后、皇上圣鉴训示。谨奏。光绪三十三年十一月二十四日具奏，十二月十八日奉朱批，着照所请，该部知道。钦此。

纪公署文案处

吉省军署原有印务处，为将军办理一切公牍之所。既改行省，以事简费绌，不另设左、右参赞，仿内地督、抚之有文案，并新官制之有幕职，乃设立文案处，而以印务处并入之。凡承宣厅之所掌，若机要、考绩、文牍、庶务及典守堂印、收发文件皆属之。若有议拟章制、法令、草案及核议各司、道所拟一切规则，有类于咨议厅之职务者，则皆由秘书官详议以闻，而文案处辅助之，呈长官决行焉。均在同署办公，因名之曰公署文案处。司道有所建白，长官认为交议之件，亦得执行其义务。盖于司道为间接而无直接也。设立以来，于公事颇为有益。以整驭散，条理秩然。虽较奉省之两厅范围稍狭，而比之内地督、抚文案则差有责任之可言，而与幕职适相吻合。且同署办公，日与督、抚、司、道相见，所办之事，无秘密揣摹之举动，则对于各处官吏，自无把持狙狯意为轻重之状况，是又与各省督、抚之文案情事不同者也。

纪交涉司

吉省原设有交涉局，以办理外交各事，而长春为日俄分线之区，交涉尤为重要，设西路兵备道员缺以管理之。省城仅设一局，非所以重职守、联与国也。既改行省，乃设交涉司，即以旧日之交涉局归并。仿奉省规制，分科四，而佥事、一二三等科员及正副司书等官依次派充，以资助理。顾吉林交涉之大势，首在长春。两强竞争，于斯为烈，固为南北满分形之地点，尤属军商界进步之要冲。其次，则为哈尔滨商埠。东清路轨，此为中枢，行政范围，时相问难。余则界务、国防，筹谋宜预。一有不慎，侵越遂生。自设交涉司，而遇事有所责成。刚柔张弛，定于中权，不至互有意见，或相推诿。且各国均以总领事驻省，自应特设专官，于权限、名义上均有种种之关系，尚不仅周旋坛坫，俾资接洽已也。又况交涉之局变换无常。昔之以长春、哈埠为重要者，今则吉长路轨已议兴修，斯路筑成，交通利便，则吉省之发达可以预期，而交涉之事发现，必有较重于今日者。是交涉司之设，所以振纲挈领，为目前最要之职司。稍有出入，三省系之，其责任讵不重欤。

纪民政司

吉省民政，始具萌芽，原设有巡警局。顾工程、卫生、交通诸端，概未完备，犹是守望相助之义。且警察第为民政之一部分，非所以振兴民治，监督社会也。既改行省，乃设民政司，而以巡警局、自治局、谘议局筹办处属焉。分科四，而警务居其一，盖以警察为民政范围，吉省事务较简，未便照新定官制另设巡警道员缺，故该司职掌与奉省初定规则微有不同。其佥事以下各员，仍照各司名目，分别委派。夫民政为内治最要之事，保卫治安，已然之迹也。其要者，振厉社会之精神，调查选举之纲义。吉省民气窳敝，及今讲求新义，锢蔽之见，易以嚣张，全在该司提掖而整齐之，以无阻宪政前途为幸福。而地面之赖以保安者，如警察、户籍、疆理、卫生、民治、工程等项，尤必次第敷设，竭力经营。对于内有扶持宪政之基，对于外有保障吾民之意。创立已及两年，而成效虽未大增，规模亦已粗备。并饬该司使巡行各属，凡关于民政事件，亲历调查，官吏之优劣，风俗之厚薄，皆实验其真相，归而谋所以改良之法。现今选举已将竣事，各属巡警亦有法律之思想，从此由浅而深，由粗而密，则吉省民政之进步固可试目俟之。

纪提学司

吉省学务，旧综于奉天学政[1]。光绪乙巳，京师学部既设，以为教育之总汇。其明年二月，部臣以设立提学司请朝，命修撰吴鲁为提学使，所有已办各项学堂皆隶之。遵设学务公所一区为治公之地，照章分科，与奉、江两省同。惟是吉省民俗偃陋，旧学多未讲求，遑论普通、专门各种科学，在未设提学使以前，非不劝办学堂，然地僻俗陋，非但学生未能深造，即教习管理，多未合法。既改行省，立专司，乃筹办各项学堂。如小学研究、改良私塾，立劝学所、宣讲所，设法政学堂以养吏才，设农业学堂以资实习，师范、普通，均依次成立。而筹备学款，统计资产，日以提倡扩充为务。两年以来，规模粗具，全省之来入学堂者日渐众多，是亦教育普及之小效也。盖办事非

〔1〕　学政，古代学官名。管教育科举，简称学台，与巡抚、巡按属同级别，正三品。

有实学不能，而学问之道，舍学堂无所取材。今吉省虽有学务，然教员难聘，学生程度资格亦相悬殊，故又筹办游学，给以官费，俾学成致用，为乡梓少担义务。是亦该司之责任也。

纪度支司

吉省财政，向由户司经理。其后用款渐繁，乃别立局所，以分理之。如税捐、垦务各局，皆分司出入款项，而无总汇之区。权限不清，责任不属，遂启种种弊端。既改行省，乃设度支司，总管全省财政。而裁撤户司，以其所掌并入该司办理。分科四，佥事、科员仍照各司酌派。凡各税捐、垦务及有关财政之局咸隶之。吉省财政向甚紊杂。从前有归将军衙门征收者，如烟酒一项，强半为中饱之资。其他各税捐定额甚少，溢款不报，比比皆是。即如长春牛马税最为畅旺，而岁额仅四、五千两，其明征也。自设专司，一切税捐均饬尽征尽解，严定比较考成，收数顿增。前之为将军所取携者今则涓滴归公，其余严饬司员逐项考校而剂其盈虚。复饬筹奉盐运销之路，维持广信公司纸币。盖自设司后，综计出入，具有条理。虽大利未开，已非复昔日之散漫无纪矣。其岁出岁入，另有编纪。兹之所述，略言该司设立之缘起，及分科办事、整理财政之纲要，俾有所考查云。

纪劝业道

吉省实业宏富，初守封闭主义，蕴利于地，不可殚述。其后垦矿之兴，权舆于前将军富俊[1]、景纶[2]、富明阿、铭安诸人，而提倡、研究，发达甚晚。自设矿垦局、官轮局，始稍稍振起实业。然无专官为之董劝，力薄势涣，成效不彰。既改行省，遵新章设劝业道，内部组织与奉省略同。凡一切提倡督率，皆该道之职任。比年以来，农业试验场、农学研究会、林业销售场、实习工厂、电灯公司、邮船局、矿政调查局依次设

〔1〕 富俊（1749—1834年），蒙古正黄旗人。由翻译进士授礼部主事。历任兵部侍郎、盛京工部侍郎、黑龙江将军、吉林将军、盛京将军等职，担任吉林将军期间对双城堡等处的开发做出了贡献。

〔2〕 景纶（？—1875年），又名景淳，汉军正黄旗人。道光二十七年（1847年），由内务府章京累迁察合尔副都统。咸丰三年（1853年），授吉林将军，后缘事革职。

立，皆隶于该道之行政范围。以此为模范之资，使民知实业之可贵。夫吉省林矿繁多，水陆辐辏，大利所在，诚为天府隩区。弃如石田，则他人必起而侵越。然每兴一利，动需巨资，当此财力困难，既不能同时并举，计惟有先设专官，由公家提倡，计事程功，为将来合群大举之基础。然则劝业道一官，殆含有商务性质，非可概以国家行政一官例之也。其佥事、科员之任用，亦与他司相类，兹不赘述。盖劝业所司范围最广，已办之成迹，亦第稍引其绪，诸未完全。他日者，由官力而普及民力，知识日开，利源日浚，而农工商矿之属日有进步，皆由劝业道为之发起，是则日夕盼祷者也。

纪旗务处

吉省本为军府旧治，八旗主管事务，向由兵司经理。但旗务莫大于俸饷，而祭祀、贡品亦为重要。其红白恤赏及旗员升转、旗地租粮之属，则无一非弊。既改行省，以旗务紊杂，先事调查，逐渐整顿，因不设专司，先立旗务处，而以兵司并之。分股四，凡官兵俸饷，典礼贡品，租赋教养之事，皆澈[彻]底清厘，为之别定规制。夫旗丁之困极矣，区区食饷，断不足以赡身家，而公家以克扣为固然，上下相蒙，凋敝已极。是旗务处之设，不但扫除积弊，还其所固有也，要在教养兼施，为之广筹生计，乃目前之急务。比年以来，立十旗宣讲所，十旗学堂，改良汉蒙文官学，立十旗工厂，豁免摊扣兵饷陋习，俾学问稍有根底，知俸饷之不足恃，而群相致力于生计之途，是亦根本之计画也。又虑其租赋之互相隐冒也，则为之整顿方正泡公田，清丈六旗马厂官地。经界定而赋税均，亦较向日恣意侵蚀者不侔矣。凡此皆该处重要之责任，应极力筹备，无或后时。若夫贡祭之文，升转之额，只去其太甚而已，亦另见旗务编制，兹不复述。

附各司道附属局所表

交涉司 附属类别	民政司 附属类别	提学司 附属类别	度支司 附属类别	劝业道 附属类别	旗务处 附属类别
各处交涉分局	巡警局	各项学堂	各项税局	农业试验场	十旗学堂
开埠局	谘议局筹办处	法政学堂	官帖局	矿政调查局	十旗宣讲所
	自治局	小学教育会	垦务局	农学研究会	满蒙文官学
	禁烟公所	劝学所		林业局	十旗工厂

交涉司 附属类别	民政司 附属类别	提学司 附属类别	度支司 附属类别	劝业道 附属类别	旗务处 附属类别
	贫民习艺所	宣讲所		实习工厂	
	官医院	方言学堂		电灯公司	
	巡警学堂			官轮局	
	教练所			邮船局	
				垦矿局	
考备	以上各局所，既皆以类相从，分隶于各司道，故事虽繁而不乱，权限明而责任举。其关于三省之局所，已附表于奉天官制内，兹不复赘。若直接公署之局所，则有调查局、统计处之属，较昔之散漫无纪者，已自不同，而行政官制，略备大纲矣。				

司法官制篇

皋陶为士，而三代皆列法，宜于六卿。周诸侯有司寇、小司寇，其下有都司寇之属，皆与司徒诸官分职，截然为二。司法独立，于古为昭。汉晋以后，乃以地方兼司法。自立宪国主张三权分立之设，而我宪政之预备，亦将以改按察司为提法司者，树司法独立之基。且着明全国之各级审判、检察厅，分年次第设立，并议修订法律，任用法官，以跻于同等法律之下。盖必法律改良，而宪政乃有实行之望。司法官制者，法律改良之缘起也。光绪三十三年，诏改东三省为行省，而于奉、吉先设提法司，饬改良司法成独立之始基，为内地之先导。顾吉省之设施，有倍难于奉省者。奉省本有分巡道兼按察司衔以理刑名，吉省无之，仅设刑司以为承转之地。旧律不知，遑论学术，则开创难。奉省交通利便，内地研究法律之士不难招致而来，吉省僻处边陲，刑名老吏且不易觏，况通习法律，确有经验者，则用人难。创设法庭、改良监狱，为司法之精神，万不能过从简陋，且各级之筹设，皆须巨资，吉省筹款较难于奉天，则用财难。奉省民俗敦厚，开通较早，语以民事、刑事之所由分，初级、地方之所以判，及一切诉讼之手续，尚易于领悟。吉省则民气窳敝，向以贿赂为曲直，骤为之分阶级，禁刑讯，开庭许其观审，检察可以起诉，商民且茫然不知所从，则习惯难。虽然，司法一端，为治内之根本，且法权所系，尤为外人注目，岂能因难苟安，不加组织。吉省既设提法司，凡一切分科治事及慎选法吏，改良监狱、罪犯习艺所，并关于诉讼各项，均仿照奉省章程，略为增减，期于实行。而高等、地方、初级之审判、检察各厅，亦次第设立。此外，如长春为商埠繁盛之区，亦已推广成立。由是循级而上，不服初级审判者赴地方审判申理之，不服地方审判者赴高等审判申理之，以极于大理院而止。然越诉有禁，上诉有限，秩序井然，规模毕具。 惟是开创伊始，人力与财力均有所限。两年以来，悉心规画，第开办省城及长春两处，其余各地方仍暂由地方官兼理，而受成于提法司。一切秋审、招解，仍照旧例办理，盖不但人才消乏，法部尚无组织之规定，故旧制未能尽废也。窃以为司法规制，其根本在改定法律，其效用在培植法律人才，其规定在任用法官。而司法官制，实为各方面之枢纽。自兹以往，逐年筹备，由省城而商埠，由商埠而内地，是司法终可达于独立之地位。即就吉省而论，现正研究法律，预储人才。患民智之不开，则以法律为普通之教育。患筹款之不易，则以登记为实地之调查。庶几司法部分渐底完全。吉省虽僻在边陲，苟治斯土者，明乎司法之所必分，断无与行政混合之理，提倡而整齐之，则今之官制，第为司法独立之基础可也。

纪提法司

吉省刑名词讼，旧隶于刑司。而民气嚣张，吏治废弛，盖较之内地尤为窳败也。既改行省，乃设提法司，以刑司并之。历年所办已结、未结各案，皆移司汇核，是尚循内地按察使故事。积牍既清，乃仿奉省章程分设四科，曰总务，曰刑事，曰民事，曰典狱，以管理司法上之行政事务，而改良监狱及省内外罪犯各狱咸附之。三十四年二月设省城高等、地方、初级审判、检察各厅，该司直接监督。选用法官必详必慎。而内部之组织，佥事科员以下，均仿照奉省办理。越明年，又推广于长春地方、设立各厅。其省狱及习艺所、看守所，酌量改并。而各府、厅、州、县之监狱，亦将次第设法改良。是司法独立之甚础，规模粗备矣。惟法官难选，款项支绌。目前筹设仅有两处，而九年预备遍及全省，是该司责任之重，较行政官为尤难。方今秋审、招解及未设各厅之地方，皆暂循旧办理。则以法制本未完全，不得不提倡改良，以俟诸异日者也。然则该司之设，本为法部之派出，非若昔日按察司之所掌。吉省创办之难，较他处为甚。该司苟能力担职务，以培养人才，力求推广为主义，则司法前途，亦必有渐臻美备者。是又于行政外独具一性质，为治内、治外之权舆，而非好为独异也。

纪审判厅

吉省既设提法司，将以谋司法独立之预备，必将从前地方官吏所管之诉讼范围分而二之。爰先于省城设立高等、地方、初级审判厅。于高等审判厅设厅丞一，刑科推事三，民科如之，典簿一，主簿二，候补行走无定员。于地方审判厅设推事长一，刑科二庭，庭推事三员，民科如之，候补预审推事胥无定员，典簿一，主簿二。于第一初级审判厅设刑科推事一，民科如之。第二初级审判厅亦如之。基础既立，取向来未结各案，皆分别讯结。嗣后民刑诉讼，皆循此阶级，无得越序。嗣以长春为商埠繁盛之区，亦经推广设立各级审判厅。开办之初，法官难得，始以地方官暂行兼充，而权限不清，终滋疑阻。复以他员代之，专理诉讼，而始基乃立。亦可见行政、司法混合之非，而习惯必须更改矣。厅内一切官制及民刑诉讼规制，皆仿照奉省办理，后经法部审定，各厅官制、职掌与奉省亦无甚差别，稍稍增减，期适于用。然其他商埠及内地，徒以开办无资，一切审判仍循旧例。且以秋审之未废，解勘之未除，提法司仍行旧日之惯例，而新设之审判厅则不能以此事并入也。异日者普及全省，廓清旧染，则必在实行法律之后。而吉省之组织机关，必以该厅为发起也。有司法之责者，宜加之意焉。

纪检察厅

检察厅之设，所以为审判厅之补助机关，而不可偏废者也。凡民刑诉讼，皆由检察厅起诉，搜查证据，以定准否，又以检察审判之不公允者。其检验死伤，搜查逮捕，调度司法警察，责任綦重。吉林既于省城设立各级审判厅，而检察各厅自应同时并设。于高等检察厅设检察长一、检察官二，行走无定员，司法警察官一。于地方检察厅设检察长一、检察官四，行走无定员，司法警察官一。于第一初级检察厅设检察官一，第二初级如之。而长春检察厅之制，一如吉省办理。夫检察官之性质，介于行政、司法之间。审判或有不允，上诉或有可疑，检察官均可调查证据，以为准驳。凡诉讼缘起，皆须经检察官调验，再送审判，故名曰预审。吉省自开办以来，机关虽未完备，而从前情求贿托之风已扫除殆尽。定讼费、呈费，拘传人犯，则用司法警察，民间无丝毫之扰。吉省小民向为胥役所困，每遇讼事辄倾其家，故至此而民间颇以为便。固由于审判改良，而实皆该厅检察之力也。惜以法官甚难，筹款不易，其余府、厅、州、县尚皆循旧办理。然九年预备，逐渐进行，基础既立，自宜扩充。是在司法官吏强制执行，而法权巩固，或于此立其基焉。

附奏开办各级审判检察厅遴员试署情形折

奏为吉林开办各级审判、检察厅遴员试署情形，恭折仰祈圣鉴事。窃光绪三十三年五月二十七日奉上谕，各省按察使改为提法使，分设审判厅，着东三省先行试办。等因钦此。仰见朝廷于变通旧法之中，仍寓审慎新章之意。嗣经法部、大理院以奏准京外各级审判、检察厅职掌事宜各折片咨行到吉，自应遵照办理。窃谓司法机关以保护社会公安为专责，明是非，伸曲直，事体本极重要，亟宜与行政官分途办事，斯法权乃能独立。查此次部院奏定章程，纲举目张，有条不紊，当经札饬提法司吴焘参酌本省情形，悉心组织，逐渐推行。惟是吉林未设行省以前，无综核刑事专官，牧令听断粗疏，案件积压，百端待理。非先行清厘积案，大纾民困，不足以端本源。而边地材乏法吏，更少专家，又非养成审判法员，不足以供任使。臣等抵任后，一面督饬该司，严定府、厅、州、县词讼月报章程，分别惩奖，以警疲延。就原设之裁判所改为高等审判厅，附设审判讲习所，饬令候补投效各员，分班肄业。本年三月遵章明定职权，复筹设地方审判厅一所。其初级审判厅，原以吉林府辖境辽阔，拟设四所。现暂设两厅，将来再行推广。以上各厅，均各附以检察厅，业已分别选赁官房、民屋，于本年五月初一日一律开办。一面勘定巴尔虎门外官庄、公仓两处地址，改造两级审判、检察设署办公之用。现正筹议建筑，一俟工竣，再行造册报部。至各属审判厅，即以次推行。查高等审判，掌理全省上诉案件。地方审判，掌理吉林府辖境民刑诉讼之不属初级者。初级两厅，按照省城巡警区域划分界址，各理其区内应理之事。吉林一府，现既设有法庭，该府自应专任地方行政事宜，以清权限。其招解、勘转等件，系审判之案，即由该厅径行解司，不必由上级审判厅勘转。吉林府所属之伊通州，敦化、磐石两县，均一律改与法司直接。未设审判厅之处，仍照向章办理。其秋审一项，乃中国刑事中特别大典，奉省已奏明仍存旧制，吉省亦应照办，以归划一。至于任用法吏，非得精明干练之员，不足以资倚畀。兹于奏调候补各员内，遴派直隶候补知府戚朝卿试署高等审判厅厅丞，候补道史菡试署高等检察厅检察长，候补同知王炳文试署吉林府地方审判厅推事长，候补同知李廷潞试署吉林府地方检察厅检察长。其余各厅员，均经详细甄择，由司呈请札委。日后各该员果能克尽厥职，再行开列衔名，分别请旨简授，并奏请补署，以昭慎重。又吉省监狱一端，亦亟须改良。现经该司参照日本制度，在新建司署之旁建造监狱一所，足容罪犯百六十人，拟即定名为吉林省狱，并令佐班各员习监狱学，分科教授，学习管理事理。其各属监狱，亦均分饬设法修改，以恤囹圄。除将各项章程规则分咨法部、大理院立案外，所有吉林开办各级审判、检察厅遴员试署情形，理合恭折具陈。伏乞皇太后、皇上圣鉴训示。谨奏。光绪三十四年八月二十日具奏，九月十三日奉朱批，该衙门知道。钦此。

变置地方官制篇

吉林全省，西为明海西诸卫，东为野人诸卫。我朝雍正中，设永吉州于今吉林府、长宁县于伯都讷、泰宁县于宁古塔，是已建郡县之制。既以遥隶奉天不便，遂悉用军府之制，废泰宁县，而吉林、伯都讷亦改置理事厅。长春则以蒙部垦地设厅，皆用旗员而佐以司狱、巡检，统其治于将军。即所谓老三厅者是也。五城副都统所驻区域，曰珲春，曰三姓，曰伯都讷，曰宁古塔，曰阿勒楚喀。专理旗务，不与民事。其理事同知、通判，则理旗人刑名词讼及旗民交涉事件，然亦有起诉于协佐防校各旗署者。光绪三年，前将军铭安请改吉林理事同知为府，巡检为府经历。伯都讷理事同知为抚民同知，长春为抚民通判加理事衔。而于今长属之农安设分防照磨，兼管旗民。旧制已稍稍变矣。又以围荒设知州曰伊通，佐之以吏目兼司狱事。鄂多哩城设知县曰敦化，佐之以司狱、巡检。磨盘山设州同。此隶于吉林府者也。苇子沟设抚民同知曰宾州，佐之以司狱、巡检。而驻蚂蜒河之分防巡检，又今长寿治也。五常堡设抚民同知曰五常，佐之以司狱、巡检。而分防巡检驻兰彩桥，经历驻山河屯。伯都讷理事同知移驻孤榆树，改抚民同知，设司狱、巡检以佐之。而分防巡检驻新城。双城堡设抚民通判，同城者有司狱、巡检，而分防巡检驻拉林，统归吉林道承转。民官之设，视前此有加矣。十四年，前将军长顺请改长春为府，巡检为经历。农安照磨为县，设司狱、巡检佐之。其照磨则移驻于朱家城，仍隶长春。而新安所设之主簿，则属于农安。二十八年，又于宁古塔属之三岔口设绥芬同知，佐以司狱、巡检，而分防知事驻穆林河。珲春属之烟集岗，设延吉同知，佐以司狱、巡检，而分防经历驻和龙峪。宾州厅属蚂蜒河巡检则移驻一面坡，原治设长寿县，以典史佐之。磨盘山州同亦改为磐石县，州同则移驻赫不苏以佐之，仍隶伊通。三十一年，前将军达桂奏设哈尔滨关道，司关税兼理交涉，设江防同知及巡检属之。又以三姓设依兰府，佐以经历兼司狱。于五站设大通县，佐以司狱、巡检，皆隶依兰。又于毗连吉、江两省之汤旺河设汤原县，虽属依兰，而文件辄径报吉省。历年以来改设府、厅、州、县，势之所趋，渐臻完密。然而时势变迁，疆域亦因之递变。比年外交日亟，内政日繁，成为边疆重要之地，或为蒙荒交通之地，或为交涉竞争之地，已设民官，难资控驭。世昌到东后，考察吉省情形，仍觉边地空虚，不敷分布。因择要奏设西路兵备道，驻长春。设蜜山府，驻蜂蜜山。设桦甸县，驻吉林府属之桦皮甸子。设长岭县，驻农、长交界之境，而以新安镇主簿改隶之。设濛江州，驻濛江。二县、一州皆新设治，无所属。此又近今增设官吏之情形也。综览吉林大势，草莱日辟，铁轨四通。是边省与内地情形不同，内地重在治民，以户口之繁庶为准，边地重在守土，以地方之卫要为衡。因又详细规画，复奏请于吉林东南两路各设兵备道一缺。一驻珲春，管理珲春、延吉、绥芬一带边务并珲春关税、交涉事宜。一驻三姓，管理依兰、蜜山、临江一带边务并依兰等处关税、交涉事宜。与前设之西路兵备道皆加参领衔，以资控制。又请添改府、厅、州、县各缺，计升改之缺，在西路曰伊通直隶州、榆树直隶厅，北路曰双城府、宾州府、临江府、滨江厅、富锦县，东路曰绥芬府、穆棱县，南路曰延吉府、和龙县，中路曰五常府。共十二缺。添设之缺，在西路曰舒兰县，北路曰阿城县、桦川县、勃利县、绥远州，东路曰饶河县、宝清州、临湖县、东宁厅，南路曰珲春厅、汪清县，中路曰额穆县。亦计十二缺。并声明宝清一州，舒兰、阿城、勃利、饶河四县，暂从缓设。府、厅皆自治地方，州、县皆直接公署。盖兼用隋唐郡县之制，以剧易分等级，而不仅以大小相监临。又奏请将大通县移治方正泡，改名方正县，绥芬府移治宁古塔。所有原设珲春、三姓、宁古塔、伯都讷、阿勒楚喀等处地方副都统一律裁撤。其旗户案件、地粮，统归地方官管理，以一事权。其协领以下各缺，先请将富克锦一缺裁去，余暂从旧制，专理旗务。经政务处议准在案。从兹布置完备，大小相维，于边务、蒙情、交涉各大端当有裨益。虽于奏准后未及实行，后之君子得次第敷设，则边疆要塞，当可收指臂之效，不至榛荒万里，听客所为也。

纪设西路兵备道员缺

长春为三省之中心点，日俄战后，强分南北满，于是铁轨所经，以宽城子为分线之区域。而长春一埠，交涉日繁，外人之以财力、权力、商力相竞争者，咸集视于该埠，无大员以管理之，将势力微薄。两强以全力相注，事事往返禀命，恐事机坐失，呼应不灵，长春之权利难保。斯三省之交通失，两强之分据成，非细故也。自长春厅改知府，稍资抚驭，然证以目前之情势，铁轨四达，任重事繁。马路之应修筑，税关之应开办，商埠购地之应筹备，巡警区域之应收回，重要所关，断非一知府所能办，因奏请设西路兵备道员缺，驻长春。凡西路所属之府、厅、州、县皆隶之。夫三省大势既在长春，而又为日俄交争之点，该道责任之重，较哈尔滨为尤甚。其间开埠设关、购地修路，均为至要之问题。且吉长铁路决议兴修，将来商务之兴衰，交涉之难易，均于此立其基。而交通一便，内政尤繁，该道设立以后，分科办事，各有专司，迥非内地道缺可比。经营而扩张之，是所望于后之治斯土者。

纪蜜山府设治

蜜山府全境，东至乌苏里江左岸，西至宁古塔城烂面石，北至大饶力沟，南至兴凯湖岸喀字中俄界碑，东北至临江州界，西北至依兰府界，东南至松阿察河湖口亦字中俄界碑，西南至那、玛、拉三字中俄界碑。东南广六七百里不等，西南长三百里或五百里，茂草深林，崇冈峻巘。沿边桀骜之徒，遂啸聚其中，时出剽掠。既未能视如瓯脱，坐令滋蔓，要皆无官力以为抚绥，无兵力以资镇摄也。光绪二十六年，虽设招垦局于奎顶山，而无管理地方之责，且与连界各印官牴牾，遂无实效可言。三十三年始奏设府治曰蜜山府，檄员试办，而以垦务另派员办理。于是详勘界址，会办荒务，清办贼匪。虽荒务时有纠葛，故分界因之未定，然原拟界域固已大纲毕举。夫蜂蜜山地方与俄相接，仅隔兴凯一湖，俄民越垦时起龃龉。而我之招垦局创办多年，卒以匪穴未清，商民裹足，以致荒务未收成效。故必设立官吏，以办外交，清匪乱，招商民，次第扩充，乃有振兴之象。此则添设蜜山府之本意也。

纪濛江州设治

越那尔轰岭而南曰濛江，为吉省极南地，与奉天临江县接壤，向属于吉林府。然相距窎远，地广人稀，虽有循吏[1]，难期治理。前于该处设招垦局，迩者草莱日辟，垦户渐集，加以韩民越垦，漫无稽查，胡匪劫掠，末由剿捕。苟不增设官制，何以保民固圉。爰博览地图，参以舆论，光绪三十三年奏准设知州一员，曰濛江州。先行委员设治，盖以树省南之屏障也。三十四年派员勘分界址，适奉省亦增设长白府治，于是省

〔1〕　循吏，奉公守法的官吏。

界、州界议论各殊，或议划紧江、漫江以北均属濛江，是展拓濛江之说也，或议由下两江口至头道花园口子斜向西南，以白酱河为濛界，是缩小濛江之说也。二说纷纭，各有偏重。经界大政，不厌求详，往返筹商，乃克定议，绘图列说，具见疆理篇内。

纪长岭县设治

长春府与所隶农安县之区域，其先皆蒙古郭尔罗斯前旗游牧地也。由农安而西，直行至达尔罕王旗界，由长春而北斜行至奉天开通县界，纵横一二百里有长岭焉，亦蒙地之荒芜者也。承平日久，生齿益繁，附近人民以时开垦，其中渐成村落。于是拣派委员经理其地，然不过办理放荒事宜，初无所谓行政司法之职务。民有不得所者，未遑抚循安集之也。民有不率教者，未闻执法整齐之也。芸芸者众，待治孔殷。光绪三十四年，始奏准设蜜山、濛江、桦甸等府县，同时设长岭县，派员设治，而壤地褊狭，更拨农安属之农家、农齐、农国三区以附益之。虽西北各乡尚未集成市镇，而东南一方民物滋丰。据该县调查报告，境内共有八千五百余户，男女七万一千余人，熟地十一万七千余垧，马一万四千一百余匹，牛六百余头。由此，立善政以阜民财，施善教以启民智，吾知数年之后，其西北各乡亦必比于东南矣。

纪桦甸县设治

濛江东北有地名桦树林子、桦皮甸子者，其先皆吉林府地，即辽史所称辉发部是也。距府城或二百余里，或三百余里。崇山峻岭，林木葱茂。当夏秋间，伏莽尤众，使无策弭盗，则膏腴坐荒，商业亦废。光绪三十三年十二月，奏准于桦皮甸子设知县一员，名曰桦甸县，先行委员设治。三十四年派员勘分界址，佥以地势狭小不敷设治，请划磐石县之官街镇以附益之，而县治即设于官街。群议纷纭不能决。查官街距磐石县二百余里，距桦皮甸子九十余里，以官街属桦甸诚当，而必设县治于官街，则形势西偏。更派员往周历履勘，始于桦皮甸子稍南之桦树林子建设县治。其地三面依山，一面临松江，为江流总汇。附近木材随流而下，则经营林业便。东南一带如富尔河、大沙河、娘娘库河、牡丹亭等处，土壤饶沃，则招垦便。而异日韩民越垦，由濛至桦，亦易控驭。折衷至当，区画遂定。而官街商民尤以设治其地为请，昧于形势者又议以官街仍归磐石是，皆未合情势者也。生聚教养以成治绩，是所望于亲民者矣。

纪方正县分界

当方正泡之未设县治也，地本属于大通。而大通县治驻崇古尔库站[1]，在江北，跨江兼治江南，盖援乾隆二十七年借地设站旧案，两省会勘定立封堆凡十七处。而由夹信子以至老纸房，封堆时有出入，木兰、大通之界遂纠葛不清，即吉、江省界，亦纷错而不能正。光绪三十四年五月，始奏准将大通江北地段并依兰府江北插花地仍归江省管辖，其原在吉省江南之地则另拟新名。于是勘择方正泡地方设立县治，即定名为方正县。在江省，规复旧疆非侵越。在吉省，交还寄地非割据。而从此松花江以南为吉省，松花江以北为江省，界限清晰，不能搀越，旧案纠葛，皆可了结。其于民生吏治，庸无补哉。

附奏请择要增设府州县员缺折

奏为吉省属境辽阔，拟请择要增设府、州、县员缺，以固边陲而资治理，恭折仰祈圣鉴事。窃惟吉林控驭蒙疆，幅员最广。从前人民稀少，土地荒寒，是以区域虽宽，设官无几。近来生齿渐众，荒地亦须次第放垦，加以地僻山深，半为盗贼逋逃之薮，官既鞭长莫及，民更裹足不前，而边地空虚，尤易启人窥伺。盖昔之设治惟以卫民，今则兼为保土之计，有刻不容缓者也。兹查省城东北蜂蜜山一带，平原千里，土尽膏腴。光绪二十九年，前将军长顺奏准派员设局，试办招垦，一时虽未报竣，但能认真经理，富庶自不难期。其地东临兴凯湖，一无屏蔽。西距宁古塔城七百余里，兼顾难周。拟请添设知府一员，名曰蜜山府。又省城之西郭尔罗斯前旗所放蒙荒地亦不少，其地为长春、洮南两府要道。拟于适中之长岭子地方设知县一员，名曰长岭县。又省城东南之濛江，开办垦务历有年所，东南与韩为邻，居民多以入山营猎为生，风气强悍，几为教化所不及。近则分编仁、义、礼、智、信五社，民物亦渐蕃滋，拟添设知州一员，名曰濛江州。又东南为桦皮甸子，循头、二道江以及古铜河、大沙河一带，依附长白山脉，地势辽阔，拟请添设知县一员，名曰桦甸县。以上各缺，均仿照奉天章程酌派设

〔1〕 崇古尔库站，清乾隆二十七年（1762年）置，为吉林将军境内北路驿站之一。在今黑龙江省通河县东北三站乡。

治委员先往试办。一切事件，径由该员直接司道办理。其州、县亦不归府辖，以省转折。原有垦局之处，即由该局委员相机布置。统俟办有端绪，人地得宜，再行奏请补授实官。其应行刊发关防，请铸印信，建葺城垣衙署，核给廉俸津贴，由臣等酌量情形，随时奏咨办理。此外尚有应设之缺。惟移民招垦，因经费支绌，一时尚难措置完密，只可逐渐设施，倘遇有迫不及待者，再当随时筹设。所有此次请设各府、州、县员缺，合无仰垦天恩，饬下会议政务处、吏部迅速核议施行。除分咨外，谨恭折具奏。伏乞皇太后、皇上圣鉴。谨奏。光绪三十三年十一月二十四日具奏，十二月十八日奉朱批，会议政务处议奏。钦此。

附奏仿照江省添设民官酌裁旗缺折

奏为吉省壤地辽阔，治理难周，拟请援照江省成案添改民官，酌裁旗缺，以资控制而固边陲，缮单具奏，恭折仰祈圣鉴事。窃查吉省地界俄韩，土旷人少，强邻逼处，盗匪潜滋，边务、防务日形重要。从前旗民兼治，纲纪未周，往往一二千里设一民官。只以草莱未辟，政治简略，故得相安无事。自铁路通行，外交日亟，于是边塞重要之地，铁轨附近之区，商民聚集之处，管理空疏，自弃权利。而外人之所经营，胡匪之所啸聚，乃得乘我官力之所不及，侵略骚扰殆无己时。是欲筹治内防外之要策，非添设民官，断不足以资治理。朝廷注念东陲，毅然改革。自设行省，政务日繁，不但察吏，安民宜求完密，当此边界空虚，交涉繁重，外人之所以待我与我之所以自防，尤当悉心布置，以求控制之方。臣世昌前会同前任抚臣朱家宝，奏设西路兵备道，并添设蜜山府、濛江州、桦甸县、长岭县各员缺，并声明此外尚有应设之缺，再当随时奏明。臣昭常到任后，体察情形，复与臣世昌反复会商，各路仍觉空虚，辖地遂难周密，诚非因时制宜，通盘计划，熟筹增改，不足以规久远而控边防。盖边省与内地情形不同，内省重在治民，固以民户之繁庶为准。边地重在守土，应以地方之冲要为衡。臣等悉心商酌，拟于东南路设珲春兵备道一缺，驻珲城，办理珲春、延吉、绥芬一带边务及东南沿边兵备事宜，并管理珲春等处关税、交涉。于东北路设依兰兵备道一缺，驻三姓，办理依兰、宁山、临江一带边务及东北沿边兵备事宜，并管理依兰等处关税、交涉。以上二缺，责任繁重，且有兼辖属部之责，应于前设之西路兵备道缺，并请加参领衔，以资控制。至若府、厅、州、县各缺之宜妥筹整顿，尤为今日图治之急务。近边要者，招徕抚辑，筹办实赖贤能。当繁难者敷政施教，布置更须周密。试就西路言之，吉林府辖地最广，前虽分其东南之地增设濛江、桦甸二州县，其所属尚周环千余里。虽系省治所在，而民官仅一知府，治理实有难周。拟更划其东北各屯设一县缺，治舒兰站，名曰舒兰县。伊通州接壤奉省，亦属西南要区，拟升改为伊通直隶州。西北路逼近蒙界，素称繁要，已设有新城府，尚可控制。其原属之榆树县在吉省中最为富庶，亦系要缺，拟升改为直隶厅同知。就北路言之，双城厅旗屯居多，侨民亦众，铁轨通行，日益繁富。殊非一抚民通判所能统辖，拟升改为双城府。滨江厅原奏设于哈尔滨之商埠内，仿营口厅之例，专管该地交涉案件，名为江防同知。后因俄人不认，鲜能实行职务。现所辖不足十里，殊难成治。拟划双城沿江之地以益该厅，而改为双城府分防同知。宾州厅当吉、黑两省交通之要冲，开化尚早，户口颇繁，地面亦较双城为广，拟升改为宾州府。其南境之阿勒楚喀，商民繁盛，为宾州冠。拟于其地增一县治，名曰阿城县。依兰府原治三姓，辖地之广几两倍于吉林府，虽人烟稀少，求治尚难。然不预为措置，终难逐渐振兴。拟于其南境之桦皮川增设一县名曰桦川县，于其东境古勃利州地增设一县名曰勃利县。其原辖之大通县向治江北，今其地已划归江省，拟移治于江南依兰府西之方正泡地方。临江州北界黑龙江，东界乌苏里江，居吉省之极东北，边防尤为重要。其地亦广于吉林府，仅设一州，视同羁縻，颇非注重边界之道，拟升改为临江府。于其西境增设一县，以富克锦巡检升改，即名曰富锦县。于其东境乌苏里江附近增设一州，意在绥抚边境，因名曰绥远州。就东路言之，新设之蜜山府，地处极东，界乌苏里江而接于俄境，其地尤大于依兰府，而户口更较少。山野荒芜，伏莽潜滋，今虽力兴垦务，而实边分治，断非一知府、数委员所能为功。因拟相度地势，于其东北饶力河之南设一县，名曰饶河县，于其北宝清河之西设一州名曰宝清州，于其东南临兴凯湖设一县名曰临湖县，而府治则专辖湖之西北各地方。其次位于省之正东者，则为绥芬厅，即宁古塔副都统辖境，纵横约二千里。原设治三岔口，偏于极边，于行政殊多不便，拟升改为绥芬府，移治塔城。另于三岔口设一分防通判，以其地居宁古塔东南，因名曰东宁厅。其塔城东北原设有一穆林河知事，拟升改为穆棱县。就南路言之，西有长白山，东接珲春以抵俄境。长千余里，南北亦三四百里不等，仅设一延吉厅抚民同知，政教安能普及。且边界交涉纷起，因应尤难，拟升改为延吉府，仍治局子街。而于珲春设一抚民同知，分治密江站以东之地，名曰珲春厅。其原辖之和龙峪分防经历治图们江北一带越垦地方，关系尤要。允宜改设正印，以重边地，即拟升改为和龙县。其延吉以北之汪清河流域，荒原广漠，几为匪巢。因拟于汪清河沿岸设一县治，并分绥芬府南境之地以附益之，名曰汪清县。就中路言之，五常厅广袤五百余里，实当全省中枢，而民户颇众，政事亦繁，与府治相宜，拟升改为五常府。由省城至塔城及至延吉沿站八百余里皆无官治，盗匪出没，极碍交通。拟于额穆索站设一县治，划分敦化北隅、绥芬西隅、五常东南隅之地以成该县区域，名曰额穆县。以上添改各员缺，谨分别改设、添设、缓设缮具清单，恭呈御览。至珲春、三姓、宁古塔、伯都讷、阿勒楚喀各地方，既皆添设民官，足资镇抚。所有各该处副都统员缺毫无职任可言，自应援照江省添设民官成案，一并请旨裁撤，以一事权。其旗户案件、地粮统归地方专理。协领以下各缺应请暂仍旧制，俾专管理各处旗务事件。惟富克锦地方既设有富锦县，则该处协领一缺拟请先行裁撤。臣等审度时势，几经筹议，明知财力支绌，何敢好为纷更。但念边疆重要，列强注目，安危系之，若听其空虚，鞭长莫及，一旦有事，何以保存。故前岁所增之缺，第为先其所急，此次统筹全局，实不能不为一劳永逸之谋。如蒙俞允，单开各缺均系边疆要缺，与内地情形不同。其改设各缺，即拟拣员奏补。新设各缺，则拟分别缓急派员试署，或酌派设治委员先后分往试办。至一切划界、分治、招垦、设防事宜，俟大致勘定，再将四至图册，分别奏咨。并请各厅、州、县无论新设、改设及原设者，仍照前次奏定办法，径由该员直接公署，概不更归府辖以省转折，而归一致。其应行刊发关防，请铸印信，建葺城垣、衙署，核给廉俸公费及应否增设佐治等官，并其余未尽事宜，均由臣等参照奉、江两省成案，酌量本地情形，陆续会商，随时奏咨办理。所有拟请添改民官，酌裁旗缺，缮单具奏缘由，谨合词恭折具陈，伏乞皇上圣鉴训示，饬下会议政务处核议施行。谨奏。宣统元年闰二月十二日具奏，本月二十四日奉到朱批，会议政务处议奏，单并发。钦此。

谨将酌拟改设、添设各员缺，分别即设缓设，开具清单，恭呈御览。

计开：

五常府拟以五常厅抚民同知升改

双城府拟以双城厅抚民通判升改

宾州府拟以宾州直隶厅同知升改

绥芬府拟以绥芬厅抚民同知升改

延吉府拟以延吉厅抚民同知升改

临江府拟以临江州升改

伊通直隶州拟以伊通州升改

榆树直隶厅同知拟以榆树县升改

滨江厅分防同知拟以滨江厅江防同知升改

和龙县拟以和龙峪分防经历升改

穆棱县拟以穆林河知事升改

富锦县拟以富克锦巡检升改

以上六府、一直隶州、一直隶厅、一分防厅、三县各员缺，拟请即时改设。

东南路兵备道驻珲春城

东北路兵备道驻三姓城

珲春厅抚民同知治珲春

东宁厅抚民通判治三岔口

绥远州治乌苏里江汇黑龙江处之西岸

汪清县治汪清河岸

额穆县治额穆索站

桦川县治桦皮川

临湖县治兴凯湖西北岸

以上二道、二厅、一州、四县各员缺，拟请即时添设。

宝清州治宝清河西岸

舒兰县治舒兰站

阿城县治阿勒楚喀

勃利县治古勃利州地

饶河县治饶力河南岸

以上一州、四县各员缺，拟请暂行缓设。

行政官制篇

国家行政之大权，内操诸政府，而外寄于疆臣。京师各部者，政府之机键。行省诸司者，疆臣之肢体。故督、抚总揽全省之政体，必有专司一部分之事者焉。特地有广狭，人有众寡，力有盈亏，故设官之多少，要必视事之繁简以为衡考。江省军署旧制，原设有堂、户、兵、刑、工五司。副都统率其属入署办公，本与京部办法相合。故光绪三十三年奏改官制折内，有仿唐之都督府，元之行中书省，明之督、抚行台，为设立公署之请。然则公署者，即通省行政之官府也。其文案、秘书诸职，即督、抚幕府之掾属也。其各司衙门，即督、抚之分权行政官也。自督、抚以下，每日同入公署，晨集晚散，分科治事，秩秩然如治丝之不棼，指臂之相使，一洗侵越隔阂之病，所以消融意见，而无停阁废事之虞。惟是榛莽初辟，生齿未繁，以数千里不毛之荒地，数十万岁入之常款，方苦无民可养，何有于养官。以全省二道、二府、五厅、一州、七县之属，地方患无民可治，何有于治事。是以抚斯土者，辄复迟回审顾，姑先设提学司，以为学务之总持。设民政司，以为民治之基础。设度支司，以为财政之纲领。传所谓先立乎其大者，此物此志也。其余若交涉，若盐务，若巡警，若实业，或仅设局所，或暂归民政、提学司兼办，犹未设有专官，非敢缓也，将有待也。其原有之户司、银库司、善后总局，则并归度支司。其原有之兵司，则改为旗务处。裁其所可裁所以节糜费也。计省城衙署局所差缺之数额，支养廉薪公津贴之费，仅当吉林十分之五、奉天十分之三。非三省之政体规模广狭有不同，实以人民物力、国家财力只于此耳。从来高掌远跖之才，不规规于目前，而必图数十世可久之业。聿稽前代，汉设西域都护，唐立羁縻府州，明设东北边卫皆竭通国之全力以注意安边。即近览东西各国，其行政之费若何繁重，其俸饩之资若何优厚，彼岂掷黄金于虚牝哉。亦谓苟简之治，非所以持大体也。江省经营，庶政方在萌芽。地富于宝，则劝业道之设，在所必需。界逼于邻，则交涉司之官不宜从缓。三蒙分隶，则蒙务必争形势之要区。八旗谋生，则旗务实关教养之本计。苟使左帑稍充，尤当从容布置，此则区区之见，不能无望于后来者矣。

附奏设司缺变通办法情形折

奏为请设司缺，派员试署，并陈变通办法情形，恭折仰祈圣鉴事。窃查江省幅员辽阔，物产丰饶，百废待兴，得人而理。臣世昌于本年十月二十日行抵齐齐哈尔省城，与臣德全晤商办法，仍以设官分职，明定责成，为目前之要务。惟是江省土广人稀，天寒地僻，自哈尔滨以北荒凉满目，有亘数十百里不见居民者。至一省所入，岁不及五十万。近年举办各政，皆恃荒价以为挹注。一切经营悉同草昧而，员司俸糈微薄，又不足以赡给贤材。故论现在情形，不患有冗旷之官，而苦无民可治。至其难处，又不独无行政之费，且恐无以养官。此种艰难，无论内地行省迥然不同，即揆诸奉、吉两省，亦觉较难措手。臣等再四筹酌，惟有查照前奏官制，量为变通。盖既不敢踵事增华，致来虚位之诮，尤不敢因陋就简，致无举职之人。查奉省司道各缺，除交涉司，江省事务本简，旗务、蒙务二司，尚须体察情形，另筹办法，均请暂从缓设外，民政为地方自治之权舆，提法有司法独立之关系，度支为通省财政之枢纽，自应一律增设，与原有之提学共为四司。巡警，则江省城乡居民并少，拟不设道缺，归民政司兼办，并以从前之工司并入。劝业在江省最为切要，而诸务并无萌芽，拟亦不设道缺，暂由提学司经理。江省学务经该司张建勋苦心劝导，粗具规模。学业本属相通，使之尽心擘画，不难兼顾有余。提法司，即以现有之分巡道兼按察使衔裁改。度支司，则以善后局及从前之户司并入。似此变通办理，庶几损益得宜。以上各缺即应派员试署。兹查有军机处存记二品衔直隶候补道倪嗣冲，器局宏通，才猷练达，堪以试署民政司司使。现任黑龙江分巡道兼按察使衔秋桐豫，谨慎老成，熟谙律意，堪以试署提法司司使。二品衔候选道谈国楫，学识开敏，勤干有为，堪以试署度支司司使。仍由臣等察看，如其果能胜任，再行请旨简授。至参赞所领之承宣、谘议两厅事务，江省原由文案处办理三年，尚臻妥洽。现在佥事、科员、议员等暂难添设，拟酌设秘书官，与原有之委员分任其事，并将从前之印务处并入。其各司以下各官，亦均暂用委员，以归简易。所有请设司缺，派员试署，及变通办法各缘由，理合恭折具陈，伏乞皇太后、皇上圣鉴训示。谨奏。光绪三十三年十一月十九日奉朱批，着照所请，该衙门知道，钦此。

附会议政务处议准改设呼伦等道折

奏为遵旨会议恭折仰祈圣鉴事。五月二十日准军机处钞交东三省总督徐世昌署理黑龙江巡抚周树模奏江省幅员辽阔，亟应添设民官一折，并清单一件，奉朱批会议政务处议奏，单并发，钦此。臣等遵查黑龙江居满洲之西北，南至吉林，西至蒙古车臣汗部，北至俄罗斯，实为东省屏藩，屹然重镇。故前代自唐置黑水府[1]，而后辽金并为上京，设临潢府[2]肇州于其地，元称开元路[3]，亦以咸平府隶之。盖形势之地利，用多设郡县以相控制，理有固然也。今该督、抚欲于呼伦贝尔、瑷珲、墨尔根、布特哈四城旧副都统所治，请添设瑷珲、呼伦贝尔道员两缺，黑河、胪滨、佛山、嫩江知府四缺，瑷珲、呼玛、漠河、呼伦、室韦、萝北、武兴、讷河、布西、甘南直隶厅同知十缺，舒都、乌云、车陆、春源直隶厅通判四缺，诺敏、鹤冈、林甸、通北、铁骊知县五缺。改黑水、海伦直隶厅同知，设龙江、海伦知府二缺。并请裁撤墨尔根、呼伦贝尔、瑷珲副都统三缺，而加瑷珲、呼伦贝尔道员参领衔，以资镇摄。就其所陈，详加复核，尚能审量缓急，以为建置之后先，斟酌古今，以定地方之名称。凡所筹画，具有条理，应即请旨饬下该督、抚速即履勘，妥为经营。除原拟缓设各缺，应由该督、抚随时体察情形，陆续设立外，其添设各缺，应如何建署、定俸、置吏、添兵之处，详细具奏。至所称此次添设各缺，皆系边疆重要，非有熟悉边情，能耐劳苦之员，难资得力。拟慎选堪胜人员，随时奏明、请旨补授。开办之始，自当准如所请，不为遥制。并请饬下该督、抚慎选妥人，一切事宜责成切实经理，以收实效而固边圉。所有臣等会议缘由，谨恭折具陈，伏乞皇太后、皇上圣鉴。谨奏。光绪三十四年七月初九日奉旨，依议。钦此。

纪公署文案处

军署原有文案处，专办文牍事件。自改行省后，复将从前印务处并入，职掌益形繁重。凡奉天公署参赞所领之承宣、谘议两厅事务，江省悉由文案处主办。不另设佥

〔1〕　黑水府，全称黑水都督府，唐置边疆政区名，因设于黑水（今黑龙江）流域而得名。

〔2〕　临潢府，辽上京，位于赤峰市巴林左旗林东镇南郊。

〔3〕　开元路，元代行政区划。原金代东夏国置，治所在今俄罗斯滨海边疆区乌苏里斯克（双城子）。元太宗五年（1233年）灭东夏，将治所迁于石墩寨（今吉林市附近）。

事、议员，而以一二三等秘书官综核其事，以正、副科员副之，使之分科担任。科分四类，仿奉天承宣厅之制，曰机要，曰考绩，曰文牍，曰庶务，各专责成，无侵越亦无推诿。若有关兴革利弊事件，则略存咨议厅之意，秘书官如有真知灼见，亦可拟其办法，于督、抚与各司局处集议时，派令与议。至与各司所分权限，则事关机要及总汇各司之事，由文案处禀承督、抚办理。其案关成例及责有专属之事，交各司署，禀承司使办理。每日入署有定时，办公有定次。以文案处为督、抚立法、行政之机关，以秘书官为承上启下之枢纽，以正副科员为分条治事之职务。厘然有序，要由逐渐组织，以期臻于完备，此则公署文案处之大略也。

纪民政司

江省民政司，奏设于光绪三十三年。其所属人员分科五：一曰民治。凡地方自治，编计户籍，保息拯救，厘正礼俗，保存古迹之事皆隶之。二曰疆理。凡测量地面，审订图志，划分区域之事皆隶之。三曰警务。凡行政、司法、卫生、教练诸警务皆隶之。四曰营缮。凡衙署、城隍、学堂、仓厂、河渠、桥路、一切土木工作之事皆隶之。五曰庶务。凡典守印信，收发文牍，会计出入，不属于各科之事皆隶之。惟是江省地方，屯蒙初辟，以言户籍，则满、汉、回、蒙，其丁口且混杂而难稽也。而索伦、达呼尔、巴尔虎、鄂伦春、打牲部落，其游牧迁徙者无论矣。以言礼俗，则满、汉、回、蒙，其文字宗教且纷歧而不一也，而俄、日侨民之越垦经商者无论矣。以言疆理，则山川险阻，其道里国界之测绘且难于征实也，而地方区域更无从分析矣。以言巡警，则除省城呼、绥两府，人民且寥落无几也，而保卫治安尤难完备矣。以言营缮，则道、府、厅、州、县多新设，其衙署、学堂且规模草创也，而河渠、道路更待筹维矣。凡此皆民政司之，当以次组织、期臻完美者，则此五科员司之设，即治民事之嚆矢也已。

纪提学司

江省之有提学使，自废科举改学堂始。前此考试事宜，兼管于奉天学政。自光绪三十三年特简提学司，故于四司中设立为最先。其所隶职员，遵照学务官制，分为六科：一曰总务。凡一切紧要文牍隶之。二曰普通。凡普通各学堂教授、管理法及考试、升学事宜均隶之。三曰专门。凡专门各学堂及出洋游学事宜均隶之。四曰实业。

凡各项实业学堂及扩充实业教育事宜均隶之。五曰图书。凡编辑教科书及审定教科图籍均隶之。六曰会计。凡收支款目并考核学堂报销事项隶之。此外聘用议绅、省视学以符官绅并用之制，议绅暂不设立，视学员则一律遍设。一从撙节，一图扩充也。惟劝业一项，江省最为切要，而诸务尚鲜萌芽。业于三十三年奏设司缺时，声明不设道缺，暂由提学司兼办。此则变通办法，视奉、吉情形略异者耳。江省文化闭塞，开通较迟，骤语以稍深之学理，半属茫然。惟赖劝学，宣讲诸员热诚劝导，务使人人具普通之知识，而后日进于文明。是所望于有学务之责者已。

纪度支司

江省之设度支司，亦奏准于光绪三十三年。其规模大略悉仿奉天办理，所微有不同者，则奉天度支司关于旗务部分内之事概不经理。江省未设旗务司，而旗务处仅掌兵司事项。凡户司原管之常年贡品及城旗、俸饷、恤赏等事，并隶于度支司。然范围虽广，而分科则一，以简括为宗。其所设之科五：一曰会计。凡预决算数，稽核出入款目等皆属之。二曰田赋。凡征收租税，清理田亩、分别蠲缓、赈抚等事皆属之。三曰俸饷。凡文职官员廉俸薪费，旗官巡防巡警薪饷，各司局处支款皆属之。四曰税务。凡货捐、杂捐、田房产税、牙商、户帖等项皆属之。五曰庶务。凡恭办贡物，万寿典礼，印信文牍，公用器具，本署支款及不隶各科之事皆属之。他若全省实业，如森林、渔业、矿产原归善后局管理者，则划归兼管劝业之提学司办理。户司所管户口，工司所管工程诸事，则划归民政司办理。放荒收价，则仍归垦务局办理。各清权限，不相逾越。惟是全省养官行政之费，若公署，若司道衙门，若省城局处，若府、厅、州、县以及巡防、营务处之养兵费，提法司之司法费、提学司之教育费，及劝业部分之实业费，民政司之巡警、营缮各费，计岁需约二百万，皆取给于度支司。而度支司常年之入款，恒不足以相抵。开源节流，是全在有理财之责者得转移措置之方已。

纪旗务处

旗务处之设，乃就军署兵司之旧，而更易其名目，厘正其职守，整饬其事务者也。兵司原管事件，除军政外，若旗员升迁降调，承袭世职，旗丁拨地归农，代谋生计，均隶兵司范围，于名义本难赅括。况改省以后，诸司以次裁并，奉天则另设旗务司，吉林则改为旗务处，故江省亦于光绪三十四年比照吉林办法办理。惟情形略有不同者，如吉林礼制股所掌之典礼、祭品、贡物及官兵俸饷，江省向隶户司，现已归并于度支司兼办。庶务股所掌之劝学、宣讲、实业，江省已由提学司兼办。至稽赋股所掌之随缺地租，征收租赋，则向为江省所无。其所应办者，只军政、马政、旗官额缺、旗丁生计，故任事只分三科，设职不过十余员，章程规制，无事铺张，从其简也。

纪公署及各司管属之各局处

行省各局处，除附设公署及隶于各司外，如巡防营务处、盐务局、官银号、督练分处、文报局，均有三省统一之规。其由江省管属之独立局处，有专奏设立者，有遵章设立者。一、谘议局筹办处，成立于光绪三十四年，附设研究所，选本省官绅士民，以研究选举方法，分派各属办理选举事务。一、调查局，成立于光绪三十三年，本省满汉蒙旗杂处，风俗互异，爰参照宪政编查馆定章，略为变通，以臻详实。一、垦务总局，创始于光绪三十年，至三十四年，复经厘定规制，裁节糜费，局中共设有人员十一员，差足办事而已。一、铁路交涉局，光绪二十七年奏请设局于哈尔滨，原设有满洲里、昂昂溪、海拉尔、安达、札兰屯、博克图六分局，均归总理。一、省城交涉局，于光绪三十一年成立，三十四年以从前之商埠局并入，厘订职司，实行裁并，规制厘然备矣。江省交涉重要，而关于铁路之交涉尤多，既未设交涉司，故两局直接公署办理，亦犹之改设旗务处之意也。若垦务局以收荒价为大宗，而款仍解司。谘议局筹办处甫经筹立、且选举事竣，则将撤局。故两处亦均直接公署以归简易，与奉省稍有不同耳。若省城内外之各税局，则仍隶于度支司。关于实业之局所，如矿政局之类，则暂隶于提学司。盖江省财政支绌，创办之初，不能不诸从撙节，此办理边事所不得已也。

司法官制篇

江省民风浑噩，畏禁令而重犯法。自八旗子弟先后征调入关，地广人稀，及铁轨开通，执工役者日众，由是蒙回愚顽之辈，内省失业之民以及俄人越境亡赖之徒，杂糅错处。自府、厅、州、县既设，而地方官第留心于户婚、田产之争，刑名词讼之细，其偏执己见者又或未能悉持其平。环球各国，相率守三权鼎立之制，我中国圣人念刑罚世轻世重，胶柱者之不可以鼓瑟也，乃特简修订刑律之大臣相与议定草案，与新官制相辅而行。而黑龙江于诏改行省之年，爰有请设提法司之奏。凡民刑审判一切司法上行政之事，皆得而总持之。其年十一月以分巡道秋桐豫改署斯缺，莅任以来，于刑司移交事件，分别已结、未结，勤加勘核，定司署官制为总务、民事、刑事、典狱四科。分条析缕，如治丝之不棼。未几而模范之监狱成，又未几而罪犯之习艺所立。盖司法上行政之萌芽肇端于此矣。惟于各级审判、检察厅之设，若迟回而有待者，其中有数原因焉：一、由于江省之设治未久，民刑本属稀简，设官多而治事少。一、由于江省之榛狉未改，智识尚浅，强聒以民事、刑事之分，公诉、私诉之别，恐茫然无所适从。一、由于江省之吏才无多，于旧律且乏通晓例案之人，于新律更鲜研究法学之士。有此数原因，故江省各级审判、检察厅之设，独后于吉、奉者，时势限之也。然而民智日进，则民度日高，法官益尊，则法律益重。横览东西各国，法兰西，宪法之母也，观其法典一书，自犯人告发、罪案搜查、判事预审、法庭上诉以及捕拿、监禁、质讯、保释、辩护、传证诸法，言之綦详。若希，若奥，若比，若德，若英、意、荷、瑞接踵而起，争相效法，故能成今日宪政之世界。然行政、司法之权限，其始亦未易分离。日本最后起之国也，其裁判所之独立，当明治四年即始置于横滨、神户、长崎各商埠。越数年而后推置于中央司法省，又数年而后推置于各府、县。由是而市，而镇，而町村，分区遍立，最后乃置大审院。至二十三年裁判所构成法成，而后司法独立之机关方臻完备。今中国编纂官制，所订行政司法分期办法，以黑龙江列第五期。可知各级审判厅之设，要宜循序渐进。今亟宜筹备者，如省城开通较早，且为各属模范，是宜早为设立各级审判、检察厅，以树风声。外城则莫如绥化，呼兰两处生齿繁盛，讼狱滋多，亦宜次第筹设，以期巩固法权。其商埠各区，先宜择要试办，缓事扩充。其余府、厅、州、县人户零星，民情椎鲁，先宜慎选熟谙法律、廉明公正之佐治员，专司听讼。先以立民刑诉讼规则之惯例，即以开行政司法分立之先声。但办事固有次第，而储才尤属重要。方设立法律研究所，俾江省各员普通肄习，务期以旧律淹贯，而过渡于新律之解释。迨新旧皆有根柢，乃使之实地练习，以求合于民情、风俗之宜。开办一处，则收一处之效。是司法官吏之预备，亦应如立宪之逐年递进者。否则貌为新政，而以旧日之官吏应之，或仍使行政官兼理，司法有名无实，积习相沿，其破坏紊乱，尚不如缓设以待将来。此则行新政者之同病，而于司法前途为尤甚也。

纪提法司

江省提法司，奏设于光绪三十三年。分科四：曰总务科。科三类，一考绩，二文牍，三会计。凡本司各科人员升迁调补，文牍印信，经费讼罚，罚锾没赃诸事皆属之。曰刑事科。科三类，一复核死罪，二复核军流以下各犯，三办理秋审、恩赦诸事。凡关涉罪名者皆属之。曰民事科。科三类，一承继析产、婚姻涉讼，二钱债房屋、地亩契约及索取赔偿诸事，三不动产、商业船舶及其他登记事项皆属之。曰典狱科。科二类，一考查全省监狱改良，狱中赏罚，核算囚粮，调查人犯，二考查全省习艺所管理制度，稽核工作等事，凡关涉监狱事件皆属之。创办之始，各级审判厅未立，诸事尚属简略。每科设科长、正副科员，别设额外副科员，使之研究律学。其特出者咨送京师律学馆肄业，以养成法律人才。则此后各级司法员之设，审判、检察之资，悉储于此矣。

纪裁判处

省城裁判处之设，奏准于光绪三十一年，成立于三十二年，专理各属上控提审命盗各案及大小词讼。开设之初，事务尚简，其总办以分巡道兼领，以下预审、帮审、稽查、主稿、帮稿诸委员各用其半。嗣因案件日繁，乃由将军衙门刑司拨员助审，即派理刑员外郎兼为该处会办。三十三年刑司归并裁判处，各副都统、总管咨报各旗命盗杂案，均归办理。始补足额设各员，规制、章程较前厘订加密，以为组织各级审判厅之预备。现在省城正拟开办高等审判厅，拟以裁判处改设。而司法独立，实于此权舆矣。

变置地方官制篇

腹内行省，不可无治官之官，官以察吏者也。沿边行省，不可无治民之官，官以聚民者也。以民养官者官患其多、以官保民者官患其少。故览今日之全局，他省之官议减，而江省之官独议增者，必有官始有民也。在昔开国之初，土著之民本极鲜少。编旗定制，悉以将军、副都统军防之法治之。其时东西相距二千八百余里，南北相距一千五百余里，寥阔荒旷，殆无居民。故二百年来，并无地方官之设。自咸丰以后，内地侨民先集于呼兰河一带，受廛兴垦，每因旗汉杂居，时起龃龉。呼兰虽有副都统、城守尉诸官，而无审理民事之权，乃于同治间创设呼兰理事厅同知、绥化理事厅通判，均佐之以巡检，是为江省有地方官之始。迨至铁轨交通，垦户麇聚，东荒一带为全省菁华所萃之区，于是将军程德全先后奏设民官，注重东南。一方面于省城则设分巡道兼按察使衔，以管理刑名驿传，佐之以道库大使[1]，又设黑水厅同知，以巡检、司狱佐之。于东边则设有绥兰海兵备道，亦以道库大使佐之，即现改为兴东道者也。于呼兰则裁副都统，升呼兰厅为府，移治呼兰城，改巡检为府经历以佐之，不设首县，而另设巴彦州于旧厅治之巴彦苏苏。设兰西县于呼兰河之西，设木兰县于巴彦苏苏之东大小木兰达，以吏目、巡检佐之。又升绥化厅为府，仍治绥化，亦改巡检为府经历，不设　首县，而置余庆县以属之。另置余庆街分防经历驻上集厂。于通肯则裁副都统，设海伦直隶同知，亦佐之以经历。复以札、杜、郭三蒙旗渐次开荒，满汉蒙民杂处，于札旗界内设大赉厅抚民通判，于杜旗设安达厅抚民通判，于郭旗设肇州厅抚民同知，均加理事衔，又设巡检以佐之。嗣于崇古尔库站设大通县，于汤旺河侧设汤原县。又合吉、江两省设滨江关道，驻哈尔滨商埠，以理交涉，督关税，而以江防同知佐之。此改行省以前建置之情形也。世昌自奉命督东以来，默察东南形势，渐已布置周密。因而举经营南边之策略，移而注重于东北、西北两方面。因先就兴东道移治之议，勘定于小兴安岭东之托萝山，拨款兴工，以竟前此未竟之绪。嗣乃奏请裁瑷珲副都统，改设瑷珲兵备道，以黑河府知府、瑷珲直隶厅同知属之。裁呼伦贝尔副都统，改设呼伦兵备道，以胪滨府知府、呼伦直隶厅同知属之。裁墨尔根副都统设嫩江府知府。复升黑水厅为龙江府，升海伦厅为海伦府，均设佐治员，不设佐职，从新章也。余如杜尔伯特沿江荒地，吉拉林金矿要地，皆已派员设治，前往试办。果使地辟民聚，权不外侵，生殖数年，蒸蒸富庶，则林甸县之设，室韦、布西、甘南直隶厅之置，以及原议缓设之厅县，届时酌察情形，相继设立。异日者星罗棋布，不复予强邻以可乘之隙，门庭既固，堂奥斯安，内治既修，外侮自戢，岂非我边圉无疆之幸福欤。

纪建托萝山兴东道署

兴东道，系裁绥兰海道改设。绥兰海道原驻绥化城，管辖吉江两省松花江上下千

〔1〕　道库大使，清代官名，掌库藏事宜。

余里，于江之南北镇摄甚为重要。嗣因吉、江两将军会奏设立滨江道于哈尔滨埠，办理铁路交涉，兼辖呼兰等处，绥兰海道已同赘旒。又江南设有依兰府、临江州，江北设有大通、汤原两县，沿江不患空虚。故于光绪三十一年奏请以绥兰海道移驻内兴安岭迤东，改名为兴东兵备道。惟是经营招荒、开路诸事，端绪繁难，苦无基址。至改行省后，因饬试署兴东道庆山亲往属境周视履勘，始踩得岭东之托萝山以北与江东俄屯之松由子地方隔江相对，水陆冲途，形势扼要。遂定计于其处建立衙署，出放街基，为辟土兴工之计。现又奏请分段设立局卡三处，酌派工程、转运两项员司，以期工程速竣。惟绥兰海道库大使业已裁撤，兴东道所属萝北厅同知虽经奏准，揣之民情财力，尚须暂缓建设也。

附奏设兴东三段局卡折

奏为兴东地方设立三段局卡，并暂派工程各项员司，以资建设而利交通，恭折仰祈圣鉴事。窃查兴东道一缺就绥兰海兵备道改设，移驻内兴安岭迤东，并请派员试署。于光绪三十二年正月间经前署将军程德全奏奉允准，钦遵在案。当饬该署道庆山前往属境，周履巡视，详细查勘，先以通道修署为入手办法。旋据该署道呈报，踩得托萝山北与江东俄屯松由子对岸，即现奏设萝北厅地方，水陆冲途，形势扼要，当经批令，即在该处修建衙署，出放街基，以为该道治所。嗣又据呈称，该处所需食粮、物料以及工匠，均须取给于吉林之三姓，此后招徕民户，亦非由三姓一线陆路开通不可。查由三姓抵汤原县尚有草道可通，自汤原县至现修兴东道署五百余里，一片荒凉，夙鲜人迹。拟先分段设立局卡三处，拣派员司，酌修房屋，以便住宿行旅，兼资保护。至修署筑路各工，采运粮料等物，道远事烦，并请暂派工程、转运两项员司专司其事，以期早得竣工。等情开单呈请核办前来。臣等查兴东一隅，沿江千有余里，与俄为邻。境内土脉膏腴，林矿丰富，此时建官设治，殖民实边，自以设署、开道为先务。该署道所请沿途先设局卡三处，并暂派工程、转运各员司，皆关紧要，已饬照办。至所用员司书差，因地属极边，诸物昂贵，所需薪工川资，自应从优支给。其心红、办公、车船脚价等项，并饬核实动用，均请作正开销。即于奏拨兴东经费内动支，统俟署工蒇事，汇总奏报。所派工程、转运两项员司，并俟工竣，即令裁撤。至沿途局卡，嗣后尚有应行添设之处，再行随时奏咨办理。除将各员司名数暨开支章程咨部外，所有兴东地方设立三卡，并派工程、转运员司缘由，理合恭折具陈。伏乞皇上圣鉴，饬部立案。谨奏。宣统元年二月二十六日具奏，闰二月十二日奉朱批，该部知道。钦此。

纪杜尔伯特沿江设治

杜尔伯特旗之多耐站，在嫩江东面四五里，与温托河、他尔哈两站首尾相接，南北长而东西窄，成一半规之长梭形。前于三十二年间，将军程德全饬于该站设局，放出毛荒五万六千四百余垧。嗣因匪扰撤局，至三十四年始奏明试办设治，派委设治委员，凡旗民、蒙古命盗词讼案件均归判断。现在站户熟地一百余垧，已一律升科。正拟划清界限，踩放街基，支盖署所，以为修城设治，建筑衙门之基础，并为保护垦民，治理地方之权舆。一俟规模成立，当即设立武兴厅，以符奏案。

附奏杜尔伯特沿江放荒地请派设治委员片

再查杜尔伯特沿江一带闲荒，前于三十二年经臣德全奏派骑都尉庆恩总理该行局事务，带领员司前往勘办。旋据禀报，该旗闲荒除各站台与蒙古村屯外共勘有毛荒六万余垧，并请将界连省属夹荒一段，划归该行局并放。荒地分为三等，计头等价银五两一钱，二等价银二两四钱，三等价银一两四钱。各节当经饬令，遵照丈放，各在案。兹据该行局禀称，共放出毛荒五万六千四百余垧，按三七折扣，共应收押租银十一万零七百余两。内已收进银二万八千三百余两，实欠在民银八万二千四百余两。又应收一五经费银一万六千六百余两，内收进银四千二百余两，实欠在民银一万二千三百余两。并于蒙荒内丈出熟地六百余垧。惟因该处设局伊始，即经股匪扰乱，领户既逡巡却顾，上年复亢旱歉收，加以银钱奇绌，地土瘠薄，办理极为费手。不得已变通缓限交价，现仅放出此数，而时日过久，用款滋多，计开支薪工之费，已用银至一万九千九百余两，均属万无可节。除将所收经费抵用外，现由押租项下垫拨。将来如能放出余荒，或可藉资弥补。等情禀请核办前来。臣等查该行局前岁甫经到段，而匪首天合等窜扰多耐站一带，将该局员司全行掳去。时庆恩在该蒙旗札萨克处商办荒务，闻信单骑赴贼，贼众感动，相率以去。又上年附省天时苦旱，收成歉薄，均经先后奏明有案。是该段荒务棘手，未能一律蒇事，自属实在情形。现既剩荒无多，费用甚巨，业经饬令撤局。惟该处地面现经臣等委派在任补用知县、绥化府经历锡寿为该处设治委员，饬即妥为经营，并督催各户开垦，以为日后设治基础。仍令赶紧催收各户欠价，暨将余荒随时设法招放，俾期此荒早日完结。至该处设治、区画各事宜，一俟臣等将通省官制统筹规定，另案奏明办理。除俟该行局总理造齐各册再行咨部外，谨附片具陈，伏乞圣鉴。谨奏。光绪三十四年三月二十六日奉朱批，该部知道。钦此。

纪吉拉林设治

吉拉林设治委员设于光绪三十四年，其地在吉拉林河旁，为额尔古纳河南北纵贯适中之区。西南对俄屯之卧牛槐，西北对俄屯之敖洛气，平坦肥沃，最宜农殖。惟隔额尔古纳河紧与俄接，俄人时出越垦。又富于金矿，从前庚子之乱，已为俄人占踞，经将军程德全竭力争回，招商承办。现因资本告绌，厂遂归官。因派设治委员参照厅治章程，前往试办。所有地方租税、词讼、命盗案件均归设治局办理。其自塔尔巴干达呼山至治所七百里，稍加夷治，即成周道。自治所至珠尔干河三百余里，多荒僻小径，开路颇难。俟逐渐开辟，烟户麇聚，当即建立室韦厅，以符奏案。然勘踩署所，总以移于根河北岸为得势。吉拉林地势较小，目前不过就金厂为督率根据也。

附奏吉拉林试办设治片

再呼伦贝尔所属吉拉林一带，地处边远，逼近强邻。该处金矿前为俄人占踞，嗣经臣德全委派千总龚泰山前往收回，藉杜外人觊觎。现在彼处垦务、木植等事，均关紧要，亟宜派员设治，逐渐经营，以捍边圉而固利权。业经臣等于上年十一月间札委同知用、候补知县卞调元，带同员司前往试办一切设治事宜，并接办金矿等事。其设治经费，参照各处厅治章程，每月支银七百七十六两。捕盗营饷津等项，仍照设治章程发给，以资弹压。迭经先后饬遵各在案。至通省沿边各地方设官事宜，容臣等体察情形，再行统筹奏明办理。除咨部查照外，谨附片具陈。伏乞圣鉴。谨奏。光绪三十四年五月二十四日奉朱批，该部知道。钦此。

纪改设瑷珲、呼伦两道缺

瑷珲、呼伦两兵备道之设，奏准于光绪三十四年。瑷珲道节制之地，东接兴东道，分界于逊河口。西接新设之嫩江府，分界于内兴安岭。北接呼伦道，分界于额尔古讷河口。纵约四千余里，横约一千里。凡前黑龙江副都统之所辖，今皆隶于瑷珲兵备道。道所驻地设瑷珲直隶厅同知，所属有黑河府知府、呼玛直隶厅同知、漠河直隶厅同知。现在奏署道缺，未经部准，其旧日所设巡警、交涉、税捐、善后诸局，当俟副都统裁撤以后，按照新定规制办理，以归整齐。而东北一方面，实惟瑷珲一道为重寄矣。至呼伦道所节制之地，则自内兴安岭迤西延长一二千里。额河以西，强邻对峙。其形势足以屏蔽齐齐哈尔省城，控制喀尔喀蒙古，则又西北边之门户也。兵备道之设，仍以备边为要著。道所驻地设呼伦直隶厅。所属有胪滨府知府、室韦直隶厅同知、舒都直隶厅通判。现在奏署道缺，亦未经部准。而边垦局之设，钤辖沿边卡伦，关系重要。将来改制以后，应否仍留总分局，抑由厅治兼办，均待新设各官到任，再行规画。

纪升龙江、海伦两府缺

黑水厅升为龙江府，海伦厅升为海伦府，亦奏准于光绪三十四年。当光绪三十一年奏设黑水厅时，以省城不可无民官治理，故设抚民同知兼理事衔以兼管地方旗民词讼之事。自设厅治以来，踩放街基，招集商户，人烟日以稠密。而昂昂溪、呼玛尔河、宁年站、甘井子、富拉尔基诸处，亦复屯聚日众。兼以建立行省，省中各司官制，渐渐完备，故请改厅为府，以为全省之冠。海伦即通肯故区，前此垦户零星，旗汉杂处，并无市集城镇。旗民争讼，或起诉于副都统、协领署。自设厅治，裁副都统以后，词讼尚称稀简，而盗匪袭劫，肆行无忌。迨三十四年，呼、绥巡警迭获著名积匪，盗氛稍息，徕垦日多，屯户日聚，故奏升厅为府。现在奏署府缺，虽未议准，而原有厅治，治事如常。此又与新设各府，其规画之难易不同也。

纪添设黑河、胪滨、嫩江三府

黑河、胪滨、嫩江三府之设，亦奏准于光绪三十四年。黑河府拟设治于大河屯，在黑河之北与俄屯夹精奇里河相对峙。府治之西南为四家子，其东为旧俄屯布拉图威臣斯克，其治所极为冲要，为瑷城北面之屏障。胪滨府治拟设于满洲里，其地当东清铁路入境之首站，为西边第一重门户。嫩江府治则拟设于墨尔根城，其地居江省适中之地，为自瑷至齐孔道，即由嫩江上驶之船可直达焉。实为水路通衢，足以东西控制。从前曾有黑龙江巡抚移驻墨尔根之请，亦以此地形势之扼要也。

纪添设瑷珲、呼伦两厅缺

瑷珲、呼伦两直隶厅同知之设，亦奏准于光绪三十四年，现在正议建置。其厅治与兵备道同城，所管学堂、局所及安集垦民、清理丈量一切刑名词讼等件。瑷珲厅既无属县，均应直接经理而受成于兵备道。新定章程应设之审判、视学、劝业、主计、警务兼典狱诸员，均当酌察遵办。现在奏署厅缺，虽经议驳，而招抚安集，是又不得缓为筹议也。

纪缓设甘南各府、厅、县缺

江省续拟设官处所，除瑷珲、呼伦两道，龙江、海伦、黑河、胪滨、嫩江五府，瑷珲、呼伦直隶两厅均已设立，杜旗之武兴厅、呼伦贝尔之室韦厅亦已办有基础外，余如兴东道属之应设萝北厅鹤冈县，龙江府属之应设林甸县，西布特哈之应设布西直隶厅，富拉尔基之应设甘南直隶厅，均三十四年原奏即设之缺，自当以次增设。而兴东属之拟设佛山府，瑷珲属西尔根卡地之拟设呼玛厅，漠河之拟设漠河厅，呼伦贝尔属免渡河之拟设舒都厅，以及乌云河之拟设乌云厅，车陆之拟设车陆厅，伊春呼兰河源之拟设春源厅，嫩江府属诺敏河之拟设诺敏县，海伦府属通肯河之拟设通北县，铁山包之拟设铁骊县，又如东布特哈之拟设讷河直隶厅，则均俟道路开辟垦民来集后，再议建置。惟为西北实边计，则库尔多博珠尔干河亦须添设治，以期巩固。而西北界线之鄂锡们河、呼玛尔河之间亦稍空虚，呼玛厅之与漠河厅声息亦颇悬隔，此则预筹之计画，不能无望于生聚之后者也。

附奏添设民官酌拟增改道、府、厅、县办法折

奏为江省幅员辽阔，亟应添设民官以资治理，谨将酌拟增改道、府、厅、县办法，缮单具奏，恭折仰祈圣鉴事。窃查黑龙江省南障吉、奉，西控蒙藩，外接邻壤，经纬纵横，几及万里。圣武龙兴，索伦、巴尔虎、鄂伦春诸部后先归附，率系打牲、游牧，聚处无常。是以仅设驻防，未立郡县。咸丰以后，呼兰等处屡议开荒，内地侨民负耒而至，

加以外屯密布，邻柝相闻，时势变迁，断难墨守。于是呼兰、绥化相继设官。近年又于省城及开垦三蒙旗并原设呼绥两厅，增设府、厅、州、县一十三处，以为绥边抚民之计。合计全省地面民官所治，仅及十之二三。瑷珲、呼伦贝尔、墨尔根、布特哈四城所属，仍无郡县。方今瑷、呼商埠，次第开通，交涉烦重。墨、布两城，垦荒开矿，历有年所。黑龙江沿岸数千里皆与俄邻，彼则屯守相望，我则草莱未辟，以无官故无民，无民则形势隔绝，土地荒芜。外启他族侵越之谋，内为匪徒逋逃之薮。是非增设郡县，充实内力，别无控制之方。前代如辽、金、元，皆于江省设立路、府、州、县。各国于荒旷之区，又咸以殖民、设邑为至计。臣世昌自三十二年查事来江，即见边卫过于空虚，非增设民官，不足以言拓殖。抵任以后，屡与署抚臣程德全会商办法，此次复与署抚臣周树模体察情形，通盘筹画。窃以实边至计不得不先定规模，筹款维艰不得不略分次第。现拟添设瑷珲、呼伦贝尔道员两缺，黑河、胪滨、佛山、嫩江知府四缺，瑷珲、呼玛、漠河、呼伦、室韦、萝北、武兴、讷河、布西、甘南直隶厅同知十缺，舒都、乌云、车陆、春源直隶厅通判五缺，诺敏、鹤冈、林甸、通北、铁骊知县五缺，改设龙江、海伦知府二缺。拟就开辟商埠之区，及人户较多、形势扼要者先行设立。此外，或先派委员，或暂缓设治，俟地辟民聚，经费有着，再行陆续筹设。其新设各缺所辖之区，俟设治时详审履勘，划清界限，绘具图说，再行奏明办理。谨将详细办法，缮具清单，恭呈御览。至墨尔根、呼伦贝尔、瑷珲副都统三缺，自应按照上年原奏即行裁撤。惟呼伦贝尔、瑷珲两处，办理交涉、关税事务，责任较重，且有兼辖属部之责，今既改设道员，应请加参领衔，以资控制。其拟设之黑河、胪滨、佛山等府缺，拟查照上年原奏及吉林新设蜜山府奏案办理，不领属县。至于设治以后，应如何明定廉费，酌设佐吏，添拨兵队建置署所，届时续行具奏。此次添设各缺，皆系边疆重要，与内地情形不同。非有熟悉边情能耐劳苦之员，难资得力。如蒙俞允，拟由臣等慎选堪胜人员，随时奏明，请旨补授，以裨地方。总之，江省情形实由人民过少，以致百端废弛，等于石田。窃查雍正年间改诸边为郡县，而要塞以固，嘉庆年间于川陕置郡县而乱端以平，证之前史，晋增东南郡县，则浸至危亡。得失之分，关系甚巨。现拟增设江省民官，事机急迫，已觉后时。若再迟回，更属无从措手。此臣等不敢不切实陈明者也。所有酌拟增设江省民官各缺，缮单具奏缘由，谨恭折具陈，伏乞皇太后、皇上圣鉴训示，饬下会议政务处核议施行。谨奏。光绪三十四年五月二十九日奉朱批，会议政务处议奏，单并发。钦此。

谨将酌拟添设江省道、府、厅、县名称，驻所并分别先设、缓设，缮具清单，恭呈御览。

计开：

瑷珲兵备道加参领衔驻瑷珲拟即添设

黑河府知府驻大河屯拟即添设

瑷珲直隶厅同知驻瑷珲拟即添设

呼玛直隶厅同知驻西尔根卡伦拟缓设

漠河直隶厅同知驻漠河拟缓设

以上归瑷珲道管辖

呼伦兵备道加参领衔驻呼伦贝尔即拟添设

胪滨府知府驻满洲里即拟添设

呼伦直隶厅同知驻呼伦贝尔即拟添设

室韦直隶厅同知驻吉拉林即拟添设

舒都直隶厅通判驻免渡河拟缓设

以上归呼伦道管辖

佛山府驻观音山拟缓设

萝北直隶厅同知驻托萝山北即拟添设

乌云直隶厅通判驻乌云河拟缓设

车陆直隶厅通判驻车陆拟缓设

春源直隶厅通判驻伊春呼兰河源拟缓设

鹤冈县知县驻鹤立冈即拟添设

以上归兴东道管辖

龙江府知府以黑水厅同知改即拟改设

林甸县知县驻大林家甸即拟添设

嫩江府知府驻墨尔根即拟添设

诺敏县知县驻诺敏河拟缓设

海伦府知府以海伦厅同知改即拟改设

通北县知县驻通肯河地拟缓设

铁骊县知县驻铁山包拟缓设

讷河直隶厅同知驻东布特哈拟缓设

布西直隶厅同知驻西布特哈即拟添设

甘南直隶厅同知驻富拉尔基即拟添设

武兴直隶厅同知驻多耐站拟缓设

附奏续设道、府、厅、县酌拟设治章程折

奏为江省续设道、府、厅、县，酌拟设治章程，以扩新规而资治理，恭折仰祈圣鉴事。窃查上年江省奏请添设民官，经会议政务处议复照准，并令将添设改设各缺应如何建署、定俸、置吏、添兵之处，详细具奏。等因，奏奉允准，咨行前来。自应钦遵办理，以便开办。伏维今日拓张民治，自应仿照新定官制，酌量地方情形，因时变通，庶冀行之有效。江省边荒初辟，更张法制，较易推行。臣等谨按照新定直省官制及本省原定设治章程，详细酌拟办法大要。各道、府、厅、县均不设大使、经历、巡检等官，裁旧有之承办处，而设佐治员以分理庶政，裁旧有之捕盗营民壮等名目，而分设司法、行政、巡警，以树新政之基。至现在设治各处，人民本稀，词讼尚简，其各级审判厅等应请暂缓设立，仍于各府、厅、县各设审判员，帮同地方官审理词讼案件，并于各道设司法股委员，帮同各道核转该管所属地方各案件，以期分理，而归详慎。其余正佐各官养廉、薪公等项，亦均体察情形，分别酌定。除此次添设、改设各缺均应遵照办理外，其余旧设各缺，一俟新章实行无碍，再行奏请一律照办。所有江省续设道、府、厅、县酌拟设治章程缘由，除分咨外，理合缮单恭折具奏，伏乞皇上圣鉴训示。谨奏。宣统元年二月初六日奉批，该部知道，单并发。钦此。

谨将酌拟黑龙江设治章程缮具清单，恭呈御览。

第一条　本省添设道、府、厅、县各缺，原奏分别即设、缓设，业经会议政务处议准，现在体察情形，拟先就冲要之区，设道、府、厅数缺。其余原议即设者，容即陆续分派设治委员，俟著有成效，再行改归实缺。缓设各缺，并随时酌量办理。

第二条　新设兵备道，承本省督、抚之命，办理交涉、关税，调遣境内巡防各军，并考核所辖府、厅、州、县，兼理旗蒙一切事务。

第三条　新设知府、同知、通判、知县，禀承本省督、抚及本管兵备道或本管道、府，自理所辖地面。其知府领有属县者，并考核所属一切事务。

第四条　本省原定设治章程，各道、府、厅、州、县设有承办处并大使、经历、巡检等官。此次新设各缺，均拟仿照新定直省官制，改设佐治员以资分理。不再设承办处并大使、经历、巡检等官。

第五条　兵备道酌设佐治员如下

一、司法股员一员，管理词讼案件及关于司法行政上之事。

二、财计股员一员，管理岁出、岁入及交通、实业等事。

三、文牍股员一员，管理军事、交涉、教育、警务及文牍并文书收发等事。

第六条　府、厅、县酌设佐治员如下

一、审判员一员，帮同地方官审理词讼案件兼理一切文牍事宜。

二、视学员一员兼劝业员一员，禀承地方官管理全境教育及文庙、祠祀并交通、实业等事。

三、警务长兼典狱一员，禀承地方官管理全境巡警、消防、户籍、营缮、卫生、监狱等事。

四、主计员一员，禀承地方官征收地租、捐税兼管文书、收发等事。

第七条　新设道、府、厅各缺养廉、公费，应参酌本省旧设各缺成例，并比照现有司缺以次递减。拟定兵备道养廉银[1]二千四百两，公费银每月六百两。知府养廉银二千两，公费银每月五百两。同知，通判养廉银一千六百两，公费银每月四百五十两。知县养廉银一千二百两，公费银每月四百两。

第八条　新设道、府、厅、县佐治员薪水及杂役工食并纸笔柴炭等费，应参照旧有承办处分别酌给，以资办公。拟定兵备道佐治员薪公等费银每月六百两，各府、厅、县佐治员薪公等费银每月五百两。

第九条　除此次择要添设、改设道、府、厅各缺外，其续派设治委员应领廉费薪公，均照以上定章折半发给。至就近如有垦、税各局，酌量令该局委员兼办设治事宜，应否照折半发给或再减数发给，查照该地方情形随时酌定。

第十条　以上各地方官养廉、薪公等费，均一并由正款项下开支。

第十一条　各处设治地方应修衙署、仓库、监狱各工程及铺垫等费，均准由正款项下实用实销。另由本省酌定办法，咨部备案。如就地原有合宜房屋可以赁购、修葺、备用者，先行酌量赁购开办，以节经费。

第十二条　本省各属旧设捕盗营民壮等名目，拟一律改为司法巡警。其应需之款，应比照捕盗营民壮定额发给，准由正款项下开支。俟酌定划一章程，再行咨部备案。

---

〔1〕　养廉银，清朝特有的官员薪给制度。创建于1723年，本意为鼓励官员廉洁，避免贪污情事发生。

第十三条　各府、厅、县，各于所辖荒段内划留学田，招佃开垦，免纳地价，以其岁入为各属提倡蒙养小学之用。其划留学田数目，每府、厅各留四千垧，每县各留三千垧。

第十四条　凡设治地方，所有关涉旗蒙与民人互控之案，悉归该管地方官直接审理。旗员、蒙员均照定例，概不得干预。

第十五条　新设各缺皆系边疆重要，拟请随时出缺，由本省督、抚拣选妥员奏请补授。至应定何项缺分，拟俟派员试署以后，体察实在情形，再行详细奏咨办理。

第十六条　此次添设、改设各缺，均由本省暂行刊给木质关防，俾资钤用。仍请饬部换拟字样，刊铸关防印信，照章颁发，以资信守。其现派设治委员地方，应俟补授实缺后，续请颁发。

第十七条　以上系暂行章程，如有未尽事宜及尚有应行变通之处，容再随时奏咨办理。

纪划汤原、大通二县地归江省

汤旺河五站一带，地在松花江北岸，多属膏腴。初年放荒，以两省界址不清，领户迟回观望，兼以道路阻绝，草密林深，毗连吉林三姓，马贼时出滋扰，殷实农户，大都裹足不前。大通县治在崇古尔库站，亦松花江以北之地，原隶江省，乾隆二十七年始拨与吉林，借以设站。光绪三十一年奏设汤原、大通二县，原定两县之租赋税课，除留抵俸工役食外，汤原则尽数解归江省，大通则吉、江两省各半分解。地属江北，管辖乃在江南，行政机关率多不便。乃于三十四年会奏指定松花江为吉、江两省一定界限，江以南之地属吉，江以北之地属江。汤原界址早已划清，大通县治本在江北，兼以大通河得名，仍由江省沿袭旧称。其余地在江南者，由吉林定名为方正县。由是划江而治，经界厘然矣。

附奏汤原大通两县江北地方改归江省管辖折

奏为吉省汤原、大通两县所属江北地方，拟改归江省管辖，以正经界而便统属，恭折会陈，仰祈圣鉴事。窃查吉林汤原县地方，原名汤旺河，河东向隶江省。光绪三十二年设汤原县治河南地段亦归县辖。又吉林大通县设治于崇古尔库站，本在江省界内。乾隆二十七年将江省江北地方拨归吉林，安设崇站。光绪三十二年添设大通县。又吉林依兰府属之插花地数十里，亦在江省北岸。臣等伏维行政之纲，以正经界为始务，设官之道，以清权限为首图。吉、江两省以松花江为天然界限，从前江省民官过少，壤地辽阔，管理难周，是以吉林奏设汤原、大通两县，将江省之北岸划入该两县界内，定立封堆，以为一时权宜之计。现在江省新设之兴东道已与汤原、大通接壤，自应将江北地段仍归江省，为该道所属。统以松花江为限，较之勘定封堆界线，更自分明。臣等再四筹商，意见均同。相应请旨准将汤原、大通两县所属江北地段，及依兰府插花地之在江省者，仍归江省管理。至改隶以后，该两县原在吉省之地，及新归江省之地，或附入他县，或匀拨另设县治，统由臣等派员勘定界址，体察民情，再行奏咨办理。所有吉省两县江北地方仍归江省管理缘由，谨恭折会陈。伏乞皇太后、皇上圣鉴。谨奏。光绪三十四年五月十七日具奏，本月二十六日奉朱批。着照所请，该部知道。钦此。

附奏划拨大通县地面改设县治折

奏为吉、江两省划拨大通县地面，分别改设县治并委员接署以资治理，谨合词恭折具陈，仰祈圣鉴事。窃吉省大通县原系跨江而治，兼有松花江南北两岸。光绪三十四年五月，经臣世昌、调任抚臣朱家宝、臣树模于划分吉、江省界案内奏请，将大通县所属江北地段拨归江省管理。至改隶以后，该县原在吉省之地及新归江省之地，或附入他县，或另设县治，由臣等体察情形，再行奏咨办理。荷蒙朱批，着照所请，该部知道。钦此钦遵在案。兹经臣等往复会商，以大通县原因江北之大河得名，现在北岸既归江省，则名称宜仍其旧，作为江省新设之缺。其壤地应否酌量增拨，由臣树模委员勘明，另行办理。吉省旧有之大通县，应即移驻南岸方正泡地方，拟改名方正县，作为吉省改设之缺。该县南岸旧管之地稍嫌褊小，应于附近之宾州直隶厅长寿县匀拨地段，俾资治理。其江省新设之大通县，先委留江补用知县王廷元接署。吉省改设之方正县，即委前署大通县知县荣善署理，俾专责成。俟奉俞允，应请饬部颁发方正县印，一面由吉省刊刻木质关防，先行发交钤用。其大通县印即移交江省委署知县王廷元接管，以资信守。所有吉、江两省改设县治各情，除先行咨部立案，分定界址，划拨钱粮、赋税，另行具奏分咨外，谨合词恭折具陈。伏乞皇上圣鉴训示。谨奏。宣统元年三月十四日具奏，四月初三日奉朱批，该部议奏。钦此。

卷六　民政

述　要

民政仿于古司徒，掌人民事。两汉会要[1]列民政一门，今民曹所掌，多见是类。魏晋以后有左民尚书，所领间有财政，然如户口土地之类，则仍今民政之职。唐以节度使治军，观察使治民。宋之安抚使，兼理军民，伊古以来，未有不重民职者也。奉省旧制，将军理旗务，则唐节度治军之意。府尹理民事，则唐观察治民之意。权限所别，隐与列邦军民分职者合符。无如积习所趋，全失本意，官厉民以为利，而忘设官之以为民。民惧官之病民，而不敢与官谋治。乖离日甚，变故乘之，遂令外人訾之为无法之国。吁，可痛也。先皇明圣，谕饬筹备立宪，首重民政，盖将合官与民而互相为治，尽祛夙弊，推诚布公，诱掖奖劝，以浚启斯民之灵明而滋长其智识。于选举、自治、结社诸事，克有成立。推而暨之，凡百政治之，宏纲纤目，悉心更定。法必示以大公，事必求其至平。澈上澈下，不逆不亿，使民无老稚，咸知天下之事，匹夫与共、义有当尽，责有攸归。能担荷艰巨，始能沾乐利，能遵守法律，始能臻富强。各竭知能，以辅官力之不足。自此官之于民，有辅助而无抵触，有监督而无窒碍。休休乎万世根本之计，其在于斯。民政大端曰民治，曰警政，曰疆理，曰营缮，曰卫生。东三省兵燹以后，仅警察一端少有布置，余无闻焉。良以吏习贪污，民生凋敝，财力困竭。介居两强，穷于对外，奚暇治内。世昌首饬革胥役、除陋规以伸民气、纾民力，设自治研究所、议员养成会、调查员宣讲所、咨议局筹办处，分划区域，实行选举法，聚荐绅学子、市商乡老，日与披露宣示，以固社会进行之基，自省会以达于各属。今咨议局将次告成，各属之自治研究所大半设立，民间至此始知官与民有相合无相忤之所益实大，而昔日鞭挞赇赂

〔1〕《两汉会要》，南宋徐天麟编著的《西汉会要》和《东汉会要》，合称《两汉会要》。《两汉会要》将前代史书中有关两汉典章制度的史事收集起来分类编辑而成书。

之不足言治也。调查户口为保安之本，而一切行政之枢键寓焉。士民既知地方自治之理旨，不复有所疑虑，又严饬地方官无虚饰、无骚扰，出必躬亲，以求信实。惟边塞荒凉，村落稀少，有数百里无居民者。垦荒之氓，大半客籍迁徙无常，迭据造报编册咨部，虽未能信为准数，而于部定年限，业已提前办理，再事钩稽，亦易明确也。施棺施药，济贫恤嫠，或曰慈善，或曰同仁，以及育婴、种痘，皆地方原有之善举，以补朝廷德泽之所未逮。惜经理不善，名实难副，且贫民实多无教无养，弱者沦于乞丐，强者流为盗贼，不可无良法以处之。爰先于奉天、吉林创设贫民习艺所，而以各善举附入之，厘定章程，以期经久不敝。庶人能自赡，国无游民，体尽充盈，地鲜夭札，是所谓救助行政也。鸦片流毒，严诏禁绝，逐年递减，转难预算。奏请缩短年期，更定禁烟禁吸并限制土膏专置法，而于官吏尤严申禁令。有瘾者勒限戒除，违者斥之，屡斥而犹玩违者劾之。乡民种烟，大利所在，不狃故习，改种粱稷，既无私匿，亦不请缓。多年沉痼，渐次销除。懔奉圣明，无敢或斁也。巡警先已遍设，经费取之亩捐。第规制参差，管理之法亦未周备。有以降匪充者，有以乡团改者，或自带枪马，不听钤束，或招募市井，罔受教育，且收集经费，或由方长，或由绅董，每与官吏龃龉，既预款项，行且干涉事务，亦有与警局冲突者。为之重定章制，统一权限，汰胡匪及游惰无赖者，注重学堂，设所教练。继又裁并捕盗营，以巡警改充。复设探访局，以灵敏行政之机关。筹办房捐，以辅益地方之经费。凡卫生、清疫、洁道、消防、医院，均次第兴举。收捐办法，则以警局或地方官会同绅董，按数征收，互相稽查，出入有表，以时榜示，用昭大信。乡间别设马巡，防匪安良，变通部章，另定规则。营口各埠外人麇集，卫生之事防检尤应严备，别设专司，以示郑重，亦因地制宜之意也。疆域图志，最关紧要。论形势则在固国防，论行政则在正经界。既于沿边冲要及中外接壤之交分别测勘，绘图贴说，列诸边务编中。兹第举三省郡县疆理，缀为详图。凡新经设治之区及增置分析各处，其水陆界线，必以得形势、惬民情为主，又必察户口之多寡，审税赋之盈虚，验商务之盛衰，规道途之通阻，一一划定其址。治边、治蒙、通商、镇匪，命意各殊，疆界互异。无论如何支配，总以足敷行政经费为宗旨，而以保存领土主权为希望。吉、江两省，更有续请设治之处，尚未举办。他日疆域之变更，又可知也。营缮之大者，奉、吉两省马路，次第修筑。营口、铁岭、长春，亦皆勘估兴办。辽河、松花江为最大航业，屡议兴建，款绌未果。而同江口改挑河道，海城县疏浚淤河，则皆拨款以次修治。至建筑工程，择要敷设，其重要者曰公署，曰局所，曰咨议局，曰模范监狱，曰军队营房，曰陆军各学堂，曰各级审判、检察厅。或为官厅之总汇，或仿列邦之成规，精神发生基于形式，理固然也。其余工程，亦皆计事集款以求固实，无稍侈费。暇或葺治公园，为都人士游览之地。经营惨淡，辟此混茫，工作虽繁，综核必慎，拮据卒瘏，差有似焉。凡诸缔造，揆之立宪九年之预备，虽不尽在于兹，既举要领而措施之，官与民渐知互相维系之故，咸得恃法律以稳其步趋，以视内地之临时规划者，窃谓少异矣。若彼拘墟之士，动以新政效法外人为可耻，不知我自失其故步，人强而我弱，人明而我昧，不此之耻，而以效法为耻，不亦慎乎。况此条目又半系郡国应有之事，昔弃置而不为，今举而修明之，更何新旧之足云。孔子作易系辞曰，变而通之以尽利，鼓之舞之以尽神。又曰，往者，屈也。来者，信也。屈信相感，而利生焉。凡我国民，亦惟详慎于往来屈信之义，曲臻夫鼓舞变通之妙，拟议言动而适当其时之为宜，又何有古今中外区畛之可分。民政特其见端焉尔。

民治篇

民治莫详于周礼，比闾族党，皆民治之机关也。汉晋乡亭，犹存古制。自隋废乡官，其后官权日重，民无自治之能力，群受制于官吏，命令之下，蹙蹙靡骋，以至今日。而东西各国皆有一般社会组织，其于地方官吏，有辅佐而无窒碍，有对待而无反抗，为立宪国普通之办法。奉省官权积弊已久，欲扶持民治，必自整饬吏治始。乃相与裁革弊政，禁陋规，汰书役，定考验条例，先从官吏逐渐清厘，使取之于民者，不复如从前之苛扰，而后民气可伸，民情少固。乃为之调查习惯，设自治研究所，以养成其资格，选举之初，讹言日起，公正士绅，罔或应选，反复开导，详定区域，支配人数，初选复选，依期集事。其有武断乡曲不中绳墨者，虽其他合格，亦不与选。庶政之原，户籍最为重要，饬属详查，务得实数。东边一带韩侨杂处，初以越垦，久假不归，近则日人干涉，横起争端，以中国未定国籍法，以致遇事动相龃龉，乃为之厘定国籍，调查侨民实数，而为预防之谋画。慈善之政，本为中国所有、如各项义举皆是。又为之设立贫民习艺所，并改良同善堂办法，以期教养兼施。禁烟功令森严，种吸均须实行禁绝。设官吏查验所，以为四民之倡，而民间戒烟之举，乃普及于各属，并试办土膏牌照捐以遏其流。民治机关，至此亦稍稍备矣。今立宪预备，明定九年，所办成绩，均须按期奏报，岂得虚应故事，仅顾目前。奉省民治，其选举事宜，均已依限成立，而户口之调查，官吏之考验，亦屡与各属劝勉，锐意进行。即组织社会，提倡公益，务使官绅一气，悉除专制阻阂之政体。有不肖之官长把持之，士绅则立予罢斥，不稍假借。奏案文牍具在，可以覆按。今但择关于民治之重要者著于篇。

纪整饬吏治

欲民治之发达，必自整饬吏治始。奉省官吏窳敝，其取之于民者，藉端苛敛，日用所需，咸资供给，上下相习，视为固然。习见之陋规，地各不同，约举其名，则有官医生、木匠头、铁匠头、炭头、屠户头、鼓乐头、孤贫头、刑差，其余如押解人犯之舟车，堆塞监狱之蒺茨，及瓦匠头、锡匠头、画匠头、席棚头、乞丐头，与夫牛屠户、时宪书、火牌[1]费、青苗告示之类，种种需索，各有不同。若遇大差或陵工，玉牒各差，则骚扰摊派，有甚于寻常万万者。比严饬裁禁，晓谕民间，无复受此扰累，各属乃依限，次第禁革。又府、厅、州、县向设吏、户、礼、兵、刑、工六房间，有另设承发房或仓房而为七房者，年领办公费四百余两，而每房多辄二十余人，遂恃讼案猎取规费，以为薪赀。差役则各衙门向设壮、快皂、捕三四班，每班辄四五十名，工食银仅年支四百四十余两，其遇案需索，虐取于民，尤为吏治之蠹。自通饬裁革，而各属呈报办法参差，因饬各司道详议，令各属将房吏裁撤，改为司法行政两课。凡刑民诉讼，属于司法范围者，隶司法课。凡学务、巡警、农商、外交、租赋等事纯为行政者，隶行政课。课分各股，委派股员分发给薪水，分任其事。其书手之多寡，即以事之繁简为衡。至裁除差役，以捕盗营改设。司法、巡警等事决非素染痼习者所能充当，自应于城乡巡警中选择文字粗通、身体强壮者授以司法课程，认真训练，即作为司法巡警，已通饬暂行试办。其常年经费，除吏役原领公食外，并令酌收讼费，提用车捐，以为补助。惟书役之弊既去，官吏裁革陋规，不加津贴，责以尽心民事，讵有是理。前将军赵尔巽，曾奏请给发各州县津贴。世昌更严定陋规之禁，且办理各项新政，用费未免加增，或前之边荒辟为商港，或向之河运易为轮车，或经垦放而升科，或因采矿而减赋，出纳之款，异于往时。于是确实调查，分别缺分之繁简，今昔之情形，复厘定各属津贴，量予加增。不但奔竞之风，为之顿息，即久任之效亦可拭目而期，亦吏治改观之关键也。又定考验章程，于行政条目咸列表以纪其实绩，饬民政司按时巡行各属，考其治行，以为黜陟。有贤能称职者，列名奖勖，俾益奋勉，期为循良。若庸劣不能治事，平日以空文塞责，甚或任用失人，病民以逞，至此无不尽发其覆尤，惴惴焉知庸吏之无可幸免。世昌不敏，何敢谓智虑所及用人悉当，惟事无大小，职无崇卑，必与悉心较量，循名核实，庶几稍挽颓风，为提倡民治之根据云尔。

附考试官吏章程

第一条　总则

第一款　遵照宪政编查馆奏定章程，将此后月选分发到省人员，自道、府以下，除照章免考者外，均一律考试一次，送入法政学堂，分专科、讲习科肄业。卒业后，再

---

〔1〕　火牌，清代传递军用文书的凭证，与驿站制度有关。

分别准其赴任差委。

第二款　原有候补人员，自道、府以下，照章均令考试，分别差委送学。惟奉省从前未有分发，准予投效，情形微有不同。现在改设行省，办事需材，特比照定章，酌定办法，以宏造就。

第三款　考试送学，为甄拔人材之始。奉省正值需材之际，考取章程，自宜稍事通融。至考验甄别办法，概照定章，参酌本省情形，切实办理。

第二条　考试资格

第四款　此后月选分发到省人员，除正途出身暨曾在高等以上学堂卒业，领有文凭者外，均一律考试。

第五款　原有在省候补人员之无差缺者，除正途出身暨曾在高等以上学堂卒业领有文凭及历任重要差使者外，均一律考试。

第六款　凡以前及将来投效到奉人员，无论实职、虚衔，除正途出身暨曾在高等以上学堂卒业领有文凭者外，均一律考试。

第七款　凡各司、道及省内外局处所属之额外员、差遣员，除正途出身暨高等以上学堂卒业者外，均一律考试。

第八款　原有候补人员，曾任重要差缺，现在赋闲，可以免考者，如自愿与考，亦可呈明，准其考试。

第九款　现在有差署缺，应归考验人员。如自此次定章后未及三月离差卸任，未经考验者，除正途出身暨高等以上学堂卒业者外，均一律考试。

第三条　重要差使之限制

第十款　曾总理一局或分局事务，或专办一事，或创办一事，确有成效，且始终其事，事竣离差，非因事被撤者，始准免考。

第十一款　曾奉委在各府、厅、州、县帮理刑名钱谷至少以满一年为限并无过失者，始准免考。

第十二款　曾经任缺人员，自可免考，惟必以久于其任，于各项新政认真创办或切实改良，著有成效者为限。其余仍令考试。

第四条　考试时期

第十三款　月选分发人员，每年上半年到省者，于学堂暑假前汇齐考试，下半年到省者，于年假前考试。惟每期开学未及两月有到省者，可以补考。

第十四款　候补人员，定期汇齐考试。其因事故未及与考者，准其随时呈明，于每届考试到省人员时补考。

第十五款　投效人员，已在省者，与候补人员合并考试。以后陆续投到者，亦与每届考试到省人员时同考。

第十六款　各处额外员、差遣员，与候补人员合并考试。如在省外不及与考者，准其呈明补考。

第十七款　自愿投考人员，于考试应行与考人员时附考。

第十八款　现在有差缺，自此次定章后，未及三月离差、卸任应行考试人员，于陆续考试到省人员时汇考。

第五条　报名投考

第十九款　月选分发到省人员，先期示谕，令其自行至公署报名，即注明习于何项政务，听候定期传考。

第二十款　在省候补人员，先令呈送履历，查明是否曾任重要差使，除照章免考者外，一律开列衔名示谕，令其至公署报到，注明所习政务，听候定期传考。

第二十一款　投效人员，先期示谕，令其至公署报名，呈送履历，注明所习政务，听候定期传考。

第二十二款　照本章程所定应行与考各员，均照候补人员办理。

第二十三款　自愿投考人员，先期自行至公署呈请，并注明所习政务，听候传考。

第二十四款　陆续补考人员，均照自愿投考者之例办理。

第六条　考试程度

第二十五款　考试不必但凭文字，应先期示谕应考各员，令其报名时自行呈明，于现时政务，何项曾经练习较有阅历，考试时即按照所陈各项分别命题。不必专重论说，但令拟议办法、条例、章程，或批判、告示之类。

第二十六款　考试分等，以所言恰合时势、切实可行者为上，辞意优胜者次之，文理通顺者又次之，文理不通及不能执笔者为下。

第七条　取录送学

第二十七款　考试取录，无论何项人员，均分为一 二三四等及不列等五项。

第二十八款　月选分发到省人员之考列一 二等者，送入法政学堂，归讲习科肄业。列三四等者送入专科肄业，不列等者即照章饬令回籍。

第二十九款　原有候补人员之考列一 二等者，照章注册，酌量委以差缺。列三等者送入讲习科，列四等者送入专科，不列等者饬令回籍。

第三十款　投效人员之考列一 二等者送入讲习科，列三四等者送入专科，不列等者不准投效。

第三十一款　各处额外员、差遣员及自愿与考员，并定章后未及三月离差卸任人员之列等送学，与在省候补人员同。

第三十二款　在省候补、曾任重要差使可以免考者，如有志入学肄业，准其自行呈明，择入专科、讲习科，不必考试。

第八条　卒业分等及劝惩

第三十三款　以分数之多寡定等第之高下，概由法政学堂按照定章办理。

第三十四款　卒业等第分为一 二三四等及不列等五项，分别给与最优等、优等、中等文凭。列四等者，分别留学半年、一年，再行考试分等。

第三十五款　列最优等、优等、中等者，月选人员饬令赴任、分发及候补，投效人员均酌量分别委以繁简差缺。不列等及留学考试仍不合格者，即分别奏咨开缺、降补及勒令回籍。

第三十六款　除正出身暨曾在高等以上学堂卒业领有文凭者外，以后无论何项人员，非有卒业文凭，不得任差任缺。归入考验者不在此例

第九条　考验有缺人员

第三十七款　通饬各属，遵照前次会议政务处所颁考核州、县事实册，按期将所办事实详细填报，不准迟误期限。

第三十八款　饬令各司、道各就所司之事，将各属所办事实，选派妥员详细调查。每三月开列表册，呈报一次。

第三十九款　由承宣厅将各属所填事实册与各司道表册互相核对，每员填列一表，于年终汇齐，开列事实表册，分等加考咨部。如各属自填之表册与司道所填不符，即以司道所填者为准。

第四十款　查照表册事实，分别最优等、优等、平等、次等、下等五项。最优等、优等均予以升擢，平等仍留原任，次等酌量降调，下等分别休致、黜革。

第十条　考验有差人员

第四十一款　各厅、司、道、局、处所属人员，由该长官切实考验，各就所供差事，开列事实，每三月呈报一次。除独立之局所外，凡隶于各厅、司、道者，均须由各厅、司、道核转。

第四十二款　佐杂各员，由各府、州、县差委者，即由各府州、县开列事实，每三

月呈报一次。

第四十三款 承宣厅于年终将上两项报告汇齐，造具差委事实清册，分别等次加考咨部。

第四十四款 当差人员之列最优等、优等者予以优奖，平等仍留原差，次等量予薄惩，下等撤委，分别休致、黜革。

第十一条 甄别

第四十五款 分发到省及投效人员，除在学习期内不计外，自奉差委之日起，扣足供差一年，即随时查取该管上司所列事实，造具差委事实册，并开具学堂等第，咨部查核。

第四十六款 甄别列最优等、优等、平等者均准予奏留分别补用，次等者降补，下等者分别休致、黜革。

第四十七款 各项正途人员不在考试之列，而系属试用班，其向例一年甄别者，亦照章扣足供差一年，按照事实册办理。

附考验各属民政表

府厅州县	官衔姓名	新政旧政之比较	户口	土功	禁烟	改良民事	地方自治之预备	等第

凡例

一、此表系考验现署现任各府、厅、州、县人员而设，佐杂以下不在此限。

一、府治之有专治地面者，应将该署任人员所办事实载入。如奉天府，锦州府无须填载。

一、填注以切实简明为主。

一、土功即关于宫室、桥梁、道路、沟渠等之建筑修浚事件。

一、民事即指该地方风俗习惯上之事件。

附考验各属学务表

府厅州县	官衔姓名	学堂种别		学生班数及程度	学区范围别	学龄儿童之多寡		学会讲演会之效力	设学沿革	成绩	等第
		官立	私立			已就学	未就学				

凡例

一、此表系考验现署现任各府、厅、州、县人员而设，佐杂以下不在此限。

一、府治之有专治地面者，应将该署任人员所办事实载入。如奉天府、锦州府无须填载。

一、填注以切实简明为主。

一、学区范围一列，系觇某府、厅、州、县合城堡村屯若干为一学区。学龄儿童一列，系觇教育之能普及与否。盖各属地面之广狭不同，人口之多寡不一，不能只据设学之多少作为比例，以定其优劣。

一、学会系学界之监督机关，讲演会系学务上之补助机关。已否设立，应即分载。

一、沿革，如某校系某书院改设，或办法如何递加扩充，均应详载。

附考验各属警务表

府厅州县	官衔姓名	警务组织之大概		收发经费	各项警察	教练成效	巡警沿革	等第
		布置巡警	任用局员巡兵					

凡例

一、此表系考验各府、厅、州、县警务而设，大要一遵部定考核新章。查各属所设巡警分局，地方官有监督之责，办理妥善与否，即可作地方官考成之券。

一、各府有专治地面者，应列入考验表。

一、填注以切实简明为主。

一、经费须述其出入种类及额数。

一、各项警察，约分行政、保安、卫生、消防、司法、外事等数项，可记其设置之大概。

一、各属有未设巡警学堂者，即无成效可言。惟用如何训令，可摘要载入。

一、沿革，如由乡团保甲更改，或就旧设巡警量加扩充之类，详实记入，藉觇其办法是否进步。

附考验各属刑民诉讼表

府厅州县	官衔姓名	命案				盗案				词讼				监押							等第
		旧管	新收	已定案未定案	未获犯	旧管	新收	已定案未定案	未获犯	旧管	新收	已结	未结	旧管	新收	开除	实在	各种诉讼之手续	监狱改良	罪犯习艺所之办法	

凡例

一、此表系考验未设各级审判厅之府、厅、州、县而设。

一、府治之有专治地面者，应列入考验表。

一、按列填表，以切实简明为主。

附考验各属实业事宜表

府厅州县	官衔姓名	工艺				种植				商务概况	实业事宜	地面度量衡之概况	等第
		局所	物名	开办年月	所出货物	场所	物名	种植年月	所出物产				

凡例

一、此表系考验现署现任各府、厅、州、县人员而设，佐杂以下不在此限。

一、府治之有专治地面者，应将该署任人员所办事实载入。如奉天府、锦州府无须填载。

一、填注以切实简明为主

一、工艺、种植中前列物名系所用之物，后列货物、物产，以制成与产出之物。

一、商务概况，须详其如何整顿，如何提倡及如何发达之大概。

一、实业一列，凡渔、盐、森林、矿产等均属之。应详载其办法。如无此项事件者，可填一阙字。

一、度量衡制，以该属现在所通行者与库平、部斛、官秤、官升、官斗等为比例。

附考验各属财政出入表

府厅州县	官衔姓名	地方财政	人民生计概要	租赋征解	地方公债	地面货币之畅滞	度支上之计划	等第

凡例

一、此表系考验现署现任各府、厅、州、县人员而设，佐杂以下不在此限。

一、府治之有专治地面者，应将该署任人员所办事实载入。如奉天府、锦州府无须填载。

一、填注以切实简明为主。

一、地方财政记其丰绌之大概。

一、人民生计，可以纳税之多寡为比较。

一、租赋，记其有无拖欠。

一、地方公积记其旧有若干种，现有若干种。

一、货币，以新颁货币之用途与旧有者比较，而记其畅滞。

附考验各属交涉事宜表

府厅州县	官衔姓名	开埠区域	业务上之损益	待遇教堂情形	待遇行为不正当之居留民	交涉成绩	等第

凡例

一、各属无交涉事宜可办者无庸载入。

一、填注以切实简明为主

一、外国人有在该地方开设公司、店铺等类关系业务者，于该地方损益若何，应明白载入。

一、行为不正当之居留民，如开设赌场等类。

附考验旗员表

旗官	防地	官衔姓名	职务	品格	勤惰	办事成绩		等第
						整顿旗务	变通办法	

附考验各局处所人员表

员名	出身	官阶	职务	品学	事实成绩	功过	等第

凡例

一、表以简明切实为主旨，不得铺张。

一、员名一列，须注明该员现充差缺并姓名。

一、职务一列，须将该员现充差缺所应担任之职务而言。

一、事实成绩一列，须将该员办过各事实或优或劣分别注入不得文饰。

一、功过有未曾记者，于该列注一无字。

一、后列补遗一行，系补注该员办过事实之成绩。

附覆陈整顿东省吏治情形折

奏为遵旨责成府、州查禁苛捐、苛罚及任用门丁改充委员等弊，并沥陈奉省历来办理情形，恭折仰祈圣鉴事。承准军机大臣字寄宣统元年二月十九日奉上谕，御史李浚奏禁止苛捐、苛罚，责成府、州考察所属及门丁报捐官职作为委员一折，著各省督、抚按照所陈各节认真整顿，分别考核查禁。原折著钞给阅看，钦此。遵旨寄信前来，仰见朝廷勤求民隐，澄叙官方之至意，莫名钦悚。当经严饬各州、县一体遵照，并饬各厅、司、道、府随时认真考核查禁，勿稍徇容。惟是奉省从前吏治不振，积弊素深，以贿赂而判讼狱，以猥贱而厕仕途者，诚不敢谓必无其事。自改设行省以后，经臣督饬所属，时行甄察，重惩贪吏，严禁蠹丁，秕习渐已涤除，官僚尚能谨饬。谨就该御史奏陈各节，证以东省历来办理情形，为我皇上陈之。查该御史原奏内称，地方官假公济私，不可究诘，始则铺户捐、富户捐、地亩捐、牲畜捐，甚至零星什物亦莫不有捐一节。查奉省富户捐款，从未征收。牲畜捐分省城、外城两项，省城创于顺治元年，各外城创于顺治十七年。嗣由前任将军臣赵尔巽奏裁监督衙门，另行设局专征。臣莅任后，复改定章程，并归税捐局兼办。所得捐款，一律解归度支司存用。考其沿革，由来久矣。铺户捐系由前任将军臣廷杰任内筹办，专作为警察卫生经费。地亩捐系由前任将军臣赵尔巽任内筹办，专作为巡警学堂经费。均经奏明有案。良由兴办新政，需款浩繁，不得不就地抽捐，以资整顿。该御史所称以地方之财，办地方之事，又云取之于民者还之于民，固已洞见及此。是故论者但当考究夫设施之是否适当，款项之有无虚縻，至抽集税捐以行新政，固属通行之办法，实亦不易之成规也。此外各项杂税，从前名目纷繁。臣下车伊始，即仰体深宫爱民节用之怀，于期粮等捐则实行裁革，于车捐等项则酌量减轻。其余关于粮货各项捐款，早经前将军臣赵尔巽任内一律定为统捐，亦经严饬尽征尽解，涓滴归公，中饱悉除，群情颇洽。而且收捐解款，胥由委员经理，联单规制，防弊綦严。在委员且不得上下其手，地方官吏更无从假公而济私矣。此奉省办理税捐之大略情形也。原奏又称捐之不已，继以苛罚，罚之不已，继以枉法等语。查奉省自审判厅成立之后所有诉讼费用，均已订立专章公布，官民一体循守。核其数目，较之直隶各省尚为微薄。各属之未设审判厅者，前经臣厘定办法通饬遵行，将来推广审判，自当悉归一律。至罚金赎罪等项银两，业由法部奏定有案。奉省无论已设审判、未设审判各属，现均遵照部章定额，尚无任意苛罚之弊。此项罚赎银两，悉数拨归罪犯习艺所充用，作正开销，汇案报部，以凭查核，实与该御史所称地方官所罚之款并不详报上司者，情形迥有不同。牧令为亲民之官，责任綦重。臣于所属州、县各官接见则严加训诫，平时则密行考核。间有贪墨卑琐之员，或由该管道、府随时禀揭，或由臣详查属实，均经分别情节，量予惩处。重则立行参革，轻则撤任究查。两载以来，不敢谓东省吏治遽有起色，而骫法营私，以及弥缝掩饰、上下相蒙之陋习，固已逐渐廓清而扫除之。钦承明诏，益当诫谕寮属，共砥廉隅，此又奉省讼狱罚款之大略情形也。至于门丁报捐官职作为委员一节，该御史原奏系专指东三省州县而言。臣查从前东省，因仍旧习，州县衙署，悉用门丁。嗣因革除门丁积弊，于是收发文件另委专员，而有办事官之名目。改章之始，或不免门丁等类易名纳粟，妄厕其间。臣莅任后，以门丁出身卑贱，罔恤名誉，假以仕籍，益将恣睢凌乱，其弊更甚于前，是以严饬各属州、县，一律改用委员。其有需员襄理者，经该牧令随时禀请，即由省酌派前往，并将所有办事官名目实行革除。现在州、县各员，尚无敢以家丁私人滥司收发者。设有此等罔上行私情事，自应由臣遵旨认真查禁，分别参处驱逐，以清弊窦而儆效尤。所有覆陈整顿东省吏治情形缘由，理合恭折具奏，伏乞皇上圣鉴，谨奏。宣统元年闰二月二十一日具奏，三月初五日奉到朱批，知道了。钦此。

纪调查

奉省之有调查也，肇始于前全省自治局，后归并谘议局筹办处办理。初以举办调查，不可无普通学识，特设调查员养成会，遴选各属士绅入所肄习，毕业后择最优者一百八人实地调查。又因应查事项头绪纷繁，乃定调查纲要，区分三类十九款，撰调查表式计五十余种。其大者如土地、气候、户口、生计、教育、政治、农、工、商、矿交通、民事、风俗等，责令各员逐项查注，按旬呈报到局，局员逐件钩稽签正，随加批示，谬误者发还再造，以求妥实。计始自光绪三十三年十月至三十四年六月竣事，呈到日记册表统五千九百五十件，每件多者至百余页，少者或十余页，数十页不等。此外附件，如各地矿产标本、山川建筑物、奇异物产、多数人聚集场等项之影片与各属全境地图、乡村屯堡分图、铁道商埠详图共一百九十一件。上年秋间，业将报告各项派员编辑。其奉天府属现已编竣付梓，各属亦将次第出版。夫新政之推行，如法律、户籍、币政、选举等项，皆为预备中之荦荦大者，然莫不本于社会之习惯以求进行之秩序，东西各国皆本此以定方针，故观其最后之成绩，一若法令上之组织大旨从同，而不知其迭为改良之时，固皆从事于本国之习惯，未尝强以他国之现行法绳我社会也。是故调查不详，则我之山川名物风俗人情且瞢乎若无闻知，虽有良法美意，袭取已成之宪法而强施之，庸有济乎。然则奉省调查之设，所以周知社会之情状，将欲施其针砭而思入手之方也。他日新政浡兴，必皆肇源于此，固可断然言者。

附调查报告表

班名	员名	到差时期	竣事时期	日记表册报件数	附件	功过	赏罚	现在待遇
承德县	李遇棠	三十三年九月二十四日	三十四年七月十四日	共二百八十四件	地图六张	记功一次	给赏励书一份	呈委谘议局编辑员
	崔清伦	同	三十四年七月十五日		影片二张	同	同	同
	崔肇伦	同	三十四年七月四日			同	同	同
	李巨源	同	三十四年七月十日			同	同	同
兴仁县	田永新	同	三十四年六月十五日	共二百五十一件		同	同	呈委谘议局编辑员
	王振甲	同	同			同	同	同
	王家宾	同	同			同	同	
	裕然	同	同			同	同	取录研究所学员
本溪县	延箴	三十三年十月六日	三十四年七月十四日	共一百二十件	地图一张			
	庆德	同	同					
辽阳州	姜文宪	三十三年九月二十四日	三十四年七月三日	共二百一十七件				取录研究所学员
	王承楷	同	同					
	麟绂	同	三十四年六月二十九日		地图十张			
	书林	同	同					取录研究所学员
辽中县	陈和中	三十三年九月十七日	三十四年六月二十二日	共一百十二件	地图二张	记过一次		同
	史国箴	同	同			同		同
铁岭县	富元	三十三年九月十日	三十四年一月十四日	共二百零三件	地图三张	记功一次	给赏励书一份	同
	郑朴	同	同			同	同	同
	王锡侯	同	同			同	同	同
	秦之藩	同	同		影片一张	同	同	同

班名	员名	到差时期	竣事时期	日记表册报件数	附件	功过	赏罚	现在待遇
开原县	褚冠英	三十三年九月十三日	三十四年六月十七日	共一百十二件	地图一张，沿革考一件，矿石一份			
	田开宇	同						
法库厅	张树铭	三十三年九月二十一日	三十四年七月二十六日	共一百十三件	影片一张	记过一次		取录研究所学员
	傅锡龄	同	三十四年七月七日					同
	陈福壬	同	同					同
	荣蔚棻	同	同					
金州厅	鸣麟	三十三年九月二十六日	三十四年六月十一日	共二十四件				
	李延毅	同	同					取录研究所学员
复州	牟维新	三十三年九月十九日	三十四年六月二十三日	共六十八件	矿石一份			同
	马泮春	同	同		地图一张			
盖平县	孙孝宗	三十三年九月二十五日	三十四年七月七日	共八十二件	地图三张			
	杨蔚彬	同	同		矿石一块			取录研究所学员
海城县	王玉泉	三十三年十月五日	三十四年三月康明文接办，七月十九日竣事	共二百二十六件	地图十六张	记功一次	给赏励书一份	呈委谘议局顾问官
	王广纯	同	三十四年七月十九日			同	同	取录研究所学员
昌图府	孙彬彦	三十三年十月一日	三十四年七月十日	共二百四十八件				同
	刘希文	同	同					
	李鹤皋	同	同					取录研究所学员
	张秀三	同	同					
辽源州	刘懋官	三十三年十月六日	同	共六十九件	地图一张			取录研究所学员
	崔作霖	同	同					
奉化县	栗钟华	三十三年九月二十六日	三十四年六月十日	共一百五十六件		记功一次	给奖励书一份	取录研究所学员
	孟松乔	同	三十四年六月二十七日			同	同	

班名	员名	到差时期	竣事时期	日记表册报件数	附件	功过	赏罚	现在待遇
怀德县	孙景云	三十三年九月二十五日	三十四年八月二十九日	共一百件				
		同				记过一次	撤差札怀德县归案讯办	
康平县	王作舟	三十三年十月九日	三十四年七月七日	共九十三件				
同江厅	刘士元	三十三年九月十五日	三十四年六月二十日	共九十八件				取录研究所学员
	姚宗舜	同	同					同
新民府	韩国宾	三十三年十月八日	三十四年七月九日	共二百五十三件				同
	靳铭书	同	同		土石六份			同
	高凤书	同	同		地图一张			同
	刘百泉	同	同					同
彰武县	苑芹	三十三年十月一日	三十四年七月十日	共五十件				同
	刘逢泮	同	同					同
镇安县	王化宣	三十三年九月十六日	三十四年六月十七日	共六十七件	地图一张			同
	李荫棠	同	同		矿石一块			同
海龙府	盖彤诰	三十三年十月一日	三十四年六月十五日	共一百三十件	矿石一份			
	陈文田	同	三十四年八月七日		河金二厘			
东平县	张壮猷	三十三年九月二十六日	三十四年七月三日	共一百三十件	矿石一份			
	杜燓铨	同	同					
西丰县	杨沛霖	三十三年九月二十日	三十四年八月十四日	共一百四十件	地图二张			取录研究所学员
	刘惠泉	三十三年十一月三十日	三十四年八月二日		影片二张			
西安县	金长绪	三十三年十月一日	三十四年六月二十五日	共二百零三件	影片十四张，地图一张	记功一次	给奖励书一份	取录研究所学员
柳河县	谢书林	三十三年九月二十三日	三十四年七月十七日	共一百五十九件				同
	张晋升	同	三十四年七月二十一日					

班名	员名	到差时期	竣事时期	日记表册报件数	附件	功过	赏罚	现在待遇
营口厅	王丕承	三十三年十月一日	三十四年五月六日	共一百三十五件	地图一张，大清银行则例一册			取录研究所学员
	路永年	同	三十四年六月二十七日					同
	卢维新	同	同					同
	王席珍	同	三十四年四月二十四日					同
盘山厅	孙树棠	三十三年九月二十七日	三十四年七月十五日	共七十八件				同
	孟宪汤	同	同					同
锦西厅	穆仁荣	三十三年十月十一日	三十四年六月三日	共九十一件	地图二张			同
	魁麟	同	同					取录研究所学员
锦县	郑会榜	三十三年九月十六日	三十四年七月一日	共一百十四件				同
	高清和	同	同					同
广宁县	宋景和	三十三年九月二十日	三十四年五月二十九日	共一百八十八件	地图一张			
	吕中韶	同	三十四年六月二十七日					取录研究所学员
义州	徐焕廷	三十三年十月十二日	三十四年七月十二日	共九十五件				同
		同					撤差	
宁远州	宝文	三十三年九月二十七日	三十四年七月七日	共一百五十三件	矿石二份地图二张			
	郭光额	同	三十四年六月十九日					
绥中县	王晋卿	三十三年十月十一日	三十四年六月二十四日	共五十五件				取录研究所学员
	李玉书	同	同					
凤凰厅	姚宗虞	三十三年九月二十一日	三十四年六月九日	共一百九十七件	影片十二张，矿石三份，翠石八块			
	宗光裕	同	三十四年七月七日					
	王瑞五	同	三十四年五月二十四日					
	荣斌	同	同					

班名	员名	到差时期	竣事时期	日记表册报件数	附件	功过	赏罚	现在待遇
庄河厅	李其昌	三十三年十月十日	三十四年八月二十三日	共一百二十五件	地图十二张			
	英桂	同	三十四年八月二十八日					
岫岩州	郝玉璞	三十三年九月十七日	三十四年七月十日	共八十五件	地图一张，矿石三份，玉石三块			
	张爥	同	三十四年八月十二日					
安泉县	于麟炳	三十三年十月三日	三十四年五月二十四日	共一百六十件	地图七张，影片七张，矿石一块			
		同				记过一次	撤差札安东县归案讯办	
		同				同	同	
	满尚谦	同	三十四年五月二十四日					取录研究所学员
宽甸县		三十三年九月二十五日		共一百四十五件	地图十二章，影片五张，石棉一包	记过一次	撤差札宽甸县归案讯办	
		三十三年十月一日	三十四年八月二日			同	差满咨旗务司究办	
兴京厅	刘树棠	三十三年九月二十日	三十四年七月十九日	共一百零三件	矿石四份，影片一张，地图一张			取录研究所学员
	恒昌	同	同					同
通化县	孙炳垣	三十三年九月三十日	三十三年七月三十一日	共九十一件				取录研究所学员
	胡名海	同	三十四年七月四日		矿石四份			
怀仁县	李丕春	三十三年十一月一日	三十四年七月十四日	共七十件	矿石七份			取录研究所学员
	徐炳阳	同	同					同

班名	员名	到差时期	竣事时期	日记表册报件数	附件	功过	赏罚	现在待遇
辑安县	于会清	三十三年九月二十五日	三十四年七月二十八日	共七十三件	矿石二份			
临江县	吴廷弼	三十三年十一月二日	三十四年六月二十五日	共四十四件	矿石三份			取录研究所学员
洮南府	丰申	三十三年十月十二日	三十四年七月二日	共六十二件	矿土二包 地图一张			同
开通县	钟奇	三十三年十月五日	三十四年六月十五日	共四十五件				
靖安县	刘佐	三十三年九月二十七日	三十四年六月二十三日	共十七件	地图一张			
安广县	阮振声	三十三年十月十二日	三十四年八月二日	共四十六件				
统计四十八班	一百零八八			五千九百五十件	一百九十三件	记功十七人，记过十一人	赏十七人，罚六人	共五十七人

纪选举

宪政第一年第一项预备事宜，即为谘议局。咨议章程第二条规定议员额数，以奉天冠二十三行省，良以丰镐旧地，梯航交通，一切新政之举行，匪惟国之人属耳目，抑寰球世界政治家观听之所注也。光绪三十三年诏各省设立谘议局，三十四年改谘议局筹办处，由宪政编查馆奏颁谘议局及议员选举章程。奉天谘议局筹办处是年九月亦遵旨成立，筹办选举事项。比因关外民智较穉，兵燹之余，措手益棘，遂责成民政司使张元奇总持是务，以大绅副都统多文贰之，并慎拣深通法政人员以资协助。初以创办之事，疑阻尚多，乃刊印奏定章程，编撰白话告示，遍发城乡村镇及各属自治期成会、商务会、教育会等，督令先行研究，俾人人皆有预备立宪选举议员之观念。旋即筹拨经费，划明区域，严定事务期限表及一切关于选举应用之项，如章程、规则、表解等事，下至调查表人名册、投票纸、投票匭、投票簿、计数单各事，皆预为筹备。条理而区分之，规模乃粗具矣。惟筹办处负规划之责，而实行着手之事仍赖地方员绅，因遴选本籍法政毕业生十六人为司选员，并本处附设之自治研究所学员暨宪政讲习所学员共二百八十名，充当调查员，各属自治期成会员复襄助之。各员以地方之人办地方之事，粗通法政，得以逐处讲演，按户调查。至于学理事实之发生问题，仍由筹办处人员解决。数月以来，法理问答之函电积至数十百种，人民之观听为之一变。今则调查之名册造具，计得全省选举合格人数五万二千六百七十九名，业经分配议员，榜示各处，行初选举，并派员营造谘议局及筹备议员常年经费矣。计自上年九月设立谘议局筹办处，十月、十一月筹备选举事宜，十二月开始调查，今年二月竣事，定期三月十八初选举，四月杪复选举，九月初一谘议局成立，谘议局筹办处裁撤。按诸预算期限表，盖以加速进行，人员少则责较专，规划详而事易举也。

附奏陈奉省原设谘议局改为谘议局筹办处并设自治研究所折

奏为奉省原设谘议局改为谘议局筹办处并附设自治研究所情形，恭折仰祈圣鉴事。窃前准吏部咨开，内阁钞出光绪三十三年九月十三日奉懿旨，著各省督、抚在省会速设谘议局，慎选公正明达官绅创办其事。等因，钦此钦遵，咨行前来。旋准宪政编查馆及资政院先后咨催设立，并候拟定详细章程颁行等因。当经臣妥为计划，于上年冬间，就奉天省城设立谘议局，檄委民政司使张元奇为局长，同时遴派大绅、盛京副都统多文会办选举事宜。伏思谘议局有指陈通省利弊、筹计地方治安之责。奉省经前将军赵尔巽奏设全省自治局，内分考订、调查两科，又附设调查员养成会一所，系选录士绅肄业，以预备实地调查之用，与谘议局有直接之关系。当经臣将原设自治局归并该局办理，借以节省虚縻，统一责任。惟查奉省情形不同内地，满蒙汉客籍、土民历来错处，兵燹以后，户口疆域之变迁，尤属茫无稽考，若非调查确实，将来议员之选举必多困难，因选派调查员养成会毕业学员一百零八名，分赴各属调查，至本年六月竣事。计得各项表册地图等共五千九百五十件。业经饬令赶办编辑，务早成书。旋准宪政编查馆咨知，业经会同资政院将谘议局章程奏允颁发。其现设之谘议局应改称谘议局筹办处等因，并恭录谕旨，印刷原奏清单，颁行前来。臣钦遵办理，立饬该局改为谘议局筹办处，以归一律。惟是谘议局为预备立宪之机关，而根本尤在地方自治。臣于本年夏间正在计划，适准民政部咨催，将地方自治研究所速为筹办。遵即札饬民政司使张元奇就该处举办，一面分饬各府、厅、州、县慎选端正明达士绅送省，叠经考验，取录得学员一百八十名，于八月初十日开学入所，讲求地方自治制度及各国宪法、议院法、选举法等项，以六个月为一学期，限两学期毕业，遣回各属原籍，推广传习。务期风气渐开，人人知以尽义务为己责，则边氓之程度日进文明，庶宪政之萌芽渐臻发达。至筹办处应用经费，由度支司筹拨，作正开销。除将简章分别咨送宪政编查馆及资政院、民政部外，所有原设谘议局改为谘议局筹办处，并附设自治研究所缘由，理合恭折具陈，伏乞皇上圣鉴训示。谨奏。光绪三十四年十一月十五日具奏，本月二十五日奉到朱批，该衙门知道。钦此。

附奏九年筹备事宜遵章胪列第一年期成绩折

奏为九年筹备事宜，遵章胪列第一年期成绩，恭折仰祈圣鉴事。窃准宪政编查馆咨开，光绪三十四年十二月十一日遵旨奏设专科考核，议院未开以前，逐行筹备事宜，酌拟章程，伏候钦定一折，奉旨依议。钦遵通行知照到奉。谨按原奏考核专科章程第三条内开，九年筹备事宜，责成内外臣工，每届六个月，将筹办成绩胪列奏闻，并咨报宪政编查馆查核，应自光绪三十四年八月起至十二月底止为第一届，以后每年六月暨十二月底各为一届，限每年二月内及八月内各具奏咨报一次等语。现届期限，自应钦遵办理。查宪政编查馆原奏九年筹备事宜清单内载，第一年期督、抚所应办者，为筹办谘议局一项，兹将筹办成绩，敬为我皇上缕晰陈之。查奉省谘议局改为谘议局筹办处，并附设自治研究所，一切组织情形，业于上年十一月具奏。奉批，该衙门知道。钦此钦遵在案。惟查关外地广人稀，各州、县新设治者居多。蒙荒初辟，土客杂处，凡遇创办新政，动生疑阻。臣因体察情形，于上年十一月间饬该处监理民政司张元奇会同绅士、盛京副都统多文妥慎拟议，刊刷奏定章程，编撰白话告示，遍发城乡村屯，督令研究。旋选本籍法政毕业学员及办理新政素有经历之人员计十六人充当司选员，分赴各属，协助选举事宜。同时并饬该处附设之自治研究所学员一百八十名暨宪政讲习所学员一百名，于年假限内各回原籍，由各初选监督派充调查员，详查选举人资格。该学员等粗通法政、热心桑梓，讲演调查，尚能悉心办理。又各属地方苦瘠，诚恐筹款为难，借端摊派，特仿直隶办法，于税捐项下拨支经费，以资应用。计每初选区发给三百两，每复选区发给三十两。照章，奉省应划初选区四十五处，复选区八处，统共发银一万三千七百四十两。复将选举应办事项严立期限，制成简明表，通饬各属依限办理，无得稍有逾延。惟是选举虽有定章，而各属辄多疑义，函电纷驰，头绪复杂，均经该处征引条文，援据宪政编查馆电覆各省成案，详细解释，借免歧误，而便遵循。计自去腊开始调查，至本年二月间陆续完竣，造具初选，举人名册呈送前来，共得合格选举五万二千六百七十九名。预计三月间可行初选举，四月间可行复选举，九月以前谘议局必能成立，不至逾误。至建筑谘议局，亦应急为筹备，　现正派员绘图估工，一俟解冻，即可兴工营造。除将详细情形咨报宪政编查馆外，所有遵章胪列第一年期筹备成绩缘由，谨恭折具陈，伏乞皇上圣鉴。谨奏。宣统元年闰二月十二日具奏，本月二十四日奉到朱批，该衙门知道。钦此。

附初选复选区域及办理人员表

复选举		初选举	
区域	办理人员	区域	办理人员
奉天府法库厅附	知府	承德	知县
		抚顺	知县
		本溪	知县
		辽阳	知州
		辽中	知县
		铁岭	知县
		开原	知县
		复州 金州厅附	知州
		盖平 营口厅附	知县
		海城 营口厅附	知县
		法库	同知
昌图府	知府	昌图 同江厅附	教佐员 由昌图知府遴派
		辽源	知州
		奉化	知县
		怀德	知县
		康平	知县
新民府	知府	新民	教佐员 由新民知府遴派
		彰武	知县
		镇安	知县
海龙府	知府	海龙	教佐员 由海龙知府遴派
		东平	知县
		西丰	知县
		西安	知县
		柳河	知县
锦州府	知府	锦县	知县
		锦西	同知
		盘山	同知
		广宁	知县
		义州	知州
		宁远	知州
		绥中	知县
凤凰厅 庄河厅附	同知	凤凰	教佐员 由凤凰厅同知遴派
		岫岩	知州
		安东	知县
		宽甸	知县
		庄河	同知

复选举			初选举	
区域		办理人员	区域	办理人员
兴京厅		同知	兴京	教佐员 由兴京厅同知遴派
			通化	知县
			怀仁	知县
			辑安	知县
洮南府		知府	临江	知县
			洮南	教佐员 由洮南府遴派
			开通	知县
			靖安	知县
			安广	知县
统计	十处	八员	四十五处	四十五员

附各属办理选举事务期限详细表

期限	办理人员	事务	依据
九月至十一月 计共八十九日	初复选监督	遵知谘议局改谘议局筹办处预备选举事宜	筹办处通饬
	初复选监督	研究札发奏定章程并分发各乡屯	筹办处札
	初复选监督	遵发白话告示分贴乡屯并督同司选员讲演章程	筹办处札
十二月至二月杪 计共八十九日	复选监督	与司选员协商选举事宜并督促初选监督速办	筹办处札及司选员规则
	初选监督	与司选员协商调查入手方法	筹办处札
	初选监督	督令选举调查员实行调查	议章十八条
	初选监督	造具选举人名册	议章六条第四项又十七、十九、二十等条
闰二月初一至 三月二十日 计共四十九日	初选监督	呈选举人名册于复选举监督	议章二十一条
	初选监督	筹定投票区投票所开票所绘图申报复选监督	议章六条第三项十五、十六等条
	复选监督	核定初选投票区、投票所、开票所	议章七条、十六条
	初选监督	宣示选举人名册于投票所闰二月初十以前为限	议章二十一、二十二条

期限	办理人员	事务	依据
闰二月初一至三月二十日记共四十九日	复选监督	申报初选区选举人名册于督抚宪	议章七条、二十一条
	初选监督	判定更正选举人名册之呈请	议章二十二条
	复选监督	判定不服判定者之呈诉	议章二十三条
	初选监督	补入判定更正者于选举人名册	议章二十四条
	初选监督	分存确定选举人名册于投票所及开票所并呈督抚宪三月二十前必到省	议章二十五条
三月二十一至六月初十日计共七十八日	复选监督	分配初选当选人定额	议章七条、二十六、二十七等条
	复选监督	榜示初选当选人定额于初选举区	议章二十七条
	初选监督	颁发选举告示四月初间必贴	议章二十八条
	复选监督	制投票纸及初选人当选人执照交初选监督	议章三十七、六十三条
	初选监督	制投票簿、投票匦	议章三十八条
	初选监督	保荐初选投票管理员、监察员呈明复选监督	议章六条第二项
	复选监督	派定初选投票、开票各员	议章七条第二项
	初选监督	分交投票纸、投票簿于各投票所	议章三十七、三十八条
	初选监督	酌定开票时刻先行榜示	议章五十条
	初选监督	亲到开票所督同开票	议章五十条
	初选监督	宣示票数	议章六条第九项
	初选监督	保存已开票纸	议章五十二条
	初选监督	决定当选人并榜示姓名	议章六条、六十条
	初选监督	知会当选人	议章六十条、六十一条
	初选监督	发给当选人执照	议章六条、六十二条
	初选监督	榜示应选人姓名、职衔及票数	议章六条、六十四条
	初选监督	申报应选人姓名、职衔、票数及初选情形于复选监督	议章六条第八项又六十四条
六月十一至八月初十日	复选监督	造复选人名册及投票簿	议章六十六、七十一条
	复选监督	择定复选投票所、开票所住址	议章七条、七十条

期限	办理人员	事务	依据
六月十一至八月初十日计共五十九日	复选监督	颁发选举告示六月二十以前必贴	议章六十九条
	复选监督	派定复选投票、开票管理员及监察员	议章七条、七十条
	复选监督	送交投票纸、投票匭、投票簿于复选投票所	议章七十一条
	复选监督	酌定开票时刻，先行榜示	议章七十条
	复选监督	亲到开票所督同开票	议章七十条
	复选监督	宣示票数	议章七条
	复选监督	保存已开之票	议章七十三条
	复选监督	决定当选人并榜示姓名	议章七条、七十七条
	复选监督	知会当选人	议章七十七条
	复选监督	发给议员执照于当选人	议章七条、七十七条
	复选监督	宣示议员姓名、职衔及票数	议章七条第十项
	复选监督	申报议员姓名、职衔、票数及全区选举情形于督抚宪八月初十前到省	议章七条第九项
统计　三百六十四日		四十七项	

备考

表中事务俱按章提载，并设依据一栏，以明来历而便参稽。

各府、厅、州、县与公署往来之文件，均照十五日达到之限起算。行中期限乃关系全体之件，一日不能延误。

日期多有变通章程之处，系援滇例办理。

宪政编查馆原电谨录云南制台锡鉴，州、东两电均悉，谘议局事系创办，滇省交通不便，但使不误九月初一开局日期，所有初选、复选日期，以本届为限，酌量变通，尚无窒碍。

附选举人数及议员分配额数表

复选区			初选区	
区域	选举人数	议员额数	区域	选举人数
奉天府法库厅附	二万二千一百九十二	二十一	承德	二千二百五十一
			抚顺	五百五十九
			本溪	四百四十九
			辽阳	二千七百一十八
			辽中	一千五百二十四
			铁岭	二千七百五十二
			开原	一千一百六十六
			复州 金州厅附	二千九百三十四
			盖平 营口厅附	三千二百四十九
			海城 营口厅附	三千二百四十四
			法库	一千三百四十六
昌图府	四千五百八十八	四	昌图 同江厅附	一千四百三十一
			辽源	二百四十
			奉化	一千二百五十一
			怀德	一千一百二十四
			康平	五百四十二
新民府	三千四百四十八	三	新民	一千五百九十二
			彰武	九百七十
			镇安	八百八十六
海龙府	四千二百九十四	四	海龙	一千一百一十八
			东平	一千四百三十九
			西丰	五百九十三
			西安	七百一十二
			柳河	四百二十二
锦州府	九千一百零一	九	锦县	一千六百八十九
			锦西	一千零零九
			盘山	六百四十七
			广宁	一千一百六十
			义州	二千四百七十四
			宁远	一千零九十
			绥中	一千零三十二
凤凰厅 庄河厅附	七千一百一十三	七	凤凰	七百四十八
			岫岩	一千一百二十三
			安东	一千五百零二
			宽甸	一千四百九十三
			庄河	二千二百四十七

<table>
<tr><th colspan="4">复选区</th><th colspan="2">初选区</th></tr>
<tr><th colspan="2">区域</th><th>选举人数</th><th>议员额数</th><th>区域</th><th>选举人数</th></tr>
<tr><td colspan="2" rowspan="5">兴京厅</td><td rowspan="5">一千四百六十一</td><td rowspan="5">一</td><td>兴京</td><td>二百零五</td></tr>
<tr><td>通化</td><td>六百一十七</td></tr>
<tr><td>怀仁</td><td>五百六十五</td></tr>
<tr><td>辑安</td><td>六十一</td></tr>
<tr><td>临江</td><td>十三</td></tr>
<tr><td colspan="2" rowspan="4">洮南府</td><td rowspan="4">四百八十二</td><td rowspan="4">一</td><td>洮南</td><td>二百零四</td></tr>
<tr><td>开通</td><td>四十二</td></tr>
<tr><td>靖安</td><td>一百五十三</td></tr>
<tr><td>安广</td><td>八十三</td></tr>
<tr><td>统计</td><td>八区</td><td>五万二千六百七十九</td><td>五十</td><td>四十五区</td><td>五万二千六百七十九</td></tr>
</table>

纪地方自治

奉省全省地方自治局，为前将军赵尔巽任内所设。嗣因地方自治为宪政之基础，而谘议局筹办处为预备立宪之机关，二者沆瀣一气，遂归并办理。又因地方自治，法制与惯例并重，随派调查员养成会学员一百八名，调查地方习惯。调查甫竣，即由筹办处通饬各属设立地方自治期成会，宗旨在改良乡屯固有团体，研究地方自治大意。而其时适准民政部通咨各省设立自治研究所，故奉省研究地方自治之总机关，即在谘议局筹办处。研究之经费，即拨用前次各属之调查费。学员，则择取前次各属之调查员。至调查员有不足额时，乃饬地方官选送品行端正之人员，经筹办处严试而甄录之。计自开学以来，学员一百八十人，学科则宪法、法学通论、自治制度、经济学、财政学、农工商政策、殖民政策等科，预定六个月一学期，两学期毕业。起上年八月初间，今年八月讫事，盖与谘议局筹办处之设立、裁撤相为终始。然筹办处于调查选举资格一事。得力于此项学员者多矣。

附地方自治研究所章程

第一章　宗旨及学员

第一条　本所附设于全省谘议局，以教授政法、经济诸学科，养成实行奉天地方自治之人才为宗旨。

第二条　本所考选学员分为两途，一在谘议局调查员中考选，一由各府、州、县保送来局考验录用。其保送人数之多少，以州、县之大小为标准。

第三条　学员之额数暂定一百二十名，得由谘议局长临时酌增。

第四条　凡各属所保送之学员，每人须开具履历书呈局查核。

第五条　凡经本所考取之学员，每人须亲具誓约书呈局存案。

第六条　凡本所之学员，须具有左列之资格：

一、本省之人民而有恒产者，

二、年龄满二十岁以上五十岁以下者，

三、品行端正、文理清通、身体健全而无传染恶疾者，

四、不吸鸦片烟者，

五、未犯国家之刑罚者。

第七条　凡学员有左列各项之一者，得由局长酌令退所：

一、不遵本所之规则命令者，

二、行为不良、荒废学业者，

三、身婴疾病、不堪学习者，

四、学期考试之成绩不良者。

第八条　凡学员有不得已之事故自愿退学者，须开具理由，呈经局长认可。如因病退学者，须附呈各医院之证书。

第九条　前条已退学之学员，如所具理由查明不实者，则追缴膳费。

第二章　学期及学科

第十条　本所研究时期以一年为限，分第一、第二两学期，以六个月为一期。

第十一条　本所之学科，分本科及演讲二种。本科课目由本所教务长与教员协定，呈请局长认可。演讲之课目，则由教务长临时酌定，禀明局长，委嘱教员，或延请中外积学之士讲演。

第三章　考试及休假

第十二条　本所考试分毕业、学期、临时三种。毕业考试由局长酌定时期，禀呈督、抚监临。学期考试由教务长酌定时期，禀呈局长监临。临时考试则教员随时执行之。

第十三条　本所考试之方法分笔试、口试二种，均以平均点数之多少分别优劣。其点数以一百点为限，但平均点数不及六十点或一科目不及四十点者，均为不及格。

第十四条 凡考试所得之点数，仅一二科目不满四十点，而平均点数仍在六十点以上者，准其就该科目请求覆试。

第十五条 毕业试验之成绩，由教务长会同各教员评定点数，呈请局长转呈督、抚核准，分别授与毕业或修业等证书。

第十六条 凡有不轨之行为应试者，如枪替、抄录、夹带等项，则当时所考之科目，以不及格论。如考试揭晓后，始查明有此等行为者，亦同。已发给毕业证书者，则追缴其证书。

第十七条 本条休假之日期如左

一、星期日，

二、国庆，

三、端午、中秋。

第十八条 前条假期外，如有必须休假之时，由局长酌定施行。

第四章 职员及教员

第十九条 本所之职员、教员如左

一、教务长 一人

一、教员 若干人

一、助教员 若干人

一、学监 一人

一、庶务 二人

一、会计 二人

一、书记 若干人

以上各员，均由局长委任或聘请之。

第二十条 教务长禀承局长，以总理所中教务一切事宜。

第二十一条 教员受局长及教务长之委嘱，以讲授各种专门科学及施设教务上一切事宜。

第二十二条 助教员受局长及教务长之委嘱，以担任口译各种科学。

第二十三条 会计员受局长及襄理员之监督，商承参事以管理所中收入、支出、预算、决算一切事宜。

第二十四条 学监受局长之监督，商承教务长管理学员之行检、学业及入所、退所、考试等一切事宜，但考试时，由局长临时派员监场。

第二十五条　庶务员受局长及襄理员之监督，商承参事，管理所中不属于各职员职务内之事项。

第二十六条　书记受局长、参事、教务长之监督及各职员、教员之委嘱，以掌理所中书函、记录、印刷等事。

第五章　附则

第二十七条　本章程经督、抚核准实施后，如有应行变更之处，由局长召集参事、教务长、教员等协议，呈请督、抚核准，始得改正。

第二十八条　前条协议之决议方法，从多数决可否。同数之时，则由局长采决。

纪救助行政

慈善事业者，由人民以个人或团体之力组织而成者也。若以国家之力，为达政治上之目的而组成之慈善事业，则谓之救助行政。盖社会中有贫民，不惟有害于全体之幸福，且易构成犯罪之结果。故讲求治理者，无不于此事兢兢焉。百年以前，东西各国之从事于救助行政者，略如我国粥厂、养济院之制，或定期施食，或设厂收养。其后游惰之民专恃救助为生活，贫民日益众多，国家所设之救助机关较前加增倍蓰，尚不敷用。政治家知饱暖逸居之为害滋大，始幡然变计，改良救助方法，使从事于劳动工作。既力矫其游惰之性，又曲成其一技之长。迨贫民警察之法行，各国于救助行政乃直用强迫主义。如德、奥等国，或强制贫民使服劳役，或直认乞丐为犯罪而科以相当之刑罚。虽其方法稍近迫胁，而以今视昔，其效果固判然不同也。奉省慈善事业始于光绪七年，知府徐本衡与总兵左宝贵创设惜字、牛痘等局。至十五年，左宝贵复禀请设立栖流所，筹集款项，实力举行。光绪二十二年将军依克唐阿以省城所设各种慈善事业漫无收束，因酌量变通，统归一处，名之曰同善堂，是为奉天救助行政之总机关。同善堂者，即合从前所设之同善、牛痘、惜字局、粥厂、栖流所及其他之慈善事业而统于一者也。庚子之变，稍稍废弛。大局定后，始添设施医院，月由军署拨银二百两为经费。故事，砖城外附近不得营造房间，至是乃弛其禁令，凡在此造房并支搭布棚之商民，每间酌收租钱，月共收钱一千三四百缗，亦作为施医院之费。三十一年，将军赵尔巽特筹常年款三万两，开设四关粥厂，散给贫民。三十二年，议设男女小学堂，招生两班，并收养残废病民入栖流所。光绪三十三年七月，奉天行省官制既定，救助行政之职掌悉划归于民政司，乃复厘定规则，就旧有之救助事宜而扩充之。

因同善堂附近空闲地址建筑贫民习艺所。光绪三十四年七月开工，是年十一月工竣。所内建筑工厂三处，计五十一间。宿舍二处，计五十间。讲堂一处，计五间。食堂一处，计十三间。此外办公、储货、储料、养病各室及盥室、茶室、厕室、厨房、门房，莫不悉备，而于旧有之救助行政机关则为更定其办法。同善堂原设总办一员，年老不能任事，其帮办、提调、委员、医士、司事等皆不住于堂，事益废弛。迨贫民习艺所成立后，所中设专办一员，即饬兼理同善堂事，不另设总办。旧日帮办、提调各项名目亦悉归裁汰，而以委员分理其事，各专责成，并酌加薪伙，常川住堂。计专办之次，设委员五、司事五、书记十。施医牛痘处设委员一、司事一、书记四、医士九、引痘医士三。栖流所粥厂设委员二、司事一、书记一。惜字处设委员一、司事一、书记一。其于文牍、统计，均酌量支配。医院、痘局所用医士，均派专员考验录充。所开方药，临期仍加覆核。其收入栖流所之残废老民因病身故者，由堂给予衣衾棺木。盖救助行政之规模，至此始略具云。

附奏陈设立贫民习艺所暨筹拨开办常年经费折

奏为奉省设立贫民习艺所，谨将办理情形暨筹拨开办常年各项经费恭折具陈，仰祈圣鉴事。窃查奉省民生雕敝，盗匪充斥，虽历年剿办，业就肃清，而揆厥原因，大半人无技能，衣食无资，饥寒迫身，遂至铤而走险。臣抵任后，再四思维，欲为地方图久安，宜先为贫民筹生计。必期人有恒业，国无游民，始足以厚民生而谋富庶。臣当檄饬奉天民政司张元奇详拟章程，先于省城设立贫民习艺所，专收无业贫民，审察材质所宜，限年分科习艺。艺成出所，藉谋生理。其贫民年岁自四十岁以下十三岁以上者皆为及格，一律招收，暂定额数三百名。所有贫民衣食宿舍，均由公家备给，以示体恤，并饬令该司克期择地兴工，业于上年十月十五日一律工竣。所有建筑工厂及各项房屋以及采买原料、购置机器、延聘技师等项开办经费，约需款四万两左右。查奉天省城向年冬季提拨官款三万两于四关设厂施粥，赈济穷黎。然只救饥饿于一时，实非教养兼施之道。现既仿照京师五城改粥厂为教养局办法，招收贫民，设所习艺，所有每年粥厂于光绪三十四年冬季停办，此款即可腾出，作为贫民习艺所开办经费，不敷之款，即责成民政司设法先行筹拨，俟将来制成物品获有余利，再行归垫。此后每年停办粥厂项下所支之三万两，即作为贫民习艺所常年经费，不另筹款。如果将来办有成效，再行设法扩充，以期普及。除分咨民政部、度支部查照外，所有奉省设立贫民习艺所大概情形及筹拨开办常年各项经费缘由，理合恭折具陈，伏乞皇上圣鉴，敕部立案施行。谨奏。宣统元年二月十五日具奏，二月二十四日奉到朱批，该部知道。钦此。

附贫民习艺所规则

第一章　总则

第一条　本所由民政司呈请督、抚创办，一切设施，直接受其监督。

第二条　本所以养成贫民生计发达为宗旨。

第三条　本所工艺先从简易各科着手，期毕业后便筹资本谋生。

第四条　本所制造品为通常日用所需要，必期工艺精良，销路畅旺。

第二章　组织

第一节　职务

第五条　本所应设员司由民政司委任，汇呈督、抚备案。

一、专办一员　总理本所全体事务。

二、文牍一员　经理来往公牍函件。

三、收支一员　经理经费之收支、预算、决算等事。

四、庶务一员　经理所中无专属之一切事务。

五、收发二员　经管各科机器、材料、物品之收发。

六、检察兼教习二员　分管艺徒食宿并讲堂教育事宜。

七、稽查一员　专查艺徒工作勤惰，物品精粗。

八、司书二员　分理文件之缮写、收发、核对、保存等事。

九、监工司事四员　分管各科艺徒工作，兼稽查出入。

十、稽查差弁一员　专稽查出入。

第二节　分科

第六条　本所工艺分八科：

一、建筑科

二、皮革科

三、缝纫科

四、染工科

五、织工科

六、印刷科

七、木工科

八、铜铁科

第七条　工艺八科，每科用工师若干人，视艺徒人数酌定。

第八条　贫民入所后，由本所考察性质所近，分科学习，不得见异思迁，率请更改。

第九条　凡曾经习过某项工艺者，应预行禀报，派定后不许更改。

第三节　限制

第十条　本所所收贫民以三百名为定额。

第十一条　收录贫民以年龄在十三岁以上四十岁以下，又身体强壮，无疾病嗜好为合格。

第十二条　以取具本人志愿书及保证人保证书者为合格。

第四节　设备

第十三条　所中应用机器材料家具器皿，概由本所备办。

第十四条　艺徒日用品由所中备给，每日两餐，用高粱米、咸菜等物，惟朔、望日给荤食一餐，三节及万寿节给荤食一日。又入所时各发给卧具一分，鞋袜一双，夏令发裤、褂各两件，冬令发棉裤、袄各一件，帽一顶。次年如须添置，在各人应得余利项下扣除，以节经费。

第五节　工作

第十五条　各科工艺需用材料，由工师核实，向收发处请领。

第十六条　艺徒工作由工师督催，限以完成时刻。

第十七条　艺徒作成物件，由工师验过，交监工司事转交收发处登记保存。

第十八条　艺徒工作之精粗、成品之良窳，均责成工师随时指点，以期进步。

第六节　权利

第十九条　艺徒作成物件，随时交销货处出售。除成本外，所得余利，酌以七成归公，三成归艺徒，作毕业后谋生资本。

第二十条　艺徒应得余利，由收支处分别折存。

第二十一条　艺徒愿将应得余利寄回父母妻子者听之，惟不准寄交他人。

第七节　赏罚

第二十二条　艺徒勤惰工拙，每月汇别一次，酌定赏罚。工师亦照本条之规定。

第二十三条　本所随时有应行赏罚之处，须禀明专办实行，其赏罚条件列左：

甲赏分两种

一、记功记功三次者奖以实物

二、实物奖以应用物品，其成绩尤优者另提余利酌赏

乙罚分四种

一、禁假假期不许停工

二、作苦作苦工若干日

三、扣利扣除应得余利

四、送究情节重者送官惩究

第八节　教诲

第二十四条　所中建讲堂一所。艺徒每晚轮赴讲堂，由教员授以普通初级教育，并习珠算、书记。

第九节　矜恤

第二十五条　艺徒有病，由医士诊明，移居养病所疗治，以免传染。

第二十六条　艺徒病笃者，可通知其家人，准保出调治。

第二十七条　艺徒有死亡者，即以所应得余利作葬费。如不敷用，再由公酌给，以示体恤。其有亲属愿领回埋葬者，亦以所应得余利交付之。

第十节　防范

第二十八条　所中百物储积，必须严密查防。设守兵十二名，派分三班，以一名警守大门，二名巡察工场，一名巡查全院，每两点钟轮流更换，昼夜无间。

第十一节　假期

第二十九条　恭逢万寿日、每月朔、望日及端午、中秋节各停工一日。年节自十二月二十六日起至次年正月初五日止，停工十日。

第三十条　艺徒遇有父母大故，准给假七日，路远者计程酌展。其有父母病重思归省视者，呈报后经专办许可，酌给假期，但须保证具保领出，逾期不至，惟保人是问。

第十二节　毕业

第三十一条　本所工艺难易不等，毕业年限未可一律。建筑科、皮革科三年毕业，缝纫科、印刷科、铜铁科、木工科二年毕业，染工科、织工科一年毕业。届期考验，实系造就有成，发给毕业凭照，各尽义务三月。有愿留所者，派充工师，不愿者听。

第三十二条　毕业试验有不合格者，量其程度，酌定补习日期。

第三章　经费

第三十三条　本所经费分开办、经常、临时三种，除开办费由民政司核发外，其经常、临时二种之预算案，经本所专办决议，再行呈请核发。

第四章　附则

第三十四条　本所现定暂行章程，如有窒碍及疏略之处，随时改良呈报备案，以期完备。

纪户籍

划行政区域以定议员额数，察人口多寡以行强迫教育，以及警察之推行，民兵之征集，租税之整理，皆非清查户口不为功。周官周知夫家之众寡，汉晋以户口课郡县殿最，东西各国以户口为内务行政大端，诚根本之计也。国初定编审法以稽民数，嗣据康熙五十年征粮丁册，定为常额。以后滋生丁口，永不加赋。乃守土者未识政体，初虑赋随丁加，于造报丁口，大半不实。继以丁不关赋，而稽核民数，遂同具文，虽有保甲之制，亦只奉行故事而已。奉省居户本皆旗丁，自顺治十年，辟郡县，招耕佃，乃有民籍。而土旷人稀，生计凋敝，士农工商，皆不如内地之发达。嘉庆以后，名为封禁，而内地流佣砍木、采金、垦田之冒禁者，惩之虽严，迄不能绝。咸丰间中原多故，奉禁隐弛。东沟、通沟诸处，私垦之豪，据为己地，敛财编户，自成风气。光绪之元，靖盗辑民，析置郡邑，东直流民，咸以客籍而为主户，生机渐畅。其后又三罹兵燹，介于两强，锋镝戎马，备极流离。盖民户之萧条，其原因亦至复杂矣。世昌以培养民气为先，首罢杂捐，裁陋规，与民休息。嗣开工厂，招实业，兴工商，骎骎乎为实边移民之计划。裁革乡约方长名目，以从事于切实调查户口之役，悉依民政部奏颁清查户口表式，饬各属巡警依限举办。虽新设之州县土地荒芜，甫经招集，人民迁徙无常，似难遽责详确。然如他省，或因查户而疑为征丁集财，动相龃龉，几酿事变者，奉省尚无此等举动。固由严饬巡警官吏出以和平，禁绝骚扰，亦民气驯良，略有普通之知识也。兹据各属先后呈报，约计全省人民一百三十六万五千二百六十八户，男女大小九百二十七万二十九名口，已于上年十二月列表咨部，固未敢据为信典，然由疏而密，由略而详，此其嚆矢矣。本年正月复准民政部奏颁清查户口章程表式，自本年起调查户数，以第三年十月以前为限，调查口数以第五年十月以前为限。奉省户口已提前清查，大有端绪。若再迟以岁月，所谓由疏而密，由略而详者，必能得其真相，而一切宪政皆将于详查户口后一一举行，斯岂从前保甲之具文所可同日语耶。

附光绪三十三年各呈承报户口数目表

奉天府	八万六千二百三十七户	男女六十六万九千三百五十七名口
承德县	附郭首县户口数目详府	
抚顺县	兴仁县改设界未划清	
辽阳州	十一万五千三百八十户	男女七十一万八千零六十七名口
本溪县	二万五千八百三十三户	男女十九万五千二百八十九名口
海城县	九万九千九百三十七户	男女六十一万八千二百七二十名口
盖平县	六万八千六百九十一户	男女四十一万六千九百六十八名口
复州	一万二千九百七十六户	男女十二万九千六百四十九名口
金州	暂不设官	
铁岭县	四万六千一百三十八户	男女二十八万四千九百五十名口
开原县	四万一千一百六十八户	男女二十五万九千一百十五名口
法库县	四万一千五百六十六户	男女二十万零四千七百九十五名口
通江厅	一千二百六十二户	男女六千五百九十六名口
营口厅	由海、盖两县报	
锦州府	由锦县报	
锦县	三万三千零六十七户	男女十六万三千五百七十四名口
锦西厅	二万七千六百十六户	男女十三万零二百六十九名口
广宁县	三万四千二百十七户	男女十八万五千九百八十九名口
盘山厅		男女十三万零七百三十八名口
义州	四万三千六百四十九户	男女二十四万零一百十一名口
宁远州	二万四千一百户	男女十五万六千六百三十七名口
绥中县	二万八千一百三十一户	男女十二万二千六百零二名口
新民府	五万七千七百六十户	男女三十一万五千五百二十六名口
彰武县	九千四百四十七户	男女七万四千九百九十三名口
镇安县	四万二千四百五十一户	男女二十五万三千七百八十二名口
洮南府	二千八百八十五户	男女一万六千九百十一名口
开通县	一千八百三十五户	男女一万六千八百四十七名口
靖安县		男女一万一千八百零四名口
安广县	一千三百四十四户	男女一万零三百九十七名口
昌图府	五万一千八百五十七户	男女四十万零七千五百八十三名口
辽源州	八千八百五十三户	男女五万九千一百三十九名口

奉化县	四万三千一百三十户	男女三十五万一千零零八名口
怀德县	二万四千七百六十六户	男女十五万三千六百四十一名口
康平县	二万一千七百九十一户	男女十七万四千一百九十四名口
海龙府	三万四千五百八十二户	男女二十一万五千七百零九名口
东平县	一万七千零四十七户	男女十二万八千零零六名口
西安县	二万六千八百三十八户	男女十四万六千五百六十四名口
西丰县	二万七千二百十二户	男女十七万六千五百零六名口
柳河县	一万二千六百三十五户	男女六万九千一百四十六名口
凤凰厅	四万零八百八十二户	男女二十五万八千六百五十名口
岫岩州	二万零六百户	男女十六万二千八百六十一名口
庄河厅	三万二千四百零二十二户	男女二十六万二千一百七十五名口
安东县	一万二千零九十九户	男女五万一千八百二十四名口
宽甸县	二万三千九百六十二户	男女十八万八千一百九十九名口
兴京厅	三万四千四百十九户	男女二十八万三千七百八十九名口
通化县	一万四千八百零八户	男女八万九千九百五十一名口
怀仁县	二万一千三百二十六户	男女十四万零二百四十三名口
辑安县	一万七千四百四十四户	男女十万零七千七百六十七名口
临江县	一千七百八十六户	男女九千五百五十一名口
统计	一百三十六万五千二百六十八户	男女八百七十六万九千七百四十四名口

纪厘定国籍

世界交通，须有国籍，乃有权利。国籍者，为区别内外人之标准，又为国家成立之条件。惟中国国籍法典尚未编定，故每遇外人归化问题，一时遽难解决。奉省疆舆，外接韩壤，长白山麓、鸭绿江干，时有韩民偷越佣耕，安居乐业。盖韩之臣服中国，本非一日。圣德广远，轸切怀柔，等视齐民，未忍驱逐，然亦未尝强迫易服入籍者。只因中国向无国籍法，而藩属臣民，亦我赤子，固不忍歧视之也。迨甲午后，中韩立约通商，局势一变。甲辰后，韩归日本保护，局势又一变。设复无以善其后，恐韩人蓄归化之愿，襁负而来，日人执保护之词，接踵而至。枝节横生，交涉纷起，延吉之前车可殷鉴也。当以杜源、清流二法，饬民政司、交涉司会同议核。据议，以安置先至为清源，限制后来为遏流。先至者编户注籍，剃发易服，后至者给照收费，限期出境。惟查韩约第十二条，边民已经越垦者听其安业，俾保性命财产。如有潜越边界者，彼此均应禁止，以免滋生事端等语。况我中国国籍法尚未编定，遽行宣示，强迫入籍，我无可守，人或有词，不得不先行照约。已来者安业，未至者严禁。地主有保护之责，清查为保护之资。编查韩侨户籍，不涉外交。韩侨情愿入籍，亦所不拒。札司妥办，并饬各属详悉调查。据称有居留二十年已与居民通婚者，有垦耕年久愿隶版籍者，其于国籍法所列亲族、归化二款皆相吻合。本年二月初八日，恭读谕旨，农工商部奏请速定国籍法一折，著修订法律大臣会同外务部迅速妥议具奏，将来编定施行，有所遵守，则奉省筹拟韩侨办法，当易于措手也。

附调查韩侨户口数目表

	户数	口数
兴京厅	七十七户	男女二百九十九名口
通化县	二百三十九户	男女九百四十一名口
怀仁县	五百九十户	男女二千六百三十六名口
辑安县	二千二百户	男女八千七百十名口
临江县	六百六十二户	男女二千五百九十八名口
统计	三千七百六十八户	一万五千二百八十四名口

附咨吉林行省处置留境韩民办法文

案查奉省东边一带，韩人携带眷口，在该处租种稻田甚多，即临江、辑安各属左右，越江韩人亦复不少。派员调查，多系私行携眷，并无本国明文。似此漫无限制，实于大局攸关。从前东省居民稀少，招垦不易，常事宽假。今我国内地已患人满，恃有东省以为尾闾。现招垦虽未发达，其为吾国将来之大殖民场则可预决。若不少示限制，将来贻祸无穷。除札饬民政、交涉两司先饬就近各属编查现有韩人户口若干，所执何业及姓名、籍贯，统限三个月逐一查明呈覆到省，由司核定详章妥筹办法外，贵省南面濛江、桦甸一带，韩民麇集，事同一律，似应饬下各属仿照办理。

附饬兴京、通化、辑安、临江四属处置留境韩民办法文

案查外人入境及愿归籍者，本国须尽保护之责。保护不周，即生交涉，关系匪浅。而实行保护之法，必以切实清查户口为入手。奉省兴京、通化一带，常有韩人携带眷口，在该处租种稻田甚多。即临江、辑安左右，越江韩人亦复不少。派员调查，多系私行携眷，并无本国明文。若不编查韩侨户籍，无以尽保护而固邦交。除札饬民政、交涉两司会议办法，详拟章程呈候核夺外，该厅、县迅择熟悉本处情形之人，前往调查各处韩侨户口若干，所执何业及姓名、籍贯，分别入籍、居留二种，逐一查明，列表呈覆。统限三个月到省，听候核办。总期主客相安，各得其所为主义。至办法如何妥善，调查人员亦准自抒所见，以备采择。

附通化县调查韩侨意见书

查韩侨越界佣垦，始自光绪初年，一切租垦情形，与居民无异，尚称安分。虽概未入籍，已有与民人结婚者，惟尚不多见，且均系韩女嫁为民妇，尚无民女嫁与韩侨之事。特日引月长，右表所列，已有通化居民百分之一。盖通邑现在民数，男女仅有十万名口也。如不加以限制，更十年后，又未知如何。管见拟请援据公法条约，勒期回籍，否则令入我国籍，扣除韩籍，一律遵守我国政律，官亦一律与民人看待。如不以该韩侨为无国权之民，一律照外人优待，听其去留，似易启外人藐玩。

附怀仁县调查韩侨意见书

一、装束。怀仁居留韩民，均仍韩国装束，并无中国及西洋、日本服色，亦无剃发结辫之类。

二、行为。怀仁韩侨，均以种地为业，习尚勤俭，惯于劳动，于中国法律警章尚无违背不遵，亦无违带枪械及游荡滋事情事。

三、房产。怀仁居留韩民，并无置买及占垦房地，向系租种华民地亩，即住地主之房。房无租钱，仅交地租粮石，其租额大率每年照收入粮数与地主各分其半。如系新垦民荒，亦有地主仅分一二成或二三成者。彼此自行商定，其地不拘年限，随时均可

退还。

四、捐税。查中韩条约第四款第三节内载，韩民租住地段，于居住纳税各事，应行遵守中国自定地方税课章程等语。是韩侨遇有应完税课，本应遵中国章程，与华民一律完纳。惟怀邑居留韩民，均系农业，向无应税货物，其租种华民地亩，仍由地主自纳钱粮，即巡警地捐，亦止韩民金万俊、金家常、朴松福三户给地主代为交纳，其余仍归地主自交，系租地时彼此议定，应听其便。

五、诉讼。韩侨间有与华民涉讼或华民呈控韩民，均系由县票传审断，并无抗违不服之处。

六、入籍。怀仁韩侨均属居留，无入籍之户。如有愿入籍者，自应随时报请示遵。

七、相待。怀仁韩侨均照中韩条约第一款所载，全获保护优待利益。惟查第十二款内载，两国陆路交界处所边民已经越垦者，听其安业，俾保性命财产。以后如有潜越边界者，彼此均应禁止，以免滋生事端等语。现在县属韩民所种地亩，系向华民租赁，与潜自越垦不同，自未便遽行禁止，然亦不可漫无稽考。自此次清查后，续有韩民租种地亩，应由巡警区局督同该管乡正副开具该韩民及地主姓名、地数，按月报县，仍于每年秋间调查一次，发钉门牌，并将各韩民原籍有无产业之处一并查明，列表呈报。至韩民典买占垦官荒民地，一律永远禁止。

八、禁约。韩民入境，如无一定住所或无正当营业及不守法律警章者驱逐出境，并宣布其罪状。

纪禁烟

禁烟一事，为近年来最要之政，迭经京外衙门奏定办法，并与各国立有成约。世昌到奉以后，即饬司细心研究，办法约分四项：一曰禁种罂粟。禁烟之策，必以清查种烟地亩为入手之方。惟查亩事极繁难，若不颁发精细表格，使其依法填注，则真确数目，殊不易得。于是分别区域、地名、面积、四至、产额、捐额、姓名、籍贯、住址等项，制定总表与报单两种。总表由地方官汇填，报单令种户自填。犹恐乡愚未能明晰，并将如何填写之法详细附解于后，又加明白示谕一纸，一并札饬各属遵照办理。嗣据陆续呈报，光绪三十三年共种罂粟地亩计十一万亩零。三十四年亦复如此办理，并将民政部比较表札饬并办现虽有数处未呈报者，然核其实数，只有五万余亩，较之上年实减一半。旋准度支部奏定办法，奉省应自宣统元年下半年起，一律禁种。惟查奉省种烟地亩，向来比各省较少，兼之下种时令又与各省情形不同。各省系冬种春收，奉省系春融下种，现值尚未下种之际，所以毅然先时禁绝，严饬各属多方晓谕，劝令自今春起一律禁种罂粟，改种他项粮食，违者将地亩充公，并饬各地方官届时亲自履勘。一面委派大员亲临各属抽查，庶有根株尽净之一日。二曰立所查验。鸦片流毒已久，倘非先从官吏查禁，决不能为民作则。上年准禁烟大臣咨送查验章程，各省均应设查验所一处，当饬民政司妥议章程，于省城设立官吏禁烟查验所，奏咨立案。凡曾经吸食各员，无论已戒未戒，均须调所查验明确。至今验过二百余员，尚在陆续调验。并查原章第五条内开，颁发六项表式，分别填注，以昭核实，当由督、抚先行填注，并饬所属分别填注，取具切结，尚无隐匿情弊，业经列表造册咨报。惟是曾经验过各员，犹恐复沾嗜好，又已叠申禁令，并饬随时访查。三曰限制卖买吸食。禁烟之法，非从种种方面着手，不能遽收实效。即如奉省现已禁种，外来土药暨入口洋药仍源源而来，是亦禁如未禁也。所以前将军有由税局发给坐票限制土庄之办法，然只能稽查营业之人，而吸食者仍毫无限制。于是有官膏专卖之说。夫官膏专卖，已可禁其私买私卖，并可逐渐减其吸食分量。如有余利，尚可拨作戒烟经费。如此良法，何以不能推行尽利，盖因公家无此巨款，间有试办者，亦系官督商办。该商人等每每藉此垄断，于中取利，不但于禁烟要政无裨，反致弊端百出。筹思再四，仍未敢言举行。旋准度支部咨行，奏定土药税收不敷拨款，推广牌照捐办法，当饬民政司、巡警道、税捐局等详核妥议章程，制定土庄凭照、吸户牌照两种，先于省城试办三月，再行推及各属。惟事属创始，已饬认真办理，切实稽查，期无流弊。四曰立社戒烟。民间吸食鸦片者互相传染，烟馆实厉之阶。奉省各属烟馆虽早已一律禁闭，而富者仍吸之如故，惟贫民吸烟者实受其苦，非多设戒烟处所不能涤除其沉痼。已饬各属遵照民政部特定药方，广为施戒。有款者由官设立施戒处所，无款者劝令绅民设立。似此有关公益之举，各属禀报，多已遵行。是亦遏流之一助也。

附奏设立禁烟查验所办法情形折

奏为奉省设立禁烟查验所，谨将办法情形恭折具陈，仰祈圣鉴事。窃维禁烟一事，为国家惟一之政令，必应切实奉行，乃能力振颓靡，扫除痼疾。故限制种烟者以清其本，尤必严禁吸烟者以遏其流。臣等迭次严饬所属地方既于种烟之户挨次清查，列表填注，颁发白话告示，使编氓有所感悟。又饬各属设立戒烟所，如沈阳、辽阳、复州、新民、怀仁、义州、辽中、铁岭等处，均已次第设立，冀以渐次廓清。惟官吏为齐民表率，凡政界、军界、学界各员，尤应从实查验，俾无欺饰。臣等于上年秋间，已分发戒烟谕册，由臣等本身作则，书名签押，饬各属长官加结具保，以昭慎重，犹恐或有不实，以致日久玩生。恭奉光绪三十四年三月初七日谕旨，于京师设立禁烟所，特派禁烟王大臣专司其事，期于切实施行。奉省亦应照办，以严功令。臣等因饬民政司使张元奇详议章程，克期设立。兹已于五月二十八日择地开办禁烟查验所。臣等即檄饬该司使充该所总办，以专责成，并派检查员以司察核，招待员以资照料，其医士检验、药料支配，均经悉心考订，无少欠缺。凡入所查验之员，分定班数，视吸烟之浅深，定期限之多寡。由医官、检查员公同具结，始为不吸之据。其有自称戒断查验不符者，即将差缺开去，仍勒限戒断。如有隐匿不报，查验得实，再行奏参革职，以示惩儆。所中饭食服御由公家代备。月余以来，颇觉整肃，官场积习，为之一振。嗣奉禁烟王大臣来咨，颁发章程表式，通饬遵照填注。臣等详加查阅，现在奉省办法与所颁章程大致相同。所有表式，自应逐项填注，已饬民政司切实办理。该所应用额支、活支各款，饬令撙节动用，为数无多，应请作正开销。除先将章程咨送，并按照表式填注，再行咨覆禁烟王大臣外，所有奉省设立禁烟查验所办法情形，理合恭折具陈，伏乞皇太后、皇上圣鉴。谨奏。光绪三十四年七月十九日具奏，本月二十七日奉到朱批，该衙门知道。钦此。

附官吏禁烟查验所规则

一、从前戒烟谕册内，各厅、司、道、局、所及各府、州、县差委人员，自注曾经吸食后戒断者，皆应到所查验。其实缺司、道，可由医官赴宅查验具报。

一、随时查出吸食之员，均应到所查验。

一、在省各员，皆由各该长官加结送厅。如查有吸食者，该长官应担责任。

一、各道、府所属官员，应通饬限文到一月内加结呈报。如查明吸食人员，皆令送省查验。其差缺皆派员代理，俟验明后分别办理。如无吸食确据而形近可疑者，亦由该管官报明，候派员往查。从前戒烟谕册内所填，概不追究。倘知情不举，或疏于查察者，一经查出，定将该管官撤任示惩。

一、进所查验时，以两日为期。该员即住所两日，经医官查验，如自称戒断者，即不应再服戒烟药。查有不符，除撤差外，仍勒令戒断。如自称戒烟者，由医官验明，予以相当之戒烟药，饬令依限戒断。无须住所，以示体恤。仍先行撤差，俟戒断后由医官覆验呈报，由检查员加结，再予差委。如有自备戒烟药者，亦须由医官验明是否合宜，始准服食。如自称戒断，住所两日后，经医官查验相符者，即由检查员加结后，照旧供差。

一、查验所应设医官，即由戒烟所兼任。设检查员二员，专司检察住所人员起居饭食一切之事，及自称戒断而私带戒烟药者。设招待员二员，专司延接住所人员及所内一切庶务。设夫役以伺应住所人员，设厨房以供饮食，及一切应用家具，皆招待员主之。以上人员皆须住所。

一、检查员、招待员应由民政司司使遴员札委。

一、所中需用经费，由招待员预算呈领，约以六个月竣事。倘有续行查验之员，再行酌展期限。

附奏陈奉省办理禁烟情形折

奏为遵旨陈明奉省办理禁烟情形，恭折仰祈圣鉴事。宣统元年二月二十四日奉上谕禁烟一事，乃今日自强实政教养大端，于卫生、足民、兴地利、塞漏卮各节，皆有极大关系。万国属目，赞助同殷。特是禁吸、禁种及筹款抵补洋土药税厘三事，相为表里。倘一端办理不力，则其二端不免牵制观望，恐限满仍难收效。比年以来，虽叠经禁烟大臣暨各省督、抚将沾染嗜好各官查验参处，然玩违欺饰者仍复实繁有徒。至各省种烟地亩，初定章程本限十年递减，嗣据云南、四川、山西、直隶、黑龙江等省奏请，该省于一年内全行禁种。任事颇属奋往，惟究竟各省禁种是否一律认真，地方官能否于禁种鸦片之外，劝种有益衣食各项植物，俾令小民乐从。至此项税厘，关系军饷大宗。近据度支部奏请酌加各省盐价以为抵补。此项税厘之策，当经允行。惟盐斤加价，合计不过四五百万，不敷尚多。朝廷求治维殷，既愤国民积弱之难振，复虑友邦期望之难副。言念及此，宵旰忧焦。特此再行申谕：禁吸一事，文武职官责之禁烟大臣及京外各衙门长官，务须认真纠察，不得徇情避怨。各营兵夫、各学堂师生，责之该管长官，尤须立即严行禁绝。至于商民人等，责之民政部暨各省督、抚、顺天府尹及管理地方之将军、都统等，亦须多访良方，设局施药，励其廉耻，酌采东西各国办法，设法减瘾，由少而无，期于比户可风而后已。其禁种一事，亦责之各省督、抚、顺天府尹及管理地方之将军、都统等，酌量本省情形，督饬所属，认真禁拔，相其土宜，改莠为良，定当考其成绩，优予奖擢，并由民政部查核。其抵补税厘一事，责之度支部悉心擘画。此时筹款诚艰，要当权其利害轻重，多方筹集，迅速举行。京外各衙门接奉此旨后，各将该衙门如何办法，自行切实覆奏。等因钦此。臣维鸦片流毒将近百年，有官守者因而旷官，有财产者因而废业，自非痛砭痼疾，断绝根株，不足以振精神而强种族。查奉天初改行省，实缺候补人员无多，其投效调用者皆经臣等严察有无嗜好，始行分别差委，是不止奉天官吏吸烟较之内地尚易措手。至奉天为丰镐旧都，人民简朴，嗜好甚少。土田荒旷，烟亩寥寥。其吸烟、种烟之流毒，于百姓者尚浅，则察禁自易为功。光绪三十三年五月，臣抵任之初，首先整顿禁烟事宜。督饬各厅、司、道详筹办法，认真经理。查上年准禁烟大臣咨送查验章程，并颁发六项表式。当经饬司于奉天省城择地遴设官吏禁烟查验所，严定章程，以求实际。业于上年七月奏明在案。所有旗汉实缺人员，现经验过共二百余员。犹恐酖毒宴安，戒而复吸，并严拟抽查复验办法，但期痼习廓清，不敢少避嫌怨。至六项表式，由臣率先填注以为准则，其余参赞、司、道以次各属，通饬分别认真填注，并取具切结，以凭查考。上年十二月，业经列表造册，咨报禁烟大臣查核在案。此外绅商士民之吸烟者，经臣迭次严饬所属，剀切示谕，藉资感悟。又饬各属设立禁烟所，现在陆续具报设立者已有二十余处，均遵照上年民政部咨送戒烟中西药方，分别精制施济，冀以渐次涤除旧染，咸与维新。此奉天办理禁吸之大概情形也。查禁止吸烟以遏其流，尤必限制种烟以清其本。光绪三十三年十一月，经臣拟定清查种烟亩数表式，颁发各属，通饬认真办理，以期实行递年减种。上年九月复准度支部咨奏定禁种办法折内，奉省应自宣统元年下半年起一律禁种。惟查奉省种烟地亩本属无几，而下种时令又与各省不同。各省大半冬种春收，奉省系春融下种，秋后收割。去岁接准部咨之时尚未布种。经臣出示晓谕，自本年春令起，一律禁种罂粟，改种粮食、木棉、蓝靛等项。如有违章偷种情弊，一经查实，从严惩罚。通饬各地方官届时切实履勘，并拟选派妥员，分赴各属，严密抽查，务期萌芽斩绝，毒障消除。此奉省办理禁种之大概情形也。臣伏查禁烟一事，为国家唯一之政令。矧屡奉严诏，三令五申，凡在臣民，咸宜警惕。臣办理此事，嫉恶甚严，用心颇苦。惟一人耳目或恐难周，仍由臣随时督饬各司、道破除情面，于禁吸、禁种切实经理，务使办有成效，上不负朝廷委任，下不贻外人口实。所有遵旨陈明奉省禁烟情形缘由，谨恭折具陈，伏乞皇上圣鉴。谨奏。宣统元年闰二月十二日具奏，本月二十四日奉到朱批，知道了。钦此。

附禁烟六项员数表

	督抚参赞司道府厅	确无嗜好	实已断净	陈明戒断	情形可疑	访闻明确	巧为掩饰
总理禁烟大臣公所调查	行省公署	四十八员	一员				
	承宣厅	三十一员	二员				
	咨议厅	三十七员					
	提法司	十四员	二员				
	交涉司	五十九员	二员				
	旗务司	八十三员					
	民政司	一百员	三员				
	提学司	二十二员	三员				
	度支司	六百二十一员	十七员				
	巡警道	三百员	七员	一员			
	劝业道	九十三员					
	高等审判检察厅	六十七员					
	地方判审检察厅	一百二十六员					
	兵备处	六十三员					
	参谋处	四十八员					
	督练处	二十一员					
	营务处	三十八员	二员				
	发审处	十二员					
	盐务局	四十七员					
	钦工局	二十员	二员				
	工程局	八十九员					
	谘议局筹办处	三十员	一员				
	法政学堂	十七员					
各直省文武官员表	军械局	十二员	一员				
	行营支应处	七员					
	官银号	八员					
	文报局	二十一员	一员				
	银圆局	二十员	四员				
	仓务局	八员					
	习艺所	七员					
	陆军小学堂	二十五员					
	山海关道	九十八员	一员	一员			
	东边道	四十一员	一员				
	奉天府	二十七员	四员				
	新民府	十二员	三员				
	海龙府	十九员	二员				
	洮南府	二十三员					
	昌图府	十五员					
	兴京厅	十三员		一员			
	凤凰厅	三十员	二员	二员			
	同江厅	四员					
	附记	锦州府属均归山海关道填表					

附奏奉省土捐于估征、行销两项均加一倍征收片

再查禁烟一事，迭奉诏旨，切实遵行。栽种罂粟，亦经定限逐年递减。奉省地方种烟之户向来较多，臣等迭饬各该有司实力查禁，现在民间已知烟之为害，种者日见减少。体察情形，似尚无须十年即可禁绝。惟种烟之利较粮食奚止倍蓰，诚恐僻地愚民，仍多贪利私种。不若严定章程，加重税则，使其无利可图，根源自绝，似亦以征为禁之一道也。查奉省土药税章，向分亩捐、估征、土捐三项。亩捐系种土之地，每亩征银二钱。估征系每地一亩，预估出土一斤征银四钱，以发给印花为凭。然每亩出土不止一斤。土捐系于成土后行销各属未贴印花者，亦每斤征银四钱。原定税章本较各省土药为轻，现拟将估征、行销两项均加一倍，改为各征银八钱。已收估征贴有印花者不收行销，其亩捐仍照旧章征银二钱。此指本省土药在本省行销者而言。至外来洋药及本省土药行销外省者，应均仍照向章办理。目下罂粟布种在即，民间若知加税，无可图利，即可改种田禾，似于实行禁烟之道不无裨益。除通饬各属及各税捐局遵照外，理合附片陈明，伏乞圣鉴。谨奏。光绪三十四年三月二十七日附奏，四月初九日奉到朱批，知道了。钦此。

附通饬各属勒限清查种烟亩数文

案查光绪三十二年十月十六日，准政务处通行禁烟章程第一条内开，减种罂粟，期以十年净尽等语。又度支部、民政部议覆御史赵启霖[1]、内阁学士兼礼部侍郎衔吴郁生[2]条陈禁烟各折，亦皆以禁种罂粟为扼要之办法。嗣外务部与英公使商定，印度递减洋药入口一事，亦以我国能否实力禁种土药为断。诚以禁烟为自强第一善政，而禁种罂粟，尤为拔本塞源，急切不可缓之要图。乃奉省自前将军通饬以后，已

〔1〕　赵启霖（1859—1935年），清监察御史。字芷荪，号瀞园。长沙府湘潭人。光绪进士，选庶吉士，授翰林院编修。1906年迁监察御史。1909年，署理四川提学使。后返回长沙任湖南船山学社社长。

〔2〕　吴郁生（1854—1940年），字蔚若，又号纯斋，吴县（今江苏省吴县）人，居苏州白塔西路。清代进士，光绪三年（1877年）授翰林，曾为内阁学士，兼礼部尚书、四川督学，主考广东，康有为出其门下。

及一年，地方官于估征、亩捐尚不免有隐匿遗漏之弊，而于种烟地亩实数迄未查清。本位不明，从何递减。即如海城、新民等处设立专卖局，虽已稍具规模，然无出土与吸烟之比较，终不能依限净绝，其何能济。本大臣部院有鉴于此，特刊发报单，饬各属颁给种烟之户照式填注，务得实数，不准隐漏。或乡愚未能明晰，由地方官详细解说，俾众周知，限半月内汇齐，再由地方官汇列所颁之总表内，将原单一并呈省，限年内送齐，毋许延缓。送齐之后，本大臣部院再派专员覆查，倘有以多报少及各项不符之处，是不但种烟之户有意欺蒙，亦即地方官奉行不力之证。本大臣部院必当分别惩罚。总之，禁烟一事必以清查实在亩数为入手办法，然后能依限递减，限制吸烟，禁绝输入，始有祛除之一日。要知此事，为朝廷必行之禁令。本大臣部院夙怀廓除痼疾之心，且体验奉省情形，吸食之户与进口之烟皆较他省为少。苟能实力奉行，自能依限截止。上为国家杜数百万漏卮，下为吾民去近百年沉痼，全视各地方官精心果力，劝导稽查，以图实效。倘或阳奉阴违，于朝廷之禁令视为具文，或借手胥差，一纸报告，便图塞责。是则地方之痼习终不能除，官长之命令几同虚设，试问地方官安能当此重咎耶。为此通饬发去总表一份，报单一百张，即便遵照切实办理。如该报单不敷散给，仰即遵式刊刻，查明种烟之户，按数分发，俾无遗漏。

附土膏牌照捐试办章程

一、分权限　此项牌照捐责成税捐局经收。所有给照填注购买土膏数目，及按旬核对各土膏店帐目卖出之数是否相符，自应由税捐局任之。惟入手之初，应先查明吸烟之户共有若干，每人每日吸量几何，非税捐局权力所及，应由巡警局派员切实调查明晰，给予该户凭单，一面造册送交税捐局，以凭验单换给牌照收捐。其土膏各店，按照部章，亦应发给凭照，方准营业。其费分别上中下三则，缴纳六元、四元、二元不等。每年更换一次，亦应先由巡警局查明其成本若干，再由税捐局给照，按则收费。此指城关办法而言。至各乡屯吸烟之户及售卖土膏之店，拟由乡镇巡警局派令各分局巡官等查明，按照上项办理，各专责成。

一、制牌照　查税捐局经收粮货各捐，系由度支司刊刷执照，编号发局填用。此项土膏店凭照并吸户牌照，仍应由度支司印制，编号、钤印、发局填用，以昭郑重。

一、严限制　吸户领到牌照，止准按照查明吸量，报买交捐，愿少买者听。如逾量报买，则税捐局不得于照上注给买数，其土膏各店售卖土膏，均须验明照上数目并税捐局图章戳记，方准卖给，仍于照上税捐局图章下盖用该铺卖讫戳记，以杜复买之弊。并订立循簿、环簿各一本，将每月卖给烟户姓名数目登入，按旬送税捐局倒换查对。如敢私相售卖及较照上填注数目浮多卖给者，一经发觉，即将该店从重罚办或封闭，以示儆惩。

一、别城乡　省城并八关地方吸烟之户，自应赴税捐局领照，按次报买交捐。惟乡屯距省较远，势难遍设分局。除愿来省局领照报买交捐者听便外，其距省六十里承德县属之十里河有和顺兴土膏铺一家，距抚顺县八里之千金寨有人和昌土膏铺一家，凡附近该土膏铺各村庄吸户，拟由乡镇巡警分局查明后，一面册送税捐局，由税捐局核明应用牌照若干，移交乡镇巡警局转发烟户收执，即按注明月吸数目，仍照江苏办法，准其持赴该土膏铺验照购买，由铺代扣捐钱，按月缴送税捐局兑收汇解，用示区别。如有以多报少，以及多卖情弊，查出即将该铺封闭，俾知儆畏。

一、先示谕　上项各办法应先由税捐局分别会同巡警局、乡镇巡警局并奉天府、承德、抚顺两县出示城关暨各乡屯晓谕一体周知，以便遵办。

一、定报解　此项捐钱，省城税捐局照粮货统捐办法，仍按月将收数开报批解度支司兑收。下月即解上月之款，以重要需。

一、节经费　经收此项牌照捐，事极繁琐，应由税捐局专派委员一员、司事一名、书手二名办理监收、填照、核对各事。月需薪工饭馔约七八十金，拟即由局在于坐扣统捐经费项下通融支用，不再请领，以资撙节。

警政篇

民政之有巡警，所以整齐地方，纳民轨物。东西各国，推求规制，日益精备。其能范围人民，号称治国者，实赖巡警之职司，以为防范。奉省民气梗敝，幅员辽阔，本无社会之组织。庚子一役，外人逼处，胡匪蜂起，商民咸有戒心，于是各州、县、城镇、屯堡，筹款置械、互相捍卫。或称保甲，或称巡捕，或称乡团，或称堡防。分区、分社，自为风气。刁绅劣董，遂群起而把持之。地方官吏，委诸民捐民办，不复置问。将军赵尔巽莅奉之初以收还地面，限制兵队。然地方疏阔，必资驻压。乃毅然为寓兵于警之计，以扼安内对外之要。先省城、次通邑商埠、遍及乡镇。年余而奉省之警察遍集，或招降匪以兵法部勒之，警费则出于亩捐。草创之初，煞费经画。惟兵燹甫更，疮痍未复，猝办警察，教练未备，形式不完。于是城乡有分办、合办之殊，皆各设总局，各设总会办、提调、课员、股员名目，其在四乡散漫之区，巡防缉捕，注重马巡。情势参差，未遑统一。世昌既设民政使以监治之，适部颁官制，各省皆得设巡警道。因奉省举办巡警既已遍及城乡，头绪陵乱，章式歧异，不可无专员以资督率。乃奏请设巡警道一缺，先调查全属警察，冀谋所以改良之方，徐为之厘定规制，改订章服，汰除降匪，注重学堂、教练所，按照部章，参以各属之风土人情，酌定办法。而保甲、巡捕、乡团、堡防以及总会办、提调等名称，一律更易。每属各设警务长一员，派警学毕业者充之。由巡警道考取札委者十之三，由地方官禀请加札者十之六。悉受地方官之指挥监督，办理本管事务。经费一项，胥出于亩捐，固为奉省之特色。然征收各项警费办法，尚未能悉就范围，因初筹经费，就地计款，款皆假手于本地绅商以期集事。迨相沿日久，势若垄断。亩捐为入款大宗，计其所取之名目，日天、绳锄，不一其数。而绳之中有所谓单绳、双绳，日之中又有所谓六亩、七亩，其余若房铺捐，若营业捐，若屠兽捐，一角、半角，月计年计，人自为法，琐屑参差，易滋弊混。巡警官吏既无收款之权，稍一稽核，拖欠纷纷，纠缠无已。计惟有于用款一途核实开支，造报于上，榜示于下，以期款不虚縻而已。警察既以成立，若学堂，若教练所，若卫生医院，若探访局，若济良所，类皆依次进行，渐臻完备。各属之捕盗营亦皆一一裁并，而得收巡警之效用。然地错蒙旗，村落稀少，又有蒙匪土豪均得逞其枪械之利，马骑之饶，以横行于边塞。是则巡警之设，尤当注重马巡，参以军队之性质，乃能保我乂安，不能不于部章以外稍事变通者也。要之巡警有直接人民之关系。凡公共利害，若者当兴，若者当革，以地方本有之款，供地方办事之用。故官弁之权限必有以厘定之，绅董之豪霸必有以革除之。浮收为之减免，缺款为之补足，饷有的款，责有专归，亦当时经营缔造之苦心。规模既定，仍奏请裁撤巡警道员缺，以之统隶于民政司。继又将改总局为警务公所，遵部章也。兹将所定章程办法咸附于后，俾后之来者知奉省警察成立之缘起，并款项充足，与内地不同，及时推广振兴，安人民，良社会，均基于此。岂可以从前保甲例之。

附厘定巡警统一章程

第一章　官制

第一条　各地方巡警官制，应遵照宪政编查馆奏准各省巡警道官制细则第十二条，各厅、州、县应按照奏定官制通则，设警务长一员。

第二条　警务长办理本管事务，应禀承巡警道，而以地方官监督行之。

第三条　警务长于所治范围内一切巡警事务，应按照巡警道通则，设立警务分所一处。

第四条　警务分所应冠以该处地名，标题何处警务分所，以示区别。

第五条　警务分所应仿照道章，设立各股如左：

一、总务股

二、行政股

三、司法股

四、卫生股

第六条　总务股设正、副股员各一员，余股各设一员。

第七条　正、副各股员均应依第十九条所规定遴选派充。

第八条　各股中如事务殷繁，有不敷派遣时，得呈明添设司书一二员。

第九条　正、副股员办理该管事务，均应受制于警务长，而听其指挥监督。

第十条　警务长遵照宪政编查馆所规定，当于其该管范围之下，分设区域如左列各级：

第一级　区官

第二级　巡官

第三级　巡长

第四级　巡警

第十一条　区官办理主管事务，应禀承警务长之命而执行之。

第十二条　巡官办理主管事务，应依该管区官之指挥而受制于警务长。

第十三条　巡长遵该管巡官之指挥，而以区官为监督，统制于警务长，以施行其职务。

第十四条　巡警执行职务，应从该管巡长直接之指挥，而受命于该管巡官、区官。以警务长为其最上级之长官。

第十五条　区官以及巡警办理主管事务，应各就阶级查照职务章程办理。

第十六条　警务长于所治范围内所设正、副股员以及区官、巡官、巡长、巡警，皆有任用黜退之权。

第十七条　警务长任用或黜退该管属员之时，均应会同该管地方官呈报巡警道转呈督、抚立案。

第十八条　警务长任用该管属员，当以有警察学识或经验者呈明派充。

第十九条　警务长于所治范围内，应设立教练所一处，其办法查照学堂章程办理。

附则

第二十条　本章程为谋地方上巡警之划一统筹大概起见。其有未尽事宜，随时酌定饬办。至详细规则，自行斟量订定。

第二十一条　警务长为地方上巡警之总枢，倘有应兴应革之事，凡其职权内者，均得申明理由，呈核办理。

第二章　职务

第一条　各地方之巡警，均应各以维持地方之秩序，预防危害，保护治安为宗旨。

第二条　各地方之巡警，恪遵宗旨，执行职务，毋得侵越权限，有逾警章之范围。

第三条　各地方巡警执行职务，其阶级范围，查照第一章官制所定，有如左之分别：

第一、警务长

第二、正股员

第三、股员、副股员、区官、区董。

第四、巡官

第五、巡长

第六、巡警

第四条　警务长于该管地方之巡警一切事务，凡其范围内者，皆有办理之权。

第五条　警务长办理该管范围内之巡警，其事务别之为十二，如左：

一、拟订章程

二、任用属员

三、布置巡警

四、收发经费

五、课程教练

六、清查户口

七、行政警察

八、保安警察

九、卫生警察

十、消防警察

十一、司法警察

十二、外事警察

第六条　警务长遵第五条所规定而执行职务之时，对于该地方官仍当受其监督。

第七条　警务长与地方官于该管巡警上之关系，凡监督之权属于地方官，执行之权归警务长。

第八条　警务长办理该管巡警，应按照事务，会同地方官呈明核办。

第九条　总务股之职务：凡该管地方巡警权之范围内所有承办机要、议定章程、考核属员、分划区域、编存文牍、统计报告及收发本局应用款项，并教练所各事皆属之。惟经收亩捐，宜另设一区，责成殷实绅董专主其事，由地方官直接监督，按月督饬绅士详报该警务长。警务长于每月出入款目、预算、决算，详列表报地方官并该绅知悉。总使绅士无干涉警政之权，警务长无滥用款项之权，地方官两面督饬，无呼应不灵之弊，斯为得之。

第十条　行政股之职务，凡该管地方巡警上之行政内如整饬风俗、保护治安、调查户口籍贯、稽核道路工程及消防各事皆属之。

第十一条　司法股之职务，凡该管地方巡警上之司法，如豫审、探访、督捕、拘押及处理违警罪等事皆属之。

第十二条　卫生股之职务，凡该地方巡警之卫生事项，所有清道、防疫、检查食物、屠宰、考验医院等事皆属之。

第十三条　区官之职务，凡警务长所分划之区域，于该管区内一切巡警事宜，各该区区官禀承警务长，皆有处理之权。

第十四条　巡官之职务，凡警务长所划区内之巡逻界中，该巡官于其指定之范围内所有事务，承区官之指挥，督同巡长行之。

第十五条　巡长之职务，巡长依巡官之指挥，督率巡警而办理其主管事务。

第十六条　巡警之职务，巡警依巡长之命以行其主管事务。

第十七条　行政、司法、卫生三股股员，与总务股副股员同职，其总务股分配考绩事务，惟正股员禀承警务长而有其权。

第十八条　区官与股员、副股员阶级相同，所行职务同一禀承于警务长，而受总务股正股员之指挥。

第十九条　区官承警务长之命，对于所属巡官、巡长、巡警有直接管理之权。

第二十条　巡官对于巡长，巡长对于巡警，凡其所属，准用前条之规定。

第二十一条　股员、副股员，对于巡官、长、警，因执行职务而生关系之时，应先告知该管巡官或区官，以指挥其从事。如出于紧急之时，不在此限。

附则

第二十二条　各地方警务长于该管巡警内设有马巡者，应竭力注意分班操练，按日周巡。如系辽阔及交界处所，尤宜注重马巡，其步巡即可酌量裁减。总期因地制宜，随时变通为要。

第二十三条　警务长对于所属以及所属相互间执行职务之时，如遇窒碍难行之处，应各该警务长加具说帖，呈请办理，以期尽善。

第三章　款项

第一条　各地方巡警范围内之一切收入、支出，为巡警款项。

第二条　各地方巡警款项之范围，以关于巡警上之人与事为准。

第三条　各地方巡警款项范围内之人，查照第一章官制所有关系者办理。

第四条　各地方巡警款项范围内之事，查照第二章职权所及担负者办理。

第五条　各地方巡警教练所为办理巡警入手之门，凡第四章所规定其关系于款项者，均应作正筹画。

第六条　各属捕盗营，业经通饬分别裁并，其办事勤谨堪以编入巡警者，所有经费，概由巡警款项拨用。

第七条　各地方巡警款项以规定于左者为收入正旨。

一、地方捐如亩捐是　一、营业捐如铺户戏妓是　一、卫生捐如屠兽是

第八条　各地方巡警款项之收入，如亩捐一项，或按亩计，或按绳抽，或以日扣。一日之中，又有七亩、十亩、十余亩而成之区别。各该警务长应督饬总务股员妥为办理。

第九条　各地方巡警款项之收入，所有各捐，均应由该管警务长会同地方官造备三联票据，分别存发，以资信守。

第十条　各地方巡警款项收入之三联票据，一给捐户，一存警务分所，一存地方官署。

第十一条　各地方巡警款项之收入，其由地方官征收者，应由地方官按季造册呈报。其由巡警长抽收者，应由警务长会同地方官造备印册，按月呈核。

第十二条　各地方巡警款项之收入，每届一季，均应详列榜示。如有不实不尽之处，准捐户指明呈问。

第十三条　各地方巡警款项之支出者如左：

一、行政费用　一、卫生费用　一、员司薪津

第十四条　各地方巡警款项之行政费用，如修筑桥梁、道路及其他办理消防、侦探、盗贼，凡关系于巡警之行政者皆属之。

第十五条　各地方巡警教练所，亦行政教育之一，其费用应列入行政项下。

第十六条　各地方巡警款项之卫生费用，如清理沟渠、检查食物及其他关系卫生者皆属之。

第十七条　各地方巡警款项之卫生费用，如因传染病之预防或断绝，以及创办屠兽场、卫生医院，亦属卫生费用。

第十八条　各地方巡警之行政卫生费用多系活支，届时应由该警务长严饬所属认真办理。

第十九条　各地方巡警办理卫生行政费用，其属于随时者，一面创办，一面呈报。若属平时，则当先行呈明核定，再行遵照。

第二十条　各地方巡警款项之员司薪津，如警务分所所支出，分别缺分如左：

薪津 分别人员	大缺	中缺	小缺
警务长	八十元、四十元	七十元、三十元	六十元、二十元
总务股正股员	四十元、二十元	三十元、二十元	二十元、一十元
总务股副股员各股股员	三十元、一十元	二十元、一十元	一十元、一十元
区官	三十元、一十元	三十元、一十元	二十元、一十元
巡官	三十元、一十元	二十元、一十元	一十元、一十元
巡长	二十元、一十元	十六元、八元	十二元、六元
巡警	十六元	十六元	十六元
司书	二十元	十六元	十二元

第二十一条　各地方巡警款项之员司薪津，所称缺分，准照各州县之分别办理。

第二十二条　各地方巡警款项之员司薪津，如教练所所支出，支如左。

一、所长一员，薪四十元，津四十元。

一、教务长一员，薪三十元，津三十元。

一、庶务员一员，薪三十元，津二十元。

一、教员若干员，薪自四十至二十元，津皆二十元。

一、书记二员，各给二十元。

一、司事每名各给十六元。

第二十三条 各地方巡警款项之支出，应遵照前数按月呈报查核。

附则

第二十四条 各地方巡警之款项，多属参差不齐。自此次定章施行之后，各该警务长均应于文到之日起，一律认真遵照，倘有斟酌损益，亦应详具理由，呈候核夺，庶免纷歧，而昭核实。

第四章 学堂

第一条 本章系遵照部定巡警学堂章程斟酌损益，以谋奉天各地方警学之画一。

第二条 奉天地方各应设巡警学堂一所，名曰巡警教练所。

第三条 巡警教练所以造就各地方巡警之人员为宗旨。

第四条 巡警教练所入学之资格限如左之五项：

一、本地人民

二、年在二十五岁以上

三、身体强壮无废疾者

四、文理粗通

五、曾未受刑事上之处分

第五条 巡警教练所学生定额一百名。

第六条 巡警教练所学生，如本地人民不足额时，准以他处之人补足，但不得过于学额三分之二。

第七条 巡警教练所学生，如经该管警务长或地方官体察情形，量为增加时，准该管官呈明核办，惟不得以经费支绌或其他事由再请减少。

第八条 巡警教练所毕业年限至少须定一年。

第九条 巡警教练所服制形式均应查照部章，其未颁到定式以前，暂依通行制度。

第十条 巡警教练所应习学科如左：

一、国文

二、警察要旨

三、大清违警律

四、法政浅义

五、自治大意

六、本处地理

七、操练

第十一条　巡警教练所应设之职员如左：

一、所长一员

二、教务长一员

三、庶务员一员

四、教员若干员　按照学科酌量聘请

五、书记二名

六、司事一 二人

第十二条　巡警教练所职员应掌之事务如左：

一、所长禀承长官之命，总理全所事务。

二、教务长、庶务员协同所长办理主管事务。

三、教员承所长之命，协同教务长各任其学科。

第十三条　巡警教练所职员之委任，除所长及教务长、庶务员应由地方官会同警务长遴选禀请札委外，教员以及书记、司事，可由所长呈准警务长转报地方官委任。

第十四条　巡警教练所开学、毕业日期、均应先期呈报。

第十五条　巡警教练所职员、学生履历、名籍，均应于开学前呈报。

第十六条　巡警教练所职员、学生倘有更动时，亦应于年终造具清册，申报理由。

第十七条　巡警教练所毕业考试，应由巡警道派员会同举行，以昭慎重。至开学时酌量情形办理。

第十八条　巡警教练所毕业学生，凡及格者，均由所长会同地方官、警务长发给文凭，并一面造册呈报。

第十九条　巡警教练所呈报文件，均应由该管警务长转呈地方官会同禀报。

第二十条　巡警教练所呈报之件，由巡警道体察情形，分别汇呈督、抚咨部备案核办。

第二十一条 巡警教练所毕业学生，专作地方巡警之用，其成绩最优者，得呈请派充巡长。

附则

第二十二条 本章程自颁到之日起，凡教练所已经成立各处，限一个月内一律遵行。其未经成立或未完备各处，统于三个月内创设改办。

第二十三条 本章程系筹划大概，以期通行。所有详细规则，各该管官均应订定章程，呈明办理。

纪内城巡警

光绪二十七年，将军增祺委员办理保甲，设保甲局于东华门，为省城开办巡警之基。二十八年三月，改保甲局为警察总局。事属草创，章制未能完备，然气象一新，民人咸知振作。三十一年，将军赵尔巽以兴修马路事宜归并于警察局内，改名工巡局，以符名实。旋因京城工巡局改为巡警部，旧名与部章不合，遂于三十二年复易为巡警总局，奏明立案，檄道员张锡銮总其事，切实整顿，规模粗具。是年四月，迁局于大东门外旧军粮厅署，即今局处也。六月，经道员姜恩治厘定章程，设立执行、司法、卫生、教练、工程为五科，又于五科之中分股十有七，复立书记、交涉、出纳三股以综五科之成，而地方行政机关尚多未备，司法亦未独立，其警察对于行政司法，仍均漫无限制。三十三年，奉天初设行省。五月，世昌莅东，以道员王治馨任局事，参酌东西洋法制，变通局章，改设总务、行政、司法、卫生、捐务五课，分股十有九，厘正更订，各专责成。三十四年十二月，道员申保亨复加修改，或因或革，总期员各尽职，款不虚糜，岁省公帑十余万金，而事转整齐。警政乃厘然渐备。此局中之屡加更易之原委也。城内外分局凡五，创始于光绪二十八年正月。曰城内警察分局，曰大小东关、大小南关、大小西关、大小北关警察分局。每局设稽查委员二员，分关管理。三十年八月，改设六分局。城内设左右翼，城外则删大小之名，改曰东、西、南、北关警察分局。三十一年三月，改为一、二、三、四、五、六分局。一、二局专辖城内，三、四、五、六局分巡各关。三十二年四月，添商埠巡警分局。宣统元年二月，道员申保亨禀定，以商埠地面空阔，人烟稀少，华洋杂处，铁道交驰，非分设两局，难资控驭。当即添设第八分局以期周密。此分局历年创改之始末也。三十三年六月设马巡队、消防队，七月设立警卫队，各有队官，以资整率，而于总办直接，无所附属。此各队设立之情形也。既裁巡警道，以民政司为直接监督，而总局亦将改为警务公所。然一切章制，固历经实验，适于推行，不必事事求合于部章也。

附巡警总局局制职掌章程

局制

省城城关内外及商埠地方设总局一、分局七，每分局各分为二区，共十四区，附设警卫、消防、探访马队三队。

总局设总办、提调各一，局中分总务、行政、司法、卫生、捐务五课，各课中共设二十一股。计局员三十六员，司书杂役等五十九名，共九十五员名。

分局各设巡官一、正副巡弁各二，计第一、二分局各一百四十九员名，三、四、六分局各二百零二员名，第五分局二百一十六员名，第七分局一百二十四员名。各局管辖不同，繁简不一，所有长警因以增减。

警卫队一百二十员名，消防队六十员名，探访马队五十四员名。

职掌

一、总办职掌如左：

总办受督、抚之委任，综理省城警务，指挥监督其属下。

二、提调职掌如左：

提调受督、抚之委任并总办之命令，联合各课，整理全局事务。

三、总务课职掌如左：

警事股　掌酌定所属各局队服务方法及应设各项额缺暨巡逻分配以及应办事宜细则，并得随时会同各局队长官会议该管兴革事件，并掌管各局队官弁长警之赏罚、进退及考核、训练、稽查等事。

机要股　掌管理关防、电报、电话及各局除稽查等秘密之报告。总分局服务功过、进退、派差、请假，暨调查各员履历、凭照，并传送口号、汇呈值班名单与通行证据等事。

文牍股　掌各项公牍之审议、缮写、收发、编存事项。

支应股　掌收支一切款项及公用物品与预算、决算、清造报销等事。

统计股　掌分数统计总分局队各项事件，按月呈报，以考成绩，兼管测绘等事。

筹备股　掌总分局队修造房屋，制办器具及军储收发检验等事。

警卫股　掌警卫　宫殿及督、抚衙署与中外大员来往之须保护者，所有临时因应添调巡警及配置等事，均与警卫队官各局巡官及马队队官等商酌办理。

四、行政课职掌如左

治安股　掌监察集会、演说、新闻纸及一切出版物，与商民刊布传单、告白及其他有害治安与风俗之处，如宗教及迎神赛会、妓馆、说书场、戏园、料理、公园等事。

交涉股　掌调查各国领事员役及军队等，与寓居城关之各国官商教士等户口，并一切文件之翻译，与外国人及其事故之接待、报告、应付等事。

户籍股　掌编纂稽核户口总分册籍及临时、定时调查索引及按月报告等事。

营业股　掌一切市政之考察及度量权衡，与当铺、古董店、刀剑枪炮火药店、茶室、饭馆、客栈、伙房、菜市、瓜行等之管理事项。

交通股　掌行人车马通行之督察、道路桥梁危险之预防与一切车辆之停车场及车厂之管理，暨路灯、电线、电杆之稽查等事。

五、司法课职掌如左：

裁判股　掌裁判一应违警罪犯，至户婚、田土、钱债、命盗，一切民事、刑事案件。假预审后，分别送交各级审判厅管理。

侦察股　掌犯罪证据之搜查。

监视股　掌留置已定、未定各项人犯及证据物、遗失物、没收物、人犯所有物之检查、收藏、招领、拍卖等事。

六、卫生课职掌如左：

清洁股　掌督察居民施行清洁方法及通泄沟渠、整理公厕、官井及管理清道夫役、车骡等事。其有与交通股、工程局有关系者，随时会同办理。

防疫股　掌种痘、时疫、兽疫之检查预防及市脯、饭食、料水、罐头、牛乳与一切死故埋葬等事。其西、南、北之屠兽场管理检查事件，皆隶之。

医务股　掌考察地方各种病情，制备随时施送药品及变故死伤与急病者之检验、诊断、治疗，与总分局队官弁、长警、拘留人犯有病者之诊视、医治，招入巡警体格之试验等事。

七、捐务课职掌如左：

收发股　掌收房、铺车捐暨妓馆、戏园、屠场、菜市、斗用、官地各项捐款以及发给捐照等事。

核计股　掌考察各项捐款收入数目汇报等事。

稽查股　掌稽查、报告各项捐款有无隐匿、偷漏及额外需索等事。

八、各分局职掌如左：

分局承受总局命令管理该局之事务，保持管内之治安。

九、警卫队职掌如左：

警卫队掌管一切警卫事宜，兼理一应差遣事件。

十、消防队职掌如左：

消防队掌管消防事宜，并调查水利、救护火灾、经理器具、练习体操等事。

十一、探访马队职掌如左：

探访马队掌管弹压非常、整理交通、追捕凶徒、搜索罪犯、途上警卫、巡察并报告机要等事。

附巡警总局常年经费各项预算表

一、官兵薪饷

名目	人数	每月每员薪津额数	月支总数	按年总数
总办	一	薪水二百两、津贴二百两	四百两	四千八百两
提调	一	薪水一百两、津贴一百两	二百两	二千四百两
课长	五	薪水五十两、津贴五十两	五百两	六千两
一等课员	十二	薪水四十两、津贴四十两	九百六十两	一万一千五百二十两
二等课员	十二	薪水三十两、津贴三十两	七百二十两	八千六百四十两
三等课员	十二	薪水二十两、津贴二十两	四百八十两	五千七百六十两
稽查长	一	薪水六十两	六十两	七百二十两
一等稽查	十	薪水二十四两	二百四十两	二千八百八十两
二等稽查	十二	薪水二十两	二百四十两	二千八百八十两
三等稽查	十二	薪水十六两	一百九十二两	二千三百零四两
额外学习委员	八	薪水三十两	二百四十两	二千八百八十两
一等司书	六	薪水二十四两	一百四十四两	一千七百二十八两
二等司书	六	薪水十六两	九十六两	一千一百五十二两
三等司书	十	薪水八两	八十两	九百六十两

日本总稽查	一	薪水三百元	三百元□合银一百九十五两	三千六百元□合银二千三百四十两
督操官	一	薪水八十两	八十两	九百六十两
电话生	一	薪水十二两	十二两	一百四十四两
照相技师	一	薪水二十两	二十两	二百四十两
差弁	二	薪津十八两	三十六两	四百三十二两
警卫队指挥官	一	薪津八十两	八十两	九百六十两
马巡队队官	一	薪津五十两	五十两	六百两
警卫消防队官	二	薪津六十两	一百二十两	一千四百四十两
消防队技师	二	薪水十二两	二十四两	二百八十八两
日本兽医	三	薪水照合同	约四百元□合银二百六十两	四千八百元□合银三千一百二十两
屠兽场委员	三	薪水三十元	九十元□合银五十八两五钱	一千零八十元□合银七百零二两
分局巡官	八	薪水四十两、津贴四十两	六百四十两	七千六百八十两
分局巡弁	十六	薪津三十两	四百八十两	五千七百六十两
分局副巡弁	十六	薪津十六两	二百五十六两	三千零七十二两
分局文牍员	八	薪水二十四两	一百九十二两	二千三百零四两
分局户口生	十二	薪水十二两	一百四十四两	一千七百二十八两
分局司书	十	薪水八两	八十两	九百六十两
巡长	二百名	薪饷等级不同，每月约计如下	一千九百两	二万二千八百两
巡警兵	一千二百名	薪饷等级不同，每月约计如下	八千三百三十两	九万九千九百六十两
总局夫役	三十六名	工食三两五钱	一百二十六两	一千五百十二两
分局各队夫役	一百四十名	工食三两五钱	四百九十两	五千八百八十两
屠兽场夫役	五	工食三两五钱	十七两五钱	二百一十两
稽查处夫役	四	工食三两五钱	十四两	一百六十八两

以上员弁兵役薪饷每月额支银一万八千一百五十七两，全年额支银

二十一万七千八百八十四两，有闰之年全年额支银二十三万六千零四十一两。

二、公费火食

名目	解说	每月支数	全年支数
总局火食一百零七员稽查员附	每月每员以九元核计	九百六十三元□合银六百二十六两	七千五百十二两
屠兽场公费三所	每所定给五十元委员火食在内	一百五十元□合银九十七两五钱	一千七百七十两
分局公费八所	每所定给四十两，巡官火食在内	三百二十两	三千八百四十两
消防队公费一		四十两	四百八十两
马巡队公费一		四十两	四百八十两
总局局用杂支稽查处附入	油烛纸张、牲口喂养、凉棚庆典添置用具	一千二百两	一万四千四百两

以上局用公费火食每月额支银二千三百二十三两五钱，全年额支银二万七千八百八十二两，有闰之年全年额支银三万零二百零五百五钱。

三、卫生经费　按三十三年、三十四年旧册比较

名目	名额	解说	按月摊支	按年总支
雇佣清道夫	六十三名拟添十名	按旧册每年用洋九千五百余元，姑以八百计	八百元□合银五百二十两	六千二百四十两
运秽土车夫役	四十四名拟添四名	按旧册每年需洋五千余元每月姑以四百预计	四百元□合银二百六十两	三千一百二十两
运粪车夫役	二十九名	按旧册每年需洋二千四百元，每月姑以二百预计	二百元□合银一百三十两	一千五百六十两
清厕夫	十名拟请添十名	按旧册每年需洋二千数百元不等，每月姑以二百预计	二百元□合银一百三十两	一千五百六十两
沟渠夫	按月现雇冬季尤多	按旧册每年需洋二千数百元不等，每月姑以二百预计	二百元□合银一百三十两	一千五百六十两

雇运各衙署积雪秽土车价		按旧册每年需洋一万八九千元,每月姑以一千五百元计	一千五百元□合银九百七十五两	一万一千七百两
添修厕所		按旧册每年需洋二千六七百元,每月姑以一百五十元计	一百五十元□合银九十七两五钱	一千一百七十两
添置各项工役应用器具		按旧册每年需洋一千九百元,每月姑以一百六十元计	一百六十元□合银一百零四两	一千二百四十八两
修理运土秽车辆		按旧册每年需洋四百五十元,每月姑以四十元计	四十元□合银二十六两	三百十二两
购买卫生药品		按旧册每年约支银三千四五百元,每月姑以三百元计	三百元□合银一百九十五两	二千三百四十两
卫生巡查长警	二十九名	等级升降不定,按月以二百两预计	一百九十两	二千二百八十两
骡马草料	一百匹	按旧册每年需洋八千四百元,每月姑以七百元计	七百元□合银四百五十五两	五千四百六十两
骡马夫	十名	按旧册每年需洋九百六十元,每月姑以八十元计	八十元□合银五十二两	六百二十四两

以上卫生课经费每月支银三千二百六十四两五钱,全年支银三万九千一百七十四两,有闰之年全年支银四万二千四百三十八两五钱。

四、各项活支

一、军装每年需银三万两。

一、岁修局所每年约银五千元□合银三千二百五十两。

一、局队公用煤炭每年约银一万元□合银六千五百两。

一、添置消防用具每年约银一千二百元□合银七百八十两。

一、拘留犯饭食每年约银五千五百元□合银三千五百七十五两。

一、巡警恤赏每年约银五千两。

一、拨交工程局补修洒水经费每月一千元,每年共洋一万二千元□合银七千八百两。

一、添补马匹价银约银二千两。

以上常年各项活支，每年需银五万八千九百零五两。总计右列四项，每无闰之年全年共需银三十四万三千八百四十五两，分十二个月摊支，每月需银二万八千六百五十三两七钱五分。有闰按此数增入。

纪乡镇巡警

承、兴二县旧设巡警，盖就团练而改革之。始则分设两局，继而裁并，划为五分局。区所属之局设巡官，区设巡长，每区设主计一员，专司收捐事宜，而用人行政之权则操自总局，所需经费，惟恃亩捐。此项捐款，系旧日团练所兴办，改设巡警，遂仍之。其抽捐之法，双绳地纳银元一角五分，单绳地纳银元一角。道员朱庆澜[1]总办该局，以亩捐太重，于单双绳之十成中减收三成，一年分两卯纳捐。查地捐旧章，按单双绳收捐，并未分晰亩数，殊嫌混杂，因改绳为亩，再为减收，每亩每月纳银元七厘，一年分为四卯，以三、六、九腊等月为限。分局公费薪津及一切杂支照章由度支司按月具领。嗣奉谕旨，以北洋奏定警务章程，著各直省仿照办理。经前将军赵尔巽饬道员陈希贤重更局制，事同创始，若文案、书记官、稽查、差遣诸名目尚仍其旧。光绪三十四年，道员申保亨条陈各委员办公权限章程，于是分三课为总纲，设十二股为条目，凡机要、文牍、统计、支应、稽核、筹备六股属于总务课，警事、保安、交涉、户籍四股属于行政课，审理、巡视两股属于司法课，不设卫生课。以辖境三千六百余方里，乡隅荒僻，清道、防疫、风俗、卫生则附属于行政。昔之五路稽查，总局差遣，甄别去留。合格者派充股员，员分一、二、三等，薪津亦由禀定核发。旋以库储不裕，饬知府忠芳实行改用民款，稽查各员均行裁汰。巡警为内治要政，幅员辽阔，防缉甚难，因兴仁县移治抚顺，将迤东路分局划归抚顺，所辖地面重测舆图，以清界址。爰裁棚归区，分区长警，仍归主计节制。复设侦探马巡队以备搜索。以经费奇绌之时，值时事繁难之际，所虑青黄不接，收数难齐，布置未周，则蠢动可虑。果能力挽颓风，俾警捐一项，官长为之经理，乡董不能干预，庶小民以有用之钱财、不致召无穷之扰累。警政前途，其日臻完备乎。

---

〔1〕　朱庆澜（1874—1941年），字子桥，浙江绍兴人。初供职奉天，历任凤凰、安东各厅县知事，后任职督练公所巡警总局，继调任四川巡警道。历任黑龙江督署参谋长，黑龙江巡察使，中东铁路护路军总司令兼哈尔滨特别行政区长官，国民政府账务委员会委员长等职。

附乡镇巡警总局办公权限章程

一、总务课　掌管理紧急秘密命令、考核各项文牍批示之总机关，兼参议一切兴革要件以及掌理关防等事。

（一）机要股　掌管理电信凭单执照，总分各局人员履历凭照之调查，股员、巡官功过、勤惰、进退、升降、派差、请假之记录，以及宣布特别命令等事。

（二）文牍股　掌承上启下之各项公文、传单信札、训令之登记收发，兼办公厅各局员之考勤簿，并编集会议条款等事。

（三）统计股　掌分类统计总、分各局各项事件，按月呈报，以考成绩，兼管测绘等事。

（四）支应股　掌出纳银钱、收放薪饷以及预算、决算等事。

（五）稽核股　掌稽查四路地亩之增减、地捐之收缴，并核算各分局每月额支、活支报销，收发三联捐票，并刊发征信录等事。

（六）筹备股　掌修造房舍、制办军装、器具运储、收发检验及保管物品，并约束各项夫役等事。

二、行政课　掌管理外勤一切应办事件，考核行政上各项文牍之裁答，调查、教练、勤惰之记录，兼参议各分局应行兴革等事。

（一）警事股　掌酌定各局职员服务方法、处务细则及一切应办事宜，并管各分局员弁长警之功过、赏罚、升降、调拨、开限、募补及考核、教练等事。

（二）保安股　掌关于交通、营业、风俗、卫生及一切有妨治安等事。

（三）户籍股　掌编纂稽核户口总、分各册籍、门牌及临时、定时调查与索引及生育、死亡移动之报告等事。

（四）交涉股　掌各国官商、军队、教士等一切文件之翻译，与外国人接待之通译、商酌取与等事。

三、司法课　掌管理监视审判员之裁判，考核司法上裁答之文牍，分配侦探，秘密调查报告之纪载，兼理诉讼各项呈词批示等事。

（一）审理股　掌各项人犯之搜查、逮捕、预审、解送及遗失物、没收物之藏储、招领、检查、变卖等事。

（二）巡视股　掌关于要紧案件或各局官弁、长警有违警章、败坏名誉及其他事故，遵奉总办、提调命令秘密调查，兼任警卫侦探等事。

附乡镇巡警分局办事章程

一、巡官　职任承受总局命令，督饬主计弁长警等认真执行事务，并总理一切内勤各项及分期巡视各区所长警等执行事务之情况，以考勤惰等事。

巡官办事以预审为司法之理处，凡长警查获现行犯、非现行犯，假预审遽，关于违警罪者自理，违警罪以上者分别送往拟办，以分权限。

巡官办事以稽核地捐为警饷之基础，凡主计按卯征收亩捐，随时稽核，由总局月给征信录，分发各村屯，以取民信，而免流弊。

巡官办事以教练为整顿之要素，随时督饬弁长认真教练。如奉总局紧急命令，拨派长警分赴村屯调查，以防匪徒混迹。

二、巡弁　职任外勤事务，辅助巡官之不逮，兼受上官命令查办重要事件，并按长警日记簿详细考查，禀请巡官，酌定功过，兼督同长警缉捕匪犯并教练等事。

三、书记员　掌分局承上启下一切文牍之叙稿，并长警功过、勤惰之记录，兼厘定各项表式册籍等事。

四、主计　掌理地捐之收缴报解，督饬分区长警担任催捐筹备警饷事宜，并担当地方上一般之责任，兼节制分区长警等事。

五、巡长　职任外勤事务，兼受官弁命令查办事件或考核各区所巡警之勤惰及教练等事。

六、巡警　由分区拨归分局者，专任杂项差遣，如传递公文等事。在各本区充差者，任巡逻、催饷、逮捕要案、保护人民、调查报告等事。

附侦探马巡队规则

一、乡镇巡警总局设立侦探马巡队，专以探访要案，密查匪迹为宗旨。

一、侦探队即由四分局挑选年富力强、粗通字义之精干马巡十二名，由总局另订访查路线，授以机宜，分寻常及特别之侦探。

一、寻常侦探即按所订路线另定时间，按日分上、中两期，照线梭巡。特别侦探如探访匪迹、密查要案之类。

一、寻常侦探马巡应着一律警服，以昭整齐。特别侦探系持秘密主义，自应更换便服，以备机密之调查。

一、侦探无论寻常、特别之调查，按日报告，每名各给日记簿一册，铅笔一支。遇有事故，即须详细登记报告。如无事故，亦须登记所过地方，如某刻至某处之类，以备查考。回局后，应将查看情形，按日开单，由该队长径送巡视股员阅看后，呈总办，提调核夺。

一、侦探队队长即以本局差遣队队长兼充，而以巡视股员督率之。如总办、提调仓猝发生命令，调查秘密案件，即由该员或该队长率同侦探队改装查访，以期慎密，而免疏懈。

一、侦探队每日报告，如有隐匿及遗漏不报，或报告队长而队长稽压致误者，一经查觉，由该管股员回明总办、提调，予以相当之惩罚。

一、侦探队以熟悉道路及本地人情为要着。寻常侦探，即以某分局选送马巡，巡视某分局所辖之路境。因地势熟悉，办事易于得手。至特别侦探不在此限。

一、寻常调查，订有一定时间。每日分四路出巡，每日出巡两次。早五钟出局，上午十一钟回局。下午五钟出局，夜十一钟回局销差，以示限制。如遇有他项事故，许该队报告附近区所协同办理，即不限以额定钟点。

一、侦探队遇有特别调查，则寻常侦探不可偏废，应筹一变通之法，由本局临时酌派差遣队代充寻常侦探，以辅该队兵力之不及。俟特别调查完竣后，仍归该队，尽其应尽之职守。

一、侦探队由四分局挑选，仍领该分局原订饷干，本局不另给饷。该队长及督率该队之巡视股员均不另给薪水，以节糜费。至特别奖励，由本局临时分别核给，不在此例。

一、侦探队如访有重大案件，立即破获，或协同拿获者，斟酌案情分别提升，照民政部颁定章程办理。

纪巡警学堂

光绪三十一年，省城创立警务学堂。风气未开，招考不易，仅设初等科训练兵学生。学期三个月，毕业后优加擢用。至三十二年，毕业者二百余人，然功课浅鲜，程度低微，不合于用。盖只训练兵生，不过收一人之效。是年九月，改警务学堂为高等巡警学堂，专以教育官吏为宗旨，仿照京师办法，设立三科：为高等，为简易，为专科，以监督一员总其成。分设教务、斋务、庶务长、文案、收支、庶务、稽查、医官各员，各循其名以司乃事。无如经费支绌，因先开高等、简易两科，合定学生百五十名，并饬自备膳费，稍资补助。幸学子智识开通，咸殷向学。现复按照三十四年民政部奏章，改正职员名称，课程并详细厘定，各项规则，力求改良，以为吉、江两省之倡。但期此后规模宏远，气象发达，学额日增，学业日隆，庶社会之秩序胥赖维持，国民之福利逐加增进。即此造就人材之地，可以为转移国势之根也已。

附巡警学堂章程

第一章　总纲

第一条　本学堂现将原定章程略加更改，以期与民政部奏定章程相符。

第二条　本学堂专以造就巡警官吏，备奉天全省之任用为宗旨。

第三条　本学堂各项人员均遵照部定章程分设。

第四条　本学堂现遵部章，先设高等及附属简易各一科，其专科一科，俟本堂高等、简易两科学生毕业敷用后，再行添设。

第五条　本学堂现因款项支绌，除操衣、笔墨、纸张等费归官给外，其膳费一节，每人每月自备市平银三两六钱，借资补助。

第六条　本学堂执事各员均有一定职务，其分任事件，均酌量情形分别厘定。

第二章

第七条　设监督一员。

第八条　设教务提调、庶务提调各一员。

第九条　设讲授教习六员。

第十条　设操练教习二员。

第十一条　设监学二员。

第十二条　设文案一员。

第十三条　设会计一员。

第十四条　设庶务一员。

第十五条　设医官一员。

第十六条　设书识六员。

第十七条　各科教员如遇添班不敷教授时，可随时禀请添派。

第三章　各员通则

第十八条　本学堂执事各员，均须深明学务、品行端方，堪为诸生表率者充之。

第十九条　本学堂执事各员，务须和衷共济，合力维持，总期堂务实有裨益。

第二十条　本学堂执事各员，均须照禀定章程，实心任事。其有关联他项者，当商酌办理，不得存畛域之见。

第二十一条　本学堂执事各员与学生均有师弟之谊，劝学规过，必须开诚布公，毋得阿好徇私，致乖公正之名誉。

第二十二条　本学堂设有办公室，遇有应行增改事宜，由监督随时齐集各员会议，以期日有进步。

第二十三条　各员不得无故请假，不得无故停课。

第二十四条　各员遇有事故、疾病，准由同人权代，惟假期不得过久，致妨公务。

第二十五条　本学堂一切章程规则内凡已经载明事项，承任员务须恪遵办理，不得贻误旷废。

第四章　学年学期及时间

第二十六条　正科以三年为毕业期，简易科为急需人材起见，以一年为毕业期。专科为现在警官研究警学起见，以一年为毕业期。

第二十七条　各科均以六个月为一学期，正科计分为六学期，简易科及专科计分为二学期。

第二十八条　各科授课，每星期均以三十六小时为限。四时晷刻长短不同，其授课时间，当随时酌定牌示。

第二十九条　本学堂正科及附设简易科应授课程开列于左：

正科课程三年毕业，计分六学期：

第一学年

一、中国现行法制大要

二、大清违警律

三、大清律

四、法学通论

五、警察学

六、各种警察章程

七、各国刑法大意

八、行政法

九、算学

十、操法

十一、英文或东文

第二学年

一、宪法纲要

二、大清律

三、各种警察章程

四、各国民法大意

五、各国民刑诉讼法大意

六、国法学

七、地理详政治地理兼及本处

八、算学

九、操法

十、英文或东文

第三学年

一、地方自治章程

二、各省谘议局章程

三、各种选举章程

四、国际公法

五、国际私法

六、监狱学

七、各国户籍法大意

八、统计学

九、操法

十、英文或东文

简易科课程一年毕业，计分二学期：

一、中国现行法制大意

二、大清违警律

三、法学通论

四、警察学

五、各种警察章程

六、地方自治章程

七、各国户籍法大意

八、统计学

九、地理

十、算学

十一、操法

专科课程一年毕业，计分二学期：

一、大清律例

二、中国现行法制大要

三、地方自治章程

四、法学通论

五、国际警察

六、各国警察制度

七、现行条约

八、统计学

九、各省谘议局章程

十、各种选举章制

十一、政治地理

十二、算数

十三、日语

十四、操练

第六章　入学及退学

第三十条　本学堂正科学生，无论旗、汉、土著、客籍及有无功名，凡系身家清白者，或有印结、或有妥实保结，皆可投考。

第三十一条　本学堂简易科学生，无论旗、汉、土著、客籍，凡系正佐、候补、候选及各旗佐校人员皆可投考，惟必须确有执照，或由本管官加具印结，临期呈验。

第三十二条　凡投考各生以年在二十岁以上，三十岁以下，人品端正，素无嗜好，文理优胜，体格强健，目力清澈者为合格。

第三十三条　凡在各局处曾有职务，或在某学堂肄业而因事斥退者，概不准改名投考。

第三十四条　凡学生经考试录取入堂时，由监学先饬各该生呈具志愿书一份，并取保证书一份，认定日后必当遵守堂中一切章程，方准入堂肄习。

第三十五条　本学堂学生有犯下开各项者，分别饬令退学，或退学后严加惩办。

一、品行不端，干预词讼，荡检逾闲，有伤礼教者。

一、荒废学业，至三次月考不及格者。

一、故违本堂章程、命令者。

一、身膺痼疾，难胜学课者。

以上各项犯者均饬令退学。

一、妄议时政，私著邪说，未得本学堂许可，私行结会者。

一、立说登报，或充报馆主笔及访事人，并与报馆访事人不时往来者。

一、聚众要求，借端挟制，停课罢学者。

一、倡言干犯法纪之事及私通党会者。

一、传布谣言，播弄是非及投递匿名揭帖者。

以上各项犯者，除饬令退学外，并严加惩办。

第三十六条　本学堂正科学生，如有中途自请退学者，斟酌情形，分别追缴学费，以示惩戒。

第三十七条　本学堂各科学生膳费，按年照十个月，分两期呈交。倘有积欠逾两月以上者，令保证人赔偿。

第三十八条　专科学生如有中途自请退学者，斟酌情形，或追缴学费，或咨行开去底差。

第七章　考试

第三十九条　本学堂各科学生入学考试共分三种如左：

一、考试论策各一篇。

二、考验身体。

三、覆试论或策一篇。

第四十条　各班学生入学授课后应行考试，约分二种如左：

一、临时考试

随时考　不拘何时，各科教员随时考验。

月考　每月下旬不拘何日，各科教员按照授课时间考验。月终将考题及分数表并考卷汇呈教务提调。

二、定期考试：

学期考　各班学期考由教务提调陈明监督，定期会同各科教员考验学生。分数仍由本科教员评定，呈送教务提调汇总，将平均分数榜示。

毕业考　各班毕业考由教务提调陈明监督，定期会同各科教员考验学生。分数由教务提调会同本科教员评定后，仍由教务提调汇总，并将各学期总分数平均计算榜示。

第四十一条　凡学期考、毕业考均免月考。

第四十二条　凡月考，统一月内各门功课及立品、勤学分数平均计算。学期考，统一学期内各门功课及立品、勤学分数，平均计算。毕业考，统各学期内各门功课及立品、勤学总分数，平均计算。

第四十三条　评定考试分数，以百分为满格。平均不及六十分、分算一科不及四十分者，皆为不及格。

第四十四条　学生月考、期考及毕业考应按照计分表核算。

一、高等、简易两科学生，每月月考一次，按本月中所受之各门功课，仍照每日上课时间分堂考试。各门均以三题为定例。

二、每至第五个月为一学期，即改第五个月之月考为期考，考试五个月所讲授之各门功课，仍照前例分堂试验，但延长时间，均以五题为定例。毕业考试亦同。

三、月考既以三题为定例，则每题之满数计三十三分，统三题合计得九十九分。若能书写端正，无违定式，平日上堂亦能恪守规则，毫无过犯者，加奖一分，即得百分之满数。

四、期考及毕业考试既以五题为例，则计分之法，每题平均二十分。

第四十五条　学生立品分数另列一门。每月作一百分。凡记过者应扣立品分数，如每一小过应扣十分，一大过应扣三十分，余以类推。

第四十六条　学生勤学分数亦另列一门，每月作一百分，凡给假者，除丧假在限期内不计外，其事假、病假，应扣勤学分数。如事假在三日以内者扣二十分，病假在三日以内者扣十分，余以类推。

第四十七条　立品、勤学分数与学科分数计算之法，如学科十门，加入立品、勤学为十二门，以十二门分数相加，再以十二除之，即为所得分数。

第八章　凭照

第四十八条　本学堂凭照有二种：一、毕业凭照，二、修业凭照。

第四十九条　课程既分正科、简易科、专科，毕业及修业凭照亦即有正科、简易科、专科之分。

第五十条　各科毕业凭照内将各学期考总分数、毕业考统计平均分数，一一注明，且于各科凭照内按照毕业统计平均分数标明最优等、优等、中等、下等字样，以示区别。

第五十一条　凡各科毕业考不及格者，发给修业凭照。

第九章　学生通则

第五十二条　学生在堂，允宜肃静，无论何时何地，均不得高声谈笑，致近喧嚣。

第五十三条　本学堂各处所有悬贴各项章程，为公众所遵守，不得擅自撕污。

第五十四条　学生各宜自重，一切官有物件如桌凳及磁铜等器，均须慎于使用，不得任意损坏，即堂中各处墙壁亦不得随手图画，致碍观瞻。

第五十五条　学生制服、靴、帽及应用纸本、笔墨等件，无论官费、自费，均由学堂购发。如有任意撕污损失情事，概不补发，或责令赔补。

第五十六条　身体、衣服、铺盖均宜洁净。凡卫生事宜，须格外留意，勿以一人疏慢，延害众人。

第五十七条　各室备有痰筒、字篓，不得随地吐弃。

第五十八条　灯火宜逐处小心，以免误事。

第五十九条　学生犯规，既经本学堂黜退，或自行求退者，所有发给制服及书籍等项一律缴回，不准携带回家。

第六十条　本学堂有一定服制。学生无论在堂，外出，均不得改着他项服色。

第六十一条　学生衣履举止为行所检关，必须整齐端重，不得有袒臂露胸不扣衣钮或污秽不洁及轻佻浮荡等事。

第十章　礼节

第六十二条　每年恭逢皇太后、皇上万寿日、至圣先师孔子诞日，学生服本学堂所定服式，随同本学堂各员行三跪九叩礼。

第六十三条　每值各班开课、毕业及年假、暑假开学、闭学之期，学生谒监督、提调、教员行三鞠躬礼，其余各员行一鞠躬礼。

第六十四条　学生无论何时何地，如遇本学堂各员，均宜行礼致敬。室内立正，室外举手

第六十五条　学生对监督、提调称谓各称其职，对教员称师，对其余各员均称先生，自称统曰学生。

第十一章　例假及给假

第六十六条　本学堂例假日期如左：

一、每年恭逢皇太后、皇上万寿日、至圣先师孔子诞日休息一日。

一、每年端午节、中秋节各休息一日。

一、每年十二月二十日起至翌年正月二十日止，休息一个月。

一、每年六月暑假，休息一个月。

第六十七条　例假准学生外出，其余虽下课及自息时刻，亦不准随便出入。

第六十八条　凡学生，虽星期六、日亦不得在外住宿，如家在省城或因事故必须在外住宿者，应陈明监学，受其许可。

第六十九条　本学堂给假事项如左：

一、事假

一、病假

一、丧假

第七十条　学生因事请假，每月不得过三日，每学期不得过二十日。但有特别事项，如亲病及其他不测等事，应禀明监学，酌定假期。

第七十一条　学生因病请假，准在病室调养，由医官验明，酌定假期。如有病势较重自愿离堂医治者，亦由医官查验明确，知照监学，酌给假期。

第七十二条　因病请假学生，如有假满未痊仍须续假者，该学生呈明后，堂内堂外均由监学及医官再验明确，方予续假。

第七十三条　学生因丧请假，须呈明监学，酌示假期。

第七十四条　如因亲病未愈及道途较远，不能如限到堂者，呈明监学，酌示假期。

第七十五条　学生假限扣分计算条例：

事假

在三日内者每一日扣八分。

在三日外者每一日扣十分，由第四日起算。

不到一日扣十二分，逾假亦同。

遇不得已事，准假出堂外宿者，每一夜扣五分。

告假出堂，擅自外宿者，记大过一次。

一小时扣五厘，上课及自习时间内加五厘，一小时不到扣一分，上课及自习时间内加五厘。

病假

在三日内者每一日扣五分。

在三日外者每一日扣八分，由第四日起算。

不到一日扣十分，逾假亦同。

危急病症准假在外调养者，每一夜扣三分。

告假出堂调治，擅自外宿者，扣三十分。

一小时扣二厘五毫，上课及自习时间内加二厘五毫，一小时不到扣五毫，上课及自习时间内加五厘。

丧假

丧假除限定假期内回堂者不扣分外，其余续假、逾假均照事假、病假一律计算。

记过记革

一小过扣十分、一大过扣三十分，记革扣六十分。

例假及事、病、丧各假逾限革除计算法：

例假逾限三日外，事假逾限五日外

病假逾限十五日外，丧假逾限十日外。

第七十六条　学生无论何时、何事出堂，均由监学处领条，交差官处验过始准外出。回堂时，仍须交差官处验看，至监学处缴牌，以便查核。

第十二章　值日生

第七十七条　讲堂、操场、寝室按定名次，每日各设值日生一人，轮流充当，周而复始。

第七十八条　值日生为诸生代表。本学堂一切规则，宜倡率诸生恪为遵守。

第七十九条　值日生有维持规则之责任，无论何时何地，诸生有何过失，均宜直陈无隐。

第八十条　讲堂、操场上课时间，教习来去，高呼立正口号，系值日生专责，（值日生告假，则归其次值日生）他人不得齐声喧杂。

第八十一条　上课时间外，无论何地，凡系公众聚集场所，如遇有监督、提调、教习来时，亦由值日生呼立正口号，俾众致敬。

第八十二条　监督、提调、教习有何命令或发给讲义，均先谕知各班值日生，由值日生传布周知。

第十三章　讲堂

第八十三条　每点钟开课、毕课均以鸣钟为号。每点钟课毕各休息十分钟。

第八十四条　学生闻钟齐集，不得迟至三分钟后始上堂。

第八十五条　授课时须将应用笔墨纸本等件预为备齐，不得临时回取，并不准携带本功课外之书籍。

第八十六条　教员上堂由值日生高呼立正口号，俾诸生整躬致敬。俟教员答礼后始落坐，由值日生报明告假几人，到者几人。

第八十七条　学生出入讲堂，务循一定次序，不得争先参错及交头接耳，以昭整肃。

第八十八条　授课时不得饮茶、吸烟及大小便，如有事故者，必须离坐起立，回明教员，受其许可。

第八十九条　授课时不得闲谈嘻笑及偏倚欠伸，或随便放声嚏唾。

第九十条　授课时须从教员命令，不得违犯。如有问答，即须肃立，且质问之时，一人问毕再及一人，不得众口纷腾，故意辩难。

第九十一条　讲堂坐位，均按派定名次，勿得搀越，亦不得擅行更动。

第九十二条　讲堂一切器具不得污损，并不得私取粉墨任意涂抹。

第九十三条　教员下堂时，各生听值日生口号，一齐起立致敬。

第九十四条　学生下堂时，须将桌上笔墨纸本等件妥为安放，以免杂乱。

第九十五条　各地官绅有欲参观讲堂授课者，先时由庶务提调或监学通知教务提调或教习，再引入内。至诸生应行立正与否，宜听教习指挥。

第十四章　自习

第九十六条　自习时刻，前后均以鸣钟为号。学生届时在室潜修，不得旷误。

第九十七条　自习时均照讲堂规则，不得聚谈离位、饮茶、吸烟及大小便，亦不得故意朗诵，以妨同人。

第九十八条　室内不得放置衣服及非自习应用之物。

第十五章　操场

第九十九条　届时学生闻钟齐集，不得稍迟，并不得饰词旷课。

第一百条　学生出入操场，须按次徐行，不得喧笑奔驰。

第一百零一条　操练教习入场，由值日生高唱口号，令各生行举手礼，并报明告假几人，到操场几人。

第一百零二条　学生在场，一切恪遵操练教习命令，不得违犯。

第一百零三条　操练时间外，原可在场随意运动，惟不得故意喧哗。且练习口号须出以端重，不得随意狂呼。

第一百零四条　操练时间内，堂内员役人等不得从队中冲过。

第一百零五条　操练时间内，有来场参观者，均照讲堂例，先时通知教务提调或教员。至诸生应行敬礼与否，宜听操练教习指挥。

第十六章　各室

一、寝室

第一百零六条　起眠均以鸣钟为号。早起时，春分后五钟，秋分后六钟，夜眠时俱以十钟为限。

第一百零七条　每晚限十钟息灯。

第一百零八条　学生在室各归各号，无论何时不得串号。

第一百零九条　寝室号次及诸生寝所，非经监学许可，不得私行更换迁移。

第一百十条　折叠被褥，宜按一定式样安排齐整。应用衣服及零用诸物，均宜各按所定位置得宜，既防错乱，亦以适观。

第一百十一条　凡不应看之书籍，不得携入寝室，应由监学随时检查。

第一百十二条　学生不得在寝室内私自制饭及一切污秽寝室之事。

第一百十三条　寝室内除应备服物外，一切杂项器具食物，不得安置室内。

第一百十四条　寝室务宜静肃，息灯后尤宜加慎，不得任意谈笑，扰及已眠之人。

二、会食所

第一百十五条　学生赴会食所，须鱼贯徐行，不得争先落后，务按名次列坐，不得紊乱或互相招呼。

第一百十六条　会食所尤宜肃静，不得凌竞喧哗，敲打碗箸，并不得另行添菜。如食品不洁，可公举一人申告监学，不得行向厨役争论打骂。

第一百十七条　开饭原有定时，届时不到，概不得补行开饭。

三、憩息室

第一百十八条　憩息室为功课暇时息游之地，语言在所不禁，但不得喧呼戏谑，有伤行检。

第一百十九条　憩息室为饮茶之所，吸烟亦限在此室内。

第一百二十条　室内茶具不得携至他处。

第一百二十一条　碗有余茶，不得倾泼满地，致生秽气。

四、阅报室

第一百二十二条　此室专为阅报而设，自习时间不得在此纵览。

第一百二十三条　各项报章须按次轮观，观毕仍须按次整理，不得任意涂抹污损或携出室外。

五、盥漱室

第一百二十四条　盥漱室为早起及饭后盥漱之所，室中务令清洁。入室各生务各有秩序，不得搀越竞夺。

第一百二十五条　各生理发即在盥漱室内，不得潜入他室。

第一百二十六条　各生手巾等件均置一定处所贴有名条。各生须认明本人物件，不得竞争乱用及任意抛弃。

第一百二十七条　有皮肤传染病者，另设数盆，在室盥漱。

六、浴室

第一百二十八条　浴室于学生有澡身却病之益，至夏令尤宜勤浴，以裨卫生。

第一百二十九条　凡罹疾病或疾病初愈者，非经监学许可，不得私行入浴。

第一百三十条　室内禁止喧笑戏谑及唱歌等事。

七、调养室

第一百三十一条　学生如有疾病，回明监学，酌量拨入调养。

第一百三十二条　学生无论染何疾病，非经监学许可，不得私行入室。

第一百三十三条　有病学生入室，饮食各物有宜禁忌者，必听医官指定，不可轻犯。

第一百三十四条　同学入室探视病人，须禀明监学，方可入室。

第一百三十五条　疾病有一时难期速痊者，或令入室调养，或令归家治疗，临时酌定。

八、储藏室

第一百三十六条　室内藏学生自带箱箧及衣包等物，学生不得自行入室。各柜均编有号次，须先禀明庶务处，凭号牌取物。

第一百三十七条　废弃旧物不可乱掷室内，秽物亦不可存于衣包中，常宜注意卫生。

第一百三十八条　贵重物品不得携带入室，至银钱宜交监学存收，不得存之室内。

九、接待室

第一百三十九条　学生接待室专为学生会客之所，除上课自习时间外，有各生亲友来堂探望者，由门役报知，得在室接见数分钟。各生不得导引入内，亦不得因客外出。

第一百四十条　接待室不准留客饮食或大声谈笑及种种不敬之举动。

十、图书标本室

第一百四十一条　本室开办伊始，现存书籍图报须登记总簿。俟购置齐备，再分别种类，逐一造具清册。

第一百四十二条　本室所存书籍图报，收掌书识须加意检点，勿令损失。倘有无故损失，即由该收掌赔补。

第一百四十三条　凡学生借阅图书，倘有污秽损失，照价赔补，亦不得展转借观。若私自通融，致有污秽损失等事，即归具条借书之学生赔补。

第一百四十四条　凡学生借阅图书，至本室取借书条，亲笔注明斋号、姓名、书目、限期，交收掌查照登簿，随将书籍检发。

第一百四十五条　凡学生借阅图书，务须珍惜，不得任意批点，以昭慎重。

第一百四十六条　开办伊始，应用图书未能多备，如有同需一书，即以先后为定。

第一百四十七条　本室所存图书，凡堂内人员皆可借阅。务须照章办理，不得有逾限制。

第一百四十八条　凡学生及堂内人员借阅图书，均不得携出堂外。

第一百四十九条　每至年假、暑假之期前十日停止借书，并已借出图书等项须一律取回，由教务提调照簿清查，以防遗失。

十一、印刷室

第一百五十条　本室为印刷各项章程、示谕及各科讲义之所，最宜严密，无论何人不得随便出入。

第一百五十一条　本室所有印刷各件，该管书识、夫役概不准向外宣泄，而各班学生亦不准潜来窥探询问。

第一百五十二条　本堂各科讲义，室内分类存储，入室参观人员，幸勿乱其位置次序，免致难于收拾。

第一百五十三条　本室锁钥归教务提调管理。每启门时，须先经教务提调许可。

第十七章　劝惩

第一百五十四条　学生有品行端正、谨守学规，或一学期内除例假外并不请假，及学业日进，月考、期考取列前数名者，分别给予奖赏，以示鼓励。

第一百五十五条　本学堂规则，诸生如有违犯之处，轻则减分记过，重则照三十五、三十六、三十七、三十八等条所定处分，以昭惩戒。

第十八章　各员职务规则

第一百五十六条　监督　总理全堂事务。

第一百五十七条　教务提调　协同监督整饬全堂教育事务，须督率所属各员按章认真经理。其管理之事项规则如左：

一、核定各科课程并与各教员商定教授法。

一、分配课程时间。

一、主持一切考验事及月考、期考、毕业之总计平均分数。

一、监查各生学业勤惰，品行优劣。

一、审察各科学生入学、退学事。

一、稽核各教员教法及监学员、医官勤惰。

一、兼理图书标本之购置存储事。

一、凡本堂教授管理一切细则有应行增改者，随时与教员、监学员商订送呈监督核夺施行。

一、各科讲义及上课时间、考试日期，如有更改，须与教员妥议，送呈监督酌定。

一、讲堂设有教员考勤簿，每日教员讲授毕，由监学员送交教务提调，呈监督考核。

一、本堂文牍、示谕、册表、课卷之收发保存，关于教务者，文案员得直接教务提调商办，以免迟滞。

一、教员教授得法，实心任事，或著有教科书，毕业学生确能获有实益，行副所学，成效昭著，由教务提调商请监督，给予记功，以备届期分别从优请奖。其未届请奖之时，酌加津贴，借资鼓励。至教法不合，或有玷教员名位者，教务提调商请监督辞退。

一、印刷室各书识及堂役，均归教务提调指挥节制，照该室规则办理，并该室书识收掌图书标本之事。

一、本堂差弁、卫兵、夫役、厨役，如有不安本分，事关教务者，教务提调应即商同庶务提调，分别轻重惩办。

一、凡关系堂内一切教育事宜，无论巨细，皆须呈明监督，遵照民政部及学部奏定章程商酌办理。

第一百五十八条　庶务提调　有禀承监督整理全堂庶务之责，自应认真督率所属各员遵章办理。其职务规则如左：

一、文牍往来审慎检阅。

一、堂中夫役人等之进退及分配。

一、斟酌堂中各项费用。

一、管理学生应用品物及操衣军械之存储。

一、参观上之应接。

一、按期经收高等、简易两科学生膳费，转交会计存储。

一、各员之勤慎优劣，由庶务提调随时监查，登载记事簿，以备甄别。

一、凡文案、会计、庶务三者均庶务提调节制。

一、凡监督饬办事件，应交何处者，即行速办。惟关文牍者，交文案员拟稿呈阅。一经监督阅定，从速遵办。

一、堂内事关创办及购置品物非经常应用者，由庶务提调请示监督，许可后方得照办。

第一百五十九条　讲授教习　有指授学生之责，担任各科课程、编纂讲义、评定考试分数并教授一切事宜。

一、各科讲义底稿，须于上课前一星期内编定，注明某科某种讲义，送交教务提调，呈监督鉴核后，预先缮印。

一、各科教员除于每星期日将前星期所授之功课及来星期应授之课程报告外，并于每学期开课前数日，须作授课预定表，送教务提调转呈监督考核。至该学期内应教授之一切科目，宜循序详载。

一、教员当每学期将毕，须于前数日照授课报告表将该学期内已课之成绩，照表详细开载，送交教务提调，呈监督核阅。

一、教员在讲堂内宜随时考查学生品行优劣、学业勤惰，遇有犯规，不服训谕者，将其原因陈明教务提调，按照定章核办。

一、凡关教授上一切事项，各教员如有意见，随时陈明教务提调酌定。若疑难不决者，由教务提调呈请监督决定。

一、教员上课，如有学生请假，即记入旷课簿内，但须亲自查核，不得仅凭值日生之报告。

一、教员如因要事或疾病请假，无论为时久暂，均须报明教务提调，以便登簿或议请代理。

一、教员上课时特设考勤簿，每日于本科讲授时间内自行盖戳。

一、各科学生每月下旬考试一次，均于授课时间内由本科教员严行考试。毕后至迟一星期按照计分表详细评定，但须先期通知教务提调，以便分送试卷监视。

一、各科考卷既经教员阅定，即于本科授业时间内，先将各生考试成绩逐名详细指示，至月终须将考试题目及考卷并分数表送交教务提调核定名次，汇呈监督鉴核榜示。

第一百六十条　操练教习　除训练时间外，每星期一人轮替值日，兼充实务教习，管理警察实行上之要务。其事项规则如左：

一、学生应行一切礼节，随时训授监查。

一、稽查学生服装、姿势。

一、凡学生列队行礼，归实务教习命令指挥。

一、督率各生运动、游戏。

一、学生寝兴皆有定时，每日早晚按照时间表，由实务教习实行点检。

一、实务教习备有值日记事簿，专载各生品行功过，至星期交代时，须将该星期稽查之事报告教务处。

第一百六十一条　监学员　有督率劝勉学生之责。凡关于学生应行管理事件，帮助教务提调，随时随地认真监查。

第一百六十二条　监学员管理之事项如左：

一、稽查学生品行、勤惰及出入请假事。

一、监视学生是否上课并自习。

一、编定讲堂、寝室、会食所、盥漱室次序号数。

一、整理图书室及阅报之秩序。

一、指示学生一切典礼及传知各项示谕。

一、检验学生发受各种书信。

一、核对新生年貌、三代、相片，填写志愿书、保证书，及统计保存。

一、约束堂役、斋役。

第一百六十三条　每月按照日记簿内切实评定各生立品、勤学分数，送教务提调核阅后，另行榜示。

第一百六十四条　学生如有紊乱堂章、不受规劝者，由监学员将原由陈明教务提调，按照立品规则核办。

第一百六十五条　每日上课，按照时间表饬役摇铃。先将各科学生本日旷课簿注明旷课原由，分送各科讲堂，以便教员核对。操练时间，则送操场。

第一百六十六条　监学员助教务提调编制各项簿册、图表，督催书识缮写印刷及递送各科讲义、试卷。

第一百六十七条　修理讲堂、斋舍及应用物品，监学员当商请庶务处办理，以免临时不及。

第一百六十八条　凡给学生一切官备物品，监学员陈明教务提调，书于学生用品簿内，送呈监督核夺。饬庶务处照购者，由庶务处会同监学径行点发。

第一百六十九条　各科值日生，每日由监学员轮派，标示监学员室外。

第一百七十条　凡关各室听差及各项夫役、厨役如有不遵约束者，监学员应送请庶务处惩办。

第一百七十一条　监学员执行各项规则，遇事宜平和相处，宽猛适宜，以期有益学务。

第一百七十二条　凡指定归监学员办理之事，除随时商请教务提调外，事关教务者得与教员直接。事关庶务者，亦可与庶务处直接，以昭简便。

第一百七十三条　文案员　专司拟办一切文牍，订立卷宗及宣布示谕。

第一百七十四条　各科考试榜及分数册，由教务提调发交文案处派书识生缮清、刷印、校对。

第一百七十五条　保存课本、课卷。

第一百七十六条　凡事关教务，商承教务提调，具稿呈监督阅定遵行。

第一百七十七条　凡事关庶务，商承庶务提调，具稿呈监督阅定遵行。

第一百七十八条　会计员　有司出入银钱之责任。堂中无论何人何项，非得监督及庶务提调许可，概不得悬支预假。

第一百七十九条　堂中薪水工食，照章按时领发。

第一百八十条　收存高等、简易两科膳费，按月核实，支付伙食。

第一百八十一条　堂中无论何时何项物件，须由庶务员开单，送提调核夺，转饬购置。他员不得与会计员直接。

第一百八十二条　动支款项须凭领单。发票由提调盖戳后，方准核发。

第一百八十三条　庶务员　应立簿册，以便随时登记。

甲、器具目录簿。

乙、夫役名册及功过簿。

丙、购置物品目簿。

丁、物品消耗簿。

第一百八十四条　堂中备用物品及消耗物品，由庶务员随时清点、整理及购备、分配。

第一百八十五条　堂中购备各项物品，须商承提调核准照办。如创办事项，由提调请示监督方得遵行。

第一百八十六条　购置物品，须酌量价值是否适当，然后开单粘附发票，由提调盖戳，送交会计处发款。

第一百八十七条　堂中听差以及夫役，须随时考察勤惰，有功过则登记册簿。

第一百八十八条　每日学生午晚两餐，由庶务员随时查看。

第一百八十九条　各室家具，应于暑、年两假期各查点一次。

第一百九十条　各室应用物品，无论何人领取，须凭提调戳记，方准照发。

第一百九十一条　堂中屋宇庭院，由庶务员责令夫头督饬夫役随时洒扫，以重卫生。

第一百九十二条　医官　有诊视各员生疾病之责。凡关于清洁方法，预防时疫，皆其专任，必须认真考查，以图卫生进步。

第一百九十三条　医官管理事项如左：

一、检查学生疾病。

一、稽查斋舍内外卫生兼理调养室。

一、监查学生饮食是否清洁。

一、保全卫生一切事宜。

第一百九十四条　学生有患病者，酌量情形，商知监学员，移入调养室诊治。

第一百九十五条　凡学生移居调养室内，服药用饭等事，须会同监学员随时照料。

第一百九十六条　学生有因病请假来诊者，须按照病情轻重，确实填写诊断方，通知监学员。

第一百九十七条　凡关各处清洁事宜应预为筹备防范者，可随时请示教务提调，会同庶务提调商酌办理。

纪巡警教练所

巡警为和平军人，有保安责任，尽人皆知。然和平之性质，不由教育中陶成，则何异庸愚。军人之资格，不受训练之范围，则易流强暴，以之保安，乌乎其能。既设高等巡警学堂以教官弁，而普通之巡警尤宜广行教练，以收实效。爰于三十三年九月，饬将学堂原有之兵生另立专校，拨归肄业。挨班招考，名曰巡警教练所。学额二百名，分甲乙两班，一律住所。三十四年，遵照部章，设所长一员，以巡警学堂斋务长兼充之，综理所事。其余教务，庶务各员，亦半由堂员兼摄，以节经费。学期以一年为毕业。课目曰国文，曰大清违警律，曰警察要旨，曰政治浅义，曰地方自治大意，曰奉天地理，曰操法。其他规则，大致与学堂同。官校、兵校，一时并立，师师济济，各尽其能，以冀将来警界之进步云尔。

纪卫生医院

卫生之事，为行政警察中一大部分，事务至繁，关系至巨。奉省地势高寒，人民朴陋，卫生素不讲求。自光绪三十一、二年间，历经咨调北洋医员，创办卫生医院，复设防疫病院，且附立看护医学堂，其时尚隶于巡警总局。自奏设巡警道缺，遵照部章，设卫生专科，改医院为独立，附属于道，并颁木质关防，即以卫生科科员总其事。延聘中西著名医士，并聘日、德专门医学士诊治疾病。凡施诊、防疫及检验卫生、戒烟所，无不完备，奉省人士之就诊者踵相接也。约计开办后经费，以药料、器具为大宗，每年开支一万余两。功用甚溥，惠利无穷。亦古先哲王视民如伤之遗意也。

附医院章程

甲、门诊

一、医官在院诊病时刻，每日八点钟起至十二点钟止，过时不候。惟遇有危急之症及服毒各病，不论时刻，随时施诊。

一、凡病人来院诊病，应先到号房挂号，并取号单，按号挨次诊视，不许争乱。

一、本院备有宽敞洁净候诊房一所，分别男女坐位，并备有茶水。如来诊视者，先至该房坐待。

一、诊病房系医官在内诊病之所。按照号单次第传诊，不许喧哗。

一、医官诊视病人，随时按症开方，凭方施药。复诊应带原方。

一、本院议定，每逢星期之日停止诊视。偶遇危急重病，通融办理，不在此例。

一、本院号房及服役人等，俱给有工食，自应妥为照料，不得需索分文。

一、凡有病人来院请诊者，应将姓名、住址、籍贯、年岁详细登注号单，以备查考而便月终造册汇报。

乙、施药

一、本院备办各种药水、药粉、药丸，俱系购选最上之品，专设药房，分类列储。如有病人诊后，所用之药，按症配送，不取分文。

一、医官一经诊视，遂开药方，并于方上画押为凭。

一、本院配制药料，请有专门司药生经理，仍由医官随时考验，以免稍有错误。

一、药房配药给药，自当凭照医官所开方单施给，其司药生仍于药方上签名。如非医官开方，不准任意给药，以昭慎重。

一、配给之药治何病，如何服法，均分别标明另单，以免差误。

一、药房内药料名目繁多，诚恐闲人不谙药性，进内乱用，贻误匪轻。理应禁止，不准闲人阑入，以昭慎重。

一、司药员每日早晨未开诊之前，必须先进药房，预为检备一切，以免临时仓猝凌乱。

丙、养病

一、本院设有宽洁养病室，以便病人住歇养病。

一、病人留院养病者，或系各局所、各营署送来，或由亲朋带来，必须取有送单、保单为凭。其单内应将姓名、住址、年岁、籍贯详细登注，以防意外生事，临时龃龉。

一、病人来院养病者，必须重危之病，或无家可归之人。应由医官查验明白，方准收留。倘一切轻病，概不收留。

一、凡疫病及传染各病，本院概不收留。

一、本院雇有夫役，专为服侍看护病人，仍由医官随时督率照料，以杜偷懒。

一、病人在院养病，所有饮食服药，概应由本院医官调度，不得任意滥食。

一、病人在院养病所需饮食及一切应用各物，如系无力自备者，均由医院供给。其力能自给者，除每日备交饭食银外，其余药费、杂费一切亦由院供应，不取分文。

一、病人来院养病，倘有意外不测，所有衣衾棺椁，均由病人亲朋自行备办。

一、本院备立册簿一本，凡遇病人何日来院，病愈之后何日出院，分别逐一登记，以备考查，月终造报。

丁、出诊

一、凡遇重病或急病者不能来院诊视，一经报告，无论何时，医官立即亲往诊视，不取分文，以期普济而保民生。

一、凡遇患轻病，力可来院诊视者，医官一概不往。

一、凡乡绅官宦眷属患病，不便来院者，应于早晨至院报请登簿，医官即于下午前往。倘系重病，亦可通融随请随往。

一、医官出门诊病，并无准支车价，诚恐请诊太多，力难遍及。凡请医官往诊，如有力之家，必须雇车来接，以省赔累。

戊、剖割

一、疮科及炮子伤、一切奇难外症、势有必须剖割者，本院另设割症房，以为剖割医治之处。

一、凡遇外科症如应剖割者，必须询明病人情愿与否，愿割则割，否则听其自便。

一、剖割之症，关系紧要，本院医官遇有此等病症，必须细心验明，再行动手医治，不得稍涉大意，致碍医院名誉。

一、凡病人如愿剖割医治者，应由病人亲自具结，以免意外龃龉。

己、种痘

一、每年春秋两季，本院备办牛痘施种，以免天花流行传染，有害民生。

一、本院施种牛痘，定于每日下午。缘上午门诊过多，难以兼及，且免拥挤也。

一、凡有人来院请种牛痘，必须先到号房挂号，然后按号挨次施种，以杜争竞。

一、凡有皮肤之病及体气太弱者，不得种痘。

一、自五六月小孩至男女大人未经种痘者，均可布种。

一、凡布种牛痘，七天之后应来医院考验，如未有效果，必须复种。

一、凡到院种牛痘，应将姓名、住址、年岁逐一登记一单，以便月终造册呈报。

附防疫院章程

一、本院应收各种疫病

一、霍乱症　译音虎列拉

一、红白痢症　又名赤痢症

一、肠穿热症　译音肠窒扶斯

一、天花症　又名痘疮

一、红沙症　译音疹窒扶斯

一、红疹症　又名猩红热症

一、白鹅喉症　译音实布的里

一、鼠疫病　译音百斯脱

一、病人送院必有送单，注明姓名、住址、年岁、籍贯，系由某分局或某查疫委员送来，以便造册呈报。

一、患疫者无论系何等人，均一律收留。

一、病人进院时，先进更衣室更换衣服，方准进入养病室。

一、携同病者来院之人及一切闲人，均不得擅行入内。

一、病人应进何等病室，应听医官指定。

一、病人家属有愿随同进院照料者听，惟不能随意出外。

甲、养病室

一、养病室有分别等类号数，以便将病症分类看诊。

一、除派定之看护人在内照料外，不准闲人乱进。

一、除医院已备办之被铺衣服应用外，病人带来之件，不准携进养病室。

一、危重病人，应即搬往另室。

一、每病人派给日记册一本，登有病人名姓、号数，挂于床边，以便医官记其病状开写药方及开列所应食各物。

一、设立女养病室，以备患疫妇女来院养病。

一、女养病室除派妇人妥为服侍外，一概男丁不准擅入。

一、消毒及扫除方法随时施行。

乙、看护

一、看护人应责成司药员随时督饬，妥为照料。

一、看护人应更换白衣以示洁净。

一、看护人分昼夜两班。

一、看护人应随时按册给送病人应食各品，不得任意乱给食物。

一、看护人应随时将病人情形告知医官。

一、看护人均受有工食，不得索取病人分文。

丙、诊视

一、医官每日诊视病人时刻，定早八点、下午一点、晚六点，共三次。

一、医官诊视后，随即将病人之病状及应服何药、应食何品，一一写明于册上，以便司药员按册配送。

一、病人或有危急之际，一经看护人报告，医官立即前往视明，分别办法。

丁、药房

一、应用各种药料，随时由卫生医院运送。

一、司药员应轮班常在药房照料。

一、当医官诊病时，司药员应随同前往，钞誊药方，以便给药。

一、病人所用之药必须写明其名姓、号数于药瓶上，以免错误。

戊、食品

一、病人所食各品，应由医官指定。

一、本院派有妥实司事人备办病人应用各食品。

一、病人每日应给伙食费。

一、病人无力给伙食者，可由本院施给。

己、出院

一、病人愈时，必须用药水洗身及更换新衣服，方准出院。

一、病人愈时出院，必须取有家属领条为凭，以便注册造报。

一、病人愈时出院，不得再将原着旧衣带去，恐流毒出外。

庚、殓房

一、设立殓房一所，以备病人之不测。

一、棺木等件，均由死者亲朋备办。

一、死者家属或无力备办棺木，可由本院施送。

一、病人随死随殓，不得稍待时刻。

一、埋葬不得稍待片刻，仍照防疫章程办理。

一、消毒及扫除法，随时施行于殓房。

纪探访局

巡警之注重探访，犹人之有耳目。耳目锢蔽，则消息不灵。巡警责任在防患未然，故必另设侦探机关，以期灵捷。奉省商埠初开，外商纷集，地面辽阔，匪迹易于溷藏，加以盗贼剽忽，潜聚于此县之交界，而行劫彼县之村庄。是非多派探兵，随时随处严密侦探，不足以安闾阎而戢奸宄。爰于省城设立探访总局，编探兵六十名，以勤慎耐劳、习侦探、擅技击者充之。年来迭获抢劫各案暨机密报告，得以先事预防，于政治民生不无裨益云。

纪裁并捕盗营

奉省地广人稀，盗匪充斥。从前于各属设捕盗营，兵皆土著，大属四十名，中、小皆二十名，置营弁一，以千把、外委武职充当，归地方官节制调遣。常年薪饷，出之公家。平日供奔走之役，遇有盗警，或抵御于临时，或踩捕于事后，顾名思义，其立法未尝不善也。无如相沿日久，社鼠城狐，酿或积习，不能捕盗，惟以保护封狱、递解人犯、走送公文为尽所职守，盖名存而实亡矣。近年各属巡警陆续创办，巡防缉捕亦无所需其力。与其拘守成规，循途而覆辙，曷若权宜时势，改弦而更张。爰饬度支司、巡警道会议裁撤，以图补苴于将来。虽然各属原设捕盗弁兵，本为缉捕盗贼，如各地方官果将城乡巡警认真举办，则巡警之资格，自较捕兵为优。捕兵之职务，即令巡警并任。既以节公家之饷糈，且可稽匪类于平日。岂患盗风不靖，民气不伸。第此项弁兵骤为裁并，变名匪难，变实为难。若只迁就于目前，窃恐贻患于日后。其应如何编制教练、须别为规定办法简章施行，冀以廓除旧有之积弊。择其平时缉捕勤能、具有巡警资格者，酌量挑选，并入巡警。其沾染习惯，不堪造就者，概行遣散，并给恩饷一月，使有所借以营生，其有自带枪支即由警捐项下酌价收买。一转移间，俾裁者不尽为无业之游民，而并者悉成为有用之警兵，亦两便之术也。

附裁并捕盗营改并巡警章程

第一章　总则

第一条　本章程系饬度支司会同巡警道按照咨议厅签呈，拟裁各处捕盗营办法而规定之。

第二条　捕盗营之裁撤，准咨议厅单开应裁各处，议以本年十二月底为期，一律改用巡警。

第二章　编制

第三条　编制之方法　凡捕盗营弁兵，所有应裁各处，应由该管地方官详造清册，交该地方警务长分别录用，仍一面会同呈明核夺。

第四条　编制之资格　应裁之捕盗营弁兵，其平日办事勤谨，或曾经出力人员，查其原来为弁为兵，按照警章，以巡长或巡警分配之。如有才能出众，确著实绩者，准详细呈明，以凭存记。

第五条　编制之效用　凡捕盗营弁兵，一经改为巡警之后，应即遵照警章办理应主管之事务。其设有马巡各处，若以之改为马巡者，亦应遵照马巡弁兵旧章办理主管事务。

第六条　编制之权限　凡捕盗营弁兵未经改并以前，一切事务概归地方官主持。既改并之后，即应属于巡警范围之内。

第三章　教练

第七条　教练之旨趣　凡捕盗营弁兵所有得与入编制之列者，除曾办理巡警或学习巡警者外，均应先行教练，俾有巡警资格，以便从事职务。

第八条　教练之方法　凡应行教练各弁兵，无分马巡、步巡，均当附入教练所，专授违警律、警察要旨、法政浅义三项，俾明学理。

第九条　教练之时期　凡此次应裁各捕盗营，当编入之先，均应施行教练。无论研究学理以及实地练习，均限以三个月期间。此三月中暂给火食，不支薪水。

第十条 教练之经费　凡捕盗营弁兵改为巡警，其有合于第六条所规订者均应先行教练。自此教练之日起，所有经费，概由巡警款项拨用。

第四章　附则

第十一条　本章程专为应裁各捕盗营弁兵编入巡警而设，以宣统元年起，按照应裁各处实行。

第十二条　查捕盗营弁兵原依地方官之指挥办理其事。兹经裁改以后，倘属于地方公事，仍得行知警务长，酌量拨用，受其指挥。

纪筹办房捐

巡警为保安要政，所需经费，自应就地筹款，方能持久。奉省以重要之区，值兵燹之后，既成盗贼之渊薮，复有强敌之窥伺。初创巡警，一切经费悉出之公家。自光绪三十三年添设巡警道，厘定规制，无者有之，旧者新之，推广扩充，不遗余力，而公款益不可支。爰饬筹办房捐，补助常年经费，一切章程，参酌直省历办房捐情形，斟酌损益，妥为试办，并饬拟订奉天巡警常年经费，分别额支、活支预算，列表附以解说，将出入数目榜示通衢，以昭大信。非谓对此编氓可告无罪，而以视前此所办巡警，每年已节省公款十余万。乃民间对于此事呶呶不已，煽惑商会，酿成罢市之举动，更为之严查官吏，整饬商市，宽严互用，而悉出于大公。其于房捐办法，较天津尚觉轻减，盖既不忍重累小民之担负，而地方应办各事非筹诸地方税不可。是在收支精核，能保地方公安，民收出赀之效，官无滥耗之讥。如各国之赋敛虽厚，而民无怨讟者，深知以我之财，卫我之身家，而非官吏之朘民以自利也。

附拟订房捐办法章程

计开：

一、此项房捐，一律收纳小银元。若零数不及五分者概行蠲除，已过五分者照收一角。

一、此项房捐应分市房、住房两种。

一、租住之房，不分瓦房、灰房、草房、铺户、住宅及街巷繁僻、间数多寡、大小新旧，只须按照现时租价，值百抽三注册，按月收捐。

一、自住之房，须分别瓦房、灰房、草房、铺户、住宅及街巷繁僻、间数多寡、大小新旧，按时估值租价，值百抽二注册，按月收捐。

一、此项房捐，市房至少租价在四元以上者起捐，住房至少以租价在五元以上者起捐，其不及四元、五元者概行免捐。

一、房捐执照同式三联，盖用巡警总局骑缝关防、以一联为存根、一联为纳捐照、以一联为门牌照。凡捐户纳捐，发给两联，令将门牌照裁贴本户门旁备验。每月将存根随报销册呈报。

一、立一房捐备查册，按照门牌编列号数，并将坐落地址、瓦房、灰房、草房大小间数，每月按捐数详细注明，以备查考。

一、凡市房无论铺户住宅，查捐时令将出租合同、租折呈验，加盖戳记，按租价以定捐数。倘以多报少，房客扶同隐饰，一经查出或经人举发，一律照章议罚。

一、凡在清查以后之市房，如有更易房客，由房客偕同房东随同赴巡警总局呈验出租合同、租折，加盖戳记，报明应纳捐数。倘隐匿及逾三日不报，照章议罚。

一、市房房捐，由房客于每月十五日前赴巡警总局收捐处照章缴纳。至付房东租价时，即凭捐照如数照扣。其捐照归房客收执，以便稽查。至出屋时，再全交房东收存。

一、住房房捐，由房主人于每月十五日前赴巡警总局收捐处照章缴纳。

一、无论何项房捐，无论何人赴巡警总局收捐处缴捐时，收捐处随给执照，不得片刻留难。

一、过月不缴者，照罚一倍。屡月不缴者，递加罚款倍数。倘若向系漏捐，未经查催，自行呈报，按月补缴者，准予免罚。

一、过月不缴者，由巡警总局派员查催，仍须本人赴局报捐，不得由催捐人代缴。

一、催捐员如有索诈情弊，一经查出或经人告发，定行从严罚办。

一、贫家小屋免捐者，清查时亦须注册，发给免捐执照。每届一年，将上年旧照呈局缴销，候即查明，另发新照，不取分文。另有善产房屋免捐者，或经官署知照，或由该善堂自行报明，候查确实，亦各发免捐执照。

一、铺户闭歇或住宅迁移，房屋因之空闲，均以月望前缴照声报。如在十五日以后声报者，须将本月房捐如数纳讫，再缴照注册停捐。倘有铺户闭而私开住宅空而私用者，一经查知，除勒令照章补缴欠捐外，仍罚一倍。

一、捐照遗失者，务在纳捐限期以前报明补领，方为有效。

一、纳捐及补罚数目，均详注于执照上。倘有数目不符，或捐户姓名、字号、住址、门牌等错误者，均准即时声报更正。

一、捐户报捐时，即派员分别查估注册办理，以昭核实。倘系新建及加造房屋，工竣时即须报请查验，估计注册，以便自开住日起捐。如查有隐匿不报者，照章拟罚。

一、每日收捐时限，春夏自早七点钟起至晚五点止，秋冬自早八点钟起至晚四点半钟止。遇万寿圣节[1]及上元、端午、中秋各节期，停办公事一日，年节自腊月二十六日起至正月初五日止停办公事十日。其各假期内，酌量推展。

一、局内员司人等，均不准代捐户纳捐，各捐户亦不得情托代纳。倘有员司包揽捐事，或捐户因情托致误者，一经查出，从重罚办。

纪筹办济良所

奉省城厢内外，妓女零星散居。不惟奸宄易溷，防范难固，而且良莠莫分，漫无限制，实为风俗人心之患。将军赵尔巽前于西门外设平康里，建造房屋数百间，饬令娼妓聚居一处，既无杂居之嫌，复得稽查之便，诚为法良意美。然而女闾三百，生此厉阶。其中耽于淫佚不堪拯济者，固实繁有徒，而迫于势之无可如何，求脱籍而不得者，盖亦可悯。爰饬筹办奉天济良所。凡妓女不愿为娼，领家勒措不令从良，以及来历不明，种种穷苦无告者均得查明收所教养。由所择配，出彼水火，化贱为良，固亦维持风化之责也。

疆理篇

奉省疆域，广轮不及吉、黑，然自长白、洮南拓置郡邑，东接吉林、延吉、和龙，西尽榆关，凡南滨渤海三千余里，而北接黑龙江大赉厅又二千余里，地势延袤，亦内省

〔1〕　万圣节，即万寿节，皇帝的诞辰日被称为万寿节，取万寿无疆之义。

所罕有。光绪三十三年七月设民政司以来，分置疆理科，专掌全省面积、区划增置、审定图志、官地收放、民地买卖等职事。盖袭民政部置疆理司义也。所属郡县，自光绪初元奏开东边，及庚子乱后，两次增置，四倍于前。至三十三年，始全为行省体制。新增之府：一曰长白直隶厅，一曰辉南县，一曰醴泉直隶厅。升为府者一，曰兴京海防厅。改为直隶厅者一，曰营口。移治之州一，曰复州。移治而并易其名之县一，曰抚顺。新设之州判一，曰复州长兴岛州判。通计府八、厅九、州六、县三十，其有附郭县者，仅奉、锦两府。同江为河防厅，余皆辖有地方。惟辉南厅界虽划而犹未设治，金州厅为日本租占，我犹未能设官。此其疆域大略也。长白府陡入吉林之南，与韩国隔一鸭绿江。设治之初，特派专员规划。次若辉南、营口，则由司派疆理科科员会勘。醴泉远在蒙疆，当前督丈放荒地时业已规定。锦西、抚顺皆有所增损，或由地方官分划，或由司派员会勘，又其细焉者也。三十四年，陆军部、民政部咨调各属舆图志书，嗣民政部又颁地理报告表，由司分檄各属编纂查填。惟奉省人文荒陋，其辑成者或曰志书，或曰乡土志，名目歧异，体例参差，盖底据毫无，创修若此之难也。计呈报志书者二十九处，呈报地图者二十处，呈报地理报告表者三十六处。又本省预备新操，檄取军用方场物产表，呈报者二十七处。独陆军部辑制图表颁到最后，今呈报者仅一处耳。初巡警总局经理收放官地，三十四年六月始移交民政司接管之。后计放过官地一百八十五起，其民地买卖，重在税契，现仍度支司管理。夫疆理不明，斯行政多舛，矧奉省东边一带，处处与韩为邻，此又重在国防，而不仅为舆地方里之考证。又以东省向鲜图志，其盛京通志及坊间所印地图，皆略而不详，又因今昔变迁，名称各异，乃为之考正其图说。其两年以来增置分析之区域，别附以篇。亦仁政必自经界始之意也。

纪长白府区域

长白山在开原城东北千余里，横亘千里，有水南流为鸭绿江，北流为混同江。元史所谓南界高丽，西北与契丹接壤者是也。往时兴京厅之设临江县，固审得地利之宜，惟西南界仍觉空虚，尚非边防控扼之地。前奏准划临江县以东长生、庆生二堡之地及吉林长白山北麓龙冈之后，添设府治，名曰长白府，驻于十八九道沟间之塔甸地方。盛京通志所谓长白之北，崇冈叠嶂，茂树深林百余里，土人呼为讷秦窝集等处，即其地也。塔甸在鸭绿江岸与韩之钟城仅隔一水，而日人经营不已，渡江来者，时起责言。斯固国防之重点。既设府治，通道路，集人民，编警队，与临江、辑安两县声势联络，庶少绝窥伺之念，而游缉寇盗，亦得防范未萌。嗣后拟设汤河、漫江两县，隶府管辖。因该处系松花江上源，地近吉林，与长白府阻隔龙冈，形势未便，故尚未决定云。

纪复州移治孙家屯区域

复州全境，东西二百二十五里，旧治僻在西偏。从前铁路未通，设治之地即为商民趋集之地，尚无所谓形势也。自南满汽车开驶，经复州之瓦房店，中外交通，渐成巨镇，而商民往来，警兵弹压，积成繁要之区。乃距城遥远，官吏行政呼应迟滞，日人或乘我空虚，动起干涉，爰奏请将复州移治于瓦房店，俾敏捷行政机关。然移治一事，必须顺民情，便形势，因复饬该地方官吏及民政司派员会勘。瓦房店地处适中，本为控制相宜起见，而度察舆情，履勘地界，因该处距车站太近，一切布置，少有窒碍，如立官署，编警察，立街市，地址狭小，展拓无从，不如孙家屯为便。盖以孙家屯南距瓦房店不过五里，且亦东枕铁路，襟带山河，以之建立城基，绰有余地。该地既与铁路相近，仍可易于抚绥，更无碍于展布，且兼跨两河之交，地方亦易发达，诚为一举数便。乃从实具请改治于孙家屯，以资便利焉。

纪长兴岛区域

复州长兴岛，孤悬海中，东西七十里，南北三四十里，虽归复州管辖，而鞭长莫及，几同瓯脱。查海面各岛，其大者恒一百里，强半为日人干涉。该岛尚无日人踪迹，而渔盐所入，差足自给，亟宜设官久驻，以资联络。复州西赴长兴岛，必由娘娘宫渡海约二里许。港之两岸，即所谓东崖、西崖者也。该港为商船所出入，正扼海道咽喉，西崖地势较高，足资控制。莲花泡以南广社地方，花椒岛兴社地方，本与复州陆地相连，惟州治既议东徙，海滨未免空虚。该地又紧对西崖，自非割隶长兴，气脉不能联贯。因奏准设长兴岛州判驻西崖，将兴社、广社地方归州判管辖。奉省从无州判。今设复州长兴岛州判，因该地孤悬海外，并附以两社地方，具有行政之权，非内地州判可比。所有该处学堂、巡警皆归州判办理，亩捐、车捐亦由其自行抽收。虽为特别办法，亦控扼海疆之微意也。

纪辉南区域

海龙府东南一百五十余里，地面荒僻，因拟添设县治，饬民政司派员会同该地方官详细履勘。乃或谓宜设治于谢家店，以窝集河为界，并附以海方、海远两社之地，又以东平县所属两区划归海龙，以补西北之缺陷。或谓宜设治于大肚川，以三通河为界，不必将两社划入新治。盖一则以谢家店为适中，地势平旷，足敷布置，一则以大肚川虽少偏东南，将来伐木辟地，招垦必多，可以有为。但设官之意，首在规划形势，必自处于险阻有为之地，乃能恢拓事实，开通利权。故凡国界、省界以及江海河流之口岸，皆宜注重边疆，以资坐镇。若仅就适中平阳之地，以经理固有之土地人民，岂设官之本意。大肚川地当险要，且与吉林濛江州接壤，治匪绥边，尤为重要。应以大肚川为设治之地，亦毋庸将两社划入，应即以三通河为界。但设治之始，先择完整之区，以为入手之根据。不妨先驻谢家店，以期规划就绪，再行移治大肚川，以规久远。至该处地址在辉发江之南，因定名曰辉南直隶厅云。

纪兴仁县移治抚顺区域

奉省附郭二县：曰承德，曰兴仁。自改行省，设审判，绝供应，县务清简。而抚顺地方为日人经营之地，商民繁盛，距抚顺城南八里曰千金寨，日人开采煤矿，商场林立，交涉日繁，初奏准移兴仁县治于抚顺，继以千金寨地方胥为日市，主权荡然。既于该处设立地方审判厅，乃更移县治于千金寨，以还我地方敷设权。以兴仁旧界省东附郭地，拨隶承德管辖，俾便控制。其东至白土台，西至望花屯，北至碾盘沟，南至转山子，杨木林子等处。凡在各村屯之西，拨归承德。各村屯以东即归抚顺。其正黄一旗，镶黄半旗界东北各村向隶兴京而不便治理者，均划归抚顺管辖。南与本溪、北与铁岭等界，悉仍其旧。

纪盘山厅移治双台子区域

盘山厅原议在康家段设立城基，该厅绅商力陈不便，请移治双台子，当饬民政司派员履勘。因康家段四乘二十里，村落甚稀，地形又复洼下，一经夏令，雨水即成泽国，且西距铁道十余里，既于交通不便，商民裹足，孤悬一官，其何措手。至双台镇距海口仅四十里，其河即名分辽河，萦绕于南，左临铁道，西北两面后有河沟环抱，地势颇高，商民已有二百数十户，并有小学堂、巡警分局、牛马税局各一所，河水既深，舟楫交通。倘在该处设治，三面临河，一面铁路，地势既便，人民亦聚。两地相衡，自较康家段为便，乃将盘山厅治所移于双台镇云。

纪鹿岛划隶庄河厅区域

鹿岛在凤凰厅、庄河厅之南，孤悬海中。该岛虽绘入凤凰厅地图，然并未被其政教，屡被海盗蹂躏，人民未知所属。查鹿岛距庄河厅署一百四十里，距凤凰厅署二百余里，距孤山海口二十余里，距孤山街市四十余里。该岛东西长约十里，南北宽约三里有奇。住户约九十余家，均以捕鱼为业。岛民多半登莱旧籍，从孤山转徙而来，向赖孤山巡检及驻防官兵保护，借以安居。三十四年，檄东边道切实调查，始据岛民声称，愿隶孤山，一切方便。惟孤山现隶庄河，陆地无与鹿岛为邻者，水程至近者莫如孤山。况岛民皆来自孤山，从服日久，应隶庄河孤山分司管界之内。民情地势，均有裨益。因将鹿岛改隶庄河之孤山云。

纪醴泉镇区域

醴泉镇本图什业图蒙旗地，前将军赵尔巽任内，地已丈放，规定城基，坐落洮南府西北，距城一百八十里。图旗应放荒段长四百二十里，宽各二十里，当时勘定两处城基：南曰开化，北曰醴泉，均经奏明在案。该两镇中有东西两站，为该旗留界隙地南段地多于北，沙碱参半，旧有蒙户村屯，仅事畜牧，开放后迁徙者多。北段地少于南，土质肥美，已放者约十分之七，汉户渐多。开化虽开放城基，仍一望平沙。醴泉则盖房列市，商民四五百家，又附近村屯五十余处。经蒙务局洮南府会请醴泉设治，以规久远。开化未设治以前，暂难分界，应统归醴泉办理。自应照准将醴泉改为新设县治，即派知县靖兆凤接办。参照各处设治成案，畀以地方之权，以资保护一切，就近归洮南府督率办理。此亦绥边之一道也。

纪锦西厅拟划之区域

锦西厅，本析锦县西境而设。然厅境硗瘠。前析锦县境时，锦县令护持土地权，尽留沃壤，遂使锦西厅几不成治。前署锦西厅徐麟瑞呈请增划厅界，因饬民政司派员会同两县履勘。查厅界旧址，由正北之龚家沟起，南抵周柳河，循铁路而西至老和尚台止，大率多山，鲜有平坦地面，不但新政无所措施，即厅民亦无由自养。盗匪充斥，吏治不修。今定北自龚家沟，南至女儿河北岸，仍照两属旧界。其顺河而东至于铁路，直线约三十里，路西划归锦西，以铁路为界。七里河穿铁路而过，折而东南，再折而西南，以达于海，曲线约三十里，河西划归锦西，以七里河为界。女儿河、七里河皆经年有水，所分三段地界，或以铁路，或以河流，界限分明。至大四方台在七里河西岸，天桥厂在七里河东岸，南北相距五里。天桥厂南至海口亦五里，而七里河入海之处则偏在天桥厂西南。惟河道系天然界线，易于遵守，且天桥厂巡检分防地面多在东偏，该巡检治所仍归锦县管辖，民情地势，均属相宜。现统计划归锦西之地，南北约六十里，东西十四五里及二十余里不等，北狭南广，面积约一千方里。所损于锦县者无几，而锦西得筹办一切要政，裨益良多，当经汇案奏明。嗣有划归锦西之高桥镇等，以为未便，不知锦西设治之初，原议北自抢水沟，南至西海口为厅界。高桥一带，本在厅治之中。此次以女儿河以南一段收回，按之原定界图犹为不足，且已奏准有案，碍难稍有偏徇也。

纪营口厅新划之区域

营口厅本系海防同知地面，归海、盖两县分辖。近以其地为奉省商埠，事多交涉，议设审判厅，并改海防厅为营口直隶厅，以海、盖附近营口地方划归厅治，檄司派员会勘。其盖平之界，定自大石桥起，循铁路而南至淤泥河，再循河而西南至海口，所有铁路以西、淤泥河以西北之地，皆与营口附近，应割隶厅治。此与盖平划界之办法也。至与海城分界，所勘地段，一主多割，一主少割。复饬司详审地势民情，折衷一是。查大石桥车站在铁路之东，自应照海城县议，大石桥一镇及车站圈线均划归营口直接道治，以便办理交涉。其辽河西面地段，袤长距营有至一百三十里者。营口重在商埠，辖地不宜过远，应照司议，仍以哈巴台以北之分水沟为界，自海以南、铁路以西，划归厅治。此与海城县划界之办法也。惟中段地方，本无山脉河流足为天然界线，既据该县西南第二乡沥呈距营甚近，愿归厅治。虽该乡八棵树等屯为辽河以西赴县必由之路，揆诸地势，微有窒碍，然按海城地图区分乡线董家堡等屯略嫌犬牙东侵，八棵树等屯适当河西孔道，而地势均无重要关系，自应俯顺舆情，将西南第二乡全归厅治，即以乡界为界。此与海城中段划界之办法也。统计营口辖境，分自盖平者一乡，分自海城者三乡，而于地势民情交涉均可兼顾，遂奏准立案施行。

营缮篇

诗称周道，汉重将作。入其疆而涂径弗治者，其内政必有所阙。奉省洊遭兵燹，新政待举，要工屡见。自前将军赵尔巽治奉时，即于省城设建筑所，专司营缮，今改为工程局。然权限所及，只用以实地建筑，他人之报工程者莫之属也。民政司设，乃有营缮科，管理奉天全省工程行政事务。凡已修工程，则予验收，未修工程则予勘估，杜浮冒之积弊，绝摊派之陋规。而营缮部分辖衙署城垣、河渠、道路、仓廒、桥梁等项，既设立工程局管理建筑，又有营缮科主持行政，一切要工，均次第举办，其重要者莫若道路与河渠二事。当日俄战争后，三省主权或为外人所夺，即马路之在省城通衢及小西门至火车站一带者，日人久思干涉。赵将军力与争执，始议归我建造。然犹须日人包办，失去利权，至今曾莫之挽。今则城内支路，均由工程局自造。铁岭县马路，亦已全工告成。路政既修，主权益固，商旅便之。奉境河渠久失疏浚，其在盘山厅、同江厅、海城县三属者，均已次第修治，赖以交通。惟辽河为营、奉孔道，工程浩大，经费不赀。兹与商人商订办法，尚待举行其余衙署、仓廒、桥梁、城垣及他项工程，种类既多，事项亦杂。兹将工程之大者，另纪以篇，以资参考云。

纪马路工程

行政利便，首在交通。沈阳马路，日人当战争后，亟思代办。将军赵尔巽屡与坚持，乃归自筑，然犹用日商大仓氏包修，价值较京津尤巨。及验收时，世昌派员详勘，多不如法，或层铺不及原议尺寸，或碾石太粗，雨甚易刷，或沟石欹斜，不能持久。爰严定罚例，几经争辩，事乃结。沈阳车站之路既未能直接城厢，而前修之马路仅与南满车站相联，非但行旅不便，相形见绌，且恭奉玉牒，将由京奉火车到沈，乃派工程司测勘路线，铺路碾石，昕夕程功，由旧马路展修至车站，仅两阅月而告成。邮传部允贴经费不足，以他款补之。铁岭为商务繁盛之区，道途坑坎，车不容轨，日人谋所以修治之。地方官吏谓路权关系内政，且养路岁修各费，皆涉民政范围，未便由他国强预，呈请自筑马路。乃派员测勘监修，自城内迄商场，现亦一律告竣。康庄九衢，商民称便。又将日人之军用铁道渐次收回。其余若营口马路之岁修，亦派员经理，毋弃前功。此亦惠商便民之政而为工程中最要之事也。

纪河道工程

奉省水利不讲，自有汽车，河道听其淤徙，是自弃舟楫之便而予日人以专利也。同江口踞辽河上游，为南北水路要冲。近日河流东徙，距商埠甚近，亟应改挑河道，裁湾收直，并于上游添筑顺水坝，逼水西行，派员履勘属实，奏请立案，饬度支司先拨款二万两，即由同江厅设治委员承修。其占用西岸地址，并咨行达尔罕王旗筹款拨交业主，现已告竣。河流无泛滥之虞，而彼郊商民咸沾乐利矣。又海城县属地皆洼下，三家子等处旧有河道，顺流绕入辽河，年久淤塞，水无所泄，山水暴涨时，居民咸成泽国，以至东由虎獐屯、西至三家子、南由大官屯、北至青城子，绵亘七十余里，宽三十余里，约三十万亩可种之地，尽皆废弃。爰拨款二万五千两，奏明立案，派地方官承修。从此沮洳之地，悉变膏腴。国计民生，两有裨益。惟奉省水利之最关重要者莫如辽河，屡次派工程家会勘，并饬营口道历与中西商家核议，均愿赞成集款。嗣经议得两法，最少用款亦须数十万元，绘图贴说，志在必行。惟合公家商家同谋筹款，并拟集收船捐，预算尚未能足数。事关重要，非筹有的款，未敢轻于一掷，盖恐半途而废，则非徒无益也。言奉天水利者，其于此三致意焉。

附奏同江口改挑河道保卫商埠拨款兴修折

奏为同江口改挑河道，保卫商埠，拨款兴修，恭折具陈，仰祈圣鉴事。窃查前据同江厅设治委员程学恂呈称，同江口踞辽河上游，为南北水路要冲。河身湾曲，形如悬弧。同江商埠，适当其背。近日河流东徙，去埠益近，若不改挑河道，夏秋盛涨，全埠商民，财产漂没，实属堪虞。拟就水势、地势，裁湾取直，改挑新河，另于上游添筑顺水坝，逼水西行，以保商埠。惟同江口辽河东岸地属博多勒噶台亲王旗，辽河西岸地，属达尔罕王旗，而挑挖新河，须占用西岸地址约三四十天，详询该西岸地址，多系河淤，概归旗丁梁万福私产。当由同江厅会同该管王旗传梁万福，谕以公益所关，并经该厅邀同绅商就地筹款，措交业主，以偿损失。群情悦服，两无异议。恳即速予拨款，早日兴工等情，先后呈请前来。查同江口河湾逼近商埠，夏秋盛涨，水势奔腾，异常危险，亟应设法维持，拨款兴修，以利交通而维商务。当由臣等派员覆勘属实，一面分行博多勒噶台亲王旗暨达尔罕王旗查照，一面由度支司先行拨给工款银二万两，饬由同江口设治委员程学恂具领，购集工料，克日兴修。务期涓滴到工，不得丝毫糜费。所有动用银两实数，应俟工竣再行造报。除分咨民政部、度支部、农工商部、理藩部查照外，所有改挑同江口河道，保卫商埠，拨款兴修缘由，理台恭折具陈，伏乞皇太后、皇上圣鉴，饬部立案施行。谨奏。光绪三十四年七月初四日具奏，本月十四日奉到朱批，该部知道。钦此。

附奏海城县三家子等处河道淤塞拨款疏浚折

奏为海城县三家子石佛寺等处河道淤塞，拨款疏浚，以苏民困，恭折具陈，仰祈圣鉴事。窃据署海城县知县陈艺呈称，县属西乡，地皆洼下，东由虎獐屯，西至三家子，南由大官屯，北至青城子，绵亘七十余里，宽三十余里，可种之地约三十万亩。虎獐屯西接石桥子，旧有河道一处，迤逦西至三家子，顺流绕入辽河。嗣因年久河道淤塞，水无所泄。每届夏令，山水暴涨，远近尽成泽国，不保课赋，由来已久。村众历年筑坝堵水，于事无济，且有刁民唆令洋商租买淤地，开坝放水，时启交涉。拟请款疏浚，以兴水利，而泯争端。等情，据此。臣等当派分省补用道陈希贤前往勘验属实，正在核办间，又据海城县知县陈艺呈称，据石佛寺左近各屯联名呈称，石佛寺、青天嘴等处，连年水灾，淹没耕田，多至六七万亩，恳请一律开浚。等情前来。复经派员勘验属实。臣等查三家子等屯与石佛寺接壤，沿河一带，地尽可耕。自应通盘筹画，为一劳永逸之计。虽筹款维艰，而能使数十万亩沮洳之地尽变膏腴，其有裨于国计民生，良非浅鲜。当经撙节估计，除沿河顺水各沟责令民间自行开挖以节虚糜外，合计两处河工约需银二万五千两。由苇塘荒价项下先行提拨，饬令前海城县知县陈艺会同新任海城县知县高暄阳认真经理，择期兴工。一切工料，务期核实开销，不得丝毫糜费。至将来不敷银两并动用数目，统俟工竣，再行造报。除分咨民政部、度支部查照外，所有海城县三家子、石佛寺等处河道淤塞拨款疏浚缘由，谨恭折具陈，伏乞皇太后、皇上圣鉴，饬部立案施行。谨奏。光绪三十四年七月初四日具奏，七月十四日奉到朱批，该部知道。钦此。

纪衙署及各项工程

奉省首创督、抚同署办公之制，乃首先建筑公署。凡两厅司道各科员皆莅焉。其两厅司道住署之建筑，或改用官房，或请款建造，则皆为住宅，非衙署也。至军队建筑，则以调东之一镇、两协驻防之所，建筑营房，略参西法，俾可卫生，非复从前奉省兵房之湫隘。其必须参照外国之建筑而未能过啬者，一为谘议局，一为模范监狱，一为罪犯习艺所，此皆工程之最大者。奉省土木之工，数倍内地，然综计各项工程，尚较内地为廉者，则以承办多核实，稍有可疑，便不准验收也。余如添修各局所及公园、场、厂之一切工程，皆随时勘定，预计款项，核实支给。种类既多，事亦繁赜，兹不具列。总之，民政司营缮一科，专理各项工程，所用人员，亦多习工程之学，故每兴一工，先勘验绘图及施造方法，而用款因之以定。稍不合法及偷减浮冒，验收时按图以索，无幸免者。又以要犯习艺所多教以土木工程，每有兴筑，工减事集，亦因利乘便之一道也。

奉天省附件

吴廷燮奉天郡邑志
原序

盛京通志，乾隆所编，止于丁酉。自是而后，辍而弗纂，时阅百祀。铁岭尚书保厘东土，始议裒集。丁未改省，天津相国又檄东三省更纂通志，蒙上刍议，忠靖吉志甫奏成编，龙江屠氏亦有述作。揆论厥宜，惟沈为亟。欲切时用，莫先舆地。相国韪之，乃下郡邑，博征图表，申上甫半，而公受代，清弼尚书，诿诿赓续，大惧受任，竟无所就。遂发藏书，并市新本。郡斋之假，屡遇敷文。政记之修，得窥官史。训典列志，诠次将竟。沿革诸表，别白惟严。提要钩元，首在郡邑。兰台郦亭，皆有细注。寰宇九域，在述大纲。通志严重，必待奏进。备史小志，名氏可仿。兹辑郡邑，昭代建置。冠于篇首。城治疆域，村屯险要，邮路山水，田矿户口，署局学校，下逮祠寺，皆所不遗，商埠租界，藩部有者，殿之于终。方志繁重，毕观者鲜，地略简括，从省者多。今衷二者，取便视览。旧志所列，郡邑十余。今条其名，遂至五十。李辅上奏，深羡爰州。若星辨亡，咎无辽郡。壬寅至今，郡邑式廓，日增于前，领东夏者，瘁国谋边，亦云至矣。燮三至沈，未轶十旬。乡志邑表，殆阙什五。刘昭补注，期诸异时。知几正讹，信而惠我。己酉嘉平，录上郡邑。公为指正，有所改补。命附政略，授之手民。不敢坚谢，爰述端末。营州旧疆，本图尔雅。伊势军府，竟羼职方。思昔附今，所深慨也。

奉天郡邑志卷一

奉天府　承德县　辽阳州　复州　抚顺县　开原县　铁岭县　海城县　盖平县　辽中县　本溪县　金州厅　法库厅

奉天府，明辽东都指挥司沈阳等卫、所及自在、安乐二州地。按：沈阳中卫今承德县地，定辽中、左、右、前、后五卫。东宁卫今辽阳州辽中县地，海州卫今海城县，盖州卫今盖平县，复州卫今复州，金州卫今金州厅，铁岭卫今铁岭县，三万卫、辽海卫今开原县，抚顺所今抚顺县，蒲河所、懿路所今承德县蒲河区、懿路区，泛河所今铁岭县，清河堡、草河堡今本溪县地，自在州在今辽阳，安乐州在今开原。国朝天命三年四月甲辰克明抚顺，七月戊申克清河，四年六月丁卯克开原，七月丙午克铁岭，六年三月乙卯取沈阳，癸亥取辽阳。开国方略，天命五年三月癸亥，辽阳既下，河东之三河堡、庆云堡、威远堡、静安堡、叆阳堡、汤站堡、奉集堡、险山堡、硷场堡、孤山驿、虎皮驿、鞍山驿、石河驿，威宁营、丁字泊、宋家泊、甜水站、永宁、草河、新甸、宽甸、大甸、永甸、镇江、凤凰、蒲河、范河、懿路、中固、熊岳、栾固、岫岩、望海埚、黄骨岛、海州、耀州、益州、复州、金州七十余城皆降。四月丙子迁都辽阳，十年三月丁未定都沈阳。天聪八年名曰天眷盛京。顺治元年八月丁巳，以正黄旗内大臣何洛会[1]为盛京总管，镇守盛京。十年十一月丙申设辽阳府，附郭辽阳县、海城县。十四年四月戊戌，改置奉天府，设府尹。皇清奏议[2]：顺治十八年五月丁巳，奉天府府尹张尚贤奏：盛京形势自兴京至山海关，东西千余里。开原至金州，南北亦千余里。又有河东、河西之分。以外而言，河东起开原，西南至黄泥洼、牛庄，乃明季昔日边防。自牛庄由三岔河南至盖州、复州、金州、旅顺，转而东至红嘴，归复、黄骨岛、凤凰城、镇江、鸭绿江口，皆明季昔日海防。此河东边海之大略也。河西自山海关以东至中前所、前卫后所、沙河、宁远、连山、塔山、杏山、松山、锦州，大凌河，北面皆边，南面皆海，所谓一条边耳。独广宁一城，南至闾阳驿、拾山站、右屯卫、海口相去百余里地，北至我朝新插之边相去数千里，东至盘山驿、高平、沙岭以至三岔河之马圈，此河西边海之大略也。合河东、河西之边海以观之，黄沙满目，一望荒凉。倘有奸贼暴发，海寇突至，猝难捍御，此外患之可虑者。以内而言，河东城堡虽多，皆成荒土，独奉天、辽阳、海城三处稍成府、县之规，而辽、海两处仍无城池、如盖州、凤凰城、金州不过数百人，铁岭、抚顺惟有流徒[3]诸人，不能耕种，又无生聚，只身者逃去大半，略有家口者，仅老死此地，实无益于地方。此河东腹里之大略也。河西城堡更多，人民稀少，独宁远、锦州、广宁人民凑集，仅有佐领一员，不知于地方如何料理。此河西腹里之大略也。合河东、河西之腹里观之，荒城废堡，败瓦颓垣，沃野千里，有土无人，全无可恃，此内忧之甚者。臣朝夕思维，欲弭外患，必当筹画堤防，欲消内忧，必当充实根本，以图久远之策。康熙三年六月，设承德、开原、铁岭三县，改辽阳县为州，并海城、盖平二县隶府。东华录：是

〔1〕　何洛会（？—1651年），清满洲镶白旗人。崇德五年（1640年），授正黄旗蒙古固山额真，后调满洲固山额真。又随多尔衮入关，擢内大臣，留守盛京（今辽宁沈阳）。

〔2〕　皇清奏议，清朝史书，68卷，续编4卷，选录顺治元年（1644年）乾隆六十年（1795年）及嘉庆元年（1796年）至嘉庆九年（1804年）朝臣的一些奏本。

〔3〕　流徒，指被流放的囚徒。

年四月癸卯，吏部议覆奉天府府尹徐继炜奏，盛京为发祥重地，请升辽阳为京县。查辽阳不与奉天同城，且州县、京县品级不同，不便改为京县。得旨，奉天府内酌设一县，山海关以外开原以内应添府、州、县，酌议以闻。六月甲午，设承德等县，改辽阳县为州。雍正四年，分盖平之复州城，设复州通判。十一年七月，升为复州，又分金州城，设宁海县，均隶府。道光二十三年，升宁海县为金州厅海防同知。光绪二十八年六月，分承德设兴仁县，是年约为商埠。三十一年八月，裁府尹。十一月，改设奉天府知府。阁钞[1]：十一月一日政务处议奏，赵尔巽请改设省会知府，应如所请，设奉天府知府一缺，归驿巡道辖。金州一厅，辽阳、复州二州，承德、兴仁、海城、盖平、开原、铁岭六县，悉归该府专辖。奉旨依议。三十二年七月，于辽阳州阿司牛录镇[2]设辽中县。是年十月，于辽阳州本溪湖设本溪县。三十三年七月，辽中、本溪两县均定隶府。三十四年五月，改兴仁为抚顺县，移治抚顺城。今定领厅一、州二、县八。

府治当浑河之北，京奉铁路之尾，东三省铁路之东，安奉铁路之东北。城周九里三百二十二步，门八，天聪五年拓沈阳旧城郭周三十二里四十八步，门八。康熙十九年筑京师东北一千五百里，东至上马孤山一百六十里兴京界，南至翟家沟二百七十里凤凰厅界，西至岳家冈九十里新民府界，北至马千总台门二百二十里法库厅界，东南至马郡丹一百十里兴京界，东北至土口子二百里海龙府界，西南至旅顺海口八百四十里海界，西北至叶茂台一百六十里昌图府属康平县界。

盛京八界内仓额征米地六十八万一千三百余日。

草豆地三十七万八千余日。

官庄一百二十六处，共地二十六万五千一百余亩。

承德县附府，康熙三年设为首县，隶府。

县治同府，驻巡防队中路第二营、第三营、第四营。西关有火车站

其疆域，南及西南皆辽阳，南至十里河六十里，西南至南扑坨子八十里，皆接辽阳界。北铁岭，北至懿路七十里接铁岭界东及东南、东北皆抚顺，东至哈子峪七十五里，东南至杨木林子八十里，东北至黑林子七十里，皆接抚顺界。西及西北皆新民。西

---

〔1〕　阁钞，文书处理制度名。自清代雍正中开始，至乾隆时定制：臣工的奏折经皇帝朱笔批示（简称“朱批”）后，凡批有“另有旨”、“即有旨”或“该部知道”、“该部议奏”之折件及有关上谕，均应立即由军机处交内阁中书领出，由内阁满票签处传有关部院衙门前来抄回遵办，称为“阁钞”。

〔2〕　阿司牛录镇，即今辽宁省辽中镇。

至老边六十里，西北至盘左台七十里，皆接新民界。纵一百二十里，横一百三十里。

村屯总一千一百五十一，分领以三十一区。在东路者七：曰汪大人屯，城东三十五里村屯二十二。曰李巴彦屯，城东二十五里村屯三十一。曰祝家屯，城东六十里村屯一百有七。曰四方台城东五十里村屯六十。曰大高湾子，城东六十里村屯二十三。曰上满堂沟，城东五十三里村屯四十。曰上木厂，城东三十五里村屯三十六。在西路者八：曰沙岭，城西四十四里村屯十二。曰大两家子，城西五十二里村屯二十八。曰马三家子，城西四十二里村屯四十六。曰北四场荒，城西三十七里村屯十八。曰塔湾，城西十里村屯二十一。曰宁官屯，城西三十二里村屯二十一。曰马贝堡，城西五十二里村屯二十一。曰彰驿站，城西七十二里村屯十一。在南路者八：曰下沙拖子，城南二十里村屯三十九。曰浑河堡，城南十五里村屯四十四。曰杨千户屯，城南七十里村屯九十四。曰柳匠屯，城南五十五里村屯四十八。曰王岗堡，城南六十五里村屯三十六。曰大沟，城南七十里村屯四十七。曰大苏家堡，城南四十五里村屯三十。曰长兴甸，城南五十三里村屯三十六。在北路者八：曰三台子，城北六十五里村屯三十四。曰六王屯，城北六十五里村屯二十八。曰新城堡，城北六十五里村屯十七。曰懿路，城北八十里村屯二十五。曰蒲河，城北四十五里村屯五十三。曰李岗堡，城北三十里村屯四十九。曰平罗堡，城北四十里村屯二十九。曰李七堡子，城北五十里村屯四十五。

其险要为老边、县西六十二里信家栏、县南十里奉集堡、县南五十五里十里河、县南六十里唐家台、县南二十八里白塔铺、县南二十五里侯家冈子、县北一十五里蒲河、见前辛台子、县北八十五里张官屯、县东二十里小甸子、县东四十二里四方台、见前刘通士屯、县东六十里浑河堡、车站北接奉天站，南为东三省铁路之苏家屯站、安奉铁路之陈相屯站。苏家屯、浑河南沙河、苏家屯南，其南接辽阳之烟台站，县南三十里。文官屯、东三省铁路车站，南接奉天站。虎石台、南接文官屯站新城子、南接虎石台站，其北为铁岭之新台子站。黄桂屯、京奉铁路末站，亦曰沈阳站，城西十里。马三家子。西接兴隆店站，东接沈阳站。

其邮驿道路有铁路四、一京奉铁路，在府小西门外，自西塔起至老边出境，计六十里。一东三省铁路，自城南白家柳塘子入境，至城北新台子出境，计百四十里。一安奉铁路，自小西边门外西塔起，至城南唐家台出境，计六十里。又抚顺铁路自县西南东三省铁路分支东出，经浑河堡，北至刘通士屯，入抚顺境。电线三、皆依铁路设总局一旧设驿五、本城一、又西六十里老边一、东七十里噶布拉村一、南六十里十里河一、北十里懿路一。铺司八、西路在城铺一、又西三十里大石桥铺一、又西三十里老边铺一、北路在城铺一、又北三十里蒲河铺一、南路在城铺一、又南三十里火石桥铺一、又南三十里十里河铺一。官商路七、一由县东十里桥至旧站赴抚顺，一由县南浑河至十里河赴辽阳，一由县西下甸至老边赴新民，一由县东北二台至懿路赴铁岭，一由县东南班子寨至唐大山赴兴京，一由县西南揽军屯至宁官屯赴辽中，一由县西北三台至孟家台赴法库。文报局一、邮政局四。总局一、分局三。

山之著者：福陵[1]天柱山、城东二十里昭陵[2]隆业山、城北十里兴隆岭、城东北三十里麦子山、城东南二十里老虎台山、城东南九十四里小孩儿岭、城东南一百十里兰家峪、城南六十五里金牛儿山、城东南八十一里香炉山。城东南六十五里

水之著者：浑河。即沈水，在县南，自抚顺大瓢屯东流，经兴隆甸南至县西四方台北入境，高士屯河自南注之。又西经百官屯北、枝津北出，又西南经大石庙、三岔北，马官桥河自北穿枝津注之。又西南经浑河堡北，枝津自东经福陵南，屈曲西南流，经县城东南来汇。小沈水自大南边门东南至城南龙王庙注之。又西南经夹河麻仲屯北，白塔铺河自东南注之。又西南经宁官屯东南，于家台河自西来注之。又西南入辽中境。高士屯河、导源县东南老瓜洼，北流百官屯，东入浑河。白塔铺河、导源县东南老堂峪，西北流经三岔、白塔南铺，又西至麻仲屯，南入浑河。蒲河、导源县东北大青山，西南流经大寺、清水台南，又经孙家洼西南，邵家河自南注之，又西经双楼北穆窝铺南，又折南，流经道义屯西，一水东来自昭陵北注之，又西南经永安桥东又南，莲花泊水自东注之，又西南入辽中境。邵家河、导源县东北，西南流经肥牛屯北，王兵屯、浑山南、长岭北，又西北入蒲河。北新开河、导源县北七家子，西流经曹兵台，南又西南经五兵林北板桥西入新民境。牤牛河、导源县北九里勾，西北流，左合一水，又西北经六王屯西，又西北入铁岭境。沙河、自抚顺西南唐大人山折西北流，经县西南小姑屯入境，又西南经塔山南，又西迤北经蛇山北，又西经沙河铺南，又西南经吉祥堡南高烟台，东板桥河自东注之，又南十里河自东注之，又西南入辽阳境。板桥河、导源县南蛇山，西南流经长兴店，南入沙河。南新开河。导源县南田水峪，西流经大石桥南，又西南经金宝南入辽中境。

---

〔1〕 福陵，位于沈阳东郊的东陵公园内，是清太祖努尔哈赤和孝慈高皇后叶赫那拉氏的陵墓，因地处沈阳东郊，故又称东陵。

〔2〕 昭陵，是太宗皇太极以及孝端文皇后博尔济吉特氏的陵墓，为清初“关外三陵”中规模最大的一座。位于沈阳城北，因此也称“北陵”。

其田，民地一十三万一千九百八十二亩三分二厘四毫。

其户，十万四千五百七十有三，口六十万八千九百七十有一。

衙署二十九行省公署一、总督一、巡抚一、副都统一、提学司一、民政司一、度支司一、交涉司一、提法司一、劝业道一、奉天府一、三陵一、六边一、高等审判厅一、地方审判厅一、初级审判厅五、教授一、内务府一、承德县一、福陵总管等衙门三、昭陵总管等衙门三。

局所四十七巡警总分局九、调查局一、督练处一、巡防营务处一、督辕发审处一、陆军粮饷处一、军械局一、植物研究所一、陆军医院一、机器砖窑一、卫生医院一、大清银行一、防疫院一、官银号一、探访局一、谘议局一、牛马斗秤、税捐局各一、迎宾馆一、盐务总局一、图书馆一、矿政调查局一、学务公所一、银元局一、戒烟调查所一、工程总局一、罪犯习艺所一、商品陈列所一、栖流所一、种树公所一、贫民习艺所一、屠兽厂三、消防营一、探防营一、教育会一、劝学所一、邮政司一。

学堂四百八十四中学、实业、师范、蒙文、方言、艺徒、陆军小学各一，模范三十、女学五，余皆小学。

祠庙寺观九十八、教堂六基督二、天主一、清真三。

商埠英、法、俄、美、德、日领事馆各一，有英、德、美、俄、奥、义、日本、韩国商人。

辽阳州，府西南一百二十里，顺治十年设辽阳府，辖附郭辽阳县。十四年，府移盛京为奉天府。康熙三年，县升为州，隶府。光绪三十一年十一月，约为商埠。

州治当太子河之南，东三省铁路之东。城周二十四里二百八十步。门九，南二、西一、东三、东北一、外东西南北各一。乾隆四十三年修。中路巡防队步队第三营、马队第三营驻之。西关有火车站。

其疆域，北承德，至十里河六十里接承德界东本溪，至胡把沟八十五里接本溪界西辽中，至蒲河口八十里接辽中界南岫岩，至生铁岭一百十里接岫岩界东南凤凰，至甜子站一百二十里接凤凰界纵二百里，横二百十里。

东京城，州治东北八里，城守尉驻之。

村屯总一千二百七十六，分领以巡警局五。中路巡警分局在沙河，城西南三十里村屯一百四十二，分区四：曰沙河，里数见上曰东八里庄，城南八里曰望宝台，城西十里曰陶官屯。城西南四十里东路巡警分局在半拉山，城东北六十里村屯二百七十六，分区五：曰半拉山，方里见上曰太河寺，城东三十里曰老大台，城东二十五里曰黄堡，城东北六十里曰大东山堡。城东北五十里南路巡警分局在兴隆沟，城南一百四十里村屯三百七十三，分区七：曰兴隆沟，方里见上曰上达连州，城南八十里曰浪子山，城东南七十五里曰阳河沿，城东南五十里曰大安平，城东南六十里曰七岭子，城南四十五里曰甜水站。城东南百二十里西路巡警分局在刘二堡，城西南四十五里村屯三百六十二，分区五：曰刘二堡，里数见上曰城昂堡，城西南四十里曰黄泥洼，城西五十里曰唐高寨，城西南八十里曰白旗堡。城西南四十里北路巡警分局在后烟台，城北四十五里村屯一百二十四，分区五：曰后烟台，里数见上曰古城子，城北五十里曰大纸房，城北十五里曰静家台，城北六十里曰佟二堡。城北四十五里

其险要为十里河、城东北六十里刘夹河、城北七里沙河、城南三十里陶官屯、城南四十里小红旗、城西南三十里大营城子、城东北四十里大达连沟、城东北五十里甜水站、城东南百二十里胡把式沟、城东九十里半拉山、城西北六十里黄泥洼、城西五十里刘二堡、城西南四十五里唐马寨。城西南八十里

其邮驿道路有铁路二、一东三省铁路，由承德十里河入境，经州城西关，又西南至陶官屯出境，接海城鞍山站，计长一百二十里。一达连沟支路，自州东北土佳屯由东三省铁路分支东南行，经碾盘沟、万宝桥南，又东南经西高屯、南大营城子北，又东南经大达连沟南，小达连沟北，又东至房身北灰窑矿，计长五十余里。电线二、依铁路设文报局、接递辽阳州境内衙署局所与各处往来公文电政局旧设驿三、由承德十里河驿南五十里至州境东京驿一，又南八十里至黑子山驿一，又东南五十里至甜水站驿一。铺司四、城东七十里浪子山铺一，又东五十里甜水井铺一，又东南六十里分水岭铺一，又城南六十里鞍山站铺一。官商路十、一由州东石家坟至金家堡赴本溪，一由州南喇嘛园至分水岭赴，一由石家坟达丁庄子至甜水峪赴凤凰，一由州北哨堡东北达东京至果木园子赴本溪，一由哨堡北至十里河赴承德，一由州西北白塔至鸭子泡赴辽中，一由州西火车站西北至黄泥洼赴辽中，一由火车站西至望宝沟赴海城，一由州西南西八里庄至马汉屯赴海城，一由州南四里庄至五间房赴岫岩。

山之著者：朝鲜岭、州东北九十里鸡冠山、州东八十里老鹳岭、州东南八十里弓长岭、州东南八十五里寒坡岭、州东南七十五里老爷岭、州南七十里八盘岭、州南六十里千山、州南六十里龙阜岭、州南二十五里首山、州南十五里吉桐峪、州西南一百五十里龙盘岭。州西南八十里

水之著者：太子河、自本溪县西流至州东南胡把式沟入境，又西南经母猪哨北，又西北经大河沿西南，李家堡水北来注之。折西南经大房身北，迤南经栾家崴东，细

河东南来注之。又西迤南经蓝河口北，蓝河南来注之，折西北经沙坎西，又北经燕州城西，又西迤北经韩家砬西，又西北经上平州，北折西南经下平州西，又西南经汤河口北，汤河东南来注之。又西南经太和寺南，又西南经沙坨子南，折西北经石家坟东、迎水寺西，又西北经刘夹河东、大纸房南、州城北，又西经唐家堡南，迤西北经前沙河屯北，十里河北来注之。折西南经龙堡南，又西经白河堡、马草湾南，浑河枝水北来注之。又西北经浑河咀南、黄泥洼北，入辽中境，西北至小北河南入浑河。细河、自本溪县西流，至州东金家堡北入境，又西经五道河、四道河、头道河南折，西南至细河口，南入太子河。蓝河、导源州东南响水峪北流，上下万两河西来注之。又北迤东经金家咀北，又东经甜水峪南，折北而西，经其村北，又西北经石背岭、韭菜峪西，又西北经孤家子西北至蓝河口，西入太子河。汤河、导源州东南分水岭北麓，北流经二道河西，一水东来注之。又西北经浪子山、马蹄头西，达连河西南来注之。折东北，经金宝湾东，折西而北，经头关站西又东经老洞、康家堡北，迤北经小安平耿家沟东，又西北至汤河口，西入太子河。十里河、导源州东北马耳岭西流经柳河堡、龙山、营盘北，又西经十里河大东山堡北，其北岸皆承德境。又西至小烟台北，折西南至河工堡北，又西南至后沙河屯东入太子河。浑河枝水、自辽中县苋菜岗首受浑河水，东南流至州西北马连增南折西南，经苏麻堡西，又南经佟二堡西，又南至沙勾子，西入太子河。浑河、自辽中南流至州西菱角泡入境，又南经青鱼湾西，小河东南来注之。又南经陈家台西，迤南经西四河西，又折东南经长鱼泡东道喉子西，又南沙河东北来注之。又南经黑牛沟西，鞍山站水东南来注之。其西岸皆辽中境。又折西入海城界。小河、导源祖越寺西北流，经七岭子西，又西北经陈家台沙河南，又西北经城昂堡、刘二堡南，又西北经过往碑北，又西北经青鱼湾，南入浑河。沙河、导源州南庙儿岭西，北流经大石头官屯北，又西北经达道湾西，二岔子南，又西北经陈家台南，折西南经唐家寨东至大台，西入浑河。鞍山站水。导源州西南石碑路北，西北流经陶官屯南、鞍山站北，又西经张中堡、穆家堡南，又西北至小河口，北入浑河。

其田，民地一十六万二千三百三十三亩三分三厘。

其矿，金、已办者，康家东沟、齐寡妇沟、上下万河、鸡爪山、六道河、黑山、桑家台、沙金沟、弓长岭、石河赛、商家台。铜、未办者，小柳家峪、小河口、蜂蜜砬子。煤、已办者尾明山、大榆沟、八合洞、张家沟、缸窑村、茨儿山、北大甸子、磨石峪。未办者。花岩寺、黄堡、韩坡岭、台子沟、鸡顶峪。

其产，人参、生东南山谷间。丝、野蚕多家蚕少。木耳、石耳、蘑姑、虎、熊、狐。

其户，十一万五千三百八十，口七十一万八千零六十。

衙署十三知州一、吏目一、学正一、城守尉一。

局所九巡警局六、税捐局一、交涉局一、硝磺局一。

学堂一百一十师范一、女小学堂一，余皆小学堂。

祠庙寺观三百零八、教堂三基督一、天主二。

商埠有日本领事署、警务支署、团司令部，联队本部、工兵队本部、宪兵分队、都督府经理部出张所、铁道守备队部，有英、法、俄、义、希腊商人。

辽阳城守东至一堵墙三百五十里兴京界，西至网户屯一百二十里广宁城守界，南至生铁岭一百三十里岫岩界，北至十里河六十里盛京城界，东南至分水岭一百九十里凤凰城界，西南至新台子九十里牛庄界，东北至张起寨一百二十里抚顺界，西北至四方台九十里广宁城守界，北至盛京城一百二十里。所辖旗地八十九万三千零一十六亩三分八厘五毫一丝。

复州，府西南五百四十里，雍正四年分盖平县地设复州通判。十一年七月改为州，隶府。东华录，雍正十一年七月甲午，裁复州通判，改设复州知州一、学正一、吏目一。光绪三十四年五月移治瓦房店。三十四年五月五日，东三省总督徐世昌奏，复州城治僻在西隅，瓦房店地方近临车站，交涉日繁，拟将该州移驻瓦房店。

州治，当东三省铁路之东，复州河之北。有火车站前路巡防队步队第四营驻之。

其疆域，东庄河，至夹河山一百八十里接庄河界北与东北皆盖平，北至李官村九十里，东北至中老古峪一百二十里，皆接盖平界。西与南及西北、西南皆大海，西至大嘴四十五里，南至煤窑九十里，西北至排子石四十里皆大海。东南金州。至三官庙九十里接金州界。纵一百四十里，横二百二十里。

村屯，总一千六百九十四，分领以十二社：曰广社，首蓝旗，州西南三十五里村屯百八十一。曰永社，首达子营，州南八里村屯百三十九。曰丰社，首二十里堡，州南二十里村屯一百九十二。曰新社，首刘家屯，州南七十里村屯一百五十一。曰盛社，首娘娘宫，州西南五十里村屯七十。西渡海二里许曰长社，首永宁涧，州北五十里村屯二百三十四。曰义社，首瓦房店，州东六十里村屯一百二十四。曰恒社，首陈家屯，州东北五十里村屯二百一十一。曰古社，首白山前，州东南一百十里村屯五十一。曰岳社，首拉塔，州东北一百四十里村屯八十一。曰凝社，首东白山后，州东九十里村屯九十九。曰聚社，首顾家岭，州东南一百四十里村屯一百六十一。

其险要为娘娘宫、城西南五十里沙包子、城东九十里驻左哨元台子、城东七十里驻左哨老爷庙、城南九十里分驻左哨李官村、城北九十里分驻右哨。自沙包子至李官村皆驻巡防队。白家口子、城南八十五里董河口、海口，自北而南，下皆海口。潘家沟水口、排子石口、复州河口、王家屯口、三官庙口、小岛、城西南一百里田家屯、金州普兰店站北下皆车站瓦房店、田家屯北王家屯、瓦房店北得利寺、王家屯北松树嘴子、得利寺北方家岭。松树嘴子北，又北为盖平境许家屯站。

其邮驿道路有铁路一，东三省铁路由州城至瓦房店北石道河子入盖平电线依铁路设邮政局二、州城一、瓦房店一。旧设铺司七、北路在城铺一、又北二十里核桃哨一、又北二十五里李官坟铺一，南路在城铺一、又南三十里麻河铺一、又南三十里栾古河铺一。官商路五、一由州东达子营至水门子，再北至四平街赴庄河，一由州南瓦房屯至贾家店，一由州东南头台子至三官庙赴金州，一由州西南望城冈至李官村，一由四平街至孙家店赴盖平。

山之著者：南大山、州西南四十五里台子山、州西南三十八里双山、州西北二十里碧山、州西南三十二里城山、州西北三十四里屏山、州西北二十二里太白山、州东南一百一十里天台山、州东南七十里松木岛、州东南九十里莲花山、州西南六十里凤凰山、州东北一百三十里龙潭山、州东北七十里交流岛、州西南，复州河口江南，其西南有凤鸣岛。鹿岛。长兴岛南。

水之著者：毕里河、自盖平县东南流至古梁口入境，南流经老糖房前房身东，转山河西自米家屯北来注。又自经乔家屯崴子、刘家沟，折而东迤南经大院东，又西南经金家哨东，又南吊桥河自西北来注。又南入金州境。复州河、导源州东北和尚帽山，东流经韩家屯、茨沟、邱家房，南流经聂家屯迤西，经韭菜园南，又西经腰沟南，一水自北来注。又西经松树嘴南，迤南经半拉山西，一水自东来注。又西南经大龙口金斗房南，迤北经张家屯北，又西南经金家店、管家店、东李家营，水自西北来注。又西南经达子营、瓦房、黄家屯二台东，栾古河自东来注。又西南经西三台南、石佛寺东、望海寺西入海。赞子河、导源州东南楚家店，南流经七里台西、张家屯东，入金州境。清水河、导源州东南余家屯，东南流经赵染房西入金州境。珍珠河、导源州东北屏山东，南经东屏山西入复州境。栾古河、一名岚个河，导源县东南岚个山，东南流经大富家屯西，又折西经白石井南，又北经三家子北折，西南经大黄旗、高力城北至西三台东南入复州河。浮渡河、导源州东北老古峪，西流经老虎峪、药王庙北，又西经罗家屯北，又西至铅矿山北入海。大沙河、导源州东南鸡冠山，西南流经曲家沟西、永昌炉北，又西南经霍家屯、梁家屯北，迤南流经石灰窑西、胡大屯东，又西迤南至川心店东入金州境。吊桥河、导源州东南票子寺诸山，东南流，左合一水。又东南经于家洼、陈家店、王粉房西、徐家崴东，又东南至金家哨南入毕里河。

其田，民地三十二万七千零九十四亩三分五厘三毫。

其矿，金、化铜沟矿洞山。煤裴家屯村。炸元台子王家屯。铅关家屯。

其产，鱼、狐、山蚕、盐八万六千余石，一百八十座滩。

其户，一万二千九百七十六，口十二万九千六百四十九。

衙署四知州一、学正一、吏目一、城守尉一。

局所二巡警总局一、税捐总局一。

学堂二十七皆小学。

祠庙寺观一百有六、教堂三基督一、天主一、清真一。

其分防有长兴岛州判、光绪三十四年五月，东三省总督徐世昌等奏，复州西南两面距海，海中各岛惟距州一百四十里之长兴岛巍然独存，四面临海，东西约七十里，南北约四十里，住户逾二千，男女丁口逾一万五千，地方官向不过问，视同瓯脱，何以保存，亟应设官镇抚。拟添设州判一员，附近花椒岛所属之兴社全归管辖。水门子巡检。光绪三十二年七月盛京将军赵尔巽奏，水门子系复州属境，距州一百二十里，中隔铁道，重山复岭，最易藏奸，拟添设分防巡检一员。

复州城守东至归化堡一百五十里熊岳界，西至红崖子三十里海界，南至缸窑八十五里海界，北至永宁监五十里熊岳界，东南至横头河八十五里金州城守界，西南至长兴岛四十里海界，东北至大龙口五十里熊岳界，西北至老瓜岛四十里海界。所辖旗地三十二万五千三百七十一亩七分五厘五毫。

抚顺县，府东八十里，光绪二十八年六月分承德县地设兴仁县，附府。二十八年六月一日盛京将军增祺、奉天府府尹玉恒奏，奉天省城附郭只承德一县，事务繁剧，甲于诸城。拟划承德辖地之半，以分治之，名曰兴仁县。添设知县一、典史一。是月十五日政务处吏部议行，七月一日委准补盖平县刘廷珍试办县治事宜。二十九年九月七日增祺等奏，兴仁县为附郭首邑，事务殷繁，定为冲繁疲难题升要缺，各县均照东边设官成案，加理事通判衔。三十三年五月改今名，移治抚顺城。划兴京西北地入之，仍隶府。三十三年五月五日东三省总督徐世昌、奉天巡抚唐绍怡奏，抚顺地方商旅增益，千金寨煤矿利源日扩。该处无民官，愚民无知，时滋事端，亟应移治镇抚，以便交涉。拟请将兴仁县移驻抚顺，并拟改为抚顺县知县，以符名实。从前界址微有区分，应另行勘明，咨部立案。抚顺原设之路记防御各员，本司催征租赋、缉捕盗贼之事，应一并裁撤，统归地方官办理。奉朱批，著照所请。

县治当浑河之东北，铁路之北，城周二里。乾隆四十三年建，名曰抚西城。东南北门三。

其疆域，东与东南皆兴京，东至赶马河七十八里，东南至大滴塔一百二十五里，皆接兴京界。西与西北皆承德，西至大瓢屯二十三里，西北至排山屯三十里，皆接承德界。北与东北皆铁岭，北至金花楼二十五里，东北至年马州六十八里，皆接铁岭界。南与西南皆本溪。南至岔沟一百二十里，西南至杨木林九十里，皆接本溪界。纵一百六十里，横一百三十里。

村屯总五百四十三，分领以八区。曰千金寨，县西南八里村屯四十八。曰唐力屯，县东南三十里村屯四十二。曰阁老沟，县南六十里村屯五十四。曰拉古峪，县南六十里村屯六十一。曰花岭，县南九十里村屯一百有三。曰张家甸子，县东南三十里村屯一百十四。曰营盘，县东五十五里村屯五十九。曰会元堡，县北二十里村屯六十二。

其险要为营盘、有税卡，县东五十五里。萨尔浒、县东六十里杨柏堡、县南八里大瓢屯、县西二十三里深井子、西接承德孤家子站，下皆车站。李石寨、深井子东千金寨、李石寨东老虎台、千金寨东，县南八里。姚千户屯。安奉铁路车站，北接承德之陈相屯站，南接本溪之石桥子站。

其邮驿道路有铁路一、奉抚铁路由承德东，至县西瓢儿屯入境达千金寨。北接县南山嘴子，东南至县南老古台，计四十余里。电线、依铁路设旧设驿一、抚顺官商路六、一由县南千金寨至新屯赴兴京，一由县东大柳河至营盘赴兴京，一由县东北二道房至瓦子伙洛赴铁岭，一由县南塔湾西南至大瓢屯赴承德，一由大瓢屯西南至杨木林赴本溪，一由县西噶布街至川心甸赴承德。邮政局二。抚顺、营盘。

山之著者：千山、台山、县南八里北岭、县东南六十里陡岭、县南六十里高头岭、县南八十里百花岭、县南四十里龙须岭、县南六十里花岭、县南九十里萨尔浒山。县东六十里

水之著者：浑河、在县南，自兴京流至营盘南入境，其南岸为萨尔浒，又西经沙窝店南，一水自南来注。又西经得力阿哈北，章党河自东南注之。又西温道河自北来注。又西经上章党南，又西迤南经下柳河南，二道房身南，柳林河自北注之。又西经县城南，又西南经塔湾南、山嘴北，一水自南来注。又西经小瓢屯北，塔儿峪河自南来注。又西南经大瓢屯北，拉古河自南来注。又西入承德境。温道河、导源县东北山，南流

经上章党东入浑河。在柳林河之东。柳林河、在县东，导源县东南，流经山嘴村南，至县东二道房身村东入浑河。马郡丹河、在县东南，导源山龙峪村西北，流经一百四十里，至县东龙卜坎村东北入浑河。苏子河、在县东北，自兴京西北流至县东二伙洛入境，西南流入浑河。塔子沟河、导源县西南班猫岭北，流经刘二冲、石佛厂西，又北屈经赛儿峪、大瓢屯西入浑河。小夹河、在县西南，导源县西南连力湾北麓，西北流经小瓢屯东南嘴西入浑河。章党河、在县东南，导源县东南山，西北流经腰堡西，又西北经南章党东、得力阿哈北入浑河。拉古河、导源县西南样子岭东麓，北流经汤牛灌东，又北经拉古峪东，又北入浑河。在县西南塔儿峪河之西。金花楼河。在县西北，导源麻线冲西，西南流经金花楼北，又西南经黄丹屯西，又西南经兴隆甸西南入浑河。

其田，民地三十八万七千二百二十九亩零八厘四毫。

其矿，煤一千金寨、一杨柏堡、一老虎台、一新屯打莺沟、一石门寨。

其户，二万四千五十九，口三十万九千七百七十三。

衙署三县署一、以旧防御路记署改。地方审判厅一、初级审判厅一。

局所四巡警总局一、木税局一、补征分卡二。

学堂八十八。

祠庙寺观一百有八。

按宣统元年三月二十七日东三省总督徐世昌奏，距抚顺八里之千金寨，向有日人开采煤矿，事多交涉，不能不设审判厅。移县驻千金寨地，与抚顺附近，无庸易名。惟路记防御各官已裁，其旧管之正红、镶蓝各一旗，镶红半旗地，属兴京者，距抚顺较近，拟划归抚顺。以旗界为界。其承德县东析属兴仁者距抚顺较远，以附省数屯仍划归承德。北自碾盘沟，经白台子，南至杨木林子，定为承、抚两县新界。奉朱批，该部知道。

开原县，府北二百里，康熙三年设。隶府。

县治当清河之北，东三省枝路之东，城周十三里二十步。门四，乾隆四十三年修。有火车站，北接昌图马仲河站。中路巡防队马队第一营驻之。

其疆域，东海龙，至白家窝棚四十里接海龙界西及西南皆法库，西至大辽河八十里，西南至王家窝棚四十里，皆接法库界。南铁岭，至山头堡五十里接铁岭界北与西北皆昌图，北至马千总台门二十里，西北至古城堡边四十里，皆接昌图界。东南兴京海龙，至英额门二百十里接兴京海龙界东北吉林伊通，至威远堡门三十里接吉林伊通界。纵六十里，横三百里。

村屯总三百七十四，分领以五路二十区。东路区五：曰太平沟，城东六十里巡警分局驻之。曰大孤家子，城东一百四十里曰八道冈子，城东九十里曰貂皮屯，城东六十五里曰张相公屯。城东二十五里东南路区四：曰黄旗寨，城东南一百四十里巡警分局驻之。曰夏家堡，城东南一百五十里曰嵩山堡，城东南六十里曰马家寨。城东南六十里南路区四：曰腰寨子，城南二十五里巡警分局驻之。曰沙河子，城南三十五里曰小高力屯，城南四十五里曰大孙家台。城南十八里东北路区三：曰开原站，城东北十五里巡警分局驻之。曰威远堡门，城东北三十里曰孤家子。城东北十里西路区四曰庆云堡，城西四十里巡警分局驻之。曰英城子，城西十五里曰北花楼，城西三十里曰老壕头。城西五十里

其险要有尚阳堡、城东四十里八棵树、城东八十里英守屯、城西南五十五里，中路巡防队第一营左哨分驻。涨沟子、城西六十里，右哨分驻。马千总台门、城北二十里威远堡门、城东北三十里土口子门、城东二百里英额门、城东南二百里八家子、城东南二百六十里。驻副左路第五营左哨。李家台、城东南一百九十里。分驻右哨。中固。城西南四十里，有车站。

其邮驿道路有铁路一、东三省铁路自中固西入境，至马千总台边门东出境，计长六十里。电线、自中固南入境，至威远堡门出境，计长七十里。旧设驿一、自铁岭高力屯驿至县城开原驿七十五里，北至吉林蒙古陀罗驿五十五里。铺司二、县城一、威远堡门一。官商路五、一自县南小孙家台至中固镇赴铁岭，一自县西尚阳堡至英额门赴海龙，一自县北马家堡至威远堡门赴吉林伊通，一自县北八里庄至马千总台门赴昌图，一自县西二台至亮子河赴法库。邮政局一、县城。文报分局。接递海龙府、开原县、西丰县、东平县、西安县、柳河县等境内衙署、局所与各处往来公文。

山之著者：象牙山、城东南六十里黄龙山、城东北十三里光头山、城东南六十里摩里红山、城东南二百里烟筒山、城东一百二十里杏花石岭、城东南五十里老谷峪、城东南五十里老爷岭、城东南一百十里挠贝岭、城东南八十里盘岭、城东南一百里天桥岭、城东南一百四十里大盘岭、城东南一百八十里吴家岭、城东南八十里尖山、城东南一百二十里一面山。城东南一百四十里

水之著者：辽河、自昌图同江口南流，至县西六家子屯入境。其左岸为法库境。折东南经双楼台西，又东南经后施堡西，马鬃河合亮子河自北注之。又东南经高丽屯西，清河自东注之。又东南至一水头，沙河自东注之。又东南至山头铺西，入铁岭界。马鬃

河、导源县西北马千总台门西南，经和气堡古城东，亮子河自西注之。又西南经庆云堡东入辽河。沙河、导源县西南庙儿岭西，流经柴河堡花儿石北，又西至沙河寨北入辽河。清河、自海龙府至县东土口子西流，一水自南来注。又西经县西转心湖北，一水自北来注。又西经半拉山北，一水自北注之。又西经上下清河李家台北，又西迤北经廖家沟北，兰木桥水自东注之。又西北经八棵树、红花甸、尚阳堡北，又西经关家屯南，扣河自北注之。又经县城南，又西经二台、南王家屯北，又西南经六寨东，柴河自西注之。又西南入辽河。扣河、亦曰滱河。自威远堡门西南流经马家堡东、开原站南，至县城东南入清河。柴河、导源县东南庙岭西。流经全家窝棚，一水自东北注之。又西经金家庙、红土庙、廖家沟、枪杆峪、龙湾南，一水自东南注之。又西南至柴河堡南入铁岭界。英额河。自柳河县西北英额门西流入境，经嘎斯火洛东北，沙贝河、嘆桑阿河自南注之。折西南经招集堡南，又西经八家子南，一水自西北注之。又西经高石砬南，一水自西北注之。又西南至尖山南入兴京境。

其田，民地十万零二千五百一十九亩零三厘一毫。

其户，四万一千一百六十八，口二十五万九千一百一十五。

衙署四知县一、典史一、训导一、城守尉一。

局所二十八巡警总局一、分局五、区二十、税捐局一、习艺所一。

学堂一百四十。

祠庙寺观三十有七、教堂五基督二、天主二、清真一。

开原城守东至耿家庄七十里边界，西至彰武台二百二十里广宁城守界，南至懿路河北一百三十里外为盛京城界，北至新边十里，东南至英额门二百一十里兴京界，西南至辽滨塔一百九十里承德县界，东北至威远堡门三十里吉林界，西北至古城堡四十里边界。所辖旗地五十七万一千零九十七亩五分九厘九毫。

铁岭县，府东北一百三十里，康熙三年六月设。隶府。

县治当辽河、柴河之间，东三省铁路之东，城周四里二百十六步。门四，乾隆四十三年修。中路巡防队步队第一营驻之。有火车站。光绪三十一年十一月约为商埠。

其疆域，东与北及东北皆开原，东至牧养止七十里，北至山头堡二十里，东北至宋家窝棚二十五里，皆接开原界。南与西南皆承德，南至懿路六十里，西南至石佛寺九十里，皆接承德界。西与西北皆法库，西至乌巴海六十里，西北至娘娘庙六十五里，皆接法库界。东南兴京，至门坎哨一百二十七里，接兴京界。纵八十里，横一百二十里。

村屯总三百二十一，分领以六十四区。东十二区：曰黄金，县东十五里村屯二十一。曰熊官，县东十二里村屯九。曰催阵堡，县东南三十里村屯七。曰猫崖子，县东四十里村屯九。曰大甸子，县东南五十三里村屯八。曰当铺，县东六十八里村屯十四。曰孤酪，县东南四十二里村屯八。曰山岔子，县东南六十里村屯四。曰上石山碑，县东南七十里村屯七，曰白旗寨，县东一百十里村屯八。曰腰寨子，县东南一百十里村屯五。曰沔阳，县东南百二十二里村屯六。南十四区：曰辽海，县南二十里村屯十五。曰殷家，县东南二十九里村屯六。曰大莲花泡，县西南十里村屯八。曰阮家洼子，县南二十五里村屯七。曰范家，县南四十里村屯六。曰扬威楼，县西南三十七里村屯四。曰大汎河，县南三十三里村屯六。曰英守，县西南四十二里村屯九。曰李家窝棚，县西南五十里村屯十五。曰杨士，县南六十里村屯十二。曰懿路，县南六十里村屯二。曰大八里庄，县西南五十七里村屯六。曰达连，县西南八十二里村屯七。曰石佛寺，县西南九十里村屯七。西十六区：曰马蓬沟，县西五里村屯五。曰养马堡，县西北十里村屯四。曰红崖嘴，县西二十里村屯三。曰镇西堡，县西二十里村屯五。曰西背河，县西三十里村屯五。曰大青堆子，县西北三十五里村屯五。曰蔡牛堡子，县西四十里村屯十一。曰夏家楼，县西北四十五里村屯三。曰张家庄，县西五十二里村屯九。曰兴隆屯，县西六十四里村屯七。曰双井子，县西北三十七里村屯六。曰江家屯，县西北五十五里村屯九。曰阿吉牛录堡，县西南六十里村屯五。曰杨相国屯，县西六十里村屯三。曰乌巴海，县西南六十里村屯一。曰王千总堡子，县西五十里村屯一。北四区：曰高丽站，县东北十二里村屯五。曰山头堡，县东北十八里村屯五。曰东营盘，县北二十里村屯五。曰菜子围，县西北二十五里村屯九。

其险要有黄石礲子、城东四十里马蓬沟、城西五里山头堡、城东北十八里，皆驻军队。新台子、车站，城西南六十里，南接承德新城子站，下皆车站。得胜台、新台子北，其北为西关车站。平顶堡、西关站北，又北入开原。

其邮驿道路有铁路一、东三省铁路自城西南六十里之新台子入境，至山头堡出境。电线、自城南六十里之懿路入境，至山头堡出境。旧设驿一、自承德县北懿路驿北至县北高力屯驿七十里铺司六、城内铺一南三十里新屯铺一，又南三十里按承德懿路铺一，城北二十里山头铺一接开原，城东七十里山岔子铺一接兴京，城西九十里阎千户铺一接新民。官商路六、东南自八里庄分三支路，中路至府，右路至法库界，左路至抚顺，再东南行至兴京。南自官房身屯，左路至兴京，右路至抚顺，中路南行至承德。西南自莲花泡，右路至法库，左路至新民。西北自马蓬沟至娘娘庙，至法库。北自柴河渡至山头堡，至开原。邮政局一。在城内

山之著者：老爷岭、城东二里小岭子、城东一里滚马岭、城东南一百三十里大珠儿山、城西南五十里大小盘岭、城西四十五里大台山、城北三十里石碑山、城南七十里沔洋山、城南一百二十里五冲山。城西南七十里

水之著者：辽河、自开原西南流至县西北石水头入境，东南流经望山堡北，又东迤南经贺家屯东，柴河东来注之。又西南经马蜂沟西，苗台子南，河以南多水泊，曰莲花泡，曰苇子湖，曰五角湖，曰莲子湖，曰乐子湖，弥漫十里。折而南，复西流经强家窝棚西，又南范河自东来注之。又西南经刘柏松西北，一水西北来注之。又西南古城水东来注之。又西南经鲁家窝棚北，懿路河东南来注之。迤西经草根泡南，牤牛河东南来注之。又西经石佛村北，拉马河水自北注之。又西至马门子西入法库境。柴河、自铁岭东南柴河堡西，流至县东北金厂山北入境。一水自温池火洛东来注之。又西经牧养正北，又西迤南经土台椴木岭南，又西迤北经龙首山东北，又西北至高力站南、奚家庄入辽河。范河、导源县东南滚马岭，自开原东南流经佳湖厂南，迤西流经白旗寨北，又西经棒子岭东北，一水北来注之。又西经长贝抚安堡、大屯北，又西南经苏牙屯、范河站，北折西北至扬威楼北，入辽河。亦曰汎河。懿路河、导源县东南石碑山北麓，西流经未台布南，又西经懿路站南，又西经朱民屯南，其南岸为承德县。折西北经鲍家冈南，又西北至鲁家窝棚东入辽河。牤牛河、自承德西北流入境，又西北至石佛寺东、草根泡南入辽河。浑河。自兴京北流而西，至县东北仓什入境，经门坎哨，又西北经札木伙洛西，入抚顺境。

其田，民地九万九千七百三亩零二厘五毫。

其矿，金、一、收养正，城东六十里。一、平石门，城东五十五里。一、交界坡，城东十五里。煤、一、大宝山，城东南五十五里。一、大台山，城西三十里。一、马家孤山，城西五十里。

其产，烟、苏子、靛、狐、貉

其户，四万一千一百六十八，口二十五万九千一百一十五。

衙署四知县一、典史一、训导一、防守尉一。

局所四巡警总局一、税捐总局二、交涉局一。

学堂十一中学一、师范一、女子师范一、女子小学一，余小学。

祠庙寺观七十有四、教堂二基督一、天主一

商埠有日本分领事馆、宪兵、警察、军队。

铁岭城守东至门坎哨一百三十里外为兴京界，西至灯市堡一百五十里广宁县界，南至懿路六十里承德县界，北至山头堡二十里开原县界，东南至浑头河七十里外为盛京城界，西南至马门子九十里承德、广宁二县界，东北至木牙正七十里外为开原城守界，西北至蛇山沟九十里开原县界，所辖旗地四十万一千七百九十一亩四分二厘三毫六丝。

海城县，府西南二百四十里，顺治十年十一月设县，隶辽阳府。十四年四月，改隶今府。

县治当沙河之北，土河之南，东三省铁路之东，城周二里一百七十六步。门四，天命八年修，乾隆四十三年重修。有火车站。

其疆域，东与北及东北皆辽阳，东至云峰岭九十里，北至鞍山站六十里，东北至台沟五十里，皆接辽阳界。西广宁，至桃源一百二十里接广宁界西南盖平，至营口一百一十里接盖平界西北辽中，至大高力房一百里接辽中界东南岫岩，至小孤山九十里接岫岩界纵一百二十里，横二百一十里。

村屯总七百四十五，分领以十七乡：曰附城、村屯三十三，首玉皇山。城东三里东曰马凤屯，城东三十里村屯四十二。东南曰上八里河，城东南十二里村屯三十五。曰石柱沟，城东南七十五里村屯五十。曰曲八里河，城南十里村屯二十九。曰虎獐屯，城南四十五里村屯五十一。西南曰大感王寨，城西南四十里村屯五十一。曰十间房，城西南八十五里村屯七十六。曰田庄台，城西南一百二十里村屯六。西曰大二台子，城西三十里村屯三十九。曰郭家台，城西六十里村屯四十五。曰哈巴台，城西九十里村屯一百二十。西北曰新立屯，城西北七十里村屯三十七。曰大高力房，城西北一百里村屯二十二。北曰耿庄子，城北三十里村屯四十七。曰一堵墙，城北四十五里村屯三十八。曰腾鳌堡，城北五十五里村屯二十四。

其险要为田庄台、城西南一百一十里，驻副后路巡防队。五台子、城西南一百二十里，分驻前路步队第三营左哨。马连坡、城西南一百二十里，分驻左哨。下口子、城西九十里大石桥、城南六十里，车站。三岔河、税卡分水、大石桥北，下皆车站。塔山堡、分水北唐王山、塔山堡北徐家园子、唐王山北，其北为海城站。南台、海城北汤岗子。南台北，又北辽阳、鞍山站。

其邮驿道路有铁路二、一、京奉铁路由广宁县入境，东北行二十里为田庄台车站，又行四十里至营口。合东三省铁路，计长六十二里。一、东三省铁路由与辽阳交界之县北鞍山站入境，南行六十里至县城西车站，又南六十里至大石桥车站入盖平境。计长一百二十里。大石桥西一枝路通营口，六十里。电线二、一、为奉省电线，由县西南营口入境，至县城内复向东南行九十里，至小孤山出境。一、东三省铁路电线，由县北鞍山站至县南大石桥，入盖平境。旧设铺司五、城内一。城东六十里二道河子一接岫岩。城南六十里大石桥一接盖平。城北六十里鞍山站一接辽阳。城西南营口一。官商路八、一由县北二台子至鞍山站赴辽阳，一由县西南蒋家屯至大石桥赴盖平，一由县东南经析木城至小孤山赴岫岩，一由县西北腾鳌堡西南赴牛庄、营口，一由县西牛庄至大高力房赴辽中，一由县西南田庄台赴盘山，一由县西牛庄经三岔河赴田庄台，一由县东长风屯至妈妈街赴凤凰城。邮政局七、一县城、一牛庄、一营口、一田庄台、一析木城、一腾鳌堡、一虎獐屯。

山之著者：玉皇山、城东半里许青山、城南四十里唐王山、城西南八里摩云岭、城东北五十里欢喜岭、城北七里岳州山、城西南六十里小孤山、城东南七十五里老矿山、城东七十里板石山、城南五十里猪窝岭、城东北六十里海流斑山、城东南八十里云峰岭、城东南九十里水泉山、城南四十里蟠岭。城南三十八里

水之著者：大辽河、在县西，由盘山厅七台子南流至县之三黄地入境，东南流六七里，经三岔河东，与北来之浑河、太子河、蛤蜊河汇。迤西而南，经西大沟、剪子口、八棵树西，枝津东出，又西南经赏军台西，枝津，绕青堆子之东与南，折西来汇。又西南经湖沟沿西，又南迤西经田庄台南，又南经蜊蜊西，又屈曲东流，经鸡爪沟西，又南折西至营口西南入海。沙河、在县南，一名杨柳河。三源：一出云峰岭西流，一出岫岩分水岭北流，一出海流斑山西北流，至析木城汇为一。西流经石门岭，合东北来王官厂、小女寨诸水。又西经小河沿，合南来三角山诸水。又西经城南，西北折至牛庄东南分三派：一由东而北，至萧姬庙入辽河。一绕城南，由西园子折西北至响水溜。一西流至八家子，潴为泽。浑河、在县西，自辽中长岗子南流至县西北高坨子入境。又南经小河口西，鞍山河自东来注。又南经吕家窝棚西，中所河自东来注。又南经开河城西，土河自东来注。又西南经温香湖西、前湖南、牛庄西北，沙河自东南来注。又西南经黄土坎东，又西迤北，屈曲流经丁家窝棚南，蛤蜊河自北来注。又西入辽河。蛤蜊河、在县西，浑河西，自辽中南流至县西北堆王玉坨入境。南流经鸡爪沟西，又南迤西经淮子泡北，又西北经郁地子、刀把子折西南，至丁家窝棚西入浑河。土河、导源西北

猪窝岭南麓，西南流经什司县、上鹰窝、大坎子南，迤西而北经土河铺北，又西北经柳河子、张仙屯、耿庄子南，又西北经古城子、土台子南，又西至开河城南入浑河。八里河、在县南，导源水泉山北。流经上八里河村南，北折西北至坯厂，与富家沟南来山水一枝会。西经刘公屯、叶伸堡，至蓝旗口西南潴为泽。鞍山河、在县东北，导源双塔岭北，流至文洞沟，折西至小河口入浑河。上夹河、在县西南，导源蟠岭北，流至塔山堡，合两家寨南流诸水，又西迤北至于官屯，分二派：一、西北入莲花泊，一、西至葛家窝棚西注滚子泊，潴为泽。莲花泊、县西南四十余里滚子泊。县西南五十余里

其田，民地二十万零四百一十九亩七分五厘五毫八丝。

其矿，金、已办者，马风屯、石门岭官山、大坎子、下英河、杨家南沟、岭夹空头道官沟、岭夹空二道官沟、岭夹空三道官沟、岭夹空西北沟、黄单屯王家沟、旺宝沟、潘岭、毗卢寺官山。未办者，牌楼屯、英窝、南阳沟、安卢沟、大台沟、盘沟花儿峪、冯家沟、石门岭、大坎子、梨树沟、什十孙、白石寨、上牛屯、松树沟。煤、戴家沟石绒、康家峪石灰康家峪、朱红峪、里儿峪。

其产，鱼、一、县西南一百五十里二界沟。一、县西南一百四十四里蛤蜊坨子。一县西南一百四十五里枣木沟。丝、东南二乡东山盐县西南田庄台南海滨一带。

其户，九万九千九百三十七，口六十一万八千二百七十二。

衙署五知县一、训导一、典史一、巡检一、牛庄防守尉一。

局所二十八巡警总局一，分局六，耿庄子、牛庄、大感王寨、析木城、马冈屯、田庄台分区二十，牛海税捐总局一。

学堂三百师范一、女小学一，余皆小学堂。

祠庙寺观三十有一、教堂六基督二、天主二、清真二。

其分防有三岔河巡检。驻牛庄。雍正盛京志，康熙二十一年于三岔河设。

盖平县，府西南三百六十里，康熙三年六月设县，隶府。

县治当新开岭之南，盖州河之北，东三省铁路之东，城周七里三步。乾隆四十三年修。西关有火车站。前路巡防队步队第三营驻之。

其疆域，东岫岩，至蓝古岭一百五十里，接岫岩界。南与东南皆复州，南至杏官坟阿九十里，东南至苏子峪一百二十里，皆接复州界。北与东北、西北皆海城，北至淤泥河、大石桥六十里，东北至白土岭八十里，西北至小孤山六十里，没沟营七十里，皆接海城界。西及西南皆海，西至连云岛十五里，西南至灰州九十里，皆界海。纵一百五十

里，横一百四十里。

村屯总七百五十六，分领以九十四区。在盖州者六十四：曰龙王，城西三里曰西套，城西南二十二里曰望海，城西南三十里曰转山，城西南二十五里曰黄石，城西南十里曰二台，城西南十二里曰榆林，城西南十八里曰何家，城南十六里曰龙湾，城东南十里曰毡帽，城东南四十里曰石佛，城东北二十五里曰宝山，城东北十八里曰八岭，城东八里曰河北，城东南五里曰双顶，城北三里曰青石，城北十五里曰王母，城西北十里曰海山，城西北十里曰昌平，城北二十五里曰康平，城西北三十五里曰太平，城西北五十五里曰永平，城西北六十里曰和平，城西北六十五里曰正平，城西北七十里曰牛山，城东北四十里曰北岳，城北六十里曰公正，城东北三十五里曰公平，城东北四十里曰公和，城东北五十里曰公直，城北五十五里曰公明，城东北四十里曰汤池，城东北六十里曰接官，城东北八十里曰虎山，城东八十里曰白羊，城东南七十五里曰石门，城东七十里曰榜式，城东四十里曰仁和，城东北五十五里曰忠义，城东南二十五里曰忠民，城东南五十里曰忠慎，城东南六十里曰忠良，城东南八十里曰忠宝，城东南九十三里曰忠勤，城东南九十里曰忠德，城东南八十五里曰忠孝，城东南六十五里曰忠贞，城东南五十五里曰忠信，城东南五十二里曰忠节，城东南十五里曰忠悌，城东南五十八里曰忠正，城东南五十二里曰忠烈，城东南六十五里曰忠诚，城东南六十里曰忠敬，城东南七十六里曰忠懿，城东南八十二里曰忠庆，城东南九十里曰忠仁，城东南九十二里曰忠顺，城东南九十五里曰忠道，城东南一百里曰忠实，城东南一百零五里曰忠恕，城东南一百十五里曰盘山，城东北七十里曰秀才。城东北七十五里在熊岳者二十四：曰熊岳，城西南六十里曰盐厂，城西南三十五里曰柏林，城西南四十五里曰万兴，城西南四十五里曰万福，城西南五十五里曰沙冈，城西南三十里曰前安平，城西南三十五里曰南馒首，城西南五十里曰北馒首，城西南四十五里曰白云，城西南六十里曰五道，城南七十五里曰东坟山，城南四十里曰西坟山，城西南四十里曰鲍家，城南七十里曰三岔，城南一百里曰瓦房，城西南一百十五里曰三道，城西南一百里曰砬子，城西南九十里曰归州，城西南十五里曰南骆驼，城西南八十五里曰北骆驼，城南六十三里曰南头台，城西南七十五里曰北头台，城西南六十五里余六区，属城社。

其险要有青石岭、城北七里，旧关，今废。连云岵、即连云岛。城西十五里，旧关，今废。牛家屯、牛庄、驻巡防队，商埠。熊岳、驻前路巡防队步队第三营，城西南六十里，有车站。营口、城西北七十里，同治五年十月庚子设分巡奉锦山海兵备道，十一月癸未设营口海防同知，皆驻营口。宣统元年，更名锦新营口道。沙冈台、城西南三十里大蓝旗、城西南五十里关家屯、城西三十五里桃花帐水口、下皆海口，自北而南。二道沟口、淤泥河口、连云岛水口、盖州河口、蜗头河口、熊岳河口、浮渡河口、许家屯南接复州方家岭站，下皆车站。九寨、许家屯北，其北为熊岳。卢家屯、熊岳北沙冈、卢家屯北，其北为盖平站。太平山、盖平北大石桥山。太平山北，又北接海城分水站。按，营口今设直隶厅，详后。

其邮驿道路有铁路一、东三省铁路北自大石桥入境，南至瓦房店出境，计一百六十里。电线、依铁路设旧设铺司四、一城内。一大石桥城北六十里，接海城。一、熊岳城南六十里。一、没沟营城西北七十里。马拨一，东关外官商路四、一由县南关至李官村赴复州，一由县北关至大石桥赴海城，一由县东关至兰姑岭赴岫岩，一由县西关赴营口。邮政局三、一本城、一大石桥、一熊岳。文报局驻营口，接递山海关道、营口厅、境内衙署局所与各处往来公文。

山之著者：凤凰山、城南十二里哈达岭、城东一百里，清河发源。棉羊山、城东六十五里，县东南诸山皆发脉于此。灶突山、城东南二十里，极其高峻。雁窝山、城东南三十里，上有高丽城。赤山、城东九十里布露山、城东南一百四十里，毕利河发源。鸡冠山、城东南一百五十里，沙河发源。伴仙山、城西南十五里火石山、城西南五十五里，冷水河发源。花儿山、城东北三十里猫儿岭、城东一百六十里，盖、岫以此岭分界。万家岭、城南一百二十里，浮渡河发源。蜗马岭、城东南五十里官帽山、即双顶山城东北三里。郄草峪、城东一百一十里三岔岭。城南四十里，熊岳河发源。

水之著者：毕里河、亦曰碧流河。导源县东南猫儿岭西流经蒋家屯北，高家崴水北来注之。又西经靠山屯北、芹菜沟南，又西南经十间房南，四盘岭水左合孟家屯水北来注之。又西经王家屯南，洼子岭水西来注之。迤南流至佘家屯东入复州境。高家崴水、导源县东高家崴南，西南流经富家堡、金厂沟、王家崴，东至蒋家屯西南入毕里河。盖州河、亦曰南清河。导源县东北哈达岭南麓，西北流经接官厅北折，西南流经周家庄北，又西南经木沟峪东，错草沟水东来注之。迤西经木沟峪南，七盘岭水北来注之。又西经小房身北，瓦房沟水东北来注之。又西经高家屯北，色力沟水东北来注之。又西南经赶马河、小千马岭、红旗堡北，望儿沟水东来注之。又西南经小八岭铁塔南，塔子山水南来注之。又西经城南折西北，经城西南，一水北来注之。又西经龙王庙北，一水南来注之。又西至胡家屯、庙山北入海。错草沟水、导源县东北错草沟西北，西流经白草峪、芹菜沟北，又西南至全家坟北入盖州河。色力沟水、导源县东北色力沟，西南流左合一水。又西经盘山寨、车家堡南折，西北经三道岭南，又折西南经英守沟东迤南，经下汤池东，又西南入盖州河。望儿沟水、导源县东望儿沟北，西流经龙王庙北，一水南来注之。又西经方家屯北，红旗堡南，一水南来注之。又西北经大阳关南入盖州河。红旗厂河、导源县北红旗厂东南，又西经连云岛东入海。淤泥河，导源县北官帽山，南北二源：北源西流经大石桥南、桥头堡北，与南源汇。又西南经杨家屯、坡桥北，又西南经红旗厂、黄旗厂南，又西入海。蜗头河、导源县南蜗马岭，西流经靠山寨南、董家屯、黄家堡北，一水东来注之。又西北至望海寨西入海。熊岳河、导源县南三岔岭，西南流经头道沟北，花红沟水北来注之。又西经北七道河，一水东南来注之。又西南经徐家屯北，折西北经狐狸沟南，又西迤南经背水森北，又西经熊岳城南，又西至好房村南，兔儿岛东入海。浮渡河、导源县西南马古峪，西流经城子沟、孟家背南，又西经龙门汤龙口南，其南岸为复州境，又西北一水东来注之。又西北经五美房东，一水东来注之。又西北，至龙脖西南入海。二道沟水。在县北，连云岛之北，导源县北二道沟南，又西经盐汤北入海。

其田，民地一十六万八千八百零五亩九分九厘五毫一丝。

其矿，金、神树山、湾甸子、西大林子、滩洲堡子均未办银、神树山、黑瞎子沟均未办锡、黑瞎子沟未办铅、黄安口、北岔、黑瞎子沟均未办煤在城东北三十里神树山即花儿山。

其产，森林、十八万四千余株鱼、沿河一带丝、一千六百余万两盐二三十万石，一千二十石石座滩。

其户，六万八千六百九十一，口四十一万六千九百六十八。

衙署六知县一、训导一、典史一、城守尉一，又熊岳、牛庄防守尉各一。

局所二十三巡警总局一、分局十、税总局十二。

学堂一百五十八师范一，余皆小学。

祠庙寺观二百七十有四、教堂十一基督三、天主八。

盖平城守东至魏家大岭一百五里岫岩界，西至连云岛十五里海界，南至鸣珂岭三十里熊岳界，北至金长岭七十里牛庄界，东南至蛤什蚂岭九十一里岫岩界，西南至望海寨三十里熊岳界，东北至白土岭一百里牛庄界，西北至青堆子七十里牛庄界。所辖旗地四十七万三千四百八十六亩零二厘。

牛庄城守东至猪窝岭九十里辽阳城守界，西至八王庙九十里广宁城守界，南至金长岭六十里盖平城守界，北至高丽房身七十里广宁城守界，东南至康家岭一百里岫岩界，西南至海一百里，东北至山八十里辽阳城守界，西北至三家子七十里广宁城守界，东北至盛京城二百四十里。所辖旗地八十二万九千二百一十六亩八分七厘二毫。

熊岳城守东至毕利河一百二十里岫岩界，西至兔儿岛二十里海界，南至永宁监六十里复州城守界，北至鸣珂岭三十里盖平城守界，东南至归化堡一百余里金州城守界，西南至五十寨五十余里海界，东北至石道口四十余里盖平城守界，西北至深井子三十余里海界，北至盛京城四百二十里。所辖旗地三十八万九千七百五十九亩四分五厘七毫。

辽中县，府西南一百四十里，光绪三十二年七月分新民、辽阳、海城地，设治阿司牛录镇。三十二年七月十二日盛京将军赵尔巽奏，阿司牛录镇系辽阳州属境地，居辽河之中，与新民府接壤，犬牙相错。附近各处均距治所较远，为教化所不及，以致民情顽梗，盗匪潜踪，良善商民，多被扰害。宜添设知县一员，名曰辽中县。划新民、辽阳、海城三处地段，并归管辖。奉朱批，著照所请。三十三年七月，隶府。三十三年四月赵尔巽奏，辽中县知县定为繁难题要缺，加理事同知衔，隶奉天府管辖。七月，吏部会议准行。

县治当辽河之东，蒲河之西，城周六里。门三，巡防队前路马队第四营驻之。

其疆域，东承德至王秀台七十里接承德界南海城，南至红旗养子一百一十里接海城界西与西南皆镇安，西至柳树坨七十里，西南至新发屯九十五里，皆接镇安界。北与东北、西北皆新民，北至徐窝棚六十里，东北至李窝棚八十里，西北至韭菜冈子六十里，皆接新民界。东南辽阳东至魏窝棚五十里接辽阳界纵一百五十里，横一百三十里。

村屯总一千有二，分领以二十九区。东路分区七：曰化家窝棚，城南二十里村屯三十。曰小北河，城东二十五里村屯五十。曰萧寨门，城东南三十里村屯十五。曰茨榆坨，城东四十五里村屯十。曰小莲花泡，城东北三十里村屯二十三。曰四方台，城东北三十五里村屯十八。曰长滩，城东六十里村屯十四。南路分区八：曰达都牛录，城西南四十里村屯三十八。曰田家坨子，城南三十五里村屯四十五。曰淤泥庙，城东南三十里村屯五十五。曰戴家屯，城南六十里村屯七十三。曰高力房，城南七十里村屯四十七。曰新开河，城西南七十里村屯三十七。曰双岔子，城西南一百里村屯三十。曰大黄沙坨，城南一百里村屯六十三。西路分区七：曰卡力马，城西十五里村屯二十二。曰八家子，城西二十五里村屯二十八。曰瓜茄冈，城西四十里村屯三十八。曰西佛牛录，城西四十里村屯二十八。曰獾子洞，城西五十里村屯四十九。曰八角台，城西南七十里村屯二十七。曰西桓洞，城西九十里村屯四十。北路分区七：曰腰冈，城北二十里村屯三十六。曰满都户，城西北二十九里村屯三十六。曰老达房，城西四十里村屯七十。曰冷子堡，城西北五十里村屯二十三。曰于家台，城东北四十里村屯十六。曰杨士冈，城东北五十里村屯十七。曰小新民屯，城东北六十里村屯十五。

其险要为西佛牛录、城西四十里，驻前路第四营中哨。田家坨子、分驻左哨达都牛录、城西南四十里，分驻左哨。八角台。分驻右哨

其邮驿道路，官商路五、一由县东渡蒲河至七台子赴辽阳，一由县东北吴屯至张驿站赴承德，一由县北邢窝棚至老达房经曹窝棚赴新民，一由县南马四家至红旗子赴牛庄，一由县西南小龙湾至转湾台赴营口。

山之著者：四方台、县东狚虎岭县东。

水之著者：辽河、在县西，自新民府合巨流河，至县治西北六十里之小榆树子入境。迤南经老达房、满都户、卡力马西，又南经瓜茄冈、獾子洞东，又南经达都牛录分防东，又东南经田家坨子西，折西南经高力房南，折而西北经长兴堡南，又西南经沙坨子、小张窝棚东，三狼洞西，减河出焉。又西南经二十里铺西，孟窝棚东，又南至叽拉子村西入盘山境。分辽水、首受辽水自三狼洞西，流经何窝棚南、冷窝棚北，又西南经八家子北、三台子南，挟柳河枝流入盘山境。光绪丁酉举人刘春烺，因辽河下流水患，呈开。柳河、在县西，由镇安流至县西北老达房西北入境。南流经灰山西、高家佃房西，折而西南至牛心坨西，迤南而东，又东南至前老虎冈子西，复东南经长冈子、红旗堡东，折西经西佛牛录东，枝津西出，经南冈子北、长沟子南，汇饶阳枝渠。又南经达都牛录西，又南经三家子西，一水自东北注之。又南经新开河东，又西南经河湾子、孙坨子东站北，又西南经马甸子南，饶阳枝渠自北注之。又西南经双岔子西入分辽水。饶阳枝渠、自镇安南流入境，经东獾子洞东，又东南经前拉拉河子东，汇柳河枝津折而南，经八角台南，又西南经四棵树东，折东南经路窝棚、马甸子西，又南入柳河。浑河、在县东南，由承德洪河铺、下铺迤西，南至县治东北，自王秀台入境，经长滩北合细河。迤西南至七台子东，折而西经妈妈街南，又南经小北河西，迤逦而南，至索家桥东，蒲河自北注之。又南经黄土坎西、戴家房东，又南经左窝棚、长冈子东，入海城境。细河、由承德至县东北，北三台入境，西南经细河沿、大吭拉堡子西，迤南经土台子西、黄腊坨东入浑河。蒲河、在县东，由承德西流至县北德兴堡西入境，又南经冷水堡东，一水自东注之。又南分二派：绕滕邵窝棚诸村之东，西至大黄旗村西汇为一。又南经达子营西、县治东，迤而东南经化家窝堡东，又东南至索家桥东，又南入浑河。

太子河。由辽阳西南流至县东后河南入境，西南经破堡子、魏窝棚、小林子、大门坎诸村北，其南岸皆辽阳境。又西至小北河南，枝津北出，经高台子北、窝棚东北入浑河。正派自小北河之南，迤西南流经东林子南、背河东迤西，经巴林子南，又西南经浦河口东，又南经老贝河、新月河东，入海城境。

其田，民地八万三千二百七十七亩四分六厘五毫。

其产，鱼。

其户，七万三千三百二十，口三十一万六千六百七十五。

衙署二知县一、达都牛录分防县丞一。光绪三十三年四月盛京将军赵尔巽奏建。本溪、法库、锦西、庄河，建署年月同。

局所二巡警总局一、税捐局一。

学堂十五女小学一，余皆小学。

祠庙寺观十有六、教堂二基督一、天主一。

其分防有达都牛录县丞。光绪三十三年三月八日盛京将军赵尔巽奏，辽中县属之达都牛录，本系新民府旧治。自划归辽中，该处绅民仍以相距县治尚形窎远为辞，应添设县丞一员，名曰辽中县达都牛录分防县丞。凡达都牛录附近一带之毗连新民府辖境拨归辽中各村屯，均作该县丞分防汛地，定为要缺。在县西南四十里，辽河之西。

本溪县，府东南一百二十里，光绪三十二年分辽阳州、兴京、凤凰地设县，治本溪湖。阁钞光绪三十二年十月二十八日盛京将军赵尔巽奏，辽阳州属本溪湖附近一带，毗连兴京、凤凰，万山重叠，路径纷歧，为盗贼渊薮。应另设知县一，划辽阳、兴、凤三州厅地，并归管辖，名曰本溪县。三十三年七月，隶府。阁钞三十三年四月赵尔巽奏以县隶奉天府。七月，吏部议准。

县治当太子河北，安奉铁路东。街二：东西街一，南北街一。巷九：南北巷四，东西巷五。有火车站。

其疆域，东怀仁，至平井子一百九十里接怀仁界南凤凰，至翟家沟一百五十里接凤凰厅界西与西北皆辽阳，西至郑家屯二十里，西北至大高岭一百二十里，皆接辽阳界。北承德，至张起寨五十里接承德界东南宽甸，至碱厂二百二十里接宽甸界东北兴京，至湾柳河一百二十里接兴京纵二百里，广二百一十五里。

村屯总一百七十有五，分领之以十区。东路村屯五十一，分区三：曰林家堡子，县南一百里曰田师夫沟，县东一百三十里曰碱厂。县东南二百二十里南路村屯四十一，分区三：曰赛马集，县南一百八十里曰下马塘，县东南九十里曰白水寺。县东南一百里西路村屯四十三，分区二：曰牛心台，县西南三十里曰白云寨。县西南四十里北路村屯三十六，分区二：曰望城冈，县东北一百二十里曰边牛堡。县西北四十里

其险要为连山关，县东南一百三十里，南接凤凰草河口站。其北为下马塘站。南坟、下马塘北，县东南六十里。桥头、南坟北本溪、桥头北火连寨、本溪湖北石桥子、火连寨站北，其北接承德、姚千户屯站。高力营、县北六十里碱厂门、县东南二百二十里摩天岭县南。

其邮驿道路有铁路一、安奉铁路由县北边牛堡起，至连山关出境，入凤凰境。旧设驿一、自辽阳甜水站东南至县境连山关驿五十里，又南接凤凰厅通远堡驿。官商路六、一由县东崔家沟至碱厂边门赴怀仁，一由县南唐家堡至赛马集赴凤凰，一由县西蔡家屯至郑家屯赴辽阳，一由县北火连寨至张起寨赴抚顺，一由县南陈家堡至翟家堡赴凤凰，一由县东北卧龙村至柳河赴兴京。

山之著者：铁义山、县东南一百五十里烟筒砬子山、县东南一百八十里东分水岭、县东南一百二十里摩天岭、县南一百八十里八盘岭、县东连州岭、县东南背家岭、县东南土门岭、县北，其东北瞪眼岭，又东北盘道岭，最东北丈岭，其南千合岭、榛子岭。朝鲜岭、县西北，其南王高玉岭、南大岭。老官岭。县西南，又南小高岭，沿县边境而南曰摩天岭、新开岭、拉花岭、白云岭，折东为车头岭、磨子岭，稍东为白豪岭、于家岭。按：摩天岭为全省东南重险，已见前。

水之著者：太子河、自兴京西流入境。北流，右合蓝河，又北左合南营水。折西北经蓝河峪东，又西经南羊冈北，一水自北注之。又西北经清河城西，左合一水。又西北经高力营子偏岭南，折西南经红脸沟西、三家子东，清河东北来注之。又西经威宁营南，土门岭水东来注之。折南流经卧龙村西，又东南经姚家沟村西，折西北经县治南，绕铁路而西至郑家屯入辽阳境。清河、导源县东北千合岭，南流经湾柳河村西，又西南经三家子南，进边寺水东南来注。又西南至望城冈南、清河城北入太子河。背家岭水、导源县东南背家岭北麓，北流经韭菜峪东，一水南流注之。又西北经连州岭北、三关阁南，沙金沟水西来注之。又西北经张堡东、小市西，又西北至红脸沟南入太子河。土门岭水、导源县北高家堡东，流经土门岭南，又东南经大岭堡南、威宁营北入太子河。万流河、导源县西南车头岭北麓，东北流经中万两河村北，右合拉花岭水。又东北经下万两村西北，左合下万两河。又东北经榛搥岭子西，左合分水岭水。又东北经连山关西，

摩天岭水西来注之。又北经下马塘西，左右各合一水。又北经詹家堡西，左右各合一水。又北经石河寨口西，金坑堡水东南来注之。折西北，至宁家西北入辽阳境。摩天岭水、导源县西南摩天岭东北，流经新开岭北，又东北经滴堡子南，又东至细河沿北入万流河。草河、导源县东南背家岭南麓，西南流经草河城东南，左合一水。折东南左合一水，入凤凰厅境。赛马集河。导源县东南分水岭西麓，左右各合一水。西流经赛马集河村南，乾沟子村水南流注之。又西入凤凰境。

其田，民地三千一百七十一亩四分。新垦地，三万三千五十亩零四分七厘。

其矿，金、连山关、平山沟、草河掌、杉松河、错草峪、黄柏峪、崴子、杨木沟、山咀子、铺石河、水洞沟、三道沟、四道沟、干沟子、套岫峪、艾家堡、沟门子、瓦房、四棵杨树、四方台子、岔路子、塔沟、下马塘、李家沟子、花家堡、石哈寨、万两河、炭厂，皆未办。银、连山关、大峪沟。铜、石湖沟、大黄柏峪、赵家堡子、水洞沟、四道沟、崔家沟、宣家岭、分水岭、小河背、郑家大沟，皆未办。铁、卧龙村沟里、迷岔台沟、田师傅沟、庙沟、梨园沟、歪头、平山沟、小河口、大峪沟、蘑子峪、小夹河子、碱厂西北大沟、高力营子、财神庙后沟，皆未办。煤、已办者，王甘沟、本湖湖、赛马集、红脸沟、西洼子、柳树排子、梨树沟、赛马集东、黄柏峪、梨树沟山北半坡、红脸沟前尖、庙子沟、瑶之峪。其未办者，汤沟、小市、偏岭子、老瓜砬子。石棉、白水寺、下马塘、分水岭。磺崔家房、官马甸子、四棵杨树、石哈寨、大黄柏峪、冯家堡子。

其产，人参、药材。

其户，二万五千八百三十有三，口一十九万五千二百八十九。

衙署二县署一、赛马集巡检一。

局所二巡警总局一、税捐分卡一。

学堂三师范一、小学二。

祠庙寺观八十有八、教堂一基督。

其分防有赛马集巡检。光绪三年七月署盛京将军崇厚等奏，凤凰厅同知虽在边内，而自理地面至赛马集有二百里之遥，向有马贼出没，拟于该处添设巡检一员。寻议行。三十二年，划隶今县。

金州厅，府西南七百二十里，明金州卫。国朝雍正十二年设宁海县，道光二十三年升为金州厅海防同知。光绪二十三年，约为商埠。道光二十三年六月四日吏部奏，奉天宁海县知县等缺，改为金州海防同知。奉旨，依议。

厅治当南关岭东北，凤凰山西南。

其疆域，东西南北皆海。东至盐场七十二里，西至金州湾三里，南至柳树屯二十里，北至七顶山三十五里，皆界海。东北岫岩，至碧璃河一百八十里，接岫岩界。西南、东南、西北皆海，西南至旅顺口一百二十里，东南至鲇鱼湾六十里，西北至荞麦山三十里，皆界海。纵四十五里，横八十里。

村屯总四百三十，在厅东者九，首曰于家屯。在南者二，首曰柳树屯。在北者一，首曰三里庄。在东南者三十六，首曰九里庄。在西南者一百一十六，首曰苏家屯。在东北者二百六十，首曰左门口。在西北者六，首曰徐家屯。

其险要有小平岛、厅西南八十里水师营、厅西南一百一十里三官庙、海口自东北而西南为北路，下皆海口。李家店、钓鱼台、三道湾、宫家屯、干岛、石灰窑、苏家屯、黄龙尾、过岛、北潮口、王家屯、九头山、双坨、羊头洼、长嘴、西嘴、自西南而东北为南路旅顺口、夹邦嘴、大坨、老虎滩、棒槌岛、沙河、棉花岛、大连湾、有税关和尚岛、三山岛、鲇鱼尾、三辆车、细腰子、虎沟、金厂、貔子窝、夹心子、归服堡、北接岫岩界大连、车站臭水子南，下皆车站。臭水子、大连北南关岭、臭水子北大房身、南关岭北，其北为金州站。二十里台、金州北三十里堡、二十里台北石河、三十里堡北普兰店。石河北，又北接复州田家站。

其邮驿道路有铁路一、东三省铁路南自大连起，北自普兰店出境。电线、依铁路设旧设铺司二、一在城内，一在城北六十里石河驿。

山之著者：凤凰山、厅东南十里城子山、厅东南九十里哈仙岛、厅东北一百五十里大长山岛、厅东北一百六十里小长山岛、厅东北一百七十里三山岛、厅东南七十里小平岛、见前金龙寺山、厅西南七十五里七顶山、厅西北三十里龙凤山、厅西北四十里龙王庙山、厅西北七里龙口山、厅东北四十五里棉花岛、厅西南二十五里虎山。厅西北三十里

水之著者：毕里河、自复州东南流，合吊桥河水入境，南流经归服堡东入海。赞子河、导源复州南，流经赵家屯入境南流，一水自东北来汇。迤东南流二十余里，经夹心子西入海。清水河、自复州东南流经太平庄东入境，南流迤东三十余里，经红嘴城西、赵平房东入海。大沙河、自复州东南流至李家屯入境，南流迤东、韭菜园北，又东南流经拉石嘴、花房东北，二水自东北来注。折南流入海。行境内六十余里。澄沙河。导源厅东北小黑山，东南流三十余里，至城子山东入海。

其田，民地七万七千一百一亩七分。

其产，盐。

其矿，铁、铁山岛煤袁家屯。

其户，五万六百有五，口三十五万三千五百二十六。

衙署四海防同知一、训导一、巡检一、副都统一，今寄治承德县。

局所

学堂六日本南金书院一、公学堂五：旅顺、三间堡、大连、小平岛、貔子口。

祠庙寺观

租界州城有日本民政署、旅顺有日本关东都督府、民政署、高等法院、地方法院、大连湾有日本民政署、邮电局、普兰店、貔子窝皆有日本民政支署。

法库门厅，明初三万卫地。国朝天命四年六月丁卯克明三万卫，寻以喀喇沁部人垦法库山。康熙元年设法库边门。按：东华录，天命四年七月丙午克明铁岭，是夜喀尔喀部介赛等引兵万余驰至。众贝勒率兵奋击，擒介赛及札鲁特部巴克色本、科尔沁部贝勒明安子桑阿尔寨。天命六年，沈阳已拔，喀尔喀部所属二千余骑掠沈阳财粟。柳边纪略，辽河套在开原西北，旧显州城下。水甘土厚，平地万顷。嘉、隆间为福余卫头目所据。天命四年既擒介赛贝勒，喀尔喀举部北徙，此地遂成瓯脱。以此考之，则厅境及康平、辽源皆明末喀尔喀部地。光绪三十二年分新民府、开原、铁岭、康平三县地，设抚民同知，治法库门。阁钞光绪三十二年七月十二日盛京将军赵尔巽奏，法库门系开原县属境，距县一百十里，东北通吉林，正北邻蒙部。人烟辐辏，行旅络绎，转瞬商埠一开，华洋错处，交涉繁难，均须随机立应。原设知县，有鞭长莫及之虞，应添设抚民同知一员，名曰法库门抚民同知。划开原及康平、铁岭地方并归管辖，以资控驭。奉朱批，著照所请，吏部知道。又光绪三十一年十一月，约为商埠。三十三年七月，隶驿巡道，今属行省。三十三年七月，吏部议准，法库门抚民同知为冲繁难题要缺，兼理事衔，隶奉天驿巡道。按驿巡道是年十一月裁，今直隶行省。

厅治当辽河之北，沙河之东，柳条边，分东西南北门四，北仍边门，东西南皆因民房筑垒，以木栅为门。省西北百六十里，西南距京师一千五百四十里。

其疆域，东开原，至六家子辽河右岸四十接开原界南铁岭，至草根泡辽河右岸七十里接铁岭界西彰武，至十家子一百五里接彰武界北康平，至张家店村二十五里接康平界东北昌图，至神树子百四十里接昌图界西南新民，至登仕堡七十里接新民界西北科尔沁左翼前宾图郡王旗，至九头山百五十里接宾图郡王旗界纵一百六十五里，横八十里。

村屯总四百四十有九，分领以七局二十四区。厅街巡警总局领附近村屯二十二。南路巡警分局驻登仕堡子，城南七十里领村屯十三，分区二：曰大双台子，城南三十五里村屯三十二。曰丁家房身，城南五十里村屯九。东南路巡警分局驻大孤家子，城东南五十里村屯十七，分区六：曰牛其堡，城东南四十里村屯十。曰东拉马河子，城东南六十里村屯十三。曰依素牛录堡子，城东南六十五里村屯十五。曰前户庄台，城东南二十五里村屯十七。曰务名屯，城东南五里村屯十。曰三面船，城东南八十里村屯一。西南路巡警分局驻叶茂台，城西南九十里村屯十三，分区五：曰秀水河，城西南六十里村屯四。曰二台子，城西南四十里村屯六。曰阎家荒地，城西南八十里村屯十八。曰姜家窝堡，城西南五十五里村屯十。曰獾子洞，城西南八十里村屯十九。北路巡警分局驻孤树子，城北十五里村屯二十二。分区四：曰汪家沟，城北二十里村屯九。曰赵家窝堡，城北三十里村屯十九。曰东大房身，城北三十里村屯二十五。曰红砂地，城北三十里村屯八十四。东北路巡警分局驻调兵山，城东北二十五里村屯十七，分区三：曰早间房，城东北二十里村屯十九。曰大明安碑，城东北四十里村屯十二。曰关家屯，城东北四十里村屯七十九。西北路巡警分局驻五台子，城西北二十里村屯十三，分区三：曰双台子，城西北四十里村屯八。曰李家窝堡，城西北七十五里村屯二十三。曰董家窝堡，城西北七十里村屯六十七。

其险要为秀水河、有统捐、督销二分卡。三面船、辽河渡口有统捐、督销二分卡。里数见前。

其邮驿道路有电线二、一由厅东北三合屯入境，经关家屯、黄花山、凤岐堡诸村至城内东街。一由内城东街，经厅北赵家窝堡、大房身两村之间，北至刘家窝堡入辽源州境。计长七十三里。邮政局一、官商路七、一由厅东蛇山沟至郭家店渡辽河赴开原，一由厅东南调兵山至狮子峪赴铁岭，一由厅南长山沟至下马头赴铁岭，一由厅西四台子至登仕堡赴新民，一由厅西北新城堡至索家窝堡赴康平，达彰武。一由厅北桃儿山至马奇沟赴康平，达吉林。一由厅东北齐家店至公主屯赴昌图，达吉林长春。

山之著者：城子山、厅东南三十里望宝山、厅东三十里喇嘛山、厅南三十里朝阳洞、厅西南六十里四架山、厅西南一百十里八处山。厅西北三十里

水之著者：辽河、自昌图府小塔子西南流入境，经神树子屯南流至王家窝堡，共行五十三里入铁岭境，又至铁岭折西入境，又南经祝家堡、草根泡至三面船入新民境。共行三十五里。小河、厅东南十五里，导源边外庙山，南流经四台子礼贝堡，又南

至孤家子，有二源，一自康平南流入境，经公主陵、五台子、户庄台、熊家峒至后孤家子。二源合一，过喇嘛河，至周家窝堡东南入辽河。行七十余里。秀水河、由彰武东南流入境，经厅西庄家窝堡，至砚城店，一水自西来注。经朝阳坡至二道沟，行五十余里入新民境。沙河。导源厅东南山小房身，经孟家堡东南，绕厅城西至团山子，合小河西入辽河。流三十余里。

其田，民地四万六千三百二十二亩二厘。

其矿，煤崔家沟达连屯帽山。

其户，三万六千四百六十有三，口二十四万一千有三十六。

衙署二同知一、防御一。

局所三十三巡警总局一、分局六、分区二十四、督销局一、统捐局一。

学堂五十皆小学。

祠庙寺观六十有二、教堂二基督一、天主一。

商埠有日本领事馆出张所。

奉天郡邑志卷二

锦州府　锦县　锦西厅　盘山厅　义州　宁远州　广宁县　绥中县

新民府　镇安县　彰武县

营口厅

锦州府，明广宁中屯卫等卫、所地。按明广宁中屯、左右屯三卫，大凌河所，小凌河所，今锦县地。广宁中屯卫西境之红螺山，宁远卫之连山驿附近城堡，今锦西厅地。广宁卫之盘山驿附近城堡，今盘山厅地。义州、广宁后屯二卫，今义州地。宁远卫及沙河所，今宁远州地。广宁卫及中、左、右三卫，今广宁县地。广宁前屯卫中后所、中前所，今绥中县地。国朝天命七年正月庚申克广宁，是月克义州。崇德七年三月已卯克锦州。按：自天命十一年后，屡用师锦州。崇德五年曾置戍，寻废。至七年三月始得之。顺治元年三月下宁远，八月丁巳以稜木拜为锦州城守官，蒙格为宁远城守官，爱阳阿为义州城守官。康熙元年七月改锦州为锦县，隶奉天府，暂管宁远。东华录：顺治十八年十二月壬子，奉天府府尹张尚贤奏河西、锦州、广宁、宁远地方，有佐领一员协管，或属永平，或属奉天。其间流民甚多，入籍甚少，应改为州县，收募为民。流徙人犯无力者，应准招民赎罪，立为京县，实万年根本之图。下部议。康熙元年七月壬辰改锦州为锦县，隶奉天府。其宁远县人民暂归锦县管理。三年六月甲午改广宁为府，设广宁县、宁远州并锦县，属广宁府。十二月改广宁府为广宁县，于锦县置锦州府，仍领宁远一州，锦、广宁二县。雍正十一年七月设义州隶之，光绪二十八年六月设绥中县隶之。二十八年六月十五日盛京将军增祺等奏准，宁远州中后所新设之绥中县仍隶锦州府。三十二年七月设江家屯厅，九月改名锦西，十月设盘山厅。三十三年四月以锦西厅、盘山厅来隶。三十三年四月盛京将军赵尔巽奏，盘山厅、锦西厅均归锦州府兼辖。今领厅二、州二、县三。

府治当大凌河之北，京奉铁路之东，城周五里一百二十步。乾隆四十三年修，门四。西关有车站、税卡。驻巡防队左路步队第二营中哨。省西南四百九十里，西南至京师一千有十里，北至九官台门一百二十里热河朝阳界，南至海口五十里海界，东至平安桥二百里新民府镇安县界，西至苇子沟边九十里热河朝阳界，东南至大凌河口一百五十里海界，西南至红墙子三百四十里直隶临榆县界，东北至羊肠河二百二十里镇安县界，西北至松岭子门九十里热河朝阳界。府城东附小城，周二里。

锦州城守东至刘三厂九十里广宁城守界，西至栅子岭一百四十里山海关城守界，南至汤家台五十里海界，北至齐家堡四十五里义州城守界，东南至蔡河沟一百里广宁城守界，西南至红土墙三百里山海关城守界，东北至四方台八十里广宁城守界，西北至杜岭子九十里蒙古界。所辖旗地一百一十一万二千四百四十一亩一分九厘六毫，又辖大凌河五十二万一千九百七十五亩五厘六毫三忽。

锦县附府，省西南四百九十里，康熙元年七月壬辰改锦州为锦县，设知县、典史各一，隶奉天府。三年六月甲午改隶广宁府，十二月壬午改隶今府。以县附。

县治与府治同。

其疆域，东广宁，至头台子一百五里接广宁界西与西南皆锦西，西至汤河子二十五里，西南至连山八十里，皆接锦西。北与东北、西北皆义州，北至齐家堡四十五里，东北至迎仙铺八十里，西北至孟家屯四十里，皆接义州。东南广宁，至白马沟八十里接广宁界南濒海，四十里纵八十五里，横一百三十里。

村屯总八百，领之以十九区。东十四区：曰双羊店，县东二十里曰大凌河，县东四十里曰上老波店，县东六十里曰石山站，县东七十里曰高峰，县东九十里曰望山堡，县东九十里曰三台子，县东一百里曰大姚台子，县东九十里曰安家屯，县东一百里曰郭家屯，县东一百二十里曰右屯卫、县东七十里曰凌河堡，县东四十里，在大凌河区南十八里。曰丰乐镇，县东南十八里曰夹信子。县东七十里南六区：曰蚂蚁屯，县南三十里曰杏山，县南三十里曰鸭子厂，县南三十里曰天桥厂，县南五十里曰马蹄沟，县南三十里曰松山。县南十五里西三区：曰新民屯，县西十里曰宋家沟，县西二十五里曰板石沟。县西三十里北六区：曰蔡家厂，县北二十里曰流水堡，县北二十里曰薛家屯，县北十八里曰雉鸡屯，县北二十五里曰叶家堡，县北三十五里曰王善屯。县北五十里

其险要为松山、县南十八里杏山、见前下五旗、四甬牌、八家子、羊甬子、上坎子、台子屯、郭家屯、天桥厂、右屯卫、税卡余积堡、税卡小凌河口、四海口、庄口、周柳河口、县东南大凌河口、金城所河口、葫芦岛、对周柳河羊圈子、东接广宁沟帮子站石山站、羊圈子西税卡大凌河、石山站西税卡双羊店、大凌河西，又西为锦州车站。女儿河。东接锦州

其邮驿道路有铁路一、京奉铁路自锦西连山东入境，至县东羊圈子站入广宁境，长一百一十里。电线三、一、京奉电线依铁路设，一、锦义电线由县城至齐家堡，一、锦新电线由石山站起，至闾阳驿。文报局、接递锦州府县、锦西厅、义州等境内衙署、局所与各处往来公文。邮政局二、一府城、一天桥厂。旧设驿三、东至广宁八十五里十三山站一、又五十里至小凌河站一、又五十四里至高桥站一。铺司五、东北路在城铺一、又四十里大凌河铺一、又四十里闾阳驿铺一、接广宁西南路，在城铺一、又五十里高桥铺一。官商路有四一由县东五里营至闾阳驿赴广宁，一由县北亮马山至齐家堡赴义州，一由县西南七里台至高桥赴锦西，一由县西马家洼至卧佛寺赴锦西厅。

山之著者：亮马山、县东北十里游家山、县东北三十五里莺歌山、县东北七十六里孙家山、县东北六十三里平顶山、县西北六十五里紫荆山、县东二十里，为府境山之主峰。十三山、县东七十五里卧龙山、县东南二十七里朝阳山、县东南三十五里寨儿山、县南九十里松山、县南十八里望海台山、县南三十五里红土山、县西南五十七里大小笔架山、县西南海中赖泽山、县西北十八里杏山、县南三十里二郎洞山、县北十五里嵯岈山。县东北四十五里

水之著者：大凌河、自义州高台堡南流入境，经小方堡东，又南经金城堡东，哈喇河自西北来注。又东南经金城所、姚家屯、石屯卫、光辉台、金家坟西，至大凌河口入海。县东四十里。小凌河、自义州松岭门东南流入境，又东南经梁家屯、李河沿、大牛屯北，迤北经五谷屯南，折东南经鸡冠山南、沙河营北，又东南经县治西，迤南又东经县治南，又东迤北经五里台南，女儿河自西南来注。又东南经大岭北，小哈喇河左合二

道河自北来注。又东迤南经水手营西，又南至龙王庙西小凌河口入海。县东十五里。连山河、自锦西厅沙河营东南流入境，经新立屯东，至老爷岭西入海。周柳河、导源盘道沟东南麓，又东南经塔山西，又南入海。高桥河、导源锦西厅小虹螺山东，流经柳匠沟南，又东南经高桥西，七里河自北注之。又南至天桥厂西入海。县西南四十七里。哈喇河、导源县东北半拉山，又东南，其北合八角台水。又东南经兴隆店南，又东南经哈喇河村北，一水自北来注之。又东南至金城所西入大凌河。县东北四十里。女儿河、自锦西厅东流至汤河入境，又东经五道岭、长山北入小凌河。县西十八里。小哈喇河、导源县西北哑叭台山东南，流经欢喜岭、老边堡南，又东南经达子营西、亮马山北，二道河自北注之。迤南经百官屯东、五里台西，又南入小凌河。县东北十二里。金城所河。导源县东金城所东南，经侯家屯西，又东南经右屯卫北，又东经金家屯、苏家坨南至龙王庙北入海。

其田，民地七十四万有三百九十亩六分二厘。

其矿，煤已办者为马鞍山。

其产，盐、六万一千余石二百三十四坐滩　石皮、鱼

其户，三万三千零六十有七，口十六万三千五百七十四

衙署六知府、知县、经历、典史、天桥厂巡检、协领。

局所十巡警总局一，税捐局、牛马税局各一分卡八，火车站，西关，天桥厂，右屯卫，大凌河，十三山站，余积堡。

学堂六中学一、商业一、初等女学一、小学三。

祠庙寺观八十有五、教堂三基督二、天主一。

其分防有天桥厂巡检。雍正盛京志雍正元年设。

锦西厅，府西九十五里，东北距省五百八十五里，光绪三十二年七月，分锦县西境地设江家屯抚民通判。三十三年七月十二日盛京将军赵尔巽奏，江家屯系锦县属境，距县九十五里，毗连直隶朝阳府境。沿边要隘，向为盗匪出没之区，特与县城远隔，此拿彼窜，习为逋逃，附近商民，多被其害。拟添设抚民通判一员，名曰江家屯抚民通判，划锦县以西各村庄并归管辖。奉朱批，著照所请。是年九月，改今厅名。九月一日赵尔巽奏三十三年七月，隶府。三十三年四月初六日赵尔巽奏，锦西厅抚民通判境接朝阳，缉捕紧要，请定为繁难题要缺，加理事衔，隶锦州府兼辖。七月吏部等议准。宣统元年三月二十七日东三省总督徐世昌奏，锦西厅本析锦县西境而设，地与热河之朝

阳接壤，设治之初，注重边防。地亩之多寡肥硗，未遑计及。锦县升科之地几二百万亩，锦西厅升科之地才三十余万。亩厅境大半硗埆，近来举办新政，竭蹶异常。拟割锦县西偏纵约六十里、横约十五里划归锦西。北自女儿河，中循铁路，南顺七里河以至海口，定为厅县新界。

厅治当女儿河之南，武家岭水之东，响水河之西，大虹螺山之西北。巡防队左路马队第一营分驻之。

其疆域，东锦县，东至新庄子六十五里锦县界东南海，至玉皇阁海界东北义州，至松岭子门九十里义州界北热河朝阳，至沙锅屯六十里朝阳界西热河建昌，至保安寺二十二里，又西新台门建昌界。南与西南皆宁远，南至老爷庙三十里，西南至黑鱼沟四十里，皆宁远界。纵九十里，横一百里，袤一百六十里。

村屯总百十有，分领以五区，二十五局。第一区为厅治。分局曰娘娘庙，厅东十五里曰龙王庙，厅西八里曰南老爷庙，厅南三十里曰保安寺。厅西南二十二里第二区在沙锅屯。附第一局，厅北偏东六十里。分局曰暖池塘，厅东北二十五里曰石佛寺，厅东北六十五里曰二佛庙子，东北六十里曰松岭子门。厅东北九十里第三区在虹螺岘。附第一局，厅东五十里。分局曰团山子，厅东十二里曰张相公屯，厅东三十里曰卧佛寺，厅东北六十里曰高台子。厅东七十五里第四区在高桥。附第一局，厅东南七十里。分局曰塔山，厅偏北东南六十五里曰大兴堡，厅东偏南七十五里曰新庄子。厅东六十五里第五区在连山。附第一局，厅东南六十里。分局曰寺儿堡，厅东南四十里曰福寿屯，厅东南四十里曰西堡子，厅东南四十里曰玉皇阁。厅东南七十里

其险要为大兴镇、虹螺岘北十五里杜家屯、虹螺岘西北二十五里新台门、厅西，与宁远分界。虹螺岘、西北三十里，驻左路巡防队第一营。女儿河、东接锦州车站高桥、厅东南三十里沙河营、锦县西南八十里，分驻左路巡防队第二营右哨。苇子沟、连山、高桥西，车站税卡，西接宁远站。暖池塘、厅北二十五里千总台、暖池塘东北十五里安昌县、暖池塘南十里团山子、暖池塘西十五里松树沟。虹螺岘北二十五里

其邮驿道路有铁路一、京奉铁路自宁远州老和尚屯入境，东北曰连山站，又东北曰高桥站，又东北至高台子西南之刘窝铺入锦县境。旧设铺司一、连山铺，西南接宁远。官商路、一自厅东老爷庙至高台子赴锦县，一自厅西周铁区屯至新台门赴建昌，一自厅东娘娘庙至松岭门赴义州。新文报局、邮政局。

山之著者：大虹螺山、小虹螺山、虹螺岘西南十八里窟窿山、望宝山、厅西武家岭、千家峪、骆驼山、双山、狮子岭、笔架山。虹螺岘西北二十五里

水之著者：女儿河、自热河朝阳府东流经新台边门入境，经武家岭北，又东经厅治故安昌县南，又东经女儿河向水河北，迤北流经小岭西，折西北流经暖池塘东，折东北经乔家屯北，又东南经周家屯南、毡帽山北，又东南经虹螺嵌北，又东迤北经卧佛寺北，又东北至汤河入锦县境。王家峪水、导源厅东南王家峪东麓，东南流经乾柴东，又东南入海。连山河、导源虹螺山南麓，西南入锦县境。七里河、导源厅东南虹螺山东之柳匠沟北，东流经赵家屯北，又东迤南经燕家屯东，汇高桥河。其东岸为锦县境，又南入海。

其矿，煤。已办者为白杨木沟、碣石沟、大窑沟、杂树沟、尖山子、汪宝盖。未办者为缸窑屯、小寺、南汤子、暖池塘、黑鱼沟、沙锅屯、小田屯、三佛庙。

其产，盐。

其户，二万七千六百十六，口十三万一千一百十六。

衙署通判一，光绪三十三年奏建。松岭门防御一。

局所五巡警总局一，牛马税分卡四：虹螺嵌、江家屯、暖池塘、连山。

学堂四皆小学。

祠庙寺观二十有九、教堂一天主。

盘山厅，府东一百七十里，东北距省三百六十里，光绪三十二年十月，分广宁县地及盘蛇驿牧厂地，设治双台子。阁抄三十二年十月二十八日盛京将军赵尔巽奏，广宁县属盘蛇驿，距城窎远，现办垦荒，词讼日繁，应将牧厂全境及厂南各村屯并归管理。该处原名盘山，即名曰盘山厅抚民通判审理词讼命盗案件，征收钱粮。奉朱批，著照所请。三十四年盘山厅呈疆域调查表，定治双台子。三十三年七月，隶府。三十三年四月六日赵尔巽奏，盘山厅抚民通判，近傍铁道，汽车往来，河患频仍，征租不易。请定为冲疲难要缺，加理事同知衔，归锦州府管辖。七月，吏部会议允行。

厅治当分辽水之南，锦营铁路之北。南为双台子车站

其疆域，东辽中，至侯家洼七十六里接辽中界南与东南皆海城，南至亚子锅五十三里，东南至七台子，皆海城界。西锦县，至杨家屯九十六里接锦县界北与西北皆广宁，北至卢家窝棚一百十里，西北至马家窝堡九十里，皆广宁界。东北镇安，至李家窝棚八十里接镇安界纵一百六十三里，横一百七十二里。

村屯总六百一十八，分领以十七区。北路分区五：曰恭字区，驻夏家冈子，城东北五十六里村屯四十三。曰宽字区驻热闹街，城东北七里村屯四十。曰信字区，驻干

家寨，城北三十五里村屯三十五。曰敏字区，驻北马厂，城西北三十二里村屯三十。曰惠字区，驻大台子，城西南五十里村屯三十。南路分区七：曰官字区，驻胡家窝铺，城南十四里村屯六十四。曰民字区，驻上房沟，城南五十五里村屯二十四。曰公字区，驻青堆子，城东南七十三里村屯四十八。曰忠字区，驻三道沟，城东南七十五里村屯二十六。曰图字区，驻后湖嘴子，城东南七十里村屯四十六。曰自字区，驻双台，城东五十里村屯六十七。曰强字区，驻高平，城东四十里村屯五十六。东路分区四：曰平字区，驻圈河，城东南六十四里村屯二十八。曰正字区，驻段家窝堡，城东八十里村屯十四。曰通字区，驻平安堡，城东八十七里村屯十三。曰达字区，驻郑家店，城东南八十八里村屯三十三。沙河镇为东路分局，城东南八十五里自领村屯二十六。南北路分局，皆由附局之区领村屯不别领。

其险要为高坪、下皆税卡狼窖子、胡家窝堡、接广宁沟帮子站，其东南为厅治双台子站。大洼、双台子站东南，其东南为海城田庄台站。小板桥河口、城东南。下皆河口。大板桥河口、即龙王庙河口，城东南。莽状湖河口、即杜家台河口，城东南。詹家沟河口、城东南双台子河口、城南螃蟹沟口、城南清水沟口。城南

其邮驿道路有铁路一、锦营铁路，自广宁县沟帮子站至赵三家村北入境，设站曰胡家窝铺。经厅治曰双台子站，又东南至大洼站迤南出境，计长百二十余里。电线、依铁路设文报分局、邮政局二、一县治，一青堆子，西北接沟帮子，东南接田庄台。官商路四。一由厅东至侯家洼赴辽中，一由厅南至凸子锅赴海城，一由厅西至杨家屯赴锦县，一由厅北至罗家窝棚赴广宁。

水之著者：辽河、自广宁南流至平安堡入境，东南流经黄窝堡东，又东南经老窝堡北，又西折而南，黑坨子河自东北来注。又南经沙岭镇北，折而东至郑家坨北，又东南经四方台西，又南经三台北，又东南经东台子、七台子东入海城境。分辽水、一名减河。首受辽水，自辽中县冷家口西南流，至广宁段窝堡东北入境，西南流经大圈河北，又西南经高窝堡东，又南折而西北，经贝窝堡北，又西经东三家北，折而北复折而西，经沟梢子西北，鷂鹰河自北来注。又折而南经常窝堡北，又折而西经南北孤家子，又西南经吴家堡北东地，南分水沟自南来注。又西南经后狼窝南，又西合双台子河。又西南经夹信子南，一统河自北注之。又经沟沿西折而南入海。鷂鹰河、即饶阳河，一名柳河。自镇安小莲花泡至高平南入境，东南流经黑坨子北及东，又西南入边，经三台子东，又南经去路子北，又西南经董窝堡东，又南经小麦科东、小刘窝堡西，又西南经沟梢子西入分辽水。一统河、导源热闹街区莲花泡东南，流经李大堡北，又南折东北流，

经三道梁西，又西南经一统河村北，又经秃尾沟北，又西南经魏家屯西，小北河自东来注。又南经夹信子南，入分辽水。兴隆河、导源县东南小良玉村西南，流经陈家屯南，又西迤北折而西南，经桥头铺南，又西南经两棵树西北入分辽水。清水河、自海城流入境，西北经郑堡南，又西经三道沟南，又西北经大堡子南，高屯沟水自北注之。又西南入海。莽状河、在厅东北，张窝堡东北，边外众水所汇，南溢为新河。东南流，经青堆子西南入边，过三台子西，右合莲花泡河。又东南经莲花泡东南、齐窝堡东，又经郭窝堡、范家店西，折南经杜家台、黄窝堡，又南入海。大板桥河、自广宁县流入境，东南经杨窝堡南，刘窝堡河自东来注。又东南经龙王庙南，左合牧养河，又折西南入海。小板桥河、自广宁县流入境，经孙窝堡东，又南经甜水井入海。牧养河、自广宁县流入境，经北马厂，又南迤东经黑鱼沟，左合东牧养河。又西南经大板桥东，又南入海。东牧养河。自广宁县流入境，至张窝堡南，又南经王家堡，又南迤东经小窝堡，又西至黑鱼沟，入牧养河。

其田，民地二十二万五千七百二亩八分一厘九毫五丝。

其产，鱼、三界沟民以捕鱼为业盐、马家帐房、大台子、常家屯等处民以晒盐为业。约销四万八千余石。一百四座滩。狐。

其户，二万一千五百二十，口十四万五百九十九。

衙署通判租民房，无署。

局所二十六巡警总局一、分局三、分区十六，分卡六，隶广宁税捐总局。

学堂五皆小学。

祠庙寺观七、教堂一天主。

义州，府东北九十里，东南距省四百二十里。康熙六十一年设义州通判，雍正十年设同知。十一年七月改为州，隶府。东华录：雍正十一年七月甲午裁义州同知一，改设知州一、学正一、吏目一。

州治当九官台门之东南，大凌河之南，城周九里十步。崇德五年郑亲王、康熙十六年城守尉辛珠等续修。光绪二十六年知州高钦增筑土墙，门四。巡防队左路马队第一营分驻之。

其疆域，东与东北皆广宁，东至老爷岭六十五里，东北至花儿楼九十五里，皆接广宁界。南与东南、西南皆锦县，南至齐家堡四十五里，东南至迎仙堡六十九里，西南至松岭门百四十里，皆接锦县界。西与西北皆热河朝阳，西至刘龙台五十五里，西北至九官台三十里，皆接朝阳界。北热河阜新。至清河门五十里接阜新界纵九十五里，横一百一十里。

村屯总五百一十三，分领以五十三区。东区：曰小籽粒屯，城东四十五里村屯十五。曰小榆树堡，城东四十五里村屯五。曰石佛堡，城东四十里村屯九。曰大籽粒屯，城东四十五里村屯十。东南区：曰张弼堡，城东南四十三里村屯五。曰代家屯，城东二十九里村屯二十四。曰肖家屯，城东南四十里村屯九。曰羊圈子，城东南十三里村屯三十一。曰王明民屯，城东南四十里村屯三。曰新庄子，城东三十五里村屯三。曰木厂堡，城东南四十六里村屯十。南区：曰松林堡，城南三十五里村屯十四。曰大七里河，城南四十二里村屯十四。曰泥河子，城南十二里村屯十一。曰新民屯，城南二十五里村屯十五。曰齐家堡，城南四十五里村屯五。曰杜家屯，城南十二里村屯十六。西南区：曰郭家大屯，城西南一百三十里村屯五。曰大定堡，城西南三十五里村屯五。曰乱泥沟，城西南五十里村屯四。曰树林子，城西南四十二里村屯二十一。曰碾盘沟，城西四里村屯四。西区：曰龙千总台，城西八十里村屯三。曰老爷庙，城西二十里村屯十二。曰班吉塔，城西一百二里村屯十五。曰邱家屯，城西南五十七里村屯六。曰谢家屯，城西四十六里村屯八。曰留龙沟，城西六十里村屯七。曰牤牛岭，城西九十里村屯十一。沈家台，城西九十里村屯六。曰李山屯，城西南一百八里村屯九。曰雹神庙，城西十五里村屯二十二。曰旧烧锅，城西七十八里村屯六。曰刘龙台，城西五十五里曰周家屯，城西八里村屯二。曰二道河子，城西七十里村屯二。西北区：曰大二台，城西九十八里村屯三。曰头台，城西北二十一里村屯十三。北区：曰庙儿沟，城北十八里村屯三十五。曰砖城子，城北四十里村屯二十一。曰关家屯，城北五十里村屯十二。曰清河门，城北五十里村屯九。东北区：曰兴隆堡，城东北三十里村屯十九。曰四台屯，城北五十里村屯六。曰三台屯，城河北十五里村屯一。曰榆前沟，城北五十里村屯九。曰稍户营子，城东北七十里曰树林子，城东北七十里村屯二。曰瓦子峪，城东北六十里村屯二十。曰药王庙，城北六十五里村屯六。曰花儿楼，城东北九十五里村屯十三。曰冷家沟，城东北七十里村屯十一。曰孙柏屯，城东北十八里村屯三。

其险要为清河门、里数见前白土厂、九官台门、松岭门、州西南石佛堡、州东稍户营子、州东北刘龙沟、州西班吉塔。驻左路第一营左哨

其邮驿道路有奉热电线、南自锦县齐家堡入境，北至刘龙沟入热河朝阳境，计长一百十里。邮政局二、一州城、一班吉塔。旧设铺司六、南路在城铺一、又二十里大岭铺一、又三十二里闵隆祉铺一、又十七里七里河铺一、东路在城铺一、又三十五里大

榆树铺一。官商路六、一由州南关至齐家堡赴锦县达京奉铁路，一由州北关至清河门赴热河阜新，一由州北关斜趋东北至景家屯赴广宁，一由州东关至达十岭赴锦县，一由州西关至松岭门赴热河朝阳，一由州西关斜走西北至九官台门赴朝阳。

山之著者：英歌山、州东北五十八里瓦子峪、州东北六十四里干马岭、州东南七十里龙湾山、州东北七十五里望海山、州东南四十六里大岭、州西南二十六里昆仑山、州西北十二里九道岭、州东八十八里帽儿山、州西南七十里棋盘山、州西南四十八里小岭、州西南六十六里砬子山。州东北四十里

水之著者：大凌河、自热河朝阳东南流入境，经九官台门东流经得胜堡北，松林河自西南来注。又东经八里堡北，一水自南来注。又东迤北经州城北，又东经高虎北、四方台南，一水自北来注。又东南经红旗堡西，细河合清河自北来注。又东迤南经鲁家屯西，五道屯、孤山套东，至高台堡南入锦县境。小凌河、自热河朝阳东南流至松岭门入境，东北合杨树河西。南流经龙千总台西、沈家台南，又西迤南经靠山屯西，又南经班吉塔东，李家河自西来注。折东流经鸽子洞、金宝岭北入锦县境。细河、在州东，导源州东北，入边西南流经吴家堡、老爷庙西，清河自西北注之。又南经红旗堡东南入大凌河。东沙河、自广宁南流至花楼山入境，又南迤西经花楼屯北、稍户营子南，至马圈子北，入细河。大安堡河、导源棋盘山，北流迤西经脖岭东，又东北经大胜堡东入大凌河。杨树沟河、导源帽儿山西泉，南流至半截塔东入小凌河。五台河、自石礤山入境，迤西南流经沟口子、车房屯南，至破台子南入大凌河。九官台河、由老公沟入境，东北流经九官台门入大凌河。大七里河、在州南，导源半壁山，东流经半拉山屯、大荒地、高力村，又东流迤北经七里河屯、于家屯入大凌河。泥河、源出宋八户屯北，流至徐家屯西，由城南关入东关小河汇流，北入大凌河。清河。自阜新至清河门入境，西流迤南经三道壕、高家屯西，至三家甸、郑家屯东入细河。

其田，民地三十二万一千三百八十六亩四分七厘九毫四丝。

其矿，煤已办者北大坪、缸窑沟。未办者朱家沟、杏树屯、松树屯、松树沟。

其产，皮　狐。

其户四万三千六百四十九，口二十四万一百一十一。

衙署七知州一、学正一、吏目一、城守尉一，清河门、九官台门、白土厂门防御各一。

局所五十九巡警总局一、分区五十三、税捐局一。牛马税分卡四：稍户营、沈家台、清河门、花儿楼。

学堂六皆小学。

祠庙寺观七十有六、教堂五基督三、天主二。

义州城守东至医巫闾山五十里广宁城守界，西至刘龙台六十余里边界，南至齐家堡四十五里锦州城守界，北至边二十里蒙古界，东南至迎仙铺七十里锦州城守界，西南至松岭子一百四十里蒙古界，东北至魏家岭九十里广宁城守界，西北至九官台三十里蒙古界。所辖旗地八十二万四千七百五十六亩九分六厘五毫。

宁远州，府西一百十里，东北距省六百里，康熙三年六月甲午设，属广宁府。十二月改今属。东华录，康熙三年六月甲午设宁远州，属广宁府。十二月壬午改奉天锦州为锦州府。

州治当宁远东西两河之中，京奉铁路之北，内城周七里，外城周九里一百二十四步。门各四。乾隆四十三年修。西关车站，西接沙河所站。巡防队左路第三营步队驻之。

其疆域，东锦县，至老和尚台二十里接锦县界北与东北皆锦西，北至小盖州二十五里，东北至团山子二十五里，皆接锦西界。西热河建昌，至梨树沟门九十八里接建昌界西北热河朝阳建昌，至新台门八十五里接朝阳建昌界西南绥中，至六股河八十里，接绥中界。南与东南皆海，南至海十五里，东南至钓鱼台十五里，皆界海。纵九十二里，横百四十里。

村屯总六百一十一，分领以二十五区。东路分区五：曰百花园，城北二里村屯二十七。曰钓鱼台，城东南十二里村屯八。曰头台子，城西六里村屯二十五。曰七里坡，城西十八里村屯十六。曰沙河所，即中右所城西三十里村屯二十九。西路分区五：曰新台门，城西北八十里村屯四十五。曰黑松林，城西五十里村屯三十九。曰下碱厂，城西六十里村屯二十五。曰太平沟，城西六十里村屯二十一。曰二道沟，城西北九十里村屯二十二。南路分区五：曰望海甸，城西南四十五里村屯二十九。曰张虎屯，城西南七十里村屯三十二。曰东关站，城西六十里村屯二十七。曰羊草甸，城西八十里村屯二十二。曰川心甸，城西北九十里村屯三十。北路分区五：曰双树铺，城东十六里村屯十四。曰药王庙，城北十八里村屯四十二。曰朗月沟，城西二十五里村屯二十二。曰富儿沟，城西北五十里村屯十四。曰羊安堡，城西十五里村屯十六。中路分区五：曰芥花台，城西三十五里村屯二十六。曰团山子，城西三十里村屯十四。曰大吴家堡，城西三十五里村屯二十二。曰二台子，城西五十七里村屯二十六。曰旧门，城西北四十里村

屯十七。附觉华岛海山村。城东南三十里

其险要有梨树沟门、州西北七十四里，有驻防防御。白石咀门、州西一百里新台门、州西北八十五里，驻左路巡防队第三营中哨。有山海关道税局。街东锦西，街北热河朝阳，街西建昌，奉热咽喉，四邑壤错。沙河所、州西南三十里，驻右哨。车站，东接宁远州站，西接东新庄站。东新庄、州西南二十里，车站东接沙河所站，西接绥中县中后所站。六州河口、下皆河口东关站河口、烟台河口、宁西河口、觉华岛、州东南三十里桃花岛。州南十五里

其邮驿道路有铁路一、京奉铁路自绥中县东入境，经州城宁远州站，又东入锦西境。电线、依铁路设邮政局二、一州城，一沙河所。旧设驿二、西自锦县高桥六十二里至宁远站一，又六十二里至东关站一。铺司三、东北路在城铺一，又三十里河后铺一，西南路在城铺一。官商路六、一由州东北渡东河至老和尚台赴锦西，一由州西南渡西河至六股河赴绥中，一由州西七里坡至梨树沟门赴热河建昌，一由州西北柏家坟至新台门赴建昌，一由州北白塔峪至榆树沟赴锦西，一由州东渡东河至钓鱼台海口。

山之著者：首山、州东六里五顶山、州西北七十五里梆子山、州西北四十里青山、州西北八十里大头山、州西南六十里欢喜岭、州西一百九十六里背阴嶂、州西北一百五十里钓台山、州东南十五里三道关山、州西一百九十九里望夫山、州西南一百八十八里鞍山、州东北二十三里尖山、州西北五十五里老岭。州西北六十五里

水之著者：宁远西河、有三源：一导源富儿沟之尖山，西南流至故兴水县英木砬子老岭，一源由三道边合大石塔子，一源由三道边东流，汇为一。东经柏家坟至刘八斗屯，名为宁远西河。经城南向东至大河口，合宁远东河入海。宁远东河、导源州北水口村东南，流经枣山东、陈家岭西，又东南经州西，又东南入宁远西河。烟台河、导源州西北老岭，又东南经碱厂北，下碱厂南，又东南经红旗门东，又东南经望海楼、厂子沟东入海。东沙河、导源州西北蒋家坟东南，右合一水。又东南经洪水沟西，又东南经沙河所东入海。东关站河、导源州西南云台寺东，又东南经义和林东入海。六股河。自绥中县西北流入境，经老边、陈家岭、汤上东，又东南经报官岭东，迤东经蛇山南入海。其右岸皆绥中县境。

其田，民地三十万四千一百九十七亩七分一厘。

其矿，煤已办者，头道沟、尖山子、偏道子、夹山子。未办者，麦子沟、汉沟、煤窑山、富沟。

其产，鱼、盐。三万八千余石，一百九十八座滩。

其户，二万四千一百，口十五万六千六百三十七。

衙署七知州一、吏目一、学正一、防御三、路记一。

局所五巡警总局一、税捐总局一、牛马税局一。分卡二：州城、沙河所。

学堂三皆小学。

祠庙寺观一百五十二、教堂八基督四、天主四。

宁远城守东至杏山八十里，西至七里坡十八里，南至海十二里，北至新台边门四十里。所辖旗地四十七万五千三百七十八亩一分八厘四毫。

广宁县，府东北一百六十里，东距省三百五十里，康熙三年六月甲午改广宁为府，设广宁县。十二月壬午府废，县改属今府。东华录，康熙三年十二月壬午，广宁县属锦州府。

县治当东沙河之西，京奉铁路之西北，城周十里二百八十步，门八。南关，三面周三里二百二十步，门三。乾隆四十三年修巡防队左路第二营马队第一营步队分驻之。

其疆域，东与东北皆镇安，东至羊肠河五十里，东北至正安堡三十里，皆接镇安界。东南盘山，至赵家屯五十里接盘山界。西与北皆义州，西至老爷庙五十里，北至魏家岭四十二里，皆接义州界。西南锦县，至闾阳驿五十里，皆接锦县界。南大海。纵横皆百里。

村屯总四百三十有四，分领以三十六区。正东：曰马家屯，城东十二里村屯五。曰张代屯，城东八里村屯五。曰大顾屯，城东三十里村屯三十。曰窟窿台，城东三十里村屯十五。曰中安堡，城东三十里村屯八。曰耿家屯，城东四十五里村屯九。正北：曰刘裁缝沟，城北八里村屯三。曰正安堡，城北三十里村屯八。曰烧锅屯，城北三十里村屯二十一。曰四方台，城北三十里村屯十九。曰徐家岭，城北三十里村屯十一。曰张家屯，城北十二里村屯十六。正西：曰头道沟，城西五里村屯八。曰榆树底下，城西三十里村屯八。曰闵家店，城西二十里村屯九。正南：曰兴胜屯，城南六十里村屯五。曰沟帮子，城南五十里村屯十九。曰廖家屯，城南二十五里城村屯十七。曰曹家屯，城南四十里村屯十四。曰头台子，城南五里村屯二十一。曰段家店，城南十五里村屯十一。曰广宁站，城南十五里村屯八。东南：曰大孤家子，城东南十一里村屯十七。曰兴龙堡屯，城东南三十五里村屯十六。曰赵家屯，城东南四十里村屯二十一。西南：曰上萧家沟，城西南四十里村屯六。曰闾阳驿，城西南五十里村屯十。曰康家屯，城西南七十里村屯九。曰蓏蓏堡，城西南十二里村屯九。曰鲍家屯，城西南二十里村屯二十六。曰常兴店，城西南三十里村屯十。曰杨胡屯，城西南五十里村屯七。东北：曰白庙子，城东北二十里村屯十二。曰王家屯，城东北三十八里村屯六。西北：曰大四堡子，城西北四十五里村屯六。曰大东沟，城西北四十里村屯九。

其险要为闾阳驿、东接镇安高山子站沟帮子、青堆子、西平站、税卡中安堡、正安堡、常兴店、赵家屯、皆驻有巡防队及税卡，距县里数、方向皆见前。闾阳河口、下皆河口东沙河口、莽獐河口。

其邮驿道路有铁路二、京奉铁路自康家屯入境，设站曰沟帮子、青堆子、高山子入盘山境，计长七十五里。锦营铁路自京奉铁路之沟帮子分路，东南入盘山境，计长三十里。电线、自闾阳驿入境，东至羊肠河入镇安境，长一百有五里。邮政局四、一县城、一沟帮子、一闾阳驿、一大凌河。旧设驿一、东自镇安县小黑山七十里至广宁站一铺司四、西南路在城铺一、又五十里闾阳驿一、东北路在城铺一、又三十里沙河铺一。官商路六、一由县南马什太堡至沟帮子，一由县西南三义庙至闾阳驿赴锦县，一由县西闵家店至老爷庙赴义州，一由县西北龙家屯至魏家岭赴义州，一由县东屈家屯至羊肠河赴镇安，一由县南中安堡至赵家屯赴盘山。

山之著者：北镇医巫闾山、县西十里三皇岭、县东五里营盘山、县南二十五里宋家岭、县北十五里干家寨、县西三十五里万紫山、城内西北隅魏家岭、闾阳驿西广义交界大芦花山。县西南四十五里

水之著者：东沙河、导源医巫闾山三道沟，东南流经白台沟，场郎河自西注之。又东南经广宁站东，右合大石桥河。屈曲南流，经兴隆店、赖家屯、贺家屯东、沟帮子西，又西南经小旗竿东入海。大石桥河、导源医巫闾山玉泉寺东南，流至头台北，又东入东沙河。闾阳驿河、导源县西南大芦花山，东南流经宁家屯南，又东南经双庙西，又东南经闾阳驿东迤南入海。马市河。导源县西北镇边堡东，流经望宝台北，又东南经望山铺南，石灰窑、富有屯北，又东迤南经中安堡东，又东南经三里店西入羊肠河。

其田，民地七万三千九百三十亩三分七厘五毫。

其产，盐。二万五千余石，二百十二座滩

其户三万四千二百十七，口十八万五千九百八十七。

衙署五知县一、教谕一、典史一、城守尉一、路记一。

局所十三巡警总局一、分局四、税捐局一、牛马税局一。分卡六：沟帮子、闾阳驿、常兴店、赵家屯、中安堡、镇安堡。

学堂七皆小学。

祠庙寺观八十三、教堂十基督六、天主四。

广宁城守东至辽河一百九十里盛京城界，西至牵马岭四十五里义州城守界，南至海一百里，北至白土厂五十里蒙古界，东南至铁场堡一百五十里牛庄界，西南至三台子六十五里锦州城守界，东北至辽河二百三十里开原城守界，西北至魏家岭五十里义州城守界。所辖旗地一百三十九万九千一百一十亩四分九厘五毫七丝九忽。

绥中县，府西南一百九十里，东北距省六百八十里，光绪二十六年六月，分宁远州西境设，治中后所。二十六年六月一日盛京将军增祺等奏，锦州府属宁远州，西据山海关，北据热河，南滨海，其地绵亘二百余里。拟于适中之中后所添设一县，名曰绥中县，置知县一员，原设之巡检留管典史事。以六股河为界，河以西之地划归县治，仍隶锦州府管辖。是月三十日，委候补知州许彭龄试办县治事宜。二十九年九月七日，增祺等奏，绥中县为奉省入境首邑，沿边滨海，定为冲繁疲难调补最要边缺。隶府。

县治当六州河之西，京奉铁路之南，城周三里一百七十步，门四，东南关厢城周二里十一步。乾隆四十三年修。有车站，东接宁远东兴庄站。

其疆域，东宁远，至六州河五里接宁远界南大海，三十里至海北热河建昌，至白石咀八十里接建昌界西直隶临榆，至红墙子一百十五里接临榆界纵一百十里，横一百二十里。

村屯总四百六十二，分二十区，以三大区统之。绥中为首，分区十四：曰钟鼓屯，城南十二里曰塔山屯，城南十八里曰石官屯，城东南三十里曰白沙屯，城西南二十五里曰胡家坟，城西北二十里曰长岭子，城西北四十里曰宽邦屯，城西北八十里曰平河子，城西北九十里曰头台子，城西五里曰二台子，城西六里曰三台子，城西十二里曰叶家坟，城南三十里曰东岔沟，城西北五十八里曰葛家屯。城西北八十五里次前屯卫，城西南五十里分区五：曰长江河，城东南四十二里曰王冈屯，城西北五十八里曰赵家屯，城西三十五里曰背阴嶂，城西北八十五里曰明水塘门。城西南九十里次中前所，城西南八十五里分区一。曰老军屯。城西百里

其险要为前屯卫、车站，县西南五十五里，荒地站西。中前所、车站，县西南八十五里，前屯卫站西，又西接山海关站。宽邦、县西北八十里广裕店、县西北八十里红庙子、县西北七十里打鱼厂、县东南二十五里白石咀门、县北十里明水塘、县西北九十里九江河口、下皆河口中前所河口、石河子口、高儿河口、沙河口、王宝河口。

其邮驿道路有铁路一、京奉铁路自直隶临榆县东至红墙子入境，设站曰中前所，曰前屯卫，曰中后所即县治，北至州东六股河入宁远境，计长一百十里。电线、依铁路设邮政局三、县城一、前屯卫一、中前所一。西接临榆，东接宁远。旧设驿二、西自宁远东关站六十三里至凉水河站一、又西七十五里至山海关站一。铺司四、中后所铺即县治，又西南五十里前屯卫铺一，又西南三十五里中前所铺一，又西南三十五里山海铺一。西接山海关铺。

山之著者：大礶子山、县北八十里小孤山、县北七十里大孤山、县北七十二里三山、县西五十里松岭山、县西一百三里万宝山、县南十八里骆驼山、县南二十六里笔架山、县西五十二里馒首山、县南二十五里官帽山、县西四十里三道关山、县西南一百十里阎家岭。县西七里

水之著者：六州河、一名六股河。在县东二里，导源热河建昌。初名遂济河，东南流至县北八十里白石咀门入境，东南经石头山北，盖家屯水自东注之。又东南经马路岭东，王宝河自东注之。又东南经县治东，又东经洛泉寨北，至打鱼厂入海。盖家屯水、一名黑水河。导源热河内蒙古喀喇沁左翼旗，名额类河。南流至盖家屯南入境，又东南经大房身、宽邦腰岭南，又东至拾头山南入六州河。王宝河、在县西七十五里，导源热河建昌至县西北高家幛子入境，东南流经雁落山北，又东南经重头岭北、古山南，又东经龙屯、马鞍山南，又东至王宝河村入六州河。马家河、在县西七里，导源阎家岭，东南流经县西，又东南经打鸟庄、塔山西，又至馒首山西入海。沙河站河、在县西二十里，导源小礶子山，南流经沙河站、正福屯、娘娘庙西入海。高儿河、在县西北九十里，导源热河建昌大黑岭沟，东流至明水塘门入境，东南流经笔架山西，又南迤东经大孤山北，又东经韩高岭南，又东迤南经官帽山东，又东南经高儿城、庙儿山、杜家台，合凉水河入海。凉水河、在县西高儿河西，导源官帽山南麓，南流经凉水站东，又南至张监生屯西入海。石子河、在县西凉水河西，导源热河建昌龙门山，自石匣口入境，东流经窟窿山南，又东经贝荫嶂北、折东南经花椒山西，又东南经前屯卫西，王冈台东，右合一水。又南至赵山嘴东入海。中前所河、在县西南八十五里，导源牛录沟，经南流经中前所西入海。九江河。一名急水河。导源九门山东，流经常家沟北，又东迤北经马营南，又东南经老君屯、贺家屯东入海。

其田，民地三十七万三百五十亩九分一厘。

其产，鱼。

其户，二万八千一百三十一，口十二万二千六百有二。

衙署五知县一、巡检一、训导一、路记二。

局所十巡警总局五、税捐局一、牛马税捐局一、分卡三：县城、中前所、前屯卫。

学堂四小学三、女小学一。

祠庙寺观七十七、教堂五基督二、天主二、清真一。

中前所城守东至沙河驿六十七里，西至红土墙二十七里，南至海六里，北至盘山岭六十里。

中后所城守东至七里坡六十二里，西至沙河驿十八里，南至海四十里，北至端头山老边五里。

新民府，明旧辽阳及沈阳中卫、广宁卫及明初广宁后屯卫地。按：明旧辽阳及沈阳中卫西境、广宁卫东北境，今府本治地。明广宁卫小黑山、大黑山等堡，今镇安地。明初广宁后屯卫，今彰武地。国朝天命七年正月丁巳，克西平堡。戊午，西兴堡降。庚申，平洋桥、镇安等堡皆降。康熙二十一年，设巨流河巡检。二十九年，设巨流河、白旗堡、小黑山佐领。三十一年，科尔沁左翼前宾图郡王旗及土默特旗，献東鲁荒为永陵、福陵、昭陵祭牲牧养地，名曰养息牧厂。嘉庆十八年，分承德、广宁地，设新民厅，隶奉天府。奉天舆图说，自老边迤西及巨流河管界高力屯二十四处，由承德拨属。自老边迤东及老边西南一带八处由广宁拨属。是年，以养息牧厂赐垦，设总管。光绪二十八年六月改新民厅为府。以广宁之小黑山设镇安县、以养息牧厂地设彰武县隶之。二十八年六月一日盛京将军增祺等奏，拟将新民厅同知升为新民府。除自理地面外，拟以小黑山新设之镇安县、养息牧厂新设之彰武县隶焉。十五日政务处吏部议行。九月二日委试用知府增韫试办府治事宜。二十九年九月七日增祺等奏，新民府既有自理地面之责，又兼辖新设之镇安、彰武两县，抚辑蒙汉，事要政繁。拟定为冲繁难题调要缺。三十一年十一月约为商埠。中日新约领县二。

府治当柳河之东，辽河之西，京奉铁路之南，街巷一百八十无城。巡防队中路马队第四营分驻之。省西一百二十里，西南距京师一千三百八十里，东至老边六十里承德县界，南至岳家冈一百一十里辽中县界，西至羊肠河一百六十二里广宁县界，北至三家子一百七十五里热河阜新县界，东南至网户屯六十里辽中县界，西南至胡家甸二百一十三里盘山厅界，东北至平顶山一百五十五里康平县界，西北至十家子二百十里热河绥东县界。

其本治疆域，东承德，至老边六十里接承德界南与东南皆辽中，南至岳家冈一百十里，东南至网户屯六十里，均接辽中界。西与西南皆镇安，西至赵家坑子六十五里，西南至莲花泡五十里，均接镇安界。北与西北皆彰武，北至边墙七十里，西北至额林所边墙六十里，均接彰武界。东北法库，至沈檀木八十五里接法库界纵一百七十里，横二百三十里。

村屯总一千有七十一，分领以五局、十九区。第一局驻大民屯，城东南四里村屯一百有六，区四：曰半拉台，城南二十五里曰网户屯，城南六十里曰法哈牛录，城东七十里曰侯三家子。城东九十里第二局驻平安堡，城东北十八里村屯二百有七，区四：曰新安堡，城东北八里曰大喇玛堡，城东北三十八里曰兴隆堡，城东北六十里曰郭家沤麻坑。城东北七十里第三局驻公主屯，城东北五十里村屯三百有一，分区五：曰腰高台子，城东北二十里曰东西蛇山子，城东北七十里曰小塔子，城东北八十里曰柳家屯，城东北五十五里曰巨流河。城东北二十里第四局驻王二户屯，城西四十里村屯二百一十一，分区三：曰大黄旗堡，城西二十五里曰周坨子，城西六十里曰大荒地。城西八十五里第五局驻白旗堡，城西五里村屯二百四十六，分区三：曰大鄢窝棚，城西八十五里曰周家屯，城西七十里曰大赵屯。城西三十里

其险要为白旗堡、城西南五十里巨流河、城东二十里老边、城东六十里王河套、城东六十五里小民屯。城东四十五里

其邮驿道路有铁路一、京奉铁路车站四，东自府东六十里老边入境为一站、又西四十里巨流河为一站、又西二十里至府街为一站、又西五十里至白旗堡为一站。又西二十里入镇安境。电线、依铁路设文报分局、接递新民府、镇安县、彰武县、盘山厅、宁远州、广宁县、绥中县境内衙署、局所，与各处往来公牍并卓索图、昭乌达各盟长、哱噜达喇嘛、科尔沁左翼前宾图郡王各旗蒙文。邮政局四、上接省城，西由白旗堡通镇安，一府治、一新立屯、一白旗堡、一大民屯。旧设驿三、西自镇安境东至府境白旗堡五十里，又东至巨流河七十里，又东至旧边驿六十里入承德境。铺司三、府西五十里白旗堡铺一、又东三十里黄旗堡铺一、又三十里巨流河铺一接承德铺。官商路六。一由府南大民屯至望海堡赴承德，一由府东北接高台子，经公主屯至小塔子赴法库，一由府西王三户屯至单家边赴彰武，一由王三屯户至达连坨子赴镇安，一由府西白旗堡至新立屯赴镇安，一由府西南杏树坨赴辽中。

山之著者：苦瓜山、府东北五十里郎家山、府东北五十里小塔山、府东北八十里黄家山、府东北五十四里高家山、府东北五十里双台山、府西北四十里少梁山、府西北五十里长山。府东三十里

水之著者：辽河、由府北铁岭县西南流经法库门、三面船，至府东北蓝旗堡入境。又西南经鹩鸽渡、辽滨塔，折而南经鞠窝堡，又西南经府东巨流河、马厂，又西南经马架子，养息牧河北来、柳河西北来汇之。又西南至郭家夹河入辽中境。新开河、亦曰柳河。自彰武东南流至府西北单家边入境。分为东、西二派，均向东流，东派经单家边、刘家屯、前后营子，经府西黄旗堡西，茨榆冈东，潘家屯，至高窝棚，养息牧河南流注之。至马架子入辽河。西派由单家边南流，经马速村、朱窝棚折西南，经白旗堡，南饶阳河枝津来汇。折而东经小岗子，复折而南，溢为泽。经薛家窝棚、林窝堡、黑鱼沟至长沟入辽中境。鹨鹰河、自彰武县东，南流瓦府西北兵马路入境。东南经吴家屯、平安地、打连冈，折西至杨窝棚西，支津东流至白旗堡西与柳河合。正派曲折而南，经江猪店、新立屯，溢为莲花泡。至五里风西南流入镇安境。彰武台河、由法库分东、西二派。东派入境，经彭窝堡南，经公主屯，又西南经东旧门。西派入府境鄂家屯南，经上下营子、吴家屯，至西旧门，东流五里来汇。曲折流过巨流河城东，折西至三颗树，复折而南经小河沿、双榆树、上河滩入柳河。蒲河。由承德西北永安桥折南流老至什牛录入境，又西流经王家河套，歧为东、中、西三派：东派，东经姚家屯五到沟，至七公台入承德境。中派，东流复折而南，经半拉台北、网户屯东，又东入承德境。西派，南经大河泡南山里，至马房入承德境。

其田，民地二万八千七百二十五亩五分九厘三毫三丝。

其户，五万七千七百六十，口三十一万五千五百二十六。

衙署五知府一、府经历一、教授一、路记二。

局所四十七巡警总局一、分局五、区十九、分驻所十九。税捐局一，分卡二：新民车站、大民屯。

学堂五十一皆小学。

祠庙寺观三十、教堂三基督一、天主一、清真一。

按国史富俊传，嘉庆十六年十二月擢盛京工部侍郎兼管奉天府府尹事，十八年三月，疏称奉天锦州属广宁县，向为冲繁疲难要缺，近年生齿日繁，市廛稠密，命盗词讼日多，地广政繁，求治非易，请于新民屯地方添设抚民同知一员，以资治理。从之。

商埠有日本领事署、邮便局。

镇安县，府西一百五十里，东距省二百七十里，光绪二十八年六月，分新民厅、广宁县地设。二十八年六月一日盛京将军增祺等奏，广宁县属小黑山地方，素为匪徒窟穴，拟分设一县，名曰镇安，设知县、典史各一。西以广宁县之羊肠河为界，东以新民厅半拉门东岸、鷂鹰河下流为界，北抵边墙，南至海，均归管辖。治小黑山。二十八年三月二十四日，委准补复州知州吴瞻莪试办县治事宜。二十九年九月七日增祺等奏，镇安县界海、界边，地当冲途，定为冲难奏补中缺。隶府。

县治当京奉铁路之北，羊肠河之东。

其疆域，东府境，至半拉门七十里接府境南盘山，至胡家甸六十三里接盘山界西与西南皆广宁，西至羊肠河十二里，西南至于家窝棚四十里，均接广宁界。北与东北、西北皆热河阜新，北至大新立屯七十里，东北至朝北营子镇一百里，西北至白土厂门六十里接热河阜新界。东南辽中，至傅家庄九十五里接辽中界纵二百二十里，横五百二十里。

村屯总九百二十一，领之以六局，分三十四区。总局在小黑山镇，即县城村屯四十。区二：曰后打虎山，城东南十二里村屯四十八。曰下湾子，城东南八里村屯十五。第一分局在姜家屯，城东六十里村屯四十。区五：曰安家河，城东三十里村屯二十四。曰杨家窝棚，城东四十二里村屯四十。曰聂家窝棚，城东三十二里村屯十七。曰么路子，城东三十八里村屯二十四。曰翟家窝棚，城东三十二里村屯四十二。第二分局在蛇山子，城西南三十里村屯二十二。区五：曰羊肠河，城南十二里村屯三十。曰大桑林子镇，城东南七十里村屯七十。曰么台子，城南十五里村屯十一。曰云树坨子，城东南九十里村屯十一。曰富家庄镇，城东南百二十里村屯二十七。第三分局在大曹屯，城西北四十里村屯四十。区十：曰拉拉屯，城西北二十里村屯二十。曰尖山子，城北十五里村屯十九。曰大谢屯，城北三十里村屯二十四。曰公敖，城北四十里村屯二十四。曰荒山子镇，城北五十里村屯四。曰李屯，城北五十里村屯十。曰白土厂门，城西北六十里村屯三。曰三台子，城西北五十里村屯二十六。曰四台子，城北六十里村屯十二。曰南新屯，城北四十五里村屯七。第四分局在薛家屯，城东北四十八里村屯五十九。区十：曰胡家窝棚，城东北二十里村屯五十。曰二道境子，城东北五十里村屯二十六。曰半拉门镇，城东北七十里村屯二十七。曰大石狮子，城东北八十里村屯三十六。曰水泉子，城北五十里村屯二十一。曰靠山屯，城北八十里村屯九。曰大火石岭，城北六十里村屯十。曰六合屯，城北六十八里村屯六。曰双山子，城东北九十里村屯六。曰白庙子，入分局界，城东北六十里。无属村屯。第五分局在小三家子镇，城东北九十里村屯二十五。区二：曰大民屯，城东北一百五里村屯二十二。曰稍户营子，城东北一百二里村屯二十二。

其险要为励家窝棚、东接新民饶阳河站，下皆车站。打虎山、励家窝棚西，车站、税卡。高山子、打虎山西，又西接广宁青堆子站，税卡。半拉门。税卡

其邮驿道路有铁路一、京奉铁路东自新民白旗堡二十里至二道井子入境，又西三十里为饶阳河站，又西为励家窝棚，又西为打虎山车站，计长八十里。电线、自饶阳河入境至羊肠河入广宁境邮政局二、一县治、一半拉门。旧设铺司三、小黑山铺一，在县治。又东北二十里胡家窝铺一、又三十里二道窝铺一。官商路八。一由县南么台子至傅家子赴辽中，一由县西南至单家窝棚赴广宁，一由县东十里冈子、半拉门赴新民，一由县西羊肠河赴广宁，一由县北左家沟至大新立屯赴热河绥东，一由县东北五里冈子至朝北营子赴热河，一由县西北金家至白土厂门赴热河。

山之著者：小黑山、城内东北隅尖山、县北十五里台子山、县西北三十里韦城山、县西北三十五里珠宝山、县西五十里三台子山、县西北五十里江台山、县西北二十五里二台子山、县西北五十里营盘山、县西北五十里荒山、县北五十里碯子山、县东北四十里胡家窝棚山、县东二十里蛇山、县西南三十里下湾子山、县东八里前大虎山、县南二十里后大虎山、县东南十五里二道井北岭。县东五十里

水之著者：鹞鹰河、导源塞外苏鲁荒境苇塘河，流百数十里至双台子古边入境。南流经大兴隆堡、半拉门镇东，又南经姜家屯东南莲花泡分二派。南一派水散漫无委可寻。西南一派经关家窝堡、大桑林子，至小莲花泡入盘山厅境。沙河、导源热河绥东由扣河，经八道河至县北大新立屯西入境。东南流经卡拉木北、后荒山东麓，又东南经二道河子西，折西经胡家窝棚东，老河自西北注之。又西南经下湾子山东麓，至县南漭涨湖，南流入盘山境。二道河、由热河阜新南流至县北宋家窝棚古边入境。南流经双山子、六合屯东入沙河。羊肠河、导源热河，至县西北白土厂门西南古边入境。东南经三台西、沈家屯东，江台河自北来注。折南流经羊肠河村街中，又折东南至李家窝棚北，分正南、东南两派：正南一派，经高山子至县南前吴家窝棚入盘山界，东南一派至县正南刘家窝棚散漫。江台河。导源热河阜新喇嘛洞沟，至县西北头台村西入境。东南经江台山北麓，折而西南，经拉拉屯东、萧家屯西合马家窝棚河。又西南经沈家屯东入羊肠河。

其田，民地六万六千六十八亩一分七厘。

其户，四万二千四百五十一，口二十五万三千七百八十二。

衙署四知县一、典史一、分防县丞一、路记一。

局所四十五巡警总局一、分局五、分区三十四、税捐局、牛马税局一，分卡四：县

城、打虎山、半拉门、荒山子。

学堂十六皆小学。

祠庙寺观二十一、教堂六基督三、天主三。

其分防有小三家子县丞。光绪三十二年七月盛京将军赵尔巽奏，小三家子系镇安属境。距县九十里，地居边徼，控制难周，拟设分防县丞一员。三十三年四月六日赵尔巽奏，镇安县小三家子县丞，复州水门子巡检，柳河县样子哨巡检，均定为要缺。

彰武县，府北一百十里，东南距省二百四十里，光绪二十八年六月，以养息牧垦地设县，治横道子。光绪二十六年二月二十二日盛京将军增祺、副都统晋昌[1]、署奉天府府尹志彭奏，奉天养息牧荒地，二十四年勘丈竣事，计丈放生荒四十九万一千余亩，熟地十二万一千五百余亩，学田香火等地五千六百余亩，拨留新陈苏鲁克八十四村屯草牧厂六十五万余亩，牧丁排地四万余亩，豫留城镇街基设官建署。查养息牧地方纵横各一百数十里，南略新民厅，北连蒙古。今草莱日辟，地面辽宽。该处命盗案等向移新民厅办理，相隔甚远，矧兹蒙古错处，良莠不齐，非但该同知兼顾难周，审验拖延，于民情亦多不便。拟添设抚民通判一员，兼理事衔，专理蒙古旗民词讼、命盗一切案件，并责令协缉盗贼。添设巡检一员，专司监狱。下部议，未覆。二十八年六月一日增祺等奏，养息牧地方，东距康平县，西极哈尔套街，南抵彰武台门，北界各蒙古，自招垦后，人烟凑集。二十六年曾奏添通判，未奉部覆。惟通判非知府所辖，拟改为县治，名曰彰武县，设知县一员，巡检管典史事一员。十五日，政务处吏部议行。先于是年四月十六日，委试用知县周士藻试办县治事宜。二十九年九月七日增祺等奏，彰武县地居边方，民蒙兼理，定为繁疲难题调沿边要缺。隶府。

县治当彰武台门之西北，新开河之东，大地河之西。土城，周一里。后路巡防队步队第一营、第二营马队、第三营、第四营驻之。

其疆域，东北康平，至平顶山四十五里接康平界南与西南皆新民，南至赵家坨子四十里，西南至下窝堡五十里，皆新民界。西热河阜新，至三家子六十五里接阜新界西北热河绥东，至十家子二百十里接绥东界东南法库，至叶茂台六十里接法库界纵

〔1〕　晋昌（1759—1828年），爱新觉罗氏，字戬斋，号红梨主人。清宗室成员，满洲正蓝旗人。清太宗皇太极后代，固山贝子明韶长子。嘉庆五年出任盛京将军，八年八月因事革职。后以宗人府主事调乌什办事大臣，历任喀什噶尔参赞大臣、乌里雅苏台将军、伊犁将军、乌鲁木齐都统、盛京将军等。

一百七十里，横九十六里。

村屯总四百九十五，分领以六局、二十一区。东路分局之区：曰赏屯，城东三十五里曰石头人，城东五十五里曰土城子，城东四十五里曰阿莫。城东北四十九里南路分局之区：曰五家子，城东南二十五里曰八家子，城南二十五里曰清河山，城西南四十里曰火石岭子。城西南二十五里西路分局之区：曰衙门街，城西五十五里曰朱家窝堡，城西六十里曰替何申，城西四十九里曰高山台。城西南十二里西北路分局之区：曰差大马，城西北百里曰哈尔套街，城西北九十里曰十家子，城西北百二十里曰吴家店。城西北百三十里北路分局之区：曰馒头，城北百二十里曰搭连排力各，城西北百五十里曰大沙力土，城北三十里曰搭连营子，城北六十五里曰搭长子城。东北十五里新东鲁分局，驻代西化。城西北百四十里，区附。

其险要为吴家店、县西北百十三里，驻后路第一营左哨。三道沟、县西北百里，驻中哨。大庙、县西北六十里，驻后路巡防队第二营中哨。大板、县西北九十里，驻中哨。皞皞、县西北五十里，驻右哨。三家窝棚、县西北四十里，驻巡防队马队第四营中哨。馒头、县西北二十里，驻第四营右哨。彰武台门、县东南四十里，有斗秤局、牛马分税局。驻后路第三营。浩力实。县东北四十里，驻第三营右哨。

其邮驿道路有邮政局一、县城专差递新民官商路五、一由县治赴府，一由县西北至哈尔套街又西赴热河绥东，一由县西至新立屯赴热河阜新，一由哈尔套街至新立村，一由县北赴绥东。

山之著者：阿莫山、县东北五十里少陵哈达山、县东六十里杜尔笔山、县西北九十里哈尔套力山、县西北九十里黑龙山、县西北九十里鸡冠山、县西北百里马蹄山。县西北百里

水之著者：新开河、导源县西北一百里白庙子村山东南，流经其村南，又东南经西吴家店村北山，朝阳沟水自西南来注之。又东南经磨古沟村东北，左合一水。又东南经韩家文子村北，折东北经城沟河村北，又折东南经三家子村西，又折西南经大板村东，又南经木头营子西，又东南至天庙村西，左合大冷营子水。又东南经高台东、哈拉芒合村西，又南至五台子边门入府界。彰武台河、即养息牧河。导源宾图王旗，自塔营子入境。经小得戈村西，右合黄花冈子水。又南经大得戈村东，又东南至阿莫山西，左合一水。又东南经浩合力村西，左合一水。又东南经太平河村西南，左合桑家屯水。折西南至车窝棚东南，右合大地河。又东经四家村东，至彰武台门入府境，亦曰太平河。大地河、导源科尔沁左翼前宾图郡王旗，自沙力入境。南流至县东五家子合太平河。

鹞鹰河、亦曰绕阳河。自热河阜新县流入境，东南经朝阳沟，左合哈力套街水东南，经深金花村西，合苇塘河。又东南入边，至府境。太平河、导源宾图郡王旗，自苏白地入境。南经县东浩力保、五家子村，至彰武台门入府境。苇塘河。导源县西北泉眼沟，东南经司家窝棚西，左右合二水。又东南经北太平山东，折西南经福隆村东，又西南至西团子西入鹞鹰河。

其田，民地十六万七千九百四十亩七分七厘。

其矿，石灰在两道水村，县西北一百四十里。

其户，九千四百四十七，口七万四千九百九十三。

衙署五知县一、巡检一、训导一、哈尔套街分防县丞一，光绪二十九年九月奏修彰武台门防御一。

局所二十九巡警总局一、分局五、分区二十、税捐局、牛马税局各一，分卡一哈尔套街。

学堂一小学。

祠庙寺观十有一、教堂三基督二、天主一。

其分防有哈尔套街县丞。光绪二十八年六月一日盛京将军增祺等奏，于养息牧哈尔套街添设分防县丞一员。十五日，议行。二十九年九月七日，奏定为要缺。

营口直隶厅，省西南三百六十里。同治五年十一月，设营口海防同知。东华录，同治五年十一月癸未，设奉天营口海防同知。会典事例，同治五年，营口设同知一人，作为海防要缺。宣统元年三月，东三省总督兼署奉天巡抚徐世昌奏，分海城、盖平两县地改设。阁抄，是月二十七日，徐世昌奏营口改为直隶厅。奉省商埠，以营口为最，轮轨四通。该埠分属海城、盖平。自开口岸以来，只有海防同知藉资弹压。近年各国领事麕集，交涉益繁，亟应设立审判厅，为收回法权地步。该埠虽驻有山海关道，与民未亲，拟析海、盖附近营口之地划归厅治。海界自大石桥迤西北，以达于盘山厅之大洼车站。盖界亦自大石桥迤西，以达于淤泥河口。海城归厅治者三乡，盖城归厅治者一乡。重在商埠，辖地无取太多。奉朱批，该部知道。七月，隶锦新营口道。三月十六日内阁会议政务处议准，改奉锦山海关道为锦新等处兵备道，仍治营口。七月十六日，东三省总督锡良、奉天巡抚程德全奏锦新营口等处分巡兵备道，改辖锦、新两府、营口一厅，于七月一日更定。按：营口原名没沟营，自道光庚子后，办海防，其地始重。同治五年设海防同知，至是始有实土。所辖四乡，原隶海城、盖平。今虽划境立厅，疆域、村屯诸表尚未得见。姑志厓略，更待详核。又咸丰十年约为商埠。

疆域见前。

村屯以下，分见海城、盖平。

商埠有英、法、德、美、俄、日本领事馆。

奉天郡邑志卷三

兴京府　通化县　怀仁县　辑安县　临江县

凤凰厅　岫岩州　安东县　宽甸县

庄河厅

奉天郡邑志卷三

兴京府，明建州卫，后为满洲诸部地。按：明建州及建州左右二卫：即今兴京一属地。明末满洲诸部苏克苏护河、浑河、完颜、哲陈，今兴京地。董鄂，今怀仁地。鸭绿江，今临江、辑安地。国朝乙酉年九月，克苏克苏护河部。丙戌年五月克浑河部，丁亥年六月克哲陈部，戊子年四月收董鄂部，九月克完颜部，辛卯年正月收鸭绿江部。癸卯年正月，太祖高皇帝自虎拦哈达南冈移都苏克苏护河、加哈河之间赫图阿喇，筑城居之，天聪八年改称兴京。顺治元年八月丁巳以胡世塔为兴京城守官，乾隆三十八年设理事通判，光绪元年改为理事同知，二年改为抚民同知，移治新宾堡。二年正月二十四日署盛京将军崇实奏，查旺清门内以新宾堡为扼要之区，人民繁庶。兴京旧址本在山坳之内，今既添设副都统守护永陵，该城尚有协领驻扎，新改同知一缺，拟再改为直隶厅，移治新宾堡。近边一带钱粮归其征收。奉上谕，照所拟试办。会典，光绪三年改兴京理事同知为抚民同知。三年二月，设通化、怀仁二县隶之。三年正月十一日署盛京将军崇厚奏，添设通化、怀仁二县，归兴京厅管辖。寻吏部议，兴京系属尊称，未便改名为厅。拟将兴京理事同知改为抚民同知，领新设之怀仁、通化二县，仍兼理事同知衔，不得改称直隶厅，亦不得直称兴京厅。吏部则例，兴京抚民同知，作为繁疲难近边题调要缺。会典，四年定兴京抚民同知加四品顶戴理事同知衔，设同知经历一人。二十八年六月，设辑安、临江二县隶之。二十八年六月十五日增祺等奏，帽儿山新设之临江县、通沟新设之辑安县，仍归兴京抚民同知辖。领县四。宣统元年三月升府。以临江、辑安、通化隶临长海道，未行。

本治当苏子河之北，兴京城之西北，右路巡防队马队第四营驻之。省东南三百二十里，西南至京师一千八百二十里，东至八道沟门七百七十里长白界，西至救兵台一百二十里奉天府抚顺县界，南至马鹿泡二百里凤凰厅界，北至高尖砬一百二十里奉天府开原县界，东南至岔沟门三百六十里韩国界，西南至碱厂一百二十里奉天府本溪县界，东北至三岔四百五十里吉林界，西北至上夹河七十里奉天府抚顺界。

其本治疆域，东与东北皆通化，东至旺清门四十里，东北至大辋一百五十里，皆接通化界。南与东南皆怀仁，南至边栅捞挡岭七十里，东南至罗圈沟一百里皆接怀仁界。西抚顺，至救兵台一百五十里接抚顺界西北铁岭，至柳林河子二百二十里接铁岭界北开原，至高尖砬一百二十里接开原界西南本溪，至碱厂一百二十里接本溪界纵一百九十里，广二百六十里。

兴京城在治西三十里，协领驻之。副都统驻永陵

村屯总一百八十，分路八：曰中路，首新宾堡，即治所大村屯七。乡土志作七界，又谓之牌，实即大村屯。曰东路，首白旗堡，治东十五里大村屯二十一。曰西路，首陵街东堡，治西四十里大村屯三十一。曰近西南路，首苇子峪，治西南一百五十里大村屯二十。曰偏西南路，首南章党，治西南二百一十里大村屯十四。曰远西路，首石棚子，治西一百七十里大村屯十二。曰近西北路，首木奇，治西北一百七十里大村屯二十。曰北路，首罕羊，治北一百二十里大村屯二十四。

其险要，旺清边门、永陵街东堡、治西四十里，驻中路第五营。马圈子、治西南一百四十里，右路巡防队第三营右哨分驻。苇子峪。治西南一百四十里，右哨分驻。

其邮驿道路有文报分局一、接递兴京境内衙署、局所与各处往来公文。邮政局二、一陵街西接营盘东接新宾堡，一新宾堡东接通化。官商路四、一由治所东北头道沟至金厂赴通化，一由治所西南二道河至苇子峪赴本溪，一由治西永陵西堡至五龙沟赴抚顺，一由二道河南至捞当沟岭赴怀仁。旧设铺司六。城内一，城西七十五里木奇一，城南三十里老城一，又南三十里大呼伦一，又南八十里洼子岭入凤凰境一，城东三十里旧门通怀仁一。

山之著者：永陵启运山、治西北十里偏岭、治东北八十里分水岭、治东北六十里一面山、治东北六十里尖山、治东北一百二十五里双龙山、治西北一百三十里铁贝山、治西北一百二十里双岭、治西南一百七十四里杜栖岭。治西南一百九十里

水之著者：浑河、导源治西北滚马岭西北，流经错草沟西，一水自边沟东来注之。又西经转湘湖北，小东河自南注之。又西北经钓鱼台东北，小来河自西合马鹿沟水、大

东河来注之。又北经中寨子、马前寨子西，英额河自东来汇。又西迤北经高尖砬子、上烟沟子北，又西一水自东南来注。又西迤南经高力屯北，罕羊河合一水自东南来注。又西经大东沟北，杨木沟水自南来注。又西经大西堡东，样子沟水自东南来注。又西迤北经滩州北，又西迤南经北甸子北，一水自南来注。又西迤南至二伙洛南入抚顺境。经腰堡南，苏子河汇之。按：浑河当从水道提网，以苏子河为南源，英额河为北源。今地图浑河出滚马岭者，乃入英额河之别派，不得为正源，今姑仍之。苏子河、导源治东南分水岭西北，流经张家堡子北，张阴河自东北注之。又西北经新宾西堡北、府治南、蓝旗庄子北，呢马兰河自北注之。又西经网户屯南，章京水自北注之。又西经石厂南，又西经兴京城北，索尔科河合里加河自东南注之。又西经永陵东堡南，又西经多木伙洛阿、伙洛北，又西北经木奇南，一水自西南注之。又西经本家屯河大堡北，又西迤南经姚家堡南、夹河东，又西北经柳树沟东，又西北至龙凤沟东入抚顺境。尼马兰河、亦名尼马腊河。导源治东北老冈，西南流入苏子河。索尔科河、导源治东南陀和罗岭、东北流，罗圈沟水自南注之。又东北经边沟北、红旗南，哈尔萨河自东南注之。又东北经于家堡子东，里加河合加哈河自东南注之，为二道河子。又北至温家窑东入苏子河。哈尔萨河、导源治南哈尔萨山北，流经大小石头沟东，又西北入索尔科河。里加河、导源治东南里加峰，西流经赵家堡、查家堡、宋家堡、朱家堡北，加哈河自捞当岭南来注之。又西北至老城沟北，入索尔科河。英额河、导源海龙府英额门西南，流至治北七道河子入境。西流经孤成子南、八家子、马前寨子北入浑河。其北岸为开原县。太子河、导源治西南平顶山东麓，西流经石砬子北，一水自南来注。又西北经草盆沟，上北苇子峪河自东北来注，西厢通沟水合一水自西北来注。又西经草盆沟北，一水自南来注。又西经小灰河北，一水自南来注之。西经太资城北入本溪界。旺清河。北源出治北老冈东南，流至榛子沟西，车道沟水自东北注之。又东南经砬子沟西、窖坑水自东来注。又南至前樟子圈西南，旺清河正源自四道岔西南流，合西沟水。西南穿柳条边西流，迤北经旺清门南、西流来汇旺清河。又东南经江东、江西二村之间，郭家堡子水自西来汇。又东南经依木树东南，一水自西北来注。又南经罗圈沟东，夹皮沟水自西合五道沟水来注。又南入通化境。

其田，民地一千五百五十八亩八分二厘五毫。

其矿，金、一治北石庙子村南山，一治北肥牛村东山，一治北滩州堡子村西河埃，一治西南夹河村北河套，一治西南八宝沟村南河套，一治北湾甸子村东山。铁、一治西杨木子村南山，一治西下夹河村南山。煤。一治西石门寨村南山，一治西土沟子村西岭，一治西新屯村西山坡，一治东北蜂蜜沟村南山，一治西马架村北山，一治西龙补坎村南山，一治西打莺咀子村南。

其户，三万四千四百一十有九，口二十八万三千七百七十九。

衙署四抚民同知一、经历一、副都统一、协领一。

局所六巡警总局一、税捐局五。

学堂一百四十七。

祠庙寺观六十、教堂八基督七，天主一。

按宣统元年三月十六日会议政务处议奏，徐世昌请升兴京厅为兴京府与凤凰厅同受兴凤道管辖。伏查兴京为周秦肃慎故地，唐置燕州明建州卫，我朝以发祥重地，尊为兴京。近复内政外交日形重要，允宜升为府治。以资控制。奉旨依议。

兴京城守八旗外城疆域所属抚顺交界在内东至旺清门六十里兴京界，西至镰刀湾二百五里外为盛京城界，南至四方台一百七十里凤凰城界，北至撒克禅一百二十里浑河北开原城守界，东南至陡岭边三十五里兴京界，西南至平顶山一百九十里辽阳城守界，东北至英额一百五十里外开原城守界，西北至年马州一百七十里开原城守界，西北至盛京城二百五十里。所辖旗地六十万五千一百五十八亩九分三厘二毫。

通化县，府东南二百二十里，西北距省五百二十里，光绪三年二月分岫岩东边地设县，治头道江，隶兴京同知。光绪三年正月十一日署盛京将军崇厚奏，拟于头道江添设一县，名曰通化县。设巡检一员，管典史事。寻部议，隶兴京抚民同知。吏部则例，通化县作为繁疲难题调边要之缺。宣统元年改府，仍隶。

县治当佟佳江之北，城周三里，门三，光绪四年奏修。右路巡防队步队第四营驻之。

其疆域，东临江，至红土崖河一百二十里接临江界西与西北皆府境，西至富尔江沿一百六十里，西北至苇塘沟一百二十里，皆接兴京界。南与东南皆辑安，南至板庙岭三十五里，东南至红土崖河里，皆接辑安界。北柳河，北至龙冈九十五里接柳河界。东北吉林，至哈泥河一百五十里接吉林界西南怀仁，至富尔江一百二十里接怀仁界纵一百里，横二百三十里。

村屯总一百三十五，分领以二十四保。东路保三：曰大生，县东五十里村屯七，首小庙沟。曰道生，县东六十里村屯二十，首四道江。曰德生，县东一百二十里村屯十，首六道江。南路保六：曰恒聚，县南十里村屯五，首庙儿沟。曰安聚，县西南七十里村屯二，首高力墓子。曰庆聚，县西南九十里村屯三，首岗山二道沟。曰乐聚，县西南一百二十里村屯五，首岗山头道沟。曰东普聚，县西南九十里村屯二，首分磨齿子。曰西普聚，县西南九十里村屯三，首三道沟。西路保十一：曰怀教，县西三十里村屯四，首大石棚子。曰迪教，县西三十里村屯四，首蛇蛄河子。曰承教，县西七十里村屯三，首快当帽子。曰崇教，县西七十里村屯五，首金斗火洛。曰率教，县西一百里村屯五，首二道河。曰从教，县西一百四十里村屯五，首大蜂蜜沟。曰明教，县西一百六十里村屯三，首三棵榆树。曰正教，县西一百六十里村屯三，首碱厂沟。曰文教，县西一百六十里村屯二，首厂碱。曰垂教，县西北一百八十里村屯三，首苇塘子。曰修教，县西北一百五十里村屯三，首增盛沟。北路保四：曰训养，县北九十里村屯十二，首半截荒沟。曰遵教，县西北六十里村屯十，首二蜜葫芦。曰卫养，县西北一百二十里村屯六，首拉古河。曰服养，县西北一百二十里村屯七，首大挠钩。

其险要，三棵榆树、县西从教保，税卡。红石砬子、县东德生保，税卡。南冈镇。税卡

其邮驿道路有文报分局一、接递通化县境内衙署、局所与各处往来公文。邮政局二、一县城东关，一八道江。官商路五、一自县西快当帽子渡富尔江赴兴京，一至快当帽子至南冈山岭赴怀仁，一由县东渡浑江至八道江逾红土崖山赴临江，一由县南渡通加江至夹皮沟逾苇沙河岭赴辑安，一由县北官道岭逾马鹿沟岭赴柳河。旧设马拨十。本城一、自城西三十一里至哈马河一、又西十里快当帽子一、又西六十里英额布一、又西四十里欢喜岭一、又西二十里半截拉子一、又西十里入兴京境是为赴省驿路、由快当帽子左分支路至高丽墓子二十里一、又西南三十八里头道沟一、又西十里入怀仁境。

山之著者：龙冈、县北七十里元宝顶山、县西北九十里椅子山、县西北六十里红土崖山、县东六十里喀巴山、县西北九十里金斗山、县西北七十里牛心顶子。县西南八十里

水之著者：佟家江、亦曰通家江，今曰浑江。自临江西南流至板石沟山入境，距城一百三十里。西南合红土崖河。又西大板石沟河、库仓沟河自北来注。折北流，金坑河自南来注。复西流，北过德生保之八道江北，又西青沟子河自北来注。迤南流南合通沟河，北合揪皮沟河。又西南合野鸡背河、大横道河，北合黑瞎子沟河、寒冲沟河南流，南合小横道河。又西南流，北合小干子沟河、南合倒青沟河迤北流，北合十八眼井河，折西南流，北合大泉眼河、南合罗圈头道沟河，经四道江南，南合大罗圈沟河、

小罗圈沟河。又西南经三道江北，南合三道沟水。又西经二道江北，哈泥河自西北来注。折南经县治东，大荒沟水自南来注。折西南经县治南庙儿沟水自南来注。折西迤北经县治西南，一水自北来注。又西迤南经河口东，加尔图库河自西来注。又西经龙头、太平沟东，苇沙河自东南来注。又南迤西经江甸东，大苇沙河自东南来注。又西南经霸王槽西，富尔江自西汇之，入怀仁县境。其左岸为临江县境。按水道提纲，佟家江即古盐难水，红石河即今红土崖河，哈尔敏河即哈泥河，加尔图库河与今名同，吴儿江即富尔江。富尔江、即加浑河，又名吴儿江。导源兴京东北龙冈大石砠子，东南流，右岸为县境，其左岸则兴京境。经贾南沟、曲柳川西，又南经古庙沟西，衣密苏河自东北合三棵榆树水注之。折西南入旺清门，又南左合一水经小荒沟西，又南入怀仁境。哈泥河、即哈尔敏河。导源县治东北之训养保北岭西南，流经大石沟南，其北合一水。又西经砬子沟、三岔河南，又西南经五道江北，折西迤北，经小青沟南，其北合一水。又西南至青沟门南，二泥河自西注之。又南经县治东北入佟家江。大罗圈沟河、导源县东南珠鲁木克善峰，北流合十二、十一、十道、九道沟诸水。又北合大挠头河。又北经大罗圈沟、六道沟东，右合一水。又北经大平川东，左合一水。又北经鸭子固西入佟家江。额尔民河、即哈马河。导源县西北，东流经二泥台南，一水自北注之。又东南至二泥河口，入哈泥河。小罗圈沟河、导源县东南新开岭北，流经小罗圈沟村东，又北经大砬子沟东，又北经乱泥塘东，鸭子固，入佟家江。加尔图库河、即拉蛄河。导源县西北龙冈东，流经暖泉北，又东南经闹沟东，左合一水。又南经拉子沟西，左合一水。又南经拉古河西，又南经高力城北，一水西南来注之。又东南经拉缝南、快代帽北，一水北来注之。又东入佟家江。红土崖河、导源县东南五羊岔北麓，东北流经红土崖南，又东北经三羊岔、二羊岔、林子头北，又北左合一水，又北右合一水。又北经红石砬西入佟家江。衣密苏河。导源县西北山南，流经下马道东，又西南经大青沟南、衣木树北，又西南经石庙沟南，一水自南注之。又西入富尔江。

其田，民地二十万零一千八百六十三亩六分。

其矿，金、已办者，大庙沟、二道沟。未办者，大梨树沟、稠李井子、通天沟、八道江、热水河、小乾沟、六道江、黑熊沟、三棵榆树、大蜂蜜沟、三道沟、帽儿山、双道沟。银、未办者小庙沟、六道江、黑熊沟。铁、未办者，罗圈集、大荔子沟。已办者，罗圈三道沟、二道沟。煤、未办者小罗圈沟小西岔、大梨树沟、罗圈沟、西山冈、半截河、鹿尾林。炸、已办者五道沟、四道江大罗圈沟、二道沟、未办者砬子沟。

其户，一万四千八百零八，口八万九千九百五十一。

祠庙寺观六、教堂二基督一、天主一。

衙署三知县、巡检、八道江巡检。

局所巡警总局一、分局、税捐局卡五。

学堂二小学。

其分防有八道江巡检。光绪三年七月署盛京将军崇厚等奏，设通化县帽儿山巡检。二十八年六月盛京将军增祺等奏，旧设帽儿山巡检移驻八道江，仍归通化县辖。在县东一百二十里，西接七道江，东接红土崖达临江。今八道江巡检改隶临江。

怀仁县，府东南一百八十里，西北距省五百里。光绪三年二月分岫岩东边地设县，治六道河。阁钞，光绪三年二月署盛京将军崇厚等奏，拟于六道河设一县，名曰怀仁。县委员试署并设巡检，归兴京管辖。寻部议，隶兴京同知。隶兴京同知。阁抄光绪三年七月崇厚等奏，怀仁县作为疲难升补边要中缺，加理事通判衔。县西近边之四平街，距县约二百里，向为盗贼渊薮，拟设巡检一员。宣统元年改府，仍隶。

县治当佟家江之南、东、北三面，城周二里。街巷十一，光绪四年奏建。

其疆域，东辑安，至刀尖岭一百二十里接辑安界南宽甸，至长岭一百二十里接宽甸界西府境，至窟窿榆树一百五十里接兴京界北通化，至冈山一百里接通化界纵二百二十里，横二百二十八里。

村屯总八百六十有六，分领以三十六保。首曰城关镇，村屯九。东曰雍和，村屯三十一，首曲里川。城东十五里曰熙和，村屯六十，首马大营子。城东三十里曰东朋亲，村屯八，首长冈。城东十五里曰恒亲，村屯十三，首莺莺沟。城东六十里曰东时和，村屯五十五，首头道阳岔。城东南五十五里曰永和，村屯八，首下长岭子。城东南一百里曰煦和，村屯五十八，首马圈。城东南四十五里南曰群乐，村屯三十三，首大雅河口。城南十五里曰丰乐，村屯二十二，首里爬宝山。城东南二十五里曰普乐，村屯十三，首一面城。城东南四十五里西南曰恺乐，村屯十九，首真李头。城西南八十里曰平乐，村屯二十八，首月亮泡。城西南二十里曰衎乐，村屯十九，首柞木台子。城西南一百三十里曰体乐，村屯十三，首大川。城西南一百九十里曰胥乐，村屯二十五，首小孤山子。城西南二百里曰昌乐，村屯十八，首大阳沟。城西南一百七里曰肇康，村屯十四，首西甸子。城西南四十五里西曰太康，村屯二十六，首六道河子。城西十里曰寿康，村屯十六，首三道河。城西四十五里曰蕃康，村屯十六，首三户来。城西七十里曰降康，村屯十，首石岭。城西八十里曰长康，村屯二十一，首兰枝沟。城西一百八十里曰睦亲，村屯十六，首花尖。城西十九里曰常亲，村屯十九，首二棚甸子。城西一百九十里曰锡康，村屯二十七，首大恩堡。城西九十里西北曰朋亲，村屯二十九，首北匾石哈达。城西北十里曰周亲，村屯四十八，首大川。城西北五十里曰因亲，村屯十二，首黑石头。城西北一百十里北曰洽亲，村屯十七，首热闹街。城北七十里曰咸亲，村屯十三，首响水河子。城北一百二十里曰同亲，村屯十二，首曲麻菜沟。城北一百里东北曰惠亲，村屯二十二，首上洼泥甸。城东北七十里

其险要，沙尖子、城东南七十里响水河、城北一百二十里砍椽沟、城南七十里马鹿泡、城西南一百四十里花尖子、城西九十里老黑山。城东一百三十里

其邮驿道路有文报分局一、接递怀仁县境内衙署、局所与各处往来公文。邮政局一、官商路七、一由县东头道岭至四道岭子赴辑安，一由县西官渡口至捞当沟岭赴兴京，一由县南匾石哈达至砍椽岭赴宽甸，一由县南匾石哈达经红石砬子至硷厂边门赴本溪，一由县北通天岭官渡至石庙子赴兴京，一由县西北巨流河经富尔江渡口至冈山岭赴通化，一由岗山岭至大小横道河子赴兴京旺清边门。旧设马拨十一、城内一、县东北三十里三层砬子一、又三十里二棚甸子一、又四十里猪胡子沟一、又三十里恒道川一、又三十里长春沟一、接通化县、西南三十里大雅河一、又西十里前牛毛一、又三十里大清沟一、又三十里，砍椽沟一、又四十里，挂牌岭一，接宽甸。

山之著者：头道岭、县东十里三层砬子、县东十五里二道岭子、县东二十里四道岭、县东二十五里杉松背、县东九十八里驼道岭、县东一百有八里刀尖岭、县东一百三十里老黑山、见前鸡冠砬子、县东四十五里松树乱盘岭、县东五十五里古马岭、县东六十里石头乱盘岭、县东七十里葡萄架岭、县东一百有五里挂牌岭、县东一百四十里东瓜岭、县东一百四十五里鸭头岭、县西一百三十里孔家岭、县西一百二十里平顶山、县西一百二十里老秃顶子山、县西一百四十里木盂子、县西百里捞当沟岭、县西一百十五里砍椽沟岭、县东南八十里老岭、县南一百七十里通天岭、县北三里关门砬子、县北四十三里双岭子、县北五十二里新开岭、县北一百一十里腰岭、县北一百三十五里岗山岭。县北八十里

水之著者：佟家江、自辑安怀保性沟门西南流至富尔江口北入境。又南富尔江自西北注之。又西南流经莲花泡西，北横道川水南来注之。又西迤北经高力墓子北，又西迤北经关门砬南，又西南经县城西，六道河西来注之。折东南经县城南，又东南经筒山东，大雅河西来注之，为雅河口。又南迤西经大泉眼、滴水砬东，又南经闹枝沟、老人沟西，其东岸为宽甸境。又折东南经楸皮岭、五羊岔南，又东北上漏河之水北来注

之。又东经石龙南，折东南经里岔沟北，里岔沟水东北来注之。又东南经邯郸岭、老黑山北入辑安境。富尔江、自兴京东旺清门东南流入境。经碱厂沟东，又东南经拐磨子南，巨流水自北注之。又东经热闹街南，大荒沟、老黑背北，至富尔江口入佟家江。六道河、南北二派：北源导源县西北捞当沟岭南麓，东流经横道河东南、高台西，一水北来注之。又东经花尖南、柳林子北、拉古甲西南汇南源。南源导源县西北了头岭东麓，东流经钓鱼台南，又东经川里南，折东南经大花街西，又东南经柳林子，折东北汇北源为一。又东南经拉古甲南，又东南经四道河西，响水河、六道河、北荒沟南，一水自北注之。又东南入佟家江。大雅河、导源县西南老岭东北，流经柞木台北，又东北经川头南，折东南经长嘴北，又东董鄂河自北注之。又东南经干石岭南，又东南经磨子沟南，磨子沟水北来注之，砍椽沟水南来注之。折北而西经车毂沟东南，又北迤东经前牛毛南，前牛毛沟水北来注之。又东经拐磨子南，大子沟北，又东北经雅河口东，一水西来注之。又东北入佟家江。上漏河、导源县东南影壁山南，流经三羊岔、五羊岔东南入佟家江。里岔沟河、导源县东南双岔头西麓，南流经大金沟、邯郸岭西、里岔沟东南入佟家江。太子河。导源县西南老岭西北麓，西南流经徐大沟南，一水南来注之。又西经大秧南，一水自北注之。又西经碱厂门南，一水东南注之。又西入本溪境。

其田，民地三十一万一千六百八亩五分五厘。

其矿，金、老黑山、小东沟、木盂子、坑坑火洛。银、大东沟。铜、门转子坡。铁、三道阳岔、古马岭。铅、老莺沟、砬子沟、狍鹿沟。煤、上漏河、南干沟子、凉水泉子、红铜碑、林子南盘岭、葡萄架岭、小东沟、大东沟、木盂子。炸、石灰窑子、四平街子。石棉夹道子、大雅河。

其产，林、牛毛岭、大青沟、马圈子、北岔沟、大荒沟。鱼细鳞、鳌花、重唇等鱼。佟家江、富尔江。丝、出雍和、熙和、大康等保。参、杉松背皮、貂、水獭、狐貉。药材

其户，二万一千三百二十六，口十四万二百四十三。

衙署三知县一、典史一，光绪二十九年奏建。四平街巡检一，光绪四年奏建。

局所十七巡警总局一、分区十六。东路：二道甸子、横道川、马圈子、沙尖子。南路：前牛毛、八里甸子、四平街、大阳。西路：二户来、花尖子、孔家岭、恒道河。北路：拐磨子、富尔江口、腰岭子、罗圈沟。

学堂三十皆小学。

祠庙寺观三十三、教堂基督、天主。

辑安县，府东南四百二十里，西北距省八百二十里，光绪二十八年六月分通化、怀仁两县地设，治通沟口。二十八年六月一日盛京将军增祺等奏，兴京同知所辖怀仁县南界、宽甸西界、兴京北界、通化东与朝鲜一水之隔，接界几二百里。韩民越垦，交接日繁。拟于通沟地方添设县治，名曰辑安县。设知县、典史各一。其旧设通沟巡检移驻岔沟门，归管辖。划通化县属之滋生等六保、怀仁之祥和等五保隶于县治。九月十九日委候补知县德恺试办设治事宜。二十九年九月七日增祺等奏，辑安县定为疲难沿边题调要缺。隶兴京同知。宣统元年改府，仍隶。

县治当鸭绿江之西及北。城光绪四年建。

其疆域，东北临江，至错草沟二百二十里接临江界北通化，至板庙岭一百九十里接通化界西怀仁，至荒岔沟一百八十里接怀仁界西南宽甸，至杨木林子一百四十里接宽甸界东与南皆韩境，东至良民甸子一百里，南一里渡鸭绿江，均接韩国界。纵一百九十里，横三百七十里。

村屯总一百五十，分领以十一保。东曰祥和，村屯十一，首黄柏甸子。城东七十里东北曰太和，村屯十二，首大水堤台。城东北一百四十里北曰蕴和，村屯十八，首羊鱼头。城东二十里西曰致和，村屯十五，首江沿。城西五十里曰融和，村屯十六，首台上。城西八十里西南曰冲和，村屯十五，首荒岔。城西南九十里西北曰东咸聚，村屯十一，首黄崴子。城西北一百七十里曰西咸聚，村屯四，首花甸子。城西北二百里曰民聚，村屯二十七，首东横路。城西北一百五十里曰永聚，村屯八，首二道崴子。城西北一百八十里曰同聚，村屯十三，首霸王朝。城西北二百二十里

其险要，黄柏甸子、见前东冈、城东富有街、城西南榆树林子、城西南台上、城西北报马川、城西北头道崴子、城西北新开河。城西北

其邮驿道路有文报分局一、接递辑安县境内衙署、局所与各处往来公文。官商路四、一由县东冈至错草沟赴临江，一由县北山城子至大川达蚂蚁河口至板庙岭赴通化，一由县西南至杨木林子运河口富有街赴宽甸，一由县西板岔沟至富有街逾挂牌岭赴怀仁。步拨十城关一、城北六十里同和岭一、又五十里梨树沟一、又五十里苇沙河一、又五十里二道崴子一、又五十里夹皮沟一接通化、城西五十里五道岭一、又五十里皮条沟一、又五十五里怀仁上漏河一、又五十里二棚甸子一，接怀仁。

山之著者：老岭冈、自长白山南麓分枝至错草沟入境。在县东北。大荒沟岭、县东三十五里小青沟岭、县西北三十里八宝沟岭、县西北六十里丸都山、县北十里同和岭、县西北六十里板石岔岭、县西北四十里大青沟岭。县东北六十里

水之著者：鸭绿江、自临江山城子西南错草沟流入境。向南迤西，经大水堤台、揪皮沟东，又西南经上套、蒿子沟、羊鱼头东，羊鱼头水、东冈水自北来注之。又西南至县治南迤西与通沟河会。又西南经麻线沟、火龙盖东，一水自北来注之。又西经样子沟、榆树林南。一水自北来注之。又西南经凉水泉南，一水自北注之。又西南经岔沟门东，岔沟水自北注之。又西南至混江口入宽甸境。佟家江、自通化西南流至太平沟东入境。南流经县西北头道崴子西，苇沙河合小苇沙河东南来注之。又西南左合荒沟水。又南迤西经霸王朝西，新开河自南注之。又西迤北经高丽墓北，又西南至甲乙川，经大堤山北麓入怀仁境。又自怀仁东流至古马沟，复入县境，至混江口汇鸭绿江。新开河、导源县西北八宝山同和岭，西南流经王娑岭南麓，迤北又西南折而东北，流经大荒沟东南，至怀保信沟门入佟家江。大苇沙河。导源县东南天桥沟，西北流左合一水。又西北经龙爪沟北，又西北左合一水。西北经蚊子沟西、东横路东，左合一水。又东经大荒沟、南大川，一水西来注之。又东蚂蚁河南来注之。又东经三道崴北，又东北经头道崴西，小苇沙河东来注之。又东北入佟家江。

其田，民地十一万五千七百十七亩五分。

其矿，金、已办者，报马川、阳岔、长冈。未办者，外岔沟、旗杆顶子、大小崚子、梨树沟。银、未办者，霸王朝、山城子、凉水泉子、下羊鱼头。铅、未办者，上羊鱼头、矿峒子。炸未办者小苇沙河。

其产，林、鱼、参。

其户，一万七千四百四十四，口十万七千七百六十七。

衙署二知县一、典史一。

局所六巡警总局一、分局四：良民甸子、横路、高丽河、外岔沟门。税捕局一。

学堂一小学。

祠庙寺观九、教堂四基督。

其分防，有岔沟门巡检。光绪三年七月署盛京将军崇厚等奏，设怀仁县通沟口分防巡检。二十八年六月增祺等奏，旧设通沟口巡检，移驻岔沟门，归县管辖。在县西四十里。

临江县，府东南五百九十里，西北距省九百五十里，光绪二十八年六月分通化县地设，治帽儿山。二十八年六月一日盛京将军增祺等奏，兴京府所属通化县境广约六七百里，袤三百余里，东南与朝鲜只隔鸭绿一江。拟在帽儿山添设一县，名曰临江县。设知县、典史各一员。自红石砬以东均隶临江县治。七月四日，委试用知县吴光国试办县治事宜。二十九年九月七日奏，临江、辑安两县均与朝鲜一江之隔，临江县北与吉林接界，土旷人稀。拟定为疲难边要调缺。隶兴京同知。宣统元年改府，仍隶。

县治当鸭绿江之北头、二道沟之间，分驻巡防队右路步队第四营。宣统元年三月，设临长海道驻之。辖长白一府、海龙府全属。临江、辑安、通化三县未行。

其疆域，东与东南、东北皆长白，东至八道沟漏河二百四十里，东南至八道沟门一百八十里，东北至八道沟掌四百五十里，皆接长白界。南鸭绿江，至鸭绿江一里接韩国界西南辑安，至错草沟沟门七十里接辑安界北及西北皆通化，北至龙冈六十里，西北至红土崖一百五十五里，皆接通化界。纵五六十里，横二百五十里。

村屯总一百，分领以四保。附治曰洪生，村屯二十三，首二道沟。城东二里曰荣生，村屯二十二，首羊鱼头。城东南二十五里曰富生，村屯九，首小黎子沟。城西四十里曰壬生，村屯四十六，首老爷岭。城西北八十里

其险要，西桦皮甸子、县东南一百二十里东桦皮甸子、县西南一百三十里苇沙河、县西南六十里林子头、县西南一百二十里上山岔、县东北一百六十里下山岔。县西北一百八十里，分驻第四营左哨。

其邮驿道路有文报分局一、接递临江县境内衙署、局所与各处往来公文。邮政局、西北接通化官商路五。一由县东二道沟至八道沟赴长白，一由县西北头道沟至四平街赴吉林，一由头道沟西北经椴抱松岭至红土崖赴通化，一由县西南大栗子沟至上套赴辑安，一由二道沟东北至闹枝沟赴吉林汤河。

山之著者：搽牌骨岭、县东南二十里桦皮甸子岭、县东南七十里五道砬砬岗子岭、县东南一百三十五里夹皮沟岭、县东南一百六十里驮骡腰子岭、县东南一百七十五里帽儿山、县西三里望江楼岭、县西二十里大梨子沟岭、县西七十里错草沟岭、县西北五十里椴抱松岭、县西北八十里五台山、县北四十里闹枝沟岭。县北六十里

水之著者：鸭绿江、自长白府八道沟西北流入境。又西北七道沟水自北注之，又西北六道沟水自北注之，又西北五道沟、四道沟、三道沟水皆自北注之。又西经县治南，又西南经苇沙河口北，错草沟水自北注之。又西南入辑安境。佟家江、导源县西北一百五十里三岔子，即长白山西南分水岭。分四源：正支南流至三岔子南，西北一源自西北岔右合西南一源汇之，又南经卢家堡北左合东南一源，西流至泥鳅沟北，又西南红土崖河自南注之。入通化境。红土崖河。导源通化东北，流至林子头北，左岸为县境，其右岸则通化。椴抱松岭水东来合黑熊沟水注之。又北经红石砬子西入佟家江。

其田，民地三万六千一百七十一亩四分。

其矿，金、都泉、三五道羊岔、三道沟、二道沟、石灰沟、王家营、滚马岭、闹枝沟、十二道沟、下红土崖、夹皮沟、河口。银、石灰沟、苇沙河、二道沟。铁、大栗子沟、两江口上面。铜、六道沟煤、老岭庙炸、已办者，三岔子。未办者，四道沟、小东沟。

其产，林、松、柞、椴、楸之属。鱼、细鳞、鲨、鲍。参、药材

其户，一千七百八十六，口九千五百五十一。

衙署二知县一、典史一。

局所七巡警总局一、分局六：四平街、桦皮甸子、驮骡腰子、苇沙河、林子头、老爷岭。

学堂三

祠庙寺观

按：宣统元年三月二十七日，东三省总督徐世昌奏，临江县长生、庆生二保，既割属长白，左臂不足以展舒，且全境皆山，筹备边防，深虞棘手。拟析通化以东德生一保，划归临江，以保界为界。该保民稠地沃，堪补临境偏枯。奉朱批，该部知道。

又按：宣统元年二月三十日，东三省总督徐世昌奏，划东边道东境于兴京至临江县，添设道员一缺，辖长白一府、海龙府全属，临江、辑安、通化三县，名曰临长海等处分巡兵备道。三月十六日，会议政务处议行。

凤凰直隶厅，明东宁卫之凤凰城堡及盖州卫之岫岩等城堡地。按：明凤凰城、叆阳堡、通远堡，今凤凰厅地。岫岩堡，今岫岩州地。镇江堡，今安东县地。新甸、宽甸、长甸、永甸等堡今宽甸县地。国朝天命六年三月下辽阳，凤凰镇东堡、叆阳堡、镇江、汤站堡、新奠、宽奠、大奠、永奠、长甸均降。顺治元年八月丁巳，以拜褚喀为凤凰城城守官，青善为岫岩城城守官。乾隆三十七年设岫岩城理事通判，道光七年改为岫岩凤凰城海防通判。会典，乾隆三十七年设岫岩通判一人，兼理凤凰城。道光七年改为岫岩、凤凰城海防通判。光绪二年正月设今厅，治凤凰城。并改岫岩为州，增设安东县隶之。三年正月设宽甸县隶之。册档，光绪二年正月二十四日，署盛京将军崇实奏，凤凰边门控制东路，最为扼要。民署巡检向归岫岩厅兼辖，相距过远，鞭长莫及。拟将凤凰城巡检一缺改为凤凰厅直隶同知。分岫岩厅洋河以东凤凰城守尉地面，以及将来边外下游再设州县，悉归管辖。大东沟上至叆河，下至广土山，北至凤凰边门，南临海口，长几二百里，宽亦八九十里、百数十里不等，且系朝鲜贡道，拟于该处添设安东县。镌理事通判管安东县知县事，木质钤记一颗，饬委候补知县张云祥暂行试

办。并派巡检一员，另发钤记，随同前往，俾资佐理。至岫岩厅本系抚民通判，亦应改为理事通判管知州事，并安东县统隶凤凰厅属。奉上谕，崇实等奏边外善后事宜遵旨试办一折，大东沟等处添改厅县各缺，即照所拟，权宜试办。吏部则例，凤凰直隶厅同知作为冲繁难题调要缺。阁钞光绪三年正月十一日，署盛京将军崇厚奏，拟于六甸之宽甸添设一县，名宽甸县。即与已设之安东县及边内所设之岫岩州，统归凤凰厅管辖。寻吏部等部议允行。领州一、县二。光绪三十一年十一月，约为商埠。

厅治当草河之南，安奉铁路之西，凤凰门之西北，城周三里八十步。乾隆四十三年修。东有车站。巡防队右路步队第五营驻之。省东南四百八十里，西北至京师一千九百八十里，东至佟家江口四百五里，接兴京辑安县界，西至魏家大岭二百六里奉天府盖平县界，南至窟窿山一百九十里海界，北至草河口一百二十里奉天府本溪县界，东南至鸭绿江一百三十里朝鲜界，西南至黄土坑一百六十五里庄河厅界，西北至云峰岭一百二十里海城县界。

其本治疆域，东与东北皆宽甸，东至边栅七十五里，东北至叆阳门一百八十里，皆接宽甸界。南海，一百八十里东南安东，至东柞木山一百八十里接安东界西岫岩，至哨子河一百四十五里接岫岩界西南庄河，至黄土坑一百六十五里接庄河界北本溪，至草河口一百二十里接本溪界西北海城，至云峰岭一百二十里接海城界纵三百一十里，横二百二十里。

村屯总五百九十四，分领之以八十三牌。在东者：曰顶天山，厅东五里村屯九。曰赊屯，厅东二十里村屯八。曰白庙子，厅东七十里村屯十二。曰唐伴城，厅东六十里村屯八。曰石桥子，厅东三十里村屯七。曰大堡，厅东四十里村屯十。曰石头城，厅东六十里村屯十二。在东北者：曰达子崖，厅东北四十里村屯六。曰老边沟，厅东北七十里村屯八。曰佟家窝堡，厅东北九十里村屯六。曰鸽子洞，厅东北一百一十里村屯八。曰马鹿甸子，厅东北六十里村屯十四。曰三岔子，厅东北一百六十里村屯四。曰南荒地，厅东北一百七十里村屯四。曰梨树甸子，厅东北一百九十里村屯五。曰三道沟，厅东北一百八十里村屯四。曰叆阳城，厅东北一百八十里村屯一。在北者：曰蘑菇岭，厅北二十里村屯四。曰雪里站，厅北四十里村屯九。曰三城子，厅北六十里村屯十。曰金家河，厅北八十里村屯七。曰通远堡，厅北一百里村屯九。曰草河口，厅北一百二十里村屯三。曰北三家子，厅北一百七十里村屯七。曰北长山子，厅北一百七十里村屯六。曰下草河，厅北一百四十里村屯八。在西北者：曰伟山河，厅西北一百八十里村屯十一。曰樱桃园，厅西北二百里村屯十。曰石庙子，厅西北一百八十里村屯八。

曰松树嘴，厅西北一百九十里村屯五。曰三家子，厅西北二百里村屯七。曰七通碑，厅西北二百里村屯七。在西者：曰鸡冠山，厅西五十里村屯十。曰拉古沟，厅西五十里村屯六。曰黄花甸子，厅西北百九十里村屯六。曰张模岭，厅西一百里村屯六。曰大湖沟，厅西一百里村屯十。曰二道洋河，厅西一百三十里村屯七。曰沙金厂，厅西一百四十里村屯十二。曰葛藤峪，厅西一百二十里村屯八。曰小汤沟，厅西一百四十里村屯四。曰大汤沟，厅西一百六十里村屯四。曰尖山窑，厅西一百五十里村屯七。在西南者：曰诗雅甸，厅西南七十里村屯七。曰沙里寨，厅西南一百里村屯六。曰厢白旗，厅西南一百三十里村屯十四。曰土牛子，厅西南一百二十里村屯八。曰曲柳木房，厅西南一百二十里村屯八。曰东土坡子，厅西南一百四十里村屯八。曰龙王庙，厅西南一百四十里村屯一。曰黄土坎，厅西南一百八十里村屯七。曰杨木山子，厅西南一百八十里村屯八。曰五马山，厅西南一百九十里村屯。在南者：曰杨木沟，厅南五十里村屯九。曰双庙子，厅南七十里村屯八。曰四家子，厅南九十里村屯五。曰骆驼岭，厅南一百二十里村屯八。曰小珠山，厅南一百四十里村屯七。曰大珠山，厅南一百五十里村屯六。曰桦木山，厅南一百六十里村屯十二。曰太平山，厅南一百五十里村屯三。曰西尖山，厅南一百五十里村屯六。曰南三家子，厅南一百三十里村屯三。曰依兰苏，厅南一百六十里村屯七。曰双山子后，厅南一百六十里村屯三。曰东尖山子，厅南一百七十里村屯八。曰枣儿沟，厅南一百八十里村屯九。曰兴隆山，厅南一百八十里村屯十。曰北井子，厅南一百九十里村屯二。曰獐子岛，厅南一百九十里，海口分东西岛口。在东南者：曰边门口，厅东南三十里村屯十八。曰马木林子，厅东南一百四十里村屯十。曰背阴寺，厅东南一百六十里村屯十。曰黑鱼泡，厅东南一百六十里村屯七。曰小黑山，厅东南一百七十里村屯六。曰瓦窑子，厅东南一百九十里村屯八。曰石桥子，厅东南一百六十里村屯一。曰长山子，厅东南一百六十里村屯十二。曰谭家屯，厅东南一百六十里村屯二。曰东木柞山子，厅东南二百里村屯五。曰窟窿山，厅东南二百里村屯七。

其险要，凤凰边门、厅东南三十里叆阳边门、厅东北一百八十里梨树甸子、厅东北一百八十里，奉天右路巡防队五营驻厅城，此为是营中哨驻所。黄花甸子、厅西北一百八十里，左哨驻。龙王庙、厅西南一百四十里，右哨分驻。洋河口、下皆海口龙胎河口、北井子、下皆税卡枣儿沟、黄土坎、草河、下皆车站，自北而南，其北接本溪连山关站。通远堡、草河口南林家台、通远堡南秋木庄、林家堡南二道沟、秋本庄南鸡冠山、二道沟南四台子、鸡冠山南凤凰城、四台子南，即厅治西。高力门。凤凰城南，其南接安东汤山站。

其邮驿道路有铁路一，安奉铁路自本溪东南至厅西北分水岭入境，经凤凰城南入安东境，长一百七十里。电线、依铁路设文报站所一、接递凤凰厅境内衙署、局所与各处往来公文。邮政局二、一厅治、一龙王庙。官商路八、一由厅东南蔡家冈至凤凰门赴安东，一由厅西南赴庄河大孤山，一由厅东大隈经佘屯口赴安东，一由厅东大堡经唐伴城、二道沟赴宽甸，一由厅北山台子至赛马集赴本溪，一由厅西北雪里站至草河口赴本溪，一由厅西南大梨树至叶家沟赴庄河，一由厅西二台至马家堡赴岫岩。旧设驿三、自本溪连山关驿东南至厅北通远堡七十里，又南六十里雪里站驿，又南四十里凤凰城驿通韩国界。铺司九。城内一、城东四十五里大堡一、又四十五里台沟岭一、接宽甸城，南五十里黄旗堡一、又南四十五里沙里赛一，接岫岩城西五十里陡岭子一，又西北五十里通远堡一，接本溪城北六十里顾家岭一，又北五十里三家子一，接本溪界。

山之著者：凤凰山、厅东十里蓝旗岭、厅东二十里兴隆山、厅东七十里前后孤山、厅东四十里大黑山、厅北一百里车头岭、厅西北二百里水獭岭、厅西北一百九十里半拉岭、厅西五十里石佛岭、厅西一百里红花岭、厅西一百三十里太华岭、厅南一百三十里黄蘗岭、厅西南一百二十里卧虎山、厅南一百二十里大珠山、厅南一百五十里小珠山、厅南一百四十里太平山、厅南一百五十里边门大山、厅东南三十里长山、厅东南一百八十里东柞木山。厅东南二百里

水之著者：瑷河、自宽甸县流至瑷阳门入境。西南流经铁佛沟、纪家堡东、石头城西，赛马集水西北来注之。又南迤西经大堡、赵家堡、石桥东，草河自西注之。折东南经凤凰门东南至蔡河口入安东境。赛马集河、自本溪西南流入境。迤南经马房东、大坎西，又南至黑沟西南，一水东北来注之。又东南至纪家堡南、大堡北入瑷河。鹏窝河、导源厅西大营子，流至鹏窝堡合杨矮庙河，至大潮沟入瑷河。草河、自本溪县南流入境。经厅治西北，折而西南经艾家屯东，又折东南经青沟东，通远堡河自西北注之。又东南经厅城之北及东南，沙河西来注之。又西至小嵗北入瑷河。通远堡河、导源厅西山羊峪西南，流经通远堡东，折东南，流经林家台东、土门南，金家河右合一水自西南注之。折而北复折东南，经单家河村之西及南，又东南至青沟西厅城北入草河。洋河、导源厅西潘家大岭，东南流至松树沟东南为哨子河，青河北来，南合恒道河西来注之。又东经马家堡、茨儿沟西，又东南经李家堡、叶家堡东，一水自东注之。迤南经沙里寨、龙王庙、大黄土坎东，至礁石入海。其右岸皆为岫岩境。拉古河、导源厅西红旗

岭南麓，西南流至沙里寨北、叶家堡南，入洋河。沙河、导源厅南乾柴岭，南流为伊兰波罗河。会八岔沟、碾子沟诸水折而西南，至龙王庙北入洋河。龙胎河。导源厅东南龙头咀、西南流至沙子冈入海。

其田，民地一十三万五千一百二亩七分一厘三毫五丝。

其矿，金、未办者，弟兄山、白水寺、四门寺、苇山河、凤凰山、张家堡子、高丽门、通远堡、下草河、马鹿甸子、小黄沟。铜、草河岭铅、李家堡子、于家沟。煤。荒沟、梨树沟、新门岭。

其产，盐、厅南窟窿山、五花坨等处。山茧。全境产五千余笼。

其户，四万八百八十有二，口二十五万八千六百五十。

衙署五城内东边道旧署一、城守尉一、城外西南直隶厅同知一、经历一、教谕一

局所巡警总局一、分区八、税捐局一、分卡、交涉局一。

学堂皆小学。

祠庙寺观四十有五、教堂二耶稣一、清真一。

商埠日本宪兵警察署、军队、病院、邮电局。

凤凰城城守东至叆江一百二十里韩国界，西至牛心山二百一十三里海城县界，南至海一百六十里，北至分水岭一百八十里辽阳城守界，东南至义州江一百二十里韩国界，西南至哨子河九十五里岫岩界，东北至孤山一百九十五里兴京界，西北至分水岭一百三十一里辽阳城守界，西北至盛京城五百一十里。所辖旗地四十五万五千一百一十六亩四分八厘八毫。

岫岩州，厅西北一百八十里，北距省四百二十里。乾隆三十七年，以岫岩城设厅。会典，乾隆三十七年设岫岩城理事通判，道光七年改为岫岩凤凰城海防通判。光绪二年正月，改为州。会典，光绪二年岫岩抚民通判改为理事通判，管知州事。署盛京将军崇实等奏，详前会典。光绪四年改岫岩理事通判为岫岩州知州，仍为冲繁疲难调补要缺。隶厅。

州治当雅河之北，哨子河之西，大王河之南，城周二里一百七十四弓有奇。天聪七年三月筑，乾隆四十五年修，光绪三十一年三月署知州张霁重修。

其疆域，东与北及东北皆凤凰，东至哨子河四十里，北至龙头寨百二十里，东北至沙坎五十五里，均接凤凰界。西盖平，至魏家大岭八十里接盖平界南与东南、西南皆庄河，南至大高岭六十里，东南至土城子九十里，西南至二道河子七十五里，均接庄河

界。西北海城，至瓜地沟百二十里接海城界纵一百八十里，横一百五十里。

村屯总一百三十六，分领以八路。正东，村屯十九，首大土岭。城东十里正西，村屯十，首大池沟。城西二十五里正南，村屯八，首洪家堡子。城南十里正北，村屯三十六，首老古岭。城北八里东北，村屯二十二，首兴隆沟。城东八里西南，村屯一十六，首仙人咀子。城西南十里东南，村屯十七，首河夹信。城东南十里西北，村屯八，首阳池沟。城西北三十里

其险要：大高岭、城南六十里虎岭、城东三十里二道沟。城东七里

其邮驿道路有电线、初设邮政局一、州城官商路十、一由州东大土岭赴厅，一由州东南巴家堡赴庄河之孤山，一由州西南排房至二道河子赴庄河，一由州赴盖平，一由州西南汤池沟至蛮古岭赴盖平，一由州北老古岭至松坨子赴海城，一由州东北兴隆沟至槽子峪赴厅，一由州西南仙人咀子至二道河子赴庄河，一由州东南娘娘城至土城子赴庄河，一由州西汤池至蓝古岭赴海城。旧设铺司三。城东六十里哨子河一，城北六十里大偏岭一，又北六十里笨沟二道河子一。

山之著者：虎岭、州东三十里大偏岭、州北十五里蜜蜂岭、州西南四十五里三道岭、州东南一百二十里罗圈背岭。州南八十里

水之著者：大洋河、导源州西北分水岭，东南流经小蘑菇峪、钟家堡北，又东南经沙坎、官家堡、白家堡东，又东南经赵家堡东，又南经哨子河东，右合哨子河。又南经三道洋河、三尖泊东，又南经高家屯、红旗沟东，右合小洋河入庄河界，其左岸为厅境。小洋河、导源州东南枇杷沟黄岭诸山，北流经瓦沟西，折东经样子岭南，又东南经贾宇店南、土城子东，又东南经小甸东、双岭西入洋河。哨子河、导源州西北云风岭，东南经三间房、瓦房店、州城北，右合大王河。折南经州治东南，右合雅河。又东经东林北，白家堡水自北注之。又东至大营北哨子河南入大洋河。雅河、导源州西新开岭东麓，东流经样子沟、巴家堡北，州城南，又东迤北入小洋河。大王河、导源州西北蓝古岭，东南流经石灰窑北、李大堡南，又东南经汤池、虎岭北，瓦房店水西北来注之。又东经州城北入洋河。

其田，民地十万五千一百八十六亩五分八厘四毫八丝七忽四微。

其矿，金、黄石岭子、石灰窑、三道河子、龙王庙、钟家堡子、香炉沟。铁、黑岛煤、石灰窑、三道河子。岩石细玉沟。

其产，林桦柞。

其户，二万六百，口十六万二千八百六十一。

衙署四知州一、学正一、巡检一、城守尉一。

局所五巡警总局一、分区三、税捐分卡一。

学堂五皆小学。

祠庙寺观五十有四、教堂二基督一、清真一。

岫岩城守东至哨子河六十里东凤凰城界，西至棋盘岭六十里盖平界，南至海一百五十里海界，北至分水岭一百五十里辽阳州界，东南至洋河口一百五十里东凤凰城界，西南至毕里河二百四十里西熊岳界，南复州界，东北至东分水岭一百五十里东凤凰城界，西辽阳州界，西北至姑嫂石一百三十里海城牛庄分界，北至盛京城四百二十里。所辖旗地五十万九千七百九十二亩三分零五毫。

安东县，厅东南一百二十里，西北距省六百里，光绪二年正月，分岫岩厅东边之大东沟设县，隶厅。二年正月二十四日署盛京将军崇实奏，详前会典。光绪三年设安东县知县、巡检各一。二十八年约，县治及大东沟皆为商埠。巡防队右路步队第五营、马队第三营分驻之。

县治当鸭绿江之西北岸。

其疆域，东与南皆韩国，东与南至鸭绿江接韩国界西与西北、西南皆厅境西至边壕七十里，西北至凤凰边门九十里，西南至窟窿山边壕百二十里，接厅境。北与东北皆宽甸，北至韭菜园四十里，东北至八家堡六十里，皆接宽甸界。纵一百七十里，横三百六十里。

村屯总一百三十一，分领以四十七牌。正南之牌五，首六道沟。城南十里西南之牌十二，首汤池子。城西三十里正西之牌七，首佛爷岭。城西四十里西北之牌十二，首劈柴沟。城西北十五里正北之牌六，首哈蚂塘。城北十五里东北之牌五，首珍珠泡。城东北十里

其险要，九连城、县东二十五里太平沟、海关税卡赵氏沟、税卡沙河镇、车站、税卡。其南为安东站，右路巡防队第三营右哨分驻。长冈山水口、下皆海口，自西而东。二道桥水口、门坎石水口、大河口、鸭绿江口、五龙背、车站，南接沙河镇。汤山城。五龙背北，又北接凤凰厅高力门站。

其邮驿道路有铁路一、安奉铁路自厅境凤凰边门入境。南经边门口、高丽桥子、唐三城、荒湾子、老古洞、哈蚂塘，至县南鸭绿江岸，韩国义州出境，长一百五十里。电线、自凤凰厅界西南至县太平沟入境，又东南至县治。文报分局、接递东边道安东县

境内衙署、局所与各处往来公文。邮政局、北接厅境，南通太平沟口。一县治，一大东沟。官商路四、一由县东南七道沟至太平沟，一由县北元宝山至中江台赴朝鲜义州，一由县西北岔路至大连泡达凤凰门赴厅，一由县东北石头城至八家子赴宽甸。旧设马拨十一、一在县东沙河镇，一西北二十里高力店，又二十里营台子，又二十里汤山城，又三十里边门口。一县西南白菜地，又三十里石桥，又三十里大东沟。又县北二十五里中江台，又三十里大楼房，又三十里老边墙。

山之著者：元宝山、县东北三里虎耳山、县东北三十五里帽盔山、县西南十八里安民山、县西南四十里前阳山、县西南六十里石佛山、县西南七十四里乱石山、县西南七十七里长山、县西南九十里二道岭、县西北七十六里太平山、县西北九十里马道岭。县西北八十五里

水之著者：鸭绿江、自宽甸县南流经县东北南荒沟入境。西南流经虎耳山东，右合瑷河。又西南经中江台东、老龙镇北，瑷河枝津自中江台西南注之。又西南经沙河镇东，右合沙河。又西南经七道沟、帽盔山东，右合一水。又西南经三揣浪、蚊子尖、甜水沟东，右合甜水、苇水。又西南经挂网沟东，挂网沟水西北来注。又西南经赵氏沟东，大河水西北来注之。又西南入海。瑷河、由凤凰厅东南榆树林南流至县西北一面山东入境，东南经马道岭北，折东北流，又折南流，汤河自西南注之。又东南经丁岐川东，迤东经青沟门北，大草沟、栗子园南，又东至虎耳山南，鸭绿江枝津自南注之。又东入鸭绿江。自大草沟以上，对岸皆宽甸境。沙河、导源县西北野猪园，东南流经罗汉土城北，又东南一水自南注之。又东南经元宝山北，至沙河镇东，入鸭绿江。和清沟水、导源县西北马道岭南麓，南流经齐家店南、长泡子西，又东南流经矿洞东，又东南经一面砬南，一水自北注之。又东南经钓鱼台南，一水自北注之。又东南经山城东、和清沟西、影壁山东，又东南至赵氏沟东入鸭绿江。大河、导源县西南三接台东南流，左合一水。又南经三道洼东，一水南来注之。折西复折而东南，经门坎石东、前阳山西，又东南至赵氏沟门西入鸭绿江。门坎石水、导源门坎石东南，又东南流经石桥冈西、石佛山西，又南入海。太平沟水、导源在二道桥水东、新沟沿南，又南至太平沟西入海。二道桥水、导源在县西南长山冈水东南，至二道桥入海。长山水、导源县西南长山南，其水南流至二道桥西入海。石桥冈水、导源县西南石桥冈东，其水东南流至太平沟东入海。大古顶水、导源县西大古顶东北，南流右合一水。又东南四道沟西，又东南至帽盔山北入鸭绿江。盖家坨水、导源县西南盖家坨南，东南流流经甜水沟西，又东入鸭绿江。挂网沟水。导源县西北萌芽山南，流经长泡子西、矿洞东，又东南一水自北注

之。又东南经钓鱼台南，一水自北注之。迤南经山城东、和清沟西，又东南至挂网沟西入鸭绿江。

其田，民地五十七万二千三百八十二亩五分九厘。

其矿，金、汤池、大沙河子、红石砬子、南苇沟、北苇塘。铜、铜矿岭、接梨树。铅、矿沟、太河峪。

其产，鱼、山茧。

其户一万二千九十九，口五万一千八百三十四。

衙署四东边道一、知县一、巡检一、太平沟分防巡检一。

局所十三巡警分局七、东边税局二：一在县治，一在太平沟。斗秤局二：一在县治，一在太平沟。盐厘局二：一在县治，一在太平沟。

学堂一小学。

祠庙寺观十八、教堂三基督一、天主一、清真一。

商埠二有日本租界，英、美、日本领事署，丹国医院。

分防太平沟巡检。光绪二十六年五月十日署盛京将军增祺等奏，安东县迤南大东沟地方分设巡检一员，名曰安东县分防太平沟巡检。七月十八日，吏部议行。按宣统元年二月三十日，东三省总督徐世昌奏，改东边道为兴凤等处兵备道，仍治安东。三月十六日，会议政务处议行。太平沟在西南九十里。

宽甸县，厅东北一百八十里，西北距省五百四十里，光绪三年正月，分岫岩厅东边地设，治宽甸。阁钞，三年正月十一日署盛京将军崇厚等奏，安东县迤北一带幅员辽阔，拟于六甸之宽甸添设一县，即名宽甸县。会典，光绪三年增设宽甸县，归凤凰厅管辖。设知县、巡检各一人。吏部则例，宽甸县作为繁疲难题调要缺。隶厅。

县治当大蒲石河之东，城周四里。门三。明万历三十六年建，光绪三年重修。

其疆域，东辑安，至下漏河二百里接辑安界东与东南皆鸭绿江，南至长甸河口九十里，东南至小蒲石河百二十里，皆接鸭绿江。北与东北、西北皆怀仁，北至坎椽沟百二十里，东北至挂牌岭百四十里，西北至太平街百四十里，皆接怀仁界。西与西南皆厅境，西至土门子七十里，西南至安平百二十里，皆厅境。纵二百十里，横二百七十里。

村屯总三百二十，分领以五十六牌。东乡之牌十五：曰虎沟，城东十五里村屯四。曰罗圈甸子，城东二十五里村屯六。曰夹皮沟，城东四十五里村屯十二。曰南吊幌子，城东九十里村屯七。曰黑沟，城东四十里村屯三。曰下蒿子沟，城东六十里村屯一。曰老爷甸子，城东六十里村屯十三。曰白莱地，城东百二十五里村屯三。曰小荒沟，城东百四十里村屯二。曰大荒沟，城东南百七十里村屯二。曰太平沟，城东南百二十里村屯二。曰关门砬子，城东百六十里村屯二十三。曰石柱子，城东百八十里村屯十八。有混江口城东北二百四十里曰下漏河，城东北二百四十里村屯十六。北乡之牌十四：曰三道沟，城北五十里村屯九。曰样册子，城北九十里村屯六。曰牛毛坞，城北九十里村屯四。曰北吊幌子，城东北八十里村屯四。曰八河滩，城西北一百里村屯十五。曰井峪，城西北七十里村屯五。曰边沟，城西一百十里村屯四。曰岔沟，城西北八十里村屯四。曰桥顶子，城东一百十二里村屯十。曰双山，城西北百里村屯八。曰小雅河，城北百里村屯六。曰青山沟，城东北一百三十三里村屯九。南乡之牌十二：曰长岭子，县西二十里村屯十二。曰土门岭，县西七十里村屯九。曰黑甸，县西二十五里村屯十。曰青椅山，县西四十五里村屯三。曰亮子沟，县西十五里村屯十二。曰大水沟，县西四十里村屯五。曰望宝石，县西七十里村屯八。曰台沟，县西一百里村屯六。曰杨木沟，县西南七十里村屯七。曰元羊砬子，县西南八十里村屯六。曰蒲石河大荒沟，按：东乡有大荒沟加大蒲石河别之，河在是牌中，城西三十里。村屯五。曰牛皮闸，城西南三十五里村屯七。南乡之牌十五：曰杨木杆，城南八里村屯四。曰坎川背，城南八十里村屯三。曰安平河，城西南百里村屯七。曰夹河口，城南百四十里村屯八。曰砬子沟，城南百三十里村屯六。曰古楼子，城南百四十里村屯七。曰苏甸，城南六十里村屯二。有长甸河口曰永甸，城南五十里村屯五。曰长甸子，城南百四十里村屯六。曰长甸，城南七十里村屯七。曰团甸，城南二十五里村屯三。曰长阴子，城南十五里村屯三。

其险要，夹皮沟、南吊幌子、老爷甸子、桥顶子、土门岭、杨木沟、皆巡警分区驻所。里数见前。长甸河口、税局小蒲石河口、县东南八十五里太平哨、县东南百二十里石柱沟、税卡荒沟。四平税卡

其邮驿道路有文报局一、接递宽甸县境内衙署、局所与各处往来公文。邮政局四、一县治、一太平哨、一长甸河口、一小蒲石河。官商路八、一由县东土门岭至古河台赴辑安，一由县西十八道冈至叆阳边门赴厅境，一由县南牛皮闸至古楼赴安东，一由县西老豆排至坎椽沟岭赴怀仁，一由县东南挂牌岭至川沟达佟佳江，一由县西北车毂轮泡至老邦岭赴本溪，一由县东十八道洼渡大蒲石河至小长甸赴厅境，一由县南杨木冈至长甸河口渡鸭绿江通朝鲜。旧设马拨十四。一城西三十里大水沟、又三十里葡萄架、又三十里毛甸子、又三十里悬羊砬子、又三十里土门子、又三十里大平川、又三十

里夹河口，入安东境。一城东北三十里马牙河、又三十里曲柳川、又三十里大川头、又三十里青沟、又三十里寺院崴子、又三十里兴隆峪、又三十里北土门子。

山之著者：盘道岭、县东南六十七里望宝山、县东南六里七盘岭、县东南十五里会龙山、县东南七十里密云岭、县东南一百十里牛心山、县东北一百八十五里挂牌岭、县东北一百六十里花婆山、县东北一百四十五里大马岭、县东南六十二里双山、县西北七十八里坎椽沟岭、县北一百二十里喜鹊岭、县东南七十里长岭、县西二十五里蚂蚁岭、县西北八十五里兴隆峪、县北九十四里香炉岭、县西南九十里柞树岭、县东一百二十里磬儿岭、县东北八十里白石砬子、县西北三十里滚马岭、县西北一百六十里土门岭。县东十里

水之著者：鸭绿江、由怀仁县西南流，合佟家江至县东北混江口入境。又西南经碾子沟南，右合一水。又西南经二股流南，右合一水。又西南经古金厂南，右合一水。又西南经石树注子南，椴树沟水北来注之。迤西而北，经五道庙南，黄旗沟水北来注之。又折西经自莱地南，库仓沟水北来注之。又西南经库仓沟口西南，小蒲石河北来注之。又西南经官道岭南，一水北来注之。又西南经永甸河口南，永甸河北来注之。又西南经梯子沟南，长甸河北来注之。迤南经长甸河口西南，大蒲石河北来注之。又南经古楼南，安平河西北来注之。又南入安东境。其左岸皆韩境。小蒲石河、导源县东北柞树岭，南流经腰岭东至杨木冈东入鸭绿江。永甸河、导源县东南磐儿岭，东南流至挂牌沟南，台子沟水、暖岭水自东来注之。又南至永甸河口入鸭绿江。长甸河、导源县南喜鹊岭西，其水西南流，经长甸城东，又西南至长甸河口入鸭绿江。大蒲石河、导源县西北白石砬南流，西合蚂蚁河，又南经十八道洼西，左合一水。又南迤西经鹿圈子北，望宝石河西来注之。又南折而东经红铜沟东，折西南经天桥西，折东南流经古楼东入鸭绿江。长四百余里。安平河、导源县西南边沟岭，东南流至古楼南，一水自南来注。又东入鸭绿江。佟家江、自怀仁县西南一面城南流，至县东北滴水砬东入境，小雅河西来注之。又南经古河台东，北鼓河西来注之。折东北经沙碾子、牛心山北，一水南来注之。其对岸为怀仁境。又东南经曲柖川、金坑漏河口，东漏河西南注之。又东南至混江口入鸭绿江。其对岸为辑安境。小雅尔河、导源县北滚马岭，东流经大羊沟南、土门子北，又东南经小城沟南、雅河北入佟家江。北鼓河、导源县北马鹿沟东南，流至太平哨，北合一水。南鼓河自西来注，又东至半拉江北，小碱厂水自南来注。又东迤北至古河台南入佟家江。南鼓河、导源县北三道沟，东南流至影壁山南，一水自南来注。又东迤北至岔桃沟东，一水自南来注。又东至太平哨南入北鼓河。漏河、导源县东

下漏河，东流经漏河沟、南川沟、三道河北，又东北至漏河口入佟家江。瑷河、自斤境瑷阳边门南流入境。东南经换木洞北，白凌川河自北来注。又南经高台堡西入斤境。长一百里。又自斤境南流至县西南边沟入境。经偏岭沟西，折东至夹河口南，夹河北来注之。又南入安东境。白凌川河、导源县西北鸡冠砬西南，流经八里甸北，又西南至瑷阳门西入瑷河。牛毛生河。导源县西北高力盘道南，东南流经天桥沟南，又东南经五道河东，折西南经老平地、牛毛岭南，又西南经鞭杆沟西，一水东南来注之。又西南至换水洞北，入瑷河。

其田，民地五十万二百五十七亩六分。

其矿，金、碑磖子、小漏河、古楼子、望宝盖、下岔沟、铺石河好秧地、蒿子沟、南吊幌子、三道杉松、罗仙甸子、大坎川、太平沟、商股河、小荒沟、别古河、夹皮沟、下路河三道秧岔、碾子沟、曲棇川、缸窑、铺石河口、泡子沿、太平哨、坦甸、帽甸子、永甸、湾沟、大江口、合甸、苏甸、黑鱼汀、北接子、悬羊砬子、葡萄秧架岭、牛毛生鸽子洞、大川头、平顶山、三道河子、倒木沟、千石岭、小了河银矿子、砬子沟、三道沟、头道沟大小石榴河、北股河、牛毛沪、小了河北。铜、三道杉松、王榄子岭、倒木沟。铁、白莱地、倒木沟、三道杉松。铅、大小碱厂沟、有袋眼、上营子、南吊幌子、六皮叶沟、荷叶沟、转山子、蜂蜜沟子、五道河子、虎寸子、青川沟、小了河银矿子、北股河、样册子砬子。煤、小了河滴水砬子、倒木沟、大庙沟、滴水七盘岭、大高粮地、五道河子。磺、三道杉松、夹皮沟。水晶。万宝盖子、天桥。

其产，鱼、丝。

其户，二万三千九百六十二，口十八万八千一百九十九。

衙署五知县一、训导一、典史一、长甸河县丞一、二龙渡巡检一。

局所二巡警总局一、税捐局一。

学堂二十一皆小学。

祠庙寺观六。

其分防，有长甸河县丞。光绪三年七月署盛京将军崇厚等奏，宽甸河之长甸河口，距县将二百里，与朝鲜一江之隔，民情刁悍，拟于长甸河口添设县丞一员。寻议准。二龙渡巡检。光绪三年七月，署盛京将军崇厚等奏，宽甸县之二龙渡距县虽不足二百里，但人烟稠密，地处通衢，与朝鲜一江之隔。拟于二龙渡添设巡检一员。寻议准。

庄河厅，省南六百里，距京师二千一百里，光绪三十二年十月分凤凰厅及岫岩州地设。治大庄河。三十二年十月二十八日盛京将军赵尔巽奏，岫岩州属庄河地方，为滨海要区，附近各岛均相联属，近接金州。时虑莠民勾结外匪为患，且距州三百余里，声教难施，会首、乡团，动辄把持滋事。非添设同知一员，就近管理不可。应即名曰庄河厅抚民同知。平时则化导拊绥，遇事则弹压惩办。且于兴学、巡警各要政，次第经营，以期化民成俗。另于石城岛设立分防巡检一员，名曰庄河厅石城岛巡检。俾得巡缉奸民，以辅该厅之不逮。奉朱批，著照所请。三十三年七月，隶东边道。三十三年四月六日赵尔巽奏，庄河厅同知地方滨海，防范宜严，定为冲繁难题要缺，加理事衔，隶东边道辖。

厅治当庄河之西，大海之北，巡防队右路步队第三营驻之。

其疆域，东北凤凰，北与西北、东北皆岫岩，西复州，南大海，西南金州。三十二年试办庄河厅同知庭瑞禀，自东大洋河口顺斜，北由大高岭、大羊沟直抵哈什玛岭，南、西接碧流河，南至海沿并洋面各岛，划归管辖。

其险要为鹿岛、宣统元年三月二十七日东三省总督徐世昌奏，鹿岛在凤、庄以南，孤悬海中，周围可三十里，土著九十余户，多仰渔业为生。距庄治一百四十里，距大孤山二十五里，拟即归庄管辖。沙河口、以下海口，自东而西。英阿河口、庄河口、毕里河口、石城岛、大孤山、厅东一百四十里，右路巡防队第三营驻中哨同右哨分驻厅治。花园口、厅西南九十里，左哨分驻。青堆子、厅东北七十里，右哨分驻。高阳寺。厅西北五十里，右哨分驻。

其邮驿道路有文报局、邮政局、官商路。一由厅东北施家店赴岫岩，一西赴复州，一东赴凤凰厅。

山之著者：元宝山、厅东北大孤山、厅东双山、厅东木耳山、厅东小孤山、厅北仙人洞、厅北菊花山、厅西北城耳山、厅西北半拉山、厅西猴石岭。

水之著者：沙河、导源厅东北姑嫂石南麓，又南经双庙、横河子、青堆东入海。英阿河、自岫岩州南流入境，经耿家屯、大营东，又南迤东经孙营东，又南折西，经高力城东，又南入海。大庄河、导源厅西北鸡冠山，南流经杨家屯东，折西经崔家坟南，一水自西来。又南经朱威，又南东经土城西，折西南经厅治东，又南入海。毕里河。自复州南流入境，经吴家屯横道河西，蛤蜊河自东来注。又南经菊花山、孙家屯、夹皮沟西，又南经石庙西入海。其右岸为复州境。

其田，民地二十三万九千三百八十有三亩。

其矿，金、庄河、孤山子、瓦房店、汤池河。铁、黑岛煤。黑岛、蘑菇峪。

其户

衙署

局所

学堂六皆小学。

祠庙寺观四十有三。

其分防，有大孤山巡检、光绪三年署盛京将军崇厚奏，凤凰城巡检已移设孤山海口，应即改为孤山巡检。三十三年来隶。在厅东。石城岛巡检。三十三年十月设在厅南海中

奉天郡邑志卷四

长白府　安图县　抚松县

海龙府　东平县　西丰县　西安县　柳河县

辉南厅

长白府，省东南九百八十里，明建州卫地。后为满洲鸭绿江部。光绪三十四年九月分临江县及吉林长白山北麓地设。治塔甸。是年东三省总督徐世昌奏，拟划临江以东长生、庆生二保之地，及吉林长白山北麓龙冈之后，添设府治，名曰长白府。驻十八、九道沟间之塔甸。九月十一日会议政务处奏，查长白之北，崇冈叠嶂，茂树深林，从前坐弃饶沃，守备空虚，今拟添设府治，与临江、辑安声势联络，计无便于此者。将来地辟民聚，应否增添领县，均由该督酌量情形，随时奏咨立案。奉旨依议。宣统元年三月二十七日，世昌奏，长白府北跨龙冈，与吉林桦甸、濛江接壤，人烟稀少，林莽丛深，界限自来未清。拟由红旗河经荒沟掌、白河、上下两河口循汤河、宝马川抵三岔子之正岔，定为奉、吉两省之界。南可据长白之后盾，北无碍濛、桦之幅员。奉朱批，该部知道。宣统元年十二月设安图县，抚松县隶之。领县二。

府治当十八道、十九道沟之间，鸭绿江之北。有唐塔

其疆域，西与西南、西北皆临江，西至八道沟，西北至八道沟门，西北至八道沟掌，皆接临江界。东与北及东北皆吉林，东北逾鸭绿江源，北逾红铜山，皆接吉林界。南与东南皆韩界。以鸭绿江为界。按：由红旗河经荒沟掌、白河、上下两江口历循汤

河、宝马川抵山岔之正岔，为奉吉两省分界之线。由红旗河而南，越七星湖、圣水渠、蒲葡河迤逦而南，抵长白迤东之二十一道沟地方，七星湖以下，处处与韩毗连。湖在二十五道沟之东。

村屯著名在府东者，曰十九道沟、曰大葡萄沟、府东二十里曰小葡萄沟、府东三十里曰二十道沟、府东五十里曰二十一道沟、府东六十里本沟水经村东曰二十二道沟、府东北百里曰半截沟、府东北一百十里曰二十三道沟、府东北百二十里曰西万宝冈、府西五里曰十八道沟、府西十里曰十七道沟、府西三十里曰半截沟、府西四十里曰十六道沟、府西五十里曰东乾沟、府西五十五里曰西乾沟、府西七十里曰十五道沟、府西八十里曰十四道沟、府西一百十里曰十三道沟、府西百四十里曰冷沟子、府西百六十里曰十道湾沟、府西百八十里曰十二道沟、府西二百十里曰照壁沟、府西二百二十里曰小孤山、府西二百三十里曰外南岔、府西二百四十里曰老虎圈沟、府西二百四十余里曰小南沟、府西二百五十余里曰十一道沟、府西二百五十余里曰十道沟、府西二百六十余里曰哈马川、府西二百六十余里曰九道沟。府西二百七十余里

其险要为红铜山、府北五百余里四合顶、府西北六百余里关门砬子、府西北万宝冈、府西龙门砬、府东北红土沟、府东北，安图县治之西南。布尔湖里、安图县治西二百余里，发祥之地。上两江、府西北，抚松县治之东南，有漫江营。下两江、府西北，抚松县治之西北，接吉林界。鳌石砬子。抚松县治西，接吉林界。

其邮驿道路

山之著者：长白山、府东北，下有天池。小白山、府南红铜山、府北五百余里大顶子山、府东乳头山、府东红山、府东涂山、府东甑山、府东锅撑山、府东东岗、紧江北长茂草岭。十五里沟北，按：二十五道沟至九道沟皆山，今不毕录。

水之著者：鸭绿江导源长白府东北长白山天池，南曰南暖河南流，太平川水自东北注之。又南左合一水。西南流经七星湖之西，合二十五道沟、二十四道沟水。又南迤西，二十三道沟水自西北注之。又西半截沟水、二十二道沟水、二十一道沟水、二十道沟水，皆自北以次注之。又西南十九道沟水自北来合大小葡萄沟水注之，又西南马鹿沟水自北注之。又西南经府治南，黎树沟水自北注之。其对岸为韩国惠山镇。又西南经万宝冈南，又西南十八道沟水、十七道沟水自北以次注之。又西折而北，十六道沟水自北注之，又西迤北东西乾沟水自北注之，又西十五道沟水自北注之。又西南十四道沟水自北注之，又西南十三道沟水、冷沟子自北注之，又西十道湾水自北注之，又西迤北十二道沟水自北注之，又西迤北十二道湾水自北注之。又西迤南，折而西复折

而北，经小孤山村南，又西老虎圈沟水自北注之。又西经小南山村南，又西迤北，十一道、十道沟水自北注之。迤南经蛤马川南，又西迤北，九道沟水自北注之。又西折而北入临江界。南岸皆韩境。松花江、导源长白山天池。北流经汗葱沟西，又北娘娘库河自东北注之。又西至上两江南，富尔河自北注之。又西北经西南崴子北，头道白河自南注之。又西北露水河、硝水河自南注之，又西北涧沟自南注之，獐山沟自东北注之。又西折而西南，曰二道江，二道沟水自西北注之，又西南五道砬子河自南注之，又西二水自北注之，又西四道砬子河自南注之。又西经柳河冈南，三道、二道、头道砬子河以次自南注之。又西经琼棒子沟南，又西经小夹皮沟南，太平川水自东南注之。又西经下两江口北，紧江自南注之，入吉林界。娘娘库河、导源荒沟当红旗河源之西，北流，油松沟、小儿沟、二道馨水、头道馨水、东北岔水以次自东注之，五道白河自南来注之，又西北三道沟、二道沟、头道沟，自东注之，又西北小沙河自东北注之，又西杨树条子沟自北、四道白河，自南注之，又西三道白河自南注之。又西入松花江。紧江、导源天池。西南流，梯子河自北注之。又西南合数小水折而北，样皮河、马尾河自东注之。又北兔尾河自东注之。又西北始名紧江。又西北至上两江，西漫江自西南注之，又西北黄泥河自西南注之，又西北黑河自东北注之，又西北塌河自西南注之。折东北右合石头河，左合板石河、碱厂河，复折而西至南甸子南，汤河自西南注之。又西北经会房西，松香河自东注之。又西棒棰沟水自南、半截沟水自北注之，又西榆树川水、三道花园河自南、上双沟水自北注之，又西缩脖子沟水自南、下双沟水自北注之。又西经太平川南，银草沟水自北、大珠宝沟水自南注之。又西北二道花园河自西南注之。又西北经鳌石砬子西，头道花园河自西南注之。又北至下两江口，西距吉林五百里，入松花江。漫江、导源竹木里。有东西二源，夹竹木里北流，经其地北，合为一。又北流小黑河自西南注之，又北高丽河自东南注之。又北至漫江营东北，当上两江之西入紧江。汤河、导源柞子窑，东流当临江县之东北，宝马川水、清沟子水自南以次注之。又东经于窝棚北，东北流经松树嘴东，城昌沟、陈沟自东南注之，平川沟、小东沟自西注之。又东北经赵家窝棚东，文子沟、马鹿沟自东注之，沙河子水自西注之。又东北经大营东，黑松河自西注之。又东海清沟水自南注之。又北当南甸子南入紧江。松香河、导源长白山之西，曰老旱河。西北流，槽子河自东南注之，又西北柳茂河自东南注之，又西北三道松香河自东注之，又西北二道松香河自东注之，又西头道松香河自东南注之，又西北蒲泰河自东注之。又西北折西南，曲折东南又折而西北，韭菜沟水自东南注之，又西北万里河自东注之。又折西南至会房北入紧江。图们江、导源红土沟，在府境新民屯之东南。其水东流，弱流河自北注之。又东半截沟水自北注之。又东经朝阳窝南折东北经红崖洞北，又东七道沟水自西北注之，半桥水自西南注之。又东经二所北，红丹河自西南注之，又东北红旗河自西北注之。又东北入吉林界。红旗河。导源府东北大顶山子之东北。其水东南流，小马鹿沟水自西北注之。又东南经黑熊沟西，大马鹿沟水自西注之。又东南，大杨沟水、石人沟水以次自东南注之。又南入图们江。今奏设安图县治。

其田

其矿，金、九道沟沙金、十一道沟、十四道沟西之鸡冠砬子沙金、线金。十五道沟东方之东乾沟子，依鸭绿江岸，黄金沙内有乌金沙。十六道沟沙金、半截沟沙金、十七道沟之东、西砬缝沙金、万宝冈南之两江口沙金、大梨树沟沙金、十九道沟沙金。银、十七八道沟间东、西砬缝之金厂卫、府西万宝冈南端、两江口东侧之石砂子。铁、十二道沟东之十二道湾、半截沟、十八道沟之东西北岭。煤、万宝冈，在十八道沟万宝冈南端、十六道沟山岭。磺十八道沟温泉

其产

其户

衙署

局所

学堂

祠庙寺观

按：宣统元年十月二十四日东三省总督锡良、奉天巡抚程德全奏，长白一府总控三江，长白山脉由西南直趋东北，横亘其中。山之西北名曰冈后，松花江源出焉。山之西南名曰冈前，鸭绿江出焉。冈前迤逦东北五六百里，图们江源出焉。府治据鸭绿上游，背负长白山，居中控制，颇占胜势。然而松江既隔冈后，图们又偏绝东北，三江相距各数百里，其间林峦错杂，万壑莽赴，危崖峭壁，交通未便，实有鞭长莫及之势。拟设安图、抚松两县员缺，统归长白府管辖。一以防边，一以靖内。各就天然流域，划疆分治。以与长白府相犄角，形胜利便，无逾于此。上年，前督臣徐世昌折内，本拟地辟民聚，再行敷设县治。现边境益形吃重，臣等征之时事实见，夫长白接壤邻疆，孤悬边外，必须增官设治，因事制宜。故揆度地形，就三江之源以树三方鼎峙之势，使长白一府，如辅车之得依，庶于固围绥边，两有裨益。十二月六日，会议政务处议行。

安图县，府东北四百里，宣统元年十二月以府东图们江源地设，治红旗河口。阁

钞，宣统元年十月二十四日东三省总督锡良、奉天巡抚程德全奏，拟于图们江上源，自红旗河以西北循省界，南至石乙水，中包布尔湖里圣朝发祥之地，设一县缺，名曰安图县。建治于红旗河西南岸，近接韩境，以树国界之大防。十二月初六日，会议政务处议行。东三省政略，距长白府东北四百余里，为红旗河流域，控图们江上游，定为安图县建治地。

县治当红旗河之西南，图们江之北。按：安图、抚松二县，疆域、山川以原奏未勘界，今汇列于长白府。

抚松县，府西北五百余里，宣统元年十一月以府西北松花江上游地设，治会房北双甸子。阁钞，宣统元年十月二十四日东三省总督锡良、奉天巡抚程德全奏，长白冈后之地，深林丛薄，素为盗贼出没渊薮。府治冈前，防遏韩边已虞不给，势难兼顾冈后。拟即于松花江上源，循下两江以东、上两江以南，尽紧江、漫江流域，设一县缺，名曰抚松县，建治于下两江东岸之双甸子。与吉林之濛江州隔江相望，俾靖省界之匪类。十二月初六日，会议政务处议行。

县治当漫江之东，南甸子之北，刘氏建封长白山江冈志略[1]，双甸子在会房北，相距三十六里。

海龙府，明海西卫叶赫、哈达、辉发三部及建州卫地。按：海西卫辉发部、哈达部，今府境本治及东平地。叶赫西城所属，今西丰县地。叶赫东城所属，今西安县地。建州卫北境，今柳河县地。国朝己亥年九月癸丑，克哈达。丁未年九月甲辰，克辉发。天命四年九月壬申，克叶赫东城，降西城。设盛京围场协领管守。光绪五年以流民垦鲜围地，置海龙厅抚民通判，治海龙城。阁钞，光绪五年闰三月庚寅，盛京将军岐元等奏，鲜围场开垦地亩，自土口子起，入大东沟，斜向东北至色力河旧封堆止，长三百五十六里，南北宽一百余里至四五十里不等。南与新设通化县接壤，北界以现挑围壕及五石封堆、辉发河南为界。设抚民通判管词讼，巡检管监狱。围内开禁地方以海龙城居上游，通判即于该处驻扎。寻部议准行。二十八年六月升厅为府。置东平、西丰、西安、柳河四县隶之。册档，二十八年六月一日盛京将军增祺奏，拟将海龙厅通判

〔1〕　长白山江岗志略，为刘建封于光绪三十四（1908年）年担任吉奉勘界委员及添设长白府治安图调查员期间奉东三省总督徐世昌命，踏查长白山后，于宣统元年（1909年）春所著。对长白山天池、山岗峰峦、三江支派，以及草木、鸟兽、虫鱼、传说等见闻，一一笔记，凡七万言。

改为府，设知府一员。原设巡检兼司狱，改为经历兼司狱。除旧理地面词讼外，拟以柳树河新设之柳河县，东围场新设之东平县，西围场新设之西丰县、西安县，均隶焉。十五日，政务处吏部议准。十月十一日委员试办府治事宜。二十九年九月七日增祺等奏，定为冲繁难题调要缺。今领县四。

府治当辉发江北，城周四里。省东北六百里，距京师二千一百里，巡防队左路步队第五营分驻之。东至蛟河百二十里吉林濛江州界，南至龙冈二百三十里兴京界，西至威远堡门三百一十里开原县界，北至苇子沟屯二百有五里吉林伊通州界，东南至龙冈二百九十五里通化县界，西南至土口子二百二十里开原县界，东北至郭家大桥四十四里吉林磐石县界，西北至归勒河台二百五十里吉林伊通州界。

其本治疆域，东吉林濛江，至蛟河百二十里接濛江界南柳河，至小鸭绿冈三十二里，接柳河界西开原，至土口子二百里接开原界北东平，至伊通河百里接东平界东北吉林磐石，至郭家大桥四十四里，接磐石界东南柳河，至南孤顶百三十里接柳河界纵三百十里，横一百八十里。

村屯总二百二十，分领以三十六社。曰海升，与府城为一社首奶子山。城东十里曰海平，首双顶子。城东南十二里曰海盛，首牛心顶子。城东北十五里曰海治，首高阳树。城东北四十五里曰海亿，首白黑嘴子。城东北八十里曰海兆，首康大营。城东北百里曰海安，首小山。亦曰八大泉眼，城东北五十五里曰海康，首朝阳镇。城东三十五里曰海振，首团林子。城东五十五里曰海兴，首蛤蚂河。城东八十五里曰海保，首蛟河。城东一百十里曰海甲，首黄泥河子。城东南八十里曰海绥，首孤顶子。城东南九十里曰海聚，首楼上。城东南七十里曰海远、海方，二社合为一社。首平安川。城东南四十五里曰海化，首湾龙沟。城西十四里曰海通，首鸭绿河。城西南二十五里曰海达，首大平川。城南三十五里曰海恩，首莲花泡。城西南七十里曰海惠，首杏岭。城西南五十里曰海循，首三合堡。城西南六十里曰海良，首四合堡。城西南七十里曰海义，首梅河口。城西四十里曰海智，首大黑嘴子。城西七十里曰海信，首山城子。城西一百十里曰海和，首头八石。城西南百有五里曰海仁，首杨树河。城西南一百十里曰海乐，首二龙山。城西一百二十八里曰海永，首巴彦河。城西百五十里曰海张，首孤顶子。城西南二百里曰海升，首大荒沟。城西南百二十里曰海隆，首城子河。城西南七十五里曰海恒，首六官巷。城西南二百里曰海茂，首大桦树。城西南二百八十五里

其险要为朝阳镇、驻巡防队第三营左哨山城子、驻左路巡防队第五营，税卡。杉松冈、驻巡防队六八旦、旧防队三合堡、旧防队英额门、府西南二百里，驻右哨。蛟

河、驻巡防队康大营、驻旧防队，有税卡。土口子。府西南一百八十里，分驻中哨税卡。

其邮驿道路，邮政局一、东接吉林磐石，西接开原。旧设马拨十一、自厅西三十里至沙河口，又三十里至大黑嘴子，又三十里至山城子，又三十里至二龙山，又三十里至郭家店，又三十里至土口子，又四十里至孤家子，又三十里至李家台，又三十里至八棵树，又二十五里至貂皮屯，又二十五里至尚阳堡入开原。商路八、一由城东奶子山至托佛入吉林，一由城东南双顶子入柳河，一由城南李家船口至小押鹿冈入柳河，一由城西小湾龙沟至土口子入开原，一由城西南张家船口至小白银河入开原，一由城东北马家船口至康大营入吉林伊通，一由城东北牛心顶子至郭家大桥入吉林磐石。邮政局三。府治一、山城子一、朝阳镇一。

山之著者：东曰奶子山、府东五里双顶山、府东北十二里牛心顶子、府东北十五里黑嘴山、府东八十里横虎山、府东三十五里辉发城山、府东七十里，即圣音吉林峰。东南曰四方顶山、府东南一百八十里杉松冈、府东南七十里东大阳山、府东南八十五里西大阳山、府东南七十五里摺棒岭、府东南五十五里蜂蜜山、府东南九十里北孤顶子山、府东南一百十里南孤顶子山、府东南百四十里鞍子山、府东南一百十五里南曰小黑山、城南三十里鸭绿冈。城南十五里西曰分水岭、城西一百八十里二龙山、城西一百三十里大小黑嘴山、城西七十里五奎顶山。城西二十二里

水之著者：辉发江、即辽吉善河，亦曰柳河。导源纳绿窝集东北麓，至海恒社之太平甸子入境。北流受曲捆川水，东受黑石头沟水，又东至海和社南受柳树河，东流北转至海信社合巴彦河，又东至海仁社南受哈达岭诸沟水。又东经海智社，梅河自西北注之，又东北至海义社南受太平庄水。又东北沙河自西北注之，为辉发江。又东至府城南，押鹿河自南注之。又东经海平社北，合东沙河。又东经海康社朝阳镇南，合一统河。又东至海聚社，会三统河。又东为辉发江。又东经海甲社南，合黄泥河。又东经海振社北，合亮子河。又东经海绥社南合蛤蟆河。又东至海振社南，合蛟河，入吉林境。一统河、导源兴京界龙冈之东麓，东流入境。东北流，南合柳树河、北合碱子河，又东北合杨树河。又东北流南合窝集河，东至朝阳镇南入辉发江。三通河、自柳河县北流入境。西北至楼上折东北，至福山下入辉发江。巴彦河、导源府西南分水岭，东流南合小巴彦河，又东桦树河自北注之。又东横道河自北注之，东入辉发江，亦曰白银河。梅河、自东平县梅河台南折入境。入柳河。大亮子河、导源府东北一步岭北麓，东北流折而东，又南合小亮子河，西会双凤山之水。又东北受锡盏诸沟之水，西受八大

泉之水，入辉发江。押鹿河、导源府南四方顶子东北至府城南入辉发江。虾蟆河、导源府东南榆树川岭下，合南北孤顶子、上下鞍子、海甲、大阳诸山南流各水，经蜂蜜山北流至下口子入辉发江。大沙河、由东平东南流入境。又南经府北康大营西，右合一水。又南经碱厂沟东，黑鱼汀水，西来注之。又南经蚂蚁沟东，一水西来注之。又东南经老虎沟东，一水西来注之。又东南经牛心顶西南入辉发江。蛟河。导源府东南四方砬子山北麓，西北至海保社之托佛别，入辉发江。

其田，民地一百四十万七千三百二十六亩五毫。

其矿，金、一海保社大围场、一海甲社大阳山。铁、城东南，海绥社鞍子河。煤城东南，海聚社杉松冈。

其产，林、有老林，松、楸、柞、桦之属。药材细辛、黄蓍等品。皮水獭。

其户，三万四千五百八十二，口二十一万五千七百有九。

衙署三知府一、经历一、旧设总管一。

局所五十八巡警总局一，分局分区五十：东关、南关、西关、北关、奶子山、双顶子、北牛心顶子、高杨树、北黑嘴子、康大营、八大泉眼、朝阳镇、野猪河、团林子、蛤蚂河、辉发城、托佛别、大北岔、大场园、中央堡、蛟河、大央山、孤顶子、楼街、平安川、伊通河洼、湾龙沟、押鹿河、大平川、莲花泡、杏岭、三合堡、六八担、四八担、梅河口、黑嘴子、山城子、头八担、花园、二龙山、白银河、土口子、山子、小白银河、大荒沟、碱水河子、六官巷、碾盘山、大桦树。税捐局、牛马税局一，驻山城子，分卡六：府治、朝阳镇、六八担、康大营、英额门、土口子。

学堂四十城内高等小学一、女小学一、初等小学三十八，散在四关三十六社。

祠庙寺观二十七、教堂二基督一、天主一。

东平县，府西六十里，西南距省五百里，光绪二十八年六月分海龙厅之东围场设县，治大度川。册档，二十八年六月一日盛京将军增祺奏，海龙厅所属之东围场放荒过半，拟在东围场内大度川地方建设一县，名曰东平县。设知县一、典史一。七月二十二日委员试办。隶府。二十九年九月七日增祺奏，定为繁难题补要缺。

县治当沙河之北，土城东西街三里，宽约二里。巡防队左路步队第三营分驻之。

其疆域，东及南皆府境，东至湾龙沟四十五里，南至老爷岭八十里，接海龙界。西西丰，至杨木林七十二里接西丰界北西安，至马鼻山岭四十里接西安界东北吉林伊通，至西苇子沟屯一百四十五里接伊通界广一百三十里，袤二百五十里。

村屯总二百有九，分领以十九区。东路区四：曰柳树河，城东南十五里村屯十二。曰沙河口，城东南四十里村屯十二。曰湾龙沟，城东南四十五里村屯九。曰桦树河，城东北六十里村屯八。西路区五：曰拉拉河，城西四十里村屯九。曰杨木林，城西七十里村屯十四。曰四平街，城西南八十里村屯二十一。曰横道河，城西南百里村屯十三。曰老荒营，城西南百二十里村屯十三。南路区五：曰小城子，城南十五里村屯五。曰秀水河，城南三十五里村屯八。曰增福沟，城南五十里村屯十二。曰影壁山，城东六十里村屯十五。曰双龙山，城东南九十里村屯十七。北路区五：曰鹞鹰河，城北二十里村屯八。曰黄泥河，城北六十里村屯四。曰大沙河，城北八十里村屯十五。曰那丹伯，城北一百十里村屯八。曰苇子沟，城北一百三十里村屯八。

其险要，梅河台、县东南，梅河南。那丹伯台。县北

其邮驿道路有邮政局一、县治官路五。一由县南渡沙河、秀水河、梅河赴府，一由县西渡鹞鹰河赴西丰，一由县北渡万龙河赴西安，一由县东渡柳树河、小柳树河赴府，一由县东北渡柳树河，过黄泥河、那丹伯等区赴伊通。

山之著者：寒葱顶子山、县东北八十里白玉顶子山、县西南六十里五魁顶子山。县东南三十五里

水之著者：沙河、导源县西七十里掌山东，至县治西南，鹞鹰河自西北注之。又东至县治南，兴隆沟合柳树河经小城子区，合秀水河至沙河口入府境。梅河、导源县西南马勒山东至梅河口入府境。黄泥河、导源县东北王伯坑山，东入府境。大沙河、导源县东北黑鱼沟山，东入府境。孤山河、导源县东北蛤蟾山，北入伊通境。横道河、导源县西南哑八岭，东入府境。小伊通河。导源县西北沙河台，西北流左合二水。又西北经那丹伯台东入吉林境。

其田，民地一百一十七万三千九百八十亩。

其矿，煤已办者为小梨树沟

其户，一万七千零四十七，口十二万八千有六。

衙署二知县一、典史一。

局所七巡警总局一、税捐局、牛马税局一，分卡五：横道沟、四平街、梅河、那丹伯、柳树河。

学堂三皆小学。

祠庙寺观、教堂二基督一、天主一。

西丰县，府西二百二十里，西南距省三百五十里，光绪二十八年六月，以大围场西流水垦地之淘鹿设县。册档，二十八年六月一日，盛京将军增祺等奏，拟于西围场内淘鹿地方建设一县，名曰西丰县。设知县、典史各一员。十五日，政务处吏部议准。隶府。阁钞，二十八年五月二十六日，委试用知县钱宗昌试办县治事宜。二十九年九月七日增祺等奏，西丰县拟定为繁难题补要缺。

县治当扣河北，五龙背之南，驻巡防队左路马队第三营。土城。东西街长五里，宽约三里，门四，光绪二十九年筑。

其疆域，东东平，至古年岭九十里接东平界南与西皆开原，南至新边九十里，西至威远堡门九十里，均接开原界。北吉林伊通。至大石岭子九十里接伊通界

村屯总六百四十七，分领以三十七围。东路十：曰查库兰，城东十里曰山彦哈达，城东二十五里曰更刻，城东十里曰登嘎拉，城东二十五里曰那力珲，城东三十五里曰登嘎拉巴克钦，城东六十五里曰乌鲁里，城东三十里曰依马呼，城东二十五里曰依马呼哈达，城东四十里曰札克丹哈达。城东六十里西路十：曰妞河，城西十五里曰勒夫得恩，城西三十里曰勒夫都什西，城西四十五里曰勒夫朱启布，城西三十里曰乌里，城西四十五里曰台辉憨，城西七十里曰哈柬力罕，城西三十五里曰伯尔豁，城西四十五里曰哈柬力罕色钦，城西六十里曰札克丹。城西六十里南路八：曰十八道背，城南四十里曰拉呼达，城南二十五里曰登嘎拉达，城南五十里曰古砬子，城南二十里曰山城子，城南六十里曰柬鲁，城南百里曰野鸡背，城南六十里曰嵌石岭。城南八十里北路九：曰达启，城北十里曰达启达，城北二十里曰艾辛伯野，城北三十五里曰艾幸年木舟，城北五十里曰哈柬力罕伯野，城北三十里曰哈柬力罕达，城北四十里曰查库兰达，城北三十里曰朱朱呼，城北五十里曰山音哈达。城北八十里

其险要为高力墓子镇、县东五十五里南房水沟镇、县南四十五里公合屯、县西五里庆阳堡、县西十五里神树屯、县西六十里威远堡边门、县西九十里凉水泉屯、县北三十里平冈屯、县北六十里火石咀子屯、县东北五十里平冈镇、县东南五十里热闹街、县东南五十五里凉水泉子镇、县西南四十里房身咀子镇、县西北三十五里头道营、税卡，县西四十五里。二道冈、税卡，县南四十五里。砬子沟。税卡，县北六十里。

其邮驿道路有邮政局、东达西安，西达开原，设县治。官商路七。一由县南六马架至老波沟赴开原，一由县西南平岭赴铁岭，一由东南赴府及山城子，一由县东渡扣河至古年岭赴东平，一由东北石人沟至杨木咀子赴西安，一由东北赴吉林，一由县北公合屯至边堡赴伊通。

山之著者：六角砬子山、在卑马围子内，城东四十五里。烟筒砬子山、在登嘎拉巴克钦围内，城东南六十里。乌龙山、在乌鲁里围内，城东北五十里。古年岭、在札克丹哈达围内，城东九十里。新开岭、在西查库兰围内，城东二十五里。太平岭、在查库兰、达启两围之交，城北二十里。盘道岭、在古砬子野鸡背两围之交，城东南三十五里。城子山、在登嘎拉达围内，城南五十里。松树咀子。在札克丹围内，城西六十五里。

水之著者：扣河、导源县北札克丹哈达围哈汤甸子，北流出封道树川沟口，合古年岭涧水。折而西合高丽泉眼水。又经高丽墓子，右合奢肯河。又西经白石砬子南，左合小扣河。迤北经大营，右纳双桥子沟水。西流经县城南，右合石人沟水。又西左合妞河，左合岔沟水。又西经船房子渡口，右合艾新沟水。又西经庆阳堡，右合蒙古谷水。沿北山西下，左合苏马马寨沟水，又西左合王马寨沟水。经头营北又折而西，经松树咀子，左合砬子沟水。又西出边入吉林伊通州境，行一百三十九里。碾盘河、导源县野鸡围马道岭，西北流合獐狍沟水。又西北，右合小碾盘河。曲西流，合富丰沟水。经古砬子围南，又西经十八道背围合凉水泉，左纳山城子围涧水，又西左合澄子沟。经老龙头北，拉呼达勒夫、朱启布二围之水自右注之。又西经勒夫都什西围南出界，入开原境注清河。辽河、由西安县流至县境朱朱呼围，南合小梨树河。其东岸为西安境。又南左合朱朱呼河。转北经杨木咀子，合秀水泉河。又折东北经桦树砬子南麓而北，左纳新开河。经龙头山东，又北出界，入吉林伊通赫尔苏门。小梨树河。导源新开岭，北流三十余里至朱朱呼围入辽河。

其田，民地一百三十三万一千九百六十四亩一分四厘。

其矿，煤已办者为兴隆沟，未办者为双桥子小和河、元宝山、太平冈。

其产，药材细辛、荆芥、防风之类。

其户，二万七千二百一十二，口十七万六千五百有六。

衙署知县。

局所十巡警总局一、分局四、牛马税局一、分卡四。

学堂三十三城内小学四、女学一、四乡小学二十八。

祠庙寺观十、教堂二基督一、天主一。

西安县，府西北百六十里，西南距省四百十里，光绪二十八年六月分海龙厅属之西围场地设县，治老虎嘴子。册档，二十八年六月一日盛京将军增祺等奏，海龙属西围场垦地，业已升科，拟于老虎嘴子地方建设一县，名曰西安县。设知县、典史各一。二十七日，委员试办县治事宜。二十九年九月，移治大兴镇。阁钞，二十九年九月七日增祺奏，原拟西安县建治之老虎嘴子，僻在一隅，已改移大兴镇。得居中控制之宜，定为繁难题要缺。

县治当辽河之北，土城。

其疆域，东东平，至东冈六十五里接东平界南及西皆西丰，南至望儿楼七十五里，西至新开岭七十里，接西丰界。北吉林伊通，至大台房七十五里接伊通界东南东平，至钢义岭六十五里接东平界西北吉林赫尔苏门，至安吉镇八十五里接赫尔苏门纵一百三十五里，横一百四十里。

村屯总三百十九，分领以十区：第一区曰安平镇，城东五里领太平、即安平镇楸树二社。楸树社，城南二里，村屯三十二。第二区曰安寿镇，城东南三里领渭津社。村屯五十七。三区曰安福镇，城东四十里领福宁社。村屯三十二四区曰安昌镇，城东北四十里领永安社。村屯二十九五区曰安化镇，城东北六十里领孤山、桦树二社。村屯十七六区曰安仁镇，城北四十里领仙人、榆树二社。村屯十七区曰安吉镇，城西北七十里领文光、武艺、清河三社。村屯二十二八区曰安和镇，城西北三十里领孟河社。村屯十四九区曰安慈镇，城西二十五里领浴池、秀水二社。村屯二十九十区曰安恕镇，城南三十里领梨树社。村屯三十七

其险要为库鲁讷窝集、满语，译高阜丛林，县东七十里。归勒赫台。县西北七十里

其邮驿道路，邮政局一、县治有官商路十一。一由县东龙首山至东冈赴东平，一由县东高丽墓子至万良河，一由县东杨木咀子至安昌镇赴吉林，一由县东南渡辽河至钢叉岭赴东平，一由县东南渡西渭津至柳叶皆赴东平，一由县南梨树社至望儿楼赴西丰，一由县西渡半崴河、辽河至新开岭赴西丰，一由县西会龙山岭至武艺社赴西丰，一由县西北孟河社至安吉镇赴吉林赫尔苏，一由县北双马架至大台房赴吉林伊通，一由县北仙人洞沟岭至北庙子赴吉林。

山之著者：寿山、县东十六里石顶山、县东北七十五里乌龙山、县西南四十里查库兰山、县西南七十里衣蓝木哈达山、县西北四十里甲山、县西北七十里大波头山、县北四十五里野猪山。县西北六十里

水之著者：辽河、导源库鲁讷窝集之转心湖，古名辽河源。西北合拉津河，至安福镇合任家沟河，又西合登杆河、榆树川河，又西合太平河、渭津河。经龙首山南，西流一里至县治南，合大梨树河。又西合半截河、十八道崴子河，得风沟河、小梨树河。又

折向北经王家大顶山西麓，又北入西丰境。又北合二道河至安吉镇，合头道河。又北至吉林境，名赫尔苏河。杨树河、导源县东北六十五里之平岭，西北至石咀子，入吉林境。拉津河、导源县东北九十里三坐老爷庙山，西入辽河。登杆河、导源县东北大黑牛背山西南，合鹭鹚河，又南入辽河。孤山河、导源县东总岭山西沟，西流经平岭北麓，又西经大营官房，又西北入吉林伊通境。又西北入辽河。头道河、导源县城北桦树川山西，至安福镇北入辽河。二道河、导源县东北平岭南母猪窝，西流经杨木咀子北麓，又西经安仁镇南，又西经黑鱼泡，三道河自西北注之。又西经安吉镇迤南入辽河。大梨树河、导源县南梨树社东西望楼山，北源经平安川，合古岭河。又西经大泉眼，折向西北经关家街，合下甲胄河。又北经黄洋沟、七家山东，又折东北经红砬子山南，又东北合杏山沟河。又东北合城子沟河，经老龙山，又北至县治南入辽河。小梨树河、导源县南七十里西望儿楼山，北至平安川，合古岭沟河。西北至关家街，合大甲胄河。又东北至红石砬子山南麓，合杏山沟河。又东北合城子沟河，入辽河。

其田，民地一百五十九万六千三百一十九亩九分四厘。

其矿，煤已办者为辽河源。未办者为太平沟内元宝山、柳树泉眼、太平河、鸡形岭子、爱青沟。

其户，二万六千八百三十八，口十四万四千五百六十四。

衙署二知县一、典史一。

局所四巡警总局一、税捐局一、牛马税局一，分卡一，在二道河。

学堂十一皆小学。

祠庙寺观三、教堂二基督一、天主一。

柳河县，府南一百二十里，西距省五百六十里，光绪二十八年六月分通化县柳树河县丞地，设县。册档，光绪二十八年六月一日盛京将军增祺等奏，通化县境广约六七百里，袤三百余里，拟将所属柳树河县丞分设县治，名曰柳河县。添设知县、典史各一。十五日，政务处吏部议准。先于五月二十六日，委员试办县治。二十九年九月七日增祺等奏，地当海龙、通化孔道，缉匪绥边，事务繁要，定为冲难题调要缺。隶府。

县治当伊通河南，土城。巡防队左路马队第四营驻之。

其疆域，东吉林濛江，至黑石头龙冈一百七十里接濛江界南通化，至马鹿沟一百二十五里接通化界西开原，至蛤马塘一百五十里接开原界西南兴京，至龙冈一百十五里接兴京界西北开原，至头道河一百二十里接开原界纵三百二十里，横一百二十六里。

村屯总一百四十有四，分领以二十一保。在东乡者：曰颐养，村屯八，首亨通山子。城东北四十五里曰存养，村屯九，首胜水河子。城东北七十里曰息养，村屯七，首样子哨。城东百里曰涵养，村屯八，首大滩平。城东南百七十里曰直养，村屯七，首椅子山。城东南百二十里曰爱养，村屯七，首刘家窑。城东南一百八十里曰育养，村屯七，首通沟集。城东九十里在南乡者：曰蒙养，村屯九，首青沟子。城西南三十里曰纯养，村屯七，首三块石。城东南百一十里曰安养，村屯六，首双驴子沟。城东南八十里曰休养，村屯八，首孤山子。城东南七十里曰善养，村屯八，首四道沟。城南六十里曰兴养，村屯五，首大牛沟。城西南九十里曰思养，村屯八，首大花斜。城东南九十里在西乡者：曰抚养，村屯六，首鱼亮子。城西六十里曰惠养，村屯七，首南山城子。城西百二十里曰宏养，村屯六，首向阳镇。城西南百二十里曰引养，村屯四，首红石砬子。城西南百里曰培养，村屯五，首小通沟。城南百里曰和养，村屯五，首柞木台。城西南一百十里曰善养，村屯五，首前头道沟。城西南五十里

其险要为孤山子、驻第四营左哨样子哨、驻第四营右哨，皆左路巡防队。县东北一百十里。仙人沟、下皆税卡胜水河、通沟、南山城、鱼亮子、碗口岭、向阳镇、亨通山、马鹿沟。

其邮驿道路有邮政局一、由海龙拨分，南通化分局。官商路八。一由县东孟家店至柞木冈，过府境至苏家店归县境，东行至吉林濛江，一由县亨通山子赴通化，一由苏家店达龙冈赴通化，一由县南柳树河赴通化，一由县西北碗口岭赴兴京，一由县西头道沟赴通化，一由县西北碗口沟赴开原，一由县北度伊通河赴府。

山之著者：龙冈、自县西南一百三里，兴京界入境。由县之南经宏养、引养、培养、和养、兴养东、善养、休养、安养、纯养保境东北，直达吉林濛江，接长白山，为永陵龙脉之干。绵亘二百余里，为诸山冠。二道沟大顶子、县南二十五里磬儿岭、县西七十里椅子山、县东九十里金龙顶子、县东南二百十里孤山子。县东南七十五里。按：诸山皆接龙冈。

水之著者：三通河、导源县西南百里青沟子山，东流至安养保，合太平河。折向北流，经爱养保，合金川河、蛤螺河。又斜向东北，经直养保，合小围山河、大围山河。经涵养保，合大小平滩河。转向正北息养保，合黄泥河至楼上，入府境。太平河、导源县东南一百三十五里大青顶子，合凉水河、黄泥河入三统河。金川河、导源金龙顶子西北，合响水河入三统河。哈螺河、导源大椅子山，入三通河。大滩平河、均导源县东

一百五十三里石头山，狍河涵养保之沙滩，南北分流。北流向西北，会泉眼河，入三通河名曰大滩平河。南流斜向西北，绕沙滩入三通河名曰小滩平河。窝集河、导源县西四十五里骆驼砬子山，东北经存养保，合自蒿沟河、胜水河。又东合半截河、当石河折西北，入府境。一通河、导源县西南一百五里龙冈之金厂岭东北，经东北至蒙养保大道沟，北流转向东南，折东过县治，至孟家店河、柳树河。柳树河。导源县东北三十里驼腰岭，西流折入府境，向北入伊通河。

其田，民地二十八万四千三百九亩九分。

其矿，金、未办者为高力堡子、干河子。煤已办者为半截河、红旗杆沟。

其户，一万二千六百三十五，口六万九千一百四十六。

衙署三知县一、典史一、样子哨巡检一。

局所二十五巡警总局一，分局三：东西南三路各一。税捐分局一、分卡十一、牛马税局一、分卡八。

学堂十城内一、四乡九，皆小学。

祠庙寺观九、教堂八基督五、天主三。

其分防，有样子哨巡检。光绪三十二年十月二十八日盛京将军赵尔巽奏，柳河县属样子哨地方，距县百里，为东北边界市镇。商贾辐辏，行旅通衢。东与吉省属境毗连，向为盗贼出没之区，暂设分防巡检一员。三十三年奏定为要缺。

辉南直隶厅，省东南六百八十里，宣统元年三月分海龙府东南八社设，治大度川。阁钞，宣统元年三月二十七日东三省总督兼署奉天巡抚徐世昌奏，海龙东南与吉省濛江毗接，森林丛密，本系鲜围，间有山田。光绪四年全行放垦，庚子变乱，民居焚掠殆尽。嗣厅升为府，设西安、西丰、东平等县。独东南一带，犹多伏莽，逃户畏沮不归。拟于距府一百里之大度川设一直隶厅，以资镇抚。海龙共三十六社，析东南八社，而以窝集河、一统河为府厅之界。该厅全境在辉发江之南，拟名曰辉南直隶厅，即拟遴员试办。奉朱批，该部知道。十二月移治谢家店。阁钞，宣统元年十二月二十日，东三省总督锡良等奏，新设辉南厅治，拟改于距府东南九十里之谢家店设治。该处为辉境适中之地，四面山环水抱，西中平坦，西南为赴柳河大路，东北为赴磐石冲衢，正东系濛江要途，西北通海龙府治，四通八达，人民易于招集，商旅便于往来。请拨款建署。奉朱批，该部知道。

奉天郡邑志卷五

昌图府　辽源州　奉化县　怀德县　康平县

洮南府　靖安县　开通县　安广县　醴泉县

昌图府，明初辽海卫，后为福余卫之科尔沁诸部地。按：明初辽海卫，今府境地。怀德县乡土志，昌图府署内科神庙西壁嵌赤石一片，镌有辽海卫三字。国朝为科尔沁左翼中、达尔汉亲王前、宾图郡王后博多勒噶台亲王三旗地。嘉庆十一年设昌图额勒克理事通判。理藩院则例，昌图额尔克地方，东至吉林边栅，西至辽河一百余里，南至威远边壕，北至白塔水河二三十里、四五十里不等，设理事通判一员，办理农民一切事件。地租任听该王遣人自行领取。设巡检，管理监狱。昌图额尔克适中地，内有残缺土城，村屯环卫，建立署狱。自嘉庆十四年征租。会典则例，道光元年设昌图厅黎树城子照磨。同治三年，改设昌图边海抚民同知。东华录，同治二年十月己亥谕，昌图厅所辖幅员辽阔，应否就理事通判酌量增改，吏部妥议，具奏。癸丑谕，吏部奏将昌图通判调缺改设理事同知题缺，加四品衔，著玉明、和润、德椿确查具奏。会典，同治三年，改昌图理事通判为边海抚民同知。六年，昌图添设同知经历一人，分驻八家镇，作为沿边调补要缺。光绪三年，改为府。设奉化、怀德二县隶之。阁钞，三年二月，署盛京将军崇厚等奏，昌图厅幅员一千六七百里，蒙民杂处，盗贼出没无常。拟将该厅升为府治，仍管地面词讼。移设八家镇经历于康家屯，梨树城照磨于八面城。梨树城改设通判，名曰奉化厅。八家镇改设县治，名曰怀德县。寻部议准设昌图府、怀德县，驳奉化厅。十一月崇厚等奏，拟改奉化厅为奉化县。部议从之。六年六月，设康平县隶之。阁钞，六年六月盛京将军岐元等奏，昌图府康家屯生齿日繁，流民耕种殆遍，拟添设知县，名曰康平县。部议从之。二十八年六月，设辽源州隶之。册档，光绪二十八年六月一日，盛京将军增祺等奏，康平县郑家屯新设之辽源州，仍隶昌图府管辖。十五日，政务处吏部议从之。三十一年十一月，约同江口为商埠。今领州一、县三。

府治当亮子河之东，马千总台门之北，东三省铁路之西，无城。府街为悦来社，东有车站。其南接马仲河站。省东北二百四十里。西南至京师一千七百四十里，东至边壕三十里吉林伊通州界，北至辽河二百七十里科尔沁左翼中达尔汉亲王旗界，汉一作罕南至马千总台门二十里奉天府开原县界，西至苏家窝棚二百五十里科尔沁右翼前宾图郡王旗界，东南至边壕三十五里吉林伊通州界，西南至旧屯二百四十里法库门界，东北至朝阳坡三百十五里吉林长春府界。

其本治疆域，东与东南皆吉林伊通，东至边壕三十里，东南至边壕三十五里，均接伊通界。南开原，至马千总台门二十里接开原界北与东北皆奉化，北至和尚屯百三十里，东北至四平街百里，均接奉化界。西与西南皆康平，西至辽河八十里，西南至同江口七十里，均接康平界。西北辽源，至三合屯百五十里接辽源界纵百三十五里，横百二十里。

村屯总六百十一，分领以二十一社。曰和辑，城南十里村屯三十。曰怀远，城东北十二里村屯二十五。曰平治，城东北三十里村屯二十七。曰长安，城西南十五里村屯十六。曰遵化，城西南三十里村屯三十六。曰承恩，城西南六十里村屯四十三。曰丰裕，城西二十里村屯三十一。曰惠民，城西北二十五里村屯三十二。曰吉祥，城北二十里村屯四十。曰安民，城东北八十里村屯二十八。曰和厚，城东八十里村屯二十二。曰积金，城东北九十里村屯三十六。曰诚服，城北四十里村屯二十九。曰柔迩，城西北九十里村屯二十九。曰众悦，城北一百十里村屯三十一。曰抚绥，城北百三十里村屯三十六。曰恒足，城西北百三十里村屯二十四。曰堆金，城西北八十里村屯三十二。自府街悦来至堆金十九社，皆科尔沁左翼后博多勒噶台亲王旗地。曰宣恩，城西北五十里村屯三十七。曰怀仁，城西六十里村屯十九。曰兴仁，城西六十里村屯九。自宣恩至兴仁三社，皆科尔沁左翼中达尔汉亲王旗地。

其险要为鹭鹭树、淮军分驻，府东北六十里。四平街、淮军分驻，府东北百里。八面城、淮军分驻，有分防照磨，府东北一百十里。大洼、府北八十里金家屯、府西北五十里马仲河、南接开原车站，其北为昌图车站，下皆车站。满井、昌图站北双庙子。满井北，又北为奉化四平街站。

其邮驿道路有铁路一、东三省铁路由开原马千总台门入境。二十里至二道沟东入吉林边，五十里至长岭子出边，又入境五十里至横道子出境，入奉化界。电线二、一自马千总台入境，依东清铁路设，一百二十里至横道子出境。一支线自二道沟至府，又西南七十里至同江口，入康平境。文报分局、接递昌图府同江厅、康平县、奉化县、怀德县等境内衙署、局所与各处往来公文，并博多勒噶台亲王蒙文。邮政局五、二道沟一、同江口一、金家屯一、八面城一、四平街一。官商路八、一自马千总台门经府街至四平街赴奉化，一由府东南永安堡至二道沟赴吉林，一由府东南天齐庙至二道沟由吉林赴西丰，一由天齐庙至沙河子赴吉林，一由府东北长春堡至二十里堡，合同江口支路至鹭鹭树，分二路：一自二道河至条子河赴奉化，一自二道河至喇嘛甸子赴奉化。一由府北亮中河至大洼合法库商路，至喇嘛甸子赴奉化，一由府西北张家店至罗家船口赴康平，一由府西南跑马城子至同江口赴康平。旧设铺司四。府街一。东北三十里四面城一。东北六十里鹭鹭树一，接奉化。西北三十里八棵树一，接康平。

山无

水之著者：大辽河、自奉化南流至府西北河套入境。东南流经大树哈拉沟、杨家窝堡、马架河、夹西渚村西，又南经四家子，又西南昭苏太河自东北注之。又南经苏家河堡、刘家河口西，又东、南经两子、李家窝堡西，又南经同江口西，其对岸皆康平境。又南至龙王庙西入法库门境。昭苏太河、自奉化南流至府北和尚屯北入境。西南流经曹家窝堡南，又西经龙王庙屯南，条子河自东注之。又西经小房身、八叉沟北，又西经大三家子、双井子北，折西南经七里堡、王合堡西，又西南经坤都窝堡东，莲花泡河自东注之。又西南至三家子东、张化窝堡西入辽河。条子河、自奉化南流至府北和尚屯南入境。西南流经开原窝堡北、欢子洞南，又西至双城子北入昭苏太河。莲花泡河、导源府东北半拉山门，西流经桃山、陈家店北，青堆子南，七道河子水自东南注之。又西经明水泡、样子泡南，又西北经柳树圈、北莲花泡南，又西经土城子北，鹭鹭河自东南注之。又西经刘小店、蒙古窝堡北，四面城河自东南注之。又西经杨家窝堡、三架家堡南，程家窝堡、张家窝堡北，又西至北段家船房北、坤都堡南入昭苏太河。鹭鹭河、自吉林伊通州西流入境。又西河夹信南，又西经二道子河、三道河子北，又西北经古龙盏北，一水东北来注之。又西北经小泉眼南，路家店、赵家店、鱼鳞堡、鹭鹭树北，又西北至广宁窝堡北，入莲花泡河。四面城河、导源吉林伊通石虎沟，西北流至府东北蒙家屯入境。又西北经红山堡、二道沟南，又西北经五家窝堡西、红山堡东，又西北经长岭子、兴隆沟北，又西经四面城北，又西北经兴隆岭南、三合堡北，又西北至蒙古窝堡南，入莲花泡河。亮子河、自吉林西流入柳边，经府东稍南之小城子沟北，又西北流经实力窝堡南，又西北经双树子西，又西北经平顶山、四家子、七家子诸村北，又西经靠山屯南、府治北，又西经长山堡、新立屯南，又西南经大台庙、大范屯东，又西南经亮中桥东，迤南经刘家荒地、朝阳堡东，又南经茨榆城西、三河堡东入开原境。马宗河。自开原西北流至府东南柳边入境。又西北经泉眼沟南，又西北经大营盘、十里台南，又西经刺尾沟南，又西南经冯家岭、孔家岭北、茨榆城子南入开原境。

其田为蒙地。

其户，五万一千八百五十七，口四十万七千五百八十三。

衙署四知府一、司狱一、教授一、八面城分防照磨一。

局所三十巡警总局一、分区二十二、税捐局一、牛马税局一。分卡五：鹙鹭树、八面城、大洼、金家屯、亮中桥。

学堂五十四府治官立师范学一，高、初两等学二，蒙民学一，八面城、大洼、金家屯高初等学各一，各镇、屯公立初等小学二、民立初等小学四十四。

祠庙寺观二十一、教堂十二基督七、天主五。

商埠，有日本领事馆、出张所、警部。

其分防，有同江口同知、中路巡防队第一营驻之。光绪三十二年七月十二日盛京将军赵尔巽奏，同江口系昌图府属境，距府七十里，扼昌海之要害，据辽河之上游，水陆交冲，五方杂处，为北路商务总汇之区。地方沿河，尚多马贼，断非知府所能兼顾，应添设河防同知一员，名曰同江厅河防同知。专司缉捕、交涉。奉朱批，著照所请。三十三年四月奏，定为繁难题要缺。在府东南七十里。八面城照磨。光绪三年正月署盛京将军崇厚等奏，昌图升府，移梨树城照磨于八面城驻扎。照旧加六品衔，分司缉捕土匪，勘验命盗，地方词讼、户婚、田土细故，准就近审理。徒罪以上，送由该府讯办。吏部则例，昌图府分防八面城照磨、凤凰赛马集巡检、孤山海口巡检、宽甸县长甸河口县丞、二龙渡巡检俱作为沿边要缺。

辽源州，府西北二百四十里，南距省四百里，光绪二十八年六月分康平县及府境奉化地设，治郑家屯。光绪二十八年六月一日盛京将军增祺、奉天府府尹玉恒奏，昌图府康平县地面，北至郑家屯二百里，本蒙古达尔罕王旗地，为外辽河所经。近来生聚日繁，商贾荟萃，仅主簿一员不足镇慑。拟改设州治，名曰辽源州。设知州、吏目各一。南以康平之三眼井为界，北以蒙荒之新甸为界，东由怀德之哈拉巴山循大辽河而下，至罗船口，凡西岸各屯，无论昌图、奉化所属，以及西边蒙荒垦熟之地，均归管辖。十五日，政务处吏部议行。隶府。二十八年七月一日，委员试办州治事宜。二十九年九月七日增祺等奏，辽源州系边外要区，民蒙杂处，定为繁难沿边题调要缺，加理事同知衔。宣统元年三月，设洮昌道驻之，辖洮南、昌图两府全属，未行。

州治当西辽河之西，前路巡防队第一营驻之。

其疆域，东奉化，至新立屯八十五里，接奉化界。西科尔沁左翼后博多勒噶台亲王旗，至沙坨子十余里接王旗界北与西北、东北皆科尔沁左翼中达尔汉一作罕亲王旗，至严家崴子接王旗界东南昌图，至罗船口百二十五里接昌图界。西南康平，至辽阳窝堡百二十里，接康平界纵一百六十里，横一百四十里。

村屯总一百三十九，分领以五社。州治本街曰信孚社，村屯七。距城十余里或二十余里不等，皆科尔沁左翼中达尔汉亲王旗地。东曰仁覆，村屯三十七。城东三十五里，达尔汉王旗地。首马圈子。东北曰义正，村屯十九，城东北十里，皆达尔汉王旗地。首雁领窝铺。东南曰礼淑，村屯十七，城南三十五里，皆科尔沁左翼后博多勒噶台亲王旗地。首徐家窝铺。西南曰智济，村屯四十二，城南八十里，皆博多勒噶台亲王旗地。首十三崴子。

其险要为三江口、州东南五十里，前路巡防队第一营左哨分驻。东、西哈拉巴山、州东北九十五里为西哈拉巴山，一百一十五里为东哈拉巴山，盗贼渊薮，形同瓯脱。邻省匪徒，往来于此。哈拉沁屯、税卡好官屯、税卡辽阳窝堡。州南一百三十里，税卡。

其邮驿道路有电线、自套力于土入境，至阎家崴子出境。文报分局、接递洮南府辽源州、开通县、靖安县、安广县、醴泉县境内衙署、局所与各处往来文牍，并札萨克特贝勒旗、札萨克郡王旗、图什业图亲王旗、科尔沁札萨克镇国公蒙文。邮政局二、州治一、三江口一。官路五、一由州西南张家窝铺赴康平，一由州北五道冈阎家崴子至新甸赴吉林长春，一由州东北阎陵窝铺至哈拉巴山赴怀德，一由州南肖尔沁白庙子出大民屯船口赴府及奉化，一由州西北五道冈子下土台白寺赴达尔汉亲王旗达洮南，一由州西蒙古套力街赴博多勒噶台亲王府。

山之著者：勃勃图山、州东北十四里玻璃山、州北五十五里教宝山、州南十二里东、西哈拉巴山。见前

水之著者：东辽河、据辽源乡土志[1]，东辽河由大围场发源，至赫尔苏门，经奉化、怀德界，西至州境东北一百十五里之东哈拉巴山之阳入境。又西南流百三十五里至三江口，西辽河两支来汇。南流八十里至罗家船口，入康平境。行境内二百十五里。西辽河、乡土志，西辽河两支，由热河建昌发源，东北流至札鲁特分两支：一支由札鲁特东流五百余里至德奇苏木，转而南流，至州北蒙旗界入境，南流至州东十里，又南流四十里至三江口入东辽河，行境内一百七十里。一支由札鲁特东南流，至州西北一百三十五里之蒙旗界入境，西南流四里，又南流四十里，至三江口入东辽河，合流至营口入海，行境内一百七十五里。

---

〔1〕　辽源乡土志，清末赵炳南修。赵氏于光绪三十四年（1908年）六月任辽源州知州，宣统元年（1909年）离任，宣统二年（1910年）再任，宣统三年（1911年）四月去职。是志记载了辽源州之历史、政绩、兵事、耆旧、户口、氏族、宗教、实业、地理、山、水、道路、物产、商务等。

其田，为蒙地。

其户，八千八百五十三，口五万九千一百三十九。

衙署二知州一、吏目一。

局所九巡警总局一、分区五、辽康税捐局、牛马税局一、盐厘局一、电报局一。

学堂四皆小学。

祠庙寺观六、教堂天主。

其藩部，有科尔沁左翼后札萨克博多勒噶台亲王旗，驻所当马连邱河之北，西辽河枝渠之南。在州治正西南科尔沁左翼中札萨克达尔罕亲王旗，驻所当好赖河之北，新辽河之南。在州治西北，当开通县之东南。

按：宣统元年三月三十日东三省总督徐世昌奏，昌图府之辽源州添设道员一缺，辖洮南、昌图两府全属，名曰洮昌等处分巡兵备道。三月十六日会议政务处议行。

奉化县，府东北一百四十里，西南距省三百八十里，光绪三年分昌图厅设，治梨树城。道光元年，设昌图厅梨树城分防照磨。光绪三年二月署盛京将军崇厚等奏，昌图厅梨树城原设照磨，职小权轻，势难整顿。拟改为厅治，添设通判，名曰奉化厅。另添巡检，管监狱。寻吏部议，以府属设立通判体制未符，行令改议。十一月崇厚奏，请将拟设奉化厅通判改设奉化县知县。仍作为繁难沿边题调要缺，加理事同知衔，民蒙兼理。应设典史一员，加六品衔，管监狱。设训导一员，兴学校。部议行。隶府。

县治当昭苏太河之南，东三省枝路之东，城周二十里。

其疆域，东吉林伊通，至赫尔苏门七十里接伊通界南与西及西南皆府境，南至四平街四十里接府境，西至五家窝堡四十里接本府分防八面城界，西南至双庙子四十里接府界。北与东北皆怀德，北至辽河一百十里，东北至六屋营一百十里，皆接怀德界。

西北辽源。至苏龙起百二十里接辽源界

村屯总二百五十八，分领以二十三区。东曰偏脸城，城东北十五里曰太平山，城东北四十里曰大榆树屯，城东北五十里曰小城屯，城东五十里曰韩家堡。城东六十里南曰条子河，城南二十里曰娘娘庙，城西二十里曰拉马甸，城西三十里曰八盘碾子，城东南三十五里曰大泉眼。城东十五里西曰七家子，城西北二十五里曰关家冈子，城西北五十里曰十二马架，城西北四十里曰破庙子，城西北百里曰欢喜岭，城西北九十里北曰泉眼岭，城东北四十五里曰孟家窝棚，城北五十里曰土龙村，城北百二十里曰薛家

冈，城东北九十里曰步登花，城西北百里曰长山堡，城北一百十里曰三道冈，城西北七十里曰六屋营。城北一百十里

其险要为榆树台、城北四十里，有巡防队、税卡。小城子、城东北九十里，有巡防队前路第二营右哨分驻。拉玛甸、见前，有巡防队、税卡。下四平街、南接昌图双庙子站，下皆车站。郭家店、四平街北大榆子、郭家店北公主岭、大榆子北四站、税卡五站。税卡

其邮驿道路有铁路一、东三省铁路自昌图四平街东北神庙入境，经县治东刘家屯至怀德境。电线、依铁路设邮政局、接县治东南铁路五站官商路五、一由县南条子河至四平街赴昌图，一由县北崔家铺至新河口赴怀德，一由县北白山嘴至二道口赴怀德，一由县西辛家店至五家窝堡赴昌图八面城，一由县东五里堡至翟家店达赫尔苏门赴吉林伊通。旧设铺司三：城内一、县东南四十里四平街一、县东北六十里小城子一入怀德。

山之著者：青石岭、城东北三十里太平山、城东北三十五里二龙山、城西北一百十里黑牛山、城西百里蘑菇山。城西九十里

水之著者：东辽河、自吉林伊通州赫尔苏边门北流，穿柳条边，至县东双马架东入境。枝津自西出，北流来汇。又北经石头沟东，马家屯水西南来注之。又北经北河口、马船口东至津西出，又北折西经和尚屯东，枝津自马船北流，经土龙村东来汇。其东岸皆怀德境。又西北经六屋营、于家屯、王公壕北，又西北经杏树冈、猫儿山北，又西经靠山洞、破庙子北，折西南经盖窝棚、马蓝屯北，枝津南出，又西南经东达力、虎苏龙起，北枝津西流来汇。其西岸为辽源州。迤南经古力格屯、大名屯、宝底泉西至三江口入辽源境。昭苏太河、导源吉林伊通州，凡三源。西源自三家子西北流穿柳条边，至大水口入境，东北流至夹河泛与中源合。中源自上三台穿柳边入境，北流经靠山屯至夹河泛子与东源合。东源自四台穿柳边入境，西北流折西，经黑嘴子至夹河汛子与中源合。西北流经大泉眼北、霸王庄南，又西北折而西，经偏脸城南，又西经县治北、白山嘴南，一水南来注之。又西经柳树营北，车洼河西北来注之。又西经三棵树南，迤北而西经蓝桥北入府境。条子河、三派：一由伊通界大塔子沟出边，自夹河泛子入境，北至张家店，与东支合。一自三台出边，由夹河泛子出境，为中支，北至索家窝堡与东支合。一自小塔子沟出边，至杜大城入境，亦至索家窝堡与中支合。西北至前夹把折而西入昌图境。车洼河、导源县北太平山西麓，东南流经拉拉屯、七家子东，又东南经杏儿山、达子窝棚东，又东南经大房身、盖家洼西，一水东南来注。折西流经新发堡、

董家堡南，又西迤南经大夫岭西，入昭苏太河。县城南河。导源县东南杏山西北，经八里堡、北平安堡东，又北入昭苏太河。

其田，为蒙地。

其产，鱼、狐貉、靛、硷

其户，四万三千一百三十，口三十五万四千有八。

衙署三知县一、典史一、训导一。

局所二十五巡警总局一、分区二十三、税局一。

学堂二十六城内高、初两等小学一，师范一，各区小学二十四。

祠庙寺观四十四、教堂二基督一、天主一。

怀德县，府北三百里，西南距省五百四十里，光绪三年分昌图厅地设，治八家镇。会典，同治六年定昌图地方添设同知经历，分驻八家镇。作为沿边题调要缺。光绪三年二月署盛京将军崇厚等奏，昌图厅八家镇、梨树城均系扼要之区。政务殷繁，措理非易，拟将八家镇改为县治，添设知县一员，名曰怀德县。另添典史一员，管监狱。训导一员，兴学校。知县加理事同知衔，蒙民兼理。下部议行。隶府。

县治当三道冈水南北源之间，东三省铁路之西。

其疆域，东与东北、东南皆吉林长春，东至四家子二十里，东北至东四道冈十二里，东南至白龙驹山八十里，接长春界。南吉林伊通，至五台边一百十五里接伊通界西科尔沁左翼中达尔汉亲王旗，至哈拉巴山一百三十里接达王旗界西南奉化，至二魁店五十里接奉化界西北辽源，至哈拉把山一百八十里接辽源界纵一百三十里，广一百六十里。

村屯总三百三十七，分领以二十二区。东路区七：曰大岭街，城东四十里曰东三洼，城东三十里曰平台子屯，城东二十五里曰五家子，城东六十里曰八义沟屯，城东四十里曰宋家店，城东百里曰姚家烧锅屯。城东一百十里西路区七：曰大树屯，城西二十里曰三道冈，城西三十里曰八屋街，城西六十里曰朝坡街，城西七十里曰石头庙屯，城西八十里曰高家窝铺，城西四十里曰二秋屯。城西一百二十里南路区七：曰石头哨，城南九十里曰巨升福，城南百里曰长春三站，城南九十里曰山梨红崴子，城南百里曰黑林镇，城南五十里曰三合屯，城南八十里曰龙家屯。城南九十里北路区五：曰双龙泉，城北四十里曰柳条沟屯，城北一百十里曰姜家崴子，城北百里曰三教寺，城北四十里曰榆树堡。城北二十里其险要为公主岭、南接奉化大榆子站，下皆车站。刘房子、公主岭北，又北为吉林长春府范家屯站。黑林子、县南四十三里朝阳坡、县西南六十里五家子、县南七十五里杨家大城。县西北六十里，前路巡防队第二营右哨分驻。

其邮驿道路有铁路一、东三省铁路自长春府龙驹山入境。西南行三十里设站一、又西三十里设站一、又西南四十里设站一，又西南二十三里入奉化界。电线、依铁路设邮政局二、县治一、黑林镇一。官商路七、一由县东南过桥至大岭赴吉林长春，一由县东南拉拉屯至凤凰坡赴吉林伊通，一由县南五家堡至五台子赴伊通，一由县南黑林镇至新开河桥赴长春，一由县西南至杨小店赴奉化，一由县西北小边经八屋镇至边壕赴辽源，一由县西北六十五里至杨大城站。旧设铺司四。县街一、县东南四十里大岭一接吉林长春、县西六十里八五营子一、县西南六十里朝阳坡一，皆接奉化。

山之著者：白龙驹山、县东南八十五里万灵山、县南九十三里平顶山、县东南七十三里回龙山、县东南九十二里横头山、县西南九十六里平安岭、县东南十八里朝阳坡、县西南七十里大青山、县西北四十里铁矿岭山、县西南一百二十里哈拉巴山、县西北一百八十里魏家岭、县西南九十里杨树岭、县西北三十九里团山、县西南三十二里欢喜岭。县东南六十里

水之著者：大辽河、自吉林伊通北流，经赫尔苏门至万宝社入境。北流经黄酒馆村，一水自东南来注。又北过李家大堡，一水自东南来注。又北经山梨红隈子，一水自东来注。又北经黑山咀子南，一水从东来注。又北清水沟从东注之，又北过新河口、古小城子西，又北过马家船口，香水河自东来横决界河，注新河。又北至宋广窝堡，一水从东注之。又北经佟家窝堡，戳子街之水自东南来注之。又西北经龙王庙子，折北经赵家窝堡，又折而西至三岔口，又西过史家河口，又西经八屋前，新河从南合之。又西经三道圈、苏龙带南，又西至十屋西南，石佛河从北注之。又西经桑树台至三间草房入辽源州境。新开河、在县东南。导源吉林伊通州，经塌房草甸西入境北流，经太平庄东南，一水从西南来注之。又北经平顶山东，太平河自东南来注。又北经新开河村西，又东北经白龙沟山北入吉林长春境。香水河、在县南。导源吉林伊通州，经五台东入境。经紫泥沟北，一水自南来注。又东北经韩家店北，一水自南来注。又东迤北经小陈屯东，折东北经双庙南、六篓东，小黑林水自东合五里界水来注。又东北至二道河北入辽河。三道冈水、南北二源自东山出，夹城南北，经赵家窝棚北合流。西南经榆树堡南，至七套店北入辽河。朝阳山水、在县西北。导源朝阳山西麓，西南流左合一水，又西南经二道冈西、老边北，一水自东来注。又西南经双龙河西，一水自北来注。又西南

经七里界团山东，又西南入辽河。太平庄水。在朝阳山水之西南，导源太平庄。西南流经平安堡东、放牛西，又南经八屋东南，一水自东注之。又西经段家泡泡北入辽河。

其田，为蒙地。

其户，二万四千七百六十六，口十五万六百四十一。

衙署三知县一、典史一、训导一。

局所二十八巡警总局一、分区二十六、税捐局一。

学堂十四皆小学。

祠庙寺观二十有八、教堂三基督一、天主一、清真一。

康平县，府西一百二十里，南距省二百二十里，光绪六年分昌图府地设县，治康家屯。阁钞，光绪三年二月署盛京将军崇厚等奏，前署将军崇实原奏，拟将昌图厅属西南康家屯地方增设知州，分设佐杂。现察看康家屯离昌图较近，似可毋庸添设知州。拟移设八家镇经历于康家屯分防，请加六品衔，分司缉捕土匪、勘验命盗各案，词讼、户婚、田土细故，准就近审理。徒罪以上，送府讯办。六年六月盛京将军歧元等奏，康家屯离府虽近，惟西北一带地面生齿日繁，流民耕种始遍。地方辽阔，分防经历、职小权微，难以整顿。拟将经历一缺裁撤，添设知县，名曰康平县。府属河西之地，分归管辖，加理事同知衔，民蒙兼理。并设典史一员，加六品衔，专司监狱，寻部议行。隶府。领后新秋分防主簿。

县治当马莲邱河之南，无城。

其疆域，东与东北皆府境，东至小塔子五十里，东北至鲍家店子六十里，皆接昌图界。西彰武，至苏白地东沟一百八十里接彰武界北辽源，至辽阳窝堡八十里接辽源界南与东南、西南皆法库，南至张家店三十五里，东南至腰三合屯五十五里，西南至旧屯百二十里，皆接法库界。西北科尔沁左翼前宾图郡王旗地，至瓦房二百二十里接宾图郡王旗界纵一百十五里，横一百八十里。

村屯总六百六十，分领以十三区。以原有十二社合并首区曰德化社，驻县街，领附近村屯。二区曰长沟子，城东四十里领南丰仁、南来远、遵道三社村屯。三区曰太平街，城东北六十里领北来远、荣恩二社村屯。四区曰顾家屯，城东南四十五里领丰仁、崇仁二社村屯。五区曰大王家窝堡，城西二十五里领荣恩、庆丰二社村屯。六区曰哈尔沁屯，城西八十里领兴让、服化、德化三社村屯。七区曰莫克力，城西四十里领庆丰、德化及分领社村屯。八区曰罗家屯，城南七十里分领德化社村屯。九区曰后新秋，城西一百十里分领兴让、服化二社村屯。十区曰西平顶山，城西南百三十里分领服化、信化二社村屯。十一区曰光定营子，城西北百六十里分领兴让社村屯。十二区曰卧牛石，城南九十里分领德化、服化二社村屯。十三区曰东稗子屯，城西九十五里分领服化社村屯。按：县境分得科尔沁左翼中达尔汉亲王旗及左翼前宾图郡王旗、左翼后博多噶台亲王三旗地。

其险要为公主岭、县西南五十五里六家子屯、县东北四十里，驻前路巡防队第二营。小塔子。县东五十里

其邮驿道路有邮政局一、县治官商路五、一由县南哦叭屯至张家店赴法库达省城，一由县东黑鸦屯至小塔子逾辽河赴昌图，一由县西南五棵树逾马连河至大屯赴彰武达新民，一由县北小傅家窝堡至辽阳窝堡赴辽源，一由县西马连屯至后新秋赴彰武，一由县东南至小艇子逾辽河赴同江，一由县西哈拉沁屯赴宾图王府迤西至青沟达热河绥东即库喇嘛牧地，一由县北六家子赴达尔汉王府。旧设铺司四。城内一，县东南四十里吴家店一接开原县，东小塔子一接府递县，东北太平街一接科尔沁。

山之著者：雅古山、县西南百五十里平顶山、县西南百三十里北巴虎山、县西南六十五里南巴虎山、县西南七十里鸦蛋山、县西南七十里莲花冈、县西南六十里。

水之著者：辽河、自辽源南流至州东北程家窝棚东入境，又南蒋家坨水自西注之。又南经金家窝棚、小程家窝棚、张家窝棚、大河套东，牤牛河自西南注之。又南经刘家屯、瓦房、小塔子东，其对岸为府境。又南至孟家屯东南入法库境。老背河、即辽河岔。自辽源州罗船口，首受辽水，东南流入县境，经山东屯，西公河自北汇之。又南经七家子、六家子东，至刘家屯北，马莲邱河自西北来汇，同入辽河。牤牛河、即马莲邱河。导源辽源州，南流至县西北小城子入境，东南流经其村西，又南经信家窝棚西，又东南经恒道子、栾家店、三官窝棚、喇嘛仓北、朝阳堡北，当县治之北，又南经铁家窝棚南、邢家窝棚南，又东南经陈家坨子北，长发堡水自西南注之，又东南公河合背河自东北汇之。又东南经齐家坨子南，为牤牛河。又西至大河套南、刘家屯北入辽河。公河、自辽源州辽阳窝棚南流至县东北公合来村西入境。又南经哈尔海甸子东、碱锅、福德玉西，又东南经郭发窝棚东，山东屯、长沟子西北，汇老背河。秀水河、即马连河。导源科尔沁左翼后宾图郡王旗，南流至县西北官宝窝棚东入境，东南流经土山、王家窝堡西，又南经泥马窝堡西、草甸子东，又南经哈拉沁屯、利家窝棚西，木头营子水自西注之。又南经苇子沟、大泉眼、小灵西，卧牛石东，又南经西大房申西、法库、巴虎山西入法库境。在县西。木头营子水、导源县西北木头营子东南，其水南流经八张锄西，

又东南经马楞营子、西二喇嘛窝棚西，道不侵窝棚东，八大虎水自东注之。又东经花果窝棚南、张家窝棚北入秀水河。八大虎水、导源县西后八大虎村西，东南流，经前八大虎东，东旧虎西，当后新秋分防之东，又南迤东经邓家店、道不侵窝棚入秀水河。曲家沟河、导源县西后新秋东，平顶山水自西南来汇。东南流经西大营、小官营子北，又东迤南经鸭心腰达房申东，又南入法库境。

其田，为蒙地。

其产，鱼有出鱼水泡子四处硷有荒甸数处，以埽土熬碱为业。为出产大宗。

其户，二万一千七百九十一，口十七万四千一百九十四。

衙署四知县一、典史一、训导一、后新秋主簿一。

局所十六巡警总局一、分区十三、辽康税捐局一、分卡一。

学堂二十四县治高等、初等学各一、十三区初等小学二十一、马车屯蒙古小学一。

祠庙寺观十七、教堂二基督一、天主一。

其分防，有后新秋主簿。光绪六年六月署盛京将军岐元等奏，设郑家屯主簿。二十八年六月盛京将军增祺等奏，郑家屯原设主簿，拟移康平县西之石头井一带分防，仍归康平县辖。二十九年九月七日增祺等奏，改驻后新秋，地势较为扼要，与彰武哈尔套街县丞、八道江岔沟门巡检，均定为要缺。

其藩部，科尔沁左翼扎萨克前多罗宾图郡王旗，驻所当养息牧河之东。县治西北，后新秋分防之北。

洮南府，明福余卫、泰宁卫地。后为科尔沁诸部地。国朝科尔沁右翼前、札萨克图郡王后札萨克镇国公二旗地，光绪二十八年前旗洮尔河南地奏准放垦，三十年四月后旗洮尔河南地奏准放垦。是年五月以前旗垦地设今府，治居中之双流镇。并设靖安、开通二县隶之。阁钞，光绪二十八年四月二十八日协办大学士尚书裕德、盛京将军增祺奏，札萨克图郡王放荒开垦行之二十余年，根株二千余户，势难中止。水土丰润，倍胜他旗，谨拟领荒招垦章程。奉朱批，照所议办理。十月二十九日增祺奏，勘得该旗洮尔河南地已垦、未垦约有荒地一千万亩，派试用知府张心田为蒙荒行局总办。带用各员司人役，分起驰往试办。二十九年十一月十九日增祺奏，札萨克图郡王旗全境南北长一千余里，东西宽一百二三十里不等。此次勘得该旗北段，山冈、平原、河泡俱备。水草丰美，尽行划留该旗台吉壮丁牧畜。其南面原野平旷，河泡夹杂。南自巴彦昭北行，尽该旗之所有。南北约长四五百里，东西广自七八十里至百里不等，凡有佃户处所，全数勘作应放荒界。于适中之沙碛茅土地方先定城基一处，更名双流镇，纵横五里。奉朱批，户部知道。三十年五月三十日增祺及奉天府府尹廷杰奏，札萨克图郡王旗熟地、生荒逐渐丈放，亟宜酌设府县正佐各员，划疆分治。双流镇地居该荒中段，北濒交流河、洮尔河，东与黑龙江省之嫩江、吉林省之松花江一脉相通，控扼水陆。拟建为府治，名曰洮南府。设知府一员、经历兼司狱事一员。双流镇东北九十里之白城子，土性肥沃，村落日多，拟建为一县，名曰靖安县。设知县一员、巡检兼典史事一员。双流镇东南一百三十里之哈拉乌苏地方，为南通省城必由之路，拟建为一县，名曰开通县。设知县一员、巡检兼典史事一员。以上新设各官，查照昌图府成案，仍隶奉天省管辖。奉朱批，著照所请，该部知道。十月一日增祺等奏，洮南府知府管辖二县并自理地面，茅茨初辟，民蒙杂居，政务殷繁。定为繁疲难边要之缺。添设教授一员。三十一年八月，以后旗垦地增设安广县隶之。宣统元年三月，以中旗地设醴泉县隶之。领县四。

府治当洮尔河之西南，交流河之南，府街为巽仁社。巡防队前路步队第二营、马队第三营驻之。省北九百里，西南至京师二千四百里，东至两家子一百十三里接右翼后镇国公旗未垦地界，南至巴彦昭二百里接左翼中达尔汉亲王旗界，西至西力本昭四十五里，接右翼中图什业图亲王旗界，北至北段一百六十五里接右翼前札萨克图郡王旗未垦地界，东南至哈拉海掩子二百十里接郭尔罗斯前旗界，东北至报好屯一百二十五里通黑龙江大赉厅界，西北至乾安镇接右翼前札萨克图郡王旗未垦地界。

其本治疆域，东安广，至哈禅乂干六十里接安广界东南开通，至乂干他拉六十里接开通界西北本旗，至孟歹哈达百里接本旗界西右翼中图什业图亲王旗垦地醴泉镇，西力本昭四十五里接醴泉界北靖安，至白颜套海三十五里接靖安界

村屯总一百二十五，分领以八社。南离义，城南七十里村屯十六：著者曰敖海套保，城东南最远喇嘛店，城东南西力本昭。城西南东震庆，城东六十里村屯十六：著者曰南张家窝堡，城东哈弹乂干。城远东西兑智，城西一百十里村屯二十一：著者曰青阳镇，城西北大通镇。城西北坎安，城北一百十里村屯十七：著者曰瓦房镇。城西北七十里东北艮吉，城东北七里村屯二十五：著者曰业喜营房，城西北二十里普安镇。业喜营房西北西北乾平，城西北二百余里村屯三十：著者曰北二龙索口。城西北那金河北西南坤礼，城西南一百四十里，兑智社西南续放荒地黄羊圈、达尔天昭一带，无居民，未

立屯镇。府城巽仁。

其险要为瓦房镇、府北一百四里白颜套海、府北十里五家子、府西南四十里野马圈、府西一百十里喇嘛店、府西八十里爱其挠、府南敖限套保、府东六家子、府东义干套保。府东

其邮驿道路有电线、南接辽源邮政局一、府治官商路九、一由府北东忙头至本旗郡王府，一由府北德勒顺昭至高平镇赴靖安，一由府西抱林招至海庙西赴热河绥东，一由府西五家子至生把营子赴图什业图亲王旗，一由府西五棵树至乾安镇，一由府南爱其挠赴开通，一由府东义干他拉至王家店赴开通，一由府东六家子至右翼后镇国公旗，一由府东李家店至豹马吐冈赴安广。驿站十。自辽源州北经达尔汉亲王旗至府。光绪二十九年十一月增祺奏，洮南荒段距辽源州六百余里，沿途设站，递送公文。

山之著者：敖半山、府西北百余里野马图山。府西北，接兴安岭支脉，自索岳尔济山蜿蜒而下。

水之著者：洮尔河、导源乌珠穆沁索岳尔济山。南流经科尔沁右翼前旗札萨克图郡王府东，至府东北孟歹哈达东入境。又南经瓦房镇、孟老爷窝堡东，又东南经普安镇东南，枝津南出，又东南经夹心满珠代屯东、白颜套海东北，枝津自业喜营房东南流，绕夹心满珠代之西及南、白颜套海北东流来汇。又东南经乌蓝巴达八喜套堡东、府治东北，交流河自西北注之。其对岸皆靖安境。又东经乌蓝士采南、张家窝堡北，又东至哈弹义干北入安广境。行境内二百余里。交流河、导源科尔沁右翼中图什业图亲王旗境，伏流出地，至府西北乾安镇入境。东南流经乾安镇之西北及南，又东南经六户北，一水自北来注之。又东经保安屯、野马圈屯北，又东南经绰勒木北、包力根毛头南，那金河北来注之。又东南经德音土、龙花图屯北，龙花图河北来注之。又东南经普安镇、业喜营房西、大通镇东，又南经西六家子东，折东经卜特物达南、河南搽头北，又东经府治北，又东入洮尔河。行境内二百余里。那金河、导源府西北他本境克圈西北山麓，东南流北合一水。又东迤南左合二水。又东南经塔克图东，一水西来注之。又西南至北二龙索口南，他连根水北来注之。又东南经莫克力图南，莫克力图水北来注之。又东南至包力根毛头东，入那金河。行境内百余里。龙华图河。导源府北龙华图山。南流经敖保营子西，洮尔河枝津自孟歹哈达西南出，经瓦房西南来汇。又南经敖保堡东，龙华图屯西，入交流河。行境内二十余里。

其田，民地一万九千五百八十一晌六亩九厘六毫。

其户，二千八百八十五，口一万六千九百一十一。

衙署三知府一、经历一。光绪三十年十月一日增祺等奏，建乾安镇照磨一。

学堂二官立高等、初等小学一，蒙古小学一。

祠庙寺观二、教堂二基督一、天主一。

其分防，有乾安镇照磨。光绪三十三年三月八日，盛京将军赵尔巽奏，洮南府属西北之乾安镇，距府二百五十里，为展放札萨克蒙荒地段，草莱甫辟，蒙智未开，户口日增，良莠不一。府治相距过远，鞭长莫及，边地荒凉，不便分设县治。应添设照磨一员，名曰洮南府乾安镇分防照磨。定为沿边要缺。该镇西与图什业图荒界毗连，亦系乌珠穆沁旗往来大道。盗贼出没，时虞扰害，并应设捕盗兵二十名。

其藩部，右翼前札萨克多罗札萨克图郡王旗驻所。当洮尔河之西。在府治西北

靖安县，府东北九十里，南距省九百九十里，光绪三十年五月以科尔沁右翼后札萨克图郡王旗垦地设，治白城子。详洮南府隶府。三十年十月一日增祺等奏，新设靖安县，民蒙兼理，加理事同知衔，为繁疲难题调边要缺。

县治当洮尔河之北，雅图站之南。

其疆域，东科尔沁右翼后镇国公旗，至两家子二十三里接镇国公旗界南与西皆府境，南至好陶尔伯五十里，西至双金茂头五十里，皆接洮南界。北本旗，至北段留牧地七十五里接郡王旗界纵一百二十里，横七十余里。

村屯总四十一，分领以四区。东南曰高平镇，城东南二十里曰海而珍。高平镇之东三十里东曰四和堡，城东五里南曰来金套堡，城南三十三里西曰土城子屯。城西三十五里北曰葛连沟，城北四十里西北曰太平站。城西北三十里西南曰三家子，城西南十二里曰白音套海。城西南四十三里

其险要为石头井子、县西北七十五里雅尔站、县西北四十余里好陶尔伯、县南四十五里撮伦坡。县东南三十五里

其邮驿道路有电线一、邮政局一、官商路五。一由县西南草得堡套保至五家子赴府，一由县东北赴黑龙江，一由县东南后特特很昭至撮伦坡达镇国公旗赴吉林，一由县西北赴图什业图亲王旗，一由县西北双金东昭至雅图站。

山之著者：七十七岭。县北四十里，自县西北隅迤逦而东，横亘六十余里。

水之著者：洮尔河。自本旗王府东南流入境。经霍约乌木达、头营子、双金陵、头三村西，折东南经县西南白音套海、乌蓝巴打、布拉根昭诸村南，又南经八音套保屯

西，又东经县南五家子、得拉顺、昭好陶、西伯诸村南，又折东北，经县东南，乂干耨、木头营子、阿那合诸村西南，又东南入镇国公旗界。

其田，民地一万七千五百一晌九亩二分九厘一毫。

其户，一千七百二十六，口一万一千八百有四。

衙署二知县一、巡检一，光绪三十一年奏建。

局所二巡警总局一、税捐局一。

学堂二。

祠庙寺观一。

开通县，府南一百四十里，距省七百六十里，光绪三十年五月以科尔沁右翼前札萨克图郡王旗垦地设，治哈拉乌苏。档册，光绪三十年五月三十日盛京将军增祺、奉天府府尹廷杰奏，札萨克图郡王旗荒务，逐渐丈放，距双流镇东南一百三十余里之哈拉乌苏地方，为南通省城必由之路。拟设一县，名曰开通县。置知县一、巡检兼典史事一。十月移治七井子。阁钞，十月一日增祺等奏，开通县设治之哈拉乌苏，现改移附近之七井子，较为扼要，加理事同知衔。作为繁疲难题调边要缺。隶府。

县治当洮辽驿路之东，白庙寺之西南。

其疆域，东郭尔罗斯前旗，至巷鹰房七十余里，接郭尔罗斯前公旗界。南科尔沁左翼中达尔汉亲王旗，至巴彦昭六十里接达尔汉王旗界西科尔沁右翼中图什业图亲王旗，至行寺屯十余里接图什业图王旗界北府境，至乂杆他拉百里接府界纵一百六十余里，横八十里。

村屯总一百十三，分领以八社。曰开启，城东村屯十二，首大米哈嘎。曰开元，城东北村屯二十一，首敖生吉。曰开运，城东北村屯八，首田家窝堡。曰开泰，城东北村屯十三，首赛根昭。曰开化，城东南村屯十三，首西他四海。曰开兴，城东北村屯十，首高家窝堡。曰开疆，城南村屯二十一，首佟家窝堡。曰开蒙，城北村屯十，首白音花屯。

其险要为边昭、城南六十里，有府税厘分卡。金城堡。城东十五里，有府税厘分卡。

其邮驿道路有官商路四、一由县南之巴彦昭北行六十里至县治，又北行百里，至乂杆他拉入府境，设有文报站四，此为官路。一由巴彦昭偏东北行六十里，至哈拉勿苏屯，又北行百余里亦合乂杆他拉大路，此为商路。一由县东南巷鹰沟出境，经郭尔罗斯前旗，直达吉林农安之新集厂。一由县南巴彦昭南经达尔汉王旗境至辽源州。

山无

水无

其田，民地一万二千九百二十七晌二亩五分。

其户，一千八百三十有五，口一万六千八百四十七。

衙署二知县一、巡检一，三十年十月一日奏建。

局所十一巡警总局一、分区八、税捐分卡二。

学堂一。

安广县，府南一百六十里，南距省一千一百里，光绪三十一年八月二十四日以科尔沁右翼后札萨克镇国公旗境之洮尔河南岸地设县，治解家窝堡。阁钞，光绪三十年四月，盛京将军增祺奏，科尔沁镇国公旗荒地，情愿招垦，派员收价丈放。七月二十八日奏，该旗荒地坐落在辽源州东北有数百里，中隔达尔汉王、郭尔罗斯公两旗界，东与札赉特王旗接壤，西与现放之札萨克图王旗荒地毗连。地方荒僻，又无官府管辖，素为盗贼往来之所。即派员赴该旗将界址划定，分设局所，仿札萨克图荒务章程办理。三十一年三月十四日奏，镇国公拉什敏珠尔呈前指洮尔河南界、宽长百里，兹会勘地多沙硷，土脉硗瘠，愿于北段接展三十里，连前所指，南北约长百三十里，东西宽约百里。八月二十四日盛京将军赵尔巽奏，荒地将次放竣，南通吉林长春府，东连黑龙江大赉厅，西接洮南府，北达公营子，地连三省，四达通衢，难民麇聚，盗贼窃发。宜添设正佐地方官，于放荒适中之解家窝堡地方建县治。其地旧为辽之安广军，即名安广县。设知县一、巡检兼管典史事一，隶洮南府。县定为冲疲难三项要缺。奉朱批，照所请。隶府。

县治当洮尔河之南，有城基四面各五里，周围二十里。

其疆域，东黑龙江大赉厅，至六家子五十里接大赉界西府境，至讷合屯五十里接洮南界南郭尔罗斯前旗，至哈拉海坨子五十里接郭尔罗斯前旗界北本旗境，至洮尔河沿接本旗未放荒界纵一百三十里，横四百有九里。

村屯总一百四十一，分领以八乡。正东，村屯十八，首三里堡。城东三里东南，村屯十二，首四海屯。城东南十二里正南，村屯六十二，首谢家窝。城南八里西南，村屯十三，首富海川。城西南二十五里正西，村屯十，首太平川。城西三里西北，村屯十八，首五家店。城西北二十五里正北，村屯三十八，首许家窝堡。城北三里东北，村屯

二十，首西立顺昭。城东北四十五里

其险要为高家窝堡、县南三十里，驻前路巡防队，第五营右哨分驻。班家窝堡、县东南五十里，洮南府税捐局分卡。五里挠根、县北六十里，亦洮南税捐分卡。嘎沁屯、县东北四十里哈风营子、县西北六十里马家窝棚、县东南三十里胡四哈嘎。县西南四十里

其邮驿道路有官商路七、一由县东六家子屯赴黑龙江大赉厅，一由县东南大榆树赴吉林农安县，一由县西南胡四哈嘎赴开通县金城子，一由县西包马图赴府，一由县西北六家子镇赴河北镇国公本旗，一由县东北托托寺赴黑龙江，本城站二：本城站驿一、城西南包围三十里站一，三十五里至开通县福龄窝堡出境。

山之著者：沙坨子、县东北七十里大黑山、县东南六十里朝阳山、县西二十里双龙山、县东南五十里太平岭、县北十里长岭。县南三十五里。按：境内山岭虽稍具形势，其实并无木石，与平荒一律垦种。见乡土志。

水之著者：洮尔河、自府境东北流至县西北讷合村入境，东北流黄花硕泊水东南来注之。又东北经鄂博营子、包省屯、达兰台西，又东北经库伦窝堡、阿本黑西，屈曲折东经套海营子北，又东经苇沟塘、田家窝堡、堆屯北，又东经向阳山、托托式、刀冷屯北，折东南经沙坨子、内黑屯、桃木嘎东入黑龙江大赉厅境。又东南至月亮泡北，月亮泡水自西注之，又东入嫩江。黄花硕泊水、自平安堡西流经六合堂、三合堂北，又西北经讷合村北入洮尔河。月亮泡水、首受县西北嘎沁屯西、老二泡水东南流，至各伦保吐村东北，潴为老大泡。东南流，迤东折东北，至大赉厅境。汇洮尔河，潴为月亮泡，又东入嫩江。大二泡、县北。与洮尔河相灌注。东泡、宽十二三里西泡、十六七里中泡。皆在县西北四十里。

其田，民地五千七百七十八晌四分五厘九毫。

其产，鱼、县西北四十里黄花泡出鱼硷、县西北四十里黄花硕每年出面硷七十万斤皮有红狐、青狐、狼皮数种。

其户，一千三百四十四，口一万三百九十七。

衙署二知县一、巡检一。

局所五巡警总局一、分局四。

学堂一。

祠庙寺观九十五有喇嘛新庙一。

其藩部，科尔沁右翼后扎萨克镇国公旗驻所，当洮尔河北，县治之西北。

醴泉县，府西北一百八十里，宣统元年三月以科尔沁右翼中图什业图亲王旗垦地设，治醴泉镇。册档，光绪三十一年署奉天府府尹增韫条陈奉天事宜，议放图什业图蒙荒。阁钞，光绪三十二年十二月二十日盛京将军赵尔巽奏，图什业图亲王旗允拨界内荒地，北自茂改吐山起，南至得力四台止，计南北长三百六十里，东西宽四十里，收价丈放。三十三年四月六日尔巽奏，图什业图亲王旗，允展放茂改吐山西北之阿力加拉戛一带荒地，南北长六十里，东西宽四十里。踩定城基两处，北段曰醴泉镇，南段曰开化镇。奉朱批，该部知道。宣统元年三月二十七日东三省总督兼署奉天巡抚徐世昌奏，洮南东北科尔沁右翼图什业图王蒙旗，光绪三十二年丈放，纵四百二十里，横四十里，于南北规定两城基。北曰醴泉、南曰开化。北段地沃，垦户渐稠，醴泉镇在府西北一百八十里。蒙疆僻远，劫夺时闻，商民亟望设官，以资卫护。拟先于该镇设一县治，即名曰醴泉县。仍隶洮南府统属。业派员试办。隶府。按：是县疆域、村屯调查表均未见，惟宣统元年理藩部筹备第一届事宜折言醴泉县调查图什业图旗户口，今附设安广之后。

县治当霍勒河之北。

疆域以下阙

其藩部，科尔沁右翼中札萨克图什业图亲王旗驻所，当归陀喇里河南。县治之西南，一作土谢图亲王旗。

镇东县，府东二百里，宣统二年三月以科尔沁右翼后镇国公旗北段荒地设，治南乂干挠。阁钞，宣统二年三月东三省总督锡良等奏，筹备第三届宪政折，有镇东县。

县治当洮尔河之北，乌雅站之南。

其疆域，东札赉特旗，西科尔沁右翼前札萨克图郡王旗，南安广，北本旗未垦地。

村屯，一百四十有一。

水之著者，洮尔河。自府境东流至县，南岸为安广县。又东北入大赉厅境。

其田，蒙地一十二万晌。

其户，一千六百三十一，口二万有三百。

民治篇

治民之道，以培养元气为先。故古人望治心切，视民如伤。吉林之民，不伤于民气之浮而伤于陋，不伤于民族之贫而伤于弱，伤于边地之瘠苦与盗贼之蹂躏者，其害犹显，伤于外族之侵凌以致人民不能自保，其为患乃滋深也。故他省之矜言民治者，勤治理、普教育、省疾苦、谋保安，而例之于吉林，则犹不啻以水疗疾，无以复其元气。然在上者，苟能提倡其自治之能力，为之改良社会，浚民智、安民生，尽祛旧日朘削锢蔽之习，吉林一隅之民，尚无不可以自立。若长春、哈尔滨，则受制于他人范围之下。氓之蚩蚩，安于固陋，知识浅薄，群力孱弱，既无强策以为保存，复无团体以为抵制，自治之根据全失，他人之势焰日张。而此两处又适为三省南北之枢键，安危之机，所关者大。世昌按部所至，蠹焉伤之。迭饬吉林民政使以时巡行，劝导鼓舞，力求振奋于将来，不作噢咻之小惠。第积弱至此，欲使愚者明，柔者强，匡教辅翼，洵非一端，握要之图，不容稍忽。譬犹医者于尪羸垂危之际，必先审其致病之原，减其痛苦，而后滋养其气血，生发其精神。腠理既固，肢体自舒。若骤进峻剂，欲奏旦夕之效，非徒无益，而又害之矣。民治之本，原在于吏治，斯民切膺之痛苦，在于官吏之箝制掊克，几至有口皆喑，无足不跛，外人乃得乘其衰而侮之。是以民治必以整饬吏治为基础。一凡苛细之条，婪官蠹吏倚之以为剥蚀之地者，悉行划除。乃遵依宪政条目，研究地方自治，兴谘议，禁鸦片，清户籍，次第而进行之。始则官导民而治，继则民皆知自治，终乃官与民互相维系，各尽其当尽之责。励精淬智，日异月新，而仍同受治于森明法律，无敢稍逞其私。驯至于是，始可以进言自强也。今各事已具初基，吾民普通资格，非复旧时之固敝。言选举咸知义务之所在，而自治局议员皆悉心筹度，尽绝叫嚣。言户籍咸知保安之要义，而八旗军丁亦帖尔服从，一无捍格。饬令贫民习艺，期于教养普及，缩短禁烟年限，务使锢疾早除。抚视斯民，循循肫肫，固犹是循善良厚之居多数。循序渐进，一旦克自树立，更何有贫弱之足患哉。官民交勉，日起有声，固无不肇端于兹。首纪整饬吏治，以志民治之萌芽。次纪地方自治谘议局筹办处，以志民政发生之根本。若禁烟，若救助行政，若调查户口，皆官吏提倡之事，而民间相助为理者，一一附述于后。由此推广，使机关完备，民治益光，全省人民必有享同等之权利，振国民之声誉，而不任他族凭陵之一日，则亦当局经营缔造之苦衷，愿与吾民共证者尔。

纪整饬吏治

吉省仕途最杂，夤缘奔竞，习为固然，尤以词讼、税务为丛弊之数。既改行省，屡加诰勉，而官场结习，靡焉成风，犹恐文诰之不足以革其旧法也，因念吏治之肃，自大吏始，而去弊之政，以州县为先。乃为之芟除习染，有不能即除者，以法律限制之。约举其要，殆有数端：一曰禁除规礼。吉省旧习，有所谓节寿规礼者，上下相安，流风所播，踵事增华，甚有以苞苴求进者。关于政治前途，非细故也。属吏馈送长官之外，尚有幕友门丁，亦须致送茶、敬门包诸名目，今已一律严禁。其幕友门丁，亦令其改用委员，另给薪金以为之劝。一曰约束差役。吉省旷远荒漠，耳目难周，差役之横恣，尤为罕有。或以薄物细故，一入公门，立倾其家。或系真实盗匪，一经贿放，脱然无累。顾奉省已遍裁差役，而吉省尚有所未能者，则以司法巡警尚未组织完备，而缉捕差遣，犹用此辈，则惟箝之以法，驭之以威，或可稍戢其贪暴之心。酌定简章实行，各属一时之计，将来亦必在裁革之列也。一曰定讼费。吉省民俗健讼，两造各以贿求胜，于是官吏差役，苛求无厌，一讼之费，恒视其产之多寡为衡。乃为之明定讼费，稽束矢钧金之义，立刑事、民事之规，俾各属一律奉行，此外不得稍有加增，晓谕民间，无复负累。一曰裁十旗摊款。吉林十旗，遇有公私费用，向系摊派所属。总其事者，方借此侵削旗丁。乃将各项摊款一律禁止，不准仍前科派。所有摊款名目，分别裁减。实有应用之款，由旗务处另行发给。如再私行勒派，立予惩处。旗民之困，赖以少纾。仍令民政使岁时亲行各属，察官吏之贤否，询民间之疾苦，虽不敢谓措置悉当，亦期抉除壅蔽，通达下情而已。今日司法行政已渐分离，吉林、长春、宾州之各级审判厅次第成立，城乡巡警亦复具有规模。嗣后地方有司，壹意于振兴教育，奖励实业，则他日官场之状况，必一扫从前之积弊。官吏贤而民治乃有所借手，原与官斯土者共勉之。

附饬各属约束差役条款

一、府、厅、州、县差役，查明在卯正身，实在名数，先行造具花名、年貌、箕斗、籍贯清册，自行量缺繁简，择其平日当差尚无劣迹者，酌留苦干，亲自点验后，通报查核。其余不留之差役并各处名下随带白役[1]，一概裁汰，并将所留各役姓名及裁汰各役姓名，分别榜示城乡，俾众周知，以杜假冒。

一、各属衙役，向于本官到任及开印时，仓卒传呼，过而辄忘，遇有紧要事件，不知其人，势必惟门丁之言是听。差役恒串通门丁，其弊不可胜言。应令本官裁去门丁，派收发委员专司其事。将衙役分期分班，按名传见，每人询问数语，察言观色，分别去留，并将其人形状，分记一簿，以便标差时有所适从。

一、在卯正身差役，应给烙印腰牌一面，书姓名于其上。如无腰牌而敢捏称差役在外吓诈者，准被诈之人扭禀送官惩办。即有腰牌之差役，借端索诈，亦准指名控究。各府、厅、州、县厅先行出示，明白晓谕，俾民间知衙役之不足畏，则衙役自无所施其技俩矣。

一、衙役遇案，每向门丁买票，择肥而噬，名为票规。门丁送票时，类多粘贴红签，请官照标。倘非廉明之吏，即易受其蒙蔽，鱼肉小民，为害最甚。应将票规恶习永远禁革，遇有差票，由官自行标派，不拘值日之役。盖何人值日，即以何人承票，难保无原告与差役勾串情弊。应令命盗案件，仍归值日。寻常词讼，随官标派。

一、差役传到原、被及证人，立即禀明，开单送审。如只传有原、被，其余证人未到，亦准禀明，即时审讯。差票随禀缴案，不准仍留在手。倘须添传人证，再行将票发给，添注限期，并酌给饭食川资数目，仍照前章由原告支付。如人已传到，并不禀官，故意留难，或私自管押，即将该役尽法严办，不准稍涉轻纵。各属于二门外悬锣一面，凡有丁书差役讹索滋扰，俱准受累之人，随时鸣锣喊冤。

一、两造如实因患病有事故者，准其各自呈请展限，即饬原差将票先缴，俟届限期，再行发票传讯。但展限初次十日，再展五日，不得逾一月之期。

一、差役承票，务饬依限传到，随时查核票簿。如逾限一日者记过一次，三日者提比，五日者即责革。先日传到者记功。记功者多派差。每于月底将该役功过榜示大堂。如该役已禀传到，立饬书吏开单送审，不稍逾延。书吏迟送，亦即提责。如审问官实有他项事务不克过堂者，须预期悬牌示知，定于某日补讯，以昭大信。除拘提刑事之犯，酌饬在羁所看管外，其余原被人等住居较近者，尽可令依限自行投审，不必再由差役传唤。远者亦听其自行择寓左近相识之家，不准差役私自拘留，违者察出重办。

---

〔1〕　白役，即旧时官署中的编外差役。

一、签提切勿轻发，只可于命盗等稍纵即逝之犯偶一用之。此项火签，差役执持在手，凶焰甚于虎狼，扰害不可殚述。寻常民事案件，告者不免砌词耸听，万勿轻信。非但火签不可用，即拘票亦不宜用，只须票传，以免差役借端吓诈。

一、差役除承票拘传，民刑事案件外，尚有饬缉命盗人犯及催提粮户等事。人则并无主名，期则并无准限，该差等往往指鹿为马，到处讹诈，诬拿搪塞，甚至真凶正盗，得贿故纵，其弊不可胜言。至欠粮等户，虽不至诬拿扰害，然到乡催提，每亦气焰凶横，勒索酒食。迨拘提入城，视同盗贼，私押欺陵，均所不免。应令各府、厅、州、县严加视察。凡缉捕凶犯盗贼，须悬立重赏，勒限严比，务获真凶正盗。倘有妄拿无辜情事，即立提重办，不稍宽假，或有不认真缉拿，故意延挨等弊，立即提究严惩，另标妥差承缉。其催粮催办事件之票，即照差传民事诉讼办法，按道里远近，明定期限，注明饭食川资数目，由欠户及承催之家付给，只须传到，不必用拘提字样，是在良有司斟酌办理。

一、人命案件，邻右固当问讯，然尸亲报案，或先出票标差下乡查拿凶犯，带传邻右。而近邻虑受官役扰累，或竟先期躲避，该差等无可生发，即将远邻硬行带讯，故有飞邻、望邻[1]之目，妄受拖累。是宜于尸亲报案及地保随同来案时，略讯大概情形，立即亲书谕单，令邻右无庸避匿，绝无丝毫扰累，只须在尸场候讯，数语即释，不准差役入邻人之门，亦不带同入城等语，交地保先行驰回，传知乡民遵照。倘有应问邻右之处，临时由官酌夺，只谕令到城备讯，不准差役擅自押带。

一、控告田房等项，有须勘明核断者，应即亲自诣勘，务必轻骑减从，酌带书役，由官按名给发饭食，不准向两造需索分文。勘明之后即谕令两造于某日到案听断，不得委书差代勘。

一、班馆名目，久干例禁。吉省各属差役，于监狱之外私设封所，擅将词讼原、被、人证妄行羁押，恣其考索，并设种种酷刑，敲剥惨毒，无所不至。应令各属立即禁革，由官另设待质公所，将一切轻罪人犯及民事中未能即行开释者，发所暂羁。该所务必宽敞明爽，无碍卫生，并将在所人犯开列粉牌，悬诸大门之外。如牌上无名，即系差役私押，准其家属鸣锣喊冤，仍责成该管官随时稽查。如有违犯，即将该役严惩。如本官知情故纵，或失于察觉，亦即分别参处，决不姑贷。至民事案件，但可不必拘留

〔1〕　飞邻、望邻，出自宋洪迈《容斋三笔·飞邻望邻》。飞邻指相隔较远的邻居；望邻指相隔稍远但可以相望的邻居。

者，总以取保为宜。

附拟定讼费纲要

一、刑事诉讼，原告毋庸出讼费，亦毋庸给差费，均由官筹给。从前所派原、被各项规费，尽行禁除。民事诉讼，应按所讼之件约抽百分之四。如估值制钱五十千者，每讼费二千文，值一百千者，每讼费四千文，余均以此类推。惟估值在一千串以上者，讼费即应核减。此项讼费，即由追出之数内提缴。至于因讼狡执，延长日期，一切费用或人证赔累之资，应由曲者照给。或原或被，或原、被各半，均于本案讯明时定夺。

一、州、县衙门代书、招书两项，可并而为一。应考取生童中能缮写敏捷，文理清楚并品行端谨，有人具保者，仿照西例，作为书记生，准侍坐公案之旁。凡遇诉讼之人，不论民事、刑事，是否告期，均先由官讯明诉讼情由并姓名、年岁、籍贯、居址，即由书记生代写呈状，饬本人画押。用抱告者，亦由抱告代押。每一词，民事取钱一千文，刑事酌减，均由现告之人当时付出。如察看实系贫苦，准暂时存记，俟案结再行裁夺补给。

一、前项讼费，结案后应当堂附缴，派一妥人专司其事。立讼费簿，随时登记，按月同清讼月报造册送核。每属月终，总计以四成给各房书吏，四成给各项差役。不论有无承票，一体均给。一成给书记生，一成给值堂书吏，以资津贴。

一、民事案件及刑事之情节较轻者，如两造情甘和解，由乡里公正人调处妥洽准其呈明公堂，具结完案。应酌判息费，每案少则三千文，多不逾六千文，由两造分缴，登簿注明。按月总计，以六成匀给各书吏，四成匀给各差役，均造册通报。

一、差役承票，各按程限远近，酌给饭食川资。吉省钱贱物贵，自应从宽筹给。如原、被及证人在五十里以内者，应限三日传到，每日给饭食川资钱一千五百文，按日计算。五十里以外至一百里者限四日传到，一百里以外限五日传到。如有路途实在遥远，临时由官酌定，亦按日给钱，均于票内注明，不准多索分文。此项钱文，均先由原告付给，俟讯结时，原告得直，即判令被告如数偿还原告。如两造所争甚微，无甚曲直，即令被告缴出一半，付还原告。

纪调查

吉林僻处边陲，风气固陋。前将军达桂于光绪三十二年，议创设政治考察局，仿日本国势调查法，大而政事，细而民物，靡不详为册籍，一览无遗，庶当事者得斟酌损益，用为改进之基础，法至善也。然草创之初，未易遽期完备。三十三年，宪政编查馆奏，请饬各省设立调查局，各部院设立统计处，乃以政治考察局改为调查局。局中办事规则亦量为变通，设宪政讲演员养成所以开通风气，并定试办简章、课程表及教授要旨，又定考察格式及填写法，分送各署局学堂等，调查现行之规章，办事之秩序，收入支出各款目，以为调制年报及经费预算之预备。其时应者寥寥，填注亦多不中程。筹办之难，于斯可见。复至京津等处购备考察应用器物，派译员至俄采择书报，随时译寄，规划逐渐完密。综其大要，约有三端：一、养成各府厅州县之调查员。二、各署局所设统计处，联为一气，而于公署设统计处以辖之。调查局附设统计科为补助机关，设统计学会为讲习之助。三、吉林地势辽阔，民风朴陋，调查着手实较他省为难，且东北蒙旗，闭塞尤甚，语言文字未能相通，乃搜集蒙事资料，编以白话，转译蒙文，仿丛报体月出一册，名曰蒙话报，于三十四年出版。调查之事，乃粗有端绪矣。夫调查者，统计之先基。以吉省土地之沃，人民之庶，风俗纯朴，物产富饶，欲一一条分缕晰，汇成册籍，以为行政者因革损益之准，正非朝夕所可蒇事，然孜孜以求，契而弗舍，终必有观成之日也。

附奏报宪政第一年期成绩并第二年期筹备情形折

奏为遵章筹备宪政，依限奏报第一年期成绩并第二年期筹备情形，恭折仰祈圣鉴事。窃臣等承准宪政编查馆咨开，光绪三十四年十二月二十一日钦奉谕旨，宪政编查馆会奏遵设专科，考核议院未开以前逐年筹备事宜，酌拟章程折单各一件，著依议。钦此钦遵。粘抄原奏章程等件，咨行前来，仰见朝廷注重宪政，锐意期成之至意，莫名钦服。臣等遵查，原奏考核专科章程第三条内载，九年筹备事宜，责成内外臣工，每届六个月将筹办成绩胪列奏闻，并咨报宪政编查馆查核，应自光绪三十四年八月起至十二月底止为第一届， 以后每年六月底暨十二月底各为一届，限每年二月、八月内各具奏咨报一次等语。又查原奏单开，逐年筹备事宜，第一年期督、抚应办者一项，曰筹备谘议局。第二年期督、抚应办者八项，除关于资政院、学部同办事件，应俟颁到章程、课本再行筹办外，其余六项曰举办谘议局选举，曰筹办城乡镇地方自治设立自治研究所，曰调查各省人户总数，曰调查各省岁出入总数，曰筹办各省省城及商埠等处各级审判厅，曰厅、州、县巡警，限年内粗具规模。兹届宣统元年二月第一届奏报之期，谨将第一年期已经筹备及第二年期应行筹备者，敬为我皇上缕晰陈之。查吉林谘议局筹办处于上年九月初一日成立，遴派明达官绅总理其事，并分设参议、参事及各科员，迭饬会议一切筹办事件。其议决纲要，如规定该处章程，划分初复选举区域，拣派司选员并预设司选员讲习所，妥分筹办细目期限，厘订调查方法，酌定选举经费等事，皆经该处先后议决，随时禀核施行。以上系关于原奏单内筹备谘议局之事。业经依限举办，于上年十二月十五日分别奏咨在案。此则第一年期已经筹备者也。至第二年期应行筹备之件，约可分为现已筹备、现正筹备、先期筹备三端。所谓现已筹备者，一、谘议局选举之办法也。吉省风气闭塞，讲演务须详尽，各属辖地辽阔，调查亦较烦难。因督饬各司选员及各属所添派之义务员，随时随地，广为演说，复饬该处查照馆章，妥定选举调查各种表册格式，并编辑章程释例，通饬遵办。至各府、厅、州、县之选举经费，酌定限制，准予作正开销。其司选员川资薪水，则概由该处发给，不得丝毫累及民间。且查山东设有谘议研究会，湖北设有议员研究会，而浙江绅士亦发起议案预备会，皆以创办之初，不能不为因时之计。吉省士绅之学识经验，尤难与内地各省同日而语，将来复选竣事，被选议员之程度既难合格，且皆初次招集，未经历练，于本省应议事件未必能胸有成算，亟应一面筹办选举，一面预备议案。因责成该处参议等员，协同资望素著之绅士担任组织，俾关于本省应行调查研究事件，皆于先时预备妥善，庶他日议员齐集，有所依据，得以因事筹议。虽议员程度稍低，而初次谘议局成立，当不至全无成效。一、创办地方自治之筹划也。前准宪政编查馆咨开，地方自治筹办事宜归谘议局筹办处兼理，当饬该处妥筹办法，即将年前奏明仿照天津办法之吉林府自治局，遵照宪政编查馆原咨裁并。该处经理就该处原定章程添设调查、讲习两科。凡调查地方固有团体及各本处习惯，统归调查科掌管，以为改办自治之预备。凡全省自治之教育及白话报、宣讲所等事，统归讲习科董率，以为开通民知之先导。至吉林自治研究所，已于上年十月设立，曾经奏报有案。原定学员名额，按各属分别匀配，通饬备费选送，由该所考验录取，以八十人为一班，六个月为一学期。现在头班将届期满，复饬各属照章选送。惟各属通塞不一，士绅资格难齐，届时犹恐选不足额，因一面由该所在省招考以资变通，一面通饬各属自行筹设自治研究分所，以期普及。由是逐渐设施，则异日地方自治之成立，庶不至有名无实耳。以上系关于原奏单内举办谘议局选举及筹办城乡镇地方自治、设立自治研究所之各项情形，业于去冬今春次第筹办，已经施行者也。所谓现正筹备者：一、人户调查之期限也。吉林地广人稀，或设治未久，或甫经设治，其距离省城最远者，且达二千里以外，调查人户总数，自较内省为难。本年正月，奉到部颁章程，当即通饬各属遵章切实调查，统限八月以前一律竣事，不准稍涉敷衍，以免临时或有贻误。一、岁出岁入调查之实行也。吉省财政向极紊乱，既无藩司为之总汇，故管理极为纷歧。复以边省多从便宜，故册籍皆不如式。自上年创设度支司，清理一切，备极烦难。经臣等督饬该司精心稽核，并拟定各项调查表式，通饬各属核实照填，即甫经设治之依兰、临江、大通、滨江等处，亦饬确查具报。现已由该司将岁出入总数查有端绪，以后预算、决算即可有所依据，而不至更有财政紊乱之弊矣。以上系关于原奏单内调查人户总数及岁出入总数之各项情形，现正筹备，当可克期无误者也。所谓先期筹备者：一、审判之机关也。吉林自改省后，即将旧设之裁判所改为高等审判厅。嗣以审判既有专责，急须早定阶级。因于省城增设各级审判厅，以原有之高等审判厅房屋狭小，改为吉林府地方审判厅，并设第一、第二初级审判厅，复另择地段建设高等审判厅，而于各厅均附设检察厅，又择于省城内建造新式监狱一所。吉林司法之模范，于焉粗具。至若长春府，已开商埠，地当冲要，宾州厅发达较早，地颇繁盛，其地方审判厅已于上年秋间、本年春间先后成立以外，各属亦皆已定议创设，务期依限一律完备，俾司法之事得以完全独立。一、巡警之现状也。吉林省城经前将军臣达桂奏设巡警学堂一所，上年遵照民政部所颁章程改为全省高等巡警学堂。所有该堂屡届毕业学员，历经派赴各属分充巡警官弁、教员等职，又于省城设巡警教练所，并通饬各属一体照章增设。统计所辖府、厅、州、县共二十二属，除大通县因划界未定，蜜山府、濛江州、长岭县甫经设治，尚待筹办外，其余各属之城乡镇，自三十二年以来皆已次第举办，虽人数多寡不一，而大致粗有可观。至若省城之巡警总局及西南乡之乡巡，并宾州、阿什河、农安、延吉、长春等处，则俱已日臻进步，渐著成效矣。以上系关于原奏单内筹办省城商埠各级审判厅及厅、州、县巡警规模之各项情形，先期筹备，以冀早臻完善者也。凡上所陈，其第一年期已经筹备者一项，第二年期现已筹备者二项，现正筹备者二项，先期筹备者二项，总计两年期内共为七项。臣等遵章筹备之情形大概具此。伏念吉省疆宇辽阔，外逼俄日，中控蒙藩，且介居奉、江之间，尤三省扼要之所。庚子以后，民气凋伤，办理一切新政厥有数难：吉省人民程度尚形幼稚，在昔科举之时，应举者已属寥寥，乡举里选，尤为旷古未闻。此次创办选举及自治事宜，固不得因边远省分稍从降格，而综计全省人数，尚不及内省一大郡之多，借才既苦不能，助长亦殊无术，其难一。吉省民户客籍多而土著少，或由流移而来，或由招垦而至，东边一带，复有越垦韩民相与杂处。其地则绵邈无垠，其人则浑噩殊甚，兼之道路不通，所在阻隔，冬春则冰雪载道，夏秋则林箐障天，调查一切，诸多障碍，其难二。吉省财政奇窘，虽屡经臣等厘剔中饱，入款较前骤增，乃出款则较前尤巨。今庶政正多待理，而出入已苦不敷。揆度情势，与内省之不求开源，但求节流者迥不相同。臣等督同度支司，殚心筹划，议定财政大纲。凡属节流事件，无论新旧衙门局所，稍有冗滥之员司，费虽微而必加裁并。凡属开源事件，果能裨益国计民生，确可生利之实业，费虽巨而必筹创兴。然事体固皆当务之急，而经费究同无米之炊，其难三。有此三难，举凡一切新政，莫不受其影响，动生窒碍。惟是根本重地，中外具瞻，无论如何为难，决不敢稍有延误。所幸审判之规制略定，积牍日清，巡警之敷设粗完，萑苻稍靖。以后逐渐措施，尚非全无凭借。臣等忝膺疆寄，责无旁贷，必期益加策励，努力图成，以仰赞朝廷立宪之盛治。所有依限奏报第一年期成绩并第二年期筹备情形各缘由，除分咨查照外，理合恭折具陈，伏乞皇上圣鉴训示。谨奏。宣统元年闰二月初八日具奏，三月初一日奉朱批，该衙门知道。钦此。

附奏设立宪政调查局片

再准宪政编查馆咨，奏准饬各省设立调查局，由督、抚派员经理等因。查吉林初设行省，风气未开，文献无征，有同草创，而疆里扼塞筹备尤不容缓。是调查一事以吉林为最难，亦以吉林为最要，固地势使然矣。臣等就省垣原设之政治考察局改为宪政调查局，檄委奏调吉林差遣学郎中马濬年为该局总办。开办之初，所有各科员股，自应慎选分任，而边地乏才，究难一一求备。至局中办事规则及一切组织机关，编造表册，均经该总办详细拟议，由臣等按照馆章核定饬遵。惟是调查项下，有记录、实地两方法，吉省则各官署文牍向称缺略，即昔贤纪载之有关掌故者，尤较内地为稀。是欲搜集资料，非注意实地调查，殊无下手之方。因于该局内附设编译处，并选集士绅，常川担任调查事务，以广报告。而边境人才销乏，求于政治素有研究并谙习编辑体例者，殊不多觏，则又非养成学员不足供橐笔之选。因附设调查员养成所，以资培材，此皆因地制宜之法也。所需经费，现暂由饷捐项下借拨，均饬令核实动支，应请准作正开销，并刊给木质关防，开局试办。除将所拟章程咨送宪政编查馆查照外，理合附片具陈，伏乞圣鉴。谨奏。光绪三十四年八月十九日具奏，九月十三日奉朱批，该衙门知道。钦此。

纪地方自治

自治之制，孟子出入相友，守望相助，疾病相扶持者，已得其意。欧洲自治，昉自希腊之市府，大昌于英，响应于欧美，而骎遍于全球。日本其后起者，踵而行之，宪政遂以成立。我国当此预备立宪之时，人民之待治于上者，既殷且切，而上之视民，亦深冀其有自治之能力，足以植宪政之本基。虽然以自治而求诸吉林，难于他省而又急于他省。夫自治之权与外界侵入之权，恒视地方人民之程度以为消长。吉林以民气朴野之区，界居于两大外人之怀，侵占主义者寸让而寸进焉。识者慨然于蚩蚩者流不足与闻国家之大计，遂急急以培植公民为务。光绪三十二年冬十一月，即创为地方自治之议。将军达桂从士绅之请，设自治会，投票公举正副会长，并分设总务、法制、文书、会计、调查、慈善为六课。全体经费由官中补助，复拨清查庙产充公诸款及地方税等以附益之。后就会中设研究所，设自治报，浚沦民智，开通风气，奋袂而起者七百余人。当是时也，尚未改设行省，筹备自治之规章亦未奉部宣布，而士大夫之毅然创举者，实由于求治之心过于锐进，故名义规制，大半出于私拟，时有扩张权利，侵越范围之过举。而一年以来，措施虽不合法，群情颇见鼓舞。近乃援照直隶奏准自治章程，从天津一府试办之例，改为吉林府自治局，暂归谘议局筹办处一并经理，于三十四年十二月奏咨立案。盖所以狭小其规模，以待部章之颁布也。其原设自治研究所，亦一律归并于筹办处，派该处督理民政司使谢汝钦，总参议候补道颜世清等重订章程，饬令各属选送士绅入所，分班讲授，俾毕业回籍后为推广传习之地。凡各属之立有自治会名目者，悉改为研究分所。迄今全省二十二属，改定名称组织成立者已十有五处。噫，以难于自治之地，又偏处于急求自治之势，诚不意一转移间，已稍稍植其基础也。

附奏开办谘议局筹办处情形折

奏为遵旨开办谘议局筹办处情形，恭折仰祈圣鉴事。窃于光绪三十三年九月十三日奉懿旨，著各省督、抚在省会速设谘议局，慎选公正明达官绅创办其事。等因钦此。又于三十四年六月二十四日奉懿旨，著各督、抚迅速举办，实力奉行，限一年一律办齐。等因钦此。旋于七月间准宪政编查馆咨，以现设之谘议局应改为谘议局筹办处各等因，并将奏定章程清单，选举票式等件颁行前来。臣等伏思谘议局为国会先声，筹办处即省议基础，关系至重，责任非轻。吉林自改行省，政教兼施，叠次钦奉谕旨，群情向化，已咸殷望治之心，草昧初开，亦将睹日新之象。自应照章举办，因地制宜，统筹兼顾，以收速效。臣等遵即于吉省设立筹办处，札委试署民政司司使谢汝钦，奏调直隶候补道颜世清总理其事。当由臣等商定该处办事及调查司选各规则，并详考各属实情，划分初选、复选区域，遴派通晓法政官绅分任该处事务。现已于本年九月初一日开办，即预定明年八月一律竣事。惟吉林远处边陲，初更省治，风气初开，地面荒僻，其人士不仅少国民程度，即能具选举知识者亦自无多。其情形不仅与东南各省悬殊，即较之西北边疆，犹觉夐乎莫及。兹已明奉一年钦限，自未便于吉省独请展缓，再四筹议，妥定办法，以短促之时期，为远大之筹备。虽或未能完善，然亦无敢畏难，次第举行，依限成立，总期无负朝廷励精图治，勤求舆论之至意。除将各项章程表册分别咨送宪政编查馆、资政院、民政部外，所有开办谘议局筹办处缘由，理合恭折具陈，伏乞皇上圣鉴训示。谨奏。光绪三十四年十二月十五日具奏，十二月二十八日奉批，该衙门知道。钦此。

附奏自治会改为吉林府自治局并另设自治研究所片

再吉省在前将军达桂任内，曾经本地士绅呈请自立自治会一所。章程出诸私拟，办理未能合法。前准民政部咨开，各省自治局未经奏咨立案，应候部定章程颁发后，再行遵办等因，自应即饬该会停办，以俟部章。第念该会开办已久，一旦解散，恐滋惶惑。臣等反覆筹商计，惟有援照直隶奏准自治章程，先从天津一府试办之例，将原设自治会改为吉林府自治局，官绅合办，专事筹议调查，以为异日实行自治之预备及各地推行自治之规模。暂归谘议局筹办处一并经理，俾一事权而便筹备。更另设自治研究所，饬令各府、厅、州、县选送士绅入所分班讲授，俟毕业后遣回原籍，推广传习，兼就地筹办自治事宜。并通饬各属，凡已立有自治会名目者，概改为自治研究分所，以归一律。均已先后斟酌改办，依次施行。理合附片具陈，伏乞圣鉴。谨奏。光绪三十四年十二月十五日具奏，十二月二十八日奉批，民政部知道。钦此。

附全省自治研究所一览表

细别 治别	地址	进项	时期
吉林全省自治研究所	省城外长公祠	由谘议局筹办处协济各属按学生名额摊派	光绪三十四年十月开办
吉林双阳河自治研究所	双阳河街市关帝庙	庙田义地等费	光绪三十四年七月开办
吉林府乌拉街自治研究所	乌拉街市	地方公义款项筹拨	光绪三十四年九月开办
珲春自治研究所	本城	地方税	宣统元年四月开办
新城府自治研究所	暂假副都统署后院	由商务会借垫	光绪三十四年八月开办
依兰府自治研究所	府城西关	地方营业税支拨	宣统元年三月开办
五常厅自治研究所	附劝学所内	清厘庙产	光绪三十四年八月开办
绥芬厅自治研究所	城内文庙后小学堂旧院	拟由地方筹集	光绪三十四年八月开办
双城厅自治研究所	设本厅之山海税局	无票种烟地捐	光绪三十四年十二月开办
伊通州自治研究所	本州启文书院	营业税自治乡学费	宣统元年二月开办
农安县自治研究所	县署东近	教育费余款及地方公款	光绪三十四年四月开办
榆树县自治研究所	县治学署	富户乐捐	光绪三十四年三月开办
盘石县自治研究所	本城	地方税	光绪三十四年九月开办
敦化县自治研究所	本城东关	地方公义款	宣统元年三月开办
长寿县自治研究所	本城	地捐	光绪三十四年十一月开办
备考			

纪救助行政

古者民必有职，无职者谓之游惰，亦谓之罢民。夫因其无职而贫，既贫而仍不使之有职，则贫者终贫。泰西各国之惠贫也，教与养未尝不兼施，然必老羸癃疾不足以自存者，始入养贫局，不然必课以工作，使之自食其力，为生利之国民。此即所谓救助行政也。吉林僻在边隅，榛芜灌莽，旷野千里。深山穷谷之人，往往从事牲猎，资以养生。地气寒沍，播种不时，终岁勤动，犹虞不给，何况废业以嬉耶。庚子以后，元气大伤，银价日增，百物翔贵。弱者转沟壑，强者为盗贼。光绪三十四年，始饬民政司筹办贫民习艺所，以成惠民之政，勘地于巴尔虎门外青莲寺西偏。所中设艺科者八：曰建筑，曰缝纫，曰木工，曰铁工，曰革工，曰机织，曰制绳，曰筐筥。艺徒入所，各就其性质所近，分科学习，兼设国文、习字、算术、体操四门，每日授课二小时，余则学习工艺。定额二百名，俟建筑学成，即令本所学徒添建房宇，推广额数。其建筑之工资以及各项制成物品，除成本外，以六成归公，四成给本人，作毕业后谋生之资本。此固寓养于教，亦即以教为养者也。其经费则以军道两署所裁之书吏津贴为各属所摊解，并发商生息者，即作为该所常年经费，不足则以养济院、栖流所等费以及不入祀典之庙产补益之。建筑之费约需中钱十一万吊，而购办机器、储备物料及一切开办之需亦八万吊左右，则概由官家拨给。凡向之关于救助行政者，如养济、栖流所等类一律归并，庶几考之古昔，征之列邦，亦皆有所合焉。

附贫民习艺所章程

一、本所以教养贫民，振兴实业为宗主，务使人无智愚，各操一业，俾将来毕业出所，借以谋生，且实行强迫劝工教育，为全省各属之模范。

一、本所工艺，就地取材，先从简易各科着手，以期价廉工省，易于畅销。将来办有成效，再行添设艺科，以广造就。

一、本所工艺凡八科：一建筑，二缝纫，三木工，四铁工，五革工，六机织，七制绳，八筐筥。每日工作时刻，春秋以九小时，夏以十小时，冬以八小时为限。

一、习艺外兼授浅近国文、算术、习字、体操四门，每日二小时，除体操外均系夜课。

一、本所先定学额二百名。所内基地宽敞，俟建筑科之艺徒学成，即令建造，以期节省，仍可收逐渐推广之效。

一、各科工师无定额，视艺徒之多寡及物品销售如何，以定增减。

一、各科工艺有难易，而毕业期限亦有长短。兹定为建筑、缝纫、铁工、革工三年毕业，木工、机织二年毕业，制绳、筐筥一年毕业。其平日之制成物品，随时发交售品处出售。除成本外，所得余利，以六成归公，四成充赏，作为毕业后谋生资本。建筑科之应得工资亦然。

一、贫民之入所者，各就其身体之强弱，质禀之高下，分派科类，令其学习。如有无业游民自甘暴弃者，责成巡警局随时访察，拘送入所，强迫习艺。

一、艺徒衣履卧具，第一年由所内制备，次年即在应得余利项下扣除。饮食一切归所供给，概不收费。

纪户籍

国初行编审法，查稽人丁。吉省因未设治，户口统隶奉天府，有旗籍而无民籍。雍正五年置永吉州，泰宁、长宁二县，仍属奉天府。乾隆十二年裁永吉州，改设吉林理事同知，户口始归本省编审。然五年一举，迄未编实。所司惮烦造报，稽核视同具文，惟奉行保甲填写门牌之故事，虚诳成习，茫无所稽。光绪三十三年，准民政部奏颁清查户口表式，通饬据实查报。惟是各属府、厅、州、县，新设者多，垦荒人民，大半零星散处，而客民往来迁徙，尤无定所，详实调查，未易骤期。旋据各属先后呈报，总计全省户数约五十六万六千九百五十六户，口数男女大小约四百二十三万八千一百六十三名口。既于光绪三十四年五月列表备文咨部，由略而详，其以此为权舆乎。本年复准民政部奏颁调查户口章程表式，定自本年起以第三年十月以前为调查口数报齐之期。已照刊章程表式，严饬认真举办。兹事体大，尤贵详确。举凡划分自治区域，分配议员额数，实行普及教育，推广保安警察，与夫征集民兵，整理租税等各种政治，胥视此为总机关，于宪政前途，至为切要。是在各属力破积习，循序渐进，以植将来户籍法之基础也。

附全省旗籍户口表

类别/治别	户口					合计	附查	
	户数	口数						
		男丁		女口			学童	教徒
吉林府界满洲八旗	七千一百二十一户	大一万七千一百七十八	小五千三百四十八	大一万二千五百一十六	小一千九百四十八	三万六千九百九十丁口	十三名	无
吉林府界蒙古八旗	四百零四户	大七百九十二	小二百九十三	大六百九十三	小二百九十二	二千零七十丁口	无	无
吉林府界乌枪营汉军八旗	六千四百四十五户	大一万六千四百六十四	小五千一百九十九	大一万一千三百六十九	小二千七百三十	三万五千七百六十二丁口	无	无
绥芬厅界宁古塔副都统八旗	七千六百八十八户	大一万六千零八十四	小六千二百四十四	大一万零六百五十	小三千一百八十四	三万六千一百六十二丁口	五十四名	二名
新城府界伯都纳副都统八旗	一千七百八十八户	大四千一百六十二	小一千八百六十六	大二千九百零七	小一千九百三十七	一万零八百七十二丁口	十二名	无
依兰府界三姓副都统八旗	一千五百八十五户	大四千四百一十四	小九百四十六	大三千六百四十八	小五百四十八	九千五百五十六丁口	三百名	无
宾州厅界阿勒楚喀副都统八旗	五千一百八十五户	大七千七百七十一	小六千二百四十六	大一万零八百四十三	小六千三百八十一	三万一千二百四十一丁口	二百六十四名	三百一十三名
延吉厅界珲春副都统八旗	二千六百五十七户	大六千三百四十七	小二千一百八十七	大四千二百零一	小二千二百五十	一万四千九百八十五丁口	二百零九名	无
吉林府界乌拉协领八旗	一百九十九户	大五千九百六十	小二千五百零八	大四千一百二十九	小三千三百九十四	一万五千九百九十一丁口	一百二十八名	无
双城厅界拉林协领八旗	四千二百三十一户	大一万五千二百三十五	小六千三百八十六	大一万一千一百七十	小七千六百一十四	四万零四百零五丁口	无	无
双城厅界双城堡协领八旗	四千户	大一万零九百五十四	小一万五千二百三十五	大一万零八百三十一	小七千二百五十五	四万四千二百七十五丁口	三百六十一名	无
五常厅界五常堡协领八旗	九百一十一户	大一千七百八十一	小八百九十三	大一千一百三十四	小五百四十四	四千三百五十二丁口	无	无

类别 治别	户口						合计	附查	
	户数	口数							
		男丁		女口				学童	教徒
西路乌拉额赫穆等站丁	二百九十二户	大一万一千八百四十六	小四千三百九十九	大七千一百六十八	小三千二百八十七	二万六千七百丁口	五百三十四名	四十八名
北路金珠鄂佛罗等站站丁	三千一百九十一户	大七千零四十六	小三千五百二十	大五千二百六十二	小二千九百五十六	一万八千七百八十四丁口	二百七十三名	七十八名
吉林府界水师营总管管下	六百四十八户	大一千九百一十五	小七百一十八	大一千四百五十二	小三百三十二	四千四百一十七丁口	无	无
吉林府界乌拉翼领十旗	四百六十四户	大一万六千八百三十二	小六千八百四十五	大一万二千七百七十八	小七千一百七十三	四万三千五百六十八丁口	无	无
伊通州界官庄处管下	三百六十户	大九百五十三	小二百一十六	大五百八十三	小十五	一千七百六十七丁口	无	无
伊通州界伊通佐领八旗	一百四十户	大二千二百四十四	小九百九十四	大一千五百九十三	小四百七十七	五千三百零八丁口	四百六十名	无
敦化县界额穆赫索罗佐领八旗	十五户	大五百三十一	小二百七十	大四百三十六	小二百七十三	一千五百一十丁口	四十六名	无
吉林府界巴彦鄂佛罗边门台丁	一千零八十二户	大二千八百二十	小一千四百一十四	大二千零四十二	小一千一百四十五	七千四百二十一丁口	六十五名	无
伊通州界伊通边门台丁	一千三百零三户	大三千四百一十八	小八百八十三	大二千四百一十九	小七百三十六	七千四百五十六丁口	三名	无
伊通州界布尔图库边门台丁	三十七户	大一千二百三十一	小四百六十九	大八百五十五	小五百八十一	三千一百三十六丁口	无	一名
伊通州界赫尔苏边门台丁	二千零三十二户	大二千五百四十一	小一千四百二十九	大二千零七十九	小一千三百二十六	七千三百七十五丁口	九名	无
统计	五万一千七百七十八户	男大十五万八千五百一十九丁	男小七万四千五百零八丁	女大十二万零七百五十八口	女小五万六千三百一十八口	男女大小共四十一万零一百零一丁口	二千七百三十一名	四百四十二名
备考								

附全省民籍户口表

类别 治别	户口					合计	附查	
	户数	口数						
		男丁		女口			学童	教徒
吉林府	八万三千九百一十七户	大二十万零三千二百二十五	小十一万三千二百三十三	大十六万二千一百四十三	小八万八千九百六十八	五十六万七千五百六十九丁口	八千四百零六名	五百六十名
伊通州	二万五千五百零四户	大七万二千一百一十九	小三万八千七百七十八	大五万一千一百七十	小二万四千七百九十三	十九万六千八百六十丁口	一千一百二十名	九百七十三名
磐石县	二万九千九百七十五户	大六万九千三百九十二	小五万八千一百五十四	大五万六千二百八十四	小五万五千九百七十	二十三万九千八百丁口	一千二百三十名	五千二百六十名
敦化县	一万四千一百七十六户	大四万一千二百五十八	小七千二百九十六	大二万六千一百八十七	小七千七百一十七	八万二千四百五十八丁口	四百三十七名	七百七十名
长春府	五万七千四百二十三户	大十三万三千六百零一	小十一万三千零二十五	大十一万七千三百五十一	小十万零五千八百八十六	四十六万九千八百六十三丁口	二千八百九十九名	一千零二十七名
农安县	三万五千五百三十七户	大十一万六千五百八十七	小三万四千八百五十二	大九万三千八百九十三	小四万二千三百七十六	二十八万七千七百零八丁口	一万四千九百三十名	一千一百零六名
新城府	三万零五百四十六户	大八万三千八百三十一	小五万一千七百一十九	大六万五千一百六十一	小四万六千二百四十八	二十四万六千九百五十九丁口	三百四十三名	二千七百五十名
榆树县	七万六千四百四十七户	大十五万七千零三十三	小十二万四千一百四十六	大十一万五千九百七十八	小九万六千八百五十	四十九万四千零四十七丁口	七十名	四千五百二十五名
依兰府	六千四百七十三户	大一万三千九百一十三	小九千八百一十八	大九千八百四十六	小五千一百一十二	三万八千六百八十九丁口	四百三十八名	
临江州	八百一十七户	大二千八百四十一	小一千一百九十六	大一千五百一十	小九百八十七	六千五百三十一丁口	四十名	
方正县	五千八百七十户	大一万四千四百零三	小七千七百六十九	大一万零三百三十三	小七千五百九十五	四万零一百丁口	四百八十九名	一百二十一名
宾州直隶厅	六万三千三百四十三户	大十三万六千五百二十三	小九万六千九百五十一	大十二万二千一百九十四	小九万八千三百一十九	四十五万三千九百八十七丁口	一千四百六十八名	八百八十一名
长寿县	一万二千五百四十户	大二万六千六百七十四	小一万五千九百零二	大二万一千二百二十六	小一万四千六百一十七	七万八千四百一十九丁口	四百七十六名	三百五十五名
五常厅	二万二千七百一十一户	大六万五千一百六十九	小二万八千零一十六	大四万八千八百六十一	小二万零九百四十一	十六万二千九百八十七丁口	一千二百六十三名	六百二十八名
延吉厅	七千八百二十一户	大一万六千八百四十八	小九千三百三十七	大一万一千七百三十七	小七千六百三十七	四万五千五百五十九丁口	二百七十五名	一百九十一名
绥芬厅	一万三千二百七十二户	大一万八千六百六十二	小一万五千七百九十二	大一万四千六百三十七	小一万三千七百六十八	六万二千八百五十九丁口	一千五百三十七名	十一名
双城厅	三万八千五百六十二户	大十万零七千四百四十	小七万八千四百五十	大八万八千零二十二	小六万七千八百一十二	三十四万一千七百二十四丁口	三千一百一十四名	五百四十一名
滨江厅	二千三百三十三户	大一万零一百二十一	小四百七十九	大九百八十六	小一百九十四	一万一千七百八十丁口	五十四名	六十三名
统计	五十一万五千一百七十八户	男大一百二十八万九千六百四十	男小八十万零四千九百一十三	女大九十七万零八百六十七	女小七十一万五千七百九十	男女大小共三百八十二万七千八百六十二丁口	三万八千五百八十九名	二万零三百六十二名
备考								

纪禁烟

吉省产土最多，民间种罂粟者比户皆是。迩来禁令森严，产额渐少。然据光绪三十三四年所调查种烟地，全省得二万四百九十三垧有零，岁产土药九十六万六千二百九十两。敦化县最多，岁产达四十万两，几占全数之半。延吉次之，约十三万三千五百两左右。伊通最次，仅三千余两。夫全省人口统计，老幼男女不过四百余万耳，以四百余万之人民，耗百万之土药，而外来之洋药及各省之土药输入者犹不在内。呜呼，滋可惧已。自奉明诏，递年禁绝。束身自爱者固已争自洗涤，而因循观望者实繁有徒。三十三年十月，省城设立禁烟总局，以民政使为监督。三十四年九月，改总局为禁烟公所，委提调、总稽查各员。计陆续议订禁烟章程二十四条，推广规则六条，改良规则一百十八条。大致分为三策：一曰禁种。查上年部文，应自宣统元年下半年起一律禁种，业已通饬遵办。嗣查东省地土寒沍种，烟皆在四五月之交，复通电三省，自正月起一律严禁，不稍假借，所以绝其根株也。一曰禁买。售卖土膏，本非正当营业，贪图重价，干犯禁纲，行踪诡秘，莫可究诘。于是填给牌照。严密稽查。私运私销，即从严罚，所以杜其输运也。一曰禁吸。官吏为士民之表率，军、学两界，人格尤高，自宜首先断戒，委员挨次清查，概令本管上官暨同乡官出具保结，严申连坐之条。如有形迹可疑，随时调验，果染嗜好，立予参撤。由此以推之，士庶风声所树，或当知所观感，不劳劝戒而自革乎。其附于总公所者则有戒烟会，调验所，官绅商界公立者，则有戒烟协会，盖以辅官中稽查之所不及。而全省二十二府、厅、州、县，除吉林府系属省垣，归入总公所，暨蜜山、濛江以新设治，方正县以新划界未遑设立外，余皆筹立禁烟分所。全省上下均皇皇然以整顿为事，廓清之期，盖可翘足待也。至公所经费，初由官中拨银二千两，中钱七千七百余吊为开办之费。嗣因举行印花税、牌照费以资挹注，适准部咨，有推广牌照捐之议，因更仿川省办法，设立官膏专卖局，凡经领照吸烟之人，均令持照赴局购烟，此外不准私相买卖。将来烟土日少，吸者日鲜，设有不敷，应另行筹拨。业经专折奏报。盖各项征收，以畅旺为宗旨，官膏征收，以销歇为宗旨。积极、消极之分别，其道固如是耳。

附奏遵设禁烟公所并实行禁种、禁吸情形折

奏为吉省遵设禁烟公所，并实行禁种、禁吸情形，恭折仰祈圣鉴事。窃自鸦片弛禁以来，流毒遍于国境。人民吸食，靡然成风，既堕志以戕身，复耗财而辱国，为日既久，为患益深。何幸比年民智渐开，群知其害，会逢朝廷锐志图强，迭奉明诏，告诫频仍，颁禁种、禁吸之令，为强种、强国之基。属在臣民，同深钦感。臣等身膺疆寄，与有考成，敢不奉行惟谨，以期早竟厥功。伏查吉省地处偏隅，交通不便，洋土向不行销。民间之吸烟者，类皆自种，以故价值甚廉，吸者愈众，尤以旗民居其多数。恶习相沿，殊堪痛恨。一自上年改设行省，叠准政务处、民政部、禁烟大臣先后咨送章程到吉，当即转行严禁在案，复经调任抚臣朱家宝先于省城设立禁烟总局一所，檄委试署民政司司使谢汝钦为督理，各府、厅、州、县均设分局，按照部章，切实筹办。先从官场人手遴委妥员，挨次清查。无论曾否吸烟，概令具结，以凭查考。其情形可疑，巧为掩饰各员，但经举发，随即送交该局查验。并由该司督同士绅另设禁烟公会一处，广购方药，多方劝戒，以为官局之助。规模粗具，大致已有可观。迨臣昭常到任以后，复加体察，以为禁烟之要，不外禁种、禁吸二者。禁种是在于民，禁吸莫先于官。欲祛其弊，必清其源。吉省既无洋土搀销，但使种者尽绝根株，则吸者自归淘汰。官吏本为士民表率，但使群僚咸知矫励，则民间自动观摩，要非雷厉风行，不足以言效果。用将禁烟总局遵照新章改为禁烟公所，慎选员司，经理其事。举凡前此办法之未善者，无不改良，以期必当。官则密其考查，尤须杜其隐匿。除循例取具保结外，加取联名切结，严申连坐之条。民则定其期限，亦必别其劝惩。除遵章给照递减外，复填烟户门牌，俾动下流之耻。至军、学两界，品格既高，更宜整饬，则由该管长官认真稽察。但有犯者，即予斥退，不少姑容。现在次第举办，均已渐有头绪。而据各属呈报，其自本年正月为始，一律禁种者已有数处。但能如此切实推行，一年之后，吉林全省当无更种罂粟者矣。臣等复思烟禁既有十年之限，吸者一时尚难尽绝，倘任民间自由购取，仍属漏卮，漫无限制。适准部咨，有推广牌照捐之议，因更仿照川省办法，设立官膏专卖局一所，责成民政、度支两司会同办理。凡经领照吸烟之人，均令持照赴局购烟，此外一概不准私相买卖，不特寓禁于征，并得借资经费。设有不足，再由臣等筹款弥补，造册报部，作正开销。此皆吉省现办之实情也。第因事属创行，所订规章，非经试办，未敢遽定，是以奏报稍迟。后此如有未尽事宜，臣等自当悉心研究，逐渐措施，务

使烟害得早禁除，于国于民，胥臻幸福，并以仰副朝廷轸念民生，咸与维新之至意。除将各项详细章程分咨禁烟大臣、民政部、度支部查照外，所有吉省设立禁烟公所，并实行禁种、禁吸各缘由，理合恭折具陈，伏乞皇上圣鉴训示。谨奏。宣统元年二月十八日具奏，闰二月初九日奉朱批，该部知道。钦此。

附禁烟成绩表

禁烟成绩自光绪三十三年十一月设禁烟总局至宣统元年三月二十日止				戒烟成绩自光绪三十四年五月设戒烟总会至宣统元年三月二十日止		调验成绩自光绪三十四年九月设查验所起宣统元年二月十五日止	
月别	土膏	烟枪	烟灯	月别	人数	月别	人员
十一月	一百七十两零五钱	二十六	十八	六月	八十七名	十月	五员
十二月	三百一十七两零三分	四十九	三十四	七月	一百三十四名	十一月	
正月	六百三十两零八钱	五十一	三十七	八月	一百十一名	十二月	十四员
二月	四百两零零五钱	三十一	二十二	九月	七十九名	正月	三员
三月	二百七十五两	二十六	二十一	十月	四十三名	二月	十员
四月	三百一十七两	三十四	二十七	十一月	五十六名		
五月	二百三十两零八钱	四十八	三十五	十二月	五十五名		
六月	一百五十八两零七分	二十七	二十二	正月	三十四名		
七月	六十五两九钱	九	四	二月	六十二名		
八月	二百五十两零五钱	五十一	三十一	闰二月	三十九名		
九月	一百七十四两	二十五	十五	三月	三十五名		
十月	三百五十七两	四十一	二十七				
十一月	一百八十八两五钱八分	二十三	二十一				
十二月	二百四十六两八钱	三十一	四十				
正月	六十三两九钱	十二	十				
二月	三百二十六两七钱	六十五	四十八				
闰二月	四百五十六两八钱	五十七	五十二				
三月	四百三十五两一钱	八十一	七十				
备考							

附全省种烟地亩及产土数目行销地面表

类别 地别	种植地亩	产土数目	销地数目
吉林府	共一百一十八垧零九分	二万三千一百二十八两	本境
长春府	共三百五十五垧三亩	一万五千二百七十两	本境一万四千四百五十两余均外销
新城府	共四千二百二十九垧八亩八分	二万八千五百七十五两	本境九千九百四十六两余均外销
依兰府	共三百二十九垧七亩	七千一百四十四两	本境五千五百七十六两余均外销
宾州直隶厅	共一千五百一十六垧三亩一分	十万两	本境
五常厅	共一百九十垧零二亩六分	一万九千余两	本境
延吉厅	共一千六百六十九垧五亩二分	十三万三千五百余两	本境二万八千余两余销邻境
绥芬厅	共一千二百六十一垧六亩三分	六万三千零八十一两五钱	本境二万八九千两余销邻境
滨江厅	无	无	约销三万余两均由附近州县贩来
双城厅	共一千零一十六垧二亩八分	四万四千二百九十九两	本境三万零五百二十三两余均销邻境
伊通州	共二十八垧七亩五分	三千四百余两	约销四万余两除本州出产外余均来自邻境
临江州	共一百一十七垧三亩	一万七千余两	本境
敦化县	共四千一百一十九垧五亩	四十万两	本境五万余两余均外销
磐石县	共三百九十七垧二亩三分五厘	四万五千两	本境二万余两余均外销
农安县	共六百九十垧零一亩二分	二万八千六百五十一两八钱	本境二万七千九百八十二两八钱余均外销
榆树县	共四千二百二十九垧八亩八分	二万八千五百七十五两	本境九千九百四十六两
方正县	共四十四垧二亩	三千六百六十六两	本境三千六百六十六两
长寿县	共一百七十九垧一亩五分	六千余两	本境二千八百余两
统计（府四、厅六、州二、县六）	二万零四百九十三垧一亩零五厘	九十六万六千二百九十两零三钱	
备考	查吉林省属所产土药最多，价值亦廉，不销洋药，故洋药入口类付之阙如。此系光绪三十四年之调查，现已通饬各府、厅、州、县自宣统元年正月起一律禁种矣。		

警政篇

警政为治内要端，各行省迭经部饬举办。而吉林行之独后者，总其困难，约有五端：边陲僻远，土广人稀，深山穷谷，悉为盗窟。从前各乡设有练会，为守望之助，漫无纪律，徒滋扰累，不得不亟图改良。况行旅往来，动辄千里，夏秋之间，林深草长，遍地荆棘，劫夺之案，防不胜防，此保安之难也。开化在后，民智未辟，无个人自治之资格，乏社会公共之思想。即通都大邑，号称开明之士，略识权利义务之说者，盖千百而不能获一。何况蚩蚩者流，相习于数百年之旧俗，偷安土苴，不求发达，一旦有以规绳之，则出全力以相抵抗，此行政之难也。边荒未辟，财力不厚，庚子一变，蹂躏遍于全省，迄今疮痍未复。筹集捐项，无非出诸地亩，而民力孱弱，不胜担负，加以密山、濛江、桦甸、长岭等处，甫经设治，旷漠无垠，乡镇零落，三家之村，五家之集，保护尤应加密，而输纳则最为瘠薄，此筹款之难也。政无巨细，得人则理，巡警之与人民，关系尤为切近。稍一不慎，适足以紊乱秩序。虽于省城设立巡警学堂，并令各属设所教练，而开创未久，缓不济急，不得已而借材异地。然而土客之间，易存意见，龃龉倾轧，往往而有。此用人之难也。长春、哈尔滨两处，固交涉丛矢之所，而延吉珲春一带，韩侨杂处，地方各事，日人时有干预。纵之则失主权，争之则伤邻谊。彼族横悍，上年又有枪毙警兵之案。至于铁路附属地，为巡警权力所不及，胡匪肆扰，外人动来责言，此交涉之难也。有此种种情形，由省城而外属、而四乡，历更三年，始克备具规模。适当此预备立宪之际，涤旧染而启新机，造端握要，莫先于是已。

附全省城乡巡警局一览表

局名＼局址＼细别	局址	开办	分局	分区	分所	委员	弁长	司警	夫役	马巡	步巡	枪枝	额支	活支	入款
吉林省城巡警总局	通天街	光绪三十二年六月	二	十		三十三	一百二十六	五十一	二百五十	三十六	一千零四十八	九百九十五	十八万四千六百三十五两	四万六千七百五十四两	由度支司指拨作正开销
吉林府四乡巡警总局	府署西院内	光绪三十四年六月	五	十九	二十九	十九	四十二	三十三	三十六	五十	六百三十七	六百六十七	二十七万吊	九万吊	晌捐
吉林西南山乡巡总局	八道河	光绪三十三年十一月	二	二十二	四十七	二十九	四十六	十四	十四	六十	七百七十六	九百	二十七万九千二百零八吊	三万六千吊	商晌捐
长春府巡警城局	三道街	光绪三十三年六月	五	七	二十	四十二	五十二	十三			四百四十九	五百	五万一千三百八十三两	二万四千二百七十一两九钱二分	商晌房妓捐
长春府巡警乡局	由城局兼辖	光绪三十四年四月		六	二十	三十六	二十七	二十三	六十	二百七十	五百八十四	未详	七万三千九百十四两四钱六分	一万二千八百零一两三钱	商晌房妓捐
依兰府巡警城局	西江沿	光绪三十三年八月	二			二	五	三			七十	九十	二千六百二十一吊八百五十文	五千七百十一吊	铺晌捐
依兰府巡警乡局	由城局兼辖	光绪三十四年三月		五		三	九	十二		三十	一百二十	一百九十九	六万六千零二十八吊八百文	未定	晌捐
新城府巡警城局	南牌楼	光绪三十二年九月			四	四	十	二		十	七十	六十	三万八千五百五十吊	未定	粮木客货铺捐
新城府巡警乡局	乡分十一区由区董分住城局兼辖			十一									由城局支用	未定	粮木客货铺捐

局名 \ 局址 \ 细别	局址	开办	分局	分区	分所	委员	弁长	司警	夫役	马巡	步巡	枪枝	额支	活支	入款
密山府巡警局	由经设治本据详报														
滨江厅巡警总局	中五道街	光绪三十二年六月	四			六	十一	十一		十	一百六十六	一百二十	三万八千二百二十六两五钱	二千六百两	房铺捐
绥芬厅巡警城局	城内	光绪三十四年二月	二		四		六	十九	二十三	四十	八十	五十八	八万七千三百四十吊	二万二千六百吊	官帖生息并洋酒烧锅火磨捐
绥芬厅巡警乡局	未据详报														
延吉厅巡警城局	厅治西呈称边务总局	光绪三十二年十一月	三			二十二	三十四	十五		马步巡警	三百	六十七	六万六千六百零二两	六千六百五十二两五钱	由边务公署发款作正开销
珲春巡警局	由边务公署兼办	光绪三十二年十一月		八	十二	八	二十四	八		马步巡警	一百零八	未详	一万三千零四十两	一万零四百两	由边务公署协济三百余两余系晌捐
五常厅巡警城局	十字街	光绪三十四年十月		四	三十二	七	六十七	九		马步巡警	七百八十八	七百零八	四万四千八百三十二吊	未定	晌捐
五常厅巡警乡局	由城局总辖												十八万三千一百二十吊	未定	晌捐
宾州厅巡警城局	厅治	光绪三十二年五月	二			十一	二十二	十		马步巡警	一百六十	一百十九	八万二千四百六十吊	二万二千吊	商晌捐

局名 ＼ 局址 ＼ 细别		开办	分局	分区	分所	委员	弁长	司警	夫役	马巡	步巡	枪枝	额支	活支	入款
宾州厅巡警乡局	城局兼辖	光绪三十三年十月	十	十	四十	十	七十	二十		马步巡警	八百	六百	二十六万八千三百零二吊	四万八千吊	商晌捐
阿勒楚喀巡警总局	德盛街	光绪三十四年二月	十一		四	八	二十四	十八	三十	八十	五百一十	六百六十七	二十五万余吊	四万余吊	晌铺捐
双城厅巡警城局	西大街	光绪三十二年八月		四		七	二十三	四	十五	二十	一百零二	六十四	六万八千五百五十吊	一万零三百吊	摊床货店捐
双城厅巡警乡局	拉林	光绪三十三年十二月	一			二	四	一			四十	未详	一万二千八百六十四吊	未定	由协领衙门担任六五成商会分任三五成
伊通州巡警城局	州治东街	光绪三十三年九月				三	四				三十九	三十	七万八千六百五十吊	一万吊	商会筹拨五千吊余系货捐
伊通州巡警乡局	另委局长不属城局	光绪三十四年五月		十		十七	二十一	十四	四	一百六十二	一百零八	三百	五十八万七千五百二十五吊	十四万吊	晌铺捐
临江州巡警局	甫经创办未据详报														
濛江州巡警城局	州治西	光绪三十四年正月		一			二	一			二十	二十	九千一百余吊	未定	民户摊捐
濛江州巡警乡局	城局兼辖	光绪三十四年正月		三			六	三			二十	三十	四万二千九百吊	未定	民户摊捐

局名	局址（细别）	开办	分局	分区	分所	委员	弁长	司警	夫役	马巡	步巡	枪枝	额支	活支	入款
敦化县巡警城局	县署西	光绪三十四年九月	一			四	四	二	十	三十	二十三	十三	一万二千一百二十吊	二千六百吊	晌货捐
敦化县巡警乡局	城局兼辖	光绪三十四年九月		五	五	十	十五	五	二十五		一百五十	一百三十五	五万六千八百吊	五千吊	晌捐
榆树县巡警城局	县城东街	光绪三十二年七月	十		八	十六	十八	十一	二十六	四十	三百六十	二百	市钱十一万零五百四十吊	未定	商亩捐
榆树县巡警乡局	由城局分拨														
农安县巡警城局	县治	光绪三十二年十月	一			四	十三	四		四十	八十	五十四	一万五千六百三十六两	三千两	晌捐
农安县巡警乡局	城局兼辖	光绪三十四年六月		十		十	三十	十		六十	三百	三百五十五	四万七千零十六两	未定	晌捐
长寿县巡警城局	东门大街	光绪三十四年二月	一			二	五	二	五	八	四十八	四十四	二万一千一百二十吊	六千六百余吊	商晌捐
长寿县巡警乡局	城局兼辖	光绪三十四年七月		四	八	四	八	四			一百九十二	一百八十六	四万九千零五十六吊	八千六百余吊	晌捐
方正县巡警城局	恭安社三站街	光绪三十三年月	二				三	一	二		二十	未详	未详	未定	由民间所集乡约规费提用
长岭县巡警总局	县治	宣统元年正月		四		四	十四	四		马步巡警	一百二十八	未详	六万八千五百八十七吊二百文	未定	晌铺捐
桦甸县巡警局	甫经设治只有由磐石县割分东区一隅巡警局章经费尚未详定														
备考	吉省自改建行省，各属巡警，争先创办。其中如大通之划疆，蜜山、桦甸系新设治，临江设治未久不计外，余则均依各地方之情形而为编制。此近时胡匪较少，省治奠安之所由来也。其制度有几经改良者，有甫经创办者，虽未划一，而军事上之精神甚为健壮。此与各直省之大相悬殊者。又延吉厅边务巡警归边务公署管辖，珲春巡警亦附入焉。用款一端，边务巡警由边务公署支拨，省城巡警总局支款由度支司支拨，作正开销，余则均系就地筹款兴办，故巡警之多少，警政之繁简亦系焉。														

纪省城巡警

吉林创办巡警，垂五年矣。经之营之，循序渐进，已月异而岁不同，而欲遽求完备，则固未易言也。自将军达桂于光绪三十一年秋奏拨精锐一营，就省垣立巡警分局五，仍隶之于营务处。是时警学、警章夙未讲求，名虽巡警，犹是营队旧制。其明年乃立总局，以道员为总办，设提调以下等官统辖。全省警务局内分行政、司法、卫生、消防、工程、户籍、国际、考绩、会计、警学十科。于城外添三分局，另编马巡、步巡、暗巡、消防、工程五队，共警兵一千二百人。惟工程队就原有之工程局归并，余均取之招募。其原拨之精锐一营，于总局成立后，仍归之营务处。又以警材缺乏，咨调北洋毕业人员分充科员、巡官，以资擘画。较之初创，固已稍稍改观矣。三十三年五月改建行省，复加裁减，定为六科。以东西城厢地面较宽，添立第九、第十两局，共为分局十。至十二月，奏设民政司，以全省警务隶之，于是易总办之名为帮办，旋又改为局长，但掌省城内外巡警事宜。经署司使谢汝钦参酌情形，重定规则，将总局职掌并为四科：一、总务，凡机要、文牍、统计、会计、筹备之事隶之。一、行政，凡警察行政及交际、工筑、户籍之事隶之。一、司法，凡预审、检察及审判违警罪之事隶之。局内设公厅。自局长以下，日皆会，散值以时。凡警卫、侦探、消防、卫生各队，悉皆改订。城内外分东、西二局，局分五区。区域职掌，经四载之计划，规模始克大定。其间总办、局长，数经更易，而员弁巡士之增减，规章职务之更变，至是凡五次矣。先是，民间囿于习惯，辄诋巡警为非。自巡官法芬布捕匪首常乐。常乐发枪伤之，冀逃免。法芬布坚不释手，卒就擒伏法。由是匪徒慑息，桴鼓不惊，前此杀人越货之事，至是乃绝无所闻。省城背山面江，别无河渠。离江稍远者，皆凿井而饮。遇有火灾，取水不及，坐视燎原。自立消防队，扑救既具专长，水机又能及远，虽甚炽烈，应手扑灭。他如市廛之嚣秽，道路之崎岖，则卫生工程各队随时为之廓清平治，一改旧观。于是小民咸以为便，至今日亦无有异议者矣。

附巡警总局职掌统系表

<table>
<tr><td colspan="6">民政司</td></tr>
<tr><td colspan="6">巡警总局</td></tr>
<tr><td colspan="6">局长一员</td></tr>
<tr><td colspan="6">提调一员</td></tr>
<tr><td>分局二局官二员
分区十区官八员</td><td>卫生科</td><td colspan="2">司法科</td><td>行政科</td><td>总务科</td></tr>
<tr><td>一等巡官二员
二等巡官八员
三等巡官三员
书记员十员</td><td>科长一员
医务员一员
行走员二员
书记三名</td><td colspan="2">科长一员
行走员二员
书记二名
常役二名</td><td>科长一员
(警视兼充)
户籍员一员
警视员一员
交际员一员
工筑员一员
行走二员
书记三名</td><td>提调兼充
科长一员
机要员一员
文牍员一员
统计员一员
筹备员一员
行走员一员
办公厅额外员一员
绘图员一员
书记六员
差役二名
夫役庖丁等
三十三名</td></tr>
<tr><td>书记生十名
户口生十名
正巡长四十三名
副巡长四十三名
一二三等巡警
八百六十名
备补巡警六十名
夫役一百二十六名</td><td>卫生队</td><td>侦探队</td><td>警卫队</td><td>消防队</td><td>教练所</td></tr>
<tr><td></td><td>队长一员
书目一名
队目一名
卫生兵二十名
除秽夫四十名
车夫马夫伙夫
共二十四名</td><td>侦探正长一员
侦探副长一名
高等侦探四名
一二三等侦兵
共十四名
夫役二名</td><td>队官一员
正巡长一名
副巡长一名
书记一名
巡警二十名
鼓号长一名
鼓号兵六名
夫役四名</td><td>队官一员
队长一名
书记一名
队目六名
队兵五十四名
夫役八名</td><td>督操一员
帮操一员
教习一员
书记一名
堂役二名</td></tr>
<tr><td>备考</td><td colspan="5"></td></tr>
</table>

纪地方巡警

省城既立巡警总局，推而至于各府、厅、州、县，复由城镇而推及于四乡。吉林府地当省会，四乡辖境最广，荒僻村镇，劫掠之案时有所闻，于是斟酌缓急，就西路南山一带首先筹备。光绪三十二年秋，由该处绅董就地筹饷创办巡警。计设总局一、分区二十二、分所四十七，公举精锐左翼统领诚明总理其事。员弁警兵，悉以土著充之。两年以来，颇著成效。是为吉林府西南路乡巡。东北一带尚付阙如，各属所办亦复参错不齐。三十三年九月，重订简章十条，分饬遵办。三十四年四月，由民政司檄吉林府，将未办乡巡各处一律举办。于是设立吉林府四乡巡警总局一、分局五、分区十九、分所二十九，定章筹款，视西路成例而参酌之，是为吉林府四乡巡警。至外属之府、厅、州、县，或地属通衢，注重交涉，或距省窎远，附属边务，或疆界未定，或设治未久，故成立之先后不同，而规划之情形各异。长春者，吉林之门户也。日俄交轨，华洋杂居，国际警察，关系尤巨。故警局总办，特由奉天专派道员以主其事，而以知府为会办，重警务即所以重交涉也。若滨江、珲春、延吉、双城、绥芬暨宾州之阿勒楚喀，类非边境即要冲，皆警务重地。滨江壤地褊少，而逼近江岸，设江防巡警以资捍卫。延吉离省较远，恐鞭长莫及，故其巡警有隶于边务处者，则名边务巡警以别之。警饷一资之于边务经费，与就地筹捐者不同。大通之江北境地划归江省，其巡警区域犹待斠画。蜜山、桦甸甫经设治，尚未谋及，临江设治则正在筹办。他若依兰、新城二府，五常、伊通、宾州、濛江、长领、长寿、敦化、榆树、农安、磐石各厅、州、县，则均已次第组织。其设施之法，大率以总局提其纲，分局理其目，而乡巡则又承接分局之下，期于气脉联贯，秩序井然。上年五月，署司使谢汝钦以各处巡警间有粉饰委靡，既已遴员分路密查，又躬自按行各属，亲加考验布置之，不合法者改正之，员弁警兵之不得力者撤换之。乡巡则檄令统归官办，冀以收效指臂。各属巡警局长，学识不足，权限不明者，往往而有，不能奏功，适以偾事。更订章程，严其考核，以肃政纪。经营审度，要在因时因地而制其宜。唯边僻硗瘠，经费所入，仅商捐、晌捐两项倚为大宗，繁盛之区，勉足支给，贫瘠者无论，已竭蹶以筹，至于今日。愿在事者之始终黾勉，以期日进而有功也。

附地方巡警简明章程

一、划区域。各府、厅、州、县，除城乡应设警局外，按其辖境广狭，分为若干区。每区择冲要村镇，设局一处，统辖各联村之分局。本区各村镇，应以重要者居先，僻远者居后，沿最捷之路线编成号数，如某为第一村，某为第二村之类，造册二分，一送县存案，一存区局。

一、举公吏。凡局董、区长、村长，皆为公吏，由各富户会议，择其家境殷实，人品端正者，公举禀官，谕令充职。城局举正副局董二员，递相驻局，经理城乡册籍公款，并督饬巡官、巡弁办理各事。每区举正副区长二员，各村举正副村长二员，职务均如之。局董、区长、村长，暂定为名誉职，任限期一年。勤能者由会众年终公议，给以津贴，并准公举接充。不职者辞退之，由会众就副员中公举另充，以资熟手。

一、筹的款。凡旧设警局，款项敷用者暂仍其旧，其有应扩充或创设者，应另行筹款。城镇取之铺捐，货捐，不足则就附近农户派捐，各村则按照住户田亩多寡，参酌旧日或邻村筹款章程酌中定制。惟营业资本不满二百元、田不满五十亩者免出警费。凡款项出纳，城内以局董司之，各区以区长司之，各村以村长司之。出款各户，随时有稽察出入账目之权。经理款项者，非会众到局七人以上，不得自行支发。既发以后，详细榜示，按月造册，村报于区，区报于官。

一、定名额。凡府、厅、州、县，按其辖境大小，酌定巡警额数。惟各联村额数，不得少于二十人。充警兵者，必用住居联村以内之人。其旧有练会，一律改为巡警，练长改为巡长，由地方官调齐，检验其是否能任警务，并有无病民情事。谕令殷富绅民投票公举，以定去留。一俟巡警生毕业，再行改派接充。所有巡丁，汰其弱者，补以精壮。

一、兴教育。凡府、厅、州、县皆设巡警传习所一处，派巡警毕业生为讲员。就城区村镇各局巡丁中择其略识文字、能抄课本、能看白话报者，使入堂肄习警察浅理，分班教授。每班以四十人为限，每日授课八小时，限三个月毕业，遣归各局任差。再选其识字者，分班补人听讲，使具警学普通知识。其村镇警局，每日巡查操练以外，皆入局听讲，暂以传习所毕业之巡丁讲授。

一、备枪械。凡旧有练会所备枪械，由官全数查明烙印，仍归本村镇局所借用。其新设局所，应筹款赴省局请领新枪，由该地方官烙印转发。旧设练会有马匹者，亦仍归本局借用。

一、设马巡。旧设村镇巡警，间有自备马匹者，然未能遍置。应由地方官另筹款项，添练马巡。以曾经毕业之学生统之，分驻各区，每区不得少于五十名。按本区各村镇梭巡游弋，使呼应灵捷，追捕得力。满一月后，即互行调入他区，庶可熟悉全境路线要隘。

一、定资格。凡警兵当以在联村内有田产营业，年二十以外、四十以内者充之。无田产营业，而在村内有家室，向守本分者，亦准充当。若并无家室，往来无定，曾附胡匪，并犯有案件，或吸烟嗜赌者，均行屏斥。马巡资格亦如之。惟专就本府、厅、州、县境内之人招募，以便稽查，而不限于一区一村。

一、分权限。各联村警局，平时防守稽查，止限于在会各村。即与他局会哨，其势不能及远。猝有大股贼匪，应由马巡驰告各局及防营，以便协捕，并使全区得以扼要堵塞。马巡未到区者，由地方官指挥监督，既住区者，受区长之指挥监督。到区之时，由官发给巡查证据二纸，各载十五日，每日按照号数梭巡各村，由村长盖到字于证据纸上，回呈区长。每半月送官查核一次。

一、明赏罚。凡缉获盗犯之巡长，除由官给赏外，再由失主村局所备赏款内，按其月薪五分之一提出充赏。如某村搜出有案之窃盗各犯者，该局未能预先查报，由村长扣其巡长月薪五分之一，另储备赏。各联村出有窃盗各案，或在该联村内缉获各犯过三次以上者，应将巡长斥退，由备员中公举接充。其各村镇、各道段出有绑掠各案者，由区长禀官，将马巡巡长斥责，并扣其月薪五分之一，储为赏款。巡丁滋事，区长、村长可随时禀官究惩。

纪巡警学堂及教练所

振兴警务，得人为先。而造就人材，端资教育。吉林地处偏僻，风气未开，创始之初，势不得不借材异地，由省会以推行。各属用人滋多，兴学尤为急务。前将军达桂奏设巡警学堂，择地北山之麓以建校舍。始于光绪三十二年八月，至明年正月落成，逾月而毁于火，又逾三月复其旧。监督其事者，同知李澍恩[1]，而以知县李达春副之。盖二员方从日本学习警务回国也。定规制，订教课，先开简易科以求速成。额定学员

〔1〕　李澍恩（1879—1916年），字季康，江苏无锡人。童年随父来东北，就读吉林府。后留学日本宏文学院。归国后于光绪三十三年（1907年）五月六日出任农安县知县，翌年十月离任。后历任宾州知州和吉林知府等职。

五十名，学生一百六十名。学生由各府、厅、州、县选送，学员由巡警总局选送，分别入堂肄业。学员以六个月为毕业，学生以四个月为毕业。期满考验给凭，交巡警总局试用后，或发回本籍办理巡警，或仍留总局差遣。逾年而学生、学员先后毕业，于时方改设行省，乃别招完全科学员，以二年为毕业。其学生一班仍照简易科章。盖以总局巡警出自招募，本无程度，不得不急求稍受教育者以资任用也。三十四年正月，将警学事宜隶之民政司，复以培植学生为请，添建校舍，加广课程学额，更番招考，分班教授，复令巡警局抽调各分局巡警实行教练。于是先后设立传习所者，如省城、长春两总局暨滨江、伊通、磐山等处，设立巡警学堂者，如宾州、绥芬、农安等处，嗣遵部章，改为高等巡警学堂，所应招高等学生，应以本省举、贡、生员及曾在中学以上毕业者录取肄业。边隅朴陋，苦难其选。爰就原有完全科学生改为高等科，增订课程，展长学期一年，俾臻完全之程度。而堂中之简易科学生，与各属已办之传习所学堂，一律改并教练所，以符功令。维时先后附设者曰监狱科学员一班六十人，司法警察学生一班四十人。凡所以培养人材，裨益警务也。又如审判讲习所、宪政研究所，皆假地本校，聚候补投效诸员，以时研究讲习，已先后考验毕业，以其与警学相涉也，故附及之。

附全省巡警学堂及教练所一览表

名称	地址	开办	职员	司书	夫役	学生	额支	活支	入款
吉林省城高等巡警学堂	德胜门外	光绪三十二年八月	二十八	六	三十二	一百名	九万一千八百四十三吊七百二十文	二万一千五百零一吊三百文	由度支司粮饷处饷捐局分领作正开销
长春府巡警教练所	附总局	光绪三十三年六月	七	六	九	二百名	一万三千零二十九两	二千二百九十六两	由长春府巡警总局支销
滨江厅巡警传习所	附总局	光绪三十四年九月	统由巡警人员分任职务不另设员役开支薪水	一	二	三十名	均支总局底饷	约四十两	由滨江巡警总局内支销

名称	地址	开办	职员	司书	夫役	学生	额支	活支	入款
宾州厅巡警学堂	附总局	光绪三十四年四月	四	二	六	六十四	三百吊	一百吊	由宾州巡警总局支销
绥芬厅巡警学堂	附总局	光绪三十三年十二月	五	六	十六	一百四十二	一万四千零二十七两	四千零五十六吊四百文	由官发商生息款内筹拨六厘经费
伊通州巡警教练所	附总局	光绪三十三年九月起十二月止因筹款维艰现已停办							
农安县巡警学堂	附总局	光绪三十三年八月	四	一	二	四十	七百六十八两	一百两	晌捐
磐石县巡警传习所	附总局	光绪三十三年十月	二	一	一	四十	均支总局底饷	无	由磐石县巡警局支销
备考									

附高等巡警学堂职员统系表

民政司	
高等巡警学堂	
监督一员	
教务提调一员 庶务提调一员	
教练所 教员二员 督操一员 帮操一员	书记官二员 医官一员 教员八员 督操一员 帮操一员

附高等巡警学堂课程表

学年 学科 一学年	二学年	三学年
中国现行法制大要	宪法纲要	地方自治章程
大清违警律	大清违警律	各省谘议局章程
法学通论	政治地理	各种选举章程
警察学	国法学	国际公法
各种警察章程	各种警察章程	国际私法
刑法大意	民法大意	监狱学
行政法	民刑诉讼法大意	户籍法大意
算学	算学	统计学
国文	国文	国文
外国文（日俄）	外国文（日俄）	外国文（日俄）
体操（兵式操）	体操（兵式器械操）	体操（兵式器械操）
备考		

纪官医院

吉林地处边隅，文化较逊，医术一道，求能读古方书者且不可得。从前之慈善事业，有施医局，有引种牛痘局，要皆庸医俗手，滥厕其间，经费不充，规模狭小，犹其余事也。光绪三十四年，始议创设官医院。然建设医院，必先研精医理。于是借三江会馆先立医学研究会，设会长、会员，分科讲习，以六个月为毕业期。选其优者充为官医生，余则核其程度，在六十分以上者给予文凭，准其为人诊治。附中医施诊所于研究会内。嗣假木植公司旧舍，设西医院，旋即勘定充公之三义庙基地，适当医院之用，兴工建造。凡诊察、养病、候诊各室，遵照部章，参酌西式，务以有益卫生为主。一俟落成，即并中西两院为一。向之牛痘、施医等局一律归并，仍以研究所附入其中，俾研究学理与考察诊治，得以随时印证，为互相表里之用。其常年经费，关于中医一部者，约需中钱六万余吊，关于西医者半之，皆由度支司协拨，统名之曰吉林官医院。

附官医院章程

一、本院遵照民政部官医院章程，兼设中医、西医及引种牛痘事宜，以研究生理之奥义，发明卫生之方法，务使广济贫乏，保护健康为宗旨。

一、本院房屋设中医诊察室一、西医诊察室一、种牛痘室一、治目室一、养病室一、癫痫病室一、传染病室一、中医男女候诊室各一、西医男女候诊室各一、中西医挂号室各一、悉遵部章办理。

一、每日开诊时刻，夏秋以早七钟起至下午三钟止，冬春以早八钟起至下午二钟止。如有危急病证，随时诊治，不限时刻。星期停诊一日，急症不在此例。

一、来院就诊者，先至挂号处报明男女、姓名、年岁、住址，登列号簿，并注明笺上，将笺交付病人执付诊察室就诊。

一、来院就诊者，笺分二种。凡急病须先诊者给绿笺，寻常病给红笺，至候诊室坐候诊治。

一、官医诊病，各立方脉联单簿一本。簿内前半为存根，后半为发给病人药方。开单时，先书病人男女、姓名、年岁、住址，次病状，次脉象，次主治，次方药，由书记生照录于存根上，然后发给病人。

一、留院养病者，须纳饮食、油烛费。上等每日纳银元六角，次等三角。

一、留院养病者，如传染病及危急症候，须将病状难治、愈否不可逆料情形，详细告其家属，令立愿书一纸，以防后患。

一、留院养病者，病愈后须由官医许可，方准出院。出院时令其于原立愿书内注明某年月日病愈出院字样。

一、官医出诊，不得在施诊时刻之内。如有急症，或竟不能抬至医院者，准其报明病由，通融办理。小孩过幼不能来院种痘者，须先一日挂号，次日约定时刻前往。

一、官医出诊，概不收受医金，惟由病家酌送车费，贫者一律免给。

一、院中无论中西药品，由病人备价请领。如实系贫乏，发给免费凭单一纸，准其免缴。

一、每年夏季，配合痧药，施送贫乏。

一、每月所治病症，已愈、未愈、留院、出院人数姓名，开单呈报督、抚查核。

附医学研究会章程

一、吉省医学，向未讲求。城厢内外悬牌行医约三百余人，其明解者固不乏人，而庸妄之辈，亦居多数。现在医学堂尚未筹立，用先设会研究，期于切磋琢磨，研精医理，并为将来设立学堂之基础。

一、本会附设于官医院内，俾研究医理与考察诊治，得以随时印证，为互相表里之用。

一、本会设研究学员六员，分六星期为六科：曰伤寒，曰瘟病，曰妇科，曰小儿科，曰外科，曰西医科。每日一员轮流到会，宣讲研究。

一、研究生无定额，有愿入会研究者，赴官医院庶务处报名列册，逐日到会听研究员宣讲医理。各生如有心得或须讨论之处，尽不妨开具节略，交由研究员发为问题，以便研究。

一、凡医院内遇有疑难杂症，由监诊员报告研究会，宣布各生共相探讨，各作证治论一篇，借觇学识，以佐诊治。

一、每日研究时间，以早十钟起至下午二钟止，立考勤簿，到者应亲自书到，星期休息一日。

一、研究各生，由研究员立成绩表，一月一纸，按月送交官医院，由院长会同监诊员校阅。

一、研究生以一年为毕业，届时举行考试，如列优等者，由民政司给予文凭。

附官医院医学研究会成绩表

研究科			施诊所			种痘	
科目	人数	卒业	病名	人数		月别	人数
伤寒科	三十二	十五	伤寒	男	一千二百八十	正月	一百一十二
				女	三百四十五	二月	一百八十一
瘟症科	三十	十二	瘟症	男	七百八十二	闰二月	四百七十八
				女	六百二十	三月	一千二百零七
妇科	三十	十	妇科		二百七十一	四月	
						五月	
儿科	三十	八	儿科	男	一百一十七	六月	
				女	二百二十	七月	

研究科			施诊所			种痘	
科目	人数	卒业	病名	人数		月别	人数
疡科	三十	六	疡科	男	七十四	八月 九月	
				女	二十六		
卫生科	三十	十	杂症	男	一百一十七	十月 十一月	
				女	六十五		
合计六科	一百八十二	六十一	合计	男	二千三百七十	十二月	
				女	一千五百四十七		
备考							

疆理篇

一国之于疆理，有广狭二义：为国家统治权之所管辖者，则广义之疆理是，为地方行政区之所分配者，则狭义之疆理是。国家成立之要素三，而土地居其一。凡国界之分划，动起国际之交涉，其实则仍视国内之抚有土地者，是否确定为行政之区域，能否实行其统治之主权，以为规定之据。则以广义论之，虽关系于外交政策，而衡势度理，固不能越民治之范围也。吉林全境，北接龙江，南辅辽沈，东至库页岛，跨海外数千里，东北至赫哲、费雅喀部落，延袤三千余里，重关巨扃，捍卫天府，为东北第一雄镇。初隶奉天府，州、县则有永吉、长宁、泰宁，乾隆时改设吉林、伯都讷二厅，嘉庆初，增设长春厅，是为民官区域。而阿勒楚喀、宁古塔、三姓、珲春四城，则专为旗署区域，无民官。咸丰庚申疆约，再定乌苏里江以东至库页咸为俄有，疆理日蹙。光绪初，将军铭安始议增郡县，稍稍分划区畛，而地旷人稀，荒漠无垠，殊鲜依据，兼以东南接壤韩俄，流民越界私垦，统治之权，驯为外人所攘，自改行省，再增民官。其关于国界者，以蜜山喀亦那玛拉之各字界碑、延吉之图们江分界，二者最为重要。次如绥芬、濛江、依兰所属韩俄越垦之地，卒卒未及清理。其与省界相关者，则大通之与江省五站之地，濛江之于头二道江，均屡次派员查勘始定。至新设之蜜山、濛江、桦甸、长岭与改设之方正，区域分配，亦厘然各当。比复奏请改设府、厅、州、县十二处，凡府六、直隶州一、直隶厅一、分防厅一、县三。如延吉、宾州、双城、五常、绥芬、临江，五厅一州改为府治，伊通州改为直隶州，榆树县改为直隶厅，滨江厅改为分防同知，和龙峪、穆林河、富克锦均改为县治。新设治者七处，凡厅二、州一、县四。如珲城设珲春厅，宁古塔东设东宁厅，乌苏里江附近设绥远州，汪清河沿岸设汪清县，额穆索站设额穆县，桦皮川设桦川县，兴凯湖东设临湖县。其管辖区域又须重为勘划，必使官之行政，民之受治，两有便利，庶几异日永无窒碍。署民政使谢汝钦以测绘舆图为请，适奉、吉两省陆军测绘学生届毕业之期，将分班出发，实地测量。先从吉林入手，爰派员附入军队，将关涉民事地理者精审调查，分缮表折，以为设官定界之稽考。即筹备宪政，凡自治之区域，选举之名额，赋税之计算，实业之兴举，亦必视地域广狭为设施之本。矧强邻内逼，虎视鹰瞵，每于壤畴交错之处，别立异名，思图侵割，稍不措意，即中诡谋。守土之臣，责任在是，无行政之区域，非国家统治权之所及，亦断无名为统治权之所及而非行政区域也。使嘉庆后即复雍正之制，举全境而郡邑之，则乌苏里江以东皆为民治区域，何致视为瓯脱，一弃数千里乎。咸丰中将军景纶之奏曰，我边空虚无人，俄遂筑室垦荒。得失之原，可以推矣。

营缮篇

曩昔吉省工政，凡城垣、桥梁、道路、沟渠、监狱，以及官中一切建筑，悉隶于将军所属之工司。然而职守颓废，仅仅以岁修衙署报销款目为事。自改建行省，设民政司，遂汰工司改隶民政，设营缮一科，派专门毕业者为科员，经营兴作，虽未能美善俱尽，亦稍稍称完备矣。撮其大者，如万寿宫、文庙、公署、各司道衙署、学堂、警局、营房、医院、农场、工场、祠庙、公园、监狱、习艺所以及马路、沟渠，或已竣工，或方建筑。建筑之先，例由司署营缮科派员勘定。凡建造之合法与否，经费之核实与否，必再三详审，以妨碍卫生，虚糜公帑为大戒。故工料坚实而用款特简，职务所在，莫敢忽也。顾犹有至要之工，非经年累月不能奏功，非一省财力所能担任者，则莫如疏浚松花江一事。松花江纵横数千里，水产丰饶而浅滩极多。苟能设法疏浚，利便无穷，固不独扩充邮船，有益航政已也。时会艰难，未敢率举大役，储实力以待时机，固不能无奢望也。

纪各项工程

吉林建筑工程之大而要者凡四：一曰文庙。旧制狭隘，芜秽不治。既无以致崇极于先圣，矧奉明诏，升为大祀，因陋就简，于礼匪宜。诹吉鸠工，一凡门坊、殿庭、斋庑、堂舍，悉遵定制，巍然焕然。怀泮水之好音，肃陪都之祀事。万世师表，此其仰瞻。一曰谘议局。朝廷筹备宪政，以庶政公诸舆论。谘议局之设，自不容缓。东西议院之制，无不崇宏巨丽，取为柯则，用垂模范。一曰行政官署。吉林自改行省，旧有衙署不敷于用，乃建行省公署，以为总汇政事之所。余如提法，交涉、民政、提学、度支五司，劝业道等，任务綦重，文书重叠，既属分司而治，即应列署而居。一曰学堂、警局。吉林风气初开。兴学为亟。如法政、巡警、师范、方言以及中小各学堂，或属专门，或属普通，均陆续建设。而警察总局、分局，计十余所，旧假寺庙、官房，葺而新之，渐图改作。四者之外，有若万寿宫、兵备处、军械库、果子楼、旗务处、公园、道路、沟渠、祠庙、监狱、盐仓、官运局、商务局、贫民习艺所以及长春常备军营房，或改修，或创建，求以备典礼、裨国计、利民生而已。帑藏支绌，民力雕敝。斟酌缓急，力戒铺张，缔造经营，仅乃得此。故纪其大略，而附一览表于后。

附各项工程一览表

类别／名称	地址	何项工程	经费	开工	竣工	监修员名	勘估员名	验收员名
吉林行省公署	江沿粮米行	创修	地价中钱十四万九千七百三十二吊工料吉平银十二万两又加前面木码头一座工料中钱七万二千四百吊	光绪三十四年六月	未	原监修陈瑛监工王洪鋆现监修郑冀昌夏职忠	陈瑛	
民政司衙署	城内通天街	添修	工料中钱一万三千四百三十四吊续修工程□□止款不在其内	光绪三十四年二月	光绪三十四年七月	本署	本署	钟穆生
昭忠祠	德胜门外德胜街	建修	地价中钱六千吊工料中钱三万吊	光绪三十四年　月	未	麻文玺赓臣	麻文玺	

类别 名称	地址	何项工程	经费	开工	竣工	监修员名	勘估员名	验收员名
军械库	东门外莲花泡	改修	工料中钱三千七百六十八吊八百五十文	光绪三十四年六月	光绪三十四年七月	袁继善	原勘估王祖武覆勘估麻文玺	杨世清
护城壕	省城东西北三面	修浚	工料中钱一万七千九百吊十五元一角二分	光绪三十四年五月	光绪三十四年五月	麻文玺	华兴公司	
北山下水沟	德胜门外	修浚	工料中钱三千二百五十吊	光绪三十四年九月	光绪三十四年九月	麻文玺吴季贤	麻文玺吴季贤	
马路	城内	创修	工料中钱九十七八万吊左右	现已设局开办	未	坐□办叶曦赞助员张鹏谭鸿佑	原勘估张鸿谭鸿佑覆勘董成周崔戟荣	
贫民习艺所	巴尔虎门外青莲寺北	创修	工料中钱十一万吊左右	正在筹办	未		叶曦	
万寿宫	西关外	添修	工料中钱二万五千六百零五吊	正在筹办	未		叶曦	
商务局	东关外	勘估	工料地价估值中钱三万一千二百吊	未			叶曦	
公园	江南岸	创修	工料中钱一十一万九千六百一十五吊二百四十八文	光绪三十四年六月	光绪三十四年十二月	陈继鹏刘秉墳戴述之李硕辅	三义合同□□	赵桐恩
果子楼	江沿二道码头	改修	工料中钱一万二千五百四十四吊二百文又冰窖工料一千一百八十五吊	光绪三十四年十月	光绪三十四年十月	双和	魁喜叶曦祥麟	叶曦成玉
巡警学堂	德胜门外	添修	工料中钱一万零九百零九吊二百文	光绪三十四年四月	光绪三十四年六月	本学堂	本学堂	叶曦
第三两等小学堂	西关外	添修	工料中钱五千八百吊	光绪三十四年八月	光绪三十四年九月	本学堂	本学堂	赵桐恩

类别 名称	地址	何项工程	经费	开工	竣工	监修员名	勘估员名	验收员名
第四两等小学堂	北关内	创修	工料中钱三万八千三百四十吊	光绪三十四年六月	光绪三十四年十一月	本学堂	赵桐恩 麻文玺	赵桐恩
第五两等小学堂	城内北大街	添修	工料中钱八千七百吊	光绪三十四年四月	光绪三十四年五月	本学堂	本学堂	叶曦
法政学堂	德胜门外	创修	工料中钱十七万八千八百四十八吊二百五十文	光绪三十四年七月	光绪三十四年九月	陈瑛 赵崇信 梅文昭	李达春	叶曦
师范学堂	城内学院后胡同	改修	工料中钱一万七千一百二十六吊	光绪三十四年六月	光绪三十四年七月	本学堂	麻文玺	叶曦
蒙文中学堂	城内虫王庙	改修	工料中钱一万三千五百吊		光绪三十四年九月	本学堂	本学尝 麻文玺	叶曦
□□学堂	官书	添修	工料九千七百余吊	光绪三十四年	光绪三十四年十月	本学堂	本学堂	赵桐恩
旗务处	吉林府胡同	改修	工料中钱二万二千四百六十六吊二百七十文	光绪三十四年正月	光绪三十四年十月	本处	本处	赵桐恩
官运局	城内翠花胡同	改修	工料中钱一万七千七百九十六吊	光绪三十四年四月	光绪三十四年十一月	本局	本局	叶曦
备考								

纪修筑马路

吾国路政不修，积已久矣。比者，都会之区，渐筑马路。吉林土地广袤，物产丰饶，工商之业，未见发达，运输之法，亦鲜讲求。省城为内政总汇之地，观瞻所系者既重，又际开办商埠之时，主权所系者尤大。唯是街道湫溢，夙未整理，自创设巡警以来，虽已分定区段，力除积秽，添填沙石，稍利遄行，而款绌工简，于事无补，夏雨则泥泞没踝，冬寒则冰雪坚凝。迭经派员测量勘估，有以仿俄、德建造木路为请者，需款至巨。若仍仿吉省从前木路之制，则木板参差，易于损坏，不能持久。讨论再三，乃定议依京、津、奉天各处路工作法，纯以碎石填平，再用压地机压之，作明沟、暗沟以疏水道，敷设轻便铁道以运输木石料件。计应修地段实长四千七百余丈，需用吉市钱九十七万余吊。商会认捐十万吊，官中拨巡警局一年车捐六万吊，及营业税内之一成巡警费约六万吊助之。其不敷尚多，由公家列筹补助。长春为东三省中央扼要之区，处东清、南满二路之交，即当日俄两国交涉之冲，东三省公署行将改建于斯。近者日人在头道沟经营车站，不遗余力，复在该处代俄人建造票房，以期日俄东清、南满二路互相联络。复于头道沟车站修筑马路，屡图推展，直达长春北门。虽地方官吏力为辩论，相持几及一载，然非先事防维，实行抵制，终不足杜其狡谋。于是自头道沟桥南起，纡道北门，再达南门，分修石道、土道各一，庶以便行人，利运输，而日人所修头道沟一段马路不至浸渐延长。俟此段工竣，再分段修筑城内外之街道。他日吉长铁路告成，联成一气，内政外交，胥是赖焉，固不独有裨警政已也。

纪疏通沟渠

沟渠与路政为表里，而于卫生行政上尤有密切关系。吉林省垣沟渠，如东南北三面城濠，年久淤塞，泥秽填积。向曾委员监视修浚，并作暗沟以宽容水之量，而利宣泄之机。于光绪三十四年五月兴工，十一月竣事。又德胜门外兵备处暨法政学堂一带，地势洼下，全赖有城沟直达莲花泡水沟一道以泄北山之水，而城沟淤塞，每逢夏雨时行，春冰澌泮，是处即成泽国。前饬民政司派员勘估，设法挑挖，于三十四年九月兴工，十月竣事。城内各街道衢巷，亦芜秽充塞，每当雨后，积潦尤甚。今者马路已将开工，曾派测绘毕业生分班实测路沟二者水平线之高下，其相差之率有逾五六尺者。拟于路之高者则削而平之，而沟则务使之深，于地之洼者则培而高之，而沟则祗求其通，庶几水有所归，民生路政，一举而两受其益欤。

民治篇

江省僻在边陲，遐荒茫昧，烟户畸零，部落散处，民且无多，何有于治。是以生计萧条，民智不开，民志未定，选举调查，举不识为何事。今鞭辟孟晋，使其组织社会，保持公安，而民反苦其扰。非提倡之不力也，知识浅薄，习惯锢蔽，非一朝夕之故，其由来者久矣。然时会递变，昔为荒朴之野，今为竞争之场。自龙江沿岸，俄人壹意经营，汽车所指，直贯省会。人方骎骎焉以实行其殖民之谋，而起视我民，沁沁伣伣，浑噩自安。民无自治之能力，斯官治亦有时而穷。故江省民治虽较内地为难，而不能不大声疾呼，以冀吾民之警悟者，固为对外之情势迫之使然也。今欲因其习惯而针砭之，则必先究其历来之状况。盖以重迷信则生齿不繁，多逃亡则户籍不增，习骑射、治游牧则生计凋敝。而且气候冱寒，营作不常，行旅艰阻，交通不便，固由于风俗之疲敝，实中于教养之无方。世昌上念国计，下顾时艰，可以利民利者罔不黾勉图之，而尤以培养开通，始于治民，终于民之自为治为根本至计。与巡抚暨民政司日夕讨论，剖别条理，以次进行。因先以整理官吏，毋令扰民，为清源之计划。嗣乃徇绅士之请，设立地方自治研究所，为开通知识之起点。清查户口，为各项行政之根据。裁保甲乡勇而巡警立，禁吏役骚扰而民气舒。奏设禁烟公所，起多年之锢疾。缩短种烟年限，增嘉谷于大田。凡此诸端，皆遵依筹备宪政条目，切实举行。虽不尽赖于民治，然两年以来，民情鼓荡，似已知官与民有互相维系之道，民与民亦有共尽义务之理，用是官绅交勉，有相济无相猜。比者谘议局成立，所选议员，亦知时会大难，民为邦本，不可无自立之道。自兹以往，去依赖之性质，奋独立之精神，救灾恤邻，兴利除弊，毋惜财力，毋辞困瘁，毋囿习惯，毋害公德，安边强国之方，必基于此。而尤要者则在奖励招民，力谋生聚，务化广漠而为田庐，乃可言治。嘉庆中，尚书那彦成[1]勘事是邦，即上言，江省土脉深厚，宜令汉人耕种。使用其说，嫩江、黑水之域早有闾里栉比之雄，抚斯土者何患贫寡。补牢顾犬，今犹未晚。汉徙楚族以富关中，明戍吴民以开滇海。有人有土，自治斯立。此则朝廷推行民政之本意，而世昌苦心调剂，办理民治之大愿也。

---

〔1〕 那彦成（1763—1833年），章佳氏，字韶九，一字东甫，号绎堂，满洲正白旗人，大学士阿桂孙，清朝大臣。曾任工部尚书、礼部尚书、陕甘总督、直隶总督、理藩院尚书、吏部尚书、刑部尚书等职。

附奏陈九年筹备事宜第一年期成绩折

奏为九年筹备事宜，谨将第一年期成绩遵章具报，恭折仰祈圣鉴事。窃准宪政编查馆王大臣咨开，光绪三十四年十二月二十一日钦奉谕旨，宪政编查馆会奏，遵设专科，考核议院未开以前逐年筹备事宜。酌拟章程折单各一件，著依议。钦此。等因。查原奏考核专科章程内载，九年筹备事宜，责成内外臣工每届六个月，将筹办成绩胪列奏闻，并咨报宪政编查馆查核。应自光绪三十四年八月至十二月止为第一届，以后每年六月底暨十二月底各为一届，限每年二月内及八月内各具奏咨报一次等语。现届本年二月，应行奏报第一年期成绩。谨将江省所已筹办者胪举大要，敬为我皇上陈之。查江省谘议局筹办处于上年九月遵章设立，遴派本省官绅预备选举事宜，业经奏明在案。惟是选举之要，视人民程度以为准。江省向系驻兵防守之地，军事为多，民政较少，与内地情形不同。旧有兵丁隶属各城者，大率相尚以武功，而未遑文事。其在天资聪颖之士，不过娴熟弓马，谙习清文。求其兼通汉文、晓解政法者，殆不多睹。至本省土著部落，如索伦、打虎尔[1]、巴尔虎、鄂鲁特，种类不一，各以游猎为生，浑噩自安，俗犹太古。其库玛尔托河等路鄂伦春，又复山居野处，语言嗜好，迥异平民。又如杜尔伯特、扎赉特、郭尔罗斯后旗各地，新知未启，故见自封，化除尤为非易。至省城及东荒一带，为全境开辟最早之区。从前关内垦户负耒东来，不过村、野农民相望耕凿。近日创设学堂，苦心教育，文化虽已渐兴，民智终难骤进。且选举之事，既非旧日见闻所已经，尤苦新布章程之繁密。谆谆告语，半属茫然。加以江省地面寥阔，各处界址年久未曾勘分。嗣于村落稠密扼要处所添设民官，往往彼此经界轇轕，一时未尽厘正。兼以裁并屯站之地改隶各城，远近纵横，正待分晰。是江省选举一事，匪惟选举资格不易得相当之人，即选举区域且未有确定之地。祗以事关宪政，未容置作缓图。经臣等迭次督率该处总理赶紧筹办。旋派熟悉宪政人员为该处顾问员，筹商一切事宜。当将本省各属应行筹备各事，体察情形，酌定办事期限表，并调查选举各细则，通行各属，克期举办。又恐各属初、复选举区办理未能依限完竣，复就本省通晓法政各员绅，派为各属司选员，帮同各复选举监督，次第筹办，并于司选员未赴各属之先，将各项选举章程及调查方法详加研究，免致解释参差，办理歧误。迭经各该员

〔1〕 打虎尔，即达斡尔族。

分赴各属，会集绅董分头调查，由臣等严饬，定于本年闰二月初十日以前，各将初选举人名册一律送省汇核，以为分配各属议员名额之根据。其区域之未晰者，均经随时酌定，电饬遵办。至选举日期，仍参酌定章，以次推算。定于五月初一日一律举行初选举事务，七月初一日举行复选举事务。各初、复选举监督，倘有故意玩延，致误以上期限者，届时分别酌予处分，以示惩警。至上年新设民官，各地方旧属旗员管辖者，于未派委民官之先，所有该管初、复选举事务，均由该管长官分别照章办理，不得或有遗漏，亦不得稍涉纷歧。务令朴僿之人民，各具政治之思想，庶仰副朝廷注重宪政、与民更始之至意。除分咨查照，并将本年应行筹备各级审判厅清理财政暨地方自治各属巡警等项事宜陆续另行具奏外，所有江省遵章筹办第一年期成绩缘由，理合恭折具陈，伏乞皇上圣鉴训示。谨奏。宣统元年闰二月二十五日奉朱批，该衙门知道。钦此。

附奏续陈第二年筹备宪政大概情形折

奏为续陈第二年筹备宪政大概情形，恭折仰祈圣鉴事。窃查黑龙江省第一届筹办谘议局选举各成绩，业于本年二月间专折奏陈，并声明本年应行筹备各级审判厅清理财政暨地方自治各属巡警等项事宜，陆续另行具奏等语。嗣复在省城设立清理财政局，饬派专员照章清理，亦经具折奏明在案。其余应办各事，亟应分别筹备，次第进行，以冀急起直追，光辅盛治。谨为我皇上约略陈之。伏查江省民风朴僿，讼事本稀，旧有刑司，颛典判决。自近年改设行省，析置民官，理刑之事日增，弼教之用弥亟。光绪三十二年，曾奏请将刑司改设裁判处。现在法律更新，尤宜遵章预筹改办。其原有裁判处拟改设高等审判厅，附设高等检察厅，并于审判厅内设司法传习所，购储图籍，选在省人员之明通者入所研究，以备养成审判人才。至地方审判厅，则就龙江府及绥化、呼兰两府人民繁庶之区先行开办，以树风声。其爱珲、呼伦两处，开埠尚未实行，民刑之事较少，暂由新设两厅审判员办理，以归简易。自余新设治各处，亦经奏明，裁去经历、巡检，另设佐治员。将来派员专司审判，即为开厅之基础。现已饬司拟定章程，限期举办。此筹办各级审判厅之大概情形也。自治机关原以辅官治之不逮。江省地方辽阔，人民均四远而来，村落零星，全资守望之助。客民杂处，宜有联络之方。纠合同群，共谋公益，较之内地尤为难缓之图。惟是自治法理极为纷繁，研索未精，转滋流弊。省城原有研究总会，徒张空名，殊乏实际。现已更定规制，严立范围，改为自治研究所，以符部章。一面饬各属遴选士绅，来省研究，借资传习。至于自治之实施，尤在户口之明确。江省各属人户总数，上年据民政司汇转，已经查有端倪，现仍饬属查照民政部新定章程详细调查，期得编氓确数，不准似向来虚填户数，视为具文，以为一切行政之根据。此筹办地方自治及调查人户总数之大概情形也。江省巡警事宜，原隶于民政司。比年各属创办警务，费皆就地自筹。祗以人习故常，动生梗阻。迭经州、饬属多方劝导，布置经营，省会之地，自城市以及乡镇，业经次第成立，其外属府、厅、州、县，亦皆一律举办，可望渐次扩充。惟施行警政，必先讲明警学。若以未经教育之人滥竽巡弁，恐以卫民之事转致扰民。现于省城设立高等警察学堂，选各属之秀良者肄业其中，以为将来警弁之储备，并饬各属酌设巡警教练所，以冀警学普及，至于新设民官各处，一俟派员后再行体察情形，设法推广。此又筹备地方巡警之大概情形也。至颁布资政院选举，创设厅、州、县简易识字学塾，均俟颁到定章课本，再行分别筹办。臣维筹备宪政，事关全局，江省虽处边荒，程度逊于内地，然办理必须一致，成功或免后时。惟有淬砺精神，督饬所司，认真举办。务求推行之实效，不事粉饰之虚文，庶仰副圣主发奋图强之至意。除俟届限再将成绩奏报外，所有江省第二年先期筹备各情形，理合恭折具陈，伏乞皇上圣鉴训示。谨奏。宣统元年三月二十六日，奉朱批，该衙门知道。钦此。

纪整饬吏治

江省吏治，积弊最深。书吏之蒙蔽，门丁之把持，差役之勾串，丛奸薮恶，莫可究诘。欲扫除而廓清之，非仅恃颁发文诰，虚拟章程，遂可转移风气也。既设行省，尽变军府之制。州、县以下设佐治员暨司书各职，以杜门役吏胥之夙弊。此外凡有累于民而无益于行政者，概从裁汰。而官吏之措置及所以养其廉者，类举其事，约有数端：一曰裁改兵役。江省民官无多，衙署差役略同内地之制。民壮、捕快、皂役名曰三班，班之中有头役，有正役，有三班总头，以统率各役。又有卯册无名之白役，附于各役之下为其爪牙，毒逋乡里。既已首饬划除。警察成立，行政、司法，胥有专司。复裁民壮捕役，其有名无实之捕盗营亦一律裁并。迨本年续定设治章程成，则并皂役去之。一曰裁陋规。从前有司借口差徭，肆意苛敛，差役又从而扰之。巫医铁木各工，靡不责之供应，甚且发之谕帖，按户征收。市肆则敛银钱，乡户则取菽麦，岁有常期，期有定数，征求逋索，一如正供，名目繁琐，未可枚举，总曰陋规而已。严饬禁革，违者罪之。一曰考验事绩。先于省城设调查局，以调查礼俗为宗旨，而附以冠、婚、丧、祭四类。凡丁口之衰旺，民情之从违，地方之广狭，习俗之奢俭，银物之价值，商务之盈虚，借以略觇梗概。次则考核事实，若学堂、巡警、催租、诉讼等项，汇编一册，年终呈送，按其事实，课其殿最，分别劝惩。一曰匀定公费。昔之军属，本系按官给俸，计丁授饷。自设民官，辄以税务畀之，取其盈余，以助行政。今既革陋规，提盈余，而地方凋敝，物价腾贵，势难令其枵腹从公。且廉俭美德，亦未可责之庸常。爰按其地之繁简，酌定公费，俾敷赡用。有敢分外苛索民资者，以贪婪论。以上数端，第举大旨，而江省吏治，幡然一变矣。夫吏治者，民治之先导也。官府若汲汲焉以徇托为事，则民间方救死不赡，奚暇以言自治哉。故言民治，必先整饬吏治，庶民气可伸，民情可达，而官与民乃能联络一气，共勉进行，所系亦甚巨也。

附奏覆陈匀定公费折

奏为遵旨覆陈，恭折仰祈圣鉴事。窃承准军机大臣字寄光绪三十四年五月三十日奉上谕，有人奏请匀定州、县公费，以期久任而饬吏治一折，着各省督、抚体察本省情形，分别妥筹，奏明办理，原折着抄给阅看。钦此。遵旨寄信前来，具仰朝廷重禄劝士整饬官方之意。臣等伏查我朝定鼎之初，百官俸禄悉仍旧制，继以例定俸入太微，于各直省文官，岁给薪菜、烛炭、心红、纸张、案衣、家具、修宅银各有差，是为外省官吏公费之缘起。雍正间，复令各省将州、县火耗[1]一项严行裁汰，酌留耗羡，拨给督、抚以至正杂各官，借资养廉，着为定额，是为匀定外省官吏缺分之缘起。仰见列圣宏谟，固无时不以重官禄、恤民艰为急务也。惟内地各省治理日繁，要需日夥。额定廉俸，仍苦不敷其必需之费用，不能不取求于地方。州、县官吏遂或借种种陋规为弥补之计，其取予大权，既非公家所自操，弊害所极，诚有如原奏所称，疆吏而贤已不胜调停委曲之烦，疆吏而不贤，则钻营奔竞，瞻徇贿赂之弊，罔不由此而生者。迩年江省新设民官，力矫斯弊。光绪三十一年奏定本省设治章程，所有新设道、府同通州、县正杂各缺，均参照吉、奉、新疆等省，酌定廉俸银各有差。此外承办处员司薪公及衙署人役工食，亦均分别酌定，并请俟整顿各项捐税，倘有赢余，再议酌加津贴。至初年设治，先行酌定办公经费由荒价税契项下开支，一俟照章支给廉俸时，即行停止。迭经先后奏准通行在案。嗣于光绪三十二年因设治一年期满，正拟照章支给廉俸，适奉厘定外省官制之

〔1〕　火耗，亦称“耗羡”。明、清政府借口弥补所征赋税银两熔铸折耗加征的税额。明中叶推行一条鞭法后，田赋征银渐多，州、县以所征零碎银两，照户部规定成色熔化成块上交，须弥补折耗，在征田赋时另征火耗。

谕。彼时因官制既有更张，廉俸亦应统核，又经续请，仍照初年设治公费开支，俟厘定官制章程奏准颁发，再行钦遵办理等情。亦复奏奉允准施行各在案。臣等查江省道、府、厅、县各官，当日奏定办公经费，本因官秩阶级，地方繁简，酌中拟定。其陋规业已早经严禁，其款目俱由正款开支，覆与原奏所称酌定公费，俾为州、县者祇知有国家颁给之公费，不复知有本缺相沿之陋规等语，适相符合。惟江省比年百物奇昂，原定地方各官公费，因边荒款绌，定数太微，未能垂为定则。臣等于本年五月奏请添设本省各缺。钦奉朱批，会议政务处议奏。钦此。拟俟议覆到江，再由臣等统计本省财政，一律另定养廉，请旨著为定章。其地方各官，如敢收受陋规，自当经臣等随时严加参劾。其恪守官常者，尤应各令久任，俾于人地相宜。总期禄糈足赡其身家，边吏皆勉为廉介，庶仰副朝廷励精图治之至意。所有遵旨覆陈缘由，理合恭折具奏，伏乞皇太后、皇上圣鉴，谨奏。光绪三十四年七月二十一日奉朱批，知道了。钦此。

纪地方自治

自治云者，受国家之委任命令而组织公共团体，于一定范围之内可以自由行动者也。吾国旧有地方制度，大要在城市曰保甲，在乡野曰团练。各有董事、团首、坊保、甲长、牌首，以为地方行政之补助，而通筹其所管区域之全局，隐合周官比閭族党之制。然枢机虽在，而运用不灵，以致上下相睽，内外隔阂。朝廷病之，乃有举办地方自治之命，所以播民利，维邦本。黑龙江僻居边鄙，地广人稀。旗营旧制，别置台站等官。地方行政简单，民气壅塞，尤甚于内地。俗习顽梗，开化难期，民户零星，联络不易。经营规划，颇费踌躕。光绪三十三年，绅士淩瑞等请设地方自治研究会，条理井然，即通饬各属筹款仿行。又以北洋举办在先，成效昭著，爰咨取章程，以资柯则。两年以来，黾勉有成。努力进行，望诸来哲。

纪户籍

户籍者，国家行政之大端，亦民事之要领也。方今预备立宪，凡选举议员、普及教育、整理租税、征集民兵等事，无不以户籍为根本。若户籍登记之法不能实行，则一切设施，必多捍格。从前各直省办理保甲，填写门牌，率多奉行故事。光绪三十三年，民政部颁发调查户口表式，遵照檄饬各属，逐一清查。旋据呈到户口表，计全省二十一万三千零九十户，综一百四十五万五千六百五十七名口，另行填表咨部，并造清册存于该管官厅。惟江省地处东陲，向为八旗驻防之所。满、蒙、汉军而外尚有索伦、达呼尔、巴尔虎、鄂伦春诸种族，内地人民居此者盖寡。庚子而后，开放东荒。燕赵齐鲁之民负耒而至，各省商贾亦辐辏来集，于是地日以辟，民日以聚，繁庶之象渐异曩时。清查之初，一切登记之法未能精密，今复准部咨，于光绪三十四年十二月奏颁调查户口章程并表式等件，事体繁重，非旦夕所能告竣。定限调查户数以第三年为报齐之期，调查口数以第五年为报齐之期。兹仅将上年咨部户口总表列于后，借以志其梗概。

附全省户口表

府厅州县	户数	丁	口	总计	学童	教徒
省城正黄白红蓝厢黄白红蓝旗	八百一十四户	男大二千一百二十四小九百三十八丁	女大一千九百六十一小八百五十口	五千八百七十三丁口	三名	
黑水厅	三千六百六十七户	男大一万一千三百四十九小二千三百二十七丁	女大四千八百三十三小二千二百零九口	二万零七百一十八丁口	二百一十名	
大赉厅	二千七百零九户	男大八千九百九十五小三千七百九十八丁	女大七千五百零七小二千九百三十二口	二万三千二百三十二丁口		
肇州厅	五千三百七十三户	男大一万二千六百五十一小四千一百七十六丁	女大七千二百八十三小四千三百二十三口	二万八千四百三十三丁口	三百八十名	九十名
安达厅	一百二十七户	男大三百九十五小一百五十六丁	女大一百九十五小一百七十口	九百一十六丁口		

府厅州县	户数	丁	口	总计	学童	教徒
绥化府	二万五千七百六十七户	男 大七万八千四百四十四 小三万九千二百七十四丁	女 大四万八千六百二十二 小二万二千二百六十三口	十九万八千六百零三丁口	二千六百名	二百二十二名
余庆县	一万四千七百四十二户	男 大三万七千一百六十五 小二万一千七百一十六丁	女 大二万四千八百七十三 小二万二千零十八口	十万零五千七百七十二丁口	三百四十六名	一百二十三名
呼兰府	二万九千八百零三户	男 大七万零八百四十九 小四万零三百四十一丁	女 大五万零七百六十七 小四万零七百一十七口	二十万零二千六百九十四丁口	二万一千四百五十三名	六百七十八名
巴彦州	二万八千四百五十九户	男 大六万二千八百九十八 小四万一千二百六十五丁	女 大四万九千二百五十八 小四万二千九百五十三口	十九万六千三百七十四丁口	一千零九十九名	二百八十九名
兰西县	二万七千二百六十八户	男 大四万一千四百一十七 小一万六千四百六十五丁	女 大三万六千六百零五 小一万五千六百八十九口	十一万零一百七十六丁口	一千一百二十二名	一千零四十一名
木兰县	八千九百二十三户	男 大二万五千一百六十三 小一万零五百二十五丁	女 大一万四千八百零一 小一万零一百口	六万零五百八十九丁口	四千二百八十名	八十二名

府厅州县	户数	丁	口	总计	学童	教徒
海伦厅	三万二千零五十六户	男 大九万八千六百四十三 小四万二千二百二十五丁	女 大八万六千七百五十一 小二万六千六百二十五口	二十五万四千二百四十四丁口		
青冈县	四千七百四十户	男 大一万三千零九十一 小一万一千二百零九丁	女 大一万一千六百零九 小七千二百零九口	四万三千一百十八丁口		
拜泉县	一千六百零三户	男 大四千五百零二 小二千六百二十六丁	女 大二千九百五十七 小二千四百二十五口	一万二千五百一十丁口	十五名	一名
汤原县	五百五十七户	男 大一千零四十四 小七百七十九丁	女 大六百七十二 小七百四十一口	三千二百三十六丁口		
大通县	五千八百八十四户	男 大一万八千三百六十二 小一万零五百二十六丁	女 大一万一千二百二十七 小八千六百九十二口	四万八千八百零七丁口	四百八十九名	一百二十一名
黑龙江	三千五百三十九户	男 大六千八百五十八 小二千八百零九丁	女 大六千零一十一 小二千五百一十四口	一万八千一百九十二丁口	二百三十六名	

府厅州县	户数	丁	口	总计	学童	教徒
呼伦贝尔	三千八百三十五户	男 大八千八百一十四 小五千八百六十六丁	女 大一万零六百零三 小四千九百七十七口	三万零二百六十丁口		
东布特哈	二千六百七十二户	男 大四千七百六十八 小二千二百七十二丁	女 大三千三百四十 小二千五百五十八口	一万二千九百三十八丁口		
西布特哈	二千二百三十六户	男 大四千四百二十五 小一千零八十二丁	女 大三千六百四十九 小九百六十三口	一万零一百一十九丁口	三十四名	
墨尔根	一千二百五十六户	男 大二千八百七十五 小一千二百三十五丁	女 大二千二百九十二 小一千一百六十三口	七千五百六十五丁口	四十四名	
东兴镇	一千二百八十户	男 大二千六百五十二 小一千一百零六丁	女 大一千八百六十三 小五百一十九口	六千一百四十丁口		
铁山包正厢蓝旗	一千八百五十六户	男 大九千二百零七 小三千二百七十丁	女 大六千四百八十二 小二千三百零四口	二万一千二百六十三丁口		

府厅州县	户数	丁	口	总计	学童	教徒
毕拉尔路鄂伦春	一百三十八户	男 大二百八十五 小一百七十丁	女 大二百三十九 小一百口	七百九十四丁口		
茂兴等站	二千一百一十六户	男 大七千七百十三 小三千四百一十丁	女 大六千八百三十三 小三千零五十口	二万一千零六十六丁口	六百零九名	
墨尔根站	一千六百七十户	男 大四千一百七十六 小二千一百八十四丁	女 大三千二百六十三 小二千四百零二口	一万二千零二十五丁口		
总共	二十一万三千零九十户	男 大五十三万八千九百二十五 小二十七万一千七百七十丁	女 大四十万零四千四百九十六 小二十四万零四百四十六口	一百四十五万五千六百五十七丁口	三万二千九百二十名	二千六百四十七名

纪禁烟

江省东荒一带，土脉膏腴，种宜罂粟。农民之业是者，为入款大宗。无论殷富之家，购自市廛，取携甚便，即贫而无力者，亦以岁终所获，供其吸食之需，而罂粟遂流毒于无穷。迭奉明谕，严申烟禁，期以十年为限。顾念官者，民之导也，不禁官无以责民之从。卖者，买之源也，不专卖无以稽吸食之数。于是设立禁烟公所，凡候补现任人员，先令填送六项切结。其形迹可疑与夙有嗜好者，皆抽调入所，认真查验毕，给以执照。或有玩视隐匿，即照章参处，不稍假借。又于各属分设烟膏专卖处，俾吸食之户，持券价买，以期递减。又于种烟地亩，责令逐渐禁绝，以清其源。其或因循粉饰，奉行不力者，予以严惩。官民旧染之污，庶可稍稍荡涤矣。嗣以递减之说，殊难预算，而民间疑虑，无所适从。固不如缩短期限，早事划除。民间知政令之严，自不难一次禁绝。乃奏请一律禁种以期拔本塞源，一面严督地方官吏，令在必行，并随时派员抽查。有查禁不力者，分别惩斥。多年沉痼，乃见转机，是亦自强之一端也。

附奏设禁烟公所折

奏为江省遵设禁烟公所派员经理以资查验，恭折仰祈圣鉴事。窃准总理禁烟王大臣咨送奏定禁烟查验章程内开，各省均应建立禁烟公所，遴派公正大员，切实经理等因，咨行前来。伏维鸦片流毒中国，为害已深。比者，朝廷屡颁明诏，督责綦严。薄海臣民，已有更新之象。江省僻处穷边，东荒一带，向产罂粟。民间既多吸食，官场亦不免沾染。欲责民之从令，必先治官以清其源。近于省内外大小官吏，屡经勒限严禁。第恐年深者骤难断绝，疲玩者意图欺蒙，非专设公所认真稽查，无以肃官常而蠲积痼。现由臣等就省城内设立禁烟公所，檄派试署民政司使倪嗣冲为总办，并分派员司佐理一切，饬令照章将文武各员实力查验，力与湔除。如逾限未经戒断，或敢任意欺饰，即由臣等从严分别参办。并一面预禁种烟，以绝来源，精制药料，以除旧染。所有该公所支用各款，应准作正开销，一俟查验各事迅速办竣，即行裁撤，冀收实效而节虚糜。除将章程咨送禁烟王大臣查照并分咨民政、度支两部外，所有江省遵设禁烟公所缘由，理合恭折具奏，伏乞皇太后、皇上圣鉴。谨奏。光绪三十四年七月初五日奉到朱批，该衙门知道。钦此。

附禁烟公所办法章程

一、禁烟一事，迭奉严旨。光绪三十四年五月间，禁烟大臣酌拟章程十条，并拟具表式，奏请切实查禁，奉旨允准，咨行在案。江省自应遵照办理。现于省城租赁房屋，设立禁烟公所。由督、抚遴派监司大员总司其事，择委妥员，切实经理，专办一切禁烟事宜，并一面奏咨立案。

二、查验戒烟，先自官场办起，以期风示齐民。无论现任、候补、投效人员，由该管长官及办理禁烟大员，随时查看。有可疑者，调入公所，认真查验。如有逾限不能戒断及隐饰者，照章分别撤参。

三、吸烟之人，果否戒断，非一时查验所能得其实情。惟有将调查之员，令其在所住宿，供其饮食，并派妥员监其食宿。数日后，其曾否戒净，或仍服药多少，自能知悉其实。已戒净者，发给执照，仍旧供职当差。其未能戒断者，分别休致、撤差回籍。如所派查验之员扶同徇隐，查出一并参处。

四、应行查验之员，经官咨送来所。省内限五日内投到，省外各属分别程途远近，酌定限期。如迟延不到，由该管长官先行开去差缺，听候催调，分别参办。

五、现由京城禁烟公所颁发调查官员六项表式，无论文武旗汉各官，俱应一体照实填注，毋稍隐饰。由各该长官汇报督、抚，转咨禁烟王大臣查照。倘逾限延不填送，或填送不实，查明照章指参。

六、凡候补、投效人员，此后遇有差委，应令该员出具并不吸食鸦片亲供，取具同寅切结存案，不得扶同徇隐，致干查究。

七、查表式内有陈明断戒一项，其表例注明第三项，现时自行陈明，具限戒断等语。既系具限戒断，须有精制药料发给服食，方足以收速效。本所派有医官，应即选配戒烟药料，以备发给。

八、此次设立禁烟公所，注重查验各官是否戒断。至绅商士民，亦应一例禁戒。前由民政部拟定章程，奏请通行在案。仍应责成地方官随时随地考察办理。

附奏种烟地亩拟请缩短期限一律禁绝折

奏为江省种烟地亩，拟请缩短期限，以期早日禁绝，恭折具陈，仰祈圣鉴事。窃查本年二月二十日钦奉上谕，责成各督、抚按照奏定禁烟成案切实举行，并体察该省情形，将实在办法先行奏闻。钦此钦遵。仰见朝廷与民更始，痛除痼疾之至意。窃惟禁烟之法，必先减种。减种之策，非有迅断之精神，则奉行易于懈弛，非有直截之办法，则日久仍涉因循。臣等体察理势，审酌情形，以为少减不如多减，缓减不如急减，递减不如禁绝。而江省人民寥落，垦种之地多系初辟之荒，考察既觉易周，办理觉易措手。且此事关系国势强弱，又经与友邦商允，自应迅速举办，痛断根株，为拔本塞源之计。详查此次部颁稽核章程，有每年减少八分之一，限至十年禁绝等语。固为宽以限期，不能不定明分数。惟逐年查丈，派员则需费不赀，数目畸零，划分则钩稽匪易。加以造册籍则祗益繁文，勘地亩则恐滋纷扰。此减种之难，一也。十年为断之说，海内固已周知，然罂粟之种，尚有留遗，即吸烟、贩烟之户，亦意存观望。旷日持久，官吏之稽查易疲，民间之尝试不免。厚利既属可恋，旧染因而难除。此减种之难，二也。查本年会议政务处议覆云贵督臣锡良请缩期限一折，声明旧章，如禁绝在十年以内，地方官得邀奖励，其限期本不拘定十年。总计江省土税、烟厘两项，上年仅收银三万余两，边荒财政虽甚困难，然为国家断除巨害，自不能惜此区区。现经臣等饬民政、度支两司详细核议，并访诸所属士绅，佥谓非毅然禁绝不可，倘日月稍涉迁延，即办理转滋流弊。所有江省种烟地亩，自应奏明，请自明年正月为始，一律禁种，悉令改种他项粮食，由臣等通饬各属遵照。如有违禁种烟者，查出分别从严惩办，以警将来。其地方官办理情形，自当随时详查，分别奖罚，俾示惩劝。至禁吸、禁卖各节，屡经臣等严饬本省禁烟公所切实查验，并设法限制贩卖，以冀同时禁绝。所有江省种烟地亩拟请缩短期限缘由，是否有当，理合恭折具陈，伏乞皇太后、皇上圣鉴训示。谨奏。光绪三十四年八月二十二日奏朱批，该衙门知道。钦此。

警政篇

黑龙江地处极边，距京师三千余里，土旷人稀，旗防旧制，百弊环生，以致胡匪不靖，盗贼公行，几无安宁秩序之可言。前署将军程德全开放荒地，分设民官。燕赵齐鲁之民负耒而至，户口日多，良莠杂处。营兵又不足恃，始举办巡警，参仿直隶、陕西所定制度，是为黑龙江有巡警之始。迨光绪三十三年改为行省，建官设治，分划郡县疆域，爰奏设民政使司，而以内务行政之事属之。审定章程，斟酌利害，前后巡抚屡经督饬改良，数年以来，规模粗备。为之分类析科，曰司法巡警，曰保安巡警，曰行政巡警，各有专责，迥不相混，等级秩然，不虞丛脞。惟事出草创，经费奇绌，或贻简陋之讥。司警务者，其加之意焉。

纪全省巡警

江省自庚子乱后，胡匪充斥，商民患之，白于有司，设义勇会或乡练会等名目，盖取守望相助之义。城乡设保甲，寥落如晨星。光绪三十一年，省城始设巡警。呼兰、绥化、海伦、巴彦等处继之，隶于省会总局。保甲练勇，因改并焉。当时江省官吏鲜通警察学者，郡县迫于功令，急不暇择。警员则选诸富民，警兵则出自编户，类以充数而已。假公营私，民病其扰，视若赘疣。嗣省城设巡警学堂，招士民入堂学习，始于警学渐知讲求。光绪三十三年改设行省，置民政司，全省警务悉归管辖。次年，学员卒业者三十余人，学兵二百三十余人，既拨充省城各区官弁长巡，复饬府、厅、州、县设巡警传习所，选卒业学员往为教习。冀于警察宗旨有所发明，而犹虑风气之未开也，查照部章，改巡警学堂为高等巡警学堂，改传习所为教练所，设警务长以专责成，设稽查长以资监察，规模章制，务求完善。期年之间，共成局区一百十五所，得官弁四百七十四员，长警四千三百五十二名。若省城，若呼兰，若绥化，卫生、消防亦次第设立。他处以经费竭蹶，尚付阙如，盖江省新政难事扩张，而利源奇窘。省城之经费，以巡防军饷暂为挹注。府、厅、州、县则就地筹款，大半不敷支放。兼以地方辽阔，民性梗顽，教练所定章，以百名为足额，而每处恒虚十之二三，其款绌而人尤少者，则以县附诸府焉。以目前论之，城乡岗位，市镇巡警，秩秩有序，盗风大戢，民得安堵，成效已见，而财政亦已大困。异日者，经界正，土地辟，民食裕，斯邦庶有豸乎。

纪省城巡警

光绪三十一年署将军程德全奏设巡警总局于省城，将旧有之交涉管界处、街道厅归并，由巡防中军酌选队兵作为警兵。总局有统辖全省警务之权。然龙江边僻寒苦，又值日俄战争之后，新政肇兴，人才难得，仅仅矗立纲目，略具规模。州、县既未能仓卒奉行，省局亦未暇宏纤毕举。故自开办迄光绪三十三年春，省局划分区域，置路灯，清道车，设卫生局、巡警学堂，可称者祇此数事。及改设行省之制定，于是宣示规制，制备服装，重申警令，稍见进步。四司既立，全省警务权归民政，而全省总局改为省垣巡警局，缩小其权限，专办省垣城乡巡警，添练马巡队，购消防机器。至四乡警务，则划归黑水厅。荏苒三载，大致完善。商贾居民，咸听钤束。西人游历过此者保护周至，俄、日商人交涉尤夥，赖以无事。自是以后，若经费宽饶，则进步之速，当更有可观者。固不第巡警一端然也。

纪各属巡警

黑龙江自创办巡警以来，分晰疆理，次第设施。计府二：曰绥化，曰呼兰。厅五：曰黑水，曰海伦，曰大赉，曰安达，曰肇州。州一：曰巴彦。县七：曰余庆，曰木兰，曰兰西，曰青冈，曰拜泉，曰大通，曰汤原。其外尚有今裁昔存之副都统三处：曰呼伦，曰瑷珲，曰墨尔根。总管二处：曰东布特哈，曰西布特哈。都计二十处。于光绪三十三年后，遵照部章，檄饬各属一律举办巡警。各属民人之多寡，商务之盛衰，分区设卫，略有不同。大都以地方行政长官总辖该处城乡警务，下置警务长以实行命令。行政警察则设警政员以理之，司法警察则设警法员以理之。别设稽查长，实行查察侦探报告。其余如支配区官、督率马步巡队及清道卫生等项，事各有责。两年以来，规模毕具。其新拟设治之区，迄未规定完备，故乡镇巡警暂从旧制，尚未划分。至所定规则，因与奉、吉两省大致从同，且概照部章，靡有出入，故江省举办省城及各属巡警所有章程均未列入。今特举其纲要，以见当日缔造之初心而已。

纪巡警经费

江省地处极边，民户畸零，财政困难。改建行省以来，创办新政，动虑拮据。巡警经费率就地筹措，综计入款，大宗约有二端：曰商捐，曰地户捐。若巡防营饷及杂税、木税，祇省城与旗民驻防地之墨尔根、黑龙江、呼伦贝尔、东西布特哈等处有之，为数无多。省城巡警经费，经前署巡抚程德全奏拨巡防一营，饷额约银三万两。省局额支，专赖乎此。从前事简人少，尚敷支用，近因事剧员多，遂有亏短，逐月别筹弥补。八厘商捐者，旧为商会所筹，由各行店买卖行用六分抽一分二厘，作该会公用。光绪三十四年，世昌因警费支绌，商之巡抚，饬留四厘为该商会办公之用，而以八厘拨归局用。岁收银七千余两。马巡队之经常费用三千余两即出于此，余充省局活支。如购置冬夏军装及重要需用，则由度支司在一成捐项下核发，别有一厘助捐，每月收江钱千余吊，为路灯专款。快车捐每月收江钱三百余吊，戏捐每月收江钱三百余吊，罚款每月入江钱百数十吊，多寡难定，以供局中员役饭食。薪米奇贵，动虞不敷，故奖励及各项杂支，尚有时移拨他款以为补助。房捐、妓捐、月可收江钱二千余吊，而营缮房屋之费，由于借款故，所收捐项，储蓄备还，未与动用。光绪三十四年，八厘商捐迄未接收，曾暂拨妓捐以济局用。通较目前出入两款，岁出四万以上，而岁入的款祇三万七八千两。此省局经费之大略也。至各属入款，大宗惟地亩捐一项，每晌抽收江钱一吊，以二百文作学堂费，余八百文作警察费。各属情势不同，赢缩亦异，有添抽至一吊二百文者，有请短捐以八百文为定额者。大概熟地稍多之区，如绥化、呼兰、海伦、巴彦、余庆、青冈、木兰、兰西等处款项稍裕，大赉、安达、肇州、拜泉次之，汤原则户口散处未办巡警，大通则初隶江省，尚俟调查。此江省全属巡警经费之大略也。

纪巡警教练

江省巡警学堂创始于光绪三十二年，至三十四年九月，共毕业警兵五次计二百数十人，学员三次计三十余人，随时分拨省垣总局，充当各区局官弁、巡长、巡丁，尚能恪谨执事，不负所学。去秋八月朔日，宣布预备立宪，逐年应行筹备事宜清单内载，有府、厅、州、县之巡警，限于第三年一律完备，乡镇之巡警限于第七年一律完备。在内地开化之区，为日已觉甚促，而边荒新政，诸在萌芽，措手匪易。会由巡警学堂监督禀请改良变通办法，设高等、简易二科，仿照天津各省之规制，三年毕业，由民政司札饬各属地方官各行考送数人，将来学成之后，发往各属。以本地之人才，办本地之警务，于保守治安之道，必更有休戚相关，以日求进步者矣。

疆理篇

黑龙江去京师东北三千三百三十余里，不在禹贡九州之内。近人何秋涛撰朔方备乘，谓黑龙江省为古肃慎氏遗墟，汉鲜卑、魏勿吉、隋黑水靺鞨、唐黑水府、宋契丹、辽上京、金蒲与路、元开元路、明朵颜卫，皆其地也。然历代所控辖者仅在南境，虽辽金之盛，亦不能据北境而有之。

圣清龙兴，天命、崇德间，索伦诸部咸来归附，幅员有截。康熙二十二年，设将军、副都统镇守，初驻黑龙江城东北十里之瑷珲，二十九年移驻墨尔根，三十八年复移驻齐齐哈尔，即今省城地。一再徙治，去边益远，蹙地之患，兆于是矣。今全省地方，东西二千八百余里，南北一千五百余里，面积四百二十万方里有奇。南界吉林，西界外蒙古喀尔喀车臣汗部，东北两面与俄接壤。

国初自昂邦格尔毕奇河溯源，循外兴安岭而东，至索伦河口为界。咸丰八年瑷珲约成，改以额尔古纳河会流入黑龙江处起，至与松花江会流处止为界。江左属俄罗斯，江右属黑龙江省。然江左旧驻之华民，仍许其永远居留，世世毋相犯。今所谓江东六十四屯者是。此历代疆域之沿革，而我朝规划之始末也。夫江省寸土尺地，胥赖列圣经营，以有今日。守斯邦者，念创垂之艰难，则申画郊圻，始可为敷治之地也。杜邻封之觊觎，则发挥地利，始可求边圉之安也。至于蒙藩广漠，屏蔽西南，游牧所经，皆我领土。如详稽广轮之数，规划而维持之，我疆我理，收入版图，律以普天率土之义，尤不宜视为瓯脱。今者边地初开，蒙疆渐辟，区分丈量，分设守土之吏，以斯固我边陲。舆图一事，已非复前者之蒙昧。此后详细测绘，冀符民政部所定条规，则出川包络之形，部落散属之势，以及道路之通塞，林矿之出产，一一胪列，不更瞭于指掌哉。

纪建置郡县

强国以实边为要，实边以设治为先。江省僻在穷边，向驻八旗，旗各有界，将军、都统而下设佐领等官以分司之。虽有民户，固无民官，风化梗阻，地利不兴，数百年于兹矣。咸丰之初，开放东荒，客民入籍者渐多，其后设呼兰厅理事同知、绥化厅理事通判治之，是为建设郡县之始。光绪甲午而后，钦使延茂、将军恩泽迭议放垦，荒芜日辟，户口日蕃。光绪三十年、三十一年署将军达桂、程德全皆有添设民官之请。计添分巡道及绥兰海道缺各一，寻改绥兰海道为兴东道。改厅为府者二：曰绥化府，曰呼兰府。添设同知缺三：曰黑水厅，曰肇州厅，曰海伦直隶厅。通判缺二：曰大赉厅，曰安达厅。州一：曰巴彦州，改分防经历为县者一：曰余庆。又添县五：曰木兰，曰兰西，曰青冈，曰拜泉，曰汤原。光绪三十三年改设行省，裁分巡道。光绪三十四年，世昌奉命东来，深以江省幅员辽阔，物产饶富，人民强悍，俄人垂涎于前，日人窥伺于后，大局岌岌，不堪终日。若不改弦更张，无以固边圉，释隐忧。于是会同巡抚先后奏请，改设呼伦贝尔、瑷珲两兵备道，改黑水厅曰龙江府，改海伦直隶厅曰海伦府。又请以旧归吉林之大通县改隶黑龙江，汤原、大通两县之间，土壤错绣，为吉省借地安站者，向隶三姓副都统衙门，至是亦划归江省。此外奏请即设者：曰嫩江府，驻墨尔根，曰黑河府，驻大黑河，曰胪滨府，驻满洲里，曰呼伦厅，驻呼伦贝尔，曰瑷珲厅，驻瑷珲，曰甘南厅，驻富拉尔基，曰西布厅，驻西布特哈，曰室韦厅，驻吉拉林，曰萝北厅，驻托萝山，曰林甸县，驻林家甸，曰鹤冈县，驻鹤立冈。奏请缓设者：曰佛山府，驻观音山，曰乌云厅，驻乌云，曰车陆厅，驻车陆，曰呼玛厅，驻呼玛，曰舒都厅，驻舒都克伊，曰武兴厅，驻多耐站，曰春沅厅，驻伊春沅，曰纳河厅，驻东布特哈，曰诺敏县，驻诺敏河，曰通北县，驻通肯北，曰漠河厅，驻漠河，曰铁骊县，驻铁山包。至府、厅、州、县有地方广远、势难兼顾者，前后计设分防、经历若干缺，以资佐治，此江省增设郡县之大略也。后之司牧者，苟于疆理户籍切实研讨，因地之利，则地利日辟，与民相亲，则民户日聚。绥边固圉之基，其可立矣。

纪区分经界

黑龙江地属寒带，土地虽广，生齿不繁。往往有十里无人迹，数十里无村屯者。统计全省地方，除八旗驻防外，尚有三蒙古：曰郭尔罗斯，曰杜尔伯特，曰札赉特，膏腴之地数千里，为其游牧之场，民籍稀少，频年以来，添设民官，招聚客户，经营规划，不遗余力。而山水阻深，荆棘丛杂，薪米百物，值视内地数倍。移民开垦，既未易言，地方荒芜，经界混淆，又非如内地诸省，府志邑乘，足资搜考，地主民居，可从按问也。世昌自奉部咨，调取京外图志，即会同巡抚转饬各道及府、厅、州、县绘图贴说，具限呈报。数月间，瑷珲副都统，兴东道，黑水厅，呼兰府，青冈、木兰等县，遵报如式。除咨部及已报图册准存备查外，余俟陆续报到，再行汇案奏咨。间尝综览详稽，知江省全部，有地已开放而向无承领者，有官已奏设而尚未署补者，又有官已设、地已放、而人民尚未垦植者。事至繁赜，初非一手一足之烈，一朝一夕之故，所能竟其端绪。更念国步多艰，外侮交迫，退寸退尺，蹙食堪虞，所望急起直追。举凡形胜险阨、道里远近、山水源委，名称舛错，正其讹，振其纲，使疆域形势，了如指掌，以立经正民兴之本，则江省之大幸也。

营缮篇

铁道未通之先，江省交通滞塞，民安浑噩，俗习瞑□，骑射而外，工艺靡所讲求也。以言建筑，即砖瓦木石，亦几无营其业者。官中厅署，抔土编茅，简陋殊甚。迨东清路成，见闻一新，风气渐开。庚子以后，署将军程德全前后奏请开放荒地，分设民官，凡有兴作 ，不沿旧制。盖时会所趋，有不能概从简略者。兼以地势高寒，气候惨恶，朔雪严风，寒冽尤甚。叠请脩造，未竟全功。光绪三十三年，朝旨改为行省，设官分职，百度维新。世昌衔命治东，以兹事关系国体，未容迁就。各司局所地方官衙，旧有者改作，新设者创建。办公治事，各有专所，但求整肃，力戒铺张。至如学校良窳，关乎教育，图史参证，关乎进化。边鄙多虞，楼橹壁垒，为防戍之要。商场新立，街衢廛市，具完整之观。此外郊祠、坛庙、仓库、监狱、桥梁、关津、道路、公园，次第兴举。或因或创，计縻银四十余万两、江钱二百数十余万吊。或动正款，或由地方筹置，案牍具在，可详稽也。夫泰西各国，宫室道路莫不瑰丽，非徒夸富炫美也。世界日进文明，纵欲自安于獉狉，适以发笑而自玷耳。兹土新机初启，民力有限。在上者借国力以助之，崇中外之观瞻，增进工商之事业，不亦可乎。顾以财力所限，择要以图，规划胶附，未遑大举也。尤可惜者，龙江地多腴壤，物产饶衍，如东荒植物，漠河等处之五金矿，北山之森林巨木，黑龙江、嫩江、额尔古纳河、呼伦贝尔湖之鱼盐，蕴蓄殊富。徒以道路未修，转运艰滞，等诸弃物。故为江省筹远大，当以开通轮轨为第一要义。曩者平治兴东至省垣之官道，民称便焉。比又修布特哈至通肯之官道，东至汤原之山路，议筑齐绥甘之铁路，布置粗具。他日巨功告成，利源日辟，区区营建之费，非所敢计也。

纪省垣建筑

黑龙江省，自日俄战役以还，为列强所注目。土苴不治，猥曰示俭，甚非宜也。世昌莅东，与前后巡抚谘商，奏设民官，锐意图治，宏敷庶政，大拓前规，建西式楼房为巡抚衙门，改善后局为度支司署，学务处为提学司署，分巡道署为提法司署，旧有官房为营务处，又新建黑水厅署、巡检署、交涉局等共七处。建学校三：曰高等小学校，曰陆军小学校，曰幼女学校。建图书馆、公园各一，立商埠，建营房二：曰南营，曰西营。修举祭事则有社稷坛，征收国税则有税局，禁锢罪人则有监狱及习艺所。以上都改筑新修者十九处，此江省省垣建筑之大端也。工商日聚，户口日蕃，财用之足于上下者，岂复可以数计。视夙昔荒寒，孰为优劣，此所谓捐小费而致大利者也。

纪各属建筑

江省自署将军程德全奏请放荒，为招户实边之计，内地迁流，如水归壑。民既聚矣，而无官府镇摄，则无以维持治安。既设官矣，而治公无定所，则无以控扼烦要。世昌谋分画疆域，择要设官。江省旧制，办公所在，惟副都统署。他所或间有之，湫隘卑陋，不足以治事临民。两年以来，葺治兴建者，各属衙署得二十八所：曰呼伦副都统署，曰通肯副都统署，曰滨江关道署，曰绥化府署，曰呼兰府署，曰大赉厅署，曰肇州厅署，曰安达厅署，曰海伦厅署，曰巴彦州署，曰余庆县署，曰青冈县署，曰兰西县署，曰木兰县署，曰汤原县署，曰拜泉县署，曰滨江道库大使署，曰呼兰分防经历署，曰大赉巡检署，曰大赉景星镇巡检署，曰大赉塔城子经历署，曰肇州巡检署，曰安达巡检署，曰海伦经历署，曰余庆巡检署，曰青冈巡检署，曰兰西巡检署。恭修万寿宫一、文庙一。他如税课司、街道厅、仓廒、官学，所在有之。惟滨江道署及库大使署地居吉黑两省之间，故通力合作云。

卷七　财政

述　要

古之制国用者，量入以为出，今之制国用者，量出以为入。盖以财限事，则庶政坐困，因事理财，则百废兴举。是以有国家行政经费，有地方行政经费。当事者先定国家税、地方税之区分，而应办各事乃次第立表预算而决定之。若特别用款，如工作、军备、铁路之属，则下其事于议院而裁定之。凡此皆因事筹款，量出为入之术也。我国于国家行政、地方行政尚无一定之权限，亦无国家税、地方税之别。综计经常出款，每苦于养官之费多，办事之费少，若河工、荒账、练兵、赔款等项，疆臣必另须筹款，部臣则视省份大小而摊派之。于是杂捐纷起，罗掘悉穷，纠纷之状，莫可究诘。是皆平时无预算之方，狃于量入为出之说，非万不得已不肯用财，及至情见势绌，则又牵挪文饰，以求济于一时，盖财政之困极矣。然在内地行省，其出入类有常额指拨，不敷之款辄请部示。频年新政所需，乃掇拾而涂饰之，已觉因应竭蹶，供过于求。况东三省向恃各省协饷仅以养赡，旗丁自有之利，概从封禁。光绪建元以来，设官放垦，稍资地利，所入渐多，又归中饱，尚无所谓行政经费也。历任将军迭更世变，欧风东渐，庶事日繁，以榛莽之区，倏变为交通之纽，于是用款亦因之不赀。既有行政之用，则凡地亩捐税、开垦设关及一切征收方法，乃不得不次第经理。甲午庚子，兵祸相寻，财政中蹶，不绝如缕。既乃招集流亡，商民稍稍复业，而日俄分据铁路，又以卢布、手票灌输三省全境，是取民之利，既未忍以琐尾之余重为苛困，而公家用财之权，又为外人所攘夺而无力抵制。奉省自将军赵尔巽严禁陋规，剔除中饱，入款大增。黑龙江将军程德全致力荒价，亦骤收至数百万两。吉省民力稍苏，元气未敝，而将军达桂未闻加意整顿，仅于卸任时请将烟酒、木植税尽征尽解，并请免解协饷十余万而已。世昌奉命督东，既以部拨镑余三百万两为三省流通之机关助行政特别之费用，于是铸造银元，推行纸币，以济财政之穷，而思有以抵制两强，稍充实力。然于三省固有之款，则以培民生、利国用为的。比年停止杂捐，统一税则，兴屯垦，办清丈，知理财必先均俸，因饬各属详列出入表而徐定其盈虚。知兴利必先开源，乃饬三省广辟实业场而力为之提倡。试以光绪三十四年三省入款额数作历届之比较，奉省增至七百数十万，吉省增至三百七十余万，江省著名瘠区亦岁入九十余万。是入款进率不可谓不多，然预算行政经费则尚不足相抵。夫添置官吏、学堂、军队、交涉、司法、国防、蒙务、实业及一切国家行政，则应取诸国家税，如地丁、钱粮、税捐、关赋之属是也。若巡警、卫生、工程、交通、慈善及一切地方行政，则应取诸地方税，如亩捐、牛马税、房铺捐、营业税之属是也。但经常之费岁有额，额有表，而特别之费则不能预算，而又不可不预筹，如侦探、调查、测绘、旅行、外交之酬应费，新政之开办费，工程之创建费，皆应先时筹划，次第兴举。东省初改行省，行政机关多未完备，若以款绌之故，姑为息事省费之谋，则逼处两强，不进则退。盖行政权与领土权相表里，而财用实为之根，辟利源乃所以固疆圉，而赀财实为之母。又况正金、道胜横揽财权，铁轨转输互为倚伏，苟斤斤于量入为出之故，见斯上下坐废，自相束缚，问交涉不知，问边事不知，地利坐荒，国防日蹙，其他行政，皆失败消灭于无形，势必列强竞争，视为外府。虽吏治如镜，清操如水，曾何补于危急存亡之东三省耶。世昌治东之明年，既整理岁入倍增于前，而于行政、司法各事尽力扩张，所用仍溢于额之外。其创办各事，则有建置工筑，立司法之楷模，颁选举之规则，振兴实业，广置屯垦，主持蒙政，整饬国防，立邮船，浚辽河，修道路，扩电线，创办各项学堂传习所，设督练处以整一军队。其似因而实创者，则有推广学堂，改良警察，编制防队，通利盐政，严搜盗匪。然每办一事，动需巨款，稍稍布置，如防边驭蒙政策，辄苦无所挹注。延吉一隅，岁约六十万两，为蒙旗还债三十万两，其余皆未奏请专款。凡内政外交之寻常、特别一切用项、仅恃三省之所入及部拨镑余一款。其新指协款，则迄未如数汇解，共计一千五百余万，而按办事之用款已溢出六百余万两。然所溢之数，并非亏耗，则皆镑余一款铸银元行纸币而调剂之也。夫三省之事如此其重要，而财政如此其艰窘，外势如此其扩张，苟以内地冲之，斯量入为出，宁不自卸责任。然而内政不修，外侮日迫。不谋国防则边界蹙，不驭蒙旗则异心生，不讲实业则利源去，不筹设铁路、修浚江河流域则交通为之梗阻，不添置官吏敏捷行政机关则领土无以保存。盖无论沿东清铁路与否内政范围，皆进而为干涉主义，蹈瑕抵隙，惟力是视。欲同时并举，自不能不厚集财力，欲厚集财力，自非区区之数所能为功，此殆局势之所迫，非敢好为夸大也。

虽然，第就两年以来，所经营者亦仅粗具大纲，或筹备而未及实行，或试办而未能尽利，或密于此而旋疏于彼，或引其绪而未竟其功，抵制之力，张弛之宜，要政所关，百不获一。虽由于财力困难未遑大举，而实才力薄弱，政策疏阔，仅得对待于一时，而无以收长驾远驭之效。就此财力所及，黾勉万一，事未竟绪，而款已不支，创办未终，斯铺张成迹，无异虚糜，此则世昌所日夕引疚而不敢自讳以求谅者也。若夫综三省之要政，求自立于两大之间，则岂第三省之财力无所施，即合全国之财力而亦不相及。是必多集外债，敷设银行，先以求金融机关之灵活，而后殖边、移民、筑路、实业、开垦皆得有所依据。信用既立，乃实行开放，借欧美生利之赀，破两强相持之局。而我之内政亦得从容规定，咸使受制于法律范围之下，易并吞之局为一绝大商场，我但执牛耳以为盟主，斯金钱之汇于东省领土者，当什百千万于今日。是我第借数千万之外债，得以吸收列邦之资财，而发达市场，平均势力，其得失利害相较为何如耶。乃说者谓用款浩繁，不求撙节，断断焉以为诟病，不知养官以为民厚，其廉俸而征收溢，中饱绝矣。其他皆先谋应办之事，而后计及于用款，然支绌情形，辄有后时之叹。而综计前后接收移交之款，皆有数百万两，出入相权，更何曾为竭泽而渔之计。徒以时局危迫，东省实为全国根本，乘兵革之后，成分据之形，不能不竭力营谋，以图补救，而用款遂较内地为多。实而验之，固犹是办事之费多，养官之费少也。且以比例言之，自路权属俄，而卢布之灌输于东三省者已数千万，其后经营旅大，输入更多。战事一开，而日之军用手票又骎骎乎有左提右挈之势。迨南北满之势成，两强更各挟其财力以相竞。日之改良安奉路线，扩充抚顺、本溪各矿，合办采木公司，更不知掷何限资财于我之领土，人方视为外府之寄，而我仅以区区之数勉强从事，已觉沧海一粟，无补时艰。乃再欲以省啬出之，恐百事废弛，相逼更深，不必兵戎相见，即此操纵财权，而我已成坐毙之势。盖财权穷，斯政权不属，至政权不属，斯领土权亦名存而实亡。故不能以量入为出之说支配东三省之财政者，实由于时势为之，而非故为创论也。兹将三省岁出、岁入分系以篇，事有类，类有表，而用财生财之方略备概要，俾后之言东省财政者有所考查，且以知竞争之场，力绌者仆，断不能与内地用财同时而并论之也。

岁入篇

奉省南襟渤海，鱼盐之所出，北控蒙疆，畜牧之所资，辽叆流域，沃野千里，泉甘土腴，黍稷蕃熟，而境内矿产之富，东边森林之茂，又为世界各国所公认。苟能提挈而振倡之，财力何患不裕，庶政何患不理。乃董劝之法鲜闻，榷算之方未备，如同一货税，而有厘捐斗秤之分，同一地粮而有银钱豆米之别。经征者各出意见，自为轻重，遂使陋规多于正供，私费倍于公帑，而其他地方应兴之利，更复渺焉无闻。坐使宝藏之府，弃如石田，一任他人取携，而上下因循，无复措意。自前将军赵尔巽到任，值兵事之余，当竞争之代，情见势绌，爰毅然请裁五部府尹，设财政局以一事权。严定税章，剔除中饱，裁陋规，改统捐，财政基楚于此始立，而一时收入，亦为之大增。然商民之输入有限，军事既定，货物日滞，而南满之交通利便，终不足以相抵，且剔已然之利，不如浚未辟之源。世昌来督是邦，鉴已往之成规，为将来之计划，既以财政局改为度支司，又以盐务局、官银号、铜圆局为三省流通之机关，未便局于一隅，以期开拓范围，借收指臂。迩来出入用款，头绪渐清，而国家税、地方税之分，亦可从此入手，惟统捐本为恤商之举，而收数反不如前，爰严定比较，激励局员，而征收遂溢于旧额。其余如旗民地租、旗练饷税、清赋税契之属，一一稽核而清理之。官无私入，民鲜怨声。总计光绪三十四年之输入，就以下所列各表，并益以垦务之取资及盐务、铜圆、银号之余利，已有七百余万两。而新政所需，百端待理，且筹边救蒙为三省最要之政，尤须同力合作，协助巨资。就目前之度支，计一岁之盈亏比较，恒虞不足。然理财之道，资于民力者有限，资于地力者无穷。今虽财政困难，终不忍一言加税，亦惟以辟荒殖民，振兴实业工艺为理财之要务。近年提倡农业、渔业、经营、垦荒、森林、工艺，粗具大纲，而收效则在数年以后。苟引其绪而扩充两之，斯将来之输入，必有大越于今者。至于本省天然之利，山川无尽之藏，惟路矿实为利源之母。比者筹勘路线，调查矿政，则以财力支绌，群情疑阻，然时会有未至，人事有未齐，先第从事于计划筹备之途，而竭力经营，则愿以俟诸异日。现仅就税捐、地亩之属，详列比较取入之数，各系以表。其他之输入如铜圆、银号、盐务、矿税及一切实业项下生利之款，均散见于他篇，兹不复纪。俾后之君子知奉省财政之关系，不徒取偿于民力，则必以开辟地利为唯一之办法，斯国用宏而民生裕，理财之道得焉矣。

纪税务

奉省旗饷、练饷及各官津贴，向皆取资于税款。考其源流，顺治初年仅税牲畜、牙行而已。咸丰军兴，牛庄开埠，税务日趋于繁。光绪二年奏税斗秤，光绪十一年奏捐土药，于是奉省各税，名目繁多。其时税目之隶于今度支司税务科者，虽裁革归并已不能悉仍其旧，而一时若牲畜，若斗秤，若河口粮货，若山货，若烟，若酒，若土药，若东边木税，若旗署木植，若边门车捐，若营口八厘，若厘捐，若旗署杂税，若船规凑挂，若煤窑税，若茧课，若山茧，若皮，若参，若加二茶糖，若苇，若杂货，若牙当各帖，若渔船，若烧锅参票，若土庄坐票，若中江等税，凡三四十种，固已纲举目张，条理毕贯。然彼时政尚简易，行政经费无多，而京外协饷亦得应时接济，故一切财用不甚倚赖于税务，即征收办法仍循故事。岁收银两第酌量批解，求足于最初额数，综计全省岁入仅二三十万而已。光绪二十三年，将军依克唐阿尽取民署之税，委员设局，收额顿增。光绪二十四年，奉省税捐收数至一百七十余万。然改章之始，各局税票由局自印，多寡无从稽核，且税章不尽划一往往自为规则，一经更调，挟卷而行，几至无可究诘。光绪三十一年，将军廷杰设税务处，行三联票，税少畅旺，而私用小票之弊仍不绝。将军赵尔巽改章试办，厘剔综核，而税务乃有起色。取旗署经征之牛马及茧丝贴张等税，一律委员设局征收，故光绪三十二年全省各税收至三百七十二万余两。但新章严密，局员无所取偿，于是设法搜括，间为苛罚，冀多得经费，犒赏兵燹之余，商民苦之。乃又幡然改计，唯牲畜、茧丝、木植、烟酒、土药、参帖等税，照常征收。其他斗秤及尺、及豆饼、及火车、及河口粮货、及陆路门捐、及粮船凑挂、及旗署杂税、及东边粮货山货、及营口八厘及过路落地各项税捐，一并裁撤，改办统捐，分括之曰出产、销场。税则轻减，仿照海关估价，其为出产，值百而一五其税，其为销场，则值百而二之。必行于光绪三十二年十月朔，而税务之绌，至光绪三十三年四月仅征收出产、销场税银七十万四千余两。迨世昌来督此邦，亲见民生困苦，商力凋敝，而外货灌输，相形见绌。窃以改办统捐，未始非恤商善政，惟输入骤减。苟能谨用人，严比较，则税务终有起色。是故财力虽艰，终未计及加税，第就原有各局，严定章程，按日考较。行之期年，乃知向之逢局纳厘，取于民虽多，而其数分，分之则多者若少，而行所无事。今之仅纳出产、销场，取于民虽少，而其数合，合之则少者若多，而转有所难。且既改统捐，则沿路虽不重征而不能不稽查，偶有留难需索之情形，是转不如到局上捐之为便捷。

则商货或因此而稀少，又以所估货物价值有轻重贵贱今昔不同者，或有偏枯之处，是则统捐短收之原因。然既未便规复旧捐以重民困计，惟有厘定税则，参用物价、重量二主义，比物规定，无或参差。并将输入税款无论铜圆、小洋、银圆、现银、东钱，均以折中价值作算，不准高低市价，如此则商务方可兴起，税款亦有盈余。当饬通盘计划，详细筹议，尚未及实行，仅就应行整顿者严饬局员切实整理。而计划调查变通之处，如划一钱法，归并牛马税局，奏裁期粮捐，禁查圈，饬查安东黄麻，凤凰城乔布、尺布、套布、清水布等税，化私为公，及改东边茧丝规制，改良沙河木植税，又禁种罂粟，及税务处颁行海关专照洋土货不重征新章。又举直、鲁、江、淮之赈荒粮石，江、鄂之机器麦粉，鄂之制麻，江之玻璃，湘粤、粤汉、津浦各路之材料，江、浙之枕木，一一援案而免其税。虽消耗不下数十万两，然以光绪三十四年各局征入计之，共二百四十七万九千余两，较之光绪三十三年尚溢征三十九万余两。是税务之盛衰，商贾之优劣系之，而吏治之良楛，亦于斯可见。然此第就税务一方面言之，若输入之洋货日见其多，即使土货倍征，收数畅旺，亦不啻重困吾民，为外人多一销售之方，影射之计，是非教农教工无以增出产，五谷之利、蓝靛之利不逮罂粟，非督课农桑无以为抵补。至于辟地征粮，采矿征井，则蒙旗之旷土，群山之顽石，皆税源也，经营而引导之，岂有患贫之足言哉。

附税务沿革表

税名	沿革			
斗秤捐	光绪三年奏明创办	光绪二十二年奏定划一税章	光绪三十二年十月并归统捐	现无
尺捐	光绪三十二年正月通行创办		是年十月即归并统捐	现无
豆饼捐	光绪三十一年十一月通行创办		光绪三十二年十月并归统捐	现无
火车税	光绪二十七年创办		光绪三十二年十月并归统捐	现无
河口粮货税	道光二十三年十一月奏明创办归旗署会征	咸丰十年奏明加征一倍	光绪三十三年十月归并统捐	现无
海口船归凑挂	咸丰八年奏办归旗民署会征	光绪三年添设凑挂	光绪三十二年十月并归统捐	现无
东边山货税	原归东边税局派员赴各处设局征收		光绪三十二年并归统捐	现无

税名	沿革			
营口八厘捐	旧由督署派员设局征收七厘捐	光绪二十二年奏加一厘斗秤捐	光绪三十二年十月并归统捐	现无
山海道八厘捐	原归道署代征双社龙窖四处		光绪三十二年并归统捐	现无
八边门门捐	历年由立冬起至次年清明止由军署派员征收名为捐输向系额征	光绪三十年奏改尽征尽解三十一年改归督署派员征收	光绪三十二年十月并归统捐	现无
河防捐	光绪二十八年创办		光绪三十二年十月并归统捐	
旗署厘捐	咸丰三年奏办归旗署征收	光绪三十二年正月改归捐局兼征改名销场税	是年十月并归统捐	现无
杂税	旧由旗署额征	光绪三十二年改归牛马税		现无
烧锅参票	旧由旗署额征	光绪三十二年开办酒斤加价此项额款由加价内代缴		
煤窑税	旧由旗署额征	光绪三十二年归矿政局征收		
统捐			光绪三十二年十月关于粮货各项税捐一律定为统捐	光绪三十四年四月改征大银元并货照销地市价报税
牲畜税	省城顺治元年创设名为牛马税各外城十七年次第设立名为杂税均系额征	光绪三十二年奏裁监督衙门改章设局专征		光绪三十四年二月各属一律归捐局兼办
土药亩捐	光绪十七年创办归地方官征收			现仍
土药估征	光绪二十八年创办	光绪三十一年奏明按年派员会同地方官征收		光绪三十四年三月与行销土药均奏加一倍
坐票	光绪十一年创办			现值禁烟各土铺只准缴销不准复领
矿税	光绪二十七年后辽凤岫安宽矿务开办次第派员征税	光绪三十二年八月一律改归矿政局遵照部章征收		现仍

税名	沿革			
酒斤加价	从前烧锅只纳参票酒斤附于捐局所收秤捐	光绪三十二年正月仿照直隶定章开办加价奏明在案		
烟斤加价	从前附于秤捐	光绪三十二年二月开办加价		
当税	国初即有之归旗署及民署征收原系每年征银二两五钱后加征每年五十两			现仍
店帖税	旧归旗署征收	光绪三十二年改定章程试办		光绪三十三年九月通饬调查尚未定有划一专章
斗秤帖税	同上			
牙行帖税	顺治十七年辽海二城设牙行税	康熙四年奉天府设牙帖税锦广义次之		同上
木税	省城原只有每木十五根抽一折银交部之例	雍正元年始派旗员会同奉天府征收将十五抽一之木留备工需其十四根另纳税银定为额征此后清河口等处归旗民署会征光绪三十一年九月裁撤监督改章派员设局征收	光绪三十二年二月五河口一律归并捐局兼办	
木植新捐	光绪二十七年后西丰等局次第禀办			现仍
东边税	光绪三年归东边道征收光绪二十二年设立东边税局仍由该道总办	光绪三十二年三月将该局所属山货局归并各处捐局闰四月总局改由督署派员征收		光绪三十三年二月安东海关设立以该处未设常关故仍其旧
秧参税	向归东边税局征收			现归税捐兼办
苇税	同上			同上
中江税	雍正七年以前即有之	光绪九年奏准归东边道督征光绪三十年奏改额征为尽征尽解		

税名	沿革			
盖平丝捐	光绪二十七年绅商禀设公司包纳捐项	光绪二十九年五月改归官办设局尽征尽解光绪三十年五月奏裁用银八钱	光绪三十二年正月奏明规复每包征银一两六钱著为定章	
剪课茧税	向归各旗署额征光绪二十四年盛京户部奏请整顿派员设局始于凤凰	光绪二十六年复调查海盐等处因乱中止光绪三十一年改归捐局兼征	光绪三十二年二月财政局筹拟改章派员调查旋以有碍清赋停止	光绪三十四年九月改章先由安凤岫宽四局开办
渔船税	向归锦宁牛海等旗署征收			现仍
秦皇岛代收奉厘	光绪三十年十一月创议	光绪三十一年四月议定代收办法奏明在案		
期粮捐	光绪二十九年奏明化私为公派员设局征收			光绪三十三年十二月奏裁禁革
车捐	光绪二十七年商人禀准包办	光绪三十一年归官设局改章收捐各州县因办理新政亦次第禀办	光绪三十二年改为车牌捐通省一律	光绪三十三年七月照章酌减
船捐	原与河防捐粮货并收改办统捐裁免			光绪三十四年三月复设捐局派员只收船捐
硝磺税	光绪二十七年以前硝磺局只由官收买运销嗣以俄军在境停办经绅商禀准开办火柴花爆公司定章抽税	光绪三十一年五月复设硝磺税局		光绪三十三年十二月仍归商人包办按年报效公款
土药	光绪十一年设局创办	光绪十六年奏加一倍		光绪三十四年三月复奏加一倍
表例	一、奉省税捐名目甚繁，兹表凡归并因革各项一概列入，历年沿革，实具于是。 二、表内各项税捐创办，或改章，或裁并，均标明年月以备稽考，详细办法另有抄册，兹不备录。 三、奉省经乱，文卷毁失，各项税捐有不详创办年月者，以从前二字括之。			

附税务比较表

局名＼年份比较	光绪三十二年份	光绪三十三年份	光绪三十四年份	光绪三十三年比三十二年份	光绪三十四年比三十三年份
省城税局	万两 二六、一六〇六、	万两 一八、 五一二一、	万两 二〇、 三八四二、	万两 减征七、 六四八五、	万两 长征一、 八七二一、
铁岭税局	一八、二五九四、	七、 一二七六、	七、二六七〇、	减征一一、 一三一八、	长征 一三九四、
开原税局	十、〇一六六二、	四、六九六五、	四、七〇七二、	减征五、 四六九七、	长征一〇七、
法库税局	五、一六二九、	四、 一五三九、	五、 二一八五、	减征一、 〇〇九〇、	长征一、 〇六四六、
辽阳税局	一二、 六三三三、	十、〇 一三一七、	一七、〇 一四五、	减征二、 五〇一六、	长征六、 八八二八、
盖平税局	五、一〇九七、	三、 二六八四、	四、〇五四三、	减征一、 八四一三、	长征 七八五九、
牛海税局	十、〇九四〇七、	七、 六五二二、	一一、 四一三一、	减征三、 二八八五、	长征三、 七六〇九、
复州税局	二、六九四三、	一、 六一七二、	一、八〇五四、	减征一、 〇七七一、	长征 一八八二、
昌图税局	一六、四八三〇、	八、四〇二三、	一一、 一一〇〇、	减征八、 〇八〇七、	长征二、 七〇七七、
怀德税局	一一、 四八一九、	六、 六一九二、	八、 五六二六、	减征四、 八六二七、	长征一、 九四三四、
通江税局	一、二六九〇、	六七〇二、	一、 一二五九、	减征 五九八八、	长征 四五五七、
奉化税局	七、九九一二、	五、 八三八九、	五、九九九四、	减征二、 一五二三、	长征一 六〇五、
辽康税局	一一、七七五九、	六、七九〇一、	八、六四〇九、	减征四、 九八五八、	长征一、 八五〇八、
海龙税局	一三、五〇一三、	八九九〇〇、	八、九一二五、	减征四、 五一一三、	减征七七五、
东平税局	二、二〇七二、	二、三六五〇、	三、四一二六、	长征 一五七八、	长征一、 〇四七六、
西安税局	三、三九三二、	二、四八〇八、	二、 五九一一、	减征 九一二四、	长征一 一〇三、
西丰税局	四、一六三八、	四、〇五八八、	四、 九五九六、	减征一 〇五〇、	长征九 〇〇八、
柳河税局	五、九三七四、	二、 五一三六、	三、 五六六三、	减征三、 四二三八、	长征一、 〇五二七、
新宾税局	四、五八九八、	五、〇六八四、	五、九一七八、	长征 四七八六、	长征 八四九四、

年份比较／局名	光绪三十二年份	光绪三十三年份	光绪三十四年份	光绪三十三年比三十二年份	光绪三十四年比三十三年份
通化税局	三、二四二九、	三、二〇一八、	三、八三二四、	减征四一一、	长征六三〇六、
怀仁税局	二、二九七八、	二、六七八四、	三、三〇五四、	长征三八〇六、	长征六二七〇
岔沟税局	一、二四〇六、	一、三〇四一、	二、三三八七、	长征六三五、	长征一、〇三四六、
安东税局	五、一五一九、	四、四二〇四、	六、二九七九、	减征七三一五、	长征一、八七七五、
孤山税局	三、六四八五、	五、〇二七六、	五、二九七七、	长征一、三七九一、	长征二七〇一、
凤凰税局	三、七四〇八、	二、八七六五、	三、九四一九、	减征八六四三、	长征一、〇六五四、
长甸税局	三、七七四四、	二、八〇七七、	三、五九六四、	减征九六六七、	长征七八八七、
新民税局	三一、六三一七、	一六、四六五三、	一七、九六〇九、	减征一五、一六六四、	长征一、四九五六、
镇安税局	二、九二七五、	二、二〇六五、	二、九〇四三、	减征七二一〇、	长征六九七八、
彰武税局	六一三五、	三三〇九、	七〇七〇、	减征二八二六、	长征三七六一、
锦州税局	一八、一八二二、	一一、三〇九九、	九、九九四五、	减征六、八七二三、	减征一、三一五四、
广宁税局	五、三八七二、	三、三九一〇、	三、五八九六、	减征一、九九六二、	长征一九八六、
义州税局	五、六二二五、	三、八四〇一、	四、一二二五、	减征一、七八二四、	长征二八二四、
绥宁税局	三、九八九三、	三、一九一三、	三、六三〇七、	减征七九八〇、	长征四三九四、
洮南税局	二、二六四五、	一、一二一九、	一、一六一七、	减征一、一四二六、	长征三九八、
营口税局	八、六八九八、	四、四二六七、	五、六九八四、	减征四、二六三一、	长征一、二七一七、
沙河税局	六、四六九六、	一七、四五二七、	二一、五二七一、	长征十〇、九八三一、	长征四、〇七四四、
东沟税局	五、九四九四、	四、二八五一、	二、三三九七、	减征一、六六四三、	减征一、九四五四、
省城牛马税局	四、八四五〇、	二、六五八七、	三、五九一五、	减征二、一八六三、	长征九三二八、
省城木税局	二、九八六八、	二、七一九七、	三、四八五二、	减征二六七一、	长征七六五五、

年份比较 局名	光绪三十二年份	光绪三十三年份	光绪三十四年份	光绪三十三年比三十二年份	光绪三十四年比三十三年份
盖平丝捐局	一、六一五〇、	一、八三六四、	一、九三九八、	长征二二一四、	长征一〇三四、
东边税局	一五、四九六四、			减征一五、四九六四、	
总结	三百一十三万六千八百八十一两	二百零八万五千零九十六两	二百四十七万九千二百六十二两	减征一百零五万一千七百八十五两	长征三十九万四千一百六十六两

附奏裁禁期粮捐折

奏为遵旨查明东三省卖空、买空各弊，分则裁禁，以除商累而肃官方，恭折会陈，仰祈圣鉴事。光绪三十三年五月二十四日，承准军机大臣字寄奉上谕，有人奏东三省商人卖空、买空及官场收受陋规各弊，请饬严禁等语。著徐世昌、唐绍仪、朱家宝、程德全按照所陈各节，确切查明，从严申禁，勿稍徇庇。原片著抄给阅看。钦此。臣等当即抄录原片，选派熟悉商务人员，分途前往奉天之通江口、吉林之长春府、黑龙江之呼兰府等处，按照原奏各节，详细确查去后。兹据该员等先后覆称，查奉省向以豆粮为出产大宗，从前因客帮囤货，有先期定价、到期成交之事，卖空买空遂因之而起。又恐有违例禁，于各衙门摊送钱文，此在期粮开禁以前，难免无官场收受陋规情事。至前任将军增祺议以化私为公，于通江口等处奏设期粮捐局，讵知一经开禁，奸商市侩争定空盘，亏累巨赀，纷纷聚讼，市面为之败坏。上年同江、营口等处，竟有粮商假手外人控诸日本军政署，酿成交涉案件。本年营口商会又与铁岭粮商缠讼不已。此查明同江口等处，卖空、买空及设局抽捐之实在情形也。又查吉林、长春府境期银、期豆、期油，皆有卖空、买空情事。自光绪二十九年各商创为报效官银之例，视衙门大小为等差。庚子以后，全属空盘。去秋今春，商铺倒闭六十余家，败象迭见。上年和成兴各铺，因期银赔累，互相缠讼，株累五十九家之多。而讯断之官，皆因报效官银，任意拖累，非及时严禁，不足以恤商艰。此查明长春府等处卖空、买空及收受陋规之实在情形也。又查黑龙江呼兰府等处，尚无卖空、买空情事。上年，长春粮商同和盛等向呼兰同昌等店买麦二万余石，确系现银，因粮色不齐，交期参差，控经地方官，讯追断结，援照奏办设治章程追欠之案，概提二成为办公经费，并非收受陋规。此查明呼兰府等处并无卖空、买空及收受陋规之实在情形也。臣等查奉省期粮捐局虽系奏明设立，乃因善后需款，为一时权宜之计，然自设局之第一年共捐银十九万三千余两，其后每年仅收八九万两。而富商大贾动辄亏折百万，贸易之地几同赌场。言筹款则所入无多，言商务则所亏无限，自应严行禁止，以挽浇风。已于八月间饬将期粮各局概行裁撤，未结案卷移交各该地方官讯结。吉省之长春府，以报效官银之故，任令卖空、买空，以致贻累商市，尤属不成政体。已将该处期粮、期银、期油及报效费一律禁绝。从前讼案，饬令地方官秉公断结。江省之呼兰府等处，既查明并无卖空、买空及收受陋规等事，应请毋庸置疑，仍饬随时查察，不准再有此项名目。此外三省各府、州、县，虽查无前项情事，仍通饬一律晓谕严禁，以除积弊。所有臣等遵旨查明东三省卖空、买空各弊，分别裁禁缘由，谨合词覆陈。伏乞皇太后、皇上圣鉴。再此折因辗转详查，是以覆奏稍迟，合并声明。谨奏。光绪三十三年十二月十八日具奏，光绪三十四年正月初一日奉到朱批，知道了。钦此。

纪旗地

奉省旗地粮租有归旗仓经征者，有归旗界经征者，又有归盛京内务府并三陵官庄等衙门经征者。旗仓除金州外，共计盛京、兴京、辽阳、熊岳、盖州、复州、岫岩、凤凰、牛庄、锦州、广宁、义州、宁远、开原、铁岭等十五城仓。从前盛京内仓设有监督，外城各仓均设有仓官，专司出纳。其额征地亩曰草豆地、米地、银米兼征加赋地。草豆、米地两项，由各城协领守尉督饬各旗界承催。银米兼征加赋地由民员承催，银留民署，米交旗仓。所征米豆草束专为拨放官俸、预备荒歉及豢养祭祀牛羊之用。此外尚有海运仓额征牛运米地，向系派员经征，与三陵官庄衙门所属庄头呈交，牛运黑豆，向应运交通仓。前将军赵尔巽奏请，将此项米豆永远改征折色[1]，按年解部。复奏请将内仓监督并外城各仓官一律裁撤，改设仓务总局，委员经征，并将海运仓事宜归并该局办理，兴京改设仓务分局，由地方官兼办，宁远局改归路记经征，其余各仓由各该城协领、守尉分别经征。至各城旗界额征地亩，曰余地升科地，曰伍田官兵随缺地。其升科、余地两项租钱，向解由该城协领、守尉存储旗库，备拨兵饷，伍田租银，批解司库，随缺地租

〔1〕 折色，中国封建社会赋税的一种形式。赋税中原定征收的实物称本色，改征其他实物或货币，称折色。

银钱，均归旗员兵丁收取，以资津贴，所有官员随缺应完地粮，即在各仓额征之内。其盛京内务府额征庄头地，曰草豆地、米地、余地、庄地之外，又有伍田并升科地，均系该府派差催征。草豆、米地两项折征银两与余地租钱，向由该府截留散放食辛者库，人丁口粮、伍田并升科地租银钱向应解库充饷。又三陵官庄衙门额征庄头地，亦分草豆地、米地、余地三项，其征收科则与内务府同。此外，又有升科地、银米兼征地应征银钱，均由该衙门派差催征，解库充饷。该官庄另有应征庄粮稗盐并运通豆价银两，此系各庄头应交差徭，不在地亩粮租之内。他如锦州大凌河新收粮银地，此地本系牧厂，前将军增祺奏准，收价丈放升科，暂将其地归副都统征解。奏裁锦州副都统，将前项地亩粮银，饬由旗务司暂行派员征收。惟奉省旗地章程与民地迥不相同，而其积弊亦较民地为甚，如旗仓地亩，有地在外城而入内仓纳粮者，即外仓亦有地在他城而归此仓经征者。内务府并三陵官庄衙门经征各项地亩，亦多坐落外城。一处之地而管辖互异，一处之粮而地分数城，且一城所属地亩，而承催旗界，多则十余界，少亦八九界。错杂纠葛，头绪纷繁。各仓应征草豆米石，惟内仓草豆折征钱文，其余均应按章征收本色。无如人情习于便利，无不折征钱文，而留价存仓见诸册报者，仍系本色之名。内仓及兴京仓放款较多，所征米石仅敷拨放，尚无侵亏。其余各仓每年拨放官俸有限，余存米石，非有灾赈概不提粜。年复一年，积款既巨，遂启亏挪侵蚀之弊。其升科、余地两项制钱，本可提解司库，而该城协领、守尉，辄以外城钱价与省城市价大小悬殊，折合批解，难免亏短为词，不愿解省。但积久生蠹，其亏蚀之弊与旗仓正复相同。外城仓库，历年存款亏短累累，有因公挪用者，有界催拖欠者，有存商倒欠者，以致正款虚悬，清理不易。至各旗界承催粮租，往往捏完作欠，以多报少，每年应征课赋有迟至二三年后尚未报完者，甚有已经报完之款，被界催等拖欠乾没迄未呈交仓库者。且私垦无课之地，所在皆有，各旗界多私收黑租，匿不呈报，虽由地方官办理清赋，然各旗界多方隐射，辄以无粮黑地指为有课之地，盖以民署无册可稽，故听其弊混，莫可究诘。窃思既改行省，化除满汉畛域，则征收钱粮似不应犹有旗署、民署之分。如奏明请将内外城仓界各项旗地统归民署经征，所有界官一律裁撤，并一律改征银两，批解司库，斯积弊为之一清。否则，仅将米地改征折色，其升科余地制钱亦改征银两，以便按年提解，斯仓库正款不致再任侵亏，是亦补救之一术也。

纪民地

奉省民署经征之各项地租，名目繁多，与内地异。然各有定额，各有考成，则较之旗署经征各项自觉整饬。夫同一地亩，而或收银，或收钱，或折米豆草束，似属糅杂。然当定额之初，尚无民官，皆由旗署经征。彼时旗俸、旗饷，均恃各省协款，故田赋之输入甚轻，银钱以资津贴，米豆草束以供祭祀备荒歉而已。嗣后既设民官，不能不职司租赋，因划各项地亩，归民署经征。而征收之法，犹是旧例相沿，民间习而安之，故一时未能骤变也。今总举各项地亩之名目，曰红册地，曰全征银两地，曰退圈米豆地，曰民人余地，曰加赋余地，曰首报私开地，曰续增首报地，曰民典旗人余地，曰永远征租地，曰暂行征租地，曰寡独养赡地，曰东边升科地，曰东边苇塘地，曰东流围荒地，曰西流围荒地，曰锦属二十二处归公地，曰科尔沁镇国公旗荒地，曰扎萨克图王旗荒地，曰续放扎萨克王旗余荒地，曰彰武升科地、曰盘蛇驿牧厂升科地。以上各项地亩，如红册地则银米兼征，退圈米豆地则折银，民人加赋余地、首报续报私开地、永远暂行征租地、民典旗人余地，则均银钱并征。全征银两地、寡独养赡地、东边升科苇塘地、东西流围荒地、锦属归公地、彰武升科地、盘蛇驿牧厂地，则皆征银，蒙荒地则皆征钱。所征银款，专备开支俸廉役食等项。其退地米豆折银则应解部，余皆批解司库，抵充俸饷，米石存仓备赈。其后兴仁县改为抚顺县，移治抚顺，四旗界内旗地，有兴京仓草豆地，有内仓及兴京仓米地，又有余租升科官兵随缺各地，因奏请改为民署经征。遇有买卖，即照民地税契。其粮租科则虽与民地不同，但相沿已久，故仍其旧。所有四旗界官，一律裁撤。若昌图所属各县，半系蒙地，从前借地设治，而粮租一切仍归该蒙旗设局征收，地方官第为督率，无征收之责。然蒙局办理，纠葛丛生，缠讼累累，皆须地方官为之讯判。每遇欠租成讼，既无簿册可稽，而蒙局又往往恃势武断，是亦近今之恒事。夫曰统一征收，何以名目如此其繁杂。推原其故，殆由从前民地无多，平原旷土所在皆是，而围场牧厂等处，又复禁人开垦。历年公家所办垦务及民人所开地亩，每成一片段升科后，即立一名目。而旗人私典之地改为民地者，亦复不少。公家查知，于是立一名称，而征银，征钱，征米豆草束，公家亦随时订定。然近来所办垦荒及民人升科地，则往往征银，盖已知米豆存仓无补实用，徒为侵蚀之资，而东钱一项，亦已名存实亡，故不复征钱，以渐归于一致也。比年以来，开拓蒙荒日益繁多，如辽源、洮南一带蒙地，均已次第开殖，则将来地利日辟，足为固圉殖边之本，而区区租赋所入，犹其末焉者也。

附奉天全省地亩旗署民署经征表

旗署经征		民署经征	
余租	一百三十三万一千二百九十九亩	红册地	一百六十七万六千六百七十二亩三分五厘五毫
		全征银两地	八万五千九百五十一亩九分四厘六毫
升科	五十九万九千九百九十八亩	退圈米豆地	六十四万五千七百九十八亩二分三厘
		民人余地	四十八万五千四百一十五亩三分四厘七毫一丝七忽五微
伍田	三十五万五千六百五十二亩	加赋余地	一万五千二百二十四亩八分一厘五毫
		首报私开地	十四万五千六百零八亩六分零五毫
册地	一千四百三十万零九千八百四十七亩	续增首报地	五万六千七百九十四亩九分九厘
		民典旗人余地	二十四万九千七百一十二亩四分五厘七毫六丝
随缺	十六万八千九百五十九亩	永远征租地	一万七千六百三十亩零二分四厘
		暂行征租地	二万四千八百六十二亩零六厘四毫
银米兼收	二万六千五百三十二亩	寡独养赡地	三百七十五亩九分
		东边升科地	二百零七万七千二百零六亩一分二厘九毫九丝
民人加赋	五万一千八百六十七亩	东边苇塘地	五万六千五百八十六亩七分九厘
		东流围荒地	一百一十六万七千二百七十亩
试垦	七十七万二千一百三十四亩	西流围荒地	二百九十八万五千七百亩

旗署经征		民署经征	
三陵官庄	二十七万四千九百二十三亩	锦属二十二处归公地	二十八万二千三百三十一亩一分
		科尔沁镇国公旗荒地	二十四万一千四百五十八垧七亩
内务府官庄	七万三千五百二十七亩	扎萨克王图旗荒地	六十二万五千零五垧
		续放扎萨克王图旗荒地	十二万七千二百三十三垧五亩二分
大凌河牧厂	五十万零九千四百九十亩	彰武升科地	二十三万二千七百七十八亩五分
		盘蛇驿牧厂升科地	五十四万四千六百九十三亩二分八厘八毫
总数	一千八百四十七万四千二百二十八亩	总数	二千零六十八万七千五百八十四亩九分五厘七毫六丝七忽五微

附奉天全省旗民各项地亩一览表

名称		额地	科则	额征总数	光绪三十四年拨解数目
民地	红册征银地	八三五九九五、〇九九	每亩上三四中则二分四厘下一四	共应征正耗银二万二千九百四十二两二钱八分七厘五毫四丝四忽	每年拨给州县俸工养廉等银一万二千二百三十一两零七分三厘七毫又拨给不敷庄头喂马豆价银三千余两现据报解银六千二百二十三两九钱六分二厘四毫零九忽五微五铣
	全征银两地	八五九五一、九四六	每亩上三中则二分下一	共应征正耗银一千九百八十二两五钱三分一厘六毫五丝	现据报解银五十八两七钱一分一厘九毫

名称		额地	科则	额征总数	光绪三十四年拨解数目
民地	退地豆折银地	三一八〇二二、四八五	每亩 上一斗三升零四勺三抄六 中则八升六合九勺五抄六撮 下四升三合四勺七抄八	共应征退地豆二万九千一百四十七石零四升零一勺九抄 共折银四万二千八百零八两二钱八分五厘五毫二丝二忽	每年拨解上驷院喂马豆折银一万九千四百三十五两一钱八分二厘二毫八丝三忽现据报解银三千一百一十五两三钱二分七厘七毫三丝一忽一微六铣
	退地米折银地	三一八〇二二、四八五	每亩 上三 中则二分 下一	共应征退地正耗粟米一万二千二百四十三石八斗六升四合七勺零六撮 共应折银二万一千六百二十八两五钱零一厘九毫五丝三忽	现据报解银三千八百八十五两四钱八分九厘八毫八丝九忽九微二铣
	民人余地	四八五八〇九、二八八三	每亩 上八 中则七分银钱各半兼征 下六	共应征银一万四千七百三十六两五钱六分二厘三毫三丝 共征制钱一万四千七百三十五串一百六十七文零五丝	现据报解银四千五百八十二两七钱二分四厘二毫三丝制钱四千五百八十二串七百二十四文三毫三丝
	加赋余地	一五一八四、八一五	每亩八分银钱各半兼征	共应征正耗银七百二十八两六钱四分八厘二毫一丝共应征制钱六百零七串一百六十七文零五丝	现据报解银一百八十四两九钱三分八丝二毫制钱一百八十四串九百三十八文二毫

名称		额地	科则	额征总数	光绪三十四年拨解数目
民地	首报私开地	一四五六〇八、六〇五	每亩三分银钱各半兼征	共应征银二千一百八十四两一钱二分九厘二毫 共应征制钱二千一百八十四串一百二十九文二毫	现据报解银七百四十二制两四钱二分五厘七毫九丝 钱七百四十二串四百二十五文七毫九丝
	续征首报地	六一三六四、七二	每亩三分	共应征银一千八百四十两零九钱四分一厘六毫	现据报解银七百九十七两零九分二厘二毫
	民典旗人余地	一四九七六四	每亩 上八 中则七分银钱各半兼征 下六	共应征七千七百九十两零四钱银二分九厘四毫 共应征制钱七千七百九十串零四百二十九文四毫	现据报解银二千零七十二两五钱二分九厘六毫五丝 制钱二千零七十二串五百二十九文六毫五丝
	永远征租地	一七六〇〇、一四	每亩 上八 中则七分银钱各半兼征 下六	共征银五百五十两零四钱九分三厘四毫五丝 共应征制钱五百五十串零四百九十三文四毫五丝	现据报解银二十两零八钱二分三厘 制钱二十串零八百二十三文
	暂行征租地	二四八五五、〇六四	每亩 上八 中则七分银钱各半兼征 下六	共应征银七百七十两零五钱八分六厘八毫 共应征制钱七百六十八串六百三十六文八毫	现据报解银九十六两九钱三分六厘 制钱九十六串九百三十六文

名称		额地	科则	额征总数	光绪三十四年拨解数目
民地	寡独养赡地	三七五、九	每亩 上八 中则七分 下六	共应征银二十三两二钱七分四厘	现据报解银五两九钱四分
	官兵随缺征银地	十〇九二三六、四三六一五四	每亩 上七 中则六分 下五	共应征银五千二百五十六两六钱五分六厘八毫零七忽七微	此项银两丝津贴外城旗员兵丁津贴之需按年征齐随时拨颁向不解省
	官兵随缺征钱地	五七八一六、〇九	每亩 五、六十文	共应征制钱三千二百三十四吊九百三十七文	此项制钱系津贴外城旗员兵丁津贴之需按年征齐随时拨颁向不解省
	续垦升科地	八二三四四一五、九二九九	每亩正耗银三分	共应征正耗银二十四万七千零三十二两四钱七分七厘八毫九丝七忽	现据报解银十万零三千五百九十三两一钱六分二厘零六忽
	蒙荒升科征钱地	五五七八八晌八、三四六	每垧六百六十文以二百文归公四百二十文归蒙四十文归经征办公	共应征归公中钱一万一千一百五十七吊七百六十七文一毫	全数留支该府县俸廉役食银两
	锦属二十二处归公升科地	一八五〇三九、五	每亩 上五 中地正耗银四分 下三 城洼照下则不征耗	垦务现未奏结尚无定数	征银数日尚未据报
	锦属官庄升科地	七三五六五一、一五	每亩 上八 中则粮银七分 下六	垦务现未奏结向无定数	现据报解银一万五千六百四十三两九钱七分九厘

名称		额地	科则	额征总数∨	光绪三十四年拨解数目
民地	盘蛇驿升科地	一七八六四一、八六三五	每亩 上正耗银四分 中则正耗银三分 下正银二分免耗	共应征银五千八百二十五两八钱三分二厘八毫六丝	尚未报解
	抚顺草豆地	五五四二八、五	每亩二合九勺五抄六 亩交草一束	共应征草九千二百三十八束零八分三厘三毫二丝 共应征豆一千六百三十五石一斗四升零七勺五抄	尚未报解
	抚顺征米地	二五九九九五、四六六	每亩 四合四勺二抄五撮	共应征米一万一千五百零四石七斗九升九合三勺七抄零五圭	此项米石照依民地米石章程存仓听候提拨不应解省
	抚顺余租征钱地	五一一二、四一九	每亩 上六 中则五分 下四 每银一两折征制钱二串	共应征制钱四百九十串零八百三十六文三毫二丝	全数报解
	抚顺升科征钱地	一三三五九、三三九	每亩 六十文	共应征制钱八百零一串五百六十文零三毫四丝	全数报解
	清赋新升科地	七三九五六、八八九九	每亩 上六 中则五分 下四	清赋升科随征随报向无定数	现据报解银一千零九十五两一钱六分一厘八毫七丝一忽一微
	红册征米地	八三五九九五、〇九九	每亩 上七升五合 中则五升 下二升五合	共应征米三万八千七百七十四石四斗九升七合九勺六抄六撮八圭	此项米石州县例应存仓向不解省遇有赋抚之年听候提拨

名称		额地	科则	额征总数	光绪三十四年拨解数目
旗地	红册征草豆地	二五八八七八三、九九八六	每亩征豆二合九勺五撮又每六亩征草一束	豆七千六百三十六石九斗一升二合八勺 草四十三万一千四百六十四束	现据报完豆四千二百零六石四斗零四合二勺 草二十三万七千六百五十束
	红册征米地	一〇三七〇〇一七、三六七	每亩征米四合四勺二撮五抄	米四万五千八百八十七石三斗二升六合八勺	尚未册报
	银米兼征加赋地	五一八二七、九二七	每亩征米四合四勺二撮五抄 租银归民署经征	米二百二十九石三斗三升八合六勺	尚未册报
	牛运米折银地	五六四七三七、六七三一	每亩征米四合四勺二撮五抄 每仓石折银一两八钱	银四千四百九十八两一钱三分五厘五毫六丝	此项银两向应解部尚未报解
	余地	一一五〇五五一、三七七	上六七八 中等五六七 下四五六 每两折制钱一串	钱七万零五串六百七十文零九分	现据报解完钱一千四百三十四串四百五十三文零四厘三毫
	升科地	五九八二四九、三一六一四	每亩征银三分 两折制钱二串	钱三万五千八百九十四串九百五十八文九分六厘八毫四丝	现据报完钱二千五百三十九串九百二十四文零六厘八毫
	伍田	三四八一二九、五三八	每亩征银四分	银一万三千九百二十五两一钱八分一厘五毫二丝	尚未报解

名称		额地	科则	额征总数	光绪三十四年拨解数目
旗地	新升粮银地	五二一九七五、〇五六〇三	上正银四分耗银一分 沙碱地正银一分耗银一分 中则正银三分耗银一分 山荒地正银一分 下正银二分耗银一分	正银一万三千二百三十二两八钱六分零六毫三丝九忽三微 耗银四千七百零六两零八分二厘四毫二丝三忽	尚未报解
	银米兼征地	二六二四六、四	每亩征米四合四勺二抄五撮 又每亩征银八分每两折制钱两串	米一百一十六石一斗四升零三勺 钱四千一百九十九串四百二十四文	现据报完米九十三石六斗二升零七勺制钱尚未报解
	官兵随缺银地	七〇三五、七三四	每亩三四五六七分不等	银四千五百零七两五钱七分四厘八毫八丝	尚未册报
	官兵随缺钱地	八六八一五、七七九四五	每亩五六七分不等	钱五千零四十五串八百六十七文六分六厘七毫	尚未册报
	官庄草豆地	八九〇五四、二五	每亩征豆二合九勺五撮 折银五毫九丝 每六亩交草一束折银三厘	银九十七两零六分九厘一毫三丝二忽五微	现据三陵官庄报解银六十九两零二分七厘一毫九丝三忽内务府官庄尚未册报
	官庄米地	七八九五一七、〇八四	每亩征米四合 四勺二撮五抄 折银一厘七毫 七丝	银一千三百九十七两四钱四分五厘二毫三丝八忽	现据三陵官庄报解银三百五十三两零四分四厘八毫三丝七忽二微内务府官庄尚未册报
	官庄余地	八二九九四、五〇五	每亩征银六七八分不等每银一两折制钱二串	钱九千二百九十三串五百六十七文九分	尚未册报

名称		额征总数	三十四年分完解数目
三陵官庄差粮	稗子	粮五千八百二十九石八斗八升七合八勺	全完解交仓务总局粮六千六百八十二石六斗九升一合三勺其余存留官庄
	盐斤	盐六万八千斤	全完解交仓务总局盐六万六千二百二十九斤其余存留官庄
	棉花	棉花三千五百斤	全完解交司库
	豆石	豆四千八百六十石零一升八合六勺	全完解交仓务总局应俟牛运地米银两征收完竣汇总解部
	粮稗折银	杂项粮一万零八十五石五斗四升三合三勺盈余 稗三千九百八十三石零五升零八勺 每石折银三千零九十五两零九分零七毫零二忽	全完解交司库
附说	旗民各项地亩，民署征存粮银制钱等项，除银款开支俸廉役食等款，亚退地米豆折银应行解部外，余均批解司库，抵充奉饷，米石存仓备赈。旗署经征粮租，除内务府官庄折征银钱均截留散放食辛者库，人丁口粮并牛运米折银两，向应解部外，其余银两均解司库充饷。制钱存储旗库，备拨兵饷。米豆草束均存旗仓，专为拨发官俸预备荒歉及豢养祭祀牛羊之用。至光绪三十四年份旗民各地征收数目，因考成奏销期限未届，其完欠份数报到者尚属寥寥。现仅将业经报解者分别填注，均匀计算，每年可完至八九成。		

附奏抚顺旗地改归民署经征片

再奉天原设之附省兴仁县治，前经臣等奏请，移治距省九十里之抚顺地方，改名抚顺县。即将该处原设之路记、防御各员一并裁撤，催征租赋、缉捕盗贼等事，统归地方官办理。等因奉旨允准在案。窃惟抚顺四旗界内旗地，有兴京仓草豆地，有内仓及兴京仓米地，又有余租、升科、官兵随缺各地，现既改设县治，各项旗地自应一律改为民地，遇有买卖，即照民地税契，其粮租科则，原多与民地不同，第相沿已久，拟仍暂照旧征收，以免纷更。查草豆地一项，经前任将军崇实奏定，以六亩为一日，每日折征东钱一千一百二十文，内以八百七十文交仓，以二百五十文作为旗界催征经费。拟请饬县仍照旧则折征，以八百七十文归公，按照市价易银，留支该县廉俸役食，如有不敷，再行请领。其余二百五十文，以为该县办公经费。米地一项，亦仍照旧章征收本色，所征米石，按年存储，遇有灾歉，提拨充赈。惟内仓及兴京仓额征抚顺草豆米地，既改由该县经征，则额收较少，将来兴京仓应放米豆草束如有不敷，应赴仓务局请领，仓务局米不敷放，即由外城各仓提解。余租、升科两项地亩应征制钱，均仍照旧章，按年批解司库充饷。以上四项，统改归民地奏销案内分别造报。随缺地租一项，应由该县代催，将租银迳解各旗衙门核收，并将已未完份数，造送考成清册汇案咨部。至该县廉俸役食定额，拟请即照兴仁县原定数目开支，毋庸另行更定，以归简易。除饬该县将各项地亩接收清楚造册详请咨部并出示晓谕外，理合附片具陈。伏乞圣鉴训示。谨奏。光绪三十四年十一月十六日附奏，二十五日奉批，该部知道。钦此。

纪清赋

奉省地方辽阔，未辟之土固宜设法招垦，其已辟治而隐种无粮及私垦、私占海退河淤地边滋生等类浮多，常居七八。经界不正，不独于正供有亏，而兼弱攻昧，豪强肆夺之风起，民间亦从此多事。惟是清查田亩非丈量不办，普与清丈则纷扰滋多，势难同时并举。光绪三十一年，钦派垦务大臣廷杰办理全省垦政，乃与前将军赵尔巽筹议办法，议从锦州官庄入手，派员查丈。其他各府、厅、州、县旗民各地，亦未便任其匿种旷废，亏课病民，复援照直隶奏准首报无粮黑地办法，开办全省清赋奏定章程，所以使民不扰而官无多费。苟得良有司依法奉行，竭诚从事，十年之后全省课额可增数倍，而地亩亦厘然毕具，按册可稽，亦经划田畴之善政。世昌奉命来守兹土，以为筹边至计莫重于屯垦一事，而腹地筹办清赋，又为移垦实边之先声，故通饬僚属认真清理，而于接见时尤谆谆告诫，务使地无旷土，野无闲民，非徒收价升科毕乃事也。自光绪三十二年秋间开办，至上年冬季止，已据册报者共放熟地十六万六千四百九十余亩，荒地上中下三等并沙碱共放三十九万九千一百二十余亩，共收地价银四十二万七千八百三十余两及经照各费四万四千余两。熟地当年升科，共征正课银八千三百二十余两，荒地自承领之年起至第四年升科，按已放亩数核计，二三年后共增新升科银一万二千八百九十余两。就目前已放之地，固已有成绩可观，然令民自报，民间尚恃有宽典，不加清丈其熟地，意存观望，隐漏未报及闲杂官荒之未垦者尚居多数。现在清赋事宜，凡有管辖地方之各府、厅、州、县，均已一律开办垦务，各处设局，丈放清赋。所以补垦务之未逮，全在地方官设法董劝，渐就扩充。在国家正供增入，固为衣租食税之常经，在民间以恒产相承，尤为世服先畴之永业。经界正则纠葛皆清，纠葛清则争竞胥泯。盖裕课恤民，胥基于此矣。凡系无课荒熟各地，先令民间自行首报，无论坐落旗界、民界，统归地方民署勘办。熟地不分等则，酌中每亩交地价银一两五钱。一经地户首报，即准认领，免予勘丈。其各项荒地，准首先呈报之户承领，仍分三等，上地交价银一两五钱，中地一两，下地五钱。仍照例由官勘丈再准承领，每价银一百两均照垦章加收经费银十五两。熟地先给绘图准单，荒地俟丈明后发给绘图丈单，均限一个月内交清地价，再给大照执业。每地一亩，收照费工本银五分。熟地当年升科，每亩征正课银五分。荒地自报领之年起至第四年升科，上则每亩征正课银六分，中则五分，下则四分。每正银一两随征耗银一钱，名曰新升粮银，均归民署征收，另造册报。山荒、沙石、斥卤、碱片地价科则，均照下地减半，照费银两亦减半核收。所收地价，全数解省。至照费经费准留一半作为办公之费，其余一半随地价解省，以备公用。各户报领地亩及经收地价等银数目，由该管衙门按月造具清册，连同截存照根单根，呈送度支司查核。

附奉天全省清赋一览表

<table>
<tr><th>名称</th><th>放法</th><th>定价</th><th>已放熟地</th><th>已放荒地</th><th>收价数目</th><th>科则</th></tr>
<tr><td>新民府</td><td rowspan="5">册地浮多、私垦及各种闲荒，无论坐落旗界、民界，统归地方民署办理。令民间自行首报，熟地概免勘丈，填给绘图准单。荒地俟丈明后，发给绘图丈单。均限一个月交清地价，再给大照。</td><td rowspan="5">熟地不分等则，酌中每亩价银一两五钱，荒地分为三等，上等每亩价银一两五钱，中等一两，下等五钱，山荒沙碱斥卤均照下等减半。</td><td>熟地一九〇六一、六七八</td><td>三等荒地三四〇六八、四七五</td><td>荒熟地价库平银四三七两七三、六九九一</td><td rowspan="5">熟地当年升科，每亩征正课银五分。荒地自报领之年起至第四年升科，上则每亩征正课银六分，中则五分，下则四分。山荒沙碱照下则减半，每正银一两随征耗银一钱。</td></tr>
<tr><td>海龙府</td><td>熟地一三六七二、三一五</td><td>三等荒地二五二六、九</td><td>荒熟地价库平银二一四二九、五九七五</td></tr>
<tr><td>兴京同知</td><td>熟地二六七五、二四五</td><td>二等荒地二一五三、九三</td><td>荒熟地价库平银四八四〇、二三二五</td></tr>
<tr><td>锦西厅</td><td>熟地七零三、四二六</td><td>四等荒地一七八二、八五</td><td>荒熟地价库平银一七九四、九四九</td></tr>
<tr><td>凤凰厅</td><td>熟地一五三三五、三四五</td><td>沙碱荒地一五四、九</td><td>荒熟地价库平银二三〇四一、七四二五</td></tr>
</table>

名称	放法	定价	已放熟地	已放荒地	收价数目	科则
法库厅			熟地六七一四、三七五	三等荒地九四四四、六九五	荒熟地价库平银一七七二三、二八四二	
盘山厅				二等荒地六〇八、三六三	荒地正价库平银一九八、九四八二	
复州			熟地四六零三、五四四	三等荒地一六二八〇、〇六三	荒熟地价库平银一一四六五、九二六七	
辽阳州			熟地三六三九、四三八	二等荒地六〇三四、四二六	荒熟地价库平银八四五一、二一五	
宁远州			熟地二三八、一	三等荒地一六七三、一	荒熟地价库平银八八二、四五	
义州			熟地五一八、四六三	三等荒地二九二四、六五	荒熟地价库平银一六七一、二三五七	
承德县			熟地一八八、〇九	三等荒地一五六一、三五	荒熟地价库平银九三五、四九七五	
抚顺县			熟地一六三、八二二	二等荒地一六六二、二	荒熟地价库平银一四三八、九三三	
海城县			熟地三四、六一一	三等荒地二七一〇、四六八	荒熟地价库平银六九五〇、八四六二	
盖平县			熟地二〇六一、八九八	四等荒地一三九六九、六四五	荒熟地价库平银七〇一五、三〇〇七	
开原县			熟地三二五七、六一九	三等荒地一九六五、九八七	荒熟地价库平银五八〇一、〇三七七	
本溪县			熟地二〇五七、三一	四等荒地一四三九六、〇九	荒熟地价库平银一六〇六九、二四	
镇安县			熟地二七二、九	三等荒地一六二二一、二五	荒熟地价库平银七六六六、七三五	

名称	放法	定价	已放熟地	已放荒地	收价数目	科则
西安县			熟地三八五一六、二七	三等荒地一八二二七五、六三	荒熟地价库平银一四三六四〇、六〇五	
西丰县			熟地八一九四、七	四等荒地一二四一七七、一三	荒熟地价库平银五三三一六、九二八七	
铁岭县			熟地一一四四七、四九三	四等荒地一五〇九六、二一八	荒熟地价库平银二四六〇〇、五五五三	
怀仁县			熟地六八一六、八		荒熟地价库平银一〇二二五、二	
锦县			熟地三四四二、七五	三等荒地六一〇一、四	荒熟地价库平银六九八一、二七五	
绥中县			熟地九〇九、三	四等荒地二七七〇、四	荒熟地价库平银二五四四、二六二五	
广宁县			熟地三一〇三、五〇四	四等荒地三七六一、	荒熟地价库平银六七三〇、七八一	
辑安县			熟地二七二六六、三五		熟地正价库平银四〇八九九、五二五	
通化县				下等荒地六二、二	荒地价库平银三一、一	
统计	自光绪三十二年秋间起陆续开办，至三十四年十二月份止，共二十七属，共放熟地十七万四千八百九十五亩三分四厘零，荒地四十七万三千三百八十三亩三分二厘零。总共收地价库平银四十七万零一百二十一两一钱零三厘。					
备考	一、是表专列开办清赋各属，其无管辖地方与前放蒙旗并现设垦局及未办清赋之各府、厅、州、县，概不列入。 二、表内所列放地收价各项数目，系按照各属册报至光绪三十四年十二月份止。至宣统元年正月以后册报各数，不在此列。 三、是表所列地价银两、系连已收未解之款一并列入，是以与解款表列银数不符。					

附奉天各属清赋解款一览表

地名	解款数目		总数
新民府	光绪三十三年份解地价库平银二万四千四百三十一两一钱六分三厘五毫	光绪三十四年份解地价库平银六千七百七十二两五钱七分一厘二毫五丝	共解地价库平银三万一千二百零三两七钱三分四厘七毫五丝
海龙府	光绪三十三年份解地价库平银二万一千三百三十四两六钱七分二厘五毫	光绪三十四年份解地价库平银八十两零零二分五厘	共解地价库平银二万一千四百一十四两六钱九分七厘五毫
兴京同知		光绪三十四年份解地价库平银三千一百八十六两四钱一分七厘五毫	共解地价库平银三千一百八十六两四钱一分七厘五毫
锦西厅	光绪三十三年份解地价库平银二百零零三钱五分	光绪三十四年份解地价库平银一千五百五十三两八钱三分四厘	共解地价库平银一千七百五十四两一钱八分四厘
凤凰厅	光绪三十三年份解地价库平银三千六百四十四两五钱五分七厘五毫	光绪三十四年份解地价库平银一万三千五百四十一两三钱九分四厘五毫	共解地价库平银一万七千一百八十五两九钱五分二厘
法库厅	光绪三十三年份解地价库平银一万三千零一十七两零二分七厘五毫	光绪三十四年份解地价库平银五千零六十一两一钱零六厘七毫	共解地价库平银一万八千零七十八两一钱三分四厘二毫
盘山厅		光绪三十四年份解地价库平银一百八十五两一钱一分七厘三毫	共解地价库平银一百八十五两一钱一分七厘三毫
复州	光绪三十三年份解地价库平银三千六百四十四两三钱九分三厘二毫五丝	光绪三十四年份解地价库平银七千五百零七两一钱二分六厘二毫五丝	共解地价库平银一万一千一百五十一两五钱一分九厘五毫
辽阳州	光绪三十三年份解地价库平银二百五十五两三钱一分七厘五毫	光绪三十四年份解地价库平银一千七百七十五两四钱六分五厘五毫	共解地价库平银二千零三十两零七钱八分三厘
宁远州			
义州		光绪三十四年份解地价库平银四百七十六两三钱九分六厘	共解地价库平银四百七十六两三钱九分六厘
承德县			
抚顺县	光绪三十三年份解地价库平银一千四百三十八两九钱三分三厘		共解地价库平银一千四百三十八两九钱三分三厘

地名	解款数目		总数
海城县	光绪三十三年份解地价库平银三千九百一十八两九钱七分二厘三毫五丝		共解地价库平银三千九百一十八两九钱七分二厘三毫五丝
盖平县	光绪三十三年份解地价库平银三千一百一十两零七钱六分七厘九毫二丝五忽	光绪三十四年份解地价库平银二千六百六十五两九钱一分零二毫五丝	共解地价库平银五千七百七十六两六钱七分八厘一毫七丝五忽
开原县	光绪三十三年份解地价库平银二千四百三十四两六钱七分九厘七毫三丝	光绪三十四年份解地价库平银三千三百六十六两四钱三分三厘七毫五丝	共解地价库平银五千八百零一两一钱一分三厘五毫
本溪县	光绪三十三年份解地价库平银四十五两	光绪三十四年份解地价库平银一百八十八两八钱七分	共解地价库平银二百三十三两八钱七分
镇安县		光绪三十四年份解地价库平银六千三百二十三两零二分二厘五毫	共解地价库平银六千三百二十三两零二分二厘五毫
西安县	光绪三十三年份解地价库平银十万零六千一百三十四两二钱三分	光绪三十四年份解地价库平银一万零一百七十八两八钱六分	共解地价库平银十一万六千三百一十三两零九分
西丰县	光绪三十三年份解地价库平银二万一千三百八十七两四钱五分五厘	光绪三十四年份解地价库平银一万八千七百五十一两四钱六分三厘七毫五丝	共解地价库平银四万零一百三十八两九钱一分八厘七毫五丝
铁岭县	光绪三十三年份解地价库平银一万八千六百三十五两三钱三分九厘七毫五丝	光绪三十四年份解地价库平银三千五百六十四两八钱四分零二毫五丝五忽	共解地价库平银二万二千二百零零一钱八分零零零五忽
怀仁县	光绪三十三年份解地价库平银一千六百八十二两四钱	光绪三十四年份解地价库平银七千三百二十两零四钱五分	共解地价库平银九千零零二两八钱五分
锦县		光绪三十四年份解地价库平银五千五百三十七两五钱二分五厘	共解地价库平银五千五百三十七两五钱二分五厘
绥中县	光绪三十三年份解地价库平银八百零六两五钱六分二厘五毫	光绪三十四年份解地价库平银一千一百三十九两零二分五厘	共解地价库平银一千九百四十五两五钱八分七厘五毫
广宁县	光绪三十三年份解地价库平银一千二百九十六两五钱五分六厘	光绪三十四年份解地价库平银三千九百二十四两五钱二分五厘	共解地价库平银五千二百二十一两零八分一厘

地名	解款数目		总数
辑安县	光绪三十三年份解地价库平银二万零六百五十两零八钱三分		共解地价库平银二万零六百五十两零八钱三分
通化县			
统计	开办清赋共二十七属。 光绪三十三年份，解地价库平银二十四万八千零六十九两二钱零八厘零二丝五忽。 光绪三十四年份，解地价库平银十万零三千一百零零三钱七分九厘五毫零五忽。 通共解地价库平银三十五万一千一百六十九两五钱八分七厘五毫三丝。		
备考	一、清赋款项岁无定额，各属自开办起收解价银多寡有无，历年不一，故将光绪三十三、三十四两年解款一并开列，以备参考。 二、是表专列各属于该两年内解到之款，凡册报已收而尚未解者，概未列入。 三、表内所列俱系开办清赋各属，如已报收价而款未解者，则空格未填。若无管辖地方及未办清赋之各府、厅、州、县，概不列入。		

纪税契

奉省税契分旗地、民地两项，凡旗册地及旗人三园地或民册地及民人三园地，每契价银一两，收银五分三厘，以三分作为正税，二分留作办公，三厘作为补足平色。若非红册粮地及收价丈放之围牧荒地，皆名为地租，亦分旗、民两项，照章向收更名税。此项地租每地一亩征收银五钱三分，以三钱作为正税，以二钱留作办公，三分补足平色。旗地税契归司经征，民地税契归地方官经征，款仍解司。若更名税，则在旗界纳租者归司经征，在民署纳租者归各地方官经征，款亦解司。据光绪三十四年册报，各项税契共征银二十万两有奇，尚有未解银一万数千两。此项税契视升科之地亩为衡，按亩征收，尚无侵蚀隐匿之弊。惟垦荒之成效大著，田亩加辟则税契日增。其余若房契、铺捐，则归地方行政经费，在民政司管辖范围之内，不复缕述。

附奉天全省各项税契一览表

名称	征章	征收数目	报解数目
旗册地及旗人三园地	每契价银一两征收市平银五分三厘，以三分作为正税，二分留作办公，三厘作为补足库平库色。	光绪三十四年份，正税银九万六千二百四十七两一钱一分九厘。	光绪三十四年，全数征存。
各项旗租地	每地一亩征收市平银五钱三分，以三钱作为正税，二钱留作办公，三分作为补足库平库色。	光绪三十四年份，更名正税银三千八百二十二两二钱八分三厘五毫。	光绪三十四年，全数征存。
民册地及民人三园地	每契价银一两征收市平银五分三厘，以三分作为正税，二分留作办公，三厘作为补足库平库色。	光绪三十四年份，正税银十万零七千一百二十五两二钱零零九毫三丝七忽八微。	光绪三十四年份，已解银九万六千五百一十两零八钱三分零八毫九丝三忽八微。未解银一万零六百一十四两三钱七分零零四丝四忽
各项民租地	每地一亩征收市平银五钱三分，以三钱作为正税，二钱留作办公，三分作为补足库平库色。	光绪三十四年份，更名正税银一万零二百七十六两九钱七分九厘六毫。	光绪三十四年份，已解银八千九百九十八两六钱四分三厘六毫。未解银一千二百七十八两三钱三分六厘。
规则	旗册地及旗人三园契税归度支司经征，民册地及民人三园契税归各地方官经征，款仍解司。凡非红册粮地及收价丈放围牧荒地皆名为租地，照章向收更名税，其在旗界纳租者归度支司经征，在各地方民署纳租者归各地方官经征，款仍解司。		

纪旗练饷税

奉省需用税款之大要莫如旗饷、练饷，计各税之输入有专充旗饷、练饷之用者，今言其目，如牛马税、参票、中江税、当税、帖税、剪课茧税、渔船税、木税，此专充旗饷者也。如统捐、土药亩捐、估征坐票、东边税、酒斤加价、烟斤加价、矿税、安东关土货税、溢征牛马税、木植新捐、盖平丝捐，此专充练饷者也。惟旗饷各税内有牛马税，按年于收数内提归原额及羡余银五千一百九十余两，参票则按年由酒斤加价内提归原额银十万四千四百九十两，木税则按年于收数内提归原额银二千零八两。练饷各税内有酒斤加价，除提缴额征参票外，余款为办理新政之用。溢征牛马税除定额及羡余外，溢征之款悉充学堂经费，此二项均归练饷案内奏销。然从前旗饷皆由各省协饷接济，自欠协不解，而东省又招练军，乃不得不推行各项税捐，以充旗饷、练饷之用。即此十余种名目岁入，以之抵充饷需，尚不足以敷用，而旗兵固沾染习气，练军亦疏于操防，倘不思变通，岁縻巨款，以养此无用之兵，非计之得也。且巡防队方以改编，而带东之一镇两协，将来亦须本地筹饷。如能裁汰旗、练各兵，腾出巨款，以供新军之用。一面实力为八旗广开生计，无以食饷当差为固有之利，则此税款所入，可为挹彼注兹之计，亦理财者所当加之意也。

附旗饷税表

额提牛马税	酒斤加价代缴参票	中江税	当税	帖税	剪课	茧税	渔船税	额提木税
表例	康熙年间旗署经征之税，归税课司管理，以后逐渐推广，以类相从。凡关于此项税捐银两拨充旗饷，现归局员征解，而动拨仍属之旗饷。							

附练饷税表

统捐	土药	亩捐	估征	坐票	东边税	酒斤加价	烟斤加价	木植新捐	矿税	溢收牛马税	东关土货税	盖平丝捐
表例	康熙年间，民署经征之税，归通判管理，以后逐渐推广，以类相从。凡关于此项税捐银两拨充练饷，现虽有因有革，而款项动拨仍专属之练饷。											

附奏安东县大东沟征收税款拟请仍留作奉省练饷片

再奉省进款，向以税捐为大宗，从前所设东边税捐总分各局，常年收数畅旺，向为抵充练饷之用。安东县税关新设，大东沟分关亦将开办，凡从前东边税局原征洋土货出入口税，均须改归关道征收。查东边各项税捐，本系抵发练饷要需，当未开埠以前，该捐局就地征收，借资挹注。今则开埠通商，一切行政费用大倍于前，倘改归关税之后，将该处原征之款不归本省之用，则不但新款别无可筹，必致旧有之款，以之抵充练饷者，亦归无著，殊于财政大有窒碍。诚以安东，大东沟两关征收之款，即系东边原征之税捐，与他处新改海关者不同。如以一改关税之名，即将奉省原有之款悉数改拨，致奉省失此巨款，将诸事无从措手。且该关开设之初，应需一切经费，均系奉省筹拨，尤应照案拨还，以清款项。拟请自安东县、大东沟两关开关之日起，所有征收税款除拨还筹垫经费外，其余各款仍留作奉省练饷及一切新政之用，以济要需，而免匮乏。谨附片具陈。伏乞圣鉴，饬部立案施行。谨奏。光绪三十三年十一月二十二日附奏，十二月初二日奉到朱批，度支部知道。钦此。

纪土药税

奉省土药税向分三种：一曰土药捐，一曰土药亩捐，一曰土药估征。土药捐者，征之于行店，亩捐者捐之于种植罂粟之地，估征者捐之于收割之时。盖以土药一物，害重而利亦厚，故不惜重征以困之也。以光绪三十二年收数比较之，土药捐共收四十余万两，亩捐收银三万七千余两，估征收银七万三千余两。光绪三十三年，亦已减征。自光绪三十四年禁烟之令下，通饬地方官实行禁止种植，始以遵照部章，十年递减，难于稽查，爰通饬于宣统元年一律实行禁绝，故光绪三十四年土药税较三十二年减征十一万七千余两，亩捐减征一万二千余两，估征减征二万三千余两。又以禁种之初，恐民间贪利隐匿，爰于土药捐一项，依照旧章，每斤四钱奏请加一倍征，收以示寓禁于征之意。然虽加收而收数仍减于前，此亦禁烟之成效矣。夫各项既已减征，则贩卖之少，种地之少，出产之少，显而易知。又加以吸食之户必领牌照捐，多寡之数亦复可核。此后统行禁种，则本地出产既已划除殆尽，而外来土药又不能私越关卡，东省吸食之人辄以货少费重，自必相率戒烟，多年沉痼，不难一旦廓清。惟是奉省产额向来无多，而收入二十余万两，今既禁种，则行政经费必须另有取偿。各省如云、贵、川、广，则尤为出产大宗，另筹巨款抵补，亦殊不易。若奉省即多此二十余万亦难敷用，况为除此沉痼，岂因区区收入，长此因循。若于别项利源，稍资开浚，民间无尽之藏，当较种烟为尤利。今列为历年比较表，俾观者知奉省禁烟之实行即于减征内见之，若以后则并此减征而不可得矣。

附土药减征表

分类＼年份	光绪三十二年	光绪三十三年	光绪三十四年	减征数目	
土药捐	共收银十四万零六百六十八两零	共收银二万二千九百九十一两零	共收银一万七千二百零九两零	以光绪三十三年较三十二年减征银十一万七千六百七十七两零	以光绪三十四年较三十三年减征银五千七百八十二两零较，三十二年减征银十二万三千四百五十九两零
土药亩捐	共收银三万七千零六十七两零	共收银二万四千六百五十五两零	共收银一万三千七百零一两零	以光绪三十三年较三十二年减征银一万二千四百一十二两零	以光绪三十四年较三十三年减征银一万零九百五十四两零，较三十二年减征银二万三千三百六十六两零
土药估征	共收银七万三千零七十二两零	共收银四万九千三百一十一两零	共收银五万三千六百三十二两零	以光绪三十三年较三十二年减征银二万三千七百六十一两零	以光绪三十四年较三十三年照四钱旧章应减征银二万一千九百零九两零现增收银五万三千六百三十二两因加征之数在内，以三十四年较三十二年照四钱旧章应减征银四万五千六百七十两零，现虽加征仍减征银一万九千四百四十两零

<table>
<tr><th>年份
分类</th><th>光绪三十二年</th><th>光绪三十三年</th><th>光绪三十四年</th><th>减征数目</th></tr>
<tr><td>表例</td><td colspan="4">一、现在实行禁烟，土药岁收逐年递减，以光绪三十二、三、四等年互相比较，减征之数昭然可观。
二、土药寓禁于征，不嫌苛重，故于光绪三十四年三月照依旧章，每斤四钱，奏加一倍。三十四年收数较多，职此之故。若按旧章计算，三十四年实较三十三年减征二万一千九百零九两零。
三、表内土药捐格内即系行销亩捐，估征格内均系栽种，光绪三十四年行销、估征两项加征之数均在其内。然行销土药，虽经奏加，而收数仍较三十二、三两年为减，禁烟盖渐见成效矣。</td></tr>
</table>

附奏土药捐请比照旧章加倍征收片

再查禁烟一事，迭奉诏旨，切实遵行，栽种罂粟亦经定限逐年递减，奉省地方种烟之户向来较多，臣等迭饬各该有司实力查禁，现在民间已知烟之为害，种者日见减少，体察情形，似尚无须十年即可禁绝。惟种烟之利较粮食奚止倍蓰，诚恐僻地愚民仍多贪利私种，不若严定章程，加重税则，使其无利可图，根源自绝，似亦以征为禁之一道也。查奉省土药税章，向分亩捐、估征、土捐三项。亩捐系种土之地，每亩征银二钱。估征系每地一亩，预估出土一斤，征银四钱，以发给印花为凭，然每亩出土不止一斤。土捐系于成土后，行销各属未贴印花者，亦每斤征银四钱。原定税章本较各省土药为轻，现拟将估征行销两项均加一倍，改为各征银八钱。已收估征贴有印花者，不收行销，其亩捐仍照旧章征银二钱。此指本省土药在本省行销者而言，至外来洋药及本省土药行销外省者，应均照向章办理。目下罂粟布种在即，民间若知加税无可图利，即可改种田禾，似于实行禁烟之道，不无裨益。除通饬各属及各税捐局遵照外，理合附片陈明。伏乞圣鉴。谨奏。光绪三十四年三月二十七日片奏，四月初九日奉到朱批：知道了。钦此。

岁出篇

奉省自光绪甲午而后，所入税厘各款，合之旗民两署所征地、粮、杂税，以及各省协饷，岁计不过二百四十万。是时官俸薪饷悉仍旧制，岁出之数已有不敷。庚子以来，丈放蒙围各荒，分设府、厅、州、县，入款较增。而时值兵燹，添练防军，招抚赈恤，需款颇巨，虽奏办推广实官各捐以资挹注，而出款益繁，所亏亦益甚。光绪三十一年，将军赵尔巽莅奉，首裁盛京五部府尹、驿巡道等官，设财政局以统一出纳之权，整顿税捐监厘，裁革陋规，剔除中饱，开办清赋，重定税契章程，岁入骤增。于是设奉天府暨锦西、盘山、同江、法库、辽源、辽中、本溪各厅、州、县，酌定正佐各缺等次，加给津贴。并饬办通省巡警，推广男女师范，普通实业，陆军小学、维城小学等学堂。恭修陵寝宫殿，以壮丰镐之观，开辟商埠马路，以尽交通之利，争采木举渔业，以收山海主权。凡此应兴应革次第举行，虽未尽其绪而萌芽之始，岁出之款要已倍于畴昔矣。世昌奉命总督东三省，当宪政将立之时，知旧习之未尽除也，非改弦而更张之不足与有为。爰议改行省、更官制，自督抚、参赞、司道以下，为之设额缺，定俸廉、公费、津贴，并定司法各官公费，更以旧日之道、府、州、县及各旗署原定津贴未尽允洽，量予增加。改设兴京府、营口直隶厅，添设辉南直隶厅、醴泉县、长兴岛州判，移设抚顺县。又以临江县东滨临鸭绿，南岸，即韩境，惩于延吉昔年之失策，因择要设长白府，宽予开办经费，以期事集。更定长白、盘山、临江、通化、抚顺诸区域，以便民饬边。此外，如筹练陆军，广储军实，扩充学务、商务、振兴实业、农林，又皆为争先之要著，而必不可缓者矣。从前出入之款，分隶于奉天府尹、盛京户部及粮饷处，其后改归财政局，今则悉隶于度支司。而出款则专属之俸饷一科，计其目有五：一、官俸。向隶奉天府尹，以光绪三十年甲辰计之，岁支廉俸役食银九万四千余两，在地粮耗羡、田房税契及山海关、东边两道税款内动支。乙巳酌加津贴，奏明于地粮正耗项下列销。改行省后，凡廉俸公费以及两厅司道所属之学堂局所应支薪水津贴等款，悉由司发。一、旗饷。向隶盛京户部，而以内外城各旗协领、佐领、城守尉、防守尉、防御、骁骑校以及马步各甲之俸饷为最巨，旧由旗租协饷项下拨放，岁九十二万，而三陵祭品及守护官兵、匠役、宗室、觉罗红白恩赏，各旗节妇建坊等款属之。又三陵祭祀器皿所需，向由盛京工部咨领物价，交承办员采买。又年例应进御膳房鹅菜山鸡及上驷院[1]粮差，向由锦州官庄衙门承办，今皆改隶旗务司，而由度支司发款。驿站向由盛京兵部咨领经费、车价、草豆银二万三千余两。乙巳，将军赵尔巽奏，归并驿站，设文报总局。丁未，世昌请将原有驿丞站丁悉数裁撤。戊申，复奏裁东边各州县马拨，添设文报分局，以速邮传。其款则以所裁驿站马拨各项支发，不敷由税捐项下动拨。二、练饷。向隶粮饷处，庚子而后，营制纷歧，饷章紊乱。有盛军、有游击队、有巡捕队各名目，岁需一百三十九万。又各营恤赏军火六万余两。乙巳，奏明改并各营为奉军八路四十营，留盛军二营，另编新安军四营、河防军一营，并增设马步卫队，订购营口之安海、绥辽两炮舰，岁需一百四十三万。复奏调淮军九营，出关助剿边匪，岁给津贴十万余两，而薪饷仍由北洋开支。改行省后，奏裁奉军十之三，分为五路，以所裁之饷添练陆军一标，续练陆军二标，并增设督练处。别立宪兵学堂暨讲武堂以研究武备。收买商民所存枪械以绝匪用，订购北洋子弹以备军储。三、工程。以钦工为最要。三陵、太庙、大内殿阁，岁久未修。将军赵尔巽勘估，奏请择吉兴工，未竣而去任。世昌敬谨接办，督饬在工各员力求撙节，越一载而珠宫具阙，轮换一新，较之原估计省十之二。即以所节展修各工，以求完美。且以行省既建，四方视线所集，爰居爰处，为文明起点，乃就督廨改筑公署，聚各厅司道于一堂，以祛隔阂。此外，则立工程局以修道路，建各属营房以驻防军。改盛京刑部狱及奉天府承德县各狱为模范监狱暨罪犯习艺所，并设贫民习艺所，此又推行新政，非可以常例拘也。四、杂款。名目繁琐，而以收回日俄电线暨增设新民至齐齐哈尔、奉天至临江各电线用款为最巨。此外，则设局续放蒙荒以绥藩服，派员调查边务以备筹防，添立医院、讲求医学以卫民生，挑挖河渠、修筑堤坝以捍民患。上年玉牒尊藏，沿途所费之款，向皆借资民力，动辄数十万。此次奏请作正开销，仰蒙俞允，公家仅用款十余万，而天恩浩荡，民困以纾。至于岁时款待外宾，所以敦列邦之睦谊，尤为外交之必需，而向例之所无矣。款之属于东三省者，另立三省支应处以主之。三省幅员不同，而所入之数亦不同，是以按省份之大小，权其财力分成摊拨，奉省摊十之五，吉省摊十之三，黑龙江摊十之二，所以示区别清界限也。夫以今日之所出与甲午相衡，固有数倍于前者。世昌东来，奏请部拨镑余三百万，复于三省官银号辗转挪垫，始得借手有为。今幸新政之推行渐有进步，官民之程度渐觉开通，所以固疆圉培根本，固非息事省费所能为功也。惟戍奉之陆军

〔1〕　上驷院：清代内务府所属的三院之一，掌管宫内御用马匹。

一镇两协。部议自本年而后所需薪饷由奉省自行筹拨，则此后出款之巨，更有甚于今日者。又况森林矿产之兴盛，实业工艺之增进，非厚集巨资，断不足以集事，是又在当轴之经营矣。

附奏部拨镑余银两逐款请销折并单

奏为谨将部拨镑余银两支用各款，开单请销以清案款，恭折仰祈圣鉴事。窃臣前以东三省初改行省，厘定官制，行政经费需用浩繁，在京奏恳请旨饬部协济款项，以资周转。旋经部臣议准，提拨镑余银三百万两，作为东三省开办新政一切经费。当由臣咨领在案。窃维边疆重镇，初建新模，必设备完全，乃足壮声威，而规久远。而经营草创，尤不能不多费资财。东省旧日规模向欠完整，兵燹以后，更属残缺不全，一旦宏规大启，原非本处财力所能集事。幸赖镑余一款，借资接济。臣详慎筹度，固不能因款项支绌致隘初基，亦不敢稍事宽滥多糜经费。惟初改行省，且值强邻逼处，民智未充之际，所有添设官吏，驻扎军队，以及振兴教育、提倡实业等事，在在均关紧要。改制伊始，虽属以因为创，实不啻草昧经营。当此百政待兴，不但常年经费诸待筹谋，即兴办一事，必须有调查之资，开办之费，且必先有办公之地或另设研究之场，皆莫非特别用款之大宗。臣与三省抚臣往返筹商，按照奏定官制，参酌本省情形，择要兴办。三省各该需款之多寡，一视各事注重之所在，分别缓急，酌量拨用，照数登记。其在奉省应需特别之款而必不可缓者，如建筑公署、营房暨各学堂场所，并省内外道路工程，以至各衙署局所开办经费，与事前应需调查之款，所费即已不赀，均经臣先后奏明办理在案，即由镑余项下陆续核实动支。除其他行政经费由别款开支，应另案奏销，并事关三省之款其在镑余内提用者，亦应另款登除，俟结清核算再行请销外，其以上用过银两，现已时隔年余，缔造经营，规模粗备，工程告竣，亟应开单报销一次，俾清款目。当饬承管各司道将收支各款逐项清理，兹据详细结算开具清单，计共收镑余库平银三百万两，升合市平银三百零九万六千两，除登除项下共市平银一百二十五万三千一百九十一两一钱有奇，共实收用市平银一百八十四万二千八百八两八钱有奇。计开各款应归度支部核销市平银四十六万四百六十六两五钱有奇，应归陆军部核销市平银九十九万六千五百九十九两有奇，应归民政部核销市平银七十五万九千四百九十八两六钱有奇。以上共请销市平银二百二十一万六千五百六十四两二钱有奇，以收抵放，实不敷市平银三十七万三千七百五十五两三钱有奇，已于奉省税捐项下腾挪拨付等情，呈请奏销前来。臣按单覆核，所开各款，以工程为大宗。奉省百物翔贵，工料之昂，迥非内地可比，且各项工程皆系投标包办，勘估有员，监察有员，验收有员，层层钳制，的系工坚料实，绝无偷减情弊。其余支用各款，亦均实用实销，毫无浮冒。谨开具简明清单，恭呈御览。合无仰垦天恩，俯念所用款项均系核实开支，饬下部臣照单准销，免造细册，以归简易。除将详细清单分送各部查核外，所有请销部拨镑余银两以清案款缘由，理合开单，恭折具陈。伏乞皇上圣鉴训示。谨奏。光绪三十四年十二月十七日具奏，宣统元年正月初四日奉批：该部议奏，单并发。钦此。

谨将部拨镑余款内支放各款开具简明清单，恭呈御览。

计开：

旧管

无项

新收

一、收部拨镑余库平银三百万两，升合市平银三百九万六千两。

登除

二、拨吉林省收销市平银十九万七千一百九十四两二钱五分。

三、拨黑龙江省收销市平银六十七万六千二百五十九两一钱六分六厘六毫。

四、拨东三省行营支应处收销市平银八万二千八百九十二两六钱一分六厘三毫。

五、拨东三省陆军粮饷局收销市平银二十四万三千三百四十五两六分八厘三毫七丝八忽六微五纤。

六、拨奉省造砖厂成本市平银三万两。

七、拨奉省官纸局成本市平银二万三千五百两。总计登除市平银一百二十五万三千一百九十一两一钱一厘二毫七丝八忽六微五纤，实收用市平银一百八十四万二千八百八两八钱九分八厘七毫二丝一忽三微五纤。

开除

一、支建造公署收买铺房价值市平银三万五千七十四两五钱。

二、支建造陆军第一混成协营房收买民地价值市平银七万八千五百四十四两八钱九分八厘七毫。

三、支建造陆军第二混成协营房收买民地价值市平银七万五百十七两二钱九厘三毫五丝。

四、支建造督练处收买民房价值市平银三千八百两。

五、支修筑城内马路收买民房价值市平银九千二百四十一两八钱。

六、支收买第一旅馆房屋改为法政学堂价值市平银五万两。

七、支建造陆军小学堂收买民地价值市平银一万二百二两。

八、支第一、第二混成协购买义地市平银三千四百七十四两九钱。

九、支建造陆军测绘学堂收买民地价值市平银二千六百五十五两一钱六分五毫六丝。

十、支建造东三省军械局药库收买民地价值市平银三千三百八十四两九钱七分四厘。

十一、支营协各司局所并学堂、医院租赁民房价值市平银三万三千一百三十两四钱二分八厘。

十二、支各衙署局所开办经费市平银十二万四千五百两。

十三、支派员密查控访川资，并接待外宾各费市平银三万五千九百四十两六钱八分三厘。

以上十三项，共归度支部核销市平银四十六万四百六十六两五钱五分三厘六毫一丝。

一、支建造陆军第一混成协营房工程市平银三十二万五千六百两。

二、支建造陆军第二混成协营房工程市平银三十二万五千两。

三、支建造调东陆军第三镇第五协营房工程市平银十万八千九百六十五两。

四、支添造修改奉天陆军第一标营房工程市平银四万两。

五、支建造陆军第一、第二混成协劝忠祠工程市平银四千五百两。

六、支修建督练处房屋工程市平银三千八百六十两七分七厘七毫。

七、支建造军械库、火药库市平银一万七百七十四两一钱一分。

八、支建造陆军小学堂房屋工程市平银六万八百八十一两。

九、支建造陆军测绘学堂房屋工程市平银一万八千四十两。

十、支奉省步队第一标及炮队一营添制皮衣等项市平银一万三千一百四十二两六钱一分六忽三微六纤。

十一、支购备奉军八路各营军衣靴帽等价市平银七万三千四十七两五钱。

十二、支购备马步卫队军衣靴帽等价市平银三千二百四十八两八钱。

以上十二项，共归陆军部核销市平银九十九万六千五百九十九两九分七厘七毫六忽三微六纤。

一、支奉天行省公署等工程市平银二十三万四千九百二十两三钱六分。

二、支修筑奉天城内马路工程市平银十二万六千六百四十四两六钱三分七厘六毫五丝。

三、支修筑八路门洞马路工程市平银二万六千九百二十二两七钱六分五厘。

四、支修筑小西门外至东清铁道马路工程市平银六万二千六百十六两一钱四分四厘二毫。

五、支修筑小西关外马路工程市平银六万七千九百五两八钱七分七厘五毫。

六、支修筑铁岭县城关内外马路工程市平银十三万一百三十两一钱六分五厘。

七、支奉天城门洞工程市平银一千二百二十二两四钱七分九厘九毫。

八、支购买压路机器价值市平银二万八百六十二两四钱。

九、支修建法政学堂房屋工程市平银二千三百九十三两八钱。

十、支建造工艺传习所暨农业学堂校舍工程市平银五万九千九百六十两。

十、支建造农业试验场围墙房屋工程市平银七千九百二十两。

十二、支农业试验场建造储粮马牛羊各舍库工程市平银一万八千两。

以上十二项，共归民政部核销市平银七十五万九千四百九十八两六钱二分九厘二毫五丝。

统共请销市平银二百二十一万六千五百六十四两二钱八分五毫六丝六忽三微六纤。

实在

不敷市平银三十七万三千七百五十五两三钱八分一厘八毫四丝五忽一纤。

查前项不敷银两，已由本省税捐项下挪拨凑付，理合登明。

附奏请销镑余银两按照部饬另缮清单仍垦饬销折

奏为请销镑余银两，按照部饬另缮详细清单，仍垦饬部核销以清款项，恭折仰祈圣鉴事。窃臣前经具奏，动用镑余银两，开单请销，免造细册一折。奉批：该部议奏，单并发。钦此。嗣经民政部及度支、陆军两部先后覆奏，均奉旨依议。钦此。并据各该部先后将原奏咨行到奉，自应钦遵办理。惟查民政部原奏内称，部销各省土木工程，例于工竣后，造具细册保结，一并咨部备案，方准核销。今该督开单请销工程等项，均系笼统造报，与例案不合，未便准销。应饬令仍将前项工程用款，分晰造具清册，并取具各项保结，咨部核销，以符定章等语。部臣综核款项，固应查照定章，以昭慎重。惟查度支部奏，各省旧案，拟请结清年份，勒限开单报销一折。奉旨依议。钦此。原奏内称：向来报部册式，倍极繁细，其册籍或至百余本及数十本之多，今欲立限扫数报销，若仍令其分造细册，时日既迫，未免强人所难，请遵照清理财政章程第五条，饬将光绪三十三年以前未经报部之案，分案开造详细清单，限于宣统元年十二月以前送部核销。毋庸开造细册，以期速蒇等语。臣此次请销镑余银两，其各项工程，营房衙署地基购买估造，以及创办一切之需，归民政、度支、陆军三部核销之款，皆在光绪三十三年以前陆续核发动用，自应遵照度支部奏定新章免造细册，以清尘牍。又查度支部会同陆军部原奏内称：报销求其核实，原不在开单造册之分，然必须分案开单，方与事实相符，不致有笼统疏略之弊。今此案用银二百数十万之巨，列款至三四十案之多，汇总并作一单，实有未能详细之处。拟令按照指查各节，将用过银两详稽案卷，另行分案开具详细清单，送部核销，以重款项等语。臣查前奏请销镑余一项，归度支部核销者十三款，民政部十二款，陆军部十三款。当时以款目繁杂，若必逐造细册，旷日持久，转非清理财政之道，是以遵照度支部奏定新章开单请销。今既饬查，自应按照部指各节，于原单所未及详者另缮详细清单，俾清款项，间有碍难照办者，亦于清单内详细陈明。惟此案列款虽多，而所用银两均在镑余项下动支，事属一起，自毋庸分案开单，转致割截详译。原奏所谓分案开单，自系指行查各节而言，应饬承办各员按照指查分别办理。至原奏谓该省核发工款向有折减定章，应俟分案各单送到再行酌核办理一节。查奉省各项工程请免照章折减，屡经奏咨在案。诚以工程一项既系实用实销。自不能按照折减旧章办理。倘必须折减，则付款时必将折减统算在内，销款时亦将折减统算在内，殊非核实之道。今奉省各工，均系投标承办，择廉而从，工竣之后，款已实发在商，势难按照折减追回。若于销款内照章折减，则既不能责承管局所赔偿，仍是公家亏累，是实用而不能实销，必于另案核销时设法弥补，似非部臣整顿财政之意。合无仰垦天恩，饬部照单准销，免予折减，以昭核实。除将详细清单分咨各部查照外，所有请销镑余银两，按照部饬另缮清单，恳饬核销缘由，谨恭折具陈。伏乞皇上圣鉴训示。谨奏。宣统元年闰二月二十八日具奏，三月十一日奉到朱批：该部议奏。钦此。

纪行政官经费

三代班爵定禄，各有等差，至于下士犹足代耕，无北门之嗟，而专心于王事。降及后世，井田制变，虽天子亦无私产，始泰然出于赋税一途。度岁出而制岁入，征敛之名有增无已，上愈奢而下愈困矣。然其立法之初，犹欲示子孙以节俭，故官员廉俸，皆至微极薄，曰不欲以是重累吾民。岂知官方之日败，民困之难苏，遂原于此。国朝定制，督、抚养廉不过万金，州县官之廉俸多者千余金而已。夫以封圻帅幕，区区此数，或至不足养门下之客，况为室家之计，不亦难乎。州、县之繁剧者，钱谷刑名分曹而理，即无簿书期会庆贺往来之费，千余金之廉俸，亦万无足用之理。于是督、抚则取于僚属，供张馈遗习为故事。其黠者出入报销之正款以遂其私，其墨者贿赂公行鬻官卖缺，甚至祝寿生子动括百万。督、抚以下，司道本府，层层迫剥，亦惟有竭吾民之脂膏以奉之，既以保禄位，且以谋居积。二百年来，前仆后继，相传为术。官方安在，民困又安有已时也。奉天自改设行省，官制略同内地，而世变既深，不能不革弊政以维新治，始厚养廉以安士夫之心，然后能责以清廉期以忠尽。故督、抚养廉而外，加以公费、津贴。左、右参赞为内地各省所无，耳目之司，品位亦崇，所予半于巡抚。司、道、府、厅、州、县视其繁简，于津贴一项酌为轻重，或厘税杂款余项，久已资地方官办公之用，一时骤难递革，则公费津贴不予焉。如东边道津贴独多，山海关道及同江、义、锦诸厅、州、县，薄予而已足，而一切陋规，办差诸名目则革除殆尽，此正本之道也。

附奉天行政官员廉俸表

	养廉	俸银	公费	津贴
总督	三万两		六万两	三万零八百九十七两六钱
巡抚	一万五千两		三万六千两	九千四百四十八两八钱
左参赞	九千两		一万八千两	三千二百六十九两二钱八分
右参赞	九千两		一万八千两	三千二百六十九两二钱八分
交涉司	六千两		一万二千两	三千七百七十九两五钱二分
度支司	六千两		一万二千两	三千七百七十九两五钱二分
提法司	六千两		一万二千两	三千七百七十九两五钱二分
提学司	四千两		一万二千两	二千一百一十九两六钱八分
民政司	五千两		一万二千两	二千三百四十九两六钱

	养廉	俸银	公费	津贴
旗务司	四千两		一万二千两	二千一百一十九两六钱八分
劝业道	三千两		九千六百两	三千零八十九两七钱六分
巡警道	三千两		九千六百两	二千零八十九两七钱六分
东边道	三千两	一百三十两	三百一十九两六钱	二万四千两
山海关道		一百零五两		
奉天府	四千两	一百零五两	五千两	一万零二百两
锦州府	六百两	一百零五两	五百八十两零四钱	七千二百两
昌图府	二千两	一百零五两	六百三十两零四钱	七千二百两
新民府	二千两	一百零五两	六百三十六两四钱	六千两
海龙府	二千两	一百零五两	四百四十六两四钱	九千七百两
洮南府	二千两	一百零五两	五百三十两零四钱	七千二百两
兴京同知	一千两	八十两	九百六十六两四钱	九千六百两
凤凰厅	一千两	八十两	九百四十两零四钱	六千六百两
营口厅		八十两		七千四百两
法库厅			七千二百两	二千四百两
同江厅			七千二百两	
锦西厅			七千二百两	
庄河厅			七千二百两	二千四百两
盘山厅			七千二百两	
辽阳州	二百九十三两六钱四分	八十两	六百五十七两六钱	九千六百两
岫岩州	三百两	六十两	六百二十一两四钱	七千二百两
复州	三百八十三两九钱一分四厘	八十两	七百六十六两八钱	四千八百两
义州	二百八十二两零一分五厘	八十两	六百零六两	
宁远州	四百二十二两八钱八分七厘	八十两	九百零三两六钱	八千四百两
辽源州	八百两	八十两	六百四十六两四钱	九千六百两
承德县	二百二十五两三钱九分五厘	六十两	一千零四十二两	六千六百两
本溪县			六千两	四千八百两
辽中县			六千两	
海城县	二百五十六两三钱一分六厘	四十五两	六百三十两零二钱	
盖平县	一百七十九两九钱二分三厘	四十五两	六百零七两	四千八百两
铁岭县	一百三十五两一钱五分	四十五两	六百一十五两八钱	一万二千两
开原县	一百三十八两七钱七分九厘	四十五两	五百九十九两六钱	六千六百两

	养廉	俸银	公费	津贴
锦县	四百二十四两四钱四分四厘	四十五两	八百六十四两二钱	
广宁县	二百七十一两零二分九厘	四十五两	八百二十五两四钱	六千六百两
绥中县	八百两	四十五两	七百三十七两四钱	
奉化县	八百两	四十五两	七百八十两零四钱	七千八百两
怀德县	八百两	四十五两	七百八十两零四钱	七千八百两
康平县	八百两	四十五两	七百八十两零四钱	七千二百两
彰武县	八百两	四十五两	六百四十六两四钱	四千八百两
镇安县	八百两	四十五两	七百六十六两四钱	四千八百两
东平县	八百两	四十五两	六百四十六两四钱	一千二百两
西安县	八百两	四十五两	六百四十六两四钱	
西丰县	八百两	四十五两	六百四十六两四钱	
柳河县	八百两	四十五两	六百四十六两四钱	六千八百两
安东县	八百两	四十五两	七百二十四两四钱	四千八百两
宽甸县	八百两	四十五两	七百三十二两四钱	四千八百两
通化县	六百两	四十五两	七百六十四两四钱	四千八百两
怀仁县	八百两	四十五两	七百五十二两四钱	四千八百两
辑安县	八百两	四十五两	六百四十六两四钱	七千二百两
临江县	八百两	四十五两	六百四十六两四钱	七千五百两
开通县	八百两	四十五两	七百三十两零四钱	七千二百两
靖安县	八百两	四十五两	七百三十两零四钱	七千二百两
安广县	八百两	四十五两	七百三十两零四钱	七千二百两
抚顺县	八百两	四十五两	六百四十六两四钱	八千四百两
长兴州判			二千四百两	
醴泉镇			六千两	
奉天府教授		四十五两	六十两零六钱六分七厘	六百三十两
锦州府教授		四十五两	六十两零六钱六分七厘	三百二十两
昌图府教授		四十五两	六十两零六钱六分七厘	二百四十两
新民府教授		四十五两	六十两零六钱六分七厘	三百二十两
海龙府教授		四十五两	六十两零六钱六分七厘	四百八十两
洮南府教授		四十五两	六十两零六钱六分七厘	四百八十两
兴京厅教谕		四十五两	六十两零六钱六分七厘	三百二十两
凤凰厅教谕		四十五两	六十两零六钱六分七厘	三百二十两
辽阳州学正		四十五两	六十两零六钱六分七厘	三百二十两
复州学正		四十五两	六十两零六钱六分七厘	四百八十两
义州学正		四十五两	六十两零六钱六分七厘	四百八十两
宁远州学正		四十两	六十两零六钱六分七厘	四百八十两
辽源州学正		四十两	六十两零六钱六分七厘	三百二十两
岫岩州训导		四十两	六十两零六钱六分七厘	二百四十两
海城县训导		四十两	六十两零六钱六分七厘	三百二十两

	养廉	俸银	公费	津贴
盖平县训导		四十两	六十两零六钱六分七厘	二百四十两
铁岭县训导		四十两	六十两零六钱六分七厘	三百二十两
开原县训导		四十两	六十两零六钱六分七厘	二百四十两
广宁县训导		四十两	六十两零六钱六分七厘	二百四十两
绥中县训导		四十两	六十两零六钱六分七厘	三百二十两
奉化县训导		四十两	二百六十两零六钱六分七厘	三百二十两
怀德县训导		四十两	二百六十两零六钱六分七厘	二百四十两
康平县训导		四十两	二百六十两零六钱六分七厘	三百二十两
彰武县训导		四十两	六十两零六钱六分七厘	四百八十两
镇安县训导		四十两	六十两零六钱六分七厘	四百八十两
奉天府经历	四十五两	四十五两	三十六两	八百两
锦州府经历	四十两	四十两	三十六两	七百两
新民府经历	一百二十两	四十两	一百六十五两六钱	七百两
海龙府经历	一百二十两	四十两	一百六十五两六钱	六百六十六两六钱
洮南府经历	一百二十两	四十两	一百六十五两六钱	八百两
兴京厅经历	一百二十两	四十两	一百六十五两六钱	七百两
凤凰厅经历	一百二十两	四十两	一百六十五两六钱	七百两
达都牛录县丞			一千二百两	
哈尔套街县丞	一百二十两	四十两	一百六十五两六钱	五百两
小三家子县丞			一千二百两	
长甸河县丞	一百二十两	四十两	一百六十五两六钱	
东边道库大使	七十一两五钱二分	三十一两五钱二分	六十两	七百两
后新秋主簿	七十一两五钱二分	三十三两一钱一分四厘	一百六十五两六钱	五百两
奉天府司狱	三十一两五钱二分	三十一两五钱二分		八百两
昌图府司狱	七十一两五钱二分	三十一两五钱二分	六十两	五百两
八面城照磨	七十一两五钱二分	三十一两五钱二分	一百三十二两	
乾安镇照磨			一千二百两	
辽阳州吏目	三十一两五钱二分	三十一两五钱二分	六十两	七百两
复州吏目	三十一两五钱二分	三十一两五钱二分	六十两	七百两
义州吏目	三十一两五钱二分	三十一两五钱二分	六十两	五百两
宁远州吏目	三十一两五钱二分	三十一两五钱二分	六十两	七百两
辽源州吏目	七十一两五钱二分	三十一两五钱二分	六十两	五百两

	养廉	俸银	公费	津贴
赛马集巡检	七十一两五钱二分	三十一两五钱二分	六十两	七百两
石城岛巡检			一千二百两	
岫岩州巡检	三十一两五钱二分	三十一两五钱二分	六十两	七百两
大孤山巡检	三十一两五钱二分	三十一两五钱二分	六十两	一千八百两
水门子巡检			一千二百两	
三岔河巡检	三十一两五钱二分	三十一两五钱二分	三十六两	五百两
天桥厂巡检	三十一两五钱二分	三十一两五钱二分	三十六两	五百两
样子哨巡检			一千二百两	
安东县巡检	七十一两五钱二分	三十一两五钱二分	六十两	五百两
太平司巡检	七十一两五钱二分	三十一两五钱二分	六十两	
宽甸县巡检	七十一两五钱二分	三十一两五钱二分	六十两	七百两
二龙渡巡检	七十一两五钱二分	三十一两五钱二分	六十两	七百两
通化县巡检	七十一两五钱二分	三十一两五钱二分	六十两	七百两
八道江巡检	七十一两五钱二分	三十一两五钱二分	六十两	七百两
怀仁县巡检	七十一两五钱二分	三十一两五钱二分	六十两	五百两
四平街巡检	七十一两五钱二分	三十一两五钱二分	六十两	七百两
岔沟门巡检	七十一两五钱二分	三十一两五钱二分	六十两	五百两
开通县巡检	七十一两五钱二分	三十一两五钱二分	六十两	八百两
靖安县巡检	七十一两五钱二分	三十一两五钱二分	六十两	八百两
安广县巡检	七十一两五钱二分	三十一两五钱二分	六十两	八百两
绥中县巡检	七十一两五钱二分	三十一两五钱二分	六十两	七百两
彰武县巡检	七十一两五钱二分	三十一两五钱二分	六十两	七百两
承德县典史	三十一两五钱二分	三十一两五钱二分	六十两	五百两
抚顺县典史	七十一两五钱二分	三十一两五钱二分	六十两	八百两
海城县典史	三十一两五钱二分	三十一两五钱二分	六十两	五百两
盖平县典史	三十一两五钱二分	三十一两五钱二分	六十两	五百两
铁岭县典史	三十一两五钱二分	三十一两五钱二分	六十两	七百两
开原县典史	三十一两五钱二分	三十一两五钱二分	六十两	五百两
锦县典史	三十一两五钱二分	三十一两五钱二分	六十两	
广宁县典史	三十一两五钱二分	三十一两五钱二分	六十两	七百两

	养廉	俸银	公费	津贴
奉化县典史	七十一两五钱二分	三十一两五钱二分	六十两	五百两
怀德县典史	七十一两五钱二分	三十一两五钱二分	六十两	五百两
康平县典史	七十一两五钱二分	三十一两五钱二分	六十两	七百两
镇安县典史	七十一两五钱二分	三十一两五钱二分	六十两	七百两
东平县典史	七十一两五钱二分	三十一两五钱二分	六十两	七百两
西安县典史	七十一两五钱二分	三十一两五钱二分	六十两	五百两
西丰县典史	七十一两五钱二分	三十一两五钱二分	六十两	五百两
柳河县典史	七十一两五钱二分	三十一两五钱二分	六十两	七百两
辑安县典史	七十一两五钱二分	三十一两五钱二分	六十两	七百两
临江县典史	七十一两五钱二分	三十一两五钱二分	六十两	七百两
长白府、抚顺县、长兴州判	设治开办经费二万九千三百两			
	以上共计银九十万零二千六百九十六两零四分			

纪公署经费

有行政之官，必有议政之地，日集僚佐，以规划政事，然后可以抉利弊，决进止，祛隔阂。三代之治，天子早朝，见百官执事。侯国亦然。虽一命之士，皆得与闻朝政，上下之气遂通。秦汉以降，制犹未改也。封疆之吏，为朝廷布治宣化，非惟以一己之意见代表中央政府之施为，盖其属吏皆天子之所置所，所以左右先后我者，提纲分职，必拟议而后行。下至主簿[1]、功曹[2]，亦各尽所知，以弥缝大计。若此者求之，个日已不可多见矣。督、抚高坐堂皇，司道属员每日循例谒见，庶政所商榷不过一二，僚吏之量移，差委之调剂，以私意为公言，晏然不为耻。督、抚以专断秉重权，属员以例文稽时日，世变既急，外交内政，事事丛脞合凡百，在位竭其聪明智力，出以灵敏之手

〔1〕　主簿，古代官名，是各级主官属下掌管文书的佐吏。魏、晋以前主簿官职广泛存在于各级官署中；隋、唐以后，主簿是部分官署与地方政府的事务官，重要性减少。

〔2〕　功曹，古代官名，亦称功曹史。西汉始置，为郡守、县令的主要佐吏，历代沿置。

段，尚虑不可以挽颠危，况任其颟顸委蛇以图自强，岂可得哉。奉天官制既定，即建设公署为公共办事之所。督、抚、参赞、司道，每晨入署，有司执职决疑问于督、抚，遇有重要秘密之件，则一堂接洽，取决从同，或下咨议厅条议，以符庶政，听诸公论之义。左右参赞为督、抚耳目，居诸僚上，所领承宣、谘议两厅，亦附于公署，与内文案相表里。于是机关既立，遂有专费。体制所在，规模备焉，控御所枢，机栝纷焉。故岁出经费自为一部，不附丽于他项。而行省发生之事，实皆由此萌芽。以言论之地，伸行践之实，诚大有造于行政之前途者。二十余万之支额，断不容吝惜者也。

附公署经费表

公署	一万零五百四十九两零五分	
承宣厅	七万六千六百九十九两七钱一分	
咨议厅	五万三千九百六十九两二钱八分	
内文案	四万九千三百二十六两六钱一分	
暖气管	二万零一百五十五两	
电报费	三千零四十六两一钱	
书籍费	五百三十八两八钱	
庆贺费	一万六千三百四十四两六钱四分	
附设调查局	二万九千一百八十四两	
以上共计银二十五万九千八百一十三两一钱九分		

纪司法经费

国朝官制：刑部、都察院、大理寺，曰三法司。国家慎刑之德，不惮务为详细，多予以平反之路，职掌不止一官，本无背司法独立之制也。逮各省提刑一使，职司审决，渐已名存实亡。督、抚牧令操生杀之权。司法与行政遂混合而不可析。世风漓薄，讼狱日兴，州、县之官，转注重司法，旷其行政之责，相沿盖已久矣。宪政萌芽，牵附纠杂，关系之大莫要于清三权之限，则司法与行政不得不分。奉天为试行新官制省份，故先各省设提法司，为司法独立之权兴。然亦如昔日之提刑、按察使耳。于是设各级审判及检察厅，取地方官司法之权付之，司法行政始不相淆。虽然，昔日以地方官兼司法之任，则无经费之可言也。自各级审判及检察厅成立，既有专司，又为要政，立制渐密，则分庭渐多，经费所需，岁增巨额，此为昔日之所无者。而明刑所以弼教，民治亦以日理，于是以其暇日修监狱，以居罪犯，设艺厂以待拘留，讲法律以储狱吏，发囚粮以溥仁施。一切经费皆取之度支司，为数亦复不少。顾从此得组织司法独立之制度，改良腐败监狱之旧状，其裨补者正多也。

附司法经费表

提法司	四万三千七百七十八两
高等审判检察厅	五万七千一百一十四两
地方审判检察厅	五万五千六百五十九两
第一审判检察厅	一万零六百八十九两
第二审判检察厅	三万零九百零八两
第三审判检察厅	六千一百八十三两
第四审判检察厅	六千七百三十五两
第五审判检察厅	六千一百三十八两
第六审判检察厅	五千七百七十八两
司法长警	一万六千二百三十六两一钱六分
模范监狱	二万一千七百六十八两
罪犯习艺所	五千二百五十八两四钱
法律讲习所	一万七千九百九十两
各属囚粮	二千九百八十一两
承德县禁卒薪工	八百四十两
承德县修狱	四百九十九两二钱九分
以上共计银二十八万九千五百五十四两八钱五分	

纪外交经费

列国并立，友邦辑睦，敦槃玉帛，会盟报聘，岁时而有。沿边行省，以海岸为户庭，重门洞启，交涉日多，外宾纷来，行李供给，因应与款待之需，此亦势所不容已者。况奉天经日俄战后，主客之分甫定重事要政，非礼妄干，至于微物细故，亦往往起断断之交涉，大局所关，计得失之轻重，而应付之，则万不能顾惜资财，以生他人轻侮之心，碍后此交邻之局。且地方新放满洲十六处之商埠，万国共知，杂沓来游，挟资营业，我方立于逆旅主人之地位，正欲以招徕之术，进各国名公巨卿富商大贾而兴之周旋，使宾至如归，得以实业之经营，厚我间接之势力，此虽赖机警捷给之外交手段以相结也。而结纳交游，酒食馈赠，则亦非挥巨资快豪举而无以为功。盖闻欧洲各国之对于国际也，固慎重外交之人才，尤不限制外交之经费，往来通问，致殷尽勤，关系于睦谊者大也。协助之资，慈善之举，或明知其无谓，犹必郑重以副之，又国体之所存也。至于组织机关，探刺外事，振免鹘起落之势，为苍鹰择食之谋，此奉卑士马克为前事之师，而万国所不自讳者。其浪掷金钱，求不可知之效，于二三十年后，皆以为正当之行政费，慷慨而无所吝啬，立心亦可知矣。今日之奉天，纵不能偿大欲于樽俎间，然亦岂能以节用之故，限制外交经费。盖苟犹有尺寸之进步也，其岁出支额，且有增而无已也。

附外交经费表

交涉司	十万零五千一百一十八两五钱
交涉各分局	二万九千四百五十九两
款待外宾	八万二千一百八十二两六钱九分
护解美犯川资	二千六百四十二两零四分
日商迁房费	一千九百八十两
万国渔业会	三千两
以上共计银二十三万四千三百八十二两二钱三分	

纪旗务经费

奉天为邠岐故壤，陵寝在焉，岁时献祭，典礼孔隆，固重要之事，当恪恭以将者也。未设行省以前，凡旗务悉统于旗官，三陵衙门而外有不及于将军者，各副都统司其职。官制定后，特设旗务专司，于是献祭大典及进呈例贡，以至俸饷赏恤，无大无小，悉旗务司主之。自旗务列于六司，用人分职，略如定制，则有旗务司署经费矣。旧时旗务衙门未撤者尚多，局面虽更，职掌犹昔，则有三陵衙门及各副都统署经费矣。春秋陈祭，罔敢陨越，申朝廷敬祖之意，则有祭祀经费矣。山川磅礴，牲牷肥腯，帝乡根本，官庄穰穰，则有呈贡经费矣。八月旧旅，世有分粮，宗法完密，乡官如织，则有各旗官俸饷矣。仁恩浩荡，首被天潢，则有宗室、觉罗红白赏矣。教育既兴，亟谋普及，则有宗室、觉罗学费矣。至若地租之给发，喇嘛之施与故事相沿，年湮代远，皆非可轻言改革者。而度支司岁发旗务经费九十余万，只各旗官兵俸饷一项占十之七，此亦成例之所遗，然于整顿旗政问题，与实行立宪政体，其关系不可不深长思也。

纪旗务经费表

三陵衙门	二千零一十八两	
盛京副都统	九千一百五十五两	
兴京副都统	三千八百五十五两	
锦州副都统	八百五十五两	光绪三十四年九月奏裁
金州副都统	一千三百五十五两	
旗务司	四万九千六百四十四两	
内外城官兵饷	六十一万七千一百四十八两	
官兵补领	四百一十三两	
各协领路记津贴	八千二百八十两	
三陵祭品	六千九百六十八两	
三陵稗折	一万三千五百八十两	
三陵值班官兵津贴	七千六百一十四两	
三陵值班官兵衣装	三千六百四十两	
三陵官兵薪炭	一千一百一十六两	
陵庙祭需	三千四百七十五两六钱四分	
泰孝陵祭品运费	九百六十八两五钱四分	
玉牒差	五万八千二百七十两零三钱四分	
贡鹿价值运费	二千三百五十三两七钱	
锦州官庄贡差	四万零一百零六两	
锦州庄粮贡差运费	二千三百八十五两	
官庄牛价	七百四十九两	

宗室觉罗红白赏	九千八百五十两	
宗室觉罗及岁补领饷	一万七千零九十两	
宗室觉罗学费	四百七十八两	
宗室族长经费	一百六十八两	
宗室营地租	一千四百六十一两	
旗饷奏销部饭	一百二十两	
喇嘛香灯	八百两	
喇嘛布折银	三百三十八两	
节妇建坊	二百八十两	
锦广义三城兵地租	一千五百九十八两	
以上共计银九十万零六千二百三十八两二钱二分		

纪民政经费

新政聿兴，百废具举，朝廷欲求上下之相安，而进公民之资格，故举其公天下之心，以示天下。汲汲注重民政，立自强之机，数年以来，各省纷设巡警道以兴警政矣，为斯民保治安，谋生计，皆巡警道责也。奉天亦设巡警道，毁复设民政司。以警政一部专归巡警道办理，而民政司所急有事者。则当立宪预备之年，筹办选举，应弦赴节，势不容缓，此其一也。万国协助戒除烟毒，严查禁以杜依违，又其一也。至于卫生防疫诸端所以重生命也，养济赈抚之举，所以救无告也。新闻探访为辅助之机关，修道疏渠为交通之要政。求其愈治愈安，则需款亦愈巨，只警政一部，岁费殆百万以外，筹之于地方上者，未敢以善政为苛政，则不得不有节以取之。其余千端万绪，需额虽多，一一皆付之计吏之策划。夫万国通例，愈欲图强，则愈不能省费。而文明之治国，用既悉取于民，则以地方之财办地方之事为最合理。整理民政，所谓办地方之事也，吾民担任赋税之责，二三百年于兹，祖父子孙，输将图课，世世罔懈，固欲享社会之乂安耳。令少衰其赋税以相偿，亦以得本固邦安之义，盖又大局所系，求治者所欲罢不能，非徒为吾民已也。

附民政经费表

民政司	五万五千六百七十九两九钱	
巡警道	二万八千四百六十一两四钱五分	
谘议局筹办处	三万八千三百两	
官吏禁烟查验所	六千九百六十两	
巡警总局	二十万零二千五百八十九两一钱二分	
乡镇巡警局	三万四千二百三十六两二钱九分	
巡警教练所	二万九千一百九十六两九钱	
巡警军装	四万九千二百七十一两	
卫生医院	三万五千六百二十两零七钱六分	
各处防疫	七百四十二两七钱六分	
戒烟所	五千六百九十九两二钱三分	
贫民习艺所	四万两	
各属赈抚	一万四千九百五十七两一钱五分	
兴京养济院	四十二两三钱	
补助三省日报	二千四百两	
修筑河堤桥道	二万七千一百四十五两七钱六分	
修理马路沟渠	二万一千一百六十六两三钱六分	
探访局	一万七千九百零八两	
以上共计银六十一万零八百七十六两九钱八分		

纪教育经费

先王之治天下，政以维之，教以导之，故三代学校之制独详。秦汉以降，渐失古意，而更老啬夫，教族行化，教育与取士犹厘然不容相混也。科举取士之制兴，惟国学独存，而乡学亡矣。然有明学官，朔望集诸生于学宫，讲五经大义，亦未尽斐古人良法。黄梨洲论学校之制，知教育与取士以习惯既久，不能过于分析，则主司马温公十科取士之说，视其所宿习，自经史子部兵法，以至天文历算更迭试之，而基于学校书院之课程，以为根柢，此今日学堂之先声矣。太西各国，以实学为提倡，科学分门，各为专部，与我国合文章经济为一事者，其宗旨已不相侔。而覃精研思，仡仡终身者不过一科之学问，由单简而繁赜，由浅近而深微，造诣已深而未敢问世，此则又非吾国人所能及者也。其国家于教育一道，为异常注重之点，以为是立国之本，庶政之母，不惜倾全国之财力，广筹经费，城都市邑以及荒僻村落，无不学堂林立，每岁教育费可与军政费相颉颃。其鼓舞奖励，民间闻风乐善，私立以教授生徒者，尚不知凡几也。虽人人有学税之征，亦为数无几，国家肩此重担，未尝以库空之故稍缩其范围。效果之收，卒至于举国上下，贵贱无非教育中人，富强之机于是乎立，平昔所不敢惜资财者，见早及此矣。吾国维新多趋西法，惟学堂之制实为复古，不过因时应变，学科遂尔不同。山陬海隅，风气未开，筹款乃多阻力，望民间好义奋兴私立一校，已戛乎其难，而奉天为益甚。民立者少，责任愈归于官，斯经济界所负亦愈重，或不得已出于劝捐一途，而富绅巨室苟不来无理之阻挠，学务已获大幸，尚求其助官力于万一耶。奉天旧制，贡举之数，学校之额，远不能与中原大郡匹，旗则文逊于武，民则读逊于耕，二百年来治化之醇朴以此，民智之锢蔽亦以此。今庠序[1]如林，诵经盈耳，他日士民强学之程度进，而兴学之公义亦进，又值国家实行强迫普及主义时代，则筹教育经费之难，抑更倍蓰于今日矣。

附教育经费表

提学司	七万七千三百九十七两	
省城各学堂	三十三万九千五百四十五两	
京津留学生	二万九千八百一十六两	
各国留学生	五万三千九百八十六两四钱五分	
陆军学堂	五万零八百八十二两四钱	
方言肄习所	七千零七十六两一钱六分	
法政学堂	七万八千三百六十两	
巡警学堂	二万八千九百五十一两	
森林学堂	四万五千二百四十两	
商业学堂	七百二十两	
奉天府医学	一百五十两	
以上共计银七十一万二千一百二十四两零一分		

〔1〕　庠序：中国古代的学校，也泛称学校或教育事业。

纪财政经费

奉天岁入悉输于度支司，各处需款，一纸公文发储以付，或有所经营生利之事业，则各归所司总核汇报，别无所谓财政经费也。惟度支司为一省财政之机关，非惟出纳会计当而已。盖当裁制预算，肆应缓急，而于一切征收之短额及报销之弊窦，皆有整顿稽核之权者也。至于垦务各局虽本为开财源起见，对殖民实边具有深意，不必其获利之多寡，公家且不能不别拨专款以组织之。今隶度支司，地价有则，升科有期，赋税有制，亦财政上之事业矣。银圆局权衡币制，维持圆法，纯乎为行政权所控纵，与官银号性质不同，而于行政之中建乐利之业，又不得谓之非财政范围。电灯创办厥效未著，基本之金取之官中。交通之业必收利赖。凡此数者，皆所谓生利事业之经营，而不归于各部分者。岁用多寡，固当与度支司同列于财政之经费者也。盖闻管仲官山府海而齐以富，是以整顿财政，视夫中央之机关能否负制用之责任。若夫生财大道，苟有利于国家，足以操胜算而裕府库者，必不惜投之以资本，运之以机谋，以求相偿之平准，诚有异于普通营业。而经费之支出，用意亦与各处不同。子母循环，操纵在手，司财政者，固不可不知也。

附财政经费表

度支司	一十五万零六百一十八两七钱九分
各垦务局	四万六千二百四十二两
银圆局	二十一万二千零九十七两八钱六分
电灯经费	四万六千零十三两五钱五分
以上共计银四十五万四千九百七十二两二钱	

纪实业经费

吾国自昔无实业，数千年来以农立国，而农学未当讲求，农理未当发明，农法未当改良，无农业也。百工居肆，朴陋自安，而新器不御，新艺不兴，奇伎淫巧，引为厉戒，无工业也。日中为市，有无相通，商业尚矣。而死守市廛，规模狭隘，无商业也。业人设官，五金著用，矿产盛矣。而矿苗之测验不精，矿物之采取至拙，无矿业也。晦盲否塞，以至今日，际列国虎吼鹰扰之世，实业竞争，强弱声焉。吾始蠕蠕然欲有为，于是奉天有劝业道之设。然以向无实业之国，奉天又为草莱初辟之地，百事创举，作始实难。从来生利之事业，希望愈大，则资本愈多，而期成于一二十年以后，论者不察，以为弃巨资与天时地利争，不知钩辟新知转移民蔽，此又岂空言所能成功者。如农业未尽兴也，试验场已纷立矣。工业未发达也，传习所已举办矣。商业未扩张也，已有陈列所矣。矿业未开采也，已有调查局矣。官牧场尚墨守于择种留良之时代，植物研究所仅辨别乎种瓜种豆之收成，渔业之提倡在争海权，种树之布置始有萌孽。凡此者皆以绝大之资本投之而有增未已，明知大利之所在，万不能惜经费而罢经营。然苟必欲取偿于一年半载之间，则诚狂妄之见矣。故实业经费视他部分为多，而他时之食其利者，乃将什百千万。况新知既辟，民蔽既祛，全省实业已有蒸蒸日上之势，此则间接之利益，不能列表以権算者也。

附实业经费表

劝业道	十一万七千五百三十五两	
矿政调查局	二万八千八百一十六两	
农业试验场	八万二千四百二十五两	
工艺传习所	六万八千五百两	
商品陈列所	一万四千五百八十两	
造砖厂	八万七千一百六十两	
官牧场	三万六千两	
渔业总局	八万四千两	
森林调查所	一千七百五十二两	
种树公所	四万八千两	
植物研究所	二万四千两	
官牧场地价	三千三百九十四两六钱八分	
农业试验场地价	三千三百九十四两	
农业分场	五万七千六百两	
官纸局	一万三千两	
购回新民府日砖厂	七千两	
以上共计银六十七万七千一百五十六两六钱八分		

纪军队经费

强弱判然之国，以兵力战，强弱相等之国，以财力战。列强环视，伺隙而动，兵力不足以拒敌，财力不足以运行，则尤不得不矜矜慎持，黾勉筹划，则财力更不能惜，非敢谓以此制人也，盖亦欲幸保一日之安，以修内政，求免内忧之起，以杜责言耳。且所谓以财力战者，非战于临时，战于平日也。非战于战，战于不战也。奉天自日俄局定，无地非战线，无时非战机。于我国与他国决裂而外，复日防他国与他国之决裂以牵动我国，乃急谋整饬军政，其消弭一二，于是拨陆军也，练新军也，整顿巡防营也，修建海防河防船舰也，创立陆军各学堂也，惨淡经营，兵备稍厚，而经费之额已甚巨矣。国家锐意经武，陆军部拟练陆军三十六镇，东三省应得三镇。往岁北洋拨来新军，其饷糈不由奉天供给，岁省尚百余万，后此便须自筹养军之款，负担益重。而日俄交窥，互相攻抵，又非目前之陆军所可了。或欲于定制之外，复有所扩张，则今日之竭蹶以从，已在行百里半九十之数。一省之力量有限，行省甫设，庶政待兴，疐后跋前，顾此失彼，谋大事者不当出此。至于胡匪出没，梗阻边陲，驱陆军以芟削之，或以情异形殊，用非所习，则巡防营亦万难递撤。惟有于存亡危急之秋，冀收勉强为善之效，固不敢虚糜款项，来逍遥河上之讥，尤不敢爱惜资财，贻烽火屯空之虑。孰谓可与欧美各国之预算军队费同年而语也耶。

附军队经费表

巡防营务处	四万九千六百七十四两	
行营发审处	二万三千三百七十六两	
奉军巡防队	一百一十三万二千三百三十两	
河防营	八千八百三十二两	
陆军一标	二十五万八千五百六十四两	
陆军二标	十三万八千五百五十二两	
安海绥辽炮舰	二万五千三百六十八两	

淮军津贴	十三万零七百零四两	
各营购制各项	十五万七千五百六十六两	
各营犒赏	九千八百零四两	
各营恤赏	四千五百八十九两	
各军调防剿匪旅费	二万九千七百八十三两	
稽查铁路津贴	七百六十八两	
拨兵津贴	三千二百八十八两	
供应武卫军过境	三百六十二两六钱七分	
督辕马步卫队	三万三千零七十二两	
各属捕盗	十八万九千零十二两	
海龙护矿官兵	三千八百七十一两	
随营学生津贴	五千一百七十四两七钱六分	
河防营修船	一千零零四两五钱二分	
奉军改变五路裁官兵一月恩饷	三千六百二十两	
兵民恤赏	三千九百九十六两三钱五分	
中军处活支	二万零二百两	
以上共计银二百二十三万三千五百十一两三钱		

纪建筑经费

论治本者，动曰治天下之事在精神而已，安在乎形式，此就一事而言之也。若夫置一镇辟一地，化草昧为文明，进朴陋为裔皇，则必问其规模之能否宏大，气象之能否发舒，盖非如是，不能新一时之观听，振进取之精神也。然此犹就一地之行政官厅治事所言之也。使其地有芒砀兴云之瑞，为姜嫄诞陟之区，丰镐钟灵，宗祏永奠，丁金钲之曾震，幸匕鬯之未惊，又应如何。丹艧觚棱，磨砻翁仲，以安灵奕，以壮观瞻。苟徒惜内府之钱，忘追远之意，诚非臣子之心也。行省新立，官制初颁，齐楚介居，耳目悉属，官事不摄，则行政官厅视内地为多，百废俱兴，则治事公所较旧时为夥。分科隶事，制例既殊，连廨启舍，斟酌渐密，复欲宏大其规模，发舒其气象，非敢侈轮换之美，聊以免僻陋之讥，而工程之费，已数十余万矣。战事方终，主客大定，骑迹所过，破屋无存，所幸松柏依然，三陵风静，钟簴无恙，太庙门高，伸忠孝之忱，召将作之匠，敬谨兴修，罔敢陨越，经费又不赀矣。凡奉天之建筑，非典礼所崇重，即行政之范围，虽如船坞、牌坊，皆关乎军事与地方而不容已夫，何敢有无当缓急轻易用财之举动哉。

附建筑经费表

太庙宫殿工程	二十三万五千九百三十四两一钱	
陵寝工程	六千九百五十四两三钱六分	
文庙工程	一百五十八两八钱三分	
工程局	七万七千一百九十四两四钱六分	
各署局所工程	十八万七千三百九十六两	
各营工程	四万六千二百八十六两九钱四分	
营口炮舰船坞	三千七百三十一两八钱六分	
西边门铁牌坊	三千四百两	
营口马头	一千零八十两零五钱	
以上共计银五十六万二千一百三十七两零五分		

纪交通经费

立国以交通为命脉，消息灵捷，血气贯注，然后可以自存。不然蹶且仆矣，遑论外侮之御哉。轮船铁路之未兴也，肤廓辽远，声化阻隔，至不能被及边陲，商贾之往来，物产之交易无论矣。邮政电报之未设也，驿站络绎，马拨驰骋，侯甸以外疆场之警，则旷日持久或数月而后至。草莱未辟之地，驿站所不能通，且视等瓯脱，不一闻问，如此者何以立国。海禁大开，东南多事，则电报设矣。商务日盛，估舶贩载，则轮船创矣。内地艰阻，疲于转运，则铁路兴矣。轮路四通，交际愈密，则邮政盛矣。交通之益，虽不能遍于陬澨，而命脉尚存，已超越于昔者。奉天自收回新奉铁路，添设各处电线，始无穷山坐困之虑。裁撤旧驿，改立文报局。递信之机关愈无窒碍。一时经费，遇事而增，又安设电话，以抵制他人之专利。组织转运局以灵活官物之出入，派各处调查侦探，以辅助行政之机权，由是交通政策渐称完备，而需款亦渐多。虽电报电话本有生利之希望，惟目前社会幼稚，百业未兴，有不能骤语此者。至于赎回俄线，创办蒙地电报，或明知其徒耗资财，而主权与国是之所关，所见者又在大也。

附交通经费表

文报局	四万九千四百二十六两	
电报局	二千四百两	
本城电话	一万九千五百四十五两六钱九分	
安东电话	三千六百五十两	
奉临电线	四万两	
各转运局	一万五千六百九十五两三钱二分	
各处调查坐侦探委员	二万六千六百七十三两八钱	
各项运费	一百五十九两一钱七分	
以上共计银十五万七千五百四十三两五钱六分		

纪各处协助经费

奉天各处协助经费不多。戊申支额，大约股本为一项，助邻为一项，慈善为一项，例派为一项，恤商为一项。股本者，大清银行股本也。大清银行之组织，除由部筹拨股本外，复令各省酌量认股，奉天未有以异也，助邻者，黑龙江省新政费也。黑龙江榛莽未开。种族纷杂，举行新政，筹款艰难，三省休戚相关，辅车相倚，故受协于奉天，而非为泰也。慈善者，北京官医局与省城医学堂也。官医局赖各省所扶掖，医学堂则英人所设，外邦医士挟教会之力，奔走数万里，施泽吾民，吾诚不能无以奖励而维持之也。例派者，政治官报与都察院饭食也。恤商者，协济营口市面也。近年以来，奉天商业不振，外货掠夺，大局动摇，重以辽河淤塞，运道不通，有此种种之原因，营口市面为之衰落，有时银根短绌，运掉不灵，商情汹汹，影响所及，固非只一埠之事，亦非只商务之忧，故不得不以官力协济之，使由危而安，禁动为静，虽官款难移，而政之善者莫过于此。夫犄角失则声势孤，枝叶落则本根动，协济黑龙江新政及营口市面，此皆最要之著，必当勉强赴之者，勿沾沾于经费之疆界也。

附各处协助经费表

大清银行股本	一万零五百五十六两	
黑龙江新政费	十六万六千六百八十四两九钱一分	
北京官医局	五百两	
英立医学堂	三千两	
政治官报	一千四百二十二两五钱	
都察院饭食	一千零六十两零八钱	
协济营口市面	二十五万零三百九十七两七钱六分	
以上共计银四十三万三千六百二十一两九钱七分		

附会同直督奏查明营商倒闭亏欠各款拟定抵押分摊办法折

奏为查明营商倒闭亏欠各款，拟定抵押分摊办法，恭折奏闻，仰祈圣鉴事。窃照上年十月营口巨商东盛和等五号同时歇业，亏累巨万，群情惊扰，牵动全埠。臣等闻信之下，当即飞饬署奉锦山海关道沈桐督同商会调查账款，设法挽救，以安市廛，而维大局。臣等前于查明沈桐原参各节覆奏折内声明，俟筹定办法再行具奏。兹据该署道先后禀称，督同商会总协理暨债务董事查明，药商所欠华洋各银行及各帮埠商款项，共银四百二十万零四千余两，俄国羌帖[1]一百二万余圆，日本钞票二万二千余圆。此项欠款之中，以道胜银行押款一百一十七万卢布一项为数最巨，且系以产抵押，由欲清理债务，当以议价取赎为入手要义。经与俄领事迭次磋商，复带同商会协理亲赴天津道胜银行面议，舌敝唇焦，始得以八十五万卢布定议，各帮债户亦均全体认可。嗣因交银期迫，商准户部银行垫款清交，业于三月十三日产款两项彼此交收。叶商已抵押之产业悉经赎回。其未经抵押之产业货物及人欠叶商之款，共估值银二百六十万两，复经公议，先行抵借官款一百五十万两，摊还各帮欠款。所有叶商财产货物，统归户部银行承受，任凭变卖盈绌，各商不问。叶商所欠户部银行之款，亦于公摊债内照应摊之数收回。惟出入之数两两比较，不敷尚巨。查人欠叶商之款，除人逃铺闭，无可追缴者不计外，其有著各帐，尚有四十余万两，俟追收到后，先尽户部银行提银二十万两以为弥补，余仍归各债户匀摊。其奉天前借铜圆值银二十五万两，亦由户部

[1] 羌帖，旧时我国东北各地对帝俄纸币的俗称。

银行承借，分期归还。至上海钱业等庄，被东盛和联号广德泰倒欠二十六万两，前据禀请，并入营债均摊，应由营商集众公议，按照本埠债户所得摊还之数，酌减归偿，稍示区别。其正金、英、德各行商亦有蒂欠，仍由各商妥议，分别清偿。似此设法转移，各债户得三四成现款，贸易可以流通，户部银行虽出二百万巨资，归垫仍有著落，而洋商交涉之案，华商互欠之账，可以扫数清理，等情前来。臣等查东盛和倒闭之日，众商恐惟，皆有保全成本之意，纷纷提取存款，银根愈紧，无可通融，几有停市之虑。迭经臣等饬令该署道督同商会，向各帮人等开诚布公，一再筹议，以叶商财产货物暂时抵借官款，清理债务，借资周转，以为维持市面之计，人心始定，照常贸易，故时届岁暮，不闻续有报闭情事。第产少债多，不能不分成摊还，该署道等所拟办法，似尚公允，筹垫悉有抵款，债商咸无异言，下以平市面之惊危，上以慰宸衷之廑系。除分行外，所有查明营商倒闭亏欠各款，拟定抵押分摊办法缘由，谨恭折具陈。伏乞皇太后、皇上圣鉴训示。再此折系由臣世昌主稿，会同臣士骧办理。合并声明。谨奏。光绪三十四年五月十七日具奏，五月二十六日奉到朱批，知道了。钦此。

纪三省公用经费

满洲三省，地大物博，土脉深厚，聿肇龙兴之基。定鼎以还，以宗法治故乡之子弟，不为之析疆分省，殊于内地，于是白山黑水之间，东抵韩俄边界，南尽辽海，虽分领以将军、都统，畛域未尝分也。封豕长蛇，觊觎迫切，始有分设行省之政见，犹统于一总督，然后分合之际，固曰疆理诸侯，隐然寓辅车相依之意矣。况强邻逼处，三省同仇，有不得不统筹合举，以厚吾魄力者，是以有三省公用之经费焉。然所需之额，大半属于军事范围，经武整军，备多力弱，扼要控隘，伐谋伐交，盖犹兵机虚实之妙用，而分配之良谋也。夫三省之责，督臣任之，筹款虽艰，责无旁贷。苟委之三省抚臣，各任飞挽，则督臣所受何事，且首尾不相连贯，未有不偾事而失机。若以督臣主事，抚臣度支，则权限不明，牵掣愈大，此情势所迫而无可如何者耳。至于电线安设，贯通三省，亦不能强为分划，又人人所共知者。比邻多难，休戚相关，非被发缨冠之义所可拟也。若夫延吉边务，仅属吉林，筹防之初，由部拨巨款，以资策划。外如督练处及蒙务局等一切经费，皆归三省支应处应付，摊派之数奉天居其五，吉林居其三，黑龙江居其二，其性质又稍有异焉矣。

附三省公用经费表

督练处参议厅	六万三千四百零八两	
参谋处	二万八千五百五十二两	
兵备处	三万五千六百六十二两九钱六分	
教练处	二万五千零零八两	
制图所	三千零二十四两	
宪兵学堂	三万四千一百八十八两	
测绘学堂	四万零五百两	
讲武堂	三万四千零八十两	
中军处	二万五千零三十二两	
军械局	二万九千五百零八两	
行营差遣委员	一万零三十二两	
宪兵队	四千零一十九两九钱	
购买日枪价	四万八千三百四十七两	
北洋制造子弹	八万三千四百八十一两	
调东陆军川旅运费	十万零一千五百七十三两一钱九分	
新齐电线	二万六千两	
购回俄电线	十万零七千九百二十八两一钱九分	
陆军并学堂局所工程	六十六万三千八百九十两零二分	
纂修通志	一万零五百六十两	
以上共计银一百三十七万四千七百五十四两四钱四分		
统计全年需银九百八十万零九千三百八十二两七钱二分（款内发洋元日钞东钱各项均按有领折中钱时价核计银数填列）		

岁入篇

吉省从前岁入之数，每年共银二百一二十万两，其收入款项：曰大小租即地丁钱粮，曰田房税契，曰牲畜杂税，曰烧锅票课，曰地丁耗羡，此掌于户司者也。曰饷捐即七、四、九厘捐，曰烟酒税，曰木税，曰木植票费，曰山海土税，曰参药税，曰斗税，曰洋药税捐，曰官帖[1]局三成余利，此分掌于各税捐局者也。曰部拨协饷，则存于粮饷处，以备支放者也。以上各款之收入，税捐居其大宗，而惟饷捐为尽征尽解其他均由各官署局所派员包额征收经征，期于足额而止。前任将军达桂卸任时，于奏停协饷案内，将加征之烟酒木税款项提出，而入款岁增五十余万两，然协饷则岁少四十万两。自改建行省，设立度支司，整顿财政，饬将山海税、木税、斗税及各税捐一律改为尽征尽解，又饬将旧时所有规费酌提归公，而入款可可岁增三十余万两。又如田房税契赢余，向归各地方官征收，报解者寥寥无几。兹饬重订章程，酌留为地方官办公之用，余皆一并解交司库，岁入十余万两。又如吉省食监，向皆运自外省，饬创办官运局以振兴监务，岁可增银五十万两有奇又。官帖局内附设银票发行处，余利归公，银岁可三十余万两。又由地方征收之营业税，官督商办，以一成解交司库，又彩票红利，合共可岁入银八万余两。又饬将省城各总局裁撤，归并为税务处，省外各分局裁并为统税局，节省浮费十余万两。计吉省岁入之款，较有把握者已共增一百五六十万两。虽新政繁兴，百事待举，而本省额收经费已觉整理，搜剔入款，而不病民，具有秩序之可循矣。

〔1〕　官帖，清末东北三省官银钱号局所发行的钱钞的统称。官帖面额有一吊至一百吊多种，后因发行过滥，兑价日跌，几成废纸。

附吉林通省征收正杂各款额数表

类别	项目	有额	无额	经征处所	征收时期	说明
赋税类	大租	银十九万九千五百一十八两 钱五十三万四千零五十八吊九百九十文		府厅州县旗署	向章十月开征次年五月底清完	查通省原额荒地从前每垧征银一钱八分光绪八年奏改银钱两便其续放各项荒地旗地均系每垧征钱六百文所征银钱如数解库抵充通省俸饷
	地丁	银八万五千零零二两四钱三分五厘零五丝		府厅州县		此款除照章开支祭祀廪粮外余银尽数报解司库抵充俸饷
	牲畜杂税	银二万零一百七十一两一钱三分六毫七丝四忽五微		府厅州县	随征随解	此款除各属照章就近开支祭祀囚粮津贴办公收税工食外余银尽数报解，司库抵充俸饷
	田房税契		银一万一千零五十四两一钱八分	府厅州县旗署	随征随解	此照光绪三十三年未改章以前收数三十四年冬季改章钱已有起色
	烧锅票课		银五万九千七百六十一两五钱 钱十二万六千三百零七吊七百文		随征随解	此款尽征尽解抵充俸饷
	鱼网税	银一百八十两		伯都讷旗署		此款伯都就近抵饷
	关税		钱一万三千三百七十三吊	依兰府	随征随解	护江关税款以光绪三十三年除支实收之数列表此外滨江关洋税甫于上年正月开关所收数目仅报至秋季为止无常年数目故未列表

类别	项目	有额	无额	经征处所	征收时期	说明
	当课		银八千六百二十七两五钱	府厅州县	随征随解	此系光绪三十三年收款尽征批解部库
	地丁耗羡	银六千一百八十五两		府厅州县	随征随解	此款专供通省旗署官兵白事赏项
	荒价		钱五十五万二千一百七十吊	荒务局		荒价由荒务局征收此乃续放各项荒熟地所收地价由荒务局称解司库
	息余		银三万四千二百九十九两			县款甚多详收款细表此乃光绪三十三年收数
			钱四十五万二千零五十三吊			
	小租		银一千一百三十两	府厅州县旗署	随大租	磐石县岁解银一千一百三十两此外续放夹荒旗地马厂官庄地由各处岁解钱二万二千二百九十吊以备外结杂支公用此为光绪三十三年收数
			钱二万二千二百九十吊			
	杂项		银六千零六十两			此款内小租减平岁扣银四百四十两系专款存储备抵饷糈至杂税盈余四千零十四两烧商杂税一万三千八百吊并旗民各署摊解报销公费银钱均备外结各项公用
			钱一万七千六百二十吊			
税捐类	烟税		钱七十六万一千七百零六吊三百八十八文	总分各局共十处其未设局之处由饷捐代征	常年	内除扣一五办公经费并将原有额银五万四千二百五十八两拨解司库备抵俸饷外余均留充常备军正饷及办理新政之需
	酒税		钱二百三十二万二千六百九十三吊五百二十五文		常年	

类别	项目	有额	无额	经征处所	征收时期	说明
税捐类	木税	银三千七百两		省局	常年	内除扣一成工食外余均拨解司库备抵俸饷自光绪三十四年起改为尽徵尽解详收款表
	山海税	银三万二千七百二十三两三钱零二厘五毫		各旗署衙门征解	常年	自光绪三十四年改为尽征尽解省城长春伊通磐石等处设局余仍归旗署现以次收回归各分局办理
	参药税	钱一万八千吊		各局征收	常年	自光绪三十四年改为尽征解通省均归并统税局办理
	洋药捐		银一万二千九百十两零二钱六分二厘五毫	省城外城均归各旗署衙门经理	常年	自光绪三十四年戒烟日严收项愈减宣统元年归并官膏局办理
	洋药税		钱一万一千三百四十二吊九百四十九文	各旗署衙门征解	常年	同上
	斗税		钱三十三万九千三百二十五吊	商包	按季呈缴	吉林斗税向归商人包征几成定额自光绪三十四年冬季改为饷捐烟酒各局照章常收甫办三月大有起色收款表所列乃截至年底实解数目正二月常收上年之款已十数万吊共四十余万本年计全年收数常距百万吊不远
	煤税		钱三万一千三百三十六吊五百九十六文	总分各局征解	常年	

<table>
<tr><th>类别</th><th>项目</th><th>有额</th><th>无额</th><th>经征处所</th><th>征收时期</th><th>说明</th></tr>
<tr><td rowspan="11">税捐类</td><td rowspan="2">七厘捐</td><td rowspan="2"></td><td>银四千七百五十四两六钱一分八厘九毫</td><td rowspan="2"></td><td rowspan="2">常年</td><td rowspan="2">自光绪二十四年起每年以十万吊为定额续后历次整款逾额甚巨</td></tr>
<tr><td>钱八十万零二千二百六十四吊六百六十文</td></tr>
<tr><td rowspan="2">四厘捐</td><td rowspan="2"></td><td>银二千七百十六两九钱二分二厘</td><td rowspan="2">同上</td><td rowspan="2">常年</td><td rowspan="2">此款原奏抵支铸钱赔费</td></tr>
<tr><td>钱四十五万八千四百三十六吊九百九十四文</td></tr>
<tr><td>九厘捐</td><td></td><td>钱二百十四万三千四百三十三吊九百三十四文</td><td>同上</td><td>常年</td><td rowspan="4">以下四项捐款均尽征尽解惟盐捐自光绪三十四年设官运局后归局于盐本款几拨解七厘以次均三十三年收数</td></tr>
<tr><td>盐捐</td><td></td><td>钱十九万二千五百四十二吊四百五十八文</td><td>同上</td><td>常年</td></tr>
<tr><td>车捐</td><td></td><td>钱七万四千七百八十七吊七百六十文</td><td>同上</td><td>常年</td></tr>
<tr><td>缸捐</td><td></td><td>钱二万四千一百五十六吊八百五十四文</td><td>缸窑统税分局</td><td>常年</td></tr>
<tr><td>木植洋款票费</td><td></td><td>钱二十五万八千四百零三吊二百九十六文</td><td>省城总公司及外分局卡片解</td><td>常年</td><td>尽征尽解</td></tr>
<tr><td rowspan="2">木石石炭等洋款税费</td><td rowspan="2"></td><td>羌钱三十五万五千零三十八元一角五分五厘</td><td rowspan="2">哈尔滨木石局征解</td><td rowspan="2">常年</td><td rowspan="2">尽征尽解</td></tr>
<tr><td>钱五吊四百四十文</td></tr>
</table>

附吉林通省旗民署暨各局卡经征租赋捐税细别表

经征处所	税项		
宁古塔副都统衙门	旗地大租	旗署田房税	烧锅票课
伯都讷副都统衙门	旗地大小租	荒地大小租	
	旗署田房税	鱼网税	
三姓副都统衙门	旗地大小租	旗署田房税	
		木植貂皮杂税	
阿勒楚喀副都统衙门	旗署田房税	旗地大小租	
珲春副都统衙门	旗署田房税	旗地大小租	
全省旗务处	省城旗署田房税		
省城满蒙汉十旗协恭领	旗地大租	六旗马场地租	圆租
双城协领衙门	旗署田房税	旗地大小租	荒地大小租
五常堡协领衙门	旗地大小租	旗署田房税	
乌拉协领衙门	旗地大小租	旗署田房税	
拉林协领衙门	旗地大小租	旗署田房税	
驻吉水师营总管	旗地大小租	旗署田房税	
省城官庄处	旗地大小租	三道喀萨哩地租	
两路站监督	旗地大租		
额穆赫索罗佐领	旗地大小租	旗署田房税	
伊通佐领	旗署田房税	旗地大小租	
四边门防御	旗地大小租	旗地田房租	
哈尔滨江关道	烟酒木税	山海参药税	洋药斗税
	七四九厘捐	车捐	木植
	票费	木石税费	牛皮斗捐杂税
吉林府	地丁	荒地大小租	田房税契
	牲畜杂税	地丁耗羡	香磨店秤课
	当课	地丁耗羡	
长春府	牲畜杂税	当课	
新城府	地丁	地丁耗羡	当课
	荒地大小租	田房税契	
	牲畜杂税	店行秤课	
依兰府	地丁	地丁耗羡	牲畜杂税
	店行牙秤课	当课	
宾州厅	人丁	人丁耗羡	牲畜杂税
	田房税契	荒地大小租	店行牙秤课
	当课		

经征处所	税项		
延吉厅	牲畜杂税	荒地大小租	田房税契
双城厅	田房税契	荒地大小租	人丁
	人丁耗羡	店秤当课	
五常厅	田房税契	荒地大小租	牲畜杂税
	当课		
绥芬厅	荒地大小租	田房税契	牲畜杂税
	店行牙秤课	地丁	地丁耗羡
	当课		
伊通州	田房税契	荒地大小租	地丁
	地丁耗羡	牲畜杂税	当课
临江州	牲畜杂税		
农安县	牲畜杂税		店当课
敦化县	荒地大小租	田房税契	地丁
	地丁耗羡	牲畜杂税	当课
长寿县	荒地大小租	田房税契	牲畜杂税
	当课		
榆树县	荒地大小租	田房税契	牲畜税
	地丁	地丁耗羡	当课
磐石县	荒地大小租	田房税契	店课
	当课	牲畜杂税	
大通县	荒地大小租	牲畜杂税	
延吉分防阖龙峪府经	荒地大小租		
长春饷捐分局附农安分卡	七厘捐	四厘捐	九厘捐
	硝滷捐	车捐	
长春烟酒木税分局附农安分卡	烟税	酒税	木税
长春山海斗税分局附农安分卡	山海税	参药税	洋药税
	洋药捐	斗税	
阿勒楚喀统税分局附宾州长寿蜚克图分卡	烟酒税	山海税	斗税
	洋药税	洋药捐	参药税
	七四九厘捐	车捐	硝卤税
榆树统税分局附新城分卡	烟酒税	山海税	斗税
	洋药税	洋药税	参药税
	车捐	七四九厘捐	硝卤税

经征处所	税项		
宁古塔统税分局附绥芬穆棱河分卡	烟酒税	山海税	参药税
	洋药税	斗税	七四九厘捐
	车捐	硝卤税	
敦化统税分局附额穆赫索罗分卡	烟酒木税	山海参药税	洋药税捐
	斗税	七四九厘捐	车捐
濛江州设治委员	烟税	酒税	木税
	山海税	参药税	洋药税
	洋药捐		
桦甸县设治委员	车捐		
双城统税分局附拉林分卡	烟酒税	山海税	参药捐
	洋药税	洋药捐	斗税
	七四九厘捐	硝滷捐	车捐
五常统税分局附山河屯蓝彩桥分卡	烟酒税	山海参药税	洋药税捐
	七四九厘捐	斗税	硝卤捐
	车捐		
伊通统税分局附磐石饷捐分局	烟酒木税	山海参药税	洋药税捐
	斗税	七四九厘捐	车硝卤捐
三姓统税分局	烟酒木税	山海参药税	洋药税捐
	斗税	木植栗费	七四九厘捐
	车硝卤捐		
磐石烟酒山海斗税局	烟酒木税	山海税	参药税
	洋药税	斗税	
岔路河统税分局附双阳河分卡	烟酒木税	山海参药税	斗税
	洋药税捐	七四九厘捐	车捐
放牛沟统税分局附桦皮厂分卡	烟酒木税	山海参药税	斗税
	七四九厘捐	洋药税捐	车捐
双岔河统税分局	烟酒木税	山海洋药税	斗税
	煤税	参药税	七四九厘捐
	车捐	洋药捐	

经征处所	税项		
四合川统税分局	烟酒木税	山海参药税	洋药税
	洋药捐	斗税	七四九厘捐
	车捐		
巴彦鄂佛罗边们统税局	烟酒木税	山海洋药税	参药税
	洋药税捐	七四九厘捐	车捐
乌拉统税分局附白旗屯分卡	烟酒木税	山海参药税	洋药税捐
	斗税	七四九厘捐	
缸窑统税分局	烟税	山海税	斗税
	煤税	洋药税捐	参药税
	车捐	七四九厘捐	缸捐
小城子统税分局	烟酒木税	山海税	参药税
	洋药税捐	斗捐	七四九厘捐
	车捐		
呢玛口统税分局附密山府署	烟酒木税	山海税	参药税
	斗税	洋药税捐	七四九厘捐
	车捐		
水曲柳冈统税分局	烟局酒木税	山海税	参药税
	斗税	七四九厘捐	车捐

纪民地租

吉林自雍正五年设永吉州。十三年，田赋之额始著于册。乾隆十三年，改设同知。十四年，奏分三则征银，原额征陈民地四十五万四千零五十五亩，分别三则，银米各半征收，共征银五千一百五十一两五钱四分，米一万一千三百三十三石三斗八升八合，折征银一万一千三百三十三两三钱八分八厘。续征陈民、流民报垦地十九万九千五百九十八亩，不分等则，征银一万五千九百六十七两八钱四分，米八百八十三石二斗二升二合，折征银八百八十三两二钱二分二厘。人丁二万四千八百六十四，征银三千七百二十九两六钱。嗣后改升府治，添设伊通州，敦化县划拨伊通州，丁银一千四百零九两四钱九分。敦化县划拨丁银四两七钱九分四厘。光绪九年，将军铭安奏准，自本年为始，摊丁入地[1]，每地一两，摊丁银一钱零九厘六毫三丝。嗣后额征原浮纳租民地每垧征大租银一钱八分，小租银一分八厘。历年征收租赋，由户司管理，迨后清赋放荒，逐年征收，大小租赋遂较国初时原额为多。光绪三十三年，吉林改设行省，通省钱粮、租赋为度支司专责。其由前户司移交档册，凡历年额征地丁大小租以及地丁耗羡，列为总数，每年计额征民地大租银十九万九千五百一十八两，又岁征小租银一千一百三十两，又地丁银八万五千零零二两四钱三分五厘零五丝，又地丁耗羡银六千一百八十五两。向章十月开征，次年五月底清完。惟通省原额荒地，从前每垧征银一钱八分，光绪八年，奏改银钱两便。其续放各项荒地、旗地，均系每垧征钱六百文。所征银钱如数解库，抵充通省俸饷。

纪旗地租

吉林为我朝龙兴之地，故田土多属旗人，而耕种之者则仍多民人。年代久远，民人渐多有地。先时旗地多不纳租，及地属于民而亦无租可纳，此旗地所以有升科之举也。乾隆四十六年，户部议覆，索诺木、策凌等查丈流民私垦地亩，仿照山东科则定赋办理一折，奏称流民私垦地亩，于该处满洲生计大有妨碍，是以照内地赋则酌增，以杜流民占种之弊。又定匿报之令：凡吉林民人私垦续增查出者，每亩岁征银八分，仍在旗仓纳米二升六合五勺五秒，以惩匿报之弊，著为令。此时旗地尚未纳租也。至光绪二十八年，将军长顺奏称，吉林旗地向由旗人自占，永不升科。近数十年，旗民私自交产，大半归民垦种，而佃户亦辗转兑卖，几至无可根查，故往往考诸司册，户名依然，而产业则已更易数姓矣。旗充有地之户，生计日绌，民种无租之地，欺隐愈深，诚为一大弊窦。已令将通省旗户自占之地、出卖之地及站丁官庄各地，悉行报明，派员查丈，一律升科。于是通省旗地始莫不有租，其升科章程，每垧征钱六百文。光绪三十三年吉林设立度支司，前户司所掌田赋、租税移归度支司管理，其移交档册，至光绪三十四年旗署额征及九次升科地，岁征大租钱三十一万四千二百四十九吊三百三十六文。现时吉林荒务尚未报竣，因先将已报者著于篇。

---

〔1〕 摊丁入地，又称摊丁入亩，是清代的一种赋税制度。

纪清赋

光绪二十八年，将军长顺奏请清查田赋、勘放零荒一折内称，查吉林地亩，向系流民报垦，按则纳租。嘉庆二十五年，奉旨招垦伯都讷地，名曰号荒，备拨京旗之地，始定旗二民一章程。嗣咸丰、同治年间，续开六道荒及五常堡荒地。光绪初年，前将军铭安奏开马延川、阿克敦城各荒地及伊通围荒，并清丈通省纳租浮多地亩，每岁正供骤添银十数万两。查近日民间纳租地亩，竟有种地百垧，而仅纳一二十垧之租者。推原其故，半由原放委员受贿多放，半由佃户侵占挨边开荒，其弊诚难究诘。穷流溯源，非通省清丈，难昭核实。第地方甫靖之后，何堪再以清丈扰累，故前已出示晓谕通省业户、佃民，自行举报，无论租地、黑地，一概报出实数，再遴派办事精细善于测算之员，分路勘查。每至一屯，先传其屯之耆老乡地，询明界址，并带同乡地周历履勘，如果所勘之数与报案不相上下，不必再事深求。偿数目悬殊，再令据实另报，或抽段丈量，纵有欺隐，亦属无多。奉旨允行。钦遵在案。偿光绪二十八年起至宣统元年四月底止，由原额地内清出浮多及放出零荒各地，岁征大租钱二十一万一千一百二十七吊八百八十二文。此吉林清赋之大略也。

纪税契

吉林税契，或有或无，地方官征收税银，随意批解，向不申缴存根，故每岁征入之多寡无从考查。光绪三十三年十二月，吉林度支司成立，整理一切财政，因饬厘定税契章程二十四条，刊登三联官纸，详定批准，饬属遵办。于公家税款增一裕课之源，于民间财产杜其纷争之患。自经整理，凡从前地方官所税房契延不报解者，今则皆解司库备拨。民间黏用契尾，向来每张售吉钱二三十吊，今改用三联官契纸，每张纸售吉钱十吊，不准私收多费。并以六吊作为地方官衙门之费。在官府不准抑勒而仍有办公之资，在商民已多减省而得免需索之弊，由是尽征尽解。法乃可行。而从前之匿契未税者。均一律遵章投报，并从宽将未税旧契誊入三联官纸，黏连存根之后，钤印发还。并另订当契章程。亦以吉钱十吊为率，由地方官按月册报，列入交代，行之期年，岁入十余万两。夫以从前地方官向不报解之款，稍事整理，无伤于官，有惠于民，已积至十余万两。则当日每张契纸收吉钱二三十吊者，其中饱将何如。以现在每张仅收吉钱十吊，在百姓视之，方以为较前几减去三分之二，亦既踊跃呈报矣。则当日之抑勒需索，商民隐忍而无可控告者，其情形又将何如耶。

附税契章程

第一条　吉省税契，向无一定章程，自此次定章之日起，所有各属税契一律改为尽征尽解。概用现银兑库交纳，不准任意弊混。

第二条　各属税契，自定章后，以一年所解税银为比较，嗣后凡税契解逾常年五成者，署事酌量留任，实任分别调优。倘敢舞弊营私，从严惩处。

第三条　契纸由司定式，刊印编号，名曰官纸。通饬各属具领，分发四乡绅耆领管，随发挂号官单，一面出示晓谕，令民间置业者一律遵用。民人购买官纸，将姓名登记号单，如过三月尚未投税，由售纸人禀究。

第四条　从前民间置买产业，黏用契尾，每张售吉钱二三十吊，现改用三联官契纸，每张随文申缴办公刷印纸价吉钱三吊，以一吊作代卖官纸绅耆之笔墨费，以六吊作地方官衙门办公之费，统计每张共收吉钱十吊。如有多收者，查究不贷。

第五条　绅耆承领契纸，每次不得过二十张。用完再请续发，随将前次领纸号单，一律填明缴回。

第六条　既买官纸，于立契后延不投税，满限三月即向业主查问，与承领官纸绅耆无涉，不得牵连，致疑承领。

第七条　官纸分存根、执照、缴验三项，名三联官纸。存根留本衙门备案，执照发交业户收执，缴验随同税银解司，以凭查考。

第八条　三联契纸原为杜弊起见，所有人民置买产业，不准率用白纸书契，必由买业人购就官纸，出业人于官纸上写成契据，交割投税，以归划一。

第九条　民人书契时，止于执照一联上填写，其存根、缴验二联任其空白。投税时由该管官核定应缴税银若干，于存根、缴验二联骑缝内填写，仍将坐落地名、业户姓名及银价若干填写明白。

第十条　三联官纸关办暂由公署盖用关防，以昭信用。度支司领到后即行改用司印。各府、厅、州、县于业户投税时，仍在骑缝银数等处加用印信。

第十一条　民间买卖田土，未必尽可成交，或于立契时因事翻悔亦所常有。如契纸尚未填写，仍准缴回各地方官衙门，转缴司中涂销。

第十二条　税契向统田土、山场、房屋各项而言，凡立契成交者，无论汉民、旗民，均须遵照新章，一律投税。

第十三条　契价一两，吉省向章征收税银六分，兹仍照旧征收，并订明吉钱一吊作银三钱纳税，毋许任意增减。

第十四条　税银六分，以三分解司，作为正款。暂准府、厅、州、县截留三分，以一分作办事人薪工，以二分为地方官办公经费。俟匀定各属公费之后，仍应饬将六分税款全数解司。其各新旧任交代之时，应将所收税银列入交代。

第十五条　各属税银分作四季批解，春季所收，即于夏季之首妥造清册，检同缴验，随银解司。

第十六条　各属造报清册，逐一列号，书明业户姓名、产业坐落、价银、税银若干，不必分列管收除在字样。

第十七条　此次定章后，所有从前未税旧契从宽，准令旗民人等呈交该管衙门誊入三联官纸执照内，并将原契黏连执照之后，钤印发还。其存根、缴验二联，亦照新章填写，骑缝处并加填税银数目。

第十八条　旧立契纸，除已经黏过契尾概予免税外，其余远年近年未税旧契，应饬一律遵章补税。

第十九条　民人匿契未税，准知情人赴官首报，一经查实，估计产业价值，酌提三成充公，其充公银两分作三股，一股留为地方公用，一股充当首报之人，一股解司。惟必实有匿税确据，方准罚办，倘挟嫌虚捏，查讯明白，照例反坐。

第二十条　各属遇有交替，务将请领契纸数目及填用数目通报查考，所余若干，移交后任接用，仍会衔呈报，以清责任。

第二十一条　民间典当产业事所恒有，恐奸民以买作当规避税契，一体定为六分收税，如实系当业，仍由赎主于赎取时认还税银一半，以照公允。

第二十二条　典当与买业本一类相因之事，每官纸一张收取吉钱十吊，以资办公，此外不准丝毫加取。

第二十三条　各属当契税银，须与买契分批解。缴其每月呈送清册，亦应造报两分，以清款目。

第二十四条　典当产业，每两征收税契六分，仍查照买业税银办法，以一半解司作为正款，各地方官暂仍截留一半作为办公之用。其余一应章程，统行查照前项税契章程办理。

纪关税

吉林关税向仅三姓一处，名曰护江关，岁入无定额。在三姓城东三十里巴彦通地方，初由副都统派员经征松花江下游商船货物。光绪六年，将军铭安、帮办吉林边务事宜吴大澂奏请三姓地方拟就新设之护江关设局，分别抽收税厘。奉谕准其酌收税项，不必抽厘，且重在稽查，不重在收税等因。旋定额征市钱四千五百吊，除员役工食，实应解市钱三千八百二十五吊，款存司库，册报将军衙门备用。光绪二十九年，改归三姓交涉善后委员征收，每年收至五六千吊不等，仍照章开支工食，余款尽征尽解。自经整理，全省厘税乃改归依兰府经征，以冀剔除积弊。据光绪三十四年册报，已收至税款一万四千余吊，是该关收税日渐畅旺之情形也。至珲春通商局在延吉厅和龙峪地方，南接朝鲜会宁界图们江，光绪十一年改市易旧例，特设专局，准其随时交易，其征收税课，除红参外均值百抽五，只交正税一次。货物报关验单，照章纳税。当事以羁縻为心，本不与他处之关税相衡，偷漏时有。及日本以朝鲜为保护国，旋改旧制，而此关亦等于若有若无之列。惟北满铁路之中心点，首在哈尔滨一埠，百货骈溢，交通便利，既设哈尔滨江关道员缺，固以为交涉之专任，更管理满洲里、绥芬河两关事务。该关于光绪三十四年正月开征，从一百九十结起，以三个月为一结，按结开报。以绥芬为吉省关税，满洲里为江省关税。绥芬一关一百九十、九十一两结，除开支实解卢布三万五千一百零一元二十戈比。九十二结，实解卢布一万八千四百二十二元九十一戈比。从此切实经理，收数畅旺，不但可剂盈虚，即向之外货得以自由贸易者，皆有以限制之。比年以来，考察商务之盛衰，长春埠居三省之中央，为两强所进取，已饬调查一切，应于此处设一关卡，俾中外各货有所稽查，为理财计，为通商计，皆有莫大之利益。虽设关经费不资，而异日发达之效，必有十百于设关之费者，是在竭力图维，毋徒使外商输运任便自由，而我之大利外溢，仍茫然不自觉也。

附奏吉、江两省新政关税截留以充经费折

奏为吉、江两省财力万窘，新收关税拟援案尽数截留以充经费，恭折仰祈圣鉴事。窃查吉省之绥芬河，江省之满洲里，已经设立税关。其长春、哈尔滨、齐齐哈尔、瑷珲等处均系开埠之区，现亦次第筹备设关事宜。按照各省关税，自应专款存储，报

部候拨。惟吉、江两省，财政久已竭蹶，自协款欠解，本省所有之款，出入相抵，不数甚巨。近又改设行省，举办新政，用款浩大数倍于前。即以边务经费而论，两省沿边数千里，从前毫无布置，今拟稍稍整理，凡屯戍、移民、开路、筑室，动需巨款，吉省固已无款可筹，江省更成坐困之势，前经奏请拨解边防经费，仰蒙圣明俞允，饬部拨给。而所拨之款，或仅解一年，或拨不足数万，不敷常年经费之用，支绌情形日甚一日。惟一切行政，亟须举办，边务关系尤要，不能为无米之炊，臣世昌前以安东大东沟关税，奏请截留奉省，仍作练饷之用。经部覆奏，准以两关所收土货，子口半税及土货出口正税截留备用。其所收洋货正、半两税及土货复进口半税，除拨还关办经费，仍截数存储候拨等因。奉省财力艰窘，已有不支。若吉、江两省困难情形，势不能再为分拨。且各关均系新设，边地苦寒，商贾乏绝，货物稀少，税数微薄，自在意中。拟请所收关税全数截留，作为两省办理新政及拨补边务之用。如果将来收数畅旺，足敷边防经费，则部拨款项，亦可少纾。如蒙俞允，臣等即檄饬各关遵照办理，并仍将收数按结报部备案。将来提用关税正款，应请作正开销，以清款项。所有两省财力窘迫，拟援案将新收关税尽数截留备用缘由，谨恭折会陈。伏乞皇太后、皇上圣鉴训示。谨奏。光绪三十四年五月二十九日具奏，六月初十日奉到朱批，著照所请，该部知道。钦此。

纪统税

吉林于粮赋正供之外，增入财赋者：曰山海土税，曰烟酒木税，曰木植公司，曰饷捐，曰参药税，曰牲畜杂税，曰斗税。各局处名目繁多，不相统属。光绪三十三年十二月，度支司成立。越明年，裁并税捐各局，都为统税，立税务处为全省税捐出纳之所。税章暂沿旧法收入。省外税捐分局，亦均先后并为统税。其由各旗署代征者，悉归统捐局征收，以一事权，而祛积弊。无论何项税捐，尽征尽解。各局原设总理、会办各名目，皆从裁汰。设提调一员，与度支司佥事均佐承督办治事。税务处内分核销、稽征、支应、庶务四所。核销所主全体出入事件，稽征所主征收款项盈绌，支应所主通省支放款目，分政务、军事、学务、杂支四股，庶务所主全处需用事项，而票照薪津诸务属焉。各所委员，分文案、会计二项。处中设立办公厅，分股治事，秩序厘然。从前局所分立，糜费不可纪极，裁并后一归核实，综计入款岁增吉钱二百数十万吊。由此逐渐改良，捐其苛细，而举其大纲，庶几上足裕国，而下不病民，斯理财之道得焉矣。

附税务处税捐简明章程

黄烟　每百斤抽吉钱三吊二百文。

杂烟　按照卖价值百抽十。

烧酒　按得酒每百斤抽吉银一两四钱，每两按三吊三百文交纳。

杂酒　按照卖价值百抽十。

木料　按照卖价值百抽十。

木票费　按收钱值百抽五。

山海　按山海所产物品酌量贵贱征收。

山参　按照卖价值百抽十。

草药　凡药物六十六宗，按卖价值百抽五。

土药　按卖价每钱一吊抽吉钱三十九文。

斗税　以粮食之粗细，为抽收之多寡，出于买户名下。

煤炸　按卖价值百抽十五，其由奉天已纳税者，验票后按值百抽五办理。

牲畜　骡马牛驴按价吉银值百抽三，活猪每口抽银五分，宰猪羊抽银三分。

洋药捐　按置本每银一两抽吉钱二分三厘七毫五丝。

洋药税　照卖价市钱一吊征收税钱一百文。

七厘　按各商置本每吉银一两抽收七厘，钱一吊抽收七文。

四厘　仿照七厘办理，专为贴补实吉局铸钱赔费之用。

九厘　按照各商收钱，每吉钱一吊抽收九文。

食盐　每斤收吉钱五文。现在吉盐已归官运，于盐本内扣收划解。

车捐　按大小车牲畜头数多寡抽收。

缸捐　按收钱值百抽五。

营业　按各商置本值百抽一。

皮张　貂皮每吊征银一分五厘，虎豹狐貉每吊一分二厘，羊狗每吊一分。

彩票　按公司所得红利抽收三成。

附奏吉林设立税务处统一税捐渐著成效折

奏为吉林设立税务处，统一税捐，渐著成效，恳恩饬部立案，恭折仰祈圣鉴事，窃查吉省财政向极紊乱，经征一切厘捐税项，概系包征额解，收款无多。其局所名目则有饷捐局、山海税局、烟酒木税局、参药税局、官参税局、木植公司各项。其管理则有归将军衙门者，有归副都统衙门者，有归吉林道及地方官者。局所林立，员司冗多，纷淆浮滥，毫无统系，殊与税法原理相悖。自改行省后，设立度支司，将所有税捐局处均归并该司管理，税务始有总汇。臣昭常到任后，详加体察，非设立税务总机关不足以节糜费而归统一。爰于光绪三十四年十月初一日饬该司设立吉林省税务处，将旧有税捐各局所、公司暨专供支应之粮饷处概行裁撤，并归税务处经管。该处内分设四所：一、稽征所，主稽核通省各局比较事宜。二、支应所，主支发饷需及各衙局所银钱事宜。三、庶务所，主全处票照薪津一应事宜。四、核销所，主统核全处案牍并报销事宜。分别派委得力人员分任其事，用人既少，责成亦专。从前局所七处，月需薪水银三千六百五十两。裁并后汰去帮办、提调以下四十一员，月共节省银二千零七十两，各局司巡以及一切局用活支等款，月共节省银三千余两，合计每年节省银六万余两，省外各局所归并节省者尚不在内。现在规制已定，据试署度支司司使陈玉麟详请具奏，立案前来。臣等覆核无异。窃维政费端须撙节，税则尤戒分歧，固中外不易之理，亦吉省当务之急。臣等督饬该司，殚心稽核，不避劳怨，现已将省城各局一律裁撤，归并税务处综理。始基已立，将来之整顿有资，节省既多，目前之成效渐著，相应据实奏明立案，以重税务，至省外各项捐税分局，已饬陆续并为统税，以归划一。容俟随时体察各处情形，再行分别办理。除将旧颁官参局铜质关防一颗咨部缴销外，所有吉林设立税务处，统一税捐，渐著成效，恳恩饬部立案缘由，理合恭折具陈。伏乞皇上圣鉴训示，饬部施行。谨奏。宣统元年闰二月初八日具奏。三月初一日奉朱批，该部知道。钦此。

纪饷捐

吉林饷捐局，系由厘捐、筹饷两局并设。光绪十八年，将军长顺奏设厘捐局，征收七四厘捐，外城捐款归各地方旗署征收。光绪二十七年，兵燹之后，饷源不给，将军长顺复奏设筹饷局，征收房捐、盐捐、车捐、缸捐、灯捐、七四九厘捐、彩票公司等项捐税，以济饷糈。其向由旗署征收者，均归筹饷分局兼征。光绪三十二年，将军达桂奏请，将厘捐筹饷两局归并为一，统名曰饷捐局。奉旨允准。设总办以下各员。城内设总局一，伊通、长春、伯都讷、双城、阿城、五常、三姓、宁古塔、珲春设分局九，并于缸窑、沙河子设立分卡，抽收缸、煤各税。其珲春分局驻南冈，珲春之分卡隶焉。其余量设分卡，初无一定。光绪三十四年，城内饷捐总局裁撤，归度支司管理，城外各分局分卡亦皆归并为统税，不另列饷捐之名。是年凡收税款三百八十九万四千余吊。

纪烟酒木税

吉林烟酒木税，从前归吉林厅征收，按额报解，为数无多。同治四年，经前任将军铭安奏请，将吉林府属烟酒木税改由将军衙门派员征收，于省城设烟酒税总局一、分局四、一伊通河，一岔路河，一双阳河，一法特哈门。木税局一。加增税额，烟酒税每年以二万八千两为定额，木税每年以三千七百两为定额。除扣提收税员书一成工食，又津贴将军衙门办公银四千两，吉林副都统二千两，珲春副都统一千两，吉林府一千两外，余即备充官兵俸饷。其外府、厅、州、县均归各地方衙门经征，列入杂税项下，按额报解户司。光绪二十六年，将军长顺奏请加增，旋因兵燹停止。至光绪二十八年复奏请将烟酒税额加增半倍，每年以四万二千两为定额。光绪三十二年，将军达桂因举办新政，筹款维艰，奏请将烟酒税改章加征，略仿直隶办法，以税款出自买主，计销数每斤收制钱十六文，合市钱三十二文。加税后，除应纳票课及地方衙门应纳已纳牲畜杂税，系抵饷正款仍完纳外，原纳之九厘捐并包纳筒税及一切繁费，一律蠲除。改章之始，非不体恤酒商，乃总理丰年擅改奏案，本系按销酒斤数，辄改为得酒斤数，其向酒店贩卖者，由各该店仍遵旧章纳税。烧锅设柜卖酒，亦一律纳税。其食户及各酒铺赴烧锅买酒者，又一律加税，于是一斤之酒，照原奏所加之三十二文已多至数倍，借各收各税之谕，层累递加，酒商屡请核减，被驳凡十余次。外城分派委员，会同各饷捐分局办理。除将原有吉林府额银四万二千两，各府、厅、州、县额银一万二千余两，仍照旧拨抵俸饷及加提一五经费外，余款虽名为充常备军正饷及办理各项新政之需，而上下交争，侵匿不报，较前溢征十余倍，而公家无补，小民滋困，惟木税则仍其旧。将军达桂于卸任时，始奏请将加征之烟酒木税款项提出，则从前之中饱不问可知。光绪三十三年十月，各烧商复联名具呈，垦请减额税，因念商情困累，辗转取盈，未免担负过重，且收数愈苛，则相率歇业，更无补于国课。乃为之奏明，变通办理，酒税一项减为每斤征银一分四厘，只征烧商一次，不再重征。每银一两，仍按旧定官价折收市钱三千三百文。其烟税一项，亦奏请改定每斤收税市钱三十二文，亦祗统征一次，蠲除一切繁苛。至外城运来丝烟、黄酒，为数无多，仍照旧章值十抽一。在公家所损有限，而商民受实深。木税自光绪三十三年委员抽收，仅变价银三千七百余两，共计五万二千余两，已逾原额。其津贴办公各费，除吉林府、珲春副都统照例支给外，其驻省之将军、副都统衙门均已裁撤，即移作公署办公之用，以昭核实。从此实力整顿，商不疲敝，课无短绌，而公署省此一款，亦可少助行政费用，较之从前层累递加，公私两困，则自为核实矣。

附奏吉林酒捐改为征银片

再吉林酒捐一项，原奏每斤加征制钱十六文，本系仿照直隶章程办理。乃奉行不善，辗转取盈，而前署将军达桂又以事关军饷，复奏请再加一倍征收，该局乃抽收至四五倍，中饱滋多，遂致烧商歇业。现此事既经查明，亟应设法整顿，以苏商困。查原奏所加制钱十六文。数目尚属公允，本可仍照原案办理，但吉林钱贱银贵，若照原数征收，必致骤形短绌。现拟每斤改为征银一分四厘，与原数十六文不相上下。祗征烧商一次，不再重征。除额征报部之税照旧完纳外，其余如坐税、代食户税、烧锅扣留零销税、酒铺扣回代垫税种种名目，概行停止，似与裕课便商均有裨益。如蒙俞允，即拟通饬吉林试办。果能行之无碍，再行体察三省情形，另拟划一章程，奏明办理。谨附片具陈。伏乞圣鉴。谨奏。

附吉林酒捐请照官价折银征收折

奏为吉林酒捐，请照官价折银征收，恭折仰祈圣鉴事。窃维吉林酒捐，前因查有坐税、食户税、零销税、代垫税等名目，流弊滋多。经臣世昌于上年八月间奏请每斤改征实银一分四厘，先行试办，本为顾恤商艰。兹据值年烧商赵子余、杜景春等，以商情困迫，银乏来源，呈垦以银折钱，援照前定官价每银一两按市钱三千三百文折核交纳等情，由烟酒木税局总办、候补道史菡禀请核办前来。臣等查吉林出入款项，向以钱为本位，自近年迭遭兵燹，银根奇绌，价日昂贵，每两银现换中钱在四千以外。此次该值年烧商呈垦援照从前所定官价按三千三百文以银折钱，虽暗中不无亏折，然商力不支，亦属实在情形，似不得不稍事变通，以示体恤。合无仰垦天恩，准将吉林酒捐一项，每两按照官价三千三百文作价折算。先行饬部立案，一面由臣等通饬遵办。庶于裕课便商，两有裨益。除咨部查照外，理合恭折陈明。伏乞皇太后、皇上圣鉴训示。谨奏。光绪三十四年正月二十二日具奏，二月十一日奉朱批，度支部知道。钦此。

纪山海土税

咸丰五年，将军恩华[1]奏设吉林土税总局于省垣，派员经征土税，外设分局五，无定额。同治四年，将军皂保[2]奏定土税额征市钱二万八千吊，照章除员役工食，实应解市钱二万三千八百吊。光绪十二年，以三吊五百三十文银价折核银数，盈余尽征尽解。咸丰九年，将军景纶奏，吉林各处除烟酒、牲畜、木植、当商向有例税，其余山海所出土产均无课程，拟照南省捐厘之法，暂借商力拣择土产大宗酌量抽捐，其物之琐细而无几者概置不论。光绪十七年，将军长顺奏，吉林应征土税，原以山海土产三十六宗，按则收税，其中麻油、青靛等物均因歉收少出，尤为减

〔1〕 恩华（1876年—？），江苏京口（今镇江）人。日本法政大学毕业。历任吏部主事、学部总务司司长，中华民国国务院秘书。1920年，任蒙藏院副总裁，1924年，任北洋政府司法部次长。

〔2〕 皂保（1817—1882）：宁古塔氏，清朝政治人物。曾担任兵部右侍郎，出使朝鲜，担任吉林将军时率部剿匪，平反杨乃武与小白菜冤狱，被承德人称为一代乡贤。

税。大宗全赖参茸、皮张，以补税额。无如东山山海所产，多由海参崴海道南行。又荒地开垦，野牲难藏，税额递见减少。至光绪二十六年庚子之乱，而商况一变。光绪三十年，日俄之战以后，每年征至一万两，所恃税课轻少，易于足额。光绪三十三年，归度支司管理，改订新章，加意整顿，除包商之弊，为尽征尽解。省城、长春、伊通、磐石等处各设分局，皆隶度支司管辖，其余暂归各旗署管理，据光绪三十四年册报，山海土税共征银十万零五千九百一十一两三钱六分、钱八万四千零五十八吊一百六十四文，较旧额长征银十余万两。各副都统、协领衙门尚不在内。现拟将各旗署所收之税一律收回，归就近局所兼征，则必更有起色矣。

纪参药税

吉林参药税，额征市钱一万八千吊，照章除员役工食，实应解市钱一万五千三百吊。光绪七年五月，将军铭安因筹办经费，安插流民，拟请弛禁，秧参与诸草药分别抽收税课。旋经奏准，即派员设局，议定章程，按药料之贵贱，定税课之重轻，或抽十分之一，或抽百分之二，可免商民苦累，永远奉行。秧参获利较多，拟每售市价一吊抽收税课钱一百文。黄芪、党参、细辛等二十二种价值本贱，获利亦微，拟每售市价一吊，抽收税课钱二十文。每年征收若干，于次年春间造报解库。并照吉省征收土税章程，按一五成扣除人役工食，免其造册报销。旋据该局委员册报，自开征之日起，截至次年十二月底止，共收税钱一万零七百三十吊零二百八十文。循照土税章程，扣除一五成人役工食，应存税课钱九千一百二十吊零三十八文。后定以一万五千三百吊为额，解交户司收库。嗣经禀请加添种类并增广税价，凡属黄芪等草药，均按市价一吊抽收税钱五十文，仍以一万五千三百吊为额。光绪三十三年，改设行省，归度支司管理，易为尽征尽解。计光绪三十四年全年所收参药正税凡八万八千三百余吊。即此收数之陡增，亦足见当日局员之不免奉行故事也。

纪洋土药税捐

吉林向有洋药税、洋药捐之收入。查土药一项，前准户部议准，推广洋药捐输行令，不分洋、土药，一概发给华商行坐部票收捐助饷，酌拟变通，于原定土药每十斤捐银二两之外，量加一两二钱，以抵坐票捐课。即由本省刊发行票，钤用印信，派员试收，于光绪十一年七月二十日奏准。又以洋药零星销售，应照奏定新章每百斤抽收捐银八十六两，毋庸再收票捐，亦由本省发给行票，以归简易，奏准通行。此吉林征收土药原定办法也。自光绪十一年五月初一日试收起，至是年年底止，共收银二万五千零七十五两。光绪十二年份，收银三万六千六百五十两。光绪十三年份，收银二万八千三百八十九两。光绪十四年份，收银一万六千四百七十一两。光绪十五年份，收银一万五千八百五十一两。此定章后按年收捐实数也。光绪三十三年，吉林设度支司，凡税捐皆归其收入。计光绪三十四年收洋药捐银五千五百四十三两，洋药捐钱一千九百三十四吊。由司呈请将洋药税增添税价，按市价一吊抽收税钱一百文，烟膏按市价一吊抽收税钱二百文，又收洋药税钱六万五千五百九十七吊，烟膏税钱五千二百六十三吊。自奉明诏，戒烟之禁日严，税捐收项愈减。吉林已设官膏局，宣统元年，所有洋、土药税捐胥归该局办理。

纪木植公司

木植公司征收木植票费，与烟酒木局之征木税者不同。光绪二十三年，俄人修筑东清铁路，用木甚巨。前将军延茂为挽回利权起见，饬令交涉总局向东清铁路公司俄员茹格维志等一再磋商，会订伐木章程十二条，奏咨立案。即于光绪二十五年在交涉总局附设木植公司，经理放票征费事宜。凡铁路公司需用木植，无论雇人自砍或给华俄把头包砍，必先报明指砍山场，拟砍木植若干，价值若干，由公司勘明，发给大票，先交票费一半，始许进山砍伐。至次年运木出山，再照章补足。所砍山场如系民山，并须由铁路公司另给山主四成山本。此项票费原订章程，按照木植圆径尺寸，每值钱一吊收费八十文。且有华款、洋款之别，华款征收华人散卖木植，均系市钱，洋款征收铁路公司所用木植，均系羌帖。华款外销，洋款内结。外设分局若干处，暨代征若干处。光绪三十三年十二月，归度支司管理。光绪三十四年十月，归并税务处征收。外分各局，并分别改归统税局以内。计是年节省浮费收入之数，华款较旺，洋款则因铁路用木日少，致多短绌云。

纪牲畜杂税

牲畜税之著明者，向惟吉林一府。城内设总局一，外乡设分局七，除交正款外，余款充作府治办公之用。光绪十二年，有宾州、双城、五常烧锅商人包纳牲畜杂税之案，自此以后，始渐推行省外。其余吉林府属界各新荒等处及伊通、磐石、敦化、延吉、绥芬、宁古塔、依兰府、新城府、临江州等处先后开设烧锅，均自光绪二十三年起，由烧商包纳牲畜杂税。于是牲畜税乃推广遍及全省，以为收入之一正款矣。迨光绪二十六年庚子乱后，民力不堪，将军长顺体察情形，饬令暂行停止四乡牲畜税，遂阅七年，未经规复。至光绪三十三年举办新政，省城设立地方审判厅，经费无出，由代理吉林府潘震声禀请，规复四乡牲畜税，收入款项概归审判厅经费。府城内所收之牲畜税，仍归府署，照旧办理。自设立度支司后，吉林府四乡经征牲畜税，仍解充审判厅经费。各烧商包纳之牲畜杂税，则统解税务处转移司库存储拨用。查吉林全省牲畜杂税，额征银二万零一百七十一两一钱三分零六毫七丝四忽五微，由各府、厅、州、县随征随解。此款除各署照章就近开支祭祀、囚粮、津贴、办公、收税、工食外，余银尽数报解司库，抵充俸饷。若伯都讷旗署有鱼网税，额征银一百八十两，此款向例伯都讷就近抵饷，并不批解。

纪斗税

斗税者，系由买卖粮食分别出税，以抵民署廉俸、勇饷要需者也。光绪七年，将军铭安奏请设官求治，以清盗源。添官建署，所费甚巨，惟就地兴利，以本地所出供本地所需。查吉省各城市集镇斗只向系私设，间有请领官斗，而所纳之课为数甚微。于是拣派妥员分赴城镇，仿照奉天酌抽斗税章程一律劝办。先后会同地方各官，传集大小商户，调查三年内账簿，逐年核计，各就地方情形，酌定抽收斗税数目，各商户均已一律遵办。盖私设之斗，本取费用于民间，此次化私为官，在民间之费并无所加，而公家之款已收其益。凡城镇买卖较大商运较多处所，每斗粗粮一十文、细粮二十文、小麦三十文。其次，每斗粗粮八文、细粮十二文、小麦十六文。再其次，偏僻乡镇出产本少，商贩无多之所，凡细粮、小麦亦照粗粮每斗一十文或六文统计。通省每年可抽收斗税市钱十二万吊有奇。如有盈余，尽收尽解。第水旱偏灾，虽丰年亦所不免。而斗税之征纳，视粜粜之多寡为盈亏，似未便以丰年所征，定为每岁常额。奏准后，由分巡道派员役经征。照章除员役工食外，如数存库，备抵新设民官廉俸、兵役饷银。光绪二十六年，将军长顺遵旨整顿厘税、剔除中饱折内声明，斗税一项，向归吉林道经征，现在入不敷出，并无盈余。经前吉林道达椿厘定税章，通省划一，始于原额之外增收税钱十余万吊。以彼时银价每两三吊核计，能多收税银三万余两。除提二万两补足俸工饷乾外，其余一万两即自光绪二十六年为始，提归公用。后因俄兵入境，各属烧锅、粮店大半报闭，因之斗税捐钱未能足额。复于光绪二十七年九月奏明，请从光绪二十八年正月起，再照新章征收，分别提解。光绪三十二年，署吉林道余浚派员彻查，重新整顿，将旧有盈余化私为公，合盘托出，于正额而外增出税钱十一万余吊。光绪三十三年，共抽收市钱三十三万九千余吊。光绪三十四年，道缺已裁，所有税务均归度支司经理，斗税一项有商包者亦收回官办，尽征尽解。其增进之款，按光绪三十四年共收斗税五十万吊零，较三十三年增收十三万余吊，则较前为尤巨云。

纪烧锅票课

吉林烧锅票课，向由官参局经征，解交户司，备抵俸饷。吉林、长春两府，从前额票一百五十张，每年共额交票课中钱十万八千吊，遇有荒闭，归各家包摊。光绪二十一年，经前任将军恩华奏请，按家每年纳课中钱二千七百六十九吊二百三十二文，免去包摊之累。其原隶伯都讷厅现改设新城府榆树县两属烧锅，每年共交额银一万六千两。阿勒楚喀、拉林、双城、宾州四属烧锅，每年共交额银二万两。宁古塔烧锅，每年共交中钱一万吊以上。各属不论家数多寡，按额包摊。至五常厅、珲春、延吉厅、三岔口暨绥芬厅，磐石、敦化两县及吉林府属各新荒等处，先后续开之一筒小烧锅，无力包课，于光绪二十二年经前任将军长顺奏请，改为按筒纳税。每筒每年交课银四百两。倘日后生意畅旺，加至两筒造酒者，则改归吉、长两府大烧锅章程纳课。光绪三十四年，裁撤官参局，并入税务处办理。计光绪三十四年份共收票课银六万三千两，票课钱十二万零七百吊，均经随时拨解司库，备抵俸饷。

纪当课

吉林从前当商，每座岁征课银二两五钱。光绪十三年奉文，自十四年起至三十二年止，每当商一座预交二十年课银五十两，俟届期满，再行照旧征收。迨至光绪二十三年，复奉部咨，以各省当税较轻，奏明自二十三年起，每座岁征课银三十两为定额。若已预交，准其分年扣抵。前届光绪二十三年年底预交期满，现均遵案自光绪三十四年起，一律每座岁纳课银五十两。此吉省征收当课之科则也。按度支司报告书，征收各府、厅、州、县光绪三十三年当课银八千六百二十七两五钱，征收三十四年当课银九千六百四十两。

纪协饷

吉林先无协饷，自光绪二十六年俄兵入境，停战议和后，边防各军尽数遣撤，原有练兵改为捕盗队。嗣因盗风日炽，兵力不敷，议添一万六千人借资剿捕。后以饷项难筹，仅募成一万三千余名。营制饷章，经将军长顺厘定，无论旗队勇队，按照旧日边防兵数，每营核减二成。步队以四百人为一营，马队以二百人为一营。年需饷银一百二十万两，由本省自筹一半，其余一半请由部拨发。光绪二十九年七月具奏，经户部议覆，每年准拨京饷四十万两。光绪三十二年，将军达桂奏请停止各省协饷，而边防之用益形棘手。宣统元年，度支部议覆东三省总督奏延吉边务经费不敷，仍垦由部筹拨一折，所请边费六十万两除由吉林自筹三十万两外，大连关拨洋税银十五万两，山海关拨洋税银五万两，芜湖关拨洋税银十万两，以上共由部拨银三十万两。于四月二十六日具奏。奉旨依议。是吉林先后部拨协饷之大略也。

纪营业税

吉林初无营业税，有之自光绪三十四年始。是年六月，吉林自治会成立，经费无出，由会长松毓[1]等请在省城试办地方税，禀奉批准试办。其抽收方法按各商货本值百抽一。收入之款除按定章开支外，余款匀拨自治、商会、巡警、学堂四项经费之用。省城设地方税公所。九月朝旨有九年国会之筹备，地方税应于第四年举行。吉林商会详请办法，因以现办之地方税系按买货置本抽捐，只可谓之营业税，与部指之地方税性质不同，应改名曰营业税。经理之责仍由绅商担任，收放之权统由度支司主持。由司刊发钤记，文曰吉林府营业税公司，交承办员启用，从前之地方税钤记缴销。至各属税款，由地方官协同商会办理。收入之款除开支外，余款以七成留充地方

〔1〕　松毓（1863—1929），满族镶蓝旗，姓郝舍里氏。吉林省吉林市温德河子屯人，民主革命者。曾担任过黑龙江绥兰海兵备道与二品衔吉林特用道，吉林公民保路会会长，率领各界夺回了吉（林）长（春）铁路筑路权。后创办竞权女子学院和毓文中学，又创办《公民报》（今《吉林日报》前身），宣传救国和民主思想。

警察、学务、自治、商会经费，三成解交司库存储备用，税票由司印发。

纪发商生息

吉林度支司收入之款，发商生息，亦其一端，其项目繁多，若津贴，若城工，若炮台，若课吏局，若番役，若车价，若衙署年赏，若三万吊生息，若各司津贴，若各司膏火，若各司旗营津贴，若祭祀生息，若引见川资，若无差人员津贴，若官本生息，若三祠看役，若考棚，或原本数万两数千两，或数万吊数千吊不等，皆未设度支司以前历年按本收息者也。其最巨者，为发商生息津贴教佐一款。其原本系借之于银元局，共钱十八万零一百五十吊，光绪二十九年八月起发商生息，支剩息款递年作本。光绪三十四年，将原本十八万零一百五十吊全数移还银元局。现在以息作本共六万吊。查光绪三十四年收各项发商生息利银二万零二百零三两一钱五分九厘六毫、钱七万三千零四十吊零六百七十文，收津贴教佐生息银八百三十七两四钱六分五厘七毫，钱四万二千六百九十一吊四百三十文。

纪彩票公司

吉林风气朴厚，初无饮博征逐之行，乃有迹近赌博而仍不失裕课之意，行之数年，竟成为筹款来源之一助，则如彩票公司是已。查彩票公司隶于筹饷总局，由商人经理。光绪二十八年，分部主事裕康、拣选知县刘钟德等禀请设立裕饷彩票公司，仿照官督商办之法，就地筹办，以三成助饷，七成归商。议定章程八条，呈经将军长顺批准试办。仍由将军随时派员监视，更取具贻源当图书保结备查。即于是年六月初一日出售第一会票，七月二十五日开彩，票未售尽，颇有赔累。八月，出售第二会票，定期十月二十日开彩，复请展限一月，仍未得利。是年十二月，公司承办等将该公司兑交府经历田耕畬接办，改为吉盛彩票公司。拟定章程二十条，呈经将军批准，并饬筹饷局出示晓谕。即于是年五月开彩，续出两次，仍未见畅旺。后复改定章程，斟酌损益，以欲取姑予之术，为集腋成裘之谋，相沿至今，群趋若鹜。按彩票公司初时集股，每股银一百两，先时未经获利，退股者颇多，及至今日，从前每股一百金者已获利二十余倍，欲入股者已有人满之患。红利所入，公家每年可得银八万余两，是亦各省之滥觞，非理财之正轨也。

岁出篇

吉林全省岁入，从前共银二百余万两，稽诸用款亦不过二百余万两，是出入尚足相抵。自改行省，并户司为度支司，越明年，裁饷捐、烟酒、山海、参药、木植、官参六局，并粮饷处为税务处，切实整顿，剔除中饱，尽征尽解，入款因之大增。光绪三十四年，比较旧额赢余甚巨。加以官运、官钱两局归公余利，合之每年岁入三百七十余万两。而岁出之数反形不足，每遇要需，无款可发，或借拨荒价及每次升科租赋专存，挪移各垫款。何前后盈绌相反，而比例之数悬殊也。从前军籍时代，以将军而行旗制，民官无多，凡以备征讨，守境圉而已。今则新政繁兴，建官治事与内地埒，若民政，若司法，若教育，若实业，若交涉，若军队，若地方行政，同时并举，事繁费巨。且绥边驭蒙费重且要，又为他省所无此出款之多者一。从前闭关自守，外无侵越，内严封禁，旗丁钱粮之外几无行政经费，浑穆相安，自成风气。今则两强逼处，以铁路为根据，遂至阑入行政之范围。复以银行助商权之发达，凡生利之事急起直追，稍纵即逝，而以抵制为进步，非广集巨赀难充实力。若商埠，若交通，若矿垦，若林渔，若航业，若官办公司，每筹一事，胥以财力之盈虚，定程功之迟速，此出款之多者二。然此犹表面之布置，枝节之设施也。吉林自长春以北均属俄人之势力，彼之敷铁轨，兴商务，创工程，其掷金钱于我之领土盖不知若干万。日人近以延吉边务急起干涉，因谋设会宁铁路，以伸入吉林南部之势力，度其后必筹有大宗款项而相继经营者。乃我之经常费尚不足以相抵，若不别筹巨款，广辟利源，则财权终必为其所乘。来源一涸，即区区整理所增之数，亦不足恃为的款。盖库款既绌，而取之商民者亦只有此数，所提者中饱之漏卮，不足为常恃之款，非理财之正轨也。况外力铺张，商民交困，即所定额输，其足为预算表耶。今仅就固有之款而整理之，计可以指拨者不过地丁耗羡、大小租、牲畜杂税、田房契税、烧锅票课、当课、发商生息、归公余利、七四九厘捐、烟酒木税、山海税、斗税、木植票费、盐课、关税、部拨协饷，落落数大端而已，乃入款已增入三分之一，而出款预计反形不足，后表所列，特别款尚不在内。则以利源未开，无巨款以充实力也。当此财力支绌，苟为一时补苴计，斯息事省费所增之一百五六十万两，未始不侈然自足，号称理财。维是外人势力所至，财权随之。以吉省之奥区，宝藏富厚，我如自画，则利源日蹙，国力愈弱，而公私交病，更无中饱之可除，必将任人取携并额输，而不能复，尚得以内地用财相提而并论耶。

附吉林财政困难饬部筹议折

奏为历陈吉林财政困难情形，垦恩饬部筹议，以重根本，而维大局，恭折仰祈圣鉴事。窃吉林地处东边，初改行省，政繁费绌，艰窘万状，诚有非就地筹款所能为力者。臣等未到东之先，闻诸道路，佥谓吉林富饶甲于全国，凡有经营，无不克举。抵任后细加体察，始知人言原有可凭，而实情殊不尽合。盖据地质物产而论，吉省诚为东省之最，惟宝藏未泄，地利未兴，苟无最大之母财以辟利源，其富庶终无可期也。前此闭关而治，一意休养，出入相准，自应绰有余裕。自庚子乱后，元气大伤。迨日俄战罢，局势益变，两强竞争，实逼处此，稍再因循，万难自立。其不能以昔日治吉之法行之今日，谅在圣明洞鉴之中。是以昔日入款少而用足，今日入款多而用不足，昔日以吉财治吉而用足，今日若仍以吉财治吉不仅其用不足，而贻误大局非浅鲜矣。然使吉林今日财政无异常危迫之象，犹得有所凭借，逐渐补苴，无如病源已深，其势岌岌不可终日。凡政务之已办者，皆将有累卵之危，未办者亦徒作画饼之欢。而一观外势之炎灼，如火燎原，又未尝不惊心动魄，寝馈难安。既不能守株以待，又难于无米为炊。此臣等所以焦心危虑，不能不披沥上陈者也。查吉省从前入款，每年约共银二百一二十万两，其收入款目，曰大租即地粮，曰饷捐即七四九厘捐，曰田房税，曰烟酒木税，曰山海税，曰斗税，曰参药税，曰木植票费，曰官帖局三成余利，曰户部协饷。以上各款以捐税为大宗，而惟饷捐为尽征尽解，其他均系各衙门派员包额征收。经征者除解足额款外，悉归中饱。自前任将军达桂临卸任时，始于请停协饷案内，将加征之烟酒木税款项提出，而入款岁增五十余万两。自改行省设度支司后，经臣等将出海税、斗税及各税捐一律改为尽征尽解，复饬将旧时所有规费酌提入公，而入款又岁增二十余万两。综计每岁入款约共合银二百七八十万两，比旧额计加多七十万两有奇，是为今昔岁入之比较。又查从前出款每年共银二百余万两，收支相抵，尽可敷用。自改省后，需用浩繁，除公署及五司各道本衙门公费外，其隶于各司道者，则有省垣及各属巡警费，新设治各府、州、县之补助费、征收税务及其他关于理财费，各项学堂及其他关于教育费，各级审判、检察厅、监狱及其他关于司法费，设关开埠及其他关于交涉费，垦务、矿务及其他关于实业费。其不隶于各司道者，则有军政费、边务费、旗务蒙务费、交通费、禁烟筹办谘议自治费。此外尚有一切开办费、建筑费及常年活支各费。总上所列，共每岁支银五百余万两，比旧额加多三百余万两，是为今昔岁出之比较。就光绪三十四年出入核计，不敷之数二百二三十万两，加之奉部停拨饬归自筹之款，则有延吉边务费六十万两，三省分摊陆军混成一协原饷七十余万两，除本年预算之应兴应革各要务尤须特别巨款者不计外，合前并计已不敷银三百六七十万两矣。吉林人民困苦，比之内地瘠省犹远不逮。今每岁入款已超过中省之额，民力之竭可知，再欲加筹此三百六七十万两，竭蹶情形自可想见。然本年苟不得此，则将前功尽弃。且边务、防务关系尤巨，势已急于燃眉，款乃茫如捉影，稍有蹉跌，纵治臣等以溺职之罪，其如贻误大局何，此则财政困难之实情也。然使情形虽极困难，而基础仍自稳固，犹得随时弥缝，徐图补救。无如近来市面萧条，商民穷迫已达极点。因流溯源，不能不咎前此理财之疏以至于此也。查从前吉省财政系由将军衙门户司综管，历任交代向少清查，拉杂纷乱，不可究诘。而各税捐等局又各立机关，如省城之烟酒木税向归将军衙门，山海税则归副都统衙门，斗税则归吉林道，民税则归各地方官缺分之。优腴在此，财政之紊乱亦在此。税权不一，名目孔多。实归公用十无二三，以致商农并困，百度未举。今虽力清积弊，咸舆维新，但已免各项浮收正额固自有限，而欲议别筹捐款，民困实有难堪。再四熟思，殊乏良策，然此犹不过财政困难之一端耳。其最为危险最难整顿者，则惟钱法一事。曩岁虽会经设银圆局鼓铸银圆，而所铸本属无多。继设官帖局，逐年增发，漫无限制，底货日空，遂成不换纸币，而官帖又决难通行外省，以致现货几于绝迹市廛，即间有外来者，转瞬旋复输出。市面周转全恃官帖，官帖日多，现货日少，现货愈贵，官帖愈贱。近日银锭一两值官贴五千有奇，龙圆[1]一圆值官帖三千有奇。小民所重在日用，持不换纸币则何所得食，商货必运自外省，照如此银价则所损实多，是以百物翔贵民病莫苏，商业寖衰，国计亦困。即就饷捐一项计之，前岁收吉钱六七百万串者已锐减至三四百万串，萧条景况大概可知。再越数年，何堪设想。且外币势力乘虚而入，哈尔滨以东已成俄币范围，延吉一带将为日币范围。长春等处则成日币俄币交争之范围。去年以来，日俄银币一圆均换官帖四串有奇，亏折情形实较英榜尤剧，长此侵蚀，伊于胡底。此诚吉林财政困难之最大原因也。查前将军达桂任吉时，去日俄战事未久，以理论之，当极困惫，乃奏称本省财力已可足用，请停协饷。今又相隔数年，自应更易为力，而臣等反极陈其难，似觉可异。岂知彼时俄人驻军吉林，虽地方被其蹂躏，而由彼国运来军饷何止千万，大都散之是间，其

〔1〕　龙圆：也称龙元、龙洋、银元，清末自铸的洋钱。

所需米粮牛马等物，亦皆购自我境，故当时以一穷民积有俄币数十圆、数百圆者不可胜计。其冲要之府县，岁收民税数十万者亦间有之。当时地而浮财既如斯充斥，加以任意发用官帖，尚未觉有阻碍，而一切政治皆仍旧贯，又无特别繁费，就彼一时而论，安得不谓之富裕，但未为远大计耳。今则民间无源之浮财其涸已久，公家无本之官帖其害早见，而创兴要政，需用孔急，又数倍于曩时，比较而观，财力之不得不困，当可见矣。臣昭常到任后，与臣世昌反覆筹商，既鉴前车而慎来轸，即抚现势而规后图，凡关于整理财政之事，靡不博访周谘，殚心竭虑，特将从前将军衙门所收烟酒木税及原有捐税各局之例规，概行提出，不敢稍留私利，有负国恩，岁增银七八万两。如田产税契赢余向归各地方官，饬酌提归公，岁入十余万两。如吉省食盐向皆运自外省，饬兴办吉林运局，约岁入银五十万两。更饬度支司将省内外各税捐局次第裁撤，于省城设立税务处，各属陆续设统捐局，将所有税捐一并征收。统计以上诸项，较前岁增银八九十万两。现仍力求扩充，以期将来之进步。并拟筹办营业税，改良税捐，以为商税统一之法。凡现时进款之可筹，较有把握者，大都盖于此矣。至补救钱法，势非速铸现货，决难济官帖之穷。故臣等于去冬奏准搭铸铜圆，并饬于官帖局附设发行银票处，行使银票、银圆票，以昭信用，而便商民，且为收回官帖之预备。但计从前所发官帖已在四千万串以上，至少亦须百余万两现银，随时鼓铸，方足以资周转。但此犹仅为挽救现状而言，如欲永杜流弊，非筹设官银号不可。因拟于省城设总银号，更于各属之大市场及奉、江两省之通商各处设分银号。盖必有总银号，以便汇款存款，则金融方能活泼，而现货庶不致溢出。必有分银号，以便发款交款，则银号方有信用，而纸币庶易于通行。如此则商民便利，度支充裕，相辅而行，所关非细，但更非预集三四百万金未敢遽言兴办也。以上所筹理财办法，盖为现时切要之图，而决无疑议者。至久远之计划，则尚不在此。夫吉省之土地非不饶也，山川之蕴蓄非不富也，惟其财多不见于地面，其利不能拘于目前，而欲辟利之大小，必先以资本之多少定之，亦人所尽知者。苟今日各省能以其余利助吉，则异日必能以所得之利还助各省，初非黔、桂、新疆等省之长赖协济者可比也。且日俄近于各地调查，无不透彻，若再昧焉不察，外人势必出其资本，尽其手段，事事起而代谋，不但地利未能自保，而国计且将不堪。臣等职分所系，日夕忧危，诚有不敢畏难自安者。谨就臣等管见所及，不能不及时筹办，而又非吉省财力所能筹办者，约略陈之。吉省土产最利实业，曩者但知自保，不求发达，以致利弃于地，外人因而生心。于是饬劝业道调查矿务、林业，试验农事、蚕桑及造纸、印刷各工厂，以为商民先导，计岁须银二三百万两。吉省办垦多年，仍多荒地，伏莽难除，强邻窥伺，实边之策，允为要图，于是拟于东北各边，实行移民、招垦、屯田诸要政，约计须筹银四五十万两。查珲春为吉省东边要塞，由图们江入海仅百余里，实为东境天然之商港，屡经确查，洵属利便，虽近海江岸已归俄属，而援照公法实可通过，早未计及，殊为失策，于是拟开通珲春海港，计须银五六十万两。又吉省有松花、图们、黑龙三江，其经流在千里以外，支河歧流分贯全省，水利之美无过于此。乃因向少舟楫，输运不通，民气闭塞，良足兴叹。前于松花江试行官轮，商民便焉。于是拟统办三江航路，预计银四十万两。是四者皆为生利之事业，苟有资本，富国裕民，悉具于此。他如森林、矿产原为吉林最大之财源，尤须赖绝大之资本，非专恃官款所能济事。现在拟设法招股募债，以期逐渐兴办，故不与前四端并论焉。再者吉省向少民官，治术殊阔，边荒土旷，难保治安，是不可不速筹设治。查奏定筹备宪政章程，举凡各级审判厅及全省蒙小学堂、城乡巡警。均限于宣统七年内一律成立，则司法、学务、警政是不可不速议扩充。又准陆军部奏定各省练军新制，吉省应于两年内自练陆军一镇，则军政是亦不可不速谋。推广统计，须款应在数百万两以上。凡此虽同属分利之事业，而实为国计民生之要图，是皆整理财政者之必当统筹预计者也。万一经费无者，不能不斟酌缓急，而已办之政断难废于半途，边防之重更难稍有让步。无已，惟有将前所陈分利之事业暂缓。然缓此则本省法政无计改良，何以立宪政之规模，而内治终难振兴矣。又无已，惟有将前所陈生利之事业暂缓。然缓此则本省财源已无生路，何以谋前途之希望，而外力莫能抵御矣。又无已，惟有将钱法积弊缓为整理。至缓此则不仅治内外之举均无力足以运筹，而群情惶惧，根本动摇现象已将不支，恐由此全局尽隳，虽以举国之力无能挽矣。况即今所筹办者一切皆缓，不求进步，不谋补救，而前所陈出入不敷之二百余万两及部议停拨之数十万两，乃虽欲缓之而不可得者，而亦将何以为计耶。臣等蒙昧，实未能审择缓急别所去取，再四筹思，莫知所可。夫以南北洋之富庶，其实力远过吉林，但因事关繁要，尚不得不借助于各省。以新疆之旷远，其地质远逊吉林，但因地当边要，遂不得不求济于邻疆。而吉林为国根本，逼近强邻，省治初立，凡百待举，其事之繁、地之要，较南北洋、新疆若何，当亦举国所共知也。臣等受恩深重，具有天良，苟力所能及，何敢稍有推诿，上烦廑虑。特以其地尚当山林初启之际，其势已处群雄争逐之冲，其民既纳内地相当之赋，其时又值元气雕疲之余，无论抚绥不遑，未堪罗掘，纵吉民尽效毁家之义，勉抒报国之忱，而欲恃一省有限易尽之财源，以抗两强至伟极大之魄力，成败利钝，不待龟蓍而可决矣。臣等硁硁之愚，既怵于中外之大势抵制法术，复迫于吉省之财力筹措无方，明知帑藏奇绌，未敢呼吁司农，视此大局攸关，又何敢因循坐误。合无仰恳天恩，垂念吉林关系綦重，财政异常困难，应如何统筹全局，综核财力，不仅以寻常省分视吉之处，饬部妥议覆奏。如蒙逾格鸿慈，俯赐垂鉴，俾臣等得以秉承圣谟，次第设施，庶中外皆晓然于上意之所注，外强阻怯，群情奋兴，自足以期治理而巩边陲。吉林幸甚，国家幸甚。所有吉林财政困难情形，恳恩饬部筹议，以重根本而维大局缘由，谨披沥上陈。伏乞皇上圣鉴训示。谨奏。宣统元年闰二月初八日具奏，三月初一日奉朱批，该部详慎议奏。钦此。

纪吉林行政官经费

吉林初改行省，增设民官，制度详备，经费亦稍多。官制以巡抚总其事，添设司道有差。嗣又奏请添设蜜山府、濛江州、长岭、桦甸两县。宣统元年，又奏请升改六府、一直隶州、一直隶厅、一分防厅、三县，经会议政务处核准，尚未委员设治试署。以前新设之缺，先派设治委员，但领开办费用。自巡抚以下俸廉公费及勇饷役食等项多寡，皆有定额。计光绪三十四年吉林行政官经费共用银十九万六千六百两零五钱五分八厘、钱十三万二千六百五十六吊六百零八文。其详细数目，另表附后以明之。

附吉林行省行政官经费表

署别	俸银	养廉	公费	役食	总数
巡抚		一万五千两	三万六千两		五万一千两
提法司		六千两	一万二千两		一万八千两
交涉司		六千两	一万二千两		一万八千两
民政司		五千两	一万二千两		一万七千两
提学司		四千两	一万二千两		一万六千两
度支司		六千两	一万二千两		一万八千两
劝业道		三千两	九千六百两		一万二千六百两
哈尔滨道		四千两			四千两

署别	俸银	养廉	公费	役食	总数
西路道		三千两			三千两
吉林府	一百零五两	二千两		四百五十八两四钱	二千五百六十三两四钱
长春府	一百零五两	二千两		四百五十八两四钱	二千五百六十三两四钱
新城府	一百零五两	一千六百两		三百十二两	二千零十七两
依兰府	一百零五两	一千六百两		三百十二两	二千零十七两
蜜山府					
宾州厅	八十两	一千两	四百两	四百四十六两四钱	一千九百二十六两四钱
五常厅	八十两	一千两	四百两	四百四十六两四钱	一千九百二十六两四钱
延吉厅	八十两	一千两	四百两	四百四十六两四钱	一千九百二十六两四钱
绥芬厅	八十两	一千两	四百两	四百四十六两四钱	一千九百二十六两四钱
双城厅	六十两	八百两	二百两	四百四十六两四钱	一千五百零六两四钱
滨江厅	八十两	一千两		三百一十二两	一千三百九十二两
伊通州	八十两	八百两	二百两	四百四十六两四钱	一千五百二十六两四钱
临江州	八十两	八百两		三百一十二两	一千一百九十二两
濛江州					
农安县	四十五两	八百两		四百四十六两四钱	一千三百九十一两四钱
敦化县	四十五两	八百两	二百两	四百四十六两四钱	一千四百九十一两四钱
长寿县	四十五两	八百两	二百两	四百四十六两四钱	一千四百九十一两四钱
磐石县	四十五两	八百两	二百两	四百四十六两四钱	一千四百九十一两四钱
榆树县	四十五两	八百两		三百十二两	一千一百五十七两
大通县	四十五两	八百两		三百十二两	一千一百五十七两
长岭县					
桦甸县					
吉林府经历	四十两	一百二十两		一百六十五两六钱	三百二十五两六钱
长春府经历	四十两	一百二十两		一百六十五两六钱	三百二十五两六钱
新城府经历	四十两	一百二十两		一百六十五两六钱	三百二十五两六钱
依兰府经历	四十两	一百二十两		一百六十五两六钱	三百二十五两六钱
五常山河屯经历	四十两	一百二十两		一百六十五两六钱	三百二十五两六钱
延吉和龙峪经历	四十两	一百二十两		一百六十五两六钱	三百二十五两六钱

署别	俸银	养廉	公费	役食	总数
伊通赫尔苏州同	六十两	三百两		一百五十六两	五百一十六两
绥芬穆棱河知事	三十三两一钱一分四厘	八十两		六十两	一百七十三两一钱一分四厘
农安新安镇主簿	三十三两一钱一分四厘	八十两		六十两	一百七十三两一钱一分四厘
长春朱家城照磨	三十一两五钱二分	七十一两五钱二分		一百三十二两	二百三十五两零四分
滨州厅巡检	三十一两五钱二分	七十一两五钱二分		六十两	一百六十三两零四分
五常厅巡检	三十一两五钱二分	七十一两五钱二分		六十两	一百六十三两零四分
五常兰彩桥巡检	三十一两五钱二分	七十一两五钱二分		六十两	一百六十三两零四分
双城厅巡检	三十一两五钱二分	七十一两五钱二分		六十两	一百六十三两零四分
双城拉林巡检	三十一两五钱二分	七十一两五钱二分		六十两	一百六十三两零四分
延吉厅巡检	三十一两五钱二分	七十一两五钱二分		六十两	一百六十三两零四分
绥芬厅巡检	三十一两五钱二分	七十一两五钱二分		六十两	一百六十三两零四分
滨江州巡检	三十一两五钱二分	七十一两五钱二分		六十两	一百六十三两零四分
伊通州吏目	三十一两五钱二分	七十一两五钱二分		六十两	一百六十三两零四分
临江州巡检	三十一两五钱二分	七十一两五钱二分		六十两	一百六十三两零四分
农安县巡检	三十一两五钱二分	七十一两五钱二分		六十两	一百六十三两零四分
敦化县巡检	三十一两五钱二分	七十一两五钱二分		六十两	一百六十三两零四分
磐石县巡检	三十一两五钱二分	七十一两五钱二分		六十两	一百六十三两零四分
长寿县典史	三十一两五钱二分	七十一两五钱二分		六十两	一百六十三两零四分

署别	俸银	养廉	公费	役食	总数
长寿一面坡巡检	三十一两五钱二分	七十一两五钱二分		六十两	一百六十三两零四分
榆树县巡检	三十一两五钱二分	七十一两五钱二分		六十两	一百六十三两零四分
大通县巡检	三十一两五钱二分	七十一两五钱二分		六十两	一百六十三两零四分
吉林府教授	四十五两			六十两零六钱六分七厘	一百零五两六钱六分七厘
长春府教授	四十五两			六十两零六钱六分七厘	一百零五两六钱六分七厘
宾州厅教谕	四十两			六十两零六钱六分七厘	一百两零零六钱六分七厘
五常厅教谕	四十两			六十两零六钱六分七厘	一百两零零六钱六分七厘
延吉厅教谕	四十两			六十两零六钱六分七厘	一百两零零六钱六分七厘
绥芬厅教谕	四十两			六十两零六钱六分七厘	一百两零零六钱六分七厘
双城厅训导	四十两			六十两零六钱六分七厘	一百两零零六钱六分七厘
伊通州训导	四十两			六十两零六钱六分七厘	一百两零零六钱六分七厘
农安县训导	四十两			六十两零六钱六分七厘	一百两零零六钱六分七厘
敦化县训导	四十两			六十两零六钱六分七厘	一百两零零六钱六分七厘
磐石县训导	四十两			六十两零六钱六分七厘	一百两零零六钱六分七厘
长寿县训导	四十两			六十两零六钱六分七厘	一百两零零六钱六分七厘
附设治委员开办费	银一千三百九十七两二钱零六厘 银十三万二千六百五十六吊六百零八文				
合计	银十九万六千六百两零五钱五分八厘				
	银十三万二千六百五十六吊六百零八文				

纪公署经费

吉林公署为巡抚驻节之所，即向日之将军衙署也。新改行省，制度规模均为创设，用人行政费用稍繁，巡抚养廉公费以及办事各员薪水津贴，较内省稍有殊异。又有政治调查局，亦属于公署范围以内，其折差边费与折奏各员薪水，皆公署所不能无者也。除建筑费另列外，兹撮其大要，自光绪三十四年正月起至十二月底止，全年额、活支并内外结区别总数，合计银六万八千六百两零二分、银元五千七百三十元零二角七分、钱三十五万五千二百三十九吊三百一十九文、羌钱八千八百零八元二角四分四厘。附列简明表于后。

附公属经费表

项目	额支款目		内外结区别	活支款目		内外结区别	总数	
公署		六千两		银	二万零八百六十五两四钱六分		银	二万六千八百六十五两四钱六分
				羌钱	八千八百零八元二角四分四厘		羌钱	八千八百零八元二角四分四厘
				钱	二十一万九千三百六十六吊二百八十五文		钱	二十一万九千三百六十六吊二百八十五文
办事各员薪水	银	三万九千五百零三两					银	三万九千五百零三两
	钱	七万一千四百八十三吊九百五十文					钱	七万一千四百八十三吊九百五十文
	银元	五千七百三十元零二角七分					银元	五千七百三十元零二角七分
折奏各员薪水折差盘费	钱	三千三百一十八吊零八十四文					钱	三千三百一十八吊零八十四文
	银	二千二百三十一两五钱六分					银	二千二百三十一两五钱六分

项目	额支款目		内外结区别	活支款目		内外结区别	总数	
	钱	八千二百七十一吊					钱	八千二百七十一吊
政治调查局	钱	五万二千八百吊					钱	五万二千八百吊
合计	银六万八千六百两零零零二分							
	银元五千七百三十元零二角七分							
	钱三十五万五千二百三十九吊三百一十九文							
	羌钱八千八百零八元二角四分四厘							

纪司法经费

吉林向无专理刑名之官，自改行省，设提法使，以为司法上行政之管理。别设各级审判厅、检察厅，并附设审判讲习所，以资法律上之研究。又以监狱改良，设罪犯习艺所，一切经费目较巨，其款皆由提法司代领。综计光绪三十四年除提法使俸公外，其自佥事以下各员薪津、兵役工食，凡关于司法经费者，合计共用吉钱五十四万七千七百八十四吊五百九十二文、银一万一千零二十三两三钱一分八厘四毫五丝六忽。另开简明表附后。

附司法经费表

项目	额支款目		内外结区别	活支款目		内外结区别	总数	
提法司	钱	十七万七千四百三十四吊一百七十二又		钱	三万一千二百零七吊四百八十二文		钱	二十万零八千六百四十一吊六百五十四文
各级审判厅	银	一万一千零二十三两三钱一分八厘四毫五丝六忽		钱	四万六千四百八十九吊四百三十二文		银	一万一千零二十三两三钱一分八厘四毫五丝六忽
	钱	二十七万九千四百八十六吊五百零六文					钱	三十二万五千九百七十五吊九百三十八文
审判讲习所	钱	一万二千六百七十二吊		钱	四百九十五吊		钱	一万三千一百六十七吊
合计	吉钱五十四万七千七百八十四吊五百九十二文							
	银一万一千零二十三两三钱一分八厘四毫五丝六忽							

纪外交经费

从前省城有交涉总局，长春、哈尔滨有交涉分局。兹于省城设立交涉司，添司使一员，并佥事、科员若干人。又设开埠局，用若干人，以及长春交涉局、哈埠交涉局、商埠公司与哈尔滨关道等处，款待外宾兼办交涉事件。其光绪三十四年关于外交之经费，除建筑各费另行列表外，兹列为外交经费表，其大要合计共用吉钱二十九万六千零十八吊零七十一文、羌钱六万二千五百七十六元八角一分八厘。

附外交经费表

局名	额支款目		内外结区别	活支款目		内外结区别	总数	
交涉司	钱	十五万五千八百三十九吊		钱	一万八千五百八十四吊一百三十五文		钱	十七万四千四百二十三吊一百三十五文
长春交涉局	钱	二万二千二百四十二吊		钱	一千九百八十吊		钱	二万四千二百二十二吊
开埠局	钱	二万吊					钱	二万吊
前交涉局	钱	七万零五百八十四吊三百二十文		钱	六千七百八十八吊六百十六文		钱	七万七千三百七十二吊九百三十六文
				羌钱	二百二十四元零七分		羌钱	二百二十四元零七分
哈埠交涉局	羌钱	三万六千四百二十八元二角八分四厘					羌钱	三万六千四百二十八元二角八分四厘
哈尔滨关道	羌钱	一万三千七百五十七元八角九分二厘					羌钱	一万三千七百五十七元八角九分二厘
哈埠商埠公司				羌钱	一万二千一百六十六元五角七分二厘		羌钱	一万二千一百六十六元五角七分二厘
合计	吉钱二十九万六千零十八吊零七十一文							
	羌钱六万二千五百七十六元八角一分八厘							

纪旗务经费

自东三省改设行省，奉天设立旗务司，吉林则以旗务处办理各旗营事务。凡向章隶于旗务各事及通省副都统以下旗官与已裁缺之需用经费，仍随事胪列，附表于后。计光绪三十四年关于旗务经费与贡品、庆典、祭祀、官庄各用费，共合银三十四万二千四百三十八两二钱六分七厘五毫八丝四忽、吉钱八十七万四千二百七十六吊六百五十一文、羌钱三千二百九十一元四角六分八厘。又于旗务处内设蒙务处，办理蒙务事宜，每月开支各员司薪水、心红、柴炭各项官价银五百三十八两。未另列表，故附及之。

附旗务经费表

名目	额支款目		内外结区别	活支款目		内外结区别	总数	
各旗俸饷	银	二十一万五千九百十九两三钱五分八厘九毫四丝					银	二十一万五千一百十九两三钱五分八厘九毫四丝
	钱	四十六万四千一百九十二吊零八十九文					钱	四十六万四千一百九十二吊零八十九文
十旗水师营年赏津贴	钱	一万吊		钱	三千七百零二吊八百文		钱	一万三千七百零二吊八百文
十旗独独	银	一百三十九两八钱七分二厘					银	一百三十九两八钱七分二厘
	钱	一万八千二百二十八吊					钱	一万八千二百二十八吊
各处白事	银	三千一百四十四两九钱二分					银	三千一百四十四两九钱二分
各旗随缺地租	银	一万一千八百三十两零八钱零二厘九毫					银	一万一千八百三十两零八钱零二厘九毫

名目	额支款目		内外结区别	活支款目		内外结区别	总数	
四边门两站津贴	银	七百九十八两六钱二分四厘					银	七百九十八两六钱二分四厘
	钱	一万七千七百六十吊					钱	一万七千七百六十吊
买补牛马草豆价	银	四万六千九百八十两零一钱一分四厘二毫					银	四万六千九百八十两零一钱一分四厘二毫
	钱	一百五十吊					钱	一百五十吊
赴引官借	银	三百六十五两					银	三百六十五两
	钱	五千零四十吊					钱	五千零四十吊
宁古塔副都统	银	三百二十四两六钱四分八厘					银	三百二十四两六钱四分八厘
	钱	三千二百吊					钱	三千二百吊
伯都讷副都统	钱	一千四百五十五吊五百六十文					钱	一千四百五十五吊五百六十文
三姓副都统	银	三百二十四两六钱四分八厘					银	三百二十四两六钱四分八厘
	钱	三千一百六十四吊					钱	三千一百六十四吊
阿城副都统	银	四百四十四两九钱六分八厘					银	四百四十四两九钱六分八厘
	钱	二千八百八十吊					钱	二千八百八十吊
珲春副都统	银	一千三百八十四两九钱六分八厘					银	一千三百八十四两九钱六分八厘
	钱	二千六百四十吊					钱	二千六百四十吊
印务处	银	三百三十三两					银	三百三十三两
	钱	五千五百三十五吊八百零五文					钱	五千五百三十五吊八百零五文
已裁各司	钱	二万五千八百七十四吊九百十四文					钱	二万五千八百七十四吊九百十四文
乌拉翼领	银	一百零五两二钱八分					银	一百零五两二钱八分
拉林协领	银	十五两零四分					银	十五两零四分
蒙务处	钱	六千二百一十三吊九百文		钱	一万二千九百七十六吊五百八十七文		钱	一万九千一百九十吊零四百八十七文

名目	额支款目		内外结区别	活支款目		内外结区别	总数	
旗务处				银	三万零八百八十二两八钱零二厘四毫		银	三万零八百八十二两八钱零二厘四毫
	钱	十万零四千九百六十吊零五百十八文		钱	二千三百六十四吊三百零四文		钱	十四万零七百八十六吊五百七十二文
贡品价值	银	二万三千五百两					银	二万三千五百两
	钱	三万零七百零六吊八百零四文					钱	三万零七百零六吊八百零四文
果子楼	银	七百十两零一钱七分七厘一毫四丝四忽					银	七百十两零一钱七分七厘一毫四丝四忽
	钱	二千五百四十八吊					钱	二千五百四十八吊
庆典	钱	十三万三千六百四十一吊五百零六文					钱	十三万三千六百四十一吊五百零六文
	羌钱	三千二百九十一元四角六分八厘					羌钱	三千二百九十一元四角六分八厘
致祭	银	八十九两五钱四分四厘					银	八十九两五钱四分四厘
	钱	一万零九百零五吊九百四十四文					钱	一万零九百零五吊九百四十四文
洋药税局	银	五千一百二十二两五钱二分					银	五千一百二十二两五钱二分
官庄处 公仓处 官参局	银	二十二两					银	二十二两
	钱	六千一百三十五吊九百二十四文					钱	六千一百三十五吊九百二十四文
合计	银三十四万二千四百三十八两二钱六分七厘五毫八丝四忽							
	钱八十七万四千二百七十六吊六百五十一文							
	羌钱三千二百九十一元四角六分八厘							

纪民政经费

吉林改立行省，从前吉林道署改为民政司衙门，设司使一员。凡关于民治、警政、方舆、营缮、卫生各事皆隶之。是故省城则禁烟局、禁烟公所、巡警局、官医院、谘议局筹办处皆由民政司督理。省外西路兵备道亦兼管警察、卫生、禁烟各事，无一非民政也。兹纪光绪三十四年民政经费额、活支总数，统计共用银八万四千五百五十一两四钱八分五厘九毫七丝、银元六万七千七百五十八元二角四分、吉钱六十九万零一百三十七吊九百八十文、羌帖五千元。另列细数表于后。

附民政经费表

局名	额支款目		内外结区别	活支款目		内外结区别	总数	
民政司	钱	十二万八千一百九十九吊七百九十文		钱	一万一千九百九十八吊五百九十八文		钱	十四万零一百九十八吊三百八十八文
禁烟局	钱	七千七百六十一吊八百四十八文					钱	七千七百六十一吊八百四十八文
禁烟公所	钱	一万吊		钱	九千九百十六吊四百八十九文		钱	一万九千九百十六吊四百八十九文
巡警局	银	一万三千七百零三两七钱三分五厘二毫七丝		银	一万零九百零七两九钱九分四厘		银	二万四千六百一十一两七钱二分九厘二毫七丝
	钱	二十八万一千四百零九吊九百八十九文		钱	十二万五千五百零四吊六百三十四文		钱	四十万零六千九百十四吊六百二十三文
	银圆	六万七千七百五十八圆二角四分					银圆	六万七千七百五十八圆二角四分
官医院	钱	四千一百四十吊零五百十文					钱	四千一百四十吊零五百十文
				羌帖	五千圆		羌帖	五千圆

局名	额支款目		内外结区别	活支款目		内外结区别	总数	
谘议局	银	一万五千三百九十五两零三分九厘					银	一万五千三百九十五两零三分九厘
筹办处	钱	九万一千四百零一吊一百零二文		钱	一万九千八百吊		钱	十一万一千二百零六吊一百零二文
西路兵备道	银	四万一千四百十二两六钱五分八厘三毫		银	三千一百三十二两零五分九厘四毫		银	四万四千五百四十四两七钱一分七厘七毫
合计	银八万四千五百五十一两四钱八分五厘九毫七丝							
	钱六十九万零一百三十七吊九百八十文							
	羌帖五千圆							
	银圆六万七千七百五十八圆二角四分							

纪教育经费

光绪三十年十二月，吉林始遵部章于省城先立学务处，就旧有崇文书院改设。先后就书院义学改建师范学堂、五关小学堂、昌邑屯白山小学堂，均经奏咨立案。光绪三十二年四月，各省改设提学使司，提学使统辖全省学务。吉省提学司属除本司养廉公费暨佥事、科员薪津、杂用外，若中学堂、小学堂、译学堂、满汉法政、方言各学堂、宣讲所、宪政研究所、书报观览所、医学研究会，其隶于教育界之额支活支经费列为一表，以光绪三十四年为断，合计共用银四千四百六十六两九钱一分八厘、吉钱一百六十八万二千三百一十二吊三百七十七文、羌钱四千七百四十元。

附教育经费表

名别	额支款目		内外结区别	活支款目		内外结区别	总数	
提学司	银	一千九百二十二两四钱		银	七百零八两三钱三分三厘		银	二千六百三十两零七钱三分三厘
	钱	九十万零八千三百二十六吊六百九十八文		钱	二万三千零九十一吊二百五十二文		钱	九十三万一千四百一十七吊九百五十文
中学堂	钱	一万七千五百吊					钱	一万七千五百吊
宣讲所	钱	二千七百六十吊					钱	二千七百六十吊
满蒙学堂				银	一百六十五两七钱八分五厘		银	一百六十五两七钱八分五厘
				钱	五千一百六十吊		钱	五千一百六十吊
小学堂				钱	三万零九百二十六吊四百一十五文		钱	三万零九百二十六吊四百一十五文
法政学堂	钱	十四万八千三百七十六吊六百一十一文					钱	十四万八千三百七十六吊六百一十一文
宪政研究所	钱	一万吊		钱	六百三十二吊		钱	一万零六百三十二吊
方言学堂	银	一千六百七十两零四钱		钱	一千七百八十一吊二百六十文		银	一千六百七十两零四钱
	钱	十三万三千九百三十二吊四百八十文					钱	十三万五千七百一十三吊七百四十文
三路宣讲所	钱	一万零零五十五吊					钱	一万零零五十五吊
陆军学堂	钱	二十万吊		钱			钱	二十万吊

名别	额支款目		内外结区别	活支款目		内外结区别	总数	
巡警学堂	钱	十二万四千九百三十三吊七百七十六文		钱	二万四千一百四十九吊六百七十五文		钱	十四万九千零八十三吊四百五十一文
满蒙官学	钱	七千四百四十七吊二百一十文					钱	七千四百四十七吊二百一十文
医学研究会	钱	三万吊					钱	三万吊
书报观览所				钱	三千二百四十吊		钱	三千二百四十吊
译学堂	羌钱	四千七百四十元					羌钱	四千七百四十元
合计		吉钱一百六十八万二千三百一十二吊三百七十七文						
		钱四千四百六十六两九钱一分八厘						
		羌钱四千七百四十元						

纪财政经费

吉林奏设度支司员缺，为统一财政之官。而凡财政之收入支出，纷纭杂糅，亟须分助办理。其自佥事以下各科员，亦皆酌给薪津，或丰或俭按月开支。各局、处、所归并为税务处，在三十四年十月以后。其十月以前之饷捐，总分各局、木植总分各公司、山海总分各局、烟酒总分各局、木税总分各局、参药各局、附设之官钱局[1]，皆关于理财之事，每月额活支均有可考。又吉林通省安设电灯，初系商办，旋收归官办，所有安杆料钱文亦附于此。统计光绪三十四年财政经费共用银一万四千九百五十三两七钱三分三厘二毫二丝五忽、钱二百九十四万一千五百一十六吊一百三十六文、羌钱一万五千六百零九元九角一分七厘。

〔1〕　官钱局，清政府官立的金融机构，即“官钱铺”，也称“官银号”。

附财政经费表

局名	额支款目		内外结区别	活支款目		内外结区别	总数	
度支司	钱	十二万九千零六十吊零七百三十五文		钱	二万零六百二十四吊二百七十八文		钱	十四万九千六百八十五吊零一十三文
税务处	银	一千四百零七两二钱八分					银	一千四百零七两二钱八分
	钱	五万三千九百七十五吊二百文		钱	一千吊		钱	五万四千九百七十五吊二百文
饷捐总分各局	钱	二十二万零一百四十二吊六百一十六文		钱	二万九千八百零四吊一百六十三文		钱	二十四万九千九百四十六吊七百七十九文
				银	六百两		银	六百两
木植总分各局	钱	四万八千零五十九吊九百十五文		钱	三千一百三十六吊二百五十文		钱	五万一千一百九十六吊一百六十五文
	羌帖	一万三千三百八十八元四角二分二厘		羌帖	二百二十一元四角九分五厘		羌帖	一万五千六百零九元九角一分七厘
山海总分各局	银	一万零七百一十六两七钱七分六厘八毫九丝八忽		银	二千二百二十九两六钱七分六厘三毫二丝七忽		银	一万二千九百四十六两四钱五分三厘二毫三丝五忽
	钱	二万四千零六十五吊九百二十二文		钱	九千六百七十五吊三百四十二文		钱	三万三千七百四十一吊二百六十四文
官钱局				钱	一百五十万吊		钱	一百五十万吊
烟酒总分各局	钱	十三万四千一百四十九吊零二十八文		钱	一万六千六百零五吊一百四十四文		钱	十五万零七百五十四吊一百七十二文
木税总分各局	钱	二万一千零六十八吊		钱	三千七百三十二吊四百九十文		钱	二万四千八百零零四百九十文
参药各局	钱	一万七千六百八十二吊		钱	四千八百三十五吊零四十八文		钱	二万二千五百一十七吊零四十八文
附电灯处杆料	钱			钱	七十万零三千九百吊		钱	七十万零三千九百吊
合计	银一万四千九百五十二两七钱三分三厘二毫二丝五忽							
	钱二百九十四万一千五百一十六吊一百三十六文							
	羌帖一万五千六百零九元九角一分七厘							

纪实业经费

吉林土壤膏沃，幅员袤广，森林、矿产、种殖、畜牧诸事，未能加意讲求。自改行省，设劝业道员缺，以为振兴实业之枢要。查光绪三十三年十二月吉林劝业道成立，以旧有之农工商局、荒务局、林业局先后归并，设佥事、科员若干人，凡关于实业诸事皆隶之。若实业学堂、殖边学堂、实习工厂、林业局、蚕桑局、山蚕局、官轮局、农工商局、农事试验场、矿政调查局、东路矿政调查局，一切经费皆汇于此。计光绪三十四年额支、活支各款共用银六千零七十四两、吉钱二百八十四万九千三百一十五吊八百九十二文、羌钱一万一千七百元。另列为表附后。

附实业经费表

局名	额支款目		内外结区别	活支款目		内外结区别	总数	
劝业道	钱	十四万五千二百八十吊		钱	一万四千二百四十二吊九百七十六文		钱	十五万九千五百二十二吊九百七十六文
实业学堂	钱	十一万九千八百九十三吊二百文		钱	十万零四千七百三十八吊六百六十四文		钱	二十二万四千六百三十一吊八百六十四文
殖边学堂	银	六百二十四两					银	六百二十四两
矿政调查局	钱	五万零二百六十九吊六百七十六文		钱	一万吊		钱	六万零二百六十九吊六百七十六文
农工商局				钱	二千六百九十三吊五百九十六文		钱	二千六百九十三吊五百九十六文
官轮局	钱	五万零二百五十吊		钱	四万吊		钱	十一万零八百五十吊
				购轮船	钱二万零六百吊		银	五千四百五十两
					银五千四百五十两		羌钱	一万一千七百元
					羌钱一万一千七百元			

局名	额支款目		内外结区别	活支款目		内外结区别	总数	
农事试验厂	钱	六万吊		钱	五千五百吊		钱	六万五千五百吊
桑蚕局	钱	四万九千四百八十六吊三百一十二文					钱	四万九千四百八十六吊三百一十二文
山蚕局	钱	一万五千六百六十一吊四百六十八文					钱	一万五千六百六十一吊四百六十八文
实习工厂	钱	一万五千吊		钱	三万二千五百吊		钱	四万七千五百吊
东路矿政调查局	钱	六千六百吊		钱	六千六百吊		钱	一万三千二百吊
林业局	钱	支借成本二百一十万吊					钱	二百一十万吊
合计	吉钱二百八十四万九千三百一十五吊八百九十二文							
	银六千零七十四两							
	羌钱一万一千七百元							

纪军队经费

吉林军队营制饷章，迭有更易，至其额支、活支、内结、外结各经费，亦通省岁用之一大端也。除边防经费不计外，若巡防队，若游击队，若备补队，若营务处，若文报局，若陆军三镇，若驻吉协标，若驻吉军械分局，若常备军兵备处，若粮饷处，若中军处，若卫队，若翼长行营，其军队经费之由吉林开支者，以光绪三十四年计之，共用实银三十五万二千八百三十五两六钱二分零一毫、银元八十四万二千六百五十四元一角九分九厘六毫、吉钱二百九十一万二千二百九十吊零四十四文、羌钱一万五千元。另列表附后。

附军队经费表

队名	额支款目		内外结区别	活支款目		内外结区别	总数	
巡防队	钱	四十五七千八百二十吊零三百零七文		钱	十六万九千九百二十七吊九百零九文		钱	六十二万七千七百四十八吊二百一十六文
	银元	八十三万零二百一十八元五角八分		银元	五千六百一十九元三角三分九厘六毫		银元	八十三万五千八百三十七元九角一分九厘六毫
				银	十八万二千五百五十九两八钱七分		银	十八万二千五百五十九两八钱七分
游击队	钱	三万七千三百五十八吊八百一十六文					钱	三万七千三百五十八吊八百一十六文
营务处并文报局	银	二万二千八百六十九两四钱六分八厘		银元	七十四元三角		银	二万二千八百六十九两四钱六分八厘
	银元	二千五百八十元零六角六分		钱	五万零四百一十吊四五百零四文		银元	二千六百五十四元九角六分
	钱	一万四千六百一十一吊五百二十文					钱	六万五千零二十六吊零二十四文
备补队	钱	二万吊					钱	二万吊
陆军三镇驻吉协标	银	二百四十八两九钱二分		银	十万零零二百一十七两八钱九分七厘一毫		银	十万零零四百六十六两八钱一分七厘一毫
				银元	一千四百五十四元二角		银元	一千四百五十四元二角
				钱	十三万七千五百三十三吊零六十文		钱	十三万七千五百三十三吊零六十文

队名	额支款目		内外结区别	活支款目		内外结区别	总数	
驻吉军械分局	银	三千四百二十三两八钱二分二厘		银	九十九两七钱五分		银	三千五百二十三两五钱七分二厘
	钱	一千四百六十二吊八百七十文		钱	四千五百八十七吊六百三十四文		钱	六千零五十吊零五百零四文
粮饷处	银	一万一千一百五十八两二钱八分		银	六千二百一十八两九钱二分		银	一万七千三百七十七两二钱
	银元	一千九百五十四元五角五分					银元	一千九百五十四元五角五分
	钱	九千四百三十三吊三百二十六文					钱	九千四百三十三吊三百二十六文
常备军兵备处	钱	二百万零零九千一百四十吊零零九十八文					钱	二百万零零九千一百四十吊零零九十八文
	银元	四十四元八角					银元	四十四元八角
中军处	银	一千八百三十四两六钱九分		银	五千七百九十四两六钱八分		银	七千六百二十九两三钱七分
	银元	七百零七元七角七分					银元	七百零七元七角七分
卫队	银	一万一千零四十七两三钱零一厘		银	一千九百一十五两六钱二分二厘		银	一万二千九百六十二两九钱二分三厘
行营张翼长	羌钱	一万五千元					羌钱	一万五千元
	银	五千四百四十六两四钱					银	五千四百四十六两四钱
合计	银三十五万二千八百三十五两六钱二分零一毫							
	银元八十四万二千六百五十四元一角九分九厘六毫							
	钱二百九十一万二千二百九十吊零零四十四文							
	羌钱一万五千元							

纪建筑经费

吉林界处日俄两国之间，初改行省，虽不能俱臻完备，亦未便太形简陋，致启外人轻视之心，则改建衙署、公所、学堂各费，遂为岁出之一大宗矣。由光绪三十四年全年工程计之，若公署，若提法司并各厅，若交涉司，若民政司，若度支司，若劝业道，若旗务处，若巡警局，若医学研究会，若税务处，若实习、工厂，若果子楼，若农事试验场，若矿政调查局，若山蚕局，若桑蚕局，若法政学堂，其建筑经费合计用实银六万五千二百五十六两三钱二分四厘一毫、吉钱二百零六万七千三百八十八吊四百九十七文、羌钱一千一百三十九元三角六分二厘。另列表附后。

附建筑经费表

项目	银款	钱款
分署工程	五万六千五百十一两八钱二分四厘一毫	六十一万九千九百五十八吊四百文
提法司并各厅工程		四十四万二千五百吊
交涉司工程	八千四十四两五钱	十九万三千二百吊
民政司工程		一万二千五百九十四吊
度支司工程		十万一千一百六十七吊
劝业道工程		五万六千七百吊
巡警局工程		五万三千零九十四吊二百二十四文
医学研究会工程		三万八千吊
税务处工程		一万七千八百一十五吊二百零四文
木植公司工程		四千三百七十五吊零一十文
同上		羌钱一百四十六元
矿政调查局工程		五千七百六十六吊三百三十一文
农事试验场工程		十三万七千六百吊
山蚕局工程		四千八百三十五吊五百文
桑蚕局工程		一万一千九百文
实习工厂工程		七万六千五百文
果子楼工程		一万四千一百零八吊七百文
旗务处工程		三万三千四百六十一吊七百五十文
各处岁修工程		四万六千七百二十七吊一百七十文
公园工程		十三万零四百六十吊零五百文
		羌钱九百九十三元三角六分二厘
松花江浮桥工程		六万七千九百六十二吊三百七十八文
法政学堂工程		七万八千八百四十八吊二百五十文
合计	银六万五千二百五十六两三钱二分四厘一毫	
	实应吉钱二百一十四万六千一百七十八吊八百一十七文	
	羌钱一千一百三十九元三角六分二厘	

纪交通经费

吉林僻处东隅，山川道阻往来，行旅不便交通，商贾视为畏途，风气因之闭塞。改设行省，不得不于交通先注意也。交通之事不外于文报、电报，铁路等事，而官报又政界中之与人以共闻共见者也。是故在吉省言交通之事，若官报局，若驻京文报局，若驻奉文报局，若驻津文报局，若吉、江文报局，若驻奉办事委员，若电报局，若吉长铁路，其在光绪三十四年需用经费合而计之，共用银四万零二百三十八两、吉钱七万零七百二十一吊五百六十一文、羌钱一百一十六元八角五分五厘。另列表如后。

附交通经费表

项目	额支款目		内外结区别	活支款目		外内结区别	总数	
官报局	钱	四万九千一百八十五吊九百七十八文					钱	四万九千一百八十五吊九百七十八文
驻京文报局	银	一百八十两					银	一百八十两
	钱	一千五百一十三吊五百文					钱	一千五百一十三吊五百文
驻奉文报局	钱	五千六百一十四吊二百六十七文					钱	五千六百一十四吊二百六十七文
驻津文报局	钱	一千三百八十六吊					钱	一千三百八十六吊
吉江文报局				钱	五千九百三十二吊一百七十六文		钱	五千九百三十二吊一百七十六文
				羌钱	四十六元九角五分五厘		羌钱	四十六元九角五分五厘
驻奉办事委员	银	二千零五十八两					银	二千零五十八两
	钱	二千三百一十吊					钱	二千三百一十吊
电报局	银	三万五千两					银	三万五千两

项目	客支款目		内外结区别	活支款目		外内结区别	总数	
吉长铁路	钱	（勘路费） 四千七百七十九吊六百四十文					钱	四千七百七十九吊六百四十文
	羌钱	六十九元九角					羌钱	六十九元九角
	银	三千两					银	三千两
合计		吉钱七万零七百二十一吊五百六十一文 羌钱一百一十六元八角五分五厘 银四万零二百三十八两						

纪各处协助经费

吉林地处偏隅，财政支绌，练兵筹饷，犹必借助于京协。自前任将军达桂奏请停止协饷数十万两，为吉林岁入缺少之一大宗。是以去今两年叠次奏请由部拨款六十万两为延吉边费。于宣统元年五月，接准部复准岁拨银三十万两，稍纾眉急。其吉省之协助他处额支经费，则惟京师求实学堂一项，计银二百九十一两六钱，固以少数而易为力者也。

纪东三省公用经费

国初，以内大臣镇守盛京，实兼综合吉、江事务。雍正初，以船厂设永吉州，伯都讷、宁古塔设长宁、泰宁两县，则皆属奉天府。盖东三省壤地接轸本如一省，其后生聚日盛，事务日繁，于是奉天将军而外，有吉林省将军、黑龙江省将军各治一省，不相统属。然机密要务，往往互分畛域，不能协商，边防吏治，因以日弛，失事后时，往往而有。光绪初，御史董元善始上设东三省总督之议，以联三辅，安内攘外。丁未改建行省之初，以总督兼管将军事宜，凡三省重事，皆其责任，巡抚则加副都统衔，公事文牍三省一致，督、抚并列，此所以袪扞格、泯分歧也。政体既然，则公用经费自不可少，若三省学堂，若三省支应处及边防，若吉省委派边务委员，其额支经费合计共用银九万二千四百三十九两四钱、吉钱三十二万九千六百六十七吊一百六十五文、银圆五千零二十三圆六角三分。另列简明表附后。

附东三省公用经费表

项目	额支款目	
三省学堂	钱	一万七千九百八十二吊
（垫款） 三省支应处及边防	银	九万二千四百三十九两四钱
	元	五千零二十三元六角三分
	钱	三十万零六千六百六十九吊一百六十五文
吉省委派边务各员	钱	五千零一十六吊
合计		吉钱三十二万九千六百六十七吊一百六十五文
		银九万二千四百三十九两四钱
		银元五千零二十三元六角三分

纪临时杂支

新政肇兴，事繁费广，从前量入为出之旧额，有不能概施于今日者，况初改建行省，凡百更张，力求完善，经常之费既已昭然，额外之需，往往而有，此临时杂支之款，不得不表而出之者也。约言其项目，若川资，若赏项，若津贴杂费，若建筑，若置备费，若赈捐，若电报费，若特别费，其临时支用之款合计实银五千四百一十八两零九分九厘六毫四丝、吉钱三十三万一千二百五十九吊四百零三文、羌钱一千五百元。另列表。

附临时杂支表

项目	银款	钱款
川资	八百八十两零三钱五分六厘四毫	四万四千六百四十一吊九百三十文
赏项	六百五十两	八千七百五十一吊零四十文
津贴杂费	一百零八两	一万二千四百七十三吊八百三十文
制备费	一十七两五钱九分六厘八毫	一万四千五百一十三吊八百七十五文
赈捐	三千一百五十两	三万八千一百七十四文
电报费		四百一十八吊一百六十文
特别费	六百一十二两一钱四分六厘四毫四丝	二十一万二千二百八十六吊五百六十八文 羌钱一千五百元
合计	银五千四百一十八两零九分九厘六毫四丝	
	吉钱三十三万一千二百五十九吊四百零三文	
	羌钱一千五百元	

岁入篇

黑龙江为我朝龙兴之地，兴安一岭倚若岩疆，松、黑两江恃为天堑，中包兰、苏、林、庆、布、讷之沃野，都、朝、瑚、漠、怀、马之矿山，与夫索伦、乌图、通肯、莽鼐、青、黑等山之大森林，若早行殖民之政策，变行省之规模，则经济之收入，当取不尽而用不竭，又何至仰鼻息于外省，日以请协请饷之事呶呶于政府哉。无如当闭关时代，专以保守为主义，置八旗兵额以为驻防，设将军、副都统以下各官以资镇守，所需俸饷向倚部库之筹拨与外省之协济，积日累月，力渐不支，内外情势，亦随时变迁。而理藩则例至举黑龙江侪之属部，那文毅彦成上集汉民开边之议，终不报可。军兴以来，遂至无年不欠，无省不欠，从前协济虽有定额，不过等诸饩羊之存而已。咸丰三年，户部始奏准东三省额饷由部于岁前十月奏拨，各省协济解至盛京户部，分起关领。光绪建元，以增练旗兵加饷者再，而诸城异守旧习，地不加垦，产不加辟，自瑷珲、呼兰外，民生日蹙，国计日匮。庚子后民气嚣张，盗贼肆起，又添练各军，以资剿防，饷糈益无所出。将军萨保奏准，由部于光绪二十八年八月起至二十九年年底止，拨发二两平银二十二万两。嗣因江省地面辽阔，添练精壮马队一营，以为常川游击之师，奏请一并饬部筹拨。户部议复奏准，仿照光绪二十九年成案，岁拨二两平银十六万两，分春秋二季派员赴部关领。光绪三十二年，分两季应领防饷，户部以库帑无多，由江省荒价款内提拨。光绪三十三、三十四两年，饷糈均系由部拨给。光绪三十三年，世昌来督东省，以江省孤悬绝徼，三面邻俄，深以边境空虚为虑。与署巡抚程德全详细筹商，本省岁入以之办理新政犹有未足，若更恃以筹边，益有杯水车薪之势，非指拨专款、注重经营，不足以巩固边陲。查光绪十六年，将军依克唐阿因筹练防军，奏定岁拨饷需六十八万两，历经部中就东北边防经费划拨，自庚子兵燹后，此款即置未拨解。现在北边防务更较重于从前，布置经营未可稍缓，爰奏请以昔日防边之款，为今日防边之用，腾出大租捐税各款，以为行政经费。无如近年财政，内外同一艰窘，不惟部库出款增多已，形竭蹶，即各省亦罗掘几穷，无可摊派。自光绪三十四年起，准由度支部于十六万两外，加拨银十万两。光绪三十四年份，业蒙部库拨给。此江省岁入边协各饷之大概情形也。江省税务之最早者，惟牲畜牛马一项，杂货次之。自呼兰建设民官以后，烧、当、网、场等税因之以起，惟各城着为定额，为数无多，常年仅报部银款一万六千三百零二两四钱八分四厘、钱款一万四千六百一十五吊，由将军、副都统派员征收，抵充俸饷。此为江省税务之滥觞。光绪十一年，将军文绪奏请，于呼兰、黑龙江两城设局，征收洋药税，以供漠河金厂防兵及增设卡伦加饷运粮之需。开办之初，岁收不及万金。至将军恭镗莅任，征至两倍有余，而局费亦随之而增。斗秤税之兴，与洋药税略相先后，惟呼兰三城有之，亦由将军文绪奏准办理，以供绥化新设理事厅经制岁销之需。凡市行旧用斗秤，轻重不齐，由官定制，烙印颁发，每斗一面、秤一杆，岁纳税银五两，三年一更。市上收买粮食，每石纳课京钱六十文，余货按本价京钱十吊纳课京钱一百文，按日赴缴。一切章程悉依奉、吉两省旧例，设局分办，统归省城总局督理。旋由将军恭镗并入洋药税局。征收木税之设，亦在是时，原订有正款四十七宗，杂款二十四宗，又有山货皮张等税四十三宗，均经将军恩泽[1]奏明在案。乃行不数年，因遭庚子之乱停止。迨至前署将军程德全躬承变乱之余，力行各项新政，以京协各饷之屡催不应也，不得不设法就地自筹，于是首立善后总局，整顿全省财政。光绪三十年七月，恢复木税及山货、皮张等税，裁免四十七宗。二十四宗各项名目，统定为值十抽一，并加收八成山本、一成货捐，亦于七月间开办。九月间又开办车、盐、渔、碱等项税捐，收数颇旺。次年改设民治，始将各地方官衙门征收之牲畜杂税尽行提出，另派专员设局办理。光绪三十二年，遵照部章，仿行酒税、田房税暨牙牌帖等捐。光绪三十三年，创行亩税暨札兰诺尔湖煤税。自甲辰以还，举凡一切可濬之税源无不厘然毕举。复以节省经费之故，将厘捐、木税、牲畜税三项，归并一局征收。溯查江省自开办善后创行新政以来，外协不至，部款未颁，而尚能支持不坠者，除垦务一项，实赖于税捐者居多焉。惟时世昌初任东督，仍以江省财政竭蹶为虑，复奏请于朝，将满州里海关岁入之税款亦拨归地方公用，改酒税为就场抽收，变粮捐为两等税则，此外豆饼、羊草等项，亦咸列税章，岁收之款迨将及五十余万。去年与署巡抚周树模订为比较之法，以鼓励税员，收项顿增，盖有蒸蒸日上之势。此江省岁入税捐各款之大概情形也。腹省岁入各款，无不以租赋为大宗，江省僻处边荒，天寒土旷，满蒙之族皆以游牧畋猎为生，初不识耕耘为何事。自康熙二十五年诏令

〔1〕　恩泽（？—1899），蒙古镶蓝旗人，晚清将领。1883年，任吉林副都统。1894年，任黑龙江将军，督办边防。

出征罗刹，事定之后，即安置官兵，汉军披甲在齐齐哈尔、黑龙江、墨尔根、呼兰四城驻防，创为旗屯官庄，按丁纳粮，岁有定额，此为江省田赋之权舆。雍正十三年，续移奉天开户旗丁于呼兰设屯。乾隆十年，郎中富明安条陈江省生齿日繁，请照呼兰设屯之例，再加推广，岁收租赋率交縻粮。咸丰十年，将军特普钦奏请，仿照吉林章程，将呼兰所属蒙古尔山闲荒百余万垧招民开垦，所谓三城四区赋地是也。其武营赋地，则留备京旗丁户移垦，先招民户代之，亦同民例。招垦之初，每垧纳京钱一吊，谓之押荒，届期升科，再纳大租。其未届升科之年，每垧纳小租钱六十文，以供善后公用。当时内省军兴，部库支绌，各城俸饷十不及一，押荒之款积金二十余万，几抵三分之一。署将军程德全尤以整顿垦荒为急务，至光绪三十二年，全省应征租地已有一百四十万一千八百六十垧，额征大租钱八十二万七千三百五十三吊，小租钱八万三千一百二十八吊五百文。初归户司经理，自度支司成立后，悉归田赋科经理。此江省岁入大小租赋之实在情形也。综计以上，岁入协饷、捐税、租赋各款将近百万，此为经常之收入。垦务局所收荒价，则属暂时之收入，尚不在内。夫江省僻处极边，国家向输无数之金银，以养此瓯脱之地，今则榛莽渐辟，岁将有百万经常之入款，其经济界上之进步，亦不可谓不速矣。然而时势潜移，竞争益烈，屯垦日众，非设官不足以言抚绥，边地空虚，非练兵不足以资扼守。推之学务、警务、农务、商务、林业、矿业、渔业、航业，应办之事正多，即应需之款甚巨。降及今日，内忧外患，相逼而来，殖民防边，需用繁赜。司农既穷于供亿，仍复责成于封疆，疆吏惟以诛求于商民，商民不识义务之所在，而负担力又甚微弱，民力已竭，国将谁依。中国际此时艰，欲国运、民力两不相妨，诚为至难。然考各国收入之道，有无偿与有偿两途，故用不穷而民不困。中国无偿收入自昔举行，道在求改良整顿之方。有偿收入向未办理，而在江省为尤亟。道在力求经始造端之法。果能如是，收入必增，然后以之经理新政，国运可期发达，以之轻减赋役，民力亦能休养矣。

纪防饷

光绪十六年，将军依克唐阿因筹练防军，奏定岁拨常年兵饷六十八万两，历经部中就东北边防经费划拨。庚子变起，即行停止。拳乱既定，将军萨保添练各军，复奏请由部拨发练饷以应急需，经部议复奏准，自光绪二十八年八月起至二十九年年底止，共拨二两平银二十二万两。嗣因地面辽阔，续招精壮马队一营，自本年九月初一成军之日起至年底止，应需饷乾七千零七十六两，并前此所练各军，共应需光绪三十年份饷乾银十八万七千七百两，请一并由部筹拨。部议准照光绪二十九年成案，岁拨二两平银十六万两，分春、秋二季关领。光绪三十三年，世昌以东北边务益形重要，非有巨款难资振兴，且江省所有巡防饷需，均由本省所入款项拨发，以致行政经费支绌，因会同署巡抚程德全合词奏请，此后由部筹拨巡防兵饷，腾出本省大租、捐税各款，专作行政经费。仍请将前将军依克唐阿奏定之岁饷六十八万两，照旧由东北边防经费划拨。疏入，由部并案核议，以近年财政内外同一艰窘，不惟部库出款增多，已形竭蹶，即各省亦罗掘几穷，无可摊派，仅允于防饷十万之外，自光绪三十四年起，按年由部加拨银十万两，俾可腾出款项，以为办理新政之需。在部臣左右筹维已觉穷于应付，而边防三千里得此区区十万之数，何啻杯水车薪。此历请防饷之始末也。

附奏请拨东北边防经费折

奏为江省边务紧要，亟宜赶速经营，并请拨东北边防经费以资应用，恭折具陈，仰祈圣鉴事。窃维江省孤悬绝徼，三面邻俄，谈经济者咸以经营边线为要义，盖必先固藩篱而后可以兴内政，亦必先强肘腋而后可以卫本身，譬之奕棋，非预布远著，则外力侵入，腹心受敌，今之边情何以异此。臣世昌到东以来，查度情形，日以边境空虚为虑。臣德全于光绪三十一年统筹善后及本年条奏应办事宜两折内，均将边防大势先后奏陈，比复详细筹商，非指拨专款注重经营，断不足以巩固边陲。请为我皇太后、皇上剀切陈之。伏查江省沿边一带应分三路，自临江州北岸至科尔芬河一带为一路，其东北之瑷珲、西北之呼伦贝尔则又分为两路。计沿边上下三千余里，与俄境仅隔一江。自咸丰八年定约以来，彼族极意经营沿江一带，屯堡相望，密如鳞栉。近日俄人轮舶任意往来，其俄民越垦及关于伐木、割草、采矿各事，动则牵涉外交。计自呼伦贝尔起至松花江口止，除瑷珲一城外，余皆荒落无人。兴安岭以外，居然别一境界，非急图抵制，则人实我虚，人进我退，人强我弱。黑省为各蒙及奉、吉尾闾，一受其害，则东方大势阽危，根本动摇矣。此江省边务关系大局，万无可缓之实在情形也。查今日防边之策，惟有从交通、屯田二者为着手之方。现在亟当组织吉江航业，多造轮船，行驶乌苏、黑龙、松、嫩各江，借以抵制俄轮，挽回利权。至屯田一策，或招民来江，仿兵屯办法，编伍授田。并于沿边分设卡伦，计边线延长三千余里，以每四十里一卡，约算计共将及百卡。并拟于每届五卡添设卡官一员，其扼要处所，则酌设地方官以资治理。必使本省边线左右，有人民以守其土地，有航业以便其交通，两岸边堡隐然封峙，则边圉布置日形周密矣。臣等再四熟商，今日治江之策，边务更难再缓，除铁路、林矿各事应另筹专款办理外，其专办本省边境一项，自应指请的款以期经久。查光绪十六年，前将军依克唐阿因筹练防军，奏定岁拨常年饷需六十八万两，历经部中就东北边防经费划拨在案。自光绪二十六年兵燹后，此款即未由部拨解，现在边务重要，且以昔日边防之款，为今日防边之用，挹注亦适得宜。合无仰恳天恩俯准，饬下度支部，无论如何为难，务将原拨江省东北边防经费一款，照旧按年拨给，以重边计。出自逾格鸿慈。臣等明知部中计画同一困难，惟边务方艰，若无巨款以资振兴，则江事更何由措手，区区呼吁之情，伏冀圣慈鉴察，再自临江州循乌苏里江而南直达珲春，均为吉林边界，俟臣世昌抵吉后，查度情形，将来或两省合办，或各省分办，再当奏明办理。除分咨查照外，所有江省边务紧要，亟宜赶速经营，并请照拨经费缘由，理合恭折具陈。伏乞皇太后、皇上圣鉴训示。谨奏。光绪三十三年十一月十九日奉朱批，该部知道。钦此。

附度支部核议江省请拨边务防饷折

奏为黑龙江请拨边务防饷用款，谨分别核议，恭折仰祈圣鉴事。光绪三十三年十一月十一日，内阁抄出东三省总督徐世昌等奏，江省边务紧要，亟宜赶速经营，请拨东北边防经费，以资应用一折。奉朱批，该部知道。钦此。又片奏，江省巡防饷需，均由本省款项拨放，以致行政经费支绌，请由部拨款接济一片，奉朱批，度支部议奏。钦此钦遵到部。原奏内称，江省边务关系大局，今日防边之策，惟有从交通、屯田二者为着手之方，应指请的款以期经久。查光绪十六年，前将军依克唐阿因筹练防军，奏定岁拨饷需六十八万两，历经部中就东北边防经费划拨。自光绪二十六年以后，此款由未部拨解，现在边务重要，恳恩饬部将原拨江省东北边防经费一款，照旧按年拨给。又称江省自臣德全到省后，整顿荒务，推广税捐，入款骤形畅旺，然近年各处设官，以及办理新政各用款，业经悉索无余，近日市面银根奇绌，收项迥不如前，行政费亦将无所筹措。查江省所有巡防饷需，均由本省款项拨发，以致行政费支绌，恳恩饬部，此后江省巡防兵饷，由部按年拨解，腾出本省大租、捐税各款，专作行政经费各等语。臣等伏查江省边防紧要，组织航业，分设卡伦，诚为当务之急。该督、抚于经营边务，则请由部拨给东北边防经费。于行政费绌，又请由部拨解巡防饷需。查现在江省岁需防饷，除由该省奏明由货捐动用外，由臣部按年拨给银十六万两，即系东北边防经费之款。前项经费，吉林、黑龙江、北洋各防营饷需，均于其中取给。光绪二十五年，臣部以原拨各省边防经费不敷支放，奏请每年添拨银五十万两。光绪二十七年，又将此项加拨银两奏准，全数改抵新案赔款，于是东北边防经费供支吉林、黑龙江、北洋各防营饷需常虞不给。今江省经经费边务，奏请由部按年拨款，又请按年拨解巡防兵饷，为数甚巨。果使款项有余，自必勉为筹拨，无如近年财政，内外同一艰窘，不惟部库出款增多，已形竭蹶，即各省亦罗掘几穷，实属无可摊派。惟东北防务紧要，不能不竭力腾挪。除前据该督、抚等奏银根奇绌，业由臣部提前放给防饷银十万两以资接济外，拟再自明年起，按年由部加拨银十万两，俾可腾出款项。次第兴办新政，以重边计而期经久。所有江省边务防饷用款，分别核议缘由，理合恭折具陈。伏乞皇太后、皇上圣鉴。谨奏。

纪协饷

咸、同以前，黑龙江官兵俸饷，悉由户部关领。内省军兴，部库支绌，户部奏明，东三省额饷由部于岁前十月奏拨，各省协济，解至盛京户部，分起关领。自此各省协款遂岁以蒂欠为常矣。计自咸丰甲寅至同治乙巳，各省欠解百三十六万余两。自同治庚子至光绪已亥，各省欠解二百八十六万七千五百余两。又光至绪庚子迄于戊申，各省欠解银百二万两有奇。夫协饷原为江省命脉，自各省蒂欠频仍，全省官兵殊形苦累，若不亟图振励，必至贫寡之余，流为羸弱，何以作士气而固边疆。况复改练巡防军队、创办陆军学堂、中学加班、变通文报，月有额支，均恃夫此，稍一延缓，偾事堪虞，而拨款者如故，欠款者如故，殊不知待用者之辗转为难也。大租增款犹待数年，环视八旗官兵，不能不有望于协济各省者。

附度支部议复筹拨奉江两省协饷折

奏为遵旨议奏恭折仰祈圣鉴事。内阁抄出东三省总督徐世昌等奏请，拨奉天、黑龙江己酉年的饷，并请催各省历年欠饷一折。光绪三十四年十二月十一日，奉旨，该部议奏，单并发。钦此。钦遵。抄出到部。原奏内称，东三省旧章，每年请拨饷银，历经前户部奏拨，各省多未按照部拨银数筹解足额。计自光绪元年起至三十三年止，共积欠银四百零三万五千一百七十余两。上年部拨奉天、黑龙江戊申年饷银三十八万九千两，仅据山东、两淮等处先后解到银十四万两，又据临清关报，解银二万两，尚短银二十二万九千两，迄今未准报解。东三省迭遭兵燹，物贵时艰，困苦情形尤以八旗官兵为最。应领俸饷，本省例定抵放额款，仅有地丁、余租、参票、杂税等数项，向本入不敷出，加以乱后元气未复。偏灾相承，租税收数不旺，近又奏改官制，举行新政，支用浩繁，财力更属拮据，全赖各省协饷源源接济。且应供陵寝祭品，岁有定额。尤为刻不容缓。乃各省应拨饷需，积年拖欠，甚至本年指拨之饷，亦竟解未及半，以致奉省春秋两季八旗俸饷，每年仅放九个月。其余应支之款，亦均无法应付。恳恩俯念东三省根本重地，俸饷为计授所需，严催各省关，将所欠历年协饷，迅速筹解，以应急需。至己酉年应请俸饷，除吉林咨明以通省岁入各款足抵该省并打牲乌拉俸饷，毋庸请拨外，请饬部照章拨给奉省己酉年的饷二十六万两，黑龙江的饷除应征作抵外，请拨三十一万八千两。仍分析奉天、黑龙江款目，以免牵混等语。臣等伏查东三省官兵俸饷等银，每年除本省应征各款抵放外，不敷之款，由臣部于各省地丁盐关项下指拨，历办在案。今据东三省总督徐世昌等奏请，拨给奉天己酉年的饷银二十六万两，黑龙江省的饷银三十一万八千两等因。臣部查奉天饷项，每年均拨给银二十六万两。黑龙江请拨之数，向系除应征作抵外，报部请拨，上三年请拨款目十二万至十六万余两不等。此次请拨三十一万余两，比照前届之请拨银十二万九千两骤增一倍有余。当经电询该省去后，旋据电称，从前俸饷每两向以大租钱二吊五百抵算，现在改练巡防及陆军小学堂、变通驿站等项，发放实银每两系照市行五吊，陆军学堂及中学堂并有加班补领在内，又值闰月之年等语。查该省征收租钱，折合向有例价，此次册报除钱款列抵外，腾钱七十三万二千三百余吊，实应折合银二十九万二千九百余两，册内仅折合银十四万六千四百余两。即使钱价涨落无常，亦万不至悬殊若此。至该省陆军各学堂经费，向在裁撤官兵俸饷项下动用，加班经费亦应在该款内撙节动支，未便继长增高，漫无限制。近年财政困难，似此例拨之款，循旧办理，仅可勉为腾挪，若任意增加，各省亦实无可指拨。臣等公同商酌，奉天省额拨己酉年俸饷银二十六万两，应照历年数目拨给。黑龙江省己酉年俸饷，应照光绪三十二年有闰年份占拨之数，拨给银十六万七千两。谨缮清单，恭呈御览。相应请旨饬下各督、抚，严饬藩运各司暨各关监督，无论如何为难，均按照臣部指拨数目，分批径解奉天省交纳，如有延欠，即由该省遵案指名严参，照贻误京饷例议处。其各省解到奉天、黑龙江己酉年俸饷之时，即由东三省总督、奉天巡抚分别照数核收。并转咨黑龙江巡抚，按照拨解该省银数，派员领回，俾资应用。至东三省支给俸饷，向有折减章程，应令该督、抚照章支放，奏报核销。如有余腾，即于下年请拨俸饷时，声明列抵，毋得遗漏。至各省历年积欠东三省俸饷银四百零三万五千一百七十余两，并请饬下直隶、两江、闽浙各总督，山东、河南、江苏、安徽各巡抚，转饬该司道等，各按单开历年欠解数目，迅速设法补解，以清积欠而济要需。所有遵议缘由，谨恭折具陈。伏乞皇上圣鉴。谨奏。

谨将拟拨奉天、黑龙江己酉年俸饷银数，缮具清单，恭呈御览。

计开：

奉天省应需己酉年俸饷银二十六万两。拟拨

山东己酉年应征地丁银十一万两，

两淮己酉年应征盐厘银八万两，

两淮己酉年应征盐课银三万两，

江苏厘金银二万两，

临清关常税银二万两。

黑龙江应需己酉年俸饷照丙午年有闰拨给银十六万七千两。拟拨

山东己酉年应征地丁银六万两，

福建己酉年应征地丁银一万两，

安徽己酉年应征地丁银二万两，

江苏己酉年应征地丁银二万两，

河南己酉年应征地丁银一万两，

直隶旗租银四万七千两。

谨将各省、关自光绪元年起至三十四年止，欠解东三省俸饷银数，缮具清单，恭呈御览。

计开

奉天省俸饷项下:

山东地丁共欠解银一百五十七万二千三百余两,

临清关常税已报解未解到银二万两,

江苏厘金共久解银二十六万五千两,

两淮盐厘盐课共欠解银二十三万两。

吉林省俸饷项下:

山东地丁共欠解银四十一万四千一百余两,

临清关常税共欠解银十万两,

江苏厘金共欠解银十万七千两,

河南地丁共欠解银五万两。

黑龙江省俸饷项下:

山东地丁共欠解银六十五万六千六百余两,

临清关常税共欠解银五千两,

江苏地丁厘金共欠解银十七万八千两,

安徽地丁共欠解银十万九千两,

直隶旗租共欠解银十五万七千一百余两,

福建地丁共欠解银十四万两,

河南地丁共欠解银八万两。

打牲乌拉俸饷项下:

山东地丁共欠解银五万二千五百余两,

江苏厘金共欠解银十四万一千两,

长芦盐课共欠解银六千四百余两,

以上共欠解银四百二十八万四千余两。

纪大租小租

黑龙江之有租赋,始自咸丰十年,呼兰一带闲荒弛禁,听民垦种,每垧纳京钱一吊,予以凭照,谓之押荒。升科之期,以地则为准,或三年、五年不等,每垧岁纳京钱六百文,是为大租,奏定以二千五百文作银一两。未届升科之年,每垧岁纳京钱六十文，谓之小租，以供善后公用。嗣此续放各荒，每垧收押租至二千五百文。未升科以前不征小租，升科之年与大租一并输纳。大租并入协饷项下，支抵官兵俸饷。小租以七成解省，三成留充各该地方公用。至光绪三十二年，全省应征租地已在一百四十万垧以上，至三十四年则增至一百五十万垧以上。若预计后此四五年已放之地，均届升科之期，全年租赋当不下二百余万，江省度支必不至拮据如今日也。惟历年开征之期均在十月，光绪三十四年全年租赋，各属尚未报齐，无从得其确数，仅据三十三年征收之数，列表左方以资考核云。

黑龙江省光绪三十三年地租统计表

此表以光绪三十三年计算者盖缘三十四年大小租多未征齐于列表故也

征收 官署	额征		已征		未征		带征	已征		未征	
	大租	小租	大租	小租	大租	小租	大租	大租	小租	大租	小租
呼兰府			一三、六五一七、七四六	一、三六五一、七七四			八三四一、四七〇	六、〇一三九、四八四	六〇一三、九四八	二、三二七五、二〇六	二三二七、五二七
兰西县	（万吊）二九、一二三五、一九六	二、九一二三、五一八	二、二〇三一、八二六	一、一二〇三、一八二	一、四二九、一四四	一四二、九一四	一五五四、四二二	七一六五、一九〇	七一六、五一八	八三七九、〇三〇	八三七、九〇四
绥化府			一、八五六六、四八〇	一八五六、六四八			一五三五、六〇二	征齐	征齐		
绥化府	二、七三一四、〇二八	一、一七三一、四〇二	一〇、三三七九、八一四	一、〇三三七、九八二	一、三九四四、三四	一三九四、四二〇	一九八六、七〇四	一、八五〇三、二一〇	一八五〇、三〇二	一三六三、八三〇	一三六、三八四

征收官署	额征		已征		未征		带征	已征		未征	
	大租	小租	大租	小租	大租	小租	大租	大租	小租	大租	小租
巴彦州	一五、二四八七、六〇二	一、五二四八、七六〇	一五、一二三五、四七八	一、五一二三、五四八	一二五二、二四	一二五、二一二	二三三、三一四	一八三一、三三四	一八三、一三二	五〇一、八九八	五〇、一九二
木兰县	三、一六〇二、〇〇八	三一六〇、二〇〇	三、一二五四、八二六	三一二五、四八二	三四七、一八二	三四、七一八	二〇、七八六	一〇五、八五八	十〇、五八四	一〇二、〇〇二	一〇、二〇二
余庆县	九、八九二六、九九〇	九八九二、六九八	八、七七三一、四〇八	八七七三、一四〇	一、二九五、五八二	二一九、五五八	四一〇七、四九二	一、五五七五、六〇四	一五五七、五六〇	二、五四九九、三二二	二五四九、九三二
海伦厅	一三、二三二二、〇八二	一、三三二二、二〇八	二、六一三四、三三六	二、六一三四、三二	一、六一八七、七四六	一六一八、七七六	一、四五四三、四四六	一二、一〇九三、六四六	一、二一〇九、三六四	二、四三四〇、八二二	二四三四、〇八二
青冈县	二、三五四三、九六六	二三五四、三九六	二、三一三八、六六〇	二三一三、八六六	四〇五、三〇六	四〇、五三〇	四八、四五二	七九、二二四	七、九二二	四〇五、三〇二	四〇〇、五三〇
大赉厅	七五〇九、三九四	一五〇一、八七八	征齐	征齐							
安达厅	八二二、〇〇〇	一〇四、〇一六	征齐	征齐							

征收官署	额征		已征		未征		带征	已征		未征	
	大租	小租	大租	小租	大租	小租	大租	大租	小租	大租	小租
汤源县	四二二、九五〇	四二、二九六	未征	未征							
甘井子	八五〇一、四〇〇	八五〇一、一四〇	征齐	征齐							
总计	八六、四六九七、六一六	八、七二四二、五一二	七九、六八二三、三六八	八、〇四五五、〇八八	六、七八七四、二四八	六七八七、四二四	三、二三七一、六九八	二三、九八四九、五七四	二、三九八四、九五〇	八、三八六七四一二	八三八六七四八

附预算历年增收大小租数目表

年限	应征租地	大租钱数	小租钱数
光绪三十一年	一三〇七五三五、垧位	七六八九五八、〇吊位	七七二九〇、〇吊位
光绪三十二年	一四〇一八六〇	八二七三五三、〇	八三一二八、五
光绪三十三年	一四七〇四三七	八四五九六五、〇	八四六九四、〇
光绪三十四年	一五一九〇〇〇	八六六〇七五、六	八六七一七、八
宣统元年	一七四五六二五	九七六一二三、三二	九九二三一、九
宣统二年	二〇五二二三九	一〇八二八五四、〇	一一三七六六、八六
宣统三年	三五六八五八九	一八七一六〇九、三	一九八六九五、一四
宣统四年	四一五一九八五	二二二〇三九五、四	二三三六三六、三五
宣统五年	四五一一四五七	二三九五五四六、一	二五三一七八、〇四

附黑龙江省各属应征光绪三十四年份街基租钱款目一览表

据前户司人云街基租并无专案可纪故仅附一表

各属	款目	应拨该属办公	解省实数
齐齐哈尔	五六〇一二〇六 吊位		五六〇一、吊 二〇六
呼兰府	一〇四五六五八	七三一、吊 九六〇	三一三、六九八
绥化府	三五六八三六四	一七三〇、二九八	一八三八、〇六六
上集厂	八五七五八六	二五七、二七六	六〇〇、三一〇
余庆县	一九七〇四〇八	五九一、一二二	一三七九、二八六
巴彦州	二六〇七三四六	一九四、九二〇	二四一二、四二六
总数	一五六五〇五六八	三五〇五、五七六	一二一四四、九九二

纪清赋

江省海伦厅原名通肯一带新荒，初辟当时所放地亩，往往积有浮多，盖由该处荒地陆续出放已近十稔。上年变章收价，亦未清丈浮多。岁月既深，寖致隐占侵欺，讼端百出，民间深以为苦。世昌会同署巡抚周树模派员查核情形，佥谓该处农民，皆因积年讼累牵连，似应早日清丈，以保永业。爰奏明饬由度支司派员重行清丈，并分委提调、主稿、清讼、收支、解运、差遣、绘图、抽查等员以及六起委员十二员前后驰赴该厅清丈，兼饬酌量放地情形，按照生熟地亩、拟定价目，订定章程，于宣统元年三月初八日开办，俟办理就绪，再行推及绥化、青冈各属。因开办之初，尚未收有款项，故表未列。若能切实清理，租赋自有起色也。

附海伦厅清丈章程

计开：

一、起员赴段以前，各地户等应将原领票照赴局呈验，加盖清丈局验明照数准拨戳记，发还该户，回段候丈。

二、所有绳弓，仍照江省垦务局通用绳弓较准使用，以示公允。

三、每丈一户，应由该户亲领起员，指明地界，传齐邻右，按照原领拨给。如原户有故不到，准由乡约地邻执持票照代领，地界亦按原数照拨。均加盖起员拨讫戳记，以便赴局换领新照，概不另取照费，以示体恤。

四、段内各户如有侵占他人生荒者，随时划出，拨还业主。其已经垦熟者，亦令如数退出，应由业主每垧出牛具钱三十吊，发给侵垦之户，以昭平允。

五、凡由原领或原买各户界内丈出浮多，无论生、熟各荒，应尽原户续领。如原户业经卖出者，概不准领。倘原户无力续领，具结由邻户承领。邻户不愿承领具结，准由井内各户承领。井内各户不愿承领，再行另放。

六、凡各户承领浮多生、熟各地，应于丈明后，由起员发给小票，以便赴局报领。

七、荒价现在未能预定，俟本局体察舆情，详细酌夺，再行禀请核办。

八、凡前经海伦厅因讼清丈之地，业经收价给照者，此次复丈查核无讹，应另换新照，以归一律。所有已收价银，亦应照此次价之增减核算，以昭公允。

纪田房契税

田房税契，始自庚子以后，筹办善后，用款滋繁，前署将军程德全于条陈六事折内，奏请开办田房税契，以息讼争。盖呼兰一带，已放荒地升科后，民间仅领大照一次，而辗转买卖，从未税契过割，甚至原领之地转售殆尽，而大照仍存原主之手，买其地者概以白契为据，交租之际，必将租款统交原领之人代为完纳，名曰包照纳租，而原地主往往侵蚀并不交纳，因之构讼者层见迭出。自非举行税契，不足以理其纷。遂于光绪三十一年实行试办拟定章程，派员于呼兰、巴彦苏苏、绥化三处设局，会同地方官办理。即民间已经买卖之地，亦通行税契过割。无论近日远年，均以契价为准，每价银一两收正税三分，副税三分，各加火耗三厘。正税是为正款，副税以二分作善后经费，一分归承办人员办公，其六厘为倾镕火耗。开办以来，民皆称便。厥后呼兰、绥化、巴彦改设民治，地方官到任后，即饬归地方官征收，原设契局，先后裁撤。木兰县、黑水厅，于光绪三十一、三十二两年，亦均有民人报请税契之案。总而计之，已有五属。现值放荒招垦之际，转售地亩者日益加多，税契过割，添公家一分进款，其利犹小，息民间千百讼案，其益良多云。

附黑龙江省各属收入光绪三十四年份田房契税银款一览表

按三分副税内有一分归承办人员办公故表内只列二分归公之数

各属	三分正税	二分副税	六厘火耗	三二补平	契照费钱
巴彦州	七四四八、钱五一六三九	四九六五、钱六七七五九六六	一四八九、钱一三三二八一	五二四、钱一七五〇六	一五六〇、钱〇〇八
绥化府	三二九四、钱七〇六七二	二一九六、钱四七二四六二	六五八、钱九四一三四四	二三一、钱九四七三五	四九六、钱五四八
呼兰府	九九〇六、钱一四〇四九二	六六三三、钱七四二六九九四	一九九〇、钱一二二八〇九八	七〇〇、钱五二三二二八一	一九八八、钱六五二
木兰县	一二九〇、钱四二	八六〇、钱二八	二五八、钱〇八四	九〇、钱八四五五六八	三一九、钱〇六八
余庆县	二九七五、钱八〇五九三	一九八三、钱八七〇六二	五九五、一六二八六	二〇九、钱四九六七三四	
大赉厅	三、钱四一〇四	二、钱二七三六	〇、钱六八二〇八	〇、钱二四〇〇九二一	八、钱九三二
兰西县	一〇五三、钱三九	七〇二、钱二六	二一〇、钱六七八	七四、钱一五八六五六	
总数	二五九七二、钱三八九九三七	一七三四四、钱五七五六六二二	五二〇二、钱八〇二七〇〇八	一八三一、钱三八六六八八二	四三七三、钱二〇八

纪海关税

光绪乙巳，日俄和议成后，部议查照中日会议、中英新约及中日附约各款，将奉天、安东县、大东沟、通江子、法库门、吉林、长春、哈尔滨、齐齐哈尔、满州里等处十埠，均定于丙午十二月初一日宣示开放。并由总税务司划分以上各口岸为四区，分设税务司，派洋员前往开办。外部与驻京俄使璞科第各派专员，会商哈埠设关事宜。吉、黑两省亦会派员赴津、沪、胶、济等处，调查海关章程，以便开办。丁未五月，外部、俄使商订满州税关试办章程四条，于二十八日互换，俄使不肯承认第二条末段内地补足正税后，再完子税一事。经外部重加解释，照复承允。因饬哈埠该国议员与关道及税务司，议订详细章程八十八条，核准照办。惟原约禁止粮石出口，木税一项漏未列入，该关道以小麦为东三省出产大宗，除供本地食用之外，饶有盈余，照约禁运，民颇病之。又木料出口，本为约章所不禁，俄人仅纳票费不纳税款，亦属漏卮。与税务司葛诺发议，弛小麦出口之禁，并将木税作为原议税章附条，二者均属切要之图，悉允所请。其满州里分关，自光绪三十四年正月初四日一百九十结开办起至一百九十三结止，计共收税款十万零五千两有奇。世昌以三省办里新政，筹备边防，在在需款，奏准将此款截留备用。惟部议各关开办经费及常年关用经费，均应由所收关税项下分别提用，不得另行请款。其所收船钞、罚款及应提出使经费，亦应照章提解云。

附黑龙江省满州里分关光绪三十四年份收入税银数目一览表

结　数	出入口税款数目	内外结区别
第一百九十结	（两位）一六六二七、九九三〇	内结
第一百九十一结	三〇四四五、一〇六〇	内结
第一百九十二结	三一五七三、八八〇〇	内结
第一百九十三结	二七二六四、四六七〇	内结
总数	一〇五九一一、四四六〇	
附注	以上共收关税银十万零五千九百一十一两四钱四分六厘，除开办经费、起造关房、薪公，汇费等项七万六千一百八十九两九钱七分九厘外，实收税银二万九千七百二十一两四钱六分七厘。	

纪一成货捐

江省厘捐，自光绪十四年将军恭镗派员赴东荒，经征呼兰、绥化、巴彦苏苏三城烟厘粮捐，并秤货五十二宗，历任因仍，迄未改易，较之各省百货并抽章程，实多挂漏。光绪三十年，署将军达桂、署副都统程德全，以屡准户部咨列筹款十条，催促开办，势难再缓。爰略仿吉林七四九厘章程，将一切杂货，均按卖价一吊抽厘捐钱一成。即制钱五文，除小床、地摊与肩挑贸易一概免征外，其余大小商家，无论行庄、坐庄，凡有铺面字号者，均照章于七月初一日起征。饬由前善后局拟具告示章程，通饬遵办。开办月余，省内外商民人等，均各踊跃乐输。于是年七月奏咨立案，迄今尚仍其旧。

附黑龙江省所辖全省税捐总分各局收入光绪三十四年份百货一成捐钱款一览表

局　名	款　目	内外结区别
绥化府税务总局	（吊位）二八七五五七、二七六	内结
余庆县分局	六七七七四、四一〇	内结
海伦厅分局	一六二五六、七五九	内结
青冈县分局	三六〇六、二九四	内结
十间房分局	一二〇九八、二八七	内结
上集厂分局	一五八〇七、三九〇	内结
双河镇分局	一二八九一、二八四	内结
呼兰府税务总局	二五六二九五、一四六	内结
巴彦州分局	一七七六三八、二一六	内结
兰西县分局	三〇三三六、一四二	内结
木兰县分局	一二七八〇、二五一	内结
五站分局	六〇八四、〇五五	内结
兴隆镇分局	一九二八五、一二六	内结
西集厂分局	二九九三〇、九九三	内结
大通县分局	二〇三三、四五七	内结
大赉厅税局	一二四〇一、〇九二	内结
肇州厅税局	九二二二、一四〇	内结
布特哈税局	五三〇六、五五八	内结
昂昂溪税局	一五一七三、〇八二	内结
墨尔根税课司	五三二六、五五六	内结
瑷珲税课司	六二九九、八一一	内结
省城税课司	二二八八六、一八〇	内结
省城税捐局	一八三二五六、八七六	内结
总数	一二一〇二四七、三五五	
附注	以上总数一百二十一万零二百四十七吊三百五十五文，除提一五经费十八万一千五百三十七吊一百零三文二厘五毫开销局费及一切办公外，实收正款钱一百零二万八千七百一十吊零二百五十一文七厘五毫。	

纪盐车鱼碱税

江省食盐一项输自奉天，向不抽收厘税车捐，虽已通行，而各城办法不一，且款项亦未归公。光绪三十一年七月，署将军程德全仿照吉林章程开办盐捐，当以路远运艰，售价倍形昂贵，爰比吉林稍从轻减，每盐百斤捐京钱四百文。车捐亦同时开办，拟定章程四条，无论大车行车，均以套数计算，每套捐京钱一百文。将捐票发交各行店代收，每月初一日汇缴捐款票根一次。附近农民卖柴、卖草、赶集之车辆，概予免捐。又以鱼、碱两项，物虽微细，实为江省出产大宗，运销外省无不照章纳税，本省反致缺然，殊欠公允。派员将网房、碱锅先行查明，发给执照，注明渔网几架，碱锅几口，及业主姓名，一年一换。只为便于稽查，免藏奸宄，不取分文照费，以恤贫氓。商贩将成总鱼、碱运往各处售卖，经过局卡，均按卖价一吊抽税钱六十四文。是年十月初一日开办，奏明立案。声明以上四项，均仿照试办一成货捐章程，划提一五经费，所得捐款，悉充学堂、巡警要需。光绪三十二年正月，采绥化木税局总理林松龄之议，将盐卤、皮硝两项，仿照吉林章程，与食盐一律抽捐。并仿吉省补捐章程，通饬各税局照办。光绪三十四年八月初一日，官盐局开办，遂饬将各局盐捐停收。惟卤、硝两项，向虽以收数无几，未曾专案奏咨，而历年收款，均附盐捐册内报部列销。盐捐虽已停收，仍饬度支司将此项卤、硝捐款，随下届奏报各项货捐时，随案册报。

附黑龙江省所辖全省税捐总分各局收入光绪三十四年份盐卤硝捐款一览表

局　名	款　目	内外结区别
绥化府税务总局	（吊位）七〇九、四〇四	内结
余庆县分局	一五一八、六〇四	内结
上集厂分局	五五、四四〇	内结
双河镇分局	二、〇〇〇	内结
呼兰府税务总局	三〇五三、七七二	内结
巴彦州分局	一八九三、四四〇	内结
兰西县分局	二四五、五四四	内结
木兰县分局	三二、四六〇	内结

局　名	款　目	内外结区别
五站分局	五四、一五二	内结
西集厂分局	一一、〇〇〇	内结
大通县税局	二三、九六四	内结
大赍厅税局	五二五、一二四	内结
肇州厅税局	二三九八、三二八	内结
布特哈税局	三四三、二一六	内结
昂昂溪税局	六七八四、九〇〇	外结
呼伦贝尔税课司	九六一、五三〇	外结
哈尔滨税局	三七二五一、九一二	内结
札兰屯税局	八九、五八四	外结
省城税捐局	五八九、二六〇	内结
总数	五六五四三、六三四	
附注	以上共收捐钱五万六千五百四十三吊六百三十四文，除提一五经费八千四百八十一吊五百四十五文，实收正款钱四万八千零六十二吊零八十九文。	

附黑龙江省所辖全省税捐总分各局收入光绪三十四年份车捐钱款一览表

局　名	款　目	内外结区别
绥化府税务总局	（吊位）二四三四四、五〇〇	内结
余庆县分局	二七八八、二〇〇	内结
青冈县分局	五三、七〇〇	内结
十间房分局	八一四、三〇〇	内结
上集厂分局	五五〇、五〇〇	内结
双河镇分局	七七七、四〇〇	内结
呼兰府税务总局	二六六六七、五〇〇	内结
巴彦州分局	五二二〇、七〇〇	内结
兰西县分局	一六六三、九〇〇	内结
木兰县分局	二〇四四、九〇〇	内结
五站分局	二八九七、七〇〇	内结
兴隆镇分局	一〇五五、一〇〇	内结

局　名	款　目	内外结区别
西集厂分局	一三八二、二〇〇	内结
大通县税局	四五六、二〇〇	内结
肇州厅税局	一〇六八、四〇〇	内结
昂昂溪税局	二六四九、五五〇	外结
札兰屯税局	三七六二、四四〇	外结
省城税捐局	七五六四、一〇〇	内结
总数	八五七六一、二九〇	
附注	以上共收捐钱八万五千七百六十一吊二百九十文，除提一五经费一万二千八百六十四吊一百九十四文，实收正款钱七万二千八百九十七吊零九十六文。	

附黑龙江省所辖全省税捐总分各局收入光绪三十四年份渔税钱款一览表

局　名	款　目	内外结区别
绥化府税务总局	（吊位）二六〇、三〇四	内结
余庆县分局	一一五、六八〇	内结
海伦厅分局	八、八三二	内结
青冈县分局	四五、六九六	内结
十间房分局	四、四一六	内结
上集厂分局	五三、六三二	内结
呼兰府税务总局	九七七、九四六	内结
巴彦州分局	一八七三、一四一	内结
兰西县分局	四、八〇〇	内结
木兰县分局	四九、一〇〇	内结
五站分局	一七二、〇九六	内结
兴隆镇分局	六、六二四	内结
西集厂分局	九、九五八	内结
大通县税局	二二四九、一一七	内结
大赉厅税局	三二一七、二六八	内结
肇州厅税局	五八八〇、一七〇	内结
布特哈税局	二二二九、〇九八	内结

局　名	款　目	内外结区别
昂昂溪税局	六三六、七三二	外结
札兰屯税局	一五一、八九四	外结
呼伦贝尔税课司	七五、五〇〇	外结
省城税捐局	二五六三、六七二	内结
总数	二〇五八五、六七七	
附注	以上共收捐钱二万零五百八十五吊六百七十七文，除提一五经费三千零八十七吊八百五十二文，实收正款钱一万七千四百九十七吊八百二十五文。	

附黑龙江省所辖全省税捐总分各局收入光绪三十四年份碱税钱款一览表

局　名	款　目	内外结区别
绥化府税务总局	九七八、五五四	内结
余庆县分局	三七二、二〇二	内结
海伦厅分局	六三、七八八	内结
青冈县分局	六九、三七五	内结
十间房分局	九七、四七二	内结
上集厂分局	一四〇、一六〇	内结
双河镇分局	一六、三八四	内结
呼兰府税务总局	一三六五、六二七	内结
巴彦州分局	七七、九五二	内结
兰西县分局	二一五、五五二	内结
木兰县分局	七九、六七三	内结
五站分局	七八、三二三	内结
兴隆镇分局	五六、一〇八	内结
西集厂分局	二三、七七〇	内结
大赉厅税局	一二三、二七〇	内结
肇州厅税局	三三三、四九八	内结
呼伦贝尔税课司	三、六五〇	外结
省城税捐局	一三七七、七四六	内结
总数	五四七三、一〇四	
附注	以上共收捐钱五千四百七十三吊一百零四文，除提一五经费八百二十吊零九百六十六文，实收正款钱四千六百五十二吊一百三十八文。	

纪木税

江省木税，历办有年，因庚子之乱暂停。光绪甲辰七月，署将军达桂、署副都统程德全，以现办善后事宜在在需款，筹议恢复木税，以浚饷源，缘青、黑二山及大小木兰达等处产木最多。绥化厅城为水旱通衢，排筏云连。销场甚广，遂饬知县陈昶成在该城设立总局，巴彦苏苏设立分局，分别刊发钤记关防，前往开办。惟从前所订税则正款四十七宗，杂款二十四宗，匪特名目过繁，抑且近于苛细。另订简明章程二十二条，不分何项名目，只征大宗，不征零件，所纳之税，无论银款、钱款，统按时价值十抽一，输自卖主，附入推广货厘疏内，奏明立案。先后添设总分局，卡二十余处，惟通肯一城，适值设治招垦之初，又有索伦为患，故议设而未果，旋归地方衙门代收，直至光绪三十四年冬月改设专卡。巴拜莽鼐等段于光绪三十二年六月设局，旋并入青冈分卡兼征。三岔河为松、嫩两江汇流之区，吉省木排入江，必由于此入境，税务归义成木植公司代收。此本省木税局卡建置之原起。至松花江北五站地方，原隶江省版图，自乾隆年间拨归吉林，安设崇古尔库站，近年改设大通县治，所有木税，两省未便重征，当经订定合办章程，会派委员兼理。所收正款，两省一律平分。所提一成五经费，以七分归该委员办公，以三分津贴三姓总局，余五分随同正款分解两省。此又吉、江会收木税之情形也。经世昌奏请，将汤原、大通两县地方仍拨隶江省，木税因亦归并。计自甲辰重设木税以来，入款已收成效。江省森林最富，将来人民日多，交通日便，其发达当有胜于他项者。

附黑龙江省所辖全省税捐总分各局收入光绪三十四年份木税钱款一览表

局　名	款　目	内外结区别
绥化府税务总局	（吊位）二九三八〇、八七〇	内结
余庆县分局	四七六九七、〇一六	内结
海伦厅分局	二五六五、三三四	内结
青冈厅分局	一二九七、一七〇	内结
十间房分局	二七二、七四二	内结
上集厂分局	八三七一、七一五	内结

局　名	款　目	内外结区别
双河镇分局	五七八、七六二	内结
呼兰府税务总局	五五〇七、七八八	内结
巴彦州分局	三三七三一、四〇六	内结
兰西县分局	一〇五、六九四	内结
木兰县分局	二〇四六七、六〇〇	内结
五站分局	四一〇、七一四	内结
兴隆镇分局	四〇〇、四三〇	内结
西集厂分局	一三九、八〇六	内结
大通县税局	七一三、三四二	内结
汤原县税局	四二八七、七六四	内结
大赉厅税局	三二七九、六四四	内结
肇州厅税局	一六六〇〇、五八八	内结
呼伦贝尔税课司	一一八四八、五一〇	外结
布特哈税局	一〇七七〇、二三〇	内结
昂昂溪税局	一三六、六五四	外结
札兰屯税局	四五五六、一六〇	外结
墨尔根税课司	三二二〇、九六四	外结
省城税捐局	六〇八九、六七六	内结
总数	二一二四三〇、五七九	
附注	以上共收税钱二十一万二千四百三十吊零五百七十九文，除提一五经费三万一千八百六十四吊五百八十六文，实收正款钱十八万零五百六十五吊九百九十三文。	

纪山本

江省木税而外，加征山本，始自光绪三十一年三月。东山木把，因三姓练队越界查山，多缘无照被扰，遂联名禀恳发给进山砍木执照。经兰、苏、林、庆木税总理陈昶成转请到省，将军达桂饬交涉总局参照吉林山本章程，体察本省现在情形，将各色木植酌中定价，订为每价一吊抽收山本八成，无论时价多寡，木行涨落，均按此次定章完纳。由各木税局兼征，票由善后局刊发，款解交涉局存储。是年十月，署将军程德全以木料价值时有涨落，尺寸容有不齐，非特定价难均，而条目太繁，乡民转难递晓，且木未刊下，先征山本，办法亦未尽合。改定章程，于木植出山之时，先赴就近木税局报存，一俟售出，按原价每吊由木把交山本钱八十文，由木商交木税钱一百文。如运往外省，即按市行作价，照章抽收。光绪三十二年十月间，因改设行省，整顿财政，饬交涉局将经征山本扫数移交善后局，以期统一。厥后善后局归并度支司，即归度支司经理。夫木税、山本、遽目之似近重征，其实山本出于刊木之人，木税出于买木之人，斯固并行不悖者也。

附黑龙江省所辖全省税捐总分各局收入光绪三十四年份山本税钱款一览表

局　名	款　目	内外结区别
绥化府税务总局	二二九三七、四〇〇	外结
余庆县分局	三八五〇一、七九四	外结
海伦县分局	二六六三、七七四	外结
青冈县分局	四一九、一六六	外结
十间房分局	二一七、八五七	外结
上集厂分局	六六九七、三六八	外结
双河镇分局	四六三、〇〇九	外结
呼兰府税务总局	一二四二、八八四	外结
巴彦州分局	二六六〇七、二三〇	外结
兰西县分局	五三、二〇三	外结
木兰县分局	一六三四二、四五〇	外结
五站分局	二六、四六四	外结
兴隆镇分局	三二〇、三四四	外结
西集厂分局	八八、五三三	外结
大通县税局	五二八、八九〇	外结
汤原县税局	二〇九二、四三二	外结
布特哈税局	七六六四、六一六	外结
昂昂溪税局	一〇九、三二二	外结
札兰屯税局	三五九三、九五二	外结
省城税捐局	四三七四、七四二	外结
总数	七一二三二三、一〇〇	
附注	以上共收款中钱七十一万二千三百二十三吊一百文，应提一五经费十万零六千八百四十八吊四百六十五文，实收款钱六十万零五千四百七十四吊六百三十五文。	

纪山货皮张税

江省山脉延长，出产甚富，向有山货皮张等税四十三宗，每价一吊抽税钱三十六文，归木税局经征。庚子乱作，署将军萨保以收数无多，奏请与木税一并停止。光绪三十年，署将军达桂奏请与木税一并恢复，仍按旧日章程归该局经征，以符原案。光绪三十四年三月，度支司议将干鲜果品一门添入税则，并用山货税票照三六抽收，呈经江省公署批准，通饬各税局一体遵行。

附山货皮张税则

计开：

虎皮　豹皮　鹿皮　狐狸皮　貂皮　水獭皮　山狸皮　憨皮　獾皮　灰鼠皮　熊皮　元皮　狼皮　猞猁皮　猫皮　狗皮　貉皮　骡马皮　驴皮　牛皮　马尾　猪毛　猪鬃　羊皮　羊毛　牛毛　羊绒　麝脐　鹿茸　鹿胎　鹿鞭　人参　黄耆　熊胆　蜂蜜　鹿筋　牛筋　榛子　松子　牛油　蘑菇　木耳　参须

以上共四十三宗，光绪三十四年六月，添入干鲜果品一门，共四十四宗，均系应征货物，每卖价一吊抽税钱三十六文。

附黑龙江省所辖全省税捐总分各局收入光绪三十四年份山货皮张税款一览表

局　名	款　目	内外结区别
绥化府税务总局	（吊位）八七一五、六四六	内结
余庆县分局	三三二九、七五五	内结
海伦厅分局	三八七、二六七	内结
青冈县分局	二三、三五二	内结
十间房分局	一七三、八六六	内结
上集厂分局	六二二、二四四	内结
双河镇分局	一〇三、二四〇	内结
呼兰府税务总局	八二七六、六五八	内结

局　名	款　目	内外结区别
巴彦州分局	五二一一、二二三	内结
兰西县分局	三二七、二〇六	内结
木兰县分局	二〇〇六、三六三	内结
五站分局	四九七一、六五七	内结
兴隆镇分局	三二九、三三六	内结
西集厂分局	一三七六、六四三	内结
大通县税局	一九一六、一四九	内结
汤原县税局	一五、〇〇〇	内结
大赉厅税局	七七六、五五七	内结
肇州厅税局	一二〇五、三〇二	内结
布特哈税局	七〇二二、七八六	内结
墨尔根税课司	四〇四、〇四〇	外结
总数	四七一九四、二九〇	
附注	以上共收税钱四万七千一百九十四吊二百九十文，除提一五经费七千零七十九吊一百四十四文，实收正款钱四万零一百一十五吊一百四十六文。	

纪烟亩税

光绪丙午，部定土药统税章程，内有停收地税一条，盖以既办统税，则其余概应裁免。乃自开办以来，各省种烟之地较前益增，殊与禁烟之意相左。御史吴郁生通筹禁烟一疏，首请开办亩税，经度支部议准，光绪三十三年正月行知到江。署将军程德全遵即仿照奏天土药亩税办法，每种土药一亩，实征库平银二钱，将来再收估征银四钱，此外不得浮收。仍照各项捐税章程，酌提一五经费，一成归经征各员办公，五分解交善后局存储，以备将来派员查勘时川资。凡种土药花户，按年于未布种之前，先赴本管地方官衙门纳税领票，票内注明姓名、亩数、坐落。即以初年所领之票为确实数目。次年领票时，减去一分，由此按年递减，十年后一律减尽。维时正值光绪三十三年正二月间，业已过期，未及查办齐楚。次年四月，由度支部奏派主事谢桂馨、李惟熙赴东三省清查地亩确数及行销地方，洎九月尾一律查竣，汇列简表，报部备查。现在江省烟土，业已一律禁种，此项亩捐即行停止。

附黑龙江所辖各属收入光绪三十四年份烟亩税暨补平银一览表

属　名	亩　税	补　平	内外结区别
绥化府	（两位）三四五七九、四四	（两位）一一〇六、五四二〇八	内结
呼兰府	四〇四六、二八六	一二九、四八一一五	内结
巴彦州	二二六六六、八六	七二五、三三九五二	内结
余庆县	一〇一七一、五六	三二五、四八九九二	内结
海伦厅	九一三五、一八	二九二、三二五七六	内结
肇州厅	五一、八四	一、六五八八八	内结
木兰县	三九九七、八〇	一二七、九二九六〇	内结
兰西县	二六七四、九八	八五、五九九三六	内结
青冈县	一八七、九二	六、〇一三四四	内结
总数	八七五一一、八六六	二八〇〇、三七九七一	
附注	按亩捐亦系划提一五经费，惟以一成截留各该署人员办公，随正税解省者仅五厘耳。且光绪三十四年亩税均未解，故正款经费难于划清，此表仅以实解到省者为题。		

纪土药斗秤税

光绪十一年，将军文绪奏请开办洋药税，首于呼兰厅、黑龙江两城设局征收，以供漠河金厂防兵及增设卡伦粮饷之用，每洋药一封重五十两，征正税银四钱，火耗、局费各二分。关办伊始，岁不及万金。洎将军恭镗继任，征至两倍有余。黑龙江城所产本微，兰、绥、巴彦三城几居十分之七。旋又改订土税，每百两收正税银二两，办公银二钱，复于土价每吊内抽厘一十三文。去岁以烟禁綦严，奉天业将土药捐税加倍抽收，江省遂亦将税厘各加一倍，印花、火耗、底票等款，仍照旧章推算。惟部令推广牌照捐，当以土药既奏准于明年一律禁种，民间存土无多，未便再滋纷扰。斗秤税课之兴，与洋药税略相先后，惟呼兰三城有之，亦由前将军文绪奏准开办，以供绥化新设理事厅经制岁销之需。市廛旧用斗秤，轻重大小不一，至是由官定制烙印颁发，每斗一面，秤一杆，岁纳税银五两，三年一更。将军恭镗继任，并入洋药局征收，亦较旧日加增一倍。厥后改为每面微银三两。光绪三十四年八月，开办粮税，复重申斗课章程，每面仍纳银三两，二两五为正款，五钱为办公。由各税局经征。十一月，农工商部会同度支部，考定划一度量权衡事宜，当经饬令提学、度支两司，遵照定章，参酌地方情形，妥筹办理。并将本省应用官器数目查复，刻正在调查核办之际。惟兹事体大，恐非居诸间所能蒇事耳。

附黑龙江省所辖全省税捐总分各局收入光绪三十四年份烟土税银款一览表

局　名	款　目	内外结区别
绥化府税务总局	（两位）九五八四、四一〇	内结
余庆县分局	五九八二、二四〇	内结
海伦厅分局	二〇、五七〇	内结
十间房分局	三五、〇九〇	内结
上集厂分局	一一〇五、九四〇	内结
双河镇分局	一五二三、三九〇	内结
呼兰府税务总局	五四五、七一〇	内结
巴彦州分局	三四八、四八〇	内结
五站分局	五二、〇三〇	内结
兴隆镇分局	四一、一四〇	内结
西集厂分局	四八、四〇〇	内结
省城税课司	三三八一、七〇七五	内结
总数	二二六六九、一〇七五	
附注	以上共收税银二万二千六百六十九两一钱零七厘五毫，除提二钱办公银二千零六十两零八钱二分零七毫五丝四忽四微，实收正税银二万零六百零八两二钱八分六厘七毫四丝五忽六微。	

附黑龙江省所辖全省税捐总分各局收入光绪三十四年份烟土厘钱款一览表

局　名	款　目	内外结区别
绥化府税务总局	（吊位）一〇五八九、二三三	内结
余庆县分局	六一七七、四九九	内结
海伦厅分局	二六、九四五	内结

局　名	款　目	内外结区别
十间房分局	三五、一五三	内结
上集厂分局	一〇五七、九一八	内结
双河镇分局	一五五四、六六三	内结
呼兰府税务总局	七三三、九六三	内结
巴彦州分局	三三九、七九七	内结
五站分局	六四、四七三	内结
兴隆镇分局	四四、四〇八	内结
西集厂分局	四六、二四一	内结
总数	二〇六七〇、二九三	
附注	以上共收钱二万零六百七十吊零二百九十三文，向系以钱作银报部，除提二成经费〇〇〇〇〇〇〇〇〇〇，实收正款银〇〇〇〇〇〇〇。	

附黑龙江省所辖全省税捐总分各局收入光绪三十四年份斗秤课银款一览表

局　名	款　目	内外结区别
绥化府税务总局	（两位）一四四九	内结
余庆县分局	五四六	内结
海伦厅分局	九九	内结
青冈县分局	一二九	内结
十间房分局	九	内结
上集厂分局	一四一	内结
双河镇分局	三九	内结
呼兰府税务总局	二〇二八	内结
巴彦州分局	一八六九	内结
兰西县分局	七五	内结
木兰县分局	二四〇	内结

局　名	款　目	内外结区别
五站分局	二四	内结
兴隆镇分局	三四八	内结
西集厂分局	一七一	内结
大赉厅税局	八一	内结
省城税捐局	九二一	内结
总数	八一六九	
附注	以上共收银八千一百六十九两，除提五钱办公银一千三百六十一两五钱，实收正课银六千八百零七两五钱。	

纪粮税

江省为产粮之区，向不纳税，惟兰、苏、林、庆四属，每石由卖主输纳捐钱六十文，所收之款易钱为银，以八成为正款，抵充俸饷，以二成提充办公，历经照办在案。光绪三十二年，准户部咨催开办斗税，以充饷糈。光绪三十四年正月，又据绥化税局员议，仿吉林章程，创办粮税，当经饬由度支司核准，区分粮税为两等。粳米、芝麻、绿豆、小麦、小米五宗为上等，每斗收税中钱二十四文。红粮、元豆、大麦及一切杂粮为次等，每斗收税中钱十二文。统归买主完纳，卖户只纳货捐一成，原有六成即行停免。外运粮石分本省与外省两项。本省者给以运单，外省者给以税票，先后订定详细章程，通饬于八月十六日开办，旋经会同署巡抚周树模奏咨立案。亦补助饷糈之一款也。

附奏开办粮税片

再查江省出产，以粮石为大宗，向有粮捐一项，照章每石征中钱六十文，所征捐项易钱为银，以八成为正款，抵充俸饷，以二成提充办公，历经照办在案。现在百端待举，需款孔殷，自应以整顿税捐为筹款入手办法。查江省粮捐，每石征中钱六十文，未免太轻，且粮不分粗细，似亦稍欠平允。现经参酌情形，将原有粮捐改为粮税，酌量变通，按粮米之高下分为二等，上等每斗征中钱二十四文，次等每斗征中钱十二文。所收税款，仍照向章以钱易银，以八成作为正款，以二成作为办公，随案列销。已于本年八月间开征试办，其旧有粮捐即行停免。虽此次所定税则较前略增，然仍取自买粮商人，并非专出于民。现已试办数月，民情均尚乐输。从此若能认真稽征，则税收所入渐有增加，似于饷糈不无小补。据度支司详请奏咨前来，臣等复核无异。除将粮税章程咨部查核外，理合附片陈明。伏乞圣鉴。谨奏。光绪三十四年十二月初八日附奏，十二月二十六日奉批，览。钦此。

附粮税章程

计开：

一、粮税共分二项征收：

甲、粳米、芝麻、绿豆、小麦、小米五宗为上等，每斗收税中钱二十四文。

乙、红粮、元豆、大麦以及一切杂粮为次等，每斗收税中钱十二文。

二、粮税统归买主完纳，其卖粮之户应纳之一成捐，仍按旧章办理。无论何项粮石，均按所得价值，每钱一吊抽收一成。

三、从前旧有粮捐，每卖粮一石收捐钱六十文一项即行停免，以示体恤。

四、烧锅、油磨、粉房等商，逐日所用粮石，一律照章完纳斗税，不得隐匿不报，抑或以多报少，违者照章拟罚。

五、斗课一项，仍照章每领官斗一面每年纳课银三两，各商号未领官斗，不准私自用斗买卖，违者准同行商家公举，除查明照章完课，仍公同议罚。其民间零星食用，不在此例。

六、官斗火印由就近各税局烙印，各该属旧有官斗若干，续领若干，以及随时缴销各数目，均应由各该局按月册报，以便稽考。

七、买卖粮石应纳粮税与一成捐，均由卖粮粮店及商家随时照章代扣，每十日赴就近税务局卡呈缴一次。

八、粮税应用三联票照，由度支司刊发。已用票根，按月由各该局随同册报呈缴度支司查核。

九、所收粮税款项，应仍照粮捐旧章以钱易银，将八成作为正款，抵充俸饷，将二成提留作为办公经费。

以上系试办章程，嗣后如有窒碍难行之处，应由度支司体查地方情形，随时呈请改良，以臻完善。

附粮石运销章程

一、粮石外运出境分两项：曰外省，曰本省各属。

二、执照分两种：曰出省捐票，曰运单。出省捐票专为稽查行销外省之用，运单专为稽查行销本省各属之用。

三、运销外省之粮之出省捐票，行销本省之粮之运单，均须在起运之就近税务局卡，即第一局卡报明某色粮石若干石、斗，承领查照，下开五六两条，分别交纳捐税后，沿途经过局卡查验，票单相符，即时放行。倘有不肖书巡留难需索，查出重惩。

四、出省捐票应于出省最后局卡截留，按月缴交该管之税局。运单到指运地方呈交就近局卡。均按月由各该局卡汇缴度支司，以备查核。

五、运销外省粮石捐税法：民户自产之粮捐税并纳，商户已税之粮仅纳出境捐。

六、行销本省粮石捐税法：民户自产之粮，起运时不纳捐税，到指运地粮石出售，照章卖主纳捐，买主纳税。商户已税之粮，起运时不纳捐税，到指运地粮石出售，照章卖户纳捐，买主纳税。

七、行销外省之粮，无论民户、商户，如已分别纳过捐税，领票于尚未出省时，因闻指运之处时价不合，欲在本省各属或中途售卖，一经出售，仍照本省买卖粮石捐税章程办理。其商户已交之捐，民户已交之捐税，概不作抵。

八、行销本省之粮。倘未到指运地方或已到指运地方，因时价不合，欲转运外省出售，听商民自便，应分民户、商户，查照第三第六等条办理。或欲改运本省他属出售，准其在就近局卡声明，由该局卡查照。换给运单，仍不抽收捐税，以惠商民。

九、外省粮石如有运销本省者，于入境第一局卡报明承领运单，查照第八条办理。

十、如有商民本欲运粮出省出售，而意图免纳捐税，捏称在本省行销，冒领运单容心取巧者，若经出省，最后局卡查出，除照章完纳捐税外，仍加倍议罚。凡运道系出本省境界者，俱以出境论。其本省粮石出省运销，并无出省票照者，一律办理。

十一、运粮不分民户、商户，亦不论出省销售及本省销售，凡数不过二石者，概免抽收捐税，以示体恤。

十二、纳捐数目按某色粮石，照该处当日市行核算，即每吊抽收一成，不准意存高下。其从前之出境六成捐，不再重收。

十三、商户将已税之粮运往外省出售，于起运纳捐时，应以税票为凭，否则于民户未税之粮无所区别。其零买整运者之多数税票上捐时，查验数目，每张盖一某年月日出运戳记。如系整买分运，执持一票分次出运者，于原税票内盖戳，注明某年月日出运若干石斗，以次推算，既防影射，并免民户捏称商民希图免税之弊。

十四、出省捐票及税票，仍照本省票费章程核收，其运单一项不取分文。

附黑龙江省所辖全省税捐总分各局收入光绪三十四年份粮税钱款一览表

局　名	款　目	内外结区别
绥化府税务总局	五三〇八六、二〇六	内结
余庆县分局	一四一五九、三五〇	内结
海伦厅分局	八八七七、三八二	内结
青冈县分局	二一九七、七三一	内结
十间房分局	三八〇二、二二六	内结
上集厂分局	三七六六、四〇四	内结
双河镇分局	四四二四、四九三	内结
呼兰府税务总局	七七四五九、三七三	内结
巴彦州分局	三九四一一、三八二〇	内结
兰西县分局	一二一一五、〇二三	内结
木兰县分局	三九五四、七九九	内结
五站分局	三〇七五、〇六三	内结
兴隆镇分局	六九三七、三一六	内结
西集厂分局	一〇二五四、九七八	内结
大通县税局	四五〇、九六〇	内结
大赍厅税局	三五五五、三五〇	内结
肇州厅税局	一五九三、六九二	内结
布特哈税局	一六二、二五五	内结
昂昂溪税局	七〇四、二〇〇	外结
瑷珲税课司	一六七〇、五八〇	外结
省城税课司	五四〇七、七六七	内结
总数	二五七〇六六、九七八	
附注	以上共收税钱四万七千一百九十四吊二百九十文，除提一五经费七千零七十九吊一百四十四文，实收正款钱四万零一百一十五吊一百四十六文。	

纪牲畜杂税

江省牲畜杂税，归地方官征收。光绪三十一年，改设民治，统行改派专员分赴各属设局经征，并派地方官为稽征。饬取绥化、呼兰、巴彦三属历办税章，交由前善后局酌中拟定税则八条，并分别正杂款目章程，各属奉行，尚无窒碍。洎光绪三十二年八月间，呼兰局呈请，将毛猪每口应纳税则原订每口抽收二百四十文，改为按原价每吊抽收三十六文。光绪三十四年六月间，绥化税局复呈请，将吉猪每口税则原定每口抽收二百四十文改抽七百二十文。均经前后批准，通饬遵办。至酒税一项，亦向归牲畜杂税之内，后经改征实银，另订章程办理。

附牲畜杂税章程

一、牲畜税，按买价每吊抽收税钱三十六文。

二、酒税，按买价每吊抽收税钱七十二文。

三、烟税，按买价每吊抽收税钱七十二文。

四、麻税，按买价每吊抽收税钱三十六文。

五、毛猪出境，每口抽收税钱二百四十文。

六、吉猪出境，每口抽收税钱二百四十文。

七、羊税，按买价每吊抽收税钱三十六文。

八、油税，勿论本地销售与车船贩运出境者，均按每价值一吊抽收钱三十六文。

以上各税，凡过境已经完纳本省税课者，均只验票放行，未经完纳者，统于经过第一局卡照章完纳。

一、酒税，按买价每吊收正税钱六十文，杂款钱十二文。

附黑龙江省所辖全省税捐总分各局收入光绪三十四年份牲畜杂税钱款一览表

局　名	款　目	内外结区别
绥化府税务总局	一四八〇三九、二八一	外结
余庆县分局	四三六八八、一九三	外结
海伦厅分局	三六四一四、〇九一	外结
青冈县分局	八四一三、二二二	外结
十间房分局	三六二〇、二六六	外结
上集厂分局	六六〇一、五九二	外结
双河镇分局	六一四七、五〇九	外结
呼兰府税务总局	九九八六六、一二三	外结
巴彦州分局	九二三六三、九一〇	外结
兰西县分局	一〇九三九、七二六	外结
木兰县分局	一八四〇三、〇〇〇	外结
五站分局	四八四〇、三二〇	外结
兴隆镇分局	九一〇一、九〇四	外结
西集厂分局	一二八六九、三〇九	外结
大通县税局	一四三八、五九六	外结
汤原县税局	一〇〇九、五四四	外结
景星镇税局	八六八九、九二四	外结
肇州厅税局	九五〇二、九六〇	外结
大赉厅税局	一七六五七、三七四	外结
布特哈税局	二九〇〇一、五九一	外结
昂昂溪税局	一九八〇二、二七二	外结
札兰屯税局	五三九五、五五三	外结
省城税课司	一一六〇八〇、一五四	外结
黑龙江	二〇二〇〇、九〇六	外结
总数	七三〇〇八七、三三〇	外结

纪酒税

江省酒税，向附于牲畜杂税之内，每价一吊抽中钱七十二文，归地方衙门征收。光绪三十一年，各属改派专员经征，各税由前善后局禀定划一章程，酒税仍旧。光绪三十二年春，吉、江两省仿照直隶奏准加抽烟酒税章，每酒一斤皆加征制钱十六文，出自买主，而责成卖主代收。惟以前次禀定划一章程，行之未久，又改为按斤加征，非第酒商无所适从，亦恐商力有所不逮。因就江省地面详加体察，仍将酒税按价抽收，参用奉吉办法，各属烧行酒贩不论零沽整售，均由买主于现行市价外，每钱一吊抽收七十二文，作为买主应纳之税。至烧商向有应纳票课，系抵充俸饷的款，仍循其旧。其余杂规包税，悉予蠲除。经前善后局拟定章程十条并门牌执照等项，批准通行。旋于光绪三十四年正月，据绥化税局条议，改收出场统税，仿照吉林章程，每酒一斤征银一分四厘，每银一两折收钱三吊三百文，订为每斤征一分一厘，抽收实银。以六月初十日为改征之始。

附改征酒税章程

一、此税定于六月初一日一体改征，由各处税务局卡经收。该烧商等有筒若干，应先期报明就近局卡，以凭注簿。其每日得酒若干，务须照实登账，至月底报明上税。该商得酒账簿，该税务局卡有稽查之权，如或以多报少，照章罚办。

一、凡已税之酒，如贩运别往，准该烧商将运往何处，酒斤若干，开具图书条报明就近局卡，另起转票。交该商收执。无论运往何处，验票放行，均免再税。

二、凡运往别处销售之酒，如满百斤者须请转票，其不满百斤请发转票者任便。

三、凡未改征以前，各烧商造存之酒，限于六月初一日以前赴局报明，准仍照旧章作价征税，以示体恤。其自六月初一日以后赴局报税者，无论原存新造，统照新章征纳，以清界限。

附黑龙江省所辖全省税捐总分各局收入光绪三十四年份酒税银款一览表

局　名	款　目	内外结区别
绥化税务总局	（两位）一一一一六、三一四〇	外结
余庆分局	六三一九、三三五〇	外结
海伦分局	四〇五三、〇四三五	外结
青冈分局	二五九三、六九〇〇	外结
十间房分局	二三〇一、三一〇〇	外结
上集厂分局	四二九、九九〇〇	外结
双河镇分局	二五三三、九九四〇	外结

局　名	款　目	内外结区别
呼兰税务总局	三五六一、八〇〇〇	外结
巴彦分局	七一一四、〇一九〇	外结
兰西分局	七三九四、六九五〇	外结
木兰分局	一六六四、〇〇一〇	外结
五站分局	一三五三、八二五〇	外结
兴隆镇分局	六四三九、五三二〇	外结
西集厂分局	三七二一、四一〇〇	外结
大通税局	五七六、三二三〇	外结
大赉税局	三三六六、二四八〇	外结
肇州税局	一〇八四、一四三五	外结
昂昂溪税局	一八〇二、三五〇〇	外结
总数	六七四二六、〇二三〇	
附注	以上共六万七千四百二十六两零二分三厘，除提一五经费银一万零一百一十三两九钱零三厘四毫五丝外，实收正款银五万七千三百一十二两一钱一分九厘五毫五丝。酒税原隶于牲畜杂税之内，系属钱款。光绪三十四年六月，始由杂税内提出，订为就场抽收，章程改作银款，故光绪三十四年六月以前之钱款，仍附于牲畜杂税之内。合并声明。	

纪饼税

光绪三十四年九月，度支司科长兆麟条陈，江省东荒一带，土田肥美，种植黄豆，出产最丰，以之打油，行销最广。豆饼一项，厚圈大模，内含油质较多，最适于肥料及饲猪之用，不但内地各省利于行销，即外洋各国亦乐于采购。总计绥、兰二府，余庆、兰西、巴彦三州县，大小油房不下二百家，每家有用榨两盘者，有用榨一盘者，计每榨每日须用黄豆四石五斗，虽伙班有加减，出油有多寡，而酌中计之，二百家油房每年用黄豆三十余万石，每石得饼十七块，可得饼五百余万块。每块收中钱二十文，岁可增税款十余万吊，于饷项亦不无小补等情。当即照准，饬由度支司议，照酒斤统税办法，每豆饼一块收税中钱二成。自税之后，无论坐销或运往本省各属，除转卖时照纳一成捐外，概不重征。爰定于本年十二月初一日一律开征。其各油房每日出饼若干，须照实登簿，每至月底，报局上税。凡油房账簿，税务局卡有稽核之权。如有另立账簿及匿报少报等弊，查出照章罚办。未开征以前，油房存饼及各商店剩蓄之饼，应于十二月初一日以前报局，验明数目，一概从宽免税。豆饼之外，如麻箍、苏子箍等，虽属饼类，均一概不征税钱，以示宽大。

附黑龙江省所辖全省税捐总分各局收入光绪三十四年份豆饼税钱款一览表

局　名	款　目	内外结区别
绥化总局	两位 三四〇、九〇〇	内结
呼兰总局	三五三、五四〇	内结
总　数	六九四、四四〇	内结
附　注	以上共收税钱六百九十四吊四百四十文，除提一五经费一百零四吊一百六十六文，实收正款五百九十吊零二百七十四文。	

纪牙、牌帖税

腹省各商埠，凡属代客买卖货物、牲畜之家，均原承领牌帖、牙帖，方准开设，盖所以预防倾闭，杜绝争端，法至美、意至良也。江省地处边荒，市廛冷落，故未能仿照举行。自署将军程德全招垦实边，添设民治，凡百商贾，日形辐辏，乃于光绪三十二年正月间，议仿内省办法，饬令各属开设行店之家，一律报明领帖，始准代客买卖抽用。每发牌帖一张，收银百两，作为兴办学堂经费。闰四月间，又示论各行店，如有代客买卖牲畜者，均准请领牙帖，亦收费银百两。定章：每牛马一头，从前取用二两者减为一两六钱，每猪羊一口，从前取用二者减为一钱六分。所收之用，以一半作各行红利，以一半充公，按月呈缴善后局存储备拨。五月间，咨行商部立案。旋准复称，自此次减抽之后，不得再议加增。故迄今尚仍旧贯。至各属开设烧、当，均应报由地方官，取具保结，加具印结，详请咨部立案。每当铺一座，年纳课银五十两，烧锅一座，年纳课银二百两。所需执照，从前系由户司善后局发给，现已改由度支司发给。惟此课相沿已久，司局均无开办原案，未识创自何年，仅据黑龙江述略载有光绪十三年各属烧、当课报部数目，盖所以抵充俸饷云。

附黑龙江省所辖各属收入光绪三十四年份牌帖、牙帖银款数目一览表

各　属	收入日期		内外结区别
巴彦州	三月十二日	（两位）七〇〇	内结
绥化府	九月初五日	二〇〇	内结
绥化府	十一月二十六日	二〇〇	内结
齐齐哈尔	三月十一日	一〇〇	内结
总　数		一二〇〇	

附黑龙江省城税捐局收入光绪三十四年份行用银款数目一览表

月份	款目	内外结区别
正月份	（两位）二四六、三二	内结
二月份	一八四、八八	内结
三月份	九一、二八	内结
四月份	一七、二〇	内结
五月份	四、〇〇	内结
六月份	九四、四八	内结
七月份	二一五、二〇	内结
八月份	八八、四〇	内结
九月份	九七、九二	内结
十月份	四九、七六	内结
十一月份	九二、八〇	内结
十二月份	一一五、九二	内结
总　数	一二九八、一六	

附黑龙江各属收入光绪三十四年份烧课银款数目一览表

各属	烧锅家数	共应纳课银数	烧商已缴银数	烧商未缴银数	各属解省银数
绥化府	十二家	（两位）二四〇〇	（两位）一九〇〇	（两位）五〇〇	（两位）一四八八、九〇九二四
呼兰府	十家	二〇〇〇			
巴彦州	十八家	三六〇〇	三六〇〇		三六〇〇
余庆县	四家	八〇〇	八〇〇		八〇〇
兰西县	十五家	三〇〇〇	三〇〇〇		三〇〇〇
木兰县	一家	二〇〇	二〇〇		二〇〇
大赉厅	一家	二〇〇	二〇〇		二〇〇
青冈县	二家	四〇〇	四〇〇		四〇〇

附黑龙江省各属收入光绪三十四年份当课银款目一览表

各　属	当铺家数	共应纳课银数	当商已缴银数	当商未缴银数	各属解省银数
齐齐哈尔	十四家	（两位）七〇〇	（两位）六五〇	（两位）五〇	（两位）六五〇
东布特哈	一家	五〇		五〇	
巴彦州	十二家	六〇〇	六〇〇		六〇〇
绥化府	七家	三五〇	三五〇		
呼兰府	三家	一五〇	一五〇		一五〇
总　数	三十七家	一八五〇	一七五〇	一〇〇	一四〇〇

纪瑷珲呼伦渔网税

咸丰八年十月二十一日，中俄在瑷珲所订界约，以黑龙江为鸿沟。庚子乱后，俄人占据瑷珲七年有余，支河内港、渔佃自由、主权利权，放弃殆尽。光绪三十二、三年，署将军程德全派该城副都统，将瑷珲城及黑龙江右之地悉数收回。维时难户初归，沿江上下，巷无居人。即有首先复业者，衣食未遑，安有余力制备大网，以故俄人乘间越界捕鱼，渐成积重难返之势。署副都统姚福升竭力阻御，迫令将鱼舍拆回，俄廓米萨尔先以公共之江不宜禁阻之词来相诘难。该副都统证以中流为界，渔业权各有一部，往复驳诘，始与之订为按纲抽税章程十五条。每渔网一合，春季征收羌钱二十五吊，秋季征收羌钱五十吊，散户捕鱼自食者征收羌钱二十吊。按春秋两季发票，春季自四月初一日起至六月十五日止，秋季自八月初一日起至十月三十日止，各发票一次，每张收票费羌钱一吊。秋后如用小网捕鱼自食者，每票征收羌钱十吊。此项章程，咨经黑龙江行省公署饬由度支司、交涉局核准照办。呼伦贝尔所属海拉尔河、呼伦贝尔湖等处，亦为产鱼之区，近年汉民多有设网捕取者，应纳网课，按年抽收。署副都统宋小濂改为按月抽收，重订章程十条，凡网户捕鱼，须报明姓名住址，并取具图书铺保，呈由交涉税务局发给网照。每网一双，无论大小，每月纳课银五元，另收票费二元，自四月初一日起至十月初一日止，过期作废。鱼税仍照旧，每价一吊，收税钱一百文，由买主照章完纳。光绪三十四年八月间，报省立案。按月所收课洋，亦经列册造报。惟瑷珲所收网课，仅至光绪三十四年二月止，故未便与伦城一并列表云。

附瑷珲渔网税章程

一、渔网一合发票一张，如查有无票之网，即将渔网并将所得之鱼全行入官。

二、渔票分上中下三段发放，上段自库马尔河口起至五道活络止，中段自五道活络起至高滩止，下段自高滩起至观音山止。

三、领票渔户均须各归各段，不准执甲段之网票在乙段捕鱼，亦不准转借希图取巧，如有违者网鱼归官。

四、凡有渔滩不论远近优劣，不准渔户把持，领票渔户俱准商明入滩，轮流下网捕鱼，如有把持者，从重议罚。

五、渔票须按春秋两季，过期作废。

六、领票渔户不准用织密之网捕鱼，以害蕃孳而资长养，违者渔网入官。

七、征收网税官差，得以随便入渔船内检查，如有违犯各条规者，即押留该船或渔具，随时酌量所犯事之轻重议罚。

八、渔船不准夹带军火武器，犯者将捕获物及渔船一并入官。

九、渔业为商民行为，俄国军队不得从事捕鱼，违者拘留照会俄官究办。

十、上中下三段，各段渔贩每网一合，春季征收羌钱二十五吊，秋季征收羌钱五十吊。其散户捕鱼自食者，每网收羌钱二十吊。

十一、渔户每领票一张，收纳票费钱一吊。

十二、渔户不准在渔滩外闲地盖房开地，违者逐出，概不退还原交网税。

十三、春季自四月初一日起至六月十五日止发票一次。

十四、秋季自八月初一起至十月三十日止发票一次。

十五、秋后如用小网捕鱼者，每票征收羌钱十吊。

以上各条作为暂行试办章程，以后如有窒碍，随时更改。

附呼伦渔网税章程

一、伦属呼伦、贝尔两湖，海拉、伊敏等河暨凡产鱼之区，均准本国人设网捕取，其非本国人，一概禁止。

二、网户欲往各处捕鱼，须报明姓名住址，并取图书铺保，呈由交涉税务局发给网照。其无照捕鱼者，查出将网鱼充公。

三、网户欲指定在某河某湖捕鱼，须按网数之多寡，定界限之宽窄，不得恃强霸占并须将所占地段填写照内，以便有所持循而免彼此争执。

四、向章大网每年纳课银三十两，小网每年纳课银二十两。伦属气候甚寒，四月解冻，十月封河，施网之时无多，应改为每网一支，勿论大小，每月纳课银五元。均须先行完纳，不准延欠。

五、每网一支发票一张，收票费二元。由四月初一日起至十月初一日止，过期作废。

六、票式订为三联：一发给渔户，一存查税务局，一缴度支司。

七、领票渔户不准用织密之网捕鱼，以害蕃孳。至档梁子一项，近乎竭泽而鱼，且有碍于下流网户，既防长养易启争端，应从严禁。有违以上两项禁令者，罚办有差。此条系照瑷珲鱼网税章程酌量添入。

八、各网户遇有税务局派员前往稽查，须将执照呈验。如查有无票之网，或以他人之票影射及网多票少者，均应照章议罚。

九、鱼税仍由交涉税务局照旧征收，每价值一吊收税钱一百，由买主照章完纳，填给度支司税票。如有偷漏，加倍科罚。

十、渔户在设网处卖鱼，即将买主应纳税钱若干，照章代收，或加入价内，一并来局完纳。税局时常派人前往稽查，违者以偷漏论。

十一、渔户来城卖鱼，务须遵照巡警局指定卖鱼处所售卖，以便稽征税款。不得任便在各市散卖，违者查出议罚。

附黑龙江省所属呼伦贝尔光绪三十四年份收入渔网课羌钱款目一览表

月　份	渔网面数	羌钱款目	内外结区别
九月份	（面之单位）二	（元之单位）一〇	外结
十月份	一二	六〇	外结
十一月份	六	三〇	外结
十二月份	五	二五	外结
总　数	二五	一二五	

纪煤税

札兰诺尔地方在额尔古纳河之东，西距满州里四十里，东距呼伦贝尔五百余里，四处平原，中萦一水，即所谓札兰诺尔湖也。昔时为人迹罕到之区。自西伯里亚铁路告成后，俄人始勘得该处出有煤矿，铁路公司与江省议定开采铁路两旁煤矿合同。光绪二十八年四月，将军萨保据情入告，廷议以铁路附近煤矿漫无限制，应令与俄员另议办法，并声明三十里外，公司不得与闻。嗣屡经磋议未协。俄人已于是年八月开办。越四年春，道员宋小濂在外部备议约顾问，提议及之。秋间遂派该道在哈埠与俄员商订合同十二条，由省签押。开矿地段，仍以铁路两旁各三十里为限。出煤每千斤抽税一钱二分，由江省派员坐厂监视。光绪三十四年三月初九日，附片奏明，并缮录合同副本，合同见交涉篇，咨送外、商两部立案。是年十一月，哈埠铁路交涉局以该厂现有火灾，出煤不旺，禀准将坐厂委员裁撤，只留通事一名，监查出煤斤数，归满州里交涉专员管辖，冀以节省经费云。

附奏议订铁路两旁开采煤矿合同片

再查铁路公司开采黑龙江煤矿合同，前于光绪二十八年四月经前署将军萨保议订，奏奉谕旨，交外务部核议，以铁路附近煤矿，漫无限制，应令与俄员另议办法。并声明三十里外，公司不得与闻。等因奉旨依议。行令遵办在案。嗣复屡经磋议未协。光绪三十二年春间，道员宋小濂在外务部备议约顾问，随同该部与购地、伐木两事同时提议，当已议有端倪。是年秋间，经外务部并交宋小濂在哈尔滨就近与公司商办。

上年七月，亦经议定签押，呈由省署用印。其开矿地段，铁路两旁仍以各三十里为定，界内煤矿准铁路公司开采，华人亦得享在界内开矿利益，公司不得阻挠。界外不得准公司擅开，如愿承办，须禀准华官，照中国奏定矿章与他项，华洋人等一例。煤税前每千斤纳银八分，此次议加四分，每千斤作为一钱二分。并于公司所开矿厂派驻委员，查核账目，以防漏税。如此办法，矿地既有限制，不至任人把持，煤税又复增加，可以随我稽查，较之前订合同，收回权利不少。此事已阅数年，应即议结，以免公司借口侵扰。据护理呼伦贝尔副都统、存记道宋小濂咨请奏明前来。臣等将所定合同详加复核，委系实在情形。除缮录副本咨送外务部查核，并咨农工商部外，理合附片陈明。伏乞圣鉴。谨奏。光绪三十四年三月初九日附奏，二十六日奉朱批，该部知道。钦此。

附黑龙江所属札兰诺尔湖煤厂收入光绪三十四年份煤税银款数目一览表

月　份	款　目	内外结区别
正二三月	（两位）一二四七一、六六〇〇〇	内结
四五六月	四九六〇、四九四四八	内结
七八九月	一九一三、五五九九六	内结
十冬腊月	六七〇〇、三四九〇四	内结
总 数	二六〇四六、〇六三四八	
附 注	以上共收税银二万六千零四十六两零六分三厘四毫八丝，除提一五经费钱三千九百零六两九钱零九厘五毫二丝二忽外，实收正款银二万二千一百三十九两一钱五分三厘九毫五丝八忽。	

附黑龙江所属各局收入光绪三十四年份洋税款目一览表

局名	中钱	羌钱	内外结区别
省城税捐局	（吊位）二八五、〇〇〇	（元位）一六二八、八一〇	内结
布特哈税局	一九七七〇、四三八		内结
昂昂溪税局		三二四四、二一九	内结
总 数	二〇〇五五、四三八	四八七三、〇二九	

纪木石羊草牧畜税

江省税务之关于交涉者，厥有六宗：曰煤税，曰渔网税，曰木植税，曰羊草税，曰畜牧税，曰石税。网税、煤税，已另有记辑，兹不具载。木石、羊草以瑷珲开办为最先，庚子以还，被俄官占收者，将届七稔。丙午，署将军程德全始将江右一带木石、羊草等税设法收回。其前归漠口矿局经收之税，亦经副都统姚福升由瑷署派员经收，系是主权利权，乃不旁落。至呼伦贝尔地方，从前并无交涉税务，至光绪三十四年，署副都统宋小濂因俄人越界，畜牧刈草，并在额尔古纳河砍木凿石，势难禁遏，始拟订牧畜、羊草、木石等税，派员设局经征。去年九月，兴东道亦有仿照瑷珲章程，试收木石、鱼草等税之请，刻已实行。此沿边一带交涉税务之沿革也。铁路两旁，税务以木植、羊草为大宗，从前只试行于札兰屯，既而推行于各站。署将军程德全爰奏请，以此项收入之税款，供铁路交涉之开支，并与铁路公司订立木植合同，以资遵守。复经该局请准，将铁路两旁各站交涉税，概归该局自行征收，其沿边交涉税务归各该城征收。仍请将呼伦贝尔所收草税，以一半划归该局，当经批准照办。此铁路两旁交涉税务之沿革也。揆之各国通行法律。国内一草一木，均为主权利权之所关，俄人砍伐自由，本在应禁之例。惟瑷珲在庚子以前，已有木植、羊草收税办法，久为外人所公认，一旦遽行禁遏，即令彼果认可，而边线延袤数千里，俄民私人砍刈，犹属防不胜防。所以内而铁路附近，外而沿边各城，凡有采取木石、鱼草者，均行订定税则，照会俄官，以固主权，而期抵制。无如铁路附近与沿边各城，其交涉情形既异，所定税章亦未便强使之同。第以事关交涉，虽暂时推行，尚无窒碍，将来一有事故，外人借为口实，反觉其曲在我。因复融会各处情形，订定木植、羊草通行划一之税则，饬各处自宣统元年起，一律改照新章办理。则江省内而财政，外而邻交，庶几两得其道。虽伦城复有缓限一年再照新章之请，然而小有出入，终须就我范围也。

岁出篇

经营边地之用财与腹省异，而租税轻薄大利不兴，行政较内地为繁，用款较内地尤夥。黑龙江自改行省，内政外交同时并举，事皆创办，所费不资，而又以筹备数千里之边防，财力焉得不绌。从前部协之外，仅恃大租，略抵俸饷。虽经历任将军创设厘税暨各项税捐，而置郡县，增防营，备军械，仍出入不足相抵。前将军程德全扩充垦务，注力荒价，于是所入顿增，一切行政不敷经费，全恃荒价一项为挹注。然荒价一款系属暂时收入，济一时之用，而非经久之需。世昌既奉命督理三省，一切规划迥非驻防旧制，于光绪三十三年十月巡阅江省，博访周谘，目击危迫情形，事事皆须筹备，非注意财政，几无措手之方。既以旧有之户司善后局[1]银库，均改并度支司，为总管财政之枢纽，然是时岁入不及五十万两，而岁出已不止倍蓰，若再为固边殖民及推行新政之需，更苦无从挹注。虽奏催欠饷及援案请拨边防经费，而部议仅加拨十万，无济于用。若就地筹款，则开运官盐，举办屯垦，清丈地亩，收效均在三四年以后。然仅就大小租赋及各项税捐，锐意整顿，经常收入近百万，荒价尚不在内，经济之进步已逾原额一倍，不可谓非整饬之效矣。乃除行政官经费外，如司法、外交、旗务、民政、教育、财政、实业、军队、建筑、交通等事，其额支、活支可以预算者，已大逾于收入之数。若特别、临时经费无定数者，皆不列表。不得已暂假广信公司纸币为周转，计积欠已至百万以上，则指荒价为抵还，并非无着之款，而目前之应用犹得恃此为挹注。夫江省土广民贫，弃利于地，久无财政可言。今节次整理，连荒价所入共一百数十万两。若论商民之担负，官吏之尽职，似已较内地为难能。然而交通不便，百物昂贵，行政之所需，则较他省为多费。况数千里水陆国防与俄接壤，即安设卡伦，修治道路，稍稍布置，已属不赀，而恒溢于行政经费之外。是故欲进国民之程度，则教育不可不讲，民政不可不修。欲除胡匪之肆扰，则军队不可不饬。欲开辟利源，则实业不可不筹。创办司法而规模尚未完备，整顿旗务而夙弊冀以湔除。为外交筹应付则不可示之以俭，为交通谋敏捷则尤当继之以恒。凡兹用款，皆必不可少之需，非敢稍示铺张，致讥糜费。且江省幅员辽阔，辖治太疏，比者又奏请添设民官，专从事于国防之计画，则将来

---

〔1〕 善后局，清代后期在有战事的省份中设置的处理特殊事务的机构。

用款必更较现在为多。他日者能将运盐、屯垦、清丈各端办有成效。斯设治置防尚不至毫无凭借。兹特将岁出各款分列于篇，篇附以表。俾后之言江省财政者，综其原委而措施之。偿其大力包举，使地利日辟，实藏日兴，而不仅致力于商民之取求，是则世昌所日夕祷祀者也。

纪行政官经费

黑龙江从前只八旗官兵驻防，将军、副都统治之。自改行省，甫设巡抚，并设提法、提学、民政、度支四司司使。因江省财力艰窘，奏准养廉照奉省章程支给，并扣六分减平，以归划一。公费统按奉省章程八成支给，示撙节也。巡抚每年养廉银一万五千两，公费银二万八千八百两。提法、度支两司司使每年养廉银六千两，民政司司使五千两，提学司司使四千两，公费银四司司使年各支银九千六百两。至原有之道、府、通、同、州、县、各缺，前经署将军达桂、署副都统程德全于光绪三十年奏准添设。设治之初，年不支廉俸。道员月支办公经费银八百两，知府月支银七百两，各厅月支银六百两，州、县月支银五百两，佐杂月支银四十两，均俟一年期满，支给廉俸。嗣程德全署将军复以江省百物奇昂，十倍曩昔，地方官困苦异常，允宜格外体恤。况值预备立宪时代，厘定官制，尤当取重禄劝士之意，俾各员办公有资奏准，仍照旧章开支办公经费，俟厘定官制章程颁行后，再照章给予廉俸。所以全省正佐各官，迄未支给廉俸者，职是故也。其中大通县界旧隶吉林，自光绪三十四年划归江省，自宣统元年始照江省章程开支办公。吉拉林厅现尚派员设治，月支各项办公薪水银七百七十六两。至道、府、厅、州、县，每处月支承办处员司薪水 、心红银五百四十六两。经历、巡检、吏目、司书等项工食无出，拟定经历月支津贴银六十两，巡检、吏目月支津贴银五十两。至民壮夫役工食，道署月支银五两四钱，府、厅、州、县各月支银三十二两，经历月支银十两零五钱，巡检、吏目月支银四两五钱。至提法司警察、兵道署亲兵、府厅州县捕盗营，统计十八哨，每哨大建月支薪饷银二百四十二两五钱，小建月支银二百三十四两九钱五分。兹以光绪三十四年七大建、五小建列算，每哨年支银二千八百七十二两二钱五分，此江省行政正佐各官各项经费之数目也。

附黑龙江所属行政官经费表

	养廉	内外结银钱款之区别	公费	内外结银钱款之区别	承办处薪水心红佐杂津贴	内外结钱款之区别	民壮夫役工食	内外结银钱款之区别	捕盗营薪饷津贴	内外结银钱款之区别	总数	银钱区别
巡抚	（两） 一五〇 〇〇	内结银	（两） 二八 八〇〇	内结银							四三八 〇〇 （两）	银
提法司	六〇 〇〇	内结银	九六 〇〇	内结银					（两） 二八七 二二五 （吊） 一四四〇	内结 银钱	一八 四七 二二 五（吊） 一四 四〇	银钱
民政司	五〇 〇〇	内结银	九六 〇〇	内结银							一四六 〇〇	银
提学司	四〇 〇〇	内结银	九六 〇〇	内结银							一三六 〇〇	银
度支司	六〇 〇〇	内结银	九六 〇〇	内结银							一五六 〇〇	银
兴东道			九六 〇〇	内结银	（两） 六五 五二	外结银	（两） 六四八	内结银	二八七、 二二五 一四四〇	内结 银钱	一九〇 八、九〇 五 一四四 〇	银钱
绥化府			八四 〇〇	内结银	六五 五二	外结银	三八四、 〇	内结银	二八七、 二二五 （吊） 一四四〇	内结 银钱	一八二 〇 八二五 一四四 〇	银钱

	养廉	内外结银钱款之区别	公费	内外结银钱款之区别	承办处薪水心红佐杂津贴	内外结钱款之区别	民壮夫役工食	内外结银钱款之区别	捕盗营薪饷津贴	内外结银钱款之区别	总数	银钱区别
呼兰府			八四〇〇	内结银	六五五二	外结银	三八四、〇	内结银	二八七、二二五一四四〇	内结银钱	一八二〇八二五一四四〇	银钱
黑水厅			七二〇〇	内结银	六五五二	外结银	三八四、〇	内结银	二八七、二二五一四四〇	内结银钱	一七〇〇八二五一四四〇	银钱
海伦厅			七二〇〇	内结银	六五五二	外结银	三八四、〇	内结银	二八七、二二五一四四〇	内结银钱	一七〇〇八二五一四四〇	银钱
大赍厅			七二〇〇	内结银	六五五二	外结银	三八四、〇	内结银	二八七、二二五一四四〇	内结银钱	一七〇〇八二五一四四〇	银钱
肇州厅			七二〇〇	内结银	六五五二	外结银	三八四、〇	内结银	二八七、二二五一四四〇	内结银钱	一七〇〇八二五一四四〇	银钱
安达厅			七二〇〇	内结银	六五五二	外结银	三八四、〇	内结银	二八七、二二五一四四〇	内结银钱	一七〇〇八二五一四四〇	银钱

	养廉	内外结银钱款之区别	公费	内外结银钱款之区别	承办处薪水心红佐杂津贴	内外结钱款之区别	民壮夫役工食	内外结银钱款之区别	捕盗营薪饷津贴	内外结银钱款之区别	总数	银钱区别
巴彦州			六〇〇〇	内结银	六五五二	外结银	三八四、〇	内结银	二八七、二二五一四四〇	内结银钱	一五八〇八、二五一四四〇	银钱
余庆县			六〇〇〇	内结银	六五五二	外结银	三八四、〇	内结银	二八七、二二五一四四〇	内结银钱	一五八〇八、二五一四四〇	银钱
兰西县			六〇〇〇	内结银	六五五二	外结银	三八四、〇	内结银	二八七、二二五一四四〇	内结银钱	一五八〇八、二五一四四〇	银钱
木兰县			六〇〇〇	内结银	六五五二	外结银	三八四、〇	内结银	二八七、二二五一四四〇	内结银钱	一五八〇八、二五一四四〇	银钱
拜泉县			六〇〇〇	内结银	六五五二	外结银	三八四、〇	内结银	二八七、二二五一四四〇	内结银钱	一五八〇八、二五一四四〇	银钱
青冈县			六〇〇〇	内结银	六五五二	外结银	三八四、〇	内结银	二八七、二二五一四四〇	内结银钱	一五八〇八、二五一四四〇	银钱

	养廉	内外结银钱款之区别	公费	内外结银钱款之区别	承办处薪水心红佐杂津贴	内外结钱款之区别	民壮夫役工食	内外结银钱款之区别	捕盗营薪饷津贴	内外结银钱款之区别	总数	银钱区别
汤原县			六〇〇〇	内结银	六五五二	外结银	三八四、〇	内结银	二八七、二二五一四四〇	内结银钱	一五八〇八、二五一四四〇	银钱
大通县			六〇〇〇	内结银	六五五二	外结银	三八四、〇	内结银	二八七、二二五一四四〇	内结银钱	一五八〇八、二五一四四〇	银钱
吉拉林厅			九三一二					内结银	二八七、二二五一四四〇	内结银钱	一一二八四、二五一四四〇	银钱
绥化府府经历			四八〇	内结银	（两）七二〇	外结银	（两）一二六	内结银			（两）一三二六	银
呼兰府府经历			四八〇	内结银	七二〇	外结银	一二六	内结银			一三二六	银
海伦厅府经历			四八〇	内结银	七二〇	外结银	一二六	内结银			一三二六	银

	养廉	内外结银钱款之区别	公费	内外结银钱款之区别	承办处薪水心红佐杂津贴	内外结钱款之区别	民壮夫役工食	内外结银钱款之区别	捕盗营薪饷津贴	内外结银钱款之区别	总数	银钱区别
塔子城府经历			四八〇	内结银	七二〇	外结银	一二六	内结银			一三二六	银
景星镇府经历			四八〇	内结银	七二〇	外结银	一二六	内结银			一三二六	银
兴隆镇府经历			四八〇	内结银	七二〇	外结银	一二六	内结银			一三二六	银
肇州分防府经历			四八〇	内结银	七二〇	外结银	一二六	内结银			一三二六	银
上集厂府经历			四八〇	内结银	七二〇	外结银	一二六	内结银			一三二六	银

	养廉	内外结银钱款之区别	公费	内外结银钱款之区别	承办处薪水心红佐杂津贴	内外结钱款之区别	民壮夫役工食	内外结银钱款之区别	捕盗营薪饷津贴	内外结银钱款之区别	总数	银钱区别
巴彦州吏目			四八〇	内结银	六〇〇	外结银	五四	内结银			一一三四	银
黑水厅巡检			四八〇	内结银	六〇〇	外结银	五四	内结银			一一三四	银
大赍厅巡检			四八〇	内结银	六〇〇	外结银	五四	内结银			一一三四	银
安达厅巡检			四八〇	内结银	六〇〇	外结银	五四	内结银			一一三四	银
肇州厅巡检			四八〇	内结银	六〇〇	外结银	五四	内结银			一一三四	银
余庆县巡检			四八〇	内结银	六〇〇	外结银	五四	内结银			一一三四	银

	养廉	内外结银钱款之区别	公费	内外结银钱款之区别	承办处薪水心红佐杂津贴	内外结钱款之区别	民壮夫役工食	内外结银钱款之区别	捕盗营薪饷津贴	内外结银钱款之区别	总数	银钱区别
木兰县巡检			四八〇	内结银	六〇〇	外结银	五四	内结银			一一三四	银
兰西县巡检			四八〇	内结银	六〇〇	外结银	五四	内结银			一一三四	银
拜泉县巡检			四八〇	内结银	六〇〇	外结银	五四	内结银			一一三四	银
青冈县巡检			四八〇	内结银	六〇〇	外结银	五四	内结银			一一三四	银
合计	三六〇〇〇	内结银	一九五五五二	内结银	二六五九二	外结银	七三七二、八	内结银	五一七〇〇、五二五九二〇	内结银钱	四〇七二一七、三三五九二〇	银钱

附奏江省各官养廉公费酌定开支数目折

奏为江省各官养廉公费，现照奉天成案分别扣减，酌定开支数目，恭折仰祈圣鉴事。窃查吉、江两省各官廉俸，本年三月间经臣世昌会同前署抚臣程德全奏明，请照奉天成案酌量减成给发等因。钦奉朱批，该部知道。钦此钦遵在案。伏查奉省定章，巡抚每年养廉银一万五千两，公费银三万六千两。提法、度支两司每年每缺各支养廉银六千两，又各支公费银一万二千两。民政司每年支养廉银五千两，提学司每年支养廉银四千两，公费银各一万二千两。现在吉省各官亦经奏明，将养廉一项仍照奉省章程一律支给，公费仍按九成核发等因。臣等酌察情形，江省财力艰窘，殆较奉、吉为甚，除各官养廉仍应照章支给并扣六分减平，以归画一外，其公费一项自应酌减支发，俾示撙节。惟边荒僻处，百物昂贵，数倍内地，加以目前银根奇紧，现发各款俱系借放广信公司纸币，比较实银价值又有短绌，是其禄入本已不丰，若成数扣减过多，相形未免偏枯，办公益形竭蹶。现拟将此项公费，统按奉省原定数目，照八成支给，均从设缺到任之日一律起支，俾资节省而裕公用。所有江省各官廉费，分别扣减，酌定开支数目缘由，除咨部立案外，理合恭折具陈。伏乞皇上圣鉴，训示。谨奏。光绪三十四年十二月初八日具奏，二十六日奉批，该部知道，片并发。钦此。

纪公署经费

黑龙江自改行省，甫设公署，为督抚四司公共办公之处，月支夫役、柴炭、灯油暨文案处夫役、心红等项银一千四百两，又年支柴炭钱二万七千吊。江省不设承宣、谘议两厅，就原有文案处酌设秘书官，并将从前之印务处并入，月支薪津银二千零七十两。调查局自光绪三十四年准宪政编查馆咨组织成立，月支薪津银六百八十六两。绘图处设自光绪三十二年，月支薪工银一百八十两，春冬两季六个月每月添支柴炭银三十两，又月支公署办公银六百两。兹将各项经费常年总数列表以明之。

附公署经费表

	额支款目	内外结银钱款之区别	活支款目	内外结银钱款之区别	总 数	
公署	（两）一六八〇〇	内结银	（吊）二七〇〇〇	外结钱	一六八〇〇、二七〇〇〇	银 钱
文案处	二四八四〇	内结银			同上	
调查局	七九九二	内结银			同上	
绘图处	三七〇〇	内结银			同上	
办公	七二〇〇	外结银			同上	
合计	五三三三二、七二〇〇	内结银 内结银	二七〇〇〇	外结钱	六〇五三二、二七〇〇〇	

附奏文案处开支薪水饬部立案片

再查光绪三十三年十一月间，臣世昌会同前署抚臣程德全，于奏请改设江省司缺并陈变通办法折内声明，江省文案处办理尚臻妥洽，暂不添设佥事、议员，拟酌设秘书官，与原有之委员分任其事，并将从前之印务处并入，等因在案。查江省不设承宣、谘议两厅，并不设佥事、议员等项，原为节省经费起见。惟文案处为全省文牍总汇机关，所办即承宣、谘议两厅事务，际此百废待兴，新政日繁。加以僻处边荒，百物翔贵，自非改定章程，酌加薪公，不足以重责成而资整顿。随经臣等体察情形，特将员司开支章程，详酌厘定。又自设司以后，每日各司率同员司均在行省衙门同署办公，所有公署开支，亦并入文案公费之内，以期核实。计文案处各员司书薪水等项，每月共支银二千零七十两，公署及文案处一切柴炭、夫役、办公经费，每月共支银一千四百两，遇闰加增，均于光绪于三十四年二月陆续起支，仍在一成捐项下动用。除将章程并开支数目清单咨部外，谨附片具陈。伏乞圣鉴。饬部立案。谨奏。宣统元年二月二十六日附奏，闰二月十二日奉到朱批，该部知道。钦此。

附奏设立调查局薪资经费开销片

再准宪政编查馆咨奏，转饬各省设立调查局，由督、抚派员经理等因。当经臣世昌等于光绪三十四年十二月间，于奏留内阁中书张国淦[1]片内，谨将派员开办情形，奏明在案。窃维调查一事，为清理庶政之本，条理至繁，钩稽不易。江省僻处边荒，规制简略，凡属法制、统计各事，纪载均所不详，自非别类分门，详细研求，未易使条贯分明，借资考镜。臣树模自去年莅任，当饬该局总办、内阁侍读张国淦认真整饬，期于事有实际，款不虚糜。所有该局分设编制、统计两科，应派员司并局用薪资以及局中办事细则，均经详细拟议，由臣等核定饬遵。所用经费，皆系力从撙节，自应奏请作正开销。除分咨宪政编查馆暨度支部查照外，谨附片具陈。伏乞圣鉴。谨奏。宣统元年三月十六日附奏，四月初五日奉到朱批，

〔1〕　张国淦（1876-1959），北洋政府官员，学者、藏书家。1905年，任黑龙江省抚院秘书官、调查局总办、财政局会办等职。

该部知道。钦此。

纪司法经费

江省从前司法事宜，统归分巡道及裁判处办理。自改行省，始就旧有之分巡道改设提法司，月支员司薪津银一千五百一十八两，公费银八百两。裁判处仍按旧章开支，月支银七百零二两。至省城监狱，提牢官月支津贴钱四十吊，狱官、禁卒津贴每年例支银一百一十六两一钱五分六厘四毫，禁卒口分每年例支钱四百吊，监犯药资每年例支钱二百八十吊，监犯月支口米多寡无定。光绪三十四年，共支米二百八十三石七斗五升二合一勺。至各属囚犯口米絮衣，岁无定数。兹以光绪三十四年为断，共支钱一万八千九百四十三吊一百五十九文。奉天行省咨送法政毕业学员，拨归提法司及裁判处练习，光绪三十四年共支银八十两。此司法经费之概要也。

附司法经费表

	额支款目	内外结银钱款之区别	活支款目	内外结银钱款之区别	总　数
提法司	二七八一六	内结银			同上
裁判处	八四二四	内结银			同上
提牢官津贴	四八〇	外结银			同上
狱官禁卒津贴口分	一一七、一五六四四〇〇	内结银 内结钱			同上
省城监犯口米			（斗） 二八三七五二	内结米	同上
监犯药资	二八〇	外结钱			同上
各属囚粮絮衣			（文） 一八九四三一五九	内结钱	同上
杂支			八〇	外结银	同上
合计	三六三五七、一五六四四〇〇、七六〇	内结银 内结钱 外结钱	（斗） 二八三七五二 一八九四三、一五九八〇	内结米 内结钱 外结银	三六四三七、一五六四 银 二〇一〇三、一五九 钱 （斗）二八三七五二勺 米

纪外交经费

江省在庚子以前交涉事少，将军恩泽奏设之交涉处，年支银恒在八千金上下。庚子后，俄兵入城，交涉事日益繁多。光绪二十八年，将军萨保奏明整顿，其薪水、局用、酬应等项。月支银一千两。自改设行省，开辟商埠，各国经商游历人员纷至沓来，接应日繁，因复奏请，重新整顿，员司、书役月支薪工银一千二百六十两，心红银二百两，活支之款岁无定数。计光绪三十四年需过中钱一万八千六百二十九吊五百三十六文、羌钱七百九十七元八角。至铁路交涉总局向驻哈埠，分辖满州里、昂昂溪、海拉尔、安达、札兰屯、博克图六分局。光绪三十三年，将军程德全以通商开埠，敦槃酬酢，日益不遑，奏请添拨经费，统计总分各局经费及护勇饷乾，年共需银七万五千二百零四两。活支之款，按年实用实销，以光绪三十四年为断，计需银五千六百二十七两零三分四厘。圣寿款待外宾，需钱一千八百四十二吊六百二十文。又款待过哈大员杂支钱一千九百八十吊零五百六十文。瑷珲逼近俄界，交涉繁难，光绪三十二年，将军程德全奏准设立交涉局，月支银八百六十两。

附外交经费表

	额支款目	内外结银钱款之区别	活支款目	内外结银钱款之区别	总　数	
省城交涉局	一七五二〇	内结银	一八六二九、五三六 （元） 七九七八	内结中钱 内结羌钱	一七五二〇 一八六二九五三六 七九七八	银 钱 羌钱
铁路交涉总局	四四七四八	内结银	五六二七、〇三四	内结银	五〇三七五〇二四	银
铁路交涉六分局	三〇四五六	内结银			同上	
瑷珲交涉局	一〇三二〇	内结银			同上	
圣寿（款待外宾）			一八四二、六二	内结钱	同上	

	额支款目	内外结银钱款之区别	活支款目	内外结银钱款之区别	总　数	
杂支			一九八〇、五六	外结钱	同上	
合计	一〇三〇四四	内结银	五六二七、〇三四	内结银	一〇八六七一、〇三四	银
			二〇四七二、一五六	内结钱	二二四五二、七一六	钱
			七九七八	内结羌钱	七九七、八	羌钱
			一九八〇、五六	外结钱		

附奏改定交涉局章程片

再江省地接俄疆。向来交涉多在边界。自近年改设行省，开辟商埠，各国经商游历人员纷至沓来，省会为其辐辏之地，观瞻所集，应接日繁。从前省城原有交涉总局，因事务较简，章制未能整齐，若非重新整饬，殊不足以重外交。臣树模上年到任后，体察情形，当饬将该局开支章程重为厘定，计每月较前仅多开支银四百两，而职务分明，诸事就理。所有员司薪水，均由光绪三十四年八月查照新章起支。其活支等项，并饬核实动用，应请一并作正开销。除将开支清单咨部外，理合附片具陈。伏乞圣鉴饬部立案。谨奏。宣统元年三月十六日附奏，四月初五日奉到朱批，该部知道。钦此。

纪旗务经费

江省未设旗务专司，原有八旗事宜无所附隶。光绪三十四年奏准，就将军衙门旧设兵司改为旗务处，总、帮办、员司、夫役月支薪工银六百六十八两，公费银一百两。至全省八旗官兵岁需俸饷、因各省协饷蒂欠累累，即有解到之款，亦先尽巡防军饷核发，以致全省俸饷仅发至光绪三十一年春三月止。至旧制所设官兵员额，经署将军程德全奏准裁改，即自光绪三十一年以后陆续起裁，至光绪三十四年，应领齐齐哈尔、黑龙江城、墨尔根、布特哈、茂兴、路记营等处八旗官兵俸饷及新放官员俸饷，并病故官员兵丁之孀妇周年半俸及各处鄂伦春、索伦、巴尔虎、新巴尔虎、鄂罗特官兵俸饷银十七万三千二百一十六两二钱七分八厘。此外各项杂支，如茂兴、墨尔根等台站暨由齐齐哈尔至呼伦贝尔安设之十七台，购买倒毙马牛价值及需用草豆、修理车辆并廪给等项银二万四千零九十一两，笔帖式[1]盐菜银四十八两，例操药价银八千四百两，俄文学堂经费银三千五百两，已裁各城官兵各缺并以牛价抵练常备巡防各军使用银十六万五千九百三十八两九钱，齐齐哈尔城守节孀妇十二人，遵照部咨，共需建坊银三百六十两。凡兹数项，皆专恃协饷为命脉者。虽每两按八折支放，部有定章，然而全省俸饷，积欠至今，则亦虑悬一例而已。又应支光绪三十四年呼兰、东兴镇、铁山包、通肯等处官兵俸饷银，又应补发光绪三十二年分呼兰病故官员兵丁之妻周年半分俸饷银，茂兴、墨尔根等站暨新安各站额丁津贴银，茂兴路记营甲兵口分、马干、心红银，五路鄂伦春四协领办公脚价等项银，按二吊五百文折地租京钱一十三万零二百六十九吊二百五十文。凡兹数项，例由本省岁入地租支抵核放者。俸饷既不可恃，只有大租一项，而巡防军饷尽赖抵支，是以俸饷钱款亦自光绪三十一年递欠至今。其已发之款，如恭办万寿之需费、东西布特哈孤寡口粮、各庙祭费、都察院部饭、仓官俸米、进项领饷所需津贴运价，一切杂支以及由牲畜税款应支贡祭各费，东西布特哈两总管、东兴镇、铁山包、呼兰、通肯四协领月各津贴百两之款，并东兴镇、铁山包两处请领之办公、薪红等项银两，总而计之为数亦巨。兹皆以类相从，分析列表如下。

附旗务经费表

	额支款目	内外结银钱款之区别	活支款目	内外结银钱款之区别	总　数	
旗务处	九二八一	内结银			同上	
官兵俸饷	一七三二一六、二七八 一三〇二六九、二五	内结银 内结钱			同上	
属于俸饷各项杂支			二〇一四一七、八	内结银	同上	
节妇建坊			三六〇	内结银	同上	
孤寡口粮			一二三六、〇五	内结钱	同上	

〔1〕　笔帖式，清代官名，主要掌管文件、文书。

	额支款目	内外结银钱款之区别	活支款目	内外结银钱款之区别	总　数	
恭办万寿			二二二八四、〇八六	内结钱	同上	
贡费			三四〇、 一四〇二三九、七四	内结银 外结钱	同上	
祭费			四七、二五八二四 七四二八、二七二 五〇二六、一六	外结银 内结钱 外结钱	同上	
东布特哈总管	一二〇〇	外结银			同上	
西布特哈总管	一二〇〇	外结银			同上	
呼兰协领	一二〇〇	外结银			同上	
通肯协领	一二〇〇	外结银			同上	
铁山包协领	一二〇〇	外结银	五〇二、八三二	外结钱	一二〇〇、 五〇二、八三二	银 钱
东兴镇协领	一二〇〇	外结银	六〇〇	外结钱	一二〇〇 六〇〇	银 钱
领饷津贴车价			一四三一、八五七五	内结银	同上	
部饭			二四二、一九	内结银	同上	
杂支			一四一、一一九五 二三四四八、〇四一一 〇七九七、七六四	内结银 内结钱 外结钱	同上	
合计	一八二四九七、 二七八七二〇〇、 一三〇二六九、二五	内结银 外结银 内结钱	二〇三九三二、九六七 五四三九六、四四九 一五七一六六、四九六	内结银 内结钱 外结钱	三九三六三〇、 二四五 三四一八三二、 一九五	银 钱

纪民政经费

黑龙江全省皆八旗驻防，民事无多。自改行省以来，放荒招垦，设署添官，民事数倍于昔。爰仿奉天行省章程，奏设民政司，其中员司薪水月支银一千九百六十六两，公费银八百两。巡警局于光绪三十一年即经署将军程德全奏请开办，其额支各款，系尽巡防军一营军饷支用，附入巡防军案内列销。活支之款，每年多寡难定，光绪三十四年，共需银九千五百三十二两五钱。谘议局筹办处系遵宪政编查馆章程设立，月支银六百四十四两，各城选员旅费银四百四十两，开办费银六百两。其印刷、柴炭、建筑等款均归活支，光绪三十四年十二月起支，年需活支若干尚难预计。戒烟公所系遵禁烟章程设立，月支银三百一十二两，开办费银一百六十五两，光绪三十四年，共需活支钱二百六十三吊三百八十三文。又江省每段荒务报竣，皆循案奏设巡防局，督放余荒，招民开垦，以为设治基础。现已设有四局，其讷谟尔河巡防局月支银二百二十二两，杜尔伯特暨甘井子两处巡防局各月支银二千四百二十两，木兰镇巡防局月支银二百零二两。瑷珲自庚子兵燹以后，民情困苦，奏设善后局以行招抚安辑之政，月支银八百八十两。兴东一带，草莱未辟，已领开路办垦经费银一万两。省城附近江水暴发，沿江十屯罹灾甚巨，需过赈银一千两，谷粮七百石。东布特哈嫩江右岸十一屯，因春夏亢旱，秋雨过多，江流泛溢，田地被水成灾，支发谷粮四十石。西布特哈亦因先旱后涝，禾稼被水，支发谷米二十石。瑷珲六七月间霪雨连绵，孙别拉等十五屯田禾被水浸淹，赈发谷粮一百六十石。墨尔根、大赉厅所属永庆升三牌被水成灾，赈发谷粮二千九百八十一石五斗二升六合。墨尔根因被水成灾，购米四百四十三石五斗八升，需钱一万六千九百四十四吊七百五十六文。省城自治研究会年支经费钱二千六百吊。呼伦贝尔奏设文案处，以为行政总机关，月支薪工银八百二十两，心红公费银八十两，活支之款实用实销无定数，惟初年开办，经费约需银一千五百两。此外尚有关于民政一切查办事件川资，以及放赈仓栈租费、运费等项杂支，所需银钱各款数亦甚多，兹特举其常年经费而已。

附民政经费表

	额支款目	内外结银钱款之区别	活支款目	内外结银钱款之区别	总 数	
民政司	三三一九二	内结银			同上	
巡警局			九五三二、五	内结银	同上	
谘议局筹办处	一三〇〇八	内结银	六〇〇	内结银	一三六〇八	银
戒烟公所	三七四四	内结银	二六三、三八三	内结钱	二七四四、 二六三、三八三	银 钱

	额支款目	内外结银钱款之区别	活支款目	内外结银钱款之区别	总　数	
讷谟尔河巡防局	二六六四	内结银			同上	
甘井子巡防局	二九〇四	内结银			同上	
木兰镇巡防局	二四二四	内结银			同上	
杜尔伯特巡防局	二九〇四	内结银			同上	
瑷珲善后局	一〇五六〇	内结银			同上	
兴东开辟经费			一〇〇〇〇	内结银	同上	
赈抚			一〇〇〇 一六九四四、七五六 三九〇一五二六（石）	内结银 内结钱 内结米	同上	
自治研究会	二六〇〇	外结钱			同上	
呼伦贝尔文案处	一〇八〇〇	内结银	一五〇〇	内结银	一二三〇〇	银
杂支			二六〇九、七二九九 二六九三三、三二六 六四四八、三五三 六三二一、一一七	内结银 外结银 内结钱 外结钱	同上	
合计	八二二〇〇、 二六〇〇	内结银 外结钱	二五二四二、二二九九 二六九、三三三二六 二三六五六、四九二 六三二一、一一七 二九〇一、五二六	内结银 外结银 内结钱 外结钱 内结米	一〇七七一一、五六三一六 三二五七七、六〇九 三九〇一、五二六	银 钱 米

纪教育经费

未改行省以前，署将军程德全创兴学堂数处，自改行省，力加推广，于是奏设提学司，员司薪水月支银二千三百七十六两，公费银八百两。所有省城奏设各学堂，总计岁出数亦甚巨，如中学堂，光绪三十四年已定两班，奏定岁支银七千一百两。陆军学堂，光绪三十四年筹拨钱四万五千八百吊，又每季额支银八千七百八十二两五钱，活支银四千两，又支添派教员银八十一两六钱六分六厘，补领薪水银一千零九十两。至师范、高等、四路小学，幼女学校四学堂，月支银二千九百零六两。巡警学堂月支银七千五百两，活支需银二千九百二十两零五钱一分二厘。满蒙师范学堂月支银九百九十两。师范传习所月支银二十八两。将弁学堂，光绪三十四年裁撤，其经费不敷，支银一千零二十六两一钱九分三厘八毫九丝。留学京津日俄学生，光绪三十四年需学费、膳费、汇费银三千一百九十二两七钱二分四厘八毫七丝、羌钱一万四千八百五十元。宣讲所及劝学宣讲员年支银九百九十六两。又支黑水厅创办学堂经费银二千两，墨尔根创办学堂经费钱二千吊，安达、肇州两厅各支创办学堂经费银七百两，肇州又添支钱一千五百四十五吊。甘井子荒段划留学田，设有学田招垦局，月支银三百七十四两，光绪三十四年，需过活支钱九万吊。又京师设立殖边学堂，以为经营蒙藏基础，光绪三十四年，由江筹拨与汇费并计共银四百三十二两。哈埠吉、江两省合办之译学堂，由江拨银四千两。龙江公报馆现已停办，光绪三十四年支过银三千一百九十二两八钱零五厘四毫。此外，师范高等所需杂支及四路小学、半日学堂，合购操衣等类银钱各款，数亦不赀。兹特分项记之。

附教育经费表

	额支款目	内外结银钱款之区别	活支款目	内外结银钱款之区别	总 数	
提学司	三八一一二	内结银			同上	
中学堂	七一〇〇	内结银	七四〇	内结银	七八四〇	银
陆军学堂	三七〇三六、六六	内结银	一六〇〇〇、四五八〇〇	内结银 内结钱	五三〇 三六、六六 四五八〇〇	银 钱

	额支款目	内外结银钱款之区别	活支款目	内外结银钱款之区别	总 数	
师范学堂	一一八八〇	内结银			同上	
高等小学堂	三〇〇〇	内结银			同上	
四路小学堂	一八二四〇	内结银			同上	
幼女学校	一七五二	内结银			同上	
巡警学堂	九〇〇〇	内结银	二九二〇、五一二	内结银	一一九二〇、五一二	银
满蒙师范学堂	一一八八〇	内结银			同上	
师范传习所	三三六	内结银			同上	
将弁学堂经费不敷	一〇二六、一九三八九	内结银			同上	
留学京津各国学生需费			三一九二、七二四八七 一四八五〇（元）	内结银 内羌钱	三一九二、七二四八七 一四八五〇（元）	银 羌钱
宣讲所	四二〇	内结银			同上	
宣讲劝学员	五七六	内结银			同上	
黑水厅创办学堂经费			二〇〇〇	内结银	同上	
墨尔根创办学堂经费			二〇〇〇	内结银	同上	
安达厅开办学堂经费			七〇〇	外结银	同上	
肇州厅开办学堂经费			七〇〇 一五四五	外结银 内结钱	七〇〇、一五四五	银 钱
学田招垦局	四四八八	内结银	九〇〇〇〇	内结钱	四四八八、九〇〇〇〇	银 钱

	客支款目	内外结银钱款之区别	活支款目	内外结银钱款之区别	总 数	
殖边学堂			四三二、	内结银	同上	
译学堂			四〇〇〇、	内结银	同上	
公报馆			三一九二、八 〇五四	内结银	同上	
杂支			一〇〇二五、 九一八 二〇〇〇	内结银 内结钱	一〇〇 二五九一八、 二〇〇〇	银 钱
合计	一四四八四六、 八五三八九	内结银	四二五〇三、 九六〇二七 一四〇〇、 一四一三四五 一四八五〇 （元）	内结银 外结银 内结钱 内羌钱	一八七三五〇、 八一四一六 一四一三四五 一四八五〇	银 钱 羌钱

附奏各属添办中学及改定两级师范学堂暨推广女学折

奏为江省创办中学及改定两级师范学堂并推广女学情形，恭折仰祈圣鉴事，窃查江省自整顿学务以来，民智日渐开通，即规划宜日图进步，固不欲躐等以求速。尤不宜简陋以自安，盖边省教育之计划，固有不得不然者。现计省城、绥化、呼兰、巴彦州文风较盛之地，所办高等小学为时较久，略具普通知识，上年调齐分科，考试升入中学，查照新章，饬令诸生自备膳费。现因校舍未成，暂借上年新修南路农业小学堂内开办，一俟春融，即择农业小学堂东北空地，按照中学校图式建筑，以规久远。旧有黑水中学豫科同时归并。该中学本系俄文学堂改设，由户司岁支银三千五百五十两，仅教学生一班，不足五十人，现中学堂已招足两班百人，经费亦应加倍，岁支银七千一百两。嗣后按年添招，即按年递加。至五年以后，即毋庸增费。再前年创办初级师范简易科，计得一学期毕业生五十人，两学期毕业生百人。惟高等小学教员、中学教员现尚缺才。亟应将简易科停办，改名两级师范学堂，按章先办选科，限定预科一年、分科两年、合共三年毕业。至女学为家庭教育之基，前年省城创办第一幼女学校，上年接奉学部奏定女学堂章程，遵即照章办理，各属闻风兴起，皆申送女生入省肄业。现在呼兰府设立第二幼女学校一区，巴彦州设立第三幼女学校一区，兰西县设立第四幼女学校一区，均经饬令第一幼女学校发给章程、教科书，以资训迪。所有开办经费，均系各属自行筹集等情，据提学使张建勋详请奏咨立案前来。臣等查省城中学堂，原为各属高等小学之升阶及省城高等学堂之预备，除旧有俄文学堂每年经费三千五百五十两，原由户司发给现改由度支司发给外，其余逐年增加经费，应由广信公司官股余利项下如数拨付，如有不敷之款，再由度支司设法筹付，以重学务。并另拨开办经费一千两，以为购置教科书籍及操衣、操帽之用。迭经批示，饬遵在案。至两级师范学堂，先办选科，每班百人，按照简易科原支经费数目，照旧由度支司提拨，随时添招新班，再照此数递加，并在呼兰、巴彦、兰西等处就地筹款，添招女学，尤为造就师资，预培家庭教育起见，均经随时饬令照办。除咨明学部查照外，理合恭折具陈。伏乞皇太后、皇上圣鉴。谨奏。光绪三十四年三月二十六日具奏，四月十九日奉到朱批，学部知道。钦此。

附奏郭旗沿江荒务加价留作开垦学田招户片

再此次勘放郭旗沿江荒地，前经臣德全于光绪三十二年二月间奏明，每垧加收经费银三两，以一两五钱分给蒙旗，以一两五钱专充学堂经费。并声明于讷谟尔河北岸划留学田十万垧，即以此项经费银两购买开地机器，派员督饬开垦，招户食租。等因陈明在案。现在该段荒地业经放竣，计共收此项经费银二十七万三千三百七十五两除批给蒙旗外，下余学堂经费银十三万六千六百八十七两零，应即遵照前奏留为开垦学田之用。惟查讷谟尔河北段原拟拨留十万垧，嗣据该局总理福龄报称，除将界内之沙石碱洼势难开垦各地扣出不计外，仅划留四万三千六百余垧。又上年曾在甘井子段踩留两万余垧。目前本省方议推广民治，将来学田尚须广为划留，拟于他处放荒，随时再行添拨，以惠学界而宏教育。至此次加收学堂经费银两，即责成提学使张建勋派员，先在甘、讷两段现留学田招户垦辟，撙节动支，务期款不虚縻，地皆成熟，庶于兴学、劝农交有裨益。除咨部外，谨附片具陈。伏乞圣鉴。谨奏。光绪三十四年四月十二日具奏，奉朱批，着照所请，该部知道。钦此。

纪财政经费

溯昔日之江省，本无财政之可言，岁入只省部协拨暨本省大租、烟厘，岁出只八旗官兵俸饷，统归将军衙门户司经理。庚子后推广捐税，办理善后，奏设善后专局。于是江省财政甫有萌芽。自改设行省，户司、善后归并度支司，财政事权归于统一。其员司薪水月支银二千三百七十两，公费银八百两。将军程德全奏设垦务局，专理全省放荒事宜，月支银九百二十六两，光绪三十四年，需过活支银七十五两二钱，但均由荒价经费项下动用。至各税局年支数目，亦微有多寡之不同。光绪三十四年，省城税课司暨捐税局并外城总分各税局，共支薪水银五万四千五百四十八两三钱一分二厘六毫九丝、钱十三万二千零零六吊二百零四文，津贴钱六万零九百一十六吊八百一十二文。度支司额外员司薪水、练习员津贴及省城江沿木税局津贴等项杂支，皆按总数分晰列表如下。

附财政经费表

	额支款目	内外结银钱款之区别	活支款目	内外结银钱款之区别	总　数	
度支司	三八〇四〇	内结银			同上	
垦务局	一一一一二	内结银	七五、二	内结银	一一一八七、二	银
省城税课司	三七〇六六、八一三	外结钱			同上	
省城税捐局	一一二六〇、三七二九六	外结银			同上	
呼兰绥化税务总局	四三二八七五、七九七三 五三五九七、八一	外结银 外结钱			同上	
税务各分局	一〇六二六七、三九四	外结钱			同上	
杂支			八一五二六	外结银	同上	
合计	四九一五二、五四五四七九、五二六九 一九六九三二、〇一七	内结银 外结银 外结钱	七五二、八一五二六	内结银 外结银	一八五三〇、一一五二六九 一九六九三、二〇一七	银 钱

纪实业经费

江省实业尚未大兴，故未照奉天行省章程奏设劝业道专缺，暂归提学使兼办劝业事宜，不支薪水。惟遵照部章所设之矿政调查局，光绪三十四年，支过银一千八百二十五两六钱六分六厘一毫，活支银一千五百两。工艺传习所支银五千两。吉拉林金矿归吉拉林设治委员就近兼办，力加整顿，支银一万两。试办蚕业公所于呼、绥等处调查山场，支开办费二千两。甘河煤矿支过制造运煤板船并作煤成本等项钱四万吊。甘河木植运省上岸，所需车费、人工支钱一千一百七十三吊九百文。甘河木植公司在讷谟尔河伐木，工资钱四千吊。列表如下。

附实业经费表

	额支款目	内外结银钱款之区别	活支款目	内外结银钱款之区别	总　数	
矿政调查局	一八二五、六六六	内结银	一五〇〇	内结银	三三二五、六六六	银
工艺传习所			五〇〇〇	内结银	同上	
吉拉林金矿			一〇〇〇〇	内结银	同上	
蚕业公所			二〇〇〇	内结银	同上	
甘河煤矿			四〇〇〇〇	内结钱	同上	
甘河木植			一三八三、九	内结钱	同上	
讷谟尔河伐木费			四〇〇〇	内结钱	同上	
合计	一八二五、六六六	内结银	一八五〇〇、四五三八三、九	内结银 内结钱	二〇三二、五六六六 四五三八三、九	银 钱

纪军队经费

黑龙江全省皆旗兵驻防，制兵而外无所谓绿营。自庚子后，内而民气嚣张，盗贼充斥，外而强邻逼处，边务重要，于是先后添练巡防、垦务卫队、游击各队，以为腹地剿防之用。省城设营务处，以为省外各军之枢纽。沿边择要设卡，以为捍卫边圉之计划。自议改行省，营务处归并巡防营务处，总办以翼长兼之，不支薪水，其余员司差役月支薪工银一千九百二十六两，公费银五百两。巡防马队五营一哨，步队五营一哨，省城巡警之开支抵巡防步队一营，马步共计十一营二哨。以光绪三十四年七大建五小建列算，年支薪饷并炮费、马干、夫价以及军火、帐篷等项银三十四万一千八百五十一两四钱九分三厘二毫，运费川资等项活支银六千四百两，津贴钱十七万一千七百七十吊零四百文。垦务马步队各一营一哨，呼、绥、巴、兰游击马队二营，卫队马步炮三营，马步共计七营二哨，以光绪三十四年七大建五小建列算，年支薪饷炮费、马乾、夫价、军火、帐篷等项银十九万七千零六十三两二钱三分二厘七毫，运费川资等项活支银三千六百两。制兵改练巡防马队四营三哨，步队二营三哨，马步共计七营一哨，以光绪三十四年七大建五小建列算，年支银十五万九千零二十五两八钱。又年支军火银一万二千两。至剿匪一切需费，光绪三十四年，需钱四万四千八百一十吊，银元二千元。各营所需恤赏银二百两、钱六万二千九百一十二吊。呼伦贝尔沿边奏设屯垦总分局并分设卡伦，其屯垦总局月支银九百二十六两，满州里分局月支银七百四十两，沿边二十一卡一拨月支银六千零三十两，其活支及开办经费共支银二万八千四百九十五两一钱二分三厘。江省自光绪三十四年举办屯垦，需过开办经费，购买火犁等项银六万八千六百八十两，抚辕先锋官月支银一百八十四两。瑷珲亦创设边卡，已领银二万两。卫队购买快炮需过银五万两、钱三百七十八吊七百八十四文。抚辕巡捕戈什，光绪三十四年支银四千三百二十二两七钱，钱七千零四十吊，暨此外关于军队一切杂支，按年所支总数，列表如下。

附军队经费表

	额支款目	内外结银钱款之区别	活支款目	内外结银钱款之区别	总　数	
巡防营务处	三六三一二	内结银			同上	
垦务队 卫队 游击队	一九六六七〇、四〇三 一〇四四八六、四	内结银 内结钱	三六〇〇	内结银	二〇二七〇、四〇三 一〇四四八六、四	银 钱
巡防马步队	三四一一三七、四六 一七一七七〇、四	内结银 内结钱	六四〇〇	内结银	三四七五三七、四六 一七一七七〇、四	银 钱
制兵巡防	一七〇六三七、八四	内结银			同上	
剿匪需费			四四八一〇、 二〇〇〇	内结钱 内结银元	同上	
各营恤赏			二〇〇、 六二九一二	外结银 内结钱	同上	
呼伦贝尔总分局 沿边屯垦总分局	一九九九二	内结银			同上	
呼伦贝尔边卡	七二三六〇	内结银	二八四九五、 一二三	内结银	一〇〇八五五、 一二三	银
屯垦			六八六八〇	内结银	同上	
抚辕先锋官	二二〇八	内结银			同上	
瑷珲边卡			二〇〇〇〇	内结银	同上	
抚辕巡捕戈什			四三二二、七 七〇四〇	外结银 外结钱	同上	
购炮			五〇〇〇〇、 三七八、七八四	内结银 外结钱	同上	
杂支			三二四一、 一四一三 一六四、四 一九二五、 三七五 二三七三	内结银 外结银 内结钱 外结钱	同上	
合计	八三九三一七、七〇三 二七六二五六、八	内结银 内结钱	一八〇四一六、 二六四三 四六八七、一 一〇九六四七、 三七五 九七九一、七八四 二〇〇〇	内结银 外结银 内结钱 外结钱 内结银元	一〇二四四二一、〇 六七三 三九五六九五、 九五九 二〇〇〇	银 银 银 元

纪建筑经费

江省从前将军衙门设有工司，自改行省以来本在应裁之列，但各项工程多于昔日，爰将兵司改为工程核销处，月支银三千五百六十四两。至省外衙署、局处、营房、学堂、监狱、藏书楼、旗署各项工程，以及呼伦贝尔、瑷珲工程核销处领过工程各款，暨备办木料，修理藏书楼、委员津贴，省城木税、捐税两局修补房间一切杂支，专以光绪三十四年领过之款为断，计共支银二十三万三千六百一十四两七钱三分一厘零四丝、钱五十一万零六百九十二吊五百六十五文。按款分析列表，以备考查。

附建筑经费表

	额支款目	内外结银钱款之区别	活支款目	内外结银钱款之区别	总　数	
工程核销外	三五六四	外结银			同上	
公署工程			一〇七三六七、八	内结钱	同上	
正佐衙署工程			二〇六八八、六八七〇四 一二〇二六、九八一	内结银 外结钱	同上	
局处工程			五一一〇〇、 一五〇一二七、八三	内结银 内结钱	同上	
各营工程			七二八五九、四三四	内结钱	同上	
各学堂工程			一三四〇八、三三六	内结钱	同上	
旗署工程			一〇〇〇〇	内结钱	同上	
城垣工程			八一二一、一	内结钱	同上	
监狱工程			一三二二、四	外结钱	同上	
藏书楼工程			九〇〇〇〇	内结钱	同上	
瑷珲工程			四〇〇〇〇、 五五九五	内结银 内结钱	同上	
呼伦贝尔工程			三八一二五	内结钱	同上	
工程核销处领各项式款			三〇〇〇〇	内结银	同上	
杂支			八八一〇二、〇四四 一六〇、 一七三八、六八四	内结银 外结银 外结钱	同上	
合计	三五六四	外结银	二二九八九〇、七三一〇四 一六〇、 四九五六〇四、五 一五〇八八、〇五六	内结银 外结银 内结钱 外结钱	二三三六一四、 七三一〇四 五一〇六九二、 五六五	银 钱

纪交通经费

江省往来文牍向由驿递，自奏准变通驿站以后甫设文报局，现在陆续添设，已有七处。省城文报局月支银四百四十三两，奉天文报局月支银一百三十一两，昂昂溪局月支银一百二十五两，呼伦贝尔局月支银五十八两，哈尔滨局月支银八十四两，呼兰、绥化两局月各支银四十四两，总计各文报局月共支银九百二十九两。省城文报局领过开办费及调查川资共银八百两，光绪三十四年十、十一两个月，活支钱九百一十三吊一百五十五文。哈尔滨吉江文报局，光绪三十四年，全年活支钱一千二百六十五吊四百二十五文、羌钱二百二十一元九角一分五厘。昂昂溪局全年活支钱四十三吊五百五十文，羌钱一百五十一元一角二分五厘。奉天文报局自三月起至十二月止，活支银三百七十八两一钱七分五厘，其余各局开办未久，应需活支若干，尚难逆计。到江省电报局开办之初，议定以江省线路一千余里，约需银十万两。光绪三十四年，陆续领银四万一千九百五十六两。铁路公所购办汽车所需之燃料、票纸等项银一万两。又购办齐昂路线铁轨价值银七万四千四百零六两六钱一分四厘。此交通经费之大凡也。

附交通经费表

	额支款目	内外结银钱款之区别	活支款目	内外结银钱款之区别	总　数	
文报局	一一一 四八	内结银	三七八、一七五 二二二二、一三 三七三、〇四	内结银 内结钱 内结羌钱	一一五二六、 一七五 二二二二、一三 三七三、〇四	银 钱 羌钱
电报局			四一九五六	内结银	同上	
铁路公所购办费 汽车燃料票纸费			一〇〇〇〇	内结银	同上	
齐昂铁轨价值			七四四〇六、 六一四	内结银	同上	
合计	一一一 四八	内结银	一二六七四〇、 七八九 二二二二、一三 三七三、〇四	内结银 内结钱 内结羌钱	一三七八八八、 七八九 二二二二、一三 三七三、〇四	银 钱 羌钱

附奏驿务废弛变通整顿折

奏为江省驿务废弛，亟应变通办理，以资整顿，恭折具陈，仰祈圣鉴事。窃于光绪三十二年闰四月二十五日准前兵部咨，各省驿站，积久弊生，盛京、吉林、黑龙江三省兵燹之后，庶务大兴，所有驿站各项事宜，亦应切实变通，筹拟妥善章程，奏咨核办等因到江。查江省由茂兴北至黑龙江城共设二十站，东至呼兰又设七台，分设笔帖式、领催、委官承办驿务，而于茂兴、墨尔根各设总站官以领之。由省至呼伦贝尔一路设十七台，向拨甲兵值班，亦设笔帖式、领催等缺。计官马共五百三十二匹，牛六百一十三条，每年共发倒毙牛马价暨修理车费并禀给银二万四千两有奇，额丁津贴京钱二万三千六百吊。站官，笔帖式等廉俸为数寥寥。计自庚子以来，各站均遭兵燹，驿政疲弊，文报稽迟，几于莫可究诘，是以前署抚臣程德全，于光绪三十二年复奏通筹善后折内声明，由茂兴至黑龙江城各站，俟俄约定后，妥定章程，仿照俄站办理，其呼兰各台酌量裁撤，各站站丁改归民籍，并设文报局以代驿递。奏奉谕旨，允准在案。窃谓交通为行政之机关，驿递迟滞则机关不灵，现当改设行省，一切新政均宜逐渐扩张，若仍任其玩愒因循，贻误事机，所关匪浅。自非改弦更张，破除固习，别无挽救之方。而为经久之策，本应遵照前次奏报将茂兴至黑龙江城一路仿照俄站办理，惟该城与省城商埠均未开办，来往商民尚属无多，若俄站办理，未免徒滋縻费。其呼伦贝尔一路附近铁路有所公文，均由火车递送，原设各台几同枝指，拟与呼、兰等台一并裁撤。至不通驿递各属并茂兴等站，一律改添文报局，一切文牍往来，责成经理。即以所裁各站应支款项，留作常年经费，如有不敷，再由正款内另行酌拨。先行派员试办，一俟就绪，再行咨部立案。所有变通驿站并设文报局缘由，除咨陆军部查照外，理合恭折具陈。伏乞皇太后、皇上圣鉴训示。谨奏。光绪三十四年七月二十九日具奏，八月二十二日奉朱批。陆军部知道。钦此。

纪三省公用经费

东三省改建行省以后，三省合办之事甚多，爰于奉天奏设三省支应处，凡三省合办各事所需之款均以十成立算，奉天按五成摊认，吉林按三成摊认，黑龙江按二成摊认。支应处光绪三十四年全年册报，以类相从，计十三宗，江省应摊二成银一万九千一百六十一两。兹皆按项分晰以明之。

附三省公用经费表

	额支款目	内外结银钱款之区别	活支款目	内外结银钱款之区别	总　数	
督练参谋处			一八七〇、六〇二	内结银	同上	
蒙务局			七五六四、四四六六	内结银	同上	
支应局			二二〇七、九七五四	内结银	同上	
讲武堂			五三二四、四六五二	内结银	同上	
测绘学堂			三三、四四	内结银	同上	
探访局			八、七〇六	内结银	同上	
承宣厅			一二三、九九二	内结银	同上	
中军处			一一七二、〇六	内结银	同上	
督辕差遣翻译			七〇九、九二	内结银	同上	
巡警道差遣			二〇	内结银	同上	
吉林阮守忠植赴京川资			五七、〇七二	内结银	同上	
恭迎诏书			四〇	内结银	同上	
吉江两省购办物件			二八、八	内结银	同上	
合计			一九一六一、四七九二	内结银	一九一六一、四七九二	银

垦务篇

富国之道，首重养民，而养民尤以振兴农事为切要之图。奉省地大物博，旷土甚多，国初以来，未暇计及放荒招垦者，盖一则边内之围地、牧场名义所系，一则边外之蒙荒草地重在游牧。迨世变起，而内地之民有相率东徙者，生聚既繁，私占私垦所在多有，守土者势不能不创议辟荒为固圉实边之计。其初试垦续垦，仅责其垦种升科而未收荒价，自开放东、西两流围荒及各处牧养差地、哲里木各旗蒙荒，始定放领收价之法，俾吾民得世守其业。当事者于殖民政策利用厚生之道，盖三致意焉。然奉省迭遭兵燹，案卷荡然无存，初办试垦续垦及开放东边凤、岫、通、怀各属山荒、海龙围场，其办法及开放缘起已无从稽考。又如光绪二十二年前将军依克唐阿奏准放西流水养息牧荒，以侍郎良弼[1]勘西流水围荒、侍郎溥顾勘养息牧厂荒。庚子之乱，办法章程毁失殆尽。今综其概略，放竣之荒曰西流，曰大凌河牧厂荒，曰养息牧厂荒，曰内务府都虞司牧厂荒，曰海龙鸭绿山冈荒，曰东流水围荒，曰盘蛇驿牧厂荒，曰扎萨克图王旗蒙荒，曰扎萨克镇国公旗蒙荒，曰锦属归公地。其由世昌到任后饬员接办者，曰锦属官庄，曰图什业图王旗蒙荒，曰清丈彰武地亩，曰凤、岫、安、宽四属苇塘山荒，曰续放扎萨克图王旗蒙荒，曰牛庄苇塘。其为世昌任内所续办者，曰清丈东流水围荒，曰续放扎萨克镇国公蒙荒，曰开放达尔罕王旗采哈新甸荒地。其从前各处垦荒之奏案章程，通行已久，毋庸再述。而经营蒙荒各地，则意不在筹款，而在开拓蒙疆，借充实力，自应归入蒙务编辑之范围。此编所纪于办竣之荒，则总汇其区址、年月、收数，于接办之荒则分列其次第、经营办法，于创办之荒则附纪其章奏、规制并另纪其历办荒务大纲之规定。虽然奉省地亩至多极沃，从前历办垦务，皆仅就各府、州、县一部分办理，而通省旗民地亩经界既多未清，民间隐占私垦尤所不免，是非普行清丈，不足以正经界而免纠葛。当事者又虑操切从事，未易实行。况各处垦务同时并举，民力已属拮据，设或再行普行清丈，而民间扰累，

〔1〕　良弼（1877—1912），满洲镶黄旗人，清末大臣、宗社党首领。

恐益不堪，不如留待将来逐渐推广，此普行清丈为垦务将来之扩充者一也。又奉省各项官产亦居多数，其坐落于锦州府、新民府、辽阳州等处者，如官庄，如余租，如王公勋旧，如随缺伍田等项地亩，皆与旗民额征粮地犬牙相错，易生包套侵占诸弊。光绪二十九年，垦务大臣廷杰来奉督办垦务，本拟将前项官产一律丈放，惟事体繁重，未能同时举办，先将辽西一带锦州所属大粮庄地奏明丈放，其辽东各属庄地并王公庄地，曾经奏明俟锦属丈清再行援照办理，此官庄地亩为将来垦务之扩充者二也，至奉省北路昌图府所属各州、县，均借蒙旗地面建官设治，安插汉民，其民间垦种地亩皆向蒙旗租种，由蒙旗自行设局收租，汉官概不过问。比因蒙旗收租，任意勒索，汉民不能忍受，京控省控，词讼日繁。于是有人条议将昌图各属蒙旗地亩，援照开放蒙荒成案，收价丈放。其事虽未议行，然洮南府属各蒙荒既已开放有案，昌图近在咫尺，蒙汉杂处，嫌隙日深，势不能再寝前议，此开放昌图等属蒙地，为垦务将来之扩充者三也。又彰武县属有牛羊排子抚恤等项地亩，原系早年丈放养息牧厂时留出额地，以备牧放牛羊，供应祭品，并因该处牧丁贫苦，按名拨留地亩作为抚恤。前据彰武清丈局查明，此项地亩包套隐匿，积弊滋多，呈请仿照该处办法清丈，一律丈放。曾经前财政局核议照准，迄今尚未实行。盖此项地上关祭品，下系牧丁生计，必须预筹办法，以为垦务将来之扩充者四也。至全省旗民额地浮多，以及苇塘、山荒、海退、河淤，各府、州、县无地无之。现既设有清赋新章，听民首报，将来亦须一律复丈，以昭核实。他若各旗蒙荒，地多未辟，移民招垦，后事方殷，尤为奉省垦务之最关紧要者。若仅为丈地收价急于筹款，而不问领地之纠葛，不计开垦之迟缓，则尚非根本之计也。

附奉天全省垦务一览表

名称	设局处所	丈放年份	放地总数	丈地方法	分等定价	收价总数	现时收数	分定科则	升科年限
前放东流围荒	总局设省城行局设东平县	光绪二十七年三月开办三十一年四月报竣	荒地一百十六万七千二百七十亩城镇基地二千四百六十亩零九分	五尺为一弓三十八弓为一绳二百四十弓为一亩	不分等则每亩收库平银一两二钱	地价库平银一百四十五万一千零二十九两	事竣局裁现无收数	二正一耗	熟地当年生地三年草甸五年
前放西流围荒	总局设省城行局设西丰县平正通达四分局分驻各围	光绪二十九年七月开办三十一年十二月报竣	荒地三百零二万二千零三十亩零四分六厘城镇基地九千七百五十八亩八分三厘九毫六丝	同上	同上	地价库平银一百十八万六千七百九十八两三钱五分八厘	同上	同上	同上
大凌河牧场	局设广宁县	光绪二十七年六月开办二十八年十一月报竣	各项牧地五十万零九千四百九十亩六分七厘六毫七丝	同上	分上中下碱卤凡四等地二两一钱中地一两四钱下地七钱碱卤二钱八分山荒分三等上地二钱五分 中地一钱七分下地八分四厘	地价库平银五十八万三千三百五十四两八钱七分三厘九毫七丝	同上	上地四分中地三分下地二分碱地一分均耗羡银一分 山荒一分免征耗羡	熟地生荒均三年

名称	设局处所	丈放年份	放地总数	丈地方法	分等定价	收价总数	现时收数	分定科则	升科年限
盘蛇驿垦务	局设盘山厅	光绪二十九年九月开办三十三年五月报竣	各等地五十七万四千二百十一亩三分六厘八毫	同上	熟地分上中两等上等二两一钱中等一两四钱荒地上中下三等上等一两四钱中等七钱下等二钱八分	地价库平银三十二万一千零八十九两五钱九分零八丝	同上	上地三分中地二分均耗羡银一分下地二分免征耗羡	熟地当年荒地三年
锦属归公地	局设锦县	光绪三十一年二月开办三十三年九月报竣尚未核销	各地二十一万三千七百七十亩零九分二厘	同上	分上中下及碱卤凡四等上等二两一钱中等一两四钱下等七钱碱卤二钱八分	地价库平银三十二万八千二百九十一两二钱四分七厘六毫二丝	光绪三十三年地价库平银十七万八千八百五十两零八钱一分三厘二毫光绪三十四年地价库平银二千八百三十三两八钱二分四厘	上地四分中地三分下地二分均耗羡银一分碱洼地二分免征耗羡	熟地当年荒地三年碱洼五年
锦州官庄	总局设省城光绪三十三年八月裁撤行局设锦州府平正两分局分驻锦属各州县	光绪三十一年十一月开办现未竣事	各等地一百零四万一千五百六十亩零零七厘七毫镇基地六百五十六分	同上	分上中下三等上地二两一钱中地一两四钱下地七钱	地价库平银一百八十万零九千七百二十九两三钱六分	光绪三十三年地价库平银五十六万五千一百七十六两五钱九分五厘光绪三十四年地价库平银三十七万六千四百一十三两零三分八厘四毫五丝五忽	上地八分中地七分下地六分	熟地当年荒地三年

名称	设局处所	丈放年份	放地总数	丈地方法	分等定价	收价总数	现时收数	分定科则	升科年限
彰武清丈	总局设彰武县分局设县属哈尔套街	光绪三十二年三月开办三十四年五月撤局改归彰武县兼办尚未竣事	各等地二百六十三万七千四百九十九亩一分七厘七毫	同上	荒熟两等熟地六钱六分 荒地三钱三分	地价库平银十七万两	光绪三十三年地价库平银四万零零六十二两六钱六分光绪三十四年地价库平银三千两	不分等则每亩概征正课二分耗银一分	同上
牛庄苇塘	局设营口	光绪三十二年正月开办三十四年十二月报竣尚未核销	各等地三十八万五千五百二十二亩五分三厘	同上	分上中下及碱卤凡四等上等二两一钱中等一两四钱下等七钱生荒分上中下三等上等一两四钱中等七钱下等三钱五分	地价库平银二十万零七千二百三十两零一钱三分二厘四毫	光绪三十三年地价库平银七万两光绪三十四年地价平银三万八千二百九十五两九钱零六厘五毫五丝一忽又银五万两	上地八分中地七分下地六分碱卤三分	熟地当年荒地四年
凤岫山荒	总局设凤凰城分局设安东县	光绪三十三年三月开办尚未竣事	各等地一百二十三万二千七百五十亩零九分	同上	荒熟各分三等上等熟荒一两中地六钱下等三钱上等生荒五钱中等三钱下等一钱五分	价未收起	光绪三十四年地价沉平银一万二千五百九十四两五钱八分六厘二毫九丝	上地五分中地四分下地二分	熟地当年荒地四年

名称	设局处所	丈放年份	放地总数	丈地方法	分等定价	收价总数	现时收数	分定科则	升科年限
凤岫苇塘	同上	同上	尚未勘丈	同上	荒熟分上中下及碱卤凡四等上等熟地二两一钱中等一两四钱下等七钱上等生荒一两五钱中等一两下等五钱碱卤按下荒减半	无	无	二正一耗	同上
东流覆丈	局设东平县	光绪三十三年十二月开办尚未竣事	丈地总数尚未报齐	同上	熟地平荒山荒各分三等碱洼分扣上等熟地二两一钱中等一两四钱下等七钱上等平荒一两四钱中等七钱下等三钱五分碱卤按下荒减半	收价总数尚未	光绪三十四年地价审平银十五万两	同上	熟地当年荒地四年
前放扎萨克图王旗	局设洮南府	光绪二十八年七月开办三十年九月报竣	各等荒地六十二万五千余垧城镇基地一百二十五万余丈	二百八十八弓为一亩十亩为一垧四十五垧为一方	分上中下三等上等每垧四两四钱中等每垧二两四钱下等每垧一两四钱	地价银八十万六千余两	尚未收解	实荒每垧中钱六百六十丈二百四十文归国家四百二十交归蒙旗城基每方丈中钱三十文十五文办公十五文归旗租民署征齐分给	熟地当年荒地六年

名称	设局处所	丈放年份	放地总数	丈地方法	分等定价	收价总数	现时收数	分定科则	升科年限
续放扎萨克图王旗	同上	光绪三十二年三月开办三十三年二月报竣	各等荒地八万九千零六十三垧四亩六分四厘镇基地十四万零六百四十方丈	同上	同上	地价库平银十八万二千一百八十一两二钱二分一厘六毫镇基库平银七千零二十三两	光绪三十三年地价库平银四万零五百三十一两七钱八分五厘一毫	同上	同上
科尔沁镇国公旗	同上	光绪三十年五月开办三十二年正月报竣	各等荒地四十万垧有奇	同上	同上	地价库平银三十二万七千零三十七两三钱九分六厘	无	同上	同上
图什业图	同上	光绪三十二年正月开办三十四年十一月撤局改归洮南府兼办	各等荒地一万三千一百二十一方 此系捆丈大界数目	同上	同上	收价总数尚未据报	光绪三十三年地价库平银二十万零二千二百五十两零二钱九分零六毫二丝五忽五微二纤	同上	同上
续放扎萨克图镇国公旗河北蒙荒	同上	光绪三十四年五月开办嗣改归洮南府兼办	各等荒地二十万垧有奇	同上	同上	同上	光绪三十四年地价市平银九千五百六十五两六钱八分	同上	同上
附说	右表列奉省历办恳务计十六次，各局放地总数、收价总数，皆据各局文报填列。其未竣事各局，即系现办恳务，放地收价未竣，故复列有现时收数一格。光绪三十三、三十四两年收入恳务款数，可于此征其实焉。								

附奉天全省现办垦务各局解款一览表

名称	解款	数目	总数
锦州官庄局	光绪三十三年份解地价库平银五十六万五千一百七十六两五钱九分五厘	光绪三十四年份解地价库平银三十七万六千四百一十三两零三分八厘四毫五丝五忽（虚解在内）	共解地价库平银九十四万一千五百八十九两六钱三分三厘四毫五丝五忽
锦属垦务局	光绪三十三年份解地价库平银十七万八千八百五十两零八钱一分三厘二毫	光绪三十四年份解地价库平银二千八百三十三两八钱二分四厘（拨给牧养公司）	共解地价库平银十八万一千六百八十四两六钱三分七厘二毫
盘蛇驿垦局	光绪三十三年份解地价库平银十三万五千二百二十三两二钱四分二厘 该局于是年报竣		地价库平银十三万五千二百二十三两二钱四分二厘
彰武清丈局	光绪三十三年份解地价库平银二万五千五百五十八两八钱一分七厘八毫七丝一忽	光绪三十四年份哈尔套街分局解地价沈平折合库平银二千八百八十四两六钱一分五厘三毫八丝	共解地价库平银二万八千四百四十三两四钱三分三厘二毫五丝一忽
牛庄苇塘垦局	光绪三十三年份解地价库平银七万两	光绪三十四年份解地价库平银三万八千二百九十五两九钱零六厘五毫五丝一忽又解小洋八万圆折合库平银五万两	共解地价库平银十五万八千二百九十五两九钱零六厘五毫五丝一忽
前办凤岫垦局	光绪三十三年份解地价库平银三千零二十二两六钱九分八厘二毫五丝		计地价库平银三千零二十二两六钱九分八厘二毫五丝
绩放扎萨克图蒙荒局	光绪三十三年份解地价库平银四万零五百三十一两七钱八分五厘一毫 该局于是年报竣		计地价库平银四万零五百三十一两七钱八分五厘一毫
图什业图蒙荒局	光绪三十三年份无款	光绪三十四年份所收价银据报垫支经费并无解款	

名称	解款	数目	总数
续放镇国公旗河北蒙荒	光绪三十三年份未开办	光绪三十四年份无款	
图扎两旗分界余荒	光绪三十三年份经开通县代收批解地价库平银二千三百六十七两零一分三厘四毫五丝六忽	光绪三十四年份无款	计地价库平银二千三百六十七两零一分三厘四毫五丝六忽
西流余剩围荒	光绪三十三年份经西安县代收批解荒价库平银六千六百九十一两三钱一分一厘零一丝	光绪三十四年份无款	计解荒价库平银六千六百九十一两三钱一分一厘零一丝
东流清丈行局	光绪三十三年未开办	光绪三十四年份解地价沈平折合库平银十四万四千二百三十两零七钱六分九厘二毫三丝	计解地价库平银十四万四千二百三十两零七钱六分九厘二毫三丝
凤岫安宽庄垦局	光绪三十三年未开办	光绪三十四年份无解款	
统计	现办恳务各局，并代收荒价之开通、西安两县，共十三处。 光绪三十三年份，解地价库平银一百零二万七千四百二十二两二钱七分五厘八毫八丝七忽。 光绪三十四年份，解地价库平银六十一万四千六百五十八两一钱五分三厘六毫一丝六忽。 通共解地价库平银一百六十四万二千零八十两零四钱二分九厘五毫零三忽。		
备考	一、各处垦局开办年分有先后，收价无定额，故将光绪三十三、四两年解款一并开列，以备参考。 二、表内所列俱系解到之款，凡册报已收而未解者，概未列入。 三、现办垦务各局内有未曾解过地价者计三处，均仍列入，以便查考。		

纪垦务规制之异同

奉省地亩名目繁多，垦务规制因之亦多复杂，如同一收价而有多寡之分，同是招领而有原佃之别。原户即业户，垦户即佃户。盖立法原以防弊，而裕课尤须便民，故历次筹拟垦务章程，或前后沿袭而无所变更，或彼此迥殊而不嫌歧异。盖因地制宜，以期上下交益。至其条目繁多，词语详尽，尤足征当事者之经营规定不遗余力。兹将各垦局历办规制，撮其大要。查奉省历次开办垦务，将应放地亩奏定，即派员驰往，逐段查勘，筹拟章程，奏明立案，示谕居民。在出放界内择适中之地，成立总局，如西流垦局设西丰县，东流垦局设东平县，官庄垦局设锦州府，牛庄垦局设营口，彰武垦局设彰武县，凤岫垦局设凤凰厅，总以市面流通银钱利便为收价存款之根据地。总局外附设分局或一二处至三四处，如官庄之平、正两分局分驻锦属各州、县，西流之平、正、通、达四分局分驻各围，彰武分局分驻于大庙。皆由各垦局出放地亩，面积宽广，各绳丈地，总局稽查难周，易滋流弊，故添设分局，以就近督饬清理词讼。其总局内例派总办或帮办、提调，次则文案、收支、承审、核册、照票、稽查等名目，皆视事之繁简，随时酌定。其次则有司事、书记、局役、绳夫等类，分任其事。所派人员衔名，先期咨部立案，事竣请奖，亦激励有功之一道也。至省城为综核之地，向设垦务总局以总司其事，洎光绪三十三年颁定官制，始裁总局隶度支司。其各荒绳丈之法，以五尺为一弓，三十八弓为一绳，二百四十弓为一亩，二百四十亩为一方。行绳开丈，先将应丈地亩勘明段落，分派监绳委员驰赴各段，传集地户，指明四至，挖立封堆标杆，督同绳役逐段丈量熟地，责成每员每日丈量大段一千二百亩为率，零段三十号为率，生荒日丈八方，丈竣由监绳委员编列字号，分别上中下三等，绘图送局，即日发给地户小照或丈单，以凭交价，此系丈地普通办法。至如东流清丈、彰武清丈，系丈浮多地亩，前曾交过地价者仍按亩拨留，事最繁琐。丈地时须由监绳委员验明各户契照，按所载四至满丈，丈竣则按契载亩数照额拨留，余作浮多。如地形方及东西长者，以西为浮多，南北长者，以北为浮多，或一地而兼二则者以次则为浮多，即按次则收价，使不得高下其手。封堆标杆，待总局抽查后始毁，亦杜弊之一端。至放领办法，首禁地户包领大段，盖虑豪强者垄断居奇，贫弱者辗转亏折，立法甚善，然亦视地势肥瘠，领户多寡，随时变通。如彰武荒地僻处边隅，一望无际，不能不从宽开拓，兼并包领，以待招徕。东西两流围荒，土地沃衍，民皆争领，则严定限制，以期普及，未可拘定一格者也。若熟地有一定不变之法，如锦州官庄，先尽庄头承领，庄头无力承领则尽佃户。牛庄苇塘，先尽苇商承领，苇商不愿承领则尽佃户。此乃丈放官地办法。又俗语有占山户、刨山户之说，占山户即开荒原主，刨山户即原垦佃户，此项地亩范围甚广，所丈熟地无非私占私垦。放领办法，尽原户价领，原户无力承领，方准佃户价领。此外有遇学田、庙产、公共牧养等项地亩，仍归学堂、庙宇、公会价领。其民间所占房园、坟园各地，无论原户、佃户或典售而来，概归现占户价领。其有应放之地漏未绳丈，则由民间呈请补丈，设隐匿不报，被他人首报，则归首报者价领，其法尚为公允。惟出放地亩，土脉既有肥硗之殊，定则宜分等次，故丈放生熟地例，定为上中下三等，地膏腴者为上等，平衍者为中等，洼下而兼有砂碛为下等，其次又有砂卤、碱片、草甸、河套之类，概定为最下等则。收价视地之等则以别等差。大凌河垦局章程，上等熟地每亩收库平银二两一钱，中地一两四钱，下地七钱，最下地二钱八分。城镇基地亩不分等则，每亩概收价银十两。嗣锦州官庄、锦属归公、牛庄苇塘、凤岫苇塘、东流清丈等局，皆仿行之。然奉省幅员辽阔，南北地势既有远近之分，领户招徕尤有难易之别，而收价又有未能从同者，如原放东西两流围荒，草莱初辟，领户不前，故先从宽大入手，每亩概定为一两二钱，不分等则。而彰武则仅分荒、熟两项，熟地定六钱六分，生地三钱三分，亦不分等。又盘蛇驿所丈之地，地势洼下，成熟颇少，熟地仿照大凌河办理，仅分上、中两等，生荒则分上中下三等，上等生荒亩定价银一两四钱，中等七钱，下等二钱八分。至如各蒙荒荒价章程，尤与以上垦局未能一律，其法以每十亩为一晌，亦分上中下三等，每垧上地收银四两四钱，中地二两四钱，下地一两四钱。城基地每方丈收银三钱，又地价外每十两随收经费银一两五钱，以资局用。外有照费一项，亦随地价并征，如官庄垦局每亩收银一分，彰武清丈每亩收银六分，牛庄苇塘、东流清丈、凤岫山荒各垦局皆各收银五分，蒙荒每地一方收银一两，此项为备刷票照之需，余款归公。若开放蒙荒，则又与内地官产招垦情形迥不相同。盖蒙旗虽备藩疆圉，而人民土地要有自主之权，非予以相当利益，其势不能就我范围，故奉省开放蒙荒，有平分地价之议。原放扎萨克镇国公旗蒙荒，定章收价分为三等，上等每实荒一垧收荒价银四两四钱，中等二两四钱，下等一两四钱，均以一半作为报效，一半拨归蒙旗。各该旗收受荒价之后，仍按十成，以四成归各旗王公，以三成五归台吉壮丁，以二成五归庙仓人等。此系蒙旗放荒奏明成案。其各旗协理、印军、护卫、台吉等实皆把持荒务，各王公坐拥虚名，受制群下，故迭次商令开荒，王公率听命于其属僚，不免有肆意要求，多方抗议之举，不得不预筹津帖以偿其欲，按照放地若干量予拨付，仍从放竣荒价项下取偿之。至开放蒙荒，定章六年升科，每垧收中钱按中钱照制钱减半六百六十文，以二百四十文归国家，以四百二十文归蒙旗。城镇地基每方丈征租中钱三十文，以十五文为设官经费，十五文归蒙旗为岁入之款。该蒙旗仍以一半归各旗王公，一半分与各旗所属，例由新设地方官催收，照数分拨。比年洮南府所属，蒙汉杂处，乐利相安，与内地无异。凡旗界内公共园寝、禁地、佛寺、庐墓及台吉、壮丁等原占房地，定章皆量为留出，以免迁徙流离。其蒙民等虽以游牧为生，而亦间有私占私垦之事，若令交出另放，于蒙民生计有碍，故定章台吉留地四方，壮丁留地二方，按每方以四十五垧计算斯仍无妨于台壮等游牧耕种，盖体恤之意至完善矣。

纪整理垦务情形

曩者奉省所办垦务，如前放西流围荒，前办牛庄苇塘各垦局办法，既未尽完善，而承办者又不得其人，以致弊窦丛生，参案迭起。洎光绪二十九年垦务大臣廷杰来奉勘办西流围荒，厘定章程，严核功过，垦务成效已著。前将军赵尔巽于办理垦政尤甚注意，定章有不便于民者酌量变通，员司有奉行非法者即参撤随之，其办理得法者亦加以奖擢，故比年垦务积弊已廓除殆尽。然各局垦务事体有难易之分，而成功亦遂分迟速焉。如续放扎萨克图王旗蒙荒，地段整齐，绝无轇轕，招领收价，民间争先恐后，设局未及一年而告厥成功，是为近年办理垦务之最有效力者。至如锦州官庄垦务，地势宽泛，段落零星，绳丈既费时日，而庄佃争领词讼纷繁，放领收价诸形棘手，计自光绪三十一年冬季开办，至今尚未竣事。该处垦务办理繁难已可概见。然该局收款已至一百五十余万两之多，虽其竣事稍缓，而该局垦务之成效实为各处垦局之冠。若牛庄苇塘垦务，办理已及三年，前后四易总办，而收款亦有二十余万。又如盘蛇驿牧厂垦务，收款三十二万余两，早已竣事。彰武清丈局收款十一万余两，现归县署接办，均不无微效焉。至凤、岫、安、宽垦务，会于光绪三十二年设局开办，而该处乡民借词贫苦不听丈放。承办者又复操切从事，以致骤众滋事，撤局停办。及三十四年重议开办，民间始尚顺从。嗣又借词无力交价，聚众抗阻，现虽改归东边道接办，而该处民情刁悍，动辄聚众滋事，于此可见一班。至原放东流围荒，虽曾收款一百四十余万两，而其中私垦隐占弃地尚多，光绪三十四年，复行设局清丈，据报丈出浮地二百余万亩，现已收款二十余万两。该处地土优沃，甲于全省，收价尚非甚难，将来告竣，可收款至二百万。又加扎萨克公旗、图什业图王旗各蒙荒，放地以后，建官设治，已著成效。然领户率皆远道迁徙而来，开辟生荒，垦治匪易，现尚有未经垦熟者其数甚巨，是在良有司迎机劝导，设法经营，以善其后。虽然，垦务之盛衰，尤视民力之充足与否以为转移。曩年奉省民间盖藏尚富，垦务开辟，承领地亩，奔走偕来。自兵燹后，民力殆尽，元气未复，垦务遂因之大受影响，然就现在之状况论之，盖亦煞费经营矣。

纪放竣各荒

奉省历办荒务已历年所，今先就其放竣者言之，如东流水围荒即曩年所放海龙围场，余剩各围地本封禁。光绪二十五年，金州租借，难民内徙，前将军文兴、增祺遵筹开放，安插难民。光绪二十六年又奏，无论金州及何处旗民，均准承领。光绪二十七年设局，越一载告竣，出放荒地一百一十六万七千二百余亩，城镇基地二千四百余亩，收价至一百四十五万余两。光绪二十八年奏设东平县，管理经征。大凌河牧厂坐落锦州府治东南大凌河西岸，东西斜长五十余里，宽一二十里不等，国初武功隆盛，马政綦重，此项厂地每岁养马至三四十群，数恒在八千余匹。甲午以后，马群伤夷殆尽，地多占垦，名存实去，积弊日深，于是前将军增祺奏裁马政，请将牧厂地亩放垦升科，以裕饷源，而增课赋，光绪二十七年六月，奏请设局开放，越年余告竣，丈放牧地五十万九千四百余亩，收价至五十八万三千余两，划归锦州副都统管理经征。现副都统员缺已裁，改归地方官办理。西流水围荒于光绪二十一年前户部侍郎良弼奏请开放，未竣事而去任，接办者为继任侍郎钟灵，亦未放竣而庚子变起。至光绪二十九年廷杰接续勘办，设局覆丈，越两载余而告竣。出放生熟各地三百零二万二千余亩，城镇基九千七百余亩，收价至一百一十八万余两，分隶西丰、西安两县管理经征。盘蛇驿牧厂坐落广宁县南五十里，原有官地百万余亩，同治初年招民承种，交纳官租，嗣因迭遭水灾退销租课，岁收仅二十余万亩，近年渐次涸复，私垦倍于官租。前将军增祺奏请，将牧厂无论官租私垦，一律丈放收价。光绪二十九年九月设局，越三载放竣，出放生熟各地五十七万四千二百余亩，收价三十二万余两，奏设盘山厅管理经征。扎萨克图王旗蒙荒，即哲里木盟长所辖十旗之一，坐落洮儿河南北两岸，东西延长，为奉省北鄙屏障。承平日久，蒙旗故步自封，向以游牧为事，沃野千里，不加辟治，内地民或越垦，必援例驱逐。近年强邻逼处，势取利诱，各旗蒙地渐失主权，正宜设法经营以资控制。而该图旗郡王乌泰以积欠外债，筹偿无款，欲自放垦，而办理不善，迭被参控无已，则呈请前将军增祺派员奏办，是为本省开放蒙荒之始。光绪二十八年七月设局，越两载余告竣，出放荒地六百二十五万余亩，城基地一百二十五万余丈，共收地价银八十万六千余两。是年奏设洮南府治，并所属开通、靖安两县，办理善后。扎萨克镇国公旗蒙荒，坐落与扎萨克图王旗前放荒地毗连，亦归哲里木盟长统辖，同为奉省北部屏蔽。扎萨克图王旗蒙地出放既著成效，该公旗亦咸知种植利益，招民渐垦。及耕民日多，而复施以驱逐，蒙汉生衅，讼案迭出，于是前将军增祺设法筹商，得援照图旗成案开放，遂划定洮儿河南岸宽长俱百余里，奏明出放。光绪三十年五月设局，不及两载报竣，出放荒地四十万垧有奇，共收地价银三十二万余两。光绪三十一年，前将军赵尔巽奏设安广县，管理经征。锦属归公地在府治南，滨大海，海退河淤，闲荒甚多。嘉庆年间，经锦州副都统奏请，招佃垦种，交纳官租，名曰试垦续垦地。嗣副都统所属四路五边十二佐领及牧群衙门每年所放兵饷，由此项租赋拨放，故又名之曰二十二处归公地。厥后旗兵有名无实，所入租赋尽被承催旗员私收入己，据为常例。前将军增祺、赵尔巽先后奏请丈放收价。光绪三十一年设局，越两载余报竣，出放生熟各地二十一万三千七百余亩，共收地价银三十二万八千余两。续放扎萨克图王旗蒙荒，前次开放洮儿河南北两岸荒地，已添设洮南一府两县，成效昭著。惟该王旗前指荒界内尚有余荒未经全放，今王旗颇知荒务多利，于是复划清新荒三段，呈经前将军赵尔巽续放。光绪三十二年三月奏请设局，越一岁报竣，续放荒地八万九千余垧，镇基地十四万零六百余方丈，共收地价银一十八万二千余两，仍分隶洮南府各属管理经征。此放竣各荒之崖略也。

纪接放各荒

奉省各荒尚有未放竣者，非缠讼纠葛，即地亩硗薄。世昌到任后，为之整理督催，其有已放竣之荒，积弊甚深，丈放不实者，则为之奏请清丈，以正经界。如锦属官庄为旧有京都内务府庄粮衙门所管，大粮庄头二百一十六名，各领官地四五千亩不等。曩年蒙古进马二万余匹，夏则于大凌河马厂牧放，冬则分交各庄头喂养。光绪二十七年，马厂放而马变价，各庄头养马官差已同虚设，坐拥官地，辗转典售，积弊滋丛。光绪三十一年，垦务大臣廷杰督办全省垦务，查明此项官庄地亩名实未符，于是会同前将军赵尔巽奏裁庄粮衙门并各庄头额缺，将官庄地一律丈放收价。十一月设局以来，出放庄地一百零四万一千五百余亩，应收地价银一百八十余万两，散隶锦属各州、县。洎世昌光绪三十三年五月到任，收价尚未及半，乃督饬局员于裕课恤民之道，宽严互用，现已收价将竣，不日蒇事矣。图什业图王旗蒙荒坐落西北边界，东与扎萨克图王旗地段毗连，比年各旗蒙荒渐次开通，该王旗亦乘机观感，经前将军赵尔巽商允，划定东段闲段南北长三百六十里，东西宽四十里，于光绪三十二年正月奏请设局，及世昌抵任后重派大员查丈，计捆丈荒地一万三千一百余方，已收地价银二十万两有奇。因全收需时，乃撤局改归洮南府兼办，以节縻费。宣统元年，奏设礼泉县，管理经征。彰武清丈，全境地亩原系牧放牛羊官厂。光绪二十三年，前将军依克唐阿奏准丈放，请以侍郎溥顾督办是厂荒务。光绪二十六年，增祺等奏报放竣。光绪二十八年，设彰武县，管理经征。惟原放章程未尽完备，尚未换发大照，原丈地册又复因乱遗失，以致历年催征而无所依据，势非从新覆丈不能得其确实。又县境内有养息牧东西两界试垦续垦各项地亩，昔年丈放，未尝收价，仅由官署按亩收租，隐匿租额，弊窦滋多，经前将军赵尔巽派员将县境各项地亩一律清丈，其从前已交地价者按亩拨留，其未经放出各地一体收价丈放。光绪三十二年三月，设局开办，丈出生熟各地计共二百六十三万七千余亩，地价迄未收齐，现已撤局，改归彰武县兼办。东边道所辖凤凰厅并所属岫岩州、安东、宽甸两县境内苇塘山荒，随在皆是，昔年曾由东边道将各苇塘丈放出租，民间领有执照，准其收割苇利。其余浮多苇地，各该租户互相隐占，争讼不已。又东边各属接境朝鲜，山荒既多未垦，客民因之越占，每因田产细故，时启衅端。前将军赵尔巽查明，奏请将各该处苇塘山荒收价丈放升科。光绪三十三年三月，奏明设局丈放，嗣因乡民聚众滋事，撤局停办。至是年十二月，世昌重议开办，奏请将凤、岫、安、宽四处并庄河厅苇塘山荒一律奏请丈放设局，共丈得一百二十三万二千七百五十亩零三分，民情惯讼，时起衅端，虽由局员力持平允，仍不免聚众滋闹情事，且山属硗薄，收价需时，因又奏请裁局，改归东边道接办。牛庄苇塘隶海城县属，每年产苇甚富，向由工部招户承租，征收苇税，为供应祭品之需。嗣租户私自典售，征税无多，经前工部侍郎钟灵派员设局丈放，承办员司复借端渔利，弊窦丛生，办理迄未就绪。前将军赵尔巽派员接办，于光绪三十二年冬设局，承办之员亦不能克期集事。世昌到任后，另派员经理，督率晓谕，宽严互用，乃克竣事。计出放苇地三十八万五千余亩，收价二十万两有奇。清丈东流水围荒，奉省开放荒地，定章五年后升科，原为宽纾民力，惟尔时初放生荒，民间领垦经营匪易，故绳丈一律从宽，及届升科之年，开垦成熟，民间以其余力私占私垦，经界既多混淆，课赋因之损失，自非从新覆丈不能得其确实，故定章开放生荒，五年后升科，仍须清丈一次，将浮多地亩补交地价，以正经界而裕课赋。东流水围荒计自光绪二十六年开放，截至三十三年限满升科，经世昌奏请设局覆丈，丈出浮多地二百万亩有奇，按亩收价，数颇不赀，现尚未竣。续放扎萨克镇国公旗蒙荒，自开放洮儿河南荒地宽长各百余里，其河北荒地仍多废弃，世昌于三十四年五月与公旗商允，划定洮儿河北岸荒地一段，奏请归入图什业图垦局一并丈放，已丈荒地二十万垧有奇，价尚未收，划归洮南府办理。此接办各荒之情形也。

附续放洮儿河北蒙荒请归入图什业图荒局丈放折

奏为续放扎萨克镇国公旗洮儿河北蒙荒，拟请归入图什业图蒙荒行局一并丈放，恭折具陈，仰祈圣鉴事。窃查哲里木盟扎萨克镇国公旗蒙荒，经前任将军臣增祺于光绪三十年五月间奏请，将该旗洮儿河南沿荒段丈放，业经报竣。惟洮儿河北沿一带，地尚荒弃，未议开放，经前任将军臣赵尔巽派员前赴该旗会商，迄未就绪。臣等到任后，曾据现办图什业图蒙荒行局以该公旗河北余荒相距甚近，呈请归入该局一并丈放。当经批饬该局总办、湖北候补道毛祖模会同该旗妥筹办理去后，兹据该扎萨克镇国公拉喜敏珠力并该道毛祖模先后呈称，该扎萨克公业与本旗协理官员及旗众人等议妥，拟将洮儿河北沿南北长六十里，西至扎萨克多罗扎萨克图郡王乌泰旗界、东至扎赉特扎萨克多罗贝勒巴特吗拉普坦旗界一律续放。内有庙陵坟墓并各台壮村屯仍照旧章留出界址，并以该旗现有办公急需，恳先借银一万五千两，俟收有地价再行归还，等情请酌核奏咨前来。臣等查殖民辟地，固圉实边，均为当务之急。该公旗洮儿河北荒地密迩洮南府治，地土平衍，允称沃壤。惟因蒙旗借词游牧，久甘荒废，今该公旗愿援照洮儿河南放荒一体开放，尚属明于时势，自应及时勘丈招垦，以辟地利而固藩篱。所请先行拨借银一万五千两，应准照数借给，将来即在该旗应得地价项下提还归款。一面饬令该道毛祖模就近前往，按照该旗所议，先行详细履勘，划定界址。此项荒务，拟即归入现办图什业图蒙荒行局并案丈放，以专责成。如蒙俞允，恭俟命下，即援照前放洮儿河南沿荒段办法妥拟章程，分别奏咨立案。所有续放扎萨克镇国公旗洮儿河北蒙荒，拟请归入现办图什业图蒙荒行局一并丈放缘由，理合恭折具陈。伏乞皇太后、皇上圣鉴。谨奏。光绪三十四年五月二十九日具奏，六月初十日奉到朱批，著照所请，该部知道。钦此。

附续放扎萨克镇国公旗河北蒙荒折

奏为续放扎萨克镇国公旗河北蒙荒，援案变通，酌拟章程，缮单具陈，恭折仰祈圣鉴事。窃臣于上年筹办续放扎萨克镇国公旗洮儿河北蒙荒，派委现办图什业图王旗蒙荒总办、调奉湖北候补道毛祖模就近兼办，业将拟办情形具奏，并声明仿照前放该公旗河南蒙荒办法，妥拟章程，再行奏咨立案，钦奉朱批，著照所请。该部知道。钦此。当即转饬钦遵去后。嗣据该道会同该公旗勘定界址，体察情形，妥筹办法，有全依旧章无可更易者，有仿照旧案略为变通者，复经酌拟章程十三条，呈由臣核定。试办数月，尚无窒碍。开办至今，已据报共丈生荒十九万四千余垧。惟该处距省穹远。招领尚须时日，已饬该道裁局，将放地收价等事，移交洮南府知府孙葆瑨就近兼办，以节縻费。俟将来竣事，再行分别奏明办理，除咨部查照外，所有拟定章程，谨缮具清单，恭折具陈。伏乞皇上圣鉴，饬部立案施行。谨奏。宣统元年闰二月二十一日具奏，三月初五日奉到朱批，该部知道，单并发。钦此。

附奏清丈东流围荒折

奏为援案清丈东流围荒以正经界而祛积弊，缮具章程清单，恭折仰祈圣鉴事。窃查奉属东、西流水围荒地亩，经前任将军先后丈放，分设县治，惟原定放地办法，系听民自择，并非挨段领垦，以致余剩夹荒，任民侵占私垦，在事人员又不免从中舞弊，勾串折扣，所在多有。自光绪二十九年经垦务大臣廷杰将西流围荒覆丈，该围弊窦为之一清，民间称便。惟东流围地即东平县全境，迄未覆丈，其间侵欺隐占，殆较西流为尤甚。近来私垦各户，互相竞争，狡黠者肆意侵吞，良懦者甘受欺压，纷纭聚讼，纠葛滋多，每愿补缴地价，以保永业。据度支司酌拟试办章程，呈请覆丈前来。臣等查丈放荒地，本为招徕农民，使之安业，若经界不正，隐匿侵渔，互相控告，殊非整理农政之道，况西流围荒既已覆丈，颇洽舆情，东流事同一律，自应援案清丈，以息纷争。但能一秉至公，使垦、占各户不失原业，补收地价，免究私占，民自乐从，藉可集成巨款，实于裕课便民两有裨益。兹将试办章程，缮具清单，恭呈御览。俟命下之日，臣等即派员设局，次第试办。再查东流巴勒克围，树川山荒，前经廷杰拨补余剩，奏明封禁。现查此项荒田，多堪垦种，未便任其旷废，应请一并丈放，以厚民生而兴地利。除咨部立案外，所有援案清丈东流围荒，缮单具奏缘由，是否有当，谨恭折具陈。伏乞皇太后、皇上圣鉴。谨奏。光绪三十三年十二月初六日奏，十五日奉朱批，度支部知道，单片并发。钦此。

谨拟清丈东流水围地试办章程，缮具清单，恭呈御览。

计开：

一、东流初放，新辟围荒，隐匿浮地，弊混丛滋，经此次覆丈之后，其有私占额外无课地亩，免其既往，仍准原户补缴地价，照原额地不分等则，每亩征正课银二分，耗羡一分。熟地当年起科，荒地四年起科，以裕课赋。

二、熟地援照锦州官庄章程，分三等交价。上等每亩库平银二两一钱，中等一两四钱，下等七钱。平荒上等每亩库平银一两四钱，中等七钱，下等三钱五分。山荒定为上等七钱五分，中等五钱，下等二钱五分。碱洼量予折扣。册内仍满入绳弓。每地价银百两，均加收银十五两，以资经费。

三、凡覆丈后查出〔私〕侵及夹荒及占垦封留之地，其为领户原占者，仍准原户缴价认领，其为佃户私自刨垦者，应归该佃承领六成，其余四成归承佃地户分领。如均无力缴价，招户另放，尽首先呈报之户价领，以杜争竞。

四、额地如已出典，经典户耕种，垦有浮多如在原典四至以内，先尽原业价领，仍归受典之户耕种，将来准原业一并回赎。如原业无力交价，准典受者价领。将来回赎，只准抽赎原典四至以内之地。倘典受之户另在原典四至以外自垦官荒，概归典受之户承领，与原业无涉，以昭平允。

五、覆丈之初，候委员示期挨段勘丈，各户应将从前交价领地照据或典兑契据，一并赴地段呈验，倘临期不到，先令地邻乡保将该地指丈注册，予限赴局补领丈单，倘再逾限，撤地另放。

六、丈明一户地亩，即由委员就地填给丈单，注明户名、亩数、四至、坐落，绘具地形。自给单之日起，予限一个月，持单赴行局清交地价、经费等银，填发大照，并将丈单粘附照尾，以昭信守，而祛积弊。

七、浮地广狭不同，自应明定界限。今定以地形方及东西长均以西为浮多，南北长者北为浮多，如西北有庐墓者东南为浮多，又或一地而兼二则者以次则为浮多，即按次则收价，以杜取巧。

八、浮地所盖房屋，仍准该户照旧居住，但将地价按则补缴。所葬坟墓四围准留三弓余地，免其迁移，并免交价，此外浮多，按则补交。至原有车道及不堪耕种之洼泡，照旧划留，亦免补价，以示体恤。

九、从前办理垦务，设立总行各局，今在东平县设立清丈行局，由度支司总司稽核，应免专设总局，以节经费。在事员司，如果勤慎廉明，迅速竣事，应准照章择优保奖，倘有徇私舞弊，查明分别参处，以资劝惩。

以上各条，系属试办章程。嗣后如有应行变通之处，再行拟议奏咨。

附奏丈放凤、岫、安、宽四属苇塘山荒片

再奉属凤凰、岫岩、安东、宽甸等四处苇塘山荒，曾经前将军赵尔巽奏明，派员丈放，旋因承办员司办理不善，以致观望迟延，虚糜局费。臣等到任后，察知情形，又因青黄不接，若按则收价，民力实有未逮，随饬停缓，以恤民隐。一面将办理尤为不善之邓景临等参革，以示惩儆。兹查安东苇塘，征税甚微，而占居其多数，山荒私垦及旷废者，该四属所在多有，且均与朝鲜接壤，从前每因越占，迭起交涉。当此开通商埠，尤虑边民愚顽，私擅鬻售，清界保权，实未可视为缓举，自隐宜赶紧接办，以兴要政。惟原定地价科则尚觉烦重，自须略予变通，以期便民易行。臣等悉心酌核，拟请将山荒私占种柞养蚕及开垦成熟者价分三等，上等每亩改收库平银一两，中等六钱，下等三钱。生荒改为上等每亩库平银五钱，中等三钱，下等一钱五分。苇塘科则改为二正一耗，与别项粮银征数一律。此外仍依前定章程办理。似此改减，庶于裕课正界之中，仍寓恤民之意。嗣后如有应行变通之处，再由臣等察酌办理。除派员接办并咨部外，理合附片具陈。伏乞圣鉴。谨奏。光绪三十三年十二月初六日附奏，十五日奉朱批，览。钦此。

附吉林省垦务

垦务篇

吉林膏腴沃壤为东三省冠，惟地处极边，幅员辽阔，榛芜未辟，遗利尚多。从前旗、民地亩原系自占，名之曰占山户。旗地向不升科，民地分上、中、下、新四则，按亩升科，银米并征。迨咸、同以后，迄于光绪初年，续放各处荒地，则又按垧征纳大小租赋，银钱两收。赋制混淆，无从究诘。嗣值庚子乱后，帑项奇绌，于此而欲疏浚财源，自当以清赋放荒为第一要义。但使野无旷土，户无隐田，则经赋自足。经赋既足，则财用斯裕。光绪二十八年春，前将军长顺奏请清赋升科，放荒招垦，盖欲兴地利，储饷源，并以廓清全省赋制，法至善也。维时先在省城设立清赋荒务总局，以为提纲挈领之枢纽，次及伯都讷、五常、宾州、双城、延吉、伊通、敦化、阿拉楚喀，退搏、拉法两站，拉林等处，各设分局一所，分司其事，以专责成。他如蜂蜜山招垦局、濛江垦务局亦皆陆续筹办。其三姓垦务即归副都统衙门兼理。第清赋升科，放荒招垦，头绪本极纷繁，开办未久，适值日俄构兵，盗贼四起，战线以内及客军征进经过地方，民皆迁避一空，流离失所，是以前将军富顺奏请将清赋、升科两项暂行停办，专事放荒。旋经户部议驳。及前将军达桂接办荒务，又因银米兼征，地亩赋则过重，且二百年来从未清理，经界湮没，等则难分，奏请查照各属荒地征租章程，无论原则计亩、计垧，征银、征钱，概行改作按垧征纳大小租银一钱九分八厘，俾通省田赋咸归一律。吉省清赋放荒，自开办迄今，经历任将军往返奏咨，道途梗阻，岁月迁延，故未能速竟全功。光绪三十三年改设行省，锐意实边，随将荒务总局并归新设劝业道衙门管辖，以劝督开垦为宗旨，以振兴实业为要图，其有两造控争纠葛难结之地，或判归巡警，或划归学堂，既资以举办新政，复借以消弭讼端。而于清赋升科等事，又迭经出示严催，勒令勘办，以期速收效果而观厥成。比年以来，业将办过旗民地亩，分起奏报在案。现在各分局一律裁撤，总局荒赋等事亦将办竣，刻正督催在事人员办理各分局报到文卷册籍等项，钩稽核对，分依次第，汇案造报，荒务指日可竣矣。惟沿边一带垦务尚须通盘筹划，如别兰、临江、大通、蜜山、濛江等处，既先后设有府、州、县各缺，应即改归地方衙门兼办。而蜂蜜山一带，逼处强邻，因有鉴于混同江东二千里之地，徒以不事开垦，终为俄人所窃据，派道员张枨筹办蜜山垦务，所拟办法，均参照各国殖民政策，因地制宜。嗣后逐渐扩充，徐图进步，或移民以固边防，或募军以资屯垦，或官商分办以期易于集事，庶几生聚日繁，利源日辟矣。

纪清赋升科

清赋升科，系指民地清赋、旗地升科而言。原定章程，凡民地清赋，责令民间自行举报，派员抽查，如与原报垧数不相上下，不事深求，倘欺隐过甚，查出归公另佃，并准原业主加价领回。旗地升科办法，亦催令各户自行报明，填发印照，仍归旗署征租。所收经费不分旗民，均系每垧征收经费钱二百，归于外结。自改设行省后，因奉行既久，仍饬总分各局踵行成法，赶紧清丈，并未稍事更张。现在民地清赋奏报四次，共原浮地一百十二万余垧，匀计浮多至二成有余。旗地升科奏报九次，共熟地五十三万余垧。自光绪三十一年起租，其余尾剩旗民纳租地，以及银米兼征、陈民老地亦皆一律办竣。一俟总局核明确数，即行奏报。此次清赋升科旗、民纳租地，照章每垧按年征纳大小租钱六百六十，银米兼征。陈民老地，改为每垧按年征纳大小租银一钱九分八厘。核计旗、民纳租地，每年应征大小租钱一百余万吊，银米兼征。陈民老地每年应征大小租银十万两云。

附清赋升科章程

一、经界宜先正也。此次旗地升科，民地清赋，荒地招垦，必使此界彼疆，有条不紊。故开办伊始，即通饬旗、民各衙门谕令乡约、屯达等，将该管各牌各屯之中某段旗地、某段粮地、某段黑地、某段荒地、某段官地，挨次开呈总册，以为编造鱼鳞册[1]张本。各该管官若不严行督率，据实开呈，非受劣绅挟制，即为扶同蒙隐，极宜访察，将来委员清查，察出所报不符，惟该管官役是问。

二、赋则宜更定也。查吉林陈民旧地按亩升科，分上、中、下三则，银米并征。续增

---

〔1〕　鱼鳞册，鱼鳞图册的简称，是中国古代的一种土地登记簿册，将房屋、山林、池塘、田地按照次序排到连接地绘制，表明相应的名称，是民间田地之总册。由于田图状似鱼鳞，因此为名。

陈民、流民垦地，按亩升科，不分等则，银米并征。其原浮纳租民地及光绪初年丈放各荒，按垧征大小租，银钱两收，亦无等则。此次既通省清查，无论何项地亩，除原地外，均按垧照大小租征收，毋庸再分等则。其中山林各荒不堪垦种之地，或二垧折一垧，或三垧折一垧，征租时量为酌减，以昭公允。至前项银米并征之地，历年已久，如有粮无地者，着自行呈明，即于此项查出浮多内拨补。其有地已易主户名未换，即于小票内注明旧管、新管，以便查核粮册，随时更正。至于移印换段飞洒诡寄，以及有地而无粮契者，均应照熟荒出放。

三、民地有分别也。陈民、流民之地年久，错误在所不免，或有粮无契，或有契无粮，均应注明小票。其无契、无粮的系祖遗世产，必须地邻乡约出具切结，始准给照，至辗转典买之地，亦须注明原委。其旗买民地，仍归民册完租，民买旗地，亦须归入民册，注销旗档。惟旗地例不夺佃，凡民买旗人有佃之地，并非原佃受买，须给还推佃价本，方准另佃，否则准原佃价赎升科。其旗人原领之荒，亦归民册纳租。以上各项浮多，均须据实报明，不准以多报少，亦不得包套夹荒，一经查出，充公治罪，并准他人告发，即行充赏。

四、旗地须清理也。各档旗地原额有限，其余均系自占招佃食租，当时并不准丈，今令一律升科，自应据实开报，如有少报漏报，查出充公另放，并准告发人承领。亦不得借报升科名目，侵夺民地，包揽官荒，如有祖遗租地，有子孙不知实在者，全凭佃户一言，填呈垧数，必须取具该佃切结。将来查出浮多，仍准原主领回另佃，而罚该佃，以历年隐漏租价充公作费。若无佃结，查出浮多，则是有心隐匿，概行撤地。如有穷苦旗户无地耕种，即于漏报充公地内，分别家口多寡，酌量拨给，以示体恤。

五、官地应并查也。查吉林官庄地按垧交纳仓粮，随缺地先由放剩余荒拨给，后由征租地内划拨，其中已多欺隐，更有站地及边门台地，额数有限，而侵占滋垦已逾数倍。其余如办公地、津贴地、牧场食租地、义学经费地以及学田、公田，名目繁多，不可胜计。此次如于各项地内查出浮多，将来或拨作公田，或招佃另种，或仍给壮丁，台站各丁等备价承领，随时酌核。应令各经管人先将原额若干，现有若干，据实造呈清册，如有转售他户之地，须于册尾注明某年月日、某某卖出若干晌，不得影射，以便稽核。

六、典地论年限也。典受之地准典主过户升科，准赎不赎以契载年限为断，契内不载则以光绪三十年为断，限内准赎，限外作绝。旗典旗地，民典民地，固不必论。惟例载旗地不准民人典买，现在顺、直各省久已奏明开禁，吉省旗地近亦半成民产，名为典地当租，实与绝卖无异。今既清厘，宜为酌定，凡民典旗地已满三十年者，不找不赎，归民户升科。其契内仅写当租字样，实则早归民户，管业已满三十年者，准找不赎，归民户升科。未满三十年，准找准赎。若由旗户升科者，照内注明，限满过户。由民户升科者，照内注明，限满作绝。须于给照以前交割清楚，给照以后，此项词讼该管官概不准理。典卖官地，不在此例。如有捏注册档，新税伪契，查出加等惩治。

七、查丈宜认真也。吉林向有大垧三百六、中垧三百三、小垧一百八十弓之说。此次清查田赋，凡从前粮地仍照原放弓丈核计，免致有亏赋额。其升科、放荒及丈放浮多，均以二八八核算。所谓二八八者，系直十八弓、横十六弓为一亩，十亩为一垧，四十五垧为一方里，即横直相乘各三百六十弓之数，亦即论陇七千二百之数。查地之法，旗地、公地则论原额余作浮多，民地则凭粮册契照与迭次放荒原案。查无实据，皆为官荒。丈地之法，照填呈小票报荒段落，连沟洼濠甸，统丈若干，实除若干，随即绘就地形弓至图说，不论上地、中地、山林柳通，均照实丈，将来给照时再为除去沟道，定赋时再行折扣等次，不得先于查丈时概行三七折算。

八、赏罚宜明示也。向来放荒之时，贿赂公行，情伪百出，虽由风气使然，亦由委员不能洁己奉公，彼等得售其术。至书役、绳弓，全在委员约束，乡地人等尤工舞弊，自应责成该管官严行稽查。此次定章，无论委员、书役、讼棍、土豪，查出弊窦均以军法从事，行贿地户一体同罪。如行贿舞弊之人自知悔悟，浮多之地准其于给照前补报，行贿之端，准其本人自行告发，仍行给地追脏，免于治罪。若由他人指告，将地充赏给领，而科本人以加等之罚。如果委员有廉干办事不辞劳怨者，准照异常劳绩保奖，司书乡地人等亦一体奖赏，酌给津贴。至升科、清赋为各旗署地方官分内之事，不得以设有专局，纵庇观望，致干参处。

附吉林全省旗地升科分年奏报原地扣成数目表

名称	年次	原报地数	扣成地数
省城满蒙汉旗	光绪三十一年	六六一一四垧、〇〇〇	四六二七九垧、八〇〇
	光绪三十二年	一〇一四一五、一〇〇	七〇九九〇、五七〇
	光绪三十三年	一一三九、八〇〇	七九七、八六〇
	宣统元年	四五二、七四〇	三一六、九一八
官庄处	光绪三十二年	一三六、二〇〇	九五二、一四〇
	光绪三十三年	二一、二〇〇	一四、八四〇
水师营	光绪三十一年	一二〇五、七〇〇	八四三、九九〇
	光绪三十二年	二九九七、一〇〇	二〇九七、九七〇
五城副都统	光绪三十一年	六一一六〇、八〇〇	四二八一二、五六〇
	光绪三十二年	一七七〇〇九、二〇〇	一二三九〇六、四四〇
	光绪三十三年	二八二九三、七〇〇	一九八〇五、五九〇
	宣统元年	二〇六六八、五〇〇	一四四六七、九五〇
伊通佐领	光绪三十二年	一〇五六七、〇〇〇	七三九六、九〇〇
	光绪三十三年	一六、八〇〇	一一、七六〇
四边门	光绪三十一年	二四五三七、八〇〇	一七一七六、四六〇
	光绪三十二年	一八四〇六、三〇〇	一二八八四、四一〇
	光绪三十三年	六五、五〇〇	四五、八五〇
西北两路驿站	光绪三十二年	一〇四八六八、二〇〇	七三四〇七、七四〇
	光绪三十三年	一五一二、九〇〇	一〇五九、〇三〇
	宣统元年	一三〇三、三〇〇	九一二、三一〇
额穆赫索	光绪三十二年	八四六二、〇〇〇	五九二三、四〇〇
罗佐领	宣统元年	二八、〇〇〇	一九、六〇〇
拉林协领	光绪三十二年	七二二六三、二〇〇	五〇五八四、二四〇
	光绪三十三年	二三五五、一〇〇	一六四八、五七〇
乌拉协领	光绪三十三年	一七八二五、一〇〇	一二四七七、五七〇
乌拉翼领	光绪三十三年	四二四五三、四〇〇	二九七一七、三八〇
统计		七六六五〇二、六四〇	五三六五五一、八四八
备考	旗地升科，凡报勘原无钱粮各项旗地，遵照奏定章程，俱按七成折扣。实地统自光绪三十一年起一律升科，每垧每年征钱六百文。		

附吉林各属民地清赋分年奏报原浮地数表

地名	年次	原地	浮多
吉林府属	光绪三十二年	九二〇四五垧、七三八	二一〇四四垧、三二三
	光绪三十三年	七三八四四、三六五	一五八一三、三四六
宾州厅属	光绪三十四年	一七六五五四、九三〇	五九九八三、二九〇
长寿县属	光绪三十四年	三四一四八、二二〇	一七〇二五、三九〇
五常厅属	光绪三十四年	一三二四一七、三〇九	二五一八二、九二六
双城厅属	光绪三十四年	七六四六四、一〇四	八二一一、四八八
双城堡属	光绪三十四年	五九九四三、〇八六九	二〇〇七九、七三三一
延吉厅属	宣统元年	七七四四五、三七〇	三六四一〇、九六九
伊通州属	宣统元年	二〇六二一、四四〇	三三七四、二二〇
磐石县属	宣统元年	七六七六二、一四〇	二五五〇九、七二〇
敦化县属	宣统元年	四〇三四九、二九五	一二一〇六、〇八五
绥芬厅属	宣统元年	一二六二五、四八〇	六一七九、〇五〇
统计		八七三二二一、四七七九	二五〇九二〇、五四〇一
备考	此次清出浮多地亩，均自丈出之年起，分别照章按垧升科，每垧每年应征大租钱六百文。		

纪放荒招垦

自来讲筹饷者动曰放荒，言实边者动曰招垦。吉省从前办理荒务，意在多收荒价，届限升科，而垦与不垦弗问焉。按各属放荒章程至为复杂，原设总分各局因腹地并无大段闲荒，不定荒价，如查有畸零荒段，一经报领，即分别土性腴瘠，距城远近，按照每垧三吊三百钱酌量递加。其经费一项，即按所交荒价，每吊随收经费钱二百以资办公。此外蜜山府每垧收荒价钱两吊，经费钱一吊。濛江州每垧收荒价钱三吊三百三十，经费钱四百。依兰府、大通县每垧收荒价钱两吊，经费钱四百、二百不等。临江州不收荒价，仅收经费，分为四等：头等每垧收银元五角、二等四角、三等三角、四等二角。此亦随地变通，隐寓招徕之意也。比者改设行省，督饬总分各局并设治各府、州、县赶紧勘办，计已奏报者五万三千余垧，未奏报者七十余万垧，所收荒价已扫数解交度支司存储。又派道员张柢筹办蜜山垦务，拟定官垦、商垦、民垦、兵垦，逐渐兴办，凡以为筹饷实边计也。

附吉林荒务各局勘放生熟荒地并收过荒价数目表

名称	年次	生荒	价值	熟荒	价值
省城总局	光绪三十年	二〇四垧、三〇〇	二四二六吊、一六〇	八二垧、四二〇	一六三一吊、五二〇
	光绪三十一年	二四二〇、七〇〇	二三〇二一、二三〇	二三八、七二〇	四九五五、〇六四
	光绪三十二年	四九八六、一八六	五三五一五、六七二	一七六三、二二〇	四三三三九、七九二
	光绪三十三年	一三四三、六九〇	一四二五五、二四二	二一八、〇九〇	四四七七、七七〇
退搏拉法	光绪三十二年	一六〇四、七〇〇	一三二九七、九二八	二六、四七〇	六二二、五四四
两站分局	光绪三十三年	一三五四二、四七〇	五四八八七、二五二		
伊通分局	光绪三十二年	八六〇、八二〇		一三四八、六八〇	二三三三七、六八四
双城分局	光绪三十二年	五五〇四、八〇〇		一八七八、八五〇	五〇六一五、五三二
	光绪三十三年	五一〇五、〇七〇		九四三、五〇〇	二一二三六、七五六
敦化分局	光绪三十四年	五五九三、七五〇		四七三九、〇〇〇	三二八〇三、三五八
延吉分局	光绪三十一年	七七一、三八〇			
统计		四一九三七、八六六	二八五七〇一、四三六	一一二三八、九五〇	一八三〇二〇、〇二〇
备考	此次勘放生荒，照章扣除三成房园、井道，按七成宝地纳租，均自出放之年起予限五年，扣至第六年一律升科。所放熟荒，照章当年升科，概不折扣。				

附黑龙江省垦务

垦务篇

黑龙江僻居北鄙，地广而腴，自西徂东数千里，处处与俄接壤，且辖蒙古札赉特、杜尔伯特、郭尔罗斯诸部落，强邻逼其外，藩属介其间，而荒芜弥望，榛荒未辟者，则以根本重地，封禁綦严，而一时守土之臣，鲜有以辟土殖农为先务者。洎雍正、乾隆间，始于黑龙江、呼兰、墨尔根、齐齐哈尔等处设立官庄屯田，实为边境兴屯之嚆矢，而其余犹封禁如故也。厥后咸丰十一年，将军特普钦乃奏仿吉林夹信沟章程，于今呼兰所属蒙古尔山等处建设旗丁屯田，是为弛禁放荒所自始。然未几通肯一段，则又旋弛而旋禁。迨光绪二十一年，特简大臣延茂来江创办屯垦，其禁令遂从此驰矣。但宗旨所在，第为安插旗屯起见，而旗丁不谙耕作，招民代垦，其轇轕遂莫可究诘。光绪二十九年，署齐齐哈尔副都统程德全奉命办理荒务，乃会同将军达桂陈请变章，力主旗、民兼放之策，于是荒务乃浡然兴起，不数年而成效大著。惟各户领地以后，率以开荒费巨，仍付榛芜。光绪三十三年改设行省，世昌乃与署江抚程德全考其山川，按其图记，以为江省居东北屏蔽，非大兴屯垦不足以固边圉而戢戎心。矧俄人经营远东不遗余力，黑龙江左岸鳞塍绣壤，麻麦如云，且时有越境窃垦之事，失今不图，噬齐何及，是则招民垦荒，尚可须臾缓哉。顾垦民易而筹款难，以经济困难之江省，其财力必不能及，然舍是别无图强之理，无已，则惟以节縻费求实际为主义乎。虑农力之未逮也，则购置火犁以贷民力，恐旅行之不易也，则减免轮费以利遄行。而又患招户之维艰、收效之难速也，则酌复遣犯旧例编入农籍，拨地责垦以为之倡。及去岁仲夏，署巡抚周树模来江，益以推广屯田为实行寓兵于农之计。其一在札赉特境内选择地段，建置庐舍，就各省各镇退伍兵丁自愿为农者给地认垦，凡种地牛粮籽种各费，悉由官家垫办，分年缴还，一转移间而上下交受其益。其一在呼伦贝尔沿边一千五百余里安设卡伦二十余处，每卡以十名巡查边境，二十名开垦荒田，庶乎讲武务农有相资而成之理。只以其地与瑷珲、兴东等处，国界所系，广博无垠，非移无量数之人民，终难与邻封相雄长。故复另定派员招民办法，奏请变通办理。惟是江省垦务，其宗旨在于实边，故安插瑷珲难户及呼伦贝尔边垦则归入边务编辑，札赉特专以辟蒙疆则归入蒙务编辑，铁山包专以置旗户则归入旗务编辑。此编不复再述，但举全省垦务之纲要，总系以表，分列于图，俾后之督垦者知当日擘画之苦心。财力虽艰，经营未已，赓续而扩充之，俾万里荆榛之地为千仓稼穑之图，斯不但财赋取盈，抑亦筹边者所乐与赞成者也。

附黑龙江全省垦务一览表

区类 界别	段所	熟地	毛荒	押租	款数
（省界各荒）	讷谟尔河南北两段		六六、六七八〇垧、四八二〇〇	一两四钱	六五、三四四四两、八七二三六〇〇
	通肯柞树冈巴拜三段		二、八五六九、六三九一〇	二两一钱	四、一九九七、三六九四七七〇
	呼兰屯站转卖民户地	四、三九一六垧、八二〇〇		一两四钱	六、一四八三五四八〇〇〇〇
	呼兰屯站各丁自垦地	五、九六五五、四八五三		免征	
	绰勒河站		四、三〇〇〇、〇〇〇〇〇	七钱	二、一〇七〇、〇〇〇〇〇〇〇〇
	甘井子段	一、四一六九、〇〇〇〇	一、七七八五、〇〇〇〇〇	七钱	八七一四、六五〇〇〇〇〇
	汤旺河段	七〇四、九二〇〇	六三、九八〇三、九〇〇〇〇	免征	
	白杨木河段	二九一二、七八五〇	九、五一三二、一五六五八	七钱	四、六六一四、七五六七二四二
	铁山包旗丁屯田段	五、四〇〇〇、〇〇〇〇		免征	

区类 界别	段所	熟地	毛荒	押租	款数
	杜尔伯特迤西省界南段		六四六〇、〇〇〇〇〇	四两二钱	一、八九九二、四〇〇〇〇〇〇
	杜尔伯特迤西省界南段		六〇〇六、〇〇〇〇〇	一两四钱	五八八五、八八〇〇〇〇〇
（蒙界各荒）（蒙界各荒）	扎赉特旗段		四四七一垧、二一八〇〇	一两四钱	四三八一两、七九三六四〇〇
	依克明安公段		九、一三五〇、〇〇〇〇〇	二两一钱	一三、四二八四、五〇〇〇〇〇〇
	杜尔伯特旗沿江段	一一三垧、九二〇〇	五六七四、一〇〇〇〇	五两一钱	二、〇二五六、五三七〇〇〇〇
	杜尔伯特旗沿江段		一、四二八四、六〇〇〇〇	四两二钱	四、一九九六、七二四〇〇〇〇
	杜尔伯特旗沿江段		二、四〇五四、九〇〇〇〇	一两四钱	二、三五七三八〇二〇〇〇〇
	郭尔维斯后旗沿江段		一三、〇一七九、〇一〇八〇	五两一钱	四六、四七三九、〇六八五五六〇
	郭尔维斯后旗铁路两旁段		二九、〇〇〇五、七二八八五	二两一钱	四二、六三〇八、四二一四〇九五
统计		一七、五四七二、九三〇三	二〇六、三五五六、七三五三三		一九七、三七四四、三二三一六六七
附记	自光绪三十三年三月初八日改设行省之日起，截至宣统元年三月底止。				

纪丈放省荒

从前历放各荒，率在膏腴腹壤，故一经丈放，承领者几有恐后争先之状，及至愈放愈远，野无居人，其难易诚不可以道里计，如讷谟尔河南北两段土脉非不腴厚也，汤旺河流域交通非不便利也，乃经历任将军之计划，竟至无人过问。迨光绪三十一年署将军程德全奏准变通，一以减价招民为主义，于讷谟尔河则每垧仅收价银一两四钱，于汤旺河则不征押租，仅收经费，且设官治以为之倡，自是领户乃闻风兴起，于光绪三十三、四等年先后放竣。若论招徕之棘手，勘丈之维艰，则以绰勒河一带荒务为尤甚。盖论地势则深山穷谷寂无人烟，论情形则马贼、索伦结连盘踞。惟以主权利权而论，林木郁葱，外人垂涎已久，若不设法开辟，将何以抵制于无形。于是再三筹划，惟有拣派熟习情形之员相机试办，并拨兵队随之以往，于光绪三十三年竣事。若白杨木河沙砾不均，旗丁既居中把持，民户又无力交价，直至奏明变通银钱兼收而后荒务甫有起色。此外如通肯，如柞树冈，如巴拜，如甘井子，如布特哈，如杜尔伯特迤东省界南段，不过就已放段内续放余荒而已。第综各段而计之，先后放出荒熟地亩一百六十余万垧，收款至八十余万两有奇。其现放而未竣者，尚有省城附郭、墨尔根、恒升堡、大砬子及兴东、瑷珲、呼伦贝尔沿边一带，正在筹议扩张云。

附奏续放讷谟尔河北段余荒折

奏为讷谟尔河北段暨续放南段夹荒一律完竣，分别已收、未收押租银两数目并升科年限，恭折具陈，仰祈圣鉴事。窃照东布特哈属境讷谟尔河北段荒地，前经臣德全于南段报竣折内声明出放，迭经饬总管福龄督同员司赶速办理，并饬将南段夹荒一律勘放，现据报称，自光绪三十三年正月初一开办之日起，至是年十一月底止，共丈放北段毛荒六万一千九百三十一垧五分，又续放南段夹荒六万八千九百三十垧七亩，二共放毛荒一十三万八百六十一垧七亩五分，照章以七成折扣实地九万一千六百三垧二亩二分五厘。每垧按一两四钱共应征押租银一十二万八千二百四十四两五钱一分五厘。每两按一钱五分共应征经费银一万九千二百三十六两六钱七分七厘二毫五丝。但江省目前银根奇绌，领荒各户未能如数呈交现银，刻仅收进押租银五万九千八百八十一两一钱九分六毫八丝、经费银八千九百八十二两一钱七分八厘六毫二忽，其余各领户实欠押租银六万八千三百六十三两三钱二分四厘三毫二丝、经费银一万二百五十四两四钱九分八厘六毫四丝八忽。均系开具省城妥商期条，恳请缓限呈交，不得不权为照准。至此项荒地均系三十三年秋间丈竣，各该地户既不能当年开垦，自应于三十四年起限至三十九年升科，以昭核实。又遵照本省奏定设治章程，划留各处学田计毛荒四万三千六百二十四垧，以备招垦纳租。又勘丈拉哈、博尔多喀、迷尼喀、依拉哈等四站熟地二万一千二百六十八垧四亩七分八厘，应俟文报设后再行分别升科等情，呈请奏报前来。臣等覆核无异。惟查该段地处荒僻，其招垦艰难，勘丈棘手，视南段尤甚，所有出力各员，应仍责成该总管将现款交齐，再由臣等择尤请奖，以资激励。除饬酌留员司造具毗连细册咨部外，谨绘具现放荒地图说，恭呈御览。其开支各项，应俟另案咨报。所有讷谟尔河北段并续放南段夹荒，一律报竣暨分别已收未收押租经费并升科年限各缘由，理合恭折具陈。伏乞皇太后、皇上圣鉴。谨奏。光绪三十三年十二月十八日附奏，三十四年正月初八日奉朱批，度支部知道。钦此。

附奏丈放汤旺河段荒地折并单

奏为汤旺河荒务一律报竣，所有丈放荒地暨收进经费钱文各数目，恭折具陈，仰祈圣鉴事。窃查汤旺河荒段，光绪三十一年三月间，由臣德全会同前署将军达桂奏准专设行局，推广办理。继经臣德全复于光绪三十一年九月间奏请，将该处改设汤原县治，檄委荒务委员、同知衔候选知县刘虞卿先行试办，所有垦荒事宜，即责成该县自行经理，每垧但收经费钱四百文，以广招徕等情。迭蒙允准各在案。兹据该县报称，自光绪三十年七月间开办之日起，至三十三年十二月底止，共丈放毛荒六十三万九千八百零三垧九亩，收进经费钱二十五万五千九百二十一吊五百六十文。并于光绪三十一年查出熟地五百四十四垧九亩二分，光绪三十二年查出熟地一百六十垧。均自当年升科，其按年出放毛荒暨扣七成地数并升科年限，另单呈明等情，呈请奏报前来。臣等覆核无异。谨绘具图说，并缮清单恭呈御览。除将开支各项另案列销，并饬造具毗连细册再行咨部查核外，所有汤旺河荒地丈放完竣暨收进经费钱数各缘由，谨恭折具奏。伏乞皇太后、皇上圣鉴。谨奏。光绪三十四年三月初九日附奏，二十六日奉朱批，度支部知道，单图并发。钦此。

谨将汤旺河历年出放毛荒垧数暨升科年限，缮具清单，恭呈御览。

计开：

一、光绪三十一年出放汤字段毛荒三万六千零六十八垧七亩，扣七成，地二万五千二百四十八垧零九分，照章限至三十六年升科。

二、光绪三十二年出放汤字段毛荒七万四千七百四十五垧，扣七成，地五万二千三百二十一垧五亩。又出放鲁字段毛荒一十八万零零七十九垧九亩，扣七成，地一十二万六千零五十五垧九亩三分。又出放洼字段毛荒九千七百七十六垧五亩，扣七成，地六千八百四十三垧五亩五分。又放出梧字段毛荒七万八千九百一十六垧五亩，扣七成，地五万五千二百四十一垧五亩五分。又放出鹤字段毛荒一万零一百八十三垧二亩，扣七成，地七千一百二十八垧二亩四分。

以上五段共放出毛荒三十五万三千七百零一垧一亩，扣七成，地二十四万七千五百九十垧七亩七分，照章限至三十七年升科。

三、光绪三十三年出放汤字段毛荒二千一百四十八垧七亩，扣七成，地一千五百零四垧零九分。又放出鲁字段毛荒一十八万三千三百七十一垧九亩，扣七成，地一十二万八千三百六十垧三亩三分三厘。又放出洼字段毛荒二万九千零八十七垧五亩，扣七成，地二万零三百六十一垧二亩五分。又出放鹤字段毛荒三万五千四百二十六垧，扣七成，地二万四千七百九十八垧二亩。

以上四段共放出毛荒二十五万零零三十四垧一亩，扣七成，地一十七万五千零二十三垧八亩七分。照章限至三十八年升科。

以上统共放出毛荒六十三万九千八百零三垧九亩，扣七成，地四十四万七千八百六十二垧七亩三分。

附奏丈放绰勒河段山荒片

再兴安岭附近绰勒河及洮尔河[1]一带，僻近山麓，林木郁葱，外人时存觊觎。光绪三十一年十一月，臣德全曾奏准将该处山林弛禁在案。查该段山荒丛杂，非设法招垦，无以自保利权，迭经派员前往试办。惟以深山穷谷，界连蒙旗，不但无户可招，且马贼与索伦结连盘踞，几至不敢深入。旋经遴派熟悉情形之蒙员阜海进山勘

〔1〕　洮尔河：今吉林西北部洮儿河。

办，并派已革中军统领、协领吉祥，黑水厅同知郑国华等拨队随往办理。又复减价招徕，每垧仅收银七钱，差能逐渐就绪。然其勘放之棘手，招户之艰难，实为从来所仅见。刻幸陆续放竣，计放毛荒四万三千垧，扣七成，实地三万一百垧。按每垧荒价七钱，共收进押租银二万一千七十两，随征一五经费银三千一百六十两五钱。共收进银二万四千二百三十两五钱。照章自光绪三十三年起限，至三十八年升科。据该员等造具图册，呈请核奏前来，臣等覆核无异。谨绘具图说，咨送军机处查核。惟查此段荒地，收进经费银两无多，所有设局一切用款，计逾支银二千二百三十一两八钱。在该处收款太微，经费因而短绌，自属实在情形。且察其需日费时之原因，实缘措手维艰，而一经垦辟山荒，借以抵制外人，裨益良非浅鲜。所有逾支银两，已由臣等饬由他处节余经费项下照数拨补。应恳天恩，饬部准其划抵，以昭核实。除将清册咨送度支部查照外，谨附片具陈。伏乞圣鉴。谨奏。光绪三十三年十二月十八日附奏，三十四年正月初八日奉朱批，度支部知道。钦此。

附奏丈放白杨木河段荒地折

奏为白杨木河一带荒务办理完竣，谨陈荒熟地亩暨银钱兼收各数目，并随案择尤保奖，恭折仰祈圣鉴事。窃查白杨木河一带荒地，经臣德全于三十一年秋间，札派候补同知马六舟[1]前往履勘，查得该段瓦砾最多，出放非易，奏请每垧但收银七钱，外加一五经费，以广招徕。继因该处荒户率皆土著贫民，以钱易银，辄为市商所抑勒，以致续领之户观望不前。复由臣德全奏请，准令按照市行银钱兼收，以示体恤，仰蒙允准各在案。兹于上年秋间，据报放出毛荒九万五千一百三十二垧一亩五分六厘五毫八丝，扣七成，地六万六千五百九十二垧五亩零九厘六毫零六忽，应征押租银四万六千六百一十四两七钱五分六厘七毫二丝四忽二微，内除领户欠交银一千七百八十七两零零零六毫，实征进银四万四千八百二十七两七钱五分六厘一毫二丝四忽二微。按照逐日银行折收钱款十八万五千一百五十六吊三百二十八文，每两随征一五经费，应征进银六千九百九十二两二钱一分三厘五毫零八忽六微三纤。内除领户欠交银二百六十八两零五分零零九丝，实征进银六千七百二十四两一钱六分

〔1〕　马六舟（1862—1917），四川成都人。光绪二十六年（1900）任程德全幕僚，二十九年（1903）程德全任齐齐哈尔副都统，留府中翊赞军政事务，历任木兰、巴彦县知县。

三厘四毫一丝八忽六微三纤，折收钱款二万七千七百七十三吊四百四十八文。此项尾欠，现已移交地方官照数追缴。其出放地亩，照章自光绪三十四年起，限至三十九年升科。又于三十三年查出熟地二千九百一十二垧七亩八分五厘。比及办理竣事，已届隆冬，应请自三十四年升科等情，呈请奏报前来，臣等覆核无异。惟查该处地段逼近山林，荒熟零星，勘丈极称费手，地脉硗薄，招户尤为艰难。现既办理竣事，溯其分勘各段，头绪棼如乱丝，幸该员等始终不懈，卒使轇轕一清，洵属著有微劳，自应查照前政务处曾奏垦务奖章办理，以昭激劝。所有尤为出力之补用同知马六舟，拟请俟补缺后以知府用。候选知县戴德芳，拟请俟得缺后以同知直隶州补用。合无仰恳天恩，俯准照拟给奖，以资策励之处，出自逾格鸿慈。除将该段分绘各图咨送军机处查核并俟造具毗连细册及按照逐日银行收款清册暨各员履历，分别咨部查核外，所有白杨木河一带荒务办理完竣，谨陈荒熟地亩暨银钱兼收各数并择优保奖各缘由，理合恭折具奏。再该处放荒时，臣等即一面札派委员前往该处招集民户，现在荒地勘丈完竣，应即改为巡防委员以资弹压，其额支经费，自应另行核销，合并陈明。伏乞皇太后、皇上圣鉴训示。谨奏。光绪三十四年三月二十六日附奏，四月日奏朱批，著照所请，该部知道。钦此。

附奏续放通肯等段余荒折

再江省通、巴两局荒务，前经丈放完竣，曾经臣于上年十二月间奏报在案。兹据该两局总理常喜等呈称，上年冬间荒务告竣，维时各段洼碱零荒无人报领，因恐设局日久，糜费过多，各户纷纷呈领，当经随时拨放以顺舆情。兹计续放通肯段零荒一万二千五百二十四垧三亩五分，扣七成，地八千七百六十七垧四分五厘。每垧按二两一钱计，应征押租银一万八千四百一十两七钱九分四厘五毫，除已收银三千一百两五钱，计各户实欠银一万五千三百一十两二钱九分四厘五毫。又每两应随征经费银一钱五分，计银二千七百六十一两六钱一分九厘一毫七丝五忽，除已收银四百六十五两七分五厘，计各户实欠银二千二百九十六两五钱四分四厘一毫七丝五忽。又续放巴拜、柞树冈两段零荒一万六千四十五垧二亩八分九厘一毫，扣七成，地一万一千二百三十一垧七亩二厘三毫七丝。每垧按二两一钱计，应征押租银二万三千五百八十六两五钱七分四厘九毫七丝七忽。又每两应随征经费银一钱五分，计银三千五百三十七两九钱八分六厘二毫四丝六忽五微五纤。业均如数收讫。等情造具毗连细册，分别呈请核报前来。臣等覆查无异。除将毗连册籍报部并将未收之款，饬交各该地方官催收外，所有续放通巴等段零荒暨已收、未收押租经费数目，理合恭折具陈。伏乞皇太后、皇上圣鉴。谨奏。光绪三十三年九月初六日附奏，二十九日奉朱批，度支部知道。钦此。

附奏续放甘井子、西布特哈等段余荒折

奏为续放甘井子段零星夹荒暨推放西布特哈荒地各数，并征进押租银两，恭折具陈，仰祈圣鉴事。窃查光绪三十一年十二月间奏报，甘井子荒务告竣折内曾已声明，其余零星夹荒拟俟明春再行招放。当经臣德全酌留员司，饬令迅速办理，并饬将西布特哈附近等处一律推放。兹据报称，自光绪三十二年十二月初一日接放之日起至三十三年十一月底止，共放毛荒一万七千七百八十五垧，扣七成，地一万二千四百四十九垧五亩。每垧仍按七钱收押租银八千七百一十四两六钱五分，每两随征一五经费银一千三百零七两一钱九分七厘五毫。照章自光绪三十四年起限至三十九年升科。又查出熟地一万四千一百六十九垧，照章不收押租，当年升科，每垧按六百六十文，计收进大小租钱九千三百五十一吊五百四十文。其西布特哈境内已经放出之地数、银两均在其内。等情呈请奏报前来。臣等覆核无异。除饬造具毗连细册咨部查照并将收除各款情形另片奏明外，所有甘井子段续放夹荒并推放西布特哈荒地各缘由，谨恭折具奏。伏乞皇太后、皇上圣鉴。谨奏。光绪三十四年三月初九日附奏，二十六日奉朱批，度支部知道。钦此。

纪清丈屯站升科地

官屯之设，计呼兰、黑龙江、墨尔根、齐齐哈尔等处六百六十所，其法按照屯地多寡安插壮丁，发给牛具，每丁岁交额粮二十二仓石。仍按岁收分数酌量减免，并分别接济口粮，以资生计。若驿站之设，则分东、西两路，东路为墨尔根等站，西路为茂兴等站。每站设笔帖式、领催各一员，每路以总站官领之。此外，由省至呼伦贝尔，又由茂兴至呼兰，均设台以代驿递。各站地亩，向由站丁招民耕垦，俾赡家室，法至善也。乃历年既久，屯丁私卖地亩，站丁驿递稽迟，此署将军程德全所以于筹办善后事宜折内有裁撤屯站之议也。其裁撤之法，盖以各城屯站一律裁撤，各丁改归民籍，所

占之地清丈升科，设立文报以代驿递。而呼兰地称肥沃，私卖者其数尤夥。复经另订办法，将各丁自种之地照章升科，转卖之地除升科外，仍令按垧交纳押租，以示区别。其后墨尔根、茂兴各站，黑龙江、齐齐哈尔、墨尔根各屯，亦经次第办竣，于近数年内，陆续起科，其弊遂革。

附奏清丈呼兰屯站地亩折

奏为呼兰府属屯站地亩分别丈竣，谨将收进押租、经费银两数目并升科年限，恭折具报，仰祈圣鉴事。窃查臣德全于上年三月间，覆陈筹办江省善后折内奏明，拟将各城官屯一律裁撤，所有屯丁改归民籍，派员前往清丈升科，并请裁撤驿站，将各站丁改归民籍，照屯地一例升科。所有公牍，拟先设立文报局以代驿传。等因钦奉朱批，允准在案。惟江省屯站各处情形不同，而地处膏腴，人烟辐辏，亟须整理者则以呼兰府属为尤急。旋经札委年满屯官尚福条具办法，拟将屯站各丁自种之地照章升科，毋庸交纳押租，其转卖于民各地，则均饬一律升科。并令每垧交纳押租银一两四钱，照章随征一五经费等情，当经批准。并派该员署理呼兰屯官事务，会同该府知府李鸿桂设局勘办。并饬将呼兰、新安两台站一并照章查报。等因于光绪三十二年七月间报部，亦在案。兹据该员等呈称，除丈呼兰屯丁自种地亩五万二千七百一十五垧三亩一分八厘三毫，呼兰台站丁地六千九百四十垧一亩六分七厘，均未征收押租外，现计丈出呼兰屯丁出卖与民地四万二千七十九垧五亩八分，站丁出卖与民地一千八百三十七垧二亩四分，二共地四万三千九百一十六垧八亩二分，计收进押租银六万一千四百八十三两五钱四分八厘，又收进经费银九千二百二十二两五钱三分二厘二毫。其新安台站丁争讼地亩，请由呼兰府判结具报。等情呈请奏报前来。臣等覆核无异。惟查呼兰台站丁地六千九百四十垧一亩六分七厘，现在臣等正议变通全省驿站，应俟文报设后，再与各台站地亩一律升科，另行奏明办理。其所丈屯丁自种地亩暨屯站各丁出卖与民地共计九万六千六百三十二垧一亩三分八厘三毫，业饬自光绪三十二年一律升科。其余各城屯站，应俟分别丈明禀报到日，再行陆续奏报。除将此次毗连册籍并收除各项专案咨部外，所有呼兰屯站地亩分别丈竣并收进押租经费银两数目暨升科年限各缘由，理合恭折具陈。伏乞皇太后、皇上圣鉴。谨奏。光绪三十三年十月初二日具奏，二十五日奉朱批，该部知道。钦此。

附奏站地起限升科片

再上年清丈呼兰屯站地亩，除屯丁自种地亩暨屯站各丁出卖民户各地，业经奏请升科外，其余站丁各地，应俟变通本省驿站改设文报后，再与各台站地亩一律升科。等因奏奉允准在案。现在呼兰府属文报业经设立，旧日呼兰、新安两台站已同虚设，所有该处站丁地亩，应即自本年起科。其余本省各处站丁地亩，现既通行改设文报，应俟各该处次第勘丈竣事，均即于光绪三十五年一律升科，以符原案。除俟各处丈竣，另将毗连册籍分咨查照外，谨附片具陈。伏乞圣鉴。谨奏。光绪三十四年七月二十九日具奏，八月二十二日奉朱批，该部知道。钦此。

纪迁民减免路费

实边大计，无过迁民，夫人知之矣。乃历年既久，卒不闻有建一议、决一策招徕多数人民，以实行垦辟者。无他，则以路费不资故也。盖江省距内地数千里，即以赴江人民，宜于直、豫、皖、鄂、山东数省，而论其水陆程费，微特民力未逮，即由官家设法拨给，而江省财力万窘，非谋节费之法，则办理终无实际。节费维何，亦曰宽免轮路各费，以利遄行而已。方今京汉之路，已与京奉轨线相衔接。由山东至营口及由天津至营口之轮船，名曰商船，亦同官办。夫以官家所修之轮船而为运送官家迁民实边之用，以公济公，于理尤为正当，故于光绪三十三年十一月奏恳恩施，准免轮路各费，以纾民力。嗣经邮传部议，以京汉、京奉各路均系借款兴修，碍难一律免价。其由天津、烟台赴营口之船价，当先饬局核减以资提倡。虽未能尽如所请，然多免一程之路费，即多纾一分之物力。吾知内地田家之子，竭终岁劳力之所获，而不能免其饥寒者，尚亦闻风兴起，愿受一廛而为氓矣。

附迁民实边减免轮路各费折

奏为迁民实边筹备，宜豫请旨饬部宽免轮路川费，以利遄行，恭折仰祈圣鉴事。窃维黑龙江土旷人稀，筹边务者恒以迁民为切要，近年内外臣工条奏，多以移民实塞为言。臣德全本年奏陈应办事宜，亦经略陈纲要。盖人民寥落，无论农业、工商业，皆属无从振兴。本省目前放荒虽多，垦荒仍少，皆由黄沙大漠，人踪绝稀故也。惟移民一策，需款浩繁，举办非易。然江省若舍此不图，则整理更无下手之方。臣等近日彼此熟商，非移近省之民以实边圉则地利末由大兴，非谋节费之法以通道途则办理仍无实济。伏查内地各省，近日轮路四通，京汉一路已与京奉轨线相衔接，而海上航路由烟台而达营口取道尤便。计赴江人民，以直、豫、皖、鄂及山东数省为宜。是由汉至奉火车及由东赴营商船，皆为赴江要路。臣等刻正筹划安插经费，一俟妥商就绪，应即遣员绘图，遄赴各省设局办理，以广招徕。总期于迁民之中仍存便民之意。惟轮路川资所需过巨，若由官筹给，江省财力万窘，实难措此巨资。且移民垦荒，下利于边，即上利于国，若以官家轮路为之运送，免其收价，尤为我朝廷固圉兴利之要图。臣等现在酌筹办法，拟俟内地设局后，随时查有赴江人民确数，即由局员分给票照，先期禀明邮传部，转饬铁路各总办并招商总局，验明票照，一律放行。合无仰恳天恩俯准，饬下邮传部。遇有前项赴江人民，准将所需路价轮船费概行豁免，以利遄行，实于边省殖民要政大有裨益。其由奉至江一路，应由臣等咨明外务部，协力磋商办理。抑有进者，移民之议，虑者恒谓小民安土重迁，臣等现拟分招民、迁民两等办法，先从招民垦荒入手，一俟人知乐利，不以徙边为苦，则办理更易经营。如此则事轻易举，既可曲顺夫民心，人尽知归，愈以充实夫边境。除分咨查照，并俟拟定详细章程再行奏明开办外，所有预筹实边，请免轮路各费缘由，理合恭折具奏。伏乞皇太后、皇上圣鉴训示。谨奏。光绪三十三年十一月十二日具奏，十九日奉朱批，邮传部议奏。钦此。

附邮传部议覆迁民请免路费分别准驳折

奏为遵旨议覆，恭折仰祈圣鉴事。本月十一日，内阁抄出东三省总督徐世昌等奏迁民实边，请免轮路川资一折，奉朱批，邮传部议奏。钦此。原奏内称，黑龙江土旷人稀，近年内外臣工条奏，多以移民实塞为言。惟需款浩繁，非谋节费办法仍无实际，内地轮路四通，京汉一路已与京奉轨线相接，航路由烟台以达营口，取道尤便。计赴江人民以直、豫、皖、鄂及山东数省为宜，刻正筹划安插经费，妥商就绪，即遣员赴各省设局办理。惟轮路川资所需过巨，拟俟内地设局后，随时查有赴江人民确数，即由局员分给票照，先期禀明邮传部，转饬铁路各总办并招商总局，验明票照，一律放行，所需路价轮船费，概行豁免等语。臣等窃维移民实塞，洵属目前急切之图，惟京奉、京汉各路均系国家借款兴修，指路作抵，专恃行车进款以为拔本还息之需。现在各路统计，入不敷出，勉为支持，不得不力求撙节。且各路合同所载，免价、减价办法系专指赈粮、军械而言，若议迁民免价，无论进款减收应付为难，而核与借款合同亦多窒碍，恐外人有所借口。查光绪三十一年正月间，外务部会同商部、户部，议覆安徽巡抚诚勋奏请抽收船舟火车票捐折内，以火车拟收票捐显与合同有碍，未便遽行试办，奏奉谕旨，允准在案。此次迁民免价，碍于合同，事同一律，亦未便照办，应请毋庸置疑。至轮船免费一节，臣等悉心筹划，量力通融。京奉路局原置有轮船两艘，往来烟台、天津、营口，将来迁民由烟赴营或由津赴营，当先饬局酌减船价，以为倡率。其商局轮船、并由臣部电商署直隶督臣杨士骧转饬妥议，兹据电覆，迩年商况竭蹶，勉为其难。由烟赴营船费，商局拟减半核收等情，似此办理于营业实边均能兼顾。一切办法应俟该省派员赴部从长酌议，详订章程，免滋流弊。所有议覆缘由，谨恭折具陈。伏乞皇太后、皇上圣鉴训示。谨奏。

纪沿边派员招民

江省沿边一带，自呼伦贝尔西境起，越瑷珲而达兴东，处处与俄接壤，彼则居民栉比，屯堡相望，我则野甸荒凉，人烟绝迹。就黑龙江左右两岸观之，已不胜强弱兴衰之感，此招民实边之策，所以不得不亟亟图维者也。虽然江省距内地数千里，其如何兴垦情形，又岂胼胝愚蒙所能尽悉。是以有于汉口、上海、天津、烟台、营口、长春各处设立边垦招待处，派员招民之议。然而安土重迁，人情所苦，苟使力足自给，断不能招之使来，其来者无非失业贫民耳。川费既患其不资，地价更限于无力，则招徕亦岂易易，于是又有减免路价不征押租之议。及其到段认垦后，遇有青黄不接，则又有由官立银行查核实在人口，酌予贷助之议。此外如严限制以杜包揽，选良农以慎安插，速升科以促垦辟，均莫非为切实兴垦起见，而其至要之关键，则尤在得人而理。方其招待也，既明定奖章，优加鼓励。及其设治也，复以沿边垦务案内，积有异常劳绩者尽先补授。其有招徕不力，督垦无效情事，并随时撤委以儆其后。似此宽严互用，倘能切实举办，则成效当不难立睹也。

附奏江省沿边荒务酌拟变通办法折并单

奏为江省沿边荒务酌拟变通办法，以辟利源而固疆圉，恭折具陈，仰祈圣鉴事。窃维垦地殖民，为筹边第一要义。古人移民塞下，近日东西各国率多于荒旷之区，注意经营，渐成繁庶，如美之于西路，俄之于西伯利亚，日之于北海道，皆由国家筹拨巨款，设法招徕，组织完全，计谋深远，既收土广民众之效，兼为开疆拓境之图。江省密迩强邻，地广而荒，启人觊觎，从前收价放荒多在苏、兰、林、庆一带，以其地土既属上腴，道途又非绝远，因而直、东人满之区，奉、吉有力之户，频年麇集，成邑成都。至今江省以东荒为陕区，客民视迁地为乐土，近则荒段愈远，边境愈寒，小民负耒出疆，道路之费倍增，居止之地无著，举凡任辇车牛庐舍田器之属，繁费滋多，若复照章收价，势必领户裹足，垦辟无期。自非将沿边各段荒务另订招民办法，酌量变通，不足以招致远人，发挥地利。伏查江省沿边一带，自呼伦贝尔西境起，越瑷珲、兴东辖境，皆与俄界毗连，除现筹卡伦办法另行奏明开办及汤旺河业经开放外，其余旷地，弥望榛芜，无人过问。臣世昌上年奏陈迁民实边，请免轮路各费，并陈明先从招民入手，即为拓殖边荒之计。本年九月奏陈屯垦一折，亦声明沿边招垦办法，另行奏明办理。盖创办兵屯，筹款维艰，开地有限，自应另行遣员招民，以为兼营并进之举。现在审量沿边情势，非改收经费以广招徕，恐民户无由远致，非另定奖章，以示鼓励，恐员司不易激扬。此外，如减路费以利遄行，严限制以杜包揽，选良农以慎安插，速升科以促垦种，暨其余亟宜变通各节，均经详细酌核，务期切实可行。将来新设治地方所有荒务，即责成各该地方官兼办，不另设局所，以省糜费。谨拟江省沿边招民垦荒章程五章共二十四条，敬缮清单，恭呈御览。如蒙允准，应恳饬下各省督、抚，遵照办理。其派往各省招待员司一切经费，拟由本省各荒段剩存经费项下开支，如有不敷，即饬司由正款动用，按年报部列销。总期人民日臻蕃庶，国界所在，巨镇隐然，庶仰副朝廷固圉实边至意。除将沿途轮路细章，派员赴部议定并划定荒段暨将员司薪公数目续行咨部外，所有江省沿边荒务变通章程缘由，缮单恭折具陈。伏乞皇上圣鉴训示。谨奏。光绪三十四年十二月二十四日具奏，宣统元年正月十八日奉批，该部议奏，单并发。钦此。

谨拟黑龙江省沿边招民垦荒章程敬缮清单，恭呈御览。

计开：

第一章 招徕

一、本省沿边兴垦情形，恐内地农民未及周知，拟俟此次章程奏奉允准之日，由本省刊印成册，并绘具荒段图说，咨行奉天、吉林、直隶、山东、山西、河南、江苏、安徽、江西、湖北各省督、抚转饬各属，出示晓谕，并责成劝业员将章程图说广为指导。其有愿赴江省垦地者，由各属就近指令赴边垦招待处，以期接洽而免观望。

二、汉口、上海、天津、烟台、营口、长春各处拟设黑龙江省边垦招待处，凡有各该省招送垦户或公司招集多户，以及零星垦户前来领垦者，即由该处招待处照章妥为照料。

三、招致垦户，应于所在地方觅具保结，确系务农良民，方得由边垦招待处填给赴江垦户执照，不得需索分文。

四、来江垦户携有边垦招待处执照者，除由烟台至营口招商局轮船业经奏准减收船价外，其由哈尔滨至松花、黑龙两江之官办轮船及昂昂溪至齐齐哈尔之官办铁路，均一律征收半价，其随带眷口，概免收费，以广招徕。

五、招徕垦户应于每年三月内到江，以便及时开种。各该省所属及各处招待处，均须明白劝谕预算程途日期，以免先后参差，致误种作。

第二章 授地

一、民户赴段领垦者，每垧征收经费银四钱，以充各该处办理垦务之用。惟本省毕拉尔路土人向以牧猎为生，该处协领拟招民导引耕种，应于民户领地时，暂行免收经费，俟垦熟后仍照章补收，以归一律。

二、每户领地以四十五垧为限，惟垦地公司认领荒地不在此例。

三、各户所领地亩到段立予拨给，但非垦熟升科后不得展界续领。

四、公司所领大段荒地，非经垦熟后不得辗转让卖，如于领地之后，并不实行开垦，但思转贩渔利，坐令荒芜不辟者，一经查出，确有贩卖生荒情事，立将所领地照撤销，原缴经费概不发还。

五、凡领垦地亩除领地之本年不计外，统于领垦后第三年起一律升科。

六、各户领地除领垦之本年不计外，均于第三年起勘查一次，查明垦成熟地若干，分别填给大照。

七、垦户领垦之地至勘查年份，其垦熟地亩在三分之二以上者，其余未垦生荒应准一律填入大照，照章升科。如垦熟地亩不及三分之二者，应照已垦地亩数目填给大照，其余未垦生荒，概行撤佃另放，原缴经费概不发还。

八、凡报领荒地经营林业者，查其已种树木地方，均照熟地一律升科。

前条所定垦地期限，苟因天灾事变，迫于不得已缘由不能依限垦辟者，准其呈候查明，分别办理。

九、垦户报领荒地后，应于四围接界处开挖沟渠，各于沟渠之旁排植适宜树木，以资引蓄而清界限。

第三章　资助

一、垦户到段开垦，倘有青黄不接者，准由就近官立银行、银号查核实在垦种人口、酌予贷助，分期偿还。其贷助章程，随时另行酌定。

第四章　奖励

一、各该省所属招送垦户在五千人以上领地过六万垧，或二千五百人以上领地过三万垧者，准其呈请各该督、抚咨报江省，分别照异常、寻常劳绩请奖。

二、各处招待员除各该省招送垦户外，其由招待处招致垦户在五千人以上领地过六万垧，或二千五百人以上领地过三万垧者，准照异常、寻常劳绩分别请奖。其有招徕不力者，随时由本省撤换。

三、各处荒段新设地方官及设治委员，准于沿边垦务案内积有异常劳绩者，尽先补授。如设治三年，其境内新增之户不及二千五百人，及新垦之地不及二万垧者，即行撤换。

四、领荒地主独力招募佃户垦辟，升科地至六百垧以上者，拟请给予七品顶戴，八百垧以上拟请给予六品顶戴，一千垧以上者拟请给予五品顶戴。如本身职衔逾于应奖衔秩或不愿得奖者，准其移奖子弟亲族。

五、凡创集公司招募佃户垦辟荒地者，其发起人准照前条给奖。若发起人不止一人，准照所垦地数平均分奖。如该公司能辟地十万垧、招民逾二万人者，查明分别奏请优奖，以昭激劝。

第五章　附则

一、本省各城无业旗丁及各省驻防无业旗丁资遣来江安插者，免征经费银两以示体恤。其各镇退伍兵丁，由各该省资遣来江安插或由本省招致办理屯垦者，同其来江时，统由各处招待处妥为指导。

二、本章程之适用区域以沿边兴安岭以外兴东、瑷珲、呼伦贝尔等处所辖地方为断。

三、所有丈地发照折扣，一切放荒章程，悉照本省向章办理。

附农工商部会同吏部、度支部覆奏折

奏为遵旨会议具奏，恭折仰祈圣鉴事。东三省总督、黑龙江巡抚奏江省沿边荒务酌定变通办法一折，宣统元年正月初七日奉旨，该部议奏，单并发。钦此钦遵。由内阁抄出到部。据原奏内称，江省沿边一带，自呼伦贝尔西境越瑷珲、兴东辖境，皆与俄界毗连，除汤旺河业经开放外，其余旷地无人过问，先从招民入手，为拓植边荒之计。审量沿边情势，非改收经费以广招徕，恐民户无由远致，非另定奖章以示鼓励，恐员司不易激扬。此外如减路费以利遄行，严限制以杜包揽，选良农以慎安插，速升科以促垦种，暨其余亟宜变通各节，均详细酌核，务期切实可行。将来新设治所，其荒务即责成各该地方官兼办，不另设局所，以省糜费。其派往各省招待员司一切经费，拟由本省各荒段剩存经费项下开支，如有不敷，即饬司由正款动用，按年报部列销等语。农工商部查移民塞下，计口授田，隐以巩固边防、显以振兴地利，兼营并进，实为筹边切要之图。江省地广人稀，频年开垦，均在苏、兰、林、庆一带。自呼伦贝尔西境越瑷珲、兴东辖境，边线绵长计四千余里，弥望榛芜，土满为患，亟应全局统筹，为未雨绸缪之策。该督等所请招民垦荒各节，洞边酌情，深维本计，自是为兴利实边起见，应准如拟办理。核阅所拟章程，除沿途轮路细章另行议定外，如慎选良农，严定限制，以及设立招垦处，广布图说以资招徕各节，兴、瑷、呼三属地处极边，辖境辽阔，与江省东荒等处情形无不相同，非切实招徕自不足以招致内地居民。广辟沿边垦务，相时度势，不得不变通办法以速观成，应即一并照准。其荒价经费以及升科各节，度支部查垦荒即应收押租并随收一五经费，东三省历办成案皆然。惟汤旺河荒地以勘放久无成效，迭经变通办理，每垧只收经费钱四百文，不收押租，曾据黑龙江将军奏准有案。今兴、瑷、呼三城沿边招垦，自非一隅之地可比，当经臣部电查去后，据复边线四千余里，荒地甚多，道远费艰，未能先事勘丈，经费尚难预计等语。是于此项荒地，第撮其大略而言。若无论瘠壤腴田，一概不收荒价，只收经费，似亦未为平允，碍难率行照准，将来是否三城同时并举，抑或分段次第开放，应随时派员履勘确得情形，示以区别。其每垧所收经费能否足敷总分各局之用，亦当核实预计，应令该督、抚等通盘筹划，详晰奏咨办理，臣部再行核覆。又招待处经费，准由该省各荒段剩存经费项下开支，如有不敷，即以新收经费弥补，不得另动正款。至升科限以三年，系为勤求耕种起见，自应照准。其奖励一节，吏部查该省荒价经费各节，度支部尚未照准，奖励章程臣部碍难遽行核议。应俟该督、抚按照度支部所议，通盘筹划，详定办法，由度支部核覆后，臣部再行分别异常、寻常，给予奖励。所有臣等会议缘由，谨恭折具陈。伏乞皇上圣鉴。再此折系农工商部主稿，会同吏部、度支部办理，因往返咨商，是以具覆稍迟，合并陈明。谨奏。宣统元年三月十九日具奏，奉旨，依议。钦此。

附东三省盐务

盐政篇

辽海之盐旧无网课，康熙十八年始招募商人吕进实等领引行销，三十年罢之，听民自行煎卖。乾隆中定由官庄按丁交盐，至同治六年始奏官盐。光绪初，又奏抽盐税充练饷，于辽东、西产盐之地各设局所以经理之。开创之始，办法疏阔，得利甚薄。欲图整顿之方，要不外收税与收盐两端，商卖与官卖两术。大利之所在，欲操盈缩之柄，以乘时之缓急，则收税不如收盐之为蹈实，商卖不如官卖之能多获也。而洋盐日多。主权渐损，又必三省有统一之规，始可以固藩篱而杜外私。光绪二十八年，将军增祺有倡办督销之议，编滩户，筑盐坨，筹办未久而日俄战事起，未及实行。将军赵尔巽继其任，承兵燹之后，欲为三省合一之计，于是立东三省盐务总局以握其纲领。而运道窒滞，私盐充斥，畛域久分，整齐匪易，刻意经营，销运余未能畅。当时议者，谓为缉私之不力，责任之未专似矣。其实海参崴等处外盐之浸灌，大孤山一带东盐之侵越，而东清铁路既变旧时之运道，吉、江两省亦未定划一之章程，其关系最重大者又莫如金州租界交涉未定，盐滩割于日本之一事。盖金州为水陆通衢，陆则南满铁道日人有完全装运之权，水则或以帆船运至营口，以输入奉天各境，或由轮船运至海参崴以内灌吉、江两省，其盐洁白为辽东、西各场冠。日本都督府之税，每石仅收滩费六角。以盐质言则彼精而我劣，以税率言则彼轻而我重，利之所在，人尽趋之。我虽百计防维，而铁道所经，我无查缉之权，商人遂借外人为护符，因缘为奸，莫可究诘。世昌于丁未夏奉命来东，奏派京堂陆宗舆、道员杨毓璋[1]主持鹾政。以缉私之不力也，改编巡队以稽缉之，以责任之未专也，裁减员役以统一之。札饬崴埠商务委员，一律禁止外盐，以绝邻私浸灌之路。改设大孤山等处补征专局，不准私盐进口，以遏东盐侵越之源。而火车辐辏之地，如怀德之公主岭，奉化之四平街，均设缉私局。复设法联络吉、江两省，使之创办官运。又虑销数日旺，产额不足，特接济滩户以鼓励之，开筑安凤滩场以提倡之。一年以来，成

---

〔1〕　杨毓璋（1872—1920），安徽泗州（今江苏盱眙）人。曾任天津中国银行行长。

效渐著，而尚未能大定者，则金州盐滩一事，实为全局之关键。当日人收拾金州于蹂躏之余，盐利未溥，索价亦未奢，若于此时设法收回，尚不至十分棘手。今则该处开辟滩场，不遗余力，产额日广，要挟亦日甚，事关国际，动多掣肘，屡经交涉，悬未议决者，盖所处之时异也。急则治标计，惟有先收回铁道查缉之权，及遏绝日盐输入之道，为扼要之抵制。故去岁吉、江创办官运时，许与南满铁道输送与该公司订立合同，火车到埠许我官吏上站查缉，是于无形之中已稍稍收回主权。复于瓦房甸、田家甸等处倡设缉私局卡，以绝奸商装载日盐之路。凡此计划，皆为抵制之要图。去岁销数之旺，为东省前此所未有者，未始不得力于此。就现在之情形，为将来之规划，总须三省统一，方可以奏全功。去岁吉、江创办官运。虽已启沟通之渐，然用人行政各自为谋，盖以地方辽远，民情各异，若必受成于一处，则布置诚恐难周，故令各省各自主持。创办既成，则又宜合不宜分，宜一不宜涣。考之各省，如江、皖、赣、鄂之统于两淮，浙东、西各属及苏、松、常、镇、徽之统于两浙，立法之始，皆有深意。诚举三省而一之，则事权既一，可以权赢朒，机关既通，可以便操纵。然后酌改办法，实行督销之策，联三省为一气，而总其成于奉天，统筹全局，某处之盐可销某处之地，某处之民可食某处之盐，虽不必有引地之名，而略为分配，以为酌赢剂虚之地。仿唐时常平盐法，官筹资本，令滩户各以晒盐之数报，平价收买。中设总仓于营口，而盖、复、盘之盐储焉。西设分仓于锦州，而锦、广宁之盐储焉。东设分场于安东，而庄河、安凤之盐储焉。至新民为屯盐之地，通江为水陆之冲，或酌设转运分局以为分运之地。而于吉林之长春，黑龙江之呼兰，各设督销分局一处，吉省之盐即由长春分运，江省之盐即由呼兰分运，并于各要地设立分销局，重订章程，招商承买，以转运于应行各地。商之贫而可靠者贷之。仿德国盐法，视其身家，酌定期限，由一月而二月而三月不等，逾限不归者罚无贷。至于道远之地，为商运所不及者，由官自运以粜散之。如是则滩无弃地之货，市无骤长之价，而大利之权操之于上，得缓急之恃，不言加赋，而课自无不足。或谓创办官运，动需成本，如筑坨购地，屯盐付价，买席打包种种需款，经费既巨，利于何有。不知奉天仅有盐厘加价二项，所取最薄，合之滩价每斤不及一分，而商人出售之价且倍蓰焉。即以奉天论，尚须二分左右，吉、黑等处有贵至四五分者，官盐虽须持平价主义，然诚能核实办理，每斤总可得余利三四厘。以三省岁销五十万石计，除正课外，可骤增百数十万金之进款，此裕国而民不病者也。其盐价之昂在运费之贵，商运之魄力小，故不能操盈缩之权，若官为主持，则可挟国力以促交通界之进步。以水道言，则辽河可设法挑濬。以陆道言，则轻便铁道可随在敷设。运费既减，成本自轻，成本既轻，盐价自贱，惟是利国利民，独不利于走私之滩户与垄断之奸商耳。至若洋盐交涉，则尤当力争经营，不容稍懈也。

附奏覆陈东省盐务情形折

奏为覆陈东省盐务情形，并现筹办法以维鹾政，恭折仰祈圣鉴事。光绪三十四年九月三十日，承准军机大臣字寄九月二十四日奉上谕，有人奏：奉天沿海产盐，请妥订官督商运章程等语，著徐世昌体察情形，酌核办理。原片著抄给阅看。钦此，遵旨寄信前来。臣当札饬东三省盐务总局通筹妥议，按照原奏各节，分别详查，以凭核办。旋据该局督办陆宗舆呈称，奉盐向系就滩设局抽厘，前将军增祺任内，奏办督销而未能实行，诚如原奏所云。惟原奏谓前将军赵尔巽任内，奏请就场征税，将晒盐、运盐、销盐联为一气，由官主持，合奉、吉、江三省而一之，为盐归官运之权舆。至今年东三省总督徐世昌始准改为官运，于奉天设盐务总局，吉、江二省各设官运局，于营口设分局，收买盐斤，由日本火车运北。有贩盐者以私论。以为仿刘晏[1]办法为利甚大，岂知利少弊多一节。查前将军赵尔巽奏设东三省盐务总局，虽曾奏请官运，迄未实行。盖因三省各自为界，不能由奉天将军兼辖，故不但不能行盐政权于吉、江，而南则有南满铁道私运充斥于吉省，北则有大宗外私由海参崴[2]进灌于江省，彼两省官吏，方以盐政之权在奉天，并未设法查禁，于是私运之盐遍及三省，官课所入亦且骤减。至商运商销，本有此议，去年奉饬招商，迄无成说。盖奉省多系盐坊小栈，无巨资可以运远，迥非内地盐商可比。今年三省督、抚会议，筹定官运办法，因于吉、江两省设官运局，而犹以金州租界盐滩之交涉未定，于南满铁道之私运时起龃龉，不得已而为扼要清本之计，乃与该公司订立合同，令其减价装运官盐，除官运票外，不准再运私盐，沿途各站任我稽查，然后吉江两省官运，方有所入手。至辽河惟夏秋可运，需日甚久，防私甚难，较火车运费几及两倍。即未办官运时，商运之盐亦已改用火车，且粮食、杂

〔1〕 刘晏（715—787），中唐杰出的理财家。从唐肃宗乾元三年（760）起任户部侍郎，充度支、筹钱、盐铁等使，在盐政、漕运、赋税、铸币、平抑物价等方面进行了一系列的财政经济改革。

〔2〕 今符拉迪沃斯托克。

货亦多由车运，盖迟速省费之殊，自必有所趋重，非因盐归车运而航业萧条，大车寥落也。且吉、江官运巨资仍散于营口，果能缉私得要，官盐畅销，荒滩日辟，东西辽沿海七八州县之居民获利实非浅鲜，而营口仍为三省盐务之总汇，利民而非病民，于斯可信。是原奏谓营口渐逊于大连，乃港口冻否之关系，而盐务则与大连无涉也。惟吉、江两省虽办官运，而运往之后仍发给本地商人配额销售，以期不夺本来之商利。但官自为运，而商自为销，各分界限，无稍混淆，原奏谓委用地方绅商为员司者，实系传闻之误。又吉、江办理官运，道路遥远，舟车之耗甚大，且事在试办，盈亏未卜，不能不稍宽限制。因将所运盐斤仅于例定每石六百四十斤之外，吉省准再加卤耗八十斤，江省准加一百四十斤，以防亏垫，实并无一石增至六七斗之数。即运至吉、江后亦令平价销售，并无高价居奇之事。谨按照原奏详细声覆等因。臣查奉天盐务向以就滩设局征收，历任将军或奏请督销，或奏请官运，皆未实行。臣到任后，首先规划吉、江两省筹销奉盐办法，因东省无巨资大商，不能商运商销，于是有官运之议。既办官运，首在缉私，因于绥芬河税关饬令严缉，以绝东北海路之私运。又以运路所经费轻为要，因金州盐滩之交涉未定，南满铁道之私运甚多，于是与该公司订立合同，减价装运。且我有稽查各站之权，并声明不得私运，而两省官运费减私绝，办理方有端绪。且未办官运以前，不但粮食、杂货均趋重于火车，既私盐亦由铁道私运，是大车之减少，航业之不繁，非因官运之盐而始然也。将来营口为盐务总汇，大利在民，尤可想见。且盐归官运，仍系商销，即于吉、江商民亦无窒碍。原奏所陈，殆未知东省盐务与内地情形迥不相同，而三省官吏规划之苦心，固已兼顾统筹，于利国便民两有裨益也。现在详拟章程，正在试办，如果行之无弊，再行奏明立案，以规久远。所有覆陈东省盐务情形并现筹办法缘由，谨恭折具陈。伏乞皇上圣鉴训示。谨奏。光绪三十四年十一月十五日具奏，本月二十五日奉批，知道了。钦此。

纪局所及规则

辽东、西沿海产盐区域，纡迴二千余里，滩场绣错，年产四五十万石，收课至百余石，三省财政实恃盐利为大宗，现虽未设专官，而其局所规则可得而考焉。奉省盐务始于光绪三年，因练兵需饷，将军崇厚奏请于盖平等处设立盐厘分局，派员就滩抽厘。光绪二十八年，将军增祺奏，变通盐务拟定章程，试办督销，设总局于距营口六十里之田庄台。嗣因邻兵在境，督销未及实行。光绪三十二年，将军赵尔巽奏改为东三省盐务总局，六月，将总局移驻省城。查现行制度，置督办一员、总办一员、提调一员，设统计、文案、收支、管票、庶务五处及掌案、盐印、差遣等员，分处任事，以专责成。各项员司无定额，以能敷办事为率。其盖平、复州、庄河、锦县、宁远、广宁、盘山七处分局，则专司征收盐课，稽查滩场等事，各于其辖地择要设立分卡，酌派司书、巡队以司查缉。并怀德之公主岭，奉化之四平街，复州之大平岭、田家甸设立缉私专局，以杜外盐浸灌。其立法则稽而不征，获私则照章充公罚办，布置亦稍稍周密矣。

附东三省盐务总局人员职务表

督办	一员	督办奉吉黑三省盐务一切事宜
总办	一员	总办奉吉黑三省盐务一切事宜
提调	一员	管理全局事宜
总文案委员	一员	办理全局公牍
文案委员	二员	拟办稿件
掌案委员	一员	经理案卷核对收发文件等事
监关防委员	一员	监用本局关防
正收支委员	一员	管理出入款项勾稽册簿
副收支委员	一员	管理出入银钱款项
帮收支统计委员	一员	管理核对款项兼统计事务
管票委员	一员	管理一切票照
庶务委员	一员	管理本局一切杂务
差遣委员	无定额（事繁则添派、事简则裁撤）	

文案司事	四名	经理一切文牍
收支司事	二名	经理款项核对册簿
管票司事	二名	经理一切票照
庶务司事	一名	经理一切杂务
案：右表仅列各员司人数暨其职务，所有薪津另详经费表。		

附盐厘各分局人员表

分项＼分地	盖平分局	复州分局	庄河分局	锦县分局	宁远分局	广宁分局	盘山分局
委员	一员	一员	一员	一员	一员	一员	一员
司事	十七名	六名	八名	十二名	七名	七名	二名
书手	六名	三名	九名	十四名	十四名	八名	五名
巡役	十四名	八名	十名	二十名	二十名	十四名	八名
总巡	一员	一员	一员	一员	一员	一员	一员
稽查	一员	一员		一员		一员	
一等巡长	五名	三名	三名	四名	三名	二名	二名
二等巡长	五名	三名	三名	六名	三名	三名	二名
马巡	二十名	二十名	二十名	三十名	二十名	十名	十名
步巡	五十名	四十名	四十名	五十名	四十名	四十名	三十名
分卡	五处	四处	十三处	十处	十一处	五处	二处

附缉私各分局人员表

分项＼分地	怀德公主岭	奉化四平街	复州一名太平岭	田家甸
委员	一员	一员	一员	一员
司事	二名	三名	一名	
书手			一名	一名
巡役	五名	八名	一名	四名
巡长			二名	
马巡			十名	
步巡			六名	
分卡	一处	二处	二处	
按吉林、黑龙江两省于光绪三十四年秋相继开办官运，均于各该省设立总局，所有办法，另详官运篇。				

纪巡队缉私

理鹾[1]必以缉私为首务，私靖则销路自畅，税课自增，此一定之办法，故严查滩私，尤为第一要义。奉省沿海滩场，断续二千余里，坐落百余处，地面辽阔，道路纷歧，是非注重缉私，严加防范，不足以资整顿。旧章，于局员之外，设有滩总，常川驻滩，以资典守。在定章之初，局员、滩总各分职权，原期互相维制，迨日久玩生，遂至争私卸责，百弊滋生。光绪三十三年八月，因筹改良之策，先行组织盖局巡队，其办法酌仿警察法，自总巡以下悉归该局坐办统率调遣，以一事权，而资联络。试办有效，即于是年九月通行各分局，依照办理，并将巡队简章颁发各分局，一律照行。近年产盐日盛，销路日广，民间竞辟新滩以应销数，未始非缉私之效果也。

〔1〕　理鹾：掌管有关食盐的事务。

附盖平组织巡队办法

一、组织盐巡一队，以为监视斗纪、查缉私盐、护卫局所之用。共设总巡一员、巡官一员、马巡什长二名、马巡十八名、步队巡长五名、步巡四十五名、查滩司事三名、书手一名，统计七十六名。

二、总巡总理队务，承本局坐办之命，调遣巡队，并指示巡缉之法。巡官教练队兵，巡视各滩，兼备特别差遣之用。

三、本局驻队二十名护卫局所，并备临时放哨之用。

四、盖局管辖滩场五处，每处驻什长一名、队兵九名。内二名住分局，为保护局所之用，七名住盐坨，监守盐滩，盘诘装盐舟车。

五、各滩所驻队兵每旬日更换一次，某人轮驻某处，概由总巡临时配定。

六、每月薪饷，分十五、十六日齐集本局，另派收支委员按名给发，不得顶替代领。

七、巡官以下勤惰功过，概由总巡考察，随记分数，按月呈报坐办，分别撤留，量予赏罚。

附改编巡队简章

一、定名

各分局所设之马步队，其马队应名马巡，步队应名步巡。带小队者曰巡长，长分一二等，其上即为总巡，毋庸再设巡官。惟事繁之局，得设稽查一员，又总巡之下得用书记一人。

二、定额

盖平分局

总巡一员　稽查一员　一等巡长五名　二等巡长五名　马巡二十名　步巡五十名　书记一名

锦县分局

总巡一员　稽查一员　一等巡长四名　二等巡长六名　马巡三十名　步巡五十名　书记一名

复州分局

总巡一员　稽查一员　一等巡长三名　二等巡长三名　马巡二十名　步巡四十名　书记一名

庄河分局

总巡一员　一等巡长三名　二等巡长三名　马巡二十名　步巡四十名　书记一名

宁远分局

总巡一员　一等巡长三名　二等巡长三名　马巡廿名　步巡四十名　书记一名

广宁分局

总巡一员　一等巡长二名　二等巡长三名　马巡十名　步巡四十名　书记一名

盘山分局

总巡一员　一等巡长二名　二等巡长二名　马巡十名　步巡三十名　书记一名

以上各局如事繁须添人时，准以五人为限。

三、薪饷

总巡四十两　稽查三十六两　一等巡长十五两　二等巡长十二两　马巡九两五钱　步巡六两　书记十二两

四、委用

总巡、稽查皆由总局札委。由各局员保荐者，须将该员详细履历呈请核示。选用巡长亦须由总局批准，方可补充。马步巡则由分局挑补，惟须有切实补保。

五、罚章

轻者记过罚饷，重者降等斥革，最重者送地方官照律严惩。

以上五款，至为宽简，务使一律遵从。以外详章，俟商销开办再行颁定。至各局所拟办事条规，均著呈候核准后遵行。

纪税率

奉省盐务，自康熙三十年停引，而后听民自由贸易、运销，本省及吉林、黑龙江、蒙古等处，无论产盐、销盐地方，均未尝为征榷之举。迨光绪三年，将军崇厚因练兵需饷，始奏定每石六百斤，仿刘晏就场征税之法，每石抽东钱二吊四百文。光绪八年，复经将军崇绮[1]以饷项不敷，奏请每石加抽东钱二吊四百文，是为四八练兵经费。光绪十七年，户部筹饷案内，于每石四吊八百文外奏请加抽二吊四百文，是为二四解部之款。光绪二十四年，将军依克唐阿因筹办学堂，复请每石加抽东钱一吊二百文，是为一二学堂经费。光绪二十八年，将军增祺以拟办督销，奏准按照每斤加抽制钱四文，计每石抽制钱二千四百文，折合东钱十五吊文，是为一五加价督销经费。统计以上各项，每盐一石共抽东钱二十三吊四百文。光绪三十四年六月，度支部以抵补药税，奏请议加各省盐价，咨行到奉，会同三省电复，暂从缓议。盖奉盐税则虽较各省为轻，而体察三省现在情形，一时固有难于加价者。总之，奉省盐务实为财政上一大来源，税课所征，上关国计，近年历加整顿，专以展拓销路为目的。兹取光绪三十二年七月起至三十三年六月止，又自三十三年七月起至三十四年六月止，各分销数比较表，附列于后，俾司榷者有所考焉。

附度支部奏请酌加盐价抵补药税折

奏为酌加盐价抵补药税，恭折具陈，仰祈圣鉴事。窃查本年二月二十日内阁奉上谕，外务部奏筹拟禁烟办法，另筹抵补药税各折片，著民政部、度支部迅即会订稽核章程，其药税指抵各款由度支部另行筹补。等因，钦此。嗣于四月二十四日经臣部会议覆奏，业于折内声明，抵补药税由臣部另筹奏明办理。等因奉旨允准在案。现查药税指抵各款，以练兵经费及各省额款为大宗。今实行禁烟，税项日减，向时指抵各款，亟应另筹抵补以备应付。虽印花税一项，前经奏明办理，现在甫议开办，恐未必骤收成效。臣等日夜筹思，际此财力奇窘，苦无长策，必不得已，惟有酌加盐价，尚可集成巨款。议者谓东西各邦通例，凡为国家必要之需，无不由国民共其擔荷。就盐摊派，天下无不食盐之人，即无不同尽义务之人，其说颇中肯綮。兹拟按照向来加价之数，酌中核议，无论何省，通行每斤暂加四文，实属轻而易举。倘各省实力疏销，每年当可得银四五百万两，以一半解部抵补练兵经费，以一半划归产盐销盐省

〔1〕　崇绮（1829—1900）：清代唯一一位旗人状元。光绪年间历任署吉林将军、热河都统、盛京将军、礼部尚书、署翰林院掌院学士。

分，匀拨济用。虽于练兵经费及各省额款未能全数抵补，亦可暂济目前之急。如各省疏销不力，以致旧日课厘等项或有短绌，即将应拨该省此次一半加价先行提补，课厘等项原额有余，再拨给该省应用。其有委员等办理不善，激生事端者，即由该管督、抚从严参办。此次酌加盐价，系为抵补药税而设，各省务须一律遵行，不得彼此参差，致有畸轻畸重之弊。如蒙俞允，即由臣部电咨各省，限于本年七月初一日通行，照数加收，以济要需。所有酌加盐价抵补药税缘由，理合恭折具呈。伏乞皇太后、皇上圣鉴。谨奏。

附覆度支部奉盐请缓加价电

北京度支部鉴，洪有电，敬悉。查奉省盐务向系就滩征税，准商贩自由贩运，分销三省，未分引地，即无定价，且销盐向无定额，岁收旺歉不等。自前年划分金州租界后，盐滩交涉未定，外私浸灌益多。是欲整顿东三省盐务，非速定盐滩，交涉无从下手。今若遽议加价，不但外私价贱，益易充灌，而日人更可有挟而求，诚恐窒疑滋多，无补实益。况东省盐课，常年收额无多，而边省荒寒，本无练兵经费，历任吉、黑将军以地广人稀，向未注意盐政。奉省虽有督销之议，迄未实力整顿，上任办理盐务，收款转行短绌。去夏派员整理滩场，今年吉、黑两省始商办官运，筹本筹销，开创诸多棘手。边省情形迥异内地，拟俟交涉及运销大局稳定，再行加价，现拟暂请从缓，尚乞鉴原。

附盐厘各分局销盐比较表

分年 分地	光绪三十二年七月起至三十三年六月止	光绪三十三年七月起至三十四年六月止
盖平分局	六万八千五百五十九石八斗	十九万九千三百五十石零一斗
复州分局	一万七千三百三十八石八斗	五万四千八百六十石零七斗
庄河分局	二万一千七百二十七石	三万零九百六十五石三斗
锦县分局	三万二千八百二十一石九斗	五万七千五百十石零三斗
宁远分局	二万一千零五十七石二斗	三万八千三百一十六石
广宁分局	一万八千二百二十七石九斗	二万八千九百一十九石七斗
盘山分局	三万六千九百八十一石一斗	三万零零四十一石
总　数	二十一万六千七百一十三石七斗	四十三万九千九百六十三石一斗

纪经费

盐务经费，岁无定额，自光绪三年暨光绪八年经历任将军奏准，于盐厘四八项下，以二成作经费，八成归公。继于光绪三十二年将军赵尔巽奏请，将奉省征收各项税厘应需办公经费，统按二成提支，旋经部议核减为一成五厘。第所谓一成五厘者，部议乃系按所收税厘统扣之数。光绪三十二年，奉省办理盐厘奏销案内，以盐课亦税厘之一项，遵照部议，按一五扣支经费，惟所扣者仅四八一项，而不及二四、一二、一五三项，于是所提出之数益微，而经常之用款倍形竭蹶。究之盐务经费一项，若按原定奏章则，须于四八项下扣留二成，否则比照各项税厘办法，应于所收款内统扣一五方与部议相合。乃光绪三十二年之奏销，则仅于四八项下扣支一五，是既非盐务经费原奏成案，亦非税厘经费部议办法矣。故此次光绪三十四年办理前三年盐厘奏销，按照部议，于所收各款内统按一五提支，期与奉省各项税厘统归划一。况东省盐务自近年大加整顿，收款日增，事务既繁，需款自巨，约计一岁中支出之款，如各项司员人等薪津、工食，各滩场巡队经费，各分局、各缉私局常年公费及随时派员调查关于盐务一切事件之川资费用，暨各分局解缴厘课、汇兑费，并总分各局修筑办公房屋及一切杂支等项，为办公必要之需，而万难删减者，每年需银十五六万两云。

附奉省征收各项盐厘数目接续汇报折

奏为奉省征收各项盐厘数目，接续汇报，恭折仰祈圣鉴事。窃查奉省征收各项盐厘银两，向系拨归练饷、学堂等各种要需项下列收备用，所有征存数目截至光绪三十一年十二月底止，业经截案开单奏咨核销在案。兹据东三省盐务总局呈称，自三十二年正月至三十四年六月底止，四八盐厘共征库平银五十二万九千一百九十三两三钱三毫一忽一微，二四盐厘共征库平银二十六万四千五百九十六两六钱九分九厘八毫三丝一忽四微，一二盐厘共征库平银十三万二千二百九十八两三钱二分八厘二毫六丝一忽二微。又每斤加抽制钱四文，共收钱易合库平一百二十二万五千六百六十二两三钱九分三厘四毫四丝七忽一微。惟历时既久，已数易办事之员，应分任造册汇案并报，以清款目。计光绪三十二年上半年为该局总办章樾[1]任内应列一册，三十二年七月至三十三年六月为该局督办史念祖[2]任内应列一册，三十三年七月至三十四年六月为现在督办陆宗舆任内应列一册。溯查三十二年经兵燹之后，道路初通，省城北方一带盐斤缺乏，故春季尚见畅销。自三十二年秋季至三十三年夏间，一年内销数甚减，共仅征银四十八万余两。至三十三年七月以来，销数乃复畅旺，共征库平银至九十三万余两。比较史念祖任内，计共增收四十五万两有余。惟经费一项，历年亏短甚巨，应请援照度支部前次核议奏准前将军赵尔巽奏案，将各项盐厘统按一成五厘开支办公经费，借资挹注，统计实归公银一百五十七万六千三百六十两一钱七分三厘三毫四丝一忽九微，均已尽数拨解度支司，遵章拨充练饷、学堂等各项要需。等情呈请奏咨前来。臣查该局自三十二年正月至本年六月，各项收数日有增益，惟经理不止一人，自应分任造报，以免混淆。至厘款逐渐加多，自非认真厘剔，不克臻此。所有局卡、滩场、员司、书役及缉私等经费，自应援照部案将一二、二四、四八并加价四文各项厘款，统扣一五经费，以资办公而符定章。除造具分年细数清册，咨部核销暨遵章提支一五经费银两及筹办督销各项用款，另奏请销，并拨充练饷、学堂等各项要需，亦应另案请销外，所有接续汇报三十二年正月至三十四年六月奉省征收盐厘数目缘由，理合恭折具陈。伏乞皇上圣鉴。谨奏。光绪三十四年十二月十八日具奏，宣统元年正月初六日奉批，该部知道，片一件并发。钦此。

附奏请销督销局所需购地建房各款片

再查奉省盐务局向系就滩抽厘，光绪二十八年十二月，经前任将军增祺奏请试办督销，并每盐一斤加抽制钱四文，于光绪二十九年十二月十五日起征，所收数目均经按年奏报在案。查原奏试办督销章程内开，设立总局，分派滩总，配置盐巡、并建筑官坨，购办席片、麻袋、纸钞等项一切支款，未改章以前，均应核实造报，作正开销。经部议准，行知在案。兹查自二十九年冬赁房设局，派员筹办，至三十一、

〔1〕　章樾（1847—1913），字幼樵，河南祥符县人。清光绪十三年（1888）出任营口海防同知厅同知。1890年调任凤凰厅同知。1903年，以道员衔任田庄台盐务督销局总办。

〔2〕　史念祖（1843—1910）：江苏江都人，光绪三十一年（1905），赴奉天随将军赵尔巽治赈，赏加副都统衔，掌管三省盐务及财政局。针对东北吏治腐败，致力改革，取得成效，赵尔巽三省调离后，被罢免。

二两年总局购地建房，滩场分筑垣坨并派员司采运席片、麻袋，其钞纸已定造十万张，虽未行使，已付造价，各项用款既经奏明在案。此次清理历年盐款，自应遵章据实造报，所需各费，即由加抽四文款内提支列销，以清款目。除总局员司等薪工由所提经费开支，毋庸造报，统计应销库平银二十五万二千六百二十七两九钱三分九厘九毫二丝二忽四微。据东三省盐务总局分项列册，呈请奏咨核销前来。臣覆加查核，所有各款，均系照章实用实销，委无冒滥。应请照数核销，俾清案款。除将清册咨部外，理合附片具陈。伏乞圣鉴。谨奏。光绪三十四年十二月十八日附奏，宣统元年正月初六日奉批，览，钦此。

纪滩务

奉省盐斤，行销三省及蒙古等处，近年销数顿增，大有求过乎供之概，自非急筹产盐之法不可。考奉盐制法，由沟纳潮就滩晒盐，与长芦、山东制法相似。辽海一带，盖平等处七厅、州、县，滩场绵亘几千里，产盐三四十万或四五十万不等。惟是产额之多寡，全视乎滩场之兴废，则整顿滩务之道，诚不能不汲汲讲求已。特以废弛既久，积弊倍深，整顿之方，尤贵得其要领，方易措手。盖向者滩务之病有三：巡缉不严则偷漏滋多，滩户乏本则荒废相属，潮沟不通则来源易竭。光绪三十三年夏，经东三省盐务总局相与讨论计划，谋所以祛以上三者之病，乃首先以改编巡队为要务，巡缉既周，偷漏自绝。复议定接济资本之法，盖各滩户贫富不均，其有力之户，往往将滩盐积屯居奇，而贫户势不得不贱值求售，获利既薄，乏余资以谋续晒，则原有盐滩听其荒弃者，所在皆有。自接济之法行，而贫户无偏枯之患，售盐缴款，概不取息，免子母剥蚀之苦。于是各滩户踊跃从事，荒弃旧滩日就开辟，复多方劝导沿海居民，于土质相宜之地多开新滩，计二年来各属盐滩由一千五百余座骤增至二千二百余座，不得谓非提倡之力也。虽然产盐衰旺，固视乎滩场之多寡，尤视乎潮沟之通塞，盖潮水实盐之来源也。计各属产盐向以盖平为居多数，只以沿海潮沟年久淤积，若不亟加修浚，势必取晒无资，来源日绌。光绪三十四年春，盖平分局坐办姚煜与就地盐会绅董等集议办法，请垫公款一万二千五百元，暂于盖平盐厘每石带抽沟捐洋五分，声明款清即止。议既定，随即开工。计三道沟、黄旗场、小潮沟、红旗场等处，全工共长七千八百余丈。又三道沟海口及蓝旗场、合齐沟三项工程，亦拟同时修浚，官绅民通力合作，于是年九月全工一律告竣。潮水畅行，盐源倍旺，计光绪三十四年各滩产盐之数将及五十万石。盖至是而整顿之希望乃十达八九矣。

附接济滩户资本简章

一、接济之法，以清查滩户、指实滩数为第一要义。滩户不清，滩数不实，则不免有捏饰浮冒等弊。拟即派令妥慎员司按滩按户详细查明，编列字号，悬其牌于滩房门首，并载明现晒副数，以便有所稽考。

二、全滩接济之数，每年不得过万元，一俟公家收买入坨，定有专章，再行停止。

三、各滩户之请领接济者，须由本人来局报明所晒滩副号数，并经盐会绅士认明，实系自有之滩无力开晒，许为担承者，方准接济。

四、接济之数分作极贫、次贫二等，其极贫之户每晒滩一副不得过五十元，次贫不得过三十元，以未限制。

五、晒滩之户，所晒之滩，如出有租赁或经抵质于人者，一概不准接济。

六、接济之款，定作两期归还，以本年九月三十日为第一期，如届时所产之盐验明实未售出者，展至次年二月三十日之第二期。如再未售出，须由盐会绅士特别承担，方准展至六月三十日之第三期。偿过第三期而犹故事抬价，不肯低售，即由公家将其所存之盐，无分贵贱，按照时价变卖，以抵偿此款。

七、未尽事宜或有未能适当之处，再行随时酌改。

附盐厘各分局产盐表

分年／分地	光绪三十四年
盖平分局	十万零七千六百二十八石二斗
复州分局	七万一千五百四十二石七斗
庄河分局	三万六千二百六十六石七斗
锦县分局	七万五千二百一十五石二斗
宁远分局	三万五千八百一十八石八斗

广宁分局	一万九千七百二十九石一斗
盘山分局	五万三千三百五十五石九斗
总　数	三十九万九千五百五十六石六斗

附盐厘各分局盐滩数目表

盖平分局	盐滩一千零零二十五座
复州分局	盐滩一百八十座
庄河分局	盐滩二百二十四座
锦县分局	盐滩二百三十四座
宁远分局	盐滩一百九十八座
广宁分局	盐滩二百一十二座
盘山分局	盐滩一百零四座

纪安凤滩务局

东边一带向无滩场，民间食盐，悉由岫岩、复州等处盐滩购运，惟道远运艰，而私贩奸商每有希图渔利私运外盐，是非于该处择地广辟滩场，不足以杜私弊而便民生。且吉、江两省开办官运，尤须多增产盐，以应运销。光绪三十四年秋，由盐务总局勘得安东县、凤凰厅两属交界之大东沟窟窿山沿海一带官荒六十余里，计一千二百余顷，地势平坦，土性膠合，滨海斥卤，向系不毛，用为盐产甚属相宜，绘图黏说，并将试晒盐质，呈请核办。当以该局所绘图说颇为详尽，试验盐质，色白味正，堪以食用，自应设法开采，以广销路。既以辟天地自然之利，并以绝外人觊觎之心，实为一举两得之事。即经批饬该局派员会同该处地方官将地段、界址、亩数，按照原图所插标处识，先行丈量清楚，作为东三省盐务总局官用地。于该处设立安凤滩务局，仿照长芦办法，拨款先开三滩。现在滩务将次竣工，每年可出盐数万石。嗣后该处荒地或招商办，或仍由官办，应随时体察情形办理。产盐既多，私销自绝，利源日辟，税课日增，而于抵制外盐，尤关要旨也。

纪吉江官运

两省官运之设，非以夺商贩之利，将以充商销之不足而杜外私之浸灌也。两省无产盐地，民间购食向食奉盐，商贩运盐，往往以运费之重轻分盐价之贵贱，则食奉盐者，必以去奉之远近递分，食盐价值之贵贱可知矣。自外盐之浸灌，日形充斥，而民间食盐，每苦于商运之艰而利于外私之便，其盐价亦必商销贵于外私，于是两省商销将见日不敌于外私。商销既滞，税厘不免为之大减。近今外交棘手，禁绝为难，熟筹统计，非有所以抵制之法，不足以资整顿。因前将军赵尔巽任内，曾请办理官运，将晒盐、运盐、销盐联为一气，由官主持，以事体重大，迄未实行。推原其故，时因三省各自为界，不能由奉天将军兼筹统辖。且吉则有南满铁道日盐输入之孔道，江则有海参崴大宗外盐之浸灌。两省官吏又方以盐政之权在奉天，并不设法查禁，以致互相因循，一至于此。乃于光绪三十四年春，与吉、江两抚往复筹商，决行官运之策，并先规定办法，由盐务总局督办陆宗舆、总办杨毓璋会同吉省度支司陈玉麟、江省道员徐鼐霖[1]议定章程，循次举办，由两省各设官运局一所，派员到奉购运盐斤，由盐务总局发给运票，照章征税。吉省每年认捐二十万石，江省每年认捐十万石，销路畅滞，准随时声明添运补销。官盐运往之后，仍发给本地商人配额销售，以期不夺两省本来商利。官自为运而商自为销，各分界限，无稍混淆。既办官运，首重缉私，因于绥芬河税关饬令严缉，以绝东北海路之私运。又以运路所经费轻为要，因金州租界盐滩之交涉未定，南满铁道私运甚多，乃为扼要清本之计，与该公司订立合同，减价装运，以辅河运冬车之不足。并与该公司声明，除官运外不准再运私盐，沿途各站任我稽查。而两省官运，费减私除，办理方有端倪，惟地方辽阔，两省又各自为界，尚未能规制划一，然自光绪三十四年七、八两月相次开办官运局后，盐斤销路，颇为畅旺，盐价亦较前商售大减云。

---

〔1〕　徐鼐霖（1865—1940），吉林永吉人，“吉林三杰”之一。晚清时期曾任黑龙江兴东兵备道、黑龙江民政使。民国时期任吉林省长。一生雅好经史，著述颇丰。

附吉林官运章程

一、东三省盐务总局已与吉林度支司商定，此后吉省销盐均由吉省派员官运，并由东三省盐务总局会同吉林度支司，详请东三省督、抚会同奏咨立案。

二、吉省如一年认销二十万石，则自开办之日起，总局除发给吉省官盐运票外，当一律禁止商运。吉省旺销时自应准其随时添运，滞销时可准其统归下届补销。

三、吉省官运非奉省商销可比，所有奉省商销之押款二成，自可毋庸缴纳。惟奏定章程八四一五合小洋四元六角之盐课，仍须照缴东三省盐务总局，以便奏销。

四、盐运吉省之后，所有应收公费及吉省原有盐厘与运销盈余，均应归吉省截用。惟每月销数及收入总数，仍须列表分报东三省盐务总局，以彰成绩，而资考证。

五、吉省官运盐斤与奉省商销不同，凡系吉省官运盐斤，每石六百斤，除比照奉省商销加配卤耗四十斤之外，另准每石加配卤耗八十斤。凡此等加配之盐，一律随同正额票盐装运，毋庸加纳东三省盐务总局盐课。

六、吉省运盐，应由东三省盐务总局随时发给运票，其应缴课银，按照已运盐数分作四季缴纳，如销数疲滞时，应得咨商盐务总局酌量宽限。

七、吉省缴纳课银一概以奉天现用小洋为准，将来银币如有改换，应再折算。如缴银两，每石准缴沈平银二两七钱正。

八、买盐滩价，先由东三省盐务总局将滩价议定后，知照吉林官运总局，再由吉省派员会同东三省盐务总局局员赴滩公同核办。偿以后东三省盐务总局改归官买时，吉局仍照收买之价缴还，不另增价，以昭公允。

九、吉省钱法与奉省不同，而奉省产盐各地又无划一币制，以后吉省价值，仍归吉省随时酌量情形，分别核定。

十、吉省装运滩盐之际，所有监秤、监斗事宜，可由吉局派员会同该地分局委员互相监察，以杜弊窦。

十一、吉省运盐一切均由吉省自行派员办理，仍由东三省盐务总局派员随时稽查，以防沿途洒卖情弊。

十二、吉省为便于采运起见，可于东省转运要地派人设局建仓，办理采运屯寄事件。但此等局所只能办理采运屯寄之事，不准销售盐斤。如在奉省界内，仍应归东三省盐务总局稽查。

十三、东三省盐务总局应制成特别运票，专运吉省官盐。此种运票自产盐地运至吉省官运总仓即行截销。以后吉省由总仓转运吉省各属之运票，归吉省官运总局自行制发。

十四、东三省盐务总局原派在吉林地界之缉私补征各人员、局卡，于吉林官运局开办后，电请东三省盐务总局撤回。以后吉省辑私事件，归吉省自行派人办理。惟奉、吉交界之要地，两省可彼此各派人员，或会同派员查缉偷漏。如查明彼此属地有私贩之人碍及官盐者，一经知照，即应协拿惩办。如事关紧要，不能稽迟者，彼此均可电饬各该分局遵办，不得违误。

十五、海参崴为私盐进口大宗，五站除已设分关外，应由东三省总局派委专员前往分设缉私局，并由吉、江两局各派一员会同办理，认真堵缉。所有经费，应由东三省总局担任五成，吉、江各任二成五。

十六、江省运盐，须由吉林地界经过，东三省盐务总局发给江省运票，亦应制成特别式样，声明此票运盐只准迳运江省。如在途中起卸，即以私盐论，将盐斤全数充公，运卸之人按律惩办。至吉、江两省应如何互订缉私章程，由两省自行商定，仍将议定章程会报东三省督、抚及盐务总局。

十七、吉省开办盐务，地势荒远，责任重大，在事出力人员试办一年著有成效，应准查照四，开办官运成案，详请奏奖，以昭激劝。

右列各条，日后查考情形，有应增应改者，准予随时互商更订，以期周妥。

附黑龙江官运章程

一、东三省盐务总局已与督、抚派议盐务徐道鼐霖商定，此后江省销盐均由江省派员官运，并由东三省盐务总局会同江省督理盐务人员，详请东三省督、抚会同奏咨立案。

二、江省如一年认销十万石，则自开办之日起，总局除发给江省官盐运票外，当一律禁止商运。如销数畅旺，自应准其随时添运，滞销时可准其统归下届补销。

三、江省官运非奉省商销可比，所有奉省商销之押款二成，自可毋庸缴纳。惟奏定章程八四、一五合小洋四元六角之盐课，仍须照缴东三省盐务总局，以便奏销。

四、盐斤运江省后，所有应收公费及江省原有盐厘与运销盈余，均应归江省截用。惟每月销数及收入总数，仍须列表分报东三省盐务总局，以资考证。

五、江省官运盐斤与奉省。商销不同，查吉、江官运盐窎斤，每石六百斤，此照奉省商销加配卤耗四十斤外，另准每石加配卤耗八十斤。江省道路窎远，运费自多，应请再加六十斤以昭公允。加配之盐一律随同正额票盐装运，毋庸加纳东三省盐务总局盐课。

六、江省运盐应由东三省盐务总局随时发给运票，其应缴课银，按照已运盐数分作四季缴纳，如销数疲滞时，应得咨商盐务总局酌量宽限。

七、江省缴纳课银一概以奉天现用小洋为准，将来银币如有更换，应再折算。如缴银两，每石准缴沈平银二两七钱正。

八、买盐滩价，先由东三省盐务总局将滩价议定后，知照江省官运总局，并由江省派员会同东三省盐务总局局员赴滩公同核办。偿以后东三省总局改归官买时，江省仍照收买之价缴还，不另增价，以昭平允。

九、江省钱法与奉省不同，而奉省产盐各地又无划一币制，以后江省卖盐价值，应归江省随时酌量情形，分别核定。

十、江省装运滩盐之际，所有盐秤、盐斗事宜，可由江局派员会同盐滩分局委员互相监察，以杜弊窦。

十一、江省运盐一切均由江省自行派员办理，仍由东三省盐务总局派员随时稽查，以防沿途晒卖情弊。

十二、江省运盐，可于东省转运要地，派人设局建仓，办理采运屯寄事件。但此等局所只能办理采运屯寄之件，不准销售盐斤。如在奉省界内，仍应归东三省盐务总局稽查。

十三、东三省盐务总局应制成特别运票，专运江省官盐。此种运票自产盐地运至江省官运总仓即行截销。以后江省由总仓转运江省各属之运票，归江省官运总局自行制发。

十四、江省缉私事件，江省自行派人办理，惟吉、江交界之要地，两省可彼此各派人员或会同派员查缉偷漏。如查明彼此属地有私贩之人碍及官盐者，一经知照，即应协拿惩办。如事关紧要不能稽迟者，彼此均可电饬各该分局遵办，不得违误。

十五、海参崴为私盐进口大宗，五站除已设分关外，应由东三省总局派委专员前往分设缉私局，并由吉、黑两局各派一员会同办理，认真堵缉。所有经费应由东三省总局担任五成，吉认三成，江认二成。临江州亦应由吉、江两省设立缉私局，经费由两省分任。

十六、江省运盐须由吉林地界经过，东三省盐务总局发给江省运票，亦应制成特别式样，声明此票运盐，只准迳运江省，如有途中起卸，即以私盐论，将盐斤全数充公，运卸之人按律惩办。至吉、江两省应如何互订缉私章程，由两省自行商定，仍将议定章程会报东三省督、抚及盐务总局。

十七、东三省开办盐务，地势荒远，责任重大，在事出力人员试办一年，著有成效，应准查照四川开办官运成案，详请奏奖，以昭激劝。

右列各条，日后查考情形有应增应改者，准予随时互商更订，以期周妥。

附吉省开办官运已著有成效折

奏为吉林开办官运已著成效，恭折具陈，仰祈圣鉴事。窃维东三省盐务向系就滩征课，吉、黑两省食盐皆由奉省运往，一税之后，任其所之。自甲午以后，俄国东清铁道接轨吉省，于是俄属盐斤由海参崴运入五站，行销吉省东北珲春、延吉、宁古塔、阿什河、哈尔滨各属，每年自五、六千石渐加至三四万石。及日俄战后，旅顺、金州各盐滩皆为日占。日人广辟盐滩，所出盐斤由南满洲铁道运入吉省倒灌，长春、伊通、磐石、双城、五常各属为数尤巨，自是吉林全省居民大半购食洋盐，奉省盐课日形减色。前奉天将军赵尔巽奏请，设立东三省盐务总局，并议兴办官运，以为抵制外盐，恢复课额之策。以造端闳大，未及举行。臣世昌到任后，以盐政为饷源所在，奏派四品京堂陆宗舆为三省盐务督办，设立局所，整剔盐滩积弊，一面筹划官运，挽回利权，先从吉、江两省试办，以立基础，而觇成效。吉林一省官运，委吉林度支司陈玉麟督办，设提调一员襄赞局务。计自光绪三十四年三月间拟定章程，七月即行开运，划分吉林府及长、农、伊、磐、濛、桦、五常、敦化、双城、新榆、宾长、滨江、宁古塔、珲、延吉岸，将运到官盐招商认岸，先复开秤试销，并设立吉林官运总局、长春总仓、吉林省仓暨各岸分局、缉私局为运销机关。于营口设立采运局，为采运滩盐枢纽，此吉省官运开创之情形也。查未办官运以前，日俄两国私盐运屯，铁道界限，华官交涉为难，私运华盐亦争趋铁道，希图影射。民车冬令运粮赴营口、新民屯一带售卖者，以盐运之利尽归铁道，强半空载而返，影响所及，国课民生两受其病。自官运定议后，经臣等札饬绥芬税关，先行禁止，崴盐非有三省督、抚及官运局专照，不得运入吉界，而俄属来盐，自此绝迹。至南满满铁道私盐，亦经官运局派员随同东三省盐务总局，与南满满铁道公司订立专运合同，每年官盐以一半归该铁道装载。除官盐外，日盐及华商私盐，均不得再入吉界，运金减去十分之一。铁道界内奉、吉两省缉私人员，得执行其职务。于是吉省盐岸始完全而无缺，此吉林官运交涉之情形也。当私盐冲灌之时，吉民所食半系无课私盐，其各村屯购存未食者不下数十万石。官运开创之始，旧存私盐若一律禁止售食，恐乡愚无知，转多觖望，因遴选妥员分道稽查，除居民屯积自食者从宽免究外，凡商铺存积待价未售者，酌量补征盐课，为开办官运之资本。并与东三省盐务总局会订章程，每年由吉省认销官盐二十万石，应缴盐课由吉省分季解缴东三省总局核收，其余所得公利等项，留为吉省办理新政之需。而奉省原派驻吉之补征缉私等局，改归吉省管辖。除官运盐斤外，奉省民盐不得再冲入吉界，此奉、吉两省分划界岸办理之情形也。奉省沿海各滩售盐，向以正盐六百斤例耗四十斤为一石。吉省官运盐斤，长途盘运，仓廒储积均有消耗，每石除例耗外，另给加耗八十斤。经臣世昌于两次覆陈东省盐务情形折内，奏明在案。吉林官运局定章，如卤耗不及八十斤，所余之盐，并入正盐售卖，一并归公。收发盐斤悉用东三省盐务总局所颁官秤，公平交易。核定盐价，系科合课厘、运本、滩价及办公、缉私等费，分次分岸办理，比照旧盐价值较廉，民间争相购食，此官盐出入本利会计之情形也。吉省运盐故道向以边车河船为最多，自汽车通行后，水道淤塞，食盐自辽河运通江口登岸入吉，夏秋雨水稍涸，运船阻滞，经月不达，已久视为迂途。边车冬令由吉运粮赴营口、新民屯售卖者，回车向载食盐，近岁车额自五千辆减至二千余辆，亦为汽车搀夺所致。官运开办后，冬令由营口采运局招雇民车，发给脚价，饬运官盐，俾不至空载而返，边车生计借以不绝。至盐斤运至长春，一律收入总仓，转运各岸，或雇民车或附汽车，每届月终各岸收发盐斤及收支款目，一律呈报总局。每季由总局结算一次，以验盈亏。各岸盐斤招商承销，先饬酌缴押岸银两，遇有勒价病民之事，即以岸银充公示罚。岸商领盐以后，分招子店，照局定商销章程出售，愿购与否，听民自便，毫无派销勒售等弊。近以官价不昂，故民间虽有存盐，而销路仍形踊跃，此又官运商销之情形也。第盐归官运，为吉省商民素未经见之事，是以开办之始，招商则观望不前，设局则乡愚疑惧，及办理数月，盐价公平，外私绝迹，而各属奸贩向以转运洋盐起家者，一旦歇业，不得不以全力相抵拒。本地劣绅见承充岸商有利无害，又复群起攘夺，百计阻挠，甚至勾引外人出头干预，串通商会，藉口要求，唆惑匪徒，聚众抢掠，狡黠之情瞬息万变。加以愚民未谙盐法，载运私盐视为习惯。创始之际，既未便按例严惩，又不能听其自便，开导应付，几穷于术。臣昭常到任后，深知吉省举办官运，实为内裕国课，外保利权之要素。内地如四川、福建官运既行之数十年，裨益税课，商民相安，成效最著。因督饬该督办、提调等任怨任劳，终始坚持，经营不懈。综计吉省官盐自光绪三十四年七月开运，九月开秤起，截至宣统元年闰二月底止，共计运销课盐六千八百余万斤，除解缴奉省盐课十三万五千两，开除吉省原有盐捐暨成本、运费、局用外，净得各项赢余，按照吉省官价银核算，共五十余万两。留为吉省新设司道各官养廉公费，及预筹添练陆军一镇之用。现在各岸销场次第成立，外私运入铁道界内者，亦迭次照约缉获充公，交涉尚称妥协。局用、运费一切办求撙节。成本均归核实。官运商销各项章程，经数次更订增加，诸臻完密。官盐价廉色净，居民争相购食，并无阻碍。成效已著，自应将一切办理章程，具折奏陈。吁恳天恩，准予饬部立案，以期经久。至此次吉省创办官运，辟数百年未见之利源，增数十万有著之巨款，全恃官运局大小委员竭力经营，致收成效，不无微劳足录。边塞人才缺乏，非恃朝廷名器鼓励，无以策勉来兹。合无仰恳圣明，准将开办出力各员，分别异常、寻常劳绩，择优先行奏保，以资激劝。嗣后每届一年，如果运销及额，并请准照征收税捐成案，核计盈余银数。分别保奖之处，出自鸿施逾格。除奉、黑两省官运俟办有成效再行具奏外，理合将吉林盐务开办官运已著成效缘由，并缮具章程清单，恭折具陈。伏乞皇上圣鉴，饬部查照施行。谨奏。宣统元年三月二十六日具奏，四月十八日奉朱批，该部知道，单并发。钦此。

谨将吉林官运设局用人、仓储、采运、商销、统计、缉私各章程，列折恭呈御览。

计开：

设局用人章程

一、吉林食盐奏明改归官运，应以省城为总汇之区，设局总管全省官运，定名为吉林全省官运总局。

二、吉省幅员辽阔，除省城设立总局外，并附设省仓一区，专司销售吉林府属并与省城连界之五常、敦化等岸官盐。其余各处以长春交通最便，运盐尤多，应于长春府设立官运兼转局一处，筹销本岸并转运各岸盐斤事务。另设总仓一处，为全省官盐屯积之所。其余如新城、榆树、阿什河、哈尔滨、三姓、双城、宁古塔、珲春、延吉、伊通、磐石、桦甸等处，均属繁盛之区，应择要酌中设局，派员经理，统名为官运分局。以上各仓局统归总局管辖，联为一气，以便民食，而畅官销。至各局委员，均由该总局详明札委。

三、吉省采运官盐，以营口为适中便利之地，应在营口设立吉林官盐采运局，派员驻办，采购滩盐。装运各岸及给发脚价事务，亦归总局管辖，委员由局详明札委。

四、官运总局以吉林度支司为督办，俾一事权。设提调一员，襄赞局务。其余各局每处均设委员二员，以便互相稽查。其委员以下，应设一切办事人员名目及各局员司丁役人等，酌量事务繁简，分别支配。其员名薪额，列表咨部立案，以便报销。

五、官运设局开办，拟定自光绪三十四年三月至六月底止为预备期，七月至十二月底为试办期，宣统元年正月起为试行期。凡实行期内，每一年以运销官盐二十万引为及额。

六、吉境毗连奉、黑，与俄、韩两界多犬牙相错。外私内灌，在在可虞。岸引既定，则委员岸商各有考成，自宜划清界限，各杜私盐，以为筹销之本。应于长春设缉私总局一区，其余各要隘地方分设缉私分卡，并招募缉私马、步队一营，居中驻扎，以便调遣接应。又铁道界内，吉林官运局现已订立合同，有缉捕私盐之权，并应另设铁道缉私局一处，选委熟谙交涉人员，驻局办理。有时并宜乘坐日俄两路汽车，沿途查看，以杜外私。以上各员弁兵勇，亦均归总局派委节制。名额饷械及薪水公费，列表咨部立案，以便报销。

七、分局委员差期以一年为满，如果销数畅旺，有益公家，由总局酌量情形，详请留办。遇交替时，应将银款、盐斤、仓廒、器具逐件交代明白，前后委员会造清册，呈报总局，覆算相符，方准交卸。如盐斤应行盘交者，须禀请总局派员督办。

八、地方盐务，该管官本有考成，由总局通行各府、厅、州、县，遇有盐局移会事件，随到随办，办为辅助。设借词推诿，意存畛域，由局酌量事情重轻，按照大清律例户律课程盐法例案详奏惩办。

仓储章程

一、吉省储盐总仓设立长春，由总局派委专员管理。

二、吉林省城设立省仓，由总局转运官盐入仓，以备运销吉林府属之用，归总局兼管。

三、除吉林、长春外，各分局各设分仓，即归各分局管理。营口设立屯仓，归营口采运委员管理。惟营口屯仓与总分局各仓不同，只准屯积已购盐斤，分次运交总仓，不得私行售卖及迳运各分仓，以杜流弊。

四、奉省滩盐，向以正盐六百斤例耗四十斤为一石。吉省官运盐斤，长途盘运，仓廒储积，均有销耗，每石除例耗外另给加耗八十斤。责成分局及总分省屯各仓暨押运委员妥慎经理。除例耗外加耗之盐，设有存余并入正盐，售卖归公。并令将各仓出纳盐斤，每旬造具旬报册，每月造具月报册，呈送总局核明。于期终汇总，列表转报备案。

五、各仓局收发盐斤。概照东三省盐务总局所定官秤，公平出入。并由总局铸成铁钩，分发各属，随时较准，以免歧异。

六、各处开仓、封仓，每日均有一定时刻，由该管委员按时分别监同加封。倘存盐与册报不符，除实在卤耗外，责成该管委员赔缴。

七、官盐入仓，防护雨漏、日晒各事，均系该管委员专责。事后缺少盐斤，不得藉口。

八、各局向总仓领运盐斤，均应派人前往，亲自监秤。如总仓委员发盐不足，各局领盐之人，可当面指出，令其补足，或禀告总局。至盐斤既领出仓，即系各局责成，设有短少，亦不准向总仓索补，以杜取巧，而专责成。

采运章程

一、吉省采购官盐，应由东三省盐务总局先期将滩价电知吉林官运总局，饬令采运委员会同东三省局员议价订购。每次应购若干石，须听总局命令，采运委员不得擅专。正耗盐每石仿照内地办法名为一引，一百引为一批，一百批为一网，每年额定二十网为一大网。如己酉年即为己酉网，以此类推，周而复始，俾年限划清，不至紊乱，而成绩亦易考核。

二、采运局运送官盐，或装汽车，或装骡车，须先将官盐石数及起运日期告知长春官运局，以便计日按数盘验收仓。未经收入长春总仓以前，如有缺少盐斤，应归采运委员担其责任。至既收总仓以后，由长春局制给收单，发交采运局收存为据。

三、官盐起运以前，先由吉林官运总局向东三省盐务总局请领运票，发交采运委员持票装盐。盐斤运票，不得相离。如有违误及中途洒卖私增等弊，悉系采运委员责任。

四、奉省滩价廉时，吉省或须多购存积。惟购盐既多，一时不及装运，可由采运委员暂存于营口屯仓。

五、采运委员承领盐本，给发运脚银数，每旬应备旬报册，每月应备月报册，随同屯仓报册，呈送总局汇总转报。

六、采运盐斤，如有羼杂沙石，包胆嵌渣及盐色恶劣不合行销者，一经总分各局驳回，均归采运委员赔缴。

七、东三省盐务总局所给运票，运盐至长春总仓，到地后，交长春局截角缴销，是为初运。以后由长春总会转运各局，由总局刊给专照，分别运往，谓之转运。分发岸商承销，另给贩单谓之贩运。无论初运、转运、贩运所持单照，止准指定地界内行销，不得朦混取巧。至引额既多，难保无一单两运及夹运私盐等弊，并由总局于各处扼要地方派员驻扎，制验盐单是否相符，于单上加盖某处验讫图章，填明月日，一面将验过单号斤数，按旬折报总局备查。

八、无论初运、转运、贩运票照与盐斤，均不得相离，如无票照者即为私盐。

商销章程

一、官盐转运各局后，由各局发商领销，其承销官盐之商人，应报明各条及其资格。如左。

甲、姓名

乙、年岁。二十岁以上为合格。

丙、籍贯。凡吉省人民皆为本籍商人，其外省寄居吉省在十年以上者，亦准有本籍商人之资格。但外省人充作盐商，不得过本籍人数三分之一，以保吉省自有之利。

丁、职业。以安分、殷实经商者为限。

戊、住所。

己、保结。须有本地妥实商店出具保结，盖章为凭。并有本商出具止销官盐，不得私贩，切结存案备查。

庚、专利。愿销吉林官盐，惟本国商民方准请领，以重盐法。如有外股在内，一经查出，即行撤换，并将经手及作保之商人一体从重罚办。

辛、押岸。凡呈请领销官盐之商人，应按认销官盐地方之繁简，酌收押岸银两，以昭慎重。倘该商日后不能畅销官盐，官运局即饬他商承办，如查无违犯局章事件，仍将原款发还。

二、商人果系合格，并愿遵照前定各条办理，即由官运总局填给印谕，准于所认属岸分店承销，作为试办。俟三个月后，查看各商销数淡旺，分别去留，再行换给牌照，以后每年并应请换一次。各官盐店开办时，必须请领告示，张贴门首，俾众周知。

三、官盐店止准领销官盐，如有暗中买卖私盐者，一律查封，永不准开，并将私盐充公示罚。其非官盐店而销售盐斤者，均经一律禁止，庶畅官销。

四、吉省应交奉省课税、滩价悉用银圆，各局发商之盐，核收盐价亦应概用银圆或银圆票交纳。庶银市虽有涨跌，而核本无亏折之虞。岸商应缴盐价，由发盐局员如数收清，倘有拖欠，责成委员赔缴。

五、官盐定价既用洋圆，各岸有洋圆稀少折收官帖者，必须照逐日银钱封换市价，公平核定。分局商店均应将市价若干、折价若干悬牌门首，以昭大信。至分局贩单、岸商发单填写盐价，仍应以洋数照写。不得填写钱数，致背局章，而难稽考。

六、岸商领岸以后，分招子店，以多为贵，并不得勒索子店押款，致滞销路。

七、子店门口必令悬挂官盐店招牌，并张贴本总局所发盐店告示。门口必须排列盐槽，俾乡人购买者一望而知。

八、分局发盐交岸商，岸商发盐交子店，秤斤出入，必须按照东三省盐务总局官秤公平交接。总商收子店及行贩盐价，除照局定章程每百斤准加商利三角外，不得溢收丝毫。

九、各局填发盐商贩单，每单一张填写盐斤至多不得逾五石之数，并须将日期及贩卖地方写明，俾易查核。

十、各岸商销盐发单，现定由岸商自行刊核，呈送分局加骑缝钤记行用，不必总局颁发，亦不得加收单费分文。惟发单字样尺寸，须照本总局所颁定式刊用，以期全省一律而免参差。并按照局颁定式刊明，本岸盐斤只准销于本岸，不得运至邻岸，致背局章。如行贩有不识字者，岸商须恳切详告。至邻岸屯镇乡民来往，误带食盐入本岸界内，数在三十斤以内者，岸商但查明确系吉省官盐，不得擅行拿捕，以杜苛扰，而便民用。

十一、岸商领销官盐分招子店，必须查明该店户确系诚实铺户或安分良民，方准承充。不得滥招匪棍土豪，致有抬价病民之事。每届月终，岸商必须将该岸子店家数及办理人姓名、店铺门牌号数及招牌字样，呈报总局备查。

十二、子店领盐赴各乡镇发售，路有远近，固准按脚价多少酌加盐价，但所加之价以足敷运本略沾微利为度，不得任意高抬。如子店相离太远，运本过多，岸商亦应将所得商利酌量减轻，以资津贴，庶盐价不致昂贵。分局委员及岸商尤须时时调查各子店售盐，倘有勒价居奇，即将该子店撤换罚办，以昭炯戒。

十三、岸商售盐取价，固不准违章浮收，即平时贸易，亦应照商人接待乡民，务须谦和平易，不得稍沾官气，致为社会所憎厌。门口亦应排列盐槽，公平买卖，不准悬挂虎头牌、军棍等物及擅出告示或拘留平民。遇有不得已之事须通告者，只可刊发传单，传单所载以销盐为范围，不得涉及他事，违者重惩。

十四、岸商缉私，固为户律盐法所许，但一切须遵定例办理，不得苛扰平民，违者即将岸商押岸，银两充公，并将扰民之巡役等从重惩办。

统计章程

一、省内外各仓局出纳盐斤及银款，旬报、月报必须填写明白，迅送总局汇核。近省者以十日为限，远处以二十日为限。逾限送到，即行记过，记三次即予撤差。

二、旬、月报册式，由总局拟定。须发通省一律，不得歧异，以便稽查。

三、总仓发交各分局盐斤，均须编列次数，各分局收入盐斤报册，亦即照次数登明，以便将两处收发斤两互相稽考。

四、每届月终，总局应综核总分各局收支各款，汇造总册一本。又本利、盐课、盐厘、公费、缉私费一本，盐册一本，呈报公署备查。

五、每季及年终，应由总局编列销盐成绩表、盐价比较表、各仓存盐表、各局经费表、各局存银表，呈报备查。

六、官运局为便于解课购盐起见，一切款目可交各处官钱局及官银行或殷实商号周转汇兑。惟各官运局与各钱局、银行、铺号、银款往来，仍须各清各账，每收发汇兑一款，尤须专案呈报公署，不得丝毫含混，以重公储。

七、总分各局用款，凡额定者，作为经常之费，不得额外浮支，其余修建局屋仓房及开办置购器具，系属临时费，由各局专案详支，不在此例。又总局综核全省为盐务总机关，长春为官运枢纽，事务较繁，一切开支难以骤定，应准临时察酌办理。惟用款必期撙节，及势须动支者，亦须再三酌核。核实开支，不得丝毫浮滥。至内地盐局向有乾修、节礼、秤规、验费等弊，一律禁绝，以重公款。

八、吉林官运局报销从实行期算起，以后每届一年将收支款目核实报部一次，以备核销。实行期以前所用各款，并准另文开单补报，以清界限。

缉私章程

一、缉捕私盐，原为维持官引，本可由各局会同办理，但如何惩罚，应报明总局核夺。

二、各地方私盐，准官盐店随时侦查，报告就近缉私局委员，迅速缉捕，以免碍及官销。

三、缉私人员于巡缉私盐外，不准干预地方公事及借端讹索商民，违者查出严惩。

四、缉私员弁兵役号衣、器械、马匹，均归总局核明，编号发给。

五、缉私人员拿获私贩，即刻交就近地方官究办。缉私人员不得擅自发落及滥用私刑。

六、缉捕私盐，必须有确实凭据呈验。

七、缉捕人员如能缉获私盐，总局将私盐变价后，或全数发赏或提半发赏。犒赏之钱，按照缉私盐价，至少在四成以上，以示奖励。如有徇情私放，或缉捕不力者，查明随时撤差停委，重则参办。

八、除由官设立缉私局卡外，各地方官均有缉捕私盐之责任，如境内私盐充斥绝不过问者，应查照处分则例，私盐过境、出境、入境，明知故犯，或首犯潜匿在境隐讳不报，或将大夥匿作小夥，或人盐并获轻为开脱，失察大夥私盐，拒捕伤人各条惩办。其有缉捕认真，境内销盐畅旺，私盐绝迹者，由局详请记功调优，以昭激劝。

附吉林火车运盐合同

东三省盐务总局与南满洲铁道会社[1]所订吉林官盐运输之合同，开列如左：

一、吉林官运局自营口向长春输送之官盐，均托南满州铁道运送，其运金每一吨特定为日本币七圆六十五钱，即照特定运金减十分之一。其会社原定之普通货物运费递减缴还条规，尚得适用。

二、运金为便于结账起见，于阳历每月月杪结算交付。

三、官运局以无妨害于本铁道为限，于停车场附近之地，得设引入之支线或轻便铁道。

四、吉林官运局开办后，东三省盐务总局即发特别运票，以凭运送。铁道会社除有此运票者照装之外，其余概不装运。

五、自营口至长春间之各车站在卸车之后，概允东三省盐务总局及吉林官运局所设缉私局役员之检查。

---

〔1〕　南满洲铁道会社，简称“满铁”。是日本帝国主义垄断东北交通运输业所依靠之主要机构。日俄战争后，原来由沙俄修建的中东铁路长春至旅顺段被转让给日本，改称为南满铁路。为管理铁道，1906年11月日本在东京正式成立南满洲铁道株式会社。

六、运送途中有损害时，均照公司定章，负赔偿之责任。

附则

一、此合同成立后，若更有需要商议之件，彼此得随时商定。

二、会社为吉林官运局委员往来之便，给免票若干张。

三、本合同自大清光绪三十四年七月初一日、大日本明治四十一年七月二十八日起实行。

四、本合同欲废止时，须于三个月以前知照。

五、本合同以中日两文，彼此保存。

右草合同到期，即先实行，彼此候长官批准后，再换正合同。

东三省盐务局总办陆宗舆　印

会办杨毓璋　印

吉林官运局提调张弧　印

南满洲铁道会社奉天驻在员佐籐安之助　印

大清光绪三十四年五月二十九日日本明治四十一年六月二十七日订定

附吉林官运总分局名表

官运总局	设吉林省城
长春分局	
伊磐分局	
新榆分局	
双城分局	
阿什河分局	
宁古塔分局	
小城子分局	
哈尔滨分局	
驻奉采运局	

附黑龙江官运总分局名表

官运总局	设黑龙江省城
卜魁分局	
呼兰分局	
绥化分局	
巴彦州分局	
海伦厅分局	
余庆县分局	
木兰县分局	
兰西县分局	
布特哈分局	
青冈县分局	
大赉厅分局	
瑷珲分局	
拜泉县分局	
墨尔根分局	
肇州厅分局	
上集厂分局	
西集厂分局	
大通县分局	
汤原县分局	
哈尔滨分局	
昂昂溪分局	
临江州分局	
驻奉采运局	

附东三省币政

币政篇

币制为财政之本。原东三省钱币之紊杂，较内地为甚。查银钱种类有现银，有帖银，有过炉银，有大小银圆，有铜圆，有制钱，有中钱，有东钱，有过码钱，有屯帖，圆法紊乱，汇兑阻滞。从前奉、吉所铸银圆，成色太低，颇失信用。自遭兵燹，商市现银日绌，制钱则名存实亡。吉林之宝吉局亦已停铸，市面之赖以周转者，各省输入之小银圆而已。其余过码、过炉之类，辗转奇划，并无母金。屯帖之滥。并不能行于他屯。乃欲以三省行政费取偿于此，危险之象固可立待。三省将军有鉴于此，于奉设官银号，于吉设永衡官帖局，于江设广信公司，乃得稍稍补苴，藉资周转。然成本有限，卢币累累，一出境即不能行使。又以银币价值操于市侩，官出之银圆票无现银圆付取，乃别出十角票以辅之，于是种类愈多，而三省各不相谋，流通不便，更无论汇划于他省。东清铁路告成，而俄之卢布、羌帖遂通行于路线所经，操纵财权，而俄帖之信用日溥，市间不见官币。日俄之役，日洋及军用手票、正金票、老头票之属，又蔓延于辽沈。查战时发行之额，即军用手票一项已至二万五千万圆，其他称是。近虽将手票陆续收回，而正金、道胜两银行之势力灌输发达，实骎骎有左提右挈之势。盖以蓄储既便，汇划亦灵，行于三省内地，凡关于农商工艺之取求，无不苦官家之抑勒周折，而乐为该银行之用。近虽分设大清银行，仍少抵制之力，其于将军所设之纸币发行所，散漫隔阂，更觉相形见绌，金融机关遂操诸外人之手。夫钱法之弊如彼，而财权之穷又如此，若不亟思变通，则三省势将坐困，而外力之兢进无已时，一切行政亦皆无所措手。世昌既奉命治东，窃维三省财政之困难，固由于无实币，亦由于官家之所设立机关不备，信用不孚，消息不灵，抵制无术，不惟大异于中央银行之性质，且尚不能如商业银行之流通。既得请于朝，饬部拨镑余三百万两以为东省一切经费，遂于天津造币厂代铸东省大小银圆各若干万为准备金，而改奉天官银号为三省官银号，于江省及吉之哈尔滨设分号，凡储蓄汇兑之属，三省一致，以通交易。复于北京、天津、上海等处各派经理人，以谋外省流通之便利。初以东省银元由公家酌定价值，毋许涨落。一切钱粮、租赋、税捐、电费、普通收用，按值计算。而变通过炉银，禁止过码钱，限制屯帖，商民信用，市面乃稍稍见国币矣。嗣因价值有定，不能与外省输入之银圆随市增减，钱市以为不便，以致有虚值而无实市。且税局荒僻之处，无官银分号，以东钱、小银圆折合，官商互有亏损，乃改随时价，而流通愈溥。至官帖局、广信公司成本太少，发行无节，既不能骤收行回纸币以并入银号，亦惟有清理整顿以俟将来，终拟由银号收回纸币，始能划一而无弊。经理逾年，而三省之储蓄汇兑，乃稍稍便利矣。夫东省财力空虚，纸币复杂，区区三百万两，又皆为行政费用，以之兼顾币制，本不足改弦而更张，加以外币浸灌，有铁路以利运输，有银行以为根据，至掷金钱于我三省领土者，盖以亿兆计，是以欲统一三省之币制，而抵拒两强之财力，惟有借国债以敷设银行，乃能操奇赢而决胜算。比年悉心体察，合谋图虑，屡请于朝，卒以事体重大，未及实行。仅恃此数酌其盈虚，如遇军兴工作及振兴一切实业，仍觉无所挹注。他日者，国家币制既定，利源日开，则三省亦必有币制清理之一日，将今之所谓过码、屯帖及东钱、中钱等名目，必将一扫而空之。若专为三省币政计，则非设一大银行固无以廓除积染，抵拒外强。两年以来，知财政之所由困，徒以款项支绌，仅得调剂于一时，而无以规久远之计，此则鳃鳃过虑，而引以为疚者也。

纪官银号

东三省自遭兵革，商情凋敝，圜法混淆。盛京将军赵尔巽为补救计，始以官本银六十万两创设官银号于奉省，而附属于财政局。维时战争甫息，羌帖、手票充斥，市上无钱币以资周转，所恃以交易者，惟外币是赖。而以我之小银币计其盈余，又有奸商垄断，出入悉由簿计，视银价之伸缩，而取其余，名曰过码钱。名实交病，既设银号，首革禁之。更发行小银元币，以苏商困。行之期年，分设于上海、营口、长春、锦州、彰武、辽阳、铁岭、安东等处，创办伊始，成本未充，流通不远，仅得稍资周转，而吉、江两省权限所关，未能普及，仍无以抵制外币，且受制于财政局，非银号之性质也。既改行省，设度支司，以旧日财政局归并之，而银号以流通便利为能事，应为财政之后援，不当仅隶于奉省，遂定名曰三省官银号。部拨镑余一款，在造币厂代铸东省大小银元若干万，固将为行政之所出，即作为该号之准备金，以厚资本。原定章程，诸未完善，因附属于财政局，故无商办之规则，又为之改定规条，俾合于正当之营业。其于三省度支司，有互相维持之责，而权限各不相淆。去年春设分号于黑龙江，及冬设分号于哈尔滨，欲以通三省汇划之需，而不为外币所垄断也。旧设各分号，规模太狭，信用未著，乃为更张而扩充之。又于天津、烟台、海龙、洮南、新民、昌图、山城子、通化、长白府咸设分号，由是公家纸币乃得畅行。凡中外杂居、华洋贸易之地，皆可逐渐利用，以杜羌帖、手票之输入。两年以来，商民用以为关会者，现行钞币渐增价值，此明效之可征也。其为公家担任义务者，如公园之成立，硝皮厂之兴办，商埠界内房屋之收买，图什业图王旗之接济，皆以银号为维持，得以不劳而集事，亦改章以后采用银行主义之效果也。经济家言理财要素，在一代价银钱。钞币者，其代价也。方今币制未颁，代价复杂，至兹而极。商战剧烈，外人复从而左右之，东省承钱法困敝之后，市面以小银元为本位，目前虽以防外币侵夺，利内地运输，仅就旧有之官银号略为推广，然终以成本太薄，抵制甚微，非久远无弊之策也。久远无弊之策，则必借国债以敷设银行，充实内力，抗拒外强，而东省财政乃可自立于不败之地，而不为正金、道胜所夺取，此固世昌深虑合谋，屡经奏请未克实行，而留以俟之异日者也。该号附属质库七处，公济钱号一所，此虽非应有之营业，但皆因兵燹后，徇商民之请而设者，故仍之，以为周济市面之一助。其历年赢余及分号建置，则另表以记之。

附东三省官银号暂行规则

第一条

东三省官银号之设，为活动三省金融机关，维持圜法，整顿市面起见，系由官本创设。

第二条

东三省官银号，就原有奉天官银号推广开办，原有资本银陆拾万两，暂不增加。候扩张贸易之际，再行禀请督、抚办理。

第三条

东三省官银号设总号于奉天，吉、江两省次第分设。其有商埠繁盛之区，以及三省各府、厅、州、县应设分号者，得随时斟酌地方贸易情形，禀准督、抚增设，或与殷实铺户行号订立合同，作为代办者，亦应禀明立案。督抚如有视为应设分号之时，官银号应禀承命令筹设。

第四条

东三省官银号营业事项列左：

一、短期折息。

二、买卖荒金及各国货币。

三、汇兑划拨公私款项。

四、放出款项。

五、经理公私各项存款。

六、发行本省新铸银圆、铜圆。

七、发行市面通用银钱票、银圆票。

八、倾销生银及代理商民镕铸银两。

第五条

东三省官银号所发市面通用银钱票、银圆票，于度支部纸币法律未经颁布以前，凡东三省境内准其完纳钱粮、捐税，呈交各项库款，流通市面，均与现款无异。此项银钱票、银圆票发行数目，按月呈报督、抚。其准备数目，一依度支部所定章程办理。

第六条

东三省官银号系由公家设立，所有官款出入，以及紧要公帑，官银号当禀承督、抚妥为经理。

第七条

东三省官银号如遇地方银根紧急，市面恐慌之际，准其禀请督、抚发款接济，仍由银号照章算交息银。此外有接济市面之营业，官银号奉有督、抚命令者，亦可体察情形试办。

第八条

东三省官银号除禀准各项营业外，不得再营他业。

第九条

东三省官银号放出款项，以抵押贷款、保证贷款为正宗。如无妥善确切之抵押或保证，无论何人不得挪借。

第十条

东三省官银号设总办一员、会办一员、总副商各一人，经理总、分号事宜。总、会办均由督、抚遴选委充，总副商由总、会办选品行端方，家道殷实，熟悉情形商人，取具切实保单，呈明督、抚任用。其余各员，视事务之繁简为增减者，有合同、保单、薪水及办事规则，随时由官银号斟酌情形，自订详细章程，禀明督、抚遵办。

第十一条

东三省官银号办事人员履历，应按年造册呈送督、抚备查。

第十二条

稽查委员一人，常川住东三省官银号，输赴各分号查核票据、现金、账簿，随时可以其意见陈述于总、会办，俾可改良一切。督、抚如视官银号有应行检查事，随时特派委员查核者，不在此例。

第十三条

总、会办及各分号总办，皆以五年为一任，总、副商以三年为一任。总、会办任满由督、抚察查能否胜任，总、副商任满由总、会、办加考，禀明办理。如果办事妥慎者，均可接续任事。

第十四条

东三省官银总分号每月小结一次，将营业出入及号中一切情形，详细备文呈报督、抚查核一次。所有赢余银两，除开支人员薪水、各种营业费用及官本月息外，提二成五作为公积，以备填补资本亏耗之用。办事人员花红，亦照二成五提给。其余五成作为余利，听候提用。

第十五条

银号执事各员，每月于结账后，应在本号会议一次。每年结账后，分号委员、执事，应齐集总号会议一次。所有议决各事项，大者禀请督、抚批示，次者互相知照施行。其因临时发生事件会议者，每月一次或数次，不为限制。

第十六条

东三省官银总、分号应遵照度支部奏定通行银行则例，按期造具财产目录及出入对照表各二分，呈送督、抚，分别咨部存案，以资稽考。

第十七条

东三省官银号有维持三省圜法之责，如有奸商市侩抑勒把持，危险及于市面者，官银号得以禀请惩办，酌中定价，以图补救。

第十八条

东三省官银号所发各种银钱票，为通行三省之用，如有持此项银票往已设各分号作汇，及此分号至彼分号或总号作汇者，均可一律行使，应收贴水[1]，准照市行办理。

第十九条

凡公家借用东三省官银号款项者，均一律收取息金，仍应明定归还期限。若值市面银根紧急之际，官银号可以禀明缓付。

第二十条

东三省官银号除为营业起见，应占用房屋地基等项，此外不得将不动产买入。如有因账目抵折得有此项产业者，务须预估价值相抵，方准承受。仍应迅速出售，以免积押成本。

第二十一条

东三省官银号附设官炉房一所，专为本号倾销银两之用。如商民原将银两交官银号炉房镕铸者，亦可按照市面炉房一律交易，俟生银停用，即行停止。

第二十二条

东三省官银号总、会办、分号总办各人员，如有不能胜任及别项弊窦者，经督、抚查明，随时撤换，分别科罚。总、副商人等，如有败坏营业情事，总、会办等不能查出或发觉者，亦应一律论处。

第二十三条

本规则如有应行增改之处，随时禀请更改。

附哈尔滨分号暂行规则

一、本分号设立哈尔滨，拟定名为哈尔滨东三省官银分号。

二、官本二十万圆，拟请由东三省官银总号备齐此款，暂存总号，俟开办时，由分号具领提取。

三、银圆票据四十万圆，由总号备有未编号及未签字盖印之新纸币，以便本分号另编号数及盖印签字。

四、纸币上拟另盖哈尔滨三字图章，以示区别。

---

〔1〕　贴水，中国旧时银钱业用语。指本地不同资金间的调换或两地间汇兑因币值不同或供求关系不同而在比价上的折减。

五、本分号拟设在哈尔滨道内十二道街或十三道街。

六、本分号原为立银行基础，外面形式必须稍壮观瞻。至号内一切规模，当格外从俭，以节经费。

七、本分号拟租定洋式楼房一所，择房内严密之地，自建坚固库房一所，以备存储款项。

八、本分号除纸币由总号备齐外，凡应用国徽、招牌、天秤、砝码、各种图记、账簿、折子、支票、汇票、单据、纸张，均由本分号购制。

九、本分号所发纸币，拟请督、抚札饬吉、江两省各税捐局，一概收用。

十、本分号既为哈尔滨东三省官银分号，凡哈埠地方公家进款，拟请存储本分号或交本分号兑汇，为借以流通资本。

十一、本分号开办之初，所有装修房屋，添购生财器具等银，均详细开单，报告督、抚注册，作为实银。至平日因何损坏，修理添置，亦宜随时报告。

总则

第一节、本分银号虽系官本，宜纯用商家性质，所有一切贸易之事，悉照各银行通行章程办理，不沾染官场习气。

第二节、哈埠为华俄商人转枢之地，金融机关向有道胜银行独占，今既设立官银号，亟宜联络华商，通行纸币，以期挽收利益。

第三节、本分号发行纸币至十万以上，所有收入之抵当现款，可提出三分之一扩充营业，所余之数永远存储，以备支付。

第四节、本分号既设立哈埠，凡官银总号已设立之各分号，宜由总号通知，代为拨交汇兑款项，不准延误，以昭信用。

第五节、本分号官本二十万圆，官利按照定章常年四厘计算。

第六节、本分号每月有出入总结单，每半年有出入赢亏细账，送呈督、抚查核。

第七节、本分号每半年结账一次，六月为小结，腊月为大结。每届大结，获有赢余，按定章分作十成，先提二成为公积，下余再分作十成，以三成为任事花红，以七成为官本余利。惟须获有实在赢余现款，方可归入余利项下，其未经回账目，应剔出另行登记，不得遽以余利计之。

第八节、每年结账所得实在余利，除提公积及花红外，所有官本余利，应将全数呈报督、抚，并将本年四厘官利，一并汇报，听候提拨。

第九节、本分号总办薪俸由号内发给，作正开销，不再由官利四厘内拨给。

第十节、分号每年应分花红数目，总办由督、抚定之，理事长以下均由总办酌定，呈请督、抚施行。

第十一节、总号已设分号之处，本分号暂不分设支号，如吉、黑两省地方有于本号交通便利之处，本分号宜就近分设。

管业规则

一、本分号专作收存出放款项，买卖荒金，汇兑、划拨公私款项，拆收未满限期票及押汇货物等事。

二、本分号除营以上各项事业外。不得再营他业，并不得将不动产买入。惟因清理欠款，或由债主交付，或因抵当借款由官断给者，不在此例。惟须迅速出售，不得稽延。

三、本分号放款以抵押贷款、保证贷款为正宗。若无妥善确切之抵押或保证，无论何人，不得挪借。

四、本号库房铁门须用双匙，以一匙存于总办处，以一匙归管库收存，非有二人不准开用。

五、本号应备双匙合开之大保险箱，以一匙存于总办处，以一匙归管库收存，非有二人不得开用。

六、本号现银、现金、银圆、钞币及质押之金银器件，统归库内保管。

七、本号纸币，凡三省设有分号之处，一律通用。但可视路之远近，酌收贴水，若在便利之地，亦可免收贴水。

八、凡官家借用本分号款项及各处汇兑，均须一律收取息金汇费。惟借款仍应定明期限，若值号中银根紧绌之时，不得出放。

九、号中出入款项，无论巨细，均须登入流水簿，每日一结。理事长须查看一周，于结数后签字，送呈总办查阅。

十、凡关于借贷及进出款项，理事长须商承总办酌定。

十一、本分号纸币，非见现款，不得发给，以昭信用。

十二、本分号纸币，非经总办及理事长签字，不得使用。

十三、非号中应办事件，管理人不得用本号银两及本号出名作各项贸易，且不得以本号出名为人作保，违者立时辞退，并从重议罚。

十四、理事长副事及司账人等，不得兼为他人管理生意，并不得自开店铺。其原有之自开贸易，准照常开设，惟不得以其字号出名在本号借款，以及为他人作保向本号借款等事，违者议罚。若现银交易、汇兑，不在此例。

十五、如有于公事内私取用钱及借公事收取贿赂者，立即辞退，并从重议罚。

十六、本分号收存各户存款，按照外国银行通行章程，概不问其款之所从来。无论其款有何关系轇轕，非持有存款凭券，不得令人向本号查阅账目。

十七、杂务每十日结账一次，报明司账。所有购入之物，经总办及理事长检明后，将该货铺之发货单及收到物价凭条合粘一处，于结账时一并交司账核对。

用人章程

一、本分号理事长职司视总号之总商，以家道殷实，品行端方，曾在各银行任事无过者为合格，然必须具有切实保单。该理事长倘有舞弊亏款情事，著原保人赔偿。

二、本分号理事长由总办选用，副理事长以下由理事长选举，商承总办，分别任用，除由理事长担保外均宜取具切实保单。

三、本分号所用人员额数，均按现时酌定。设日后生意开拓，事务繁多，再行随时酌添。

四、本分号中各项人等，不得将行中现存款项及贸易情形，告知号外一人。号中诸人，均须遵守，违者重罚。

五、号中诸人在号内办事虽无错误，而在号外有不顾声名招人物议之事，究与号中用人名誉有关，查实应即辞退。

六、本分号同人，概不准长支透用，此条为保全名誉，培植品节，杜绝外务嗜好之要则，为益最大，诸人皆宜遵守。

七、本分号执事人员，如有于开创之始会著勤劳，在号多年始终无过者，俟其退休之日，可将其经手期内公积项下所生之利，酌提若干，以为酬劳，但不得逾本人薪费之数。如已积劳病故，亦可以此恤其妻子。惟此系特别之事，须临时由理事长商承总办议定。

八、本分号执事人员，如有于开创之始任办事得力，可否连任，应由督、抚定夺加委，以期有裨商业。如不胜任，随时撤换。

九、本分号理事长定期以五年为一任，任内无过可连任接办，以资熟手。如不胜任，随时可由总办禀请撤换。至于各执事有格外勤奋办事妥当者，亦可按级递升。

十、本分号中各执事人有不住号者，除星期外，日短时每日均须早八点到号，晚六点方散。日长时每日早七点到号，晚七点方散。星期之前一日，须将一礼拜内账目核算清楚，方准各散。惟账房、库房不得自便擅离，礼拜日亦应酌留管事数人，照常办事。凡号中各人，除有紧要私事可以请假，然每月不得过三日，此外不得托故不到，违者轻则酌罚薪水，重由径行辞退。

十一、本分号中执事诸人，不得招令亲友闲杂人等在号内宿食。

十二、本分号中辞退理事长限三个月，理事长自行辞退限六个月，将经手事件一律交代清楚。应得花红以辞退之日为止，照数给与。所有保单俟经手交代清楚方可发还，倘有意舞弊情形过重者，尚须另行议罚。

十三、本分号另设杂务一员，专司火食及各项杂用，别立账簿，不与号事牵混。

十四、本分号外如推广添设分号时，所用人员数目，俟临时察度情形，再行酌定。呈候核办。

附历年赢余比较表

年度	赢率
光绪三十一年	八百一十八两
光绪三十二年	二十万零二千二百九十九两
光绪三十三年	十九万二千六百零六两
光绪三十四年	十八万五千三百四十九两

附设立各分号表

地址	创办年月	执事员衔名	籍贯
营口	光绪三十一年十二月	惠几铭	直隶抚宁
锦府	光绪三十二年二月	罗桂芬	直隶临榆
彰武	光绪三十二年四月	谢庆恩	奉天绥中
辽阳	光绪三十二年五月	孙彦龄	直隶昌黎
上海	同	续体箴	山西灵石

地址	创办年月	执事员衔名	籍贯
长春	同	委员纪府经麟 执事陈海	直隶临榆 直隶抚宁
安东	光绪三十二年九月	刘炳奎	直隶临榆
铁岭	光绪三十三年二月	龙复来	直隶昌黎
天津	光绪三十四年三月	齐桂章	直隶昌黎
海龙	同	康吉泰	直隶临榆
洮南	同	王毓麟	直隶临榆
新民	光绪三十三年八月	宋春海	直隶昌黎
昌图	光绪三十四年五月	委员张巡检延翰 执事单鸿飞	河南商城 直隶抚宁
山城子	同	委员王令兰台 执事李麟瑞	直隶静海 直隶临榆
烟台	光绪三十四年十月	杨荣熙	直隶临榆
通化	宣统元年闰二月	苏岫云	直隶昌黎
哈尔滨	宣统元年正月 资本小洋二十万元	总办孟廪贡生锡绶 总商吴霞荪	顺天宛平 直隶天津
黑龙江	光绪三十四年四月 资本沈平银一十六万七千五百九十二两五钱	总办刘令德全 总商富瑞山	湖北武昌 直隶临榆
奉天省城公济银号	光绪三十二年六月 资本银六万两	王子兴	山西孟县
附注	一、长白府银号由该府借号款二万，于宣统元年二月分设。		

附设质库表

地址	资本	开办年月	执事姓名	籍贯
奏天省城鼓楼南	正当一处五万圆	光绪三十二年闰四月	李冠英	直隶昌黎
同	分当一处并未另拨资本	同	王廷樑	直隶抚宁
大东关	同	光绪三十三年七月	刘宗岱	直隶临榆
辽阳	五万圆	光绪三十三年八月	杨大富	同
营口	同	光绪三十四年四月	胡奉彝	同
山城子	同	光绪三十四年七月	陈泰安 分号委员兼司稽查	直隶抚宁
昌图	同	光绪三十四年十二月	李上林 分号委员兼司稽查	直隶昌黎
附注	一、西丰县典当由该县借号款五万圆，于光绪三十四年二月分设。 二、东平县典当由该县借号款四万圆，于光绪三十四年四月分设。 三、朝阳镇典当由海龙府代该镇铺商借号款三万圆，于光绪三十四年十一月分设。			

纪铜圆局

光绪二十四年，盛京将军依克唐阿奏设机器局，庚子之变，俄人据之。光绪二十九年，将军增祺索回原址及残损器物，重加修整，开铸铜圆，是为机器局改铜圆局之始，光绪三十年奏咨有案。彼时大银圆所铸无多，专铸黄铜铜圆及小银圆二种，仅领资本二十二万两，规模狭隘，赢余有限。将军赵尔巽添购机器，专铸铜圆，陆续拨用官本五十七万两有奇，开用部颁钢模，仅铸当十、当二十两种。世昌到任后，知三省财政困难，既在天津造币厂代铸东省大小银圆若干万以资流通，复以铜圆为补助金融机关。吉省之银圆局亦已停铸，而江省尚未自行开铸，爰定各曰三省铜圆局。整理机件，督饬在局人员切实经理。其大宗铜铅钢铁樵煤购自外洋及津沪各处者，均随时派员采办，另行开报。年终余利，亦较前届为多。维是铜圆一项，已为各省困竭之源。当开铸之初，各省各谋余利，滥漫无节，无一定之法偿，不以为主币之辅助品，以故充斥街市，价值愈贱，而困敝及于商民，亏折中于官吏，不但无余利可言，财政且因之疲败而不可收拾。东省铜圆尚少，较东钱、中钱为实在，故信用尚著，价值亦得中，然所计余利，仅就公家所定价值预为决算，其实铜圆并未销售也。乃派员分巡各属，定价值之等差，销运之多寡，由是分销各处，公私交利。又以日人在朝鲜南岸自铸铜圆，由铁路运入，私销取利，屡与交涉，立予封禁，严密稽查，不得复逞。时部议令各省暂行行停铸铜圆，嗣以存铜在前，复援案奏请开铸，大宗料物遂尔停置吉省，钱荒商困尤甚。奉、黑现货缺乏，周转维艰，与内地情形适成相反。实吉局更以鼓铸制钱，惟赔累滋多，势难再行开铸。而三省铜圆局所铸铜圆，既不敷奉行销，转运尤多未便，不得已历陈吉省实在情形，奏将实吉局归并吉省，旧有之银圆局搭铸铜圆。复奉允准照办，而市面赖以稍苏。又以三省铜圆局人工众多，存铜铸罄，将一散不可复聚，且机器停置可惜，适日人拟创办电灯，由南满车埠侵及城乡，遂决计在该局内创官办电灯厂。与日交涉，将非车站之杆线拆去。其款则由铜圆余利项下提支，不足则饬司续筹，即由在局人员兼办，事不劳而毕理，款以节而成功，放光之期，当在秋冬之交，是亦抵制利权之一道也。

附援案请开铸铜圆片

再东省铜圆自遵旨停铸后，已逾数月。查东省民生凋敝，圜法复杂，困难情形实较内地尤甚，又兼外币灌输，无术抵制，停铸以后，不但市面铜圆缺少，物价愈昂，即以前订购铜斤无从退换，积压成本，耗折堪虞。查江、宁、鄂、湘等省，均以订购铜斤在停铸以前，无款垫付，先后电奏，嗣经闽、豫两省亦以铜圆缺乏，咨请开铸。经度支部并案议准覆奏，奉旨依议。钦此钦遵在案。东省事同一律，而市面无以流通，官本因而壅滞，较各该省尤形困乏。惟有仰恳天恩，俯念东省财政艰难，准援各该省成案开铸铜圆，以资周转，实于官款、商情两有裨益。谨附片具陈。伏乞圣鉴。谨奏。光绪三十四年八月初十日附奏，本月二十三日奉到朱批，度支部议奏。钦此。

附吉省实吉局归并银圆局搭铸铜圆折

奏为吉省制钱缺乏，银价日昂，拟将铸钱之实吉局归并于银圆局内，搭铸铜圆，以维圜法。恭折仰祈圣鉴事。窃查吉林未设行省以前，因制钱缺乏，经前将军希元奏设实吉局鼓铸制钱，以资行使。复由各商认缴四厘捐，以为铸本。开办后，每年仅铸钱一、二十万千，市面不敷周转。且铸钱一千，即赔钱三四千文，以四厘捐弥补外亏，累仍复不资，屡经设法整顿，因人工太贵，苦无善策。春间，据署吉林度支司陈玉麟详请将该局裁并银圆局，搭铸铜圆，以节縻费，而便商民。臣世昌正拟据情入奏，适奉谕旨，饬令各直省一律停铸，是以中止。近来奉天、湖南、湖北、四川、云南等省奏请开铸铜圆，虽先后经部议准，然皆系因地制宜。现在京畿长江一带，铜币仍尚充斥，曷敢援例，复请开铸。特吉省圜法之坏，实有与内地大不相同者，谨将现时钱币情形，并拟变通办法，为我皇上缕析陈之。查吉省向少现钱，专恃纸币流通。去岁改设行省，来源既未加增，用款日形竭蹶，银贵钱荒，市面几不可支持。于是日俄纸币乘机行使，流灌于市面之中，以致货价之高下，利息之重轻，操纵几难自主。臣世昌与调任抚臣朱家宝蒿目時艰，亟筹治标之法，特饬吉林官帖局随时出借官帖以为抵制，于是商困得以稍苏，利权免致外溢。惟此项官帖，向章以二成付现，虽系历来办法，然发行过多，现钱未尽充足，是以本年入春以来，现银价值逐日增高，计银一两即易吉钱至五千六七百文。商民贸易，向以官帖为本位，与外省贸易、交通，又系以银折算，一转移间，受亏甚巨。臣昭常奉命抚吉，由延赴奉，沿途经过绥芬厅宁古塔暨附近铁道各州、县，往来交通，多用外国纸币，因而外币愈昂，官帖愈贱。至民间则又以官帖与各行店私出执帖展转行使，铜圆、制钱几不见于市场，小民日用所需，极形不便，是吉省苦铜圆之少，适与内地患铜圆之多成一反比例。旋与臣世昌晤商整顿之策，应先从钱法入手。臣昭常到任后，即出示晓谕，将借出官帖到期陆续收回，于是官帖渐少，银价渐平，每两跌至四千四百文不等。此后若无切实办法，恐国币日少，外币又增，银价纵可稍平，而羌帖、手票之价又复腾踊。臣世昌与臣昭常往返电商善后之策，因思现银既无来源，外币更难抵制，欲纾目前之急，惟有于银圆局搭铸铜圆，以为官帖辅助，则银价不期平而自平，或可挽回于万一。实吉局既已归并，若仍鼓铸制钱，赔累伊于胡底。查奉天造币分厂本可搭铸，无如远隔千余里，转运维艰，且须另筹成本，现今财政困难，别无闲款可以挹注。吉省银圆局既无现银鼓铸，若变通搭铸铜圆，毋庸另买机器、另派员司，即就原有工匠人役，有银铸银，无银铸铜，既可稍节糜费，亦可补救钱荒，吉省银钱断无冲行外省之病。如蒙圣恩俞允，此项铸本勿须另筹，即将原有四厘捐项购买铜斤，不足之数再由官帖局暂借纸币以为补助，日后即将铸出铜圆归还帖本，以为应付官帖之预备。而官帖付钱成数，拟请自开铸铜圆之日起，向付二成者改为增付四成，以次递加至十成为止。化虚为实，民间自然信用，则俄之羌帖、日之手票，均不至抬价居奇，挽回利权，维持市面均有裨益，关系大局，实非浅鲜。臣等意见相同，所有吉林省实吉局归并银圆局，拟请搭铸铜圆缘由，是否有当，理合恭折具陈。伏乞皇上圣鉴训示。谨奏。光绪三十四年十一月初七具奏，十一月二十四日奉批，著照所请，该部知道。钦此。

纪永衡官帖局

光绪三十二年，吉林将军延茂以宝吉局制钱短少不敷民用，乃于机器局内附设银圆厂，鼓铸五种银圆，以周转市面。光绪二十四年，羌帖充斥，利权外溢，因又奏设永衡官帖局，出五等银圆帖，与银圆相辅而行。光绪二十六年，俄兵占据银圆厂，机器毁失，虽经将军长顺索还厂屋，重新鼓铸，而银圆来路不畅，该局遂改出四等官帖，以资流通。其成本先由库借拨三万两，开印官帖，交商行使，定借用章程，按月七厘纳息，以充局费，发付现钱，定以二成，相沿至今，遂成弊薮。光绪三十年，又奏为官督商办，不动正款，就地筹划，每年余利以二成作为局费，以五成作为资本，以三成归公。如资本积有成数，则余利以八成归公，以二成永作局费。于是纸币滥发无节，资本过少，公家欲借此挹注，而弊乃愈滋。自改行省，一切财政钱法均改由度支司管理，乃于官帖局内附设发行银币处，名为官钱局，分立簿记，不相牵混。宣统元年，复令将官帖、官钱两局合并为一，城外设官帖分局四，省城名曰官帖总局。所出纸币，商民信用，但官本有限，发行太多，所谓二成之旧习尚未能设法变通，且出境即不能使行，是抵制羌帖之力，仍觉微薄。查吉省地广民荒，本无钱法，向赖凭帖为通用品。自禁革抹兑，民困稍苏，而制钱缺乏，鼓铸经年，仍有求过于供之势，乃赖官帖局以补助之。公家既以余利为挹注，发行之数乃至数百万缗，而所谓七厘纳息者，届时无可偿还，不得不将不动产转相抵押，以致成本愈滞，悉变为有名无实之余利。其商家持票来取者，又苦无所取偿，于是援二成现钱之旧例，辗转换兑，以为支持之计。比年设官银分号于哈尔滨，原以维持纸币之信用，汇划灵敏，支付利便，借为该局之后援，而极其究竟，必将该局纸币设法收回，以统一于官银号。目前推行未久，运转不灵，商民所见官币仅此该局一种，固未能稍事操切，致商界恐慌，外币乘隙。然则一时经划，只能厘定该局收支办法，于用人放债一切权其轻重，量其盈虚，使本局不致亏折，而市面仍可流通，此当时筹济之苦心也。去岁计其余利三十余万两，则公家岁入所需，借以补助行政经费，固亦不无小补云。

纪广信公司

江省僻处边荒，地瘠民苦，私商钱帖流行市廛，时虞倒闭，庚子乱后，官商交困，银钱奇绌，署将军程德全由荒价拨银二十万两，附商股银三十一万余两，在省垣设广信公司，绥、兰、巴各属兼设分司，所以行纸币、便商民也。原定章程，拟历年红利提银万两，归本有余，则以官股十万两余利充省城学堂经费，十万两余利充外属学堂经费。开办数年，纸币通行，商民信用。自光绪三十年至三十四年，共开使凭帖一千九百余万缗。光绪三十二年，又由公司拨银二十万两，于北京、天津、上海、营口各埠及本省绥、兰、苏各属设庄汇兑，盖遵公司旧章也。惟开办以来，选用商人，贤愚混淆，董事杨文新、靳文居等，皆市井无赖，骤膺利权，滥出凭帖，舞弊营私，冀肥囊橐，商董坐拥厚资，正款日见侵削。而光绪三十一、二年江省旷土日辟，荒价畅收，商户借公司之钱以领地，挪移辗转，商欠日巨，公司亏累亦愈多，故公司由光绪三十年后获利以三十二年为最，而受病亦以三十二年为巨。三十二年及三十四年春间，商务败坏，公司所放之款迄不能收，纪凤台、李馨等所欠垦局银款数十万两，皆转抵公司，而公司之外欠愈巨矣。当垦款初出贷时，以贷款多少定董事优劣，但求利息，不虑亏折，商董以下数十人寖相攘窃，上下欺蒙，公司岌岌，几有朝不保夕之势。汇庄本金二十万两，尽成空账，且有亏损。世昌莅东后，爰筹补救之方，以为受病之处在内而不在外，乃设稽查员以清宿弊，设收支员以理出入，日有结，月有报，而公司之病源清矣。借钱须有抵押，汇庄归并公司，裁分庄，慎贷款，而公司之漏卮少矣。计自光绪三十四年公司现银仅十万两、银圆五十三万余圆、外行纸币一千三百余万缗，母金亏损，几难措手。购买羌帖，采买豆麦，以虚换实，存款日富，虽非正当之营业，亦以救急一时也。又增海伦分公司，设呼兰当铺，接济地面，利便商人，现在公司现银一百五十万两，而度支司借用之款亦百余万两，皆谨出纳、节浮费之效也。虽然江省近接强邻，羌帖充斥，公司财力稍厚，宜设法抵制外人，若仅恃公司之周转，虽有官银分号以为之助，而资本所限，财力未充，终难为外币之劲敌。是公司利益仅为维持目前之计划，亦必委贤员，择管董，谨管钥，慎出纳，始可毋蹈故辙，利及商民。后之君子能统一而整齐之，则必应敷设三省银行，广集资本以充实力，而财政乃有发生之根据，是则殷殷祷祝者也。

附东三省支应处

公用篇

东省既设总督以为行政统一之机关，而行政最要大端，如军务、边务、蒙务，尤应划一灵敏，无分畛域，而此三者用款之繁，自不能不另辟机关，以为策应之地。三省财政，凡额支及其他一切用款，既分管于度支司，然有分理之区者，用财所以有责任，有总汇之区者，要政所以贵统一也。

国家东北陲，幅员数千里，由奉而吉而江，四塞隩区而伏莽滋多，外人且耽耽焉，时萌侵越之志。内蒙藩服，人心摇动，是以驻军置戍暨驭蒙绥边各政策，罔不参互错综于三省之中，权力所及，财力随之，倘仍分隶度支，万一此疆彼界，因应愆期，晷刻之误，事机失焉。乃奏设东三省支应处，以为公用款项之枢纽。其储款以部拨边务经费为基础，其次则量三省之财力，权衡多寡，分成拨济。其出款则以延吉经费为大宗，而三省之督练处、制图所、讲武堂、宪兵测绘学堂、中军处、转运局、蒙务局皆取求于此。由是百端具举，转输利便，度支无割截之烦，要政有整齐之益。且收支各款，按季分报三省公署，按年报部核销，眉目清省，易于检查，诚一举而数善备也。夫三省为国家根本重地，而又介于日、俄之间，军务、边务、蒙务表里相间，措置稍一不慎，祸机迭为起伏，是必集京外资财以为应付，庶可绸缪未雨，争此先几。然而世局艰难，财力有限，今日者，惟就我三省财力统筹均计分，任其责。果使源源拨济，无悮厥时，则中权决策，不虞取给之或穷，事机纷乘，当可咄嗟之立应。而三省公用之机关，乃如此其重且要也，司出纳者宜知所从事矣。

纪支应处

咸丰以来，兵事纷起，各省多设支应局，其所掌半系饷糈及协济各款项，所以别于寻常行政费也。东三省自改设行省，各设度支司以综核财赋，固以一省之财，办一省之事，界限本清，若以一事而关系三省者，则必须合三省财力以筹之，是支应处之设，所以应军务、边务、蒙务之取求，而中权出纳之总机关也。光绪三十三年六月，初设行营支应处于省城，嗣因边务、蒙务所用款项统归该局筹付，遂于光绪三十四年奏设三省支应处，责成道员陆绪声总理其事。分设三科：曰总务，曰会计，曰文牍。遴员分主之。部拨延吉边务经费咸主持于该局，其他则筹诸三省者，量其财力分成均配，大约奉省居十之五，吉省居十之三，江省居十之二。其月计呈报于公署，年计纳数于度支部，分晰钩稽，必详必备。时延吉争界构议方兴，凡于治权有关系者，亦皆以此款筹划布置，俾无罅隙。于是三省要政，乃得次第修举，其于款项，无迟缓割截之弊，收划一齐整之功。省外支应之繁，以延吉为最，乃置分处于其地，以利转输焉。其他如吉、江两省，均拟陆续增设，以期完备。然则该处之设，乃为三省谋统一之财力，以从事于军务、边务、蒙务之要政，非故于度支外立一机关，如内地善后筹款各局所之多立名目也。故权限有宜于统一，乃能收大力包举之效者，此类是也。

附奏设支应处折

奉为三省公用款项，拟专设处所，筹拨支发以清界限，恭折会陈，仰祈圣鉴事。伏查东三省初经改设行省，规模草创，略有端倪，而行政之费日益繁多。既于三省分设度支司，规划一省之财政。然有为一省所专办，亦有为三省所共同，头绪纷纭，款目繁碎，借垫筹还，动生轇轕，出入销数，必致纷歧，是非别设机关，不足以清界限。臣等公同商酌，拟于奉天省城设立东三省支应处，派员总理三省公用款项，凡非仅办一省之事者，一切动用之款，统由该处支发，如督练处、军机局、转运局等，及蒙务、边务并其他非专隶一省之用款，均责成该处经理。其各处应用之款，如有专款协济者，自应由该处收放列销。其并无专款之处，由三省合筹，按照各省财力分成酌摊，奉天五成，吉林三成，黑龙江二成，随时划拨，统交该处备用。如或一时财力未逮，即拟在镑余项下实用实销，以资周折而免贻误。所有该处出入各款及一切局用，按季分报三省公署，每届一年，报部核销一次。似此眉目分明，截然不混，在三省公用款项既可清析，在部臣慎重度支亦易检查。并由臣等体察情形，择要设立支应分处，以便转输。除咨部查照外，所有三省公用款项专设处所收发缘由，理合恭折会陈。伏乞皇太后、皇上圣鉴，饬下度支部立案施行。谨奏。光绪三十四年六月十五日具奏，二十五日奉朱批，度支部知道。钦此。

附东三省支应处划分权限办法

一、三省度支司应将三省公用额支、活支款项割分清楚，分别门类各若干项，每项共若干款，某项系按月领，某项系按季领，某项有无指定专款，某项已否奏咨立案，逐一详细开单咨送本处。其原有支款章程者一并录送，原无定章者应由本处按单查核直接咨询，庶几款项详明，例章清晰，筹备遵守，俾有凭依。

二、三省度支司送到单开各项款目，经本处核定后，其原由处支发者，仍照旧办理。如向系度支司支发者，应截至划清界限通知各处后，统改由本处支发，以归一律，而免分歧。

三、本处成立已阅一年，其未经奏明以前所有支发各款，应仍归三省度支司报部核销。自奉旨之月起，支发公用各款，再归本处报部请销，以清界限，而免重复。

四、随时请领之款，或奉批发或经准支领，务于文领内详叙事由，以凭查核，俾免司处互有误会。其一时难以分辨，应由一省独认、抑由三省公摊者，应就近请督，抚核示，或由司处彼此商酌。

五、吉、江两省虽暂不设分处，由度支司代办，而应归三省公用款项亦须先行划分清楚，另立册簿，按季将收支款项开单咨送本处，以便汇总报部请销，以符奏案。

六、本处未经奏设以前，权限未能划清，一切支发款项，均向奉省度支司随时挂借垫付，按季呈请吉、江两省补还，甲季垫款每至乙季发还，且有迟至丙季始能还清者。今界限划清，应发之款自多，若仍照从前概由奉省度支司垫发，既责其预拨五成公款，又向其挂借两省垫款，微论奉省库储支绌势有未能，即使力所能支，以三省公摊之款尽责诸一省筹垫，循名核实，似亦偏重。嗣后本处一切用款，应遵照奏定章程，如有专款协济者，自应由本处收放列销，其无指定专款者，应由三省度支司合筹预拨，存备支用。

附迭次派员调查东省边界各蒙旗情形折

奏为密陈迭次派员调查东省边界蒙旗各情形，以资筹备，恭折仰祈圣鉴事。窃查东三省幅员辽阔，边境空虚，欲为实边之谋，必先周知其情势。从前道途多阻，于边地情况多未考察，无事之时，视同旷土，于山川、形势、道路、风俗瞢然无闻，及至事机猝发，因应无方，昧于平时，必至误于临事，外交内政纠葛遂多，自非多派干员，分履调查，列之图说，无以烛边情而祛隐患。致等到任之始，即注意于熟查疆界，普辟蒙荒，比年往复筹商，陆续派遣，举凡蒙旗领地，俄韩边隅，形势所关，均经考察，一以为印证之资，一以为筹备之据。其最要者，如吉江边境，密迩强俄，辄多窥伺，甚且别立俄字标记，时起界务问题。因迭次派员往查，自满洲里、呼伦贝尔以下，直至吉林之三姓、宁古塔、珲春，亲历边界，会为舆图。有界务未明之处，亦必别以标识。而修辟道途，征搜形胜，次第计划，借图措理。又因穆克登碑一事，亦派员屡赴瑷珲、宁古塔、蜂蜜山等处详细调查，旋据报告或谓躬履其地，无可究寻，或谓确见此碑存立。然碑界虽存，而方向易移，即于疆域大有变迁，或由俄人私相迁移，蓄谋侵越，其交界封堆旋砌旋平者，亦间有之。迭经派员调查，考证形势，俾得依据之资。又因沿边各处交通不便，信息阻滞，既于齐齐哈尔、呼伦贝尔、延吉等处添设电线，复于辽源、洮南依次安设。临江、长白亦在筹置，并饬各员于沿路所经，关于形势人民之得失，靡不详为报告，以资印证。韩民越垦，介在奉、吉之间，情形偶疏，交涉遂起，因派员自珲春、延吉以迄长白、濛江、临江、安东一带严密考查，详其户口、里居之数，查其自种、代佃之分，为异日编定户籍法之据。其有无业及新来之户，亦详加防范，以泯枝节。关于蒙旗之调查，则派员由辽源入达尔汗王旗、郭尔罗斯前旗、图什业图王旗、扎萨克图王旗以抵洮南。复分途派员由郭尔罗斯前旗抵伯都讷，查看松、嫩两江合流之三江口。又由哈尔滨循路线寻洮儿河之月亮泡，循岸测绘。又由义州入东土默特左旗，入直隶境抵锡呼图库伦喇嘛牧地，查看商情，以期启牖蒙情，经营藩服。且各蒙旗地方，日俄均派人调查测绘，已历有年，若不先事绸缪，瞢于情形，关系至为重要。经臣等迭次派查测绘所及，已知概略。关于边务之调查，则分派各员，由海参崴至伯利以达海兰泡及兴凯湖、完达山一带，又由哈尔滨经黑河口折至墨尔根以达满洲里，又由延吉图们江经海兰河以达珲春。凡山川道路之险夷，物产户口之多寡，以及军队驻扎情形，靡不详为考究，以资筹措。其间道路纷歧，情形复杂，既必宽以时日，尤当资其费用，经臣等分别酌给办公经费，则令核实具报，历经照办。查该员等分途四出调查，目前之筹备即为他日之经营，实为筹边最要之事，所需各费多系由臣等酌量筹拨，应请作正开销，核实造报，以清款项。所有调查东省边界、蒙旗各情形缘由，谨恭折密陈。伏乞皇上圣鉴，谨奏。光绪三十四年十一月十五日具奏，二十五日奉批，知道了。钦此。

附办理延吉边务动用经费报销折

奏为办理延吉边防动用各项经费，据实造册报部核销，恭折仰祈圣鉴事。窃查延吉厅一带地方，边务重要，前经奏派专员驻扎延吉勘定界务，所有筹拨款项及兴办各项事宜，先后奏明办理，并将章制、房图及开办日期，业经分咨各部立案，各在案。查边务经费自开办之日起，截至光绪三十三年十二月底止，统由吉林省筹拨，作为延吉边务第一案报销。自三十四年正月起截至十二月底止，均在部拨边务经费项下动用，作为延吉边务第二案报销。兹据东三省支应处分别造具清册，请销前来。臣等覆加详核，第一案册开，旧管无项，新收吉林省筹拨经费沈平银八万五千四百六十七两三分九厘二毫八丝三忽，开支边务处、派办处、巡警员司薪饷津贴及开办经费、侦探旅费、调查川资各项，应归度支部核销银七万六千五百二十六两三钱七分四厘一毫五丝八忽，测绘速成学堂、宪兵讲习所员司薪饷津贴，及购备图器军械等项应归陆军部核销银八千九百四十两六钱六分五厘一毫二丝五忽，统计第一案应销沈平银八万五千四百六十七两三分九厘二毫八丝三忽，实在无存。第二案册开，旧管无项，新收度支部指拨各关汇解库平银六十万两，升合沈平银六十一万九千二百两，开除边务处、派办处、巡警、屯田营、巡警学堂、学务公所、两等小学堂员司薪饷津贴及开办经费各项，应归度支部核销银三十万二千五百三十三两一钱七分五毫五丝七忽，工程营、医院、测绘学堂兼测量队、宪兵讲习所、宪兵队员司等薪饷津贴及建造营房、购备帐篷衣履并开办经费各项，应归民政部核销银八万二千七百五十二两五钱五分五厘五毫五丝六忽。统计第二案应销沈平银五十四万八千零八十一两四钱五分一厘二毫二丝五忽，实存沈平银七万一千一百一十八两五钱四分八厘七毫七丝五忽。委系实用实销，异常撙节，并无丝毫浮冒。除将详细清册分别咨部查核外，所有延吉边务收支各项经费，应请饬部核销缘由，理合恭折具陈。伏乞皇上圣鉴。谨奏。宣统元年闰二月二十一日具奏，三月初五奉到朱批，该部知道。钦此。

国家古籍整理出版专项经费资助项目

长白文库

丛书主编 郑毅

东三省政略校注（下卷）

郑毅 主编

吉林文史出版社

卷八　旗务

述　要

我朝肇基王迹，三省之地先隶版图。初设四旗以统众庶，迨后归附日众，增置为八，满、汉、蒙古，次第继编。凡贡赋之征，刍牧之给，户口之数，刑罚之施，婚丧疾苦之恤，皆于旗是属。盖以旗统兵即以旗统人，实声教政令所由出也。宝箓既归，裁盛京吏部，而留五部于陪都，以兼辖吉、江之治。今将军官署即沿吏部之旧。顺治中设府尹以理地方，设将军以理军事，于是军、尹分掌旗、民，遂为定制。厥后流民日集，边垦日拓，土客异势，庶政浸繁，益以征调频仍，精锐渐尽，强邻向隙，隐患潜滋。盖自发、捻之乱定，俄人之约成，东省渐以多事矣。朝廷时方一意中原，守斯土者以奉行操防为尽职，计饷授食，官失其司，佐下旗丁，舍当差充兵而外别无生计。上下交困，百弊丛生，旗制精神殆尽于此。其间有识远知务者条阵八旗生计。议改旧治，且筹边防，当时颇不急之。迨东清铁路告成，日俄战役又起，兵燹相继，声名文物，遂荡然矣。世昌受事，稽其府库则档册无征，按其卷宗，则支离莫诘。民无恒业，户鲜盖藏。五部既裁，条绪尤紊，因划分事之属于旗务者，别立司处以存旧观。制度不可仍者更张之以利用，官兵之困苦者维持之使自给。广筹教养，免其相率流离，稽存典礼，免其日就散佚。俸饷、官田，乃旗官、旗兵所恃以为生者，一一整饬而网纪之。适恭奉化除满、汉界限之谕，乃为裁旗缺，设民官，挑甲兵充军警，讲习法政，开放屯田，务使士、农、工、商、旗、民无别，上无歧视，下自潜移。旋又奉广筹生计之谕，复为之增学堂，设工厂，传习农业，奏置农官，给铁山包官田以资耕作，分布特哈经费以通有无。导之于无形，而富之于永久。民无游惰，其效自彰。中更玉牒尊藏，宫殿修治，三陵之时享，粢盛之上供，品物节文，典章所系，此亦察吏安民而外为臣子者所宜知也。三省中奉天被兵最巨，较易开通。吉林未受兵戈，锢蔽犹昔。江省僿陋穷困，视两省皆有过之，而在官者之摊派折扣，几同一致。自谋教养剔除侵蚀之私款，以供整理之正供，为数颇巨。论者或转以裁改厘剔为病，岂知本之论哉。今朝廷设立变通旗制处，尽除畛域，其规模固有不限于东三省者，则此卷所纪，或亦其嚆矢也夫。

旗制篇

奉天八旗驻防共四十一处。内分城十五曰：盛京，曰辽阳，曰岫岩，曰广宁，曰牛庄，曰铁岭，曰兴京，曰开原，曰凤凰城，曰金州，曰复州，曰盖州，曰熊岳，曰锦州，曰义州。路九：曰巨流河，曰白旗堡，曰小黑山，曰闾阳驿，曰抚顺，曰小凌河，曰宁远，曰中后所，曰中前所。边门十六：曰彰武台，曰法库，曰松岭子，曰新台，曰梨树沟，曰白石嘴，曰明水塘，曰白土厂，曰清河，曰九关台，曰威远堡，曰英额，曰旺清，曰碱厂，曰叆阳，曰凤凰。围场一：曰海龙。旧制以城为纲：而路及边门属之，围场则别设总管直隶于盛京将军。自设民官后，旗营既与府县同城，旗官并无专事可治，旗丁各户散处城乡内外，驻防久称虚设。既建行省，将军职掌并于总督，旗民官吏皆受治焉。因为分其权限而专其职司，其有驻防人数与辖地之较少者则裁撤之，如彰武台、法库等边门是也。其驻防人数虽少而辖地较多者，则归并之，如巨流河等路之于广宁，小凌河等路之于锦州是也。其驻防人数众，辖地广而一时未便裁并者则整顿之，如盛京、辽阳等处之各有专城者是也。以化散为整之法，作统一而治之计。事合则治易，责专则政成。去岁之裁锦州副都统与抚顺防御，近日之请裁海龙总管，皆所以核名实而便措施也。夫奉省为我朝丰镐旧邦，故八旗驻防制度独备。中以迭遭时变，渐就陵夷，额设之旗官、旗兵，俸饷既微，生计又困，长此不变，进而愈穷。筹生计以维目前，广教育以开知识，标本兼治，效果自呈。然前法之不合于今，亦由今法之不宜于后，递嬗之际，与时变迁，乐利观成，是在来者。

附八旗驻防城路边门统属表

地别 城别	城	路	边门	围场
内城	奉天			
外城	辽阳			
	岫岩			
	广宁	巨流河	彰武台	
		白旗堡		
		小黑山		
		闾阳驿		
	牛庄	闾阳驿		
	铁岭			
				海龙
	兴京	抚顺		
	开原		法库	
	凤凰			
	金州			
	复州			
	盖州			
	熊岳			
	锦州	小凌河	松岭子	
		宁远	新台	
		中后所	梨树沟	
		中前所	白石嘴	
			明水塘	
	义州		白土厂	
			清河	
			九关台	
			威远堡	
			英额	
			旺清	
			碱厂	
			叆阳	
			凤凰	
统计	十五	九	十六	一

纪旗务调查处

奉省六司，旗务居一，职掌、编制与交涉、民政各司略同，而筹议八旗生计，实建置之要旨也。惟是陪都之设，逾二百年，章制规模，几经损益。凡其更嬗递改，罔非因弊而革，因利而兴。一旦变更过骤，尽反习惯，则疑骇易生，过事拘泥则进行多碍，既防扞格，复虑疏虞。爰设旗务调查处，于事务之应兴应革者切实研究，以备施行。夫东省虽王迹所肇基，而自来廷臣疏谕三省情形，鲜能详尽。中如尚书陈之遴、侍郎梁诗正等条陈八旗生计，亦多以移京旗实边开垦为言，数数奉行，费多效寡。非建议者之不当，亦病于情势不知之过也。今日轮轨大通，乡之边远几如堂奥。强邻伺隙，库藏困穷，生计之难，岂必于八旗而始见。设此处以为调查，使旗务之利弊瞭然、东省民生之疾苦，亦知所从来矣。

附旗务调查处章程

第一章　总纲

第一条　本处为整顿旗务起见，凡本省内外城八旗一切情形，皆应逐次调查，为整顿旗务之预备，而以融合满、汉，统筹生计为宗旨。

第二章　设员分职

第二条　旗务调查处应设总办，总司其事。总理以下，分设各员职务如左：

一、调查

二、评议

第三条　专办拟设一员，调查、评议各员暂不定额，应酌派旗务司及各旗人员充之。

第四条　调查员，专任调查内外城旗务及报告等事。

甲、派员调查　派员分赴各处，专事调查，分明查、密查两种办法。

乙、行文调查　行文各处转饬调查，分通信、行文两种办法。

第五条 评议员，专任评议旗务利弊及应兴革等事。

甲、交议事项　凡堂交及旗务司交者属之。

乙、提议事项　凡本处就调查所得而提议者属之。

第三章 调查类目

第六条 旗务调查处应调查事件，分八类二十四目五十五款如左：

一、土地类 分目为四

甲、境界

一、境界大略，二、驻防设于何处，三、全境之四至，四、旗界之区划及其变迁，五、管理界务之情形，六、形势若何。

乙、面积

一、面积大略，二、东西南北各若干里。

丙、统辖

一、统辖大略，二、统辖各处该地之情形。

丁、地亩

一、地亩大略，二、旗地之总数及其情形，三、官兵随缺、伍田、升科、余租、充公及红册地亩租额之详数，四、旗户自种及佃种各地之情形，五、赋税及关于地亩各项捐款之大略，六、各地浮多及夹荒之有无及其大概情形。

附述仓务大略。

二、户口类 分目为二：

甲、户数

一、旗户之总数及散处各地之情形，二、正户、附户之详数。

乙、人数

一、人口之总数，二、官兵及旗丁之详数，三、男女老幼之详数，四、在外者之数，五、今昔人口之比较。

三、营制类 分目为三：

甲、营制

一、营制大略，二、统辖各处制度之大略。

乙、官制

一、官制大略，二、官员原设定额及现在旷缺之数。

丙、兵制

一、兵制大略，二、兵额及旷缺之数，三、兵操及差务之情形，附在外当兵者之略数。

四、财政类 分目为三：

甲、官俸

一、官俸大略，二、官俸及应领随缺地租之详数，三、官俸外应得杂款之有无及其详数。

乙、兵饷

一、兵饷大略，二、兵饷及应领随缺地租之详数，三、各署摊扣兵饷地租之详数及其办法。

丙、杂款

一、杂款大略，二、每年公款及额外各款之说数，三、仓款盈余之详数及其用法，四、存款之有无及其详数。

五、生计类　分目为二：

甲、生计

一、生计大略。

乙、生业

一、生业大略，二、有业者与无业者之比较。

六、教育类　分目为二：

甲、教育

一、教育大略。

乙、学堂

一、学堂大略，二、就学之人数。

七、政俗类　分目为二：

甲、政务

一、行政大略，二、官兵之情形。

乙、风俗

一、风俗大略，二、旗民相处之情形。

八、历史类　分目为二：

甲、沿革

一、沿革大略。

乙、迁调

一、迁调大略。

第七条　调查类目仅举其略，各处情形有应增入者，务以求详为主。另定表式，并应照填。

第四章　调查规则

第八条　本处调查以八旗事务为限，其各地情形有关于八旗者亦应一并调查，以务考核。

第九条　本处调查事件，无论派员调查，行文调查，应按照调查类目或指定事项详细调查，定期报告。派员费用，应由本处筹备之。

第十条　本处除派员及行文调查外，凡有应查案籍者，得由本处移请该管官调取备查。

第五章　经费

第十一条　本处所需经费，应由旗务司随时筹拨，不另请领公款。

第十二条　本处所派办事各员，均由旗务司及各旗人员兼充，毋须另支薪水，唯酌给公费以资办公。

第六章

第十三条　以上仅系章程大略，其各项详细规则以及表式等类，应由本处随时酌拟照行。

纪内务府办事处

盛京内务府，初制本无总管大臣，由包衣三旗佐领中奏简一人执掌关防，司其政令与宫禁之治。司库、笔帖式都不及十人。至乾隆时，渐有增置，以三旗佐领皆同品官，不克董率，于是设总管，以将军兼管之。分五司：广储、会计、掌仪、都虞、营造是也，三库：三旗织造库是也，一阁、一处、两馆：文溯阁、内管领处、黑牛馆、乳牛馆是也。夫陪都内务府之设，所以共宗庙粢盛及掌府中户、礼、兵、工之事，官员升转系之京师。立法之初，内外原无二致。一自巡视典阙，典官守者失其职司，大之典要章程，小之例行公事，率皆凌杂无序，弊窦潜滋。行省既立，置旗务司，并内务府所掌属之。虑礼制之无征而积牍之难治，特设内务府办事处分股治事。凡库掌之收储，庄粮之出入，尊藏之守护，祀典贡献之岁时，以及额赋之征，靛棉之纳，皆考其定制，使无就于废弛。至于文牍通行，旧章几无程式。旗务司既隶属公署，因改以档房为总汇，凡事有应承转通告者，档房呈明司使与承宣厅直接。而府中各司处，惟同署者可用片咨，其上奏暨咨行京外各部院衙门仍用内务府大臣衔印，以与奉天行省区别。应行事宜由掌印佐领总其成，而其余二佐领、堂主事、司库等官仍如京僚之制。两载以来，大典频仍，幸无废事。虽一时权宜之计，他日改定内务府官制，亦可藉备考核云。

纪内城八旗公共办事处

奉天八旗之制，相沿逾二百年，而考其内容，殆各为风气。内城外城既分其域，满、汉、蒙古复异其趋，遇有事端，动多窒碍。旧时官佐，利用其隔阂，得以左右其间，弊窦之深，益难究诘。世昌归并八旗名目，使满汉无所区分，裁汰旗佐官员，使内外联为一气，于是有八旗公共办事处之设。四郊辽远，先即省会设立，而以旗务司董其成。裁撤档房，即以协、佐、防、骁、领催分充办事处总核、帮核、办事委员、书记等事，明定办事经费，酌给津贴。旧有摊派饷租情弊，胥予蠲除。行之期年，公私称便。尚拟以次推行各属，以渐定整齐划一之规云。

纪变通旧制

奉省旗制，积弊相仍。欲融合满汉，必先化旗民之界限，欲广筹生计，必先去倚赖之性质，因先就裁撤旗官，添设民官之处，因势而利导之。锦州副都统事务太简，奏准裁撤，将该管一切事宜变通核定，改并协领办理。以协署为各旗办事总汇之所，分设旗务、仓务二处，即将都、协两署原有各司处及各旗办事档房并旗仓等归并改设。各旗旧有摊派兵饷、地租等弊，一律裁革，另筹办公经费津贴。其八旗官员暂存旧制，惟出缺不补，另定对品酌调之法。原有八旗佐、骁以下各员，即派人协署分办诸务。旧设兵额亦出缺不补，并挑充陆军巡警等项。至于旗丁人数既繁，尤应设法安置，则为推广学堂，创办工艺厂以广成就。锦旗辖地较广，每有浮多侵冒隐匿之弊，爰定分别清丈清赋，增租加捐换照等法。正饬调查，以此事关系全局。未能执一隅以为准也。该署存款不足万金，嗣查出仓款盈余等项每年一万余两，即留为学堂、工厂及筹办生计之用。副都统又辖有料理庄粮事务衙门，承办庄地粮差贡献等事。自官庄丈放，庄头裁撤，无事可办，久成虚设。今副都统既裁，应办贡差亦改由旗务司办理，因一并奏请裁撤，以节糜费，此变通锦州旗务之情形也。抚顺旧设八旗驻防，离省较近，辖地无多，关于户口、租饷地亩之事，向由防御分管而属于兴京副都统。嗣撤防御设县治，因责成该县就近料理，归旗务司直辖，并由该县选派原有领催或旗兵三名专司其事。已裁之防御四员，奏请对品酌补。其四旗原设之领催、兵匠等二百余名暂存旧额，出缺不补。此项旗兵可选充该县巡警。其应创立小学及兴农劝工办法，已饬该县速筹举办。应用款项，即由原有充公地亩及催征各地租赋盈余款内尽数拨充。其旗署原管官兵随缺地一万数千亩，又代征内仓红册地三十二万余亩。随缺地租照章尽数散放，其中防御随缺地并以后陆续出缺应收地租以及代征各地盈余等款，均由该县报明专备兴学劝业之需，不得擅作他用。惟其地亩向有浮多失荒之弊，按照民地一律丈放，应详查地址，划清界限，以免旗民轇轕。此变通抚顺旗务之情形也。从前将军衙门有司务厅经理文牍，各城旗按月将收发文牍摘录事由造册呈报，并于六月十二月两次派员至军署声明何事已经遵办，何事尚未举行，按册核对，逐一注销，奉行既久，遂成故事。自改行省设旗务司，全省往还文牍均统归承宣厅稽核，各城旗造报注销，既系空文，当通饬停止，以节繁缛。而旗署一切来往公文始归齐一。其各项变通之处，未克悉数，凡以求实际，祛积习，化畛域，筹生计，为唯一之办法。是在随时提倡，无规规于目前之惰逸而已。

纪停止比丁改用转票

奉省内外各城旗，每届三年，例应查比户口，造册送部，名曰比丁。向由各旗佐派员分查，按丁征钱，作为册费，不免骚扰。前民政部奏请清查户口，曾声明八旗比丁册，嗣后不必造送，咨行有案。行省立后，适值比丁年份，爰遵照通饬各城一律停止。惟此项丁册，系备查袭缺、过子、关领赏项及宗室、觉罗为婚等事，现在变通旗制章程尚未颁定，一切仍照旧章办理。如果迳行废去，过有关于上列各事无凭查核，窒碍滋多。因改照从前转票办法，径由各该管族长就近清查，各开单册，呈由本管佐领，汇造清册，送旗务司存查，不得稍有需索，以期丁不受累而册尚可存。各城旗无论乡屯等处，均有族长，平时既有亲近之谊，临事自无扰累之虞，以办此事最为适当。当另拟章程刊发告示，通饬各城，自本届起，为一体奉行之始。

附停止比丁改用转票章程

一、查宣统元年为例应比丁之期，现为体恤旗丁，剔除积弊起见，特查照民政部奏定章程，除三陵及内务府应另案办理外，所有比丁旧章，自本届起一律裁革。应即查照从前转票办法，责成各处族长，遵照现定章程，仍由该管旗署，随时督核办理。

二、各城旗署奉到行知，应即出印谕付知各处族长，照领转票，并详示办法，饬速遵办，仍应明定限期，一律办竣。

三、各城旗署付谕族长，应派妥员，按照道里远近，酌定川资，由官发给，不得有需索费用、迟延逗遛等情，一经查出，立即严惩。

四、该族长奉到传谕，应即迅将所管户口认真清查，按照底册核实增删，详开单册，遵于限内呈送本管旗署核封，不得借故推诿，有意规避，致干究问。

五、该族长等所管各户，有与宗室、觉罗为婚之女，应即查明一体入册。又有过继子嗣者，该族长应携同出继、过继人等，赴本管族署呈明核办，不准私自过册，以符定章。

六、各城旗署应将该族长等所呈单册，详加核封，按照定期呈送旗务司存案，并须随时督饬办理，不得以既经责成族长，遂置不问。

附奉省各属驻防八旗户口表

户口 驻防	官数	兵数	男数	女数	统计
奉天	二百八十四员	六千五百九十五名	二十四万八千二百七十七名	十四万六千六十九口	四十万零一千二百二十五名口
辽阳	三十员	四百二十九名	八千六百三十九名	六千三百二十六口	一万五千四百二十四名口
岫岩	二十二员	五百零九名	一万两千八百十五名	八千六百六十一口	二万二千零零七名口
广宁	二十二员	四百三十五名	二万一千九百八十一名	一万六千七百十八口	三万九千一百五十六名口
巨流河	九员	二百零二名	二千四百六十七名	一千四十二口	三千七百二十名口
白旗堡	六员	二百零二名	二千五百三十九名	一千九百四口	四千六百五十一名口
小黑山	七员	二百零二名	二千一百八十四名	一千四百四口	三千七百九十七名口
闾阳驿	六员	二百零二名	三千九百一十名	三千二百三十口	七千三百四十八名口
彰武台边门	一员	四十三名	七百二十八名	四百四十三口	一千二百一十五名口

户口 驻防	官数	兵数	男数	女数	统计
牛庄	九员	三百七十二名	五千六百一十八名	三千二百三口	九千二百零二名口
铁岭	五员	二百名	二千六百六十八名	一千六百五十一口	四千五百二十四名口
海龙	十一员	五百名			五百十一名
兴京	十八员	九百三十八名	六万一千七百六十七名	三万九千三百九十四口	十万零二千一百十七名口
抚顺	四员	二百零二名	五千三百七十三名	二千八百三十五口	八千四百四十四名口
开原	二十一员	八百一十名	一万三千一百六十八名	七千八百七十五口	二万一千八百七十四名口
法库边门	一员	四十名	六百二十五名	三百八十八口	一千零五十四名口
凤凰	二十二员	五百六十九名	四万三千一百二十六名	二万八千二百六十四口	七万二千零八十一名口
金州	三十一员	一千二百六十七名	七万三千一百二十七名	六万五千二十六口	十三万九千四百五十一名口
复州	二十二员	五百五十九名	四千八百八十七名	三千二百七十一口	八千七百三十九名口
盖州	十六员	四百七十二名	二千六百四十七名	一千四百二十七口	四千五百六十二名口
熊岳	二十三员	六百零一名	九千三百六十六名	六千四百一十二口	一万六千四百零二名口
锦州	三十六员	一千二百二十三名	二万一千一百八十名	一万七千二百二十八口	三万九千六百六十七名口
小凌河	五员	二百零二名	二千六百二十二名	九百八十三口	三千八百十二名口
宁远	五员	二百零二名	二千九百三十名	二千二百七十九口	五千四百十六名口
中后所	五员	二百零二名	二千九百名	一千三百四口	四千四百十一名口
中前所	四员	二百零二名	三千六百五十六名	一千六百五十五口	五千五百十七名口
松岭子边门	一员	四十二名	二百五十四名	一百三十六口	四百三十三名口
新台边门	一员	四十二名	二百六十四口	一百二十四口	四百三十一名口

户口 驻防	官数	兵数	男数	女数	统计
梨树沟边门	一员	三十一名	六百三十二名	二百三十二口	八百九十六名口
白石嘴边门	一员	四十一名	六百四十二名	三百十四口	九百九十八名口
明水塘边门	一员	三十一名	八十名	六十口	一百七十二名口
义州	六十五员	一千三百九十四名	四千零六十二名	二千四百六十四口	七千九百八十五名口
白土厂边门	一员	三十一名	二百三十一名	一百五十一口	四百十四名口
清河边门	一员	四十一名	二百六十八名	一百六十一口	四百七十一名口
九关台边门	一员	四十二名	五百七十八名	二百零八口	八百二十九名口
威远堡边门	一员	三十名	五百二十五名	三百三十六口	八百九十二名口
英额边门	一员	三十名	二百八十二名	一百五十九口	四百七十二名口
旺清边门	一员	三十名	三百六名	二百十九口	五百五十六名口
碱厂边门	一员	三十名	二百九十三名	一百九十六口	五百二十名口
叆阳边门	一员	三十名	二百五十七名	一百三十四口	四百二十二名口
凤凰边门	一员	三十名	八百七十一名	四百二十五口	一千三百二十七名口
统计	七百零四员	一万九千二百五十五名	五十六万八千八百四十六名	三十七万四千三百十一口	九十六万三千一百十六名口

纪裁撤陋规

奉省各旗署旧有之陋规约分三项：一曰册费。武职旗员，每年向分春、秋二季，造具履历经制细册，汇齐报部，应交小费，而旗署向有逃遣犯册，应由各旗派人来省抄录核对，亦有费用，是为册费。一曰折费。兴京、锦州、金州各副都统，每年向有例进贺表，由各处自办派员送省，归折本房齐送，均有随折费用，是为折费。一曰饭费。

外城旗署关领俸饷，向应扣交承办费用，是为饭费。所有费用均为陋规，虽为数无多，究属有伤政体，一律通饬实行禁革，违者罪之。

纪禁受词讼

奉省内外各城旗闲散甲兵以及三陵衙门、内务府各庄头、庄丁等，向有田地、租佃等事轇轕不清。类皆分赴各该管衙署陈诉，各该衙署派委一二末秩兵长饬查究办，因缘蒙蔽，弊窦滋生。前修订法律大臣拟定满汉通行刑律，曾经片奏，嗣后旗人词讼案件统受理于各级审判厅。奉省遵照部章创设各厅署，亦声明未设厅各州、县旗民诉讼，暂归地方官审理。乃旗属民人因仍旧习，遇有诉讼事件，仍多奔赴旗属官厅，而旗署亦各照常受理词讼，类与修订法律大臣及本省奏案不符。当即通行内外各城旗，无论民刑诉讼，均应遵照定章，分别送审判厅，地方审理。如各旗署仍复擅自受理，应即从严惩处。权限既清，弊端自革。其转解军流遣犯，向由军署刑司承办，兵司递解。今奉省既设提法司，此事自应属于司法部分，遂亦一并改隶云。

官兵篇

奉天旗官合计七百数十缺，而候补人员多至二千余人，盖浮于额缺者几三倍矣。国初未设民官，旗务民事皆由旗官管理。自后设治，划分府、县，于是词讼、钱粮皆为府司之责。自明定禁令，不准干预词讼，于是旗官遂仅司催征、缉捕之事。自改行省新定官制，民政巡警各有专司。于是旗官除经理官兵俸饷外，别无所事。东省本系军籍，故将军以下皆为军事之职。今世变陵夷，奉省又三罹兵燹。顾此旗官委靡颓丧，学问生计瞠乎其后，是不待立宪之预备而已，应代筹变通之路矣。目前振作之道，其才识可造者则为之改派差缺，以富其经验。其少壮有为者则令其肄业学堂。以裕其知识。又以奉省为天然农国，旗官生长是邦，服先畴之畎亩，爰为之奏设农官，而先立八旗农业讲习所，学成致用以广出路。其额设制兵，除领催、步领催、前锋、门军校外，合铁匠、箭匠将及二万余名，操防废驰，俸饷微薄，于公家无守御之益，于个人鲜生聚之谋，则为之挑练陆军改充巡警。先受以普通之教育，一捐惰偷之习，庶无失所之虞，所以养成其自立之程度者，固在无形之整饬也。

附奉省各属驻防八旗官缺表

	将军	副都统	城守尉	协领	总管	防守尉	佐领		翼长	防御	骁骑校	轻车都尉	骑都尉	云骑尉	恩骑尉	章京	统计
							公缺	袭缺									
奉天	一	一		一四			三七	二九		一一	六六	一	一一	一〇四	一一		二八六
辽阳			一				一			八	九			一一			三〇
岫岩			一				一			八	九				三		二二
广宁			一				一	二		三	六			一二			二五
巨流河							二				二			五			九
白旗堡							二				二			二			六
小黑山							二				二			三			七
闾阳驿							二				二			二			六
彰武台边门										一							一
牛庄						一				四	四						九
铁岭						一				四							五
海龙					一				二	四	四						一一
兴京		一		一						八	八			一			一九
抚顺										四							四
开原			一					二		七	九			二			二一
法库边门										一							一
凤凰			一				一			八	九			二	一		二二
金州		一		二			四			八	一五			二			三二
复州			一				一			八	九			一	二		二二

	将军	副都统	城守尉	协领	总管	防守尉	佐领		翼长	防御	骁骑校	轻车都尉	骑都尉	云骑尉	恩骑尉	章京	统计
							公缺	袭缺									
盖州			一							七	六		一	一			一六
熊岳						一	一			五	七			四	五		二三
锦州				一			八	四			一二			一〇	一		三六
小凌河							二				二			一			五
宁远							二				二				一		五
中后所							二				二			一			五
中前所							二				二						四
松岭子边门										一							一
新台边门										一							一
梨树沟边门										一							一
白石嘴边门									一								一
明水塘边门									一								一
义州			一				九	八			一七			二九	一		一
白土厂边门										一							一
清河边门										一							一
九关台边门										一							一
威远堡边门																一	一
英额边门																一	一
旺清边门																一	一
碱厂边门																一	一
叆阳边门																一	一
凤凰边门																一	一
统计	一	三	八	一八	一	三	八〇	四五	二	一〇七	二〇六	一	三	一九三	二五	六	七一二

附奉省各属驻防八旗兵缺表

	领催		前锋		门军校	兵		台领催	台丁	步领催	步兵	养育兵	铁匠	箭匠	统计
	三两	二两	三两	二两		二两	一两五钱								
奉天	三九六	一三二	二〇〇	四〇	八	四五一二				一三二	一〇五六		六六	六一	六六〇三
辽阳	六	四六				三六八							九		四二九
岫岩	六	四八				四四六							九		五〇九
广宁	二三	二六				三八一							五		四三五
巨流河	一二	四				一八四							二		二〇二
白旗堡	一二	四				一八四							二		二〇二
小黑山	一二	四				一八四							二		二〇二
闾阳驿	一二	四				一八四							二		二〇二
彰武台边门	一	三				三六		三							四三
牛庄	五	三五				三三〇							二		三七二
铁岭		一六				一八四									二〇〇
海龙	七	四二				四五一									五〇〇
兴京	五〇	六〇				八二〇							八		九三八
抚顺	七	九				一八四							二		二〇二
开原	一八	四五				七三七							一〇		八一〇
法库边门	一	三				三四		二							四〇
凤凰	一四	四七				四九九							九		五六九
金州	二五	九一				九五八	一七七				七		九		一二六七
复州	六	五三				四九一							九		五五九
盖州	八	四一				四二一							二		四七二
熊岳	四	五七				五三一							九		六〇一

	领催		前锋		门军校	兵		台领催	台丁	步领催	步兵	养育兵	铁匠	箭匠	统计
	三两	二两	三两	二两		二两	一两五钱								
锦州	一一二	二六				八九八					一七四		一三		一二二三
小凌河	一二	四				一八四							二		二〇二
宁远	一二	四				一八四							二		二〇二
中后所	一二	四				一八四							二		二〇二
中前所	一二	四				一八四							二		二〇二
松岭子边门	一	三				三六		二							四二
新台边门	一	三				三六		二							四一
梨树沟边门		三				二七		一							三一
白石嘴边门	一	三				三六		一							四一
明水塘边门		三				二七		一							三一
义州	一四一	五				一〇一六					二一四		一八		一三九四
白土厂边门		三				二七		一							三一
清河边门	一	三				三六		一							四一
九关台边门	一	三				三六		二							四二
威远堡边门	一	三				二六									三〇
英额边门	一	二				二七									三〇
旺清边门	一	二				二七									三〇
碱厂边门	一	二				二七									三〇
叆阳边门	一	二				二七									三〇
凤凰边门		三				二七									三〇
统计	九三六	八五五	二〇〇	四〇	八	一五一九一	一七七	一六		一三九	一四四四		一九六	六一	一九二六三

纪裁撤官缺

锦州原设副都统，辖锦州、义州及宁远州等四路八边门地方，兼管官庄、牧群事务。惟各处有事，既向归协领、城守尉及府、州、县等迳禀将军，而锦州官庄衙门、牧群衙门又复先后裁撤，职务更简，遂奏请将锦州副都统员缺裁撤，以一事权。该衙门内原设笔帖式二缺，料理庄粮事务。衙门原设委主事一缺，笔帖式三缺，催长三缺，今两衙门均已先后裁撤，拟援例改归外用。副都统衙门笔帖式，拟按照满、蒙笔帖式，无论七、八、九品，俱准保送知县。庄粮衙门笔帖式、催长等缺，按照汉军九品笔帖式，以州同、州判、县丞补用，已奏交部议矣。奉天抚顺地方向设路记防御一员、防御三员，专司缉捕、征收等事。近年开采千金寨煤矿，旅居日人甚多，交涉日繁，因奏设抚顺县治，并接管催征、缉捕一切事宜。该处原设防御等员缺一并裁撤，并准以相当之缺封品调用。又以海龙府地本围场，旧设总管一员，专司巡围、缉捕、征收等事。既以旗民词讼命盗案件应设专员管理，因设海龙厅通判一员。自围场开垦复添设东平、西安、西丰三县，升海龙厅为府。而总管一缺事务更简，前将军赵尔巽将本任总管撤省，饬海龙府知府兼摄总管关防。是总管本无责任，因奏请裁撤海龙总管，统归地方官办理，此裁并官缺之大概也。

附奏请裁撤锦州副都统员缺折

奏为锦州副都统员缺职务太简，积弊相仍，拟请裁撤，以裨旗务，恭折仰祈圣鉴事。窃查现任锦州副都统秀昌，前因降调前署锦州协领萨尔杭阿禀讦多款。经臣檄派署旗务司司使恩志前往确查，业经附片奏明在案，兹据逐款呈覆。臣详加核阅，其所控隐匿库款、侵蚀官马、变价加征草银、侵冒公款、验照索费各节，尚非无因，其余均属误会诬指。属员禀揭本管长官，本干例禁，所列各款亦未能尽实，此端万不可长。应由臣随时查看，如有不安本分情事，即行从严究办。其查明有因各节，虽系该副都统咎由自作，亦由历任积弊相沿。即令另简他员，亦恐陋习难除，积重莫返，此盖由于职务太简，积弊相仍之所致也。案查锦州副都统所辖之锦州、义州及宁远州等四路八边门地方，民旗一切事宜，向归协领、城守尉及府州、县等禀承将军办理。自光绪二十八年、三十二年先后将锦州官庄衙门、大凌河牧群衙门裁撤，该副都统事务更简，不过寻常转咨之件，久无责任可言。而养廉既薄，其所恃以为挹注者，或不免索取规费，苛扰旗丁。今奉天改设行省，厘定官制，意在明定权限，各专责成。既设旗务司以为旗官之统属，而一切公事又皆萃于公署，由督、抚主持。是该副都统既无主管职务员缺，几同虚设。若复长此积弊，则于旗务终难整顿，而旗民生计亦恐多所阻挠。自应将锦州副都统员缺裁撤，以祛积弊。该副都统秀昌念其事非一任，似可不追既往，应从宽免其置议，仍照裁缺副都统成案办理。至裁缺以后，应办旗民各事，仍均由协领、府、县直接公署办理，以专责成。如蒙俞允，即由臣通饬遵照办理。所有锦州副都统员缺职务太简，积弊相仍，拟请裁撤以裨旗务缘由，谨恭折具奏。伏乞皇太后、皇上圣鉴训示。谨奏。光绪三十四年八月二十二日具奏，九月初六日奉到朱批，著照所请，该部知道。钦此。

附奏裁海龙总管员缺并酌拟裁撤各官兵办法折

奏为海龙总管员缺职务太简，裁归地方官办理，并酌拟裁撤各官员兵丁办法，恭折仰祈圣鉴事。窃查海龙旗署之设。原以海龙为鲜围场地。于光绪初年奏请丈放，安插无业流民。以西大围场即东、西流水，今之东平、西安、西丰三县地方。彼时尚未开放，恐附近居民入围私垦，或偷打牲畜，乃设立总管一员，专管四季巡围，缉捕盗贼，并督催海龙征收等事。又设佐领二员，按月巡围培筑封堆，分管界段，催收课赋，又设防御四员、骁骑校四员，管理各旗领催兵丁。又设笔帖式一员，专管总管衙门一切册档。又由开原等八城，叆阳等六边门等处，抽拨额设领催兵五百名戍守缉捕。迨至光绪三十二年，由五百兵内抽出四百名作为八成队，加给练饷，名曰盛军。其余额兵百名留充各该旗署缮写文件、看守城门各项杂差，均各随带底饷。此则初设总管及官员兵丁等之大略也。又海龙初设海龙厅通判一员，专管旗民词讼命盗案件。巡检管司狱事一员，专司监犯，余不过问。迨光绪二十一年，大围场东、西流水开荒，招户认领。二十八年，添设东平、西安、西丰三县，海龙厅亦升为府治。是总管一缺及佐领、防御、骁骑校等官从先有巡围之责，今则东、西流水皆已设县，无所巡缉。该总管员缺事务更简，仅止催收钱粮，久无责任可言。是以前任将军赵尔巽于光绪三十二年，即议将该总管裁撤，特札饬署海龙府知府兼理该总管关防事务，并饬将该总管衙门所管一切事宜及官员兵丁应如何裁并，统归地方官办理。核议呈覆去后，未及具奏移交到臣。查奉天改设行省，厘定官制，意在明定权限，各专责成。海龙改设府、县，事权不专，则百弊丛生。况该总管既无主管职务，员缺几同虚设。自应将海龙总管员缺裁撤，以祛积弊。惟该总管及所属佐领、防御、骁骑校、笔帖式等皆系实缺人员，合无仰恳圣恩，宽留出路，照前任将军赵尔巽奏准归并五部裁缺章程，准其封品安插，以免向隅。至领催兵五百名，系由八城、六边门额设制兵内随带底饷抽调而来，在此戍守多年，较之在原旗驻防已属勤劳有加，应准将该领催兵径留在此，以实边荒，不裁底饷，俾得与各城边路制兵，一体沾沐皇仁，出自逾格鸿施。其盛军之名目及加给之练饷，悉饬令裁撤，以节虚糜。所有该总管衙门应办旗民一切事宜，及征收地粮、田房税契，均由海龙府直接照章征收，以一事权。除咨部并通饬各属遵照外，理合将海龙总管员缺职务太简，裁归地方官办理，并酌拟裁撤各官员兵丁办法缘再，恭折具陈，伏乞皇上圣鉴。谨奏。光绪三十四年十二月初十日具奏，本月二十五日奉批，该部议奏。钦此。

纪陵官年满保送

盛京三陵衙门，守护大臣以次向有总管、翼长、关防等官。将军赵尔巽议推广总管，翼长升阶，奏准有案。唯原章兵部议复时，仅以东西两陵为限，盛京三陵守护官员反未议及。责任改同一律，升阶不应两歧。当援照前案，咨行陆军部办理，嗣经奏准，三陵总管五年期满，由总管大臣详加考查，如果才具优长，差使奋勉，始终无误，能得兵心者，出具切实考语，保送引见。总管请以副都统记名简放，翼长请以城守尉拣选升转，皆与京旗人员无异。从此三陵守护之士可免向隅云。

附陆军部奏三陵总管等员年满保送折

奏为据咨核议请旨事。准东三省总督徐世昌等咨称，光绪三十一年九月，兵部议前盛京将军赵尔巽等奏，变通守护陵寝章程及推广总管、翼长升阶内开，东陵、西陵总管五年期满后，由该管大臣详加考查，出具考语，保送兵部，带领引见，可否以副都统记名之处，恭候钦定。翼长拟照独石口等处防守尉章程，遇有城守尉缺出，与京旗人员一体拣选。等因，奉旨，允准在案。查盛京三陵总管、翼长与东陵、西陵总管、翼长事同一律，而升阶未免偏枯，可否援照东陵、西陵成案。盛京三陵总管年满，送部引见，以副都统记名，翼长俸满保送城守尉，以免向隅。等因咨行到部。查定例，盛京三陵总管缺出，值年旗会同领侍卫内大臣于满洲头等侍卫、前锋参领、护军参领、骁骑参领内拣选二三员，带领引见补放。又嘉庆二十三年十月内阁奉旨，永陵、福陵、昭陵总管等并无换班年限，所驻年份太久，著加恩嗣后五年奏请更换回京，仍在原侍卫章京上当差。等因钦此。又定例盛京三陵翼长缺出，该将军等于世职防御内及兼宗室、觉罗学佐领之正管长、与世职头等侍卫由满洲骁骑校补放之防御，毋庸论翼，一体拣选。如不得人，于盛京八旗满洲由骁骑校补放之防御及佐领内通行拣选，拟定正陪，保送兵部转咨，值年旗带领引见补放。其由骁骑校补放之防御、佐领、补用翼长，后遇有协领缺出，准其一体拣选升用等语。查盛京三陵总管、翼长均有守护陵寝责任，总管并无升途。翼长祇有升用协领一途，升阶未免过窄。臣等公同商酌，应准如所咨，援照光绪三十年兵部议覆前盛京将军赵尔巽等奏变通守护陵寝章程，拟请嗣后盛京三陵总管五年期满，由该管大臣详加考查，如果才具优长，差使勤奋，始终无误，能得兵心者，出具切实考语，咨送臣部带领引见，可否以副都统记名之处，恭候钦定。翼长仍援照独石口等处防守尉定例，遇有城守尉缺出，由臣部行文该管大臣秉公遴选，择其历俸已满五年，差勤才练，能得兵心者，出具切实考语，保送臣部转行，值年旗与京旗人员一体拣选，以免向隅。所有臣等据咨核议缘由，谨恭折具陈，是否有当，伏乞皇上圣鉴训示遵行。谨奏。请旨。光绪三十四年十一月十二日奉旨，依议。钦此。

纪挑练陆军

奉天旗兵额及二万，操防久废，徒有虚名，人数既多，生计益困。自奏调关内陆军随同出塞，遇有缺额，征募为难。益以客民多于土著，伏莽遍于田间，资格既严，身家尤不可悉也。当以东省旗丁素称劲旅，募补此项缺额，既可昭尚武之遗风，复可祛意外之流弊。饬由旗务司行知内外各城旗，按照陆军资格分期劝募，并准宽留底饷，藉赡其家，入营以后，勤奋从公。虽在闲散拔补马甲，不数月间征已足额，从此丰镐纠桓之士，或可复见于今日乎。

纪裁撤门仓大狱值班兵丁

奉天省城八门，计内治、外攘、抚近、怀远、德胜、福胜、天佑、地载八门是也。门有门仓，收禁轻罪人犯。旧制有门军校一名，领兵十名，值班看守之，由内城八旗按旬轮派。自经庚子兵燹，各门仓类多塌圮，其仅存者德胜、内治两门仓而已。将军赵尔巽裁撤五部，旗案无多，两门仓遂改为巡警总局拘留苦力之所。原有值班旗兵，仍复墨守旧章，按旬轮值。当以两门仓所禁人犯既属巡警范围，值班看守责无旁贷，因将向有旗兵裁撤。盛京刑部大狱亦有看守官一员，兵十八名，如门仓之制。刑部撤后，其奉行故事，视门仓官兵更甚，遂一并撤去，以符事实，且昭一律云。

纪整顿松子官山

松子官山，在兴京之东北，计共九十一处，额设壮丁六十四名，守堡四名，领催二名，均隶礼股千丁处。壮丁环居官山，分段采打松子，守堡职司督催，领催分管收纳运省，以供三陵祭祀之用。近年迭据呈报，松子官山祇有五十一处，其余各处树株，非因兵燹损伤，即为附近游民私将山场开垦，壮丁等复私行砍伐盗卖。查山官差需索规贿，隐忍含糊，种种弊端，莫能究诘。当经申明定制，详加查核。凡官山之开垦成田，原无树木之处胥仍之，其砍伐盗卖需索等弊，概加禁革。看守壮丁原管山厂树株多寡，既殊苦乐，因之而异，爰将口米均匀，并由官发车价以免赔累。至官山一带，地址难稽，各户领地，漫无限制，普行清丈，收价发领，以重课需。官山附近，仍禁樵苏，以免侵占。事关时贡，亦有司之所宜敬慎者也。

教养篇

奉天旗人，其总数及百二十万以上，户口繁庶，生计艰难，教养之术所宜先也。八旗学校无多，拟自小学以至高等学堂，均由官筹款，广行设立。择旗丁子弟秀颖者，使之入学，俟其卒业，优予进身，并资派出洋，以广造就。次则练兵。八旗人士，武德世传，人之于兵，塗轨相合。择其壮者挑练新军，稍逊者教练巡警，未成年者入陆军小学肄业，干戈讲学，免坠遗风。至于养之之法，则以劝业为先，劝农为次。设实业学堂、工艺等厂，专以俟老弱失学之伦，愿入者视其所能，加之教导。女工艺厂制亦如之。其农业讲习所及拟办蚕学馆二事，则专为务本之计。要之无论农工兵士，皆纳民轨物之要图也。以东三省地产之膏腴，人民之诚朴，富源所窖为天下先，使能智慧早开，旧传不泯，不必仰给于内地，已足以雄捍东陲矣。教养不侔，日沦偷窃，为政者惟知节流，而不以开源为事，民生蒙昧，遂至于斯。学术竞争，日新月异，失今不图，噬脐何及，端本清源，实基于此。

纪统一小学

本城八旗满、蒙、汉军及内务府，共分设小学堂五处，所有章程、功课、办法未合规则，亦疏量为变通，以归划一。合并五堂为一气，不分名目，概称八旗。所有学生，一律考验定为高等、初等两级。并分高等各级为四班，初等各级为五班，共计学生三百六十名。每班四十名，适足九班之数。岁时课其成绩，递年卒业。招取新生，所有规则、课程，一如部定办理。至常年经费，各旗原系由随缺地租酌拨钱二十万串，内务府马乾库赋拨出银三千三百余两，分拨各堂。约计每班每年需银一千两，加以学生膳费，综计尚有盈余，用为推广之资，亦教育普及之始基也。

纪设立八旗工厂

奉天人民教育未广，工艺知识程度尤逊，比户穷困，实基于此。自设行省，即将军署旧存正杂项四万八千余两，常年收款约二万两尽数提出，于本城设立八旗工厂一所，分设木、漆、铁、布、毯、染、缝、陶、胰、纸、皮革、玻璃十二科。定额五百名，专收无业旗丁年十二岁以上四十岁以下者，使习浅近工艺。如有兵丁自愿入厂学习者，亦准报名考验招收。已择定东北边城内草场建筑工厂，尚未落成。将来厂内设理事长一，庶务司事二，收支、稽查、管库、监工、书记、司事各一，工师每科一，工匠每科二。工徒学期以所学之难易分定期限，难者一年毕业，易者半年毕业，以次推拓。使八旗子弟，人各有业，实与生计裨益匪浅。其锦州八旗人口亦庶，物产饶富，居邻内地，风气早开。因亦筹设工厂，招生百名，传习工艺，所需款项，即以裁缺副都统移交存款，及酌提旗仓盈余、牧地经征处余款办理。规模虽未大备，然已渐有可观矣。

附奏创办奉天八旗工艺厂折

奏为创办奉天八旗工艺厂，以广生计而兴实业，恭折仰祈圣鉴事。窃奉省为八旗根本之地，满汉杂处，畛域不分。唯旗人世蒙豢养，素乏之恒业，生计情形实较艰困。今欲为八旗筹生计，自应谨遵迭次谕旨，以实业教育为重务，养成自谋生活之力，以渐去专恃俸饷之心。爰饬旗务司创办八旗工艺厂，招集旗籍艺徒，设额五百名。分设木工、漆工、铁工、布工、毯工、染工、缝工、陶工、造胰造纸、皮革、玻璃等十二科。附设讲堂，授以普通教育，聘募工师，分科传习，尤注重于建筑一门。盖以边荒一带，近办屯垦，亟待推广，将来工徒学成毕业，派往各处，随地经营，耕筑并举，成聚成邑之效不难立睹。以殖民行实边之策，即以归田为出路之谋。现已勘定省城东边门内草场官地，设厂试办。至应用开办经费，计新建厂屋、讲堂及宿舍等处共二百七十余间，需银三万余两。购备各科材料成本及制办器具等项，需银二万余两。拟以接管将军旧署，历年积存办公各款四万余两提拨备用。常年经费计薪水、膳费及杂支等项，每年需银约二万两。查有马乾、制钱生息、木植变价生息及充公地租，每年共合银一万余两，向作马乾、操赏及办公等用。现均另款存储，拟即尽数提拨，如有不敷，另行筹补。一俟办有成效，再当随时设法扩充，务使八旗子弟人人皆能各执一业，以为谋生自立之基。实于筹划旗人生计，裨益非浅。据该司开具办法，呈请立案前来。查臣等于上年奏设吉林旗务处工厂折内曾经声明，奉天近亦创设八旗工厂，兹据该司筹款设厂，已饬其迅速兴办。合无仰恳天恩，饬部立案，以垂久远。所有创办奉天八旗工艺厂缘由，谨恭折具陈，伏乞皇上圣鉴训示。谨奏。宣统元年闰二月二十八日具奏，三月十一日奉到朱批，该部知道。钦此。

附奏创办锦州八旗工艺厂片

再锦州、义州及所属宁远州等四路、九边门，向设八旗驻防，户口至繁，生计尤绌，不可不预为筹划。自上年副都统裁缺后，臣等派员前往调查整顿，以锦州地脉丰腴，物产饶富，交通便利，于兴办实业最为相宜。拟于该城筹设工厂一处，名曰锦州八旗工艺分厂，专取旗丁入厂学习。定额一百名。先就本地所宜，暂设毡毯、皮革等科。与奉天八旗工艺厂联合办理，计需开办经费九千余两，常年经费五千余两。拟将裁缺副都统随缺地租及应得旗仓、旗地盈余津贴、办公等项，分别拨用，不敷之款，随时由省设法筹补。现已购定民房八十余间，于本年二月开办，所有章程均系参照省城八旗工厂办法。合无仰恳饬部一并立案，以期经久。谨附片具陈，伏乞圣鉴。谨奏。宣统元年闰二月二十八日附奏，三月十一日奉到朱批，该部知道。钦此。

纪设农业讲习所

奉省议设农官以重农政，且为旗员广筹出路，已奉旨得请矣。惟农事专门，非学识经验者，不足以资应用。爰饬旗务司设立农业讲习所于省城，专取内外城各旗员，无论实缺、候补、世职，均由各驻防旗按照官缺分定额数，咨送旗务司考验入学。暂定学额百名，限以一年毕业，以备异日农官之选。所内设监督一员，即由旗务司科员中遴派兼充，又教务长、庶务长各一员。开办及常年经费，于各城旗仓每年征额盈余项下，按年由各城酌提三成，限期解省，核实支用。蚕桑为东省未兴之利，亦议仿此建场，供八旗女子实习。以经费困难，规模未具，然农桑呈效至捷，其成绩固可逆睹也。

附各旗分送农业讲习所学员额数

内城八旗	三十五名
三陵	四名
宗室觉罗族长	四名
宗室营	二名
内务府	四名
兴京	三名
凤凰	三名
开原附法库	三名
辽阳	四名

岫岩	三名
广宁附所属四路一边门	六名
牛庄	一名
铁岭	一名
海龙	二名
金州	四名
复州	三名
盖州	二名
熊岳	二名
锦州附所属四路五边门	七名
义州附属三边门	七名

附八旗农业讲习所学科课目

农学纲要
农学经济
农业化学
农产制造学
土壤学
肥料学
农艺学
园艺学
昆虫学
农具学
水利
畜产学
兽医学
蚕桑
森林学
水产学

气象学

算学

测量术

理化

博物

法政

东文

纪八旗满、蒙文讲习所

蒙旗部落，毗连奉疆，公牍往来，多沿蒙古文字，书阙有间，事翻译者亦多不能备习其辞。际此强敌生心，经营方始，不可视为缓图也。爰创设满、蒙文讲习所，凡宗室世职及八旗实缺候补人员皆可肄业。学额暂定六十名，以一年毕业。课程期在应用，不暇旁求。附设于八旗农业讲习所中，应设执事人员，亦即由农业讲习所各员兼充，不另委派，以节经费。惟另延满、蒙文及法政、垦牧、掌故各项教员，分任讲授。异日蒙疆设治，官员不谙文字，何由习其性情，预为之地，正亦蓄艾之方也。

附八旗满蒙文讲习所课目

一、满文满文　翻译

二、蒙文蒙文　蒙语　翻译

三、旗务八旗制度　东三省制度　满洲源流考略

四、蒙务蒙古史　蒙古地理　蒙旗制度

五、法政法政通论　行政法　宪法　地方制度　财政学　理财政策　殖民政策　国际法

六、垦牧农政要略　牧政要略　林政要略

七、掌故本朝史　本朝法制大纲　现行政治

八、例案关于旗蒙地方之例案（如中俄中日交涉条约等类）　关于旗务之例案　关于蒙务之例案

附奏创办八旗农业讲习所满蒙文讲习所片

再臣等上年奏请设立农官一折，业由农工商部议复，奉旨依议。钦此钦遵在案。前奏农政厅职员以农科实业毕业生为合格，其宗室、觉罗、满、蒙八旗子弟及在籍绅士均可充选。一以为旗员广任用之途，一以为旗丁授生计之学。唯农事为专门之业，非有学识经验，必不足以备应用而获实益。八旗各员，世居本地，人情风土，固所夙知。而于农业一门，未必皆能深悉，不先令其实习启以新知，又何能胜重任而致成效。爰饬旗务司会同劝业道创设农业讲习所，考取宗室、觉罗八旗官绅入所肄习。设额一百名，限定一年毕业。专授农业兼习法政，以备改补农官之选。又以奉省地处东边，满、蒙境界相接，将来经营蒙荒一带，尤非熟习当地情形兼通满、蒙文字者不办。因附设满、蒙文讲习所，设额六十名。以满、蒙文为专科，仍注重农业、垦牧等学，以求实济，限一年同时毕业，分别派办旗蒙事务。均于本年二月间开办，计需开办常年经费合共八千余两。现由各城旗仓征收盈余项下，酌提数成，随时拨用，并由旗务司总理其事。此项人员将来毕业考试，自应分别等第，酌量补用，藉广旗员出路。除俟毕业后，再将履历分数清册咨部备案外，所有奉省创设农业讲习所，满文讲习所缘由，理合附片具陈，伏乞圣鉴。谨奏。宣统元年闰二月二十八日附奏，三十一日奉到朱批，该部知道。钦此。

典礼篇

奉省旗务所司典礼约分二纲：一曰祭祀，如三陵每月小祭，每年大祭[1]等类是，一曰贡献，如鹿羔、鹿尾、雕翎、箭杆祭用各品等类是。旧归军署礼司、三陵衙门及内务府承办。军署裁撤，礼司各事并入三陵礼股档房。而旗务司成立，又于礼制科内附设一股，专司稽核三陵衙门及内务府一切事宜。每年大小陵祭应用祭品，以及例进上用、祭用各物，从前具有定章，沿习既久，弊窦滋生，承办解送，均不核实。因设法整顿，或移易承办采购之所，或核定解送品物之价。总使在事员各员，不至借大典成章，

---

〔1〕　大祭：古代重大祭祀之称，包括天地之祭、禘祫之祭等。

以为肥私之计，而祭品、贡品必诚必备，无误上供，既不忍听其虚糜，亦不敢或存简略。典礼至陪都而极备，将事者讵可忽诸。

纪承办贡物祭品

内务府各旗司处，历年应解贡物，向派佐领、领催、执事人承运。而佐领、领催中又分镶黄、正黄、正白三旗轮值。执事人中又分掌仪、都虞，内管领三司处轮职。贡品、经费，文书各不相谋。统计所送贡物不过二十余种，而需用经费已在千两以外，分行文牍亦逾三四十件。纷纭庞杂，殊失统一之制。自设立旗务司后，因派专员解送贡物，并将应用川资预计确数，差竣报销。应行文件，亦从一律。其应贡之雕翎八千副，白圆桦木杆八千根，向由督辕旗巡捕官承办，解武备院存储，以备上用。岁需款项银二千五百六十余两，由内外城各旗兵饷分摊。当以兵饷屡经减折，通计一兵每年所得不过数金，重以差徭，益形苦累。因饬承办商人核实估计，较前可减去银八百余两，改由司存工厂经费项下暂行拨垫，以纾兵累。至东流官山设有鹿圈，畜养鹿只，每年例送鹿羔二十只，解奉宸苑喂养，以备各坛庙祭祀大典之需。解送委员由财政局岁领部费川资银一千一百两，差竣并不报销。今旗务司委员解送，每年实用银不过四百数十两。又冬季贡送鹿羔，向以记过官员派充，川资自行筹备，鹿只倒毙，尚须赔补。旋由外城佐领、防御、骁骑校各员按年帮贴。由春季俸银扣出，共计四百五十余两，以三百五十两津贴鹿差，余银作兵司员书饭食之费。其承办鹿差人员，复由财政局请领川费银一千一百两，苦累之差，反成优裕。自饬旗务司承办，仅领银六百两，差竣报销，实用银四百三十余两，遂定为成案，由度支司作正开销，所有摊派帮贴银两一律停止。历年应进鹿尾、鹿肠、鹿肉等物，则由两翼章京率领兵丁入围捕打。围场开放，鹿只稀少，改令兵丁交价采买。将军增祺在任内，饬改由户司房契盈余项下拨款，交两翼章京承办，岁需银四千余两，继又核实仍需银三千五百余两。今归旗务司传谕东平县官鹿圈鹿达赵振山承办，仅需银一千六百九十两，视前所省实巨。每年福陵、昭陵大祭需用活野鸡四十八只，由股服千丁处在铁岭官山捕交三十二只，余十六只则由前将军衙门号簿司于每年冬季采买饲养，届期贡纳。每鸡一只，分向内城各佐领摊派兵饷钱五十吊。既一律改归旗务司，本年应摊银两即由司取存经费拨充。复饬劝业道牧养公司，先期将应用活野鸡照数购齐畜养，专备陵祭，其每年应供三陵各处祭品，由盛京内务府关领家机布九百七十八匹，一度四尺，南机细线紬机布三千一百七十九匹一丈，本机粗线紬机布五百匹，以备三陵衙门役人、黑牛馆丁壮暨各寺僧衣服之用。家机布暨本机粗线紬机布由织造库备办，南机细线紬机布则由广储司先期采买，经费由内库开，支承办人员亦多不实不尽。因查度支司所存紬机布尚有九千八百余匹以之关领支放，绰有余裕，遂饬俟存布用罄，再行采买。凡兹整顿，虽未大有裨于度支，亦所以廓清积弊也。

纪尊藏玉牒典礼

光绪三十四年，玉牒告成，礼部奏准定期由火库恭送至奉。时以敬典阁[1]工程未竣，典礼卷宗毁于兵燹，应行礼节，茫无证据。且盛典十年一举，又为各省所未见，四方观礼之士不远千里而来，假若因陋就简，甚非所以示郑重、肃观瞻也。因奏请改期十月，先饬旗务司设立承办玉牒事务处，总司其事。八月，将恭送礼节及应用器物详加稽考，拟章入奏。十月初五日，由钦派王大臣恭奉玉牒抵奉，十一日尊藏。所有沿途经过地方，悉免供张，敬谨将事，一无陨越，中外臣民罔不雍穆。所用经费，从前沿途州、县铺填道路、尖宿供张及省城预备迎接尊藏各项事宜，动需数千万金，半取于民，半资于宫，而不肖有司率借以侵蚀掊克，上下交病。本届奏明不资民力，概由官家动拨，作正开销。民力既纾，而实用之款亦仅九万余金。事关大典用备，述之以为后来之考核云。

附奏陈大内工程未竣，恭送玉牒日期请饬部照历届成案办理折

奏为盛京大内工程未竣，本届玉牒拟请仍照历届日期恭送到奉，以照慎重，恭折仰祈圣鉴事。窃臣等于上年十二月二十五日准礼部咨称，本届玉牒全书业已告成，所有恭送盛京尊藏之玉牒，现亦装潢完竣，择期奏请恭送。其一切应行预备之处，咨请查照办理。本年正月二十七日复准咨开，玉牒全书奏请改由火车送往。奉旨，依议。钦此。各等因咨行前来。臣等恭查历届恭送盛京尊藏之玉牒，向由礼部于八月奏请诹吉，九月启程，按驿遄行，必至十月间乃能到奉。现在改由火车，既省沿

---

〔1〕　敬典阁：存放皇帝家谱玉牒的地方。

途供张之费，复免风雨阻隔之虞，因时制宜，办法至为妥善。惟查盛京大内宫殿年久失修，经前将军臣廷杰、臣赵尔巽奏请择要兴修，未及竣工，先后卸任。及臣等到任，接修前项工程。谨查玉牒经过及尊藏之各处殿阁，工均未竣，即赶紧催趱，亦非至十月间不能蒇事。且旧有金匮[1]亦应修饰，其原有应用之件，自庚子后早已毁失无存，逐件添置，尤需时日，断非仓猝所能齐备。设有贻误，关系匪轻，应请旨饬下礼部，于十月间恭簇玉牒启程日期，诹吉恭送。既与历办成案到奉日期相符，且届时物料备齐，工程告竣，洵足以昭敬谨而肃观瞻。至恭迎礼仪，因庚子之变，文卷散失，无从稽考，并请饬下礼部将旧有仪文先期咨送，由臣等参照现在情形，敬谨议拟，请旨饬遵。除咨行礼部查照并一面督饬员司将工程及应备各件赶紧办理外，是否有当，理合恭折具陈，伏乞皇太后、皇上圣鉴训示。谨奏。光绪三十四年四月二十五日奉朱批，礼部知道。钦此。

附奏陈恭迎玉牒礼节事宜折

奏为筹拟恭迎玉牒礼节，暨一切应行预备事宜，分缮清单，恭折仰祈圣鉴事。窃臣前以盛京大内工程未竣，本届尊藏盛京玉牒，拟请仍照历届到奉日期，饬于十月间诹吉恭送，并声明奉省恭送礼节。自庚子后文卷散失，稽考无从，谓饬下礼部将旧有仪文先期咨送，以便参照议拟等情，于光绪三十四年四月二十五日具奏，奉朱批，礼部知道。钦此钦遵。旋准礼部将上届恭送尊藏礼仪原折咨送前来，当即督同参赞、司道敬谨议拟。伏查原折内开，玉牒起行由直隶派绿营官兵恭送至山海关，出关后盛京将军派满洲官兵敬谨防护。是直、奉两省一迎一送，均断自山海关。此次奉省筹拟恭迎礼仪，应即以山海关外为首站。惟是盛京改设行省公署及各司、道官制既与从前军署五部不同，加以本届玉牒到奉改由火车，与旧日按站遄行迥非一致。以此恭迎礼节及预备各物，自不得不略事变通，以重要差而崇大典。且计期已迫，用物甚繁，尤不能不筹备于先时，以免贻误于临事。臣谨按礼部则例，参以现时情形，酌拟大概办法，分缮清单，恭呈御览。除将筹拟各节咨行礼部查照，并饬承办各员将应备各物实时赶造外，理合缮单恭折具陈。伏乞皇太后、皇上圣鉴，饬下礼部从速核议施行。谨奏。光绪三十四年九月初六日奉朱批，著照所请，该衙门知道，

〔1〕　金匮：古时用以收藏文献或文物。

单二件并发。钦此。

谨拟恭迎玉牒礼节缮具清单恭呈御览。

玉牒至山海关，先期由盛京副都统带协领一员，旗务司司使带科员一员，旗兵各十名，巡警长官一员带警官四员，巡警二十名，到关祇候。火车到时，朝服跪接，俟王大臣下车，跪请圣安。次日，随车同行，敬谨保护。沿途经过地方，该管官员各于所属最初入境车站预建彩坊，咸着朝服跪坊左迎送，并派巡警会同铁路巡警分段保护。其铁轨两旁及附近通衢孔道，另由奉省调派马、步巡防各营官兵，择要防护，车过即退。新民府知府于火车停宿处预设木栏，前后各辟一门，车入停驻。王大臣就车中行一跪三叩礼，下车退出，即闭栏门。栏外分派巡警兵队，周视巡防。次日，王大臣仍就车中行一跪三叩礼。启行。至奉天城外，先期由奉天府就车站建盖彩棚及奉省官员跪请圣安。王大臣更衣处所由旗务司恭备黄案，分设于彩棚及崇政殿内，另备彩亭排列于彩棚内黄案后。东三省总督、奉天巡抚预派正捧、扶捧导引各官及军乐队，届时躬率左右参赞、各司道等，着朝服在彩棚外跪迎。车停，由正、扶捧、官随同提调、纂修各官，恭请玉牒于彩棚内黄案上。王大臣官员等向案前行一跪三叩礼。礼毕，更换蟒袍补褂，俟督、抚、参赞、司道等更换蟒袍补褂跪请圣安后，再由正、扶捧官随同提调、纂修各官恭请行箱安奉彩亭。毕，王大臣复行一跪三叩礼，撤去黄案。前引官导引入城，督、抚、参赞、司道等仍着朝服护送。自车站彩棚至东华门跸路两旁，饬拨巡警依次侍立彩亭左右，分派随护官员并派军队前后随行。入西边门外壤门，经钟鼓楼前入东华门、大清门至崇政殿前停止。由正、扶捧官随同提调、纂修等官于亭前行一跪三叩礼，就行箱内恭捧玉牒安设殿内黄案上。王大臣官员等暨督、抚以下各官、均行三跪九叩礼。后候正、扶捧官随同提调、纂修各官于玉牒前行一跪三叩礼，仍按次序用龙袱包毕，再行一跪三叩礼，退。督、抚等派巡警官率同巡警在殿外昼夜守护。候钦天监敬谨择定吉期，仍设彩亭于崇政殿前，王大臣官员咸蟒袍补服，总督、巡抚以下各官咸朝服，届吉时均诣黄案前行一跪三叩礼毕，正、扶捧官随同提调、纂修各官，就黄案上恭捧玉牒安设彩亭内，行一跪三叩礼。舁请玉牒彩亭至颐和殿玻璃门外停止，王大臣官员及总督、巡抚以下各官仍向彩亭前行一跪三叩礼。正、扶捧官随同提调、纂修各官恭捧玉牒于敬典阁金匮内敬谨尊藏，王大臣官员及总督、巡抚以下各官，在敬典阁前阶下两旁行三跪九叩礼，礼毕各退。谨将恭迎玉牒应备一切用物，缮具清单，恭呈御览。

一、玉牒出关经过奉天所属各州、县，该地方官应于本属最初入境之车站搭设彩牌坊一座，高二丈二尺，宽二丈，饰以彩绸，另用长杆悬挂国旗二面。

按旧章，经过地方州、县各官例于入境处所，用芦席搭盖小棚，高宽均不及一丈。另立小木坊一架，书明县界，形式卑隘，甚不壮观。因改设彩牌坊，以昭隆重。

二、玉牒至新民府停宿，仍安奉于火车上，不照旧章搭盖彩棚。另于火车四围敷设黄色木栏，高六尺，上饰彩绸接连环绕。前后各辟一门，车入即闭。栏外四角各竖长杆，上系汽油灯一盏，彻夜然明，以资防守。

按旧章，至新民府停宿处所，地方官应用七层芦席搭盖彩棚，敬谨安奉。本届改为火车，既不便于车外搭棚窒碍轨道，复不便移请行箱下车致费周折。因于火车四围敷设木栏，以便易于防护。

三、奉天省城外车站建筑彩棚一座，计二十五间，每间高二丈三尺，宽一丈一尺，进深二丈六尺。木柱铁瓦，上嵌脊兽，中绘云龙，油饰黄色，环系彩绸，地铺花纹蒲席。棚外四面围设黄色木栏，前辟三门，左右后各辟一门，正中悬挂国旗。

按旧章，奉天府先期用七层芦席搭盖彩棚，作为恭迎处所。当时安奉既虞危险，事毕即撤，徒耗重资，因改用全木，各工在车站建筑彩棚，以昭慎重。

四、彩棚左旁另建瓦房十一间，中为跪请圣安处所，左右为王大臣及本省官员更衣处所。

五、修造彩亭二十架，高六尺四寸，前后宽三尺七寸，左右宽三尺三寸，杆长八尺，油饰黄色。四围系绸，中座垫毡。黄档则用黄色，红档则用红色，绊绳及抬杆头则一律分用黄布、黄毡缠裹。左旁门柱用红纸粘签标记号数，依次排列于彩棚内。

六、修造黄案六十四张，用黄云缎围套。设于省城车站彩棚者十二张，高三尺，长六尺，宽二尺。设于大内崇政殿者五十张，高二尺七寸，长二尺三寸，宽二尺九寸五分。由车站抬运五供及在崇政殿陈列五供者各一张，高一尺，宽二尺，长六尺。

七、新民府、奉天省城两处车站所设之木栏外，各备木桶四只，内贮净水，另备激桶四只，以防火险。

八、彩亭前应备鼓乐，奉省近无此项官役，拟用军乐队，以昭严肃。

九、抬夫穿用驾衣，权以库存旧衣渲染改作，其靴帽、雕翎、铜顶等项，均一律重新购置。

十、彩棚与火车距离间，铺设棕毡一道，以为恭捧玉牒经由及王大臣等行礼之用。

十一、玉牒入城经过之西边门、外攘门、鼓楼、钟楼、东华门、大清门，均悬灯结彩。

十二、自东华门下马牌起至大清门、崇政殿东琉璃门、颐和殿、介祉宫、敬典阁门外止，一律铺设棕毡，长一百二十五丈零二寸，宽八尺。其停放彩亭及行礼处所均加宽尺寸。

十三、旧有金匮三十顶，铜饰损失，金漆剥落，现经一律修理完整，以空间之。金匮四顶，备为尊藏本届玉牒之用。

十四、盛京大内奏修工程，除凤凰楼一时未能蒇事，其余各工，均限于玉牒到奉以先一律竣工。各宫殿前需用之竹帘、雨搭各项，并应先期置备齐整。

附奏陈恭办玉牒要差，请由正款开销不资民力折

奏为本届恭迎玉牒所需经费，拟请统由正款开销实银，不资民力，恭折仰祈圣鉴事。窃本届尊藏盛京玉牒，前由臣等奏请展期来奉。奉朱批，礼部知道。钦此钦遵。当将届时恭迎礼节暨一切应备事宜敬谨议拟，分缮折单，陈请圣鉴。伏查历届玉牒来奉，所有应需费用半资公款，半取民间。从前奉省民力尚称殷厚，承办牒差所费不赀，稍取之民，亦或以宽官家之力。然不肖吏胥，借此苛敛，饱其私囊者十之六七，供之公家者十之二三，小民何辜，受此苦累。自庚子乱离，日俄交哄，元气凋敝，益不可支。若仍故事奉行，借资民力，微论闾阎困苦，供应维艰，且徒滋中饱，于公家用款亦无裨益。自应变通办理，以恤民艰。现筹本届恭迎玉牒，凡礼仪用物一切务求详备，以昭敬谨，而示尊严。至需用各款，则饬承办各员力求撙节，毋滋糜烂。将来差竣以后，拟请一切经费实用实销，统由正款开支实银，不复援照向章，借纾民力。至向来供应费用，多取诸民，例不奏报。本届既拟不资民力，并请将供应各款，一并作正开销，以昭核实。所有恭办玉牒要差，拟请统由正款开销缘由，是否有当，理合恭折具陈，伏乞皇太后、皇上圣鉴训示。谨奏。光绪三十四年九月二十日奉朱批，著照所请，该衙门知道。钦此。

附奏陈尊藏玉牒礼成折

奏为尊藏玉牒，敬谨成礼，恭折奏闻，仰祈圣鉴事。窃本届尊藏盛京玉牒，前经礼部奏准，改由火车恭送至奉。谨择于十月初二日由京启行，初五日抵奉，十一日尊藏。等因咨行前来。当经臣按照奏定恭迎礼节暨一切应行预备事宜，分饬承办各员，

敬谨筹备，并知照盛京副都统偕同旗务司司使、巡警总局总办，率领巡警、旗兵先期赴山海关恭迎。初三日玉牒火车抵关，初四日抵新民府，均由该副都统、司使等沿途随送，敬谨防护。初五日行抵盛京城外车站，臣率领参赞、司道、文武官员出郭跪接，督饬正、扶捧官恭请行箱入彩棚内安设彩亭，导引入城，至崇政殿，就行箱内恭请玉牒暂奉于殿内黄案上。率领执事各官随同王大臣敬谨行礼毕，换用龙袱包裹，依次列陈，并派巡警长官饬警在殿外昼夜守护，周视巡防。至十一日尊藏吉期，臣偕同副都统率领参赞、司道各官，随同王大臣黄案前行礼，恭捧玉牒入敬典阁内，按照次序安庋金匮，敬谨尊藏，仍随同王大臣等督率在事各官行礼，礼毕各退。伏查此次玉牒来奉，计自山海关至奉天省城，沿途地方，文武各官暨在省城执事各员，备办一切事宜，均能敬谨将事，尚无贻误。除饬知内务府司员在敬典阁外随时敬谨防护外，谨将尊藏礼成缘由，恭折具奏，伏乞皇太后、皇上圣鉴。谨奏。光绪三十四年十月十一日具奏，本月二十日奉到朱批，敬悉。钦此。

纪黑牛馆

奉省牛馆凡三处，在盛京者二：一曰黑牛馆，一曰乳牛馆。在兴京者一，曰黑牛馆，专供三陵祭祀需用牛羊而设。向归内务府管理，设有值年及监收、监放等差。其饲养牛羊之料，分部豆、庄豆两项。部豆、发自户部，归值年者领放。庄豆，出之庄头，归监收、监放者领放。每年均由内务府庆丰、会计两司分别经转。嗣因豆料转运不便，挑剔过严，改征折色，发给自购，而弊窦从此生矣。所畜牛羊，自经兵燹，挑补既不足额，喂养依旧浮支，积弊之深，几难究诘。经值年佐领铭盛以监收、监放各员克扣喂养，据实禀揭。派员逐款严查，分别惩治，所有弊端，借以清厘。因奏准将黑牛、乳牛各馆一律裁撤，改定章程，重新组织，易名为官牛场。另委办事官一员，按收养新法，认真经理，归守护三陵大臣兼辖。以供祭品要需，是亦惟严惟备之一也。

附奏陈整顿黑牛馆办法折

奏为整顿黑牛馆积弊，并拟善后办法，恭折仰祈圣鉴事。窃查奉天黑牛馆共有三处，在省城者二，一曰黑牛馆，一曰乳牛馆。在兴京者一曰黑牛馆。原为供三陵祭祀需用牛羊而设，向归内务府管理。该馆设有值年及监收、监放等差，以佐领、骁骑校等官充之。又有馆达、牛夫，以供饲养牛羊之役。所需喂料分部豆、庄豆二项。部豆发自户部，归值年者领放。庄豆出之庄头，归监收、监放领放。分别由内务府庆丰、会计两司经转。嗣因豆石转运不便，挑剔过严，改征折色，发给该馆自购，而弊窦从此滋矣。黑牛馆牛羊原有定额，喂养费用，系按日计口核算。定章本属固善，惟因挑补维艰，向未足额。自遭庚子兵燹，牛羊被抢一空，陆续挑补，更难满足。而该馆每年仍照足数领取，销册亦照足数开报。其浮领之款，即归值年监收、监放，馆达、牛夫及庆丰司、会计司等处分用。积弊相仍，遂成惯例，互相欺隐，究诘无从。兹据该馆值年佐领铭盛以监收、监放骁骑校韦纪维、陈维藩克扣喂养等情禀控。当即派员逐款严查详，详细均核，遂将该馆弊端和盘托出。查侵吞官款，律有明条，该骁骑校韦纪维等身任馆差，宜如何洁己奉公，以圆报称，乃不力加整顿，仍复旧习相沿，本应严惩，以昭警戒。惟此项弊端因仍已久，韦纪维等亦第循旧办理。若仅惩治目前，则已往者幸邀宽免，既有同罪异罚之嫌。若必彻底根究，则历任者不止一人，复有瓜蔓株连之累。拟由臣勒令韦纪维等，将入已之款逐项算明，限令全数缴出，如限内清完，免再置议。倘再逾限，即行从严究办。所有光绪三十三年该馆报销等项，即令核实造报册成，再行奏销。至该馆积弊太深，若不改弦更张，恐不足以善后。应请将黑牛、乳牛各馆一律裁撤，由臣遴派专员妥订章程，从新组织，兼归三陵守护大臣管理，以期扫除痼习，慎重祭差。俟议定新章后，再行奏明立案。所有整顿黑牛馆积弊，并拟善后办法各缘由，是否有当，理合恭折具陈。伏乞皇太后、皇上圣鉴训示。遵行，谨奏。光绪三十四年九月初六日奉朱批，著照所请，该衙门知道。钦此。

纪设立钦工局

奉天工程总局，原为修理宫殿，整饰陵工而设。后因宫殿年久失修，三陵寝庙亦须随时修治，工作日繁，因另设钦工总局，以重其事，附设内务府三旗旧署。所派总办、提调、文案、稽查、收支、监工、差遣、掌案、司事、书手、哨官、局役等，均以工作之繁简，定员额之多寡，月薪由度支司给领凡有工作，即由工程局勘估核定价值，再行兴作，工竣仍按原定估单验收。凡非关于宗庙、陵寝工程，仍由工程总局管理，所以示区别、昭慎重也。

俸饷篇

奉省内外城满、蒙、汉八旗及三陵内务府宗室、觉罗官员、兵丁额定俸饷，年需库帑四十余万，向以各项旗租及山货厘捐、牛马杂税等款抵充。嗣因库帑支绌，先后将兵饷折减二成，并搭放二成制钱，又将官俸一项折减五成，三陵守护各官从优折减二成。现在旗官俸银、兵饷等，除停支制钱不计外，两年实发九个月俸饷银三十一万八千余两。唯以核扣减平，办公摊派，受累颇深，每兵所得乃至不及额饷十分之一二，其困苦可想见矣。世昌既为奏请，自光绪三十四年正月起，所有俸饷以征收之旗租、烧锅、参票各项帖税、店税、当税、海船票税、山茧税、中江税等款尽数抵充。并力催各省关应解协济饷款，以裕其源。复以八旗官员每每借词办公，摊派兵饷，其弊尤甚。为之逐一查明，一律裁革。另拟划一办法，按成酌派，以充公费，实用实销。然当此物贵时艰之际，各官兵原领俸饷仍不足以赡身家。又为变通办理，出缺不补，以其羡余补其不足。挑选合格人员，分入各学堂及睦军巡警、工厂肄业，使之各有专业。仍将原额分年递减，提出盈余俸饷，另款存储，专为筹备生计之用。如此则官兵皆有更新之路，而俸饷亦无折扣困苦之烦，人尽能谋，款非坐耗，即驯至九年立宪，而八旗子弟已与齐民受同等之利益矣。奈何狃于目前区区之俸饷，一言变计，百口阻挠，甚有以为绝旗人之生计者。岂知二百数十年来，正由恃俸饷为生计，驯致贫弱难振，此前大学士左宗棠所以有不士、不农、不工、不商，仅可名之为兵之奏也，言之重可慨已。

附奏内外城八旗官兵俸饷请由旗租及各项税款尽数抵充片

再奉省应放内外城八旗官兵俸饷，向以本省各项旗租及旗署征收之山货、厘捐、牛马杂税等款内抵充。嗣因旗署征收税款每多流弊，经前任将军赵尔巽先后改归税捐局稽征。光绪三十二年冬季，又将全省税务厘章整顿，改办统捐，将从前原有山货、厘捐等名目一律删除，并入销场税内征收，以致奉省抵充制饷与抵充练饷之款无从分析。现值清理款项之际，自应划清限界，以便奏销。拟请自光绪三十四年正月起，凡奉省应放内外城八旗官兵俸饷之款，即以本省征收之各项旗租、烧锅、参票、各项帖税、店税、当税、渔船票税、山茧税、中江税等款内尽数抵充。每年不敷若干，援照历办旧章，奏请饬部在于各省关盐厘、地丁项下，指款解俸协济，以足饷额。唯近年各省关经部指拨协奉饷银，往往解未及半，不敷散放。奉省物贵时艰，八旗官兵异常困苦，势难久待。所有不敷之款，拟先在于奉省征起销场税款内如数垫拨，俟各省关欠饷催解到奉，再行拨还归垫，其余各款，概充本省练饷之用。除咨部查照外，理合附片陈明。伏乞圣鉴，饬部立案施行。谨奏。光绪三十四年七月初四日附奏，本月十四日奉到朱批，度支部知道。钦此。

纪严禁私派兵饷

奉天旗署，近因无事可办，亦遂无弊可为。所谓弊者，不过侵蚀兵饷、地租而已。官兵争执，上下禀揭，凡有轇轕，无非由此而起。世昌切实考查，严禁借词办公，摊扣兵饷等事。与其私相侵冒，漫无限制，何如明定数目，尚可稽查。内城八旗，岁支俸饷实数合十万余两，按照全数酌提一成，当得万两以上。因即以此数分别等第，作为八旗官员办公津贴等项费用。地租一项，亦仿照办理，专作筹办生计之需，即由内城八旗试行。或以为所扣过多，有碍政体。不知旗佐向来摊扣租饷，往往扣至十成之六七，或归糜费，或归中饱，其弊几至无可究诘。今既明定办法，仅提一成，较之从前相差已远，官兵上下，初无不利，所不利者，唯旧时之承办各员耳。至各旗佐向有房屋、地亩、公产等类，亦一并查明呈报立案，以杜侵冒。因将去任，未克竟其事也。

纪照放八旗世职官俸

奉省八旗世职，向按春、秋二季请领官俸。前以库帑支绌，所有世职应支俸银，自光绪三十一年起一律停止三年，俟款项稍裕，再行规复旧制。光绪三十四年停领期满，当以八旗世职恃俸为生，自经停领，清苦尤甚。综计内外城世职俸银，每年需款在五千余两，按九个月发放，实需款不过三千九百余两，为数无多，筹拨尚易。因饬旗务司自宣统元年春季起照常支给，以示体恤。并饬度支司照办云。

附奉天八旗官兵俸饷表

驻防＼俸饷	官俸数目	兵饷数目	统计
奉天	七千一百四十七两二钱一分八厘七毫五丝	六万五千六百四十七两三钱六分八厘	七万二千七百九十四两五钱八分六厘七毫五丝
辽阳	三百六十一两一钱二分五厘	四千四百八十二两	四千八百四十三两一钱二分五厘
岫岩	二百七十四两八钱七分五厘	五千七百七十九两九钱二分	六千零五十四两七钱九分五厘
广宁	一百八十六两七钱五分	五千零零六两六钱四分	五千一百九十三两三钱九分
巨流河	六十一两八钱七分五厘	三千三百三十八两零八分	二千三百九十九两九钱五分五厘
白旗堡	六十一两八钱七分五厘	二千三百八十一两二钱八分	二千四百四十三两一钱五分五厘
小黑山	八十四两三钱七分五厘	二千三百九十七两一钱二分	二千四百八十一两四钱九分五厘
闾阳驿	六十一两八钱七分五厘	二千三百一十五两零四分	三千三百七十六两九钱一分五厘
彰武台边门	二十两	四百九十两零八钱	二千三百七十六两九钱一分五厘
牛庄	一百零二两三钱七分五厘	四千三百三十九两二钱	四千四百四十一两五钱七分五厘
铁岭	九十一两八钱七分五厘	二千二百七十二两零八分	二千三百六十三两九钱五分五厘
海龙		五千八百两零三钱二分	五千八百两零三钱二分
兴京	二百六十九两二钱五分	一万一千零六十四两	一万一千三百三十三两二钱五分
抚顺		二千三百六十一两一钱二分	二千三百六十一两一钱二分
开原	三百一十两零五钱	九千二百四十三两六钱	九千五百五十四两一钱

驻防＼俸饷	官俸数目	兵饷数目	统计
法库边门	三十两	四百四十三两五钱二分	四百七十三两五钱二分
凤凰	二百九十一两七钱五分	六千五百零二两零八分	六千七百九十三两八钱三分
金州	四百三十六两八钱七分五厘	一万四千五百七十四两	一万五千零十两零八钱七分五厘
复州	二百四十八两六钱二分五厘	六千四百六十八两九钱六分	六千七百一十七两五钱八分五厘
盖州	二百一十三两七钱五分	五千五百二十六两四钱八分	五千七百四十两零二钱三分
熊岳	一百二十三两	七千零六十两零零八分	七千一百八十三两零八分
锦州	六百二十九两二钱五分	一万三千六百二十八两六钱四分	一万四千二百五十七两八钱九分
小凌河		二千三百七十七两二钱	二千三百七十七两二钱
宁远	一百二十三两七钱五分	二千四百二十五两二钱	二千五百四十八两九钱五分
中后所	七十二两三钱七分五厘	二千四百二十八两八钱	二千五百零一两一钱七分七厘
中前所	三十九两三钱七分五厘	二千三百六十二两五钱六分	二千四百零一两九钱三分五厘
松岭子边门	三十两	四百三十二两	四百六十二两
新台边门	三十两	四百六十六两五钱六分	四百九十六两五钱六分
梨树沟边门		四百四十五两六钱	四百四十五两六钱
白石嘴边门	三十两	四百六十两零八钱	四百九十两零八钱
明水塘边门		三百五十七两一钱二分	三百五十七两一钱二分
义州	八百零九两二钱五分	一万五千七百六十三两六钱八分	一万六千五百七十二两九钱三分
白土厂边门		三百五十八两三钱二分	三百五十八两三钱二分

驻防＼俸饷	官俸数目	兵饷数目	统计
清河边门	三十两	四百六十七两七钱六分	四百九十七两七钱六分
九关台边门	三十两	四百八十九两六钱	五百一十九两六毫
威远堡边门		二百七十六两四钱八分	二百七十六两四钱八分
英额边门		三百二十二两五钱六分	三百二十二两五钱六分
旺清边门		三百二十八两三钱二分	三百二十八两三钱二分
碱厂边门		二百七十六两四钱八分	二百七十六两四钱八分
叆阳边门		三百五十一两三钱六分	三百五十一两三钱六分
凤凰边门		三百四十五两六钱	三百四十五两六钱
附三陵宗室内务府等处	四千六百二十二两四钱五分二厘五毫	六万五千四百二十七两一钱二分	七万零零四十九两五钱七分二厘五毫
统计	一万六十八百三十四两四钱二分一厘二毫五丝	二十七万六千二百八十五两四钱四分八厘	二十九万三千一百一十九两八钱六分九厘二毫五丝

地亩篇

奉天旗地，合官兵随缺、伍田、庄地、牧地以及红册、升科、余租等地计之。考其总数，实占全省地亩之大半。地段四至，册载甚详。年代既远，旗丁与农民互生轇轕，复又官私隐匿，积弊遂深。继以办理清赋，任民首报，冒领益多。因为明正经界，分别办理。凡在旗地四至以内者，如有浮地，仍照旗地定章，其在旗地四至以外者，即按民地办法。界限既清，轇轕自免矣。且旗地浮多，十居六七，如果普行清丈，分别价领，不难巨款立筹，以之筹办生计，广教育，兴实业，必无不足。惟事关全局，未可轻易举行。至旗地租额，定数甚微，不及民地十分之一二，而官兵随缺地租其数尤少，且有不照定章交纳者。应查照民地，按亩酌增，裒私益公，固无伤于政体也。尤有要者，计口授田，其势不可行矣，今唯有恢复旧制旗户领名之一法。应将旗地按照官册一律清查，现有原户自种者即归其执业，或有他户佃种者则复其领名，各发执照，照章纳课。

唯仍作官地。论领户不过享有地主应得之权，论选举资格，得作产业，此指红册等地言之也。而官兵随缺等地亦可仿照办理，以为旗人自立之初基。盖红册地者，本旧日旗人之私业，考红册地皆系领名旗人开垦而报效国家者随缺地者，又今日旗人之公产。恢复领名之事，名正言顺，固无烦疑虑者也。

附奉天八旗官兵随缺地亩表

地亩 驻防	官随缺地	兵随缺地	伍田地	统计
奉天			一一八二七五、一三三一九九五六	一一八二七五、一三三一九九五六
辽阳	四〇二〇	二五〇七七	一一八一八〇、四	一四七二七七、四
岫岩	四〇二〇	四五〇六三、六二		四九〇八三、六二
广宁		二四〇〇〇		二四〇〇〇
巨流河	八四〇	一二〇九〇	六九〇〇	一九八三〇
白旗堡	六〇〇	一二〇〇〇	三七四〇	一六三四〇
小黑山	一〇三七五	一七二七二、三	二〇八九	二〇三九八、八
闾阳驿	八四〇	一一七〇〇		一二五四〇
彰武台边门	二一〇	一八〇〇		二〇一〇
牛庄	一九八〇	二〇六九四	五〇四〇	二七七一四
铁岭	一一四〇	一二〇〇〇	八九二	一四〇三二
海龙				
兴京	三六六〇	五五八〇〇		五九四六〇
抚顺	八四〇	一二〇〇〇	三五〇	一三一九〇
开原				
法库边门	一八〇	二四三〇	三〇〇四、五	五六一十四、五
凤凰	四〇二〇	三四〇二〇	二二〇〇、五	六〇〇四五
金州	五九四〇	五四〇〇三、四三八	七五二四、九三一二	六七四六八、三六九二
复州	三三八七	三一六七〇、五二四	二六四六四、二	六一五二一、七二四

驻防＼地亩	官随缺地	兵随缺地	伍田地	统计
盖州	二八二〇	一六七八九、七	二四一四、六七	二二〇二四、三七
熊岳	二三〇四	五二五六五	一三七六九、九二九	六八六三八、九二九
锦州		五二〇二〇		五二〇二〇
小凌河		一二〇〇〇		一二〇〇〇
宁远	一〇二〇	一二〇〇〇		一三〇二〇
中后所	一〇二〇	一二〇〇〇		一三〇二〇
中前所		一二〇〇〇	一〇七〇、五	一三〇七〇、五
松岭子边门				
新台边门				
梨树沟边门				
白石嘴边门				
明水塘边门				
义州	五二六六	四六一九〇、一三		五一四五六、一三
白土厂边门	一二二	一二二四		一三四六
清河边门	一六〇	一四五〇		一六一〇
九关台边门				
威远堡边门	一二〇	无		一二〇
英额边门	三六〇	二二〇八		二五六八
旺清边门				
碱厂边门	二四〇	六三〇		八七〇
叆阳边门				
凤凰边门	无	无	无	
统计	四六一四六、五	九五二六九七、七一二	三三一七二〇、二六三三九九五六	九七〇五六四、四七五三九九五六

附奉天旗地表

地亩 驻防	米地	草豆地	升科地	余租地	其余各项地	统计
奉天	三千六百三十七日	三十七万三千二百日	七千三百二十六日	五千一百三十日		三十八万九千二百九十三日
辽阳	九万五千二十日		六万四百二十余亩	十万八千八百六十亩		九万五千二十日 十六万九千二百八十余亩
岫岩	六万二千八百日		二万七千二百亩	七万三百五十亩		六万二千八百日 九万七千五百五十亩
广宁	十五万余日		八万六千三百亩	二十五万四百十亩		十七万余日 三十三万六千七百一十亩
巨流河						
白旗堡						
小黑山						
闾阳驿						
彰武台边门						
牛庄	十万八百八十日又九万四十九百三十日		六万四千六百四十亩	十五万三千四百亩		十九万五千八百一十日 二十一万八千五十亩
铁岭 开原	九万三千三百日		十二万九千四百五十亩	十一万五百二十余亩	征银地二千四百六十余亩	九万三千三百日 二十三万九千九百七十余亩征银地二千四百六十余亩

驻防＼地亩	米地	草豆地	升科地	余租地	其余各项地	统计
海龙						
兴京	九千五百四十日	六千三百七十余日	二万三千九百三十亩	六千四百七十余亩		一万五千九百一十余日 三万四百余亩
抚顺						
法库边门						
凤凰	四万五千五百六十日		七万四千六百二十亩	八万五千一百十亩		四万五千五百六十日 十五万九千七百二十亩
金州	七万九百二十日		五千二百四十亩	七万三千五百亩		七万九百二十日 七万八千七百四十亩
复州	三万五千六百七十亩		五千九百十亩	五万二千八百亩		九万四千三百八十亩
盖州	七万四千九百日		九千八百四十亩	二万八千七百五十亩		七万四千九百日 三万八千五百九十亩
熊岳	五万七千三百三亩		一千四百亩	五万二千六百九十亩		十一万一千四百一十亩
锦州	十六万六千一百日		一万四千二百四十亩	九万二千八百五十亩	试垦地十三万九千四百四十亩	十六万六千一百日 十万七千九十亩 试垦地 十三万九千四百四十亩
小凌河						
宁远	七万九千三百日					七万九千三百日
中后所						
中前所						
松岭子边门						
新台边门						
梨树沟边门						

地亩 驻防	米地	草豆地	升科地	余租地	其余各项地	统计
白石嘴边门						
明水塘边门						
义州	十一万二千七十日		四千三百六十亩	十三万九百亩		十一万二千七十日十三万五千二百六十亩
白土厂边门						
清河边门						
九关台边门						
威远堡边门						
英额边门						
旺清边门						
碱厂边门						
叆阳边门						
凤凰边门						
统计	一百十七万八千九百五十七日九万二千九百九十亩	三十七万九千五百七十余日	七千三百二十六日五十万七千五百六十余亩	五千一百三十日一百二十一万六千六百一十余亩	十四万一千九百余亩	一百五十七万九百八十三日一百九十五万九千六十余亩

附奉天旗地租赋表

租赋 驻防	米地	草豆地	升科地	余租地	其余各项地	统计
奉天	折钱二千四百七十三串六百六十文	折钱三十一万七千二百二十串	钱一万六千一百十七串	钱一万一千三百八十六串		三十四万七千一百九十六串一百六十文
辽阳	米二千五百二十二石		钱三千六百二十余串	钱六千四百八十余串		米二千五百二十二石钱一万零一百串
岫岩	米一千六百十七石		钱一千六百三十串	钱三千五百十串		米一千六百十七石钱五千一百四十串
广宁	米四千四百五十五石		钱五千一百七十串	钱一万五千余串		米四千四百三十五石钱二万零一百七十串
巨流河						
白旗堡						
小黑山						
闾阳驿						
彰武台边门						
牛庄	米三千六百七十八石又二千五百二十石		钱三千八百七十串	钱九千二百串		米五千一百九十八石钱一万三千零七十串
铁岭	米三千四百七十七石		钱七千七百六十余串	钱五千五百七十串	征银地银一百二十三两	米三千四百七十七石银一百二十三两钱一万三千三百三十串
开原						

租赋 驻防	米地	草豆地	升科地	余租地	其余各项地	统计
海龙						
兴京	米二百五十三石零	豆一千一百九十石 草每日一束	钱一千四百八十余串	钱六百十余串		米二百五十三石零 豆一千一百九十石 草每日一束 钱二千零九十余串
抚顺						
法库边门						
凤凰	米一千二百九石零		钱四千四百七十串	钱四千六百二十串		米一千二百九石零 钱九千零九十串
金州	米一千八百八十三石		钱三百十串	钱五千一百四十七串		米一千八百八十三石 钱五千四百五十七串
复州	米九百四十七石		钱三百五十串	钱三千六百九十八串		米九百四十七石 钱四千零四十八串
盖州	米一千九百九十九石		钱五百九十串	钱二千三十串		米一千九百九十九石 钱二千六百二十串
熊岳	米一千五百二十石		钱八十串	钱三千六百八十串		米一千五百二十石 钱三千七百六十串
锦州	米四千四百十石		钱八百五十串	钱六千四百七十串	试垦地五千五百七十两	米四千四百十石 钱七千三百二十串 银五千五百七十两
小凌河						
宁远	米二千一百石					米二千一百石

租赋 驻防	米地	草豆地	升科地	余租地	其余各项地	统计
中后所						
中前所						
松岭子边门						
新台边门						
梨树沟边门						
白石嘴边门						
边门明水塘						
义州	米三千石		钱二百六十串	钱九千一百六十串		米三千石钱九千四百二十串
白土厂边门						
清河边门						
九关台边门						
威远堡边门						
英额边门						
旺清边门						
碱厂边门						
叆阳边门						
凤凰边门						
统计	钱二千四百七十三串一百六十文米三万四千五百六十九石	三十一万七千二百二十串豆一千一百九十石草每日一束	四万六千五百五十七串	八万六千五百六十一串	五千六百九十三两	银五千六百九十三两钱四十五万二千八百一十一串一百六十文米三万四千五百六十九石豆一千一百九十石草每日一束

纪清丈牧地

新民府向有内务府马厂官地，将军增祺任内奏准丈放。庚子乱后，原发执照多有遗失。派员复丈换照，其中地亩浮多，所在皆有，新垦亦日见其增。近数年内，当地居民遂各先后首报承领，并请复丈，轇輵日多，流弊杂出。推求其故，皆因当时勘丈不实，经界不正，有以致之。此项地亩，原放一百五十四方零，为数既不甚巨，且报领清丈，均出自众民之公愿，办理得法，必无阻碍。因饬旗务司派员前往，一律复丈，划清限界，立为档册，既息争端，且宗经制也。

附清丈牧地简章

一、新民府界内蓝旗堡，原放内务府牧厂额地一百五十四方零一百六十八亩。又初丈所留喂养官马不纳荒价地一千五百亩，津贴牧长不纳荒价地四百二十亩。地滨辽河，历年淤积，其中查有浮多地亩，历经各户先后首报请领。现拟清理轇輵，普行复丈。此次丈出浮多，应即查照西流清丈成案，不分等则，每亩应交地价库平银一两二钱，均归现种业户照章承领，给照管业。照费每亩交库平银五分。如本户无力缴价，逾限不领，方准他人首报。其余生荒仍照原放地价，每亩应交六钱六分，沙碛碱爿照生荒减半交价，原拨喂养官马地，仍准酌留，另案办理。

二、此次丈放浮多地亩，如系熟地，应即当年起课，仍照升科官地成案，每亩征课银三分，生荒限至第四年即宣统四年。沙碛碱爿，照例免课。

三、原放额地如有辗转售买者，准其各照本户更名，换领大照，应照西流更名成案，每亩纳库平银三分三厘。

四、此次复丈牧厂，本为清理争地轇輵起见，如在牧厂界内，有因地亩争执案件，准由承办清丈之员随时开导完结。其有不服开导者，应即录案呈司，转送省城地方审判厅讯断。如在牧厂边界与他项地亩轇輵争讼者，应即送交新民府审判，统俟结案后，再行发给新照。

五、地亩丈放后，先由清丈委员填发丈单，予限二十日，饬各户到司交价，换发大照。应交价银，概收省城各票庄，钱铺库平银条，以免加平去色，致贻口实。

六、清丈内务府按厂地局现设省地所有领户，交价换照，均应持单赴局报名，随到随办。除章程内载应交各款外，别无费用。如有差役阻难勒索以及包揽撞骗等事，准由各该领户扭送究办。

纪经征大凌河牧地

锦州大凌河向有牧厂地五十余万亩，自牧群裁撤、厂地放垦后，改归副都统管理。附设经征处于署内经理其事。每年除征收正项钱粮外，向有办公经费，每亩折钱一吊，可得钱五万余吊，专为都署津贴办公之用。副都统缺既裁撤，改由旗务司委员经理，以专责成。所有余款，拟即拨作创办工厂经费之需。经征处专司牧地征收等事，出入款项，均有一定办理，数年尚无流弊，与各旗仓之情事不同，是以整理尚易也。

纪整顿旗仓

奉省旗仓之在省城者一，属于八界协领衙门。在外府、州、县者十四：曰兴京，曰锦州，曰广宁，曰义州，曰宁远，曰辽阳，曰牛庄，曰岫岩，曰盖州，曰复州，曰熊岳，曰凤凰，曰开原，曰铁岭。向由旗署兼管，办理失实，凌乱无章。仓务总局仅能稽核征纳事宜，用人行政之权，向不干涉。因之任用非人，营私自便。今既专设旗务司，有总理旗务之责，内外各城旗仓一切用人办事应归专管，俾可随时考查。因令定拟考核办法，通饬内城八界协领、外城各旗仓一体遵行。其每年额征正款之外，尚有盈余，例作办公经费及上下津贴之用，积弊亦深。维时适创设农业讲习所，需费较巨，公款无出。爰饬清查仓款，凡每仓应征何项地各数，每日各征钱若干。其征钱各若干，共交仓钱各若干，共盈余钱各若干，仓内员司上下人等办公津贴各项共需若干，应用之煤米柴炭及一切杂支共需若干，先行逐一查明。所有盈余之款，按全数酌提三成，限于每年十二月解交旗务司，拟充八旗农业讲习所经费。余七成，除去各项开支外，余款若干，报明备核，仍准按股摊分，不得稍有隐饰，永著为例。是于整顿之中，仍寓体恤之意，弊去太甚，此之谓夫。

旗制篇

吉林向以将军衙门为政治上最高之机关，内设兵、户、刑、工四司。以印务处冠诸司之首，额设管档主事一员，为将军之监印，因以印务名之。出纳财政虽归户司，而附属则有银库，额设主事一员，以专其责。四司关防，均系协领兼衔，各司掌案笔帖式二员。刑司则多理刑笔帖式二员。额委笔帖式各司多寡不一，此外并无额缺行走。各员亦由各级旗员内拣派兼充，无定额亦无专责，仅附名随同画诺而已。省城内与将军同办旗务者，有副都统一员。外城副都统衙门凡五：曰宁古塔，曰伯都讷，曰三姓，曰阿勒楚喀，曰珲春。专城协领衙门五：曰乌拉，曰拉林，曰双城堡，曰五常堡，曰富克锦。翼领衙门一，曰乌拉，与协领同城，专司贡品。专城佐领二：曰伊通河，曰额穆赫索罗[1]。边门防御四：曰布尔图库[2]，曰伊通，曰赫尔苏，曰巴彦鄂佛罗[3]。驿站四十九，其制与内地各省迥异，区分东西两路，于省城各设关防处，每处派协领一员为监督。额设总站官各一员副之。每站笔帖式一员，以领催委员副之。站各有丁，原由公家拨给官地，并给牛具、籽种使之耕作，专任站中一切差徭，递送公文等差。公家不另给口粮，亦无升阶。通省旗属皆受成于吉林将军，惟直接、间接有不同焉，此旧制也。自改设行省，地方有司逐渐增设，而旗营与府、县同城者，几同冗赘。吉林旗人本系土著，方面甚大，人丁较内省驻防为多，事务较内省驻防亦繁，惟有徐议变通之策，庶可收统一而治之效。其变通之策，凡秩崇而任者轻者则裁撤之，若吉林并宁古塔等城副都统及富克锦协领是也。事本一致而政权歧出者则归并之，若两路驿站归入民政司改设文报总局，黑龙江水师营归入吉林水师营是也。积习相沿，散漫无纪者则整顿之，若两翼官学、蒙古官学改设满、蒙文小学堂是也。如此循序渐进，化裁而变通之，虽收效稍缓，尚无窒碍难行之虞。一面劝令各城广设学堂，以是谋教育之普及，多设工厂，以图实业之振兴。现在省城公立两等小学，满、蒙小学并十旗工厂均已成立，其款项或提中饱，或就旧有饷项而挹注之。循名责实，法取其通，而旗丁生

〔1〕 额穆赫索罗：今吉林敦化市西北部额穆镇。
〔2〕 布尔图库：今吉林省四平市铁东区山门镇。
〔3〕 巴彦鄂佛罗：今吉林省舒兰西北法特镇。

计之筹划，亦倚此为先导矣。

附吉林外城户口表

驻防＼户口	官数	兵数	男数	女数	统计
宁古塔	一百五十六员	一千一百一十四名	二万〇七百四十二名	一万三千五百八十五口	三万六千一百九十七名口
伯都讷	一百一十员	一千一百四十四名	四千七百九十七名	四千八百四十九口	一万〇九百名口
三姓	一百三十一员	一千七百二十名	三千四百五十七名	四千一百六十九口	九千四百七十七口
阿勒楚喀	九十六员	六百五十八名	一万八千八百三十八名	一万六千六百六十五口	三万六千二百一十七名口
拉林	七十四员	五百六十七名	二万〇九百七十九名	一万八千七百八十四口	三万九千四百〇四名口
打牲乌拉	二十六员	四千一百七十二名	一万九千七百一十五名	一万九千七百七十五口	四万三千六百八十八口
伊通	七十五员	二百三十九名	二千七百五十二名	二千三百四十二口	五千四百〇八名户口
双城堡	七十六员	五百九十六名	二万五千五百一十七名	一万八千五百八十六口	四万四千七百七十五名口
乌拉	一百一十九员	一千一百四十五名	七千五百四十三名	七千六百三十八口	一万六千四百四十五名口
五常堡	五员	一百一十二名	二千三百六十二名	一千六百七十三口	四千一百五十一名口
额穆赫索罗	九员	一百七十四名	五百八十八名	六百七十三口	一千四百四十四名
伊通边门	无	八名	四千二百九十三名	三千一百五十五口	七千四百五十六名口
布尔图库边门	无	八名	一千六百六十六名	一千四百三十八口	三千一百一十二名口

户口 驻防	官数	兵数	男数	女数	统计
巴彦鄂佛罗边门	无	八名	四千一百〇五名	三千二百二十四口	七千三百三十七名口
赫尔苏边门	无	九名	三千九百六十一名	三千四百〇五口	七千三百七十五名口
东西路驿站	无	二十九名	一万四千八百一十一名	一万〇五百三十二口	二万五千三百七十二名口
北路驿站	无	二十四名	一万〇九百五十二名	七千五百一十九口	一万八千四百九十五名口
统计	八百七十七员	一万二千四百四十八名	十六万七千〇七十八名	十三万八千〇一十二口	三十一万八千四百一十五名口
附考	此表系调查外城八旗满、蒙、汉户口统算。其吉林省城官兵男女户口，自较外城为繁，另饬调查列表不在此限。再珲春户口人数尚未查明，故未列入。				

纪设立旗务处

吉林既改行省，惟旗务一端为旧日将军衙门，积弊所丛，必先调查而清理之，乃有入手办法。是以旗务司员缺奏明缓设，而先设立旗务处以为整理之方。凡从前兵、户、刑、工四司及印务处之属，皆改隶焉。分科五：曰礼制，掌朝贺典礼，陈设祭品，例贡请旌、过继等事。曰军衡，掌通省官兵升转补署，休革功过，世职恤案等事。曰稽赋，掌通省官兵俸饷，红白恤赏，随缺地亩，旗地大租，田房税契，旗丁户口等事。曰民事，掌筹办旗丁生计，兴学、归农、劝业等事。曰庶务，掌收发文牍，监用关防，经理款项杂物等事。假鸟枪营为办公之所，遴派科长、委员分任其事。凡内外城各旗一切事务皆以该处为总枢纽，而直接受成于督、抚。开办至今，夙弊渐清，规模粗具。凡设立宣讲所，筹设十旗两等小学，改葺学舍，统筹经费，免摊兵饷，设立工厂，招募屯垦诸事，皆饬该处依次筹议，见诸实行。由是以规划久远，振茶起衰，提纲挈领，或无大舛乎。

纪裁撤驿站

吉省驿站原设之初，本系寓丁于农之意。男女名口不下三万余人，所司站路分五十有二，而每站支路不与焉。加以山径崎岖，林深草密，遇有军队搜剿盗匪，其递送公文，尤非熟悉路径者，难免贻误。所需经费，除随缺地亩及滋垦津贴充公等地所纳租粮外，每年需银五万余两，站丁名册，向归军署兵司掌管，各项站缺则由该管旗署升转。光绪三十二年十一月间，经营务处委员书敏呈请整顿驿站，改设文报局。爰仿奉天章程随时变通，所有安插站丁及清查随缺地亩，均饬民政司妥筹划。嗣于宣统元年附片奏请裁去驿站监督及总站官，于省城设立文报局，责成试署民政司司使谢汝钦速筹布置。及旧设站官、站丁如何安置，站地、站马如何清理，限半年一律竣事，以期文报灵通，款归实济焉。

附奏裁撤驿站监督改设文报局片

再查吉省驿站向分西、北两路，照章奏派监督二员，分司其事，均归将军衙门兵司管辖。上年改建行省，添设司道各官，并裁户、兵、刑、工四司案内业经奏明，将驿站一项归民政司接管。惟两监督尚仍其旧，原属暂为之所，以期徐待改良。经年以来，臣等叠加考察，窃以吉省设站之初，彼时外属除五城各副都统外，厅、县无多，故仅择其扼要所在，安站置邮，已敷转递。现在地方日辟，情形今昔异宜。所有旧时设站处所，未能遍及，传送纡回，深滋不便，虽经随地安置马拨及文报局以资补助，究因性质不同，诸多扞格。况查奉、江两省驿站业已先后奏裁，现办文报局成效昭著。吉省地处适中，尤应仿照办理，庶归统一而便联络。兹经臣等一再筹商，势难再缓，因于省城先设文报总局一所，即委试署民政司司使谢汝钦为督办，刊给木质关防，以资信守。其旧有之关防处监督，向系各旗协领兼差，本非实缺，应请先行裁撤。所有全省驿递事宜，概归该局管理。何处应设分局，何处应置马拨，均着体察情形次第筹办。其向有各站现皆暂不更动，一俟某路文报已通，即将某路驿站裁撤，予限半年，一律竣事。至于各站笔帖式暨各站丁人等应做如何安置，站地、站马之类应行如何清理，并饬该局调查明确，再由臣等妥核具奏。其应动支经费银两，并请即由驿站额支俸饷项下作正开销。事关兴革要政，所有现时裁改情形，相应先行奏报立案，除分咨度支、陆军、邮传各部查照，并将礼部旧颁乌拉、金珠、鄂佛罗等站监督铜质关防两颗截角咨销外，理合附片具陈。伏乞圣鉴训示。谨奏。宣统元年二月十八日附奏，闰二月初九日奉朱批，该部知道。钦此。

纪申禁请奖冒滥

保奖之滥，莫甚于吉林，凡在官者，类皆保有翎枝五、六品顶戴，下及仆从厮养。盖缘吉林内外城各衙门局处，年终皆有寻常保奖一次，核全年之勤惰，为将来之劝勉。循行既久，渐失初意。两届年期，在各局处长官视为例奖，而充差人员亦皆视为应然，仅计时日之短长，不在办事之优劣。光绪二十四年，将军延茂有鉴于此，因饬内外城各衙门局处，凡膺差人员，如有材质奇特，任事勤奋者，准其先行保荐存记。日后膺保者果能始终罔懈，方准保补缺分，奖给翎札功牌，否则斥驳。乃奉行未久，又等具文，不特今之得保者未曾预荐于前，且至不拘年期，随时给奖，夤缘请托，流弊滋多。试思赏功酬勚，所以鼓舞人才，若非计事程功，将何以示观感。爰饬明定章程，无论内外城，凡系旗属，均著按年于正月间，将该处充差人员旗佐衔名造册，预先移送旗务处存查，如有材堪造就、卓著勤劳者，准该长官随时保荐注册存记，一俟年终果能始终勤奋，再行给予奖励。若未经保荐者，不得滥行请奖，以示限制。今而后洁身自好之士，知功名之可贵，必有奋发以兴者，或亦作育人才之一道也。

官兵篇

吉林通省旗官一千余员、甲兵一万数千名，分驻各地。自开国以至中兴，武功之盛，冠冕区夏。而俸饷所支，尚循初制。百年以来，货昂银贱，益形微薄，除例扣外，实领不及五成。此外地租、俸米更属无几，且有无俸米者。旗官职务，第征收旗租，缉捕操防而已。自行围之例废，前数年春秋尚有例操，演习马步、骑射无裨战阵之用，嗣因添练防军，改习枪炮，以为剿匪巡防之用。而此项甲兵并例操而亦废之，以致在公充差者偷惰穷弱，久无军人之资格。甚至游手好闲，日无所事，所得虽薄，无异虚糜。是公家之防卫无效，旗丁之生计愈穷，不事变通，其何能淑。自改行省，官则各有职守，各有权限，故于职崇事简及冗散者，则谋所以裁制之。如裁撤吉林副都统及五城副都统、富克锦协领，将军衙门主事、笔帖式等缺是也。兵则教之知识技能，故于教育生计可推广者，则思所以成全之。如新练陆军，由各城甲兵征调入伍，与夫学堂之学生，工厂之艺徒，皆得顶补甲缺之类是也。历代开国之兵，其后多就窳弱，如唐之府兵废于开元，明之卫所至嘉靖后已不可用。今吉省旗兵犹唐之府兵，明之卫所也。惟以力谋教养者，化昧弱为明强，庶官兵皆知自奋云。

纪裁改官缺

吉林省原设副都统员缺，所以为将军之次官，而佐理旗务、操防之事。自总督兼管三省将军事务，而三省巡抚又特加副都统衔，是同城之副都统于名义上已在裁汰之列。若论事实，则全省旗务有巡抚统之，而承上起下又有旗务处为枢纽，势不能另设官署办事机关，是副都统已无职掌可言，于光绪三十三年冬奏请裁撤。至五城副都统之设，原因吉林东南邻韩，东北接俄，西则错壤于蒙古之郭尔罗斯前旗，在昔土旷人稀，无民官以整内治，惟扼要驻守以为军事之布置。东南曰珲春，东北曰三姓，北曰阿勒楚喀，西北曰伯都讷，各守门户而以宁古塔握其中，权制甚善也。所属之协、佐、防、校亦皆以军功出身，以弓马课殿最。各署设左右等司，亦以协、佐等官领之。虽有文职之笔帖式等，仅司档案，供缮写而已。迨积之又久，英锐之气渐就销磨，无复先代武功之盛。以云吏治，更非讲求所及矣。近数十年，迭经添设民官，既苦于辖境太广，布署难周，复格于权限不清，动多掣肘。加以时局递变，危迫情势，相逼而来，凡边务、蒙务之重要，铁路界务之交涉，以及屯垦实边，举行新政，在在均关紧要。而日、俄两国之逞其力所能及以肆其觊觎者，又靡所不至。我于今日，盖非振兴内政，不足以抵制外交，非添设民官，不足以振兴内政。然欲划界而使之治，非裁撤副都统酌设道员，不足以谋政治之统一。爰于宣统元年闰二月，奏请添设民官，裁撤五城副都统之缺。又以富克锦协领仅辖赫哲一旗，其人则专恃渔猎，不事生产，性极愚昧，今之存者仅百数十户，距省穹远，辖境寥落，因一并奏请裁去，而以富克锦巡检升改富锦县，以资治理。其将军衙门旧有兵、户、刑、工四司及印务处主 事二缺，一则管理档案，一则掌官银库。笔帖式五十五缺，则分隶于各司处。自分设司道。从前军署事务均有分任，而旗务各事又为旗务处专责，因将各缺一并奏请裁撤。并援江省裁辙各司主事、笔帖式等缺成案，请予出路，其未经改就以前，仍给原俸，以示体恤。此变通旧制之概略也。

纪学堂工厂生徒借补甲缺

吉林旗丁，素以弓马娴熟著闻，而文教罕称焉。近数十年，始有应科举登仕版者，然不过二三缙绅之家，勋旧之裔。科举既废，益视文学为弁髦，鄙学堂课程为异端，甚至有学无生，一校之中客籍十九。行省设后，甚以为虑，爰饬旗务处设立宣讲所，比户劝谕，时阅半年，旗籍官绅，始渐知兴学之急。乃迎机劝诱，提出各旗原有之地租，作为常年经费，而十旗学堂乃成。复查看入学诸生，有寒素者为之借补甲兵遗缺，亦仿京旗陆军子弟，准其坐补甲缺，暨黑龙江俄文学堂各旗佐相当缺出，准由该堂学生先行提补之例也。旗务处工厂及满、蒙小学堂亦准援照办理，庶不至以有用之饷，养无用之人。且可固儿童爱国之忱，坚其求学之志。白山黑水，灵秀所钟，他日英才辈出，一洗固陋之积习，斯则微忱所歆祝者也。

教养篇

吉林省城原设白山书院[1]一所，即左右翼官学之所在也。额设两翼助教官各一员，汉文教习四员，满文教习二员，分舍教授各旗丁之青年子弟。满学内并有武教习二员，专教弓马。惟学生无定额，听各旗之咨送，不论多寡，皆此教习数员分教之，其教课亦仅读书识字而已。蒙古旗尚有蒙文官学一所，额设蒙文笔帖式一员为教习，向由伯都讷城咨调。惟学生年仅数名，自设此学，尚未造就可以翻译蒙文之才。外城旗属亦各有官学，其教授之方法，课程之秩序，与省城无甚轩轾。凡此皆由公家设立，并额设俸员专司教育。特以教习无科学，管理无定程，长官不知兴学之法，旗丁自无入学之益。且官学只有此数，各旗学龄子弟之入堂肄业者，尚不及千百分之一二，其难于普及如此。至于养育，旗丁官兵则食俸饷，婚嫁则有恤赏，男妇孤独者则给养赡，养之之道，固亦至优极渥矣。惟其性成依赖，力乏自强，有公家之养，遂不知复谋自养之方，疲败之由，半系于此。现于省城创办公立学堂，改良满、蒙文官学并筹设工厂。风声所树，各外城旗属热心公益则而效之者，颇不乏人。行见公立学校普及全省，俾丰

〔1〕　白山书院：清代官办学校之一。吉林省第一所书院。设于吉林（今吉林省吉林市）。嘉庆十九年（1814）由吉林将军富俊创建。

镐子弟孜孜焉从事于学，以分执士、农、工、商之业，而自食其力，斯教养之道得矣。

纪十旗宣讲所

吉林地处边陲，朴僿愿谨视内地为甚，将欲推行新政，在上者应从调查习惯为入手，在下者应从使之明晓理法为入手，然欲使之明晓大意，尤应从宣讲入手。爰饬旗务处酌定简章，设立宣讲所，假十旗所建之观音堂为会地，月由公家补助银六十两以资办公。光绪三十三年八月第一次开会，由协、佐领内公举正、副会长各一人，以总其成。而旗务处总、协理，每星期分任宣讲一次，其宣讲宗旨，则以激发人群之爱力，联合旗、汉之感情，祛除依赖之根性，策励自强之能力，以养成国民资格为预备立宪基础。然语言无形，文字有形，凡演说一过不能及远，非以浅白文字相辅而行，恐尚未尽开通之能事。则又先期撰成白话笔记，临时分给各听讲人，以便持回转相传诵，并派人分赴各属，照所发之笔记按期宣讲，以收普及之效。迩来民气渐见激扬，热心公益之士，竟能将积年陋规闲款尽数呈报，而十旗公立两等小学堂，十旗工厂、满、蒙小学堂，勋裔将弁学堂，且得所凭借以资组织，讵非演说之效果哉。

纪十旗学堂

吉林自有提学使，专门、实业、师范、中学等之设，均由官家筹款举办，公立者无闻焉。有之则自十旗两等小学始，十旗两等小学，由旗务处组织而成。当创办之初，即设有宣讲所按期演说，以教育普及为宗旨，数月后风气渐开，各旗人亦均知以兴学育才为急务，故筹办此项学堂，竟无从中阻挠者。惟旗属向无大宗公款，开办常年各费，筹措维艰，或出自募捐，成将旗属租出之公产酌量增租，以资挹注。学舍则以满洲镶黄、正白两旗公所旧房改建之。因学费未裕，外部形式只以朴实适用为宜，且教育实际全在内容之完善，固不必求之外观也。招考学生以本城旗人为土著，额一百名，不收学膳各费。外城旗人并汉人为客籍，额六十名，不收学费，只纳膳资并操衣、书籍等费。毕业出身及升送官立各学堂，均得遵照奏定章程一律办理，即饬旗务处管理该学堂，以专责任。自光绪三十四年五月开学至年假仅一学期，各生程度尚称及格。倘从此益加振作，极力提倡，将来学成致用，当有可观也。

纪改良满蒙官学

吉林旗署旧有清文官学一处，额设左、右翼助教官一员，拣派文教习六名，武教习四名。文则专授满文，武则先教马步、骑射，后改教演枪法。两翼学生共二十六名，伙食均由官发，向归军署户司管理。自改行省，裁户司，遂隶旗务处。复有蒙文官学一所，其管理经费大略与满文官学相同。管理诸法既欠完全，功课亦漫无秩序，且仅教授满、蒙文字，于汉文及各种科学均付缺如，必致学成而不适于用，贻误后生实可慨惜。爰于光绪三十四年九月间定议，将满、蒙两学归并一处，统隶旗务处管理，改为满、蒙高等小学堂。遵照学部定章，稍事变通，以满、蒙语言文字为主，各种科学辅之。两学生徒悉数拨入，分别年龄、程度，定为班次，按期毕业，以为递升满、蒙中学阶梯。复因两学校舍湫隘，拟以裁并江省驻吉之水师营房屋酌量改修。其常年经费，即以原有指定各税项下，每年一万六千余吊拨用，如有不敷，再行设法筹补。至于修葺房舍，置办图书、校具等项及一切开办费共实估钱一万一千七百八十吊，拟由公家拨助，嗣以度支款绌，无从筹补，未能即时划拨。而水师营房屋又以两营归并一处，迁移匪易，开学无期。当即改设于观音堂，稍加修葺，即可开办。一转移间既不因循致误，亦不多费款项，兴学要政，未可缓圆也。

纪筹设十旗工厂

工艺一端，旗人向鄙为贱业，不事讲求。自奉筹划旗人生计谕旨，奉天业经设立八旗工厂，吉林势难延缓。因饬旗务处勘定水师营颜料库旧址，就原有房间，改建工厂名曰吉林十旗工厂。招集旗籍艺徒一百六十名，先分金工、革工、织工、染工、纫工等五科。所出成绩品，先供军、警两界并学堂之用。惟开办伊始，筹款维艰，通盘筹划建筑及开办五科成本，约需银二万八千两，每年经费七千两。当将旗属旧有之牛具银、匠役银、随缺地租银内酌量提充。内惟牛具银系库款共三万六千八百余两，专备接济旗丁之用，并非常年应领之款。其匠役银、随缺地租银除折扣外，拟提一半，每年计一万四千二百余两，作为常年经费。倘有不敷再行筹补，若果赢余再添他项。工料厂内附设工艺学堂，令艺徒每日工作之余，分班上课一小时。教以国文、算术、博物、图书、体操等门浅近学科，毕业后优给出身，或有材艺出众造成特别用品者，例准专利请奖。当经奏咨立案，并饬旗务处派员赴京、津调查工厂规模，购办械器，延聘各科工师。现正鸠工营造，俟工竣即行开办云。

附奏陈创设吉林旗务处工厂并筹款情形折

奏为筹划旗人生计创设吉林旗务处工厂，并恭陈筹款情形，仰祈圣鉴事。窃维处天演竞争之世，非自立不克图存，际环球商战之场，惟劝工方能足用。吉省襟山带江，物产本富，而旗人世蒙豢养，久昧营生。迄今食指日繁，俸糈有限，谋生乏术，坐致困穷，欲筹补救之方，不得不振兴工艺。伏读光绪三十三年八月二十日谕旨，筹划旗人生计，仍将各项实业教育事宜，勒限认真筹办等因，仰见朝廷垂念旗丁，至周且渥，钦遵之下，感激莫名。允宜深体庙谟，认真筹办，以兴实业，而节虚糜。兹据旗务处呈称，拟于迎恩门外水师营颜料库旧祉，就其原有房屋酌量添改建为工厂。厂中一切用款，均由通省各旗旧有之款暨官兵旗产酌量妥筹，即定名曰吉林旗务处工厂。招集旗籍艺徒百六十名，先分五科：曰革工科，专制军、警两界应需靴鞋、箱带、马鞍、提包等件。曰金工科，专制革工上所需铜钩、铁片等类，与革工科相辅而行。曰织工科，专制冬夏军、学、警各界操衣、布匹，兼织腰带、鞘绳等件。曰染工科，专染本厂所出物品与织工科相辅而行。曰纫工科，购买缝纫械器，就本厂所出布料制造成品，与织工、染工两科相辅而行。以上五科均先供军、警两界及学堂之用。所出成绩品即随时设所出售，以广销路。如能办有成效，再行添设他项工科，续制商品以臻完备。所有购置材料及造成货品于路过各处关卡，拟仿照京师工艺局章程，由本厂填照送验免征厘税。取天生之原料，招土著之工徒，延聘匠师，教以艺术，毕业后优给出身，分别派往各处，转相传授。如有才艺出众，自出心裁，造成特别用品，应准照章立案，分别专利请奖。但使一人习有片长，即一人多一生路，倚赖之性质既除，立宪之资格自备，十年以后，必能普及全旗。惟创办之始，筹款维艰，通盘筹划，约计建筑及开办费需银一万五千两，五科成本一万三千两，每年经常费七千两，倘有不敷，设法筹补。如有赢余再当添设工科，以为扩充地步。并开呈筹款情形三则，呈请立案前来，经臣等详加覆核，尚属切要可行，应准试办。查上年京师创设八旗工厂，业经奏准开办在案。奉省近亦设立八旗工厂。今该处创设旗务处工厂，事同一律，合无吁恳天恩，饬部立案，俾得及时开办。如蒙俞允，再将详细章程、建筑图表、免税照式，分咨农工商部、民政部、度支部、陆军部、学部、邮传部查照。所有筹设吉林旗务处工厂并开呈筹款情形，谨恭折具陈。伏乞皇上圣鉴训示。谨奏。光绪三十四年十一月二十八日具奏，十二月十七日奉批，该部知道。单并发。钦此。

谨将创设吉林旗务处工厂筹款情形，缮具清单，恭呈御览。

计开：

一、牛具银

谨按：此款前因旗丁生计维艰，由库拨银三万六千八百三十三两二钱五分，专为接济全省旗丁之用，名曰牛具银，盖即寓兵于农之意。每次开放，每兵只准借给银二两，仍由该兵应领饷内陆续扣还，按年报部一次，历经遵办在案。惟借支须由该管官具保，因此弊窦丛生。则是留此一款，徒供官吏市惠侵剥之具，且贫者未必能借，而借者决非真贫。辜负皇仁，遣累寒畯，莫此为甚。现在该款自光绪三十二年报部后，所放之数将次扣齐，省城存储度支司，外城存各副都统衙门，尚未动放。拟请将牛具一款，改拨旗务处工厂经费以归实用。第此款系内结之款，须由部准。查上年八月间钦奉谕旨，筹划旗人生计，准拨部款等因。而该处工厂，本为筹划旗人生计而设，揆诸名义，亦属相符。

二、匠役银

谨按：此款前因各旗练习弓箭，故设工箭匠二百五十七名，每名岁支工食银十二两，共银三千零八十四两，除每两由部章扣二钱又扣二分外，实发银二千四百一十七两八钱五分六厘。今弓箭业经废除，此项匠役不免虚设，拟请将该工食银，每年二千四百一十七两八钱五分六厘提充工厂经费。其食饷之匠役，择其才堪造就者，拨入工厂习学手艺，庶几款不虚糜，人各有用，一举而数善备焉。

三、随缺地租

谨按：此款于光绪十八年经前将军长顺奏准，以省城十旗、水师营、宁古塔、阿勒楚喀、珲春、拉林、乌拉、五常、伊通州、额穆赫索罗等处官兵随缺地十三万九千八百六十四晌，每垧给银一钱八分，除每两由部章扣六分外，实发银二万三千六百六十四两九钱八分八厘八毫。每年随秋季官兵俸饷一并核发，俾资津贴等因，历经遵办在案。现因创设旗务处工厂经费困难，当饬旗务处会同各旗协、佐等再四筹商，该各旗愿将随缺地租银两划拨一半，每年计银一万一千八百三十二两四钱九分四厘四毫拨充工厂之用。查此款原因旗署官兵生计艰窘，略资补助起见，但按款摊分，每名所得无几。若以一半拨作工厂经费，则贫苦旗人渐能自食其力，于个人所损甚微，于生计大有裨益。且以旗人所得之财，办旗人应办之事，公谊私情两无窒碍。拟请将每年随缺地租，划拨一半以充公厂经费，其余一半仍由各该旗按季支领，以示体恤。

纪筹议设立勋裔将弁学堂

吉林旗营，武功最盛，自国初以迨咸、同之间，转战各省，捐驱报国者，实难以偻指计，故至今勋荫世职，尚不下数千百人之多。惟以承平既久，袭余荫则耽于晏安，无恒业则艰于生计，岂先烈之不克承，亦教育之未能普及耳。今欲备干城腹心之选，而教以折冲御侮之方，则莫如仿京都贵胄学堂之意，创设勋裔将弁学堂，授以陆军普通学术，毕业后酌予出身，俾为国用。其经费则由各袭职岁得世禄实银内坐扣四成，年一万六七千金，足敷常款，开办建筑之需，则由公家补助。专收满汉世职人员入堂肄业，以昔时骁健之余风，得此振兴而作育之。凡有志绳其祖武者，当莫不欢欣鼓舞，而惟恐见遗矣。事虽格于成例，未即举行，而因其所习，以振作疲泄，亦要图也。故附纪之。

附吉林全省旗属世袭官员一览表

品级	官职/区别	吉林	宁古塔	伯都纳	三姓	阿勒楚喀	珲春	乌拉	五常堡	拉林	双城堡	富克锦	伊通	额穆赫索罗	合计	俸别	分数	合计	
正四	世管佐领分数	二四	四		三		二								三三		一〇五	三四六五	
正四	骑都尉兼云骑尉分数	四						二			一				七		一三五	九四五	
正四	骑都尉分数	二〇	二		五	二	一	六			一		三		四〇		一一〇	四四〇〇	
正五	云骑尉分数	三五二	一四六	六五	一四九	五〇	四七	九一	二	四七	六五		六二	九	一〇八五		八五	九二二二五	
正六	恩骑尉分数	九	一〇				五			一					二五		四五	一一二五	

正五	五品荫生分数	一													一		八〇	八〇
正六	六品荫生分数	一													一		六〇	六〇
正八	八品荫生分数	三	一	一	一	五	一		一						一二		四〇	四八〇
总计	八级一千二百〇四员　俸银一十万二千七百八十两																	
附考	袭官内，除世管佐领管理一佐事务，向有任所，其他皆系有职无任之官。 世管佐领均系世袭罔替，即便升迁，仍需兼此佐领，并不开缺。 俸饷每年皆由租税提充，按春秋两季，随各旗职官一并发放。钞票与实银各半，其实银照章每两减二成又扣六分，钞票每两发银二钱五分。计俸饷每两实发银五钱〇一厘。 一、表内数目皆系自左向右数之。 二、下格俸饷数目以两为单位。																	

典礼篇

吉林旧制，将军衙门以户司兼办典礼，凡一切庆贺、朝贡以及特别祀典，如长白山、龙潭山非他省地方长官照例致祭者皆隶焉。其所属有菓子楼为储备贡品之所，派协领一员总其事，通省例进之安楚香以及各色食品均归掌理。此外则有乌拉翼领衙门专司采珠、打牲并敬备年例进奉之品，如蜂蜜、松子、鲟鳇鱼、各色鱼等，均系打牲丁分赴贡山暨沿江捕打，除饷项外，不另支给开销，专恃水陆自然之生产以为津贴。惟东珠一项，非奉特旨采进，不准私捕，采珠需款，准作正开销。故该衙门所属之鱼圈、柳通、晾网、贡山各地方面甚大。未当其事者，往往疑其假名占据，不知采贡之难，亦有非外人所能深悉者。自户司裁后，典礼各事，归旗务处承办，现已饬该处拣派妥员前往该翼领衙门，帮办事务，一以剔除积年弊混，一以调查实在情形，以为改章之预备。其三姓采进貂皮向系各旗兵丁自行进山采捕，还而贡之朝廷。其后则地方渐辟，产貂渐稀，始定发给官价，近年复以出产愈少，官价太微，奏恳恩准照市价开销，而承办人员仍复狃于锢习，抑勒市价，溢收皮张。是以本年闰二月，世昌等有参革署副都统德胜之奏，已饬旗务处查明侵吞数目，勒令赔缴以舒商困，而儆贪邪。现虽钦奉谕旨，各省贡物除祀典应用祭品，仍著照例贡献外，其余各贡，均著暂行停止。仰见朝廷节用爱人，洞悉民隐，惟是貂皮一项，为御用服色所必需，守土者务伸其献纳之忱，而祛其扰累之习，庶足两尽其道。其余典礼之设，尚礼容崇报享，惟在慎守节文，以肃观听，兹不赘焉。

纪解送貂皮改章

吉属三姓一带，素以产貂称。盖山多松林，为貂鼠孳息之窟也。定章饬令该处按年采捕貂皮贡献，应其役者为赫哲部落。嗣以人烟稠密，松林多被砍伐，貂鼠潜迹，采捕渐难。洎自咸丰年间与俄分界，赫哲部落又大半分属于俄，仅余音达木河以东，乌苏里江口以西三五百户而已。交皮既属无多，而要贡又未能核减。是以前盛京将军依克唐阿、吉林将军延茂等先后奏请，以定例年赏之苏布、乌绫、缎帛等物变价补买足额，按年贡献。后以貂皮价增，领到年赏各物，变卖复多折耗。自光绪二十五年为始，将年赏乌绫等物悉请裁撤，由部领款购办。光绪三十四年貂价益昂，因请按年采买，准照随时市价核销。奉旨允准，敕部立案。

附奏采买貂皮请准照时价核销片

再准署三姓副都统德胜咨称，应进光绪三十三年份贡皮，于上年冬间，派员分往产貂各山口守候购求，兼分向各皮行采买去后。旋于本年二月间据称，自铁路开办以来，山林屡经砍伐，树株顿稀，产貂渐少，更兼俄商不惜重价争购，以致皮价异常昂贵。兹拣其毛色堪用者，共购得一千四百六十张，均匀牵算，每张计需价银十七两七钱六分，共银二万五千九百二十九两六钱，除前领到三十三年分貂皮价银二万五千零七两七钱尽数开付外，尚不敷银九百二十一两九钱，当由购办光绪三十二年份貂皮剩存旧管银内提用开付，并赶觅良匠将皮张修整如法，以备派员呈进。惟此项贡皮每年所出多少，价值有无增减，均难预料。案查光绪二十九年贡皮，每张计需银十九两五钱，曾经奏准照数开销在案。兹本届所购貂皮，每张计实需银十七两七钱六分，较之前届尚觉节省，拟请照数准销，并请嗣后按年采买均准照随市价，俾免赔累。等情咨请核奏前来，臣等查吉林三姓地方，为向来产皮之区，自铁路大通，取资林木，参天窝集半付斧斤，蹄迹失所凭依，孳息因以顿减。又俄商喜购紫貂，不惜巨金，商贾趋利性成，市价顿昂，较之往年实已增至倍蓰。该副都统所陈各节，共闻共见，委系实在情形。如仍照旧例开销，深恐市价悬殊，艰于采买，势将有误上供，且亦非实事求是之义。至本届请销皮价，较之光绪二十九年份实已核减，理合具情叩恳天恩，准如所请，敕部立案。嗣后采买貂皮均准照时作价，并将本届不敷银两一并准其照数核销，出自鸿慈逾格。除咨覆该副都统派员呈进外，谨附片具陈，伏乞圣鉴，谨奏。光绪三十四年五月二十六日奉朱批，著照所请，该衙门知道。钦此。

附奏参署三姓副都统协领德胜贪婪溺职折

奏为专阃大员贪婪溺职，据实纠参，恭折仰祈圣鉴事。窃查三姓地处极边，距省窎远。臣世昌前因访闻署理该处副都统、协领德胜有包揽荒段，私收税课情事，当即会同调任抚臣朱家宝札派蜂密山招垦委员范炽泰就近前往密查。旋据覆称，距三姓城东北二百里加木斯地方旧有官荒一段，系副都统衙门官兵办公随缺地亩，已于早年一律放竣。该署副都统莅任后，借词随缺之地不敷所用，遂将该处迤南官马厂一带生荒派员丈放。乃于三道冈勾心吉迤北先自捏造堂名包揽一万垧，并于三姓左近稗子沟、土龙山、火龙沟、新官地、山咀子屯暨富克锦所属之古必扎拉等处置有荒地甚多，统计不下一千余方，皆以贱价所得。现在托人四处觅售，每垧索价乃至数倍，此该署副都统托名包揽大段官荒，希图渔利实情也。至私收税课一节，查松花江沿岸产木甚富，商民入山砍木运至江口或三姓城者，必须先赴副都统税局报明候验。凡木无论大小粗细，分配停匀，不及十数者，按照时价，折钱值十抽一，逾十数者不准折价，则按木数十取其一。甚至枯枝蔓草柳条之类，亦须照抽，且不发给税票。木商为之裹足，居民为之吞声。此该署副都统私收木税重敛横征之实情也。又查三姓每年例进貂皮二千六百余张，向归副都统衙门承办，曾经奏明准照时价采买。乃该署副都统竟借挑选貂皮为名，每年挑至西五千张之多。每张仅给官价银八两左右，实较寻常市价减银二十两以至三十余两不等。且复出有告示，不准商人私相买卖，只准东来昌等皮庄二十余家收买，并须随时前赴税局报明注册，借端抑价，迹近垄断，更难保不无转售牟利情事。此该署副都统挑选官皮从中舞弊之实情也。以上各节，均该委员亲诣该处税局、皮庄调查所得，复经访询附近商民亦无异词，并将该署副都统所领荒地开具清折，连同所钞告示等件，禀复前来。臣世昌与臣昭常复加考察，均属实在情形。

事关大员贪婪溺职，既经访查得实，曷敢瞻徇壅于上闻。相应专折列款纠参，请旨斥革，并由臣等查明私征滥收各款，分别入官，以昭法戒，而儆贪邪。除三姓副都统一缺已于裁旗添缺折内奏请裁撤外，此次所参各情，如蒙俞允，所有三姓副都统员缺应请暂不派员接署。该处旗务事宜，即由各旗协领管理，直接行省公署，遇有词讼案件并令暂归依兰府知府审理，俟将来增设道缺后，再行酌量归并。所有特参署三姓副都统、协领德胜贪婪溺职拟请斥革，并请暂不派员接署缘由，理合恭折具陈。伏乞皇上圣鉴训示。谨奏。宣统元年闰二月初八日具奏，三月初一日奉朱批，德胜著即革职，余照所请，该衙门知道。钦此。

纪贡品改道

吉属打牲乌拉应进各项贡品，例皆驰驿运送。由奉至关计程十六站，照章共应折领车价及差官廪粮、口粮银八百十七两五钱三分、吉市钱三百八十二吊八百文。自光绪三十三年奉省驿站裁撤，改由铁路运送，所有应领折驿车价及廪粮、口粮等费，曾经该管翼领由该处官丁俸饷项下，如数暂行垫发，准其核实报销。惟昔之驿路崎岖，自吉至奉，自奉至都，至速须行二三十日，今改乘火车不十日而可至。自应援照奏准奉省裁改驿站，凡运送祭贡各品，改归火车行走之例一律办理。奏请著为定章，款不多糜，运输便捷。将来吉长铁路告成，顾瞻周道，如砥如矢，其为便利更可见矣。

附奏打牲乌拉贡差需用车价，请作正开销折

奏为打牲乌拉贡差，因奉省裁驿改行铁路，车价、廪给拟请援案作正开销，缮具清单，恭折仰祈圣鉴事。窃以打牲乌拉历年应进各项贡品，例皆驰驿运送，由奉至关计程十六站，照章共应折领车价及差官廪粮、口粮银八百十七两五钱三分、吉市钱三百八十二吊八百文。自光绪三十三年奉省驿站裁撤，改由铁路运送，照章应领折驿车价及廪粮、口粮等费，曾经该翼领由打牲乌拉官丁俸饷项下如数暂行垫发，以济要需。嗣经饬查各起差员呈称，是年所需火车脚价、上下抬费等项，共吉省银元一千八百圆零五角、吉市钱三百八十二串八百文，核与由站折领及俸饷垫发银钱数目大致相同。等情据该翼领呈请发款归垫前来。臣等覆查该处贡差，自奉省裁驿后改由

铁路运送，所需各费均由俸饷项下垫发，如期备办，自未便久事虚悬，致多苦累。查奉省裁改驿站折内曾经声明，此后运送祭品、贡品驰驿各差归火车行走，所有地方官应付车马各价以及廪给，均准核实开报请销，以免赔累。等因钦奉朱批，该部知道。钦此钦遵。通饬遵办在案。兹吉林打牲乌拉贡差亦由火车运送，与奉省驰驿各差改行铁路事同一律，按年需过火车脚价、拾费及廪粮、口粮等项，自应援案办理。合无仰恳天恩，俯准饬部立案，俾得核实报销，以免亏累。除咨陆军部、度支部外，理合敬缮清单，恭折具陈，伏乞皇上圣鉴训示。谨奏。宣统元年三月十七具，奏四月初三日奉朱批，该部知道，单并发。钦此。

俸饷篇

吉林旗营，俸饷微薄，夫人而知之矣。即以甲兵论，每月应领饷银二两，本不为多，复加以减平折扣及搭放一半钞票，总计领银一两，仅得五钱余。计一兵终岁之所得，不过十二三两，岂能恃此为生活之计。官俸虽较多于兵饷，然其减平折扣、搭票亦复相同。上自协领，秩在三品，已与司道同班，至核其终年之俸银，实领得者不过六七十两，此外并无正当应得之款。其次者更无论矣。试思重禄所以养廉，今旗属官多俸薄，乌足以养其廉也。矧更摊派克扣不一而足，旗丁窘累竟至无由苏豁。为今之计，惟有酌裁员缺，归并旗佐，淘汰老羸，鼓舞勤能。即以腾出之禄，厚给得力之员，既不以遽尔裁除，贻目前之苦累，亦可以渐次安置，为后日之预筹。是皆于裁撤五城副都统后，拟即次第办理者也。而尤以严禁摊扣诸弊，为入手之要务云。

纪禁革摊扣兵饷

吉林各旗署充差兵役，向无津贴，日用所需，均由兵饷摊扣，名曰盐菜钱。签以闲班饷糈，津补现班兵役，亦属情理之平，然不为兵丁所用者，名目仍复不少。相沿既久，积弊丛生，几至无兵不扣，愈摊愈多，遂遗旗丁无穷之苦累。自改行省后，经旗务处调查声明，札令转行各旗，饬将摊派名目钱数据实开报，悉行禁革。如实有应用款需，另核筹给。旋据各旗营报称，年需款十二万余吊。糜费太巨，饬旗务处会同度支司切实核减，妥筹具覆。嗣经司处核议，每年由度支司筹拨钱七万一千三百八十吊，作为各署膏火、心红及充差兵役津贴之费，按春秋两季核发。现虽以库款支绌，且格于例章未能立见实行，然所需之数，既已调查明确，则各旗署断无格外之摊扣。苟能库款稍裕，如议办理，则百余年相沿之积弊，不难一扫而廓清之也。

纪严禁领饷浮冒

吉林各外城旗距省远者几二千里，最近亦四五百里，其附近铁路者往返尚易，至于铁路不通之处，往返几无定期。而各城赴省领饷，又不另给川资，向由所领兵饷之中扣放开销。在廉介自守者，尚或据实开报，而稍不自爱者则浮冒虚縻，势所难免。乃饬令各城旗查明，如有同城民官，即可饬其按季监放，倘距民署窎远，则以附近旗官前往监放，如旗民两署均属迢遥，则按年派员前往抽查一次，以昭核实。至各省旗领饷川资，饬令每届领饷之期先行具文，由驿递送。所派领饷委员酌量道路远近，于发文后一月或四十日再行起程，由旗务处移会度支司札库，俟其到省即行如数核发，不致久延时日，虚耗川资。并将领到暨回行日期，随时报明存查，回署后，仍由该衙门详细核放，一面将领放数目逐一榜示宣布，以释群疑，亦郑重帑项循名责实之一端也。

地亩篇

吉林当未改行省以前，通省财政，均以将军衙门户司为出纳之总汇。迨光绪三十三年改行省，奏设度支司专理财政，凡前户司所主掌者咸隶焉。惟关于旗属事项，若纳租、换照、房田税契并官庄及各旗马厂官地应纳租款，仍责成旗务处经理，俟款项积有成数，汇总解交度支司存储。其按年应办祭品、贡献所需款项及通省官兵俸饷并杂项津贴，虽有由租赋项下动用者，然旗务处不能径行支给，仍须将一切数目稽核明确，移行度支司核发。若有遗误，旗务处负其责任。故旗务处设有稽赋一科，即其职也。至于十旗原有公产并方正泡公田所进租款，是公项非官项也，已作学堂、工厂之经费，则又隶于民事科，以其关于旗人生计之筹画，为旗务正当应尽之义务，故一切收支报告，不属于度支司财政之范围云。

纪清丈六旗马厂官地

我朝于开国之初，吉林八旗各给荒场一区，作牧养官马，练习骑射之用。嘉庆间，将此项马匹陆续裁撤，其原拨荒场，始准招佃开垦，按垧输租。所收租赋，厥名有二：曰粮租，曰钱租。粮租者，为正红、镶红两旗地内所从出，即旧名二旗马厂也。按年输纳官仓抵充文职廪粮，并在官人役工食之用。钱租者，为镶黄、正黄、正白、镶白、正蓝、镶蓝各地内所从出，即旧名六旗马厂也。按年照额征收，抵充十旗制兵一切犒赏之用。综计此项马厂官地亩数，实有数倍于租额者，时隔多年，从未议及清丈。现在时艰款绌，筹措维艰，各该佃丁受国厚恩，当知有所报称。是以将各该马厂旧有地亩，仍按原分等则，无论熟地、夹荒、牧场、山林一律派员勘丈，责实输租。拟定章程六条，先行出示晓谕，俾众周知。至将来能丈出浮多地亩若干，应否一律加租，以及一切未尽事宜，自应随时斟酌办理，以清弊源而裕租赋。俟将此项地亩勘丈完竣，即行续勘二旗马厂地亩，以期无偏无倚，已饬旗务处核拟规例实行试办矣。

附清丈六旗马厂章程

一、六旗马厂官地，均行选派妥员赴界勘办，无论熟地、夹荒、牧场、山林一律勘丈，如有浮多，仍照旧章不收荒价，谨令当年分增租款，此外毫无浮费。

二、查此项地亩，原分三则：上地每垧按年纳租钱一吊六百文，中地每垧纳租钱一吊三百文，下地每垧纳租钱一吊文。此次清查按地勘丈，如有浮多熟地，仍归原佃户领种，不准他人争领。将地重分等次，造具各佃户承种上、中、下三则花名地数清册备案，以昭久远。

三、现将此地统行查办，验明各地晌数四至。先行注发小票，缴回佃户原领旧照，以次清办完竣，再令各佃执缴小票，填发新票。

四、查勘马厂界内，如有早余牧养、夹荒、柴岭、林荒等地，亦照垧数等次丈明，准给挨边各佃分领，均定本年起租。除牧养、夹荒仍照熟地按年纳租外，其柴岭、林荒均定缓养四年纳租一次，以示体恤。

五、派出查地委员，仿照荒务局清赋章程办理。每起委员二员，随带司事二名，书识四名，绳弓差役四名，拉行李大车两辆。按日分晰，各给工食钱文。到处自办伙食，不准扰累地面。

六、查地之员、司、书、役，照章委员每员日支津贴工食钱二吊，司事日支工食钱一吊六百文，书识日给津贴工食钱一吊四百文，绳工差役日给津贴工食钱一吊文，拉行李车，每辆行日支钱三吊，坐日支钱一吊五百文，依次核发。此项即由上年收存六旗马厂租款杂支项下提借差需。一俟差竣，核由丈放浮多荒地若干，收出本年加增租钱，如数抵还，倘不敷用，再由指借款内借补，合总报销。

纪整顿方正泡公田

吉林省城旧制，将军、副都统各衙门外有满洲八旗，每旗各设关防衙门一所，旧汉军附焉。蒙古八旗则自为一署，鸟枪营自为一署，乃新汉军八旗也。又有水师营，原专为造船而设，其属丁亦作为汉军而稍异，故称之为十旗。各署除官兵俸饷外，一切费用向无额定经费，均于饷内摊扣。早年旗户殷富者多，亦不以正饷之多寡为念。其长官及经理之人，如遇公正廉介者，则以兵饷购置街基，建盖房屋。近署者则留作属旗兵丁来省应差者居住，其远者则出赁而食其租，现提作十旗公立学堂经费者，此也。光绪二十四年，将军延茂悯各旗之毫无经费也，爰令各旗官兵醵资置方正泡公田一万一千余垧，而派员设局招垦办理。既未得人，又值庚子、癸卯两次兵燹，至光绪三十二年除历年开销及包纳租赋外，毫无余利。改行省后，经人控告派员往查，该局总办、佐领富常阿、凤和款目不清，开锁浮冒，以及擅用刑讯等款，予以奏参革职。光绪三十三年份应得余利七千余吊，经凤和交出五千余吊，以满、蒙小学开办经费无出，即由此款借拨。其三十二年以前有无余款，尚在提法司讯究未结。自查办后，改派佐领春霖董其事。共计该地已经开垦成熟者三千余垧，其头二三荒各一千余垧，计至三十四年共收租粮三千六百余石。惟该处地虽膏腴，然处万山之中，交通不便。若转运出境，费用不资，故所收粮石仅以当地烧锅为销场，销售不易。现方移设方正县，拟辟新路以达宾州，则将来该处不惟粮石易销，即所余之荒不出四五年亦可全行成熟。岁可获粮一万余石，完纳租税之外，当可补助旗属新政之资。惟望司其事者毋怀私心，毋蹈故辙，庶乎公田一项，亦足为旗丁生计之助欤。

附参劾佐领富常阿等片

再查吉省旗属各官疲茶相沿，久成习惯。自改建行省以后，遇有发觉，辄予撤换，业已渐知悛改。而偭越规矩者，仍复有人，自非汇案从严参处，不足以昭炯戒。兹查有署双城协领本任拉林协领连春、署拉林协领本任双城协领喜胜、赫尔苏边门防御倭西布、笔帖式倭恒额、吉林正蓝旗佐领富常阿、阿勒楚喀佐领凤和等，或侵吞公款，或克扣兵饷，或贿差卖缺，或私刑滥法，均被控有案。经臣等派员查办属实，除已先后撤任，发交提法司审讯外，相应请旨一并革职，归案讯办其。贪克苛派得赃各员，并请分别监追，以示惩儆。谨附片具陈。伏乞圣鉴训示。谨奏。光绪三十四年十二月二十五日具奏，宣统元年正月十二日奉批，另有旨。钦此。

纪经理旗属租赋及田房税契

吉省为旗人本籍，所有田土大半属之旗户，其田房税契、征纳租赋，向皆隶于军署之户司。改行省后户司并入度支司，为全省租赋帑项之总机关，则一切税契，纳租自应划归度支司经理，以一事权。惟旗属各户，半居山乡，散漫无稽，非由各该旗佐按户征催，实属无从稽核。且各旗贫户居多，原有产业半皆转相典售，而租赋册簿仍属原名，地在典户手中，原户远离无可传询，转有漏匿之弊。至于售卖税契一节，旗、民虽属不分，而卖给民户必须仍由该佐催收钱粮，始符额定升科之数。所有请领契尾，倘不仍饬该管佐领查催报领，不特展转售卖隐匿必多，更恐租户姓名分岐，无处催查，尤滋流弊。旗务处既设稽赋一科，责有攸归，是以将旗户租赋及田房税契仍归该处经理。按年开征时由各该旗管官承催，并明定功过，自无拖欠。其六旗马厂、台站、官庄所有租赋既关旗务，自应一律办理。所收租赋钱文、税契银两，按年汇总造具清册，移送度支司存储，以重款需，以期事归简易，而弊窦亦可渐清也。

旗制篇

三省旗制大致相同，而改革时期则江省为最早。盖地处东边，荒寒绝漠。自西伯利亚铁路贯入华境，首居冲要，边防所系，视为安危，因时制宜，不可缓也。改立行省，民政、度支、提法诸要政，既各设为专司，事之属于旗务者，亦立旗务处以统其事。旧日兵司与旗务之关系最众，因裁并而改隶焉。其职掌，则旗员升补、送引、休致、出缺奏报、挑补兵额、承袭世职、军政、马政、骡站以及旗人生计、旗籍册报、调查户口之类是也。惟是通省官兵饷糈浇薄，时殊世异，昔之恃以为武者，今皆不足以制人。语有之，禄养不足以赡其家，不能责以勤事。因之营规废弛，技艺日荒，习染所成，沦于偷惰，以视当年戮力中原之际，殆迥乎不可侔矣。署巡抚程德全前于署将军任内，筹变通之策，请广屯政，设民官。奏上未逾时，而广簿八旗生计之明诏下。世昌以为富教之道不可凌躐而施，而对于官兵尤必恤其困穷，始能责之効命。爰裁撤旗属各缺，并饷授食以济其艰，改练巡防队一新耳目，以作其气。至其余夫则为之推广学校，开放官田，秀者登于堂，朴者安其业。凡此皆得程署抚之同意，而见诸施行。虽为物力所拘未能推行尽利，而所以纳民轨物及固我边陲者，度必基于是矣。其他纳贡赋，利交通，劝工业，皆为政者应尽之责。以欲存其创置之次第，附著卷中。

纪改设旗务处

江省旗务处援照吉林成案，于光绪三十四年奏准，将兵司改设。设总、帮办，以摄其要，分设军事、民事、庶务三科，以驭其繁。其薪饷则按照前兵司津贴章程，由税课司项下支发，而量予从优。其规则较吉省小有异同，如典礼、祭品、例贡、旌表、官兵俸饷等事，吉林分隶礼制、军衡两科，江省以向归户司之故，今则并入度支司。劝学、宣讲、实业等事，吉林隶于民事科，江省以向归提学司之故，今仍其旧。此固因势乘便，不必三省划一者也。

附奏改兵司为旗务处片

再查上年臣世昌在吉林奏请变通官制酌量裁改折内陈明，旗务暂不设司，以从前兵司改设旗务处试办。等因，钦奉朱批，允准在案。江省向有兵司，与吉林事同一律，自应援案改为旗务处以归划一。除俟拟具章程再行咨部查照外，谨附片具陈，伏乞圣鉴训示。谨奏。光绪三十四年七月初五日奉到朱批，该部知道。钦此。

纪裁改瑷、呼、墨各城旗制

黑龙江各城副都统七缺，经署将军程德全奏裁者四。统计全省地面，民官辖境仅得十之二三，瑷珲、呼伦贝尔、墨尔根各城所属，仍无郡县。光绪三十四年会同署巡抚周树模奏准，改瑷珲、呼伦兵备道及嫩江知府等官，而于瑷、呼两道各加参领衔，旗民兼治。一俟试署各员奏补之后，再将原有之副都统裁并。当此瑷、呼两城商埠将开，交涉愈繁，墨尔根等处矿务、垦务虽已办有年所，仍属一望无垠，人烟寥落，实以未设官治，民难聚处之故。今既因时改革，具有规模，庶几逐渐变通，相安于习，则充实内力，即所以保全疆圉也。

官兵篇

江省官兵武功丕著，我朝定鼎，编列八旗，镇膂荒陋，屹然重镇。当时闭关自守，为部落之政治，所以固我边陲者，固视设官开垦为末计也。运会所极，今昔迥别，昔之精强，今归凋弊。俸饷所入，不足自存，于是摊派之事起，而贫弱之患成，不起而变通之，内治隳矣，遑言对外。前将军达桂、署将军程德全有鉴于此，于光绪三十年、三十一年间，迭疏请裁理刑员外，并减副都统、协领为入手之办法。世昌莅东，正值改行省官制之际，程署将军改署巡抚，又与往复商榷，复裁主事、笔帖式、仓官、屯官等缺。裁缺各员，或以对品官阶奏请选补，或改为学员分送学堂肄业。武职则副都统原设七缺，除齐齐哈尔、呼兰、通肯、布特哈四缺先已奏裁外，其余若瑷珲，若呼伦贝尔，若墨尔根，均请改为兵备道。总管原有八缺，今存其七。副总管三十六缺，今存其八。其余协领、佐领改为满、蒙、汉公缺者居多，满洲防御悉数裁撤。从前总管以下共一千五百数十员，今则仅存其半矣，此变通官制之大略也。江省旧编八旗，凡隶于旗者，皆可为兵。计原设领催、前锋、披甲、养育兵、水手等共一万三百余名，分防戍边，并供差徭。春秋皆有例操，霜降后，将军暨各城副都统行围校猎以肄技勇。厥后协饷积欠，猎操久停，丰镐纠桓，狃于宴安。光绪三十一年程署将军筹办善后折内声明，大加裁并，分饬各城照章编练马步各队。行省既设，重加整顿，故将巡防各军划归巡防营务处管理。嗣照部颁章程编武加饷，惟以款项不敷，遂将巡防议裁，截饷加给官兵，并酌拨此项饷银津贴副都统以下各官，以资挹注。仍每佐留兵十二名，以应差徭。旧驻之吉林水师奏请裁撤，拨入汉军，此变通兵制之大略也。夫江省八旗官兵，编制之初，具有深意。何图法久弊生，世局递变，强邻抉我藩篱，已有反客为主之势。而我则旧制陵夷，官兵之困惰庸弱，已无复昔时尚武之遗风。急起而变通之，庶几少自振拔而另辟新机，以为因应对待之策，此存心国防者所当次弟组织也。

纪变通省外各城旗兵

江省八旗士卒，其品类有五：曰前锋，曰领催，曰马甲，曰匠役，曰养育兵，共得一万三百余名，而马甲额最众。自各省协饷不继，每岁每兵之所入都计不逾十金，俸饷既微，同于虚设。既无从筹益饷银，不得不暂裁兵额，授一兵以二兵之饷，庶一兵得一兵之用。疏上得请，爰按练兵处奏定章程，改为巡防队七营零一哨，易其编制，责以防操。仍每佐酌留甲兵十二名，共留甲兵二千零六十四名，以供佐下之差。惟呼伦贝尔一城锢蔽较甚，于额留甲兵之外，裁各缺而悬之。其被裁中果有技勇可用者，酌予一缺，使之自奋，随时演习，递升额饷。此其处置之道虽异，而其进掖之者固同也。溯自准噶尔一役以还，以迄粤捻匪乱，索论、鄂伦春武士，功业炫赫，为历史光。事未百年，相去殊甚，岂果今不逮古乎，毋亦作之养之者非其道欤。

附奏变通旗制每佐留兵片

再查去岁条陈善后折内，请将江省旗兵汰弱留强，使一兵食二兵之饷，大加整顿，俾成劲旅。嗣又遵照练兵处定章，将江省旗兵改为巡防，编为营制。各情业已迭次奏咨在案。当经臣德全督饬各城，仿照中、左、右三军营制、饷章赶紧挑练。旋据各城已报起练者马步七营零一哨，第此项薪饷皆由各城旗俸饷内筹拨，所有管带、哨官、哨长悉令协、佐领、骁骑校兼充，各营之兵仍照原奏，由甲兵、西丹之内挑用入伍，如或不敷，再由土著内挑选，常川演练，力求实际。惟各该旗若不少留甲兵，倘有差徭，势必无人应命。拟于每佐各留兵十二名，共留甲兵二千零六十四名，以充佐下之差。如此变通办理，庶于营务两有裨益。除俟各该城将所编各营官兵花名细册报到，再行分咨度支、陆军部查照外，理合附片具奏，伏乞圣鉴。谨奏。光绪三十三年九月初二日奉到朱批，该部知道。钦此。

纪变通旗属各缺

变通旗属各项官缺，先经署将军程德全奏拟办法四条：一、省城、黑龙江、墨尔根三城协、佐、校等官，援照呼兰、通肯，一律改为满、蒙、汉公缺。二、裁撤水师营，所有兵丁与各城官庄壮丁同附汉军旗内。三、东、西布特哈总管所属九十二佐，应由该总管查核办理。四、驻吉水师营应与吉林将军会商归并办法。嗣经世昌与之详酌情形，将原拟改为公缺内之满洲防御一阶全行裁撤，东、西布特哈总管所属九十二佐酌留八佐亦作公缺，驻吉水师营之官兵、水手则暂行附入吉林汉军旗内管理。其裁缺人员，拟以对品之缺补用并归入学堂肄业两法，以为上达之阶梯。嗣后添设民官，复奏请将呼伦贝尔、瑷珲、墨尔根各副都统员缺一并裁撤。盖时局变迁，驻防之官几同虚设，所以变通官制者，以一事权，以除冗散，固非漫为更张也。

附奏请裁并各项官缺折

奏为裁并各项官缺，俾归整齐，恭折具陈，仰祈圣鉴事。窃臣德全前将统筹善后各项事宜，以及续行办理情形，业经先后奏明在案。惟其中未尽事宜，亦应次第筹办，以竟厥绪，数月以来，体察情形，或为前折所未言及，或照原奏尚须变通，谨分条酌拟办法，为我皇太后、皇上缕析陈之。一、原奏请将省城、黑龙江、墨尔根三城协、佐、校等官，均照呼兰、通肯一律改为满、蒙、汉公缺，业已遵照办理。惟查满洲有防御一阶，通省共二十八缺，若仍作为满洲专缺，多此一层升阶，未免转形向隅。如作满、蒙、汉公缺，而通省骁骑校各有百余，势必太形拥挤，拟将防御一阶，全行裁撤，以归划一。二、原奏请将水师营裁撤，该营丁户拟入汉军佐内，嗣又奏请将黑龙江、墨尔根两处官庄壮丁亦附入汉军旗内各等因，已饬分别办理，一俟编拨就绪，再行咨报陆军部备案。三、原奏东、西布特哈两处官兵，俟各该总管到任后，查看情形办理，当经札饬去后，旋据该城东路总管福龄、西路总管常云呈称，该城共九十二佐，一佐甲兵十余名或数名，甚至有无兵之佐，拟将东、西两路各留八佐，共十六佐，其余七十六佐概行裁撤，不分部落，均作公缺。等情前来，当批饬照办。并饬将丁户妥为归并，化散为整。裁缺人员，无论世袭、轮管、公中各缺，既经裁撤，均令归入学堂肄业，果可造就，俟有相当缺出，尽先补用。四、吉林驻扎江省之水师营四五六品官各一员以及水手等，曾于原奏声明如何归并，俟与吉林将军会商办理，迄今年余，尚未咨覆。当此整顿旗务之际，势难再缓，该营四品等官以及水手等驻吉甚久，与土著无异，若再拨还江省，不独多费周折，所费亦属不资。拟将该营四品官改为佐领，六品官改为骁骑校，并水手人等附入吉林汉军旗内管理。其五品官一缺，即请裁撤。裁缺之员，仍以对品之缺补用，以昭公允。所有裁并官缺缘由，除咨陆军部、度支部查照外，理合恭褶具陈，伏乞皇太后、皇上圣鉴训示。谨奏。光绪三十三年九月初二日奉到朱批，该部知道。钦此。

附遵拟江省裁缺人员补用办法并声覆饬查各节折

奏为遵拟江省裁缺人员补用办法，并声覆饬查各节，恭折具陈，仰祈圣鉴事。窃准陆军部咨，本部核议，黑龙江裁并各项官缺及改并水师营官制一折，于光绪三十三年十月十五日具奏，奉旨依议。钦此钦遵。等因咨行前来。臣等伏查原奏内开，裁缺防御各员应如何改用，饬定妥章奏明办理一节，查所裁防御人员，如有拟陪奏保，曾经引见记名者，拟请仍归原班，尽先补用。其无候补班次者，遇有佐领升阶，均应按资较俸，开列在前，以备录用。且所裁各员，原俸并未停止，现均照常供职，仍可量才委派各差，自无虑其向隅。原奏又开，水师营拨入汉军丁户暨各城官庄丁壮户口并应一律改编造册报部一节，查本省水师营现正改编汉军，即造册送部，其官庄丁户从前原奏，本系一律改为民籍，仅瑷珲、墨尔根两处现尚未设民官，应暂归入汉军办理。惟各城官庄地亩诸多轇轕，该两处荒务尚无头绪，一俟清丈竣事，即当遵造细册报部备查。原奏又开，裁缺七十六佐，除公中佐领外，一律改为世职，令即妥拟章程一节：查裁缺人员无论世袭、轮管各佐领，自应遵照部议一律改为世职，同裁缺公中佐领，均归入学堂肄业。惟东、西两路布特哈各留八佐，均有整顿旗务，约束兵丁之责。此项裁缺人员，拟遇有佐领缺出，择其学有成就，明习公事者，开列在前，尽先挑补。其年齿过长，不能向学暨不通旗务者，仍留原俸以资养赡，庶于变通旗制之中，仍寓体恤各员之意。此后袭替世职人员，应请先食原俸，随时归入学堂肄业，遇缺与应挑人员一体列验。惟所留之十六佐各员，暨每佐所留甲兵，除俸饷外，别无进款，实层瘠苦异常，均拟请一律发给全分俸饷，俾资办公而示优异。至江省驻扎吉林之水师营官员丁户等，既经议准并入吉林水师营管理，应否改为佐领、骁骑校之处，应由臣世昌会同吉林抚臣通筹核议，另案奏明办理。所有遵拟裁缺人员补用章程暨声覆饬查各缘由，理合恭折具陈，伏乞皇太后、皇上圣鉴训示。谨奏。光绪三十四年二月二十六日奉到朱批，该衙门议奏，片并发。钦此。

附奏将裁缺人员均以对品分别归部选用片

再江省改设各司，变通办理，迭经臣等奏明，将原有将军衙门户、工各司暨印务处、银库司分别归并在案。又刑司亦经奏明归并裁判处办理。现在新设各司，均已奏饬赴任，刑事亦归裁判处办理。自应将从前各司、处额缺陈明，分别裁改，俾昭整齐。计共裁撤理刑员外郎一缺，理刑主事一缺，管档主事一缺，其银库主事一缺，应查照东三省官制改为度支司六品库官，容臣等另行派员试署。又裁无品级笔帖式九缺，九品笔帖式二缺，额委笔帖式十七缺。惟各员等从公有年，现因改制裁缺，拟请将所有裁缺各员，均以对品分别归部选用。其各该员未改就以前，仍请给予原俸，如有阶者并请按照升阶办理，以示体恤。除将各员履历咨部查照外，谨附片具陈，伏乞圣鉴。谨奏。光绪三十四年二月二十六日奉到朱批，览。钦此。

纪革除布特哈旗兵奴仆

布特哈家奴，其先系八旗官兵从征于外带归，子弟蓄之为奴。历年既多，视为习惯。署将军程德全任内，援照光绪九年成案，前后饬放东路官兵家奴四百七十六户，男女大小一千三百二十三名，发给执照，侪于齐民。仍每照收钱二串，为纸板之费，以其盈余百余串资之学堂。改设行省后，世昌以值此预备立宪之时，蓄奴之制既乖国家子惠之意，复来列邦指摘之讥。东路既有成案在前，西路亦应援照办理。爰于光绪三十三年秋，疏请尽行释放，奉旨允行。至此东、西布特哈奴禁悉行革除，亦一快事也。

教养篇

我朝开国之初，平定黑龙江诸部，分旗游牧。尼布楚之约既定，国威所播，朔徼始安。设官董治，至今三百年矣。虽官制政令随时变更，而所以爱养之者至优极渥。惟其孤悬边境，三面邻俄，咸丰九年划江分界，彼族遂抵隙思逞。自西伯利亚之铁路横贯大陆，而北边各城，益无所恃以为固。甲兵寡弱，逼处其间，智识未开，生计不裕，于此而不谋教养，蹈常习故，不惟与国家优恤旗丁之旨未合，亦非重视边陲之意也。惟江省风气锢闭，居民既少，识字者尤稀。八旗子弟多役于官，仅恃额饷自存，不殖生产。间有能习勤劳者，又依牧畜、樵猎以为生。诵敕勒之歌，弓靶自壮，近鲜卑之俗，榛狉相安。固由僻在穷边，亦提倡未力故耳。旧制，将军、副都统非八旗勋旧，莫与斯选，几如定例。边疆重守，付之世禄武臣。协领以下各员，又皆土著，濡染既久，文教莫宣。户口日繁，生计愈促。咸丰中始开呼兰之荒，同治中将军德英又奏禁之。旗丁贫苦，地利荒弃，几成积重难返之势，朝廷忧之。光绪二十一年特简延茂为边垦大臣，以安插旗丁为要务，又以旗人不谙耕作，特为之招民代垦。光绪二十五年将军恩泽因而变通之，定认东纳租之例，于时通肯等处禁荒次第议开，东兴镇、铁山包屯田亦有端绪。庚子乱起成绩荡然，民困锋镝，军无见粮，赤地千里，荆棘弥望。光绪三十一年程德全署齐齐哈尔副都统兼办垦务，于是定为旗、民兼放之策，而尤以筹划旗丁生计为要图。变通通肯垦务旧章，为各旗筹款五十余万两，东布特哈荒价酌提二成为津贴官兵之用，附郭荒地，凡经旗丁垦熟者，奏准拨给为业，所有余荒又复减价先尽旗人承领。凡此皆谋在久远，以冀教养之渐次扩充者也。光绪三十三年世昌思所以赓续此政策者，于是撤嫩江以西欠价之佃户，补旗丁生计之不足，创设满、蒙学堂，推广省内外学校，振兴城乡及各署工业，增拨官兵津贴银两，建议修造齐昂铁路[1]。举凡前之经始而未规行，规行而未就绪者，一以实力创置之。两年以来，虽未能推行尽利，而为江省旗人筹教养兼施之策，要皆不可缓之图也。旋奉筹划八旗生计之谕，因复斟酌情形，奏定办法。其大概，则当差人员、无地旗户，均酌拨地段，免收荒价，划留嫩江

〔1〕　齐昂铁路：自黑龙江省龙江县（今齐齐哈尔市）至昂昂溪，与中东、洮昂二铁路衔接。清光绪三十四年（1908年）动工修建，次年建成。

以西闲荒作为无地官兵生业，瑷珲、墨尔根、呼伦贝尔、来西、布特哈各城亦一律照此办理。并拟将来放荒收价，按照东布特哈成案酌提二成公费，为办理实业、教育之需。至铁山包、东兴镇两处续办屯田，为呼伦贝尔各旗丁宽留牧场，责令筑室，讲求滋息，教之树艺，兴办满文学堂，维持甘珠寺市场，以资安集。此又寓教于养之大凡也。惟江省凋敝之余，一切兴举限于财力，目睹比户艰窘之状，百计筹维，利源渐拓，声教教斯通，恢张而更始之，其以此为九仞之基乎。

纪满蒙师范学堂

满、蒙师范学堂，于光绪三十四年以满、蒙方言学堂改设，内附小学一班，培其始基并先译满、蒙、汉合璧教科书，以资教授，虞偏废也。学堂定额百人，由布、墨、瑷、呼各城，札、杜、郭三旗平均招集曾习满、蒙文及汉文通顺者入堂肄业。先设简易科两班，豫科半年，本科一年，共三学期毕业。俟第一班毕业后，即改为完全科，其课程比照京师译学馆，以译文为主课，加课普通各学，仍用汉文。至附设小学一班，仿照初等小学课程，酌加满、蒙翻译，读经时用满、汉合璧，诵习乡土志等课亦兼用译文。更习满、汉语言，限四年毕业，给奖一如高等小学之例。至沿边各地及鄂伦春、打虎尔诸旗，非惟通悉汉文者，百不得一，即稍识之无能道汉语者亦十无二三。不为之培养师资，牖其知识，则蚩蚩之众，将适为外人愚弄之资耳。地方何由振兴，边事何从补救乎。此满、蒙师范学堂之设，所为汲汲也。

纪酌筹生计

旗丁生计，遂旨酌筹，其已见诸施行者凡三事：一、划留嫩江以西闲荒拨给官兵耕种；二、提存东布荒价二成经费，用以筹办公益，津贴官兵；三、撤回未缴价之荒田，改给官兵为业。嫩江闲地，系光绪三十四年奏准，凡未经放领者，每旗官给以二方，每旗兵给以一方，明定限期，责之垦辟。其有余者，择旗丁中之无地者授之，而使协领加之董责，及期考察。以辟地之多寡，课协领之殿最。各城旗户有无地者，一如省城之例，计口授之。此为筹生计者一也。将军寿山于布特哈放荒奏中声明，按照布城额兵，量给官田，为之津贴。又拟于每垧原定押租内，酌提钱五百文。适庚子构兵，未及举办。兹因讷谟尔河荒地放竣，奏请由押租项下统提二成，共得银十三万两有奇，发商生息，月可得息银一千三百余两，以为布城官兵津贴暨兴办公益之用。后此布城西境放荒，亦将准是例行之。此为筹生计者二也。省城附郭荒田，光绪三十三年以前即奏明减价招放，承领者众，而缴价者稀，事隔经年，轇轕未已。适值筹划省城官兵生计，地亩不敷分拨，因定议将承领而未缴价之荒，撤给官兵为业，地利既尽，宿案亦清。此为筹生计者三也。他如工业、学校之属，图始于今日，收效于将来。凡所以极旗民之贫困者草若此三者，显而察矣。比年以来，生活世界战争益剧，昔之偷惰为性，近亦多急起愤发，致意于农、工、商业之人，因势而利导之，又在官斯土著之随时启牖也。

附奏陈江省旗丁生计遵筹办法折

奏为详陈江省旗丁生计情形，并遵旨酌筹办法，恭折具陈，仰祈圣鉴事。光绪三十三年八月二十日上谕，我朝以武功定天下，从前各省分设驻防，原为绥靖疆域起见。迨承平既久，习为游惰，坐耗口粮，而生齿滋繁，衣食艰窘，徒恃累代豢养之恩，不习四民谋生之业，亟应另筹生计，俾各自食其力。著各省督、抚会同各将军、都统等，查明驻防旗丁数目，计口授地，一面仍将各项实业、教育事宜，勒限认真分别筹办，先由度支部迅筹实在的款，以备拨发，勿稍诿误。等因，钦此。仰见皇太后、皇上化除畛域，一视同仁之至意。伏念国家龙兴辽沈，创定八旗兵制，俸饷至巨，孳生日蕃，沿袭至今，遂釀成财政困难之现象。溯查江省旗丁，自定鼎以来，尚武之风披靡全国，丰功骏烈史不绝书。自三省练军，而子弟习为窳惰。自庚子构乱，而生计愈益艰难。然江省旗人情形实有较内地迥乎不同者，盖内省驻防，类皆聚处省城一隅，既多限于谋生，遂相习为游惰。江省幅员广阔，从前汉民稀少，八旗子弟分驻各城。计除省城将军衙门及外城各署当差人员，率多旅进旅退不事生业外，其各处散居旗丁，从事农业，耕凿相安者，已不乏人。又或恃牧猎以为生，或倚樵薪为度日，率皆各执一艺，足以自存。其呼兰老圈地垦至十余万垧，东兴镇、铁山包两处从前本系奏办屯田，此尤见丰镐纠桓，固无不能从事南亩者，然此尚属其自营生业者也。近数年来，臣德全于通肯垦务变章一事，为旗丁筹出款项五十余万，东、西布特哈则奏准酌提二成荒价，为办理新政、津贴官兵之需，于省城附郭荒地，凡旗丁已垦之地，皆奏明拨给永远为业，所有余荒并减价先尽旗丁承领，以劝农务。至通省旗兵，向多窳败，又经早于变通善后折内，将兵饷奏明改练巡防，现又拨官兵津贴之款，创修齐昂枝路，凡此皆为八旗久远之谋，实已早体圣明广筹生计之意。惟省城及各城当差人员暨无地旗户，非为广筹恒业，仍不足以期经久。查江省地面寥阔，例多未辟闲荒，应恳天恩俯准，按照各城情形，酌擦地段，并免收荒价，以示体恤。现拟将嫩江迤西省属未经放出之荒，酌留数段，作为省城无地官兵生业。计每官一员拨地二方，每兵一名拨地一方。如有余荒，仍均匀拨给无地散丁耕种，并责成各该协、佐督令限期垦辟。以开地之多寡，定协、佐之功过，务收实效而后已。其瑷珲、墨尔根两城种地旗户甚夥，应令各该城副都统分别查明有地无地各旗丁，均照省城一律办理。又东布特哈前已就荒价项下酌留二成，应令该处总管亦分别查明，实系无地丁户，量与荒地，以兴农政。西布特哈仍应仿照办理，以归划一。惟呼伦贝尔各旗丁，素以牧养为生，一时势难责令耕种，应请于该处宽留牧厂，划定房基，责令筑室，并令于畜牧一事，讲求滋息之法，兼教以树艺之道。至东兴镇、铁山包两处本有屯田，通肯则荒务早经办竣，且旗丁半皆地户，腴壤尤多，呼兰则原有熟地，均毋庸另为筹议。其瑷珲、墨尔根、呼伦贝尔各城，将来放荒收价时，并请援照布特哈成案，由荒价酌提二成以为办理各项实业、教育事宜之用。以上各节均系查酌情形，成为从前所已办，或为现在所应筹。总期于江省事势适协其宜，于旗丁生计务求有济，不必多筹巨款，而实惠固已普沾矣。所有详陈江省旗丁生计情形，并遵旨酌筹办法各缘由，理合恭折具陈，伏乞皇太后、皇上圣鉴训示。谨奏。光绪三十四年二月十四日具奏，二十六日奉到朱批，著照所请，该部知道。钦此。

附奏附郭荒地撤佃酌留官兵生计片

再上年二月间臣世昌会同前署抚臣程德全奏陈，酌筹本省旗丁生计折内声明，将嫩江迤西省属未经放出之荒，酌留数段作为省城无地官兵生业等因，奉旨允准在案。当于上年四月间，饬由旗务处会同垦务局拣派丈地委员一起于江西一带，按照附郭放荒图册，就尚未放出地段，挨次踏勘。旋据先后报称，共勘得可垦地两万二千余垧，其余荒地非经旗屯挨领，即系沙洼碱甸不堪耕种。惟省城官兵生计，若按原奏所定地数照拨，尚属不敷甚巨。查各旗屯报领附郭荒地所价银不及三分之一，迭经多方催缴，终属抗延。现经臣等屡饬严定限期，如再逾期不交，节行派员赴段查酌情形，分别撤佃，以补官兵生计之不足，借副朝廷轸念旗仆至意。所有勘查此项生计地亩员弁，需用薪工、车价等项已饬司由正款项下动用，应请饬部先行立案，统俟划拨竣事再行报部核销。除分咨查照并将各城应拨地段分行一律妥为办理外，谨附片具陈，伏乞圣鉴。谨奏。宣统元年闰二月二十五日奉朱批，该部知道。钦此。

典礼篇

溯自列圣龙兴，奄有边朔，版图既廓，典礼斯崇。以榛莽之区，而布昭文化，起韬钤之士，而从事祭飨。创制伊始，虽云简略，然自室韦列帐而后，耶律建京以还，易披发祭野之俗，睹燔柴[1]列俎之文，几何不惊为创闻而肃然起敬也。维时祠宇肇造，神只是凭。有由将军、副都统躬率属官诣祭者，有遣官致祭者，春秋祀典，罔有訾忒，部颁祝版，文分清、汉。嗣经将军宗室永玮定迎神、送神之礼，献爵读祝之文，而体制渐备。他若祈晴、祈雨、护日、护月，一如腹省，无或二也。至于贡献方物，尤典礼之大端。江省山川雄厚，包蓄宏富，动植効灵，飞潜咸若，如精金、良矿、异兽、珍禽、名马、江鱼、膏粱、早麦之类，所产尤丰。朝廷除大典正供之外，未尝滥取。敬稽历年贡品，以貂皮为大宗，盖以备颁赏臣藩也。若野豕、野雉，若树鸡，若鳟鱼，若细鳞鱼，若火茸，若麦面，盖为隆重祭品之需。若杨木箭秆，若桦木箭杆，若红桃皮，盖以上飨祖庙，用表不忘武功之训。各品采纳，设有专官。康熙三十年于齐齐哈尔增设打牲处总管，自是厥后增减有差，按年由总管分派官兵于所属各旗捕打。贵品貂皮一项，则责之索伦壮丁，物取定额，事有专职。于闾阎无花石，荔枝之扰，于山泽无残林、干谷之虞。列圣廑念边土，于不急物产，屡罢上供，所以体恤旗仆，意致深也。近数十年，山林渐启，戈猎维艰。贡貂一项，屡经奏请展缓。各属打牲总管下及官兵，先后裁并。其每年应进鲜物，原拟由官兵俸饷支拨购置，嗣因协饷所入，悬欠甚巨，官兵艰苦，倍于曩昔，因为之变通旧例，改由官中税款核实发价，以资采购。迩日汽轮大通，贡道既捷，运费较省，官兵亦便利多矣。惟土物既力求足额，以致邦国之用，而祀典则愈臻美备，顿改瓦簣之观。行省既设，旗制变通，笾豆之事，责之。有司，必丰必洁。春秋致祭，寅属趋跄，莘莘济济。于此睹冠裳之盛，瞻酬酢之繁，顾不懿与。

---

〔1〕　燔柴：古代祭天仪式，将玉帛、牺牲等置于积柴上而焚之。

纪本省祭典改章

江省旧章，遇有祭祀典礼品物由户司主之。改设行省后，依内地官制，由地方官司其事。其在省城者，即责成于黑水厅，省外各属已经设治者，由各地方官春秋致祭，未设治者，暂如旧制。而其升降酬酢之节，悉依部颁典礼，而更置之以绵蕞之文，易狉獉[1]之俗，亦礼乐化民之一道也。其先，江省无社稷坛、至圣先师庙，近数十年亦依定章建置，列于祀典云。

纪贡貂请缓

江省贡貂，向由布特哈、墨尔根、黑龙江、呼伦贝尔等城各官兵，按年入山采捕，照额输纳。近年招垦山荒，榛芜日辟，山虞岁产，遂日以稀，搜猎既穷，购索匪易。然以事关贡品，该官兵等世承恩豢，谊应输将。十数年来，捕猎愈难，爰辗转购自邻省，以求足额，较之内地采办，腾贵倍之。而各省协饷积欠多年，兵丁俸饷困于供亿。历经各前将军据实沥陈。所有光绪二十四年短进貂贡，及二十六年应纳貂贡，均经奏准缓纳在案。二十八年以后，缓进之请年复一年，至上年冬，钦奉谕旨，所有各省应贡之品除祭品外，悉予停罢。当经会同奏请，此项贡物既非祭品，暂请缓纳一俟休养数年，采捕确有把握，再行遵例贡纳，以示体恤。旋奉批谕，暂准缓免三年，此历年请缓贡貂之大略也。

附奏请缓进贡貂折

奏为布特哈等处官兵应纳贡貂，现又届满一年，委因无处采捕，仍恳天恩，展缓办理，恭折仰祈圣鉴事。窃查布特哈暨分归墨尔根各处收笼邓伦春官兵应纳貂皮，委因无处采捕，曾于去岁十一月间，经臣德全据实奏陈，当于十二月十一日奉到朱批，著再缓一年。钦此钦遵在案。计自奉旨之日起，扣至光绪三十三年十二月，业已又届限满。兹准各该副都统、总管等先后报称，所有官兵应进贡貂，计各处打牲山场，如

---

〔1〕　狉獉（pī zhēn），文化未开的原始景象，引申为愚昧、落后。

依兰哈拉、蒙古尔山、青黑山、观音山，通肯北团林子、绥楞额等处，皆系向来捕貂之所。现在均已放荒、采矿，开辟多年，人烟渐稠，貂兽益复绝迹。二十年来，即不能捕获进纳，仅设法购买。旋值俄乱，牲丁枪械被搜，猎务概属废弛。现在布特哈制兵又经奏改巡防，每年官兵应纳貂皮本属无多。惟捕打维艰，采买更属不易，虽经屡次声明确切情形，奏蒙允准展缓年限，而进献大典，岂忍偶缺。思维至再，惟有仍恳奏请展限，等情前来。臣等伏查该副都统等所称各节，均属实在情形，合无仰恳天恩，俯念官兵困苦，准将应进贡貂仍赐宽缓年限，以广皇仁而示体恤之处，出自鸿慈逾格。所有布特哈等处应纳贡貂，吁请展缓各缘由，理合恭折具陈。伏乞皇太后、皇上圣鉴训示。谨奏。光绪三十四年正月初八日奉朱批，著再缓一年。钦此。

附奏请缓进贡貂折

奏为江省应进贡貂，委因无从采捕，吁恳缓免，以恤兵艰，恭折仰祈圣鉴事。窃查本省贡貂，向由布特哈、墨尔根、黑龙江、呼伦贝尔等城各官兵，按年入山采捕，照额输纳，以备上供。自近年各处招垦山荒，榛芜日辟，山虞岁产，日就星稀，搜猎既穷，购索匪易。然以品关御用，黼冕是供，岁献有常，岂容或旷。该官兵等世承恩豢，谊应输将。自十数年来，因捕猎之綦难，恃购办以足额。其购买之价，出自俸饷，较之内地，采办腾贵，转为过之。而各省协济之饷积欠，久属虚悬，迭次奏催，曾无一应，故兵丁日形困苦，供亿管属艰难。历经前任将军据实沥陈，所有光绪二十四年短进貂贡暨二十六年应纳貂贡，均经先后钦奉朱批，饬令缓纳。自二十八年以后，缓进之谕年复一年，是其艰苦情形，已蒙圣明洞鉴。本年遭际大变，迭告国哀，特布纶音，除祭品外，悉予停罢。仰见圣怀笃孝，敦崇节俭，为天下先。窃维此项贡物，既非祭品，合无仰恳天恩，俯准暂行缓纳。一俟休养数年，采捕确有把握，再行遵依向例贡纳，以广皇仁而示体恤，出自逾格鸿慈。所有恳恩缓免岁进貂贡缘由，是否有当，伏乞皇上圣鉴训示。谨奏。宣统元年正月十八日奉批，著准其暂行缓免呈进，俟三年后，仍著照常呈进，毋误。钦此。

纪变通贡款及贡道

江省应进各季贡物，向由承办衙门照章出派官兵，分起进山捕打。应需川费各项，暂由俸饷内借支，分作二年扣还，此旧制也。自改练巡防队，因念旗兵瘠苦已甚，且未经挑练之兵又无饷项可扣，于是变通办理。令各该衙门于应行采捕各品物，先期备齐，依限送省，需价若干，核实具报，由征存税款项下发给。其进呈期限，年分四起。计六月应进伏面十袋，十月应进野猪二口，野鸡一百只，树鸡四十只，鳟鱼二十尾，细鳞鱼三十尾，麦面四十袋，火绒二匣，桦木箭杆二百根，杨木箭杆二百根，红桃皮一千五百根，黑桃皮一千五百根，又应进春鱼、鳟鱼三十尾，细鳞鱼三十尾。铁轨未通，向由驿递，为时既缓，载运亦烦，所派员役，良莠不一，或致有沿途滋扰之弊。比年以来，所有各季例贡，均改由火车输送，以昭迅捷，而免烦扰，亦因时变通之一道也。

俸饷篇

江省八旗俸饷，原额岁支银三十七万两，悉由户部关领，岁无蒂欠。咸丰三年，户部始奏请改由各省协济，旋以发、捻之乱，扰于东南，回、捻继之，各省财力胥苦困难，而协饷积欠至光绪九年已二百余万矣。维时将军文绪曾沥陈兵丁困苦，请仍由户部专款拨发，将军恭镗续以为请，格于部议。延至于今，积欠者既永无解期，未解者更日见减少。署巡抚程德全前在署将军任内，于通肯垦务变章一事，为旗丁筹款以开其源，又为裁缺归并，设法变通，汰省糜费，以节其流。世昌豫计饷源，知难持久，不得已而先其所急，将八旗官兵世职俸饷，自光绪三十一年以后全行欠发，而每月旗务处之薪公、各城之津贴等费，暂仍照旧开支。惟江省饷额之数，较奉、吉为尤薄，而来源之涸，较各省为甚。徒泥旧制，暂规目前，非所以惠旗丁也。前岁屡奉明谕，裁饷归农，是诸旗丁与其仰食于官，每虞不给，何如各授恒产，自赡其家。江省地阔人稀，逐末者众，习气游惰，迫之归农，事当创行，诚非所愿。然近来试办屯垦，风气渐开，撤佃各地及嫩江迤西闲荒分授官兵，俾谋耕作。居之既习，成效渐彰。食饷为分利之大端而垦荒为生利之效果。所愿抚斯邦者，推此改章之遗意，振其自立之精神，庶有豸乎。

纪津贴各城办公银两

东、西布特哈、东兴镇、铁山包、呼兰、通肯等处，光绪三十三年以前旧例，所有本地杂项及牲畜等税，均归各总管、协领代收，盈余以为办公之费。兹为整顿税务，计划将各该处征收之款，统归诸善后局。而总管以次各官，向恃以佐公费者，今且几于无所出矣。署巡抚程德全为以廉励属之计，每缺每月定给津贴银一百两，即由整顿税务项下动支。又呼伦贝尔之鄂伦春，向以游猎为生，所得皮张与俄商交易，从无税款，即各猎户所持枪械亦无稽查，既属漏卮，且多流弊。署副都统宋小濂咨请刊发枪票，俾知实数，复于温河设立总税卡，以征其税，于收数中提二成，以济公用，今尚仍之。

地亩篇

黑龙江土地广邈，村堡寥落，往昔部落时代，多恃游收为生，故不知耕作之本务。自国朝戡定朔方，奄有领土，兵力所至，即疆域所归。当时但患旗兵之不谙稼穑，于占地授田，从无限制也。是以旗丁趁解甲、牧畜之暇，从事耕作者有之，雇人佃种，坐收租利者有之。嗣后渐在呼兰、通肯一带设立屯站，拨给田地，而各外城之官兵亦知物产为殖生之本，于是各拨随缺地以资办公。庚子以后，署将军程德全慨地利之不兴，与民生之困苦，始倡放荒之议。凡旗人自种之田，一概不收押租，作为永业。卖与民人之田，由民人交价，亦为民人永业。又复变通各台站屯丁之地。是为清查旗地之始。其八旗生计之艰者，莫过于附近省城一带，承平既久，生齿日繁，坐耗口粮，习为游惰，自丁兵劫，物力愈艰，而各旗协、佐尤为清苦，且素无随缺地亩，益觉向隅。以故世昌于光绪三十四年春，奏陈江省旗丁生计情形，并酌定办法，清丈附郭荒地，详查省城无地官兵，计口授田，藉苏其困。以省城无地官兵人数，合之所丈之地，不敷计授，复于宣统元年春，奏请将嫩江迤西未经放出之地，酌留数段，添为无地官兵生业。仍恐不敷拨给，拟令原领附郭荒地之户照缴荒价，如有延不缴价者，斟酌情形，分别撤佃，以其地补给闲散官兵。其呼兰、巴彦苏苏、北林子随缺地亩，当日办法，无卷可查，现由各该处大租项下分别办理，俾沾实惠。江省厥土黑壤，草根沃厚，虽开辟稍难，而种植不须肥料。若能勤力耕植，立见丰饶，较之内省力田，实有事半功倍之效。况值强邻内逼，我不自谋，人将起而圆之，所昕夕孜孜于此者，又不仅在富民也。

纪铁山包、东兴镇屯田

铁山包、东兴镇两营旗丁屯田，系光绪十八、九年间清丈呼兰等处地亩时，奏准北团林子所辖铁山包地方安设屯田旗丁一千二百户，巴彦苏苏所辖之山林地方安设屯田旗丁六百户，如尚有余，再安六百户。原定每户授地一方，共四十五垧，以十五垧归各屯丁管业，免其纳租，以三十垧定限六年起科，业于二十一二年间，安置就绪。旋值庚子乱后，转徙流离，逃亡殆尽。光绪三十年经署将军程德全奏明，俟招安齐楚，再定限升科，并以巴彦州、绥化府两处距屯田处所较远，将巴彦苏苏协领率属移扎东兴镇，北林子协领率属移扎铁山包，俾资就近稽查，大兴屯垦。设昌莅任后，屡经饬催该协领等规划经营，善为安集，造送界图。事关经年，铁山包始经毕事，划定界址，奏准由光绪三十四年起限六年升科。其东兴镇以委员不识情形，措置未协，旗丁裹足，致误春耕，复经据实奏参，另设屯田局拣派委员以期整顿。计前后屯田一千二百八十户，每户四十五垧，每屯屯基七十五垧，均照定章办理。惟东兴镇属地以與大通县毗连，前因吉、江界限尚未划分，致鱼鳞图册未据造送。今大通已划归江省，于宣统元年饬该协领勒限划清，至今计且竣事。其东荒一带开垦较早，从前划留铁山包、东兴镇屯田地段本极膏腴，第因俄兵蹂躏，均各逃亡失所。虽于兵事息后，设法招集，而哀鸿遍野，抚绥非易，因循迟滞，前后数年。今幸布置有成，旗屯复业，将来地尽垦熟，生齿日繁，富而后教，固东南旗丁一大转机也。

附奏陈铁山包屯田安插完竣折

奏为铁山包屯田现已安插竣事，恭折具陈，仰祈圣鉴事。窃查光绪十八、九年清丈呼兰等处地亩，奏准在北团林子所辖铁山包地方，安插设屯田旗丁一千二百户，巴彦苏苏所辖之山林地方，安设屯田旗丁六百户，如尚有余，再安设六百户。嗣于光绪二十一年间奏准部覆，业经安置就绪。旋值庚子变乱，各旗丁转徙流离，逃亡殆尽。迨光绪二十八年起科之期，逃亡皆未复业。当经奏蒙天恩，容俟招安齐楚，再行定限升科，并将北团林子委协领员缺改为正印协领，率属移扎铁山包，仍饬大兴屯垦。各等因遵即饬属办理去后。兹据署理铁山包协领事务佐领乌珍布报称，查照原案，按一千二百户，每户授地一方，计每户四十五垧，统计五万四千垧。又于每户一方内以十五垧归各屯丁管业，免其纳租，以三十垧定限起科，计免其纳租地共一万八千垧，起科地三万六千垧。并划定界址，东至金牛山、怀欢洞、大小马鞍山，南至大青山、横头山，西至铁山包河、大呼兰河，北至依吉密河。惟此段界内原有旧占佃户三十九名，向隶绥化府属余庆县所辖，其应纳官租即由该县征收。现查此项佃户原占暨续领之地，共拨予四十五方。等情绘具图说，呈请奏报前来。臣等覆查是段屯田，既经该署协领续行招户，现甫安插齐毕，所有应纳租地三万六千垧，自应照章自三十四年起限至三十九年升科。惟所有旧占佃户，向归余庆县征租，现既划在屯田界内，应否照旧办理，拟俟将原占暨续领各数目，饬令查明分析具报，再行核办。谨绘具图说，恭呈御览。除饬造具毗连册籍咨部查照，并巴彦苏苏屯田应俟另案奏报外，谨恭折具陈。伏乞皇太后、皇上圣鉴。谨奏。光绪三十四年三月二十六日奉朱批，度支部知道。图并发。钦此。

卷九　学务

述　要

旧制，科举之外无学，非试科举者，无应学之人。各直省如此，东三省并此之不如。夫学者，植也。所以植其材而成之，以供世用也。故学之义无不包，文史为学外，若有名可名，有事可事，凡一民一物之所系，靡不赖学以明之。士夫有学，凡圆颅方趾，芸芸者众，虽官骸不具之微生，亦靡不赖学以养之。是以外洋各国妇人女子、农工商贾，极之跛、聋、盲、哑，皆各有应入之校，应习之业，而彼翩翩髦俊之所昕宵攻习者，则性道、文章、经济、伦理、天秝、舆地、格致、图画，门分类别，穷源竟委，竭其聪明，致诸实用，与古之合道艺为学者用意默符。不似我之承科举积弊，徒斤斤于字画之端整，文韵之铿锵而已。其学堂自蒙养以至成童以上，各有程级，各有年期，依次递升，而功诣之浅深，因以判焉。造就学子，师资是赖。储材以备教育，有师范学堂。子弟入学，限以年龄，逾限罪其父兄，有强迫教育，与古之入大学、小学以年龄为度者合。又不似我之学无穷期，以科名为迟早。师无定格，只衣食之经营，父如之，子亦如之，学听之，不学亦听之。且外洋之崇尚美术，以工作、技艺与高文典册并重，发明新理，造作新器，官为奖之，人益自励焉。我乃置实业、工艺于不问。以故外洋则通国无不学之人，人各本所学之诣能以食其力于国家。大以成大，小以成小，其材不可胜用，国势因以自强。中国则故步自封，不求精进，能其事足以自立者十之三四，而游手坐食者六七焉。民生凋敝，国势日即于衰弱。甚矣，学之不讲，为害之至于此也。内省财赋充足、人才蔚郁之地，激厉振奋，急起直追，犹虞不及，矧东三省之荒芜朴僿，旧时科举之制，力犹未备，满洲钜公之以文学鸣于时者，参半从龙。勋彦之裔，生长京师，久离东土，其在东各旗与汉民之以科举兴者，殆千百中不二三焉。于此更欲进而上之，其必不可得之数矣。外洋人之言曰，世界学术之竞起，恒胚胎于交通之中枢，故地中海为西洋文明之祖。我国居于大陆，凡江河交错，舟车四达之会，在昔文物，亦自称盛，他即逊矣。东三省又处大陆之荒服，除奉、锦两府之外，皆满蒙部落牧猎之场。沉阴冱寒，人所畏至，几同绝域。吉林之东，长春之北，恒有亘数百里不毛之地。孑遗之民，曾谋生之不暇，又何以言学哉。一旦聚羸瘠于校舍，进硗确以磨砻，无论乎召之不易，亦虑其格不相入也。在昔学制，学政虽只奉天有之，而自顺治至光绪二百数十年来，凡前明旧有儒学之处，逐次兴复。嗣是新设郡县，皆立儒学如制，书院、义学、社学无不备。奉天、宁古塔、伯都讷、三姓、阿勒楚喀、拉林、珲春、乌拉、额穆赫索罗、黑龙江、墨尔根、齐齐哈尔等处，又有八旗官学专教旗丁。颁内版经籍于黉官，以资研讨，准习满文者考试翻译出身，以宏造就。列圣之睠念丰镐人士，知文事非其所长，而欲潜移默化，以循序而渐进之者，亦可谓纤悉靡遗矣。光绪二十八年始立学堂，有学务处以综其事。科举既停，诏以郡县应设之中小学堂，列诸筹备宪政条目，限年成立。复不以东省为固陋而稍歧视之，与各直省同设提学使。世昌之来，值三省提学使皆到官未久，甫遵部章，改学务处为学务公所。其行政规则及所属佥事以下各员，既为分别厘择，爰与审究士习，斟度民情，知昔之所以不振者，人穷力绌，固其大原，实则由于传习庸陋，不能阐扬精英，以导其先声，动其观听。官复无不学，则罪之文以迫促之，遂致终日言学，学几空设。他若农无学而膏腴不辟，工无学而技艺窳陋，商无学而地多藏宝，残废者无学而天有弃材，妇女无学而织纫缺乏，弱质不强。贫者无能补助，富者亦成坐废，则又其末焉者矣。今将救敝启新，因时定制，惟推广教育、劝学等会，多设劝学员以时演说，婉曲讽喻，使无学不足以成人、无人不能以立国之道，与学成而后之利益渐浸渍于浑沦未凿之胸，以生其灵明之气。并遴选视学员，严定视察章程以督察之。其所以为教，则以改良私塾、广储师范为入手，而端其本于蒙小学堂，必养之以正植之始，固高等、中等之设，始可无中废之虞，无躐等之弊。省会之地，则与巡抚督饬提学使切实推行，外属则责之守令，定为考成。并奏请以黑龙江提学使兼管劝业道事。两载经画，若师范、专门、实业、高等、中等、初级各校及女子师范、女子小学、图书馆，有前人所立而推扩改并者，有创设者，有增设者。计奉天学堂三十三年以前，凡四十余所，三十四年增至二千一百余所。吉林学堂三十三年凡四十所，三十四年增至一百八十余所，黑龙江学堂三十二年凡三十余所，三十四年增至一百五十余所。改良私塾之数不与焉。以地而论，奉天距关内较近，见闻所在，开化自易。吉林虽非奉比，而较之黑龙江数倍过之。乃学堂设立之进步，则相与颉颃，在官吏之奉行功令，同一设施，曾无二致。而人民自遭兵劫，受外人之激刺者深，愤悱而发之情，亦于此可见矣。各堂课目，悉遵学部定章，惟当创立学堂之初，以亟求教员，有简易、速成之师范，黑龙江更有简易识字之塾。则草昧初开，不能不以至浅至近者为之导，而课目有与他省小异者，则洋文是。盖他省学堂所习洋文惟取通行者，故英文、法文之外无他求。东省逼处日、俄，近更混合杂沓，日相聚处。英文、法文不可废，而于日、俄二国之语言文字兼习之且偏重焉，亦势为之也。若满文为国家经始之典，蒙文为藩封象译之需，应为此邦人士所深习。岂知满、蒙、汉官学之设，早成具文，翻译考试之举，徒存其制。误璞为鼠，有惭于应对。数典忘祖，亦忝于交亲。故又有满、蒙文之专校。此外农、工、商实业诸堂，既教以普通应习之学，复各因其土宜物产以深切讲明，俾学成而可适用。揆之外洋学制，惟医学及聋、盲、哑诸校未设，强迫教育未行。钦明文思，必求完备，先其所急，遂置缓图。至于派遣俊秀，游学外洋，取其所长，以医吾短，亦兴学之要务。奉天将军赵尔巽、吉林将军达桂均已行之于先，土客并选，以开风气。黑龙江无土著学生合格者可选，署将军程德全选客籍十人遣之。世昌又于奉、吉两省迭次选派以去，而奉为独多。均给官费。惟筹款綦难，自建筑校舍，购置彝器标本、图书，以逮出洋学费、各校办公之需，均不能缓应须臾，综计各属就地所收之捐，与公家指拨、私家报効各项，为数虽已甚巨，而百端并举，终虞不给，倘若筹集厚资，在在有著。窃谓东省学业虽沈晦于前，而后日之发达必较易于内省。何则，人当知识初开，所习者辄先入为主。科举之学，东省学人所入者浅，犹之知识未开。今日学堂之学，是所先入矣。内省学人入于科举之学者深，子弟虽入学堂，其父兄家庭之教仍多有科举旧习，此其植基之异也。自设学至今不五六年，穷荒固僻之乡，一变而骎骎日上。凡于所学如针投芥，如水融乳，无纤毫之或逆。蒙藩贵胄，亦争趋而入校。闺闱俊质，且负笈于重瀛。嫠妇倾囊以投，老农舍屋以助。众志卓起，有不甘终居人后之势，较内省之致力于学，尤为齐一。为之官长者，由此而益诱掖奖劝，尽心乐育，数年之间，实业学成，农利大兴，工商竞举。地产之富甲于直省，财力充实，斯学愈恢张。群材郁勃，彪然炳焕，以上应景运之隆，安在而为内省所可及哉。知我列圣眷佑之衷，亦必至此而始稍慰也。

教育行政篇

各国教育机关有二：一为国家直接委任司教育上之职守者，为教育行政机关，如中国之学务公所、劝学所之类是也。一为国家间接制定，由地方人民组织以辅助教育行政者，为辅助教育行政机关，如中国之教育会及其他私立学会之类是也。东省学务后于内地各行省，而奉天兴学则在吉、黑两省之先，故行政上之沿革稍有可考。光绪三十一年三月，署将军廷杰始设学务处，是年十一月学政李家驹分设教务、书记、庶务、编辑、调查、会计、收掌、游学八科，学务渐以扩充。未几科举废，学政裁撤，各省设提学使，而学制因以一变。三十二年九月，提学使张鹤龄谋所以振兴学务，于行政上之设施，悉遵部章规划举办。三十三年，世昌莅东，又相与变通而整理之，若教育研究会、私塾改良夜课、宪政讲习，以及实行宣讲、筹办图书等事，凡于教育行政有裨益者，皆以次成立。其教育总会则创始于三十二年十一月，至次年观其成。此外各府、厅、州、县之教育会，亦强半设立，以其为间接补助机关，故不著于篇。惟内省风气先开之地，其士绅之仰承文化，自行倡办之事，率不后于官力。奉省民力孱薄，鲜能独举，处处均须官为倡导，是于行政机关上又多一筹画也。

附奏陈筹办奉省学务情形折

奏为筹办奉省学务情形，恭折具陈，仰祈圣鉴事。窃维奉省学术不兴，人才间歇，日俄事平，兴学尤急。前将军臣赵尔巽于光绪三十一年设立学务处，创办各端，曾将大概情形具奏在案。嗣蒙简放提学使，设立学务公所，继续办理。计前后办成师范学堂、师范简易科、师范传习所、体操专修科、格致测算专修科、全省实业学堂、全省中学堂各一所，接收营口日本创办之商业学堂一所，维城小学堂、蒙文学堂、女子师范学堂各一所，官立城乡两等小学堂十六所，女小学堂、艺徒学堂、蒙养院各一所，草创经营，规模粗具。臣等到任后，督同提学使悉心考求，迭加整顿，或就其固有而量为扩充，或病其阙略而别为设备。年余以来，规划略具。查奉省师资缺乏，自以注重师范为第一要义。旧有师范学堂，仅系初级，本科卒业需时，而全省校生程度渐高，不可不预为筹划，因遵照学部章程，增办优级选科，就师范学堂增建校舍，改为两级师范学堂，即于本科中挑取学行优美者，照章授课，已于去年年终毕业。预科为之添延教习，增置仪器，照学部选科章程办理，将来成就当有可观。其本科学生仍取各处中学程度较高者补其缺额。现在实有优级选科生一百五十名，初级本科生一百五十名。至旧设之简易科、传习所命名虽殊，功课相类，即为之归并一处，姑先招集各乡初等小学暨私塾教员令其补习。一面调取各城文理清通之廪、增、附、监，肄业简易科，俾之培养新知，以开风气。体操专修科，除去毕业两班外，现仍遵章续办，为之展延学期，使图画、算术诸科亦能兼任。其格致、测算专修科，原系两班分习，查其课程，则格致一班既与实业学堂相类，而测算一班又与陆军附属为宜。且此项专修科本非学部定章所有，因将格致班生归并实业学堂，而测算班生则改入陆军测绘学堂，即将该科裁撤，庶使名实相符。实业学堂自归并格致专修科后，生徒增盛，大约足为工业专门之前驱，于去冬毕业预科一班。中学堂则因各城设立较少，升学者争就省城，现有生徒三百名。去冬已为增置校地一区，俟筹有的款，再议建筑。营口商业学堂，亦于去冬加增校舍，推广名额，并增设夜课，使商家子弟得以暇时来校研求。维城学堂，系以旧有宗室、觉罗官学归并改办。臣等履任以来，详加考察，亲见肄业各生多有入学未久而文笔斐然者，天潢贵胄，磊落多才，实深庆慰。去秋即为之推广名额，增添教员。今年更加筑校舍，业已落成。计现在住校肄业者，实有二百名之多。将来按年增加，可期普及。蒙文学堂，旧额止有一班，臣等因蒙旗事务日益繁多，而译才之绝，较之欧美语文，通达尤罕。臣等于去年即通饬蒙古各旗将王公台吉子弟选送来堂，肄习汉文、汉语，兼授科学。首由宾图郡王选送其胞弟二等台吉瑞春及学生五名入堂肄业，近据博多勒噶台亲王选台吉两名、学生四名，其札萨克图、土默特均在陆续选送，不难渐开风气。其旧有校生，亦多有汉文清通而蒙文渐次娴熟者，将来溯原藏梵，不至终古榛荒矣。其他官立两等小学、蒙养院、艺徒学堂、女子师范、女子小学，年余以来，增校增班，生徒加多约一千五百人。方言学堂臣等于去冬饬司筹设，今春业已开校，计现设日、俄、英文三科，其德、法诸科拟以次递及。前准学部来咨，有将各省方言学堂改为中学堂之议，臣以奉省密迩强邻，而士子通习外国文者阒无一二，交涉繁夥，而外情不通，殊为长虑。当经咨请免其改章，以资深造。想部臣体念时艰，必当照准办理。奉省图书缺乏，运载维艰。臣等于去年建筑图书馆一所，特派专员，向南省书肆采购新旧书籍，陈列骈罗，备都人士之阅览。一面于教科各书宽为储备，各城购置廉价代售，课程划一则隐杜偏邪，采览易周则不虞固陋。在公家所费，不过运载之赀、经理之人耳。以上各节，臣等详加计划，已得大端，虽将来之开拓未可故步自封，而久远之规模，已觉初基粗具。案查前将军臣赵尔巽于提学司呈办各项学堂，尚未专案奉咨，实因章程犹未完密，恐有随时变通之处，现在饬司逐加整理，随时改良，除将各项章程表册分次咨部外，其所需经费，历年已将学务公所各学堂暨游学各费，按次造具细册，咨报学部，均系实用实销。其从前奏准之一二盐厘暨牛马税溢收两项，通计不敷甚巨，自当于税捐项下核实动支，将来递有扩充，再为随时筹补。此外府、厅、州、县中小各学并满、蒙、汉各旗小学随时督饬推广，现计有一千四百余所、生徒共四万五千四百余人，均各属各旗就地筹款公立。除将表册饬司填送学部查照立案外，所有臣等现在筹办奉省学务情形，理合恭折具陈，伏乞皇太后、皇上圣鉴。再臣绍怡尚未交卸，是以列衔合并声明，谨奏。光绪三十四年七月十四日奉朱批，学部知道。钦此。

纪学务公所

学制变更，各省学政改设提学司使，而学务处乃易而为学务公所。学务公所者，提学司使行政之所，而一省学务之总汇也。奉天学务公所，设置于光绪三十二年九月，提学使张鹤龄照章分设各课，先后派省视学员。以专门课事务较简，暂不设置，归普通课兼办。以议长之暂难其人也，遵设议绅四人。三十三年五月，世昌改各课为各科，设总务科佥事一员，原有课长课员分别改派为一二三等及额外科员，添置编校员、译员。设学政案牍科，专办裁撤学政衙门应办之事。三十四年十二月署提学使孟锡珏[1]呈请将学政案牍归并总务科办理，而学务公所组织乃定。其各科职掌，大率根据部章。总务科分机要、案牍、庶务三股，普通科分教务、庶务二股，兼办专门科事务，实业科亦分教务、庶务二股，图书科分编译、储备二股，会计科分度支、建筑二股，编校员掌编校教科书、教育官报，译员掌翻译往来公文书牍及编译书报，省视学员承司使命令，巡视各府、厅、州、县学堂，议绅佐司使参画学务，并备督、抚咨询。部署井然，咸称厥职。计光绪三十一年全省学堂仅四十九处，三十四年增至二千一百二十二处。在堂学生总数三十一年计二千四百六十九人，三十四年增至八万五千四百三十七人。毕业学生总数三十一年仅七十八人，三十四年至六百五十一人。此亦学务前后之大较也。

---

〔1〕　孟锡珏（1874—？）字玉双，直隶宛平县人，清朝及中华民国政治人物。历任江北提督署总文案兼督练处参议、奉天提学使。中华民国成立后，他历任津浦铁路全路总办、北京政府交通部参事、肃政厅肃政史，1917年中华民国临时参议院议员。

附奏遵旨设立各府、厅、州、县视学官拟请停止教职铨选折

奏为遵旨设立各府、厅、州、县视学官，拟请停止教职铨选，恭折仰祈圣鉴事。窃查考察政治馆续订直省官制通则，前经奏准通行，并奉上谕着由东三省先行试办，如实有与各省情形不同者，准由该督、抚酌量变通，奏明请旨。等因，钦此。臣等查直省官制通则清单内开，各直隶州、直隶厅及各州、县佐治官内有视学员一员，掌理该地方教育事宜等语。窃维东三省远处东隅，见闻较隘，自非振兴教育，不足以濬民智而立治基。臣等到任以来，迭加提倡，虽三省风气通塞或殊，而各属次第振兴，除僻境边隅生聚未蕃，余皆督饬筹办。惟事当草创，教授管理各端未能整齐画一。地方绅董有劝导之义务，无整饬之特权。州县官簿书旁午，亦不能于学务一端特为偏重。自非设立视学员，专其责成，恐建设虽多，未必能维持不敝。惟查各属原有教职，现在科举停止，除典守文庙外，几于无所事事。查政治馆原章内，有各属应设文庙奉祀官一员，以教职改充一条，自为崇重祀典起见。惟东三省府、厅、州、县半系新设，多有未经设学之处，即旧经设学及以后次第建筑学宫者，其事务亦极清简，视学员兼顾有余。又查东省地方偏瘠，部选教职或不乐就，往往延不到任，致令员缺久悬，其派署各员，例须按班轮委，又率经旬牌示奉檄无人，似此特别情形，不能不变通办理。伏思现在已蒙谕旨停选，州、县凡以责名实之克副，求人地之相宜，教职一缺，有整饬士风、教育地方之责，念官守之攸关，揆现今之情势，在各属方亟需办理学务之人，视学一官尤未可阙焉不设。拟请先将东三省教授、教谕、学正、训导，遇有丁故降革出缺暨别项事故开缺等员，停止铨选，即以其缺改设视学员。其文庙奉祀，实止春秋二祭及平时典守事宜，应责成该员一并敬谨供职。由臣等遵照会议政务处，考察政治馆前后历次议奏情形，饬提学使考选品学兼优、热心教育者酌量选充。但期克称职守，无论宗室、觉罗、旗、汉各省教职本班及正途佐贰人员，均得一律酌予叙补。至参用本省士绅之处，拟仍遵章回避本府。其资格则以举贡生员、学堂毕业者为宜。其考选则尤以国文经学为重，并令入本省教育官练习所三月，将学部颁发各项章程规制及本省学务情形详加研究，查其确有心得再与派充。以上各条，均经参照政治馆、学部章程拟办，如蒙俞允，应请饬下吏部、学部分别立案。将续设府、厅、州、县各治，俟学务筹有端倪，均一律增设。其旧有之教职各员，由提学司详加考验，拟就各员中合格之选，即予改充。如有不胜视学之任者，酌量开缺，照品酌改他项官职，仍将试办情形，

随时咨部查核。所有臣等筹设各属视学员暨请停止教职铨选缘由，是否有当，理合恭折具陈。伏乞皇太后、皇上圣鉴训示，谨奏。光绪三十四年八月二十二日具奏，九月初六日奉到朱批，该部议奏。钦此。

纪教育官练习所

学制既改，学风丕变，教育行政机关虽各灿然大备，而司其事者，往往艰于率由无自，又苦无整齐画一之观，此过渡时期所必然之情状，而东省为尤甚。盖教育行政机关，为振兴学务之所，而教育官练习者，又救济教育行政之具也。光绪三十二年十二月，提学使张鹤龄呈请在学务公所设立教育官练习所，选聘外国教师讲演教育学，教授管理法及教育行政视学诸制度，督率公所职员暨各学堂教员，逐日听讲。两年以来，毕业学员二百余人，成绩颇著。以故奉省教育官分职任事，差无陨越。宣统元年用署提学使孟锡珏议，调集候补人员入所练习，以三月为期，俾资扩张，刻正饬定规则，以便施行云。

纪图书馆

奉省于甲辰战后，典籍散佚，鲜有存者。自考察政治大臣奏准各省编设图书、博物各馆，提学司使张鹤龄始详请在省城建筑图书馆一区，分存储、观览各室，参照日本成法，广购各省官私刻本暨东西洋科学图书，经将军赵尔巽批准设立。是为奉省图书馆之权舆。三十三年，择定省垣宗人府胡同程牛录官厅为馆址，委主事陈炳焕总理其事。旋因馆地改为左参赞住署，另于大南关提学司署前建筑新馆。三十四年四月落成，九月开馆，定名曰奉天图书馆。设总理、庶务、会计、管理各一员，书记二员，藏书楼司书二员，阅览室司事二员，发售室经理、司事各一员，陈列室司事一员，公役若干名。开办伊始，以奉省款项支绌，除拨款三千余金购办藏书外，复将前省学堂、前学务处购办之书尽行拨入。上溯周秦，下迄昭代，凡承学之士所通行浏览之书，灿乎略备。欧美、日本之译籍及旁行斜上之原文，一切关于法治、文史、数理、农工商各科学者，亦复罗布棋列，略具梗要。奉省人士家无藏籍者，多每日至馆阅览，藉此以为求学地，亦教育补助之一端也。馆中并建发售室，陈列新书图籍，减价发售，士林称便。至宽筹经费，修改精详办法，以为后日久大之计，则固在计划中，匪旦夕事也。

纪劝学所

定制，各府、厅、州、县应设劝学所一处，为学务总汇之所。地方官为监督，别设总董一员，以本地士绅充之。每学区设劝学员一人。凡各区筹款兴学诸事，皆由总董禀承地方官督率劝学员办理，所以期画一而利推行也。奉省自光绪三十三年提学使张鹤龄通饬各属照章设立劝学所，并令各地方官遴举乡望素著、通晓学务之士绅一人，送省考验，开会研究一月，分别札派回籍充任总董。除洮南一府蒙荒甫辟，声请缓办外，其余各属均于是年一律设齐，申送各绅研究期毕，分赴各属，类能切实劝导，力图发达。其成绩则以海城、铁岭、辽阳、承德为最云。

纪小学总查所

奉省教育官练习所，既已举办矣，当事者谓官不练习，固无以为行政之准则，然官绅之锢习已深，董率不严，则弊端丛出而日未有已。虽有准则，亦无所庸。矧小学者教育之胚胎，国民之所自出也。教育之原理，在使全国人民具有普通之知识。故小学教育为国民教育，言无此知识，则不足为国民也。一曰义务教育，言国家恐学童之父兄教育之不能齐一，将代其父兄为尽教育之义务也。又曰强迫教育。言限人民子弟于若干年龄以内不入学者，则罪其父兄。盖以普通知识为人生所不可少，欲人人具此知识，非强迫之不能普及也。世界各国，立国之根本俱在于是。我国地广人稠，尚难骤语及此。然造端自迩，亦司教育者之责也。奉省小学，尚在萌芽时期，省垣两等小学二十余堂，直隶于学务公所，实全省小学之模型。提学使张鹤龄于教育官练习之外，复筹小学稽查之方。三十三年二月，呈准在省城设立小学总查所，委派员绅，逐日亲往各小学堂切实考查，各与日记一册，令详载所查各项管教情形及其应行改良诸事，随时呈报，督率整理。两年于兹，在事员绅，类能勉力奉行，实事求是，各小学堂于以渐收整齐划一之效云。

纪宣讲所

宣讲为开通民智之一端，光绪三十一年将军赵尔巽檄饬学务处编辑白话报，并创办省内外宣讲事。是年十月，设立第一、第二宣讲所二处，并设宣讲传习所以为讲生练习之地。三十二年六月，由学务处札派毕业讲生分赴新民、海龙、昌图、铁岭、辽阳、海城、盖平、法库、西丰等府、州、县宣讲，其余各属，如本溪、义州、绥中、凤凰、兴京、西安、柳河、奉化、怀德、康平、安东、镇安、辽源、怀仁等处，亦经先后开办。三十三年十二月，提学使张鹤龄以各讲员多奉行故事，呈明将不得力者一律撤退。各属劝学所节经成立，乃将宣讲事宜，责成各地方官监督士绅切实办理，而以劝学所总董经理之。并令各属各村镇地方按集市日期，派员讲演，应用各书，均照学部颁行宣讲书目购备之。

学校篇

光绪二十四年奉诏兴学，奉天将军依克唐阿有设学堂之奏。二十八年，将军增祺奏创办大学堂一处，招集生徒百余人，是为奉天学务发轫之始。三十年，日俄战事起，学堂地址为俄人所据，因以停办，同时铁岭、新民创设小学亦相继解散。三十一年，将军赵尔巽设学务处通饬各属一体兴学。以小学为教育之本也，先设两等小学于省城，为各属倡。又以师范为教育之母也，复设师范简易科、传习所，缩短毕业期限，冀收速效。各属之仿行者，亦渐以兴起。中学则省城、锦府两处，实业则省城一处。惟事属草创，一切设置每多简陋，或借用庙舍，或租赁民房，权作校舍。因筹款无著，或商民抽捐，或官家补助办理，困难情形为各省所罕见。然兵燹之后，得以文风蔚起者，实于此肇其基也。三十二年，各属小学日增，师范传习所亦次第添设，而修业期不过三月或六月，过嫌短促。是年秋，学务设有专官，逐渐改良，延长师范修业期，定以一年毕业，复考选程度较优之教员，派赴日本学习师范，以十有八月为限，师范教育于焉改观。三十三年春，省城添设优级师范选科及初级完全科，为预备中学教材之地。于是辽阳、新民等处师范简易科亦渐次成立。次则整饬小学，酌拟乡学简章课程规制，至是乃有统一之规。至实业学堂之增设者，如省城格致专修科、艺徒学堂、女子美术学堂、营口商业学堂、铁岭工艺传习所、同江艺徒学堂，咸具有规模。而高等专门学堂亦亟谋创设之方，然断非旦夕所可猝办也。方言学堂创设于三十四年，择中学堂程度较优之学生入焉，分习英、日、俄各国文字，专以陶铸交涉人才为目的。盖奉省介两强之间，需才孔亟，又地接蒙疆，交际日繁，不得不为根本之计，故藉原设之蒙文学堂，力加扩充，蒙王子弟负笈就学者接踵而至。嗣以学部奏定章程，各省方言学堂已奏咨有案者，准照旧设立，其未设方言学堂之省分，应注重高等学堂及中学堂之各项课程，不必再设方言学堂，以一统系而免纷歧等语，因改设为奉天高等学堂为中学各生毕业升学之地。而简易师范先后毕业者，有新民、辽阳两堂。高等小学之次第毕业者，有锦州、海城等处，而新民、海龙两府又各增设中学。一二年内高等、初等各小学毕业者日多一日，则扩充中学、实业、初级师范及高等小学为今日最要之问题矣。若八旗农业讲习所，若满蒙文讲习所，虽亦实业专门之学，而专教旗丁，故另列旗务门，不著于此。以兵劫屡更，兴学独迟之地，不三四年而文明景象彬彬莘莘，此后之进化，自更未有穷既，窃为奉省学界前途，馨香祝之。

附奉省各项学堂学生简明数目表光绪三十四年

地方＼类别		专门		实业		师范		普通	
		学堂	学生	学堂	学生	学堂	学生	学堂	学生
阖省公共学堂		三	六〇二	四	三八二	五	五三二	三四	四〇五六
奉天府	阖府公共学堂								
	承德县							三五〇	一二八八〇
	抚顺县							九四	三〇四六
	辽阳州					一	七八	一四八	七三三二
	海城县					一	九八	三五三	一一八九四
	盖平县					一	四三	一八六	六〇四五
	复州					一	四七	二九	一一五五
	金州厅								
	铁岭县			一	六四	三	一一一	一〇三	六五二九
	开原县							一二二	四五二一
	辽中县					一	三六	五九	二三〇一

地方		专门		实业		师范		普通	
		学堂	学生	学堂	学生	学堂	学生	学堂	学生
奉天府	本溪县					一	三九	五	二二九
	营口厅			二	九九			七	四〇九
法库直隶厅						一	三八	七一	二七九四
新民府	府学堂					二	九四	五一	二五四三
	镇安县							一六	五三一
	彰武县							一	六一
锦州府	阖府公共学堂							一	七六
	锦县					一	五六	三	一〇五
	广宁县							一八	四八四
	义州							五	一八七
	宁远州					一	二四	一一	二五九
	绥中县					一	一三	七	二三三
	盘山厅							四	一八四
	锦西厅					一	二七	一九	五八二
海龙府	府学堂							四一	一五九二
	东平县							六	二四三
	西丰县							五	二八九
	西安县					一	四七	一一	五三二
	柳河县							一〇	四四二
昌图府	府学堂					一	四五	一七	一〇五三
	辽源州							五	三四一
	奉化县					一	五七	二四	一一八九
	怀德县							三〇	一四一五
	康平县							一八	五二一

地方 \ 类别		专门		实业		师范		普通	
		学堂	学生	学堂	学生	学堂	学生	学堂	学生
凤凰厅	厅学堂					一	四五	四	二四〇
	安东县					一	四三	三	二七一
	宽甸县							二九	七六八
	岫岩州					一	二七	五	二五四
庄河直隶厅						一	四八	七	四七四
兴京厅	厅学堂					一	二七	九八	二五二四
	通化县							二	一五五
	怀仁县							四〇	一三七二
	辑安县					一	二九	一〇	三三三
	临江县							一	一六
洮南府	府学堂							一	三二
	开通县							一	一六
	靖安县							二	三五
	安广县							一	四二
同江直隶厅				一	三九			一	七九
博多勒噶台王旗						一	三〇	二	八一
总计		三	六〇二	八	五八四	三一	一六三四	二〇七一	八二七四五

附奉省学堂历年增减比较表

学堂＼年期		光绪二十九年			三十年			三十一年			三十二年			三十三年			三十四年		
		官立	公立	私立	官立	公立	私立	官立	公立	私立	官立	公立	私立	官立	公立	私立	官立	公立	私立
专门学堂	大学堂																		
	高等学堂																		
	文科																二		
	理科																		
	法科																一		
	医科																		
	艺术																		
实业师范	农业																二		
	工业													三			二	一	
	商业										二			三			一		
	实业预科										一			一			二		
	格致专修科										一			一					
	优级										二			三			三		
	初级							五			六			六			七		
	传习所等							二			一四			二二	一		一九		
中学堂											四			四			三		
小学	高等	一			一			三	一		六	一		八	二		六		
	两等				一	二		一九	三	一	三六	二九	二	五一	三八	一	六三	四六	
	初等							四	九		四四	四九六	六	一二六	一〇三四	三〇	八一	一八一八	二六
蒙养院														一			二		
半日学堂											一			二	一		二	三	
女子学堂									一		四	二	一	八	五	一	一五	十	一
计		一			二	二		三四	一四	一	一二一	五二八	九	二三九	一〇八一	三二	二一一	一八七五	二七
备考																			

附奉省学堂学生历年增减比较表

学堂＼年期		光绪二十九年		三十年		三十一年		三十二年		三十三年		三十四年	
		毕业	在堂	毕业	在堂	毕业	在堂	毕业	在堂	毕业	在堂	毕业	在堂
专门学堂	大学堂												
	高等学堂												
	文科												二二七
	理科												
	法科											一五七	三六五
	医科												
	艺术												
实业师范	农业												一八〇
	工业										一六九	四〇	一六二
	商业								八八		一一六		一一八
	实业预科								一二八		一二一		二一六
	格致专修科								五〇		三二		
	优级								二七〇		二五八		二五二
	初级						二〇六		三三三	一五〇	四八〇	七六	四二八
	传习所等					七八	三八	五七九	六一四		九六一	三三〇	五五四
中学堂									三一三		三六六	四八	三五六
小学	高等		四〇				一二六		三九〇		六二二		五五〇
	两等				六五		一五五六		四八九八		八二五二		一一六三三
	初等				五四		四三九		二〇六五四		三八七〇〇		六八七五五
蒙养院												八八	一七五
半日学堂									八〇		八〇		二二九
女子学堂							一〇四		三七七		七七三		一二三八
计			四〇		一一九	七八	二四六九	五七九	二八一九五	五六一	五一〇一八	六五一	八五四三七
备考													

纪师范

光绪三十一年，将军赵尔巽筹设师范传习所于省城，遴中学之优者入焉。三阅月毕业，以充小学教员，此为奉省有师范生之嚆矢。是冬添办简易师范学堂，越明年，更设长期师范传习所、初级师范学堂、师范简易科、体操专修科及女师范学堂各一，乡间师范传习所五。各属则饬每城立师范传习所一区，以储教材。于是辽阳、海城、铁岭、盖平、法库、新民、绥中、凤凰、岫岩、辑安等处，先后组织成立，其间亦多兼办师范简易科者，如辽阳、新民、凤凰是也。本年奉部咨扩充师范名额，遂并简易及初级两师范学堂为一，设优级选科及初级本科，学生六班三百人，定名为两级师范学堂。其师范简易科及城乡师范传习所，则于光绪三十三年学生毕业后，陆续停办。以是时各属师范传习所强半设立小学教员之选，暂可无虞缺乏也。综计光绪三十三、四两年间，设师范传习所者十二，为复州、辽中、本溪、锦县、宁远、西丰、西安、昌图、奉化、安东、庄河、兴京。改办师范简易科者三，为海城、铁岭、法库。设女师范学堂者一，为铁岭。设体操专修科者一，为博多勒噶台王旗。此外则省城所立小学教员补习科，专研究管理教授诸法，以期增进知识。以上都学堂三十，学生一千六百三十有奇，师资于焉略备。惟奉地学务兴办已及四载，学生程度当继长增高，若只以数学期传习根柢浅弱之师范生滥竽其间，久必贻讥覆悚。此则筹增优级师范、初级师范学堂及推广简易师范科之议，所亟当见诸实行，毋俟迟回审顾者也。

纪普通

自光绪三十一年设立奉天学务处，以民困之未苏也，先于省城创设两等小学十处，以为模范。并派员分往各属剀切劝导，联合士绅协力提倡。维时铁岭、新民等属，已于二十九年、三十年间先后创办小学一处，因而奖励之。各属闻风勃然而起，数月之间，小学之成立者近五十处。至三十二年，各属相继设学，或以庙宇归公、或以私塾改良，全境学堂达六百余处，而海城一属，已有三百处之多。是年九月，改设提学使司，司使张鹤龄莅任，厘定规则，划一课程。越明年，各属学堂始渐就绪，其已办者力加整顿，未办者日求扩充。复饬各属设劝学所董理其事，倡办亩捐，以裕学款。是年，官公私立各学堂增至一千二百处。三十四年，风气渐开，繁富之乡，争自推广，荒僻之邑，亦渐振兴。统计成立之学堂共二千一百余处，学生八万余人。其中初等小学居最多数，高等、两等小学居全数二十分之一，中学仅省城、锦州、铁岭三处。盖初等小学为国民必需之教育，且简而易举。至若中学，或限于资格，或限于经费，以奉省之情形，固一时未能扩充也。其两等小学多至二十余处者，为省城及铁岭，次则海城、昌图、辽阳三属，均在四处以上，其他则一、二处不等。各属经费，又多出自亩捐，故公立学堂为最盛。阖省女学计二十余处，半日学堂、蒙养院则二三处耳。要之学务之能否发达，一在地方官提倡之力不力，一在士绅办理之得法与否而已。如铁岭、海城、辽阳等属官绅协力进步之速，为他属所不及。承德、盖平、开原、法库等属亦不无可观，至洮南一属地辟蒙荒，虽不能与内地相较，苟竭力经营，不难日有起色。现时调查全省学龄儿童计一百三十三万有奇，平均就学人数已及百分之十一，于此日益扩充普及教育，又何难收其明效与。

纪专门实业

奉天专门教育，仅省城三校，实业教育，省城四校，营口、同江、铁岭共四校。专门三校者：法政学堂、方言学堂、蒙文学堂也。法政学堂，为前将军赵尔巽所设。先是赵将军莅奉，倡设仕学馆与旗员仕学馆。自改设行省后，归并两馆，改设法政学堂，以参赞钱能训[1]监督其事。校内共分五班。至三十四年毕业学员一百七十五名，分别派赴三省各署实地练习。现在堂人数计三百七十余人，官绅合校，以广其裁成。方言学堂为世昌所设，以东省介处日、俄之间，而英语为世界所通，故定为英文、日文、俄文三科。光绪三十四年正月开学，学生都一百三十余名。嗣因未经奏咨立案，乃遵部章改为奉天高等学堂，于宣统元年三月，奏准办理。蒙文学堂，亦赵将军所设。是时，北京满蒙文高等学堂尚未成立，奉省与蒙古接壤，故首先预备佐理蒙政人才之地也。实业学堂之在省城者，一为大西关之官立实业学堂，于三十二年八月开校，悉照部颁中等实业学堂章程办理。三十三年合并格致专修科，先后四班，计共学生一百四十余名。一为中等农业学堂，凡三班，速成科三、预科一。一为中等森林学堂，三十四年开学，学生一班。一为艺徒学堂，内分织布、木工、雕漆、缝纫四科，即前之手工传习所、习艺工厂归并设立者也。营口日俄战时，日本军政署设立瀛华实业学校及商业学校。

---

〔1〕　钱能训（1869—1924年），字傒丞、干臣。浙江嘉善人。中华民国时期著名政治家。

三十二年收回营口，该校归中国管理，因改名官立中等商业学堂，内附设商业半夜学堂，兼收商业补习之用。同江厅之艺徒学堂，三十二年开办，分织、染两科，理论实习相辅而行，历年颇著成效。铁岭之工艺传习所，逐年添办织布、弹花、轧花、染布、木工等科，工徒一百零四名。专注实习不习理论。以其功用各有不同也。

附奏遵旨设立奉天法政学堂并实行考验办法折

奏为遵旨设立奉天法政学堂并实行考验办法，以育人才而饬吏治，恭折仰祈圣鉴事。窃臣等前准宪政编查馆咨会同吏部奏准考验外官章程六条，颁行各省，限期设立法政学堂，将各项官吏切实考验。等因，咨行到奉。窃维古者因事设官，量能授职，故长民者有绩可考，而入政者所学必优。方今朝廷预备立宪，百务更新，奉天逼处强邻，正值改设行省之始，所有行政官吏，自应竭力养成，多方劝勉，使之研究法治之原理，以为推行新政之预备。查奉省旧有法政学堂一区，系于光绪三十二年就本省仕学馆扩充更改，录取士绅入堂肄业，所需经费由征收税捐项下动拨作正开销，曾经前任将军赵尔巽奏明在案。续将旗员仕学馆归并办理，综共官费、自费生四百名额，计分五班，其甲乙两班五月内即可考试卒业。现在遵照馆章改定办法，订立章程，即定名为奉天法政学堂，委奉天右参赞兼署左参赞钱能训为该堂正监督，用资督率。凡月选分发到省及原有候补人员，自道、府以下，一律考试一次，其应入学者，概令入堂肄业。惟奉天初改行省，分发到省人员尚少，向章准予投效，沿袭既久，楚材晋用，借助颇多，以后此项投效人员，亦应加以考试，与到省人员一同入学，俾宏造就。以上各项入堂肄业人员，称为学员，不设定额，其原有在堂肄业之士绅，仍附入堂内称为学生。官费生额定二百名，自费生不定额。所授课程，均以中外法律、政治、经济之切于实用必需通晓者为主。藉储办理新政人材，及添设各属佐官、乡官之选，分为专科、讲习科两科，专科两年卒业，讲习科一年卒业。学员、学生不必各自为班，第因其程度之浅深分科施教。惟卒业时，学员则照此次定章分别委用降黜，学生则参酌从前各省法政学堂卒业给奖成案，咨商学部办理。所需开办暨常年经费，仍由本省征收税捐项下动拨，作正开销。如此办理，虽系以因为创，实属兼顾并全，一面并遵行考验甄别本省官吏详细办法，有缺人员自司道以至各府、厅、州、县正佐各官，有差人员自省内外各局所以至各府、厅、州、县所差委者，均按照定章切实考验，每三月汇核一次，俟年终汇齐，开列事实，分别等差，咨部核办，量加黜陟。务期百尔咸就，陶成吏治，日臻上理，以仰副朝廷兴学培材综核名实之至意。除将详细办法章程，咨送宪政编查馆暨吏、学二部查照外，所有遵办奉天法政学堂并实行考验本省官吏缘由，理合恭折具奏，伏乞皇太后、皇上圣鉴。谨奏。光绪三十四年四月三十日具奏，五月初八日奉朱批，该衙门知道。钦此。

附奏奉省设立方言肄习所折

奏为奉省设立方言肄习所，造就吏才，通达外情，以资治理，恭折仰祈圣鉴事。窃维陪都重地，密迩强邻，交涉繁难，甲于他省。况日俄人之麇集东土者日众，彼方开设华语学校，使中下社会人民皆能操吾国言语，窥我政治上之能力，侵我工商家之生计。而我士大夫筮仕此邦，多不谙外国语言文字，情势隔阂，见绌相形，是涉猎方言，尤为奉省政治上第一要义，所关至重，未可阙如。当与厅司筹商，于省城旧有沈阳书院前图书馆内开办方言肄习所一区，派奉天左参赞梁如浩、右参赞钱能训为该所监督。厘定规章，酌筹经费，选派教员，以英、日、俄语言文字为必修科。凡在省充差以及候补人员均准各具愿书报名入所肄习。分甲、乙两班，按日于夜间轮课。甲班两年毕业，乙班三年毕业，于上年冬间开办。各教员均能热心教育，每当夜课，聚集政界中人，分班切实讲求，所有当差人员，既无误日间应办要公，而焚膏继晷，又复增进智能，免旷余间，勤求实学，洵足以造就吏才，有裨治理，将来内政、外交，获益良非浅鲜。现在兴办已及半年，各学员皆知奋勉图功，日求进步，较诸他种校舍为尤盛。自宜永垂久远，以励潜修。兹据该监督呈请奏咨前来，除咨部立案外，所有奉省设立方言肄习所缘由，理合恭折具陈。伏乞皇上圣鉴。谨奏。宣统元年闰二月二十八日具奏，三月十一日奉到朱批，该部知道。钦此。

附奏筹设奉天高等学堂折

奏为筹设奉天高等学堂，以广甄陶而资鼓舞，恭折仰祈圣鉴事。窃查奏定学堂章程，各省应设高等学堂一所，为中学之升阶，大学之预备。内地各行省四五年前，均经先后设立。奉省为丰镐旧都，只缘风气晚开，从前均注重于师范及中小各学，迄今高等学校尚属阙如。省城中学堂开办已四年余，锦州府及铁岭县亦各有中学堂一处，一年内外即有毕业升学之学生，若不将高等学堂预为筹设，示之标准，不足以餍士林之望，而坚向学之心。况添建讲堂、宿舍，购置科学器具、标本，访聘高等教习，至速非年余不能完备。查上年正月间，奉省曾开办方言学堂一所，旋于四月间接准学部奏定章程：各省方言学堂已奏咨有案者，准照旧设立，其未设方言学堂之省分，应注重高等学堂及中学堂之各项课程，不必再设方言学堂，以一统系而免纷歧等语。奉省方言学堂虽系成立在前，惟学生名册章程尚未奏咨有案，事关毕业奖励，若不早定办法，学生之希望终虚。臣悉心筹画，酌量变通，即将该堂改为高等学堂，原有学生按照学年程度分班，并将中学堂已修业三年、四年之学生一并拨入肄业，补习中学功课，接续前资，扣足五年，考验合格，仍照中学请奖升为高等。嗣后中学堂毕业生日多，即可源源升学。此项办法，乃绸缪于事前之策，与设预科而取巧者绝不相同。况内地各行省均系大高中小各等学堂同时并设，故间有躐等之弊。奉省僻处东陲，士风朴素，只虑安于浅陋，宜诱进乎高明，情形既已大殊，建设讵宜再缓，不得不略为变通办理，以作士气而育人才。且查省城各两等小学、高等小学学生，本年六月间已届四年，毕业者约计三百余人。中学堂校址不甚宽宏，必须另设中学以资升入。今将中学堂甲、乙各班学生拨入高等补习，腾出空额，即可为高等小学毕业升入之地。一转移间，两有裨益。除饬提学司将一切设备事宜，妥为规划，酌拟章程呈送，再行咨部查核外，所有筹改高等学堂缘由，理合恭折具陈。伏乞皇上圣鉴训示，谨奏。宣统元年三月十五日具奏，二十六日奉到朱批，该部知道。钦此。

纪游学

奉省风气开通较晚，光绪三十二年以前出洋游学者人甚寥寥。是年，将军赵尔巽遴派学生七十人赴日本学习师范及法政。于是闻风兴起，自备资斧赴日本留学速成警监、法政者多至二百余人。嗣于光绪三十三年，遴选女师范学堂学生三十七人，赴日本实践女学校肄业。而女学之自费留学者亦接踵而起。三年以来，官私费留日师范、警监、法政速成科学生毕业者已一百余人，陆续回奉服务。至西洋留学生，部章必须中学堂毕业始可选派前往，以故阒焉无闻。然自改设行省以后，举行各项新政，需材孔亟，非广储通才，不足以资任使，爰为酌量变通，取客籍学生之合格者，给资赴西洋各国肄习高等专门之学，以备异日毕业后，为奉效用。计先后派赴西洋者六人。将来本省中学堂学生毕业后，当可逐渐增派也。

附奉省东西洋官费游学生一览表

类别/姓名		年岁	籍贯	游学地方	所入学校	游学年月	毕业期限	每年学费
男生	李兆濂	三　十	顺天通州	比国	矿学	光绪三十二年十二月	三年	四千八百佛朗
	陈赐第	二十八	浙江仁和	美国	高等	光绪三十二年十一月	三年	美金九百六十元
	朱剑	二十三	江苏宝山	英国	法政	光绪三十三年五月	三年	英金一百九十二镑
	严江	二十八	浙江仁和	英国	商业	光绪三十三年五月	三年	英金一百九十二镑
	陈廷纪	二十六	浙江镇海	英国	大学	光绪三十三年十二月	三年	英金一百九十二镑
	沈承烈	二十八	浙江归安	英国	矿学	光绪三十三年十一月由奉拨给官费	三年	英金一百九十二镑
	孙其昌	二十三	辽阳州	日本国	高等师范	光绪三十二年二月赴日学速成师范三十四年三月考入高等师范	三年	在各校经费项下支每年平均六百五十元
	马春芳	二十六	海龙府	日本国	高等师范	光绪三十二年二月赴日学速成师范三十四年三月考入高等师范	三年	在各校经费项下支每年平均六百五十元
	汪毓鍾	二十七	盛京内务府正黄旗	日本国	高等师范预科	光绪三十二年二月赴东学速成师范三十四年留学长期		日钞四百元
	刘德堃	二十九	宁远州	日本国	高等师范预科	光绪三十二年二月赴东学速成师范三十四年留学长期		日钞四百元
	熙钧	二十五	盛京汉军厢黄旗	日本国	高等师范预科	光绪三十二年二月赴东学速成师范三十四年留学长期		日钞四百元
	德林布	三十四	盛京满洲厢黄旗	日本国	早稻田大学	光绪三十一年十一月	四年	日钞四百元
	周毓岐	二十九	新民府	日本国	早稻田大学	光绪三十二年三月	六年	日钞四百元
	王作新	二十七	镇安县	日本国	早稻田大学	光绪三十二年三月	六年	日钞四百元
	刘章瑞	三十五	新民府	日本国	早稻田大学	光绪三十二年三月	六年	日钞四百元

类别	姓名	年岁	籍贯	游学地方	所入学校	游学年月	毕业期限	每年学费
男生	黄耀凤	三十一	新民府	日本国	早稻田大学	光绪三十二年三月	六年	日钞四百元
	纪万韬	二十八	镇安县	日本国	早稻田大学	光绪三十二年三月	六年	日钞四百元
	张盱	三十二	湖南善化	日本国	银行专修科	光绪三十二年拨给官费	五年	日钞四百元
	张声焕	二十六	湖南浏阳	日本国	宏文学院	光绪三十三年拨给官费		日钞四百元
	周宏平	十九	湖南湘乡	日本国	独逸中学	光绪三十三年拨给官费		日钞四百元
	张怀奇	二十七	江苏阳湖	日本国	明治大学	光绪三十三年拨给官费		日钞四百元
	陈有功		广东合浦	日本国	高等预科	宣统元年正月拨给官费		日钞四百元
	阮典		广东合浦	日本国	高等预科	宣统元年正月拨给官费		日钞四百元
女生	胡吴双	二十一	湖南湘潭	日本国	实践女学校	光绪三十三年三月拨给官费	三年	日钞四百五十元
	胡懿琼	十九	湖南湘潭	日本国	实践女学校	光绪三十三年三月拨给官费	三年	日钞四百五十元
	冯撷英	二十七	浙江仁和	日本国	实践女学校	光绪三十三年三月	三年	日钞四百五十元
	韩淑瑶	二十二	承德县	日本国	奎文美术学校	光绪三十三年三月	三年	日钞四百五十元
	富伯贞	三十	承德县	日本国	奎文美术学校	光绪三十三年三月	三年	日钞四百五十元
	周秀贞	二十九	盛京汉军厢白旗	日本国	实践女学校	光绪三十三年三月	三年	日钞四百五十元
	冯淑歆	十七	盛京汉军厢蓝旗	日本国	实践女学校	光绪三十三年三月	三年	日钞四百五十元
	韩淑姞	十八	承德县	日本国	实践女学校	光绪三十三年三月	三年	日钞四百五十元
	崔可言	十七	承德县	日本国	实践女学校	光绪三十三年三月	三年	日钞四百五十元
	曾淑琛	二十	盛京内务府汉军正白旗	日本国	实践女学校	光绪三十三年三月	三年	日钞四百五十元
	马淑桓	十八	盛京满洲厢蓝旗	日本国	实践女学校	光绪三十三年三月	三年	日钞四百五十元
	陈崑玉	二十九	承德县	日本国	实践女学校	光绪三十三年三月	三年	日钞四百五十元
	陶淑凤	十八	盛京满洲正蓝旗	日本国	实践女学校	光绪三十三年三月	三年	日钞四百五十元
	徐锦屏	二十六	开原县	日本国	实践女学校	光绪三十三年三月	三年	日钞四百五十元
	徐秀荣	二十八	承德县	日本国	实践女学校	光绪三十三年三月	三年	日钞四百五十元
	杨启东	二十一	开原县	日本国	实践女学校	光绪三十三年三月	三年	日钞四百五十元
	韩淑玉	十六	承德县	日本国	实践女学校	光绪三十三年三月	三年	日钞四百五十元
	耿桂英	二十一	承德县	日本国	实践女学校	光绪三十三年三月	三年	日钞四百五十元

姓名＼类别		年岁	籍贯	游学地方	所入学校	游学年月	毕业期限	每年学费
	陶淑贞	二十五	盛京满洲正白旗	日本国	实践女学校	光绪三十三年三月	三年	日钞四百五十元
	李锡锦	十七	浙江会稽	日本国	实践女学校	光绪三十三年三月	三年	日钞四百五十元
	张珺	二十五	浙江钱塘	日本国	实践女学校	光绪三十三年三月	三年	日钞四百五十元
	萧延蕴	二十一	湖南长沙	日本国	实践女学校	光绪三十三年三月	三年	日钞四百五十元
	陶淑仙	二十	浙江会稽	日本国	实践女学校	光绪三十三年三月	三年	日钞四百五十元
	束静涵	二十	江苏丹徒	日本国	实践女学校	光绪三十三年三月	三年	日钞四百五十元
	黄国巽	二十一	湖南长沙	日本国	实践女学校	光绪三十三年三月	三年	日钞四百五十元
	黄晖	二十	湖南长沙	日本国	实践女学校	光绪三十三年三月	三年	日钞四百五十元
	吴汝震	三十二	安徽桐城	日本国	实践女学校	光绪三十三年三月	三年	日钞四百五十元
	郭珊	二十四	浙江山阴	日本国	实践女学校	光绪三十三年三月	三年	日钞四百五十元
	陆嵩云	二十三	直隶天津	日本国	实践女学校	宣统元年二月补给官费	三年	日钞四百五十元
	朱徵	二十七	江苏宝山	日本国	实践女学校	光绪三十三年三月	三年	日钞四百五十元
	赵顾玫	二十六	江苏太仓	日本国	实践女学校	光绪三十三年三月	三年	日钞四百五十元
	禧扈云	三十	铁岭满洲正蓝旗	日本国	实践女学校	光绪三十三年六月补给官费	三年	日钞四百五十元
	陈月贞		海城县	日本国	实践女学校	光绪三十三年十二月补给官费	三年	日钞四百五十元
	张执		湖南善化	日本国	实践女学校	光绪三十三年十二月补给官费	三年	日钞四百五十元
	田应弼		湖南凤凰	日本国	实践女学校	光绪三十三年十二月补给官费	三年	日钞四百五十元
	徐夏宣	二十七	江苏铜山	日本国	实践女学校	宣统元年四月补给官费	三年	日钞四百五十元

学款篇

自兴学之诏下，各省人士争先恐后，冀副右文之治，而教育经费之筹措，为行政困难一大问题。以内地各省之饶裕，学款犹虑不给，奉省承兵燹之余，生息休养之政甫具萌芽，而欲责编户之氓，使之食不果腹，衣不蔽体，以从事于问学，吾知其难也。乃竭官绅瘏口瘅足，奔走呼吁之力，甫及四载，校舍至二千一百余所，学生至八万五千余人，岁支学款达一百五十七万余两。奉省百物昂贵，一切薪食、建筑、设备等费较内地数倍过之。每学生所糜之款，以占大多数之小学生，计每名竟有至五两余者。是数得之于他省本无足异，得之于师资绌乏、物值奇昂之奉省，则任事者之艰苦擘画，固可昭然共白也。乙、丙之交，百端草创，所支学款以用于建筑、设备为多。丁未之季，学务犄有端绪，乃举行统计诸事，然考丁未岁学生只四万八千余名，岁支学款亦至一百四十万两。衡以戊申岁所用学款，不过溢增三十万两，学生竟猛进增至一倍。欧西教育统计家，咸以学款之多寡，视学生之多寡为比。奉省教育岁益普及，教育资金乃岁益撙节，则此苦心之挹 注，亦可稍慰。彼终岁勤动，缩食节衣，以为子弟谋教养者之喁望也与。

附奉省学务岁入类别统计表光绪三十四年份

学务类别＼岁入类别		产业租入	存款利息	官款拨给	公款提充	学生缴纳	派捐	乐捐	杂入	计
学务公所				九九六七五						九九六七五
阖省劝学所		八一五	一一〇六九	七四六九九	一二九九六	六〇九	五三六五	五七三	五八二七	一一一九五三
阖省教育会		四五七五	一〇三	六三	二五八一		一五七	二九〇	六六	七八三五
阖省宣讲所		三一		四八〇二	七一六		四一九	二九五	二七〇	六五三三
教育官练习所				三三一三						三三一三
小学总查所				七〇一						七〇一
图书馆				二九一九二						二九一九二
阖省公共学堂				二七八六一六	二七三七六			二五七四		三〇八五六六
奉天府	阖府公共学堂									

府	学务类别＼岁入类别	产业租入	存款利息	官款拨给	公款提充	学生缴纳	派捐	乐捐	杂入	计
奉天府	承德县		一〇二	一六八〇	六三七五			一五〇八	六九四二九	七九〇九四
	抚顺县		一〇四〇	四二〇	五五二二		一四四八	一二〇八〇	八三九一	二八九三三
	辽阳州	二四八一	九三九	一一九二九	三五四六四	一八一五一	三五四六四	二六〇七	一一三二五	一一八三六〇
	海城县	五七二一	二七四	四五〇五	一三一八六	四一三二九	三〇九八六	四八一	七八九五	一〇四三七七
	盖平县	三三一四	四三六		三〇〇九七	二八二八	五五一五		九五三一	五一七二一
	复州	二八三	三一一六		二一〇五	六〇二		五一〇	三一四二	九七五八
	金州厅									
	铁岭县	一四六三	二三四二	一一八七四	四〇九二八	四三四九	四四七	四二四七	二一九三	六七八四三
	开原县	八六二		六九八三	二九〇九四	一〇八〇	八四一	一九四九	一三八四	四二一九三
	辽中县	一〇九九		五三六六	一九五九	一七三六	一一九	一三二六	五九〇三	一七五〇八
	本溪县			一七五九七	五四四	一三八	二二六	三九一	一〇四一	三九四七
	营口厅			一七九一七			四六八五			二二六〇二
法库直隶厅		四六	六二九	二二〇三	三一五三三		二四八八	五七九	二四三	三七七二一
新民府	府学堂	一三四四		七五二	一〇五四六	一五三四	一一七〇二	一〇八五	二六〇六	二九五六九
	镇安县	五五七	四四〇	一六三九	二二〇五	一二六	六六五	五三	五二五	六二一〇
	彰武县				六二四					六二四

学务类别	岁入类别	产业租入	存款利息	官款拨给	公款提充	学生缴纳	派捐	乐捐	杂入	计
锦州府	阖府公共学堂		四五三	一九九		一四三〇	二六〇九			四六九〇
	锦县		四五三	七〇七一〇		三二八	七七六	一六九	一九八〇	七四四四一六
	广宁县	二一四六	二五八	一三五三	八八五	四六八	六一三	四六〇	三六三一	九八一四
	义州		一一七七	二六八三	五六八			一六八	一一五四	五七五〇
	宁远州			一一七四	九一八		六三	五六八	四六七〇	七三九五
	绥中县	四八五		三八二六	三七	一六四〇	四四九〇	四六二	八三一六	一九二五六
	盘山厅		七七七	一五四七		七四	一八九	四二六	二〇八	三二二一
	锦西厅	二〇〇	八六〇	一七三六	一三七七	八一八	二〇六八	九〇八	一七八八	九七五四
海龙府	府学堂	一五二	四〇五	八一五〇	一〇四二五			一三〇〇	一三九八	二一八三〇
	东平县				一一二四七					一一二四七
	西丰县			三八三〇	二三六九		三〇一		四八八九	一一三八九
	西安县	二四三四	二四五五	二四六	九二二一			一二一		一四四七七
	柳河县	四一八		一一七五	四二三四		二四〇八			八二三五
昌图府	府学堂		一九八四	六五三八	八八八六	一二〇	一六四五	三八九二	一四五六	二四五二一
	辽源州			四〇二三	七五八					四七八一
	奉化县			一一七〇〇		一〇六一六			五七	一二三七三
	怀德县			二七四六		一二四七七	三一八九			一八四一二
	康平县	八四	二六三	七一四	七〇三四		三三		一三二	八二六〇

学务类别＼岁入类别		产业租入	存款利息	官款拨给	公款提充	学生缴纳	派捐	乐捐	杂入	计
凤凰厅	厅学堂			二〇七八		二七六	一三	二四一	四九一	三〇九九
	安东县			六七五四			二七九			七〇三三
	宽甸县	二八七	二六八七		一四三	七九八四		二一九	二八七	一一六〇七
	岫岩州	七九三	六二四		四七五〇	四三五				六六〇二
庄河直隶厅		七八一	一五〇		六七九七	三三五	五五三〇	七二五	八九四	一五二一二
兴京厅	厅学堂	六八五	一〇二三	三四九三	五四六〇	五三二八	一〇一六		二〇五	一七二一〇
	通化县				五三六二	九九				五四六一
	怀仁县	一二四〇	二九〇五	二六〇一	七二〇七	三二三〇			一三四五	一八五二八
	辑安县		八七一	一〇一七	三八一九	一二八九	四七三八		二八〇	一一二三〇
	临江县			一三九九			二三九九			三七九八
洮南府	府学堂			一八二二						一八二二
	开通县			三九八						三九八
	靖安县									
	安广县			九七六						九七六
同江直隶厅				二四〇〇						二四〇〇
博多勒噶台王旗				八〇八〇		一三一一		一五四九		一〇九四〇
计		三二二九六	三七〇五一	七一一二九三	三四五三四八	一二〇七四〇	一三二九二八	四一六三五	一六三〇七三	一五八四三六五
备考										

附奉省学务岁出类别统计表光绪三十四年份

学务类别 \ 岁出类别		职员薪津	教员薪修	仆役工食	租息粮税	服食用品	试验消耗	图书标本器具	营建修缮	杂用	计
阖省公共学堂		五六五一七	一二九七六九	二五七五五	一〇一三八	一三四〇八九	三〇一一	八〇五〇	一二六九〇	一六三九〇	三九六四〇九
奉天府	阖府公共学堂										
	承德县		三二七三八	一〇〇六六	四〇〇四	一五九一九		一二三一五	三六〇四	一一七四	七九七二〇
	抚顺县	三五八	九〇〇二	二九九一	五五五	三八八九		一六二	三八八	三一四	一七六五九
	辽阳州	二二一八	二八六七四	八三一九	二六八七	一四四九三	四八	八一七六	九六九八	一八九五	七六二〇八
	海城县	二九八八	六二二一七	九三一五	二八七七	一一四五七	九八	六二九九	七二二五	三七〇五	一〇六一八一
	盖平县		二四八五六	五一四五	九五九	五三六九		一九四九	三七九五	七九五	四二八三二
	复州	一八六	六三六〇	一二七三	四七九	二〇六三		一四三	七九六	三四一七	一四七一七
	金州厅										
	铁岭县	四九九一	三六〇一〇	七九九一	一〇四四	六一九九	六	一〇九七四	一〇五四二	三三四九	八一一〇六
	开原县	一七〇六	二二五〇四	五四七八	八九三	二九一六		五六一〇	一七〇二	二三一三	四三一二二
	辽中县	四一七	一〇一二七	二三一五	八二七	一三一三		二八六九	六一〇一	一七九五	二五七六四
	本溪县	二六〇	一一三九	三六七		一四五三		九六	一四六	一五七	三六一八
	营口厅	二三五六	一〇九五四	二〇三七	六〇五	三四三三		一六〇二	一〇一九	五八〇	二二五八六
法库直隶厅		二二三三	一五七〇二	五七八〇	二二六〇	一七〇八		一五八三	二四〇一	四四九五	三六一六二
新民府	府学堂	八二五	一四五二四	二三七四	四八六	二四七二	五	一八五五	二一九六	五一五	二五二六二
	镇安县	二三三	三九二五	八七七	七六	六五三		二三一	一一三	一九〇	六二九八
	彰武县	二三五	一〇四	八八		三六		四六	七五	三四	六一八

学务类别＼岁出类别		职员薪津	教员薪修	仆役工食	租息粮税	服食用品	试验消耗	图书标本器具	营建修缮	杂用	计
锦州府	阖府公共学堂	一二六一	一九一二	四一八		三七一五		六一	一〇四八	五二四	八九三九
	锦县	一一一〇	二〇九三	六五九	二三九	二七二三		一二二一	四二四	二一二	八六八一
	广宁县	五一三	三〇六二	六七四	一七四	一八三五		四六一	四五九	三九四	七五七二
	义州	五六〇	二五三八	四二五	一四	六五三	八	一六八	一六六	一〇〇〇	五五三二
	宁远州	一九九	二六五五	四四九	二三	一七六〇		六六六	四一〇	一〇五	六二六七
	绥中县	一三九一	三一三一	七三〇	一三八	二九五七		六〇〇	六七	八一九	九八三三
	盘山厅	二六二	一一六八	三三九	一四一	二三一	一九	四三〇	二七九	三七七	三二四六
	锦西厅	四六九	三六五三	一一一七	二二八	二八六六		一一七〇	三六三	三七三	一〇二四一
海龙府	府学堂	二〇四三	一〇〇九五	二六七〇	七九三	二三七四		一一七五	二一五一	八二四	二二一二五
	东平县	六八六	二七五七	八一一		四七一		三一四	六五七一	一二一	一一七三一
	西丰县	四八四	三〇二九	一一〇一	五三六	一九〇三		四五六	一六〇	三〇一二	一〇六八一
	西安县	七七三	四一九二	一〇一五	一二一	一七二一		一六〇	一二五四	二六一	九四九七
	柳河县		二五七二	八六七	三〇七	一二三八		一六五	六六〇	二〇七	六〇一六
昌图府	府学堂	一五〇三	九一六五	二一九	九六〇	二九二八		一六一八	四〇九四	八二二	二一三〇九
	辽源州		二四六九	五五二	一三八	三九九		八九	九六	一二二	三八六五
	奉化县	七三七	八九一五	一六七七	七二	一〇一八五	一七	四四二	三九六	二六八	二二七〇九
	怀德县	二八七三	四〇九三	一四三九	三〇〇	八八三五		三九八	二八四	九四	一八三一六
	康平县	六九六	三六七三	八四四	三一八	六七六		二〇七〇	一四四	三〇三	八七二四

学务类别＼岁出类别		职员薪津	教员薪修	仆役工食	租息粮税	服食用品	试验消耗	图书标本器具	营建修缮	杂用	计
凤凰厅	厅学堂	六七七	一五〇九	七一二	一五七	一七〇〇		六二	一四〇	一八三	五一四〇
	安东县	一二四七	三八九四	一二六二		二一三七		七七	五八〇	三五一	九五四八
	宽甸县	一一二二	六九五六	一八一二	八一一	八四二九		四五四	一五五	四五九	二〇一九八
	岫岩州	九六六	二四四四	三七八	一四九	八九一	四	三二	五九四	二六一	五七一九
庄河直隶厅		一三〇四	三五三三	一一二八	三七四	三六四九	四	五四四	七四三	一二五四	一二五三三
兴京厅	厅学堂	七九五	九八〇九	二四八四	七四六	三六二四		四四五七	二〇三七	八九六	二四八四八
	通化县	二六〇	二一七一	一六九	五六	九二九		二九二	一八四	九七四	五〇三五
	怀仁县	三二九	七三二〇	二〇七九	一〇六四	五三七		二四四三	一七〇六	五三〇	一六〇〇八
	辑安县	三一七	二七二一	九七六	七九三	三三五〇		六七〇	六八八	四四二	九九五七
	临江县	八四	九〇	四八		三二一			一七四七	一〇九	二三九九
洮南府	府学堂	八〇	五四〇	二四〇		一五五	一〇	四一三	一三六七	一四六	二九五一
	开通县		五一	二八		一五四				八三	三一六
	靖安县		五一	五〇		二一四		九七	三九		四五一
	安广县	九六	二四〇	一二二		四三六				六七六	一五七〇
同江直隶厅		一六〇	一〇四〇	一二八	四〇〇	四八八				一八四	二四〇〇
博多勒噶台王旗		一二〇四	四〇三二	一一〇〇		三八二一		二四〇	三二〇	三一三	一一〇三〇
计		九九七二四	五二六一八八	一一八八九三	三六九四二	二八五七六七	三二三〇	八三三〇五	九一八一七	五七七八三	一三〇三六四九
备考											

附奉省学款岁入岁出盈亏比较表光绪三十四年份

学务类别＼学款类别		岁入	岁出	有余	不敷	备考
学务公所		九九六七五	九九六七五			
阖省劝学所		一一一九五三	九六四六二	一五四九一		
阖省教育会		七八三五	三四五一	四三八四		
阖省宣讲所		六五三三	七五四八		一〇一五	
教育官练习所		三三一三	三三一三			
小学总查所		七〇一	七〇一			
图书馆		二九一九二	二九一九二			
阖省公共学堂		三〇八五六六				
奉天府	阖府公共学堂					
	承德县	七九〇九四	七九七二〇		六二四	
	抚顺县	二八九三三	一七六五九	一一二七四		
	辽阳州	一一八三六〇	七六二〇八	四二一五二		
	海城县	一〇四三七七	一〇六一八一		一八〇四	
	盖平县	五一七二一	四二八三二	八八八九		
	复州	九七五八	一四七一七		四九五九	
	金州厅					
	铁岭县	六七八四三	八一一〇六		一三二六三	
	开原县	四二一九三	四三一二二		九二九	
	辽中县	一七五〇八	二五七六四		八二五六	
	本溪县	三九四七	三六一八	三二九		
	营口厅	二二六〇二	二二五八六	一六		
法库直隶厅		三七七二一	三六一六二	一五五九		
新民府	府学堂	二九五六九	二五二六二	四三〇七		
	镇安县	六二一〇	六二九八		八八	
	彰武县	六二四	六一八	六		
锦州府	阖府公共学堂	七六七〇	八九三九	一二六九	六八五八	
	锦县	一〇七七七	八六八一	二〇九六		
	广宁县	九八一四	八六七二	一一四二		
	义州	五七五〇	三五三二	二一八		
	宁远州	七三九五	六二六七	一一二八		
	绥中县	一九二五六	九八三三	九四二三		
	盘山厅	三二二一	三二四六		二五	
	锦西厅	九七五四	一〇二四一		四八七	

学务类别＼学款类别		岁入	岁出	有余	不敷	备考
海龙府	府学堂	二一八三〇	二二一二五		二九五	
	东平县	一一二四七	一一七三一		四八四	
	西丰县	一一三八九	一〇六八一	七〇八		
	西安县	一四四七七	九四九七	四九八〇		
	柳河县	八二三五	六〇一六	二二一九		
昌图府	府学堂	二四五二一	二一三〇九	三二一二		
	辽源州	四七八一	三八六五	九一六		
	奉化县	二二三七三	二二七〇九		三三六	
	怀德县	一八四一二	一八三一六	九六		
	康平县	八二六〇	八七二四		四六四	
凤凰厅	厅学堂	三〇九九	五一四〇		二〇四一	
	安东县	七〇三三	九五四八		二五一五	
	宽甸县	一一六〇七	二〇一九八		八五九一	
	岫岩州	六六〇二	五七一九	八八三		
庄河直隶厅		一五二一二	一二五三三	二六七九		
兴京厅	厅学堂	一七二一〇	二四八四八		七六三八	
	通化县	五四六一	五〇三五	四二六		
	怀仁县	一八五二八	一六〇〇八	二五二〇		
	辑安县	一一二三〇	九九五七	一二七三		
	临江县	三七九八	二三九九	一三九九		
洮南府	府学堂	一八二二	二九五一		一一二九	
	开通县	三九八	三一六	八二		
	靖安县		四五一		四五一	
	安广县	九七六	一五七〇		五八四	
同江直隶厅		二四〇〇	二四〇〇			
博多勒噶台王旗		一〇九四〇	一一〇三〇		九〇	
计		一五二三七〇六	一一六六六九二	一二五〇七五	七四二一	

纪官款

奉省学款之由官支出者，名目繁琐，不胜枚举。约而言之，有由提学司直接支销之款，有由提学司间接核销之款。其由司直接者，如学务公所全年用款约需银九万一千余两。凡提学使公费、津贴、养廉，佥事科员司书等公费、薪津，各校房租，胥在其内。此外如附设学务公所之教育官练习所、小学总查所、省城图书馆、师范、中学、实业、方言、蒙文、艺徒各学，体操专修科、维城、育英暨第一至第十两等小学、五路模范小学、女子师范并附属女小学、第一女小学、第一、第二蒙养院、官话字母各馆塾，辅助淑慎女小学堂，各种经费全年约需经费银二十九万余两，按月由司呈请饬由度支司随时筹拨，此由司直接支销之款，用之于省治者也。余如每年辅助殖边学堂经费一千两、东三省旅京学堂三千两、求实中学堂六百两，津贴京师大学、博物馆、译学馆、农工商实业学堂、北洋师范学堂、天津高等工业学堂经费，全年约需银一万五千余两。日本各校男女学生留学经费暨五校第一年经费，年需日钞三万一千三百余元。欧洲、美、法、比各国留学生，年需经费一万余金，亦由司经理，分上下两学期领解，呈请饬由度支司筹拨，此由司直接支销之款，用之于外省、外国者也。其由司间接者，如满洲、蒙旗、汉军各小学，全年经费一万九千余两，归各佐领管理，各就伍田、随缺地租项内提拨。内务府小学经费年需五千余两，就前三年余存马干课赋项下提拨。同善男、女两小学经费，年需三千余两，由该堂公款筹给，此由司间接核销之款，用之于省治者也。余如新民、海龙、昌图、洮南四府，法库、凤凰、兴京、庄河、营口、同江、盘山、锦西八厅，辽阳、复州、义州、宁远、辽源、岫岩六州，承德、抚顺、海城、盖平、铁岭、开原、辽中、本溪、镇安、锦县、广宁、绥中、西安、西丰、柳河、奉化、怀德、康平、安东、宽甸、通化、怀仁、辑安、临江、开通、靖安、安广二十七县官立各学堂，年需经费二十七万九千余金，各就地方筹款，有拨车牌捐者，有就杂款辅助者，有派收各项捐者，有罚款，有提生息款者，系随时筹画，并未指定的款，此由司间接核销之款，用之于各属者也。大抵由司直接支销之款，均由度支司随时挹注，由司间接核销之款，各旗就其旧有之款支拨，各属则以车牌捐为大宗，派收各项捐次之，杂款、辅助、生息各项又次之，罚款岁不过四千余金而已。

附奉省学务岁入官款类别统计表光绪三十四年份

学务类别＼官款类别		辅助	车捐	派捐	罚款	生息	其他	计
奉天府	阖府公共学堂							
	承德县	一六八〇						一六八〇
	抚顺县	四二〇		一四八				五六八
	辽阳州		一一九二九		一六四三		四九二	一四〇六四
	海城县		四五〇五	三〇九八六				三五四九一
	盖平县			五五一五		四三六	四二二八	一〇一七九
	复州							
	金州厅							
	铁岭县	一五二〇	一〇三五四	四四七	一六			一二三三七
	开原县	六九八三		八四一				七八二四
	辽中县	九六一	四四〇五	一一九				五四八五
	本溪县		一五九七	二三六	一二六		九一五	二八七四
	营口厅	一四二九〇	三六二七	四六八五				二二六〇二
法库直隶厅			二二〇三	二四八八			二四三	四九三四
新民府	府学堂	二三〇	五二二	一一七〇二				一二四五四
	镇安县		一六三九	六六五	二五		五〇〇	二八二九
	彰武县							
锦州府	阖府公共学堂			二六〇九				二六〇九
	锦县	八五三	六二一八	七七六	四五三	一九八〇		一〇二八〇
	广宁县		一三五三	六一三			一一八二	三一四八
	义州	二二四七	四三六		一〇〇〇	三三三	一五四	四一七〇
	宁远州	六七三	五〇一	六三			四四二一	五六五八
	绥中县	八六	三七四〇	四四九〇				八三一六
	盘山厅		一五四七	一八九				一七三六
	锦西厅		一七三六	二〇六八	九八八	四三三		五二二五

学务类别＼官款类别		辅助	车捐	派捐	罚款	生息	其他	计
海龙府	府学堂		八一五〇					八一五〇
	东平县							
	西丰县		三八三〇	三〇一			四八八九	九〇二〇
	西安县	一二一	一二五		七八			三二四
	柳河县		一一七五	二四〇八				三五八三
昌图府	府学堂		六五三八	一六四五	一八三	九〇〇		九二六六
	辽源州		四〇二三					四〇二三
	奉化县		一一七〇〇					一一七〇〇
	怀德县	一六九九	一〇四七	三一八九				五九三五
	康平县		七一四	三三	四二	二六三	八七	一一三九
凤凰厅	厅学堂	二五〇	一八二八	一三				二〇九一
	安东县	六七五四		二七九				七〇三三
	宽甸县					二六八七	二八七	二九七四
	岫岩州							
庄河直隶厅				五五三〇	九〇	五〇	八九四	六五六四
兴京厅	厅学堂	二二八〇	一二一三	一〇一六	一三八	一〇二三	二〇五	五八七五
	通化县							
	怀仁县		二六〇一		一〇五	二九〇五	一二四〇	六八五一
	辑安县	二八〇	七三七	四七三八	二二四	八七一		六八五〇
	临江县			二三九九				二三九九
洮南府	府学堂		一八二二					一八二二
	开通县		三九八					三九八
	靖安县						五〇〇	五〇〇
	安广县		九七六					九七六
同江直隶厅			二四〇〇					二四〇〇
博多勒噶台王旗		八〇八〇						八〇八〇
总计		四九四〇七	一〇五五八九	九〇一九一	四六五八	一〇三五四	二二二一七	二八二四一六

纪公款

公款之大宗，首曰亩捐，次则乡会筹款，而间以户捐及各项杂捐为补助。至于山林园圃有捐，房店、厂场有课，随地不同，情势互异。实以亩捐一项，为挹注之源。惟计亩均摊办法虽同，而收数不一。盖皆视地脉之腴瘠、经费之赢绌为差也。特地方财政，既专赖亩捐，遂使创办之始，警学合筹，成为新政经济界之通性。且各属设警先于设学，警政需款，复倍蓰于学务。由是以警得十之七八，学得十之二三为例，其甚者且不过十之一。惟开原、盖平每地一垧，月纳洋一角，警学各半，得平均分配之义。若承德、抚顺则警得十之五二、学得十之四八，辽阳得十之三，康平得十之二，西安则仅十之一矣。昌图有大小亩之别，大亩每垧月输铜币九，学得枚半，小亩输铜币六，学得一枚。辑安捐数至不一，或每亩月纳四分，或六亩月纳四分。庄河每垧月纳五分二厘五，警得五分，而以奇零饷学。综核各属，大率以少数归学用者多，然警将观成，学未普及，学校日广则需款日繁，分合厚薄之间，不可究诘。裕教育之费，息警学之争，正不得不别筹良策也。

附奉省学务岁入公款类别统计表光绪三十四年份

学务类别 \ 公款类别		亩捐	学田租	租息	生息	杂入	计
奉天府	阖府公共学堂						
	承德县	六三七五			一〇二	六九四二九	七五九〇六
	抚顺县	五五二二			一〇四〇	八三九一	一四九五三
	辽阳州	三五四六四		二四八一	九三九	九一九〇	四八〇七四
	海城县	一三一八六		五七二一	二七四	七八九五	二七〇七六
	盖平县	三〇〇九七		三三一四		五三〇三	三八七一四
	复州	二一〇五		二八三	三一一六	三一四二	八六四六
	金州厅						
	铁岭县	四〇九二八		一四六三	二三四二	二一七七	四六九一〇
	开原县	二九〇九四	三四	八二八		一三八四	三一三四〇
	辽中县	一九五九	四七〇	六一九		五九〇三	八九五一
	本溪县	五四四					五四四
	营口厅						
法库直隶厅		三一五三三		四六	六二九		三二二〇八
新民府	府学堂	一〇五四六		一三四四		二六〇六	一四四九六
	镇安县	二二〇五		五五七	四四〇		三二〇二
	彰武县	六二四					六二四
锦州府	阖府公共学堂	一九八		二九八〇	四五三		三六三一
	锦县						
	广宁县	八八五	二一四六	二五八	四八三		三七七二
	义州	五六八			八四四		一四一二
	宁远州	九一八			八五六	二四九	二〇二三
	绥中县	三七		四八五			五二二
	盘山厅				七七七	二〇八	九八五
	锦西厅	一三七七		二〇〇	四二七	八〇〇	二八〇四

学务类别 \ 公款类别		亩捐	学田租	租息	生息	杂入	计
海龙府	府学堂	一〇四二五		一五二	四〇五	一三九八	一二三八〇
	东平县	一一二四七					一一二四七
	西丰县	二三六九		二四三四	二四五五		七二五八
	西安县	九二二一				一二一	九三四二
	柳河县	四二三四	一六三	二五五			四六五二
昌图府	府学堂	八八八六			一〇八四	一二七三	一一二四三
	辽源州	七五八					七五八
	奉化县					五七	五七
	怀德县					六四八	六四八
	康平县	七〇三四		八四		三	七一二一
凤凰厅	厅学堂					四九一	四九一
	安东县						
	宽甸县	一四三		二八七		八二三九	八六六九
	岫岩州	四七五〇		七九三	六二四		六一六七
庄河直隶厅		六七九七		七八一	一〇〇		七六七八
兴京厅	厅学堂	五四六〇		六八五		一三〇一八	一九一六三
	通化县	五三六二					五三六二
	怀仁县	七二〇七		一二四〇			八四四七
	辑安县	三八一九				五六	三八七五
	临江县						
洮南府	府学堂						
	开通县						
	靖安县						
	安广县						
同江直隶厅							
博多勒噶台王旗							
总计		三〇一八七七	六六七	二九一七八	一七一六五	一四二四六四	四九一三五一

纪私款

辽沈间受外族之刺激，较甚他省。故乙巳以来教育骤兴，学舍如栉。各属中、小学堂统计二千一百余所，然私立者仅二十有八处，不足百分之二。盖兵燹之余，雕敝未复，即有热心志士破产输将，而力能独建一校者实寡，故个人所协助入于公立学校者为多。如省城锦芝、荣绪捐助房舍价值银六千两，广宁恩溥捐助地亩价值银一万余两，履泰捐助地亩价值银一万四千余两，萧雨润捐助房舍价值银一万余两，辽阳马殿鋆、刘永海捐助房舍各价值银一万八千两，海城职妇李孔氏捐助田房价值银圆一万圆，李桂芳、李永誉父子捐助地亩价值银四千五百余两，镇安王维翰捐助房舍等项价值银九千余两，王双纯捐助房舍价值银五千余两，书春捐助房舍价值银九千余两，锦西金振声叔侄捐助银五千两，皆其最著者也。此外士绅、商民、妇女、僧人之力顾公益或输田宅或捐银钱，自十数、百数以逮三四千金者，不可偻述。其独力举办一学者，则绥中李成德所办户尚屯小学堂、锦西尹凌霄等所办东街女子小学堂，最为著称。至协领葆真、裕书各捐银一万二 千两、绳昌捐银五千两于省城学堂，统领张作霖捐助房舍于新民学堂，价值银三千余两，以奉省之人为奉省之官，巨资之投，出于桑梓之谊。若赵臣翼、廖彭之于铁岭，孟宪彝之于海龙，各捐廉银以为学款，则官于其地有所报助，以为绅民之倡。而知县刘海霖之捐省城学堂经费银一万两，道员聂汝魁捐辽阳学堂地亩价值银二千余两，则既非奉人亦非奉官。补益偏陋，尤足多矣，用复覙缕纪之。

附奉省学务岁入私款类别统计表光绪三十四年份

学务类别＼私款类别		学费	乐捐	计
奉天府	阖府公共学堂			
	承德县		一五〇八	一五〇八
	抚顺县		一二〇八〇	一二〇八〇
	辽阳州	一八一五一	二六〇七	二〇七五八
	海城县	四一三二九	四八一	四一八一〇
	盖平县	二八二八		二八二八
	复州	六〇二	五一〇	一一一二
	金州厅			
	铁岭县	四三四九	四二四七	八五九六
	开原县	一〇八〇	一九四九	三〇二九
	辽中县	一七三六	一三二六	三〇六二
	本溪县	一三八	三九一	五二九
	营口厅			
法库直隶厅			五七九	五七九
新民府	府学堂	一五三四	一〇八五	二六一九
	镇安县	一二六	五三	一七九
	彰武县			

学务类别＼私款类别		学费	乐捐	计
锦州府	阖府公共学堂	一四三〇		一四三〇
	锦县	三二八	一六九	四九七
	广宁县	四六八	四六〇	九二八
	义州		一六八	一六八
	宁远州		五六八	五六八
	绥中县	一六四〇	四六一	二一〇二
	盘山厅	七四	四二六	五〇〇
	锦西厅	八一八	九〇八	一七二六
海龙府	府学堂		一三〇〇	一三〇〇
	东平县			
	西丰县			
	西安县			
	柳河县			
昌图府	府学堂	一二〇	三八九二	四〇一二
	辽源州			
	奉化县	一〇六一六		一〇六一六
	怀德县	一二四七七		一二四七七
	康平县			
凤凰厅	厅学堂	二七六	二四一	五一七
	安东县			
	宽甸县	七九八四	二一九	八二〇三
	岫岩州	四三五		四三五
庄河直隶厅		三三五	七二五	一〇六〇
兴京厅	厅学堂	五三二八		五三二八
	通化县	九九		九九
	怀仁县	三二三〇		三二三〇
	辑安县	一二八九		一二八九
	临江县			
洮南府	府学堂			
	开通县			
	靖安县			
	安广县		一〇〇	一〇〇
同江直隶厅				
博多勒噶台王旗		一三一一	一五四九	二八六〇
总　计		一二〇一三一	三八〇〇三	一五八一三四

教育行政篇

吉林向无学政，生童岁科各试，皆寄考于奉天。同治元年，绅士于凌云、庆福等于学宫东偏择地捐建考棚，名曰吉林试院，禀请将军奏准，嗣后吉林岁科两试，奉天学政如期按临，并准黑龙江生童就近附试，著为令。庚子之后，各直省奉诏兴学。光绪三十年十二月，始遵部章于省城设立学务处，是为吉林教育行政之始。三十二年四月，廷议裁撤各省学政，改设提学使司，署吉林提学使吴鲁以是年冬到任，是为吉林有教育专官之始。盖吉林兴学后于奉天，又其地狭民贫，筹款匪易。世昌以教育为人民之命脉，不以地域殊也，先后与吉林巡抚督饬提学司逐一整理。两年以来，内而学务公所，外而劝学所，类尽厥职。而小学教育之研究，私塾之改良，亦复不后于奉省。统计全省学堂三十三年仅四十所，次年增至一百八十八所。夫学务之盛衰，视乎行政机关之完密与否，继兹而往，殆亦有感于筚路山林，固事倍而功半也夫。

纪学务公所

光绪三十年，就崇文书院设学务处。三十二年，经署提学使吴鲁改为学务公所，仅设总务、普通、图书、会计四课。世昌以一省学务之枢纽，实系属于此，因令提学使酌改办法，增设佥事，改各科科长为一二三等科员，设置专门、实业二科，分别选任议绅、省视学及统计、编辑等员。嗣复仿奉天教育官练习所办法，于公所内开办学术研究会，分文、理二 科，督率科员逐日研究，并刊发教育官报，五日一出版。风教所敷，渐开育塞，提纲挈领，事事改观，学子前途，胥有攸赖矣。

纪劝学所

各国小学教育，亦名强迫教育。中国承科举积弊之余，毅然兴学，故变强迫之旨而为劝学之制。吉省学风否塞，所赖于有司之劝导者较奉天尤甚。岁丁未令提学使吴鲁就省垣正黄旗官房创办劝学总所，派监督、会办、委员、司事及劝学员若干人经营其事，并设师范简易一班。举办一年，虽未能实行辖境分区之事，然风声所树，如响斯应。其地为学员调查所及者，一时小学生徒皆增数倍，未始非类情通德之方有以致之也。戊申秋，提学使曹广桢[1]莅任，查验该所办理情形，多有鞭长不及之处，详请裁撤。更酌量变通，令就省城内外学区，改设吉林府劝学所，以为各属模范，照章派地方官为监督，选派总董及劝学员，其经费由吉林府会同在事员绅就地筹措。盖于董率提倡之中，隐寓撙节糜费之意也。并令厘订劝学所通行章程，札行各属仿办。数月以来，据称各府、厅、州、县原有劝学所遵章改良者，及原无劝学所遵章创设者，都凡十有七处。类能注意于分区劝学及传习师范、改良私塾诸事。惟甫经设治之地，如蜜山、濛江等处，经营别有专注，人民亦复稀疏，未可一例相绳，劝学之事，尚须稍缓时日，此又境地所限，非人力所可骤施也。

纪宣讲所

吉林省垣，旧有宣讲所数处，大抵循例登场泛言因果，于国家所以停罢科举，兴办学堂之旨，未能反复推阐，动人观听。夫宣讲一事，原为补国民教育之未逮，讵容稍忽。乃令省垣先行改良，旧有讲员淘汰过半，虑各讲员之无普通知识，另设讲演所以养成之。厘定规章，轮流宣讲，为时既久，听者日众。迩来城厢人民略明时局，少具知识，未始非得力于此也。又恐各属办理纷歧，易滋流弊。特颁制表式，札饬遵办。将听讲者分为常听、暂听两班。常听者按期书到，不得缺席，如有要事亦当先期呈明。其暂听者，但于到所之日，注明粉牌，以便综计。所讲之书，均遵学部通行宣讲书目，择明白浅显易于感动者标之黑版，并将时政、弊俗演为俗话，剀切譬谕。凡一切怪诞偏激之谈，有碍民风政俗前途者，概行屏黜。每宣讲既毕，即将本日演讲各节及听讲人数，分别填表，十日一次，呈由地方官于月底汇详备核。以听者之多寡，觇讲员之勤惰，即以此项成绩，为该管长官之考成。两载以来，咸知奋勉，或就劝学所内举行宣讲，或于通衢广场另立专所，讲者津津，听者亹亹，转移僻陋，薰德善良，他日之收效，固未可浅量也。

---

〔1〕 曹广桢（1864—1945年），湖南长沙人，清末民初政治人物。曾授刑部主事，后升刑部员外郎、刑部郎中，后改任军机处领班章京。光绪三十四年（1908年），任吉林提学使。

纪小学教育研究会

吉林自改建行省，汲汲以国民教育为先务，创办各处城乡小学。二年以来，次第设立，规模粗具。至于相率研究以讲求教育方法，则致力尚有未遑也。然而衿缨学子，耳濡目染，渐知教育关系之重，颇窃窃议省城各小学教授管理未尽合度，谓学堂精神窳坏，由于教师之不良，推原其故，吉省兴学较晚，本处士人能任教育者尚鲜，其堂长、教员多远道延聘而至，言语习尚既苦不同，儿童教育经验亦浅，成迹弗举，厥有繇来。爰筹考核整齐之法，于光绪三十四年九月，令设小学教育研究会一所，选派会长一人，评议员四人。每星期休息日召集各小学堂教员、职员及简易师范学生到会，提学使亲临会所，公同讨论管理教授等法。互相质问演说，考验得失，评议短长，立册计分，随时比较。自十一月开始逮于年终，各员讲解之优劣，学识之高下，暨平日之勤惰，公听并观，具觇梗概。乃取决众议，甄俊选才，更新整理，稍易学堂编制，于是省城各小学学生溢于前额，而教员、职员仅用其半。宣统元年正月，开学以后，师徒莘莘，人怀奋励，邦人始共知研究之为益如斯也。因更推广会章，聘日本大学文科得业士峰良充会长，会同师范学堂教员讲演教育学、学堂教授管理法及理科算术，每星期六小时。饬小学堂堂长、教员均到会听讲。又以学界各职员与学堂教员同任教育之责，皆应以时练习。并命劝学所、宣讲所绅董暨学务公所佥事、科员，悉随提学使躬亲莅会讲论。凡托故旷误者，分别记过，董率劝戒，相辅而行，都计每会听讲人员已逾八十人以上，树风承化，颇可称焉。

纪省城私塾改良会

吉林既设提学使以总司学务，数年以来，百端筹画，规模亦粗备矣。而民间私塾，日益增多，省垣城厢约有二百余处，学生二千余人。塾师于管理、教授等法，故步自封，无稍变易，搢绅士夫颇窃窃非之。提学使吴鲁曾颁印私塾改良章程，分散劝导，卒未实行，盖士风固陋，专尚占哔咿唔，一切科学皆所未谙，官立小学均按照部颁课程教授学生，为父兄者莫不讥其新异，每不愿令子弟入学。甚矣，数百年来相沿之锢习，固难一朝转移也。世昌以为欲教育之普及，必从改良私塾始，迭与巡抚陈昭常商饬提学使曹广桢，督饬吉林府劝学所先为试办，派劝学员每区二人，分查城乡各处，凡家塾、私塾若干处，塾师若干人、学生若干名，于本年二月，由提学使先后召集塾师，命题考试，分别等第，取录百余人，给予证券，准其设馆教授。又患塾师不解管理教授等法，以误后生，凡已经考验合格之塾师，均令其于每星期六至劝学所听讲。其学科分教育、国文、算学、格致四门。每一月中复开会一次，研究改良办法，行之数月，学究陋习，为之一变。甚有斑白之叟，亦鼓箧来学，师徒共奋，莘莘可观。因更为推广，通饬各属一体遵办，如新城、五常、农安等处，先后举行，亦均著有成绩云。

学校篇

吉林武健之地，不以文学名于时。自奉天学政按试岁科以后，学者便之，士治科举者始渐众。光绪三十年，将军达桂就书院义学改建全省师范学堂及五关、昌邑屯、白山各小学堂。改课吏局为法政馆，并于省城外设立外国语学堂。普通专门教育，于时萌芽矣。三十三年，改建行省，世昌与巡抚朱家宝改法政馆为法政学堂，改外国语学堂为方言学堂，而专门教育以立。念吉省天产富饶，实业未兴，筹设中等实业学堂暨初等农业实习学堂各一所。复于吉林府劝学所内增设博物标本实习科，实业教育乃有规模。维时吉林提学使已莅任，先后设立全省初级师范学堂、女子师范学堂并设保姆班。而省城官立中学堂、满蒙文中学堂亦节次成立。又以教育根本，始于小学，复迭次整理模范、两等及各小学堂，并令与之研究教育，广为劝导。风行所自，其省城附郭小学除乌拉一区仍由官立外，十旗、清真各小学均由公立，其余则克勤、诚信、尚礼等社公立小学二十所。外属各府、厅、州、县共有高等小学七所，两等小学五十七所，初等小学一百六所，长春、双城各有中学一所，农安且有女学一所。合计全省各项学堂已一百八十八所，学生已及万余人。边荒阻塞，风气大开，弦诵之声，几希内地。孰谓边地不可兴学，要在实心实力以提倡之耳。

附奏筹办吉省各项学堂大概情形折

奏为筹办吉省各项学堂大概情形，恭折仰祈圣鉴事。窃惟育材之道，非一蹴所能造其极，而要之故步自封，则穷年亦难求进境。吉省地处边疆，开通较晚，自光绪三十二年四月将崇文书院改设师范学堂，先后考取学生二百名，分完全、简易两科肄业。并附设高等、初等两等小学，学生八十名，是为吉林开办学堂之始。然彼时寄宿无舍，教员无人，屡考屡散，难得一学期卒业之生，殊非所以育材也。臣等抵任后，以学务有陶铸国民、转移风化之权，经费虽极支绌，而事关培材，不得不并力经营，勉为措办。当即筹建中学堂一百余间，定学额二百名，并于各处分设两等小学堂自第一至第十一。迩来各堂学生颇以就为荣，欣欣知向学矣。惟是边地乏材，教授管理之法未能划一，故筹设模范、两等小学堂一所共五十余间，考选学生百名，以树小学之楷模。外属师资无人，不免因陋就简，故将上年师范简易毕业生一百名，饬司分派各属，暂充小学教员。一面调查乡镇私塾，随发改良章程，以谋教育之普及。又家庭为育德之始基，则女学宜亟图也，故设女子师范学堂，共校舍四十余间，定额四十名。以女子初等小学百名附入肄业。言、文为交通之利器，则满蒙文宜并重也。故设满蒙中学堂，就蒙旗官房改造，共校舍四十余间，定额四十名，并咨会郭尔罗斯公选送该盟子弟，来吉肄业。综计省垣年余以来，宣讲所已设十余处，各堂学生已增至二千余人。进德之猛，实为意料所不及。此外如长春、新城、宾州、双城、农安等属，均能争自濯磨，弦诵之风，俨同内地。即简僻如延吉、依兰、绥芬、临江等处，亦皆闻风兴起，不愿自安固陋。倘能宽以岁月，奋兴之机，殆未可量。臣等默察吉省情形，开化较迟，而进步较速，盖民气之强，有由来矣。兹据提学使吴鲁详请具奏前来，臣等复查无异，除各堂统计册表，均照章随时造送咨部查核外，所有创办各项学堂大概情形，理合恭折具陈。伏乞皇太后、皇上圣鉴，谨奏。光绪三十四年八月十九日具奏。九月十三日奉朱批，学部知道。钦此。

附吉省各级学堂统计表宣统元年三月

	专门	实业	师范	中学堂	高等小学	两等小学	初等小学	女学堂	总计
省城	二	四	一	二	三		九	二	二三
省城四乡						一	二二		二三
长春府				一	二	三七	四		四四
新城府					一	一	五		七
依兰府						一			一
宾州直隶厅					二		三四		三六
五常厅						五			五
绥芬厅						二	三		五
双城厅				一		二	三		六
延吉厅						一	三		四
伊通州						一	一		二
临江州							三		三
敦化县						一			一
磐石县		一				一			二
农安县		一				二	一一	一	一五
长寿县						一	五		六
榆树县					一		一		二
桦甸县							二		二
大通县						一			一
总计	二	六	一	四	九	五七	一〇六	三	一八八
备考									

附吉省各级学堂学生统计表宣统元年三月

	专门	实业	师范	中学	高等小学	两等小学	初等小学	女学堂	总计
省城	二九九	三一二	一三〇	二二一	三七〇	一六〇	八三〇	一四〇	二四六二
省城四乡						二四六	七二二		一〇一八
长春府				八三	三五	一三〇五	七六		一四九九
新城府					三五	三二	一九四		二六一
依兰府						四〇			四〇
宾州直隶厅					一〇六		一五五四		一六六〇
双城厅				五一		一三〇	一〇九		二九〇
五常厅						四〇〇			四〇〇
绥芬厅						一七六	一六六		二九二
延吉厅						四〇	一三四		一七四
伊通州						四八	四〇		八八
临江州							三七		三七
敦化县						四六			四六
磐石县		三〇				五六			八六
农安县		二〇				一六〇	二九〇	一八	四八八
长寿县						四二	一五五		一九七
榆树县							二八		二八
桦甸县						四〇	二〇		六〇
大通县						四〇			四〇
总计	二九九	三六二	一三〇	三五五	五八六	二九六一	四三五五	一五八	九一六六
备考									

纪师范

自兴学议起，内地各省均患师资缺乏，而吉林为尤甚。光绪三十一、二年间，将军达桂曾遴派士绅赴日本学习速成师范，以应急需。然少数之培植，不足供多数之取求，故于三十二年十月，又就崇文书院旧址创建全省初级师范学堂，招完全科、简易科学生各一百名，分班肄业。其第一次简易班学生，曾于三十三年冬举行毕业，派赴各属充当教员。世昌深虑学年太浅，难语高深，乃于今春会同巡抚陈昭常饬提学使曹广桢，将第二次简易科学生及前劝学总所附设简易科之毕业生，俱令再展学期一年，今冬毕业，约可得一百余人。合之宣统三年完全科全班毕业七十余人，可以勉敷省城各学之用。至外属则已迭次行文饬办，大率限于经费，所办者以传习所居多，其毕业期限，并有于定章十月略行缩短者。此系边徼风气初开，又值师资奇乏之时，变通办理，自不能与省会一例论也。据光绪三十四年下学期各属调查报告，其隶于阖府所公共者则有长春、新城，其归于各厅、县所独办者则有五常、农安、榆树，而榆树现已展长学期改作简易科办理。一转瞬间，毕业渐多，师资辈出，再益以改良私塾之旧师分布传授，则吉省学务前途或可日有进步。虽然教育之发达与师范生之增进，实有密切之关系。两等小学既已日增，中等以上各学堂亦须逐渐扩充。则急宜筹设优级师范及增设初级师范，以预为之计也。其女子师范学堂创设于三十四年七月，校内附设女子两等小学。吉林向无女学，是校开而女子乡学之风为之兴起。他日教育遍于家庭，斯亦普及教育之助乎。

纪普通

部定教育统计表，于普通学堂之阶级，首中学堂，次小学堂，又次蒙养院，而末附以半日学堂，此不易之秩序，言教育者，所当注意也。吉林本神皋沃壤，士民俊秀，徒以学风未启，相安固陋。世昌筹备各级普通学堂，以植根基而沦智识。其时，吉林全省中学堂于光绪三十三年二月开办，甫经创设，一切苟简。逮暑假始令添招学生共百四十人，厘订规章，建筑校舍，规模始具。所有经费，均由学务公所筹拨，长春、双城开通较早，亦于是年同时举办。长春以书院改设，现有学生八十三人。双城由士绅捐办，现有学生五十一人，统称为官立中学堂，迄今均历四学期。省垣中学堂原附设满蒙文班学生八十人，至三十四年暑假后，另建校舍，改为独立。于是省内外统计，共有官立中学堂四，学生凡三百五十有四人。按照部章，每府须设一中学堂，每一学堂须能容三百人以上。吉省风气初开，迥非内地可比，故新城、依兰、蜜山诸府及宾州直隶厅等，尚无此项学堂。甚如五常厅中学堂虽开办两年，经费难继，学生寖少，旋即中辍。此盖吉省独有之困难情形。复于宣统元年正月，令提学使重行整顿，将省垣小学十二处改为高等小学二，学生三百二十人，初等小学八，学生八百人。并规定四乡小学通行章程，一律按照初等办理，不许陵躐。此外有师范学堂附属之高等小学堂，学生五十人。十旗公立之两等小学堂，学生百六十人。女子师范学堂附设女子两等小学堂，学生百人。其吉林府四乡小学，以地方公款创办者，如乌拉两等小学、清真初等小学等凡二十二所，学生共千零十八人。外属如长春府设高等小学二，学生三十五人。两等小学三十，学生共千三百零五人。初等小学四，学生共七十六人。宾州直隶厅设高等小学二，学生百零六人。初等小学三十四，学生共千五百五十四人。农安县设两等小学二，学生共百六十人。初等小学十，学生共二百八十人。女子初等小学堂一，学生十八人。新城府设高等小学一，学生三十五人。两等小学一，学生三十二人。初等小学五，学生共一百九十八人。其余各属或四五校或三四校不等。以三十四年统计报告与三十三年较，全省小学增至四倍，而学生亦增至九千余人之多。以吉省边陲虞猎之风而进步如此，益征普及教育之效为有渐也。至于设置蒙养院须自培植保姆始，现已于女师范学堂内添设保姆一班，为日后开办蒙养院地步。余如半日学堂及官话字母学堂等，需款无多，毕业较易，各属之办有成效者，亦居多数。惟学期短促，作辍无时，不复具述云。

纪专门实业

吉省文化初开，世昌年来方致力于普通教育，惴惴焉以缺略是惧。第思无专门教育，无以储深造之才。而实业教育不兴，且影响于人民之生计，则又昕夕筹之，而迄未有艾也。查原有之法政馆暨外国语学堂，均由前将军达桂先后奏请设立。其初法政馆仅有速成班学生百二十名，而外国语学堂开办伊始，虽云仿照京师译学馆办法，以日、俄、英、法、德五国语文为主科，嗣因费无所出，仅授日、俄两国文字。世昌先改外国语学堂为方言学堂，增设英文一科，法政学堂则遵照宪政编查馆新章，于戊申秋考选完全科生八十名、别科生六十名入堂肄业。其原办之速成科暨附设之宪政研究所，于是冬及今春三月次第毕业，即行停止。并特开讲习科，饬令吉省候补投効人员，一律入堂肄习。盖亦各省法政学堂官绅合校之通例也。至若实业教育，则于是年十月先就省垣东关外，创建中等实业学堂一所，额设学生一百六十名。照章先办豫科，二年毕业后，再行筹办本科。是邦土脉沃饶，物产充牣，天然农国，故今春复饬学司就小东门外旧有之第十一小学堂校舍，改立农业实习学堂一所。其教授宗旨，专以实习为重，学成后拟选派分往各属，广为传习，并划拨官荒，藉资历练物土之宜，因地之利，亦固其所。此外如工科则劝业道办有实习工厂、艺徒学堂，提学司办有博物标本制造所，均已具有萌芽。而磐石县设立之实业学堂，虽名为初等，实于各种普通学外，仅具粗浅工艺。倘能从此推广，俾一切模型、图绘、建筑、土木之学逐渐增进，则吉长铁道开通以后，商业之发达当可预期也。

附奏吉省遵设法政学堂分科肄业折

奏为吉省遵设法政学堂，分速成、完全两科肄业，并设讲习科将各项官员实行考验，以储真才而裨吏治，恭折仰祈圣鉴事。窃臣等前准宪政编查馆咨会商吏部奏准考验外官章程颁行各省，设立法政学堂，将各项官员切实考验。等因咨行到吉。窃惟吏治之隆污，视乎人才，而人才之盛衰，基于培养。放任而听其自为，虽贤者亦渐趋颓废，萃处而课以治理，即中材亦日就明强。况复时局多虞，万端待理，因应之繁杂，措注之艰难，纷至沓来，百倍曩昔，非特阘茸拘迂、殊无短长者不足以供任使，即使勤于催科，娴于判牍，昔人所称为循吏者，但于新理未曾研究，一置之盘根错节之交，而立形颠蹶。时易势殊理固然也。查吉省旧于将军署内设课吏局，饬令候补人员练习批判，事等吏胥，不足言法政也。嗣于光绪三十二年冬间，改设法政馆，暂假前将军长顺祠堂，修葺开学，考选速成科学员一百名，官绅并收，分主要、附设两学科，限二年毕业，规模略具。惟校舍无多，学员皆寄宿校外，精神涣散，非惟管辖无术，不能示整齐画一之规，而往返需时，亦难收讲授观摩之益。因陋就简，非所以培材也。臣等抵任后，择省垣德胜门外演武厅左近勘定地段，估工建筑，共造成学舍一百二十一间，定名为法政学堂。仍照章由提学使管理，并檄委候补道钱宗昌为该堂总理，考选完全科学生每年定额八十名，分豫科、正科两级，统限五年毕业。现先习豫科，应俟肄业年满，择其合格者，始准升入正科，以资深造。其原设之速成科，截至本年冬间，两年期满毕业后，即行停办。吉省月选分发及投効人员并原有候补各员，自道、府以下，照章均令考试。应行入学者，一律送堂特开讲习科肄业，遵照馆章，定为一年半毕业，分别劝惩。一切考验甄别办法，均按照定章参酌本省情形，核实办理。庶于因地制宜之中，仍寓澄清仕途之意。讲习科学员卒业，即照此次章程分别委用降黜。速成、完全两科毕业，应仿照各省学堂给奖成案核办。至前后动支经费，计开办法政馆经费，共用银六千七百余两，嗣因建筑法政学堂并购置器具等项，共用吉省官价银六万两有零。速成科额支每年需官价银三万六千余两，完全科、豫科额支每年需官价银三万二千余两。讲习科额支，刻因赴考学员未能截数，无从豫算，拟请随时核支，刻均由度支司筹垫动用，应准作正开销，造册具报。除将详细章程咨送宪政编查馆暨吏、学二部查照外，所有遵设吉省法政学堂并实行考验本省官吏缘由，理合恭折具陈。伏乞皇太后、皇上圣鉴，谨奏。光绪三十四年八月二十日具奏，九月十三日奉朱批，该衙门知道。钦此。

附奏吉林改建方言学堂动支经费片

再吉省前因交涉日繁，需材孔急，非造就译材，不足以资任使。当经前署将军达桂，于上年四月间，奏请设立外国语学堂，肄习欧亚方言，饬派前翰林院编修贵铎[1]充当监督，并声明该堂薪资工食各项零费，作正开销等因，奉朱批，该部知道。钦此钦遵在案。嗣因建筑校舍经费不敷，因就吉省旧有机器局空废房厂，修改设立，并改名为方言学堂。计先后修理堂舍一百余间，应需工料钱四万六千六百九十四吊九十文，又购买棹椅操衣铺垫等钱一万二千五百七十八吊七百文，置备图书仪器及教科书等钱三千七百二十七吊二百一十文，共用吉钱六万三千吊，合银一万三千六百九十五两六钱五分二厘二毫。当由该堂监督呈请提学使派员验勘，均系工坚料实，实用实销，并无浮冒等情，备具册结，详请奏咨前来。臣等覆核无异。除将详细册结咨部查照核销外，所有吉林改建方言学堂动支经费缘由，理合附片具陈。伏乞圣鉴。再前准学部咨行未设方言学堂省分，不必再立等因。查吉省该学堂，系于上年四月未奉部咨先已设立，合并声明。谨奏。光绪三十四年八月十九日具奏，九月十三日奉朱批，该部知道。钦此。

附奏吉省创设实业学堂折

奏为吉省创设实业学堂造就人才，以厚民生而图本计，恭折仰祈圣鉴事。窃臣等前准农工商部咨行御史成昌奏准通饬各省推广实业学堂一折，并准学部咨行各省筹设中等、初等各项实业学堂等因，仰见朝廷务材劝农通商惠工之至意。查吉省幅员广博，土脉膏腴，物产之饶，为全球所注视。只以风气朴僿，提倡乏人，以致利源莫辟，货弃于地。臣等抵东后，默察吉省情形，铁轨交错，商埠竞开，同处阛阓之中，不能周知百货之盛衰，异域之性情嗜好，必无以操其奇赢，则商业宜亟讲求也。森林之

〔1〕 贵铎：满洲正黄旗人，进士出身。光绪二十年，任翰林院编修、日讲起居注官。

富，经数千年之磅礴郁积，以供今日斧斤制造之需，加以参茸之珍，皮毛之利，转输及远，挹取无穷，则农业、工业宜亟讲求也。据松花、嫩江之流域浸润灌输，鱼族之繁，网罟之便，外人临渊生羡，则航业水产宜亟讲求也。顾论形势之争竞，并驾已嫌其迟，而剂财力之盈虚，兼营实有不逮。吉省除吉林、长春两府，宾州、榆树、农安等厅、县尚称繁盛外，此外各属求其户口蕃殖，人知向学者，殊不多觏。边瘠情形迥殊内地，刻欲振兴实业，惟有就省会地方首先设学，以期树厥风声，徐图进步。臣等现在省垣东关外设实业学堂一所，仍由提学司管理。并檄委候选道陈继鹏为该堂监督，暂定学额一百六十名。惟实业待兴甚亟，自应遵照奏定章程变通考选，先习豫科二年后，再行考验，择其质性相近者，分入农工商本科学习，以资深造而期成材。其修业年限并卒业时奖励，均请比照中等实业学堂办理。该堂开办经费，计建筑营造并购置图书标本器具等项，共用银五万九千余两，常年经费每年约需银五万两，均由司陆续垫发，一俟筹有的款，再行造册报销。其余各属实业学堂，容随时督饬宽筹经费，分别设立。除分咨农工商部、学部立案外，所有吉省创设实业学堂缘由，理合恭折具陈。伏乞皇太后、皇上圣鉴训示。谨奏。光绪三十四年八月二十日具奏，九月十三日奉朱批，该部知道。钦此。

纪游学

光绪三十一年，将军达桂遣派留吉人员李澍恩、李达春赴日本考察政治，嗣又选派本地士绅张松龄等二十余人留学日本东京。维时吉省庶政更张，师资缺乏，需才孔急。故派往之员，入宏文、同文各校习普通暨速成师范者十余人，入警监学校者八人，入法政大学速成科者三人。或一年毕业，或二年毕业，先后返吉，任本省学务。比年教育进步，师徒莘莘，实为派遣留学生之效。世昌以兹立宪时代，尤非得高等人才，不足以资任用。因与巡抚朱家宝、提学使吴鲁一再商酌，将留日毕业生张松龄、荣升、李振藩、王树声、孙文敷等送入法政大学专门科肄业，柳乙青送入早稻田大学肄业。将军达桂前所派往俄国留学生李垣已入俄国皇家大学校，复添派崔恩培入东京第一高等学校第一部肄业。旋又饬由提学使曹广桢补助留日自费生三名，女学生一名，以鼓励之。异日毕业而归，当大有造于吉省也。

附吉省官费游学生一览表

类别 姓名	年岁	籍贯	游学地方	所入学校	游学年月	毕业期限	每年学费平均
李澍恩	二十八岁	江苏无锡	日本东京	宏文学校	光绪三十一年十一月	三个月毕业	三百六十两
李达春	三十二岁	浙江会稽县	同上	宏文学校	同上	六个月毕业	三百六十两
裕康	二十一岁	吉林驻防满洲附入京都镶蓝旗满洲四甲喇德贵佐领下人	同上	法政大学政治部	同上	因病回国并未毕业一年半毕业	三百六十两
澍霖	二十五岁	吉林乌枪营镶黄旗胜福佐领下人	同上	警监学校	同上	一年毕业	三百六十两
景芳	二十五岁	吉林满洲镶黄旗汉军德云佐领下人	同上	警监学校	同上	一年毕业	三百六十两
文耆	二十一岁	吉林满洲正黄旗权贵佐领下人	同上	警监学校	同上	一年毕业	三百六十两
衣迺经	二十二岁	吉林府民籍	同上	警监学校	同上	一年毕业	三百六十两
赓臣	二十二岁	吉林满洲正白旗魁庆佐领下人	同上	警监学校	同上	一年毕业	三百六十两
恩溥	二十一岁	吉林乌拉内务府正白旗管领下人	同上	警监学校	同上	一年毕业	三百六十两
荣贵	二十一岁	吉林乌枪营正黄旗丰陞额佐领下人	同上	宏文学校	同上	因病身故并未毕业	三百六十两
巴扬阿	二十一岁	吉林蒙古镶红旗海顺左领下人	同上	宏文学校	同上	一年毕业	三百六十两
孙树棠	二十七岁	吉林府民籍	同上	宏文学校	同上	一年毕业	三百六十两
张松龄	三十岁	吉林府民籍	同上	先入宏文学校毕业后现入法政大学	同上	宏文学校二年毕业法政大学三年毕业	三百六十两
赵铭新	二十四岁	吉林府民籍	同上	宏文学校	同上	一年毕业	三百六十两

类别 姓名	年岁	籍贯	游学地方	所入学校	游学年月	毕业期限	每年学费平均
王树声	二十九岁	吉林府民籍	同上	先入宏文学校后入法政大学	同上	宏文学校二年毕业法政大学三年毕业	三百六十两
吴玉琛	二十三岁	吉林府民籍	同上	宏文学校	同上	一年毕业	三百六十两
聶树清	二十岁	吉林府民籍	同上	宏文学校	同上	一年毕业	三百六十两
景昌	二十九岁	吉林满洲镶黄旗多伦佐领下人	同上	警监学校	同上	一年毕业	三百六十两
李芳	二十九岁	吉林府民籍	同上	宏文学校	同上	六个月毕业	三百六十两
荣陞		吉林旗人	同上	先入法政大学速成科后入专科	光绪三十二年二月	预科一年毕业专科二年毕业	三百六十两
崔恩培		吉林汉军旗	日本东京	先入同文学院普通科后入第一高等文科	同上	同文学院年半毕业第一高等三年毕业	三百六十两
柳乙青		磐石县民籍	日本东京	早稻田大学	同上	预科年半毕业本科三年毕业	三百六十两
李振藩		磐石县民籍	同上	先入察监学校后入法政大学	同上	警察一年毕业法政三年毕业	三百六十两
孙文敷		宾州厅民籍	日本东京	先入同文书院后入法政大学	同上	同文学院年半毕业法政大学三年毕业	三百六十两
李垣	二十八岁	直隶大兴县人	俄京	大学堂	光绪三十四年八月		一千卢布

学款篇

吉林向无学政，故文风较陋，而学款亦较绌。自光绪三十年冬设学务处后，乃将书时义学，宾兴，书院等款改办各项学堂。并先后由军署酌拨育婴堂经费，傅家甸地租，永衡官帖局余利，永盛公司、永吉公司彩票红利，征收木植洋款票费等项，为学务专款。三十二年冬提学使吴鲁到任，全数提归学务公所。三十三年五月，改建行省，兴学渐多，需款渐钜，又提用考棚经费以资接济。犹不足则由司随时禀请公署批交度支司酌量拨助。两年以来，经营缔造，计学务公所直辖各学堂不下二十处，所需学款，均于设法周给之中寓随处节省之意。三十四年，复严饬各学堂实行预算、决算，以昭核实。宣统元年二月，据提学使曹广桢呈报，所有直辖各学堂本年连闰预算可节省糜费四分之一，而学额曾不少减，并由度支司汇报指定学务专款岁共二十万两。又有法政、方言、实业三校，常年经费指定专款亦十万余两，此其大较也。至于外府、厅、州、县其设治已久之处，略有书院、义学、宾兴等款，藉以拨用。新设治之地，则一无凭倚，颇费筹措。此吉林学务之远不及奉天者。虽由风气晚开，亦学款源泉无从挹注之所致也。综计各种官款大半抽诸饷捐，公款大半取诸庙产，私款大半出诸报效，而全省学款岁入不足七十万。教育不发达，则人才不振兴。以学款如此之支绌，而欲力谋兴学，所以开其源而节之流者，又安能无术以处此乎。

纪官款

学务公所暨直辖各学堂，所需常年经费皆官款也。其一为旧时崇文书院、白山书院及南北中三义学之发商生息款，一为前交涉总局提拨征收木植洋款票费项下中钱四十万吊之发商生息银，一为傅家甸勘放街基，按春秋两季收纳之地租，一为彩票公司按照筹饷章程，解交之三成红利，一为度支公司随案拨发之经常临时等费。自宣统元年起，豫算全年支出计实银二十万两，概归度司指定，随时抵拨。此省城官款之大概也。若四乡，若外属，凡各项官立学堂，均以饷捐为官款之大宗。其法系按晌抽捐，每年每饷捐钱八百、六百、四百不等，随大租征收，作为学款或仅收一次，或按年抽收，均视地方之优瘠酌定。各属办法不一，大致以每晌抽捐六百文为中数，合库平银仅一钱有零。每垧十亩，每亩仅捐一分有零，而又田主，佃户各任其半。事以轻而易举，费以少而易集，于新设治各州、县绝无办学专款者，行之尤属相宜。饷捐之外，又有放荒之款，亦足为岁入之大宗。各属不少大段闲荒，近来生齿渐繁，客户麇集，照章酌量勘放，招佃承垦，作为永远学田。第一年即可将押租钱文生息应用，三年之后每垧酌收佃租钱文，即可列为专款。农务日兴，学款或可日裕也。

纪公款、私款

振兴教育之中，寓改良风俗之意，莫如提用各项庙产，办理地方学务一事。吉林俗尚神巫，庙产丰富，世昌饬各属广设宣讲所，注意劝导，不数月间，颓风顿易，士绅热心公益，或请以寺庙闲屋改建学堂，或请将寺庙赀产捐作学田。两岁于兹，各属公立学堂，成立颇众，大半皆此项公款为之挹注也。其私家报效学款者，兴学以来，先后凡数十起。若山东职商孙起凤、宾州绅士候选知县于冠卿、绥芬厅原任伯都讷副都统讷荫之妻关杨氏暨子云骑尉崇权、伊通州知州赵仙瀛、伊通州民妇杜崔氏及子杜育慈、农安县知县姚景星、绅士候选巡检梁云山、文童张中阁、田少赓、桦甸县监生崔逢春，或捐银钱，或捐田宅，计共银六万余两。此在内地饶沃各省，原等太仓稊米，而敝窳如吉林，正亦难得矣。

教育行政篇

黑龙江本满蒙游牧之地，向无民官，无所谓学，安有所谓教育行政。其满蒙应试子弟，始则由各旗该管官出具图片，呈送将军考试骑射，咨送奉天学政收考，久之有自邻省襁负而至者，间能以诵读为事。同治九年，奉天学政按临吉林，江省应童试者始就近附于吉省。至光绪五年，呼兰始设学正，是为江省有学官之始。自兴学以来，江省循例设学务处，附于军署文案处。三十二年，始独立以分巡道总理之，设教务、庶务两提调，是为江省有学务总汇之始。三十三年设提学使，江省乃得与各省比，渐渐谋教育行政事务矣。是年，学务公所成立，越明年，各属视学官、劝学员以次分派，而教育行政机关乃稍稍备，而图书馆、宣讲所之属亦先后设置。然以地方开辟最晚，财政无所出，提学使兼劝业事务，而公所各科员，亦皆各有兼掌之职，是江省从前童试附吉林、乡试附顺天者，今则学务专官又兼他项之职掌矣。比年以来，设学渐多，政务亦逐次振兴，课虚叩寂，破此天荒，进化之迟速，亦正视此枢机也。

纪学务公所

提学司署例设学务公所，延议长一员，议绅四员，以备咨询。分总务、专门、实业、普通、图书、会计六课，各设正、副课长、课员。嗣准部章改课为科，江省各司均设科长，无副长，有正、副科员。学务公所先设科长四员，正科员五员，副科员六员。总务、实业、普通、会计四科事繁，均设科长及正、副科员。每科三人。图书科兼发行绘图，设正、副科员各一。专门科但设副科员一，兼省视学。光绪三十三年设满、蒙译员，现归并议绅办理。省视学定额六人，现派二员分区审视。省城改良私塾、简易识字学塾，另派查学员二人稽查之。别有宣讲所员一、劝学员二，均拨归教育总会管理，其所组织者如此。

纪图书馆

江省三年以前尚无书肆，前学务处两次派员购买京沪教科图书，就垦务局东厢设馆发行。光绪三十三年，简放提学使，始就学署西南建筑馆舍，为发行印刷之所。奏请就省城西关外古庙添修藏书楼、检发室、阅览室，一面派员广购经史子集并东西各国图书译印精本。其各省官书局各书，咨由各处寄送，以饷边区。派专员管理，妥订开办简章暨藏书规则，规模具备，部章筹办图书馆，应设古物保存会，嗣据巴彦州民人掘地得总领古印一方，稽之金史，品秩可考，即以附存于馆云。

附奏陈江省拟建图书馆折

奏为江省拟建图书馆，以广庋藏而开风气，恭折具陈，仰祈圣鉴事。窃维时局日新，政学递变，非博通古今之故则用有所穷，非并读东西之书则才难应变。近日欧美各邦竞尚文化，一国之内，藏书楼多至百数十所，卷帙宏富，建筑精良，于以尽图籍之大观，资学人之参考，洵盛事也。江省僻处边隅，罕沾文教，城市之间，书坊绝少，村塾之子，论孟不知。近日学务甫有萌芽，鼓箧之士略见海外译书，学堂课本，经史巨册无可寻求。若不设法提阐学风，购求古籍，即使学堂渐立，教课如程，诚虑笃守方隅，稍识粗浅之新书，不闻精深之国学，根柢不固，智识不完，其影响于风俗政治者所关甚钜。伏查学部奏定各省学务官制内称，图书馆亟须筹设。江省原有图书馆，向仅租屋数椽，市廛湫隘，册籍不全，非择地另修，无以广储藏而资披览。现于省城西关外勘得原有古庙基址，拟改建图书馆一区，屋式略求宽敞，并添修藏书楼、检发室、阅览室，以期完备。一面派员广购经史子集各种、并东西各国图书、暨译印各精本。其在京各衙门及各省官书局刻印各书，拟咨由各处寄送以饷边区，并由臣等派委专员管理，分别收储，详定规则，厅人入馆观览。所冀积轴填委，学理昌明，国粹藉之保存，人才因而辈出，似于补助教育，启发民智，不无裨益。现已派员鸠工庀材，所有建屋、购书各款，一俟事竣，应请作正开销。除分咨外，所有江省拟建图书馆缘由，谨恭折具奏。伏乞皇太后、皇上圣鉴。谨奏。光绪三十四年七月二十一日奉朱批，学部知道。钦此。

学校篇

科举废，学堂兴，是为我国学校一大改革。而在江省则非学校之改革，直教育之创始也。旧日学官之设，虽始于光绪五年，而至十四年呼兰、绥化两厅民童应试者乃各达百五六十名。盖十年之久，始见句萌，且亦仅此两厅所属而已，余则仍少文秀也。三十一年设立学务处，始有高等小学二校。其明年增至三十四，内有专门三、师范三、女子学堂二焉。自是以后，逐渐扩充。至三十四年，而官立学校统计都一百五十七所，公立一所，专门、实业、师范、普通各校灿然具备，在堂人数统计几七千人，已毕业者凡一千一百数十人，于此见菁莪条达之象矣。惟地本荒旷，北邻俄境，南接三蒙，索达各旗，语言不通，文字各异，诱掖奖劝，诸多扞格。三十二年，署将军程德全筹办小学堂折内，谓江省兴学之法，宜合而不宜分，宜统筹普及不宜分划畛域。应请无论官庄、台站，所属蒙古均得入学。可见风气闭陋之极，创办之艰。今则不论民旗蒙部一律设学，不得不谓为任事者苦心经营之力也。至派赴外洋留学，例须中学堂毕业之生。省城中学堂及优级师范选科，均尚未至毕业之期，此外亦无娴习外国语言堪以直接听讲之人，无可通融派遣。三十二年，程将军先后派客籍学生十人赴俄，每人每月给官费一百二十卢布，以非土著，且事在世昌督东之前，故不备纪。

附江省学务统计总表光绪三十四年份

学务＼统计		学堂及教育处所	职员数	教员数	学生数	岁入数	岁出数	资产数
专门学堂		一		一	二一	九〇	九〇	一六
实业学堂		五	四	二三	四三二	二、四九九四	二、二九四二	六、〇二〇〇
师范	优级	一	四	七	一〇〇	一、二九八〇	一、二九六七	四、二二七三
	初级	三	三	七	一六五	一、〇七一七	八三二六	一、〇七五五
	传习所	四	二	七	九四	二八五二	二八五二	

学务＼统计		学堂及教育处所	职员数	教员数	学生数	岁入数	岁出数	资产数
中学堂		一	三	五	一〇五	八五四〇	八二五四	一六八〇
小学	高等	三	二	一七	三七二	二、四一三〇	二、四一三〇	一〇、五〇一一
	两等	二二	一一	七六	一四九七	五、八二〇六	五、八三六〇	七、五六七一
	初等	一〇六	四	一六一	三七三六	六、八八三〇	六、八三三二	三、一六七九
半日学堂		三	一	四	一三〇	一一三四	一一三四	六〇〇
官话字母学堂		二		一	四九	一三一	一三一	一〇
女子学堂		七	五	一二	二四四	五三三五	五三三五	一、一二一一
学务公所		一	一四			二、〇一四四	二、〇一四四	二四、六〇〇〇
劝学所		一五	四二			二、〇〇四五	二、〇〇四五	二〇〇
教育会		一	五四					
宣讲所		五	一三			七二〇	七二〇	一〇〇〇
图书馆		一				一八四八	一八四八	九〇一〇
学田招垦局		一	一			二、四九九八	二、二五三三	
总计		一八二	一六三	三二一	六九四五	二八、五六九四	二七、八一四三	五九、五三一六

纪师范

江省教材缺乏，培植师范尤亟。光绪三十二年，由高等小学附设速成师范。三十三年，由客籍学堂附设师范传习所，为省城师范之始基。三十四年，初级简易师范生毕业，升办优级师范选科，师范传习所毕业改为初级师范。又因俄文学堂校舍创办满蒙师范，调西北各城暨西南各蒙旗子弟入校肄业。惟女子师范未能遽设，俟幼女学校毕业，再行升办。至各属之初级师范，则呼兰府成立较早。今绥化、海伦两府合设一校，曰绥海初级师范学堂。有合设师范传习所者，则大通而附以汤原，瑷珲而附以黑河，肇州而附以安达、大赉，若嫩江、讷河、布西、呼伦等处则并此未设、仅择其学生之年长者，令入省城满蒙师范学堂肄业，边荒窘陋，于此而益见矣。

附江省师范学堂统计表光绪三十四年份

地方＼学堂		优级师范学堂			初级师范学堂		传习所讲习科	计
		完全科	选科	专修科	完全科	简易科		
阖省公共学堂			一			一	一	三
与他省公共学堂								
两府以上公共学堂								
客籍学堂								
兴东道								
黑水厅								
呼兰府	阖府公共学堂							
	本府					一		一
	巴彦州							
	兰西县						一	一
	木兰县							
绥化府	阖府公共学堂							
	本府							
	余庆县							
海伦直隶厅	阖厅公共学堂							
	本厅						一	一
	青冈县							
	拜泉县							
大赉厅								
肇州厅							一	一
安达厅								
汤原县								
大通县								
瑷珲								
呼伦贝尔								
墨尔根								
东布特哈						一		一
西布特哈								
多耐站								
总计			一			三	四	八

附江省师范学堂学生统计表光绪三十四年份

地方＼学堂		优级师范学堂			初级师范学堂		传习所讲习科	计
		完全科	选科	专修科	完全科	简易科		
阖省公共学堂			一〇〇			七三	一六	一八九
与他省公共学堂								
两府以上公共学堂								
客籍学堂								
兴东道								
黑水厅								
呼兰府	阖府公共学堂							
	本府					五一		五一
	巴彦州							
	兰西县						三〇	三〇
	木兰县							
绥化府	阖府公共学堂							
	本府							
	余庆县							
海伦直隶厅	阖厅公共学堂						三二	三二
	本厅							
	青冈县							
	拜泉县							
大赉厅								
肇州厅							一六	一六
安达厅								
汤原县								
大通县								
瑷珲								
呼伦贝尔								
墨尔根								
东布特哈						四一		四一
西布特岭								
多耐站								
总计			一〇〇			一六五	九四	三五九

纪普通

普通教育，各府、厅均应设中学，江省因程度不合，乃择各属高等小学毕业生合设全省中学堂一处。呼兰、绥化、海伦三府均设中学豫科，现经学部定章，正名高等小学。各厅、州、县城均设两等小学一班。因高等小学未能招足四班，故附设初等。至初等小学为普及教育之基，每属已设数处、十数处不等。女子小学，惟省城第一幼女学校，照高等女子小学办理。呼兰、巴彦、兰西、绥化、海伦仿设各校，均先设初等小学。省城亦分区设校，次第成立。至于下级教育如半日学堂，近已一律改为简易识字学塾，以归整齐。统计官立小学堂学生共七千人，简易识字各塾学生共三千余人，民立小学堂学生共二千人，改良私塾学生共五千人，总计一万七千人，以全省丁口一百七十万人之数校之，约当百分之一云。

附江省普通学堂统计表光绪三十四年份

地方＼学堂		中学堂	小学堂			蒙养院	半日学堂	官话字母学堂	女子学堂	计
			高等	两等	初等					
阖省公共学堂		一	一	一			一	一	一	六
与他省公共学堂										
两府以上公共学堂										
客籍学堂					一					一
兴东道										
黑水厅					四					四
呼兰府	阖府公共学堂									
	本府		一	四	一六				二	二三
	巴彦州			二	一四			一	一	一八
	兰西县			一	四		一		一	七
	木兰县			二	三					五
绥化府	阖府公共学堂									
	本府		一		一一				一	一三
	余庆县			一	八					九

地方 \ 学堂		中学堂	小学堂			蒙养院	半日学堂	官话字母学堂	女子学堂	计
			高等	两等	初等					
海伦直隶厅	阖厅公共学堂									
	本厅			一	八					九
	青冈县			一	四					五
	拜泉县			一	二					三
大赉厅				一	一一		一			一三
肇州厅				一	一〇					一一
安达厅				一	一					二
汤原厅				一						一
大通县				一						一
瑷珲				一	二					三
呼伦贝尔				一						一
墨尔根				一	二					三
东布特哈					三					三
西布特哈					一					一
多耐站					一				一	二
总计		一	三	二二	一〇六		三	二	七	一四四

附江省普通学堂学生统计表光绪三十四年份

地方 \ 学堂	中学堂	小学堂			蒙养院	半日学堂	官话字母学堂	女子学堂	计
		高等	两等	初等					
阖省公共学堂	一〇五	四〇	八三			五九	三二	一〇六	四二五
与他省公共学堂									
两府以上公共学堂									
客籍学堂				三三					三三
兴东道									
黑水厅				一〇三					一〇三

地方	学堂	中学堂	小学堂			蒙养院	半日学堂	官话字母学堂	女子学堂	计
			高等	两等	初等					
呼兰府	阖府公共学堂									
	本府		一二〇	二四四	六六七				五二	一〇八三
	巴彦州			二四一	五五八			一七	三〇	八四六
	兰西县			一三八	二〇八		二五		二一	三九二
	木兰县			二五	六九					一八四
绥化府	阖府公共学堂									
	本府		二一二		五七九				二八	八一九
	余庆县			一六八	三〇八					四七六
海伦直隶厅	阖厅公共学堂									
	本厅			九五	四〇〇					四九五
	青冈县			六九	八四					一五三
	拜泉县			三三	四〇					七三
大赉厅				五〇	一七三		四六			二六九
肇州厅				二八	二四四					二七二
安达厅				九	六					一五
汤原县				一八						一八
大通县				三二						三二
瑷珲				四二	四六					八八
呼伦贝尔				七一						七一
墨尔根				六一	七〇					一三一
东布特哈					七七					七七
西布特哈					三五					三五
多耐站					三六				七	四三
总计		一〇五	三七二	一四九七	三七三六		一三〇	四九	二四四	六一三三

附续报江省各属推广小学情形折

奏为续报江省各属推广小学情形，恭折具陈，仰祈圣鉴事。窃维江省边荒椎鲁，教育甫在萌芽，创办之初，自以多立小学为基础。光绪三十一年十二月，臣德全奏陈开办学务大概情形，即声明注重小学以端始基。上年九月，复将省城、外城筹办各学堂汇奏在案。自本年提学使张建勋抵任后，规划全省学务，因势利导，力任艰难。现据报称呼兰府、绥化府、巴彦州三处筹设四乡小学，均已成立。其余庆、木兰、青冈等处，上年均各于绥化、巴彦、海伦等处附设学堂，本年均经自立两等、初等小学。又兰西县设立师范传习所，改良私塾七十处。呼兰府城亦设师范传习所，改良私塾四十处。至省北瑷珲、墨尔根两城，各设初等小学一处。东布特哈创设初级师范预备科一处，西布特哈创设初等小学一处，省南肇州厅创办公立初等小学十处，多耐站委官创办公立小学一处，大赉厅半日学堂一处，塔子城分防初等小学一处，省西呼伦贝尔城创办满蒙文官学一处。惟各处满蒙汉言语不同，未能强以定章。现拟各城均先办一处，俟有成效，再行徐图推广，此近日各属推广学务实在情形也。至来年扩充办法，现据各属呈报，计黑水厅议绅呈请就省城十区初等小学旧日用品，移作厅属四乡小学，并分划十区。呼兰府议绅呈请就呼兰四乡小学，四区之外再添十四区，合为十八区。余庆县教员呈请添设四乡初等小学十区，兰西县教员呈请添设四乡小学四区。巴彦州款项较优，学额太少，经学务公所核议拟添两等小学十二区。绥化府四乡小学原有五处，拟再扩充五处，总计明年应添设者仅五十五处，此明年各属推广学务情形也。据提学使张建勋详请具奏前来。臣等伏查江省办理学务，不必侈语精深，而难于由浅近而臻切实。现经臣等督饬提学使随时认真办理，总期宗旨纯正，教科完备，管理严肃，庶仰副、皇太后、皇上兴学育才之至意。除咨学部查照外，所有续报江省各属推广小学缘由，理合恭折具陈，伏乞皇太后、皇上圣鉴。谨奏。光绪三十三年十二月十二日奉朱批，学部知道。钦此。

附奏江省创办中学及改定两级师范并推广女学折

奏为江省创办中学及改定两级师范学堂并推广女学情形，恭折仰祈圣鉴事。窃查江省自整顿学务以来，民智日渐开通，即规划宜日图进步，固不欲躐等以求速，尤不宜简陋以自安。盖边省教育之计划，固有不得不然者。现计省城、绥化、呼兰、巴彦州文风较盛之地，所办高等小学为时较久，略具普通知识。上年调齐分科考试，升入中学。查照新章，饬令诸生自备膳费，现因校舍未成，暂借上年新修南路农业小学堂内开办。一俟春融，即择农业小学堂东北空地，按照中学校图式建筑，以规久远。旧有黑水中学预科，同时归并。该中学本系俄文学堂改设，由户司岁支银三千五百五十两，仅教学生一班，不足五十人。现中学已招足两班百人，经费亦应加倍，岁支银七千一百两。嗣后按年添招，即按年递加。至五年以后，即毋庸增费。再前年创办初级师范简易科，计得一学期毕业生五十人，两学期毕业生百人。惟高等小学教员、中学教员现尚缺材，亟应将简易科停办，改名两级师范学堂，按章先办选科，限定预科一年，分科两年，合共三年毕业。至女学为家庭教育之基，前年省城创办第一幼女学校，上年接奉学部奏定女学堂章程，遵即照章办理。各属闻风兴起，皆申送女生入省肄业。现在呼兰府设立第二幼女学校一区，巴彦州设立第三幼女学校一区，兰西县设立第四幼女学校一区，均经饬令第一幼女学校发给章程教科书，以资训迪。所有开办经费，均系各属自行筹集等情。据提学使张建勋详请奏咨立案前来。臣等查省城中学堂，原为各属高等小学之升阶及省城高等学堂之预备，除旧有俄文学堂每年经费三千五百五十两，原由户司发给，现改由度支司发给外，其余逐年增加经费，应由广信公司官股余利项下如数拨付。如有不敷之款，再由度支司设法筹付，以重学务。并另拨开办经费一千两，以为购置教科书籍及操衣操帽之用。迭经批示，饬遵在案。至两级师范学堂先办选科，每班百人，按照简易科原支经费数目，照旧由度支司提拨，随时添招新班，再照此数递加。至在呼兰、巴彦、兰西等处，就地筹款添招女学，尤为造就师资、预培家庭教育起见，均经随时饬令照办。除咨明学部查照外，理合恭折具陈。伏乞皇太后、皇上圣鉴。谨奏。光绪三十四年四月十九日奉朱批，学部知道。钦此。

纪专门

各省专门教育厅设高等学堂，江省因中学尚未毕业，暂从缓设。光绪三十三年因法政需才，设法政肄习所，旋归并东三省法政学堂。毕业回江，设自治讲习所。及自治毕业，改设法政学堂，分法律、行政两科，遵照定章办理。至于文科，原有俄文学堂已改为黑水中学预科，继立同文学社肄日本文字。哈尔滨江省铁路交涉局则设有吉江译学堂，以储象胥之材，由江省每年拨官款四千两为补助费。余若医科、音乐科尚未筹设，而存古学堂则需费更巨，亦非一时所能猝办也。

纪实业

农工商实业，江省程度至浅，皆由初等创始。各属风气未开，饬提学使先于省城肇其基。合并十区初等小学，设南路初等农业学堂，分农业、林业、蚕业三科，附农事试验场。北路初等工业学堂，设土木科、纸科、碱科、染科。西路初等商业学堂，在商埠之南，临江通舟楫，将来扩充可设商船科。各属仿设农学者，海伦府及所属青冈、拜泉二县，瑷珲厅、嫩江府，亦相继筹设。省北荒莱待辟，宜重农也。呼兰、绥化二府，巴彦州、兰西县，民居已繁，先设初等工业小学，原料既富，宜重工也。黑河、胪滨，地处极边，为华商出入之途，亟应重商。惟市廛未盛，设学未易，不过就商民组织识字学塾及初等小学，为之预备而已。此外拟就师范博物科，拓立博物馆，就农学堂附立测候所，以经费过绌，均尚有待后图也。

附奏城乡各小学注重实业片

再教育造端于初等，民生莫重于实业。江省物产丰阜，腴壤云连，而农工商各实业学堂，俱以款绌未能创兴。计惟将现设各小学，注重各项实业，庶可期发达而图进步。现拟将省城初等小学添购彝器标本，加课实业，以为各属倡导。计北路小学拟注重工业，分别制碱、造纸，并仿制学校用品各事，以树将来工艺之基。南路小学地多隙圃，宜于种植，拟辟为农业试验场，演习农林，以资农学实验。西路小学拟注重商业，备立他日商船及各项商业基础。等情，据提学使张建勋呈报前来。臣等伏查该司所筹，洵为本省扩张实业起见。将来各该堂学生毕业，应请遵照初等实业学堂章程奖励，以收实效。至经费支绌，臣等自当力为筹措，务期教育切实推扩，款项仍不虚糜，冀于边省学务有裨。除咨学部、农工商部查照外，谨附片具陈。伏乞圣鉴。谨奏。光绪三十三年十二月初六日奉朱批，该部知道。钦此。

学款篇

江省文风蔽塞，向学者寥寥。兴学之始，各府、厅、县均拨官款，以为提倡。蓝缕开疆，殆亦不得不然之势也。官制既定，各项行政经费苦无所出，学款之在省城者则取之广信公司官帖余利，在各属则以指定学田为常年经费。苦心筹划，今渐就绪，而公私报効银两者亦时有所见，辅助进化，椎轮士绅，虽土壤细流，未始无补于泰海也。统计全省岁入学款，光绪三十四年计共二十八万五千六百九十余两，而岁出亦复相当。迩来进图扩充，从事实业，提学劝业，责在一人，教育经费视生产力之消长为率，此尤世昌之所深望者尔。

附江省学务岁入类别统计表光绪三十四年份

岁入类别 学务类别	产业租入	存款及利息	官款拨给	公款提充	学生缴纳	派捐	乐捐	杂入	计
学务公所			二、〇一四四						二、〇一四四
阖省劝学所						二、〇〇四五			二、〇〇四五
阖省教育会									
阖省宣讲所						七二〇			七二〇
图书馆			一八四八						一八四八
学田招垦局			二、四九九八						二、四九九八
阖省公共学堂			五、五五二四						五、五五二四
与他省公共学堂									
两府以上公共学堂									
客籍学堂							六八三		六八三
兴东道									

学务类别 \ 岁入类别		产业租入	存款及利息	官款拨给	公款提充	学生缴纳	派捐	乐捐	杂入	计
黑水厅				一七三六						一七三六
呼兰府	阖府公共学堂									
	本府						三、八八一六			三、八八一六
	巴彦州	六〇					一、四六四六	四一六〇	二一六八	二、一〇三四
	兰西县		一一八八				九八一九		一八三八	一、二八四五
	木兰县						五二〇三			五二〇三
绥化府	阖府公共学堂									
	本府						二、五九六九			二、五九六九
	余庆县						六九三三			六九三三
海伦直隶厅	阖厅公共学堂									
	本厅						一、〇六二二			一、〇六二二
	青冈县						三八四九	五四〇〇		九二四九
	拜泉县						二〇二〇	二五〇		二二七〇
大赉厅						二一四三	三一五三	二九〇	八〇	五六六六
肇州厅							四〇八四			四〇八四
安达厅				七一四						七一四
汤原县									一八二二	一八二二
大通县								八三五		八三五
瑷珲							二六四八			二六四八
呼伦贝尔								五〇〇	二四五二	二九五二
墨尔根							二九七六			二九七六
东布特哈		一六七	二四五					一四〇	三三七一	三九二三
西布特哈									一一五六	一一五六
多耐站							二七九			二七九
总计		二二七	一四三三	一〇、四九六四		二一四三	一五、一七八二	一、二二五八	一、二八八七	二八、五六九四

附江省学务岁出类别统计表一以学务分光绪三十四年

学务类别＼岁出类别		职员薪津	教员薪修	司事薪津	仆役工食	租息粮税	服食用品	试验消耗	图书标本器具	营建修缮	杂用	计
学务公所		八六九六		五〇四八							六四〇〇	二、〇一四四
劝学所		六九三八		九〇〇	九〇六				四七〇	一六〇一	九二三〇	二、〇〇四五
教育会												
宣讲所		七二〇										七二〇
图书馆									一八四八			一八四八
学田招垦局											二、二五三三	二、二五三三
专门学堂			五〇		八						二二	九〇
实业学堂			七五四三	四四〇	一八四三		一〇〇四	五〇	三四一八	四五五三	四〇九一	二、二九四二
师范	优级	一一九八	二六四〇	三四〇	三一一		三三九四	二三〇	二〇〇		四六五四	一、二九六七
	初级	四〇〇	二四六八	一三六	七〇八	一〇八	一六三五		五〇五	二七四	二〇九二	八三二六
	传习所		一三八七		六八		四五八			四七四	四六五	二八五二
中学堂			三八九七	三二五	一三三〇			一〇〇	二四〇		二三六二	八二五四
小学	高等	一二〇〇	七八八三	六二四	一八三六		一〇四六	二一〇	七九〇	五五一五	五〇二六	二、四一三〇
	两等		二、四四五七	一五一三	七一一三	七二二	四一〇三		五七五四	四一二九	一、〇五六九	五、八三六〇
	初等		二、六〇四三	一三二	七七七四	一七三〇	二二四六		二二五八	一、一九四〇	一、六二〇九	六、八三三二
蒙养院												
官话字母学堂			一二四								七	一三一
半日学堂			七六三		一一六	四〇					二一五	一一三四
女子学堂			二三八二		七二四	一六九			一六一	七〇三	一一九七	五三三五
总计		一、九一五二	七、九六三七	九四五八	二、二七三七	二七六八	一、三八八六	五九〇	一、五六四四	二、九一八九	八、五〇八二	二七、八一四三

附江省学务岁出类别统计表二以地方分光绪三十四年

学务类别＼岁出类别		职员薪津	教员薪修	司事薪津	仆役工食	租息粮税	服食用品	试验消耗	图书标本器具	营建修缮	杂用	计
阖省公共学堂		一五九八	一、八五一六	一五〇一	四四七五		四八六二		二三九二	二八六一	一、四七三一	五、〇九三六
与他省公共学堂												
两府以上公共学堂												
客籍学堂			二〇〇		六八					六〇	一〇六	四三四
兴东道												
黑水厅			八二〇		三二八				四九	七二	四六七	一七三六
呼兰府	阖府公共学堂											
呼兰府	本府		一、一〇一二	一一二	三四四四	九二八	六八四	五〇	四〇二五	一、一一六六	六八九五	三、八八一六
呼兰府	巴彦州		七六三六	一五六	一八一三	二六八			一五七一	六二四二	三三四八	二、一〇三四
呼兰府	兰西县		六五四〇	三七二	一六〇六	二三六	三二〇		一八五八		一九一三	一、二八四五
呼兰府	木兰县		二七八〇		七八四		四〇〇		三四	一〇	一一九五	五二〇九
绥化府	阖府公共学堂											
绥化府	本府	一二〇〇	九一一五	三三六	二四〇四	三五五	一六〇六		八〇四	二一二三	八〇二六	二、五九六三
绥化府	余庆县		二九〇九	一九二	一三一九	四六五	六九〇	二〇	三〇七	一〇〇	九三一	六九三三

学务类别＼岁出类别		职员薪修	教员薪修	司事薪津	仆役工食	租息粮税	服食用品	试验消耗	图书标本器具	营建修缮	杂用	计
海伦直隶厅	阖厅公共学堂											
	本厅		四七三八	三二四	一七二○		四二九				三四一一	一、○六二二
	青冈县		二四三二	一二○	一○一八	一四○	二○○		三五○	二六一○	二三七九	九二四九
	拜泉县		一一○三		三○○	六八	一六		四四七	四四	二九二	一三七○
大赉厅			二○九二		五一四	九三	一九○九		九七	一九○	七七一	五六六六
肇州厅			二六五六		一六		三五三		二八	六三八	三九三	四○八四
安达厅			二五○		九六		一二八		一六○	七○	一○	七一四
汤原县			七九四		九七	四三	四一九		一四○	二五八	七一	一八二二
大通县			一八○		六六	一一一	一五○		五六	一二八	一四四	八三五
瑷珲			一○一二	四二	四一七		五五二		二三三		三五六	二六一二
呼伦贝尔			一八四八	三五五	四三八						三一一	二九五二
墨尔根			一二六四		三一○	四一	二五○		一三六	四八○	四九五	二九七六
东布特哈			一一一三		三四四	一○八	六四六		二七五	九八	一一二六	三七一○
西布特哈			四八○		一四四				五四		四七八	一一五六
多耐站			一四七							六七	六五	二七九
总计		二七九八	七、九六三七	三五一○	二、一七二一	二八五六	一、三六一四	七○	一、三○一六	二、七七一七	四、七九一四	二一、二八五三

附江省学务资产统计表光绪三十四年份

学务类别 \ 资产类别		屋宇及地基	场所及设置	图书标本器具	田亩山林	房店场厂	储存款本	计
学务公所		二、三〇〇〇	二〇〇〇	一〇〇		二〇〇〇	二一、八〇〇〇	二四、六〇〇〇
阖省劝学所			二〇〇					二〇〇
阖省教育会								
阖省宣讲所		五〇〇	四五〇	五〇				一〇〇〇
图书馆		四〇〇〇	三〇〇	四七一〇				九〇一〇
阖省公共学堂		二、六二〇〇		一、〇一七八	奏拨荒段十万垧		六一三二	一三、二五一〇
与他省公共学堂								
两府以上公共学堂								
客籍学堂		五〇〇〇		二〇〇			二四九	五四四九
兴东道								
黑水厅				一一九				一一九
呼兰府	阖府公共学堂							
	本府	一、四六〇七		五五九〇				二、〇一九七
	巴彦州	二、八八五七		七一五〇				三、六〇〇七
	兰西县	二〇〇〇		一〇六六				三〇六六
	木兰县			七三〇	三千八百五十九垧			七三〇
绥化府	阖府公共学堂							
	本府	九、三四二〇		三一六六	四六〇〇			一〇、一一八六
	余庆县	三〇〇		四八二				七八二
海伦直隶厅	阖厅公共学堂							
	本厅	八一〇四		一八九〇				九九九四
	青冈县	六五五九		一二六〇				七八一九
	拜泉县	二六五〇		五一七				三一六七

学务类别＼资产类别	屋宇及地基	场所及设置	图书标本器具	田亩山林	房店场厂	储存款本	计
大赉厅	一八〇〇		六六八				二四六八
肇州厅	二五〇〇		六〇三				三一〇三
安达厅			一六〇				一六〇
汤原县			一四〇				一四〇
大通县			五七				五七
瑷珲	三一四五		四二五			三六	三六〇六
呼伦贝尔	二二六〇		八〇〇				三〇六〇
墨尔根	一六〇〇		七四二				二三四二
东布特哈	三七〇		四三五			二〇五二	二八五七
西布特哈			二五〇				二五〇
多耐站			三七				三七
总计	三一、六八七二	二九五〇	四、二四二五	四六〇〇	二〇〇〇	二二、六四六九	五九、五三一六

纪官款

江省学校，由官款设立者，其经费向领之于善后局，中学则领之于户司。今局与司均经裁撤，如优级、初级、满蒙三师范，四路小学、幼女学校诸经费，则由拨存学款内核发。若劝学员、宣讲员、图书馆经费，则由捐税项下提拨。全省中学堂则由租赋项下提拨。学田开垦以来，地较瘠薄，复遭水患，目前未可恃为的款。此后按年添班，须按年添款，学级渐高，需款渐繁。外府、厅、县均就地自筹，以纾官力。惟最北鄂伦春、毕拉尔路协领所设车陆小学，须由官款提倡。然教育所关，固无论何处，均由官妥筹的款，力图振兴，方可以敷文教而启颛蒙，愿有司之毋稍忽也。

纪公款

江省人民担任地方教育经费，其经常大宗以晌捐为最，每晌岁征学费江市钱二、三、四百不等。由地方绅民议定，禀地方官呈报立案。其余若粮捐、车船捐，各就地方酌筹之。呼伦、胪滨牧猎之区，无晌捐、粮捐之可征，呼伦学费则出之于牲畜捐、胪滨学费则出之于旱獭捐。若省城之清真小学堂，瑷珲之爱清，绥化之绥清，则皆回民公立学堂也。其余民立小学、改良私塾所有费用，未能详细报告，姑从阙焉。

卷十　司法

述　要

自奉九年预备立宪之明诏，其第二年，为筹办各省省城及商埠等处各级审判、检察厅。良以司法部分之重要，必与行政相对待而无或侵越，此尤宪政之精神，必须依据法理而见诸事实者也。但司法制度之进行，恒与其人民之思想为变迁，本社会之习惯，以为入手改良之秩序，斯信用著于国民而无疑阻格之虑。东三省人民，世为丰镐臣仆，百余年间，无兵戎盗贼之患，征发馈饷之烦，父子祖孙含哺而嬉，里邻族鄙，朴野成俗。即有贪诈横暴之吏，相忍为国，莫之能竞，此为人民全无权利思想之时代。故处理易易，行政多未完备，遑言司法。神皋沃壤，土浮于人。燕齐各处，代有兵荒，流人踵至，主客相形，竞争渐起，此为客民激发思想之时代。故狱讼滋多，非明习吏治者不能判决。于是始仿内省行政、司法混合之政体，以为之治。甲午以后，俄骋于北，日纵于南，两国之战争代起，而元气大伤。内部之寇盗横行，而民生日蹙。朝鲜旧服，且踰江而扰我边陲，孑遗周黎，陵夷亲受，闻见较多，侈言排外，此为人民思想勃兴之时代。故始以旗员充司法，嗣复以民官分理之，而卒不能治。迨奉天奏撤刑部，以驿巡道兼理刑事，吉林添设民官，不准旗员干涉词讼，黑龙江裁副都统，并刑司，设裁判处，似亦稍整饬矣。然又各有所谓发审局、行营发审处者，为裁判补助机关。泯泯棼棼，各树一帜。社会之变迁如此，刑事之紊淆如彼，如之何其不敝且殆也。世昌厘定东省官制，首以行政、司法分权为要务，乃奏设三省提法司，以管理司法上之行政，并筹办各级审判、检察厅。是时法部甫经奏定京外审判、检察官制，而于提法司之权限责任尚未颁布，饬规部制，斟酌变通。裁奉天驿巡道并发审局，定行营发审处权限，饬旗员不得审理词讼，以立刑法统一之基。省会、商埠，讼狱滋繁，观瞻所集。既定各级审判制度，先于奉天、吉林省城设立高等、地方、初级审判、检察各厅，而推及于奉之抚顺、新民、营口，吉之长春、农安等处。惟黑龙江荒瘠固陋之已甚，几经筹备，尚未开庭。盖根抵不立，或用非其人，迁就举办，必无进行之望，是则审慎迟缓之原因也。至于改良监狱，推广罪犯习艺所，设法律研究所、检验吏传习所，定讼费之等，明上诉之限，习登记之法，布旁听之制，举从前贿求陵虐、积压拖累之锢习一扫而空之。然以新政创办之初，当草昧初开之地，独先海内各省而有所谓提法司及审判、检察、改良监狱之属，殆东省人士意想所无之事。不但蚩蚩者氓未能明了，即行政官吏亦不免怀疑生阻，而谓侵越其权限。行之既久，功效渐见，信用日彰，官民绅商，始知赴诉之便利，翕然胥受法律之裁判，且有以开办府、县各厅而要求请愿者。即外人遇有民事讼案，亦复到厅赴诉，悉受法权，至此司法与行政乃有分立之基矣。虽然新律未定，部制未颁，凡法司及各厅一切章制与夫办事之手续，皆酌拟试行，岂易完备。任用司法官吏，亦无一定之法程。其法律，学生则仅知理想，而于社会之习惯茫无闻知也。其刑名老吏，则但知株守旧章，而于司法之原理毫无研究也。今欲会而通之，以适吾今日司法之用，俯仰之际，殊费裁成。又以登记之法未行，司法无普通之经费，故虽创立法庭，仅有此数，然已几经困难，亦过渡时代必由之径也。顾言司法者，必贵独立。今日东省之司法，乃仅有分立之机关，以云独立则未也。何以言之，提法司必应直接于法部，审判厅必应直接于大理院。今也由厅达司，由司达院，一再层递乃至于部，此限于根本之法律未能独立者一也。设厅之区，则凡刑事、民事讼案，除海陆军军事裁判外，皆应归其管辖。今三省之行营发审处，其所逮治皆行营侦缉之盗犯，是审判厅之外又有一重罪审判处并城而立，此由于军防之习惯未能独立者二也。提法司有监督之权，无受诉之职，乃或系官吏与官吏之诉讼，及人民与官吏之诉讼，或为未设审判厅之府、州、县人民上诉及招解之案，仍集于法司，此一时不得已之事实未能独立者三也。三者之外，更有由于制度之不备而未能独立者，其故凡六：因警察之职务不明，而取消司法警察固也，然警察无以执行，则审判、检察终无灵活之效果，其不备一。登记为保护人民财产之根据，奉省今始筹及，而吉、江犹阒如焉，其不备二。不必达于登记之契约，则公证人理之，今无闻焉，其不备三。他国之执达吏必出于学校，今虽革除胥吏，而考选之承发吏不必出于学堂，恶知其举职否也，其不备四。辩护士为保护被告人正当之利益而设，今尚无之，民刑被告，孑身对鞫，势穷定谳，终虞其失，其不备五。至于宪兵军镇及市区郡村吏员之不属于司法部者，或阙而不举，而不克任裁判上之辅助，此亦补助机关之要点，其不备六。有此数端，故东省之司法，仅仍处于行政分立之地位也。然开办既较内地为早，刑律虽旧，规制则新，各厅所理讼狱，亦较旧日地方责成为专，流弊差少。驯是以往，由分立以渐几于独立，必俟机关完备，权限分明，其纲要采于法部，而办事精神则尤视我司法部分之人才，所望膺法官之任者，继吾志而勿渝也。

附奏签注刑律草案折

奏为遵旨参考刑律草案，敬陈管见，并开单签注各条，以备采择，恭折仰祈圣鉴事。窃查前准宪政编查馆王大臣先后咨送刑律总则、分则草案，行令讨论参考，分别签注咨复汇核等因，嗣于宣统元年正月二十六日，奉上谕，戴鸿慈[1]等奏请饬催京外各衙门签注新订刑律草案一折，法律为宪政始基，亟应修改以备颁布，所有新订刑律草案，著京外各衙门照章签注，分别咨送，毋稍延缓，以凭核订而昭画一。钦此。诚以立法之原则，全视政体为转移，今既预备立宪，自应别为规定，以合立宪之政体。宪政之基，根于法律，煌煌圣训，深切著明，内外臣工，允宜确守此意。以为讨论，是不知立宪之政体者，必不足与言新律之发明。臣节经督同提法司全部各员详加考核，窃维中国法律，至唐较为完备，相沿至今，代有增益，而宗旨不甚悬殊者，则以政体未尝变易也。然条例日繁，罪名日重，其意原以惩奸禁暴，而干大辟、犯科条者，岁有所增。所谓齐之以刑，民免无耻，非治本之道也。今既屡颁明诏，预备立宪，而法律实为宪政之根据，自应力扫严苛之弊，一以公理为衡，删除繁细之文，悉以简赅为断。若仍本现行律例以资参考，则必格不入，而签注不胜其繁。详译总则草案之宗旨，大抵以生命为重，以平均为义，以宥过为本旨，故过失皆得减刑，以人格为最尊，故良贱无所区别。约举数端，皆与立宪政体适相吻合。盖法律之源，本于道德，而行此律者，亦必以道德之心，使吾民有耻且格，以渐几于无过之地。此立宪之先声，环球之公理，非若近今刑名家言密布法网，而待人以不肖也。论者乃以旧例相绳，致多不合。夫总则草案，即现行律之名例也。若名例多所驳改，则分则草案不待签注而自废。且法律者，范围一世之具，若轻重不均，宽严错列，恐不足以明示中外，伸张法权。臣细核各条，或遵守成规，或择取新说，虽条文互有出入，而纲要实主平均。谨就各条有未完备及应酌改并伸明其理由者，签注开单，恭呈御览。一得之微，或冀有所补助。或者谓人民程度尚低，不能适用轻法。溯查前奉禁止刑讯之谕，议者纷庞，几以为地方官

〔1〕 戴鸿慈（1853—1910年），清末一品重臣。清末出国考察五大臣之一，近代中国第一位司法部长。

舍此无凭定谳，遂不免阳奉阴违，互相观望。乃奉省自开办各级审判厅，除命盗重案外，概不用刑讯。开庭可以旁听，判词付之分布，民间称便，而结案犹较内地为多，是知旧日问刑之官无法理之思想，非民之无良，殆官吏之不足与言法学也。查修订法律大臣原奏，修订大旨一折业经声明，强盗、抢夺、发冢之类，别辑暂行章程，以存其旧。谋反、大逆及谋杀祖父母、父母等条，俱属罪大恶极，仍用斩刑，别辑专例通行。盖亦深知现在之风俗民情，与草案微有不合。但立法宜垂久远，岂能狃目前之习以薄待将来。故以新律著为常经，以专章暂资遵守，施行以渐，既无躐等之嫌，公理所存，安用一偏之议，此臣以签注为补助，而深愿赞成者也。抑臣更有请者，世界大同，文明竞化，均以法律之异同，觇权利之得失。向以我国律例与欧美异宜，故各国之有领事裁判权载在约章，遂为放弃主权之缺陷。今以立宪之预备，改定法律果能变通成规，集取新法，使各国商民之在我领土者，均以诉讼为便，则宣布实行，或有更改旧约与各国跻于同等之一日。若或调停迁就，繁简互异，新旧杂糅，非但有乖政体，一经宣布，恐非立宪良规，亦为外人所腾笑，此又国际之关系而不能意为轻重者也。合无仰恳天恩，饬下宪政编查馆会同修订法律大臣暨法部，迅将各项暂行章程编定颁行，以济目前之用。一面即据新刑律草案编定新律，宣布天下，上以副朝廷明慎用刑之意，下以慰臣民殷然望治之心，实于立宪前途大有裨益。所有参考刑律草案，敬陈管见并开单签注缘由，谨恭折具陈，伏乞皇上圣鉴训示。谨奏。宣统元年三月初八日具奏，三月二十日奉到朱批，修订法律大臣、法部汇核具奏，单并发。钦此。

谨将签注刑律总则草案各条开具清单，恭呈御览。

计开

第一条　凡本律自颁行以后之犯罪者适用之。

若在颁行以前未经确定审判者，俱从本律处断。但颁行以前之律例不为罪者，不在此限。

按本条第一项，系规定刑律关于时之效力。刑律以不溯既往为原则，故本律之适用限于颁行后之犯罪者，洵为至当之规定。第二项前段，系采不分新、旧二法，概从新法处断主义，解决固属简单，惟推究法理其不便有五：犯罪既在颁行以前，犯人当时只知照旧律应科甲罪，及依新律审判乃科乙罪，非犯人始料所及，不便一。新旧律规定不同，刑之轻重自异，依此规定，不失于轻即失于重，轻犹不失于宽大，重则使犯人生不平之感，不便二。因新旧律轻重不同，而犯人受利害之影响，是以确定审判之先后，而有幸免不幸免之分，不便三。新律颁行前，未经确定审判之案，其迟滞原因设由于犯人，或因事实上之不得已，犹可说也，如因裁判官之延搁所致，而科以重刑，则犯人必更不平，不便四。刑律以不溯既往为原则，新律原为惩戒颁行后之犯罪者，若以之处断颁行以前之犯罪者，是与不溯既往之原则相背，不便五。有此五者，似不如采比较新旧二法，从其轻者处断主义较为公允。且世界各国刑法最完备者，莫如德、日两国。查德、日刑法，皆采比较从轻办法，本项似可仿照改定。再同项后段，系与前段相辅而行，若采比较从轻主义，即可删削。以审判既从其轻者处断，颁行以前之律不认为罪者，自在不论之列。

第二条　凡本律不问何人，于在中国内犯罪者适用之。

第三条　凡本律于在中国外，对于中国事物犯左列各罪者适用之。

第四条　凡本律于在中国外，犯左列各罪之中国吏员适用之。

第五条　凡本律于在中国外，犯左列各罪之中国臣民适用之。其外国人对于中国臣民犯前项各款之罪时，亦同。

按第二、第三、第四、第五等条，采折衷主义。现在条约未经改正，对于外国人多半受领事裁判权之限制，其实依此规定，暗中收回法权已多。从前对于无国籍之外国人及无特别条约之外国人，现行律无处断之明文，只得照洋人治洋人之通例，或致他国从而干涉保护，损我法权。今有第二条之规定，则无国籍之外国人与无特别条约之外国人，已受我法权统治，亦先行收回之一端也。至第三条对于中国事物，无论内外国人犯所列各条之罪者，及外国人对于中国人民犯本条所列各项之罪者。又第四条在国外之中国吏员，犯所列各罪者均采国外犯罪适用本律之主义。在外国，一方面各国本无引渡本国人民于他国治罪之理，若第三国人民之犯罪，则须视犯罪人引渡条约而定。然中国臣民之在外国犯本律所列各项之罪者，已不受外国刑法支配，此又扩张法权之一方也。以上四条，均足补旧律之未备。惟第二条字句间尚有宜斟酌者，如中国二字似应改为大清国或大清帝国。以中国乃历代相沿之通称非国号也。又第二条内字上第三条外字上，似应加领域二字，较为周密。

第六条　凡在外国犯罪者，虽经审判后，仍得依本律处断。但于受刑之宣告而得免除执行，或已执行刑之全部或一部者，得免除本律之刑，或减轻一等至三等。

按本条规定，其不便有四：一、本国人在外国犯罪既经外国判决，而照本国法律尚不足以蔽其辜，得依本律处断，此专就一方面而言。设本国人受外国确定审判，其执行之刑核与本律较重，又将何以补救之。如因此而更设规定，恐外国之法权不能任我侵犯也。故本条之效用，只能补外国审判所不及，不能救济其过者，揆诸情理，殊欠持平。二、一次犯罪而须经两次处断，未免过事烦琐。果案情重大，尚可不惮其烦。而第三、第五两条，大概已将对于本国重罪赅括殆尽，是因内外国刑法轻重之差异，而多此周折也。三、犯罪人经两次处断，其结果必不免多受拖累，且因执行刑而令犯人回国，于犯人业务上亦有妨碍。四、本国人受外国审判，如刑之执行既毕，自不必论。若经宣告而未执行，或只执行其一部尚未终了，非先结订犯罪人引渡条约，外国必不肯将犯人交还。特订条约，又须多费手续也。有此四者，本条似宜删除。

第八条　第二条、第三条及第五条，至前条之规定，如国际上有特别条约法规或惯例，仍从条约法规或惯例办理。

按：本条纯然本律之限制，于刑法上似为累赘。加特别条约对于有领事裁判权各国，本法受其制限本不待言，有各条解释及默认为已足，不必于条文上明示也。且改正条约，撤去领事裁判权后，再删改本条似多一番周折。至国际法规惯例，则尤为各国通例，当在注解中类及，似亦不必明示于条文也。本条拟请删除。

第十条　凡律例无正条者，不论何种行为，不得为罪。

按本条规定，盖所以废比附之例，为本律中最有精神之处。颁发刑律，原以晓示人民应为、不应为。凡律例所不许者，犯之即按律科罪，此正办也。唐、明以来，相沿用比附之法，所谓出罪举重以明轻，入罪举轻以明重，现行律亦同。不知此制，既有侵立法之权，而又可使裁判官肆意出入，人民无所适从也。现今改正刑律，意在修明法典，使内国臣民遵循无弊，外国人民信守不疑。此种不完全之制，在欧美各国早经引为禁例，即我国近今学者亦知其非，本律不采此制，最为完善。说者谓法制有限，情变无穷，参酌比附以定之，乃以有限待无穷之道。不知自有比附之条，人民既无所避罪，断者亦难于适从，故往往拟办一案，有自州、县而干府驳，自府而干司驳，由司而干部驳者。办案者意见不同，心得互异，罪案之延宕，用款之糜费，均由于此。其黠者，或上下刑幕通同一气，师徒授受改稿易供，以致强案就律，是皆由于比附，刑难统一之故。若本条，则凡无正条者不得处罪，一以成文律为标准，犯罪者之条件完成，司法官即可据律以定其罪。对下则用宣告，其情罪必符，对上则据律文而驳诘，无自新律改正，可称尽善。若谓人情万变，断非科条数百所能赅载，然使引律比附，法亦有穷，断难一事一例适相吻合也。若本律虽以成文法为断罪之标准，而审判官于本律内有上下伸缩之权限，并设酌量减轻、宥恕减轻各例以补其缺，较之现行律例更无遗漏矣。

第十一条　凡未满十六岁之行为不为罪，但因其情节，得命以感化教育。

按现行律分为三级：一、年十五以下，犯流罪以下，收赎。二、十岁以下，犯杀人应死者，议拟奏闻取自上裁。盗及伤人者，亦收赎，余皆勿论。三、七岁以下，虽有死罪不加刑。以上犯反逆者，不用此律。律文分年龄宥罪为二级：对于幼年犯罪，施法中之恩也。然其弊在于宥恕之后，则放任之无以警其将来，适酿成后日再犯之性质，且分为十五岁以下，十岁以下，七岁以下，无非于年龄、智识、辨别上分罪之轻重。然于事实上有十五岁之知识不及十岁、七岁者，故本律不从辨别上定责任年龄，而采取十六岁以下无责任之主义，盖注重感化教育也。夫刑者，为出于不得已乃最后之制裁，幼者恶习未深，感化易入，且或智识、身体均未发达，不教而诛，既非防制犯罪之法，且失扶植幼年之道。此感化教育之主义，所以较现行律为善也。

第十二条　凡精神病者之行为不为罪，但因其情节，得命以监禁处分。

酗酒及精神病之间断时，其行为不得适用前项之例。

按现行律，疯病杀人，从犯人名下追取埋葬银十二两四钱二分，给付死者之家，是准过失杀办理。至乾隆二十七年，定锁锢之例，若陡患疯病以致杀人，旋经痊愈，訊取尸亲切结，拟以斗杀。如无尸亲切结，仍按谋故各本律定拟。连杀平人，拟绞候、斩候，俱入情实。如系卑幼致死尊长，妻致死夫，永远监禁，不准查办释放。又装捏疯迷者，仍照各本律例问拟，又责成亲属、邻佑、乡约、地方、族长人等，报明地方官看守，地方官对于疯症杀人者，有严行锁锢之责。律例分晰亦甚详细。惟其误在认病人与常人同负犯罪责任，而犯罪中又专指杀人一项。夫人既有精神病，是其病中所行之作为，皆病之驱使，非本人之意思作为也。若按照犯罪之轻重问拟，是犹对土人、木偶而加之以罪，此实古代报复抵偿主义。现在文明各国法律，所采主义渐异矣。至疯病断罪，专指杀人一项，是杀人以外之犯罪，未免挂漏，此亦缺点。本律草案，则采精神病者无责任之主义，无论何种行为不论罪，而为保卫社会治安，防制再酿祸患，故因其情节得为监禁处分。盖为监护疯人起见，一面为保卫安宁，非加刑也，似此亲属、邻佑、乡约、地方、族长人等，可免无辜拖累，对于疯人亦得防其再犯。惟精神病者监禁之所，总以隔别为宜，不可与普通犯人一同监禁，恐紊乱监狱之秩序，酿成危险也。又鉴定有精神病与否，即为定罪之标准，其权尽操之于医官。今中国医学未能发明鉴定之时，殊难为准。现当刑法改正时期，亟宜养成法医，以备应用。第二项酗酒者犯罪之行为，不得援第一项之例不论罪，恐借酗酒以逞其非行也。若系全无意识之行为，而非出于故意者，可援第十三条断为无罪。本项之要件，在全无意识与非出故意，然酗酒者，无意识之程度与非故意之实据，究从何推究，此实极难问题也。现行律，酒醉杀人，仍照律处断，则嫌其重，谓对于酒醉无意识之人，使与常人同负犯罪责任。若新律断为无罪，则又嫌太轻。酒醉无意识究属可以人力自制之事而犯之者，不得谓全无过失也，似宜采减轻之律，不采不论罪之主义为当。

第十三条　凡不出于故意之行为不为罪，但应以过失论者，不在此限。

不知律例不得为非故意，但因其情节，得减本刑一等或二等。

犯罪之事实与犯人所知有异时，从左列。

按现行律故杀条内注云，虽无预谋而临时有意欲杀之者，谓之故杀，与本条故意之行为意义相同。惟现行律则，专指故杀。本条之故意，则各条皆能适用，而不限于故杀一端，且豫谋，故意亦包含在内。又过失杀伤条内注云，谓耳目所不及，思虑所不到，凡初无害人之意，而偶致杀人者。是与本条稍有不同。盖现行律之所谓过失犯者，重在无害人之意，故不论罪，但追给烧埋银两。本条之过失犯，则着眼在应留意而竟不留意，以致生出犯罪之结果，故应处以过失之罪。亦适用于刑法各条，不限于过失杀之一端，规定甚为允当。但本条非故意三字界限最难分别，稍不注意，则罪有出入之关系，注释家与司法官最宜讨论者也。第三项一、二两号，以所知所犯为处断之标准，意存宽大，于法理最合。惟此项非只限于单独罪，即共犯罪亦得适用，似应明定于条文之内，较为完密。

第十四条　凡依律例或正当业务之行为，或不背公共秩序及善良风俗习惯之行为，不为罪。

按现行律无此规定。本条所以保护正当行为者。正当行为，有时依本律似为犯罪，而实际并非犯罪，以他项律例或习惯准许其有此种行为也。若不设此规定，则本律必与他律例相冲突，且不足以保护正当行为者。惟我国人民程度尚浅，对于正当业务之行为，似应略加制限，免滋流弊。例如医者治病，断人手足，伤人身体，固不为罪，以其为正当业务也。但欧西医者，无不出自学校，且须得政府之免许状，方能营业，固足征信于民。我国医学素不发达，无业之徒，略涉医书，即以之为营利之具，视人生命轻于鸿毛，若法律再从而保护之，则将更无忌惮，其患何堪设想。拟请略设制限于本条，附加一项，凡正当营业非经官许，不得适用前项之规定。如医生必须由官考验，方许营业之类。

第十五条　凡对于现在不正之侵害，出于防卫自己或他人权利之行为，不为罪。逾防卫程度之行为，得减本刑一等至三等。

按本条与现行律擅杀伤及夜入人家条内，颇有相同之点，而法理较密。正当防卫者，凡对于不正之侵害自己及他人，皆得有防卫权。谓以一人之腕力抵御目前之暴行，所以佐公权威力所不逮，故为法律所保护。在主观固不限于家主、捕者，被奸者之本夫与子及亲族。在客观不止于奸盗及逃犯，而手段之程度不必皆至于杀伤也，故较现行律更为赅括。现行律，夜无故入人家及擅杀伤各条，虽含有正当防卫之意，其实遗漏甚多。社会之情形与官吏之执法，尤多流弊。如贼犯携赃逃遁，直前追捕，或贼势强横，登时仓猝殴毙，当杖一百、徒三年。又如凶徒挟仇放火，及棍徒无故生事行凶，并强奸未成，被害之人及本妇有服亲属，登时忿激致死，杖一百、徒三年。其外散见各条，殊失正当防卫之旨。盖既受不正当之侵害，又受国法之制裁。查各省案件，因遭横逆致死伤凶徒，而反被处刑者，不知凡几，殊非保护社会私人权利之道。本条所以为救济私权之要点，为现时最适用之法条也。

第十六条　凡为避现在之危难及其他不能抗拒之强制，而出于不得已之行为，不为罪。但加过度之害时，得减本罪一等至三等。

按此条为基于紧急状态，是曰放任行为，亦足补现行律之缺。

第十九条　凡已受徒刑之执行更犯罪，应宣告有期徒刑者为再犯，依本刑加一等。但有期徒刑之执行既终，或受无期徒刑及有期徒刑执行一部免除后，逾五年而再犯者，不在加重之限。

第二十条　凡三犯者，依本刑加二等。

第二十一条　凡审判确定后，于执行其刑之时，发觉为累犯者，从前二条之分别以定刑期。

按十九、二十、二十一三条，采累犯加重主义。法理最为完密，较日本现行刑法更进，于中国尤为适用。现行律，除死刑一部分外，流徒以下，窃贼积棍，累犯累出，廉耻道丧，几视犯罪为故常，甚至以曾犯罪为讹诈之护符，因此而酿成他种之巨案不知凡几。推原其故，实由对累犯者刑法无加重之条。而监狱又未改良，犯罪性质因熏陶而益深。监视机关亦未完备，对于不良少年预防犯罪之方法，如惩治场、感化院等亦未创设。故刑法虽具，禁网疏阔，而累犯者不一而足。得此数条以补救之，加以改良监狱并研究各种预防犯罪之方法，则累犯者当能减少也。

第二十三条　凡确定审判前犯数罪者，为俱发罪。宣告各罪之刑，从左列分别定应执行之刑期。

按现行律，二罪俱发以重者论，相等者从一科断。若两罪俱发，皆系应科徒刑一年，只从一科断，未免失之太轻。本条数罪俱发，必宣告各罪之刑，然后从左列各项，分别定应执行之刑期。既可免裁判官任意轻重之嫌，又可使犯罪者帖服，不特法理严密，即事实上亦较现行律为优，最为适用。

第二十四条　凡一罪先发，既经确定审判，余罪后发及数罪各别，经确定审判者，从前条之分别定应执行之罪名，其刑期及金额宣告之。因赦而最重刑援免仍余数罪者，亦同。

按现行律，一罪先发已经论决，余罪后发，其轻若等，勿论。重者更论之，通计前罪以充后数。其轻若等，即得勿论，系采吸收主义，于犯罪人未免侥幸，且实以奖励再犯者，用意失之过轻。至重者更论之，通计前罪以充后数，此节甚似采用限制加重主义，然规定太觉沾滞，于适用之时，通前充后，扣算甚难。不若本条之规定，于细密之中，仍寓灵敏之意，乃纯用限制加重义也。

第二十九条　凡二人以上共同实施犯罪之行为者，皆为正犯，各科其刑。

按现行律，以先造意一人为首，随从者减一等，是无论多人共犯，均须分别首从。其强盗及共殴之案，则有不分首从者。然不如此条普通之规定，且细味共同二字，其必造意、实施，均系共同，方可皆作为正犯。若有一事不共同者，仍分首从无疑。

第三十条　凡教唆他人实施犯罪之行为者，为造意犯，照正犯之例处断。

按现行律，教诱人犯法，教诱为乱，教令狱囚诬指及教唆词讼等项，亦散见各门，惟无总律，其于共犯罪中，要领似未完备。本律特定专条，较为优胜，且各国成法大抵如此，乃新法最有精神之处，不能不遵从也。

第三十一条　凡于实施犯罪之行为以前，帮助正犯者，为从犯。其造意犯亦同。

按此条规定，实系补前二条之不足，惟别以以前帮助正犯者为从犯，若临时帮助，是否即照第二十九条第二项办理，不能无疑。

第三十二条　凡于前教唆或帮助，其后加入实施犯罪之行为者，照其所实施者处断。

按第二十九条，凡二人以上共同实施犯罪之行为者，皆为正犯。加功于实施犯罪之行为中者，准正犯。三十一条，凡于实施犯罪行为以前帮助正犯者，为从犯。是规定正犯、从犯以是否实施为断。本条既经加入实施犯罪之行为，自系属于第二十九条准正犯之范围内，似无庸另立专条，致滋纷议。

第四十条　凡孕妇受死刑之宣告者，产后经一百日，非更受法部之命令，不得执行。

按：死刑必受法部命令而后执行，固是定理。但以孕妇之故，必须两次命令，则羁延时日，难保不有他虞。窃思既已宣告，又受有法部命令，万无变更之理。何必更受命令，徒繁文牍，此条似应再酌。

第四十一条　凡徒刑囚徒监禁之于监狱，令服法定劳役。

按现行律，徒刑人犯发至配所，照应杖之数折责。依该徒年限，令其服役，与新律办法相同。惟新律劳役既系法定，其劳役之工事，更可使犯人增长技能，为将来图谋生计，自较现行律为优也。

第四十三条　凡受五等有期徒刑或拘留之宣告者，其执行上实有窒碍时，得以一日折算一元，易以罚金。

按现行律，赎刑分纳赎、收赎、赎罪三种。五刑中俱有应赎之款，惟因其情节，而有准赎、不准赎之别。若纳赎无力，仍依律决配，与新律规定稍异。现行律则以犯人资格上之差异，而有赎刑之设。本律则以执行上窒碍而易罚金，相提而论，本律似较平允。盖执行刑窒碍，乃事实上之万不得已，非为有力者设宽免之法也。惟本条易刑处分，设犯罪者无此资力，是否依四十五条第二款办理。但既云执行上实有窒碍，则监禁处分亦难执行，此一缺点也。究应如何补救之处，请再酌订。

第四十六条　凡褫夺公权，以应宣告徒刑以上之刑者为限。从各分则所定，终身褫夺左列资格全部或一部。

第四十七条　凡于分则有得褫夺一部公权之规定者，以应宣告徒刑以上之刑为限，得褫夺现时所有之地位，或于一定期限内褫夺前条所揭资格一款以上。

按外国刑法于丧失公权，多分剥夺、停止两种。本律第四十六条暨第四十七条，即系剥夺公权、停止公权之意，惟未分别程度，均以褫夺二字赅之，稍欠明晰，且所列资格仅止五项。现在选举议员章程及地方自治选举章程，均已颁行，一切选举及被选举资格，皆系公权，亦应加入。查日本刑法亦列此项，称曰国民之特权，其意即指参政之权。惟中国议院制度尚未成立，而人民参政之权尚无一定之范围，所以只宜将选举及被选举资格加入。即将来议院之制已行，亦可赅括。再得褫夺现时所有之地位，如现充某校某科教员，只褫夺其充某校某科教员之权，并未不许充别校某科教员，是亦停止之一种云云，或于一定期限内云云。即系有期停止，意甚细密，惟未以剥夺、停止字样分之，殊为歉耳。

第五十条　凡聋哑者及满八十岁之犯罪者，得减本刑一等或二等。

按：聋哑者既得减本刑一等或二等。聋哑系精神不完备，且必生而聋哑者，乃得援此例。查第八十七条，毁败听能者，毁败语能者，与于精神或身体有不治之疾病者并列。精神有不治之疾病，即系精神不完备，此项既与毁败听能者同列，则此条似可适用于第八十七条内列之二项、三项，似凡称笃疾者犯罪，均可援例议减。而本条又未声明笃疾各项议减之例，似欠周密，应再酌定。

第五十一条　凡犯罪于未发觉前，于官自首，就受审判者，得减本刑一等。

按现行律，凡罪未发而自首者，免其罪，犹征正赃。其轻罪虽发，因首重罪者，免其重罪。若因问被告之事，而别言余罪者亦如之。其遣人代首，若于法得相容隐者之亲属为之首及彼此讦发，互相告言，各听如罪人身自首法。若自首不实及不尽，以不实不尽之罪，罪之至死者，听减一等。其知人欲告及逃叛而自首者，减二等，坐之。其损伤于人于物，不可赔偿。事发在逃，若私自渡关津及奸者，并不在自首之列。若强窃、诈欺取人财物，而于事主处首服，及受人枉法赃、不枉法赃，悔过回付还主者，与经官司自首同，皆得免罪。若知人欲告，而于财主处首还者，亦得减罪二等。其强窃盗如捕获同伴解官者，亦得免罪，又依常人一体给赏。又例载闻拿投首之犯，除律不准首及强盗自首例有正条外，其余一切罪犯俱于本罪上减一等科罪，似觉太宽。本条只云得减本刑一等，其所限又未免太狭，可否采取折衷主义，改为得酌量情节减一等或二等，应再酌核。

第六十一条　凡因加减徒刑、拘留及罚金所生零数未满一日及银十钱者，除去之。

按本律罚金既以圆计，应均从圆，以免纷歧。

第六十三条　凡具备左列要件者，受四等以下有期徒刑之宣告时，自审判确定日起，于五年以下三年以上之期限内，得宣告犹豫执行。

按：犹豫执行，为刑法最良制度。现行律无此规定，日本改正案采此制度，本律特为专条，又设种种制限，不惟绝少流弊，并可奖励社会之进步，可以遵行。

第六十六条　凡受徒刑之执行者，有悛悔实据时，无期徒刑逾十年后，有期徒刑逾刑期二分之一后，由监狱官申达法部，得许假出狱。但有期徒刑之执行未满三年者，不许假出狱。

按现行律无此制。监狱官申达法部一节，似欠周妥。如监狱官直属于部者，自应如此办理。若京外监狱官，本属于行省之提法司，于例不能直接法部，似应由监狱官申达提法司，由司汇案再转报法部，较为统一，应请酌改。

第六十九条　凡提起公诉权，自犯罪行为既终之日起算，于左列期限不行者，则因时效消灭。

按：应提起公诉之人，有因事实上之障碍或过失，致逾左列期限者，应分别予以保护，方为完善，或将期限加展，应再厘定。

第八十二条　凡称尊亲族者，为左列各等：

一、祖父母，高、曾同。二、父母、妻于夫之尊亲族，与夫同。三、外祖父母。称亲族者，为左列各等：一、夫妻。二、本宗服图期服[1]以下者。三、妻为夫族服图大功[2]以下者。四、出嫁女为本宗服图大功以下者。五、外姻服图小功[3]以下者。六、妻亲服图缌麻[4]以下者。

按：本条系全案之文例，则所称名词，自应全案一致，方免纷歧。乃查分则中所谓尊亲族、亲族者，竟不多见。往往以尊亲属、亲属字样当之，致令阅者不知何指，竟有疑尊亲属，系自祖父母、父母以至功缌尊长尊属，皆是坐此弊也。应请更正，以归一律。

又按本条以外祖父母与祖父母、父母同等，以夫与妻同等，骤观之似未免令人骇异。中国数千年来，皆系家庭专制，故古者父在且为母期，而况母之父母，所以尊父也。女子子适人，父母且降而为期，舅姑亦无斩服，所以尊夫也。原以一家之中，尊无二统。唐议加外祖父母为大功，宋定舅姑三年齐斩，一从其夫。后之议礼者颇非之。今复进小功之外祖父母，与齐斩之服同科，屈斩衰三年之夫，与期亲以下并论，无怪举世为之哗然。不知礼者，名教之大防，往往抑情以定分。法者，公理之准，则往往略分以原情。二者本交相为用，不必累黍皆同。故诸侯绝期，大夫绝缌，以尊而降。女子子适人，子为人后，以义而降嫡继。母党情本不亲服，以属从而定，兄弟之妻情亦不疏服，以厚别而除。凡此之类，皆礼之所以定分也。至于立法则不然，即以旧律论之，外祖父母本小功，有犯以期亲论。妻之母本缌麻，有犯比依从母科断。嫡继慈养，持服虽同，亲母有犯，则各异其科。同居继父，虽有期服，有犯仍同凡论。凡若此者，礼应重而法或轻，礼应轻而法或重。此法之原情，而与礼本难一致也。执礼议法，乌可得哉。此在家庭专制时代且然，而况实行立宪，尊重人格，男女平等之时代乎。男女既须平等，则不能尊父而卑母，伸夫而抑妻，父母同为一等亲。则父之父母，与母之父母，自亦同为二等亲。妻视夫为同等，则夫自亦不能视妻为降等。此本条所以将外祖父母与祖父母、父母同列于尊亲族，将夫与妻同列于亲族也。世不之察，犹鳃鳃焉。

---

〔1〕　期服：齐衰为期一年的丧服。

〔2〕　大功：丧服五服之一，服期九个月。其服用熟麻布做成，较齐衰稍细，较小功为粗，故称大功。

〔3〕　小功：丧服，五服之第四等。以熟麻布制成，比大功为细，较缌麻为粗。服期五月。

〔4〕　缌麻：丧服，“五服”中最轻的一种。用较细熟麻布制成。

虑新律行而服制废，特亦不明于礼法之殊途，与时代之相异耳。

以上总则草案各条，凡有未完备及应酌改暨声叙理由者，均已分别签注。其分则草案，除与总则签注各条有关联者，应请再行酌量厘订外，其余各条，均极完密，可以遵行。合并声明。

法司篇

奉省旧设刑部，置侍郎以下各员专管旗民交涉、诉讼。其民人诉讼，以府尹掌之。光绪九年，将军崇实奏准，以将军兼管兵、刑两部，厘定刑部权限，专理旗民交涉徒罪以上案件。嗣因军署、部署对待牵掣，三十一年将军赵尔巽裁撤五部及奉天府尹，以驿巡道加按察使衔，通省刑名案件，悉归承转。三十三年朝廷筹备立宪，更改官制，改直省按察司为提法司，由东三省先行试办。是时方改设行省，改官制，明责任，清权限。而提法一官，管理全省司法上之行政，尤为法权分立之初基，乃奏设奉天提法使以谋统一。然自裁刑部及府尹署，虽稍去积弊，而地方牧令警局，与旗佐、界官、路记之属交受词讼，仍复纷庞纠杂，莫衷一是。即驿巡道兼衔绾事，非司法专官，而山海关道亦复假此名称军署刑司，改为刑股。于是旗官之受理诉讼，因循莫革。盖习惯相沿，法制之纷乱，而整齐画一之难也。甲午以还，俄人经营远东，旅顺、大连，几同占领，东清铁道横贯腹地，交涉之案，愈益丛脞。东邻勃兴，利权移易，金州租界，遂建都府，军政、警署，随意增置，陵暴我良懦，容纳我奸民。桀黠之徒，坏法干纪。商埠四开，侨氓麇聚，商业矿产，土地材木，佣工租赁之事，动辄龃龉。东西各国，咸派驻领事，保护其商旅，均借口于法律之异，横施其领事裁判，以挠我法权，则对外之难又如此。今欲谋法权之统一，必先修订新律，乃得实行其独立之精神。而欲启独立之萌芽，以待新律之完备，则尤自司法、行政分立始。奉省自设提法使，即奏裁驿巡道之按察使衔，定提法使为管理全省司法上之行政长官，筹设高等以下各级审判、检察厅。凡设厅之区域，即举旧日府、厅、州、县审判权悉以畀之，限制旗官、警局不得受理词讼，明法官之职务。严裁判之条规而废刑讯，减讼费。设法律讲习所，以造就审判之人才。建模范监狱署，以为改良全省监狱之嚆矢。年余以来，稍稍就绪。十年、数十年淹积之案，渐以清理。桁杨三木之威，幽囚惨酷之毒，廓除略尽。外人时来质成，盖至是亦稍知我国之重法权，有法官矣。吾闻匠师之制器也，先灵其机关而后全体乃活。如提法司者，固不在四级三审之数，然中国幅员辽阔，二十倍于日本，决非一司法省所能包举无遗。使无分司以综一省司法上之行政，则法官无所系属，而法部之应付或穷。故提法司者，法部之支所，而司法上行政之机关也。机关灵，全体活矣。今所推广不及十一，循是以往，无所隳废，斯预备期内或可达司法独立之希望，而以觇新律实行后之效果，冀以收回领事裁判权。是法律之系人家国，顾不重哉。

附提法司分科职掌大纲

第一条　提法司掌全省司法上之行政事务，监督本省各级审判厅、检察厅。

第二条　提法司总理全司事务，监督佥事以下各员，为一司之长。

第三条　提法司分设四科如左：

一、总务科　二、刑事科　三、民事科　四、典狱科

第四条　总务科职掌如左：

一、掌关于考绩事项。凡本司及全省各级审判厅、检察厅、典狱官之履历，请补升降，考试司书生，调派检察官、司法警察等项皆隶之。

二、掌关于文牍事项。凡收发文件，编纂存储卷宗档册，各项统计表册报告及办理不属民、刑各项特别公文、函电、专件等项皆隶之，兼典守印信。

三、掌关于会计事项。凡本司出入经费预算、决算，稽核各级审判厅经费、讼费，纳赎、收赎、罚金、充公赃物财产，罪犯作工成绩贩卖款项各事皆隶之。兼管理本司杂项事件及本司公置财产什物等项。

第五条　刑事科职掌如左：

一、掌复核全省死罪各犯奏咨案件，及死罪人犯招解、勘转事宜。

二、掌复核全省军流以下各犯内结、外结案件，及军流人犯招解、勘转事宜。

三、掌办理秋审事件，并恩赦条款、查办减等、留养事宜。

第六条　民事科职掌如左：

一、掌复核全省承继析产及婚姻等涉讼事件。

二、掌复核全省钱债、房屋、地亩契约及索取赔价等涉讼事件。

三、掌考察全省不动产业、船舶及其他各项登记事件。

第七条　典狱科职掌如左：

一、掌全省监狱事件。凡考察监狱改良及狱中赏罚制度，核算囚粮报销，调查罪犯名册，稽查押犯月报及监狱病故报告等项皆隶之。

二、掌全省习艺所事件。凡考察工作良否及所中管理赏罚制度，稽核罪犯工作成绩，调查罪犯名册，稽查作工年限，释放及病故报告等项皆隶之。

第八条　总务科置佥事一员，承提法使之命，综核总务科各项事件，兼整理要务。

第九条　刑事科置佥事一员，承提法使之命，综核刑事科各项事件。

第十条　民事科置佥事一员，承提法使之命，综核民事科各项事件。

第十一条　典狱科置佥事一员，承提法使之命，综核典狱科各项事件。

第十二条　各科设一等科员一员、二等科员一员、三等科员二员，承提法使之命，受各该科佥事之指挥，分理各该科事件。并设正、副司书官四员，专司缮写紧要文件，承办庶务。附置司书生三十名，帮同司书官分缮文件。

附奉天提法司司使员司夫役薪公杂用银两数目表

<table>
<tr><th>款目　员数　名目</th><th>员数</th><th>养廉</th><th>公费</th><th>津贴</th><th>工食</th><th>合计</th><th>火食</th><th>笔墨</th><th>煤火</th><th>油烛</th></tr>
<tr><td>司使</td><td></td><td>五〇〇</td><td>一〇〇〇</td><td>三〇〇</td><td></td><td>一八〇〇</td><td></td><td></td><td></td><td></td></tr>
<tr><td>总务科佥事</td><td>一</td><td></td><td>二〇〇</td><td>三〇〇</td><td></td><td rowspan="2">八〇〇</td><td rowspan="2">六</td><td rowspan="2">二</td><td rowspan="2">四</td><td rowspan="2">五</td></tr>
<tr><td>刑事科佥事</td><td>一</td><td></td><td>二〇〇</td><td>一〇〇</td><td></td></tr>
<tr><td>科员一等</td><td>四</td><td></td><td>一五〇</td><td>五〇</td><td></td><td rowspan="3">一五〇〇</td><td rowspan="3">六</td><td rowspan="3">二</td><td rowspan="3">四</td><td rowspan="3">五</td></tr>
<tr><td>科员二等</td><td>四</td><td></td><td>一〇〇</td><td>二五</td><td></td></tr>
<tr><td>科员三等</td><td>二</td><td></td><td>八〇</td><td>一五</td><td></td></tr>
<tr><td>行走科员</td><td></td><td></td><td></td><td>五〇</td><td></td><td>五〇</td><td></td><td></td><td></td><td></td></tr>
<tr><td>正司书官</td><td>二</td><td></td><td>四〇</td><td></td><td></td><td rowspan="2">一二〇</td><td rowspan="2">六</td><td rowspan="2">二</td><td rowspan="2">三</td><td rowspan="2">五</td></tr>
<tr><td>副司书官</td><td>二</td><td></td><td>二〇</td><td></td><td></td></tr>
<tr><td>司书生</td><td>三四</td><td></td><td>一二</td><td></td><td></td><td>四〇八</td><td>五</td><td>一、五</td><td>二</td><td>五</td></tr>
<tr><td>号房</td><td>三</td><td></td><td>一二</td><td></td><td>八、</td><td>二四</td><td></td><td></td><td>一五</td><td>二、五</td></tr>
<tr><td>公役</td><td>一五</td><td></td><td></td><td></td><td>六、</td><td>九〇</td><td></td><td></td><td>一五</td><td>二、五</td></tr>
<tr><td>署用杂款</td><td></td><td></td><td>三〇〇</td><td></td><td></td><td>三〇〇</td><td></td><td></td><td></td><td></td></tr>
<tr><td>总计</td><td>六七</td><td></td><td></td><td></td><td></td><td>五〇八〇</td><td></td><td></td><td></td><td>五二、九</td></tr>
<tr><td>备考</td><td colspan="10">右列署用杂款一项，指官厅之公用而言，不属于提法使司之私用，亦如佥事、科员之共同消费也。若临时活支，多系查案、会审川资等费，先咨度支司请领后，由地方各厅所收讼费、票费、状纸费等类，分别解司酌抵活支之用。</td></tr>
</table>

附奉天各属刑事民事上诉表

类别/地别	刑事					民事						批驳未准	批饬复审	提审	合计
	关于治安	关于信用	关于身体	关于财产	其他	关于婚姻	关于嗣续	关于田宅	关于钱债	关于买卖	其他				
承德县	七	二	一〇		六	一	三	四五	二四	四	二六	九五	三三		一二八
抚顺县		五	三	五	四	二	三	四五	九	六	八	三五	五一		九〇
辽阳州	二二	三	二二	二	一〇	一	三	六二	二五	二	一七	八九	七六	五	一七〇
海城县	一		六	二	三		一	二一	八	二	一〇	三六	一八		五四
盖平县	一		三	一	三	一	三	一一	三	二	四	一七	一五		三二
复州	二		一			一	一	一三	一	一	四	二一	三		二四
辽中县	一一		五		二	一	一	一九	二	一	一〇	三五	一七		五二
本溪县	四		七	二	一	二		一三	一		七	二七	一〇		三七
铁岭县	四		一	三	三		六	三〇	二	一	七	三四	二三		五七
开原县	四	一	三	三		一		二五	八		七	三五	一七		五二
新民府	五	三	一八	七	五			三七	一〇	二	四	六一	三〇		九一
镇安县	二		一	三	三			一一	三	一	三	一五	一一	一	二七
彰武县		一	二	一	二	一		九		一	二	九	一〇		一九
锦县	四		七	二	一	二	一	三六	一〇		七	四一	二八	一	七〇
广宁县	二	一	二	一		一	二	一八	五		九	一六	二五		四一
义州	四		五		一	一		一三	四	一	六	二一	一四		三五
宁远州	二		一					六	一			七	三		一〇
绥中县			二	二	一	一		一〇			三	九	九	一	一九
盘山厅	一		二		一	一		一三	二		九	一五	一四		二九
锦西厅					一			五	二	一	一	七	三		一〇
海龙府	三		一		二	二		三	二		二	一二	三		一五
平东县	二			一				七			五	七	八		一五
西丰县	三	四	四	二	二			四〇	八	一	一四	四四	三三	一	七八
西安县	三				一			一四	一	一	七	一八	九		二七
柳河县				一	一			一			一	四	一		五
凤凰厅	四		四					一七	二		三	二一	九		三〇
安东县	一				二			五			三	七	四		一一
宽甸县			三					一			三	五	二		七
岫岩州					三			一三	五	二	五	一九	九		二八
昌图府	一		五		七	一		五	八	一	三	二二	九		三一
辽源州	二		三		一			三		二	二	九	二	二	一三
康平县	二		九		一			三	三			一五	三		一八
奉化县	六	四	五	一	一	一	二	七	四	三	五	二六	一三		三九
怀德县	二		三	一	四			四	三	一	八	一三	一三		二六
兴京厅	四		三	三	七	一	一	六	七		七	二五	一四		三九
通化县	一		二	一	二			四	五	五	六	一九	七		二六
怀仁县	二	一	二	一	一	二		三			二	九	五		一四

类别 地别	刑事					民事						批驳未准	批饬复审	提审	合计
	关于治安	关于信用	关于身体	关于财产	其他	关于婚姻	关于嗣续	关于田宅	关于钱债	关于买卖	其他				
辑安县			一	二	一			二			三	七	二		九
临江县								一					一		一
洮南府	一							一				一	一		二
开通县	一		一								一	三			三
靖安县	一			一					二		一	三	二		五
安广县	一							二			一	四			四
通江厅		一								一	一	三			三
法库厅	二	一	三	一		一		一〇	三		七	一八	一〇		二八
庄河厅			二					三	二		一	五	三		八
营口厅	一		三		二			三	一二	一	一	八	一五		二三
总计	一二〇	二七	一五六	四九	八五	二五	二七	六〇〇	一八七	四三	二三六	九五二	五九二	一一	一五五五
备考	法司自光绪三十三年五月至宣统元年二月，批核上诉呈词都四千有奇。右表列千五百五十五起，系专计案数，其一案数呈者，亦只作一起计也。														

附光绪三十四年奉天各属秋审人犯起数表

府厅州县别		男女别 \ 事类	情实		免勾		缓决	可矜	承祀、留养	脱逃	病故	合计
			服制	常犯	服制	常犯						
奉天府	承德县	男		二			二					四
		女										
	抚顺县	男		一								一
		女										
	辽阳州	男					六					六
		女										
	海城县	男				一	四					五
		女										
	盖平县	男					三					三
		女										
	复州	男										
		女										
	金州厅	男										
		女										
	铁岭县	男		一			一					二
		女										

府厅州县别 \ 男女别 \ 事类			情实		免勾		缓决	可矜	承祀、留养	脱逃	病故	合计
			服制	常犯	服制	常犯						
奉天府	开原县	男					一					一
		女										
	营口厅	男										
		女										
	辽中县	男										
		女										
	本溪县	男										
		女										
新民府	新民府	男		一			四					五
		女										
	镇安县	男		一			一					二
		女										
	彰武县	男					二					二
		女										
锦州府	锦县	男		一			二	一				四
		女										
	广宁县	男										
		女										
	义州	男										
		女										
	宁远州	男		一								一
		女										
	绥中县	男										
		女										
	盘山厅	男										
		女										
	锦西厅	男					一					一
		女										

府厅州县别		男女别	情实		免勾		缓决	可矜	承祀、留养	脱逃	病故	合计
			服制	常犯	服制	常犯						
海龙府	海龙府	男		一			四					五
		女										
	东平县	男		一			一					二
		女										
	西丰县	男					二					二
		女										
	西安县	男					三					三
		女										
	柳河县	男		一			一					二
		女										
昌图府	昌图府	男		二	一		五					八
		女										
	辽源州	男										
		女										
	奉化县	男		一								一
		女										
	怀德县	男					四					四
		女										
	康平县	男		一			二					三
		女										
凤凰厅	凤凰厅	男					五					五
		女										
	安东县	男										
		女										
	宽甸县	男		一			三					四
		女										
	岫岩州	男		一			二					三
		女					一					一

事类 / 男女别 / 府厅州县别		男女别	情实		免勾		缓决	可矜	承祀、留养	脱逃	病故	合计
			服制	常犯	服制	常犯						
兴京厅	兴京厅	男					一					一
		女					一					一
	通化县	男										
		女										
	怀仁县	男		一			一					二
		女										
	辑安县	男		一			二					三
		女										
	临江县	男										
		女										
洮南府	洮南府	男										
		女										
	开通县	男					一					一
		女										
	靖安县	男										
		女										
	安广县	男										
		女										
同江厅		男										
		女										
庄河厅		男										
		女										
法库厅		男										
		女										
总计		男		一九	一	一	六四	一				八六
		女					二					二
备考	按：兴仁县已于光绪三十四年奏改为抚顺县，故表内改列抚顺。											

纪颁发各属填注表式

奉省既设提法司，首以筹办各级审判、检察厅为主义。然地方辽阔，费绌才难，未经设厅之处，虽暂由地方官判理词讼，或由省专派委员帮理，以期逐渐分立。惟旧日问刑衙门，习染太深，积弊宜去。爰拟次第清厘之法，凡地方民刑诉讼及羁押罪囚确数，分类列表报司查核。嗣各属填报遗漏甚多，表式更参差不一，复由司列式颁发，限时填报。一曰诉讼规费。凡民间词讼所费数目，并书吏及正役、皂役所资以养赡者是何款项，其相沿已久之规费，亦一并呈报，毋许掩饰。二曰民事诉讼及上控案件，应以一年以内受理之事，分类统列。三曰刑事诉讼并上控案件，填注与第二式同。四曰盗案并上控起数，系专指辖境内所出盗案，或事主未经报案，而为巡警所获，不得诿为不知，必详列获案起数，考捕务之是否得力也。五曰命案并上控起数，系专指已相验之命案，如介在疑似，即仍以原报为断。六曰罪犯多寡之比较，所注罪犯人数，应分别在监及在所习艺者。七曰在监及习艺人犯。八曰监狱规则概要，应附报监狱图说，并将犯人及看守人役宿舍与工场饭食若干，均须分别呈报。综此数端，皆昔日蒙罔虐制之所在，除饬填表呈报外，更不时由司派员逐项密查。设有隐饰，即予严惩。既以抉摘脏污，清理庶狱，为将来改设各厅之预备，且即为司法统计之先声，是亦言司法者之要务也。

附地方诉讼规则表式

	每件取费	年共若干件	年共收费数目	缴署内数目	留备房书办公数目
呈词格纸					
投递红禀					
和息呈状					
投递保状					
代写呈词					
喊控写供					
结案费					
具结费					

附民事诉讼并上控事件表式

	旧管	新收	共计	已结			未结	上控事件		
				审结	和息	注销		提审	批审已结	批审未结
田土										
房产										
钱债										
户婚										
乡屯会事										

附刑事诉讼并上控事件表式

	旧管	新收	共计	已结			未结	上控起数		
				审结	和息	注销		提审	批审已结	批审未结
斗殴										
诈伪										
诱拐										
犯奸										
棍徒										
赌博										
诬告										
脏私										
杂事										

附盗案并上控起数表式

	报案起数	获案起数	旧获名数	新获名数	已决名数	未决名数	上控起数		
							提审	批审已结	批审未结
捉人勒赎									
强劫									
抢夺									
窃盗									
发塚									
各项盗案									

附命案并上控起数表式

	相验起数	获犯起数	逸犯起数	羁押人犯起数	上控起数		
					提审	批审已结	批审未结
谋杀							
故杀							
斗杀							
戏杀							
误杀							
擅杀							
过失杀							
自尽							
病毙							
各项命案							

附罪犯多寡比较表式

	就地正法	斩绞		监禁	习艺							罚金	赎罪	共计
		决候	决候		三十年	二十年	十五年	十年	五年	三年以下	一年以下			
已决														
未决														
总计														

附在监及习艺人犯表式

所犯	姓名	籍贯住所	年龄	职业	教育	境遇	犯案年月	罪名

附监狱规则概要表式

	监	习艺所	大封	押所	女监
地面宽窄					
四外余地					
房屋间数					
如何安置					
宿所容若干人					
现时在狱人数					
年出狱人数					
年入狱人数					
常年监毙人数					
饮食如何供给					
有无官给衣服					
有无常年经费及额数					
看守人役名数					
看守月支工食					

纪司法统计处

各项行政，皆应有所统计，所以除纠纷、便预算也。司法为统一法权之地位，倘任令各级官厅，命令歧异，无以整齐，则进行之规划必将无所措手。宪政编查馆既通饬各省设立统计处，而奉省各厅、司、道均遵照馆颁章程，次第设立。于是法司亦附设统计处于司署之总务科内。凡应调查事件，由司拟定月统计、年统计各表式，颁行所属各厅、署、局照式填注，分期报告，呈送于司，由司汇核而转报于法部。逾年，奉省各级审判、检察厅之统计书成。又越月，司法纪实之书亦告竣，盖亦统计书也。

纪划清司法行政权限

奉省未设法官以前，受理词讼之处甚多，如旗官、警局、行营发审处之属，权限不明，纠葛滋甚。自设法司，为一一厘定之。省城审判厅成立，即裁奉天府发审局，并饬将承德、兴仁两县积案克期訊结，其实在不能訊结者，移交审判厅接訊。于是多年旧案皆予归结，所存者什之一二而已。然法司既管理全省之司法，则旗人诉讼自应统归各级审判厅审理，即未设厅之处，亦奏准暂归地方官审理。乃内外城旗、三陵、内务府各旗兵，其田地租佃等事，仍不免狃于积习，赴各该管衙门呈诉，因再申明限制，严饬各旗无论民刑诉讼，均遵交各厅及地方官审理，从此旗署不得收受呈词。又以行营发审处往往借军事裁判为词，遇有军民诉讼，辄复如常牵混，爰为明定界限，嗣后军人犯法及有关军队案件，归该处审理，若民人自行投诉及寻常窃盗各犯，无论何处拿获，均令解交地方官审理。又以警局亦有审理民刑诉讼，且科以监禁重罪者，乃定人民违犯警章，可由该局罚办。其刑、民诉讼，仍应分别解交审判厅或地方官审理。至遇有杀人抢劫，事起仓猝，及现行人犯，准该局临时逮捕、搜查，仍送法官审理。惟督练处、巡警局及地方官均应为检察之补助，凡遇有现行人犯及关于刑事诉讼事件须逮捕、搜查，假预审等事，或由检察请求，或自行觉察，均应饬属执行，以为补助。凡此分定权限，各有责任，于行政各方面有补助而无干涉，从此法权扩张，乃日居于分立之地位，而不为行政所侵犯，此固初创法庭之要素也。

审判篇

中国行政、司法混合已久，故政界之人多不受法律之裁制，以为法律者为民而设。临民者，可以行政之权，上下其司法之手，于是懦吏则废法，而酷吏多滥刑，积重之势，视为固然。今欲将政与法离而二之，则官吏错愕，士民疑阻，且有谓地方官舍问刑一事，几无以示威于民，而权且不属，呜呼傎矣。奉省既设提法司，首以开办各级审判厅为法权分立之始，然推其人民风俗之殊，即知审判困难之故。辖境辽阔，村落稀散，土客杂居，遑言守望。盗踪飘忽，出没难稽，欲保身家，且供刍秣，杀人越货，视同营业，盗案之多，他处罕见。好勇斗狠，北方之强。不问谁何，入此室处。编氓习惯，聚族而居，每遇仇杀，一家数命。递经丧乱，报怨寻仇，被获到官，妄肆攀引。尸属刁健，任情罗织，案悬数年，莫得真相，命案之积，几无了期。男女无别，室家相渎，生计不繁，锥刀是争。伪造纸币，则借外人为护符，暗聚赌博，则倚商场为生活。此刑事困难之大凡也。若田土则无文契可凭，有遗失数百年，而复行查索，无界地可考。有私垦千百亩而匿不升科。旗、民不准交产，故业易数主，名是人非。官田不准盗典，故私相租押，有粮无地。以及王府之圈地，随缺之祭田，非佃户盗卖，即坟丁欺占，一经涉讼，轇轕无已。钱币合价，应有准则，乃沈钱与辽钱不同，锦价与营价互异。堡飞屯帖，自为低昂，日币、俄金，任意高下。参差糅杂，易起讼端，非独难于调查，亦且无从折算。婚姻则无媒妁，宗支则无谱牒，一遇悔盟争嗣之案，毫无证凭，从何折服。加以故家大族，抗不可驯。商埠侨民，易致勾结。回蒙杂处，刁诱横行。此又民事之困难也。既饬提法使先于省城筹设高等一厅，附郭兴仁、承德两县设立地方一厅、初级六厅，遂裁奉天府发审局。两县十余年积案，派员清厘，勒限讯结。举从前积压疑难之案，悉与荡涤症结，不稍因循。故自开厅以来，人民对待之感情，始若漠然，仍以旧日之问刑衙门相尝试，继知刑责可免，讼费亦简，开庭可以旁听，判词付之公布，乃交口称便，靡然相从。嗣因改兴仁为抚顺，添设抚顺地方一厅，划原隶兴仁之初级属之。又于新民、营口二埠添设地方、初级各厅，虽商埠例应推广，亦重徇商民之请也。从此依限设立，遍及全省，虽未能递臻完备，而司法前途已不背于立宪之政体矣。然则解勘之展转，秋审之稽延，循此以往，必有改良之一日。倘能全国普及，斯裁判权必能统一，提法司亦应直接于法部，而登记法可以实行，尚何虑司法经费之不足，此尤世昌所日夕企望者也。

附各级审判厅官制表

厅别	名称	品级	任用
高等审判厅	厅丞	从四品	请简
	推事	正六品	奏补
	典簿	正七品	奏补
	主簿	正八品	奏补
	录事	从九品	委用
地方审判厅	推事长	从五品	奏补
	推事	从六品	奏补
	典簿	从七品	奏补
	主簿	从八品	奏补
	所官	正九品	委用
	录事	从九品	委用
初级审判厅	推事	正七品	奏补

附各级审判厅章程附章

本厅章程，悉依法部奏准京师高等以下各级审判厅试办章程办理，其有酌量增加之处，载入附章，与奏定章程一律施行。

第一章　总纲

第一条　本章程施行于已设立审判厅之处，其未设立者，不在此限。

第二条　各级审判厅，先行设立处所如左：

一、高等审判厅设在奉天省城，其管辖区域及于全省。

二、地方审判厅先设奉天府一处，其管辖区域及于承德、兴仁两首县地面。

三、初级审判厅先于承德、兴仁两县地方分设，其管辖区域及于其所划分之处。

第三条　各级审判厅之监督行政机关如左：

一、高等审判厅厅丞，监督高等审判厅及以下各级审判厅事务。

二、地方审判厅推事长，监督地方审判厅及初级审判厅事务。

三、初级审判庭推事，监督初级审判厅。其设推事二人以上者，以一人为监督推事，监督该厅事务。

第二章　审判通则

第四条　各级审判厅管辖之民、刑案件，依法院编制法草案第二章、第三章、第四章各条办理。

附法院编制法草案

第二章　初级审判厅

第十六条　凡初级审判厅，除有特别规定者外，有审判左列民事案件之权。

一、债负买卖等项银价值二百两以下者。

二、不分价值，左列各条：

甲、关于房屋租赁之诉讼。

乙、关于田地界限之诉讼。

丙、关于管有权之诉讼。

丁、雇主、雇人关于一年以下雇用契约之诉讼。

戊、酒馆、饭店及寓客行栈关于房、饭金或行客之行李包件等项之诉讼。

第十七条　凡初级审判厅管左列非讼事件：

一、选任管理财产事件。

二、山林、田土、房屋及船舶权利之注册。

三、商业商标及艺匠特许之注册。

第十八条　凡初级审判厅有审理左列刑事第权，但须经预审者不在此限。

一、本刑该四等有期徒刑以下之罪。新例未颁以前，应照现行律例徒刑一年及新章监禁一年，并罚金一百元以下者。

二、窃盗罪及关于赃物罪。新律未颁以前，窃盗应拟绞斩者，仍移地方审判厅审理。

以上二项，仍照本章章程第六条办，至杖罪为止。

第三章　地方审判厅

第二十一条　凡地方审判厅有审理左列民事案件之权：

第一审　属于初级审判厅权限外之事件。

第二审　一、不服初级审判厅判决而控诉之事件。二、不服初级审判厅决定及命令，依法律而抗告之事件。

第二十二条　凡地方审判厅有审判左列刑事案件之权：

第一审　属于初级审判厅权限外之事件。

第二审　一、不服初级审判厅判决而控诉之事件。二、不服初级审判厅决定及命令，依法律而抗告之事件。

第二十三条　凡地方审判厅有审判破产案件之权。

第二十四条　凡地方审判厅有审判非讼事件，不服初级审判厅之决定及命令，依法律抗告之权。

第四章　高等审判厅

第二十八条　凡高等审判厅有审判左列案件之权：

一、不服地方审判厅第一审判决而控诉之事件。

二、不服地方审判厅第一审判决而上告之事件。

三、不服地方审判厅之决定及命令，依法律而抗告之事件。

第五条　高等审判厅暂兼审理奉旨特交并宗室、觉罗及官犯、国事犯等案件。

第三章　诉讼

第六条　诉讼状纸，由提法司核定格式，无论何人关于诉讼事件，在各审判厅具呈者，一律遵用。

第七条　诉讼状纸，自审判厅开庭之日起，所有旧式状纸一律停止。其自行任便用纸呈写者，概不受理。

第八条　诉讼状纸分为八种如左：

一、刑事诉状　凡刑事原告于第一审审判厅呈诉者用之。

二、民事诉状　凡民事原告于第一审审判厅呈诉者用之。

三、辩诉状　凡民事被告、刑事被告于各审判厅呈诉者用之。

四、举发状　凡刑事，经旁人在第一审审判厅举发者用之。

五、自首状　凡刑事，由本人在各审判厅投首者用之。

六、委任状　凡民事、刑事委任报告者，于诉状外附用之。

七、上诉状　凡民事、刑事控诉上告或抗告者用之。

八、和解状　凡民事和解者用之。

第九条　诉讼状纸，除举发状、自首状外，无论何种每种定价当十铜元十枚，作为纸张印刷发行等费。

第十条　凡刑事，由检察官或司法巡警官及兵弁并地方官发觉之案，概由检察官起诉，不用状纸。

第十一条　诉讼状纸，由提法司指定官设印刷局所印刷，分交各检察厅发行之。其未设检察厅之处，由提法司指定发行。

第十二条　凡检察厅于发行诉讼状纸时，皆须加盖各该官署发行处戳记，以备稽核。

第十三条　凡于状纸定价外任意需索者，照受赃律计赃科罪。

第十四条　凡未经提法司允准，而擅行仿造状纸及私售者，计其纸数，得科以一两以上二十两以下之罚金。

第十五条　每月发行各项状纸若干，由各发行官署呈报，以八成解提法司为纸张等项费用。

第十六条　以上各项状纸格式，均系暂行试办。如将来法部奏有通行定式，再行照改。

附各级审判检察厅办事规则

第一章　职权

第一节　总则

第一条　审判厅与检察厅，各独立行其职务，不得互相干涉。

第二条　审判厅与检察厅，除定章不得干涉职务外，仍应彼此协济，以为公共之维持。

第三条　审判厅、检察厅，凡属司法上行政事务，统受提法使之监督。

第四条　高等审判厅厅丞，有总理地方审判厅全厅事务并监督以下各级审判厅行政事务之权。

第五条　地方审判厅推事长，有总理地方审判厅全厅事务并监督初级审判厅行政事务之权。

第六条　初级审判厅推事，有总理初级审判厅全厅事务之权。其设推事二人以上者分理民、刑案件，以一人为监督推事，监督本厅行政事务。

第七条　高等检察厅检察长，承总检察厅厅丞之命令，以监督本厅及以下各级检察厅之事务。

第八条　地方检察厅检察长，承高等检察厅检察长之命令，监督本厅及初级检察厅之事务。

第九条　初级检察厅检察官，承地方检察厅检察长之命令，以监督本厅之事务。

第二节　审判官

第十条　庭长总理本庭审判事务，并调度本庭一切事宜。

第十一条　庭长有维持法庭秩序之权。

第十二条　推事会同庭长审判案件，并表决定案件之意见。

第十三条　推事承庭长之指定案件，可独立审判，但判决时，必经庭长之认可。

第十四条　预审推事，得行秘密之讯问，并勘验及搜集证据。

第十五条　预审推事，遇有证据不确凿时，得免其诉讼。

第十六条　预审推事，遇有目睹现行犯时，虽未经检察官起诉，得预行审问，但必通知检察厅存案。

第三节　典簿所

第十七条　典簿掌办理文牍、会计、庶务及核收罚金、讼费，并监督厅内一切庶务。

第十八条　主簿掌录供叙案，承办文案，督同录事缮写、保存文牍等事。

第十九条　录事掌缮写文牍，承办庶务，并可代理主簿一切事务。

第二十条　书记承典簿之指挥，分理文牍、会计、庶务事宜。

第二十一条　书记得受主簿、录事之委托，招录供词。

第二十二条　书记缀订档案。

第二十三条　书记缮写一切文牍、示谕，并抄发案底。但庭长认为秘密案件，不得抄发。

第二十四条　初级审判厅书记，分任文牍、会计、庶务一切事宜。

第四节　检察官

第二十五条　检察官之职权，见各级检察厅通则第九十七条。

第二章　公牍名称

第二十六条　凡审判厅、检察厅对督、抚、宗人府用呈，对承宣厅、咨议厅、提法司用咨呈，对其余各衙门皆用咨。

第二十七条　凡各级审判厅往来公牍，下级对上级用咨呈，上级对下级用照会。

第二十八条　凡各级检察厅往来公牍，与审判厅同。

第二十九条　凡审判厅与检察厅同级之往来公牍，除定有程式外，均用移。

第三十条　凡各庭与典簿所有公牍时，除定有程式外，均用付。

第三章　服式

第三十一条　凡各员莅庭时均着常服。

第三十二条　凡司法巡警、承发吏、庭丁，均着一定服式。

第四章　办公时间

第三十三条　凡审判厅开庭时间，每日午前自九钟起至十二钟止，午后自二钟起至六钟止。如有特别紧要案件，不在此限。

第三十四条　凡检察厅办公时间，每日以十小时为率，入夜不收受诉状。但有特别紧要事件，不在此限。

第三十五条　凡审判、检察各员，必须派人轮班值宿。

第三十六条　凡典簿所各员，亦须轮班值宿。

第三十七条　凡书记、承发吏、司法巡警、庭丁，均须常川住厅。

第五章　休假

第三十八条　凡审判厅，每年自封印之日及恭逢万寿、先圣诞期并端午、中秋及例载不理刑名等日为休假日，不理民、刑各案。但遇有重大紧要事件，不在此限。

第三十九条　凡检察厅无例假期。

第四十条　凡审判厅各员于休假期外请假，及检察厅各员请假时，必须书明请假事由，经各该厅长官之认可。

第四十一条　凡各厅员请假，非有不得已之事故，每月不得逾三日。

第六章　代理

第四十二条　凡推事有回避及请假时，得委任他推事代理之。

第四十三条　凡典簿有事故请假时，得委主簿代理之。主簿有事故请假时，得委任他主簿或录事代理之。录事有事故请假时，得委任他录事或书记代理之。

第四十四条　凡检察官有事故请假时，得委任他检察官代理之。

第四十五条　凡初级检察官有事故请假，上级报检察厅尚未派人代理时，得由监督推事派他推事代理。如系单独推事，得由单独推事兼理之。但初级审判厅有回避及请假时，必须由上级审判厅派他推事代理，初级检察官不得兼理之。

第四十六条　凡须代理者，各员有不敷委任时，得用各项委员分别代理。

第四十七条　凡委任代理，必经各该厅长官之认可，受委任人始全负责任。如未经长官认可者，仍由委任人负其责任。

第七章　法庭秩序

第四十八条　凡各员莅庭时，必须端庄严肃，不得吃茶吸烟，并不得谈及案外之事。

第四十九条　凡审问时，先由原告陈述，次被告辩诉之。两造词毕后，必经推事发问，始准答对。不得凌杂乱陈，亦不得自相辩驳。

第五十条　凡经检察官起诉之案，先由检察官陈述之。

第五十一条　凡检察官陈述意见时，必起立，词毕乃坐。

第五十二条　凡推事审问时，必先由庭长发问，他推事如有意见，俟庭长词毕后，方得接问。

第五十三条　凡供词、判词，均由主簿或录事宣读。宣读时起立，毕乃坐。

第五十四条　凡民事原、被告及民、刑事证人、鉴定人，均站立供述，供毕，乃坐于旁听栏外听候问话。

第五十五条　凡刑事原告立供，被告跪供。但问知原告亦系有罪者，仍令跪供。

第五十六条　凡民事原、被告及刑事无罪之原告，有扰乱法庭秩序者，庭长得罚令跪供。如能悔服，仍令分别坐立。

第五十七条　凡民、刑事原被告，有破坏法庭秩序情节重大者，得由庭长按例处罚。

第五十八条　证人、鉴定人有犯前二条者，亦同。

第五十九条　凡旁听人必先挂号，其未挂号及号满时，概止入庭旁听。

第六十条　凡妇女、幼者，疯癫及有心疾或酒醉，并与本案有关碍者，概不许旁听。

第六十一条　遇有不准旁听之案，由庭长牌示禁止。

第六十二条　旁听人均坐于栏内，不得越栏与诉讼人搀杂，亦不得与诉讼人接谈交物，违者轻则勒令出庭，重则处以相当之罚。

拘留不得逾五日，罚金不得逾五圆。

第六十三条　凡旁听人已经入庭，如庭长临时认为不准旁听之讯问，得命令中止旁听。

第六十四条　凡报馆旁听人，设有定座，但不得违犯第六十二条之规定。

第八章　合议

第六十五条　凡审判案件，各推事有意见不同时，得暂时停止公判，退赴评议室合议。

第六十六条　凡合议时，除庭长、推事外，不许旁听。

第六十七条　凡合议时，长官不得拒意见之陈述。

第六十八条　凡合议时，以意见之多数为决定，如人各一见，则合他庭以议之。如再不决，则由厅丞或推事长择其适中之议而决定之。

第六十九条　凡合议时，陈述之次序，官最长者后之。

第七十条　凡司法、行政之分配，每年于司法年度中会议，由各厅长官决定后咨呈提法司，再行会议核定施行。

第九章　受理手续

第七十一条　凡民、刑事来厅具诉者，必由检察厅指定书记代写诉状。

第七十二条　写状书记代写诉状时，如有来稿则照原稿之意叙明，将原稿编号保存。如无来稿，则据其口诉叙录，均不得以己意增减。

第七十三条　写状书记如书写有错误时，则将错误之状纸涂销收存，以备稽核用出状纸之数。

第七十四条　写状书记将诉状写毕，盖用戳记，送呈检察官。

第七十五条　检察官收受诉状后，盖用检察官戳记，分别准驳，呈检察长核定，盖用检察长戳记。驳者必批应驳理由，于二十四小时内宣布，将原诉状存检察厅，按月汇移审判厅备考。准者即送至审判厅请求公判或预审，但亦必于二十四小时内宣示准理之意，其立时用口头辩论，准驳者可无庸宣示。

第七十六条　审判厅收受诉状先由厅丞、推事长盖用戳记，分别交与庭长审理，庭长收受后，亦即盖用戳记。

第七十七条　庭长及推事收受诉状后，即分别传拘、搜查，请求检察厅派警或命令承发吏行之。

第七十八条　人证到案后，由庭长及推事通知检察官，请其莅庭监审。

第七十九条　凡案内人证有应管收者，由庭长请检察官派警送看守所管收之。

第八十条　凡案内赃物，由审判官交典簿所保存，俟判决后除交领外，应存库或变卖，由典簿所分别处分之。

赃物变卖，另定保存年限。

第八十一条　凡案已判决，如有应收讼费及罚金，由审判官分别请求检察厅或命令承发吏征收。一面将应收数目付知典簿所，由审判厅每日汇案宣示。

第八十二条　凡刑事案件判决后，有应外送人犯，由检察厅派警押送之。

第十章　司法巡警

第八十三条　司法巡警分三项如左：

一、供搜查、逮捕、押解以及对外一切之杂差者，曰外勤巡警。

二、巡守衙署及传带人证入庭、退庭者，曰巡守巡警。

三、在看守所内看守被管收者，曰看守巡警。

第八十四条　凡司法巡警统受制于检察厅，而审判厅各员亦得指挥之。

第八十五条　凡巡警局所定章程，司法巡警亦应遵守之。

第八十六条　凡诉讼人证在待质室听候质问，及带出取保或送看守所管收者，由外勤巡警负其责任。在法厅审问者，由巡守巡警负其责任。在看守所管收者，由看守巡警负其责任。

第八十七条　凡外勤巡警遇搜查时，必持搜查票，差毕缴销。

第八十八条　凡搜查处所，除妓馆、戏园、酒楼、饭庄、客店、庙宇及不必入人家者外，均须由发票官率同前往。

第八十九条　凡外勤巡警自往搜查者，须作报告书胪列搜查情形及当时会同该区巡警或地方乡董签名画押。其发票官同往搜查者，亦须将收查所得，开列清单，由发票官及会同该区巡警、地方乡董签名画押。

第九十条　凡外勤巡警遇逮捕时，必持拘票，差毕缴销。但遇有目睹现行犯时，虽无拘票，得逮捕之。

第九十一条　凡逮捕时，确知被逮捕人藏匿内室者，得协同该区巡警或地方乡董入室逮捕。

第九十二条　凡逮捕时，被逮捕人已经远扬或藏匿不知处所，应作报告书，由逮捕者及该区巡警，或地方乡董签名画押，与拘票同时呈堂。不得无故擅拘被逮捕人之家属。

第九十三条　凡外勤巡警遇押解时，必持印簿由接收人盖戳，于销差时呈堂。

第九十四条　凡在看守所收提人证时，由外勤巡警持印签行之。

第九十五条　凡逮捕押解人犯，除票上注明锁系外，其余不得擅用。

第九十六条　凡逮捕押解，须依票簿上所注之期限。其在逮捕押解时，不得虐待需索。

第九十七条　凡逮捕押解出外时，由发票官酌量路途之远近给予盘费，实用实销，不得向被逮捕押解人等勒令供应。

第九十八条　巡守巡警分二项：

一、守卫

二、值庭

第九十九条　守卫巡守巡警，昼间以二人在署门首弹压，夜间以四人在厅梭巡。

第一百条　值庭巡守巡警，刑事每庭二人，民事每庭二人，预审临时定之。

第一百一条　值庭巡守巡警，审判官得令其传话，但不得妄自搀言及高声吆喝。

第一百二条　旁听人，由值庭巡守巡警照料之。

第一百三条　凡巡警不论何项，经派定后，不得以他人顶替。

第一百四条　凡巡警违背本规则者，除律有明条照例治罪外，轻则处罚，重则移回巡警局斥革。

第一百五条　看守巡警，于看守规则内规定之。

第十一章　承发吏

第一百六条　承发吏，受审判厅各员之指挥。

第一百七条　承发吏递送文书传票，必依限送到。其确系无处投交者，作报告状将原领之件呈缴。

第一百八条　承发吏收受规费，当遵章行之，不得额外需索。

第一百九条　承发吏所收规费，随时呈缴于典簿所。

第一百十条　承发吏执行查封时，应由庭长或推事指派录事一人，督同该处巡警或地方乡董办理。其报告书及被封物件清单，由该录事及巡警或乡董签名画押，呈交存案。

第一百十一条　承发吏执行估卖时，作报告书及价目清单，签名画押，呈交存案。

第十二章　庭丁

第一百十二条　庭丁由审判厅雇用。

第一百十三条　凡充庭丁者，必具殷实铺保。

第一百十四条　庭丁供法庭上之杂役。

第十三章　接待

第一百十五条　凡来宾，均先将号簿载明，然后由号房通知。

第一百十六条　凡来宾，均在接待室接见。

第一百十七条　凡莅庭各员，于开庭时间不得接见宾客。

第一百十八条　无论何人，不得留亲友在署内食宿。

第十四章　杂项

第一百十九条　凡厅内，不论何人应遵左列各项：

一、不得酗酒。

二、不得赌博。

三、不得喧闹。

四、住厅人员，无故不得在外住宿。

五、不得冶游。

第一百二十条　凡厅内人员，除常川住厅者准带仆役一名自给工食外，余皆不得随带仆从入署。一切杂役，由厅内茶房伺候，

附则

第一百二十一条　本规则以开庭之日为实施之始日。

第一百二十二条　本规则有未尽善者，得随时酌改。

纪法律讲习所

欲改良裁判，必自造就法律人才始。奉省自创设各厅以来，规模初具，耳目一新。然能通达法律人才，终虞缺乏。盖际此司法过渡时代，律例尚仍其旧，而手续已进于新。其法政毕业人员，或粗知新律，高言法理，而于奉省之社会风俗习惯杳不相涉，用以裁判，贻误实多。若在奉之刑幕人员，虽周知社会之情伪，然于新律毫无闻知。且自禁刑讯，用见证，一切审判、检察之手续，几若无从置喙，是非讲而通之，不能适用。乃饬提法使设立法律讲习所，将中西律法撰为科学，欲使新者俯而就，旧者企而及。开办一学期后，由司择尤分派各厅实地练习，仍令按时授课，以期知行并进。毕业之后，有能胜审判、检察之任者，已由司呈派为推事、检察官及委员等差。计毕业考试得正额八十名，将来推广各厅，尚不敷用。惟赓续筹办，所费不赀，乃奏准将该所停办，于省城法政学堂添设法律专科一班。则嗣后法律人才当无缺乏，而又不另开校舍，致滋钜费，亦两便之术也。

附奏奉天法律讲习所期满毕业折

奏为奉省开办法律讲习所期满毕业，谨陈大概情形，恭折仰祈圣鉴事。案查上年臣到任之初，即遵旨筹设各级审判、检察厅以改良裁判。顾念事体重大，人才缺乏，若平时无造就之术，斯临事少胜任之才，当饬提法司使吴钫筹办法律讲习所一处。严定功课，妥拟规章，收本省候补及来奉投效人员，自同、通、州、县以下考取正额八十名，旁听二十名，合计学员一百名。于是年八月开办，入所授课，限定一年毕业，以造成裁判人才为宗旨。所订课程为大清律例、法学通论、宪法、民法、刑法、商法、国际公法、国际私法、民事诉讼法、刑事诉讼法、裁判构成法、监狱学各门。即以该司兼充督办，并遴选法部主事张志嘉、魏元旷[1]先后充当监督。所有教员，均选择留学日本法政毕业生，暨刑名专家分别讲授。自开办之日起至本年十月止，除去年暑假暨补习日期，已照章学习期满。在所学员有因旷课犯规随时开除者，实存正额八十名，旁听十一名，共九十一名。经司按照学科分

---

〔1〕　魏元旷（1856—1935年），原名焕章，号潜园，又号斯逸、逸叟，晚清官吏。历任刑部主事，民政部署高等审判厅推事。辛亥后归故里，主张君主专制。

门扃试，平日严定分数，遵照部定高等学堂章程，八十分以上为最优等，七十分以上为优等，五十分以上为及格。此次毕业考试，合期考、月考各分数统合平均，计正额八十名得最优等六名，优等十六名，中等五十八名，于本年十一月十九日发给毕业文凭。其旁听员因未及格，给予修业文凭。自开办以至毕业，计用开办经费银一千二百九十九两九钱七分，房租银六百三十五两五钱，每月额支、活支平均计算用银一千三百三十五两一钱八分零。以上各项，共用银二万三千二百九十八两四钱八分，由该司造具各该学员履历、毕业分数暨报销等册，呈请奏咨前来。经臣复加查验，传见毕业各员，均尚谙晓法理，堪备使用。先后择尤派赴各审判、检察厅实地练习，俾收知行并进之效。其开支各款，均经按月核准，尚属核实，应请准其作正开销。惟将来推广审判，此项人员尚不敷用，仍应广为造就。现在于省城法政学堂添设法律专科，业饬该司使会同该堂监督妥商办理。所设法律讲习所，即于毕业后停办，以节经费。除将各学员履历、分数清册咨送法部备案外，所有奉省法律讲习所期满毕业缘由，谨恭折具陈，伏乞皇上圣鉴训示。谨奏。宣统元年正月初六日，奉批，该部知道。钦此。

纪各级审判检察厅经费

凡办一事，必有额定之经费。中国独于诉讼一门，不准取民间一钱，遂至陋规花费，每案动辄不赀，破产倾家，比比而是。而官吏方以此分曲直，胥役亦以此别轻重焉。奉省自设各厅，悉遵法部奏定章程，收取讼费、罚金、状纸费等项，以为各厅活支之补助，一除贿托徇庇之习。至于俸金、额支，则省城高等以及初级皆取之于度支司。营口、新民两埠则皆就地筹款，其不足者，由盐务局拨提银二万二千两，以一万两为营口之补助，以一万二千两为新民之补助。然应扩之区甚多，不但本地无款可筹，即公家亦难长此挹注。计惟有登记一法，为司法经费正当之筹款。现正饬提法司饬属研究，将来实行有无窒碍。倘能行之无弊，斯亦司法经费之一大来源也。

附奉天高等审判检察厅全年经费月别表

类别 月别	官员公费津贴	书记吏丁雇工经费	火食	笔墨油烛	煤炭	杂费	刑事传人费	调查费	特别添置	共计
正月	二八九〇	三四〇	二〇六	八三	一二二	三〇〇		一七〇、四	三八四	四四五九、四
二月	二八九〇	三四〇	二〇六	八三	一二二	三〇〇			五六、二四	三九五七、二四
三月	二九〇〇	三四〇	二〇六	八三		三〇〇		八七、七	五二、九八	三九六五、六八
四月	二八八〇	三三八	二〇六	八三		三〇〇			三四、三六	三八四一、三六
五月	二九三〇	三四〇	二〇六	八三		三〇〇	一、一六		四八、八	三九〇八、九六
六月	二九五〇	三四〇	二〇六	八三		三六九、八		五七、三	二四、三二	四〇三〇、五二
七月	二八六五	三四〇	二〇六	八五、五		三〇〇	六五、三七	七三、三六	二一、一二	三九五六、三五
八月	三二九〇	三四	二一八	八五、五		三〇〇		一一六、八		四三五〇、三
九月	三六八〇	三四〇	二二四	八八		三〇〇			六二、〇八	四六九四、〇八
十月	三六五〇	三四六	二一八	八五、五	一二六	三五四、二			三七	四八一六、七
十一月	三九四八	三四〇	二七二	八五、五	一二六	三〇〇	一一九、九	四六、四	三七	五二七四、八
十二月	三七一八	三三八	二五四	七八	一一四	三〇〇		二五、七四	九四、七五	四九二二、四九
统计	五万二千一百八十一两七钱八分									
备考										

附奉天府地方审判检察厅全年经费月别年表

类别／月别	官员公费津贴	书记吏丁雇工经费	火食	笔墨油烛	煤炭	杂费	刑事传人费	检验费	调查费	特别添置	共计
正月	三三三〇	五三七	四五九、三四	一四五、四三	一六、八六	一六九、七					四六五八、二九
二月	三三三〇	六四〇	三九三	一九六、五四	一五八、一二	三〇三、六六					五〇二一、三二
三月	三四四〇	五二二	四〇七、七	一一三、二二		二一七、四四					四七〇〇、三六
四月	三三四〇	六二四	四六九、六	九七、三六		二三二、八					四七六三、七六
五月	三二九〇	六五〇	五〇八、二	八七、五七		二二四、五					四七六〇、二七
六月	三三七〇	六四八	四四二、八	一〇三、〇九		一八九、八一	二六〇、六六	五二四、八	一四五、六	一一七一、一	六八五五、八六
七月	三四一〇	六八六	四七二、三	二二二、〇四		二七五、七					五〇六六、〇四
八月	三四一〇	六六六	四六二	八五、五一		二〇〇、四					四八二三、九一
九月	三四二八七	六九二	四五一、二	七三、七二		一九六、三					四八四一、九二
十月	三七二二	六九〇	四四一	一五〇、二四	二五、〇四一	二八五、五					五三一三、七八一
十一月	三八二二	七五五	四六一、八	九四、三〇五	六三、七三六	一四五、八七					五三四二、七一一
十二月	三〇二九四	七五一	四三二、一	五三〇、八〇二	一五〇、五一	二八一、七三	三八八、九六	七二七、八一	一五七、六	八七四、五九	七三二四、五〇二
统计	六万三千四百七十二两七钱二分四厘										
备考	公费、津贴、伙食、笔墨油烛、煤炭、杂费，均由度支司请领，刑事传人、检验、调查、特别添置各项，由征收罚金、讼费项下开支。按季造报提法司备案。										

附奉天府第四初级审判检察厅支出经费年表光绪三十四年份

名　目	银　数
官员公费津贴	二千零六十六两
书记吏丁雇工	二千零四十三两四钱二分
巡警经费	一百三十八两六钱六分六厘
笔墨	一百九十八两
油烛	七十五两
煤炭	一百三十二两五钱
本厅杂项	一千二百两
看守所杂项	四十五两五钱一分二厘
检验费	四十两四钱三分九厘
刑事传人费	一百三十二两九钱二分三厘
调查费	六十九两四钱七分五厘
特别添置	三百八十四两零六分六厘
看守所被押人口粮	四百二十四两二钱六分四厘
法警及马拨津贴	一百四十八两
检察厅书记室雇工茶役	十二两
喂养赃马费	十八两二钱六分七厘
承发吏赁房租项	三十六两
总计	八千一百六十四两五钱三分一厘

附奉天府第六初级审判检察厅支出经费年表光绪三十四年份

名　目	银　数
官员公费津贴	二千一百六十两
书记吏丁雇工	一千三百六十八两
巡警经费	一百三十六两
笔墨	一百四十一两
油烛	五十三两
煤炭	九十一两
本厅杂费	二百八十一两七钱一分八厘
检验费	四十七两
刑事传人费	五两九钱
调查费	十两零七钱九分九厘
特别添置	二百五十两零一钱三分一厘
看守所被押人口粮	六十四两五钱零一厘
总计	四千六百零九两零五分

检察篇

自司法独立之制行，国家以裁判权委任于审判厅，犹恐其失之滥，失之偏，失之宽与严也，乃设检察厅以督察而辅助之，使之代表国家，保护公益，俾法律得剂其平。盖非此不足巩固独立之基础，维持裁判之信用也。奉省设立各级审判厅之区域，皆同时设立各级检察厅以对待。于奉省之社会风俗习惯，则尤有适切现状者。夫丰镐旧京，为勋胄贵戚置田园、长子孙者之所聚处，累叶延袭，以至于今。不肖者挟贵玩法，危害所及，流于社会。身受者震其余威，莫敢鸣诉。甚或重货利而轻身命，往往一家被害，以贿行求隐忍不控。道德之念日薄，敲诈之风以滋。法行自贵，人情所难。此赖于检察之根据国法提起公诉者一也。边徼空虚，户口散处，盗劫之案，守望为难。合门被祸，邻里闭户。益以胡匪劫掠，僵死道路。山深林密，飘忽靡常，剿捕既难，无所呼吁。而村团之借端诱缚，军队之任意芟夷，容保无波及无辜之处。此赖于检察之调查搜索请求公判者二也。言田地则无凭契，言婚姻则无婚书，言宗支则无族谱，旧已如斯，莫可究诘。比遭丧乱，转徙流离，田地、婚姻、嗣续之案，层见迭出。而据约毫无，难于臆断。此赖于检察之临时莅庭陈述意见者三也。讼棍刁健，以曲为直，欺诈善良。或伪造事主，以期拖累，或毫无凭借，肆意诋诬。一入公门，全家失业，及至理直，已绝生机。此赖于检察之见为不实不使成讼者四也。他如上诉期限之准驳，相验尸伤之出入，是皆检察之责任，与审判有密切之关系。而遇有案情复杂，疑难之处，畸轻畸重，厥失惟均。督察偶有不周，执法即多偏枉，则尤赖检察之随时纠察，使归正当也。自省垣创设审判厅，即同时设高等检察厅一，奉天府地方检察厅一，各乡分设初级检察厅六，又于抚顺分设地方检察厅一，改并初级各厅为之。而营口、新民亦次第增设。非独立宪年限应有之预备，亦以副人民请求之渴望也。创办迄今，新治所及，民困渐苏。向之所谓借尸图诈，因死为利者，自公诉由官提起，私和不准取消，而此风已不戢自革矣。向之所谓胥吏需索，案牍积压，讼师教唆者，自呈词由检察收受，诉讼可以口述，准驳决于片言，而起诉手续之繁，待批守候之苦，皆一旦豁然销除矣。然根基虽立，而仍未敢望其完备者，则以初级检察之由巡官暂摄也，民事诉讼之由检察代收也，相验之法医未备也。而经费限之，人才限之，不得不变通办理，为一时权宜之计，则固时势使然也。由初步以达安全，是固有望于后之君子。

附各级检察厅官制表

厅 别	名 称	品 级	任 用
高等检察厅	检察长	从四品	请简
	检察官	正六品	奏补
	录事	从九品	委用
地方检察厅	检察长	正五品	奏补
	检察官	正六品	奏补
	录事	从九品	委用
初级检察厅	检察官	正七品	奏补

纪司法巡警

奉省自设提法使，创立审判、检察各厅，凡旧日府、县各署之胥役、班壮，徒滋舞弊，无当新制，因悉屏而不用。惟关于搜查、逮捕之事，皆检察厅所应执行之事务，不能无人应役，则司法巡警是已。开办之始，法部、民政部尚未定有专章，以警局之巡官长警，本皆负有协助检察办事之责，爰饬巡警局暂选巡警八十名，教以司法职务，陆续拨付省城高等及奉天府地方审判、检察各厅暨省城习艺所，充当司法巡警。所有逮捕、护送、搜查证据，取保传人，检验尸伤，接收呈词等事，皆隶之。嗣经法部、民政部会同奏定司法警察办事章程，所有司法部分警察事务，概归警官担任。一切搜捕等事，检察厅得有指挥巡警及印佐兵弁之权。警察人员受检察厅之指挥，与对于巡警长官之命令同。饬各厅将警局前拨之巡警八十名悉数退还，并饬警局遵照部章协助检察厅办理各事。警官以下均服从于检察官之指挥，毋庸于巡警中特标司法之名，亦毋庸于司法中另立巡警一部。沆瀣一气，既息息之相关，权限分明，自头头之是道。至厅署各项任使，另募庭丁供役。从此推之，省外各厅亦均一律照办。尽除昔日胥役班壮之恶习，使闾阎得绝骚扰之患，亦斯民之幸福也。

附奏奉省各级审判、检察厅遵章退还司法巡警折

奏为奉省各级审判、检察厅遵照部章退还司法巡警，以专责成而收实效，恭折仰祈圣鉴事。窃臣于光绪三十三年十二月，创设奉天省城各级审判、检察厅，调普通巡

警八十名隶于司法部分，分布各厅遣用，名曰司法巡警。原系仿照京师审判、检察厅初时办法，本一时权宜之计。嗣经法部、民政部会奏司法警察章程，京师审判、检察厅遂将司法部分所有巡警悉还警厅。其关系司法警察事务，统归警官担任，而审判厅法庭上所用之人，只另募庭丁以备任使。于是警厅有完全之职权，司法收助理之效用，实为正当不易之办法。兹据提法司吴钫转据高等审判厅厅丞许世英、署高等检察厅检察长汪守珍咨呈，审判厅为预备立宪重要之图，按照年限添设，不容迟缓。若每厅必须专用司法巡警，匪特款项支绌，力难筹办，且所用人数有限，亦决不能举地面搜查、逮捕之事并顾无遗。诚不若警察之布满城乡，耳目心力较为周至，是以司法巡警事务，皆应以行政官厅任之，毋庸于巡警中特标司法之名，亦毋庸于司法中另立巡警一部，此各国之成规，部院之所由取则也。查检察一官，有代表国家保护公益之责，职务甚烦。广土众民，决非少数之检察所能尽其事，故必以行政官厅为补助。自各厅拨用巡警以来，巡警局巡官长警，于此中权限未必尽人皆知。或以为司法既有专官，则缉捕非复事。恐习焉不察，将至行政官以放弃而溺职，司法官因乏助而鲜功，设不及时变通，势将两受其害。夫司法警察权，本系法部监督而委任检察厅以执行。检察厅为司法巡警之长官，故有指挥巡警及印佐兵弁之权，盖检察巡警实有息息相关之谊。东三省试办审判、检察各厅，实为各行省司法分立之先声，若以辅助之未良，致使推行之寡效，影响所及，关系匪轻。揆诸法理，征之事实，拟将各厅拨用巡警悉数还之警局，而使各巡官长警遵照部章，担任司法警察事务，受司法之委任，承检察之指挥，庶畛域不分而诉讼易理。所有对于巡警局办事章程，均经遵照光绪三十三年法部、民政部会同奏定章程办理，从前奉省咨部之检察厅对于巡警局办事简章概行废止。等因，呈请奏咨前来。臣窃维司法之权最尊，故必完全独立而后职权不挠。司法之事至赜，又必有所协助而后实效。乃获该提法使吴钫呈请各情，臣复加查核，按之各国办法既以从同，揆之两部定章亦皆符合，应如所请办理。除分别咨部立案外，所有遵照部章，退还司法巡警缘由，理合恭折具陈，伏乞皇上圣鉴训示。谨奏。宣统元年闰二月十九日，奉朱批，该部知道。钦此。

纪检验吏传习所

奉省既设检察厅，所有检验尸伤皆归该厅办理，惟向无专门之验检吏。旧日问刑衙门之仵作，似亦专门之学，但所知甚浅，而舞弊情求，又其惯技。若以重要之案，仅凭一时之喝报，其颠倒是非，为害甚钜。且近日之受伤毙命者，自化学发明，不但枪弹种类为若辈所未经见，即如炭养镪水之属，皆亦洗冤录之所不载。死伤重案，皆以初验为凭，倘有不实，或覆验，或翻案，拖累既多，亦非政体。是以东西各国，咸以医官充之，诚慎重人命之最要也。奉天府向祇只仵作二名，断不敷用，自应另行招考，加以学问，庶可以洗旧染而启新知。乃饬提法司于地方检察厅内，设立检验吏传习所，考取生徒二十六名，以洗冤录按日讲授，并旁及枪弹之种类，化学之物理辨别。凡足以伤人致死者，皆一一研究参考。虽未必即能深通奥窔，而临时检验当可稍有把握，不致任意喝报，苟且将事。授课三月，使之随同相验，实地练习。学成之后，分拨各级检察厅。如府、厅、州、县有呈请派充者，亦得酌派任用。并通饬各属，严革官媒，另图改良办法。盖以此项人役，尤易陵虐罪犯也。将来医学盛行，此项检验吏必以通达中西医学者充之，并为之统筹出路，乃不致视为贱役，而所以为检察之补助者，岂浅鲜哉。

监狱篇

奉省向以军府主治，民政简略，至于司法，更复凌杂无序，遑论监狱。时易势殊，庶政修举，既设提法使，立各级审判、检察厅，斯监狱一端，不可不亟图改良。盖生命至重，民虽违犯法律，万不忍以犴狴[1]惨虐，蹙其生命。又以改过为主，虽一时冒犯不韪，而感以教化，授以技能，使之化莠为良，以复其性善之本质。此东西各国咸注重于监狱学之要旨也。今以观奉省之现状，则监狱改良较内地为尤急。何以言之，奉省土地广沃，物产丰富，而土著稀少，燕齐之人，流居耕作，迁徙无常。服食易则游惰之心生，性质浮则奸盗之风甚。往者军政时代，无复绳以常例，重者诛戮，轻者辄置不问。官府之宽严失当，人民之狎玩日多。非将逮收案犯之区从速整备，使民贵廉耻而重犯法，则内治之窳败不可究诘。其故一也。甲午以还，三罹兵革，文书散失，案犯逃亡。曾无清讼慎刑之吏，遂多含垢忍辱之民。往往以不相牵涉之人证，例应省释之徒，从而令其白发累囚，呻含牢户，乃至父子兄弟对泣以长年，田土户婚久悬而无告。

〔1〕　犴狴：监狱。犴狴是传说中的兽名，古代牢狱门上绘其形状，故又用为牢狱的代称，引申为狱讼之事。

十数年中，狱隶之痛苦，殆甚于兵灾矣。若不为之扫其墙茨，洁其居处，恐待质者终不免戕其生命，即拟结者亦多饱受牢愁。其故二也。两邻逼处，南北竞争。既逞强权，复干法令。俄于哈尔滨久建监狱，日于都督府亦规狱制。冀博审判公正之美名，而为讼狱皆归之观念。近者日人调查满洲之报告，类皆胪叙风俗，形容弊政。如满洲地理志等书，于裁判、牢狱、刑具等事靡不详载，甚至刑场之惨状，乡会之私刑，亦多胪列。虽多过当之词，要亦事实所有。若不急图改良，用资模范，不但阻文明之进步，亦且为外人所揶揄。其故三也。年余以来，与提法使悉心研究，惨淡经营，始于省会设立模范监狱署。其规制悉仿东洋办法，调查研考，以迄落成，盖已几经改作矣。其次则为省城习艺所。外府各属，良窳不等，亦已调查就绪，以次扩充。然欲举数百年纷杂混浊之地，一旦荡瑕涤秽，匪惟财力未逮，抑亦得人甚难。是在因地制宜，随时修改，未可急切以图之也。

纪模范监狱署

光绪三十三年，将军赵尔巽以省城府、县监年久失修，派员葺治。时狱前旧有仓房地基广十四丈，长五十余丈，遂议将府、县监通行修造，外合内分，监中设习艺所一处。三十四年，世昌既奏设提法司，以审判厅将次成立，又拟合并府、县监狱，分别轻罪、重罪。适湖北有模范监狱之设，而法律馆奏请改良监狱疏内称，于各省会及通商口岸，先建模范监狱一所，仿照东西洋办法等语。乃委员赴京、津、保、鄂等处调查，构造规制，始加扩充。初估银五万两，嗣经财政局复估银四万八千余两。细加查核，按之原图，证之舆论，仍有未惬，乃减为三万五千余两。又于南端辟地增工，比原估多监房百余间，分为五部而杂居。监分房监、女监、病监、教诲堂，工场、官舍悉备。另绘详图，附列于后。经始于三十三年七月，落成于三十四年八月，即以为开办之始。建筑制度，另详图说。设管狱官一员，总司狱务。其次分三课、两所，曰文牍课、守卫课、庶务课，教务所、医务所。课员、所员各有长以领之，办事均有定程。而于监犯之收禁，既已广其室居，洁其被服，时其饮馔，而尤注重于教。务以工作，教之技艺，以讲说化其气质。不但使之无缧绁之苦，直将成之为有业之民。辟以止辟，刑期无刑，就经传而推阐言之，亦古先哲王未尽之意也。

附模范监狱图说

模范监狱限于城内旧址，为长方形。南至北计长，东面五十四丈七尺，西面六十三丈三尺。东至西计深，南头十六丈四尺，中段十九丈五尺，北头十四丈九尺。又北头收承德县典史衙门一所，并监房及署前隙地，计南北长一十四丈，东西广二十二丈。又南头墙外余地，南北长二十二丈，东西广一十五丈。建筑之法，略仿日本东京制度，参照湖北监狱规模，分为五部：曰官舍。自入表门，分设铁栅门卫，内容分三段，前段置收发处、回事房、守卫室、人民接见所，中留坪院，旁置清平水井。中段设大楼一座，下层置职员事务所、来宾接待室，上层置官舍会议室，三层上置最高瞭望亭。大楼下后面，中留坪院，两边置员司宿舍、检身室、罪犯接见室，正面置询问所、案牍室、看守长室。后段置非常门、看守宿舍，仓库、厨井附焉。第二部曰杂居监。十字形式，内分四翼，各翼端设非常门。每翼监房十间，宽一丈，深一丈五尺，可容七八人，计四十间，约可容三百余人。夹道上架玻璃窗汽屋，宽七尺。各翼之中央建一圆亭，看守驻于其下，旁设灯室暗厕。监东为屏禁室，以惩囚人之犯狱规者。监西为暗室，以惩囚人之犯狱规较重者。监南置楼一座，上为训授室、书信处、阅览室，下为教诲堂。监北置监察室，设一门以入工场。第三部曰分房监。系扇面形式，内分四翼，监门在扇之柄，左右置监察室，中两翼交角处置非常门。每翼监房有十八间者，有十六间者，宽六尺，深一丈一尺。以其半用阶级制，由杂居监提入，使三人居之。其半用完全分房制，使一人居之，计可容百二十人。夹道上架玻璃窗汽屋，宽八尺。各翼之中央建一圆亭，看守驻于其下，两旁隙地为运动处。第四部曰假留监，就承德县旧有监房修治，可容百人。曰工场，第一、第二两区已经建筑，每区宽五丈、深三丈。四面满装玻璃窗格，前置栅栏，上架玻璃窗汽屋，宽七尺。北置仓库。第三、第四两区，即就典史官舍兴工改建，陈列所及执事员宿舍附焉。第五部曰女监及男囚病监。分为前后两区，以高墙隔之，宽六丈，深三丈八尺。女监内置杂居房四间，分房四间，约可容三十人。工场、病室俱备。夹道上架玻璃窗汽屋，宽八尺。后院为运动场，前墙设接见处。男囚病监，置轻病室四间，重病室四间，约可容三十人。另有看护室、诊察室、医务公所。夹道上架玻璃窗汽屋。监南墙外，置传染病室一所，植物园、消防器置所附焉。以上五部，总计房舍大小二百余间，楼房二座，附高亭一座，园亭二座，瞭望亭四座，工场四区，运动场四区，水井三口。内墙厚二尺，高一丈，周围一百一十六丈七尺。外墙厚三尺，高一丈四尺，周围一百四十九丈三尺。内外墙顶密插钢刺，沟道一百六十丈。惟承德县典史官舍并监房及署前隙地，尚未兴工建筑，计周围七十三丈。全部工程，经始于三十三年七月，落成于三十四年八月，实用银三万五千余两。

附奏开办奉天省城模范监狱大概情形折

奏为开办省城模范监狱，谨陈大概情形，恭折仰祈圣鉴事。窃维监狱与审判二者相因而成，未有监狱不良而审判能独臻完善者。盖监狱与法庭裁判，皆为刑法机关，而近世儒者，每以监狱之关系为最重要。诚以人类不能无作奸犯科之事，国家贵施以感化迁善之方。法庭之裁判，足以动一时之观感，而监狱之实行，惩戒劝导，可以使拘禁之罪犯悔悟自新，勉为良善，是以收效极远，立于司法行政之间，为国家至威至仁之地。奉省僻在边陲，睽于文教，从前民情之顽梗，吏治之因循，现虽渐有转移，惟兵燹屡更，奸宄滋甚，黠者玩法以自逞，愚者报复而寻仇，命盗之案倍蓰内地。以是各属狱舍重犯填滞，牢头狱卒因缘为奸。今既改良审判，自应首先改良监狱，虽一时未能普及各属，而省城模范监狱亟宜妥慎开办，以树规模。当经督同提法司使吴钫规定大概办法，谨为我皇上缕晰陈之。一、监狱分类。各国狱制有拘置监，有地方监，有假留监，有集治监，系查照囚人之性质，犯罪之轻重而严其区别。当此财力未充之际，势难遽筹浩大之经费，分建各种监狱。又在法律未改以前，亦不能尽弃本国惯例而袭他国制度，自应变通办理，将各种囚人分别收拘。该监狱约可容罪犯四百余名，就中设有杂居监，拟收已决之军流徒犯、监候待质人犯、未决刑事轻罪犯。设有分房监，拟收官犯、死罪人犯及其他案情重大之犯。设有女监，专收已决之重罪女犯。并将承德县原有监房量加修葺，改为假留监，可容百余人，专收招解人犯。选合各种监狱于一处，而于其内区分之，为暂时权宜之计。此监狱分类之大概情形也。一、分课任事。囚人之分类既繁，则管理愈应周密。新监之罪情俱重，则组织尤贵完全。各国狱制虽不一律，大约于典狱官外分三课、两所，各课各所之下又分多员以专任之。大略文牍、会计属于第一课，戒护囚人属于第二课，庶务属于第三课。查天津、保定章程，系分设书记、会计、考工、看守、庶务、教诲师、医官等职，湖北则分案牍科、守卫科、工业科及教诲师、医官、庶务等名。兹拟参酌当地情形，分设三课：曰文牍课，专理文书、考绩暨保管犯人物品金钱之事。曰守卫课，专理看守、戒护之事，曰庶务课，管理会计，在未置考工专员以前，并兼理工业之事。每课置课长一员。又设教诲所、医务所以训养之，每所置所长一员，皆为辅助管狱官之员。系变通外国狱制，折衷内地办法酌量裁并。如此而后，责任乃专，职务不紊，以求湔除往日简率苛虐之习。此分课任事之大概情形也。一、分别工作，不论罪情之轻重，一体拘苦，不使就事，固非政策。然不辨囚人之性质，概充工作，以期收益，亦碍刑章。各国因刑名之区别，定其业役之轻重，多与囚人性质不相适合。兹设模范监狱，除情实死罪人犯、官犯暨未决重犯尚待质訊者不令作工外，其余人犯由该管狱官择授工作，不以刑名之区别分定工作之种类，惟以适于犯人之性质及其他日生计为主。其不便于监狱管理者禁之，庶于课业之中，仍不失执行刑罚之旨。如裁缝、织布、木工、印刷，编制席帽、柳条箱包等项，皆为预定之艺业。俟明春和暖，筹略工本即行开办。此分别工作之大概情形也。一、酌拟惩罚。囚犯脱逃之处分，旧例甚为严明。兹设新监，原期力除积弊，昭示文明。三木械系暨旧狱相沿之刑具，不能不斟酌去留，以为异日收回法权地步。近者改良审判，废止刑讯，中外观听一新。刑訊既废，则牢舍之拘系亦应变通。第恐狱员祇避处分，酷守旧习，将狱务永无廓清之一日。谨拟创办一年之内，除实系贿纵囚人，查有确据，仍照旧例处分外，遇有疏防脱逃人犯，处分稍予从宽。惟该看守部长，仍应当其责任。如系杂居监人犯，则杂居监看守部长及看守人等撤差勒缉。其在分房监、假留监及工场时，亦如之。庶足以广皇仁而肃刑宪。此酌定惩罚之大略情形也。一、酌定员秩。监狱事业之发达，固因狱制完美，尤赖狱吏善良。苟得其人，虽狱制不甚完全，犹可因时补救。第非正其品秩，不足以劝良吏。查外国典狱为奏任官，各课、所长有奏任者，有判任者，即看守亦受判任之待遇。上年法部议准修律大臣沈家本[1]改良监狱一折，有狱务人才与司法官吏同一重要，官卑不足以弹压，应定各省正管狱官秩五品，副管狱官秩六品，其余分任义务及医官、书记等员，由督、抚量为增置等语。奉省新设模范监狱，为全省之表率，现拟遵照奏定官制，先设正管狱官一员，副管狱官暂从缓设。惟各课长、所长未定品秩，仍不足以专责成而重职务。拟请酌定课长秩八品，所长秩九品，均定为咨补之缺。此项狱员必须选曾肄法政、监狱学科，性行敦善者充任。其看守部长以下，亦须教练毕业。如奉公三年无过，准其拔升所长、课长及补各属分监员缺。如是则人才感奋，而狱事可望日新。一、筹拨经费。狱用不敷，难期经久。计新设监狱暨归并承德县监，合容五百余人。其常年经费，分额支、活支两款。狱

〔1〕　沈家本（1840—1913年），清末官吏、法学家。主持制定《大清民律》《大清商律草案》《刑事诉讼律草案》《民事诉讼律草案》等一系列法典。中国法律现代化之父，中国近代刑法之父。

员俸给，看守俸给，工役薪食等项，属于额支。看守服装，囚犯衣粮及杂用等项，属于活支。值此财政困难，力求撙节，计每岁所需亦在二万金以外。然薪俸皆从微薄，工业资本尚需另筹。查新监成立，部定官制既有管狱专官，所有奉天府司狱，承德、兴仁两县典史，皆为虚职，自应裁撤。例定廉俸实银及役食津贴岁合二千三百余两，又旧支府县监狱囚粮仓米，禁卒津贴，押犯车价等项，岁约六千五百两，均应拨归新监提用。其不敷之数，岁不过万余金，已由臣饬令度支司妥为筹给。应请于每届年终造册报部，准其实用实销，以示体恤而规久远。以上各条，为改良奉省狱务起见，略举要纲以开各属风气。经臣派委提法司典狱科一等科员、日本法政大学专科毕业生拣选知县萧仲祁[1]，暂兼充正管狱官，并刊发奉天省模范监狱木质关防一颗，发交该员祇领开办。于十一月初一日起，陆续将旧日承德县监押人犯二百余名一律提入新监，仍饬该司随时督饬该员切实经理。务期囹圄向化，咸与维新，以仰副朝廷矜慎庶狱之至意。除将各项章程规则咨送法部查核，并将建筑工程另折奏报外，所有开办省城模范监狱缘由，理合恭折具陈，伏乞皇上圣鉴，饬下法部查核立案施行。谨奏。光绪三十四年十二月十八日具奏，宣统元年正月初六日奉批，法部知道。钦此。

附职员事务表

监督官厅		官吏		品秩	任用	主管	与他国职员任务之异同
最高监督	直接监督	第一级	第二级				
法部	提法司	正管狱官		从五品	奏补	监督署内日行事件重要者呈请法司行之	同
			文牍课长	八品	咨补	囚人身分上之文书记录物品保管	兼管会计预算及庶务往复
			守卫课长	同	同	检查别异及惩罚事项	同
			庶务课长	同	同	土地建筑用度事宜	兼管作业
			教务所长	九品	同	教养事项	同
			医务所长	同	同	卫生事项	同
			药剂专员 考工专员		法司委用	检查药品 配工作掌理簿册	药剂师 作业主任
备考	他国第一课兼管会计第三课兼管作业以会计与庶务立于同等之地位互相监查也该署因一时权宜未将会计分列故另置考工专员使庶务课之繁冗得少减焉						

〔1〕　萧仲祁（1873—1967）：清末民初政法家，留学日本，编译《监狱学》。

附模范监狱署规则

第一章 组织大纲

第一条 本监狱遵照法部奏定新章建设，奉天省城名曰奉天省模范监狱署，以切实改良狱务，示全省模范为宗旨。

第二条 本监狱属于提法司之管理。

第三条 本监狱共置员丁、匠师如左：

管狱官一员。

文牍课长一员、书记一员、簿书一员、保管一员。

守卫课长一员、看守长一员、看守部长八员、看守四十人。

庶务课长一员、保管一员、会计一员、工业部长一员。

教务所长一员。

医务所长一员、药剂员。

第二章 管狱官之职掌

第四条 管狱官承提法司之命令，掌理狱内一切事务，有指挥、监督其部下各员之责。

第五条 管狱官于狱内一切事务，应于每星期前一日，传集各员会议之。

第六条 当会议之事项如左：

一、调查犯人身分等事。二、犯人之情状举动，奖赏惩罚，饭食被服，工作卫生及感化等事。三、监狱一切经费出入及建筑修缮等事。四、课所各长，欲请变更职务章程事。五、犯人出狱后保护等事。

第七条 管狱官关于狱内一切事务，有亟宜兴举之处，除每星期会议外，可随时传集各员，开特别会议以决可否。

第三章 文牍课之职掌

第八条 文牍课长承管狱官之命令，督率书记、簿书、保管各员执行其职务。

第九条 文牍课长，于关于狱内一切纪律、服务等事，亦可指挥看守部长以下各员而监督之。

第十条 文牍课长，于关于狱内纪律修明等事，得于会议时提议改良。

第十一条 凡狱署往来文牍，编存卷宗及会议簿录，与各课所之报告表单各项，均归文牍课分别管理存储。

第十二条　凡关于职员身分、看守身分狱犯身分各事，文牍课应随时调查登记，汇呈管狱官查核。

第十三条　凡狱署职员功过考勤等事，均归文牍课随时记录，汇呈管狱官核办。

第十四条　凡狱犯出狱、入狱及释放、赴审各时日，应由文牍课随时登簿，呈明管狱官转报提法司稽核。

第十五条　凡狱犯之诉愿及赏罚等事，均归文牍课呈明管狱官核办。

第十六条　凡犯人入狱时携带之物品、银钱等项，由守卫课检查后，交由文牍课登簿，交保管员存储。俟该犯出狱时，保管员照簿检齐，直接交付，即令该犯于簿上亲印指模为证。

第十七条　凡狱犯在狱工作所出物品，应将工资数目，每日由庶务课通知文牍课，按名登记。俟该犯出狱时，核计总数若干，向庶务课领出直接交付，并令该犯于簿上亲印指模为证。

第十八条　凡遇有各课未列之事，概归文牍课办理。

第四章　守卫课之职掌

第十九条　守卫课长承管狱官之命令，凡教练看守、稽察看守、勤务，赏罚黜陟及犯人赏罚、狱犯名数、监视出入与上下人等之行为举动，监发囚衣、囚饭各事，均督承看守长以下各员执行其职务。

第二十条　守卫课长有改良狱章及维持工业之责任，可于会议时随时提议。

第二十一条　课长、守长每日应轮巡监房、工场各处，整饬纪律，督视粪除。遇有监犯及工匠、丁役人等违犯规则与诸不正当之行为，量其事之轻重，分别训戒罚处。

第二十二条　课长、守长于巡视女监时，尤须注意其举动秩序，随时训示看守，倍宜整肃。

第二十三条　课长、守长每日早晚两次传集狱犯点名，将人数呈明管狱官，并通知庶务课长，按名备给饭食。有新入狱或出狱者，亦即随时分别呈告。

第二十四条　课长、所长每晚六钟点名后，将全狱前后巡视一周，各门一律封闭，锁钥随即收好，非异常紧急之事，不准启门。

第二十五条　表门看守，凡有出入之人，非持有提法司之命令证据及本署号牌者，一概禁止。

第二十六条　监门看守，须时时检查门窗锁钥，有无异状。

第二十七条　看守长以下服式、赏恤等事，与巡警定章同。

第二十八条　凡看守非教练毕业或学习三个月确有成绩者，不准当。

第二十九条　凡有人犯入狱，应由课长督承看守严行搜检，訊问明晰，分配监房。

第三十条　犯人平时早晚出入监房，亦各搜检一次。

第三十一条　凡狱犯之往来书信，均一一详细检视。遇有犯人接见亲属之时，尤宜加意审察，若亲属传送应用之物，亦详为检查，确非危险之品，方准交付。

第三十二条　看守长以下人等，如有与犯人私通，或漏泄公文，致犯逃走及自尽者，查确与犯同罪。

第三十三条　看守长于看守上班时，须训令守规尽职。下班时，不准私行外出。

第三十四条　看守昼夜分班，早晚检点人数，监视监房与各处房舍之清洁与否，审察犯人身体被服有无污垢防碍卫生之处。

第三十五条　看守于犯人在监房时，应视察其各项状态如左：

一、坐卧之正否。二、有无争斗、戏谑、喧嚣情事。三、有无与他人交换食物及各种物品，与互相谋议之事。四、有无污损器具及随地抛掷不洁之物。

第三十六条　看守于犯人作工之时，应视察其各项状态如左：

一、作工之勤惰及专心与否。二、每日课程之完否。三、有无各种隐谋。四、有无与人交谈或交换器具及任意外出等事。

第三十七条　看守于押送犯人，应视察途次各项状态如左：

一、有无请求贿嘱等事。二、有无与路人交谈、侮笑或乱走失次等事。三、有无思逃之意。

第三十八条　看守审判犯人有违犯狱规及藏匿应禁物品等事，须严密稽查，举其证据，禀告上官。

第三十九条　看守于犯人有欲禀诉之事，速报上官，不得勒抑。

第四十条　看守于犯人有患病者，即为禀报长官拨医诊治。诊治之时，须监察其举动。

第四十一条　遇有水火风震非常灾变，看守应严密防范，并预筹犯人避灾之方，以待长官命令。倘迫不及待，可暂令犯人避出房外。

第四十二条　遇有越狱、反狱、破狱等，看守应遵非常暗号，施镇压之方法。倘力不能御，或极追难及，可以手枪或佩刀击毙之。惟非万不得已之时，仍不准施用枪械。

第四十三条　看守之功过，分为三等如左：

功	记功 大功 异常劳绩	过	记过 大过 特别过

第四十四条 依前项之规定，看守之赏罚亦分三等如左：

赏	奖谕 赏金三钱以上，三两以下 拔升	罚	申斥 罚金三钱以上，三两以下 革除

第四十五条　凡看守之功过事类不一，举其大者如左：

记功之事项　奉职勤慎，三月内无过及并未请假者。检查监房及出入品物中，得有危险物及应禁物者。于规定之勤务时间外，自愿加助夜勤，每月达三次以上者。

记大功之事项　记功至三次者。奉职勤慎，一年内无过者。捕获越狱罪犯者。见有火灾，登时出力扑灭者。能救护人命者。

记异常劳绩之事项　记大功至三次者。奉职勤慎，两年内无过者。能探获越狱、反狱、破狱罪犯之密谋，而能预为防止，经长官查有实据者。遇有重要罪犯逃走登时捕获者。

记过之事项　巡逻守望时，任意谈笑，或与犯人戏谑者。巡逻守望时，擅食烟酒及各种食物者。以私事役使犯人者。所管区域不能保持清洁者。犯人违犯狱规而不知、或知而不报者。巡逻守望时，无论昼夜敢于随地坐卧者。于未换班时，擅离守望地，与未终巡逻而先归休息所者。报告不实者。与同班争斗者。

记大过之事项　记过至三次者。诈索犯人财物，或私受犯人赠遗者。对于犯人妄作威福，或肆行凌虐者。所管内之犯人有逃走、或自尽而不知者。擅留非看守人员于看守宿舍及不请假而私宿于外者。冒功请赏者。

记特别过之事项　记大过至三次者。违误要公者。所管内之重要罪犯有逃走或自尽而不知者。所管区域失慎致火而不知者。藐视长官或对长官咆哮无状者。

第四十六条　凡看守之赏罚，每三月举行一次，其执行之方法如左：

记功一次者，传谕奖励。二次者，赏银三钱以上一两以下。三次者，照记大功赏例。记大功一次者，赏银一两以上二两以下。二次者，赏银二两以上三两以下。三次者，挨次拔升一级。有异常劳绩者，除赏银外，并得越级拔升。

记过一次者，传谕申斥。二次者，罚银三钱以上一两以下。三次者，照记大过罚例。记大过一次者，罚银一两以上二两以下。二次者，罚银二两以上三两以下。三次者革除。有特别过者，除革除外，仍处以相当之刑罚。

第五章　庶务课之职掌

第四十七条　庶务课长承管狱官之命令，凡款项、物品出入保管及监督工作、建筑修缮等事，均督承保管、会计暨工业部长以下各员执行其职务。

第四十八条　庶务课长有撙节经费，扩张工业之责任。具各意见，可于会议时随时提议。

第四十九条　凡狱署官有财产，经提法司发交本署经理者，庶务课长得以收执管理。

第五十条　凡狱署员役薪工一切经费收支及工业项下收支，又囚粮数目各总簿，庶务课长应于每星期结算一次，每月终汇结后，呈管狱官查核。

第五十一条　凡银钱器具及工作成品材料，囚粮存储之数，每日结算后保管员交课长核阅，再由课长送管狱官暨守卫课长查核。

第五十二条 凡购买物品价值，犯人应得工资数目，会计员逐日分别登记，呈课长核阅。犯人工资一项，另呈管狱官暨守卫课长查核。

第五十三条　凡发给囚粮、囚衣及犯人应用之物，均不得少有克扣，或故为损毁，课长应随时督察，并责成守卫课长随时检视。

第五十四条　工业部长督饬考工、采办、发售、督工各员执行职务。所有工场犯人作工名数、收发银钱、各科成品、材料、售品及各科物品工价成绩比较等项，分别簿记，应逐日呈送管狱官核阅。

第五十五条　采办员应将市面银价、钱价及各项物品价值之有关工业者，逐日登记，呈上官递核，其买物之发票收条各件，亦随时呈阅。

第五十六条　发售处之售出成品簿，亦按日呈上官递核。

第五十七条　凡关于银钱物品出入各簿，会议时可择要提出，以供众览。

第五十八条　工作成本，先借官款沈平银六千两，分五年归缴，自管狱官以下皆担责任。

第五十九条　凡工作之配置，由督工报明工业部长行之。成品后，评定价值亦然。

第六十条　工作事烦，各科长、所长均可分项担任督察，负其责任。

第六十一条　凡工作成品定价，系狱内需用之物，照原本估定。发售者，以市价为准。

第六十二条　凡工作之优劣，工师之勤惰黜陟，均由担任督察者主之。

第六十三条　凡担任督察之工作，已亏成本至十分之二者，应即撤换。

第六十四条　凡工作成品出售所得余利，分为十成，以六成归公，为准备缴还官本及扩张工业之用，余四成作为各员津贴，担任该科督察者得二成，管理工业者得二成。

第六章　教务所之职掌

第六十五条　教务所长承管狱官之命令，督率教诲师执行其职务。

第六十六条　凡教诲记载及教诲时视察犯人情状记录，每星期由所长呈管狱官核阅。

第六十七条　凡狱犯应遵守之狱规，人给一册，于该犯入监时，即由教诲师详细讲解，俾令领悟。

第六十八条　教务所长、教诲师，除按规定时刻行其教诲外，每休息时间，另行特别教诲。

第六十九条　每遇星期，行普通教诲，所有各监看守亦均整队入教诲室听讲。此项看守并受教务所长之指挥。

第七十条　教务所长审察犯人确有悛悔情状，应会同守卫课长，呈明管狱官将该犯由重役改为轻役。遇有不听教诲之犯，亦会同呈明，改轻役为重役。

第七章　医务所之职掌

第七十一条　医务所长承管狱官之命令，执行其职务。

第七十二条　凡狱之健安诊察及病犯情状，均随诊登记，每星期呈管狱官核阅。

第七十三条　凡罪犯入狱时原有病症者，应诊察其病之轻重，有无传染之患，分别安置。即无病者，亦须诊视其身体之强弱，以备工作。

第七十四条　凡健安诊察，于每月月朔行之。

第七十五条　凡狱犯患病，医务所长认为不必移入病监者，除按每日诊治外，应通知守卫课长，施特别之待遇。

第七十六条　病监诊察，每日至少须两次以上。遇有病势危笃，或应预防传染者，均即时呈明管狱官，为相当之处理。

第七十七条　医务所长诊病后，应将方笺加盖图章，交药剂看守通知庶务课，照方购药。

第七十八条　狱犯有被惩罚者，应随时诊察，陈述情状。

第七十九条　医务所长应不时巡视监房、工场各处，指挥看守及夫役人等扫除清洁，以重卫生。

第八章　监狱类别

第八十条　本监狱约可容罪犯五百余名，其分类大别如左：

一、杂居监，每房拘禁五人或七人。二、分房监，每房拘禁一人。三、女监，分别重罪轻罪而异其监房。

第八十一条　杂居监合假留监，所应拘禁人犯类别如左：

一、已决军流徒罪。二、监候待质人犯。三、未决刑事轻罪犯。四、外属招解之军流徒犯。

第八十二条　分房监，所应拘禁人犯类别如左：

一、官犯。二、死罪立决人犯。三、秋审处决人犯。四、提省审讯及外属招解之死罪人犯。五、未决之重罪犯。

第八十三条　凡初入狱之犯，先列号数检查通身，详录要领于犯人身分簿，然后分配监房，并告以应守之规条。

第八十四条　凡初入狱之犯，由医师诊察身体，按第七章第七十二条之规定执行。

第八十五条　凡犯人入狱携带之银钱物品，按第三章第十六条之规定执行。

第八十六条　犯人身分簿人各一册，记其入狱后之情状，以备参考。

第八十七条　监房门首各悬木牌，正面记收入犯人之号数及入狱时日，背面记犯人姓名、年岁、罪状、刑名、刑期、收管期限，非本署职员不准揭视。

第八十八条　凡犯人有书信往来，亲属探视，或亲属传送应用之物，按第四章第三十一条之规定执行。

第八十九条　凡犯人有犯狱规者，入屏禁室。其犯规较重者入暗室，令之息心思过，均分限时刻，亦不久羁。

第九章　工作

第九十条　在狱罪犯，除官犯及立决之死罪人犯，又案情重大，未经定谳者外，一律概令工作。

第九十一条　作工之种类，除农业外，以成本轻而销路畅，并于人民生计无碍者，约分五科如左：

一、织科（布匹、辫绳、卫生衣、绒毯）。二、缝科（衣袜、靴鞋）。三、木作科。四、印刷科。五、杂作科（洋面、铜铁、制造，药品、柳条箱，洋法洗濯）

第九十二条　凡指定工作之犯，须先由医师诊断其身体之强弱相当者，再使就业。

第九十三条　作工课程，以普通一人之能力为主，但老者、幼者、病者、力弱者、不具者、未熟悉者，不在此限。若洗濯等事，尤不能定以课程，则以一定服役时间为一日之课程。

第九十四条　各犯在工场均有一定坐次，不得混杂，并不准笑语喧哗。

第九十五条　每日课程之完否，以一月之积算平均为定。

第九十六条　分房监之罪犯，如有自请作工者，得审察而许可之。

第九十七条　狱犯作工应得之工资，按第三章第十七条之规定执行。

附奉天模范监狱署经费预算表

	职　员	人　数	俸　给	共　计
一、职员俸给	正管狱官	一员	薪水一百三十两 公费五十两	一百八十两
	文牍课长	一员	薪水五十两 公费二十二两	七十二两
	守卫课长	一员	薪水五十两 公费二十二两	七十二两
	庶务课长	一员	薪水五十两 公费二十二两	七十二两
	监务所长	员	薪水四十两 公费十两	五十两
	教务所长	一员	薪水四十两 公费十两	五十两
	看守长	兼充	不支俸给	
二、看守俸给	看守部长	一等一员	二十两	二十两
		二等一员	十八两	十八两
		三等二员	十六两	三十二两
		四等二员	十四两	二十八两
		五等二员	十二两	二十四两

	职员	人数	俸给	共计
二、看守俸给	看守	一等二员	十两	二十两
		二等六员	九两	五十四两
		三等十六员	八两	一百二十八两
		四等十二员	七两	八十四两
		五等四员	六两	二十四两
	女监看守	四名	六两	二十四两
三、雇员薪水及职员伙食	司书	三名	十六两	四十八两
	工师	四名	十四两	五十六两
	监丁	二名	六两	十二两
	杂丁	四名	六两	二十四两
	号房	一名	六两	六两
	职员厨丁	二名	六两	十二两
	看守厨丁	二名	六两	十二两
	职员伙食	六名	每名六两	三十六两

一、看守衣服		
服、冬四十八套 夏九十六套	价值十四元 价值十三元	共计九百六十元
帽、四十八顶	价值八角	共计三十八元四角
靴、一百四十四双	价值五元	共计七百二十元
二、犯人伙食		
每名每月一元五角，以四百名计之，每年应支洋银七千二百元。		

三、杂费	
医药费	年约二百两
埋葬费	年约五十两
灯油费	年约三百两
烧炕费	年约八百两
纸张簿册及阅报一切杂费	年约三百两
甜水运费	年约一百两
冬春二季煤火银	年约五百五十两
备考	右表内未列囚衣一项，因当时系同僚捐款制给。惟囚衣为常年所需，不能以无定之款恃为继续之用。年终决算，仍当注意。

纪看守教练所

管理监狱承长官之命令，而执行无旷者，惟看守是赖。看守之责，非但旧日隶役所不能为，非稍明法理，洞谙服务规则者，亦不足称任也。奉省既设模范监狱，而各属监狱亦亟思改良，此项看守待用甚多，若不预先教练，何以临时委用。乃饬提法司考选看守学生四十名，派教练官酌定课程。凡监狱学大意，刑法大意，监犯施行细则，看守服务规则，算术，柔软及兵式体操，皆分门授课。限三月卒业，而支配于各监狱委任之。自兹以往，不但无禁卒陵虐之风，且可挽犯人游惰之性，其各属监狱亦拟以次推广。惟经费不充，造就甚少，尚拟饬各属酌量教练此项看守，于管理监狱实大有裨益也。

纪奉天省城罪犯习艺所

奉省自奏裁五部，而刑部大狱岿然独存。将军赵尔巽于光绪三十一年，即刑部狱旁建设习艺所，派监督专理之。世昌既奏设提法司，则改良监狱是其专责。其时民政部奏设京师习艺所，兼收游惰贫民，其主义重在养民。然惩游惰而使向善，乃专属行政上之处分，非司法内之权限。以贫民与罪犯为伍非法也。爰饬司考查，旧有之习艺所办理是否合格，嗣以该所岁糜五万余金了无成绩，乃重定规则，改派管理员，奏咨立案，名曰奉天罪犯习艺所。按该所为监狱之一部分，收容军流徒犯已决者，由惩戒而进以教化，俾渐以革其非僻之心，且务为力作，自与寻常工业之营利者不同。虽费度支，在所不惜，各国成事大抵如斯。惟奉省财政困难，不得不兼取营业主义，以持久远。况胡匪充斥，不事生产，已成习惯，不于强制钤束之时使之自食其力，安望其异日能独立生活耶。在事人员本此意以经画之，故开办至今，所需公帑，日见轻减。而所中各艺，亦为之设法发售，造生人之技能，补官款之不足，将来学成一艺，便为衣食之原，亦一举而数善备也。

附奉天省城罪犯习艺所简章

甲、建筑　建筑之法略仿日本监狱，共分五部：

一、前院　为各员办公之所。

二、监房　仿扇面形分东西两部，每部五十间，共房百间。每间容五人，约可容罪犯五百人。

三、工厂　其容数与监房同。

四、病院

五、炊事厂

其巡逻线路共分为二：以警道通达前院者为外线路，以监房通达工厂者为内线路，（病院居西偏，炊室居东隅）以便看守。其建筑式如另图。

乙、囚人种别　省城各级审判厅及其他衙署，已经判决之军流徒以下犯人一律收入，衣食均由官给。秋冬每日两餐，春夏每日三餐。令节、圣节，特给荤食。服制均以灰色为之，胸前镶白布一方，上书入监号数，领绿及背叉两处，另以他色别其刑期。黑为三十年者，黄为二十年者，红为十年以上、二十年以下者，白为三年以上十年以下，绿为六个月以上三年以下者，蓝为六个月以下者。工作满三月即给以工作利益十分之四，限满释放时尽数发给，以为出狱后营业之资本。

丙、教诲　犯人教诲共分三种：

一、定期教诲　每逢星期六、日，集艺犯于教诲堂，为讲社会道德、法律之浅理，并参照欧西之罪人心理学，就各犯人之品性详加教诫。

二、临时教诲　无论何时，就艺犯之有善可录，有过可责者，使之集于一室，为演说其功过之起原，及善恶之究竟，以能涤除其习惯，感触其脑筋为主。

三、特别教诲　艺犯罪限在三年以上、年龄在二十五以下者，每日分工作之二小时，在教诲堂为之讲授修身、习字、国文、算学等科。

丁、工作　工作共分十二科，各犯人分配之数如左：

建筑科	一百八十一名
木工科	六十五名
铁工科	八名
印刷科	二十二名
皮革科	五十三名
栽绒科	四十名
织物科	六名
织布科	二十九名
染工科	六名
缝纫科	三十六名
酿造科	现甫开办
纺纱科	现正筹办
总计	四百四十六名

各犯工作分为三项：长期者拨归内厂，使其专精艺术。短期者拨归外厂，使其学习勤劳。其鲁钝衰朽者，则令司所中洒扫、灌溉等役。工作时间分为三期：冬、腊、正、二月，每日工作八小时，三、四、九、十月每日工作九小时，五、六、七、八月每日工作十小时。每逢令节、圣节，一律休假。

择艺犯中之精明驯良者，派为总领工。各科艺犯中，有工作人品能为一科表率者，派为领工。每十名艺犯中，其技能特出者，派为工目，使之率领各犯工作。各艺犯工作人数及造成物品件数，每日由总领工报告看守官，按日别其勤惰，填入功过簿。六个月考核一次。记功三次者，给予银牌。得三银牌者，呈明提法司，酌令出狱。

附职员薪水表

	员数	月支薪水	年支薪水
专办	一员	五十两	六百两
看守官	一员	四十两	四百八十两
会计员	一员	四十两	四百八十两
文牍委员	一员	三十两	三百六十两
医官	一员	三十两	三百六十两
考工委员	一员	二十四两	二百八十八两
稽查	一员	十四两	一百六十八两
原练护队	十名	六十七两五钱	八百一十两
护队服装		二十二两五钱	二百七十两
火夫	一名	三两五钱	四十二两
司帐	二名	二十二圆	二百六十四圆
收发物品司事	一名	十圆	一百二十圆
监工司事	一名	十圆	一百二十圆
售货司事	三名	三十二圆	三百八十四圆
皮工师	二名	四十五圆	五百四十圆
印刷工师	一名	十八圆	二百一十六圆
木刷工师	一名	十八圆	二百一十六圆
仆役	二名	十三圆	一百五十六圆
火食		一百圆	一千二百圆
总计	三十一员名	银三百二十一两五钱 洋二百六十八圆	银三千八百五十八两 洋三千二百一十六圆
备考	外看守四十名，月饷由巡警项下支给，不归本所支给。		

纪奉省外属监狱及习艺所

奉省狱政，兴举最迟。海城典史，设于顺治十三年。此外司狱官吏，多起于康熙以后。光绪时增置最多，故府、厅、州、县四十九处。据最近之报告，有尚无狱舍者，本溪、辽中、抚顺、西安、西丰、东平、兴京、临江、辑安、庄河、锦西、盘山、辽源、洮南等处是也。有旧虽设置，亟待整备者，海城、铁岭、开原、昌图、怀德、康平、靖安、开通、柳河、新民、镇安、彰武、锦县、义州、广宁、凤凰、安东、岫岩、法库等处是也。此外盖平、辽阳、奉化、安广、宁远、通化、宽甸、七州县特加修筑，共用银七千七百四十余两，又银圆四千四百余圆。海龙、怀仁则与习艺所同时修造。通阅各处构造图式，不足以言监狱。良以地域辽阔，交通不便，各属无由共同筹备。各守令又率以建设习艺所为新政之一端，致力经营而监狱益不注意。其尤谬者则认监狱与习艺所为两事，以为入习艺所者，皆轻罪可与自新之人。入监狱者，皆重罪难于管束之犯。究之军流徒犯，罪亦匪轻，其羁禁监狱者，岂无一可期成就者耶。且即所建习艺所之办理情形，亦多与将军赵尔巽奏设之本意相背。原奏于课工之中，仍以执行刑罚为主，是习艺所专为罪犯而设可知。乃至兼收贫民，甚或招集商股，有罪无罪既无等分，行政营业，复无差别，其失一。悯饥寒盗贼之失业，课之习艺，非欲使人民增加负担也。而现办者，有补于失业之囚徒者少，以此借口车捐罚款，重敛于民者多，其失二。原奏于省城并该管巡道各设一区，或于一府一州分设，亦无不可。诚见各属囚徒，分之则少，且于课业不便，不如各道、州合立之为善。而现办者多未体察此意，事倍费繁，甚至寥寥数囚，亦特置一所。不求实在，徒增支销，其失三。此皆沿袭粉饰旧习之害，虽有习艺所之名，而监狱之黯惨如故也，班管之虐勒如故也。揆诸原奏之意，与新政之所当为，两有所盭，果何取乎此也。兹举各属习艺所之沿革大略，并揭一监狱、习艺所比较表，俾后之言改良监狱者，知所取择焉。

附奉属监狱暨习艺所比较表（省城模范监狱习艺所不在此内，又醴泉镇现只有习艺犯人一名，亦未列入。）

地别	监狱类别（所查事项）	地基房屋	创始报告之年月	经费	员司人数	囚人数	习艺	有无规则	附押犯人数
奉天府									
承德县	监狱								
	习艺所								
	各审判厅看守所	地方 第一初级 第二初级 第三初级							一〇三 二八 二二 一二
抚顺县	监狱习艺所	系兴仁县改设尚未修筑							
	各审判厅看守所	地方 初级							一八 三三
海城县	监狱	旧有五间外更房一间				三一			八〇
	习艺所	旧有数间渐次修筑至五十五间	光绪三十一年冬月开办	历年经费由罚款九千六百余圆内拨用现平均计算月需八百圆即取给于工作余利	有典狱官看守官教诲师医官会计工师看守兵名目	一九九	以制革缝纫纺织玉石木工染工印字金石分类	有	
盖平县	监狱	旧有三间后加修补外更房一间	光绪三十三年四月兴工五月报告工竣	共用银四百五十两由田房税银项下借垫		一八			三四
	习艺所	房屋二十四间	光绪三十四年八月报告	共用东钱六千一百一十八吊七百九十文由车捐项下提拨		五三		有	
铁岭县	监狱	前有监房二间				二五			四四
	习艺所	修平房一间大房一间	光绪三十三年八月报告	知县廖令捐廉修补		一五			

地别	监狱类别 / 所查事项	地基房屋	创始报告之年月	经费	员司人数	囚人数	习艺	有无规则	附押犯人数
开原县	监狱	修筑五间外更房一间	光绪三十三年十月建立十一月报告			二四			一七
	习艺所	两次修筑六间外炊室一间	光绪三十三年五月开办十月报告	首次用六百零六圆零三分二次用一千九百五十四圆九角由车捐项下拨用		二二	织布栽绒织袋织带造洋铁器		
辽中县	监狱	设治未久监狱习艺所均未建立押犯寄禁邻封				一			无
	习艺所					二	织带		
本溪县	监狱	与辽中县同				二			三五
	习艺所					一			
辽阳州	监狱	旧有六间后增修十间	光绪三十三年七月报告工竣	用款四百余元由车捐项下提拨		四〇			一一〇
	习艺所	租民房五十三间	光绪三十四年十月报告开办	租价每年九百元工料机器用款五千一百六十元由车捐项下拨用		一四一	分五科一织染二缝纫三皮靴四木工五洋铁	有	
复州	监狱	旧有五间				一二			一五
	习艺所	新修二十三间	光绪三十三年九月兴工十二月报告工竣	共用款二千五百元	看守六名由捕盗营拨出仍食底饷外员四四名	二八		有	
昌图府	监狱	旧有三间				四二			四〇
	习艺所	前有六间因不敷用又增修五十六间望台一座	光绪三十四年九月报告	估计用银一万五千余两由车捐项下提拨再以罚款归入		二八			

地别	监狱类别 / 所查事项	地基房屋	创始报告之年月	经费	员司人数	囚人数	习艺	有无规则	附押犯人数
怀德县	监狱	旧有五间外女监一间	宣统元年闰二月报告			一四			三七
	习艺所	共有五间	宣统元年闰二月报告			四〇			
奉化县	监狱	共有七间外待质所一所	光绪三十三年十月报告	共用四百四十二元由车捐项下支用		一四			二九
	习艺所	前有七间后加七间				六六	织带打绳缝衣靴鞋木作	有	
康平县	监狱	新修六间	宣统元年正月报告			一三			三七
	习艺所	正房五间东平房二间	宣统元年正月报告			二七			
辽源州	监狱	监狱未立仅有押犯封房二间							三〇
	习艺所					三			
洮南府	监狱	尚未建立							五四
	习艺所	权借捕盗营院内建设九间	光绪三十四年五月报告	共用银二百零七两九钱六分四厘		二五	织带缝纫		
靖安县	监狱	旧有瓦房三间	光绪三十三年十一月报告			无			六
	习艺所	就署内班房权作习艺所之用	光绪三十三年十一月报告			三			
开通县	监狱	旧有五间外更房一间	光绪三十四年二月报告			三			无
	习艺所					四	开垦		

地别	监狱类别	地基房屋	创始报告之年月	经费	员司人数	囚人数	习艺	有无规则	附押犯人数
安广县	监狱	新修五间南北各一间	光绪三十三年五月兴工九月报告工竣	共用银一千六百六十三两三钱七分七厘六毫六丝由额领银与罚款项下支用		一			二
	习艺所	将监房留出三间作为习艺之用				四			
海龙府	监狱	旧有七间以三间为监房现拟一律改修	宣统元年正月报告	并修习艺所又重估计约需用款二千余元		二六			六六
	习艺所	旧有三间后拟增修十间并监狱一律修造	光绪三十四年三月勘地估工四月报告	估计共用料银一千六百五十九元六角二分内买机器用银九百七十八元七角四分均由车捐项下拨提		五一	裁缝靴鞋	有	
西安县	监狱	尚未设立人犯寄禁开原县				一二			五一
	习艺所	已设十三间	光绪三十三年九月工竣			三二	织带织布	有	
西丰县	监狱	尚未设立人犯寄禁开原县				四			七三
	习艺所					九			
东平县	监狱	尚未设立							三〇
	习艺所	旧有十间办法尚未定妥后拟添设八间	宣统元年正月报告	开办费约需四千圆		四二	织布缝纫、木工织带	有	
柳河县	监狱	共房六间更房一间看守兵房三间	光绪三十三年九月报告			一〇			十一
	习艺所	尚未设立				二二			

地别	监狱类别　所查事项	地基房屋	创始报告之年月	经费	员司人数	囚人数	习艺	有无规则	附押犯人数
新民府	监狱	旧有三十四间				四八			四六
	习艺所	三次修造前次五十六间二次十三间三次二十七间外有工场两处	前次在光绪三十二年八月二次在三十三年七月三次在三十四年六月	首次用东钱五万三千吊二次用银一千一百余两三次用东钱三万二千六百四十一吊八百二十文由车捐及官膏局并罚款项下支用		一六四		有	
镇安县	监狱	旧有三间外更室一间				一六			二五
	习艺所					一一			
彰武县	监狱	前有瓦正房三间女监一间				七			二八
	习艺所	尚未设立如有习艺人犯寄押新民府				五			
锦州府	监狱					一五			
	习艺所								
义州	监狱	旧有七间							
	习艺所	前有三间后拆毁另修五间	光绪三十四年八月报告	共用款四百六十四元八角由车捐项下提拨		一一	织线毯衣包带子	有	
广宁县	监狱	旧有监房四间				一八			三六
	习艺所	共房八间	光绪三十三年五月修建七月报告开办	共用款一千零四十四元由罚款项下动支后又由车捐项下提拨一千元以资接济		二二	织布	有	
锦县	监狱	旧有房七间				三二			四五
	习艺所	前有平房十一间因不堪用后租民房十四间重行修改	光绪三十四年十一月报告开办	共用款四百四十七两九钱四分由罚款项下动支	看守共十一人其他员司九人	三八		有	

地别	监狱类别＼所查事项	地基房屋	创始报告之年月	经费	员司人数	囚人数	习艺	有无规则	附押犯人数
宁远州	监狱	旧有四间重加修补	光绪三十四年四月兴工五月报告工竣	共用四十二元四角三分由罚金项下提拨		一〇			三二
	习艺所	新设三间尚未开办				一二			
绥中县	监狱	尚未设立如有罪犯寄禁宁远州				五			二〇
	习艺所					六			
兴京厅	监狱	自庚子年被匪焚烧至今尚未修建				八			二五
	习艺所	正厢各十五间工厂一处门楼一座耳房二间	光绪三十四年七月动工九月工竣十月开办	共用三千八百三十一元六角五分外又借工本一千元均于罚金及收赎项下支用		三一	雕刻花木	有	
通化县	监狱	新修监房十四间瞭望台一座	光绪三十四年八月兴工	共用银五千八百七十七两三钱六分八厘		二			一四
	习艺所	共房十三间	光绪三十四年三月增修	共用一百六十三元一角五分由车捐项下支出		四〇		有	
怀仁县	监狱	旧有三间后改修七间	光绪三十二年八月报告工竣			二九			一二
	习艺所	就龙王庙改修五间合旧有三间及归并戒烟所三间共十一间	光绪三十三年八月报告工竣			三三	织带织布口袋缝靰鞡	有	
临江县	监狱	尚未设立				四			二三
	习艺所	尚未设立							

地别	监狱类别　所查事项	地基房屋	创始报告之年月	经费	员司人数	囚人数	习艺	有无规则	附押犯人数
辑安县	监狱	所有重罪人犯寄禁怀仁县仅有男押房二间女押房一间				八			二八
辑安县	习艺所	习艺人犯亦送入怀仁县							
凤凰厅	监狱	新修监房八间	光绪三十三年九月报告			二九			四七
凤凰厅	习艺所	所房九间分东西两处	光绪三十三年九月报告			三〇			
岫岩州	监狱	旧有监房三间				一〇			三二
岫岩州	习艺所					一二	织绸匹五色带子	有	
安东县	监狱	旧有监房五间	光绪三十三年四月报告			一六			五四
安东县	习艺所	共房十间				一九			
宽甸县	监狱	前有五间后增修十九间	光绪二年创始三十四年八月增修十月报告工竣	共用三千五百三十七元六角三分七厘五毫由邑绅及粮户捐出		一五			二〇
宽甸县	习艺所					二一			
法库厅	监狱	仅租民房为管押待质二所	光绪三十三年九月报告			八			无
法库厅	习艺所	前有土房五间又租民房十五间	光绪三十四年六月报告工竣七月试办	日用款三百余元由办新政项下提拨		六	织带打绳缝纫印刷	有	
同江厅	监狱	专司河防交涉事宜							
同江厅	习艺所								

地别	监狱类别 \ 所查事项	地基房屋	创始报告之年月	经费	员司人数	囚人数	习艺	有无规则	附押犯人数
庄河厅	监狱	设治伊始尚未建立				五			七六
	习艺所					七			
锦西厅	监狱	设治未久尚未设立所有罪犯寄禁锦县				五			一〇
	习艺所					一			
盘山厅	监狱	设治未久尚未设立如有罪犯寄禁捕盗营及广宁县				三			三
	习艺所	尚未设立				三			
营口厅	监狱	尚未设立				无			无
	习艺所	共计百零一间	光绪三十四年二月动工五月报告工竣	职司夫役薪饷杂费及艺犯火食共用一千一百零二元七角四分月需四百七十八元均由车捐项下拨用		八六		有	
总计	监狱二百二十二间								
	习艺所六百二十六间								
共八百四十八间，外待质所三所，押犯封房二间									

纪各属囚粮

囚粮之有名无实，各省皆然。盖实惠不及于毳衣而中饱，咸归于隶役也。故观监狱之囚粮，必先明现在人犯口粮之比较。奉省旧例，每名日给米八合三勺，薪菜灯油钱五厘。省城罪犯习艺所，据其表告，日为四分上下。模范监狱署，日为五分。各审判厅之看守所，日为一角。各属习艺所亦然。东边道所属州、县又别为例。夫人生衣食，恒以地望而别，一入圜扉，不能不有一定之限制。乃各处囚粮多寡，自为风气，则各国之所无也。第以多寡相比较，旧例日给之数，亦未为少。究其真相，反不如四分五分之为核实。此监狱腐败原因之最大者。兹列折银数目表以证之。

法司篇

吉林军署旧制，所属词讼，例由刑司核转。光绪八年，奏设吉林分巡道兼按察使衔，于是府、厅、州、县民刑讼案，改归分巡道核转。而各城副都统所属旗人讼案，则仍由副都统径咨军署交由刑司核转。三十三年，奏设提法司，裁刑司及分巡道，自此全省司法事务乃归提法司管理。初以司署官制尚未奉部议定，暂设稽核、督审两处及收发、收支两所，分任司务。三十四年八月，法部颁行提法司官制，额设总务、民事、刑事、典狱四科。科设佥事一员，佥事以下曰书记官。以绌于经费，故仅设首科佥事一，总核各科事务。其总务、刑事、典狱三科，各设正书记官一、副书记官二。民事科职务较省，但设正副书记官各一，别设差遣委员八人，分一二三等以资驱策。又设统计处，分派主任、助理各员，专任司法部统计事宜。都提法司署，全年额支经费为银四万九千八百九十六两、东钱一万七千零四十吊，月由吉省度支司支给。法司基础既立，乃筹设各级审判、检察厅。先于省城按级设立，寻推广于宾州、长春等处。新城府则经费已筹，尚未开办。实以吉省官场谙习法律者更少于奉天，兼之边塞苦寒，百物翔贵，人才不易招致，而讼狱繁剧，积弊相仍，匪伊朝夕。今欲廓清旧染，振起新知，举司法全部机关一一改弦而更张之，恒有事倍功半之叹。特既设提法司以管理司法上之行政，自应悉心研究，逐渐进行。两年以来，虽筹设各厅规模简陋，而组织司法会议所，设审判讲习，定清讼章程，汰班壮而练司法巡警，去刑件而设检验官吏，定民刑之状式，收罪犯使习艺，凡此皆法司提倡于上，而树全部之风声，动官民之观念者也。循此以往，操以毅力，行以实心，则司法前途当有由分立以驯至于独立之地位。斯立宪预备之时期，庶可与年俱进，克底于成也。

附提法司暂行章程

第一章　总纲

第一条　提法司专理司法事宜，为独立之机关。其司法上用人、行政事务，应随时详候督、抚核办。

第二条　提法使掌全省司法上行政事务，监督本司佥事以下及本省各级审判、检察厅，并管辖全省监狱、罪犯习艺。

第二章　官制

第三条　本司分设四科：

一、总务科

二、民事科

三、刑事科

四、典狱科

第四条　本司四科之外，按照定章别设统计处。

第五条　本司遵照奏定吉省官制，设首科佥事一缺。

第六条　本司四科，各设正副书记官。

一、总务科，设正书记官一人，副书记官二人。

二、民事科，设正书记官一人，副书记官一人。

三、刑事科，设正书记官一人，副书记官二人。

四、典狱科，设正书记官一人，副书记官二人。

第七条　统计处，设主任员一人，助理员二人。

第八条　本司设一二三等差遣员，八人。

一、一等差遣员，二员。

二、二等差遣员，二员。

三、三等差遣员，四员。

第三章　职掌

第九条　佥事，承提法使之命令，综核各科处事件，兼理司署紧要事务。

第十条　总务科职掌如左：

一、掌关于考绩事项。凡本司及全省各级审判、检察厅并典狱官吏之履历暨补署升降，考试法政学堂毕业生员，调度检察官司法等项，皆隶之。

二、掌关于文牍事项。凡各种表册、报告及不属民刑各科之特别公文、函电、专件，皆隶之。

三、掌关于会计事项。凡本司出入经费，预算、决算，稽核各级审判厅经费、讼费、状纸费，纳赎、收赎罚金，充公赃物财产，罪犯作工成绩、贩卖款项，各事皆隶之。兼管理本司杂项事件及公置财产、什物等项。

第十一条　刑事科职掌如左：

一、掌办理秋审并恩赦条款，查办减等留养事宜。

二、掌高等、地方两厅申报审结死罪案件，备缮供勘分详大理院复判。

三、掌高等、地方两厅申报军流以下人犯内结外结案件，详由法部专案核办。

四、以上两条，如在审判厅未成立以前，仍由提法司径详督、抚，分别奏咨立案。其招解勘转事宜，亦查照向章办理。

第十二条　民事科职掌如左：

一、掌承继、析产及婚姻等涉讼事件。

二、掌钱债、房屋、田亩契约及索取赔偿等涉讼事件。

三、掌不动产、商业、船舶及各项登记事件。

第十三条　典狱科职掌如左：

一、掌全省监狱事件。凡考察监狱改良及狱中赏罚制度，核算囚粮报销，调查罪犯名册，稽查押犯月报及监犯病故等项，皆隶之。

二、掌全省习艺所事件。凡考察工作良窳及所中管理赏罚制度，稽核罪犯作工成绩，调查罪犯名册，稽查作工年限、释放及病故报告等项，皆隶之。

第十四条　统计处职掌如左：

一、掌本司人员经费及行政上统计事宜。

二、掌全省审判、检察厅人员经费及行政上统计事宜。

三、掌全省监狱、习艺所罪犯经费及行政上统计事宜。

四、掌编辑司法全部行政之报告。

第十五条　差遣员职掌如左：

一、掌收发文件、编存档卷、核对公牍、监用印信。

二、备临时差委。

附提法司职员薪水数目表

科目	职员	人数	职务	薪水	津贴	八折	伙食
总务科	佥事	一	综核各科事务	二〇〇两	一五〇两	二八〇	三〇两
	正书记	一	掌关于司法之考绩文牍会计事项	二〇〇	四〇	一九二	二四
	副书记	二	助理前项事务	一〇〇	四〇	一一二	二四
刑事科	正书记	一	掌一切刑事案件	二〇〇	四〇	一九二	二四
	副书记	二	助理前项事务	一〇〇	四〇	一一二	二四
民事科	正书记	一	掌一切民事案件	二〇〇	四〇	一九二	二四
	副书记	一	助理前项事务	一〇〇	四〇	一一二	二四
典狱科	正书记	一	掌全省改良监狱事宜	二〇〇	四〇	一九二	二四
	副书记	二	助理前项事务	一〇〇	四〇	一一二	二四
统计处	主任员	一	掌司法统计及报告事宜	二〇〇	四〇	一九二	二四
	助理员	二	助理前项事务	一〇〇	四〇	一一二	二四
差遣员	一等委员	二	掌一切庶务		八〇	六四	二〇
	二等委员	二	助理庶务		六〇	四八	二〇
	三等委员	四	助理庶务		四〇	三二	二〇

纪司法会议所

理不研究，无以为进行之的，事非实验，无以定改良之途。吉省民风刁健，旗署民官纷纷诉讼，纠葛烦扰，案无了期。又复以行贿为固然，以拖累为恒事。迨裁撤兼按察使衔之吉林分巡道及军署之刑司，于是全省司法乃有统一之望。然而社会窳敝，官吏惰偷，刑以重典，且不能革，而况禁刑讯、减讼费、改习艺，各种之轻便。语以旧例且不尽知，而况提起公诉、预审、公开各种手续。是则风俗之敝，法学之难，不可不通筹审处，以求潜移默化之方，于是乎有司法会议所之设。义主于研求法理，而用则在于改良行政。念吉省风气之痼蔽，减定讼金则不便于民族之贿托，开庭合议则不便于豪右之请求，何以能取信于民，俾知旧弊之宜革而乐趋于便利公正之途，此应议者一也。今既创立法庭，斯审判、检察人才相需甚亟。乃吉省官场安于庸陋，既未能以人才消乏，迟回观望，致悞预备之程期。若以素昧法律之员强以执行，尤足为司法前途之障碍。宜如何陶镕造就，俾能称职，此应议者二也。各级官厅皆宜依限成立，今仅于省城及其他一二处开办，其余未立之区，宜如何设法推广，而经费如何筹措，法官如何调充，以为先后进行之序，此应议者三也。该所开办以来，法司日与所属图维讨论，听其言论之得失，以觇其才识之高下。以法司充议长，而以高等厅丞、检察长副之，所以谋他日司法之完全者，固以此为基础矣。

审判篇

光绪三十三年，吉林始以行省官制设提法司，裁军署刑司及吉林道之司法权。是时省城仍设有裁判所，以综核民刑讼案。盖裁判所者，初为行营发审局，乃省会之高等审判机关，例如内地之谳局[1]。既饬提法司筹设各级审判厅，先改裁判所为高等审判厅，以经费未充，设审判一厅，民、刑各一庭，设部长一，正、副审官各一。外此尚有书记、探访等官，皆参用北洋等处办法，非部制也。三十四年春，部章颁行，乃遵章别设吉林高等审判厅一，将裁判所改设之高等审判厅，改为吉林府地方审判厅。饬吉林府将旧管词讼档案悉行送厅管理，吉林府但司地方行政事务。府属伊通州及磐石、敦化两县，招解案件亦直接解司，不由府转，是为吉林一府行政、司法分立之始。吉林府为省城首要之区，应设初级审判厅四，先设两厅，以第一、第二别之。两厅辖境，依巡警区域划分，与高等、地方两厅同于五月朔日成立。省外郡县，僻在边荒，财力既单，人材亦乏，以故厅制多未能举。惟宾州厅于光绪三十三年冬，设地方审判厅一，规模甚简。长春府于三十四年秋亦设地方审判厅一，皆未及有初级审判厅。新城府近亦筹定经费，议设地方及初级各厅。工程未竣，尚未开办。又虑各厅官吏无专门法学，不足倚以为用，爰设审判讲习所。其未设审判厅之郡县，积案过多，亦深虑守令之旷职，复严定清讼功过章程。此吉林审判厅组织之大凡。深愿次第扩充，依限成立，以为法权统一之先声也。

---

〔1〕　谳局：古代审理案件的机关。

附吉林省会各级审判厅规制经费表

厅级	员役	人数	职务	公费	津贴	共数	总数	心红杂费	额支总数
高等审判厅	厅丞	一员	掌理全厅事务，调度民刑审判官及典簿以下各官，审定民刑拟结谳牍	三〇〇	一〇〇	四〇〇	四〇〇	四季平均每月二百两	二千一百七十二两
	民科推事	三员	掌审理民事上诉案件	一〇〇	五〇	一五〇	四五〇		
	刑科推事	三员	掌审理刑事上诉案件	一〇〇	五〇	一五〇	四五〇		
	候补推事	现用二员	随同听审以备顾问		现定六〇	六〇	一二〇		
	典簿	一员	掌办理文牍会计一切庶务	六〇	二〇	八〇	八〇		
	主簿	二员	掌录供叙案，编查档案，督同书记缮写文牍	三〇	二〇	五〇	一〇〇		
	一等书记	三名	掌收发核对管理卷宗	一二	一二	二四	七二		
	二等书记	四名	掌民刑两庭录供叙案	一二	八	二〇	八〇		
	三等书记	七名	掌缮写文牍及民事写状事务	一二	四	一六	一一二		
	承发吏长	一名	督率承发吏传送文书抄送民事判词，执行裁判	七	二	九	九		
	承发吏	九名	掌传送文书，抄送民事判词执行裁判	七		七	六三		
	庭丁	六名	供开庭使令之役	六		六	三六		
吉林府地方审判厅	推事长	一员	掌理全厅事务，调度民刑审判官及典簿以下各官，审定两科各庭拟结谳牍	二〇〇	一〇〇	三〇〇	三〇〇	二百二十五两	三千六百六十五两
	民科一庭推事	三员	掌审理民事案件	一〇〇	五〇	一五〇	四五〇		

厅级	员役	人数	职务	公费	津贴	共数	总数	心红杂费	额支总数
吉林府地方审判厅	民科二庭推事	三员	掌审理民事案件	一〇〇	五〇	一五〇	四五〇	二百二十五两	三千六百六十五两
	刑科一庭推事	三员	掌审理刑事案件	一〇〇	五〇	一五〇	四五〇		
	刑科二庭推事	三员	掌审理刑事案件	一〇〇	五〇	一五〇	四五〇		
	候补推事	现用四员	随同听审以备顾问		六〇	六〇	二四〇		
	典簿	一员	掌办理文牍会计一切庶务	六〇	二〇	八〇	八〇		
	主簿	一员	掌录供叙案编查档案督同书记缮写文牍	三〇	二〇	五〇	五〇		
	主簿行走员	现用三员	助理录供叙案等事务		现定三员	三〇	九〇		
	草案委员	现用一员	掌办理拟详訊结案件	现定一〇〇	现定五〇	一五〇	一五〇		
	所官	一员	掌理全所事务	四〇	二〇	六〇	六〇		
	看守长	一员	掌理看守人犯事务	二四		二四	二四		
	一等书记	十名	掌管理卷宗承办庶务	一二	八	二〇	二〇〇		
	二等书记	十名	掌民刑两庭录供叙案	一二	四	一六	一六〇		
	三等书记	十四名	掌缮写文牍及代诉讼人写状	一二		一二	一六八		
	承发吏	十名	掌收发传送文书抄录判词执行裁判	七		七	七〇		
	庭丁	八名	供开庭使令之役	六		六	四八		
吉林府第一初级审判庭第二同	民科推事	一员	掌理全厅事务审判第一审民事诉讼案件	八〇	二〇	一〇〇	一〇〇	六十两	四百九十两
	刑科推事	一员	审判第一审刑事诉讼案件	八〇	二〇	一〇〇	一〇〇		
	一等书记	一名	掌办理文牍会计一切庶务	一二	八	二〇	二〇		
	二等书记	三名	掌理刑事案卷文牍征收罚金诉讼等费	一二	四	一六	四八		
	三等书记	六名	掌民刑两庭录供叙案并缮写民事诉状及各项文牍	一二		一二	七二		
	承发吏长	一名	掌督率承发吏传送文书裁判执行	七	二	九	九		
	承发吏	七名	掌传送文书裁判执行	七		七	四九		
	庭丁	六名	供开庭使令之役	六		六	三六		

附吉林省会各级审判厅訊结民刑诉讼起数表

厅级 / 科庭 / 訊结案别 / 月份				五月	六月	七月	八月	九月	十月	十一月	十二月	统计	民刑统计
高等审判厅	民科		民事	十起	十起	五起	三起	八起	三起	四起	四起	四十七起	一百零五起
	刑科		命案	二起	一起	一起	二起	六起	四起	五起	一起	二十二起	
			盗案	无	无	无	二起	无	无	无	一起	三起	
			杂案	五起	五起	三起	一起	三起	五起	六起	五起	三十三起	
地方审判厅	民科	一庭	民事	二十九起	二十五起	十八起	二十一起	十九起	十一起	二十八起	二十一起	一百七十二起	六百九十二起
		二庭	民事	二十九起	二十六起	三十一起	二十一起	二十三起	二十三起	二十一起	二十一起	一百九十五起	
	刑科	一庭	命案	无	无	无	一起	十一起	四起	五起	五起	二十六起	
			盗案	无	无	无	无	四起	二起	三起	四起	十三起	
			杂案	十六起	十一起	十一起	十一起	三十四起	二十起	十五起	十二起	一百三十起	
		二庭	命案	一起	二起	四起	六起	五起	五起	一起	二起	二十六起	
			盗案	二起	二起	二起	八起	五起	四起	十起	三起	三十六起	
			杂案	十起	十一起	十三起	九起	十四起	十二起	十五起	十起	九十四起	
第一初级审判厅	民科		民事	十六起	二十三起	三十起	二十二起	二十四起	三十五起	五十起	十七起	二百二十七起	三百零二起
	刑科		刑事	六起	八起	八起	六起	十起	八起	十七起	十二起	七十五起	
第二初级审判厅	民科		民事	十七起	二十四起	十六起	二十起	三十五起	二十四起	四十起	二十一起	一百九十七起	二百七十六起
	刑科		刑事	九起	七起	五起	八起	十三起	十三起	十七起	七起	七十九起	
备考	一、各级审判厅，皆于三十四年五月初一日开办，故列表自五月始。 二、高等及初级审判厅，民、刑两科皆不分庭，故仅于地方审判厅两科项下分庭列款。 三、初级审判厅，仅审理民刑诉讼之轻微琐屑者，无命盗案件，故刑科项下不分命盗杂案各款。												

纪审判讲习所

中国行政、司法向虽混合为一，而地方官吏以听断称者亦所在多有，何为审判而仍资讲习也。不知审判未改以先，取供引罪就例，煅炼周内，以速狱成。或隐匿命盗而秘不上闻，或杖毙棍匪而出以臆断，政简刑清，如是而已。乃请托贿赂，积压株连，为种种之弊习。吉民刁健好讼，事犯到官，纠缠不结。如遇胡匪盗案，辄就地正法，不问供词。其他民刑案件，任意拖累，得贿立解，盖执法之敝至此极矣。官吏相承，寖成风气。今立法庭，欲廓清而更张之。所谓合议之制、公布判词者，几何不疑为不便也。且有上级以正其失悮，有检察以督其非为，求如昔日之改案就例，任意高下而不可得。执法之官，苟无法理之思想，其何以措手足也。乃饬司开办审判讲习所，暂附设于省城高等巡警学堂以节经费。遴选候补投效各员入所肄习。额设学员一百二十人，延专门教习授以各种法律学。始拟一年毕业，因时间太促，改为三学期。其经费岁需三千余金，度支司计月支付。毕业以后，当任以审判厅各项职事。虽法律之学或未深造，循是以往，当知执行之一切手续，与昔日问刑衙门不同，不至以新设之厅，仍为旧弊之所丛积。此则动商民之观念而为司法分立之权兴也。

纪清讼

吉林沿内地之旧有清讼功过章程，以兼按察司衔之吉林道主其事，颁于郡县而课其绩。积日既久，等于具文。既设提法使，自以筹设各级审判、检察厅为主义，然各属积案之风，尤为改良司法之障碍。其原定清讼功过章程，以之督责各属皆不得当。乃于司署清厘档案，以察各属积案之多寡，案情之轻重，为之更定清讼功过章程。赏罚加严而考核惟审，务在实力奉行。其功遇则每届年终汇为总表，以觇听讼之勤惰。惟此等章程滥觞已久，条文愈密而狱讼益繁，功过愈严而惰偷益甚。以讳盗为过，则有压勒事主，改盗为窃者矣。以结案为功，则有私和人命，以枉为直者矣。命案必须勘解，则虑其翻供，乃有监毙之事。承缉易于逾限，则防其参处，乃有不报之时。他如相验则邻境互推，贿托则委员勾结，弥缝敷衍，更仆难终。推原其故，岂尽有司之无良，固由于执行手续之未善，而实由于行政、司法混合之所致也。今吉省亦为是琐琐者，非不知强迫之无效也，盖以欲筹备各级审判厅，必自行政、司法分立始。欲求行政、司法之分立，必先于未立审判之区清厘积案始。是以所定章程，首重查报，其有积案最多及刁健好讼之区，拟即以昔日之刑幕派充裁判员，以专司诉讼，是即司法分立之萌芽也。州县即有过人之才，新政繁兴，已有日不暇给之势，乃更兼以司法之权，其不至丛脞也几希，此更定清讼章程之本意。原以谋法权渐次分立之基，非如内地之一纸空文，便欲以最重要、最繁密之司法，遽责诸行政之官吏也。

附各属清讼功过章程

第一节　查报

一、凡札饬府、厅、州、县录案详复，或饬查大概情形之件，除去行文往返程期，一个月不者记过一次，两月不复记大过一次。

二、清讼月报上月之册，务于下月初五日以前造报。近者限十五日以前到省，至远僻如临江州等处，亦不得延至月底始行送到。逾限十日记过一次。若玩违不报者，记大过二次。

三、各属月报，务于申文皮面加盖一戳，云清讼要件。限日行一百里，接递各站，按站注明接递日期，迟则查究。如有倒填月日，经站官揭报者，将该地方官记过一次。

四、命盗各案，以报案之日起，除去勘验往返程期，命案五日，盗案三日，即行通禀。逾限十日不将大概情形具报者，记过一次，一月不报记大过一次。移改报案日期者，查出亦记大过一次。

第二节　审断

五、寻常命案，定例自获犯之日起，州、县限三个月审拟招解，斩绞、立决命案及盗杂各案，限两个月审拟、详解，自理词讼限二十日完结，系例定审限。现在达部之案，虽不扣限，自应仍按例限，勒饬清厘，庶免积压。应以光绪三十三年腊月以前之案为旧案，三十四年正月以后者为新案，旧案每月须结一起，新案则依限结报。如有旧案一起不结，并新案逾限两个月者记过一次，逾限四个月者，记大过一次。遇有实在难结之案，应准据实详请核示，并于月报详细声注。其饰词延宕者，记过一次。

六、各属承审京控咨交案件、照例分限两个月完结。上控批审、委审案件，照例各限一个月完结，自应遵例限办理。逾限两个月者，记过一次。逾限四个月者，记大过一次。其关提犯证例得扣展者，应令于月报内将行文月日据实注明、含混遗漏者，每案记过一次。各属依限审结京控、上控之案，每月至五起以上记功一次，十起以上记大功一次。

七、各属自理词讼隐漏不报，或挪移月日，以上月之案混于下月列收，或将旧日断结之案一收一除，及不声注准、理、訊结日期，并捏造原被案由，希图凑数邀功者，每案记过一次。

八、上控之案，应令该原告将在该地方官衙门控准堂訊各日期一一注明，以凭与该处月报核对。如有匿报或颠倒朦混者，照前案挪移月日例，记过一次。

九、自理词讼，从前本省详定章程向以五十起、三十起、十起以上核计成数，分别功过。内如五十起以上审结六成，记功一次。然积压未结之案尚有二十起之多，记功未免过滥。今拟删繁就简，不论准理多寡，必须结案八成。不及八成记过一次，不及六成记大过一次。审结九成以上记功一次，全结者记大功一次。其每月准理不及二十起者，虽结九成，不得记功。如有妄报全结者，查出记大过一次。自理词讼，无故三个月不结，记过一次，六个月不结，记大过一次。

十、各属于月报内隐漏命盗各案一起、监犯一名，记大过一次。自理词讼一起、押犯一名，记过一次。以此递加。

十一、命盗杂案，从前本省章程以十六起以上、十五起以下分别核计，仍照旧章量加变通。正案在十六起以上者，应令每月审结三起方免记过，不及三起记过一次，一起未结记大过一次。审结五起以上记功一次，十起以上记大功一次。若审结者俱系命案斩绞、解勘之犯，应从优奖励，五起以上记大功一次，三起以上记功一次。十五起以下，六起以上，应令每月审结二起方免记过，不及二起记过一次，一起未结记大过一次。结三起记功一次，结五起记大功一次。五起以下，每月一起不结，记过一次。结三起记功一次，五起一律清结者，记大功一次。

第三节 相验

十二、各属命案于据报后，并不及时往验，迟延二日者记过一次，五日记大过一次。因往验迟延而致尸身腐烂无从检验者，由提法司随案详请撤参。

十三、邻封移请代验，托故不往者，记过一次。

第四节 缉捕

十四、各属出有抢劫、掳掳各案，一月之内三起未能破获，记过一次，五起未获，记大过一次。每起递加一过。九起未获，记大过三次，立即由司详请撤任。讳盗不报及讳强为窃者，照例由司详请奏参革职。

十五、拿获邻境盗犯、盗窝罪至斩绞者，每名记功一次，若系首盗记大功一次。

罪止遣军流者，不论首伙，每两名记功一次。徒罪者三名记功一次。

十六、接缉官能将前任未获全案盗犯，于到任一年内全获者，除照例议叙外，记大功二次，获犯一半并无盗首记功二次，兼获盗首者记功三次。能将前任讳盗不报及讳强为窃之案，于到任三个月内查访明确，据实揭报者，每案记大功一次。

十七、各属地方，半年并无出有抢劫、捉掳各案者，记大功一次，一年记大功二次。

第五节　考核

十八、记大过至三次、小过至六次者，现任人员立予撤任，停委二年，有功准其抵销。记大功至三次，记小功至六次者，现任人员酌调优缺，署事人员交卸时立即另行委署。

十九、清讼记过援照直隶章程，记过一次罚银三十两，大过罚银六十两，仍照本省旧章，作为委员查案盘费。所记之过，除照章呈缴罚银外，仍不得注销，统于年终并计。记过罚款，以奉到饬提之日起，限两个月批提法司。司逾限不解，记过一次。三月不到，委员守提以儆玩忽。

二十、清讼所记功过，按年汇核一次，凡有记大功、记大过三次者，照章分别奖励、撤参。其有不满此数者，总核所记功过分为三等：功余于过者为上等，功过相抵者为中等，过余于功者为下等。年终并计，由司造册详院，以备考核。

检察篇

吉林省城既设各级审判厅，于是各级检察厅亦同时并立，设地方检察厅一、初级检察厅二。检察厅既负监视、裁判、搜查、逮捕及刑事执行各责任，于是审判人员乃得以尽力于审判。惟开办之初，经费不足，于审判厅内暂附检察厅，以求利便，并可省工筑之费，惟其责任则截然为二部。如宾州厅之检察长，以地方官充。长春府之检察厅，则规模不具。此一时权宜之计，非定制也。夫既推广各厅宜求始基之成立，何以宾州、长春之审判、检察厅，有地方而无初级，且以地方官充检察长，是行政之官干涉司法之事，断非事实之所宜。虽由财政困难，人才缺乏之所致，然亟宜照章更改，不容混合及缺陷者也。检察职务既繁，而一切搜查、逮捕，断非班壮所能胜。惟司法巡警多未被教育，不可用，乃设司法巡警科以造成之。检验死伤，为检察部内要职，而旧有件作多庸妄无术，是年八月罢之，设检验学习所，令各州、县分摊经费，学成则分致各属，以充检验吏，并奏明予以出身，以为之劝。民间诉讼，所用状纸不一，而私费浩繁，乃为之定状式类别，取值有定，固以济司法经费之不足，然较之从前规费，仅十分之一二矣。凡此皆组织检察厅办事之纲要。虽开创之初，规模诸未完备，而从此进行，或可程功于他日也。

附吉林省会各级检察厅规制经费表

厅级	员役	人数	职务	公费	津贴	共数	数总	心红杂费	额支总数
高等检察厅	检察长	一员	掌理民刑案内检察事务监督地方以下各检察厅	二〇〇	一〇〇	三〇〇	三〇〇	四季平均每月二百两	一千二百三十两
	检察官	二员	分任检察事务	一〇〇	五〇	一五〇	三〇〇		
	行走检察官	现用一员	助理检察事务		现定五〇	五〇	五〇		
	学习员	现用二员	助理检察事务		现定二五	二五	五〇		
	警察官	一员	指挥巡长督率司法巡警兵搜查逮捕刑事执行	二四		二四	二四		
	巡长	二名	督率司法巡警兵搜查逮捕刑事执行	七	三	一〇	二〇		
	司法警兵	三十名	分任搜索逮捕刑事执行值庭巡守	七		七	二一〇		
	一等书记	一名	掌缮写文牍写状录批	一二	八	二〇	二〇		
	二等书记	二名	分任缮写文牍写状录批	一二	四	一六	三二		
	三等书记	二名	分任缮写文牍写状录批	一二		一二	二四		
吉林府地方检察厅	检察长	一员	掌理民刑案内检察事务监督所属初级检察	一五〇	五〇	二〇〇	二〇〇	二百二十五两	二千零四十九两
	检察官	二员	分任检察事务	一〇〇	五〇	一五〇	三〇〇		
	帮办检察官	现用一员	助理检察事务	现定一〇〇	现定五〇	一五〇	一五〇		
	行走检察官	现用四员	助理检察事务		现定五〇	五〇	二〇〇		
	差遣员	现用二员	分任检察差遣事务		现定四〇	四〇	八〇		
	学习员	现用二员	助理检察事务以为实地练习		现定二五	二五	五〇		

厅级	员役	人数	职务	公费	津贴	共数	数总	心红杂费	额支总数
吉林府地方检察厅	医师	一员	掌医治罪人疾病及刑事案内受伤之人监察检验事件	四〇		四〇	四〇	二百二十五两	二千零四十九两
	司法巡警官	一员	掌督率司法警兵搜查逮捕刑事执行	三〇		三〇	三〇		
	一等书记	二名	掌缮写文牍承办庶务	一二	八	二〇	四〇		
	二等书记	四名	分任缮写文牍写状录批	一二	四	一六	六四		
	三等书记	六名	分任缮写文牍写状录批	一二		一二	七二		
	检验吏	男二名 女一名	掌刑事案内检验事件	十	男八	男一八 女一〇	四六		
	巡长	三名	掌督率司法巡警兵搜查逮捕刑事执行值庭巡守	七	八	一五	四五		
	巡目	六名	分督司法巡警兵搜查逮捕刑事执行值庭巡守	七	四	一一	六六		
	司法巡警兵	六十三名	任搜查逮捕刑事执行值庭巡守	七		七	四四一		
吉林府第一初级检察厅第二同	检察官	一员	掌理一厅民刑案内检察事务	八〇	二〇	一〇〇	一〇〇	六十两	三百六十二两
	一等书记	一名	掌收发核对管理卷宗及拟叙文牍稿件	一二	八	二〇	二〇		
	二等书记	二名	掌会计庶务征收讼费罚金及缮写诉状	一二	四	一六	三二		
	三等书记	三名	掌缮写文牍事务	一二		一二	三六		
	巡长	一名	督率警兵搜查逮捕值庭巡守	七	二	九	九		
	司法警兵	十五名	分任搜查逮捕值庭巡守	七		七	一〇五		

纪司法巡警科

光绪三十四年七月，吉林省城各级检察厅皆已次第成立。厅制应设司法巡警，以执行检察部内繁重事务。其职重，非旧时隶役所能胜，既仓猝难其选，乃为之设司法巡警科。初考取学生四十名，定一学期毕业，至十二月遣毕业生分任各级检察厅各项职事。宣统元年二月，由各级检察厅选送学生四十名为第二班，学生拟满一学期毕业后，分发各属检察厅差委。科之设也，假舍于省城高等巡警学堂，假教授、管理诸员于学堂之有职事者。经费月需五百两，议定由粮饷处支放。其火食杂用等款，则由该堂节存巡警科额支款内动用，不另开支。嗣经部奏准，各省巡警自巡官以下，皆有补助司法之责任，是不必另设司法巡警。凡巡警全部皆可临时听法官之指挥，以执行搜查、逮捕、护送人犯各事。是范围较广，呼应亦灵，而昔日问刑衙门之皂役、班壮，从此皆屏而不用矣。

纪检验学习所

旧制，州县皆有仵作专司检验，以之辩冤雪诬，责任綦重。顾其人无学术，往往自侪于皂隶，于是郡县官吏，亦以皂隶遇之。例载仵作禁锢出身，曾不得齿于氓庶。夫以人类不齿之人，而欲其操业精，积虑善，以为官吏用，是不可必得也。不可必得，则所为仵作者，颠倒是非，惟贿是视，官吏莫能禁也。光绪三十四年八月，既从提法司请奏，免仵作禁锢，给与出身，遂设检验吏学习所。假吉林省城三江会馆为校舍，饬度支司拨开办经费银三千两，札行府、厅、州、县分摊常年经费，额设学生六十名，毕业限三学期。学生由各属考送，学科分检验、医学、解剖、理化四科。毕业生分发各属为检验吏。依法部议，各于本籍尽义务期五年期满，奖予从九、未入流出身。夫而后之为检验吏者，皆身家清白，授有普通法律知识，乃可以助检察之执行，而期无枉纵，固与旧之仵作大不相侔矣。

附奏设检验学习所改仵作为检验吏请予出身折

奏为吉省拟设检验学习所，改各属原设仵作为检验吏，并比照吏员给予出身，俾资策励，恭折仰祈圣鉴事。窃据吉林提法使吴焘详称，刑事案内之检验，于司法部中最为重要。使尸伤一舛，案情即不能确，枉纵均所不免。例载各州、县分别繁简，额设仵作数名，各给洗冤录一部，选明白刑书代为逐细讲解，由该管之府、州、县官随时提考，立法本极周详。惟是仵作一项，旧例视为贱役，稍知自爱者每不屑为。冲繁之区，求其谙娴文理者，已属绝无仅有。至简僻州县，寻常斗殴事件报验伤痕，尚恐未能了然，遇有开检重案，瞠目束手，拖累益深，殊非慎重民命之道。现在吉省审判、检察各应以次成立，拟于高等审判厅内附设检验学习所一区，调各属识字仵作，并招考本省二十岁以上聪颖子弟若干名入所肄习。除洗冤录应行研究外，附课生理、剖解等学，择其普通浅近关系检验者，派员逐日讲解，并陈列骨殖模型标本、以资目验。定期一年毕业，发给文凭，分派各州、县承充仵作，改名为检验吏。优给工食，并比照刑书一体给予出身，以资鼓励等语，详请奏咨立案前来。臣等查折狱莫重于人命，断罪必准诸尸伤，而鞫讯握要之机，则端自检验为始。盖一切情状罪名，均可于堂讯时反覆研求，虚心勘拟，独至验伤填格，势须当场立辨。设或检验不明，稍涉疑似，则尸伤失实，虽有明健之吏，亦属着手无从。驯至尸亲忿争，罪犯狡避，积岁翻控，酿成蒸检钜案者，皆由无学之仵作，实生厉阶，亦重可慨已。查各国验伤之学，与大学医科相表里。而月令瞻伤察创，视折系于决狱讼之前，诚慎之也。今该司拟请设所学习，自系为养成检验人材起见，亟应从速开办以期辅助刑事。至所请给予出身一节，查旧例仵作与马快同科，均应禁锢，即子孙亦不准出仕。揆诸庶人在官与士同禄之义，实乖平允。现虽改名为检验吏，命名已异，而执业则同。深恐乡党自好者犹滋疑虑，应募无人。溯查前两江总督沈葆桢[1]曾奏请予给仵作出身，格于成例，未经允行。盖彼时风气未开，一切均沿守旧制。今则圣明在上，闿泽旁敷，凡属含生负性之伦，即蜑户、惰民均邀咸与维新，有教无类，矧仵作本隶编氓，又复效力公家，奔走夙夜，尤当解除禁锢，一视同仁。养其廉耻之原，即以广其登进之路。合无仰恳天恩，饬部核议，准将检验吏即原设仵作，照刑科吏员一体给予出

〔1〕　沈葆桢，（1820—1879年），字翰宇，又字幼丹。福建侯官人，晚清重臣，政治家、军事家、外交家、民族英雄。中国近代造船、航运、海军建设事业的奠基人之一。任职江西，建设台湾，功勋显赫。

身，一洗从前禁锢积习。行见庶狱无冤，群材知奋，明刑弼教，胥以此举为嚆矢也。除分咨吏、法两部外，所有拟设检验、学习所，改原设仵作为检验吏，并予出身缘由。是否有当，理合恭折具陈，伏乞皇太后、皇上圣鉴训示，谨奏。光绪三十四年八月二十日具奏，九月十三日奉朱批，该部议奏。钦此。

附检验学习所简章

第一条宗旨　以教授检验上必要之知识，俾将来实能从事检验为宗旨。

第二条校舍　本所拟即附设于高等审判厅，以求实习上之便利，现以新厅屋宇尚未落成，暂租三江会馆开办。

第三条经费　本所开办经费，由度支司支领，其常年经费由各府、厅、州、县摊派。

第四条员役　本所额设员役如左：

监督一人，管理员二人，教员六人，司事二人，书记二名，校役十二名。

第五条学期　以六个月为一学期，计三学期毕业。

第六条时间　每日授课以六小时为限。

第七条学科　分主课、附课两科。

主课洗冤录、检验法、医学。

附课大清律例及新定刑律草案、生理剖解、物理化学、体操。

第八条学额　正额六十名，概作官费。其有情愿来学，或各属于定额外另行保送者，准予一体附学，均作为自费生。

第九条资格　无论本籍、客籍，凡身家清白，身体健全，文理通顺，品行端正，年在二十以上、三十以下者，为合格。

第十条奖励　凡毕业试验分数，平均得一百分者为满格。九十分以上为最优等，八十分以上为优等，六十分以上为及格。六十分以下者为不及格，只给修业文凭。其及格者，除发给毕业文凭外，奏咨奖励，给予以吏员出身，以示优异。

附各属考送检验学习所学额及摊派银数表

各府厅州县	学额	缺分等差	每月摊派银数
吉林府	七名	上等	六十两
长春府	六名	上等	六十两
依兰府	三名	中等	四十五两
新城府	四名	中等	四十五两
密山府	一名	下等	三十两
宾州厅	四名	上等	六十两
延吉厅	一名	中等	四十五两
绥芬厅	三名	中等	四十五两
双城厅	三名	上等	六十两
五常厅	三名	中等	四十五两
滨江厅	二名	中等	四十五两
临江厅	一名	下等	三十两
伊通州	四名	上等	六十两
濛江州	一名	下等	三十两
大通县	一名	下等	三十两
农安县	四名	上等	六十两
敦化县	二名	中等	四十五两
磐石县	三名	中等	四十五两
榆树县	四名	上等	六十两
长寿县	一名	下等	三两
长岭县	一名	下等	三两
桦甸县	一名	下等	三两
备考			

附各属民刑诉讼状式说明表

名　词		解　说	用　法	纸　费
民事诉状	绿	凡田房钱债契约赔偿婚姻承继之事，曰民事	民事原告人用此状	中钱二吊
刑事诉状	红	凡，人命、斗欧、窃盗奸伪及一切违犯法律之事曰刑事	刑事原告人用此状	中钱一吊
辩诉状	绿 红	被告不服原告之诉讼而具状辩白，曰辩诉	辩诉人用此状	中钱二吊 一吊
举发状	红	有人违犯法律旁人确有见闻凭证到官告发，曰举发	举发人用此状	不取纸费
自首状	红	犯罪之人未经人告发而自行投首，曰自首	自首人用此状	不取纸费
委任状	绿 红	原告不能到案而请人报告，曰委任	抱告于原告状纸之外另用此状	中钱二吊 一吊
上诉状	绿 红	上控曰上诉	上诉人用此状	中钱二吊 一吊
和解状	绿	民事案件经人调和息讼，曰和解	和解人用此状	中钱二吊
交状	绿 红	凡关系案内之财产物件、人畜等经官判交者	呈交以上各项者用此状	中钱五百
领状	绿 红	官署发下案内之财产物件人畜等，饬人具领者	具领人用此状	中钱二吊 一吊
保状	绿 红	凡应行取保之事，皆须觅保	保人用此状	中钱一吊 五百
限状	绿 红	经官判定给予日期，曰限	遵限办理人用此状	中钱五百
甘结状	绿 红	甘心具结完案，曰甘结	具甘结人用此状	中钱一吊 五百

监狱篇

吉林将军衙门之西北隅有省狱一，为康熙十五年，宁古塔将军移镇吉林，建筑军署时之所附筑。狱制湫隘，芜秽不治，大狱、行狱为房才二十间，祠狱神焉。光绪三十三年，设提法司，既饬司清狱囚，遂改狱制，相取巴尔虎门内，满洲正旗官地一区建省狱，为各属模范。是年九月兴工，阅一岁工成，是为吉林省狱。归旧狱地址于度支司，以度支司衙门即旧时军署故址也。时则各属监狱窳敝如故，大都绌于款项，未克举办。其首先发起能改良狱制者，惟农安县。继农安者，为磐石县。农安县新狱，依丁字形式，都男女监房等室三十二间。其经费则出于募捐，更提用地方陋规以足之。磐石县新狱依工字形式，都男女监房二十六间。其经费则出于挪垫。他如吉林一府，宾州、双城两厅，近亦筹议改良，然均以旧有监狱略事扩充，未能遂称完备。自省狱改良，凡重要人犯，皆以入禁其中。其有徒罪无庸发配及军流常赦得原之犯，则出之狱，入之罪犯习艺所。罪犯习艺所者，光绪三十一年将军达桂所设，隶吉林分巡道，至三十三年隶提法司。别有羁押审判厅及解司轻罪人犯之地为看守所，原名羁所，光绪三十三年六月，由局子街旧督捕司改设。嗣以去审判厅远，乃移设于厅之近地，为房舍二十间，建筑亦尚合法。当是时，以讲求狱制，故设短期之监狱科，假高等巡警学堂为校舍，考取官绅两班，入所学习。三十三年六月开办，次年四月毕业，由提学使考验后分任以事，而是科遂罢。除省城监狱习艺所之外，诸皆草创，尚无规范成绩之可言，故不备纪。

纪改良省狱

吉林省狱，成于光绪三十四年之秋，附提法司署。占地南北长三十二丈，东西广十四丈四尺。其构造法，南路为狱舍，形式略如十字，平分四翼，各八间，间容五人。翼之中央，建望楼一座，凡三层，其下为中央看守所，中为瞭望楼，而瞭望台据其上。台建避风阁一，为守兵遇风雨时瞭望之所。北路为工厂，厂门之内右为工师室，左为教诲室，再左为库房。对厂门而立者，为细工厂，一重罪工厂，东为粗工厂，西为厕所，中为运动场，中路为事务所。其第一进为陈列所，第二进为狱官室，狱官室之南为看守长室，看守兵室、迤东为领置库、消防所。狱官室之北为浴室、炊所、搜检室、罪犯家属接见室、医师室、传染病室，迤南为停尸室。狱官室之后为特别监、女监、病室、暗室。其特别监、女监、病室、暗室及传染病室、停尸室、则矗以砖墙，自为一院，不令与他室相属。都三路房舍为一百零二间，望楼一座，凡三层。狱舍之围墙长五十五丈八尺，厚二尺五寸，高二十二尺。事务所及工厂围墙长六十五丈，厚二尺五寸，高一丈五尺。墙之脊树以钢刺，防囚之外逸。为暗沟墙外，以泄垢污。全部面积为地四万六千三百六十八方尺，大旧狱十倍矣。其管理法则，依部定章程，设狱官一，守卫课长一。守卫课长职司检束囚人，取缔戒护，并筦狱务警察。其关于文牍、庶务等事，则以书记二人分任，而守卫课长总其成。教务以教诲师任之，医务以医师任之，募工师四名、看守目四名、看守兵三十六名、女看守一名，分任庶职。狱囚例加缧绁，旧制繁重，为斟酌损之，非曰轻刑，亦去其太甚也。其经费，则初由饷捐局月支银五百两，以狱制扩充，故经费不足，改由度支司月支银一千一百一十两。开办经费，为吉市钱八千五百六十二吊一百五十八文，亦由度支司筹拨。至狱中工厂所需工料成本，以甫办刷印、织带两科，所费尚少，暂由提法司垫发云。

纪罪犯习艺所

光绪三十一年，吉林将军达桂[1]于省城设罪犯习艺所一区。初隶吉林道，至三十三年设行省，改隶提法司。当是时，规制甚简，工艺弗良，提法司先后委员至天津、保定等处从事调查，以资仿效。遂于其年改订教授管理诸法，增工艺为六项：曰织工、曰铁工、曰木工、曰靴工、曰刷印工、曰女工。其经费，初提筹饷、厘捐、交涉等三局款项发商生息。既不足用，乃请于裁革各属所解上司衙门幕友、家丁、礼节各款内拨款开支。其工艺之成绩品，颇能行销，时获善价，俟有余利，尚拟扩充云。

〔1〕 达桂，（1870—1939年），字苇一，号挚甫，满洲正红旗人。清末民初政治人物。

附习艺所成绩统计表光绪三十四年

科别	品别	正月		二月		三月		四月		五月		六月		七月		八月		九月		十月		十一月		十二月		成绩统计	销售统计	余存统计
		成绩	销售	成绩	销售	成绩	销售	成绩	销售	成绩	销售	成绩	销售	成绩	销售	成绩	销售	成绩	销售	成绩	销售	成绩	销售	成绩	销售			
织科	格线布	六十一匹		三匹			四匹半		四匹		二匹		十三匹		四匹		七匹		二十九匹							六十四匹	六十三匹半	半匹
	栽绒毯															二条		四条	二条	二条	三条	三条	五条	九条	五条	二十条	十五条	五条
	栽绒地毯																					一条	一条			一条	一条	
	洋线手巾	一百七十九条									三十条		二条						二十一条						二条	一百七十九条	五十五条	一百二十四条
绳科	麻绳	五千五百三十三斤	一千七百三十五斤	四百六十九斤	二十七斤	九百十斤	五百九十斤	九百九十五斤	五斤	八百零二斤	一百三十三斤				四百十斤		二百十斤		一千五百二十三斤		五斤半		四千零三十六斤		二条	八千七百零九斤	八千六百七十六斤半	三十二斤半
靴科	靴							一百五十一双	八十九双	一百九十四双	二百零三双	一百零五双	三双	三十二双	三十三双	三十六双	五双	六十八双	一百三十九双	一百五十二双	七十八双	一百零二双	五十九双	六十八双	十九双	九百零八双	六百十八双	二百九十双
	鞋											十三双	三双	二双	十双	九双		七双	十七双	三十三双	三十二双	一双	一双	四双	四双	六十九双	六十七双	二双
木科	椅													九张	八张							六张	二张	八张		二十三张	十张	十三张
	桌													一张	一张					三张	一张	四张				八张	二张	六张
	公案													一张	一张											一张	一张	
	公座													一张	一张											一张	一张	
	印架													一个	一个											一个	一个	

科别	品别＼成绩销售＼月份	正月		二月		三月		四月		五月		六月		七月		八月		九月		十月		十一月		十二月		成绩统计	销售统计	余存统计
		成绩	销售	成绩	销售	成绩	销售	成绩	销售	成绩	销售	成绩	销售	成绩	销售	成绩	销售	成绩	销售	成绩	销售	成绩	销售	成绩	销售			
木科	柜子															七口	三口	三口	七口					一口	一口	十一口	十一口	
	箱子																			五个	五个			四个	二个	九个	七个	二个
	挂衣板															四具										四具		四具
	黑板																			一块	一块					一块	一块	
	匣子																			一个	一个	二个		一个	一个	四个	二个	二个
	岗楼																			二个	二个					二个	二个	
	火盆架																							五个	五个	五个	五个	
	板凳																							十一个	九个	十一个	九个	二个
	木筒																							六个	六个	六个	六个	
	案板																							二块	二块	二块	二块	
铁科	斧子																	一把	一把	一把	一把	一把		一把	一把	四把	三把	一把
	烙铁																	一把	一把	二把	二把					三把	三把	
	盘子																	八十把	八十把							八十把	八十把	
	铁锤																	六把	六把	十把	十把			三把	三把	十九把	十九把	
	瓦刀																			二把	二把					二把	二把	
	脚镣																			六付	六付	六付	六付	十四付	十四付	二十六付	二十六付	
	火铲																			六把	五把				一把	六把	六把	
	刨刃																			八十八块					五块	八十八块	五块	八十三块

月份 成绩销售 科别 品别		正月		二月		三月		四月		五月		六月		七月		八月		九月		十月		十一月		十二月		成绩统计	销售统计	余存统计
		成绩	销售	成绩	销售	成绩	销售	成绩	销售	成绩	销售	成绩	销售	成绩	销售	成绩	销售	成绩	销售	成绩	销售	成绩	销售	成绩	销售			
铁科	铁扒																			三把	三把					三把	三把	
	剪子																			三把	三把					三把	三把	
	刀子																			二把	二把			三十六把	三十四把	三十八把	三十六把	二把
	火快子																			一付		一付	一付	一付	二付	三付	三付	
	炉条																					一付	一付			一付	一付	
	钉漏																							一个	一个	一个	一个	
备考	木铁两工，皆三十四年夏间增设之科，故七月以前无成绩。																											

法司篇

江省地处荒寒，国初以来，次第贡服，编旗设屯，风俗朴古，民鲜犯法。朝廷视为养兵重地，未尝拘拘以文法绳之。其间所辖蒙藩，则别辑专例通行，亦未尝令其改故习而循法度。自垦务既兴，流民渐众，讼狱稍稍繁矣。而民蒙交涉，亦时启争端。当时将军衙门设理刑员外郎一员，其下设主事、笔帖式各缺，专理刑事，谓之刑司。凡徒流以上诸犯，大率汉民多而旗丁少，盗犯多而他案少，东南多而西北少，事发副都统具其事咨解军府，军府委之刑司，刑司具官而已，例案非所习也。于是乎轻重出入，类多以意为之。迨铁轨畅行，荒禁大弛，而辟土殖谷之农，作巧成器之工，通财鬻货之商，络绎而来，道路相望。呼兰、绥化、通肯三城，阛阓之中，阡陌之间，月异而岁不同，号为全省精华渊薮，群萃州处，踵趾交侵，归曲责直之衅，自此开矣。重以庚子之乱，日俄之战，辽沈居民相率北徙，奸宄溷迹其间，日久益难究诘。前署巡抚程德全时摄齐齐哈尔副都统兼垦务大臣，谓地辟民聚，未可仍以疏节阔目治也，会同署将军达桂奏请添设、改设各民官，划界分治。特于会垣，设分巡道兼按察使衔，专理通省刑法。既升署将军，奏裁齐齐哈尔、通肯、呼兰、布特哈各城副都统，而裁判处、习艺所相继创置，并裁刑司归之于裁判处，仍责成分巡道总理其事，于是法制稍具。及改行省厘定官制，奏设提法司专管司法上之行政兼理裁判事务，于是司法始有专官。而所谓刑司者，则设立裁判处之时，已为撤裁。今拟筹设各级审判、检察厅，斯裁判处亦在必裁之列。惟江省情形较奉、吉更为艰窘，即以司署而论，以科长代佥事，其下为正、副科员及正副司书而已。大要准事之繁简，以为增损四科称是。高等审判厅拟由裁判处改设，尚未简设厅丞。开办各事，暂由提法司兼理。其必不能节者，如内附之检察厅及民刑庭推事以下各等官。地方各级审判厅，不得不遵部章一律组织，次第兴办。其旧有监狱，改良伊始，未能遽臻完备，姑从其阙。所愿循序以进，渐革昔日晦暗苛勒之习，为芸芸众生造无穷之幸福，即以为国家昭明刑宪也。

附提法司全年经费统计表

差缺	额设员数	月支薪水银数	津贴银数	每月薪金共数	全年总计银数
司使	一			公费八百两 养廉五百两	公费九千六百两 养廉六千两
总务科科长	一	一百两	五十两	一百五十两	一千八百两
刑司科科长	一	一百两	五十两	一百五十两	一千八百两
民事科科长	总务科科长兼任	不支	不支		
典狱科科长	刑司科科长兼任	不支	不支		
总务科正科员	一	六十两	二十两	八十两	九百六十两
刑司科正科员	一	六十两	二十两	八十两	九百六十两
民事科正科员	一	六十两	二十两	八十两	九百六十两
典狱科正科员	一	六十两	二十两	八十两	九百六十两
总务科副科员	一	四十两	十两	五十两	六百两
刑司科副科员	一	四十两	十两	五十两	六百两
民事科副科员	一	四十两	十两	五十两	六百两
典狱科副科员	一	四十两	十两	五十两	六百两
总务科司书	二	每名二十四两		四十八两	五百七十六两
刑司科司书	二	每名二十四两		四十八两	五百七十六两
民事科司书	一	二十四两		二十四两	二百八十八两
典狱科司书	一	二十四两		二十四两	二百八十八两
总务科一等副司书	二	每名十六两		三十二两	三百八十四两
刑司科一等副司书	二	每名十六两		三十二两	三百八十四两
民事科一等副司书	二	每名十六两		三十二两	三百八十四两
典狱科一等副司书	二	每名十六两		三十二两	三百八十四两
总务科二等副司书	二	每名十二两		二十四两	二百八十八两
刑司科二等副司书	二	每名十二两		二十四两	二百八十八两

差缺	额设员数	月支薪水银数	津贴银数	每月薪金共数	全年总计银数
民事科二等副司书	二	每名十二两		二十四两	二百八十八两
典狱科二等副司书	二	每名十二两		二十四两	二百八十八两
四科办公费	月计八百两				九千六百两
每月总合银数三千二百八十八两					
全年统计银数三万九千四百五十六两					
附记	旗署及蒙藩往来公牍，多用满、蒙文字，是以额设译员一员，月支薪水银三十两。嗣以节省经费起见，遇事均向他处借员翻译，由司另筹津贴，此项译员迄未委派。				

附奏陈江省提法司衙署工竣用过银两饬司拨款报销折

奏为江省提法使衙署工竣，饬司拨款报销，恭折具陈，伏乞圣鉴事。窃查上年奏定东三省官制章程内开，提法使应别为一署等因。嗣于上年冬间，臣世昌行抵江省，奏请将分巡道改为提法使，即以裁缺分巡道秋桐豫试署，各等因均经奉旨允准在案。当经饬将原修分巡道署未竣之工，改建提法使署去后。兹据该司使秋桐豫呈称，原修分巡道署踴得省城南关外二里许地方，川原平旷，建署最为适宜。计先后共修房屋一百三十二间，需过工料江市钱二十八万三千三百五十串。节经勘估属实，呈奉批准，拨款兴修，现即改为提法使署，俾资办公。惟查该署建造之初，适值日俄战争甫息，工价物料十倍曩时，续因边地初改司缺衙署，为观瞻所系，不能不略求完整。现已建筑工竣，自应呈请派员勘验，委系工坚料实，所用各款均属实用实销，呈送保固各结前来。臣等覆查江省近年工料奇昂，迭经奏明有案，该司使所陈，自属实在情形。当经批令度支司即由正款项下，如数提拨，以清款目。除俟造具细册另行咨部查核外，所有建修提法使衙署拨款报销缘由，理合恭折具陈，伏乞皇太后、皇上圣鉴，谨奏。光绪三十四年七月初五日，奉到朱批，该部知道。钦此。

纪发遣新章

从前边禁未开，山荒未放，旗屯聚族而处，平民不容杂居，是以罪犯到江、不得不于各城安置。历年既久，麇集过多，咸丰间，酌复旧例，给披甲为奴者，八条。又因新疆遣犯壅滞，改发黑龙江者，十三条。此外情节较重之犯，应拨新疆者，亦酌量改发到江，此旧制也。改设行省后，为殖民实边之策，虽竭力招徕，而骤难程效。因思发遣之犯，每岁正多，于是奏请将应遣人犯，择其情节稍轻者，规复旧例，仍发黑龙江，其家属愿随者听。为奴人犯，改为苦工五年。安置人犯，充当苦工一年。其实发烟瘴及常赦所不原应发极边各犯，亦拟一律办理。奏入，部臣可其议。从此内地既省解配之劳，边疆亦得殖民之益，省费实边，其策实两全矣。至江省解送军流等犯，向归兵司派员，甲兵递解，承差兵卒，不给川资。当以官兵俸饷既微，又复积欠，若再苦于行役，殊失忧恤慎重之意，爰改饬提法司总其事，而以巡防队服其役，川资银两由官给之。虽视旧章若有异同，而为甲兵困苦计，或不无小补云。

附奏酌复遣犯旧例藉图实边并妥筹变通办法折

奏为拟请酌复旧例，藉图实边，并妥筹变通办法，恭折仰祈圣鉴事。窃查遣犯一项，与日本之无期流刑相仿，泰西各国亦皆有之，而尤以俄罗斯发遣之法为最善。考俄国发遣，一往西伯利亚，一往高加索山，均作无限苦工，十年始准编入农籍，并无释回之文。盖因两处皆地土荒寒，居人稀少，即藉此以为殖民之用，立法命意具有深心。迄今黑龙江左岸一带，凡属俄地者，屯户较多，居民栉比，其故半由于此。江省幅员太广，从前边禁未开，山荒未放，旗屯聚族而处，平民不容杂居，是以罪犯发遣到江，不得不留于各城安置。历年既久，麇聚过多。节经嘉庆十七年奏准，将遣犯分别改发、减发，致到配之犯陆续解回。二十五年刑部又奏准，停止发遣。道光年间，发遣官犯尚多，常犯极少，一时壅积为之疏通。当时边吏以镇静为主义，固未尝计及实边，抑情势有不得不然者也。嗣咸丰二年，酌复旧例，给披甲为奴者，八条。又因新疆遣犯壅滞，改发黑龙江者，十三条。此外情节较重之犯，应发新疆者，亦酌量改发黑龙江。同治四年，刑部复因遣犯过多，将应发黑龙江为奴安置人犯，改发各省驻防及极边足四千里充军。九年修例时，特指明十八条改发极边烟瘴。凡此成例类皆因时变通，互为消息。臣等伏念江省土地之广，人民之稀，二百余年间，坐弃膏腴，不谋生聚。今则强邻偪处，他族潜滋，就黑龙江左右两岸观之，已不免有兴废之感。为目前计，舍殖民实边，殆无二策。现在虽极力筹划，一时未易见功。因思发遣之犯，每岁当复不少。迩来筹边之策，与前既已不同，似不如另筹办法，即将应遣人犯，择其情节稍轻者，规复旧例，仍发黑龙江，其家属愿随者听之。为奴人犯改为充当苦工五年，安置人犯则充当苦工一年，均于到配时酌拨各地方官严加管束。俟年满后，察其人尚安静，酌拨边境设官处所，编入农籍，计口授田，俾其垦种。是国家不费一钱，数年之后，增生边氓，当可渐期繁盛。其实发烟瘴及常赦所不原应发极边各犯，亦可一律办理。各犯所带家属，悉由官为资送。凡犯属及押解员役，经过沿江沿海乘坐轮船及关内外火车，均请免价，以纾官力。如此一转移间，内地可省解配之劳，边疆则可得殖民之益，办法似为妥善。或虑此辈凶悍性成，置之边界，深恐滋生事端。不知近日中俄交通已久，彼此尚属相安，且该犯既有田亩可耕，又复家室完聚，自可化其嚣凌之气，勉为安分之民。即间有梗法之徒，亦不难随时惩办。臣等为省费实边起见，筹计及此，事关刑制，未敢妄议更张，相应请旨，饬下法部及修律大臣核议遵行。所有拟请酌复遣犯旧例，藉图实边各缘由。是否有当，理合恭折具陈，伏乞皇太后、皇上圣鉴训示。谨奏。光绪三十三年十一月十九日，奉朱批，该衙门议奏。钦此。

附法部修律大臣、邮传部会同议覆折

奏为遵旨会议具奏事。内阁抄出东三省总督徐世昌等奏请酌复遣犯旧例，藉图实边一折。光绪三十三年十一月十一日奉朱批，该衙门议奏。钦此钦遵，抄出到部。查原奏内称，遣犯一项与日本之无期流刑相仿，尤以俄罗斯发遣之法为最善。考俄国发遣，一往西伯利亚，一往高加索山，均作无限苦工，十年始准编入农籍，并无释回之文。盖因两处地土荒寒，居人稀少，即藉此为殖民之用，立法具有深心。迄今黑龙江左岸，凡属俄地者，屯户较多，居民栉比，其故半由于此。江省幅员太广，从前边禁未开，山荒未放，旗屯聚族而处，平民不容杂居，是以罪犯发遣到江，不得不留于各城安置。历年既久，麇聚过多。节经嘉庆十七年奏准，将遣犯分别改发、减发。二十五年刑部又奏准，停止发遣。道光年间，发遣官犯尚多，常犯极少，一时壅积为之疏通。嗣咸丰二年，酌复旧例，给披甲为奴者，八条。又因新疆遣犯壅滞，改发黑龙江者，十三条。此外情节较重，应发新疆者，亦改发黑龙江。同治四年，复因遣犯过多，将应发黑龙江人犯各省驻防及极边足四千里充军。九年修律时，特指明十八条改发极边烟瘴。凡此皆因时变通，互为消息。伏念江省土地之广，人民之稀，二百余年间坐弃膏腴，不谋生聚。今则强邻偪处，他族潜滋，就黑龙江左右两岸观之，已不免有兴废之感。为目前计，舍殖民实边始无二策。现在虽极力筹划，一时未易见功。因思发遣之犯，每岁当复不少。迩来筹边之策，与前既已不同，似不如即将应遣人犯，择其情节稍轻者，归复旧例仍发黑龙江，其家属愿随者听。为奴人犯改为充当苦工五年，安置人犯充当苦工一年，均于到配时酌拨各地方官严加管束。俟年满后，察其人尚安静，酌拨边境设官处所，编入农籍，计口授田，俾其垦种。其实发烟瘴及常赦所不原应发极边各犯，亦可一律办理。等因委奉谕旨，着臣等议奏。臣等窃维罪人徙边以实塞下，自汉以来，即有此法。明帝[1]初，诏郡国中都官，死罪系囚减一等屯朔方、五原之边县。永元[2]、延光[3]间，又诏诣敦煌及陇西度辽营屯。宋时亦配隶登州、沙门及通州海岛。原以边地人稀土旷，使罪囚且耕且戍，以节馈饷而辟利源，用意至为深远。近日泰西各国发遣之法虽各不同，而如俄罗斯之西伯利亚及高加索二区，实于中国古制脗合。盖其发到配后须作苦工十年，始入典籍，不准释回。既阴施其拓地之谋，即显藉为殖民之用。该督等谓黑龙江左岸之属俄地者，屯户较多，未必不由于此。溯查国初定例，情重各犯，除流徙尚阳堡及打牲乌喇、宁古塔等处外，多系发黑龙江为奴。嗣因麇积过多，始行分别改发、减发，旋又酌复旧例。同治九年，复将应发黑龙江者，改为实发云、贵、两广极边烟瘴充军。在当日经画之苦心，固系与时消息。但今昔情形迥异，该处之停发计已三十余年，似筹边之方，亦应量为通变。况其地强邻偪处，村落仍极空虚。若徒拥数千里饶沃之区，漠焉不谋生聚，非为失内地自然之利，抑恐起外人窥伺之谋。该督等拟请将应遣人犯，择其情节稍轻者，规复旧制，系为慎重边防起见。惟查例内应发黑龙江等处遣犯，大半系凶悍之徒。按照光绪二十九年，臣部议覆升任山西巡抚赵尔巽奏罪犯习艺章程内，如强盗、会匪、棍徒、抢夺等项到配，尚须监禁十年，再行身带重镣，充当折磨苦工，以二十年为限。即非上项致罪，而为常赦不原者，亦应收所工作十年。今遽责令归农，未必为其所习。且该省胡匪未靖，马贼尚多，纵群不逞之囚徒，以散处其间，防范未周，难保不勾结为患。矧此等案犯，各直省之报部者，每年并不甚多。即使尽数发往，仍恐于屯垦无补。检察光绪三十二

〔1〕　明帝，汉明帝刘庄（28—75年），光武帝刘秀第四子，东汉第二位皇帝。

〔2〕　永光（89—105年），是东汉第四位皇帝和帝刘肇的第一个年号。

〔3〕　延光（122—125年），东汉皇帝汉安帝刘祜的第五个年号。

年及三十三年，臣部会奏戏误擅杀，并议奏秋审可矜人犯，分别减为徒流各折，均经奉旨允准在案。除徒犯向在本地应役，例不出境，应毋庸议外，现计死罪减流各犯，数目较多。或事出无心，或杀由忿激，或一时争角斗殴，罪情甚轻，本与实在凶徒有间。且若辈有室家者十居八九，以之助兴屯政，洵属相宜。顾或谓黑龙江所发，系属外遣擅误可矜各犯，均系随案减流，投之远方，似觉过重。不知此系实边之计，并非科罪之差。古有迁平民以置边徼者矣，况其为罪犯也。且遣军各犯，其罪尚不至死，而擅误及斗杀之可矜者，其本罪原应拟绞，则以免死减流，与罪不至死者较轻重，尤当有辨。汉时诏天下系囚减死诣边，妻子自随，其制已古。即光绪十年，新疆巡抚刘锦棠[1]奏请变通遣犯一折，亦经臣部议，令将秋审免死一项充发等因，似可援案办理。或又谓此项流犯新章，系在本省习艺，与例应发配者不同。不知杀人移乡，古有正律。与其常流本境，或致刺衅以寻仇，何如远徙他方，尚得安居而乐业。且工与农，同一保民要政。作工者，效尚俟诸异日，力农者，利即在于目前，事不过稍为转移，于本犯不费一粟一钱，居然有田亩可耕，室家完聚之乐，亦何惮而不出此。即为人情，咸以轻去其乡为虑，未容强以所难。或于定案时，详细询明，较为周切。至此外军流等犯，向章虽以常赦得原与否，为发配不发配之分。但常赦不原者，情罪既重，自毋庸另议更张。而为常赦所原者，情节较轻，其愿否赴边，似亦应与擅误各案一律核办，仍于军流之中略予区分，以昭平允。臣等共同商酌，拟请嗣后遇有擅误杀及斗杀情有可矜各犯，凡罪应减流者，均于定案时取具确供。如有情愿赴边谋生者，免其在本地作工，准即带同妻子发往黑龙江，分置设有州、县地方，编入民籍，酌拨种地，由官资送。其有老弱不能任事者，仍按向章收所习艺。寻常军、流等犯，为常赦所得原者，流犯照前办理，军犯毋庸查询，即行检发，并严饬配所该管官于该犯到日，体察情形，随时禀报。倘有脱逃滋事别情，即照原拟军流应得工作年限，责令充当苦工，限满安置，案系免罪实边。所有该督等拟请将为奴安置人犯，分别充当苦工五年、一年，并常赦不原各犯，一律照办之处，均毋庸议。惟是筹边大计，未容操切图功。臣等拟先就京城、直隶、山东、山西、河南案犯妥为试办。俟数年后，行之果无滞碍，再行推广各省，庶该督等得以布置从容，而人犯亦无拥阏之患。如蒙俞允，臣部即行文该督等遵照，并令妥定详细章程，另行奏明，再由臣部分咨直隶总督，山东、山西、河南各巡抚及大理

[1]　刘锦棠，(1844—1894年)，字毅斋，湖南湘乡人，晚清的著名将领。早年投入叔父镇压太平军和捻军。后作为左宗棠西征军的主力，平定了西北区域的同治回乱和新疆乱局中阿古柏的继承人伯克胡里势力，有“飞将军”之称，后推动新疆建省并担任新疆首任巡抚。

院、顺天府府尹，一体查照办理。该督等又称，各犯所带家属及押解员役，经过沿江沿海乘坐轮船及关内外火车，均请免价，以纾官力等语。邮传部查沿江沿海轮船，招商一局，向由商办。至京奉铁路，系借款兴筑。上年十一月间，臣部议复迁民实边，请免轮路川资折内，奏准各路迁民免价，核与借款合同不符，应请毋庸置议。至轮船免费一节，京奉路局之轮船，将来迁民由烟赴营，或由津赴营，当先饬局酌减船价。其商局轮船商明减半核收等因。现在该省又请将遣犯家属押解员役乘坐轮车均行免价。臣等悉心考察，除乘京奉路局轮船，应仍照前奏办理外，商局轮船，迩年生理益形竭蹶。如援照前次迁民成案，饬令减收半价，商局当能勉从。至关内外火车免价办法，合同只指赈粮、军械，若议遣犯免价，仍与合同不符，碍难照准。应请责成各该省地方官，自行筹款办理。如蒙俞允，应由臣部咨行该省派员赴部，并案议订船运减价章程，期臻妥善。抑臣等更有请者，定制原贵因地，而守法尤在得人。就目下黑龙江情形而言，诚如原奏，舍殖民别无良策，特恐旗屯狃于积习，不令杂居，胥役恣为奸欺，群相苛剥。又或本犯不乐耕作，或不耐寒苦，故态复萌，种种情弊，均所难免。全在该督等督饬所属认真经理，使罪犯咸受约束，而土客得以相安。其所需牲畜、器具及犯属栖息之所，均须逐一筹及，免滋流弊，庶于屯政不无裨益。再此折系法部主稿，会同修订法律大臣暨邮传部办理。因往返筹商，是以具奏稍迟，合并声明。所有遵议黑龙江遣犯实边缘由，谨恭折具奏，请旨。光绪三十四年六月十八日具奏，奉旨，依议。钦此。

审判篇

黑龙江未改行省时，先经奏设裁判处，似已开风气之先矣。然名为裁判而无民事、刑事之别，亦无公诉、私诉之分，实与各直省发审、清讼等局无异。今既设提法使，裁兼按察使衔之分巡道，殆为法权分立之初基，是筹设审判、检察各厅为法司最要之义务。然以江省地居边鄙，人户寥落，垦未尽兴，民力不足以自养，一难也。全省郡县，惟呼兰、绥化、巴彦、余庆开辟较早，自余建置未久，又多今所新设，经费无从筹措，二难也。边地荒寒，薪金菲薄，稍有才智，辄不能郁郁居此，人才缺乏，而谙习法律者为尤少，三难也。总此三难，纵贤者亦几束手，而况于初开草昧之区，行列国维新之法，夫岂旬岁间所能奏效。惟当此立宪预备时代，安敢不竭蹶以图，致误期限。饬司通盘筹划，择要兴办。其原有裁判处拟改为高等审判厅，附设高等检察厅，并拟于审判厅内设司法传习所，购储图籍，选在省人员之明通者入所研究，以备养成审判人才。至地方审判厅，拟就龙江府及呼兰、绥化两府人民繁庶之区先行开办，以树风声。其瑷珲、呼伦两处，开埠尚未实行，民、刑之事较少，暂由新设两厅审判员办理，以归简易。其余新设治各处，亦经奏明不设经历、巡检，另设佐治员，将来先派员专司审判，即为开庭之基础。屡饬司拟定章程，限期举办，卒以才难款绌，凡所计划，尚未举行。日月不居，世昌已受代而去。但愿将来依次兴设，以达司法之希望，赓续而经营之，以成未竟之绪，是则私心所祷祀也。

附奏民盗案件分别变通办法片

再黑龙江地属极边，向以疏节阔目为治，一切规模未备。故凡办理命盗案件，多于公式稍有变通。如盗案获犯，审实就地正法，按季汇奏，原系因地制宜，期归简捷。至命案本有题奏及内外结之分，而刑司向来承办，除奏案外，凡例应具题、例应汇咨之案，悉归专咨完结。盖因题本过繁，汇咨则重费检查故也。现在东三省改设行省，刑司又归并裁判处，所有命案自应按照行省办理。查内省命案业经改题为奏，办法早从简略。臣等拟请嗣后例应具题命案，情重则专奏，情轻则汇奏，一面仍备录供招咨部。其人命拟杖之案，暂归外结。年终汇咨以符定例。是否有当，谨附片陈明，伏乞圣鉴训示。谨奏。光绪三十四年九月二十九日奉朱批，法部知道。钦此。

纪裁判处

前署将军程德全以军署刑司纷乱无纪，设裁判处，以兼按察使衔之分巡道统理之，即奏裁刑司，以所核案件归并办理。自设提法司裁分巡道缺，而刑名始有专官。欲筹办审判厅，不得不暂留裁判处为综核刑名之地，且以研究练习，备他日审判之人才。如所派裁判长、预审员即含有厅丞、预审推事之性质，所派稽察员即含有检察之性质，遇重大案件，必派员同审，即含有合议制之性质。且定章，所有该处案件，饬员从速审断，划分民事、刑事，逐渐改良。俟高等审判厅成立，即行移交办理。是该处虽未明改为审判厅，而已非复旧日旗署民官纷纭纠葛之现状。此即法权分立之先声，而为各级审判厅之预备也。且于续陈第二年筹备宪政折内，于筹办各级审判厅情形一条，已奏明拟以旧有之裁判处改为高等审判厅，并附设高等检察厅。现正极力筹划，组织改良。所有经费，由度支司按日支领。今将章程另附于后，以见经营筹备之初心云。

附裁判处应办事宜

一、全省裁判处，自光绪三十一年年底奏准设立，三十二年二月初旬开办。

二、各属上控提审之命盗杂案及大小词讼，均归裁判处审办。

三、营中所获盗犯，除供证确凿，决不待时者，即由营务处禀请正法外，其情节可疑，供未切实者，解归裁判处审办。

四、各副都统衙门案件，向归刑司定谳，惟疑难案件，拨归裁判处审判。自刑司归并后，所有各副都统咨报命盗杂案及咨解人犯，均归处办理。

五、总办一员，如裁判长之类，一切审断之事悉用该员总其成。预审委员两员，如判事之类，遇有疑难案件，先行责成訊办。额外预审委员两员，不支薪水，随时委审案件，以期预储审判人才。帮审委员四员，如判事补之类，一切大小案件归其承审。稽察委员两员，如检事之类，责成检点一切诉讼，搜查罪犯，访察案中曲直。主稿、帮稿委员各一员，如书记之类，一切稿件归其核办。司事四名，录供招，掌案卷。书识十名，以四名值堂，六名缮写。护勇十二名，夫役十二名，以充提犯、押犯、传证、查案、站堂之役。

一、裁判处凡遇重大疑难案件及词讼之多纠葛者，必须委员陪审，或一员或两员。不必预定其陪审之员，临时由总办酌派。

二、总办一员，每月支薪水银八十两，前以分巡道兼充，现以提法使兼充，均不支薪水。预审两员，各月支银五十两。额外预审两员，不支薪水。帮审四员，每月支银四十两。稽查委员二员，各月支银三十两。主稿一员，月支银三十两。帮稿一员，月支银二十四两。司事四名，各月支银十二两。书识十名，各月支银八两。护勇十二名，各月支银四两五钱。夫役十二名，各月支银三两。又薪红纸张，月支银四十两。

三、裁判处初设时，事务较简，所有预审以下各员及司事各用一半。自刑司归并后，员司均照额添足。现又奏准添设书记员四员，不支薪水。

一、裁判各员，暇时各须讲求中外法律，以预储审判人才。

二、裁判处承审通省案件，体制较崇，有平行、下行公牍，道用咨，府以下用札。

三、裁判处事须速结，凡拘犯传证之票，通省地方得以径拘径传。

四、高等审判厅急须成立，现在极力筹划。所有裁判处案件，饬员从速审断，划分民事、刑事，逐渐改良，以组织设立审判厅基础。

附巴彦州呈援照奉省简便办法清理积案批

呈悉。查江省各级审判厅现甫组织，尚未成立，与奉省情形稍有不同，是以江省提法司前定公署办事简章，饬令各地方官公事均径申公署一分，以省繁牍。今该州以积案过多，援照奉省章程办理，其事虽属可行，但仍须划分新案、旧案界限，庶与本省现定章程并行不悖。嗣后该州未结命、盗、杂各案，从前业已通禀未经通详，准其援照奉省章程，于通详内加看拟罪详司，批示后再行覆审、录供，摘由、开单，连犯解勘。其现时新出未经通禀之案，仍照旧章通禀通详，俟奉批饬覆审再行解司勘转，以昭慎重。各属如有积案，亦准照此办理。至遣军流各犯，凡常赦所不原者，发配监禁后，再行发所习艺，本属部定章程，现在奉省既将监禁习艺年限并计，改为犯事地方发所工作，自是变通办法，且省签差押解之费，本省亦可仿行，但此事并无奏案可稽，将来惟有逐案咨请部示，俾免驳诘。

纪正法盗犯

同治初年，吉林马贼蔓延于江省，将军奏准援照军务省分盗案，就地正法，年终汇案奏咨。光绪八年，经御史奏请，规复解勘旧章，经部议准，江省以盗风尚炽，未能遵行。二十四年，复准部咨，饬将正法盗案，随时具奏，于是江省又请变通，按季汇奏，以省繁牍。庚子乱后，兵备尽弛，群盗满野，竭搜捕之力或竟不能获盗，或虽获盗而监狱不固，疏脱时虞。因是各城属获盗，有先决后报之请，盗风始稍稍戢矣。然而积重者难反，变本者加厉。因一时一事之弊变通成法，寖久而视为固然，已非变法之本意。乃至其流极，遂有恣行其意于法外而悍然罔顾者。今观各属办理盗案，如土匪，如马贼，如叛兵游勇，啸聚薮泽，抗拒官兵，形同叛逆者，既经就获訊实，自应立予正法，而其间寻常盗犯，结伙一、二人，行劫一二次，乃亦不候省示，擅自处决，且有供证未明，情罪可矜，彼其生死尚有出入，而亦与土匪马贼、叛兵游勇骈首藁街，又或既决不即报，迁延累月而后录供通详者，是岂明刑勅法之心哉。乃通饬各属，获盗务须研訊明确，录供请示，俟奉批准，再行正法。若获巨盗，情节较重，准摘紧要节目，由电请示。其未通电处所，与寻常盗犯，仍照定章办理。此等案件，虽于筹设审判厅无涉，亦足见旧日官吏之威暴专擅，皆由行政、司法混合之所由致也，故附纪之。

检察篇

宪政之权，在乎司法之独立。自奉预备立宪之明诏，内而京师，外而各直省，下至一乡一邑，酌定年限，区分等级，设立审判各厅，理民、刑案件。别设检察各官，凡审判不得其平者，民情不能自达者，有私匿者，有容隐者，奸欺而矫诬者，与其他逮捕检验不在审判权范围之内者，一以属之检察。故检察自为部分，具独立性质，虽附于审判厅，而非审判所得而属也。黑龙江事势之所难，审判厅既未及实行，则检察不得不暂从缺略，然筹备所关，岂可以一隅而阻全局。况今岁为省城各级审判厅成立之期，则检察亦不容少缓。现在遵奉部定新章，参酌本省情形，先于省垣组织举办，以为逐渐推行之基础。至于检验之传习，司法警察之训练，则皆筹备内之所有事，而尚无章制办法之可言，故皆略而不述。但就筹备检察厅之情形略明概要，以期将来依限成立，则犹是今日筹备之初衷也。

监狱篇

监狱与审判关系至为密切。监狱不善，则审判不能完备，非可苟焉已也。黑龙江旧制，将军得有狱，各副都统皆得有狱。凡狱设提牢官一，佐领充之，狱官二，防校各官充之。其制略仿刑部，与内省情形不同。其同于内省者，惟旧有之呼兰同知，绥化通判两署。此外旗署皆不得有狱，仅看役房而已。自添改民官以来，凡建署已成，地方无不有狱，然尚有择地已定而未筑者。大约新成之狱，以省城习艺所内之监狱，仿照天津形式，尚适于用。次之黑水厅、呼兰府，规模略备，其管理之法亦较妥善，其他无足论也。夫中国狱事之腐败，匪伊朝夕，地势之湫溢，屋宇之卑陋，居处之夹杂，犹诿曰绌于财力，沿于积习。而监狱学无专家，禁卒多无赖，恣情克扣，肆意凌虐，其弊有不可胜言者，几何不为外人所耻笑也。比者迭奉朝命，饬各省改良监狱，取成法于各国，量时势为变通。所为分房制、杂居制、阶级制者，择善而从，不拘一格。江省事多草创，积习未深，正可舍旧而谋新，无待改弦而易辙。此次改良宗旨，寓教化于刑罚之中，补工艺以劳役之事。犯虽小而必惩，法似严而实恕，桀骜有儆，游惰有归。奉、吉两省，亦已逐渐更张。江省财力民智虽不足以语此，然因其势而利导之，日求进步，自当月异而岁不同。且吾闻俗与化移，今虽讼狱日滋，但使地利尽辟，家给人饶，廉耻油然，渐摩礼义，他日桎梏不用，囹圄空虚，是法律必以教养为本根，其洵然乎。

纪各属囚粮

囚粮者，朝廷法外之仁也。黑龙江未改行省时，省外各监，如呼兰、绥化旧有两厅，日发若干，文牍阙如，无所考据。及戊申岁，先后据黑水厅及绥化、巴彦各府、州造册报销。夫监犯口粮，户部则例载之綦详。今据各册所称，每名日给制钱五十文，与例载发米八合三勺者虽嫌不合，然江省甫经设治，地方未立仓储，若欲强合例章，势必将无作有，未若明示变通之犹为核实也。且米一石，江省时值制钱六千有奇，则日给五十之数，较之八合三勺无甚悬殊，是用批准。且以缺多新设，地方政令参差不齐，无所遵守，而囚粮其一端也，于是通行外城各属，一律办理。至册载监犯棉衣、更夫灯油等项，虽照时价发给，要于部例无违，并准于杂税项下开支，年终造报核销云。

纪罪犯习艺所

中国之有罪犯习艺所也，创始于山西，扩充于天津，而其实皆仿诸日本。日本维新[1]三十年，富强之效，雄视五洲。即工艺一端，标新领异，日出而不穷，流入中国不可究极，而孰知成于徒流罪犯之手。今各直省多已采用，其制参酌地方情形，设立习艺所，然亦只省会及繁盛之区，其他郡县或尚未能遍及。内省如是，何况边荒。江省罪犯习艺所，为前署将军程德全于光绪三十二年创立，就省城南门外租赁庙产房屋，略加修葺，以为开办之地。因陋就简，实嫌逼狭。其工作，则仅有打绳、编筐、织

〔1〕　日本维新，指日本明治维新。

带、打辫绳四项，余未推设。三十四年，另于东门外择地建筑房屋，内设监狱一所，以改过自新四字分编四号。计拘禁监、惩警监各十六间，监察所四间，暗室一间，粗细工厂二十间，浆洗厂三间，工犯厨房、饭厅四间，浴室、医室、养病房、传染病室、材料库、品物库各二间，教诲堂及训授室，检验室及陈列室，会议室及客厅，典狱宿舍及办公处书记、会计各五间，所员住房六间，工师宿舍五间，厨房三间，大门兵舍五间，马棚、车棚共三间，瞭望台四，晒晾场一，植物园一，共大小房舍一百二十八间，规模略具。工艺则先于三十三年增设浆洗一科，继于新所附近旷地辟砖瓦窑一处。细巧技艺，以款绌未遑备立。所中额数，程将军原定五十名罪犯，设有不足，即以地痞、恶丐及无业游民一律收入习艺，今尚仍之。盖草昧经营，苟完苟备，已属难求，实有不能苛绳之处。惟罪犯、贫民，漫无差别，虽一时迁就之为，而分所编录以清界限，要亦未可缓图也。

附罪犯习艺所行政经费统计表

名称	额设	职务	月支薪水薪饷银数	津贴	每月薪津共数	全年额支数	每名日给饭钱	每名每月共数	每名每年共数
专管委员	一员	管理所内罪犯习艺及一切现行事	三十两	六两	三十六两	四百三十二两			
稽查委员	一员	查察罪犯出入勤惰、考工事项	二十四两	六两	三十两	三百六十两			
司事	二名	一司文牍并教导罪犯悔过事一司收支并监视工作收发货物事	各十二两	各四两	三十二两	三百八十四两			
书记生	二名	缮写文牍、登记表册、帮同司事经理一切杂务	各八两	各二两	二十两	二百四十两			
差官	一员	收发罪犯工作、休息及约束巡兵看守等事	十二两		十二两	一百四十四两			

名称	额设	职务	月支薪水薪饷银数	津贴	每月薪津共数	全年额支数	每名日给饭钱	每名每月共数	每名每年共数
巡兵	十名	看守专责	各四两五钱		四十五两	五百四十两			
工艺教习	三员	教导罪犯习艺专责	各十两		三十两	三百六十两			
更夫	二名	昼夜巡逻专责	各四两		八两	九十六两			
习艺罪犯	五十名						三百文	九吊	一百零八吊
办公费		（医药油烛笔墨纸张柴炭等项）月计六十两						年计	七百二十两
每月总计								银	二百七十三两
								钱	四百五十吊
全年统计								银	三千二百七十六两
								钱	五千四百吊

附奏新建罪犯习艺所片

再江省前设罪犯习艺所一区，本系就省城南门外租屋，酌加修葺。近来罚工人犯渐多，房宇狭窄，兼以各项工厂建筑未备，非踩地另修，殊不足以昭整齐。查东西列邦，于狱制一切，考求綦详。举凡建筑、管理、教诲、卫生，罔不纤微周备。江省新改行省，固未能事事求精。然习艺本寓迁善之方，故择地务须合用，修屋尤宜整洁。兹勘得省城东关外旧营房基址较为宽厂，即就该处另建罪犯习艺所一处。计大小房屋一百二十八间。所有工厂、监室、材料库、成品室，一律较前完整，共估价计市钱十万零四千三百余吊，已于上年鸠工庀材，现饬试署提法使秋桐豫督饬委员赶速认真修竣，以便挪移而期经久。所有钱款，即由一成捐项下支拨。一俟工毕，再行造册核销。除咨度支、民政两部查照，并绘图咨送法部查核外，谨附片具奏，伏乞圣鉴。谨奏。光绪三十四年三月二十六日，奉朱批，该部知道。钦此。

卷十一　实业

述　要

东省襟山带江，广漠无垠，产业之富，五洲艳称。在昔封禁之世，人怀其宝，地蕴其利，污莱弥望，交通阻滞，人事不臧，天府终秘。欧风东渐，商战日亟，以我隩区，为彼拓殖。东清路轨，横贯中央，地宝宏富，卷席括囊。森林矿产，恣意采伐，转输便利，商业发达。大连口岸，百货骈集，形胜所趋，相形见绌。日俄之战，工商麇至，藉辞军用，杂居内地。岁移其民，负贩百艺，薄遣其值，阴取其利。纸币垒垒，畅行无阻，易我生货，以彼虚楮，愚氓信用，亏折甚巨。奉吉之交，韩侨越垦，虽弃地利，服从维谨，日人基之，乃起干涉，借词保护，殖民之策。蜜山之区，地脉膏润，俄人私垦，结庐成井，土地之宝，国所有权，今为敌资，等诸石田。诸江流域，航业蕃盛，俄据外海，出入有禁。凡兹实业，日益侵夺，怀宝迷邦，其何能淑。官斯土者，历经审慎，鉴于前失，为开例禁，垦荒招佃，三省并举，农事渐繁。周原朊朊，但计租价，不课耕植，大段包荒，弊乃丛集。农功收入，粮糗囤积。狃于习惯，昧于土质，种植改良，未闻倡率。庚子之役，商业凋零，收还营口，稍稍安宁。懋迁有无，终鲜资本，更苦交通转输亦梗。外货输入，日以浸盛，运便价廉，重为商困。虽立商会，群力太微，虽改统捐，销路仍稀。关东盐滩，既患浸溢，辽海渔业，更生交涉。东边森林，为日觊觎，军事未终，抽取甚都。既定合办，乃划林区，木把失业，时起龃龉。木植羊草，为俄取携，采伐无节，听客所为。我之木商，能力薄弱，沿江料栈，狃于积习。浙江公司，徒有虚名，混江流域，未能竞争。沿线矿产，任意指挥，抚顺、本溪，久假不归。五金之属，蕴蓄宏积，我之矿商，资少工拙。浅尝辄止，难言效力。天宝银矿，遂生纠葛。立国之道，实业为宝，东省领土，两倍日岛。山川之厚，地质之腴，畜牧之盛，物产之储，次第图谋，富逾五都。而乃两强相近，窥我堂宇，吸取利益，反客为主。路权财权，操纵在彼，以宝藏府，为殖民地，责之官吏，无术抵制。责之编氓，瞠目相视。赍粮于敌，弃利于地，天府神都风气锢闭。世昌奉命，来镇是邦，维持国本，抵制外强。利用厚生，实业为纲。已失之利，毋越范围，未开之源，急起直追。教以学说，专门之师。试以事功，实验之基。调查策画，于兹两年，举其成绩，可略言焉。自昔有言，大利在农。大陆神皋，农国之宗。黍菽粱豆，出产丰溢。服于先畴，不习种麦，公家提倡，大利斯彰。于何劝导，设试验场，农具种类，气象测候，肥料化分，于焉研究。种植之利，不仅五谷，乃立农会，实地演说。乃立学堂，教之稼穑。乃立农官，田畯之职。农业情形，随地而异，爰派调查，区分种类，辨其土宜，以为支配。更用火犁，事半功倍。泉甘草茂，牧养最宜，镇安县属，先立公司，改归官办，规模乃立。吉之省城，亦拟筹设，选择佳种，以滋繁殖。东边一隅，橡柞丛生，山蚕之利，宜求振兴。乃派调查，分年比较，缫丝织茧，靡不究考。江南官地，设桑蚕局，更购湖桑，工师是督。江之绥化，北山朝阳，蚕业公所，分划山场。商战竞争，利权所系，重遭兵燹，商务困滞。既立商会，厘定规制，整顿钱法，冀除积弊。陈列商品，考工遗意。乃罢查圈，乃禁期粮，吉、江杂税，统一输将。商业之兴，公家劝奖，制糖公司，火磨面厂。辽河淤滞，商运几断，乃召工师，测绘履勘，拟辟新河，工巨未能。乃筑水堤，通江之滨。欲争商业，自开海港，于葫芦岛，绘图测丈。旅大既借，孰驻海军，于菊花岛，预勘兵屯松、黑两江，航业宜修，设官轮局，运送一周。百工居肆，六艺之一，乃开工场，为之传习。敷设电灯，则在奉、吉。江省提倡，造纸之业。工作振兴，规模乃备，设造砖厂，变通尽利。皮革之属，军用大宗，设硝皮厂，通商惠工。渔业公司，保护宜力，主张领海，利不外溢。销售有场，租税有则，调查沿海，船户区域。松花合流，牡丹、嫩江，业渔繁多，设法改良。森林之富，干霄蔽日，葱郁轮囷，是谓窝集。兴安岭内，帽儿山前，面积之广，盖亿万联。设林业局，筹销运路，拟接轻轨，沿江上泝。五金之矿，震于全球，设矿政局，列表而求。调查矿区，比较矿税，劝谕华侨，醵赀毋畏。官办之矿，奉有辽阳，通化、怀仁，严斥奸商。吉林佳矿，三姓、盘石，开浚新沟，私采乃绝。江省漠河，北洋所办，剔除弊端，分别权限。金矿繁富，集款振兴，曰库玛尔，曰吉拉林。甘河之煤，都鲁之金，乃设轻轨，乃集矿丁。实业之兴，本于铁路。新法锦洮，奉之门户。齐瑷哈绥，江之要路。屡经测勘，支干分布，议而未修，大利不著。仅有齐昂，提取旗款，计日程功，道路平坦。凡此设施，仅及什一，筹款固艰，得人尤亟。无专门学，无工程师，设学研求，成效已迟。已迫强邻，未开民智，教而后养，稍纵即逝。地大物博，同时并举，次第筹谋，已如弃土。大利所在，必投巨资，财政告竭，前功尽隳。借观欧美，振兴实业，公司合群，官家协力，资以利器，济以学识，无功不成，何事不集。美以农称，比以工贵，英法日本，通商为最。殖民拓地，东西所同，财力竞争，靡然从风。三省实业，非不繁富，仅恃提倡，闭塞如故。区区成迹，良足自愧，财用不充，学问未粹，勉力筹办，已觉后时。犹有议者，谓为虚縻，缅维三省，国家根本，实业不兴，两强思并，利益既失，主权亦危，白山黑水，委而去之。急起图维，与为终始，或竟其功，或伸其旨。振作实业，毋见小利，筹款合谋，以为抵制。富国富民，力进不已，领土保存，庶几有豸。赓续扩充，以俟君子。

农业篇

凡一国之盛衰得失，恒视其生殖力之强弱以为标准。故近百年来，各国政府皆以全力注重于农政。于立法上谋农业之进步则有农业法制，于行政上谋农业之进步则有农部专官，于学理上谋农业之进步则严定农学教育，于技术上谋农业之进步则注意农事试验。凡此农政助长之机关，实为农业发达之嚆矢。奉天交通之机，近始萌芽，种植之力，向称薄弱。未垦之地十居二三，即已治之地，亦或溉粪无术，择种未良，货弃于地而不收，力放于人而不举，收获丰歉，悉委诸天运之自然而绝无考究。持此不变，势必物产日窳，财力日绌。故经营奉天实业，必先以整理农业为第一关键，可断言也。整理方法，必以开通知识，改良种植为始。然农事之知识，非研究物质分合之理，逐期生合之功，土壤成分之偏全，植物养料之盈歉，生造肥料之性质，远近艺获之方法，植物种性之正变，虫病诸害之有无，不足以为开通之具也，则试验与教育尚焉。农事之改良，非周知土壤性质之大略，气象测候之差异，农事向来之习惯，农产大宗之种类，市场销路之远近，产品价值之高下，无以为改良之方针也，则调查尚焉。要而言之，国家无农政，庠序无农学，地方无农会，则其国为不农之国，其人为不农之人。以不农之国、不农之人而立于农战之世，则必不足以图存，此事势所必至者也。况吾国治本于农，而奉省又为根本重地，今豆麦之饶，输于外域，田原之沃，诧于列邦。所以图富厚，殖货财，固舍是莫由。豳风[1]之重农学、周官之重农政，于奉为亟矣。

纪农业试验

奉省之有农业试验场，始于光绪三十二年三月，将军赵尔巽奏请开办，以大东门外内务府官地一百余亩及户部官地二百余亩为基础。试办之初约分六科，延聘日本技师，雇用本地农工，就地试种。是年十月，改隶于农工商局，修改章程，添设学

〔1〕　豳风，《诗经》十五国风之一，共七篇，为先秦时代豳地华夏民歌。其中多描写公刘封地——豳地的农家生活，辛勤劳作的情景，是中国最早的田园诗。

堂，分设教务、斋务、农事、文书、会计、庶务六课，以为治事之职掌。光绪三十三年六月始设劝业道，仍以此场隶之。是年秋，奉省留学美国卡剌宽尼大学[1]农科毕业生陈振先[2]由美回国，即委充该场主任。扩充地址至一千三百余亩，布置稍宽，试验加密。就现有之地基，因使用之目的，更别之为八。一、试验区，二、普通耕作区，三、蔬菜园，四、果树园，五、苗圃，六、桑园，七、牧草地，八、树林地。因奉省农事之习惯，取普通种类为之栽植，如小麦、大麦、燕麦、高粱、玉蜀黍、粟、黍、大豆、小豆、马铃薯等。凡属于普通种类之试验，其目的有三：一曰种子试验，以外省及外国输入之种子与本地习用之种子两两比较，而验其生育状况与收获之结果是也。二曰肥料试验，以奉省用惯之肥料与加用磷酸质肥料，比较其收获量是也。三曰播种试验，以奉省习惯之耕作法与外洋新式耕作法，比较其收获量是也。属于特用种类之试验，目的亦有三：种类之试验也，在明土性与生育及品质之关系。肥料之试验也，在因肥料之用量，比较其生育而观所及之影响。播种之试验也，以奉天习惯法与外洋所行法，比较其产额及品质。其试验成绩精审至再，确然可以报告于民间，而资为仿效者盖不少矣。然报告之书不能家喻而户晓也，耕锄之事，耳闻又不如目见之真切也。光绪三十四年三月复饬劝业道推广分场于新民、锦州、昌图三府，以为农民就近取法之地。宣统元年，复推广于海龙、绥中、辽阳、辽源、复州、盖平、海城、广宁、安东，前后共十二处。农业助长之机关至是粗备，而异日之设立农官，组织农会，即以是为基础焉，亦事势之至顺也。森林为农业一大部分，而各国试验制度，在西历一千八百四十年后，恒别立专场。林政之组织愈精，林利之收入愈厚。奉省地多窝集，而林学绝无讲求，农业试验场内虽有树林地，栽植尚少，成效未著。光绪三十三年九月饬劝业道，筹办种树公所。先勘得城东正白旗界内闲荒一段，尚有毗界地两段，共计一千二百四十二亩，编作第一官林。又续勘得城南正红、镶红两旗界内有官荒地二段，共一百零一亩，编作第二官林。又城南正红旗界一段，共计地二千六百七十三亩，编作第三官林。延聘德国技师一人，前后由青岛及外洋选购树秧二百余万株，分别栽种，以为民间模范森林之用。将来即将树秧移植各属官荒，或从廉售与民间，广为试种，以期振兴全省之林业，与农业相辅而行，此固农业中要图

〔1〕　卡剌宽尼大学，即美国的加利福尼亚大学。

〔2〕　陈振先（1876—1938年），广东省广州府新会县人。清末民初政治家、农业经济学家。美国加利福尼亚大学毕业，历任奉天省农事试验场监督、考察宪政大臣随员、北京政府农林部次长等职。

也。至若搜罗佳种从事种植，专以标识名目，纵人游观，以为益智之助，不专属农业生产之范围，则各国之植物园办法是也。光绪三十四年春间，饬劝业道，于西门外铁道之东辟地一区，开办植物研究所，试种棉蔬麻果花木等类，考其长养培护之方，任民游览，借资考校，以扩见闻。夫劝导之法愈备，则收效愈宏，文明之机日辟，则民力日富。后之论者，或将以余为知言乎。

附种树公所章程

第一章　宗旨

一、本所之设，以振兴林业为主义，实寓有森林试验之性质。查各国筹备森林试验，皆在西历一千八百四十年后。即道光二十年。一千八百四十三年巴登国始置试验林，一千八百四十六年拜伦国创为材量表，一千八百五十七年墺国保尔氏始以试验所得著为书，一千八百六十八年德之林业家始会议于维也纳，讨论试验问题，一千八百九十二年万国森林试验场会始成立。百年以来，各国林利收入为库款一大宗。日本后起，自维新后讲求林政，至明治三十二年后，岁入林利亦四五百万，诚经营财政者所当注意也。况奉省山多童秃，市乏薪材，春夏之际，大雨时行，平原变为泽国，禾稼易为摧残，据格致家言，皆由林政不修之故。现既设有森林学堂，为学理之研究，复设立此所，以为实用之试验。

一、林学以应用为主，故研究林学，非实际试验，难以图功。各国之森林试验制度，必由政府主任，广聘专家，搜集材料，需以时日，冀有成绩公之于众，此通义也。现在奉省风气初开，度支奇绌，本所开办伊始，力求撙节，仅先聘德国技师一人，由山东青岛选购各式树秧、树籽试种，以期逐渐推广。

一、林政为国家要图，于天时、地利、防河、卫生皆有密切之关系。奉省田原平衍，牲畜繁孳，践踏既易，盗伐亦多，且向来树种昂贵，每株须洋七、八角，田野农民何能有此余力。加以气候之不同，土宜之差异，又非个人之力所能研究而知。本所试验有得，即可将各样树秧移植他处，并可将各项树种从廉出售，以便民间采购试种。

一、奉省劝民种树，不啻三令五申，惟奉文后多未实力举行，迄无成绩。良由小民昧于远图，有司亦视为迂缓，坐失地利，实缘于此。本所拟派技师、技手，先行巡视，所有各处官荒，测绘成图，预定次第施行之法，并拟仿照各国巡林警察法规，择要举办，以为振兴保护之基础。

第二章　办法

一、各国森林试验之制度，或属之森林行政范围，或属之森林教育范围。本所之设，专以研究林业上必要之实用为目的。凡关于林业之习练、计算及统计诸术，为其主任。其他学理之研究，属于教育范围者，别立专门学校以担任之。惟本所种树之地，将来可为学校生徒之演习林，亦属两得之道。

二、本所暂租民房为办公之所，分赴各处勘踊合宜地方。先经勘得城东正白旗界内闲荒一段，尚有毗界红册地两段，共计一千二百四十二亩，次第开垦。由青岛等处购办各种树秧十九万余株，分别栽种，拟编作第一官林。嗣又续勘得城南正红、镶红两旗界内有官荒地二段，共一百零一亩，拟编作第二官林。又城南正红旗界一段，共计地二千六百七十三亩，亦经议筹垦种，编作第三官林。以后次第分布各属，挨列号数，仍编作本省官林，为模范林之用。

三、各国森林法规，其要点约有数端：一曰保安林，关于河堤巩固者。二曰风致林，关于点缀风景者。三曰防风林，关于屋庐遮蔽者。皆当加意保护，以垂永久。本所于自植林外，并当随地随时考查，有须保存之森林，绘图贴说，呈明长官，饬属保护。其属民有林一部分，凡种植之方、轮伐之法，本所亦有监督指导之责。

四、气候差别，土质殊异，皆与森林有密切之关系。奉省风雪猛烈，萌芽易受摧残，旱潦不均，燥湿或难合度。造林之应用当较他处为难。本所于气象、测候、地质试验，凡有关于林业者，随时刊印报告，以开风气而防流弊。至于改良土质，预防虫患种种布置，皆由本所次第筹办，以为振兴林业张本。

第三章　职掌

一、专办一员，管理全所事务。凡关于员役进退，财政出纳一切属行政部分者，皆主任之。仍随时带同技师，督率种植及调查荒地各事宜。

二、照料委员一员，择熟识本省情形者充任。帮同专办料理所中一切事务，遇有调查各处山林，应随同经理。

三、技师一员，专司种植技术及选种择地，调查各属森林事宜。凡关于林业上之测候、试验、统计、报告事项，皆当担任，现聘德国树艺专门师充任。

四、德文翻译委员一员，专理译述文件。其关于林业上之报告事项，应随时译呈长官察核。

五、书记一员，管理寻常往来公牍及一切稿件。其重要事件，当呈候专办员核夺。

六、司书一名，专司缮写文件，兼理所中零星账目。按月呈报专办，归并报销。

七、稽查一人，承受专办指挥，巡视各处官林，查察工人勤惰。其曾经本所规定之方法及禁令等项，稽查得于出巡时执行之。遇有不能解决之事件，立即禀明本所核办。

八、差弁一人，听候本所差遣，采购杂物，跟同踏勘荒地。暇时并督率本所杂役，勤慎服务。

第四章　经费

一、本所由劝业道札委开办，所中一切额支等项，均直接向道署领出，按月报销。

二、所中出纳，由专办主持，其零碎支用，即归司书暂管，按月汇核呈报，以便归并报销。

三、本所用项，除额支薪工费用外，以购地购种并调查费用为大宗。此项支款，先将事由禀明核准，方行支领，以昭慎重。

四、林利收入，各国视为库款一大宗。日本当维新时提倡林学，国家特筹成本二千万元为开办费，另款存储为培养费，三十年后每年获利可得二千万元，其成绩优异实可惊骇。奉省百度维新，库项奇绌，巨万之基，本难立办。本所拟将所植官林，预算得利成绩列表呈报，先就财力所能及者逐渐试办，不敢过事铺张，以免竭蹶。

第五章　扩充

一、各国试验林业，其收效恒在若干年之后，复时开会以讨论各种问题。其开会范围不以己国为限，俾得以试验成绩互相交换，其重视林政一至于此。盖恐持理论以为悬揣，一有疏失贻误，动辄十年、数十年，枉费地力，徒劳资木，甚属危险。故必有完全之试验，而后有良好之效。本所俟办有端绪，拟添聘技师，组织完备之试验机关，就省会设立中央试验场，区分四部，如理化部、气象部、植物生理部、地质部之类。各以学理研究，务得合理之林业法。

二、调查林业之一切设施，为全体林业进步之基础。本所拟仿照墺大利国三种试验员办法，以本所之技师委员等担任试验之。常置职员，以森林学校之教授及奉省调用之农林学员为临时专任，或特别试验之职员。以森林学堂之预科、速成科学生毕业后，为委托试验员。使全体林业上之试验，无有隔阂，以昭划一。

三、将来各属农会成立，即由本所筹议种树章程，分途劝办，或择紧要区域，拨发树秧，由该会加意保护。如有盗贼偷窃或愚民故意摧折，皆应严定罚则。俟成活后，将实在数目列报本所，以便派员调查。

四、民间积习，遇有官长劝办之事，每多敷衍塞责，非实行奖励，不足以昭激劝。本所拟禀请仿照直隶劝办森林章程，每人种树成活至千株以上者，由地方官给匾额。五千株以上，详请督、抚赏给六品功牌。万株以上，赏给五品奖札。地方官劝种树本至万株以上，详请记功一次。十万株以上，详请记大功一次。

附种树公所第一年种树报告表

区域	坐落	亩数	树类	株数	树籽类	所占面积（方米达尺）
官立第一森林场	城东正白旗官地	一一九七七六四	阿卡菁	五〇〇〇〇	小松	六二四
	毗连民地	四五一〇〇	相子	五〇〇〇〇	阿卡菁	二〇〇〇
			柏	五〇〇〇	挨拉	五一〇
			东洋沙松	五〇〇〇	马尾松	二八六四
			榷	二〇〇〇	东洋沙松	四七三
			核桃	一〇〇〇	榷	一五〇
			曲梠	九二〇〇	否拉特柄否槟	三二
			银杨	九〇〇	立勺耜	四二
			黑杨	八〇〇	扁担葫	四二
			马尾松	三〇〇〇〇	相子	四二
			荆条	五〇〇〇	菓松	一二六
			杨柳枝子	二〇〇〇	槐	八一〇
					构奶子	一〇
统计		一二四二八六四	一二	一六〇九〇〇	一三	七七二五
官立第二森林场	城东南新开河	二六七三一〇六	预算宣统元年新种树株	二〇〇〇〇〇〇〇		
官立第三森林场	城南浑河堡	一〇一八六四				
官立第四森林场	小西边门外	一八〇〇〇	马尾松	八〇		
			樱树	一〇二		
			杨	一八八一		
			白果	一三五		
			刺松	八		
			榆	一〇〇〇〇		
			枫	四八四		
			桑	八〇六		
			栗	六		
			夜眠树	六〇六		

区域	坐落	亩数	树类	株数	树籽类	所占面积（方米达尺）
统计			一〇	一四一〇八		
公园	小西边门外		桑	八〇〇		
			大杨	三一		
			枫	四八四		
			夜眠树	六〇六		
			小松	四		
			樱	一〇二		
			马尾松	二一		
			栗	五		
			白菓	一三五		
			杨	八七二		
			榆	一四三四		
统计			一一	四四九四		

附农业试验场气象测候表中历光绪三十二年十一月至三十三年十一月

西历一千九百零七年一月至十二月

月次／目次	中历	十一月十七日至十二月十八日	十二月十九日至正月十六日	正月十七日至二月十八日	二月十九日至三月十八日	三月十九日至四月二十日	四月二十一日至五月二十一日	五月二十一日至六月二十二日	六月二十三日至七月二十三日	七月二十四日至八月二十三日	八月二十四日至九月二十五日	九月二十六日至十月二十六日	十月二十六日至十一月二十六日	
	阳历	一月	二月	三月	四月	五月	六月	七月	八月	九月	十月	十一月	十二月	
最高摄氏表		六、五	五、八	一五、	二五、	三五、	三五、	三五、	三四、	三五、	二三、五	一七、	五五	
温度华氏表		四七、	三九、	五九	七七	八七、	九七、	九五、	九四、	八七、	七四、三	六五、	四九、	
最低摄氏表		一（六）	一（七）	一（五）	六、〇	二、五	九、〇	一五、	一五、	二、〇	一、五	一九、	三（四）	
温度华氏表		一（四）	一（六）	五、〇	二三、	三五、	四六、	五六、	五七、	三五、	二九、三	六、五	一（九）	
最高摄氏表		四、一	六、八	五、八	一六、	二九、	二七、	三〇、	二八、	二四、	一七、七	一、九	四、四	
平均华氏表		一四、	一九、	四四、	一四、	七四、	八七、	八七、	八六、	七五、	六三、九	三七、	二四、	

月次／目次													
中历	十一月十七日至十二月十八日	十二月十九日至正月十六日	正月十七日至二月十八日	二月十九日至三月十八日	三月十九日至四月二十日	四月二十一日至五月二十一日	五月二十一日至六月二十二日	六月二十三日至七月二十三日	七月二十四日至八月二十三日	八月二十四日至九月二十五日	九月二十六日至十月二十六日	十月二十六日至十一月二十六日	
阳历	一月	二月	三月	四月	五月	六月	七月	八月	九月	十月	十一月	十二月	
最低摄氏表	（一）一六、九	（一）二、〇六	（一）七、九	一、六	九、九	一四、六	一八、八	一八、九	一〇、七	四、一	（一）九、七	（一）一七、九	
平均华氏表	一、六	（一）五、一	一七、八	三四、九	四九、八	五八、三	六五、八	六六、〇	五一、三	三九、四	一四、五	（一）〇、二	
总平均 摄氏表	（一）一〇、五	（一）一三、七	（一）一一	一〇一	一五、九	二一、一	二四、九	二三、九	一七、四	一〇、九	（一）三、四	（一）一一、二	
总平均 华氏表	一三、一	七、四	三〇一	四九九	六〇、六	七〇、〇	七六、八	七四、九	六三、三	五一、七	二五、九	一二、〇	
午前十时平均 摄氏表	（一）一〇、〇	（一）一三、七	（一）〇、四	一一、〇	一五、四	二二、〇	二五、五	二四、二	一七、六	九、九	（一）二、二	（一）一、〇〇	
午前十时平均 华氏表	一四、〇	七、三	三一、三	五一、八	五九、七	七一、六	七七、九	七五、六	六三、七	四九、八	二八、〇	一四、〇	
午后二时平均 摄氏表	（一）四、八	（一）七、四	四、二	一六、二	一九、四	二五、九	二九、九	二七、六	二二、六	一五、五	〇、五	（一）六、一	
午后二时平均 华氏表	二三、四	一八、七	三九、九	六一、二	六六、九	七八、六	八五、八	八一、七	八一、七七二、九	五九、六	三二、九	二、一	
总平均 摄氏表	（一）七、四	一〇、五	一、九	一三、六	一七、四	二四、〇	二七、七	二五、九	二〇、一	一二、七	（一）一、一	（一）八、一	
总平均 华氏表	一八、七	一三、〇	三五、五	五六、五	六三、三	七五、一	八一、九	七八、七	六八、二	五四、九	三〇、五	一七、五	
平均湿度	六六	五八	四一	三七	五六	五一	六三	八四	七六	六三	五七	六三	
降雨日数	〇	〇	一	五	一一	一六	一一	一八	八	一〇	二	二	
降雪日数	一〇	三	六	一	〇	〇	〇	〇	〇	〇	五	八	
降水量 中寸	〇、五六三	〇、一八三	〇、一六〇六	〇、六九〇一	二、五一二八	一、五四〇九	一、八三九五	六、四九八八	二、四二八三	一、一七一九	〇、六四七九	〇、五九一六	一八二、七六七
降水量 密厘	二、〇	四、九	五、七	一四、五	八九、二	五、四七	六五、二	二三〇、七	八六、二	四一、六	二三、〇	二一、〇	六四八、八
降水量 英寸	〇、〇七八七	〇、一六二九	二一四四	〇、九六四六	三五一一八	二、一五三五	二、五七〇九	九、〇八二七	三、三九三七	一、六三七八	〇、九〇五五	〇、八二六八	二五、五四三三

备考　此表中所列温度度数凡上有（一）号者系指〇度以下度数而言摄氏表以冰点为〇度故凡有（一）号者系属冰点以下度数华氏表冰点在三十二度故三十二度以下俱属冰度之下又每摄氏表五度等于华氏表九度。

附农业试验场农具使用表

本场由日本及欧美各国输入之农具，试验其适于使用与否。其类如左：

犁	马耙	刈麦器	刈草器干草搅拌器及收集器	玉蜀黍自束器
洋犁由日本输入者二种一头曳犁价洋十二元使用麦类栽培及蔬菜栽培一日之功程约五亩二头曳再垦犁价洋十一元五角一日之功程约九亩又桿犁由美国输入者价格未详最适于开垦荒地之用一日之功程约八亩	方形马耙由日本输入者价洋八元铁制弹齿马耙由美国输入价二十弗郎使用以破碎犁起之土块者一日之功程方形者约七十亩可使用二次铁制弹齿者亦约七十亩仅使用一次两者均须马二头曳之	刈麦器由美国输入价金五十五弗郎若依习惯法栽培则无可使用之处因有畦间之障碍也必依洋式耕锄法于平面栽培则收获时始可使用一日之功程约六十亩	刈草器由美国输入价金四十三弗郎干草搅拌器价金三十二弗郎收集器价金二十四弗郎本年于莛莛草收获时使用刈草器及收集器一日之功程约七十亩	玉蜀黍自束器由美国输入价金未详原系使用于玉蜀黍之收获者然于高粱之收获亦可利用之惟本地栽培高粱畦幅太狭稍有不便若广其畦幅为五寸许自无不便之处一日之功程约五十亩
备考	洋犁与本地犁之比较，在普通之耕作，仍以本地犁为轻便，其功程亦较速。然欲得深耕之利益，则又不如洋犁。使用洋犁时，必不能不兼使用马耙，乃一定之势也。然本地春季降雨较少，若使用洋犁，则自耕耨以至播种，必于一日中毕其事，似转不如用本地犁，不耕锄土地全部分，但于一部分犁起其土作沟时，即以其土移于残余之部分。故于耕锄后，同时可作二垄台，以播下种子而施镇压，能保水分于地中，为适于干燥地之农具也。惟耕锄牧草地或栽培工艺作物，则不可不使用洋犁。此外尚有自日本输入之轻便农具数种：玉蜀黍播种器，价金四十七元五角，玉蜀黍脱粒器，大小二个，大者价金三十八元、小者价金八元。干草切断器，价金七十五元，截根器，价金五十五元。其使用最便者，为玉蜀黍脱粒器，奉天广种包米，此为必不可少之器也。 由美国输入之农具，皆由纽约阿杜奈阿恩士勃来公司购入。			

附农业试验场普通耕作表

一、麦类

一、南圃

种类名	面积	播种日期	发芽日期	中耕次数	收获日期	收获量	一亩之收获量
哈尔滨小麦	一〇、五亩	二月二十八日	三月初八日	〇	六月十一日	二、九〇八石	〇、二七七石
奉天产大麦	一四、四	二月二十九日	三月初十日	二次	六月初二日	一二、九〇〇	〇、八九五
哈尔滨大麦	四、〇	同	同	二次	六月初三日	四、一六九	一、〇四八
奉天产黑麦	二、五	同	同	三次	五月二十六日	一、四六九	五九四
燕麦（赛马）	一〇、四	同	同	三次	六月初五日	八二〇〇	〇、七六二
燕麦（扎幌改良）	二、五	二月三十日		三次	六月初五日	一五六二	〇、六三二
备考	哈尔滨小麦一区，系用二头曳洋式犁耕锄，再以马耙破碎土块而为条播，其距离约一尺，不行中耕及除草，其目的在比较彼此之产额，且为使用刈麦器之试验也。 总计耕作面积四十四亩，小麦之产额六石二斗九升三合，大麦十八石五斗三升七合，燕麦九石七斗六升二合						

二、西圃

种类名	面积	播种日期	发芽日期	中耕次数	收获日期	收获量	一亩之收获量
吉林产小麦	五、六亩	三月初一日	三月十四日		六月十二日	三、三八九石	〇、六一〇石
燕麦扎幌改良	三、五	三月初二日	同		六月初六日	三五、二三	一、〇〇

二、高粱

种类名	面积	播种日期	发芽日期	中耕次数	收获日期	收获量	一亩之收获量
南圃 散穗	三一六亩	三月初十日	四月初一日	五次	八月初四日	三九二三一石	一、二三九石
南圃 散穗	七、五	三月十一日	四月初一日	同	八月初五日	一〇、六一五	一、五一四
西圃洋式播种散穗	六、五	三月十四日	四月初四日	同	八月初六日	三六九二	〇五六六
西圃洋式播种紧穗	一三四、九	三月十四日	四月初二日	同	八月初六日	一三三三八五	〇九八八
总计	一八〇、五					八一六九二三	
备考	整地用奉天习惯法。洋式播种，以洋式犁耕锄，于二尺五寸之距离播种，其目的为比较其生育及收货之关系。						

三、玉蜀黍

种类名	面积	播种日期	发芽日期	中耕次数	收获日期	收获量	一亩之收获量
小金黄包米奉天产	三四、六亩	三月初八日	四月初一日	五次	七月二十三日	一五、〇〇〇石	〇、四六二石
黄包马齿形	七、七	同	同	同	七月二十四日	八、一五四	一、五八九
总计	四二、三					二三一五四	

四、粟

种类名	面积	播种日期	发芽日期	中耕次数	收获日期	收获量	一亩之收获量
白砂谷奉天产	六、〇亩	三月十六日	三月二十九日	四次	八月十一日	六七、六一五石	一、一二七石
粟日本种	四、六	三月十七日	同	同	同	一、三五四	〇、二九四
	一〇六					六八、九六九	

五、黍

种类名	面积	播种日期	发芽日期	中耕次数	收获日期	收获量	一亩之收获量
奉天产黍	一、一三亩	三月初九日	四月初一日	四次	七月三十日	一二、三二一石	一二八八石

六、大豆及小豆

种类名	面积	播种日期	发芽日期	中耕次数	收获日期	收获量	一亩之收获量
奉天产黄大豆	六、九亩	三月二十二日	四月初九日	五次	八月二十二日	八七六九	一、二一八石
扎幌十人好大豆	五、三	同	同	同	七月二十七日		
奉天产小豆	三、八	同	同	同	八月十二日	一八〇八	〇、四七九
备考	扎幌十人好大豆，均不成熟。						

七、马铃薯

种类名	面积	播种日期	发芽日期	中耕次数	收获日期	收获量	一亩之收获量
奉天产地豆	二一五	三月十三日	四月十三日	四次	九月十四日	二五〇〇〇斤	一一六二斤

对于右之作物，其耕作面积及收获量表示如左：

种类名	耕作面积	收获量
小麦	一六、一亩	六、二九二
大麦	一八、四	一七、〇六八
黑大麦	二、五	一、四六九
燕麦	二六四	二三、二八五
高粱	一八〇、四	一八六、九二三
玉蜀黍	四二、六	二三、一五四
粟	六四、六	六八、九六九
黍	一二、三	一二、二三一
大豆	一二、二	八、七六九
小豆	三、八	一、八〇八
马铃薯	二一、五	二五、〇〇〇斤
总计	二九九、六	

附农业试验场黄豆分析表

种类	水分	粗蛋白质	同上无水物中量	粗脂油	同上无水物中量	可溶无窒素物	粗纤维	灰分
奉天产	九、五八%	三八、〇〇%	四二、〇三%	一九、八五%	二一、九五%	二二、二〇%	五、八五%	四、五〇%
铁岭产	九、九九	三八、三六	四二、六二	二〇、八四	二三、一五	二〇、六七	五、六〇	四、五四
辽阳产	一〇、〇四	三七、七〇	四二、〇二	二〇、四二	二二、七〇	二一、一三	五、九七	四、七四
辽阳产青豆	九、四九	三八、四一	四二、四四	二〇、一六	二二、二八	二一、八三	三、七〇	四、四一
新民屯产	一〇、一八	三六、〇六	四〇、一五	一九、六七	二一、九一	二四、二三	五、四五	四、四二
开原产	一〇、四五	三四、九五	三九、〇三	二〇、九二	二三、三六	二三、八八	五、三〇	四、五〇
通江子产	九、二八	三六、二四	三九、九五	二〇、四九	二二、五九	二四、四七	五、〇〇	四、五二
本场产	一〇、一四	三七、三三	四一、五四	一九、三二	二一、五〇	二三、四九	五、二二	四、五〇
白眉种	九、八七	三七、二三	四一、三一	一九、三七	二一、四九	二四、〇三	五、一一	四、三九
金黄种	九、七〇	三七、七四	四一、七九	一九、三三	二一、四一	二三、四一	五、〇五	四、七七
黑脐种	一〇、〇九	三七、五一	四一、七二	一九、六四	二一、八四	二三、一二	五、一一	四、五三
本场产本幹种	九、〇六	三八、二二	四二、〇三	一九、三九	二一、三二	二三、七〇	五、三二	四、三一
本场产侧枝种	一一、九六	三六、一一	四一、〇二	一八、七一	二一、二六	二四、四五	四、三七	四、四〇
本场产本幹上部	一一、六八	三七、三四	四二、二八	一八、三七	二〇、八〇	二四、六二	三、九二	四、〇七
本场产本幹中部	一〇、六七	三七、五三	四二、〇一	一九、四二	二一、七四	二四、一二	三、九二	四、三四
本场产本幹下部	九、九〇	三七、七一	四一、八四	一八、九八	二一、六四	二三、五七	五、三四	四、五〇
备考	分析表中别地产者，系在各地采集本场产之侧枝、本幹及本幹上中下三部之种，均由栽培试验而得。区别其选种法如左： 第一普通种　水选 第二侧枝种　黄豆杆侧出支幹之种实 第三本幹种　黄豆中央抽出本干之种 第四本幹上部种　更以本干分三部，取上部之种实 第五本幹中部种　更以本干分三部，取其中部之种实 第六本幹下部种　更以本干分三部，取其下部之种实 第七盐水选　以比重一二之食盐水选种 第八白眉种 第九黑脐种 第十金黄种							

附农业试验场肥料化学分析表

一、本场供用肥料百分中成分

号数	种类	水分	有机物	灰分及不溶解物	全窒素	燐酸	加里
一	马粪日本马	三、三、〇四	二五、六七	四一、二九	〇、五一	〇、四三	〇、五二
二	马粪中国马	三〇、〇二	二二、五一	四七、四六	〇、五九	〇、六三	〇、七四
三	羊粪	一〇、四三	五二、四〇	三七、一七	一、三六	〇、四七	〇、三一
四	猪粪	五八、八三	二八、一〇	一三、〇七	一、一二	〇、三一	〇、五四
五	土粪	三、六六	五、四九	九〇、八五	〇、三五	〇、八四	〇、四九
六	土粪混人粪	五、五三	七、七〇	八六、七七	〇、四〇	一、四七	〇、八六
七	土粪混草粪及人粪	四、一七	五、三二	九〇、五一	〇、四四	〇、七八	〇、四七
八	干人粪	七、四六	二五、六〇	六六、九四	一、四四	一、八二	〇、七一
九	干人粪	六、九九	二、九二	八一、〇九	一、〇〇	〇、九一	〇、五九

二、购买肥料

1. 窒素质肥料成分

号数	种类	水分	全窒素	燐酸
一〇	豆饼	一五、三八	五、五一	一、三九
一一	智利硝石	一、三八	一四、四八	
一二	硫酸亚母尼亚	〇、六七	二〇、三〇	
一三	石灰窒素	二、四六	一六、二三	

2. 燐酸质肥料成分

号数	种类	水分	全燐酸	水溶燐酸	枸橼酸亚母尼亚可溶燐酸	同上不溶燐酸
一四	普通过燐酸石灰	一二、七三	一七、九一	一三、六八	二、六八	一、五五
一五	特制过燐酸石灰	一一、五六	二二、九〇	一三、〇五	六、二五	三、六〇
一六	骨粉		二一、四二			

三、一般农家用马粪及土粪成分

号数	种类	水分	有机物	灰分及不溶解物	窒素	燐酸	加里	石灰
一七	土粪	二五、八〇	一〇、九四	六三、二六	〇、一一	〇、五九	〇、五三	一、六三
一八	同	二一、七九	七、八五	七〇、三六	〇、一五	〇、八一	〇、六八	一、五一
一九	马粪	三五、三六	一六、四四	四八、二〇	〇、四七	〇、八四	〇、四一	〇、八三
二〇	同	一五、九六	三四、七二	四九、三二	〇、六〇	〇、八九	〇、三二	〇、六二
二一	土粪	二四、五二	七、三三	六八、一五	〇、二三	〇、七八	一、〇一	〇、七五
二二	马粪	二八、七九	二二、四三	四八、七八	〇、五七	〇、八〇	〇、九八	〇、五九
二三	同	二九、七六	二七、一七	四三、〇七	〇、五七	一、一九	〇、九一	〇、九二
二四	土粪	一七、六八	一二、三八	六九、九四	〇、四九	〇、九八	〇、五九	〇、八七
二五	马粪	二六、四九	一七、一八	五六、三三	〇、五八	一、一七	〇、四六	〇、七七
二六	同	二七、六四	一一、四九	六〇、八三	〇、五六	〇、八六	〇、九九	〇、五七
二七	土粪	二一、二四	七、五七	七一、一九	〇、五一	〇、九一	〇、五五	〇、四七
二八	成分	二五、一八	一五、九五	五八、八七	〇、四四	〇、八九	〇、六八	〇、八七

四、灰之成分　经火燃烧之街市尘秽

水分	四四〇%	
有机物	二、九八	
窒素	痕迹	
可溶解物		
	水中可溶解物分数	盐强酸可溶解物分数
可溶解物全量	四六%	二四、七一%
燐酸	痕迹	〇、五一
加里	〇、二一	一、〇七
曹达	一、二五	三、〇〇
石灰	一、三〇	八、六五
苦土	痕迹	一、四九
硫酸	一、三二	一、六六
盐酸	〇、五二	〇、五二
硅酸	无	〇、五五

酸化铁	无	三、六五
矾土	无	三、三九
满俺	无	〇、二二

附农业试验场牧草种类表

去年，本场曾播种牧草十余种。兹因其中之适于本土者，选出左之五钟，以供试验。

种类名	播种日期	发芽日期	一亩之播种量	面积
莰莰草（即关内之苜蓿草）	三月十三日	三月二十五日	四、〇斤	二、二五亩
红苜蓿	同	三月二十五日	四五、	二、二五
匈加利草	同	三月二十九日	五〇、	二、二五
高茎燕麦草	同	三月二十八日	三七、	一、五〇
莪茶草	同	三月二十九日	四〇、	二、二五
备考	五月初三日除草，五月初八日于莰莰草地内发生夜盗虫之一种，侵食其茎叶，因即芟除茎叶以驱除之。虽因此而生育稍被妨害，然至秋季刈取，仍得干草三百斤之多。赤苜蓿发芽后至雨期，生育极良，然至秋季则不免凋零。匈加利草、高茎燕麦草、莪茶草三种，生育均不良，未获刈取。			

牧草普通试作

因备牛羊之饲料，更播种莰莰草于三处，生育均良。秋季用刈草器收获之，约得干草一万五千斤，其面积约四十九亩。对于一亩之产额，约三百斤之数。

莰莰草之种子，由日本及美国输入。其自美国输入者有二种，一土耳其士旦莰莰草，一为普通之莰莰草。其生育均极良，且能适奉天之气候，似超过于他之种类。其播种之面积如左：

土耳其斯旦莰莰草	三　九亩	二　九亩
普通之莰莰草	八〇一	六〇〇

此外，尚有少数之播种者。如左之种类：

喊西阿	萨太发	假砂扁豆
喊西阿	萨太发	廖叩士波摩
拉符拉士	恩拿士	
西沙阿力	天能　戚豌豆	戚豌豆为畜用饲品而其叶有毒
喊西阿	片年尼客	
喊西阿	摩年符阿	单花假扁豆
喊西阿	萨太发（春假扁豆或普通假扁豆）	
喊西阿	阿题路破破利阿	
西阿	恩路士太夫利阿	
喊西阿	尼梳利恩拿	
喊西阿	发路根士	
白苜蓿		
喊西阿	苏都	恶捩西阿
喊西阿	萨太发	科他他
喊西阿	窿利阿	
拉符拉士	萨太发士	法国豌豆
拉符拉士	恶科拉士	恶科士豌豆
备考	右之种子由美国客利夫尼亚大学校输入	

附农业试验场糖萝卜分析表

光绪三十三年，依本场内土质之差异，分其试作区，且异其耕法以试种糖萝卜。又由本场分发种子于各州县，及收获后而送至于本场者分析之。观其平均成分，并查定收获期与糖分含量之关系所得结果，表示如左：

第一试验地

一、维路莫朗种外国式耕种

收获	大		中		小		平均	
月日	平均重量	汁液中糖分	平均重量	汁液中糖分	平均重量	汁液中糖分	平均重量	汁液中糖分
八月十九日	一〇〇一瓦	一三、五五%	五四一瓦	四、三七%	一九三瓦	一四、七八%	五八四瓦	一四、二三%
八月二十九日	八三八	一四、三九	五四三		二九八	一五、六五	五六〇	
九月初十日	六四〇	一四、二四	五二四		三一三	一五、九七	四九一	
九月二十日	一一五四	一六、一七	八二五	一六、〇七	四五九	八一、二三	八一三	一六、八二
九月三十日	一二一六	一四、〇五	七一四	一五、八七	五一七	一六、五二	八一六	一五、三八

二、维路莫朗种习惯法耕种

收获	大		中		小		平均	
月日	平均重量	汁液中糖分	平均重量	汁液中糖分	平均重量	汁液中糖分	平均重量	汁液中糖分
八月十九日	八二八瓦	一二、六四	四、五一	一三、七八%	三二九瓦	一三、四九%	五二六瓦	一三、三〇%
八月二十九日	一六二九	一一、五六	九三六	一三、五六		一三、三四		一二八二
九月初十日	一三九二	一四、二六	八五五	一四、二〇	三八二		八七六	
九月二十日	一六三三	一三、八七	九五七	一六、一六	四五八	一四、四四	一〇一六	一五、一六
九月三十日	一二三一	一二、三五	六七一	一四、六七	四九八	一五、六〇	八〇〇	一四、二〇

三、白种改良种

收获	大		中		小		平均	
月日	平均重量	汁液中糖分	平均重量	汁液中糖分	平均重量	汁液中糖分	平均重量	汁液中糖分
八月十九日	一五一七瓦	一二、〇二%	九一五瓦	一二、二七%	三七六瓦	一〇、〇四%	九三六瓦	一一、四四%
八月二十九日	一二九三	九、二〇	六〇八	一〇、三七		一一、二八		一〇、二九
九月初十日	一二六八	一〇、八二	八九四	一〇、七四	四八九	九五四	八八四	一〇、三七
九月十九日	一一〇〇	一〇、五九	七五一	一二、〇二	四四二	一五、八九	九四六	一二、八三
九月二十九日	八六六	一三、一九	三四〇	一五、八六	三〇八	一三、〇三	五〇五	一四、〇三

四、捩恩士厌批利亚路种

收获	大		中		小		平均	
月日	平均重量	汁液中糖分	平均重量	汁液中糖分	平均重量	汁液中糖分	平均重量	汁液中糖分
八月十九日	一五六〇瓦	八、〇八%	八六四瓦	九、一一%	五八八瓦	九、八六%	一〇〇四瓦	九、〇二%
八月二十九日	一〇四八	九、九五	七二二	九、三九	四二九	一一、七二	七三三	一〇、三五
九月初十日	一九三八	九、〇六	二七〇	九、五一	七一六	一〇、五八	一二七五	九、八二
九月二十日	一〇八四	一二、一四	七八二	一三、四〇	四七四	一二、六七	七七三	一二、七四
九月三十日	八四一	一〇、五七	五四一	一一、七三	二五五	一二、三五	五四六	一一、五五

第二西圃试作地

一、客来因湾次立边拿种

收获	大		中		小		平均	
月日	平均重量	汁液中糖分	平均重量	汁液中糖分	平均重量	汁液中糖分	平均重量	汁液中糖分
八月十九日	九二一瓦	一三、六四%	五七七瓦	一三、七七%	三九五瓦	一四、四一%	六三一瓦	一三、九四%
八月二十九日	八五三	一四、五四	七一一	一四、三一	四五九	一六、四〇	六七四	一五、〇八
九月初十日	九三四	一五、四八	五七一	一六、二〇	四九八	一五、四〇	六六八	一五、六九
九月二十日	九二九	一六、九六	五八六	一、六三	三八三	一七、一〇	六三三	一六、七六
九月二十九日	八三八	一六、五二	六二〇	一六、一八	三六九	一七、五一	六〇九	一六、七四

二、维路莫朗种

收获	大		中		小		平均	
月日	平均重量	汁液中糖分	平均重量	汁液中糖分	平均重量	汁液中糖分	平均重量	汁液中糖分
八月十九日	五七五瓦	一四、五八%	五〇二瓦	一三、九九%	四五六瓦	一四、二〇%	五一一瓦	一四、二六%
八月二十九日	七二一	一四、三九	四四九	一五、三三	三四五	一三、八〇	五〇五	一四、五一
九月初十日	六八一	一四、八五	四六六		二九五	一四、一一	四八〇	
九月二十日	五二七	一六、〇三	三三九	一六、二〇	二八七	一六、五七	三八四	一六、二七
九月三十日		一四、四七	三六九	一六、四〇	二五一	一五、六一		一五、四九

三、木白种 改良种

收获	大		中		小		平均	
月日	平均重量	汁液中糖分	平均重量	汁液中糖分	平均重量	汁液中糖分	平均重量	汁液中糖分
八月十九日	一二二二瓦	八、九二	五七九	一一、九三瓦	三一〇瓦	一三、五八	七〇四	一一、四九
八月二十九日	一六二一	七、〇〇	八〇九	一〇、九六	五三三	一一、四四	九八八	九、八〇
九月初十日	一〇五八	一〇、八九	六〇七		三二五		六六三	
九月二十日	九九一	一二、八三	五七八	一三、六九	三七三	一六、二九	六四七	一四、二七
九月三十日	八九五	九、八一	四八六	一三、五六	三〇一	一五、二四	五六一	一二、八七

四、掜恩士厌批利亚路种

收获	大		中		小		平均	
月日	平均重量	汁液中糖分	平均重量	汁液中糖分	平均重量	汁液中糖分	平均重量	汁液中糖分
八月十九日	一四七四瓦	七、四二	七五八	九、二六	四六九瓦	一〇、〇一	九〇〇瓦	八、九〇
八月二十九日	八四六	九、四一	五八九	九、四三	四〇六	一〇、三七	六一四	九、七四
九月初十日	七九一	八、五六	六一二	一二、四五	四、一四	一〇、三六	六〇六	一〇、四六
九月二十日	一二一八	九、五四	八三一	九、九五	五九五	一一、七一	八八一	一〇、四〇
九月三十日	九三七	九、七二	八三六	一〇、五三	四八〇	一一、一二	七五一	一〇、四六

第三果树园内试作地

一、维路莫朗种

收获	大		中		小		平均	
月日	平均重量	汁液中糖分	平均重量	汁液中糖分	平均重量	汁液中糖分	平均重量	汁液中糖分
八月十九日	一一三五瓦	一一、五四%	六六四瓦	一一、五四%	二九二瓦	一二、九八%	六九七瓦	一二、〇二%
八月二十九日	一四一六	八九二	七六七	九、四六	六四三	一一、一一	九四二	九、八三
九月初十日	一三四八	一二、五三	七一九	九、六三	六三六	九、九八	九〇一	一〇、七一
九月二十日	一七九四	一二、二二	一一五一	一一、七一	七一一	一二、七一	一二一九	一二、一一
九月三十日	一三〇三	一五、四四	九三八	一四三一	六一七	一五、二四	九五二	一五、〇〇

二、白种改良种

收获	大		中		小		平均	
月日	平均重量	汁液中糖分	平均重量	汁液中糖分	平均重量	汁液中糖分	平均重量	汁液中糖分
八月十九日	一五三三瓦	八、九七%	六四五瓦	九、九二%	三六四瓦	九、〇三%	八四七瓦	九、三一%
八月二十九日	一五二四	七、五三	九八五	九、六一	六六七	一一、五〇	一〇五九	九、五五
九月初十日	一〇六三	一〇、〇六	六七三		四二二	一二一七	七一九	
九月二十日	一五九六	八、五五	九〇二	一一、五二	五八五	一二、〇七	一〇一九	一〇、七一
九月二十九日	一三七九	一〇、一六	八八四	一〇、三八	五〇四	一二、一六	九二二	一〇九〇

三、掠恩士厌批利亚路种

收获	大		中		小		平均	
月日	平均重量	汁液中糖分	平均重量	汁液中糖分	平均重量	汁液中糖分	平均重量	汁液中糖分
八月十九日	一四二二瓦	七、六二%	九六〇瓦	八、四六%	六四六瓦	八、二一%	一〇〇九瓦	八、一〇%
八月二十九日	一五二三	一一、一〇	一〇六三	一一、八五	五〇四	一二、一五	一〇三〇	一一、二一
九月初十日	一二四二	一二、二一	九四一	一〇、六四	五八六	一〇、〇六	九二三	一〇、九七
九月二十日	一〇四七	九、四四	六九八	一一、六七	四六六	一二、〇五	七三七	一一、〇五
九月三十日	一一〇二	九、九八		一〇、五三	四〇四	一〇、九六		一〇、四九

第四苗圃内试作地

一、维路莫朗种

收获	大		中		小		平均	
月日	平均重量	汁液中糖分	平均重量	汁液中糖分	平均重量	汁液中糖分	平均重量	汁液中糖分
八月十九日	一三二九瓦	九、九四%	五五二瓦	一二、一二%	二三三瓦	一一、九五%	七〇二瓦	一一、三四%
八月二十九日	二七六三	八、七六	一四三五	一、〇二	六〇六	一二、〇九	一六〇一	一〇、三二
九月初十日	二三四七	九、二三	一二六二	一〇、九八	七四七	一二、九二	一四五二	一一、〇四
九月二十日	一〇八〇	一三、二七	七四二	一四、五九	四三八	一五、三一	七五三	一四、三九

二、白种改良种

收获	大		中		小		平均	
月日	平均重量	汁液中糖分	平均重量	汁液中糖分	平均重量	汁液中糖分	平均重量	汁液中糖分
八月十九日	一六〇二瓦	七、五一%	八五七瓦	八、一〇%	四六一瓦	一〇、九一%	九七三瓦	八、八四%
八月二十九日	二四五一	六、一二	一四九二	七、六二	六八一	一〇、二五	九七三瓦	八、〇〇
九月初十日	一四八〇	八、七七	九二二		五一六	一〇、七四	一五四一	
九月二十日	一四二四	八、二二	七九六	一〇、二八	六三八	一〇、九四	九七三	九、八一
九月三十日	一八八一	八、五〇	九五八	九五四	七二六	九、六一	一一八八	九、二二

三、掠恩士厌批利亚路种

收获	大		中		小		平均	
月日	平均重量	汁液中糖分	平均重量	汁液中糖分	平均重量	汁液中糖分	平均重量	汁液中糖分
八月十九日	一三一二瓦	九、〇三%	七三二瓦	一〇、四五%	三六〇瓦	一〇、〇六%	八〇一瓦	九、八五%
八月二十九日	一四〇三	九、二一	一一九四	九、三一	五七七	一〇、三九	一〇五八	九、六四
九月初十日	一七五三	八、一二	一一七四	一〇、三八	五八九	一四、二〇	一一七二	一〇、九〇
九月二十日	二四〇 六	六、〇九	一三八六	八、六九	六五三	一〇、一八	一四八二	八、三二
九月三十日	二一三五	六、八二	九四七	八、五一	四八一	一二、三五	一一八八	九、二三

依以上各表对照观之，因试作地之异，而平均重量及糖分含量显有差别。又分析时期至九月二十日之第四回，见各区糖分达于最高量。如第一表维路莫朗种中含糖量汁液百分中竟见一六八二分之多（大中小平均），第二表客来因湾次立边拿种中含一六七六分，所逊亦复有限。白种改良种最高一四二七分，掠恩士厌批利亚路最高一二七四分，均次于前。客来因湾次立边拿种与维路莫朗种之比较，据第二表则前者最高（平均）一六七六分，后者一六二七分也。

第五、各地方产　掠恩士厌批利亚路种

试作地名	大		中		小		平均	
	平均重量	汁液中糖分	平均重量	汁液中糖分	平均重量	汁液中糖分	平均重量	汁液中糖分
承德县	一六九九瓦	四、五八%	七九二瓦	六、一七%	瓦	%	一二四六瓦	五、三八%
兴仁县	三二五九	四、七五	二四七五	五、二二	一九五〇	六、五六	二五六一	五、五一
辽阳州	二一〇七	五、二四	一七一六	五、三一	一〇三八	六、二七	一六二〇	五、六一
铁岭县	二七八七	二、八三	二〇九九	四、四七	一六七三	三、七一	二一八六	三、六七
开原县	二四四九	五、一八	一二三五	五、一〇	三八五	六、七九	一三五六	五、六九
凤凰厅	六二一	六、四三	四七八	六、九四	四七〇	八、六九	五一六	七、三五
盖平县	一四五三	三、五六	一〇七八	六、一三	七九六	六、二〇	一一〇九	五、三〇
新民府	二二二四	二、七四	一二五五	一、二九	七九一	五、〇六	一四三二	三、〇四
锦县	九六六	三、一三	六〇〇二	三、五六			七八三	三、三四
盘山厅								
备考	盘山厅产出品极小，未能分析。各地方产系掠恩士厌批利亚路种，其含糖量甚低，比本场同种产均有不逮。							

第六、普通及地面突出甜菜比较 维路莫朗种

种别	大		中		小		平均	
	平均重量	汁液中糖分	平均重量	汁液中糖分	平均重量	汁液中糖分	平均重量	汁液中糖分
八月二十九日普通	一〇九四瓦	一三、三三%	六二五瓦	一四、六七%	四一九瓦	一三、四〇%	七一三瓦	一三、八〇%
突出	一三二八	一二、七五	八七六	一二、八九		一三、四〇		一三、〇一
九月初十日普通	二七〇	一三、三七	四九〇		二八四	三、八四	六四八	
突出	八六六	一〇、五七	七五〇		三六二	二、〇一	六五九	
九月二十日普通	六〇八	一四、四七	四一四	一六、二〇	二八九	一七、九四	四三七	一六、二〇
突出	一四八七	一三、九〇	七七〇	一四、六九	七三五	一六、一五	九九七	一四、九一
九月三十日普通	九〇四	一四、八五	七二九	一六、〇七	三三七	一七、〇一	六五七	一五、九八
突出	一〇五五	一三、五六	九三八	一四、八〇	五三〇	一五、九六	八四一	一四、七七
	备考：于成熟期比较分析之结果，其含糖量普通与地面突出者，殆生一二分之差，盖突出者品质概甚低下也。							

第七、汁液含量及纯糖度

查定糖萝卜中汁液量及全个含有之糖分而得纯糖度如左：

客来因湾次立边拿种		维路莫朗种		白种改良种		掠恩士厌批利亚路种	
百分中汁液含度	纯糖度	百分中汁液含度	纯糖度	百分中汁液含度	纯糖度	百分中汁液含度	纯糖度
九五、二二	九一、〇九	九四、一八	七三、七七	九五、〇三	七〇、七七	九六、三四	六三、九八

附农业试验场森林树苗表

本年由日本及欧美各国输入适于奉天风土之树苗种子，以之播种而观其生育状况。其播种之种类表示如左：

种类名	面积	播种日期	发芽日期	生育状况
山东松（山东）	一、一（亩）	三月二十六日	四月十八日	一部为散播一部为条播然表土硬化之际谋中耕之便则散播为宜
落叶松（欧洲）	二、六〇（弓）	同		条播多未发芽间有发芽者然苗太弱小不能生育
白松（美国）	一三、〇	同	四月十八日	发芽后枯死
澳地利松（欧洲）	六、五	同	四月十六日	发芽后苗颇强健至秋季遂渐枯死
挪威枞（欧洲）	六、五	同	五月初八日	发芽后生育不良，遂枯死
白桦（美国）	一六、五	同		不发芽
白茶（美国）	一五、〇	同	五月初七日	发芽后生育不良遂枯死
白槐（美国）	一九、〇	同	五月初八日	生育甚良
菩提树（美国）	六、五	同		不发芽
胡桃（中国）	六、五	同	五月初五日	生育甚良
糖枫（美国）	一〇、〇	同		未发芽此种之习惯概至翌年发芽
挪威枫（欧洲）	六、五	同		同上
公孙树（又名银杏）	三三、〇	同	五月初九日	生育尚可
阿戞细亚（日本）	三六〇	同	四月十二日	生育甚良至秋季高达六尺以上
苏格兰松（欧洲）	二三〇	同	四月十六日	发芽后生育不良至秋季遂枯死
大树（美国）	三、三	同		不发芽
备考	右之种类中，生育最良适于本土者，以阿戞细亚及山东松为最。次如美国白槐，生育稍良。然于一年中尚易枯死，至数年之苗枯死与否，未曾检验，尚难断定。			

附农业试验场主要农作物要肥分吸收量表

本地方主要农作物如高粱、谷子及黄豆，以一亩收获物中之所含要肥分为定量，而查定成育上吸收若干量之要肥分，所用作物，即就农家栽植者。按方刈取而求其平均之数。

种一亩收获量			收获物中窒素量			同上燐酸			同上加里		
名	谷实	蒿杆	谷实	蒿杆	计	谷实	蒿杆	计	谷实	蒿杆中	计
高粱	二八、二〇斤	一二〇六、八斤	七、三七斤	一〇、五〇斤	一七八七斤	三、五一斤	八二〇斤	二、七一斤	一、五六斤	八、四五斤	一〇、〇一斤
谷子	三〇二、六	七七七、四	四、八二	七〇七	一一、八九	二、三	八、八六	一一、〇七	三二四	九、七二	一二、九六
黄豆	二五七、〇	三八八、七	一七、九	五、四四	二二、五三	五、九九	四七〇	一〇、六九	一、五四	二四一	三九五
备考	高粱，普通每亩吸收窒素十七斤九余、磷酸十一斤七、加里十斤。谷子于窒素量吸收量比高粱少至十一斤九正，然于磷酸殆与前者同量，加里比高粱需量稍多。黄豆之窒素吸收量，以其大部分求于空气中，故未可同论，磷酸每亩需十斤七，加里量仅需谷子四分之一而足。 就以上表中种实与蒿杆生产量及其吸收要肥分观之，谷子蒿杆可利用为家畜之饲料，故不必从土地吸夺要肥分。然高粱之蒿杆产量及吸收要肥分不少，与地产力有至大之关系，极宜注意。											

附奏设立农官折

奏为奉省拟请设立农官以兴地利而广甄拔，恭折具陈，仰祈圣鉴事。窃查奉省沃野平原，弥望千里，素称农国，故所产向以粮食为大宗。比年雨雪调匀，幸登上稔。特民间狃于故习，农具不修，土宜不辨，设有旱潦，荒歉堪虞。奉省他项货产尚未十分发达，全恃粮食以资周转，必应公家提倡，先事绸缪。且近来荒垦日辟，地浮于民，非由官设法劝导，恐民力有时而穷，地利终无由尽。臣窃谓民以食为天，养尤先于教。中国向以农事为重，自后稷以农名官，而土训[1]、司稼[2]、司浍[3]诸官详载于周礼，以及汉有啬夫，唐有田正，宋有农师，劳农劝相之职史不绝书。即日本之

〔1〕　土训：古官名，负责向帝王陈报山川地势、土质好坏及土地所宜生产。
〔2〕　司稼：古代掌管督促农业生产、征收农业赋税的官。
〔3〕　司浍：同“司令”，官员。主管财政经济，及对群官改绩的考察。

农务局，亦且设有专官而附以技师、技手之属。详考古今重农之典，验以奉省土地之宜，自应请设农官，以资劝导。且奉省自设农业试验场以来，为之讲求种植，改良农具，乡民之来观者日多，颇知务农有学，渐启新知。尤应及时推广，别设管理之员，以冀实行之益。又以田畯之官皆系乡老之职，奉省本多旗地，而宗室、觉罗、八旗满蒙汉子弟及在籍士绅，近来颇多就学之人，徒以成例所拘，隘于登进。若选择此项人员作为农官以资任使，一以为旗员广任用之途，一以为旗丁授生计之学。以本籍而考求本地农事，既与他项职务不同，而田产皆在本乡，则讲求必力，学成可以致用，则鼓舞益多，一举而备数善，胥由于此。臣当饬咨议厅、劝业道详订章程，覆加审核，尚属简当易行。此项农官皆直受劝业道之管辖，而间接于农工商部。倘奉省行之有效，应即推及于吉、江两省，以兴农利。谨将议设农官章程缮具清单，恭呈御览。至森林矿产，皆为东省之优利，现已分设学堂，先从调查入手，将来应否另设专官，容俟详查明确，再行另案奏明办理。除将农官章程咨部查核外，所有奉省拟设农官以兴地利而广甄拔缘由，谨恭折具陈。伏乞皇上圣鉴训示，饬下农工商部核议施行。谨奏。光绪三十四年十一月初三日具奏，本月十六日奉到批，农工商部议奏，单并发。钦此。

纪农业教育

读一国农业之史，其盛衰得失，恒视其教育之程度以为衡。各国未立农科大学以前，其农业皆不足观也。中国自秦汉以后，农官失职，农学失传，二千余年，农业遂绝无进步。比年以来，讲求教育，以应用为方针，农业学堂日发现于各直省。奉天之有农业学堂也，始于光绪三十二年九月。前将军赵尔巽饬令农业试验场招生开办，即以农场技师兼任教习。创办之始，为速成计，先招各属学生八十名教授之，以两学期为毕业。毕业之后，即派充本场助手及调查各属农业有差。既又增设预科及本科教授，以期达完全教育之目的。夫农、林之学本相通也，奉省富有森林，则林学之讲求又万不能缓。赵尔巽于光绪三十二年七月从东边开埠局之请，拟在安东建设奉天森林大学堂一区，并于松花、嫩江近水之地预留有木之山五十里作为该堂演习森林之用。筹办方始，森林学堂监督郭宗熙体察情形，请以学堂移建省垣，允之。旋设劝业道，遂改隶焉。光绪三十四年正月，饬劝业道派员在东门外开办学堂，先招学生六十名，递年续招，以足三百名为定额，学期以五年为毕业。延订日本林学专家数人，分科教授，此筹办森林学堂之大略也。然犹患民间无普通知识，不能信用学理，多致格也。光绪三十四年，乃就省城南门外地藏寺，设立农事演说会，分派农学、林学毕业生为演说员，宣讲蚕桑、牧养、耕植诸新法。用浅近易明之说以相譬晓，就切实可征之事以相诱导，并将演说各端，刊成白话官报，分布劝导。并拟推广办法于各属分场，庶使乡曲耳目不局于见闻，智慧日浚，则一切农业上之习惯自可改良。措置之方，度亦不外是矣。

附奏设森林学堂暨种树公所折

奏为奉省设立森林学堂暨种树公所，以兴林政而辟利源，恭折仰祈圣鉴事。窃维实业之兴，基于树植，因材而笃，首重栽培。所以周礼设官，场虞分职，研究植物，各就土宜。及夫入林有时，取利有日，厥制至为详赡。近者东西各国注重林政，造林伐树，无不学有专门。奉省地广山深，土最宜木，鸭绿、浑江两河之滨，窝集骈列，合抱良材，交柯而生，加意讲求，实为天成美利。徒以民间不知封植，任意摧残，施不时之斧斤，听自然之消长，取之不禁，而培之无方，势必取用易竭，生材日耗，此森林一业不可不急筹整顿之方也。臣等到任后，逐细考察，知种植之学，在于实施教育，导以先路。叠经督饬劝业道派员分赴各处切实调查，凡旧有森林处所，即饬地方官妥为培护。一面在省城东门外建房置圃，按照各省中学堂规制设立森林学堂，学额三百名，分五年招考足数，学期亦定以五年，以入堂之先后，按年次第毕业。凡延聘中外教习与学生膳费，概由官为筹给。原额之外如有情殷向学者，准其自费肄业，以示体恤而广造就。又于南门外辟地建园，设立种树公所，延聘德国技师，广购中外树秧，仿新法试种，究其物土之宜，为将来推广林业地步，均于本年三月间分别委员开办。凡调查川资暨延聘技师，应需开办及常年经费，应请作正开销，另案造报。除分咨查照外，所有奉省设立森林学堂暨种树公所各缘由，谨恭折具陈。伏乞皇太后、皇上圣鉴，饬部立案施行。再臣绍怡尚未交卸，是以列衔，合并声明。谨奏。光绪三十四年七月初四日具奏，十四日奉朱批，农工商部知道。钦此。

附农业学堂速成班每周授课表

学　科	每周时刻	总　计
农学通论	三	四八
林学大意	二	三二
肥料	二	三二
土壤	二	三二
畜产	三	四八
园艺	二	三二
农业经济大意	二	三二
理化学大意	二	三二
动植物学大意	二	三二
数学	一	一六
昆虫	一	一六
农产制造学大意	一	一六

附农业学堂全体学年授课时刻表

学年 / 学科	第一学年			第二学年			教授时间
	第一学期	第二学期	第三学期	第一学期	第二学期	第三学期	
汉文	三	二	二	二	二	二	一七六
日本语	三	二	二	二	二	二	一七六
农业通论	三	二	二	二	二	二	一七六
土壤论		二	三				五〇
肥料论		二	二	二			八二
作物及园艺				二	三	三	一〇七
动物学	三	二					七二
植物学	三	二	二				九六
理化学	四	四	四				一六〇
数学	三	三	三	三			一五二
畜产学及兽医学			二	三	四	四	一六八
昆虫		一	二				五〇
地文及气象	二	二					五六
养蚕大意					二		二五
森林学大意				二	二		五六
测量术				二	二		五六
农产制造学				二	二	二	五六
经济学大意及农业经济				二	三	三	一〇七
实习							
伦理	一	一	一	一	一	一	八〇
体操	一	一	一	一	一	一	八〇
总计	二六	二六	二六	二六	二六	二〇	

附森林学堂科目授课时刻表

科目＼学期＼学年	第一学年		采用图书
	上学期每周时数	下学期每周时数	
国文	三	二	采用左传、博议、古文、高等小学国文教科书，由教习随时择讲
历史	一	二	采用中学历史教科书
算学	四	四	由教习所学之心得，并参考各种数学书，择简明者授之。
小代数	一	一	由教习所学之心得，并参考西米氏及他种小代数书以授之。
物理	三	二	由洋教习研究之心得，并参考各种最新物理教科书，由翻译译成中文以授之。
岩石		二	
植物	四	二	由洋教习研究之心得，并参考各种完全植物书以授之。
矿物	二		由洋教习研究之心得，并参考各种矿物学及最新之百科全书授之。
动物	二	二	由洋教习之心得，并参考各种高等动物书以授之。
画图	二	二	
地质	二	二	由洋教习研究之心得，并参考日本最新之百科全书以授之。
法学	二	二	采用日本新出之法学通论，译成中文以授之。
日语	三	三	采译各种日语教程授之。
体操	三	三	由教习心得口授之，并教练柔软体操。
实习	无定时	无定时	

纪农业调查

农业实行改良之设备，必自调查始。奉省调查之办法有四：一曰普通调查，一曰特别调查，一曰森林调查，一曰杂项调查。所谓普通调查者，遣派农业毕业生，分赴各属调查是也。所谓特别调查者，聘用外国农业专家，择要调查是也。所谓森林调查者，派委林学人员，调查各属森林之关系是也。所谓杂项调查者，属于农业范围，随时派员专任调查，如蚕业、棉业、麻业之调查是也。普通调查之目的，在周知全省农业状况暨土壤、气候、地积等关于农业之事项，俾实施改良之方法。其事经始于光绪三十三年九月，速成农业生毕业以后，由农业场厘定章程分途派遣，别为两期，以六个月为限。第一期先从事于简易之调查，第二期再从事于正式之调查。其规画亦甚缜密。特别调查之目的，在择农业适宜之地，输入外国及一切耕获之新式种籽，改良本地，经始于光绪三十四年九月，由美国特聘洋员二人到奉，带同译员，分赴南北路各属，择要调查，核其报告，多可取法。奉省地多平原，最宜农业，惟东边一带则森林独多，将军赵尔巽于筹办森林学堂之初，即调用山西农林毕业生数人，派赴临江、辑安、通化、怀仁、宽甸、兴京各属调查。凡境内森林之状况，面积之广狭，材积之多寡，树种之区别，年龄之远近，已得其大略。自种树公所及森林学堂成立后，技师之踏勘荒地，学校之实习旅行，调查方法较前益密。而于振兴林业之要图，设备日求完善，此则森林调查之要点也。蚕业、麻业、棉业皆农产之主要物，而柞蚕[1]、青麻为奉省出产一大宗，不筹扩充，徒以供外人制造之原料，未免可惜。历饬劝业道派员详细调查，颇欲设机器缫丝厂及制麻局，以挽利权。第为财力所限，未能立观厥成耳，此又杂项调查之要点也。

附派遣农业学生第一期简易调查方法

一、计本生调查之地名（如某县某村屯之类）。

一、该地每亩之价值。

一、该地之大宗农产物为何种。

一、大宗农产物每亩之收获量。

一、大宗农产物之销路并有无出口。

一、该地土壤性质之大略。如沙土、粘土或半沙半粘土及表土深浅、土质颜色等类，另需采取土质数份，呈备考验。其取土备核法另有明细章程。

一、该地用水之便利与否并距离河川之里程。

一、该地大地主之姓名并其所有田地之亩数。

一、大地主所有之土地栽种农业主产物与农业副产物孰多。

---

〔1〕　柞蚕：一种吐丝昆虫，茧可缫丝，主要用于织造柞丝绸；蛹可食用，可做药材。

一、该地佣雇农人之各种办法及各种佣值。

一、该地自作农与主雇农多少之比较。自作农即小农本人家族耕种者。主雇农即中农或大农，雇佣人，耕种者。

一、长雇农于耕作期内，每日作工多少钟点，每年约共作工多少钟点。又零雇农每日作工多少钟点。

一、该地小宗农产物，如牧畜、果树、森林及农业制造物等之种类并其盛衰。

一、该地每日最高、最低温度及平均温度。此条非有精良特制器具，无从量测。调查生人数既多，猝难办。此暂可用平常寒暑表观测，每日上午八时及下午六时温度。

一、该地雨雪日期之多寡，且分布于何节令暨周年之雨量。以深若干寸，计此条亦须特别器具，将来拟由本场发式制造，给发试用。

一、通用农具之种类及其图说。

一、该处种植是否都用肥料。

一、通用大宗肥料之种类，每亩用量并施肥料之方法及时期。

一、耕作用畜力与用人力之比较，畜力系以何种为多（兼能力与佣值而言）。

一、所用籽种有无选择，若有，其选择之法若何。又该处农人，对于此事之意见若何。

一、该地有无轮种之法，如有其轮种者为何种，并轮种时期若何，该处农人对于此事之意见若何。

一、该地农夫之生活程度若何并识字者之成数。

一、该地农事有何特别之灾害（如水旱虫莠之类）。

一、该地野花之种类大略。

一、该地是否通食牛乳与每牛每日产乳约若干。

一、病虫及杂草之种类并采集标本。

以上各节系就一村屯行之者。

一、地名。

一、田主之姓名。

一、田主之人口男女几人，此内堪任耕作者若干人。

一、田主所有田产若干。

一、使役马牛驴骡之数。

一、经营法（自作或佣人者）。

一、年中农事之分配暨耕作时日、闲暇时日。

一、耕地方法及耕地之器具名目及件数。

一、播种日期，须按节气前后多少日计及分量方法，畦间、株间之距离。

一、发芽之日期并整齐与否。

一、成育时之状况及生长时之天气。

一、除苗除草中耕之回数。

一、收获之方法及每亩收获量。

一、搬运之方法及售卖之市场远近。

一、收支概算。

支出

一、国税若干。

一、地租或购地资本之利息若干。

一、种子价若干。

一、肥料价若干。

一、耕耘农夫几人牲畜几匹　需费若干（田主自耕者亦算在内）

一、播种　同上　同上

一、施肥　同上　同上

一、中耕耘草　同上　同上

一、收获　同上　同上

一、调治　同上　同上

一、搬运费若干。

一、固定资本之利息若干，用后减值若干。（指各种农具等）

共计若干。

收入

一、主产物若干　价值若干

一、副产物若干　价值若干

较差纯收若干。

以上各节，系就一家族行之者。

附派遣农业学生第二期正式调查方法

第一类统计调查

一、府、厅、州、县之名，并离省城之里程。

一、全属之面积。

一、全属村屯之数。

一、全属河流之数。

一、全属耕地、林地、荒地之面积，并其多寡之比较。

一、全属耕地、林地、荒地，每亩上、中、下三等之价值。

一、全属官荒与民荒之比较。

一、全属之户数及人口。

一、农业者之户数及人口。

一、全属大地主户数、姓名及其所有田地之数。

一、全属自有农与贷借农（即贷借他人土地之意）之户数。

一、贷借农纳租之方法，系照收获之谷物纳若干，抑系预限定额。如系定额，若遇凶荒能否减少定额之租金。

一、贷借农与地主立凭之方法，并有无年限。

一、大宗农产物之种类及耕种面积。

一、大宗农产物近二年之产量，以全村屯计。

一、特别农产物之种类及耕种面积。

一、农忙时有无外来之农夫并外来者，以何地为多。

一、该地水田、陆田之比较。

一、本地农夫与外来农夫多少之比较。

一、该地营工商业与营农人数之比较。

一、农夫之工价，年佣、月佣、日佣各若干

一、夏期与冬期农夫工价之比较。

一、各种农产物之价值。

一、售卖农产物之习惯，是否农夫运至市场，抑商人赴村屯购运。

一、全属售卖农产物之市场若干处。

一、全属销用农产物之数与所出农产物之数相比较，盈绌若何，并有无出口。

一、全属之地赋若干，每亩赋若干。

一、全属有无官荒地贷借于民，其习惯规程若何。

一、全属之土质若何，大概可分为若干种。

一、每月之最高最低及平均温度。此条暂改为每日上午八时及下午六时之温度。

一、每年雨雪日期之多少及其量数。（以深若干寸计）

第二类农业副产物统计调查

甲、果树园

一、全属果树园之面积。

一、全属果树园之数目。

一、全属果树园之所在地，并其土质、地势及泄水情形。

一、果树园之种类。

一、果树园创设之年代，创设人姓名及现在管业人姓名。

一、蕃殖之方法。或实生或压条或插木或接木等法。

一、该处树秧，系由各园主自备，抑由树秧园采买。

一、栽植之时期及株间之距离。

一、该属果园有无中耕、耘草等作用及其方法次数时期。

一、或以人工翦定或顺其自然之生长。

一、各种果树初结果之年岁，结果丰盛之年岁及衰败之年岁。

一、该属新、旧果园，是否都用肥料。

一、用肥料之种类，施肥料之时期及对于一亩之重量并其价值。

一、每亩所用劳力及工价。

一、需用灌溉与否并其方法。

一、有无病虫之害及驱除预防之法。

一、防风林之有无，防风林之种类及有防风林与无防风林被害之比较。

一、全属每宗果实之产量及其价格。

一、全属果实之销数并有无出口。

一、收支计算。以一亩计算，书法略同前。

乙、森林

一、全属森林之面积。（内分有主林若干、无主林若干）

一、全属森林所在地及其土质形势。

一、全属森林之主要之种类。

一、该属林木之大小、年岁及一顷内之株数，并全属之约数。

一、木地需用材木若干，输出材木若干，薪炭用材木若干。

一、各种材木之价值，依时期而有变通与否。

一、植树之方法。

一、树木生长之状况。

一、伐木时期及伐木之器具。

一、该属居民对于林木，是否任意斩伐，其间有何限制。

一、搬运之方法。

一、全属森林之产数并其价值。

一、收支计算。（以一亩计算，书法略同前）

丙、畜牧

一、全属宜于牧场之地若干。

一、全属专门饲畜场多寡及其家数。

一、全属主要牲畜之名目。

一、牲畜食料之主要物并各种食料配搭之分量。

一、牲畜饲喂法。

一、牲畜食料之价值。

一、牲畜厩舍之布置及关于卫生之情形。

一、牲畜粪溺之收敛法、储积法及每头每年所产之分量及其价值。

一、滋生之方法。

一、有无传种改良之方法。

一、牲畜有何传染之病及死伤成数暨本土人对待之法。

一、牲畜有无受蚊、蚋、蚤、虱之害，及有何对待之法。

一、各种牲畜每头之价值。

一、全属牛、羊乳之产量价值与制造品及其销路。

一、全属鸡、鸭卵之产量价值，销路及搬运之法。

丁、渔业

一、全属川沟渠之多少，并有无鱼类生育。

一、全属渔鱼为业之户数及人口。

一、鱼之主要种类及有无畜鱼之方法。

一、渔鱼之时期及有无限制。

一、渔鱼之器具及方法。

一、每年获鱼之数及有无输出他处。

一、各种鱼类之价值。

戊、蚕桑

一、全属产桑之数，及其他适于蚕类之树木名称并其产数及生殖情形。

一、年内桑叶价值之起落，及种桑与大宗植物获利之比较。

一、有无饲养家蚕及野蚕之家。

一、家蚕及野蚕之产数。

一、蚕子系由养蚕家自备，抑系由别处购置，并言其产量价值及孵育之成数。

一、饲养之方法及其时期。

一、家蚕收成之成数以能作茧为度及各蚕眠期内损失之成数。

一、是否自行缫丝，抑输出蚕茧。

一、家蚕、野蚕有何传染之病，若有，则述其致坏情形、损失成数及全属数年内染病者之成数。

一、家蚕、野蚕之价值。

己、农产制造

一、全属农产制造物之种类。

一、全属主要农产制造物之名目。

一、有无农产制造之专业家及其户数。

一、制造农产物之方法及其时期。

一、农产制造物之销路。

一、农产制造物之价值。

附调查南路农业情形

沈阳至新民屯

沈阳与新民屯之间地势平坦，东连浑河，西接辽水，藉资排泄。其土多属粘壤，惟至近河数英里之处渐多沙质，且时见迁徙无定之大沙堆。近沈阳之西边地多低下，大雨之时多被淹没。大宗种植为豆、黍、高粱，河东西岸所种各物微有差异。东岸所种各物，比西岸早收一星期或十日，因地势较高之故。沈阳与辽河之间所种各物，多用大车运至城中或运至河边，用船装往营口。

新民屯

新民屯，在沈阳城西约四十英里，在辽河西约五英里。该处四周之地泄水颇难，大雨之时多被淹没。城之北方与西南方地多种树，惟城西有洼地一区，从未垦种。光绪三十四年夏间，霪雨为患，新民屯附近一带，豆田多被淹没，豆苗全坏，高粱之田亦被水浸，致难成熟，几于无法收获。该境除制造豆饼、烧酒及碾谷厂数间外，并无他项。关于农产之大工业所有制造之品，除豆饼外，均供本地销用。该处商会中人云，每年冬季由四百里以外之地运谷来此，其多余之农产，则由中国铁路运往营口，或由辽河用船运载。至牲口一宗，则除本地销用外，并无别项销场。其牛则由蒙古贩来，供给市场所需。现在该处车站附近设一农业试验分场，有地一百余亩，因开办稍晚，故是年成绩尚属寥寥。

新民屯至白旗堡

由新民屯至白旗堡之间，沿铁路一带地皆洼下。戊申之夏，霪雨连绵，多被淹没。该境之水，向系泄入多数之小溪，复由溪流入辽河。惟遇大雨之时，因地势太平，水不易泻，每至停积为患。该处之土系由辽河所冲积，土属粘壤，且有沙质参杂其中。

白旗堡至小三家子

小三家子在京奉铁路之西北约九十里，在新民屯西亦约九十里。此次调查到彼适值大雨之后，由铁路北行四十里，沿途所经之地，多被水淹。该处地势甚平，泻水不易，其土为带沙质之粘壤，由风飘积。寻常之岁，能获丰收。大宗农产为高粱、豆、粟三种及棉花少许，并无果木，蔬菜亦少。间有树木零星散布，大都杨柳、木棉为多。在铁路北四十里之人和堡（译音），西边地势卑下，中多洼湿，现作放牧之用，有大群之牛马。此境可耕之地，均已耕种，出产亦丰。

小三家子

小三家子有地一大段，现经辟作官牧场牧养牛马。该场在蒙古大山谷之内，面积有六万余亩，其中低洼者多不能种植，惟用以放牧则甚合宜。该场经始于三十年以前，惟其时多用以放牧蒙古贩来之牲口，现归知县李骏声管理。全场共分六区，大小不一，因场地与邻地犬牙相错，不能整齐也。辟建牧场之宗旨，系欲滋生马匹以供军用，蕃殖牲畜以资售卖。今六区共有牛约五百头，马六十五头，羊约四十头。近又从蒙古购得牝马五十头，每头约至一千磅至一千一百磅，性质尚佳。即以驱牛之蒙古人留场任用，以资照料。原价匀计每头约值奉天小洋三十元。所畜之牛，牝者居半，滋生甚繁，养至七八岁始行售卖。闻现在卖出者无多，在本境售卖之牛，系归本处销用，或驱至新民屯、奉天等处转售，每头约洋十五元至二十元。入冬以后，天气严寒，牧草缺乏，故须预为设备。该场每年割取干草甚多，积为小堆，殊非妥善之法。因草堆愈小，则露风之面积愈多，耗坏亦因而加多。如将此项干草积为大堆，则占地较少，耗坏亦少，草质亦佳也。该处割草俱用人工，颇形迟缓，且草之干湿不能齐一，致难得良好之干草。如以外洋四尺宽之刈草器刈之，以马耙耙之，则工值可省，草质复佳，此项器机似宜购买。去夏建筑棚舍数楹，以备牲畜入冬栖宿之所。以泥砖为墙，外涂石灰，每间长一百五十尺，宽二十尺，费银约小洋一百五十元。该场从蒙古购来之牧马，与平常在内地所见之马体格相同，其腿脚均劣，易致颠蹶，若用作军马，必多缺憾。因快捷耐劳，为军马之要点也。欲救此弊，须择良好之牡马，以与此项牝马相配，其牝马须择腿脚完全，举步高敏者。如英国之哈客尼，法国或德国之军马，或俄国之轻捷军马等，皆是其改良之效，多视乎牡种之佳健，交配之合法，与产驹时之料理妥当。该场所畜之牡牛系蒙古种，其重量体格与肌肉之发达，皆远不如欧美之肉用牛种。该蒙古种牛性甚耐寒，体格亦大，惟长成之期甚晚。如从英美等国输入数头佳良之肉用牡牛，以与此项之蒙古种牛交配，其改良功效必当大有可观。若能将良种牡牛输入蒙古，则于蒙人牧畜之业亦必大有起色。该场之大段牧地如经理得法，则所出牧草当比现时为多。去夏该地多被水淹，更经牛足践踏，草皮大受损伤。该场曾托奉天农业试验场购得美国苜蓿草种甚多，并由场送来外国牧草种十数种，拟于明春播种，以备将来之用。按苜蓿草于该地情形未尽合宜，因该处低地太湿，若在高地则遇亢旱寒冬，草易枯死。若种阿路西客卢草、布卢麻士草、红顶草等当更合宜，因此等草较能耐寒，且易于发生，能成恒久草皮。该场绵羊一小群，本地羊为多。有美利奴种绵羊数头，皆奉天农业试验场所送者也。惟本土绵羊与美利奴种绵羊相配，其效果于中国商务情形或有未尽合宜之处，因此项绵羊肉本不丰，而其毛又不如本地羊毛之长，或不合中国人之所好，不若阿客士佛与士罗步雪肉用种羊为较妥也。

小三家子至镇安县

镇安县在小三家子南约一百里，距铁路约二十里。由小三家子至镇安县之间，地势平坦，仅近山一带有地少许，地势略为起伏，其土为带沙质之粘壤，几于全行垦种。

光绪三十四年秋，此地多被水淹，惟受害尚少，因成熟在大雨之前也。此地种植大宗为高粱、豆、粟，菜蔬皆蕃茂，唯棉花以节令太短，不能足期成熟。盖天寒较早，其熟度不足以发育其苞也。详察此地气候，于棉花不甚相宜，纵勉强栽种，亦只足供本土之需而已。此地所产棉花，多用大车装至新民屯，或由铁路运至营口。闻光绪三十三年间，此地之谷运往他处者在二万六千吨以上云。

锦州

锦州在本省之南部小凌河之流域，界于山岭之间。光绪三十四年春，曾于该处设一农业试验场，有地约二百亩，俱从民间租来。场中种有大豆、高粱、烟草、玉蜀黍、粟及菜蔬等，另有果树少数，生育尚佳。此处之地，系属水积土，如雨量如常，则出产甚丰。所产粮食多运入关里销售。

锦州至沟帮子

由锦州至沟帮子之间，地势甚低，铁路之南荒地甚多，从未经人耕植。因其地滨海，斥卤太多，不宜种植。铁路之北及沟帮子北边土多沙质。

广宁

广宁在沟帮子铁路之西北约六十里，位于一极富厚农境之中心，距山约有五里。此地之土壤多属水积土类，出产极丰。其地小溪多条，便于泄水。惟光绪三十四年间，该处城市乡间均受水害，大雨之后，山水暴发，该处房屋、桥梁被水冲毁者甚多。因山上并无树木森林吸渗雨水，以致潦水泻下为患也。大宗种植为豆、粟、高粱、棉花、蔬菜、果子等。居民稠密，田畴甚少，所有农事，皆藉人工为之。此外无甚工作，仅有数间磨房，所磨之谷，亦只足供本境之需而已。其多余之农产，则用大车运至沟帮子铁路或运至青堆子，由彼转运往营口。据该处商会云，光绪三十三年间，该处运出境之谷物约计有四万五千吨。此地所产果子为外销大宗，据某大商家云，此地每年运出果子约有五万担之多，就中以梨及葡萄为大宗。其销售之场，则北满洲与西伯利亚也。此地果木俱种于山谷之间，地势最宜，因北面有山可障寒风，夏令热度甚高，果易成熟也。梨树种类颇多，惟俱属硬梨，且香味不及美国之改良梨种。该处种果者，每历二年即将果树之外皮刮去，据云可以减免虫灾。别项培植之法，绝无所知。果树过二年后，亦罕闻有中耕及翦枝者，其实该处果树大须翦枝，如依法行之，则所出之梨必更大而多。所产葡萄硕大如球，尝有重三四磅者，质味颇佳，产量亦盛。其土人用一支架缘藤之法，甚属新式，可称合用。种果之家多居田间，便于看护果园及时摘取。其运果之法，系用秆篓装裹，用大车搬至铁路，其中以搬至青堆子上车者为多，因在彼上车较便于在沟帮子也。该处于种果一事甚为注意，极欲得良好之梨种与葡萄种，以改良现时之果园，更欲输入苹果树，以谋果业之扩张，因关内种果之区与此间互相竞争之故。并谓如有倡办此项事宜，彼等必乐于协助云。该处一带皆童山无树，其山之四面年年受水冲蚀，深坑甚多。欲救此患，惟有遍植树木于四旁。其山边高处不能栽种，山石之上尚有土壤可种林木，且此山于栽种林木必甚合宜。因近山顶处庙地四围，种有大株松树甚多，即此可知也。如于此数年之内，在此山上设法重种林木，则数十年后，此境所出林木为数甚巨，于南满富源增多不少。

沟帮子至营口

由沟帮子至营口之间，地洼下不堪耕植，因离海太近，潮长之时，铁路南边一带全被水淹。

营口

营口位于辽河之口，为东三省农产出口之首要区。历年辽河流域所产多余之粮食，皆从内地用大车或船装至营口，从营口分发各处。近年东三省农产，多有由日本铁路运往大连出口者，营口商家因之大受影响。营口现时为东三省豆油、豆饼之大制造场，有机器榨油厂三处，另有本地油榨数间。当经调查太古永榨油厂，查得该场每日能出重五十磅之豆饼四千枚，豆每百斤能出油十斤之谱。该油厂上下三层机器皆新式，所用之豆，从船上或囤仓由工人用袋搬运，搬至空廠之处，卸于用秫秸筑成之平台上。在彼量过之后，再行入袋，由梯桥负上顶楼，倒卸于漏槽中。由彼流入二层楼之大碾辘中，将豆碾烂，然后重行入袋，约重五十磅，置于池中，用水汽蒸热，蒸约片时，即倒卸于环形之钢模内，上下共置五层，然后用二工人将螺纹压榨推转，将油榨出。流出之油用桶装接，倒于滤格器内流入大钢桶，由彼复流入多数之小桶内，以俟澄清。数日之后，其油即贮于圆钢桶内，听候将来运载或径装入木桶即行运售。其豆饼则贮于大囤栈，由彼随时用船载往别处销售。按豆饼之销路，首推日本。该处将豆饼制为肥料或用作牲畜饲料，其豆油多运往中国各处港口，由彼转运内地以作食品之用。截至西历一千九百零八年六月三十号即光绪三十四年六月初二日止，计六个月内从营口输出之豆饼一十四万吨，其中有一十二万三千吨运往日本，豆油三千五百吨。

营口至海城

由营口至海城之间，沿日本铁路一带，地势平坦，土黑而腴，所种高粮、大豆出产极丰。至大石桥之东铁路附近，地势渐不平整，沙质亦渐多。由此迤北直至海城，土壤皆属一律。海城以西直至辽河，地均平坦，土属粘壤。种植大宗系高粮、大豆两项，大豆尤占多数，因营口、大连等处豆价颇高之故。据海城商会总理云，该城东南方山，产丝颇多，又谓该处所产谷物运往营口、大连等处销售云。

海城、辽阳至沈阳

海城、辽阳至沈阳之间，为南满洲最肥美之地。其土属松浮粘壤，地势微有起伏。据该处居民云，此地每年皆庆丰收，少受水旱之患。辽阳附近所种各物，以高粱、豆、粟三项为大宗。辽阳迤东约二十里之处产丝、果与玉蜀黍等项不少。

附调查北路农业情形

沈阳至铁岭

由沈阳至铁岭之间，地势高下起伏，间以平原，其土质与南满之粽壤相同，将近铁岭地多平坦，土色带黑，系属淤积土类，中含腐植物质甚多，惟其地不免受水患。此地大宗农产为高粱、大豆及粟，与南边同。

铁岭

铁岭为小麦与面粉业之中心点，现有蒸蒸日上之势。光绪三十四年间，别处小麦运至铁岭，供给该处磨房之用者约计有九万担即二千英斗。光绪三十四年间，该处磨房向中国农夫购买小麦，每斗三十二斤给价小洋一元一角五分。据磨房中人云，该处农夫多囤积小麦，待至收获后麦价增涨，方求善价而沽。又云铁岭附近一带所产之小麦，售于磨坊者仅居其一小份。其大份则为该处庄家所销用。产麦之区在铁岭城西约三十里及其北境接近怀德之处与其东北角海龙府山谷之间。闻海龙府山谷，为现时铁岭各面坊所需小麦之最大来源，日本采买家拟预于夏间，订购新麦，至冬季用大车搬运，约计路程有四百五十里之遥。据铁岭某华人核算，该处山谷平均扯算，每亩约产小麦一百二十斤即每英亩产十六英斗。铁岭之本地面房磨机虽粗，然业涯颇旺。据磨房人云，所磨之麦每百成可得面粉五十成至六十成。彼等磨面之法，系先用石磨碾磨一次，次用一粗筛以手筛之，其筛剩之麸尚杂有未成粉之碎麦甚多。此项麦麸售与人为饲牛之用，每三十二斤价约小洋四角。本地面粉上等者每十斤售小洋五角五分，其次等者每十斤售小洋五角。该处面房各业主，于美、日面粉输灌日多，漫不加意。铁岭之日本面房所用皆美国上等磨机，每日能出面粉四百大桶。至光绪三十四年九月止，计该面房之事业仍未甚发达，其所出之面粉多半运至大连，其麦麸则由大连运载至日本，以供日人食品之用。该日本面厂之司理人云，华人所种之小麦，最常见者为一种带须麦，当取该面房所存之小麦观之，见其与加拿大之短穗麦及普里士顿种麦甚为相类。日人所设之机器面厂，内地已多有知之者，将来所种之小麦定必增多。又谓华人种麦者亦知取巧，其售与该面厂之麦皆高抬价值至四成之多云。铁岭蒸高粱酒者不少，所遗之糟粕售与豢畜家，为饲养猪牛之用，其平常价值每百斤售小洋三角五分。铁岭有教会医士英国苏格兰人莫大夫者，于该处华人中颇有声望。据莫医士于该处华人意见，均谓该处农人力能购买洋犁或他项机器一具，价值不过小洋五十元以外者，并谓如将洋犁在彼试演，且先期广为布告，则该处地主定必群来参观。查海龙府亦为试演征验合宜之地。

铁岭至昌图

由铁岭以北十英里间，其铁路皆沿辽河流域而设，此广阔之流域，显然为极膏腴之淤积土。其种植之大宗，仍系高粱、大豆。迨铁路出乎流域之外，地势渐高，地形亦较岩巉，低洼之污泽极多。其山谷曾被水冲之处，一望荒芜，地形与美国之西大扣挞及满滩拿省甚相似。满洲以此一部分为牧羊之天然美地，其山邱之上可以放牧大群绵羊，如在美国依大河及客利夫尼亚省之山麓然。

昌图

昌图附近多系山地，山谷之处其土壤系由山冲刷而下，土质甚不一律。因曾经水力与风力分类之故，该处地方几类一半旱之域。据土人言，该处雨水比铁岭及南面山谷为少，常有亢旱之时。此地种小麦者甚罕，大宗农产仍系高粱、大豆。查此地北部有猪甚多，放于田中检食收割所遗之品。此地田畴较诸沈阳、铁岭为广，而居民则较寥落。戊申之春，奉省大府于该处山谷之阴设一农业试验分场，有地约一百五十亩，其土质极肥美。是年春，该场曾播种美国苜蓿草种，生育甚良，又美国秋麦，亦已于八月间播种。如欲试行保存湿气新法以耕耘稼穑，则该场曾为一绝佳之地点。如于该处试行秋耕耙地及中耕等法，以与土法相比较，必成为绝好之征验。又该处小山谷之间，本地农庄亦可试种苹果、梅子等树。环昌图之四周，俱属山地，童山之巅与幽谷之中被水冲刮者，其间废地不少。此处高原土属黏质，间有数处全系硬性之红黏土所结成，庄家田畴，比诸南边较广。据该处华人云，各庄家所占田亩，平均每家约占一百亩之谱，然亦间有大至六百亩者。此境地主为蒙旗诸王公，画分小段租与农人耕种者也。如能得诸王公之赞助，则在该处童山种植森林或亦不难，且地广人稀，如在彼试演省工机器之妙用，当能见效。

昌图至宽城子

由昌图至双庙子，其铁路蜿蜒进行于童山与岩谷之间。此处农业有如晨星之寥寥，其田畴既小而参差，其遗秆亦稀而劣弱。过双庙子其景象忽变，铁路所经皆辽阔之高原，其地势高低起落处，大有海浪翻腾之势。观其外象，肥沃令人惊叹，以较美国靡西西皮河[1]流域之大草原亦不之过。穷目所及，但见膏腴黄壤，广袤无际，农夫土室，棋布星罗。经铁路开凿处及经流水冲蚀处，露出一二十英尺之松浮黏壤，盖不知由若干年代石质朽壤所积而成斯土也。但须犁地一周，播种于前岁陇沟之内，即能畅茂丰收。若以兹土农人粗疏艺植之法，施诸靡西西皮河流域中最美之区，必无所成熟，不若此地天然腴壤程功拙而获利丰也。惟土户凋零，其高粱、豆、粟等田，常有一百余亩至四五百亩之广者。雇南方工人，使为耕作，工价较奉天加倍，每日工人给小洋五角至八角不等。设使艺植之法翻然改图，参用西洋农学农器，则其出产之富又当若何。其所产之小麦输运出口，足于全世界小麦商务内独占一筹。而其所产之大豆副产物，若以之饲养牲畜，其畜产之大，足成第二个芝罳。如欲引导农家利用机器，中国二十二行省宜莫如此地矣。

纪劝办农会

统筹农事之设备，于实际上有种种之试验，于学理上有种种之教育，于习惯上有种种之调查。然欲求此三者之普及，非广设农会不为功。盖试验之敷设不得不择地，教育之授受不得不因人，调查之派出不得不限期。不限于地，不限于人，不限于时，而能推行此试验、教育、调查之效力，惟农会为最要。奉省叠准部咨颁发章程，设立农会。环顾吾民其能备会员之资格者，盖鲜其人。上年特饬劝业道在省城择地，先设农事演说会，为全省农会之机关。派员演说关于农林、畜牧、蚕桑、园艺、肥料、害虫、兽医以及农产制造、农业经济等类，务期开通农智，振兴农业，并将宣演之词按期编成白话，刷印成册，广为散布。并附设农产陈列室以资视览，即以为农务总会之基础。又通饬各属酌办分会，叠据禀报成立，府属则洮南，县属则东平、铁岭、开原、康平、怀仁，市镇则八面城，皆先行开办。综其规画虽未能悉遵部章，而就地酌情，亦尚臻妥善。如洮南分会之注意栽树以兴林业，东平分会之注意讲习以开风气，此其尤著也。

---

〔1〕　靡西西皮河，即密西西比河。

将来农务分会遍于各府、州、县，复推广分所于城乡市镇。推行试验，传播教育，补助调查，皆以此为最活动之机关。如身之使臂，臂之使指，血脉通流而绝无壅塞之弊。将全省之农产无一非试验之效果，全省之农民无一非教育之范围，全省之农地无一非调查之区域。以奉天地大物博，何难进而为绝大之农国哉。西人有恒言曰，满洲者东方之亚美利加[1]。窃愿有劝农之责者一践此言。

附农事演说会章程

第一章　办法

第一节　本会遵照农会章程先行设立农事演说会场，业经奏准，并咨明农工商部立案。

第二节　本会宗旨以演说有关农事各种新理、新法，提倡改良以及振兴农业为主任，即为全省农会之总机关。

第三节　本会除演说外，并将宣演之词按期编成白话，刷印成册，广为散布，以资研究。

第四节　本会演说时期，现定每星期日自上午九钟起至十二钟止。俟风气大开，再行随时酌改。

第五节　本会演说范围，以农林、畜牧、蚕桑、园艺、肥料、害虫、兽医以及农产制造、农业经济等类为限。

第六节　凡来本会听讲之人，如有应行质问者，须俟演说员演毕后方能质问，该员均当逐件详答。此外如有关于农业亲历事件，如发生植物病害及虫害或关于农业改良事件，均可将随时详细情形告知本会，以便研究办法改良救治，或函告，或来会陈述均可。

第七节　本会暂假南门外柴火市地藏寺为讲演之地，俟办有成效，再行择地建场，以便扩充。

第二章　职员

第八节　会长一员，劝业道兼充，总理全会一切事宜，并分派各职司及开会之秩序。

〔1〕　亚美利加，指美洲。

第九节　副会长一员，劝业道佥事兼充，襄理全会一切事宜。会长有故不能到会时，副会长可代理之。如遇有不能专主事件，在紧要时仍须电禀会长决定。

第十节　总纂一员，专司核定白话报稿事务。

第十一节　演说员无定额，由劝业道所属各项实业委员中派充。届期莅场演说并任编辑白话报章，其分派各属办理实业各员，亦有报告成绩、编纂白话之义务。

第十二节　名誉演说员无定额，由劝业道所属关于农界学堂及试验场教员等兼充，均负莅场演说、编纂白话之义务。其学员有心得及来宾有热心农事愿任演说者，可随时呈送衔名，到场演说。

第十三节　名誉赞成员无定额，由劝业道所属之职员兼充，均有负襄助会中事宜之义务。

第十四节　接待员二员，由名誉赞成员中选充。凡有热心农事来会研究者，本会均认为来宾，该接待员须善为接待。

第十五节　纠察员二员，不设专职，开会时由名誉演说、赞成各员随时推举。

第十六节　庶务一员，管理会内一切杂务事项。

第十七节　书记一员，记载来宾姓字及研究事项，平时并检管各项稿件。

第三章　经费

第十八节　本会经费在度支司镑余项下开支，业经奏准作正开销。每月由劝业道开列预算表，备文请领，转发应用。

第十九节　本会场除庶务员综理一切杂务并兼理文牍、会计及各项夫役，应行支给薪水、辛工银两。此外各员俱系兼差，概不另支薪水。

第二十节　本会场除修建工程暨购备陈列品物均应另行请款办理，此外一切开支，均遵照部章概从俭约，以符设立农会宗旨。

第四章　扩充

第二十一节　本会添设阅报室，专购备关于农事新报新书，俾农界之人每日可遵所定时间入室检阅，以资研究而求实利。阅报时间限每日上午自九钟起至十一钟止，下午自三钟起至五钟止。惟此项书报原为大众讲求农业而设，不准一二人私借携观致碍公益。

第二十二节　本会附设陈列室一所，陈列本国各省及东西洋新式农具、植物、籽种、标本、图画等物作为模范。凡有留心农事力图改良者，皆可随时请求本会入室参观，以资仿效。

第二十三节　本会以广开农民知识，普及改良方法为目的，俟将来办有成效，再行推广各府、厅、州、县设立分会。

附条　以上四章，系增定暂行章程，如有未尽事宜，应再随时呈请增改。

附奏设立农事演说会折

奏为奉省设立农事演说会暨植物研究所，以资提倡而重农业，恭折具陈，仰祈圣鉴事。窃维万物之生本乎土，天下大利出于农，我中华以农立国，夙为列国所称羡。东南各省，讲求有素，独奉天旷土尚多，地有余力，居民恃气候之宜，土地之广，墨守旧法，迄少进步。无论不能与欧美诸国相比拟，即较之东南各省，一夫耕地收获之多，而此曾不及其十之三四。推厥原因，皆由农不知学，无从效法。虽经派有农学毕业诸生多方传习，幅员既广，势难遍及。凡关于树艺、畜牧及选种、施肥诸务，乡曲耳目局于闻见，几不知若何改良，若何推广。臣等窃思，方今东西各国讲求农学，蒸蒸日上，研究之精，著述之博，洵足供采仿而资参考。第奉省民智未启，草野既少通人，且动植专门学理精细，又难猝喻，非用浅近易明之说以相譬晓，无以使之解。非就切实可征之事以相诱导，难以冀其从。兹经臣等督饬劝业道查照部章参仿新法，就省城南门外地藏寺隙地，设立农事演说会，分派农学、林学毕业生为演说员，轮班宣讲蚕桑、牧养、耕植诸新法，并将演说各端刊成白话官报，分布劝导。又于西门外铁道之东辟地一区，开办植物研究所，试种棉麻、蔬果、花木等类，考其长养培护之方，资民游览仿效。均于本年四月间先后开办。一俟著有成效，再行分饬各府、州、县逐渐推广。多一法劝导，自必多一分效验。盖为农学辟未有之新机，即为农会树普通之标准，将来农业发达，出产富饶，既可供全国之工料，即以应全球之商战，或将于此基之。至所需选地建所及常年经费等项，应请作正开销，由臣等核实另案造报。所有奉省设立农事演说会暨植物研究所缘由，除咨查照外，谨恭折具陈。伏乞皇太后、皇上圣鉴。谨奏。光绪三十四年五月十七日具奏。本月二十六奉到朱批，农工商部知道。钦此。

纪筹办牧养

奉省漠野广阔，土沃泉甘，水草丰茂，古称游牧最善之地。附近蒙古诸部落，尤多恃牧养为生。故虽僻处东陲，地居寒带，而皮毛骨角之利，向为本省土产大宗。近年垦地日辟，牧地渐少，民间之营业畜牧更属鲜有所闻。又向来畜牧之家，于种类遗传绝无考究，任令自为繁育生殖，以故种类愈劣，产额减少，牧业日就衰败。前将军为振兴牧养计，于光绪三十二年九月，特饬财政局妥议公司章程，招商开办。一时商股不能骤集，权发官本以为之倡。经财政局派员勘明，镇安县属吴家屯等处地段计共六万六千余亩，以为公司牧养之地，辟地垦荒，浚河泄水，草创经营，措置匪易，一切办法，仅具规模。惟思欧美各国科学日进，于牧政一门，其中管理饲养诸法，靡不研究尽善，而于选择佳种、混血改良等事，尤为剖析精微。日本近师其法，成效大著。牧政之关系，各国咸视为要图，谅非商家营业性质汲汲于求利者所能负其责任。况奉省风气未开，商股难集，与其徒有公司之虚名，无切实之办法，诚不若改归官办之易于着手也。爰于光绪三十四年奏请改归官办，添发资本，实力整顿，更定名称为奉天官牧场。先后在侯家坨、独一处、曹家窝铺、王家岗、马家坨、达连岗等处设立分场六所，并在高丽及蒙古哖噜各处，陆续采购牛马佳种支配孳生。本年已购入欧洲马种六匹，是为该场淘汰马种之始。传种之牛，则计高丽种八，蒙古种十四。传种之羊，计美利浓种、蒙古种六十二，蒙古山羊种四。此外尚有役用马骡驴八十七，肉用、役用牛二百八十，羊十七，计共有牲畜五百五十九头，现正筹议访购各国善良马种，以兹繁殖。是年并于场中附设牧徒传习所，招取各处高等小学毕业生四十名入所授课，并轮流放牧为实地习练。所有教科即由本场兽医官担任，以为造就人材，扩充牧政之设备。场中荒地除自行试种各项牧草外，本年复由关内招募佃户百余人播种各农产，俟成效稍著，即可推行各省，为移民实边之政策也。

附奏设立官牧场折

奏为奉省设立官牧场推行牧政，以辟利源，恭折仰祈圣鉴事。窃维物产之盛，动植兼赅，农业所关，树畜并重。故书称作牧，礼详游牝，班书货殖，传谓五谷六畜靡不皆育。近今东西各国讲求牧养，寖致富强。奉省地连蒙服，土沃泉甘，畜牧之宜，夙有明验。只因民智未开，孳育未能繁盛。前督臣赵尔巽有鉴及此，曾就新民府镇安县吴家屯地方，价领官荒地六万余亩，委员设厂，购有牛只若干头，思从垦种入手，兼耕兼收，徐图扩充。原拟招商兴办，故命名曰牧养公司，嗣因款难骤集，先假官本以为提倡。臣等到任后调查庶政，知垦地需牛，练军资马，而实业中织造呢羽毡毯，尤非广畜羊豕，无以应用。是振兴牧政，允为东省至急之务。臣等公同商酌，因将该公司改为官办，添发资本，督饬劝业道实力整顿。先后调派农业暨兽医毕业生，分理耕种地亩及调护牲畜诸事。现正引地引泉布种饲料，并在高丽及哞噜等处续购牛羊佳种，先行试畜，研究其混血传种之方。俟荒田渐熟，水草丰饶，再议养马。此后还当选购欧洲精壮牛马羊只，以资支配，冀种类改良，渐次得以推广。数年之后，畜产肥硕，观感之余，自相则效，彼时听民自立公司，亦属并行不悖。惟事既纯用官本，与公司体例已殊，自应改为官牧场以符名实。其一切开办及常年经费，均请作正开销，除咨部查照外，所有臣等设立官牧场推行牧政缘由，理合恭折具陈。伏乞皇太后、皇上圣鉴。谨奏。光绪三十四年五月二十九日具奏。六月初十日奉朱批，该部知道。钦此。

附官牧场章程

第一章　沿革

一、本场由前财政局发起，札委姚县丞襄赞[1]，李府经玉植二员寻领生荒购买牲畜，原拟官商合办故取名牧养公司。先由财政局拨款开办，计共领地六万七千余亩，价银五万四千二百余两。共买牛一千一百三十九头，价银二万五千三百余两。又买役用骡马五十七匹，价银二千五百二十余两。其一切支费，统用过银十一万二千九百余两，业于光绪三十四年正月截算，呈报备案。

一、奉省自日俄战事以后，地方耕用牛种，已为两国军用重价购买略尽。三十二年，公司因派员赴蒙古各处采购，以期售诸民间。所购之牛，自远道赶运到场已多疲病，及到场以后，维时公司甫经开办，尚未建筑牛舍，饲草亦未十分完备。至三十三年春间发生癞症，传染甚多，及咨调马医到场保护疗治，其病始减，然倒毙者已属不少。其所购牛，原系贩卖用品，本不足为传种之用，遂亟减价出售。是年冬间，始购到韩国牡牛八头，本年仍拟增购韩国牝牛及外国佳种，扩充办法。

一、本场接牧公司旧址，至三十四年总局始行购定庄基三所，共房七十余间，兹以修葺告成。又于各分区建筑房舍，共成二百余间。本年又拟于边要之处建筑土房以便佃户之用。开办规模，至今粗备。

一、本场接收牧养公司原卷，仅存招股简章数条，其他组织办法均未完全。至光绪三十四年六月，奏改为奉省官牧场，归劝业道管辖，始行添发资本，实力整顿，所有

〔1〕　襄赞，辅佐帮助。

用人行政及管理各法，以次陆续拟定呈报。

一、牧场之地，略沃者六分之一，在沃瘠之间者六分之三五，瘠而不能生物者六分之一五。经光绪三十二、三年耕垦者二千余亩，经三十四年耕垦者六千余亩，且地势低陷易受水患，向无树木以资蔽荫，均于三十四年秋间，用工挑浚河道及添植树木，后此或当改观矣。

第二章　宗旨

一、本场以改良军马补助武备军目的，拟次第选购英国纯种、日俄杂种、蒙古原种，设法改良，务使合于军用品格，以为强兵之基础。

一、畜牧一门为富国之一大关键，故养马之外，并注意于牛羊。盖两者皆富有制造原料，尤足以广工艺而辟利源，其他畜类亦当以次设法改良，庶几日臻繁殖而地无遗利。

一、牧场方针，无论养育何等畜类，均以费少获多为效，故一切房舍器用，大都崇尚单简，以期适用而免糜费。

一、牧政与农政本有密切之关系，牧场之中欲求自给之道，必得农利以为补助之资。现在本场筹定招佃办法，以扩农业而辅牧政，于农隙之余兼轮种牧草，俾可改变土质，化硗瘠为腴膏，使全场地面渐进为牧养美满之境界。

一、改良畜产之事，非旦夕所能奏功，泰西大畜牧家淘汰劣种，有经数十年始著成效者。今日仿行其法，虽有模范可凭，然气候之异，土质之殊，正有碍难之处。本场拟从经验确有把握者入手，如牧牛、养羊两项，实力扩充。其他仍俟试验有得，再行添办。

一、牧场既归官办，自为推行牧政，间接生利起见，与私家营业有别。其马牛良种，虽费重资，亦当不吝。盖改良血种普及之利，实不可思议也。

第三章　办法

一、本场员司向多选用农学毕业人员，然非畜牧专家，究于斯道，未能详尽。故特聘兽医卒业者数人，一面治疗全场之畜，一面编辑课本，传习各员司，务令各得要领，以为改良牧政之本。

一、牧夫日与各畜相依，凡牲畜之维持调护，皆寄于牧夫之手，倘有疏失，缺点殊多。现正招募粗解文字、年龄强壮之子弟来场见习，由兽医先择各项急要之法，编成简易课本，俾一面听受，一面实习，庶不致贻误。

一、传习员司及牧徒，每年分二学期，按其功课与事实，考核成绩，订定分数，列册呈缴。凡六学期统计分数，别其优劣，呈请酌发文凭，从优奖励，以重牧政，而资劝勉。

一、本场改良牧政，以马牛羊为大宗，均就本地情形妥筹办法。一切传习讲授，以此三项为必修科，毋得少缺。

一、农牧本属相连，牧非农实，无以自立。今租放之农，既招佃户代为耕作，佃户日多则农产日富。全场员役得以坐享农业之利赖而专事畜牧。其趋向既定，则成效自速。

一、本场宗旨虽在改良牧政，仍挟有营业性质，将来办有成效，应按照商业红利之例，酌提盈余若干，分给在事诸人，以昭激劝。惟仍按责任轻重，酌量拨给，以昭公允。

一、本场僻处边界，地属苦寒，事体适当创办，薪俸一概从廉。各员司非具有朴实耐劳之性格，未易副此委任。各员司中有留办三年者，各按成绩，优加奖励。

一、牧场遇有公益之事，如农田水利及开通风气等类，于本场有关或并有关于场界以外者，本场必竭力提倡，呈请饬该管官妥为维持，以增进地方无量之幸福。

第四章　职掌

一、专办　总理全场事务，总管全体员司，一切用人行政皆归主持。遇有因公外出，其寻常事件，应付托称职之员暂行管摄，以免贻误。若重大事件，仍须禀商专办，候夺施行。

一、马医官　本属畜牧专门，凡关于畜牧之件，均由该员认真经理，以专责成。所有各畜传种之法及治疗、饲养、检查诸法，均自行担任外，对于传习各所虽服义务，仍当悉心讲授，以期学理普及而广推行。

一、稽查　禀承专办指挥，随时巡视各处，凡总局及各分区员役有失职者，得纠察之。遇有应办事件，既经总场规定，稽查得于巡视时执行之。其调查所及，须日列册簿，每五日呈缴一次，以便考核成绩，呈报上官。

一、收支兼文书　凡场中款项出入，须预为计算，以免临时致误。至于经费一层，则按月列册造报，其他寻常稿件亦归办理。

一、司账　凡一切账目出入悉归经理。每月清结一次，移知收支，以便造报。年终总结一次，均开列清单标示场内，俾众周知。

一、书记　专管案卷及钤记，并公文函件之往来，遇有他项事件，亦酌派随时帮办。

一、司书　凡属公文及一切信件，均任缮写、校对。

一、杂务　凡全场零星事件皆归管理，琐碎诸项得以随时调度布置。各分区取送物件，亦由该员经理，随即移知司账，按月清结。

一、各区助手及司事　于本区之事，凡经总场所规定者，即有执行之权。若事出例外，当具报总场听候核夺，不得以私意武断，致蹈紊乱之弊。

第五章　地址

一、本场之地形势参差，南北绵亘断续六十余里，东西狭广不等，最广者十八里有奇，最狭者仅一里许，面积六万七千余亩。沃土居十分之一五，瘠土居十分之四五，其余均在沃瘠之间。然本场意在提倡改良，专主试验模范，与商家营业性质不同。故不妨先从荒瘠之区办理，现正栽种树木，开挖沟渠，疏通水道，陆续开垦，研究改良瘠土化为沃壤，俾民间知所则效。

一、总场及各分区共有七所，在奉天新民府镇安县境。总场居各分区之中央，较偏于北部，地名小三家子。第一分区居总场之东北，距离七里，辖地一万九千余亩，地名侯家坨子。第二分区居总场之东南，距离八里，辖地二万余亩，地名独一处。第二分区之南三里有余，是为第三分区，辖地八千一百余亩，地名曹家窝铺。又南八里为四分区，辖地七千四百余亩，地名王家岗子。第三分区之东七里是为第五分区，辖地七千八百余亩，地名马家坨子。第五分区之南十里许为第六分区，辖地五千四百余亩，地名达连岗子。

一、总场控驭各分区，即为各分区之中央机关。凡调动各分区员司并经营一切事件，由总场筹办，如各区员司于本区之事件有未经总场所指定，不得率意妄行。

一、各分区之沃瘠既不相等，草品之成分亦因之而殊，拟就草品之成分最欠缺之区，先行改良饲草。

一、各分区之地，拟以小沟作界，环栽树木，为十年之计。尤须就其地之广狭形势，挖壕栽木，使编成多数之小分区，以便轮流放牧。庶所生之草，循环代用，不至枯竭。并借此以排泄洪水，改良空气，使动植物交受其益。

一、第一分区地势稍高且多土山，养羊为佳，划其南段作为养羊之用，北段则留以牧牛。至第六分区其草宜于牧马，故设立马场。余各分区全行放牛。此皆因地制宜，实两年间所经验而有得者也。

第六章　经费

一、本场现隶奉天劝业道管辖，其经费向由道署支领，所有请款皆将事由禀明，俟奉批准拨发，方能备案具领。

一、场中常年经费额支、活支，均由年前预算呈报道署。至有特别工作及异常事件，须随时禀明道署，请其另拨款项。

一、牧场每年终预算翌年经费，算定后呈道署备案，以便分期支领。

一、本场邻近蒙边，匪人出没，抢盗窃之案，时有所闻，场中未便多存款项。现仅按期支领，陆续接济。一俟地面平靖，再行酌议办法。

一、全场经费，按月呈报道署，经道署核准，再行批饬照销。

一、场中产额，有可补助经费者，先行呈报道署核准，即行列入经费项下作正开销。

附官牧场招佃章程

按：牧为农之副业，本场既以牧为主名，则农又为牧之副业。中国农业经济以北数省观之，田在三、四百亩以上，不能自充苦工倡率耕作者，非招佃户无以自营。况牧场之田多至万亩，其性质之复杂，尤非常寻农家可比。因将招佃详情拟定章程二则如左：

主权佃第一

一、主权佃者，凡属农事之权及出乎农事以外之权，均由地主主之，故其名为佃，其实不异于佣，惟获利无限，恒以每年之丰歉为准。

一、牧场既分定六区，每区拟种田八百亩，即归主权佃经理，人数以十二名为限。其余欲种之田，均招权外佃，权外佃如不易招，人数再行酌添。

一、主权佃之分利，凡判三等，上腴之地十成之利分给四成，次腴之地分给四成五，下地则分给五成。

一、主权佃在大河以北名为光棍佃，谓终年只竭一身之力并无垫办，而一切供给之烦全出自地主也。在英、荷所属殖民地名为分子家，盖一出地、一出力，而各分其利也。巫来由半岛之矿，尤以此办法为最通行。惟其分利之时，将火食并零工支费由地主扣出，以备来年招佃之用。

一、此地招佃较关内稍殊，招远来之佃与招附近之佃又殊。盖关内之农隙不过四五十日，此地之农隙则至五阅月之久。况有远方之佃，不能于农隙之时即归，而自营其五阅月之费当亦不少，是为佃者之一难也。兹拟于农隙之时，附以粗浅制造，以为弥补之计，佃户或可相安。

一、凡地主之零星工作皆归主权佃承认，其工作日之火食则由地主供给。然收获牧草以及大项工程，不得全责佃户。

一、佃户多系贫民，一家老幼每藉其力以为生活，遇有凶年饥岁，利无可分，地主垫办之款，无从扣留，自难索其偿还。若其所分之利尽行扣留，适与垫款之数相符或稍有不足，地主须格外体恤，酌留若干，以为激劝招徕之地。

一、各粮入仓之后，即与佃户订定明年之事，告退者任便归家，其不告退而不欲回家者，拟在此谋一营业，准请地主酌为出资，另议分利办法。然此系佃户御冬之计，地主不得视为利薮，不过期以相安而已。

一、主权佃之例，地主虽有农事之外权，然值农忙之际，亦不得动众鸠工，扰及农事，然必有不获已之举，佃户亦不能推诿。

一、地主垫办之柴粮，除各色种子作消耗品外，其余秋成后照样扣留。其有不能照样者，亦准作价相抵。至于垫办之钱，则将其应分之项按市价变补。

一、牧畜一项，既由地主备办，分利之时，除高粱秸、棉花柴外，自应全归地主。

一、佃户脱米之糠与剩食等类，即为养猪饲料，然每局之佃户以养六猪为限，其猪价则由地主发给。至各粮入仓之后，猪自肥大，平均其大小之略数，一半归之地主，其余则由佃户各人平均。

一、凡关于火食之项，遇有消耗之件，均由佃户随时偿补。若关于农具之项，遇有消耗之件，佃户报告地主随时添办，与佃户无涉。

一、地主垫办之款，即为种地之资本，不遇凶荒，则一年之资本可为连年之垫办。若遇凶荒，则佃户不能偿还其资本，即归无有。临时须准另外拨款，以备垫办之用。

一、禾本科及豆科等类均铲地三次，若少一次亦于生发力无碍，须请地主承认，方准变通。至于落花生及瓜果等类，铲地不拘次数，然不得不足三次。

一、佃户既限定十二名，须派一佃头以统辖之。至有提议之事，即责成佃头经理。

一、佃户于农事之外代地主充工，火食均由地主预备，惟铡草之工则不得援照此例。

权外佃第二

一、权外佃者，籽种、牲畜以及各项垫办，皆由佃户预备，一切事权悉主于佃户，地主不得任便指挥。

一、权外佃之分利亦判三等，上腴之地十成之利分给五成五，次腴之地分给六成，下腴地则分给七成，惟落花生一项则分给六成。

一、权外佃在大河以北谓之小客家，以其分种地亩不拘多少也。牧场拟于招佃之前，预查该佃牲畜若干，人丁多少，然后酌授以田。

一、各植物之秸秆，除秫秸、棉秸、芝麻秸专属火柴用等类，照分量之数分给外，其余皆归佃户。盖牲畜既备之佃户，凡属草类可供喂养者自应全给之也。

一、佃户所种之田，肥料自由该佃预备，至田种出之后及时耕种三次，倘不及时或不满其数，准地主查问酌罚。

一、佃户遇有培堰、挑沟之事，亦须帮工，然当农忙之际，不得以此相遣。

一、各区之权外佃，须于地主田内择各佃适中地方设一收获场，以便地主及各佃遣人照顾。

一、佃户刈禾之日，须先期报告地主，派人查验后，准运输到场。

一、招权外佃之田，既属各区主权佃之余，遇有事件，亦须到各区议订，将来分定之粮，以田属某区，即送至某区入仓。

一、牧场多沙质壤土，宜种落花生，但此地农民向来无此器具，筛子一项，须由地主备办，以此项在民户不易置办也。

一、招权外佃之田，大都距各分区之中央较远，且其段落零星，乃用此办法。佃户即在该田附近居住，作工甚便，自事少而工多。

一、柴火属粗笨物件，佃户不易分送，准于收获场堆起，俟农隙之时，地主自行搬运。

一、收获场打粮之先，须限日呈报地主，地主派人验分。分定后，即将地主所分之粮送入地主仓内。

一、佃户须量力种田，不得于承招后因力不给，以春借秋还之议，哀恳地主。

一、地质之分三等，分利亦互有差数，如该佃将次下之田培成上腴，十年之内其分利仍照次下，若上腴之田降至次下，则分利仍照前，不准该佃告退。

附官牧场牧徒传习章程

一、传习所之成立，均由诸员担任义务，即各色夫役，亦由场中听差兼充，不另行请款。

一、凡在学员之列，均须预缮志愿书，遇有半途辄止者，准按情酌罚。

一、传习毕业之后，须按学科之程度，律以应得之阶级，发给文凭，以为激劝之地。

一、改良畜产头绪纷繁，学理自宜深博，故列门多至三十，务期不穷于用。

一、教员一席由马医官担任，至传习分所势或不能兼顾，员司助手即更替抯注认为宣讲员。

一、员司助手，平时均有责任，须一面求学，一面实习，庶不致放弃责任，故限定时日分班轮流上课。

一、招集牧夫年须在二十二岁以下、十六岁以上，朴实耐劳，粗知普通学者方属合格，然既有此程度，拟将牧夫之名易为牧徒学生，以示郑重。

一、牧徒学生，凡关于牲畜之事，皆归经理，场中即不必另雇徒夫。

一、牧徒学生，非贫而有志之士，不堪此苦。若招自远方，恐以路费之故，致令裹足不前。拟定五百里以外，给路费洋元五元，以示体恤。

一、牧徒学生以四十名为限，盖牧徒以现在任事起见，自不等各项学堂成就后进以多多为善也。按此数与从前牧夫之数，相差亦不甚远。

一、逢万寿圣节与圣诞及端午、中秋两节，各放假二日，年节则放假十日，并酌给犒赏。

一、每逢星期，传习所即行停课，其应有任务，仍照常经理。

一、牧徒学生须给津贴每月一人拟定四元五角，从中提出一元五角为各生制成一律衣服，火食则一人每月三元五角。

附官牧场筹办养马章程

选种

一、改良马种须经五代以上，方能达最终之目的。拟先购中国四五岁、体格高大、于相马学上合格之牝马五百匹。

一、拟自宣统元年始，先购俄国西伯利亚半血种之牡马十匹，以与吾国之牝马交配，以淘汰杂种，经三、四次略堪作辎重炮队之驾役用。

一、拟宣统八年，购德国改良之纯粹牡马四匹，以与改良出之杂种交配。

一、宣统十五年，购英国纯血种之牡马二匹，又加改良，渐次即成半血种矣。

一、宣统二十二年，购亚拉伯贵种之牡马二，以与所改良之半血种交配，经五六回即可作种马之选，吾国他处所设之牧场，即可就近取用，利权庶不外溢。

一、乘用、竞用、农用等马品类甚多，至款有裕余，随时再请选购。

建筑

一、牝马舍七十间，准中路复式之制。

一、牡马舍二十间，准单列式之制。

一、病马舍二十间，准单列式之制。

一、传染病舍三十间，准单列式之制。

一、分娩舍三十间，准单列式之制。

一、碎草室十五间。

一、马夫室十五间。

一、储药及治疗室九间。

一、运动室三十间。

一、三处运动场，各周围一百二十丈。

一、三处交配场，各周围八十丈，并各应用室二间。

一、凿井三泉。

一、憩场三所，各种树五百株，以备夏日栖息。各马厩前相离丈余栽木桩二十，以备系马之用。

经费

一、中国牡马五百匹，约需银二万两。

一、俄国牡马十匹，约需银六千两。

一、德国牡马二匹，约需银二千两。

一、英国牡马二匹，约需银一万五千两。

一、亚拉伯牡马二匹，约需银四万两。

一、牡马舍七十间，约估银五千六百两。

一、牡马舍、病马舍、传染病舍、分娩舍、储药及治疗舍共百零九间，约估银五千四百五十两。

一、碎草室、马夫室共三十间，约估银一千三百五十两。

一、运动室约估银九千两。

一、运动场及交配场约估银二千两。

一、凿井三泉，约估银三百两。

一、憩场三处，约估银一千二百两。

一、浴场三处，约估银三百两。

一、俄马种十匹，每匹每日食谷草十五斤，按十二月计算，共用草五万四千斤，约需银二百二十两。每匹每日食燕麦三升，按十二月计算，共用燕麦一百零八石，约需银七百二十两。其余一切杂费，每匹每年约需银二十两。以后养英、德、亚拉伯等处马种，均由此类推。至于养中国牝、牡马，每匹每月约需银五两，仔产离乳期之驹，每匹每月约需银二两八钱。综计饲料及杂费之数，按马之多寡为准，总共养马经费银十万零八千二百两。

成绩

一俄国牡马十匹与中国牝马五百匹交配娠孕，由宣统元年至二年约产驹四百匹，至三年能产驹二百五十匹，至四年能产驹四百匹，至五年能产驹二百匹，至六年能产驹三百六十匹，至七年能产驹二百五十匹，综计七年约产驹一千八百六十匹。由三年所得牝、牡驹，于八年相配至九年能产驹二百匹，嗣后由此可以类推。

一、宣统八年，购德国之牡马六匹与二年所得俄种之牝驹四百匹相配，至九年约产驹三百六十匹，至十年约产驹三百匹，至十二年兼与四、五年俄种牝驹相配约产驹三百六十匹，至十三年约产驹三百匹，至十四年约产驹四百匹，综计七年约共产驹一千七百五十匹。由此相推，孳息当不可限量矣。

一、宣统十五年，购英纯血种马二匹与九年所产德种牝驹相配，至十六年约产驹百匹。以后历年均产此数，至二十一年综计产数，约共得驹七百匹。

一、宣统二十二年，购亚拉伯贵种马二匹，与十六年所得英种牝驹相配，至二十三年约产驹百匹。以后历产此数，至二十八年综计产数，约共驹六百匹。

附官牧场筹办养牛章程

选种第一

一、拟购蒙古与山东合格之牝牛三百头，择其宜于役用者，以高丽牡牛配之。

一、自宣统二年始购苏格兰嗳阿嗄种牡牛四头，与中国牝牛相配，以淘汰乳肉兼用之品。

一、宣统七年拟购和兰牡牛二头，与嗳阿嗄所生之犊相配，以淘汰乳用专品。

一、宣统八年拟购英国短角种牡牛，亦与嗳阿嗄所生之犊相配，以淘汰肉用专品。

建筑第二光绪三十四年既建牛棚即可酌用兹不列。

经费第三

一、中国牝牛三百头，每头约银三十五两，共需银一万零五百两。

一、苏格兰牡牛四头，每头约银七百两，共需银二千八百两。

一、和兰牡牛二头，每头约银七百两，共需银一千四百两。

一、英国短角种牡牛每头约银八百两，共需银一千六百两。

一、苏格尔种牡牛四头，每头每月饲料及杂费约需银五两，一年共需银二百四十两，以上统共需银一万六千五百四十两。

成绩第四

一、宣统二年，高丽种所产之犊约一百八十头。

一、宣统三年，暖阿嘎所产之犊约八十头。

一、宣统八年，和兰种所产之犊约四十头，暖阿嘎所产之犊自相交配约产八十头。

一、宣统九年，英国短角种所产之犊约八十头。

一、凡牝牛四岁每年可产犊一头，就其数之多寡，即可得其产数。

附官牧场筹办养羊章程

选种第一

一、宣统元年，拟购蒙古绵羊一千只。

一、宣统二年，拟购英修士打坦绵羊十只及英产沙福客打坦种羊十只。

建筑第二

一、建筑牝羊舍四十间。

一、建筑牡羊舍十间。

一、分娩舍五间。

一、交配舍三间。

经费第三

一、蒙古绵羊一千只，约需银二千两。

一、修士打坦绵牡羊十只，约需银二百两。

一、沙福客打坦绵牡羊十只，约需银二百两。

一、牝、牡羊舍及分娩交配各舍共五十八间，约需银一千七百四十四两。

一、种羊二十只，每只每月饲料及杂费约需银一两五钱，一年约共需银三百六十两以上，统共约需银四千五百两。

成绩第四

一、宣统二年约产羔一千二百只。

一、宣统三年约产羔一千二百只。

一、宣统四年约产羔二千五百只。

一、宣统五年约产羔三千四百只。

附筹勘整顿官牧场情形

位置　镇安官牧场在绕阳河车站西北约七十里、在新民府西夹西北约九十里，其地北至边濠，南至周家窝棚，东至绕阳河支流，西至后山，全地共分六区，总局则在小三家子村中，界于第一第二两分局之间。

形势　其地北面多山，南面平坦，地势略低。

广袤　全地南北约三十七、八里，东西约十七、八里。

面积　全地共约六万七千亩，惟分作五六处，与邻地犬牙相错，并非成一整地。

地土　其地系属冲积土，沙质颇多，底层系沙质，表土则沙土参半，间有黑色者，较为肥沃。表土间带碱性，其含碱质较多之处不长植物，然此项占面积不多。至土质成分，容候技师化验后，再行呈报。

泄水　地势平坦，下雨时易受水浸，该处现已挑浚水沟，可免此患。

草类　场中天然生长之草，牛马能食者约有二十种。已经采有标本，以备查考。全场草地以东南方第五分局所管之一大区为最佳，此区面积约占五千余亩，区内佳草四五种，当时约高一尺以至三尺，此区草地每亩约出干草一百五十斤。其次则第六分局北边一区面积约五千亩，每亩约可出干草六、七十斤，余外别处草地皆杂草丛生，而尤以一种白毛草为最劣，此草几于无处无之，牲畜皆不能食，宜设法芟除。

牲畜　该场现共有牛三百一十头，犊二百头，其牛平均约七八岁口，重量约三百斤，体躯近瘠，产乳亦少。其略好者仅能供犊牛之食，下此则并此而亦不足，须得别牛帮补方能足量。曾择其好者二头验之，其一头于二十四点钟内出乳二十七两，又一头出乳六两，以视外国嗳西亚呵路士弹等种牛每日出乳十五斤以至三十斤以上者不啻霄壤。前时所畜之牛，多有癣疥之疾，现仍不免。惟近派有马医官二名，在彼照料，现已日有起色。

牛群　前时牧场之牛，皆牝、牡混为一群，故不免有交配无度之弊，今年改为牝、牡异群，办法甚合。

牛舍　一、二、三、四、五分局各建牛棚两楹，长十五丈，宽二十八，高九尺，两边门户各两、三端，门户各一，墙上有窗，以通光气。地用灰土打成，中高旁低，靠墙处留有小窦，以便泄水。布置均尚合法，惟嫌少狭。到场视察时，第二分局牛棚已经竣工，第一、第三、第四分局亦渐次告竣，第五分局方筑地基，第六分局方筑地基，第六分局方经营马厩。

垦地　旧有熟地二千八百亩，另有开荒地百亩，新垦地五千亩，场中垦地都仿土法用土犁耙为之，工粗而费大，若改用洋犁，则工省数倍，且成效较优。

种植　各分区已垦之地，其种高粱三千三百余亩，豆子二千七百余亩，谷子一千五百余亩，稗子六百余亩，大小麦二百亩，粳子[1]及杂项共一百余亩，苜蓿二百亩。

树木　该场树木极少，第二局之西边旧有树数十株，近有添种树百株，其余别处均一望平阳，树木极少。

扩充　该牧场新建之牛棚竣工后，拟往哞噜添购牛数百头。又去年只办牧牛，今年拟兼牧种马，已于第六分局经营马厩，月内当可竣工。又农业试验场去年牧养美林奴种绵羊[2]，成效甚优。现拟将美林奴种小绵羊牡五头、牝二头，又中国种牝绵羊二十头，拨与官牧场，以资该场传种繁殖之用。

附官牧场牧徒传习所科目表

第一学期	第二学期	第三学期	第四学期	第五学期	第六学期
国文	国文	国文	国文	国文	国文
历史	历史	历史	历史	历史	历史
地理	地理	地理	地理	地理	地理
植物	植物	动物	动物	外史	外国地理
算学	算学	算学	算学	算学	算学
日语	日语	日语	日语	日语	日语
生理学	生理学	内科治疗实习	内科治疗实习	内科治疗实习	内科治疗实习
相马学	相马学	外科治疗实习	外科治疗实习	外科治疗实习	外科治疗实习
卫生学	解剖学	解剖学	细菌学	传染病学	细菌实习
管理学	脉管学	外科手术实习	外科手术实习	诊断学	蹄病学
饲养法	神经学	解剖实习	解剖实习	兽医警察	乳肉警察
放牧实习	放牧实习	放牧实习	眼科学	胎生学	蹄铁学
马术	马术	马术	马术	马术	马术
体操	体操	体操	体操	体操	体操
	畜产学	畜产学	内科学	内科学	内科学
	产科学	药物学	药物学	药物实习	东文
	外科手术学	外科学	外科学	病体解剖	

〔1〕　粳子，稻谷的一种，米粒宽而厚，近圆形，米质黏性强。

〔2〕　美林奴种绵羊，优秀的绵羊品种，是细毛羊的主要品种，源于西班牙，以澳大利亚的最为著名。

附官牧场传种牲畜表

马族类（牡马三匹牝马七十七匹）							
马名	牝牡	产地	生年	父母	身量	特征	颜色
追云	牝	洋种	九岁		五尺三寸	额小星	骝
（原名）玛尔基斯（译音）	牡	俄产	一千九百零五年	父赤色名格作特维克 母名灭铁尔	四尺八寸	左后腿白蹄	红
（原名）扎嘎特喀（译音）	牝	俄伊罗外斯克马厂	一千九百零二年	父赤色名恩集乌尔蓝斯产于英国 母赤色名查意拉	五尺二寸五分	由额至上唇有白毛一片 后右腿一半白蹄	红
（原名）最有名的好男子	牡	俄产	一千九百零一年		五尺四寸	后右腿白蹄左腿膝盖周围白点额外白星	喜鹊青
龙媒	牝	洋种	八岁		五尺一寸	旋毛上生	红
振武	牡	洋种	九岁		五尺三寸	两后球节白	黑
金毛狮子	牝	蒙古	二岁		四尺一寸	旋毛中生	黄
硃砂滚地吼	牝	蒙古	二岁		四尺二寸	旋毛上生	红
赛螭腾	牝	蒙古	四岁		四尺一寸五	旋毛斜生	红
逸风	牝	蒙古	四岁		四尺二寸	旋毛上生	红
白老虎	牝	蒙古	四岁		四尺一寸		白
刮地风	牝	蒙古	四岁		四尺一寸	右耳截痕	芦毛
拳毛騧	牝	蒙古	四岁		四尺二寸	旋毛偏生	灰
超麟	牝	蒙古	四岁		四尺二寸五	旋毛上生	灰
气夸父	牝	蒙古	四岁		四尺三寸		灰
追电	牝	蒙古	四岁		四尺三寸一		灰
不染尘	牝	蒙古	四岁		四尺四寸		灰
惊风	牝	蒙古	四岁		四尺三寸六		灰
一捧雪	牝	蒙古	四岁		四尺二寸二		白
夺金骏	牝	蒙古	五岁		四尺二寸	下腹部有尺长白毛	黄
狮子骅	牝	蒙古	五岁		四尺三寸		黄
赤兔	牝	蒙古	五岁		四尺三寸	小星	红
朱魁	牝	蒙古	五岁		四尺四寸	带颈部尺长白毛	黄

马族类(牡马三匹牝马七十七匹)							
马名	牝牡	产地	生年	父母	身量	特征	颜色
一条龙	牝	蒙古	五岁		四尺三寸		红
惊伯乐	牝	蒙古	五岁		四尺二寸五		红
距虚	牝	蒙古	五岁		四尺二寸五		红
霹雷火	牝	蒙古	五岁		四尺四寸		红
流星兔	牝	蒙古	五岁		四尺五寸		红
秦青老友	牝	蒙古	五岁		四尺二寸五	旋毛上生	红
钟岱奇匹	牝	蒙古	五岁		四尺四寸		红
赛飞鹏	牝	蒙古	五岁		四尺一寸五		芦毛
竞天骥	牝	蒙古	五岁		四尺二寸		芦毛
月中精	牝	蒙古	五岁		四尺一寸五		芦毛
欺娄季	牝	蒙古	五岁		四尺		芦毛
喜方烟	牝	蒙古	五岁		四尺		芦毛
缩地法	牝	蒙古	五岁		四尺三寸		芦毛
一溜烟	牝	蒙古	五岁		四尺四寸		芦毛
逐飞鸟	牝	蒙古	五岁		四尺四寸		芦毛
幕地风	牝	蒙古	五岁		四尺三寸五		芦毛
跳钻猴	牝	蒙古	五岁		四尺二寸九		芦毛
知人意	牝	蒙古	五岁		四尺三寸三		芦毛
空蓟北	牝	蒙古	五岁		四尺三寸八		芦毛
捷蛟	牝	蒙古	五岁		四尺三寸一		芦毛
逐鹿	牝	蒙古	五岁		四尺二寸九		芦毛
恋主恩	牝	蒙古	五岁		四尺三寸		灰
黑旋风	牝	蒙古	五岁		四尺一寸五	飞星	黑
穿鸿雁	牝	蒙古	五岁		四尺二寸	流星	鹿毛
黄金塔	牝	蒙古	六岁		四尺一寸一		黄
一阵风	牝	蒙古	六岁		四尺一寸	白鼻梁	黄
锦蝴蝶	牝	蒙古	六岁		四尺一寸六		黄
追电线	牝	蒙古	六岁		四尺四寸二		黄
万条金	牝	蒙古	六岁		四尺四寸一		黄
贯日长虹	牝	蒙古	六岁		四尺三寸		红
追奔	牝	蒙古	六岁		四尺三寸	额小星	红
逐北	牝	蒙古	六岁		四尺二寸五	额小星	红
超飞燕	牝	蒙古	五岁		四尺一寸七	鼻端圭形白驳	芦毛
绝技	牝	蒙古	六岁		四尺二寸一	额小星左耳截痕	红
火旗骝	牝	蒙古	六岁		四尺一寸	左右两鼻翼截痕	红

马族类（牡马三匹牝马七十七匹）							
马名	牝牡	产地	生年	父母	身量	特征	颜色
赛虎	牝	蒙古	六岁		四尺二寸一	额有指痕小星	红
霸王骓	牝	蒙古	六岁		四尺二寸二	宽胸	黑
白龙	牝	蒙古	六岁		四尺一寸三		白灰
玉兔	牝	蒙古	六岁		四尺一寸七		白灰
玉花骢	牝	蒙古	六岁		四尺二寸		白花
青骢	牝	蒙古	六岁		四尺三寸	左耳截痕	灰
亚骃	牝	蒙古	六岁		四尺一寸三	左耳截痕	灰
飞兔	牝	蒙古	六岁		四尺三寸一	左目失明	灰
掣电	牝	蒙古	七岁		四尺四寸		黄
烛龙	牝	蒙古	七岁		四尺二寸一		红
血汗	牝	蒙古	七岁		四尺三寸二		红
奇骏	牝	蒙古	七岁		四尺二寸七		红
逐日	牝	蒙古	七岁		四尺二寸一	左鼻翼截痕右耳切痕	黑
追风	牝	蒙古	七岁		四尺二寸一	左右鼻截痕	黑
骠骑	牝	蒙古	七岁		四尺二寸三		黑
铁驷	牝	蒙古	七岁		四尺二寸六		黑
骏弭	牝	蒙古	七岁		四尺四寸一	旋毛上生	黑
皂骝	牝	蒙古	七岁		四尺四寸	旋毛上生	黑
名骓	牝		七岁		四尺四寸七		黑
骁骑	牝	蒙古	七岁		四尺二寸九		黑
照夜白	牝	蒙古	七岁		四尺二寸一		白
银鼠	牝	蒙古	七岁		四尺二寸三		白
牛族类（牡八头牝十四头）							
牛名	牝牡	产地	生年	父母	身量	特征	颜色
雄犩	牡	高丽	四岁		四尺四寸二	直背	黑
犀犛	牡	高丽	五岁		四尺四寸五	背稍高	黑
赤犤	牡	高丽	五岁		四尺一寸	骨盆稍尖	红
骍月	牡	高丽	四岁		四尺三寸	额白星尾白尖两后球节白	红
瑞犴	牡	高丽	四岁		四尺五寸	直背	黄
吉犡	牡	高丽	五岁		四尺二寸	平背	黄
祥牲	牡	高丽	三岁		四尺一寸	细腰	黄
金狮子	牡	高丽	五岁		四尺三寸	背稍陷凹	黄
第一号	牝	蒙古	七岁		三尺三		黄
第二号	牝	蒙古	七岁		三尺一		黄

牛族类（牡八头牝十四头）							
牛名	牝牡	产地	生年	父母	身量	特征	颜色
第三号	牝	蒙古	八岁		三尺二		黑花
第四号	牝	蒙古	六岁		三尺三寸		黑花
第五号	牝	蒙古	八岁		三尺五寸		芦毛
第六号	牝	蒙古	八岁		三尺二寸		红
第七号	牝	蒙古	六岁		三尺一寸		黄
第八号	牝	蒙古	五岁		三尺二寸		红
第九号	牝	蒙古	七岁		三尺四寸		红
第十号	牝	蒙古	五岁		三尺二寸		黑
第十一号	牝	蒙古	六岁		三尺二寸		黑
第十二号	牝	蒙古	八岁		三尺一寸		黄
第十三号	牝	蒙古	六岁		三尺一寸		黄
第十四号	牝	蒙古	五岁		三尺三寸		黄
羊族类（牡七头牝六十二头）							
羊名	牝牡	产地	生年	父母	身量	特征	颜色
雄羱	牡	美利浓	二岁		二尺		白
猛羱	牡	美利浓	二岁		一尺九寸五		白
健羱	牡	美利浓	二岁		二尺一寸五		白
伟羱	牡	美利浓	二岁		一尺九寸五		白
伟羱	牡	美利浓	二岁		二尺一寸		白
殖羠	牝	美利浓	二岁		二尺		白
育羠	牝	美利浓	二岁		一尺九寸		白
白老虎	牡	蒙古	二岁		二尺四寸		白
第一号	牝	蒙古	二岁		三尺三寸	黑额	白
第二号	牝	蒙古	二岁		二尺三寸	黑额	白
第三号	牝	蒙古	二岁		二尺三寸	黑额	白
第四号	牝	蒙古	二岁		二尺二寸	黑额	白
第五号	牝	蒙古	二岁		二尺二寸	黑花额	白
第六号	牝	蒙古	二岁		二尺一寸五	黑花头	白
第七号	牝	蒙古	二岁		二尺三寸	黑花头	白
第八号	牝	蒙古	二岁		二尺二寸	栗额	白
第九号	牝	蒙古	二岁		二尺二寸	栗额	白
第十号	牝	蒙古	二岁		二尺二寸	栗额	白
第十一号	牝	蒙古	二岁		二尺二寸	栗额	白
第十二号	牝	蒙古	二岁		二尺二寸	栗额	白
第十三号	牝	蒙古	二岁		二尺三寸	栗头	白
第十四号	牝	蒙古	二岁		二尺三寸	栗头	白
第十五号	牝	蒙古	二岁		二尺二寸	栗头	白

羊族类（牡七头牝六十二头）							
羊名	牝牡	产地	生年	父母	身量	特征	颜色
第十六号	牝	蒙古	二岁		二尺二寸	栗头	白
第十七号	牝	蒙古	二岁		二尺三寸	栗头	白
第十八号	牝	蒙古	二岁		二尺二寸	红花头	白
第十九号	牝	蒙古	二岁		二尺二寸	红花头	白
第二十号	牝	蒙古	二岁		二尺二寸	红花头	白
第二十一号	牝	蒙古	二岁		二尺二寸		白
第二十二号	牝	蒙古	二岁		二尺一寸		白
第二十三号	牝	蒙古	二岁		二尺一寸		白
第二十四号	牝	蒙古	二岁		二尺二寸		白
第二十五号	牝	蒙古	二岁		二尺二寸		白
第二十六号	牝	蒙古	二岁		二尺二寸		白
第二十七号	牝	蒙古	二岁		二尺二寸		白
第二十八号	牝	蒙古	二岁		二尺二寸		白
第二十九号	牝	蒙古	二岁		二尺二寸		白
第三十号	牝	蒙古	二岁		二尺一寸		白
第三十一号	牝	蒙古	二岁		二尺二寸		白
第三十二六号	牝	蒙古	二岁		二尺二寸		白
第三十三号	牝	蒙古	三岁		二尺二寸		白
第三十四号	牝	蒙古	三岁		二尺三寸		白
第三十五号	牝	蒙古	三岁		二尺二寸		白
第三十六号	牝	蒙古	三岁		二尺二寸		白
第三十七号	牝	蒙古	三岁		二尺二寸		白
第三十八号	牝	蒙古	五岁		二尺二寸		白
第三十九号	牝	蒙古	五岁		二尺一寸		白
第四十号	牝	蒙古	五岁		二尺一寸		白
第四十一号	牝	蒙古	七岁		二尺一寸		白
第四十二号	牝	蒙古	七岁		二尺二寸		白
第四十三号	牝	蒙古	七岁		二尺二寸		白
第四十四号	牝	蒙古	八岁		二尺一寸		白
第四十五号	牝	蒙古	八岁		二尺二寸		白
第四十六号	牝	蒙古	八岁		二尺二寸		白
山羊族类							
羊名	牝牡	产地	生年	父母	身量	特征	颜色
怀羖	牝	蒙古	二岁		二尺		青
孳羖	牝	蒙古	二岁		二尺一寸		青
捷羖	牝	蒙古	五岁		二尺一寸		青
青面虎	牡	蒙古	五岁		二尺三寸		青

纪蚕业调查

奉天之调查蚕业也，其目的有二：一在因已有之利而扩充之，柞蚕一切之调查是也。一在辟未有之利而振兴之，桑蚕一切之调查是也。夫以奉省柞蚕之利，仅东边一隅，出口亦至数百万，则收利不为不溥也。起于乾嘉之间，而盛于咸同之际，则收效不为不速也。以全省之大，地势相若，气候相同，如东边者不知凡几。而百数十年来利益不溥，则提倡之责为未尽也。况柞蚕以迁地为良，叠据各员前后调查报告，皆云此处蚕种，来年须移于他处交换放牧，尤易畅旺，而饲蚕之树类则随地皆有，其势固亦甚顺。近则东北路各处，亦渐有蚕户试养。西丰、海龙等处，当地亦有试织绸者，然养蚕之家寥寥无几，则纩丝纺织之工业何自而生，此亟宜于推广者一。丝茧者，纺织之原料也。纩丝之户多则茧无外销之苦，织绸之家多则丝无外销之苦。光绪二十四、五年间，烟台商家益丰号，曾在凤凰厅界蛇屯口地方开厂试办，用土法蒸缫，嗣以运费所省，不敌工价所增，罢业不作。近日日本收买山茧，由山阳铁道包运，只收半价，故茧丝之输出，与当地之织造为数相去甚远，此亟宜于维持者二。且推广之要，以试验之所得，为模范之先导，则择地试办不容缓也。维持之要，以振兴工艺，改良织造，则联合大公司以收买茧丝不容缓也。同一蚕业，柞蚕之事易而效速，与桑蚕之值重而价高，实有交相为用之利益。奉省前经派员前往南省江浙嘉湖等处调查栽桑养蚕之法，近复于试验场及植物研究所试种桑秧，以为饲养家蚕之预备。俟种桑著有成效，续渐选购良种，开设蚕业讲习所研究学理，以期仿办。异日奉省蚕桑之利，或因或创，其自然之利或当不亚于东南各省也。

附调查养蚕种柞法

茧种

家蚕、野蚕，二者有别。家蚕出蛾生子，在成茧半月之后。野蚕蛾不即出，必经一番冷度复热，蛾方出茧生子，故家蚕蓄子称蚕种，野蚕蓄茧称茧种。

保护茧种法

茧种为蚕之胚基，其中亦蕴蓄生机，若感受外界不齐之气，或有妨害之物相侵，则蚕身受病尤易，故养野蚕以保护茧种为首要。其法，将茧种置于凉屋摊开，勿令受热，热则发生毛虫，届冬至节左右，又须移于稍暖之室，不可过暖防其出蛾，置诸囤养蚕具内，至十二月每隔三五日逢天气晴明时，开囤片刻，以便新旧空气交换，且使温度不至过差，免出蛾时，有先后参差之别。

穿挂茧种法

清明节前后，将所贮茧种取出，用麻绳每茧四五十枚穿成一串，穿时须视茧之有蒂一端，以针透孔，既便贯穿，又使蛾出茧时，得于孔际啮开出路。孔不可过大过小，约五六分左右，以蛾出时不致费力为准。穿茧不可使倒蒂向下则为倒，恐碍茧内蛾之呼吸。其挂茧串法，先于屋内用竹两竿插地，相距约四五尺，将茧串两端扣于两竹，层层横排，望之如梯，其底层不可过低，以防犬猫侵害，上层不可过高，以便出蛾时摘取。又蓄秋茧与蓄春茧有别，因春初天寒，茧种须置屋内，秋茧成于立秋前后，时尚炎热，茧种宜置于屋外，使受风凉，以免出蛾生虫。然不可日晒，不可惊拍。

出蛾法

春蚕之蛾，须于结茧后三十日方可发生，秋蚕之蛾须翌年清明节始得发生。蛾将出时，屋内须生微火，出蛹皆在每日申、酉、戌三时，初出体弱，不可动之，恐伤翅脚。于屋内高处横悬一绳，视蛾翅已能搧动，即移绳上以棍敲绳，则蛾因受震动放溺，溺毕移下，择优配偶。

辨别蛾之雌、雄法

蛾分雌雄，配对时必须辨认。凡雄蛾腹小眉粗短，雌蛾腹大眉细长，雄形小稍尖，先端缩皱细密，雌形大稍圆，先端缩皱粗杂。

鉴别蛾之优劣法

蛾为蚕之母，蛾优则蚕优，蛾劣则蚕劣，故必慎为淘汰。其应剔除者约有七类：一、蛾身有黑色点者，一、蛾身环节间有黑色线纹者，一、皮肤破溃出黑水者，一、尾端焦烂者，一、蛾翅拳曲不能开展或不完全者，一、蛾眉拳曲或不完全者，一、举动不活泼者。

配蛾及拆蛾法

蛾既选择之后，除犯病者弃去外，余悉不分雌雄置诸筐内，令其自相配偶，此时须用人沿筐巡视，择其已成对者，移入他筐，须将配对之时期记好，毋令太过及不及。太过则雌即胀死，不及则受精不足，卵多气化，将来即不能出蚕。配对之时期约一昼夜即足。若雄少雌多，亦可令雄蛾连配两次，惟第二次所配，雌蛾产卵恐多气化，成蚕势必虚弱，受精不足故也。未配对之前，须令雄蛾出溺，否则有碍精路，配与不配同。然雄蛾中亦有无溺者，此蛾尾端必瘦瘠而不湿润，见此可随手弃去。配毕，即拆弃雄蛾，留雌蛾。用两指轻捻其腹部，令出溺，以免产卵困难。置蛾筐中，每筐容二百五十蛾。筐用纸糊，否则子易漏出。又须时时将筐转动，免致生子不匀。越三日卵必全出，布满于筐。一蛾产出之卵数，春蚕一百二、三十粒至二百粒不等，秋蛾八、九十粒至百四、五十粒不等。以二百蛾为一筐，一人约养四筐，一筐须柞树十亩，一人担任最为相宜。

秋季出蛾生子法

秋蚕种由春蚕茧而出，时方盛暑，蛹化甚速，须速择茧种置空气流通之所，约二十日出蛾。俟雄、雌蛾交尾毕，用极细之麻绳将蛾大翅展开拴固，每一线可拴两蛾，缠于树枝，使产卵于柞树之上。树根不可有虫蚁，地上不可有草薪芜秽之物，以防损害。

选择柞树之注意

饲育幼蚕，宜采伐次年之嫩叶，如采伐二年或三年后枝条先发之叶片与壮蚕食之，易得泻疾。土人称采伐次年之叶曰火芽，又名头芽，叶片厚大而叶纯青者为良。春期生叶，表面若现白色或带赤色者，其味辛，蚕不喜食，即食之亦难肥大。若表面带赤色或少带绿素之叶，滋养分缺乏，叶津叶力亦必薄弱，蚕若食之，其弊与前同。

柞蚕发生之时期

柞蚕发生分春、秋二季，春季即清明节左右，秋季即夏至节左右，然不可视为定例，必须察其土地，气候寒暖以定迟早。蚕发生后，即觅柞树小枝初发芽者摘回，将蚕安放枝上，然后再将此小枝持至柞树林，悬于柞树上放饲。

养蚕之日期

春蚕自二月起至五月完竣，清明后十日上树，迟至夏至不结茧者即不能结茧。秋蚕自五月起至八月完竣，夏至前后上树，至白露不结茧者即不能结茧。秋蚕自上树至结茧约七十五日，春蚕自上树至结茧约七十日。兹将所需之时日，详列于左：

自发生至一眠春七日或八日秋六日	一眠眠期春四日秋三日
自一眠至二眠春七日或八日秋七日或八日	二眠眠期春三日秋三日
自二眠至三眠春七日或八日秋七日或八日	三眠眠期春三日秋三日
自三眠至四眠春七日或八日秋七日或八日	四眠眠期春三日秋三日
自四眠始至结茧春十五日秋十五日	
自结茧始至完竣春四日秋四日	

蚕眠时期及形色递变

小蚕上树约七日后，即停止食叶。此时头部向上息而不动，是为初眠。其初出时体本黑色，在此初眠将遍体黑毛脱尽，变为褐色，则起而食叶如常，是为二眠。此际将褐色脱尽，复起食叶，变为青黄色，又逾六、七日为三眠，再逾十日为大眠。大眠又名四眠，蚕至此时，必自吐其丝，将后脚绊于枝叶之上，为脱皮时用力之地，若不经心将丝头伤断不能脱皮，即死于树枝之上。大眠起后，食叶最速，须勤移为佳，一日夜约食叶七次，此时蚕既肥大，且有光泽，过此十日后，即不复食叶，倚于树枝之旁，状似眠且遗溺，身体渐缩，与二眠时仿佛。俟光泽退尽，始自吐其丝，将身绷在三四叶之上，周回往复吐丝作茧。未眠之前，若遇阴雨则眠。时最忌剪移，移则恐伤丝头。

蚕病

天气炎热之时，蝇蚁发生，吮其血液，即生紫黑点，皮肤溃烂而毙。且蝇每遗卵树叶，蚕食其腹中生极小之虫，名曰蛟病。若逢天气寒冷不能食叶，所吐之丝挂于树上而毙者，此为缢疾，俗名黄瓜皮，此疾并不传染。又有一种斑病，系受烈火薰逼，蚕浑身发黑点，自树上坠地而毙，此疾若一传染，全林为之发臭。得斑疾、缢疾之原因有三：一、未成蛾蛹之先，受杂木烟气之薰逼，易成斑病。二、卵将出未出之时，受极烈之火或未用火暖之，火烈则卵壳内受一番极热，成蚕必得斑病。不用火暖之卵，受一番寒冷，成蚕必得缢病。三、因移蚕时惮一二往复之劳，将蚕挤满筐内，致蚕呼吸不灵，易成缢病。蚕上树后若遇天气寒暖不一，至三眠后满腹之丝化为满身之毛，跃跃自动，谓之飞丝，一、二日即毙，此由气候不正，无法解避。

蚕害

有害蚕体生理上之物，宜忌者甚多。其甚者，如桐油、烟草、除虫菊、白粉、食盐是也。桐油若附着于树枝，蚕经过片时即毙。是以山中及家中设有桐树，必设法除之。又白杨及各种杂木，蚕食之亦然。烟草之液汁，附着于树叶，蚕食之则其体躯之前方抬起若苦闷状，口吐黑水而毙。蚕食烟草之粉末亦然。故放蚕期中，宜禁吃烟，而树林左近尤不宜栽烟草。除虫菊大有害于蚕，若散布其花之粉末或剥其叶混入树叶内，蚕食之约四五时即毙，混少许白粉于树叶而使蚕食，则终不能发育成长。若染盐与香料，则口吐绿水。故放蚕之人禁止吸烟草、佩香物及盐化诸汁之着树，又不宜抹涂白粉，因白粉中有铅故也。动物中害蚕者亦颇多。柞蚕小时，蚁蜂蛇[1]最喜食之，鸦鹊袭害为尤甚。

---

〔1〕　蚁蜂蛇，蚂蚁、草蜂、蛇蝎等。

土人以铳及网绳预防之，天将明及薄暮时须加意看护。鸦害蚕最甚，虽放蚕铳亦不能惊散，用箭射之稍愈。蟾蜍俗称癞蛤蟆，能食最矮枝所放之蚕，须攫去之。蛇能升树，野猪能将树撞倒，二者为害最酷，无法预防，惟见即驱之。山柞蜢形如柞蜢，身较大，色带赤黑，俗名绩麻婆，马蜂比山蜂稍大，秋蛾系树生子时，二物最喜食之。枇杷虫略似蜣螂，翅长善飞。以上各物食蚕与蛾，皆咂吸肉汁，蚕立时毙，秋蚕受害最甚。花毛虫生于树间，既啮蚕身又食柞叶，欲除此虫，视树本有孔，以松香油滴入，虫触之即毙，比虫眠时聚于一处，一捕能得千百。又此虫变蛾时往往遗卵树枝，蚕食之即生蛟疾，宜时时视察，如有此等树枝，折弃远地，以绝根株。鸡狗亦喜食蚕，皆宜防之。

润树

天气干燥之时，宜时时汲水浇树，并洒水叶上润之。

选查山场之位置

放蚕之场，首须选择阴阳适宜之地，因蚕性属阳，恶湿喜燥，若将蚕放于向阳之山，则长成即能强健，茧亦必佳。向阴反是，惟结茧最宜。春季蚕场宜向阳，茧场宜向阴。秋季宜择背阳之地，忌日光西晒之山，且最忌大雾，遇雾不死即得斑疾，亦不能结茧。忽雨忽晴之山，大雾最多，宜避之。有烟瘴之处，断不可放蚕。

采茧法

将茧与叶全行摘下，聚集一处，此时若有未结成者，须仍移他树，俟其茧壳韧硬方可采摘。茧成之后，蚕自泻白浆，蓄于茧内。此浆三日后始干，茧壳即因之发硬，采茧以此时为最适。若茧壳未干即行采摘，其茧必坏。柞树高大者，采摘时可用梯，每人每日普通采摘四千颗至五千颗之数，盛筐内运回，将茧面所包之叶剥去。一升茧约一百二十颗，重量一百七十两，茧壳十六两。一茧平均之茧壳一分三厘三毫。

春秋养蚕多寡之宜

柞树养蚕一年内不能连食两次，连食则树力竭，易致衰枯。故养蚕之家，必将全区柞树或分三七，或分四六，以三四成养春蚕，留六七成养秋蚕，因春树叶嫩，养蚕多则伤树，秋则气充叶固，多养无妨。

蚕之类别

柞蚕之外，有名毛布虫者亦蚕类也。吐丝作茧，亦如柞蚕，惟丝力薄而色带微黄。又有柳蚕，乃食柳叶而成茧者，茧大而色光明，但质硬而丝少。

放蚕之预算

春季养蚕，每人能放三四千茧种，秋季每人能放五六千茧种。春秋两季放蚕多寡不同，非人工有别，因柞树能力春薄秋厚，说已见前。一人两季所养之蚕，共须柞五千墩每墩二十余株，柞树本小，每一树仅能放大蚕十数条，小蚕则能放二十余条，以供蚕食。若租树养蚕，五千墩约值租价一百吊。至蚕之成茧，春蚕每茧种千枚可收茧一万个，秋蚕每茧种千枚可收茧一万五千个。春蚕因天气炎热，有大风雨及雹，将蚕冲毙，且天热移蚕较勤，易于遗失及伤损其体躯，故得茧少。秋季天气平和，无大风雨及雹，亦不须勤移，故得茧多。若春蚕三四千茧种收茧三十千枚，秋季六千茧种收茧六十千枚，两季共收茧九十千枚，每千枚价以东钱十一千计算，应共值九百九十千文，树本一百吊，人工四百五十吊，火食及一切杂费二百吊，共用七百五十吊余二百四十吊，即所得之利也。

柞树之种类

饲蚕之树，分为青干子胡、柏柯树、柞树等类。柞树中又分大柞、小柞、尖柞、红柞、白柞。养蚕者概用尖柞，以其最能养蚕，眠起合宜，蚕大而丝力厚，惟易生（叶实），即树种，小蚕食之易病。大柞气味平和，叶实不生，于蚕最为合宜。柞树与栎树相同，幼苗树形矮小，如灌木状，名曰桲萝，成长数年如乔木状，称柞树。其最大干周约六尺五寸，高约四丈。凡干高一丈之处，必有多数分枝，普通柞树之干，周约四寸内外，高约五尺多，自干之下部分枝。

采种

柞树之实，土人称曰橡子。其外皮曰橡皮肉，曰橡仁花，曰橡碗。柞树一名栎，一名柔，一名栩，一名棫。其实曰草，一曰样，一曰草斗，一曰象斗，一名柞实。样字俗称橡子，故又曰橡。橡子约在八月间成熟，一升约有三百粒之多，每升约值二百文。橡碗一升约值百文，橡碗亦可作染色之原料。

播种法

播种分春秋两季，秋季即十月，春季即三、四月。播法须先筑苗床，宜择东南面，日光透彻而湿润之土为佳。未下种时，宜先将土块锄松，秋分后将下种时，又须锄土而作三四尺之高畦，畦外以锄打实。此畦宜直接山野，与本圃相距在五六尺之处，穿一尺见方之穴，分若干穴。未种之前数日，将种子置水内浸泡，然后再播下于穴内。每穴播五六粒种后，用极细之土覆于上面，再用湿润之草盖之，防其过燥。因干燥发芽迟缓，又易枯死。当天晴之时，晚间宜以清水灌溉。如秋时播种，至翌春即可发芽，芽发后宜将湿润之草弃去，施用极淡肥料及水培植。

扦条

扦条，系将此树之枝扦种于彼处。法于五月、六月、九月之间砍柞树之枝埋入土中，自然发生，成林更速。今将各法举列于后。

选择扦条

选择扦条，当取发芽力最旺之枝，从上部至下部一直或横斜之生处切断，或从每枝开芽之芽朵处切断，因是处容易发生，埋入土中。

扦条法

扦条须择风光透澈湿润之砂土，预先将土锄松，宜深锄，施以人粪肥料。扦条时须掘七八寸深之沟，沟底置腐烂土，上覆细土，然后将枝每离五寸位之处直立插之。四围以足踏实，慎防动摇，以免风折。既扦之后，地面宜常除杂草，并防干燥，如遇天干，早晚以水灌之，促其发生。

截枝法

放蚕最宜之树，以下种后经过八九年为佳。其树中小枝，隔年宜剪伐一次，大干每七八年须剪伐一次。秋季自干部切断。至翌春小枝丛生，以之放养春蚕最为适宜。切断之条，若发后不适用，则仍宜扦条。

驱除虫害法

损害柞树之虫甚多，就中尤以天牛〔1〕为最甚。天牛幼时，体色乳白，其成长充足约一寸二三分长，全身变为绿色。此虫小时喜蚀木髓，树渐枯死。大虫咀嚼嫩芽及树枝外皮，树渐倾折，害树无逾于此。驱除法：以铜丝插入树孔刺杀之，或以黏土塞其蛀孔之下部，用水及石油由上注入，虫即毙。又义合虫蚀柞叶片，至叶枯枝凋而止。青虫颇似野蚕，损害柞树甚重。除法：以烟草和百部草煎汤洗刷树枝，虫食其叶即死，惟放蚕期内，切不可用。又五月至八九月遇西南风，每有黑壳圆虫，形似蜣螂，千百成阵，薨薨有声。据云系土蚕所变，藏匿土中，夜间始出食柞叶及初发之芽，大与柞树有害，捉不胜捉。除法：以柴草离树一二丈远之地烧之。此虫最喜火光，见火即赴，自为焚死。或见食叶时，用大棒击树枝，将虫振落，盛以布袋，携至树间，用火焚之，他虫闻其气即飞去。又柞树至三四年后，树内时生多虫，俗谓柞蠹，小时如蝇，大时如蚕，钻破树心，树节即枯。除法：见树皮滴水，即知皮孔内树已生虫，宜用铁丝钩探入孔中，将虫钩出或戳死。如仍不死，可将树皮剜破，于其藏匿处钩之。此虫上半月头向上，下半月头向下，于每月十五前用百部草煎汤或桐油自眼中灌入，倘不能灌入，以铁

〔1〕　天牛，植食性昆虫，会危害木本植物，是林业生产、作物栽培和建筑木材上的主要害虫。

丝裹棉蘸桐油探入树内，虫沾油即死。

种柞适宜之土质

柞树系自然生长，似无须施用肥料，即或施用，亦不过极淡肥料。至土质，种柞最适宜者，为山野之真土，其次为砂质之真土。栽植柞树之地，多半在山腹之倾斜地。若平地，多半在沿河一带。

生长之次序及剪枝之理由

秋分后，将橡子播种于苗床，翌年春间发芽，秋时即能成五六寸之小枝。第二年春时长尺许，第三年长二尺许，第四年长三尺余，宜喂小蚕。第五年长四尺，可喂大蚕。六年后，树即繁茂。嗣此每年叶落后，须剪小枝一次，数年须砍根一次。剪枝，系为整齐树形，可使发生齐一。砍根，不任伸长过旺，以夺上部枝叶之力，借养树之精液。

柞树林

凤凰城地方最多柞树，有达一百亩者。虽树株大小不等，普通计之，一亩约有二百根。又柞树林有一种小作法。其法：地主以柞树林与食物贷给苦力，小作人出蚕种钱、饲育费，以其收获之几分作为报酬。从前报酬之例，贷与柞树一千本及饲育，收获则以六千颗之茧分与苦力，其余为地主所得。现时报酬之例，贷与一千五百本之柞树林，分茧一万颗，计一万本之柞树林所收之茧，约以十五万颗为普通之数。柞树林之面积，约五十林为一区，即一把剪。所付课税约一元二、三角，曰剪枝税。柞树林亦有税，一亩林一年一百文。

附调查制茧纩丝织绸法

烘茧法

柞蚕茧似不必行烘杀法，因春蚕茧少，一半作秋蚕茧种之用。秋蚕茧至明春方出蛾，其间相距数月，似不必杀蛹。惟春茧作秋茧种余剩之一半，恐其出蛾，不得不出此。其法支架坑上，布篾簟置茧于上，坑下以炽火烧之，声如骤雨，少顷寂然，蛹已毙于茧中，更换生茧烘之。又法，夏日摊茧篾簟太阳晒之，竟日蛹亦毙。

处置鲜茧法

新购之茧，宜置轩敞清凉之室，散布于架，常开窗户，使空气流通。否则，发蒸生热，致伤茧质，制丝不能精美。

制茧袋法

购茧须用袋盛，以便搬运。袋以海草制、麻制、藁制三种使用最多。海草所制之袋，幅三尺二寸，长三尺二寸，用线缝其四围，价约八十文至二百文。麻袋幅二尺二寸，长二尺七寸，价值约百六十文。藁袋以细绳为之，长二尺八寸，幅三尺，价值亦廉。

检茧法

下等茧，系老眠后罹病已死而不成蛹，液污茧皮者。苟不检出，则污液必浸良茧，致缫丝不易，丝量减损。且下等茧，体污坏恶臭散发空间，致害茧之虫，觅迹而来，寄生于茧上，啮破茧皮，致不能制丝，故须从速检出，另置他处。

购茧

购茧不称重量，以个数若干为准，大约以千个为单位。最上等茧，一千枚约值市价一千四百文，然时有卖一千三百及一千二百数十文者。二等茧价每千枚四百至五百文不等，更有卖至二百文者，其市价颇难定一。出蛾之茧称曰扣，春蚕曰小扣，秋蚕曰大扣。小扣每百斤值银三四十两，大扣则可值银七八十两。春茧扣较秋茧扣价贱，因其茧层薄故也。购茧要件分有数端：一、色泽，茧色以纯一不杂者为佳。无论茧皮厚薄，概以缫丝。如茧色中有黄、绿、白各种，须分别缫之。若同放一锅煮练，恐缫时丝色生有班点。一、形状，大率以茧形小缩绉疏者为佳，茧形大缩绉密者次之，又茧长者丝长且细，茧短者丝短且粗，欲制细丝，须择小形或长形之茧，欲制肥丝，择大形或短形之茧。一、厚薄，丝量之多寡，由于茧形之大小与茧皮之厚薄，购茧者须择其厚且坚者为佳。

纩丝法

奉省制丝，称曰纩丝，有法二：曰座纩，曰器械纩。器械纩丝仅烟台有二处，余皆座纩。安东制丝家有二、三十户，其附近处或四、五户或十余户不等。大制丝家丝车有八十台或至百台，小制丝家不过三、五台。其地纩丝所雇之工男居其八，女居其二，男工一日能缫八百茧之丝，女工一日能缫五百茧之丝。工价每人每日一百五十文，饭食归主人供给。蒸茧之器称蒸筐，系蔓草所制，形如长笼，口径二尺五寸、高二尺，底径二尺，可容万茧。未蒸茧之先，将茧盛于筐内，用盖覆之入沸水锅。锅内先安一木架，茧笼即置于架上，笼高于锅，置之锅中，仍露寸余于锅外。再用一草制或木制之筐曰蒸茧锅边，以厚为佳，口径二尺二寸五分，深一尺，口之上面高八寸五分处，用黄土坚筑一土围，口之四边均九寸五分成四方形，每个价约四千。蒸茧时，恐温度不匀，须用木篦扰拌，俗称铲子，长九寸五分，幅二寸五分。蒸茧一万枚，需水二担。俟水沸腾，再投入碱咸三十两，须研为粗末方可投入。此咸以直隶沧州产者为最，多用以蒸茧。约经过七时间，则茧必已蒸至适度，再用洋咸投入，分量与碱咸同。蒸茧之水最须注意水质清洁，则缫丝易而色光明，否则难缫而色晦暗。蒸茧时燃料多用松树材，间有用柞树材者。蒸茧一万枚，约需木材八斤，每斤价值六百文。茧蒸至适度时，必闻锅内蛹香，可先取数枚抽丝试之，以不硬不烂为适宜。生硬则抽丝不利，太烂则茧头易断。茧熟后捞起，剥去外皮，盛于盆内。盆作四角形，高三寸，边径各七寸，底边径各五寸，一盆约容茧一百二十五颗。缫成即以纩丝，重量约一两以上。缫丝之家，每以盆数计工，普通每人每日可纩七盆茧。纩丝之际，盆上以湿巾覆之，若嫌其干燥，可将布揭去喷水于茧上，茧受湿气，易于纩缫。一等茧千枚，得良丝十二两，屑丝三两。二等茧千枚，得良丝十两，屑丝三两。三等茧千枚，得良丝六两，屑丝三两。一束丝之重量，普通以一两为准衡。一束，土人呼曰一括儿，或呼一条。束有大、小二种，大束称曰大纩头，品质稍劣，茧一千枚约出丝八九两。小束称曰小纩头，品质佳良，茧一千个出丝十三两。纩丝输送各处，由售丝人备箱装之。箱高二尺六寸，长二尺二寸，宽一尺四寸。一箱可容丝百斤，每五斤一包，一箱约二十包。

织绸法

织柞蚕丝，凡产茧地皆有织机器，每台价四千一百文至四千五百文不等。织工悉用男工，每日自晨至暮，做工四次，日长一日可成一匹，日短三日可成二匹，大幅五日方能织成一匹，每匹织工约五百文。匹之原量及大小不能一定，普通每匹重三十两至五十两，织绸三十两搀入他料即可得三十三两至四十两。绸之种类有四，今说明于左：

清水洋绉，宽一尺四寸五分，长五十二尺，约重二十五两，值银五两。小洋绉，宽一尺一寸，长五十二尺，约重十两，值银三两八钱。宽绸，宽二尺，长五十二尺，约重二十八两，值银六两八钱。府绸，绸面粗劲而现皱纹者曰鸡皮，其次曰毛紬、水绸，俱出于府绸之先，品虽最下，而名目独多。其双经单纬者曰双丝绸，单经双纬者曰大双丝绸，单经单纬者曰大单丝绸，又曰单丝绸，既疏且狭者曰神绸。府绸以轻重计，重量愈高，其价愈大。故机户织时，绸往往敷米粉子或绿豆粉，重量可增十分之三。水绸论匹不论量，故无此弊。

纪渔业公司

奉天扼渤、黄之咽喉，渔界海权关系甚大，前将军赵尔巽已饬属筹办。诚以奉省沿海岸线自绥中县而东以达旅顺口，北折而至安东县之鸭绿江口止，几及千里，沿海居民以鱼为生者，不可胜数。自旅大二口租借后，海权已与人共，若不力求扩充整顿，必至鱼界被侵，海权日蹙。光绪三十二年正月，札派知府黄家杰前往沿海一带妥筹保卫，旋从商人孙继尧等之请设渔业公司，由公家先出官本五千元为之倡。该商等纠约同志醵股本三万元附从官本买船置网，先行开办，一面分赴沿海一带调查渔业，邀集渔户渔船，广宣谕告，招徕入股，即以黄家杰总理公司事，孙继尧佐之，奏准开办，遵照商律，定名为官商合办奉天渔业有限公司。迨交涉事起，黄家杰去差，继其后者以案悬未结，颇形观望，故办法无起色。孙继尧复以舞弊为众所讦，光绪三十三、四年改派知府卢懋功、王顺存先后前往接办，增订章程，续招股份，并请改名为官督商办渔业有限公司，区别营业、保护为两事。凡属捕鱼、售鱼一切营业之事，归公司办理，官家只任监督保护之责，并奏明改设渔业总局。改定之后，公司纯为商办性质，前后招集股本三十万元。除购置渔轮、运船、机网、电灯并拟仿行捕鱼新法外，注意于筹设销场，讲求制造，建设学校三大端。盖捕鱼必筹销路，而后渔业可期扩充。奉省各处向有牙纪开设鱼行，苛索特甚。此外各衙门之陋规，各关卡之需索，种种苛扰，实为渔业之障碍。现准公司于各处分设销售场，核实征收秤用，以七成为兴办水产商船各学校之用。试办年余，渔界亦尚安谧。现正筹设渔业初等小学，招募渔民子弟入学讲求。俟款项稍充，即筹设水产讲习所，以研究各项水产之制造。提倡之事公司任之，保护之事官家任之，上下相通，表里为用。渔业兴而后渔界明，渔界明而海权益固，证之于滨海诸国，其经营渔业，未有不如此者。司其事者，慎勿徒榷其利，而置渔业于不讲也。

附奏渔业公司改归商办另设官局保护折

奏为奉省渔业公司改归商办，另设官局专办保护事宜，以清权限而谋久远，恭折具陈，仰祈圣鉴事。窃查奉省渔业公司本系官商合办，光绪三十二年间，前任将军赵尔巽准商部咨以该部头等顾问官张謇[1]呈请创立七省渔业总公司，以保海权而扩实业，令奉省酌核统筹等因。嗣经查明奉省海岸线延长千有余里，水产富饶，不亚江

〔1〕 张謇（1853—1926年），江苏常熟人，清末状元，中国近代实业家、政治家、教育家，主张“实业救国”。

浙，爰将筹办公司情形，先以保护为入手办法，具奏在案。惟当时事属创举，一切规章诸从简略，且商股既未招足，官款亦属无多，故以公司兼办保护事宜。本系勉力基础，为徐图扩充地步，开办将及一年，稍著成效。以公司而任保护，不惟势难兼顾，而官商办事同居一处，多有凌躐之嫌。嗣复因该公司协理孙继尧舞弊亏折，众股东禀请澈究，前任将军赵尔巽未及查办卸篆。臣等到任后，派员查明追缴，并重订章程，将该公司改归商办，另设渔业总局专任保护监督之责，权限较为分明。当经派员前往妥办局务，复由众股东公举职商宋长廉接办公司事务。数月以来，厘剔积弊，减轻税则，将一切轇轕，划分清楚。计从前孙继尧冒滥侵蚀至九千余元之多，公司股本亦亏折至四万元之谱。旧有资本，颇形单弱，续拟添招股本十万元，连原定之数共计三十万元，俾资扩充，实行改良，批令照办，并将前颁奉天渔业有限公司兼办保护事宜关防饬缴查销，另刊奉天渔业总局关防一颗，札交该员启用，就营口设局专司保护，划清权限。凡关于练兵、征税、购轮、置械，与夫讲求缉捕、办理交涉诸事，概归官局办理，关于渔猎勤务、术业进步、股分集合、营业改良等事，均归公司办理。其原有盖复、海营、凤安、锦州、庄河五分局仍归该总局管辖，以一事权。所有设局及常年经费，照章仍由渔税项下作正开销，另案造报，并刊发奉天渔业有限公司图记一颗，发给该公司盖用，遵照部章应改注册，饬将前领部照呈缴咨销，以清原案。从此渔业总局与公司权限分清，既无牵混之弊，自有振兴之机，奉省渔业前途，当可推行久远。除将该公司呈缴前领部照暨应补缴注册费，及拟定股票息折各式，并改订章程一并咨部查照外，所有奉省渔业公司改归商办，另设官局专办保护事宜各缘由，理合恭折具陈，伏乞皇太后、皇上圣鉴。饬部立案施行。谨奏。光绪三十四年七月初四日具奏。十四日奉朱批，农工商部知道，片并发。钦此。

附奏裁禁鱼行牙纪改立销售场片

再案查前据奉天渔业公司禀称，沿海各处鱼行牙纪私抽秤用，每鱼百斤计内外六成，苛索过重，大为渔民之累。前经禀准通饬裁禁，暨将渔户输纳各衙门陋规等弊，均蒙革除净尽，改由公司调查出鱼各要区设立销售场，减轻内外各二成办法，筹收秤用，化私为公。将所收之款，储作建设水产商船学校暨研究、制造、陈列各所经费，以备渔人网户无论土著客籍，凡有青年子弟志愿向学者，均可附入校、所学习驾驶、捕猎、制造等各渔业专科，庶几储造多才，精研新法，用以广收水利。其开办销售场时，即由渔业总局派员入场监察一切，以杜流弊而昭公信。前于改订公司章程第十七条内亦已声明，另订销售场规则，附入此项章程条内。各在案等语，并将拟订销售场规则送由渔业总局核转前来。当经臣等详加覆核，尚属切实可行，批令该总局督饬，妥为办理。现在各场业已一律开办，既可扫除渔业之障碍，又可藉兴地方之公益，将来此项收入储积巨款，建设水产商船学校暨研制造究陈列各所，诚于奉天省渔业前途大有裨益。除将拟订销售场规则咨部查核外，所有奉省裁禁各处鱼行牙纪改由公司设立销售场缘由，谨附片陈明，伏乞圣鉴，谨奏。光绪三十四年七月初四日附奏。十四日奉朱批，览。钦此。

附渔业销售场办事规则

第一章　总纲

第一节、销售场之设，为扩充全省渔业，体恤沿海渔民起见，故请总局禀准立案。首重裁革陋规，划归一致，剔除苛累，化私为公，所收内外二成秤用，即用为建设水产商船学堂暨研究、制造、陈列各所经费，以备渔人网户无论土著、客籍，凡有青年子弟志愿向学者，均可附入校、所习驾驶、捕猎、制造等各渔业专科，庶几储造多材，精研新法，用以保海权而收水利。

第二节、立场之后，务期逐件实行，所有除剔烦苛，统一渔政，减收秤用，预造人材，以求保守本省利权而期实业之发达，与夫裁革牙行鱼纪，俾免渔民苦累等事，应禀由督、抚暨劝业道通饬所属地方并捐税各局，再由总局出示晓谕，俾众周知，然后遵照核准章程，次第开办。

第三节、销售场拟订简章，即用为各场办事规则，系由总公司首事股东公同酌议，全体认可，禀请渔业总局总办核定，转详督、抚暨劝业道立案，并咨部附入公司改订章程第十一条以内。凡系各场办事员司夫役，皆须恪谨遵守，勿得玩忽。

第二章　场地

第四节、奉天沿海地方绵亘千余里，应设销售场之处所在皆有。若必同时并举，势难遍及，且各地水类多寡、出产不同，销售场之局面亦须各有区别。兹拟先择出鱼畅旺之区，因地制宜，分为专办、代办甲乙两等，附以兼办。俟后渔业发达，销场亦应逐渐扩充，所有通省捕鱼、售鱼所及之地，再行随时建设。兹将专办、代办两等销售场列目于左：

甲、专办者，择取水产物繁盛之区，如营口本埠，海城之二界沟，盖平之西河套、望海寨、鲅鱼圈，锦县之天桥厂，安东之沙河口，庄河之大孤山等处，应由总公司遴举稳练合格股东一人，禀由总办加札派为经理委员，并由总局选择一人派为监察委员，偕同书识、秤手、巡役等前往扼要海口，赁屋设场开办。

乙、代办者，如复州之娘娘宫，盘山之双石子、枣木沟，宁远之钓鱼台，安东之大东沟，庄河以及稍远之各海口、河口出产水类稍次之区，应由该路分公司分理员招募该处殷实可靠渔铺，申请总公司禀明总办发给渔帖，并由总公司颁给渔秤暨抽收秤用缴纳款项酌予经费等各条章，即由该渔铺遵章办理。

附：凡设场之处，每届渔汛旺时，各渔铺有愿为兼收秤用者，可由销售场或代办处拣取办事公正之家，分予三联票据，照章收用，逐日至领票之专办、代办处缴清。

第五节、专办销售场拟分常立、暂设两等。其常年出鱼虾等类销行畅旺之处，作为常立。若渔汛之期连樯成市，过时则萧条落寞，船网散归。所设之销售场，亦即于渔市罢日，由经理员申明所立分公司，随时撤还，以节糜费。

第六节、销售场门栏以内，应树长杆，升挂黄布双龙旗帜，使渔船易于瞭望。门首横立匾额，上书设场地名，其下各书明某路渔业第几销售场字样。另用木牌将收用额数，暨巡缉私销严立罚则各条章，并总局颁发告示粘贴其上，以便业渔网户、贩运客商有所遵循。

第三章　员役

第七节、各处销售场事有繁简，额设员役自难拘定。兹仅酌中订拟，并将各员司所有资格及应尽职任分注于下。其因地因时或增或减之处，须临时参考。

专办销售场，经理一员、监察一员、书识二名多者三名少者二名、秤手二名多者四名少者一名、巡役二名多者四名。代办销售场，人夫自备，不设定额。

资格暨职任

一、经理员应由总公司于股东内择取老成历练、干事廉明者举充之，又须有股本发起股东在一千元或五百元、附入股东在二千元或一千元以上方为合格，选定后由总公司禀请总办札委。综司该场水产盛衰、销行畅滞、收款盈绌、人夫勤惰及一切杜弊防私等事。每月终核实造册，详报所隶分公司并总公司各一次，以便汇总禀请总局核夺。

一、监察员由总办择取精明可信之人委派，专司考核进出款项及书识，填给执照有无朦蔽偷漏等事。其职务与经理员并重，须和衷共济，畛悉泯，不可各存意见。场中诸事，会同经理员逐月造册径报总局，以备总办按照总公司汇报册数，随时比校，以昭核实而免弊端。

一、书识二名，专司鱼虾过秤核算数目应抽收秤用若干，并经管出入账簿，专司填写执照发给鱼商，并收发信函、缮清呈报各项册折文件等事。其资格发起股东、附入股东须有股本二百元、一百五十元，四百元、三百元以上。

一、秤手二名，专司轮班更替为捕猎船户、贩运客商买卖过秤事务，每人于左手袖口制给元布白字袖章，俾买卖者易于识认。袖章由渔业总局颁发。

一、巡役二名，专于本场所辖境内巡查盗匪暨奸商牙纪，有无私用己秤买卖鱼虾等类，或以多报少、希图偷漏等事。每人给与签牌，其牌式长二尺五寸，宽三寸，首漆红色，下油本色，上书某处销售场巡查签牌，另用朱笔画行。

一、代办销售场，或由股东开设之渔铺暨就近殷实渔户诚实无欺者充之。须由渔铺联名公举，复有营口殷商妥保，由各路分公司或总公司考核详确，禀明总办。颁发渔帖、告示、条章、渔秤、联票等项，派为代办销售场。先由总公司遴举妥员与之偕往，遵照定章代收秤用。试办一月后，如果名实相符，办事认真，即将派去之员撤还，交其代办。所收之款，逐月报解该路分公司汇解。所有各项规则，均与专办处相同，惟不额设各项职任人员，一切雇用夫役，胥由该代办自任。于经收秤用，应核数收提一成五为办事经费。倘有拖欠款项，额外需索渔民等事，当惟保人是问。

第四章　权限

第八节、设场之处远近不一，稽查难于周备，兹拟各路销售场即归该路分公司统辖。凡场内一应事件，每届月底，除经理员、监察员会同另造清册详报总办备核外，应由该场经理员缮备收入支销详册二分，以一分径呈总公司查阅，以一分申报隶所分公司以备汇总册报。所有呈验执照、解缴收款等事，均照此办理。

第九节、分公司稽查员巡查本路各销售场账目虚实、款项盈亏以及人夫办事勤惰，并有无额外需索、招摇诈骗等事之责。凡遇该员轮流到场稽查时，经理员应将本场帐簿、册籍、联票、存款一一任其查阅。如有疑问，详细答覆，不得有所隐饰。稽查员在场或小有勾留，至多不得逾五日，该场除烟茶饭食照寻常自用供给外，不得另予川资。

第十节、专办之销售场，应由总公司颁发篆文钤记一颗，文曰某路渔业第几销售场之钤记，禀请渔业总局验明存案。遇有册报公文，应即按式钤用，以昭信守。其余各场行常使用之图书用为记号者，悉听其便。

第十一节、销售场系为体恤渔民、裁革陋规而设，所订收用条款，除奸商地痞显然违抗不遵者，应禀由总局严惩不贷外，其他渔船网户或不知而误犯，一经巡役查出，自应竭诚开导，令其遵照规章过秤缴用。如有不服理喻及再犯、屡犯者，应即代交经理、监察员，核其事实，就近申明所隶分公司，照章科罚，勿得任情需索。

第十二节、各销售场所用循环簿，应由总分公司禀请总办定立格式页数，盖用关防，发给各该路分公司，以备各场取用。每日收款、出款，均须填写清晰，呈经理、监察员过目盖章，不得损失涂改。

第十三节、场内员司夫役办事勤惰，须由经理员暨监察员详加甄别，立一功过表册，每十日会同考核一次，按实分别填入。或有大功、大过，即将功过缘由，载明大概。届三个月由所立分公司汇齐申报总公司，以备分红时酌量多寡，以资劝惩。

第十四节、经理员综司本场事务，责无旁贷。其书识以次，如有诈索营私，朦混舞弊者，该经理员务须商同监察员查明后，径详总公司随时更易。设有自犯以上各事，亦由监察员通知总公司撤换。

第十五节、监察员有监察全场之责，无论场内何等员司如有舞弊徇私、浮收苛索等事，查获确据，随时禀明总办撤惩。设有自犯以上各事，亦准由经理员据实禀揭。

第十六节、近场之渔船网户，如因捕获水产或买卖交易偶有纷争，应由经理员、监察员评其是非，善为排解。倘有匪棍欺压渔民、扰乱渔业者，准由经理、监察员会同送交该处分局委员分别办惩。

第十七节、代办处之渔铺，或查有私售私贩，应即照章示罚。如不遵，准该代办呈明，由经理监察员扭送分局委员办理。

第十八节、销售场照章罚入之款，除将正项秤用按数补足不计外，其余存储分公司，俟月底汇缴总公司转解总局，由总办发存备用。

第五章　经收

第十九节、立场之后，所有渔船网户捕获各种水产，概归销售场或代办处过秤出售。其各类价目由场员逐日会同公司渔董随时秉公酌定，价目悬牌门首，俾买卖者各无所欺，以免彼此争较。至过秤既毕，详书渔斤数目，偕同买卖两造到场核算价洋若干。按买价一元起码，内外各照二成收取秤用，不许额外需索，并随时填给执照，书明鱼类斤数、价值及收用若干。买主收执，即可运往各乡村市镇零星售买。如无此项执照，即以私贩论。

第二十节、买卖缴纳秤用，所给执照，应由总办核照税捐局定式颁发刷印三联单，禀请督、抚存式备查。总公司年终汇缴总局，由总办送呈督、抚及劝业道核销。

第二十一节、凡渔船捕获鱼类若已赴场过秤缴纳秤用，得有执照。先欲在场地销售，以后或嫌价值不宜，欲载赴他处售卖者，所至之销售场过秤后，验明执照，应按照卖主已纳秤用，只收买主应纳之二成，不得再收卖主，以昭平允。

第二十二节、渔船到埠，须先至销售场或领帖代办之渔铺报明。出售时，或愿在场在铺，均从其便。

第二十三节、各渔铺如有欲代收秤用者，应向销售场声明。经理员查其果属可靠，亦可分给执照，准其试办。每次领取空白执照，以一百张为率，于月底将截存缴验存根，交由原领处核收，以备汇齐转解。

第二十四节、设场以后，凡公司渔船所捕鱼类，无论或鲜卖，或制卖，亦须归销售场过秤出售，以示大公。至于买卖交易，尤须让各渔铺渔船先行过秤，各场员司务须秉公考核，不得瞻徇情面，致令他人落后。

第二十五节、沿海网户自捕鱼虾、蟹蛤、参蛰等类，或制造熟成腌醎，或晒干，一经装造成袋、成篓，皆须由销售场或代办处过秤纳用，填予执照，始准载运他往，不得私行售卖。

第二十六节、外省贩运之渔船、渔车入奉省售卖，与本省渔户装载水产类赴他省买卖者，均须一体到销售场过秤，照章缴用。

第六章　解报

第二十七节、各场收纳秤用，均须交纳现洋，或有通行钱帖之处，应持平核算，不准任便折扣，庶免渔户受亏。解报收款，亦一律缴送实洋。

第二十八节、每场进出款项，其帐目必须分类誊清。鱼汛旺时，逐日一誊札一总数。札总之后，由司帐者呈交经理员及监察员查核，如果数目相符，即各盖用图章为凭，俟月底报销。

第二十九节、专办之场，经收秤用款项及额支薪津、工食等进出帐簿，均每月底造具清册，分报总局与总公司各一分。所存之款与截留缴验存根联票即随册解交分公司，以便汇解。其场地距分公司稍远者不得逾三日，近者不得逾二日。所有正项解款，除额支薪津、工食、房租等正费随册报销外，不得预支分文。

第三十节、代办之场经收秤用，其帐目亦须每五日分类誊清扎总一次，以便该路分公司稽查员暨专办销售场之经理员、监察员随时查阅。如与执照相符，亦即各盖图章以为标记。代收之款应按半月报解该路分公司存储。至月底造册解报，应将前半月解送款数，综核一处，由分公司汇解总公司，以便呈请总办查阅。每月具报，除应提照章酌给经费一成五核数填清外，其余不得拖欠分文。

第三十一节、各渔铺如有兼收秤用者，准由专办之场请领联票，着其照章兼收。惟经理员须逐日到该渔铺查阅帐目，核其与执照符否，有无浮收苛索及以多报少、化整为零等弊。如收数切实，即随时盖用图章。兼收之款过百元者，按五日缴清一次，不及百元者，按十日缴清一次，均与缴验存根之截存联票。一同交到原领执照之场验收。

第三十二节、专办销售场所需解款送册来往盘川暨一切纸笔蜡烛并接待渔商烟茶等项，每场每月拟酌给办公费十元，照定额人数加添者另外酌加准于月底造报作正开销。如有花用，均系各人之事，公司概不承认，以杜冒滥。至各场需添器具，应报明所隶之分公司核准，方可购置。并应造立器什册以备查点，且每场置备器什用洋不得过五十元，以示限制。

第三十三节、销售场经收之款，无论专办、代办，除定额开支外，均按月交由该路分公司解送总公司汇总，禀明总办核收后，即时发存营口户部银行寄储，立折为据。每月底将各场解款扎一总数，由总办及司协理盖用图章。每年以六月、十二月为两期总结。除正开销外，即按总数分作十成，提出三成以一成五为公司职任各员花红，以一成五为总局员司津贴，其余七成概归建设、渔业、水产、商船各学堂暨制造、研究、陈列各所经费，与一切改良渔业必要之需。如添制渔轮、机网、占风台、照海灯、海道礁石标识等项，皆当次第兴办。每期年底由渔业总局汇报督、抚暨劝业道并咨行农工商部核销。

第七章　缉私

第三十四节、查渔汛期内多有贩鲜鱼船不肯拢岸，在远洋各网地向渔船购买鱼虾，装运他埠售卖者。此项船只，历来多有海盗藏匿其中，每遇渔船稀处，辄登岸抢劫，实为渔业莫大之害。自销场设立，凡有外来贩鲜船只，必须泊岸到销售场收买水物，庶可就便稽查。倘有仍在网地私行买卖者，一经兵轮巡船查出可疑形迹，即以匪船论。

第三十六节、买卖鱼类，既经销售场过秤，自应照章缴用，随时填给执照。如有勾通场内员司，虽经过秤而无执照，或仅由各司随便给与空白纸收条者，即系有意减轻匿报，希图省用。一经查出，除禀请总办将该员司撤惩外，其渔人应照拟定章程，加倍论罚。

第三十七节、立场十日内，凡渔船网户、贩运客商或未及周知，如有私行买卖者，当可额外见原，查明谕令，遵章缴用。十日以后，初犯者照章缴秤用加罚一倍，再犯者加罚三倍，半月以后，初犯者加罚三倍，再犯者加罚十倍，以儆效尤。

第三十八节、渔船借捕鱼、贩鱼为业，或遇盗贼迫胁装载，其船主如获泊岸，应到该管地段分局出首。如有隐匿，一经查出，即作通匪办理，所有船网渔具，均可呈明分局委员禀请总办，扣罚充赏。

第八章　赏罚

第三十九节、销售场员司、巡役，无论何人，如能屡获私贩、私销，除随时填入记功簿外，所收罚款，各应禀由总办分别奖赏，以资认真而示鼓励。

第四十节、销售场设后，无论专办、代办、兼办，一切员司夫役于过秤收用各节，如有浮收匿报、舞弊营私等事，一经查出，或被告发有据，立由总公司禀明渔业总局分别严办，无稍宽假。至经理各员，为全场之表率，责任綦重，倘有侵吞收款、册报不实等弊，除按数追偿撤惩外，应准照咨部章程第十一条，将其原入股本扣罚一半，充作公司犒赏公费。

附调查沿海渔业船户区域表

局所	渔区	渔业		出海渔船	每岁捕获鱼虾等数
		户数	丁口		
盖复分局	盖界河西套	五五户	一七三口	五五双	一四〇、〇〇〇斤
	鲅鱼圈	四三	一二二	四三	一二〇、〇〇〇
	望海寨	六三	一〇二	六三	一六〇、〇〇〇
	熊岳河	一四	一〇一	一四	三〇、〇〇〇
	西河口	六九	二二五	六九	一六〇、〇〇〇
	复界娘娘宫	一五	一四〇	一五	三〇、〇〇〇
	松木岛	三二	一六一	三二	七〇、〇〇〇
	长兴岛	一一八	三五六	一一八	四〇〇、〇〇〇
	花椒岛	三一	一五五	三一	七〇、〇〇〇
	红崖河	一七	一四八	一七	四〇、〇〇〇
	煤窑	二五	一三〇	二五	三〇、〇〇〇
	永宁涧	一五	一二〇	一五	三〇、〇〇〇
	共一二区	共四七九户	共一九三三口	共四九七双	共一三〇〇、〇〇〇斤
海营分局	海界田庄台	一一九户	四四三口	一二九双	六〇〇、〇〇〇斤
	三岔河	一三三	四八五	一四三	七〇〇、〇〇〇
	砠嘴河	一二四	三一八	一三〇	四〇〇、〇〇〇
	枣木沟	四五	二二八	四五	四〇〇、〇〇〇
	二界沟	二八	六五九	三六	一〇〇〇、〇〇〇
	老网铺	八	三二	一〇	五〇、〇〇〇
	耿家屯	三三	一一七	三三	一五〇、〇〇〇
	大井	二六	六六	一四	一〇〇、〇〇〇
	平定河	三〇	八二	二一	一〇〇、〇〇〇
	南大岗	渔侨七八	八五七	七八	一〇〇〇、〇〇〇

局所	渔区	渔业		出海渔船	每岁捕获鱼虾等数
		户数	丁口		
	共一〇区	共六二四户	共三二八七口	共六二九双	共四、五〇〇、〇〇〇斤
锦州分局	锦界西海口	一四户	四二口	一四双	一〇〇、〇〇〇斤
	朱家口	四三	一二四	四三	一五〇、〇〇〇
	鸳鸯沟	八五	一八二	八五	三〇〇、〇〇〇
	万金滩	二八	一一五	二八	一七〇、〇〇〇
	坨子里	三二	一三〇	三二	一二〇、〇〇〇
	二界沟	四八	一六〇	四八	二七〇、〇〇〇
	皂力头子	三四	一二〇	三四	一五〇、〇〇〇
	钓鱼台	八二	二七八	八二	三〇〇、〇〇〇
	白龙滩	三二	七八	三二	一五〇、〇〇〇
	沙后所	三四	一一〇	三四	二〇〇、〇〇〇
	墙子里	二五	九八	二五	一〇〇、〇〇〇
	共一一区	共四五七户	共一四三七口	共四五七双	共二、〇一〇、〇〇〇斤
庄河分局	庄河	五四户	一八六口	五四双	九〇、〇〇〇斤
	石城岛	六三	二一三	六三	一〇〇、〇〇〇
	牛食圈	一四三	三一六	一四三	一五〇、〇〇〇
	小庙子	四二	一三四	四二	八〇、〇〇〇
	杨家圈	七四	二八七	七四	一三〇、〇〇〇
	小岛子	一一	三七	一一	五〇、〇〇〇
	南限子	二七	六五	二七	七〇、〇〇〇
	鹿岛	六五	一七四	六五	一一〇、〇〇〇
	监场	八	二九	八	六〇、〇〇〇
	唐儿府	一三	三七	一三	九〇、〇〇〇
	花园口	五二	一四二	五二	一三〇、〇〇〇
	尖山子	三七	一二七	三七	一一〇、〇〇〇
	五块石	一五	三八	一五	七〇、〇〇〇
	共一三区	共六〇四户		共六〇四〇双	共一二四〇、〇〇〇斤
凤安分局	凤界窟窿山	七户	四二口	一〇双	四八、〇〇〇斤
	二道沟	七	四八	五四	四九、〇〇〇
	三道沟	二	二四	四	二〇、〇〇〇
	小岛子	六	七二	一三	一〇〇、〇〇〇
	北井子	五	二三	六	一〇、〇〇〇
	小獐岛	二四	四八	二四	二〇、〇〇〇
	兴隆山	六	七二	一二	四〇、〇〇〇
	花坨子	二〇	四〇	二〇	一九、〇〇〇

局所	渔区	渔业		出海渔船	每岁捕获鱼虾等数
		户数	丁口		
	烂泥头	三〇	六〇	三〇	二〇、〇〇〇
	礁石沟	一七	一八八	三四	一二〇、〇〇〇
	黄土坎	七	四〇	四	六、〇〇〇
	龙王庙	五	一〇	五	五、〇〇〇
	安界赵氏沟	三七	六二九	一四二	三〇〇、〇〇〇
	掛沟	二七	四五九	九四	二〇〇、〇〇〇
	安子山	三〇	六〇	三〇	二〇、〇〇〇
	安东	三〇	四五	六	二〇〇、〇〇
	东沟	二	二六	五	二〇、〇〇〇
	小刺	一二	二四	一二	一三、〇〇〇
	古沟	八	一六	八	八〇、〇〇
	共一九区	共二八二户	共一九二六口	共四七二双	共一、〇三八、〇〇〇斤
统计五	六五	二四四六	一〇三五八	二六五九	一〇、〇八八、〇〇〇

工业篇

奉省地大物博，动植之产，为原料一大宗。向来工艺不兴，穷民固无以谋生，即富商亦难以长贾。近复交通四辟，远来品物充斥市厘，吾民既无制造之才，何自而筹抵制之法。其大而精者无论已，即粗如布匹，小如纸张，尚不能不仰给于外方之输入。在昔无此漏卮，虽日涸于内，尚可以弥缝接续，而不即暴露，今则日用之品，南北交驰，大半为外国制造，一若全球生计竞争之点集此一隅，其涸固可立而待也。虽然，统计奉省输入重要之品，以棉织物及火柴、铁类为大宗，于工艺中实为粗重之物，其原料皆我所自有，无俟外求。惟民间多狃于故见，不肯仿造，以保守固有为上策，以力图改良为多事，遂令外人觊觎，著著争先。若非及早筹办，则利权之散失，国力因之，非细事也。故筹办奉省之工艺，不能不急起直追，因势利导，亦惟以简易之法传习之，以现有之物扩充之而已。若高等之教育、范模之工场、机器之制造厂、工艺之试验场，皆振兴工业应有之本务，有不能不逐渐筹办者。特公家之财力薄弱，人民之程度幼稚，其举办固难，其收效亦非易耳。

纪工艺传习

光绪三十二年四月，前将军赵尔巽在省城东门外银圆局内附设工艺局，因地取材，先从金、木两科试办，随时推广。复更名为工艺传习所，并入农工商局，增设缝、木、雕、漆、绣、毯、染、金等工八厂，先招官费学徒八十名，延聘专门艺师，传授工艺，并于夜间功课之暇，仿照半日学堂办法，延聘教习，兼授国文、测算、绘画等科学，分厂肄习，以两钟为限。又添设文书、会计、庶务、稽查各员，以分治其事。三十三年六月，始设劝业道，即以工艺传习所隶之。复以该所规模粗备，而厂舍狭隘，尚待扩充，即在城东小河沿地方，设局建厂。是年冬间，新所工竣，修订章程，改良工艺，复添设织布、刷印、玻璃、凿井、胰皂、洋烛等工厂，将原有之缝染各工，分附木、毯等厂之内。三十四年五月，奏请立案。本年二月，将提学司前设之艺徒学堂学生四十九名，并入该所实习各科工艺，一俟学业有成，即可分派各府、州、县，或教授生徒，或创办工厂，使民间洞悉制造之方，即可以为挽回利权之计。一俟财力稍裕，则宜建设高等工业学校以研究学理，模范工场以推广实用。盖奉省人稀工贵，有机器则所省甚多，土壤坦平，有机器则开辟愈广。是工艺一兴，而农与商皆互受其益，经济政策之发达，因有交相为用者也。

纪提倡工艺

奉天土产蕃殖，有原质而无用品。然当此工业幼稚时代，事事仿效外人，势不得不雇用外国技师，购入外国机器。其成本既重，收效又无把握，固难仓猝以集事，审材量力，但就其容易收效者，择要兴办，以徐图扩充，亦事理之至顺者也。前将军赵尔巽，以开通商埠，建筑日繁，需用砖料，有供少求多之患，设造砖厂，实为奉省公家营业之始。年来砖料市价渐平，公私称便。造纸原料，所在多有，前派员调查，筹议开办。而公家文牍所用，势难从缓，特先行设立官纸局，批发各项纸章，将来自造有成，即可用以为发售之地。皮革一宗，亦为土产，然锦州而外，皮制尚少，徒为日、俄两国所利用，故先行筹设硝皮厂于大东门外，逐渐讲求硝制之法，以挽利权。此审材量力所不容不筹兴办者。俟风气稍开，财力稍裕，即先立模范工场，机器制造局，缫丝、织布、织绒各工厂。而其尤当注意者，则工业学校与工业试验场，以为造就人材之地。外国高等工业，分科甚繁，然择其切于奉省之用，为选科办法，如染织科可以改良柞蚕丝茧，酿造科可以研究麦及葡萄酿酒之法亦甚简易，人才既盛，则后此开办一切工场，自不必借材异域，此固工业上一大关键也。

附奏设立工艺传习所暨造砖厂、官纸局折

奏为奉省设立工艺传习所暨造砖厂、官纸局，以兴实业，而挽利源。恭折仰祈圣鉴事。窃维通货者商，制货者工，是商以济工之流通，而工实应商之贩鬻。奉天地大物博，天产丰饶，如柞茧之可织绸锻，皮革之可制器用，绒毛之可为毡毯，树皮之可造纸棉，他若木植有林，晶玉有矿，皆足以供工之用，而应商之需。只因民未考求，徒使天成原料，供他人造作，货成之后，仍辗转销售于我国。生出熟入，一任其隐吸无穷之利于不觉，此工业之不振，而商权之所以并失也。前督臣赵尔巽有鉴及此，曾在省城东门外设立工艺传习所，为劝工之计。臣等到任后，次第考查，见其规模粗备，具有条理，惟房屋狭隘。应建厂舍，尚待扩充，随督饬劝业道就局南原置小河沿地内另行建房设局，于去年十一月间工竣，迁入该所。原分雕、漆、金、木、织、染、彩印、缝纫等工为八厂，迭经厘正改良，添设玻璃、毛毡、刷印、顾绣等工厂。将原有之染、雕、金、漆各工，分附毯、木等厂。招有官费学徒六十名，延聘教习、艺师，传授工艺，兼教国文、测算、绘画等科学，分厂肄习。现在风气渐开，备费投学者，已纷至沓来。拟俟艺成之后，分派各府、州、县，辗转传习，不数年后，可期普遍。复因建筑繁多，在西门外设立造砖厂，因纸张翔贵，又在城中开设官纸局，均已先后开办。凡应需买地建屋，用人购料以及常年经费，皆于磅余项下核实动用，应请作正开销。盖艺则熟而弥精，人则久而渐广。将来参以理化，逐渐推广。就本地之料制本地之货，商品既多，商业自盛，他日收效，当非浅细。除咨部查照外，所有奉省设立工艺传习所暨造砖厂、官纸局各缘由，谨恭折具陈，伏乞皇太后、皇上圣鉴，饬部立案施行。谨奏。光绪三十四年五月二十九日具奏，六月初十日奉到朱批，该部知道。钦此。

附史悠壮调查奉天全省麻业报告情形

窃查麻之用，在纤维质中所占价值最优。盖物质中含纤维质之最富者，矿物则为石绒，动物则为丝，植物则为麻。故也，近今用途较加扩张，制作较加精进，所谓粤东之波罗绢，浏阳之细夏布，皆彰彰在人耳目间者。然此尚未尽麻之用也，再研究之，

精益求精，人工之窳易以机器，而后麻之用始无憾。征之欧西各国，由麻制成之物，在俄国则有咧吧次布，在英美则有桌毡、炕毯，其精美几与丝埒。议者类谓彼麻之原质较优，故其出物亦较优。然考之通商各埠，其入口之咧吧次布、桌毡、炕毯等，率由出口之麻所制而成。其为工窳不良，外人借以渔利，购之我而售之我，以至利权外溢，其理有不待蓍蔡而决者。奉天物产丰饶，麻业尤盛，缘工作未精，乃弃材不少，所产之麻，除编织粗细绳索外，织布之法，亦所未谙，殊觉可惜。悠壮奉委调查，东至兴京，西至锦州，北至铁岭，南至营口，谨将麻之种植、制造、出产、销场等，其应如何扩充改良之法，详细调查，分为十八条报告如左：

一、种类区别　考麻之种类不一，有名线麻者，有名青麻者，最为适用，多产于平原。有名椴麻者，原质为椴树皮之纤维。有名枲麻者，多产于山上，天然种植。他若俄罗斯所产之苎麻，印度所产之黄麻，斐律宾所产之玛尼腊麻，巴哈马所产之西舍耳麻，墨西哥所产之绎喀斯德尔麻，新锡兰所产之福墨麻，冒里脱斯所产之波罗麻，西班牙所产之爱斯派托麻，荷兰所产之喀驳克麻，奉天无是种子，或亦有相类似者，必俟将各国麻种购备后，乃能详加考核。

二、货物等差　奉省麻之上品者，为线麻。而线麻又分三等：一、线麻之上者名三手麻。色洁白而光莹，质坚韧而柔润，皮细量轻，纤维长至七、八尺，无节，分理成束，头小而尾大。再合为捆，每捆方形，阔一尺，长三尺，约重八十斤。二、线麻之中等者名大路麻。色白而光莹稍逊。皮厚量重，纤维长至五、六尺，而微有节，每捆约重七十斤。捆形同前。三、线麻之下等者名大包麻，又名绳麻者。兼黄黑，质脆易断，而皮粗厚，纤维长至三、四尺而多节，分理成束，头大而尾小，每捆约重六十斤，捆形亦同。青麻又名苘麻，以色白线长为上，色黑线短者次之。纤维长不过四、五尺，捆成长圆形，重一百余斤。又椴麻色混黄白，皮阔及寸。又枲麻皮上生刺，均属下乘，由本质不佳耳。

三、种植法　种植之法，择上等平地，于清明前，以牛羊猪马粪培壅于陇旁，将旧陇挖开，锄成新陇。至谷雨下种子。地六亩为一天，每天地种麻子二斗，种后经四日可出苗。长至五寸，将土培高，拔去麻旁野草，再俟苗长一尺，其中短苗均拔去，仅留长大者。五根骈列，如五指形。盖麻太密则不长，太疏则发叉，发叉即生节，此第一紧要关键也。或谓小陇出上等麻，头小而尾大，不发叉。大陇出次等麻，因陇阔即易发叉。故多分成小陇。又有迟至立夏始下种者，其皮薄细而质美，惟分量轻，农人贪利，多于谷雨下种，取其皮厚而重，多售其值。然收成虽丰，货粗价贱，此皆农学之不讲求也。

四、收成法　收成之丰歉，以本年之晴雨为定评。例如今年六月，天稍干旱，则收成必减色。刈获时，在立秋节前十天，用镰刀从头割下。去叶及尾，将麻杆系成圆捆，每天地约可产麻七百捆。每捆可剥麻一斤，共约剥麻七百斤。引出山涧之活水，阻塞其下流，用石砌成池，将麻捆投其内，再用石压其上，遇雨则将浊水放去，换易清水。又因山涧水温度低，必沤二十天始成。沤后麻必酸酵，山水亦热。由青色漂成白色，故引用山涧水漂色为上等。又法，用河水、活水沤之亦可。河水较山涧水温度高，十天即成，惟漂成白色稍逊。若彼无源之水，则不能沤。沤成出水之后，将麻杆排摊地下，露一夜晒一日，翌日翻转，再露再晒，如是三日可成。收入空屋，不使近烟火，近烟火则色黑。存储不论久暂，随时可剥。剥麻之法，立长橙上，先检麻杆之好者，用三指从头剥下，以无中断者为三手麻，是最上等。其余用二指剥下者，为大路麻。次之剥后系成小子，三子系成一窝，合四十一窝，系成一捆。此线麻收成之法也。至青麻收成法，大致相同，惟用浊水沤之，不能漂白，故色黄赤。再椴麻系椴树皮所出，弃其老皮，取其嫩皮，亦用水沤而成，均不敌线麻远甚。若枲麻，则无人采取矣。考外洋收成之法，浸以水，复轻锤之木，脱而丝成。其费工弃料虽甚，而所得皆精良上品也。

五、地土所宜　麻之性质宜于土质含有磷酸盐者为最，故种上等线麻者，宜兴京厅麻户、西厢一带，其土地肥沃，故别处所产均逊焉。如用上等平地，锄成小陇，加以牛马肥料，则所产更佳。其种于山地者次之。惟山地有草木之落叶，兼禽兽之遗粪，自然肥料，不用加以牛马肥料，但只能种二年，则地瘠而不能种矣。偶有种于屋角田边者，其产麻则为下等。至低洼水湿，列为下等地，只能种青麻。他若枲麻，随处可植，则可不辨土宜矣。然麻最忌无沙坚土，又有地风，而土性又不干燥者，用之种麻，质粗获少可豫决也。

六、种植工价　民间不谙种麻之法，由种植之学未加讲求也。奉省有专业种麻者，名为麻把头。如欲种麻，则由业主出地，把头出工，所产之麻，各半均分。每天地每次用工人四名，每名每日工银三角，饭银一角，由把头所供。计自下粪、种子、培土、拔苗、收获、晒晾，凡工作六次而成初胚。剥麻工人，另有专门剥麻工资。业主、把头各出其半，每日晨早开工，剥至二更而止。每工每日只能剥四斤，每百斤剥上等三手麻工银四元，剥次等大路麻工银三元，供其火食。每五天一停，是日不造工，仍供其火食，并须饱以酒肉。近来每因工资太大，价值又贱，所余无几，业麻者日渐减少矣。

七、出产地名　产上等线麻之地，以兴京所属地为最，总名东山，均在沈阳之东南。如麻户距沈一百八十里，西厢距二百里，苇子峪距一百九十里，阳草峪距一百七十里，大小马圈子距一百八十里，金斗峪距一百九十里。产中等线麻之地，如石人沟距二百三十里，大小洛距二百六十里，五道沟距二百一十里。其产下等线麻者，如库仓沟距二百五十里，陡岭堡距二百四十里，蚊子沟距二百一十里。至海龙府所属之山城子、朝阳镇，亦产线麻，均下等。又产上等青麻之地，在辽阳州小北河，距州城六十里。产次等青麻之地，在镇安县、广宁县。他如零星出产之处，不遑偻指。至吉林川厂，直隶蔚州及顺德府，均产线麻，不及奉天多矣。

八、出产数目　线麻之上等者皆运至沈阳，中等及下等者则运至新宾堡、永陵街。而中道必经兴京厅，至税捐局纳出产税。兹调查税捐局，本年线麻报出产税，共七十三万一千四百零六斤。按照税捐估价章程，线麻每百斤资本二十二两，绳占资本十四两，苘麻即青麻占资本四两。约计线麻一项，每年收出产销场税约在三、四千两。至辽阳一带出产青麻，约计一百五十余万斤。镇安一带出产青麻，约计二十余万斤。按斤数纳税若干，有定章也。此专指多处而言，其零星者不遑枚举。

九、本省销场　麻在冬季畅销，例如麻户各处之上等线麻，均由种麻之人自运沈阳销售，名本客麻。沈阳只有遵古、永庆、世兴、隆盛四家屯销，共销二千五百捆，约计二十万斤。又有由本客自运至盖平者，不在此数之内。至于中、下等之钱麻，统由沈阳遵古等之九家屯销山货店，共销一万零七百三十捆，约计七十五万一千一百斤。一份售于营口，复由营口转售于各省及外洋，一份售于山海关内为内地用。又青麻仅销三十余万斤。新宾堡距沈阳三百二十里，由福隆、天顺、万隆三家屯销山货店，共销中、下等线麻三十九万七千一百斤，再转售于沈阳。永陵街距沈阳二百八十里，由兴发祥、东泉泰二家屯销山货店共销中、下等线麻二万七千余斤，亦转售于沈阳。至于椴麻销二万余斤，青麻销六千余斤，均行销本地。新民府向销沈阳之麻，今因火车通至沈阳，而麻不由此转，只有本地销售东山线麻三、四千斤，镇安青麻四、五万斤而已。锦州向销吉林川厂线麻，去年改销直隶顺德线麻，今年又改销直隶顺德府线麻。每捆长圆形，约一百三十斤，共销五百余捆，约五余万斤。其麻不及东山所产之美，而东山线麻因价贱不能销售，至镇安青麻亦销六、七万斤，均行销于本地。营口销场全恃出口，而线麻之销本地者甚属寥寥。惟今年世昌洋行，即咪吔洋行，屯销辽阳小北河一带之青麻，拣选上等者运出口外，下余一万担计一百万斤，又转售于本地之油房六家、麻店二十余家。铁岭由大兴利等之五家山货店屯销，共销线麻四、五万斤，青麻二、三万斤，均行销本地。夫麻业一项，为奉省大宗商务，本年麻产不多，商务减色，此系一大原因，不可不从速整顿也。

十、外洋销场　往年沈阳之三井洋行、营口之远来洋行，均购中等线麻运外洋。又查三十三年营口关出口税，线麻出口往龙口六十六担四十五斤，往烟台二十七担五十斤，往日本八担三十六斤，往德国二担二十三斤，共一百零四担五十四斤。青麻出口，往烟台四百零一担十一斤，往天津三千零十四担零一斤，往安东一百零六石二十斤，往龙口五百七十六担十三斤，往福州五十一石四十五斤，往上海九十斤，往日本二百五十七担，共四千四百零六担八十斤。查运往日本者，系大兴洋行所办。而世昌洋行运往德国之二百余斤，据云内有中等线麻，每担价值二十元，下等价值十六元，青麻价值八元。运往天津三千余担之青麻，亦系该行所办，每担价银六元。产在辽阳小北河，运往天津本行，用机器压力压成小包，再运往英美发售云。

十一、价值比较　按：奉省各地售麻价值有相异之点，沈阳上等线麻每百斤价值二十二元至二十九元，中等价值一十四元至一十八元，下等价值一十一元至一十三元。青麻每百斤价值六元至七元。新宾堡不销上等线麻，中等每百斤价值一十五元，下等价值一十二元。永陵街亦不销上等线麻，中等每百斤价值一十七元，下等价值一十三元。新民府只销中等线麻，每百斤价值二十元，青麻每百斤价值七元。锦州不销东山线麻，而销直隶顺德府线麻，每百斤价值一十六元。镇安青麻每百斤价值七元。营口不销上等线麻，搬运出口者，仅中等货色，每百斤价值二十元，下等价值一十六元。辽阳小北河青麻，搬运出口者，每百斤价值六元至八元。铁岭多销山城子、朝阳镇之下等线麻，每百斤价值十元。间有由沈阳购回者，上等价值二十五元，中等价值二十元，青麻每百斤价值六元。

十二、陈列标本　自来振兴实业者必以考较原料为先务，研求工艺者必以陈列标本为基础。既有标本，然后知何等原料，可以制造何等品物。兹特购备麻户、西厢、苇子峪、马圈子、金斗峪、阳草峪之上等线麻，石人沟、大小洛、五道沟之中等线麻，库仓沟、陡岭堡、蚊子沟之下等线麻，山城子、朝阳镇之又下等线麻，东山、辽阳、镇安、广宁之青麻，旁及直隶顺德府之线麻、永陵街之椴麻并线麻种子，陈列署中，以为标本。加题标签，注明种类、产地、价值、销场，以备商业上参考之资。

十三、本省制造　麻类惟线麻之原料极佳，病于工业不发达。本省工作不能制造为精美之品物，只知结成粗细绳子。其上等线麻，售于沿海一带，渔户用以结网。试验麻户线麻真伪之法，如系麻户之麻结成者，其网出水后，铺于平地晒干，中间能凸起，离地数尺。中、下等麻，则仍贴地平线。又售于靴鞋店结细绳子，用以连结靴鞋底。至中下等线麻，仅能结成长绳，或为车套，或为船缆。青麻仅能结粗短绳，用以系物，或造麻刀，用以建屋。如绳已用断，以水沤之，可制毛头纸，为糊障窗眼一切之用。如纸已用烂，再以水沤之，可制成黑纸，以为包物之用。至椴麻可以结绳，用之系木排，取其在水中能久淹而不腐也。枲麻用火灰漂白，可以制丝线，又可以制汗溜，但用于以上之制造者，甚少麻之一类。奉省制造，用途止于此。以上好之原料，为至贱之用途，岂不重可惜耶。

十四、麻实用途　麻有花麻、子麻二种，子即实也。花麻不结子，其出麻为上等。子麻出麻次之，然亦不俟其子长熟，即将麻割下，盖子长熟则麻生节也。如结子者，专为留种而设，则麻无用矣。然子成熟，若榨油白色，可以点灯，可以浇蜡，并可制食品，及掺入油漆之用。如不榨油，可以饲禽鸟，可以作麻子豆腐。至麻树之子及芝麻，均能榨油，其油则更佳矣。

十五、扩充种植　近年麻之价值过贱，故种烟者多，而种麻者少。苟不先研究其原种之美恶，土地之所宜，以及届时一切培壅法[1]，则虽种麻，何能获利。所以奉省种麻者，日形其少也。拟于新宾堡设一种麻局。于麻户一带，选官荒上等之地，雇麻把头，由官力种之。用适宜肥料，加以培植，参以外洋种植之法，只求原料之精美，不问价值之低昂，为民间先声。试办一年，其所出原料，必远胜于从前，然后用以制精美之品，何患价值之不增高。价值既高，何患麻业之不扩充乎。

十六、改良制造　麻之原质极美，外洋各国用以制造各种品物。内地湖北、广东两省之制麻，较奉省为优，其明征也。拟请一面派员往湖北、广东先行调查，一面往外洋调查制麻之法，聘技师购办机器，于沈阳省城设一制麻局，改良制造，先行试办，则麻业必日渐发达，于小民生计亦不无小补矣。

---

〔1〕　培壅法，于植物根部堆土以保护其根系促其生长、巩固。

附麻业调查表

品类	产地	数量	价值	制造用法
上等线麻	麻户	每百斤	二十九圆	结网
上等线麻	麻户	同	二十五圆	结网
上等线麻	西厢	同	二十八圆	结网
上等线麻	马圈子	同	二十七圆	结细绳穿靴底
上等线麻	苇子峪	同	二十六圆	结细绳穿靴底
上等线麻	金斗峪	同	二十五圆	结细绳穿鞋底
上等线麻	阳草峪	同	二十四圆	结细绳穿鞋底
中等线麻	五道沟	同	十八圆	造车套
中等线麻	车岭背	同	十六圆	造船缆
中等线麻	大小洛	同	十五圆	造车套
中等线麻	石人沟	同	十七圆	造车套
中等线麻	石人沟	同	二十圆	造船缆
中等线麻	大小洛	同	二十圆	运外洋
下等线麻	蚊子沟	同	十二圆	结粗绳
下等线麻	库仓沟	同	十二圆	结粗绳
下等线麻	陡岭堡	同	十六圆	运外洋
下等线麻	山城子	同	十圆	结粗绳
下等线麻	朝阳镇	同	十圆	结粗绳
下等线麻	吉林江东	同	十圆	结粗绳
下等线麻	吉林川厂	同	十圆	结粗绳
青麻	辽阳州	同	六圆	结粗绳
青麻	辽阳	同	八圆	运外洋
青麻	东山	同	六圆	结粗绳
青麻	东山	同	六圆	结粗绳
青麻	镇安县	同	七圆	结粗绳
青麻	广宁	同	七圆	结粗绳
椴麻	永陵街	同	十圆	结粗绳
苘麻	西安县	同	四圆	
线麻	西安县	同	十一圆	

商业篇

奉省商务，向称疲弊。究其原因，则商智之蔽塞，商情之涣散，交相为病，遂以酿成此萎靡不振之现象。近复开通商埠，至九处之多。各国群挟其商战之策，乘我凋敝之后，以奉省商界之智识，输入之货，莫究其来源，输出之货，莫明其销路，即本省所产，以何者为大宗，国内所有，以何者为特色，皆昧然弗知。夫内容不知，遑论外情。外情不知，遑论抵制。故振兴奉省之商务，不亟亟于筹设商学，而亟亟于陈列商品，又不急于搜集国外品，而尤注意于国内品，情势使然，治标之道不得不如此。惟奉省商界之涣散，不独此省与彼省、此业与彼业不相闻问，即同省同业亦阂隔而不通。求其能结合团体，以培养其元气，而扩张其利源，直南辕而北辙耳。隔者通之，散者合之，使各商先有整齐画一之规，而后公家可以尽其保护维持之力，则商会之设，实为奉省商界治本之本也。彼东西列强，持保商政策，补助之术，博而且周，则我之有待于扩充者，岂浅哉。

纪商品陈列

各国商品陈列馆之设，其寓意有二：一、内国品，所以引起工业家比较优劣之思想也。二、外国品，所以引起工业家模仿改良之思想也。奉省地产丰腴，而民智窒塞，自外势浸长，输入品物，充斥于市廛。以朴拙无识之民，而诱以新奇嗜好之品。以颠沛乱离之后，而发其崇拜效法之思。习惯性成，先入为主，后此日用饮食，一切仰给于外人，必至无以为自存之地。前将军赵尔巽于光绪三十二年四月，特奏请于大西关外，建筑洋式楼房四所，购运本省及外省各种商品，分类陈列，资人观览，比较仿制。而于本省物产，如滨海之鱼盐，东山之材木，漠北之毡裘，辽西之丝茧，其他粱菽、畜产、药品、油酒之类，尤搜罗尽致，以收比较观感之益。并附设劝工场一区，招集各处商人，发售国内产品，以为减销外货之地。光绪三十三年十月，始成立。其陈列计分三类：一曰教育类，共分四区，一图书区、二仪器区、三文事用品区、四武备用品区。二曰天产类，共分五区，一农产区、二林产区、三水产区、四矿产区、五农业化学区。三曰工艺类，共分五区，一杂品工艺区、二化学工艺区、三什物工艺区、四纺织工艺区、五美术工艺区。行政之部亦分列四科：曰考核，曰调查，曰书记，曰会计，而以专办一员总其成。计自开办以来，民之游观者日以数百计，其影响所及，盖亦大矣。然为财力所限，有欲扩充而未能猝办者二：一曰添购商品，择要推广于各属，以收博观之益也。外国商品陈列之设，随地皆然。以奉天幅员之广，设立仅有省垣一处。且自开办以后，尚未续购商品。以地界言之，则不能由近及远，以物质言之，则不能推陈出新，办法似未完善。一俟财力稍裕，即添购商品，并将现存各物迁移于各府、州、县适中之地，以扩乡曲之见闻。二曰延聘技师，品评物质，以收参考之益也。该所内部虽设考核一科，鉴别陈列各品，然但就产地价格，分别签注，既非专门之学，自无鉴定之才。拟延技师一人，专就所陈各物品尺寸价值、优劣得失一一研究。其不合法者则函告之，有质问者则覆答之。并随时指陈报告，俾众周知，使游观之人，不视为娱耳悦目之场，可直受格物致知之益，庶得劝工之旨矣。

纪商会成立

奉省叠准部文，敦促劝办商会，前赵将军尔巽于光绪三十二年三月，奏请设立商务局。自接任开办后，即先派员分赴各属，劝办商会。然奉省商情，向无团体，平日虽有直隶、山东、山西、吉林各帮，不相维系。虽有钱行、粮栈、丝房、皮货、山货各行，不相联属。求如各省之某帮会馆、某行公所，每有聚议，一呼百诺，不可得也。则涣散之弊，其难于联合者一。同此商业，问其何由而盛，何自而衰，利何以兴，弊何以革，何者应鉴戒于既往，何者应筹备于将来，皆茫乎无以为对。则闭塞之弊，其难于提倡者二。谨厚者畏官场如谈虎，狡黠者倚洋势为护符。从前省城设有公议会，光绪二十二年前将军依克唐阿曾劾省城商会约众抗官，庚辛以后，市面悉受把持，奸侩从中渔利，巧立名目，妄索捐输，各属亦渐效尤，大为商界之患。商会成立，于彼等即多不利，故散播谣言，荧惑众听。则阻挠之弊，其难于解释者三。有此三弊，又重以屡经兵燹，市面萧条，若非速立团体，解此倒悬，更不足苏商困而维大局。幸而商局成立两月后，省城总会即已粗立规模，各路委员亦不辞劳瘁，提倡开导，至再至三，各商界感动信服。前后六阅月，成立至五十余处。计设立总会之地三：曰奉天，曰营口，曰安东。设立分会之地三十有八，设立分所之地十六。各按部章，公举总、协理及议董会员，分任职务。其办事宗旨，约分四端：一曰调查商业之盛衰。各总分会于该地物价之起落，及输出入之统计，皆按月列报，由劝业道衙门汇辑成书，全省商务之状况，可比较而知也。二曰研究商学之新理。自商会成立，奉天、营口、锦州皆设有商业学堂及半日学堂，以为商家研究商学之地。将来筹设高等商业学校，即可以现在之商学为预备科。三曰改良商品以推广销场。自水陆交通日益灵便，各项商品销路益广。如东边之蚕茧，商家亦渐次研究改良，豆饼为奉省出产，若斤量不符，运至外洋，动受诘驳，大失信用，近亦由营口商会提议，改良通商情，即所以保商利，事固相因也。四曰和协商情以调息商讼。当商会成立之初，曾试行商讼章程，商家词讼解释不少。现以各属开办审判厅，商法一门亦在民事诉讼之列。故前此之商讼办法应行取销，以维法权。然调息之责，能化大为小，化小为无，于商界亦省无穷之累。上年营口东盛和债案，全市震动，尤赖商会维持之力居多。要之商会为商政之机关，多一分提倡，即受一分利益。奉省商界多数尚在幼稚时代，扩而充之，谅非旦夕所能收效也。

附全省商务总分会员董额数一览表

总会	分会	分所	总理	协理	议董额数	会员额数	名誉会员额数	分所会董额数
奉天			一员	一员	十六名	二十名	十名	
营口			一员	一员		四名	四名	
安东			一员	一员				
	锦州	绥中 宁远 义州	一员		十四名			八名 十二名 十名
	锦西厅		一员					
	广宁		一员					
	新民		一员		四十一名	二十六名		
	镇安		一员					
	辽阳		一员					
	海城		一员					
	牛庄		一员					
	田庄台		一员					
	盖平		一员					
	复州		一员					
	岫岩州	青堆子	一员		二十九名	四十一名		
	大孤山		一员		十一名	三十六名		
	庄河厅		一员		十名	十五名		
	凤凰厅		一员		八名	二十四名		
	龙王庙		一员		八名	二十八名		
	太平沟		一员		二十名	二十名		

总会	分会	分所	总理	协理	议董额数	会员额数	名誉会员额数	分所会董额数
	宽甸	长甸河 太平哨 小蒲石	一员		十七名	六名		五名 五名 九名
	陵街		一员		九名			
	新宾堡		一员		四名	六名		
	怀仁		一员		六名			
	通化		一员		四名	六名		
	铁岭	东路 南路 西路	一员		十七名			二名 二名 二名
	开原		一员	十三名	九名			
	法库厅	三面船	一员	十一名				
	同江口		一员					
	昌图		一员	十三名	五名			
	八面城		一员	四名	十七名	二名		
	大洼		一员	二名	三名			
	鸶鹭树		一员					
	金家屯		一员	七名	七名			
	辽源州		一员	十名	十二名	四名		
	怀德		一员					
	奉化		一员	六名	十二名			
	榆树台		一员	七名	十二名			
	海龙府		一员	四名				
	山城子		一员	三名				
	朝阳镇		一员					
	东平		一员					
	西丰		一员		八名			
	西安		一员		三名			
	柳河		一员		四名			

纪浚河计画

奉天为三省货物散聚之中心点，营口又其咽喉也。自日俄战罢，日人既有大连一埠与彼国一水相通，较之俄人陆运更为便利。我营口商务既见夺于大连，而辽河淤塞，又复生种种障碍，故尔年商业遂成一落千丈之势。前将军赵尔巽于光绪三十二年，曾札饬农工商局，筹设浚河公司。当时由局议覆酌定两端：一为将来扩充之办法，拟由辽河上流，仿外国开凿运河成法，由伊通河直达松花江，由松花江转泛黑龙江，使全体血脉灵通，转输便捷。次由新、西两辽河设法以通蒙古，由浑河顺序以达兴京，使平原大陆，帆橹相望。然工程太巨，非咄嗟可办。一为目前筹定之办法。将双台子建闸蓄水之事责成营口关道筹办，修浚全河之事由农工商局专管。经前后两次委员测勘，于浅深大略、地势高下、水流迟速、含泥多寡、取材难易，均已详查。惟河道要工为工程专门之学，断不能以理想之计划草率兴工，故提议经年，迄无头绪。光绪三十四年八月，特聘英国工程司秀思，前往沿河一带从实考察，筹划办法计分四条：一将双台子河口封塞，二将双台子河口修筑水堤，三将双台子河口改窄，四将双台子河口设立木闸。当即详审筹度，以自古治河无善策，从未有塞河以求河之通利者。惟建筑水堤，限制水量，于水涨时两处河口均无危险，平时均能合用，最为有利无弊。经饬营口道转饬商会，赶紧募集款项，速行举办。如有不足，再由公家筹款补助以维航业。然此为一时权宜之计，尚不能收浚河完全之功。盖筑堤以后，辽河之水，赖此得以潴蓄，而沙泥之淤，仅恃此自然之水尚不能冲刷净尽，是害仍未去也。据该工程司所调查全河改良，其中有一百六十二处，欲求完善，需费不赀。又筹议另辟新河，其河线由通江子至牛庄，与庄河方向相同，由通江子再辟三四百里，入蒙古之中部，为异日改设行省，交通之设备，亦与前此农工商局所议扩充办法大旨相同。然先就通江子以至营口一段，需费至一百六七十万，断非目下财力所及，亦姑备一说，以俟异日耳。

附工程司秀思详查辽河情形说

查辽河上段，停泊民船甚多，尤以双台子河口为最。船舶往来，殊多窒碍，必先设法疏浚，庶得享受交通之利益。至于查察辽河，必先预算及指定各处水量之深与水面之阔，能合轮船来往之步位为要义。故秀思先附火车至通江子，由通江子附船往营口，沿途测量，尤注意于双城子河口一带。查通江子河口，自改筑新水道后，水势应趋向新流，现因旧水路前段用木桩、板条以铁线缠缚及用高粮杆等物填塞中间，用河土填筑，察其水势，仍复常向旧水路冲流。设改用杨柳，上面用泥土或石填筑，较用木桩、断板条等物当更坚固，兼省费用。且流水常向旧水路冲刮，若遇潮水急流时，填筑之处不能坚固，必致时费修筑矣。

更查通江子岸地，内有一浅水滩，宽约六十英尺，长二百英尺，可舶帆船五十艘。因此河口常被水流冲击，日渐宽广，以致积成浅滩。由此沿河直往分流，水落甚多，较之本身水源更宽两倍，其中竟成浅滩，水势分流两道，又竟成为两浅滩，若不设法修筑保守，倘遇水涨，必致又多分新水道及变成水滩之患也。

欲防该处水患，须将该河水道方向改修合宜，其水量于旱天亦须敷用，并须使水力能冲刷全滩淤积向外，以保护其深处。若遇水大涨时，水势不能外溢，如此可永保其水量足用，以便交通，于商业前途必大发达。盖输运货物，以水路交通为最便宜，此固世界大商业家之所公认者也。但修筑此等工程，费用浩繁，故必先将各处详细测量，悉心规画办理，庶有把握。盖其关系之要点，有必须修筑者，如不留意，则交通转多窒碍，恐贸易更形不便。至于通江子至营口一段内，约有一百六十二处，均须亟行修理。其中最有关系者，以通江子、铁岭及近马场三处必须改筑。其余尚有数处，河边均须用树枝把修筑，始能免流水冲塌，变成浅滩之患。大抵修挖水滩之法，必须将水量之深浅，面积之广窄，修至合宜，并且封塞其分流路，使水势趋往直流，绝无壅滞，便可免浅滩之患。至修理之法，以用机器力为合宜。惟查河内有数处，当旱天时，水深不过一英尺之量，此宜用人力开挖或用铁耙挖深，使流水之力能将阻塞之物冲去。此河若得修理完善，以后当不至再修。此查察通江子一带之实在情形也。

离铁岭十五里路之处，其河水现成两道分流，至二十五里始再合为一道奔流。其右边之水道，帆船可能来往，惟中间仍有浅滩。右边之水道，船只亦能来往，其中另有分支水路一条，名为范河。体察此处形势，须塞其右边水道，而用左边水道，因左边较右边有二里之近，不如从左边之直捷。此查察铁岭一带之实在情形也。

其最有关系者，近马场之处，现在帆船出入甚难，且离新民屯不甚远，尤为辽河握要之重点。须将各浅滩开挖至深处，务使水量足用，不碍交通，此查察近马场之实在情形也。

以上视察所及，已有一千六百余里。其中关系之处甚多，不能缕述。至于最留意者，则双台子河口一处，尤非设法整顿不可。盖此河口，于十八年前，始有一小洼，但现在之流水势力较辽河为尤强。自经本年水涨受冲，竟比辽河尤深矣。秀思曾在此河口，逐一详细测量现时该河形势，列图呈览。前经测量辽河，均平计算，宽有三百英尺，深三英尺，面积方九百方英尺。独此河口，平均计算，宽二百四十英尺，深六英尺，其面积方一千四百四十方英尺。以此比较，能知其水量之趋势，每秒钟百分之五五趋向双台子河口，百分之四五归入辽河，须要深四英尺，航船然后能往来。秀思在此处驻六点钟之久，见有航船二十余艘，在该处搁浅。若不设法整顿，恐水势全在双台子河口奔流，断绝牛庄往来之水路，而鸭岛尤首被其祸。又查此处遇旱时，水量只有十八英寸至二英尺之谱，较现在又浅，仅敷空船过往，如此于往牛庄一路商舶大有关系。至于整顿此处辽河，以其方法有四：

一、全将双台子河口水路封塞，转其水源，皆向辽河奔流。

二、在双台子河口筑水堤一度，横塞其水口，只在水涨时令其水分流。

三、将双台子河口修窄，兼限制水流之定量，若在水涨时始任其分流。

四、在双台子河口设水闸一具，除涨时照常关闭。

按：第一层办法似别无妨碍，因此处初本未有水源，至辽水涨时，将该口冲开，后成为近日之水路。前虽经工程司勒及驳论此事，云若将双台子河口封塞，倘遇水涨，必致鸭岛冲滥，于牛庄甚为危险一节，似有见地，但从来未见牛庄有如此大水，能涨溢马蹄湾之力，则此事可不疑虑。故鄙意必欲将该处河口封塞，复其水源，全归辽河直流。如此，可免日后行船之阻碍。独有一为难情形，则河口填塞之后，双台子农夫必乏水用，或不能在此营业耳。惟此办法用最省而效易成，独于该处农夫不便，为可憾也。

第二层办法，倘遇水涨时，于牛庄实为危险。所难者，于农夫取水不便。倘遇水涨之时，必将其清水冲去，而留其浊水在底，日后泥积，必成为浅滩之患。且海滨巡查，亦曾论及此事。

第三层办法，将双台子河口修窄，兼限制水流之定量，在水涨时始任其分流，亦能合用。

第四层办法，设水闸一事，用费太大。此水闸离双台子河口有十里之遥，须水涨时候，始能船只来往。至于设水闸，必将此十里内之河道，用工浚深。以上办法四端，俱经酌量规划，总以水涨水旱时均能合用为上，则莫如筑堤一法。惟此堤不宜过高，但就辽河口有水四英尺以上可能足用，然后分流入双台子河口。如此，则于水涨时，两处河口均无危险，若在平时两处均能合用，此法之至善者也。至于水堤之图，必须略宽时日始能绘成。一俟来春，即可兴工，夏时即能通行牛庄贸易矣。

附工程司秀思拟筑水堤情形说

查辽河地方，其最要紧处系双台子河口。该处河水，初甚浅少，刻下已变为大河。现在辽河之水，有五分之三流入该河，致辽河与该河相近三处，业已见浅。今夏由该河往牛庄载重之民船，当有阻碍。秀思所最留意者，由该河赴牛庄来往贸易颇关紧要，若不为之修理，诸形窒碍。照此情形，拟有两法，当有一法可用。第一法应将双台子河口填塞，拦住其水，此法非惟省费，亦较容易。其第二之法，建一水堤，在双台子河口限定水量，截流平分。此法用意，系为平时供足辽河行船之用，于水涨时辽河之水有余，可以分流入双台子河。或谓塞堵此河无益，因水涨时牛庄地方藉此可以宣泄等语。愚意颇不为然，决其日后能保牛庄永无水患，又保农家灌田足用，而民船亦可往来，遍查该处地势，绝无妨碍。该河当初，积水甚少，尚足此处农家之用。在该河中往来者，间有盐船而已，并无重要商务，似属无关紧要，且该处从前原无甚大水灾也。秀思熟计审处，于筑水堤一事，知日后当无意外。盖筑堤为挽滞流入双台子河之水，俟辽河水足，然后分流而下。此堤筑法，以柴把先成扫底，可省砌石之用。再用团石洋灰建筑，以期坚固。并用洋灰搀石加建两排，免致被水冲坏。此项工程，必须格外坚妥，甫能抵辽河水涨时互冲之患。按水涨相冲，实常有之事，即如去夏，京奉铁路桥梁被冲之事，可为殷鉴。倘照以下筑法，则稳固无虞。此堤必须贴近双台子河口，乃得费省工坚。如欲双台子河船只往来畅适，须距双台子河口远处筑一水堤，于水涨时，各船可从下流顺驶，又设一水闸，以资截流，俾各船回时，有水停泊。照此办法，则筑水堤需费较巨。因此堤与双台子河口，相隔至少十里至十五里之遥，而两边河岸又须填高。然此时尚不能定其远近，一俟天气和暖时，详加测量，方能核夺。此时未能预算费用，须俟查看潮水能涨至何处，及下流至浅之水，深浅相差若干，然后将两边河岸及水堤、水闸，一并筑高。若筑水堤为消泄辽河之水，免致泛滥，而又省费，宜照附呈之图办法，盖宣泄辽河之水，只有此法而已。如遇水涨时，则此闸可以抵御。若照中国筑法，以活板建闸，似不合宜，因河流湍急。应用砖石工程，如洋式水闸，惟筑法之材料不同耳。照所呈之图筑法，先以柴把坚筑底扫，上用团石。其堤之坡处用石，以洋灰胶固，约深二尺，另打桩两行，将来不致冲坏。所打之桩，拟与堤坡洋灰石脚愈近愈妙，前行可用木头，不过数月之久，自有积泥缠固，且不近大流当冲之处，可期无碍。秀思预算此项工程，约洋五万四千五百三十一元，此数系按石价每方七元所定者。届时如石价涨落，则此项须随之而定。至图上所绘之水堤，于未动工前，尚须再加细验。该水堤似应与河口较远为宜，须将近双台子之辽河浅水滩处挖深，俾水势得以疏通，可向辽河旧水路流去。暂仿印度办法，用芦席拦截其水，以便冲去浅滩之泥沙。查此河到处浅滩太多，非置挖河机器三副，恐难济事。每副机器，约值英金七千磅，连喉二百尺在内。如是，可将沙泥挖至河岸之上。再拟从速购置丕礼士民挖河机器两副，每副约价洋九千元。其值既廉，挖河又快，现时工程不巨，有此足资应用矣。至于用席截水之法，历经试验，未甚见效。因沙泥一项，由此而冲至彼，终难尽去。则年年劳力费财，无了期也。查丕礼士民机器，可由上海该行经理处购来，此项机器须筑木码头一处，约费洋千元。似此情形，则筑水堤之费，又须增二万元，连机器等，统共计洋七万四千五百三十一元。

兹将辽河及双台子河口建筑水堤估价细数，开列于后：

团石二千七百八十五方，每方七元，计洋一万九千四百九十五元。

洋灰底基三百三十八方，每方四十四元，计洋一万四千八百七十二元。

柳枝六万二千五百把，每把洋二分，计洋一千二百五十元。

填土五百四十方，每方洋三角，计洋一百六十二元。

木桩二万九千英尺，每英尺洋八分，计洋二千三百二十元。

打桩石灰一千六百二十尺，每尺洋六元，计洋九千三百二十元。

以上六款共洋四万七千四百一十九元。

另加备用费一成，计洋四千七百四十一元。

监造工资半成，计洋二千三百七十一元。

统共计洋五万四千五百三十一元。

附工程司秀思拟辟新河情形说

窃于去年西十月二十四号，所呈调查辽河改良情形一禀，内言辽河自通江子至营口一带，共有一百六十二处曲折浅滩，必须酌改。此项工程需费过巨，固不待言。惟其数目刻下未能预算，将来经理及岁修等费，计亦不少。以情形而论，究不若另挖新河。其河线与通江子至牛庄之河，方向相同。又由通江子再挖三四百里，入蒙古之中部地方。揆度蒙古日后必改为中国行省之列，现时辽河线道旋绕太多，照此核算，较直线四倍之长。今拟随其直线开挖，则来往船只行驶日期，可省四分之三。按此只须三日，较从前每次行走十一日相去甚远。查每船共有船夫六名，每名每日工资洋最少一角五分，以工资论之，若省一日，可省洋九角，每次可省八日，计洋七元二角。如走此河，每船每次纳捐洋一元，不惟可节工费，亦可省减时候，故无不乐从也。

辽河曩昔往来船只，以今日较之，大相悬绝。于西一千九百零四年间，据调查者所云，计有往来之船二万二千艘。而俄人则谓，曾据报册所注，实有四万艘之多。今则寥落，不堪言状。推原其故，良由铁路夺其利益，加以该河浅滩、沙岸甚多，妨碍行走，是以每年船只不过三千之数而已。此外尚有许多船只陈旧损坏，因而无意经营，若设法开通此河，可冀商务日见复元，否则利益全为铁路所夺也。今将由通江子至牛庄之船，以至少计之，当有一万五千艘。数年后，蒙古改定行省，更必增多。现拟由通江子至营口开挖新河之问题有二，一为现在所需经费若干，一为日后可以获利多少。

查拟应挖之河道，以直线计之，约四百五十里。其河底宽需三十三英尺，最浅之处应需八英尺，而河岸之坡，每二尺半英尺需斜坡一英尺，照此核算，其河身长每英尺计挖土工六分沿河泥土有厚薄之处亦算在内，统计需挖土工四百七十五万二千方，每方拉算工价洋三角。

土工四百七十五万二千方，每方洋三角，共洋一百四十二万五千六百元。

预算建筑水闸四处，每处需洋二万五千元，共洋十万元。

沿河各处设立卡所房屋，需费洋五万元。

以上共洋一百五十七万五千六百元。

另加预备额外费用半成，计洋七万八千七百八十元。

另加购地二万一千八百十八亩，上中下地拉算每亩价洋五元，共洋十万零九千零九十元。

总共计洋一百七十六万三千四百七十元。

查每年本息暨该河岁修经理等费，约计一成，即十七万六千三百四十七元，自可足用。每年有七阅月，可以行走船只，约由西四月起至西十月或十一月止，其余之时，系属封河期内。以一万五千艘船计之，每年每艘纳船捐十一元，亦不为多。因其船每次来往既能省时，亦可省工，费洋七元有奇，计往返可省洋十四元四角。则每年船捐不过费洋十一元而已，或更增多亦无不可。以上预算大略数目，已见日后获利之处，较若列眉，而该处一带商务、交通、转运无不廉便矣。他日蒙古定行省时，其农业、商务必能因此振兴。而所挖之河，亦必因地制宜，随时推广。使与通江子河相接。且刻下无铁路，各处则借此河通运，利便诚非浅鲜。

纪开港计划

奉天为三省之中枢，营口又奉天之门户。在日俄未战以前，商务繁盛，出口土货，每年约二千余万。上海商人营运各货，全恃东三省为销场。故营口与上海，有密切之关系。自日人经营大连以后，奖励商人转运，由彼国直达内地，输入品物，络绎于途，充斥于市，三省销场之利，遂为所侵占。即美国运销东三省之纱布、面粉，向归华商之手经理，日人恃其海道之便利，即承运美货，直由横滨而向大连，不独上海与营口商人失其所业，即旅寓横滨、神户之华商，亦日渐衰落，束手无方。若不设法整顿，急起直追，不独三省商务受无穷之害，其影响及于全国，实非浅鲜。夫以大连与营口，较其失败之迹，实有不能自讳者：一曰冰期太长。营口自十一月下旬，即有结冰之患，至次年二月以后，始能开河。其封河期内，即市面萧索，而大连则终岁不冻，此其失败者一。二曰水量太浅。营口当潮涨时，其入口处仅能容吃水十六尺以至十八尺之船舶。大连则当落潮时，即吃水二十九尺之大船尚能横附于码头，则水量之相去又甚远也，此其失败者二。三曰起落货物不便。营口码头，惟附近税关之河岸，仅能湾泊船只，于货物之上落，又无种种之设备，水陆连络，绝不便利。一千吨之大豆，积载费三日之久。大连则分建三大码头，敷设铁路，建筑仓库，据附起重之机，积卸货物，时速费省，此其失败者三。四曰距离车场太远。营口去关外铁路之车站，尚隔一河，与东清铁路之停车场在三英里以外，运送货物，不能得非常之便利，往往耗费而稽时，此其失败者四。欲救四者之弊，争回已失之利权，诚非另辟合宜之港口不可。去年秋间，特聘英国工程司秀思巡视榆关一带，测勘要港，正为此也。据其调查，则以附近连山车站山海关牛庄段之葫芦岛，最合开作商港之用。按葫芦岛，始见于全辽志，明天启[1]中，鹿忠节继善参孙文正承宗军，巡视边海各隘，尝至是岛。实为明季用武之地。以形势言，则四面皆有山环绕，由西迤东，其地伸出海滨，如三角形，约有六里之遥，则布置甚从容也。以气候言，较秦皇岛略为和暖，而该岛于冬令之时，轮船进口，络绎不绝。则葫芦岛开辟以后，虽至冬期，亦能交通，可断言也。去冬冰期测候因新昌船未敢驶入故无实验以道里言，由奉天至大连二百四十六、九英里，至秦皇岛二百七十六、四一英里，则大连较秦皇岛略近二十九、五英里也。若由奉天至葫芦岛

[1] 天启，明熹宗朱由校的年号，时间从1621年到1627年。

不过一百八十四、一六英里，较大连略近六十二英里也。此天然之形胜，则诸凡人为之设备，皆可以人力致之，廓张我东省商战之根据地，固非难也。况旅顺租借以后，黄、渤之门户洞开，又必兼筹完善之军港，以为国防之用。距葫芦岛之北二十英里，有菊花岛，即明史之觉华岛，其地位颇占种种之利益，若能开作军港，以壮声援，斯亦两得之道也。

附工程司秀思调查葫芦岛开港情形说

葫芦岛距离连山车站之南，约二十五里至三十里。四面皆有山环绕，最高者约四百英尺。由西迤东，其地伸出海滨，如三角形，约有六里之遥。此地水深可用，南边较北边尤深，以此为轮舶交通之地，实天然形势也。闻海关之海滨总巡于二年前曾委巡船到该岛查验，欲开作商埠之用。秀思前至上海，曾从海滨总巡查梯勒索得一地图，亦知当日之最注意于此岛也。

秀思自西八月三号亲临该地小住九日。时当风浪，以致阻滞动工。想在夏天风浪尤烈后，俟风浪稍息，乃测量此湾水度之深浅及记录其潮水之涨落，并查验其风及潮水之方向，知必筑水堤一度。以为轮船夏天避风浪之处。至若冬时气候，曾询之该处土人，据称此湾之南，结冻最迟，且在此湾高处之外，西南边一带海滨，时常不冻，但潮水涨落甚猛，约有十英尺之高，其非坚凝之处，时被冲开，虽当冬令，可为轮船往来之用，可断言也。

由葫芦岛再往望海寺，察其外形，略为合用。细心研究，则东北石多，西南水浅，到冬时，必有冻实之患。再次往宁远州，查其附近之海滨，另有一处，名东洼站。离火车路约有十八里，曾测其沿岸水量，未免太浅。据土人云，除受风之处及被山蔽之处，余皆阴寒，入冬易冻，不甚适宜。又往菊花岛，其西南海滨处，有一隅甚合作军港之用。此岛由东北至西南约三英里长，山甚多，其中亦有高至八百英尺者，此岛离岸地约六英里，中间之水甚浅，最宜由岸地筑路一条，直至该岛。惟此处潮流甚急，涨度极高，若筑此道路，未免工费浩繁。细察其地，土腴美，有石厂数处，乃系铁路公司取石筑桥之用。其西南角之处，水深约四十英尺至五十英尺，潮水往来，不致冰冻。离岸地之路形，似不合作商港之用。若以之筑炮台，用作军港，较为适宜。因其水量极深，护蔽地位占种种之利益。北距秦皇岛约四十英里，南距葫芦岛约二十英里，若全系冰冻，与海参崴地利正复相同。

由菊花岛直至山海关及秦皇岛，附近各处并无合用之地。均系水势甚浅，护蔽处不多，潮水力量亦不足，至冬时，即有冰冻之患。其他如天桥厂、锦州湾，地势亦经查察，皆无可作冬天商港之用。因水量太浅，在开冻之时，只能备帆船往来，仍要泊离岸边二十里之远。若试以机器挖泥船，挖深其水底，或用别法整顿。耗费太巨，且于冬时，由水面直冻至底，此地及高桥皆无庸再议者也。

就以上所视察一带海滨口岸最合用者，莫若葫芦岛。其地位在牛庄、山海关段内，若开作通商口岸，必能揽东三省往来转运之机关。第以此地开作冬天口岸，尚未知辽东湾在冬天不冻之时期计有若干日可以照常贸易耳。查辽河约于西十一月二十四号起冻，至来年三月间止，河水比海水冻，其冷更甚。若至冻度两度，则牛庄前一带之河水，已冷至冻度。牛庄口岸新关之寒暑针，于西十二月至二月中，两月内之夜间海水，常冷至冻度之下，而日间比夜间暖差甚远。故牛庄口岸流水及水涨时，恒有夜间成冻之处冲开。葫芦岛山后受西北海风处，形势正同，能令风将冰吹流海外，而成水路与海边冲开之水路相连。至于辽河开冻后，轮船开往牛庄时，驶至辽东湾处，遇冰甚小。且葫芦岛必于最冷之月，始能封冻，或在西正月至二月间之时，欲实究其时期，必须以轮船一艘，于西十二月至三月间，每月游弋一次，以试测其情形。洎冬寒时，另派人至该岛沿海地方。常川驻守，逐日登记内外冷热度及势之强弱，潮水之涨落，以备考验之法。如此方能详悉该岛之利益可作口岸之用。又拟于秦皇岛详细查验，互相比较，以备得葫芦岛封冻一月内之办法。东三省通商口岸地位之适宜者，至不易得。而葫芦岛至沈阳，比大连湾近六十英里，比秦皇岛近一百英里，离新民府仅五十英里，其县内北票、义州二处，均现开设煤矿，若由该岛筑岔道一条，通至该矿，如此可能独揽上海消流煤炭之利权，此诚东三省门户口岸之最大关键也。且该处开矿人亦愿设成口岸，以为京奉铁路及葫芦岛消运煤炭之利益，与现在大连湾消运南满洲铁路办法相同。且葫芦岛于冬日可与牛庄来往贸易之日，约有大半与秦皇岛往天津相等，亦能使沈阳附近冬时出口货，随时载往牛庄，以免囤积至来春始能运载，则于贸易销流之快捷，诚不可思议者也。

虽然以此岛开作口岸，固有种种之利益，而工程之大概，亦当熟筹。其至要者，筑水堤一度，以备各商船周年停泊之处，免受风涛之险，其地宜宽大水深，使终年可用。堤面宜宽大，码头亦宜宏壮，在冬天堤内封冻，轮船仍可泊于堤外。惟夏天西南风大作，则不能停泊。筑料须用洋灰、大砖，务求坚固，以免日后修筑之费。更须筑岔道一条，与京奉铁路之连山站或高桥站相连。惟连山道路甚为不便，仍以高桥为宜。此岔道可与该段工程司酌定如何筑法，如此办法，各项估价可以立定。

建筑水堤之法，一定择水深面广，可以停泊商船及修理战船之用。其入口处，虽水退之时，亦要有水三十英尺，以备船舶往来。务要堤基坚实，以防风险。若在冬令，内面冰冻，其船可以寄泊堤外。堤口必须宽大，以便利用西北风力，将积冰吹去。水堤要阔，以备铁路转运灵便。堤身长五千英尺，可以泊轮船四十艘及可容多数之船只泊在水堤之内。帆船泊于码头，以便起货。其码头宜设于北方，以便转运。如此办法，诚可作军港及商港之用也。

以后或筑建船澳等件，可由西边、北边凿通石壑，亦易成功。至于筑建水堤之价值，现难预估，必俟堤基工程大定，然后可以决算。惟此海底本系泥质，先必预筹建筑之法，探明泥深若干，及有无石及他物在泥底之下。若使泥底有石，则必多用善法以期建筑坚固，此皆不能预算者也。以普通筑堤之价值言之，每英尺约需八十英磅，以五千英尺算，共约需四十万磅，时期亦当展至五、六年始能工竣。盖其中有俟两年始能建筑者，故不能急遽以贻误要工也。

附工程司秀思调查菊花岛开作军港情形说

查该岛计长三英里，其最狭之处，不及一英里。在宁远州之南，约距大岸十八里。此岛列于英国海军所备之辽东海岸图内，而各驾驶家所用之航海指南内，亦经详及，惟皆译作桃花岛，今特据土人之名称，更正之为菊花岛焉。界乎此岛及大岸之间，有浅水滩一处，宽约十八中里或六英里，每于风起及潮退时，该处之水常见干涸，尚留一二里阔，有水深约六英尺，实无尽涸之时。该岛中有环山，其迤南处约高六百英尺，而东北之尽处高七百二十英尺，岛之中部有山谷，故环山为之断截。此处有居民，于平坦处亦有种植，土质实属膏腴。且山间之隙地，亦可作牧养之用。现有居民一千二百名，皆散居村落之中，从事庄稼之业。此地水源，亦常足用。岛之西，有古营垒遗迹，想见往昔亦曾驻兵队于此。距岛之西南不远有二小岛，名曰小张山、大张山。相距之处，水势极深。在小张山与该岛环抱之内，凡南北来往船舶及本地小艇等，设遇飓风，向均借此以为躲避。故此处开作军港，颇称合宜。缘于潮退时，其水深尚足容最大之战舰。岛岸一带之山，堪建炮台，以御敌人舰队，则战守之备咸宜，亦一天险也。

试言其布置，以岛之西建筑军械、库房、制造材料厂及一切营房。因该处水势甚浅，虽无炮台，敌舰亦不能到，其面倾向大岸，亦易于防守。设令大岸已为敌人占据，尚能扼要抵御。惟刻下未定将来湾泊何等战舰，容积若干，数目若干，并拟作何部署，故此项工程难于预算。窃以选择一处能容吃水三十英尺之船下碇，且有炮台保卫，兼易起落煤斤、军械、材料及能随时修理船只，建筑船澳材料所、制造厂、营房、军械库房等，而敌人又难于攻取者。以上情形果能采用，则办法如左：

拟先由小张山东南之尽处，筑一水堤，借以扩大上文所论刻下能容船只之部位，该水堤应筑长约二千五百英尺或三千尺，作伸臂之状。又由菊花岛起筑一略小之臂，方向应与巨臂相接，其长则筑至与巨臂堤基相距五百英尺，以作口门两堤。环抱处长三千五百英尺，宽三千英尺，其面积计二百四十一英亩零四分，即一千四百四十六中亩。应照现在之水量，再挖深七、八英尺。此项工程尚觉较易，因查该处海底尽属沙土之质。水堤筑成后，俨然增一外港。倘于沿岸存储材料煤炭，当甚妥当。该处山上应设远击之炮，暨向外港起绕岛之西，开挖一沟，通至一小池，长一千五百英尺，宽一千英尺，以便该处建筑船澳，及为修理较小船只出入之口门，又可作囤煤之总区。而一切房舍、制造厂应设于岛中向内之处，免被敌人由海攻击。此办法之要点也。然办法如何，须看用意之宗旨，及拟费款若干。且该处与旅顺口北各处，仍不免冰冻之患，惟无大碍，不过备有合宜撞船，以便届时开撞沟中及内港所凝之冰。其外港至小张山东南两方，秀思深悉其绝无冰凝之虑也。

大抵筑军港之费，须以船只多寡暨用意之宗旨为定。若两端尚未解决，则势难预算。查英国海军，在苏格兰之乌鲁土地方，现筑之军港需英金三百万磅，且未经大为布置，其时期需七年之久方能告竣。虽现在拟开之港，无须如此壮伟，但建筑渔船、营房、制造厂、码头、水堤、材料所暨安设各种电机，统计必需巨款。惟未得悉详细，故不能将实数预算。今第就大概情形及其中并无窒碍险阻之处，约略言之，倘有意开办此项工程，大约四、五年可竣事也。

附秦皇葫芦两岛寒暑比较表

<table>
<tr><td rowspan="2" colspan="2"></td><td colspan="6">一千九百零九年</td></tr>
<tr><td>正月十号</td><td>正月十一号</td><td>正月十二号</td><td>正月十三号</td><td>正月十四号</td><td>正月十五号</td></tr>
<tr><td>秦皇岛</td><td>最高</td><td>二一</td><td>二〇</td><td>三二</td><td>二〇</td><td>一八</td><td>二〇</td></tr>
<tr><td>寒暑计</td><td>最低</td><td>九</td><td>八</td><td>一七</td><td>六</td><td>二</td><td>四</td></tr>
<tr><td>葫芦岛</td><td>最高</td><td>未录</td><td>三二</td><td>三二</td><td>一八</td><td>二〇</td><td>一八</td></tr>
<tr><td>寒暑计</td><td>最低</td><td>三</td><td>三</td><td>一八</td><td>三</td><td>二</td><td>四</td></tr>
<tr><td>备考</td><td colspan="7">查英正月十二号及十七号，秦皇岛之水堤内有冰厚二三寸。新顺轮船报称十六号，距港外五英里见有薄冰。该船不甚坚壮，驶六小时始逾冰界。
湖南轮船于十六号，由该处鼓轮，装有重载，初时颇觉御冰之难，追驶出一里之遥，则不然也。
新江轮船于十七号黄昏时开行，并未遇险阻。
大肚子轮船报称，十七号离港十英里，即见有冰，并在冰间行驶七小时之久。秦皇岛港内之冰，于英二月四号夜间尽行融化。次日各处，并无凌迹露现。是年开冻，比之去岁较早三星期也。
开平轮船报称，英正月二十九号，海上无冰。</td></tr>
</table>

附奉天距离大连葫芦岛道里比较表

<table>
<tr><td>距离地方</td><td>英里计考</td><td colspan="2">路程比较</td><td>间接距离地方</td><td>英里计考</td><td colspan="2">间接路程比较</td></tr>
<tr><td>奉天至大连</td><td>二四六·九〇里</td><td rowspan="2">大连较秦皇岛略近英里</td><td rowspan="2">二九·五里</td><td>新民府至葫芦岛</td><td>一四七·〇〇里</td><td rowspan="2">葫芦岛较秦皇岛略近英里</td><td rowspan="2">九二·四里</td></tr>
<tr><td>奉天至秦皇岛</td><td>二七六·四一里</td><td>新民府至秦皇岛</td><td>二三九·四一里</td></tr>
<tr><td>奉天至葫芦岛</td><td>一八四·一六里</td><td>葫芦岛较大连略近英里</td><td>六二·〇里</td><td>新民府至大连</td><td>二八三·九〇里</td><td>葫芦岛较大连略近英里</td><td>一三六·九里</td></tr>
<tr><td>备考</td><td colspan="7">以上所列，系论葫芦岛开港后，当较现在日本铁路至大连路程。如由奉天转运货物，可省六十二英里之遥，及由新民府属，即可省一百三十六英里。由此观之，将来京奉铁路商务更为畅旺，此港开成，日后可冀莫大之利益。</td></tr>
</table>

矿政篇

东三省矿产林立，就奉天一省而论，菁华发越，昭然在人耳目者，已不下四百余处。其韫而未发者，尚不知凡几。曩以龙兴之地，封禁綦严，道咸以降，矿质之显露者，如河金、煤矿等类，始稍有人采掘。然淘河金者类皆无赖游民，聚散无常，作辍靡定，从无课以什一之税者。煤矿则报领龙票，由地方官或总管衙门约略课税，并无定章。其中奸商之隐匿，胥吏之侵蚀，到官者盖十获一。光绪甲午战后，始弛矿禁。前将军依克唐阿奏准试办，迄未收效。贵铎、阮毓昌集股开采，纷纭日多，而未见尺寸之利。二十七年以后，东清铁道渐通，日俄觊觎于东南，无知愚民又时有以旧领龙票私售外人者，于是矿利之相竞日迫。前将军增祺始陆续招商，设法开采，并皆予奏准立案，如抚顺尾明山等矿是已。然收课无定章，亦无专员。迨光绪三十一年，前将军赵尔巽饬商务局兼管矿税，适值农工商部奏准各省设立矿政调查总局，而奉省矿务较盛于他省，事务尤繁。三十一年冬，始饬设局。三十三年七月初，改行省，设劝业道，即以矿政局总办道员祁祖彝兼署劝业道佥事。明年，祁道调任东边，以道员徐廷爵接办局务。二月，饬整顿尾明山官办煤矿，并改订章程。五月，以新颁部章有不便于商者，请于部酌量变通。旋奉覆饬俟归并改定章程，参酌办理。九月，请给谕商人周从龙劝导海外华侨，组织奉省矿务。十一月，酌拟河金收课章程。期年之间，发出开矿照四张、探矿照十三张，共收各项税款银一万九千二百九十八两余，较上年长征银八千四百余两，此矿政之大略也。东省幅员寥廓，物产富饶，宜为繁盛之区，而居民寥落，深山穷谷，尚有榛莽未辟之处，遂致五金宝藏，长湮没于丰林茂草之间，无人过问。乃者强邻逼处，涎视于旁，不得不急谋生聚，以为保守边圉之计。论者谓地处边陲，又复风日高寒，气候较迟，于腹地似非殖民所宜，此直一隅之见耳。边之所实者民，而民之所趋者利，大利莫如矿，奉省矿产发见四百余处之多，向以矿禁未弛，民咸不敢举以为请。今矿局既设，招商提倡，计三年之内报开采者，已不下七十余处。顷复招徕海外华侨，将谋矿务之扩充，繁富之象，可翘足待也。夫英之经营南洋诸岛，美之经营旧金山，及俄售于美之亚拉斯加，其始非犹是深山穷谷之区蛮烟瘴雨之乡哉。迨矿务既兴，遂尔置轮路，通邮电，交通既便，则商贾辐辏，士庶云集，广漠之野，瞬为繁衍之场。若吾国之大冶、萍乡、唐山，犹其小焉者耳。南非洲之矿，未必多于东三省，并未必胜于东三省，而趋之者如归市。则异时东三省矿务发达，四方之民，将有不待举办垦屯，胥负襁而至者，即谓筹办矿政，为移民实边之嚆矢可也。

纪调查矿产

光绪三十二年正月，奉省既设矿政调查总局，即派人四出调查全省矿产。是年五月，始陆续设立西丰、海龙、宽甸、铁开、辽阳、锦州、通化、本溪等分局，饬该委员等于所管界内，详细调查各种矿产，呈报总局，遇有商人报领矿区，由分局委员先行勘验，绘具图说，转报总局。总局另设调查专员，即饬覆勘，果与所报无异，查无违碍定章，即与核准给照。其应征矿租，由经管之局随时稽征。设有外人及民间私采，亦即就近查察。其有所征矿税，尚不敷该局开销者，随即量予裁并，计裁去西丰、宽甸、铁开三处。共四百六十七处，另列详表于后。其有矿区距治道里远近，当时未经查准阙略者，今仍其旧，以昭核实。统计全省各种煤矿一百四十八处，金矿一百八十八处，内钱金不过数处，白金一处，银十二，铜二十六，铁二十一，铅四十八，石绵七，水晶三，锑一，磺七，玻璃二，火石一，岩石一，锡一。统稽全省，惟河金、煤矿为最多。煤并为日用必须之品，似应早见发达，然所居地势，多在崇山峻岭之间，转运为难，是以各商惟以土法开采而已。若夫银铜铅铁各矿，非有切实巨资，不能开采。线金矿虽不如铜铁之难办，而已较难于河金，是以发见者尚鲜。故知奉省矿产湮没不彰者，固比比然也。

附奉天全省已办未办各矿表

本溪县已办各矿

煤矿

王甘沟　领名卢兴唐　光绪三十三年二月开办　距治正东三十里

本溪湖　被日人占据　光绪三十一年开办　距治正东一里

红脸沟西洼子　领名高锡五　光绪三十四年十一月开办　距治东南三十五里

牛心台内柳树排子　领名孙家荣　光绪三十四年九月开办　距治西南二十五里

梨树沟　领名王彦　光绪三十四年十月开办　距治东南一百七十九里

赛马集东沟　领名翁恩熙　光绪三十四年九月开办　距治西北一百八十八里

黄柏峪　领名李上林　光绪三十四年九月开办　距治正北五十里

梨树沟北山半坡　领名于德麟　光绪三十四年十一月开办　距治东南一百八十里

红脸沟前央　领名关明忠　光绪三十四年十一月开办　距治东北三十里

瑶子峪　领名李秉中　光绪三十四年九月开办　距治东北四十里

庙子沟　领名赵文禄　宣统元年二月开办　距治东北三十里

本溪县未办各矿

煤矿

牛心台　距治正东三十里

核桃沟　距治

汤沟　距治正东五十里

小市　距治正东九十里

偏岭子　距治正东五十里

老瓜砬　距治正东三十五里

金矿

黄柏峪

杉松河

草河掌　距治东南八十里

平山沟　距治东南二十里

错草峪　距治东南一百里

崴子　距治东南五十里

杨木沟　距治东南五十五里

山咀子　距治东南六十里

铺石河　距治东南七十里

连山关　距治正南二百一十里

水洞沟　距治东南一百二十里

三、四道沟　距治东南一百三十里

干沟子　距治东南一百四十里

套岫峪　距治东南一百四十里

艾家堡子　距治东南一百三十里

沟门子　距治东南一百二十里

瓦房　距治东南一百二十里

四方砬子　距治东南一百三十里

岔路子　距治东南一百九十里

塔沟　距治东南一百九十里

下马塘　距治正南九十里

李家沟子　距治正南一百零五里

华家堡子　距治正南一百一十里

石哈寨　距治正南一百三十里

万两河　距治正南一百五十里

山灰厂　距治正西十五里

白金矿

连山关　距治正南一百一十里

铅矿

平山沟　距治东南二十里

大峪沟　距治东南二十里

蘑子峪　距治正东五十里

小河口　距治正东二十五里

小夹河子头道沟　距治正东四十五里

堿厂西北大沟　距治正东一百四十里

高力营子南佃子　距治正东八十里

财神庙后沟　距治东南七十里

样子岭　距治东南七十里

石湖沟　距治东南五十里

大黄柏峪赵家堡子　距治东南八十里

水洞沟　距治东南一百一十里

四道沟　距治东南一百三十里

崔家房　距治东南一百三十里

宣家岭　距治正南一百三十里

分水岭　距治正南一百二十里

小河背　距治正北四十里

铜矿

郑家大沟　距治正东三十里
卧龙村　距治正东二十里
小河口　距治正东二十五里
大秧　距治东南三十里
三道沟　距治东南一百三十里
大黄柏峪赵家堡子　距治东南八十里
分水岭郑家南沟　距治正南一百二十里
黄蜡槽子　距治正南一百二十里
草河岭　距治正南一百四十里

铁矿

卧龙村沟里　距治正东二十五里
迷岔台沟　距治正东七十里
田师傅沟　距治东南一百三十里
庙沟　距治正南五十里
梨树沟　距治西北十五里
歪头山　距治西北四十里

银矿

连山关　距治正南一百一十里
大峪沟　距治东南二十里

石棉矿

连山关　距治正南一百一十里
下马塘　距治正南九十里
分水岭　距治正南一百二十里
白水寺　距治东南一百三十里

磺矿

青山背　距治正东一百一十里
崔家房　距治东南一百三十里
官马甸子　距治东南一百七十里
四棵杨树　距治东南一百五十里
石哈寨　距治正南一百三十里

水晶矿

　　大黄柏峪冯家堡子　距治东南八十里

石炭矿

　　前厂子　距治东北三十里

　　凤凰厅已办之矿

铅矿

　　店南沟　领名谷通源　宣统元年闰二月开办　距治东南一百二十里

　　凤凰厅未办各矿

金矿

　　弟兄山　距治正北一百三十里

　　白水寺

　　苇山河

　　四门子　距治西北九十里

　　凤凰山　距治正南十五里

　　张家堡子　距治正南二十里

　　高丽门　距治正南三十里

　　通远堡　距治正北一百二十里

　　下草河　距治正北一百里

　　马鹿甸子　距治东北八十里

　　小黄沟　距治东北一百五十里

铅矿

　　李家堡子　距治正南七十里

　　于家沟　距治正北一百二十里

煤矿

　　荒沟　距治正北一百八十里

　　龙王庙　距治西南一百里

　　小黄沟　距治东北一百五十里

　　梨树甸　距治东北一百八十里

　　新开岭　距治东北一百六十里

铜矿

草河岭

岫岩州已办之矿

煤矿

罗家西沟　领名张国雷　光绪三十三年五月开办　距治正东三十里

岫岩州未办各矿

金矿

黄石岭子

龙王庙

石灰窑

钟家堡子

三道河子

香炉沟　距治东北一百八十里

庄河　距治正南一百四十里

孤山子　距治正南一百二十里

瓦房店　距治正南六十里

汤池河　距治正西二十里

铁矿

黑岛

煤矿

大偏岭　距治西北五十里

西上坡　距治东南一百二十里

黑岛　距治正南一百五十里

石灰窑子　距治正西五十里

蘑菇峪　距治正北一百五十里

岩石矿

细玉沟　距治正东六十里

安东县未办各矿

金矿

汤池　距治东北五十里

大沙河子　距治正东八里

红石砬子

南苇塘　距治正北五十里

北苇塘　距治正北七十里

铜矿

铜矿岭　距治东南三十五里

接梨树　距治东南三十里

铅矿

矿硐沟　距治正西六十里

太河峪　距治正西七十里

宽甸县已办之矿

石棉矿

团甸　领名刘海泉　距治东南三十里

宽甸县未办各矿

煤矿

蒲石河　距治西南九十里

小了河滴水砬子　距治正北一百八十里

倒木沟　距治正北三十里

大庙沟　距治东北九十里

滴水砬子　距治东北一百七十里

七盘岭　距治正东十五里

大高粮地　距治正东二百里

五道河　距治西北九十里

金矿

碑硼子　距治正东一百六十里

古楼子　距治东南一百三十里

望宝盖　距治正东三百里

下岔沟　距治正东三十里

铺石河好秧地　距治正东三十五里

箐子沟　距治正东四十里

南吊幌子　距治正东六十五里

罗仙甸子　距治正东五十里

大坎川　距治正东六十里

南吊幌子三道杉松　距治正东四十里

太平沟　距治正东一百三十里

南股河　距治正东一百五十里

小荒沟　距治正东一百六十里

别古河　距治正东一百七十里

夹皮沟　距治正东一百八十里

下路河三道夹岔　距治正南二百里

碾子沟　距治正东二百二十里

曲梢川　距治正东二十五里

缸窑　距治东南五十里

铺石河口　距治东南七十里

泡子沿　距治东南八十里

太平哨　距治东南一百里

坦甸　距治正南二十五里

小漏河　距治正东二百里

帽甸子　距治正南五十里

永甸　距治正南七十五里

湾沟　距治正南六十里

砬子沟　距治西南一百八十里

大江口　距治正南一百里

合甸　距治西南二十五里

苏甸黑鱼汀　距治西南七十五里

北接子　距治西南九十里

悬羊砬子　距治西南一百二十里

葡萄秧架岭　距治正西六十里

牛毛生鸽子硐　距治正西八十里

大川头平顶山　距治西北四十里

三道河子　距治西北七十里

倒木沟　距治正北三十里
千石岭　距治正北八十里
小了河银矿了　距治正北一百八十里
三道沟　距治东北五十里
头道沟　距治东北六十里
大小石榴河　距治东北七十五里
北股河　距治东北一百二十里
牛毛沪　距治东北一百五十里
小了河北　距治东北一百八十里

铜矿

大不大远　距治东南一百九十里
小不大远　距治东南一百九十里
佛爷岭
三道杉松　距治正东三十里
万宝盖子　距治东南二百里
二百钱岭　距治东南二百里
王揽子岭　距治西北九十里
倒木沟　距治正北三十里

铅矿

北吊幌子
大小荒沟　距治正东一百五十里
大小堿厂沟　距治正东一百六十里
布袋眼　距治正东二百里
上营子　距治正东四十里
南吊幌子　距治正东八十里
六皮叶沟　距治东南一百四十里
荷叶沟　距治东南一百二十里
转山子　距治西南一百二十里
蜂蜜磖子　距治西南一百四十里
王揽子岭　距治西北九十里

五道河子　距治正北一百二十里

虎寸子　距治正北一百八十里

青川沟　距治正北一百八十里

小了河银矿子　距治正北一百八十里

北股河样册子　距治东北一百里

铁矿

白菜地　距治东南一百一十里

例木沟　距治正北三十里

三道杉松　距治正北四十里

磺矿

三道杉松　距治正东四十里

夹皮沟　距治正东一百八十里

水晶矿

万宝盖子　距治东南二百里

天桥沟　距治东南一百二十里

锑矿

黑瞎子沟　距治正东一百里

兴京厅已办各矿

煤矿

马架子　领名杨翰臣　光绪三十三年五月开办　距治东南一百六十里

高丽沟　领名宋润田　光绪三十三年八月开办　距治正东一百六十里

蜂蜜沟　领名高元品　光绪三十四年八月开办　距治东南三十五里

搭连咀子　领名孙世昌　光绪三十三年八月开办　距治正西二百二十里

新屯　领名周从龙　光绪三十四年五月开办　距治正西一百八十里

兴京厅未办各矿

煤矿

石门寨　距治正东二百二十里

龙凤坎　距治西北一百八十里

土口子　距治正西一百八十里

董木匠沟　距治正西二百里

大小东沟　距治西南一百里

杉松冈

金矿

彰木火洛　距治东北三十里

南夹河　距治西南一百四十里

八宝沟　距治西南一百五十里

石庙子沟　距治西南八十里

半拉岭

小东河

芍叶沟

白石砬子

铁矿

大小东沟　距治西南一百里

通化县未办各矿

煤矿

五道沟　距治正东八十里

四道江大罗圈沟　距治东南六十里

四道江　距治东南六十里

小罗圈沟小西岔　距治正东一百里

大梨树沟　距治正东三十五里

罗圈沟　距治东南七十五里

四道沟　距治东南六十里

五道沟　距治正西六十里

西山岗　距治二百里

半截河　距治正北一百二十里

鹿尾林　距治西北一百八十里

砬子沟

二道沟

金矿

大庙沟　距治正南十五里

二道沟　距治正东三十里

小罗圈沟棒锤砬　距治正东六十里

稠李井子　距治西北三十五里

通天沟　距治西南七十里

八道江　距治八十里

热水河小干沟　距治三百里

六道江黑熊沟　距治一百一十里

三棵榆树大蜂蜜沟　距治一百四十里

三道沟　距治三百二十里

帽儿山　距治三百二十里

双道沟　距治八十里

铁矿

二道沟

罗圈三道沟　距治正东七十五里

罗圈沟　距治东南七十五里

大荔子沟　距治正东三百五十里

银矿

小庙沟　距治正西十八里

六道江黑熊沟　距治一百一十里

怀仁县未办各矿

煤矿

石灰窑子　距治正南九十里

四平街　距治正西一百八十里

上漏河　距治七十里

小东沟　距治正西一百四十里

大东沟　距治正西一百四十里

木盂子　距治正西一百二十里

南干沟子　距治正西一百二十里

凉水泉子　距治正西十五里

红铜碑　距治西北九十里

松树岚盘岭　距治正东四十里

葡萄架岭　距治正东九十里

金矿

老黑山　距治东南一百二十里

小东沟　距治正西一百四十里

木盂子　距治正西一百二十里

坑坑伙洛

棹木台子

铅矿

老莺沟　距治正南一百二十里

夹道子　距治西南九十里

狍鹿沟　距治东北四十里

砬子沟　距治正南一百二十里

铜矿

门转子坡　距治西南一百二十里

银矿

大东沟　距治正西一百四十里

铁矿

古马岭

三道羊　距治西南一百五十里

石绵矿

夹道子　距治西南九十里

大小雅河　距治西南三十里

临江县已办之矿

铜矿

六道沟　领名郝煓先　距治东北一百八十里

临江县未办各矿

煤矿

三岔子　距治正西一百六十里

四道沟　距治四十里

小东沟　距治四十里

老岭庙　距治九十里

两江口上面　距治五百二十里

金矿

瀑都泉　距治正东八十里

三五道羊岔　距治西北三十里

三道沟　距治东南十五里

二道沟　距治二里

石灰沟　距治八十里

王家营　距治二十里

滚马岭　距治五里

闹枝岭　距治四十里

十二道沟下面江崖　距治二百五十里

夹皮沟河口　距治一百一十里

银矿

苇沙河沟内二道沟　距治七十里

石灰沟　距治八十里

铁矿

大栗子沟　距治西北五十里

两江口上面　距治五百二十里

辑安县未办各矿

金矿

报马川　距治西北一百七十里

外岔沟旗杆顶子　距治西北一百五十里

大阳岔　距治西北一百四十里

长冈　距治西北一百六十里

小蚊子沟　距治西北一百二十八里

梨树沟　距治西北一百六十里

银矿

霸王槽山城子　距治西北一百六十里

凉水泉子　距治西南一百二十里

下羊鱼头　距治正东二十五里

铅矿

上羊鱼头矿峒子　距治东南三十里

煤矿

小苇沙河　距治西北一百六十里

海龙府已办各矿

煤矿

杉松冈　远来窑等十家　光绪二十二年　月开办　距治东南九十里

铁矿

鞍子河　领名刘长富　光绪三十二年十二月开办　距治东南一百零五里

海龙府未办各矿

煤矿

大湾沟　距治正西一百里

金矿

大清水沟　距治正东一百二十里

香炉碗子

二八石

柳河县已办各矿

煤矿

半截河　领名李春阳　距治东北一百五十里

红旗杆沟　领名史玉瑛　距治东南四十里

柳河县未办各矿

金矿

上高力堡子　距治一百一十里

干河子　距治一百二十里

东平县已办之矿

煤矿

小梨树沟　领名王赞廷　光绪三十三年二月开办　距治正西九十里

西安县已办之矿

煤矿

辽河源　领名赵登庸　距治东南三十二里

西安县未办各矿

煤矿

太平沟里元宝山

柳树泉眼

太平河

鸡形顶子山　距治正西六十里

爱青沟

西丰县未办各矿

煤矿

兴隆沟　距治东南三十里

双桥子　距治东南三十里

小扣河　距治正东三十里

太平冈　距治东南四十里

铁矿

元宝山

辽阳州已办各矿

煤矿

尾明山　官办　光绪二十九年八月开办　距治东北六十里

大榆沟　官办　光绪二十九年八月开办　距治东北六十里

八合洞　领名辛茂第　光绪三十二年八月开办　距治正东一百二十里

张家沟　领名曹佩文　光绪三十三年十一月开办　距治东北六十里

金矿

康家东沟　领名尚久荣　光绪三十三年五月开办　距治东南九十里

辽阳州未办各矿

煤矿

鸡头峪

缸窑村　距治东北六十里

茨儿山　距治东北六十里

北大甸子　距治东北六十里

花岩寺　距治东南八十里

黄堡　距治东北六十里

韩坡岭　距治正东七十五里

台子沟　距治正东十五里

磨石峪

金矿

齐寡妇沟　距治东南一百二十里

上下万河　距治正南一百四十里

鸡爪山　距治正南一百八十里

六道河　距治正南一百二十里

黑山　距治正南一百四十里

桑家台　距治东南一百四十里

沙金沟　距治东南一百四十里

阿金河　距治东南一百四十里

铜矿

小河口

蜂蜜砬子

复州未办各矿

煤矿

五湖咀　距治正东四十里

林家屯　距治正东七十里

王家屯　距治正东七十里

元台子老窑坑　距治东南七十里

银矿

张家窑　距治正东一百里

化铜沟　距治正东九十里

铅矿

关家屯　距治正北八十里

海城县未办各矿

金矿

牌楼屯　距治东北三十里

英窝　距治东北三十里

大台沟

盘沟岭

花儿峪　距治正南三十里

冯家沟　距治正南三十五里

石门岭　距治二十里

大坎子　距治正东二十里

梨树沟　距治东南二十五里

什十孙

白石塞　距治东北五十里

土牛屯　距治正东三十里

松树沟　距治东南三十五里

盖平县未办各矿

煤矿

温家岭　距治东南十五里

金矿

神树山　距治东南八十里

湾甸子

西大林子

滩州堡子

银矿

神树山　距治东南八十里

北瓦房店　距治正南八十里

锡矿

黑瞎子沟

铅矿

黄安口北岔　距治东南六十里

黑瞎子沟

铁岭县已办各矿

煤矿

大台山　领名锡珍　光绪三十三年五月开办　距治正西二十五里

金矿

柴河堡　土人淘采官收课金　距治东南六十里

八家子　同上　距治东南六十里

牧养正　领名王宗堂　光绪三十三年七月开办　距治东南六十里

平石门　领名王宗堂　光绪三十三年七月开办　距治东南六十里

铁岭县未办各矿

煤矿

武家沟　距治东北九十五里

金矿

侯儿石　距治一百九十里

一面城　距治八十里

五沟头　距治一百二十里

庙儿岭

开原县已办各矿

煤矿

打虎庄　领名秦洪胜　光绪三十三年四月开办　距治东南二百二十里

铅矿

杨木林子　领名伊秉和　光绪三十四年十月开办　距治东南一百二十里

开原县未办各矿

煤矿

沙河沟大高力屯

牤牛屯　距治正南三十里

英额门　距治东北三十里

铜矿

象牙山　距治正南四十里

铅矿

关门山　距治东南六十里

金矿

　　三家子大桥沟

　　锦县未办各矿

煤矿

　　马鞍山　距治西南五十里

　　锦西厅已办各矿

煤矿

　　白褐木沟　领名张懦　光绪三十三年八月开办　距治正西四十里

　　砀石沟　领名高寓书　光绪三十三年二月开办　距治东北六十里

　　大窑沟　领名王岐山　光绪三十一年十二月开办

　　杂树沟　领名王岐　光绪三十二年八月开办　距治正西四十里

　　尖山子　领名李联芳　光绪三十二年八月开办　距治东北七十里

　　旺宝盖　领名冯振西　宣统元年闰二月开办　距治东北七十五里

　　锦西厅未办各矿

煤矿

　　缸窑屯　距治正西五十里

　　小寺　距治西北十八里

　　南阳子　距治东北六十里

　　暖池塘　距治东北七十里

　　黑鱼沟　距治正西四十里

　　沙锅屯　距治西北九十里

　　小田屯　距治东北十二里

　　二佛庙　距治东北六十里

　　宁远州已办各矿

煤矿

　　头道沟　领名刘仙洲　光绪三十二年八月开办　距治正西四十五里

　　尖山子　领名泰顺　光绪三十三年九月开办　距治正北五十里

　　偏道子　领名张筱石　光绪三十三年八月开办　距治正北五十里

金矿

　　夹山子　领名郭桢　距治西北六十里

宁远州未办各矿

煤矿

麦子沟　距治西南六十里

汉沟　距治西北七十里

煤窑山　距治西南二百四十里

富沟　距治西北五十里

义州已办各矿

煤矿

北大坪　领名句德澂　距治西南九十五里

缸窑沟　领名句德澂　距治西北九十里

义州未办各矿

煤矿

朱家沟杏树屯　距治正西三十里

松树沟　距治正西四十里

洮南府未办各矿

煤矿

都尔吉　距治西北一百六十里

二龙锁口　距治西北一百六十里

金矿

那金河　距治正北一百二十里

野马图　距治正北一百一十里

法库厅已办之矿

煤矿

崔家沟　领名马惠亭　光绪三十三年三月开办　距治东北三十五里

抚顺县已办之矿

煤矿

千山台　被日人占据　距治正东九十里

抚顺县未办各矿

懿路　距治西北八十里

望冈台　距治东北三十里

苇塘沟

大青山

金矿

太平沟　距治东北五十里

镇安县未办各矿

玻璃矿

卡拉木屯　距治西北八十里

营城子　距治西北七十里

火石矿

火石岭

纪变通矿章

行政贵通民隐，尤贵顺民情。奉省矿产虽富，尚在试办之初，因陋就简，难中绳尺。办矿之人，本非有矿商完全之资格，何能有经营美备之规模，名之曰商，实贩竖等耳。洎光绪三十四年二月十五日，为农工商部颁发奏定新章实行之期，详译各条，虑周藻密，言简意赅，洵可谓一定不易之常经。而律以奉省办矿现状，多有杆格不能入者，如河金皆散碎小把，其领照开采者，皆见利即趋，并无定向，未能责以矿界地租，工作皆去来无定，更无所谓年终红利。又如煤税，论权之轻重，而奉省论量之多寡，种种不侔，难以殚述。三十四年五月，因饬该局将矿章窒碍难行之处，逐条注明，当即咨行农工商部，旋准部覆，俟归并改订章程内参酌办理云。

附咨农工商部变通矿章文

案：据奉天矿政调查局呈称，前奉饬发部颁奏定矿章，令即查照遵办等因，即经职局照刷多部，任人购阅，以期开通风气，并在局中设立接待所，使商民得以随时询问，借资招徕。洎自本年二月十三日实行以来，已届三月。定章所载，初无难事，兼之节目详备，固自有条不紊。若能融会贯通，据章措施，似无隔阂之虑。无如奉省矿务甫见萌芽，故每有禀报者，往往格于部章居多。职局综司矿务，既未敢迁就从事，亦未便遽拂商情。兹就管见所及，未能推行各条，悉心研究，实有不得不稍事变通者，自应条列陈明，俾得有所遵循。谨绎矿务正章，如第五款内载，凡矿商之籍贯来历及其资本是否充足，有无影射等情，必须本省就近确查详咨，以为根据，系为慎重矿务起见。惟查奉省矿产富饶，甲于诸省，而风气未开，本省纵不乏财力充裕之商，大都昧于开矿之利，是以殷实土著领矿者，甚属寥寥。职局有提倡矿务之责，凡外省商民前来领矿者，自应参观中外合股之条，不分畛域，以广招徕，但照章即应行查。第该商本属外来，自必呈请，咨明原籍，督、抚转饬查明，方可核准。顾远省公牍往还，动经累月，即使覆到，已属濡滞。况奉省自日俄军政以后，百物翔贵，旅居不易，商民远道乘兴而来，领矿之准否未可知，而候查已大受困难。若不量予变通，恐外来商民从此裹足，殊非提倡矿务、惠恤商民之道。此条应请略示通融，但验该商资本充实与指领之矿别无违碍，即准报领，以兴地利。又如第六款内载，矿商呈缴之矿界，年租、出井税及官地红利，统由各省总局汇收，其一半解司充饷，一半解部。是此项关系綦重，但课出井税，必须查明矿产之实数，而分红利之举，必确知其出入之准的，方无弊混。查奉省现办各矿，大厂不过一二，余皆小本经营，并无殷实资财。本小者获利愈难，而视利之心愈重。获利难则锱铢必较，视利重则贪得无厌。在泰西各矿商类皆组织公司，资财既裕，监查复严，是以作奸犯科者少。若奉省之矿商，稽其资格程度则不足，而营私舞弊则有余。如课以出井税及官地红利，其隐匿朦混，竟有百出不穷。即就煤矿一种而论，煤质有优劣，市价有贵贱。从前试办旧章，定以值百抽五一税之后，并无他课，商人尚无异议。今每吨改为抽银一钱，即以极低之煤价准之，亦万无每吨只值银二两之理，较之旧章，已属减轻数倍，乃矿商反因此以品物市价攸殊之故，多所藉口，而矿税即因之锐减。在定章以为年终尚须收其红利，不妨税则从轻，但盈亏全出于该商之口，即使妥定帐册，而用款无定程，帐册可伪造。倘知其获利过重，中多隐匿，似不难派员终年监察。若其所得无几，尚不敷派员之经费，则又徒多纷扰。至河金、宝石等矿物，微而值钜，不特口舌可藏，且复夹带亦易。若所开者固为莫大之矿厂，而矿商利害切肤，无论物产之出井，矿丁之工作，皆可设法防范，以免偷漏。若奉省现开河金矿者甚多，然皆无籍之贫民及农隙之闲民，就矿质显露之处，群聚掬采，其人本来往无定，散漫无纪。前自设立矿局以来，官不容其私采，于是公举一首事之人，出名报领。实则首事者不过坐抽其成，其出金之多寡，则听其各自私卖，并无财力收取。在章程未定以前，局中之税，但责令首事者报明人数，每月每人抽金三厘，首事具有妥保，即准开做。今改课其出井税及年终红利，是必先得其出矿实数而后可。若官设监查，监不胜监，查不胜查，即公费又何所出。若以不合定章而尽行驱逐，则地处荒僻，官去复来，徒为具文。即使果能驱禁，而地方忽多此无业游民，实亦有妨治安。况矿既开挖，愈形显露，易动外人觊觎之心，种种为难，笔难罄述。此等小矿，可否暂免抽收出井税，仍照旧章稽丁抽厘。其煤税一项，民间向以斗量多寡，今部章限以吨权，轻重虽亦可以秤权核计，但抽税向于出售之时，核实抽收，其装运又多零驼吨，非民间服习之权，多所扞格，应请仍照值百抽五办理。又第七款内载，现在开矿之矿商，与已经准领矿地之人，必须将原有矿产禀报本省总局，照现章核明数目，划分矿界。准自此章颁行之日起，限二年之内，一律办清。查前试行章程，以三十方里为限，旧商探验，每于三十方里之内先施工作。今责令改就新章划分矿界，每人至多不得过九百六十中亩，是必责令缩就范围，然而集股之商，已未免隐滋疑惧。惟查第二十一款内载，未领之地坐落两三矿界之间，准毗连此地矿商中之先具禀者领之。又第三十款内载，所请开矿执照，惟一人所领矿地，每人不得过九百六十中亩等语，是否指一商之一照不得过此数目而言，抑或一商于九百六十中亩之外，旧探三十方里之内，请展矿界，添领一照，仍可准领。又一商于同地兼领两照，其边径是否仍须相连，细译章程并未指明，碍难解决。又第十款内载，中外人承充矿商，其办法第二节，洋商但与地面业主合股而别无华商银股者，应留股分十分之三，听华商随时入股。留待五年华股无人，准将所留售去一成五。又五年华股如仍未招足，听其将余股尽数售去。惟十年后，如有华商按照时价收买洋股与之合办者，洋商不得拒绝。又第十四款之末节云，如无华人合股，断不准他国矿商独自开采一矿等语，两款之意，互相发明。其于卫顾主权，不使利权外溢，已在言外。但既有此条，将来难必无洋商前来领矿，顾洋商既为牟利而来，其得失亦当代为设想，一有不至，易启交涉。三成之股有十年之待，倘必限其华股足数而始准开采，则领矿如未领也。况十年之期，自必指领照为始。若按二十五款所载，勘矿以一年为限，而领照后两个月内必须履勘。又二十八款内称，探矿逾三十官尺，即作为开矿论。既准领照，便须履勘。是否洋商集有七成之股，即华股未足，亦可准其先行开采。抑或必须华股已足而后可，若谓不待华股招足即准开采，则盈亏未必十年而始见，设开采大获盈余，华商之附股者必多，但恐洋商未必甘愿。维时窃恐难以定章相绳。使开采而大见亏耗，华商势必绝迹，仍无异准洋商独开一矿。此条究应如何办理方能允当。再此款又载，禁令中国人民曾违犯法律者，僧道及各教会教徒，以其教为业者，均不得有办矿之权利。此等人民固可限其不能有地腹之权利，然不能限其并不得为地面之业主。既为业主，而其地适蕴积矿质，或自愿开采，或愿以地作股招商合办，若为乙字类矿地主，仍得占三成之权利。倘并为丙字类矿，则地主亦有应得之权利。如甲字类矿则专归业主开采。若以其人格不合，应循定章，令矿商备价收买，或官家收买。然第十四款内所载，如业主不愿将矿地出售，矿商不得抑勒强迫，致拂民情等语。照此立论，则无论教民及曾经犯法者，总为业主似不忍独与抑勒强迫，倘竟准其以地作股，则开矿之权利即有应得，而违背定章亦即随之。现在亦有此等案件，虽据章驳斥，并非正当之道。究应如何办理，方与定章无违。又第十九款内载，所出矿质数目，按季呈送矿务委员转递总局，详咨农工商部，以备每年核算通国矿产总数。查奉省现办各矿，大小不一，其集股大矿，自易遵章呈报。其余如前条所陈零星小矿，可否略予通融，暂免呈报。又第二十一款内载，凡业主如有矿地，系丙字类矿，则所得余利，矿商一半，地面业主得二成五，国家二成五。如系官地，除矿商所得外，统归国家。无论矿之大小难易，如矿商不允照此办法，即不能承办各种矿务等语。查奉省现在已办各矿，惟河金矿类皆官地，而又皆零星散矿，红利一项最难征收。其为难情形，已于前款胪陈。但此项之内，有一半解部之款，可否暂免征解。第二十五款内载，勘矿执照若领到后两个月之内，不派有矿务学校毕业文凭之矿师前往履勘，不论何故，概不准展限。查奉省现领各矿，无论大小，悉用土法探验开采，间有一二用西法提水等情，亦不过就矿苗显露之处各施工作，并无一处有用矿师者。缘中国矿学向无研究，现虽有矿务毕业之人，然均未有身历其境，又不实地试验，则其所学未必足恃。至外洋矿师，薪水过钜，亦未尝有人雇用。此条应暂予通融，不必责其必有矿师，但饬其领照两月之内必须探验，倘实有事故，仍准展期半年，以期允当。以上各节，职局委非立异思迁，遽违定章，第措施甚难，故不得不详陈颠末，呈请咨部核示。等因据此，本大臣详加覆核，尚系实在情形，除批示外，相应据情咨商贵部，请烦查核见覆，以便饬遵。

附矿政局试办河金、荒金变通收课章程

一、河金、荒金如系矿商照章报领开采者，则事有专归，帐可稽核，自应遵照部章，值百抽十收课，并于年终结算盈余，照章坐分红利，不得援照散工办法计丁抽税。

一、散工开采河金、荒金，每把不过数人。然麕聚一处，合计或数百人，多或千余人，不可漫无约束。宜择一众望素孚之人，由各把环保为总把头。环保之外，必须另有的实铺保，方准承充。既充总把头，即准其免交本身课金以示优异。

一、开采地基，无论官地、民地，须饬各把承认地租，应照部章按亩交纳。如系

民地，须预与地主商订允许字据，方准开采。其租金按月拟派，由总把头逐月呈交。官地租即交矿局，随课金呈报总局，民地则按月交付地主。

一、照章官地租一项，报探矿者留归局用，报开矿者应行解部。此项官地租，请援照探矿例留作局用。

一、每把须立把头一人，倘数人同开一处，并无把头统率，即不准占领锆位。

一、每把须各立把名，四家连环互保，所保之把，如有逃匿、规避、不遵交课等情，除将本人严究外，其课金即着保人摊赔。

一、各把如有隐避、匿课等情，经保人觉察，预为揭报者，免其摊赔课金外，并准其免交本身半月课金。

一、金砂有深浅，出金即有迟速，各把领锆之后尚未见砂，免其领牌。见砂之后，再准试掏三日，然后按丁给牌，照章交课。已经见砂，三日之内尚未领牌，不得辄易他处。既经领牌之后，半月之内尚未交过课金者，不得率请退锆，以杜取巧。

一、交课之后，如愿另易他处开采，准其将前牌缴销另开。见砂三日之后，重行领牌。

一、矿丁按名发给金牌，归各把头呈报具领散给。按半月交金一次，不准匿报名数。如违发觉，每匿一名，罚交一月课金。

一、矿丁有随时添减，金牌即应随时领缴。如已见砂之把续添矿丁，即须照章领牌交金。倘隐匿不报，查出后罚交一月课金。

一、矿丁每名给金课牌一面，按月抽课金四厘，矿丁土俗，讳言钱字，以分代钱，以厘代分，北直省皆同，半月一交，逐期不得饰词推诿。如故延缓，除将应交课金押追外，并将金牌收回，驱逐出境。

一、每把准给火夫牌一名，不收课金。其或一把人数多至二十名者，准给火夫牌两名。再多，按照十人一名递加。

一、收课金牌由总局发给小木牌，上盖火烙印记，另发印花小联票，照牌大小，填写矿丁年貌、姓名，粘贴牌上。其存根于解金时，并解总局，以便查考。

一、火夫牌于小联票面注明，免交课金。

一、管理收课司巡，应立出金流水账一本，按日登记各把出数，以凭查核。如果出金畅旺，应即禀明局员，酌量加抽课金。此外如有未尽事宜，自应随时呈明核夺。

三十四年 三十三年 光绪三十二年	奉天矿政调查局自光绪三十二年七月起至三十四年底止征收矿税比较表					
正月份			矿税	一八二〇、六八七三三六两	矿税	三八八一、一八三六二两
二月份			矿税	一〇六二、三五四八二	矿税	一七八五、四〇四一五
三月份			矿税	四一九、九二九六〇六	矿税	五三八、二五二三八
四月份			矿税	六七一、九五五五六六	矿税	一七六〇、三四一五八五
五月份			矿税	五三九、八四二八四	矿税	一五三九、六三五一〇五
六月份			矿税	三八〇、五〇九五一六六	矿税	二七一、三四六三四
七月份	税矿	一五三五、七六二二五两	矿税	一八九、三七三二四九七	矿税	四〇九、七五五二六
八月份	税矿	三〇五、四一二七三二	矿税	二七七、二八五四二三	矿税	二九一、九九三六
九月份	税矿	一一一七、九一二四四七	矿税	三四七、六二一八〇四	矿税	九六七、九五三三六
十月份	税矿	二八三四、九六三七五	矿税	三八九、一四一七六六八	矿税	一二六四、八七七〇四五
十一月份	税矿	一九一〇、四一四一九七四	矿税	二〇四四、五七七八六	矿税	二六二一、二三二八
十二月份	税矿	二〇九二、七五二一四三	矿税	三一七七、四一〇八〇三	矿税	四〇一八、一八七四八
总数	税矿	九七九七、二一七五九四两	矿税	一一三二〇、六九〇五九一一两	矿税	一九三五〇、一六二七五二两

此表为三年统计比较之表，矿政调查局设于光绪三十二年正月，其分局则于是年七月始设。查是年为闰四月，因六月以前，尚未收税，故不列闰。其七月收税独多，系由海龙总管衙门移交旧收，并非一月征存。统计第二年较第一年长征银一千余两，其去年较上年又长征八千余两，此矿税之大略也。

纪官办辽阳尾明山煤矿附图二

官办之矿，每鲜实效，非矿之果无实效也，亦视乎督率之人与经理之道耳。奉省矿产星罗，以帑藏支绌不暇及此，硕果之存仅辽阳天利公司煤矿一处而已。该矿始由商人李顺清领票开办，光绪二十八年，铁路公司俄员以距铁路不远，屡请开办，意甚坚迫。前将军增祺恐该商资本不充，流入外人之手，饬将商票扣留，由粮饷处拨给公济堂沈平银一万两，饬道员李席珍、协领连中管理，并准铁路俄员纪道夫附入股本银一万两，公司事务仍由华员经理。次年七月，俄员纪道夫将股本退卖于公裕堂，照原价银一万两外再给余利五千两，统归官办。自后适值日俄起衅，该矿屡经日人搅扰占据，至三十一年冬始行交还。李道等禀请派员接办，三十二年春，前将军赵尔巽饬归矿政局管理，由局禀准以知府熊寿钱为总办，县丞尹福海为副办，兼管辽阳阖属矿税事务。该属除尾明山一区外，别无商矿税款可收，熊寿钱遂常驻省，不问矿事。三十四年春，道员徐廷爵接办矿政局务，即令黜之，并饬先派员清查账目，果查出未经呈报之帐多款，追出洋四千圆。又饬徐廷爵亲往查勘办理情形，实力整顿。嗣据覆称，该公司向即归辽阳矿政分局委员兼管，矿务、税务合为一事，殊虑弊混。官本二万两，历年并无官利，得有盈余，亦不分年拔还官本。工价物料既不分立清账，逐月收付颇费稽核。遂另拟办理章程十二条，令矿务与税局分别治事，按年照提官利，有余则分年先尽拔还原本，明定账款，分类报销，并立售煤三联单。旧时采煤凭小把分段认领，公司坐抽其成，至是议将小把革除，改招包工。自去冬整顿之后，计至宣统元年三月照例停工结账之日止，约除股本银二万两外，可获余利洋约五万余圆云。

附改订天利公司营业章程

一、辽阳分局向派坐办一员，副办一员，以天利公司本属官办之矿，即饬该委员等通同管理，遂致公司与公局账目每有牵混。查分局本有调查矿务，监收矿税之职，事关重要，公司又须熟悉矿工，经理银钱，事并繁重，现拟派专司局务一员，专管公司一员。其原设之司事、杂役人等，亦悉分清界限，各管各事，以专责成。

一、公司招雇矿工，本有工头管理，从前于冬令农隙，每有寒苦小民，三五成群，求作矿井，各自出煤，照章纳税，谓之小把。现值矿章颁行，查此项小把，殊多不合，应与一律禁止。以后如有此等小民投工者，饬派工头统辖，改作局工，使不至失所。

一、公司旧领官款银二万两作为成本，查自开办以来，虽有盈余，此项官款并未逐渐提还。每年亦无官利缴呈，殊非正办。既名公司，应照商例，拟以后无论盈亏，饬先按年提呈官利一分。此外再有盈余，作为余利，按十成之内酌提员司花红外，其余概作提还成本。俟提存满额之后，再行禀明，听候指拨。

一、公司逐月报册，从前但报总数，殊难查核。现拟令照旧开报简明总数外，另将各项细账区别名目，分类附列于后。如薪水、工食、兵饷、伙食、工程、材料、家俱、杂费、犒赏、川资、应酬、喂养、抚恤等名，各以类从，逐项开列一应细账，以便易于查考。俟年终，应再将逐月造报各册汇总报查。

一、公司账目，除逐日银钱流水总账外，有应另立各项细账者，必须添立簿籍。即如购买棚木一项，木有粗细，即价有低昂，其每月添置粗木若干、细木若干、某处支用若干、现存若干，自应另有材料一账，按四柱造报清册。又如每日招雇水工、窑工等人，逐日名数多寡不同，价或互异，亦应另有工账。从前但于每月呈报约数一款，工无名数，木无根数，公司亦无底账，以后拟令一律改良。其日用最繁而参差之款，各立细账，以备查考。

一、公司银钱报册，从前与煤斤混同一气，殊未了然，自宜各归各报。其旧存煤斤，前亦并无报数，现拟饬令约略估计，作为旧管。以后新出若干，销售若干，分运沈局若干，自用若干，逐月造具四柱清册，附报银钱账后。

一、售煤本有清账，亦应将某日卖给某户某种煤若干，得价若干，分立账簿。并另立三联票据，一存根、一记数、一发票，凭买户购煤若干，核收煤价后即发给计数一联、发票一联，交买户持向分局按数完税，一面由售煤处按十日或五日将买煤得价数目，开单报知总局，并将存根报局存查。

一、监收煤税，本应与公司划分两事，归分局委员管理，另立收税账籍，并由总局颁给收税联单。即凭买主持售煤处所给计数单，照原买煤斤核收税钱，即凭税单及售煤处发票至管煤处领煤。一面由分局委员将计数单及收税存根，报缴总局查考。

一、公司逐日出煤，拟专派一人收管，按日登账。如煤有等差，账即分别注明某日某井共出某种煤若干，发卖某户煤若干，各与登簿，按月开单，结总呈报总局查核。如有买户持售煤处发票，随同税单前来发煤，验明照付。即将发票并税单上之缴验单截留，按月呈送总局。其税单执照，仍发买户收领，以凭运销。

一、公司在省分设售煤处，其从前出入煤斤，收付银钱，悉归前坐办熊委员单衔具牍，就近在省呈报总局。是又将公司划分为二，盈亏殊费稽核。以后省城售煤处每月报销，拟令呈报尾明山公司，由公司归入大账，呈报总局。仍令将沈局各账，逐款附列于后，以清眉目。

一、大榆沟本由公司拨款开做，每月报销，亦拟令按月呈报尾明山公司，归入大账汇总，呈报总局。其原呈细账，亦仍依类分别，附报于后。

一、公司用款总以崇俭为主。事有繁简，即应职有专兼，不得任意铺张。应责成委员察酌情形，裁汰冗人，以节虚糜。其实有事难兼顾，一事而宜分两人者，亦不必强为迁就，应由该员随时陈明，以凭核夺。

以上各节，拟令先行试办，以后宜有变通之处，再行随时禀明酌改。

纪劝导华侨

奉省矿产星罗棋布，使一一皆须官办以为先导，无论财力有所不能及，即及矣，而独力之支与众擎之举，其收效之难易迟速，不待智者而知之矣。当此百废待举之时，或有人焉，能于实业中注意组织，讵非执政者所宜嘉许者哉。粤商周从龙，弱岁即游于东西洋经营商业，如日本之长崎、大阪，高丽之仁川、釜山，中国之奉天、营口、铁岭、上海、香港，不下二十余处，皆有该商营业，而尤属意于奉省之矿务。光绪三十四年九月，该商将有事于日、美等处，愿借劝导海外华侨经营奉省矿业。经矿政局为之请，给谕帖以凭招致。盖该商声望素孚于海外，而华侨又半皆粤产，与同桑梓，固知其所请非徒然也。宣统元年，接准驻美伍公使咨覆，允为一体保护，逆料该商劝导，有成说矣。窃谓此举有四利焉：侨民皆谋生而往，今获利而归，以组织祖国矿务，不啻挹外人之财而营我实业，一利也。侨民世居海外，借此可招回祖国，实我边境，二利也。能不失祖国之权利，即以息外人之觊觎，三利也。外人素重矿政，侨民皆相习而优，为可借以开通边徼之风气，四利也。其事甚微，其利甚溥，不禁于周从龙之请，有厚望焉。

附给周从龙劝导华侨谕

本月二十二日，据奉天矿政调查局呈称，窃查东三省物产雄富，久为各国所注视，洎自日俄军政以还，开辟商埠，交通愈形便利，是以借名游历者，几于踵趾相接。况复随在调查，不遗余力，是彼之觊觎，不待智者而后知，若不速自开办，则垂涎者势必日益加增。且三省之应兴者，固莫急于矿，以其利于日用制造者居多，然非有极大资本，断不能骤然语此。现当物力凋敝之余，既不能筹集官帑，复不能徒恃民力，职局虽有提倡之责，苦无振兴之方。伏查旧金山矿务发达最早，震耀环球，然考其收效之宏，实资力于粤东旅美华侨。每于足迹所至，到处欢迎，以其学有专门，故发无不中。惟是该华侨虽营业他邦，无不惓怀祖国，本思设法招徕，俾其从事实业。兹据现办抚顺县属新屯煤矿职商周从龙来局面禀，拟自备资斧，赴美国及吕宋[1]、古巴游历，兼调查工艺，拟于今冬出洋。查该商心地朴诚，素孚乡望，且于中日韩各国口岸均有商号。拟令该商于游历各国之便，劝导殷富华侨，集资回国，将东三省矿务工业竭力经营，一面由官加意保护，以浚利源而塞漏卮。为此呈请查核，如蒙允准，应请给谕该商，俾资劝导，实为公便等情。除批示该局并咨会驻美伍大臣知照外，合亟札谕该职商，遵即将本大臣眷念华侨之意，妥为劝导，俾乐集资回国，兴办东三省矿务，是所厚望，切切特谕。

纪收回通、怀等县矿案始末

通化、怀仁一带矿产最富，然地不爱宝，所以供国家之挹注，利民生之日用，非以资奸贪之垄断牟利也。光绪三十三年夏，初莅奉省，有前办通怀矿务知府阮毓昌具禀，并呈与全利公司洋商魏尼士、华商张寿亭订立合办通、怀二十八处矿务合同、条规、章程、账略等件，大旨谓前以奉委，勘开通、怀矿务，遵章先后招集华、洋商股，接办各矿，请咨外务部核准立案等因。查旧案二十六年以前，卷宗全失，据该员现呈办矿节略内称，于光绪二十三年夏，奉前将军依札委试办通、怀、宽三县矿务，先筹借铺商银五千两，招募矿丁试开商厂于二道沟小岔，踩出砂金新苗，缴课金一百三十余两。二十四年五月，添招商股，又于该处报开官厂，开洒六十余天，共得砂金八百数十两。遵章内提四成金课、金砂三百余两，酌提股利金砂二百两，报缴课金核计银一万两。其中忽称商厂，忽称官厂，已不知于何区别。又称前将军依以其办有成效，奏明将通、怀两属，划归专办，颁给木质关防，遂招集商股银十万两，运至通化，筹办

〔1〕　吕宋，古国名，今菲律宾群岛中的吕宋岛。

报马川线金，嗣以亏赔，又至营口、津、沪等处续招洋商股本，订明华洋合办。以前局中股本及借款作为资本二十万两，由该洋商垫办，并新备资本银三十万两，作为复行采勘试办工本，订立合同、条规，添拟通、怀、临、辑、柳新旧五属开矿章程等语。而查其所呈前将军赵尔巽节略内则称，续集商股前后共计银四万五千七百两，运至通化布置报马川局厂等情，与现呈节略以商股十万两运至通化一语，前后显有歧异。又旧呈节略内谓，订明华洋合办以前，一切勘采经费及各大股作为资本二十万两，由该洋商新备资本银三十万两，共成五十万两，并无洋商垫办二十万两一语。迹其前后之词，其中显多不实。查旧案，前将军增祺于二十八年咨请外务部立案，嗣奉部覆，以该员集股承办通、怀矿务，原系奏准之案，现在改为华洋合办，仍请奏明办理。未经奏准以前，不得作为允办之据。前将军增祺乃于二十九年六月具奏，奉硃批，外务部议奏。钦此。嗣以奉省时局未定，未经议覆。又旧卷三十一年冬，有贾宗荣者禀控该员指矿敛财，以股银加捐知府，并以通、怀龙票于营口远来洋行押银四万余两等情。是所控虽未必实，而其平时之物议已可知矣。光绪三十二年七月，前将军赵尔巽以商部咨行奏案，设立矿政调查局，调查通省矿产，招商承办，遂将该员原领委办通、怀矿务关防调销，饬其未奉部覆核准以前，不得仍称奏办矿务字样。其与洋商原订合同内矿区二十八处，占地太广，饬再核减。旋即禀称减去十六处，共存十二处，而现呈之合同条规内仍开二十八处。其种种朦混情形，愈觉显然。总之，该员停办各矿已阅七八年，上官已易三四任，以官办之矿，忽招洋股合办，事前并未呈明，实属擅专妄为。且占地几及千里之广，领矿又及二十八处之多。与其核减矿区，何如全与撤销，永断葛藤，否则终必借口有案。而通、怀二十八处矿产，无论官商有款，终亦不能开采，货弃于地，诚为非计。倘仍准其开办，则原禀所称华股，显非确数。并有洋商垫办之语，其心已存叵测。将来难保不勾串外人，据为口实。惟查前经贾宗荣禀控之时，前将军赵尔巽饬其自行明白禀覆。禀内称洋商自订合同之后，专候部覆，至今迄未开办，故未敢提取股银等语，是洋股三十万两，尚未动用分厘，确凿可据。即经将其原禀背谬之处，严词批斥，并令其未奉部覆以前，不得私提洋股动用。倘敢故违，定即严参。一面函致外务部，请将全案奏销。三十三年十一月初一日外务部咨行谓，本部具奏，职商阮毓昌办矿朦混，应将全案撤销一折，本日奉朱批，依议。钦此。而通、怀矿务，自此可断纠葛矣。

附外务部奏将职商阮毓昌办矿全案撤销折

奏为职商办矿，希图朦混，应将全案撤销，恭折仰祈圣鉴事。窃臣部前准盛京将军增祺等咨，据前办理通、怀矿务委员、候选知府阮毓昌，禀请将前办各矿添招华英各商股本五十万两，设立全利公司，接续兴办，咨请核示等因。当经臣部以阮毓昌承办通化、怀仁所属庙儿沟等处矿务，原系奏准之案。现在添招华洋股本，改为华洋合办，仍应奏明办理。未经奏准以前，不得作为允办之据。等情咨复去后，嗣经增祺等照录合办章程合同等件，奏请饬部立案，又另片密陈此矿从前系由官开办，与现在请办者情形不同，所指地段不妨稍事从宽，援请流弊亦宜慎防。应如何酌示限制，请饬一并核议。光绪二十九年六月十九日，奉朱批，外务部议奏，片一件、单三件并发。钦此。臣部以事关官办矿产改为华洋合办，自应详晰查明，方能核议。彼时正值该省时局未定，不能不暂缓行查。上年五月间，臣部函准前将军赵尔巽，复称前将军依克唐阿委阮毓昌办理通、怀矿务，曾纳课金三百两，当经奏明报效银一万两，而纳课未提。迨增祺履任之后，阮毓昌忽称办矿赔累，用去成本二十万两，招集全利公司英商股银三十万两，呈请批准钤印。增祺以其并未先行呈明，率招集洋商，殊与奏案不符，拒而不许。阮毓昌再三禀请，始为出咨。经外务部指明与奏案不符，咨令核明具奏。现奉省接准商部咨行奏案，设立矿政调查局，派员调查通省矿产，招商承办，随将阮毓昌原委领办通、怀矿务关防调销。至阮毓昌先以官办变为商办，所称用去成本二十万两，殊难凭信。其所指通、怀两县矿产二十八处，尤与部章不符等语。复经臣部以阮毓昌所招华洋股本，实系若干矿厂处所，应令减少，饬令切实禀覆，达知臣部，以凭核办，等情函达前将军赵尔巽在案。本年七月间，准东三省总督等咨称，通、怀等处矿产，现据阮毓昌禀请咨明，俾得接续开办。查此案旧卷及此次阮毓昌禀呈节略，并前承办各局厂出入款项清单等件，逐细核勘，颇多背谬。如原奏清单该公司合办章程第五条内云，除华商垫用勘采并一切经费作用银二十万两外，更新招集股分银三十万两，共合成本银五十万两。今节略内称，订明华洋合办时，以前局中股本借款等项，作为资本二十万两，由该洋商垫办，并新备资本银三十万两，作为复行采勘试办工本等语。此层垫办之说，不特为原奏合同清单各件所未载明，即卷存阮毓昌三十一年所呈节略，亦未声叙。兹忽以此添入节略之内，不知是何居心，极其流弊，岂堪设想。又如阮毓昌所呈，前办各厂局出入款项清单内声明，与英商订立合同，系将以前用过款项共作十万成数，以符原奏。又借勘采等费，添入十万两，统合二十万两，以为华商四成股本等语。据此而论。则华股二十万两内，其一半原系添入虚数，为华股预占四成地步，其一半系以用过款项，共作十万两，似可作实。然细核单开入项，自光绪二十三年春间起至二十六年夏止，前后招集商股银四万五千七百两，又共借垫银一万六千七百两，合计六万二千四百两。则前用过款项十万两，止此六万余两，可作真正商股。余属金砂余利，并非股本。而节略内称，二十四年奉饬奏准专归承办时，遵即续集商股，前后共银十万两。核与单开入项前后共招集商股之数不符。且核卷存节略原文，亦是四万五千七百两，并无十万之数。似此任意添改，希图朦混，显非可靠之人，应将旧案撤销。等因前来。臣等查阮毓昌承办通化、怀仁矿务，始以课金为报效，继复以官办之矿，率行招集洋股，改为合办。其所呈节略清单声叙股本各节，又复任意添改，希图朦混，自未便再准该员接续兴办，相应请旨，饬下东三省总督、奉天巡抚，将阮毓昌前办通、怀矿务原案撤销。所有此次与全利公司所订合办合同、章程、条规等件，应毋庸置议。其所招华洋股本暨从前垫借各款，即由该员自行清理。至通、怀各矿产，应由东三省总督、奉天巡抚饬矿政调查局妥筹办法，实力经营，以免废弃。伏候命下，即由臣部咨行该省督、抚钦遵，转饬办理。所有职商办矿，希图朦混，应将全案撤销缘由，理合恭折具陈，伏乞皇太后、皇上圣鉴。谨奏。光绪三十三年十一月初一日具奏。本日奉旨，依议。钦此。

纪本溪湖煤矿附图

本溪湖煤矿，咸同年间，即有土民开采，以供日用。光绪二十九年秋，日俄启衅，日人自安东设军用轻便铁道，经过该矿，以煤为军用品也，遂据而有之。军事既平，矿仍占据，开采如故。经办者为日商大仓公司，日可出煤百吨。三十三年九月，本溪湖设治委员同知周朝霖揭禀于前将军赵尔巽，遂札饬该员与日领事力争，该员即与封禁。十一月，日领事照会交涉局，谓该矿于撤兵时当还中国，现乞勿与封禁。迨兵既撤，而该日商以业已置有机器、房屋，终不肯还，始提议中日合办。初议日商占股四成，华商占股六成。世昌既来莅是邦，是年七月，即饬矿政局与之切实提议合办章程。前总办矿政局务道员祁祖彝遂与议，按照临城煤矿办理，而该日商谓立本约须五百万元，陆续分四期招足。初入股本以四分之一即一百二十五万元作为成立公司之基础，其余届时另议。议上，世昌以约数过钜，仅许一百万元立本合办。自三十三年叠经会议两次，十一月拟就草合同，大旨照临城煤矿章程。其时因查有王府地基在内，界址未明，暂为停议。三十四年，既查明所用地基，半皆礼亲王府围场地，十月复饬总办矿政局道员徐廷爵亲往履勘。旋据覆称，该矿已经日商盖房七八处，日开吸水机炉七座，工作日人约二百余名，华工千余名，井窿斜下，约计直深三十丈，线宽七尺余，但中夹石板厚尺许。煤质可炼焦炭，日出百余吨，然销路不敌抚顺之通畅，以其夹有尺许矸子也。此矿起色，须望深下，另见佳煤。前议照临城办理，以地作股，若改照井陉合同办法，尤为简明。乃备本五十万元，宣统元年春，饬徐廷爵即照井陉合同，再与磋议，已有成说，大旨可照井陉办理。现已调直隶道员邝荣光[1]来奉，代估日商预置房屋、机器价值，作为该日商股本。俟估定之后，再行核定地股，议合办焉。

纪抚顺煤矿附图

公司以代表为准，此中外之通例也。合众必有首事，首事始赅全体。若于众中个人之交涉而即挟制全体，此理法所必争者也。办矿以界限为重，亦中外之通例也。物产各有业主，业主得擅权利，若有毗连不属之土地，而可强权兼并，此亦理法所必争者也。抚顺正黄旗界有煤矿一区，矿质甚佳，苗线绵长。光绪二十七年，有职商翁寿报领千山台一段矿区，愿报效银五千两。同时又有王承尧亦请办理此矿，并报效银一万两。前将军增祺，饬翁寿亦报效银万两，均为出奏，同时开办，有成案矣。并饬员为之划分界址，以杨柏堡河为中线，河以东为翁寿界，河以西为王承尧界，而两人屡以争界，节次呈控，旋结旋翻，叠派员勘分界址，订定翁寿所办抚顺煤矿公司界，东至老古台，西至杨柏堡南北河边，南至山坡脚，北至山坡脚。王承尧报领华兴利公司界，东至杨柏堡南北河边，西至和气村，南至本山坡脚，北至本山坡脚。此当时划定之界址也。日俄构衅，俄人以迫于运煤，修筑枝路，直抵矿区，此盖为运煤捷速起见，并非有意包罗矿区，吾国既守中立，自未便禁止，并非听其造路，业已默许。迨日人既占千山台，王承尧即行呈明于日本军政府，谓此矿确有华俄道胜银行股本，意在免其诘问。盖以为各国商业，例应呈明，非战胜国个人之私产，可以免其滋扰也。不意日人就此占领，久据不还。其时翁寿已死，无人与争。王承尧则屡次呈控。虽中日协约第四条

---

〔1〕　邝荣光（1860—1962年），广东台山人，第一批留美幼童，也是我国第一批矿冶工程师。

有日军撤退之后，华人官民物业尽行归还原主之说，而此矿出煤日可千吨，以其出数畅旺，坚不肯还。三十三年四月，曾电嘱驻日杨公使，就近与日外务省磋议。嗣准回电覆称，据外务部大臣谓，应饬王承尧亲与铁路总办后藤新平[1]面议，方易了结。实则推诿而已。然其公司名华兴利，其代表华员王承尧且预呈明于日军政府，其必非俄产明矣。若因俄股而即可强占，殊出情理之外，此案现由外务部与之磋议，尚未解决。

〔1〕　后藤新平（1857—1929年），生于水泽藩，“满铁”前任总裁，曾历任台湾民政长官、递信大臣、内务大臣、外务大臣、东京市长。出任“满铁”总裁后提出“文武的武备”殖民理论，是日本殖民中国东北政策的重要实施者。

农业篇

吉省在北纬四十三度四十八分，东经百二十六度四十九分，受松花江之流注，倚长白山为屏藩，平原旷野，土脉膏腴，麦、黍、稷、粱之属无不咸宜，天府神皋，号为农国，乃招垦放荒，开办已将十年而成效卒鲜。推原其故，皆因耕种之法泥守旧制，耒耜耰锄，朴拙已甚，粪土肥料，漫无讲求。故田畴每多遗利，所产之物仅谷、豆、菜、蔬、烟、麻等类与果实、药品之天产而已。农业荒芜，莫此为甚。以山川雄厚、土地饶沃之区，一任其利弃于地，不重可惜耶。前将军达桂创设农工商局，光绪三十三年改设行省，既于丈放各荒注重开垦，复奏设劝业道以农工商局裁并之。欲改良农业，先饬创设试验场，勘定江南龙王庙官地为场所，俾资组织，派定课员分任职务。欲改良农器，复饬前往日本采购农具、籽种，冀得取法。又因奉天开办试验场为时较久，爰取其籽种如法栽种，建筑房屋，购买民地，骎骎乎有开拓之预备。于是就其耕耘之旧法，而参用东西洋之新学实地试验，且设传习、测候两所，延聘东洋技师及北洋高等毕业学生，集生徒四十人而教育之，俾逐渐推广，并饬自宣统元年春邀集本省绅耆，就本场设农学研究会，定期集议应如何开辟地利，灌输利源，悉心讲求，俾作农会之基础。将来松花江平原五千方里以内所得之地利，当必蒸蒸日上矣。吉省于家蚕不解饲养，而固有之山蚕亦复不知爱护，野桑、橡柞，供爨材，实为可惜。乃于光绪三十三年十月，设山蚕、桑蚕两局，于省城近处之欢喜岭、大咳狼及伊通、磐石分设山蚕场十六处，而于磐石别设山蚕分局以董理之。于奉天、海城等处招募蚕长、蚕工，并购茧种分途试放，任附近人民观览。初设局于巴尔虎门外，继于江南设试验场，始规取左近隙地修屋数楹，以山蚕局迁入焉。野桑叶小而质粗，复派员赴浙江采办湖桑十万株，于松花江南岸巴尔虎屯买民地十三、四晌为桑蚕试验场之用，即设桑蚕局于其地。并招浙江蚕学馆学生来吉试养，咸有成效，具见奏牍。惟是吉省民情安常习故，虽于天然大利，亦恒漠然视之。两年以来，赖地方有司暨局所委员相机劝导，风气渐开。如农安县有植物园之设，近且改为农事试验分场，宾州厅亦拟广植树木，并创办蚕桑股份有限公司，新城、长春、延吉、榆树等属，又先后请领桑秧以便试种。是农桑二者兼筹并顾，或于吉省衣食之源可以稍裕矣。至种棉一事，明诏迭颁，部咨敦促，函牍示谕，络绎于途。热心实业之有司，亦有试种者，但天气祁寒，华而不实，限于天时，非人工所能及也。所望农事日益发明，尽地利而代天工，是又瞻顾徬徨，而不胜希冀者也。

纪农事试验

吉林实业以农事为先，生产既丰，原料始富。光绪三十四年三月督饬劝业道在省城南面松花江对岸，勘出官地二十六晌，添购民田十数晌，设立农事试验场，以为农业之范模。场屋落成，遴选监督，管理全场农务，延订技师，分科治事。曰园艺，曰畜牧，附以编辑、调查、庶务各科。其宗旨以启导知识、改良方法、增殖物产为的，纯从浅近著手，积渐进于深微。开办以来，规模粗具，颇著成效。场中附设传习、测候两所，以技师兼充教员，招生徒四十名授以普通农学。宣统元年复辟东郊官地三十晌，别设支部。耕作之际，分令生徒躬秉耒耜，实地练习，以期适用。期之数年，边境蚩氓渐习种植，民勤其业，吏修其职，或可于此基之矣。

附奏设立农事试验场折

奏为吉省设立农事试验场，以课田功而兴地利，恭折仰祈圣鉴事。窃惟虞书命官，独详教稼，汉诏布令，首重力田，相沿数千百年，治法虽殊，要其课吏之方，莫不以劝相劳农，视为殿最。臣等幸逢盛世，忝领岩疆，欲为实边固圉之图，宜行垦荒殖民之策。然讲求地利，责在有司，而提倡首基，端资省会。查吉林夙称农国，厥壤最腴，地阔民稀，安于固陋，非特东西洋之新农学无所发明，即旧有之刈获耕耘，亦未尽得其法。遂以木棉、水稻，诿诸土性不宜，果瓜蚕桑，谓为天时所限。地有弃利，民鲜上农，虽由智慧之不开，抑亦劝劭之未力也。臣世昌与调任抚臣朱家宝及臣昭常相继履任，筹议吉林实业，允宜农事为先，生产既丰，原料始富，随再辅以工艺，蕲为小民辟一生机。当于上年三月间，督饬劝业道在省城南面松花江对岸勘出官地三十六晌，添购民田十数晌，设立农事试验场以为农业模范。场屋既落成，遴选监督管理全场农务，延订技师分科治事：曰园艺，曰树艺，曰畜牧，附以编辑、调查、庶务各课。其宗旨以启导知识，改良方法，增殖物产为的，纯从浅近著手，积渐进于深微。开办以来，规模粗具，颇著成效。厂中附设传习所，俾技师兼充教员，招生徒四十名授以普通农学。本年复辟东郊官地三十晌别设支部，耕作之际，分令生徒躬秉耒耜，实地练习，以期适于有用而不以空谈学理为长。并拟定时邀集绅耆以至田间父老，均可入场研究观摩，为组织农会之预备，且将来旁及郡县分场，亦易于推行。期之数年，边境蚩氓渐习种植，民勤其业，吏修其职，或可于此基之。惟是吉省远在偏隅，新政一兴，动需借材异地，矧属创始，用款尤繁。值此财政窘难，既不敢踵事增华，又未便因陋就简，但期随在核实，自足撙节浮糜。应请将开办之初，一切选地、建场、置械、购料并经常、临时等费，以及添设分场所需各款，均准作正开销。其试验场西偏另建实习工厂一所，亦经成立，应俟妥拟章程，再行专案具奏。所有吉省设立农事试验场缘由，除将详细规程分别咨部查照外，理合恭折具陈。伏乞皇上圣鉴，谨奏。宣统元年三月十四日具奏。四月初三日奉朱批，该部知道。钦此。

附农事试验场事务规则

树艺课

农作物种类选择试验。农作物与气候土地肥料之关系试验。耕种法及农具改良试验。农作物生理及病害、虫害之保护驱除试验。特用作物选种栽培各项试验。本省各处土壤及肥料审察试验。农家副业及农产制造试验。土地改良及农场经营法试验。气候观测事项。种苗分布事项。农事调查及讲习、劝导事项。

园艺课

果树、蔬菜种类选择、栽培及繁殖试验。果树、蔬菜采取、储藏及其制造试验。有用树木之苗木育成及种类试验。凡园艺、苗木工艺作物之生理及病害、虫害保护驱除试验。温室栽培及促成栽培试验。关于园艺、苗木之土壤肥料试验。农家副业及果树、蔬菜园经营法试验。果树、蔬菜种苗及苗木分布事项。农事调查及讲习、劝导事项。

畜牧课

家畜、家禽之饲养繁殖并其管理试验。家畜、家禽之种类改良试验。家畜、家禽生理及病害之保护、医治试验。天然饲料及人工饲料之保护、栽培、收获、储藏试验。畜产物之各项制造试验。家畜、家禽之种类分布试验。饲料植物种苗分布事项。关于畜牧之调查、讲习、劝导事项。

蚕桑课

桑树种类选择、栽培及繁殖试验。家蚕饲育及其管理试验。柞树、橡树等之栽培试验。山蚕饲育及其管理试验。蚕桑生理及病害、虫害之保护、驱除试验。蚕种制造及储藏试验。收茧、缫丝各项手术试验。蚕具及缫丝器械选择试验。蚕室、桑园及山蚕饲育场所之经营法试验。蚕种及桑橡种苗分布事项。关于蚕桑之调查、讲习、劝导事项。

编辑课

管理农事调查及讲习、劝导事宜。编纂试验及调查成绩刊印发行。办理本场来往文牍书信。采取各省及外国农业书籍图说报告。编绎农业书籍图说。

庶务课

掌管本场图记及书籍器械标本。收发来往公文信件并掌管保存。会计出入经费报告等事。采购本场应用物件。凡场内一切管理约束事项。凡参观者招待引导事项。

纪农学研究

读太史公之货殖传，于树艺、畜牧言之綦详。自士农分途而农业益衰，非具提纲挈领之规，无以收脉贯络通之效。今于农事试验场中附设农学研究会，定期集议，实为整理农业之枢纽。综厥要义，约有三端：曰开通知识，曰改良种殖，曰联合社会。如化验土质、购求苗种、医疗牲畜、培养林木、谘询农事、研究农学，且如何开辟地力，如何灌输利源，悉心讲求，俾作农会之预备。其余各府、厅、州、县亦须次第设立分会，以期普及。

附农学研究会简章

一、名称　本会参酌各国农业团体制度，专为研究农学而设，故名曰农学研究会。

二、宗旨　研究会为农会成立之基础，专以联络官绅士民热心农学留心农事及富有田地者，互谈经验，交换知识，俾相观而善，深知改良农业之实益，确收增进农产之实效。

三、组织　本会奉督、抚宪之提倡，联络本地绅民等为研究本省农业状况及改良农业方法。无论军学工商各界，凡愿入会者，均须将衔名、籍贯、住居函送本会，作为本会会员。本会视员数之多少，为择期行第一次开会式之预备。

四、会址　本会附设于吉林松花江南岸农事试验场内。

五、会期　每届星期日午正十二时起至午后四时止，为寻常会期。凡应到会各员均须先时赴会，由本会派招待员妥为接待。每年二月举行特别大会一次，提议本年农业应行改良事项，经多数会员赞成者，即行刊登本省日报，俾农民有所观感而资仿效。又于十一月举行农产品评会一次，以鼓吹农民竞行之思想，为实行改良农业产物之地步。其品评物，悉由农事试验场陈列所分类陈列，以备观览。

六、会规　本会特设会员书到簿及来宾题名簿。凡会员、来宾提议之事项，不得出农业范围之外。其提议各件，应各备说帖，于每次会议前三日函送本会，由本会分别先后缓急，择要提议。每临会期，由本会先将提议条件悬牌揭示，并注明发议人之姓名，俾众周知。每临会期，由会长、副会长或会员摘取关于农业紧要之事项登台讲演，以飨众听而谋改良之普及并农事新法新理之输入。各员莅会均须依次入座，不得紊乱秩序。每届会期除会员、来宾外，老农、老圃尽可随会听讲。但既经到会，须恪守本会规章，勿得任便出入，随意喧哗。每开会两钟点休息一次，约十五分钟。开会、闭会均以铃声为号。会室坐次，会员在前，来宾次之，农民又次之。勿论何项人等，既经开会入坐，须恪依会室之规则，勿得有意抗违，致淆秩序。

七、职任　本会设会长一人，副会长一人，评议员二人，书记员二人，均系名誉义务，不支薪水。劝业道为会长，以下各员，由会员公举。各会员、来宾均有提议改良、调查报告、劝导老农及关于农业各项组织之义务。其组合产业，辟荒田、兴水利及农具、农产之共同购入贩买等事，各会员均须切实提倡，协助办理。

纪饲蚕办法

吉省山深林密，橡槲丛生，农民狃于故常，不讲蚕织，山蚕野柞，尽成爨材。光绪三十三年十月设立山蚕、桑蚕两局，派知县傅毓湘赴浙、湖一带采购桑秧、茧种，即于江南官地分畦画井，栽种桑秧，复觅本省山桑移栽近地。每交夏令，桑芽一律萌生，蚕蛾既成，分别采饲。杭蚕固嗜湖桑而亦兼食山桑，成茧缫丝，黄白厘然，光彩耀目。核计家茧一斤，可得净丝一两。转瞬之间，桑秧成林，柔桑无待远求，课蚕自能踊跃，此桑蚕确有可兴之利也。复于省城附近之欢喜岭、大咳狼，伊通之三间房、望眼楼，磐石之长山屯、大小锡奎等槲树蕃茂之处，布放山蚕。雇觅奉天海、盖等处熟悉蚕事工师监视场务，并招民人观览。仲夏之后，成茧颇多，复在东关外设立缫丝场，派员助理。核计山茧千枚可得净丝六两，丝色虽逊桑茧，而坚韧匀净，光泽莹然，用以织绸当与鲁山、贵州所出无异。兼之夏蛾生子，仍可接放秋蚕，无提笼采叶之劳，有一树百获之益，此山蚕确有可兴之利也。夫开浚财源，地利、攸资，事有成绩，人心自奋。今大绥河一带，已有人饲养家蚕。此后湖桑日蕃，又得山蚕为之补助，采桑既易，饲蚕自多。光绪三十四年八月，业经专折具奏，将缫制成品咨送农工商部，庶从此奖励振兴，蚕业日盛，足开吉省一大利源也。

附奏创办蚕桑已有明效并推广饲养山蚕折

奏为吉省创办蚕桑已有明效，并推广饲养山蚕，以辟利源，恭折具陈，仰祈圣鉴事。窃查东三省夙号农国，森林最富而桑株绝少，蚕织亦未前闻。臣等因私讶之，以为江流环绕，奥区上腴，自系沃土宜桑，不应以气候稍寒，遂致寂寂也。又吉省与奉天壤地毗连，奉属海城、盖平等县，民间擅山蚕之利饶于耕耨，吉林则橡槲成林，被山缘岭，居民竟昧于放养，坐弃利源，臣等尤深惜之。盖官吏之倡导不先，不能尽为蚩蚩者咎也。臣等拟设蚕业局试办一切，业于上年奏报吉省应行要政逐渐措施折内陈明，随于松花江南岸设立蚕桑局，辟地一区，以资试验。查有前安徽南陵县知县傅毓湘诚朴耐劳，久官南服，于艺桑、饲蚕诸法，研究有素，因檄饬总司其事，并令前赴浙江购运桑秧蚕种，延聘杭州蚕学馆毕业生偕来指授。复于附近移植山桑，借资比较。该处去省垣仅隔一江，臣家宝于公事暇时，时亦亲往巡视。又委员设立山蚕局，并于省垣左近之欢喜岭及伊通、磐石等州、县橡槲最多处所，择地辟场，购觅山蚕茧种，雇工布放，招集本地农户演说参观，以资欣动，均札由新设之劝业道管理考察各在案。兹据该道详称，春融以来，两局渐有头绪，蚕桑局新种桑秧八万余株，交夏后得雨畅茂，居然发叶抽条，移植山桑，均一律青葱可爱。由杭运到蚕种，亦依法起眠、上簇、结茧、抽丝。除节候较南省稍迟外，光色斤两与实杭湖产丝无殊。刻仍饬工人加意培壅，修翦桑条，并出示晓谕，饬令各属农民，届时领秧试种，以期逐渐仿行。其欢喜岭、伊通、磐石等处放养山蚕，本年结茧颇多，色泽虽逊湖蚕，然用以织绸，坚韧耐久，当与豫属鲁山、黔属遵义所产货品无异。现乡民目睹利益，纷纷领乞茧种，以图来年放养。一面由局员增设缫场，教授纺缫、织染等工，务使远近观摩，愈推愈广。等情详请奏咨并呈验丝样前来。臣等查蚕桑之利，率土皆同，只以提倡乏人，遂致利源莫辟。即如吉省橡槲几于跬步丛生，乃山农日纵斧斤，不知利用，遂至美利坐失。至南省蚕桑则更以北地天寒，气候未宜，竟无学步思想矣。此次臣等创设两局，实地考验经理，幸尚合宜。蚕桑局所出丝斤茧质，晶莹光彩，堪媲南产。父老传观，称为得未曾有。至山蚕工本尤轻，乡民极欣欣艳羡，争来领秧乞种，以为来岁饲养之谋。虽风气甫开，不过借官力以示标准，而民人见利必趋，异日之扩充发达，应可于此时基之。委员傅毓湘苦志经营，不辞劳瘁，其勤殊不可没，应俟蚕业推广后，再行奏请从优奖励，以示激劝。至设场建屋，置办器具及当年需用经费均系核实，动支需款无多，应请作正开销。由臣等另案造报。除咨部查照并将丝样送陈列所外，所有吉林试办蚕桑已有明效，现拟推广缘由，理合恭折具陈。伏乞皇太后、皇上圣鉴。谨奏。光绪三十四年八月十九日具奏。九月十三日奉朱批，农工商部知道。钦此。

纪筹办渔业

松江流域水产富饶，惟以渔利为大宗。自乌拉而至三姓，与牡丹、嫩江合流，以抵伯利，委蛇数千余里，鱼业繁多，久为外人所歆羡。沿江居民，均以捕鱼为生，每当江水涨发，捕获之鱼各类皆备。所惜习于故常，捕鱼器具，从未设法改良，而腌制之法，尤不讲求，故产鱼虽多，而其利甚薄。今拟设立渔业公司，先派员将松江产鱼数目及渔户数目并鱼之种类，何者宜销于内地，何者宜销于外埠，详细调查，分类列表，并仿照日本腌制新法，变成熟货贩卖各处，以期振兴，借保小民之生计焉。

纪筹办牧养

环球各国畜牧之法，惟米利坚为最富。其统计所载，每年产马有一千四百万头牛，羊有八千万头。盖不独地势之便利，且由农学之精详也。吉省风气初开，筹办牧养，须官绅为之提倡，风声所树，观感有资而集事较易。今拟于农事试验场之旁辟一隙地，设立种牛牧场、种马牧场，并雇技师，医兽为专职。惟牧养之术，自必参用新法，首在开通水利以防兽疫，次在购求良种以期蕃育，又次则须建筑栅栏、栽培饲料为不易之办法。将来育成之后，即由本场传之四乡，由乡而县，由县而府，不数年间，吉省之改良畜牧，妇孺皆知，亦农学中开辟利源之一端也。

纪创办林业

光绪三十三年，道员宋春鳌详拟章程，创办林业总局。勘定省城西门外火锯公司旧基，改建房屋，由官帖局拨借中钱二百万吊，作为开办经费。该处地面宏敞，逼近江干，运木较为便易。设分局二：一在吉林府属之土山，一在五常厅属之四合川。每局委派承办各一员，广招木工入山砍伐。其木工有官办、商办之别，充官工者，须先取具保证，入山后所需什物，由局垫办，统由工资项下扣抵。充商工者，须先呈报山名，拟砍方里四至及木工人数，领取执照方准入山，以杜私伐。其明年奏设劝业道，改归管辖，委知府张鹏为该局局长，主持局事，此创办林业之大较也。

纪林业出产销售场

吉省木植繁多而交通不便，自以布置销场预筹出路为入手第一关键。当派员分赴濛江、珲春、哈尔滨、三姓、海参崴、天津、上海各口岸详细调查，何处水陆通行，何处市场畅销，以及外洋输入之原料，分运内地之多寡，必如何设法方能挽回利权。通盘筹画，日夕经营，年余以来，粗有端绪。惟吉林南运必经南满铁道，北运必经东清铁道，销售在我，运输在人，成本既重，利权亦失，非自砍自运自谋出口不可。因勘得全省惟珲春一处，可以由红旗河沿图们江下游入海，遂定议从珲春试办出口。本年五月当可运售天津，从此遵海而南，直达江浙。至于腹地若三姓德磨利所产木植，则销于蒙古、宾州各处，濛江木植，则销于奉省之安东县一带，珲春木植则销于延吉厅暨朝鲜之西北境。余如一面坡、穆棱河、苇沙河、五站等处木植，则以东清铁路公司为出售场。头道江、二道江木植，则以省城、长春、新城为出售场。五常厅木植，则以双城阿什河、哈尔滨及江省之呼兰府属为出售场。此外零星出产，销场所在皆有，不能枚举。宜仿日本北海道伐木、运木各法，建筑轻便铁路，以期易于出山，与海运相辅而行，方足以操胜算。其萌蘖条枝之秀发，则采择而护养之，以为十年之计。迨至日渐发达，成效昭著，再增设木植陈列所、森林学堂、森林警察等，庶于林业前途尤有裨益焉。

工业篇

吉林襟山带江，物产之饶，甲于奉、江两省，为天然莫大工场。惜居民不谙制造，工艺窳劣。从前闭守时代，尚可因陋就简，自为生存，近则列强逼处，日俄商品充塞衢路。外商以本地生货运往他埠，制成熟货仍向本地销售，一转移间，动获巨利。若长此不变，即令垦务、林业、矿产诸大端同时并举，而无工业以持其后，亦无以保我利源，此吉林振兴工业为急切不可缓图也。诏改行省之明年，提法司有罪犯习艺所之设，民政司有贫民习艺所之设，旗务处有旗务工厂之设，然一般普通人民之工业，未议及也。是年七月，饬劝业道设实习工厂于松花江南岸，经营四阅月始克落成。由津、沪各处招来技师，选本省幼年子弟姿质聪颖者，俾入厂分门学习。商办之电灯，久无成款，亦饬改归官办，设电灯处，而哈尔滨、宁古塔及长春等处亦陆续开办。诚能广兴工场，官为提倡教导，而民间所产生货，胥知制造之法，一反窳陋之习，则可以挽无形之漏卮，而抵制之功甚伟。比年以来，加意讲求，皆款项未充，不克大举。然基础既立，逐渐扩充，是则小民生计所辟，而为上者所应悉心提倡者也。

纪实习工厂

吉林工业窳敝，无人讲求，外货畅销，民生日困。爰于松花江南岸设实习工厂，拓地建屋，悉力经营，招集技师，以为之导。选本省聪颖子弟，俾入厂肄业，分门授课，以为实地练习。开办经费计吉钱十二万四千余吊，委知县万邦宪为该厂监督。厂内除金科、电科、陶科、制糖、制酒、制纸、制革、印刷、应用化学诸科尚待逐渐推广外，暂分五科：曰织科，就原有桑蚕、山蚕两局之丝茧业经缫络者，织成绸料运销各处。曰染科，即将两局所缫之丝酌加漂染，亦所以期蚕业之推行，辅工场之发达。曰木科，雕镌窗棂花格及陈设几案、坐具等类，期于变化物质，借塞漏卮。曰料科，近山有玻璃矽土原质甚良，使工人采斫，量予工值，不须多用化料、购置机器，资本既轻，斯无亏蚀之虞。曰杂艺科。取磐石矿局之铜，锤炼为器，如茶铛、香鼎一切文具之类，铸冶稍精，不泥旧法，便觉改观。余如毛可作毯，柳可编箱，均吉林之天产，现正次第研究，量为筹办。数月以来，成效渐著，风气所倡，内地工商，本其艺术来吉就工者，亦日有所见。此吉林工业萌芽之大概情形也。

纪电灯公司

吉省电灯之发起，始于光绪三十三年十月。有胡廷儒者，拟招商股二十万元，创办宝华电灯公司，局设省城东莱门外。嗣举蔡济勤接办，终以商股无着，久未告成。三十四年秋间，改商办为官办，由劝业道委同知悦明阿经理，因名曰官办电灯处。凡街道、衙署、局所、商家已渐次设置，历时未久，成效即已显著。诚能大集资本，推而广之，是亦极大利源之一。此外，哈尔滨则有商办耀华电灯公司，宁古塔亦由火磨公司附设电灯，而长春商会近亦拟合资开办。物质之文明，随人民之程度而日进，始之人自为商者，近亦能集群策群力以图之，是亦工业前途之大可冀幸也。

商业篇

吉林商务，自昔纤俭，民俗朴愿。境内土地之饶沃，物产之繁殖，山川矿藏天然利益之丰富，有不待贾而自足之风。特以草莱不辟，货弃于地，民俗相沿，安于朴素。外来商人，远贾至此，牵车乘橇，艰困百倍。其转输便易之品，仅见行销境外，至森林、矿产，则有相顾嗟叹而已。说者谓壤地偏僻，不适于商务之竞争。然近年以来，户口日滋，风气渐辟，各属商情，互求进取，已非复向时之旧，抑亦往者提倡之有未至也。况全省境地，松花江环带两面，又有牡丹江贯注省东，源流交注，航运便捷。其与国外交通，则南界朝鲜，东界俄领之东海滨省，以图们江及乌苏里江为天然界限。货物挽输，大都一航可达。且自日俄两国经营铁道，南承奉天，北经江省直接西伯利亚，其东道则由滨江而至海参崴，绵延千余里，全省脉络条达，洵水陆之绾毂，安得谓非商战之场耶。惟是风气之开，较后内省，商情涣散，利权之外溢者，若山林，若矿产，若渔业，若航利，胥为外人所占夺，商力薄弱，至斯已极。于是组织商会，整顿钱法，经之营之，商务始稍有起色。而财政竭蹶，兴一利创一业，无巨商硕贾，厚集本金，终无所当。于是为招徕外商，遣员驰赴香港、澳门等处，广为劝导。现在各资本家已公举代表前来查勘，拟分往新、旧金山及南洋各大埠招股倡办。借外商之力开此富源，亦兴商之要务也。

纪组织商会

通商数十载，海内之士抵掌言富国者，综其要不外二端：一曰广物产以充溢于内，一曰精制造，以扩张于外，洵不易之论。然所以握二者之枢纽，维持而增进之，厥惟商会。泰西各国，古亦无所谓商会者。英于西历一千七百七十三年始创商业会议所于俄拉士俄埠，不百年而全欧皆踵行之。日本维新之初，首采其制，著为律令，至今日而商业之盛，几几乎与英美抗衡。中国之组织商会也最后，而吉林则僻在边隅，则又居于中国各省之后。虽然，向之商务繁盛之所，固亦有商业公议会或名为商业公所者，创设之始，未尝非采西国商业会议所之遗意，而规章职务，参差不一。各处之设立者，往往自为风气，采其名而遗其实，行之数年，影响于商界者，卒无丝毫之效果。迨至日俄战争，而后两国铁道综错，全省利权尤日见外溢。吉林者，固富于山林、矿产、渔业、航业诸利者也。权力所侵，几尽入于外人之手，而群情汹汹，终无人焉起而争之，识者遂知其无商会故。光绪三十二年，吉林、黑龙江两省代表职商周康寿等联名呈于部，始准商部咨送章程，组织商会。于是分饬各府、厅、州、县向有商业议会者，斟酌损益，就其所有而改良之，无则创设焉。其总、协理暨议员等，悉遵定章投票公举，然后通省商会斠若画一。于吉林、长春、哈尔滨三处，为本省交通中心点立总会，余则概名曰分会，经之营之，迄今三年，始底于成。其业经咨部成立有案者，凡十有一。爰列为表，并纪其颠末如此。

附全省商务总分会一览表

名　称	成　立	沿　革	总协理姓名	任事年月
吉林省商务总会	光绪三十三年九月	就商业会议公所改设	总理松毓 协理牛翰章	光绪三十四年四月据报公举续任
长春府商务总会	光绪三十三年十二月	就商家公议会改设	总理王荻人 协理孙作新	光绪三十四年十一月据报第二次公举
哈尔滨商务总会	光绪三十四年十一月	就商业公所改设	总理张万川 协理冯金腾	光绪三十四年五月据报公举
珲春商务分会	光绪三十三年八月	创设	总理马善平	光绪三十三年第一次公举任满续举尚未呈报
延吉厅商务分会	光绪三十四年九月	创设	总理赵玉麟	光绪三十四年七月据报公举
伊通州商务分会	光绪三十四年十月	就商业公议会改设	总理杨裕清	光绪三十四年六月据报公举
农安县商务分会	光绪三十四年四月	就商业公议会改设	总理张振声	光绪三十四年九月据报第二次公举
榆树县商务分会	光绪三十四年十月	创设	总理李若棠	光绪三十四年四月据报公举
磐石县商务分会	光绪三十四年九月	就商业公议会改设	总理王德升	光绪三十四年六月据报公举
阿勒楚喀商务分会	光绪三十四年三月	就公议商会改设	总理李永昌	光绪三十四年二月据报公举
乌拉街商务分所	光绪三十四年七月	就商业会议公所改设	总理傅金庸	光绪三十四年七月据报公举
备考	查吉林全省各府、厅、州、县商务总分会，均已次第组织，惟报部有按者，总会三、分会八，即以奉部给札之日为成立日期。			

航业篇

吉林全部诸水，或导源于松花江或合流于松花江。而新城及哈尔滨一带，尤为松花江全线之中权。沿新城而北则由嫩江以达齐齐哈尔及墨尔根，沿哈尔滨而北则由呼兰河以达呼兰府，自哈尔滨折而东行，以迄三姓一带，皆与黑省画江而治。综览全流松花一江，实有总贯吉、黑两省之势，且东清铁路穿过吉省中部，以达黑省南部，即以其路线所经，作为商运之干线，而以开通航路，作为商运之枝线，因势利导，其在斯乎。查哈尔滨一埠，三面衔接铁路，实为水陆之绾毂。若于哈埠设局行轮，既可揽载铁路商货，又可输出内地土产，挽回利权，当必不尠。惟须将全江形势派员察勘，如水势之涨落，物产之盈虚，市场之衰旺，水流之深浅，地势之高下，含泥之多寡，何堤宜防，何湾宜直，何种梭船足以合式，何物障害足以阻工，何支细流足以利用，何处木石足以取材，均当逐一调查，详加测绘，庶可挽主权而兴航业。光绪三十三年八月，设官轮总局于哈埠，复设分局于吉垣及小城子、新城、三姓等处。逾年二月，札委候选县丞王鸿藻为局员，由劝业道督率管理，是为创办松花江上游航业之始。至下游航业，则于是年十月，札委候选道王崇文创办，名曰松黑两江邮船局，即以哈埠原有之官轮局，改为两江邮船总局。复以官轮局迁回省城，改名吉林上游官轮总局。自省垣至小城子为上游航路，归官轮局管理。自哈埠至三姓为下游航路，归邮船局管理。事权各有界限，呼应较为灵便，将来江路开通，邮船发达，再行徐议归并，以一事权。是为创办松黑两江邮船局之始。当此商战时代，航业关系主权，所宜急起直追，力争先着。今兹造端伊始，商旅偕来，渐占优势，倘上下游驶运行既久，而新城以南临江以西，又得首尾相衔，鼓轮可达，转运之便，既可与东清铁路分道争驰，他日吉长铁路告成，亦可借江流以输泻之，则航业前途，庶与农商各界，裨益匪浅也。

纪筹办官轮局

吉林之官轮局，始于光绪三十三年八月，檄候选县丞王鸿藻赴松花江上下游调查航路、订购轮船以便交通。爰购俄船巴特拉克一艘，改名吉源，拟于沿江上下先行试驶。复拟章程请在哈尔滨设立总局，吉垣及小城子、新城、三姓等处各设分局。搭客载货，以每年红利七成归公，三成充赏。各规则均经批准，并发银一千两，从速筹备。缘吉垣至陶赖昭即小城子一带，俄船行驶已历年余，幸其尚未发达，正宜及时设法，以固主权。三十四年二月，以王鸿藻为官轮局承办委员，归劝业道督率管理。复以林业局旧有巡船一艘修改附入，作为拖船，定名吉森，借资载运。由度支司先拨银一万两，作为开办费。是年五月，复改委留奉补用同知王斌接办，以前将军达桂订购之浅水小轮，机件、铁料早经到吉，饬商招工装钉成船，定名吉清。复添造吉航拖船一艘，改修公署庶务处船一艘，更名吉桴，为驶行省城、乌拉街、溪浪河、五颗树、小城子一带之用。王斌请购华商德发公轮船、拖船、帆船各一艘，轮船曰吉瀛，拖船曰吉檠，帆船曰吉荣，为驶行巴彦苏苏、新甸、三姓、呼兰一带之用。设总局于哈尔滨，设分局于吉林省城，更拟章程，酌定员司、匠夫薪水、办公、修船各项经费。开办之始，所收运费不敷开支，暂由度支司拨给，遂于七月下旬、八月中旬先后开驶。俄船之向驶松江者，颇为交通所便，顾彼注重运货，而行旅之食宿，则逼仄恶劣。官轮之制，略仿南省江船办法，舱分三等，日备两餐，袤延六百余里，下行十四小时而达，上行四十小时而达，商民便之。其行驶下游者，客载亦日见其多，自倡议会办两江邮船局以来，以吉垣至陶赖昭一带为上游之航路，仍归吉林筹办，改为上游官轮局。其哈尔滨原设之局暨吉源、吉瀛、吉檠、吉荣、吉森各船，并归两江邮船局接收管理，至吉清小轮及吉杭、吉桴两船，仍留吉垣为上游载运之用。惟吉清则机小力弱，溯江拖载，驶力较迟，因又定购拖力较大之小轮二艘，并添造拖船二只，宣统元年夏间乃可下水驶行。此筹办松花江上游官轮局之概略也。

附官轮局轮拖各船一览表

名称	价　值	船　身	吃　水	购造年月	行驶地址
吉源	羌洋三千五百卢布	长四十六尺六英寸 宽十英尺	十五英寸	光绪三十三年十二月	哈尔滨至呼兰等处
吉瀛	羌洋一万一千七百卢布	长一百一十英尺 宽十七英尺	二十八英寸	光绪三十四年七月	哈尔滨至三姓等处
吉清	行平化宝银一万五千两	长六十英尺 宽十二英尺	九英寸	光绪三十四年八月	省垣至小城子

名称	价　值	船　身	吃　水	购造年月	行驶地址
吉森	中钱五千三百一十吊五百另四文	长四十八英尺 宽十一英尺	十英寸	光绪三十四年五月	哈尔滨至呼兰
吉槃	附于吉瀛船价之内	长一百另五英尺 宽二十一英尺	十二英寸	光绪三十四年七月	哈尔滨至三姓等处
吉荣	附于吉瀛船价之内	长一百二十二英尺 宽二十五英尺	十一英寸	光绪三十四年七月	哈尔滨至三姓等处
吉杭	中钱五千六百吊	长六十英尺 宽十二英尺	十三英寸	光绪三十四年八月	省垣至小城子
吉桴	公署庶务处改交	长五十八英尺 宽十二英尺	十三英寸	光绪三十四年八月	省垣至小城子

纪创办邮船局

松、黑两江为中外商贾必经之路，航政最关重要，自应设局筹办，以保主权。光绪三十四年九月，黑龙江交涉局总办、候选道于驷兴呈以两江航路，当由吉、江两省会商合办，所需经费亦由两省分任。以松花江上自三江口、新城府起至下临江州出口止，黑龙江上自额尔古讷河起下至乌苏里河口之伯力止，为现行之航路。其嫩江及新城府以上之松花江、额尔古讷河、乌苏里江等处，为将来之航路。会商允行。惟吉省业已在哈设立官局，组织粗成，规模略备。其前购之吉源、吉瀛两轮以及吉槃、吉荣、吉森各船，均归邮船局收管，作为吉省官股。其哈埠一局改归邮船总局，另派妥员以专职守。十月，委候选道王崇文为总理，先将应办事宜择要筹备，一曰宽筹经费以期机关之完备。航业竞争，非有雄厚资本，不足以持久，而松、黑两江邮船航路计有五千余里，总、分各局员司薪水、修船公费以及一切杂用，若不筹以的款，恐有竭蹶之虞。二曰修浚航路，以防滩石之障害。如新城以上江面辽阔，浅滩甚多，虽由伯都讷之三岔口东行无阻，然自入大通县境石礁颇多，而临江州界险滩尤甚，均须详加测绘，估算工程，方能兴商业而利遄行。三曰多购轮舶，以图商业之发达。两江航路实为我国应有之主权，乃外国帆樯相望，而我国船舶绝无仅有，利权外溢，莫此为甚。亟宜添造轮、拖各船，先行爱珲、伯力两埠，将来逐渐扩充，以期分行乌苏里江、额尔古讷河等处。四曰添设水巡，以护行李之往来。吉垣至半拉山，村屯尚密。自伯都讷之三岔河以下，旷野无人，为贼盗渊薮，此剿彼窜，出没无常。当设水巡一区，佐以浅水官轮，备以炮位枪枝，专司梭巡，借以保护。以上四端，为创办邮船局之纲要，吉省上游官轮基础已定，此后彼此联络，共求进步，亦分内之事也。

附调查松花江、乌苏里江及嫩江、黑龙江之航路

一、吉林界内松花江源出长白山。浅水轮船至吉林省城止，由吉林开船顺水至旧站四十里，有人搭客上落又五十里乌拉街，距城二十里无人上落又五十里锡拉河有缸、煤可运，又八十里半拉山有石灰可运，又三百六十里至毕家店距小城子火车站十八里即陶赖昭站，又三百里至伯都讷城，长春岭五里坨有帆船运豆麦赴哈尔滨者。又三百六十里到双城界，又一百六十里至哈尔滨，以下过呼兰河口经猴石至乌儿河，巴颜苏、新甸、黑鱼泡、南天门三站直至三姓约六百里，江势颇直，有粮可运。再下经苏苏屯，远望乌尔古力山至富克锦城，抵拉哈苏苏之临江州，共约航行八百里。迎黑龙江同趋而东，引乌苏里直向东北，经行二千余里过庙儿入萨哈连海岔者也。

一、吉林边界乌苏里江，其枝源乃兴凯湖。其湖口东北流之水，曰龙王庙子即松阿察河，环曲三百余里入乌苏里江，仍东北流一百六十里引蜜山府境大穆陵河，同向北趋约四百里引临江州境之饶力河，蜿蜒东北三百余里至伯力，俄有总督驻扎于此。计沿边千余里，只龙王庙、穆陵河口有华人村落，彼岸距江十余里即至火车站，南至海参崴海口、北至伯力江滨，交通极便。若俄许我假道，由烟台渡海参崴，登火车至松阿察、乌苏里江左岸移民实边，不数年皆成沃壤矣。有铜像立于江干，乃俄商资格莫力尧夫探险占据之纪念。

一、江省界内齐齐哈尔之嫩江，浅水轮船可达墨尔根城，顺水行六百里至卜魁，为一市镇。再顺水行八百里至三江口，沿江两岸无一耕种为业者，荒芜弥天，只有数处网鱼为生者。

矿政篇

吉林山水奥博，矿产富饶。前者风气闭塞，注重封禁，宝蕴于地不能终閟，于是奸民冒禁私挖，聚为萑浦。同治、光绪吉林之乱，皆金匪为之。及乱事已平，犹守封禁之旧，而外人虎视，注意矿产，致有金满洲之称。是不惟地利所关，实为国权所系。边鄙之地，时有外人越俎代谋，无识者又从而营其私，若不保护振兴，坐令天府宝藏，日受侵蚀，岂不惜哉。然办矿固以资本为主，须有矿师为之查探，非有全力以注之，则张皇补苴，且将无益而有损。际兹财政困难，官款未易筹，民力尤弗逮，惟有择要兴办，逐渐推广，以为久远之图。三姓金矿，近成弩末，庚子以后，亏累日巨，上年派员调查，因势而利导之，乃得有所著手。嗣是另勘苗线，开浚新沟，尚可望有起色。五虎林等处矿产，亦不丰厚，第以其地毗连俄壤，彼族私采有年，迭经据理与争，始行就范。东南一带五金之矿不少，然若同时并举，恐致务广而荒，且资本未充，矿师难致，先以调查得其梗概，继以试验定其权衡。至于苗线淡薄之区，则概缓筹办。磐石县属铜矿距省较近，自光绪三十一年商人姚景萃等采办，诸不合法。三十三年查其苗质颇佳，提拨官款改归官办，并饬员携带矿砂赴东洋参考，随购机器力事扩充，所得之铜，足供吉省制造之用。磐石县属铅矿，现归商办，以纾公家财力。至于煤矿，旧有民窑所出土煤，仅代柴薪，销路无多，作辍靡定。欲洗从前之陋习，只宜暂行清理，未便遽议更张，致令小民失业。宁古塔境之滴道山煤矿，为全省之冠，第运道修阻，需款颇巨，议招商设建轻便铁轨接连东清铁路，出煤既可畅行内地并可输入邻疆。综全局以通筹，取各矿苗之佳者开办数处，便可为富强之券，不必以多为贵，并不计目前尺寸之功，分年竞进，因地制宜，或不难有成效之可睹也。

纪矿产区域

吉省全境矿产，以东、南两方面为胜。所有产金之区，吉林府境则有三道霍伦、八道河子、辉发河、古洞河、大沙河、二道江、木奇河、华树林、夹皮沟、南山、半拉山门、窝瓜地、当石河、样子沟、扇车山、驼佛别、墙缝等处。珲春、延吉厅境，则有东西三道沟、七八道沟、柳树河、洒金沟、西北岔、汪青沟、蜂蜜沟等处。宁古塔、绥芬厅境，则有凉水泉、五虎林、黄泥河、万鹿沟、小金山、马家大营、牡丹江岸小绥芬等处。依兰府境，则有三道沟子、楸皮沟、桦皮沟、太平沟、石门子、黑背、南浅毛、杨林冈等处。宾州厅境，则有乌吉密、一面坡、黑龙宫等处。此外银矿则吉林府之柳树河、呼隆川，延吉厅之天宝山，依兰府之桦子山等处。铜矿则磐石县之富太河、朝面山、石嘴等处。铁矿则吉林府之牛头山、大猪圈，磐石县之映壁磖子，珲春之稽查处等处。铅、锑、铋矿则吉林府之呼兰川、滥泥沟、大尖山等处。水晶矿则吉林府之西石磖子、石道河子、帽儿山等处。煤矿则吉林府之柳树河子、高家烧锅、喇叭、蛟河、半截河子、歪石磖子、泥球沟子、滥泥沟子、锅盔顶子、半拉窝鸡、缸窑、口前、乃子山、杉松屯、长岭子、台子沟、火石岭、苇子沟、分水岭、通气沟、荒山子、石碑岭，桦甸县之二道河子、公郎头、弦子沟，珲春、延吉厅之老头沟、头道沟、凉水泉子、东关河蛸子、稽查处，宁古塔、绥芬厅之佛爷沟、滴道山、大乌烧沟，三姓依兰府之巴兰州、汤旺河沟，宾州厅之西乌吉密、东乌吉密、高力帽山、大青山，五常厅之缸窑林子、水曲柳岗、太平沟、老山头、双阳山，长春府之陶家屯、小河台、大顶子、四道沟，伊通州之沙河子、放牛沟、四台子、四角山、磨蛎青、半拉山门、映壁磖子，磐石县之呼兰川等处。综计金矿四十五，银矿五，铜矿三，铁矿五，铅矿三，锑矿一、铋矿一，水晶矿一，煤矿五十四。苗线厚薄不一，就调查所及，分别详列，以备考验。

纪设立矿政调查局

光绪三十四年，在省城设立矿政调查总局，统辖全省矿务，以劝业道管理之。设帮办一员，分列七科，先从调查入手，派各府、厅、州、县地方官为矿务委员。三姓金矿局在依兰府属驼要地方，办矿委员一员。东路矿务调查局在穆棱河，委员一员，办理五虎林、凉水泉、万鹿沟、黄泥河四处金矿。光绪三十四年四月设局，宣统元年因用款不敷，裁穆棱河局，由矿政总局派拨调查员分驻五虎林、凉水泉、万鹿沟，接办该处矿务，统归总局管辖。磐石县铜矿在石嘴地方，委候补道唐家桢为总办，由度支司筹拨钱十五万吊为官本。计已设局者五处。此外铅、煤等矿，系属商人勘办，未经设局。

纪清厘矿税

三姓金矿，系派员设局招丁开采。从前旧章按三七收金，每出金一两收金三钱，以六成解省，四成作为局用。近年苗线衰薄，局用不敷，亏累日巨。光绪三十四年改为五成解省，五成作为局用。是年，净收五成官金二百二十两零四钱九分九厘六毫。现在招集资本，拟按官商合股暂行试办，俟有成效，再行照章办理。五虎林、凉水泉、万鹿沟、黄泥河四处，光绪三十四年四月设局招募矿丁，每丁一名按月收官金四分，局中所需经费由度支司筹拨。年底结算，共收官金四十二两四钱六分。宣统元年改由矿政调查总局派拨人员前往经理，仍领原有薪水，不另开支经费，暂拟每年收金以四十两为正额，如有盈余酌提二成，为在事员司津贴，以示鼓励。煤矿均系旧有民窑，并无商办，经前将军奏准按百分之十五收税，每卖煤价钱一吊，税钱一百五十文。其由奉天地界运入吉省业经纳税有票据者，按百分之五收税，每卖价钱一吊，收税钱五十文。现由度支司税务处经征，归入九厘等捐案内报销。光绪三十三年，共收煤税钱三万一千三百三十六吊五百九十文。三十四年，共收煤税钱二万零三百零八吊三百六十九文。此项税款拨充兵饷，收数未能悉照部章。现计煤窑十余座，出产土煤窑，工作辍无常，且多轇轕，设法清理，限于一年内各窑户报明实在可采矿区，填给部照，再为收取矿界年租及出井税。石矿向系石工私采，民人冒认官山为己产，收取山分钱文，颇多流弊。宣统元年商办沙石公司，入山凿石，统归公司经理，无论官山、民山，由公司交纳山分钱文，大石每吨中钱一百文，碎石每吨中钱二十文，另交税款大石每吨五十文，碎石每吨二十文，由矿政总局核收具报，备作局用。此外应收各矿税，随时体察情形，分别照章办理。

农业篇

黑龙江旧系驻防省分，向习游牧，不讲农桑。土地膏腴而荒旷者多，水草丰美，而种植者少。近年以来，始将从前封禁之官荒，一律开放，而一则苦于边地之辽远，一则限于天气之严寒，兼之人户稀简，财政困难，借官屯田则国力不逮，募民承垦则客户难招。故论农业于中国难，而论农业于江省则尤难。世昌两次赴江巡视郊野，愀然以茀草亡陈为惧，而又重虑夫造端宏大之难为继也。暇辄接见僚吏，互相研究以求入手之方。因思江省地利之积荒，由于民情之观望，而民情之观望，由于开垦之艰难，急求所以化难为易之法，仿照泰西参用火犁机器等件，以资提倡。如省南之农林试验场，省北之瑞丰农务公司〔1〕，其耕垦皆用火犁，其购置悉由官费，两载经营，差著成效。惟是江省延袤二千余里，除东南若呼兰、绥化、海伦各府节经开成熟地外，余皆荒凉弥望，绝少居民，火犁无多，既不能垦荒地而悉收沃壤之利，经费有限亦不能购机器而遍给垦户之求，此则觖然抱恨者也。说者谓江省北自讷谟尔河、墨尔根以至黑、漠两河，西自毗连蒙古以至呼伦贝尔，天时尤寒，地亦硗确，似乎农业之利，可兴于东南而不能兴于西北，不知天时地利，皆借人力为转移。近日如北美之坎拿大、日本之北海道，其纬度尤居极北，而政府累载经营，渐归沃衍。矧江省西北为黑龙江、嫩江、额尔古讷河流域，众流汇注萦回，皆为天然水利。至兴安岭一带，虽丁户较稀而树木蔽天，足以供农业器械之用。西南蒙古风俗虽异，而牲畜被野，尤便于农户耕种之需。大利何常，要在因时因地通变扩充之而已。嗟乎，农业者小民衣食之源，而国家财赋所自出也。江省以膏流蜜滴之地，埋藏于平沙蔓草之中，不知几何年代矣。今有人焉出而任其艰巨，兴地利，阜民财，国计以此裕，而边防亦以此固，直反掌间耳。世昌虽未能手创其成，而尤愿目睹其盛。故举事之关于农业者录告来者，亦以志有志未逮之憾云。

---

〔1〕 瑞丰农务公司，清末在黑龙江设立的农政机构。

纪农业试验场

江省农业试验场，系光绪三十三年奏准，附设于省城南路初等小学堂，面积约二十余晌之地。计分十四区域，为普通作物、工艺作物、蔬菜培养等区，分种一切植物。或时遣人访查外埠及本省各府、厅、州、县之籽种、苗禾，鳞集场中，比较短长，俾学生渐知土壤作物之理。场内仿日本东京植物园办法，设暖室一区，虽冬令可得鲜蔬，亦前此黑龙江所未有也。说者谓江省农业甫有萌芽，其号为农者，于中国数千年耕种旧法尚多未习，遑云改良，似乎此场编设太早，颇有见卵求埘之诮。然农业学堂既立，不试验何以分土性之宜。试验无场，又何以尽物理之变。矧江省东、南两面，开垦过半，地极膏腴，得此场为之基础，异日土地以开辟而愈广，则农业即以试验而日精，并进兼营，其裨益于江省农政者，岂浅鲜哉。

附小学堂注重实业片

再教育造端于初等，民生莫重于实业。江省物产丰阜，腴壤云连，而农工商各实业学堂，俱以款绌未能创兴。计惟将现设各小学注重各项实业，庶可期发达而图进步。现拟将省城初等小学，添购仪器标本，加课实业，以为各属倡导计。北路小学拟注重工业，分别制碱、造纸并仿制学校用品各事，以树将来工业之基。南路小学，地多隙圃，宜于种植，拟辟为农业试验场演习林艺，以资农学实验。西路小学，则拟注重商业，备立他日商船及各项商业基础。等情据提学使张建勋呈报前来，臣等伏查该司所筹，洵为本省扩张实业起见。将来各该堂学生毕业，应请遵照初等实业学堂章程奖励，以收实效。至经费支绌，臣等自当力为筹措，务期教育切实推广，款项仍不虚縻，冀于边省学界，不无裨益。除咨学部、农工商部查照外，谨附片具陈，伏乞圣鉴。谨奏。光绪三十四年正月初八日，奉朱批，该部知道。钦此。

纪试办山蚕

中国蚕事盛而丝业遂为出口大宗，说者以为中国当温带适中之地，故如荆、扬等郡之蚕事，有早蚕，有晚蚕，甚有一岁而多至八蚕者，遂举其功归之天时地利，而究有不尽然者。东三省古所称关外寒瘠之区也，然近年如奉天之金、复、海、盖以及凤凰、安东等处所产丝茧，每岁至可得银六、七百万两。江省地居极北，尤不宜蚕，逮光绪三十四年访闻省北二百余里甘井子地方之北山等处，产有橡、柞等树甚多，可用饲蚕。旋又闻绥化府之朝阳坡等处，柞树繁多，亦宜饲蚕。当经先后遴派妥员试办，并讲求养蚕方法，冀以成山茧而开利源。据其禀报所言，大都采柞宜嫩，养蚕宜暖，而成茧较内地为尤捷。如果办理得法，不独可与奉天等处相埒，且可与内地各埠相上下。惟地气较寒，往往盛夏朔风骤至，蚕为之僵而柞树发叶甚迟。尝有局中所募把头等携带蚕种于四月到江，业已出子而因无叶以致饿毙者，此则天时地利所致也。窃谓江省创办蚕事，宜特设一蚕业学堂，招致南人为师，教以植柞、养蚕、收茧、缫丝之法，并于其附近设一试验场，兼讲求土化唐花[1]之法，久之而天时之冷暖迟速，地利之燥湿刚柔，皆能以人力调剂之而得其平，而蚕业自无不发达矣。顷于绥化府已设有蚕业公所，而北山及朝阳坡等处，亦已购置蚕种、招雇工人、分划山场、筹集款项，所有兴办一切情形，均于客岁冬月附片入告并咨部立案，以期广蚕业而利边氓，规模肇造，亦渐就完备矣。惟是事属创始，非持久不足以观成，非通变不足以尽利，所望官斯土者，赓续经营，始终不懈，其利赖岂有既哉。

附办理绥化府等处蚕业片

再东南各省蚕业为绝大利源，江省向以地处寒带，土性硗确，是以无人经营及此。臣等迭次派员调查其甘井子荒段之北山及绥化府之朝阳坡一带土脉，大率外燥内润，虽无柔桑以供蚕食，而柞树繁多，弥望皆是，饲养山蚕，最属相宜。本年曾经有人试养，呈到所结山茧有大至径寸者，如能设法创办，可与奉天之凤凰厅、盖平等处所产相埒，实为边地生利之一端。当经遴派委员先行试办，并往山东各处调查放养诸事，以期行之有效。惟事关创始，所有购置蚕种，招致工匠，分划山场，筹集款项，均属繁重。现经督令该员等勉力筹备，以冀春融林茂，蚕事肇兴。并在绥化府就近设立蚕业公所，练习饲养、缫丝之法。一面于柞树多处划出地段，专为放养山蚕区域，仍由公家分别拨款，用资提倡，以兴蚕业而利边氓。除咨部查照外，理合附片具陈。伏乞圣鉴。谨奏。光绪三十四年十月十三日，奉批，度支部知道。钦此。

---

〔1〕　唐花，是在室内用加温法培养的花卉。

纪兴东垦务公司

兴东垦务公司始于光绪三十三年八月，创办者为广东新会县职商陈国圻[1]。该职商向在美国旧金山经营开垦、种植、牧畜等业。至是复招集股本十五六万元，禀请来江领地设立公司，以为江省农业之倡。其所拟购地段在汤原县治下，北靠烟筒山金矿之地，东临都鲁河，西接梧桐河[2]，南通松花江，背山面水，土沃膏流，三五里间即有古树一丛，婆娑成列，棋布星罗，实为天然殖民之佳地。兼之该公司东北距观音山金厂仅二百里，每年往来金厂采金者约十余万人，均以该公司为逆旅。公司兼设行店，向来金厂工人之粮食器用，专借吉林省三姓城为接济者，均可就近径由公司购买，转运既便，价值亦廉。而制成之面粉，收获之粮，并可由梧桐河口运入松花江，上以销于三姓、伯力，下以销于哈尔滨等处。据所呈预算开办利益，种植项下计买火力开荒耕割机器全副连犁耙、收割车床并耕场房屋、买马、助耕农具、货物工食、机器、柴火、什用麦种等共银五万七千八百元，以五厘息算至十年，可得溢利银一百三十万元。磨面项下，计买磨面火力机器全副共银四万元，至十年可得溢利银百余万元。畜牧项下，计买牛马羊若干头，共银一万五千元，以五年为一届计之，至第三届可得三十六万元。该商等经商中外，赀本较厚，其效果固有可以操券获者。所望各省富商大贾，闻风兴起，皆效该商等之所为，公司愈多，荒地愈辟，举向之寒沙衰草，一变而为绣壤平畴，是则世昌之愿也。

纪火犁公司

器械之利用与否，与实业发达迟速，有至切之关系焉。农业为江省要端，久为有识者所同认。顾土人领地垦辟，率用木犁、架牛行之。夫以木犁与火犁较，孰利孰钝，显而易见者也。乃竟守乐与观成，难与图始之锢习，非官中设法提倡，终不敢轻然尝试。第江省库储如洗，焉有如此闲款，乃用官商合力振兴之计。于光绪三十三年六月

〔1〕　陈国圻，广东商人，1907年，筹集股本十万余元在汤原县境内开发大片垦荒，从事机械化作业，并经营旅店、畜牧业等。

〔2〕　梧桐河，发源于小兴安岭山脉哲温山，流经龙首山又纳西梧桐河，三江水汇合后，向下相继纳惠泉河、伏尔基河、鹤立河等入汤原境于船站处，注入松花江。

间，订购火犁数具，由官中发给价银，转交农务公司招集股本，在讷谟尔河南段收价代垦，并檄东布特哈总管就近督饬。一俟著有成效，再将官本分年拨还，陆续购置，俾实达营业实边之目的。虽然，此不过为提倡计耳，以江省面积之广，荒芜之多，岂官力所能普及。所期试用尽利，俾农民知其利用，或筹巨款，或立公司，多购火犁，变榛芜而为沃壤，则江省前途庶几其有豸乎。

附官商合办火犁公司片

再农业为江省要端，惟边地财政困难，非官商合力振兴，无由浚利源而裨本计。臣德全前饬本省瑞丰农务公司订购火犁两具，曾于统筹应办事宜折内陈明在案。现已由沪购运到江，综计价银共用二万二千二百五十两。据该商等将原订合同呈送察阅，当就省城郊外按照合同试验，尚属合用。自应由官认发价银，即将火犁转发该商等，令其招集股本，在讷谟尔河南段自行收价代垦。一俟著有成效，再将官本分年拨还，并续行购置，以期推广办理。惟江省商力异常艰窘，此次所需运费暨聘用洋匠等项，为数已属不赀，目前赴段开垦持久，尤属非易，已由臣等檄派布特哈东路总管福龄就近督饬，并随时体察情形，总期由官中极力维持，庶新机不废于半途，而殖民可收夫成效。除饬该公司妥订章程咨部查核外，理合附片具陈。伏乞圣鉴。谨奏。光绪三十三年六月初十日具奏，二十二日奉到朱批，该部知道。钦此。

工业篇

江省土货无多，工业尤不讲。所制造者，如省城之鞯[1]毡、布特哈之马鞍、桦木所制之雕刻器、黄杨木皮所制之乌拉、鞑土马以及席、簟、筐、筥诸物，或笨拙而不适于用，或粗糙而不美于观，仅足供土人之取求，而不足以为出境之销售，此尚就江省所能制造者言之也。其不能制者，如皮张必须运至奉天然后制裘，江石必须运至锦州，然后制为烟管等物。是江省对于奉天，已有生货出口、熟货入口之叹。又如炼钢一

〔1〕　鞯：垫马鞍的东西。

事，非精研理化兼用机械不能，而塞外不谙工学，用马蹄铁为之，虽久经磨炼亦与纯钢相似，然工作弗良，应用无几，故虽一针一钉之微，亦为外人擅其利，则其他可知矣。盖江省工艺之不精，由于传授之无法，而传授之无法，实由于提倡之乏人。光绪三十四年始于省城设立工艺传习所，以立提倡工业之基，而为他日推广之地。只以困于财政，所中传习生仅及十人，技术太少，斯观摩之益不宏，规模未全，斯教育之量不广，必须另筹巨款，于传习所外并附设劝业场，而于所中招致自费生研究学理，以宏造就，即于场中搜罗各土货比较技艺，以资观摩，切实讲求，兼营并进，庶可收省试称事之效。该所以皮货为江省出口大宗，已派员至天津工艺局考求硝皮之法，并调查制造蜡烛、胰子法，以为推广精进之预备。而造纸、造碱诸厂，复陆续兴办，渐有端倪。呼兰、绥化等处之工业学堂，亦次第设立。意者江省工业，其有由萌芽而渐趋发达之机乎。荒沙数千里，远居极北，东西北三面皆与俄邻，每岁俄自满洲里、哈尔滨等埠以及日本自长春、奉天北来之货，易我金钱而去者，不知凡几。边徼之地，肤髓几何，抵制之图未宜缓也。

纪工艺传习所

工艺传习所从前在省城南关，系就中学堂所购民房，暂行借用。自光绪三十三年试办工艺，拟先从木器造制改良入手，由奉天招募木工及油漆匠仿造西洋式几案、坐具，以开风气之先。试办一年，颇著成效，因于次年复加推广，改为工艺传习所。所中预备可以制造靴鞋箱箧之料，则有若牛皮，可以制造毡毯绳索、布袋之料则有若羊毛及苘麻、线麻，亦均陆续购齐，足供实习之用。并拟添造蜡烛、胰子等物，以便民用而广利源。只以制造之方法尚未精良，设厂之地方亦嫌狭隘，现将迁至江沿西营旧兵房，酌量兴修，务使足供推广制造厂之用。该监督亦亲至奉天工艺传习所及艺徒学堂，详细调查以图进步。我国民数众多，工价不贵，若经理得人而推行有序，数年以后，不惟一切日用所需之物不复仰给于人，即无业穷黎，亦可借此以谋生计。其有益于利用厚生之政策者，固不仅皮革、齿牙、骨角、羽毛不至弃利于地已也。

纪造纸工业

江省纸料丰富，为工业上最大利源。惜未谙制纸新法，以故有用之材，率皆委弃于地。现将省城北路工业小学，分别纸、碱两科，实地练习。其关于造纸原料可采者，若省城东九十里之九道沟、省城东南三十里之哈拉乌苏迤南之苇子沟、省城北四百余里之北山、省城西三百里之碾子山等处所产榆皮，省城东北四百余里之哈拉扒山所产椴皮，省城东南七十里之大小推扒所产乌拉草，皆关于造纸原料之可采者。光绪三十三年设北路工业小学堂，分别造纸、造碱两科，实地练习，其原料则取材于当地，其制造则取法于东西洋。择材料中成色较优者，制成佳良之纸，而汰出其不良之品质为粗用纸。逐渐改良，力求进步，就地取材，化无用为有用，则其运费减少，成本低廉，以本地产出最廉之纸，抵抗东西洋远来腾贵之纸，杜外人垄断之谋，因以图江省漏卮之塞。利权既不外溢，而人民工业知识亦借此可渐开通矣。

商业篇

江省农田未开，工场未盛，兼之远阻长城而内地乏交通之便，故商业无闻于西北，而仅集于东南。时当冰解，则泥淖非车马可行，故商业或盛于春冬，而不盛于秋夏。总此数因，而江省之商业，乃常安于窳败而无起色。其故，盖一由于本地出产之太少，一由于隔省转运之不灵。商务之机关全在货品流通，商业乃能发达。江省但有输入品，其输出品除牛毛一项，岁有洋商来江购买外，余无闻焉。凡邻省商人挟货而来者，无不易银而去，于是江省现银日形缺乏，商业愈益萧条。此土货太少而商贾遂成坐困之势，其弊一也。江省航路之权久为俄所攘夺，我仅有一二商舶寄碇其间，至陆路转运，利权又为俄国铁路所独擅，华商运货仰息外人，且止能运至呼伦贝尔及昂昂溪。其距铁路较远各城，仍须另以笨车输送，置本愈重则售价愈昂，售价愈昂则销路愈滞。此转运不灵而获利不偿舟车之费，其弊又一也。世昌莅东后，思所以补救而振兴之，乃遵照部章设商务总会于省城，以提倡商业，通达商情，调查商品，研究商律为宗旨。又于农工实业次第振兴，以立商战之基础。南则由哈尔滨以达绥化，北则由齐齐哈尔以达瑷珲，皆规划修筑铁路，并设邮船局于哈埠，以便商货之灌输。从此推广扩充，汽船则风驰上下，铁路则午贯纵横，岂非商业一大转机哉。抑又闻之，江省向无商贾，其始至者为晋商及西域回人，故省城尚有十大牌之说。自光绪中将军恭镗设法招徕，商户渐集，近年展放街基，于是土城以外亦辟市场，嫩江之滨，更开商埠，商户骈阗辐辏，已倍蓰于曩时矣。脱由此实力经营，日求进步，有交通之商务，无外溢之利源，转瞬间，安知不更倍蓰于今日乎。商业之优劣，关系地方之盛衰，亦守土者所当加之意也。

纪商务总会

江省旧有公议会，管会事者谓之铺首。入会者分钱、粮、店、当、杂货五行，行各推铺首二人，或间岁一易，或一充数年，无定例。司商家每岁酬神演剧及一切杂项摊派之费而已，于商情之如何联络，商业之如何整顿，固茫然不知讲求也。光绪三十三年，始于省城设立商务总会，会员为总董一、协董二，五行议董各二，凡为会员十三，皆遵照部章由商界投票公举，以得票居最多数者充之。常年经费则于行店卖货项下，酌收用银六厘，以备会中办公之用。诚使自总董以下，皆能同其心力，振其精神，勿视设会为应官之具文，勿效从前公议会之陋习，于商业之已经失败者，徐图挽救之方针，于商业之亟待振兴者，预作改良之筹备，江省商务发达之机，寓于是矣。

纪富华制糖公司

萝卜制糖之法，始于法兰西，据商务调查，近二十年来所产甚盛，占世界糖货十分之六，则甘蔗制糖之利，大半为萝卜所夺。江省天时多寒，而萝卜与甘蔗相反，最宜冷地，故种植于江省尤宜。光绪三十四年奉、吉官绅集华股八十万元，在肇州厅五站地方设立制糖厂，名曰富华制糖有限公司。所购之地，在肇州厅属肇东分防经历所辖之昌五城，土质膏腴，最宜种植，其附近月字三井地亩，向尝佃种萝卜，每枚约重四、五斤，皮光质脆，味极甘芳，以之制糖，洵足抵制西洋之产。现已购买熟地三千六百四十五晌，盖房二十四间，并购买机器，聘请工师，均经办有头绪。当即咨农工商部核准照章立案，并准在江省境内专利十年，以为振兴实业者劝。夫糖之物甚微，而销路甚广，即以东三省中外人民所食之糖计算，每岁需银四百余万两，此皆俄日两国惯享之利权。富华公司所造之糖，就使仅在三省行销，已足挽回四百余万金之利益。若能逐渐推广，内以销于天津、上海诸埠，外以销于俄国之海参崴、伯力、黑河，其获利之多当可预决，振兴实业，即所以杜塞漏卮也。

纪火磨面厂

江省土产，以小麦为最饶，食货以面粉为大宗。省东呼兰、绥化、海伦、巴彦、余庆诸郡县，累陌连阡，均以产麦著。俄商萃居哈埠，攘我利权，沿松花江以南机器面厂林立，其小麦率皆购自东荒。彼不过制以火磨，载以汽车，行销于东三省及蒙古部落，并由轮舶运往山东、直隶沿海诸地方，一转手间，利市数倍。而我商民率皆狃于故常，自甘迂拙，坐视莫大利益，任人攫去而莫与之争。商智不开，漏卮何极，非官力为之提倡，不足以振耸其耳目，鼓舞其精神。于是光绪三十三年，江省遂有火磨面厂之设。该厂建于省城西关外嫩江河沿，火磨机器则购于天津。开办以来，所出面粉色质精洁，行销畅旺，足与俄日两国之面相抗衡。迭经统筹办法，妥订章程，多建仓房，扩充厂屋。由是推广机器之用，因之织布、纺纱，并制造一切货品，数年之后，工艺必将以日兴，商务必将以日盛，固不难抵制外货而挽回利权，火磨其嚆矢矣。

附火磨用款片

再查江省食货必需之品，以麦粉为大宗。上年经臣德全派委协领纯德在津、沪定购火磨各机器运回后，即在省城西关外嫩江沿设立火磨厂一处，共计前后拨给官股银四万，即以该协领总理其事。自上年九月开办以来，据称所出面粉色质精洁，行销尚属畅旺。并将动用存储各款列具表册，禀请鉴核前来。臣等覆核属实，除一面分饬添筹成本，俾资推广，并咨部查照外，谨附片具陈，伏乞圣鉴。谨奏。光绪三十四年五月初四日奉朱批，该部知道。钦此。

矿政篇

江省为中国边外贫瘠之区，而实亚洲上腴之地也。其山之自北而南者以十数，兴安岭为最大，自东而西者亦以十数，伊勒呼里为最大。二山纵横绵亘皆千百里，而黑龙江环其东北，嫩江曲贯其南与松花江合，仍东汇于黑龙江。萃数十百小山水为一二大山巨浸，蜿蟺逶迤，交流屈注，往往精光宝气，瑰材巨质，不择地涌出，则有若漠河，若奇干河，若库玛尔河，若都鲁河，若吉拉林河，若观音山，若铧子山，若九峰山、若托罗山、若平山、若景星山以及安达金牛山、怀欢洞、马鞍山、朝阳坡、大砬子、张天柱窝棚诸处。大抵五金矿、煤矿、水晶、翡翠、盐、碱五色土之属，无所不有，而金矿为尤多。夫江省乃塞外数千年来苍莽狉獉之块土耳，今乃光怪发现，藻野缛川，几乎黄金遍地，匪惟内地所不及知，即向之宦游与夫满蒙汉之土著者，又岂知其蕴藏之如此宏富哉。惟是办理不得其人，开采不得其法，则大利所在，常至于糜款项、废时日，而迄无成功。曩者奇干河、都鲁河等处亦尝设官立厂，鸠工集赀，而公家终受赔累者，其弊大都如此。世昌莅东后，遴派妥员将吉拉林、库马尔、都鲁诸河及甘河开办金、煤各矿利弊情形，认真考察，酌订章程，业于去年奏明咨部各在案。尝综核其始终之故，盖一由于税捐之稍重，一由于机器之不备，一由于保卫之难周，而实则由于财政之不足，财政不足，进无后效可图，退则前功尽弃，此矿业所以终难发达也。米利坚造国之初也，颇患贫困，旋于其加利佛尼亚省得旧金山一岛，招工开采，不数年遂跻富强，至今金币流通，几于全球，金融均受其进退。方今我国举行新政，动需巨款，至圜法则尤拟酌用金币，以为抵制外国之用。迩年考察研求，不遗余力，而终以帑金缺乏，迄无定议。窃谓江省一隅与旧金山纬度相近，旧金山能致美于富，则今以江省金矿致中国于富，揆之天时地利人事，均若有不相谋而适相值者。所赖商力以开其基，官力以厚其势，而国力更以济官力、商力之穷。至办理之法，则即照部定新章，稍斟酌而变通之，以求合乎边地适宜之势。财政裕而矿政举，矿政举而财政益裕矣。

纪甘河煤矿

甘河煤矿在墨尔根之西北，其出煤处所曰九峰山，傍于甘河属兴安岭东北一带，山脉相连，东接毗迪奇山及七峰山，北连伊勒呼里、阿林内诸山，嫩江之源在其北，挟数十支流纵贯其间，面积约六、七百方里。所产者为白煤，质纯而力厚，臭洁而烟轻，乃煤之种类第一贵品。该处煤苗之发现，实在光绪三十二年，时将军程德全派员办理甘河煤矿，拨给官款江钱二十万吊为开采资本。迄今三载，共采出煤三千三百五十万斤，以每百斤卖价江钱二吊五百文计算，值江钱八十三万七千五百吊，所得利息以视成本，几加至四倍而盈。然统计此三年中，仅销煤三十万斤，得价尚不到江钱一万吊。上年世昌派员调查该厂滞销之故，由于销场之不广，而实由于运道之不灵。自非设法改良，不足以大收成效。查自九峰山煤窑处，陆路至齐齐哈尔省城，山冈居其大半，笨车载运，脚价不赀，水路则自甘河以达嫩江，步步逆水上行，兼多滩险，帆船装卸，濡滞废时，若由煤窑处至墨尔根城修轻便铁路一条，以与齐墨铁轨相接，并购浅水轮船拖带运煤船舶，其水浅而石多之处，节节开浚而运道通矣。从前所出之煤仅销于省城火礳公司，若运道一通，不惟本省商民购求甚便，即南至吉省，东至俄国黑河，皆可为我销售之场。即以东清铁路而言，每年需煤不下二十万万斤，加以本省及出境所销售者，每年约在五十万万斤，而销路广矣。虽然运道已通，销路已广，若开采之法不求进步，仍无成效之可言。盖该厂采煤之法，向来全恃人工，将采出之煤纳诸筐中，负出洞外，一筐所受，能有几何，蹀躞往来，已不免事倍功半，一遇洞中有水，即须停工淘水，尤觉旷工废时。故每人每日至多仅能采煤三百斤，此亦安足供每年五十万万斤之用哉。然欲仿照西法用机器开采，则成本较重，巨款难筹，不得不从轻而易举者入手。爰定为开采之要有三端：一于煤洞中先平运道，铺以极窄铁条，并备粗板箱。开出之煤即置诸箱中，由铁条推出洞外。二、购置吸水皮带，吸取洞中之水，流入甘河。三、购置取重辘轳，如轮船上装货所用者，用之于洞内，开采时可以绞挽极大煤块，用之装载时，可以运煤上船。如此，则人工较前为省，而出煤较前为多。惟经营水、陆两路运道，官款既无可指拨，集股招商亦非旬月所能济事，故上年仅用嫩江、松花江旧有船只运煤二百余万斤来省销售。今年添造运煤船只，预计一年大约可有千余万斤之数，此亦不过暂时之计，仍当注重运道，以辟江省之利源也。

纪呼玛尔河金矿

呼玛尔河金厂属瑷珲，距省一千二百余里，山重水复，处处有金，惟矿苗微浅，砂点零星，采矿者难于下手。加以地处鄂伦春部落，野性难驯，动肆攘夺，富商巨贾，视为畏途。以致天然之利，尝被俄人越境私挖，而我竟弃而不取。光绪三十三年始订定金厂税捐章程，略以变通部章，驱逐俄人，招徕客民为宗旨。凡熟悉山径把头，均准招工探采，由瑷珲副都统发给护照，不取照费地租，采出之金，酌取其税，俾稍有资本者，皆能招集工人开采，以为筹款实边之计。而于大段矿产，则仍须按照部章，不在此例。章程既定，即由江省派员前往经理一切。讵意漠河金厂委员先已越界私收官金，每矿丁一名月纳官金三个早尼克，坚拒江省委员，不许进沟，并有勾通俄人在厂贸易情事。当经世昌据实电告北洋大臣将委员撤回，以清界限。江省委员进沟后，遵照定章每月每丁仍收官金一个早尼克。自此以后，矿丁日聚，出金日多，该厂始大有起色。从前俄人之越境滋事、聚众挖金者，至是亦一律驱斥净尽。此近来整顿该金厂之情形也。至呼玛尔东北一带山脉，金矿尚多，有非官力所能全办者，正宜随时发给护照，指定界址，准矿丁先行协办，所得之金，或二八、或三七均分，一俟试采有效，再行遵照部章办理。盖该处地最僻远，气候严寒，欲广招来，必须使之稍沾利益，因势利导，固有不得不变通办理者。此言政治者，所以贵于因地制宜也。

纪吉拉林河金矿

吉拉林金厂属呼伦贝尔，西与俄界，东南距省约千余里。庚子变后，被俄人越界窃采者五、六年，至光绪三十二年始将金厂收回，派员招商承办。嗣因资本告匮，始派员前往改归官办，并试办设治事宜。厂在设治局西，地名小西沟，因赀本不充，仅以小股开采。所有把头、矿工皆按人税金，每名月收官金一个早尼克，合江平一钱一分八厘。开采时，先挖矿硝横五尺、纵一尺，深不等，以见金沙为度。金沙厚薄亦不等，有半尺厚，或二、三尺厚者，亦有挖至极深不见金砂者。见砂之际，即将砂取出，或上木箕，或用水溜，将砂石淘汰净尽，其砂即沉于底，大者如豆粒，小者则目力仅能见之而已。出金不多，获利无几。矿丁多时不过百余人，少时仅有二、三十人，且边地酷寒，入冬以后，出金渐少，致有无力交纳官金者。说者颇谓该处金苗不旺，而不知仍开采之不得其法也。诚能广筹赀本，大加扩充，延聘矿师以踩苗线，购置机器以代人工，其收效必有倍于今日万万者。况吉拉林与俄接壤，保守权利，即所以捍卫边陲，又安可以筹款维艰，而不力求进步哉。

纪都鲁河金矿

都鲁河金矿在汤原县境内，系兴安岭支脉，与观音山仅隔一岭。从前观音山金厂委员往往越界私索官金，征收货税，总因界限未定，以致权限不清。嗣于光绪二十四年经黑龙江将军商之北洋大臣，会同派员勘分界址。凡水之北流入黑龙江、隶黑龙江城者，归观音山金厂办理，凡水之南流入松花江、隶呼兰城者，归都鲁河金厂办理。庚子之变，矿丁逃散，金厂停工，俄人恃强乘机占据。三十一年，程德全署将军始派员将金厂索回。时值日俄战事未平，盗贼蜂起，又甫索自强邻之手，诸事草创，非略为恢扩，不足以镇慑土匪，抵制外人，乃设总局于巴彦州。局有总办，厂中设提调以下委员，多寡有差。其办法系招集矿丁采金而官征其税，每丁每月纳身厘金二钱。金厂在河之上游，矿碃深至七、八尺或丈余不等，金沙薄者一、二尺，厚者三、四尺亦不等。矿丁多时五、六百人，少时仅百余人，所收身金仅敷开支之费。迨三十三年大局既定，金厂已开办二年，苗线始终未能大旺，乃改定将总局裁撤，并裁减总办以下各员司，止留管厂委员。又酌减矿丁身厘金，每丁每月只收一钱八分，以为招徕之计。诚能官商联合，鸠集巨资，举向之所谓小股开采者，一律改归官办，选派熟习矿务、能耐劳苦之员，以重其任，参用东西开采之法，以尽其藏，矿业必有日臻发达者，独都鲁河一隅乎哉。

铁路篇

黑龙江之议修铁路也，自光绪三十二年始，倡其议者为将军程德全。盖以江省僻处极边，为东北屏蔽，东清铁路之股，承办者为道胜银行，主持者实俄国政府。道胜银行虽曰华俄合办，然我仅有半主之名，究无半主之实，虽按照条约可以集款赎回，尚须三十六年之后。目下险要全失，商货之流通，官家之转运，莫不仰息于人。平时既失主权，一旦有警，声气不通，势将坐困。通盘筹画，非自修铁路，别无抵制之方，亦别无振兴商务之计。是以将军程德全初则奏修自伯都讷至新民府铁路，继则复请展修自哈尔滨江北马家船口北向呼兰，曲达绥化，直接黑龙江城为干路，计长一千余里。再由对青山至呼兰，由昂昂溪车站至省城，修二枝路。并由对青山枝路西逾东清铁路，过松花江与伯都讷铁路相接，省城枝路东向以接干路。如此则东三省交通便利，关内外脉络相连，不但商家之货品可借以灌输，即边务之经营亦易于措手。并请由荒价项下提银百万，以为之倡。议上，奉旨饬下邮传部筹议。维时东清铁路公司屡请由昂昂溪、哈尔滨两处向北展修枝路各一条，以达于省城、呼兰、瑷珲、绥化等处。阳托于提倡商务之名，阴肆其干预路权之计。虽经程德全告以江省铁路已定议自行修筑，婉辞却之，然日久仍不见诸实行，恐非徒托空言所能抵拒。此齐昂铁路之所以急于筹款兴修者，正所以占我地步，杜渐防微而自立基础也。现在锦洮铁路正在提议，将来自洮南北向达齐齐哈尔，则此齐昂轻便之路，自当移换铁轨，其北线则自齐齐哈尔经墨尔根以至瑷珲。规划一定，尤应南北并举。是在奉所亟筹办者，锦洮一线。在江所亟筹办者，齐瑷一线。而洮齐一线，则联注南北二线之中。关外有此干路，则贯注一气，呼吸灵通，开辟蒙疆，巩固边圉，其经营非旦夕，其功效在百年。识时务之俊杰，当已洞见及此矣。

纪齐瑷铁路

齐齐哈尔至瑷珲之路线有二，自齐齐哈尔北过他哈尔河，斜向东北行至博尔多，过讷谟尔河，经东布特哈，取道墨尔根，行兴安岭之关帝庙，越逊河以达瑷珲，约长千里为一路。自齐齐哈尔北行至布特哈，分路稍东经乌德邻到兴安岭之关帝庙而合，以指瑷珲，约长八百二十里为一路。以两路比较，墨尔根一路系向来通驿大路，为弓背形。乌德邻一路，系通肯、巴拜一带民户运粮赴瑷珲常行小路，为弓弦形。小路较大路虽稍近一二百里，然由通、巴运往瑷珲之货只有米粮一宗，又不能出口，不如顺墨尔根大路修筑，借以转运甘河煤产，获利无穷也。甘河南距齐齐哈尔省城五百数十里，北距瑷珲四百数十里，由甘河运煤至齐齐哈尔，可供省城官民及齐昂铁路、东清铁路之用。由甘河运煤至瑷珲入黑龙江，可以销于俄境之黑河、伯力各处。此南北两路，实为甘河煤矿两大销场，且借此安置侨流，招徕商贾。只以路迢千里，水复山重，瓮道桥梁，所在多有。均平计之，每路一里需费万元以外，千余万巨款，一时何所取给。为今之计，惟有分段兴修，先筑齐墨铁路以通甘河，俾煤斤足敷东清铁路公司购运之数，所获利息，即备作股本。一面续招商股，由墨尔根接筑以达于瑷珲城。此则世昌所已经筹画而未及施行，不能不属望于后之君子者也。

纪哈绥铁路

呼兰、绥化两府，为江省精华所萃，土脉之腴，地方之富，出产之饶，不减内地。乃自放荒招垦数十年来，地方不能日见发达者，盖因无铁路以为联络，则机轴不灵也。光绪三十四年，江省官绅有请修哈绥铁路之禀。计由哈尔滨对江北岸起，向东北行经呼兰府以达于绥化府城，路线共长二百三十里。其利之所在，约有数端：转输便捷，粮价自平，一利也。产物易销，地方发达，二利也。交通利便，商务日兴，三利也。往来者多，荒地渐辟，四利也。农商兴盛，捐税日增，五利也。遣兵神速，匪患可除，六利也。此路一成，然后展线以达墨尔根接齐瑷干路，则东北一带，一律交通，于殖民实边之计良多裨益。估算此段建筑费，约需二百万金。据调查报告，车站非设在江南，不能联为一气，车站既在江南，则松花江为来往必由之路，应修大铁桥一座，需费尤巨。现已由官绅等在京、津一带招股，不足拟再以官力辅佐之。此路一通，将来东荒一带，商民辐辏，货品流通，胥恃此道。至于常年养路费，乃操券可得者，尤不必以亏折为虑也。

纪齐昂铁路

自齐齐哈尔省城起，循嫩江东沿包统新开商埠，斜穿现放街基，经五湖马至昂昂溪东清铁路止，线长五十里。光绪三十三年，前署将军程德全奏请敷设轻便铁轨，名曰齐昂铁路。既以便商民运输之利，且以杜外人干预之谋。由省城至昂昂溪路线较短，轻便铁路工价较廉，故从齐昂轻便铁路入手，以其资本轻而成功易也。此项路赀，核计需用工料及购买地基共银三十二万两，而本省各旗找回领地地价项下存银二十二万两，又变通通肯等段找回津贴五司、八旗荒价，奏定公益项下存银十万两，以之拨作修路股本，数适相符。因定章以五十两为一整股，五两为一零股，共分作六千四百股。所得红利，除开销养路费外，仍备地方公益之用，将来路线展长，即将此六千四百股作为优先股份，并援京张、江浙、粤汉等处铁路成案，奏准凡由外洋购运修路料件概免税厘。承修此路者为德商泰来洋行，原约限于光绪三十四年夏间蒇事，嗣因霪雨连绵，江流涨发，由昂昂溪至省五十里间，几同泽国，已成土道均被冲刷，乃鸠工重修，迟至宣统元年六月间始克告竣。计设车站二，齐齐哈尔车站设于省城西南三里许，昂昂溪车站设于红旗营子屯，另于中途之五湖马设小站一，为接济汽锅上水之地。夫兴修铁路，诚江省不可缓之要图，特以大役骤兴，则疑阻者必众，成效既著，则赞成者自多。将欲举江省而统筹其政策，不得不于齐昂而小试其端倪。庶几由此逐渐扩充，利权既日以恢张，股本或易于招集，则谓齐昂铁路即为山者之覆篑、导江者之滥觞也可。岂仅岁获赢余，足以补助地方公益之费已哉。

纪甘河轻便铁路

甘河煤窑处至博尔汽江北岸之路线，长一百五十里，为运煤入江要道。若专恃甘河船运，滩险既多，且步步上水逆行，势不得不以人力推挽。不但行程迟滞，而运脚所费已属不赀，以现在所存之煤三千数百万斤，足敷十年搬运。非修建铁路，必至迁延岁月，坐失大利。惟江省财力拮据，一时建筑铁路，何能集此巨资，不得不筹易办之方，因陋就简，建筑马拉轻便铁路，为目前权宜之计。查此路中间应修大桥三道，小桥六道，按三十里为一站，共五站。每站修岔路一段，以便往来让车、修停车厂一所，以便喂养车马，休息人工，即于此站倒换车马车夫。则六十里一换，约计用运车四十辆，每辆用马二匹共用马八十匹。至需用木料，则在甘河附近官山，就地取材，以此核估，约需江钱三十万吊之谱。此路修成，每月运车往返按八次合计，每车装煤万斤，可运到博尔汽煤八万斤，四十辆合算，共运煤三百二十万斤，一年计之，可运煤三千八百四十万斤。每马每匹月需草料钱二十四吊，车夫一名需工食钱三十吊，共需钱七十八吊，每百斤运脚尚不及百文，再由博尔汽江路运省，每百斤脚价按一吊一百文估计，两起运脚不过一吊二百文，加山本五百文，共一吊七百文。车脚花费通盘在内，到省按二吊七百文销售，除去山本、脚价，百斤净余利一吊文。通年能销三千万斤，即可获利三十万吊。建筑之费，初年即可取偿，二年以后，再有盈余，便可改换机器车头，铺钉大轨，以期一劳永逸。而煤厂所需食用等物，亦可借此路以为灌输。是此路一成，厂中所出之煤斤，既不至有滞销之患，矿丁所需之物品，亦不至有匮乏之虞，一举两得，诚策之至善者也。

电政篇

电报一项，本具官、商两性质。商局办事，多注重于都城镇市之繁盛，冀获报费盈余，官办之局，往往于商局所阙略之处，从而弥补之，盖其意不在报费之衰旺，而在消息灵通。故每届结帐，商局岁有余蓄，而官局恒多亏赔，职是故也。东三省电线，原分官、商两局，自屡经兵燹后，或占或毁，杆线荡然。光绪三十二年，道员黄开文来东，筹办修复事宜。其时客军未退，地面未交，诸事阻挠，棘手万状。经理年余，奉吉之报始通，款项由商局垫拨。盖是时修复之路，悉变为商产，固无所谓官局矣。然亟待规复之处正多，商局以垫款维艰，视为缓图，旧观几不可复。而三省幅员辽阔，东邻韩境，北接俄疆，边事日繁，动滋交涉。近年新设府、县治，榛芜初辟，人迹荒稀，驿站未通，文报迟滞。设非组织电线，无以灵消息而应机宜，是三省电务在商局可为末图，在官家则为切要，不可须臾缓者也。光绪三十三年，奉命督东，准邮传部咨商，拟将东三省电务改归官办，其时正值延吉事起，亟待通电，若非本省筹款兴办，决难望其速成。因咨覆邮部，照议接收商局，前后垫款洋五十余万元，由东省分年筹还。盖明知三省报费不敷开支，岁须赔垫，而为政治交涉计，固不暇顾及财力之支绌，稍事迟疑，此东三省电局改归本省筹办之原因也。自是而后，吉省之东路则修复宁古塔、珲春两局，添设额木索、延吉厅两报房。北路则增设榆树县、双城厅、阿什河、哈尔滨、呼兰府、绥化府、海伦厅、齐齐哈尔等局，以与购回俄占之海兰泡及购回俄人自设之拉哈苏苏两线相接。奉省之东路，则修设由营口经海城、大孤山、大东沟、安东以达凤凰城之线路。西北路则由新民府经法库门、辽源州、洮南府以达齐齐哈尔。自光绪三十三年五月以还，截至宣统元年闰二月止，计购回俄日所占及俄日自设线路共计三千二百四十一里。三省修设之线，则达五千二百四十二里。此外，尚有奉省至临江县及辑安、怀仁两支钱，约一千二百余里。奉省至营口约三百六十余里，亦正在筹办，本年夏间当可告竣。至于沿边一带，如呼伦贝尔、兴东、长白山等处悉关紧要，亟宜次第推广，以谋交通，惟绌于款项，未及举办。后之督是邦者，当必谋所以扩充之，而后行政机关乃得灵敏自如也。

附奏设立吉、江两省电线并筹修腹地线路及推广电话折

奏为设立吉、江两省电线并筹修腹地线路及推广电话情形，恭折仰祈圣鉴事。窃维东三省电报，自日俄战后，杆线荡然。前年经督办电政大臣升任直隶督臣袁世凯委派黄道开文来东筹议收设事宜，始则格于日本军队之阻挠，继则限于商局拨款之棘手，筹办经年，除将奉、直之线接通外，其奉天至长春一路，则全沿铁道新设，以与长春至吉林原杆线相接，然后奉、吉之报始通。铁路界外，俄军电线上年虽经购回，然各归各路，不相联络，杆木亦半多残毁。臣等到任后，以政治交涉日见繁多，而边防尤为紧要，延吉事起，正值三省电务改归官办之际，因电商邮传部仍派黄道赶设吉林至延吉厅并黑龙江省两路电线。不独消息敏捷，免误事机，且与购回之俄线消息相通，不致废弃可惜。所需款项，由臣世昌电商吉、江两省抚臣筹拨应用，彼时业经电明邮传部在案。查吉林东路经宁古塔、珲春以达延吉厅，计线路一千五百三十余里。北路则由吉林所管之秀水甸地方接线至榆树县，经双城厅、阿什河以达哈尔滨，计线路三百八十余里，所用杆木、电线、钩碗及运脚工资各费，共估银约在十九万余两。其由哈尔滨展修经呼兰、绥化两府，海伦厅以至齐齐哈尔线路约八百余里，所用杆木、电线、钩碗及运脚工资各费，估银约在十万两左右。此次估价较之各省设线之数，虽未免稍多，实缘年来百物昂贵，车价工资均非内地可比。用款已饬其极力撙节，而估算亦须从实统筹，应俟该道造册呈送，由臣等核明，再行另案奏咨报销。此拟筹办三省要路电线之情形也。惟是此段线路大半沿日俄铁道而行，所经各处亦多通商之埠，而腹地则仍属阙如。现三省改为行省，匪独外交之事日增，即此增设民官、筹办防务暨剿办胡匪等事，悉借电信以收迅速之效。况三省之大，仅恃此一线而不另备他路以防维之，倘其中一处有阻，则全路不通，机变之乘，有非须臾可缓者，是扩充三省电线，亦望治之一端而不可不亟筹办者也。臣等公同商酌，拟择紧要地方先行推广，从新民府起经法库门、辽源州、洮南府以达齐齐哈尔，共计约一千四百余里，估算电杆、电料及运费工资等项，需银约十四万两，仍饬黄道派员履勘道路，筹备材料以便开工，将来据实奏咨报销。此路告成，不独与现有之路线相辅而行，可备缓急之用，而辽源、洮南一带之距省较远者，亦可免机务迟滞之虞。此拟扩充三省腹地线路之情形也。至电话一项，亦交通利便之一。三十二年，经前任将军臣赵尔巽檄饬电报局，在奉省城厢代为办理，由官筹款支

用。惟当时限于试办，仅将各官署局所安设，未能推及于商家。现在各商号之请安设者，颇不乏人，只以未及扩充，不克应其所请，遂有向日本电话局租用者，利权不免外溢。应即仿照京津电话章程，徐图推展，以杜漏卮而慰商望。所有设立吉、江两省电线并筹修腹地线路情形及推广电话各缘由，谨恭折具陈。伏乞皇太后、皇上圣鉴，饬部立案施行。谨奏。光绪三十四年五月十七日具奏，本月二十六日奉到朱批，邮传部知道。钦此。

纪线路

东三省电线官办之局既定，乃与直隶分界，以山海关、刘龙台两处为断。关以外暨刘龙台以东，归东省管理，关以内暨刘龙台以西，归直省统辖。然关外与各行省往来之报，必由直省官线经过。故议定将营口一局所收报费，除营局开支暨弥补锦州、义州两局不敷之经费外，每月所获盈余，分解北洋官电局一半，作为津贴、过线费。自光绪三十四年正月分为始，并将营局作为直、东两省共管之局。至于三省线路除收还日俄所占之线外，其三十二年以来重行修设者，有铁道地方，悉改沿铁路而行。抑或因各州、县各商埠关系紧要，为交通、政治、商务起见，则绕道而经过之。故与从前原线路多不相符，此亦因地制宜，为三省电线一大沿革也。兹附图于后，俾资参考。

纪经费

东三省电报总局，共辖分局十有六、报房二十有八，以三十四年而论，综计一年共收洋银三十九万一千七百十余元，共支洋银五十五万九千一百十余元，除收共不敷经费洋银十六万七千四百余元，均须设法拨款弥补。夫东三省偏处东隅，民智锢蔽，加以连年兵燹，商业凋敝，物力艰难，近来轮路互通，官家极力提倡商务，始略有起色。然除营口、哈尔滨两大商埠，往来商电可称巨擘外，其次则盛京、长春、吉林、安东等处，尚不失为繁盛之局。余则或仅敷开支，或月有亏赔，以羡补不足，通盘挹注，尚难相抵。盖各局官报居多，免费较众。而商务又因日本交涉未完，报费收数，尚未能尽归我有。所有各局薪工经费，缘日用昂贵，又不能不稍从宽定，此东省电局亏累之实在情形也。嗣后线路逐渐扩充，报费日有增进，政治、商务两得裨益，庶有合于推广线路之旨。

东三省电报总分各局光绪三十四年份收款表

款　目	洋元数目
津贴经费	五〇〇一、九六三六
官报现费	九二一三、七二
东北公司水线费	三八一〇七、七五
铁路转线费	六三一、三五
罚薪费	一五八、三一
钞报费	四、一
收天津局代发报生薪水川资	五、四
收营口大清银行息借银五万两拾洋	七一四二八、五七一四
官报免费	三二〇一六、八二
商报费	二二六八四四、三四
预收回报费	一〇三六、三七七
专力费	三、七
探报费	四七八五、七二七
收回电话材料	二八二一、七五四三
收沪总局代发报生薪水川资	一五三五
以上三省共收洋三十九万一千七百十元零一角二分八厘三毫。	

东三省电报总分各局光绪三十四年分支款表

款　目	洋元数目
官报免费	三二〇一六、八二
铁路转线费	六一七、八五
专力费	九、九
房租费	一三三一二、三三一三
添置器具	三九七三、六八
购买工程材料	四六五一四、八
学生川资	三二六五、二一七五
大修奉天至伊通州紧线扶杆培土工费	一二九五、八
总办员司薪水	三七一八八、七七三五

款　目	洋元数目
员司领生花红	四四四八、七〇四
局役工食	一九七四二、〇七四二
解北洋官电局津贴过线费	二八八二〇、〇八七九一
抚恤故生医棺薪费	六七八、七一
欠解沪局暨天津局塾付学生薪水川资	二〇七、五
欠还营口大清银行五万两拾洋	七一四二八、五七一四
各局预收回报费	五七七、五九一
钞报费	一、六
解沪水线报费	二四五一六、〇四
修理局	七九八二、三五九
购买各局应用材料	五五三〇一、八九一
材料运费	二五一九、六一
大修(哈尔滨至锡尔古、吉林至伊通州)工程购买电杆	四九二二、一四二九
碎修线路	五〇三八、四〇七三
领生薪水	五〇八二六、三九一三
工头巡丁工食	四〇五〇〇、五六六三
局用经费	八三〇〇八、四三
租铁路线费	四二八
借款利息	二一四二、八五七
欠解沪局东北公司水线报费	一三五九一、七一
欠解北京局代领探报费	四七八五、七二七
以上三省共支洋五十五万九千一百二十元七角八分九厘八毫,除收共不敷洋十六万七千四百零二元六角六分一厘五毫。	
附注	附注:再,东清铁路代收商报费,系按月由上海电政局代为结算,即将该款列收作为东三省还给电政局购回商局历年垫款。目下账目尚未结算清楚,是以未列表内,合并声明。

纪电局

东三省电线从前原有二十二局，自日俄战后，除锦州、新民两局外，余皆停办。光绪三十二年经道员黄开文来东筹办规复事宜，迄三十三年五月，仅将盛京、铁岭、吉林、昌图、长春、营口六局，义州、开原、通江子、法库门、公主岭、伊通州六报房开办，其余各路杆线尚未修通，而局所亦未复立。旋因购回俄军杆线，乃将哈尔滨、齐齐哈尔、海兰泡三局，新甸、德墨里、三姓、格站、万里河洞、富克锦、拉哈苏苏、墨尔根、爱珲、陶赖昭、伯都讷十一报房次第开办。自是而后，修复宁古塔、珲春、安东三分局，大东沟（安东、大东沟两处杆线，虽然被占，而员司报生仍留局守候未散。此次修复系另立杆线，其占去之原物，直至购回铁道界外电线时始一并交还）。凤凰城两报房，新设大孤山、洮南府两分局，额木索、海城、延吉厅、榆树县、双城厅、阿什河、呼兰府、绥化府、海伦厅、辽源州十报房。又以收回南满洲铁道界外日本电线，复设辽阳州报房。计光绪三十三年五月迄宣统元年闰二月止，统共开办三十二处，而奉天至临江及奉天至营口两路杆线正在筹办，将来应设之局，尚不在内。惟是其中有二三报房，缘事务过简，又非转报要区，如陶赖昭、格站、万里河洞等处，不能不酌量裁撤，以节经费。而繁盛之区，如佳木斯地方，亦不能不酌量增添以谋利便，此则因地制宜，应随时体察变通者也。

附东三省电报总分各局表

名　称	设立年月
锦州局	二十八年十一月复设
盛京局	三十二年正月通报
义州报房	三十二年四月新设
长春局	三十二年五月复设
铁岭局	三十二年八月通报
通江子报房	三十二年八月新设
公主岭报房	三十二年十月新设
伯都讷报房	三十三年五月复设
齐齐哈尔局	三十三年五月复设

名　称	设立年月
墨尔根报房	三十三年五月复设
哈尔滨局	三十三年八月新设
格拉报房	三十三年八月新设三十三年十月撤
万里河洞报房	三十三年八月新设三十四年九月撤
三姓报房	三十三年八月新设
阿什河报房	三十三年九月新设
双城厅报房	三十三年九月新设
绥化府报房	三十三年九月新设
宁古塔局	三十三年十月复设
珲春局	三十三年十一月复设
海城报房	三十四年四月新设
大孤山局	三十四年五月新设
凤凰城报房	三十四年六月复设
辽源州报房	三十四年十月新设
辽源报房	宣统元年正月复设
新民局	二十八年十二月复设
营口局	三十二年正月复设
吉林局	三十二年五月通报
伊通州报房	三十二年五月复设
昌图局	三十二年八月新设
法库门报房	三十二年九月新设
开原报房	三十二年十一月新设
陶赖昭报房	三十三年五月新设三十四年五月撤
海兰泡局	三十三年五月复设
爱珲报房	三十三年五月复设
新甸报局	三十三年八月新设
拉哈苏苏报局	三十三年八月新设
德墨里报房	三十三年八月新设
富克锦报房	三十三年八月新设
榆树县报房	三十三年九月新设
呼兰府报房	三十三年九月复设
额木索报房	三十三年十月新设
海伦厅报房	三十三年十月新设
延吉厅报房	三十三年十一月新设
大东沟报房	三十四年五月通报
安东局	三十四年六月通报
佳木斯报房	三十四年十月新设
洮南府报房	三十四年十一月新设

纪电话

奉省电话之设，始于光绪三十二年夏间，饬电报局代为办理，款由财政局筹备。初仅于各官署、局所、军营、学堂中择要安设，用户不过三十余家。自三十三年改设行省后，公务日繁，岁有加增，现计用户已达一百五、六十处。开办之始，城厢内外日本电话已先我而设，纵横布置，商民租用颇多，而民间之希冀我局扩充旁及商用者，颇不乏人。世昌为谋抵制、便商民起见，爰于三十四年五月间，奏请推广，饬该局仿照京津电话章程酌量拟定呈请批准，俾资开办。而城外电话，如安东、吉林、长春、黑龙江等处有须设立者，则由各地方筹款就近交电局办理。至于日人在本城暨营口、辽阳、铁岭、长春、新民、安东等处所设之电话，中日电约中虽有嗣后不得再事扩充一条，而已设之处已属不少，喧宾夺主，实无权力以阻止其经营。应由政府及早速与提议设法收回，窃愿继斯任者一垂意焉。

文报篇

东三省为龙兴重地，拱卫神京，外则俄、韩介居，内则蒙藩错处，非机关灵敏，无以联指臂之效。曩者实行封禁主义，省会而外各副都统驻节之处，仅择其扼要处所，设站分布，以资转递。就奉省而论，原设二十九驿，综计驿丞二十九员，驿丁四千四百名，额马一千一百七十四匹，岁领马干实银一万五千五百八十两八钱，买补马价实银二千五百三十四两四钱。相沿既久，日即懈弛，京部来文各省咨件，辗转压搁，动需时日。夫交通为行政之枢纽，驿递多滞则政务无由而振，方兹规行新制，阂隔之弊尤当力除。将军赵尔巽于三十二年二月创设奉天文报总局〔1〕，维时奉天、新民间铁轨未通，是以先设省城总局、新民分局，以便汽车往来与北洋文报〔2〕各局联为一气。嗣于是年闰四月，增设外城之兴京、锦州、营口、辽阳、昌图、凤凰城等分局六处，九月增设辽源分局，以凤凰城分局事简，移设之于安东。十一月增设开原分局，并于凤凰城设站所一处，用资联络。所有总局、分局开办经费及常年额支、活支一切薪工局用，胥由财政局征存税捐款内支给。自设局后，承递文件既安且速，成效昭然。旋准吉、江两省咨请，饬令该局附办吉、江文件，于是易奉天文报局之名为东三省文报总局。其昌图府以北至奉化县属之四平街百二十里，原有火车业经拆毁，文件往来传送为艰，复专设马拨十二名，以为接通吉、江文报之用。迨世昌衔命东来，察知该局成绩以及驿站旧弊，爰于是年七月奏请将原设驿站概行裁撤。所有原支马干各款，向经报部作正开销，仍行截留东省，以为设立文报局之用。经陆军部核准，于是奉省裁驿之议实行。是年九月，复因吉抚函商，特于开原驿地方添设一站，以与吉林西路接通。三十四年十二月，据标统吴光新调查东边一带，沿途旧设马拨，凌乱不齐，递文迟滞。并据巡防营务处呈请，将东边各属马、步拨撤归文报局办理，以期迅速。查奉省东边旧有马、步各拨，计辑安县步拨十处，临江县步拨十处，均未奏明所需工食由税捐项下开支。通化县马拨十四处，宽甸县马拨十四处，安东县马拨十一处，怀仁县马拨十一

〔1〕　文报总局，清政府以传递公文为主的特殊通信机构。

〔2〕　北洋文报，即北洋文报局。光绪二年（1876年），清政府为传递驻外使节与国内的往来文报，始设文报局，为官办官用的专门通信机构。北洋文报局1902年设于天津。

处，海龙府马拨十一处，均经奏明，所有工食、喂养等项，均由地粮银内开支。统计已奏、未奏两项，每年额支工食、草料暨匀给买补倒马等项共需银一万六千四百七十八两一钱。现议于通化、临江、十九道沟、怀仁、辑安、宽甸等六处，各设分局一所，照章每局设司事一名、夫役二名，各局统设马拨八十八名，统计常年经费并应置雨衣、雨帽、号衣、布靴、包袱等项，共银一万六千八百九十余两，与原有马、步各拨费用出入相衡，所差无几。爰札饬文报局所有通化、临江、长白、怀仁、辑安、宽甸等处，自宣统元年正月起，即由该局赶紧设拨办理，应支夫役经费，按月由度支司发领。旋据该局预计每设分局一处，应支开办经费银三十两，每派司事一名，应支川资银八两，并购置号衣等款，统共约需沈平银二千两。所定经费尚为核实，当饬照发。东边一带毗连韩界，边情重要，文报尤须灵通。自改章整理以来，固已较前便利，其局役转递文报，向由邮传部颁给二等免票四张，以利遄行。嗣邮传部改定章程，应一律领款购票，按月付帐，而北洋自文报各局裁撤之后，公文悉由驿站，疲玩之习未除，所有京津一带文件，势不得不自筹接递。复饬该局议定撙节办理章程，夫役车票悉改三等，惟夏令之五、六两月，冬令自十月至十二月，暑雨祁寒之时，始发给二等车票。由奉天省至山海关逐日专差往来，月需票价三百一十二元，由沟帮子至营口间日专差往来，月需票价三十四元五角，由山海关至天津、北京一日前往，一日遄返，月需票价一百五十六元，统共五百零二元五角，合银三百六十六两八钱二分五厘。又北京、天津、山海关三处，均须设文报分局经理其事。综计薪工局费每月亦需银一百七十五两，计须五百四十一两八钱二分五厘，方足敷一月之经费。除天津、北京、山海关三处文报局向由北洋设置，每月额支奉省津贴五十六两，可以腾挪应用，余仍按月由度支司核发。盖文牍转递，所关甚巨，欲为交通利便计，固不能惜此小费也。奉省既裁撤驿站，而吉、江两省亦未便仍循旧制，改阻交通。查江省由茂兴北至齐齐哈尔城共设二十站，东至呼兰又设七台，分设笔帖式、领催、委官承办驿务，而茂兴、墨尔根两处复驻有总站官。由省至呼伦贝尔一路设十台，向拨甲兵值班，亦置笔帖式、领催等缺，额设官马五百三十二匹，牛六百一十三条，每年共发倒毙牛马价暨修理车费并廪给银二万四千两有零，额丁津贴京钱二万三千六百吊有奇，驿递疲缓，久成积习。光绪三十二年，经署将军程德全在省城开办文报局附于交涉局内，遴员专司其事，又添设昂昂溪分局附入该处木税局办理，均由奉省总局统摄。其余各属，即饬四乡巡警局附递，不另开支，如未设巡警等处，则仍按旧章暂归驿递。嗣后奏明由茂兴至黑龙江各站，俟俄约定后妥定章程，仿照俄站办理。其呼兰各台，酌量裁撤添设文报。迨署巡抚周树模接署江篆，迭经往复函商，亦深知文递之弊，欲有以改革之。又因茂兴至黑龙江省城，商埠未经开办，地既辽僻，商旅亦稀，未便遽照俄站办理，致滋糜费。其呼伦贝尔一路密迩铁路，公文递送悉由火车，原设各台亦同枝指，特于三十四年八月奏明将各台站一并裁撤。所有不通驿递各属并茂兴等站，一律改添文报局派员试办，即以所裁各站应支款项，留作常年经费，设有不敷，由正款另行酌拨。奉准之后，先于省城设立总局，将上下两总站归并该局经理。应需局房，暂借用商埠原有房屋，额支、活支各款，悉由度支司核发。所有各属台站，今昔情形不同，东北至布特哈、墨尔根、瑷珲，东至绥化、通肯、余庆、兰西、铁山包，南至茂兴、肇州、大赉等处，其道里之远近，区域之广狭，户口之聚散，经费之出入，均派员前往分地查勘。俟查勘明晰，即将原设各站分别裁改，现尚未据呈报。此江省改设文报之大略情形也。吉省旧制向分西、北两路，设乌拉、金珠、鄂佛罗等站，奏派监督二员，分司其事，均归兵司管辖。光绪三十三年改建行省，添设司道各官，并裁户、兵、刑、工四司，业经奏明，将驿站一项归民政司接管，而监督差缺，暂仍其旧。宣统元年与署巡抚陈昭常一再筹商，奉、江两省办理文报，裁撤驿站既已实行，吉省地居中权，尤应援案改章，以归画一，特拟于省城先设文报总局。所有全省应设分局，应置马拨各处，责成该局体察情形，次第筹办。向有各站，暂且缓裁，一俟某路文报已通，即将该处驿站裁撤，予限半年，一律竣事。其应行动支各项银两，亦援照奉、江两省成案，即由驿站额支俸饷项下作正开销，于本年二月，奏明立案，现正调查各路妥筹办法。此又吉省裁改驿站、添设文报之大略情形也。窃维驿政之敝，已非一日。策时之士，因而有裁驿置邮之议。自畿辅倡设文报专局，东三省从而仿行之，规行未久，成绩灿著。于是邮传部亦于奏覆西北铁路折内，议将各省驿站一律裁撤，固亦流弊所极，而必须更张者也。近者直隶以财政奇绌，复裁文报而仍驿制，然而秕习未涤，以陆军部加随火票之要文，或四、五日而始达榆关，寻常公文，夫复何论。今各行省之有文报专局，东三省而外，盖无闻也。然枢纽既灵，行政斯便，自较昔之驿站为优，乃或谓文报转递，利于平日，值军书之蜂午，则驿堠较宜，即陆军议覆奉省裁撤驿站一折，亦有遇有军务，如何思患预防，尚宜通盘筹画之语。不知驿政之改为文报，革其阻滞之弊而已，至旧设马拨、步拨以资传递弛檄，蜚书雨夜弗辍，驿站之职务，文报局固优为之，又况驿政之敝至于此极，积压延滞，几成习惯。苟其因循弗革，一旦边圉有事，亦安能力祛其痼习，勉尽其职务。独是除旧布新之会，欲其推行之尽利，仍当因时而制宜。目前成规，固未足以侈言美备也。

附奏请裁撤奉省驿站折

奏为奉省现既设立文报局，所有原设驿站拟请概行裁撤，以节经费，恭折仰祈圣鉴事。窃照奉省设立文报总、分各局情形，业经前督臣赵尔巽附片具奏，并声明原设驿站，应如何裁并之处。现饬驿巡道确查另核办理，等因在案。兹据该道陶大均详称，遵查奉省原设二十九驿，共计驿丞二十九员，驿丁四千四百名，额马一千一百七十四匹。现存马二百一十六匹，缺额马九百五十八匹，每年应领马干实银一万五千五百八十两八钱，买补马价实银二千五百三十四两四钱。现既设立文报总、分各局，则递送往来公文较前迅速倍蓰，且近来恭送祭品车辆已改由承德县雇备，呈进贡品以及各项差使亦均由火车行走，此项驿站直同虚设，自应全行裁撤，以节经费。所有原支马干各款应请截至光绪三十三年七月底止，一律停支。该款向经报部作正开销，自应截留以为设立文报局之用，仍于用款后，报部核销。现存马匹，饬令变价归公。缺额马匹委因频年兵燹，草料昂贵，原领例定马干银两渐不敷用，势不得不有缺额，且相沿已久，不自今始。现既裁撤驿站，各驿丞均系微末穷员，倍形苦累，责以赔缴，力有未逮，拟请概予免追，以示体恤。其原有驿丁，永免当差。此后凡运送祭品、贡品以及驰驿各差，改归火车行走，或地方官应付。所需车马各价以及廪给，均准核实开报请销，以免赔垫。等情请奏前来，臣等覆核无异，相应请旨饬部查照，立案施行。所有奉省原设驿站，拟请概行裁撤缘由，理合恭折具陈。伏乞皇太后、皇上圣鉴。谨奏。光绪三十三年七月十六日具奏，本月二十八日奉朱批，该部知道。钦此。

附陆军部议准奉省设立文报局裁撤驿站折

奏为奉天设立文报局，拟裁驿站，请即照准，恭折仰祈圣鉴事。内阁抄出东三省总督徐世昌等奏，奉省现既设立文报局，所有原设驿站，拟请概行裁撤，以节经费一折。光绪三十三年七月二十五日，奉朱批，该部知道，钦此钦遵到部。查原奏内称奉省设立文报总、分各局递送公文，较前迅速倍蓰，驿站直同虚设，自应裁撤以节经费。所有原支马干各款，应请截留，以为设立文报局之用。此后运送祭品、贡品及驰驿各差，改归火车行走，或地方官应付。车马各价以及廪给，均准核实开销，以免赔垫等语。臣等查驿站积弊，诚有须变通者。奉天自上年设立文报各局，往来文件既称便捷，又火车畅行，可毋庸经由驿站。且按前将军赵尔巽咨送各局所章程内，一切开支及该省历年驿站应销各款，两相核计，不甚悬殊，而挹彼注兹，一转移间诸多便利。该督所请截留驿站等款移作文报各局用款之处，自系切实办法，拟即准如所请，以重要公。惟是各局所员弁人等薪工既优，则责成自重。如迟延遗失等弊，亟应由该督等严定章程，随时认真查察，照例分别核办。至称缺额马匹，委因频年兵燹，草粮昂贵，例定马干断不敷用，势不能不有缺额，现既裁撤驿站，各驿丞均系微末穷员，责以赔缴，力有未逮，请概予免追，以示体恤一节。查该省近年以来，屡经兵燹，百物腾贵，例限马干银两实难足用，况相沿已久，今一旦照例追赔，亦非所以昭公允。臣等再三酌核，该督所称各节，委系实在情形，拟请姑准照办。惟查驿马缺额暨各站浮冒钱粮，均关考成，例定綦严。此次照准，系按该省现在情形变通办理，嗣后他省均不得援此为例。抑臣等更有请者，各省驿站军报为重，东省火车畅通，平时运送祭品、贡品及驰驿各差，庶无遗误。若遇有军务，应如何思患预防，该督、抚念切时艰，尚宜通盘筹划，以期推行尽利。如蒙俞允，由臣部咨行该督等遵照办理，并知照吏部、度支部查照核办。所有奉天设立文报局拟裁驿站请即照准缘由，理合恭折具陈，伏乞皇太后、皇上圣鉴。谨奏。光绪三十三年八月二十一日具奏，本日奉旨，依议。钦此。

附奏驿站裁撤，前项邮符无用由部扣除片

再前准兵部咨催造报光绪三十年及三十一年分邮符册籍一案，当经前任将军赵尔巽以检查前准盛京兵部移交卷内，并无三十年用过邮符案据，实属无凭造报。惟查奉省恭进贡品以及向归驰驿行走各项差使，现值铁轨畅通，均已改由火车运送以期便捷，无须发给勘合火牌，故三十一年分亦无册可造，嗣后亦即无须请领。咨覆去后，嗣准部咨以该将军咨称各节，事属变通旧例，应由该将军自行奏明，以便本部年终奏销邮符，声明扣除等因。赵尔巽未及核办，卸事移交前来。臣等查案相符，现在驿站业经另折奏请裁撤，前项邮符更无所用，自应由部扣除。除咨陆军部查照外，理合附片陈明，伏乞圣鉴。谨奏。光绪三十三年七月十六日附奏，本月二十八日奉到朱批，陆军部知道。钦此。

附奏奉省已裁各站驿丁一律准入学堂片

再臣等前次奏准裁撤奉省驿站，所有各站驿丁永免当差，其裁缺之驿丞，复经吏部议准，以对品之典史分发各省补用。兹查原编二十九站驿丁，历年既久，户口滋繁，向例不准考试。现在科举虽已停废，而考试各项学堂学生，自与科举章程，事同一律。此项驿丁既已免其当差，若仍不得等于齐民，予以出身，普施教育，势必至流为游手，贻害闾阎。合无仰恳天恩俯准，将奉省已裁之各站驿丁，一律准入学堂并得与一切考试，以宏造就。出自逾格鸿慈。谨附片具陈，伏乞圣鉴训示。谨奏。光绪三十三年九月二十四日附奏，十月初五日奉到朱批，学部知道。钦此。

附江省变通驿务，改添文报局折

奏为江省驿务废弛，亟应变通办理，以资整顿，恭折具陈，仰祈圣鉴事。窃于光绪三十二年闰四月二十五日，准前兵部咨，各省驿站各项事宜亦应切实变通，筹拟妥善章程，奏咨核办。等因到江。查江省由茂兴北至黑龙江城共设二十站，东至呼兰又设七台，分设笔帖式、领催、委官承办驿务。而于茂兴、墨尔根各设总站官以领之。由省至呼伦贝尔一路设十台，向拨甲兵值班，亦设笔帖式、领催等缺，计官马共五百三十二匹，牛六百一十三条，每年共发倒毙牛马价暨修理车费并廪给银二万四千两有奇，额丁津贴京钱二万三千六百吊零。各站均遭兵燹，驿政疲弊，文报稽迟，几于莫可究诘。是以前署抚臣程德全于光绪三十二年覆奏通筹善后折内声明，由茂兴至黑龙江城各站，俟俄约定后，妥订章程仿照俄站办理。其呼兰各台，酌量裁撤，各站站丁改归民籍，并设文报以代驿递。奏奉谕旨，允准在案。窃谓交通为行政之机关，驿递迟滞，则机关不灵，现当改设行省，一切新政均宜逐渐扩张，若仍任其玩愒因循，贻误事机，所关非浅。自非改弦更张，破除痼习，别无挽救之方而为经久之策。本应遵照前次奏报，将茂兴至黑龙江一路改照俄站办理。惟该城与省城商埠均未开办，来往商民尚属无多，若照俄站办理，未免徒滋糜费。其呼伦贝尔一路附近铁路，所有公文均由火车递送，原设各台几同枝指，拟与呼兰等台一并裁撤。至不通驿递各属，并茂兴等台站，一律改添文报局，一切文牍往来，责成经理，即以所裁各站应支款项，留作常年经费。如有不敷，再由正款内另行酌拨。先行派员试办，一俟就绪，再行咨部立案。所有变通驿站并设文报局缘由，除咨陆军部查照外，理合恭折具陈。伏乞皇太后、皇上圣鉴训示。谨奏。光绪三十四年八月二十二日奉朱批，陆军部知道。钦此。

附吉省裁撤驿站监督改设文报局片

再查吉省驿站向分西、北两路，照章奏派监督二员分司其事，均归将军衙门兵司管辖。上年改建行省，添设司道各官，并裁户、兵、刑、工四司案内，业经奏明，将驿站一项归民政司接管。惟两监督尚仍其旧，原属暂为之所，以期徐待改良。经年以来臣等叠加考察，窃以吉省设站之初，彼时外属除五城各副都统外，厅、县无多，故仅择其握要所在，安站置邮，已敷传递。现在地方日辟，情形今昔异宜，旧时设站处所未能遍及，传送驳回，深滋不便。虽经随地妥置马拨及文报局，以资补助，究因性质不同，诸多扞格。况查奉、江两省，驿站业已先后奏裁，现办文报局成效昭著，吉省地处适中，尤应仿照办理，庶归统一而便联络。兹经臣等一再筹商，势难再缓，因于省城先设文报总局一所，即委试署民政司司使谢汝钦为督办，刊给木质关防，以资信守。其旧有之关防处监督，向系各旗协领兼差，本非实缺，应请先行裁撤。所有全省驿递事宜，暨归该局管理，何处应设分局，何处应置马拨，均著体察情形，次第筹办。其向有各站，现均暂不更动，一俟某路文报已通，即将其路驿站裁撤，予限半年，一律竣事。至于各站笔帖式暨各站丁人等应作如何安置，站地、站马之类应行如何清厘，并饬该局调查明确，再由臣等妥核具奏。其应动支各项银两，并请即由驿站额支俸饷项下作正开销。事关兴革要政，所有现时裁改情形，相应先行奏报立案。除分咨度支、陆军、邮传各部查照并将礼部旧颁乌拉、金珠、鄂佛罗等站监督铜质关防两颗截角咨销外，理合附片具陈。伏乞。圣鉴训示。谨奏。宣统元年二月二十八日具奏，闰二月初九日奉朱批，该部知道。钦此。

附东三省文报局规则

一、文报为行政之机关，专管接递奏折、公文，概皆紧要者，责任綦重，动关考成。首宜认定各路之区域，俾免误递驳回之阻滞。

二、文报以捷速为宗旨，其寻常文件，按照定章时刻转递，不准稍有耽延。如遇紧急文件并粘随排单火票，限行里数、限期递到，及军事报告文件，无论昼夜如何艰险绕越，应速设法加紧递送。

三、所收各处公文、公函，既到本局，责无旁贷，应于初接时当面查看该文函有无折损破湿痕迹。原来如有此弊，先以和平询悉来人名姓，再与指视明白接收。转递务由本局粘签注明，加盖戳记，使收到处尽得其详，既免延误，亦杜牵涉。倘系粘验钉封文件，遇有此弊，应一面注明转递，一面知照原发处，以昭慎重。

四、所收公文、公函，查清数目付给来人收条一纸，随由司事登录收文总簿，由某处递某处者，系何月日所发，内几件，有无外随，一一注明簿内备查，并将各该文函应发何处，转为递投，置诸该路存文架槅，预备到时汇总包发，逐日一清。紧急文件，随时酌量加紧递送，以免延误。

五、本局所收外分局递来包封，先查外随物件，点清收讫，再行拆包核对附来清单，相符无错，方将原单加盖本局于何月日转递戳记，缴回该局备查。

六、所收各处公函，除已设有文报局地方皆可附入本局包封递投，其他处或外省者，须由发信人自行加来马封，方能接递。

七、所递各路公文、信件，先将某处递某处有无外随物件，原注某月日所发，内系几件，详细登录本局所发该路文函、号簿。另缮本局某字第几号数目清单一纸，共包一封，外粘印皮，用朱标明限期递到，发交弁役赍投。

八、本局送投本城各署、局、所公文信件，先登送投文信号簿，某处递某处公文几角、信几件，原发日期，有无外随，文内几件，详细注明，一并发交差役送投。由收到人查对无错，将该处戳记加盖本局簿内为凭。

九、每日晚间，将一日所收应递各处文信，分别汇齐，登簿开单各包一封，于次日寅刻，发差递送。其所附近火车分局不照此例，缘系专差搭车赍递，应以该处火车到站时刻为定。务于先一点钟前将文信送到局中，方得附入包封发递，庶免时近车到，仓卒赶办不及。倘系紧急者，可与文报局说明，通融办理，注归包封外随之件，可以发递。此不过一时权宜之计，亦实为慎重要公起见，惟不可视以为常。平素不肯早送，临时强人所难，两无裨益。

十、各分局接到应递某处行政衙门紧要公文，该路如系僻路，先未设有文报站、拨，无人接递，应设法专差递投，后报知总局核办。

十一、特别笨重公件，实在人不能负、马不能驮者，随时设法酌量接递，应与原发处声明随时驳回。如可能带，须由该处发给另雇脚费。倘系因公所需脚费，由局先垫，按月咨报度支司请领。

十二、本局经理接递督抚所发奏事折夹板，关系最重，务当格外谨慎。附入包封后，外加本局印单，传知沿途承接转递之员司弁役，敬谨妥速赍递，毋得稍有压碰擦损潮湿，致干重究。

十三、每日所发应递各路公文包封，有无外随告示、章程、表图、册书等件，均应当面点交差役或拨兵赍递，不得稍涉疏忽，致有遗漏。其包封在局未发之先，责归经理之员司，既发之后，并途中或有遗失，惟该差兵是问，以专责成，而免推诿。

十四、所有各处往来文信，由委员司事经理收发，他人不得干预，随便翻阅，其各员司均当共同勉励，勤慎将事。

十五、公文、信件递到时，无人接收或其人先在此处、现往他处，务须查粘询签注明，再行退回。倘有代收人，亦可投交，须于本局送投文信簿内，令其书明何人代收，加盖图书戳记，以备存查。

十六、差弁、夫役、拨兵人等赍递公文包封，不准借此影射夹带外人私货包裹信件。如敢故违，一经觉察，确有实据，立即酌予惩罚、开革，以儆效尤。

十七、本局经理接递文报，均系紧要公件，事关甚重。所有弁役、拨兵携带包封行至中途，若遇事故，准赴该处地方衙门或巡警局请其保护，不得推诿，贻误要公。

十八、各分局应于每月底将该局经理接递文、信件数核实，开单具，报总局一次。其常时该局所管接递文报之区域内，有无雨水风雪或他项事故，因之稍有迟延阻滞地方，每十日报告总局一次，以凭查核。

十九、本局系由督、抚奏明派员创办，专管接递文报，业将驿站裁撤。所有从前照例驰驿差使，及送贡物应备差夫车辆，均归地方官供应，于本局无涉。

二十、以上规则，作为试办，如有窒碍未能尽善之处，随时研究，酌量增改，以期完备。

附奉省文报总分各局职务表

总　局	一经理接递北京奏事处进呈奏事折件并批回奏折 二经理接递北京军机处交出廷寄夹板公文考察政治馆宪政编查馆夹板公文并各部院往来公文 三经理接递北京王大臣各府第往来信件 四经理接递出使各国大臣公文信件 五经理接递奉省各属衙署防营学堂商会等往来公文 六经理接递长春文报分局承转吉江两省各处往来公文包封 七经理接递东三省各蒙旗盟长往来公文 八经理接递各省往来公文
新民分局	经理接递新民府盘山厅宁远州镇安县彰武县绥中县广宁县境内衙署局所与各处往来公文并卓索图昭武达各盟 晫噜达喇嘛王宝图郡王各旗蒙文
锦州分局	经理接递锦州府锦西厅锦县义州等境内衙署局所与各处往来公文
营口分局	经理接递山海关道营口厅境内衙署局所与各处往来公文
辽阳分局	经理接递辽阳州境内衙署局所与各处往来公文
昌图分局	经理接递昌图府通江厅康平奉化怀德等县境内衙署局所与各处往来公文并博多勒噶台亲王旗蒙文
辽源分局	经理接递洮南府辽源州开通靖安安广等县境内衙署局所与各处往来公文并扎赉特贝勒旗札萨克郡王旗图什业图亲王旗达尔罕亲王旗科尔沁札萨克镇国公蒙文
安东分局	经理接递东边道安东县境内衙署局所与各处往来公文
开原分局	经理接递海龙府开原西丰东平西安柳河等县境内衙署局所与各处往来公文
兴京分局	经理接递兴京厅境内衙署局所与各处往来公文
通化分局	经理接递通化县境内衙署局所与各处往来公文
临江分局	经理接递临江县境内衙署局所与各处往来公文
怀仁分局	经理接递怀仁县境内衙署局所与各处往来公文
长白分局	经理接递长白府境内衙署局所与各处往来公文
辑安分局	经理接递辑安县境内衙署局所与各处往来公文
宽甸分局	经理接递宽甸县境内衙署局所与各处往来公文
凤凰站所	经理接递凤凰厅境内衙署局所与各处往来公文
开原驿站所	经理接递吉林南路和罗站送到递奉递京各处公文
驻山海关分局	经理接递由京并各省发驿递来东三省公文及京津各局由火车赍送与省城总局往来公文包封
驻津分局	经理接递东三省与直隶天津境内衙署局所并出使各国大臣及南省往来公文
驻京分局	经理接递东三省奏折并京内军机处交发夹板公文考查政治馆宪政编查馆夹板公文各部院王公大臣往来公文信件

附奉省文报局额支活支各项经费表

年　月	额　支	活　支
光绪三十三年五月	额支沈平实银二千零一十八两	活支沈平实银一百五十七两四钱六分三厘八毫八丝
光绪三十三年六月	额支沈平实银二千零一十八两	活支沈平实银七十五两九钱三分二厘六毫四丝
光绪三十三年七月	额支沈平实银二千零一十八两	活支沈平实银九十四两一钱九分九厘七毫
光绪三十三年八月	额支沈平实银二千零一十八两	活支沈平实银一百零四两六钱四分八厘二毫五丝
光绪三十三年九月	额支沈平实银二千零一十八两	活支沈平实银一百二十九两四钱八分三厘九毫
光绪三十三年十月	额支沈平实银二千零六十七两	活支沈平实银八十九两八钱五分七厘五毫三丝
光绪三十三年十一月	额支沈平实银二千零六十七两	活支沈平实银一百六十两零一钱四分六厘
光绪三十三年十二月	额支沈平实银二千零六十七两	活支沈平实银一百三十两零四钱六分四厘
光绪三十四年正月	额支沈平实银二千一百零三两一钱六分	活支沈平实银七十四两六钱六分九厘七毫
光绪三十四年二月	额支沈平实银二千一百零一两六钱五分六厘	活支沈平实银二百两零六钱
光绪三十四年三月	额支沈平实银二千一百零一两六钱五分六厘	活支沈平实银一百五十一两一钱八分一厘五毫四丝
光绪三十四年四月	额支沈平实银二千一百零一两六钱五分六厘	活支沈平实银一百八十九两七钱二分五厘五毫四丝
光绪三十四年五月	额支沈平实银二千一百零一两六钱五分六厘	活支沈平实银一百八十八两九钱九分五厘五毫四丝
光绪三十四年六月	额支沈平实银二千一百零一两六钱五分六厘	活支沈平实银一百八十五两一钱二分六厘五毫四丝
光绪三十四年七月	额支沈平实银二千一百零一两六钱五分六厘	活支沈平实银二百二十八两一钱五分
光绪三十四年八月	额支沈平实银二千一百一十一两六钱五分六厘	活支沈平实银二百二十五两四钱二分四厘
光绪三十四年九月	额支沈平实银二千一百一十一两六钱五分六厘	活支沈平实银二百零六两八钱八分二厘
光绪三十四年十月	额支沈平实银二千一百一十一两六钱五分六厘	活支沈平实银二百二十三两九钱六分四厘
光绪三十四年十一月	额支沈平实银二千一百一十一两六钱五分六厘	活支沈平实银二百四十一两七钱七分六厘
光绪三十四年十二月	额支沈平实银二千一百一十一两六钱五分六厘	活支沈平实银四百二十一两五钱
宣统元年正月	额支沈平实银三千五百一十八两二钱五分六厘	活支沈平实银五百五十七两七钱二分

附奉省文报局额外用款表

光绪三十三年冬季	发给接递文报马拨跑火车夫役人等皮袄换面并购补新皮袄以及制发棉衣毡帽布靴等工料价款共合沈平银二百六十五两六钱　又自十月起至次年正月止所有总分各局应需煤炭价款计共沈平实银三百二十两
光绪三十四年春季	发给马步拨兵跑火车夫役人等夹号衣工料价款计共沈平银六十八两九钱
光绪三十四年夏季	发给马步拨兵跑火车夫役人等单号衣布靴草帽雨衣雨帽油布包袱工料价款共沈平银二百二十七两
光绪三十四年冬季	发给马步拨兵跑火车夫役人等制换皮袄棉衣毡帽布靴工料价款共沈平银四百八十三两七钱五分　又自十月起至次年正月止所有总分各局应需煤炭价款计共沈平实银二百八十两
宣统元年春季	宣统元年正月新设由兴京至宽甸县东边各属接递文报马拨应需棉号衣雨衣雨帽油布包袱毡帽工料价款共沈平银四百九十一两零四分　又新设通化临江长白怀仁辑安宽甸等分局六处应支开办经费共沈平实银一百八十两所派司事六名照章应支川资共沈平实银四十八两
统计	共沈平实银五万一千四百八十四两四钱一分九厘一毫六丝
附注	按：奉省文报局经费，员司、弁役、马拨人等薪饷、工食、津贴、公费等项属额支。专差川资、车票邮费等项，属活支。总、分各局冬令应需煤炭价款，发给马、步拨夫役人等号衣、冬衣、雨衣价款，以及新设各分局开办经费等项，不属于额支、活支之内。故另列一表。

附奉省文报总分各局额支各款详表

局所	公费	员司薪津	差弁夫役饷项	房租杂费
省城总局	月支公费京平银一百四十两折合市平银一百三十七两二钱全年共需沈平实银一千六百四十六两四钱	总理一员月支薪水银一百五十两除减平外实领银一百四十四两全年共需沈平实银一千七百二十八两； 文案委员二员每员月支薪水二十四两除减平外实领二十三两零四分又津贴银十两饭食银七两全年共需沈平实银九百六十两零九钱六分； 司事四名每名月支薪水银十六两除减平外实领十五两三钱六分又饭食银七两；四名计全年共需沈平实银一千零七十三两二钱八分	差弁四名每名月支薪水十二两除减平外实领十一两五钱二分又饭食银七两四名计全年共需沈平实银八百八十八两九钱六分； 专递吉江两省文报差弁二名月支饷银十二两饭食银七两二名计全年共需沈平实银四百五十六两； 夫役八名每名月支工食银七两八名计全年共需沈平实银六百七十二两； 门役一名月支工食银八两计全年共需沈平实银九十六两； 跑火车夫役三名每名月支工食银八两三名计全年共需沈平实银二百八十八两	房租月支实银六十两全年共需沈平实银七百二十两； 煤油柴炭月支实银五十两全年共需沈平实银六百两

局所	公费	员司薪津	差弁夫役饷项	房租杂费
新民分局	局费月支实银二十两全年共需沈平实银二百四十两	委员一员月支薪水二十四两除减平外实领二十三两零四分又津贴银十两饭食银七两全年共需沈平实银四百八十两零四钱八分；司事一名月支薪水十六两除减平外实领十五两三钱六分又饭食银七两计全年共需沈平实银二百六十八两三钱二分	夫役二名每名月支工食银七两二名计全年十二个月共需沈平实银一百六十八两	
锦州分局	局费月支实银二十两全年共需沈平实银二百四十两	司事二名每名月支薪水十六两除减平外实领十五两三钱六分又饭食银七两二名计全年共需沈平实银五百三十六两六钱四分	夫役二名月支工食银七两二名计全年共需沈平实银一百六十八两	
营口分局	局费月支实银二十两全年共需沈平实银二百四十两	委员一员月支薪水二十四两除减平外实领二十三两零四分又津贴银十两饭食银七两全年共需四百八十两零四钱八分司事一名月支薪水十六两除减平外实领领十五两三钱六分又饭食银七两全年共需沈平实银二百六十八两三钱二分	夫役二名每名月支工食银七两二名计全年共需沈平实银一百六十八两跑火车夫役四名每名月支工食银八两四名计全年共需沈平实银三百八十四两	
辽阳分局	局费月支实银二十两全年共需沈平实银二百四十两	委员一员月支薪水二十四两除减平外实领二十三两零四分又津贴银十两饭食银七两全年共需四百八十两零四钱八分司事一名月支薪水十六两除减平外实银领十五两三钱六分又饭食银七两全年共需沈平实银二百六十八两三钱二分	夫役二名每名月支工食银七两二名计全年共需沈平实银一百六十八两	

局所	公费	员司薪津	差弁夫役饷项	房租杂费
安东分局	局费月支实银二十两全年共需沈平实银二百四十两	委员一员月支薪水二十四两除减平外实领二十三两零四分又津贴银十两饭食银七两全年计共沈平实银四百八十两零四钱八分	夫役二名每名月支工食银七两二名计全年共需沈平实银一百六十八两	
开原分局	局费月支实银二十两全年共需沈平实银二百四十两	司事一名月支薪水十六两除减平外实领十五两三钱六分又津贴饭食银十两全年共需沈平实银三百零四两三钱二分	夫役一名月支工食七两全年共需沈平银八十四两开原海龙柳河山城子等处马拨二十六名每名月支饷银七两津贴二两全年共沈平实银二千八百零八两	房租纸张费银二十两全年共二百四十两
昌图分局	局费月支实银二十两全年共需沈平实银二百四十两	委员一员月支薪水二十四两除减平外实领二十三两零四分又津贴银十两饭食银七两全年共需沈平实银四百八十两零四钱八分司事一名月支薪水十六两除减平外实银领十五两三钱六分又饭食银七两计全年共需沈平实银二百六十八两三钱二分	差弁一名月支薪水十二两除减平外实领十一两五钱二分又饭食银七两全年共需沈平实银二百二十二两二钱四分昌图奉化怀德康平等处步拨十二名每名月支工食小洋八元共九十六元合沈平银六十二两四钱九分六厘又备送背道八面城金家屯大洼等处公文专差费三两计全年共需沈平实银七百八十五两九钱五分二厘夫役二名每名月支工食七两二名计全年共需沈平实银一百六十八两	
辽源分局	局费月支实银二十两全年共沈平银二百四十两	司事一名月支薪水十六两除减平外实领十五两三钱六分又饭食银七两全年共沈平实银二百六十八两三钱二分	夫役二名每名月支工食七两二名计全年共沈平实银一百六十八两	

局所	公费	员司薪津	差弁夫役饷项	房租杂费
兴京分局	局费月支实银二十两全年共沈平银二百四十两	司事二名每名月支薪水十六两除减平外实领十五两三钱六分又饭食银七两二名计全年共需沈平实银五百三十两六钱四分	夫役二名每名月支工食七两二名共计全年沈平实银一百六十八两由兴京至省沿途马拨七名每名月支饷银七两津贴二两计全年共沈平实银七百五十六两	
通化分局	局费月支实银二十两全年共沈平银二百四十两	司事一名月支薪水十六两除减平外实银领十五两三钱六分又饭食银七两计全年共沈平实银二百六十八两三钱二分	夫役二名每名月支工食七两二名计全年共沈平实银一百六十八两	
临江分局	局费月支实银二十两全年共沈平银二百四十两	司事一名月支薪水十六两除减平外实银领十五两三钱六分又饭食银七两计全年共沈平实银二百六十八两三钱二分	夫役二名每名月支工食七两二名计全年共沈平实银一百六十八两	
长白分局	局费月支实银二十两全年共沈平银二百四十两	司事一名月支薪水十六两除减平外实银领十五两三钱六分又饭食银七两计全年共沈平实银二百六十八两三钱二分	夫役二名每名月支工食七两二名计全年共沈平实银一百六十八两	
怀仁分局	局费月支实银二十两全年共沈平银二百四十两	司事一名月支薪水十六两除减平外实领十五两三钱六分又饭食银七两计全年共沈平实银二百六十八两三钱二分	夫役二名每名月支工食七两二名计全年共沈平实银一百六十八两	
辑安分局	局费月支实银二十两全年共沈平银二百四十两	司事一名月支薪水十六两除减平外实领十五两三钱六分又饭食银七两计全年共沈平实银二百六十八两三钱二分	夫役二名每名月支工食七两二名计全年共沈平实银一百六十八两	
宽甸分局	局费月支实银二十两全年共沈平银二百四十两	司事一名月支薪水十六两除减平外实领十五两三钱六分又饭食银七两计全年共沈平实银二百六十八两三钱二分	夫役二名每名月支工食银七两二名计全年共需沈平实银一百六十八两由兴京至通化临江长白怀仁辑安宽甸等处沿途马拨八十八名每名月支饷银十两零八钱计全年共沈平实银一万一千四百零四两八钱	

局所	公费	员司薪津	差弁夫役饷项	房租杂费
凤凰城站所	局费月支二十两全年共二百四十两房租在内	差弁一名月支薪水十二两除减平外应领十一两五钱二分全年共沈平银一百三十八两二钱四分	马拨三名每名月支饷银七两津贴二两三名计全年共沈平银三百二十四两跑火车夫役二名每名月支工食八两二名计全年共沈平银一百九十二两	
开原驿站所	局费月支二十两全年共二百四十两房租在内	差弁一名月支薪水十二两除减平外应领十一两五钱二分全年共沈平银一百三十八两二钱四分	马拨二名每名月支饷银七两津贴二两二名计全年共沈平银二百一十六两	
驻山海关分局	局费月支实银十两全年共沈平银一百二十两房租在内	书识一名月支薪水银十二两全年共沈平实银一百四十四两	夫役一名月支工食七两全年共沈平实银八十四两跑火车夫役三名每名月支工食七两三名计全年共沈平实银二百五十二两	
驻津分局	局费月支实银二十两全年共沈平银二百四十两房租在内	书识一名月支薪水银十二两全年共沈平实银一百四十四两	夫役二名每名月支工食七两二名计全年共沈平银一百六十八两	
驻京分局	局费月支实银二十两全年共沈平银二百四十两房租在内	委员一员月支薪水二十四两除减平外应领二十三两零四分又火食银七两计全年共沈平实银三百六十两零四钱八分	夫役四名每名月支工食银七两四名计全年共需沈平实银三百三十六两	

以上共计常年额支经费，应需沈平实银四万一千五百三十五两零七分二里。

附江省文报局调查章程

第一条　总则

本局调查，在熟悉各站情形，道路远近与酌量经费，分别改设、添设、附设，传递事繁者为分局，传递事简者为分所，或道路分歧不能遍设局所之处，拟照奉章就各处驻防用马、步拨传递，均在详勘路线直接、间接之关系，务使交通迅速为要旨。

第二条　路线

调查分作三段：东至兴东止，北至瑷珲暨新设车陆厅止，南至茂兴而达呼、绥，绕道拜泉、额鲁特、伊克明安公而归。此三段中所有驿站，现在如何办法，文报将来如何设施，均须详细考究。其拟新设各地方衙门，如甘南厅、舒都厅、胪滨府在铁路之旁，乌云厅、佛山府、萝北厅、呼玛厅、漠河厅均地处极边，绵亘数千里。倘绕道调查，必至稽延时日，虚縻川资。拟请饬该管官或驻扎委员就近调查明晰，酌量添设、缓设文报局所，详明禀覆，以凭核办。至调查员所到地方，尚有镇、区、村、屯应行调查之处未经指明，该员等就近查勘，庶免遗漏。

第三条　办法

调查员详查府、厅、州、县暨区、市、村、镇路线，直接何处与可否创设文报局、所，交通如何便利，登录日记外，查考本省舆图，标签帖说，分别详注，以便回局呈报。

第四条　查站

旧有驿站，既归本局管辖，除传递公文外，如有兼理地方词讼暨不在文报权限之内各事，调查员亦须确切查明，候本局酌量情形，再行呈请核办。至原有官产未经呈报者，该站官须向调查员具实详告，以便按照各表分别注明，不得稍有隐匿。

第五条　职权

调查员有协助变通整理之职，耳目周详，精神贯注，此其要义。他如总局见闻未及、规划未备之处，调查员亲历其境，必须细心研究。沿途如不谙道里情形，有请各地方官随时指导之权。

第六条　期限

调查期限，以启程日期起算，拟定三个月报竣。倘有逾限未完，沿途因事稽迟阻碍，必须呈明总局，不得借便私图虚縻川资。

第七条　经费

江省庶政繁兴，在在需款，本局办公一切费用，不得不概从撙节。现派调查各员既属短差，未便另支薪水。惟念道路窎远，往返需时，有所沿途膳宿及雇用车马并一切零用，所费不赀，拟每员暂给川资银一百两，将来调查公竣，或赢或绌，核实呈报。

第八条　禁例

分路调查各员，俱已发给川资。沿途膳宿、车马等费，均系自备。倘有恃符招谣骚扰地方，及含糊草率捏报等情，准各该地方官据实报告，或经本局查明，定即从严惩办。

第九条　奖励

调查员果能实心任事，措施咸宜，俟调查公竣，由本局呈请督、抚存记，遇有相当差使，酌量委充，以示鼓励，而酬劳勚。

附调查东南北各台站暨原设新设地方衙门并村屯镇集各处路线清单

东路

卢家屯　东官地　九道沟子　林家店即新设林甸县　戚家店　崔木匠屯　老陈店　二面井店　马家店　三义店　林家店　吕马店　何小怀　青冈县　兰西县　呼兰府　沈家窝棚　新安台　巴彦州　木兰县　佛期恒　富拉荤　崇古尔库　大通县　汤源县　鹤冈县　兴东道回转走原路至呼兰府由俄国火车至对青山安达厅进省

南路

特木得黑　温托昏　多耐即新设忒兴厅　塔尔哈　古鲁　大赉厅　乌兰尔茂兴　博尔吉哈　肇州厅　察布奇尔　鄂尔多图　布拉克　札拉木　呼兰府　赵家窝棚　绥化府　余庆县　铁山包　上集厂　海伦厅　通北县　拜泉县　依克明安公　他尔哈进省

北路

他尔哈　宁年　拉哈　诺敏县　博尔多　讷河厅即东布特哈　布西厅即西布特哈　喀述喀　伊拉哈　墨尔根　科落尔　喀尔喀尔吉　库木尔　额裕尔　瑷珲黑河府　车陆厅由原路回省。

卷十二 咨议厅议案

议长钱能训议定东三省职司官制奏案

按奉天、吉林、黑龙江三省例，于将军衙署分设各司，将军、副都统日率其属于衙署办事，与京部办法略同。今者东省外交、内治日以繁难，虽议改设行省，亦不容沿各省督、抚、藩、臬分署办公之旧，致令公牍转多周折，属僚疲于禀谒，甚或动相龃龉，贻误要公，所关非浅，法宜设行省公署于三省，以军署各司合之现有各局并提学司总立一署，仿前代行省行台办法，名曰奉天行省公署，吉林、黑龙江如之。以总督为长官，巡抚为次官，于公署内分设承宣、谘议二厅，交涉、旗务、民政、提学、度支、劝业、蒙务七司隶之，自督、抚以至厅司各员，日必入署，事则公商，稿则会画，以期赴机迅速，是为同署办公之制。其官属则仿金、元行省之有丞、参，明布政司即元行中书省之有左、右布政使及左、右参政，国初将军、经略之有参赞，暨今制出使大臣亦有参赞等官之制，拟于行省公署设左、右参赞各一员，秩从二品，以左参赞领承宣厅，以右参赞领咨议厅。交涉、旗务、民政、提学、度支、劝业、蒙务七司，拟均设司使一员，总理一司事务，参照各省提学、盐运等司及军署原设各司协领品位，按其管理事务之轻重繁简，量分等差。拟交涉、旗务、民政、提学四司司使秩正三品，度支、劝业、蒙务三司司使秩从三品。承宣厅及各司，均就所管事务，以类相从，分设数科，科以佥事一员长之。首科佥事从四品，他科佥事皆正五品，其下设一等科员从五品，二等科员正六品，三等科员正七品，分办科务。交涉、提学、蒙务各司别设一、二等译官，民政司别设一、二等医官，提学司别设一、二等编校官，度支司别设一、二等库官，劝业司别设一、二等艺士。凡列一等者品视二等科员，二等者品视三等科员。自佥事以下，皆得调用京外人员，选有专门学业及材地相宜者任之。庶几事有专责，人有专长，无旷厥职。咨议厅拟设议员、副议员、顾问员、额外议员，以集讨论政治之益，不定品位，不限员额，凡本省实缺、候补官吏及京外人员并明达士绅之晓畅政治本末、熟于本省情形者，皆得充选。督、抚别设一、二、三等秘书官，办理秘密紧要事件，如议员例，无定员。是为设官序秩之制。其职掌，则行省公署有统一一省行政、立法、司法之权，权在督、抚。承宣厅禀承督、抚办理一省机要事务，兼管省内外四品以下官吏升调补署。咨议厅参议一省法令、章制并讨论本省利病之当因革者，以待治理。交涉司专理外交，以原有交涉等局改并。旗务司专理旗务，以军署原有户、礼、兵各司改并。民政司掌办理民治、巡警、缉捕等事。提学司掌办理教育等事。度支司掌办理财赋等事，以原有财政、厘税各局改并。劝业司掌办理农、工、商、矿、邮电、航路、垦牧等事，以农工商各局改并。蒙务司办理蒙部事务，奉天则辖科尔沁六旗，吉林则辖郭尔罗斯前旗，黑龙江则辖郭尔罗斯后旗、札赉特、杜尔伯特三旗，借资整顿。此外应设局所、厂场、学堂、公司等皆以类相从，附属各司，以司使或其他官吏学有专长者办理。是为分曹治事之制。其权限，则当破除督、抚同城，意见参差，多分党派之弊。法宜比拟驻防将军、副都统同署同印协同办事之旧，参用京部尚、侍同署办法，以总督为行省公署长官，巡抚为次官，凡奏咨批札稿件，厅、司皆以次呈于督、抚。总督在他省时，日行公事呈于抚，大事则呈抚后电闻于总督，取总督之进止。三省奏折，皆督、抚联衔以闻，其有例行之事与迫不及待者，如总督出省，仿内地兼辖省分之例，列总督前衔，由巡抚一面办奏，一面电商总督，以期迅速而免贻误。贺谢各折，仍循例专奏。三省皆仿部制铸行省公署堂印，文曰奉天省印、吉林省印、黑龙江省印。凡道、府以下印委公事，只申行省公署，由承宣厅分交各司核办。厅、司稿件经督、抚判定后，皆以省印行之。其厅、司印信曰某省某厅印、某省某司印，皆如各部司印冠省名于上。名义既确，权限自明，是为划分权限之制。又东三省练兵关系重要，方今剿办土匪、巡缉地方，又倚防军之力，宜别设督练处开练新军，振兴兵学，整顿防军，借资保卫。东省治理方新，行政、司法分权宜预，宜仿明巡按御史及国朝盐政之制，于三省各设一提法使，秩正三品，专管司法上之行政，兼理裁判事务，别为一署，暂受督、抚考核节制。更设高等裁判以下各官厅，以清狱讼。东省郡县，制度弗壹，新设知府皆无首县，其他府、厅各官，自东边、哈尔滨两道外，大率直隶军署及驻省道署管辖承转，本较内地为少，各属幅员辽阔，于治理多不便，亟须析置。江省边城率无民官，增设更不容缓。其通商地方民官，体制并须略崇，宜多置府、厅并州缺为三级，以分巡道监督之。知府拟仿国初云南各省军民府之制，不设属县，兼辖旗民，与厅、州皆隶于道，以期与东省时势相宜。各外城副都统官阶甚高，动多牵碍，拟照江省裁撤呼兰等处副都统之例，酌量裁撤，改设兵备道缺暨道属各官，以重民治。三省原设知县，本兼有理事通判衔，拟均升为厅治，原有厅、州者改为府。其直隶厅有属县者亦解之，而升厅治为府，径隶于道，以省周折。东省百度维新，得人乃治。新设各缺，如左、右参赞及提法司各司司使品秩较崇，责任綦重，拟仿照各省布、按两司办法，作为特简之缺。惟现在东事棘手，经营草创，求才为急，自非慎选得力人员，不足以资赞助，拟由督、抚奏保胜任人员，请旨简放，或先奏请试署，以昭慎重。佥事以下，拟并由督、抚遴选胜任人员，先以本官试署，其原官大者作为借署，统俟一年后再行请补，不胜任者撤，仍汇案奏咨存案。三省惟奉天规模颇具，事务渐繁，拟设参赞以下各缺，应先由奉天行省次第设立，吉、江两省事务尚简，暂不备设，宜查看情形随时奏明办理。又奉、吉两省狱讼较多，裁判为重，拟于两省先设提法使。其奉天驿巡道、吉林分巡道原兼按察使衔者，均与裁去，以一事权。江省民户较少，控案无多，从缓办理。东三省原有将军衙署，均极褊隘，现议立行署，分列厅、司，必须相度形势更与建筑，方足以昭严整而肃观瞻。督、抚、参赞、司使均应酌建住署，佥事以下比于京部司员，不置住署以节糜费。三省近年兵荒洊臻，物价翔贵，尤非优予廪给，无以祛蠹弊之源，责整饬之效。拟由三省督、抚到任后，统计该省入款，从优支给，佥事以下亦按三省道、府当差人员现支薪水之数，量加津贴，以励廉隅。东省省治惟奉天最据形胜，吉林将军本驻宁古塔，黑龙江将军本驻爱珲后移墨尔根，皆以控扼岩疆，实较今省治偏在西南者为胜。异日东省铁路大通，吉林省治宜移宁古塔、黑龙江省治宜移墨尔根以复旧治，而固边陲。综以上之举动，规模非不嫌其太大，经费非不虞其骤绌，积弊非不虞其难除，人才非不虞其缺乏，然以东省现今地位论，既为内治、外交重要之点，合全国之力以谋之犹虞弗足，则兹数者，固知朝廷所认为东省治理上必需之要求也。本案于光绪三十三年四月十一日拟折具奏，奉旨依议。钦此。嗣以奉旨令各省通设巡警、劝业二道员缺，因改劝业司为劝业道，而添设巡警道一缺。其蒙务一司，则因款项支绌，蒙边辽阔，大举不易，暂行缓设，余概照本案办理。

议长钱能训议定东三省督、抚办事要纲奏案

东三省为全球注目之地，措置得失，动关大局，外交内治，全赖入禀阙廷，出协机宜。今京奉铁路一昼夜可至京师，三省既有巡抚、总督，宜以时入觐，恭禀宸谟。查日俄战时，两国统兵大员皆时时回国，面商进止。汉、晋刺史，亦有乘轻车奏事京师之制，宜令三省遇有应办重要事件疑难待决者，总督得以时赴阙面奏机宜，借与枢部

各臣协商办理。东省以奉天距京为最近，又为吉、江两省根本。今者轮轨大通，皆以该省城为枢纽，总督必建驻署于奉天，以便控制。吉、江两省亦应各建行署，以符三省各建行台之旨。总督以时周历三省，三省巡抚亦宜随时巡阅属境，并得前赴邻省商办两省事务之互有关涉者，以期妥惬。东三省之有巡抚体制，应与内地殊别，凡三省公署堂印应由总督佩带，总督在他省时，巡抚得以权宜佩带，还则授于总督。督、抚日率其属，于公署办事，庶无内地督、抚同城不合之弊，有京部堂司会议之益，于整顿东事，裨益匪浅。三省旗务，例归将军管理，今总督奉旨兼管三省将军事务，又荷特恩授为钦差大臣，宜颁发关防，改铸印信。凡三省旗务及关涉重要事件，均用将军印信暨钦差大臣关防奏咨，以专责成。现当创设行省之始，整饬庶政，得人为先。前大学士曾国藩、左宗棠于所辖用兵之省，提、镇、藩、臬皆准保用，拟东三省三品以上大员，无论旧有、新设，总督得以指名密保京外得力人员，请旨简放或派员试署，以收得人之效。此外各项员缺，拟令一律变通补署。凡布衣获咎及丁忧人员才具出众，职事必需者，亦得量予擢用。其现膺差缺人员有绩效者，或按边俸升擢，或按异常劳绩保奖，均由东省督、抚奏明办理。能明习外交者，尤宜不次任用，以重交涉。三省实缺、候补各员，皆得通融委用，例如江省新设各缺，准用奉、吉人员，遇有差缺，均可互委，不分畛域。即督、抚办事，亦不宜墨守例章，转致延误，拟令嗣后东三省所有用人、理财及一切行政权限，皆准督、抚酌量变通，随时随事因地制宜，分别奏咨核办，必俟数年后规划有绪，庶政就理，再查看情形奏明立案。总之，行省初辟，疆臣任重，必芟除二百余年因循诿卸不负责任之积习，然后东省可望渐有转机。否则人瞰我旁，我不任事，东督之权，曾无异于内地各省之督、抚，又何以改建行省为乎。本案于光绪三十三年四月十一日拟折具奏，奉旨依议。钦此。

议长钱能训议定公署新官制分科职掌案

左参赞　领承宣厅事，佐督、抚用人行政，掌一省总汇之事。

承宣厅　分科四：

机要科　掌典守堂印一切秘要公牍及报告事项。

考绩科　掌编订官册考核全省官吏并升补降调委署给假等事。

文牍科　掌文牍之撰拟、缮校、收发、存储等事。

庶务科　掌凡不隶于本厅以上各科之事。

右参赞　领咨议厅事，掌议章制、法令及统计报告等事。

咨议厅

议员、副议员，额外议员、顾问员均不定品级，不限员数。拟添设编纂、庶务两科，每科设一二三等科员，不设佥事。

交涉司　以交涉局改，分科四：

互市科　掌通商开埠租借事项。

界约科　掌各铁路交涉、租借地鱼盐交涉及矿产绘图勘界事项。

和会科　掌接待会晤请给宝星事项。

庶务科　掌监印收发及不隶于以上各科之事。

旗务司　以军署兵、户各司改，刑司改隶提法司，三陵衙门附，步营、督捕两司并，前锋、虎枪两营裁，分科五：

军衡科　掌升调补署军政京察[1]及挑放兵缺、马政事宜。

稽赋科　掌旗户官员俸饷、随缺伍田租赋、旗地征收、考成宗室、觉罗炉火饭食红白赏项、兵丁白赏等事。

仪制科　掌朝贺、典礼、陵祭、贡献、请旌、学校等事。

营造科　掌报修工程、例进雕翎箭杆、楮榆车轴、煤窑等事。

庶务科　掌督催各科收发文件、缮写折本、监印、差遣事宜。

民政司　自治局、工程局隶之，分科五：

民治科　掌地方行政、地方自治等事。

疆理科　掌统计全省面积、区划增置、审订图志及官地收放、民地卖买事宜。

营缮科　掌衙署、城隍、河渠、道路、仓廒、桥梁及一切土木工程事项。

户籍科　掌编审户口、国籍更易、旗籍民籍改隶事项。

庶务科　掌监印收发及不隶于以上各科之事。

提学司　法政、师范高等以下学堂皆隶之，分科六：

总务科　掌机要函电、日行文牍、任用教员、佣聘外国教习、审订教科及各校庶务。

普通科　掌师范中小各校教务庶务。

专门科　掌考查专门各校教务庶务。

---

〔1〕　京察：明清时期吏部考核京官的一种制度。洪武时规定三年一考，后改为十年一考，清代改为三年，以“四格”“八法”为升降标准。

实业科　掌实业各校教务庶务。

图书科　掌各校教科参考书籍、仪器办理、学务报章。

会计科　掌各校收入支出事务，调查其合度与否。

度支司　以财政局改，凡外辖之各种粮、税捐局及垦务局皆隶之，分科五：

会计科　掌出入报销、通省地丁、廉俸各项奏销并粮租所原办交代事宜及预算、决算等事。

粮租科　掌通省地丁钱粮、旗租契税、仓款并蒙荒垦务、清赋等事。

俸饷科　掌通省各官廉俸、薪津公费各营饷项事宜。

税务科　掌通省税捐事宜。

庶务科　掌陵需贡品、各项赈抚事宜及监印、收发并不隶于本科以上之事。

劝业道　以农工商局改，农业试验场、森林学堂、陈列所、渔业公司、畜牧公司、矿政局皆隶之，分科四：

农务科　掌农田、树艺、畜牧、渔业事项。

工务科　掌工艺、物料、机器制造及调查本省矿政事宜。

商务科　掌商业、商会、一切提倡保护奖励禁令事宜。

庶务科　掌监印、收发及不隶于以上各科之事。

巡警道　以巡警局、巡警学堂隶之，分科四：

行政科　掌调查户口、稽核营业、保安、交通、消防等事。

司法科　掌搜索、逮捕、解送及检察违警罪处分等事。

卫生科　掌防疫、清道、检查饮食物品、药料、稽核医院等事。

庶务科　掌监印、收发及不隶于以上各科之事。

每司设司使一员，每科设佥事一员首科从四品余均正五品、一等科员一员从五品、二等科员一员正六品、三等科员二员正七品、司书不限员正八品、副司书不限员正九品。如事繁之科，可添设额外委员，酌给薪水。巡警道别设一等医官正六品、二等医官正七品。交涉司别设一等译官正六品、二等译官正七品。度支司别设一等库官正六品、二等库官正七品。提学司别设一等编校译官正六品、二等编校译官正七品。劝业道别设一等艺师正六品、一等艺士正七品、二等艺士正八品。

本案于光绪三十三年八月初二日，奉堂谕[1]，照议试办。

光绪三十四年五月初三日，经本厅以试办一年期满，分科职掌权限是否相宜，各科应否量为裁并，行知各司、道查核具覆。

嗣得度支司覆陈，请将各科佥事裁撤，别设佥事一员，作为本司次官。改并原设会计等五科为总务、赋税、俸饷三科，每科设科长一员，按各科事务繁简，酌设科员、司书，另定公津，不分一、二、三等科员，以资整理。

旗务司覆陈，请并设四科：一曰总务科，以庶务科改设，掌收发文牍、监用印信、出纳款项及不隶于各科等事宜。一曰考功科，以军衡科改设，掌旗员升迁、补袭、京察、军政、挑补兵缺等事宜。一曰礼制科，以仪制、营造两科并设，掌朝贺、典礼、陵祭、贡献、旌表及旗属学校等事宜。一曰稽赋科，职掌仍旧。

巡警道覆陈，请遵照部章改庶务科为总务科，列于各科之上，凡承办机要、订立章程及凡不隶于各科者皆隶之。其行政、司法、卫生三科职掌，科名均仍旧。

当经本厅汇核议准暂行照办，俟奏定官制时，再议画一。其各科佥事，则次第裁并。承宣厅设佥事二员，各司、道设佥事一员，综核各科事务。余概照本案办理。

变通奉天官制阶级升转议

谨案奉省改官制以来，将及期年，升转阶级亟应明定，以为激励鼓舞之具。除提法司独立外，谨拟办法三则如左。

一、参赞、司、道之升转

（甲）左、右参赞，拟遇各省巡抚缺出，开单请简。并列于各省布政使之前。

（乙）交涉使、民政使、旗务使、提学使、度支使，拟遇各省布政使缺出，开单请简。交涉使，拟遇各国出使大臣缺出，一并开单请简。

（丙）旗务使，拟遇各省副都统缺出，开单请简。

（丁）巡警道、劝业道，拟遇各省按察使、盐运使缺出，开单请简。

（戊）各司拟遇奉省左、右参赞缺出，开单请简。

（己）巡警道、劝业道，拟遇奉省各司缺出，开单请简。

---

〔1〕　堂谕：清代地方的断军方式。清代州县衙门审断案件需当场提出处理批示。民国初年各县知事审断轻微案件仍沿用。

（庚）各司、道遇各省对品缺出，并拟开单简调。

按：以上所拟升转之途尚狭，如各部侍郎缺出，左、右参赞列单，丞、参缺出，各司、道列单，升途似可稍宽。惟京曹升途已极拥挤，方谋外转之不暇，今反侵其内阶，恐遭部驳，故未拟入。

二、佥事以下之规定

奉省佥事以下官制办法，迄今未定。而提学、巡警、劝业，部颁官制既与奉省不同，又复各自为制，如依奉制则与部章相违，如依部章则各部之制互异。而奉省官制本系奏定，亦岂能径行取消，融合变通，为法实难。窃谓部章无可从，奉制不可废，而一省官制终不能不画一。查奉省官制设左、右参赞及分设各司既与内地有异，则其僚属亦不必强与内地从同，应请奏明凡东三省厅、司、道僚属官制，均归一律。惟前制有须酌改者，现拟承宣厅设佥事二员，各司、道设佥事一员，均从四品，承长官之命令总挈各科事务，其原设各科，每科仍设一、二、三等科员各一员，一等正五品、二等正六品、三等正七品，禀承佥事，分理本科事务。别设额外科员，无定员，惟至多不得逾正额之数。每科设正司书一员正八品，副司书二员正九品，额外司书无定员，至多亦不得逾正额之数，以示限制。

按：原设厅、司、道各科尚嫌太多，亟须酌量裁并，应俟官制核定后，由厅另议办法。

三、佥事以下之升转

（甲）行省公署内之升转承宣厅佥事，拟请遇巡警道、劝业道缺出，酌量奏请补授。承宣厅一等科员升厅佥事，二等科员升一等科员，三等科员升二等科员，正司书升三等科员，副司书升正司书。各司、道佥事转厅佥事，其一等科员以下之升转与厅同。

（乙）省内之升转厅佥事拟请升补道缺，调补府缺。各司、道佥事调补府缺。一等科员升补府缺，调补厅、州缺。二、三等科员升补厅、州缺，调补县缺。正司书升补知县，调补府经历。县丞、副司书升补府经历。县丞调补巡检、典史、司狱、吏目、照磨、主簿。

按：省内升转，拟请饬由考绩科按先后资序，分类登簿。省内缺出，先尽公署实缺应升应调人员，分拟正、陪开单呈夺。其署内升转，府、厅以下各地方官，遇厅、司、道佥事以下缺出，亦得对品升调。各府调补佥事，厅、州调补一等科员之类。

（丙）内地各省之升转奉省新官制与内地异，非沟而通之，不足以广登进之路。拟请奏明凡曾任奉省新官实缺三年期满，愿往他省者，准其呈明，免缴离任离省银两，给咨赴部验看，换给文凭，仍缴改省指省银两。厅佥事，即作为尽先补用道班次。

司、道佥事，即作为尽先补用知府班次。一等科员，即作为尽先补用同知、直隶州班次。二等科员，即作为尽先补用通判、知县班次。三等科员，即作为补用知县班次。正司书，即作为尽先补用府经历、县丞班次。副司书，即作为尽先补用巡检、典史各佐杂班次。

（附则）前定咨议厅官制，议员不论品位，不定员数，宏选京外，广集众思，为行政之先导，司立法之一部，定制实具深意。然推行既久，本旨渐失，一涉官界，性质顿殊。官非专职，人无专司。无分配之责任则意有所诿，无升转之阶级则情无所劝。虽有差别不相统属，本无定额而有额外，准兹不变，诚恐名存实亡。后来者等诸间曹，视若传舍，必至一厅之大，形同虚设，其兆已见，所关实大。议员等渥荷知遇，静念报称，皇然流泚，诚日夜以尸位为惧。既有所见，不敢不言，应如何变通办理之处，未敢擅拟，伏候钧裁。

议员陈閭、邹致钧谨议

本案经议长议决，奉堂谕，所议均尚切要，俟拟详章后再细核。当经议员陈閭、邹致钧议就草案三则如左。

奉天变通官制草案

各厅、司、道官制额缺，现拟斟酌繁简，量为变通，除咨议厅拟别行组织立法一部，其职掌应重行厘定另列详章外，谨将官制概略，录列于左。

承宣厅设佥事二员，从四品，承左参赞之命令，总挈各科事务。

一、机要科　职掌与原章同，并加统计一项。

二、考绩科

三、文牍科

四、庶务科

四科职掌，均仍照原章规定。

每科设一、二、三等科员各一员，额外科员无定额，惟至多不得逾正额之数。一等正五品，二等正六品，三等正七品，正司书一员正八品，副司书二员正九品，额外司书无定额，视事之繁简，酌量委用。

咨议厅拟设参事二员，从四品，承右参赞之命令，专司立法一部事务。

议员无定额，不定品级。

正、副司书各二员，品级与各厅、司、道同，额外司书无定员。以上各员均受参事、议员之支配，督率分理立法一部事务。

编纂科

庶务科

科员品级额数及额设正、副司书，均与承宣厅同，职掌均仍照原章规定。

交涉司拟设佥事一员从四品，承司使之命令，总挈各科事务。

一、总务科　掌承办机要、考核属员、编存文牍、收发经费、统计报告事项，将庶务科职掌并入。

二、互市科

三、界约科

四、和会科

科员、司书品级额数，均与承宣厅同。互市、界约、和会三科，职掌仍照原章规定。

旗务司佥事品级、额数同上。

一、总务科　职掌照改定原章，并加承办统计一项。

二、考功科

三、明礼科

四、稽赋科

科员、司书品级额数，均与承宣厅同。其考功、明礼、稽赋三科，职掌均照该司续改原章规定。

民政司佥事品级、额数同上。

一、总务科　职掌与原定民治科同，而将庶务科职掌并入，并加承办统计一项。

二、户籍科

三、疆理科

四、营缮科

科员、司书品级额数，均与承宣厅同。其户籍、疆理、营缮三科，职掌均仍照原章规定。

提学司佥事品级、额数同上。

一、总务科　职掌照原定加入承办统计一项。

二、普通科

三、专门科

四、实业科

五、图书科

六、会计科

科员、司书品级、额数与承宣厅同。职掌均仍照原章规定。

度支司佥事品级、额数同上。

一、总务科　职掌与原定会计科同，而加承办统计一项，并将庶务科职掌并入。

二、粮租科

三、俸饷科

四、税务科

科员、司书品级、额数均与承宣厅同，其粮租、俸饷、税务三科职掌仍照原章规定。

劝业道佥事品级、额数同上。

一、总务科

二、农务科

三、工艺科

四、商务科

五、矿务科　矿政调查局应即裁并。

六、邮传科

职掌、名称均遵照部章，其科员、司书品级额数，则仍从奉制，与承宣厅同。

巡警道佥事品级、额数同上。

一、总务科

二、司法科

三、行政科

四、卫生科

职掌名称均遵照部章，其科员、司书品级、额数则仍从奉制，与承宣厅同。

以上各司道，除交涉司别设一等译官正六品、二等译官正七品，提学司别设省视学官拟比附部章作为正六品、一等编校译官正六品、二等编校译官正七品，劝业道别设一等艺师正六品、一等艺士正七品、二等艺士正八品、巡警道别设一等医官，正六品、二等医官正七品外，每科均设一、二、三等科员各一员，正司书一员，副司书二员，品级均与承宣厅同。额外科员、额外司书均无定员，惟额外科员不得逾正额之数。

（附则）前准提学司来咨，请暂设省视学四员作为定额，以符部章（部章设省视学六品，如无官者给予六品职衔，候资深劳著，准以京外相当之学务官调用），请一并奏咨前来，现已请将教职次第停选，一律改设省视学员奏明在案。惟原奏未定品级，拟比附部章作为正六品，视二等科员。额数则既拟以之代教职，暂未能定，应请一并列奏。

咨议厅变通官制职掌草案

第一条　咨议厅为奉天全省立法机关，掌议法令、章制，凡一切兴革事件及条陈皆隶之。

第二条　本厅拟变通原章别行组织立法一部，其原设之编纂科、庶务科仍照原章规定，谨将立法一部组织方法，录列于左。

参赞以下拟设参事二员

议员无定额

正、副司书各二员

额外司书无定额

参事以下之品级升转别定之

第三条　参赞对于本厅各员有指挥命令之权，其议决事件之可决、否决，由参赞主之。

第四条　参事禀承参赞率同议员、司书综理本厅立法一部事务，对于应兴应革等事，有提议之权。

第五条　议员商承参事，分理本厅立法事务，关于兴革等事有提议之权。

第六条　正、副司书受参事、议员之指挥，办理收发文件、缮校、存储等事。

第七条　参事、议员之掌议事件，可分为三类：

一、核议　各官厅局所拟定之法令章制，关于兴革之条陈说帖，各司道日行之签呈文件。

二、交议　由督、抚、参赞特别交议事项。

三、提议　由参事、议员发表意见，自行提议事项。

第八条　核议事项由参赞指定门类，参事、议员依类担任，分别签批，经参赞许可再行呈堂。

第九条　参事议员之分任事件类别如左：

内务　外交　财政　军事　学务　实业　司法　蒙旗

第十条　议员承办之件，遇有疑难，应就商参事解决，其已办之事，参事见为未洽者亦得随时改正。

第十一条　凡本厅从前所规定规则与本厅不相违背者，仍照旧奉行，本章即不备列。

第十二条 以上各条专为立法一部而设，其有未尽事宜，应随时斟酌损益，呈明督、抚改正。

奉天新官制升转草案

一、佥事、参事以下之升转

（行省公署内之升转）承宣厅佥事、咨议厅参事，拟请遇有道缺出，酌量奏请升补。各司道佥事，转厅佥事、参事，其得升补道缺与厅佥事、参事同。承宣厅一等科员升厅佥事，二等升一等，三等升二等，正司书升三等科员，副司书升正司书。咨议厅议员拟请俟著有劳绩，酌量品级调补参事、佥事各缺。副司书升正司书，正司书升三等科员，三等升二等，二等升一等，一等科员转议员升参事及厅、司、道佥事。各司道一等科员以下之升转，与厅同。其交涉司别设之一、二等译官，提学司别设之省视学官及一、二等编校译官，劝业道别设之一等艺师，一、二等艺士，巡警道别设之一、二等医官等之升转阶级，应请遵照原定官制，一等视二等科员，二等视三等科员，艺士并递降一级，其省视学官并拟视本司二等科员，以符奏案。

（省内之升转）厅佥事、参事、各司道佥事，均拟升补道缺，调补府缺。一等科员升补府缺，调补州、厅缺。二等科员升补厅、州缺，调补县缺，正司书升补县缺，调补府经。县丞、副司书升补府经。县丞调补巡检、典史、司狱、吏目、照磨、主簿。

（内地各省之升转）拟请援照边缺三年任满调补成案，凡曾任奉省新官三年俸满者，分别保奏。其声称较优之员，拟请按照内地各官品级升阶升用，其循分供职愿调内地者，拟请以内地对品各官尽先补用，并免缴离省银两，俟奏定后，道、府则送部验放，由吏部开单请旨简用。州以下各官，则咨明吏部注册，分别应升、应补，分省即用。

（附则）省内升转拟请饬由考绩科按先后资序，分类登簿。省内缺出，先尽公署实缺应升、应调人员开单呈夺。其府、厅以下各地方官遇厅、司、道佥事以下缺出，亦得对品升调。知府调补佥事、参事，同知、知州升补佥事、参事，调补一等科员。通判、知县升补一等科员，调补二、三等科员。府经县丞升补三等科员，调补正司书。巡检、典史、吏目、司狱、照磨、主簿升补正司书，调补副司书。

本案经议长议决，于光绪三十四年八月二十六日奉堂谕，应将咨议厅添设参事两缺，编纂、庶务两科，先行入奏，其变通官制草案暨升转草条暂存缓议。

当经将咨议厅添设参事二缺暨编纂、庶务两科附片具奏，奉旨，该部知道。钦此。

署参事陈闾议设农官案

第一节　建设

一、拟府、厅、州、县各建农政厅，现不尽设，应先择要试办。试办区域不嫌狭少，而定章必求完善，将来即以办有成效者，为全省模范。

一、农政厅与他项官厅异，一切建置以和易近民为主，设署处所宜于郊野，建筑务从简略，使有农家风味，不得崇尚形式，致蹈官场积习。

一、农官之设，所以教民兴利，任事各员必须顾名思义，实事求是，以勤俭朴实为农导师。

一、农业试验场应附属于农政厅，现时已设有场所者，可即就其地址及经费量加扩充，作为厅署。现尚未设有分场而地处重要者，并酌量兴办。其试验场亦即附属于署旁，不得独立。

一、经费应于各项余款下提拨挪用，不宜别立名目科派民间。其有官地、荒地暨领荒未尽处所，并得于农署近旁酌提若干顷作为公田，招佣垦治，即为民田模范。其农获物即可储作常年经费，惟升科、摊捐应与民田无异。

一、三省农智未开，地力未尽，所用农具亦欠讲求，亟应逐渐经营，以厚民生。先由奉省建设农官，尽力劝导，俟试办有效，再行推及吉、江两省，一律遍设。所有农具，亦应相地度宜，如不能展施机器、火犁处所，即应就轻而易举者指示改良，不得任其沿用旧日农器，致碍进步。

一、下节所列各职官，现当初设，不必完备，以先立根基，逐渐推广为主。

一、农署内应设农务总会，附设于试验场内。四乡各设分会一所，联集会员研究新理，俾官绅农畯互相联络，期于体验征实见诸施行，并于每届开会时，陈列试验成绩，宣告应行预备改良事宜，以期官民日亲，农智日启。其农会规则别定之。

第二节　编制

一、农政厅属劝业道管理，上承农工商部并本省督、抚之监督，掌左列事务：

关于水利事项

整理疆场事项

劳徕流亡安集垦户

关于农产之增殖改良之试验

调查土宜习惯而施其善良之劝导

水旱蝗虫先事之警告及其消防

蚕桑果品及其他植物利农者之拓殖

关于农利为本章所未尽事项

以上所列职掌略举概要，仍俟试办后，随宜核订。

一、农政厅置左列职员：

六品农官　七品农官　八品农官　九品艺士　技手　书记　干事

一、六品农官　统属农署以次各官，掌以时巡行田野，劳农劝氓，督率所属整理农署全般事务。

一、七品农官　掌试验场物品之试验，研究新理新法，以导民改良增殖，并佐上官整理全般事务，六品农官巡行时，并执行其职务。

一、八品农官　掌四乡之水利，以时分巡田野，劝督农民，教以耕获播种之所宜，并正治经界、改良农具、消防灾害事务。

一、九品艺士　承上官之指挥，率同技手效其技能。

一、技手　无品位，受艺士之分配，效其技能。

一、书记　无品位，承上官之指挥，从事编纂报告及文牍事务。

一、干事　无品位，承上官之指挥，从事庶务。

一、以上各职员，以农科实业毕业学生为合格，其宗室、觉罗、八旗满蒙汉子弟暨在籍士绅与本省候补人员于农事确有经验、朴实耐劳者，均可一律选充，以广登进。现暂不定额缺，俟开办时，量事繁简，择要设置。其详细职掌，仍由劝业道筹拟核订。

一、三级农官、九品艺士，如果卓著功能确有成效者，得按级递升，并转劝业道科员及佥事，其自技手以下各员，亦得推升艺士、农官，以示激劝。

第三节　职任

一、农政厅各官专以振兴农桑为职任，其有因农事涉讼及征课纳租事项，即归地方官裁判，本署不得预闻。

一、农政厅各官均须以时巡行，不得深居简出。巡行时酌定旅费，即以四邻分会为其驻在地，惟不得受其供给。

一、农政厅须定期呈有统计报告，以凭查考。

一、农政厅各官除执行职务外，并当以招集流亡，导民领垦为责任，惟不得侵涉垦局之权。

一、农政厅各官即以农业之兴废，垦辟之多寡，定其考课，不称职者即行撤换。

一、将来农政厅组织完备，办有成效，并可添置职员，将垦局归并办理。

一、本章所拟只及纲要，其详细章程，应于开办后由劝业道详细核订。

本章经议长核定呈堂。光绪三十四年九月二十七日奉堂谕，此官以办农事为主，必须勤俭朴实，不可有官场习气，亦不必照官署排场，须有农家风味，实事求是。应即将章程具折入奏。并由议员陈訚拟函致农工商部，节录如左。

自上年奉旨，妥筹八旗生计，东省为根本重地，固宜首先计划，而土旷民稀，着手亦较他省为易。自奉谕后，日夕图维。窃谓他省人溢于地，难在于为旗丁筹生计。东省官多于民，并难为旗官筹生计。东省固旗官地，比年以来，裁五部，裁将军，裁副都统，破从前惯例，成行省规制，于是所谓协领、参领，所谓防御、城守尉，所谓佐领、骁骑校者，几于无人非官，喁喁向隅，无法安置。欲尽为之改民官，则仕途拥挤，嫌以邻省为壑。将抚而归诸田亩，则狃于安逸，势难强官为农。且彼等亦有所长，无论贤愚，于本地习惯、沿革、人情、风俗类能言之瞭然。盖少小即习吏事，备悉官中之掌故，见闻不出里闬，独识乡间之利病，此实彼都人士至可敬爱之特质。今皆选为农官，加以新学之智识，授以改良之艺能，以陇亩之秀，习陇亩之学，谙练有素，领会自易。以本地之官，教本地之人，劝导有渐，信用倍捷，此则利用旗官以筹旗丁生计，而农官之宜设一也。上年五月，直隶保定设立农务总会，经大部奏准并饬各省一律仿办。九月间，复奏定农会章程，颁发各省一律遵守，并声明各省情形不同，准其因地制宜。大部之提倡农业，可谓不遗余力。夫设农会以收脉络贯通之效，实为整理农业之枢纽。惟东省社会情形与内地不同，内地民智日启，农学亦渐知研究，一经提倡，即能互结团体，共图公益。东省民气幼稚，招农尚犹不至，何以言会。识字并虑乏人，罔论乎学。故非建设专官则趋向不能以专壹，非縻以好爵则观听难期其兴起。此次所奏农官章程，拟于农官署内设农务总会，实欲使官绅、农畯互相联络，以期有所主宰，不至涣散。盖内地各省农会能自成立，自不必官为组织，东省则非设农官，无以有农会，此又仰体大部因地制宜之意，而农官之宜设二也。农官之设尚矣，周制不具论，前汉十三州刺史，每州设农丞，是为特设专官之始。至魏武帝时，置典农中郎将、典农谒者，南北朝因之，间置劝农使，至南宋复有劝农使之设，大抵皆承兵燹之后，安集抚绥，视之为尤重，而其利效亦较著。东省草莱甫辟，一疲于庚子之变，再熸于日俄之役，户口本稀，兼以流亡，若非特设专官劳农劝氓，何以平疮痍而复元气，此又征之往古，而东省之宜有农官三也。东省为根本重地，又为农业天然隩区，故筹八旗生计者，莫不注重于东省。雍正末年，以八旗生齿日繁，筹思生计。至乾隆初年，御史舒赫德[1]已有垦东省荒地，安置旗人之议。嘉庆末年，吉林将军富俊始议实行奏开双城堡荒地，道光初将军松筠[2]继成其事，后稍寝废矣。至光绪二年，盛京将军崇实奏开东边荒地。七年，铭安为吉林将军，奏请开荒，特命吴大澂为督办练兵屯垦大臣，可为创举而效亦不大著。夫以东省为八旗筹生计，其议开于百数年前，而时作时辍，卒无大效者，则以未设专官，徒责州县，无职任可言，故无功效可见也。盖农事与民生最为亲切，非多设小官和易近民，断不足为农导师。现既重议八旗生计，岂可复循前轸，不思良图，此又鉴之近事，而东省之宜设农官四也。综此四宜，独有四便：中国为农业国，而大部实有整理全国农业之责，故大部前令各省设商会，近复令各省设农会，凡所以捷机关资诹度也。然农与商异，商会中尚有才智之士，足与共谋公益。农则吾国素未讲求，亦毫无势力，强迫设会，其势仍散而不举，此次请设农官，定章由大部直接监督，在本省启上行下效之渐，在大部收提纲挈领之效，便一。东省本旗地，无所谓旗丁，旗丁即凡民也。故为凡民筹生计，即为旗丁筹生计，今选八旗子弟造成农官，以教导其乡民，是但为旗官筹生计，而旗民生计即责成旗官自筹之，便二。预备立宪要在自治，自治之制首立乡官，旗宦不避本籍，故东省本系乡官制度，特其治事则在城而不在乡，今以之为农官治其乡民，是真乡官矣。地方自治以乡官立之基，而天下之有乡官又自大部发其端，便三。八旗本多聪颖子弟，特素未教养，专以作官为生计，狃于安乐，遂致无所取材。今农官虽用八旗子弟，仍以农学毕业者为中选，即免游惰之虞，并受教育之益，便四。凡兹计划，盖皆于未具奏时，熟思环顾审慎而后出之者也。恐奏疏未能毕宣，特以陈之大部，伏望主持，东省幸甚，八旗幸甚。

本案于光绪三十四年十一月初二日具奏，经农工商部议准，奉旨依议。钦此。当饬由旗务司开办农业讲习所，专招八旗子弟入所肄业，以预储农官之选。

---

〔1〕　舒赫德（1710—1777年）：满洲正白旗人，清朝军事将领，雍正、乾隆两朝重臣，去世后赠太保、谥文襄。

〔2〕　松筠（1752—1835年）：姓玛拉特氏，蒙古正蓝旗人，清朝大臣。嘉庆年间官至武英殿大学士，曾任军机大臣，兵部、礼部尚书，道光朝曾任直隶总督。

议员邹致钧议劝业道呈拟森林官制案

原案拟于府、厅、州、县各设大林区署一，小林区署数处，附设林业讲习所、伐木场及苗圃，并于省城附近设一林业试验场，除日本名词应酌改外，规划极其周备。惟中国林学素未讲求，欲图振兴，必先从预备入手，方能渐收实效。查奉省森木固属繁盛，然不必各属皆然，有产、不产多寡之别，宜先详细调查，再定设署地点。若于各属均设官署，不但为费甚巨，款无从出，即核之名实，亦不相符。且奉省官民谙习林学者甚鲜，森林学堂又甫开办，设立林政官署，似尚非目前当务之急，应请暂从缓议。此时先于省城设一森林调查局（即以拟裁之矿政调查局改设），调查各属产木处所、种类分量及何处应设官署，俟森林学堂第一次毕业，再行查照调查情形，分别缓急，次第设立林政官署。再奉省森林颇富，目前尤应将固有森林设法保护，应请俟调查着手，通饬各属，责令将管辖内所有森林妥为保护。是否，候宪裁。谨议。光绪三十四年九月二十七日奉堂谕，先将设立农官案入奏，林官暂缓设，俟森林学堂学生毕业后再议。

议员陈訚议黑龙江新设地方官制办法案

查江省地旷人稀，财力困难，现议添设民官，意在开通榛莽，安集流亡，故规划务求完备，而创始不妨简单。详审来函所附经费预算表，颇觉综核详尽，惟尚有可以省费者数事：一、承办处公费，此项当系署中委员办公之费，惟道、府、厅、州、县用人，宜有繁简等差，公费数目似可不必限定一律。如虑办公不能无人，可明定薪水，酌设佐治员，事繁者量设额外，作为委员。盖经历、巡检久无责任可言，何如乘时裁改，以期渐达新官制之目的，是佐治员与办公委员可并为一，佐缺可裁，而承办处公费可省也。一、壮役公食及捕盗薪饷津贴，此两项所费亦复不赀，不如创办行政、司法两项巡警。行政巡警兼司传提，司法巡警专管缉捕，归地方官调遣教练，养成警士之资格，参以军队之性质。如遇大股胡匪，可商调防军，以为司法巡警之助。平时则与练会联络，以清盗源。是壮役捕盗并改巡警，一费可作两用也。新建官署，但须有办公处一区，住房若干间，规模不必备具也。则建署费用可从简矣。至设官方面，亦不能不就财力择要敷设，如瑷珲、呼伦两道，龙江、海伦两府，或以副都统改，或以厅升，经费自较易筹，可先设者也。瑷珲、呼伦既设道治，则两厅可暂缓设，其府、厅、县各缺，均宜先派设治委员调查经营，将来即以户口多寡、田地荒熟为施行之次序。夫创伟大之事业，固宜有至厚之财力以为之副，西人经营殖民各地，均运内地之全力以专注于一区，故不数年而榛莽顿化，为文明财集者效亦著也。东省民生凋敝已达极点，内省又同一困难，无能援助，而殖民绥边，舍建官设治，无从入手。建官设治，又在在需款，巧匠岂真能筑无木之室，亦惟有量财就事于省无可省之中，求其可省而已。是否，候宪裁。谨议。光绪三十四年八月十一日奉堂谕，照议，函致周帅。

署参事陈訚议驳署呼伦副都统宋道小濂呈新设呼伦道不能统辖总管请别加他衔案

查参领以上，惟有副都统足以统辖总管，道员加参领衔，已属越级。且三省巡抚亦只加副都统衔，则副都统衔决不宜加之于道员。呼伦贝尔既经奏设道缺，则副都统决须裁撤。该处纯属旗制，旗无总管，犹兵无统领。现地方制度一切未备，若遽裁总管，诚如来呈所云，蒙旗将捆载毡庐而去，则总管又决不宜裁，此问题似难解决，然实不足虑也。参领衔道员虽不能管辖总管，而足以管辖各旗，道员之设，正以统辖蒙旗为重，至总管之受管辖与否，于事实上毫无关系，请以内地将军之于督、抚例之。督、抚与将军两不相统，行政之权，自偏重于督、抚。现设道员，期于改成行省制度，一切行政，省中所责成者，惟道员一人。则道员自处于优胜之地位，苟能将地方制度步步经营，以期渐变旗制，遇有关涉旗事者，与总管协商办理，断不致反受其牵制。况道员本有参领衔，足以管辖各旗乎。原呈以参领衔不足统辖总管为疑，似为过虑，而现所亟应解决者，则道缺既设，道员亟应派定也。事权不一，最足偾事。自古边事，未有不因专而成，以分而败。黑省西边如呼伦贝尔，东北边如瑷珲，皆仍副都统名义，实则穷边荒陬，处处须受协于省中，若任其自为风气，省中不问，虽有善者，无如之何。现既奏设道缺，敢请即将道员派定，统其权于省中，而责其任于道员，在省中权有专属，即责无旁贷，在道员名分既定，心力始专。庶边务日有起色，而此等请求，自涣然冰释矣。如蒙照议，应请将上开理由函致宋道知照。是否，候钧裁。谨议。光绪三十四年十二月初三日奉堂谕。所论甚是。道员之上有兼将军之总督、兼副都统之巡抚，皆有管辖各蒙旗总管之权，而该道又有参领衔，层层节制，尚复何所顾虑，即行照议函驳。

署参事邹致钧议改吉林各司道分科员额公津案

谨按：吉林改设行省已及两载，奏订各司、道员缺，目前固可不必全行设立，而既有各司、道佥事以下各员定额，公津不能不速订划一办法，以免纷歧。查各司、道原拟表册，类皆自为风气，不能一致。度支司所核，亦尚未尽合宜。就现时吉省情形而论，财力异常支绌，与其多用人员减少薪津，不如核减人数厚予薪津，庶人才奋兴，而仍不为经济所困。佥事以下员额，拟请援照奉天之例，各司、道各设佥事一员，每科设一、二等科员各一员，三等科员二员，正司书一员，副司书二员。事繁之科另设额外科员，每科一员为限，即不另立差遣、行走名目。科长、副科长概行删除。统计处主任、助理各员，应准照设，附于各司、道总务科。度支司交代报销等事，应由该司各科自办。拟设交代、报销各员，即应删去。交涉司日、俄文译员，应准各设两员，英文译员一员。提学司之视学员、译官、编校、议长、议绅各员，均应照设。原表所列卫队、戈什、哨弁、马步兵各名目均属不合，应一律删去。提法司佥事以下各科正、副书记官，仍应暂改为一、二、三等科员，并照设正副司书、额外科员，额数亦应与各司、道一律。俟部章颁到，再行照改。巡弁、巡兵、杂役等名称，概宜删除。再以上所拟系额定员数，仍应按照原册所拟，视事之繁简为设员之多寡，现均不必备设，以节经费。至公费津贴，各司、道均应画一，免有偏枯。拟照奉省佥事以下公津实数酌减四成，分别厘定，如数实发，即不再按八成核减。惟吉省发给薪水银两，向以三吊三作价，照现在银价计算，实领之数，不过十分之六七，是名目虽优，各员仍未得沾实惠，殊于用人有所窒碍，而吉省又苦无实银可发，此种旧例，一时势难遽改，可否咨商吉省公署，此次所订公津，均请援照吉省司、道之例，改发大银元，庶名实稍符，而廉隅可励也。再各司、道办公纸张、笔墨、灯油、炭火、茶水以及杂役工食等项，不应列入员额公津册内，并请咨行吉省公署酌量情形，明定各司、道每月额支、活支杂款，以资办公。是否，候宪裁。谨议。宣统元年二月十九日，奉堂谕，所议甚允。当即函致吉林行省公署照行。

附咨议厅议案之二

副议员傅强议交涉司东边道查勘委员李丞廷玉呈请于临江以东添设长白直隶州治案

谨按：临江一带情形，去冬经本厅副议员傅强查勘报告，业已绘图帖说，历陈边况，亟当增设州治以资捍卫，并将设治办法，条陈在案。兹据交涉司东边道暨查勘委员李廷玉先后所陈意见，均复相同，应请查照该员等查勘报告所拟办法，于临江三道沟以上，即长生、庆生、荣生三保之地及龙岗之后一带，共计面积约四万平方里划为州治，亲理地面不设附郭首县，建署于十八、九道沟之塔甸，以兴京厅所属之临江、辑安二县归其管辖。另于吉林所属漫江、汤河二处增设二县缺。亦归该州管理。奏设长白直隶州缺，选派干员充当该州设治委员，即往规画新设。旧有各县境界，并驻兵、增警、凿道、通邮各项要政，庶边荒得有重镇，外人无从侵占。若如临江县郑令所称，仅设州、县平权分治，势必归隶兴京。

兴京地面太觉辽阔，恐不足以遥制也。查东省奏定新官制，府、厅、州、县不相统辖，拟设直隶州缺暨漫江、汤河二县缺，应令独立治理，以符定制。惟临江经画出三保地面后，只余二保半地，不足治理，应请酌划辑安迤东二三保归入临江，以便治理。是否，候宪裁。谨议。光绪三十四年正月十一日奉堂谕，照议先行，札饬临江、辑安二县会同勘界。如有牵涉吉省境界之处，应咨商划清，并派兵备处总办傅道良佐、署临江县李丞廷玉、本厅副议员傅强会议设立州治计划，再行核办。

嗣傅道良佐等会议呈覆前来，经议员邹致钧核议如左。

按：长白山岗为奉、吉两省交界之处，既划临江县荣生保迤东三保另设州治，若仍以长白山岗为两省之界，该州地处长白之阳，名为长白，不如称长阳、长南为当。如须划割山岗以北之吉林境地归新设州治管辖，则全山皆在州治以内，似以长白定名为宜。又新官制府、厅、州、县不相统辖，或府或州，均无不可。长白山为我朝发祥重地，与其称州，不如称府，此名称之应定者也。划吉林毗连各处，作为新设府境，揆度情势，其原因有三：所辖三保多系山沟，地面狭小，非将地势扩张，不足以资治理，一也。长白山岗以北一带，为胡匪出没渊薮，而吉林府鞭长莫及，难于治理，莫如划归新治，既可扩张辖地，又可除去匪患，即将来清、日两国合办森林，一山而兼两省管辖，办理必多不便，全山划归奉省，则事权统一，二也。长白山岗以北漫江、汤河之间，为韩边外辖地，此次借增设府治之名，会商吉省派员查勘，酌量划割其地归入新治，韩边外势力范围从此渐可缩小，借防隐患，三也。至如何划法，应俟咨商吉省会勘境界之时，饬员一并详细查勘，呈请核夺，此省界之应会勘者也。新设州治，固应另派专员，惟此处设治原因，系为郑重国境，其要在建设衙署，证明疆域，整理交通，以便行旅，非于人烟稠密、商业繁盛之地设治可比，故设治委员应办之事无多，如另派干员，津贴用项必更加巨，不如即派李丞暂行兼充，随时往来办理，一切借资熟手而节经费，此职任之应专者也。至所拟各委员名目，为向来各府、厅、州、县所无，且东省地方官制尚未议定，该处势难独出其异。惟就情形而论，似非设各种委员，不足以资补助，应准其暂行试办，将文案名目改为主稿委员，一俟将来地方官制议妥，再行改归一律。至委员薪津请由度支司支领一节，查该府津贴已属甚少，若再由其中开支，恐难得相当人员，似应一并照准。其另呈工兵驻在图，所绘地界仅沿三道沟身绘定一线，不足据为确实，应候该丞到差后，另勘详确四至界图，记明沿革及管辖方里，拟定名称，呈候核准。至招募工兵数目，刻下款绌，应先酌招若干试办，并由度支司核款，转呈办理。是否，候宪裁。谨议。光绪三十四年三月初二日奉堂谕，所议均甚允当，即分别咨札行。

续经定名为长白府，并派张守凤台总办长白设治事宜，署临江县令李丞廷玉为帮办，首以长、临分界，并划吉省西南境归奉省管辖，作为长白府领地。咨由吉省派员会同勘定省界为入手办法。兹先将张守凤台等拟长、临分界割辑补临不如割通归临呈文，节录如左。

查原拟割临江以东荣、庆、长三保并作府治，临江只剩洪、壬两保、富生半保，辖境褊小，展布不宏。又议割辑安两三保以均其势，当以辑署距临一百数十里，若割其两三保，即包县署在内，且该县全境只十保半地，划归临江数保，地势更隘，又须议划通化以补其缺，既多周折，便涉纷烦，不如径割通归临，以昭简便。拟由通化八道江蜿蜒而西至四道江、罗圈沟等处直达错草沟分界，实为天然界限，曾经禀明，蒙饬令临时酌办。现复考察形势，悉心研究，窃谓荣生保划归长白，实有不便者数端。查荣生保西界距临署不过四十里，距塔则五百余里，若照原议，由三道沟划界，此后钱粮词讼及目今要政，须赴塔甸办理，往返需时，花费尤巨，不便者一。隔江日人时常越界滋事，每因路远，难于报官，含怨中止，设治以后，犹复苦于远驭，致令民冤莫伸，深恐激成他变，不便者二。忠义军余党尚未尽绝，对岸义兵，辄复渡江思逞，三道沟上下，月内尚有此蠢动，若皆待极东之府治闻警驰赴，实系鞭长莫及，不便者三。再四协商，计惟留荣生保予临，俾得就近治理，而以八道沟为长、临分界，沟左属长，沟右属临，界线划然不紊。且临江上界长白，下界辑安，东北毗连吉林，西北衔接通化，四至平均计约在百里内外，管辖既便，呼应尤灵。长白地广人稀，既不能借民养官，增地何加，去地何损。设治以后，学、警而外凡有关乎边防者，皆注重于郡守，去一鞭长莫及之荣生保，而长、庆两保益得专心治理，期臻完密，实于内治、外交两有裨益。如蒙允准，即祈札饬通化王令，订期会勘，以免周折，而期迅速。

当经议员邹致钧议以临江长、庆二保，划归长白府治，荣生保仍归临江管辖，应准照办。至割通归临一节，拟札饬通化王令会勘定夺。七月二十三日奉堂谕，照议批札。此长、临分界定议之情形也。兹将咨行吉林派员会勘省界文，节录如左。

查奉省临江县毗连吉省，接壤朝鲜，幅员辽阔，不下八九百里。近来日人盗伐木植，动起交涉，去冬派员详细履勘，业经绘图帖说，呈覆前来，由厅、司会议，拟划临江县东境及长白山后一带之地，增设府治，以资捍卫，而重国境。惟奉、吉两省原以长白山岗为界，现山前拟设新治，山后漫江、汤河之间，向为盗贼出没渊薮，与吉林府距隔窎远，控驭为难，且将来与日本合办森林，一山而跨两省，办理诸多不便，自应由两省派员会勘，体查情势，酌量划归奉省新设府治管辖，以清盗源，而资治理。

嗣吉省派刘令寿彭会同张守凤台等详细履勘，张守凤台等拟以红旗河等水为天然界限。刘令寿彭则拟接分水岭内之两江口水线，绕入头道花园河口折抵汤河直至青沟子为终点。兹将两造意见，录具说略如左。

张守凤台等说略

此次勘界宗旨，一在划吉界南冈，以防外交之轇轕，一在察汤、漫县治，以树长郡之后盾。现就图报所列，若以山为界，由牡丹岭、富尔岭、柳河岭等处历抵头道花园之分水岭均应划归奉界，则吉省南界似嫌单薄，不如以水为界，由红旗河尾闾经荒沟掌、白河口、上下两江口历抵山岔子之正岔而止，纵横广袤，厥势维均。再由红旗河而南，越七星湖、圣水渠、葡萄河迤逦而西而南便抵长白府以东之二十一、二道沟地方，自七星湖以下处处与韩国毗连，此以水为界，省界、国界，皆有天然界线之凿凿可寻也。至划界后，应增设县治以备后劲，则揆形度势，应仍以控驭三江为扼要办法。长白府踞鸭江上游，实为三省锁钥，则松、图两江，仍当严密防范，以备声援。距长白府东北四百余里为红旗河流域，控图们江上游，拟定为建署地点，名曰安图县，以备韩民东渡越垦之防。距长白西北五百余里为龙冈后以西之双甸子，控松花江上游，拟定为建署地点，名曰抚松县，借作白山右屏。安、抚二县即以二道白河为界，亦天然界也。就长白山论安、抚如两翼，就长白府论安、抚如脊膂，襟带江山，形胜便利，大有犄角之形，实于边务上关系綦重，不可不兼筹并设，以维全局而控岩疆。抚松一县人民较重，物产亦饶，但咨由吉抚转饬蒙江州牧，将该州历年户籍、租税一切案卷，移交清楚，便可派委筹画，收功尚易。安图地广人稀，较抚松稍难，而地界韩境，较抚松尤重，其西南二百余里布尔湖里，即三天女浴躬之池，又为发祥要区，然若高张旗鼓，非特縻费，抑涉铺张。查该处森林尚属完全，拟将设治主义潜附于采木官局之内，先派员经理木植事宜，俟基础坚定，有财有人，即行建署设官，则势如破竹，不劳而理，此又安抚设治之计划也。

刘令寿彭说略

查奉、吉省界，若以山为天然界线，须将吉林腹地割成仰月尖形，而敦化濛江辖境并去大半，无论其已定复割，诸多不便，恐损此益彼，终失设官分理之宜，当商同李委员廷玉求一两便之水线，拟由红旗河绕趋娘娘库河终于分水岭，此线以目前现势较之，虽稍损于敦、濛，实益于长白，此以远水线为界，与各员商订之实在情形也。若依此作界，虽系据巨流大派，形势天然，惟须割敦化两乡、濛江一社，终非两便万全之计。旋省后回想形势，近索图线，拟舍远取近，接分水岭内之两江口水线绕入头道花园河口折抵汤河直至青沟子为终点，亦系据巨流之上游，为两便之省界，水流线定，眉目分明，于敦、濛疆理无甚更动，于行政防守，便利居多。而原拟设安图一县，扼各路之咽喉，为添治之要点，现虽地旷民稀，生聚三年，亦可俨成重镇，此又以近水线两得便利，未经商定之实在情形也。窃思定界之主脑，必据名山大川，为不易之办法，若山界与两省不便，自应舍山据川，今拟定二水线，均为天然形便之区，有利无弊，易守难渝，伏候批示，只遵。

经议员邹致钧议以二说，各具见解，事关两省，未便独裁。拟稿咨商吉林，嗣得吉林咨覆，节录如左。

查此案前据奉、吉两省勘界委员及濛江、桦甸设治委员各禀，分别考核，约有四说：一、拟自牡丹岭、富尔岭顺下两江口经头道花园以至分水岭为界，此取山势连亘者也。一、拟自龙岗后松花江源分界，江之南紧江、漫江、塌河、石头河及汤河口子以至汤河源为界，此取水流横贯者也。一、拟自上两江口，顺二道江由下两江口南至头道花园河口，循白浆河斜向西南至分水岭、三岔子为界，此取折衷上二说而欲酌中办理者也。一、拟自下两江口，南顺头道江源至汤河口，折西南循汤河抵三岔子为界，此又折衷上三说，而求变通适宜者也。由第一说似为专主开拓奉地，诚如大咨所云，吉省南界似嫌单薄。由第二说又似专主扩张吉界，而于长白治地则欠完全，故大咨谓以山为界不如以水为界，洵为确论。而以紧江、漫江为界，又不如以二道江流域为界，亦已无可更议，由是欲求纵横广袤，厥势维均，不外取择于后之二说。但一循汤河，一循白浆河，二说孰为便利，亦自大有区别。大咨仅云抵三岔子之正岔而止，未曾指明沿何水划分，事关省界，自应不厌更求其详。窃据敝处近日之切实考查及反复参诸众议，如紧江、漫江以北既划归奉省，则汤河以北须仍归吉林，庶濛江始可设治。若长白北境既抵二道江，而濛江南境仅限沿白浆河至分水岭而止，则州属地面褊狭，殊不足以资展布。倘由西北再割盘石县地以附益濛江，不特过于纷扰，且磐属官街已分隶桦甸，实更无余地可以扩充。似宜斟酌损益，于下两江口以上即拟照新定由上两江口循二道江为长白北界，则府治可立于下两江口以下，即仍照原案由汤河循宝马川至三岔子为濛江南界，则州治足敷。准之以水为界之宗旨既属符合，而于自上下两江口历抵三岔子正岔而止之原意亦不相违。是否允协，相应绘具图说，候查核见覆施行。

当经议员吴慈培[1]核议如左：

奉、吉分界，前据勘界委员张凤台等所呈图说，拟由红旗河经荒沟掌、白河、上下两江口历抵三岔子之正岔而止，来咨认可，无俟更议。惟自下两江口以下抵三岔子一段，李委员等原图拟沿白浆河划分，来咨谓有碍吉省濛江州辖境，拟沿汤河划分，自下两江口以下仍照旧案，由汤河循宝马川至三岔子云云。谨按：吉省濛江州辖境，本不为广，若沿白浆河划分，则汤河以北悉归奉省，该州地益蹙狭，种种窒碍，诚如来咨所云。李委员等原意自为开拓奉省拟设之松甸县地起见，然松甸、安图两线，目前均未勘定，界址设治，尚未着手，将来省界定后，再行勘划两县界址，自能损益得中，不宜以奉省未定之县治，妨坏吉省已成之州治也。来咨所拟，极为允协，应请咨覆，照议划定并札行总办长白设治事宜张守凤台遵照。是否，候宪裁。谨议。宣统元年正月十四日，奉堂谕，照议定界。即咨覆吉林并札行张守凤台遵照。本案前于光绪三十四年八月二十九日具奏，经会议政务处议准，奉旨依议。钦此。至勘定奉、吉省界暨临、通分界情形，现正拟具奏也。

---

〔1〕　吴慈培（1884—1915年）：云南保山人，清末官至直隶候补道员，咨议院议员，藏书家。

议员孙际云议江省署兴东道庆山呈请将吉林汤原、大通两县暨依兰府属之插花地划归江省管辖案

按：汤原、大通两县在松花江北岸，前因东边尚未设官，就近拨归南岸依兰府管辖。今既设兴东道缺，则汤原、大通二县自应划归江省。而依兰府所属在北岸之插花地数十里，远隔一江，恐难控驭，亦应划归兴东道管辖，以清界限而免轇轕。是否，候宪裁。谨议。光绪三十四年三月初十日奉堂谕，应即咨吉省商办。

嗣经咨商吉省，得吉省咨覆，节录如左：

查现设汤原县地方，俗名汤旺河，又名吞音河，河东向隶江省，曾于光绪三十二年经试办该县设治委员刘虞卿与试署依兰府郑国侨，于划分界址案内禀明，河南地段皆归该县管辖。惟是设缺之始，虽曾经奏请将汤原县附隶吉林依兰府属，而该县所征租税与夫命盗各案皆系江省管理，吉省徒有附隶之名，并无专辖之实，此时割归兴东道管辖亦可。至大通县驻扎崇古尔库站，该站坐落江北，本在江省界内，因其地址近接吉壤，前于乾隆二十七年阿勒楚喀等处递送三姓公文，取道江南，山岭险阻，不能通行，始经变通，将江省江北地方拨归吉林，安设崇站。光绪二十五年又经两省奏派三姓副都统保成、呼兰副都统倭克金泰会勘，定立封堆十七处，各守各界在案。三十二年添设大通县，几经委员往勘，非驻该站于形势不能便利，故又经达前将军商准前署江抚程照此会衔入奏，原奏内叙有跨江而治一语。所谓跨江，即由江北兼辖江南之谓也。倘如兴东道所呈，将江北地段暨依兰府属插花地一并拨归该道管辖，势必将大通县治移驻江南，无论辖地过狭，难资展布，且与从前借地安站设缺，原奏不符，亦于行政方面多所窒碍。前准江省来咨，以兰、通两县界址，应酌中以二道河子为界，俾免纠葛。其大通以东业于三十二年经两省委员郑国侨、刘虞卿勘定，应即勿庸再议等因。似江省曾以旧定界址为然，现据此次吉省会勘兰、通界址委员刘守润之回称，前木兰县所禀，诸多不实，该处五站等处居民均不愿归木兰县治，纷纷来吉具呈，是其明证，并与原立封堆亦有不符等语。是前此允让江省尚未尽善，惟业经允让，只有批候江省酌办。窃以为画疆治要在统筹全局，以就形势之便，未可拘于一隅。大通地方，前已奏归吉林安站设缺，相安已久，似不必另议更张，相应备文咨覆，请烦查照核办可也。

四月初八日奉堂谕，交咨议厅核驳。当由议员陈闾核驳如左。

查大通县驻扎崇古尔库站，坐落江北，本在江省界内，嗣因江北边境距省窎远，

于乾隆二十七年始经变通拨归吉省，安设崇站。光绪二十五年会勘定立封堆十七处为界，三十二年于该站添设大通县各在案。是大通之改辖，为江省边境民治稀少，难于遥制起见，非为吉省须设大通一县，壤地偏狭，因越江北而设治也。历观旧案，至为明晰。来咨谓拨归兴东道管辖，势必将大通县移驻江南。现大通县治正因其在江北，故须拨还江省，一经改拨吉省，即无大通县，似无移驻江南转侵吉界之理。倘江南尚有大通境地，自应划归吉省，就近分配邻近官厅治理，或就地别设县治以固边圉，亦可接续筹议，另案办理。查江省南边横亘千余里，从前未曾敷设官厅，全赖吉省维持。今既设兴东道治，则吉省岂能长为担负，自应将汤原、大通两县及依兰府属之插花地，凡在江北者均归江省，其有跨越江南者即归吉省。由两省会委勘定交割明白，在江省为规复旧疆，并非侵越，在吉省为交还寄地，并非割让。

从此吉、黑两省以松花江为天然界限，既较封堆为可凭，而兰、通勘界纠葛之案亦得因此了结。东省规模甫启，凡百经营，均系创设，似不必以旧定奏案为疑也。是否，候宪裁。谨议。奉堂谕，照此咨驳，一面即行会衔奏明办理。

嗣于五月十七日会奏五月二十六日奉旨，照所请，该部知道。钦此。

副议员严伟议兴东道庆山禀陈兴东设治后情形案

所拟经营兴东南界暨催汤原各户进界办法，甚属妥善，应即照议妥速办理。惟原领之户地被另放，持照到局呈请查验时，须饬该段员司迅速拨还原地，或另拨他项地亩，或找还原价，均须听从原户之便，该段员司不得称有抑勒。吉林大通县跨江而治，前已议划归兴东道管辖，据称衙署虽在江北，而所管地方乃多在江南，除江南所有大通县地应依照原议，另案咨商吉抚，就近分配邻近各州、县管理外，所有大通县应辖地土人民之在江北者，究竟能自成一县治与否，应饬该道查覆，以凭酌夺，或裁或留，续议商办。是否，候宪裁。谨议。宣统元年二月二十七奉堂谕，照议函覆。

议员陈訚议呼兰府黄守维翰禀请移设木兰县治并附陈垦务利弊案

查木兰地势，以旧准设治之梭罗张口为商业利便地，以现拟设治之木兰镇为农业利便地。该处草莱甫辟，自以农业为主要，且以木兰镇为木兰县治，名称既觉允当。

以巡检分驻梭罗张口，轻重亦为适宜，应准如禀，暂移木兰县治于木兰镇，以梭罗张口为巡检分驻所。俟日后体察情形，再议更张。至附陈垦务一节，任土殖民，本地方官应尽之职，因事体繁赜，故专设垦局以董其成，非谓地方官遂不宜顾问也。应请嗣后垦委与地方官责任，惟均其府、县分局并由地方官督察办理，以免垦局专断扰累之弊。是否，候宪裁。谨议。光绪三十四年四月初十日奉堂谕，照议。分别咨批。

议员陈闾议署呼兰府黄守维翰请改赵胡窝堡经历为州判或仍隶呼兰改设同知案

查赵胡窝堡前因划归巴彦州，改经历缺为州吏目，并咨行江抚在案。兹据声称，巴彦州城已有吏目一员，自未便复设。且吏目职司监狱，系佐治官。赵胡窝堡孤处一隅，设官分防，责任綦重，名实亦觉不称。若仍隶呼兰改设同知，则又多一番更张。应准将该经历裁撤，改设州判一缺，隶巴彦州，掌分防事宜，于管理地面，对待客军，均有裨益。惟分防州判向有独立名称，若竟以赵胡窝堡当之，似觉未洽，应饬该守酌定名称，以臻妥协，并咨行江抚查照办理。是否，候宪裁。谨议。光绪三十四年六月初三日奉堂谕，照议。分别咨批。

议员陈闾议吉林桦甸县治应设在桦树林子案

查吉林桦甸县治，原拟设在官街，兹经勘明官街设治，失之偏西。查松花江滨之桦树林子，地虽偏北，而其南两源之木料必自此而下，经营林业既易着手，且为江流总汇，交通午贯，于行政方面亦较便利，应即于桦树林子建桦甸县治。惟设治之初，宜饬该管官巡行周历，相地度宜，一切设施，须有把握，不必于设治处所意有偏重也。是否，候宪裁。谨议。光绪三十四年六月二十日奉堂谕，照议，咨行吉省查核。嗣得吉省咨覆，即遵照定于桦树林子设桦甸县治。

议员陈闾议蜜山府治应定在高丽营案

查原呈图说，拟定府治以穆棱河北之六人班为适中之地，以蜂蜜山北穆稜河南之高丽营（现设招垦分局）为扼要之区，遵谕传冷玉辉面询，据称六人班地占形胜，设有城基，然人迹稀少，一切均未布置。高丽营面河背山，临边居塞，形胜不逮六人班，然该处本拟设湖阳县治，城基早放，商民闻风麇集，灰窑、木厂，布置均有端倪，并为东西往来之冲。又称该处颇有商人愿投资本，因府治未定，相率观望，故府治亟宜早定等语。

谨案：建官设治，已辟之地宜于据中，未辟之地宜于扼要。蜜山府之设，本为逼近俄境，注重在于界务，则设治处所尤以临边居塞为宜。高丽营地虽偏南，然南连俄界，所重正在于南，地当冲道，招徕既易，人聚事集，经营亦便，应请蜜山府治即设于高丽营地方，于界务、民政均有裨益。至六人班地方形胜适中，然非孔道，人迹罕至，北境虽宽，多系山险，而南隔穆稜河，于界务边情均虞隔膜，且现所布置侧重高丽营方面，一经改动，重复布置，并虞多费。查奉省新设府、州、县，均系独立治理，是建设府治，固无取乎适中，而蜜山府境东西横亘几二千里，必须分设厅、州、县治，方足以资治理。六人班既占形胜，留作将来厅、州、县治，亦终不至废弃也。是否，候宪裁。谨议。光绪三十四年七月十九日奉堂谕，照议拟批，并咨行吉省。

议员邹致钧议民政司呈复拟移复州州治于瓦房店并增设长兴岛州判案

谨按：该司查复情形，瓦房店、长兴岛均非设官不足以资治理而免觊觎，复州城治僻处西隅，拟移治于瓦房店，而于长兴岛增设州判，并划附近花椒岛所属兴社之地归其管辖，规画颇得要领，应准照办。惟该州尚有学正、吏目，似应一并移设。一面遴委干员前赴长兴岛筹办设治事宜，并札饬复州樊牧遵照办理，一面将移州治于瓦房店及长兴岛设官情形入奏。是否，候宪裁。谨议。光绪三十四年四月十六日奉堂谕，照议具奏。奉旨允准。

署参事陈訚议署锦西厅徐令麟瑞呈请割锦县东南境划归锦西厅管辖案

谨案：所陈二办法，首条请将该厅钱粮归锦县征收，行政经费亦即由锦县担任。查该厅与锦县各自为治，行政经费自当自任自筹，若由锦县越境征赋，历来既无此办法，且款项出入之际必启争执，此不可行。至请附设裁判，推广巡警，所议甚有见地，惟须俟地方经费充足后，方能敷设。第二条请割锦县东南境归锦西管辖，此却是正当办法。查赵前将军议设厅治之初，分划地界，全凭前锦县田令征葵一人主张，初议设虹螺县，继议设边防同知，后乃改为抚民通判。所勘地界，愈划愈小，膏腴之地全归锦县，而悉捐砂瘠之地，畀之锦西，诚有如该令所云，未设治则锦西不治，既设治则锦西无力自治者。查锦西为边防要缺，西界热河全系山瘠，惟赖东南膏腴，用资挹注。前田令征葵只便私图，实非久计，可否准如所请，东以铁路为界，东南则应从大四方台起径直至海，只将天桥厂以西划归锦西管辖，已足敷用。至请酌中定治，移治虹螺岘一节，设治之地求扼要不求适中，现治江家屯，实为边界门户。门户既严，堂奥自靖，即可毋庸改设。如蒙照议，应请饬下锦州府督同锦县、锦西厅会同勘界。务期统筹全局，规划久远，设官为民，並非为官，勿得各存私见，致碍治理。勘定后，汇案奏明办理，庶用羡补不足，于锦县地面仅割一百六十分之十一，毫无妨害，于锦西则大有裨益，而敷设审判，推广巡警，即可次第举行矣。是否，候宪裁。谨议。宣统元年正月初九日奉堂谕，应由民政司派员会同该府、厅、县查勘详细，绘图禀候核办。

嗣经民政司派员勘明，绘具图说，呈请核夺，由本厅议准照该司所拟划分地界，将来汇案奏明，并札饬锦州府、厅、县遵照办理。

署参事陈閭议改营口厅为直隶厅案

查营口厅所属，皆海、盖两县地，现筹设海、盖地方审判厅于此，营口厅即无事可理。然地处商埠，若竟事裁撤，微独商务交涉事宜关道不能独理，即审判厅名属海、盖，实则距离甚远，亦将虚悬而无所系，应即改为营口直隶厅，割营口一埠暨海、盖地面之附近营口者，划归厅辖。现设之海、盖审判厅，即改作营口地方审判厅，庶名实相称，于司法、行政两方面均有裨益。所有改设之营口直隶厅，并应按照新章，独立治理。是否，候宪裁。谨议。光绪三十四年十二月二十五日奉堂谕，所议甚是，应汇案办理。

当经拟稿札饬民政司派员往勘，嗣经该司派员勘明，绘具图说，呈请核夺，由本厅议准，照该司所拟划分地界，将来汇案奏明，并札饬奉锦山海关道、营口厅、海城、盖平两县遵照办理。

署参事陈闾议设洮昌道临江道案

谨按：奉天北连蒙古，邻于俄，东南界朝鲜，迫于日，非经营蒙古无以备俄，而洮昌之间实为咽喉，非巩固东边，无以拒日，而临、长之冲实据要害。

经营蒙古以垦荒为要著，经营洮南之蒙荒，尤以洮之南境为重，洮南孤悬塞外，北隔索岳尔济山（即内兴安岭），越黑龙江之胪滨府即为俄境。南隔达尔汉王旗入昌图之辽源州，始连奉境。至俄、至奉，道里适等，濒于敌而绝于省，故洮南一府无治理，辽源者昌、洮间之咽喉也，而由辽源至洮，又必先经达尔汉王旗四百里强始达洮之南界。达尔汉旗介于昌、洮之间，横绝洮南通省之道，实为经营蒙古入手第一障碍。沟通洮、昌之路，以期与奉省衔接，则开达尔汉蒙荒事无急于此者矣。近因清偿达尔汉王俄债，经奏明以荒价作抵，正系绝好机会，亟宜速规开放之策，此为经营蒙古之始基，非放荒委员所能了。而昌图东界吉省，又为胡匪麕聚之地，非特设大员无以清盗源而谋实边，应即于昌图之辽源州设道员一缺兼辖洮南、昌图两府，名曰洮昌等处分巡兵备道。盖洮南财力不足以养一府，故必合昌、洮两府始能成一道治，而辽源实控两府要害，对达尔汉有高屋建瓴之势，设治于此，首以开放达尔汉蒙荒为入手办法，洮南荒务则责成于府兼营并进，庶可渐规洮南以北也，並应于西辽河南北适中之地，尽达尔汉全旗之地，设一直隶州缺，名曰临潢直隶州，亦归洮南道辖，专司垦务，以期逐渐西辟宾图王旗、博多噶勒台王旗。洮南一府乃始与奉省联合而无间。盖经营蒙古，必先通其梗塞，不尽洮南以南之蒙荒，而欲经营洮南以北，非善策也。

自韩护于日，奉省边务之重要，十百倍于曩昔，从前以临江为省界，东南边防尚与吉省分任之，自新设长白府尽割吉省南边隶奉管辖，于是吉省称纾南顾之忧，而奉省独任东南之重，自安东以至长白，沿鸭绿江处处与韩毗连，日人对岸经营不遗余力。而距奉辽远，由长白至省且千五百余里，实有鞭长莫及之势。日人用其敏活手段，趋利甚捷，稍事迟回，赴机已迟，是非特设大员，无以固边圉而规久远。而海龙府东南与长白毗连，又素为盗贼出没渊薮，拟即于临江县治设一道缺，兼辖长白、海龙两府全属，临江、辑安、通化三县，名曰临长海等处分巡兵备道。盖边防重要必厚集其势，始可与谋进步，临、辑四县既属边瘠，长白一府又系新设，并隶海龙为清盗计，亦兼为协边计，惟设治偏南，然所重正在于南，沿江之地除塔甸已设长白府治外，独临江最据要害，故道治以临江为宜，其与兴京分界，应俟奏定后，派员详细履勘，再行核夺。

东边道则仍辖兴京、凤凰两厅，西南边务属之东边道，东南边务属之临江道，界限既明，责任自专，而奉天边防始臻周密矣。是否，候宪裁。谨议。宣统元年二月初四日奉堂谕，所议大致甚妥，钱参赞酌核。

本案经议长核定，临潢直隶州应从缓设，余照议具奏。宣统元年二月三十日奉旨，会议政务处议奏，片一件并发。钦此。

署参事陈閭议改定奉锦山海关道、东边道名称案

案：奉锦山海关道本系关道，初驻山海关故有锦名，后移营口故有奉名。其实奉、锦两府并不受其统辖，旧有奉天驿巡道管领奉府全属，新民原系厅治属于奉天，故亦为驿巡道辖。前年因奉天建设行省公署，职司已极完备，奉天一府即可直接受公署之监督，故将奉天驿巡道员缺奏明裁撤。今奉锦山海关道既有名无实，而锦、新两府事务日见殷繁，不宜虚悬而无所属，拟请改奉锦山海关道为锦新等处分巡兵备道兼山海关监督，以锦州、新民两府全属为其管辖，仍驻营口，以重商埠而免更张。从前以该道驻扎山海关，故兼为直隶省管辖，今既定驻营口，改为巡道，自宜专隶奉省，所有关税事务，应请毋庸再由直隶总督会衔办理。又从前奉省以临江为极东，于安东县设道规边，因名曰东边道。今奉省东设长白一府，而该道东境又划临江、辑安、通化三县归临长海道管辖，于是该道辖地正当省之正南，不宜仍名之为东边，应即定名为兴凤等处分巡兵备道，仍治安东，以符名实。至兴京为发祥重地，近复韩侨杂处其间，日人借词保护，内政、外交均形棘手，拟即改升兴京直隶厅为兴京府，而与凤凰直隶厅并受兴凤道管辖。至奉天一府则仍直接受督、抚之监督，为行省公署中央机关。如是，则奉省全属各有管领，道员责任既专，功效可睹，于奉省前途必大有裨益。是否，候宪裁。谨议。宣统元年二月初四日奉堂谕，照议。于添设洮昌道、临长海道折内附片奏明。

署参事邹致钧议吉林拟酌裁旗官增设道、府、厅、州、县员缺案

原拟奏裁珲春、宁古塔、三姓、伯都讷、阿勒楚喀五副都统员缺，意在化除旗民畛域，统一行政权限，见解极是。自应援照奉、江两省之例，奏请裁撤。所拟增设珲春、依兰、新城三处兵备道缺，查依兰、珲春地势尚属合宜，惟新城既系府缺，又居哈尔滨、长春之间，两处皆有道缺，相距不远，彼此足以遥制，似可不必再设。查

临江州地势辽阔，且三面邻俄，不如设道缺于该处，庶边荒得有重镇，外人无从侵占。但该处地广人稀，遽设道缺，亦殊不易，或者先行奏定预筹移民垦荒各事，俟地辟人稠，再行设立。至拟升改五常、双城、宾州、绥芬、延吉、临江等厅、州为六府，增设东宁、珲春二厅及舒兰、叶赫、拉林、阿城、穆稜、汪清、和龙、丹西、勃利、桦川、镇远、富锦、挠河、宝清、楸岭、临湖、松岭十七县，规划甚为周密，而目前断难一律增设。拟请先设珲春、依兰两道，升改五常等厅为六府，并择要先设舒兰、阿城、穆稜、汪清、和龙五县，珲春、东宁两厅。叶赫镇在伊通州西南，地势虽长，并不辽阔，如嫌州治偏于东北，可移州治于适中之地，已足治理，不必设县。拉林与阿勒楚喀相距极近，已设阿城县，拉林巡检即可不必升改。且五常既改为府，辖地自应稍宽，若设拉林县分五常厅北境之地以增益之，则局面狭小，难成府治。其余拟设各县，目前既难遽然办到，似可暂缓入奏，且俟将来土地开辟，人民聚处，再行相度地势，分别缓急，陆续议设，较为适当。再此次奏设各府、厅、县，似应各自独立治理，不相统辖，以符前次奏定官制。新设道员，仍请加参领衔，以便节制旗官。是否，候宪裁。谨议。光绪三十四年十二月二十三日奉堂谕，照议。函复吉林行省公署核办。

署参事陈訚议署呼伦贝尔副都统宋道小濂请改呼伦道为兴西道呼伦厅为海兰厅案

查建官设治，命名须存其旧，选词务求其简，存旧为其易考，词简为其易晓。呼伦道本用呼伦贝尔副都统改设，故不以距离尚远为疑，而仍名曰呼伦所以存旧。呼伦贝尔本系境内两湖，非若新疆喀什噶尔之完全名词不可偏废，故但举呼伦所以从简。至呼伦厅则因其与道员同城，故即以道员之名名之，如云南省之有云南府，天津府之有天津县，使人较然而知其为省之首府、府之首县，初未尝以辖地不及为疑也。若以俗名呼伦贝尔为海拉尔因名海兰厅，为循俗名耶即应名海拉尔厅。今又文其词曰海兰，是未有此名。人尚知海拉尔、呼伦贝尔为一地而两名，既名海兰，不但人不知其地即属呼伦，且疑其地在吉林矣，盖吉林固有海兰河也。总之地理名词以沿用习惯名称，使人易知为衡。如江南兼有江北而定名曰江南，河南兼有河北而定名曰河南，此皆历时浸久割隶兼辖，名仍因袭而不改，其明证也。况呼伦湖本在该道境内，虽距设治之地尚远，而以境内名胜名其全境，讵得谓其非宜。内地并有以一湖之胜而名两省者，如湖南、湖北，此类虽更仆数也。若呼伦厅，则求以明其为附道之首厅，前已着其例矣。原议改道为兴西，所持亦非无理，然该道所辖之地，实不尽兴安岭以西。兴东创设，无可凭借，故即以是义定名。呼伦既因袭旧治，无宁即袭旧名，使人易念其沿革。现案既奏定，苟非大舛，自可勿庸更张。是否，候宪裁。谨议。宣统元年正月十八日奉堂谕，照议函驳。

附咨议厅议案之三

议长钱能训议谘议局呈请将自治局改为奉天府自治局将考订、调查两科归入咨议局案

查咨议局之性质，为全省之议事机关。自治局之性质，为筹备地方自治机关之机关。现经组织谘议局，自应划清界限，以一事权。所请奉天全省自治局改为奉天府自治局，筹办地方自治应由奉天府为起点，俟办有头绪，各府再行仿照逐渐推行，自是正办。应饬将从前奉天全省自治局关防撤销，另颁奉天府自治局关防，以清权限。其原设考订、调查两科，谘议局有指陈通省利病、筹计地方治安及应资政院考查询问之责，两科事物自应暂行划归谘议局办理，至札委参事、科长各员，应即由该司札委，以便选择而归简捷。所拟将谘议局移入旧交涉局，并将自治局附于局内，如足敷用，应即照办。惟谘议局与自治局地址虽合，界限须分，一属于省为议事机关，一属于府为办事机关，是附设非统属也。为便就近调商，不得互相牵混，应由该司会同奉天府妥筹办理。本案于光绪三十三年十一月初五日奉堂谕，照行。

议员邹致钧议谘议局呈请附设自治研究所案

所陈办法，均属妥协可行。惟该所与奉天府自治局本系一事，既设自治研究所，该局即应裁并，以一事权，而节经费。应饬将归并办法及办事章程、常年经费预算表，妥拟呈覆，以凭核办。是否，候宪裁。谨议。光绪三十四年五月二十八日奉堂谕，照批。

议员邹致钧议自治局开办简章并陈理由案

所陈理由，以预备实行宜兼筹并进，宗旨固是。惟奉省人民程度幼稚，宜采急进主义，以为助长民智之资，不宜处处为法理所拘，致踏空文之弊。是应斟酌缓急，于实行方面着重办理，庶入手易而收效较速也。简章大致周妥，应准先行试办。是否，候宪裁。谨议。光绪三十三年十二月十三日奉堂谕，照议批行。

奉天亩捐并乡镇巡警办法宜归一律议

奉天乡镇巡警经费出自亩捐，但捐数参差不齐，每日地有抽一角者，有抽一角五至二角者，又有抽一角外加铜元七八枚者，此多彼少，民怨沸腾，岂所辖地亩不多，仅收一角不足敷办理巡警之用欤，抑地亩肥瘠不同，抽收宜按地质，以昭平允欤。查承、兴两县乡镇巡警章程，每单绳地一日月捐银元一角，双绳地一日月捐一角五分。后因民情困苦，经前军督赵酌减，改绳为亩，每亩每月一律捐洋七厘，且有嗣后仍拟减至五厘以纾民力之语，意美法良，无如官吏未能尽力奉行耳。今宜责成巡警道查明承、兴两县是否照办，并推广各州、县一律办理，不得于每亩七厘而外稍有浮收。更宜刊刻白话告示，遍贴各属屯堡，俾众周知，以杜额外勒索之弊。至抽收之法，按月由各堡会首收缴，该分局委员监收，立法未为不善。窃恐绅董未必尽皆公正，委员未必实行监视，当由该处地方官责成各堡会长，将出入款项详细缕列，开具四柱清册，一面开单张贴各堡，使民咸知，一面详请该地方官，申报巡警道立案，庶民财可归寔用。至乡镇巡警章程纷纭淆乱，似是实非，应由巡警道妥筹划一办法，慎选警察学确有阅历人员，切实兴办。

议员孙际云提议

前赵军督任内，业已减收地晌，改绳为亩，每亩每月一律捐洋七厘，并有嗣后仍拟减至五厘以纾民力之语，立法未尝不善，惟官吏未能尽力奉行耳。宜令由巡警道札知承、兴两县照办，并推广各州、县一律办理，不得于每亩七厘而外稍有浮收。

舒鸿贻

各议员均赞成其说，将原议酌改，当经议长议决，于光绪三十三年九月初八日奉堂谕，交巡警道查。

请饬巡警道划一警制议

法不齐则弊害作，令不一则观听淆。伏查巡警道案卷，其相仍章制凌乱，错杂有亟，宜整齐一者三策：一、警捐。各处亩名参差不齐，有六亩为日者，有六亩为垧者，有六亩为天者，有十亩为天者，有六十亩为锄者，有二百四十亩为方者。至其收捐又复不一，有亩年收一角者，有亩年收一角五分者，有垧年收三角、二角者，有六亩年收八角者，有垧年收中钱五百、一千者，有十亩年收七角者，有年分二季者，有四月为季、年分三季、季亩收一角者，有三月为季、年分四季、季亩收一角者，季方收六元者，有方月收一元四角四分者，有锄月收四角者，有十亩月收一角五分者，有十亩月收一角者。又有双绳、单绳之别，双绳以十二亩为日，单绳以六亩为日，有双绳日月收一角者，有单绳日月收一角者。有以东钱计者，有以分厘毫计者。至其征收方法又或随粮带征，或用会首科派，或缴警局，或缴地方官。弊滋怨作，实由于此。此亩名、捐名之宜划一者也。一、警官。各府、厅、州县管理警务人员，或名监督，或名总监，或名总警监，或名警监，或名警务长，或名局正，或名警官，或设总理、帮理、总办、会办、帮办、提调，或设总巡官、正巡官、副巡官、区官、区长，或设顾问官、科长、科员、课员、股长，或设总巡、总查、总董、局董、绅董、巡董、区董、会首、社长，或设收支、收发、会稽、会计、主计、巡计，或设教习、教练、教员，或设裁判、文案、文牍、办事官，或设书记官、书记员、书记、书巡记、巡记、巡书、帖书、字识、司书、局书、区书。名称繁多，淆乱观听。此警官之宜画一者也。一、警局。自光绪三十一年承、兴两县界为五路三十七区，是为设立乡镇巡警之始。尔时各府、厅、州、县均未开办，故特设总局以为全省乡镇巡警之模范。比年以来，各府、厅、州、县均亦设有局、区，皆能以地方亩捐办地方巡警，且能以其余款拨作学堂经费。而乡镇巡警一局，亦以承、兴两县亩捐办承、兴两县巡警，至月需度支司银二千七百八十余两，计开办以来已费八万三千余金，然犹不免谤讟，两者相衡，得失较然矣。夫省会近郊，虽应加意防范，亦不宜遂有特制。既系承、兴两县之乡镇，则即为承、兴两县之巡警（京师虽有内外城总厅，现省城总局已兼任内外城之事，如欲与外县稍示区别，可增设员兵或竟并之省城总局，更名为奉省城厢巡警总局，亦尽足以资保卫，总不宜与外县同一办法而特设总局也。现拟兴仁县移治抚顺，更应设两分局，盖两处各有总汇，则筹防较为完密）。至外府、县分局名称亦复不一，为宜明定画一章程，而乡镇巡警总局首应裁改，一省度支之款，一破乡愚之惑，一示全省以整齐画一之规，此分局之宜画一者也。综上三者，以亩捐一事最为繁难，且弊害亦最著，与设官一事，均须先从派员调查入手，而亩捐尤须审量风俗习惯，斟酌规定。窃谓奉省巡警，除畿辅外，视各省为完备而谤亦随之者，未始非各县自为计画，章制淆乱难于钩稽之故。敢请一并饬下巡警道，次第筹议派员调查后，拟就草案，由本厅明定章程，宣布施行，似于警务前途，不无裨益。是否有当，伏候公议。

议员陈闿提议

本案经议长议决，照议呈堂。奉堂谕，亩捐一项，屡次筹划调查，且各府、厅、州、县征收办法既不划一，而开支亦复不同，并无切实账目由下达上者，是官绅权限既不分明，维持亦不得法，亟应由巡警道提纲挈领，妥订章程，分别施行，逐件清理，使官绅有相维相制之义，官民有共见共闻之征，信所地方公益之事，均于警费出之。切实调查从前有支应官署陋规、地方别项公款，一概裁停。民力得舒，公益事举，警务方有起色。所议各节，均仰巡警道核议筹办。

五月十二日照录堂谕，札行巡警道、民政司、度支司会同切实筹办。

议员吴慈培议巡警道呈拟画一警制案

所拟四章，大致尚属妥善，间有未尽合者，谨逐条签出，事关通省警制，不厌详求，拟请将原章发还，饬令逐条更正，呈候核夺。抑更有请者，宪政编查馆前奏定直省巡警道官制第十五条内开，各省俟巡警道到任后，所有原设之总理巡警事务等局与巡警道职掌重复者，应即一律裁撤归并办理等语。查奉省原有之巡警总局及乡镇巡警总局，虽并无管理通省之实，而既被以总局之名，即不免有馆章所谓重复之嫌，裁撤归并，似尤为奉省今日划一警章之急务。前经宪台批饬巡警道切实筹议归并两局办法在案，至今未据呈复，拟请饬该道凛遵前次批示，即速妥议，将省城巡警总局裁撤，改为警务公所，以符馆章。其乡镇巡警总局，或俟此次各厅、州、县巡警统一章程核定后，即议改为承德县警务分所，以昭划一。是否，候宪裁。谨议。宣统元年正月二十六日奉堂谕，地方人民程度未到，而办理警务亦须因时制宜，交钱参赞再详核。当由议长详核如左。

详核所拟四章，尚属周妥，签出各条亦有见地。窃以地方人民程度未到，办理警务自须因时变通，但改良伊始，若不悬一格以为之招，则终无划一整齐之希望。奉省警务普及乡镇，较内地为完备，而复杂淆乱亦最甚。究其原因，盖创办之初，一由于外兵之未靖，再由于招匪以为警，性质既异，根本不清，亩捐淆杂，仓卒立办，官吏无监督之权，绅商有把持之柄，名为警费充足，一旦抗交，可以立溃，此不可不筹善后也。似应以部章为整齐之具而变通之，以救其弊。变通之法奈何，部章以地方官为监督机关，以警务长为执行机关，此权限分明，不容推诿者也。惟亩捐为警务的款，部章以总务股兼任收支，此全系官办主义。不知奉省亩捐收款，历由绅商主持，屡起冲突，职此之由，且亩捐等项似近于地方税性质，官办亦属未妥。该道欲另设会计股，而以局董任收支，于本地绅士内呈请札委。已知此种捐输，非绅士不能收取。然会计为全局机关，动与行政牵涉，绅士在内，殊不相宜。前议整顿省局，曾有另设收捐机关之请，似不如另设一区，以绅士专主收捐，而以地方官直接监督之，收欠若干，由地方官督同绅士详报该局，而警务长于每月预算、决算详列表册报告地方官及该绅知悉，两相比较，自无遁饰。至局内应用各款，仍由总务股兼办，以清权限。总使绅士无干涉警政之权，警务长无滥用款项之权，地方官两面督饬，无呼应不灵之弊，而警政之基乃立。苟能照此办法，斯从前亩捐纠葛，亦可逐渐清理。然后分别警务之繁简，民间之贫富，明定亩捐等差，重者减之，偏者均之，俾著为令。但奉省最要者为马巡，而部章未经规定，该道第有普通、特殊之分，尚未妥协。盖奉境辽阔，匪徒出没，全恃马巡得力。鄙意外府、州、县之巡警，必不能仅以站岗为义务，应竭力注意马巡。凡辽阔及交界处所纯用马巡，步巡即可裁减，即城镇亦无庸一概站岗，应另定规则，将来可以奏咨立案。又捕盗营方拟裁撤，改用巡警，究应如何选用编定，及薪饷应由警费内筹拨，亦须通饬议定，以谋画一。又商埠巡警，往往自为风气，亦宜统筹，俾无淆乱。至省局为警务公所，改乡镇总局为承德县警务分所，推照部章，本应如此。惟省会巡警事繁责重，恐非一州，县所能督率，应如何拟定名称，划分权限，似可饬该道一并预筹，俟各局依次规定，再行分别办理。是否，候钧裁。谨核。宣统元年正月二十八日奉堂谕，照议拟批。

议员邹致钧议兵备处营务处巡警道会签江省署呼兰府黄守维翰呈请饬议军队、巡警互守规则案

所陈各节，均有见地。惟军人犯违警罪，拟归巡警处决，现在军警程度甚低，若与巡警以处决军人之权，办理不善，反滋事端。嗣后凡队兵滋事及军警互殴之案，仍应送交各该管官惩治。倘军队犯有命案及罪至徒流以上，应由地方官知会各该管官会同审理，先行革除军籍，按律科断，俟定谳后，仍由地方官执行。权限分明，不至再生纠葛。至与军队有购买雇赁之交涉，或亲戚故旧之瓜葛，诚不得目为军人。盖此项雇佣人等，非军队所应徇庇，亲戚故旧虽许探视，亦本不应留营住宿，如遇有滋事，即应照非军人办理。若前在营队而今已除名、或欲投营队而尚未补名，亦应分别办理。除因案除名之营队及本未充当军队而投营未补者，自不得以军人相待外，其有本系营队或告假复来而额满未补者，或他营欲投此营而尚未补名者，是彼已有军人

之资格，且军队亦有招待此等之惯例，似不得谓之非军人也。至非军人而有军人之服装者，一经查出，自应加等惩治。是否，候宪裁。谨议。光绪三十四年十月初十日奉堂谕，照议批行。

副议员傅强议卢守懋功条陈设立官报案

查东省报纸，其为吾国所经理者，仅有东三省日报一种，外少访员，内绌资本，拉杂登载，真伪相参，既不足立舆论之标，或因而启群疑之窦。亟宜另设新报，以广听闻。兹据该守所陈并例目十二则，立说平实，布置井如，惟称名为官报，核与各国官报仅记法令不参论说者不同。应请定名为公报，即行试办。并饬巡警道妥议试办方法及常年经费预算案，一并呈候核夺。是否，候宪裁。谨议。光绪三十三年八月十一日奉堂谕，照议。札行巡警道拟章速办。当由本厅核定章程后，巡警道以筹款为难，事竟寂然。

议员邹致钧议申道保亨禀陈地方积弊案

查方长、头项、会首、乡约等，假公苛派，扰害民间，亟应一律裁革，以靖地方。所请仿照北洋四乡警章，设村正、副经理地方报案、催科等事，应请饬司核办。惟村正、副颇难得殷实公正之人，且公正者未必殷实，殷实者未必公正，矧具此资格者又多不屑。为此应由地方官稍加礼貌，以崇其体，明定薪工，以养其廉。如有苛派民间者，从严惩治，庶可推行尽利。至官户、民户正赋未能一律平均，及外仓交米拟仿照山东折漕办法，请一并饬司、道分别筹议，呈覆核夺。是否，候宪裁。谨议。光绪三十四年八月初九日奉堂谕，照议。分别批札。

署参事邹致钧议法库厅田守芗谷禀陈地方情形案

查拟办各事，颇具见地，应即认真办理。惟所请裁改捕盗营为巡警一节，查前据巡警道呈送巡警一览表内，该厅此项弁兵、杂役人等共有七百余名之多，保卫地方必敷周布，此次裁撤捕盗营后，应毋庸再添巡警，即挑选该营精锐兵丁，详加训练，改为司法巡警，专供缉捕管狱之用。应支饷项，准于警捐项下拨用。至请酌减地捐，应由该厅先将富户隐匿地亩查明，拟定应减数目，呈明核办。是否，候宪裁。谨议。十二月初一日奉堂谕，照议批行。

副议员蔡肇元议张道枇呈拟蜂蜜山官商兵民合垦办法案

查该道所陈官垦、民垦、商垦、兵垦各节，规划布置，尚属切实可行。惟原呈各章程颇有疏漏之处，业已逐条签出，如蒙照议，应饬令按照所签各节，即行更正，一面饬令照章试办。惟兹事造端宏大，须遴选一二熟悉垦务之员，以为该道臂助。至所请经费，已于原呈豫算表内逐一核减，另签呈夺。此项银两，拟请饬由吉林度支司预为筹拨，分作三年六次发给。惟该道请全发实银，似难照准。查吉省习用羌帖，若以我之现银兑换折合，受亏匪浅，应请无论发银若干，概以实银折合大小银元，以现洋及纸币各半发给，俾利行用，并可借以抵制羌帖内灌之力。又查官垦、民垦、商垦、兵垦四项，应先从何项入手，该章程所开预备各事清单，未据声明。通盘筹划，自应以事势之缓急为办理之先后，商垦必俟公司组织成立乃能发起，兵垦尚须召集北洋退伍之兵，亦非目前所能立办。开办之初，自以官垦、民垦为急，应饬令先从官垦、民垦两项办法入手，妥筹举办，并将开办一切情形随时呈报，以便考核。其他未尽事宜，亦应随时饬令，随时斟酌妥善，徐图扩充，禀候核办。是否，候宪裁。谨议。光绪三十四年八月二十七日奉堂谕，照议拟批。饬其禀候吉林公署再行核夺。

续经张道枇禀陈筹办蜂蜜山垦务事，当由议员邹致钧核议如左：

查筹办该处垦务，应先从开通道路、砍伐木植、修桥建屋诸事，次第举办，逐渐推广。用人及开办经费，均宜格外撙节。所请由奉垫拨五千两一节，查前次已发三千两，应再发三千两，饬该道核实开支，并案报销，并应先派陈令入山查勘。筹办费用亦即于此款内酌拨，所有员司薪水，准其多发一月，以示体恤。请拨边防队，俟张翼长来省再行核办。范令迪煌，闻其声名平常，应请毋庸委用。武参将国栋，应令暂缓前往。范丞借用马匹，应即由该道函令如数交还。垦务册籍，应饬候札行陈令，随时调阅。至该处荒务宜如何划分界限，此次陈令前往修路，应先派其查看情形，呈候核办。再禁止烧荒一层，查该处并不通电，应径由该道函告蜜山府及范丞办理。其请饬范丞停收荒价之处，似属碍难照准。是否，候宪裁。谨议。光绪三十四年十一月十六日奉堂谕，照议批行。当即札支应处，照发筹办吉林蜂蜜山垦务经费银三千两，札陈令玠调阅范丞经手荒务册籍，并札范丞炽泰。

续经张道柢禀覆蜂蜜山垦务暨遵议陈令玠条陈，当由议员邹致钧核议如左：

查该道呈送议改各章，尚属妥协。惟该处垦务，宜先从调查入手。所有应行举办诸事，目前所拟究竟能否合于实用，尚难悬揣，应由该道入山后考查情形，再将所拟各章删烦就简，节次办理，仍呈候两省公署核夺，务期易于实行，不事铺张，方于垦务前途有裨益也。是否，候宪裁。谨议。光绪三十四年十一月二十六日奉堂谕，照议批行。

续经张道柢禀请招商垦殖、添筹官款并划清权限等情，当由副议员蔡肇元核议如左：

谨查该道函禀，据称商垦招股一事，必依官股而后行。又称官股无多，则商股不便多招，对待商人亦当另变方针，及通盘筹画，非经费充足，不能率尔操觚等语，自是极有见地之言。查商股之踊跃与否，固视官款之充裕及有信用与否为转移，惟目前经济困难，如原议谓开办官款定筹四十万仍难办到，即谓吉林财政较奉天为充裕，似可移缓就急，亦属悬揣之词。究竟能否筹拨，未必确有把握。总之，此时办事必须脚踏实地，做得一步再进一步，不必预存奢愿，以致无期取偿。应请饬该道仍遵前示，凡属应办之事，逐渐推广，用人及开办经费，均宜格外撙节。其商垦章程，核经按照前次签批，更定妥协，应准该道一面招商试办。所拟官款五万两，自应尽力筹措，补助商力之不足，只须我能实力节节办去，商家自然信用。谓先悬一官款定格，始能招徕，恐未必然也。假如官款拟定百万，虚而无着，一事不办，其能受商家之信用乎。再查禀内称，办事权限，亦应分明等语，自属正论。倘一事数人，一人数头，诚有如该道原议所云，谋夫孔多，未有不彼此掣肘者也。查该道既奉委筹办蜂蜜山垦务，而该处有蜜山府，又有范丞炽泰及曾姓、陈姓等同办荒务，权限未免不清，然欲归并该道一手办理，又恐地旷事繁，鞭长莫及。窃以为欲分权限，非从划清界限入手不可。惟目前该道尚未入山查勘，将来办理如何，尚难预计。如果将来办理有效，逐渐归并，或能办到。该道此次入山，前人所办利弊，均应亲自考查，以征实验。应请饬仰该道一面将商股招妥，一面迅即入山，会同蜜山府绍守妥为磋商，调查从前招垦局所放各荒共若干垧，地段至何处为界，现在开办垦殖应以若干地段为范围。先将界限划清，务使不相侵越。俟勘定后，详细绘图帖说，呈候核夺饬遵。是否，候宪裁。谨议。宣统元年正月十三日奉堂谕，照议批行。

议员陈訚议陈令玠条陈蜂蜜山招垦设治事宜案

查原呈理论甚富，于就地情形亦颇明瞭，核与张道柢所拟办法，用款较费，收回利益亦较迟。盖一则为贷资责偿，以佣代农之计。一则主纵民垦殖，官不计利之说也。愚意移民实边，官为资遣，自古无良策。汉时募输粟实塞，奖以功爵，至徙民三辅，则直驱迫之，非资遣之也。若资遣，国初于蒙古、新疆暨东三省尝行之矣。卢舍籽种，费亦不赀，乃百余年来荒废如故，此近事之可征者也。今如以资遣之费，为之练兵以保治安，为之治道以利交通，为之筑室屯粮备农事之必要，为之行钞发币通商业之有无。内治机关一切完备，商民且不招而自至，然后为奖励之法以鼓动之，奖以官，奖以地，奖以免税，奖以专利，劝已来之商民，招其未至，安已至之商民，使其不去。（现长白设治办法，先从内政入手，其于殖民，惟用劝导奖励，意正类此）。故实边之计，当实财于境内，不宜散财于境外。以财治境内，财去而境亦辟，以财徕客民，民亡而财以散。盖民之来不来，决于境内之治不治。内治均未着手，而贸然靡数十万之帑。人为之给，家为之养，微独公家力不能供，且能招之，不能安之。则既招之民可以复去，而已散之财不可復收。故资遣之法，用以雇佣则可，用以殖民则不可。始既资遣，终必责偿，官与民互相为市，官与民乃交相为病。夫民之趋利，犹如水之就下，闻治河以导水，不闻挹海以注河。资遣之法，则挹海注河之智也，从而责偿则壅河归海之功也。原呈颇有见及此，故纵言之，其所议办法有欠周密处，业经另呈签出，可否，将原呈四件，一并发交张道阅核，以资参考之处，候宪裁。谨议。光绪三十四年九月十五日奉堂谕，照议。

署参事陈訚议蜜山府绍守舒请清丈生、熟官荒，勒限升科案

查实边以招垦为急，并非以荒价为重。招垦在计日程功。以成熟为期，而不在多占取足，以放尽为能。从前放荒各委员取便足数，多放生荒，图得荒价，遂致豪强垄断居奇，包占大段，有领无垦，清查则满目生荒，稽册则无地可放，实边要政，转为不肖官民渔利之具，据陈种种弊害，实堪痛恨。现该守请仍照范丞前议，认真丈放，以清眉目。自为清厘积弊起见。惟清丈固为便民，而亦最易扰民，从前所放之荒，包占渔利者固居多数，其真心领垦已成熟地者亦所在多有。放领之时，既未眼同履勘，标立

界址，在包占渔利者，但乘时居奇，不履田亩，而真心领垦之户贪其从未顾问，越垦择肥，势所难免。历时浸久，已成熟地，一经清丈，指为越垦，无可自解，欲继续耕种，则熟价例须十倍，缴价无力，弃置不甘。黠者聚众以要官，懦者弃地而流亡。还之原户，原户不愿，招户另放，无人承领。于是熟者重荒，荒者永无成熟之一日。故于豪强无丝毫之累，适以扰害贫民，贻误公家而已。惟据详称，以前所放之荒，名为三十余万垧，无图无册，竟不知何地为已放，何地为未放，满目荒芜，反致无荒之可放，一再陈请，似舍清丈外无可着手，良系实情。查清丈亦非终不可行，但须心知以上弊害而善为之制。凡丈出浮多熟地，听越垦贫户继续耕种，但须补缴荒价，换给执照，按期升科。而另指荒地，给还原户。若原户必欲追还原地，则须照章补足十倍之熟价，并自追还之日起，即行升科。如此严予限制，庶贫弱不致受累，豪强无可抑勒。而原户之必欲追还原地者，既缴熟价，又须升科，亦自不甘听其重荒。抑强扶弱，实为清丈不易办法。此后所放之荒，并即一律勘丈、缴价，领地以后，即不再事清丈。盖清丈宜行于领地之时，而不宜施于已熟之后。此次并丈旧领之地，实因清理积弊，无可如何。应饬该守善体此意，如议试办。原章之第五、六、七、八、九条，并即按照更正，仍体察舆情，审度地宜，随时禀候核夺，切勿卤莽从事，致除弊而得害。限制升科办法，系奏定章程，自应照准，惟限满未垦而情愿升科者，并应注明清册，予限一年，限满仍未成垦，经人告发，立行撤回，赏给告发者。其林维斗等四户，据称包揽侵占，情殊可恶，应即查明逾限与否，分别撤回另放。至历届勘荒委员，既未实心招垦领价，复侵没无存，谁生厉阶，至今为梗，实属法无可恕，应饬该守严密确查，开具现在官衔，择尤禀候核办。又勒限升科告示并即由该守编成白话，附录章程，拟稿呈候颁发，应均照所议办理。总之，此次清丈，在查明已领、未领，用便续放，非为取足荒价，借端敛钱。越垦已熟之户，不妨从宽，包占生荒之户必须从严，庶于综核之中仍寓体恤之意，于垦殖前途，方有裨益。是否，候宪裁。谨议。奉堂谕，照议批行。

副议员蔡肇元议试署蜜山府绍舒续拟清丈章程暨整顿垦务案

查该守续拟章程十条，并遵拟勒限升科白话告示附录章程各件，第一条，帮办以下各员薪水约共需银一千零七十两之谱，尚属核实，应饬吉林度支司设法筹拨，俟将来丈出浮荒，有价可收，再由经费项下划抵，以资办公，而免掣肘。第二条，拟设四行局，设绳工四盘。第三条，拟派员额。第四条，拟请制造帐棚。第五条，请严定员司、书记等考成。第六条，拟清丈由近及远，先由穆棱河南试办，俟办有端倪，再丈河北。第七条，请分划屯基。第八条，拟划分城基，宜先勘定衙署、学堂等项处所并酌留田地，勒碑立案。第九条，拟派测绘委员，另行详绘荒地四至全图。各节均属切实可行，应准照办。第十条，谓已经垦熟地亩，类皆平衍肥田，并无山岗沙洼可除，似应准照实数核算，不必拘定放荒折扣章程，以期名实相符。魁福、王德春、赵韫璞等员，应仰候分别委派，以资佐理。至历届委员办理情形，仍应责成该守密查确实，速即择具衔名，另单开呈核办。白话告示应饬令候由公署刷印颁发。似此办理，庶可袪从前之积弊，而收将来之效果。惟目前尚有一问题，不能不预先筹划以求解决之方法者，则张道柢之筹办垦务与该守同地同时，如何划清权限是也。查蜂蜜山之地面积千有余里，以前所放各荒共有若干地段，尚须详细查核。张道入山办垦，应以若干地段为范围，亦须早为规定。前经批令张道会同该守磋商，此次张道所拟办法，则以熟荒归地方官办，以生荒归该道自办，现在该道业已入山，两人同办一事，设令漫无限制，恐难免于冲突。究应如何划清界限之处，应请并饬该守会同张道迅速妥议章程办法，呈候核夺饬遵，庶足以图久远。是否，候宪裁。谨议。宣统元年闰二月初十日奉堂谕，照议批行。

副议员蔡肇元议张道柢禀请规定垦务办法案

查该道此次所拟办法十条尚属切实，惟第一条请定局名为吉林东边垦殖总局兼设治事宜，似欠妥协。该道既系专办垦务，即未便兼办设治，致与地方官权限牵混不清。该局仍应名曰吉林蜂蜜山垦殖总局。第二条所拟小办一法，需银三十万两，数虽不多，目前尚未知吉林能筹出否。第三条请奏明立案，似属可行。应统俟该道入山后，部署一切，规模稍具，再行定夺。第五、六、七等条所拟均妥，应准饬蜜山府遵照办理。至第四条请将熟荒、生荒与地方官划分办理，第八条请停放生荒，第九条请安抚流民各节，事颇重要，且皆与蜜山府有直接之关系。目前该道业已入山，应饬仍遵前批会同该署守妥为磋商，务求一适当办法，速即会衔禀候，核夺饬遵。第十条拟采买牛马，为数甚巨，应酌量核减，俟能垦时再行购买，以备需用。是否，候宪裁。谨议。宣统元年闰二月初十日奉堂谕，照议批行。

议员陈訚议呼兰府李守鸿桂禀请资遣难民出境案

移民实边，官为资遣，则骚然烦费。如因邻省难民自行流徙，设法安顿，以眷属有无，分别去留。所谓因势利导，不伤财而事集，移民善策，无逾于此。查沔阳难民刘炳章等携有眷属，前经资遣出境，今乃转而东徙流至呼兰，即应设法安顿。该守所称正拟雇车运送，该难民竟私行去讫，揆之情理，盖多乖牾。如真心为之运送，则岂有数十男妇流转道路，而漠不之觉。且呼兰地未尽辟，苟其关心民瘼，便当拊循安集，何事重为运送也。夫难民流徙，地方官惮劳恶费，饰词搪塞，盖已习为固然。惟因己之惮烦，遽期通行奉省，屏绝难民不使入境，谁非赤子，此岂称为民父母之意耶。拟请咨行黑龙江公署严饬该守，嗣后遇有此等难民，务即拊循安集，以实空虚，勿得再为饰词。但难民之中，良莠不齐，应即于入境首站分别去留，以免扰累而归简捷，并通饬各府、州、县分别实力奉行。是否，候宪裁。谨议。光绪三十三年八月十四日奉堂谕，照议。分别咨批。

议长钱能训规定实行新官制办法

一、承宣、谘议两厅及提法、提学两司已经设立，此外应设旗务司、交涉司、度支司、民政司、蒙务司，并遵照各行省官制设劝业道、巡警道，除提法使外，余皆同署办公，以符奏案。

二、嗣后各属上呈公事及京外各衙门来文，均由承宣厅文牍科收发处收齐，上簿送交左参赞阅后，分类转送各厅、司、道，再由各厅、司、道登簿，重要者由各厅、司、道呈堂请示，余即由各厅、司、道拟定办法呈堂阅定，仍暂交各衙门局所承办。俟公署落成再行移入。其归某司、道主稿，即由某司、道及参赞以次核画，再呈堂阅画，画齐后用省印发行，承宣厅主之。其佥事、科员以下各官，应先由改并之局员及内外文案并各处当差之勤慎得力者，随时由参赞、司道呈请派署。

三、原设之交涉局应并入交涉司，农工商局应并入劝业道，军署文件应并入旗务司，其余各局所公事，亦以类分隶各司、道呈由该司、道核定，交各该局所承办。各属之有分局者（如垦务行局、牛马税分局、各处巡警分局之类），其文件亦一律上呈行省公署，不必再由各总局转呈。至原派内外文案各员，刑股应并入提法司（其关于奏咨之案暂留员覆核），吏股、折本股应并入承宣厅，户股应分别并入民政、度支、提法三司，外礼股应分别并入交涉、提学两司，农工商股应并入劝业道，兵股本应并入督练处，但现在尚未完备，拟别添督办文案暨秘书官公共试办，俟督练处组织完全，再行归并办理，吉黑股分别由各司、道及秘书官主之。

四、原设之内文案，拟请改为秘书官，酌分事类以专责任。督、抚宪各分设，此项秘书官，但督宪之秘书官应随节同行，凡函牍、密电皆主之。

五、厅、司、道既成立，各该衙门局所公事，即无庸分隶内外文案，其前办稿件，皆分类存储各厅、司、道，以便查核。

六、嗣后各道、府、厅、州、县及各分局所，除刑事、民事案件呈送提法司外，其余一切重要公件应径送行省公署，只须一分，无庸分申督、抚，亦无庸再呈各厅、司、道。其琐细公件，可仍呈厅、司、道核办，即无庸再送公署，以省繁复。何者为重要，何者为琐细，俟司、道成立后，另拟条目颁行。

七、收发处稿簿，应用上下两方，上方备叙事由，下方印某月日送批、送稿、送印，其分隶各厅、司、道后，该厅、司、道收发簿亦如之。堂稿面式，中央印奉天行省，稿上面一行摘由，下面上写电咨、札字样，下印某厅、司、道主稿。首一页印督、抚全衔，次页印左、右参赞及司道衔。

本案于光绪三十三年八月二十八日奉堂谕，照行。

议长钱能训规定厅、司道同署办公纲要

奉天改设行省，除旧更新，设官分职。总督、巡抚为一省之最高行政机关，以下设左、右参赞，左参赞佐督、抚为一省之行政佐治机关，右参赞佐督、抚为一省之立法佐治机关。下设六司、两道：曰提法司，掌全省司法裁判一切事宜。曰交涉司，掌互市、界约、和会，凡关于外人一切交涉事宜。曰旗务司，掌关于旗务、军衡、稽赋、仪制、营造一切行政事宜。曰民政司，掌关于民治、疆理、营缮、户籍，一切人民土地行政事宜。曰提学司，掌关于一切学科、学务、图书等事宜。曰度支司，掌会计、粮租、俸饷、税务，凡一切度支出纳事宜。曰巡警道，掌巡警部分行政、司法、卫生事宜。曰劝业道，掌一省农、工商务事宜。凡兹六司、两道，皆直接受督、抚之管辖，受左、右参赞之检视。以上者，皆奉天行省之中央机关，凡奉天全省之府、厅、州、县均隶属之，以分治行政者也。既设中央各级官厅，不可不立中央办事规则，除提法司为司法独立

机关以外，五司、两道皆同署办公，斯新设官制之规模，为改良行政之关键也。列举纲要，略说于左。

一、办事有聚会之精神　官厅分则事权不能统一，呼应不能灵通。奉省自督、抚、左、右参赞以及各司、道每日到公署办事，督率佥事、议员、科员，各有分科，人无旷职，同条共贯，若臂使指。有事均得随时面回，即时办稿。凡关两厅、司、道创办筹议之件，皆得随时饰司、道会议，一扫从前推诿散漫之弊。

二、办公有一定之时刻　督、抚及参赞、司、道以下各官，除星期外，每日九钟到署，十一钟出署，午后一钟入署，五钟散署。有应办要件，办竣始散。自督、抚及参赞、司、道督率属员，均各守应遵之规则，无任意之流弊。各厅、司、道督率属员分案办事，以汇呈于督、抚办公室。故公事何时呈堂，何时画稿，何时发交，何时送印，何时发行，均有一定之时间，有一定之责成，绝无从前延宕遗误之弊。

三、有迅速之便益　公事迟延，弊在于各署转折。内地公事至速者须一旬或半月，其迟者勿论，职是故也。今同署办公，外府、州、县均直接于各厅、司、道，各厅、司、道均直接于督、抚，齐集于行省公署。限来文到日起，限五日行文，文到次日，办稿呈堂。两三日内，必可行文。其有禀商者，文到日即持原文请示办法。承宣厅文赎科，于每日各厅、司、道到文若干件，均随表格分送各厅、司、道，办竣后填写送还。每五日稽核一次，如有不能速办之件，均须申明理由，以防延误。至调查案卷，以各署检卷条为凭，可以随时检查，一扫从前往还周折之弊。

四、省公牍之繁文　官厅分散各处，则公事禀商须用公文，往还之间既误事机，尤多烦费。同署办公，自督、抚、两参赞及各司、道，随时禀商事由，直接其下级机关。府、 厅、州、县及各局所呈报文件，除关系主管官厅事务分呈外，均直接行省公署。一切公文之烦费、时间之虚掷均省焉。

五、泯冲突之见　内地各省上下级及同等官厅，往往同一办公，意见不免参差，公事遂难画一。在上或因之冲激，在下则难于禀承。同署办公，则事出一系，有条不紊，均禀大公，不徇私见，各级官厅均得禀承一意，不致有冲突之弊。

六、去隔阂之弊　内地各省督、抚以上藩、臬、司、道上院，既有定期回事，每难详尽。不禀商则事近于专，时禀见则未免于烦。同等僚寀衙门既分，各持界限，致公事每不能和衷商办，今同署办公，去各种之阶级，汇一省之大成，自督、抚以下每日晤面，同时到署，同时办公，随事禀商而不至于烦渎，秉公合议而不至于牵制。一洗从前隔阂之弊。

由以上数端观之，同署办公虽为各行省之首创，而实为不易之办法。斟酌古今，参稽中外，如东西各国皆采直接行政之制度，大而全国，小而一省，除司法一部分采阶级制，行政官厅大率两级制居多。盖官厅隔则办事统系不一，阶级多则办事机关不灵，事有前师，利弊立见。奉省自改新官制同署办公，半年以来，事经创始，旧弊一空，而办事人员之整齐，呼应之灵便，其效可观也。前印各种规则，均为创办之始，仍随时斟酌情形，逐渐改良，日求进步，然大旨仍不外乎是。爰略举大概，以引伸之。光绪三十三年八月二十八日奉堂谕，照行。

议长钱能训规定公署办事规则

第一条　新建公署落成，自督、抚宪及两厅、司、道均应移入办公，除秘书官、文案、电报处、兵刑事文案、督办文案仍照旧办理外，其余佥事、议员、科员应一并移入。

第二条　案卷自应各厅、司、道存储，派员经理，但群房尚未建造，所有案卷仍暂存旧日办公之所。其署科员及额外差遣员，何员应派至公署办事，何员应留旧署办事，由各该长官酌派。现在公署不准人员住宿，其各处印信、关防仍照旧存储，暂不移置公署，以昭慎重。

第三条　自督、抚宪及参赞、司、道以下各官办公时刻，亟应重定，除星期外，每日九钟到署，十一钟出署，午后一钟入署，五钟散署。如有应办要件，应俟办竣再散。若因公事出署，皆可不拘时刻，惟见客不得在公事房，均应在客厅接见。其禀见督、抚、宪之员，不准用禀帖，于接待室另备纸式由本人将官衔姓名及因何事来见，照式填写，令巡捕回明，或见，或否，或分别紧要与否，再行依次传见。

第四条　各厅、司、道所拟批稿公事，均于每日十钟以前检齐储匣，送至督、抚宪办公处，于散署前盖章发还。其有应面商之件及来文须面商办理者，仍得随时面回或加签声叙，毋庸用公文请示，以省烦牍。其有事关他司者，由本司会商他司酌定。

第五条　督、抚宪办公同在一室，宜分两案。盖公事不必聚积一案，且时刻甚宽，毋庸拘定同时阅画也。其有专谒督宪及抚宪者，可分别接晤之。如有面商公事，应依次陈说，毋得搀越。

第六条　奉省百端草创，筹办之事甚多，督、抚宪于每日阅画批稿外，其有关于各厅、司、道创办筹议之件，皆得随时饬参赞、司、道会议，其会议时刻，由督、抚宪先期决定宣布之。

第七条　同署办公，本取其公事迅速，今于来文到日起限五日行文，盖次日办稿呈堂，两三日内必可行文。其有禀商者，文到日即可持原文请示办法，并饬令承宣厅文牍科于每日各司、道到文若干件，何日送印若干件，如有逾限由该厅摘叙事由，行催各厅、司、道速办，其有不能速办之件（如调查案卷、详核报销、钩稽款项、创议章程、会商利弊之类），可由各司、道申明理由，准其展限。倘有无故逾限，应分别将承办人员记过，以免延误。

第八条　公署所设之一应器具什物，承宣厅庶务科皆有典守保存之责，均应登载总簿，以便稽查。其各厅、司、道之庶务科，亦应将该厅、司、道之器具什物等件分别登记，并督饬差役人等，不得任意毁失散乱，以期整肃。

第九条　公署所用之听差、夫役等，皆受承宣厅庶务科管束，其各厅、司、道所用人役并归各该庶务科管束。其有贻误公事，滋生事端，不服制止，均知照承宣厅庶务科处罚。轻则革退，重则交办，以示惩儆。

第十条　此项系暂行规则，如有应增减之处，可随时呈由督、抚宪核定。

本案于光绪三十三年十月十八日奉堂谕，照行。

议长钱能训规定公署行文程式

（甲）行文程式

一、督、抚咨各部、各省文牍　厅、司各按其职掌核办稿件，由督、抚宪核行，三省行文公事皆列督、抚双衔。

二、各部、各省咨行文牍　督、抚不以单衔行文，则各部、各省来文亦未宜单咨总督及巡抚，拟请各部、各省无论何者公事，应径行三省行省衙门，如奉天行省之类，应否通行，以免参差之处，请示遵行。

三、督、抚移咨文牍　同署办公，此项可免。至督宪驻节此省而与彼省抚宪知照之件，及抚宪出境会商之时，可用电报信函来往。如必须转咨之件，即写某省行省衙门，悉照公文程式办理，商妥后行文仍列双衔互相代行。

四、督、抚行厅、司、道、文牍　同署办公亦可省免，惟遇有饬知、饬查、饬遵之件，仍照旧行。

五、厅、司、道呈督、抚文牍　同署办公亦可省免，如必须由厅、司办拟呈请核行者，仍照旧行（如呈请刊刻关防之类）。

六、督、抚下行各属文牍　此项亦由各厅、司、道按照职掌核办批稿，呈请督、抚宪核行。

七、各官上行文牍　凡全省差缺各员上行文牍，悉达省署，均照另开公文程式办理，只须一件，不必分呈，仍由承宣厅收受，分司核办，呈督、抚宪批行。惟琐屑之事，准呈厅、司、道核办，既呈厅、司、道，即不必再呈省署。

八、厅与司道移咨交牍　凡各司、道所办之稿，有关于行政者，由承宣厅覆核。关于立法者，由谘议厅复核，则各司、道咨厅之文牍可以减免。惟承宣厅有专办之稿件，其有与某司、道关涉者，仍应移咨某司、道，以免隔阂。如有应行各属者，亦由厅转行。

九、厅、司、道移咨文牍　凡由此厅、司、道移咨彼厅、司、道其有关重要必需存案之件，仍照旧行。其随事询商者，拟设一编号，书函式如联票，右草稿、左缮发、骑缝列号盖印，外加信封发行（各厅、司、道一律）。

十、厅、司、道下行各属文牍　此项亦可减免，惟各属有琐屑之事，不必径由省署者，各厅、司、道仍旧批行。

（乙）公文程式

一、无论上下来往公文，均一律用毛边纸（俟官纸局购有机器制造再一律用机器纸）。长以八寸，宽以三寸为度，封套均一律用皮纸，长以一尺，宽以六寸为度（凡有紧要事件可用包封，以火漆盖印呈递）。

二、公文下行者一律用札（牌谕间或用之），上行者一律用呈（详文间或用之），平行者一律用咨（照会间或用之）。

三、上行之公文，既皆用正呈、副呈，呈内钤印之下须列本官衔名，封套上写右呈奉天行省（总督徐、巡抚唐）。其关于各旗之公事，则写右呈奉天行省（管理将军事务总督徐、副都统衔巡抚唐）。其用单衔者，则写右呈钦差大臣、奉天行省总督徐。吉林、黑龙江仿此。

四、外行之稿面，中印奉天行省稿（格式已另详），皆用折叠式，以便黏卷。其下行公事，封套、印衔与前同式。其总督在此省而转咨彼省之件（如在奉天，行文吉、江之类），稿内及封套面应写（吉林、黑龙江）行省衙门。

五、凡各种表式及商民所用之契据等，种类繁多，一时未便率定格式，俟随事酌量划一程式，再行颁发。

六、嗣后各属上行公事，俱用呈文，红白禀一概禁用。其夹单须通用手折，不准沿用红笺，亦不准沿用贺禀通套。其文面上事由，不得用蝇头细楷，事由多者，分行书之。

七、奉省拟设立官纸局，一应公文纸张均由该局承办，由九月初一日起一律通行。本案于光绪三十三年八月二十日奉堂谕，照行。

厅、司、道文稿格式宜划一议

现厅、司、道自行之文稿及佥事、科员之署名，参差不齐。同署办公，而交状各异，殊不足以昭整齐而示划一，应请饬由本厅咨取各司、道现行文稿各种式样到厅，厅、司、道即于覆文内叙明现行窒碍之理由及改良之方法，由厅酌中定拟，务以简明体要为主。事虽微细，似亦同署办公所应有之问题。

议员陈闾提议

本厅议员对于此案均赞成之，经议长议决，奉堂谕，甚妥。当即由本厅拟定格式片行各厅、司、道照办。

请核减文牍以求治理议

按京外衙署之必须借文牍以行政者，以交牍有二用：一、因京外相去太远，属上相去太远，必借楮墨以代语言。一、因无谓之条例太多，例行之成案太多，必借案卷以资遵守。故京外大小文武衙门，莫不以文牍往来，为求治之具。政令愈多，文牍愈冗，必求备焉，必求繁且重之式焉，以云有裨治平，吾斯之未能信。今者东三省既创改官制，变通政体，以为内地行省之倡。奉天已用各部制度，行堂司同署办事之法。夫各部收发京外衙门公文，皆由堂官署衔，司官但司核议、叙稿而已。堂司之间，无文牍往来之烦，皆以当面回堂，数语取决而去。为司官者，更无径向京外衙门收发公文之理，故部中统一二十二省。二十二省者，但知有一大部，不知有所谓堂官几人、司官几缺也。今奉省之制则不然，堂司之间互行文书，明明同署办公，日日晤对乃必以照例之文牍往来其间，何所取义。又行署各司，对于省内外道、府、州、县皆有收发公文之权。夫既以各司隶行署矣，又听其自行收发公文，一国三公，吾谁适从，按之治理，不宜若是。愚以为必求核省文牍之法，毅然行之，始于改定官制，堂司同署办事之义符合。一面减其案牍之劳，即一面课以切近之事。谨具核减东三省省内外各衙门文牍办法如后：

一、奉天省除独立衙门若提法司等署外，余若承宣等两厅、交涉等各司、道，皆作为附属衙门隶于行署，行署长官为督、抚宪，始有收发京外各衙门文书之权，该厅、司、道应每日入署听候发交文件，核议呈堂。

一、通饬各道、府、厅、州、县嗣后无论关于何项禀牍，只备文一份径申行署，不得分呈其他衙门（州、县呈报该管道、府、厅、直隶州者，暂时不在此例）。

一、咨明京外各衙门，嗣后无论何项公文，概咨行署核办，由行署咨覆，不必分行其他衙门（行吉、黑两省者不在此例）

一、行署既有承宣厅文牍科，应无论各项公文到署，皆由该厅交文牍科科员分门别类，编号登簿，呈送参赞核数过目，即饬分交各该司核议。

一、京外文书第一日文到，即行分发各司，第二日各该司核议就绪，或拟堂批、堂札、牌示，或拟奏咨堂稿，均限第三日回堂。奉堂谕后，即将该案作为完结。以后每日递推，第二日交到即限第四日结，第三日文到即限第五日结，第四日交到即限第六日结，星期停办。

一、各该司办结之案，即将原案并所拟或批、或札、或牌示、或奏咨各项底稿，凡经督、抚宪核准照行者，皆由各该司汇送承宣厅，由参赞指挥科员、用督、抚双衔宣示发行。

凡承宣厅宣示发行以后之旧文书，即于当日汇交原管之各该司收领。各该司应于行署办公处所择地存储，由司派员一人常川驻署，管理呈送文书、收领文书暨各处调发文书等事。

承宣厅不储案卷，但由文牍科科员将每日所收、所发各项文件分类编记，以备稽核。

承宣厅所收各衙门公文，如有关于特别事件或非该各司分内、所应办者，应将此项文件一律汇交咨议厅核议，亦将该件数目编号登簿。

两厅、司、道对于长官、对于同官、对于省内外各道、府、厅、州县，皆不得互行文书，遇有应商事件，厅、司、道每日会议磋商，遇有应行发表事件，于禀明后以督、抚之衔行之。

厅、司、道遇有特别事件，非偶坐片刻、聚谈数语所能取决者，可各具说帖，互通书信，备陈意见，以待磋商。此项书信、说帖，皆可呈堂，皆可存卷。

奉天司、道皆已建立衙门，应以该衙门为该司官吏退署休沐之所。凡办行署公事，必须到署核办，就署完结。如署中公事繁多，一时不能完竣者，亦可通融，准与携回该衙门办理。

该各司嗣后不得自行署衔、牌示、批判及有文移各衙门等事

以上办法，如蒙施行，宜饬下所司将奉天改设行省以来各项文牍调齐，只择一份各该司存储，余悉拉杂摧烧，以清积牍。

以上办法，如蒙施行，似可咨商吉、黑两省一体照办。右件就鄙意所及，条举大概。昔朱子见艺祖开国时，交卷只一小束，叹曰，毕竟英雄底人作事不同。然则以人而为案牍所困，与夫以案牍困人者，皆非英雄底人，彰彰明矣。总之既欲图治，必先芟除繁文，然后能匀出精神，商榷庶政也。

额外议员行走严伟提议

本案经议长核议如左：

奉省公牍已较内地简便，惟所议各条，尚有见地。应发交本厅公议，如有可简便之处，尽可再从单简。又如各司、道常有自批、自札之事，亦须声明。前定规条，设法改正，应一并公议。

本厅各议员对于本题意见如左：

原议第一条，现时本系如此办理。第二条早经通饬，倘尚有分呈者，应由承宣厅文牍科查明，除饬令呈送厅、司核转者照收外，其他一概发还，并加严饬。第三条京外各衙门咨行来奉者，非部堂即督、抚，断无咨行各厅、司之理。第四条文牍必须呈送参赞核过，则参赞不胜其烦。惟查文牍科常有将来文错分者，如向归某处承办而忽分他处承办者，候文不到，收文者有文无卷，殊非所宜，应饬文牍科制一标记，或以表，或以簿，于分文时详加审对，庶免错误。第五条行文期限，早经定限五日，文牍科并备有收文表格，惟该表格颇不适用，应饬文牍科审定改制，以便于检查为合宜。其有不能按限办结者，许注表声明，无故逾限，则将承办人员记过。第六条各司，道稿件汇送承宣厅发行，是承宣厅专为各司、道清稿，无此办法。第七条存储案卷，早经议及以无房中止，应俟公署落成再定办法。第八条承宣厅本不储案卷，本厅案卷则岂有不存之理，第九条特别文件，有应归督办财政处者，有应归秘书官者，有应归兵、刑事文案者，不能一律汇交咨议厅。然本厅事简，亟须维持原议，不为无见，惟办法非是。第十条厅、司、道对于督、抚，对于同官，对于省内外道、府、厅、州县，皆不得互行文书一节，查现在各司、道常有上呈文件，有呈即不能无批，有批即有札，而自呈、自批、自札、自行之事因之发现。至对于同官亦互相为咨，前定片式，久未实行，应请通饬厅、司、道，嗣后对于本署不得再用呈咨公文，凡关于呈请事件即黏签请示呈判，判

后即足为效用之据，不别叙稿（尝见某司于外县呈文先拟批，批交本司，次拟札，札发本司后复用呈，呈到咨议厅，厅查案卷始知其自批、自札也）。惟差委不在此例。其由本司发生无文可黏签者，请由本厅定一简明呈式，判即书其上，其效用与前同。如此则无批、无札，即无自批、自札之事。其批札者，皆外行者也。至对于同官拟再求单简，由本厅定一笺式，又督、抚下行事件，有非判所能了者（如现行札饬），亦由本厅定一简单文式。凡诸文式均拟盖章不用印，其用印者，皆外行者也。至厅、司、道对于省内外各道、府、厅、州、县本须概用堂稿，应再通饬厅、司，不准再用自行文稿，并不得自行署衔、牌示、批判（惟附属局所及其佥事、科员应否自行，须议长裁定）。自经此次厘正后，承宣厅文牍科应任检查之责，不合者即行发还，以善其后。第十一条现行会议事件，皆于议定后呈堂。开议时，或面商，或通信，听任其便，似可不必别为规定。第十二条定章本系如此，俟案卷存储公署后，并当限定在署办结，不准携回，第十三条已见第十条内。第十四条调查局尚未设立，案卷有始末，所谓只择一份者，未审何指，欲清积牍，当别定办法，不宜拉杂摧烧也。

议员陈闾

原议各条，陈君意见最为赞成。惟第二、第四、第十等条，尚有宜加研究者如左：

第二条上呈文件，除饬令呈送厅、司、道核转者，其琐细之事，似应准其呈送厅、司、道核办。查官制办法要纲第六条、行文程式第七条，均有琐细公件可呈厅、司、道核办，无庸再呈公署，以省繁复之规定，似可仍旧办理。至承宣厅文牍科只收上督、抚宪之文，其径呈厅、司、道者，难于考查，应由厅、司、道随时收文，详细查明，除饬令呈送厅、司、道核转及琐屑公件外，其不合者概行发还。

第四条公署到文，似仍以呈送参赞阅核为宜。查官制办法要纲第二条，各处来文由文牍科收发处上簿送交左参赞阅后，分类转送各厅、司、道，盖为郑重起见。如恐参赞不胜其烦，可先由文牍科将到文汇齐，按类分妥，再呈参赞核发。如查看事由有关于紧要者，傅论提前办理，不必拘于行文期限。其误分者，令其改正。至制定标记，以便分文时详加审定一节，办法最善。

第十条通饬各厅、司、道，不得再用自行文稿署衔、牌示、批判一节，应将第二条准其径呈厅、司、道核办者，声明不在此例。

议员邹致钧

官制办法要纲六条内开，重要公件应径送公署，其琐细公件仍呈厅、司、道核办等语，何为重要，何为琐细，甚难条分。似不如嗣后凡印行各件，只须一分径送公署，由文牍科分类转送各厅、司、道，不得分呈，以免繁复。除饬令呈送厅、司、道核转者暂行照收外，余俱发还严饬。

议员孙际云

本案经议长议决如左：

第一件，查现在各司、道常有上呈文件，有呈即不能无批，有批即有札，而自呈、自批、自札、自行之事因之发现。至对于同官亦互相为咨。前定片式久未实行，应精通饬厅、司、道，嗣后对于本署凡寻常事件，不得再用呈咨公文。其关于呈请者，即黏签请示呈判，判后即足为效用之据，不别叙稿（尝见某司于外县呈文先拟批，批交本司，次拟札，札发本司后复用呈，呈到咨议厅厅查案卷，始知其自批、自札也），凡外县呈文既由文牍科分发到该衙门，则本件即为该衙门所应办。所拟者即堂批，不得再拟交发本衙门之批及札，如此即无自批、自札之事。其由本司发生及增革旧案呈请事件须存案者，始准用呈。凡呈均归两厅定拟，不得自批。至对于同官寻常行知事件，用笺、用片各任其便，均盖章不用印。要件须存案者，乃用正式文牍。

第二件，查文牍科间有将文牍错分者，殊非所宜。按官制办法要纲第二条，文牍科于文件按类分妥后，汇送参赞核阅，并由该科制一标记，或以表、或以簿，于分文时详加审对，以免再误。

第三件，行文期限本经限定五日，文牍科备有收文表格，惟该表格颇不适用，应饬该佥事审定改制，以便于检查为宜。其有逾限不能办结者，许注表声明，无故逾限则将承办人员记过示惩。

（附件）本厅无执行之权，虽蒙批准终归无效。以上五项，均系厘正文牍事宜，如蒙批准，应请饬下文牍科，任其检查之责。

光绪三十四年五月初六日奉堂谕，照议试行。

当由本厅将决议文内之第一件行知各厅、司、道遵照办理，经提学司使张复陈意见如左：

查去年咨议厅订定文牍程式之时，本司曾参预其事，故本司一年之中所办文牍，从无自呈、自批、自札、自行之事，未知各司、道因何歧出。但如咨议厅此次所决议之件，其中尚有须分晰斟酌者，苟或不为提示，则诚恐复有误会，将来文牍必有过于通脱之处，久之无以资征信而备稽考，且虑弊窦易滋。本司据管见所及，条议于左。

如蒙采择，乞俯饬咨议厅转知各司、道一体查照。

决议案内称，其关于呈请者即黏签请示呈判，判后即足为效用之据，不别叙稿。查外来之文，本司、道不敢径行拟批者始黏签请示奉判，或准或驳，只本司、道直接知悉。若非另叙批稿，则原来具呈之局署及应行知照之局署无从知悉。此条似应酌（其呈文关于请款等事，尤非专稿札知度支司，则度支司发款，亦无根据）。

决议案内称由本司发生及增革旧案呈请事件须存案者，方准用呈等语。查各司、道文件，亦有无关于发生及增革之事而不能不存案者，即如各司、道每月报销或专案报销，义宜有准有驳，自应用正式呈文将报销册一并封呈，由厅核其是否合度，分别准驳，再办堂稿札饬度支司准其核销。如此则本司、道方有准销之实据，而度支司方知准销之明文。此项呈批札发，似不可过从简略，致使款项更无稽考（本司现在即照此办理，合并声明）

本司、道所承办各属批件或准或驳，有必须令别一司、道知悉者，堂批之外仍须办一堂稿，饬令彼司、道知其原委，此亦万不可略。否则彼此隔膜，执行时或致触背。

各司、道常有缮具说帖一纸（不用正式呈请），面请宪示奉判准行，原可据为效力。然关于请发款项，则仍须办堂稿或司稿知照度支司。关于举办事项，则仍须办堂稿或司稿知照有关系之局署。盖宪判之件，只可存为本司、道之案据，不足为其他司道、其他局署之案据也，此亦未可简略。

前件经本厅议员陈闾逐条声明，并增加一条如左：

（原议案）关于呈请事件即黏签请示呈判，判后即足为效用之据，不别叙稿。（声明）所谓不别叙稿者，谓不叙札饬本司、道之堂稿，非谓不叙批稿。如外来之文，本司、道不敢径行拟批，始黏签请示，奉判或准或驳，本司、道既经直接知悉，即可遵判拟批，不必再叙札饬本司之堂稿，惟判词如关涉他司道者（如判饬度支司发款、判饬他司核议之类），本司、道奉判后，仍须拟堂稿札饬他司、道遵照。盖签上判语，只可存为本司、道之案据，不足为其他各局署之案据也。

（原议案）由本司、道发生及增革旧案呈请事件须存案者，方准用呈。（声明）此条谓凡关于存案之要件均须用呈，即如各司、道每月报销，虽无关于发生及增革之事，而实为须存案之要件，即应用正式呈文由厅核后，分别准、驳再办堂稿，札饬度支司准其核销。凡似此者，均照此办理。

（增加）本、司道所承办各属批件，或准或驳，有必须令别一司、道知悉者，拟批之外，应视事之重轻，分别用堂司稿行知，以便他司、道得知其原委。

五月十八日奉堂谕，应将声明之件，交提学司阅看后，再行定夺。当即交该司阅看去后。准该司覆称，此项声明及增加各条简赅精当，更无漏义，伏乞片行，俾司、道更有遵守。原稿谨已传示矣等因，当由本厅将声明之件片行各厅、司、道一体知照。

奉省新官制月支公费等项应奏明立案议

谨按：各省凡有新设各官及新支用款，均应奏明立案，以便报销而免部诘。奉省自改官制后，督、抚宪并两厅、司、道以及佥事、议员、科员等月支公费等项，暨新设佥事、科员额数尚未具奏，将来有关报销，似未便过于延缓，应请督、抚宪传知所司，拟稿具奏，以免贻误。

议员齐福田提议

本厅议员对于本案均赞成之，经议长议决，奉堂谕，应速办。嗣即并养廉一项，议定具奏。

议员陈闾议吉林公署章程

谨按：此章程不可用也。设公署之本意，原以通壅阂示大公，执其中央达乎四旁，司道之职任明，而幕府把持之习空，此谓行政贵持大体。详阅吉林章程，其琐屑处如（设电话派听差等），是杂目非章程，而其主要则专务集权于秘书官，如（到文先由秘书官核看后，拣发各司、道，办后又须送秘书官覆核呈判，判后并须由文案处转发），是各司、道徒拥虚名，但受秘书官之监督，听其指挥命令而已。然其本意，亦非愿为秘书官集权也，特恐各司、道之侵权，恃秘书官为心腹而严为之防，以谓集权于秘书官，犹集权于我。然也，不知现今司、道，患其畏事，患其仰承，而特不患其侵权。且以大吏为不可信而信椽属，以朝廷命官为不可任而任亲近，成何政体。究其效果，必至司、道之视长官也尊而不亲，视秘书官也畏而多疑。多疑不亲，甚非所以推诚布公也。查吉省未设两参赞，或缘此将参赞事权移于秘书官，然参赞与秘书官分际悬殊，万难比例。参赞为敕任大臣，秘书官则判任椽曹，核其名词，但当办机密折电及信稿等，即或有所参谋，亦应密为规划，至效用则一以督、抚意思行之。盖当顾其名，而不宜明假之器，使得干涉外事，抗拟两参赞，庞然临各司、道上也。夫司、道不患其侵权，至秘书官则正患其喜事，患其侵权。盖司、道本自有权，故常虑放弃其责任，秘书官本无权，而有权则必张扬，以明其得意。从前幕府一无所借，尚能外通声气。今秘书官明假之器，更复何所顾忌。公署以通壅阂而壅阂愈甚，以示大公而疑忌滋彰，以明职任而职任益乱，以空把持而把持愈牢。流乎四旁，覆其中央，则何如不设公署之为愈乎。故愚谓此章程不可用也。本原既失，面目全非，欲条驳则虑难更仆，欲别订则未敢擅拟。除承宣厅业经签正外，谨将军程乖舛，亟厅取消理由录呈宪裁。谨议。光绪三十三年十一月初十日奉堂谕，照议。函致吉省另拟章程。

议长钱能训规定咨议厅暂行简章

一、照奏定三省职司官制章程，咨议厅掌议一省法令、章制，研究本省利病应行损益各事。故咨议厅所议事项，可分为二：一为本省法令、章制，一为本省利病及应行损益各事是也。

二、凡法令、章制之创设及变更，必须经咨议厅议决后，呈督、抚批示施行。

三、厅员承厅长之命令为补助机关，凡本省局所官厅应兴、应革之事，皆得调查，故厅员均负有担任调查之责。

四、调查事件不仅关系省城以内，如路途较远，应由厅长禀请督、抚酌批川资，不得受地方官及局员一切供应。

五、本厅为立法机关，惟立法与行政相表里，拟请兼派明达政治之员为顾问员，以收集思广益之效，而免隔阂难行之弊。

六、凡有专办衙门处所（如督练处、提法司之类）官制章程，应先交该处议稿，咨送本厅，由本厅复核议决。其余规则，应由该处议行。

七、各局所对于有关系之事项，得于提议之时，派一代表人与议，或呈递意见书以备参考。又派人与议一节，必须经咨议厅之认许。

八、凡提议事项已经决议后，无论可决与否决，皆于一定期间内通知。又否决事项，于两月以内不得再行提议，以杜分扰。

九、决议之权，应专属之咨议厅厅长，其可决与否决之方法，自应以议员多数同意为原则。但所议事项遇有特别重要者，得承上宪之命令另定办法，但须申明其理由，俾众周知。

十、各处所递条陈、说帖，凡关于章制、利病改革事宜，均拟请交本厅复核，有无可采，由本厅加批呈由督、抚宪核定施行。

十一、厅员均置日记簿，将逐日所派公事分类钞录，随时编订，以备统计报告。

十二、以上各条因本省咨议厅成立伊始，诸事草创，故所订章程暂从简单，将来如有应行增捐之处，本厅长得随时提议修改。

本章于光绪三十三年八月初十日奉堂谕，照行。

本厅议员应定期与各司、道会商要政议

窃以星期六日为督、抚宪，参赞、司、道会议之期，杯酒欢娱，主宾脱略，导扬德意，莫此为甚。但谈论之间，其有切中利弊亟宜兴革者，漫无纪载，诚恐遇而辄忘。咨议厅设立伊始，同人亦屡提议各事，但坐言未能起行，亦旋议旋止。今拟于一星期内除办理日行公事外，必集同人聚议一次，以右参赞为议长，凡经同人提议，议长议决者，书其事于决议簿，于星期五日上于督、抚宪，呈明关于某司、道事以便次日招某司、道入室公同研究。如意见相同，即由该司、道亲自签字，摘要抄录带回办事公所，于下星期内将若何筹办情形，知照咨议厅备案。如迁延不办，咨议厅得有督催之责，其有意见不合或碍难实行者，该司、道等亦得于决议内书明理由，不必依违迁就。而各司、道等于星期六日有自行提议之件，督、抚宪不能一时立决者，亦可另纸载明事实，交厅会议。咨议厅须于一星期内议决，另置一簿，呈请督、抚宪批行。如此议者可期其决，决者可期其行，较之泛言高论，茫无归宿者有别。果能同心协力，历久不渝，当于新政前途，大有裨益。

顾问员舒鸿贻谨议

光绪三十三年八月二十四日奉堂谕，由咨议厅知照司、道施行。

请定咨议厅主管职务议

窃惟咨议厅职掌，以定法令、章制为其主管。然有立法之名，无立法之权。本厅所定章制，既不能保各司、道之执行，各司、道自定章制，其有无效力又不必以通过本厅为重。职是之故，各项章制其通过本厅者，什不得一。而本厅得创定章制以直致于各司、道者，更绝无而仅有焉。于是乎本厅主管全失，所存者提议、交议二项而已。提议非可强，交议不常有，本厅遂乃若存若亡，无正当之主管，而惟恃他方面之挹注，一厅之大，其何以自存。夫两厅为各司、道之总汇，必有综核各司、道之实而后厅之名

始称，议员有提议、交议之责，必日见各司、道文牍而后始能议各司、道之事。窃见各司、道签呈文件，每日不下数十起（率因疑难而请示者），钦帅、参赞侧席旁午，而议员等傫然无所事事。敢请自今凡关于各司、道签呈文件送厅核阅时，由参赞分别交付各议员，禀承参赞评议其可否加签，呈参赞复核后呈堂决行，庶事以审详而无误，思以集众而益明，下尽议员髦髦之忱，上冀分钦帅、参赞案牍劳形之烦。诚蒙采择，则本厅有此主管事务，不致成为闲厅，议员等各认一门，各有责成，无推诿之弊，亦不致成为闲曹。而评议得失，既与议员之性质合，综核司、道文牍于厅之名实亦称。议员等得日见司、道文牍而讨论之，当复有所见解，有所提议。而于交议、交核事件，亦不致不识首尾，惝恍而无所依据，议员为维持厅制起见，是否，候宪裁。

议员陈訚谨议

本案于光绪三十四年七月二十八日奉堂谕，照办。当经议员邹致钧拟定议员办事规则，录如左：

第一条，本厅各议员应遵公令午前八点钟到厅，十一钟散值，午后三钟到厅六钟散值。

第二条，本厅备考勤簿一本，各议员午前、午后到厅，均须署名画到，不得无故缺席。如有事故，须先期禀明参赞，并记理由、假期于簿，每一星期毕，呈由参赞查阅。

第三条，各议员请假时间，如在十日以内者，其应分任事件即由众议员平均分办，如能自相委托，亦准一人代办，其在十日以外者，由本人禀明参赞，酌量办理。

第四条，本厅议员主管事件，可分为四项：

一、本厅事件　各官厅局所拟定之法令、章制及关于兴革之条陈、说帖。

二、加签文件　各司、道每日黏签呈堂请示者，由本厅加签呈候判定。

三、交议事件　由督、抚、参赞交议特别事项。

四、提议事件　由各议员发表意见，自行提议。

第五条，加签及本厅文件，由参赞指定门类，各议员依类担任，分别签批，经参赞许可，再行呈堂批行。

第六条，交议事件由参赞指名，交派各议员承办。

第七条，提议事件，仍照向章办理。

第八条，各司、道公事匣，应先送本厅，由参赞将签呈文件取出，分别交付各议员加签送两参赞覆核盖章后，仍置原匣与批稿文件一并于次日呈堂判决。

第九条，本厅到文应遵公令依限办理，其加签文件除事关重要须详加查核者外，均限一日办竣。

第十条，本厅分任事件，类别如左：

内务　外交　财政　军事

学务　实业　司法　蒙旗

第十一条，签批咨札各稿件，承办者均须署名，以重责成。

第十二条，各议员对于本厅各事，均应谨守秘密，勿得泄漏。

七月二十九日奉堂谕，照行。当经议长将本厅各议员分配职务，嗣后即依类担任。

调查局附设咨议厅议

调查局设局、设科、设股办法，自应按照馆章规定。至调查局成立后，办事细则亦应据馆章第十三条由总办挈同科长详细妥拟，现但当就附设咨议厅之理由及其计划，公同研究，用作事前之准备。

咨议厅职掌本有编纂法制、统计报告两项，盖已包举调查局法制、统计两科之事，非调查无以纂法制，定统计，故咨议厅为奉省立法之机关，调查局则又机关之机关，分立则疑于复设，且权限尤不易分明，此为调查局附设咨议厅之理由。

调查局之对于咨议厅是附设非附属，咨议厅议一切法令，以规划本省为责任。调查局汇通省之报告，以应付馆部为责任，两者各有专司。故调查局宜遵馆章具独立之性质，归督、抚管理主持，然既附设咨议厅，应随时与右参赞协商裁决之。

调查局既附设咨议厅，似不宜外立局所，若就现在咨议厅之办事房，则决不敷用，应即择定一处，或楼上或两厢，总以不离公署，附近咨议厅为是。

调查局审定全省法规，其所编定虽以新调查为准，然欲揣知沿革习惯，即应调取文卷，用作根据。统计一项，尤非调集文卷，无以考证。且文卷散存各司、道公所，动需行文咨取，殊觉非宜。现既同署办公，所有文卷应即总储公署，以便互相调取，由承宣厅文牍科派员经理其事，既于公署办事有益，尤与调查局钩稽为宜。

议员陈闿谨议

其二：

调查局附设于咨议厅之办法。按调查局之设，原为宪政编查馆编制法规、统计要政之助，钦奉谕旨，着每省设立调查局一所，各省自宜钦遵办理。惟奉省情形既与各省不同，财政又复支绌，督、抚宪以咨议厅掌管统计报告，其性质与调查局相近，为节省经费统一事权计，莫若将调查局附设于咨议厅之内，但有二问题先宜解决。

一、调查局为宪政编查馆补助机关，故一方面专任宪政编查馆调查事件，一方面由本省督、抚管理主持，若附设于咨议厅，则主管官厅又多一级，是受督、抚之管理主持，系间接非直接，与奏定章程不符。

二、咨议厅原设有编纂、庶务两科，调查局一经附入，所有法制、统计、庶务各科、处，究应归并抑或另设，为节省经费计，自以归并为是。但厅科员系缺，局科长、股员系差，两者难于镕合。且厅局权限亦难分划，办事诸多不便，如拟另设科长、股员，似又与节省经费相背转，不如将调查局另设之为便也。

解决第一问题，莫若以右参赞为总办，综理一切局务，受督、抚宪管理主持，于奏章既符，且虽名为附设，而权限分明，仍与独立无异。

解决第二问题，于调查局依馆章另设科股，厅科员职务有与局科股职务相关系者，委其兼充。不足分派，再行遴选。但兼差不兼薪，惟酌给津贴，以资办公。则经费既可节省，职务亦能分晰矣。

二、设立调查局之处所，调查局既附设于咨议厅办公之地，似应在新旧公署内选择处所设立，以免兼充各员往来费时，延缓公务，且可省一切布置经费。惟不宜就咨议厅现在办公之地设立，以免厅、局案卷混淆也。

三、遴委调查局人员额数，馆章所定总办一人、科长二人，自应遵办。至各管股委员如必按承办事务各定股名，殊难赅括确当，不如仍以一、二、三股名之，每股只设股员一人，即足敷办公之用，无需多设，以省经费。虽馆章所定，每股所管调查、统计事项，如是繁多，似每股一人断难办到。然就馆章第十二条观之，调查则由府、厅、州、县就近派员，统计则由司、道、府、厅、州、县各衙门添设统计处，选派专员办理，汇送到局，调查局不过总其成，管股委员似可不必多设也。庶务处照章设委员二人，书记拟设四人，临时视事之繁简，再行增减。

议员邹致钧谨议

本案经议长核议如左：

按：调查局之附设于咨议厅，陈、邹两议员所议办法大致周妥，应呈堂决议施行。惟公署存储案卷，现在房屋未齐，应暂缓办理。该局总办尚须宪政馆加札，应请示札派。至科长、股员拟俟开局后由总办选派，再定名称。本厅议员、科员皆得选派兼充，酌加津贴，不支兼薪。其非本厅人员，亦可由总办选派呈报，惟该局则宜附设于本厅近便处所，不宜即在厅内，以免淆乱，如宪意谓然，即拟将设局情形具奏。

光绪三十三年十月二十六日奉堂谕，暂缓办。嗣于三十四年四月议员邹致钧接续提议，议文录左：

谨按：去年九月奉到馆咨并奏请设立调查局，章程业经本厅议员等提议，议长议决在案。自奉馆咨将及半载，各省业已纷纷遵办，奉省亦宜从速计划，早日设立，庶调查、统计各事得以预为着手，将来编定列表，咨送宪政编查馆及主管各部院时，方能有所依据，搜采靡遗。谨将前次所议设立调查局办法未尽事宜，分条列后。至其办事细则，应依奏章第十三条俟札委总办、科长后，由其会拟呈核。

一、预算局中公费及局员薪津　局中公费分开办与常年二种，应分别预算明确，以便饬司备款，薪津有专员与兼差之区别，专员薪津自应全领，兼差者只酌加津贴，不给兼薪。

二、定局员之额数　总办、科长人数，奏章已定。其管股委员、书记委员额数、应按股事之多寡，分别酌定。

三、遴委总办及科长、股员　馆章所定总办由督、抚宪遴选合格人员札委，科长、股员由总办呈请札派，书记委员由总办委用。应先札委总办，以资规划局务而专责成。

四、饬拟局中办事细则　馆章简括，该局办事细则自应另行拟定，札委总办、科长后，即饬该总办依奏章第十三条挈同科长详细妥拟，呈核施行。

五、通饬各司、道及府、厅、州、县限日设立统计处　依馆章第十二条编制事项，由本省府、厅、州、县就近派员调查。又统计各司、道、府、厅、州、县均须添设选派专员，照馆定表式填写汇送调查局等因，前已通饬预备筹设调查局，一经成立应即行分饬添设统计处，并就近选派调查员，限日呈覆，一面咨行宪政编查馆催请颁发统计表式，以便遵守。庶各属有所依据，不致久稽时日。

六、奏咨设立调查局情形　奉省调查局一经成立，所有设局情形，亟应分别奏咨备案，并依奏章将总办出具切实考语，咨送宪政编查馆，以符奏章。

本案经议长议决，奉堂谕，核办。当经设调查局于公署内，派山西道监察御史一等秘书官为总办，一切事宜统归主持，其经费则由承宣厅庶务科支给之。

议员陈閶议开办编纂图书处章程

一、奉省各种图籍、表册散见各处，累积既久，钩稽不易。故特派员清理、汇集、编纂，应即定名曰咨议厅编纂图书处。

二、该处一切商承参赞，为本厅临时组合之一部，需行文书即以本厅现行式行之。

三、该处所派各员，无统属之分，从容商榷，互相质证。如欲各认门类，定分纂、总纂以专责成，可由参赞临时派定。

四、本厅编纂科科员应协同清理，并派额外司书二人，以供缮写。

五、该处之主用有三：甲、供编查馆之需要　乙、为统计报告之预备　丙、备编纂省志之资料。

六、散存各厅、司、道之图籍、表册，应拟堂稿，通饬调取。惟卷宗甚繁，应饬其于各种图表内摘叙其因何发生、为何作用，缮列清单，连同图表送阅，不必调卷。俟编纂竣事，即行发还。

七、除通饬厅、司、道、外，督练处军用各种图籍、表册，亦应调取编纂，事竣发还。

八、调取图籍、表册、事至繁迹，虽经通饬，应仍由各员分往各该处按卷调查，除图表外其他文件有为编纂所适用者，亦得一并检取，以免遗漏。

九、本厅旧存图籍、表册，亦查取编纂，以归画一。

十、编纂方法，（舆图）则于勘校后择其精审者，暂存本厅候刊。（表册文件）则详事钩稽，删繁挈要，分类编纂成册。

十一、所编表册文件，仍分已行、未行二种。其已行事项分类编纂后，即交官纸局印刷发行，其未行事项应秘密者，暂不宣布，仍分类编纂。

十二、所编图籍表册，应限期告竣，即将该处裁撤。此后请仍归编纂科接续办理，以免重复。

附则：本简章仅就开办时酌拟纲要，其编纂内容并一切未尽事宜，应由各委员会同协商，随时商承参赞核定。

本案于光绪三十四年五月奉堂谕，照拟试办，随时增减。

通饬各州、县舆图仿照海城县图办理议

中国学者多不讲舆图之学，坊间间有善本，多系外人所制，且皆各省总图，府、厅、州、县则阙如焉。去年民政部调取各省地图，应者卒鲜。乃近阅海城县图，其于山川脉络、道里界线、巡警处所、户口、学堂、铁道、电线缕晰条分，图式甚为完美。窃以

一县如是，各县皆应如是。但未奉有一定之格式，则所制篇幅大小不齐，详略互异，不能装订成帙，终归散漫无稽。近日屡奉明诏，谕令各省设立谘议、调查各局，将来举办强迫教育及地方选举等事，无不从清查户口为入手办法。今拟以海城地图为各州、县绘制标准，填写凡例、篇幅尺寸均须一律，不得稍有参差。如经督、抚宪批准，即可行知奉天府调取多幅，颁发各州、县照办，总以注重户口为第一要义，将来制就后，汇成一册，亦可为宪政编查之一助也。

顾问员舒鸿仪提议

各议员均赞成其说，将原议酌改，经议长议决，于光绪三十三年九月二十四日奉堂谕，所议甚是，可照行。惟须询各府、厅、州、县，如无绘图人，应由省派往，庶易集事。当经遵谕通饬各府、厅、州、县，一律照海城县图式绘制，由本厅审定汇呈。

议员陈闾议制调查疆域村屯表式颁发各属案

窃以山川名物，周官有专掌，郡国上计，汉治之良规。立法不根习惯，无以善俗。行政无所统纪，何从察吏。奉省迭经兵燹，文献荡然。欲视成事，而簿录都为具文。将搜旧闻，则官私绝少善本。可否由本厅制成表式，分疆域、村屯二种，札发府、厅、州、县各属，实地调查，务期确实详明。罗山川道里形势尽在目中，视户口众寡丰俭如指诸掌。汇集成册，䩰若划一，用备编制需要兼为统计根据，并借以察习俗之情伪，觇吏治之张弛。而该府、厅、州、县，亦得以周知境内利乐疾苦，当不至假手胥役，视同具文也。

是否，候宪裁。谨议。光绪三十三年十二月二十日奉堂谕，照议。通饬各属按照表、例迅速填送，先由咨议厅审定后，再行汇呈。

议员邹致钧议署呼兰府黄守维翰陈请事件候示案

一、查黑省外府、州、县审判、检察厅均尚未设立，亟应饬各府、州、县查明属境广狭，户口多寡，审判、检察两厅计应分设若干处，呈明该省提法司通盘筹画，揆度情势，再定分设地点，以昭划一。所请分设审判厅自府属始一节，似应饬该府将地方情形及分设审判厅意见呈请该司，听候核办。

二、该府经历既划归巴彦州，其缺应改为州吏目。

三、文报局章程，应饬该府拟定，呈明办理。至站地升科一节，亦应照准。

四、监狱看守人等，向来各省皆用壮役，且皆不给工食。壮役利用其威，取之囚人，为害非浅。该府所请，自系正办，且可从此革除前弊。惟薪饷拟作正开销，既须预筹开支数目及动支何款，又须约束看守人等，以后既给薪饷，即不得再有恶索囚人情弊，此举方为有益。应请饬该府预算看守人数及薪饷数目，并在何款项下开支，随时呈明办理。

五、查该府前因拿获巨匪，请分别奏咨奖励各员弁，除李长华于剿匪案内保以县丞，不论双单月选用，陈云胜赏给六品功牌外，其余员弁已准存记，俟汇核办理，应由该府转饬该员弁知照。

六、东三省与内地各省情形不同，胡匪执持洋枪，任意虏掠，全赖尽法处治，以为惩戒。若从宽开脱，何以惩冥顽而儆效尤。应饬该府仍须按律严办，果其情节有可矜原者，准其核实酌量减等，呈明办理。

七、建修府署经费，既已发交李守，该守即应迅速移交，何得延宕。所请提用烟地亩税建修府署一节，本难照准，惟据所呈无地办公，亦系实情，应饬该府一面拨用税款，一面严催移交，庶公款不致虚悬，府署可期早日落成。

八、改建监狱，为当今急务。所请由烟地亩税项下提支，自应照准。惟需款若干，应饬该守预算明晰，呈明核办。并将烟地亩税每年收入数目，一并呈明备查。

九、习艺所建筑工费，亦应饬该守预算呈核办理，并将府征税款及税局每年收入款项，分别开单呈覆，再定由何款项下指拨。

十、该府支领办公经费，竟因平色银价及赴领路费减去七分之三，该府如此，其他府、厅、州、县可知，若不设法维持，何以节虚糜而资办公，应饬该守参酌江省各府州、县情形，妥拟变通办法，呈候核夺，以便通饬一律遵照办理。本案于光绪三十四年四月十四日奉堂谕，照议批行。

署参事陈訚议筹备长白设治事宜张守凤台呈拟厘订内治纲目案

所陈内治纲目划分行政、司法两科，荡廓从前胥吏积弊，具见规划深心。惟总务一科，既由设治委员兼充，即不必别立名目。盖设治委员本宜总核一切，不须借科长名义以为管摄。会计股内有会计员，则收支委员亦可不设。是设治委员之下，但须有文案、书记官各一即足办事，而总务一科可裁也。至警务股以教习兼管理员，亦有未妥，应即遵照部章，定名警务长兼充教员，较为合宜。余均尚妥协，应饬该守认真督率，勿怠勿忽，以期驯致治理。是否，候宪裁。谨议。宣统元年正月初七日奉堂谕，照批。

署参事陈訚议吉林民政司呈送考查长春等五属吏治清册请训示案

详核清册，除滨江厅无管辖地面外，所有长春、伊通、双城、农安四属，素称农业隩区，而册内实业一项，只农安县设有植物园一所，他属一无举办，利源所在，何可荒废，此实业之亟应整理者也。审判为近民要政，查长春一属，劫案十起，破获只三起，命盗案未结至二十一起。伊通一属，命盗案未结亦二十二起，劫案至十七起。狱连讼繁，盗玩民怨，此审判之未善也。吏役扰民，在所必革。查长春六房书吏至七十三名，快壮捕皂至百三十名，他属各数十名。农安已改司法巡警，而书吏尚四十六人，至若乡约、会首各属多有。虽据称无扰害情事，将来自治会成立，亦应融化，此皆积痼之决，宜屏除者也。凡兹数端，仅就册内所见者言之，而其要则尤在于恪遵整饬吏治。

谕旨，慎简牧令，贤者久任毋数更，劣者即撤毋姑息。该司有察吏之责，此次亲历调查，洞悉民间疾苦，见之既真，当必操之有具。以上所指，应即责成该司认真整理，切实核办。其事关他处者，立即由该司分别转行各该管衙门遵照办理。是否，候宪裁。谨议。光绪三十四年十二月初九日奉堂谕，照议批行。

署参事陈訚议吉林民政司呈请设立地方行政裁判案

按：行政裁判，所以裁判官吏之不法行为，与司法裁判相辅而行，救弊补偏，用意至密。德、法、日本均行此制，现吾国亦拟仿行，故预备立宪第六年期本有此条，内开设立行政审判院（会议政务处、宪政编查馆同办），诚以事关全国，非一省所可创办，尤非一司所能力举。且中国裁判官吏之最高权，向来操之政府，各省则由督、抚间接而仍受政府之判决。是就今日论，行政裁判之权，督、抚尚不能得之于政府，而谓一司能当此地位乎。今该司议设行政裁判，若以之裁判平等官厅之属吏，则各有长官，未便干预，以之裁判地方官吏，其权又在督、抚，邻于侵犯。处以平和则有名无实，出以激烈则侵官越权。故欲设行政裁判，须先谋独立之机关，必中央有行政审判院，以操审判官吏之最高权，颁定章制，通行全国。地方行政裁判，不在督、抚之范围，而后其事顺，其法备。现该司但应考察吏才，勤求民瘼，进贤退不肖，以督、抚之名义行之，使吏治日有起色，即为称职，所请应毋庸议。是否，候宪裁。谨议。宣统元年三月初八日奉堂谕，照议拟批。

附咨议厅议案之五

金州隙地宜据约收回设官治理议

金州租界内外各村屯无官管辖，弱肉强食，民不聊生，前将军任内，迭据复州知州及该地绅士禀诉有案。兹复据金州优廪生李盛新禀呈一切困苦情形。大地河山，沦为异族，生民涂炭，不问可知。查中俄会订租借旅大续约第四款内载，俄国国家允中国国家所请，允听金州城自行治理，并城内设立应需巡捕人等。又附件内载，俄国国家体中国国家所商之意，并顾念两国睦谊，允将俄兵屯扎金州城外，作为试办。嗣两国勘分旅大租界，自亚当湾北岸起至皮子湾北岸止，共立界碑三十一块，界碑以南为俄租地，界碑以北为中国隙地。并声称，每逾三年，两国会同查阅大小界碑，见有损坏，仍就原处重立。此光绪二十五年事也。此时金州城内官员自副都统、金州厅以下共五十余员。庚子衅起，金州无官驻守，各该村屯屡被匪人滋扰，无所控告，流离失所，穷孑无依。该处绅民禀请军督就近暂归复州管理，所有该屯之丁赋钱粮，亦由复州暂行征收，咨呈外务部有案。而俄国办理交涉事务大臣廓亦曾声称，此等村屯非彼所属，并该处地亩钱粮无人征收，请复州管理，所有词讼亦归中国官员讯断等语。乃自日俄宣战以后，日本于金州城内设立民政署分区管理，其租界以外之隙地分作两区，约计村屯一百五十余处。两区钱粮按照金州原有征册加倍征收，每亩征洋一角一分。复州知州曾与理论，抗不交还，并将原立界碑拔去七块，均经复州禀报有案。窃以中日议定东三省条约第二款内开，日本政府承认按照中俄两国所订借地及造路原约，实力遵行。按中俄会订借地原约之时，租界以内之地仍有中国官员驻守，租界以外之隙地归中国自行治理，俄国不得丝毫干预。乃日人无分借地、隙地全行占据，显与实行遵守中俄借地原约一语大相违背。今与日本提议，宜仍分借地、隙地两项，按租界地通例，人民诉讼其为华民交讼事件当归华官审理，中外互讼则以被告为断，是租界地内宜设裁判官专理华洋词讼案件，似为正当不易之论。而借地外之隙地，其治理权本与俄人无涉，日既遵守俄之原约，则日人自无干涉中国治理之权，且中日议定东三省附约第四条载明，曾经在满洲地占领或占用之中国公私各产业，在撤兵时悉还中国官民接受。又会议节略第十五节内开，并非军用必须者，勿致再有干预中国治理暨损坏官民产业各等语。条约具在，岂能视若弁髦。是收回金州隙地设官治理，又为刻不可缓之图。至旅顺、大连虽系租借，究系我国领土，英、美各国不应在该地专设领事，能否咨呈外务部与各国公使提议此事。以上各节，均应责成交涉司妥筹办理。至界碑有无损坏，亦应由交涉司派员履勘，以重条约。

顾问员舒鸿贻提议

本厅各议员对于本题均赞成之，时值督宪入觐，奉抚宪面谕照议，电商外务部。其旅大租界，英、美各国不应专设领事一节，并饬由交涉司拟稿咨请外务部与英、美驻京公使提议。至如金州城自行治理、租借地自设裁判官等类，尚未奉办。

议员徐秀钧议交涉司呈拟旅大租界内渔业税则并请咨部议定渔业法规及领海、公海问题案

据呈，旅大租界内业渔华民，应照此次拟减税章完纳税项，在奉省沿海捕鱼等语，自应照准，由劝业道转饬渔业总局遵照办理。所有租界内之日本人，不得以华民执照隐射朦混，违者拟章罚办，似应并案声叙饬遵。惟查王守原拟于旧定牌费八折之中再行八折，与该司所谓减为四成略有差别，减为四成则旧定纳洋一元止须纳洋六角，若照王守所拟尚须纳洋六角四分，二者俱未明见批示，应即以该司所拟纳洋六角规定成数。再领海、公海之问题，不过日人借为欺混之计。渤海湾以直隶、山东、奉天为陆岸，南面有旅顺、山东角二海股遥为对峙，为渤海最狭之门户，两间岛屿为我所领。即以潮退三海里为领海而论，渤海四围俱以三海里为我所属，即与我之内海无异，讵得以公海目之。本为内海，而必与人磋议领海、公海之别，自起疑案，已输一着。所请咨商外部之处似应毋庸置议。至于订定渔业法规，兹事体大，非合全国沿海各省调查渔业之习惯，无以资考证。而议章则仅由奉省咨请农工商部办理，空文相诘，成效难期。似应另案饬由劝业道责成渔业总局详细调查渔业习惯，并筹议改良方法，一面函商江、浙渔业公司详征意见，汇说成册，呈候核咨，借资参考，而规远计。是否，候宪裁。谨议。宣统元年闰二月十四日奉堂谕，照议批行。

议员陈闾议东边道呈日人经营临江情形请饬临江令李丞廷玉先赴安东面商机宜案

所陈内政四端，均属目前急务，应即责成该道督饬李丞，分别切实筹办。临江阽

危，已非朝夕，日人用其敏活手段，于文牍辩论则故事延宕，于实地经营则着着进步，以其已成之势为挟制之具。所陈木植、铁道种种丧失情形，皆其验也。彼既为事实上之经营，则我固当于事实上急起直追，此其责全在地方官权事度宜，于其已入手者力阻其进，未发现者逆拒其来，庶占胜地。苟竢其势已成，而凭省城一纸照会断断力争，断难济事。应即如禀札饬李丞遴选译官先赴安东，按照所陈各节，面承一切。即由该道指示机宜，力争先著。中韩江界应如何划清，尤须预筹。总之，日人趋利甚捷，稍事迟回，赴机已迟，东边地面上之关系，应即责成该道督率李丞迅为布置。临江僻远，鞭长莫及，诚如该道所云，然日人正于我鞭长莫及之区蹈瑕抵隙，故于吉林极东之延吉、奉天极东之临江，尤并力经营也。宜饬该道注意严防，李丞到后，并将筹办情形随时电达。是否，候宪裁。谨议。光绪三十三年十月十四日奉堂谕，照议批行。并密札李丞廷玉先赴安东就商机宜。节录札文如左：

查临江一带，日人经营已非朝夕，近更著著进步，将各种机关组织完备，待我开议，固已自占优势，亟宜责成地方官随事实之所发生，迅筹应付，阻其进而拒其来，庶克有济。兹就该县目前之急要亟宜计划者，黏单札饬该丞，迅即遴派译员先赴安东，按照单开各节并未尽事宜面商该道，禀承一切后，将筹办情形禀覆核夺，随赴任所。于日人经营要点详细调查，为入手之预备。其筹办各节，即责成该丞切实举行。至译员薪费，应准于该道交涉费内按月开支具报可也。

附该丞应行就商东边道事件清单：

一、木植　日本木材厂虽撤去军用二字，其一切作为，仍与行军无异。十九道、二十道等沟木植，菁华所在，任意砍伐，行及长白龙冈，亟须履勘。韩国森林既禁开采，我岂独无限制。究竟设厂以来采运若干，计值若干，该处商民生计如何，穷极生变，尤宜安抚绥靖。

二、铁道　日人所筑轻便铁道，起自何处，迄于何所，已成线若干里，计划线若干里，经何地方，占用官民地亩若干及民间情形如何，兴筑始于何日，竣工当在何时，因运木而造路，因造路而搭客运货，因搭客运货而推广枝路，均在意计，应作何准备。

三、航路　鸭江航路，彼所预计，往岁曾拦江筑坝，现状如何，中韩江界应如何划清。今欲购小轮一二艘为巡江之用，于事有裨否。上江各处，能否行用小船联络运载。

四、交通　临、通修道之案，迄未实行。途径隔阂，难期赴机敏捷。今拟修治，应先将路线查勘，计里若干，需款几何，此款如何筹措。

五、招垦　该邑滨近江沟，极宜水稻，人迹稀少，遂成荒芜。亟宜招徕本国人民，赶速开垦，免收地价，展缓升科，得寸则寸，为实边之计，应作何办理。

六、警务　临邑俗刁民杂，愤激生变，构结起衅，在在堪虞。况有越垦韩民杂居其间，韩已归日保护，容易滋生口实。前令所办巡警，究竟若何，足敷分布否。稽查韩户办法，已有端倪否。应即认真整顿，以巩内治之基。

议员陈訚议东边道呈报筹办鸭、浑两江巡船拟章请示案

拟章尚属妥善，应即由该道札行各该县照章试办。此事为图保江权起见，关系甚重。鸭江一路，界接两国，尤为紧要。两路均应设有总机关，方能呼应灵通，事归一致。拟饬该道悉心筹议，呈候核夺，并随时督饬各该县认真办理。筹款一节，据张委员原禀称，行江槽船，向有槽会私收规费，为数不赀。应解散槽会，酌定捐数等语。是否可行，应一并由该道筹议，呈候饬遵。是否，候宪裁。谨议。光绪三十四年十一月初四日奉堂谕，照议批行。

议员陈訚议呼伦贝尔沿边设卡伦章程

谨按原章：沿边共设卡伦二十所，每卡置一卡弁，每五卡置一卡官，以吉拉林设治局、满洲里边垦局分隶之，仍统受边垦总局之监督，别于库克多博、温河两处设总卡官。据第三条云，并归吉拉林、满洲里两局节制。第五条云，库克多博总卡官直接边垦总局监督，未知究以何为准。综上所述，卡弁受制于卡官，卡官受制于总卡官，又受制于两局（吉拉林、满洲里），又受制于边垦总局。两局之视总局，似平等似不平等，总卡官之于两局，似相属似不相属。阶级太多，权限不清，此职掌之尚应研究者也。第十二条云，界内各种木植，非经国家许可，概不准俄人采取，亦不准其越界围猎。第十九条云，严约弁兵，勿得擅入俄境。第三十四条则云，俄人过界刊木割草并牧放牲畜，分别征收税款。与前二条语意不符。虽第十二条有许可字样，第三十四条有分别字样，究属牵强。且国境所在，往往缘一草一木渐启争地衅端，律己宜严，律人亦不宜宽。故界务以肃清为主。现在新设卡伦，纵俄人骤难就范，然亦不宜着之税章，长贻口实。税课事小，国界事大，市易则可，伐砍则不可，运输则可，就牧则不可。此税务之尚宜研究者也。第十条云，与俄接壤之地，以额尔古讷河岸为天然界限，自阿巴该图至达尔巴干达呼山为界限，指陈沿边地形，甚觉明瞭，然亦无

所轩轾。窃谓设卡立防，宜分缓急，平地易逾，河流难混。额尔古讷河岸尚有河流可凭，自阿巴该图至达尔巴干达呼山则全恃卡伦，易混难争。该两端地处冲道，更宜特别注意，似应设职位较重之员以资控驭。中间卡伦，尤宜周密，以重防范。此界务之尚应研究者也。

以上三条，谨据管见所及者言之。然理想不逮实验，宋道或尚在计划，或别有原因，均难悬揣，不敢妄断。且据禀谓系暂行试办章程，仍须随时详查并亲行履勘后，再定详章，呈请奏咨立案。是此编尚系草案也，详阅各条，均尚妥善，自应一并照准试办。函覆时可否并附所议，饬其订定详章时再行研究之处。是否，候宪裁。谨议。光绪三十四年八月十六日奉堂谕，照议。函致宋道。

议员徐秀钧议署呼伦贝尔副都统宋道小濂调查中俄边界设卡收税案

查中俄边界百里外设卡收税，此议起于满站俄人辱毁税局，乃变计而为百里界外之建置。国际攸关，耳目俱在，我本援约以图转圜，人益得计而思威逞，若遽行退出界外设卡，是无异自行承认满站本非我可设局之地，则后此满站开埠、设官，一切事权，益多阻碍。周帅迭次来电，谓宜力请外务部与俄使商改陆路通商条约，为握要办法，并宜从缓宣布出界设卡之事，以免俄人借词狡脱。所持理由甚坚，更念外交多重权变，而例案取便解释。查前转该道外务部八月二十七来电云，俄使照覆内称，前宋道与俄外部官商订刈草及牧放牲畜收税章程，并未订有牲畜毛皮张各类之税等语。是按其辞气，俄使业经承认前类订定收税章程，即仍在满站照章收取刈草各税。竭力坚持，总易办到。又该道十月庚电内开，华垦务局仍在该站界内租房居住等语。若仍以该局兼收，俄使已经默认之刈草各税，查验商民取其严，征收税项取其宽，俾俄官民习而安焉，以为他日逐渐扩张根本，似较遽然退出界外设卡，略胜一筹。依此办去，慎择长于肆应者充局员之选，本阳急阴缓之规，成明退暗进之局。至于该道此次派员查出宜在大楚莫古设卡，应俟函商周帅定否出界设卡，再行酌办。并拟由江省先拨马队一哨往住大楚莫古一节，办法甚是。盖即非防护税卡，亦应厚备兵队，保卫边蒙，以免俄匪肆行骚扰，应即由该道商承周帅，迅为派拨，仍函商周帅酌夺办理。是否，候宪裁。谨议。光绪三十四年十一月奉堂谕，照议函覆，并函商周帅。

议员徐秀钧议交涉司呈遵饬派员往查大孤山地势界线情形案

据称孤山地势未占优胜，商务现形微末，日人之经营孤山尚未实行，并以辟埠通商，需款甚巨，现在库藏支绌，请将孤山开埠一事暂行缓办各节，亦非无见。惟待日人实行经营，则事机易失，商务、商埠二者之盛衰，究系相因而成，地势之优胜与否，亦以人力之进退为断。孤山辟埠事关重要，若果应办，自无惜费之理，是该司所持缓办之理由，立论非尽确切也。查孤山前两年间，出入口货约值八十余万两，轮船、帆船往来鹿岛卸载货物者月凡十余起。今乃寥落如是，急求振兴，应以辟埠、通商为枢纽。且孤山与朝鲜相隔最近，一苇可航，私货、禁货最易入口。从前本有在该地设立安东分关，严防日韩货物偷漏关税之议，是孤山虽属偏隅，其地势实关全局，开埠通商即为整顿人手之要着。应仍由该司设法筹办，或另派明干而且精熟事理之员迅往查勘，详议具覆呈候核办。是否，候宪裁。谨议。宣统元年二月十三日奉堂谕，照议批行。

议员陈訚议吴标统光新奉饬调查临、辑一带情形案

谨案：延吉界务交涉，即由韩民佣工而起，其时韩为我属，当局者常事宽假，以致今日之祸。今则韩为日护，日人利用韩民以行其干涉政策，为韩殖民即为日殖民，情势更为危险，则对付亦不宜稍纵。对付之法，自须先从编查韩侨户籍入手，然不绝其源，则流终不得而止。以我之国力论，既不能禁其入境，亦不宜强以入籍，惟有分已入境、未入境二办法，力清其流，严杜其源。（清流办法）国际惯例，凡外人入境及愿归籍者，本国须尽保护之责。今应假保护为名，饬下民政司派员会同地方官将现有韩侨切实清查，分居留、归籍二种办法，（居留）只准受人雇佣，不得擅垦。除禁止外，如有隐匿，经官发觉，即将地亩充公，其诉讼概不收理。仍须妥定规约，严防寄户之弊。（归籍）得领地升科，与华民无异。惟享我国同等利益，即须受我国同等法律，（应易服剃头）韩国不得再为干预，以免日人借词，否则概不认准。以上二种，各编册籍，各给凭照，限期清结。（杜源办法）前项清结后，应饬民政、交涉两司严定限制章程，宣告韩国：（一）韩民入境，须请有东边道、交涉司游历护照，以便保护。无照擅入，由地方官查明，限期出境。（二）不得无故百十成群，同时入境。须经交涉司、东边道查

验认可，方给护照。（三）佣工须别定规则换给执照，将游历护照缴销。（四）入籍须明定章程，并定入籍费，遵章缴纳。（五）愿入籍者，虽经遵章请求，无所妨碍，但该管官厅仍得临时裁度其可否。此处置韩民之概略也。详章应饬由民政、交涉司妥筹核定，惟总须抱定限制主义，勿稍放纵。从前以东省居民稀少，招垦不易，常事宽假。不知我国内地，已患人满，恃有东省以为尾闾，现招垦纵未发达，其为吾国将来之大殖民场则可预决，岂容先让他人入室，以自绝后援。自古纵敌实边，绝少良果。晋之五胡，唐之回纥，证诸历史，盖无幸免。况以野心鸱张之日本，方日注意于借韩以殖民，借殖民以侵边，则我岂可不力筹抵制乎。拟请札饬民政、交涉两司照议会订详章，急图实行，不宜再迟。又闻吉林南边濛江、桦甸一带，韩民麇集，日人已施其种种经营方法。滋蔓难图，应否咨行吉省妥筹划一办法之处，候宪裁。谨议。光绪三十四年六月十六日奉堂谕，照议札饬民政司、交涉司会议办法，并咨行吉省。十月初二日议员吴慈培以事隔三月，尚未见民政、交涉两司议覆前来，拟稿札，方据民政司呈覆，谓已通饬地方官限三月内查明户籍后，再行严定章程。应俟各属呈报到日，再行会同交涉司妥议办法，故呈覆稍迟。经议员吴慈培议，以各属地方官只能担调查户口之任，至编籍办法仍赖该司等悉心厘订，应即饬其遵照，迭次札饬妥筹具覆。奉堂谕，照批。十一月十四日始据民政、交涉两司会议呈覆前来，当经署参事陈訚核议如左：

查原议援引约章，颇具见解，惟韩约既有已经越垦者，听其安业等语，自不宜概令易服剃头，强迫入籍。韩约既有以后潜越边界，彼此均应禁止之条，更应遵约实行禁止，断不宜有所变通，仅取册照费便准越境。盖吾国国籍法素未规定，如遽行宣布强迫入籍，在我无所遵守，日人反得起而干涉。且又无各国通行归籍后限制之规定，日人或借为内间，种种流弊，不可不防。现在办法惟有遵约，将已来者令其安业，未来者严禁越境。并照前饬假照约保护为名，将现有韩侨户籍实行清查，此在我则为严杜未来之计划，由日人观之，亦有地主权者应尽之职任也。夫韩侨垦地食租，已享我国同等利益，即须受我国同等法律，虽未易服剃头，亦与入籍无异。其自愿易服剃头，则在所不拒。总之，入籍与否，以韩侨之请愿为断，而不宜于强迫。编查户籍，为整理内务之关系，而不涉于外交，庶隐患可弭，日人亦无词责问。如蒙照议，应即批饬民政司照上开主旨规定办法，责成该司督饬地方官妥慎办理。前札开杜源、清流二办法，并应以杜源为尤要主旨，照约严杜未来。其有事关交涉者，仍会同交涉司办理。是否，候宪裁。谨议。十一月十一日奉堂谕，照议批行。嗣以各属地方官多有误会意旨，勒令韩侨易服剃头者，而编查户籍因无颁发规则可以遵守，亦多观望疑阻。当由署参

事邹致钧拟定调查韩侨,暨入籍管理规则如左:

调查韩民之条款

一、男女

二、人数

三、姓名

四、年岁

五、籍贯

六、职业

七、住址

八、来华年月日

九、本国产业

十、在华有无房产、地亩、牲畜

十一、房产、地亩、牲畜来历及数目

十二、完纳租税之种类及额数

十三、暂居及久居

十四、行为

十五、装束(如本国西洋日本之类)

十六、习尚

韩民入境应守之条规

一、入境三日内,须在中国行政官厅呈送履历并述来华希望。

二、不许携带军械及危险物。

三、禁止私垦官荒及占垦租买民地。

四、须遵守中国法律及警章。

五、凡垦地及贸易者,须照章完纳一切赋税。

六、凡营业必须呈请行政官厅批准。

七、不得有违害善良风俗之营业。

八、韩民居住处所,须于门首钉木质门牌以便稽查。

韩民犯以上各条规之一,有业者按中国法律处以应得之罪,无业者由地方官驱逐出境并宣布其罪状。

对于无业韩民之处置

一、无业韩民不许逗留至两月以上，违者驱逐出境。

二、无业韩民有品行不端，足为地方治安之害者，驱逐出境，并宣布其罪状。

三、无业韩民不许五人以上聚居及聚众开会，违者由地方官解散。

对于有业韩民之待遇

一、以前占垦官民荒地之韩民，如能安居乐业，遵章完纳一切租税者，应予以相当之保护。

二、以前占垦官民荒地之韩民，如愿将地亩交还者，由地方官查看垦地多寡，酌给工资，以示体恤。如交还系民有地亩，其工资即由地主自给，收回管业。

三、以前韩民占垦官民荒地，禁止私自让与、交换、转买，必须禀请地方官批准办理，方能有效。

四、有业韩民之子弟，准其入府、州、县小学堂肄业。

韩民入籍之条件

甲、原则

一、须禀请地方官转呈东三省总督批准备案。

二、须在中国居住三年、有生活之本据地者（如垦地之住房、贸易之铺店）。

三、须在二十岁以上而无精神病者。

四、品行端正者。

五、有资产或技能者。

六、须可失本国国籍者。

七、须剃发易服。

凡备以上各条件即可准令入籍。

乙、例外

一、父母及妻为中国人者。

二、生于中国而有住所者。

三、十年以上长住中国而有居所者。

四、韩国人于中国有特别功劳者。

凡备以上各条件之一，即可不拘原则条件准其入籍。

以上入籍各条件，系专为奉韩接壤一带居住韩民而设，外处不适用之。

韩民入籍后之效力

韩民既经归化，即与中国人有同一之权利，惟不得充地方官吏及军人、巡警。

以上各项，除调查条款应由调查员具表详细填明，限期呈报，其余各条应由临、通一带府、州、县遵照办理，并晓谕韩民知悉。是否，候宪裁。谨议。光绪三十四年十二月二十八日奉堂谕，照议，并派员会同地方官详细调查。

署参事邹致钧议东三省筹边处试办章程

第一条　本处系筹办三省边务，应定名为东三省筹边处。

第二条　本处以调查研究东三省边地情形、预备规画、整理一切边政为宗旨。

第三条　本处综理三省边政，应以奉天为总汇，暂于奉天行省公署楼上设处开办。

第四条　本处应设立三科，分掌各事，其目如左：

第一科　掌关于奉天一切边务事件。

第二科　掌关于吉林一切边务事件。

第三科　掌关于黑龙江一切边务事件。

第五条　本处每科各设三股，分类办事。其目如左：

甲、边防股　职掌如下

一、筹划安设卡伦、部署卡兵及应行增设变通等事。

二、调查邻国国防计划及移民屯田实边各政策。

三、计划沿边国防之准备。

乙、实业股

一、筹划屯田，择地兴办，以扼边要。

二、筹划移民实边及奖励之方法。

三、调查何处应开道路，兴航线，筑铁道，以便兴办而利交通。

四、调查沿边森林矿产、渔业等事，呈述意见，以资採矿。

丙、疆界股

一、搜辑中外图书、编纂边界地志并研究历年界约。

二、清查界碑，设法守护，以免毁坏及外人私置等弊。

第六条　本处设督理一员，禀承督、抚，率同科股各员综理全处一切事务。襄理二员，帮同督理经理全处事务。

第七条　每科设科长一员，经理本科各股事件。每股设股员一员，分理本股事件。每科各设司书二员。

第八条　本处筹办三省边政，处中人员应由三省商同委派。

第九条　本处为慎重责成起见，处中人员概选用现有差缺、通达内政外交者兼充，不给薪津，俟办有成效，再分别酌加奖励，但吉、江委派人员不在此例。

第十条　本处暂不设测绘人员，应由督、抚宪札饬参谋测绘处兼办本处测绘等事。

第十一条　本应遇有应行出省调查事件，临时禀明督、抚宪另派委员前往。

第十二条　本处一切经费，均由东三省支应处开支。

第十三条　本处成立之日，应由督、抚宪通饬各厅、司、道、处、所，将所有关于调查边务信函、报告图说等件，移交本处，以资研究。

第十四条　本章试办，如有未尽事宜及应行增改之处，随时禀明督、抚宪办理。

本案于光绪三十四年十二月奉堂谕，照办。嗣因交卸在即，遂未开办。

副议员蔡肇元议辜委员天保条陈处置韩侨办法案

谨核该员报告一书，于韩民越垦之原因与其习俗性质行为等项，均能切实调查，条陈一篇，纵论韩民之处置及界务防务之计划，亦颇得其要领。惟其中不无误解之处，业经张守凤台分别签出。然如请禁止韩民改我地名，请饬各府、厅、州、县规定韩民归化办法，请取缔韩民伐木、打牲饬下交涉司核办各节，均极有见地之言。且于设治前途，大有关系。张守原签，似尚未能见到，兹覆加签注明，应请将原书存案备查。至条陈内所筹对付韩民各项办法，应否饬下司、道、府、厅、州、县分别办理，仍候宪裁。谨议。宣统元年三月初一日奉堂谕，应行司、道等处，并应交编辑处汇阅。

附咨议厅议案之六

请颁发各属出入款项表册限期填报预备均俸议

按议改官制之先，必预筹改良禄制之法，欲议改良禄制，必预先调查通省有若干缺，缺若干人，差使若干，奉差者若干人，该差缺内应领之养廉、公费、薪水、津贴岁若干金，例受之陋规平余、杂税、行户税若干金，每岁因公例出之各项用款岁约若干，除用应入私囊者岁约若干，皆须清查数目，汇由本厅总核，以凭通盘筹算，为改良官制入手之基础，善后之方法。谨条举意见，伏候钧裁，酌付公议。

一、拟由厅核定行查之表册格式，呈堂核准后，发交官纸局印刷若干份，盖印编号，颁发省内外大小差缺人员，依式填写实在数目。省内限十日呈报，省外限一月呈报，逾限撤参。

二、所发表册内，应用督、抚宪双衔晓谕该现膺差缺人员，使知此次行查之理由，俾令从实填报，毋或欺饰。

三、此次行查后，拟以通省呈报到齐之日起，由厅覆核其有情节支离迹近隐匿者，应请一面暂将该员撤省，一面遴委谨饬之员接任，饬令到任后按照原报数目核查有无情弊。一经查出弊端，即将原报该员从重参处。

四、此次行查后，倘有发觉隐匿之案，则此次通省填报之表册皆不能据为信史，应一面将到厅表册另卷存储，一面颁发空白表册通饬另行填报。经一次惩办后，似不宜再有以上情弊，应以第二次表册到日，由厅核议。

右四则，系行查各差缺出入款办法之意见。

一、筹改新官制，务宜详于亲民之官，凡盐司、道、府重叠无谓者，皆宜裁去。此次既经清查，全省官吏入款数目，应由厅核算。此项入款以每缺岁给若干金计，能养若干人即可设若干缺。或入款较多而设官已备应即另项存储，或设官较多而款不敷用，应即另支库款。大约经此次综核以后，断无不敷支用之理。

二、新官制出现后，应一律由行署颁给俸禄。该差缺内向来所入之款，除应领库款不计外，余若陋规平余、杂税、行户等项，皆令按照原报官表册内开之数，按数征收，随同地丁钱粮报解行署，交省库收管。

三、该差缺内向收之陋规平余、杂税、行户有近烦扰累及细民者，或由厅议饬酌减，或由该管官吏禀请酌减，应查看情形量与办理，以后不得于原额之外，另有增加，违者以赃私论。

四、官吏俸禄必须领之省署，自系不易办法。惟去省较远之州、县赴领为难，似宜量与变通。拟嗣后颁定禄制时，定为月俸，每月领若干金，复合成一年整数共若干金，通饬大小官吏于每年春季第一次报解省库钱粮、税饷、杂款时，按照本管所收之款，将本身差缺内本年全俸扣领，造具领结，盖印签名，随同批解库款之文书一并呈递行署存案。本年内该员如在任获满一年，自应全俸全领，倘年内遇有撤任、卸任等事，应将领俸按月核算，与后任交清，方准离任。如有亏欠丝毫之处，准后任据实禀揭，按照挪用正帑亏空例，一面将该前任奏参查抄，一面由省库补发后任损失银两，务令足额。

五、新官制、禄制出现后，应由督、抚宪奏咨立案，永远遵行。无论何人，概不得借口库款支绌，减扣成数，违者以违制论。

右五则，系行查款项关系于改官制之意见。

额外议员行走严伟提议

本案经议长核议如左：

查东省地方官制，前于奏设行省时已略言之。其大端，并府、州、县为一级，皆径隶公署而不相统辖。若关于交涉、关税、边务、界务，则另设一道以统治之，府、州、县以下各设佐治员若干员（如视学、巡警、裁判之类）。此其大较也。今吉、江新设之府、县，皆不相辖，即本此意，将来奉省地方官制似宜照此推行。惟均俸一层，自是正当办法。先宜调查各地方出入款项，凡陋规各项，皆据实报明，及地方所办新政款项出入亦隶之，由厅颁发表式通行，并于札文内声明随时派员密查，如有不符者撤之，俟报齐后再定。均俸办法应由本厅详议，应如何酌定表式、颁发命令与预为筹划均俸地步，一并会商议拟核夺。再旗务官制最形复杂，已饬该司筹画，本厅可暂从缓议。

本应各议员对于本题意见如左：

奉省地方官制亟应厘定，均俸之法亦应一并筹计，相辅而行。查新官制，府、厅、州、县不相统辖，而旧日相统辖者仍相沿未改，一省而有两制，不成政体，应定划一之制。新旧州、县各自独立，直接受督、抚管辖，其办法有二：

一、府、厅、州、县各不相辖，所有学官及佐贰杂职各员缺概行裁去。辖地广者增设县治，不堪设治者增设巡警分驻所。各府、厅、州、县一律设立审判、检察厅，地方官不预词讼，专司行政部分之事。旧有六房概行裁革，别设佐治员分理事务，视学、巡警、劝业、捐务各一员。交涉关系重要不设官，凡有交涉之地，其地方官即选委深谙外交之员佐治。各员均由地方官呈请委用，受地方官之指挥，分理该管事务。裁缺之学官及佐贰杂职各员，才堪任使者，分别委充佐治员，其余人员概令入法政学堂肄业。此根底上之改革，果能雷厉风行，则司法、行政从此分立，非徒于地方治理有所裨益，即于宪政前途亦大有关系。惟是财政支绌，审判、检察厅之设需用既钜，佐治各员又须厘定薪津，即整理地方财政、提用裁缺薪俸以之充各项经费，仍恐不足。

二、旧设府、厅、州、县一律照新官制，不相统辖。裁革房书，分别设佐治员若干员，审判、检察两厅暂缓设立，于佐治员内添设裁判员，学官、佐贰、杂职各缺暂缓裁撤，明定薪津，以养其廉。府、厅、州、县各地方官及佐治员均明定薪俸，提解平余、陋规各款。俟财政充裕设立审判、检察厅扩充巡警之后，再将裁判官及佐贰、杂职各缺一并裁撤。

以上两办法，应俟整理地方财政后，视款项之多寡，通盘筹画，再行定夺。至整理地方财政通饬表册，原议各节，应再详加研究分别增改，再行请示颁发，限期呈覆。呈报不实者撤参，通饬内均俸字样似可不提，以免地方官误会。

议员邹致钧

原议甚为妥当，惟限期呈报为日太促，恐各属潦草塞责，仍有不实不尽之处，转恐生弊。不如宽以时日，俾得详细呈报，较为妥善也。

副议员苏志贞

原议各条，似亦斟酌妥协。惟立法贵推行尽利，而过当之处，未免强人所难，恐非政体，似宜再加研究，务使各属易于适从，庶可兴利除弊。

额外议员唐棣

原议赞成，邹君所议首条办法甚允当，应俟调查款项确实后，始能定议。筹改地方官制，最忌新旧并立，非特不能推行尽利，抑恐渐染旧习。邹君所议首条纵难办到，其第二条既拟设佐治员，则学官、佐贰各缺必须酌量裁撤，务期设裁相当，既免重复，兼为腾挪经费地步。司法、行政必须分立，地方审判似不宜再缓。至裁改房书别系一事，盖佐治员必负责任，非为府、县官办公而设，且不宜聚居一城，房书不足以当之也。又均禄制颁行后，即不许额外多取一钱，惟各府、县距省路有远近，其到任、解任及因公晋省，似应视道里远近酌定路程费，查各国亦有此办法，议均俸时宜一并筹及。

议员陈　訚

平均禄俸，应俟新官制厘订后再行酌定，此时当遵议长所谕，先将各地方公私出入款项由本厅详拟表式澈底调查，以为均禄预备。

议员孙际云

本案经议长议决如左：

府、厅、州、县不相统辖，奏定行省官制时已略言之，但一时恐难办到。裁革房书为目前改良第一义，即办事官名目亦须淘汰，鄙意应先以颁发表式调查各款为入手。均俸办法，应俟查明后再议。佐治员必须分设，如裁判员即以刑幕或发审委员改充，视学员即以学官改充，警察员即以典史改充，税务员即以县丞或巡检改充。如此，既可汰除无用之官，又可腾挪已有之费，统受成于地方官，不似今日州、县办事之漫无条理矣。至司法独立，目前裁判、检察势难遍设，而佐治员已与地方官区分，将来有款时，划分自易，亦过渡时代必由之径也。惟均俸一层，关系全省吏治，倘调查不清及隐匿不报，以致实行时有名无实，公家有筹款之劳，官吏以相忍为国，恐终无裨益耳。

本案于光绪三十四年五月初一日奉堂谕，先发表调查，再次第筹办。

议员徐秀钧议副议员兼调查局科长严伟呈拟清查财政入手办法案

原议清查财政入手办法，拟请咨商度支部请旨，自某年起凡各省出入款目据实查报不合部例者，概免议驳等语。无论咨请难于照准，即能准办，是部中不操议驳之权，于总管全国度支之义未合，又岂部臣亟欲清查之本意耶。地方税款目虽经本厅制表行查，原议谓宜派员覆查，以期核实填报。然本厅行查各厅、州、县之地方税，非必宪政编查馆所谓应行预算、决算之全省地方税也。窃谓度支部催造全省全年一切收支表册，外省之难于应命者，不在取便于匿报，而在部臣之不宣明清查财政之宗旨，尤在不能督责各省分别国税与地方税之款目。若果部臣真欲达其清查之目的，何不照去年九月二十二日来函，本其实事求是，不以旧制相绳之议，明定办法，请旨施行，外省亦安得而阻之。国税与地方税之款目分，则凡外销之款，大半可列于地方税。既属地方税，疆臣自有不必邀求京部准驳之权，即填报此项收支各数，无大难事也。外销之不能和盘托出，此办事需款不得不然之办法。地方税不能全受牵制于中央，此活动地方行政机关不得不然之办法。二者名词虽异，而意义实同也。兹为调查局办事起见，拟请仍如去年覆度支部函内大意，咨请从速颁发部定各项表式，以便填报，俟颁到后，再行饬知该局办理。若为筹定清查财政入手办法，似当先行类别国税、地方税之款目。查内阁会议政务处议覆赵御史奏统一财政一折，内有应责成各督、抚先将该省出入各款，遴派精核人员通盘调查，分别国税、地方税再行拟定办法，分别施行等语，曾经阁咨并札饬度支司，遵照办理各在案。似应重申前令或另派专员切实调查，分类议办。一俟国税、地方税款目分明，即京内外管理财政之权限随之而定，庶几于清查财政或无搪塞、牵制之一日。窃愿我宪台力为之倡也。至如本厅制表行查地方税，虽派员覆查，恐未必能得真际，若为根本之计，似应试办府、厅、州、县之经征局，俾地方官不得经手征收事件。一邑之财政俱集权于该局，地方官得而稽查之，抑或照前经枢府编定之外省官制，分别设立主计官以为整顿地方财政之基础。凡此皆近来切要之新政，若能次第举办，实于中国前途大有裨益。是否，候宪裁。谨议。光绪三十四年十一月十五日奉堂谕，东三省又与内地不同，用财所以办事，先将应办之事列出，再计算应用之财，不妨直达部中也。所论甚是，照议分别咨批。当经议长议定，先行咨部。节录咨度支部，文如左。

咨度支部文

前准贵部咨开统计处案呈，案查本部遵旨设立统计，应咨行各省将军、督、抚、都统转饬调查局迅将光绪三十三年所有该省一切收支款项，无论正项、外销，均即分门别类逐一造具表册，并于表册内加以凡例，申明各种款项案件事由，限文到三个月内送部，至迟不得过五个月，以凭汇总编纂，毋得延误等因，两次知会到本大臣，准此。查前奉谕旨，饬各省设立调查局并于各司、道、局、所及外府、厅、州、县均设统计处，奉省已遵设调查局并饬各处筹办统计，奏明在案。惟前奉宪政编查馆咨行奏定章程第十二条内开，所有统计事项，应按照臣馆所定表式，由督、抚札饬司、道及府、厅、州、县各衙门添设统计处，选派专员就该管事项分别列表等因。奉省设局伊始，亟俟此项表册填注，并经咨催该馆速行颁发各在案。查财政为统计之一大部分，若由外省自行造具表册，似于该馆原奏不符，将来颁发以后，必致与馆式参差，仍须另造。是部限虽已期满，实因未奉馆颁表式，以致迟延之实在情形也。今又奉大部咨催，自应饬令分别照报，以清款目。惟查用款之多寡，全视办事之多寡为衡，故必先计划每年应办之事，即可预算每年应用之财，内地岁入如丁粮、捐税、盐厘等取有常额，其地方行政费用如巡警学堂尚未普及，大都养官之费多，办事之费少。东三省情形则大相径庭，盐厘则正在创办，盈绌无定，税捐则华商疲困日见萧条，是进款已无定额，而巡警学堂遍及乡镇，其余如工程，如卫生检疫，如修路等事，地方应办之事日不暇给，又未明定地方税，支绌情形已觉困难。况边务、界务、蒙务、兵事、交涉相逼而来，动需巨款，两强相较，竞争无已，即使无米之炊，岂能坐视不办。故以每年应办之事，预算每年应用之财，以入较出，相差何止倍蓰。所有正项用款，向皆照例奏销，是大部已有案可稽。至于外销各款，欲使分门别类，以某款抵作某用，实因一款未到即已腾挪别用，若按款胪列，必至项项皆亏，是各省外销或有赢余，东省外销同一不足也。大部总管度支，必有酌盈剂虚之法。事关统计，亦未可专候馆颁表式致有贻误。应请贵部先将各项表式颁发到奉，以便照式填注，庶便遵循而昭划一。相应咨覆贵部，请烦查照办理可也。

署参事陈訚议筹备长白设治事宜张守凤台呈预算常年经费表，请筹专款指拨案

查原呈预算表所列款目，固属要需，但地方行政费用不能全仰之于省，亦犹各省行政费用不能全仰之于部。将来该府开放地亩、街基及庆、长二堡所得，并木税、杂捐等项征收，当复不少，即能以地方之财办地方之事。惟现在创办费用，应准其随时支领，源源接济。所请由度支司储备十万两专款之处，应毋庸议。是否，候宪裁。谨议。宣统元年正月初九日奉堂谕，照批。

议员徐秀钧议驳辑安朱令淑薪条陈新政筹款案

查该县呈称财力艰难，办公竭蹶，额地只有十一万余亩，而警、学二项已抽三万余元。现在庶政待兴，百事需款，徒取诸民，未免搜括过甚，爰拟通盘筹划之策，请饬司筹议。按照各府、厅、州、县地方之肥瘠，分别紧要、次要，将地方税酌定划一额数，并额定行政经费暨非常预备费，以某邑之所盈，补某邑所不足。盖国家既

有受协之省分，一省亦当有受协之州、县等语。所陈亦非无见，惟省分受协，必因边务关系大局，所协之款，多在国税项下指拨。如果确系地方税，取之本境即当用之本境，否则地方纳税者必因之而哗也。整饬吏治，只有裁去陋规，酌量均俸，尚可实行，断无均分各地方税之理。税均则用亦均，地方之富者渐形为贫，地方之贫者或以赖人而不自谋其富，流弊何堪设想。况地方之紧要与否，亦以税源之多寡为断，不仅在疆域形势也。该县应办之事，自当力体时艰，酌量岁入之多寡，分别事类之缓急，次第举办，亦非必难于着手。若地之实属贫瘠，即当默念古人养先于教之义，提倡富民之策，徐图后效。至如边防要政，实在难缓，自应随时体察情形，呈请筹定经费办理。原呈各节，应毋庸议。是否，候宪裁。谨议。光绪三十四年十二月初七日奉堂谕，照议批行。

议员徐秀钧议通化县史令纪常呈拟官钱局办法案

该县以钱法紊乱，市商任意架空，发行空帖，民间轇轕日多，流弊亦无底止，现拟治标之法，限制出帖，检查资本，责成商会办理，自是入手要着，仍应仰该县认真督率，以期有効。惟该县拟设通惠银钱局，由本地官商集资五千元并向官银号息借五千元，俾成官商合办，嗣后仍由商家陆续收回官股。近以商股无着，拟请饬下官银号筹借一万元或五千元，发交该县，派人经办官钱局，抑或由官银号派人办理等因。查官钱局办法自与该县所拟通惠银钱局办法不同，此次只将银钱局章程抄呈，究竟如何办理官钱局，无从核定。且资本既由官银号专筹，又请该号派人经理，若果照准，即是设立官银分号，无须另立官钱局名目。通化出产亦多，维持商业自以发达钱市为要，应否分设官银号于该县，抑或筹借官款交该县办理官钱局，似当饬知官银总号核议，具覆呈候饬遵。再该县以如蒙批准，此次所请，即在钱粮征收项下划留五千元，由官银号拨还，自应俟官银号议覆后，再行分别办理。是否，候宪裁。谨议。光绪三十四年十一月二十五日奉堂谕，照议批行。并饬官银号从速核议。嗣官银号议准，由该号借银元五千元暂行试办。

议员徐秀钧议代理盖平县王令乃钦呈明期成商务两会牒请变通钱法案

查该县整顿钱法，迭经姚令呈明办法，总以银元、铜元为价太昂，强之使落。究竟其价之昂，实因盖钱恶劣，空帖过多之故，若不废去盖钱，禁用空帖，实币价值终有不能跌落之势。兹据称该邑绅商等请准暂将银元由八吊抬至九吊，铜元由七成抬至八成，庶市面便于流通，票行免于困敝。仍俟五月初十日起银元由九吊减至七吊二百、铜元由八成减至六成以符原案等语。惟查盖平市价，纯视营口为转移，此时银、铜元价既不克勉如初议，该绅商亦何所据，而遥亿五月间即可跌至原议价值耶，殆不过补救目前，借词延宕之计耳。总之钱法败坏，不在实币之价昂，而在虚币之不去。倘如该绅商等牒称自五月后，凡购买物件概用铜元，凭帖概以银、铜元计数，则盖钱渐废，即对于银、铜元永无价值之可言，钱法日见整齐，市商必多裨益。第恐该绅商偶见及此，届时又为诡变。地方利益不自图谋，实效无期，殊堪浩叹。姑念该县既经出示照办，所呈应准备案，以免反覆。仍饬该令传谕各绅商恪遵本议，届时切实择要办理，借收公益。是否，侯宪裁。谨议。宣统元年三月初二日奉堂谕，照议批行。

议员徐秀钧议官银号请饬安东海关各分局款项统交该分号汇解案

查该号为东省金融机关，凡属公家存汇款项，自应由该号承办。征之名义，既属当然，兼以营业行为只须略为操纵，即所有公款，亦断无不由该号存汇之理。今据称安东分号应办各事宜，请札饬各该局将应行解省款项，统交该分号汇解，事属正办。惟各该局必系禀承省署、局、所办理，或系任便交易，若径札各该局，纵使暂行略为敷衍，亦为下情之难于深责。究竟该号存汇公款，亦当另有专章，实形便利，处处乐从，不仅为安东分号谋也，应即为一劳永逸之计，折衷官私银行存汇办法，从速妥定存汇公款简章，呈候核办。严饬各司、道并各总局转饬各属，遵照办理。一面由各该分号就近接洽，庶不至空文督责，俾期实效而规久远。是否，候宪裁。谨议。光绪三十四年十二月初四日奉堂谕，照议批行。嗣该号拟就简章，当经通饬各司、道各局、所遵照办理。

议员徐秀钧议度支司呈明旗仓裁缺余款弥补仓亏，旗务司、农业讲习所经费碍难指定此款提用案

查广宁、义州、凤凰、辽阳、宁远各处旗仓亏短，光绪三十年以前征存米石，定由裁撤仓员应得盈余项下按年弥补。经各该仓解过盈余，亦属无几。宁远仓正额收数，尚形短绌，仓亏更无从弥补。现在旗务司创设农业讲习所，请准由内外城十五旗仓每年征收盈余全数中酌提三成，作为该所开办及常年经费。惟是否于各该仓盈余全数中，除提解裁员应得盈余弥补仓亏外，再提三成，未曾叙及。应请按照原呈，只准饬知旗务司于现行酌提仓款盈余办法四条内声明提补仓亏原案，仍令广宁等五仓随时开除裁员应得盈余，解补仓亏，再行按成提报，借重正供。若为清理仓款之计，或应俟此次内外城各旗呈覆到日，即由度支司逐款稽核酌盈剂虚。所有旗务司、农业讲习所应用之预定经费计五、六千两，由度支司核实支领，即将各仓按成应提之盈余解存度支司，借便筹补而昭统一。是否，候宪裁。谨议。光绪三十四年十二月初三日奉堂谕，照办。

议员陈闾议广宁牛马税局委员郑倅庆名呈拟查圈办法案

查圈之举，外县早经通饬停止，何以该员犹复筹陈办法，殊属非是。绅士查圈，把持讹诈，固所不免，委员下乡，司事、书巡借端骚扰，为害滋深，两者皆弊。夫捐及牲畜，本非得已，但使稽征得力，正供无亏，何必纷纷为防弊之法，重累吾民也。所请应毋庸议。是否，候宪裁。谨议。光绪三十三年八月初十日奉堂谕，照议批行。

议员吴慈培议吉、江盐务归官运后售价及官利数目亟应详查案

近日风闻吉、江两省盐务自改官运以后，每百斤售价较从前商运增至一倍有余，且于既售之后，仍用旧票赴滩再装新盐，即亦不再报税等情。查吉、江两省设局运盐，未经限制官利，本为酌盈剂虚。现在怨讟繁兴，或由售价过高所致，亟应核实以

释群疑。拟请咨行吉、江行省衙门转饬两省官盐局，将自设局开运以来实在售价多少，共获官利若干，有无以上所开各节弊窦，详晰见覆，以凭稽核。是否，候宪裁。谨议。宣统元年正月二十六日奉堂谕，照议咨行。

议员徐秀钧议长春警局缉获私盐充罚案

查私盐变价发赏，本系缉私要着，惟乡愚未悉定章，辄以私运致罪，尽数充罚，财产荡尽，亦殊可悯。拟请札饬东三省盐务总局通饬各分局，以后遇有乡民大宗贩运盐石者，即当询明贩往何地，若系运出奉省，即令停止贩卖。否则，该分局以欺朦论。是否，候宪裁。谨议。宣统元年正月二十七日奉堂谕，照议批行。

议员徐秀钧议东三省支应处分科办事章程案

按总办本有稽查各科事务之责，于总办外另设总稽核一员，不过为承上启下，并遇总办公出时，嘱其代理起见，是与旧来所谓提调无殊。若为节省薪费，似无庸置设。但总办提举全处之纲要，亦赖有员资其同式之辅助，似应于原定文牍、会计、庶务三科，将庶务科改为总务科，立于会计、文牍二科之首，该科科长得以随时受总办之指挥，检查各科应办之事，并宣行承上启下之件，遇总办公出，即嘱其暂理全处事务，优给该科科长薪津，以资佐理。即将原定庶务科之职务，如收发文件划归文牍科经管，是于原议立总稽核之意亦不甚殊，而公家冗员之费亦赖以节也。再各科设科长一员，其余科员似无庸分一、二、三等，统按各科设正科员一名，副科员二名，正副书记生各科总共不得过四名，专司各科缮写。差遣委员专司解运款项，似宜统属于总务科之下，由总务科科长分拨调用。近来汇兑可通之地甚多，所有款项亦不必尽数直接解运，是差遣委员之数，可以随时酌减，拟暂定全处不得用过差遣委员六名。至如差弁二名似宜裁去，护勇为解运款项时所必须，合之局役仍照原定数目派充。各员薪津拟除总务科长每月酌给银二百两外，其余各科长月百五十两，正科员百两，副科员八十两，正书记生二十两，副书记生十二两，差遣委员四十两，勇役照原定之数开支，总计前拟各项薪金每月额支最多不过一千八百六十八两，较原定数减去九百四十两。至于总办薪津公费，应俟宪台批定。是否，候宪裁。谨议。光绪三十四年九月十五日奉堂谕，照议饬遵。

副议员蔡肇元议钦工局呈请续修大内要工案

查此项工程，据该局饬由同升木厂一律勘估，实需工科银七万九千九百两，尚属核实，做法亦尚妥善，应准照行，款项一层，当由本厅遵照宪谕与度支司暨该局面商。兹据该司声称，查前将军赵两次奏拨兴修大内工程经费银六十余万两，除先后动支各款不计外，尚余银四万余两。此次所需经费计共银七万余两，当经该司与旗务司商妥，拟先由前项余款项下动支，其不敷三万余两，由该司拨款补助。惟此三万余两须分数次支领，并搭铜元五成等情，事属可行，应即照所拟办理。一面择吉开工，免致迁延。该局现未裁撤，所请垫发监工员司薪津银两，恳饬下度支司如数给领，借清垫款之处，应即照准。其工程人员，应由该局酌减，以节縻费。此项工程，仍责成该道妥为办理，毋稍疏忽。是否，候 宪裁。谨议。宣统元年闰二月初五日奉堂谕，照议批行。

议员孙际云议署呼兰府黄守维翰呈征收税契应留一分副税之火耗补平，亦应截留案

按：江省税契章程每两征正、副税银各三分，每分加火耗银一厘及三二补平，其五分尽数报解，以一分留作办公经费。此次该守将一分中随有之火耗、补平一并提留，意在循名核实。度支司则谓除留一分公费外，火耗、补平均应报解度支司，似据有向章。该守则谓无明文，殊难解决。以理想度之，火耗、补平随分增加，有一分之税即应有一分之火耗、补平，若以五分之税得六分之火耗、补平则此一分之火耗、补平度支司受之为无名，该府失之为偏枯，定章应不至如此，度支司所查定章，或向例如此也。应否批准，候宪裁。谨议。光绪三十四年六月十七日奉堂谕，照议批准。

议员徐秀钧议怀德税捐局委员史久亨呈为该局税款短收、经费支绌、请在酒斤加价项下扣留一成案

查该局所请在酒斤加价项下扣留经费一成，本系通融办法。惟查奉省税局解

省经费酒价项下几占三分之一，若准该局扣留，他局必纷纷援请，将来提省经费因之锐减，似属非策。应由该委员仿照通化税局办法，将每月局用据实列表，呈候核定。该局每月公费即在税项下扣支，随将所有应扣经费及其他一切规费，尽征尽解，庶于税务局员两有裨益。是否，候宪裁。谨议。光绪三十四年十二月初十日奉堂谕，照议批行。

附咨议厅议案之七
旗蒙案

整理旗务宜清积弊议

旗务之积弊，相沿非一日矣。扫除更张，固非易易，而隐忍终古，究亦非朝廷整顿旗务，特设专司之意也。试举其积弊一一言之。查官地六十四庄，私典盗卖，层见叠出，且有因典卖而后倚入西教为护符者，弊一。牛、海地面，庄头有收黑租名目，黑租者，盖见有人私垦闲荒，倚仗官势而于中取利也，弊二。辛者库人丁应领粮银，牛馆应领内仓草豆，多方折扣，均被内管领官员侵削，弊三。广储司应管官房一百二十余间，年仅租银六百余两，以民间市房比例，不及三分之一，弊四。马厂熟田计八方零十五田，本为牧养费用，今官马无一存者，而牧长、牧丁仍未裁撤，所收地租，半归滥用，弊五。鱼泡一百十九处，约计租银每年可得三、四千两，乃鱼千总盗典、盗卖并勒索众鱼丁差钱甚巨，弊六。三旗食饷缺出马甲、佐、校须费一千余吊，领催七、八千吊，牧长、馆达二、三千吊，掌、会二司执事人三、四千吊不等，谓之谢敬，弊七。档案房掌办文武职缺，向无轮缺官册，以花费之多寡，定补缺之先后，历来该堂委主事，多被指摘，弊八。采办祭祀贡献物品，开支浮冒，衡以市价，辄多数倍不止，弊九。广储司截留银两有加平一项，内务府改拨武卫军饷银，该军裁撤后，作何开支，皆有不实不尽之处，弊十。种种弊端，虽系得诸传闻，未必尽为实据。然不去其旧染之污，以养成国民之资格，而遽欲改骑兵为新军，改步兵为巡警，枝节而为之，步趋而效之，是犹衣嫫母以绮罗，只增其丑，施驽马以鞭策，只促其蹶耳。或者曰旗人之弊端在此，即旗人之生计在此，绝其弊端，是绝其生计也。是又不然，以生计论，应以田地租饷为大宗，按官兵随缺伍田每上地一日年得地租六吊有奇，中下递减，以一家上地百亩计，年获租银十两左右，至兵饷则每兵一名年领实银十一两有奇，地租多寡不均，有名无实，若此得谓为旗人之生计乎，不过最少数之官吏及庄头、老佃等辈盘踞把持，侵渔朘削而已。是宜责成旗务司将以上各节认真考查，切实厘剔，宽其既往，严其将来，官兵等缺暂行停补，红白等赏一律删除，雕翎、箭杆等差设法裁免，其有关乎练兵、兴学、警察、法律、财政等事，归并各司、道，不分满汉，一律办理，则造旗人之幸福，正未有涯涘。如瞻徇情面，暂顾目前，伪毗于众少数人之私利，败坏大多数人之公益，将恐旗人智识日卑，生机日蹙证以天演之公例，未有能存者也。有旗务之责者，当知所择矣。

顾问员舒鸿贻提议。

本厅各议员对本题均赞成之，奉堂谕，札行旗务司察核办理。

议员吴笈孙[1]议锦州协领绳昌等筹划锦州旗务办法案

查该协领等所陈各节，条理详密，办法已颇核实。惟旗署积弊相仍，所管事项，举仓务、经征官庄，要无非催收地亩粮租，此外几无他事。该员等所拟，不过因其旧有事项量加厘剔，实则事仍其事，人仍其人，然或认真廓清，分别裁并，则各项旗官与一切承催粮租之人均虑失业，似可暂准照拟试办，一俟奉省旗务组织完全，旗官、旗丁各有出路，尚须另议切实归并之法。其各项弊端，均系何事，如何饬令停止，亦未据详细声明。经征事项，前奉帅批由旗务司委员试办，似勿庸再归协署，经征一课自可不设。至官制兵丁，亟须妥筹办法。清丈加捐，尤须格外详慎。谨将各册折分别准驳，逐一签注，再饬由该司办理。是否，候宪裁。谨议。光绪三十四年十一月十八日奉堂谕，应就此时稍有变通，交钱参赞详核，再行拟批。当由议长详核如左：详核原呈所拟整顿锦州旗务办法，条理秩然。惟以积弊相沿之事，而改用分科设职之名，恐面目虽更，内容未改。吴议员所谓事仍其事，人仍其人，洵为确论。核其所分四课，第就副都统原管事务内剖晰言之，而要其实，不过催收地亩粮租，此外几无他事，现经征处既派旗务司人员办理，缘以收租在即，暂不归地方官经征，且俟征收后共有若干，再将该款应作何用，及此后应归何处征收，另议饬遵。是此时固无庸另分一课，亦不必指明此款定为何项支用也。官庄衙门久已裁撤，所事已隶于度支司，副都统所办者只贡差一事，似应改由地方官办理，按照常年贡差用款，或由地方官作正开销，或按时由度支司支领，亦无庸另立一课。其该衙门原有人员亦应奏撤，应查案办理。其原单所开每年由度支司拨者九百两，由锦县等处拨者共计二千六百余两，应查明是否皆系贡差之用。如系贡差之款，即改由前说办理。如非贡差之款，即应停发。此等款项，本近冗滥，不必再定为经制之费也。其副都统原管之本城八旗、四路、五边门，则应暂归协领兼管，亦应查明所管何事，度亦寻当承转之件耳。至所管仓务及各旗官兵随缺

〔1〕　吴笈孙（1875—1947年）河南固始人，徐世昌任东三省总督时曾任东三省总督衙门文案（督署秘书）。

地催租并加收学费等事，亦暂由协领管理。惟明定薪费，剔除积弊，自系正当办法。查原册所开协领办公经费每年约银二千数百两、钱一千余吊，而协领以下各种陋规约有若干，未据查有的数。其原册内开各旗兵饷、摊扣公用等事，一律停止，亦应查明旧时积弊，宣布周知，始可实行裁革。至此次之后，除经征另派员办理、官庄余款亦另行核办外，所有仓务余款应全数截留作为八旗工厂常年经费之用。协署经费既不添员，办事又不酌提，自应暂仍其旧，可勿庸另筹津贴。原册所开副都统移交存款约九千余两，请作为八旗工厂开办经费，拟请照准。至另单所开清丈、增租、加捐、清赋各办法，必须统筹全局一律办理，应候拟定划一规则，再行饬遵。所拟兵丁安置办法，仰即速议挑练巡警、陆军规则，呈候核夺。其余如筹拟小学堂办法暨调查锦州工厂情形，俱准试办。至副都统裁缺以后，应将该衙门笔帖式奏裁，并分别归并地方官协领管理各事，奏咨立案，应将以上所指各节及原册、原单，发交旗务司核议详细办法，呈候饬遵。十一月二十四日奉堂谕，照此拟批。嗣经旗务司遵批拟就详细办法，并由议员吴笈孙复核如左：复核所拟各节，甚属周妥。惟呈内称锦州副都统裁缺所有该管一切事务，自应归并协领等语。查该副都统一缺，因事简弊多，是以奏裁。所管事项，有可由协领管理者自应交协领接管，有可不由协领管理者仍应酌归他处。非必旧日副都统之事，即今日应归协领之事也。故经征一项，前饬该司派员经理，应俟试办后察看情形，尚须酌量归并应管处所管理。原单内称由司遵派委员暂往，未声明拟派何员，征收事项瞬届年终，未便再迟。且此事接管整顿，极关重要，应即迅速呈拟候酌核委用。管庄一项，每年由度支司、锦县拨款，即非贡差正款，请饬度支司停拨。应办贡献，由司办理，据实开单，由度支司请领。其副都统及管庄衙门笔贴式等员，应照裁缺章程办理，迅将办法拟呈，以便分别奏咨。至协领进款，较前所减实多，应俟归并后如果事务加烦，准由该司呈明候核酌津贴。余照所拟，分别办理。是否，候宪裁。谨议。光绪三十四年十二月初七日奉堂谕，照议批行。

署参事陈閤议旗务司呈请挑入陆军暨充巡警之旗丁，三月期满即准顶补本旗马甲案

查旗丁应募，准留底饷，并由宪台批准，入伍一年期满准补马甲。是应募者，既食正饷、底饷，一年期满又得坐补马甲，较之寻常旗丁已属至优极渥，若尚不知观感，退缩不前，是该旗丁毫无爱国之忱，已失其军人资格。如复一再优假，入伍三个月即补

前锋马甲，在该司以谓借资鼓励，而不知恩竭则慢，适启其倚赖之心。盖陆军兵目亦自有升转之途，不策其奋勉建功于陆军中图出身，而必歆动以旗缺，名曰为旗丁宽筹出路，实则适以促其出路。何者，为旗丁筹出路，应为各旗丁计，不应仅为被征者计。今应征之兵四千三百余名，三个月后尽被征者顶补前锋马甲，则实在在旗当差者必有积薪之叹。此次挑练陆军，一面为应募之旗丁图出路，一面即为在旗之旗丁筹生计，不宜以有出路之征兵，转夺在旗者之生计。惟初次挑练，不能不示以优异，应即仍遵原批入伍一年，准补马甲。所请缩限三个月之处，应毋庸议。至巡警由巡警教练所养成为专门之学问，有一定之阶级，与军队性质不同，且与初次征兵应示奖劝者有别，所请援案充补步甲之处，拟一并毋庸置议。是否，候宪裁。谨议。宣统元年闰二月十三日奉堂谕，照议。

署参事陈閤议旗务司呈请设立内外城八旗公共办事处并禁革陋规，化私为公案

原呈谓旗务有三大弊：曰散，曰乱，曰隐。拟谋统一机关，设各城八旗公共办事处，先由内城试办，分股治事，经费则由八旗俸饷内酌提二成，以资办公。具见该司任事实心整理，规划不遗余力。惟事权宜谋统一，政令忌出多门，从前以旗务散乱待理，特设旗务司以综之。故旗务司者，即旗务统一之机关也。凡内外城满蒙汉旗佐改革事项，均责成该司一手经理，乱者使之一，散者使之整，隐者使之明，惟该司是赖。是该司实为八旗公共办事之处，综核兵饷、地租各事宜，统应消纳各科督率办理。若再于旗务司外别设八旗公共办事处，势涣职分，治丝而棼甚，非所以集事权而谋统一也。至各城旗佐，淆乱纷纭，钩稽不易。前已准设八旗调查处，一俟调查完竣，应如何整齐画一，操纵得宜，届时拟定章程，再行核办。另单所称摊扣兵饷、地租，种种名目亟应改革，现拟酌提二成，作为各旗佐办事之需。事属可行，惟须明定章程，严杜中饱，不得借化私为公之名，转滋明扣暗蚀之弊。其所余款项，即储作筹办生计之需，不得挪用虚糜，以昭信用。至请将各旗佐房产、地亩等租项一并清查，此自系调查处职务。至查明后应如何清理提取，由该司随时酌核，另案办理。是否，候宪裁。谨议。宣统元年闰二月十九日奉堂谕，照议。

副议员蔡肇元议委员叶大匡条陈兴办蒙务修筑铁道案

筑铁道必就煤矿近商埠，方能广收利益，立见成效，所见甚是。由高桥筑路至西海口，亦能扼商务之冲要，杜利权之外溢。再由高桥接筑至朝阳、新城，通连吉、黑，递接至京张铁路等处，指陈路线，均能洞悉形势。至将来铁路筑成后，由小库伦至洮南一带，旷地甚多，屯兵开垦、设治招商诸政，自宜次第举办。所称拟请由巡防营选择步兵二营改作护卫队，归蒙务局节制，用以保商卫民，并令兵民互垦，迨垦地既辟，即将兵队改为警察，各使挈眷安居，再将其饷别募新军训练等语，于垦辟土地之中，寓裁撤旧营之意，费省利多，尤为切要之图。统观所呈各节，规划尚属周到，应否存案，以备将来开办路政采择施行之处，伏候宪裁。光绪三十四年八月十四日奉堂谕，蒙务局、营务处核议。

议员吴笈孙议江省札赉特蒙旗借款案

查札赉特旗请借银十五万两，现值整饬蒙务之际，正拟收回权利，该旗又尚有地租、地价可指，自可准借。惟公家既代借款，则还债一切均须代为主持，所有该旗欠债确数，应先详查，而归款办法亦须预定，当饬由蒙务局详议。兹据筹拟办法三条呈核前来。详核所拟，尚属周妥，应即照派钟秘书官带同通晓蒙语人员前往，按照单开各节，详细查明该旗所欠万成号一项本息数目及尚有何项债目。所称欲借洋款，语近要挟，应严行申饬，禁止其筹备续放荒段，并请饬垦务局逐一签覆。至拟借之款，江省能否筹拨若干，此间现有代乌泰还债余款一项，俟赴札旗查明后，再行统筹分别议拨。是否，候宪裁。谨议。宣统元年正月二十日奉堂谕，照议函致江抚。

议员吴笈孙议洮南府孙守葆瑨呈请续放札萨克公旗荒地案

查札萨克镇国公拉喜敏珠尔上年展放河北余荒，曾经奏明有案。兹情愿续行展放一段宽约四十里，长约八十里，绘图指明界址，移请分别奏咨办理。足征该公旗深明大义，报效情殷，拟请照准，即由该守派员会同该公旗将此次续放地段逐一履勘，详审所指荒段地质如何，分则定价，估计大概，详晰绘图贴说呈覆，以凭具奏。

所收荒价，一半报效国家，一半为该旗台、壮养赡之资，以及留界剔除，均应按照历次放荒成案办理。其原呈所称该印军济克及特加卜情愿不领赏项，惟请于荒内丈除一百四十方，抵补该旗台、壮屡次迁移及无屯界者以纾民业一节。查历次放荒酌给该印军等办事赏项，各旗向来办法各有不同，要皆恩出自上，并无一定成数。今该公旗印军等指明此款作为报效，亦属洁己奉公，深堪嘉许。惟请于荒界内丈除一百四十方，查放荒章程界内如有原住台、壮等，台吉每户准留地一方，壮丁每户准留地半方。原为体恤台、壮起见，蒙户往往于拨留之后，又复私自价卖，另行迁移，此等轇轕甚多，所谓丈除一百四十方抵补台、壮屡次迁移损失，是否划此方域，专为台、壮迁移屯界，以免蒙汉杂居，抑别有用意，并应由该守查询明确禀覆核办。至该镇国公拉喜敏珠尔及该协理台吉济克及特加卜等效顺急公，破除固闭，俟荒务完竣，再行奏请破格给奖。是否，候宪裁。谨议。宣统元年正月二十六日奉堂谕，照议批行。

议员邹致钧议改蒙务总局编制职掌案

第一条　蒙务总局专任规划整理蒙务一切应兴应革事务，将来推广分局及各厂站统归管理。

第二条　蒙务总局应设四科分掌各事，其目如左：一、文牍科 二、会计科 三、储备科 四、工筑科

第三条　文牍科掌往来公文函件收发、主稿、翻译并总分局、厂、驿站、军队各名册及赏罚、黜陟登记事项，每届月底、年终，会同会计科办理统计报告。

第四条　会计科掌出入度支、分发薪饷及不隶各科一切庶务，考核各分局、厂、驿站报销款项，办理各项统计报告并预算、决算列表等事。

第五条　储备科掌总分局厂刍秣、糗粮储蓄、接济，供给各驿站官用物品，并管理各项军装、马匹，遇有军队调扎及派员外出调查应需车马驮骡等项，均归筹备。

第六条　工筑科掌总分局、厂、站房屋之测绘、建筑、修葺，道路之开通平治及其他一切工事，并筹备材料等事项。

第七条　蒙务总局设督办一员，禀承督抚率同局员综理本局及分局、厂、站事务，对于各局员司有咨询、指挥、命令之权。

第八条　蒙务总局设提调一员，辅助督办经理全局事务、考核各科员司勤惰及

各分局、厂、站办事得失，有承上启下之责，遇督办因公外出，应代执行一切局务。

第九条　蒙务总局于各科外设参谋官及军事参谋官如左：

参谋官　不定员数，受督办之谘询，掌审定各项办事章程、研究蒙地土宜俗尚应行措置各事。

军事参谋官一员　赞助督办调派军队、筹备军政各事。参看十八条

第十条　蒙务总局于各科外设发审处，掌承审蒙民交涉、拿获、盗匪及军人过犯各项案件，随时讯明，禀承督办核夺定谳。

第十一条　蒙务总局设护卫马队一营，以资保卫总分局、厂、站并护卫员司出外调查事件。

第十二条　文牍科应设员司如左：

科长一员　禀承督办、提调，挈同员司办理本科事务。

一等委员一员　商同科长经理电报、监用关防及一切机要事务。

二等委员一员　商同科长经理文牍、收发、主稿、存卷各事务。

三等委员一员　同上。

翻译无定员　商承科长、委员翻译蒙文往来公文函件，并随时由督办遣派出外翻译。

司书二员　禀承科长、委员经理收发缮校事务。

第十三条　会计科应设员司如左：

科长一员　禀承督办、提调，挈同员司办理本科事务。

一等委员一员　商同科长、经理款项出入、预算、决算、统计及一切庶务。

额外委员二员　帮同一等委员经理科务。

司事三员　禀承科长、委员经理簿记核算及庶务各事。

第十四条　储备科应设员司如左：

科长一员　禀承督办、提调，挈同员司办理本科事务。

一等委员一员　商同科长经理一切采办、储蓄、供给物品各事务。

额外委员二员　帮同一等委员经理科务。

司事四员　禀承科长、委员分司仓库、牧圉、采办运输各事务。

第十五条　工筑科应设员司如左：

科长一员　禀承督办、提调，挈同员司办理本科事务。

一等委员一员　商同科长经理本科测绘、建设一切事务。

二等委员一员　商同科长经理测绘事。

三等委员一员　商同科长经理建设事。

测绘生无定员　商同科长专理测量形势、绘制舆图等事，并随时由督办遣派出外测量。

司事二员　禀承科长、委员经理建设、监工及保存各项测绘器具图式各事务。匠目、工匠、工役人等，遇有工事临时酌量招雇，工竣遣散，似可不必常设。

第十六条　发审处应设员司如左：

正审官一员　禀承督办承审本处案件。

陪审官二员　禀承督办，帮同正审官审讯本处案件。

军政执法承审官一员　禀承督办承审营兵案件。

通译二员　禀承正、陪审官，传译蒙民交涉案件。

司书三员　禀承正、陪审官，缮录供词及一切案件。

第十七条　编练护卫马队一营，暂由奉军拨用，其军政参谋官、军政执法承审官亦即由该军选委，拟编制如左：

管带一员　哨官三员　什长十二名　正兵一百零八名　书记长一员　司书生四名　鼓号目一名　鼓号兵六名　护兵十名　火夫十二名　马一百三十一匹　总计一百五十八员名

附设马差弁八名平时听候差遣有事拨带兵目

第十八条　蒙务总局各科员司专任办理总局各事务，遇有派员出外调查及设立分局、厂、站等事，应由督办随时遴委专员，不得即以各科员司兼充，但测绘、翻译员生，不在此限。

第十九条　蒙务总局开办后，本章如有应增减之处，由督办随时禀承督抚酌量改定。

本案于光绪三十四年四月奉堂谕，交该局照拟试办。嗣于宣统元年闰二月初八日蒙务局复拟该局开办纲要暨开支薪项章程说略，连同前项编制职掌呈请咨部，当由署参事陈阊议驳蒙务局内不应设发审处。其交录左。

按：蒙务局专以扶蒙防外，兴利实边为宗旨，是司法行政之权仍应归之地方官。现总局设在洮南府境内，所有民蒙诉讼及其他案件若由总局自设发审处判决，与地方官权限不分，流弊甚大。窃谓筹蒙实边为将来设立地方官之前导，该局有进行之责，非坐治之官，似毋庸设立发审处。所有应行裁判事件，随时移交地方官办理。如蒙照议，应将原章关于发审处各条概行删去。是否，候宪裁。谨议。宣统元年闰二月十一日奉堂谕，照议删改后即交蒙务局。

当由署参事陈訚将各项章程删改如左：

东三省蒙务局编制职掌简章

第一条　蒙务总局设督办一员，商承督抚率同局员综理本局及分局厂、站事务，对于各局员司有命令、监督之权。

第二条　蒙务总局设提调一员，辅助督办经理全局事务，考核各科员司勤惰及各分局、厂、站办事得失，有承上启下之责，遇督办公出时，应代执行其职务。

第三条　蒙务总局开办之初，提调暂行缓设，应设随同办事官二员，禀承督办经书局务，并分赴三省蒙地调查，以资练习蒙事，用备将来任使之选。俟设提调时，即行裁撤。

第四条　蒙务总局应设四科，其分目职掌如左：

一、文牍科　掌往来公文函件收发、主稿、翻译并总、分局、厂、驿站、军队各名册及赏罚黜陟登记事项，每届月底年终会同会计科办理统计报告。

二、会计科　掌出入度支、分发薪饷及不隶各科一切庶务，考核各分局、厂、驿站报销款项、办理各项统计报告并预算、决算列表等事。

三、储备科　掌总、分局、厂刍秣糗粮之储蓄，供给各驿站官用物品，并管理各项军装马匹，遇有军队调扎及派员外出调查应需车马驮骡等项，均归筹备。

四、建筑科　掌总、分局、厂、站房屋之测绘、建设，修葺各驿站之开通平治及其他一切工事，并筹备材料等事项。将来工竣，即将此科裁撤。

第五条　文牍科应设员司如左：

科长一员　禀承督办、提调挈同员司办理本科事务。

正科员一员　商同科长经理函电、文牍、主稿、收发、监用关防及一切机要事务。

副科员一员　商同科长经理文牍收发、主稿、存卷各事务。

额外差遣委员一员　在本科学习事务，并候随时分派委用。

译员至多不得过六员　专驻总局，商承科长、科员翻译蒙文往来公文函件，其由督办临时派出者不在此限。其蒙文练习学生亦视此例办理

司书四员　禀承科长、科员专司本科缮校事件。

第六条　会计科应设员司如左：

科长一员　禀承督办、提调挈同员司办理本科事务。

正科员一员　商同科长经理款项出入、预算、决算、统计一切庶务。

副科员一员　商同科长经理款项、册簿、核算及文牍收发、主稿、存案各事务。

额外差遣委员二员　在本科学习事务，并候随时分派委用。

司书四员　禀承科长、委员经理本科簿记缮写事件。

第七条　储备科应设员司如左：

科长一员　禀承督办、提调挈同员司办理本科事务。

正科员一员　商同科长经理一切采办、储蓄、供给物品事务。

副科员一员　商同科长经理采办、储蓄以及文牍主稿、存卷各事务。

额外差遣委员三员　在本科学习事务，并候随时分派委用。

干事二员　禀承科长、委员分司仓库、牧圉、采办、运输各事务。

司书二员　专司本科缮写事件。

第八条　建筑科应设员司如左：

科长一员　禀承督办、提调挈同员司办理本科事务。

正科员一员　商同科长经理本科测绘、建设一切事务。

副科员一员　商同科长经理测绘、建设以及文牍收发、主稿、存卷各事务。

额外差遣委员一员　在本科学习事务，并候随时分派委用。

测绘生至多不得过六员　专驻总局，商同科长专理测量形势、绘制舆图等事。其随时由督办临时派出者不在此限。

干事二员　禀承科长、委员经理建设监工及保存各项测绘器具、图式各事务。

司书二员　专司本科缮写事件。

匠目、匠工、役人等，遇有工事临时召集，工竣遣散，不常设。

第九条　蒙务总局于各科外设参谋官，至多不得过四员，受督办之谘询、谋议并审定各项办事章程、研究蒙地土宜俗尚应行措置各事。其娴于军事者，有赞助督办调派军队、筹备军政之权。

第十条　蒙务总局设马队一营，以资保卫总分局、厂、站，并护卫员司出外调查事件。其编制如左：

管带一员　哨官三员　什长十二名　正兵一百零八名　书记长一员　司书生四名　鼓号目一名　鼓号兵六名　护兵十名　火夫十二名　马一百三十一匹　总计一百六十员名

以上各员管带等职掌，均照陆军部各省巡防队章制办理。

第十一条　蒙务总局各科员司专任办理总局各事务，遇有派员出外调查及设立分局、厂、站等事，应由督办随时遴委专员，不得即以各科员司兼充，但测绘、翻译员生不在此限。

第十二条　蒙务总局开办后，本章如有应增减之处，由督办随时商承督抚酌量改定。

东三省蒙务局办事纲要

第一条　宗旨

蒙务局由东三省督、抚奏派大员督办，专任规划三省蒙旗应兴应革事宜，以扶植蒙旗、隐杜交涉、兴利实边为宗旨，应设总局于洮南府，与蒙旗近接，以资控驭而便经营。

第二条　权限

蒙务局为三省合筹之机关，督办受三省将军、督抚之委任，对于蒙旗各事宜有监督执行之权，如关筹款、用人、行政等重要大端，应呈候督、抚核夺，分别奏咨办理。

第三条　行文

蒙务总局经东三省督抚奏明刊发木质关防一颗，文曰督办东三省蒙务局关防。其行文程式现经酌定：东三省督、抚与蒙务局用札，与督办用照会。督办上督、抚用咨呈，蒙务局上督、抚用呈。督办与各蒙旗盟长、札萨克往还文牍，均用咨。封于京部各衙门暨各直省均呈由督、抚转咨，其与三省所属各衙门，均按所订行文程式专章施行。

第四条　用人

筹办蒙务，事属创举，地处边远，求才实难。应由督办随时选调人员，视其劳绩才识，厚给薪资。如果办有成效，并优予奖赉，以励群才而收实效。

第五条　分局

蒙地幅员甚广，其附近铁路孔道交涉殷繁，尤须扼要分置机关以通声息。应于奉天之法库厅、辽源州，吉林之长春府、新城府、吉江总汇之哈尔滨，黑龙江之富拉尔吉各设行局，派员分理，以收指臂相联之效。

第六条　建筑

经营蒙地，毫无凭借，其总分各局，所之建筑及各驿站官舍等项工程，均候开办时再行详细估计，由督、抚核定后专案报部。

第七条　置驿

筹边之要，首利交通，现拟于冲要地方酌设驿站。一由洮南府至辽源州，一由辽源州至法库厅，一由法库厅至奉天府，一由洮南府至新城府，一由新城府至陶赖昭府，一由洮南府至齐齐哈尔，均宜先后筹设。其驿站、弁兵、章制、饷械等事，均应俟筹款开办时，再由督、抚核定，专案报部。

第八条　劝业

蒙古习俗，大半以货易货，币制尚未通行。即权衡度量，亦尚缺如。拟候蒙务渐兴，由东三省官银号于蒙地设立分号，以资灌输，为建设殖业银行之张本。再于南北便利之区，酌设转运公司以便行旅，并于伯都讷城地方建立锯木厂，以供制作。应如何招商兴办，届时详拟办法呈候酌定。

第九条　行营

蒙务局行营马队之薪饷、马干等项，均拟仿照陆军部新订各省巡防队之章制办理。至将来编练成队时，应购马匹、枪械以及军装器具等件，临时照章制办，核实开报，再行咨部立案。

第十条　测绘

蒙务局甫经成立，自宜从调查、测绘入手，各员躬历艰险，其困苦情形断不能与内地相提并论，所有川资等项，悉由公家计程发给，准其作正开销。

第十一条　特别用款

筹办蒙务，头绪纷繁，目前清理各蒙旗债务以及地亩控案，历奉派员履勘查办，逐案清厘，颇需时日，所有往返车马旅费，均责令核实开报，作正开销。至蒙古王公来省商议事件，馆舍糗粮，概由局派员接待供应，均不无特别用款，应随时由局呈请督、抚核明批发，以示优待而资观感。

第十二条　现需薪费

蒙务局业于光绪三十四年五月先在奉天省城开办，所有应需薪费以及差弁、护兵、夫役人等工食暨局用杂支等款，均按月核实开报，由局呈明督、抚饬令东三省支应处先行垫发，并由三省公摊。余俟由部奏准筹定的款，再行移驻洮南府，次第推广办理。

东三省蒙务局开支薪项章程税略

一、督办一员，查照东三省官制，奉天、吉林、黑龙江三省各设蒙务司司使一员，现经体察情形，蒙旗归东三省将军管辖，每省分设一司，办事殊多窒碍，业经于覆奏改订官制折内陈明，并经奏设蒙务局请派大员督办以董其成。督办应支薪津公费，即援照延吉边务处督办之例，酌量核减，每月支给薪水银八百两，公费四百两，津贴二百两以资办公。

二、总局提调一员，承上启下，职任较重。且有时应代行局务，即援照吉林边务处帮办官之例，酌量核减，每月薪水银三百两，公费二百两。

三、随同办事官二员，暂时设立，薪资拟视提调定数酌减一半，月支薪水银二百两，津贴银五十两。

四、参谋官至多不得过四员，以待延聘留学毕业研习财政、实业、工程等学专门人才，以及娴于军事经练较深之员，俾资赞助。援照吉林边务处参谋官之例，酌量变通，分为三等：一等月支薪水银二百两，二等月支一百五十两，三等月支一百两。

五、总局分文牍、会计、储备、建筑四科，各科科长月支一百五十两，正科员月支一百两，副科员月支八十两，额外差遣委员月支四十两。干事酌分三等：一等月支三十两，二等月支二十四两，三等月支十六两。司书亦分三等：一等月支二十两，二等月支十六两，三等月支十二两。以上均援照吉林边务处暨东三省支应处薪项章程略事变通增减。

六、蒙文译员品学高尚、语文兼通者，极难其选。现经设立蒙文学堂造就译才，出学后不能不令实地练习，以宏出路。测绘人员亦属专门之学，蒙疆艰苦，罗致尤难，不能不优予薪津。应分三等：一等视正科员，二等视副科员，三等视额外差遣委员。其练习学生津贴，均视司书等差，以资鼓励。

七、行局为分置机关，总办为一局主任，薪水月支二百两，其事务繁赜之处，如哈尔滨、长春府等处为通商总埠，交际较繁，酌加公费银一百两。倘总办有委该处印委各员兼办者，不支薪水，但给公费。所有行局委员人等薪水等差，均由总局临时核定。

八、蒙务局将来出驻蒙疆，资粮器用，输运维艰，开办经费及常年用款，一切暂难预计。本局储备一科，既设专员经理，所有局用杂支等款，应暂行列为活支，撙节动用，俟制定决算，再行咨部立案。

九、总局现在省城，暂设差弁二员、护目二名、护兵二十名、伙夫四名、杂役八名，以资差遣，每月所支薪饷、衣装，悉照边务处成案开支，其局用房租、心红、纸张、员司火食等项，每月不过六百两，冬季三个月加支柴薪银二百两。此为现时动支额款，按月由三省支应处发给。将来移驻洮南，扩充局务，再行酌量核定，合并声明。本案于宣统元年闰二月二十五日经蒙务局遵饬改正，呈请咨部，当经分咨度支部、理藩部立案。

附咨议厅议案之八

副议员蔡肇元议王道崇文筹办松、黑两江邮船局事宜案

详查清折图表各件，筹画邮船局一切事宜，均井井有条，区分航路，支配船只，尤能洞悉情势，了如指掌，员额职掌各条，胪列办法亦皆详实妥协。惟兹事体大，头绪纷繁，有须目前赶办刻不容缓者，有须豫为经营以为将来扩充之地步者。原拟各节尚未能确有把握，其他添购船只、创设水巡、布置江防等事，虽已规划及之，亦尚未能十分周密，应请饬令查照签出各条妥为更正。再各科员额薪饷数目，业经酌定事之简繁，分别拟定，每月约二千七百余两之谱，似可饬知照办。其各员每月火食，应准由该道随时察度情形，酌量发给。至该局开办经费暨常年经费预算各表，应由该道详细拟定，并统将以上各事另行缮具清折呈核饬遵。又该局应否刊刻关防，亦应一并批示。是否，候宪裁。谨议。光绪三十四年十二月二十一日奉堂谕，应饬该道先到哈埠与施道晤商，并调查吉、江现有几船，开春能筹若干款，添购几船，再行核夺。

嗣经该道禀陈修船需费正急，恳电汇银五千两，并拨的款十万两，暨前赴江省调查情形，请刊发关防等情，复由副议员苏肇元核议如左：

查该道先后两禀，均称到哈调查一切，并晤商施道。据称无款可筹，自是实在情形。所请电汇旧管船员、水手薪饷暨修理船费两项银伍千两，又恳筹拨银十万两以备购船之需，皆属刻不容缓之举。惟查奉省目前库帑奇绌，此项银两似属无处提拨。前闻该道赴吉接办原设官输局，当时该局需用经费，未据吉林劝业道点交清楚，而该道亦未调查明晰。窃以旧设官输局既交该道接办，该局从前需用经费自应一并交该道接收。现该道已到吉省，应请饬该道速即禀谒抚帅，所有前请电汇银五千两，先行禀恳吉抚设法筹拨，以济急需。至购船费十万两，目前是否有款提拨，及哈埠饷捐局征存应解吉省的款共中钱十八吊，能否截留归邮船局常年经费，拟饬该道一并禀候吉抚示遵。所请刊发关防，应由承宣厅照刊颁发。将来该道由吉旋奉，仍应就近到哈晤商施道，务将如何办理情形，妥为筹划，禀候核夺。是否，候宪裁。谨议。宣统元年正月二十八日奉堂谕，照议批行。

续经该道禀请裁减邮船经费，由三省推认款项，暨请定调查薪饷等情，仍由副议员蔡肇元核议如左：

查该道此次筹拟各节，系遵照前批减省办法核实估计应须开办经费银十八万

两，较前次清折所筹开办经费银五十万两几省去五分之二。据称面禀吉林抚帅，亦颇谓然。吉帅之意，拟将全款匀作四成，江省摊认一成，吉省及东三省支应处各摊认一成半，至常年经费约计需银二十万两，亦拟按四成匀派等语。查该局邮船所至范围，仅在松、黑两江，而未尝及于奉省。则江防自以吉、江两省为重，筹办此项经费，亦应以吉、江两省为必要之主体。吉抚拟摊款项不曰奉省应摊若干，而请责之东三省支应处，似正包含此意。但既曰匀派，何以吉、奉两省均占多数，而江省独少，殆以江省财力较弱欤。窃谓目前三省财政同一艰难，谅亦无甚轩轾，所拟匀作四成，不如改作三成，三省各认其一，较为直截了当。应请准予咨行吉、江两省公署，如果照前所派三成认定数目，即饬司赶速筹拨该局，以济要需。奉天拟摊之一成，亦即饬下东三省支应处一面速为筹备，以资协助，并请准将筹办该局情形奏咨立案，以规久远。所请拟暂购用浮船码头，系为节省费用，便于保存修理船只起见，自可准行。松花江上游一带航业，虽经吉帅咨明划归吉林官轮局管理，但吉林原有行驶老烧沟及添购之两艘轮船，如拨归上游行驶，则邮船局之船只益觉单简，且事权亦嫌散漫，应请咨行吉林公署，将该两轮仍拨归邮船局管理，庶事权得以划一。江省行驶呼兰之船，似亦应咨明江省拨归该局管理，以免纷歧。至哈埠现有之吉瀛、吉源两艘，据称船身不甚完整，现已预为修理，拟拨一艘行卜魁一带，其一暂拨为巡防之用，并拟添购轮船四艘，分行黑河、三姓两处，以期挽回利权。又拟添购舢板四只，分配弁兵借资巡缉，布置尚属周妥，应准照办。松、黑沿江一带，居民鲜少，盗劫时闻，此项水师部分太小，不足分布，应饬该道察看情形，徐图扩充。或沿江水师有可分别归并之处，再行禀请核办。其余松、黑两江渔业，沿江管辖官厅随便收税，成为陋规，殊属不成事体，应饬该道妥筹办法，以防流弊。至官轮运载客货收入款项及将来航业、渔业所得利息，拟请仍按季、按成分派，作为抵补常年经费并归还开办经费各节，自是正当办法，应即照准。再查所称常年经费二十万两为数颇巨，究竟某项需款若干，某款作何支用，未据详细声明，应饬该道预算列表，呈核饬遵，不得笼统开列总数，致滋含混。另禀所请支给调查员胡瑀等四员薪水，事属可行，应由该道酌定数目支给，开单呈候查核。又另禀清折内开调查员川费，尚属核实，应准核销。其不敷款目，应饬交东三省支应处核发，以示体恤。是否，候宪裁。谨议。宣统元年二月十四日奉堂谕，所拟均妥，惟支应处皆系有着之款，无筹抵之权。若骤加以无着之款，如何应付，尚须核议，既指归奉省，应再统筹酌定。当由副议员蔡肇元核议如左：

查东三省支应处所存之款，原系三省公共之款，如由该处摊认一成，则所谓奉省摊认一成，实系一成中三成之一。况此事吉、江两省原有认可之意，似尚易于办到，应请先行一面批仰该道候咨商吉、江两省公署，俟商妥后再行饬遵。是否，候宪裁。谨议。二月二十八日奉堂谕，照议。先电商吉、江两省，并即分别补咨。

续经该道禀称，前请邮船经费二十万两，除去节省款项八万两外，拟每年再请十二万两，似可敷用等情，复由副议员蔡肇元核议如左：

查该局常年经费前禀请拨银二十万两为数太巨，自应大加核减。兹据续禀称原拟之数，系指全局开支，未将进款载入，若以装载客货入款相抵可得六万两之谱，再减省轮船烧料，节省工银，合计又可省银二万，除去以上两款八万两，每年再请十二万两似可敷用等语。查十二万两之数似不为多，惟目前度支奇绌，仍应再加核减约计约每年四、五万元或能办到。应请饬该道按照减而又减之数另行预算，详细列表，呈候核夺饬遵。是否，候宪裁。谨议。宣统元年闰二月初九日奉堂谕，照议批行。

续经该道禀请将哈埠江防队拨归该局办理，并拨营口舢舨二只，又禀请筹拨常年经费三分之一以资接济，又禀请照会驻京俄使并驻哈总领事，遇有华轮来往，勿得留难等情。旋由副议员蔡肇元核议如左：

查该道禀请将滨江厅江防队拨归邮船局办理，自系为注重巡防起见。惟查此项江防队系由该厅自行筹款开办，该厅有守土之责，凡巡缉匪类、保护商旅等事，均在该厅行政范围之内。该局办理邮船，于江防不可谓无关系，然就主体一方面而论，实为商业性质，在该局振兴商业，固不能不注重巡防，借资保护，但只宜照前议酌添巡船数只，分配弁兵，即足以资巡缉。如强将该厅江防队拨归该局办理，恐范围太广，力有不逮，反致涉于铺张，殊非实事求是之道，且失权限分明之宜。所请饬滨江厅将原办案卷移交该局办理一节，应请毋庸置议。又请将营口所存舢舨拨交该局二只，应仰候札饬兵备处照拨。又禀请按照最后所拟核减经费数目拨给三分之一，计银四万两，查与前批令该道按照每年四、五万元之数，再加核减之意尚未符合。且目前吉、江两省认款无多，如按四万两计算，仍属毫无把握，应饬该道仍遵前批办理。现值开江之际，所有局员、司役人等，仅可一面酌量委派，即各船烧料、杂费等项，亦可酌量预为购备，所需各款，应仰候商吉、江两省陆续筹拨发交该道，俾济要需。又禀称创办邮船，意在抵制俄轮竞争航利，一但华轮分行各处，恐俄人未必甘心，出而干涉，拟请照会俄使及驻哈俄总领事转饬各属，遇有华轮往来，勿得阻碍留难一节，所虑不为无见。查松、黑两江关系极为重要，从前航业未兴，利权自不免于散失，今我自办邮船，固属我之主权，律以公法，外人自不得妄加干预，但该处既为通商口岸，外人轮舶亦不能禁其不来，应责成该道于开江行轮时，督饬所属各员遇事审慎，和平办理，一面先将一切办法知照哈尔滨道，就近商酌办理，以便于外人接洽，勿涉大意。俟一切规模部署已有眉目，再行将办理情形呈候咨报外部查核，不必先事张皇照会俄使，致损主权。是否，候宪裁。谨议。宣统元年闰二月十七日奉堂谕，照议批行。

续经该道禀称，遵批极力核减常年经费，恳请分咨吉、江两省按照原定成数，摊认拨款接济，并列表请示等情，旋由副议员蔡肇元核议如左：

谨查该道禀表，据称设局常年经费业经极力核减，计共需银四万一千六百七十六两，约申、羌洋四万八千余元，核与前批指四、五万元之数似尚相符。惟细查表中列有正、副会计，正、副庶务各一员，既有正额各一员似已敷用，副额各一员应即删去，以节虚縻。其余各科员薪水，复经再加核减，统计全年应需银三万八千五百五十七两。如此减而又减，核与吉、江两省及支应处摊认之数，大致实已不差，应即饬令按照表中所改数目，妥为更正。至轮船六艘，统计全年费用应需羌洋八万五千九百四十四元，据称此项巨款未便另筹，统由载运进款取给，事属可行，并应照准。

现在该局业已开办，员司、弁勇立待薪饷，自是实在情形，应请分咨吉、江两省按照原定成数摊认，陆续拨款接济该道，俾利航业而免迟误。是否，候宪裁。谨议。宣统元年三月初一日奉堂谕，照议批行。

副议员蔡肇元议工程司秀思函禀修筑辽河水堤办法案

谨查该道译呈工程司秀思来函并附图一件，据陈修筑辽河水堤各节，与去年营口商会疏濬辽河条陈之意大略相同。辽河通塞，关系营埠商业盛衰，疏濬辽河之利，夫人而知。此次该工程司所陈两法：一请双台子河口填塞，拦住其水不使流入该河，免致辽河与该河相近之处日见淤浅，此法似未甚妥。自古治河无善策，然从未有塞河以求河之疏通者，此不可行。二、请于双台子河口建一水堤限定水量，俾辽河之水截流平分，平时足供行船之用，至水涨时，辽河之水有余，可由分流入双台子河。此正与营口商会条陈所谓于双台子河口接流处筑一横坝，其高下以辽河之水涨至若干尺为度，水弱则资其拑束，水涨则任其溢流之意如合符节，是筑堤之策可决，其有利无弊也明甚。筑堤之法，细按该图所呈有平面、剖面两图，其材料系先用柳枝并泥填筑于底，上用团石渗洋灰加筑，尚属坚固，应准照行。测量尺寸虽有深浅多寡之各异，然总以原议所谓看潮水涨至何处，及下流至浅之水与沿河之水深浅相差若干，然后将两边河岸及水堤一并筑高等语，为一定不易之法。至于堤位距离河口宜远宜近，尚须斟酌。原议谓贴近河口，则费省工坚，此殆不然。盖堤位太近河口，恐上游水势过于湍急，船舶往来，难保不生阻碍，似又以距河口稍远为宜。犹有进者，筑此水堤虽足以蓄住辽河之水势，使不为双台子河所夺，水盛之时，并可冲刷河底之淤积，营埠及各处驶进之船舶固稍稍便利矣。然互查营口商会条陈，又谓辽河水势之弱，皆因在京奉铁路车站之后岸地一隅，目下积成沙滩，并附近有狭小地颈，若此地颈为鸭岛后之汊河冲陷，淤积河身，则为患于营埠更不堪设想。并谓此地颈，前经工程司勘验，亦以亟宜修筑为是。此次修筑水堤，即应同时并举，免滋后患。原议又谓此河到处浅滩甚多，宜置挖河机器以便不时挖浚，与营口商会所称双台子河口下游一带多浅水之区，宜速将阻碍之处移汰而疏浚之之意正复无异。盖疏浚之法，实所以补助筑堤之缺陷，而俾得收完全之效果也。设仅注重于筑堤，而于疏浚之事忽焉不讲，辽河之水虽赖此得以潴畜，而沙泥之处，仅恃自然之水恐不能冲刷净尽，是去一害而仍留一害，非长策也。审此，则筑堤与疏浚，二者缺一不可矣。再查原议于筑堤之外又拟设一水闸，详阅图内并未有水闸一图，词意似近重复，抑所谓水闸即水堤耶。尝考中国建水闸之法系用活板，该工程司谓似不合宜。殆以河流湍激之时，易于冲坏，故主张用柳枝团石等料坚筑水堤，以防冲坏。窃谓筑堤固须求其坚致，然果能设法使有活动机关以时开合，更为完美。总之，辽河一日不修，则营埠商业一日不能发达，该工程司此次所陈筑堤办法，切实可行，估计用费数目统共计洋五万四千五百三十一元，尚属核实，应即照准。所请置办各种挖河机器，亦应陆续筹款购备。惟兹事体大，尚难凭该工程司一面之词遥为忖度。应否饬该道再派精通测绘、熟悉形势之员，会同该工程司前往履勘明确，俟该员等详细禀复后，再饬营口道转知该商会募集款项，并饬度支司迅速筹款补助，俾早日开工，以维航业而兴商务。是否，候宪裁。谨议。宣统元年二月二十一日奉堂谕，所论甚。当应批准饬营口道核办，并由司筹助。

续经该工程司函禀修筑辽河水堤需费甚巨，不如另挖新河。复由副议员蔡肇元核议如左：

查该工程司此次来函，据称修筑辽河不如另挖新河，新河挖成则来往船只日期较前为速，工资较前为省，且此河既开，将来因地制宜，随时推广，可使与通江子河相接。目前无铁路通运之处，亦得借此河以谋商务之利便，所论不为无见。惟查该河河线与通江子至牛庄之河方向相同。再由通江子挖三四百里则入蒙古之中部地方，以直线计之约四百五十里，统计需挖土工四百七十五万二千方，每方扯算工价洋三角，共洋一百四十二万五千六百元。其他建筑水闸，设立卡房，预备额外购地等费需洋三十余万元，总共需洋一百七十六万三千四百七十元，岁修经理费又需费十余万元，奉省财力如此困难，百万巨款，安能咄嗟立办，应请准照前议，修筑辽河水堤，疏通下游淤塞，暂时权宜，以资补救。俟该处商务逐渐发达，获利丰厚，资本充实，再行妥筹款项，开辟新河，则航业、商业自可收一日千里之效果也。是否，候宪裁。谨议。宣统元年二月二十五日奉堂谕，照议批行。

副议员蔡肇元议王守顺存拟请变通渔业公司及销售场办法案

查原呈及清折所拟办法八条，拟将渔业公司销售场改归统捐局代办，意主厘剔弊端，维持公益，理论极是。惟查该公司原系官商合办，嗣因该公司协理孙继尧舞弊，随即重订章程，奏明咨部改归商办，特设渔业总局专任监督保护之责。后又裁禁鱼行、牙纪，由公司设立销售场，亦于七月间奏明在案。今该守拟改归官办，时隔数月，似难任意纷更，且重翻奏案，亦恐遭部议驳。窃谓行政首贵立法，奉法尤贵得人。观于该公司之设，始以官商合办而弊，继以官督商办而亦弊，弊固在于奉法之非人，而不在于官办、商办之名目与其更易也。然论公司之性质，则以官督商办为适宜，考诸中外之法，征诸已往之事，无不皆然。特就该守指陈该公司弊端而言，实有不能不力加整顿者，如清折内所指各节，业经逐条签出。又如原呈内称股东骤得局差，铺张规模，各处鱼铺与鱼户往来，常有前一年借钱至次季交鱼者，以及各处销售抽收不一，各局收数亏短等弊，应请饬令该守迅速遴派精明廉干委员，先将该公司司理宋长廉帐目彻底清算。如有弊混，勒令赔偿。或另派人接办，并一面严查股东、局员、场员之贪鄙茸阘，分别更换惩革，以资整顿。至抽收如何而可划一，收数如何而可畅旺，局员、场员如何督饬监察，而后可资指臂，以防流弊，维公益而挽利权，应并责成该守悉心筹划，妥为整饬，随时将办理一切情形呈候察核，不必骤改旧章，致滋业脞。可否如议批示饬遵之处，候宪裁。光绪三十四年十月初三日奉堂谕，照议批行。

副议员蔡肇元议唐道家桢禀请兼办二八担沟金厂，应饬该道候札矿政调查局查覆案

查该道拟请兼办海龙府属二八担沟金厂，并拟另立分局，借用快枪，所需经费暂由铜矿局支付，俟抽税畅旺即由税款拨还，除局费实用实销外，余款尽数解交奉省，各节尚属可行。惟查该处河金，前据奉天矿政局呈称，有商人玉衡及王友贵等先后赴总分矿政局呈请开采，现在该商等究竟是否开采，已否纳税，未据呈报，应仰该道候札矿政调查局迅速查明禀覆，再行核夺饬遵。是否，伏候宪裁。谨议。宣统元年正月十八日奉堂谕，照议批饬遵行。

嗣经矿政调查局呈覆，二八担金厂现因矿区纠葛，尚未开办。当由副议员蔡肇元核议如左：

查该局呈覆二八担沟金厂，前据商人玉衡、王友贵等呈请开采，嗣值隆冬，复因矿区纠葛，以致均未开办，请仍由该局饬令分局转饬各商，遵章报领。并称唐道不应兼办奉矿等语，似为划清权限起见。惟查矿政关系至为重要，自应迅速举办以兴实业。该道由何省委，即为何省委员，目前止论开与未开，似不必分省分界，斤斤争执。该矿既经商人禀请开采尚未实行，即由唐道兼办未为不可，应请饬该道一面速拟办法呈候核夺，以便委派该道接办，免致旷日持久，坐失利权。并应饬该矿政调查局遵照办理，毋再横生异议。是否，候宪裁。谨议。宣统元年二月二十七日奉堂谕，照议批行。

议员徐秀钧议商务总会禀请设立奉天公益商业银行拟章请示案

查商业之盛衰，以资本之流通与否为断。银行以流通资本为第一义，苟能组织完备，于商业前途必多裨益。兹拟设商业银行，具见该商会热心公益之处，自应照准。惟详核所定章程，但于集股办法反复言之，而营业规则未见周备，殊为未合。查银行通行则例，业经度支部奏定，此项章程即应将部例紧要之件融入其中，庶将来咨部注册

时，免其驳诘。且名曰商业银行，即有特别银行之性质，此种银行其主要营业凡二项：（一）折收殷实商号所发未满期限票据，（二）押存商货以为贷款之保证。而其最宜注重，则在不准将不动产抵借现款，且放款必须查其人是否确系商家，所借之款是否确系经营商业之用，如查有欺饰情事，即银行不应放款，或已放款而债主以所借款项经营他业者，得于偿还期限前将全数本利追缴，俱应详细列入章程。否则，于设立商业银行之名义有背，即后来办事殊多窒碍难行之处也。又查原章第二十二、二十三两节内开，该银行发行纸票，实与纸币不同，又发行纸票当按所集股本之多寡为限制等语。究竟此种纸票内，是否注明领取银项之姓名或商号，若不注明即与素来通行纸币无别，非必以纸币、纸票二者名称之不同即其性质有差也。且按本发票亦当明定成数，庶便将来之检察，不致有滥发纸币之流弊。第十三节当并入储蓄章程，另立附则。招股办法当立为专章，不必列入银行章程内，借期清醒。经理人资格，应查照股东会办法，由股东按照入股之多少，分别选举权之等级，如入几股即有选举坐办权之类，总商、副商亦依次类定。检查员急应设立，但不必十六街每街公举一人，统由股东选举较为妥切。或者因按日零集，则附设储蓄营业事项，可另由十六街会董随时检察，亦属正办。总之，立法不厌求详，推行期于至当。此次设立商业银行，当为远大之计，不可自甘苟简，致碍进步，故逐项考究，期协事理。拟即批饬该商会按照前开各节，另订章程，呈候核夺备案咨行。是否，候宪裁。谨议。宣统元年二月二十三日奉堂谕，照议批行。

议员陈闾议驳劝业道呈送职商张云龙创设制革公司条款案

查商人组合公司，应由商人招集股款筹足资本，呈明立案，方为正办。即或官为提倡，亦须筹有准备金而稍挹官款，以为补助。总不宜毫无凭借，但依赖官款以为开办经费也。职商张云龙请发官款贰万两作为资本，暂时试办，并拨官地以为建筑之需，俟办有成效，再议招股。查官款贰万两一经开办，支用及建筑款项即已罄尽，安期办有成效。核阅清折三扣，亦只分配职司，预计出款，而于革料何处采办，如何制法，行销何地，并未研究。该职商事前一无抵当，诚恐事后虚糜公帑，毫无实济。所请拨款一节，应毋庸议。是否，伏候宪裁。谨议。光绪三十四年四月十六日奉堂批，照议批驳。嗣劝业道重行陈请，奉堂谕，由度支司筹酌款项，再行核办。

副议员蔡肇元议吉省筹办官立造纸厂案

查吉林劝业道徐道鼎康等会拟吉林官立造纸厂办法四节，并附呈机器价单及聘订技师长合同底本各件，均尚周密。惟原议拟三省合办，兹事体大，如所指资本、销路及设厂处所三者，通盘筹算，此中困难现状不一而足。目前奉、江两省财政亦属万分支绌，恐难办到。然吉省既已聘定技师长，购定机器，又断无中道废辍，贻人口实之理。拟由吉省勘定适宜设厂地方开厂一所，先从小处试办，一面令该技师赴各处将出产各种原料调查明晰，以为入手第一着办法，并可查照原议仿各国办法，俾印刷、制纸二部联为一气。如此办去，自能得其要领，俟将来办有成效，再行徐图扩充。是否，候宪裁。谨议。光绪三十四年十二月十四日奉堂谕，照议函商吉帅。

副议员蔡肇元议直隶特用道钱鑅经营东三省森林案

谨按该条陈，经营森林，则主分划区域，详定砍代章程，于培养之中，寓保护之意。经营矿产则主先开金矿，酌改矿章，宽其报効，以广招徕。筹办蒙古学堂则主先收汉人之文理条畅者，教以普通学及蒙文、蒙语，以为教育之预备，设蒙古劝学使，俾认真提倡而专责成。修筑蒙古铁路则主先由新民府起修至洮南府，再由洮南府修至齐齐哈尔，由齐齐哈尔修至爱珲城，又由张家口接修过丰镇、归化城而抵河套。所议皆能扼要。东三省逼处强邻，凡地利有未兴者，外人罔不眈眈逐逐而相伺，诚有如该道所云，若不早为之计，则垂涎久而人将有以谋我矣。以故森林、矿产、蒙古学堂、蒙古铁路，皆为目前应办之事，不可视为缓图。惟举办此等大政，非有十百千万巨款难以集事。目前三省财政奇绌，在在筹款，焉能咄嗟立就。即如该道所称，由奉天、山西分借洋款，此等重大问题，一时亦难解决，应俟将来筹有的款，逐渐兴办。该条陈应请饬交劝业道查核，以备参考。是否，候宪裁。谨议。光绪三十四年九月二十日奉堂谕，照议交劝业道、提学司查核。

副议员蔡肇元议李维楫条陈试办延吉厅森林案

查该员条陈各节，颇中肯綮。报告书调查森林一切情形，亦甚详细，应准照议试办。然欲举办此事，尚有极难的问题两端，不可不预先筹及。设局所必需经费，如原议拟先请款十万两，目前财政支绌，安得如许巨款以供应用。此因经费之难者一。兴林业必筹销路，如原议延吉厅之森林，除由图们江口漂流而外航运于内地，此外别无销路，然图们江口北界俄，南界韩，苟不与伊交涉妥善，开办后恐不免其干预，第交涉之能否妥善，在我一时尚未敢必。此因销路之难者二。能将此两大问题解决，余事似不难于就绪。窃谓俟交劝业道会核转呈后，应并饬该道会同交涉司筹商与俄、韩两国交涉办法，如何划清界限，俾吾森林销路畅行无阻，不致滋生后患。交涉既已妥善，然后察度实在情形，究竟需款若干，何款可以提拨，通盘核算务须筹有的款，方能举办。否则鲁莽从事，诚恐中道废辍，鲜有济者。再条陈内第十一条列延吉向来木材出口价格及十三条称木把伐木，当规定时期等语。现在木材出口价格如何，木把情形如何，应饬该员再行详细调查报告，以凭考核。是否有当，伏候帅示。光绪三十四年十二月二十三日奉堂批，照议。

副议员蔡肇元议委员刘庆琦筹办延吉厅农业案

查该员条陈大纲有二：首移民，次设治。盖移民可以实边，设治斯能固圉，所论均极有见地。其移民之计划，则分先、后、临时三项，条理亦属井然。指陈设治地点，颇能控扼形势，区处韩民，亦颇有方法。再查调查延吉农业报告一书，于区域之广狭，户口之多寡，土质之肥沃，气候之宜否，与夫物产、垦地之额数以及地势、河流、农地、林地、农况、农法、谷价靡不一一详实记载，多有可采之言。窃谓延吉一带地旷人稀，兴办农业，移民实边，诚不容一日稍缓，惟需款太巨。所称奏请拨款二百五十万两一节，值此财政奇绌之时，司农仰屋，恐未必能邀允准，即思就地筹款，亦难咄嗟立办。应请将该条陈及报告书分札奉天、吉林劝业道各抄存一分，以资考查，再饬该道等会同商议拟定办法，或加派妥员重赴延吉一带，将该员所陈一切情形履勘确切，陆续筹款举办。是否，候宪裁。谨议。宣统元年正月初八日奉堂谕，照议批行。

副议员蔡肇元议府经历衔赵世臣条陈整顿农署案

查该员条陈各节，于农学颇有心得，农事颇有经验。尤以编译农学课本、报告农事成绩及因势利导数条，为通达时务、提絜要领之策。至化验土质、任人种荒、责民种植桑果棉花，开办农产制造数条，亦属举办农政必需之要点。惟统观以上各节，有关于目前劝业道所办之农业场所、学堂亟应整顿者，有关于将来农政厅举办农业亟应推广者，亦有与奏定农政厅章程不符者，业经逐条签出。应请除批示外，饬交劝业黄道按照所签各条，详细察核，酌量缓急情形，分别筹拟办法，以期有裨农政而保实业。是否，候宪裁。谨议。光绪三十四年十二月十三日奉堂谕，交劝业道核定拟批，呈候核夺。

副议员蔡肇元议交涉司呈拟临江县佣雇韩民取保采金办法案

查该县地旷人稀，绝少土著，遇有兴作，辄雇佣韩侨，其势出于万不得已。惟该县谓华人领取采金之牌，再由华人雇佣韩人以资约束则可。窃以韩人之侨居我边界者多系无赖，我边民又多愚拙，而其所以习惯雇佣之者，利其人多且价廉耳。即韩侨之所以乐于应雇，亦系为希图微利起见，总以少雇佣为稳着。应请照原议，饬由该县就近察看情形，慎重办理，庶可弭患无形。至开采矿金，人工不如机器，领牌掏摸不如官督商办，其理明甚，不俟再计而决。据该司呈称该处金苗发露，至于俯拾即是，美利所在，难保不为外人所垂涎，所虑极是。应照原议饬劝业道挑选技师招集股本，择矿产丰饶之处分别开采，以兴地利而固边防。是否，候宪裁。谨议。宣统元年二月初三日奉堂谕，照议批行。

副议员蔡肇元议东三省电报总局呈请推广奉天省城电话并拟定章程酌收报费案

查该局遵饬拟推广奉天省城电话，仿照京津电话章程办理，旁及商家，于公款、商情两有便利，应准照办。详核所拟章程尚属妥协，惟第十四、第十九两条稍有未当，业经分别签出，应请饬令更正。至收费一节，据称各官署局所、军营、学堂究竟应否免费，抑收半费或选择其中某处收取全费等语。查北京章程凡官署局所概行免费，天津则概收半费，然奉省商用甚少，入款无多，情形自与京津不同。若官家仅收半费，于公款无甚裨益，免费则虚耗愈多，选择其中某处收取全费，又不足以昭公允。拟请开办之初，官家一律收取全费，其以前未收费之各官署局所、军营、学堂，亦从此次开办之日起算，概收全费，先由官家树之标准，庶足以鼓舞商情而昭示大公。俟将来商用发达，公款充裕，再行察看情形，官家或收半费，或竟免费，随时酌量办理。是否，候宪裁。谨议。宣统元年闰二月十三日奉堂谕，照议批行。

副议员严伟议署爱珲副都统姚道福升函陈筹办火磨公司拟用官款补助案

据函陈已转饬覆，查火磨公司所需机件之运费及价值并前询十五万金即能开厂各节，据覆详细情形尚近情理。惟俄商现既无意更与华商合股，应即由华商独力集股筹办。至酌借官股一节，所以速之使成，并非与之分利，应俟商股集有成数后，所需无多，亦可酌借官款若干，届时咨商江帅核办。酿造俄酒一节，既与华酒销路无妨，应由该商人自行酿造。仍照原议，官与保护商标，照章抽收出厂税捐，并不借与官款。惟该商人拟与俄商合股酿俄酒而销俄境，应随时稽察，总以无碍华酒销路，借保利权而杜漏卮。是否，候宪裁。谨议。宣统元年闰二月初二日奉堂谕，照议函覆。

副议员蔡肇元议东三省电报总局呈准北洋官电局咨锦、义两处局费不认由营局拨补案

查锦、义两处虽经议定仍归东省管辖，而营局每月所收报费亦经议定分解直、东两总局时，应除去该局及锦、义两处局用薪工巡修材料等项外，所得盈余各得五成，业奉批饬在案。据此则锦、义两处不敷开支之数，自应由营局拨补。今北洋官电总局不认拨补，似属不合，应据情咨明北洋大臣饬局仍照原议办理，以符原案。是否，候宪裁。谨议。光绪三十四年八月二十八日奉堂谕，照议批行。

嗣经北洋大臣咨覆锦、义两处局费不认由营局盈余项下拨补，请仍由东省总局开

支。当由副议员蔡肇元核议如左：

查锦、义两处局费应由营局盈余项下拨补，当去年函商北洋大臣时业已声明。彼时虽未决定营局归何省管辖，而锦、义两处局费应由营局拨补一层，北洋非不认可。嗣值抚部院过津面商，以前议拨归北洋四成津贴不敷尚多，所有营局报费盈余，旋经议定奉、直各得五成，并将该局作为两省公局。当时并未认定将锦、义两处局费划除由东三省总局开支。即北洋大臣前次来咨，亦并无不认拨补之明文。兹查北洋大臣此次来咨，据北洋官电总局详称，营口一局今既议定作为两省公局，锦、义两处并不在内。且锦、义两局既归东省管辖，其局费自应由东省总局开支云云。细按该局词意，似谓锦、义两处局费由营局拨补一层未经北洋认可。殊不知北洋大臣前次来咨，及去年十二月往复函商均已认可，全案俱在，可考而知。乃该局不查原案，附会其说，不认拨补，是纯以已意为抚部院过津面议之解释也。窃谓以原案论，拨补一层，北洋既经认可，不应翻案，以情理论，事关两省电政，似宜妥筹互商，未便各执一说。

又查本年八月间，东三省电报总局因北洋不认拨补锦、义两处局费，呈请批示办理，业经批准咨明北洋大臣饬局遵照原案办理。兹复准北洋大臣咨称，北洋官电总局经费维艰，所有锦、义两局既归东省管辖，其开支不敷经费，拟请仍由东省总局开支，并将营局应拨五成之款，照数补解，以资接济等因。系为彼此通融，酌盈剂虚起见，应请先将原案详细情形咨覆北洋大臣，再行妥定办法。是否，候宪裁。谨议。光绪三十四年十一月初九日奉堂谕，照议先行咨覆。

附咨议厅议案之九

提法司事权不清亟宜整理议

谨案：东省创设提法司，树司法独立之规，为内地改良之渐，法良意美，宜无间言。然而创始之初，容有斟酌未善之处，久之则权限不清，事务丛脞。谓宜设法变通，以规完美。今分晰言之，所谓权限不清之故有四：

一、提法司对于督、抚　今司法独立，提法司似宜直接法部，责任乃专。乃者刑事案件判决后，仍由提法司呈报督、抚递禀达部，是何异于从前按察司之对于督、抚。且按察司呈报案件，督、抚有审核准驳之权，其递转达部也，设有疏虞，督、抚同处。今督、抚让独立之权于提法司，于裁判等情曾不过问，顾乃分其直接大部之权，为之担负处分，担负责任，无论碍及提法司之权限不清，即督、抚无故代人受过，亦弗值也。

一、提法司因受诉案件对于高等审判厅　今裁判改良，凡人民起诉者，起初级终高等，起地方终大理院，无诣提法司控诉之理，提法司亦无收受民人控诉之责。提法司之不任收受民人控诉者，犹之京师法部之性质也。盖提法司为司法官吏，非裁判官吏也。今该司沿内地按察司之习惯，有放告权，有收受控诉权，有批答权，而高等审判厅之职荒矣。

一、提法司因文移之关涉对于高等审判厅　今裁判阶级：一初级，二地方，三高等，四大理院，层层独立，不相牵制。然则高等审判厅之对于提法司与大理院之对于法部相等，彼大理院固不必受成于法部，今高等审判厅乃必受成于提法司，文移来往若隶属然，此岂裁判独立应有之制。

一、提法司对于外府、厅、州、县　今省城高等审判厅，号称奉天全省之高等审判厅也。无论有初级、地方两审判阶级者，应递接至高等而止。即彼省外府、厅、州、县向无审判厅者，亦应暂以州、县治为初级审判区，以府、厅治为地方审判区，递接以至于高等，此事理之必然者也。乃外省府、厅、州、县对于提法司，仍依曩者对于按察司习惯，一应事件受成于司，该司亦竟承认，若不知有奉天全省之高等审判厅者然，若该厅不应与闻外府、厅、州、县诉讼情事者然，权限混淆，兹为最甚。由权限不清之故，遂以生出事务丛脞之端，其迹有二：

一、民人上诉之不能提审　往者民人上诉案件，但非越诉，必与准驳。准必提审，或委邻封地方官审拟，无概交原衙门自审之理，所以伸冤抑而妨报复也。今提法司于民人上诉案件，往往批回原衙门自审，民人或不得已控于公署，公署以司法独立，故仍交提法司，该司仍交原衙门，是莫由控诉也。诚知民人上诉之案十事九虚，概不与理，未始非计。然其中或有冤抑，则一案之微，已足召六月飞霜之变，仁人君子讵所宜出。然而该司之不轻提省，又有其故。往者省城例设发审局，凡提省案件，例发该局审问，该局长官即首府知府，以臬司临之，无不如意。今首府不预审判，省谳局已撤，提法司独立于上，虽有提省案件，亦无发审之处。盖高等审判厅既不受不正当之词讼，而提法司署内又未设有裁判机关，是以该司成立以来，屡受上诉，而未尝有一案之提审。不亟变通，民人相戒弗敢上诉，则亦安用司法官吏为也。

二、裁判官吏与巡警官吏之混合　今省外巡警官吏中，往往有兼充审判、检察官吏者，凡该管区域内细事诉讼，皆得问拟，时有扰害地方情形。盖巡警为行政上之官吏，裁判为司法上之官吏，以今巡警程度之卑劣，仅假以警事之权，犹虑骚扰，况重之以裁判权耶。提法司为筹办初级审判起见，兼虑重糜帑金，故设此调停之策，以巡警官兼裁判官而不虞其害，乃至此也。

夫提法司何以致此事务丛脞，则权限不清。何以致此权限不清，则性质不明也。今论提法司之性质有二：

一、曰不正当之性质：（甲）沿内地按察司之习惯，仍有管领全省裁判、收受全省诉讼之权。（乙）沿司法独立之新名词，猥曰司法独立，而仍不免奉裁判权以受制于疆吏（此为今日奉天提法司之性质）。二、必需要之性质：（甲）提法司实为法部之派出所，为司法官吏而非裁判官吏。（乙）提法司职在筹办全省审判、检察各官厅事宜。（丙）提法司当直隶于督、抚，于前项权限内应办事件，皆禀承督、抚命令行之，如提学司之筹办学务者然，于裁判范围内，则任各级审判直接于大理院，决不干涉，如学堂教科权之付于教员者然（此为提法司应有之性质）。由二性质观之，则提法司误用不正当之性质，以有今日权限不清，事务丛脞之弊。然则当使提法司造成必需要之性质，性质既改，办法可略述也。谨为述改良办法如下：

一、提法司当隶督、抚，与各司道同　今司法独立，论者遂以提法司不当如他司、道，而勉为独立之制以别之。不知司法独立者有二义：一、最高之司法机关需独立也。最高之司法长官有奉行立法部规定之法律，以监督其下司法官吏之权，故不得不独立。今提法司受监督于法部，决不敢枉法以徇人（谓行政官吏），虽隶督、抚庸何伤。二、各级之裁判机关需独立也。今裁判独立之制不完，而责提法司以莫须有之独立，宁非掩耳盗铃之计。果使各级裁判层层独立，提法司变为司法上之行政官吏，虽隶督、抚庸何伤。以日本国制论，国中一司法省如今法部，其裁判机关则为大审院，以下四级，与我国大理院以下四级同。日本别无提法司者，以日本无行省制度也。彼国土小，一司法省筹办全国审判官厅而有余，我既以行省制度代表中央政府，有学部下之提学司，岂得无法部下之提法司。提学司者，筹办学务之行政官厅而非学堂，提学司使者，其官吏而非教习，提法司亦然。其官厅非审判厅，其司使非审判长，二司制度同，性质同，然则斤斤持其不可隶于督、抚者，抑以未思故也（该司虽同隶于督、抚，仍含有司法独立性质，不必强令同署办公也）。

提法司与高等审判以下各官厅离立，不任裁判，不受控诉。　地方起诉，自初级至地方，至高等，至大理院，皆递接。无审判厅者，起州、县（当初级），至府、厅（当地方），至高等，至大理院，皆递接。提法司概不与闻。

提法司不任案件之勘转　裁判独立，则向例案件必出奏及报部者，应改由高等审判厅转大理院汇奏。提法司既不任案件之勘转，即督、抚亦不与闻勘转事矣（秋审旧制，应由法部定章变通办理，今姑仍旧）。

提法司于司法上、用人上、筹款上有全权管理　提法司于各级审判厅，特不干涉其裁判而已。其奉行之法律，则提法司主之，法律不确，可诘也。其执事之官吏，则提法司主之，官吏不善，可撤也。其制定之经费，则提法司主之，款项不足或不实，可核也。至于筹办全省各级审判、检察官厅，尤为该司专责矣。

提法司有权管理全省监狱　省城监狱，该司以专科管之，省外府、厅、州、县现今管狱人员，皆归该司节制，监狱改良事宜，该司以全权筹度办理。

提法司设科办公，旧制宜即变通　今该司设四科：曰总务，曰民事，曰刑事，曰典狱，愚以为弗当也。以今制度论，宜设五科：曰总务科，管司署一切事务。曰司法科，管奉行规定之法律，以监督裁判官吏。曰考验科，管全省裁判官吏之任用或罢黜。曰筹备科，管关于筹办审判、检查各厅之必需款目。曰典狱科，管省城监狱兼全省监狱改良事务。其旧设四科皆罢之。

提法司除裁判事项外，其余事故，应禀承督、抚办理，亦得禀商法部。右开办法只以规定于一时，然提法司主管事宜要不外是。愚以为奉天官制实为内地各省之导师，今则若此，何以示人，谓宜亟与变通，谨贡其愚，伏希公议。

额外议员严伟提议

本案经议长核议如左:

凡创办一新政,必审量政治上之习惯,先求其可行,然后随时改良,以渐达于完备之目的。无论何项政治,其归结必统属于部,而部臣统规全部,必不能因一省而改旧制。是以外省之办新政,必几经层累曲折,乃可稍有进步,此对于部中言之。若论外省官民之习惯,耳濡目染,牢不可破,亦必因其习惯而针砭之,几经阶级乃可使之潜移默化,此即过渡时代办事人之苦衷。而守旧者讥其紊乱典型,相率阻挠者在此。维新者讥其无完全之法律,好以学理驳斥之亦正在此,若无以上困难,则所定法令章制最易完备,法规大全足为监本。朝成草案,夕颁定章,何必多此曲折哉。即如奉省之设提法司也,原以树司法独立之规,为内地改良之渐,然筹办已逾一年,各级审判、检察厅仅于省城设立,民人起诉者渐知赴控之所,而外府、州、县则仍沿旧例也。各省之按察司未改,均循旧制,由督、抚以达于部,法部不能以特别之例待奉省也。原议谓提法司权限不清,事务丛脞,前后所述,颇有理由,然其说有为目前所难办到及自相矛盾者,今特照原议分析言之。

提法司对于督、抚　原议谓提法司宜直接法部,是已,然法部不承认也。各省皆由督、抚勘转,奉省不能独异也。且所谓按察司呈报案件,督、抚有审核准驳之权,亦第于供词例牌核其准驳,几见有督、抚提犯亲审者乎。奉省之递转亦犹是也。凡由审判厅拟结之案,提法司且不过问,何论督、抚,此从新制也。若关系秋审,则必派员覆讯,其未立审判厅之处,仍由法司递转,此从旧制也。俟各府、州、县一律开办审判厅,则司法自无勘转之劳,督、抚仍难免代达之事,固无所谓分其直接大部之权,为之担负处分及责任也。

提法司因受诉案件对于高等审判厅　原议谓裁判改良,民人起诉者无诣提法司控诉之理,提法司亦无收受人民控诉之责,是也。然今之控诉者,大都外府、州、县现审之案,以及远年已结复控之案。外府、州、县现未设审判厅,不能上诉高等也。远年已结之案,亦非高等应收受者,即原议下文所谓高等审判厅不受不正当之词讼是也。民人因习惯而诉之提法司,提法司不收受,将谁诉乎。既收受即有批答,且有拦舆上控督、抚者矣,督、抚且交提法司讯问矣,收受批答由于习惯,无足责也。

提法司因文移之关涉对于高等审判厅,原议谓裁判阶级层层独立,不相牵制,高等审判厅之对提法司与大理院之对于法部相等,今高等审判厅乃必受成于提法司,岂裁判独立应有之制。是说也似是而实非也。夫提法司既管理司法上之行政,则各级审判厅于用人筹办各事，自不能无文移来往。至于裁判，则提法司本未干预，但于议结之后，报具案由起数，提法司须以之呈报督、抚，此亦习惯使然。且提法司实为法部之派出所，而高等审判厅其阶级在大理院之次，其势不能对待。即大理院之用人，法部且得而参预之，提法司之于审判厅亦犹是权限也。且公事则用咨文，已明乎非隶属矣。洵如原议，则各级官厅筹办之始，应何人为之主持哉。

提法司对于外府、厅、州、县　原议谓无审判厅之外府、厅、州、县应以州、县治为初级审判区，以府、厅治为地方审判区，递接以至高等，不应受成于提法司，以为权限混淆之据。斯言也匪惟习惯之所不顺，抑亦学理之所必无。以习惯论，无审判厅之外府、厅、州、县不能不受成于提法司，上文已略言之。所谓必俟全省开办审判厅提法司始无勘转之劳者是也。以法理论，若以州、县为初级，以府、厅为地方，无论司法、行政萃于一人，为法律之所不许，且公亦尝考审判厅之制乎，无论府、厅、州、县皆应有初级，有地方，非谓州、县有初级而无地方，府、厅有地方而无初级也。此又法制上之自然，不容意为增减者也。

所谓事务丛脞者：

民人上诉之不能提审　原议谓提法司于上诉案件，往往批回原衙门自审，恐有冤抑，并陈明提法司不轻提省之理由。诚然，诚然。但此乃事实上之障碍，非因权限不清而致此也。如原议提法司不问裁判，不受呈词，然则此等上控之案，将尽由高等收讯乎。原议又谓高等不受不正当之词讼，民将何所控告乎。无已，则仍仿省城设发审局，以首府为局长乎。且内地提审之案，大半皆省城左近者，若谓民人上诉必与提审，亦恐未确。即奉省上控之案，亦有由法司转交审判厅收讯者矣，亦有由法司派员会同地方审讯者矣，未必皆批回原衙门自审也。此等办法，本无当于裁判之新制，但各府、州、县既无审判厅，故民人上诉之案，无一定之阶级。提法司于人命盗案无不提审者，所谓无一案提审，亦恐未确。若必事事提审，恐昔日之发审局亦不堪胜此烦扰也。

裁判官吏与巡警官吏之混合　原议谓巡警官吏中有兼充审判、检察官者，时复扰害地方，此说良是。查初极检察厅间有以巡警官吏兼充者，创办之始，无人无款，故即以巡警区为审判区，间以巡警吏为检察吏。将来法律学堂卒业后，自应另行组织，非终于调停而已。

所谓提法司之性质：

一曰不正当之性质　甲条上文已申言之，无所谓之不正当。乙条以为司法独立而仍不免奉裁判权以受制于疆吏，此说非是。提法司本无裁判权，岂能奉以受制。原议殆谓寻常勘转之案耳，不知勘转之案，皆由裁判审定之案，仍是由督、抚始能达部之习惯也。此必待法部改章，各省裁判由高等直达大理院，各省司法上之行政由提法司直达法部，斯提法司自无此等性质矣。今日能乎，否乎。

一曰必需要之性质　甲乙两条诚是，与现在奉天提法司职掌同。丙条谓禀承督、抚命令行之，亦与现状相合。惟任各级审判厅直接于大理院，则为骤难办到之事。且即如提学司之筹办学务以教科权付于教员，试问该教员能直接大学否。

所谓改良办法：

提法司当隶督、抚，与各司道同　提法司者，全省最高之司法长官，有监督其下司法官吏之权，故曰独立，即原议所谓第一义也。奉省各级审判厅其余裁判之案，提法司从未干预。如谓裁判之制不完则可，如谓裁判之制非独立则不可。且所谓提法司独立者，殆因为司法上之行政官吏，有支配各级审判、检察厅人员之权，非如各司道之用人，皆须由督、抚委用也。至于筹办之事、勘转之件，仍无不禀承督、抚，欲不隶属也得乎。原议以学司相比例，其说良是。提法司未尝不受隶于督、抚，特不必强令同署办公耳盖因同画一稿则失其独立性质也。乃原议谓提法司当隶督、抚，而上文论提法司今日之性质，又谓奉裁判权以受制于疆吏，毋亦前后不侔矣。

提法司与高等审判以下官厅离立，不任裁判、不受控诉　州、县不能当初级，府、厅不能当地方，上文已详言之。不任裁判于已设之各级审判厅地方则然。不受控诉，目前尚难办到也。

提法司不任案件之勘转　原议谓改由高等审判厅转大理院汇奏，此须由改新章，奉省不能独异。且秋审旧制，原议亦只能仍旧，岂能先改勘转之例乎。

提法司于司法上、用人上、筹款上有全权管理。此条良是，现正筹办。

提法司有权管理全省监狱　此条良是，现已筹办。

提法司设科办公，旧制宜即变通　原议以刑事、民事两科为可去，然此亦由于未设审判厅地方案件须复核也。倘全省设立，自可更改，且提法司官制为法部奏定之案，一时未能骤议更张也。要而论之，奉省初立法庭，势难求备。即现状以论，已与内地不同，且有与法部牴牾者。但求基础已立，逐渐推行外府、州、县，将来或有完备之望。本议长前在刑部，深知旧律之利弊，到奉后创办法庭，亦始终维持其事，故能言之独详。然筹办诸未完全，良用自愧。原议所述，但愿将来法律改良，得以达此目的。信笔所至，知有未惬，究应如何变通，仍候公议。

本厅议员对于本题之意见如左：

目前司法一部情形，以学理绳之，诚多牴牾。原议抉择极当，但有目前所难办到及自相矛盾者，亦诚如议长所云。近时哲学家有言，变法之道，贵乎相因，欲变甲必先变乙，欲变乙必先变丙，此正过渡时代办事之困难。

议长所谓必因习惯而针砭之，几经阶级乃可使之潜移默化，最为扼要。夫岂好为调停苟且之计，实事实上有不得不然，亦理论上所必许也。至原议谓提法司于民人上诉案件未尝提审，亟须变通，鄙意极为赞成。鄙人到奉未久，各官厅情形尚少见闻，然得诸道路之言，颇同原议所指，此实由机关不备，生出事实上自然之障碍。鄙意提法司亟应附设裁判委员若干人，凡高等审判厅所不受人民之控诉，提法司收受后，概归该委员审判，慎选谙熟刑律、听断明决之员充之，不为官缺，不必达部，由提法司督其勤惰，严定考成，所需款项，另行筹拨，不入提法司经费。如此则民人冤抑不至无所控告。一俟各府、州、县审判厅普设，机关完备以后，民人诉讼有一定之阶级，即将此项委员裁撤。夫使司法官兼及裁判，固背法理，然事实上则断不容不姑为调停两全之策，此仍议长所谓必几经层累曲折乃可稍有进步，亦司法改良过渡时代必不可少之阶级也。因原议触发，聊贡其愚，并候公议。

议员吴慈培

原议各节，已经议长分条详议，极为赞成。鄙意以为欲图司法独立，必先谋机关完备。审判、检察厅未经普设，各属之司法、行政权限混淆，即事事任其独立，亦不过徒有虚名，终无实际。此时应以筹划普设各级审判、检察厅为主，不必斤斤以司法独立为美谈，而忽于实务也。普设各级审判、检察厅办法，应限期筹备，分年设立，庶筹措款项，养成裁判人员及司法巡警，均能次第举办。至吴君所议提法司署附设裁判委员暂时审理提法司收受案件，鄙意亦颇赞成。是否，仍候公议。

议员邹致钧

新政易举，习惯难破。创一新政，必审其地之习惯而善为之导，几经阶级，行为与作用常不相侔，故往往不能满理想家之欲望。议长所论，真甘苦自知者，历之深，故言之切也。原议虽未中肯，然历宦未久，能逐事调查，亦不得谓非。有心人一经议长提示，当自晓然。而鄙意有不能已于言者，则以习惯上之关系，而警察吏与审判官权限必须划分也。查奉省初设乡镇巡警，巡官、巡弁多用本地士绅。其时正绅不肯出头，乡曲无赖难免混迹，因而舞文弄法，谤讟繁兴。职是之故，现复以初设审判无人无款，即以巡警区为审判区，间以警察吏充检察吏，益复如虎傅翼，为害滋甚（此见之于条陈说帖，并非臆度）。夫检察与审判各分权限，不相侵越，暂以警察吏兼检察吏，于理论上似无妨碍。然民间且不知司法独立，又焉知审判与检察之区别，一充检察吏则以为审判权皆归之矣。以乡里劣绅而得有审判权之名，其声势盖可想见，故鄙意谓初级审判不妨暂行附设于巡警区内，以节费用。至检察吏与审判员则必须由提法司选派，就其地，就其款，而不就用其人，庶经费不必另筹，而前弊可以消除。应否，请示饬下提法司核办，仍候公议。议员陈闾严议主要之点在争提法司当隶属督、抚，而各级审判递接于大理院。推其立论时之心理，必以提法司为一省最高之司法机关，当直接于法部，然按之行省制度又未合，故离司法行政与司法裁判为二。以提法司不能不受督、抚之范围也，故仅以司法行政为其应有之权限，余如司法裁判不得过问，借收裁判不牵掣于行政长官之实效，其意甚美。其立论似徒取外华而遗内实，敢议。

窃谓谈司法独立者，当先了然于法与政之别。司法独立之第一义，谓法对于政而独立也。所谓政，应于时势之要求，以扶植国家之生活，即政党所恃为标识者也。所谓法，成于已认之律令，以维持现在之秩序，即人民视以为措手足者也。法对于政而无独立，则一方之政策得势，必尽违反已习之律令，而强以治异己者，或利用司法之机关而为招徕同党之具。究之政主活动，法主成守，人事不能仅有活动而无成守，故法必对于政而独立，政为法之引导，司法不为行政之傀儡也。且政仅一方之意思，法当为双方之秩序，法与政分，此其急也。我国政界之运动，现少完全独立之意思，即法政相分之谈尚非注重，然必求司法独立，即此第一义为其精神，司法界所恃为生命者也。司法独立之第二义，谓司法超于行政而独立也。质而言之，谓所有行政长官遇有应受法庭裁判事件，与一般人民视同一律也。然实行此议，应以宪法为根据。此类宪法内必载有君主无责任，总理大臣代负责任之义，而后可君主无责任，即君主永无应受裁判之日，庶司法超于行政之议可通。吾国谈司法独立者多具此第二义之观念。究竟办到与否，固不仅于司法界求之也。

若论吾国整理司法之入手办法，仅当以离审判于州、县为要。自来州、县所任之事繁而易疲，加任审判力多不济，且当改良法律之日，苟非精于斯学者，当审判之重任，殊不足以生法律改良之效力也。故现在宜以按地分设初级、地方审判各厅，为切急之图，俾审判有专员，心思一而智慧出，于司法上必多进步也。若高等审判本比于按察，原议谓提法司不应任审判，收诉讼，受勘转，以致牵掣高等审判，予不谓然。盖仅以提法司为法部之派出所，即提法司使仅为筹备司法机关之委员，其责任似轻而易举，是岂立官分职之初意。予意提法司使当具二种人格：（甲）筹备司法机关。（乙）实行审判更正。对于甲项，受监督于督、抚，以提法司署为其行政厅。对于乙项，受监督于法部，以高等审判厅为其司法厅。该厅内宜添设司庭一所。凡提法司使遇有审判事件，即在该庭开审，或独审，或派员会审。所审之件，或系未设审判各地上诉之件，或系不服高等审判之件，盖凡为提法司使者，应系至贤且明，且必为法律上素有经历之人，救弊补偏，正赖其身历法庭，以示片言之解决。若谓提法司使不当任审判，是将尽中国提法司使而为不谙法律之人。其斯言，阶之厉也乎。且也提法司使之任审判，例之英国司法大臣任审判，其事略同，又何虑乎有背西说之议耶。吴与邹议拟设裁判委员若干员，与予乙项之议大致相若。陈议检察吏与审判员不就用充当警弁之本地士绅，借防流弊，似非握本之论。本地士绅既不宜于司法，即不宜于巡警，巡警尚不治，何必骤谈司法乎。请先整顿各地巡警官弁可也。是否有当，伏候公决。

议员徐秀钧

政必因时而制宜，法非一蹴而大备，此固理势所必然。故行新政者，凡立一法，举一政，莫不欲达于完全之目的，而或拘于款项之不足，或限于旧制之拘牵，不能不踌躇审慎，以冀渐次改良，随时进步，此则过度时代所不能凌躐而施者。严君提议各节，见解甚高，考查未尝不确，而亦有窒碍之处，一经议长逐条分析，指示详明，令人了然于胸，若非阅历大有心得，安能深切著明如此。所望如议长言，将来法律渐次改良，得以达于完备之目的而已。吴君议谓提法司亟宜附设裁判委员云云，鄙意极为赞成。邹君议谓欲图司法独立必先谋机关完备，使徒慕虚名而无实际，斤斤然以司法独立为美谈，甚无谓也，此尤为中肯之言。陈君议谓查奉省初设乡镇巡警，官弁多用本地绅士，其时正绅多不肯出头，而无赖者遂极力贿充，因之舞文弄法，为害滋多，不如由提法司选派审判员、检察吏，将初级审判暂附于巡警区内，就其款地而不用其人，可以省费而除弊，亦属的切之论。徐君议谓现在宜按地分设初级审判各厅，为切急之图，诚是，诚是。鄙见如此。当否，仍候公议。

副议员唐棣

司法独立为文明各国所公认，东省创设提法司树之标准，洵为各省改良之先河。顾因各级审判厅一时未能筹设完备，致裁判权责多所牵混，此亦过渡时代使然。严议颇能抉其弊之所在，第持论甚高，而按诸时势，征诸事实，则尚有窒碍难行者，经议长逐条指示，正当之理由较然可睹。孙议、唐议亦颇能见到。至陈议谓初级审判不妨暂设于巡警区内，以节费用等语，主张权宜办法，固应如是。邹议、徐议注重筹设各级审判厅并养成裁判人员，均为握本之论。而尤以吴议主张提法司应附设裁判委员一层，为目前救时良策。综观诸君所议，已骎骎乎达于完备，鄙意均极赞成，似无庸再赘。惟鄙意更有请者，古人有言，先行其言。又曰知之非艰，行之为艰。盖凡事既有理论，有办法，必需有实行之力以盾其后，斯为有效。否则画素为饼，不可食也。拟请督抚宪饬下提法司如陈、邹、徐三君议，一面渐次筹设地方初级审判各厅，如吴君议一面迅即附设裁判委员若干人于法司衙门，遴选谙熟法学、听断明决之员充之。自设立后，凡高等审判厅所不受人民之控诉而为提法司所收受者，概归该委员审判，提法司亲察其狱词而平反之。其未有审判厅之各府、州、县或亦可酌量委派此项裁判员前往该地方，代该地方官执行裁判。至此项人员自设立以至裁撤时之办法，应照吴君原议办理。如此则信谳可成，而民少冤抑。盖有完全之各级审判厅，则司法永久独立之目的可达，各级审判厅尚未筹设完全，而先有裁判委员，则提法司当收受民人之控诉与否及暂时应有裁判权与否，种种牵混不明之弊，得借以补救。议长于创办法庭一事，始终维持，又洞悉此中之层累曲折及所以因其习惯而针砭之之方法，爰本此义，而推阐之，深愿议长极力主张，俾此事之得见诸实行也。管见仍希公决。

副议员蔡肇元

本案于光绪三十四年九月初八日经议长议决，应暂存候办。

议员吴慈培议署呼伦贝尔副都统宋道小濂函陈将来呼伦改设民官审理蒙旗诉讼办法案

查原称民官审理蒙旗易滋疑惑一节，此实边地初设民官通病。该道所拟变通办法，自为慎重词讼起见。惟旗员同堂会审，揆之法制，情理均觉未合，旁坐观审虽非定制，以裁判观审之法例之，尚属可行。但该观审员既不得搀同审讯，若禁其不出一语，则又事同具文，无所取义，似应略为变通，凡遇蒙旗暨民旗涉讼，由地方官知照通晓汉语、汉文之旗员一员到署，为设旁坐，予以观审之名，而实则只令代负通事传语之责任。除传语外，该观审员于案件不得忘搀一词。所有从前通事一项，即悉行裁撤。如此既可免蒙旗疑惑，而通事传语之弊亦借以清祛，似裨益较多。然事属创举，行之能否面面妥洽，殊未可必，应俟试办后，随时察看斟酌，以期有利无弊。是否，候宪裁。谨议宣统元年正月二十六日奉堂谕，照议函覆。

附咨议厅议案十

副议员傅强议法政学堂总办彭道谷孙筹改东三省法政学堂案

该道所论当以预备校舍为先，自是正办，拟即照准。惟现在财政困难，未能新建校舍，广庇多士，拟将该堂改名为东三省法政学堂，预立将来扩充地步。现在暂行改赁宽大房宇一所，即将仕学馆归并办理。好在两校旧班，来年均可卒业，届时酌量情形再图建设，尚未为晚。至预科一层，若照添设又须广拓学额，人数骤增，相宅未免为难，不如统俟来年较为妥协。是否，候宪裁。谨议。光绪三十三年八月二十六日奉堂谕，照议函致该道遵办，并转知旗员仕学馆遵照。

副议员傅强议法律讲习所试办规则案

查该所之设，原为造就裁判人才起见，所拟规则于学课一层，未将裁判所构成法列入，似欠浃洽，应即添设此课于第二学期，饬教员等详细讲演，俾知司法独立之组织。至学期及毕业试验外再行月考，不免耗费授业时间，殊可不必。其余尚属可行，应即先行试办。是否，候宪裁。谨议。光绪三十三年八月十一日奉堂谕，照议批行。

议员陈闾议某太史条陈案

原折请将东省危难情状，外人已、未经营地点，绘图立说作为教科书。按乡土教科书以本省士民研究本省政俗，本为学堂不可少之课本。东省外侮交警，尤宜注重是点，以激发其志气。惟专言时事，学课中无此一门，可否饬下提学司、陆军教练处转饬各教员，此后无论何种课本，均须推演本省要素（如历史讲义须演及本省历史，地理讲义须演及本省地理之类）。庶人怀故土，通知时事，而于学课并不别增门类，教员从事编纂，亦无所难也。又另条言帅节巡视，宜略内详外，请北游西伯利亚，南历三岛、朝鲜，以观察政俗，联结外交，颇为伟举，然恐骤难办到。其请学堂于暑假中旅行，外人现所经营东省各地，以动其对外之观念，此事于东三省前途影响颇大。现日本学生旅行满、韩间者，项背相望，则此举似不容缓，且行之甚易，内地各学堂，多有行之者。可否饬三省提学司筹备，候钧夺。谨议。奉堂谕，照议饬三省提学司预为筹备。

副议员蔡肇元议劝业道呈据农业试验场呈附属学堂速成科学生请展延学期援案奖励案

查该道呈称农业试验场附属农业学堂第二次速成科班长解景、云家镇等恳请展缓学期一年，并酌定程度，比照本堂中等班毕业办理。该生等所请，自系有志向学，亦系为将来奖励起见。查奏定章程中等农业学堂必须选取已毕业于高等小学之学生，且须先入预科二年，合计五年毕业。今该生等速成科原系两年毕业，展限一年合计三年毕业。律以中等农业学堂程度自难合格。所请比照本堂中等班毕业一层，未免过优，碍难照准。该道拟请援照各省简易师范科三年毕业，比照初级师范减等奖励成案，咨部查核办理。虽系暂时权宜，而辗转相效，亦恐未必能邀部议准。是援案办理一层，仍难办到。惟念该生等有志向学，深堪嘉许，若不酌予奖励，又何以为将来勤学者劝，应请一面准其展限一年，以资深造，一面由厅会同提学司暨该道详酌妥善办法，再行咨部。是否，候宪裁。谨议。宣统元年闰二月初二日奉堂谕，照议批行。

议员苏志贞议吉林提学司禀陈整顿学务办法案

按：原禀拟先开小学教育研究会，聚集各学堂职、教各员详细讨论管理教授方法一节，诚恐小学教员程度不齐，难收实效。似仍以照章设立教育官练习所，选聘讲师按期讲演，小学教员一律附入听讲为是。至教育官报因办理不善，饬令暂停，应即妥拟章程，接续刊报，勿令间断。其余农业实习学堂及制造博物标本等项，应饬该司明春次第开办。农业并应与劝业道会核，仍将筹办情形及各项章程随时呈候核夺。至所称学务的款无多，不敷甚巨，应由该司呈明吉林公署核办。所请将科员奏请定为五、六、七品实官一节，东三省奏定官制，各厅、司、道一、二、三等科员均作实缺，现奉省尚未实行奏补。将来三省自应一律办理。至房屋不敷办公之用，即将劝学所地基绘图，估定改建衙署，应俟详请到日，再行酌办。是否，候宪裁。谨议。光绪三十四年十二月十七日奉堂谕，照议函覆。

跋

文清镇伊，厥有志略，益阳东征，抚鄂成记。功阀不同，作为一编，启发来哲，其意一也。昆仑以东北干之山川，止于辽碣，实禹贡冀州、尔雅营州之旧。磅礴郁律，极于北海，天府之盛，淩轹周、汉。圣清有天下，置三留守填抚旧邦，尉候之远，隶役若页，屯戍之雄，都会尼楚，将以大九州而无外，贯六合而来同，肇万古未有之盛烈也。邵阳魏源[1]曰，西人五洲之说，实得释典瞻部、牛货二洲。兹土居黄海之东，大海之西，与美洲北部并海诸邦，遥为对待，固东西球之咽喉，华夏之头项，其必聚万国之货，萃万国之宾，而竞万国之美者，亦地势然也。不咸、息慎[2]之迹远矣，汉唐以后，如辽东之郡，平卢之节度，率以羁縻[3]视之。即辽金元置京于此，而当其始也，力征经营，日不暇给，皆为用武之地。及基业已成，区域已定，则建置阔略与腹地绝异，往往先军屯而后郡邑，详族帐而略民户。纵横万里，守令寥落，有如晨星。虽以会宁之上京，征东之元帅府，山北之行省，且有于其方域莫得主名者，斯所以有其地而若无，非人之能取其地也，自弃之也。列圣有鉴于斯，培固根本，罔敢或怠。顺治中，开建陪京，招民列邑。康熙中，北威罗刹[4]，西戡准部，以田以驲，此为中

---

〔1〕 魏源（1794—1857年），清朝思想家、史学家、文学家。原名远达，字默深。湖南邵阳隆回金潭人。道光二年举人，道光二十五年进士。近代中国开眼看世界的代表人物。与龚自珍同属力主“通经致用”的今文学派。鸦片战争时参与浙东抗英，痛愤时事。1842年（道光二十二年）成《圣武记》。又受林则徐嘱，编《海国图志》，力主“师夷之长技以制夷”。主张学习西方校艺制造枪炮、轮船，加强海防，抵抗外敌侵略，倡办民间工业等。强调“变古愈尽，便民愈甚”。对后来思想界甚有影响。诗文风格遒劲，另著有《古微堂集》《元史新编》《老子本义》《诗古微》等，助贺长龄编《皇朝经世文编》。今人辑有《魏源集》。

〔2〕 息慎，我国古代东北方少数民族之一。即肃慎，亦作“稷慎”。商周时居“不咸山（长白山）北”、“东滨大海”，北至黑龙江中下游。以狩猎为生，周武王、成王时以“楛矢石砮”献贡，臣服于周。秦汉后改称挹娄，亦称肃慎。南北朝以后的勿吉、靺鞨、女真及今满族等都与其有族源关系。

〔3〕 羁縻，是指中国古代中原王朝对少数民族采取的较为宽松的政治策略，在中央集权的前提下，既要给这些少数民族一定的自主权，又要给予些物质利益，意在笼络使其不生异心。

〔4〕 罗刹，在中国历史上的元、明、清时期，称俄罗斯为“罗斯”或“罗刹国”。

权。雍正中，规模愈拓，宁古塔[1]、伯都讷[2]皆置民吏。故大学士梁诗正[3]之疏曰，世宗宪皇帝[4]欲令黑龙江等处耕种，已有成议，未及举行。纯皇帝三莅盛京，御制杂咏。其首章曰，内地流民成土著，胥吾赤子率听其。注谓，盛京可耕之土甚多，畿辅山左无业穷民挈侣至者，咸垦艺安居，太平日久，户口蕃孳，借此养无万穷黎也。睿皇帝[5]以养息牧大凌河赐垦，成皇帝以伯都讷、双城堡开屯，咸丰中，以邻民轶界筑屋垦地，又有议开三姓并边荒地之谕。然则恢拓地利，招徕商民，固我东夏者，本列圣之贻谋也，守边诸臣，鲜能仰体。瑷珲之将军再移而至卜魁，宁古塔之将军一移而至乌拉，距边愈远，谋治愈难。盖自乾隆之初，官盛京者，已视为苦寒迁谪，而有不遑久处之概。吉江卡伦之官若兵，皆习居近地而不至所职，大吏又畏事避怨，恃封闭为唯一政策。如故尚书章佳、文毅公那彦成之请以汉人佃耕，故大学士卓特、文勤公富俊[6]之容侨民开荒者，则阻之诋之，成庙展边之议屡下，卒不奉行。于是近边则任流民垦田矿金，聚为盗贼而不知治。精奇里江之荒远者，则任邻民之尔宅尔田而不知御，且谩曰无水草禽兽。论者谓咸丰中俄之约成，弃地五千，而未悉我之疆吏已先弃之也。光绪建元，故将军完颜、文勤公崇实诸人秉奉宸谟，田荒邑野，东夏开拓，此为权舆。其后庚子之兵，列城尽失。乙巳之约，主权复收。朝廷眷念旧京，图新厥治，建立行省，奠我丰镐。天津相国特承简畀，制置三省，兼绾钦符。每谓兹土物产之丰，地脉之厚，韫藏千祀而未发泄，必有以启之辟之，而后始为我有必一洗前代之习，以商战易兵战，以郡邑易屯戍，聚万国之货，致万国之贾。如孟子所谓天下之旅愿出其途，天下之商，愿藏其市者，则东三省乃可永销兵革，而

[1] 宁古塔，康熙五年（1666年）迁新城，即今宁安市，于清雍正年间设治，是清末东北边疆重镇，是清代宁古塔将军治所所在地。宁古塔有新旧二城。旧城位于牡丹江左岸支流海浪河南岸，今为黑龙江省海林市长汀镇旧古塔村。康熙五年（1666年）迁新城，即今宁安市。

[2] 伯都纳，清嘉庆十五年（1810年）设置。治所在今吉林扶余。

[3] 梁诗正（1697—1763年），清朝大臣。字养仲，又字芗林，钱塘（今浙江杭州）人。雍正八年中探花，乾隆时历任礼部、吏部侍郎，户部、工部尚书。官至东阁大学士掌翰林院学士。曾受命选《唐宋诗醇》，草定《续文献通考》等体例。常随高宗出巡，重要文稿多出其手。著有《矢音集》。

[4] 世宗宪皇帝，即清世宗爱新觉罗·胤禛（1678—1735年），是清朝第五任皇帝，入关后第三任皇帝，年号为雍正，1722—1735年在位。

[5] 睿皇帝，即清仁宗爱新觉罗·颙琰（1760—1820年），原名永琰，清朝第七任皇帝，清军入关后的第五任皇帝，年号嘉庆，1796—1820年在位。

[6] 富俊（1749—1834年），卓特氏，字松岩，蒙古正黄旗人，清朝大臣。

巩我亿万年之基。顾商战之说，匪可虚托，则道在聚人与财自俱。伦泊循额尔古讷河[1]而东北，以南至黑龙江右岸，迳三姓、珲春上溯图们、鸭绿之源，西渡小辽水，皆金穴也。煤铁之藏随山而有，如扎兰诺尔、一面坡、抚顺诸矿者，又不知其凡几也。元豆诸产之灌输，近自三岛，远市海西。磊砢嵚崎，森林丛茂，起长白之龙岗，而左达绥芬、依兰之野，以至青山、黑山，尽鄂伦春左右路材木之盛，皆列邦所鲜有也。其他鱼盐、丝枲、参珠、貂狐之利，则前人言之详矣。混同诸江，大川小水，潆绕贯注，无断港绝潢之叹，则吴楚江湖之饶富也。然非复顺治招民之典，绍康熙、雍正垦草创邑之规，则人且不聚，于何取财。非仿列邦借国债、立银行，以集厚资兴实业，则地利不浚，人亦安聚。公两岁断断于此，与枢部诸公密商婉议，罔敢后时者，欲冀万一之当，为东三省久远之计，成五洲商战之场，消无穷之兵祸也。夫以东三省形势之重，地壤之雄富，我不自谋开拓而秘之，则今日受病之本也。我既以自秘受病矣，使所谓一国两国者，又或欲专有其利，则犹之我自秘之策也，固有以知非天道之所许，而万国之强有力者，必不以为可也。公所措置，盖皆以公心行之，功过毁誉，皆所弗计。后之治斯土者，因其基绪，进其事功，合全国之力，保厘东土，以庶以富，其丽不亿，则副列圣之贻谋，绵旧京于不坠，集万国之和会者，皆于是乎在。是编也，与文清、文忠之著述，其可以后先辉映也夫。

宣统三年五月前民政部右参议，上元吴廷燮[2]谨跋。

〔1〕　额尔古讷河，是黑龙江南源，古称完水，发源于内蒙古东北境内。上源称海拉尔河，自大兴安岭西流至新巴尔虎左旗河巴该图附近称额尔古讷河。折向东北在漠河以西的恩和哈达附近同石勒喀河汇合为黑龙江。现为中俄界河。

〔2〕　吴廷燮，江苏江宁（今南京）人，号向之，清光绪年举人，中华民国时期曾任清史馆总纂。

跋

中国安危之大势集重于东三省，欲保全东三省，以救中国之危，必有借于列国均衡之势力。何以言之，盖自入二十世纪以来，世变日亟，藩篱洞开。然如失越南、弃朝鲜、割台湾，甚至妖民召乱，畿辅震惊，而根本未尝颠覆者，则以连鸡之势，莫能先发也。俄人经营东边以窥我者垂数十年，以交通政策为殖民之计，愈进愈迫。日人惎之，借两次战胜之实力，而南北满遂成分据之势。然辽东土地得而复还，其后日出全力以与俄争，犹借口义师而不敢显然占领者，则以欧美相持之局，恐列国有以蹑其后也。夫外人之觊觎东三省，远因近势，如此其急迫也。而我以祖宗发祥之地，二百余年，沿军府旧制，八旗世仆，十部蒙藩，土旷人稀，务为简静。故其时重军籍而略民治，恃协饷而无财政。神皋大陆，宝藏斯秘，立约勘界，疆宇日蹙，而当局瞢焉莫之为意。迨允筑东清铁路，外情荡潊，发我扃奥，于是由封禁时代一变而兴屯垦，再变而增民吏。然侵拒之力既不相若，我之缓进终不敌彼之急谋。浸假而西伯利亚与东清接轨，直贯三省之腹心，海滨省则驻重兵，龙江岸则设屯卡。又浸假而朝鲜属日，扩充势力横断长春以南。鸭绿一江之隔，会宁、钟山之间，蔚为重镇。初因筑路而侵我主权，继乃因军用而攘我财产，不数年间，电掣风驰，反客为主，驯至有今日之局。是固聚六州之铁铸成大错，虽有贤能俊杰之才，亦将扼腕于时会之难，无能为役者矣。我孝钦显皇后、德宗景皇帝徇盛京将军赵公之请，特简贝子衔尚书载振公及尚书天津徐公世昌，赴东三省查办事件，檄调各员分途考察，凡边务、蒙疆、商埠，一切内政外交，皆究其所以致此之故，而推其如何补救之方，并与三省将军研求时变，默审外情。计三阅月考察事竣，伏阙上书，痛陈时势阽危，而三省实为全国命脉，非由根本改革，不足图存于万一，并沥言一切危险情状。书再上，计十余万言。朝廷为之动容，枢府因而憬寤。盖至是而东三省大局之关系，及内容岌岌之状，始尽情发见于当轴之心目，而悔补牢之已晚矣。

先朝眷顾东陲，为陪都计，即所以为全局计，乃毅然改革，仿魏晋行台之制，诏改行省，设三省总督，侧席旁求，意有所属。适廷议亦交推徐公能膺斯任，天子曰俞，乃降明谕，授公为钦差大臣、东三省总督，兼管三省将军事务。公以责任至巨，固辞弗获，因念渥受殊恩，遘此时艰，正臣子戮力效忠之日，其敢预料成败，委蛇养望，重负朝廷知人之明。既受命，日与枢臣讨论规划，退而广揽贤才，周咨政策。以为东三省者，国家安危之所系，外人皆以全力经营之，断非三省地方之力所能抗也，故必合全国之力以相济，而其责任则尤在中央政府，总督者，中央政府之代表而已。乃酌拟行省官制及督、抚办事要纲，与夫用人、理财、治兵诸大端。疏上，帝嘉纳之，命参赞、司、道以下皆得奏保候简，命度支部筹拨镑余三百万两，命陆军部调拨一镇、两协以资防卫。而诏以唐公绍怡[1]抚奉天、朱公家宝[2]抚吉林、程公德全[3]抚黑龙江，皆一时知名之选，而为公所夙契者也。是时朝廷方一意振兴，锐谋更始，欲以保东省者维全国，即以全国之力治东省，进重臣而假以特权，号令一新，规模自异。薄海树之风声，列邦集其视线，莫不钦仰先朝之讦谟睿虑，将以宏此还猷，并以觇徐公负荷之艰，任事之勇，必将大有造于东土也。

公下车伊始，张弛因革，事机万端。顾治一事必有先后进行之序，况规划东省全局，尤应力定宗旨，百折不回。故治边疆与内地异，治两强相持之局又与他处边省异。盖以内政所发施，皆为外交所干涉，固不仅以催科抚字为治民察吏之规。且交

---

〔1〕　唐绍怡，即唐绍仪（1863—1938年）。为避清帝溥仪讳，改名绍怡，辛亥革命后恢复本名。字少川，是清末民初著名政治活动家、外交家、清政府总理总办、山东大学第一任校长，中华民国首任内阁总理，国民党政府官员。曾任北洋大学（现天津大学）校长。自幼在上海读书，1874年成为第三批留美幼童赴美留学，后进入哥伦比亚大学学习，1881年归国。曾任驻朝鲜汉城领事、驻朝鲜总领事。后历任天津海关道、外务部右侍郎、铁路总公司督办、奉天巡抚等。辛亥革命时，代表袁世凯参加南北议和。1912年3月任国务总理，6月辞职。1917年参加护法军政府任财政部长，次年为军政府七总裁之一。1919充南方总代表，与北洋政府代表于上海议和。此后任南京国民政府委员、西南政务委员会委员，兼中山县县长。

上海沦陷后，与各方关系暧昧不明，引起多方揣测，置自身于险境。盛传日敌拟利用唐绍仪等组织华中伪政府，蒋介石下令戴笠派特务赵理君于1938年9月30日将其刺杀于家中。

〔2〕　朱公家宝，即朱家宝（1860—1923年）字经田。华宁县宁州镇人。官至安徽、吉林巡抚，光绪十八年进士。

〔3〕　程公德全，即程德全（1860—1930年），字纯如，号雪楼、本良，重庆市云阳县人，本籍江苏省苏州府吴县（今苏州）。早年以知县衔入黑龙江将军席。1900年任行营营务处总理，负责筹划黑龙江防务。1903年升道员，署理齐齐哈尔副都统。1907—1908先后署理黑龙江和奉天巡抚。1909年调任江苏巡抚。辛亥革命中“反正”加入革命军，任江苏都督、南京临时政府内务总长等职务，与张謇等先后组织统一党共和党。袁世凯窃国后，任江苏都督。1913年抗拒孙中山讨袁，后退出政坛隐居上海。

涉之繁，动关国际，其细者乃至于日用饮食之微，鼠牙雀角，随在可以生衅，又不仅他省外交一教堂、一商务，幸而无事，便可额手称庆，以为因应有方也。夫三省之大患，莫甚于列国之势力不均，不均则必有所偏重，而列强皆有不甘独后之思，我既不能操纵夫商战之场，势必听其协约合谋，各图分据，而别出他途，援利益均沾之说，以为取偿之地。三省危而全国之大局随之，此大势之所必至也。故欲破其侵吞之策，莫如广招欧美各国平列并进，吸收资本，广辟商场，化兵战以为商战。然欲我之足为东道主，必须厚集财力，始可操纵由已。而内力未裕，必借外债而与之争，欲间人之合谋，莫如我先谋所以交邻之道。是则借国债、行开放、联与国之三者，保存东省之原则也。公既迟回审顾，洞悉本原，欲破相持之势，挽已失之权，非此不足以支危局。政策既定，屡密疏于朝，并与枢部诸臣函电交驰，沥陈利害，复集三省大吏于沈阳，朝夕合谋，以筹得请后实行之计划。暇则与同僚组织行政，创兴司法，主持蒙政，整饬国防，去旧染之私，作新民之命，以待朝旨，为根本之措施焉。于斯时也，条教秩然，规模斯创，用人则惟其才，而不以资格限所任，用财则视其事，而不以吝啬误全功。外人眴公之政策，咸谓东事将有变更，易战局为商场，当自公始。故于交涉亦改其剧烈之方针，而以联属为主义。公愈得乘时敷政，假手进行。即如延吉界务发生于视事之初，及公之去而未尝有所失败，此其验也。顾以东事之危迫如此，公既审定宗旨，未得径行，乃亟图目前补救之策以自任焉。迄于受代才两稔耳，其间内外兼营，军民并理，开蒙荒，实边塞，汲汲皇皇，如不终日，而尤以才难费阙，力绌志赢，然其全力所注，则尤在所希望未达之鹄的。否则三省之力，终有所不逮，纵锐志经营，悉心对待，而无以破偏重之局，终必有分裂之危。是编所载，第其形迹之设施耳，岂能尽惬公之本志哉。顾以兹事体大，未能立决。我孝钦显皇后、德宗景皇帝，深悉时艰，力排众议，特允借国债二千万两，嗣与部臣筹商办法，徒以事务繁重，仓猝未及就绪。日月不居，风云变色，戊申十月两宫宾天，薄海臣民，震惊罔措。公领兹重镇，既连遘国恤之变，复盱衡时会之穷，忧愤所积，疾病浸淫，深以有负国恩为惧，乃上疏乞骸骨。上温诏慰留之，寻量移京部，而以拜雨特公锡良代其任。夫以公之沈思毅力，劬瘁于兹者，盖已几经筹划，百计图谋，而始出唯一之政策。既不获命，则我将自阻其进行之的，人必一变其对待之方。仅就此三省之力所经画者，固边防、理蒙务、慎交涉、饬军事、定官制、扩民政、理财用、恤旗民、兴学校、创司法、开实业、广邮电，黾勉以赴，恒恐后时。自政界观之，程功之速，已大异于内地。然而政策不定，权力薄弱，不担任于中枢，而应以全国之力，则东省不能不借均衡之大势，而破阴鸷之狡谋，则大局终无补救。今情见势绌，枝节所为，无预根本。于是日俄协约，英日联盟，喧腾于世界，而滨江自治之会，竟迫我国民纳税之权，延吉勘界之争，乃要我会宁接轨之路。公既入趋朝命，权责有归，犹自奋勉，不敢以去位而自诿谢。凡所策划，一如往日，并之以前后之所经营与未竟之绪，待扩之端，举一一宣布，无或隐饰，冀后之继其任者，出其才识智力，更有保厘东土之方，补其所不及，而续其所未终，此则公之愿也。既入主邮部，簿书之暇，爰辑东省两年以来所擘画未竟之政策，及艰难缔造之迹，著为一编。凡章奏、规制、图表及报告书之属，皆择要纂入，都为十二卷，以篇为纲，以纪为目。当日之密谋大计，议而未行，与夫因应外交之密件，皆不备列。今所存者，仅以见经营规划之粗迹，若施之于内地与其他之边省，则进步之速，岂不足超越一时，而犹非保存东省根本之术也。惟保存根本之术既不果行，能行者仅此粗迹之所表见，斯后之读是编者，不独谓事繁费滥，不足以语公之用心，即谓百废具举，成效昭然，亦尚不知东省安危之所系，与公全体精神之所注，固在彼而不在此也。能训夙荷公知遇，从公于东三省，朝夕趋跄左右，具闻公筹策之深微，及措施之本末。今是编之著，又与在参订之役，因本其夙昔所窥测大旨附识篇后，以谂世之读公书者。勿但取粗而遗精，逐末而忘本，则是编之所深幸，而亦东三省之大幸也已。

宣统三年五月，陕西布政使、前奉天右参赞，嘉善钱能训谨跋。

附图

附图　目录

交涉

附奉天府商埠图

附安东县商埠图

附大东沟商埠图

附铁岭县商埠图

附通江县商埠图

附法库厅商埠图

附新民府商埠图

附凤凰城商埠图

附辽阳州商埠图

附吉林府商埠图

附长春府商埠图

军事

附东三省讲武堂房舍图

附奉天新建陆军小学堂房舍图

附东三省测绘学堂房舍图

附陆军第三镇驻长各协标营营房图

附陆军第三镇步队营房图

附陆军第三镇马队营房图

附陆军第三镇炮队营房图

附陆军第三镇工程队营房图

附陆军第三镇辎重队营房图

附陆军第三镇医院图

附陆军第三镇弹药库图

附陆军第三镇第五协协司令部图

附陆军第三镇第十标标本部图

附陆军第三镇驻吉各营营房地址图

附陆军第一混成协营基地位图

附陆军第一混成协协司令部图

附陆军第一混成协步标标本部图

附陆军第一混成协炮队营房图

附陆军第一混成协工程队营房图

附陆军第一混成协辎重队营房图

附陆军第一混成协军需军械收储所并军医院图

附陆军第一混成协火药库图

附陆军第二混成协各部队营房地位图

附奉天陆军第二标标本部图

附奉天陆军第二标步队营房图

民政

附奉天省全境图

附吉林省全境图

附黑龙江省全境图

附东三省郡县一览图

附濛江州设治区域图

附长岭县设治区域图

附桦甸县设治区域图

附方正县分界区域图

实业

附抚顺兴京两界煤矿图

附本溪湖煤矿附近地图

附尾明山天利公司煤矿图

附尾明山煤矿腹地层积图

附菊花岛图

附葫芦岛图

附菊花岛葫芦岛至营口沿海地图

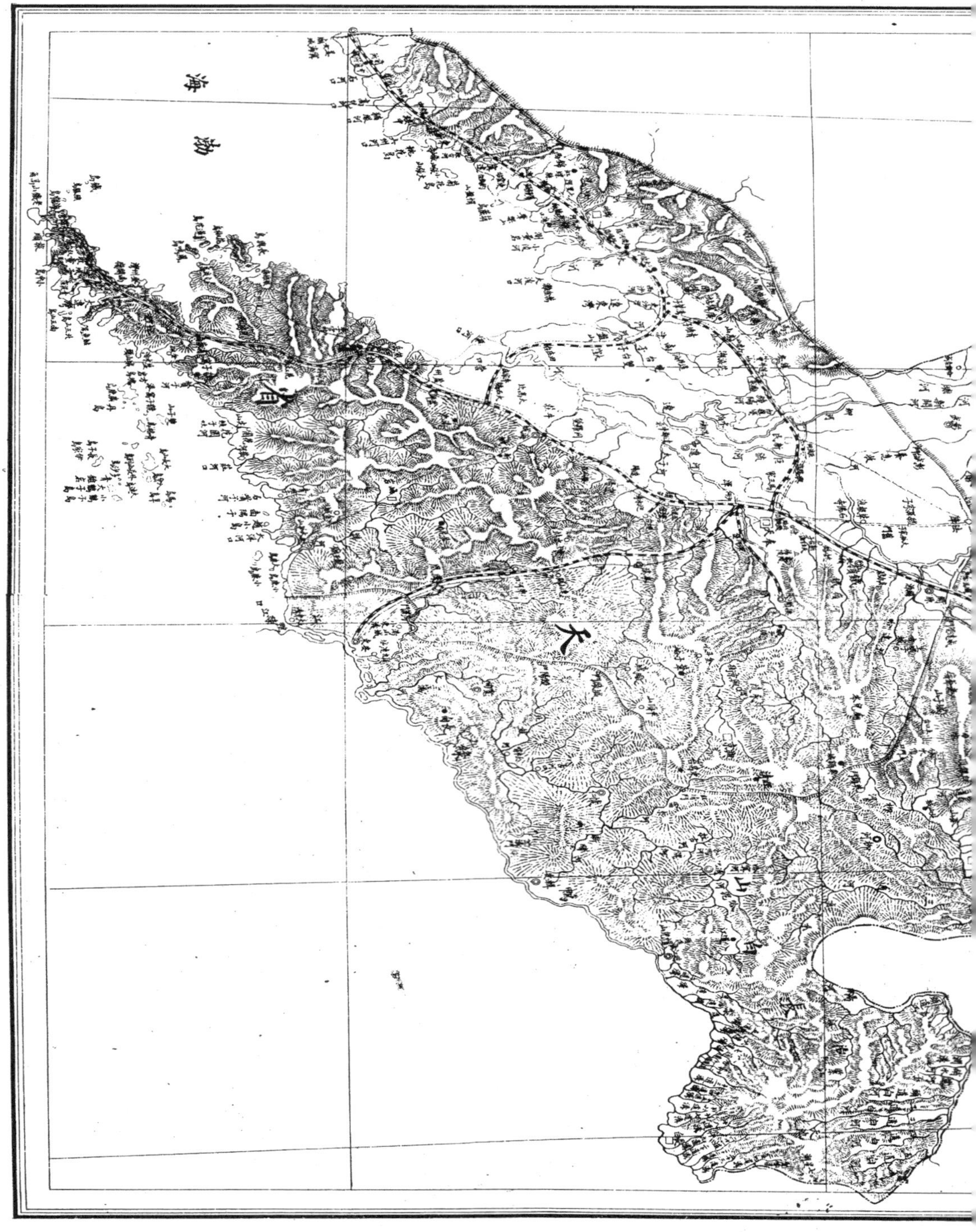
海
渤
天

奉天省全界地圖
圖例

吉林省全界地圖

吉
林
圖例
省城
縣城
綏設縣
長城
卡倫
山脈
府城
綏設府城
王府
柳城
驛站
沙漠
散州
綏設州城
公府
陸電
江河
省界
直隸廳
綏設直隸廳
貝勒貝子府
海電
鎮市
旗界
散廳
綏設散廳
鐵道
寢墓
屯堡
橋梁

黑龍江全界地圖
附圖
郭爾羅斯後旗
杜爾伯特旗

一帶地圖

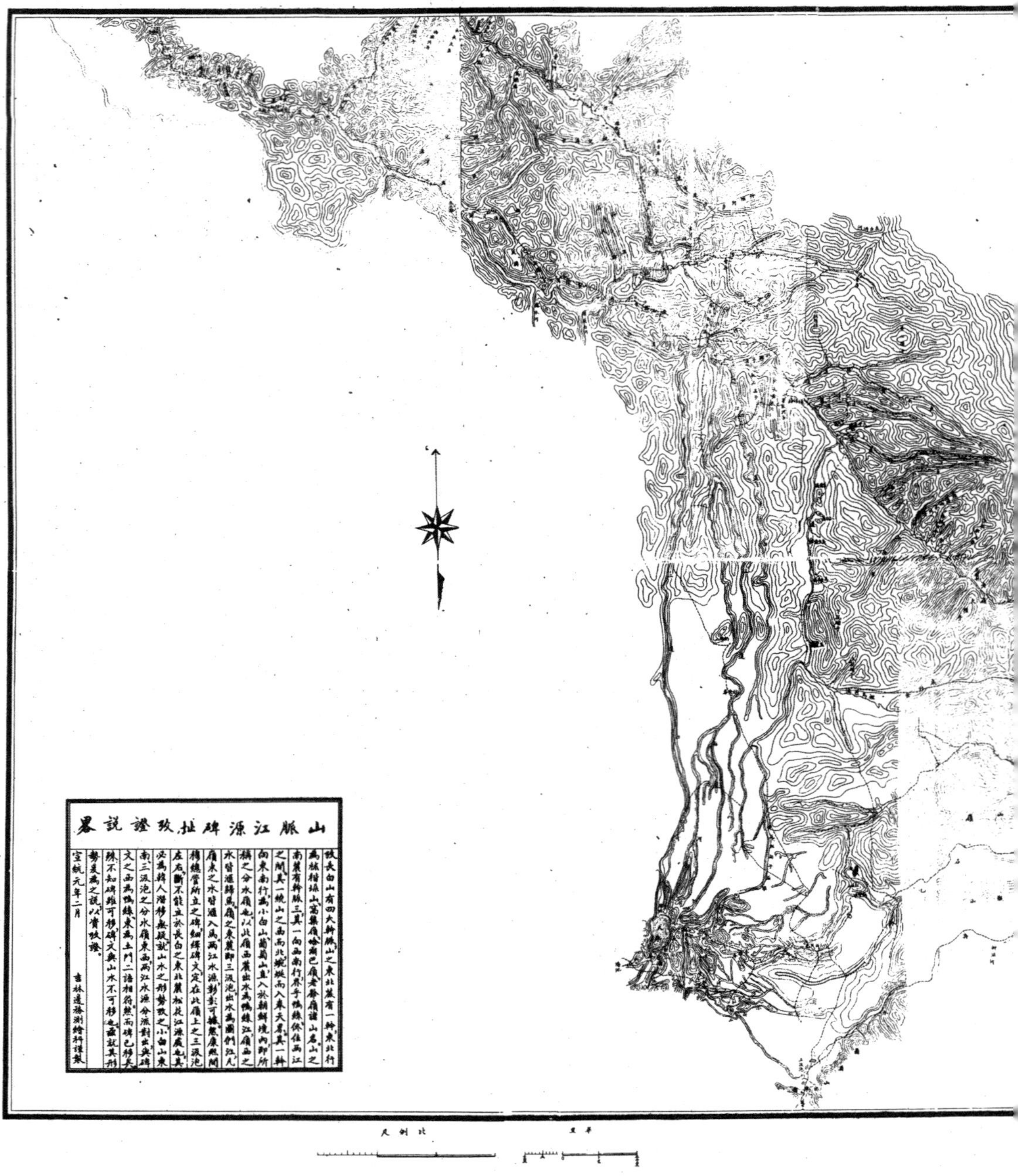
山脈江源碑址攷證說畧
攷長白山有四大幹脈，山之東北祇有一幹，東北行爲林稍埰山，窩集嶺，哈爾巴嶺，老爺嶺諸山名。山之南幾有幹脈三，其一向西南行，界乎鴨綠、佟佳兩江之間。其一繞山之西而北，蜿蜒而入奉天界。其一幹向東南行，爲小白山、葡萄山，直入於朝鮮境內，即所稱之分水嶺也。以此嶺西麓出水爲鴨綠江，嶺西之水皆道歸焉。嶺之東麓即三汲泡，出水爲圖們江，凡嶺東之水皆道入焉。兩江水源，彰彰可據。然康熙間穆總管所立之碑，細繹碑文，定在此嶺上之三汲泡左右，斷不能立於長白之東北麓松花江源處也。其必爲韓人潛移無疑。就山水之形勢致之，小白山東南，三汲泡之分水嶺東西，兩江水源分派，對出與碑文之西爲鴨綠，東爲土門二語相符。然而碑已移矣，殊不知碑雖可移，碑文與山水不可移也。茲就其形勢爰爲之說，以資攷證。
宣統元年二月
吉林邊務測繪科謹製
比例尺

延吉琿春

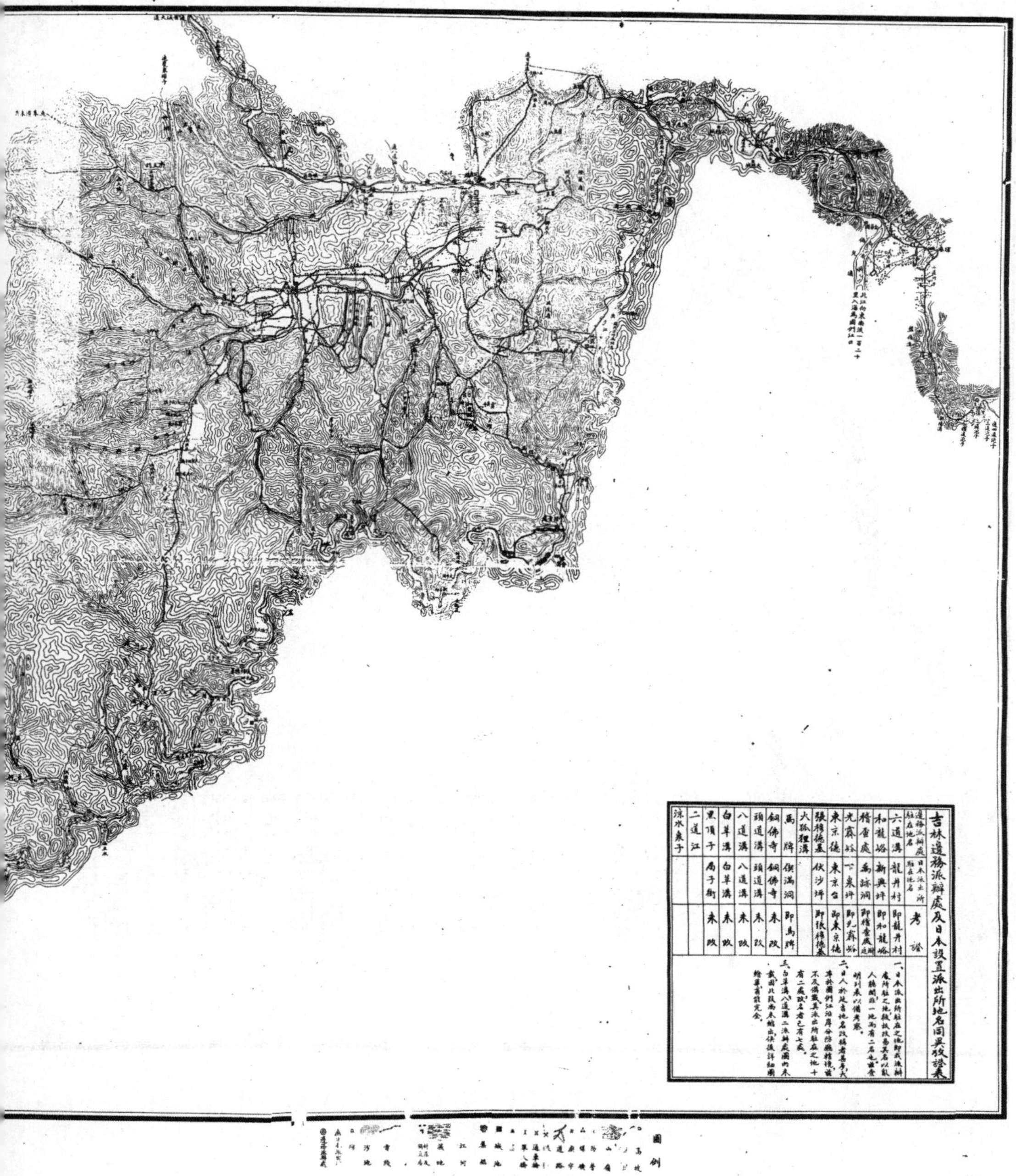

吉林邊務派辦處及日本設置派出所地名同異攷證表

邊務派辦處駐在地名	日本派出所駐在地名	考證
六道溝	龍井村	即龍井村
和龍峪	新興坪	即和龍峪
稽查處	禹跡洞	即稽查處附近
光霽峪	下泉坪	即光霽峪
東京德	東京台	即東京德
張稽德基	伏沙坪	即張稽德基
火狐狸溝		
馬牌	俱滿洞	即馬牌
銅佛寺	銅佛寺	未改
頭道溝	頭道溝	未改
八道溝	八道溝	未改
白草溝	白草溝	未改
黑頂子	局子街	未改
二道江		
涼水泉子		

一、日本派出所駐在之地，即我派辦處所駐之地，故故改易其名以亂人聽聞，且一地而有二名，也並查明列表以備考察。

二、日人於延吉地名改稱者甚多，大半於圖例江沿岸分防巡轄境，當不及備載。其派出所駐在之地十有二處，改名者已有七處。

三、白草溝、八道溝二派辦處圖內未載，因此段尚未繪出，俟後詳細測繪草圖，方能完全。

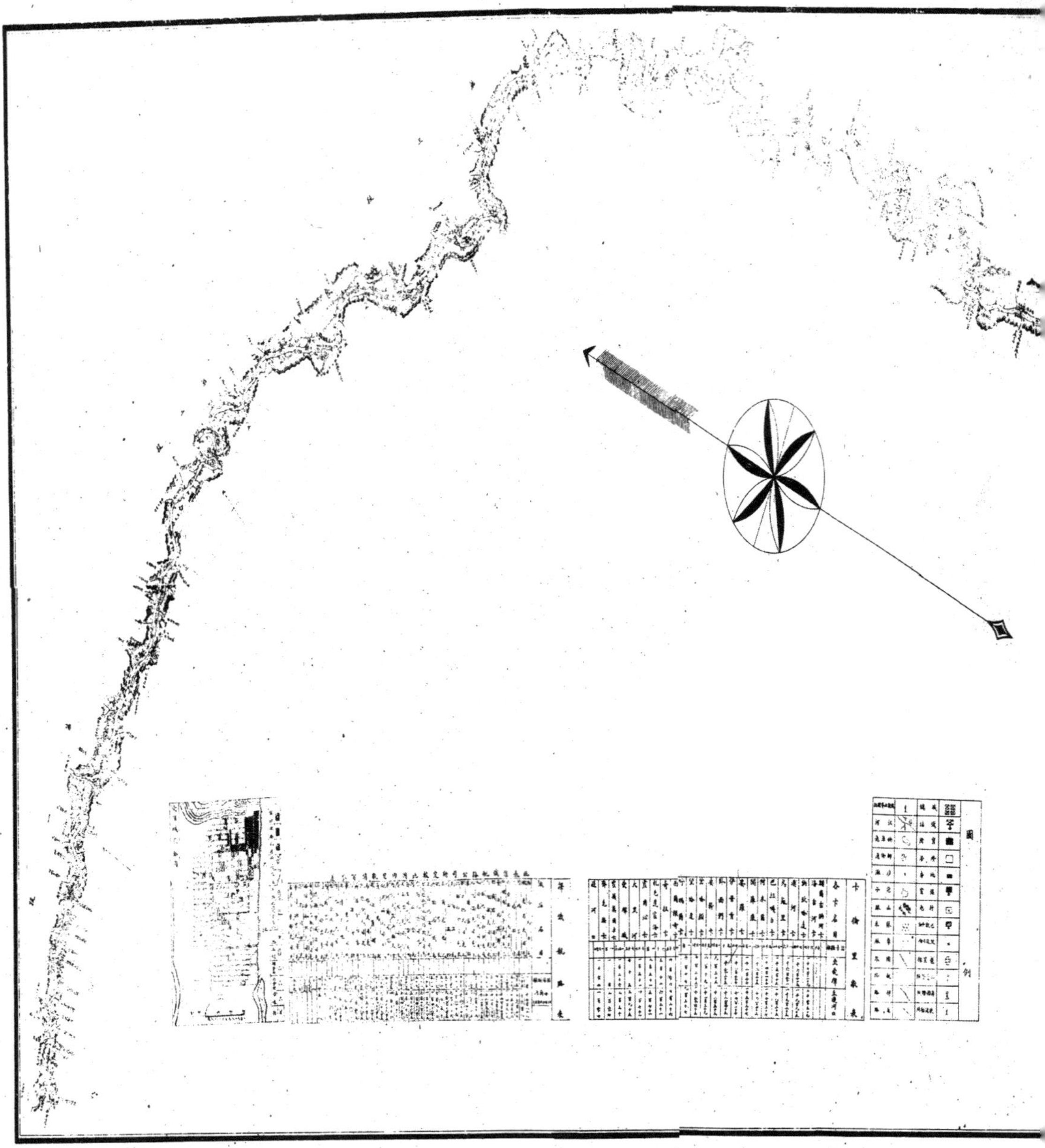
圖例

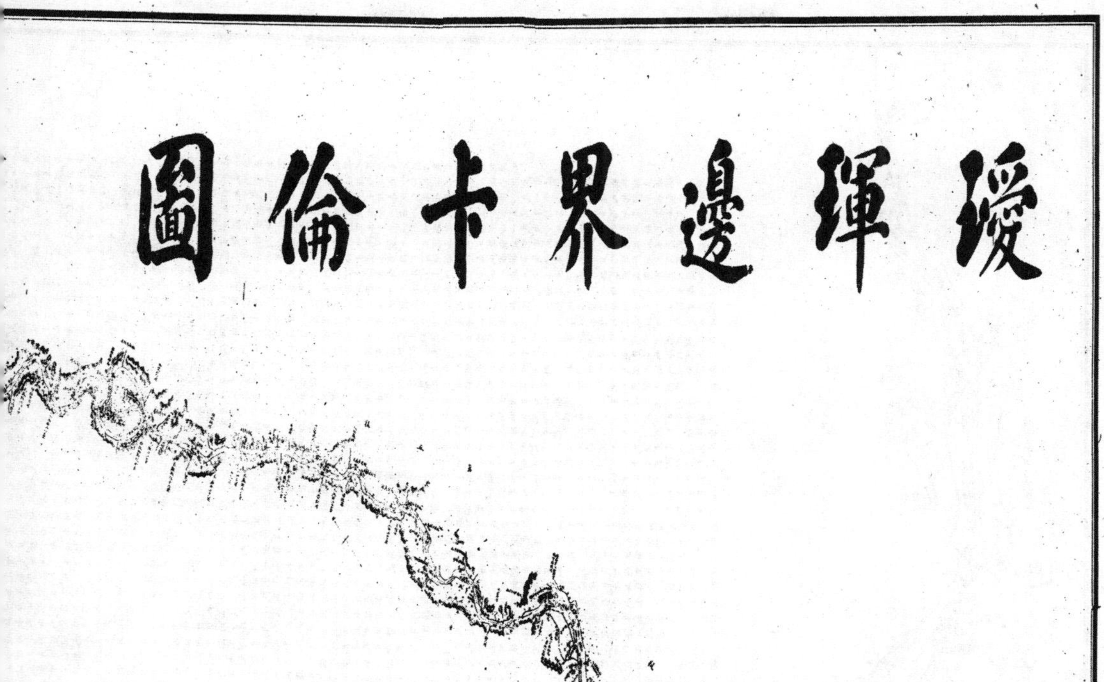
璦琿邊界卡倫圖
二十七萬五千六百分之一比例尺

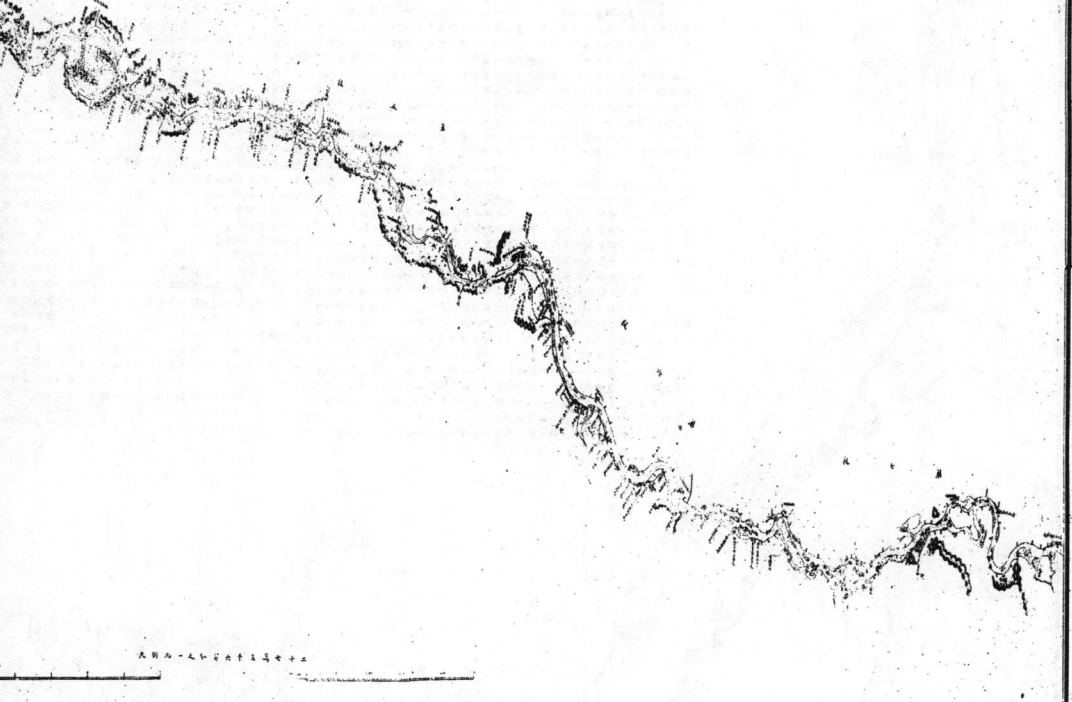

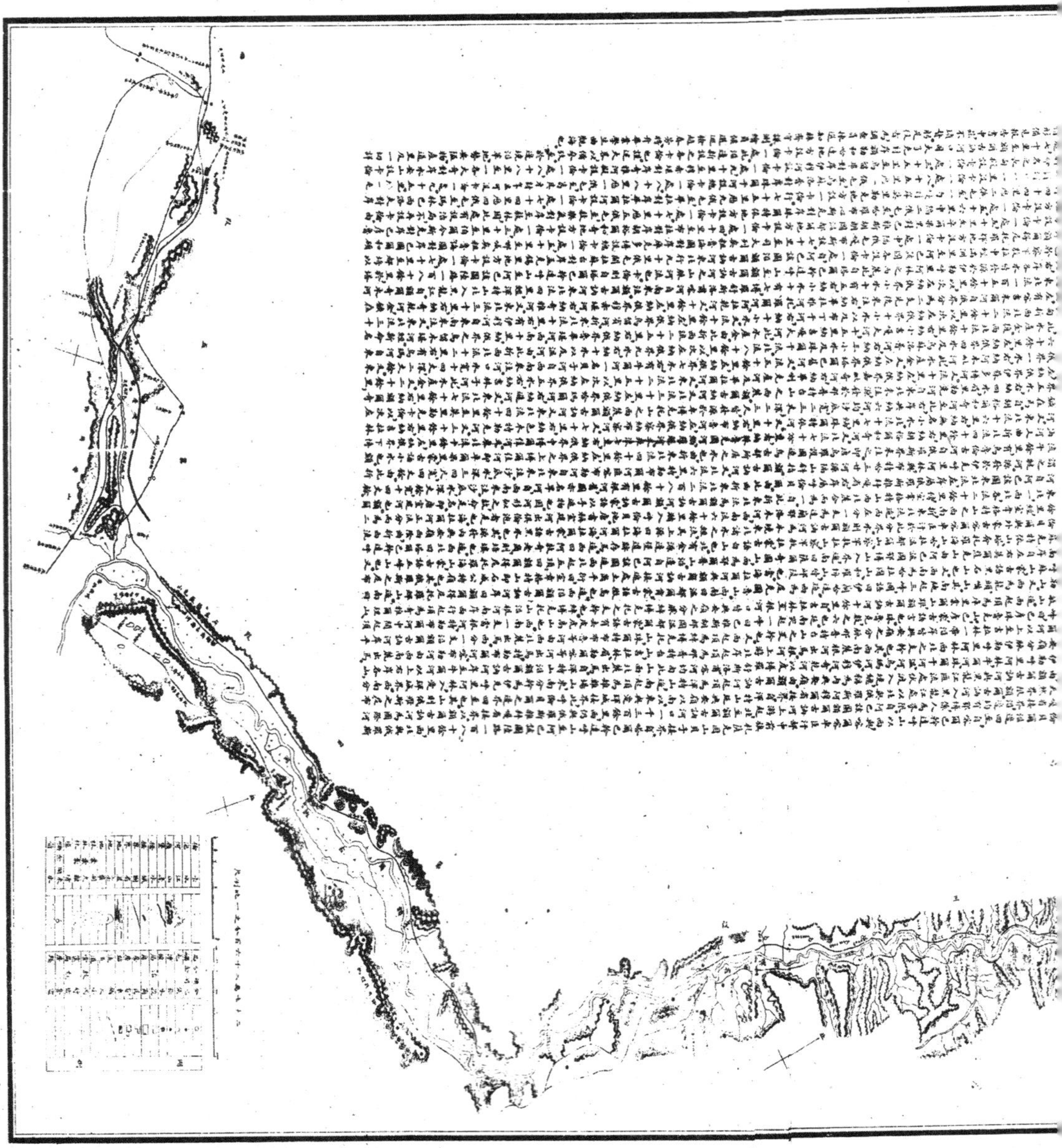

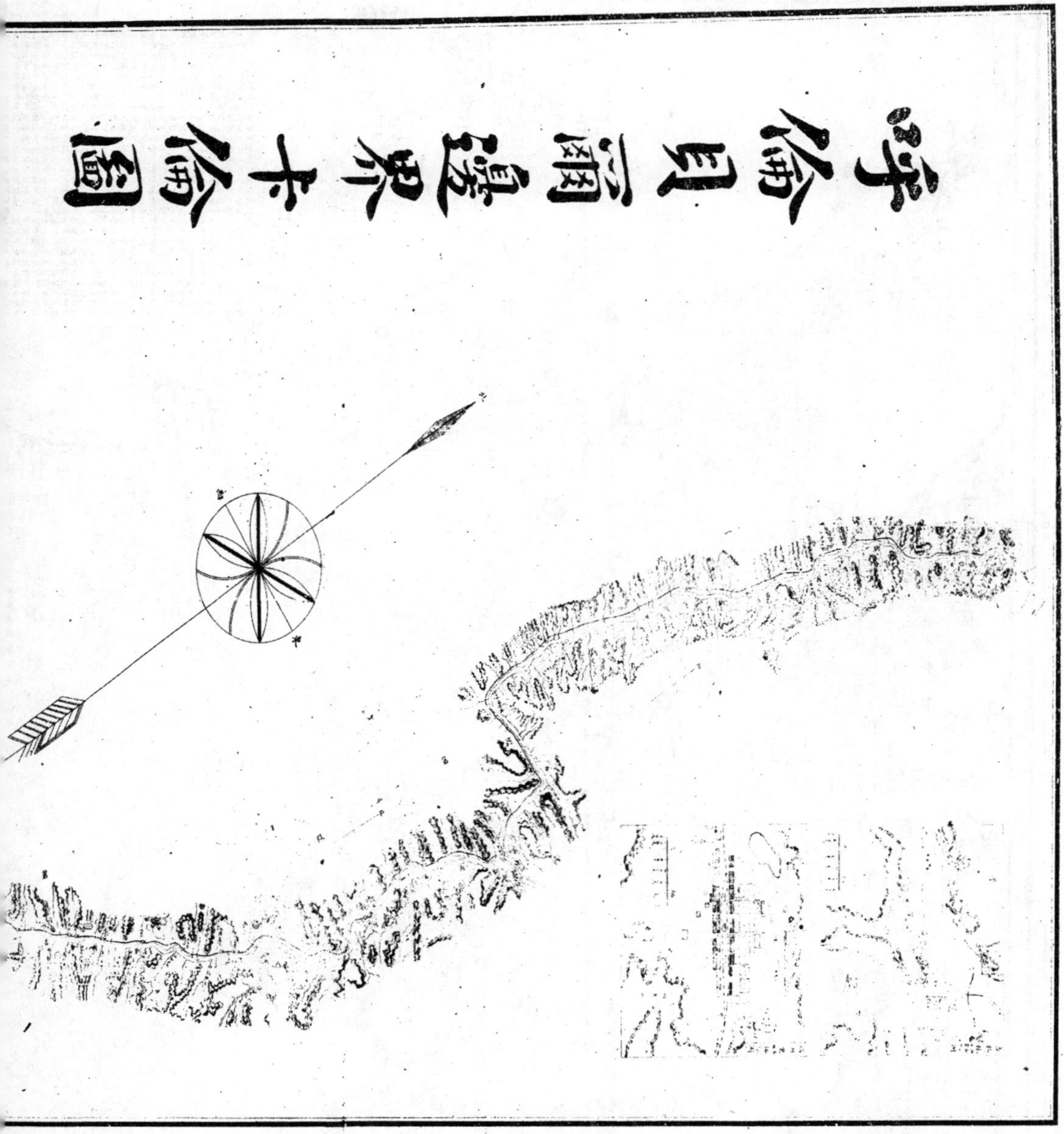
呼倫貝爾邊界卡倫圖

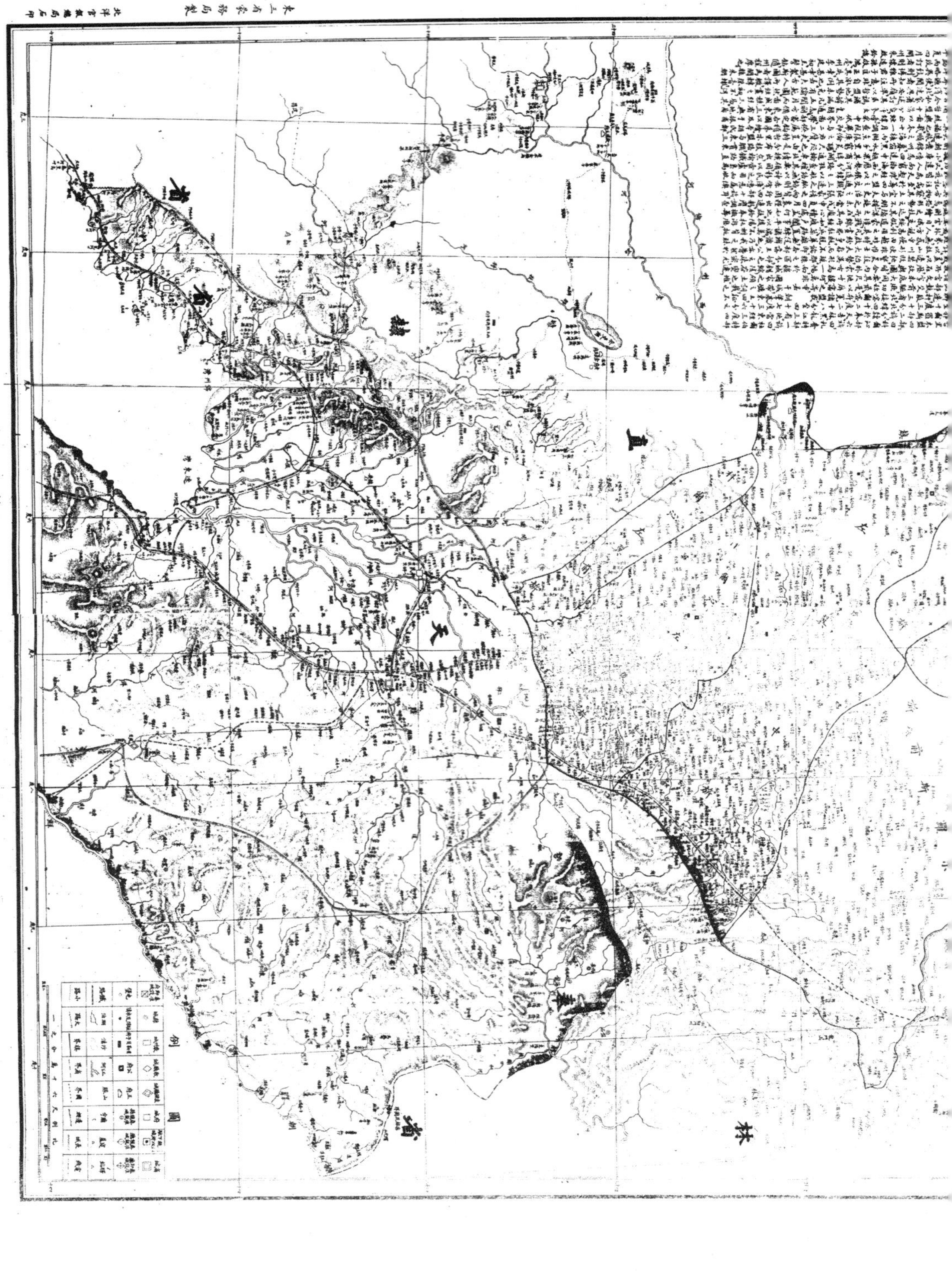

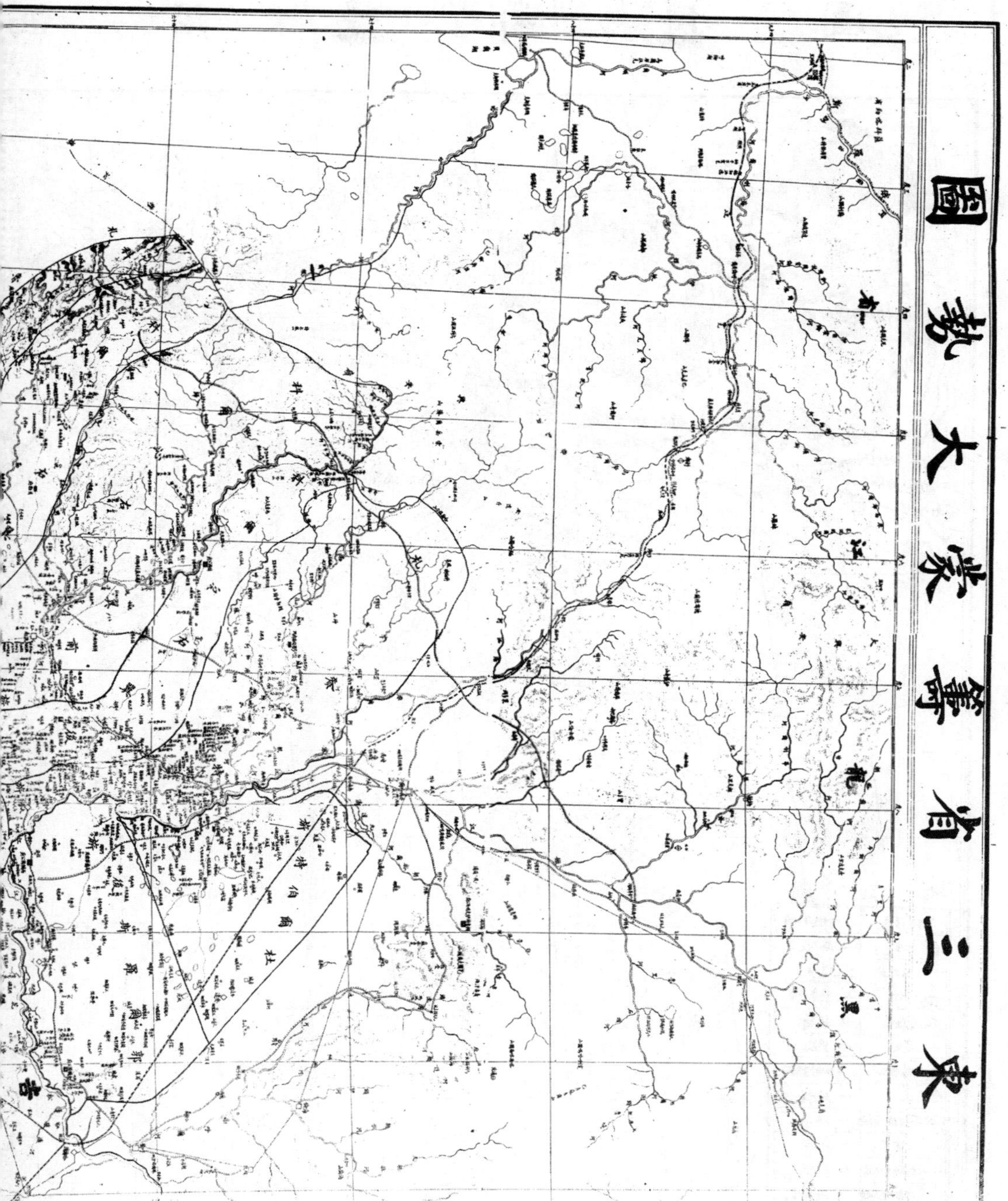
東三省籌蒙大勢圖

西沿邊鄂博圖

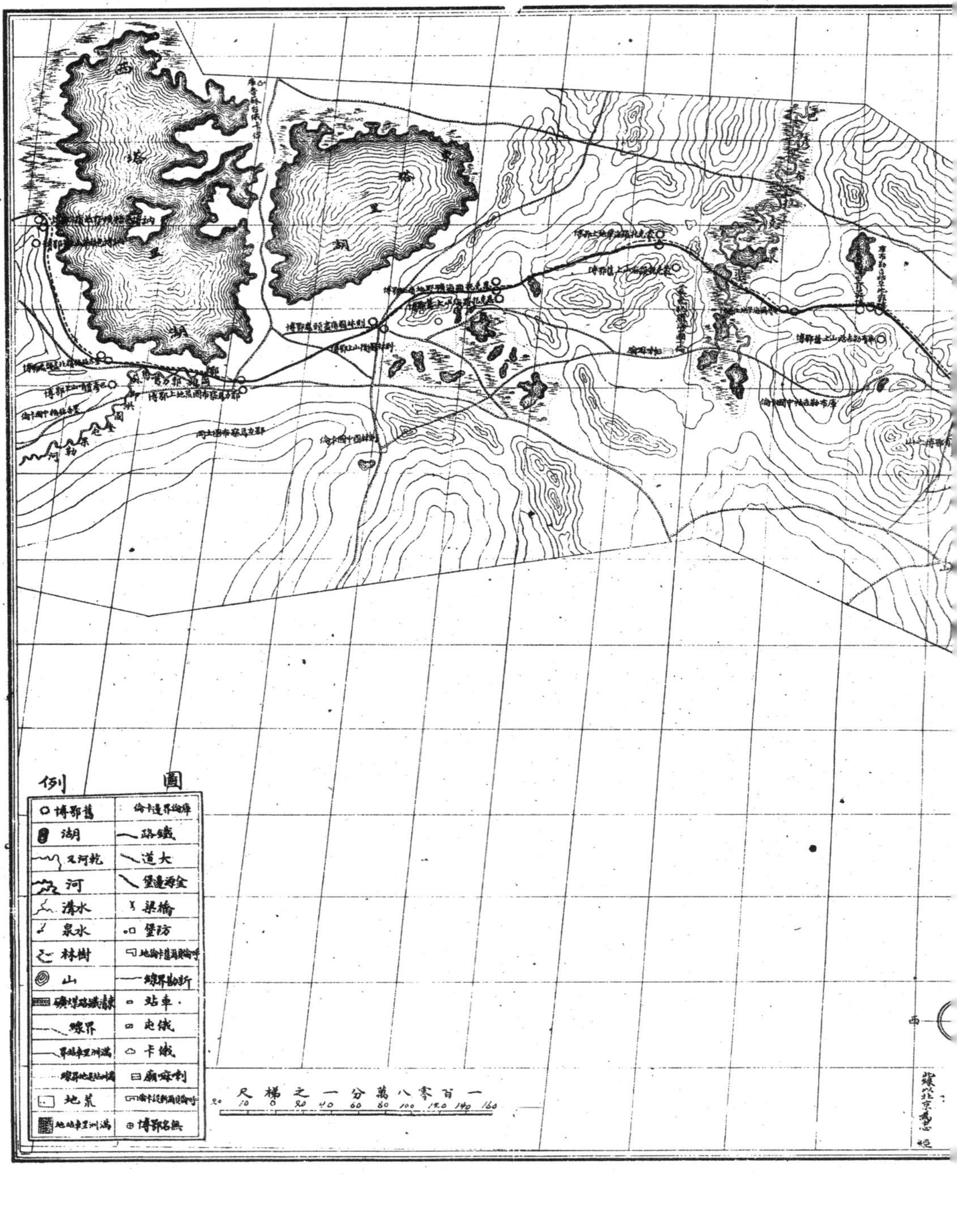

調查黑龍江迤

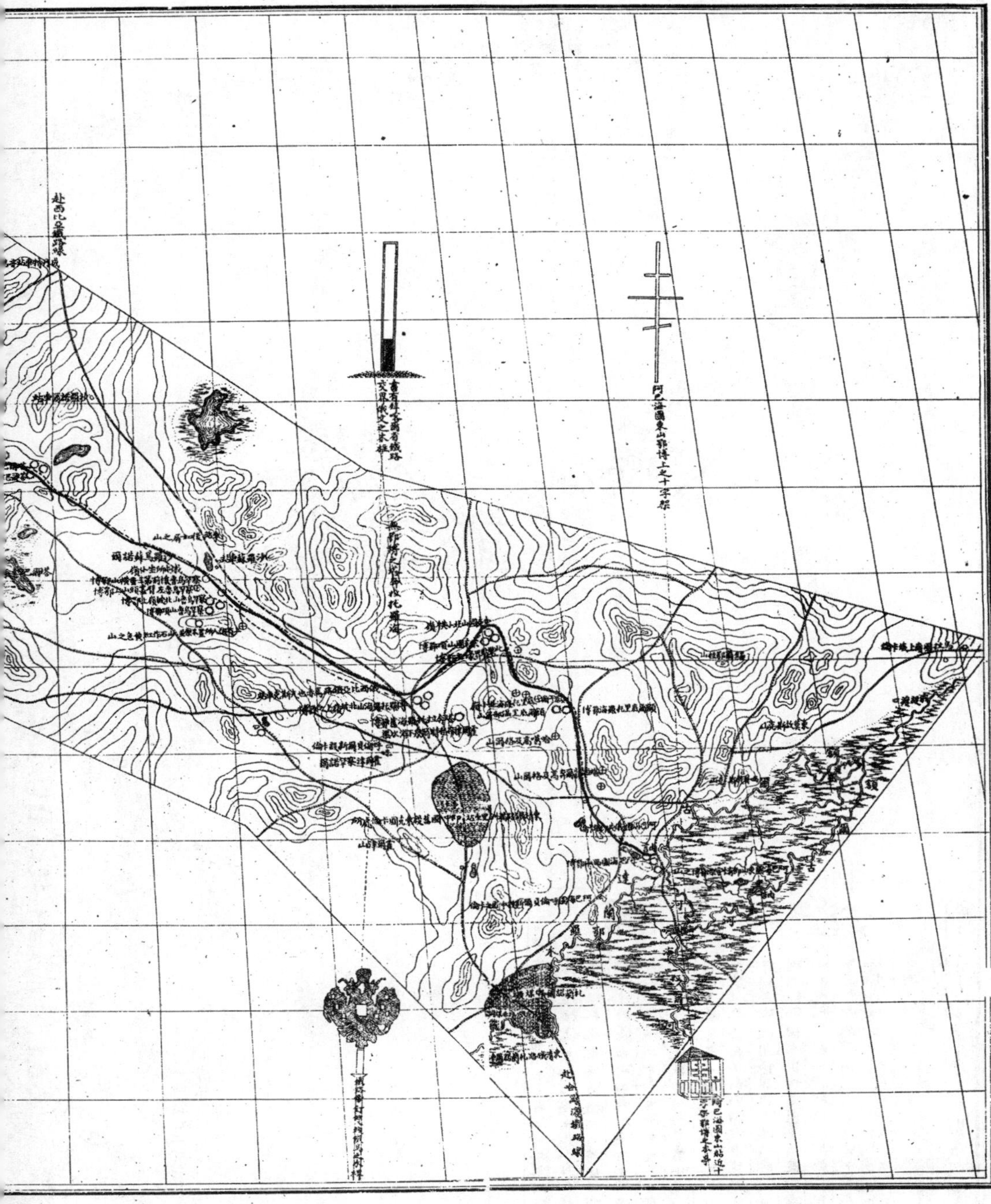

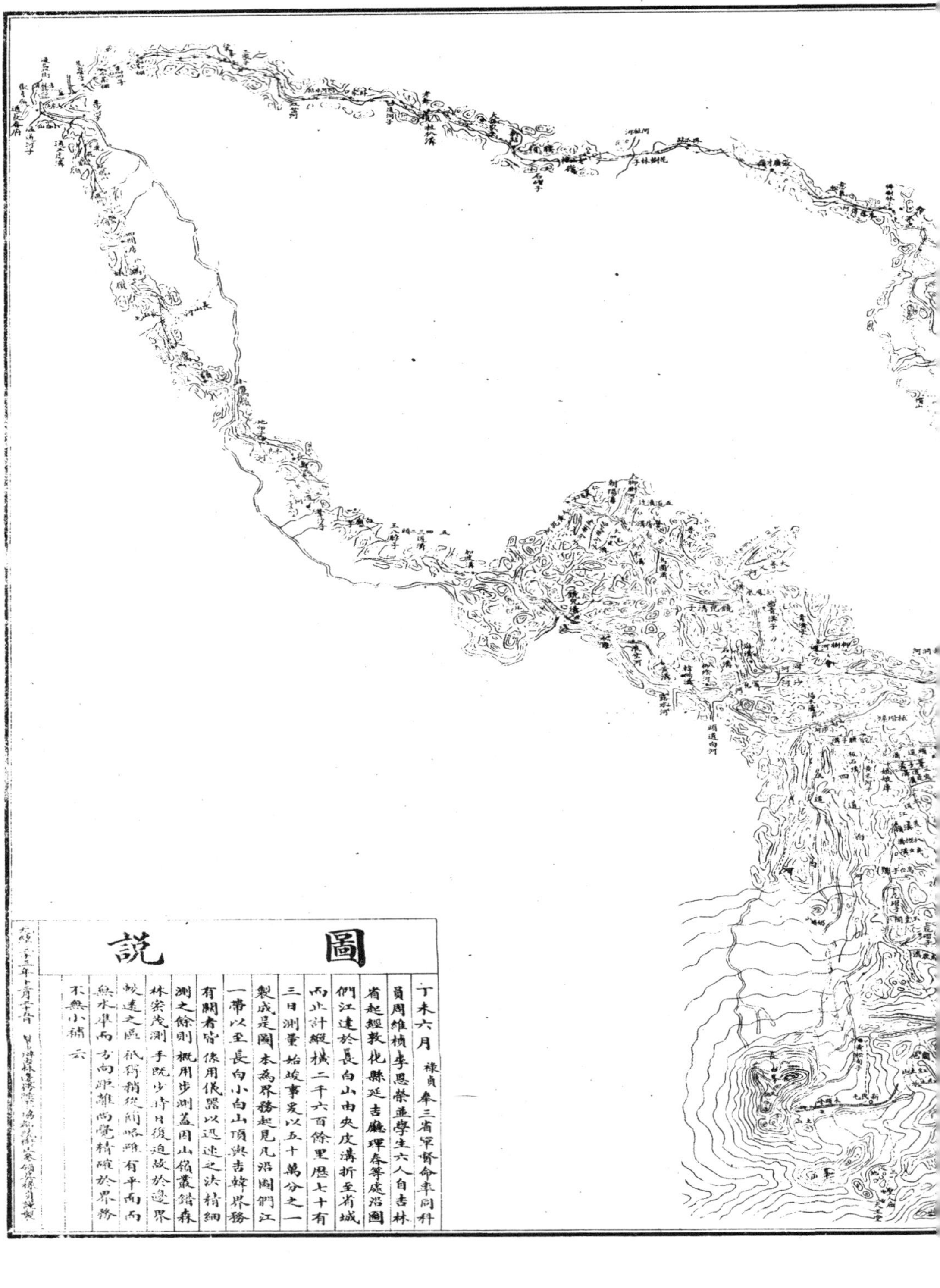
圖說
丁未六月 祿貞 奉三省軍督命率同科員周維楨李恩榮並學生六人自吉林省起經敦化縣延吉廳琿春等處沿圖們江達於長白山由央皮溝折至省城而止計縱横二千六百餘里歷七十有三日測量始竣事爰以五十萬分之一製成是圖本為界務起見凡沿圖們江一帶以至長白小白山頂與吉韓界務有關者皆係用儀器以迅速之法精細測之餘則概用步測蓋因山嶺叢錯森林深茂測手既少時日復迫故於邊界較遠之區祇得稍從簡略雖有平面而無水準而方向距離尚覺精確於界務不無小補云

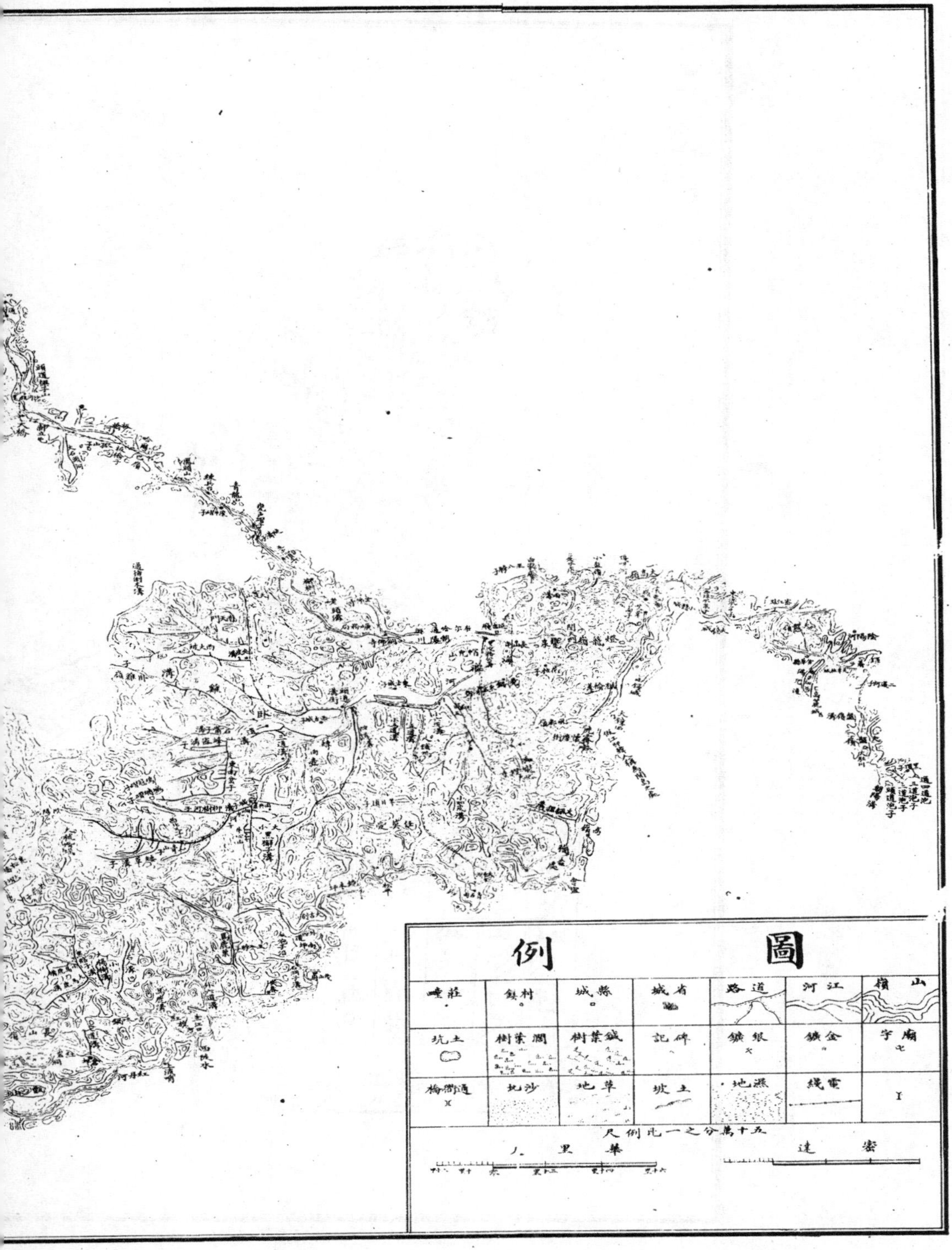
圖例
江河
道路
省城
縣城
村鎮
廟宇
金礦
銀礦
碑記
鍼葉樹
闊葉樹
土坑
電綫
沼地
土坡
草地
沙地
五十萬分之一比例尺
華里

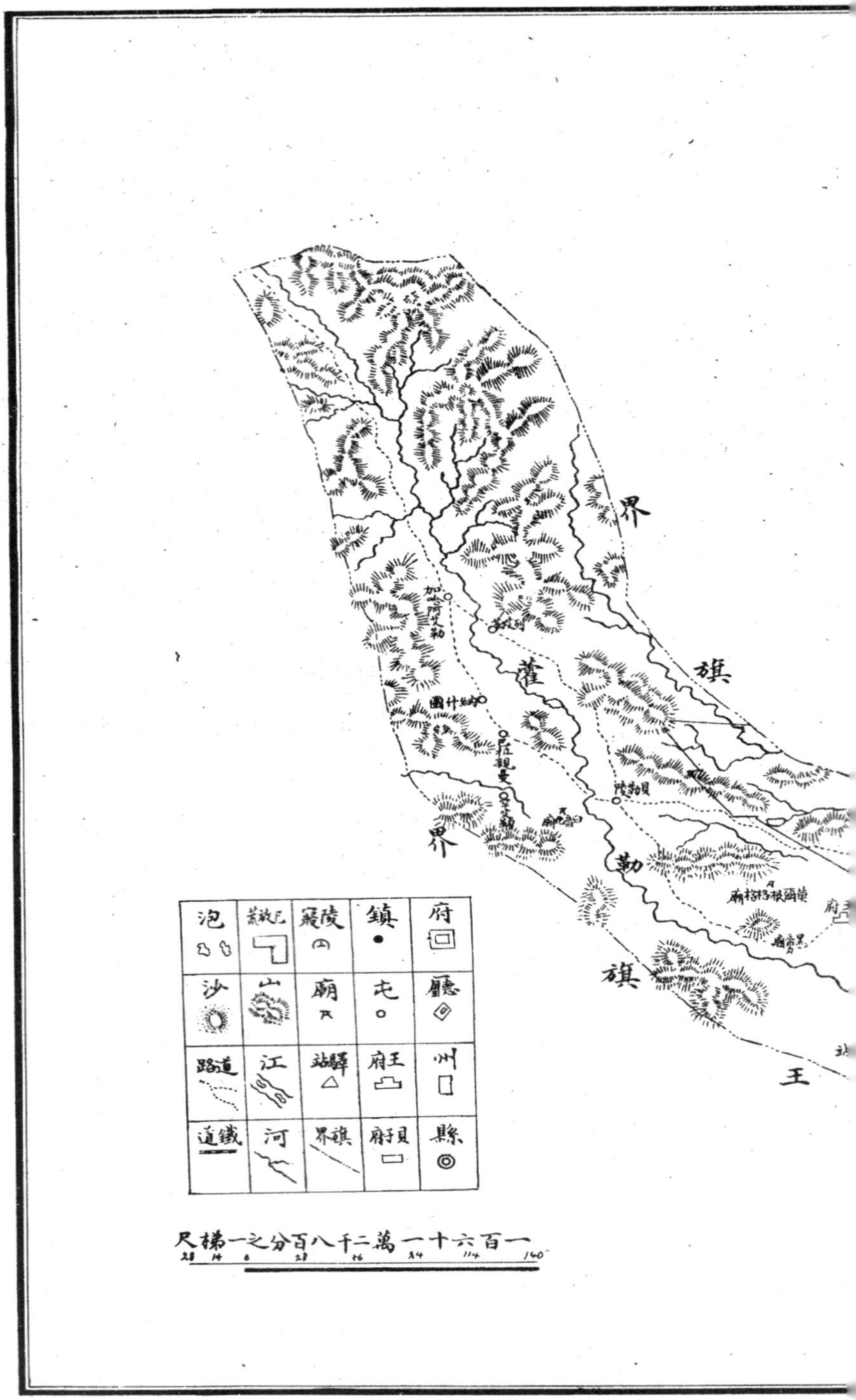
界
旗
勒
旗
王
界
府
廳
州
縣
鎮
屯
廟
山
江
河
泡
沙
道路
鐵道
寢陵
驛站
王府
貝子府
旗界
一百六十一萬二千八百分之一梯尺

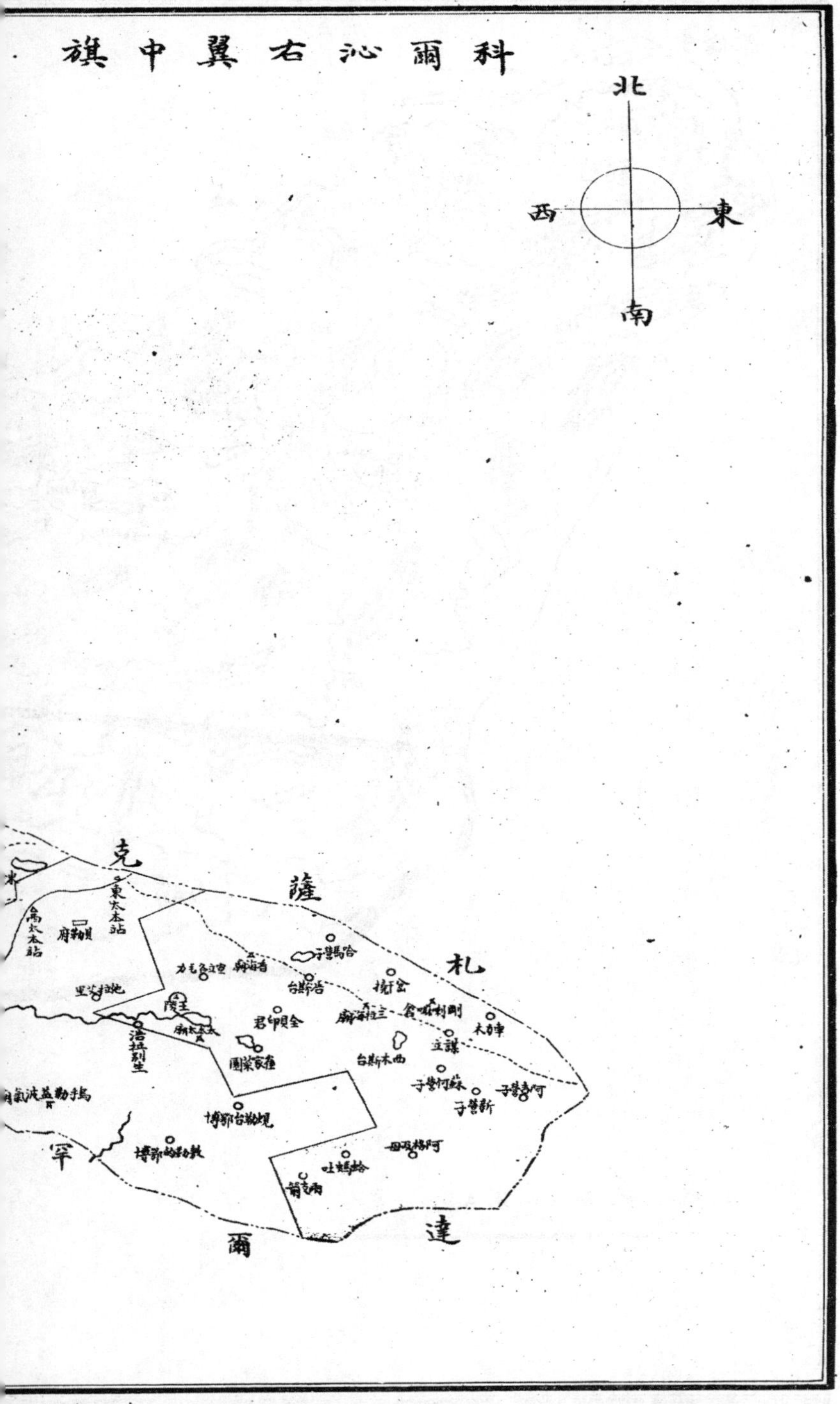
科爾沁右翼中旗
北
西
東
南
克
薩
札
達
爾

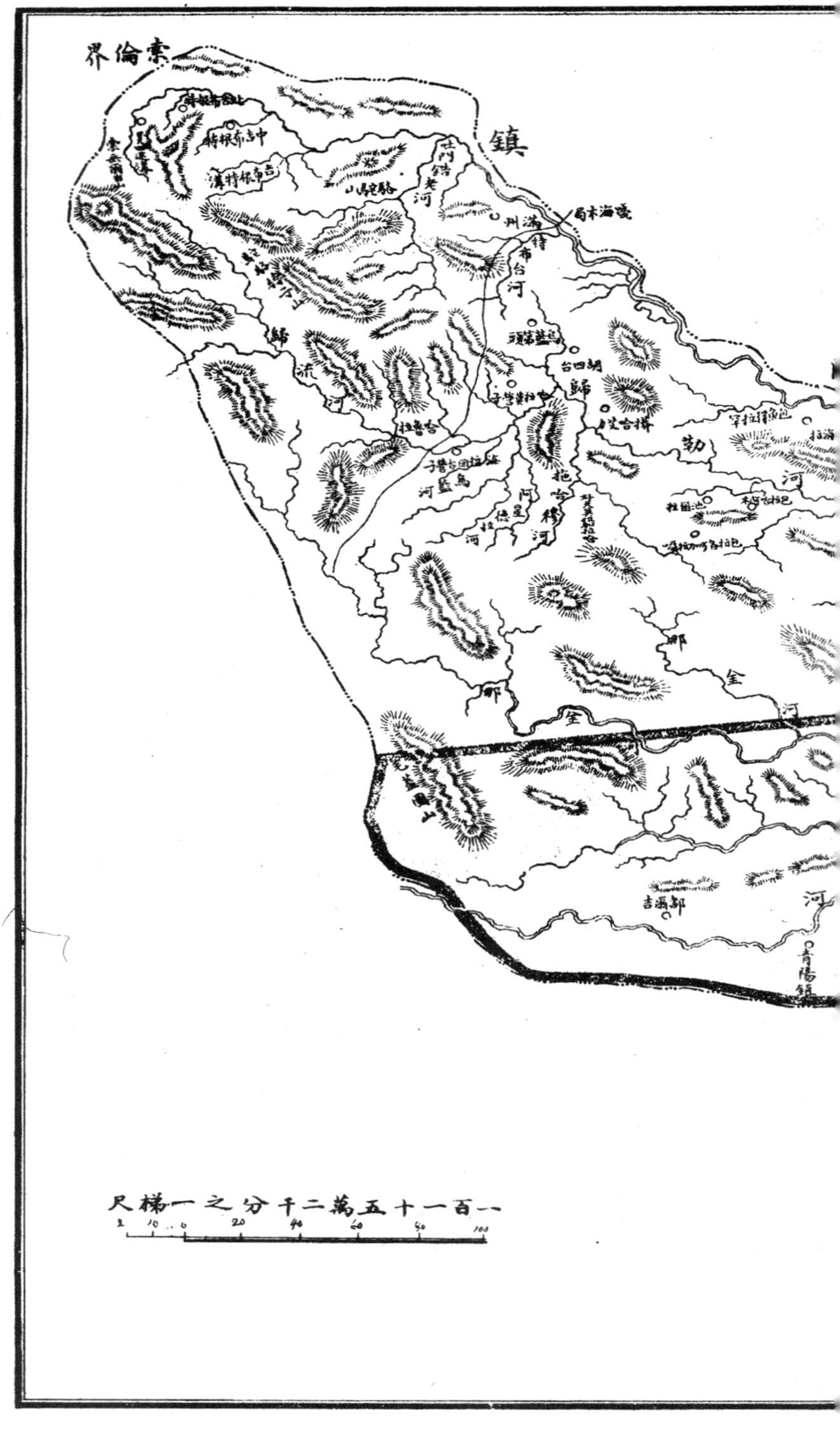
索倫界
鎮
一百一十五萬二千分之一梯尺

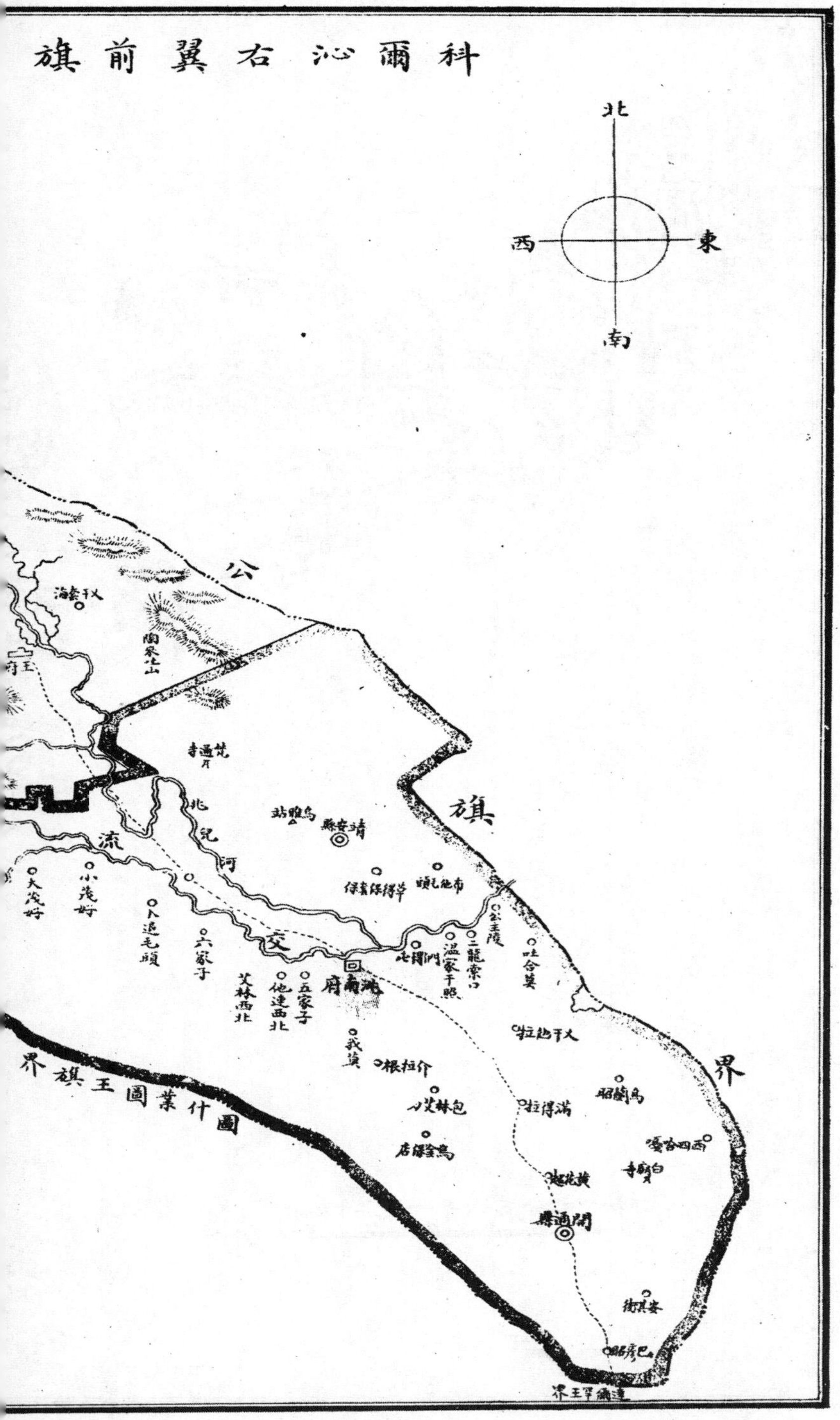
科爾沁右翼前旗
北
南
東
西
公
旗
界
靖安縣
洮南府
開通縣
洮兒河
圖什業圖王旗界

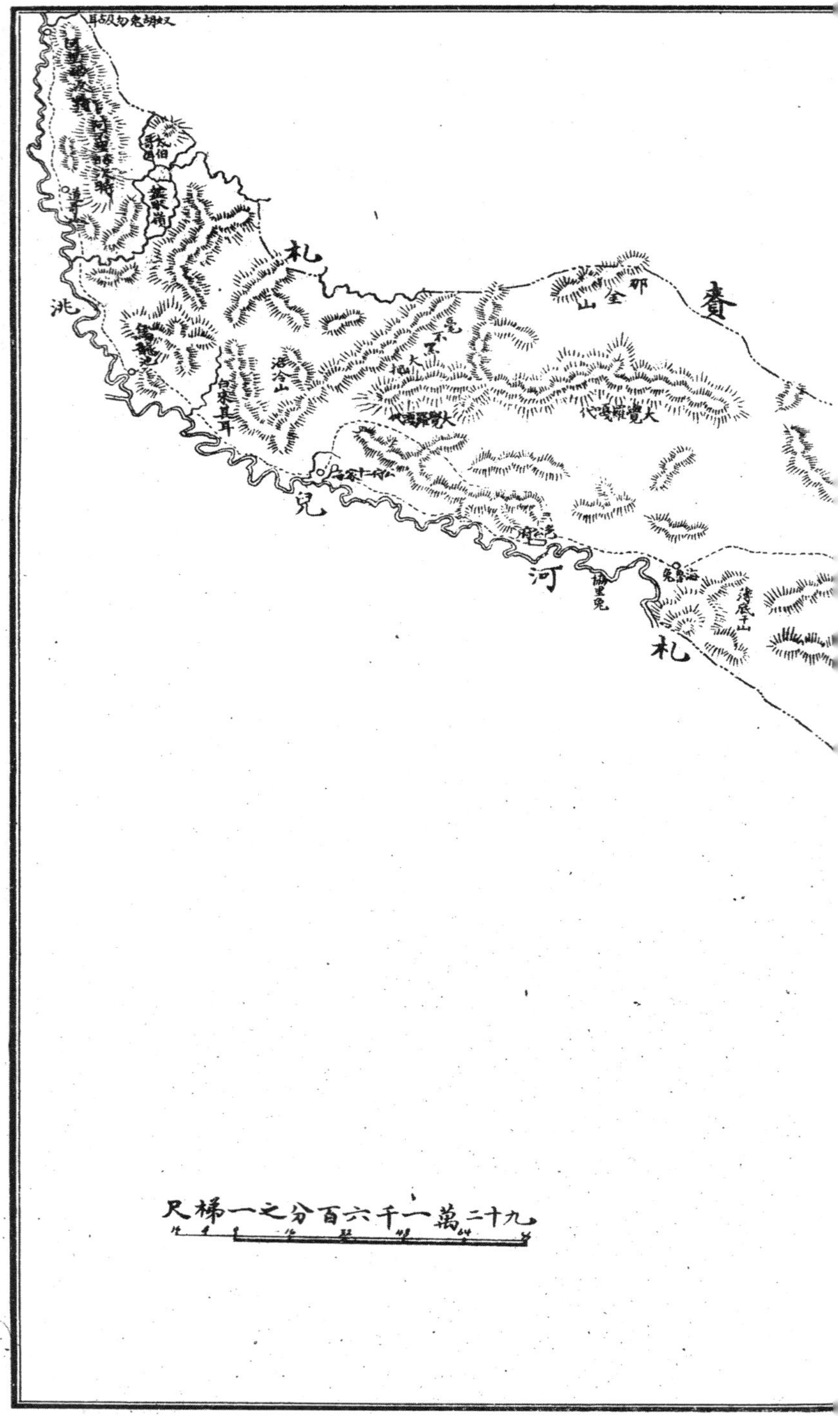
札
賚
洮
兒
河
札
全山
海冷山
九十二萬一千六百分之一梯尺

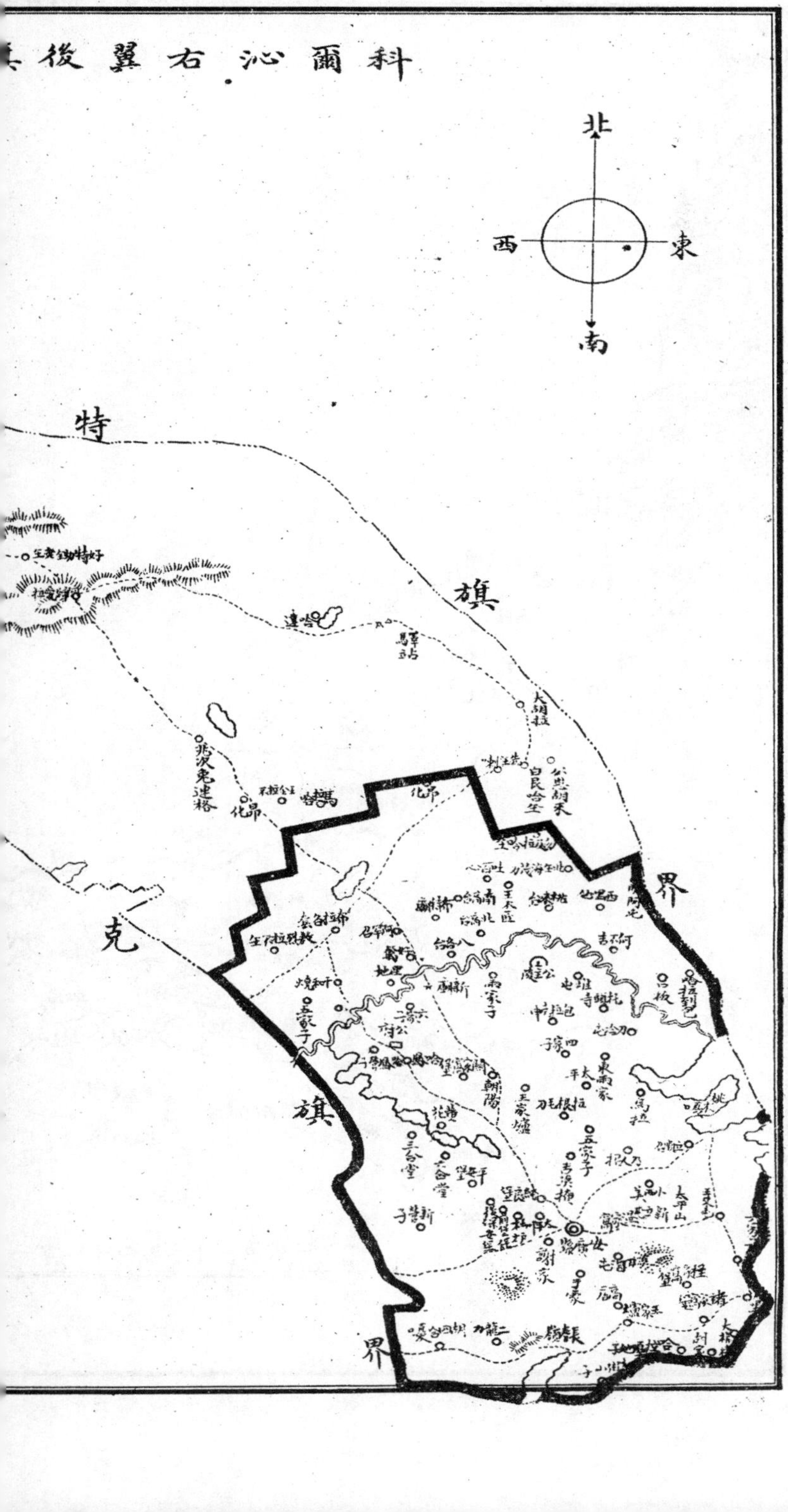
科爾沁右翼後
北
西
東
南
特
旗
克
旗
界
界

札魯特界
圖什業圖旗界
新開河
西遼河
遼河
西昭王府
九家子
博王旗界
賓圖王旗界
一百八十四萬三千二百分之一

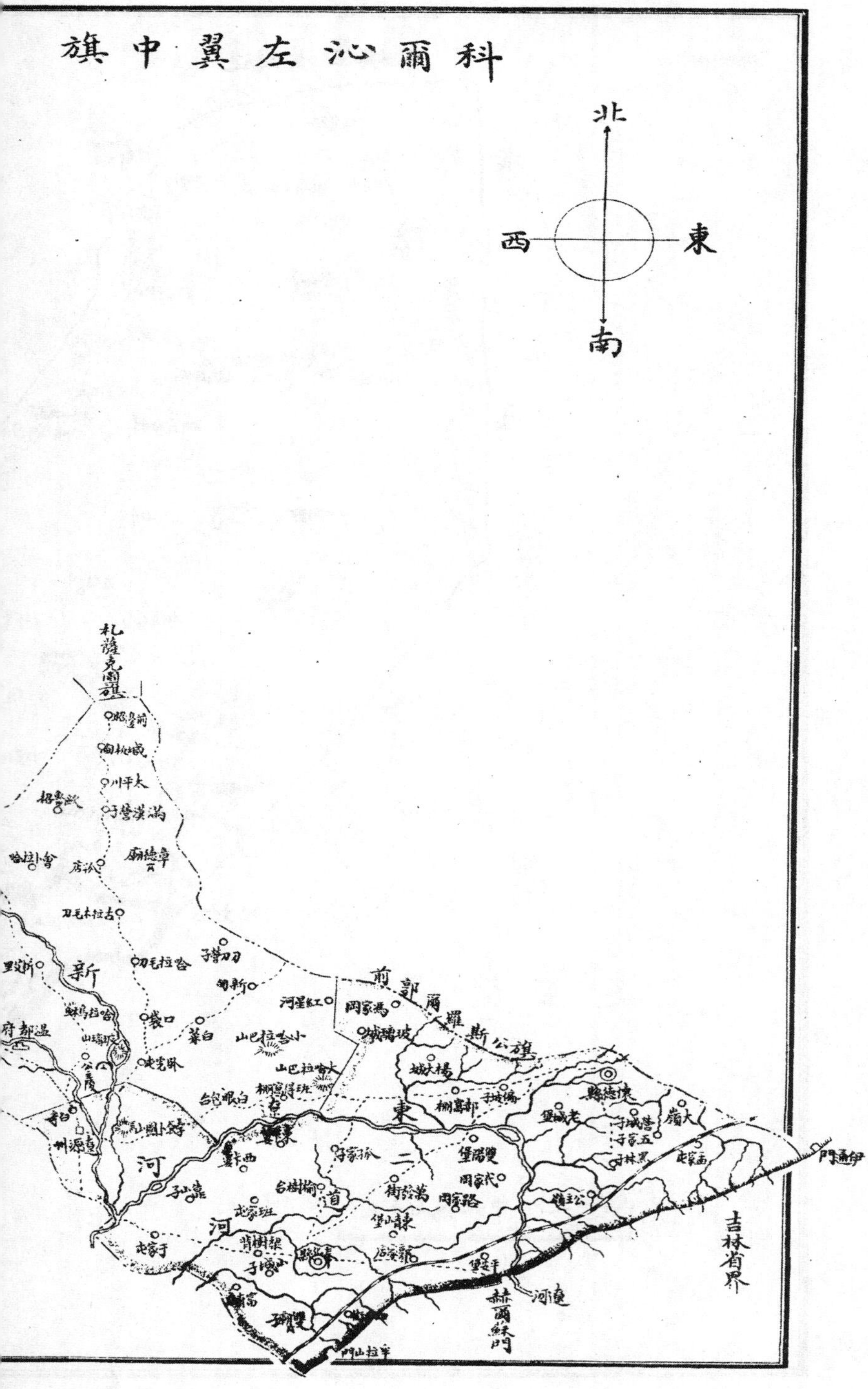
科爾沁左翼中旗
北
西
東
南
前郭爾羅斯公旗
吉林省界
赫爾蘇門
伊通門

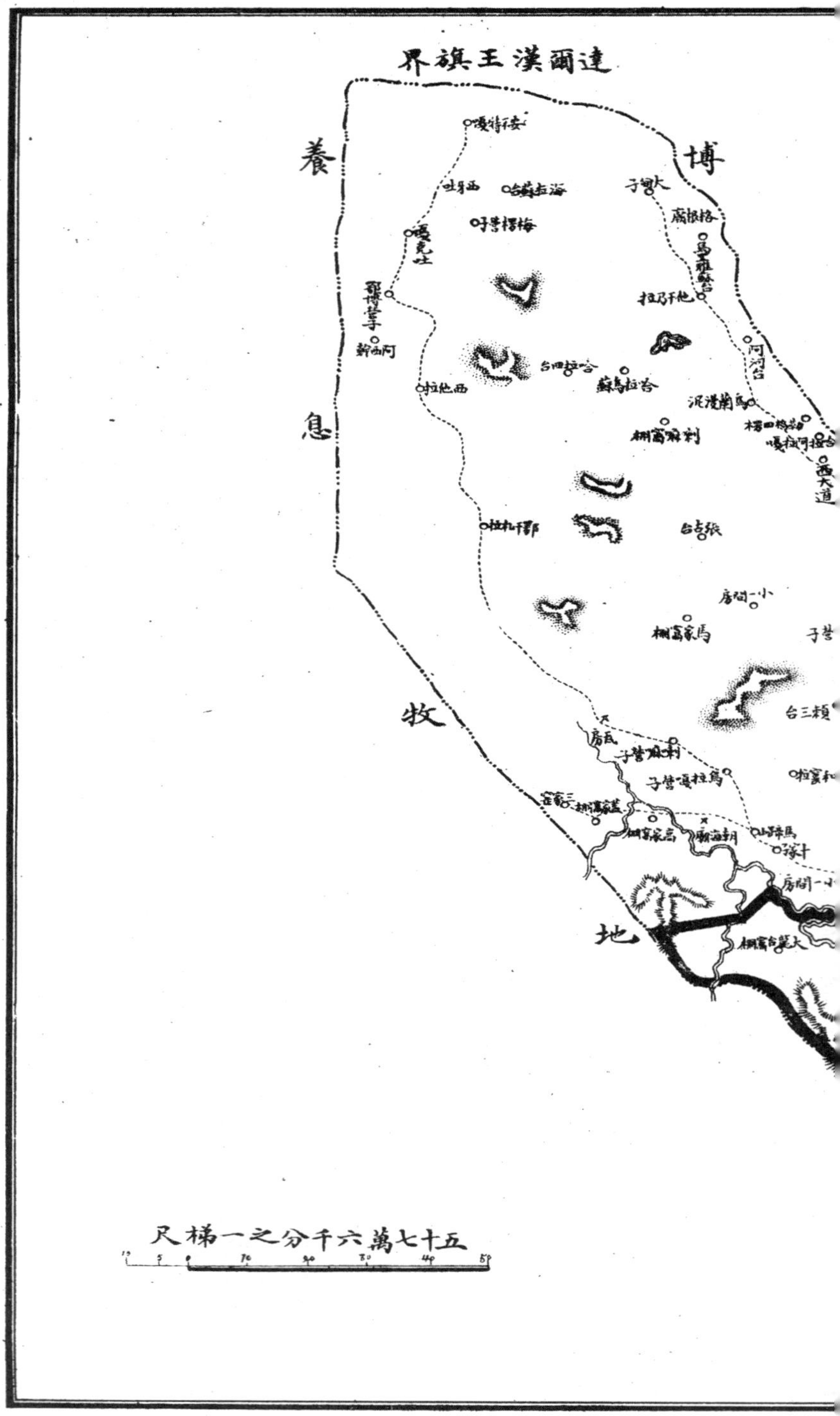
達爾漢王旗界
博
養
息
牧
地
五十七萬六千分之一梯尺

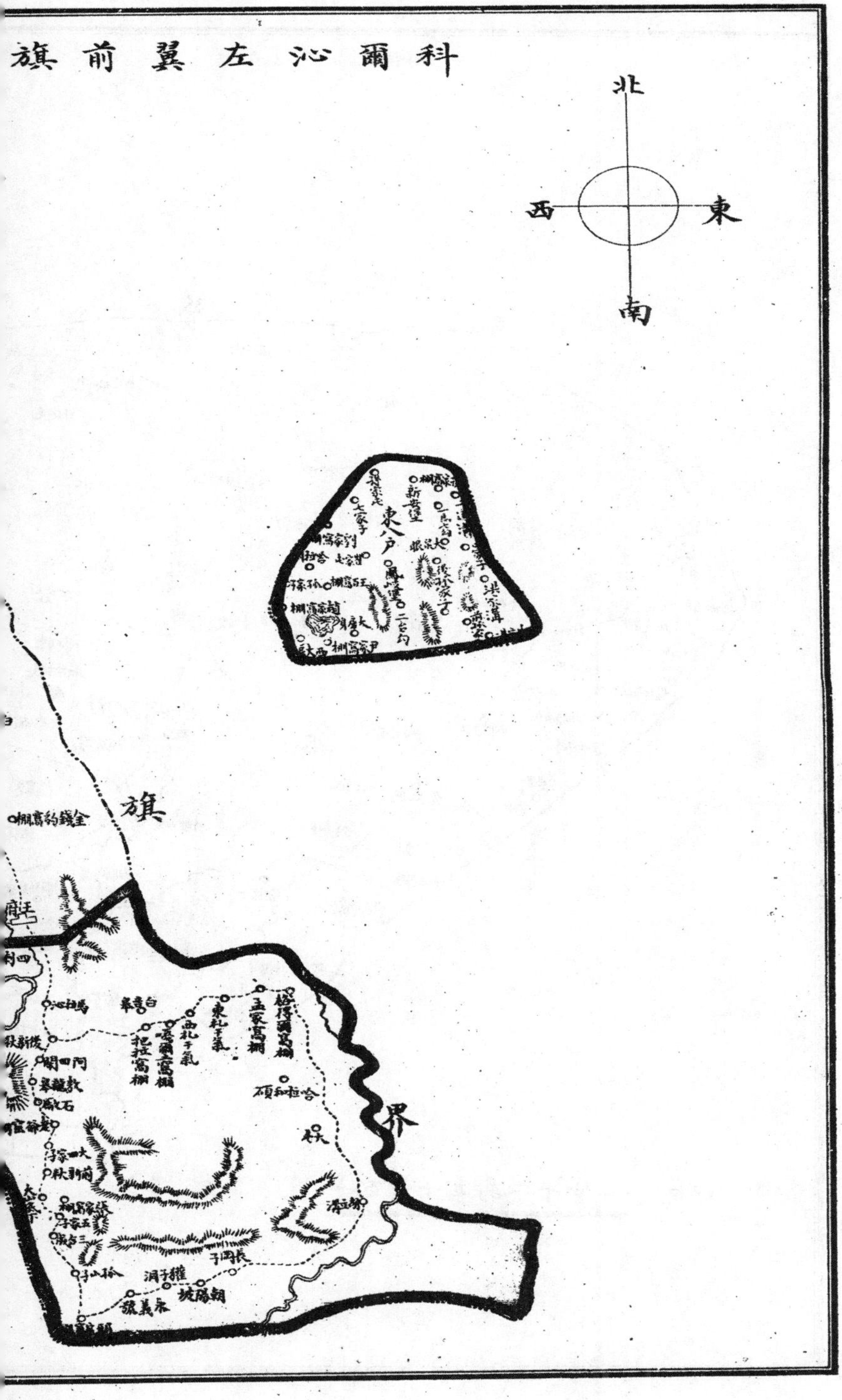
科爾沁左翼前旗
北
西
東
南
旗
界

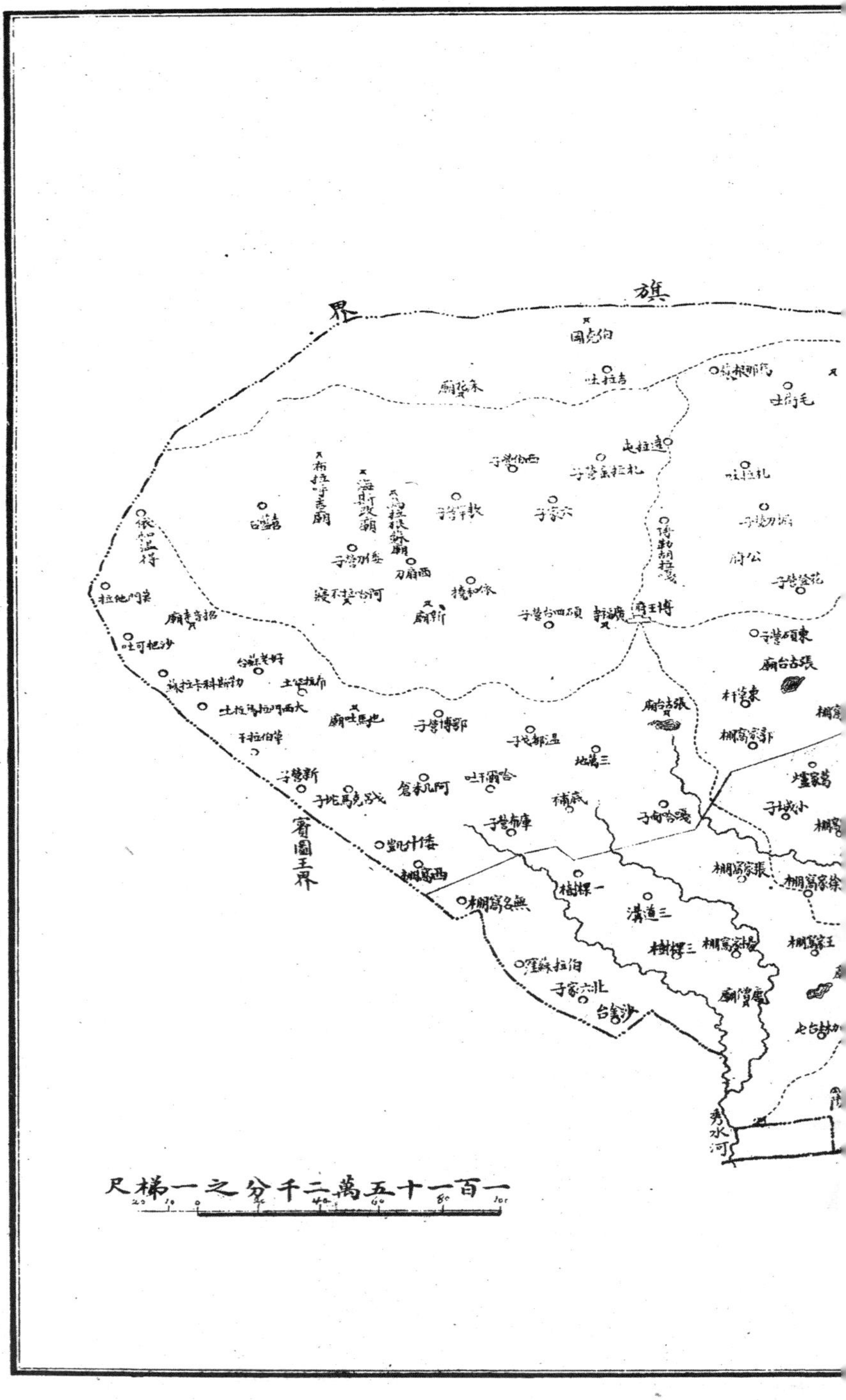
旗
界
賓圖王界
秀水河
一百一十五萬二千分之一梯尺
20 10 0 20 40 60 80 100

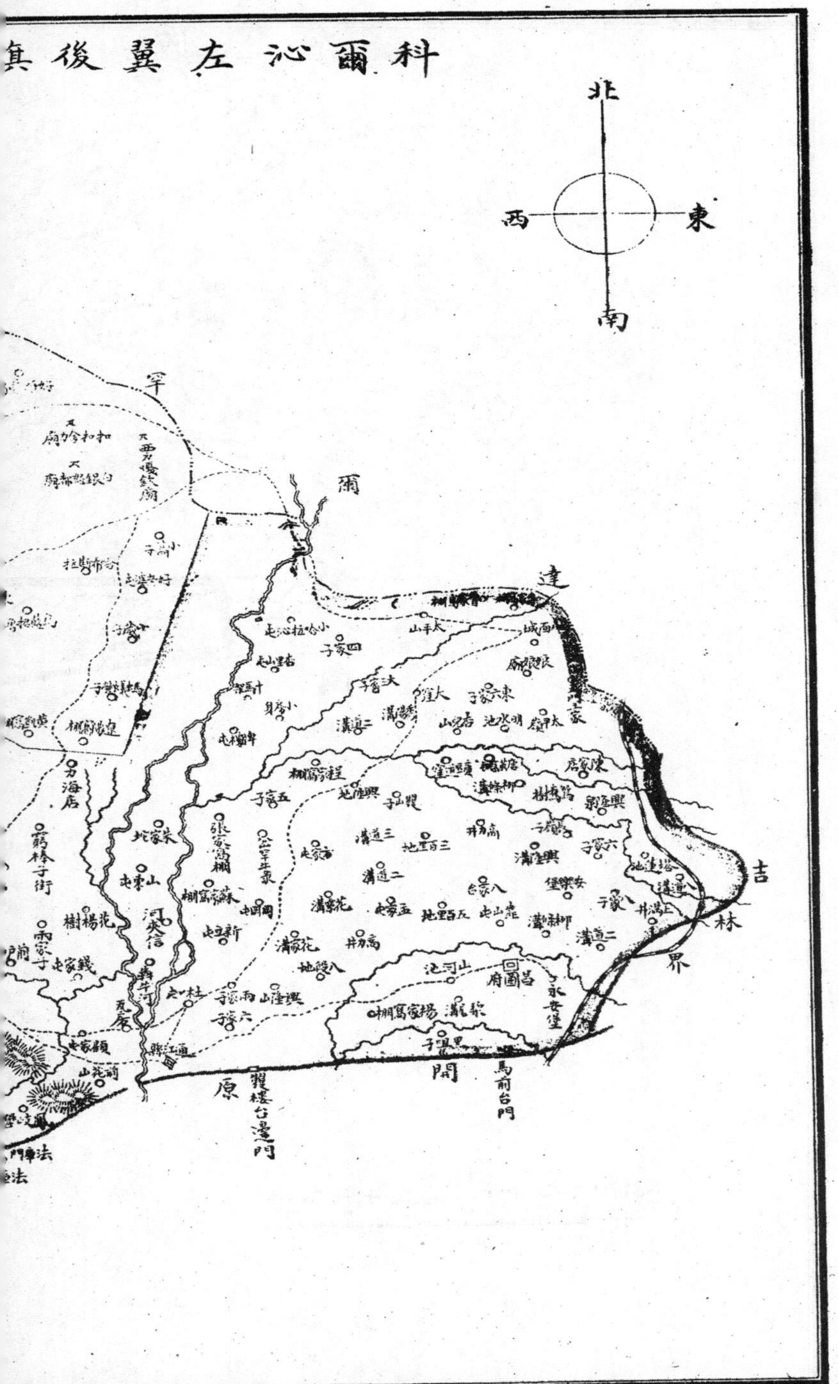
科爾沁左翼後旗
北
東
西
南
吉
林
界
昌圖府
永安堡
馬前台門
原
開
張家窩棚

界
倫
索
罕達罕河
綽爾河
貝勒府
鎮
國
一百一十五萬二千分之一梯尺

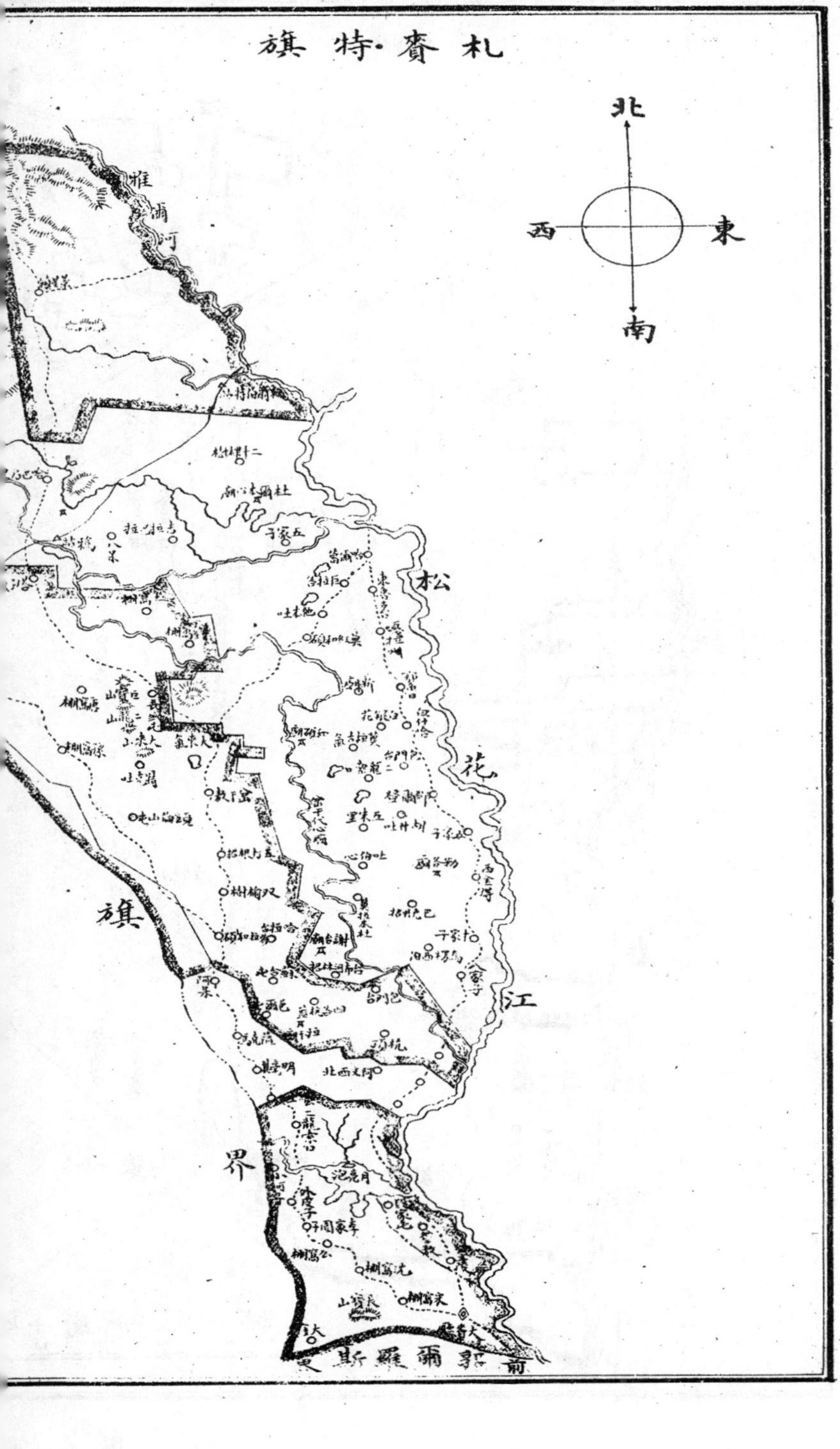
札賚特旗
北
南
西
東
松花江
旗界
前郭爾羅斯

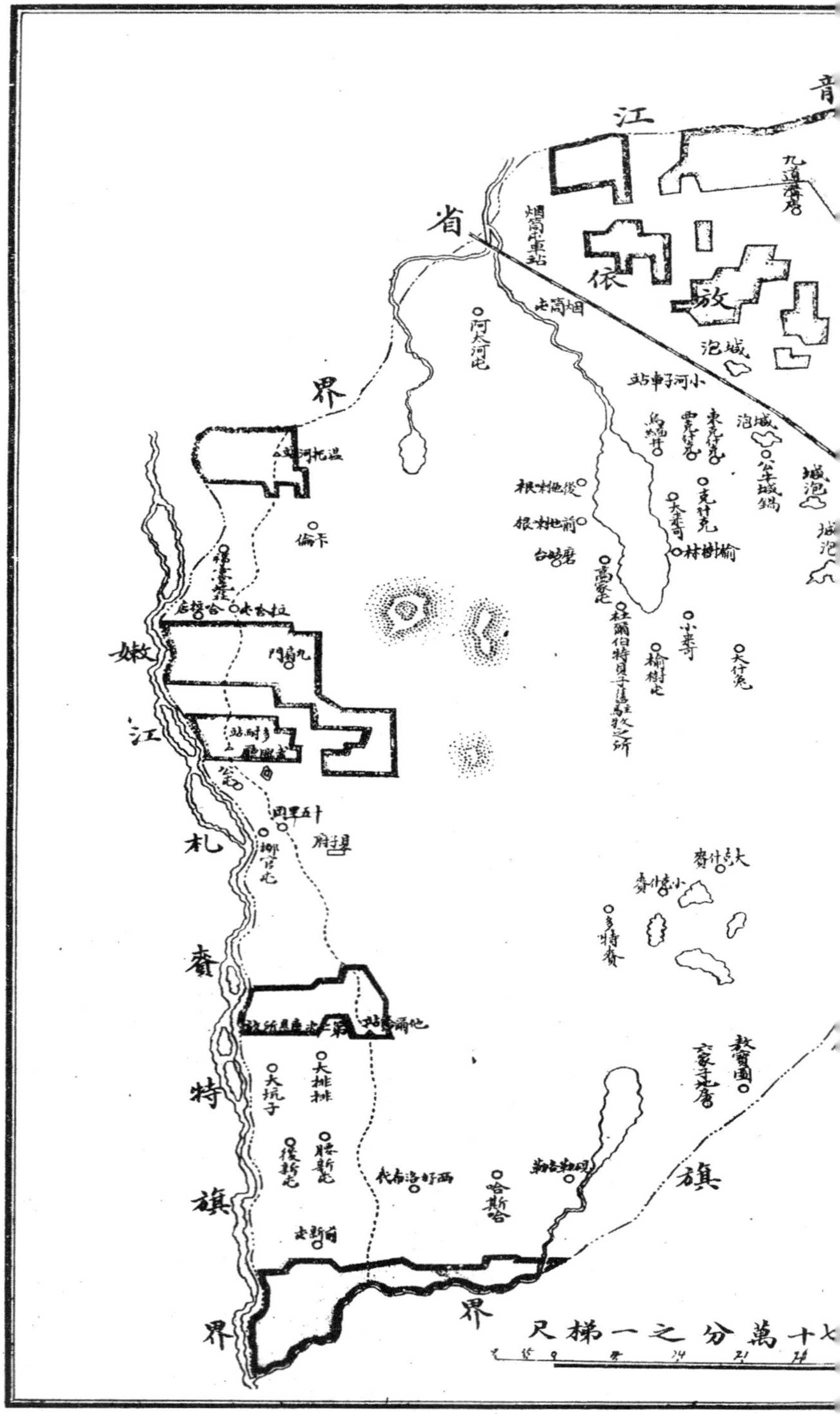
江
省
界
嫩
江
札
賚
特
旗
界
旗
界
依
放
烟筒屯
烟筒屯車站
阿太河屯
小河子車站
杜爾伯特貝子遊牧之所
榆樹村
小寺
榆樹屯
大付兔
高家屯
大排排
大坑子
哈斯哈
尺梯一之分萬十七

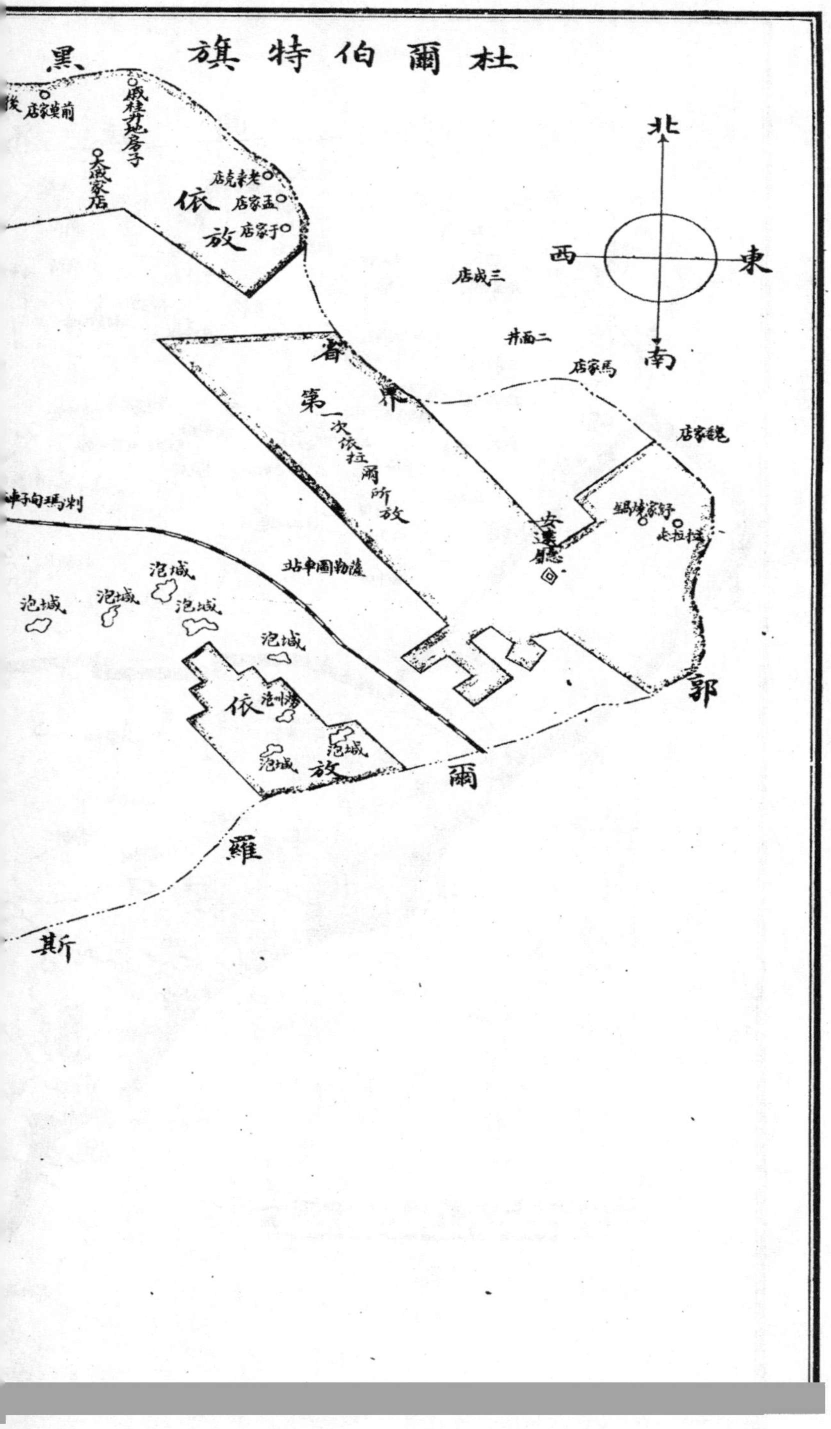
杜爾伯特旗
黑
北
西
東
南
省界
安達廳
郭
爾
羅
斯

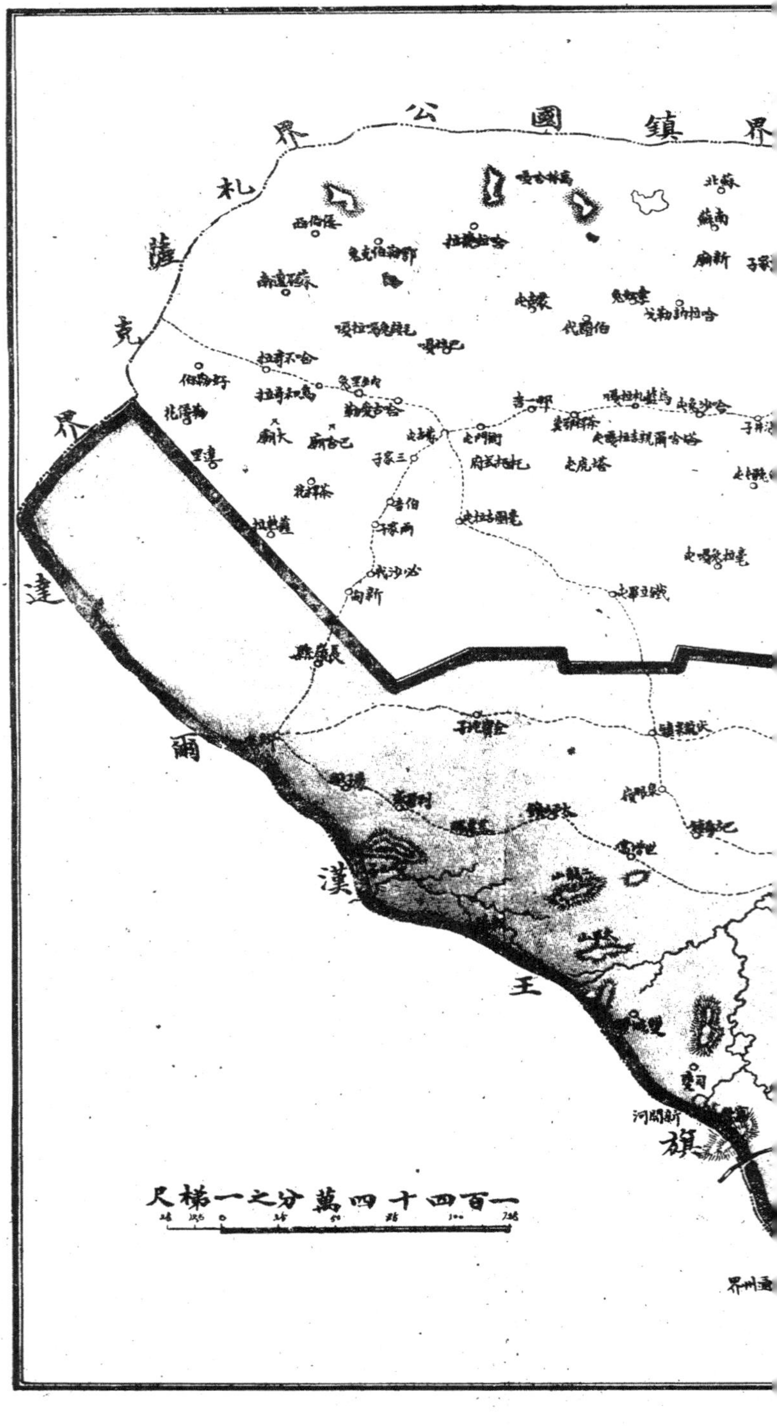
界
公
國
鎮
界
札
薩
克
界
達
爾
漢
王
旗
一百四十萬分之一梯尺

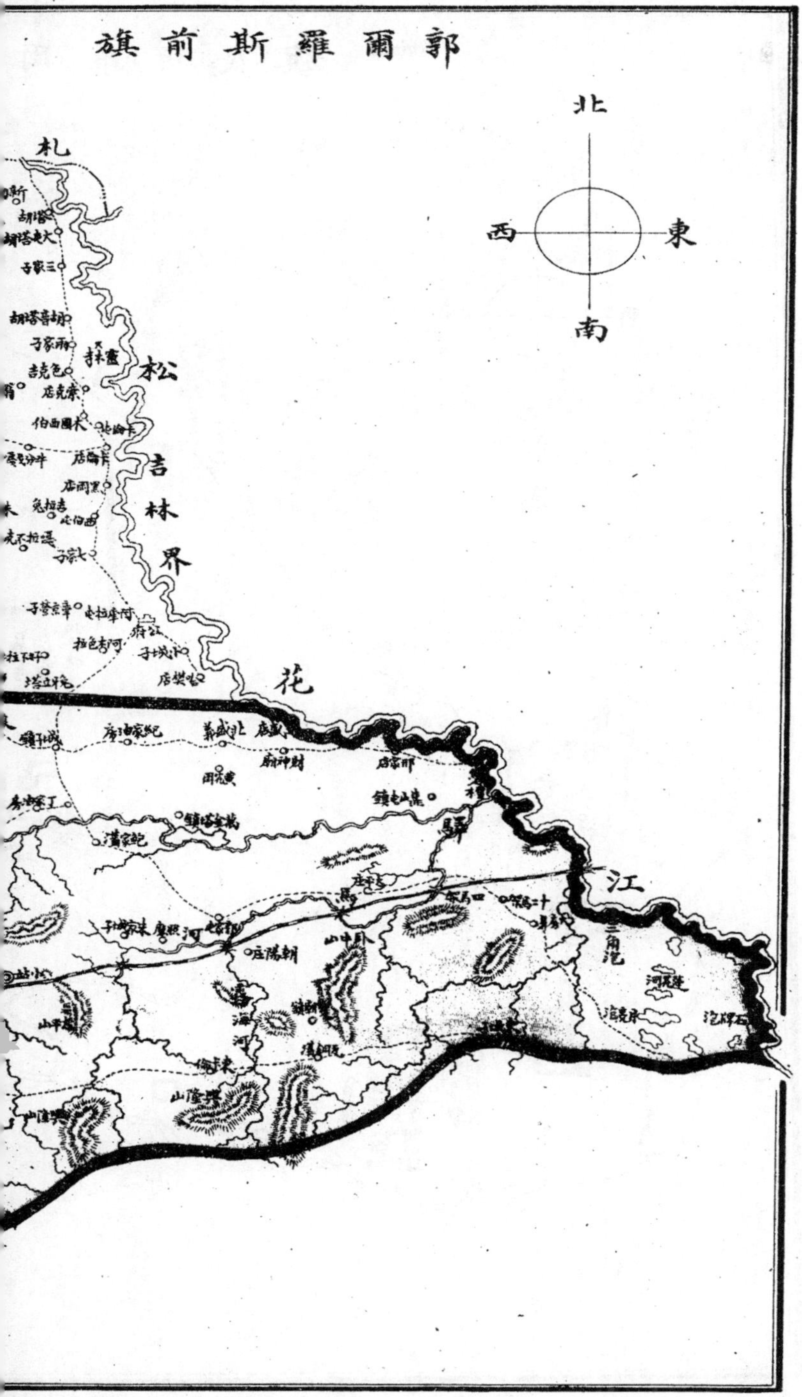
郭爾羅斯前旗
北
西
東
南
松花江
吉林界

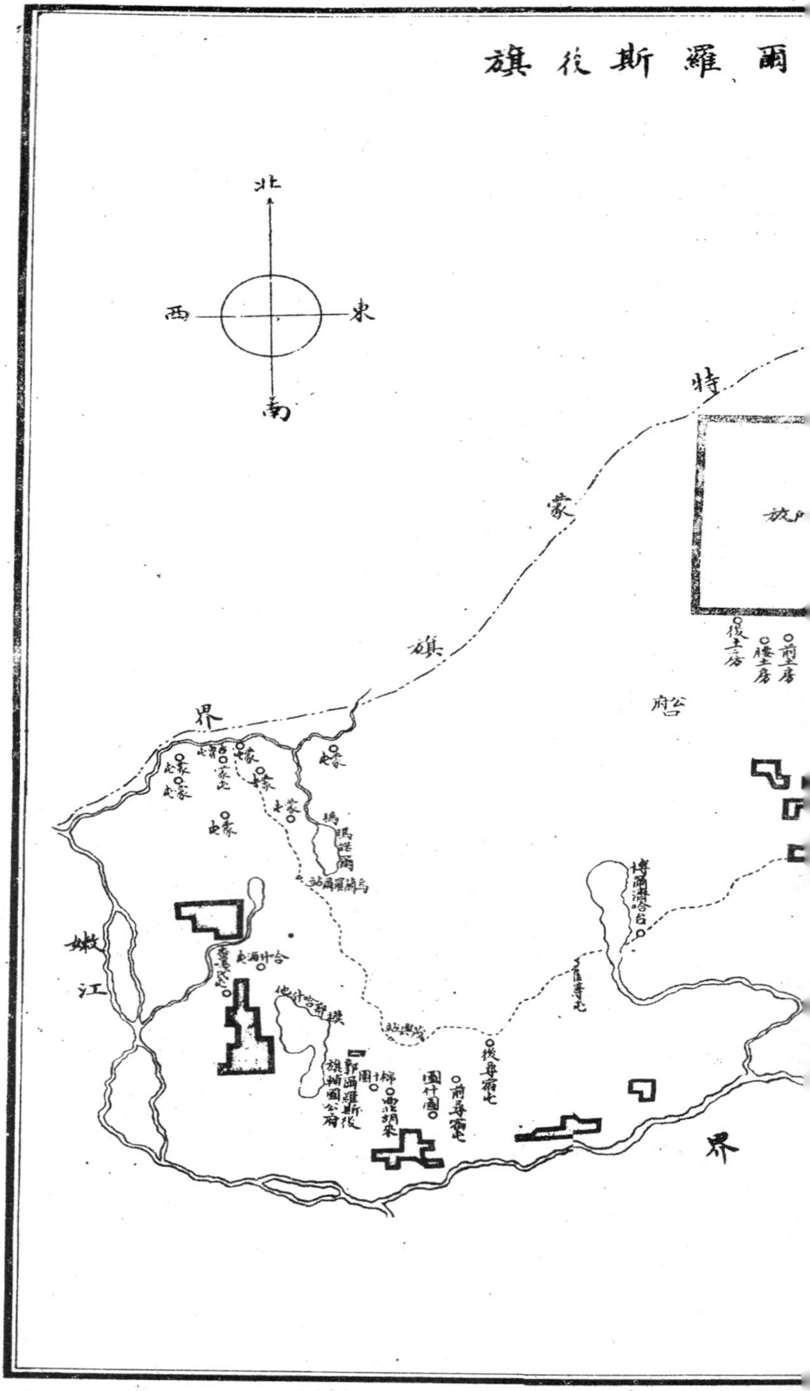
爾羅斯後旗
北
西
東
南
特
蒙
旗
界
嫩江
公府
界

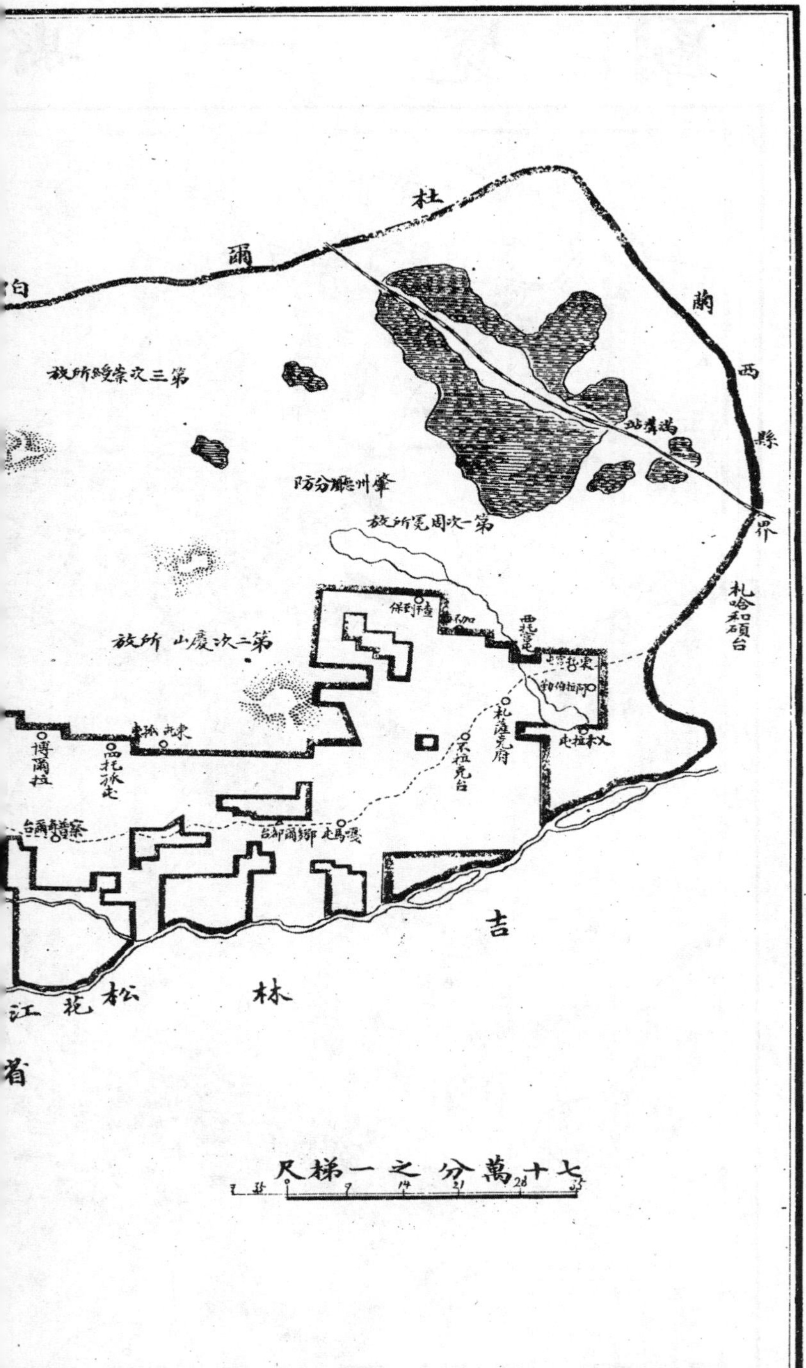
杜
爾
肇州廳分防
第二次慶山放所
第一次周冕放所
札哈和碩台
札薩克府
吉
林
松花江
省
七十萬分之一梯尺
7 0 7 14 21 28 35

縣一覽圖

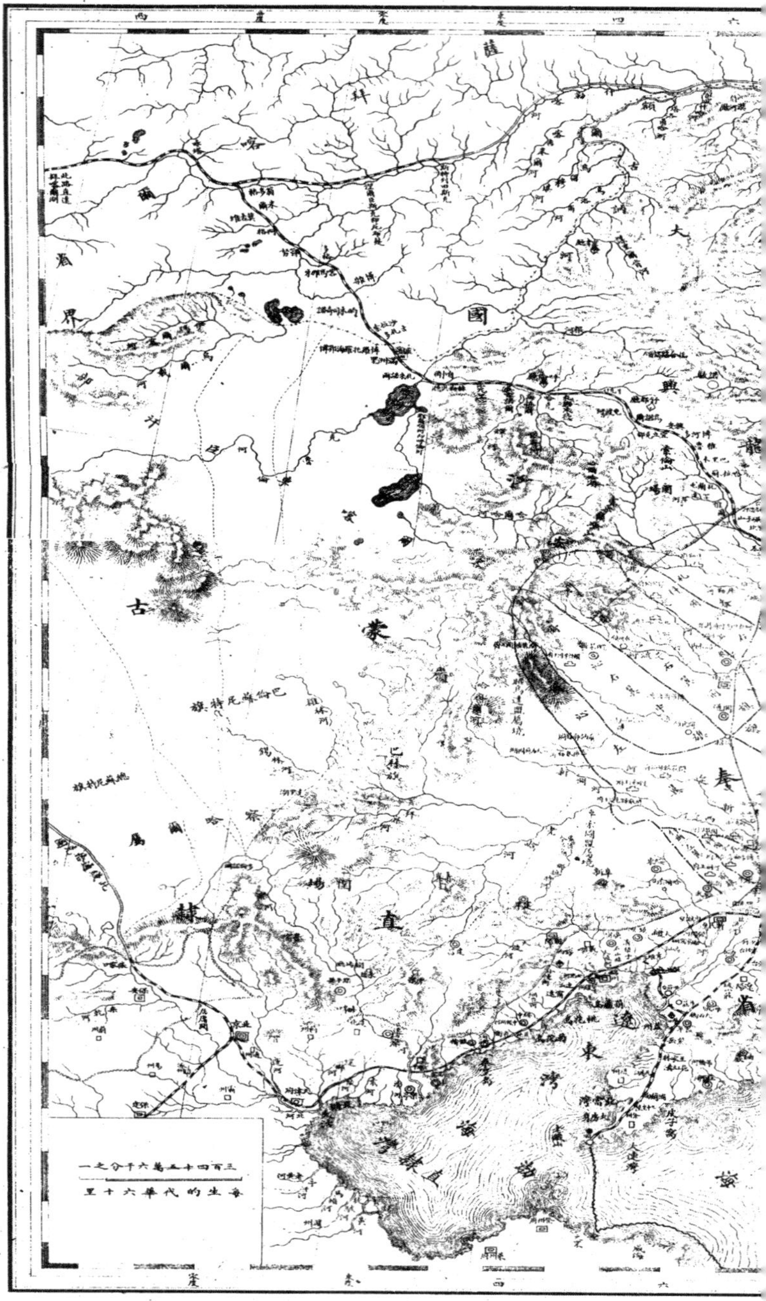

東三省

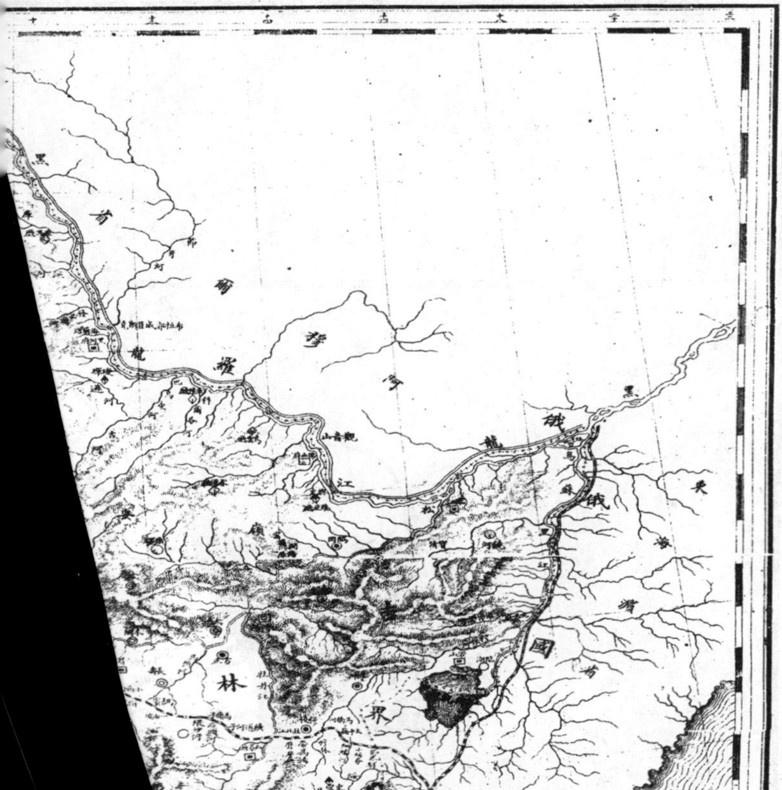

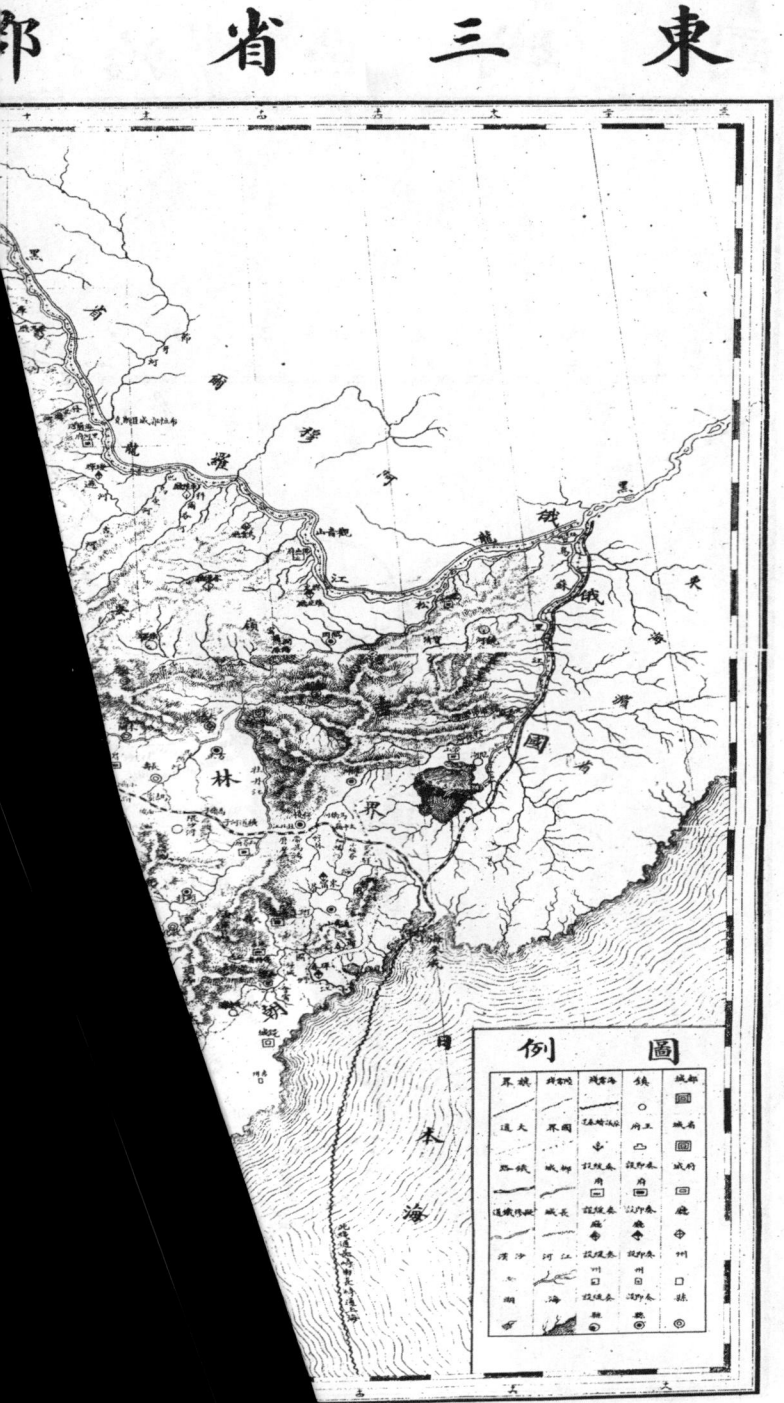

治區域圖

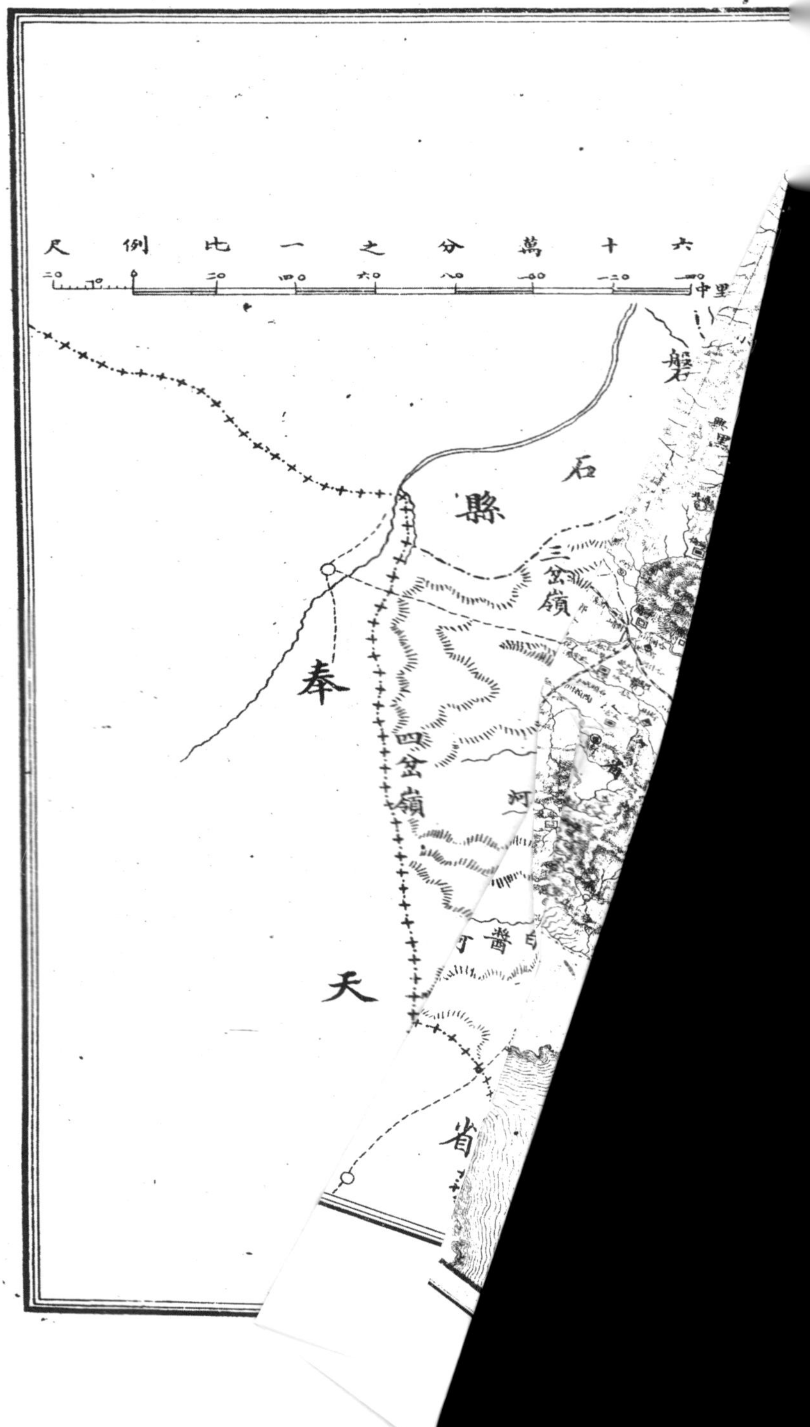

濛江州

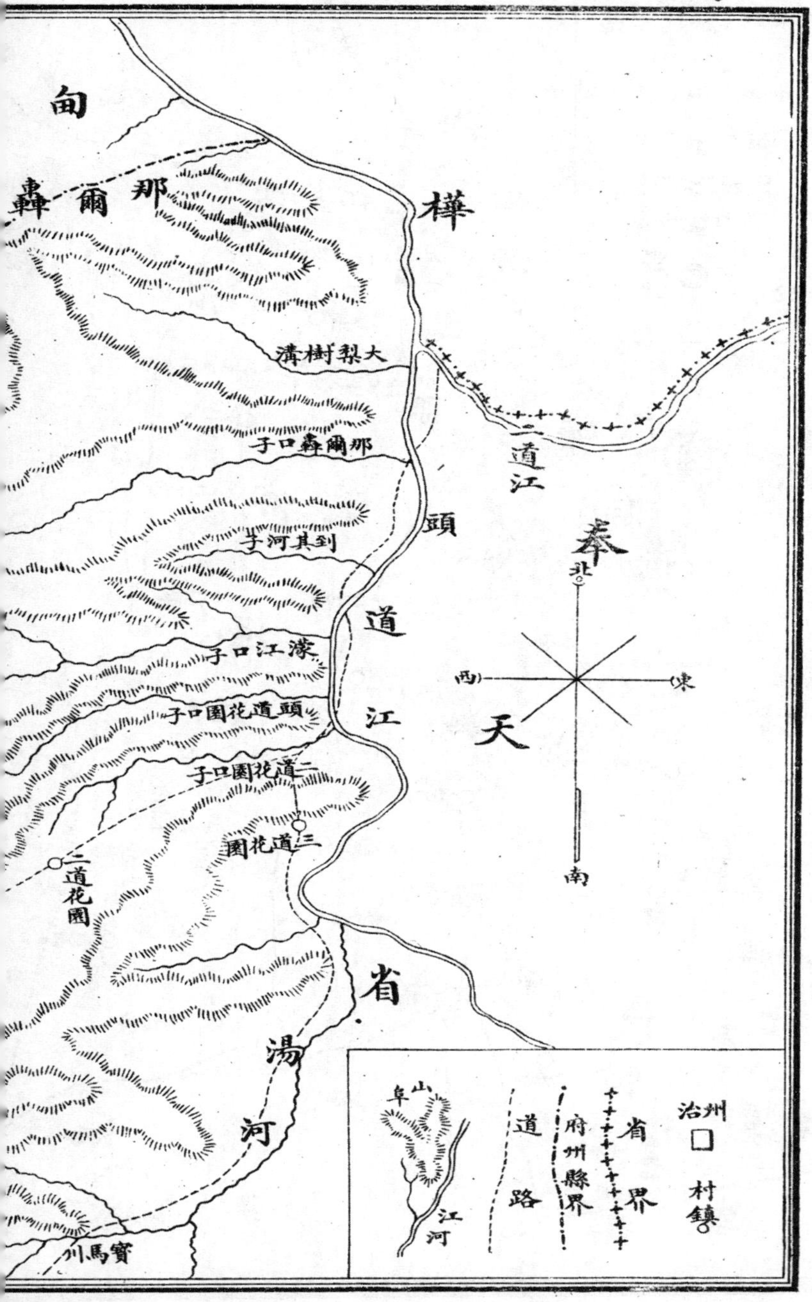
甸
那爾轟
樺
大梨樹溝
那爾轟口子
二道江
頭
到其河子
奉
北
道
濛江口子
西
東
頭道花園口子
江
天
二道花園口子
三道花園
二道花園
南
省
湯
河
寶馬川
山阜
江河
道路
府州縣界
省界
州治
村鎮

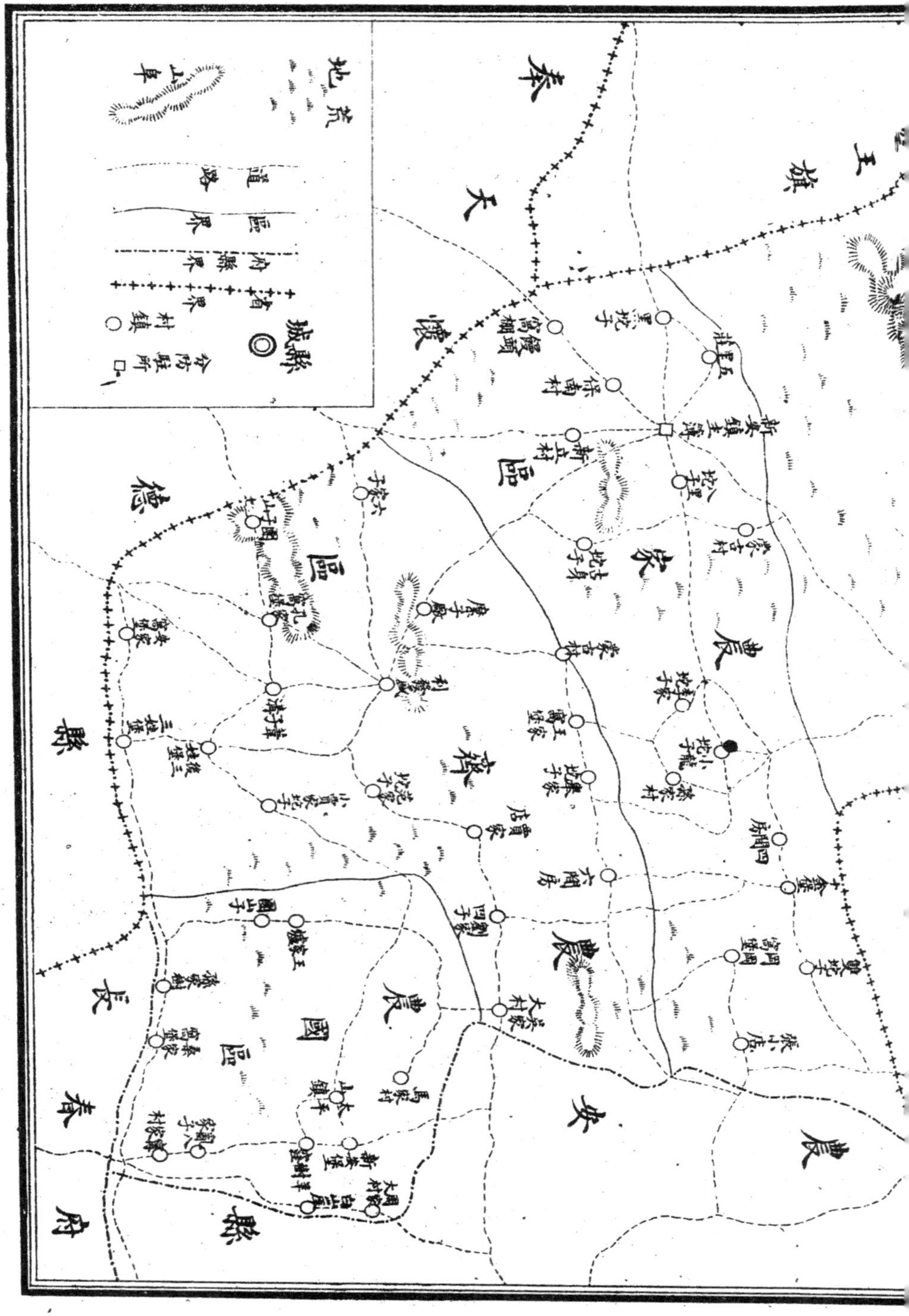
奉天懷德縣
長春府

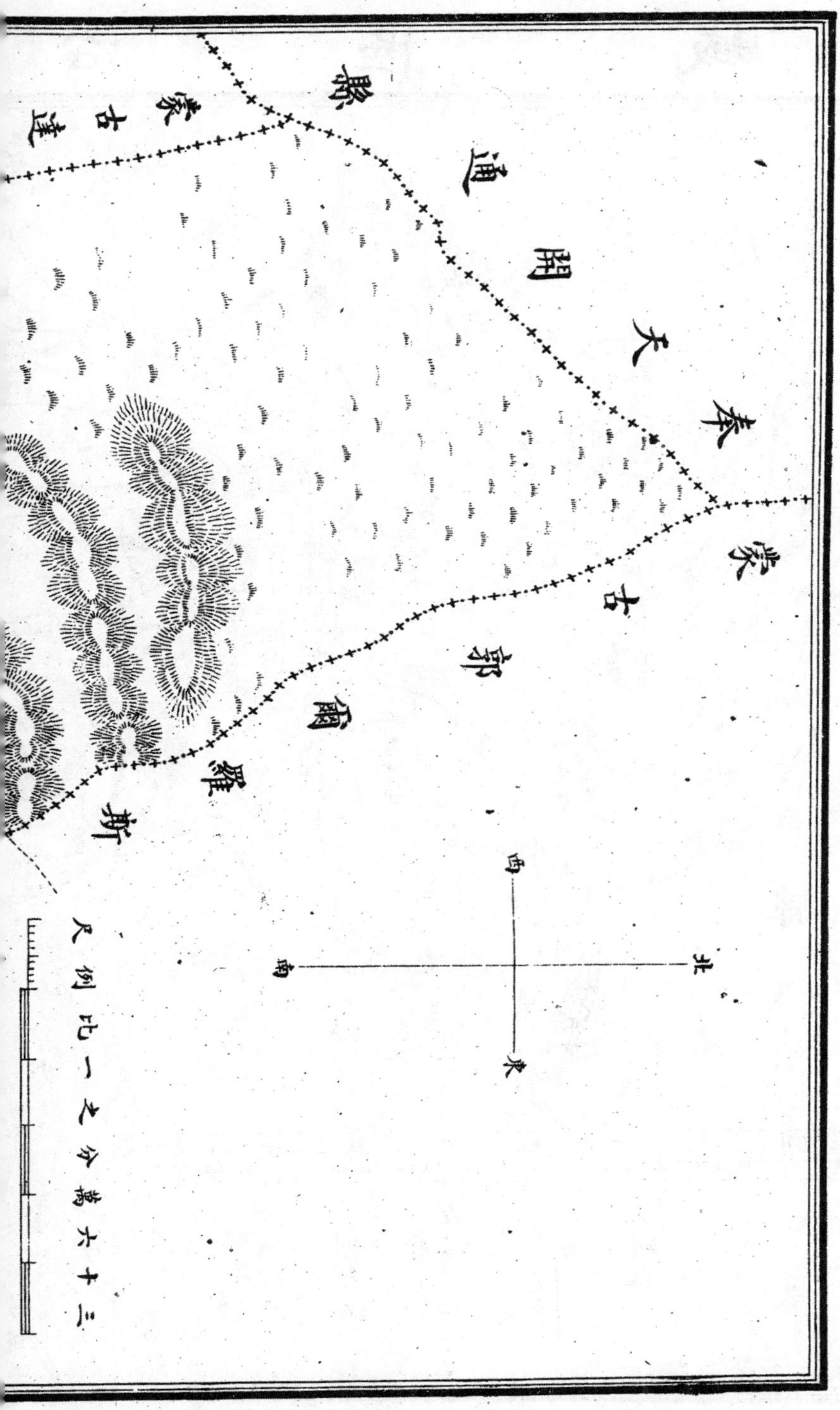

長嶺縣治設區域圖

治區域圖

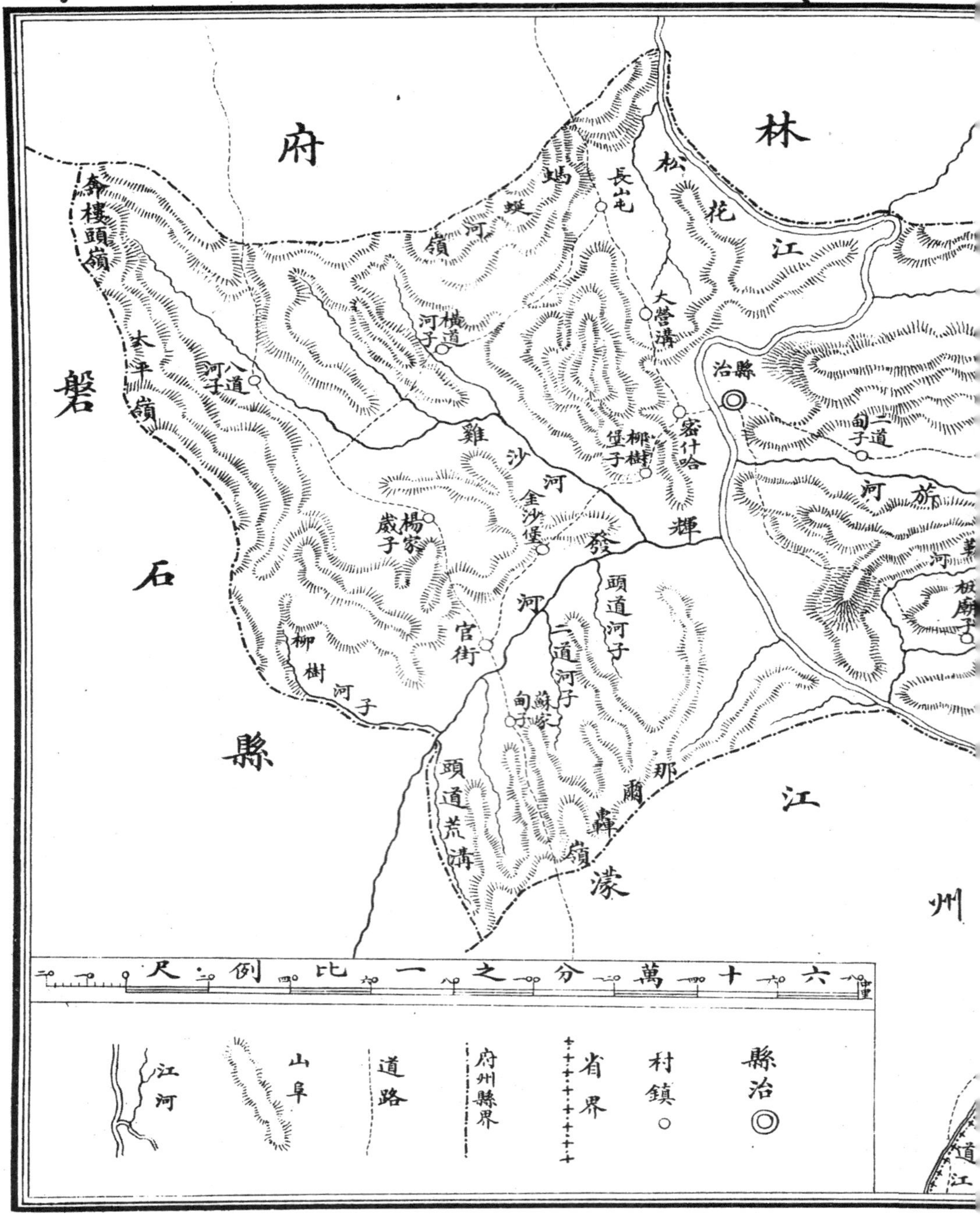
府
林
松花江
磐石縣
長山屯
大營溝
橫道河子
八道河子
太平嶺
治縣
二道甸子
雞沙河
窰什哈
柳樹堡子
金沙堡
楊家崴子
輝發河
頭道河子
二道河子
官街
柳樹河子
蘇家甸子
頭道荒溝
那爾轟嶺
濛江
州
板廟子
六十萬分之一比例尺
縣治
村鎮
省界
府州縣界
道路
山阜
江河

樺甸縣設

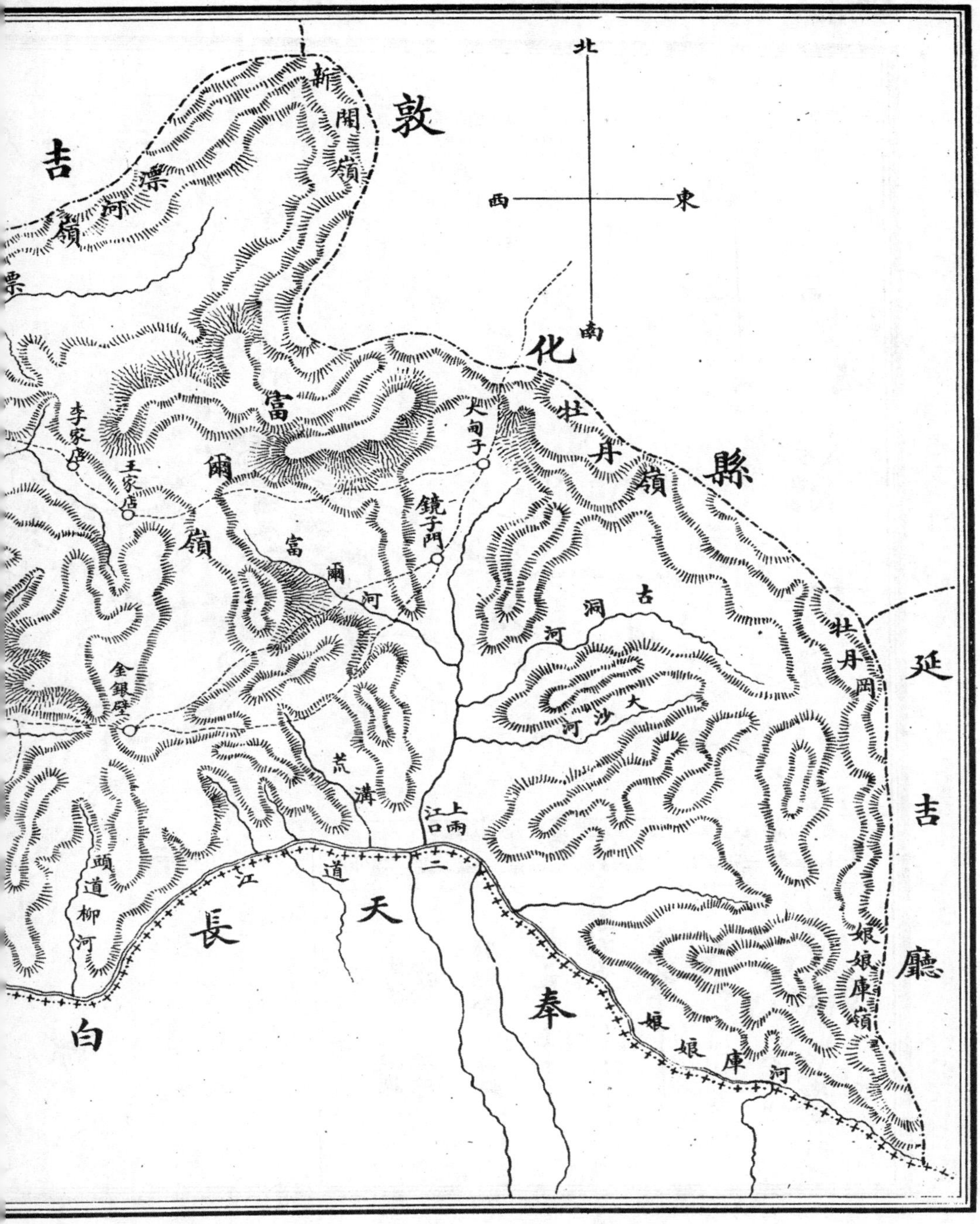
北
東
西
南
敦化縣
新開嶺
漂河嶺
富爾嶺
李家店
王家店
大甸子
鏡子門
富爾河
牡丹嶺
古洞河
大沙河
牡丹岡
延吉廳
全銀壁
荒溝
上兩江口
二道江
頭道柳河
長白
奉天
娘娘庫嶺
娘娘庫河
吉

圖　域　區　縣

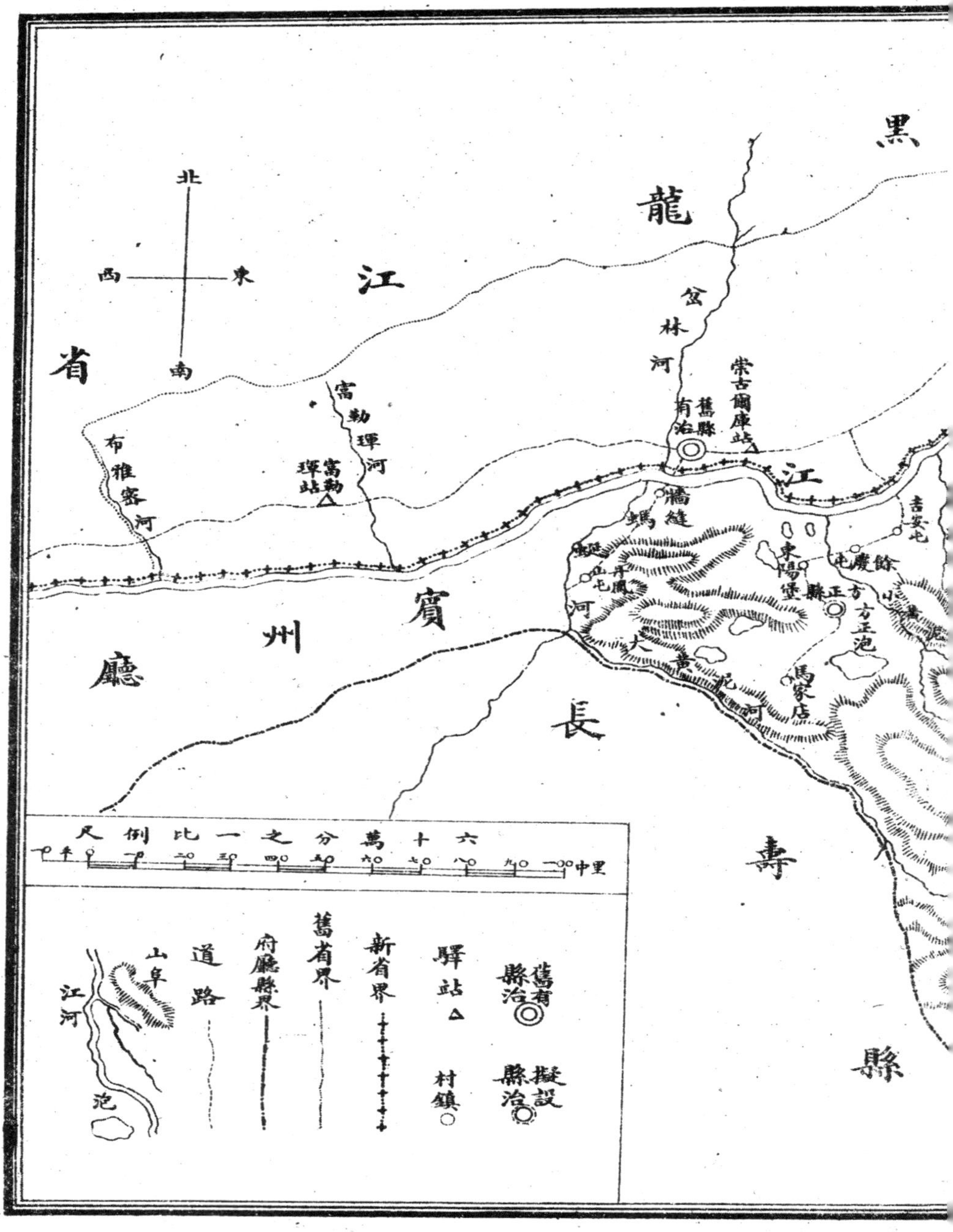
北
東
南
西
黑
龍
江
省
岔林河
崇古爾庫站
舊有縣治
富勒琿河
富勒琿站
布雅密河
江
賓州廳
長
壽
縣
大黃泥河
馬家店
方正泡
方正縣
東陽堡
慶餘屯
吉安屯
六十萬分之一比例尺
中里
舊有縣治
擬設縣治
驛站
村鎮
新省界
舊省界
府廳縣界
道路
山阜
江河
泡

方正縣分

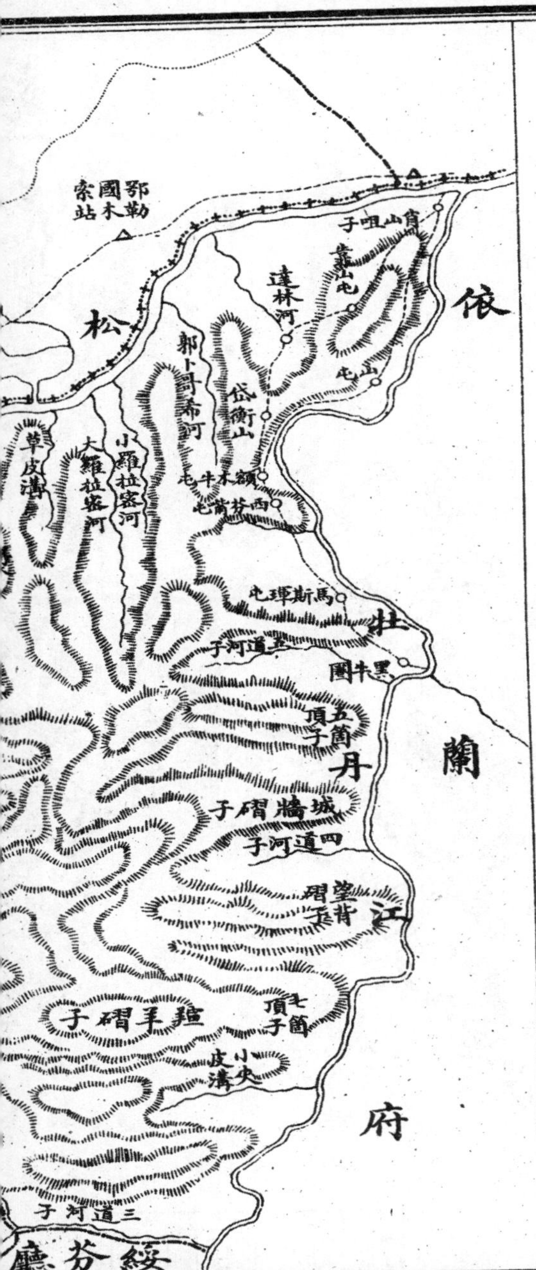

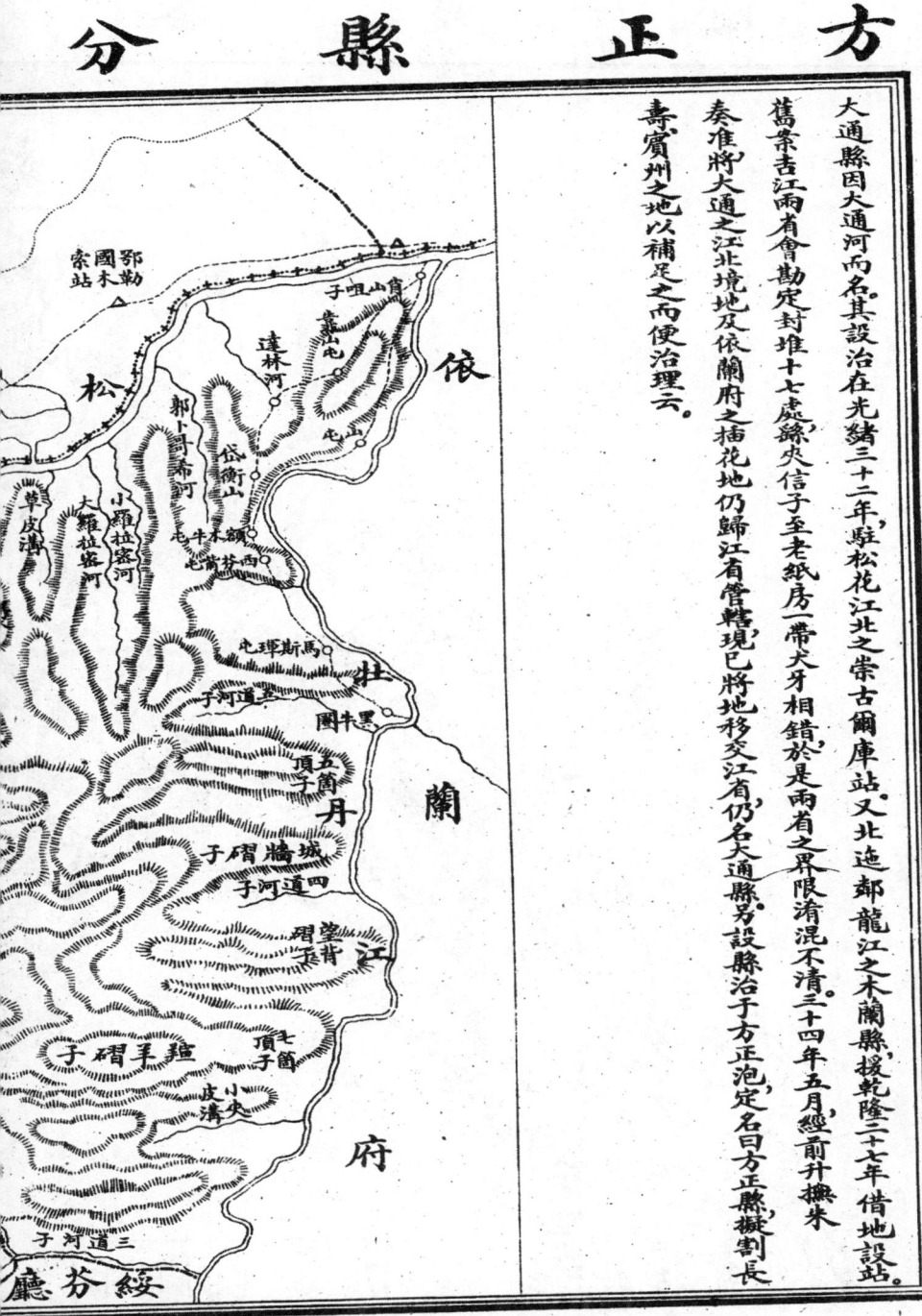

大通縣因大通河而名。其設治在光緒三十二年，駐松花江北之崇古爾庫站。又北迤鄰龍江之木蘭縣，援乾隆二十七年借地設站。舊案吉江兩省會勘定封堆十七處，縣夾信子至老紙房一帶犬牙相錯，於是兩省之界限淆混不清。三十四年五月，經前升撫朱奏准將大通之江北境地及依蘭府之插花地仍歸江省管轄，現已將地移交江省，仍名大通縣。另設縣治于方正泡，定名曰方正縣，擬割長壽賓州之地以補足之，而便治理云。

全境圖

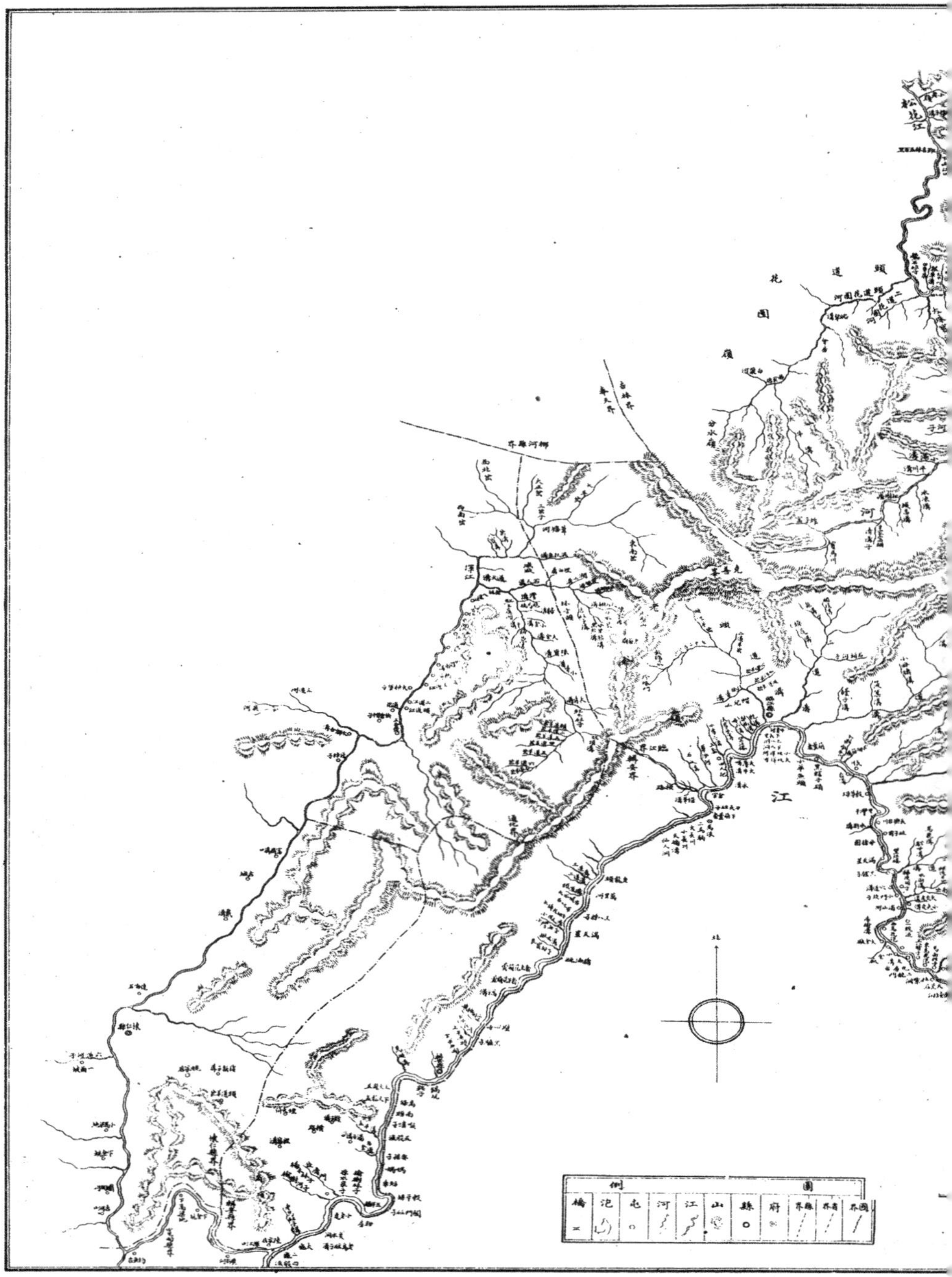

臨　　　白　　　長

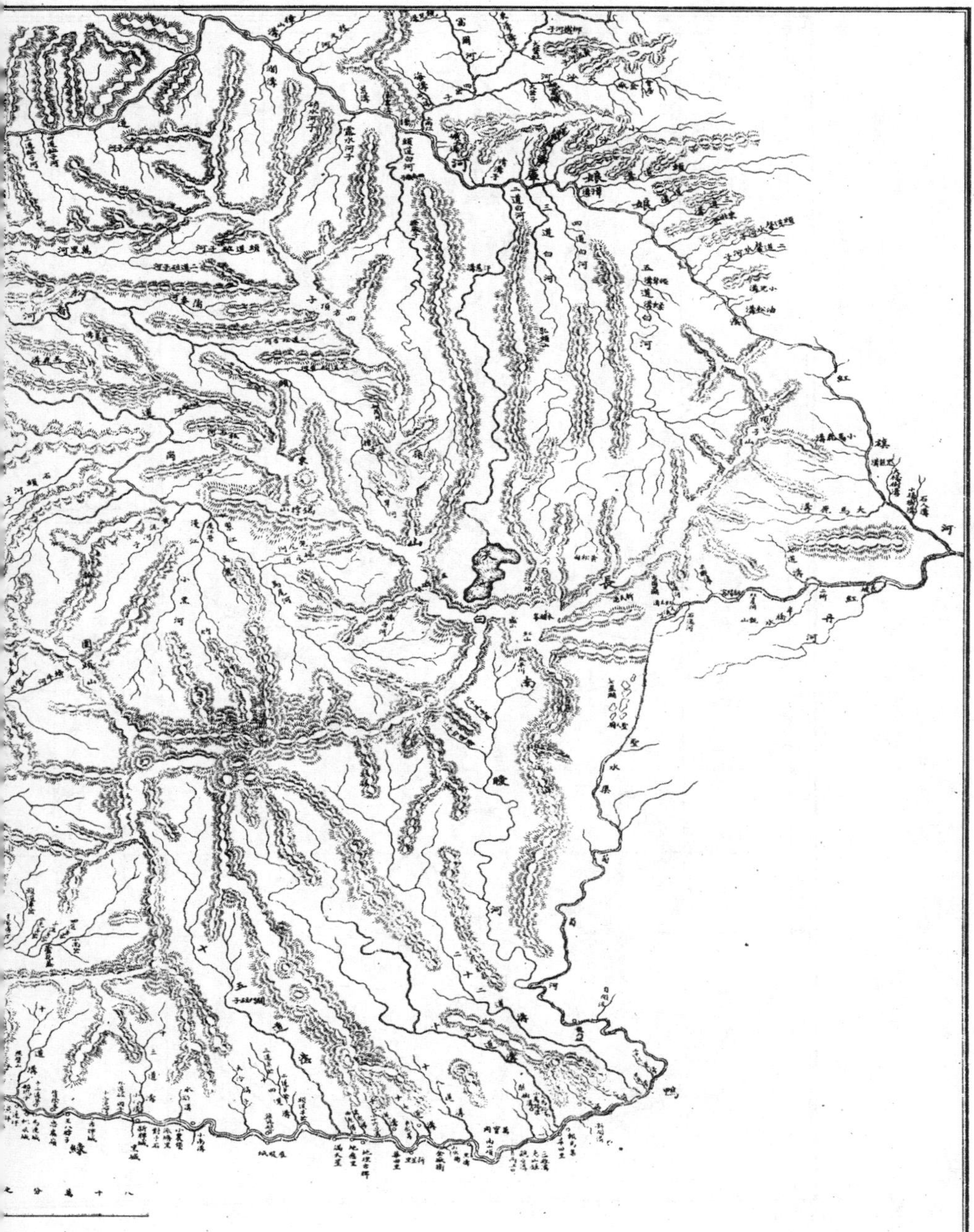

提　要　圖

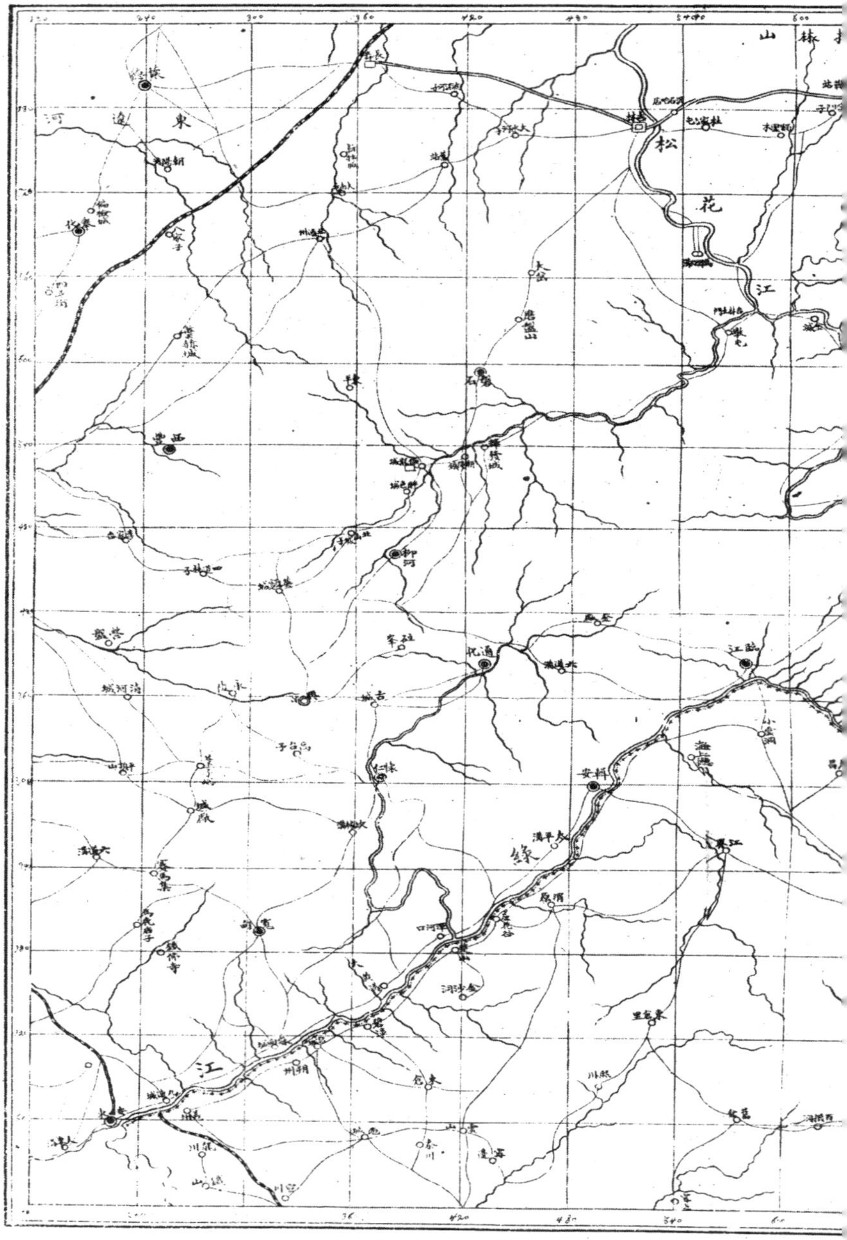

尺 梯 之 一 分 忠

里

長白府四

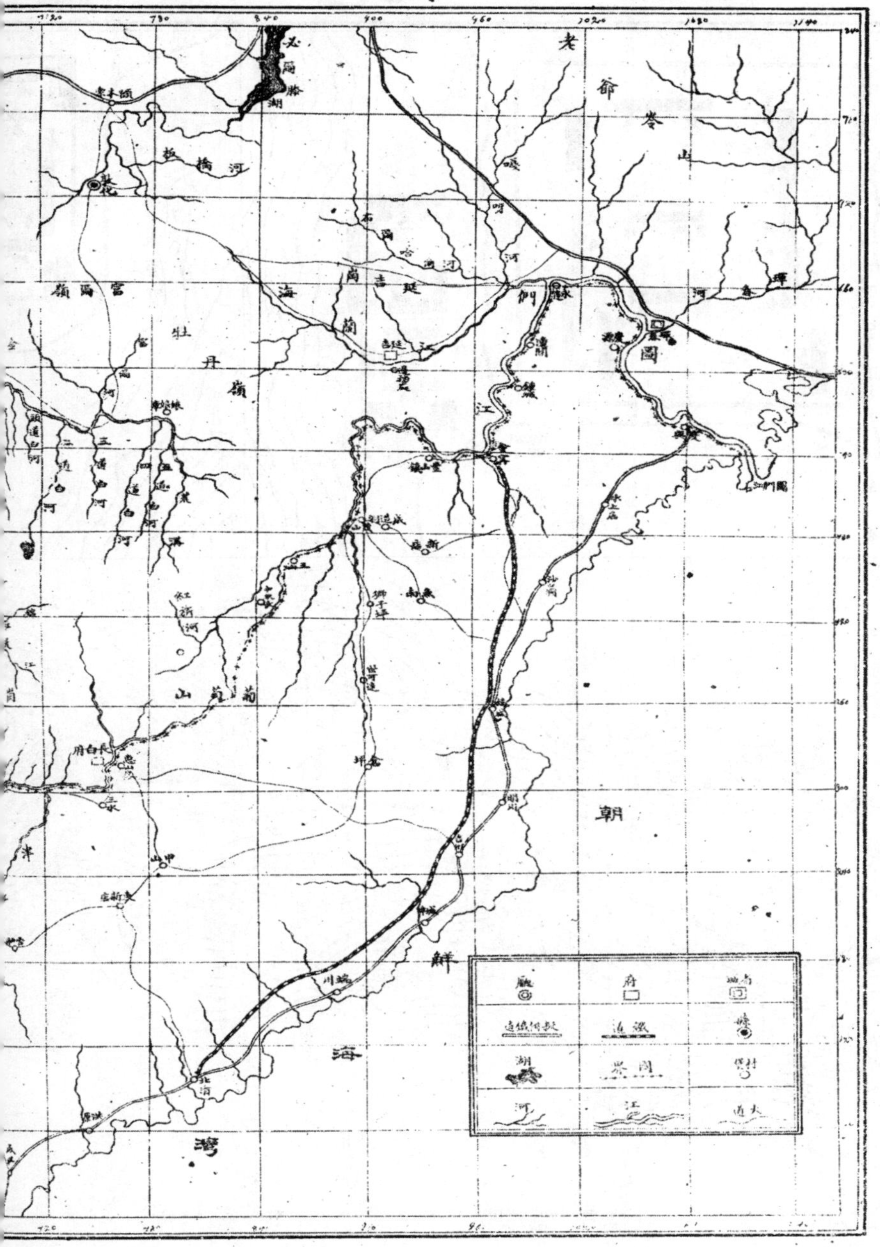

全境圖

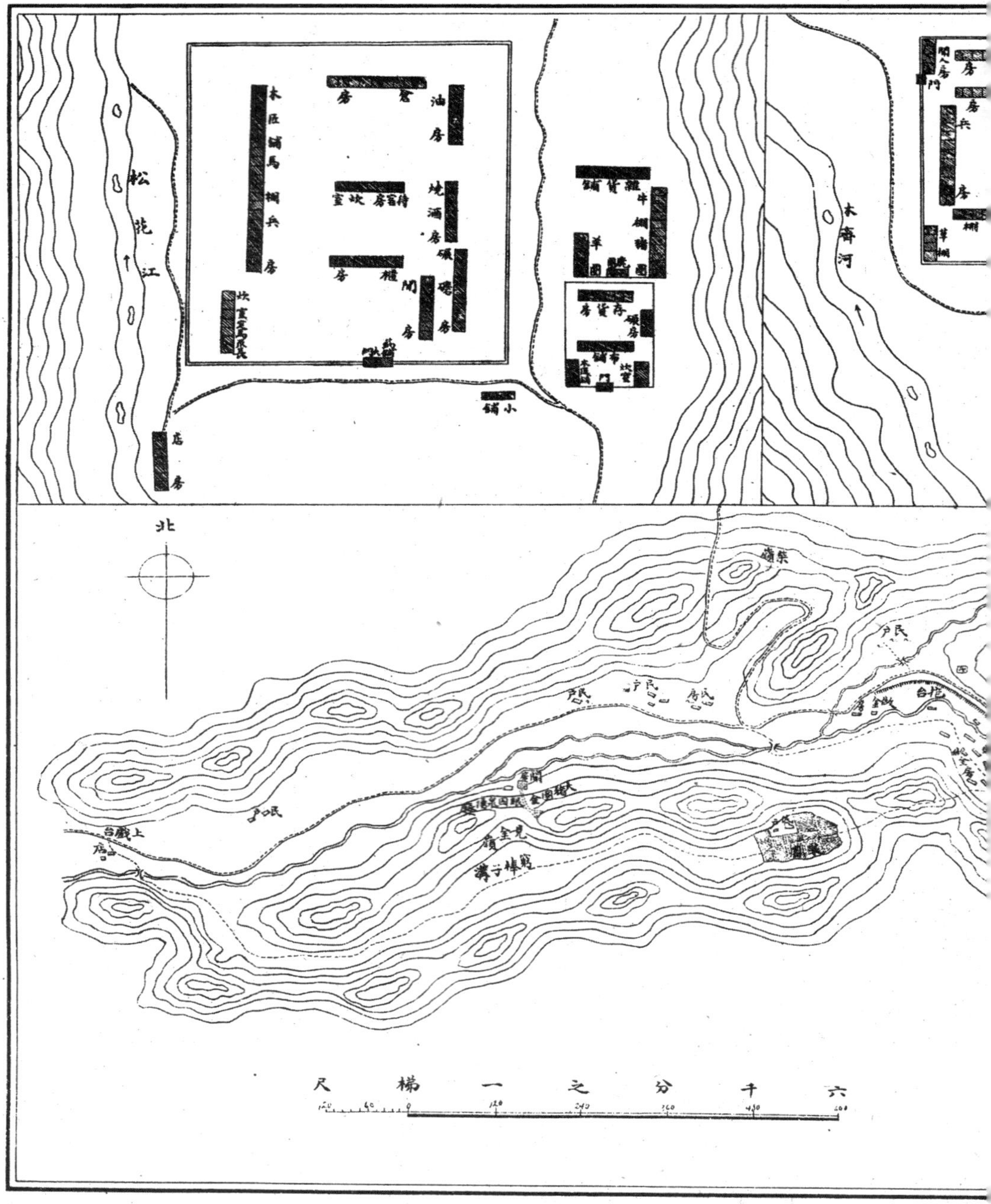

夾皮溝

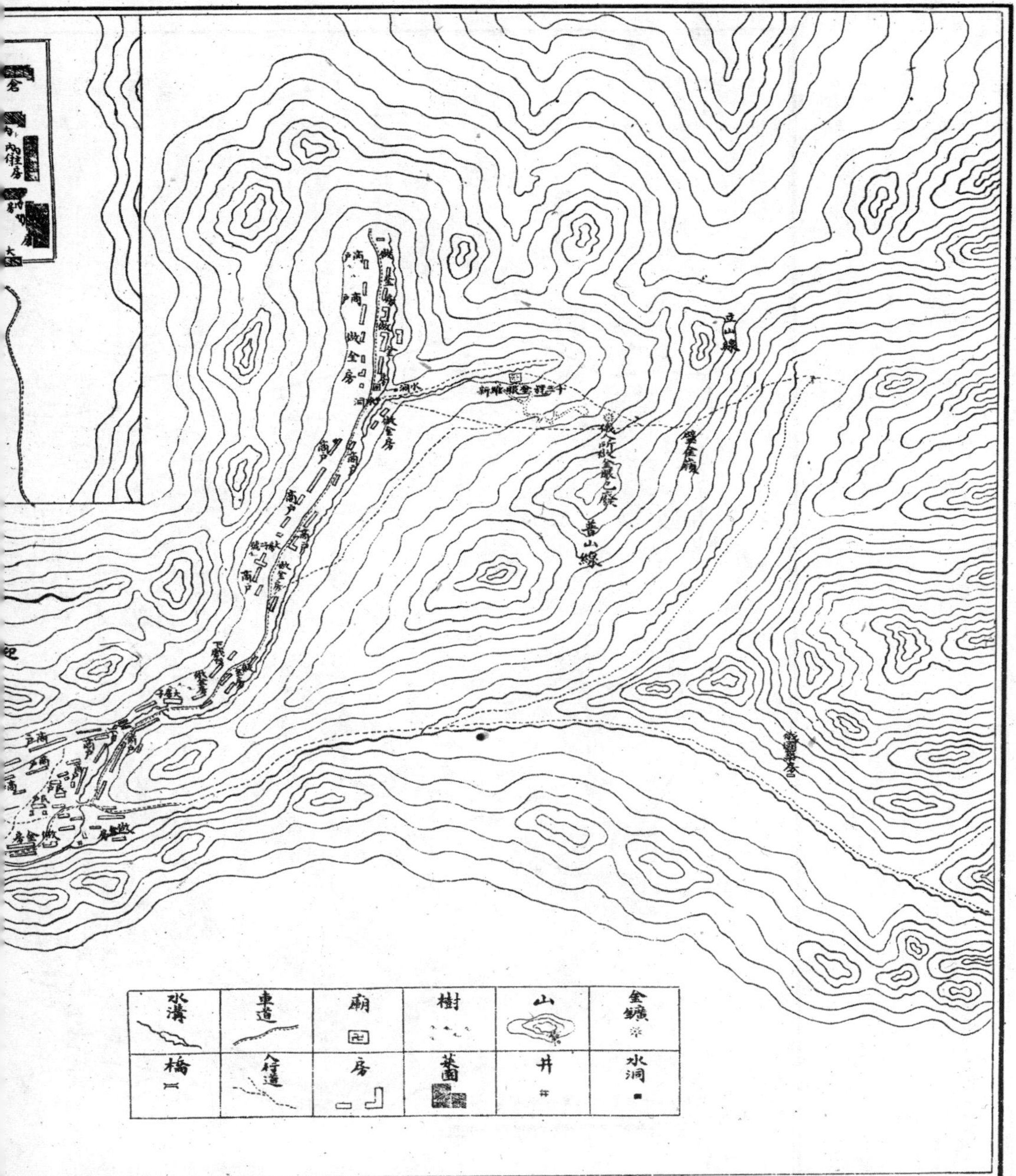

境地圖

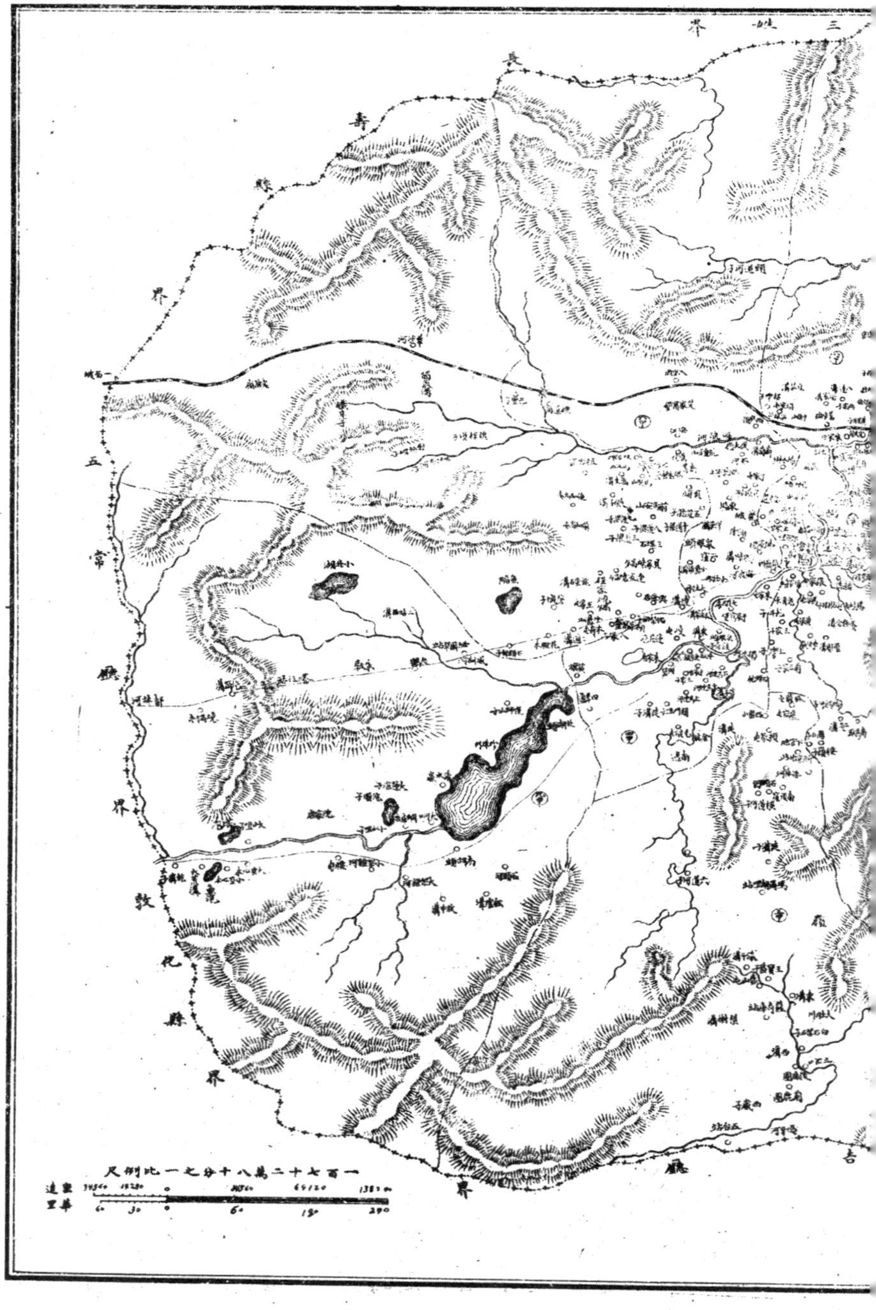

綏芬府

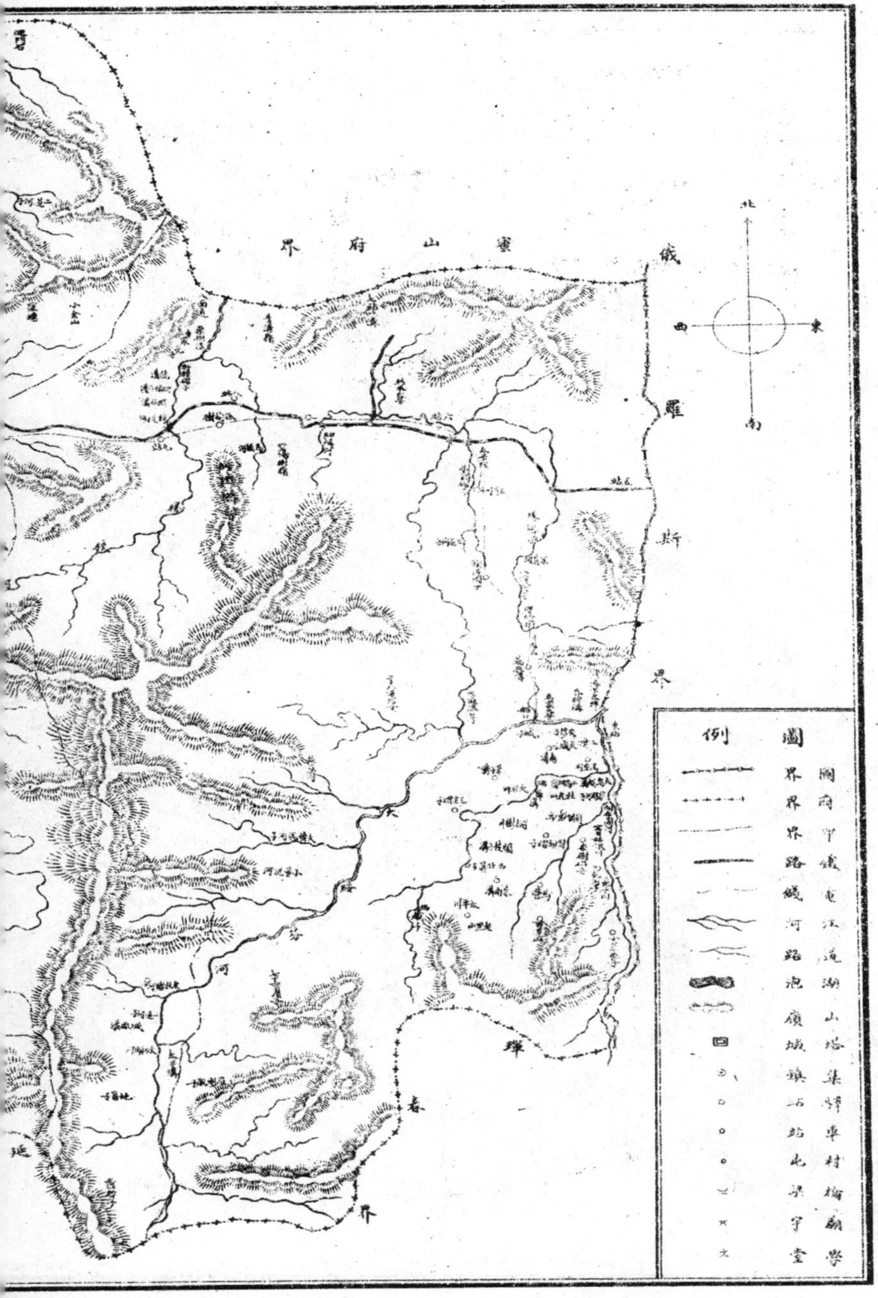
蜜山府界
俄羅斯界
琿春界
綏芬河
北
南
東
西
圖例
國界
府界
鐵路
電綫
江河
道路
湖泡
山嶺
塔城
集鎮
驛站
車站
村屯
橋梁
廟宇
學堂

全境圖

蜜山府

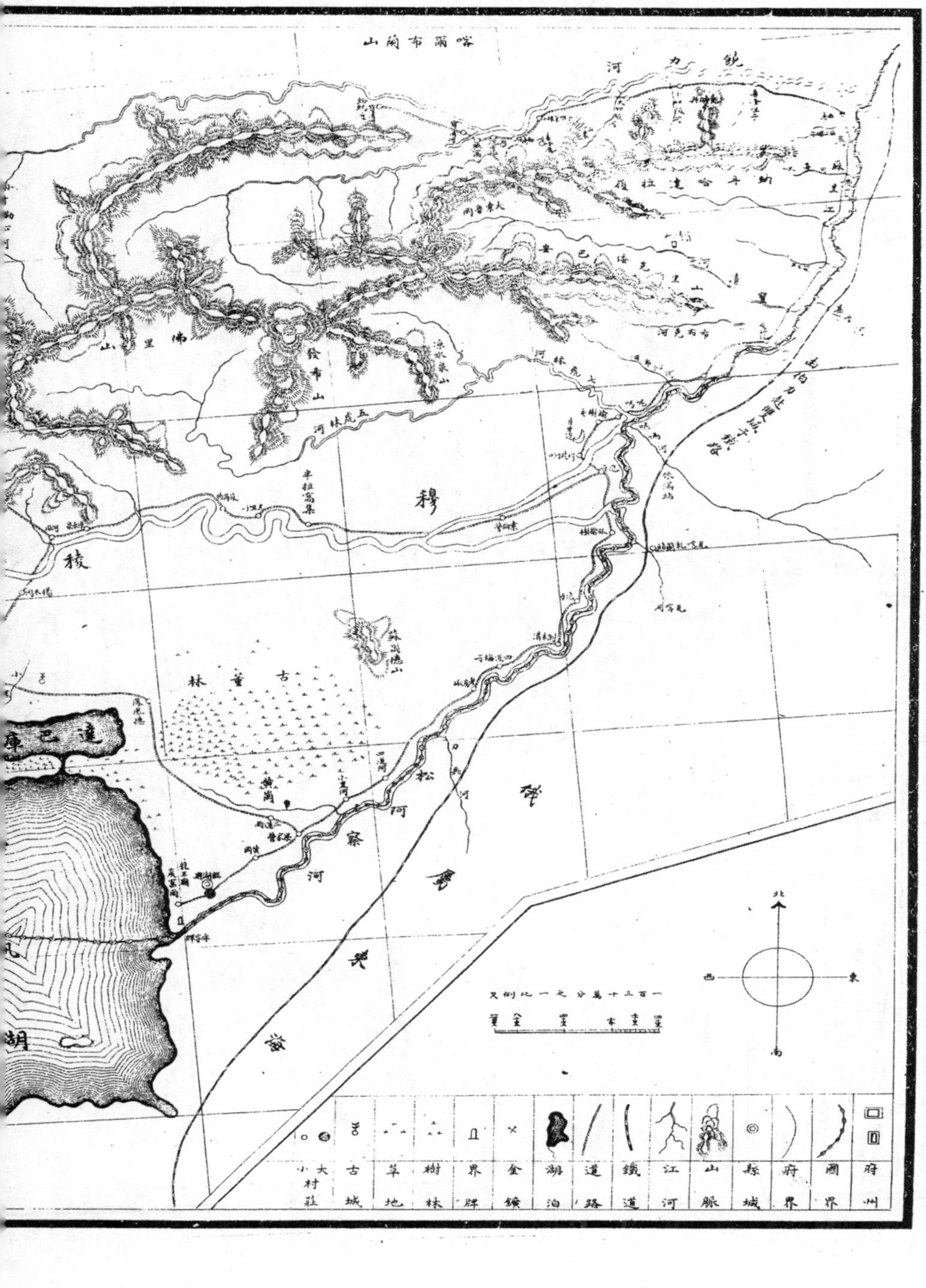

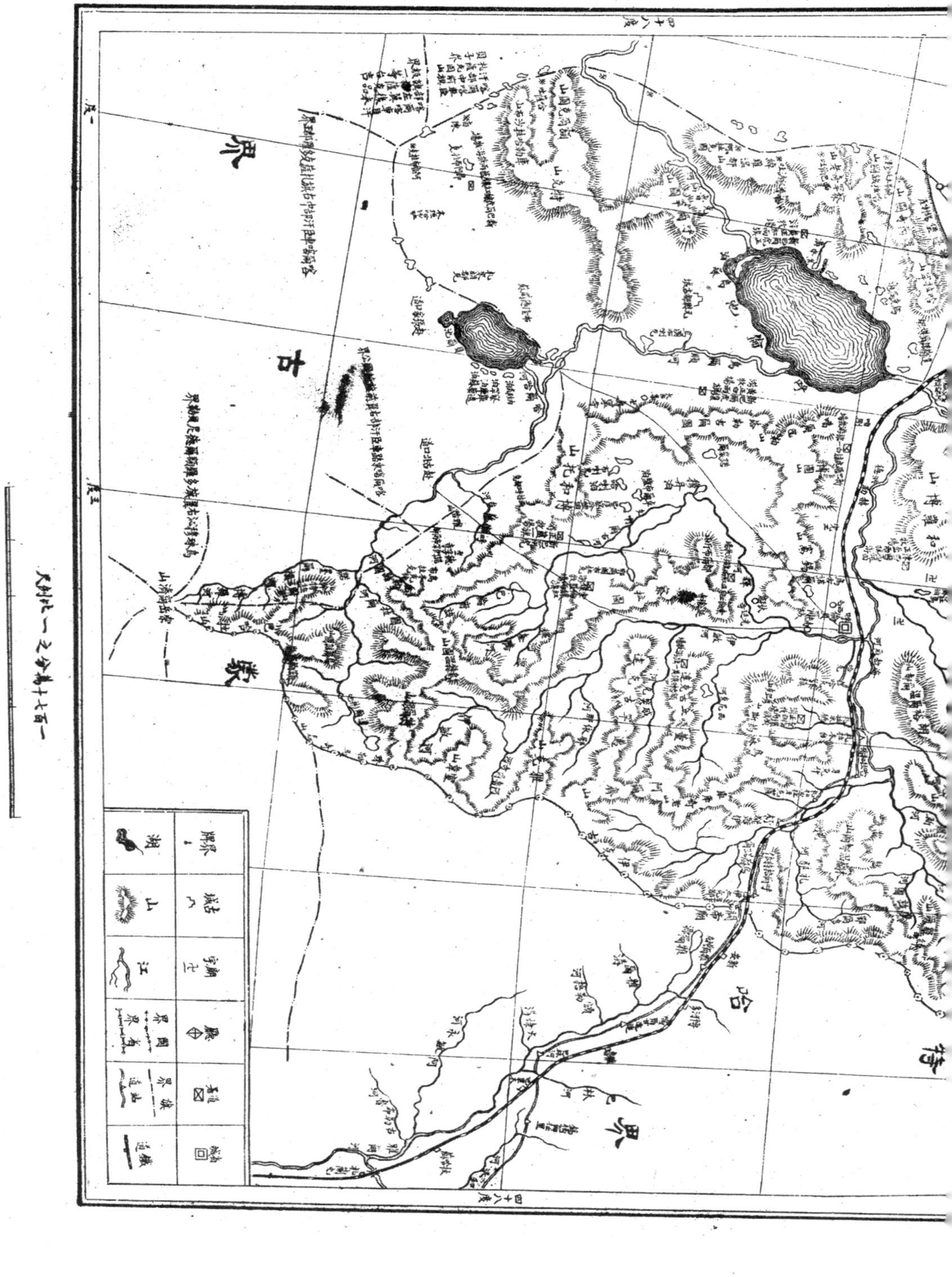

呼倫貝爾全圖

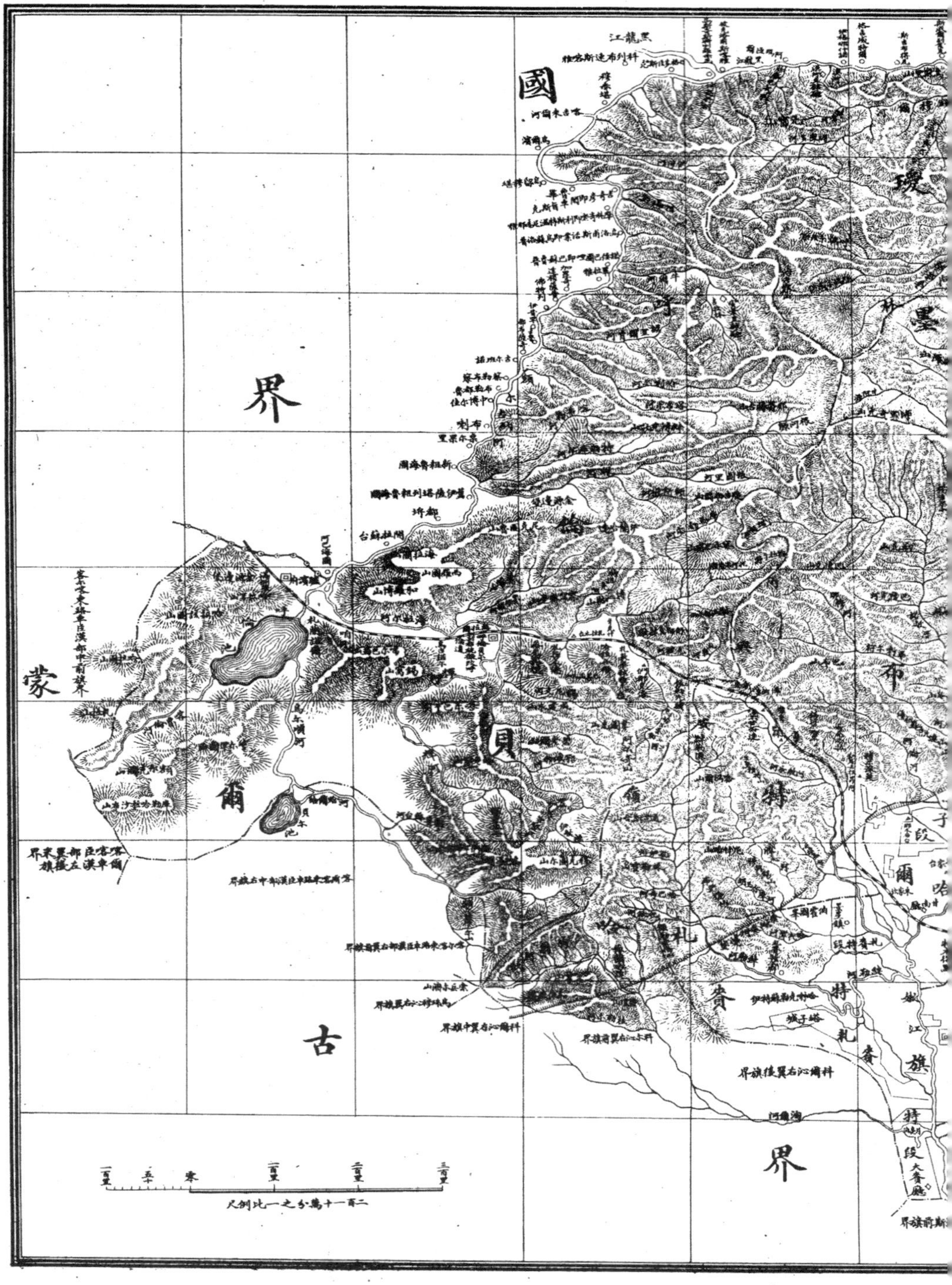
國
界
蒙
古
爾
貝
界
二百一十萬分之一比例尺

黑龍江墾務地段圖
羅
俄
吉
林
省
界
訥謨爾河段
依克明安公段
巴拜段
湯原

礦界址圖

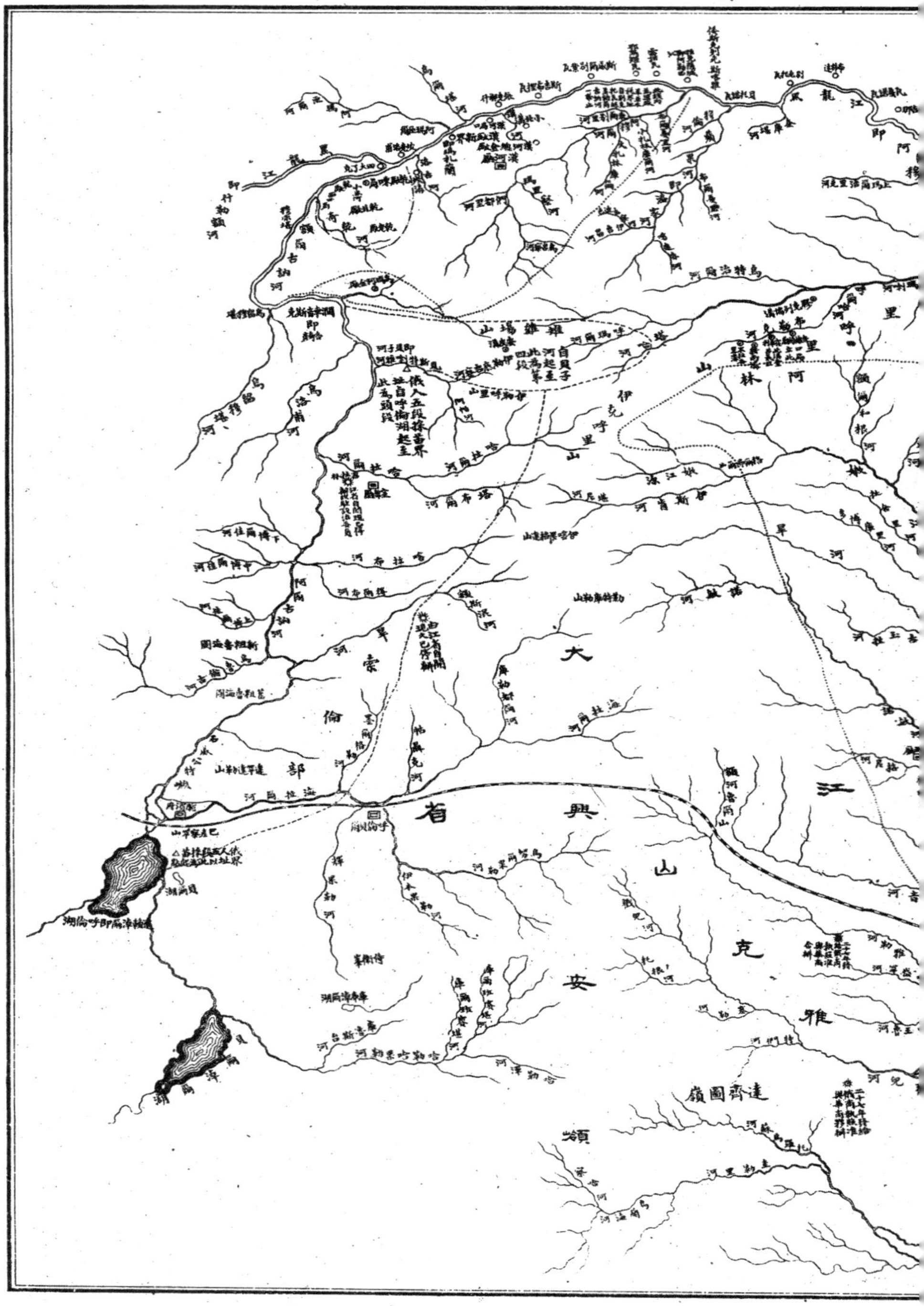

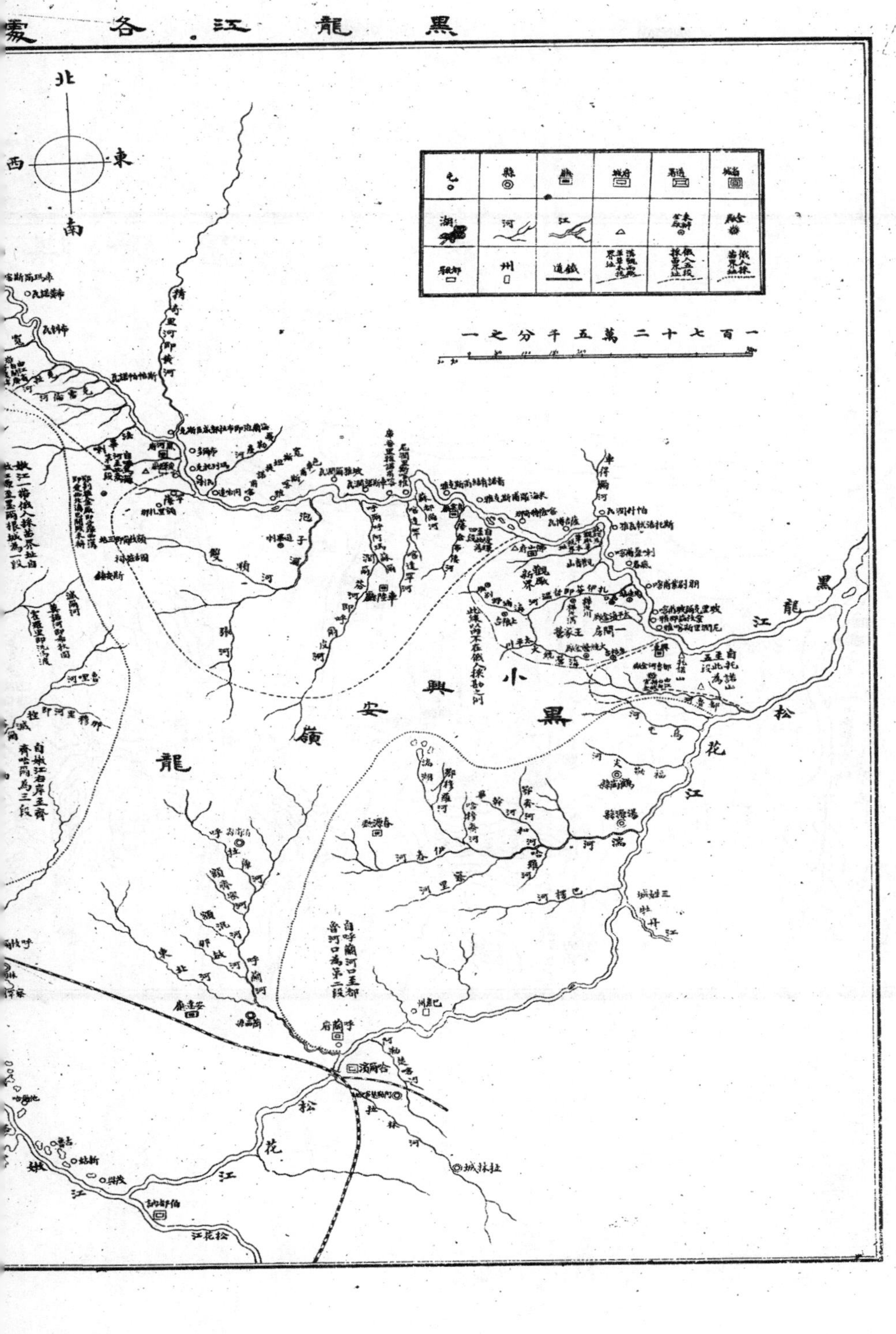
黑龍江各
北
南
東
西
一百七十二萬五千分之一
小興安嶺
黑龍江
松花江

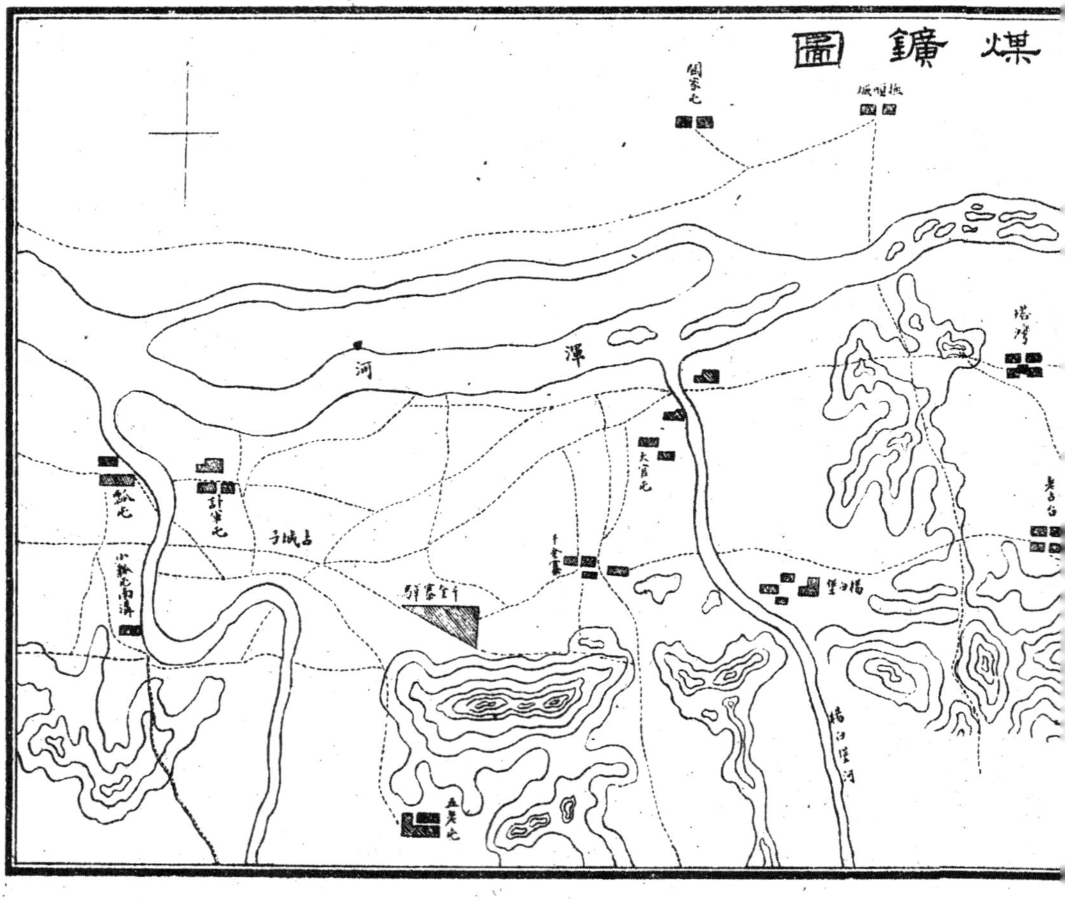
煤鑛圖
渾河
古城子
千金寨
楊柏堡

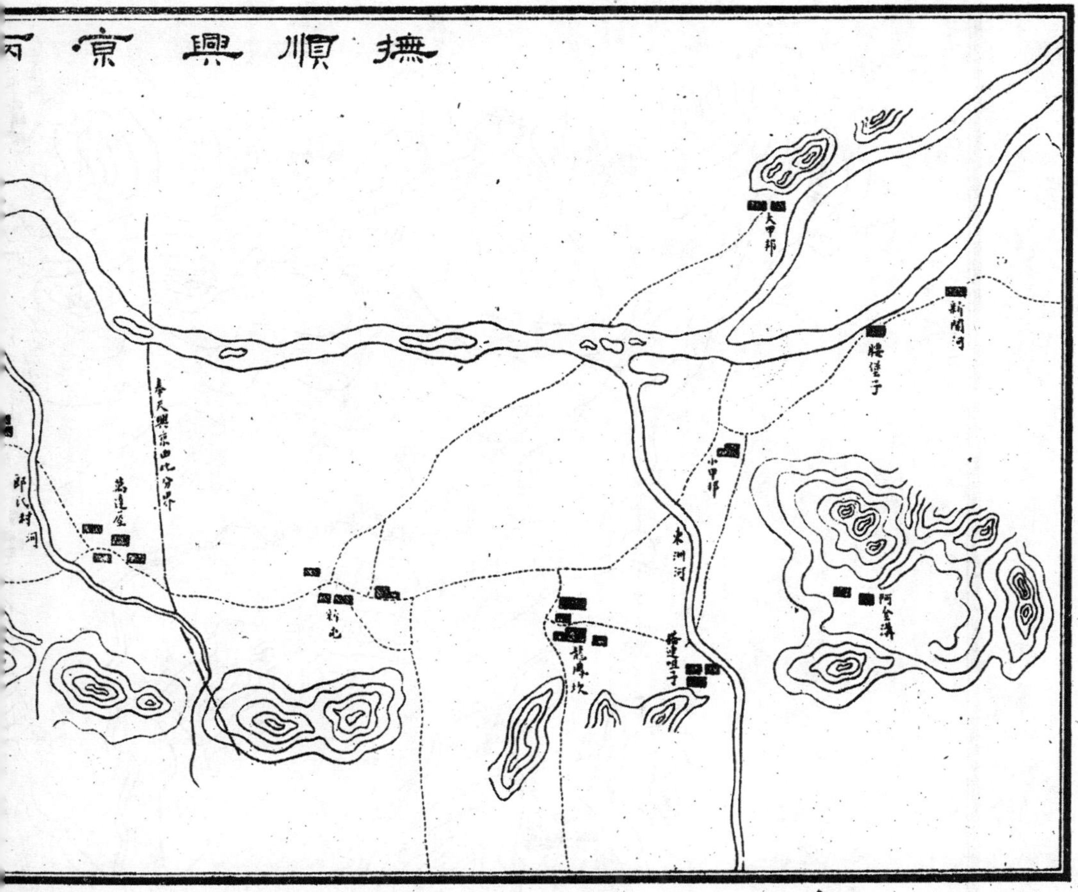
撫順興京
奉天興京西北分界
大甲邦
新開河
小甲邦
新屯

附近地圖

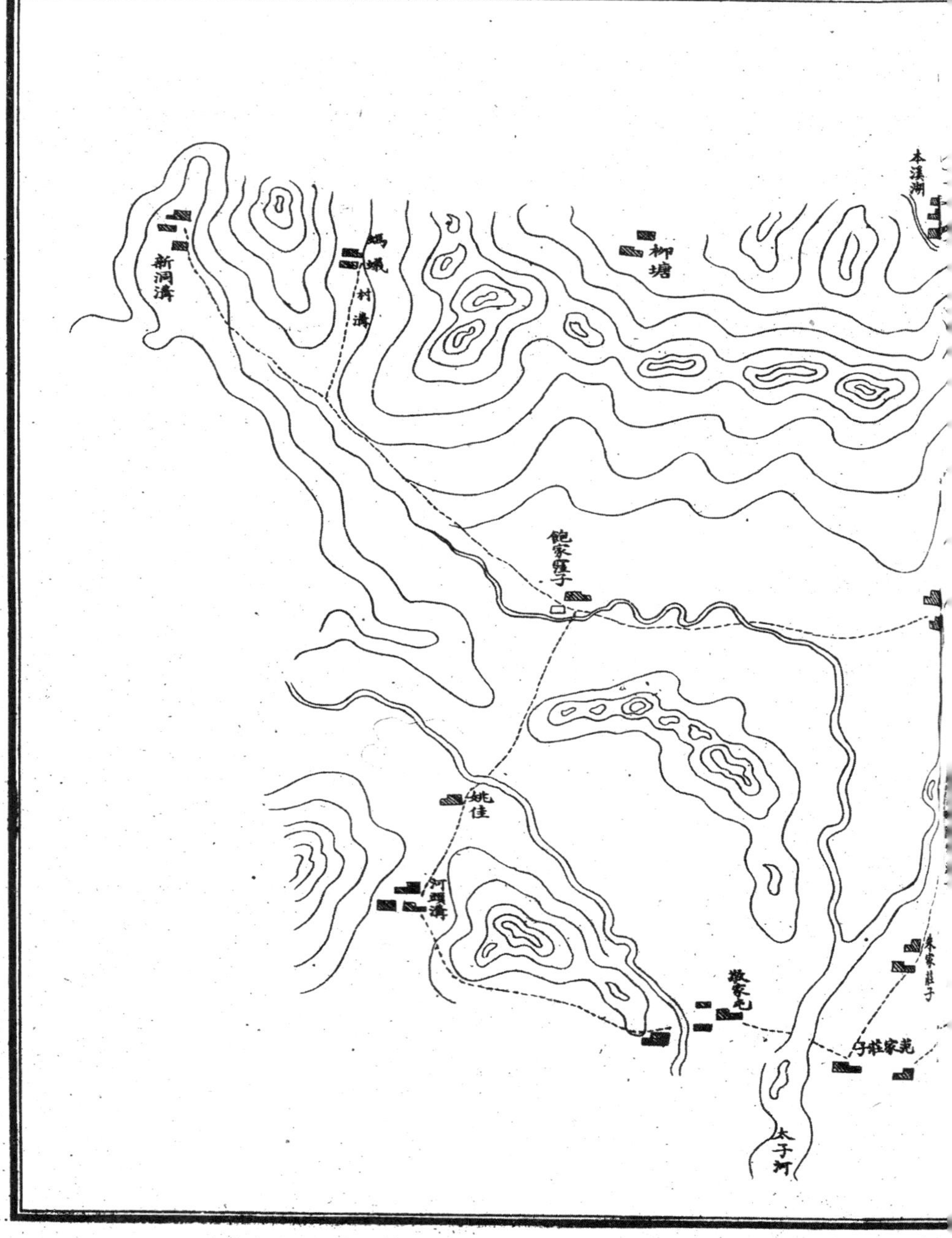

本溪湖煤

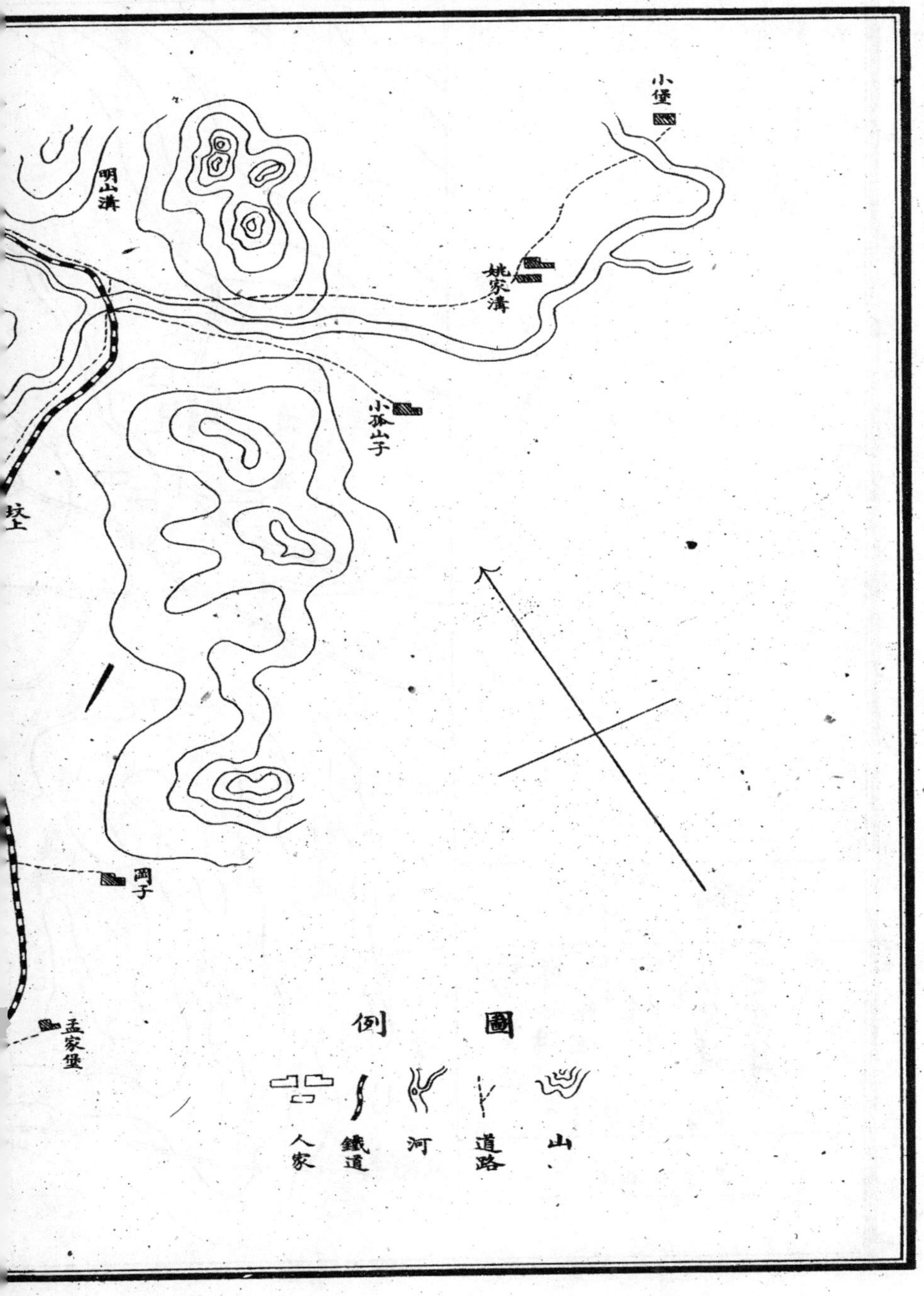

司煤鑛圖

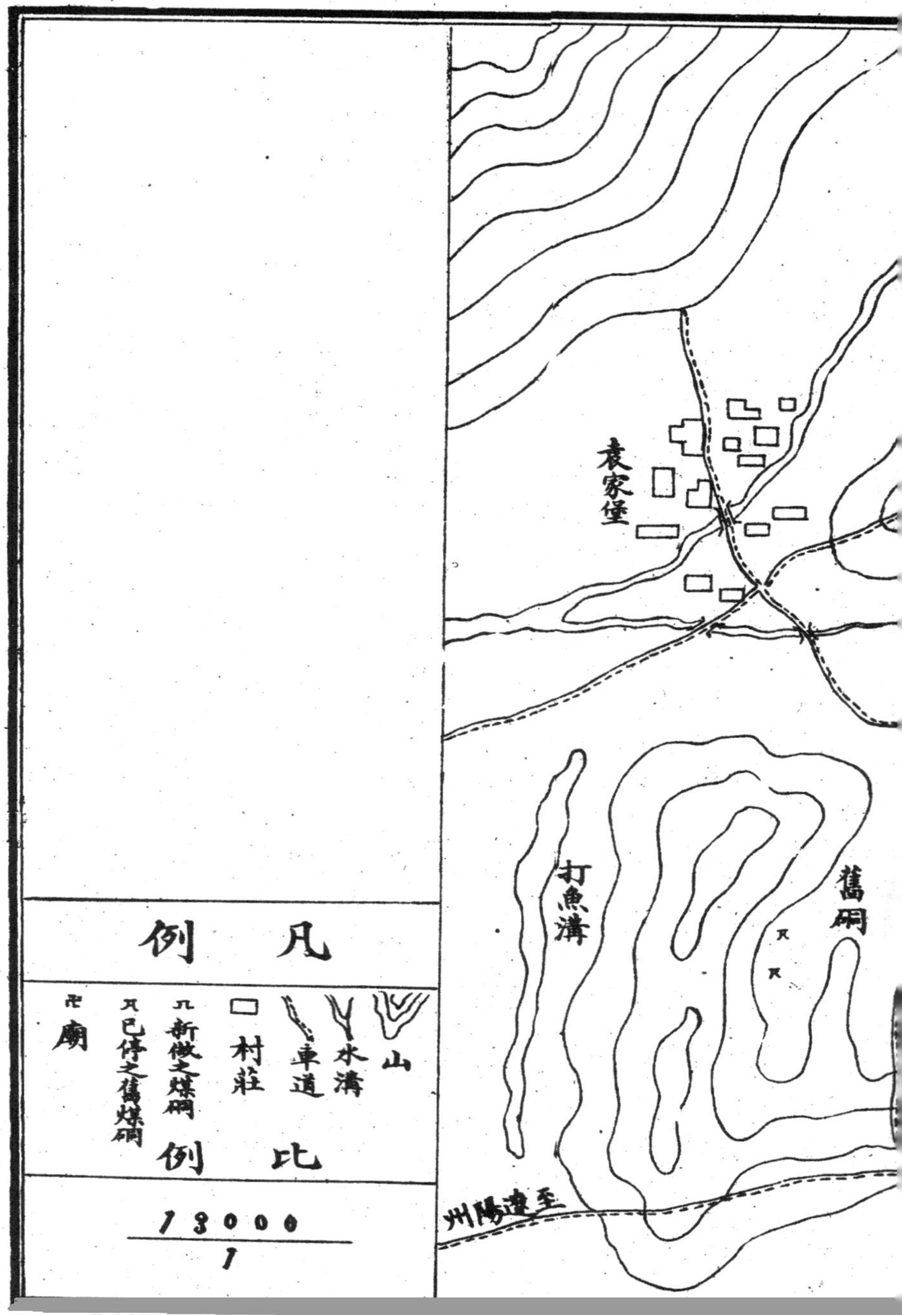
袁家堡
打魚溝
舊硐
至遼陽州
凡例
山
水溝
車道
村莊
新做之煤硐
已停之舊煤硐
廟
比例
13000
1

尾明山天利

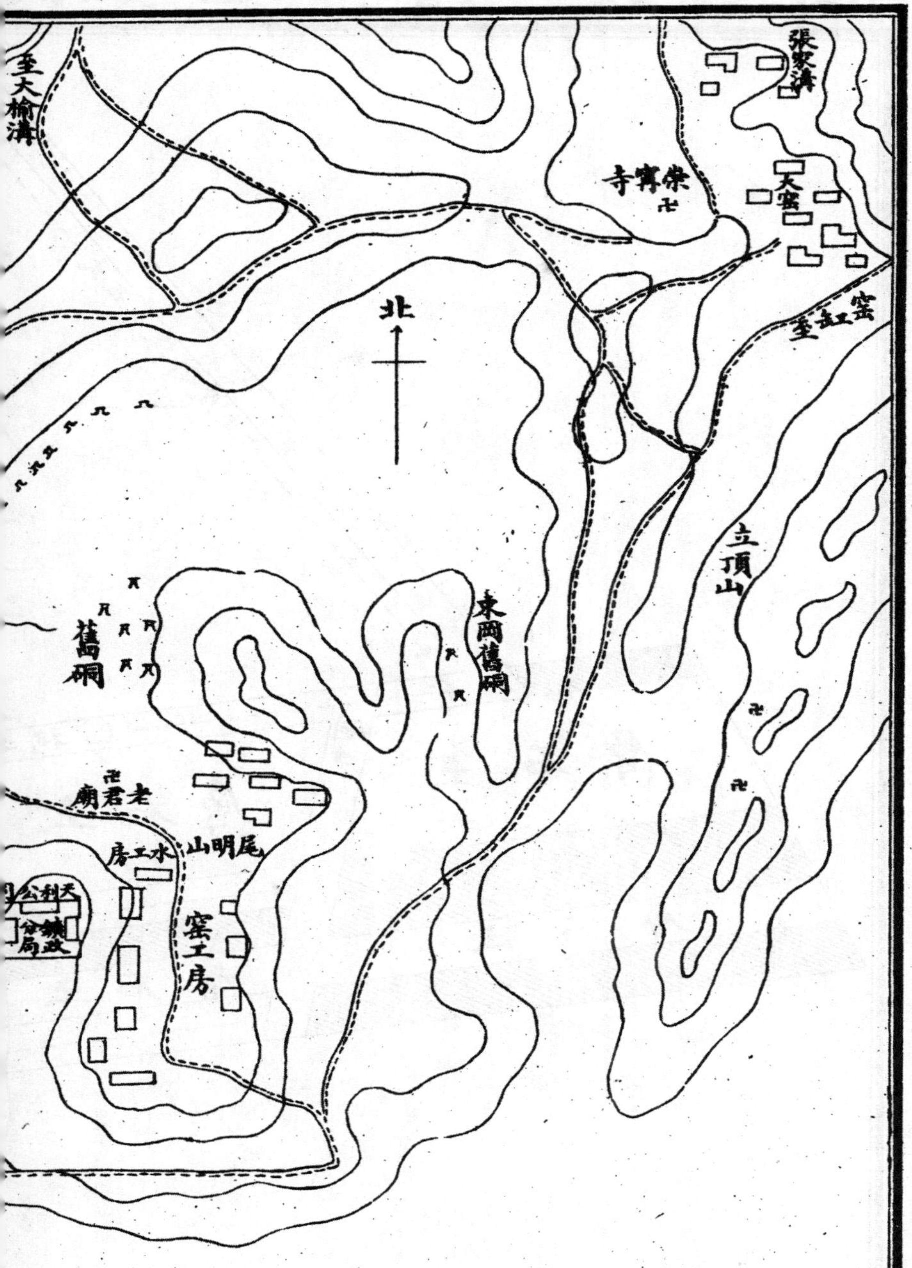

腹地層積圖

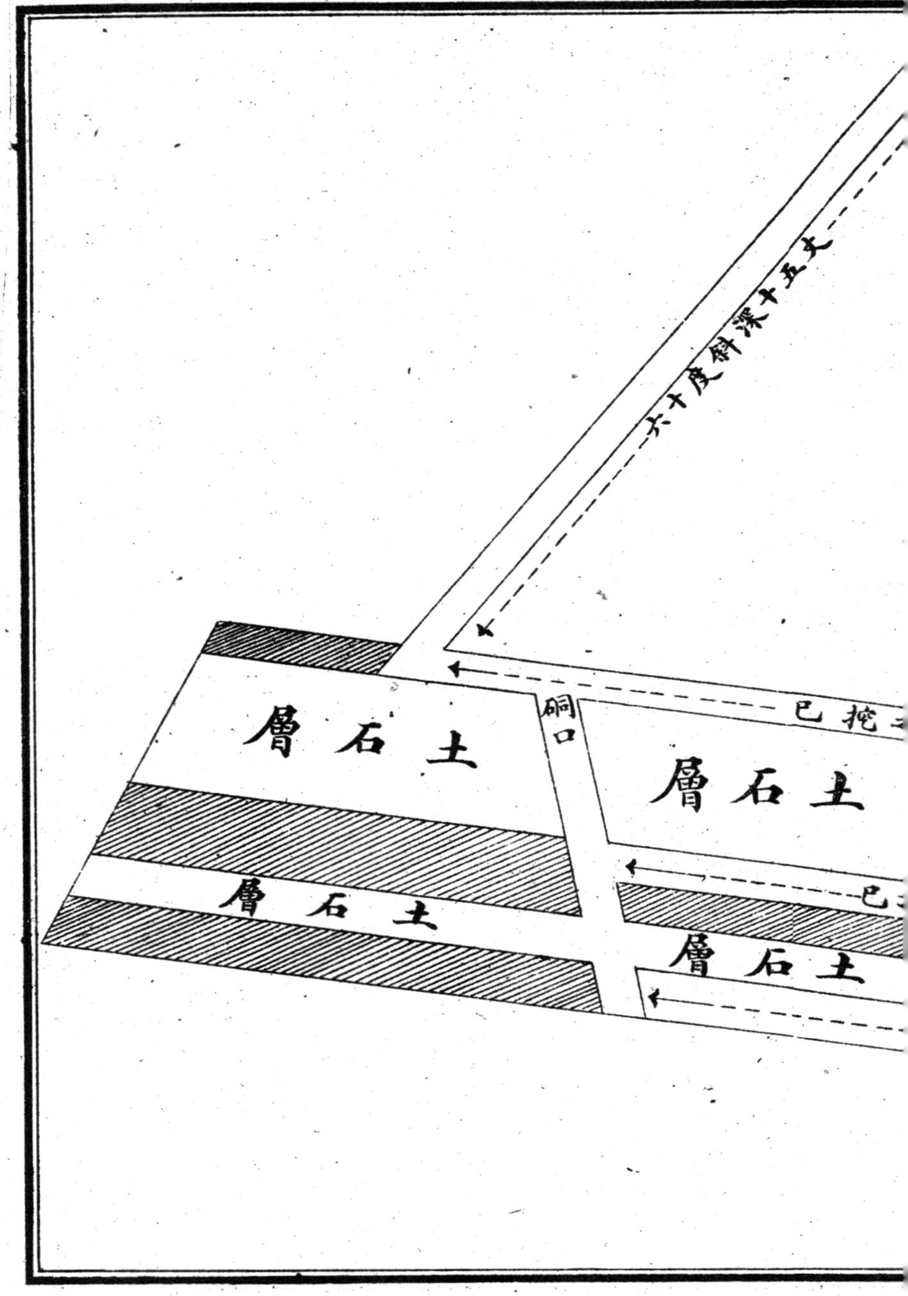

尾明山煤鑛

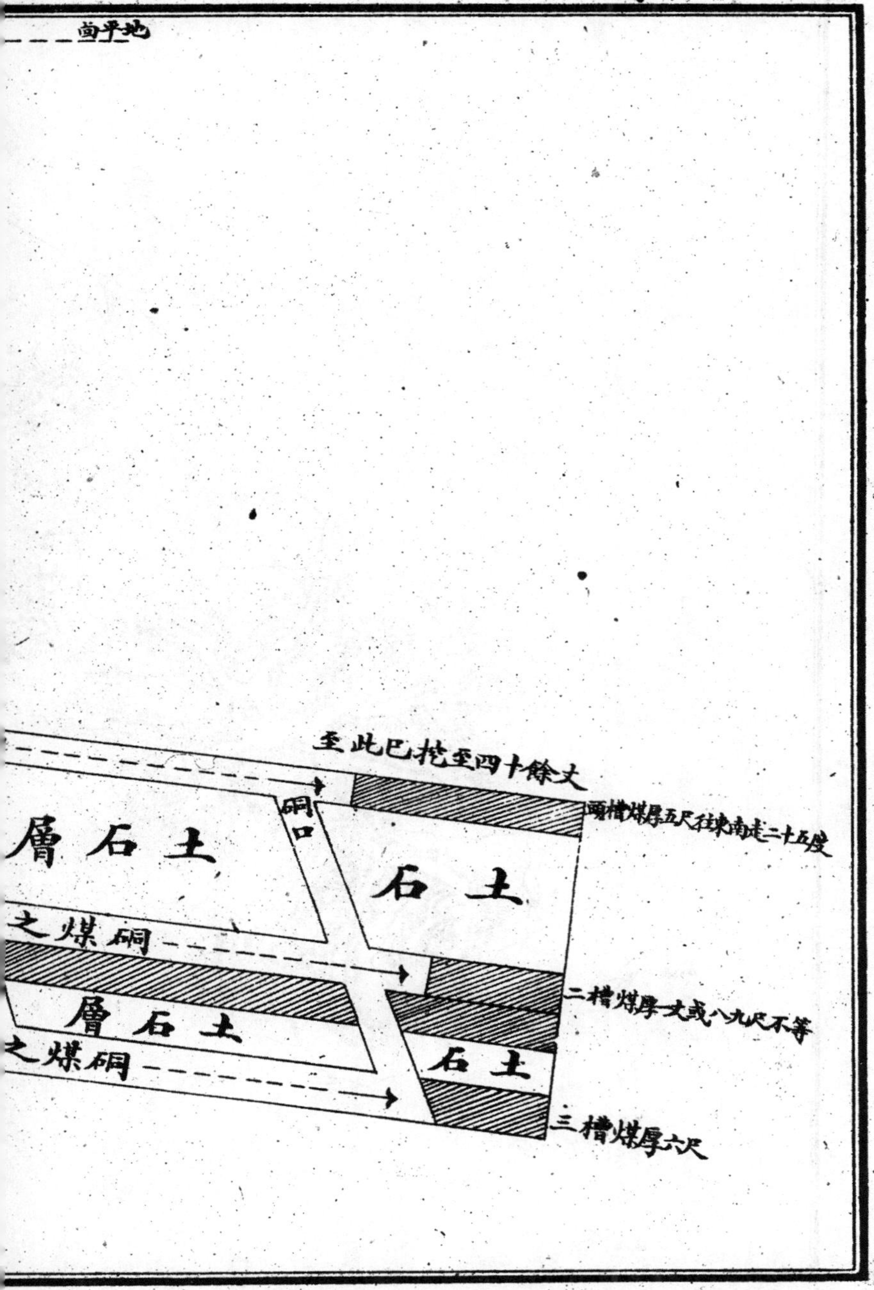
地平面
至此巳挖至四十餘丈
硐口
兩槽煤厚五尺往東南走二十五度
土石層
土石
之煤硐
二槽煤厚一丈或八九尺不等
土石層
之煤硐
土石
三槽煤厚六尺

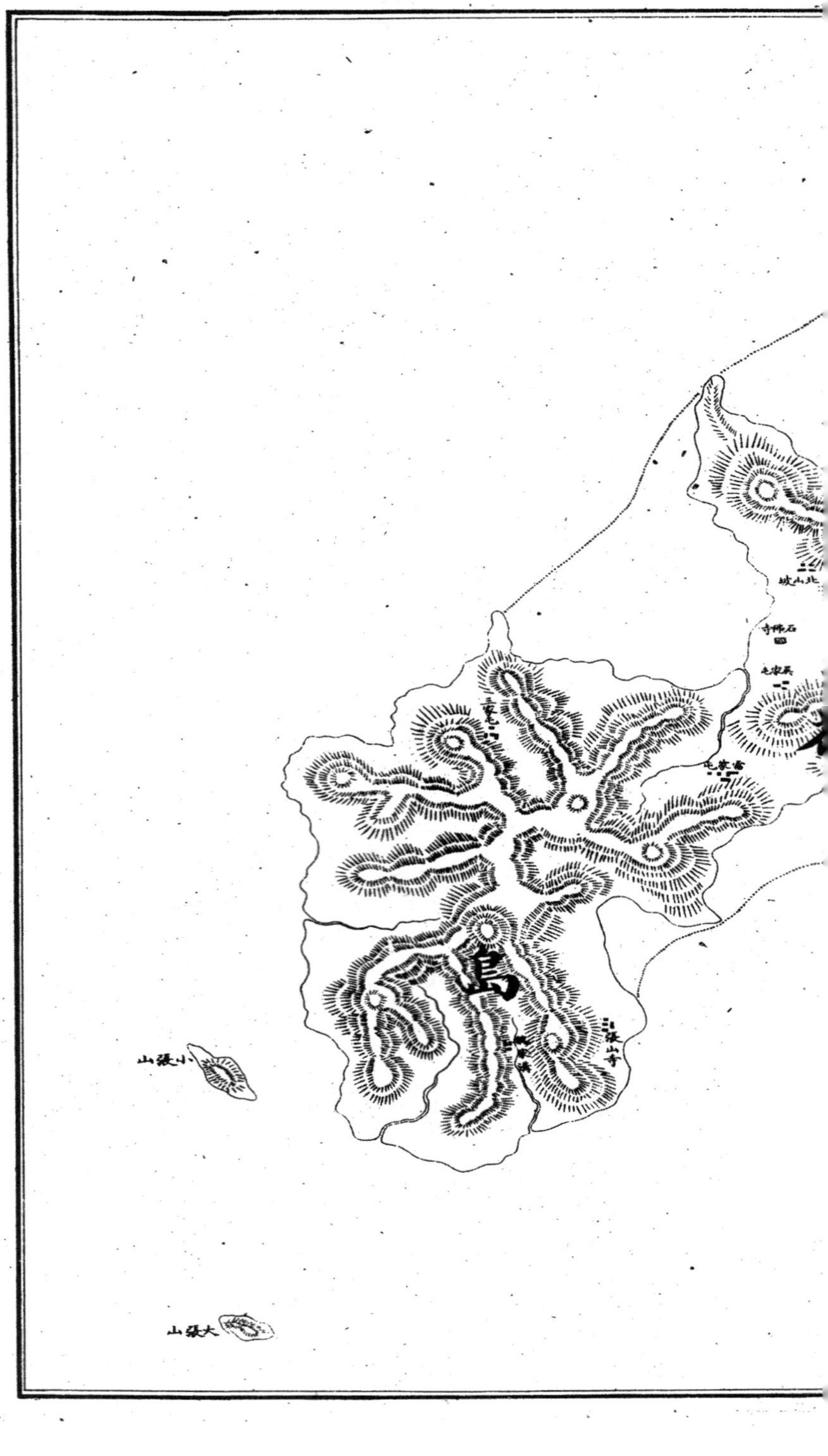
北山城
石佛寺
吳家屯
富家屯
袁屯
島
張山寺
小張山
大張山

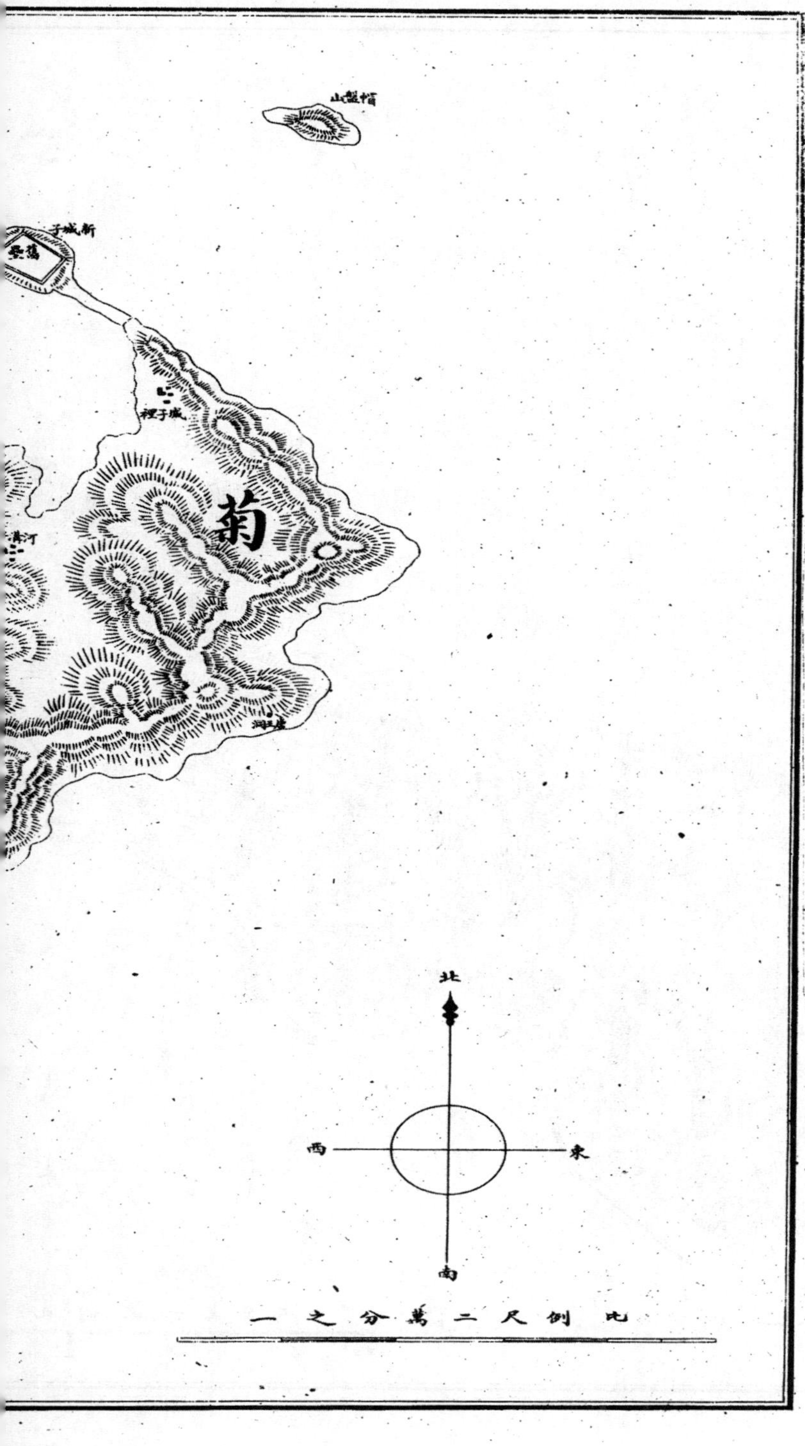
帽盤山
新城子
菊
北
西
東
南
比例尺二萬分之一

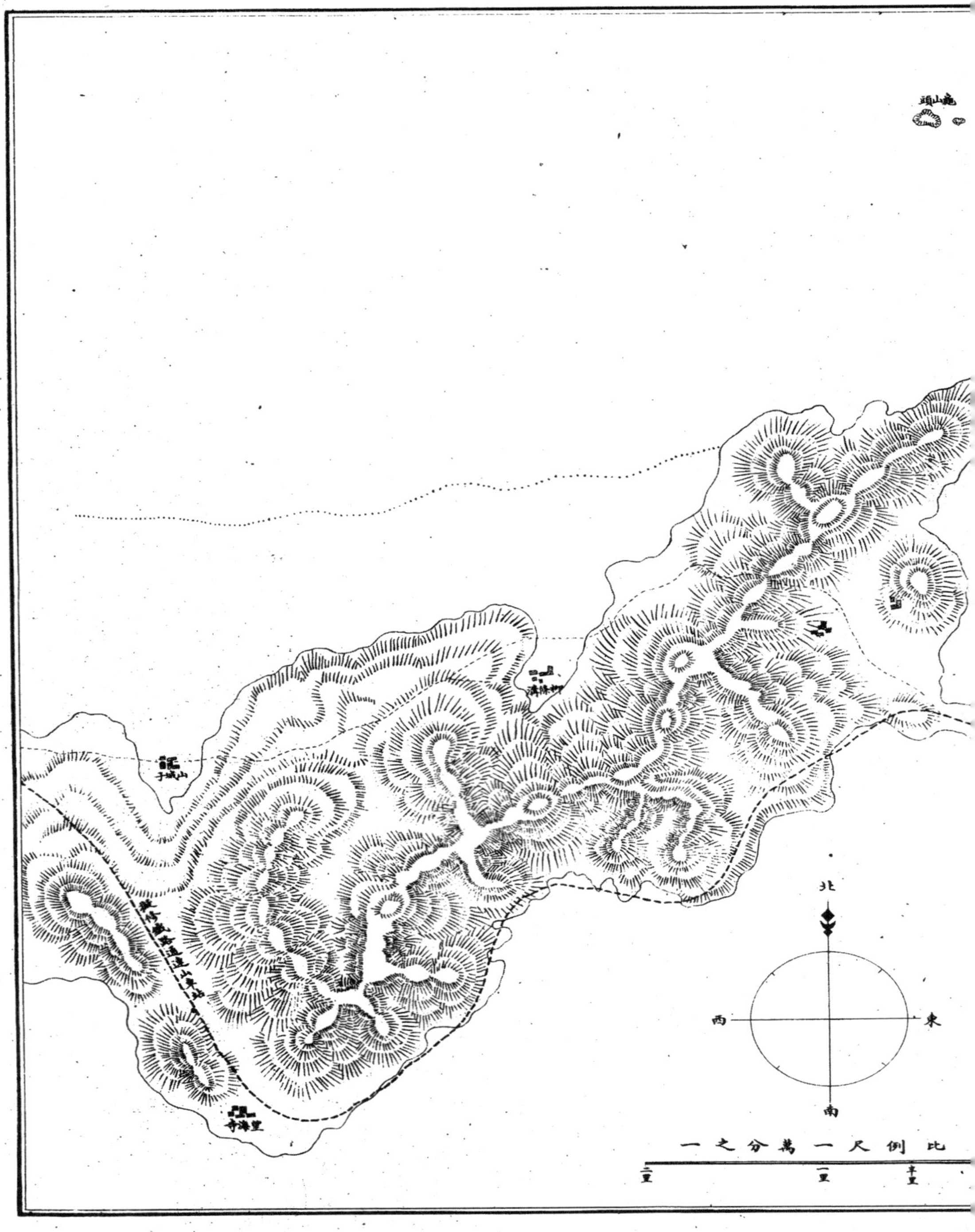
龜山頭
柳條溝
山城子
望海寺
北
西
東
南
比例尺一萬分之一
二里
一里
半里

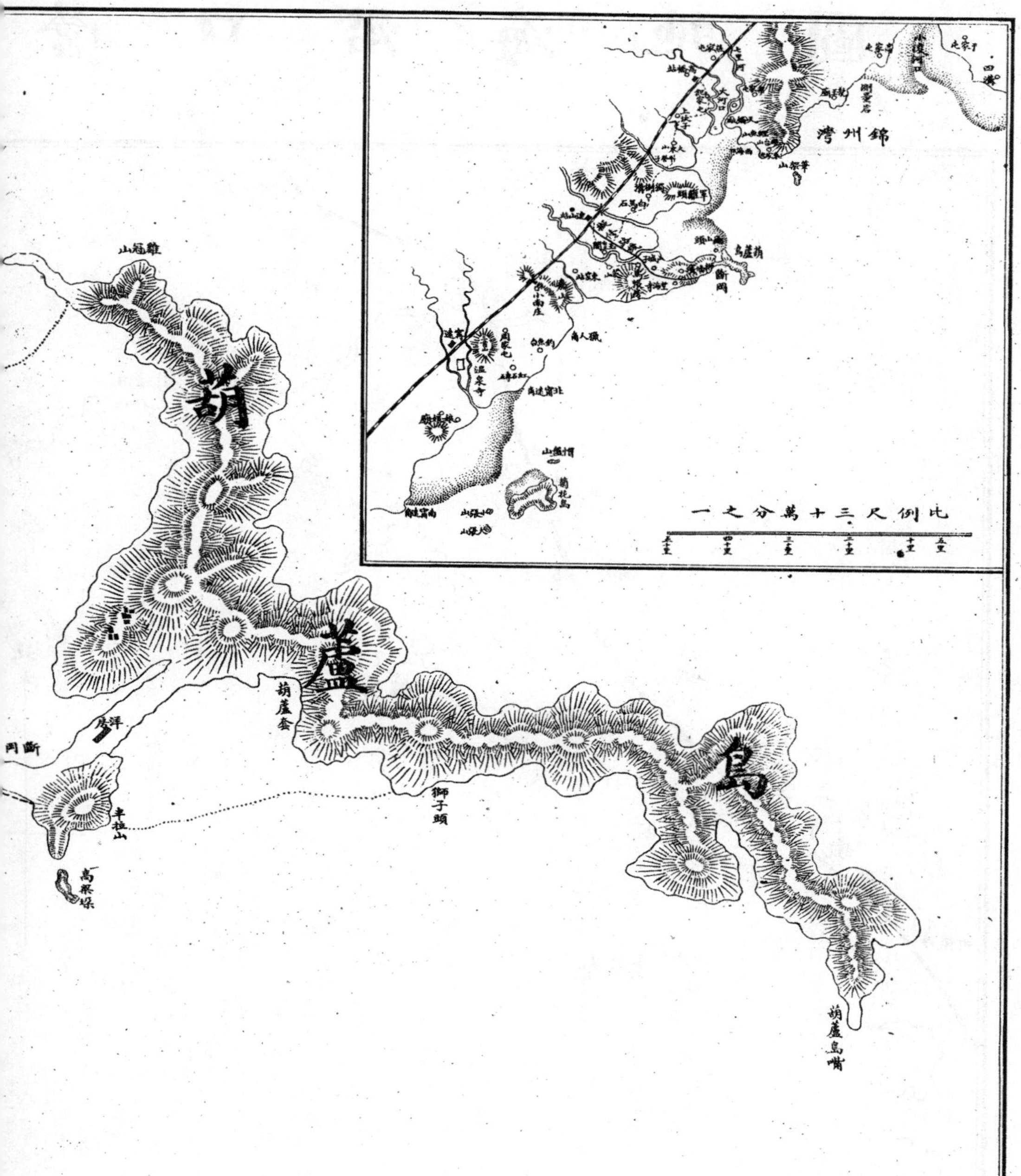
葫蘆島
葫蘆套
獅子頭
半拉山
葫蘆島嘴
錦州灣
比例尺三十萬分之一

營口沿海地圖

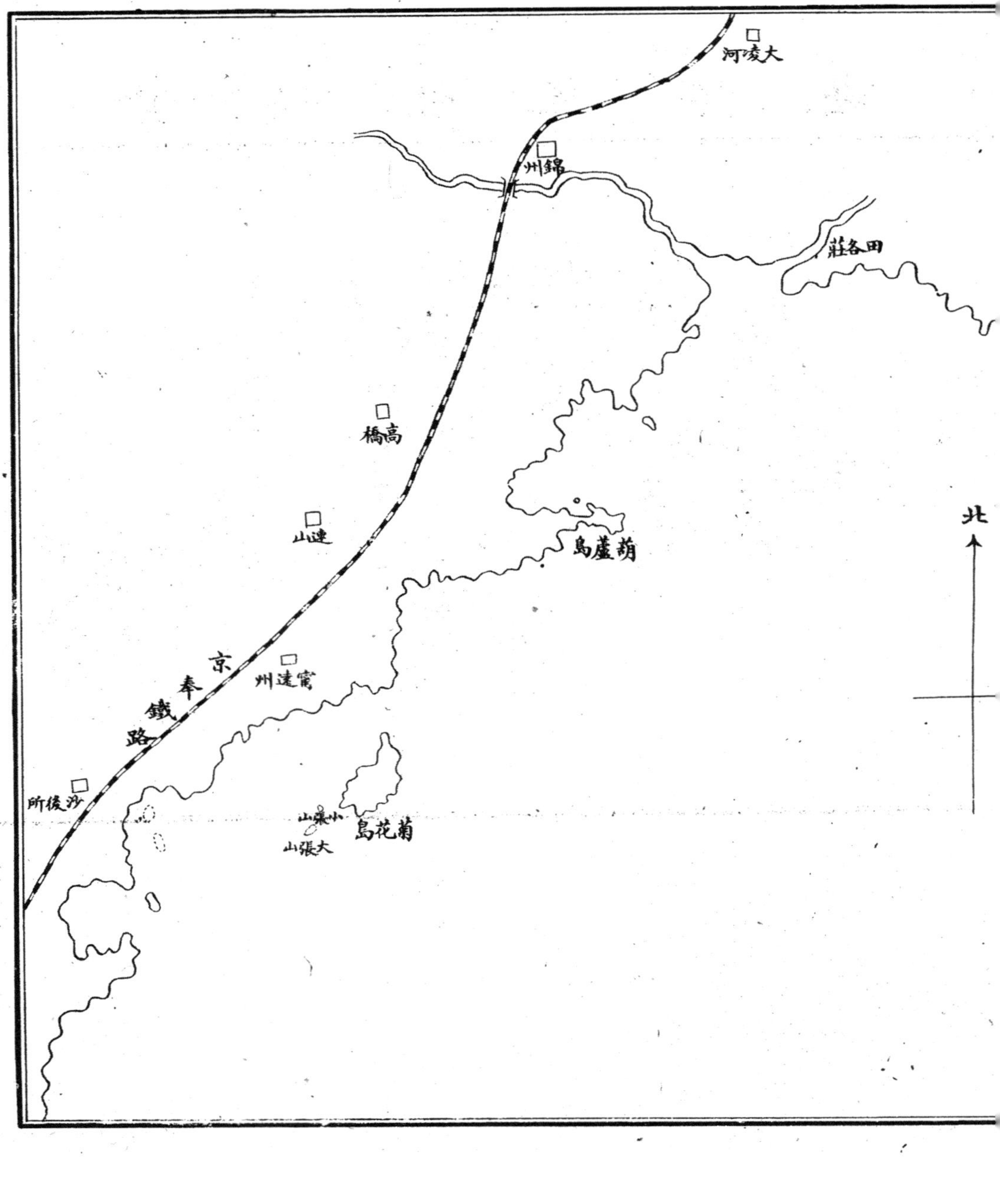

菊花島 葫蘆島

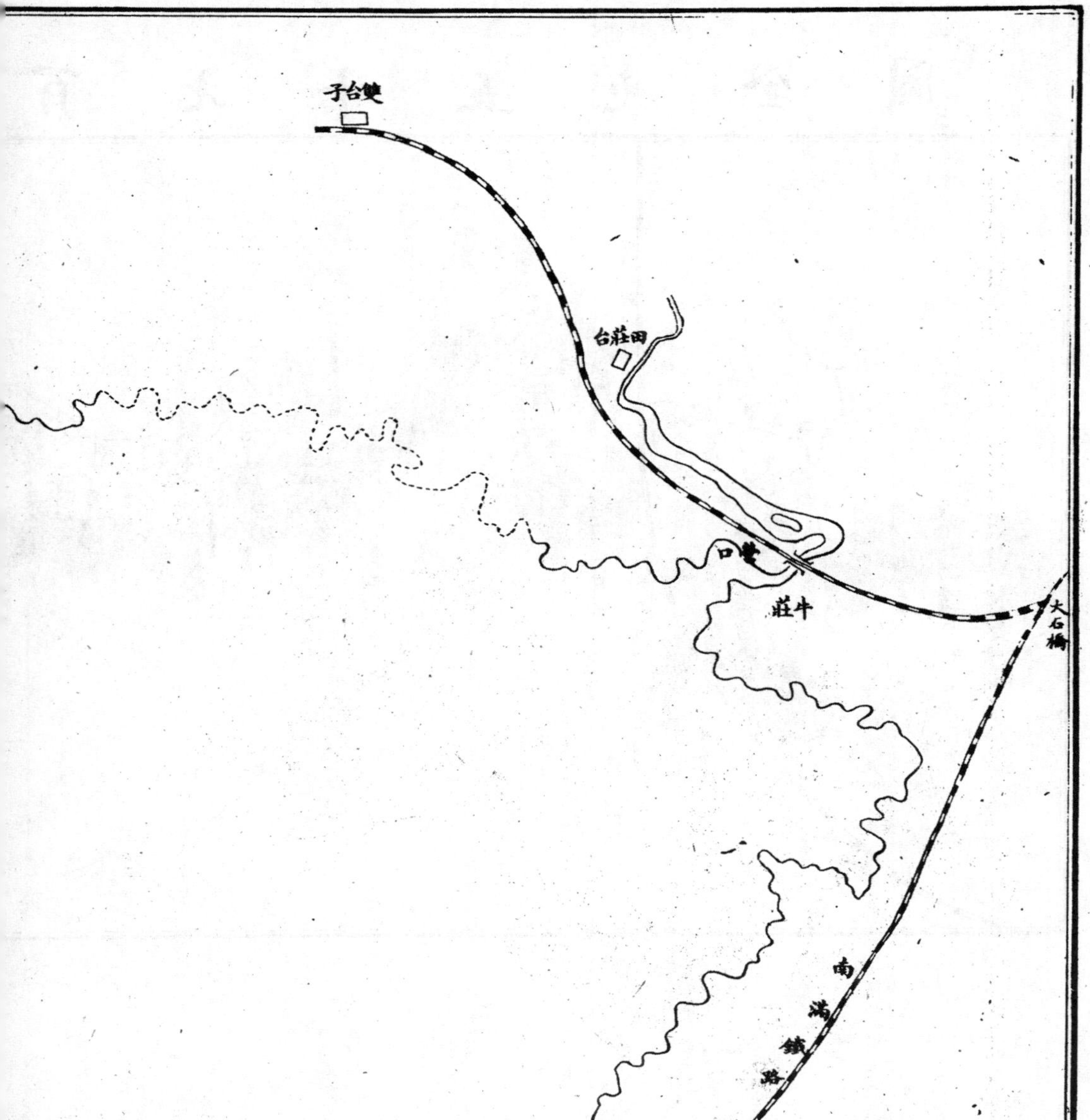

百七十五屯全圖

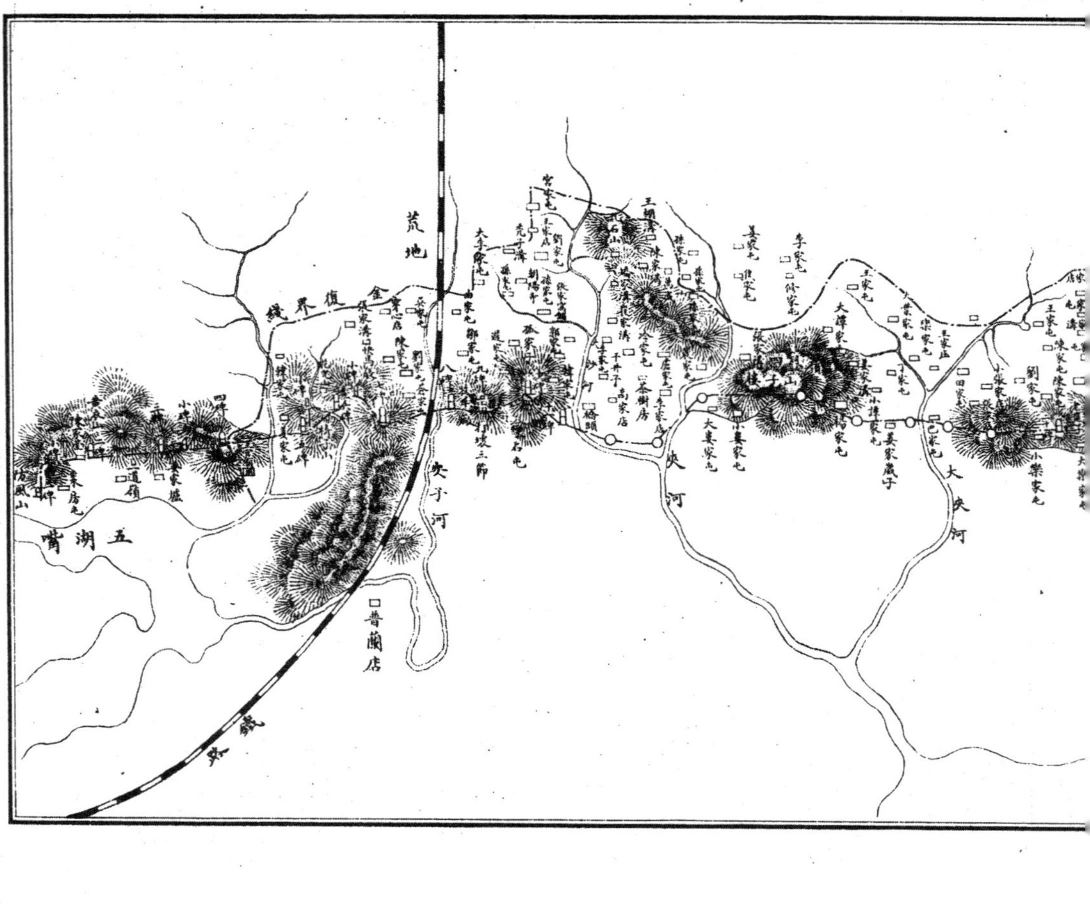

金復租界隙地

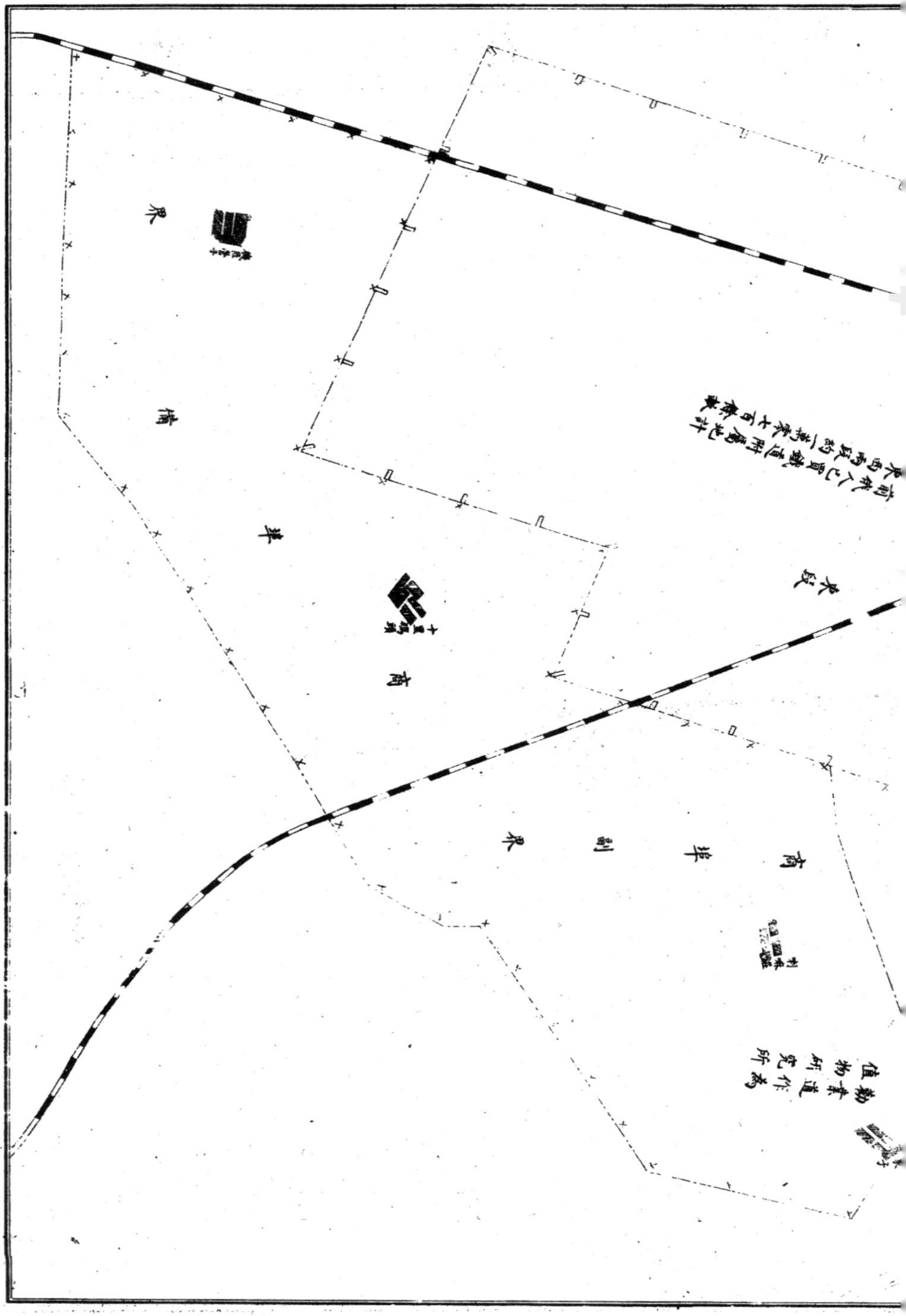
商埠備界
商埠副界

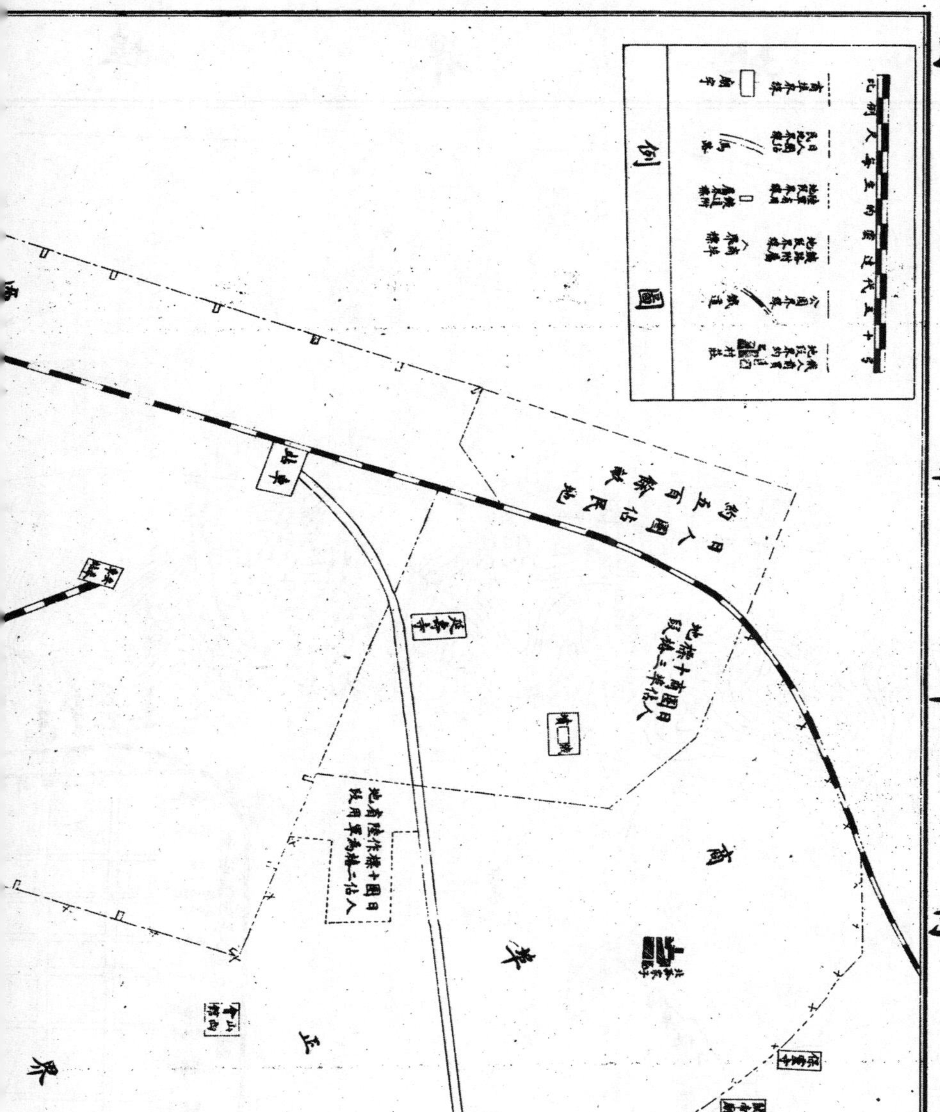
奉天商埠界址圖
圖例
車站
公園

埠界址圖

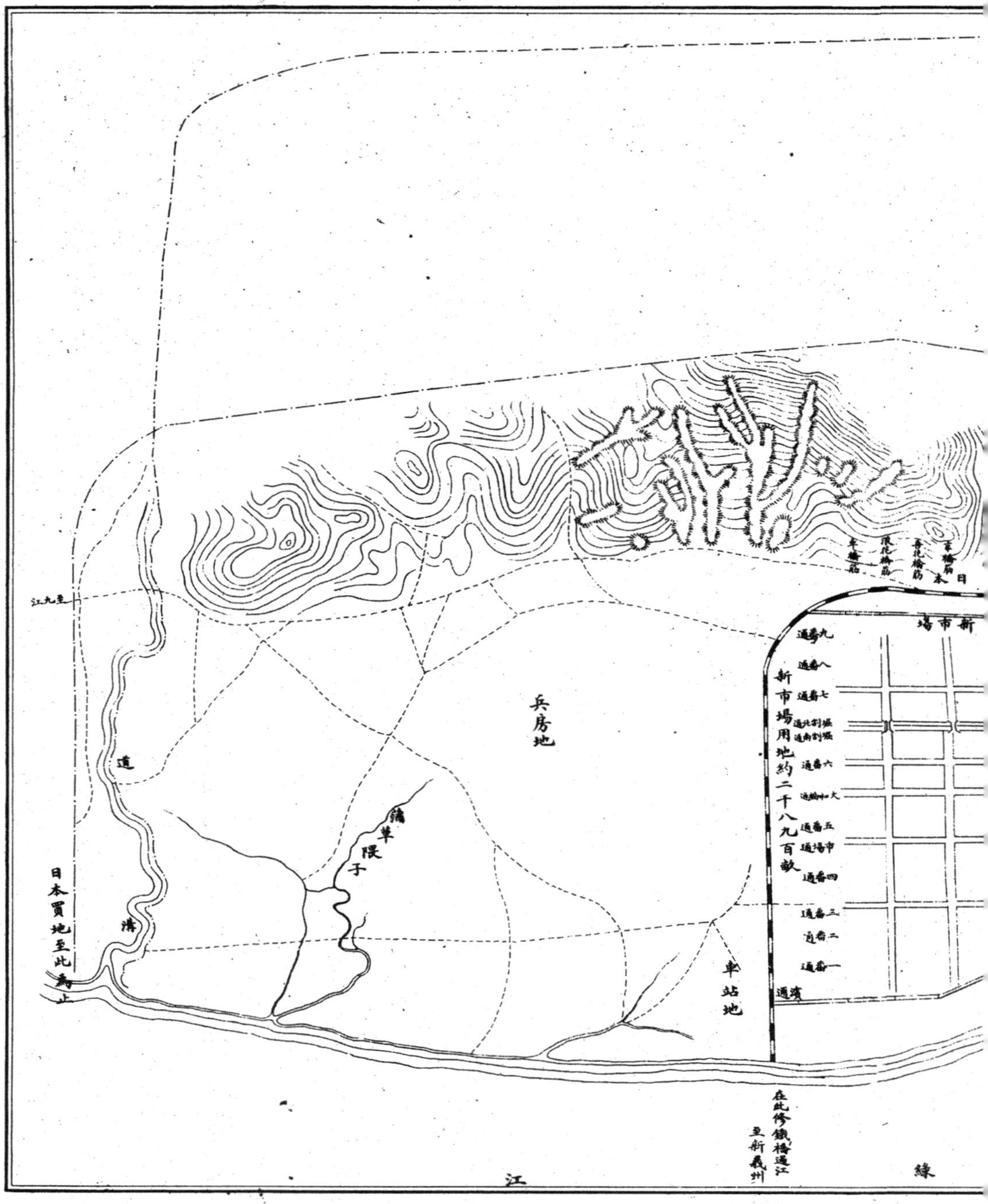
至九江
兵房地
道
溝
草
子
日本買地至此為止
新市場
新市場用地約二千八九百畝
日本橋筋
浪花橋筋
九番通
八番通
七番通
堀割北通
堀割南通
六番通
五番通
市場通
四番通
三番通
二番通
一番通
濱通
車站地
在此修鐵橋通江至新義州
江
綠

安東縣商

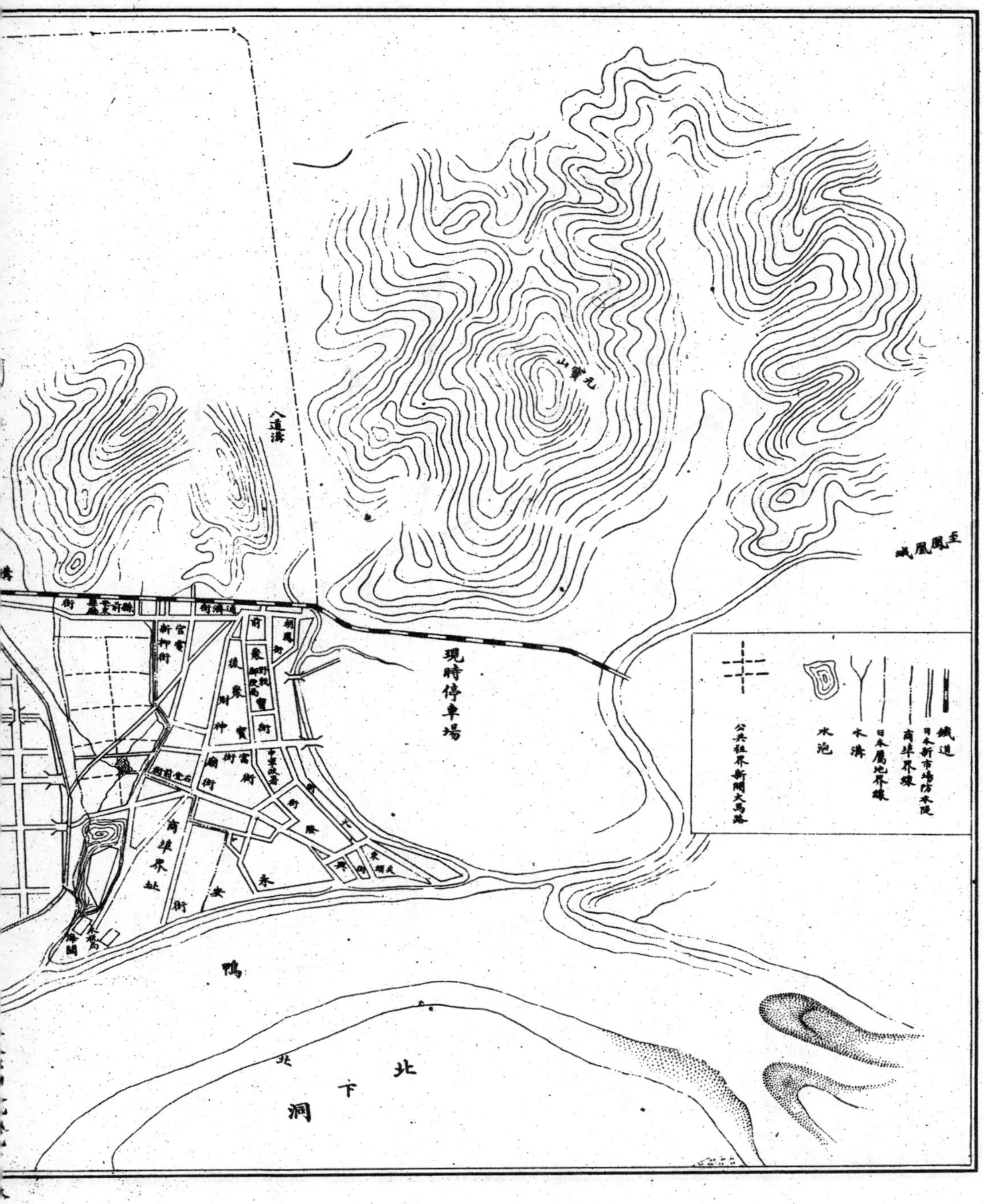
元寶山
八道溝
至鳳凰城
現時停車場
商埠界址
鴨
北
下
洞
鐵道
日本新市場防水隄
商埠界線
日本屬地界線
水溝
水泡
公共租界新開大馬路

埠界址圖

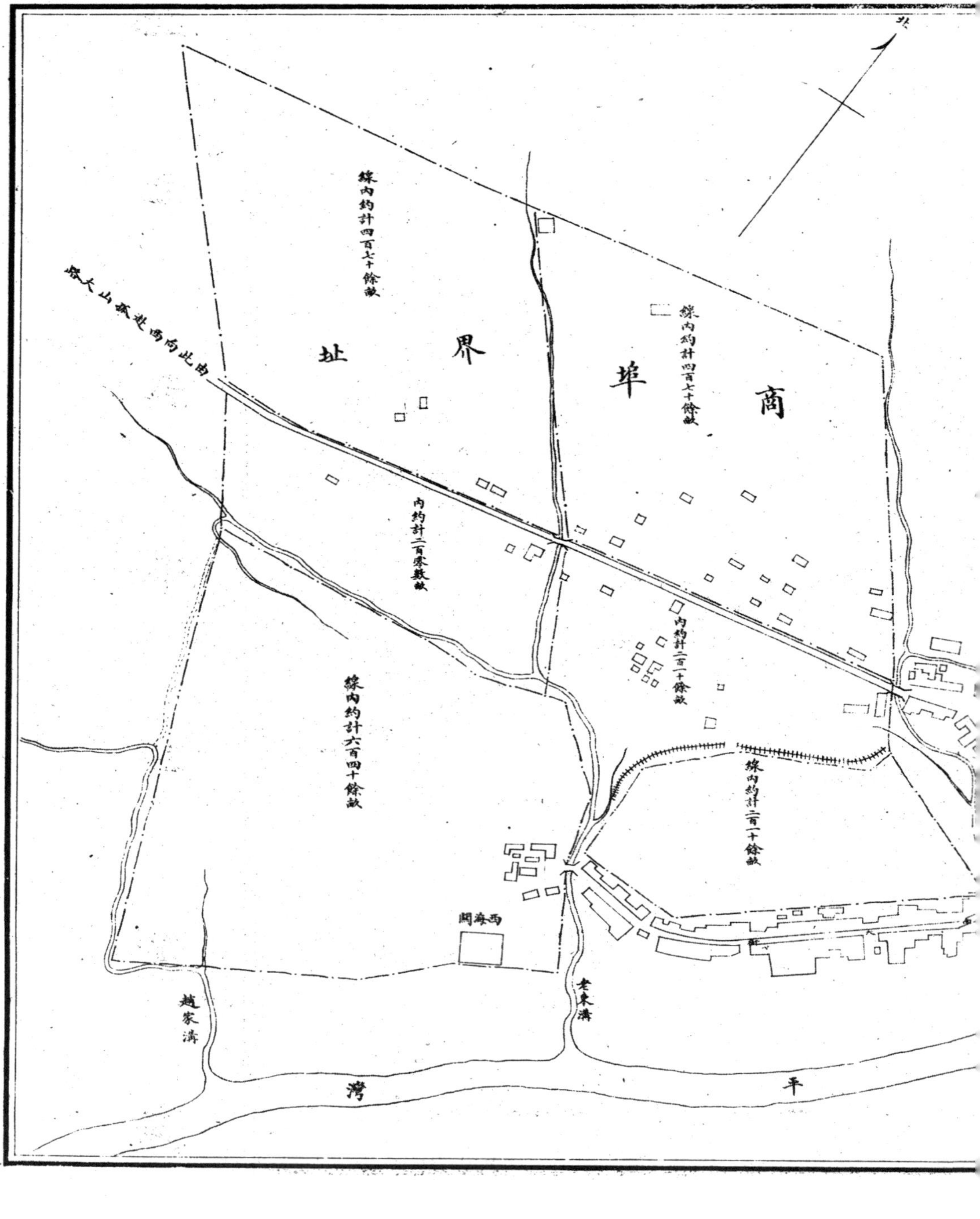
北
線內約計四百七十餘畝
由此向西赴旅山大路
址
界
埠
商
線內約計四百七十餘畝
內約計二百零數畝
內約計二百一十餘畝
線內約計六百四十餘畝
線內約計二百一十餘畝
西海關
趙家溝
老東溝
灣
平

大東溝

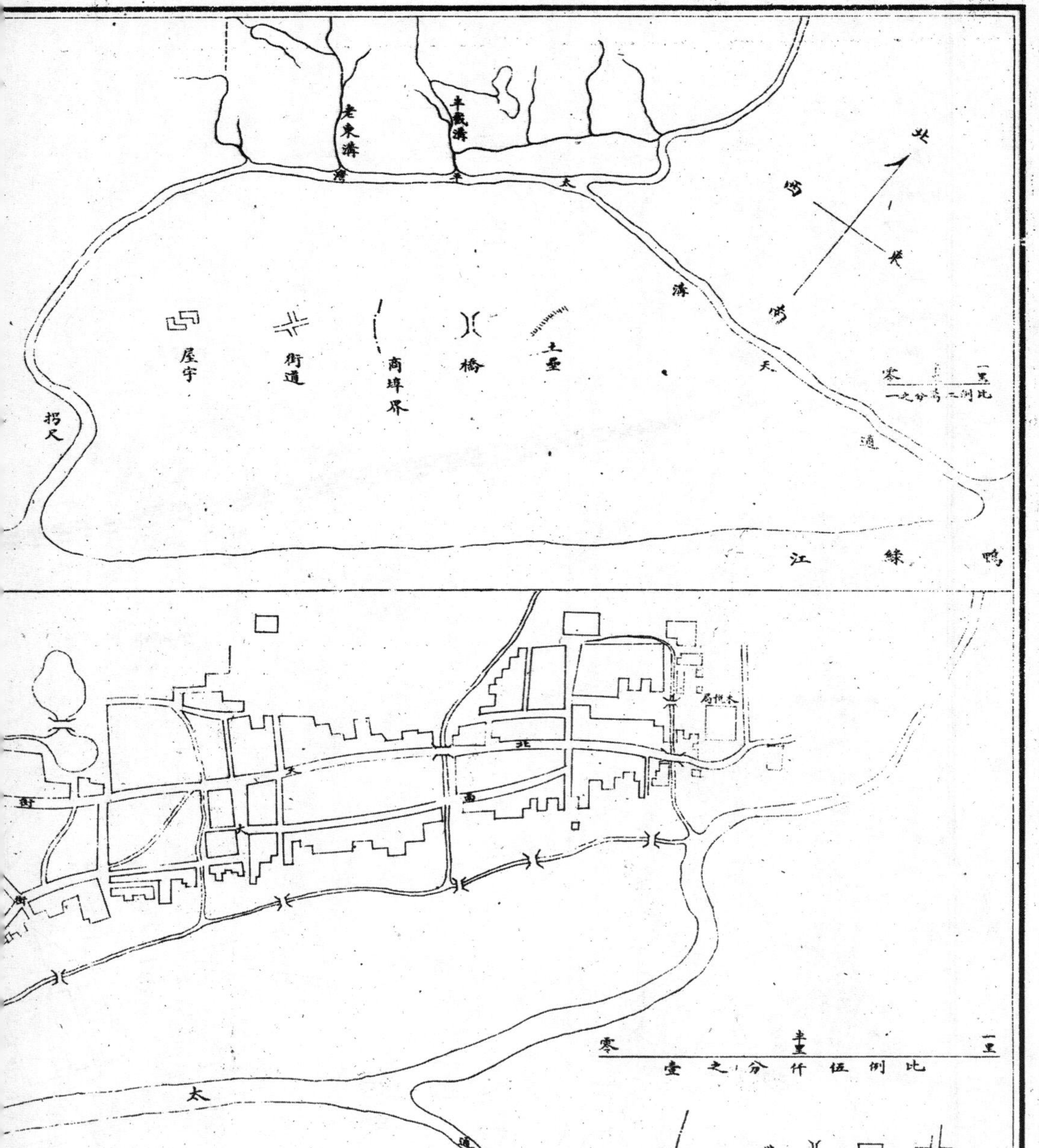

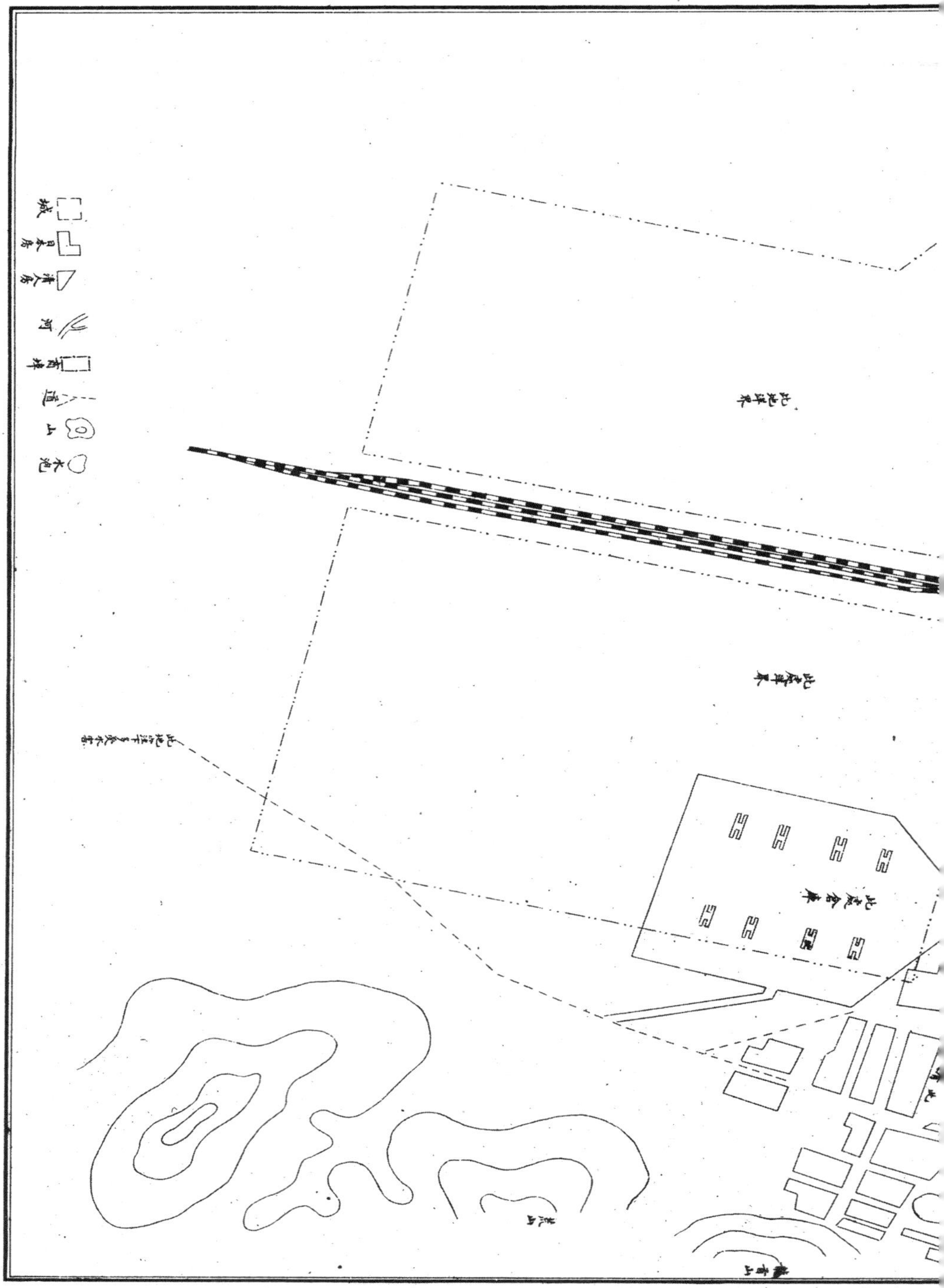
城
日本房
清人房
河
商埠
道
山
水池
此處倉庫

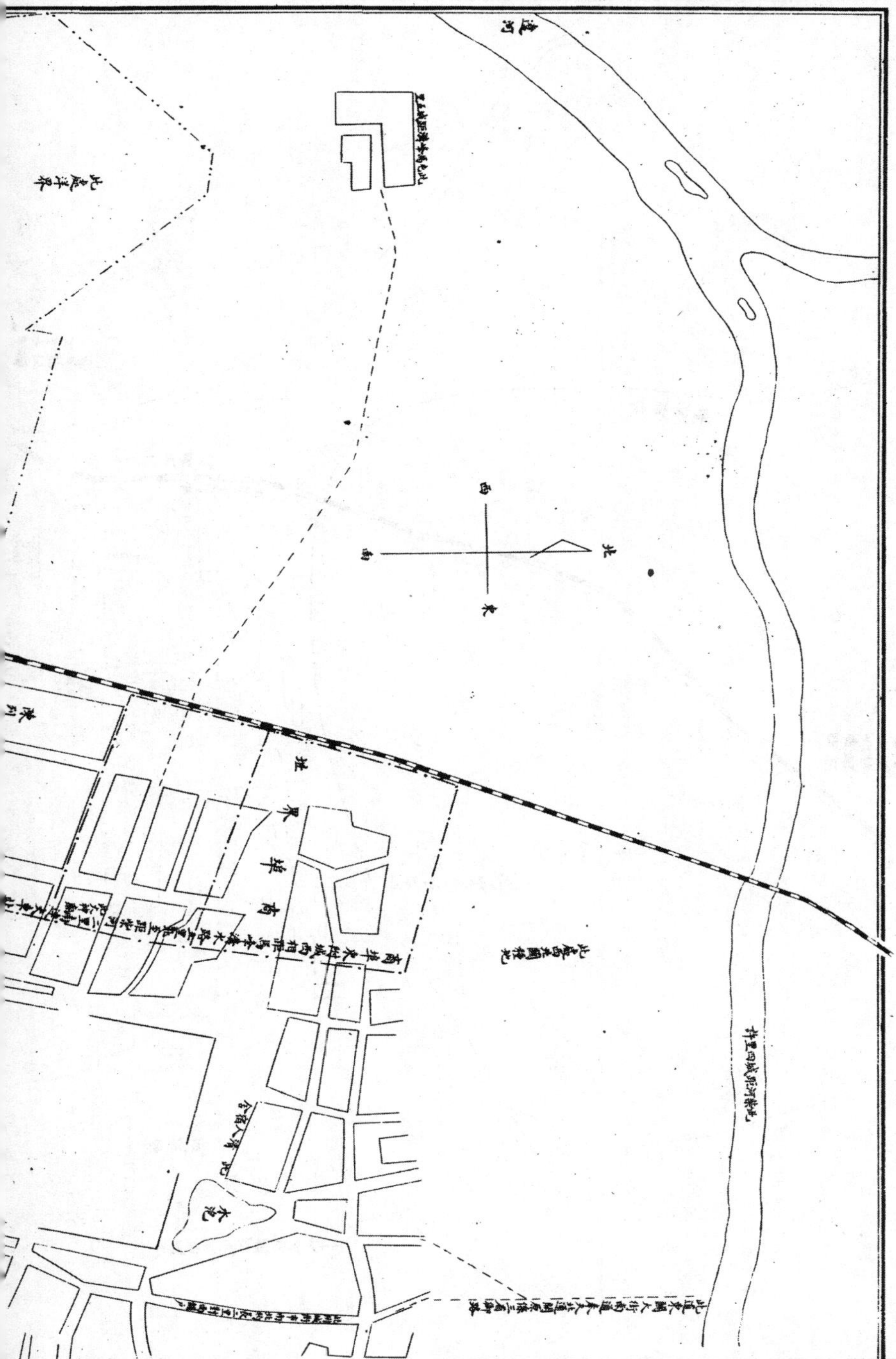

鐵嶺商埠界址圖

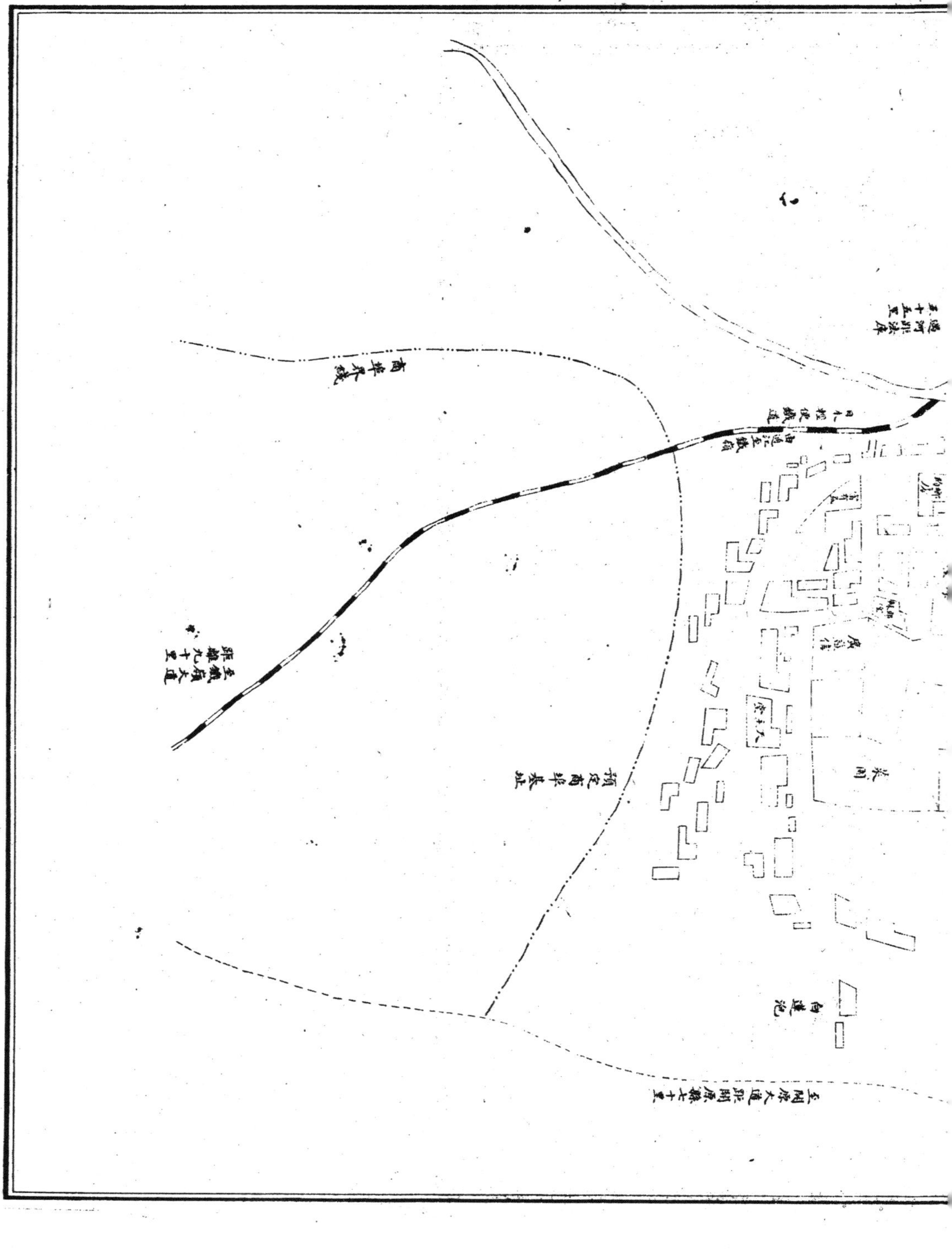

商埠界线
至铁岭大道距县九十里
预定商埠基址
至开原大道距开原县七十里

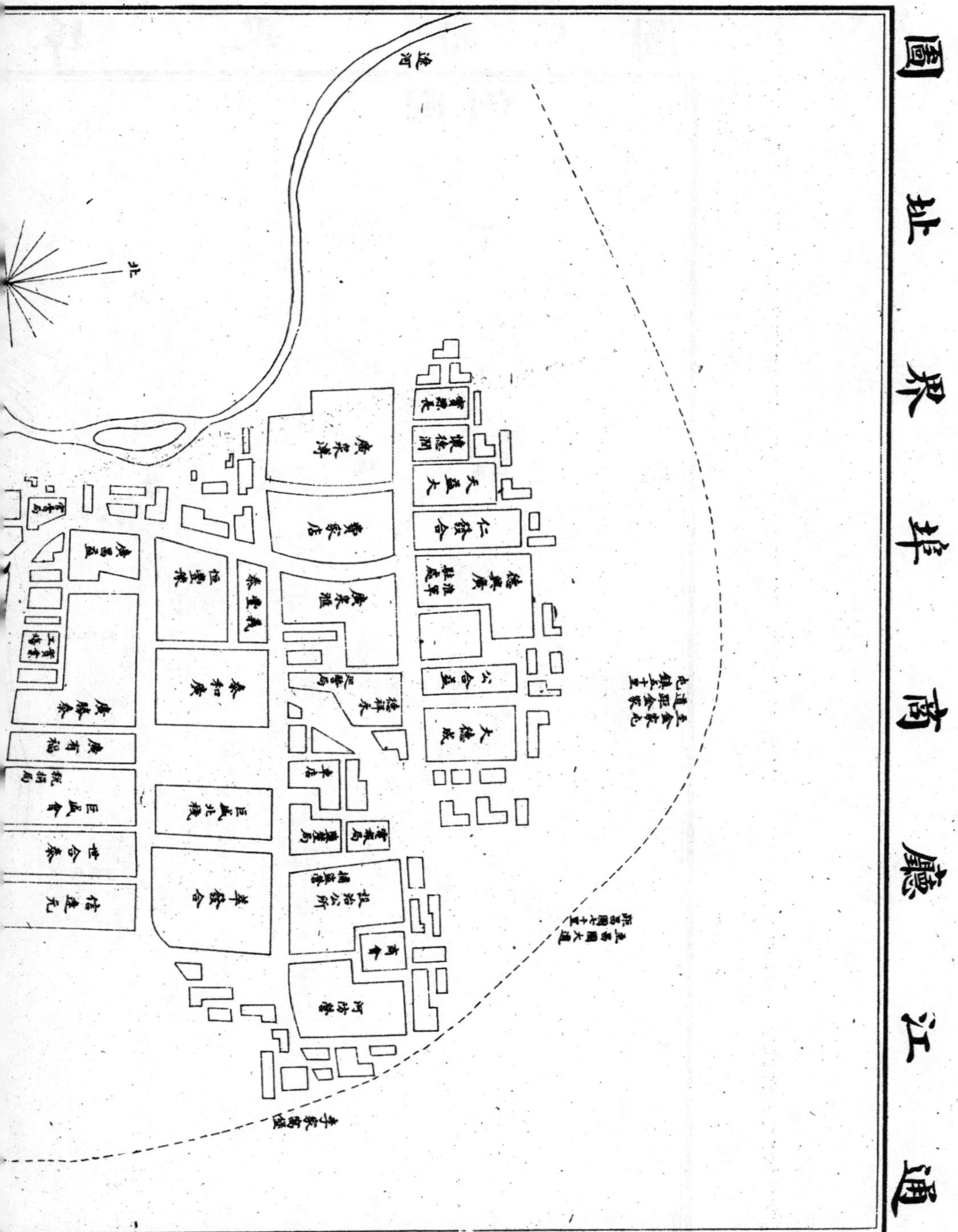
通江縣商埠界址圖

埠界址圖

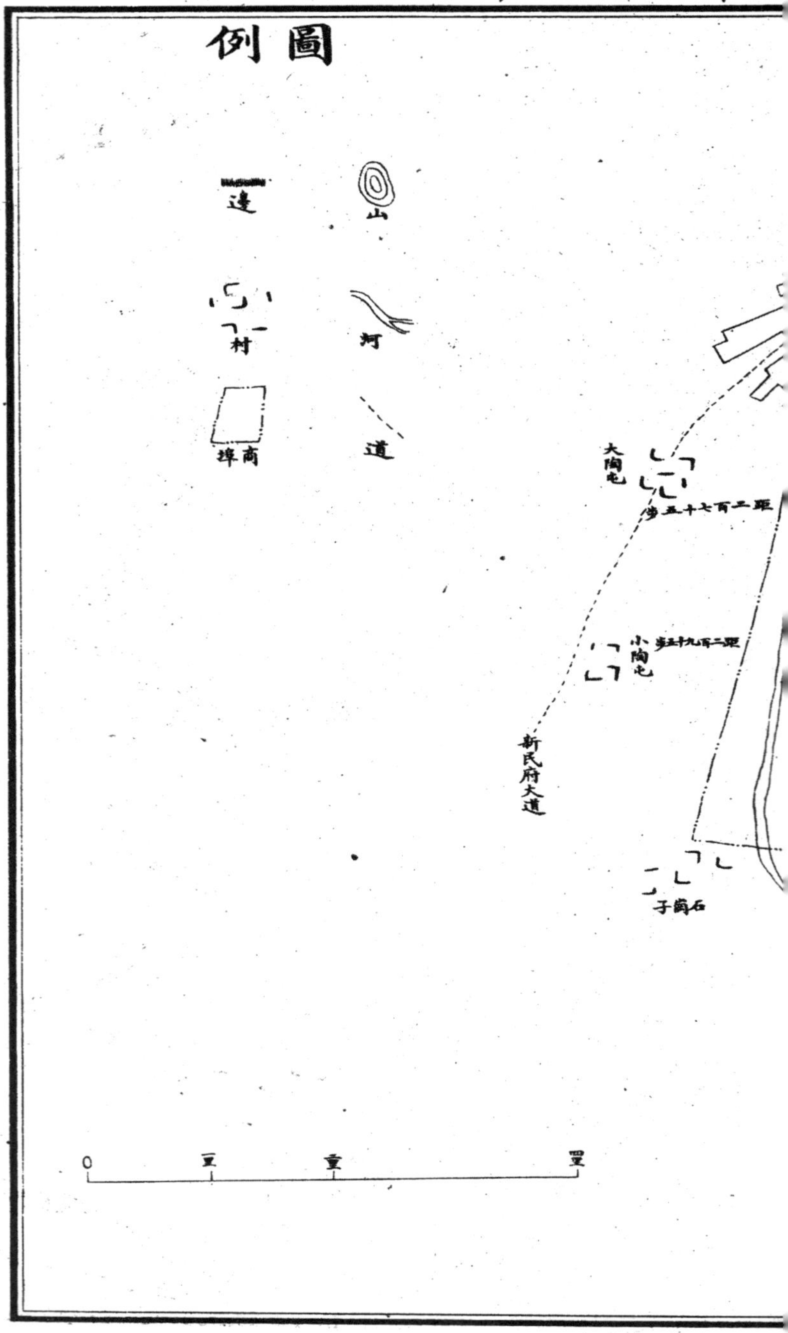

法庫廳商

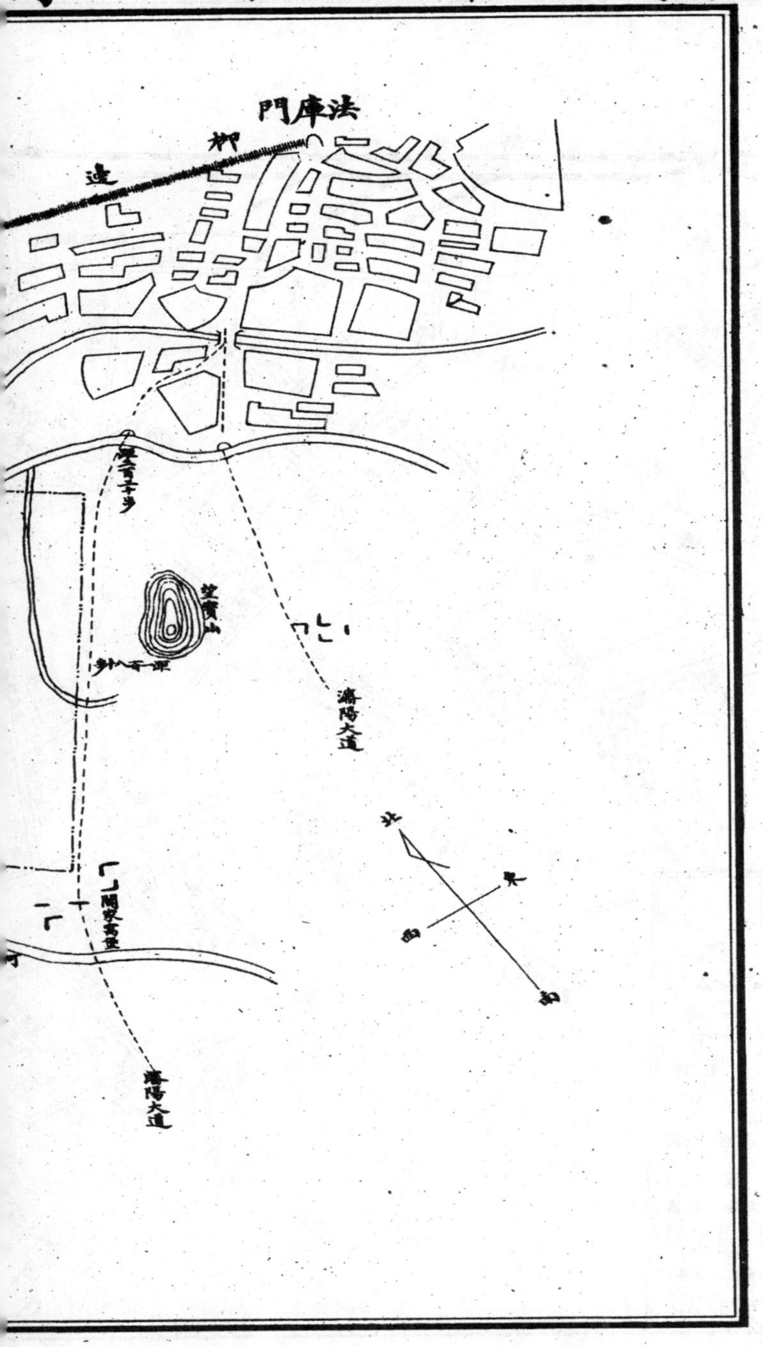

埠界址圖

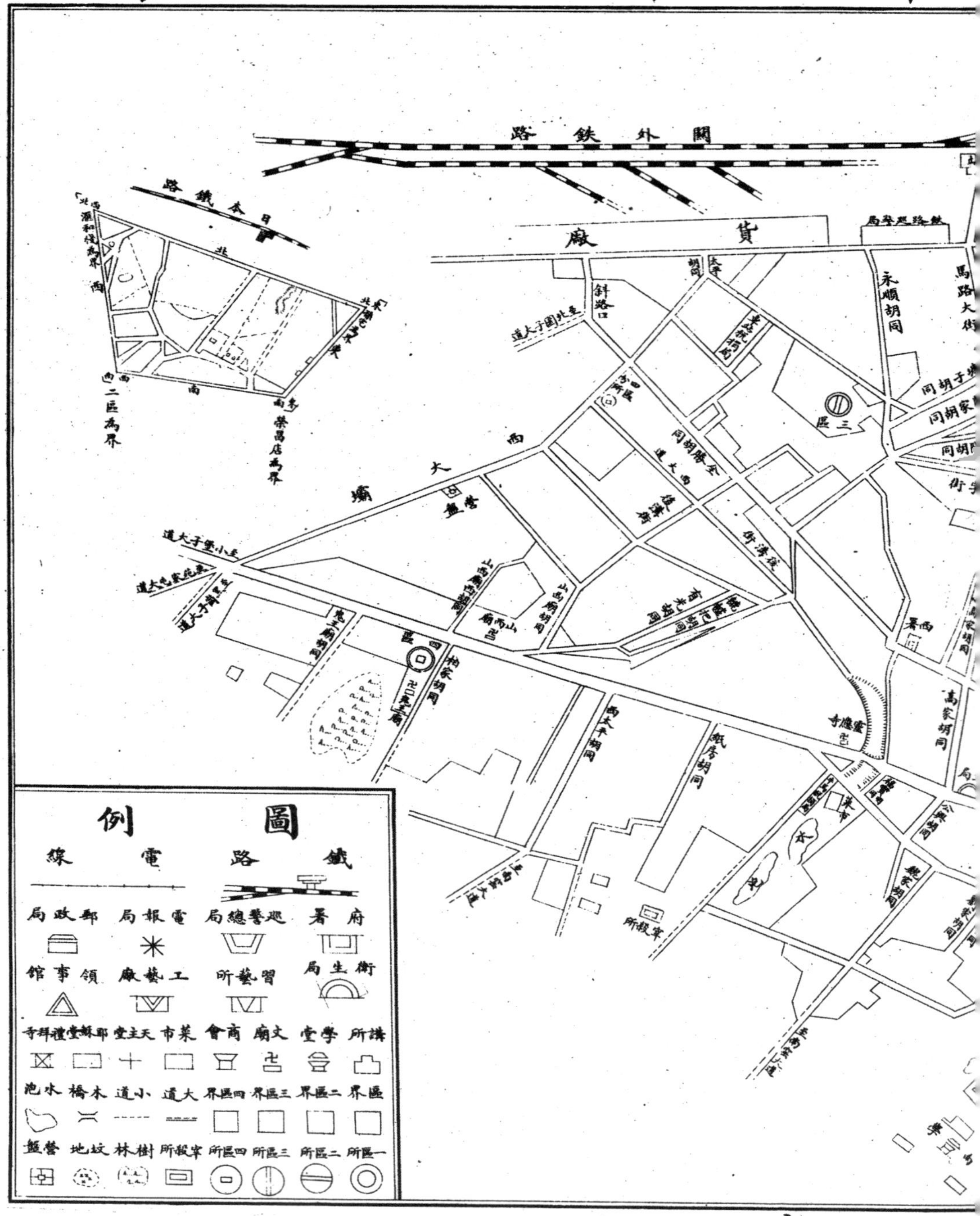
關外鉄路
日本鐵路
貨廠
鐵路總局
永順胡同
馬路大街
斜路口
三區
西大街
營盤
四區
圖例
鐵路
電線
郵政局
電報局
巡警總局
府署
領事館
工藝廠
習藝所
衛生局
講所
學堂
文廟
商會
菜市
天主堂
耶穌堂
禮拜寺
區界
二區界
三區界
四區界
大道
小道
木橋
水池
一區所
二區所
三區所
四區所
審判所
樹林
坟地
營盤

新民府商

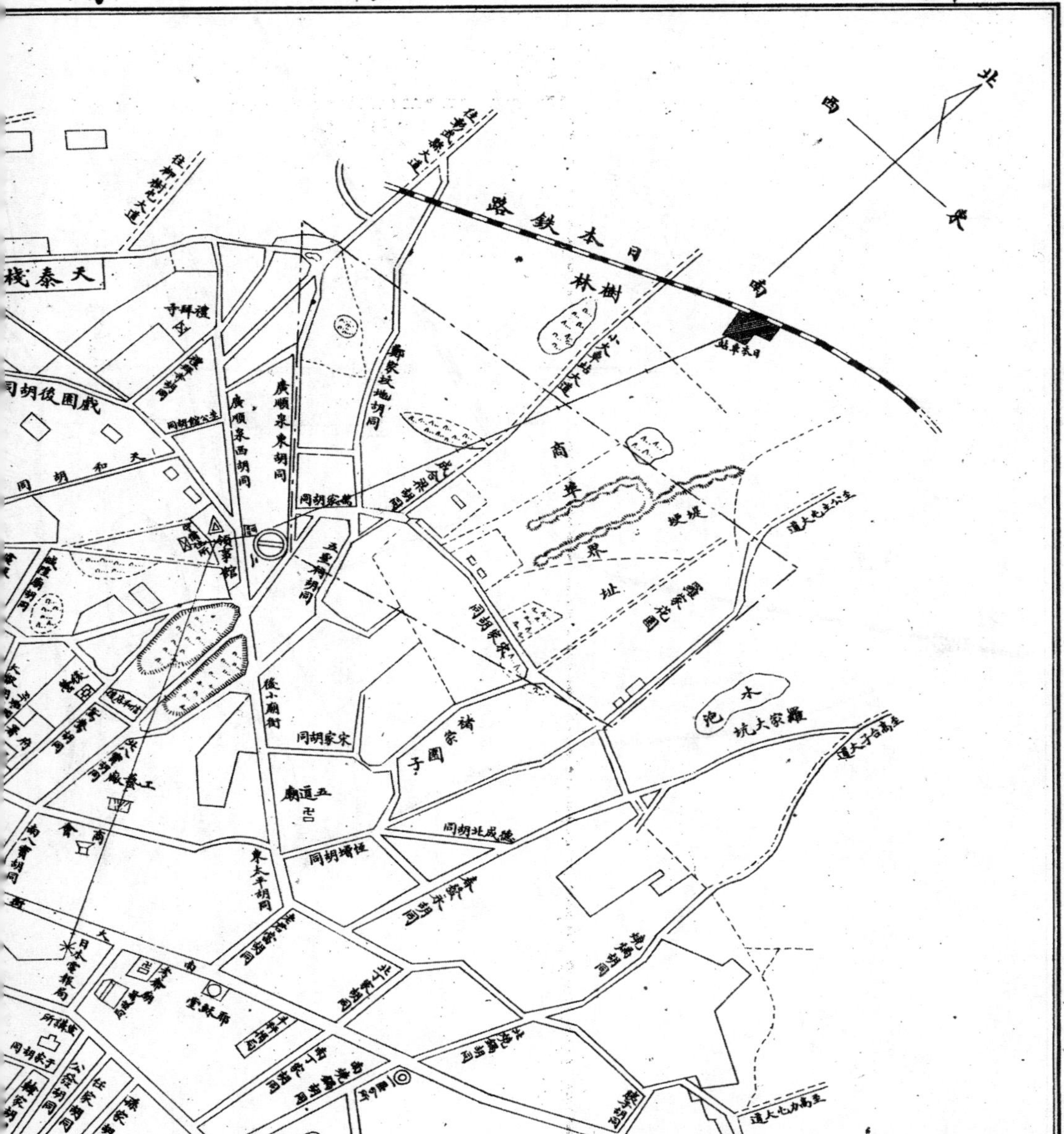
北
西
東
南
日本鉄路
日本車站
樹林
商
埠
界
址
堤埂
天泰棧
禮拜寺
戲園後胡同
天和胡同
廣順泉東胡同
廣順泉西胡同
領事館
五道廟
後小廟街
宋家胡同
褚家園子
德成北胡同
東太平胡同
日本電報局
師範堂
方家胡同
水泡
羅家大坑
工藝廠
商會

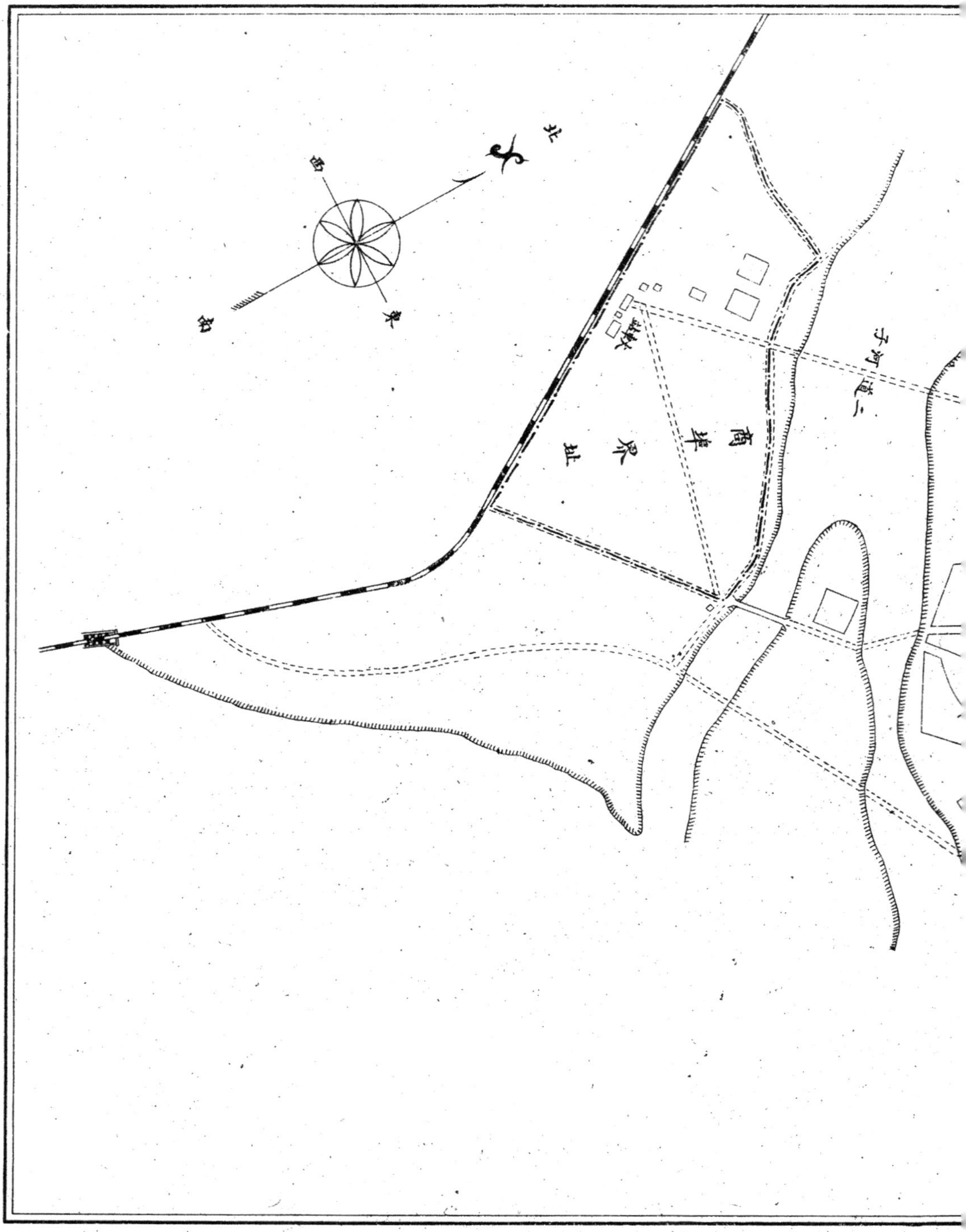
北
西
東
南
車站
商埠界址
二道河子

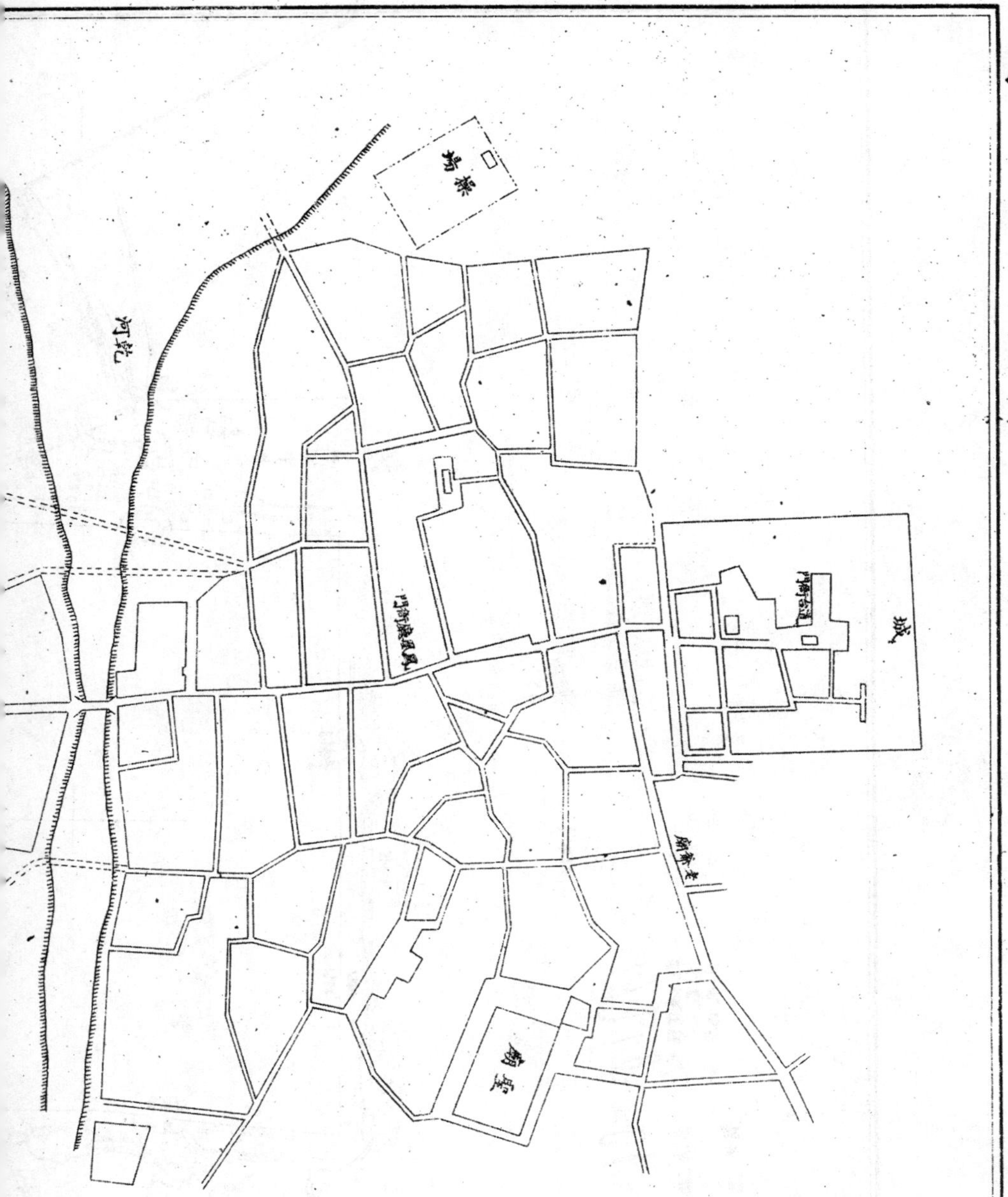

鳳凰城商埠界址圖

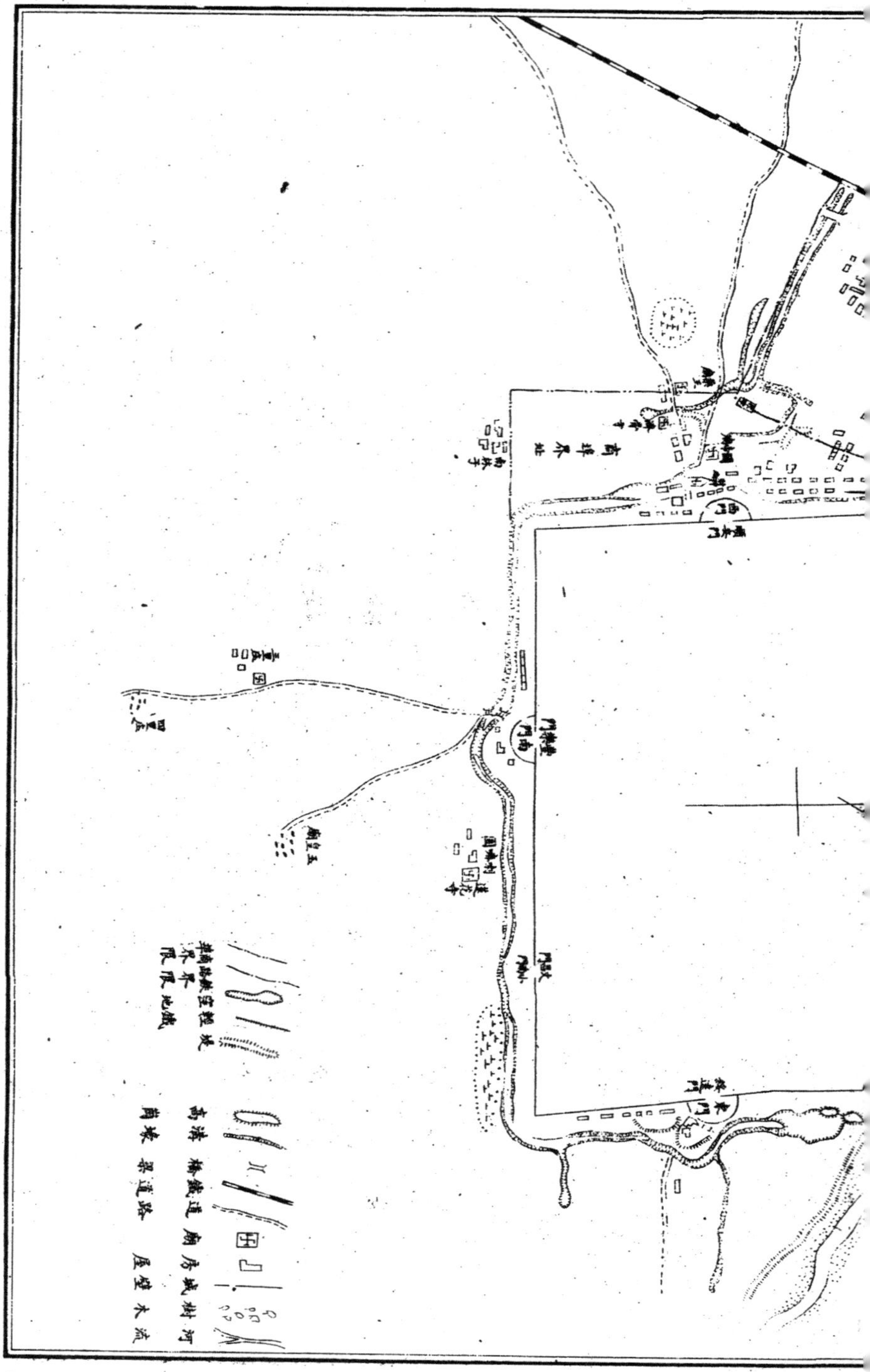

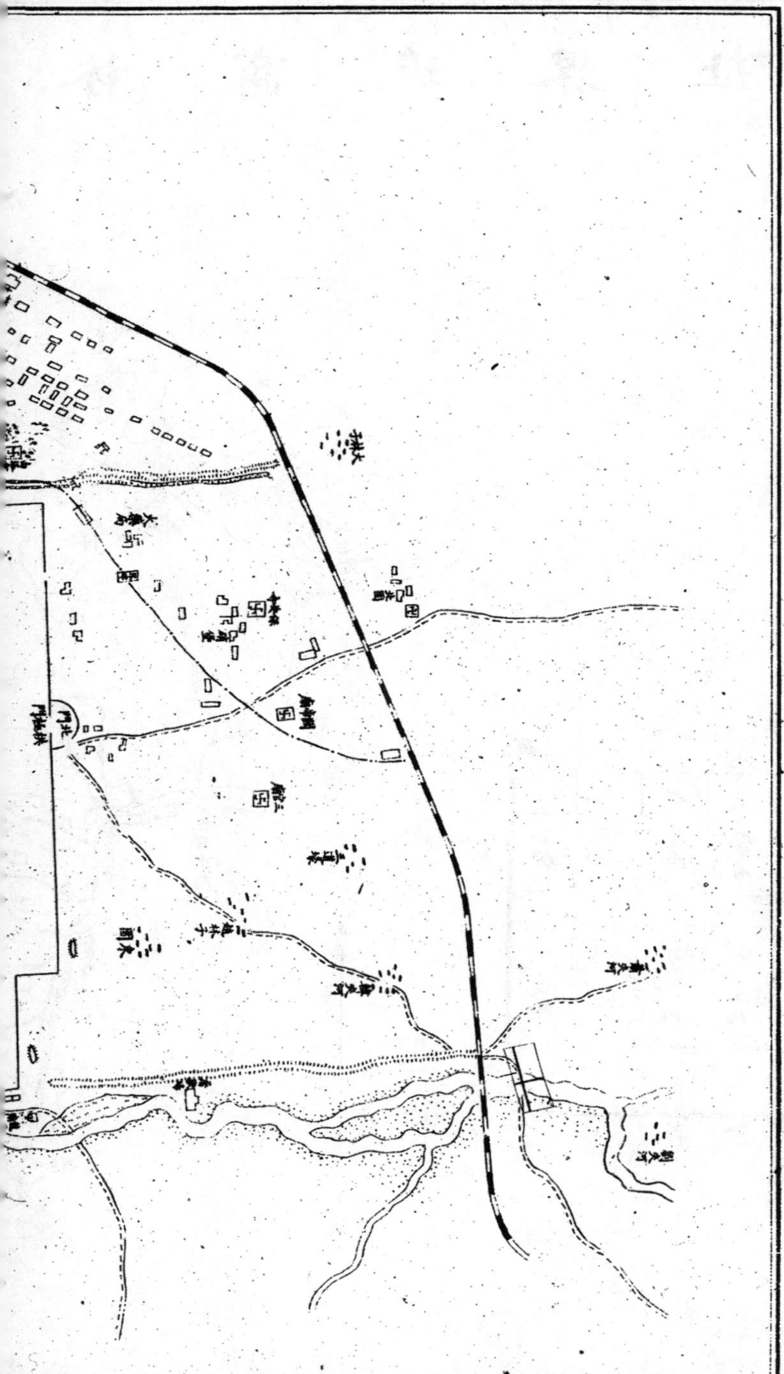

遼陽商埠界址圖

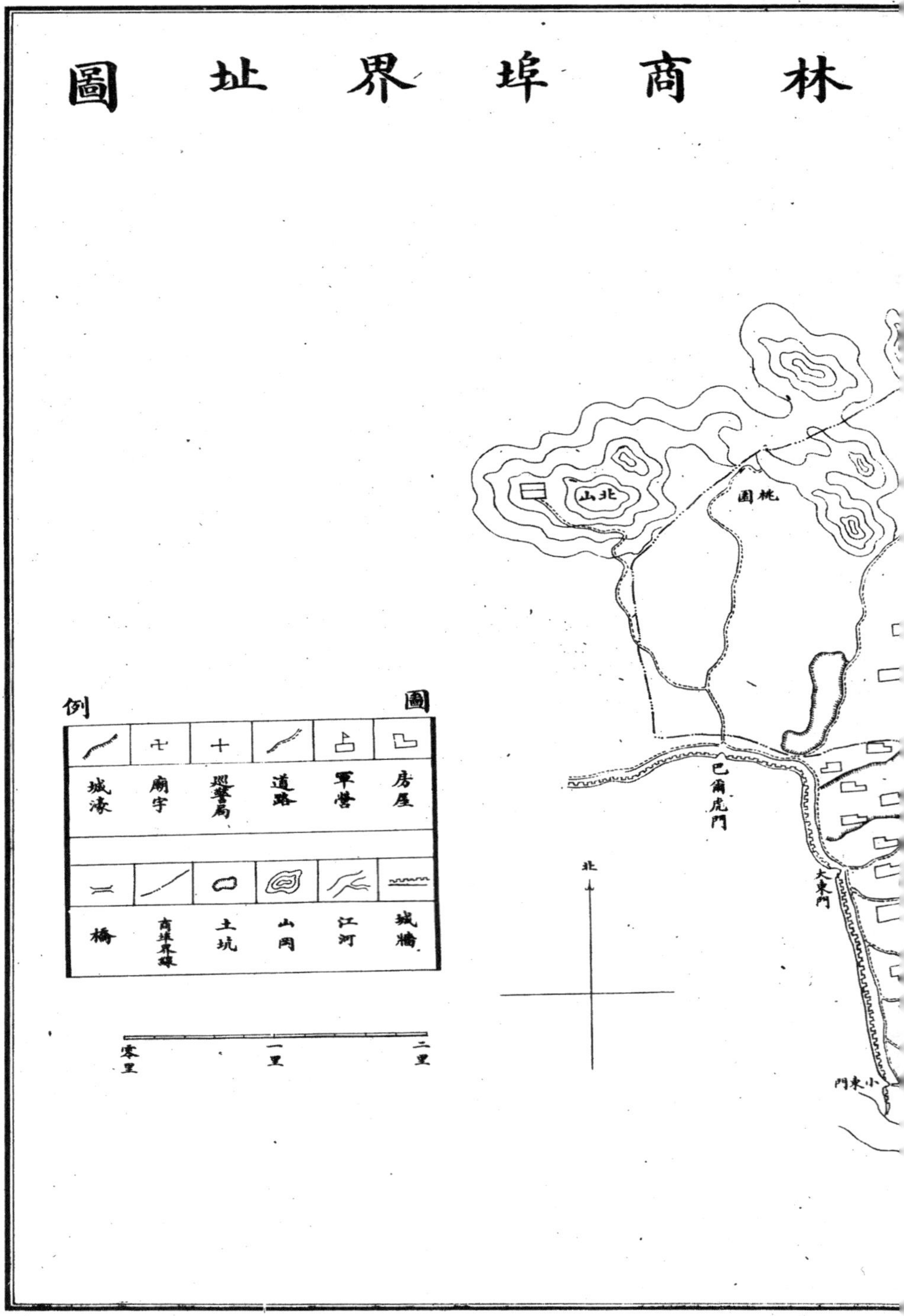
林商埠界址圖
圖例
房屋
軍營
道路
巡警局
廟宇
城濠
城牆
江河
山岡
土坑
商埠界線
橋
零里
一里
二里
北
北山
桃園
巴爾虎門
大東門
小東門

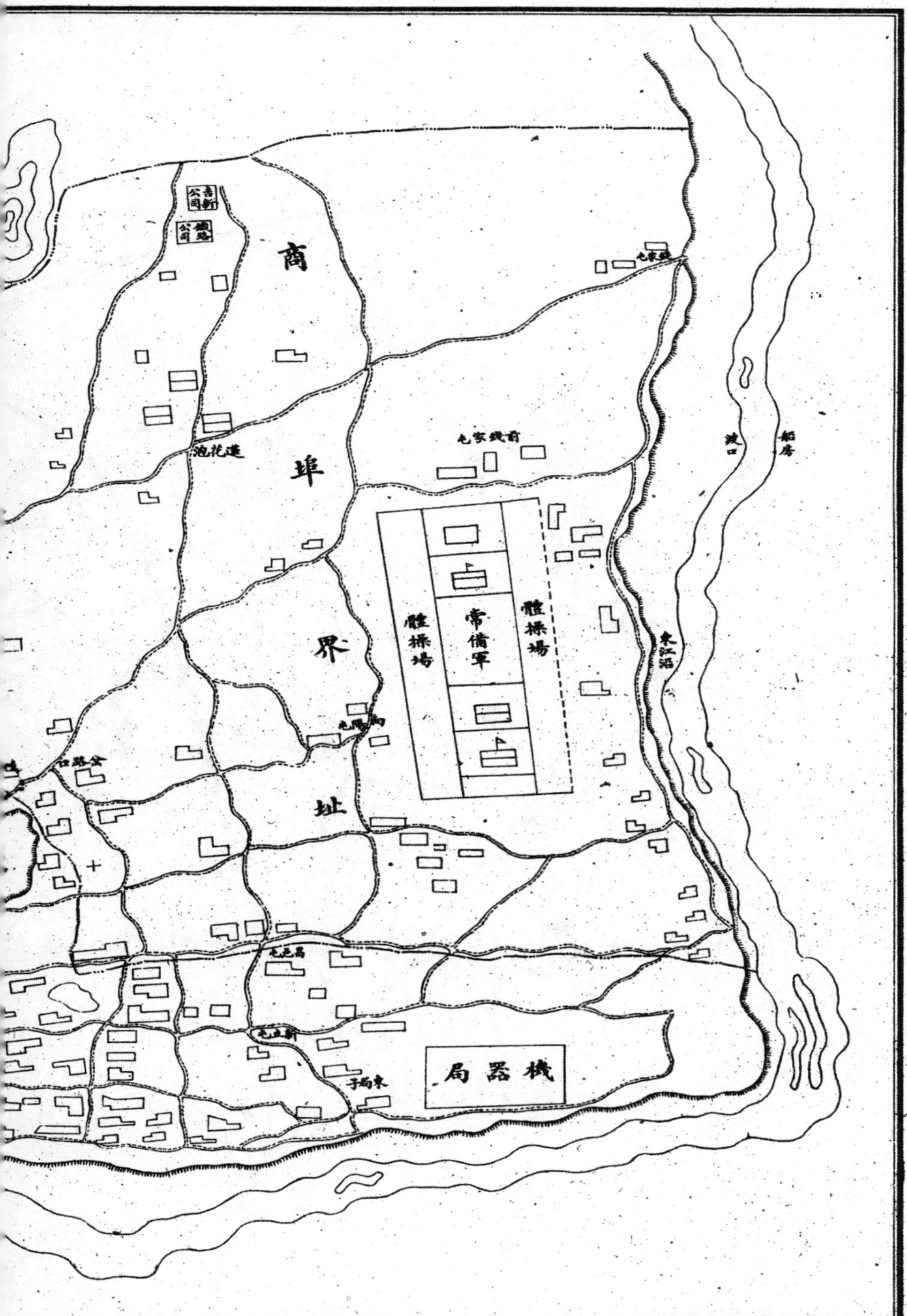
商
埠
界
址
體操場
常備軍
體操場
機器局
東江沿
船房
渡口
前錢家屯
蓮花泡

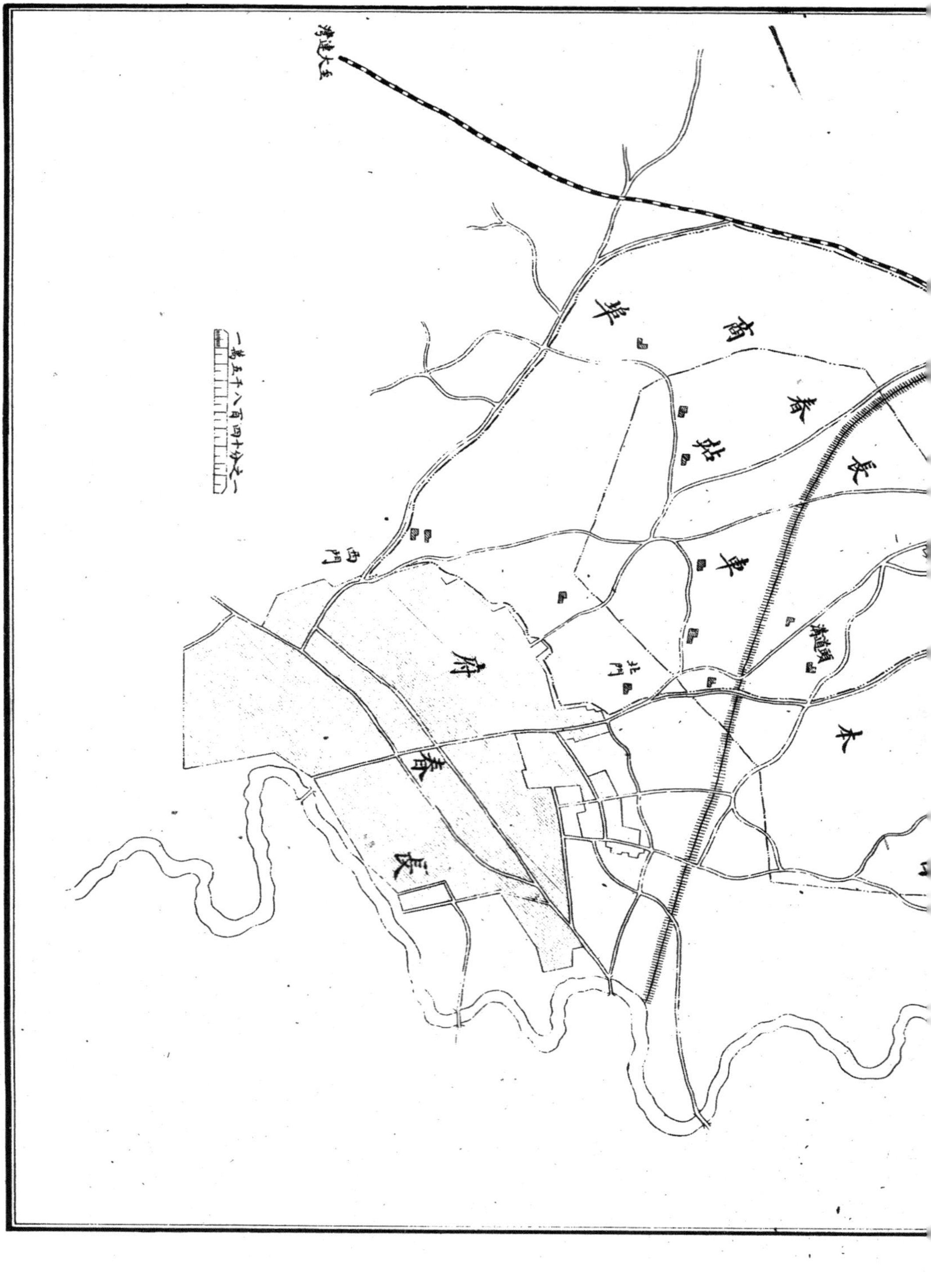
一萬五千八百四十分之一
西門
北門
頭道溝

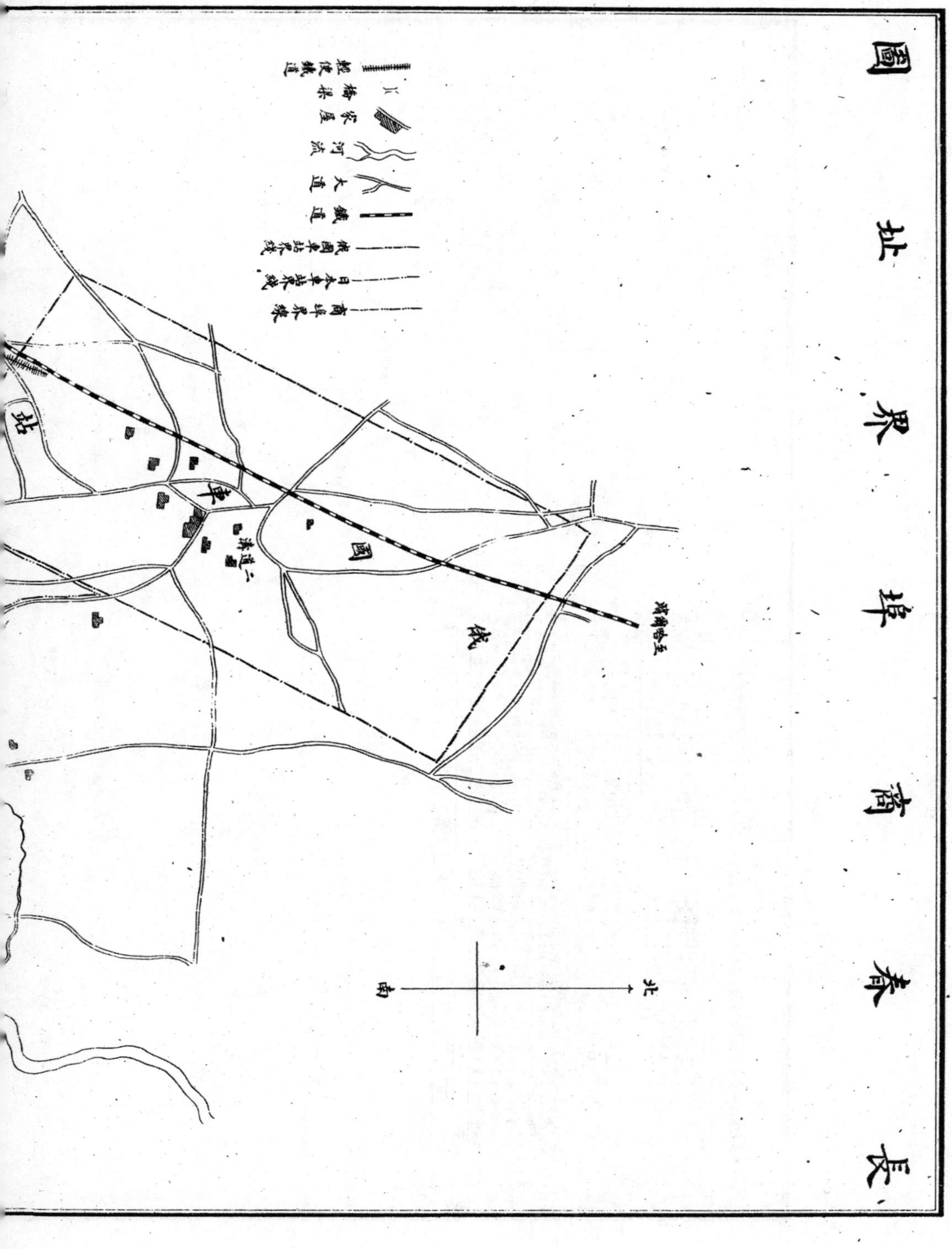
長春商埠界址圖
商埠界線
日本車站界線
俄國車站界線
鐵道
大道
河流
家屋
橋梁
輕便鐵道
至哈爾濱
俄國
車站
二道溝
北
南

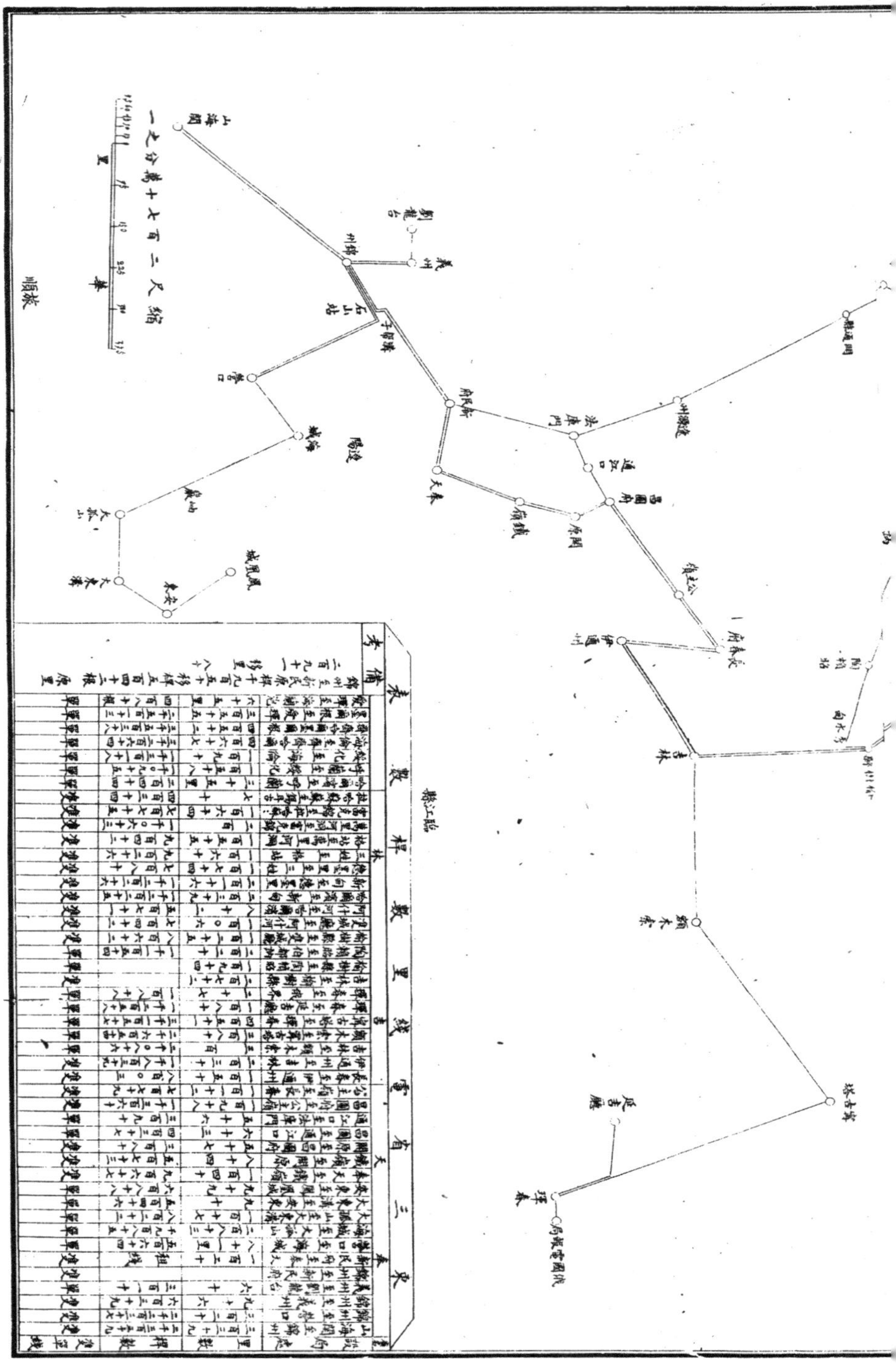

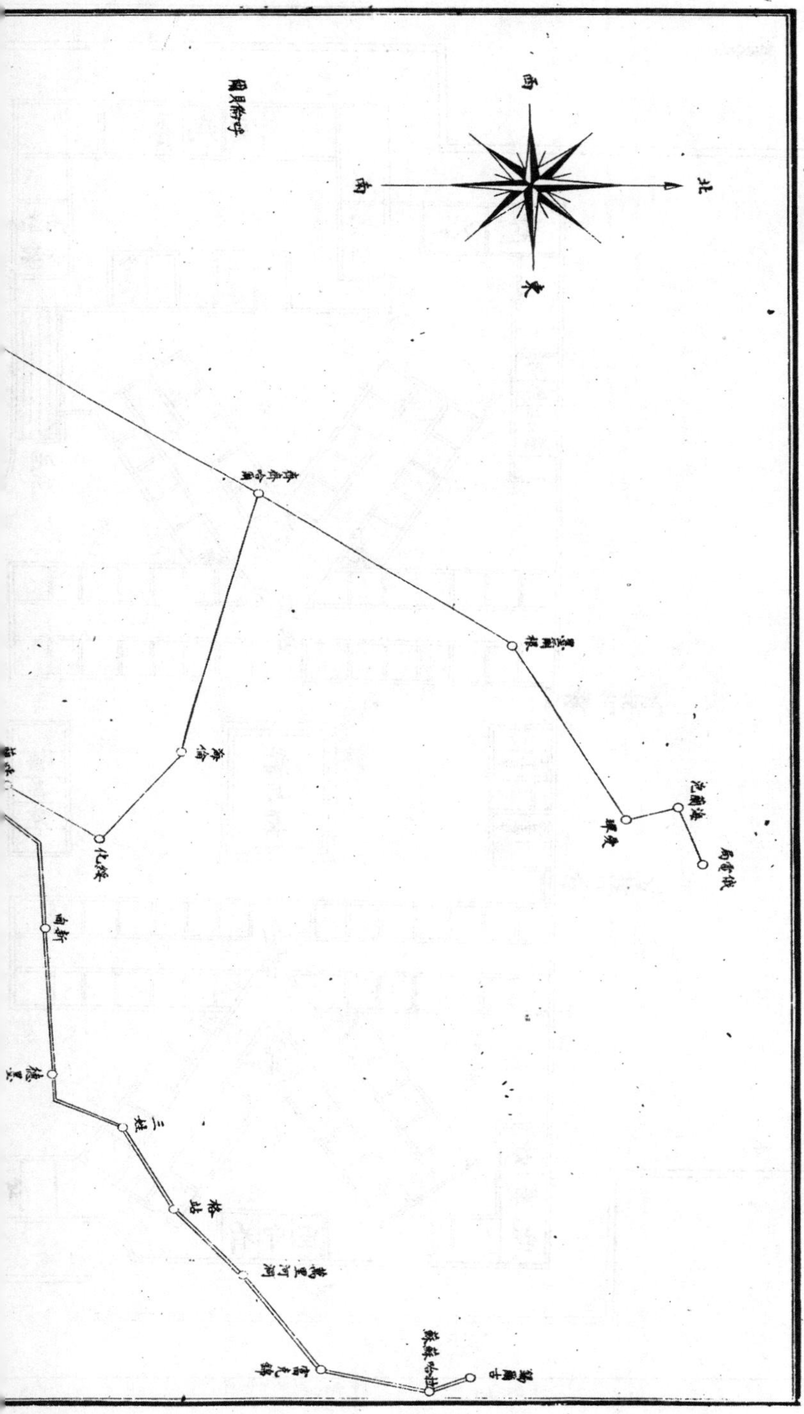

東三省電綫圖

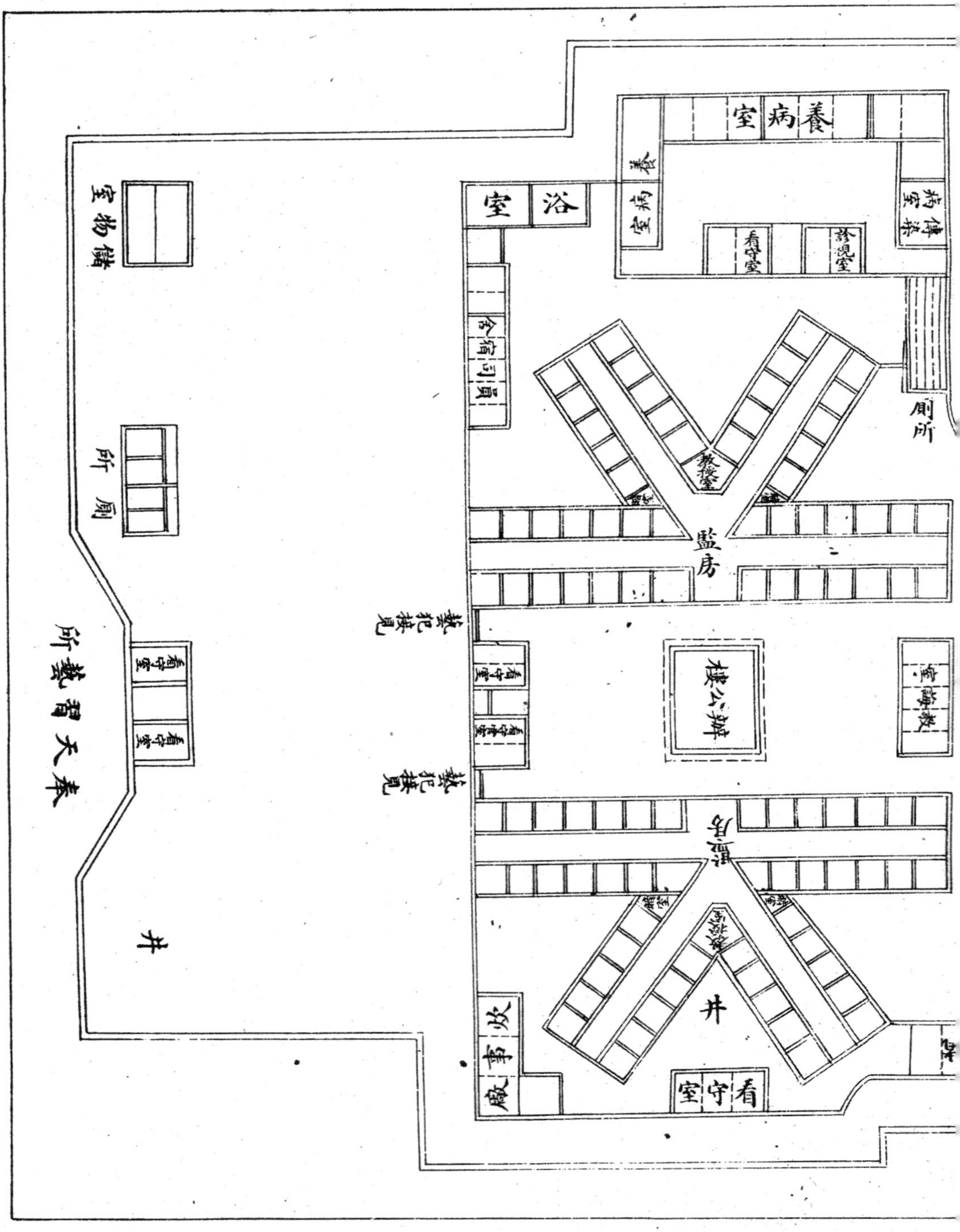
奉天習藝所
儲物室
廁所
浴室
養病室
看守室
司員宿舍
監房
辦公樓
看守室
井
井

奉天習藝所

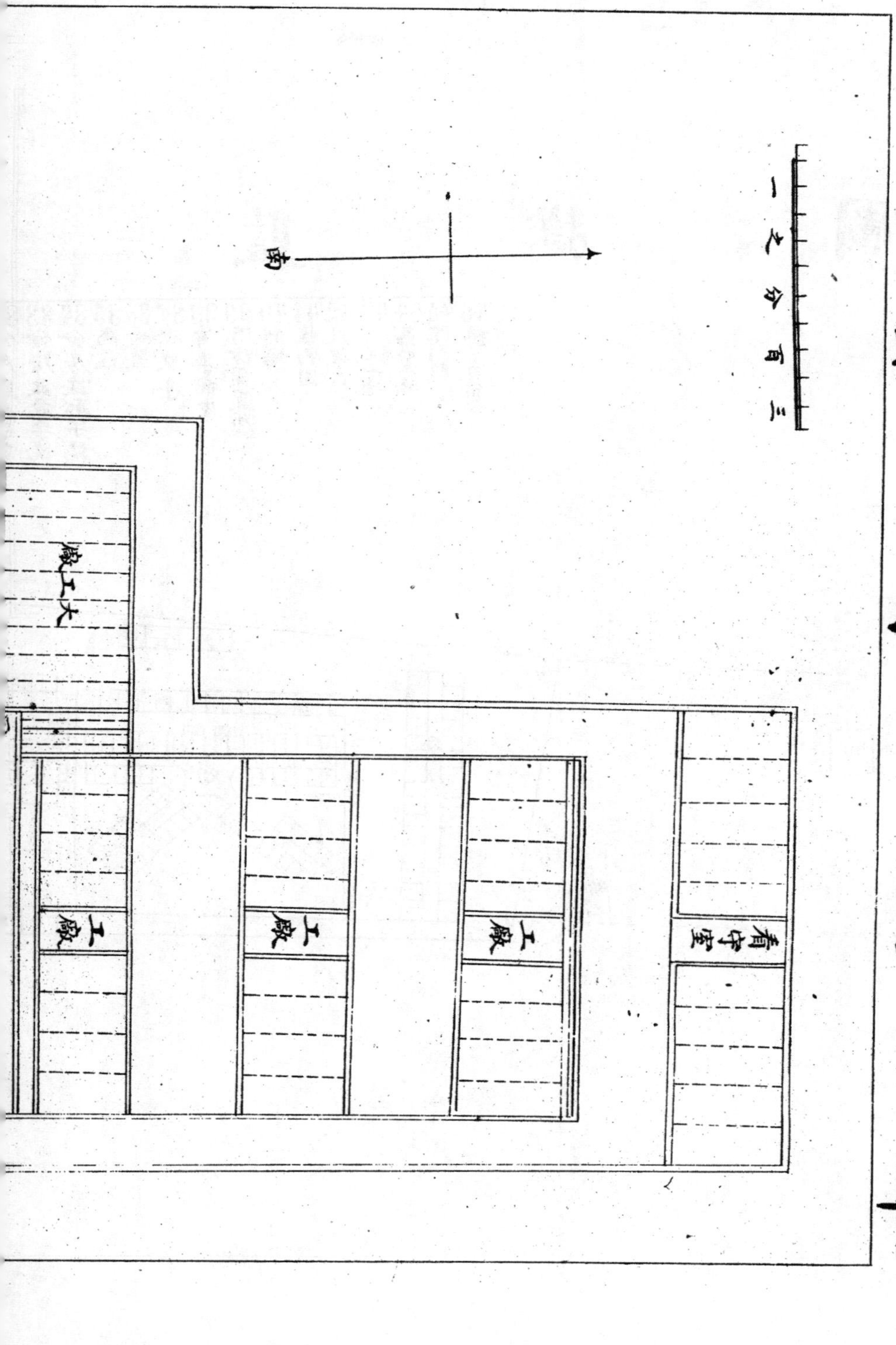

監獄圖

33 分房監廉字號
34 分房監恥字號
35 病監
36 女監
37 瞭望亭
38 傳染病室
39 消防器置所
40 刑場
41 植物園
42 假留監
43 第三工場
44 第四工場
45 陳列所
46 執事員宿舍

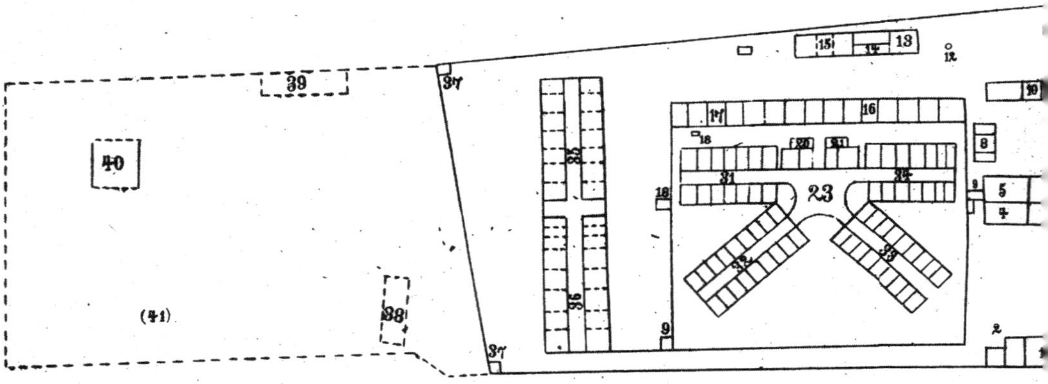

奉天模

1 表門
2 表門守衛室
3 人民待見所
4 官舍
5 事務所
6 接待室
7 員司宿舍
8 檢身室
9 接見處
10 訊門所
11 罪犯廚室
12 水井
13 洗濯場
14 浴室
15 員司廚室
16 看守宿舍
17 儲藏室
18 廁所
19 雜居監孝字號
20 雜居監弟字號
21 雜居監忠字號
22 雜居監信字號
23 中央看守處
24 教誨室
25 屏禁室
26 闇居室
27 監察室
28 第一工場
29 第二工場

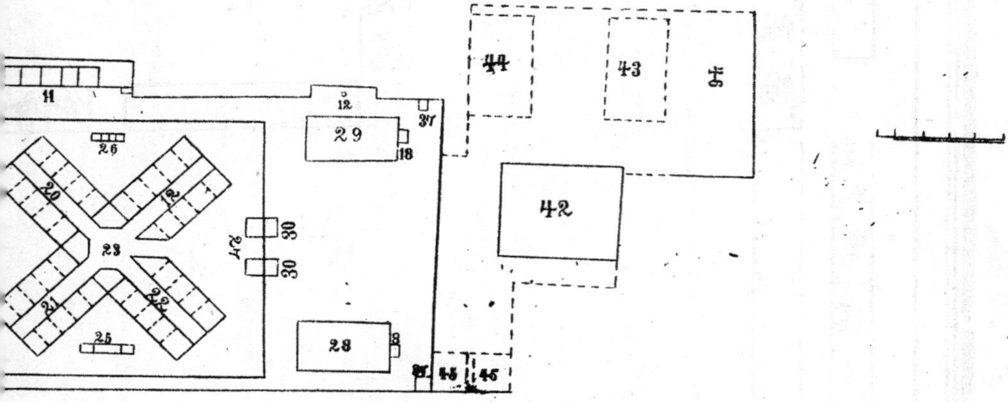

講武堂圖

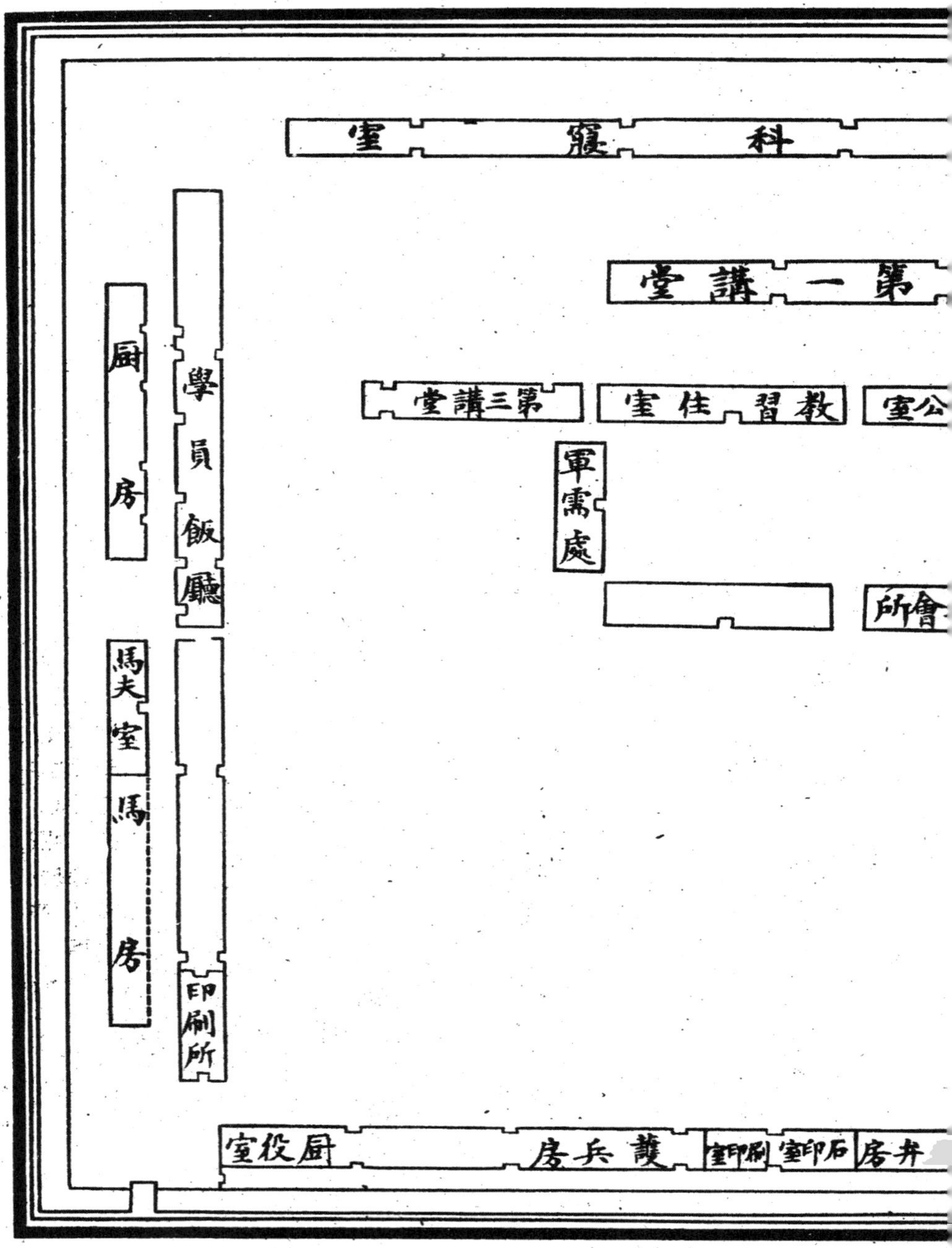
科寢室
第一講堂
第三講堂
教習住室
公室
軍需處
會所
廚房
學員飯廳
馬夫室
馬房
印刷所
廚役室
護兵房
刷印室
石印室
井房

東三省陸

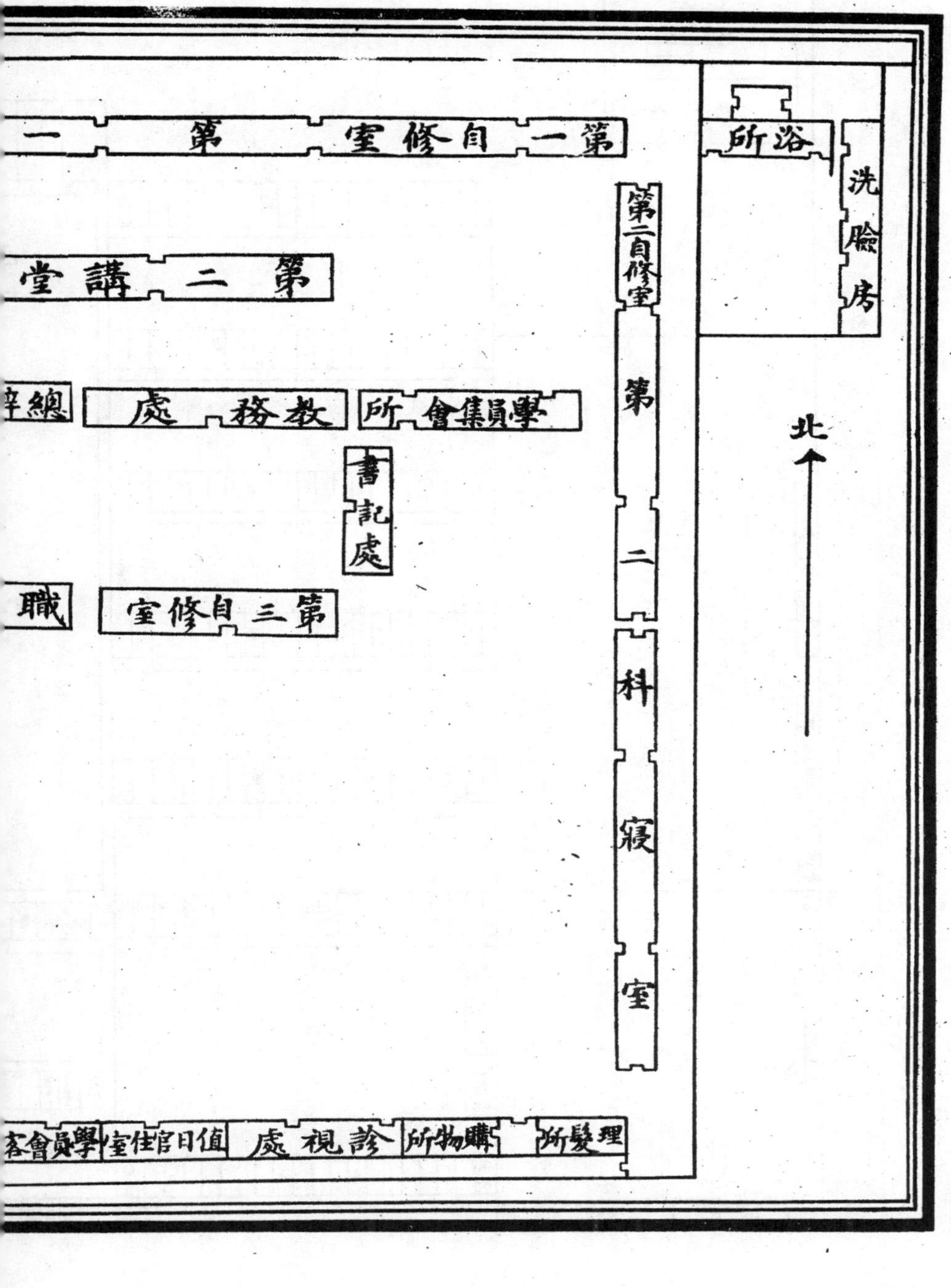
浴所
洗臉房
第一自修室第一
第二自修室
第二科寢室
北
第二講堂
學員集會所
教務處
總
書記處
第三自修室
職
理髮所
購物所
診視處
值日官住室
學員會客

新建房舍圖

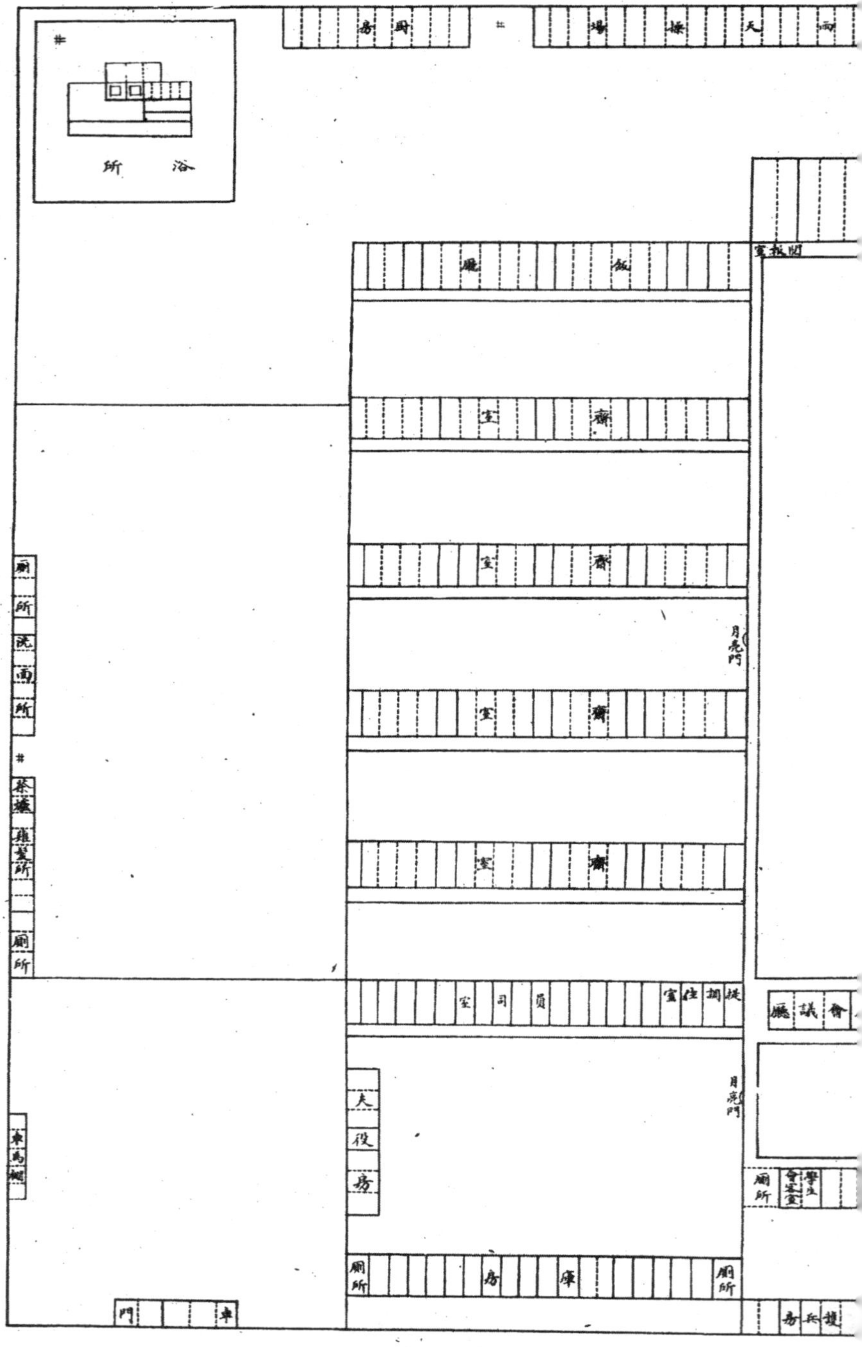

浴所
厨房
雨天操場
閱報室
飯廳
齋室
齋室
月亮門
齋室
齋室
廁所
洗面所
茶爐
雜物所
廁所
員司室
提調住室
會議廳
月亮門
夫役房
車馬棚
廁所
學生會客室
廁所
庫房
廁所
車門
護兵房

奉天陸軍小

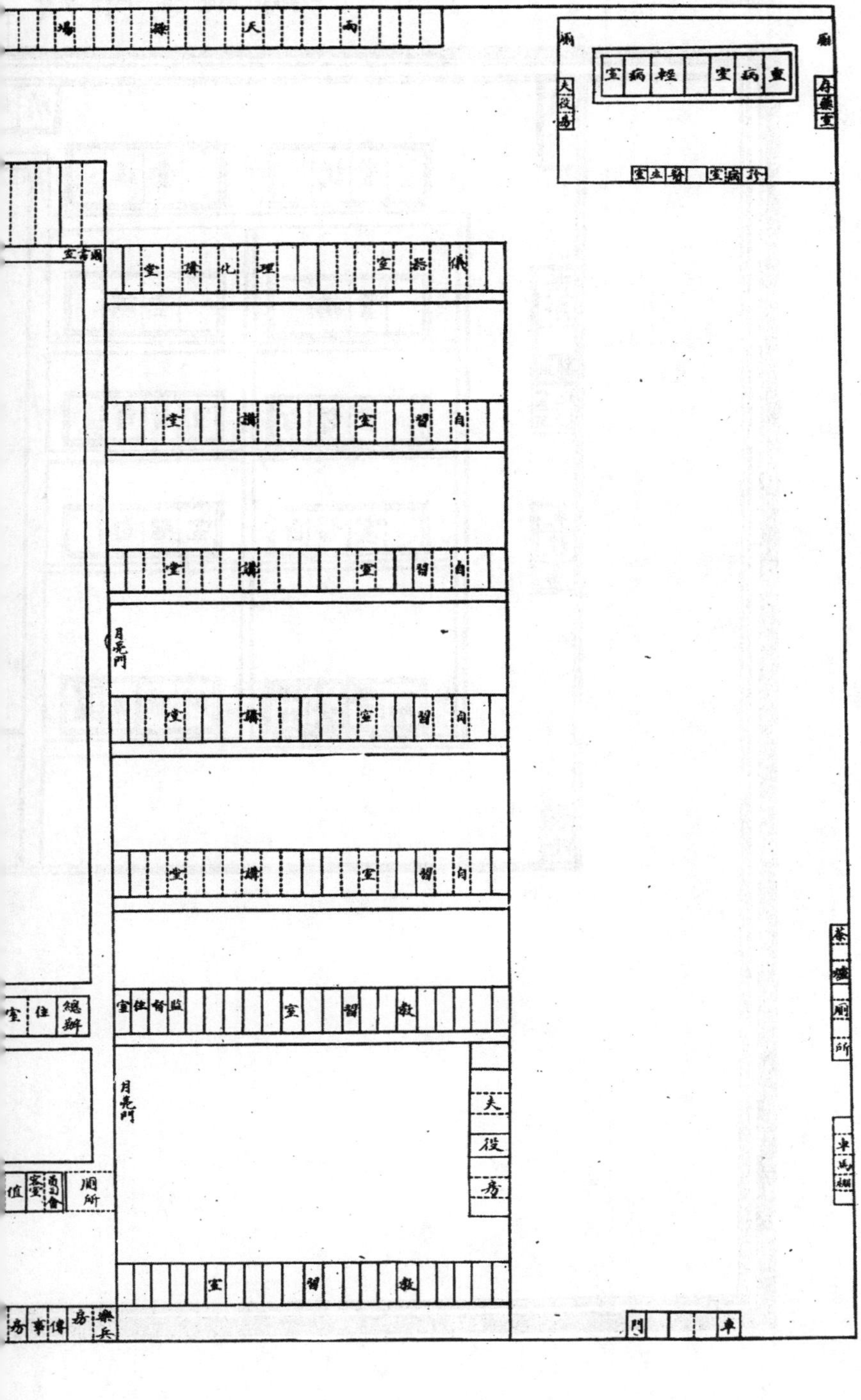
雨天操場
理化講室
儀器室
講室
自習室
輕病室
重病室
存藥室
夫役房
診病室
醫生室
茶爐
廁所
車馬棚
月亮門
監督住室
教習室
總辦住室
會計室
廁所
夫役房
教習室
兵樂房
傳事房
車門

繪學堂總圖

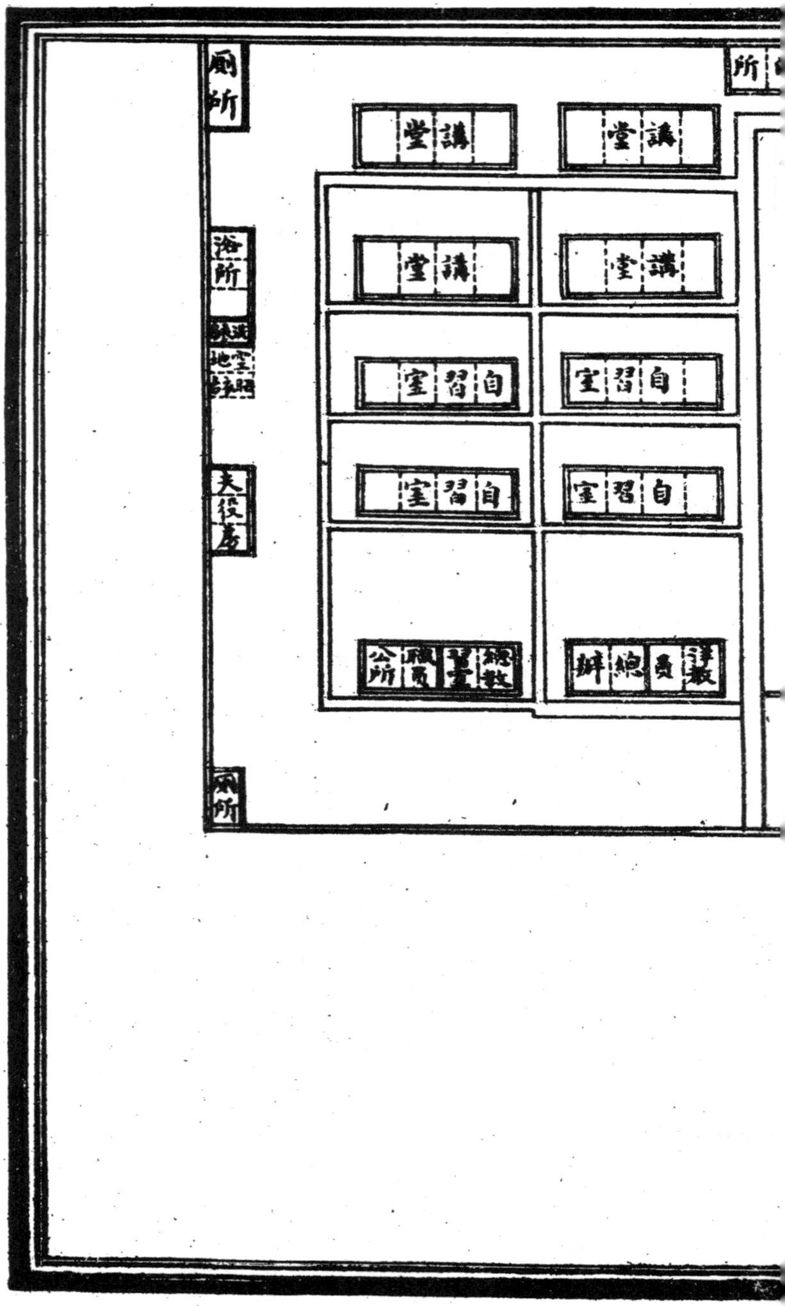

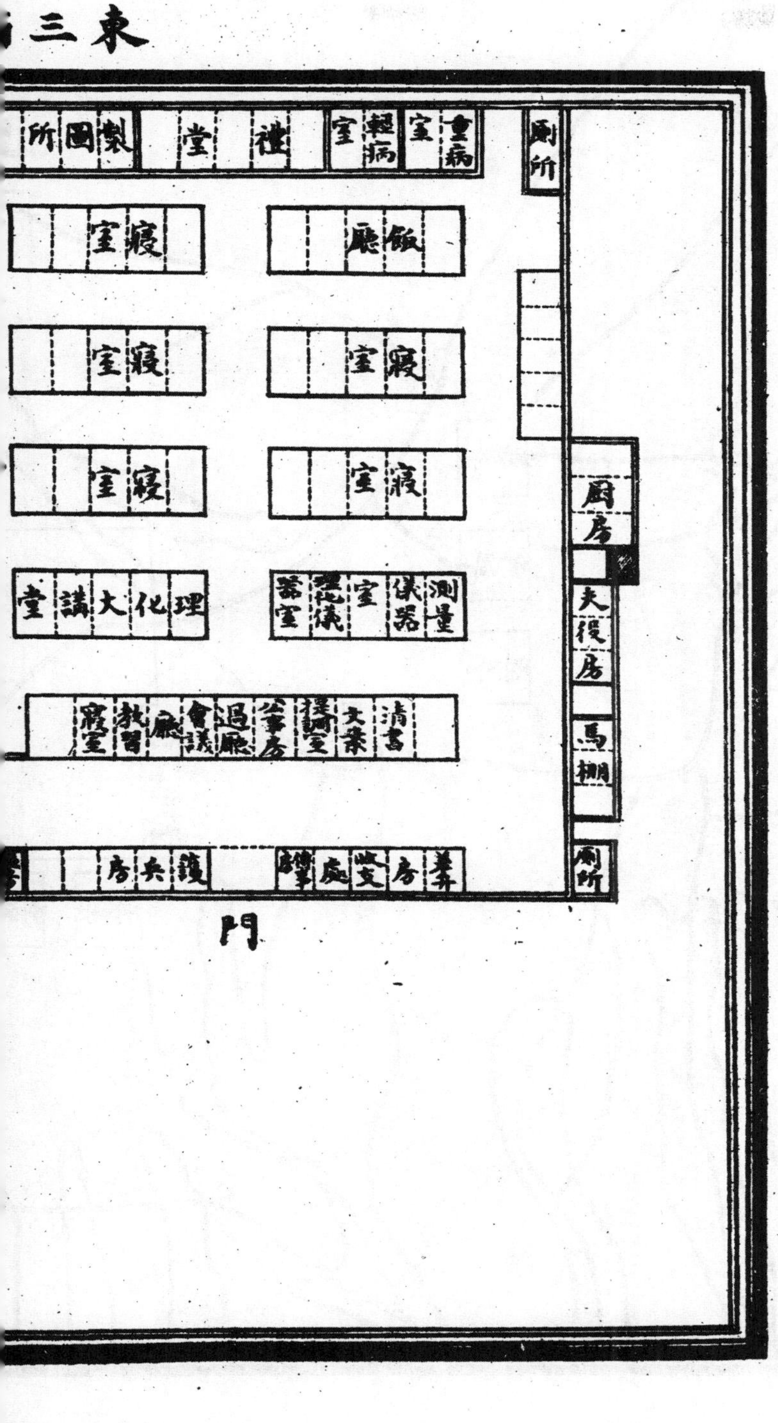
東三
重病室
輕病室
禮堂
製圖所
廁所
飯廳
寢室
寢室
寢室
寢室
寢室
測量儀器室
理化儀器室
理化大講堂
清書
文案
提調室
公事房
過廳
會議廳
教習寢室
廚房
夫役房
馬棚
廁所
收支處
護兵房
門

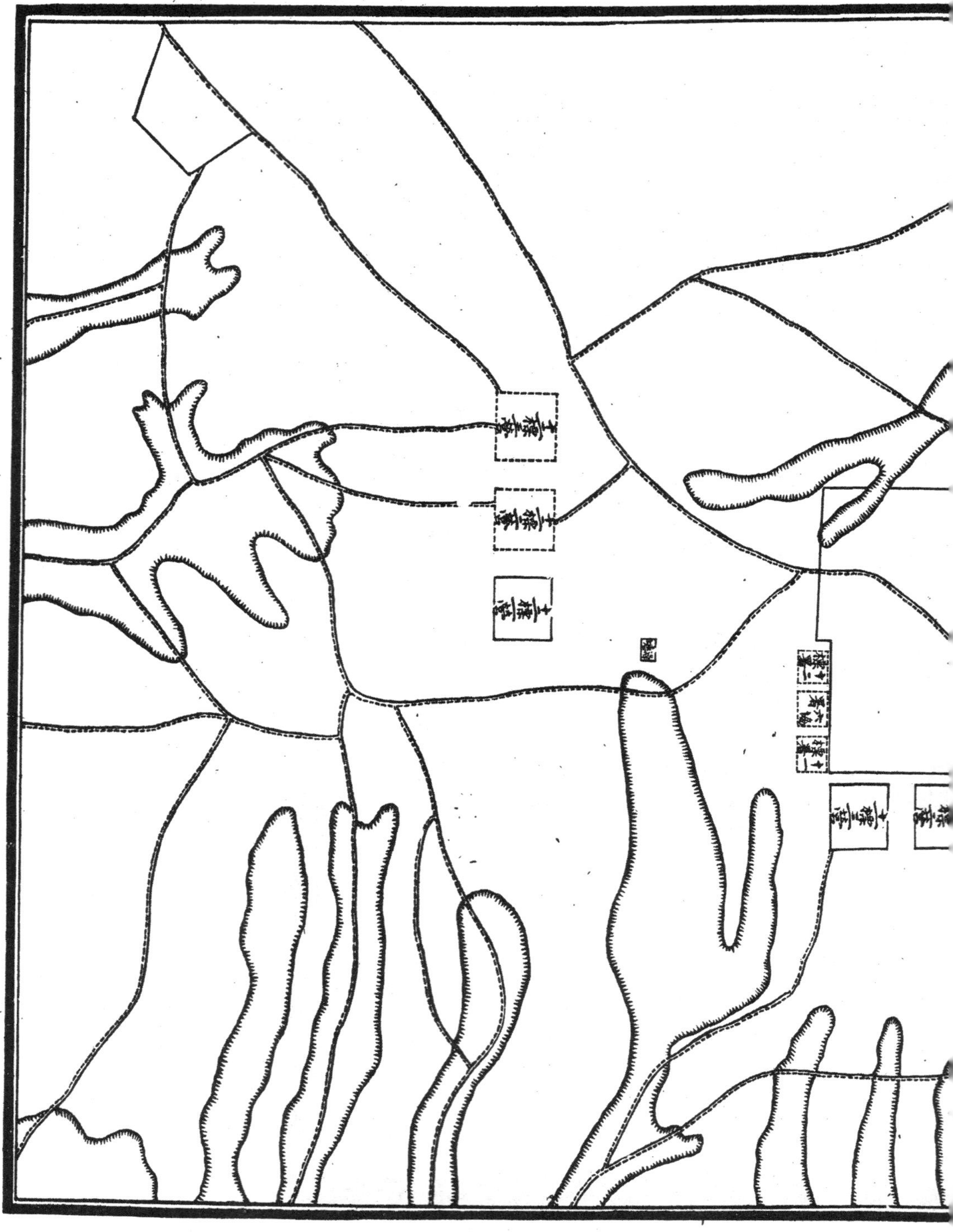

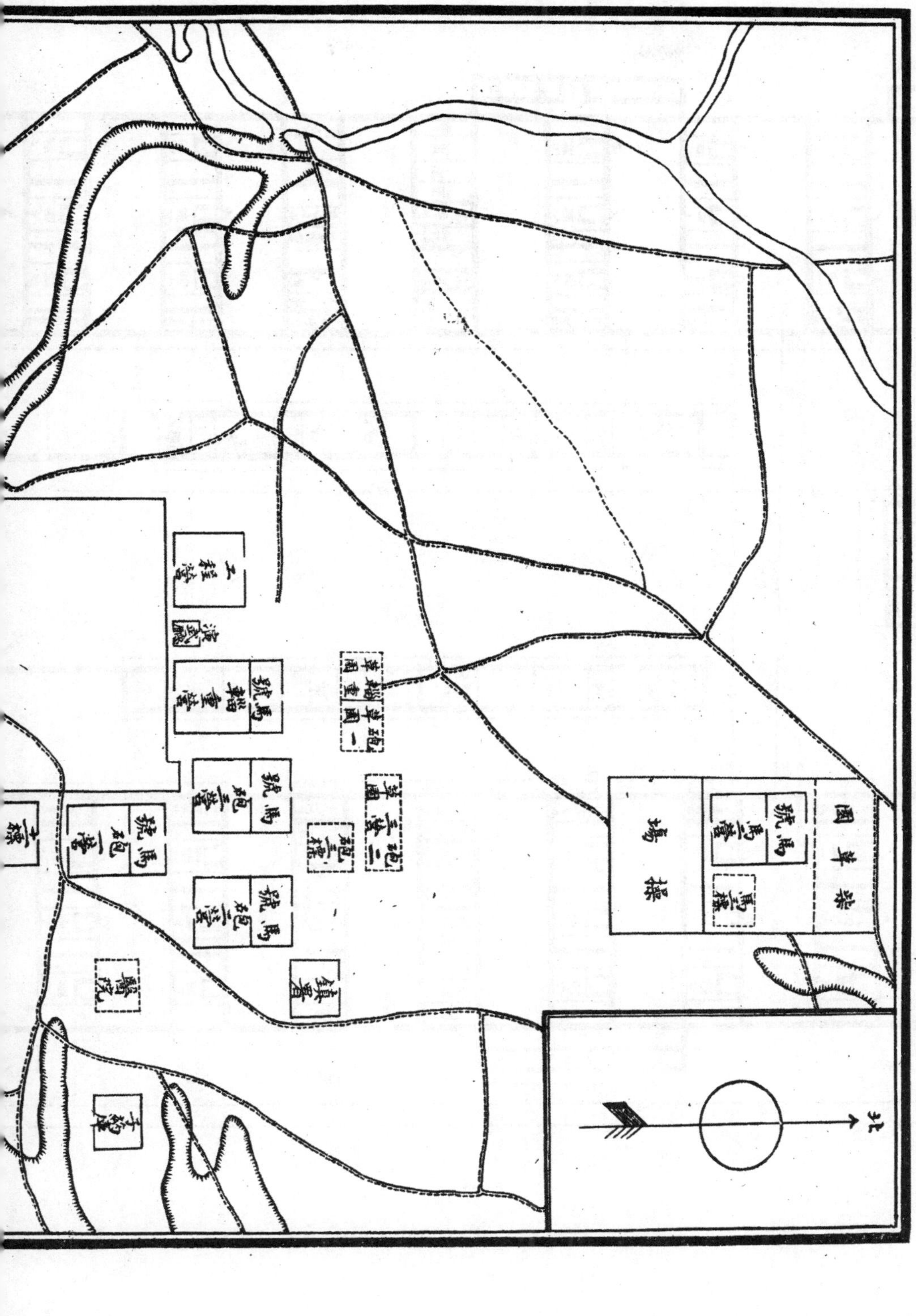

東三省陸軍第三鎮駐長春各協標營營房全圖

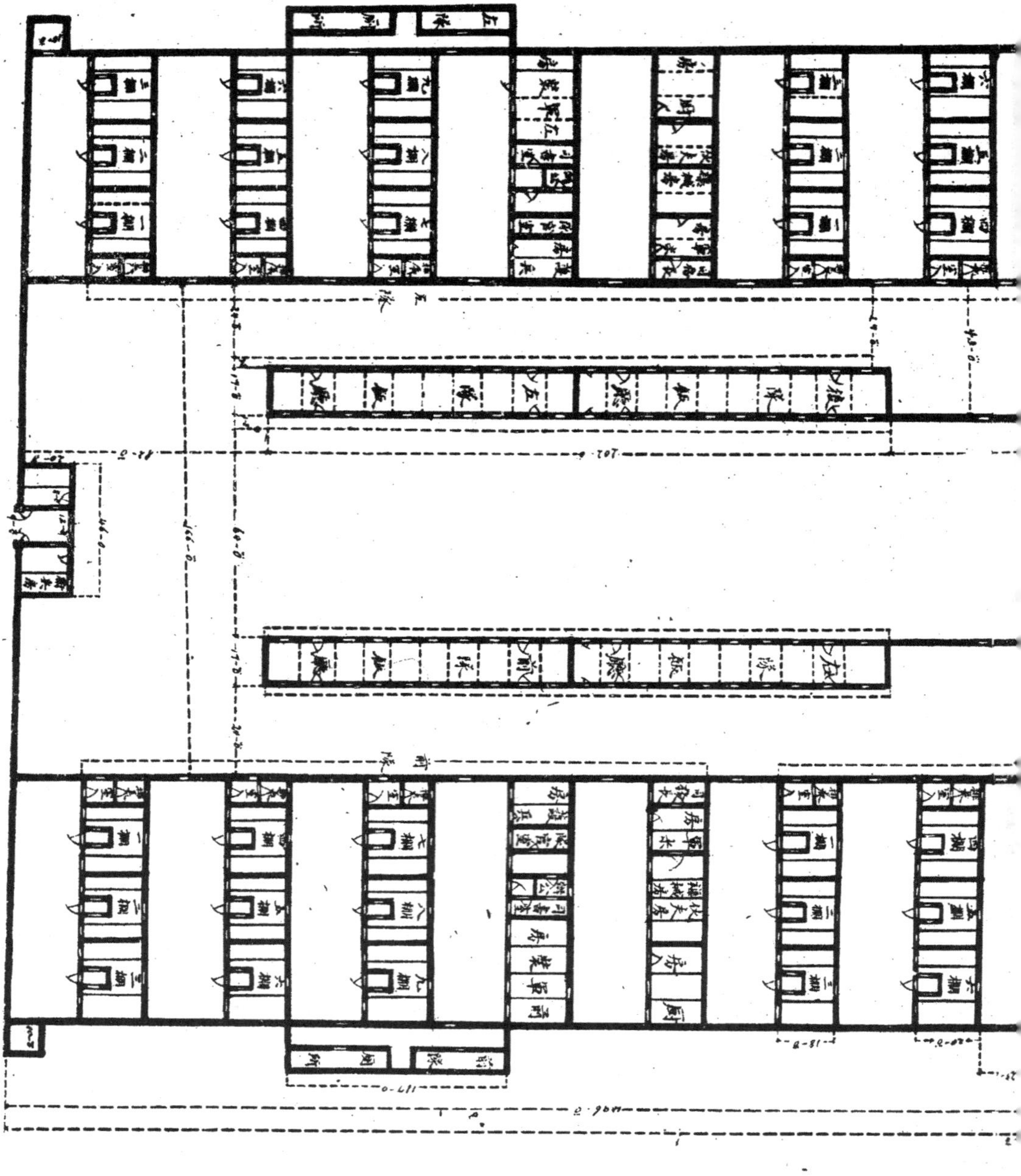

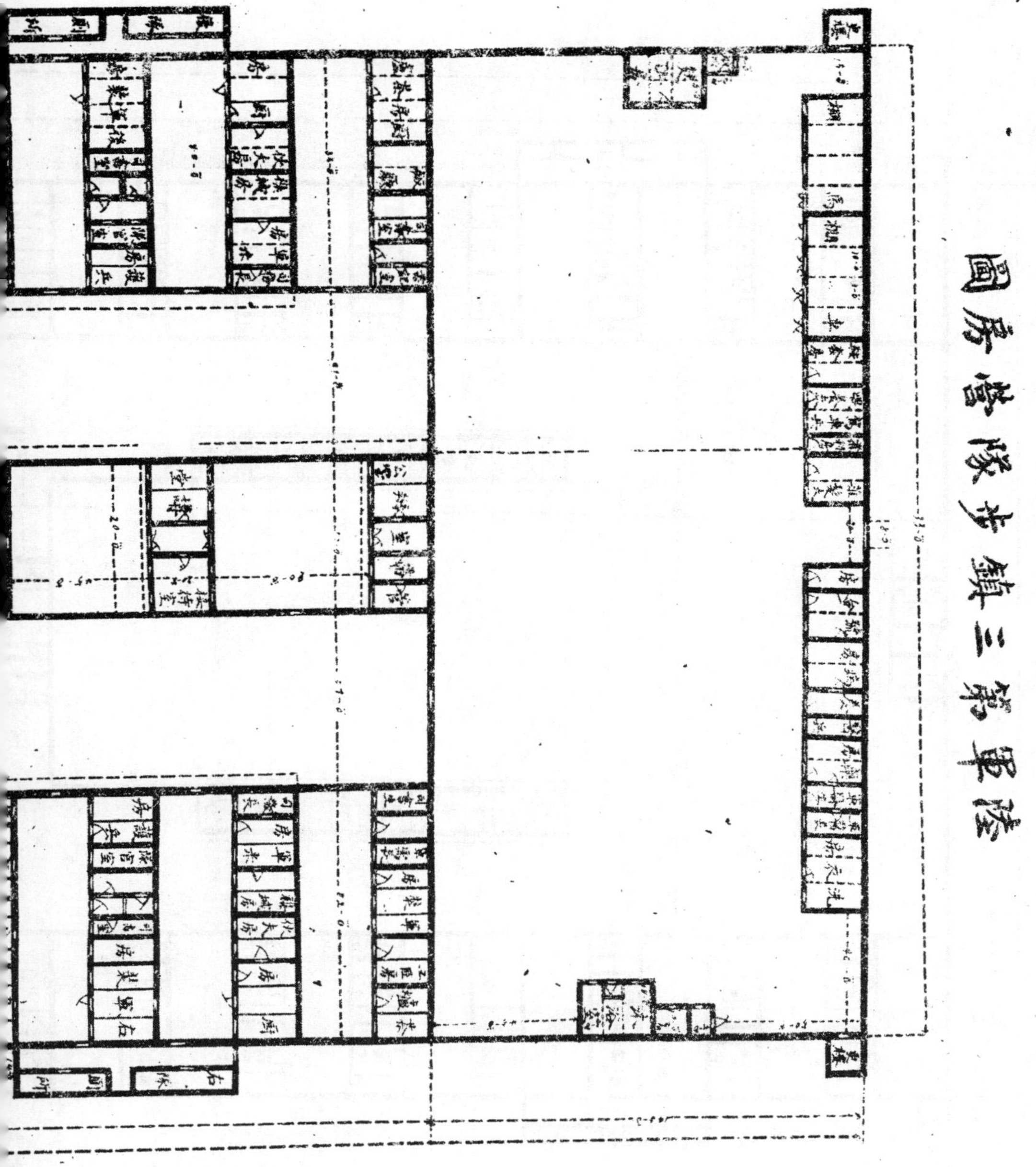
陸軍第三鎮步隊營房圖

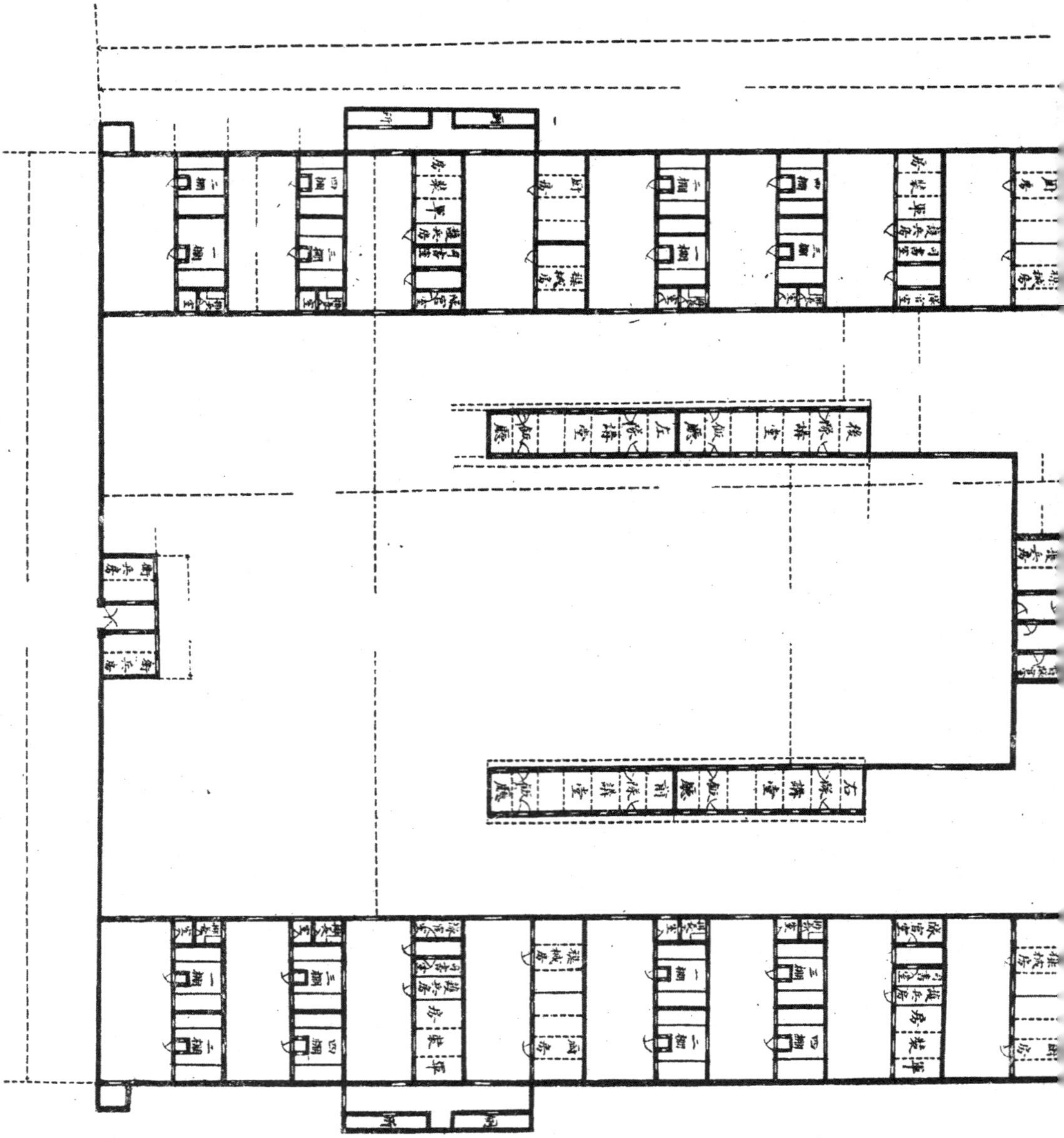

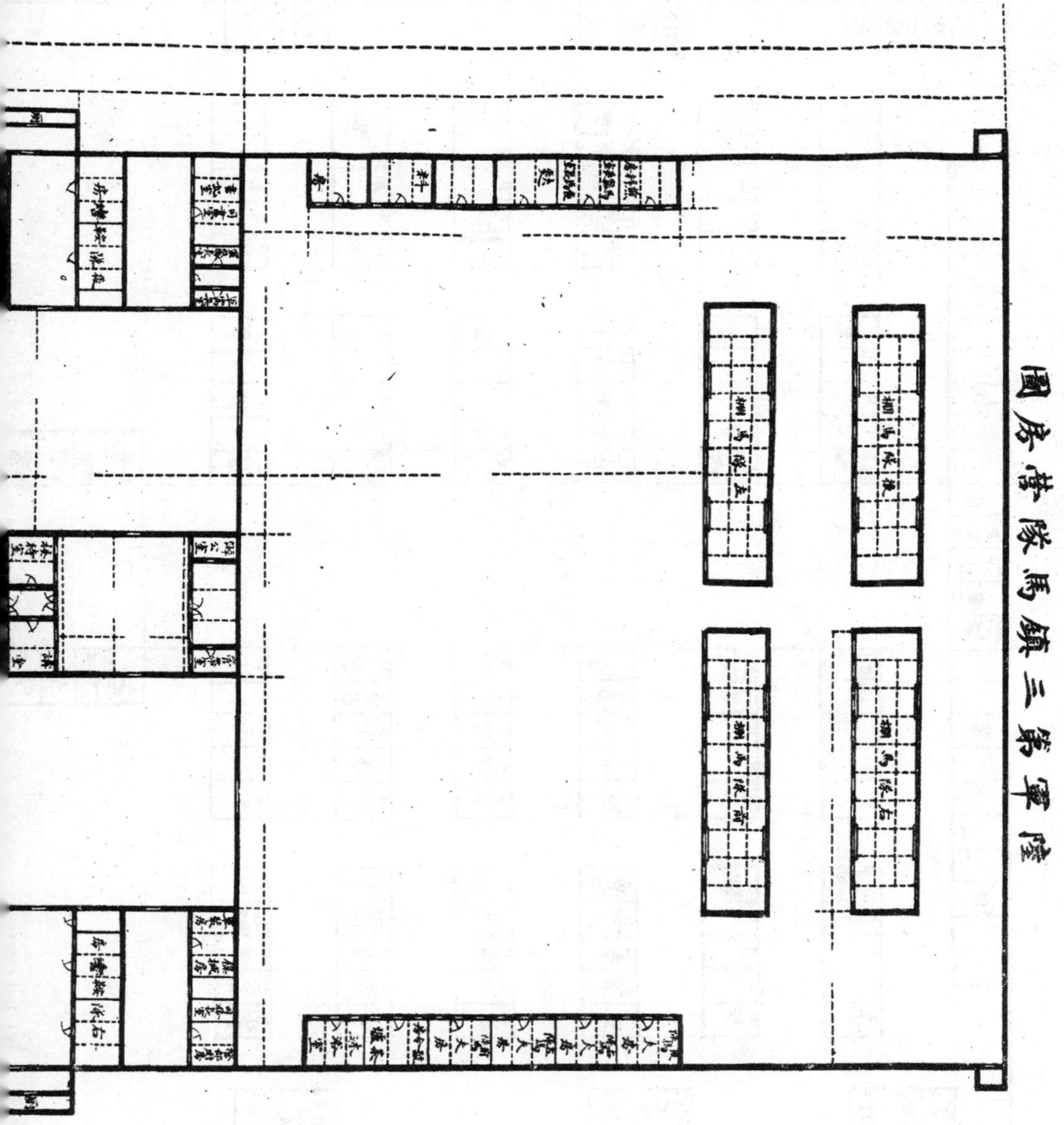
陸軍第三鎮馬隊營房圖
左隊馬棚
後隊馬棚
前隊馬棚
右隊馬棚

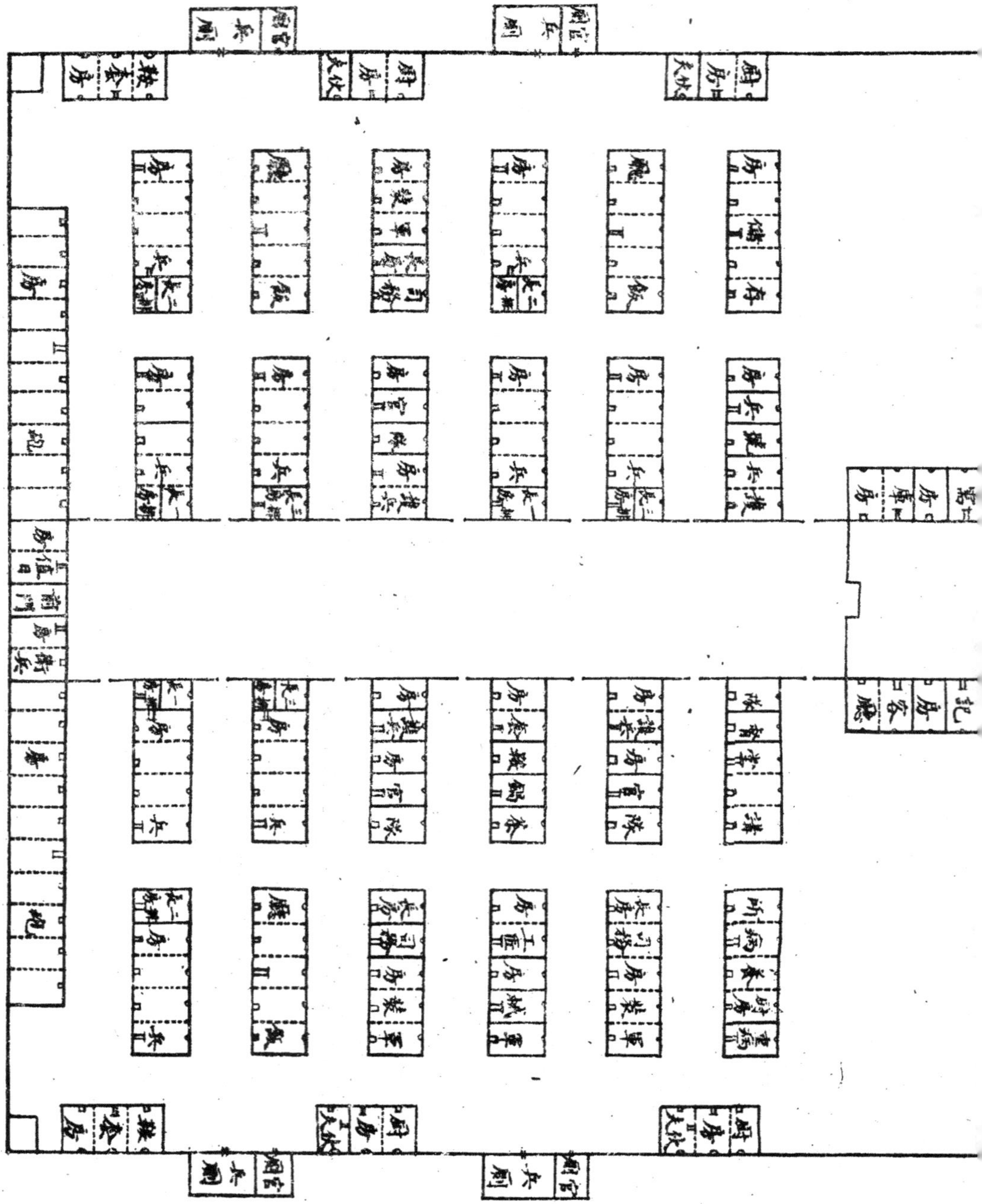
廚房
伙夫
兵廁
官廁
前門
值日房
衛兵房

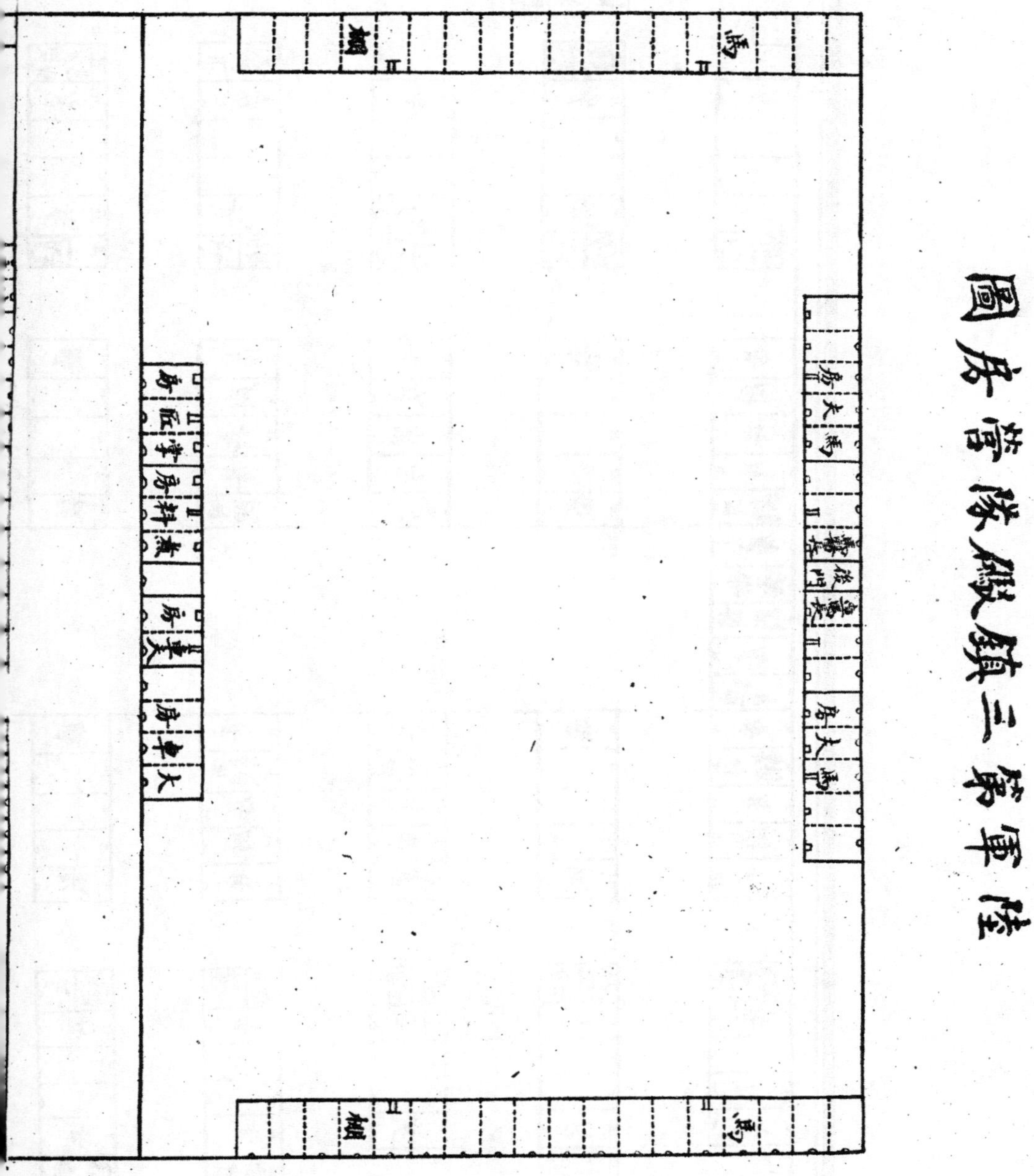
陸軍第三鎮輜重營房圖

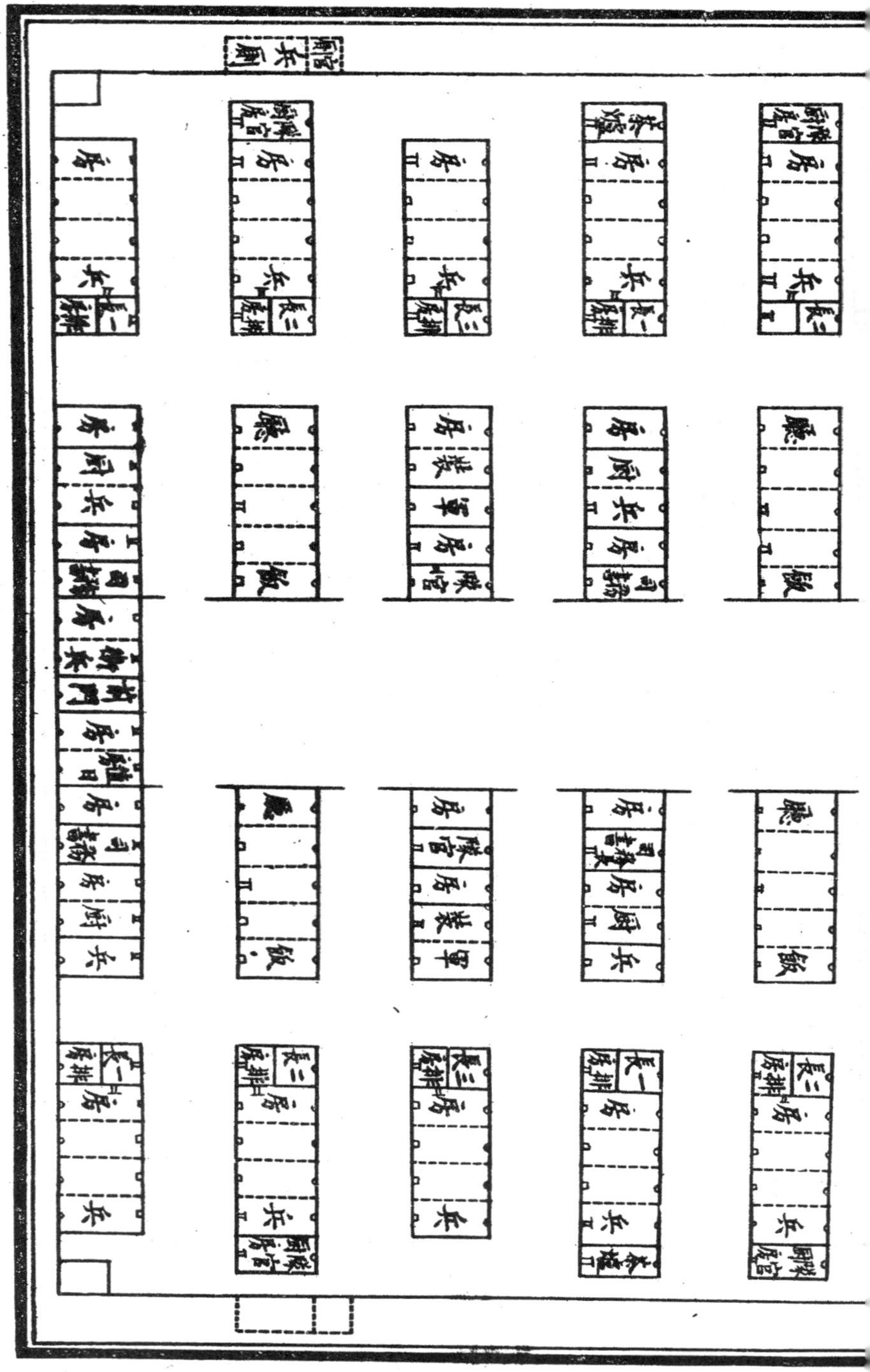

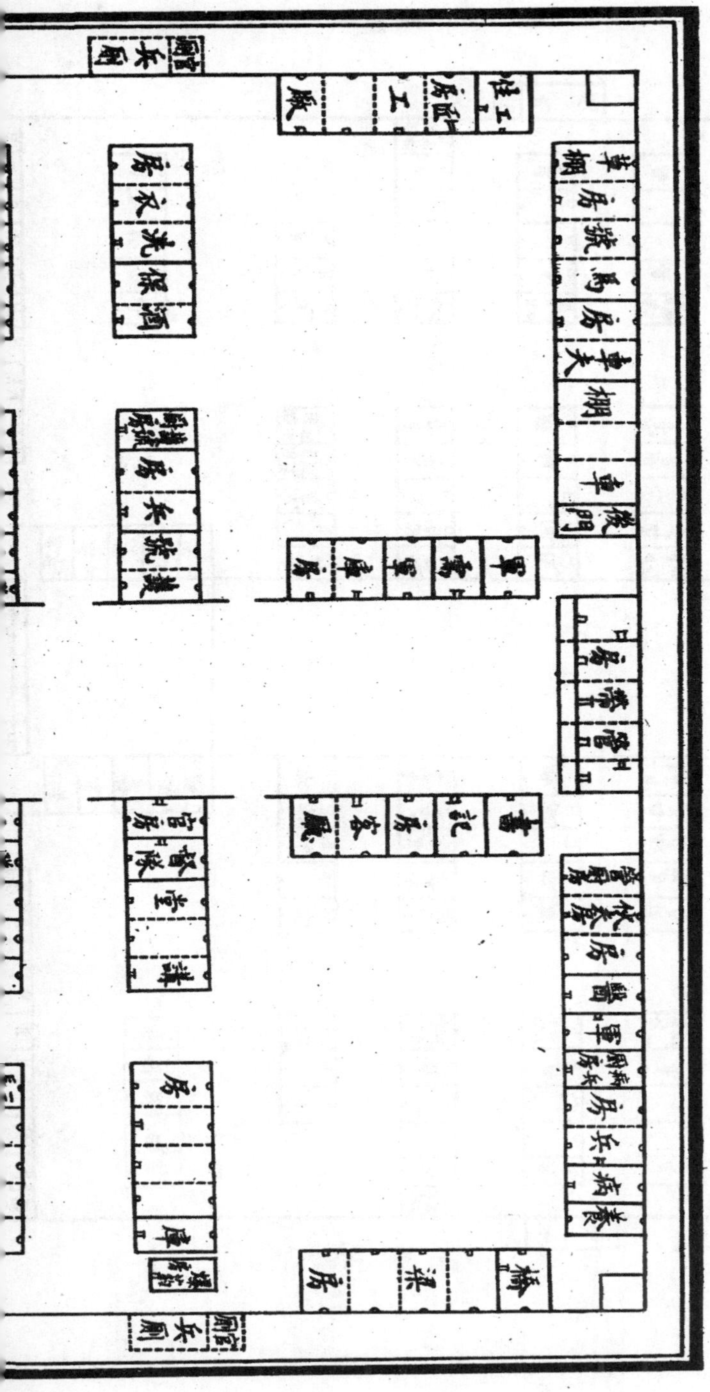

陸軍第三鎮工程隊營房圖

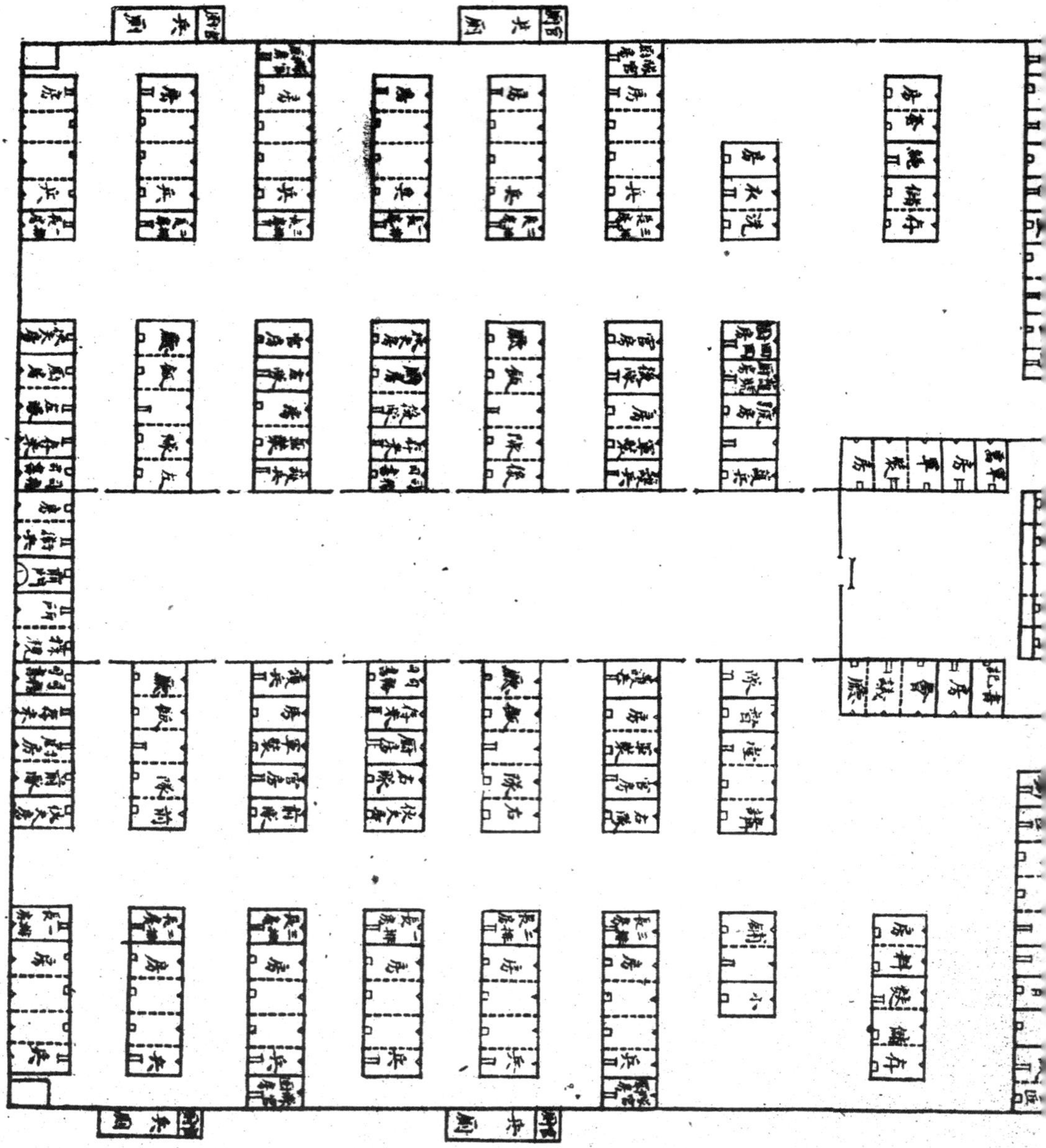

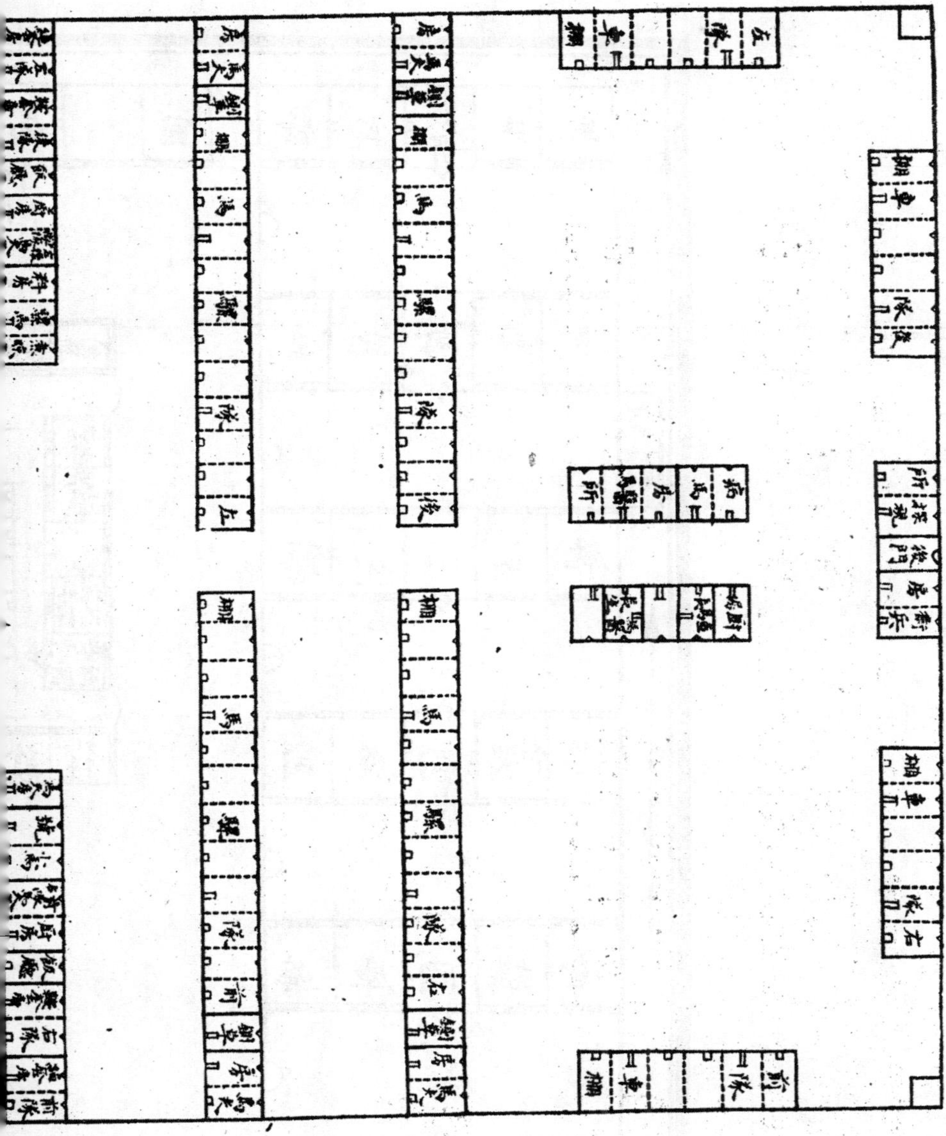

陸軍第三鎮輜重隊營房圖

醫院房圖

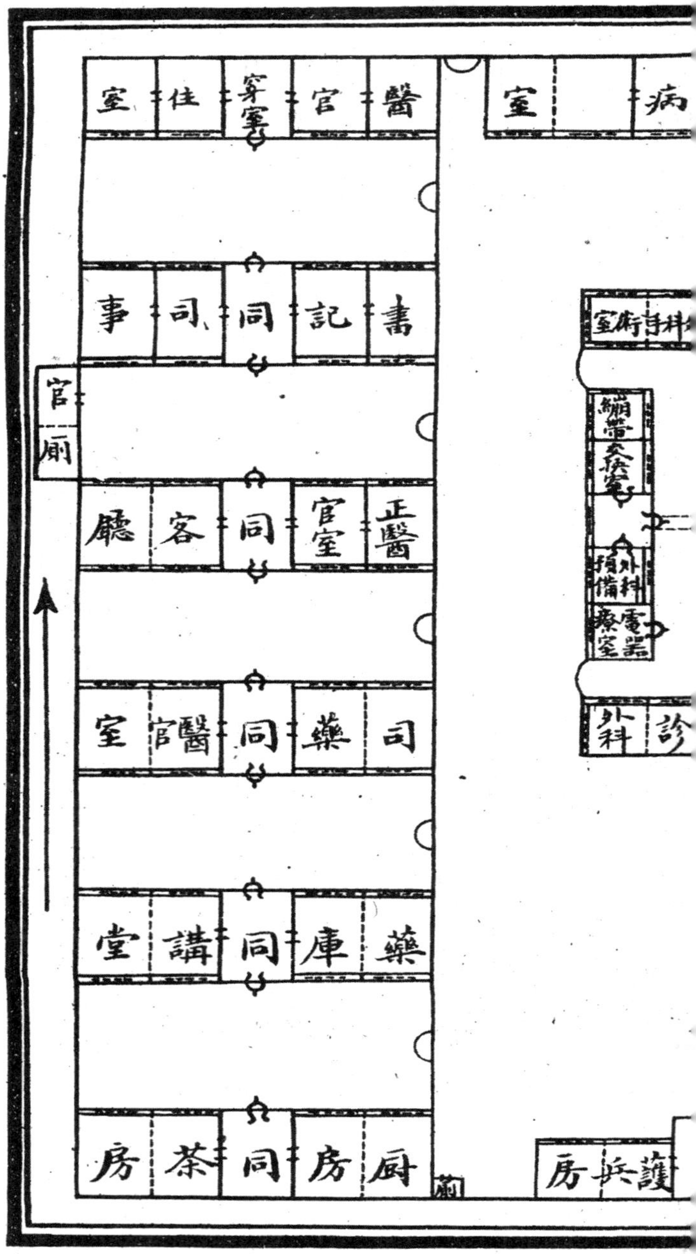
醫官住室
穿室
書記司事
同
正醫官室
客廳
司藥
醫官室
藥庫
講堂
廚房
茶房
官廁
廁
病室
外科手術室
繃帶交換室
外科預備
電器療室
外科診
護兵房

陸軍第三

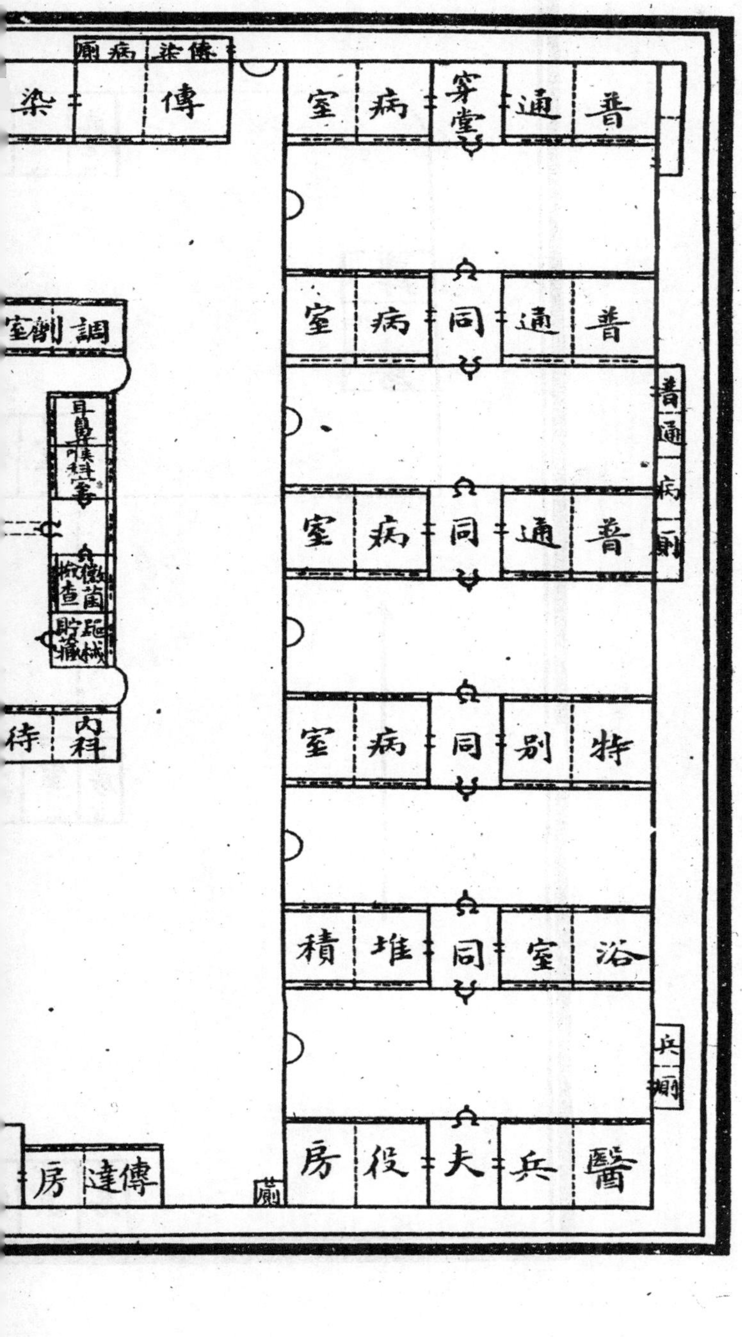
傳染病廁
傳染
普通病室
普通病室
普通病室
普通病室
普通病廁
特別病室
浴室
堆積
醫兵
夫役房
兵廁
廁
調劑室
耳鼻咽喉科室
檢查
黴菌
器械
貯藏
內科
傳達房

圖房庫

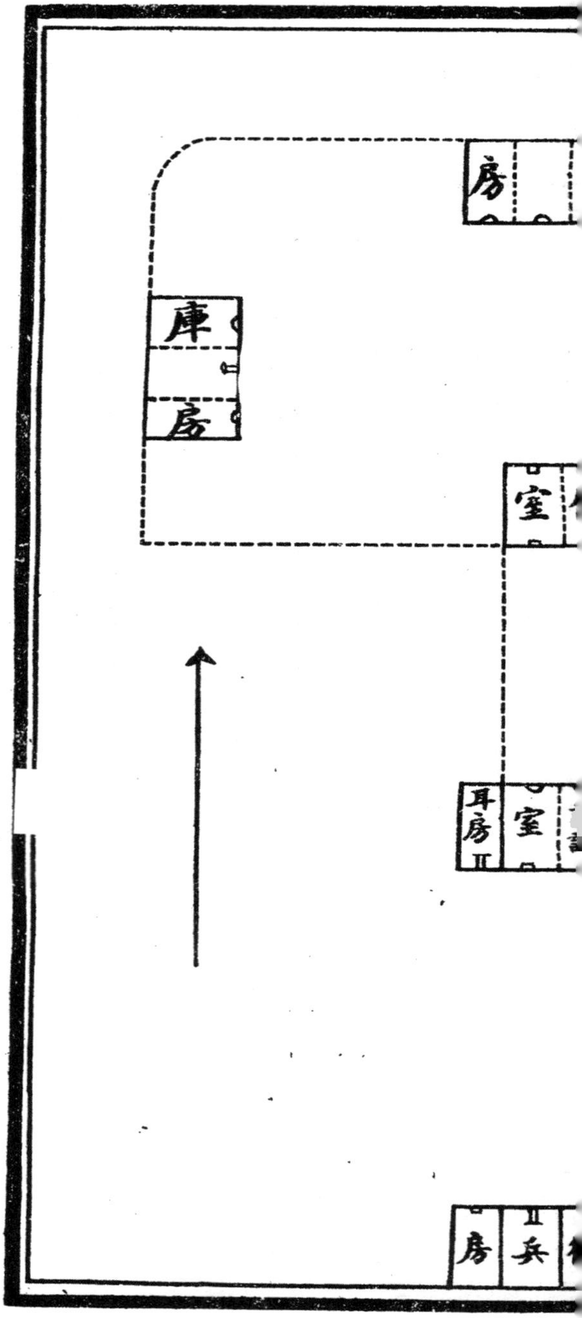

第三鎮

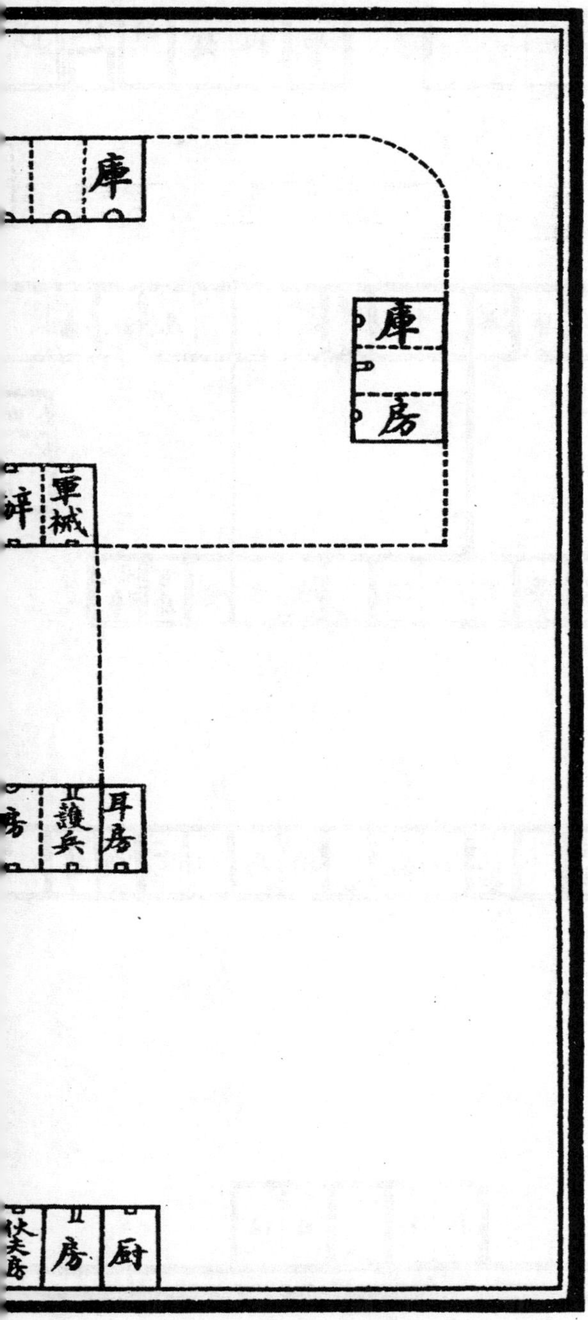

鎮第五協協司令部圖

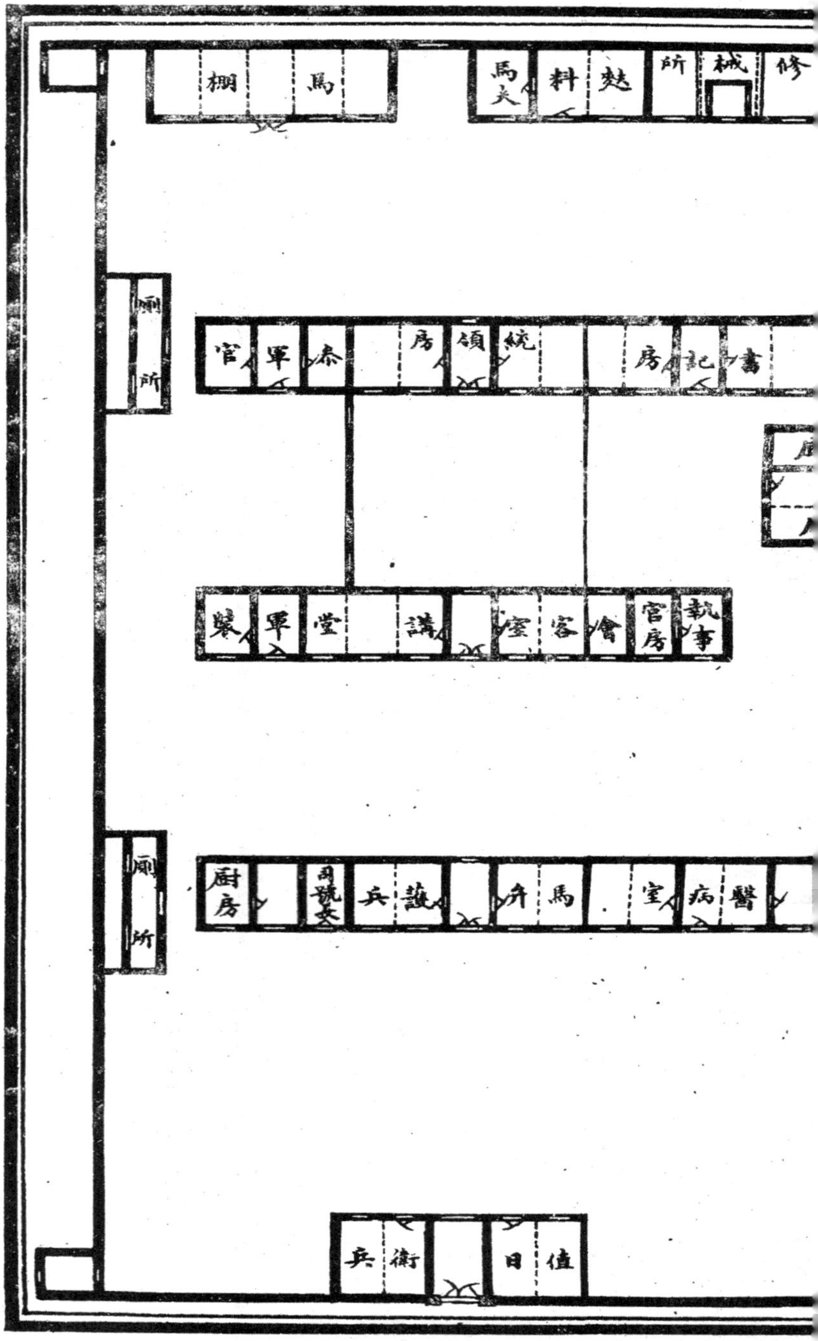

三鎮第十標標本部圖

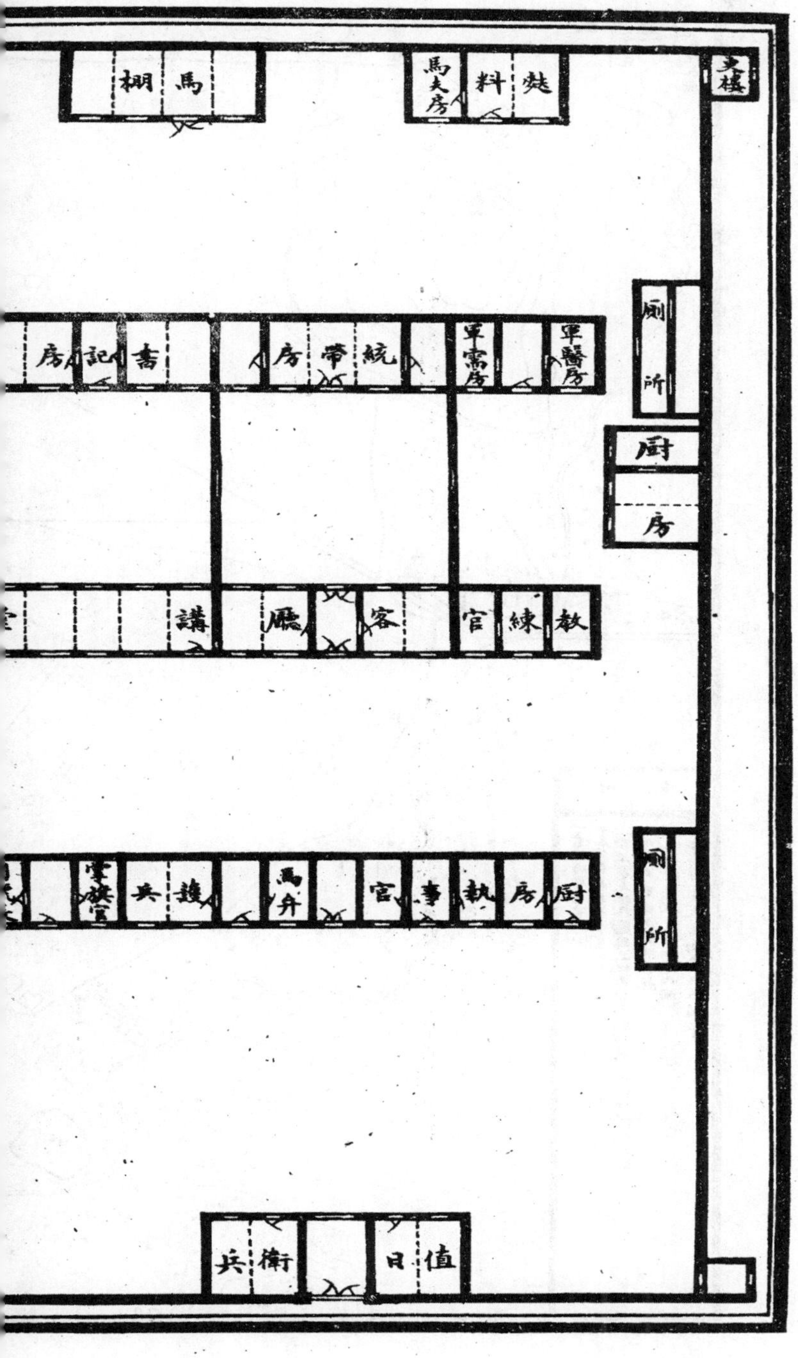

營房地址圖

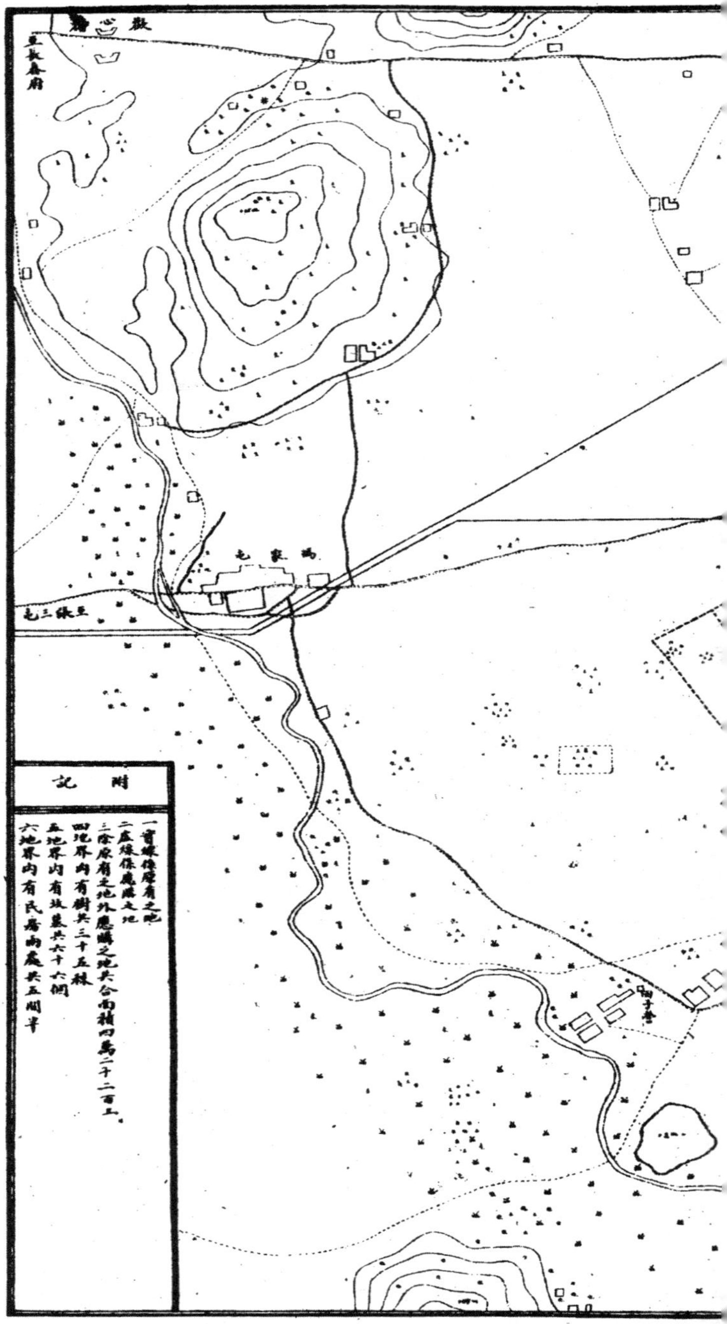
至長春府
馬家屯
至綠三屯
附記
一實線係原有之地
二虛線係應購之地
三除原有之地外應購之地共合面積四萬二千二百工
四地界內有樹共三十五株
五地界內有墳墓共六十六個
六地界內有民房兩處共五間半

陸軍第三鎮駐

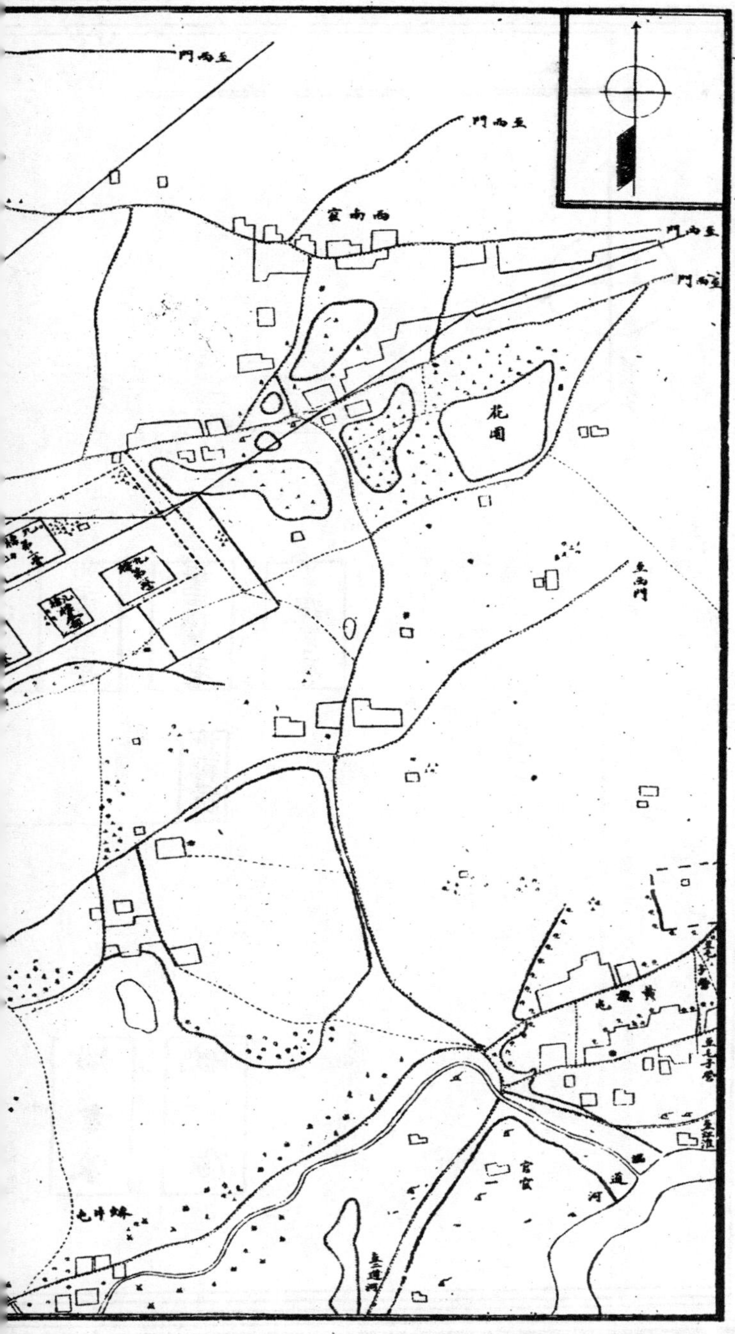

民府東營基地位圖

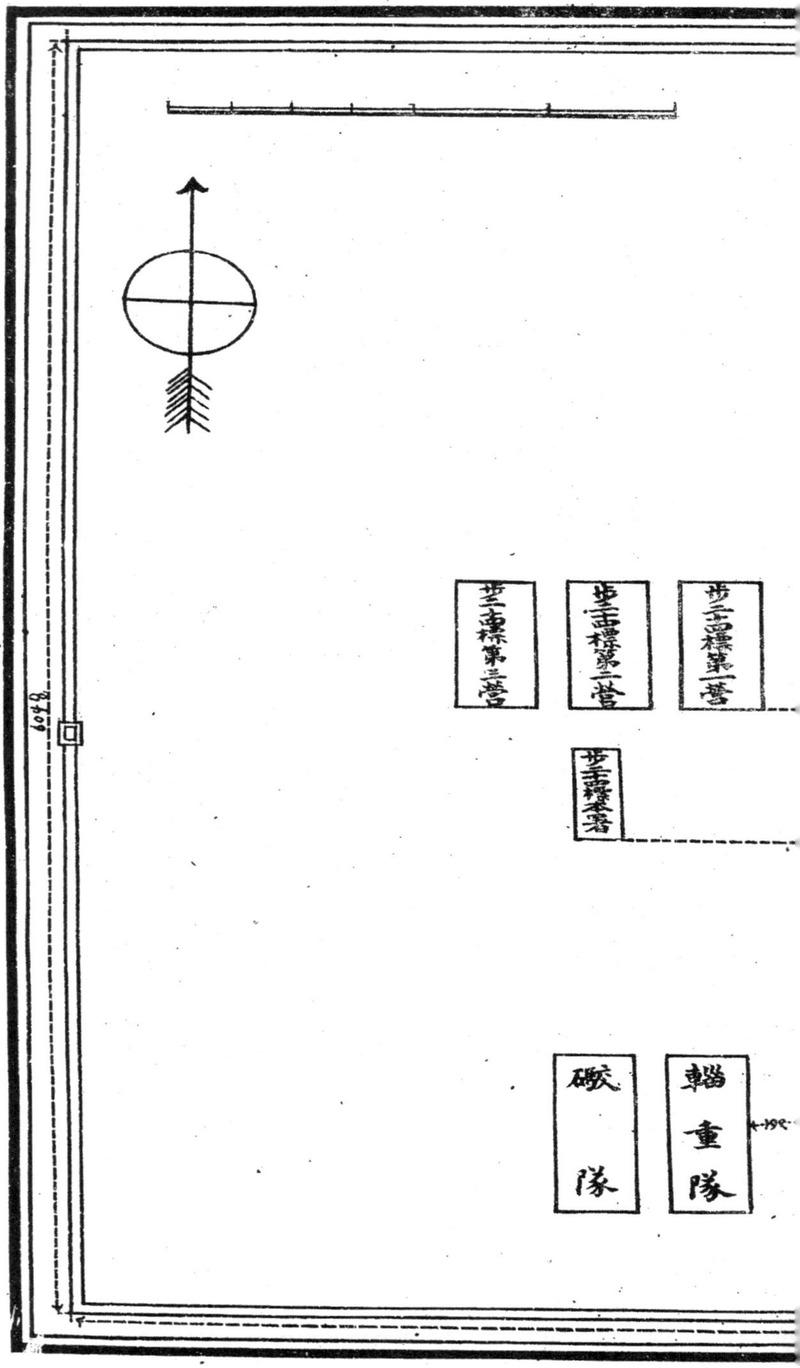

陸軍第一混成協駐

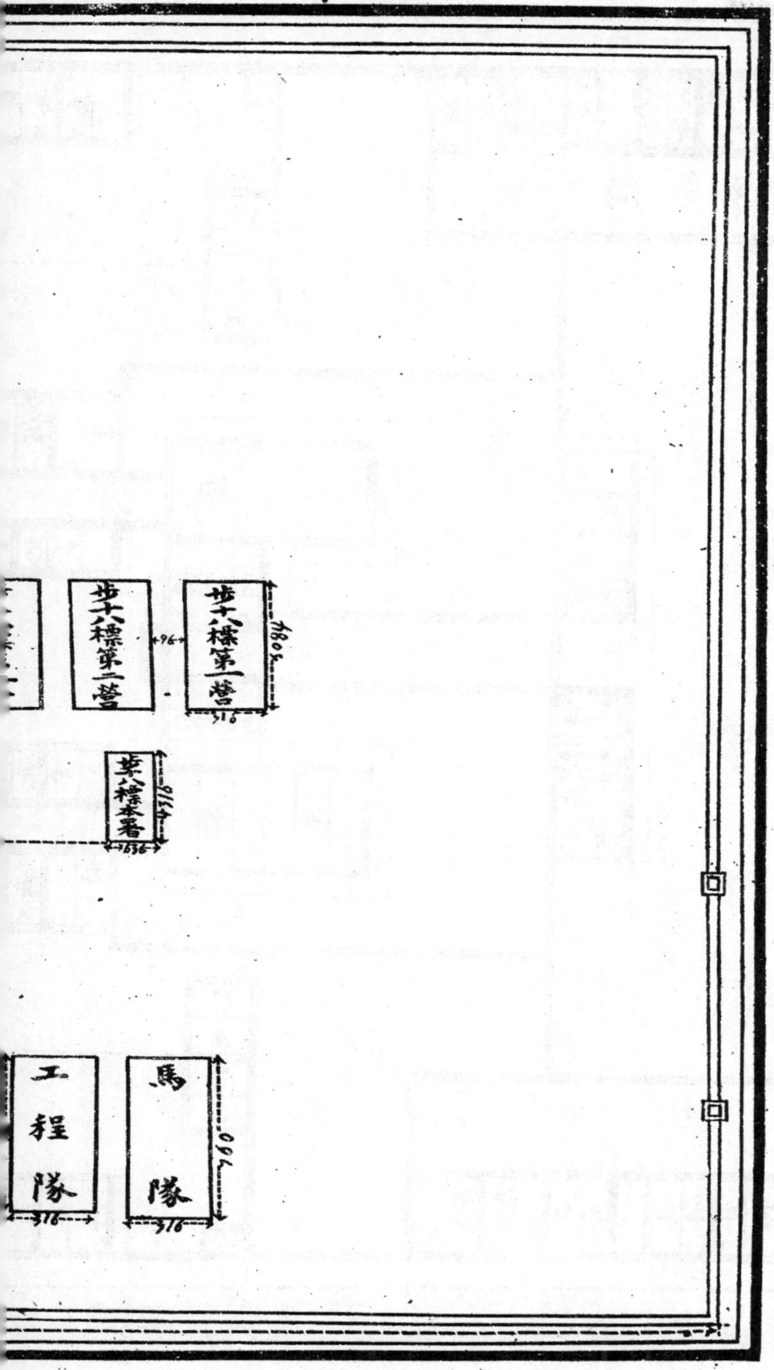

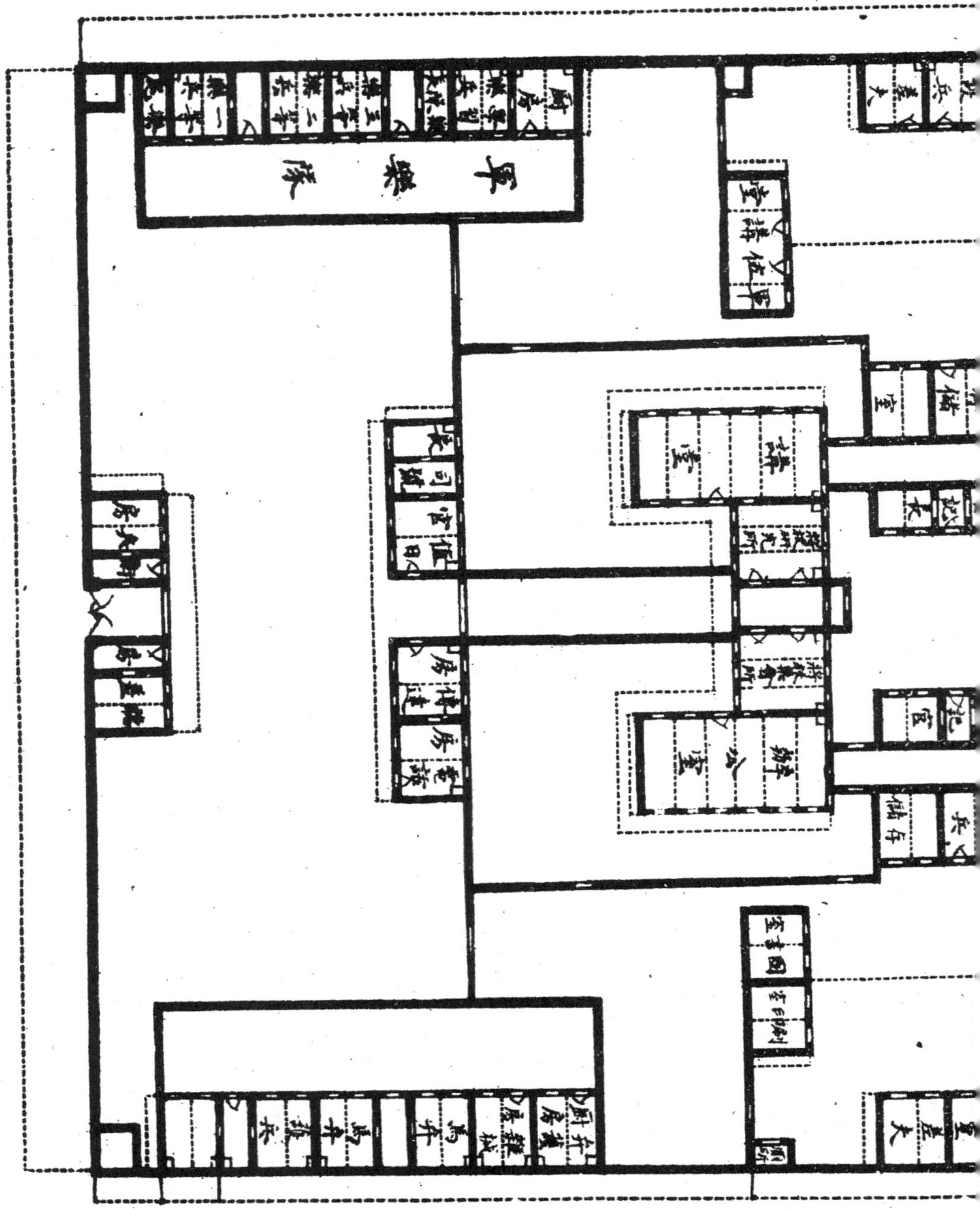

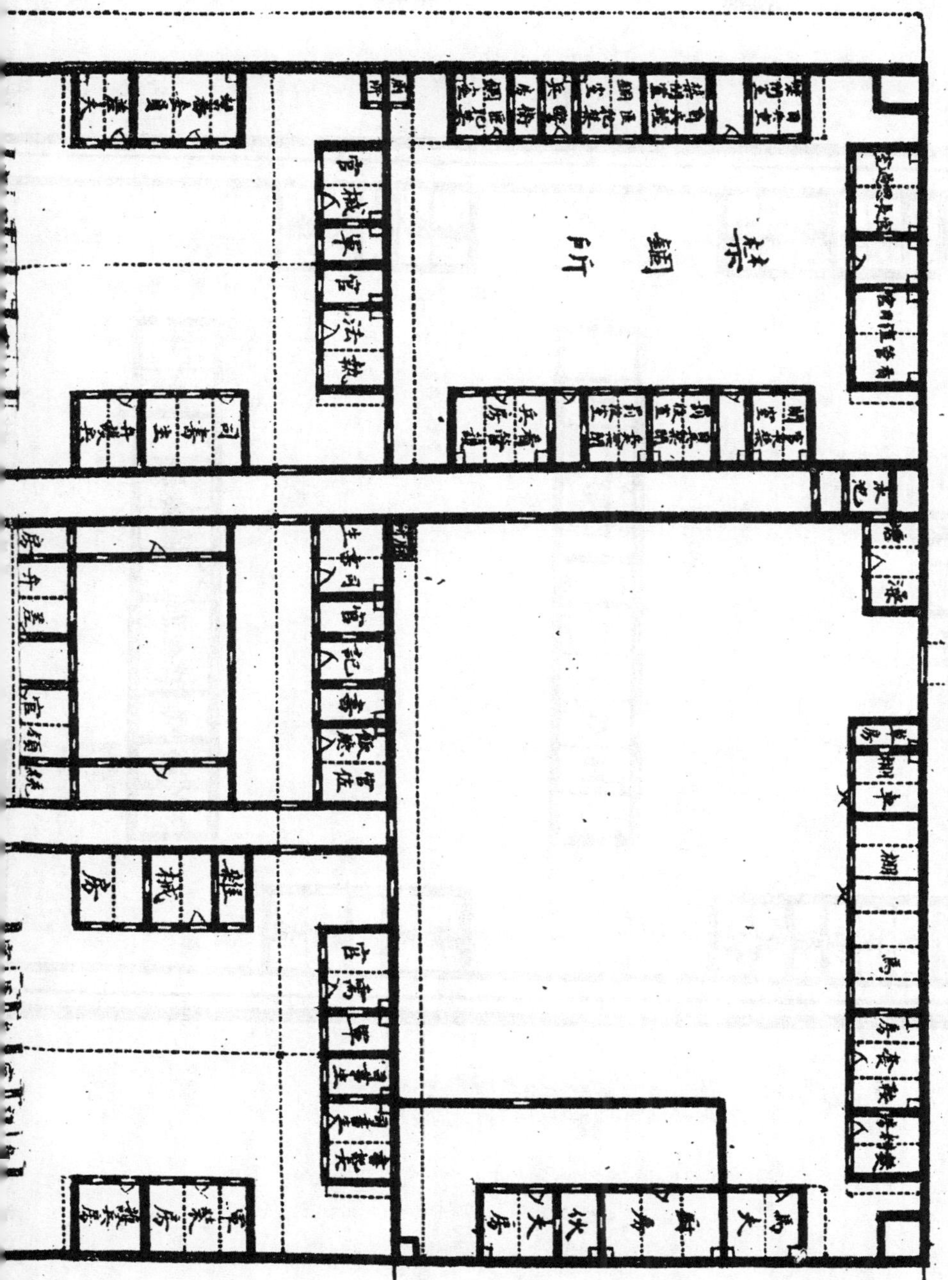

第一混成協協司令部圖

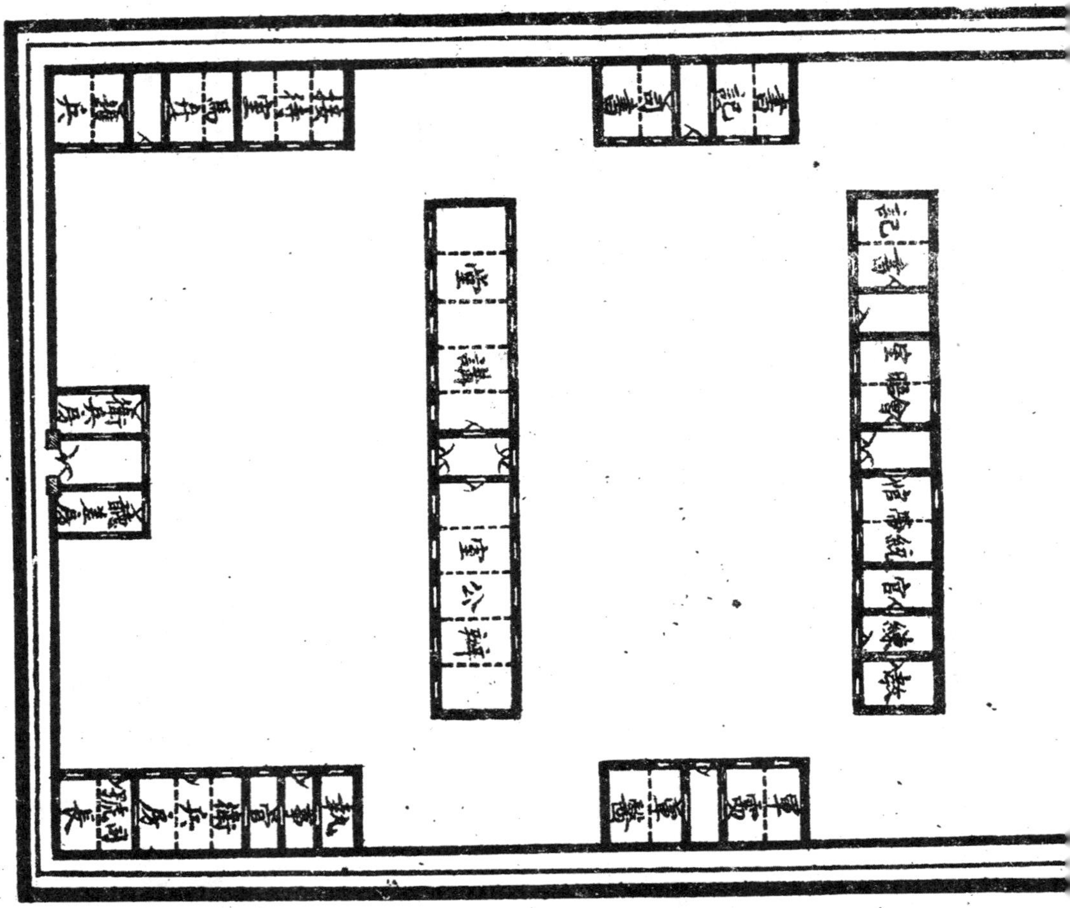
教練官
統帶館
會晤室
書記
書記
司書
軍需
軍醫
辦公室
講堂
接待室
馬兵
護兵
執事官
衛兵房
司號長
衛兵房
聽差房

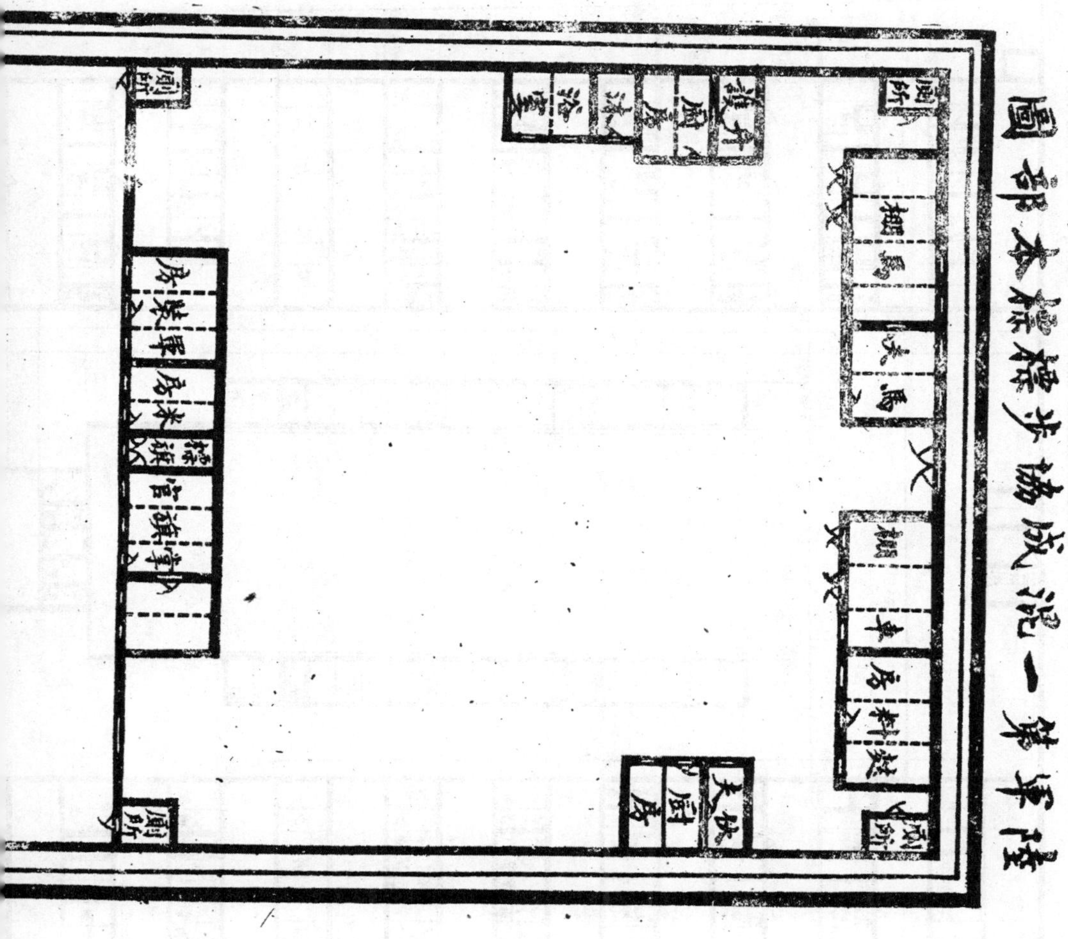
陸軍第一混成協步隊標本部圖
廁所
浴室
廚房
馬棚
車房
伙夫廚房

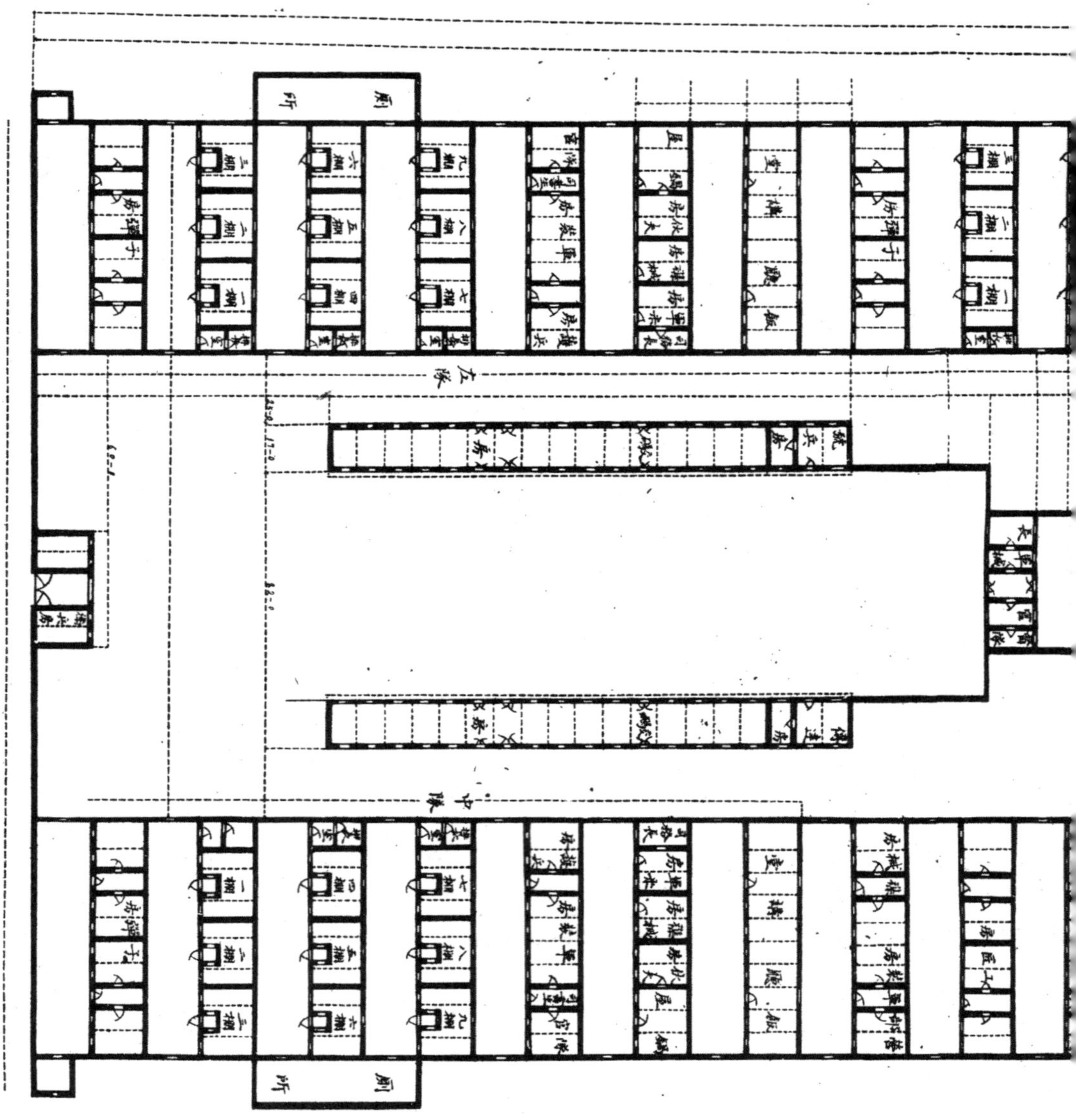

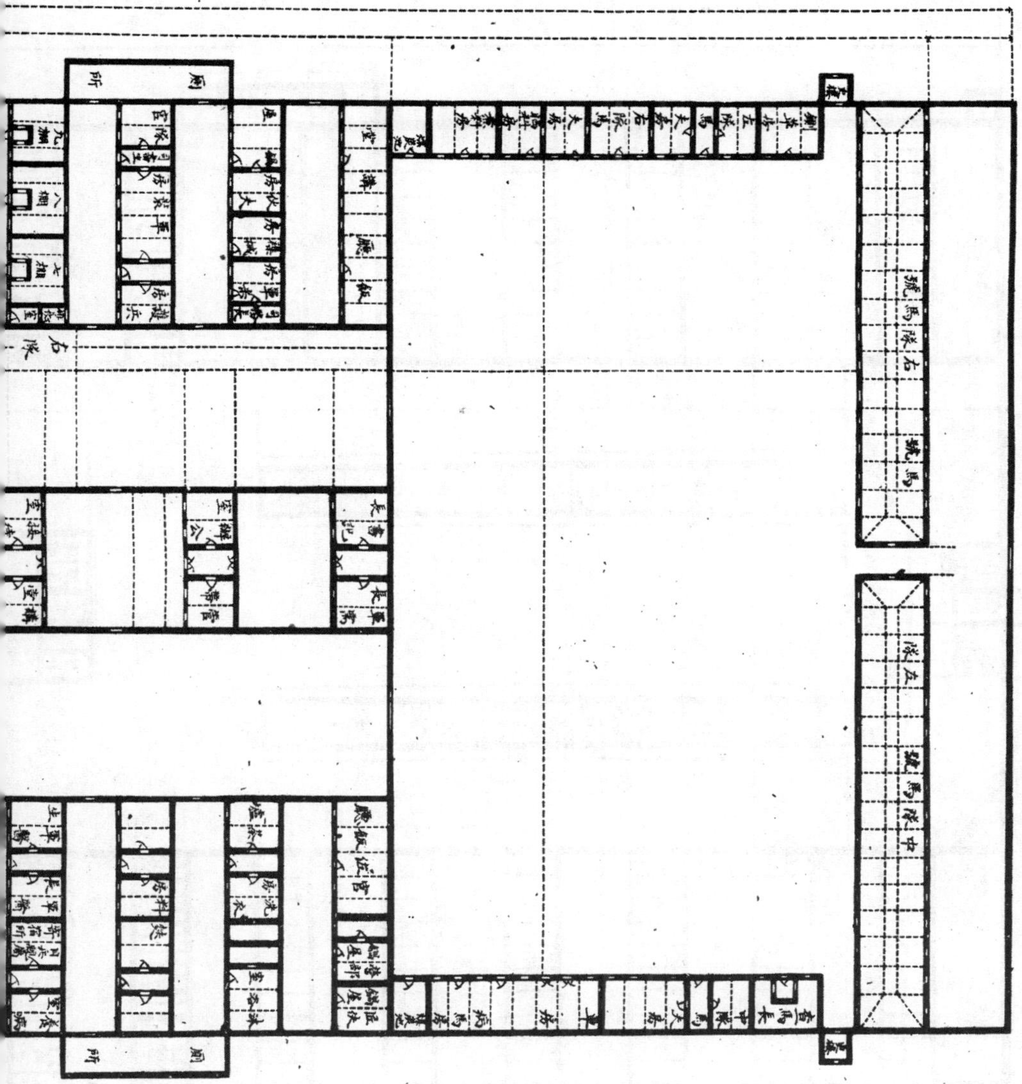

陸軍第一混成協駐紮營房圖

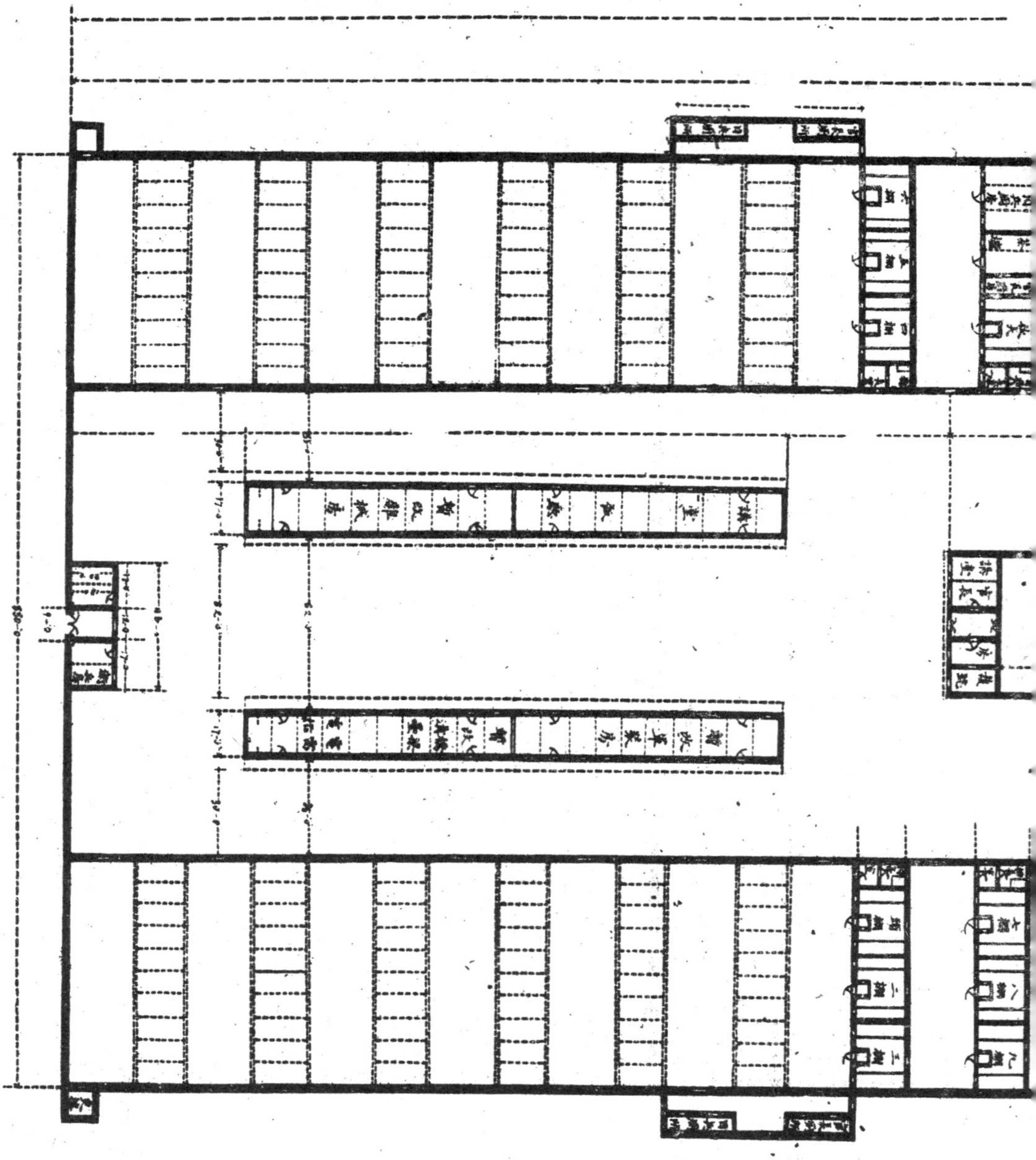

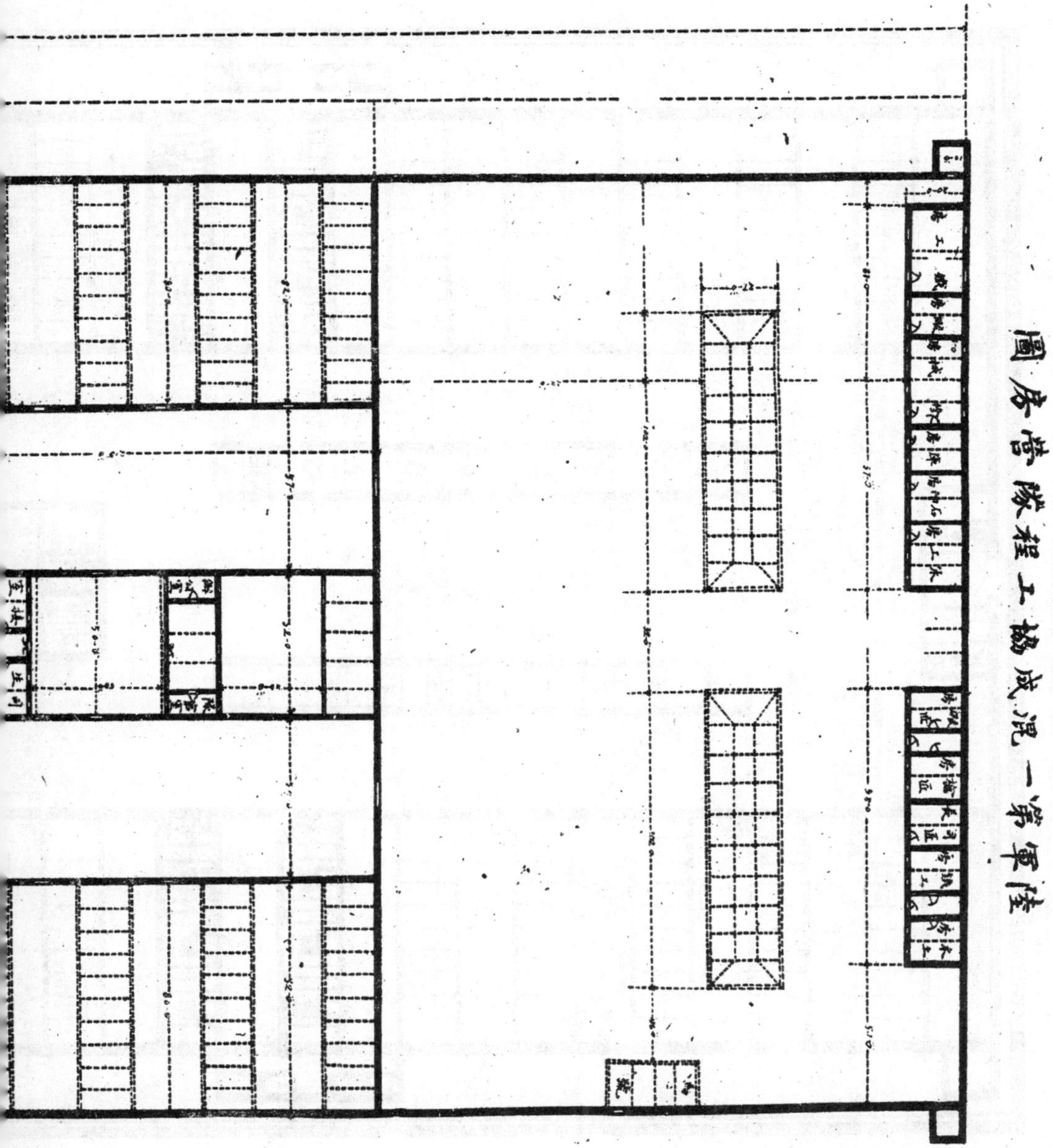
陸軍第一混成協工程隊營房圖

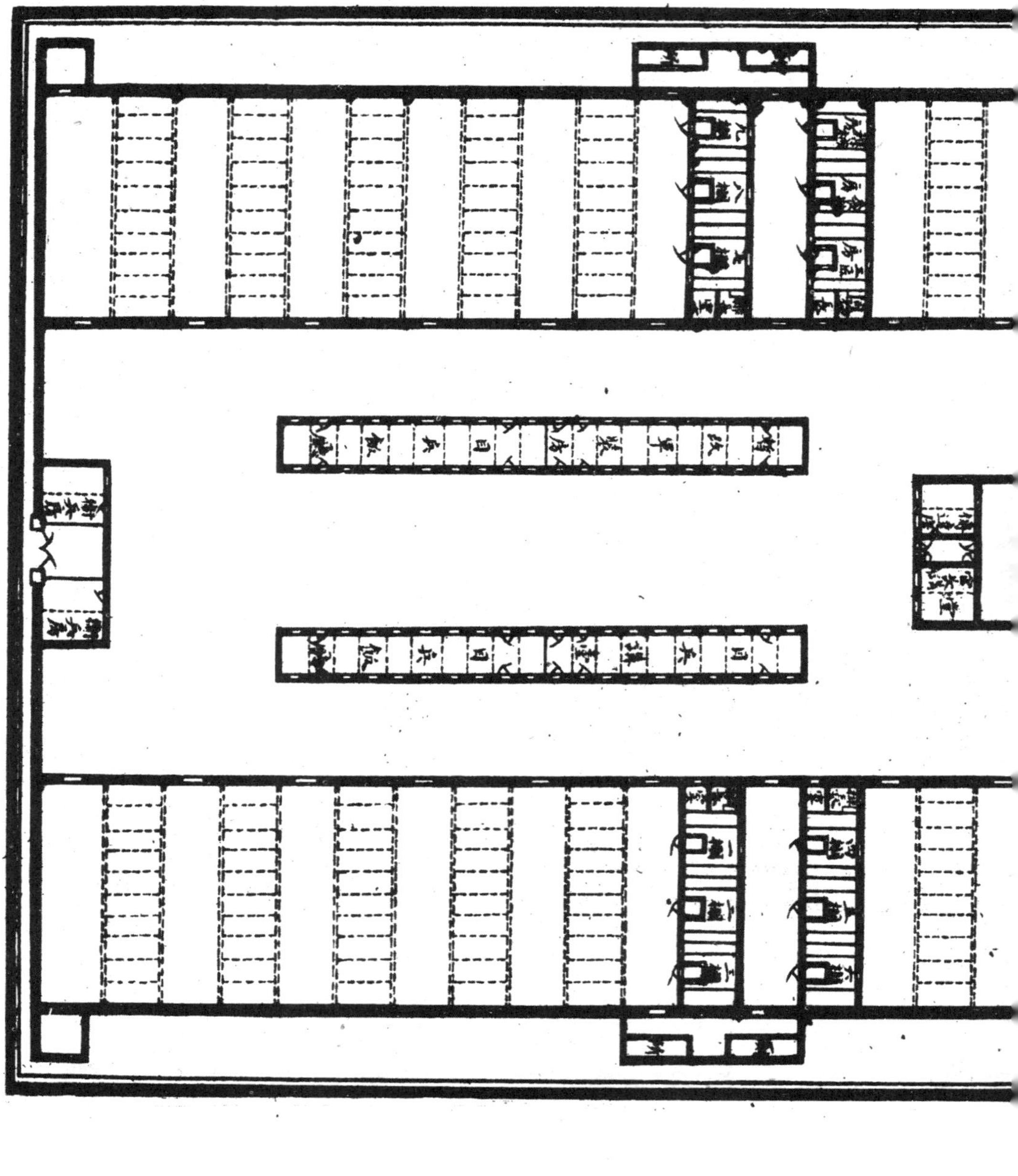

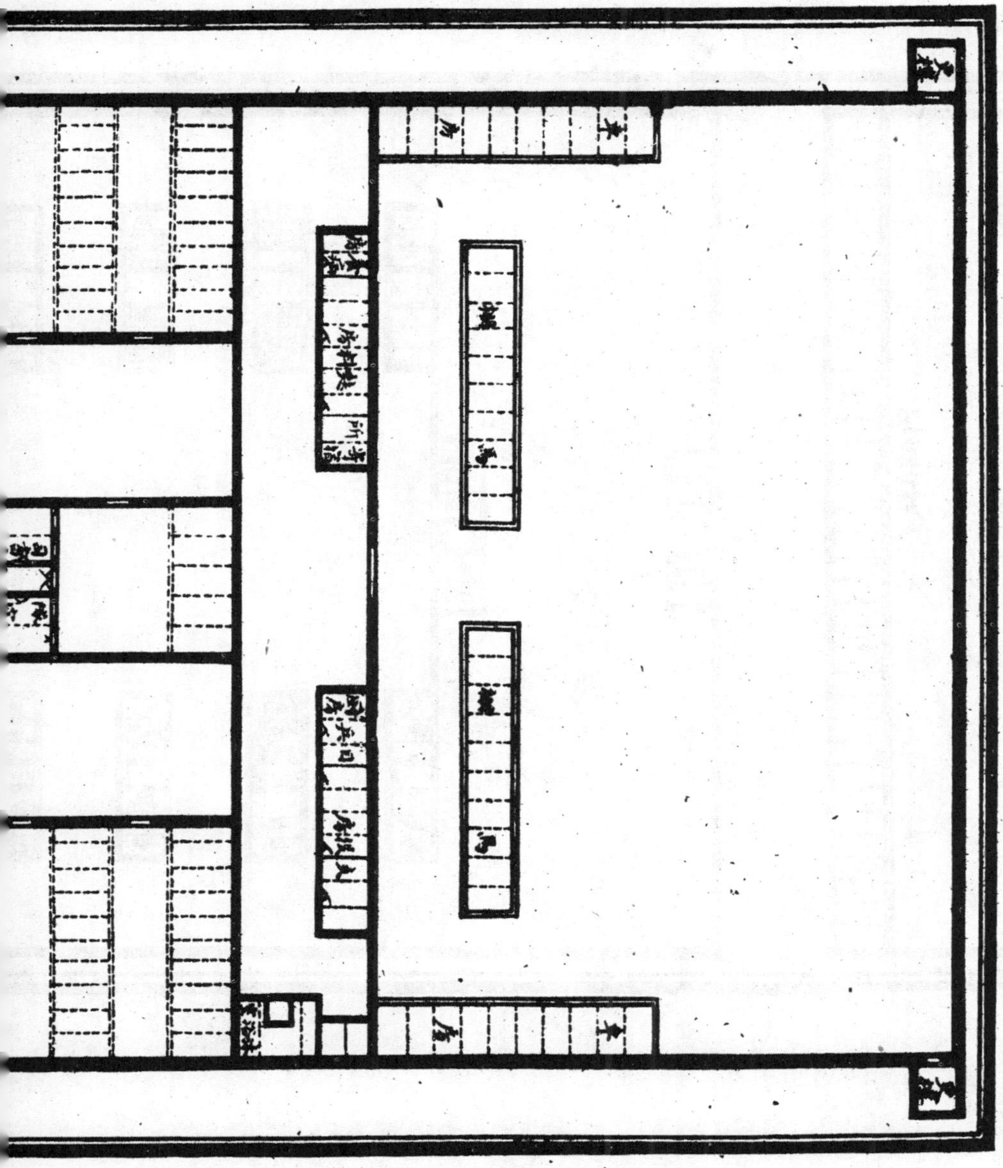

陸軍第一混成協輜重隊營房總圖

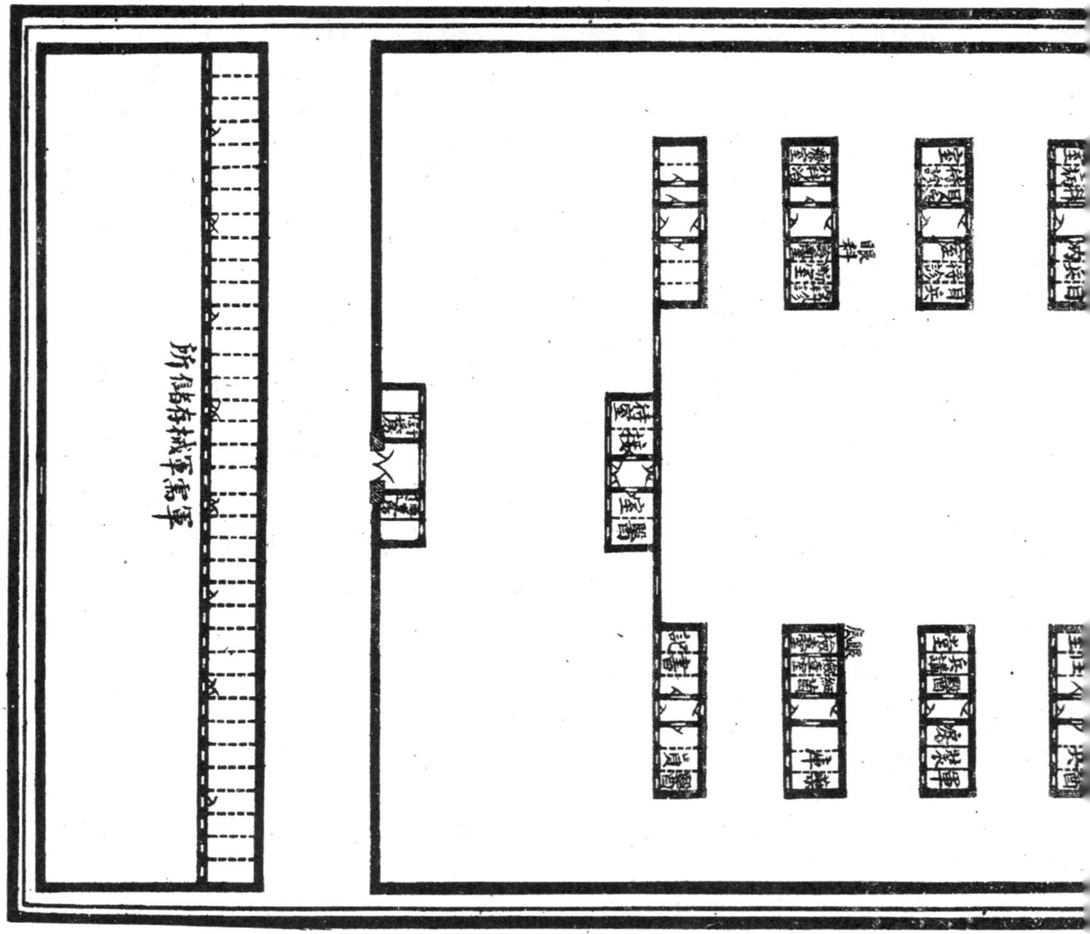
军需军械存储所

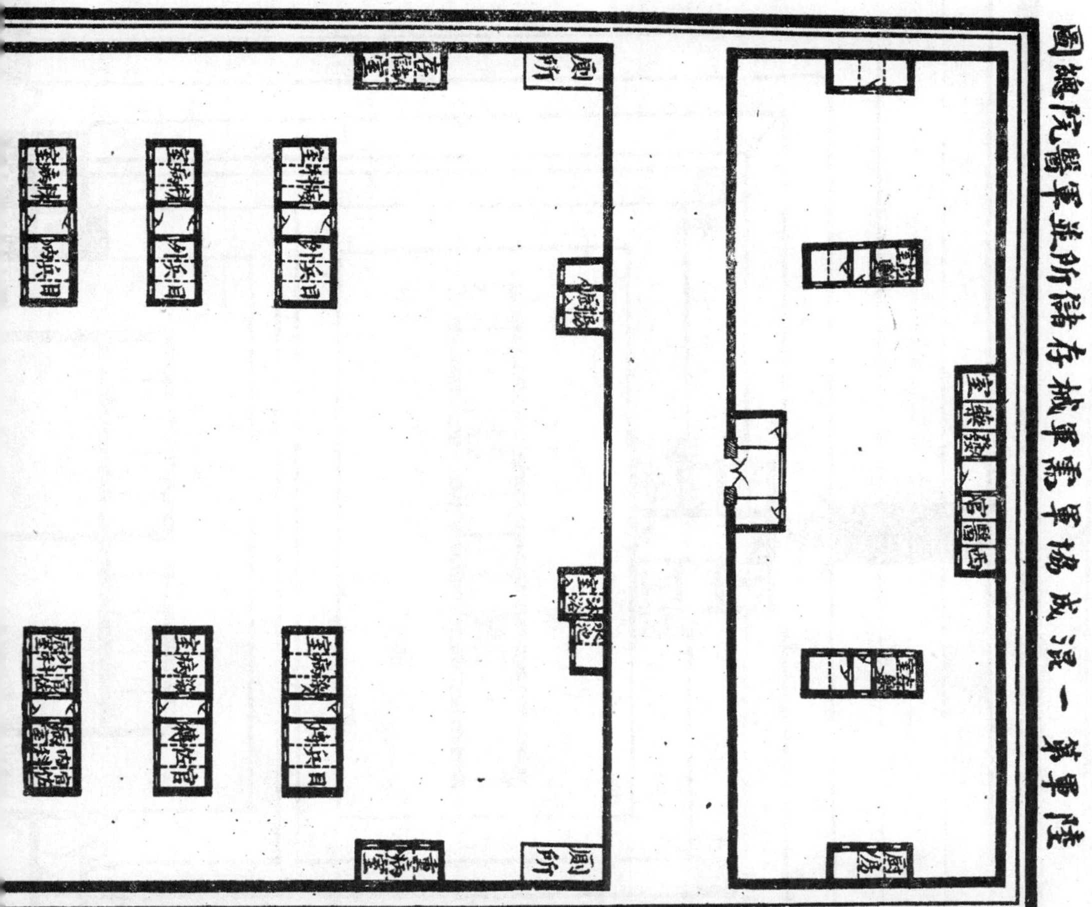
陸軍第一混成協軍需軍械儲存所並軍醫院總圖

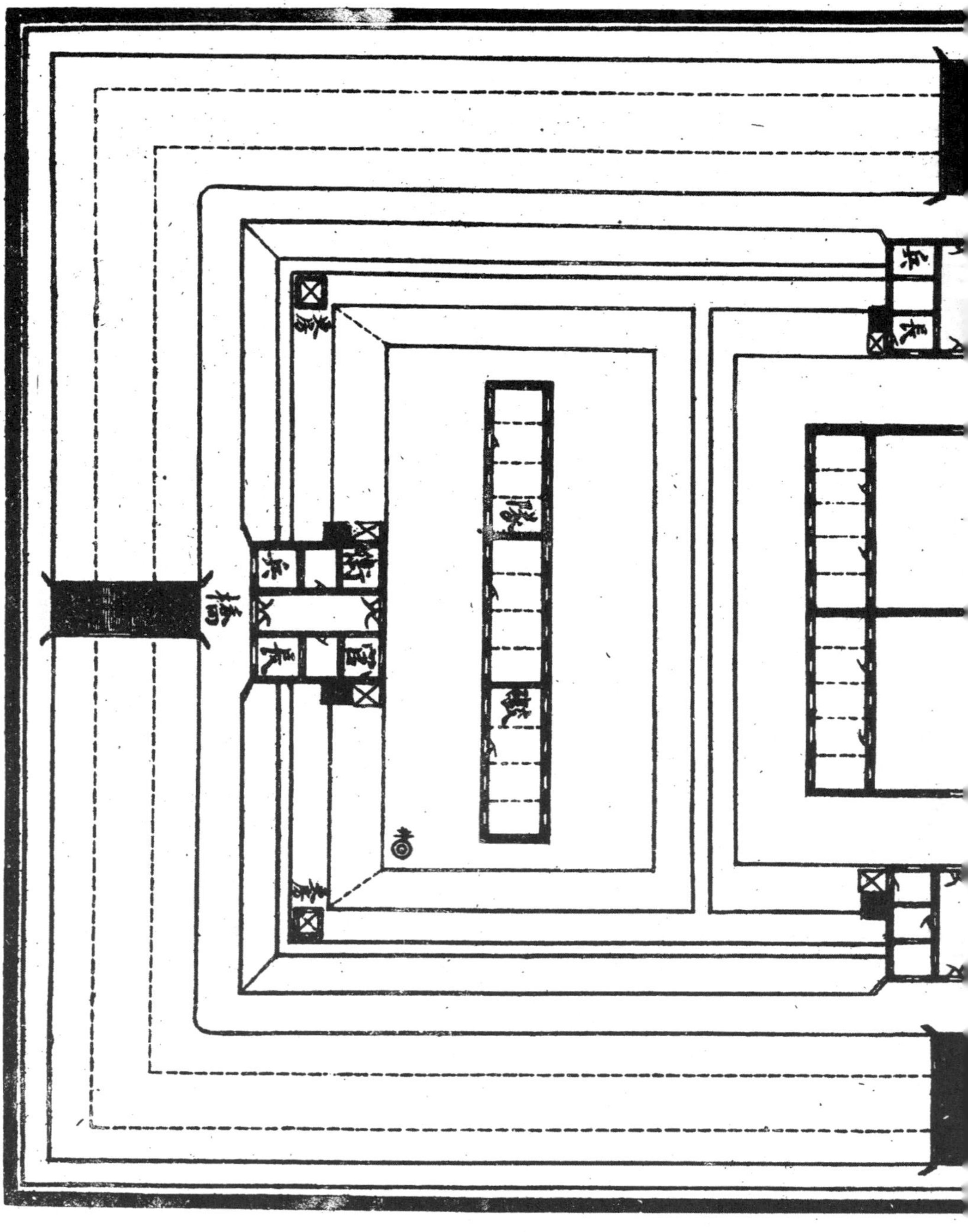

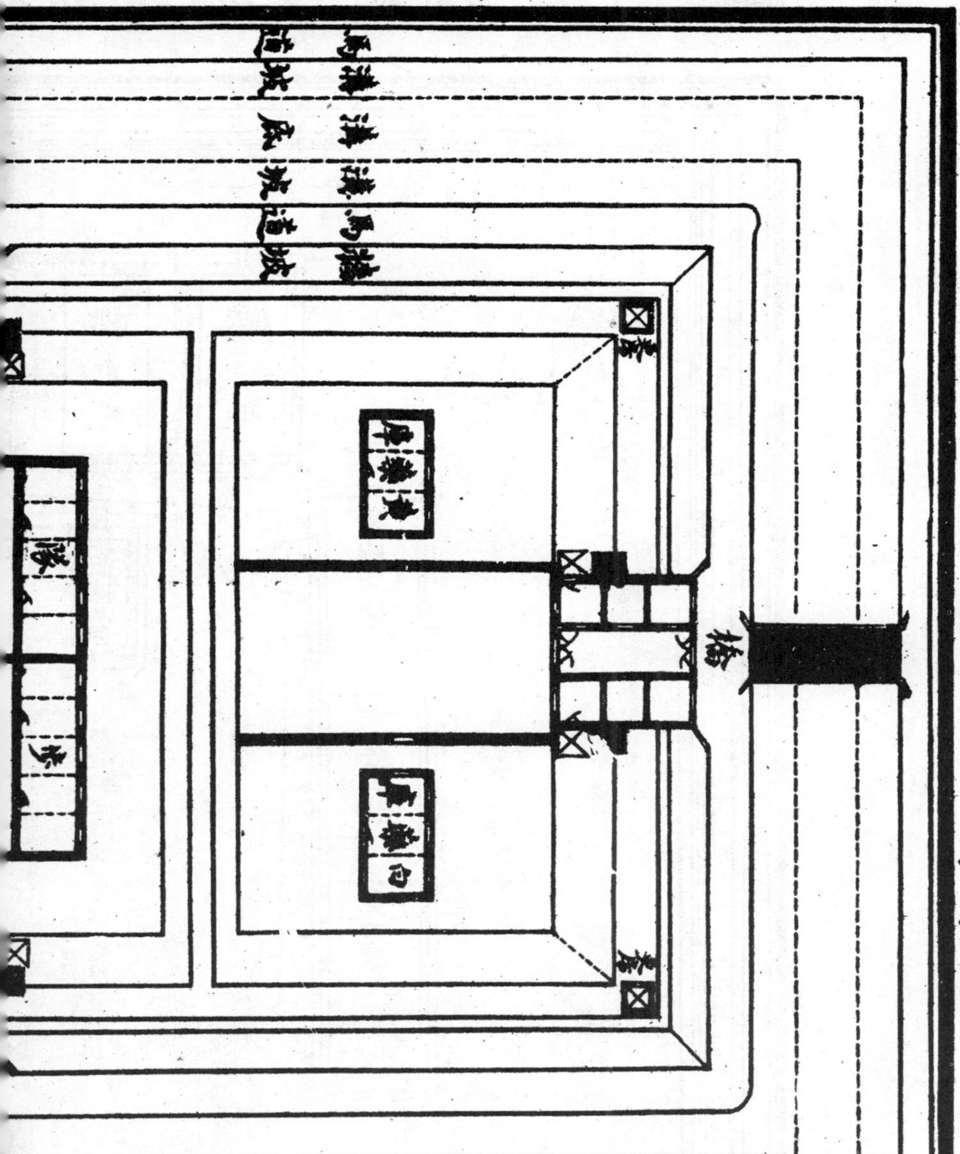

陸軍第一鎮混成協火藥庫房圖

圖總房營隊部名

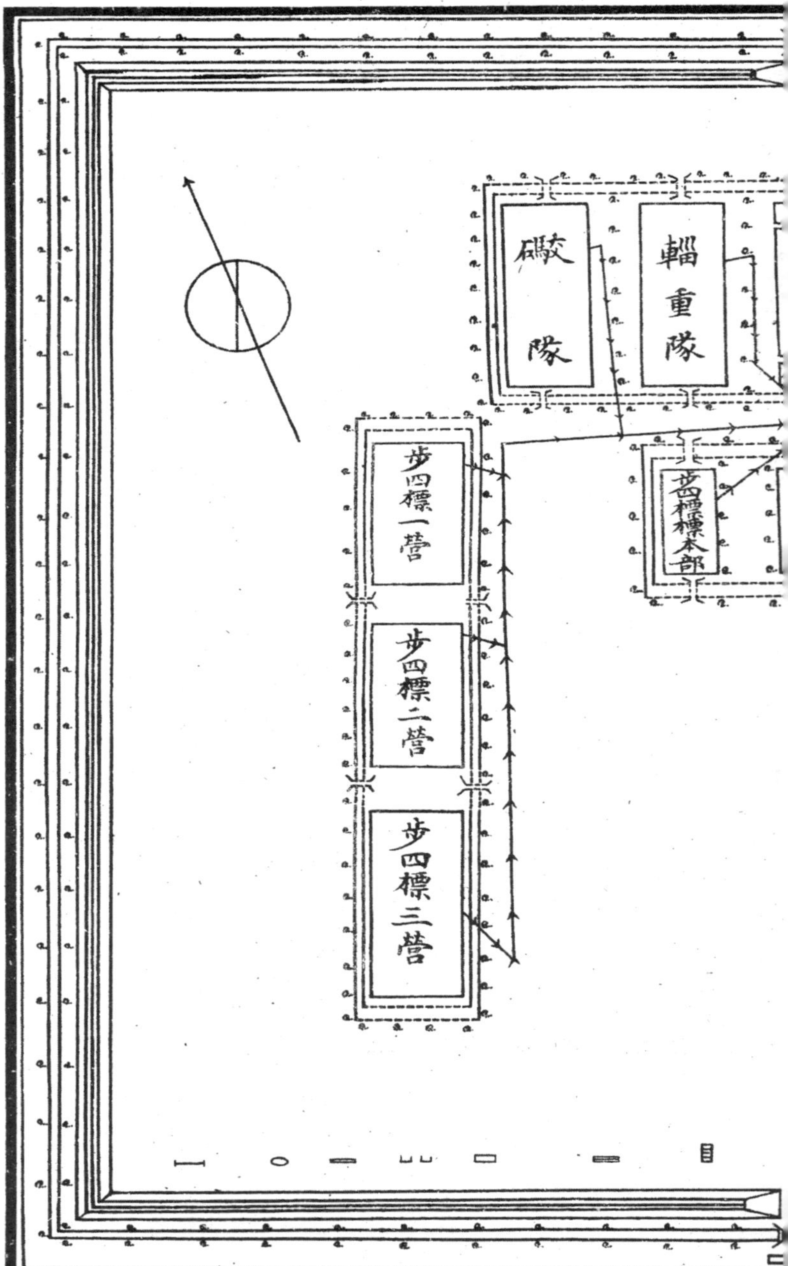

陸軍第二混成

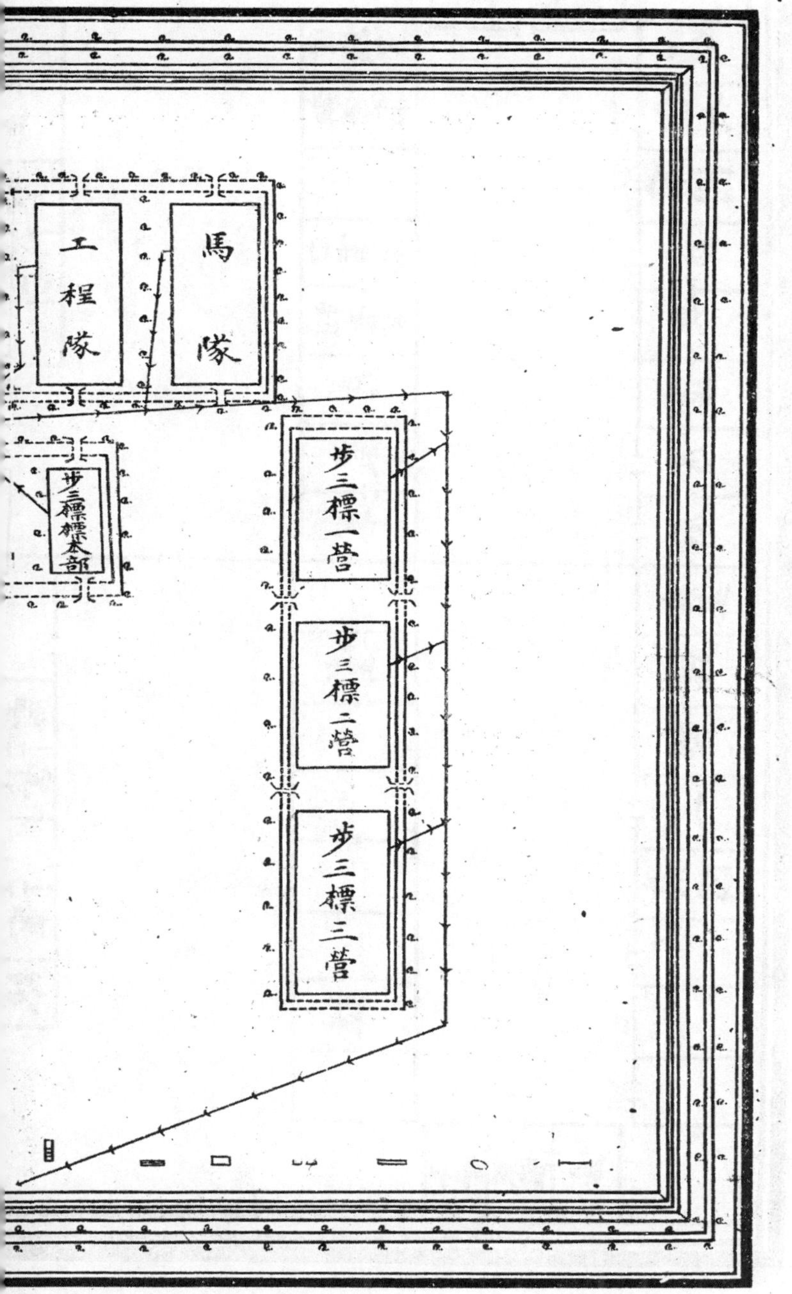

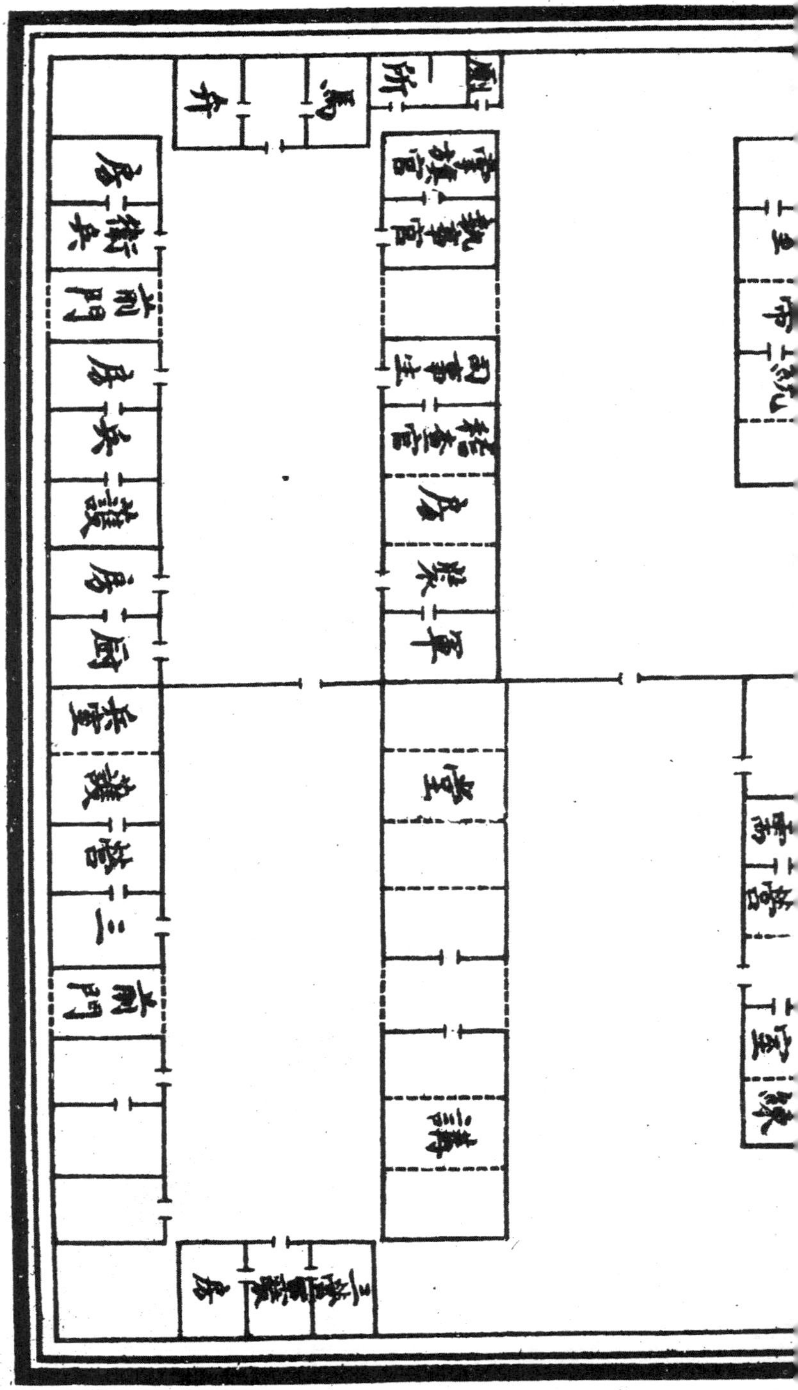

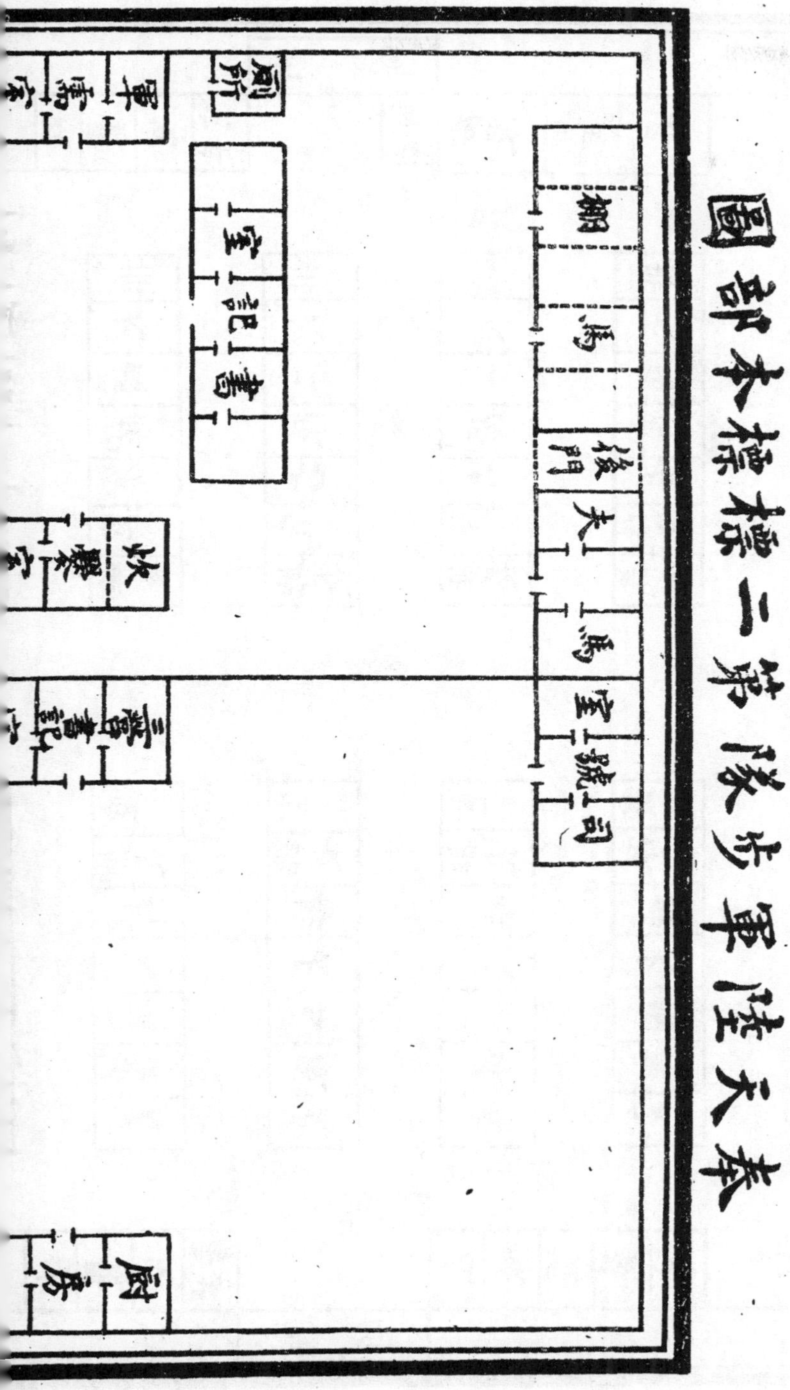
奉天陸軍步隊第二標標本部圖
棚
馬
後門
夫
馬
號室
書記室
廁所
軍需室
炊爨室
三營書記室
厨房

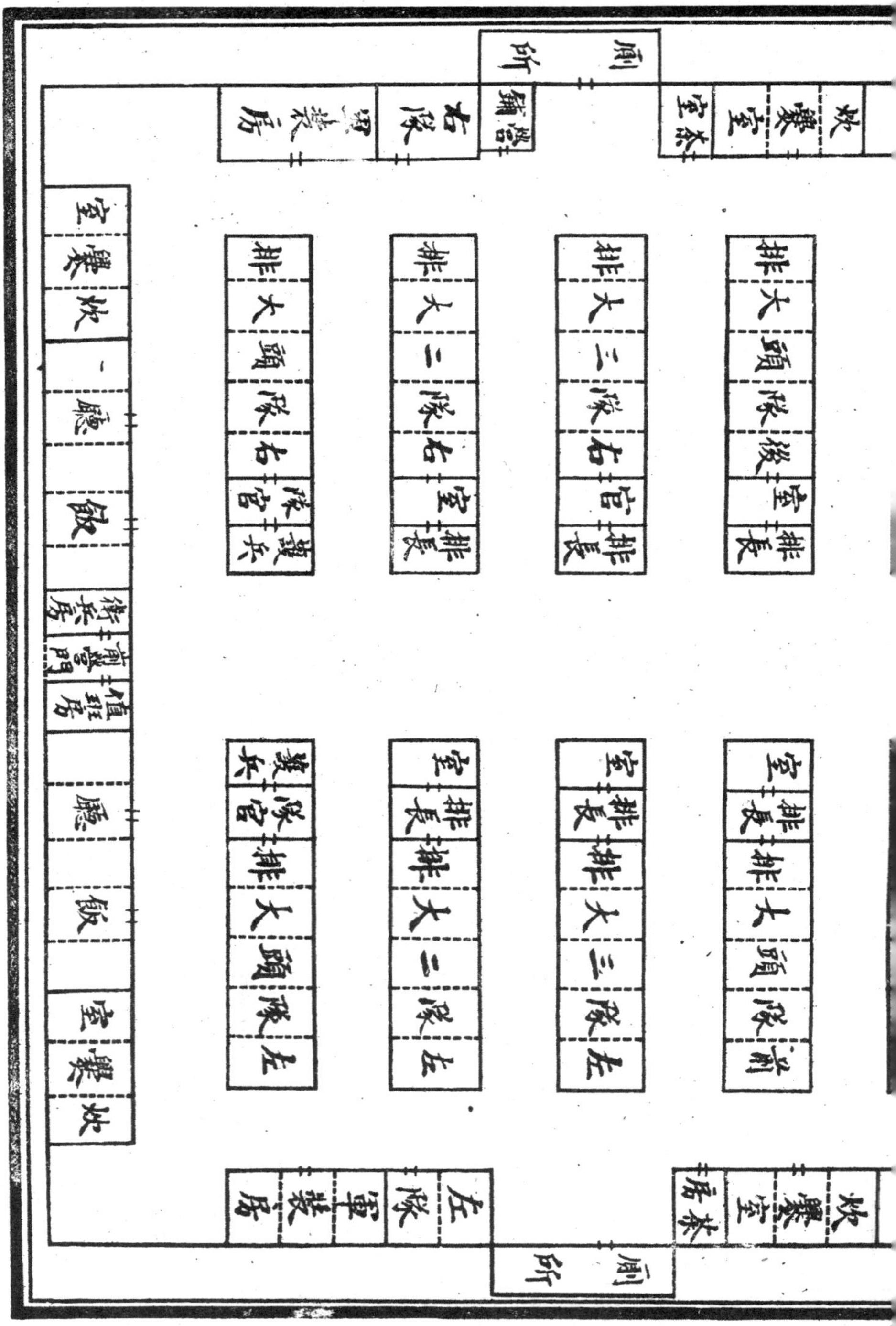
厕所
炊爨室
茶室
右队
左队
军装房
厅
饭厅
卫兵房
值班房
排长

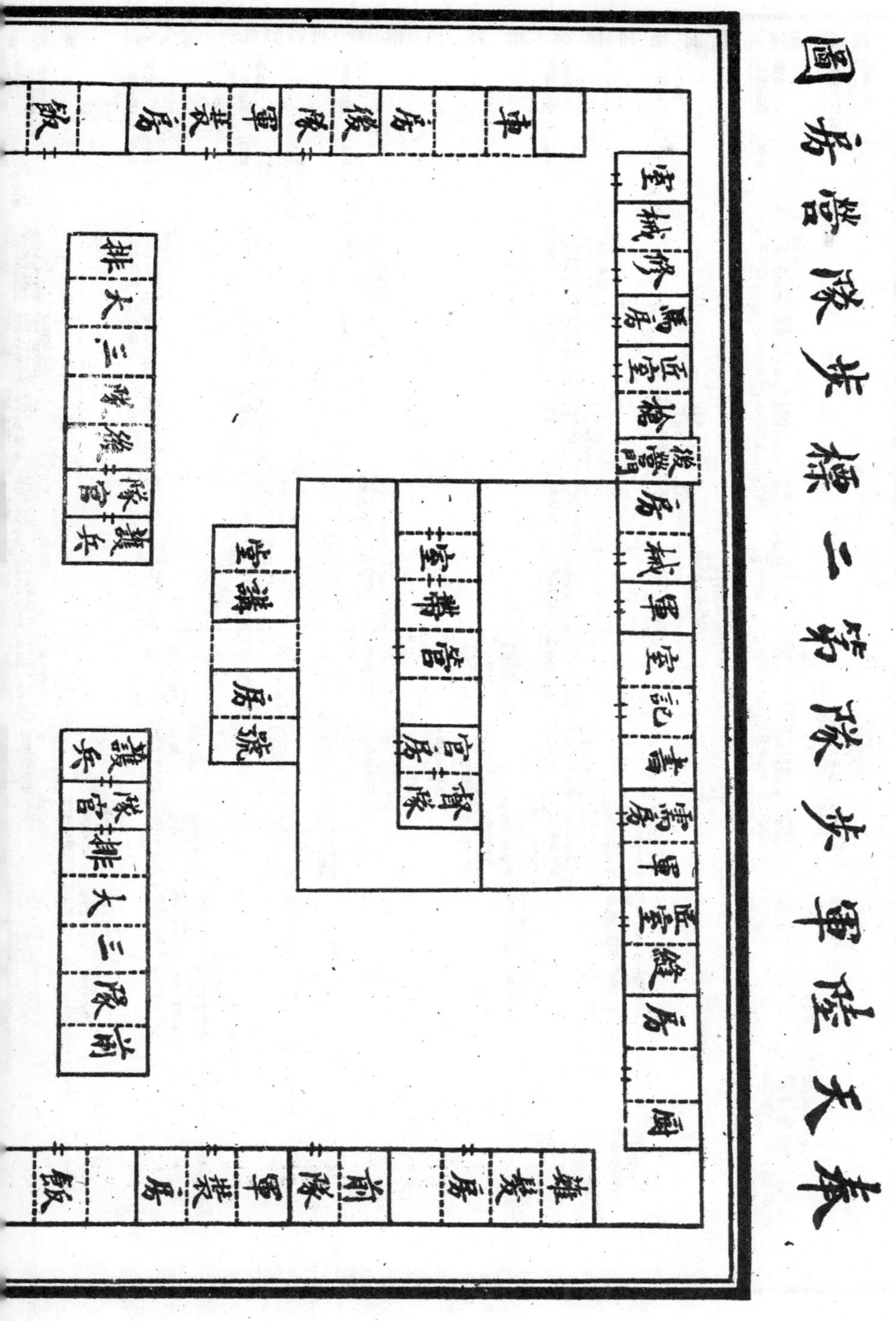
奉天陸軍步隊第二標步隊營房圖

科爾沁左翼後旗

- 扎薩克多羅郡王 今襲博多勒噶台親王
- [illegible] 天命二年來朝
- 子 [illegible] 崇德元年封鎮國公八年卒順治五年追封多羅貝勒
- 子 [illegible] 順治五年襲多羅貝勒七年晉多羅郡王詔世襲罔替康熙三年卒
- 子 [illegible] 康熙三年襲二十三年卒
- 子 [illegible] 康熙二十三年襲二十四年卒
- 子 [illegible] 康熙二十四年襲四十九年卒
- 子 阿喇布坦 康熙四十九年襲五十五年卒；次子 羅卜藏喇什 康熙五十五年襲乾隆三年卒
- 長子 齊默特多爾濟 乾隆三年襲四十七年卒；次子 巴勒珠爾 乾隆四十七年襲四十八年卒
- 長子 索特納木多布齋 乾隆四十八年襲道光五年卒
- 嗣子 僧格林沁 道光五年襲咸豐五年晉今爵同治四年卒謚曰忠配享太廟
- 長子 伯彥訥謨祜 同治四年襲
- 長子 那拉東
- 子 阿穆爾靈圭

科爾沁右翼後旗

- 扎薩克鎮國公
- 圖美 天命十一年來朝
- 長子 喇嘛什希 崇德元年封詔世襲罔替順治四年卒
- 長子 色稜 順治五年襲十八年卒
- 長子 都什轄爾 順治十八年襲康熙三十六年卒
- 長子 圖努瑪勒 康熙三十六年襲雍正三年卒
- 長子 喇嘛扎布 雍正三年襲乾隆十九年卒
- 三子 布延德勒格爾 乾隆十九年襲二十年以罪削
- 布延德勒格爾從子 敏珠爾多爾濟 乾隆二十年襲三十三年卒
- 長子 薩木丕勒扎木素 乾隆三十三年襲嘉慶七年卒
- 長子 色旺多爾濟 嘉慶七年襲道光十二年因事革
- 長子 多布沁旺丹 道光十四年襲二十年卒；次子 烏勒濟濟爾噶勒 道光二十一年襲
- 子 特古斯畢里克圖 同治十一年襲
- 子 喇嘛敏珠爾

扎賚特旗

- 扎薩克多羅貝勒
- 蒙袞 天命九年來降賜達爾漢和碩齊號崇德八年卒追封固山貝子詔世襲罔替
- 長子 色稜 順治五年襲康熙三年卒
- 長子 畢里克 康熙三年襲十六年卒
- 長子 納遜 康熙十七年襲四十二年卒
- 長子 特古斯 康熙四十二年襲雍正十年晉今爵乾隆五年卒
- 長子 烏察喇勒圖 乾隆五年襲二十一年卒
- 長子 羅卜藏錫喇布 乾隆二十一年襲三十八年卒
- 長子 阿穆祜朗 乾隆三十八年襲四十九年詔世襲罔替五十一年卒
- 長子 瑪什巴圖 乾隆五十一年襲道光十四年卒；從族弟 拉木棍布扎布 道光十四年襲咸豐元年晉郡王襲三世
- 子 阿勒坦鄂綽爾
- 子 旺喇克帕勒齊 同治十一年襲
- 嗣子 巴特瑪喇布坦

杜爾伯特旗

- 扎薩克固山貝子
- 馬都奇 天命九年來降
- 長子 色稜 崇德元年封輔國公順治五年晉今爵詔世襲罔替康熙八年卒
- 長子 諾爾布 康熙九年襲十年卒
- 諾爾布從孫 沙津 康熙十年襲五十八年卒
- 長子 巴圖 康熙五十八年襲雍正七年卒；次子 瑪什
- 長子 班克扎爾 雍正七年襲乾隆四年卒；次子 丹珠爾 乾隆九年襲十九年卒；長子 羅布彰 乾隆二十四年襲三十年卒；次子 博第 乾隆三十年襲五十五年卒
- 長子 色布騰棟羅布 乾隆四年襲六年卒；嗣子 納木扎勒多爾濟 乾隆十九年襲二十四年卒；長子 賽音畢里克 乾隆五十五年襲五十七年卒
- 長子 喇特納巴拉 乾隆五十七年襲嘉慶十五年卒；次子 鄂綽爾琥雅克圖 嘉慶十五年襲
- 子 貢噶綽克坦 道光二十七年襲
- 子 格里克巴勒珠爾 同治九年襲
- 子 希拉布羅丕勒

郭爾羅斯前旗

- 扎薩克輔國公
- 奔奇
- 三子 固穆 天聰七年來朝崇德元年封詔世襲罔替八年卒；弟 桑噶爾齋 順治五年襲
- 長子 昂哈 順治七年襲康熙十八年卒
- 長子 莽塞 康熙十八年襲二十六年以罪削扎薩克仍留爵五十八年卒
- 長子 諾爾布 康熙五十八年襲雍正五年卒
- 長子 策旺扎布 雍正五年襲公爵十年卒
- 長子 納勒登額 雍正十年襲公爵乾隆二十二年卒
- 長子 恭格喇布坦 乾隆二十二年襲公爵六十年仍承襲扎薩克嘉慶三年卒
- 長子 綽克溫都爾恩克巴拜 嘉慶三年襲十三年卒；次子 恩克托克托虎 嘉慶十三年襲道光二年卒
- 長子 阿勒坦鄂齊爾 道光二年襲
- 子 圖普烏勒濟圖 同治九年襲
- 孫 奇默特色木丕勒

- 扎薩克一等台吉
- 畢里袞
- 布木巴從孫 郭齊爾 康熙三十五年授扎薩克
- 次子 察袞 康熙五十三年襲乾隆十一年以病罷
- 四子 都噶爾扎布 乾隆十一年襲十九年以罪削；都噶爾扎布從弟 阿喇布坦 乾隆十二年襲六十年卒以恭格喇布坦襲

郭爾羅斯後旗

- 扎薩克鎮國公
- 莽果
- 長子 布木巴 天命九年來降順治五年封詔世襲罔替十一年卒
- 長子 扎爾布 順治十一年襲康熙四年卒
- 長子 安達什哩 康熙四年襲四十一年卒
- 長子 巴圖 康熙四十二年襲乾隆五年卒
- 長子 多爾濟 乾隆五年襲二十年卒
- 長子 索諾木扎木素 乾隆二十年襲二十四年卒
- 長子 錫喇博第 乾隆二十四年襲四十二年卒
- 長子 固嚕扎布 乾隆四十二年襲道光九年卒
- 子 揚贊巴拉 道光九年襲
- 次孫 甘爾瑪薩第 同治二年襲光緒九年緣事削扎薩克以其族巴雅斯呼朗為扎薩克一等台吉
- 子 達木林扎普

- 輔國公銜署扎薩克一等台吉
- 巴雅斯呼朗 光緒九年以頭等台吉署甘爾瑪薩第扎薩克後即遞襲其子
- 子 勒蘇隆扎布
- 子 布彥超克

備考

謹查會典事例，載郭爾羅斯前旗札薩克鎮國公，順治五年布木巴始封，九傳至噶爾瑪什迪，光緒九年緣事削札薩克，以其族巴雅斯呼朗爲札薩克一等台吉。又載郭爾羅斯後旗札薩克輔國公，崇德元年固穆始封，子莽塞以罪削札薩克，留公爵，又四傳至恭格喇布坦，仍以公爵承襲札薩克等語。游牧記列前後旗始封札薩克亦仝。按恭格喇布坦於乾隆五十六年曾奏請開放荒地，後因置長春廳，實爲前旗蒙公，今札薩克輔國公兼盟長奇墨特色木丕勒，其五世孫也。又噶爾瑪什迪罪削，以巴雅斯呼朗爲札薩克一案，事在後旗，巴雅斯呼朗之孫布彥超克，即現今後旗札薩克，當時六十台吉控革前札薩克噶爾瑪什迪，經巴雅斯呼朗貸借三喇嘛色丹巴勒珠爾銀兩一案，至今尚在纏訟未結，皆其事實可據。且前旗係輔國公，後旗係鎮國公，現後旗署札薩克乃輔國公銜，理藩部咨東省文內亦有可證。近據在蒙旗覓得蒙文世系表，詳加譯釋，所載乃固穆爲前旗始封祖，布木巴爲後旗始封祖，列世系較詳，揆諸事實，似適相合。此表因據以繪列。至會典所載因何不符，未敢臆斷。質者　國初封建，只將郭爾羅斯部落裂封鎮國公、輔國公二旗，（土人稱前公、北公。）並無前後旗明文。查　欽定蒙古王公列傳及光緒甲午元旦　加恩蒙古王公特恩，僅只載郭爾羅斯鎮國公、郭爾羅斯輔國公字樣。固穆在崇德間受封，故爲前旗，布木巴在順治間受封，故爲後旗，相沿既久，習爲通稱。而論爵秩，則鎮國公在前，輔國公在後，記者遂因以倒置，是否如此，姑存疑以待質考。

哲里木盟十旗爵秩世系表

分旗列 | 母 | 四世 | 五世 | 六世 | 七世 | 八世 | 九世 | 十世 | 十一世 | 十二世 | 十三世 | 十四世 | 十五世 | 十六世 | 十七世

科爾沁右翼中旗

扎薩克和碩土謝圖親王（今稱圖什業圖）
母：斯哈喇 奎蒙克塔
翁果岱
長子 奧巴 天命十一年來降封土謝圖汗天聰六年卒
長子 巴達禮 天聰七年以濟農襲土謝圖濟農崇德元年封今爵詔世襲罔替康熙十年卒
長子 巴雅斯呼朗 康熙十一年襲二十七年卒　次子 沙津 康熙二十七年襲四十一年以罪削
長子 阿喇善 康熙十三年襲二十年以悖職削于沙津四十一年沙津又以罪削仍襲五十年卒
長子 鄂勒齊圖 康熙五十一年襲五十九年卒
長子 阿喇布坦 康熙五十九年襲乾隆二十四年卒
長子 垂札布 乾隆二十四年襲三十二年卒
長子 納旺 乾隆三十二年襲晉卒　次子 喇什納木札勒 乾隆三十三年襲四十七年卒
長子 諾爾布璘沁 乾隆四十七年襲道光二十年卒
三子 色登端魯布 道光二十年襲
長子 巴寶道爾吉 咸豐六年襲
長子 色旺諾布桑保
嗣子 業喜海順

多羅貝勒
沙津 康熙十四年封詔世襲罔替
長子 阿必達 康熙三十三年襲
長子 多爾濟 雍正元年襲乾隆十一年卒
長子 特古斯額爾克圖 乾隆十一年襲二十四年卒
長子 古穆扎布 乾隆二十四年襲嘉慶四年卒
子 三音濟雅圖 嘉慶四年襲道光三年卒
長子 達爾瑪扎布 道光三年襲二十一年卒　次子 三音瑚比圖 道光二十一年襲
子 旺楚克林沁 道光二十八年襲　弟 達木林旺濟勒 咸豐十一年襲
兄 敏珠爾色丹 光緒十年襲　從弟 凱畢 光緒十三年襲

扎薩克和碩達爾漢親王
莽古斯 追封和碩福親王
長子 宰桑 追封和碩忠親王
四子 滿珠習禮 崇德元年以科爾沁部克戰功封扎薩克多羅巴圖魯郡王順治九年詔世襲罔替晉和碩達爾漢親王十六年晉今爵加巴圖魯號康熙四年卒
長子 和塔 康熙四年襲去巴圖魯號八年卒
長子 班第 康熙十年襲四十九年卒
長子 羅卜藏袞布 康熙四十九年襲乾隆十七年卒
三子 色布騰巴勒珠爾 乾隆十七年襲二十年叙功賜雙俸尋以罪削　次子 色旺諾爾布 乾隆二十年襲三十八年卒
長子 旺扎勒多爾濟 乾隆三十九年襲嘉慶三年卒
長子 丹曾旺布 嘉慶三年襲十三年卒
長子 布彥溫都爾瑚 嘉慶十三年襲道光元年因事革
長子 索特那木棚楚克 道光十八年襲二十八年復扎薩克
子 棍木旺濟勒 同治十三年襲
子 那木濟勒色楞 光緒十年襲

鎮國公
色布騰巴勒珠爾 乾隆八年封輔國公十七年襲達爾漢親王二十一年復以罪削二十三年復賜四品級和碩親王十七年復封年叙功詔復其爵
長子 鄂勒哲特穆爾額爾克巴拜 乾隆四十年襲于四十九年詔世襲罔替五十九年卒
嗣子 鄂勒哲依圖 乾隆五十九年襲嘉慶四年晉固山貝子十四年卒
從子 濟默克特 嘉慶二十四年降襲固山貝子道光六年補扎薩克
嗣子 棍楚克林沁 道光二十八年降襲輔國公
子 那蘇圖 光緒十年降襲輔國公
達賚

輔國公
三子 札拉卜
次子 烏爾呼瑪勒 雍正二年封七年晉固山貝子十年卒
長子 瑪哈瑪喬爾 雍正十年降襲輔國公乾隆三十五年卒
長子 錫達什哩 乾隆三十五年襲四十九年詔世襲罔替道光八年卒
子 巴圖 道光六年襲
子 雲端帕爾賚 咸豐三年襲
從弟 哈斯巴圖爾 光緒三年襲

科爾沁左翼中旗

和碩卓哩克圖親王
長子 烏克善 崇德元年封詔世襲罔替康熙四年卒
三子 畢勒塔噶爾 康熙四年襲六年卒
長子 鄂齊爾 康熙七年襲二十一年以罪削　六子 都勒巴 康熙二十一年襲二十六年卒
長子 巴特瑪 康熙二十六年襲雍正二年卒
長子 阿勒坦格哷勒 雍正二年襲乾隆九年卒
長子 扎木巴勒扎木素 乾隆九年襲二十六年卒
長子 恭格喇布坦 乾隆二十六年襲六十年卒
長子 拉旺 乾隆六十年襲嘉慶九年卒
長子 噶勒桑棟羅布 嘉慶九年襲道光元年卒
子 巴圖 道光六年奉旨扎薩克之缺詔滿珠習禮世系襲
子 濟克登旺庫爾 咸豐十一年襲
子 畢沙魯特旺楚爾
子 額爾達木必里圖　弟 色旺端魯布

輔國公
次子 圖納黑 順治十八年封詔世襲罔替康熙二十七年卒
次子 布尼 康熙二十七年襲六十一年卒
長子 蘇瑪第 康熙六十一年襲雍正六年卒
長子 喇什色旺 雍正六年襲乾隆三十年卒
次子 色當噶瑪勒 乾隆三十年襲嘉慶三年卒
子 諾爾布 嘉慶三年襲道光二年卒
長子 博羅特 道光二年襲二十一年卒
子 帕拉巴 道光二十一年襲　弟 齊默特多爾濟 同治元年襲
子 德勒格爾蒙克 光緒元年襲

多羅貝勒
次子 察罕
長子 綽爾濟 順治九年封鎮國公十八年晉今爵詔世襲罔替康熙七年卒
長子 鄂齊爾 康熙九年襲二十年卒
長子 巴克什固爾 康熙二十年襲五十九年卒
長子 阿喇布坦 康熙五十九年襲雍正十三年卒
四子 薩木不勒扎木素 雍正十三年襲乾隆二十一年卒
嗣子 三音察袞 乾隆二十一年襲嘉慶七年卒
長子 色楞多爾濟 嘉慶七年襲道光三年卒
子 恭格拉布坦 道光三年襲
子 桑噶布多特 咸豐九年襲　從弟 昂噶拉 同治五年襲
子 濟克登達克　賚瓦 光緒十年襲
子 吉克丹諾爾卜林欽扎木東

固山貝子
五子 必里袞達拉
長子 喇什 雍正二年由輔國公晉今爵詔世襲罔替乾隆十五年卒
長子 達爾瑪達都 乾隆十五年襲十八年卒
長子 班珠爾 乾隆十八年襲四十九年詔世襲五十一年卒
長子 錫第 乾隆五十一年襲嘉慶二十五年卒
子 阿舒噶 嘉慶二十五年襲道光七年卒
子 阿敏烏爾圖 道光七年襲
子 班咱喇克散 光緒七年襲
子 林沁多爾吉　弟 揚色巴拉

多羅郡王
三子 索郭卜木合
長子 奇塔特 順治六年封詔世襲罔替十年卒
長子 額爾德尼 順治十年襲康熙十四年卒
長子 必里克圖 康熙十五年襲四十九年卒
長子 諾們額爾赫圖 康熙四十九年襲乾隆八年卒
長子 阿旺藏布 乾隆八年襲二十四年卒
四子 喇什噶勒當 乾隆二十四年襲嘉慶六年卒
次子 桑濟扎布 嘉慶六年襲十年卒
九子 棟默特 嘉慶十年襲道光三十年卒
子 濟克默特朗布 道光三十年襲同治十一年晉親王銜
子 那爾格哷勒 光緒三年襲

科爾沁右翼前旗

扎薩克多羅扎薩克圖郡王
次子 布達齊 天命十一年來降賜扎薩克圖杜稜號崇德元年封今爵詔世襲罔替
長子 拜噶斯勒 順治二年襲十四年卒
長子 鄂齊爾 順治十四年襲康熙五十七年卒
六子 薩祜拉克 康熙五十七年襲雍正九年卒
長子 沙津德勒格爾 雍正九年襲乾隆十四年卒
長子 納旺色布騰 乾隆十四年襲四十九年卒
長子 喇什端羅布 乾隆四十九年襲嘉慶三年卒
長子 敏珠爾多爾濟 嘉慶三年襲道光十四年卒
子 索諾那木倫布木 道光十四年襲
子 達特巴扎木蘇 同治六年襲
嗣子 根敦占散 同治十二年襲
兄 烏泰

伊通州知州	[illegible]	學生五百七十名	馬步長警三百六十名	白銀山種紅等樹	無	未獲案五起	未獲案五起	未結二起	共七十五名	無	大小租銀四千零九十兩零二分五釐六毫四絲 耗羨銀一千四百二十六兩六錢三分五釐五毫
臨江州知州	吳士澂	初等小學堂三處 學生七十二名		無	無	已定案一起 未定案一起 未獲犯無		已結九起 未結二起	共四名	無	熟地五千四百六十三垧五畝、官荒約計二十餘萬垧 旗荒由州署官荒中撥給長白府暫名地千垧共撥有旗荒一萬二千垧 民荒新荒二十餘萬垧
濛江州設治委員	張廷桂	宣講所一處 宣講自治	總局一分局一 員弁二十員名 馬步長警九十八名							無	共放升科地一萬五千二百八十六垧九畝五分三釐應年[illegible] 惟據實斷種只一萬一千餘垧 荒地三萬二千四百五十九垧四畝光緒三十四年秋出期至五年有能升科
榆樹縣知縣	潘振聲	師範兩等小學堂共四十七處 學生一千零三十二名	總局一分局九 員弁二十四員名 馬步長警二百六十名	無	無	已定案十六名 未定案六名 未獲犯七起	已定案四十三名 已獲案四名 未獲案七起	已結二十起 未結十起	共九十四名	無	地丁錢糧銀二萬四千九百七十一兩八錢五分九釐
農安縣知縣	壽鵬飛	初等兩等高等師範傳習所初等女學堂共十六處 學生五百六十名	總局一分局一 員弁五十七員名 步巡三百八十名	城外植物園一所樹藥共五十二種	罪犯習藝所一處 新監獄一處	已定案十三起 未定案一起 未獲犯四起	已定案十三起 已獲案三起 未獲案五起	已結九十三起 未結二起	監犯四十三名 押犯四名	無	地租歸蒙古征收並無額征地丁錢糧
磐石縣知縣	周保璟	兩等小學蒙學堂各一處 學生九十名	總局一分區四 員弁二十七員名 馬步巡警二百三十六名	無	無	已定案九起 未定案三起 未獲犯無	已定案八起 已獲案無 未獲案無	已結九十五起 未結一起	共十七起	無	大租銀一萬二千一百六十一兩六錢五分五釐五毫 錢五千六百一十五吊九百四十文
敦化縣知縣	謝祖蔭	官立小學堂兩設師範傳習所 學生七十七名	總局一分局一 員弁三十三員名 馬步巡警百八十名	無	無	已定案一起 未定案一起 未獲案一起	已定案一起 已獲案無 未獲案無	已結十起 未結無	共十一名口	無	二萬四千二百零九吊五百七十七文
長壽縣知縣	徐之慶	官立兩等小學堂一處 學生八十名	總局一分局一 員弁七員名 馬步巡警四十八名	無	無	已定案十二起 未定案二起 未獲犯二名	已定案三十六起 已獲案九起 未獲案五起	已結百十七起 未結一起	五十三名	無	額征地五萬一千一百四十五晌零五分每垧大租錢六百文 計錢三十萬零六千八百三十吊零三十文
樺甸縣設治委員	李慶璋	官立初等小學堂一處 學生六十名	局二 員弁八員名 馬步巡警三十名	無	無	已定案無 未定案二起 未獲犯一起	已定案無 已獲案二起 未獲案二起	已結十七起 未結四起	十七名	無	縣界尚未劃清糧無定額亦無征收
大通縣知縣	榮善			無	無	已定案一起 未定案一起 未獲犯無	已定案一起 已獲案二起 未獲案一起	已結八十六起 未結三起	監犯無 押犯十一名	無	大租錢一萬九千三百十八吊五百六十六文
長嶺縣設治委員	張呈泰										
統計 府五 廳六 州三 縣八	知府五 同知五 通判一 知州二 知縣六 設治委員三	學堂一百八十七處 學生六千八百零四名	總分局六十七處 員弁六百三十四員名 馬步長警四千六百三十三名			已定案一千六百四十五起又十六名 未定案一百三十九起又六名 未獲犯九十九起又二名	已定案一百八十四起又四十三名 已獲案九十三起又四名 未獲案五十一起又三十五名	已結二千四百五十二起 未結五百三十一起	監押犯共七百四十三名起		錢糧地丁米折大租耗羨雜稅等銀二十萬零四千零七十六兩一錢零捌釐五毫四絲六忽 夾荒大小租地丁等錢五十一萬三千六百五十八吊九百八十九文

附各屬吏治比較表

官缺	員名	學務	巡警	種植	工藝	刑名：命案	刑名：盜案	刑名：詞訟	刑名：監押	糧賦：漕糧	糧賦：錢糧
吉林府知府	張瀛	四鄉學堂共二十六處 學生六百九十一名	吉林府係首缺凡學堂巡警另有專屬	仝上	仝上	已定案二十九起 未定案四十一起 未獲犯八起	已定案十起 已獲案十七起 未獲案無	已結八百十四起 未結三百八十一起	無	無	地丁米折銀三萬七千九百九十四兩七錢七分五厘六毫 圍荒大租銀三萬一千三百四十五兩六錢五分三釐九毫三絲四忽 夾荒租錢五千零零五吊二百八十四文
長春府知府	孟憲彝	官立中學師範小學堂共九處 學生三百六十一名	長春府巡警總局不屬知府經管另有專屬	無	罪犯習藝所一處	已定案十九起 未定案十二起 未獲案四十二起	已定案二十起 已獲案無 未獲案十五起	已結一百三十六起 未結六十五起	監犯三十八名 押犯二十九名	無	地屬蒙荒借地設治應徵地租蒙古設櫃經徵
依蘭府知府	德熙	官立勸學所宣講師範小學 學生六十名	巡警總局一分局二 員弁一十九員名 馬步長警三百四十名	三姓地處邊陲三十一年設治歷任皆未大興種植藝	仝上	已定案二起 未定案二起 未獲犯六起	已定案五起 已獲案無 未獲案無	已結三十起 未結無	押犯十五名	無	大租錢四十五百三十六吊四百零二文 小租錢四百五十三吊六百四十文
新城府知府	陳作彥	高等師範初等小學堂共十一處 學生二百三十四名	總局一 員弁一十四員名 馬步長警八十名	無	工藝局附設半日學 小學堂	已定案十一起 未定案六起 未獲犯五起	已定案五起 已獲案五起 未獲案四起	已結一百三十一起 未結無	押犯五十三名	無	地丁米折銀一千二百九十九兩三錢四分四釐 大租銀二萬六千五百一十四兩四錢九分三釐五毫六絲
蜜山府知府	紹舒										
濱江廳同知	何厚琦	官立小學堂一處 學生三十名	總局一分局五 員弁三十二員名 馬步長警一百八十六名	無	習藝所一處	已定案四起 未定案八起 未獲犯無	已定案十二起 已獲案二十起 未獲案三十七名	已結三百八十九起 未結十七起	監押十一名	無	地係商埠並無農田只有街基地皮租中錢八萬六千二百一十一吊七百七十七文
雙城廳通判	許元震	官立中學小學初級小學堂師範傳習所共五處 學生二百六十名	總局一分局五 員弁二十四員名 馬步長警一百六十九名	無	無	已定案七起 未定案十三起 未獲犯十起	已定案十五起 未定案無 已獲案八起	已結一百五十五起 未結三十七起	監犯三十一名 押犯五十一名	無	大租銀一萬三千七百五十四兩二錢一分四釐七毫二絲 小租銀一千三百七十五兩四錢二分一釐四毫七絲二忽
賓州直隸廳同知	李澍恩	師範高等初等小學堂共三十八處 學生一千七百六十九名	總局一分局二 員弁一百一十七員名 馬步長警九百六十名	無	無	已定案十起 未定案二十起 未獲犯無	已定案二十四起 已獲案四起 未獲案七起	已結一百七十九起 未結無	監犯三十六名 押犯七十四名	無	大租錢十萬零五千九百三十二吊九百五十八文 地丁銀一百八十一兩八錢 耗羨銀十八兩一錢八分 各項雜稅銀二千五百四十兩零五錢
延吉廳同知	陶彬	兩等小學堂一處 學生三十名	總局一分局二 員弁一百一十一員名 馬步長警二百三十一名	無	無	已定案三起 未定案七起 未獲案一起	已定案七起 已獲案六起 未獲案無	已結五十一起 未結無	監犯十四名 押犯十七名	無	地丁中錢三萬四千一百八十一吊三百零四文
五常廳同知	蘇鼎銘	官立中學初等小學堂共六處 學生二百三十名	總局一分局五 員弁七十七員名 馬步長警七百一十二名	無	無	已定案五起 未定案四起 未獲犯無	已定案八起 已獲案無 未獲案無	已結五十九起 未結五起	監犯十四名 押犯十一名	無	大租銀二萬三千八百三十五兩一錢一分五釐六毫二絲
[illegible]	[illegible]	官立公立學堂[illegible]處	總局一分局二			已定案十二起	已定案七起	已結三十四起			額定歲共徵地丁米耗四項銀一千七百七十兩零八錢五分[illegible]

	1	2	3	4	5	6	7	8	9	10	11	12	13	14	15	16	17	18	19	20	21	22	23	24	25
岫巖州	一八〇六五五									三九一八九	五八六八	一四七二	三一九三八	一四八二	〇五九六八	〇〇三三三	〇八五八四八	〇四六八	〇一八三	〇六八四八	〇六九三				
新民府	六四一五九									六四一二五	一六八二五	二五九八	四〇七〇三	〇七〇三	〇六〇八	〇〇三五七	〇五九八八	四七四五	一八九八	〇六〇八二	五六六八				
鎮安縣	一三一六四四八									一四八七	二九七四	〇二三六	一三八三四	〇三九	〇一五六	〇〇四四	〇一九六	四四五	〇五九二	〇三五八	〇八〇五三				
海龍府					六六五〇三九	一二四八六三五	[illegible]	[illegible]	[illegible]	五四〇五	一八〇三	五五七三	四五九八	一八三	〇四八	〇〇七九	一〇五八八								
西豐縣														〇八八四	〇三五六	〇三八四	〇四八五六					三	〇六	〇四	五六
昌圖府					二一〇六九六	[illegible]	[illegible]	[illegible]	[illegible]	三四〇九八	[illegible]	六四三四	五〇七六					三六四	一四五六	〇三四	三五九六				
懷德縣					四六八三六	八一二一	一六六八六六二	[illegible]	[illegible]	五三八五	一四五七	二〇九六八	五六二八二												
奉化縣					四四四七七	八六八三二四五	[illegible]	[illegible]	[illegible]	四六〇一八	九二〇三六	五〇八六四	[illegible]	〇七八	〇三三	〇〇六〇八	〇四五九九								
康平縣					三二一五四二	[illegible]	一二八九〇五四	[illegible]	[illegible]	[illegible]	八五八四六	二六〇三四	五二六八六					一五三	〇六〇八四	〇三六	〇八八四				
彰武縣					二八八〇一	五二六八五	一〇六五六三七	[illegible]	[illegible]	二一五九六	〇五九一	〇三四〇八	一九五二九二												
興京廳					一四三五七	六八七〇四	五七四二八	[illegible]	[illegible]	三二五九六	四三一九二	一二六〇八	一六四二九二					一〇九二	〇四六八	〇〇九三二	五六五八八				

以上倉存二五六二八六九七石，就近採買三一七六六五九石，薪菜實發一七五五六七二五九二兩，解省實發六六一三四六四兩，遞解實發二七七〇九八八四兩，豬衣實發五二六四，買價實發四四三五五五五五九〇四兩

總共發米二千八百七十九石五斗三升五合六勺

發銀二十二百三十八兩八錢一分五釐四毫九絲九忽六㣲四纖

附各屬囚糧薪菜等項折銀數目表

地別	米·倉存動支·米石	米·倉存動支·核減	米·倉存動支·減平	米·倉存動支·實發米石	米·近採買·米石價銀	米·近採買·核減	米·近採買·減平	米·近採買·實發
奉天府司獄	九七九〇八四七							
承德縣	一九七三七六六							
海城縣	三七七〇六六八							
蓋平縣	三〇一〇六							
復州	二一八二四							
開原縣	八八三九五							
鐵嶺縣	五四九九七三							
遼陽州	八二六九〇一							
錦縣	五三一七三							
寧遠州	三四四四四							
綏中縣								

地別	銀·薪	薪·核減	薪·減平	薪·實發	菜	菜·核減	菜·減平	菜·實發
奉天府司獄	九六三七六七	一三五三〇四	三五四〇三六	五八八三六四				
承德縣	六八六三三六	一五七三五二	三七六四八	五九三六七五三	〇一三	〇〇五二	〇〇四六八	〇〇六三三
海城縣	四七七四七	八五四九四	五〇五八五六	三三四五六四				
蓋平縣	三五三九三	五〇七八六	一三八六四	一九〇九五五三六	〇五六四	〇四五六	〇〇三二四	〇三三九六
復州	三〇八四七	四一六九四	一〇〇六五六	三九六九四四	〇二八六	二一四四	〇〇二九六	〇六三四
開原縣	九六〇三五	一九六〇五	四六〇九二	三五三〇八	〇一四	〇〇四六	〇〇七〇四	〇五八六六
鐵嶺縣	五四〇六九	一〇〇三八	二四〇三一二	三五七六五八八	〇三一三	〇五一八	〇一二三三	〇六五九六八
遼陽州	二六九六八	三三八五六	〇八二五四	三五九八五六	〇〇五三	〇〇三八	〇〇〇八六三	〇九五六八
錦縣	三八三二四	一七六五八	一八三六七二	三二六三五八	一五六	〇六二四	〇〇三六六	〇八九八四
寧遠州	二九七七	六三九五四	一四六八九六	二七九七四	〇六二四	〇二四九六	〇〇三六二	三五九五六四
綏中縣					〇二六	〇一四	〇〇九三六	〇二六四

地別	解省遞	解省遞·核減	解省遞·減平	解省遞·實發	解犒衣	解犒衣·核減	解犒衣·減平	解犒衣·實發
奉天府司獄								
承德縣	八三三	三四八	〇五七三五	四五五三六八				
海城縣	一三七五	〇五一	〇四五九	〇六九一				
蓋平縣	〇三五四	〇九五六	三八四四	三五九五六				
復州	〇二七	〇四六八	〇四三二	〇六九八八				
開原縣	一〇五三	〇四三	〇三九〇八	〇五九六九二				
鐵嶺縣	五三五六	〇八九四	〇八九六	一三六二四				
遼陽州	一五八	〇六五三	〇三五六八	〇八三五二				
錦縣	五〇四	二〇五六	〇六五八四	三六四八六				
寧遠州	五三五六	二〇九〇一	〇六八五六	三九六四	六	〇四	〇〇九六	一五四
綏中縣	五〇九六	六〇五八四	三六四五六	三〇八四四	六	〇四	〇〇九六	一五四